Ernst Götzinger

Reallexikon der deutschen Altertümer

REPRINT – VERLAG
LEIPZIG

Die zum Teil geminderte Druckqualität ist auf den
Erhaltungszustand der Originalvorlage zurückzuführen.

Die Deutsche Bibliothek – CIP-Einheitsaufnahme

Ein Titeldatensatz für diese Publikation ist bei
Der Deutschen Bibliothek erhältlich.

Volker Hennig, Goseberg 22-24, 37603 Holzminden
ISBN 3-8262-0713-0

Reprint der Originalausgabe von 1885
nach dem Exemplar des Verlagsarchives

Lektorat: Andreas Bäslack, Leipzig
Einbandgestaltung: Jens Röblitz, Leipzig
Gesamtfertigung: Westermann Druck Zwickau GmbH

Reallexicon

der

Deutschen Altertümer.

Ein Hand- und Nachschlagebuch der Kulturgeschichte
des deutschen Volkes

bearbeitet von

Dr. E. Götzinger.

Zweite vollständig umgearbeitete Auflage
mit 157 Illustrationen.

Leipzig,
Verlag von Woldemar Urban.
1885.

Aus dem Vorwort

zur ersten Auflage.

„Das 'Reallexikon deutscher Altertümer' macht keinen Anspruch auf selbständige fachwissenschaftliche Forschung; die letztere läge sowohl ausserhalb des Umfanges des Werkes, als noch viel mehr ausserhalb der Arbeit und Kraft seines Verfassers. Es stützt sich deshalb das ganze Werk auf die Arbeiten anerkannter Forscher, wobei von Kontroversen möglichst Umgang genommen wurde. Die angeführten Quellen sind also nicht dazu bestimmt, den Umfang der vorhandenen Litteratur irgendwie zu erschöpfen, ein solches wäre hier ein eitles Unternehmen; sondern dieselben sollen teils mitteilen, woher der Verfasser sich Rats erholt hat, teils denjenigen Lesern, welche den Originaldarstellungen näher rücken wollen, einen ersten sichern Weg besonders zu solchen Schriften weisen, wo die Quellen in weiterem Umfange angeführt sind. In der Auswahl dieser Quellen sind dem Verfasser bewährte Freunde bereitwillig zu Dienste gestanden; doch hat er sich von Anfang an nicht verhehlt, dass ihm vorläufig manches, älteres sowohl als neues, entgehen werde; von neueren Werken aber musste manches deshalb bei Seite gelegt werden, weil sie für ein Werk wie das vorliegende noch zu wenig abschliessende Resultate der Forschung enthielten; denn wenn unserer Arbeit auch das Bemühen zu Grunde liegt, sich auf der Höhe der gegenwärtigen Forschung zu halten, so will sie doch auch kein Fundort neuaufgebrachter Hypothesen sein, sondern im grossen und ganzen solche Kenntnisse und Ansichten vermitteln, für welche bewährte Forscher und Schriftsteller als Zeugen angezogen werden können. Es muss zugegeben werden, dass bei der befolgten Methode manche Artikel verwandten Inhaltes in ihrer Auffassung sich einigermassen ausschliessen, es schien dies aber thunlicher und bei der jedesmaligen Nennung der Quelle gewissenhafter und ehrlicher, als wenn überall der Versuch gemacht worden wäre, verschiedene Anschauungen durch allerlei Mittel und Mittelchen künstlich in eins zu verschmelzen.

In der Auswahl der aufzunehmenden Artikel war eine gewisse Unsicherheit nicht zu vermeiden; sie haftet jedem ähnlichen Werke an. Wurden auch von vornherein historische Persönlichkeiten, Örtlichkeiten, Landgebiete und Namen ethnographischer Natur ausgeschlossen, so blieb doch noch oft zweifelhaft, ob ein Artikel in das Fach der Altertümer und nicht vielmehr in dasjenige der Geschichte oder des Wörterbuches gehöre und blieb in solchen Fällen die Aufnahme oder Abweisung desselben vom Takte des Verfassers und vom Umfange der vorhandenen Hilfsmittel abhängig. Wie zahlreiche Altertümer liessen sich nennen, die heute noch jeder kulturhistorischen Bearbeitung ermangeln, und wie viele mögen zwar bearbeitet, aber in schwer zugänglichen Büchern, Zeitschriften u. dergl. mehr oder weniger versteckt sein? Doch dürfte die geschehene Auswahl dem Bedürfnisse wissensbegieriger Leser im ganzen entsprechen. Dass auch der Umfang der einzelnen Artikel oft von der Beschaffenheit der Quellen abhängig ist, versteht sich von selbst.

Gegenüber einem Wörterbuch des klassischen Altertums hat ein ähnliches für das Mittelalter bestimmtes Werk mehr als eine Schwierigkeit zu überwinden. In ungleich höherem Masse als in der antiken Welt liegt im Mittelalter fast alles im Fluss der Entwickelung, so dass Anschauungen, Sitten, Gebräuche, Sachen, Zustände der verschiedensten Natur oft von der urgermanischen Zeit durch zahlreiche Entwickelungsstufen bis dahin durchgeführt werden wollen, wo sie aufhören Altertum zu sein. Noch charakteristischer aber ist für das Mittelalter, dass die sachlichen Altertümer oft so augenfällig hinter der beweglichen Welt der Sitte, des Gemütes, des Rechtes, der religiösen Auffassung zurücktreten, was alles deutlich darzustellen ungleich schwieriger ist als die plastische Welt des konkreten Lebens; und doch handelt es sich in einem Werke wie das vorliegende nicht sowohl um Einführung in den „Geist des Mittelalters“, sondern die Formen dieses Geistes sollen sich demjenigen öffnen, der Teilnahme und Verständnis dafür entgegenbringt. Auch die zahlreichen Berührungen des deutschen Mittelalters mit anderen Völkern, von den Kelten herab zu den Iren, Angelsachsen, Skandinaviern, Franzosen und Italienern erschweren eine einheitliche und kompakte Darstellung, und nicht minder der durch die landschaftlichen Zustände bedingte Unterschiede, zumal von Ober- und Niederdeutschland.

Wenn es nun auch nicht zu vermeiden war, dass an verschiedenen Orten dieses Werkes gewisse Einseitigkeiten zu Tage treten, so ist anderseits nicht zn vergessen, dass über der schwer zu kontrollierenden Mannigfaltigkeit auch eine Einheit der Anschauung ihre ebenso grosse Berechtigung hat; sie soll die einzelnen divergierenden Strahlen in eine gemeinsame Lichtquelle sammeln. In diesem Sinne und Geiste war der Verfasser zu arbeiten bemüht.“

Vorliegende Worte, ursprünglich als Prospekt nach der Beendigung des ersten Vierteiles des Realwörterbuches verfasst, mögen hier wiederholt und durch einige weitere Anmerkungen ergänzt werden. Manchem Leser dürfte eine gewisse Ungleichheit in der Darstellungsweise und Behandlung der einzelnen Artikel aufgefallen sein, und zwar nicht bloss bei solchen Artikeln, die ich mir von befreundeter Hand ausarbeiten liess, sondern auch, was weitaus bei den meisten der Fall ist, in den von mir bearbeiteten; manches ist kürzer und knapper ausgefallen, als wohl erwartet werden durfte, anderes breiter und ausgiebiger geworden; hier sind mehr bloss die Umrisse gezeichnet, dort manches beigebracht, was zur besseren Unterscheidung von Schatten und Licht dient; diese Erscheinung ist bloss bis zum Ausgange des Mittelalters, jene bis ins achtzehnte Jahrhundert durchgeführt; auch den besonderen Ton eines Quellenschriftstellers durchschimmern zu lassen, wurde nicht ängstlich vermieden. Was dem Ganzen dadurch an Einheit der Behandlung abgeht, gewinnt vielleicht das Einzelne an Frische und Mannigfaltigkeit, zumal für denjenigen Leser, dem auch in solchen Dingen ein charakteristischer Gesichtszug behagt. Und das letztere wird ja wohl, wie ich mir dachte, bei der Mehrzahl meiner Leser der Fall sein; denn von vornherein war es nicht auf Gelehrte von Beruf abgesehen, sondern auf Freunde und Liebhaber des deutschen Altertums, welche, ohne besondere Studien dieser Art zu pflegen, einen in seiner Art ausgiebigen Ratgeber gerne zur Seite haben. Gab ich mir Mühe, diesen im allgemeinen das anzubieten, was nach meiner Erfahrung gewünscht und erwartet wird, und in einer Form, welche den Leser anspricht, so sollte doch auch der Ernst einer wissenschaftlich-historischen Methode nicht zu verkennen sein.

Bei der durch die Lieferungsausgabe bedingten stückweisen Ausarbeitung des Realwörterbuches war es unmöglich, von Anfang an die Auswahl aller aufzunehmenden Artikel festzustellen und es musste bei zahlreichen Stichwörtern vorläufig bloss auf einen folgenden Artikel verwiesen werden; bei dessen Stelle im Alphabet angekommen, stellte es sich dann manchmal heraus, dass aus diesem und jenem Grunde ein besonderer Artikel unthunlich sei und der dahin gehörige Stoff besser unter einem grösseren Ganzen untergebracht werde. Die Folge davon war, dass von jenen Verweisungen einige im Stich lassen; als ohne Zweifel willkommener Ersatz für diesen Mangel wurde die Ausarbeitung eines eingehenden Registers ins Auge genommen und durchgeführt, ein Verzeichnis, das nun jene im

Buche selbst, besonders in der ersten Hälfte, sich vorfindenden Verweisungen überhaupt unnötig macht und den Nutzen und Gebrauch des Buches wesentlich erhöhen dürfte.

Dass vieles noch der Verbesserung bedarf, dass noch manche Artikel fehlen, manche Bücher und Schriften neu herbeigezogen werden müssen, dass manche ältere Quelle durch eine neuere zu ersetzen ist u. dgl., ist mir längst klar geworden. Einige Rezensenten hatten die Freundlichkeit, mich in dieser Beziehung auf Einzelheiten aufmerksam zu machen und auch an wohlwollenden brieflichen Berichtigungen freundlicher Leser hat es jetzt schon nicht gefehlt. Gern richte ich hier die fernere Bitte an die Leser, dass sie mir in dieser Hinsicht zum Behuf einer neuen Auflage behilflich sein möchten.

Ich will endlich nicht schliessen ohne einen herzlichen Dank, einesteils an die Mitarbeiter, welche, meist ehemalige Schüler von mir, gern und hilfreich mir beisprangen, anderenteils an die Vorsteher der beiden hiesigen Bibliotheken, der Stadt- und Stiftsbibliothek, deren Geduld und Aufmerksamkeit ich in hohem Masse in Anspruch nehmen durfte.

St. Gallen, Oktober 1882.

Dr. Ernst Götzinger.

Vorwort

zur zweiten Auflage.

Was diese zweite Auflage vor der ersten auszeichnet, ist vornehmlich eine grössere Stofffülle, sowohl durch Erweiterung einzelner schon vorhandener Artikel, besonders aber durch viele neue Artikel vermittelt. Die Erweiterung betrifft sehr verschiedene Gebiete, ich nenne namentlich Stadtrechts-Altertümer, wofür das schöne Buch von Gengler reiche Ausbeute bot; gern hätte ich, dem Wunsche eines Rezensenten Folge gebend, die kirchlichen Altertümer ausgiebiger behandelt und z. B. Artikel über die verschiedenen Sakramente und Sakramentalien dem Buche einverleibt; ich sah mich schliesslich trotz vieles Nachsuchens ausser stande dies so zu thun, wie es für ein Reallexicon sich gebührte; denn protestantischerseits scheint es bis jetzt an ausgiebiger Behandlung solcher Objekte zu mangeln, und katholische Schriftsteller betrachten die genannten Gegenstände eben kaum als „Altertümer“. Zum Auseinandernehmen einzelner grösserer Artikel, wie sie ebenfalls vorgeschlagen wurde, konnte ich mich nicht entschliessen, obgleich ich wiederholt die ungleichartige Behandlung eingestehe, welche auf einzelnen Gebieten sich vorfindet; aber das Buch hat nun einmal ein Gesicht mit kleinen und mit grossen Runzeln, und soll diese Physiognomie nicht aufgeben. Dagegen habe ich, um Platz zu gewinnen und mehrfach ausgesprochenen Bedenken Raum gebend, die Übersetzung der Germania gestrichen; nicht alle Leser werden damit einverstanden sein. An abschliessende Arbeit auf dem Gebiete der deutschen Altertumskunde ist eigentlich überhaupt kaum zu denken; und es bleibt der Ausspruch Herders vom Jahre 1777, der sich in dem Aufsatz über die „Ähnlichkeit der mittleren englischen und deutschen Dichtkunst“ vorfindet, namentlich in seinen Schlussworten immer noch zu Recht bestehen: „Unsere ganze mittlere Geschichte ist Pathologie, und meistens nur Pathologie des Kopfes, d. i. des Kaisers und einiger Reichsstände. Physiologie des ganzen Nationalkörpers — was für ein ander Ding! und wie sich hierzu Denkart, Bildung, Sitte, Vortrag, Sprache verhielt, welch ein Meer ist da noch zu beschiffen und wie schöne Inseln und unbekannte Flecke hie und da zu finden!“

St. Gallen, im November 1884.

Der Verfasser.

Alphabetisch nicht verzeichnete Artikel sind im Schlussregister aufzusuchen.

A.

Abenteuer, aus franz. die *aventure*, welches seinerseits von mittellat. *adventura* kommt. Dieses französische Wort, welches eine erfundene, wunderbare, den Geist der Romantik atmende Geschichte bezeichnete, verdrängte die früheren deutschen Namen *sage*, *spel*, *maere*, *liet*, und bedeutete nun auch im Deutschen als die *âventiure* die höfische, rittermässige, romantische, wunderbare Erzählung, im Gegensatze zu den Erzählungen der einheimischen Sage, die immer noch einigen Anspruch an die Wahrheit ihrer Begebenheit machten; sodann eine solche Begebenheit selber, die der Ritter *durch minnen solt* aufzusuchen verpflichtet ist, mhd. *âventiure suochen*, *bejagen*, *nâch âventiure rîten*, *gên*, *die âventiure erwerben*, *erstrîten*, *holn*, *nemen*, *brechen* u. dgl. Personifiziert erscheint die *âventiure* oft in Ausdrücken wie: wie uns die Aventiure sagt, erzählt, meldet, und als ein selbständiges weibliches Wesen von göttlicher Schönheit, *fro âventiure;* sie kann sich durch einen Ring, den sie anzieht, unsichtbar machen, und so zieht sie durch alle Lande, beobachtet den Lauf der Welt und erscheint bisweilen dem erzählenden Dichter, ihm Aufschluss über das zu geben, was er zu wissen verlangt. Recht im Gegensatze zu dieser dem französischen Gedankenkreis entstammenden Bedeutung des Wortes brauchen die Schreiber des Nibelungenliedes das Wort in der Bedeutung von Kapitel, aber nur die Schreiber; im Text erscheint das Wort nicht. Spätere Zeiten machten das Wort zu einem Neutrum, das Abenteuer, Ebentheuer, sogar Abendtheuer, mit Anlehnung an Abend und theuer, und benannten damit jedes seltsame, auffallende Ereignis. — Im 15. Jahrhundert ist *abentüre* der Name des Schützenpreises bei Gesellenschiessen. *Aventuriers* oder *Aventurieren* ist der Name zahlreicher Romane aus dem 17. und der ersten Hälfte des 18. Jahrhunderts, die zu den sog. Robinsonaden zählen; dahin gehört schon der abenteuerliche Simplicissimus des Christoffel von Grimmelshausen 1639; später gab es einen deutschen, einen lustigen, einen reisenden, einen schweizerischen, bremischen, curiösen, dänischen, Dresdener, Leipziger Aventurier. Vgl. Goedeke, I. 511.

Aberglaube, mhd. *abergloube* aus *obergloube*, wie *aberâhte* (Aberacht) aus *oberâhte;* erscheint erst gegen Ende des Mittelalters, in der lutherischen Bibelübersetzung bloss einmal, Apostelgesch. 25, 19, *abergläubig* ebenfalls einmal, Apostelgesch. 17,22. Das Wort ist durch das lateinische Wort *superstitio*, *superstitiosus* hervorgerufen und ihm nachgebildet. Aberglaube ist sowohl Gegensatz dessen, was der rechte, wahre Glaube oder was man dafür hält, glaubt, als dessen, was die vernünftige Naturerkenntnis als wahr erkannt zu haben überzeugt ist.

Das Mittelalter mit seiner unwidersprochenen Gläubigkeit kannte den Aberglauben meist nur im ersteren Sinne und nannte ihn Zauberei oder Hexenglaube, je nachdem er mehr handelnd oder bloss meinend auftrat; erst die Reformationszeit, die ja zugleich einen kräftigen Aufschwung der natürlichen Weltauffassung bezeichnet, machte den Begriff des Aberglaubens allgemeiner; Luther zählt in der Auslegung der 10 Gebote einen ganzen Katalog abergläubiger Handlungen und Vorstellungen auf. *Vadian, von dem Mönchsstand* (Werke, I, 57, 5 ff.) schreibt: *Item was allen pfarrern eingebonden, dass si iren befolhnen undertonen den heideschen altfränkeschen aberglauben zuo weren sich undernemen soltend, und namlich die selzamen opfer für die toten, item das lossen oder walsen (?), das etlich Franken oder Almenner anfangs einer jeden handlung im brauch hattend, das man bei unsern zeiten noch das lossbuochen oder buochlossen heisst, von welchem missbrauch mönch Annonius (Aimoinus, monachus Floriacencis, † 1008*, der eine *historia Francorum* schrieb, ist gemeint) *hin und har ouch schreibt, item das warsagen, das vogelgsang und den vogelflug, das selzam segnen, zuo welchem si der heilgen martrer namen bruchtend, sam es christenlich geacht werden solte, und dass man keine zwangfür anrüsten und damit die misstäter an das liecht ze bringen underston sölte, wie bei unsrer väter zeiten noch vorhanden gewesen, da abergloübig leut und onholden vermeinen wellen, man könne über ein hell feuer weiss was henken und darzuo etliche wort sprechen und streich tuon, dadurch ein mensch etwas zuo tuon oder zuo lassen gezwungen werde.* Die der Reformation folgenden Zustände waren nicht geeignet, dem Aberglauben psychologisch und historisch gerecht zu werden; die Hexenprozesse sind in katholischen wie in protestantischen Landen gleich verbreitet. Erst die Aufklärung nahm sich, indem sie gegen den Glauben eiferte, auf ihre Weise des Aberglaubens an; eine historische und psychologische Würdigung dieser Erscheinung war der neuen Zeit aufbehalten. Das beste Werk darüber ist: Wuttke, der deutsche Volksaberglaube der Gegenwart, Berlin, 1869. Vgl. Grimm, Myth., Kap. 35. Schindler, der Aberglaube des Mittelalters. Breslau 1858.

Abt, vom syrischen Worte *abba*, Vater, in die kirchlich-latein. Sprache aufgenommen und von da in alle europäischen Sprachen übergegangen, ahd. *abbât*, mhd. *abbet, abbat, apt, abt*, ist ein Name eines Klostervorstehers, neben manchen andern, wie *presbyter, prior, guardian, praepositus* (Propst), *major;* vgl. schon *Vadian* von dem Mönchsstand, deutsche hist. Schriften, I, 70, 18 ff. Da in der fränkischen und karolingischen Zeit alle Klöster des Abendlandes dem Benediktinerorden angehörten, gab es während dieser Zeit bloss Benediktineräbte; vom Amte des Abtes handelt *Caput II* der Benediktinerregel: *qualis debeat esse abbas*, in dessen St. Gallischer Interlinearversion (Hattemer, St. Gallische Denkmale, I, 36) der Name *abbas* unübersetzt geblieben oder durch *fatar* wiedergegeben worden ist. Die Benediktinerinnen hatten ihre Äbtissinnen. Das Recht der Abtwahl stand zwar gesetzlich den Mönchen des Klosters zu, kam aber selten wirklich zur Ausübung; in den königlichen Klöstern ernannte regelmässig der König den Abt. Häufig gelangte sogar Name, Würde und Einkommen eines Abtes durch königliche Belehnung in die Hand eines Laien, an dessen Statt dann regulierte Unteräbte, Dekane oder Prioren das Kloster leiteten. Als sich infolge der Klosterreform der Benediktinerorden in reformierte und nichtreformierte Klöster spaltete, behielten die reformierten den Namen Abt bloss für den Vorsteher des Stammklosters bei, die übrigen Klöster erhielten einen Prior, *proabbas* oder *coabbas*. Die Äbte der nicht reformierten Klöster wurden kleine Monarchen, hielten eigenen Hofstaat und gelangten zum Teil in den Reichsfürstenstand, wie die Äbte von Fulda, Kempten, St. Emmeran in Regensburg, St. Gallen, Einsiedeln, die Äbtissinnen zu Gandersheim, Quedlinburg, Herford. Von spätern Orden nannten nur wenige ihre Vorsteher Abt, darunter die Cisterzienser, Bernhardiner, Trappisten, Grandmontaner, Prämonstratenser. Ein Kloster, dessen Vorsteher Abt oder Äbtissin heisst, ist eine *Abtei*, mittellat. *abbatia*, ahd. *abbateia*, mhd. *abbeteie*, *aptei*, *abtei*. Das Amtszeichen des Abtes war ein dem Bischofsstab ähnlicher Stab, der jedoch nicht nach aussen, sondern einwärts gebogen war, um anzudeuten, dass sich die Macht des Abtes ausschliesslich auf das Kloster beschränke. Einzelnen Äbten wurde von den Päpsten das Recht zugestanden, sich des bischöflichen Ornates zu bedienen.

Acht, ahd. die *âhta*, mhd. die *âhte* oder *aehte*, heisst die im altdeutschen Rechte vorhandene Gesetz- oder Rechtloserklärung. Schon in der fränkischen Zeit konnte ein Verbrecher zur Strafe aus dem gemeinen Frieden oder aus des Königs Schutz gesetzt werden; die Strafe hiess *ban*; den sie traf, *wargus*, Wolf, weil der Wolf das friedlose Tier ist; der so gestrafte verlor sein Vermögen, keiner durfte ihm Brot und Obdach reichen und jeder ihn ungestraft töten. Die Strafe konnte vom Gericht oder vom König ausgesprochen werden. Nur den vom König ausgesprochenen *ban* nennt der Sachsenspiegel *âhte*; den vom Gericht ausgesprochenen nennt er *verfestung*, während der Schwabenspiegel beides *âhte* heisst; den Geächteten, mhd. *aehter*, durfte niemand länger als eine Nacht behalten, ihm weder Obdach, Schutz noch sonst etwas verabreichen; er konnte auch an gebundenen oder gefriedeten Tagen vom Kläger verhaftet, und wenn er sich zur Wehr setzte, erschlagen werden. Bloss der vom König verhängten Acht folgte nach Jahr und Tag die *oberâhte*, nhd. *Aberacht*, welche alles Recht und allen Frieden entzog.

Ackerbau. Man nimmt allgemein an, dass schon die alten Germanen sowohl die Wohnart in Einzelhöfen (Einöden) kannten, die noch in Westfalen und im deutschen Süden vorkommt, als diejenige in eigentlichen Dörfern. Got. das *thaurp* = Bauland, Feld, stimmt mit griech. τύρβη = Gedränge, Lärm, lat. *turba* = Menge, Haufen, ahd. u. mhd. *dorf*, niederdeutsch *dorp*; andere Namen sind got. *veihs*, ahd. *wîch*; got. *haims*, ahd. *heima*; got. *baurgs*, ahd. *burg*. In den Dörfern im engern Sinne nahmen kleinere, durch Geschlecht- oder Stammesfreundschaft verbundene Genossenschaften einen grössern oder kleinern Landstrich in Besitz. Im Ganzen haben sich die Verhältnisse auf diesem Lebensgebiete wenig verändert, und was während des Mittelalters Sitte und Recht ist, wird meist sehr alten Ursprunges sein.

In jeder Gemeinde ist *Privateigentum* und *Gemeindeeigentum* zu unterscheiden. Alles, was der Einzelne im Dorfe besass, Haus und Hofstätte, Ackerland und Recht in der gemeinen Mark hiess ahd. die *huoba*, *huopa*, mhd. die *huobe*, *huofe*, nhd. *Hube* und *Hufe*, davon mhd. *der huober*, als Familienname *Huber* erhalten. Andere Bezeichnungen sind *Los*, *Pflug*, *Hof*, *mansus*. Auf der Hufe ruhte das Recht der Einzelnen in der Gemeinschaft, sie war die Grundlage der Freiheit. Zum Unterschied seines Gutes und Hauses von anderen bediente sich der Freie nach alter Sitte eines Zeichens, *hantmâl*, *hantgemâl*, welches auch als Name für den Grundbesitz selber erscheint, siehe den Art. *Haus- und Hofmarke*. Ein anderer sehr alter Name ist *odal*, *uodal* = ererbter Grundbesitz. Die Hufe konnte später der Teilung unterliegen, doch war Teilung jedenfalls nicht beliebt; man suchte vielmehr dem Bedürfnis durch Anlage neuer Hufen und Dörfer zu genügen. Die Gemeinschaft des Landes begründete manche Gemeinschaft des Lebens. Bei den salischen Franken war die Niederlassung im Dorfe an die Zustimmung aller Gemeindegenossen gebunden. Die Mitglieder des Dorfes waren zu gegenseitiger Hilfe und Unterstützung verpflichtet, z. B. durch Zeugnis vor Gericht. Von jeher hatten die Dörfer ohne Zweifel einen Vorsteher, von den Mitgliedern erwählt. Der zur Beratung gemeinschaftlicher Angelegenheiten bestimmte Platz war durch eine *Linde* ausgezeichnet. Eine gerichtliche Bedeutung dieser Versammlungen war nicht vorhanden; das war Sache der Centenen, die meist umfangreicher gewesen sein werden als die Dorfschaft.

Der erste Teil der Hube ist die *Haus- und Hofstatt.* Das Haus, got. nur einmal in *gud-hûs*, Gotteshaus, vorkommend, dagegen in allen andern germanischen Dialekten *hûs* lautend, ist verwandt mit ahd. *hût*, Haut, von einer Wurzel die *bedecken*, *bergen* bedeutet; der gleichen Wurzel entstammt *Hütte*. Es war aus Holz und bildete anfänglich nur einen einzigen Raum. Das deckende Material war Stroh oder Schilf. Edlere Ausdrücke für Häuser wohlhabender Leute sind *sal*, *turm*, *burg*. *Hof*, formelhaft alliterierend mit Haus verbunden, verwandt mit griech. κῆπος Garten, lat. *campus*, heisst der eingefriedigte Wirtschaftsplatz am Hause. Der Platz, auf dem Haus und Hof stehen, heisst *hovastat*, *hovareiti*. Umzäunt wie sie war, galt sie als ein für die Gemeinweide geschlossenes Gut, das in höherm Frieden lag (siehe den Art. *Friede*, c).

Der zweite Teil der Hube sind die zugehörigen Grundstücke, Äcker, Wiesen, Weinberge, Waldstücke. Diese hatten ursprünglich ein bestimmtes gleiches Mass, das aber zwischen 20, 30 und 40 Morgen (= soviel als man mit *einem* Gespann an *einem* Morgen, später Tage pflügen kann) *Tagewerken* oder *Jucharten* wechselte; Königshufen finden sich zu 60 und 120 Morgen. Das für den Ackerbau bestimmte Feld wurde ursprünglich gemeinsam angelegt und sodann, nicht selten nach dem Loose, jedem einzelnen Genossen sein Anteil zugemessen. Wenn das anfangs bebaute Land nicht ausreichte, wurde ein neues Feld gebrochen und gleichmässig verteilt, so dass jeder den gleichen Anteil an gutem und geringerem, an fettem und magerem, nahem und entfernterem Boden hatte. Für die Abmessung der einzelnen Ackerflächen war Messung mit dem Seil, im skandinavischen Norden *Sonnenteilung* genannt, üblich, im Gegensatz gegen die *Hammerteilung*, die auf dem Wurf eines Hammers beruhte.

Es war aber das Ackerfeld jeder Gemeinde in drei Fluren eingeteilt, deren jede einen eigenen Äckercomplex bildete, so zwar dass dieser je nach der Lage und Beschaffenheit des Bodens wieder in besondere *Gewanne*, *Breiten* und *Kampe* zerfallen mochte. Die Einteilung des Ackerlandes in die drei Fluren begründete das *Dreifeldersystem*, welches überall zur Anwendung kam, wo Germanen sich sesshaft machten. Die einzelne Flur nannten die Sachsen eine *Koppel* (daher *Koppelwirtschaft*) aus franz. *couple*, die Thüringer einen *Schlag*, die Alemannen und Baiern eine *Zelge*, die Franzosen *une sole*. Die Dreifelderwirtschaft bestand nun darin, dass alle Äcker, welche zu einer Flur gehörten, in einem Zeitraume von drei Jahren, der sich periodisch wiederholte, derselben Kulturfolge unterliegen mussten.

Zwei Jahre hintereinander wurde die Zelge bepflanzt, und zwar das erste Jahr mit *Winterfrucht*, das zweite Jahr mit *Sommerfrucht*, das dritte Jahr blieb sie unbesäet u. s. f. Der ungenützte Zustand der dritten Feldperiode hiess *Brache*, niedersächsisch *Driesch*; dieselbe wurde bei sorgfältiger Kultur dreimal gepflügt; waren zuerst die Stoppeln des zweiten Jahres durch eine erste Pflügung umgebrochen, so kam dann das zweite Pflügen, das Falgen oder Felgen, und nachdem der Brachacker gedüngt war, das Saatpflügen. Ruhte der Brachacker in Alemannien und Baiern mehrere Jahre hindurch, so dass ihn Unkraut, Dorn und Gesträuch erfüllten, so sagte man, er liege in *Egerten*, und er unterlag in solchem Zustande dem gemeinen Weiderecht, zuletzt konnte er in das Gemeineigentum zurückfallen. Das mit Winter- oder Sommerfrucht bewachsene Land hiess in den genannten Gebieten *Esch* oder *Ösch*, ahd. *ezzisk*, Saatfeld. Der Fortbestand des Masses einer Hube hing meist vom Willen od. von der ökonomischen Stellung des Eigentümers ab. In Klosterurbarien dauern die alten Güter bis ins 17. Jahrh.; kleinere Eigentümer sahen sich früh genötigt, ihre Huben durch Verkauf, Erbschaftsteilung zu schmälern, oder sie vergrösserten sie umgekehrt durch Erwerb neuer Grundstücke. — Ebenfalls zur Hube und zum Sondereigentum wurden *Wiesen* gerechnet, deren Ertrag man nach *Fudern*, *Lasten* oder *Mannmad* (was ein Mann an einem Tage mähen mag) berechnete; sie lagen zerstreut bald beim Dorfe, bald zwischen Äckern, bald im Walde, bald an Abhängen, wo immer die erforderliche Wässerung möglich war. Früh findet man auch Waldung im Privatbesitz und zur Hube gehörig, ebenso Wein-, Obst- und Krautgärten.

Der dritte Teil der Hube beschlägt den *Anteil an der gemeinen Mark*. Jeder vollberechtigte Dorfmarkgenosse war befugt, das für ihn notwendige Holz zum Kochen, Heizen, Bauen und für seine Gerätschaften, Werkzeuge und Zäune aus dem gemeinen Walde zu beziehen, wofür mit der Zeit besondere Vereinbarungen notwendig wurden, siehe den Art. *Markgenossenschaft*. Zum Rechte der Markgenossen gehörte auch Jagd, Fischerei und Bienenfang. Sodann erstreckte sich das gemeine Nutzungsrecht auf jede Art von Gewässern, auf Quellen, Brunnen, Bäche und Flüsse, auf Kies- und Sandgruben, Torf- und Thongruben, Kalk- und Steinbrüche. Wer dessen bedurfte, konnte Gemeindeland durch Ausreuten in sein Privateigentum verwandeln, was dann *Neugereut, niuw geriute, novale* hiess. Endlich hatte jeder Markgenosse das *Weiderecht* auf der gemeinen Mark, wozu die Waldfrüchte, Eicheln, Bucheln, Hagenbutten, Schlehen, Haselnüsse, Holzäpfel gehörten, die zur Schweinemast benutzt wurden. Der Weide standen aber auch die Privatgrundstücke offen, sobald Früchte und Heu davon genommen waren, also in der Brachzelge den ganzen Sommer über, in den beiden andern Zelgen nach der Ernte. Die beiden letztern Zelgen wurden mit Zäunen geschlossen, sobald sie besäet waren, die Winterzelg gewöhnlich um Galli (16. Okt.), die Sommerzelg um Walpurgä (1. Mai). Ging durch eine Zelge eine Strasse, welche der Zaun überschritt, so musste dort ein Falltor unterhalten werden, ein von Stangen gemachter Gatter, der, geöffnet, von selbst wieder zufiel; das Fallthor diente dem öffentlichen Verkehr, während andere Durchgangsgatter, *Hurden* genannt, solchen Besitzern dienten, deren Grundstücke von der Strasse entfernt lagen. Nach der Ernte waren die Felder dem Vieh zur Weide geöffnet. Alte Namen für die gemeinen Nutzungen sind Wun und Weid, Trieb und Trat,

Weg und Steg, Stock und Stein, Wasser und Wasserleitungen.

In späterer Zeit kamen halbe, Drittels- und Zweidrittelshuben vor, verkleinerte Huben, für die wie es scheint die Namen *Schupissen*, mhd. *schuopôzen* und *Lunagien* in Verwendung kamen.

Was die von den Deutschen angebauten *Getreidearten* betrifft, so scheint die älteste Art der *Haber* zu sein, Habermus wird schon von *Plinius*, hist. nat. 18, 44, als die Hauptspeise der Deutschen genannt. Den nördlichen Germanen war *Gerste* das Hauptgetreide, sie dient zur Bierbereitung, zu Futter für Vieh und Geflügel, zu Graupen und Grütze und zu Brod. Beide Getreidearten, Haber und Gerste, sind Sommerfrüchte. Auf sie kamen als Winterfrüchte *Wintergerste* und *Roggen*. Von den Römern lernten deutsche Stämme den *Dinkel* oder *Spelz* und den *Weizen* kennen. Mischelkorn bestand wohl meistens aus Roggen und Weizen oder aus Spelz und Weizen. Unter den Hülsenfrüchten waren Bohnen, Linsen, Erbsen und Wicken die Beliebtesten.

Nach den Getreidearten sagte man statt Winter- und Sommerzelg Roggen- und Haberzelg und unterschied sodann Früchte in *Grosssaat*, worunter man die Winterfrüchte Roggen, Spelz, Weizen und Mischelfrucht verstand, und *Schmalsaat*, worunter man Sommerfrüchte, Gerste, Haber und Hülsenfrüchte begriff. Nach *Waitz*, Verf. Gesch. I, Cap. 4 und namentlich *Joh. Meyer*, Geschichte des schweizerischen Bundesrechtes. Bd. 1, S. 210—229. Winterthur 1878. Vgl. desselben Programm „*Die drei Zelgen*“, Frauenfeld 1880.

Adel, altd. das *adal*, mhd. das, selten der *adel*, verwandt mit ahd. *uodal* = Vaterland, Erbgut. Es sind zu unterscheiden:

1) der *urgermanische Adel*, zwar von manchen Forschern bestritten, doch heute meist als historisch angenommen, schon von Tacitus in der Germania 25 erwähnt (*super ingenuos et nobiles*). Eine mythische Abstammung und Erklärung des Adels, wie sie das Rigsmal der alten Edda enthält, lässt sich auf deutschem Boden nicht nachweisen; seine Bedeutung ist eine historische; er wurzelt in der Vergangenheit, vielleicht in einer ferneren Vergangenheit des Volkes. Er besteht aus einzelnen Geschlechtern, die das Volk höher ehrt als die übrigen Genossen, deren Ursprung aber im Dunkeln liegt, wie der Ursprung des Volks und seiner Gliederung, des Staats und seiner Ordnung selbst. Die Adligen oder Edelfreien unterhielten grosse Gefolgschaften; ihre Stimme hatte besonderes Gewicht in der Gauversammlung. Sie besassen das Führeramt, vorzugsweise auch das Priestertum; in ihren stattlicher gebauten Hallen sammelten sich die Freien zu glänzenden Gastmahlen und Festlichkeiten. Das Wehrgeld des Adligen, schon ahd. *adaling, edeling*, ist höher als das der Freien. Aus dem Adel werden die Könige gewählt. Regelmässig waren die Adligen besser bewaffnet und von Dienern umgeben; bei den Stämmen, die zu Fuss kämpften, erschienen sie bisweilen zu Pferd. Ausgezeichneter Adel gereichte schon den Jünglingen zum Vorteil, junge Adlige liebten den Krieg, sie suchten ihn auf in der Ferne, wenn daheim Friede herrschte. Adlige, besonders Jungfrauen, wurden gern zu Geiseln genommen, die Vermählung mit dem Adligen wurde besonders gesucht, und er nahm wohl eben deshalb mehr als *eine* Frau. Übrigens war die Stellung und Zahl des Adels bei den verschiedenen Stämmen sehr verschieden. Die salischen Franken hatten keinen Adel ausser der königlichen Familie, bei den Baiern waren nur fünf adlige Geschlechter, die Sachsen und Goten hatten einen sehr zahlreichen Adel.

2) *Übergang ins Mittelalter, An-*

fänge des Dienstadels. Mit der Neubildung der fränkischen Monarchie verliert der alte Geburtsadel seine Bedeutung; wo er sich, wie bei den Baiern und Sachsen, in einigen Geschlechtern erhält und von den fränkischen Königen anerkannt wird, vermischt er sich mit dem sich jetzt neu bildenden Stande, der kein Geburtsstand ist, sondern ein Dienstadel, ein Stand der Bevorzugten und Vornehmen. Er bildet eine von den Freien aufwärts bis zum Throne des Königs aufsteigende Aristokratie, durch Amt, persönlichen Dienst oder Empfang königlicher Güter ausgezeichnet. Diese Neubildungen beginnen auf fremdem, erobertem Boden, in Gallien, und sind von dort aus auf alten deutschen Boden verpflanzt worden. Die Treue und Anhänglichkeit an den König ist eine besondere Pflicht dieser Bevorzugten. Im einzelnen lassen sich unterscheiden: Übertragung von kirchlichem Grundbesitz als Schenkung, als Wohlthat, *beneficium,* auf Bitten, zum Niessbrauch, Schenkungen des Königs als Wohlthat, in der Voraussetzung, dass der Beschenkte dem Könige treu und ergeben sei, Ergebung in den besondern Schutz des Königs, Aufnahme ins Gefolge des Königs, Übernahme eines Amtes, z. B. des *Majordomus,* des Herzogs und des Grafen. Der Name Adel erscheint in dieser Periode sehr selten; man findet entweder Namen besonderer Dienstklassen, wie *vassi, antrustiones,* von *trustis* verbundene Schar, *leudes, fideles, homines,* oder Namen allgemeinerer Natur, wie *viri magnifici, venerabiles, illustres viri, majores, majores natu, honorati, priores, primores, primarii, primi, primates, potentes, magni, principes, proceres, optimates.*

3) *Die Zeit der Karolinger.* Noch immer ist in dieser Periode die Aristokratie kein abgeschlossener Stand, wechselt in ihren Mitgliedern, ist im einzelnen von Abstammung und Ansehn des Geschlechts abhängig, ohne dass damit ein bestimmter rechtlicher Vorzug verbunden wäre. Besonderen Einfluss indessen auf die allmähliche Neubildung des mittelalterlichen Adels gewinnen die Institute des Benefizialwesens, der Vasallität und der Immunität.

a) *Benefizialwesen. Beneficium,* eigentlich Wohlthat, ist der Empfang von Land zu Niessbrauch. Es wird verliehen *entweder* von einer *geistlichen Stiftung,* ursprünglich einem gewöhnlichen Landbauern, später und immer häufiger einem angesehenen Manne, der es entweder mit den Knechten, welche bisher darauf wohnten, empfing oder selbst solche hinsetzte und nun seinerseits die Leistungen entgegennahm, zu denen diese gehalten waren. Der regelmässige Zins ist seit Karl d. Gr. ein doppelter Zehnte, neben welchem noch andere Leistungen vorkommen, Unterhaltung kirchlicher Gebäude, Dienste, Geschenke, Kriegspflicht; die Person des Empfängers kann hohem oder niederem, geistlichem oder weltlichem Stande angehören. *Oder* von *weltlichen Grundbesitzern;* in diesem Falle fehlten gesetzliche Vorschriften, und alles war gegenseitiger Vereinbarung oder der sich bildenden Gewohnheit überlassen. *Oder* vom *König,* in welchem Falle auf dem königlichen *beneficium* kein Zins zu lasten pflegte. Häufig kommt Verwandlung des *B.* in Eigentum vor, manchmal ausdrücklich nur auf Lebenszeit, oder gegen die Bedingung ausdauernder Treue und Ergebenheit. Kein *B.* durfte verkauft, verschenkt oder sonst veräussert, dagegen konnte es an andere in gleicher Weise übertragen werden. Auch andere Gegenstände konnten als *B.* geliehen werden, namentlich Kirchen und Klöster, an Geistliche wie an Weltliche, bei welch letztern es allein auf den Genuss der Einkünfte ankam, sodann Forstrechte, Fischereien, Zölle, während Verleihung von

Gerichtsbarkeit als *B.* in dieser Periode meist nicht vorkommt. Auch Ämter, namentlich Grafschaften wurden als *Beneficia* behandelt. Das *B.* hat für den Verleiher wie für den Beliehenen einen persönlichen Charakter und gilt deshalb nur für die Lebenszeit beider; doch war Neuverleihung Regel, besonders dann, wo der Beliehene sich mit dem von ihm geschenkten Eigentum belehnen liess (*precarie*).

b) *Vasallität.* Die *Kommendation* oder der Eintritt in die Vasallität, d. i. in den Schutz, *mundium,* eines andern, erfolgte durch einen symbolischen Akt in der Weise, dass einer seine Hände zusammengefaltet in die des Schutzherrn legte, welcher Handlung das Treuversprechen folgte. Der Kommendierte heisst *vassus* oder *vasallus,* wahrscheinlich aus dem Keltischen, auch *gasindus*, *homo.* Mit seltenen Ausnahmen sind es regelmässig Freie, die in die Vasallität treten; die Verhältnisse sind nach dem Stande des Herrn sehr verschieden. Vasallen können wieder Vasallen haben; es giebt königliche, herzogliche, gräfliche, bischöfliche, äbtische. Wer ein *Beneficium* empfangen hat, muss sich in die Vasallität begeben, abgesehen von niedern bäuerlichen Verhältnissen und Precarien. Ein und derselbe Mann kann mehrern Herren als Vasall verpflichtet sein. Der Tod löst die Vasallität unter allen Umständen, sowohl beim Herrn als bei dem Vasall; Nachfolger und Söhne müssen sie von neuem geben und eingehen. Der Herr hat dem Vasallen Schutz zu leisten, vertritt ihn vor Gericht, hat eine gewisse Gerichtsbarkeit über ihn; die Vasallität ist ein *servitium,* ein *Dienst.* Die eigentliche Verpflichtung war *Treue,* der Dienst ein verschiedener, entweder um die Person des Herrn, oder nur für gewisse Geschäfte, wobei der Vasall auf seinem Hofe wohnen konnte. Als Mittel, die mächtigen territorialen Gewalten in eine sichere Abhängigkeit vom fränkischen Königtum zu setzen, schlug man auch den Weg ein, die Inhaber derselben, die Herzöge, zur vasallitischen Huldigung anzuhalten, ebenso die höhern Beamten, Äbte, Bischöfe.

c) *Immunität.* Sie ist ursprünglich *eine Freiheit von Abgaben* und *Leistungen,* wurde aber mit der Zeit zu einem Inbegriff von Hoheitsrechten für die Besitzer, geistliche Stifter oder hohe Weltliche. Sie steht zuerst nach altem Herkommen den königlichen Gütern zu, deshalb auch denjenigen Klöstern, die vollständig in den Besitz des Königs übergingen, und einzelnen Personen. Die Freiheit von den Leistungen an den Staat führte zu einem Ausschluss der öffentlichen Beamten, zu einer Übertragung ihrer Rechte an die Inhaber der Immunität. Sie bezieht sich auf Land und Leute, auf die Besitzungen und auf die ansässigen Menschen, also auch auf die Benefizien; später wird sie auch auf Zölle und ihnen verwandte Abgaben ausgedehnt. Dagegen ist der Heerdienst und Wachdienst ausgenommen. Dadurch dass die mit der I. behafteten königlichen Güter und kirchlichen Stiftungen auch eigene Gerichtsbarkeit erhalten, bekommen sie den Charakter besonderer, von dem übrigen Körper des Reichs abgetrennter Gebiete oder Herrschaften.

4) *Vom Aussterben der Karolinger bis zur Ausbildung der Lehensverfassung.* Einen abgeschlossenen Stand des Adels hatte die Karolingerzeit noch nicht gekannt; auch die im engeren Sinn Mittelalter genannte Periode kennt einen solchen Stand im rechtlichen Sinne nicht. Dagegen bildet es den *Ritterstand* aus und in und mit ihm denjenigen Stand, der durch seine gesellschaftlichen Verhältnisse, seine Bildung und Kunst der Träger eines geschlossenen Kulturlebens wird. Dieses wird besonders durch die Aus-

bildung der *Ministerialen* bedingt. Ursprünglich ist *Ministerial*, *Dienstmann*, mhd. *dienestman*, plur. *dienestman* und *dienestliute*, ein einfacher *Diener* im eigentlichen Sinne des Wortes, ohne Rücksicht auf die Art des Dienstes, im Hause um den Herrn oder auf dem Einzelhofe, ob niedrig oder höher und deshalb ehrenvoll. Besonderes Ansehen genoss der Hofdienst, bei grössern Landbesitzern der Rossdienst, die Teilnahme am Kriegsdienst, die jeden, der ihn leistete, über die alten Genossen zu höherer Ehre und zu besserem Rechte erhob. Solche Leute heissen *servi, Knechte, servitores, famuli, ministri, ministeriales*, die Kriegsdienst Leistenden *milites*. Mit der Zeit kam die Bildung dieser Leute zu einer bestimmten Anerkennung, zu einem Abschluss. Es gab ein Recht, einen Stand der Ministerialen. Das frühere persönliche Verhältnis wurde ein dauerndes, erbliches: neben dem Prinzip der Dienstbarkeit wirkte das Prinzip persönlicher Freiheit. Zwar sind die M. zu Dienst verpflichtet, haben einen Herrn, heissen seine Diener, aber der Dienst selbst heisst ein freier; die Bedeutung der Unterordnung und Abhängigkeit tritt zurück, wenn der Herr nicht als Person, König, Bischof, Graf, gedacht wird, sondern als eine Macht, eine Kirche, Bistum, Abtei, das Reich, eine Grafschaft. In vielen Fällen sind die M. an bestimmte Güter verknüpft, stehen deshalb im Gegensatz zu den Freien, den Vasallen, die im engeren Sinne *nobiles* heissen. In Bezug auf ihren Anteil am Kriegsdienst dagegen werden sie jenen gleichgestellt und heissen dann auch *nobiles*. Von den Landbauern, auch wenn diese frei waren, unterschied sie die ritterliche Rüstung und Tracht. Hinwiederum hat der Herr über sie ein Verfügungsrecht, verschenkt und vertauscht sie, d. h. er überträgt die Rechte, die er über sie hat. Es hat sich für sie eine besondere Gerichtsbarkeit ausgebildet. Eine besondere Art des Dienstes ist der *Hofdienst*, beim König und bei den Grossen, die Hauptdienste sind *Kämmerer*, *Truchsess*, *Schenk* und *Marschall*, daneben Jägermeister, Küchenmeister und Bannerträger. Die Entschädigung für den Dienst ist anfänglich Unterhalt; besonders wichtig aber wird, dass allmählich an seine Stelle *Land als Beneficium* tritt. Mit bestehenden Ämtern und Diensten wurden bestimmte Benefizien verbunden. Von den Besitzungen, zu denen die Ministerialen gehören, oder von den Gütern, die sie haben, empfangen sie später den *Namen*, der mit der Zeit Familienname wird. Da zu Anfang die Beziehung auf den Herrenhof überwog, waren solche Namen auch verschiedenen Familien gemeinschaftlich. Auch Eigengut kann der Ministerial haben, ebenso Knechte und abhängige Leute, die ihn als Knappen in den Krieg begleiten. Durch Kriegsdienst überhaupt sind sie zu Ansehen, Reichtum und Macht gekommen, sie bildeten einen Teil des *Ritterstandes*, der in dieser Zeit emporkam. Die durch gleiches Recht und gleichen Dienst verbundenen M. bilden eine Genossenschaft, sie bilden die Besatzung von Burgen, oft mit dazu verwendeten Benefizien versehen; eine Anzahl M. pflegten Bischöfe und Äbte am Sitze des Stiftes zur Abwehr und zu sonstigen Hilfsleistungen bereit zu halten.

In den Ritterstand treten nun auch ein *freie Leute*, namentlich freie Grundbesitzer, die sich zahlreich erhalten haben; besonders sie heissen *nobiles;* man spricht von *freiem Adel* und vom *Adel der Freiheit*. Sie stehen im allgemeinen im Gegensatz zu dem gemeinen Volk der Bauern. Es giebt aber hier sehr verschiedene Stufen. Voran steht die freie Geburt von freien Eltern, von einem freien, alten, vornehmen Geschlecht; *Familiennamen* solcher

Geschlechter sind im 11. Jahrh. aufgekommen, zunächst in den höhern Lebenskreisen, wo sie sich auf Güter und Schlösser bezogen, die der Familie angehörten; doch wechselten sie noch in den folgenden Generationen oder bei Brüdern.

Wichtig für den Stand der Freien war die Art des Kriegsdienstes und die damit verbundene und zusammenhängende Lebensart. Leistung des schwergerüsteten *Rossdienstes* erschien als ausgezeichnet und war besonderer Ehre teilhaftig, so sehr, dass allmählich die Verschiedenheit des Geburtsrechtes in den Hintergrund gedrängt wurde. Der Begriff des *Ritters* macht sich ohne Rücksicht auf andere Verhältnisse geltend, zuerst in Lothringen. Charakteristisch für alle, die zu diesem Stande gerechnet wurden, ist die *Schwertleite* (siehe diese), die Umgürtung mit dem Schwert. Anfänglich Recht der Freien überhaupt, ist die Bekleidung mit den Waffen oder die Wehrhaftmachung jetzt in dieser Form für diejenigen üblich geworden, welche den Rossdienst leisteten und zwar für Alle vom König bis zum Ministerialen herab.

Soweit kam die Bedeutung des Ritterstandes, dass *Adel zuletzt Ritterstand* war, auch der Ministerial war als Ritter adlig; der freie Grundbesitzer, der den Rossdienst nicht übte, war ebendeshalb nicht adlig.

Den höchsten Grad der Auszeichnung gab Freiheit mit ritterlichem Leben verbunden. Der freie Ritter heisst *freier Herr*, auch wohl bloss *Herr*, *baro*, *frî*. Durch Amt und Würde steht über dem Freien der *princeps*, der Fürst, seit Heinrich IV. die vorherrschende Bezeichnung, ohne dass damit vorläufig eine bestimmt umgrenzte Stellung ausgedrückt wäre. Zu den geistlichen Fürsten gehören Erzbischöfe, Bischöfe, Äbte der unmittelbar unter dem König stehenden Klöster; weltliche Fürsten sind Herzöge, Grafen, Pfalz- und Markgrafen. Sie bilden zusammen eine Art Amtsadel gegenüber dem Ritteradel.

5) *Übergang in die neue Zeit.* Die doppelte Klassifikation der Personen nach dem Prinzip der Freiheit und demjenigen des Kriegsdienstes erhielt sich bis in das 15. Jahrhundert. Daneben erhob sich unvermerkt eine neue Unterscheidung nach den thatsächlichen Verhältnissen und Beschäftigungen, aus welcher die Unterscheidung in den *hohen Reichsadel und den niederen Adel* hervorging. Jener bestand aus Fürsten, Grafen, freien Herren oder Baronen, von welch letztern die meisten seit dem 15. Jahrhundert den Grafentitel annahmen. Eine wichtige Veränderung entstand aber dadurch, dass die Kaiser anfingen, die gräfliche und freiherrliche Würde künstlich an bloss ritterbürtige Familien zu verleihen. Der niedere Adel bestand aus solchen, die freie Grundeigentümer, Vasallen oder Ministerialen gewesen waren und ritterliche Lebensart führten. Durch die Veränderung des Kriegswesens fiel die ritterliche Lebensart weg, und der Adel blieb nun bloss als ein ausgezeichneter Geburtsstand bestehen. Auch der niedere Adel wurde zahlreich durch kaiserliche Gnadenbriefe, besonders an reiche Kaufleute, sog. Pfeffersäcke, Besitzer von Schlössern, verliehen. Auch die juristische Doktorwürde erteilte dem Träger den niederen Adel. Eine besondere Klasse des niederen Adels bildete die *Reichsritterschaft*. Aus den Freien, die sich in den Städten erhalten hatten, ging das städtische *Patriziat* hervor, die Geschlechter; sie hatten zum Teil eigenen Grundbesitz, wurden Ritter und nahmen Lehen.

6) Eine eigentümliche Erscheinung zeigt sich seit dem 14. Jahrh. im *hohen Adel*, insofern hier im Gegensatz zu der diesem Stande besonders gefährlichen Auflösung und Zersplit-

terung der Familien die Ausbildung einer engern Familiengenossenschaft angestrebt und mit der Zeit durchgeführt wird. Die Verfassung dieser Adelsfamilien entwickelte sich als eine Mischung der Haus- und Geschlechtsverfassung. Im weitesten Sinn wurden auch Frauen und Kognaten zur Familie gerechnet, aber nur als Schutz- oder Passivgenossen. Eigentliche Trägerin des genossenschaftlichen Verbandes und Rechtes war die Gesamtheit der aus den Agnaten — den Verwandten gleichen Stammes und Namens — gebildeten Vollgenossen. Die wesentlichsten Befugnisse aber, welche aus der genossenschaftlichen Einheit flossen, standen bei einem unwiderruflich und nach festen Rechtssätzen bestimmten *Oberhaupt*, dessen Bestellung vom Gesamtwillen der Genossen vollkommen unabhängig war. Dieses *Haupt des Hauses* war der *regierende Herr*. Seine Stellung verdankte er seiner Geburt, er war also Organ der Familieneinheit aus eigenem Recht. Als die Quelle der Verfassung in ihrer Verbindlichkeit für den Einzelnen galt endlich die Jahrhunderte überdauernde Einheit der Familie, die unter dem Namen *Haus* in den Familienverträgen und Verordnungen seit dem 14. Jahrh. bezeichnet wird. Das Hausrecht bildete sich teils aus den Hausverordnungen des Familienoberhauptes, anderseits aus den Haus- oder Stammverträgen, Einigungen, Erbverträgen u. s. w., die von der Gesamtheit des Geschlechts oder einer Linie desselben errichtet wurden, und bezog sich auf die Succession in das Hausvermögen, das Erbrecht überhaupt, auf Witwenversorgung, auf Bestimmungen über Namen, Stand, Rang, Titel, Religion, Mittel zur Erhaltung der Einigkeit und verwandtschaftlichen Liebe, sowie des äussern Glanzes der Familie und Ähnliches.

Nur in sehr vereinzelten Fällen gelang dem *niedern Adel* eine Abschliessung seiner Familien zu Genossenschaften nach dem Vorbilde der hochadligen Häuser; doch fanden sich hier andere Formen genossenschaftlicher Verbindungen, die Ritterbünde und Adelsgesellschaften, dann die sogenannten *Ganerbschaften*, aus mhd. *ganerbe*, d. i. *Ge* + an + Erbe = Mitanerbe, bei denen eine Gesamtheit von Teilnehmern zur gemeinsamen Innehabung und Verteidigung einer Burg oder einer ähnlichen Besitzung verbunden war. Die unter den Gemeinern (Teilhabern) geschlossenen Verträge pflegten unter dem Namen der *Burgfrieden* nicht nur die Vermögensverhältnisse, sondern auch die persönlichen Beziehungen der häufig zu derselben Familie gehörigen und meist auf der gemeinsamen Burg in enger Lebensgemeinschaft wohnenden Gemeiner zu ordnen, regelten die Lasten der Bewachung, des Baues, der Verwaltung und Verteidigung der Burg, sowie anderseits die Einziehung und Verteilung der Nutzungen.

Besser erreichte schliesslich der niedere Adel das angestrebte Ziel der Familienerhaltung durch das Institut der *Fideikommisse*. Dieselben konnten erst unter dem Einflusse des römischen Rechtes entstehen, das die Begründung derartiger Verhältnisse am Familiengut unter dem Gedanken und den Formen einer *Verfügung von Todes wegen* mit ausnahmsweise weittragender Wirkung gestattete.

Abschnitt 6 nach *Gierke*, Rechtsgeschichte der deutschen Genossenschaft; § 39.

Das Hauptwerk über den Adel des Mittelalters ist *Waitz*, Deutsche Verfassungsgeschichte, in 8 Bänden, wo sowohl die reiche Litteratur über diesen Gegenstand als die zahlreichen Kontroversen behandelt sind. Sonst seien noch *Grimm*, Deutsche Rechtsaltertümer, S. 265 ff., die Werke von *Dahn, Arnold, Kaufmann, Gierke* und die deutschen Rechtsgeschichten von *Walter* und *Zöpfl* erwähnt.

Adler war schon bei den orientalischen Völkern wie bei Griechen und Römern Symbol des Sieges und der Herrschaft, Begleiter des Zeus. Ähnlich erscheint er in der deutschen Mythologie als Bote und Begleiter Wodans. In Odins Saal hing an der westlichen Thür ein Wolf und darüber ein Adler. Karl d. Gr. soll zu Aachen im Gipfel des Palastes einen ehernen Adler aufgestellt haben, der einen Bezug zum Winde hatte; denn der Sturmwind wurde gern in Gestalt des Adlers gedacht, der seine Klauen in die Wolken schlägt. Nordische Götter und Riesen legen ein Adlerkleid an.

Reiche Verwendung fand der Adler in der christlichen Kunst. Im Alten Testamente erscheint er als Symbol Gottes, der sein Volk auf Adlers Flügeln trägt; als Symbol des zwiefältigen Geistes Gottes (nach 2. Könige 2, 9) wird der *zweiköpfige* Adler dem Propheten Elisa beigegeben. Augustin deutet den Adler als Raubvogel auf die finstern Mächte, welche die Seele rauben, Dante mit dem Löwen zusammen auf die beiden Naturen Christi. Als Attribut Johannis des Evang. ist er der zum Himmel anstrebende, sich selbst verjüngende Vogel der Sonne, dann, weil Johannes der Evang. der theologus hiess, Emblem der Theologie überhaupt und als solches dem hl. Augustin, dem Schutzpatron der Theologie, beigegeben.

Als Feldzeichen erscheint der Adler zuerst bei den Persern, dann als Feldzeichen der römischen Legionen. Den zweiköpfigen Adler nahmen zuerst die orientalisch-römischen Kaiser als Reichsinsignien an, um dadurch ihre Ansprüche auf beide römische Reiche anzudeuten; von da ging er mit dem Titel eines römischen Kaisers auf den deutschen Kaiser über. Seitdem der Adler als Amtszeichen in die Wappen vieler deutscher Reichsfürsten überging, spielt er in der Heraldik eine grosse Rolle; namentlich erscheint er hier als auffliegender einköpfiger Adler, mit offenem Schnabel, ausgeschlagener Zunge, mit ausgereckten Fängen, erhobenen Flügeln und ornamental behandeltem Schwanz, den Kopf meist nach rechts gewendet. Schnabel und Krallen sind oft rot; oft hat er Kleestengel in den Füssen.

Häufig wurden die Evangelienpulte auf dem Lettner und die selbständigen tragbaren Lesepulte so gestaltet, dass die Pultfläche von den Flügeln eines Adlers gebildet, oder das Pultbrett von einem Adler getragen wurde. *Müller* und *Mothes*, Arch. Wörterbuch. Anzeiger f. Kunde d. d. V. 1864. Nr. 1—4.

Agnus Dei. Die eigentlichen Gotteslämmchen oder symbolischen Abbildungen Christi (Joh. 1, 29), welche der Papst im ersten Jahre seiner Regierung und hernach in jedem siebenten Jahre weiht, werden von dem Wachse, welches von den geweihten Osterkerzen übrig bleibt, bereitet. Am Osterdienstag weihet der Papst nach verrichtetem Hochamte in weissem Ornat, die von Silber und Perlen strahlende Bischofsmütze auf dem Haupte, ein grosses silbernes Becken voll Wasser, indem er unter andern Gebeten auch eines spricht, welches sonst niemand sprechen darf. Nachdem er nun über dieses Weihwasser kreuzweise unter besonders dazu vorgeschriebenen Gebeten etwas heiliges Öl gegossen hat, reicht man ihm 12 mit Gotteslämmchen angefüllte goldene Becken, welche er ebenfalls unter verschiedenen Gebeten einsegnet. Hierauf setzt er sich auf einen Armstuhl nieder und taucht die ihm von seinen Dienern gereichten Gotteslämmchen in das geweihte Wasser, welche die assistierenden Kardinäle, mit feinen Chorhemden angethan, mit ihren vorgebundenen Tüchern trocknen und von aufwartenden Prälaten nacheinander auf grosse mit feinen Tüchern bedeckte

Tafeln legen lassen. Dann steht der Papst wieder auf und entfernt sich nach gesprochenem Gebete; die Gotteslämmchen aber werden in die Becken gelegt und wohl verwahrt. Gelegentlich beschenkt hernach der Papst damit vornehme Standespersonen, Gesandte, Pilger u. dgl., welche sie nicht verkaufen oder mit Farben bemalen dürfen, ohne in die Strafe des Bannes zu verfallen. Französische Goldmünzen im Mittelalter trugen ein *Agnus Dei*, sie hiessen auch *mutones*; in der Griechischen Kirche heisst das Kelchtuch *Agnus Dei*. Im Volksglauben spielt es eine grosse Rolle, Einsiedler-Mirakelbücher, Kriegsgeschichten, Hexenbücher erwähnen es. Siehe *Birlinger* in der Alem. X, 154—163.

Akademie als gelehrte Gesellschaft ist ein Kind der italienischen Renaissance. Der Humanist Pomponius Lätus, gest. 1487, stiftete 1468 die Römische Akademie ursprünglich als einen freien und an kein festes Institut geknüpften Verein; man führte darin antike, besonders Plautinische Stücke auf, feierte jährlich den Gründungstag der Stadt Rom, auch das Gedächtnis eines verstorbenen Mitgliedes, durch einen Gottesdienst und eine lateinische Rede; ein obligater Schmaus mit Disputationen und Recitationen beschloss regelmässig das Fest. Der Römischen nach wurden in zahlreichen andern Städten Italiens solche Akademien gestiftet, z. B. in Neapel und Florenz. Gegen die Mitte des 16. Jahrhunderts tritt an die Stelle der lateinischen Poesie die italienische, deren Verse jetzt vorgelesen werden, und deren Pflege überhaupt das Ziel der Vereinigung bildet; das periodische Gastmahl und die Aufführung von Dramen bleiben bestehen. Vgl. Burkhardt, Renaissance, 220. Die berühmteste dieser Akademien ist die 1582 zu Florenz gestiftete *Academia della crusca*, d. i. die Grüsch- oder Kleien-Akademie, weil sie die Kleie der Sprache von dem gesunden Mehl zu scheiden trachtet; ihr Hauptverdienst ist die Herstellung eines jetzt noch geltenden Wörterbuches, zuerst 1612 erschienen. Ausser diesen litterarischen Akademien im engeren Sinne gab es noch manche andere, wie die 1457 zu Florenz gestiftete platonische Akademie. Diese italienischen Akademien sind das Muster der fast in allen europäischen Staaten gegründeten Akademien geworden; Sprachakademien sind die fruchtbringende Gesellschaft oder der Palmenorden, 1617 zu Weimar gestiftet; die aufrichtige Tannengesellschaft, 1633 zu Strassburg gestiftet; die deutschgesinnte Genossenschaft, 1643 zu Hamburg, die Gesellschaft der Pegnitzschläfer oder der gekrönte Blumenorden zu Nürnberg, 1644; der Elbschwanenorden zu Wedel im Holsteinischen, 1656; sodann zahlreiche *Collegia Musica*, in der Schweiz (auch in Deutschland?), Zürich 1613, St. Gallen 1621, Winterthur 1629, ferner gelehrte Gesellschaften im weiteren Sinne, z. B. die Leopoldinische Akademie der Naturforscher, 1652 von Banschius zu Wien unter dem Namen *Academia naturae curiosorum* gegründet, Akademie von Paris, 1666.

Akrostichon, eine poetische Spielerei, wonach die Anfangs- oder Endbuchstaben eines Gedichtes zusammen ein oder mehrere Wörter bilden, kommt schon bei den Griechen vor, und Epicharmus, ein sizilischer Komödiendichter im 5. Jahrh. v. Chr., wird als Erfinder angegeben. Das Akrostichon war in der lateinischen Mönchspoesie .besonders bei Widmungsgedichten sehr beliebt und kam daher auch in deutsche Gedichte; Otfrieds erstes Widmungsgedicht ergiebt sowohl mit den Anfangs- als mit den Endbuchstaben die Worte: *Ludouuico orientalium regnorum regi sit salus aeterna*, das zweite ebenso *Salomoni episcopo*

Otfridus, das dritte *Otfridus Wizanburgensis monachus Hartmuate et Werinberto sancti Galli monasterii monachis;* unter den höfischen Dichtern wenden u. a. Gottfried v. Strassburg und Rudolf v. Ems das Spiel an; in ähnlicher Art hat Philipp Nicolai seinem Liede: Wie schön leuchtet der Morgenstern, Anfangsbuchstaben der Strophen gegeben, die zugleich die Anfangsbuchstaben des Namens sind, dem das Lied gewidmet ist; bekannt ist das schönere Wortspiel in Paul Gerhards: Befiehl du deine Wege.

Alamode war das Schlagwort des Stutzertums seit Mitte der 20er Jahre des 17. Jahrh.; es bezeichnet die volle Parteinahme für den französischen Geschmack in der Kleidung gegenüber der ältern, „altväterischen" Sitte. Gegen diese Alamodetracht und die damit verbundene geistige Richtung erhob sich ein umfangreicher litterarischer Kampf: 1629 erschien ein *Allmodischer Kleyder-Teuffel*, Frankfurt a. M., von Kaplan *Ellinger*, dem andere ähnliche Bücher folgten, bis 1680. Durch Figuren auf „Fliegenden Blättern" suchte man die neue Tracht dem Spott der Menge anheimzugeben; die Tracht wurde darin u. a. als *Monsieur Allamode* personifiziert. In dieser Art wirkten auch Moscheroschs *Wunderliche* und *wahrhaftige Gesichte*, worin der Alamode-Kehraus lebendig geschildert wird, *Laurenbergs* Satiren, *Logaus* Epigramme (Alamode-Kleider, Alamode-Sinnen, wie sichs wandelt aussen, wandelt sichs auch innen), *Abraham a Santa Clara*. *Weiss*, Kostümk. III, 1044 ff.

Alchemie, mhd. *alchemîe*, *alchamîe*, aus mittellat. *alchimîa*, *alchemîa*, welches aus griech. die *chêmeía* = Saft, Flüssigkeit, von *chéein* giessen, durch Vermittlung der Araber und daher mit dem arabischen Artikel *al*. Man versteht darunter die vom 4. bis in den Beginn des 16. Jahrh. gehenden Bestrebungen, mit Hilfe chemischer Prozesse unedle Metalle in edle, Gold oder Silber, zu verwandeln. Wahrscheinlich haben diese Bestrebungen in Ägypten begonnen; und man nannte später einen Ägypter *Hermes Trismegistos* oder *Mercurius* den Begründer der Alchemie. Schriften aber, welche die Metallveredlung zu ihrem hauptsächlichen Gegenstand haben, findet man zuerst in griechischer Sprache im 5. Jahrh. Vom 8. Jahrh. an beschäftigt diese Kunst die Araber, und erst von ihnen kam sie zu den Europäern. Zweck ist stets, die Mittel zu finden, wodurch unedle Metalle in edle verwandelt werden, auf chemischem Wege ein Präparat, den *Stein der Weisen*, darzustellen, welches in seiner höchsten Vollkommenheit Quecksilber und jedes geschmolzene unedle Metall in Gold verwandelt, in einem niederen Zustande der Vollkommenheit dieselben nur in Silber umändert, und endlich, noch als Arzneimittel gebraucht, alle Krankheiten heilt, den Körper verjüngt und das Leben verlängert. Nach der ersten alchemistischen Theorie der Araber sind alle Metalle zusammengesetzt und zwar finden sich in allen zwei Bestandteile, von deren Mengeverhältnis und verschiedenem Grade der Reinheit die Natur des Metalls abhängt; sie heissen *Schwefel* und *Quecksilber*, womit aber nicht der gewöhnliche Schwefel und das gewöhnliche Quecksilber gemeint sind, obgleich sie darin in grosser Menge enthalten sein sollen. Unter ihrem *Mercurius* scheinen die Alchemisten den Begriff des Unzersetzbaren und zugleich die Eigenschaft des Metallglanzes und der Dehnbarkeit, der Metallizität, unter *Sulfur* den Begriff der Zersetzbarkeit, der Veränderlichkeit verstanden zu haben. Über die Natur eines Stoffes giebt das Feuer am besten Auskunft. Je nach dem Grade der Fixierung des Schwefels und des Quecksilbers ist die Schmelzbarkeit der Metalle verschieden, die Farbe hängt vom Schwefel ab. Der bedeutendste Chemiker der Araber ist *Geber* im 8. Jahrh.; andere sind *Rhazes*, *Avicenna*, *Avenzcoar*, *Albukases*; christliche Alchemisten *Albertus Magnus*, *Roger Baco*, *Arnoldus Villanovanus*, *Raymundus Lullus*, alle im 13. Jahrh. Es sind meist Mönche, die ihre Experimente in den Klöstern machten, denen zwar im Anfang des 14. Jahrh. die Betreibung der Alchemie durch eine päpstliche Bulle verboten wurde. Im 15. Jahrh. tritt als dritter Bestandteil zu Quecksilber und Schwefel das *Salz*, welches wieder nicht mit dem gemeinen Salz identisch ist. Die Goldmacherei hat zwar noch mehrere Jahrhunderte lang Anhänger gefunden; in der wissenschaftlichen Naturlehre wurde sie aber schon seit *Paracelsus* (1493—1541) abgelöst durch die Chemie in der Richtung als *Jatrochemie*, zufolge welcher sie sich in den Dienst der Heilkunde stellt. Aus ihr ist dann mit der Zeit die moderne Wissenschaft der Chemie erwachsen. *Kopp*, Geschichte der Chemie, Bd. 1 und ebders., die Entwicklung der Chemie der neueren Zeit, 5—32, und ebders., *Beiträge* zur Geschichte der Chemie. Braunschweig 1869.

Alexandersage, gehört zu denjenigen Stoffen des höfischen Kunstepos, die man *Schulepen* nennt, d. h. Epen, die ihren Stoff den schulmässigen Studien des Altertums verdanken. Vergleiche *Äneide*. Die Hauptquelle der lateinisch sowohl als nordfranzösisch bearbeiteten Alexandergedichte war der falsche Kallisthenes, ursprünglich griechisch geschrieben und später ins Lateinische übertragen. Vom französischen Alexanderlied von Alberich von Bisinzo, Mönch zu Clugny um 1138, *Aubri de Besançon* hat man nur den Anfang; erhalten sind aus dem 12. Jahrh. die Alexanderlieder des *Alexandre de Bernay* und *Lambert litors*. Nach Albrecht verfasste der Pfaffe Lamprecht, ein Weltgeistlicher, um die Mitte des 12. Jahrh., ein deutsches Alexanderlied, das durch seine kräftige, treuherzige und naive Darstellung überrascht. Es erzählt Alexanders Herkunft und Jugend, den Zug nach Asien, die Siege über Darius und Porus, den Zug ins Land der Zauber und Wunder, wo die Mädchen aus den Blumen wachsen und ein Blumenleben führen; in das Paradies einzutreten, wehrt ihn ein jüdischer Greis; Alexander kehrt zurück, regiert noch 12 Jahre weise und mässig und stirbt. Eine andere Bearbeitung derselben Sage ist von *Rudolf von Ems* zwischen 1230 und und 1241 abgefasst, einem Nachahmer Gottfrieds von Strassburg.

Alexandriner ist der eine von den beiden Versen des altfranzösischen höfischen Epos; während der beliebtere Vers ein achtsilbiger, ist der Alexandriner ein sechssilbiger Vers; man vermutet, dass er das Muster des Nibelungenverses gewesen sei; den Namen hat er von einem Alexanderliede oder von dem Dichter Alexander von Bernay. Die Franzosen hielten an ihm fest und machten ihn zum sogenannten heroischen Versmas in Epos und Drama. Opitz führte den Alexandriner als heroischen Vers in die deutsche Poesie ein. Er sagt von ihm in der deutschen Poeterei, Kap. 7: „Unter den jambischen Versen sind die zuvörderst zu setzen, welche man Alexandrinische von ihrem ersten Erfinder, der ein Italiener soll gewesen seyn, zu nennen pfleget, und werden anstatt der Griechen und Römer heroische Verse gebraucht: Ob gleych Ronsard *Vers communs* die gemeinen Verse hierzu tüchtiger zu sein vermeinet; weil die Alexandrinischen wegen ihrer Weitläufigkeit der ungebundenen und freyen Rede zu sehr ähnlich sind, wann sie nicht ihren Mann finden, der sie mit lebendigen Farben herauszustreichen weiss. Weil aber dieses einem Poeten zustehet und die, über welcher Vermögen es ist, nicht gezwungen sind, sich damit zu ärgern, unsere Sprache auch ohne dies in solche Enge der Wörter wie die Französische nicht kann gebracht werden, müssen und können wir sie anstatt der heroischen Verse gar wohl behalten, inmassen dann auch die Niederländer zu thun pflegen. Der Weibliche Vers hat dreyzehn, der Männliche hat zwölf Silben; wie der *jambus trimeter*. Es muss aber allezeit die sechste Sylbe eine *caesur* oder Abschnitt haben und *masculinae terminationis*, das ist entweder ein einsylbig Wort sein oder den Accent in den letzten Sylben haben. Zum Exempel:

Dich hatte Jupiter, | nicht Paris ihm erkohren,
Und würd auch jetzt ein Schwan | wann dich kein Schwan gebohren.
Du heissest Helena | und bist auch so geziert,
Und wärest Du nicht keusch, | Du würdest auch entführt."

Von Opitz an diente der Alexandriner in strophischen Gedichten sowohl (Sonett) als in unstrophischen Versen als typischer Vers der mannigfaltigsten Dichtungsarten; Drama, Epos, Didaktik, Gelegenheitsgedicht, Epistel, Epigramm, Elegie bedienten sich seiner. Erst um die Mitte des 18. Jahrhunderts begann man seiner müde zu werden; die Leipziger Dichter mischten ihn nur noch willkürlich in jambische Verse verschiedener Länge, Klopstock ersetzte ihn in der Messiade durch den Hexameter, Lessing im Nathan durch den Fünffüssler. Goethe schrieb als Student in Leipzig die Laune der Verliebten noch in Alexandrinern, im Jahre 1767.

St. Alexius, Held einer verbreiteten Legende, lebte unter den Kaisern Arcadius und Honorius, floh in der Hochzeitnacht aus dem väterlichen Haus zu Rom nach Asien, verteilte sein Gut unter die Armen und lebte 17 Jahre in Edessa als Bettler. Nach Rom zurückgekehrt, bettelte er in seines Vaters Haus und wurde von den Knechten unter die Treppe verwiesen und mit Unrat beworfen. Erst im Augenblick des Todes wurde er erkannt. Vgl. St. Alexius Leben in acht gereimten mittelhochdeutschen Behandlungen, herausgeg. von *Massman* in Bd. IX der Bibliothek der Deutschen Nat. Lit. Quedlinburg 1843.

Nach ihrem Schutzheiligen Alexius nannten sich die *Begharden* (siehe den bes. Artikel) auch *Alexianer*.

Allegorie, d. i. diejenige Darstellungsweise, die ein Objekt vermittelst eines ihm ähnlichen darstellt, hatte im Mittelalter eine sehr grosse Ausdehnung und Anwendung, sowohl in den bildenden Künsten als in der Poesie. Schon das Ceremoniell des christlichen Gottesdienstes, verschiedene Dogmen und besonders die Auslegungsweise der Bibel waren gesättigt von allegorischer Darstellung und Auffassung; wie man sie denn in Otfrieds Evangelienharmonie und in den Predigten und Traktaten der Mystiker überall zerstreut findet. Schon im 2. Jahrh. war die sinnbildliche Schrifterklärung Gegenstand eines ausführlichen systematischen Werkes, des ursprünglich griechisch geschriebenen, jetzt nur in lateinischer Version vorhandenen Clavis des hl. *Melito*, Bischof von Saides unter Mark Aurel; es ist die Grundlage der mystischen Naturgeschichte des Mittelalters. — Die höfische Poesie ist der Allegorie nicht besonders günstig; doch gehört Wolframs Parzifal in diese Richtung, da die ganze Erzählung ein Bild davon geben soll, wie der Mensch von der *tumpheit* durch den *zwîfel* zur *saelde*, aus der Unerfahrenheit durch den Zweifel zur Versöhnung gelange. Ganz allegorisch ist auch der französische *Roman de la Rose* von

Guillaume de Lorris, fortgesetzt von *Jean de Meung*, Mitte des 13. Jahrh., lange ein Lieblingsbuch der Franzosen. In den folgenden Zeiten wächst mit der Abnahme rein darstellender Kunst die Freude an der Allegorie, man erfindet die Blumensprache; die Liebeslust wird in unzähligen Formen verallegorisiert; das Schachzabelbuch des Konrad von Ammenhausen (1337) ist eine durch das Schachspiel versinnbildlichte Darstellung des Lebens; ebenso die Jagd des Hademar von Laber. — Noch stärker zeigt sich der Gebrauch der Allegorie in der italienischen Renaissance und in denjenigen nationalen Künsten, die von ihr aus gepflanzt worden sind. Besonders die Beliebtheit der antiken Mythologie bei den italienischen Künstlern und Dichtern brachte eine Unzahl alter und neuerfundener allegorischer Darstellungen und Personen auf; Dantes göttliche Komödie war selber eine grosse Allegorie und enthielt zahlreiche allegorische Einzeldarstellungen; die Malerei und die plastische Darstellung durch lebende Personen bei Festaufzügen u. dergl. brachte mit Vorliebe Allegorisches. Vergl. Burckhardt, Kultur der Renaissance, 322 ff. Der Einfluss der italienischen Allegorie zeigt sich nun doppelt stark in der deutschen Kunst; Maximilians Theuerdank ist rein allegorisch, Hans Sachs hat fast alle Tugenden und Laster, Zustände und Begebenheiten des menschlichen Lebens allegorisch behandelt; ebenso die Malerei, die Glasmalerei u. a.; vieles darunter mit Geist. Die Opitzische Zeit macht es nicht anders, nur dass es ihr meist an erfinderischem Geist gebricht. Erst das frischere Leben der Aufklärungsperiode und besonders die Blüte des Dramas drängen allmählich die Allegorie zurück, wobei zumal Lessings darauf bezügliche Untersuchungen im Laokoon wirksam sind. Die antikisierende Richtung Goethes und der Geist der Romantik werden der Allegorie von neuem günstiger, wovon der zweite Teil des Faust das beste Exempel sein dürfte.

Im engeren Sinne ist *Allegorie* der Name eines Tropus, wodurch ein Gegenstand nebst den Eigenschaften, die ihm anhangen, und den Wirkungen, die er ausübt, in einem einheitlichen, zusammenhängenden Bilde ausgemalt wird. Auch das Gedicht, dem ein solcher Tropus zu Grunde liegt, z. B. Schillers Mädchen aus der Fremde, Pegasus im Joche, trägt den Namen der Allegorie.

Über Allegorie in der bildenden Kunst vgl. *Otte*, Handbuch der kirchl. Kunst-Archäologie. 882. 890.

Allitterierender oder stabreimender Vers ist der Vers des altgermanischen Epos, sowohl der Skandinavier als der Deutschen und Angelsachsen. Er besteht aus zwei Hälften, deren jede zwei grammatisch und begrifflich bedeutende, stark accentuierte Silben enthält, an die sich eine beliebige Anzahl schwachaccentuierter Silben anschmiegt; die beiden Halbverse werden durch den Stabreim, d. i. durch den Gleichlaut der Anfangsbuchstaben der gehobenen Silben oder Stäbe so verbunden, dass meist auf den ersten Halbvers ein, auf den zweiten zwei Stäbe fallen; doch kommen auch die Stabverhältnisse 1, 1; 2, 1; 2, 2 vor; die Vokale werden alle als gleichlautig behandelt. Die ganze altskandinavische Litteratur baut sich aus stabreimenden Versen auf, die allmählich freilich verkünstelten und das formal-rhythmische Leben dieser Dichtung erstarren machten. Auch die ganze angelsächsische Poesie, Beowulf, Kynewulf, Kädmon, ist allitterierend. Von Überresten deutscher stabreimender Verse sind zu nennen einige Runensprüche, die Merseburger Zauberlieder, das Hildebrandslied, der Anfang des Wessobrunner Gebetes, Muspilli, der Heliand. Verdrängt wurde die Allitteration besonders durch Otfried dadurch, dass der Endreim an seine Stelle trat, ein Umstand, der ohne Zweifel für sich allein schon viel zum Untergange der alten epischen Dichtungen beitrug. Die Allitteration hat sich von der epischen Zeit her in mannigfachen Redensarten besonders der Rechtssprache erhalten: Mann und Maus, Kind und Kegel, ab und auf, niet- und nagelfest, Haus und Hof, Wind und Wetter, gesammelt in Grimms Rechtsaltertümern, 6 ff.; sodann findet sie sich als malerisches Element in Dichtungen mit Endreim ziemlich zahlreich z. B. im Nibelungenlied; auch die mittellateinische Poesie hat manches stabreimende Gedicht hervorgebracht. Erst die neuere Romantik machte wieder Versuche, den allitterierenden Vers neuerdings einzuführen, dahin gehört Fouqués Heldenspiel: Sigurd der Schlangentöter, besonders aber in neuerer Zeit das Nibelungenlied und Hildebrands Heimkehr von Wilhelm Jordan. Vgl. Ferdinand Vetter, Über die germanische Allitterationspoesie, Wien 1872, und Wilhelm Jordan, der epische Vers der Germanen und sein Stabreim, Frankfurt a. M. 1868.

Allod, mittellat. *allodium*, altfränkisch *alôdis*, aus *al* = ganz und das *ôt*, Eigentum, Besitz. Das Wort findet sich zuerst in der späteren Merowingerzeit und bezeichnet Eigengut oder Erbgut im Gegensatz zu Beneficium.

Almanach, durchs Romanische aus dem Arabischen entlehnt, wo *al* (Artikel) und *manach*, entweder als Geschenk, Neujahrsgeschenk oder als Berechnung erklärt wird. Im 15. Jahrh. hiess man so astronomische Kalendertafeln, die früh gedruckt erschienen. Die Franzosen fügten zuerst diesen Kalendarien allerlei Beigaben anderer Natur an, und der seit 1765 erscheinende *Almanac des Muses* wurde das Vorbild des von Christian Boie 1770 zuerst herausgegebenen Göttinger Musenalmanaches und des ebenfalls 1770 erschienenen Leipziger Musenalmanachs von Chr. H. Schmid. Es folgten noch zahlreiche lokale Almanache, von Frankfurt, Berlin, Wien, Pfalzbaiern, Lemberg, zum Teil unter dem Namen *Blumenlese*. Unter den spätern ist der Schillersche, 1796—1800, der berühmteste geworden.

Altar, vom lat. *altare*, Opfertisch. Der Gote verdeutschte Altar mit *hunslastaths* = Opferstätte, der Angelsachse mit *vigbed* = Tempelbett; althd. *âltari*, mittelhd. der *alter*. Der Ursprung des Altars hängt mit dem Reliquien- und Heiligenkultus zusammen, der schon in den Katakomben gefeiert wurde. Auch die ältesten Kirchen waren eigentlich Grabheiligtümer, die sich über den Ruhestätten der Märtyrer erhoben. An die Stelle des Sarkophags, der in den Katakomben schon als Tisch für die Totenspenden und die Gedächtnisfeier gedient hat, tritt jetzt der Altar, auf welchem das Opfer des neuen Testamentes und die Gebete dargebracht werden. Der Altar ist entweder ein Sarkophag, der den heiligen Leichnam umschliesst, oder er ist ein Opfertisch über dem Gruftraum, in welchen man öfters durch eine Öffnung hinabschauen konnte. Über dem Altar erhebt sich das *Ciborium*, ein von Säulen getragener Baldachin mit Vorhängen, die nach der heiligen Handlung geschlossen wurden. Von dem Steindache des *Ciborium* hängt über dem Tische ein Gefäss, die *Pyxis*, herunter, zur Aufbewahrung des heiligen Brotes. Auch in der Kirche des Mittelalters ist der Altar entweder ein Sarg oder ein Tisch, in beiden Fällen bedeckt mit der aus einem Stück gehauenen Platte, in oder unter welcher das *Sepulchrum*, eine quadratische Vertiefung, die Reliquien nebst der Weihungsurkunde enthält. Dazu Fig. 1, Altar aus der Allerheiligen-kapelle zu Regensburg. Selten entbehrte die Mensa eines weiteren Schmuckes. Man behing sie mit Tüchern und Stickereien, umgab sie wohl auch mit Reliefs von Holz und Stein oder maskierte, bei reichern Mitteln, das ganze mit kostbaren Metallen, wobei die vornehmste Zierde die Bekleidung der Schauseite mit dem *Antipendium* bildete. Die zunehmende Vorliebe für die Aufstellung von Reliquien erklärt es, dass schon in romanischer Zeit eine neue Form des Altars in Auf*tabulum* diente dann bloss noch als Staffel oder *Predella*, als Basis des Schreines. Das ist die Form des gotischen Altarbaues bis ins 16. Jahrh.; auf der Mensa ruht die *Predella*, ein langes und niedriges trogähnliches Gehäuse, das in der Regel mit geschweiften Fronten seitwärts über die Mensa ausladet und, nach vorn geöffnet, eine Reihe von Bildwerken oder, verschliessbar, die *Reliquiare* enthält. Darauf erhebt sich der Schrein, ein solcher viereckiger Kasten, mit Statuen ausge-

Fig. 1. Altar aus der Allerheiligen-Kapelle zu Regensburg.

nahme gelangte; sie bestand darin, dass man über der Mensa als Rückwand eine hochaufragende Mauer, *retabulum*, errichtete, die von vorn wieder mit kostbaren Zeugen, Skulpturen oder getriebenen Metallen geschmückt, einen geeigneten Standort für die Reliquien bot. Eine weitere Neuerung brachte die gotische Periode, indem man über dem *retabulum* einen zweiten Aufsatz in Form eines Tabernakels erstellte oder einen verschliessbaren Schrein von Holz, der nunmehr die Reliquien einschloss; das *re*setzt und mit Flügeln versehen, die man aussen mit Bildern und inwendig mit Reliefs zu verzieren pflegte. Öfters ist der Verschluss ein doppelter. Solche Altäre heissen *Wandelaltäre*. Das Ganze bekrönt ein luftiger Aufbau von Streben, Filialen und Baldachinen mit einem oft verschwenderischen Reichtum von Statuetten und Ornamenten geschmückt. Siehe Fig. 2. Altar aus der Augustinerkirche zu Nürnberg. Schon in den altchristlichen Jahrhunderten war es Sitte geworden, in einer Kirche mehrere Altäre auf-

Fig. 2. Altar aus der Augustinerkirche zu Nürnberg.

zustellen, bis auf 50. Ausser den vielen Nebenaltären, welche als Stiftungen von Privaten und Korporationen in den Abseiten und den sie begleitenden Kapellen ihre Aufstellung erhielten, waren es jeweilig zwei Altäre, die in bedeutenden Kirchen eine besondere Ausstattung erhielten, der *Fron-* oder *Hochaltar* in der Tiefe des Chores und der vor der Westseite der Chorschranke oder des Lettners befindliche *Kreuz-* oder *Laienaltar*. Der letztere, für den Gottesdienst der Laien bestimmt, war gewöhnlich von einem *Kreuze* überragt, das man jetzt noch zuweilen bald frei schwebend von dem Gewölbe herunterhangen oder auf der anderen Kante des Lettners zwischen Standbildern Mariä und des Evangelisten Johannes errichtet sieht. Neben dem Kreuz, das später seinen Platz auf der Mensa selbst fand, wurden seit dem 12. Jahrh. zwei *Altarleuchter* aufgestellt.

Mannigfaltig sind die aus Textilstoffen hergestellten *Bekleidungen* des Altars. Nach kirchlicher Vorschrift muss zunächst die obere Platte des Altartisches mit einfachen *Leintüchern* bedeckt werden, und zwar dreifach; zuerst kommen zwei untere Tücher von derberem Stoff, welche genau die Grösse der obern Platte haben, und dann das feinere darüber gebreitete Leintuch, *mappa,* das an den Seiten mit den geschmückten Rändern herabhängen muss. Nach Beendigung des Messopfers wurde im Mittelalter die oberste Altardecke herabgenommen und für die übrige Tageszeit durch das Vesperaltuch ersetzt, das in Deutschland rot- oder dunkelbraune Farbe zu tragen pflegte. *Antipendien* heissen die Bekleidungen der Seitenwände des Altars, siehe den bes. Artikel. In den ältern Zeiten, bis gegen das 12. Jahrh., schlossen *Vorhänge* den Ciborienaltar zwischen den Säulen ab, wie jene frühern Bekleidungen zum Teil aus kostbaren Stoffen hergestellt. *Hand-* und *Lavabotücher, manutergia,* dienten dem Priester beim Messopfer zur Handwaschung; ebenso grössere Handtücher, welche in der Sakristei an beweglichen Rollen aufgehängt waren. Die *Kommuniontücher* wurden von den zu beiden Seiten des Altars knieenden Ministranten der Länge nach vor den Kommunikanten ausgespannt, seit dem 16. Jahrh. zur Bedeckung der Kommunikantenbank verwendet. In früherer Zeit diente ein Kissen dem Missale zur Unterlage und schützte die kostbaren Einbände des Messbuches. Die Stufen des Altares und den Fussboden des Chores pflegte man endlich mit Teppichen zu bedecken. *Rahn*, bildende Künste in der Schweiz, S. 729. *Otte*, Handbuch der kirchl. Archäologie, Abschn. 31. — *Lübke*, Vorschule zum Studium der kirchlichen Kunst, Teil III.

Alter des Lebens u. alte Leute. Die Gliederung des Lebens ist nach der Anschauung des Mittelalters, welches hierin wesentlich mit antiken Anschauungen übereinkommt, entweder eine dreifache: *kintheit, jugent, alter,* oder eine vierfache: *kintheit, jugent, manheit, alter,* in einzelnen Fällen eine noch mehrfache. Besonders beliebt ist eine solche, welche einen Fortschritt von zehn zu zehn Jahren annimmt; der bekannte Spruch von den zehn Lebensaltern lässt sich seit dem 15. Jahrh. nachweisen.

Fester begrenzt sind diejenigen Lebensabschnitte, welche durch Sitte und Recht gezogen werden, wobei übrigens die Altersunterschiede bloss für den freien Mann gelten, nicht für den Unfreien und das Weib. Das Alter, mit dem nach germanischer Sitte die Kindheit schliesst und die *bescheidenen*, die *kenntlichen*, die *versunnenlichen* Jahre beginnen, ist das *zwölfte* Jahr; wo das siebente genannt wird, ist römisches Recht im Spiel. Nach germanischen Quellen währt Unzurechnungsfähigkeit bis zum zwölften Jahr. Vollständig freilich wurde die Zurechnung für den Knaben erst mit dem 15. Jahre, während für Mädchen die Frist um drei Jahre früher angesetzt war. In diesem Alter endigte der Unterricht des Knaben und er wurde *mündig;* einen Vormund setzt er nur noch, wenn er es selbst wünscht und wen er wünscht; als Sohn und Erbe eines Königs kann er jetzt ohne Reichsverweser herrschen. Nur in einzelnen besondern Rechten, wie dem langobardischen und sächsischen, war die Mündigkeit auf das 12. oder 13. Jahr gestellt. Wer das Alter der Mündigkeit erreicht hatte, hiess *zu seinen Jahren gekommen, gejährt* oder *jährig;* die Zahl von 12 oder 15 Jahren heisst *Jahrzahl, anni legitimi, aetas.* Doch blieb der Sohn auch jetzt noch, solange der Vater lebte und er unabgesondert in dessen Hause wohnte, in väterlicher Dienstbarkeit, zusammen mit dem Gesinde. Zum vollen Mannesrecht gelangte der Sohn erst mit dem 20., die Tochter zu ihrem vollen Rechte mit dem 15. Jahr. Beide hiessen jetzt *zu ihren Tagen gekommen.* In diesem Alter erhielt der freie Sohn die feierliche Erteilung und Anerkennung des Waffenrechtes, die Wehrhaftigkeit. Doch wurde im Verlaufe des Mittelalters diese Frist der 20 Jahre mehr und mehr verwischt und ihre Wirkungen auf das 15. oder 13. Jahr zurückverlegt, sodass z. B. der Sachse schon im 10. Jahrh. vom 12. Jahr an dem Heerbann folgen musste.

Das Alter des Mannes im vollen Sinne des Wortes reichte bis zum 60. Jahre, von da an hiess er *nach seinen Tagen, über seinen Tagen,* das *Alter* beginnt. Der 60jährige Edle ist weder zum Kampfe vor Gericht, noch zum ritterlichen Lehndienst mehr verbunden. Das Wergeld nimmt von da an wieder ab, eine neue Unmündigkeit tritt ein, der 60jährige hat das Recht sich einen Vormund zu setzen und muss für irgend welche Rechtshandlung, wenn es begehrt wird, sich ausweisen, dass er an Leib und Geist noch ein gewisses Mass von Manneskraft besitze. Ja die eigentlichen Greise verfielen wiederum in Dienstbarkeit. Man hat Nachricht, dass auch bei den Germanen, z. B. den Herulern, Greise aus Erbarmen getötet wurden, namentlich wo Hungersnot mitwirkte. Nach *Wackernagel,* die Lebensalter. Vgl. *Grimm,* Rechtsaltertüm., S.486ff.

Amadis von Frankreich ist der Held des *spanischen* Romanes, der den Umschwung der Ritterepopöe zum Ritterroman bezeichnet. Ursprünglich wahrscheinlich in portugiesischer Sprache durch den Ritter Vasco de Lobeira von Oporto, gest. 1403, verfasst, wurde er durch Garcia Ordonnez de Montalvo um 1460 ins Spanische überarbeitet und um d. J. 1500 im Drucke herausgegeben. Der Held des Buches ist Amadis, Sohn des Königs Perion von Frankreich und der Elisena, einer Tochter des Königs Gavinter von Bretagne, Hauptgegenstand die Liebesgeschichte zwischen Amadis und Oriana, einer Tochter des Königs Lisuart von Frankreich. Schon von dem genannten spanischen Bearbeiter fortgesetzt, erweiterten französische Übersetzer das Buch auf die Romanreihe von 24 Büchern. Auch in der deutschen Übersetzung, welche von 1569 bis 1594 in 24 Bänden erschien, wurde der galante Ritterroman mit seiner unglaublichen Weitschweifigkeit das Lieblingsbuch des deutschen Adels. Ausgabe des 1. Buches in der Bibliothek des litt. Vereins, Bd. 40.

Ambo, ein griechisches Wort, eigentlich Rand, Erhöhung, bedeutet in erster Linie den Platz, der sich vom Altarraum aus in das Schiff der Kirche erstreckt; er ist von Schranken umgeben und durch Stufen erhöht, und dient für die niedere Geistlichkeit, die Sänger und Vorleser. In zweiter Linie heisst Ambo der kathederartige Aufbau, der, in einigen Kirchen doppelt, über den Schranken des erstgenannten ältern und einfachern Ambo sich erhob. Derselbe war mit einem doppelten Stufengang und einem Lesepulte versehen. Wo zwei Ambonen vorhanden waren, war der rechts vom Altar gelegene höhere und reicher geschmückte zur Vorlesung des Evangeliums, der kleinere zur Vorlesung der Epistel bestimmt; war nur einer da, so enthielt er ein höheres Pult für das Evangelium, ein niedrigeres für die Epistel. Aus dem Ambo gingen später der Lettner und die Kanzel hervor.

Ambrosianischer Lobgesang heisst der fälschlich dem Ambrosius und Augustinus zugeschriebene Hymnus *Te Deum laudamus.* Wahrscheinlich ist es eine von Ambrosius für seinen Kirchenchor gefertigte lateinische Übersetzung eines alten morgenländischen Abendgesanges. Er verbreitete sich bald im ganzen Abendland als der Hauptspalm des abendländischen Christentums; Benedikt von Nursia nahm ihn in das Brevier seines Ordens auf.

Äneiden sind höfische Ritterepen, welche den Virgilischen Äneas und seine Abenteuer im Geiste des Rittertums zum Gegenstande haben. Die französische Äneide des *Pierre d'Auvergne* ist verloren. Erhalten ist die nach französischen Quellen verfasste deutsche Äneide oder Eneit des Heinrich von Veldeke, der als der Begründer der höfischen Ritterepik gilt und besonders das Motiv der Minne in das Epos einführte. Das deutsche Gedicht lässt den Äneas aus Troja fliehen und zur Dido gelangen, die ihn durch Liebe zu fesseln sucht. Durch die Götter an seine höhere Bestimmung erinnert, entflieht Äneas in das Land des Königs Latinus in Italien; um dessen Tochter Lavinia kämpft Äneas einen Zweikampf mit Turnus, dem Lavinia schon versprochen ist. Den Gipfelpunkt des Gedichtes bildet die Minne zwischen Äneas und Lavinia, die schliesslich die Stammeltern des Romulus und Remus werden. Neueste Ausgabe von Behaghel, Heilbronn 1882.

Angang, mhd. *anegane*, auch *widerganc*, *widerlouf*, heisst eine im Mittelalter weit verbreitete Art von Aberglauben, wornach der Gegenstand, auf den man frühmorgens, beim ersten Ausgang oder beim Unternehmen einer Reise unerwartet stiess, sei es Tier, Mensch oder Sache, Heil oder Unheil bezeichnete und das Beginnen fortzusetzen oder anfzugeben mahnte. So weit der Angang Menschen betrifft, so galt als unheilbringend der Angang eines alten Weibes, einer Frau mit fliegenden Haaren oder aufgelöster Kopfbinde, eines geweihten Priesters, eines Blinden, Hinkenden und eines Bettlers; für gut galt dagegen der Angang eines Höckerichten und Aussätzigen, und die Begegnung eines Gehenden günstiger als die eines Reitenden, ungünstig aber die eines Wassertragenden. Von Tierangängen gilt als günstiges Zeichen der heulende und fortgehende *Wolf*, dessen Begegnen Mut und Hoffnung einflösst, während der feige furchtsame *Hase* als entmutigendes Zeichen betrachtet wird. Dem Wolf zur Seite stehen *Hirsch*, *Eber* u. *Bär*. Des *Fuchses* Angang wird verschieden gedeutet. Wer bei frühem Ausgang *Schweinen* begegnet, wird unwillkommen sein, wer *Schafen*, willkommen; oder es heisst: als willkommener Gast wird der Wanderer empfangen werden, wenn ihm die Schafe rechter Hand, als unwillkommener, wenn sie ihm linker Hand aufstossen. Noch feiner ausgebildet war der Angang der *Vögel*. Namentlich waren unter den *Wegvögeln* (so heissen diejenigen, deren Begegnen vorbedeutungsvoll ist) die *krimmenden Raubvögel* von Bedeutung, die über andere Vögel Sieg errangen, folglich auch den Helden Siegeserfolg weissagen konnten, daher spielen auch in Träumen Raubvögel die erste Rolle. Fliegen zur *rechten Hand* galt wie bei den Alten so auch im Mittelalter für glücklich, zur *linken* unglücklich. Besonders häufig wird die *Krähe* genannt, dann *Specht, Elster, Schwalbe.* Eine besondere Art des Vogelangangs ist der *Überflug* einiger Vögel: gefeierten Helden gaben *Adler* Schatten vor der Sonne durch Überbreiten ihrer Flügel. Oft ist es nicht der Flug und Angang der Wegvögel, was dem Menschen Heil oder Unheil bringt, sondern ihr *Aufenthalt* an der Wohnstätte der Menschen. *Schwalbe* und *Storch* sind Glücksvögel; ein *Leichvogel* oder *Trauervogel* ist die *Eule,* die deshalb auch Klagemuhme, Klagemutter, Klageweib heisst. Von leblosen Gegenständen dieser Art werden in erster Linie Flammen für weissagend gehalten; wenn sie sich den Kriegern an Helm oder Speer setzten, galten sie als Vorzeichen des Sieges. Sonst galten besonders gefundene, gebettelte oder gestohlene Sachen als heilsam oder schädlich. *Grimm,* Mythologie, Kap. 35. *Wuttke,* Volksaberglaube §§ 262 ff.

Annalen heisst eine wichtige Gattung mittelalterlicher, lateinisch geschriebener Geschichtsquellen; es sind ursprünglich chronologische kurze Notizen, welche die Missionäre auf die überall verbreiteten Ostertafeln schrieben, deren Rand von selbst dazu aufforderte, neben der Jahreszahl kurze Nachrichten einzutragen. Man findet sie zuerst in Italien, Irland und England, seit Karl d. Gr. in Deutschland. Mit den Ostertafeln wurden die Randbemerkungen abgeschrieben und gingen so von einem Kloster an das andere über; man verband sie, setzte sie fort und ergänzte sie aus andern Schriftstellern. Man unterscheidet Reichs- oder Königliche Annalen, die am Königlichen Hofe entstanden sind, und lokale Klosterannalen. Zu den ersteren gehören die Annalen von S. Amand, *Annales Mosellani,* die Lorscher Annalen, die Annalen Einhards, deren Urheberschaft durch den Geschichtschreiber Karls d. Gr. zwar nicht allgemein anerkannt wird. Klosterannalen lokaler Natur sind sehr zahlreich. Aus diesen Annalen sind mit der Zeit die ausführlichen *Chroniken, Casus, Gesta, Chronica* des Mittelalters entstanden. Die Annalen sind herausgegeben von Pertz im ersten Bande der *Monumenta Germaniae historica,* 1826; siehe Wattenbach, deutsche Geschichtsquellen im Mittelalter.

Annaten heissen im Mittelalter 1. eine Abgabe des Ordinierten an den Ordinierenden, die bis zur Höhe des ersten Jahreseinkommens gesteigert werden durfte, von Priestern, Äbten und Bischöfen geleistet werden musste und allmählich an den Papst kam; man hiess sie meist *servitia.* 2. die Abgabe der Hälfte der ersten Jahreseinnahme, welche die Bischöfe von den von ihnen verliehenen Pfründen erhielten und ebenfalls mit der Zeit an den Papst abtraten. Diese zweite Art hiess im engeren Sinne *annata.* Über beide Abgaben, die mit der Zeit denselben Namen *annata* erhielten, führte die vorreformatorische Zeit heftige Klagen; die Annaten im engern Sinne sollten nach einem Beschlusse des Konstanzer Konzils aufhören, wenn sie weniger als 24 Goldgülden betrügen, was in Deutschland bei allen päpstlichen Pfründen eintraf; die *Servitien* bestanden fort, und sie sind es, denen die vielen Klagen späterer Zeit galten.

Anniversarien sind kirchliche Stiftungen für jährliche Fürbitte zu Gunsten von Abgestorbenen; sie kamen im 11. Jahrh. auf.

Annolied betitelt sich ein mittelalterliches, in niederdeutscher Mundart verfasstes Gedicht eines unbekannten Verfassers, das sich zur Aufgabe stellt, den 1075 gestorbenen heil. Anno, Erzbischof von Köln, den Zeitgenossen als einen grossen und wahren Heiligen vorzuführen; der Dichter scheint ein Geistlicher der Diöcese Köln gewesen zu sein und noch im 11. Jahrh. gelebt zu haben. Das Gedicht hat durch die rasch und kräftig fortschreitende Bewegung einen poetischen Wert. Nach vorausgegangener Einleitung, die von Erschaffung der Welt und dem Sündenfall anhebt, dann die Thaten Cäsars und Augustus und der Vorgänger Annos besingt, kommt das Gedicht auf die Regierung des heil. Bischofs selber zu sprechen und schilt die undankbaren Zeitgenossen, welche die Grösse und Heiligkeit seines Helden nicht erkannt haben. Der erste Herausgeber der Dichtung war *Opitz*, 1639, Ausgabe von Bezzenberger 1848.

Antichrist, mhd. auch mit Anlehnung an *ende: endechrist.* Die Lehre vom Antichrist, schon bei den Juden als Pseudomessias vorgebildet, kam früh mit dem Christentum in die deutsche Bildung; besonders in der Auffassung, wonach er am Ende der Welt den grossen Kampf mit Christus bestehen wird, an welchem auf beiden Seiten übermenschliche Helden teilnehmen, namentlich der Erzengel Michael und Elias, wahrscheinlich nach dem Brief Judae, v. 9, wo der Erzengel Michael mit dem Teufel um den Leichnam Mosis zankt. Die bekannteste deutsche Darstellung der Antichrist-Sage ist das Gedicht *vom jüngsten Tage* oder *Muspilli*, u. a. abgedruckt in *Müllenhoff und Scherer*, Denkmäler deutscher Poesie und Prosa, wo in der Erläuterung zahlreiche andere deutsche Dichtungen vom Antichrist nachgewiesen sind.

Schriften über diesen Gegenstand giebt es in Poesie und Prosa das ganze Mittelalter hindurch, so von der Frau Ava, gestorben 1127. Siehe Wackernagels Litteraturgeschichte, § 55. Auch *Vrîdankes* Bescheidenheit hat einen Abschnitt (49) *Von dem endechriste*, dazu die Anmerkungen in der Ausgabe von Bezzenberger, Halle 1872, p. 461 ff. Das älteste in Deutschland aufgefundene Mysterium ist der *ludus paschalis de adventu et interitu Antichristi.* Seit dem 14. Jahrhundert fanden die Gegner des Papsttums, Wikleff, Huss, und ganz allgemein die Reformatoren den Antichrist im Papste. Auch in Brants Narrenschiff, 103, ist vom *Endchrist* die Rede.

Antipendium heisst der gestickte, gewirkte oder gewobene Vorhang oder Zierbehang für die Vorderseite des Altars, *Altarbehang.* Früher gefaltet, wurden sie später, um die gestickten Darstellungen deutlicher ins Auge fallen zu lassen, ohne Falten aufgehängt, etwa auch auf Rahmen gespannt und vor der Vorderseite des Altars (*frontale*) bloss aufgestellt.

Antiphon, Wechselgesang, war ursprünglich eine Gesangsweise der Israeliten und ging früh in den christlichen Gesangskult über. Nach der späteren Kirchenpraxis verstand man unter Antiphon nur die Aufforderung zum Wechselgesang, also denjenigen Vers oder Spruch, welchen der Vorsänger anzustimmen hatte und der am Schluss des Ganzen vom Gesammtchor wiederholt wurde. Schon Ambrosius stellte ein *Antiphonarium* mit den dazu gehörigen Gesangstexten auf, eine spätere vollständigere und noch heute gebrauchte Sammlung verdankt man Gregor d. Gr. Die Antiphone sind Bibelverse oder klassische Stellen aus Bibelversen, welche den Inhalt des Psalms kurz bezeichnen oder ihm die bestimmte Beziehung auf den festlichen Tag oder die Kirchenjahreszeit verleihen.

Antonierherren oder *Hospitaliter des heiligen Antonius.* Gegen Ende des 11. Jahrhunderts wütete in Frankreich eine Krankheit, die man das *Feuer des heiligen Antonius* nannte, weil man von diesem Heiligen Rettung hoffte. Als der einzige Sohn eines Edelmanns in der Dauphiné, Gaston, von dieser Krankheit befallen wurde, that der Vater über den Reliquien des Heiligen ein Gelübde, dass er, wenn der Sohn genese, sein ganzes Vermögen zum Besten der an dieser Krankheit Leidenden verwenden würde. Beides geschah, und der Vater Gastons wurde mit acht Gefährten selbst Krankenwärter. Anfangs waren es bloss Laien; Innocens III. gab ihnen 1208 die Erlaubnis, eine Kirche zu bauen, und Honorius III. gestattete 1228 den Mitgliedern die Ablegung des Mönchsgelübdes. Bonifaz III. machte sie zu regulierten Kanonikern und gab ihnen die Regel des heiligen Augustin. Gewöhnlich nannte man sie *Antoniusherren;* als Ordenstracht trugen sie ein schwarzes Gewand mit einem daraufgehefteten himmelblauen emaillirten T, nach Ezech. 9, 4. Beim Almosensammeln trugen sie ein Glöckchen an ihrem Halse. Das Volk pflegte ihnen jährlich ein Schwein zu verehren, welches Tier dem heil. Antonius geweiht ist. Der Orden breitete sich schnell aus; die Prioren nannten sie Komture und der Abt von St. Anton zu Vienna war Grossmeister. *Hagenbach* in Herzogs Real-Encykl.

Antrustio, abgeleitet von *trustis,* die verbundene Schar und besonders die der Gefolgsgenossen, ist in der Merowinger Zeit der Name desjenigen, der zur Gefolgschaft des Königs gehört; er heisst auch *Tisch*genosse, *conviva.* Die Aufnahme in die Trustis erfolgte durch die Formel: „Es ist recht, dass wer uns unverletzte Treue gelobt, unseres Schutzes geniesse. Und weil jener Getreue nach Gottes Willen kommend dort in unserem Palast mit seinen Waffen in unsere Hand Gefolge und Treue beschworen hat; deshalb durch die gegenwärtige Urkunde befehlen und beschliessen wir, dass jener obenerwähnte hinfüro unter die Zahl der Antrustionen gerechnet werde. Und wenn jemand sich erfrechen sollte, ihn zu töten, so wisse er, dass er sein Wehrgeld mit 600 *solidi* zu zahlen schuldig befunden werde.“ Dieses Wehrgeld ist dreimal so gross wie das der gewöhnlichen Freien. Sonst hatten die Antrustionen das gleiche Recht und Gericht mit den übrigen Freien, sie sind auch nicht erblich und bilden keinen Stand des Adels. Es sind Freigeborene, die in dieses Verhältnis eintraten. Nur der König hat Antrustionen. Mit der Ausbildung des Lehenswesens verschwindet dieses nur den Franken bekannte Institut. Siehe Waitz.

Apollonius von Tyrus heisst ein im Mittelalter weit verbreiteter Sagenstoff, der die Erlebnisse einer nach allen Richtungen hin auseinander gerissenen Fürstenfamilie behandelt, welcher doch schliesslich Wiedervereinigung und dauerndes Glück bescheert wird. Ursprünglich ein griechischer Roman, wurde der Stoff in verschiedenen Sprachen in Prosa und Versen bearbeitet, deutsch um 1300 von dem Wiener Arzte Heinrich von Neuenstadt, unter dem Titel: Apollonius von Tyrland. Aus der lateinischen Bearbeitung des Gottfried von Viterbo ging das Volksbuch: „Die Historie des Königs Apollonii“, Augsburg 1471 hervor. Vgl. *Hagen,* der Roman vom König Apollonius. 1878.

Apostel wurden in der ältesten Zeit der christlichen Kunst als zwölf Schafe dargestellt, in deren Mitte Christus als das Lamm Gottes auf einer Anhöhe steht. Seit dem 6. Jahrh. erscheinen sie als männliche Gestalten, alle einander gleich, in Tunika und Gürtel, häufig mit Mantel, Schuhen und Sandalen, jeder mit einem Schaf, Christus in der Mitte, oder als zwölf ehrwürdige Männer ohne unterscheidende Attribute. Die Reihenfolge ist verschieden, auch finden sich statt Judas Ischarioth Paulus, statt Simon Zelothes und Matthias Markus und Lukas. In solcher Zahl findet man sie auf grössern Kirchengerätschaften, Altären, Kanzeln, Reliquienschreinen, Grabdenkmälern, an den Pfeilern des Mittelschiffes der Kirchen. Einer alten Sage gemäss versammelten sich die Apostel vor ihrer Zerstreuung und um das apostolische Glaubensbekenntnis festzustellen, was in der Art dargestellt wurde, dass man jedem von ihnen auf einem Spruchband einen bestimmten Teil des Bekenntnisses beilegte. Die Charakteristik der einzelnen Apostel ist folgende:

Petrus und *Paulus*, sehr oft miteinander neben Christus oder Maria oder den Evangelisten, *Petrus* ein kräftiger Greis von mittlerer Statur, breiter Stirn, derben Gesichtszügen, kurzem grauem Haar, dickem gekräuseltem Bart, oft auch bei kahlem Scheitel mit dicht im Kreise herumwachsendem Haar. Sein Attribut ist zuerst, wie bei allen Aposteln, ein Spruchband oder Buch, später ein Kreuz in der einen, das Evangelium in der andern Hand, seit dem 8. Jahrh. die Schlüssel, selten einen oder drei, gewöhnlich zwei. *Paulus* von kleiner magerer Statur, mit Adlernase, hoher Stirn, funkelnden Augen, langem ovalem Gesicht, braunem Haar, spitz herabhängendem Bart. Die Attribute sind 12 Rollen, nach der Zahl seiner Episteln, ein oder zwei Schwerter, als Hindeutung auf seinen Märtyrertod und als Schwert des Geistes.

Andreas, ein bejahrter Mann, Petrus ähnlich, dessen Bruder er ist, mit herabwallendem weissem Haar und gespaltenem Bart, mit dem Evangelium und etwa seit dem 14. Jahrh. mit dem schrägen Balkenkreuz in der Hand, an dem er den Märtyrertod fand.

Jakobus der Ältere, Bruder des Apostels und Evangelisten Johannes, hat manchmal Familienähnlichkeit mit Christus, kurzes braunes Haar und Bart, wird seit dem 13. Jahrh. gewöhnlich als Pilger von Kompostella dargestellt, mit Pilgerstab, woran die Pilgertasche hängt, die Pilgermuschel am Hut oder auf der Brust.

Johannes, Sohn des Zebedäus und jüngerer Bruder des ältern Jacobus, des Heilandes Lieblingsjünger. Anfangs bildete man ihn bejahrt mit langem weissem Bart, später jugendlich und unbärtig, von zarter Körperbildung und mildem Ausdruck. Als Apostel trägt er in der Hand einen Kelch, aus dem sich eine Schlange herauswindet, weil er der Tradition nach einen Giftbecher ohne Nachteil trank.

Philippus erscheint gewöhnlich jugendlich, unbärtig oder mit kurzem Bart und freundlichem Antlitz; als Attribut hat er ein Antoniuskreuz oder einen langen, oben mit einem Kreuz endigenden Stab.

Bartholomäus, der Apostel von Indien, wird bejahrt dargestellt, aber mit schwarzem Lockenhaar und starkem schwärzlichem Bart, das Evangelium des Matthäus in der linken, ein grosses Messer in der rechten Hand, bisweilen über dem Arm seine eigene Haut tragend, selten mit Lanze oder Beil.

Thomas, genannt der Zwilling oder der ungläubige, erscheint bald jugendlich und unbärtig, bald als gereifter Mann mit kurzem Bart; seit dem 13. Jahrh. trägt er als Attribut ein Winkelmass, weil er für einen indischen König einen Palast gebaut haben soll, oder eine Lanze, durch die er den Märtyrertod erlitt.

Matthäus bejahrt, mit weissem Bart, einen Beutel in der Hand, weil er Zöllner gewesen war. Als Zeichen seines Märtyrertodes hat er ein Schwert oder ein Beil, oder er trägt den einem Winkelmass ähnlichen Visitierstab des Zöllners.

Jakobus der Jüngere, Sohn des

Fig. 3. Petrus.

Fig. 4. Paulus.

Fig. 5. Andreas.

Fig. 6. Jacobus der Ältere.

Fig. 7. Johannes.

Fig. 8. Philippus.

Fig. 9. Bartholomäus.

Fig. 10. Thomas.

Fig. 11. Matthäus.

Fig. 12. Jacobus d. Jüngere.

Fig. 13. Simon Zelotes.

Fig. 14. Judas Thaddäus.

Alphäus, dessen Gattin Maria's Schwester war. Er wird daher in den Gesichtszügen dem Heiland ähnlich dargestellt. Seine Attribute sind Tuchwalkerstange oder Keule, vermittelst welcher ihn der wütende Pöbel zu Jerusalem erschlagen haben soll.

Simon Zelotes, nach der Tradition ein Bruder des *Judas Thaddäus*; beide sollen unter den Hirten gewesen sein, denen der Engel die Geburt des Heilandes verkündigt, weshalb sie gewöhnlich bejahrt dargestellt wurden. Ihre gewöhnlichen Attribute sind Säge und Hellebarde (oder Keule), die Werkzeuge ihres Todes.

Matthias, der an der Stelle des Judas Ischarioth nachgewählte Apostel, wird in der Reihe der Apostel meist durch Paulus ersetzt. Lanze oder Axt, die Werkzeuge seines Todes, sind seine Attribute.

Judas Ischarioth erscheint nur da, wo die Evangelien es ausdrücklich angeben, mit rotem Bart und Haar, zuweilen mit einem Teufel auf der Schulter, der ihm ins Ohr flüstert; seine Kleidung ist meist ein schmutziggelbes Gewand. Nach *Müller* und *Mothes*, Arch. Wörterbuch. Vgl. Organ f. christl. Kunst 1871.

Apostelbrüder, Apostelorden, Apostoliker heisst eine in der zweiten Hälfte des 13. Jahrh. in Oberitalien entstandene ketzerische Sekte, gestiftet durch Gerhard Segarelli, einen Handwerker in Parma. Von dem Franziskaner Orden, in den er einzutreten wünschte, abgewiesen, beschloss er, das arme Leben der Jünger Jesu nachzuahmen, und gründete zu dem Ende eine apostolische Gemeinschaft. Vom Papst und den Bischöfen verfolgt, predigten die Apostelbrüder gegen die Hierarchie und die Gebrechen der Kirche; Segarelli selbst wurde im J. 1300 verbrannt, doch dauerte namentlich unter dem Nachfolger Segarelli's, Dolcino, die Sekte noch ziemlich lange. Oft verbanden sie sich mit Fraticellen und Begharden.

Apostellöffel hiessen Löffel, die am Stiel mit der Figur eines Apostels oder der heil. Jungfrau endeten. Sie gehörten zu den heil. Geräten, um bei der Messe dem Wein einige Tropfen Wasser beizumischen. Ein volles Besteck bestand aus 13 Löffeln, einer mit der Maria, die 12 andern mit den Aposteln. Sie dienten auch als Patengeschenke.

Apotheke bedeutete zuerst jeden Kram-, also auch Tuch-, Schuhmacherladen u. dgl.; im 14. Jahrh. verengt sich der Begriff zu einem Spezereiladen, in welchem Hülsenfrüchte, Gewürze, Arzneistoffe, Konfekt, Wachs u. dgl. verkauft wurden; aus dem Inhaber solcher Läden wird dann ein gelernter Bereiter von Arzneien, ein Meister; es hängt das damit zusammen, dass man ursprünglich fast nur vegetabilische Arzneistoffe gebrauchte und erst später mit dem Fortschreiten der Chemie und der häufiger werdenden Anwendung von mineralischen Stoffen eine wissenschaftliche Thätigkeit aufkommt. Im 15. Jahrh. beginnt man die Apotheken durch Ärzte beaufsichtigen zu lassen und polizeiliche Vorschriften über Taxen u. dgl. aufzustellen; die älteste bekannte Apotheker-Ordnung ist die Frankfurter v. J. 1461, welche zum Muster zahlreicher anderer wurde. Die Arzneistoffe wurden ausser den einheimischen vorzugsweise von Venedig bezogen; sie zerfielen in einfache und gemengte. Siehe *Kriegk*, deutsches Bürgertum im Mittelalter, I, 60 ff., wo auch die älteste Apotheker-Ordnung abgedruckt ist. Kohl, Altes und Neues, Bremen 1871, Abschn. 9. — *Federking*, Geschichte der Pharmazie. Göttingen, 1874.

Apsis, aus griech. *apsis* oder *hapsis* = Verbindung, Rundung, Gewölbe, daraus mittellat. *absîda*, ahd. *absîda*, *apsîta*, mhd. mit Anlehnung an *ab* und *sîte*: die *absîte* oder *apsîte*, ursprünglich die Altar-Nische der Basilika. Sie heisst auch *concha, tribunal, sanctuarium* oder *sancta sanctorum*, weil der Hochaltar darin steht. Im gotischen Baustil hört die Apsis auf, ein organisch gesondertes Glied, eine selbständige Vorlage des Altarhauses zu sein, und der Altarraum ist bloss ein Bestandteil des hohen Chores, das Allerheiligste desselben.

Aquamanilia, Wassergefässe zum Händewaschen, die in Form der verschiedenartigsten Tiere gebildet sind, gelten gewöhnlich ausnahmslos als zum kirchlichen Gebrauche bestimmt. Ältere Formen, wie ein Gefäss im Dome zu Aachen in Gestalt eines männlichen, mit Epheu bekränzten Kopfes, erinnern noch an die Antike, später wurden vorzugsweise Tiergestalten beliebt, Löwen, Greife, Hunde, Pferde, phantastische Tiere, auch finden sich Ritter zu Pferde mit voller Rüstung.

Archipoeta, Erzpoet, nennt sich der Hauptvertreter der mittelalterlichen Vagantenpoesie. Er besass den Vornamen Walther, stammte aus ritterlichem Geschlecht und genoss die besondere Gunst Rainalds von Dassel, des Erzbischofs von Köln und Kanzlers Kaiser Friedrich I. Die Vermutung Giesebrecht's, dass der Archipoeta identisch sei mit Walther von Lille oder von Châtillon, welcher durch seine Alexandreis die Klassiker aus den Schulen verdrängte, ist von *Hubatsch*, die lateinischen Vagantenlieder des Mittelalters, Görlitz 1870, widerlegt worden. Der Archipoeta feiert in glänzenden Versen den Kaiser Friedrich Barbarossa als den Herrn der Welt, den Fürsten aller Fürsten, Hort der Sicherheit und Ordnung; zugleich aber jammert der sehr sinnenlustige Poet über seine Armut und wird nicht müde, seine Gönner anzubetteln. Von ihm stammt das Lied *Mihi est propositum in taberna mori.* Seine Gedichte sind zuerst herausgegeben worden durch *J. Grimm*, Gedichte des Mittelalters auf K. Friedrich I., Berlin 1844, wiederholt in J. Grimms kl. Schriften, Bd. III. 1—102.

Archivwesen. Die *kirchlichen* Archive reichen viel höher hinauf, als die weltlichen. Sie enthalten zwei Bestandteile, einesteils die Privilegien, Schenkungen, Vertrags-Urkunden, richterliche Entscheide, anderntheils die aus der eigenen Thätigkeit hervorgehenden Konzepte, Register, Akten aller Art; jenes sind die *Urkunden*, dieses die *Registratur*. Die ersten Spuren des päpstlichen Archivs gehören dem 4. Jahrh. an. Infolge des päpstlichen Exils nach Avignon ging fast das ganze Archiv zu Grunde. Erst von Innocenz III. an sind die Originalregister in 2016 Bänden vorhanden. Die zahllosen Kirchen- und Klosterarchive wurden meist sehr sorgfältig verwahrt; oft wurden die Hauptprivilegien mit dem Schatze vereinigt, daher sie am zahlreichsten auf uns gekommen sind. Die Siegel schützte man durch Umhüllung von Werg, Beutel von Leder oder anderem Stoff. Um die zu häufige Einsicht in die Originale zu umgehen, legte man Kopialbücher an. Bei weltlichen Fürsten war es Sitte, die wichtigsten Dokumente in einem Stifte zu verwahren, die deutschen Karolinger benutzten dafür die Kapelle zu Regensburg. Bei dem Wandern des Hofes lagen die Archivstücke oft sehr zerstreut, die laufenden Akten und wichtigen Urkunden führte der Hof mit sich. In den Städten legte man von Anfang an grossen Wert auf ein geordnetes Archivwesen; zur Aufbewahrung benutzte man das Rathaus oder die Pfarrkirche. *Wattenbach*, Schriftwesen, VII.

Arkebusierer, von französ. *archebuse*, dieses aus dem altitalienischen *arca-bouza*, lat. *archibuso*, zusammengesetzt aus ital. *archi* = lat. *arci* = des Bogens, u. ital. der *bugio*, Loch, also eigentlich Feuerrohr mit Loch, deutsch Hakenbüchse. Im Gegensatz zur Muskete oder dem Handrohr, das der Schütze allein mit den Händen handhaben konnte, ist es das Handgeschütz, welches zum Auflegen einen Stand- oder Gabelstock erforderte. Arkebusirer sollen in Frankreich durch *Franz I.* um 1544, im spanisch-niederländischen Heere durch *Alba* um 1567 eingeführt worden sein. Sie wurden ihrer Unbequemlichkeit halber in Holland um 1600, bei den Schweden durch Gustav Adolf und seit den 40er Jahren des 17. Jahrhunderts überhaupt mehrenteils abgeschafft. Die Ausrüstung des Arkebusierers bestand aus dem eisernen Brust- und Rückenstück, nebst Sturmhaube, die letztere später durch einen breitkrempigen Hut ersetzt, der Arkebuse an einem Querbandelier, dem Schwert, Pistolen und Zubehör.

Armbrust, mhd. das *armbrust, armbrost,* durch Anlehnung an Arm gebildet aus mittellat. *arbalista,* vollständiger *arcubalista* = Bogen-Wurfmaschine, aus lat. *arcus* der Bogen und griech. *ballein* = werfen.

Die Armbrust ist eine Weiterentwickelung des Bogens, indem derselbe an einen Schaft befestigt ward, welcher im oberen Drittteil seiner Länge in einem vierseitigen Ausschnitte (Nussbrunnen) eine um eine Welle drehbare Nuss hatte, hinter welcher die Sehne zurückgezogen und eingelegt, die Nuss dagegen durch die in ihr unten einliegende Abzugsstange festgehalten wurde. Die wesentlichsten Teile der Armbrust sind also der *Bolzen,* anfangs von Holz dann von Horn, endlich von Stahl hergestellt, ferner der eichene Schaft mit der Nuss, dem Kern und dem Schlüssel od. Drücker, sowie endlich die Sehne. Die Armbrust war schon den Goten bekannt. Für den Adel und die Fürsten war sie zunächst Jagdwaffe, für den Bürger Turm- und Mauerwehr. Als Kriegswaffe kam sie namentlich im 13. Jahrh. in Aufnahme, in den Kriegen der Städte gegen den Adel. Philipp August (1180—1233) schuf in Frankreich die ersten Armbrustschützen-Kompagnien. Besonders in den Niederlanden war die Waffe beliebt, man belebte die Übungen durch Feste; 1394 wurde zu Tournay ein grosses Wettschiessen abgehalten; ähnlich in Deutschland, wo mancherorts die Bürger einen Teil des Zwingers zwischen Stadtmauer und Stadtgraben zu ihren Übungen inne hatten. Das Ziel pflegte ein aus Holz geschnitzter Vogel zu sein, auf einer langen Stange befestigt. In der Schweiz haben sich in einigen Städten Armbrust- oder Bogenschützengesellschaften bis heute erhalten. Während die Armbrust für die Verteidigung fester Plätze gute Dienste that, kam sie für die Verwendung im offenen Felde niemals recht auf; schoss auch der Bogen weniger stark, so schoss er doch viel schneller als die Armbrust; auch konnte der Armbrustschütze in seinem Köcher nur 18 Bolzen fortschaffen, während der Bogenschütze 24 Pfeile trug. Gelegentlich werfen die Armbrustschützen im Kampfe die Waffe weg oder bedienen sich ihrer als Keule. Noch schwerfälliger wurde der Gebrauch der Waffe, wenn ihr Inhaber mit einem oder zwei Knechten als Spanner in den Kampf zog. *Müller und Mothes,* Wörterbuch, und *Jähns,* Geschichte des Kriegswesens.

Armenpflege. Die Armenpflege ist ein wesentlich christliches Institut, sie beruht auf dem Gebot der Nächstenliebe, hat mit dem Staat nichts zu thun und wendet sich bloss an die Individuen; sie besteht in Privatalmosen und deren Sicherung, also im Stiftungswesen. Die Armenstiftungen wurden der leichten, wohlfeilen und sicheren Verwaltung wegen an bleibende Korporationen angeschlossen, kleinere mehr an Kirchen, grössere, wie Spitäler, an Gemeinden. Durch die Anknüpfung an die Kirche erhielt die Armenpflege den religiösen Charakter und war eine wirksame Aufmunterung zu neuen Armenstiftungen.

1) *Kirchliche Armenpflege.* Arm ist erstens der Gegensatz von *rîch* in dessen zwei Bedeutungen, vornehm, mächtig — und reich an Gut; daher arm mhd. sowohl den Mann von geringem Stande, den hörigen Bauer, *arme liute*, als denjenigen, der nichts besitzt, bedeutet, den armen Dürftigen, den Bettler, lat. *pauperes, egeni, pauperes mendicantes hostiatim,* die an den Thüren betteln. Die Armenpflege erstreckte sich meist auf diese zweite Klasse, und zwar sowohl auf die ansässigen oder Ortsarmen als auf die wandernden Armen oder Pilger. Aus der ersten Klasse, den *armen liuten,* gingen die *armen Schüler* hervor, *pauperes scholares*, die auch in ständige und wandernde eingeteilt wurden. Die ständigen besuchten die Kirchenschule und waren zum Chorgesang verbunden. Man unterschied solche, die nur Brot bekamen, und solche, welchen man Kost gab. Aus den armen Schülern wurde die niedrige Geistlichkeit gross gezogen, die von der Pfründe des Altars lebte, dem sie diente.

Die Armenpflege zieht *Naturalverpflegung der Geldausteilung vor*, und zwar werden rohe Nahrungsmittel seltener erwähnt als fertige. Die Naturalverpflegung hiess *spende* aus mittellat. *spenda*, welches mit *Speise* aus lat. *expendere* kommt, während Geldalmosen gewöhnlich *almosen*, *eleemosynae* heissen. Die Spende geschah häufiger in Weissbrot als in Schwarzbrot, weil man dadurch der Absicht des Spenders besser nachkam. Es gab einmalige Spenden und solche, die sich über das ganze Jahr erstreckten. Grundsatz war, die Spenden öffentlich zu verteilen, auf dem Kirchhof, am Grabmal des Stifters, in der Kirche. Die Armen mussten daher bei der Seelenmesse anwesend sein, schwache und kranke Hausarme ausgenommen. Die Stiftungsbriefe hiessen *litterae penales* von *poena*, d. i. Strafe für den Nichtvollzug der Stiftung.

2) In der *Gemeinde-Armenpflege* herrscht ebenfalls der Unterschied zwischen Spenden und Almosen. Die besonderen Anstalten zur Beköstigung der Armen sind die *Spitäler*, deren man *reiche Spitäler*, d. i. Pfrundhäuser, und *arme Spitäler*, Armenhäuser unterschied. Über die Armen ausser den Spitälern war ein Ausschuss angeordnet. Wo die Reformation eingeführt wurde, pflegte die Obrigkeit sofort durch ein besonderes Mandat eine Armenordnung aufzustellen, besonders damit die Vermächtnisse frommer und mildthätiger Vorfahren nicht mehr zu einem prunkenden Gottesdienste und für unwürdige Geistliche verwendet würden. Vgl. *Kesslers* Sabbata, I, 92. Man stiftete einen öffentlichen *Almosenkasten*, stellte eine Armenbehörde auf, richtete in den Kirchen einen *Almosenstock* ein (daher *Stockamt*) und verordnete für die Hauptgottesdienste ein Einsammeln von Almosen durch das „*Säckli*“, den *Klingelbeutel*. *Mone*, Über die Armenpflege vom 13. bis 16. Jahrh. in der Zeitschr. f. Gesch. d. Oberrheins, Bd. 1. — *Kriegk*, Deutsches Bürgert. I, 161.

Artillerie kommt als Kollektivname für Geschütz im Anfang des 16. Jahrh. auf, bei Vadian *artellari* (etwa 1530), bei andern *Artelerei* und *Artollerie;* aus franz. die *artillerie*, provenz. *artilharia*, span. *artilleria*, ital. *artigliéria* = Geschütz, von franz. der *artiller*, span. der *artillero*, ital. der *artigliére* = Stückgiesser, Geschützsoldat, welches auf provenz. *artilha*, Festungswerk und zuletzt auf Ableitung von lat. *ars*, Kunst, im Mittellateinischen auch soviel als Geschütz zurückzuführen ist. S. Weigand. Eine Umdeutschung des nicht verstandenen Artillerie scheint *ar-*

kelei, arkellei, arkollei zu sein. Der Ausdruck *Artillerie* kommt ungefähr zur selben Zeit wie die Feuerwaffen in allgemeinere Aufnahme, doch ist

Fig. 15. Steinbüchse.

Fig. 16. Steinbüchse.

Fig. 17. Orgelgeschütz.

Fig. 18. Orgelgeschütz.

er älter als die Feuerwaffe und bei den Franzosen schon unter Louis IX. um 1228 bekannt, als Gesamtname der Wurfgeschosse. Der Adel, der in den Feuerrohren eine Beschränkung seiner Bewaffnung, und Dichter und Denker, die in ihnen eine freche Anmassung göttlicher Attribute sahen, betrachteten die neue Waffe mit ungünstigen Blicken. Eine rationelle Trennung von Handwaffen und Geschützen ist bei den geringen Kalibern der frühesten Feuerwaffen kaum durchzuführen. Als Mittelding zwischen Handwaffe und Geschütz ging wohl zunächst die *Holzkanone* hervor; erscheint sodann der *Wurfkessel* oder *Mörser*, dadurch verlängert,

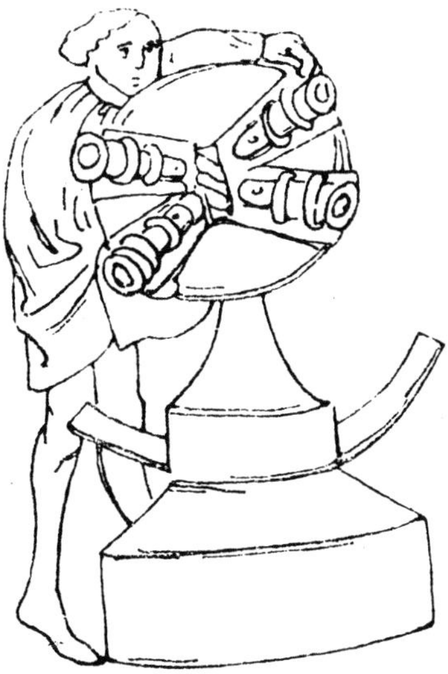

Fig. 19. Orgelgeschütz.

Fig. 20. Steinbüchse.

Fig. 21. Steinbüchse.

Fig. 22. Steinbüchse.

ein gestielter *Handmörser* wurde einer arabischen Waffe, der *Madfaa*, nachgebildet. Als schweres Geschütz dass man entweder dem Geschütz vorn ein Mundstück ansetzte, oder, indem man den Wurfkessel in einen

Cylinder hineinschob; in jenem Fall hatte man einen Vorder-, in diesem Fall einen Hinterlader. Allmählich ging man zu schlankern Formen über. Gegossen wurden die Geschütze zuerst über einen Kern, schon im 15. Jahrh. bohrte man aber in Deutschland Geschütze. Das Material ist anfangs Stabeisen, später Bronze. Vorherrschende Typen giebt es bis gegen 1450 kaum, man schwankt von einem Extreme zum anderen, von sehr kurzen, kesselartigen zu langen, schlangengleichen Rohren. Erst gegen Ende des 15. Jahrh. lassen sich bestimmt benannte Arten von Geschützen deutlicher unterscheiden.

1. *Büchse*, ahd. *puhsa*, mhd. *bühse*, lat.-griech. *pyxis*, ursprünglich eine aus hartem *Buchs*baumholz gedrehte Kapsel, welche sich schraubt. Man unterscheidet *Steinbüchsen* für Steinkugeln und *Klotzbüchsen* für Kugeln aus Eisen, Bronze und Blei, *Lothbüchsen* schiessen bloss Blei.

2. *Metzen*, ahd. mhd. *mez* = Mass, Gefäss, Trinkgefäss, also gleichbedeutend mit *Kanone* aus lat. *canna* = Röhre, Trinkgeschirr.

3. *Ellbogen-Geschütze*, in Form von Winkelhaken mit horizontalem Rohr als Kammer und senkrecht emporstehendem Rohr als Flug.

4. *Mörser*, *Tummler* oder *Böller*, anfangs selten, da die alten Wurfmaschinen denselben Zweck wohlfeiler erfüllten; seit dem 16. Jahrh. werden sie behufs Werfen von Feuerkugeln häufiger. *Tummler* und *Böller* sind Mörser kleineren Kalibers.

5. *Hauptbüchsen*, *Scharfmetzen* oder *Mauerbrecher*, zum Brechschusse bestimmt, seit dem Ende des 14. Jahrh. eine besondere Zierde der Fürsten und Städte.

6. *Kammerbüchsen* mit beweglicher Ladebüchse, die durch vorgesteckten Keil oder Schraubgewinde im Rohre befestigt wurde, auch *Vogler*, *Vögler* genannt, in der ersten Hälfte des 15. Jahrh. häufig.

7. *Haufnitz*, Hawnitz, Hauffnitt, Haubitz, von den Hussiten in Nachahmung und Verkürzung der gegen sie zahlreich angewandten Kammerbüchsen erfunden und mit Verstümmelung des deutschen Wortes *Hauptbüchse* benannt. Es ist ein Vorderlader, teils mit, teils ohne abgesetzte Pulverkammer.

8. *Kartaunen* oder *Quartanen*, *Viertelsbüchsen*, durch Verlängerung der Hauptbüchse bei Verminderung des Kalibers entstanden.

9. *Schlangen*, franz. *serpentines*, mit sehr langem Rohr.

10. *Falken*, Falkaunen, Valkenetlin, Falkonett, leichtere Feldschlangen.

11. *Hagelbüchsen* oder *Orgelgeschütze*. Vereinigung mehrerer Rohre auf einer Achse.

12. *Repetiergeschütz*.

In Bezug auf die Fortschaffung des Geschützes unterschied man *Tarrasbüchsen*, d. i. solche, deren Fahrzeuge nicht bloss zum Transport, sondern auch als Schiessgerüste, *Tarras*, dienten und *Karrenbüchsen*, von nur einem Pferde gezogen.

Die Figuren 15—32 entstammen einer Münchner Bilderhandschrift vom Jahr c. 1350, die statt des Textes bloss Unterschriften enthält. Erklärt und abgebildet im Anzeiger f. Kunde d. d. Vorzeit. 1860. Nr. 11.

Das älteste deutsche Buch über Artillerie ist das *Feuerwerksbuch* des Abraham von Memmingen, 1414; auf ihn folgt der Pfälzer Martin Merz, dessen Kriegsbuch aus dem Jahre 1472 stammt. Nach *Jähns*, Handbuch einer Geschichte des Kriegswesens.

Artussage, der beliebteste und ausgebildetste Sagenkreis der höfischen Weltlitteratur. Französisch sprechende anglo-normannische Dichter brachten den Stoff in England auf, wo sie ihn, von Quellen zweiten Ranges abgesehen, in einer lateinisch geschriebenen Chronik fanden, die *Gottfried*, Erzdiakon *von Monmouth*, um das Jahr 1140 niedergeschrieben hatte, und die den Titel trägt: *de* *origine et gestis rerum Britanniae;* deutsch übersetzt von San Marte, Halle, 1854. Darin wird die Geschichte von 99 Herrschern des alten Britanniens erzählt, von dem Stammvater der Briten, Brutus, einem Enkel des Äneas, an, bis zu Codwallader am Ende des 7. Jahrh. Es ist ein sagenhaftes, märchenvolles Buch, dem das Bestreben zu Grunde liegt seinen Gegenstand und durch ihn sein Heimatland mit Glanz zu umgeben; indem der Geschichtschreiber seinen Stoff mit dem klassischen und biblischen Altertum verknüpft, bemüht er sich durch Zusammenstellung wunderbarer, rührender, tragischer Momente den Eindruck lückenloser Vollständigkeit und Zuverlässigkeit hervorzubringen. Bis auf Milton ist das Buch die Quelle der englischen Geschichtschreiber gewesen; sein elfter König ist Lear, dessen Töchter Gonerilla, Regan und Cordailla sind; der 69ste ist Cymbeline, der 91ste Artus oder Arthur, der den erobernden Sachsen im 6. Jahrhundert glücklichen Widerstand leistete. Über ihn als geschichtliche Persönlichkeit handelt Lappenberg, Geschichte Englands, I, 103 ff. Von den historisch-nationalen Zügen des Königs Artus ist jedoch in der höfischen Sage keine Spur zurückgeblieben, vielmehr wurde er zum Ideal des ritterlichsten, freigebigsten, frömmsten Königs ausgebildet; er ist der alle überstrahlende Artus, die Blume der Könige, der Stolz und Ruhm und einstige Heiland seines Landes, der mit dem Beistand des gewaltigen Zauberers Merlin über alle Feinde siegreich war, über Sachsen, Deutsche und selbst über den Kaiser der Römer, Lucius Tiberius; sein Ruhm verbreitet sich über die Erde; an Macht, Glanz und Freigebigkeit ist ihm kein König vergleichbar; er baut Kirchen, Paläste und Städte. Gastmahle, Spiele und Turniere drängen sich an seinem Hofe, der das Vorbild aller Ritter wird. Bei einem glänzenden Pfingstfeste, das er in seiner Hauptstadt Carleon feiert, huldigen ihm die 40 Könige der Erde. Sein Glanz wird nur getrübt durch die Untreue seiner Gemahlin Ginevra und den Verrat seines Neffen Modred. Der Ausbau der Artussage schliesst sich an die ihr vorausgehende Karlssage an. Während Karl mehr der fränkische Held war, wurde Artus der anglonormannische; vorzüglich das Motiv der Minne konnte hier viel freieren Spielraum gewinnen als in den immer noch einigermassen historischen Karlsdichtungen, zumal die verbotene Minne. Von der Karlssage entlehnte die Artussage die Tafelrunde mit ihren 12 Paladinen; aus andern bretonischen Sagen flossen der Artussage neue Gestalten, Stoffe und Motive zu, Parzival, Tristan, so dass zuletzt ein weiter umfangreicher Sagenkomplex daraus sich gestaltete. Während die Gedichte der Karlssage bei den französischen Dichtern *chansons de geste* heissen, erhalten die Artusgedichte den Namen *Roman*, d. h. ein Gedicht in der romanischen Vulgärsprache gegenüber lateinischen Dichtungen. Die ersten Artusromane sind in Prosa geschrieben, die gereimten folgen auf sie. Der berühmteste und fruchtbarste französische Schriftsteller auf diesem Gebiete ist *Chrétien de Troyes;* seine Romane *Erek, Chevalier au lion, Tristan, Lancelot de lac, Percheval.* Erst in Frankreich verband sich die Graalsage (s. diese) mit der Artussage. Das älteste deutsche Gedicht der Artussage ist der nur unvollständige *Tristan* des *Eilhard von Oberge,* Dienstmann Heinrich des Löwen; dann folgt der *Lanzelot* des *Ulrich von Zazikoven* aus dem Thurgau, der durch einen 1194 für Richard Löwenherz gestellten Geisel mit der Quelle bekannt geworden war; der nächste ist Hartmann von Aue mit dem *Erec* und *Iwein* nach *Chrétien de Troyes;* Nachahmung des *Iwein* und ebenfalls der Artussage angehörig ist der *Wigalois* des *Wirnt von Gravenberg.* Mit der Graalsage verbunden, erscheint die Artussage in Wolframs von Eschenbach *Parzival* und *Titurel*; das beliebteste Artusgedicht aber wurde Gottfrieds von Strassburg *Tristan und Isolde,* fortgesetzt von Ulrich von Türheim und Heinrich von Freiberg. Mit dem ausgehenden Rittertum verlor sich auch die Freude an der Artussage; in einem umfangreichen und gehaltlosen Gedicht des Malers Ulrich Füterer von 1287 ist die Sage zum letztenmal behandelt worden.

Ärzte. Ahd. der *arzât,* mhd. *arzât* und *arzet,* vom lat. der *archiâter,* dieses aus griech. *archiatros* Erzarzt, erster Leibarzt; die ältere deutsche Benennung war got. *lêkeis, leikeis,* ahd. *lâhhi,* woraus mhd. *lâchenaere,* der Besprecher, Zauberer, als Geschlechtsname *Lachner* erhalten. Die frühesten Ärzte in Deutschland waren Geistliche, besonders in den Klöstern; auch Frauen verstanden sich wohl auf gewisse Teile der ärztlichen Kunst, darunter besonders Hebammen; auch *Scharfrichter* werden genannt. Dass man den Ärzten schon früh wenig traute, zeigt *Freidank,* Bescheidenheit, Abschnitt 23 *von arzâten und siechen.* In den Städten waren anfänglich ebenfalls Geistliche Ärzte und neben ihnen besonders Juden. Sie hiessen anfänglich *Magister, Meister,* seit dem Ende des 15. Jahrh. *Doktor,* lat. *medicus* oder *physicus,* deutsch auch *buocharzât, wuntarzât, Leibarzt.* In den Städten hatte man seit dem 14. Jahrh. einen bestellten *Stadtarzt.* Früh kommen Ärzte für besondere Krankheiten vor, *Augenärzte, Stein-, Bruch-* oder *Hodenschneider, Zahnärzte* oder *Zähnebrecher.* Auch *Tierärzte* kennt man seit dem 14. Jahrh., meist in Verbindung mit dem Handwerke des Hufschmiedes. — Die medizinischen Kenntnisse gab im Beginne des Mittelalters neben der Erfahrung und dem Aberglauben das Studium medizinischer Werke des Altertums; das berühmteste derselben war das *liber de naturali facultate* oder das *arzinbuoch Ypocratis,* eine Sammlung ärztlicher Vorschriften mit angehängtem botanischen Glossar. Diesem und ähnlichen unter dem Namen des *Hippocrates* oder *Aristoteles* oft abgeschriebenen Arzneibüchern folgt im 15. Jahrh. das *Arzneibuch Ortolfs von Baierland,* die *Meinauer Naturlehre* und das Buch der *Natur des Regensburger Domherrn Konrad von Megenberg,* ebenso verschiedene *Kräuterbücher.* Die erste wissenschaftliche Schule der Medizin wurde im Jahre 1150 zu *Salerno* gegründet; die zweite wurde die zu *Montpellier,* mhd. *Mumpelier,* beide schon in Hartmanns Armem Heinrich genannt. Eine freiere medizinische Wissenschaft wurde durch *Theophrastus Parazelsus* im Beginn des 16. Jahrh. eingeleitet. *Kriegk,* deutsches Bürgertum, I, 1 ff., *Wackernagel,* Litteratur § 90.

Aschermittwoch, *dies cineris et cilicii,* der erste Tag der 40tägigen Fasten vor Ostern. Nachdem die am Palmsonntage vorigen Jahres geweihten Palmen oder andere Zweige zu Asche verbrannt worden, wird diese vor Beginn der Messe in einem Gefäss auf den Altar gestellt und den am Altar knieenden Laien vom Priester mit den Worten auf das Haupt gestreut: *Memento homo, quia pulvis es et in pulverem reverteris.* Anfangs war die Ceremonie nur den zur Kirchenbusse Verurteilten vorgeschrieben; seit wann die Sitte sich auf allle Gläubigen ausdehnte, lässt sich nicht genau angeben, im 11. Jahrh. bestand sie allgemein zu recht.

Asen, der altnordische Name der einen Götterklasse, der die *Wanen* gegenüberstehen; got. und ahd. der *ans.* Zu den Asen zählten ausser Wodan sämtliche oberen Götter und

Göttinnen mit Ausnahme der Wanen genannten Freyr und Freya. Asen und Wanen führten miteinander einen Krieg, der durch einen Friedensschluss beigelegt wurde, demzufolge Njördr und seine Kinder Freyr und Freya den Asen zu Geiseln gegeben wurden, während der Ase Hönir, Odhins Bruder, in gleicher Eigenschaft zu den Wanen kam. Müllenhoff deutet die beiden Götterklassen auf zwei verschiedene Götterkulte und deren Vereinigung zu Einem System. Die Wanen gehören den gotischen Völkern, die Asen den Westgermanen; Mannhardt sieht in den Wanen und Asen zwei verschiedene Stufen der germanischen Mythenbildung. Siehe Mannhardt, die Götter der deutschen und nordischen Völker, S. 69 und 73.

Astrologie wurde im Altertum derjenige Wissenszweig genannt, welcher sich zum Ziele setzte, die Beziehungen der Bewegungen der Himmelskörper zu den Vorgängen auf der Erdoberfläche zu ergründen. In diesem Sinne war der Ausdruck Astrologie mit *Astronomie* früher synonym, so noch bei Aristoteles. Im Orient, wo der Ursprung der Astrologie freilich in einer Zeit, aus der uns Urkunden fehlen, zu suchen ist, ist der Verlauf der Witterungserscheinungen in den verschiedenen Jahreszeiten ein so regelmässiger, dass sich sehr leicht und ungezwungen Beziehungen zu den Konstellationen am Himmelsgewölbe ergaben. Über die Natur dieser Beziehungen konnte die damalige Zeit freilich noch nicht die richtigen Ideen haben. Es ist z. B. vollkommen richtig, dass damals die Sonne im Sternbild des Löwen ihre grösste Kraft erreichte, dass bei ihrem Eintritt in dasjenige des Wassermanns die Regenzeit begann u. s. w., aber die Annahme ist eben durchaus falsch, dass es die in jenen Himmelszeichen stehenden Sterne waren, welche der Sonne die erhöhte Kraft verleihen oder die Niederschläge veranlassen etc. Es war also in diesem System der sogenannten *natürlichen* Astronomie Wahres und Falsches mit einander verkettet, und die Wissenschaft hat eine schwere und grosse Aufgabe, das Unrichtige wieder auszuscheiden und auf die wahren Ursachen der Vorgänge auf der Erde hinzuweisen. Neben dieser natürlichen Astrologie gelangte aber auch die sogenannte *judizierische* A. zur Ausbildung, deren Ursprung in der Religion liegt. Nach der alten chaldäischen Auffassung waren die Sterne himmlische Geister, und man verehrte sie als solche. Die Priester brachten den Gestirndienst in ein förmliches System. Der griechische Geschichtschreiber Diodor von Sicilien sagt (II, 31), dass nach der Ansicht der Chaldäer die Planeten auf die Geburt des Menschen den grössten Einfluss ausüben, im Guten wie im Schlimmen und durch die Beobachtung und Erkenntnis ihres Wesens seien sie (die Priester) vorzüglich imstande zu wissen, was den Menschen zustossen werde. Die äussern Erscheinungen der Planeten boten allerdings der Phantasie Stoff zur Ausbildung eines astrologischen Systems, und dieses wurde eben beibehalten, als später die Planeten nicht mehr als die Götter selbst, sondern nur noch als ihre Symbole, betrachtet wurden, ja sogar als jeder Zusammenhang mit Mythologie und Religion verschwunden war. In Griechenland fand die Astrologie erst Eingang, als unter dem Einfluss der Philosophie der Glaube an die einheimischen alten Götter ins Schwanken geriet. Die schwärmerischen Lehren der Neuplatoniker riefen eine ganze Reihe von sogenannten geheimen Wissenschaften (Dämonologie, Nekromantie, Cheiromantie u. s. w.) hervor, welche alle zur Astrologie in ein gewisses Verhältnis traten. Als Autorität sollte der gefeierte alexandrinische Gelehrte Claudius Ptolemäus gelten. Es ist indessen fast unzweifelhaft, dass unter den ihm zugeschriebenen astrologischen Schriften nur die eine wirklich von ihm stammt, die *„apparentiae stellarum inerrantium“* eine Art meterolog. Kalenders, welche die Lehren der natürlichen Astrologie enthält; und dass namentlich der sogen. Tetrabiblos ihm untergeschoben wurde. Bei den Römern war die judizierische Astrologie mehr gefürchtet als geachtet. Durch die ganze Kaiserzeit hindurch spielen die astrologischen Prophezeiungen, obwohl gesetzlich verboten, eine grosse Rolle. Cicero war einer der wenigen, welcher sie mit trefflicher Waffe, derjenigen der Vernunft, bekämpfte. Später finden wir die Astrologie in ihrer höchsten Blüte bei den Arabern. Der sogen. Fatalismus, die Lehre von der Vorausbestimmung aller Schicksale des einzelnen, musste der Astrologie die weiteste Ausbildung und Verbreitung sichern. Auf den islamitischen Schulen wurde daher die Astrologie und das Nativität- oder Horoskopstellen, d. h. die Bestimmung des Lebenslaufes des Neugeborenen aus der Konstellation der Geburtsstunde, öffentlich als Kunst gelehrt. Die arabische Astrologie fand im 12. und 13. Jahrhundert auch im christlichen Europa Eingang, trotzdem die Kirche von Anfang an eine oppositionelle Stellung gegen sie eingenommen hatte, da sie mit dem Prinzip der Willensfreiheit im Widerspruch stand. Alphons X. von Castilien und Ludwig XI. von Frankreich waren eifrige Astrologen. Ersterer leistete damit auch der Astronomie grosse Dienste. Wenn auch ausschliesslich im Dienste der Sterndeuterei veranlasst, so war doch die Berechnung neuer astronomischer Tafeln, welche bis auf Kepler die besten waren, von grosser Wichtigkeit für die theoretischen Untersuchungen über den Lauf der Planeten. Wie früher in Bagdad, so wurde später auch auf den hohen Schulen zu Padua und Bologna die Astrologie in streng wissenschaftlicher Form gelehrt. Es sei hier ferner nur an die Namen Guido Bonatus, Nostradamus, Cardanus, Pietro di Abano, Agrippa von Nettesheim erinnert, die alle unzertrennlich mit der Astrologie verknüpft sind. Am meisten begünstigten die Höfe die Astrologie, wo es geradezu als unerlässlich galt, hochgestellten Personen das Horoskop zu stellen. Schiller führt uns in seinem Wallenstein ein Beispiel dieses ganz allgemeinen Gebrauchs vor. In sehr enge Beziehungen zur Astrologie trat die Alchemie; es ist kein Zufall, dass in den unterirdischen Gewölben der Uranienburg, wo Tycho seine denkwürdigen Planetenbeobachtungen anstellte, gleichzeitig grosse Laboratorien der Alchemie dienten. Zu betonen ist, dass nicht etwa das copernikanische Weltsystem als solches der Astrologie den Todesstoss gab, sondern erst die Keplerschen Gesetze. Copernicus gab auch berichtigenden Aufschluss über die Stellung, die Distanzen und die Bewegungen der Planeten. Die Ursachen der letztern aber hat er nicht, ja nicht einmal die Form derselben ermittelt. Erst Kepler leitete die Bewegungen der Himmelskörper aus den physischen Bedingungen der wirkenden Kräfte ab, und damit erst war der Astrologie der Boden entzogen. Die Zeit und Not hat freilich auch Kepler zuweilen veranlasst, astrologische Spekulationen zu machen, aber oft genug hat er sich darüber ausgesprochen, was er eigentlich von der Kunst halte, um deren Ausübung man ihn so oft gebeten. Nachdem durch die Werke Keplers und des späteren Newton der Astronomie der Weg deutlich vorgezeichnet war, der sie von ihrer Mutter, der Astrologie trennte, musste natürlich das stolze

Lehrgebäude der letzteren zerfallen. Einzelne Trümmer derselben haben sich indessen, wenn auch nach mancherlei Metamorphosen, bis auf unsere Zeit erhalten und bilden noch heutzutage einen wesentlichen Teil des Volksaberglaubens. R. B.

Asyl, aus griech.-lat. *asylum,* Freistätte für Verbrecher; als solche galt bei den Hebräern sowohl als bei den Griechen und Römern der Tempel, besonders der Altar; das Christentum behielt diese Einrichtung bei, ahd. heisst die Freistätte *lotstat,* mhd. *vridehûs, vridestat, vlühtestat, vrîheit.* Dieses Recht ist auch in die deutschen Volksrechte und Kapitularien aufgenommen worden, doch wurden Bestimmungen gegen den Missbrauch dieser Einrichtungen getroffen. Siehe Vadian, vom Mönchsstand, deutsche historische Schriften, I, 81, 20 ff. In manchen Städten heissen ganze Plätze u. dgl., die zu einer Kirche gehören, Freiheit. Die Reformation liess das Asylrecht eingehen, und es wurde allmählich auch in den katholischen Staaten aufgehoben.

Athis u. Prophilias heisst ein im Mittelalter vielfach behandelter Novellenstoff: ein Freund liebt des Freundes Gattin, der Freund opfert sich, geht nach Rom und vergilt dort dem Freunde seine Liebe durch Freundestreue. Die Fragmente eines deutschen Gedichtes von unbekanntem Verfasser sind von W. Grimm herausgegeben.

Augustiner, der vierte Bettelorden, aus meist in Italien zerstreut lebenden Augustiner-Eremiten oder Einsiedlern des heil. Augustin in der Mitte des 13. Jahrh. zu einem Gesamtorden vereinigt und 1256 bestätigt; man unterschied männliche und weibliche, beschuhte und unbeschuhte; die Ordenskleidung ist schwarz. Obgleich sie wie die Dominikaner, Franziskaner und Karmeliter zu den Bettelorden gezählt wurden, durften sie doch liegende Güter besitzen. Luther und Abraham a Santa Clara gehörten dem Orden an.

Aussatz, die bekannte, aus dem Orient stammende Krankheit heisst: ahd. *hruf, ruf, hriobsucht, misalsuht,* mhd. meist *miselsuht,* aus franz. *misellus,* von *miser,* elend; daneben kommen *maselsuht* und *muselsuht* vor. Der Aussatz wurde als Strafe Gottes angesehen, der damit Behaftete wurde aus der Gesellschaft ausgestossen, durfte den öffentlichen Gottesdienst nicht besuchen, verlor die Freiheit und die Verfügung über Hab und Gut, daher der Name mhd. *uzsetze,* d. i. der Ausgesetzte, lat. *projiciendus* oder *projectus,* auch *auswärtig, ackersiech, sundersiech, feldsiech, siech* allein. Die Aussätzigen durften auf Almosen ausgehen, doch mit eigentümlicher Kleidung, Hut und Klapper; zum Almosenempfangen und Trinken hatten sie einen hölzernen Napf. Eigene Anstalten wurden für sie von einzelnen, von Klöstern, von Städten errichtet, *siechhus, miselhus,* vor der bewohnten Ortschaft liegend, mit eigener Kapelle, manchmal unter einem aussätzigen Meister, wodurch diese Häuser einen klösterlichen Charakter bekamen; sie waren dem heil. Jacob oder heil. Lazarus geweiht; ein eigener Ritterorden des heil. Lazarus wurde für ihre Pflege gegründet. Später wurden diese Anstalten, als die Krankheit ausging, zu Krankenhäusern überhaupt. Galt zwar der Aussatz als durch natürliche Mittel unheilbar und begnügte man sich eben darum mit der Absonderung der Kranken, so war das Mittelalter von der Heilkraft übernatürlicher Mittel überzeugt; dazu gehörten in erster Linie das unmittelbare Eingreifen Gottes, in zahlreichen Legenden erzählt, dann Schlangen und besonders das Blut unschuldiger Kinder; höchste Reinheit sollte höchste Unreinheit heilen; auch Tau vom Himmel kommt vor. Die bekannteste mittelalterliche Aussatz-Legende ist Hartmanns von Aue armer Heinrich.

Ave Maria oder der englische Gruss besteht aus dem Grusse Gabriels an Maria, den Worten Elisabeths an Maria, Luc. 1, 42; aus Jesus Christus, Amen, von Urban IV. hinzugesetzt, aus dem im Jahre 1508 zugesetzten Gebete: *Sancta Maria, ora pro nobis peccatoribus, mater Dei* und aus dem Zusatz der Franziskaner: *nunc et in hora mortis, amen.* Er war anfänglich ein Teil der Messe am vierten Adventssonntage; als allgemeines Gebet kannte das frühere Mittelalter den englischen Gruss noch nicht, weshalb er auch nicht in den zahlreichen altdeutschen liturgischen Schriftwerken sich findet. Johann XXII. befahl 1326 das regelmässige Beten des Grusses, doch machten ihn erst die Bettelorden allgemein, und in der Reformation wurde er ein sichtbares Unterscheidungszeichen der beiden Religionsparteien.

Axt, mhd. *axt* aus dem gleichbedeutenden lat. *ascia;* der ahd. Name ist *partâ,* mhd. *barte,* von *bart,* weil das Eisen vom Stiel in Bartgestalt herabhängt; ein anderer Name ist *Beil,* ahd. *pihil,* mhd. *bîhel, bîl.* Die Axt war eine allgemeine Waffe der germanischen Völker, welche dieselbe nicht bloss zum Kampf in der Nähe gebrauchten, sondern auch mit grosser Sicherheit in weite Ferne zu schleudern wussten. Bei den Franken heisst das Wurfbeil *Francisca.* Beim ersten Anlaufe schleuderten die Franken das Beil auf den Gegner, zertrümmerten dadurch seinen Schild und stürzten sich nun mit dem Schwert auf ihn. Sie war natürlich auch Hiebwaffe und stellte sich in dieser Bedeutung neben den Streithammer, der bei den Skandinaviern sehr beliebt war.

B.

Badewesen. Schon die alten Germanen liebten das *freie offene Bad* in Flüssen und Seen, Tacit. Germ. 22, und es blieb durch das ganze Mittelalter bis gegen das 18. Jahrh. im Gebrauch; Karl d. Gr., Otto II. und Friedrich Barbarossa waren als gute Schwimmer gerühmt. Daneben war das künstliche Bad beliebter als jetzt, was wohl damit zusammenhängt, dass man bei meist wollenen oder noch schwerern Kleidern die Leibwäsche seltener zu wechseln vermochte. Dem Ritter pflegte nach der Einkehr in eine Burg ein Bad bereitet zu werden. Mädchen bedienten nach der Sitte der Zeit den Badenden. Siehe Figur 23. Ehe man ins Bad stieg, band man einen Questen, ein Reisigbüschel, um die Hüften; *twahen unde strîchen* sind die Hauptsachen beim Bade. Auch gemeinsames Bad von Männern und Frauen war in der höfischen Zeit schon bekannt, wobei die Frauen den schönsten Kopfschmuck anhatten. Eigene Badezimmer gab es in den Burgen selten. In den Städten wurden die Badestuben öffentliche Anstalten zur Unterhaltung und zum Vergnügen. Der Handwerksmann pflegte am Samstag Abend ein Bad zu nehmen. Privatbadestuben gab es sogar in Bauernhäusern. Im 15. Jahrh. gehörte es zur Etikette, am Schlusse eines Festes die Eingeladenen in eine öffentliche Badestube zu führen; das geschah auch bei Hochzeiten, was man zu Nürnberg die *Badlade* oder das

Verbaden der Leute nannte. Unter einem *Seelbad* verstand man eine Stiftung, aus deren Zinsen Armen das Badegeld bezahlt wurde. Die künstlichen Bäder waren teils *Wasserbäder*, teils *Schweiss-* oder *Dampfbäder*. Die letztern, nimmt man an, seien durch die Kreuzfahrer, die Dampfbäder von Russland her in Aufnahme gekommen. Die Dämpfe wurden durch das Begiessen heisser sei. Beim Eintritt in die Schwitzstube erhielt der Badende einen Reisigbüschel oder Wedel, um sich während des Schwitzens zu peitschen. Er legte oder setzte sich auf eine der terrassenförmigen Bänke; hier wurde er mit Tüchern gerieben, mit den Fingernägeln gekratzt, mit dem Büschel gestrichen und mit lauem Wasser oder mit Lauge übergossen, mit Seife gewaschen, wobei man auf

Fig. 23. Ritter im Bad, aus einer Handschrift des 14. Jahrh.

Steine mit warmem Wasser erzeugt. Die Badestuben standen bloss an den durch die Obrigkeit festgesetzten Tagen offen, meist am Montag oder Dienstag, Donnerstag und Samstag. An der Mischung der Geschlechter fand man nichts Anstössiges, sowenig als an weiblicher Bedienung. An den Badetagen gingen in manchen Städten Ausrufer morgens in den Strassen umher und machten, manchmal durch Hornstösse, bekannt, dass eine gewisse Badestube geöffnet das Waschen und Kämmen des Kopfes Wert legte. Nach dem Ende des Bades pflegte man sich durch den Bader den Bart scheren und das Haar schneiden zu lassen. Ein Schlaf und ein Mahl folgte zuletzt. Mit dem 15. Jahrh. kommt das Badewesen in Abnahme; die Gründe sind der steigende Preis des Holzes, das Eindringen der Lustseuche, der häufiger werdende Gebrauch der Mineralbäder. Die Mineralbäder heissen im Mittelalter *natürliche Bäder*, *Bad-*

brunnen, *Heilbäder*, *Wildbäder*. Sie kamen besonders im 15. Jahrh. auf. *Zappert*, über das mittelalterliche Badewesen, Archiv f. Kunde österr. Geschichtsquellen. Bd. 21. *Kriegk*, deutsches Bürgertum, II, 1. — *Schulz*, höfisches Leben, I, 163. *Gengler*, Seelbäder, in d. Zeitschr. f. deutsche Kulturgeschichte. Neue Folge. 1873. S. 570 ff. *Weinhold*, deutsche Frauen, 2. Aufl., II, 112—118.

Balder, eine germanische männliche Gottheit, auch *Phol*, *Vol* genannt, ein Gott der Jahresfülle im Sommer, altnordisch *Baldur*. Er ist der Sohn *Odhins* und der *Frigg*, der Gott der Frömmigkeit und Unschuld. Er ist so licht und lieblich von Antlitz, dass weithin heller Glanz von ihm ausstrahlt, Leib und Haare von reinster Schönheit. Niemand vermochte ihn je zu tadeln, so weise und milde ist er und zugleich der beredteste der Asen. Aber die besondere Eigenschaft wohnt ihm bei, dass seine Urteilssprüche niemals gehalten werden können. In seinem himmlischen Wohnsitz *Breidhablik* wird nichts Unreines geduldet. Sein Weib ist die treue Nanna, d. h. die Kühne. B. wurde überall im Norden verehrt. In Norwegen hatte er einen weitberühmten Tempel, *Baldrshagi*, Baldersgehege, eine eingehegte Friedstätte, die niemand schädigen durfte. Die Sage von seinem Tode ist eng mit der germanischen Mythe vom Weltuntergang verbunden; B. war erschreckt über seine Träume, dass seinem Leben und damit allen Göttern Gefahr drohe; da hielten diese Rat und beschlossen, ihm Sicherheit gegen alle Gefahr zu erwirken. So nahm Frigg Eide von Feuer und Wasser, von Eisen und Erzen, Steinen und Erden, von Bäumen, Krankheiten und Giften, dazu von allen vierfüssigen Tieren, Vögeln u. Würmern, dass sie Balders schonen wollten, — nur von einer Staude, östlich von Walhalla, Mistiltein genannt, als zu jung, nahm er keinen Eid. Als die Götter nun mit Balder, der mitten im Kreise vor ihnen stand, Kurzweil trieben und nach ihm schossen, hieben und Steine warfen, ohne dass es ihm schadete, verdross es Loki. Er erfuhr von jener Staude, riss sie aus und gab sie Hother, dem blinden Bruder Balders. Hother nahm den Mistelzweig und schoss damit nach Balder auf Lokis listigen Rat. Balder, davon getroffen, sank tot zur Erde. Als das die Götter sahen, standen sie alle sprachlos, und aus Schmerz vergassen sie ihn aufzuheben. Dann begannen sie so heftig zu weinen, dass keiner dem anderen seinen Schmerz klagen konnte. Als sie sich erholt, brachten sie Balders Leiche auf *Hringhorn*, das grösste aller Schiffe; es aber vom Strande zu stossen, um die Leiche zu verbrennen, gelang ihnen nicht, bis ein Riesenweib, aus Jötunheim herbeigerufen, das Schiff im ersten Anfassen weit vorwärts stiess, dass Feuer aus den Walzen fuhr und die Länder zitterten. Bei diesem Anblick brach Nanna vor Jammer das Herz, dass sie starb. Da ward auch sie auf den Scheiterhaufen gelegt und Feuer darunter angezündet, auch Balders Hengst, vollkommen geschirrt, zum Scheiterhaufen geführt. Balder wird als das Licht in seiner Herrschaft gedeutet, sein Tod als Neige des Lichts. Sein Bruder Hother, als das Dunkel des Winters, ist lichtlos; seine einzige Waffe, die an ihm haftet, ist ein Symbol des düsteren Winters. Die Mistel, die im Winter wächst und reift, die darum auch das Licht nicht zu fördern scheint, ist allein für Balder nicht in Pflicht genommen. Vgl. *Grimm* und *Simrock*, *Manhardt*, Götterlehre, 253.

Ball = Tanzfest, aus ital. der *ballo*, franz. der *bal* = Tanz, vom ital. *ballare*, tanzen, aus mittellat. *ballare*, welches nach dem in Grossgriechenland und Sizilien üblichen griech. *ballizein* = tanzen, hüpfen, vom griech. *ballein* = werfen gebildet ist. Im Deutschen kommt das Wort *Ball* für Tanzfest nicht vor dem 17. Jahrh. vor und ist, anfangs ein französisches Vergnügen der Höfe, von da allmählich in die nichthöfischen Kreise gedrungen.

Ballade; *ballada* von *ballare*, tanzen im Provenzalischen und im altital. des 12. Jahrh. *ballata* ist ein lyrisches Gedicht von geringem Umfange, dem Sonett und Madrigal verwandt; ähnlich sind die *ballades* der Franzosen, die seit Molière ausser Gebrauch kamen. Denselben Namen, *ballad*, gaben die Engländer ihren lyrisch-epischen Volksliedern, die im allgemeinen den ältern deutschen lyrisch-epischen Volksliedern des 16. Jahrh. glichen und ebenso den schwedischen und dänischen; sie wurden gesungen, entnahmen den epischen Stoff meist ohne bewährte Unterscheidung dem noch nicht ausgestorbenen mythischen Volksglauben oder der öffentlichen Geschichte oder einer engeren Begebenheit des Einzellebens, dem Abschiede, dem Wiedersehen, dem Tod u. dgl., mit lyrischer Betonung des Empfindungs- und Gefühlslebens. Während die deutschen Lieder dieser Art zum Teil ausgestorben, zum Teil unter der einseitigen Pflege des niederen Volkes verdorben waren, besonders durch den Einfluss der Bänkelsänger, hatten die schottisch-englischen Balladen ihre Reinheit besser gewahrt. Daher kam es, dass Bürger, besonders durch *Percys Reliques of ancient poetry* veranlasst, teils englische Balladen verdeutschte (Bruder Graurock und die Pilgerin, der Kaiser und der Abt), teils selbständige Dichtungen der Art verfasste. Herder nahm ausser zahlreichen Percyschen und andern Balladen, besonders die Volkslieder, die sich in den Shakespeareschen Dramen finden, in seine Sammlung auf; durch sie und dänische Balladen der Herderschen Sammlung ist Goethe zu seinen frühern Balladen, König in Thule, Erlkönig, angeregt worden; Schiller versuchte sich, und im Wetteifer mit ihm wieder Goethe, ebenfalls an solchen lyrisch-epischen Dichtungen, die besonders den Musenalmanach von 1797 füllen und durch Schillers Rezension der Bürgerschen Gedichte veranlasst worden sind. Der letzte klassische Balladendichter ist dann Uhland geworden. Echtermeyer hat in der Einleitung zu seiner Auswahl deutscher Gedichte einen theoretischen Unterschied zwischen Ballade und Romanze aufzustellen gesucht, ohne Rücksicht auf den historischen Ursprung beider Benennungen und ohne Rücksicht darauf, wie die Dichter selbst diese Namen angewandt haben. Siehe Wackernagel, Poetik, Rhetorik und Stilistik, Halle 1873, pag. 98.

Ballet, aus ital. *balletto*, dem Dim. von der *ballo* = Tanz, Tanzfest, findet seinen Ursprung in den Pantomimen der alten Römer. Künstlerisch ausgebildet wurde das Ballet zuerst in Italien im 16. Jahrh. an den Höfen, wobei Fürsten, Prinzen und Prinzessinnen tanzten, deklamierten und sangen. Seit der Zeit gehört es zu den glänzendsten Festlichkeiten der modernen europäischen Höfe.

Ballwerfen oder **Ballen** war im Mittelalter besonders bei der Jugend und dem weiblichen Geschlecht im Ansehen; ob es auch am Hofe betrieben wurde, ist zweifelhaft. Sobald im Frühling die Witterung erlaubte, ins Freie zu gehen, begann das Ballspiel: nach Walther v. d. V.: *saehe ich die megde an der strâze den bal | werfen, so kaeme uns der vogele schal.* Vornehmlich Nithart von Rüwental hat in seinen Dorfliedern Szenen aus dem ländlichen Ballwerfen dargestellt. Der Ball war aus buntem Leder zusammengeflickt und doch so hart, dass ein gut treffender Wurf schmerzen konnte. Er wird zugeworfen und aufgefangen. Uebrigens übten auch ritterliche Jünglinge das Ballspiel als Leibesübung. In den südlichen Städten wurden im 16. Jahrh. saalartige Häuser gebaut, in denen die Männer das Ballspiel bei jedem Wetter üben konnten: dieselben gingen im 17. Jahrhundert wieder ein. *Weinhold*, deutsche Frauen, II. Aufl. II, 173—176.

Bann, von ahd. *pannan*, das Gericht bezeichnen, durch Ladung verbindlich machen, davon ahd. der *pan, ban*, mhd. der *ban*, bedeutet im altdeutschen Rechte die Befugnis, zur Erhaltung der Ordnung und zur Ausführung der Gesetze Machtbefehle und Verordnungen zu erlassen, deren Nichtbefolgung eine Busse nach sich zog; diese Busse, regelmässig 60 *solidi*, später 60 Schillinge, heisst ebenfalls *ban;* geht diese Be fugnis vom König aus, so heisst sie *Königsbann*. Diejenige Befugnis des Königs die über Leben und Tod richtete, hiess *Blutbann* und konnte wie der Königsbann auf den Grafen und das Grafengericht übertragen werden oder auf den, dem Grafengewalt übertragen war, wie Klöster, Stifte, freie Herren und Städte. Eine andere Bedeutung von Bann war im altdeutschen Rechte die Friedlosigkeit, die über den ausgesprochen wurde, dessen man zur Bestrafung und Genugthung nicht habhaft werden konnte; daraus hat sich später die *Acht* (siehe diese) entwickelt. *Bann* als Ausschliessung aus der kirchlichen Gemeinschaft war schon im jüdischen Gesetze vorgebildet und kam von daher in die christliche Kirche, mit zwei Graden, *excommunicatio minor* oder kleiner Bann und *excommunicatio major, anathema* oder grosser Bann; jener schliesst bloss von der Teilnahme an den Sakramenten, dieser aus der Gemeinschaft der Gläubigen ganz aus. Die Befugnis des Bannes steht dem Bischof für die Diözese, dem Kardinal für die Kirchen seines Titels und dem Papst für die ganze Kirche zu. Es ist bekannt, wie die Päpste des Mittelalters in ihrem Kampfe mit dem Kaiserthum den Bann missbrauchten und dafür harte Vorwürfe zu hören bekamen, z. B. von Walther von der Vogelweide. Der über eine ganze Gemeinde verhängte Kirchenbann heisst *Interdikt.*

Bar, das, bezeichnete bei den Meistersängern eine bestimmte Art des Gesanges, über dessen Beschaffenheit und Ursprung wir keine bestimmte Auskunft haben. Grimm, Wörterbuch, I, 1121.

Barbara, Heilige, nach der Legende aus Nikomedia in Kleinasien gebürtig, wurde als Christin vom Landpfleger scheusslich mishandelt, flüchtete in einen Stollen, belehrte hier die Bergknappen und wurde endlich von ihrem eigenen heidnischen Vater enthauptet. Sie wird bei Gewittern angerufen, gilt als Patronin der dem Blitz verwandten Artillerie, sowie der Bergleute. Ihr Tag ist der 4. Dezember.

Barden waren ein abgeschlossener und geheiligter Sängerstand bei den Kelten, der in Irland und Wales sich bis in die neuere Zeit erhielt. Ganz unstatthaft wurden diese schon von antikenSchriftstellern, Strabo 4. 4, *Ammian. Marcell.* 15, 9 genannten Barden den alten Deutschen zugeschrieben, indem man sich auf die Stelle in Tacitus Germania, Kap. 3, berief: *Sunt illis quoque carmina, quorum relatu, quem barditus vocant, accendunt animos futuraeque pugnae fortunam ipso cantu augurantur;* dieses Wort *barditus*, das den Vortrag bezeichnet, wird als Schildgesang, altn. *bardhi*=Schild oder als *Bartweise* erklärt. Klopstock und Gerstenberg sind die Gründer der patriotischen, aus der lebendigen Gegenwart in die Urzeit flüchtenden Bardenpoesie; Klopstock machte aus Barde ein Wort *bardiet* (zweisilbig), das Bardengesang bedeuten sollte. Herder hat am kräftigsten gegen das Bardenunwesen geeifert.

Barfüsser, mhd. *barvuoz*, auch *barfot*, ist kein Ordensname, vielmehr heissen Mönche verschiedener Orden so, welche zum unbeschuhten Gehen verpflichtet sind, besonders die Franziskaner, doch gingen zu Zeiten auch die Karmeliter, Augustiner, Kapuziner barfuss. In der Schweiz hiessen die Franziskaner allgemein Barfüsser, ihre Klöster Barfüsserklöster.

Barlaam und Josaphat heisst eine im Mittelalter weit verbreitete Legende, die bei uns namentlich durch ein ausgedehntes um 1220 verfasstes Gedicht des *Rudolf von Ems* bekannt geworden ist. In Indien, erzählt die Legende, herrscht der grausame christenverfolgende König Avenier; nach langer kinderloser Ehe wird ihm ein Sohn, *Josaphat*, geboren, den er, siebenjährig, in einen herrlichen Palast einschliesst; denn ein Sternseher hatte phrophezeit, der Sohn werde sich einst taufen, um ewigen Besitz das Königreich hinter sich lassen und ein herrliches Reich erwerben. In dem Palaste nun ist der Knabe umgeben von allem was Lust und Freude bereiten kann, und man trägt Sorge, dass jegliche Kenntnis von Alter, Krankheit und Tod ihm fern bleibt. Nach einiger Zeit gestattet ihm sein Vater auszufahren, und da sieht er zwei Männer, einen Lahmen und einen Blinden. Er fragt, was das für Menschen seien, und erfährt, dass sie an Krankheit litten. Alsdann fragt er weiter, ob alle Menschen den Krankheiten ausgesetzt seien, und ob man voraus wisse, wer von Krankheiten leiden und wer davon frei bleiben werde, und da er die Wahrheit hört, wird er traurig und kehrt nach Hause. Bei einer zweiten Ausfahrt begegnet er einem Greise mit runzlichem Angesicht und schlotternden Beinen, gebückten Ganges, zahnlos und stotternd. Wiederum frägt er, was das alles bedeute? und vernimmt, dass dies das Loos aller Menschen sei, dass niemand dem Alter entgehen könne und am Ende alle Menschen sterben müssen. Er kehrt alsdann nach Hause zurück, um über den Tod nachzudenken, bis zuletzt, als Kaufmann verkleidet, der alte fromme Einsiedler *Barlaam* erscheint und ihn in der Lehre Christi unterrichtet. Josaphat lässt sich von Barlaam taufen. Nachdem der Vater vergebens versucht hat, durch eine Disputation mit Gelehrten und durch sinnliche Wollust den Sohn vom Christentum abzubringen, entschliesst er sich, ihm die Hälfte des Reiches zu übergeben; ja es gelingt dem Sohn zuletzt, den Vater ganz zu belehren. Nach dessen Tode verzichtet er selbst auf das Reich, scheidet in die Wüste, wo er teuflischen Anfechtungen mannhaft widersteht, auch seinen Lehrer Barlaam wiederfindet. Nachdem er mit diesem fastend und betend eine Zeit lang in der Wüste gelebt, stirbt zuerst Barlaam, später nach 35jährigem Wüstenaufenthalt auch Josaphat.

Die Erzählung von Barlaam und Josaphat war von *Johannes Damascenus* um 700 griechisch bearbeitet worden und ging durch zahlreiche Uebersetzungen ins Syrische, Arabische, Äthiopische, Armenische, Hebräische, Lateinische, Französische, Italienische, Altnordische, Englische, Böhmische und Polnische über. Als Quelle der Legende hat man aber die sagenhafte Lebensbeschreibung des *Buddha*, die sog. Lalita-Vistara nachgewiesen: ohne Zweifel eine der merkwürdigsten Uebergänge auf dem Gebiete des Religionswesens, dass das Leben des Begründers des Buddhismus, sowie das durch ihn vervollkommnete Asketenleben und Mönchstum mit den sich daran knüpfenden Lehren der Armut, Bezwingung der Sinne und Keuschheit zu einer der verbreitetsten Heiligen-Geschichten der ganzen morgen- und abendländländischen Christenheit werden konnte. *Felix Liebrecht* in Eberts Jahrb. f. roman. und engl. Literatur II. — *P. Cassel*, Literatur und Symbolik, S. 152—228. Leipzig 1884. Das Gedicht Rudolfs herausgegeben von Pfeiffer, Leipzig 1843, die französische Bearbeitung des Gui de Cambrai in Bd. 75 der Bibliothek d. lit. Vereins zu Stuttgart.

Barmherzige Brüder, ein katholischer Mönchsorden, gestiftet durch den Portugiesen *Johann Ciudad*, geb. 1495, gest. 1550, der 1450 in Granada in einem gemieteten Hause Arme verpflegte und allmählich einen Verein ähnlich wirkender Genossen zur Armen- und Krankenpflege gründete; 1572 anerkennt Pius V. die Religiosen-Gesellschaft nach der Regel Augustinus, in brauner, dann schwarzer Tracht. Von Spanien kommt der Orden nach Italien, von da nach Deutschland, Polen und Frankreich, *frères de la charité;* er besitzt in Madrid, Rom, Neapel, Mailand, Paris, Wien, Prag grosse Hospitäler.

Barmherzige Schwestern, *filles de la charité* oder *de la miséricorde*, früher auch *soeurs grises* genannt, heisst ein von *Vincenz von Paul* um 1630 gestifteter Frauenverein für Krankenpflege der Armen, 1633 durch den Erzbischof von Paris zu einer selbständigen Genossenschaft erhoben und vom Papst 1668 bestätigt. Das Gelübde soll kein lebenslängliches sein, sondern jährlich erneuert werden. Nach Deutschland kamen sie erst 1811.

Barockstil; das deutsche Wort *barock* ist erst im 18. Jahrhundert aus franz. *baroque* = schiefrund (von Perlen), sonderbar, dieses vom portug. der *barocco* = rohe, ungleiche Perle, eigentlich unebener Fels, entlehnt. Unter Barockstil versteht man diejenige Form des Renaissance-Stiles, die der Blüte der Renaissance oder der Hoch-Renaissance folgt. Sie wird dadurch charakterisiert, dass die Baukunst von den strengen schematischen Regeln der älteren Kunst absah und nach individueller Willkür aus den römischen Baugliedern ein neues, brillantes und geistreiches, aber der strengen Form entbehrendes Ganze zusammensetzte. Als Anfänger des Barockstiles gelten Michel Angelo, besonders aber Lorenzo Bernini und Franc. Barromini. Die Zeit dieses Stiles ist etwa von 1620 an bis 1730. Zu ihr gehört in der kirchlichen Baukunst der sogen. *Jesuitenstil*. Die Fassaden dieser Kirchen zeigen meist zwei Säulenstellungen übereinander, die obere bedeutend kleiner als die untere und die Strebebogen durch willkürliche Schnörkel verdeckt. Andere Eigenheiten sind gewundene Säulen, gebrochene, zerstückte Giebel, geschweifte Fenster und Giebel mit einer schneckenartigen Einfassung, abenteuerliche, geschweifte Aufsätze, die Gliederungen reich überladen, die Ornamente oft willkürlich und verwildert, das Gradlinige überhaupt verbannt und sogar im Grundriss durch krumme, geschwungene Linien ersetzt. Die letzte Ausartung des Barockstiles heisst Rokoko- oder Zopfstil. In der deutschen Dichtung sind die beiden Spät-Renaissancestile durch die erste und zweite schlesische Dichterschule repräsentiert. Siehe Fig. 24: Kathedrale in St. Gallen und Fig. 25, westlicher Pavillon des Dresdner Zwinger.

Baron, mhd. der *barûn*, aus franz. der *baron*, welches mit ital. der *barône* aus mittellat. der *baro, barônis* kommt, woneben auch der *barus;* dieses aber kommt nach *Müllenhoff* aus keltisch *bar* = Mann. Das Wort *baro*, das sonst allgemein den Mann bezeichnete, erscheint zuerst bei den Alemannen und bezeichnet einen Hörigen, wie die Zusammensetzungen *barman, barwîp, barschalk, barliute*. Später benennt es neben zahlreichen andern Namen einen Freien höheren Standes, der weder Graf

Fig. 24. Kathedrale zu St. Gallen. (Aus den kunsthist. Bilderbogen.)

noch Fürst war, sei es, dass er Lehnsmann eines höheren Mannes, Vasall

Fig. 25. Westlicher Pavillon des Dresdener Zwingers. (Kunsthist. Bilderbogen.)

u. dgl. war oder nicht; es kommt mit dieser Bedeutung aus dem Französischen und Italienischen. Später scheint sich das auch in der höfischen Zeit seltener gebrauchte Wort wieder verloren und erst im 17. Jahrh.

neuerdings für Freiherr eingebürgert zu haben.

Bart. Bei den alten Germanen galt nach Tacit. Germ. 31. gekürztes Haar und geschorener Bart als Zeichen der Unfreiheit oder des Verlustes der Ehre; die Langobarden trugen den Namen vom langen Barte; die Sachsen dagegen trugen im 6. Jahrh. keinen Bart. Die Karolingischen Herrscher trugen verschnittenes Haar und Schnurrbärte, und noch von Otto I. wird berichtet, dass er gegen den alten Brauch den Bart nicht schor, sondern völlig trug. Andere Beispiele findet man ebenfalls nur unter den höchsten Ständen weltlicher und geistlicher Art; die mittlern Klassen gingen bartlos, während die untersten und mit ihnen die Juden wieder bebartet waren. In der Ritterschaft der Hohenstaufenzeit und dem höhern Bürgertum herrschte gänzliche Bartlosigkeit, bis tief ins 14. Jahrh, wo die Mode sich wieder den Bärten günstig erwies, so dass Bartlosigkeit Ausnahme wurde. Im 16. Jahrh. trug man in Deutschland entweder Vollbärte oder nach spanisch-französischer Mode den blossen Lippen- oder zugespitzten Kinnbart, welch letzterer schliesslich in zahlreichen Formen ein wesentliches Merkmal. des französischen Stutzertums wurde. *Falk*, Haar und Bart der Deutschen, Anzeiger des germ. Mus. 1858.

Basilianer sind Mönche nach der Regel *Basilius*' d. Gr. 329—379. Die von ihm griechisch verfassten Regeln versuchten zum ersten Mal, das Mönchswesen in bestimmte gesetzliche Formen zu bringen; sie fanden im Morgenlande grosse Verbreitung, während sie im Abendlande vom Benediktinerorden bei Seite gestellt und nur in wenigen Klöstern als besondere Ordensregel zum Ausdrucke gelangten.

Basilika. Diese alte Form des christlichen Gotteshauses wurde früher allgemein aus der Form der altrömischen *forensischen Basiliken* abgeleitet, Sitzungslokalen für die richterlichen Behörden. Diese Annahme ist in neuerer Zeit widerlegt worden, und man leitet jetzt die christliche Basilika von Räumen des römischen Privathauses ab. Diese sind einesteils die *Oeci*, *Exedren* oder *Triclinien*, grosse Säle, die zur Repräsentation, zur geselligen Vereinigung und mitunter zur Tafel dienten. Ihre Lage, hinter einem Hofe, gewöhnlich dem *Peristyle*, sicherte die dort Versammelten vor der Gefahr der Überraschung. Andernteils gab es in den Palästen vornehmer Römer wirkliche Haus- oder Privatbasiliken, die der Christengemeinde übergeben und zur Grundlage von Kirchen wurden. Die christliche Basilika besteht aus dem *Atrium*, dem *Schiffe* und dem *Chore*. Das *Atrium*, durch welches der Zugang nach der Kirche führt, der Aufenthalt der Büssenden, ist ein auf drei Seiten von Säulenhallen umgebener Vorhof, dem sich als vierte Seite die Vorhalle der Basilika anschliesst. In seiner Mitte steht ein Brunnen, Kantharus, behufs Reinigung der Kirchenbesucher. Das Innere der Basilika besteht in der Regel aus mehreren, gewöhnlich drei, langgestreckten und parallel nebeneinander laufenden Räumen, dem Hauptschiffe und den beiden meist halb so breiten und niedrigeren *Abseiten*, Neben- oder Seitenschiffen. Die Stützen, welche dieselben trennen, sind meistens Säulen, in ältester Zeit durch horizontale Stemmbalken oder Architrave, seit dem 4. Jahrh. vermittelst Rundbögen verbunden. Das Mittelschiff steigt meist in Form eines von Fenstern durchbrochenen Hochbaues über die Seitenschiffe empor und schliesst in den ältesten Kirchen mit einer flachen kassettierten Holzdecke ab; spätere Bauten zeigen das Dachgebälke, geschnitzt und gemalt, unverschalt. Die Schiffe sind der Aufenthaltsort der Laien.

Den Abschluss erhält das Langhaus durch den Triumphbogen, einen grossen Rundbogen, der das Mittelschiff in seiner ganzen Breite überspannt. Der *Chor* besteht aus einem halbrunden Ausbau, an Höhe und Breite der Grösse des Triumphbogens entsprechend; er heisst *tribuna* oder *concha,* häufiger *absis* oder *apsis.* Auch die Seitenschiffe haben oft solche Ausbaue. Der Chor des Langschiffes ist das *Sanctuarium,* er liegt mehrere Stufen höher als das Schiff und dient für die Priesterschaft. Je reicher sich diese entwickelte, desto wünschbarer wurde die Vergrösserung dieses Raumes. Man fügte deshalb die *Apsis* nicht mehr unmittelbar an das Hauptschiff, sondern stellte zwischen Schiff und *Apsis* einen zu beiden Seiten über das Langschiff vortretenden Querbau, das *Quer-* oder *Kreuzschiff.* Der mittlere Raum desselben, die Vierung, diente der niedern Geistlichkeit, die Flügel den vornehmen Männern und Frauen. War ein Kreuzschiff nicht anzubringen, so erhöhte man den vordern Raum der Schiffe und schloss sie mit Gittern ab, als Aufenthalt der psallierenden Brüder. Rechts und links erhob sich eine Kanzel, die eine zum Verlesen der Evangelien, die andere zum Vortrage aus den Episteln. Der abgegrenzte Raum der Nebenschiffe diente dann den weltlichen Vornehmen. Der Altar lag in der Mitte des Chores (d. h. Apsis und abgeschlossener Raum des Schiffes); vor dem Halbrunde der *Apsis* hinter dem Altar (siehe dieses Wort), in der Rundung der Apsis, sind stufenförmig die Sitze für die Geistlichen angebracht, und in der Mitte desselben steht erhöht die *Kathedra,* ein marmorner Thronsessel, von welchem der Bischof seine Predigten zu halten pflegte. Nach *Rahn,* bildende Künste, 73 ff.

Batzen, ursprünglich der *Batze,* mittellat. *bacio, bacius, bacênus,* eine kleine, zuerst gegen 1492 zu Bern geprägte Münze mit dem *Bätz,* dem Bären, d. i. dem Wappentiere Berns versehen, von 4 Kreuzer Wert; sie verbreitete sich schnell allgemein im südlichen Deutschland und behielt den Namen, ohne dass der Bär darauf abgebildet war. Soweit als mit Gulden und Kreuzern gerechnet wurde, war auch der Batzen verbreitet.

Bauhütten. Die frühern mittelalterlichen Bauten auf kirchlichem Gebiete gehen von Geistlichen aus, die erst mit der Zeit Laienhilfe, anfangs zu niedrigen Diensten, beizogen. Im 13. Jahrh., frühestens im 12., vereinigten sich, wie die andern Berufsleute, so auch die Maurer und Steinmetzen zu Bruderschaften, Innungen und Zünften. Die erste wird im J. 1258 in Paris erwähnt. Die häufigen Wanderungen, welche die damaligen Architekten unternahmen, vermittelten einen Rapport zwischen den einzelnen Korporationen und riefen einen einheitlichen Verband in grösserem Umfange ins Leben. Zum ersten Male geschah dieses 1459 zu Regensburg. Das Gebiet, über das sich dieser Verband erstreckte, bestand aus vier Distrikten oder Provinzen, für welche Strassburg, Köln, Wien und Bern (später Zürich) als Hauptorte bezeichnet wurden. Diese Verbrüderungen, nach dem auf der Baustelle befindlichen Werkhause „Bauhütten“ genannt, beziehen sich in erster Linie auf die Regulierung der Berufsverhältnisse. Der Vorsteher der Hütte ist der *Meister,* unter Umständen durch den *Parlierer* vertreten. Der Meister verteilt die Arbeiten, bestimmt Beginn und Beendigung derselben und vertritt zugleich das Amt eines Richters und Hüters der Ordnung. Im Ferneren enthält die Ordnung die Gesetze und Bedingungen für die Gesellen, Lehrlinge und Handlanger und wer sonst bei dem Bau beschäftigt ist. Hat der angehende Maurer seine Lehrzeit beendigt, so empfän er nebst den Erkennungszeichen, durch die er sich als Angehöriger des Bundes legitimiert, ein bestimmtes Monogramm, das Werkzeichen, welches neben seinem Namen in das Gesellenbuch eingetragen wird. Dieses *Monogramm* od. *Steinmetzzeichen* war gleichsam sein Wappen, mit dem er seine Arbeiten bezeichnete, und das er, Anstellung suchend, als Probe der Geschicklichkeit in den Stein zu meisseln hatte. Solche Chiffern, meist aus einfachen Linien, kreuzförmig und diagonal in den verschiedensten Kombinationen zusammengesetzt, kommen beinahe an jedem spätmittelalterlichen Bauwerke vor und sind auch mitunter zu Wappenzeichen geworden. Neben diesen Vorschriften, die sich auf das Berufswesen beziehen, fehlt es auch nicht an solchen, welche auf Erhaltung und Förderung christlichen Wandels, des Anstandes und der Sitte zielen. Das Institut der Bauhütten erhielt sich lange über das Mittelalter hinaus.

Die günstigen Wirkungen der Bauhütten liegen darin, dass sie dem Berufsleben eine höhere Weihe gaben, die Erfahrungen der Kunst von Generation zu Generation überlieferten. Die tüchtige Behandlung des Details in den Monumenten aus spätgotischer Zeit ist zunächt als Ergebnis dieser handwerklichen Überlieferungen zu betrachten, Genauigkeit und Sauberkeit der Ausführung wurden bis spät als Haupterfordernisse betrachtet. Hinwieder zeigt sich darin ein Sinken der Kunst, dass das persönliche, individuelle freie Schalten der Phantasie, wie es die früheren Baumeister besessen hatten, hier zurücktritt. Alles geschieht während der Zeit der Bauhütten mit handwerksmässiger Tüchtigkeit. Deshalb überall dieselben Gurtungen, Gewölbeformen, Pfeilergliederungen und Masswerkkombinationen. Die geheimen Ceremonien, die sich an die Bauhütten knüpfen und denen zufolge die Freimaurer ihren Orden aus den Bauhütten abzuleiten pflegten, sind durchaus untergeordneter Natur. Nach *Rahn*, bild. K. in d. Schweiz, 40 ff. Das Hauptwerk *Schnaase*, Gesch. d. bild. Künste, IV, 222 ff. Vgl. *Gierke*, Genossenschaftsrecht, 1, 408.

Befestigungen der alten Germanen. Die alten Germanen besassen keine befestigten Wohnplätze, Burgen u. dgl.; doch bauten sie zum Zwecke der Beherrschung wichtiger Zugänge oder ganzer Terrainabschnitte Befestigungen, die man in 3 Gruppen teilen kann. 1) *Geschlossene Einzelwerke.* Diese benutzen möglichst den Vorteil der Natur, Gewässer und Sümpfe, Felsabstürze, Waldungen, besonders steil abfallende Höhen, sei es mit oder ohne Wall. Man unterscheidet *Ringwälle* auf den Gipfeln isolierter Höhen, *Steinringe*, auch Wallburgen genannt, aus gesammelten, meist zerbrochenen Steinen zusammengehäuft, *Erdschanzen* mit oder ohne Graben, teils in ovaler, häufiger in kreisrunder Form. 2) *Befestigungen grösserer und kleinerer Abschnitte des Terrains,* meist in der Form des Halbmondes und gewöhnlich auf Vorsprungskuppen zwischen der Einmündung eines Seitenthales in ein Hauptthal; in ebenen Gegenden sind sie gewöhnlich auf zwei oder drei Seiten von Wasser und Sümpfen umgeben, *Wasserburgen* und *Sumpfburgen*, Cäsar, B. G. 6, 5. Ausschliesslich zu Warten und Signalposten sind die sog. *Spitzwälle* bestimmt. Ein mehrfach vorkommender Name für die Rundwälle ist *Hagas*, in einigen alten Städten Brandenburgs und Sachsens als Name der Umgebungen noch erhalten. Es sind das Bewehrungen der Rundwälle mit einem *Hage* oder einer *Hecke*, auch *Ricke*, *Schlag*, *Gebück* und *Hackelwerk* genannt. Nach Tacitus Germ. 16. pflegten die Germanen ihre Gehöfte mit undurchdringlichen Dornwällen abzuschliessen. Vgl. die Namen Hagebuche, Hagedorn, Hagebuttdorn, Hagerose. 3) *Land-* und *Grenzwehren.* Deren älteste Form ist ebenfalls der *Hagen* und das *Gebück.* Das letztere ist ein bis 50 Schritt breiter Waldstreifen, in welchem man die Bäume in verschiedenen Höhen gekappt und dann den neuen Ausschlag zur Erde niedergebogen und dicht verflochten hatte. Indem diese Bäume so verwuchsen, entstand ein undurchdringliches Hackelwerk. Andere Landwehren ziehen sich als heckebestandener Erdwall, als Wall in Erde oder in Stein zuweilen mehrere Meilen lang in ebenen Gegenden hin, bald mit, bald ohne vorgelegte Gräben, je nach der Beschaffenheit des Bodens. Sie bilden heute zum Teil noch die Grenzen von Gemeinden, Bezirken und grösseren Landgebieten. Nach *Jähns,* Geschichte des Kriegswesens, 456 ff.

Begharden, Beginen; mhd. *bêgehart, bêghart, begîne,* auch *beguine, begwine, begein.* Seit dem 12. Jahrh. bildeten sich in den Niederlanden Frauengesellschaften, um in gemeinsamer Wohnung, nach einfacher Regel, aber ohne Gelübde, ein frommes Leben zu führen. Die männerverzehrenden Kreuzzüge und die beginnende Vorliebe für beschauliches Leben wirkten dazu. Der Ursprung des Namens, lat. *beghinae, beguttae,* ist ungewiss; vgl. die Wörterbücher von *Grimm* und *Schmeller.* Die Beginenhöfe, auch Klöster genannt, waren anfangs ausserhalb der Städte angelegt, erst später findet man sie auch innerhalb der Mauern; sie heissen auch *samlungen, samnungen* und *einigungen*; die dazu gehörigen Frauen behielten einzeln die Verfügung über ihr Vermögen, standen unter einer Vorsteherin (Mutter), lebten einfach, die Unbemittelten von ihrer Hände Arbeit; später erhielten sie eigene Kapellen und Kirchen. Seit dem 13. Jahrh. findet man, obgleich in geringerer Anzahl, auch Männervereine derselben Art, *begharden.* Um mehr Schutz zu finden, traten diese freien Gesellschaften später meist dem dritten Orden der Franziskaner oder der Dominikaner bei, daher der Name *Feldnonnen,* und ergaben sich nun auch dem Bettel, verbanden sich etwa auch mit Sektierern, so dass der Name *begharde* zum Ketzernamen wurde. Für *beghard* kam seit dem 14. Jahrh. auch der Name *Lolhard* auf. *Schmidt* in Herzogs Realencyklopädie. *Kriegk,* Deutsches Bürgertum, I, 97 ff,

Bêhaimisch, Behmisch, Bêhaimsch, heisst im 15. und 16. Jahrh. in ganz Süddeutschland eine Art *Groschen.*

Beichtbücher, *libri poenitentiales,* sind in der merowingischen und karolingischen Zeit zuerst in England aufgekommen; aus der kirchlichen Praxis hervorgegangen, stellen sie in ähnlicher Form wie die Volksrechte (*leges barbarorum*) das weltliche Strafrecht, das herrschende System der Kirchenstrafen und Bussen dar, welches sich hinsichtlich der eigentlichen Verbrechen durchgängig an die germanische Auffassungsweise anschliesst. Die bedeutendsten sind die angelsächsischen Beichtbücher, darunter eines dem *Beda venerabilis,* ein anderes dem Columban, doch mit Unrecht, zugeschrieben wird; deutsche von Rabanus Maurus.

Beichte, von ahd, *bijehan,* bekennen, mhd. die *bîht* und *bîhte,* Bekenntnis; davon das Verb *bîhten* und *bîhtigaere.* Schon in den ersten Jahrhunderten der christlichen Kirche wurde es Gebrauch, dass ausgeschlossene Gemeindeglieder, um wieder aufgenommen zu werden, als Anfang ihrer Busse das Vergehen, um dessenwillen sie exkommuniziert waren, vor der versammelten Menge bekannten. Aber auch die Mitglieder der Kirche selbst pflegten bald vor dem Genuss des Abendmahles sich durch Sündenbekenntnisse zu erleichtern. Im frühern Mittelalter wurde am Aschermittwoch zur Eröffnung der Quadragesimalfasten ein öffentlicher Gottesdienst abgehalten, bei welchem nach den Einzelbeichten mit teils vorgängiger, teils nachfolgender Ansprache zuletzt von Allen oder gewöhnlicher vom Priester für Alle ein Beichtformular gemeinsam gesprochen wurde; die vielen *althochdeutschen Beichtformeln* (u. a. abgedruckt bei *Müllenhoff u. Scherer*, Denkmäler deutscher Poesie und Prosa) zeigen, dass dieser Gottesdienst zu den wenigen in der Volkssprache verhandelten gehörte. Als Forderung tritt die bei diesem Gottesdienste vorausgesetzte Privat- oder Spezialbeichte schon im 8. oder 9. Jahrh. auf. Zu allgemeiner Sanktion gelangte die Privatbeichte aber erst durch das Laterankonzil von 1215. Speziell hatten die Dominikaner und Franziskaner Vollmacht, überall Beichte zu hören, was mannigfachen Widerspruch der Weltgeistlichkeit hervorrief.

Beichtstühle sind zuerst im 15. Jahrh. in Frankreich aufgekommen, in Deutschland nicht vor der zweiten Hälfte des 16. Jahrh.

Beinkleider. Die alten Germanen entbehrten noch, abgesehen von der ohne Zweifel auch bei ihnen vorhandenen Hüftbedeckung, dem *bruoch*, der eigentlichen Beinbekleidung; vom König der Langobarden, *Adeloald*, wird erzählt, dass er zuerst Hosen getragen habe und dass die Langobarden fortan gerade diese Bekleidung, *hosis* genannt, vor allem schätzten. Dieses Wort bezeichnet die enganliegende Bedeckung des Unterschenkels, gegenüber der Hüftbedeckung, ahd. *pruoch*, und ist durch die germanischen, romanischen und keltischen Sprachen verbreitet; seine ursprüngliche Bedeutung und die eigentliche Heimat ist dunkel. Die Annahme der Hosen durch die Langobarden ist aber Nachahmung *römischer* Bekleidungsweise. Die Hosen hatten die Gestalt von Kreuzbinden, welche je nach dem höhern Range an Höhe und künstlicher Windung zunehmen. Karl d. Gr. trug linnene Unterhosen, darüber Beinkleider mit Binde; das Volk überhaupt kleidete sich entweder ebenso, oder es trug nach byzantinischer Art lange Strümpfe in der Weise der Tricots bis zur Mitte der Oberschenkel, wo sie mit Schnürriemen an den Bruch angeheftet wurden, oder ähnliche weite Beinkleider, wie die heutigen sind, welche auch den Unterleib umschlossen. Immer erstreckte sich das Beinkleid unterwärts entweder über den ganzen Fuss, oder die Zehen blieben unbekleidet. Die weite pumphosenartige Beinbekleidung war Tracht der Ärmern. Die Tricots oder Langstrümpfe waren von Wolle oder Seide, stets nur gewoben und buntfarbig, entweder eintönig, meist rot, oder durch einzelne Streifen und Linien verziert, oder beide Beinlängen verschieden gefärbt. In den hohen Ständen verschwand allmählich der Bruch ganz, man trug hier bloss noch eng anliegende Tricots, die oben an dem Hüftgürtel befestigt wurden. Mit dem Auftreten des französischen Kleidergeschmackes vom Beginn des 14. Jahrhunderts an, der sich durch das Prinzip eng anliegender Kleider kennzeichnet, wurde die enge Langhose womöglich noch enger, so dass Schamkapseln, franz. *braquettes*, deutsch *Latz*, nötig wurden; auch das war französisch, dass man die Beinlinge entweder über dem Knie trennte und beide Teile durch Nesteln und Bänder verband, oder über die ganzen Hosen noch eigene Oberschenkelhosen in verschiedener Färbung und Verzierungsweise zog. Im 16. Jahrhundert machte sich in Deutschland wie in den übrigen Ländern Europas ein Wandel zu bequemerer Tracht hin geltend. Oberkleider und Beinkleider wurden weit. Diese Bekleidungsart ging von der jugendlichen freien Bürgerschaft und den Söldnern aus. Das lange Beinkleid wurde zuerst vor den Knieen ausgeschnitten oder geschlitzt, dann unter den Hüften und längs den Schenkeln zerschnitten. Der Schutz vor der Witterung wie der öffentliche Anstand verlangte aber, dass man die Schlitze mit Zeug unterlegte. Weiter ging es an die enge Oberschenkelhose, die ebenfalls zerschnitten und bis zu den Knieen verlängert wurde, bloss die Unterschenkelhose blieb eng, die Oberschenkelhose zerschlitzte man teils zu verschiedenen Figuren, teils zu verschieden breiten, senkrechten oder wagerechten Streifen; die Figuren waren Dreiecke, Vierecke, Sechsecke, Kreuze, Sterne, Blumen, Blätter, überall in den buntesten Farben verziert und die beiden Beinlängen wie früher oft ganz verschieden geschnitten und gefärbt. Gegen diese *zerschnittenen Hosen* vornehmlich wendete sich überall die Sittenpolizei, einzelne Reformationsmandate verboten sie, ebenso die Reichstage von Augsburg in den J. 1530 u. 1548. In einer vom Rat zu St. Gallen im Jahre 1527 erlassenen Ordnung heisst es: *Es ist ufgesetzt und verordnet, dass alle burger und inwoner, so zerhowen oder abgehowen hosen oder wamesser habend, dieselben zerhownen hosen und wamesser widerumb zuosamen negen sollen lassen und hinfur kain zerhowen hosen noch wamesser tragen sollend an 3 pfd. denar zuo buoss von jedem mal, so dick (oft) das beschicht Man sol och weder hie noch anderswa kain zerhowne klaider machen lassen und mag man die schnider darumb aiden. Dessglichen sol och kain schnider kainem burger ain so groben und wuosten latz an die hosen, sunder hinfur zimlich machen, an dieselben buoss.* Dr. Andreas Musculus, Professor zu Frankfurt, gab im J. 1556 eine von ihm gehaltene Predigt im Druck heraus: Vom zerlöcherten, Zucht- und Ehrvergessenen pludrigten Hosenteufel, Vermahnung und Warnung. Die Sache wurde aber eher ärger; während man den untern Stoff durch die Menge der Schlitze bis jetzt nur leichthin hervorgezogen hatte, vereinfachte man jetzt die Schlitze nach Zahl und Gestaltungsweise, erweiterte sie ansehnlich und bauschte die untern Stoffe aus ihnen in möglichster Breite heraus, so dass sie überall sackartig, flatternd herabhingen. Das war die eigentliche *Pluderhose;* sie soll 1553 im Lager des Kurfürsten Moritz von Braunschweig vor Magdeburg entstanden sein. Die Landsknechte trugen sie so, dass die Schlappen bis zu den Knöcheln herabhingen und für den Unterstoff bis 40 Ellen Tuch verwendet wurde. Mit dem Erlöschen des freien Söldnertums erlosch endlich diese Tracht, am längsten währte sie in der Schweiz. Selbstverständlich nahmen nicht alle Stände an dieser Verzerrung Anteil, doch kam die Pluderhose auch bei Studenten, Bürgern, Adligen, Handwerksgesellen vor, während andere Kreise die älteren Formen des Beinkleides beibehalten hatten. Seidene *gestrickte* Hosen oder eigentliche Tricots, die aus England oder Frankreich kamen, gab es in Deutchland seit dem Ende des 16. Jahrhunderts. In derselben Periode fing man in Deutschland an, dem versteiften spanischen oder spanisch-französischen Hosengeschmack zu huldigen. Selten trug man jedoch die glatten oder mit Bandstreifen dicht überzogenen, völlig straff ausgepolsterten Rundwülste; zumeist fanden die aus breiten Bändern mit lockerer Unterfütterung bestehenden kurzen Hosen Eingang, nächstdem aber die von den Hüften bis zu den Knieen sich verjüngende ausgepolsterte Pumphose als auch die völlig faltenlose, unten durchaus offene Kniehose. Im 17. Jahrhundert kam mit dem Stutzertum die französische *Unterrock-Hose* auf, als Umschluss der Oberschenkelhose, nahezu weibischer Natur, durchgängig der Länge nach mehrfach gefältelt. Bloss die Landbevölkerung und die für sich abgeschlossneren alten Reichs- und Handelsstädte behielten Reste des altherkömmlich Bestehenden, während an den Höfen und in den höhern Ständen, besonders dem Beamtenstand, der französische Geschmack regierte, bis mehr und mehr eine allgemeine Ausgleichung der europäischen Moden eintrat. *Weiss*, Kostümkunde. *Müller* und *Mothes*, Wörterbuch, Artikel Beinkleider.

Belagerung. Nicht minder als in der Kunst der Befestigung ist das Mittelalter in der Belagerungkunst von den Überlieferungen der Römer abhängig. Alle während des merovingischen und karolingischen Zeitalters unternommenen Belagerungen arbeiten mit den Mitteln der antiken Kriegskunst, und zwar, wie es scheint, mit abnehmenden Verständnis derselben. Neuer Aufschwung kommt in die Belagerung erst während der Kreuzzüge und zwar vorzugsweise durch die Teilnahme italienischer Meister. Bis dahin hatte die fehdeartige Kriegsführung, sowie der Mangel technischer Kenntnisse den Angreifer entweder lediglich auf den *gewaltsamen Sturm* oder auf die *blosse Blockade* hingewiesen; das Verständnis für Belagerungsmaschinen war in dem Masse verloren gegangen, dass man lieber zur Verstärkung der Blockade *Gegenburgen*, sogar aus Stein, errichtete. Erst bei der Belagerung von Nicäa im J. 1097 hört man wieder von Maschinen. Der Gang einer regelrechten vollständigen Belagerung, (mhd. *gelige, besezze*), ist jetzt und im weitern Verlaufe des Mittelalters folgender: Zuerst versucht man womöglich den Platz durch Überrumpelung zu gewinnen, sei es durch Einschlagen der Thore, durch Herabreissen der Zugbrücken mit schweren Langhacken oder durch *Leiterersteigung*, welch letztere das ganze Mittelalter hindurch eine ausserordentlich hohe Bedeutung hatte. Siehe Figur 26 aus Stumpfs Eidgenössischer Chronik. Gelang weder das eine noch das andere, so ging man daran, die *Gräben auszufüllen* mit Erde, Stroh, Gebäuderesten und dergleichen, zu welchem Ende man, um von den Verteidigern ungestört zu sein, die *Katze* konstruierte, ein auf Rädern zu bewegendes hölzernes Blockhaus. War der Graben ausgefüllt, so wiederholte man den Versuch der Überrumpelung oder man rückte mit den Maschinen vor, wobei es auszuwählen galt zwischen direktem Zerstören des Zingels mittelst Mauerbrechern, oder Unterminieren, und regelmässigem Angriff mit hölzernen Türmen und Wurfmaschinen.

Die technischen Hilfsmittel, deren man sich bei Belagerungen bediente, hiessen *antwerc, machinae, ingenia.*

Die Baukunst der Kriegsmaschinen entwickelte sich besonders in Italien und kam von da namentlich durch die Kreuzzüge ins übrige Europa. Sämtliches Antwerk zerfällt in 3 Arten: *Machinae oppugnatoriae, machinae jaculatoriae* und *machinae tectoriae.*

Zu den *machinae oppugnatoriae* oder *Stosszeug* zum Mauerbrechen gehören der seit Urzeiten stets im Gebrauch gebliebene *Widder* oder Sturmbock, der *Tarant*, d. h. der Mauerbohrer, der *Fuchs* und der *Krebs.*

Die *machinae jaculatoriae* oder das *Schuss-* und *Wurf-Zeug* zerfällt in

a) *Geschütze für rasanten Schuss:* Die *Stand-Armbrust*, auch Bück-, Turm-, Wagarmbrust oder der Spannwagen genannt, um Bolzen oder Steinkugeln zu schiessen, und die *Rutten*, ahd. *ruoda*, Stange, säulenartige Gestelle mit kolossaler stählerner Schnepperfeder, welche den auf der Säule liegenden Pfeil hinwegschnellte; sie heissen auch Katapulte

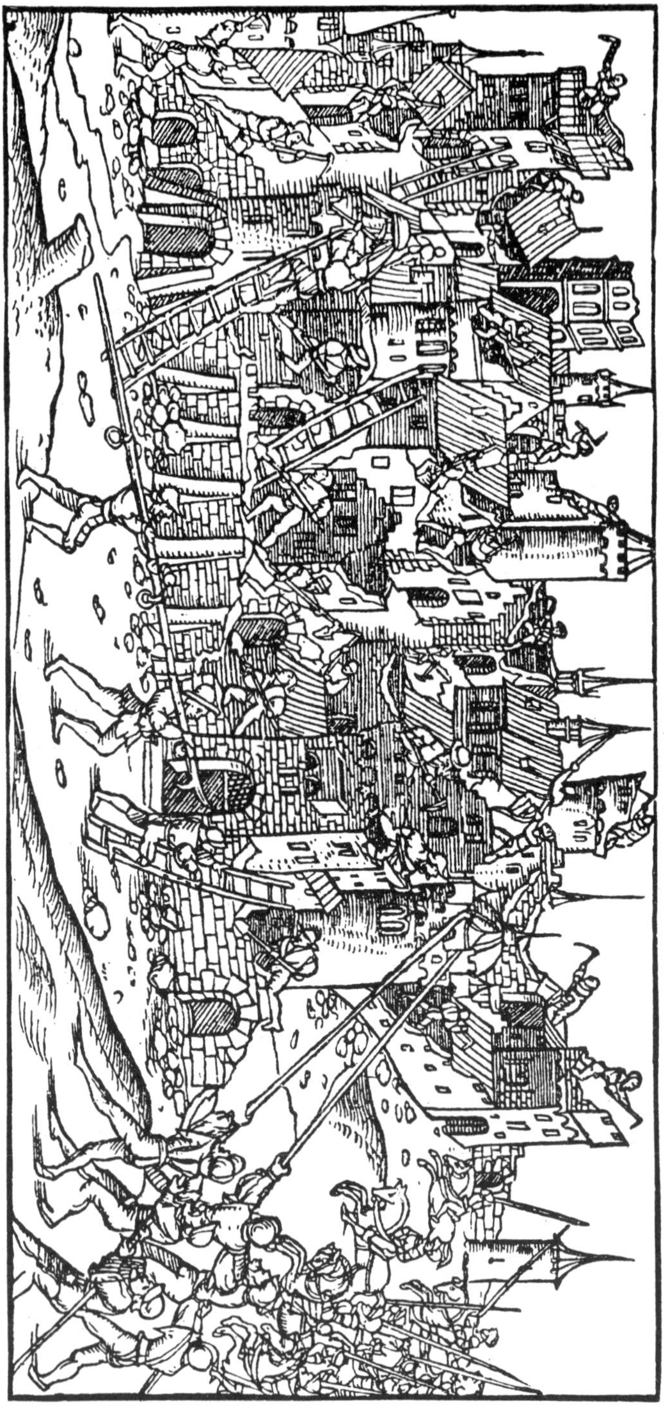

Fig. 26. Typisches Belagerungsbild aus Stumpfs Eidgenössischer Chronik 1548.

und dienen besonders für Abschiessen von Brandpfeilen.

b) *Geschütze zum Bogenwurfe:* Die *Bleide,* mhd. *blîde*, der *Tribock*, mhd. *drîboc*, der *Schleuderkasten*, die *Mange* und die *Marga*, Maschinen, deren besondere Eigentümlichkeiten zum Teil schwer oder kaum zu bestimmen sind.

Die vorzüglichste *Munition der Gewerfe* waren *Steine*, wo möglich in runder Gestalt, oft von kolossaler Grösse; statt der Steine nahm man auch Stangen, mit Nägeln beschlagene Balken, mit Brennstoffen angefüllte Fässer, Leichname von Vieh, um Seuchen zu erzeugen, ferner mit Brandzünder versehene Wurfsteine oder glühende Eisenstücke.

Das Wurfzeug hatte nicht die Bestimmung, Bresche zu schiessen, sondern Dächer und Gewölbe zu zertrümmern, Brand zu stiften u. dgl. Seine Anwendung reicht bis ins 15. Jahrhundert.

Weit enger und unmittelbarer als das mittelalterliche Wurfzeug, schliessen sich die *Machinae tectoriae* an die antike Tradition an. Es zerfallen aber diese Annäherungs- und Deckungsmittel in drei Arten, fahrbahre Holzbrustwehren, bedeckte Stände oder Hallen und Rolltürme. Die bedeckten Stände, welche bei den Römern *musculi*, Mäuschen hiessen, nannte das Mittelalter *Katzen*, die Belagerungstürme heissen auch *Bergfriede*, mhd. *bercvrit*, oder *Ebenhöhe*, da sie mindestens gleiche Höhe mit der zu erstürmenden Mauer haben mussten. Am häufigsten kommen Türme von drei Geschossen vor, deren oberstes eine Fallbrücke hatte, während das unterste gelegentlich einen Widder aufnahm. Unter Umständen machte man den Versuch, einen Turm auf Kähnen zu erbauen.

Häufig war der Angriff durch die *Talparii*, Minierer, sei es um die Mauer durch Untergrabung zum Einsturz zu bringen, sei es um unterirdisch in den festen Platz zu kommen.

Oft waren die genannten Angriffsmittel ungenügend zur Eroberung von festen Plätzen, und ihre Übergabe nur durch Aushungern unter Anwendung der Blokade zu erlangen. In diesem Falle pflegte sich der Angreifer stets durch Laufgräben gegen Überfälle zu sichern. Mehrere Lager, deren jedes mit einer Enceinte umgeben war, hiessen *Bastide* oder *Bastille.*

Was nun die *Massregeln der Verteidigung* betrifft, so waren die Besatzungen in erster Linie besorgt, sich gegen Überrumpelung sicher zu stellen. Zu dem Ende schloss man gern einen möglichst ausgedehnten Umkreis durch eine leichte Verpfählung oder eine Hecke ab, die *Letze.* Unter Umständen legte man beim Anrücken des Feindes im Sinne offensiver Defensive noch im letzten Augenblicke ein *Aussenwerk*, mhd. *hâmît*, an, das in einer Verpfählung bestand. Die Absicht Widerstand leisten zu wollen, kündete der Belagerte durch Aufziehung von Fahnen über Thoren und Türmen und durch Aufstellung von Wappenschildern zwischen den Zinnen an. Auf die Mauer wurden Schilde, Schirme, Mäntel oder hölzerne Brustwehre, Blöcke, Balken, Steine, Öl, Wasser, ungelöschter Kalk u. dgl., überhaupt diejenigen Materialien gebracht, deren man zunächst gegen den gewaltsamen Angriff bedurfte. Bei förmlichem Angriffe bediente sich die Verteidigung derselben Wurfmaschinen wie die Angreifer, besonders aber der *Ausfälle*; gegen den Minenangriff war die Anwendung von Contreminen allgemein. Der letzte Rückzug einer Besatzung konnte aus der Stadt in die Burg, aus einer Burg in den grossen Turm geschehen. Unterirdische Gänge führten von da manchmal ins Freie.

Langsam gewann die Anwendung der *Feuerwaffen* im Belagerungskriege Raum. Zunächst verwendete man die Büchsen an Stelle des Wurfzeuges, um Steine oder Feuerwerkskörper zu schleudern; Breche zu legen vermittelst der neuen Büchsen gelang erst später. Man warf daher die schweren Projectile unter einem grossen Winkel über die Mauer, den Kernschuss verwendete man nur gegen die Thore. Die Aufstellung der Belagerer ging noch in sehr geringer Entfernung von den Mauern vor sich, wobei die Sicherung der Geschütze durch die alten Schutzdächer geschah. Die Angriffsbatterien wurden aus Stücken groben und kleinen Kalibers gebildet, wobei die letzteren dazu dienten, den Feind während der Zeit zu beschäftigen, während welcher man die erstern zum Laden zurückbrachte. Im allgemeinen war bis in den Anfang des 15. Jahrh. die Verteidigung dem Angriffe noch überlegen, zumal da die Städte bereits mit einer namhaften Zahl von Feuergeschützen versehen waren, während die Belagerer gewöhnlich nur über die alten Maschinen geboten.

Von bedeutender Wirkung auf die Fortschritte im Belagerungswesen war die in Frankreich seit der Mitte des 15. Jahrh. aufkommende *Anwendung der gegossenen Kugeln* anstatt der steinernen, wodurch das Brechelegen sehr abgekürzt wurde, und die rationelle *Anwendung von Laufgräben* als Annäherungsmittel. Seitdem treten die Holzdeckungen zurück und die Holzblendungen der Geschütze werden durch Tonnen ersetzt, die mit Erde gefüllt sind, bald darauf findet man auch die *Schanzkörbe* in allgemeinem Gebrauch.

Die während des 16. Jahrh. stattfindende Reform des Fortifikationswesens hatte auch ein modernes System des Angriffes und der Verteidigung im Gefolge. Nach *Jähns*, Gesch. d. Kriegswesens.

Benediktiner-Orden. Sein Stifter ist *Benedikt von Nursia* im Neapolitanischen, 480—543, der Gründer des Klosters Montecassino bei Neapel; die Regel, die er den Mönchen dieses Klosters gab, bezweckte nicht die Gründung eines Ordens, denn der Mönchsstand galt noch als eigener, ungeteilter Stand, es handelte sich bloss um die besonderen Vorschriften, durch die das Leben der Mönche dieses oder jenes Landes oder Klosters geregelt werden sollte. Auch andere Klosterregeln, wie die des hl. *Basilius*, des hl. *Columban*, des *Cäsarius von Arles*, bewirkten keinen besonderen Orden. Die durch die irischen Mönche in Deutschland gestifteten Klöster hatten anfänglich die Regel des hl. Columban, deren harte Ascese und die häufige Anwendung der Prügelstrafe es allmählich dahin brachten, dass man im 7. und 8. Jahrh. mehr und mehr auf die Regel des hl. Benedikt griff; sie war milder, klarer gefasst und brauchbarer als jene. In St. Gallen nahm Othmar die Benediktinerregel auf Wunsch Pipins an, in Fulda führte sie Bonifaz ein; Karls d. Gr. Synoden verpflichteten die Mönche darauf. Eine deutsche Interlinearversion der aus 73 Kapiteln bestehenden Regel, die aus dem 8. Jahrh. stammt und einem nicht nachweisbaren Mönche Kero zugeschrieben wurde, ist bei *Hattemer*, St. Gallische Sprachdenkmäler, I, 15 ff., abgedruckt, eine mitteldeutsche Uebersetzung des 13. Jahrh. in der Zschr. f. deutsches Altert., Bd. XVI, S. 224 bis 279. Nach der Regel des hl. Benedikt steht an der Spitze der Anstalt der Abt mit monarchischer Gewalt, dem gegenüber die Kongregation und die ältern Brüder bloss beratende Stimme haben. Die Abtswahl gehört in der Regel den Mönchen und ist ihnen durch besondere Privilegien gesichert. Die nächsten Beamten nach dem Abt sind Propst und Dechant, beide durch den Abt absetzbar: der Propst, Vertreter des Abtes, hat die Ökonomie, der Dechant die Disziplin unter sich. Ihre Wahl geht von den Mönchen aus. Unter dem Propst steht der *cellarius*,

Kellermeister. Die Wache am Thor hat der Pförtner. Die Zahl der Mönche ist unbestimmt. Dienende Brüder giebt es nicht, die Mönche sind zu allen Dienstleistungen verpflichtet; das Kloster soll deshalb möglichst alle Lebensbedürfnisse umschliessen. Vgl. den Bauriss des Klosters St. Gallen vom Jahre 820, herausgegeben von *F. Keller*, Zürich 1844. Die Besorgung der Küche wechselt wöchentlich unter den Mönchen. Handwerk und Ackerbau liegt den Mönchen ob. Privatbesitz ist verboten, alles ist allen gemein, und der Abt teilt jedem nach Bedürfnis zu. Als Kleidung ist vorgeschrieben Kutte *cucul1a*, Hemd *tunica*, Überwurf *scapulare*. Als Speise gestattet die Regel zwei Schüsseln Gemüse, Obst, junge Gewächse, Brot; Fleisch nur für Kranke und Schwache; Wein gehört eigentlich für Mönche nicht, doch werden die Mönche, sagt die Regel, sich denselben nicht wohl nehmen lassen, deshalb ist täglich eine Mass (*hemina*) erlaubt. Allmählich gestattete man sich mehr Bedürfnisse, zumal an besonderen Tagen, bei Besuch. Der Aufnahme ins Kloster geht eine jährliche Prüfungszeit voran. *Oblati* sind Kinder, die von den Eltern früh dem Klosterleben übergeben werden, ihre Zahl war gross, und ihr Unterricht gab die erste Veranlassung zu den Klosterschulen. *Reclusi* heissen solche, die sich besonderer Ascese wegen in ein Gemach einschliessen liessen. Die Regel Benedikts nimmt auf Frauenklöster keine Rücksicht, doch wurden auch die ebenfalls schon lange bestehenden Nonnenklöster derselben Regel unterstellt; immerhin sind die Frauenklöster minder selbständig und mehr vom Bischof abhängig. Die Benediktinerklöster des 8., 9. und 10. Jahrhunderts sind die Hauptträger der Bildung im fränkischen Reiche; was die Zeit an Erziehung, Wissenschaft, Dichtung, bildender Kunst, Musik und Geschichtschreibung hervorbrachte, ist meist *ihr* Werk. Fulda, St. Gallen, Corwey, Reichenau und zahlreiche andere Klöster sind Zentralpunkte des geistigen Lebens. Man findet sie u. a. zusammengestellt und beschrieben in den Kirchengeschichten von *Rettberg* und *Friedrich* und in Deutschlands Geschichtsquellen von *Wattenbach*. Im 10. Jahrh. fingen sie an zu verweltlichen; der durch Karl d. Gr. hervorgerufene Bildungseifer ermattete; die Ausbildung des Lehnstaates, der Reichtum an Land und Leuten, der sich in ihnen angehäuft hatte, schob die Interessen der Bildung und Erziehung, der Religion und Wissenschaft in den Hintergrund, und Interessen weltlicher Art traten vor. Die Klöster standen meist auf des Kaisers Seite; der Zusammenhang mit Rom hatte sich gelockert. Dagegen trat nun eine Reaktion ein; der päpstliche Stuhl suchte in seinem Sinne zu reformieren, die Klöster zu Kongregationen unter einer Zentralregierung zu sammeln, das specifisch religiöse Leben zu heben, die Klosterregeln zu schärfen. Der Hauptsitz dieser Bestrebungen wurde das Kloster *Clugny*, *Cluniacum*, in Burgund, von Herzog Wilhelm von Aquitanien 910 gestiftet und zuerst von *Berno*, dann von *Odo* 927—941 geleitet. Diese reformierten Benediktiner- oder *Cluniacenser*-Klöster waren von aller bischöflichen Gewalt befreit, einzig dem Stuhl zu Rom untergeben; der gesammte Orden stand unter dem Abt von Clugny, dem *Archiabbas* des *Archimonasterii*, strenge klösterliche Ascese trat an die Stelle freier humaner Bildung im Sinne der Karolingischen Zeit. Die deutschen Könige selber waren übrigens der Reform nicht durchaus abgeneigt; unter den Klöstern aber trat jetzt eine Spaltung in reformierte und nichtreformierte ein. Die der Reformation widerstanden, verweltlichten in der höfischen Periode in hohem

Masse, kirchliches Leben, Schule und Wissenschaft hörte auf, und die Äbte beteiligten sich als Reichsfürsten hauptsächlich an den Reichshändeln. Ein besonders belehrendes Beispiel für das Verhältnis der Cluniacenser und der alten Benediktiner bieten die St. Gallischen Kasus Ekkeharts IV.; Konrad II. hatte dem Kloster 1034 einen Cluniacenser Abt aus Lothringen aufgedrungen, gegen dessen Reformbestrebungen die ältern Mönche eiferten und murrten; zum Beweise aber, wie tüchtige, vortreffliche Blüten das Kloster unter der freiern Regel hervorgebracht hatte, schrieb Ekkehart IV. seine Kasus, in denen er das Klosterleben St. Gallens so plastisch dargestellt hat. Siehe die Einleitungen zu der lateinischen und deutschen Ausgabe Ekkeharts von G. Meyer von Knonau. Die Cluniacenser Reform fand ihre Hauptstütze, was Deutschland anbelangt, in den Klöstern des Schwarzwaldes, und hier besonders in *Hirschau*, von wo aus sich die strenge Regel nach allen Seiten verbreitete; alte Klöster wurden reformiert, neue gegründet. Hirschauer Mönche kamen nach Reichenbach und St. Georgen im Schwarzwald, nach Schaffhausen, Petershausen, Pfäfers, Fischingen, Weilheim, Zwifalten, Blaubeuren, Isny, Wiblingen, Ochsenhausen, Komburg in Franken, Fischbachau und Scheiern, Prüfening und Ensdorf in Bayern, nach dem Petersberg bei Erfurt, Reinhardsbrunn, Goseck, Hasungen und Magdeburg, nach Admont in Steiermark, St. Paul in Kärnthen. Otto von Bamberg führte in allen seinen Klöstern die Hirschauer Regel ein. Derselben Richtung gehörte St. Blasien im Schwarzwald an. Hier wurde Hartmann, früher Probst von St. Nicola bei Passau, des Gegenkönigs Rudolf Kaplan, Mönch und Prior; dann aber 1094 Abt von Götweih, wohin er eine Kolonie aus St. Blasien führte, und bald wurden ihm auch St. Lambert in Steiermark, Kempten, St. Ulrich und Afra in Augsburg anvertraut. Nach Kremsmünster kamen Mönche aus Gottesau, einer Hirschauer Kolonie im Sprengel von Speier. Bischof Burchard von Basel aber unterwarf 1105, eingedenk der alten Freundschaft und innigen Verbindung, das von ihm gestiftete Kloster St. Alban bei Basel unmittelbar dem Abte von Clugny. S. Wattenbach, Geschichtsquellen II, § 6. In die gleiche Periode mit der Cluniacenser Reform fällt die Gründung selbständiger Orden, welche die neue römische Ascese in noch engere Formen bannten, z. B. die Orden von Vallombrosa, Chartreux, der Wilhelmiten, Cistercienser. Siehe die besonderen Artikel. Noch geringer wurde die Bedeutung des Benediktinerordens, als im 13. Jahrh. die Bettelorden aufkamen. Seit dem 14. Jahrh. bemühten sich verschiedene Synoden um die Reform des Ordens, namentlich hob das Konstanzer Konzil die alte Sitte auf, nur adelige Novizen aufzunehmen. Eine bleibende Reform brachte in Deutschland erst die Richtung der *Bursfelder Kongregation* oder *Union* zu stande. Es war dies ein Verein von 75 Benediktinerklöstern in Norddeutschland, der aber auch in Süddeutschland weitreichenden Einfluss besass; seine Stifter waren *Johann von Hagen*, 1439—1469 Abt des Klosters Bursfelde bei Göttingen, und *Joh. Busch.* Das Basler Konzil bestätigte 1440 diese Organisation, die für das sittliche und wissenschaftliche Leben des Ordens sehr segensreich war. Später erwarb sich die *Kongegration von St. Maurus,* 1618 durch *Lorenz Bernhard,* Mönch zu St. Vannes, gestiftet, unsterbliche Verdienste durch reiche wissenschaftliche Forschung; ihr Hauptkloster war St. Germain des Prés bei Paris.

Benediktionen, Segnungen, sind sakramentsähnliche heilige Handlungen, durch welche die Gnade Gottes für Personen und der heilsame Gebrauch für Sachen erfleht wird. Die Benediktion erfolgt vorzüglich durch das Bezeichnen mit dem Kreuze, Anrufung des heiligen Geistes, Auflegung der Hände, Besprengung mit Weihwasser, Beräuchern und Aussprechen der in einzelnen Ritualbüchern, *libri benedictionales,* gesammelten Formeln. Solcher Bücher giebt es eine grosse Menge, Ekkehard von St. Gallen hat z. B. eigene *Benedictiones ad mensas* geschrieben, die in Band 3 der Mitteil. d. Züricher antiqu. Gesellsch. abgedruckt sind.

Beówulf, ein angelsächsisches Heldengedicht aus dem Ende des 7. oder dem Anfang des 8. Jahrh.

Der Inhalt des Gedichtes ist folgender: Über die Dänen herrscht Skylo, aus dem Geschlechte der Skefinge. Von den Meereswogen ist er als Kind hergeworfen worden an Dänemarks Küsten, als König sollte er sterben und mit Kleinodien überhäuft wird er nach seinem Tode in reichgeschmücktem Schiffe wieder dem Elemente überlassen, das ihn hergebracht. Dessen vierter Nachfolger ist Hrodgar. Er lässt eine geräumige Halle errichten, Heorot genannt, deren Wände täglich von dem Jubel der zechenden Ritter und von den süssen Tönen der Harfe widerhallen. Doch nur zu bald soll das fröhliche Leben der Vasallen des Königs verstummen. Von Neid gepeinigt, dass des Herrschers Mannen in solcher Freude leben können, während er selbst einsam in düsterem Moorgrund seine Tage hinbringen muss, macht sich ein Unhold, *Grendel* mit Namen, auf, dringt des Nachts, wenn nach dem Methgelage in tiefem Schlaf die Kämpen ruhen, ein in die Halle und schleppt 30 der Schläfer mit sich in seine Behausung. Entsetzen fasst am andern Morgen die Dänen, und als in der folgenden Nacht wieder eine Anzahl ihrer Freunde der Wut des Raubtiers zum Opfer fallen, da fliehen sie schreckensbleich die unheimliche Stätte. Wohl berät sich oft der greise Herrscher gramschwer mit seinen Vertrauten, nichts wird gefunden zur Abwehr des Übels, bis endlich von Norden her ein Retter dem bedrängten Volk erscheint. *Beowulf* ist sein Name, das Geatenland, welches Hygelak beherrscht, seine Heimat. Ihm ist zu Ohren gekommen der Nachbarn Not, mit 14 Genossen besteigt er das Meerschiff den Dänen zu helfen und bald landen sie an der dänischen Küste, wo sie mit edlem Anstand empfangen und vor den König geführt werden. Beowulf enthüllt dem König, dass er vertrauend auf seine Stärke gekommen sei, Heorot von der Anwesenheit des blutdürstigen Scheusals zu befreien. Mit Freuden nimmt der König die Dienste des Geatenritters an und die Halle Heorot wird den Fremdlingen eingerichtet. Die Schatten der Nacht senken sich über die Erde, Hrodgar mit seinen Mannen zieht sich in seine Gemächer zurück und allein warten in der Halle die Geaten mit ihrem Führer der Dinge, die da kommen sollen. Kaum hat der süsse Schlaf der Müden Augen geschlossen, als vom Sumpfe hergeschlichen kommt der grause Grendel; lechzend nach Menschenfleisch packt er sofort den zunächstliegenden der Recken, reisst ihn in Stücke und verschlingt ihn. Jetzt gerät der Mordgesinnte an Beowulf, aber mit Riesenkraft greift der Geate des Unholds Arm und nach langem furchtbarem Ringen renkt er ihm den Arm samt der Achsel aus, dass totwund Grendel fliehen muss und in seiner Sumpfwohnung durch den Tod von den Qualen der Wunde befreit wird. Jubel erfüllt am andern Morgen die Gegend. Auf Beowulfs That anspielend trägt ein Sänger den glücklichen Kampf des Wälsungen Sigmund mit dem Drachen vor und den innigsten Dank bringen dem jungen Sieger der grambefreite König und seine holde Gemahlin dar. Mit reichen Geschenken belohnt die Königin den tapfern Beowulf und vertraut ihm ihre beiden Knaben an.

Wieder sinken die Helden in friedlichen Schlaf. Wie schrecklich sollte das Erwachen sein! Den Tod ihres Sohnes zu rächen macht sich Grendels Mutter unter dem Schutze der Nacht auf, dringt in den Schlafsaal der Dänen ein und um das Leben eines der Helden ist es geschehen. Die einzige Zuflucht des von neuem in Entsetzen geratenen Königs ist Beowulf. Diesen bittet der Greis die Unthat zu rächen. Der Geatenheld ist dazu bereit. Der greise König selbst besteigt sein Schlachtross und reitet an der Spitze seiner Mannen in Begleitung Beowulfs die Wohnung der Unholdin zu suchen. Bald ist sie gefunden auf dem Meeresgrund, bewacht von Nixen, Drachen und anderm blutgierigen Gewürm. Beowulf nimmt von Hrodgar Abschied, empfiehlt ihm, falls er nicht mehr zurückkommen sollte, die Obhut über seine Leute und springt dann wohlgepanzert und gut bewaffnet mit seinem wuchtigen Schwert Hrunting in die brausende Flut. Bald steht er im prächtigen Meersaal vor Grendels Mutter. Sogleich beginnt der furchtbare Kampf. Hrunting prallt ab von dem Körper der Meerwölfin. Ein Riesenschwert, das Beowulf im Saale findet, sollte ihm erst Rettung verschaffen, indem es dem grausen Weib die Todeswunde schlägt, dann aber auch vor dem heissen Blute bis zum Heft wie Eis zerschmilzt. Der Erschlagenen Blut rötet die Brandung. Bald enttaucht der brausenden Brandung des Siegers Leib. Jubelnd wird er von seinen Getreuen empfangen und dem König Hrodgar zugeführt. Als Siegespfand legt der Tapfere Grendels Haupt den staunenden Höflingen und entsetzten Frauen vor die Füsse. Dann zieht Beowulf wieder nach der Heimat.

Später besteigt Beowulf selbst den Herrscherstuhl der Geaten und regiert 50 Jahre lang zum Wohle und Segen seines Volkes. Im Kampfe gegen einen Drachen, gegen einen Schädiger seiner Unterthanen sollte er fallen. Schon drei Jahrhunderte lang hatte das Untier in finsterer Bergeshöhle reiche Schätze bewacht, welche einst ein einsamer, freundloser Mann in dem Schooss der Erde versteckte, der niemanden mehr hatte, dem er den Gebrauch der Kostbarkeiten gönnte. Zufällig kommt ein Flüchtling in die Behausung des Drachen und entwendet dem Horthüter eines der Kleinode. Wütend fliegt des Nachts der Drache aus, den frechen Dieb zu suchen. Burgen und Hütten äschert der feurige Atem .seines Rachens ein. Da dringt das Gerücht vom Unglück seines Landes an Beowulfs Ohr, der sofort wohlgerüstet selb vierzehnt den Bau des Drachen aufsucht. Wohl mag der Greis den nahen Tod ahnen, denn er nimmt Abschied von seinen Getreuen. Allein, wie es dem König geziemt, will er den Kampf gegen seinen Widersacher aufnehmen. Mutig schreitet er an den Eingang der Höhle und fordert den Drachen zum Zweikampf auf. Nicht lange lässt der Wurm auf sich warten. Eine Flut sengenden Feuers entströmt seinem Rachen dem Tapfern entgegen, welchen kaum der eherne Schild gegen den Gluthauch schützt. Machtlos prallt das wuchtige Schwert von dem Hornpanzer des Wurmes ab. Was ist zu thun? Waffenlos steht der edle König da, ferne in des Waldes schützendem Dickicht sind vor der grausen Gestalt des Drachen die feigen Gefolgsmänner geflohen. Wiglaf unterstützt mit seiner jungen Kraft den alten Fürsten, und nach langem Ringen sinkt der grimme Feind tot zu Boden. Doch teuer ist der Sieg erkauft, auch Beowulf ist verwundet von des Wurmes giftigem Zahn. Schnell schickt der Röchelnde den Wiglaf noch in die Höhle, damit sein letzter Blick auf die reichen Schätze falle, die er mit seinem Leben seinen Leuten zurückerobert. Wiglaf gehorcht, kehrt schwerbeladen zurück und breitet die Kostbarkeiten vor dem brechenden Auge des Königs aus. Dieser bestimmt sie dazu, die Not der Armen zu heben, und stirbt. Tiefes Trauern ergreift das Herz des Volkes über den Untergang ihres geliebten Königs. Sie ziehen hinaus zu der Walstatt, erblicken mit thränendem Auge Beowulf, mit Entsetzen seinen grimmen Feind. Dann schreiten sie zur Bestattung der irdischen Überreste des Edlen. Auf hohem Scheiterhaufen wird die Leiche niedergelegt und gierig verzehren die Flammen den Körper des Beowulf.

Das Gedicht von Beowulf liegt uns in einem Pergamentcodex vor, der sich in der Cottonischen Bibliothek des British Museum zu London befindet. Die Handschrift fällt wahrscheinlich in das 10. Jahrhundert, doch ist die Entstehung des Gedichtes in eine viel frühere Zeit zu setzen. Seine Anfänge sind in der Mitte des 6. Jahrhunderts zu suchen und als Ganzes tritt es uns auf der Scheide des 7. und 8. entgegen. In seiner beinahe zweihundertjährigen Entwickelung hat es wesentliche Umänderungen erfahren. Der Kern des Epos ist jedenfalls der Kampf Beowulfs mit Grendel und dem Drachen, als blosse Variation des ersteren ist derjenige zwischen Beowulf und Grendels Mutter anzusehen. Daran schlossen sich dann Episoden aus dem Leben der auftretenden Helden und ihrer Vorfahren, und Interpolationen eines christlichen Schreibers, die einen theologisierenden Ton anschlagen und mit dem germanisch heidnischen Charakter des Gedichtes schlecht zusammenpassen. Es ist halbfertig, gleichsam mitten in der Entwickelung erstarrt. Das Gedicht ist nicht von einem einheitlichen Autor verfasst, sondern aus verschiedenen Liedern nach und nach zusammengefügt.

Die Heimat des Gedichtes ist England, eine historische Begebenheit gab Anlass zu seiner Entstehung. In *ten Brinks* Geschichte der englichen Litteratur heisst es pag. 30: „In den Jahren 512—520 unternahm der Geatenkönig Hygelak (aus dem jetzigen schwedischen Götaland) einen Raubzug nach dem Niederrhein. Da rückte des fränkischen Königs Theuderich Sohn Theudebert ihm mit einem Heere von Franken und Friesen entgegen. Ein heisser Kampf fand statt, der auf beiden Seiten zahlreiche Opfer verschlang; den Franken aber blieb der Sieg. Hygelak fiel, sein Heer wurde zu Lande wie zu Wasser aufgerieben, die schon auf den Schiffen befindliche Beute von dem Feinde zurückgewonnen. In diesem Kampfe zeichnete sich ein Gefolgsmann und Verwandter Hygelaks vor Allen aus, zumal durch die Kühnheit, mit der er schliesslich seinen Rückzug bewerkstelligte. Er scheint ein Mann von riesiger Körperkraft, ein vorzüglicher Schwimmer gewesen zu sein. Die Kunde von diesem Kampfe, der Ruhm dieses Degens erscholl weit und breit zu beiden Ufern des Meeres, das die kimbrische Halbinsel von dem schwedischen Festlande trennt, bei Geaten, Inseldänen und Angeln. Die Thaten des Neffen Hygelaks, des Sohnes Ekgtheows, wurden in Liedern gefeiert; er trat in das Erbe göttlicher Heroen ein. Beowulf, der Sohn des Ekgtheow, trat an die Stelle Beowas, des Siegers über Grendel.“

Dieser Beowa, oder also später Beowulf, ist nach *Müllenhoff* (*Haupts* Zeitschrift VII, 419—441) identisch mit *Freyr*, dem milden Gott des

Friedens und der Fruchtbarkeit, der Regen und Sonnenschein und Gedeihen der Früchte giebt, den Schiffern aber und Fischern das Meer im Frühling öffnet und es von Stürmen befreit; der es stillt und ihnen einen guten Fang und reichlichen Gewinn verschafft, aber auch liegende Gründe und fahrende Habe denen verleiht, die zu ihm beten. Dieselbe Wirksamkeit steckt nun auch in den Thaten des Helden unseres Gedichtes. Seine erste That ist, dass er wettschwimmt mit Breka und zwar wahrscheinlich dem von Norden herabkommenden eisigen Polarstrome entgegen, um mit den Waffen die Rauhheit und Wildheit des winterlichen Meeres bis an seine äussersten Grenzen zu brechen und es fahrbar zu machen. Auch der Kampf Beowulfs mit Grendel lässt sich als ein Ringen mit den verwüstenden Wogen des Ozeans auffassen. Grendels Wohnung ist eine von düsterem Walde umgebene Meeresbucht voll trüben, sumpfigen Gewässers. Aus dieser heraus bricht er mit wilder Wut und verschlingt die sorglos schlafenden Menschen, bis auch jetzt wieder ein Gott und zwar Beowulf an Stelle des alten Freyr, als Beschützer des Ackerbaues den grausen Zerstörer menschlichen Wohlstandes und Glückes zurücktreibt und ihn in feste Grenzen bannt. Eine blosse Wiederholung des Kampfes mit Grendel ist der mit dessen Mutter, die auch eine Personifikation des Meeres ist. Bis in Einzelheiten stimmt der Kampf Beowulfs gegen diese beiden Unholde überein mit Freyrs Ringen mit dem Riesen Beli, den er auch, ohne sein gutes Schwert zu gebrauchen, erlegt. Dass Beowulf endlich, schon im Herbste seines Lebens, noch mit dem schätzebergenden Drachen einen Zweikampf eingeht, ist ebenfalls begründet durch die Identität mit Freyr. Der Drache ist einesteils wieder wie Grendel und dessen Mutter das Symbol des sein Bett übersteigenden, alles mit sich fortreissenden Wasserschwalles, dann aber auch eine konkrete Darstellung des Winters, der im Herbst eben alles Leben in der Natur erstickt und wie der Drache auf seinen Kleinodien mit seinem Schneemantel, seiner Eisdecke auf den Schätzen, welche die Natur zur Sommerszeit dem Menschen baut, sitzt und ihre Wohlthaten niemandem zu gute kommen lässt. Gegen diesen zieht nochmals der greise Gott, er besiegt zwar den Feind, muss aber doch im Herbste seines Lebens tot dahinsinken vor dem giftschwangeren Blute des Drachen, wie auch die Herrlichkeit des Sommers schwindet, wenn mit seinem Sturmgebraus der kalte Winter die Schneeflocken und Eiskörner über die Lande peitscht. Ausgaben in angelsächsischer Sprache von *Grein* und *Heyne*. Deutsche Übersetzungen von *Ettmüller, Simrock, Grein, v. Wolzogen* und *Heyne*.

Berchta, ein Name und eine Gestalt der germanischen Göttermutter *Freia*, die auch Frau Gôde, Frau Hera oder Harke, Holda heisst. Als Berchta, d. i. die Glänzende, ahd. *Perahta*, von *peraht* glänzend, erscheint sie in Oesterreich, Baiern, Schwaben, im Elsass, in der Schweiz, Thüringen, Franken und Tirol. Ihre Gestalt ging von der Wolkenfrau aus, meist glaubte man, sie trage Kuhgestalt, daher sie in Baiern noch immer in eine Kuhhaut gekleidet erscheint. Sie zieht an der Spitze des wilden Heeres, erscheint um Weihnachten als eine Frau mit zottigen Haaren, um die Spinnerinnen zu beaufsichtigen, namentlich am letzten Tage des Jahres, wo ihr zu Ehren Fische und Klösse gegessen werden und alles abgesponnen sein muss. Findet sie die Arbeit der Spinnerinnen nicht in gehöriger Ordnung, so besudelt sie den Rocken. Den Hauptbestandteil im Heere der Berchta bilden die Seelen der Ungebornen, d. i. der ungetauft verstorbenen Kinder. Mit diesen, in Thüringen Heimchen genannt, sorgt sie für die Fruchtbarkeit der Äcker, zieht mit ihnen von Land zu Land und setzt mit ihnen über Ströme. Am heiligen Dreikönigstag lässt man ihr und ihren Kindern etwas von der Nachtmahlzeit auf dem Tische stehen. Ihr Tag ist bald der 30. Dezember, bald der 2. oder 6. Januar. Er verlangt eine stehende Festspeise. Berchta ist auch die *Todesgöttin*. Seit alter Zeit waren irdische Nachbildungen ihrer Umzüge in Gebrauch, wobei sie entweder als eine grosse Frau mit langem Haare von Flachs und weit herabwallendem weissem Kleide vorgestellt wurde, oder als eine furchtbare Göttin, als wilde Berchtel, mit wild zerzausten Haaren. In der fränkischen Sage ist Berchta als Ahnmutter der Menschheit oder des königlichen Geschlechtes aufgefasst gewesen. Das goldene Zeitalter heisst seit Alters bei den Franzosen und Italienern: als *Bertha spann*. Dieser Mythus hat sich später an Karls des Grossen Mutter *Bertrada* und an die neuburgundische Königin *Bertha* geheftet. Auch die *weisse Frau* oder die *weisse Dame*, die als Ahnmutter fürstlicher Häuser in ihren Schlössern Glück oder Unglück vorherkündigend umgeht, ist eine Erscheinungsform dieser Göttin. *Mannhardt*, Götter d. Deutschen und nord. V., S. 288 ff.

Bergreihen, Bergliedlein, bergrische Lieder, heissen im 16. Jahrh. Volkslieder überhaupt, insofern sie in Sammlungen vereinigt vorkommen, die man in Bergstädten zu Nutz und Frommen der Bergleute zusammengestellt hatte. Ein solches Volksliederbuch hat Oskar Schade, Weimar 1854, herausgegeben: *Bergreihen*. Eine Liedersammlung des 16. Jahrhunderts.

Bernhardiner, der spätere Name der *Cistercienser*; siehe diesen Art.

Bernhardiner von der Observanz sind eine Abteilung des Franziskaner-Ordens, gestiftet von Bernhardin von Siena, 1380 bis 1440.

Bernstein, ein Handelsartikel schon der Germanen; er war Veranlassung, dass im 4. Jahrh. v. Chr. Pytheas aus Massilia bei der Umschiffung Europas auch die Ostsee und ihre Anwohner aufsuchte. Als ältester Name des Bernsteins nennt Tac. Germ. 45. *glesum*, zu *Glas* gehörig, d. i. das Glänzende. Die Skythen nannten ihn nach Plinius, h. n. 37, 11, 1. *sacrium*, von ahd. *saccari*, Feuer, also dieselbe Bedeutung wie *Bernstein* = *Brennstein*. Mhd. heisst der Bernstein auch *agtstein, agstein, aidstein*, auch griech. *achates*. Die Germanen benutzten den Bernstein zu Hals- und Brüstgehängen, auch zu Nachbildungen von Waffen und Geräten, wie man sie in Gräbern gefunden hat. Durch den Handel kam er zu den Griechen, Syrern, Ägyptern, Hebräern, namentlich aber wurde er durch ganz Italien massenhaft verwendet, als Amulett, als Schmuck für Vornehme und Geringe und als Arzneimittel. Der Bernstein war der wichtigste Handelsartikel des germanischen Zeitalters, und es hatten sich für den Betrieb desselben drei eigene Handelsstrassen gebildet: die eine lief südlich und überschritt bei Carnuntum unterhalb Wien die Donau, um von da das Adriatische Meer zu gewinnen; die zweite Strasse ging über Schleswig zu Land oder zu Schiff und von da quer durch das germanische oder gallische Festland nach Massilia; eine dritte ging an die Mündung des Dniepr. *Wackernagel*, kleine Schriften, I, 72 ff.

Bettelorden ist ein Kollektivname für diejenigen Mönchsorden, deren Regel den Besitz des Eigentums durchaus verbietet. Man zählte 5 Bettelorden: Dominikaner, Franziskaner, Karmeliter, Augustinereremiten und Serviten.

Bettelwesen. Dass das Betteln eine in Deutschland sehr verbreitete Sache sei, geht schon aus den zahlreichen Namen für diesen Begriff hervor; neben *Betteln* aus *Bitten* kommen vor (nach Grimm, Wörterbuch I, 1729) bayr. fergeln, nnl. troggelen, in Pommern und Mecklenburg gungeln, anderwärts prachen, prachern, heischen, heuschen, fordern, quenken, nönen, gilen, terminieren. Ein anderes Zeugnis für jene Thatsache liegt in der Errichtung der Bettelorden, und auch mit den Landsknechten war das Betteln enge verbunden, sie nannten es *garten*, und nicht minder mit der Sitte des Wallfahrens, mit der Krankheit des Aussatzes und dem Institut der fahrenden Schüler. Das Mittelalter, das für die Armen nur notdürftige Sorge trug, liess betteln, wer wollte und konnte. Blinde, Lahme, Stelzfüsse, Krüppel u. dgl. waren auf den Bettel angewiesen. In der höfischen Zeit waren sie eine stehende Plage der Burgherren. Um sich in den Städten einigermassen vor dem oft schrecklich überhandnehmenden Bettel zu schützen, wurden sie etwa in eine besondere Gasse (in Frankfurt a. M. Gilergasse) getrieben oder ganz verjagt oder man erlaubte den Bettel bloss für einige Tage und nur an bestimmten Orten. Schon vor der Reformation kamen städtische Bettelordnungen auf, denen zufolge diejenigen, denen das Betteln erlaubt war, ein besonderes Abzeichen erhielten, z. B. ein Körbchen. Die Reformationsmandate wirkten auch in dieser Beziehung günstig. Vgl. *Brants* Narrenschiff, Kap. 63, und dazu die Anmerkungen Zarnckes, S. 400 ff.

Beunde, mhd. die *biunte, biunde, biunt,* später *beunte, beunde, beune, baint, bünte,* heisst das zur Hofstatt (siehe den Art. Ackerbau) gehörige Grundstück, das, ohne ein Garten zu sein, dem Gemeindeviehtrieb verschlossen werden kann, oder worauf das Recht liegt, es eingefriedigt und nichteingefriedigt, ohne die ausserhalb zu befolgende Zelgenabwechslung, zu jeder beliebigen Art Ackerfrüchten oder, was sehr oft geschieht, bloss zu Gras zu benutzen. Hier und da heissen auch die im Brachfeld zum Anbau von Flachs, Erdäpfeln, Rüben eingezäunten Äcker Peunten. In Nürnberg heisst der Stadtbauhof noch heute die Beund. *Schmeller*, bair. W.

Bibelübersetzungen. An der Spitze der deutschen Bibelübersetzungen steht die *gotische* des Bischofs *Ulfilas*, gest. 388; zur osteuropäischen Kirche gehörend, die ihren Völkern den Gebrauch der eigenen Sprache immer zuliess, konnte der gotische Bischof sein Missionsgeschäft mit einer Bibelübersetzung krönen; nach einer alten Nachricht soll er die ganze Bibel übersetzt haben, die Bücher der Könige ausgenommen, die er ihres kriegerischen Geistes wegen für die Goten gefährlich erachtete. Erhalten sind aus dem alten Testament wenige Bruchstücke aus Esra und Nehemia, aus dem neuen Testament grössere Teile der Evangelien, der Briefe an die Römer, Korinther, Galater, Epheser, Philipper, Kolosser, Thessalonicher, Timotheus, Titus und Philemon. Die Übersetzung legt einen griechischen Text zu Grunde mit Spuren des lateinischen. Neueste Ausgabe von Bernhardt, Halle 1875. Eine altd. Übersetzung der Bibel oder auch nur des neuen Testaments giebt es nicht; dagegen hat man seit dem 8. Jahrh., abgesehen von poetischen Bearbeitungen biblischer Bücher, wie *Heliand* und *Otfrieds* Evangelienbuch, Bruchstücke einer Übersetzung des Evangeliums Matthäi und eine vortreffliche Übersetzung von Tatians (*Ammonius*) Evangelienharmonie, die an der Fuldaer Klosterschule entstanden ist. Die Psalmen des St. Gallischen Mönches *Notker Labeo* um 1000 und sein verlorener Hiob sind wie das Hohe Lied des Fuldaer Mönches *Williram* nicht bloss Übersetzung, sondern Kommentar zugleich. Die höfische Zeit hat, abgesehen von gereimten Bearbeitungen, fast nichts auf diesem Gebiete geleistet, erst das 14. Jahrh. kennt wieder eigentliche Bibelübersetzungen, doch noch lange ohne eingreifende Wirkung. Als erster Bibelübersetzer wird 1343 ein Matthias von Beheim, Mönch zu Halle, genannt. Der Buchdruck förderte solche Werke, und bis zum Jahre 1518 kennt man 14 in hochdeutscher Sprache erschienene Bibelübersetzungen, sämtlich in Folio, die vier ersten ohne Ort und Jahr, nämlich 1) Mainz, J. Fust und P. Schöffer, 1462 (?), Strassburg, H. Eggesteyn um 1466 (?). 2) Strassburg, J. Mentel um 1466. 3) Augsburg, Jod. Pflanzmann um 1475. 4) Nürnberg, Frisner u. Sensenschmid um 1470. 5) Augsburg, o. J. um 1470, Günther Zainer. 6) Augsb. 1477, Günther Zainer (?). 7) Augsburg, Anton Sorg 1477. 8) Augsburg, Anton Sorg 1480. 9) Nürnberg, Ant. Koburger 1483. 10) Strassburg 1485. 11) Augsb. Hans Schönsperger 1487. 12) Augsb. H. Schönsperger 1490. 13) Augsb. Hans Otmar 1507. 14) Augsb. H. Otmar 1518. Siehe *Joh. Kehrein*, Zur Geschichte der deutschen Bibelübersetzung vor Luther, Stuttg. 1851. Allen diesen Übersetzungen lag die Vulgata zu Grunde; die Üebertragung ist überall ein und dieselbe und hat in ihren verschiedenen Teilen sehr verschiedenen Wert. Erst *Luther* baute auf den hebräischen und griechischen Urtext. Er beginnt 1517 mit den sieben Busspsalmen, denen andere kleine Stücke, Vater unser, 10 Gebote und dgl. folgen. Erst 1521 fasste Luther den Plan, die ganze Bibel zu verdolmetschen; 1522 erschien zu Wittenberg das neue Testament in Fol. mit Holzschnitten, ohne Angabe des Druckers (Melch. Lotther), der Jahrzahl und des Übersetzers, im gleichen Jahre eine zweite Auflage mit Drucker und Jahrzahl, 1523 erschien der erste Teil des alten Testaments, 5 Bücher Mose, 1532 mit den Propheten der Schluss; die ganze Bibel 1534 bei Hans Lufft in Wittenberg in 6 Teilen. Für die zahlreich folgenden Ausgaben verbesserte Luther stets wieder; besonders mit Unterstützung seiner Freunde Melanchthon, Bugenhagen, Jonas, Cruziger, Aurogallus und Rörer kam die zweite Hauptausgabe 1541 zu Stande. Die letzte Ausgabe Luthers, welche die Grundlage der spätern Lutherschen Bibelübersetzungen ist, stammt aus 1544 und 1545. Originalausgaben des neuen Testaments, alle zu Wittenberg, bis um 1527 bei Melch. Lotther, dann bei Hans Lufft, gest. 1584, gedruckt, erschienen von 1522—1523 16, Nachdrücke 54, zu Augsburg 14, Strassburg 13, Basel 12, ähnlich die übrigen Teile und später die ganze Bibel. Die Verzögerung der Lutherschen Bibel veranlasste auch *kombinierte Bibeln,* darunter die Wormser 1529 mit den Propheten von *Ludwig Hetzer* und *Hans Denck,* und die *Züricher* bei Christoffel Froschauer, mit lutherischem Text, soweit er vorlag, und fremdem für die noch fehlenden Stücke. Siehe *Mezger*, Geschichte der deutschen Bibelübersetzungen in der schweizerisch-reformierten Kirche, Basel 1876. Die Grundsätze, nach denen Luther verdolmetschte — übersetzen ist erst später aufgekommen — findet man in seinem *Sendschreiben über das Dolmetschen* 1530 und in der Schrift *Von Ursachen des Dolmetschen* 1531. Parallel mit der Lutherschen Übersetzung geht bloss die *Zürcherische von Leo Jud,* als ganze Bibel zuerst 1530 bei Christoffel Froschauer. Die ersten *katholischen* Übersetzungen sind das neue Testament von *Hier. Emser,* Dresden 1527, die Bibel von Dr. *Eck*, Ingolstadt 1537, und diejenige des Dominikaners *J. Dieten-*

berger, Mainz 1534; überarbeitet erscheint sie später unter dem Namen *katholische Bibel.* Von spätern deutschen Bibelübersetzungen sind besonders erwähnenswert: Die *Berleburger Bibel,* 1726—39 in Berleburg, westfälischer Bezirk Arnsberg, von *J. F. Haug* und a., erschienen, in der Absicht, den mystisch-schwärmerischen Bestrebungen der Zeit biblischen Grund und damit Ansehen zu verschaffen, ohne zweite Auflage, und die *Wertheimer Bibel,* Wertheim 1735, von Joh. Lorenz Schmidt, wovon nur die fünf Bücher Mosis gedruckt worden sind, im Dienste der nacktesten Freidenkerei abgefasst; siehe *Hettner,* Lit. Gesch. III. Erstes Buch, Abschnitt 2. Über deutsche Bibelübersetzungen überhaupt *Fritzsche,* in Herzogs Realencykl.

Biblia pauperum, heisst ein seit dem 13. Jahrh. in Handzeichnungen, Holzschnitten und bald nach der Erfindung der Buchdruckerkunst durch bewegliche Lettern hergestelltes und weitverbreitetes Werk zur Unterweisuug des Volkes in den christlichen Heilswahrheiten, wobei unter den *pauperes* die Armen und Unwissenden und nicht arme Mönche, Bettelmönche zu verstehen sind. Übrigens findet sich dieser jetzt allgemein angenommene Titel blos auf einem handschriftlichen Exemplar zu Wolfenbüttel, alle andern handschriftlichen und gedruckten Ausgaben entbehren jeder derartigen Bezeichnung. Vielmehr deuten die ältern sorgfältig gezeichneten Pergamenthandschriften darauf hin, dass das Buch eher als *Maler-Buch* zu betrachten sei, zu einer Zeit veranstaltet, als mit dem Übergang des Romanischen ins Gotische auch die Kunstübung aus den Händen der Geistlichen, die sie bis dahin ausschliesslich gepflegt hatten, in die der Laien überging. Das Werk besteht nämlich aus einer Reihe (34 bis 50) von typischen Bildern aus der heiligen Schrift, so zwar, dass stets eine neutestamentliche Darstellung von zwei vorbildlichen Darstellungen aus dem alten Testament und von vier Brustbildern von Patriarchen und Propheten begleitet ist. Die Bedeutung der Bilder ist überall durch gereimte Hexameter hervorgehoben, welche manchmal durch kurze Erklärungen in deutscher Sprache unterstützt werden. In ihrer Gruppirung scheinen sie bestimmt, in Stein und namentlich in Glasmalerei übertragen zu werden. Überaus zahlreich sind die der *Biblia pauperum* entlehnten Werke der bildenden Kunst. Die beigegebene Fig. 27 stellt aus der Konstanzer Handschrift (herausg. von Laib u. Schwarz, Zürich 1867) die Auferstehung Christi dar: *Quem saxus texit ingens tumulum Jesus exit.* Dazu Simson, wie er die Thore von Gaza davonträgt, und Jona, wie er vom Fisch wieder ausgeworfen wird. „Sampson bedutet Christum, der do irstund zu mitternacht und die tor des grabes abe warf und vry doruz ginc.“ „Jonas bedutet Christum, der ubir dry tage und dri nacht erstunt uz dem grabe.“

Bibliotheken kennt das Mittelalter in erster Linie in allen *ältern Klöstern*, ihr Zustand teilt natürlich den Wechsel der allgemeinen Teilnahme für die Studien. Im 9. Jahrh., der Blütezeit karolingischer Bildung, sind deshalb Klosterbibliotheken besonders gegründet worden; Kataloge sind z. B. erhalten von *Reichenau,* dessen Bibliothekar *Reginbert* für die Bücher sorgte wie ein Vater für seine Kinder; aus derselben Zeit ist ein St. Galler Katalog auf uns gekommen. Die Bücher wurden durch Abschriften, Kauf und Geschenke vermehrt, auch gab es eigentliche Stiftungen von regelmässigen Einkünften für diesen Zweck. Die Kirchenbibliotheken standen zwar der öffentlichen Benutzung offen, doch lieh man die

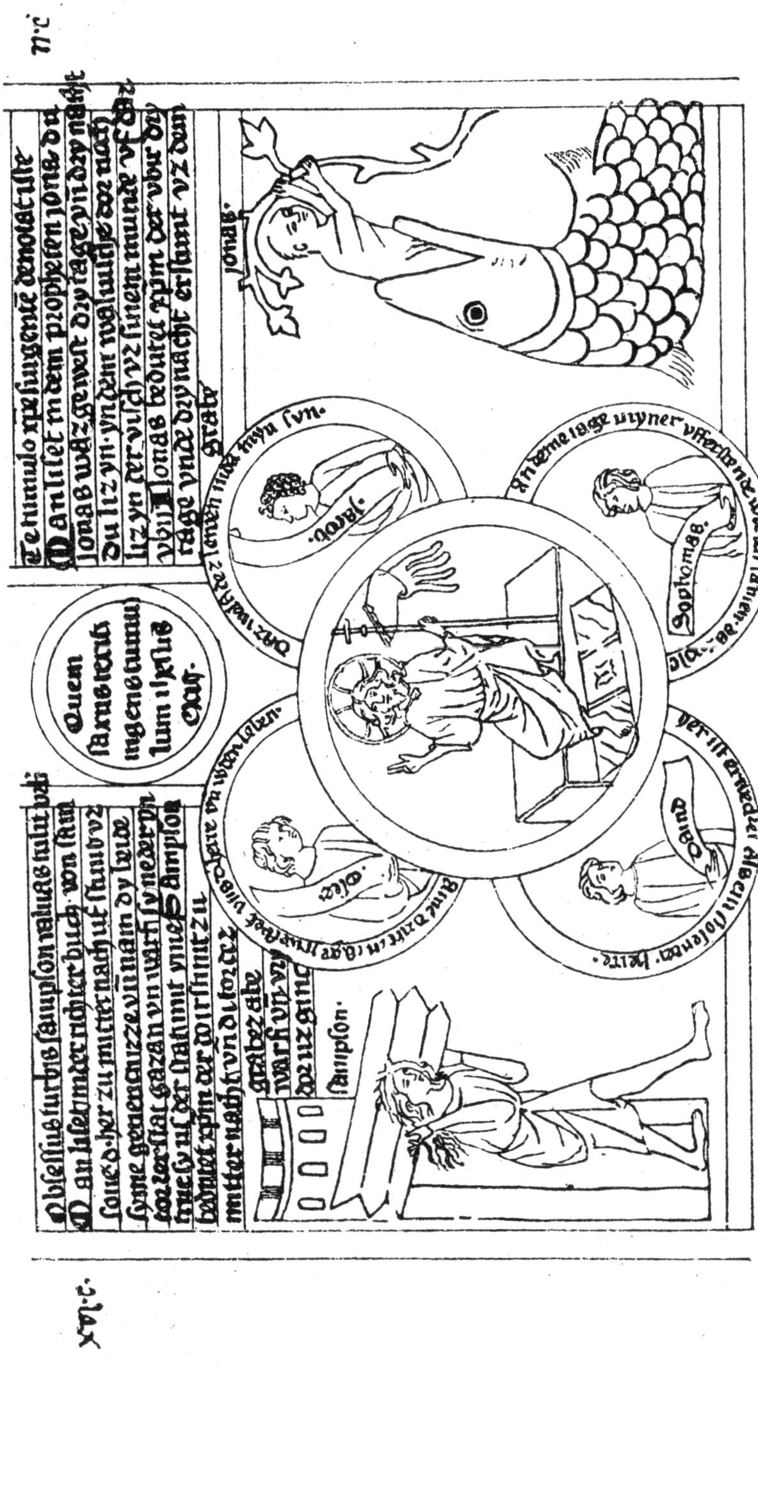

Fig. 27. Aus der Biblia Pauperum.

Bücher nur ungern aus. Die Brüder des gemeinsamen Lebens machten ihre Bücher vorzüglich den Schülern zugänglich. *Privatbibliotheken* kennt das Mittelalter zunächst im Besitze von Königen und Fürsten: *Karl d. Gr.* hatte eine ansehnliche Sammlung; sie sollte seinem Testamente gemäss nach seinem Tode verkauft und der Erlös dafür den Armen geschenkt werden. *Karl der Kahle,* ein grosser Bücherfreund, verteilte seine Bibliothek zwischen St. Denis, Compiègne und seinem Sohn. Auch die Herzogin Hedwig von Schwaben besass Bücher. In der Folgezeit wird erst wieder von Friedrich II. berichtet, dass er im Besitz einer eigentlichen Büchersammlung gewesen sei. Neuer Eifer im Büchersammeln entwickelte sich bei den Humanisten Italiens im 14. und 15. Jahrh.; schon Petrarca, wie später Seb. Brant im Narrenschiff 1., eifert gegen die neue Modethorheit des unnützen Anhäufens von Büchern. In Deutschland besass schon *Hugo von Trimberg*, der Verfasser des didaktischen Gedichtes der Renner, um 1300 Schulmeister bei Bamberg, 200 Bücher. Sonst thaten sich die Fürsten damals in dieser Beziehung wenig hervor. Erst im 15. Jahrh. trifft man auf Büchersammlungen in den Burgen reicher Familien. Von öffentlichen *Bibliotheken* des Altertums hat blos die von Konstantinopel im Mittelalter fortbestanden. Im Abendland trifft man erst im 13. Jahrh. auf das Verfahren, Büchersammlungen zwar wie früher einer geistlichen Körperschaft zu übergeben, aber, was neu war, mit der ausdrücklichen Bestimmung zu freier Benutzung. Das geschah zuerst durch den Dompropst von *Vercelli, Jakob Carnarius,* der in seinem Testament von 1234 seine Sammlung in der genannten Weise den Dominikanern von St. Paul vermachte. *Petrarca* vermachte seine Bücher 1362 der Markuskirche von Venedig als öffentliche Sammlung; gänzlich vernachlässigt fand man erst 1635 einen Teil davon wieder auf. Die berühmte Markusbibliothek entstand unabhängig davon 1468 durch den Kardinal *Bessarion. Boccaccio* vermachte seine Bibliothek den Augustiner Eremiten zu S. Spirito in Florenz; die grosse öffentliche Bibliothek zu Florenz wurde zu San Marco im Jahre 1414 gegründet. In Deutschland schliessen sich die öffentlichen Bibliotheken an die *Universitäten;* seit der zweiten Hälfte des 15. Jahrh. werden dann allgemein in den Städten Sammlungen angelegt, 1413 in Braunschweig und Danzig, 1469 in Hamburg.

Der gewöhnliche Name für eine Büchersammlung war *armarium, almarium,* noch jetzt die *Almer*, deutsch *liberei, buochgadem, buochkamer. büecherei.* Kostbare Bücher wurden oft an eine Eisenstange angekettet, um unbekannten Personen die Benutzung der Bücher ohne Aufsicht gestatten zu können. *Wattenbach* Schriftwesen, VII.

Bier, ahd. das *pier, peor,* mhd *bier,* nach *Wackernagel* aus der romanischen Form des alt- und mittellat. das *biber,* die *biberis* = das Trinken, Getränke, ital. *bére, bévere,* d. i. lat. *bibere,* trinken. Der ältere deutsche Name ist wahrscheinlich *alu,* in Ale erhalten. Met und Bier (das letztere schon Tac. Germ. 23 erwähnt, und, wie es scheint, von den Kelten zu den Germanen gekommen) blieben bei den Völkern des äussersten Nordens bis tief in das Mittelalter hinab fast die einzig üblichen Getränke, während die Deutschen schon durch den Verkehr mit den Römern die Bekanntschaft des Weines machten, Germ. 23. Mehr und mehr wurde der Wein das edle Getränk, hinter dem der Met und noch mehr das Bier als niedrigstes Getränk zurücktraten. In Norddeutschland blieb aber das

Bier in allgemeinem Gebrauche, sogar der Münchener Bock stammt aus Einbeck bei Göttingen. Eine Bierpoesie hat es im Mittelalter nicht gegeben. Nach Hartmann von Aue stärkt ein Becher Wein mehr als 44 Becher Bier.

Die Bereitung des Bieres war Jahrhunderte lang kein selbständiges Gewerbe, jede Haushaltung bereitete sich ihr Bier selbst, grössere Hauswesen, wie Klöster, natürlich in grösseren Quantitäten. Bischof Salomon von Konstanz prahlte, er habe in St. Gallen eine *Darre*, auf welcher man auf einmal 100 Malter Malz dörren könne. Im 13. Jahrh. kamen in den Städten Bierschenken auf, 1288 wird der erste Frankfurter Bierbrauer erwähnt, 1357 verzapfte man in Frankfurt schon fremdes Bier. Die Verwendung des Hopfens lässt sich seit dem 9. Jahrh. nachweisen. *Wackernagel*, Kl. Schr. I, 86. *Kriegk*, Deutsches Bürgert. I, Abschn. 16.

Bifang und **Bifangrecht.** In alter Zeit hatte jeder Markgenosse das Recht, innerhalb der gemeinen Mark unbebauten Boden in Besitz zu nehmen und zu kultivieren; die Besitznahme geschah in feierlicher Weise vermittelst eines Umganges mit Zeugen um das betreffende Landstück, durch thatsächliches, ununterbrochenes Bewohnen desselben während dreier Tage und dreier Nächte hinter einander und durch Einzäunung oder Abgrenzung desselben. Diese geschah meist durch Einhauen von Einschnitten, der sogenannten *Lachen*, in auffallende, auf der Grenze des neuen Eigentums gewachsene Bäume. Auf diese Art in Besitz genommenes Ackerland hiess *Einfang* oder *Bifang*, *concaptio*, *comprehensio*, im Gegensatze zu der „uneingefangenen“ Gemeinmark. Andere Namen sind *novale*, *runcale*, *rodung*, *niuwe-riute*, Neugereut, Neubruch. Auf diese Weise entstand namentlich auch privates Waldeigentum.

Bilder, religiöse, des Mittelalters. Das Folgende giebt meist im Anschluss an *Otte*, Handb. d. kirchl. Archäologie, Abschn. 154 ff. eine kurze Uebersicht über den Umfang des mittelalterlich-religiösen Bilderkreises. Die religiösen Bilder teilen sich in

I. *mystische*, mathematische Figuren, die man, im ganzen selten, an den Kirchengebäuden in Relief ausgeführt findet. Sie beziehen sich auf dogmatische und magische Materien. Das *gleichseitige Dreieck* = Trinität. — *Quadrat* = Welt. — *Kreis* = Ewigkeit. — *Drudenfuss*, siehe diesen Art. —

II. *Symbole*, grösstenteils aus der Bibel entnommen. *Adler*, *Engel*, *Stier* und *Löwe* sind die Zeichen der vier Evangelisten Johannes, Matthäus, Lukas, Markus. — *Anker:* Hoffnung. — *Apfelbaum:* Erbsünde. — *Bär:* Teufel. — *Basilisk:* der Schlangenkönig. — *Bienenkorb:* Beredsamkeit. — *Buch:* neues Testament. — *Bundeslade:* Mutterleib der Maria. — Der *feurige Busch:* Jungfräulichkeit der Maria. — *Centaur:* die wilden Triebe des Herzens; mit Bogen und Pfeil: der Teufel. — *Edelsteine:* die Tugenden oder die Patriarchen und Apostel. — *Eidechse:* ein Lichtsymbol. — *Einhorn:* Christus. — *Elephant:* Keuschheit. — Der Name *Eva* (Ave): Maria. — *Farben:* Siehe d. Artikel *Farbensprache*. — *Fels:* Christus. — *Fische* (Delphine): Christen, namentlich in Beziehung auf die Taufe; der Fisch ist auch das Symbol der Gottheit und des Bösen. — Ein *Fischer:* Christus. — Die *vier Flüsse* des Paradieses: Die vier Evangelisten. — *Gefäss* mit *Manna:* Die wunderbare Fruchtbarkeit der Maria, das heilige Abendmahl. — Eine *Hand* aus den Wolken: Allmacht Gottes. — Einzelne durchbohrte *Hände* und *Füsse:* Der Gekreuzigte. — Der *Hase*, griech. λαγώς: *Logos*. — *Hahn:* Verleugnung Petri, Ruf zur Busse, Wachsamkeit, Orthodoxie. — *Haus*, das gebaut wird: christliche Kirche. — *Hirsch* im Wasser: heilsbegierige Seele. — *Kelch:* Priesterstand, Symbol des Templerordens. — Ein abgehauener *Kopf*, den ein Heiliger trägt: das Gott zum Opfer dargebrachte Leben. — *Kreuz:* Tod Jesu. — *Krone*, *Kranz:* Siegeslohn der Seligen. — *Kugel:* die Welt. — *Lamm*, oft mit Kreuz oder Siegesfahne: der leidende und siegende Christus. — *Lämmer:* Christen. — *Leier:* heilige Musik, Hochzeit zu Kana. — *Lilie:* Keuschheit. — *Leiche*, von Schlangen und Gewürm bekrochen: der Tod des Sünders. — *Löwe:* Träger und Wächter des Heiligtums, häufig an Kirchthüren und Thronsesseln; Christus; Einsamkeit; Teufel. Löwe unter den Füssen Christi: der überwundene Fürst dieser Welt. Auf Leichensteinen: Heldenmut. Löwin mit Jungen: Maria. Löwe, der die totgebornen Jungen durch sein Gebrüll ins Leben ruft: Auferstehung Jesu. — *Marterwerkzeuge:* Leiden Christi. — Eine kleine, oft puppenhafte *Menschengestalt*, nackt oder bekleidet: die dem Sterbenden entschwebende Seele. — *Ölzweig:* Friede. — *Palme:* Sieg der Gläubigen über den Tod. — *Pelikan*, seine Jungen mit dem eigenen Blute nährend: Opfertod Christi; Kirche; Schwangerschaft Marias. — *Pfau:* Unsterblichkeit; Juden; Teufel. — *Phönix:* Auferstehung. — Vergitterter *Quell:* Maria. — *Regenbogen:* Gnade. — *Ring*, aus dem ein Engel schaut: der geöffnete Himmel. — Fünfblätterige *Rose:* Verschwiegenheit. — *Schafe:* Jünger Jesu. — *Schiff:* Arche Noahs. Schifflein Petri: christliche Kirche. — *Schlange:* Teufel; giftige Schlange und Taube: Klugheit und Unschuld; erhöhte eherne Schlange: gekreuzigter Christus. — *Schlüssel:* Macht zu binden und zu lösen. — *Schriftrolle:* Altes Testament. — *Schwan:* Tod. — *Stab* Arons: Maria. — *Sonne* und *Mond:* Ewigkeit und Gottheit; Papst und Kaiser. Mit *Sternen:* Reinheit und Schönheit der Maria. — *Sirenen:* Verlockung; Wollust; Teufel. — *Taube:* heil. Geist. — Verschlossenes *Thor:* Maria. — *Turm:* Maria. — *Vliess* Gideons (*Lammfell*): Maria. — *Weinstock*, *Weintraube:* Christus; Abendmahl. — *Widder:* Versöhner. — *Zahlen*, siehe diesen Artikel.

III. *Allegorische Darstellungen.* Die biblischen siehe unter IV.; die profanen kommen aus dem klassischen Heidentum oder sind willkürlich ersonnen, die letztern zwar seltener, doch erscheinen sie schon im frühen Mittelalter, namentlich zur Darstellung der Tugenden und Laster. Dergleichen Darstellungen sind die *Klugheit* mit aufgeschlagenem Buche, die *Gerechtigkeit* mit der Wage, *Mässigkeit* in bescheidener Gebärde, *Tapferkeit* mit Speer und Schild. Über *Glücksrad* und *Tod* siehe die betreffenden Artikel.

IV. *Biblische Bilder.*

a) *Typische.* Die typische Auffassung ist in der mittelalterlichen Auffassung des alten Testamentes als typisches Vorbild des neuen Testamentes begründet und in der bildenden Kunst, der Theologie, den Predigten der Mystiker weit verbreitet. Schon Melito von Sardes zu Ende des 2. Jahrh. war geneigt, alle Heilsthaten des N. T. im A. T. vorgebildet zu sehen, ein Gedanke, der dann im 3. Jahrh. für die orientalische Kirche durch Barnabas, Justinus Martyr und Origines, in der occidentalischen durch Ambrosius, Hilarius und Augustin zur vollen, ja zur masslosen Entfaltung kam. Unterschiedslos wurde aus jedem alttestamentlichen Ausspruch oder Vorgang eine Weissagung auf Christum herausgefunden und der *Prophetie* als einer Weissagung im Wort der *Typus* als eine Weissagung in Sachen an die Seite gestellt. Zu den frühesten Bildern dieser Art gehören die Mosaiken von St. Vitale in Ravenna aus dem 6. Jahrh. Ermoldus Nigellus in seiner Beschreibung des Palastes Karls d. Gr. zu Ingelheim hebt hervor, dass die Kapelle an der einen Langwand mit 20 Geschichten des A. T. und gegenüber mit ebenso vielen des N. T. geschmückt war. Auf dem Antipendium von Bronze, das dem sogen. Verduner Altar in Kloster Neuburg bei Wien angehört, sind 17 neutestamentliche Bilder aus dem Leben Christi vorgestellt, deren jedem zwei alttestamentliche beigeordnet sind, eines der Zeit nach *ante legem*, das andere *sub lege*, d. h. Handlungen vor und nach der Mosaischen Gesetzgebung darstellend. Die weiteste Verbreitung gewann die typische Auffassung in der *Biblia pauperum*, siehe den bes. Artikel.

b) *allegorische*, Darstellungen solcher Szenen, die in der Bibel nicht als Geschichte, sondern als Visionen, Parabeln, Weissagungen enthalten sind; sie werden oft willkürlich gedeutet und weiter ausgebildet. Beispiele: Himmelsleiter, die Träume Josephs, der gute Hirte, Weinberg des Herrn, kluge und thörichte Jungfrauen, Christus eine Kelter tretend, aus welcher Hostien fallen, Antichrist, Auferstehung der Toten', Fegfeuer, jüngstes Gericht, Abrahams Schoss, Hölle, Dreieinigkeit, Stammbaum Christi, der englische Gruss, Heimsuchung Mariä, Zug nach Bethlehem, Geburt Christi, Anbetung der Weisen, Darstellung im Tempel, Kindermord zu Bethlehem, Flucht nach Ägypten, der zwölfjährige Jesus, der Knabe Jesus, der dem Vater hilft, Taufe im Jordan, Versuchung, Christus als Lehrer und Wunderthäter, Verklärung, Palmenzweig, Fusswaschung, Abendmahl, Ölberg, Gefangennehmung, vor Pilatus, Geisselung und Dornenkrönung, *Ecce homo*, Christus im Kerker, *Stationen*, *Kreuzigung* (siehe Kruzifix), Vesperbilder, hl. Grab, Christus in der Vorhölle, Auferstehung, *Noli me tangere*, Gang nach Emaus, Himmelfahrt, Pfingstfest, *Salvatorbilder*.

c) *historische Bilder;* die am häufigsten vorkommenden sind: *Gott Vater*, die *Engel*, der *Teufel*, Adam und Eva, Kain und Abel, Noah und die Arche, Turm zu Babel, Abraham und Melchisedek, Isaaks Opferung, Patriarchen, Moses, Aaron, Josua, Gideon, David, die 4 Harfenspieler (1. Chron. 15, 19; 16, 42), Salomo, Propheten; *Christus, Maria, Apostel*, die *vier Evangelisten*. Die Heiligen werden stets mit bestimmten Attributen abgebildet, welche biographisch oder symbolisch zu deuten sind.

V. *Heiligenbilder* machen die Mehrzahl der in der mittelalterlichen Kirche vorkommenden Bilder aus, besonders kehren in jeder Kirche die Patrone der Kirche oder Diözese häufig wieder, über dem westlichen Hauptportal, auf den Rückseiten vieler Altarflügel, auf den Turmspitzen unter den Windfahnen. Die Heiligenbilder sind an dem *Nimbus* kenntlich, den sie um das Haupt tragen. Siehe den Art. Nimbus.

Birgittenorden, *Orden von St. Salvator*, *Erlöserorden* heisst ein von der hl. Birgitta, einer schwedischen Edeln aus königlichem Geschlecht (gest. 1373) zu Wadstena in Ostgotland am Wetternsee gestifteter und von Papst Urban V. 1370 bestätigter Klosterorden. Weil am Fusse des Kreuzes Maria und Johannes standen, sollten auch hier Männer und Frauen im Kloster gemeinschaftlich, jedoch jedes Geschlecht in einem besondern Gebäude wohnen. Wadstena sollte 60 Nonnen und 17 Mönche aufnehmen, daneben 8 Laienbrüder. Die Leitung des Klosters hatte eine Äbtissin, als Vorbild der heiligen Jungfrau, doch verblieb die höchste Aufsicht dem Bischofe. Die Klausur war sehr streng, das Fastengesetz dagegen ein mildes. Der Orden verbreitete sich durch alle europäischen Länder und besass während seiner weitesten Ausdehnung 74 Klöster. Wadstena war wie eine kleine Hochschule und es bildete sich sogar für den Austausch unter den Birgittinern des Nordens eine gemeinsame nordische Schriftsprache aus, die jedoch nicht allgemein durchdrang. Aus den Klöstern des Ordens gingen eine reiche erbauliche Litteratur, geistliche Poesieen und litterarische Erzeugnisse weltlicher Art hervor. Schon im 15. Jahrh. zeigten sich Zeichen des Verfalls, die meisten Klöster unterlagen der Reformation. *Hammerich,* St. Birgitta, aus dem Dänischen von Michelsen übersetzt. Gotha 1876.

Bischof, mhd. *bischof,* nach ital. *véscovo,* aus griech.-latein. *episcopus.* Ihr Amt war kanonisch-kirchlich schon ausgebildet, als das Christentum bei den Franken Aufnahme fand. Die Wahl fand nach kanonischem Rechte durch die Kleriker und die Gemeinde statt. In der Zeit des sinkenden Römerreiches stand ihnen eine grosse Macht zu, meist waren sie durch Reichtum und persönliches Ansehen ausgezeichnet. Den fränkischen Königen schlossen sie sich bereitwillig an und wurden durch sie mit neuen Ehren und Würden ausgestattet. Meist aus den alten senatorischen Familien hervorgegangen, wurden sie die natürlichen Wortführer und Vertreter der alten Bevölkerung gegen die neuen Herren; sie standen an Ansehen neben den Grafen, übten nach geistlichem Rechte Jurisdiktion über den Klerus, nahmen häufig an den Gerichten der Grafen teil, hatten manchmal sogar von den Königen die Befugnis, die Grafen zu ernennen, und sollten überhaupt die Interessen des Staates zugleich mit denen der Kirche wahren. In den Angelegenheiten des Reichs wussten sie sich eine besonders wichtige Stellung zu verschaffen durch ihre regelmässigen und ausserordentlichen Zusammenkünfte, in denen neben den kirchlichen Fragen auch politische Geschäfte verhandelt werden konnten. Das Recht der Bestätigung ihrer Wahl nahmen die Könige trotz zahlreicher Synodalbeschlüsse in Anspruch, und es geschah unter den Merowingern sogar oft, dass die Könige vertraute Männer durch Bischofssitze belohnten. Unter den Karolingern tritt der weltliche Charakter des Bischofamtes noch stärker hervor; sie werden neben Äbten und Grafen als Königsboten verwendet, sind Ratgeber des Königs am Hofe, ihr Amt wird als Benefizium behandelt, und die Bischöfe werden deshalb angehalten, den Vasalleneid zu leisten, was freilich nicht ohne Widerspruch geschah. Sie waren regelmässig im Heere des Königs anwesend und beteiligten sich unter Umständen persönlich am Kampfe; erhalten Bedeutung durch die zahlreichen abhängigen Leute, die in verschiedenen Verhältnissen auf ihren Gütern leben und als kriegerische Mannschaft für die Heerfahrten in Betracht kommen. Das alles steigert sich in der folgenden Zeit: grosser Grundbesitz, Zoll, Münze, Marktrecht, Zehnten, zahlreiche Hofdienerschaft. Die Bischöfe widerstrebten im ganzen dem Emporkommen der herzoglichen Gewalten, die ihre Herrschaft auch über sie auszudehnen suchten; nicht minder lagen sie im Gegensatz zu den Äbten, wobei es sich um geistliche sowohl als um weltliche Unterordnung dieser unter jene handelte; es gab Abteien, z. B. Reichenau, die ganz in die Hand eines Bischofs gerieten, in diesem Falle des Konstanzer Bischofs; auch geschah es, dass ein Bischof Abt oder ein Abt Bischof wurde, ohne das ältere Amt abzugeben; Erzbischof Hatto von Mainz hatte vier Abteien unter sich. Seit Otto III. wurden den Bistümern ganze Grafschaften verliehen. Das Recht der freien Bischofswahl durch Geistliche und Laien des Stifts wurde zwar im ganzen beibehalten, doch behielt sich der König die Bestätigung regelmässig vor, das Wahlrecht selber galt als ein vom König erteiltes Privilegium, und ohne den Willen des Königs geschah in der älteren Zeit kaum eine Bischofswahl, ja oft wurden die Bischöfe einfach vom König ernannt, meist freilich nach dem Rat der Grossen. Im Laufe der Zeit stellten sich für die Übung des königlichen Bestätigungsrechtes bestimmte Formen fest. Das Symbol der kirchlichen Gewalt für den Bischof waren *Stab* und *Ring*, jener, der Hirtenstab, als Zeichen der bischöflichen Gewalt über die Unterthanen, dieser, ein Verlobungsring, als Symbol der Vermählung des Bischofs mit der Kirche. Ältere Sitte kennt bloss den Stab. Gewöhnlich wurden nach dem Tode eines Bischofs die Insignien an den Hof zum König gebracht, wo zugleich die vornehmsten Geistlichen und Weltlichen des Stifts sich einfanden. In öffentlicher Versammlung ward dann die stattgefundene Wahl bestätigt oder der vom König Designierte genannt und durch die Zustimmung der Anwesenden erkoren, worauf er aus der Hand des Königs die Insignien empfing. Erst hierauf folgte die kirchliche Weihe. Der Akt hiess *Investitur*. Der Bischof leistete darauf den Treueid. Sehr oft gehörten die Bischöfe den vornehmsten Familien an, doch kennt man auch Bischöfe dieser Zeit aus niederem oder doch von wenig vornehmem Stande. Die Pflanzschule des Episkopats war die Kapelle des Königs; auch Kanzler erhielten wohl als Belohnung ihrer Dienste ein Bistum. Oft aber waren Bestechung und Kauf die Mittel zur Erhaltung dieses Kirchenamtes. Dagegen trat nun die besonders durch Clugny ins Leben gerufene Opposition des Papsttums und der Kirche auf; Gregor VII. verbot zuerst 1075 die Investitur des Bischofs durch einen Laien; der Streit, der sich infolge davon erhob, wurde schliesslich durch das Wormser Konkordat, 1123, so gelöst, dass der Kaiser die freie Wahl der Bischöfe bestätigte und auf die Investitur verzichtete; dagegen blieb ihm die Bestätigung der Regalien, d. i. der weltlichen Gewalt der Bischöfe, durch das *Szepter*, welches in Deutschland gleich nach der in Gegenwart des Kaisers geschehenen Wahl, d. h. vor der kirchlichen Weihe, geschehen sollte. Nach Waitz, Verfassungsgeschichte, besonders VII, Abschnitt 11, und VIII, Abschnitt 16. Über die äussere Erscheinung des Bischofs siehe unsern Artikel *geistlicher Ornat*.

Bîspel, zusammengesetzt aus *bî bei* und mhd. und ahd. das *spel* = Rede, Erzählung, Sage, auch erhalten in *Kirchspiel*, mhd. *Kirspel*, Bezirk, so weit die Verkündigung (Rede) der Kirche reicht, nhd. mit Anlehnung an das *Spiel: Beispiel*. *Bîspel* bedeutete im Mittelalter wie das einfache Wort das *spel* eine Fabel, eine kleine Erzählung, die eine ihr selber vor- oder nachgestellte Lehre in sich trägt. Derartige *bîspel* hat man sehr viele, bald kürzer, bald breiter angelegt. Der Stoff wird der Tierwelt entnommen, oder es treten bloss Menschen darin auf, oder Pflanzen, Naturerscheinungen, leblose Geräte, denen ein Leben beigemessen wird. Derartige Beispielsreden wurden teils in grössere didaktische Dichtungen eingeschaltet, wie in den Freidank und Welschen Gast, teils selbständig bearbeitet; namentlich haben das letztere der *Stricker*, *Reinmar von Zwêter*, *Konrad von Würzburg* und der *Marner* gethan.

Bittgänge, Gebetsprozessionen, um geistliche oder leibliche Güter von Gott zu erflehen, kommen schon in den ersten Jahrhunderten der christlichen Kirche auf und wurden namentlich von Gregor d. Gr. gefördert. Mamercus, Bischof von Vienne, führte feierliche Buss- und Bittandachten, mit Kasteiungen und gottesdienstlichen Umzügen verbunden, für die drei Tage vor dem Himmelfahrtsfeste, die *Bitt-Tage* in der *Bittwoche* ein. Seit Alters eröffnet der Kreuzträger (Diakon oder Subdiakon) den Zug, ihm folgten Fahne und Evangelienbuch; daher der Name *Kreuzgänge, Kreuzfahrten, Kreuzwoche.* Seit der Einsetzung des Fronleichnamsfestes war die Prozession dieses Tages die grossartigste. Andere Prozessionen wurden, wie im griechisch-römischen und im germanischen Heidentum, bei besonderen Anlässen, Seuchen, bei bedrohlichem Erntewetter, Krieg und Kriegsgefahren abgehalten. Über die Frankfurter Prozessionen siehe *Kriegk*, Bürgertum I, 363 - 377.

Blaphart, Plaphart, Plappharter, Blaffert, Blaffet, blawfert, ursprünglich ein ausländischer Dickpfennig oder Groschen; man unterschied alte, gute, Kreuzbl., Kreuzerbl., gestampft, behaimisch, Mailänder, Schlangenbl., Grossenbl. Schmeller, bair. W. I, 460.

Blume der Tugend heisst ein didaktisch-allegorisches Gedicht von *Hans Vindler,* vom Jahr 1411, verfasst nach einer italienischen Quelle, Fior de Virtu, welche wieder auf eine lateinische zurückgeht. Es sind in dem Gedicht 17 Tugenden und 17 Laster einander gegenübergestellt, so zwar, dass jeder Abschnitt in drei Teile zerfällt: 1) Definition; 2) Gleichnis und moralische Sentenzen und 3) Erzählungen, um das Vorhergehende anschaulicher zu machen. Ausgabe v. Zingerle, Insbruck 1874.

Blumenorden. Der gekrönte Blumenorden an der Pegnitz oder die Gesellschaft der Pegnitzschäfer ist eine jener Sprachgesellschaften, die in Nachahmung italienischer Sprachakademien in der ersten Hälfte des 17. Jahrh. auftraten. Sie ist 1644 zu Nürnberg durch Georg Philipp Harsdörfer und Joh. Klai gestiftet worden. Der ältern fruchtbringenden Gesellschaft gegenüber, deren Bestrebungen sich innerhalb einer edleren Geschmacksrichtung hielten, verfielen die Pegnitzschäfer einer tändelnden, überaus geschmacklosen Richtung, die sich sowohl in den behandelten, meist dem Schäferleben entnommenen Stoffen, als in den gesuchten Reimen und in dem tanzenden daktylischen Versmasse kundgab. Die Gesellschaft besteht als litterarisch-geselliger Verein bis heute.

Blumensprache des Mittelalters. Die höfische Dichtung macht von der Blume als Sinnbild geistiger Bezüge nur mässige Anwendung. Ihr sind besonders eigen: die *Lilie* als Sinnbild der *Reinheit,* der *Unschuld,* daher auch Maria Lilie genannt und der Engel Gabriel mit einem Lilienstengel in der Hand dargestellt wird; die *Rose,* die Blume der *Freude;* mit ihr schmückten sich Gäste und die Gesellen beim Trunk; bei festlichem Anlass wird der Boden mit Rosen bestreut. Die Rose ist deshalb auch die Blume der *Liebe*, wie sie dem *Roman de la Rose* zu Grunde liegt. Rose und Liebe kommen miteinander vereint vor, daher das beliebte höfische Epos *Flôre* und *Blanscheflûr*, Blume und Weissblume, Rose und Lilie; Lilie und Rose sind Symbole für Christus und Maria, die letztere eine Rose ohne Dorn. Als dritte Blume legt man den beiden gern das *Veilchen*, den *viôl*, bei, die Botin des Frühlings. Reicher wird die Blumensymbolik seit dem 15. Jahrh., wobei sie sich freilich auf den Liebesverkehr beschränkt; jetzt nimmt die Dichtung mit Vorliebe Bedacht auf die oft uralten Blumennamen, die zum Teil heidnisch-mythische oder christliche Beziehungen haben. Die Blumen werden personifiziert, Frau Wachholder, Frau Haselin, Buchsbaum und Felbinger, Dornröschen. Die Zahl der Blumen wird grösser, und neben sie stellt sich überhaupt alles, was pflanzlicher Natur ist, das *Stroh*, die *Weide*, die *Maie*, d. i. grüne Zweige und Kränze überhaupt. In erster Linie knüpft auch jetzt die Blumensymbolik an die Farbe. Das blaue Vergissmeinnicht, das braune Habmichlieb, der rosenrote Herzenstrost, das weisse Schabab; später bleibt die Farbe weg, und nur der beziehungsvolle Name ist noch da: Wegwarte, Wohlgemut, Jelängerjelieber, Masslieb, Liebstöckel, Ungnade, Leid und Reue, Tag und Nacht, Holderstock. *Wackernagel*, Kl. Schr. I, 143 ff.

Blutrache. Sie entwickelt sich aus dem Begriffe der altgermanischen Familie, aus dem Gefühl, dass die Gemeinschaft des Blutes auch zur innigsten Gemeinschaft des Beistandes, des Schutzes und der Familienehre verpflichte. Verpflichtet zur Rache, besonders für ungerechten Totschlag, war zunächst der Hausvater, dann alle waffenfähigen Blutsfreunde, also Weiber, Kinder und Greise nicht. Die Blutrache war rechtlich anerkannt, Tacitus Germania, 21. Mit dem Frieden suchte man die Blutrache in Einklang zu bringen, einmal dadurch, dass man den Blutsfreunden des Erschlagenen das Recht gab, statt der Befehdung eine bestimmte Busse, das Wergeld, zu fordern und dasselbe unter sich zu teilen, und zweitens dadurch, dass man die Blutsfreunde des Thäters nötigte, zu dem geforderten Wergeld beizutragen, oder wenn derselbe ohne Vermögen war, es ganz zu zahlen. Mit der Ausbildung geordneter Rechtszustände nach der Völkerwanderung trat das ordentliche Gerichtsverfahren an die Stelle der Blutrache, ohne dass diese ganz ausstarb. Sie bildet das Hauptmotiv der zweiten Hälfte des Nibelungenliedes, kommt im 13. und 14. Jahrh. als Faust- und Fehderecht neuerdings in allgemeinen Gebrauch und ist als eigentliche Blutrache in einzelnen Fällen bis über die Reformation hinaus in Anwendung gekommen. *Frauenstädt*, Blutrache und Totschlagsühne im deutschen Mittelalter, Leipzig 1881.

Böcke heissen im 15. Jahrh. vorübergehend zum Zwecke eines Krieges zusammenhaltende Kriegsgesellen, auch bloss Fussknechte. Der Name begegnet uns im Norden wie im Süden und kommt noch im 17. Jahrh. besonders in den Rheinlanden als Bezeichnung militärischer Buschklepper vor. Bekannt sind aus dem sog. alten Zürcherkriege die *Böcke;* auch aus Memmingen wird der Name erwähnt.

Böhmische Brüder. Seit etwa 1450 sammelte sich in Prag ein Kreis ernstlich frommer Männer aus den Überbleibseln der hussitischen Bewegung, denen der König Podiebrad einen Distrikt im Riesengebirge überliess, wo sie sich niederlassen und nach ihrer Weise die Religion einrichten könnten. Durch eine Verfolgung wurden sie zerstreut und stifteten nun in Böhmen, Mähren und Polen vereinzelte Gemeinden. Sie hiessen auch *Brüder des Gesetzes Christi, Brüder* überhaupt, verwarfen die katholische Abendmahlslehre und bauten ihr Glaubensbekenntnis durchweg auf die Schrift. Ihre Verfassung war den ältesten apostolischen Christengemeinden nachgebildet. Die Reformation Luthers begrüssten sie, ohne ihre Lehre und Verfassung deshalb dem Protestantismus zu opfern. Nachdem sich manche Gemeinden mit den evangelischen Konfessionen verbunden hatten, wurden die letzten in Böhmen noch vorhandenen durch den 30jährigen Krieg zerstört und und ihre Anhänger vertrieben, worauf der selbständige Bestand der Brüderkirche ganz aufhörte. Für die evangelische Kirche sind die *Lieder der Böhmischen Brüder* von Bedeutung geworden. Schon Huss hatte einen Kirchengesang in böhmischer Sprache gegründet. Seine Nachfolger vermehrten die Lieder und dichteten neue dazu auf alle Artikel des christlichen Glaubens und auf alle Feste durch das ganze

Jahr, wobei sie die alten Kirchenmelodien beibehielten. Im Auftrage der Gemeindeältesten übersetzte *Michael Weisse*, Pfarrer der deutschen Gemeinden Böhmischer Brüder zu Lantzkron und zur Füllnach, 156 böhmische Lieder in deutsche Reime, die als *Ein New Gesengbuchlen* 1531 zum Jungenbunzel gedruckt wurden. Dieses wurde 1538—1540 zu Ulm mehrfach nachgedruckt. Eine durch *Joh. Horn* verbesserte Ausgabe erschien 1544 zu Nürnberg, woraus Luther verschiedene Lieder in seinen Kirchengesang aufnahm. Die Lieder sind bei Wackernagel, evangel. Kirchenlied, abgedruckt.

Fig. 28. Fig. 29. Fig. 30.

Bogenschützen des 11. Jahrhunderts.

Bogen. Wenn auch weder Tacitus noch Cäsar des Bogens bei den Germanen Erwähnung thun, so ergiebt sich aus Gräberfunden mit Sicherheit, dass schon die Urgermanen Bogen und Pfeil gekannt haben. Der Bogen war am liebsten aus dem Holze der den Todesgöttern heiligen Eibe geschnitzt; doch kommt auch Ulmen- und Eschenholz vor, auch Bogen von Horn waren im Gebrauche. Der Pfeil bestand aus Stein, Knochen und Eisen. Der Bogen heisst gotisch und altsächsisch *bogo*, ahd. *poko*, der Pfeil ahd. *strâla*, der Pfeilschaft *zein; phil* aus lat. *pilum* ist eigentlich die Pfeilspitze. Die Pfeile sind entweder mit einer Angel zum Einstecken in den Schaft versehen oder haben eine Tülle, welche über den Schaft geschoben wird. Die letztern sind entweder bolzenförmig vierkantig oder rautenförmig oder blattförmig oder mit Widerhaken versehen. Im 4. Jahrh. wird des Bogens auch von Schriftstellern gedacht. Die *lex salica* enthält eine besondere Busse für Beschädigung des Zeigefingers, womit man den Pfeil abschnelle. Auch in den Heldengedichten, im Waltharilied, im Beowulf und im Nibelungenlied wird der Bogen erwähnt. Vorzügliche Schützen waren zu aller Zeit berühmt, besonders that der Bogen auf der Jagd gute Dienste. Im Mittelalter hatten bei den Deutschen Bogen und Pfeil nur geringe Bedeutung als eigentliche Kriegswaffe, während schon im 10. Jahrh. die *sagittarii* der Franzosen beim Belagerungskriege eine bedeutende Rolle spielen; von den Herren wurde die Waffe nur zur Jagd und zu Waffenübungen gebraucht. In den Niederlanden errichteten die Städte im 13. Jahrhundert *Bogenschützengesellschaften*. Ganz besonders verbreitet und beliebt war aber die Waffe in England, wo Sachsen und Normannen in geschickter Handhabung des Bogens wetteiferten. Hier trat der Adel an die Spitze der Bogenschützen, die wesentlich zu den Erfolgen über die Franzosen beitrugen. Deshalb war auch der Widerstand gegen die Einführung der Handfeuerwaffen nirgends grösser als in England, so dass noch unter Elisabeths Regierung die Bogenschützen in vollem Ansehen standen und noch 1627 als regelmässige Truppen vorkamen. Auf dem Festland waren sie seit Anfang des 16. Jahrh. verschwunden. *Jähns*, Geschichte d. Kriegswesens, und *Lindenschmidt*, deutsche Altertumsk. *San Marte*, Waffenkunde. Siehe Fig. 28 bis 30, nach dem Teppich von Bayeux (vgl. den Art. Teppiche), aus Müller und Mothes, Arch. Wörterb.

Botendienst war im Mittelalter bei Mangel eines öffentlichen Postwesens wichtiger als jetzt. Neben dem Worte Bote, von *biudan*, bieten, ahd. *poto*, mhd. *bote*, kommt in den germanischen Sprachen ein unerklärtes Wort vor, got. *airus*, angels. und altnord. *âr*, ahd. blos *ârunti*, Botschaft. Der Bote ist ein Diener, daher *Dienstbote;* die Apostel als Diener Christi heissen die *Zwölfboten*, auch die Engel sind und heissen Boten. Die ahd. Sprache zeigt viele zum Teil verdunkelte Mannsnamen, die mit *boto* zusammengesetzt sind, *Antarpoto, Hiltipoto, Sigipoto, Mahalpoto, Tragapoto, Lônpoto, Wolfpoto, Waltpoto.* Boten höhern Ansehens sind die Karolingischen *missi dominici*, auch *legati, nuntii, regales, palatini regii* genannt, mhd. *sendboten, santboten,* siehe Vadian, deutsche hist. Schriften I, 79, 2. und den Art. *missi dominici.* Eine wichtige Rolle spielen die *Boten* im Ritterwesen. Meist werden eigene Knappen dazu benutzt, welche die Briefe in Büchsen oder Fässchen am Halse oder Gürtel trugen. Sie waren durch besondere Wahrzeichen legitimiert, wahrscheinlich durch einen bunten, nach dem Wappen der Herren gefärbten Stab. Der Bote ist geheiligt, nur Barbaren vergreifen sich an ihm, auch wenn er schlimme Botschaft bringt. Zu Liebesbotschaften benutzt man gern Spielleute, weshalb sie oft verkleinerte Namen führen: *Werbelin, Swemmelin, Heinzelin, Küenzelin,* und die häufige Anrede: *Bote vil lieber Knabe!* Die Belohnung der Boten, auch des vornehmen, hiess das *botenbrôt*, auch *betenbrôt*, worunter auch wertvolle Geschenke oder klingende Münze verstanden werden konnte; ursprünglich und bei gewissen Anlässen noch spät war es aber wirkliches Brot. *Notker* verdeutscht *praedicare evangelium*, die frohe Botschaft verkündigen, durch *predigôn petinbrôt.* Obrigkeitliche Boten gab es später in den Städten, solange keine öffentliche Post existierte; der Name *Botschafter* erinnert an die frühere Bedeutung fürstlicher *Boten.* Schulz, höfisches Leben I, 135 ff. Grimms Wörterbuch unter *Bote, Botenbrot* und *Dienstbote.*

Brakteaten, vom lat. *bractea*, dünnes Metallblech, heissen die mittelalterlichen Münzen, insofern sie bloss auf einer Seite geprägt sind. Da seit Otto d. Gr. dies die gewöhnliche Prägungsweise des Mittelalters war, können Münzen des verschiedensten Wertes und von Gold, Silber oder Kupfer Brakteaten genannt werden. Deutsche Namen der Brakteaten sind Blech-, Hohl-, Schüsselmünzen, Blätterlinge, Schüsselpfennige. Siehe Fig. 31—38 aus Müller und Mothes, Arch. Wörterb.

Branntwein wurde Anfangs nur als Arznei angesehen und gebraucht, daher er auch bei den Italienern und Franzosen den Namen Lebenswasser erhalten hat. In Nürnberger Quellen soll seiner schon im 13. Jahrh. Erwähnung geschehen; sicher ist, dass in Frankfurt a. M. der Rat 1361 bei schwerer Strafe verbot, den Wein mit „gebranntem Wasser“ oder anderen Stoffen zuzubereiten. Um 1480

Fig. 31.

Fig. 32.

Fig. 33.

Fig. 34.

Fig. 35.

Fig. 36.

Fig. 37.

Fig. 38.

In Überlingen 1869 gefundene Brakteaten.

verbot der Nürnberger Rat, an Sonntagen und anderen gebannten Feiertagen in den Strassen und vor den Häusern Branntwein auszuschenken. Das älteste gedruckte Buch über den Branntwein stammt von *Michael Schrick*, Doctor der erczenai, von den gepranten Wasser. Augspurg 1484.

Bratsche, Arm-, Altgeige, aus ital. *viola da braccio.*

Brautlauf, Hochzeit, ein in den germanischen Sprachen weitverbreitetes Wort, ahd. der *brûtlouft* und die *brûtloufti*, mhd. das und die *brûtlouf*, *brûtlouft*, ursprünglich soviel als der geschmückte Zug (Lauf) mit der Braut oder jungen Frau und ihren Sachen zum Hause des Mannes. Luther braucht das Wort zwar nicht in der Bibel, wo er nur *Hochzeit* setzt, aber in seinen übrigen Schriften oft. *Grimm* und *Weigand*.

Fig. 39. Brettspiel.

Brettspiel. Die Brettspiele des Mittelalters sind, das *Schach* ausgenommen (siehe diesen Artikel), das *Zabelspiel*, Triktrak- und Mühlenspiel. Das *Zabelspiel*, mhd. *zabel*, franz. *jeux de tabel*, aus lat. *tabula*, ist unser Damenspiel: die Steine heissen *Zabelsteine*. Das *Wurfza-*

bel, oder der *buf*, aus franz. *buffe*, ist unser Triktrak, es wird mit drei Würfeln gespielt. Nach der Sage hatte ein Ritter Alco bei der Belagerung von Troja das Spiel erfunden. Vom Mühlenspiel hat man erst im ausgehenden Mittelalter Nachricht, es heisst *figgmüle. fickmüle.* Schultz, Höfisches Leben I, 413. Dazu Fig. 39 aus Ingolds goldnem Spiel, Augsburg 1472.

Breve, Bulle, *bullarium*, sind schriftliche Erlasse des apostolischen Stuhles, die Bulle mehr in solenner, das Breve in einfacherer Form abgefasst. Früh bedienten sich die römischen Bischöfe einer doppelten Art von Siegeln, zuerst des *Siegelringes* (*Signaculum*), später, seit Ende des 6. Jahrhunderts, der in Kapseln aufbewahrten Siegelform, *bulla*, die man gewöhnlich in Blei der Urkunde anzuhängen pflegte; die Bullen wurden zu allen öffentlichen Schreiben gebraucht, während für die übrigen der in Wachs abgedrückte Siegelring diente. Ein bestimmtes Zeichen zeigte derselbe erst seit dem 13. Jahrh., den Apostel Petrus aus einem Nachen das Netz werfend, daher der Name Fischerring, *annulus piscatorius.* Die ältesten Bullen trugen auf der einen Seite den Namen des Papstes, auf der anderen das Wort *Papa;* die spätere und bis jetzt beibehaltene Form zeigt auf dem Avers die Köpfe der Apostel Paulus und Petrus mit der Unterschrift *S. P. A.* — *S. P. E.* (*Sanctus Petrus* oder *Paulus Apostolus, Sanctus Petrus* oder *Paulus Episcopus*), auf dem Revers den Namen des Papstes mit der Zahl. Die durch die Bulle gezogene Schnur ist bald von Seide in roter und gelber Farbe, bald von Hanf. Die Sprache ist bei beiden Erlassformen die lateinische. Die Bulle wird auf starkes Pergament mit altgallischer Schrift geschrieben, das Breve auf dünnes Pergament oder Papier mit italienischer Schrift. Statt des angehängten Siegels ergeht das Breve *sub annulo piscatorio*, heute ein blosser untergedruckter Stempel. Jeder Erlass beginnt in alter Weise mit dem Namen des Papstes und einem Grusse; beim Breve wird dem Namen die Zahl zugefügt, bei der Bulle statt der Zahl der Titel *Episcopus Servus servorum Dei.* Den Schluss bildet beim Breve die einfache Angabe von Ort und Zeit, bei der Bulle wird die letztere in der Regel genauer nach Kalenden, Nonen, Idus und dem Regierungsjahre des Papstes angegeben, auch ein Gruss, Wunsch, Fluch und dgl. hinzugefügt. Die im Konsistorium erlassenen Bullen, *bullae consistoriales*, werden von den Kardinälen unterschrieben und erhalten auch die Unterschrift des Papstes. Die gewöhnlichen Bullen werden bloss von den verschiedenen, bei der Ausfertigung mitwirkenden päpstlichen Beamten unterzeichnet, die Breven nur von dem Sekretär der Breven. Ihren Namen erhält die Bulle nach den Eingangsworten, z. B. *In coena Domini, Unigenitus, Ecclesia Christi.* — *Bullarien*, d. h. Sammlungen der wichtigeren Breven und Bullen, sind seit dem 16. Jahrh. veranstaltet und in umfangreichen Sammelwerken bis in die Gegenwart fortgesetzt worden. *Meyer* in Herzogs Real-Encykl.

Brevier, *breviarium*, d. h. wahrscheinlich eine *kurz* zusammengedrängte und in liturgischen Abkürzungen geordnete Sammlung von Gebeten, heisst die Sammlung der Gebete und Lesungen, die der Geistliche oder der Klosterchor täglich zu verrichten hat; andere Namen sind *officium ecclesiasticum, cursus divinus, horae canonicae, synaxis* und *psalmodia.* Dem Brevier liegt die Idee zu Grunde, das Gebot des Apostels „Betet ohne Unterlass!" in äusserer Weise zu verwirklichen. Das ganze Leben des Christen sollte dadurch als ein ununterbrochenes, gewissermassen ewiges Gebet erscheinen. Hiefür knüpfte man an das Herkommen der jüdischen Synagoge an, sowohl bezüglich der Morgen- und Abendstunden als auch sonstiger Gebetszeiten, wofür man eine direkte Aufforderung in der Psalmstelle 119, 164: „Ich lobe dich des Tages siebenmal", und v. 62: „Zu Mitternacht stehe ich auf, dir zu danken" zu erblicken glaubte. Zunächst waren es die drei Stunden (dritte, sechste und neunte) 9 Uhr, 12 Uhr Mittags und 3 Uhr Nachmittags; dazu kam noch Mitternacht nach Act. 16, 25, sowie das Gebet bei Anbruch des Tages und der Nacht. Während die Beobachtung der drei älteren Gebetszeiten schon früh allgemeiner in der Kirche bestand, nahm man die übrigen Stunden ordentlich und pflichtgemäss zuerst in den Klöstern an; aus den Klöstern gingen sodann diese Gebetsstunden als ein Teil der *vita canonica*, daher *kanonische Horen* genannt, auf die Dom- und Kollegialstifter über. Benedikt fügte noch das *completorium* hinzu. Vom 6. Jahrh. an war demgemäss die Ordnung und Zahl der Stunden wie sie heute noch zu Recht besteht. Die sieben Gebetsstunden teilen sich in: *horae diurnae: prima* (6 Uhr), *tertia* (9 Uhr), *sexta* (12 Uhr), *nona* (3 Uhr), *vespera* (6 Uhr) und in die *horae nocturnae: completorium* vor dem Schlafengehen, *matutina* (Mette) od. *laudes* (3 Uhr Morgens). Die für die einzelnen Horen zu gebrauchenden Gebete nahm man anfangs meist aus den Psalmen.

Das Brevier besteht aus 4 Teilen für die vier Jahreszeiten, von denen jeder vier Abteilungen hat: 1) *Psalterium* mit den Hymnen für die kanonischen Stunden der 7 Wochentage. 2) *Proprium de tempore*, das sich genau an das Kirchenjahr anschliesst und für jeden Tag des Jahres Lektionen aus den Büchern der heil. Schrift und den Werken der heil. Väter enthält. 3) *Proprium sanctorum*, das für jeden Heiligen-Festtag, soviele deren im Kalender stehen, eigene Lektionen (meist aus dem Leben des Betreffenden), Antiphonen, Hymnen und Gebete bietet. Was aber da fehlt, wird aus dem 4. Teil, dem *Commune sanctorum* entnommen, ohne besondere Gebetstunden. Anhänge sind *officium B. Mariae*, *defunctorum*, *psalmi graduales*, *psalmi poenitentiales*, *ordo commendationis animae*, *benedictio mensae et itinerarium clericorum*.

Briefmaler heissen im 15. Jahrh. solche, welche die Bemalung von Pergament und Papier (mhd. *brief*) als Beruf betreiben, besonders für Andachts- und Schulbücher, Spielkarten u. dgl. und ihre Ware auf Jahrmärkten verkaufen. Sie sind durch ihre Versuche, ihre Bilder auf Holz- od. Metallplatten abzudrucken, die Vorläufer der Buchdrucker geworden.

Brot. Die früheste Form der Getreidenahrung war der *Brei*, der aus grobgemahlenen Körnern, Grütze und Griess (beide Wörter derselben Wurzel angehörig) bereitet wird. Nach Plinius lebten die Germanen vorzüglich von Haferbrei, der in gewissen Teilen Oberdeutschlands noch heute die gewöhnliche Nahrung der Ärmeren ist; daneben kam Gersten-, Bohnen- und Hirsebrei vor. *Brot* war ursprünglich am Feuer geröstete Mehlbrei; ungesäuert, in flacher Kuchenform, hiess es Derbbrot und war meist aus Gersten- oder Hafermehl, später auch aus Dinkel oder Spelt bereitet. Das bessere, durch Gährungsmittel aufgetriebene Brot, das aus Weizenmehl gebacken wurde, hiess *schoen brôt* oder *weiȝbrôt*. Ganz runde Brote hiessen Halbbrote oder Hastel. Brotring, Ringel, Stechling hiessen feinere, runde und ringförmige Brote, aus denen sich später mancherlei Kuchen entwickelt haben. Die Semmel aus feinem Weizenmehl ist seit dem 12. Jahrh. nachweisbar. Vochenzer, Fochenz ist eine in der Herdasche gebackene germanisch-romanische Brotart. Brezeln erscheinen auf Bildern des 12. und 13. Jahrh. Sonst kennt man noch Krapfen oder Pfannkuchen und Kuchen im allgemeinen. Zwiebacke wurden in Frankreich namentlich in den Klöstern bereitet.

Ins germanische Altertum reichen die von Frauen bereiteten Tempel- oder Opferbrote. Götterbilder und heilige Tiere wurden in Teig geknetet, mit Öl bestrichen und an heiliger Stätte von den Weibern gebacken. Spuren dieser Brote finden sich in zahlreichen heute noch beliebten Festgebäcken, wo namentlich Männlein, Weiblein und unter den Tieren besonders Hirsche und Schweine in Semmelteig nachgebildet werden. Auch andere Backwerke, die sich an bestimmte Zeiten des Jahres oder Ereignisse des Lebens knüpfen, hängen mit alten religiösen Bräuchen zusammen. *Weinhold*, Deutsche Frauen, II. Aufl. II, 59—61. Vgl. *Staub*, Das Brot im Spiegel schweizer-deutscher Volkssprache und Sitte. Lpz. 1868 und *Rochholz*, das Allerseelenbrot, in deutscher Glaube und Brauch, I, 299—335.

Brücken. Die bei den Römern zu einer hohen Ausbildung gelangte Kunst des Brückenbaues geriet im Mittelalter, Spanien und Süditalien ausgenommen (wo teils Christen und Mauren, teils Goten, Normannen und Sarazenen den Spitzbogen in kühnster Konstruktion zu Brücken und Aquaedukten anwendeten), bald in Verfall. Man bediente sich im Allgemeinen der *Furten*, daher die zahlreichen Ortsnamen *Furt*, *Furth*, *Fürth*, *Erfurt* ahd. *Erpesfurt*, *Frankfurt* ahd. *Francônô furt*, *Ochsenfurt* ahd *Ohsônô furt*, *Schweinfurt* ahd. *Sûinô furt*, *Breitenfurt* ahd. *Preitenfurte*, *Steinfurt*, *Dietfurt*, oder der *Fähren*. Während des 12. bis 13. Jahrh. wurden die Brücken meist im Halbkreisbogen gewölbt und erhielten wegen der Unerfahrenheit im Gründen möglichst wenige Pfeiler oder möglichst weite Öffnungen und kurze dicke Pfeiler, wie die 1135 begonnene Brücke über die Donau bei *Regensburg* mit 15 Halbkreisbogen von 10—16 m Spannweite; die 1176—1209 errichtete Brücke über die Themse in *London* mit 9 grossen Spitzbogen, die 1117—1187 erbaute Brücke über die Rhone bei *Avignon*, die 1179—1260 hergestellte Brücke über die Elbe bei *Dresden* und die ums Jahr 1358 von Karl IV. erbaute Brücke über die Moldau in *Prag*.

Holzbrücken des Mittelalters waren nicht überdacht. Die Grabenbrücken der Burgen bestanden meistens aus Steinbogen mit Ausnahme eines Fachs, welches durch eine Zugbrücke überdeckt war, die sich beim Aufziehen an den *Brückenturm* anlegte. Auch die grösseren, besonders städtischen Brücken waren durch Brückentürme oder Brückenthore verteidigt. Auch erbaute man wohl *Brückenhäuschen* für Wächter, Hospize für Reisende und *Brückenkapellen* auf den Pfeilerausbauten; siehe den folgenden Artikel. Auch Kaufläden und sogar Wohnhäuser wurden im spätern Mittelalter auf Brücken gestellt.

Brücken mit flacheren Bogen entstanden erst im 16. Jahrh.; dahin gehören die 1588—1591 erbaute *Rialtobrücke* zu *Venedig* und die 1596 bis 1598 erstellte *Fleischbrücke* in *Nürnberg*. Zu derselben Zeit blieben die Holzkonstruktionen im Vergleich zu den Holzbrücken der Römer noch sehr unvollkommen. Erst als man in Frankreich durch Gründung des Ingenieurkorps im Jahre 1720 Gelegenheit zur Bildung von Fachmännern für Strassen- und Brückenbau gab, machte der Brückenbau bedeutende Fortschritte. Unter die bedeutendsten Bauten dieser Zeit gehört die 1751—1760 erbaute Brücke über die Loire bei *Orleans*. Unter den hölzernen Bauten zeichneten sich jetzt die oft sehr kühnen, meist bedachten Sprengwerkbrücken der *Schweiz* aus, darunter die 1757 erbaute *Rheinbrücke* bei *Schaffhausen*. *Mothes*, Bau-Lexikon, I, 492 ff. — *Müller* und *Mothes*, Arch. Wörterb. Art. Brücke. Vgl. *Gengler*, Deutsche Stadtrechts-Altertümer. Kap. XI. Erlangen 1882.

Brückenbrüder und Brückenkapellen. Schon bei den Griechen und noch im höhern Masse bei den Römern galt Anlage und Erbauung von Brücken als ein religiös besonders verdienstvolles Werk, das dem frommen Beter erst den Gang zum Tempel ermöglichte. Auf der Brücke, welche in Rom die beiden Tiberufer verband, wurden Opfer vollzogen, der Weg zu den heiligen Orten jenseits des Tiber ging darüber; ob von den heiligen Gebräuchen, welche sich an ihre Erhaltung und Reparatur knüpften, der Name des Kollegiums der *pontifices* herrührt, ist freilich nicht ausgemacht. Auch bei den Germanen galt die Brückenbaukunst als eine heilige und geistliche. Auf nordischen Runensteinen wird mehrfach überliefert, dass der Verstorbene bei seinen Lebzeiten für das Heil seiner Seele eine Brücke bauen liess. Früh vereinigten sich in Italien, Spanien, Schweden, Dänemark und Deutschland fromme Christen, Herbergen zu errichten, Flösse zu halten und Brücken zu bauen. Päpstliche und bischöfliche Ablässe wurden dazu bewilligt. Auch daraus erhellt die Heiligkeit des Brückenbaues, dass auf Brücken feierliche Friedensschlüsse gefestet, Gefangene ausgewechselt, Bündnisse geschlossen wurden. Lange blieb das Amt eines Brückenbauers ein *geistliches* Vorrecht, und Päpste, Bischöfe, Priester und Mönche sind daher seit den ältesten Zeiten der christlichen Kirche entweder vorzugsweise die ersten Gründer und Bauherrn von Brücken oder selbst sachverständige Künstler und leitende Architekten beim Brückenbaue gewesen. Karl d. Gr. verlangte zur Ausführung der Wege und Brücken von der Geistlichkeit, welche sonst von allen Lasten befreit war, Beisteuern. Der berühmte Erzbischof *Willigis von Mainz* liess im 10. Jahrhundert die Brücken von Aschaffenburg über den Main und von Bingen über die Nahe bauen. In Frankreich, dessen Brücken sich im Mittelalter durch ihre Grösse, Kühnheit, Einrichtung und Schönheit vor denjenigen aller übrigen Völker auszeichneten, bildete sich zur Beförderung des Brückenbaues eine eigene geistliche Genossenschaft, der Orden der *Brückenbrüder, fratres pontis, pontificales, factores pontium, frères du pont;* ihr Stifter soll Benezet (der kleine Benedikt), ein Hirte aus Hautvilar in Vivarais um d. J. 1177 gewesen sein; Clemens III. bestätigte 1189 ihre Organisation. Als Symbol trugen sie einen Spitzhammer auf der Brust. Von ihnen wurden erbaut die Brücke über die Durance unter der Karthause von Bonpas, sodann die Brücke über die Rhone bei Avignon, die beiden ersten grossen Brücken in Frankreich nach dem Untergange des weströmischen Reiches, und letztere einst die grösste Brücke in Europa, erbaut unter der Leitung des hl. Benezet von Avila 1177—1188, endlich die hl. Geist-Brücke über die Rhone bei Lyon, 1285—1305.

Der mittelalt.-christliche Brückenbau dokumentiert sich auch durch den Bau besonderer Hospitäler, namentlich Heiliggeist-Spitäler und Herbergen, sowie durch kleinere oder grössere zu den Brücken gehörige *Bethäuser*, sog. Heiligenhäuschen. und *Kapellen*, beide wohl nur durch die Grösse und den Besitz eines geweihten Altars unterschieden. Unmittelbar waren sie teils *an, auf, über*. in einzelnen Fällen *unter* der Brücke angebracht; gewöhnlich wohl der Stadt gegenüber, am Ende oder auf der Mitte, auf einem aufgemauerten Pfeiler, selten über einem Brückenbogen, im Anschluss an andere Gebäulichkeiten, z. B. an einen Brückenturm. Nach *von Oven* und *Becker*, die Kapelle der hl. Kathrina auf der Mainbrücke zu Frankfurt mit gleichartigen Stiftungen des christl. Mittelalters zusammengestellt. Neujahrsblatt des Vereins für Geschichte und Altertumsk. zu Frankfurt a. M. 1880.

Bruder Rausch heisst ein auf altem Sagengrunde ruhendes Gedicht, das in seiner ältesten, einer niederdeutschen Fassung, dem 15. Jahrhundert angehört, und das ganze 16. Jahrhundert hindurch in hochdeutscher Bearbeitung eines der gelesensten Volksbücher war; der älteste hochdeutsche Druck erschien 1515 zu Strassburg. Der Inhalt ist in Kürze folgender: In einem Kloster führen die jungen Mönche ein liederliches Leben, sodass der Teufel sich vornimmt, sie ganz zu verderben. In Gestalt eines jungen Menschen, Rausch genannt, verdingt er sich bei ihnen als Küchenknecht und muss dem Abt und den übrigen Mönchen aus Gefälligkeit je am Abend ein junges Weib schaffen. Da er sich dabei einmal versäumt und der Koch ihn darum züchtigen will, wirft er diesen in den Kessel, erhält darauf die erledigte Stelle des Meisterkochs und führt sie sieben Jahre zur Zufriedenheit der Mönche, doch bemüht er sich dabei, durch tolle Streiche die Mönche unter sich zu veruneinigen; ein Bauer entdeckt aber bei einer von ihm belauschten Teufelszusammenkunft im Walde, an welcher Bruder Rausch teilnimmt, den Stand des Gesellen, und macht davon dem Abte Mitteilung. Dieser zwingt ihn durch die heilige Messe, das Kloster zu verlassen, worauf Bruder Rausch sich nach England begiebt und in des Königs Tochter fährt. Auch aus dieser vertreibt ihn der herbeigeholte Abt und heisst den Teufel endlich in einen Berg nahe seinem Kloster fahren, wo er bis zum jüngsten Tage bleiben wird. Siehe Bruder Rausch von *Oskar Schade* im Weimarer Jahrbuch, Bd. V, S. 357—412.

Brüder des freien Geistes heisst eine im 13. und 14. Jahrh. sehr verbreitete Sekte, mit stark pantheistischen Tendenzen. Sie wurden von der Kirche verfolgt, erhielten sich aber bis ins 15. Jahrh.

Brüderschaften, in Norddeutschland *Calandsgilden*, in Österreich *Zechen*, hiessen im Mittelalter städtische Vereine, die zugleich für das religiöse Bedürfnis, für gesellige Aufgaben und für gegenseitige Hilfeleistung dienten. Sie werden zuerst im 14. Jahrh. nachgewiesen. Ihre Zwecke sind: Religionsübungen, welche zu bestimmten Zeiten in Gemeinschaft begangen wurden, gemeinsame Teilnahme an öffentlichen Prozessionen, Sorge für ein anständiges Begräbnis sowie für die Seelenruhe der verstorbenen Brüder, gottesdienstliche Feier der Anniversarien derselben oder auch eine jährliche Messe für alle, gegenseitige Unterstützung in der Not, namentlich in Krankheiten, geselliges Zusammenleben in den mit Trinkgelagen verbundenen Geboten oder Versammlungen der Brüder. Die Brüder leisteten pekuniäre Beiträge sowie als Strafe für verabsäumte Pflichten Geld, Wein oder Wachs. Jede Brüderschaft schloss sich an eine bestimmte Kirche an, viele verehrten einen besondern Schutzpatron, manche hatten einen besondern Altar oder auch eine besondere Kapelle. Solche Brüderschaften kamen in verschiedenen Ständen vor, es gab eine Brüderschaft des pfälzischen Hofgesindes zu Heidelberg, der fahrenden Schüler, der Pilger, der Aussätzigen. Die verbreitetsten und wirksamsten Brüderschaften sind aber die der *Handwerksknechte;* dadurch, dass sich diese allmählich durch das Mittel der kirchlichen Genossenschaft zu einem besondern Stande heranbildeten, wurden sie *Gesellen*, denen alles daran lag, ihre Gesellenehre zu wahren. Der Eintritt in diese Gesellschaften wurde obligatorisch für alle, ihre Statuten unterlagen der Bestätigung des Rates und der Zunft, sie bildeten einen den Meisterverbänden entgegenstehenden Gesellenverband, so zwar, dass mit der Zeit, vorab infolge der Reformation, das kirchliche Element zurücktrat oder ganz verschwand und bloss noch das weltliche Element zurückblieb. Ihre Blüte hatten sowohl die kirchlichen als die nichtkirchlichen Brüderschaften im 15. Jahrh. Mit dem Verfall des Handwerks und des Zunftwesens verfielen auch sie; ihre Rechte gingen allmählich an den Staat über. Der Name der Vorsteher bei der Brüderschaft war meist Büchsenmeister oder Kerzenmeister, bei den spätern Gesellschaften Stubenmeister, Altgeselle, Altknecht, Knappenmeister, Meistergeselle, Meisterknappe, Meisterknecht, Ürtenmeister. Ihre meist zeremoniell abgehaltenen Versammlungen hiessen *Gebot*, Ladentag, Friedenstag, Umfrage, Eingang, Vierwochengebot, Schenke, Tischgesass, Mittel, später meist Auflage. Diejenigen Handwerker, in denen am häufigsten solche Verbände auftraten, sind die Schneider, Schuhmacher, Gerber, Schmiede, Weber, Bäcker, Müller, Metzger, Kürschner, Maurer und Zimmerleute, Die Verbände der Buchdrucker haben sich bis heute erhalten. *Schanz*, Zur Geschichte der Deutschen Gesellenverbände. 1877. *Kriegk*, Deutsches Bürgertum I, 178. *Kohl*, Alte und neue Zeit, Abschn. 17. Vgl. den Artikel Zunft- und Gildewesen.

Brüder vom gemeinsamen Leben, eine Erscheinung der vorreformatorischen Mystik. Ihr Gründer ist *Gerhard Groot*, geb. 1340 zu Deventer; er studierte zu Paris, wurde zu Köln, wo er Lehrer war, ähnlich wie Luther durch ältere Freunde zu einem tiefen religiösen Leben erweckt und wirkte eine Zeitlang mit Genehmigung des Bischofs von Utrecht als wandernder Bussprediger ohne priesterlichen Charakter. Durch den Mystiker *Joh. Ruysbroek*, Pair des Vereins der Kanoniker zu Grünthal bei Brüssel, liess er sich zur Bildung eines Vereins gleichgesinnter Jünglinge in seiner Vaterstadt anregen, die unter seiner Leitung die Schrift und andere nützliche Bücher abschrieben. Einer derselben, *Florentius*, machte den Vorschlag, den Erwerb zusammen zu legen; dieser Verein, der bald zum Mittelpunkt einer weitverzweigten Genossenschaft wurde, nannte sich *Brüder des gemeinsamen Lebens, fratres bonae voluntatis* oder *Hieronymianer* und *Gregorianer*, weil sie Hieronymus und Gregor den Grossen als Patrone verehrten. Nach Groots Tod, 1384, folgte *Florentius* in der Leitung des Vereins, geb. 1350 zu Leerdam, auch *Florentius Radewins*, d. h. Radewins Sohn, genannt. Unter ihm verzweigte sich das Institut in zwei Richtungen, in die *regulierten Kanoniker* mit klösterlichem Charakter und in die gewöhnlichen *Brüder*, die, teils Laien, teils Kleriker, entweder zusammen wohnten oder zerstreut in geistlichen Ämtern und für Jungendbildung wirkten. Florentius leitete selber das sog. reiche Fraterhaus zu Deventer und war Rektor der ganzen Genossenschaft; er starb 1400. Die Brüder des gemeinsamen Lebens, auch von ihren religiösen Versammlungen, Collatien, Collationen: Collatienbrüder genannt, waren verbunden durch Gemeinsamkeit des Besitzes, der Wohnung, der Lebensweise und der Erbauung. Die Brüder- oder Fraterhäuser beherbergten etwa 20 Brüder, die Kleidung bestand aus einem grauen Obergewand, unverziertem Rock und Beinkleidern und einer grauen Kopfbedeckung, daher auch *cucullati*, Kappenherren, Gugel- oder Kogelherren. Neben Handarbeit und gemeinsamer Erbauung wurde besonders das Abschreiben der heil. Schrift betrieben. An der Spitze jedes Hauses stand ein Rektor, an der Spitze der *Frauen*vereine eine Pflegerin, Martha genannt. Ihre bedeutendste Wirkung liegt in der Gründung von Unterrichtsanstalten, namentlich für ärmere Schüler. Ihre Verbreitung aus den Niederlanden reicht besonders rheinaufwärts bis nach Schwaben. Zu ihnen gehörten *Thomas a Kempis, Hermann Busch, Lange, Hegius, Agrikola, Joh. Wessel;* auch *Erasmus* war ihr Schüler. Im Verlauf des 16. Jahrhunderts erlosch die Vereinigung infolge der Ausbreitung der Reformation. Karl Hirsche in der II. Aufl. der Herzogschen Encykl. II, 678 bis 760.

Brünne, ahd. *prunjâ*, mhd. *brünne*, etymologisch noch nicht sicher, bald aus dem Keltischen, bald aus dem Slavischen gedeutet, eine uralte Schutzwaffe, Ringpanzer, auch einfach die *ringe* genannt, ahd. auch *saro, sarawi*. Ursprünglich scheint die Brünne aus hörnernen Schuppen hergestellt zu sein, was man aus dem häufig vorkommenden Beinamen des „Hörnernen“ schliesst, den die kindliche Phantasie sich aus dem Baden in Drachenblut hergestellt dachte. In altgermanischen Gräbern hat man die Waffe bis jetzt nicht aufgefunden. Sie war in der Regel aus Ringen geschmiedet, diese wurden wie ein Hemd übergeworfen oder wie ein Rock angezogen; abgezogen fielen sie in einen Haufen zusammen, so dass sie bequem in den Waffensack (*sârbalk*) oder in einen Schild gethan werden konnten. Weil die Ringe unter Umständen dem Schwert und der Lanze nicht widerstanden, begann man früh, besonders wichtige Stellen des Ringpanzers mit aufgenieteten Platten zu versehen, daraus ist dann der *Plattenpanzer* entstanden. *Jähns, 430. San Marte*, Waffenkunde 28. Siehe den Art. *Harnisch*.

Brunnen kommen in Klöstern und Städten seit dem 12. Jahrh. in reicher architektonischer Form vor; ihr Aufstellungsort sind Plätze, Höfe und Kreuzgänge. Man unterscheidet *Wandbrunnen, Nischenbrunnen* und *Freibrunnen*, bei den letzteren wieder Zieh- und Röhrbrunnen; der erstere erhielt ein in der Regel steinernes Gewicht zum Aufhängen der Rolle, an der die Eimer liefen; der schönste und prächtigste der Art ist der Judenbrunnen auf dem Domplatz zu Mainz. Weit häufiger sind die Röhrbrunnen, bei welchen das Wasser sich in ein grosses Becken ergiesst, in dessen Mitte eine Säule, ein Pfeiler oder ein ganzes Etagenwerk sich erhebt. Die bildlichen Darstellungen, die als Gemälde, Reliefs, Statuen oder ganze Gruppen den Brunnen zieren, sind Bilder von Kirchenheiligen, namentlich Maria, sodann St. Michael und St. Georg. Dazu kommen *Helden* der historischen Zeit und *Allegorien*. Lehrreich ist namentlich der 1355—1361 gebaute *Schöne Brunnen* zu *Nürnberg* von ca. 6 m Beckendurchmesser und 18 m Höhe, mit vielen Standbildern an den Nebenpfeilern und einem Eisengitter v. J. 1586. Derselbe enthält in einer obern Reihe Moses mit sieben Propheten, in einer untern die sieben Kurfürsten, dann Chlodwig, Karl d. Gr. und Gottfried von Bouillon; Josua, David und Judas Makkabäus; Hektor, Alexander und Julius Cäsar. Der *Fischmarktsbrunnen zu Basel* siehe Fig. 40, zeigt Maria, Johannes, Petrus, Erzväter und Propheten, und die allegorischen Figuren der Beharrlichkeit, Gerechtigkeit, Gottes- und Menschen-

Fig. 40. Fischmarktsbrunnen in Basel.

liebe. Häufige Brunnengestalt ist Moses, und dessen neutestamentliches Gegenbild Christus mit der Samariterin. Unter den *mythologischen* Figuren, die seit dem 16. Jahrh. beliebt werden, nimmt *Neptun* die erste Stelle ein, im Gefolge von Najaden, Nereiden, Tritonen und Seepferden. Mehr lokaler Natur, aber oft durch besondere Frische und Anmut ausgezeichnet, sind *Wappentiere* (Bär, Greif, Löwe), oder *Wappenhalter* mit dem Wappenschild oder *Lanzknechte* u. dgl. Noch charakteristischer sind Ehrensäulen für die *Städtegründer*, z. B. Kaiser Augustus auf dem Augustusbrunnen in Augsburg, oder alte Helden. Der Brunnen ist im Mittelalter nächst der Kirche die Stelle für das „Denkmal", aber auch für Volksscherz und Volkswitz, wie der Kindlifresser in Bern, das Gänsemannchen in Nürnberg. Auch durch *Spruchverse* pflegte man die öffentlichen Brunnen auszuzeichnen. Vgl. *Gengler*, Deutsche Stadtrechts-Altertümer. Kap. XII. Erlangen 1882.

Buchdruckerkunst. Sie geht aus dem Gewerbe der Spielkartenverfertiger und Briefmaler (d. h. Bemaler von Pergament oder Papier mit Figuren, besonders Heiligenbildern, Buchstaben und Verzierungen) hervor, welche ihre Bilder vermittelst gestochener Holzplatten vervielfältigten und schon im Beginn des 15. Jahrhunderts zu Innungen zusammentraten. Von einzelnen Heiligenbildern ging man später zu ganzen Bilderreihen mit begleitendem Text über. Mit *Holztafeldruck* sind besonders in Holland lateinische Elementarbücher, zumal der *Donat*, gedruckt worden. Die Erfindung beweglicher Lettern, zuerst in Holz, dann in Metall, und deren Anwendung zum Buchdruck wurde schon im 15. Jahrh. allgemein dem *Johannes Gutenberg* aus Mainz zugeschrieben; doch ist sicher, dass auch an anderen Orten, in Haarlem *Lorenz Coster*, in Bamberg *Albrecht Pfister* gleichzeitig den Buchdruck entwickelten; die Verbreitung der Kunst jedoch über Deutschland und die übrigen Länder Europas geht sicher von Gutenberg aus. *Johannes Gutenberg* gilt als 1397 zu Mainz geboren; schon 1424 lebte er zu Strassburg, wo er alten Angaben zufolge, für welche aber ein sicherer Beweis nicht beizubringen ist, seine Kunst erfand und zuerst ausübte. Im Jahre 1444 oder 45 kehrte er nach Mainz zurück. Hier fand er nach vielen misslungenen Versuchen einen reichen aber eigennützigen Gesellschafter in *Johann Fust* oder *Faust*, mit dem er 1450 in ein Vertragsverhältnis trat. Gutenberg übte auch jetzt noch den Tafeldruck, arbeitete aber auch mit hölzernen Buchstaben. Als erste Drucke Gutenbergs in Mainz werden genannt Abc-bücher, Gebetbücher, Beichtspiegel, Donate. Ein weiterer Fortschritt war die Anwendung von Metalltypen, die aus freier Hand geschnitten waren, und der wichtigste Fortschritt der *Guss* der Schrifttypen. 1452 wurde der Druck der lateinischen Bibel begonnen und 1455 in zwei Folianten von 600 Blattern vollendet. Weitere Fortschritte stammen von *Peter Schöffer* aus Gernsheim, der in Paris als Illuminierer gearbeitet hatte und von Fust als Famulus angestellt wurde. Er ersetzte die noch sehr ungleich und unscharf gegossenen Buchstaben durch solche, die mittelst eines Stahlstempels in dünne Kupfer- und Messingplättchen eingeschlagen wurden. Nachdem Fust dem Schöffer seine Tochter zur Frau gegeben hatte, betrieb er 1455 einen Prozess gegen Gutenberg wegen Zurückbezahlung der geliehenen Kapitalien, und Gutenberg wurde verurteilt, die ganze Presse samt allem Material dem Fust zu überlassen. Durch Unterstützung eines geachteten Mainzers, Konrad Hummer, gelangte Gutenberg in den Besitz einer neuen Druckerei, aus welcher 1460 das *Katholikon*, eine beliebte grammatisch-lexikalische Kompilation des Joh. de Balbis hervorging. Nachdem Gutenberg seine Druckerei nach Eltwyl im Rheingau versetzt hatte, starb er um Neujahr 1468. Aus der Fust-Schöfferschen Offizin ging 1457 das *Psalterium* hervor, das erste nach Drucker u. Druckort datierte Druckwerk, eins der schönsten Druckwerke bis heute, mit verzierten Initialen in blau und rot, 1460 erschien die lateinische Bibel. Im Jahre 1462 wurde Mainz infolge eines Streites zwischen dem Erzbischof und seinem Nachfolger nächtlich überfallen und zum Teil verbrannt; dabei ging auch die Werkstätte von Fust und Schöffer in Flammen auf, die Arbeiter, obwohl durch einen Eid an die Bewahrung des Geheimnisses gebunden, verstreuten sich und verbreiteten die Kunst an viele Orte. In Mainz erneuerte Schöffer sein Geschäft und druckte fort, seit 1503 von seinen Söhnen abgelöst. Die frühesten Buchdruckereien anderer deutscher Städte findet man in Köln, Augsburg, Nürnberg, Strassburg, Speier, Esslingen, Merseburg, Breslau, Lübeck, Pilsen, Prag, Eichstädt, Urach, Tübingen, Leipzig, Memmingen, Passau, Wien, München, Reutlingen, Erfurt, Magdeburg, Heidelberg, Regensburg, Hagenau, Hamburg, Freiburg, Frankfurt a. Main, Wittenberg, in der Schweiz Basel, Beromünster, Burgdorf, Zürich. Vgl. *Van der Linde*, Gutenberg, 1879; *Franke*, Handbuch d. Buchdr. Weimar 1867; *Lorck*, Handbuch der Geschichte d. Buchdruckerkunst. Leipzig 1882.

Die Zeitgenossen Gutenbergs und ihre Söhne und Enkel haben die Buchdruckerkunst stets als eine besondere Gabe und Gnade Gottes angeschaut. Sie hat die schneidendste Waffe gegen das romantische Empfindungsleben des mittleren Alters unserer Litteratur geschaffen und war berufen, auf den mannigfaltigsten Wegen von den verschiedensten Seiten her neues Bildungsmaterial zu beschaffen. Die Buchdruckerkunst hat einen ähnlichen Umschwung im ideellen Verkehr der Gedanken bewirkt, wie in unserem Jahrhundert der Dampf und die Telegraphie im Verkehre des Handels und der Industrie. Zumal bot diese Erfindung den auseinanderfallenden Ständen gegenüber ein ganz unerwartetes Mittel neuen Zusammenhangs, das denn auch bald, mit der Reformation, in grossartigstem Massstabe zur Anwendung kam.

Bücher. Die Form unserer Bücher kommt zuerst bei den Wachstafeln vor, *tabulae;* das Papier wurde meist gerollt, Pergament gefaltet. Solche Wachstafeln heissen *codex; liber* bezeichnete ursprünglich wohl nur Rollen. Mehrere Blätter zu einer Lage gefaltet heissen *quaternio*, ursprünglich eine Lage von 4 Blättern, in den Büchern meist mit Zahlen oder Buchstaben gezählt. Seit dem 14. Jahrh. finden sich die einzelnen Blätter der Lagen und sämtliche Blätter des Buches gezählt. In Bezug auf das Format ist dem hohen Altertum vorzüglich eine breite Quartform eigen, die Seite zu 4 oder 3 Kolumnen. In späterer Zeit, nach dem 6. Jahrh., kommt die Dreiteilung nur noch selten vor. Schon im christlichen Altertum führte die Verehrung für den heiligen Inhalt der zum Gottesdienst bestimmten Bücher zu einer schönen äussern Ausstattung durch die Kunst und frühzeitig gehörte ein kostbar eingebundener Evangeliencodex zum ständigen Schmuck der Altäre. Gleiche Ehre genoss das Missale. Ihren Ursprung hatten diese Einbände in den Elfenbeindistychen, von Magistraten beim Antritte ihres Amtes verschenkt, zwischen welche man beschriebene Pergamentblätter legte. Die Buchdeckel selbst bestehen aus Holz, worauf man die Elfenbeintafeln festnietete. Um die Tafel herum ziehen sich als Umrahmung mit Gold- und Silberblech umzogene Ränder, in welches Edelsteine und Perlen gefasst sind. Jeder Deckel hat stets seinen eigenen Schmuck. In der römischen Zeit hatte man eigene Buchbinder, später besorgte die Geistlichkeit ausser der Schrift auch den Einband. Förmlich gewerbsmässig betrieben zuerst die Brüder des gemeinsamen Lebens die Buchbinderei, in den Städten wurde dieselbe ein bürgerliches Gewerbe. Es giebt auch *Büchernamen*, vorzüglich für Archivstücke, für welche man keinen Autornamen hatte. Gerichtsbücher heissen *rote Bücher;* andere heissen *libri aurei, liber blancus, liber viridis, gemma preciosa, liber niger, liber crinitus*, Bärenhaut, *pauper Henricus, nudus Laurentius*, die beiden letzten nach den Schreibern. Kostbar eingebundene Bücher hatten zum Schutz ein Hemd, *camisia.* Einen gewissen Bücherhandel gab es schon im Mittelalter; doch beschränkte er sich auf einzelne gangbare Artikel und zufällig in den Handel gekommene alte Manuskripte. Man pflegte sich die gesuchten Werke zum Abschreiben zu erbitten oder schickte eigene Schreiber zu diesem Zwecke. Durch Pfänder und Bürgschaften sicherte man sich vor Verlust. Leute, die aus dem Bücherabschreiben und Verkaufen ein Gewerbe machten, findet man zwar schon im Beginn des Mittelalters; nach langem Zwischenraum kommen sie wieder an den Universitäten zum Vorschein. Sie vermieteten Bücher zum Abschreiben, nach obrigkeitlicher Taxe, und vermittelten den Bücherverkauf. Trotzdem ist der eigentliche Buchhandel nicht in Universitäten, sondern in andern Städten, vorzüglich in Mailand, Venedig und Florenz aufgekommen, dann in Frankreich (Paris), England und den Niederlanden. In Deutschland pflegten die Studenten ihre Bücher mehr als anderswo selbst abzuschreiben, oder sie entlehnten sie aus den Kloster- oder Universitätsbibliotheken. Ausserhalb des geistlichen Standes kam erst spät ein Lesebedürfnis auf. Frauen besassen ihren in der Regel in einem Kloster geschriebenen Psalter. Um Andachtsbücher und Schulbücher machten sich vornehmlich die *Brüder vom gemeinsamen Leben* verdient. An den Höfen schrieb etwa der Hofkaplan, in den Städten der Schulmeister und der Stadtschreiber Bücher ab, auch Pirmenter (Pergamentmacher) verkauften und kauften Bücher auf der Messe. Buden, in denen man Schreibmaterialien und Bücher verkaufte, pflegten an die Wand der Kirche gestellt zu werden. *Wattenbach*, Schriftwesen des Mittelalters.

Büchse, siehe *Artillerie* und *Ciborium.*

Buhllied ist im 16. Jahrh. ein Name für Liebeslied; Hans Sachs braucht z. B. diesen für seine Zeit edeln Ausdruck.

Buhurt, der, wie das mhd. der *hurt*, Stoss, stossendes Losrennen, aus dem Französischen aufgenommen, *behourd*, mittellat. *bagorda*, aus dem Stammwort *heurt*, it. *urto*, Stoss, mlat. *hurdus*, = Bock aus keltisch *hwridh*, Stoss und Bock. Der Buhurt steht als ritterliches Kampfspiel, wobei Haufe gegen Haufe kämpft, dem *tjost* gegenüber, wobei Mann gegen Mann steht. Mit dem *Turnier* berührte sich der Buhurt nur dann, wenn im Ernste buhurdiert wurde, auf Streitrossen mit eingelegtem Speer. Gewöhnlich war jedoch der Buhurt bloss Spiel und Kurzweil, das man bei *hôchgezîten* fürstlichen Personen zu Ehren gab; statt der Schwerter wurden Stäbe gebraucht. Vgl. Niedner, das deutsche Turnier, Berlin 1881. S. 35 ff.

Bundschuh. Im Mittelalter der Name für den Bauernschuh, mhd. *buntschuoch* ein Schuh, der *gebunden* wird. „Die Schuh hettend auf beiden Seiten Riemen, dreyer Ellbogen lang, die flocht man und schnürt sie umb die Bein und leine Hosen creuzweis herumb wie ein getter.“ Das Wort steht im Gegensatz zu dem feinen, zierlichen *brisschuh*, mhd. *brîs-schuoch*, ein Schuh zum einbreiseln, schnüren. Statt *buntschuoch* sagte man auch, aber nur in der eigentlichen Bedeutung, *botschuoch, bozschuoch.* Die Einführung des Bundschuhs wurde auf Karl den Grossen zurückgeführt. Seit der Mitte des 15. Jahrh. und besonders im Jahre 1513 verwendeten aufrührerische Bauern den Bundschuh als Bundes - Zeichen, worauf das Wort gänzlich in die Bedeutung von Empörung, *Bundschüher* in die von Empörer überging. Man deutete dann Bund nicht mehr auf das Binden der Riemen, sondern auf Bund, Aufruhr. *Grimm,* Wörterbuch.

Burg, ein uraltes Wort, wörtlich die *bergende,* schützende Stätte; Tacitus nennt in der *Germania* 3 einen Ort *Asciburgium*, d. i. eine feste Schiffsstation, von *asc*, Esche, und *burg;* andere Ortsnamen auf *burgion*, *burgium* sind von griechischen Autoren genannt. *Ulfilas* verdeutscht *polis* durch *baurgs*, ebenso Tatian, Otfried, Heliand die Wörter *urbs*, *civitas;* daher die alten Städtenamen mit *burg: Regensburg*, *Strassburg*, *Augsburg*, *Magdeburg*, Bildungen, neben welchen auch das stammverwandte *berg* zum Teil für den gleichen Platz vorkommt: *Bamberg*, *Königsberg*, *Nürnberg*. Die Anfänge selbständiger Entwicklung des Kriegsbauwesens im Mittelalter liegen bei den Franken; Goten, Langobarden und Burgunder arbeiteten noch mit römischen Werkleuten; doch bestehen die Kriegsbauten des 5. u. 6. Jahrh. fast nur in Reparaturen römischer Bauwerke. Einzig die Königin Brunhilde galt als eine Burgenbauerin und genoss deshalb den Ruf einer zweiten Semiramis. Im ganzen suchten die Franken ihren Aufenthalt nach alter Sitte auf dem Lande in den Villen. Doch besassen die Könige auch Paläste in den Städten; auch befestigte Klöster werden genannt, und Karl Martell wird der Bau der Burg *Egisheim* bei Colmar und der *Salzburg* an der Saale zugeschrieben. Bei diesen und andern Königsbauten diente das römische Kastell zum Vorbilde, während *die Bauweise des einzelnen Freien* lediglich als Weiterentwicklung der altdeutschen Hauseinrichtung erscheint, wie sie sich noch heute in einzelnen Gegenden Westfalens erhalten hat. Unter Karl d. Gr. bestanden noch die meisten fortifikatorischen Anlagen aus Holz und Erde. Abgesehen von den Resten der Pfalzen zu Aachen, Ingelheim und Frankfurt a. M. sind die Wachttürme fast die einzigen Überbleibsel massiver Bauart aus der karolingischen Zeit; diese Türme sind viereckig oder rund, lassen den Eingang nur durch eine Leiter erreichen, eine in der Mauerdicke angebrachte Treppe führte zu einem Zwischenstockwerke oder unmittelbar auf die bezinnte Plattform. Auch unter den spätern Karolingern wurden die wenigen Burgen fast bloss aus rein militärischen Gesichtspunkten für gemeinsame Zwecke des Reiches erbaut. Als befestigte Sitze mächtiger Herrengeschlechter erscheinen Burgen in Deutschland seit dem 10. Jahrh., die kleineren Lehensträger wohnten noch auf den Höfen. Als die ältesten deutschen *Herrenburgen* werden genannt *Hohentwiel*, *Stammheim*, *Diepoldsburg* und *Onfridinga*, alle wenige Stunden von einander entfernt. Erst die Normanneneinfälle und Ungarkriege verlangten durchaus eine grössere Zahl fester Plätze; doch scheint die bekannte

Massregel Heinrich I. überschätzt worden zu sein; die Hauptsache war, dass grössere Wohnplätze mit Mauern und Gräben und mit regelmässiger Besatzung versehen werden sollten. Das geschah unter Heinrich I. gewiss mit *Hersfeld* und *Merseburg*, wahrscheinlich mit *Quedlinburg* und *Corvei*; auf erobertem slavischen Boden wurde *Meissen* angelegt. Unter den *Ottonen* kamen hinzu *Magdeburg*, *Halberstadt*, *St. Gallen*, *Gorze;* Bischöfe befestigten die Sitze *Worms*, *Lüttich*, *Paderborn*, *Hildesheim*, *Bremen*, *Naumburg*. *Köln*, *Cambrai* und *Verdun* erhalten im 12. Jahrhundert eine bedeutende Verstärkung ihrer Werke. Alle diese festen Sitze haben den gemeinsamen Namen Burg, latein. *castrum*, *castellum*, *oppidum*, mit dem besonderen Begriff der Befestigung oder bloss als Bezeichnung grösserer Wohnplätze *urbs*, *civitas*, *municipium* Die neuen Burgenbauten entstanden infolge innerer Kriege, zur Sicherung gegen geistliche und weltliche verfeindete Fürsten. Vasallen und Ministerialen fingen an, ihre Wohnsitze zu befestigen. Das begann mit Ummauerung der Höfe und führte allmählich zur Anlage künstlich befestigter Plätze an den dazu besonders geeigneten Örtlichkeiten. Man zog aus den Dörfern auf die Höhen oder auf Inseln oder in schwer zugängliche Sümpfe. Seit dem Ende des 9. Jahrh. werden diese Burgen zahlreicher, namentlich in Lothringen. Manche Burg wurde gegründet, um friedlichen Beschäftigungen Schutz zu gewähren, Strassen oder Flüsse zu beherrschen, den Verkehr zu beschützen, geradezu Raub zu üben, ja gegen den König selber; auch folgte wohl einer ohne bestimmten Grund bloss dem Beispiel eines andern. Zwar galt als Recht, dass zur Anlage befestigter Plätze die Erlaubnis des Königs nötig sei, doch wurde im einzelnen darauf wenig geachtet, namentlich wenn es sich um Widerstand gegen die Krone handelt. Auch die *Königsburgen* nahmen unter solchen Umständen zu, z. B. unter Heinrich IV. Die Gesamtmasse der selbständigen Burgen sind *Höhenburgen* oder *Niederburgen*. Einfache Burgnamen sind selten und oft fremden Ursprungs: Clamm, Wald, Brunn, Erla, Dobra, Khaja. Bei den zusammengesetzten Namen erscheint am öftesten *Stein; Fels* nicht oft, auch *Burg* seltener, dagegen sehr häufig *Berg*, in der Ebene *Dorf* und *Feld;* sonst auch noch *Wörth*, *Furt*, *Eck*, *Büchel*, *Leiten* (Abhang), *Hoch*. Auch zur kleinsten Burg sind fünf Stücke unentbehrlich: 1) der *Zingel*, die Umfassungsmauer. 2) Der *Palas*, die Halle des Burgherrn. 3) Die *Kemenate*, ein mit einer Feuerstätte (*caminus*) versehenes Gemach, welches dem eigentlichen Familienleben, insbesondere dem Aufenthalte der Frauen diente, auch *gadem*. 4) *Küche* und 5) das *Bergfrid*, der *Turm*, aus *bergen* und *vride* = Schutz. Da sich Palas, Kemenate und Küche in den Geschossen des Turmes anbringen liessen, so war zu der kleinsten Burg nichts nötig als Umfassungsmauer und Turm. Den Gegensatz zu diesen kleinen *Burgställen* bilden die *Hofburgen*, deren volle Ausbildung in spätere Zeit fällt. Unter den fränkischen Kaisern erfolgen bedeutende Fortschritte im Burgenbau. Der romanische Stil tritt auf, man ging von den Einzelburgen über zu *Burgengruppen;* der *Bergfrid* oder *Turm* wurde bloss für den Notfall aufbehalten. Palas und die übrigen Burgteile werden in Stein aufgeführt und hin und wieder ornamentiert. Die Dichter sprechen jetzt von „*turn und palas*“. Die erste nachweisbare Burg dieser Zeit ist die *Habsburg* bei Brugg im Aargau; andere sind *Kiburg* bei Winterthur, *Hohen-Egisheim* in den Vogesen und ebendort *Kästenburg* und *Trifels;* als eine der ältesten

Hofburgen erscheint in dieser Zeit die *Wartburg*. Eine neue Periode des Burgenbaues setzt mit den *Kreuzzügen* ein, die Früchte ihrer Erfahrungen zeigen sich teils in zweckmässiger u. reicherer Ausgestaltung der schon vorhandenen Formen, teils in der Ausführung neuer Errungenschaften. Betreffend die *Ausstattung des Mauergürtels* werden die Mauern höher, für die grossen Antwerke wird der Wallgang verbreitert durch das *Ansetzen überwölbter Strebepfeiler nach innen;* die *Zinnen* entwickeln sich in mannigfaltigsten Formen; in den Mauerwinkeln werden Schützen- und Schaarwarttürmchen, *ballistarien*, für Bogen- und Armbrustschützen angebracht. Der *Erker* erscheint als neue fortifikatorische Form, mhd. *ärkêr*, aus mittellatein. *árcora* von lat. *arcus*, Bogen. Zum Herabgiessen siedenden Wassers, brennenden Pechs und dgl. dienten *Gusslöcher* oder *Pechnasen*. Brachte man den Erker auf dem ganzen Umfange des Mauerganges oder der Turmplattform an, so entstanden die *Umgänge;* in Holz ausgeführt, was oft vorkam, heissen sie *Hurden*, auch dann noch, als man sie der Feuersgefährlichkeit wegen aus Mauerwerk baute. Den *Grundriss* betreffend ging man im 13. Jahrh., zuerst in Frankreich, dazu über, den Türmen sowohl einen grösseren Durchmesser zu geben als auch ihre Flanken zu verlängern, indem man sie mit einem schnabelartigen Vorsprung versah. Das zeigt sich zuerst an der Herausbildung des *Propugnaculums*, der *Thorburg*, einer Nachahmung der orientalischen *Babacane;* mhd. die *barbigân*, ist ein aus Holz oder Erde hergestelltes Aussenwerk, mit *Zugbrücke, breitem Graben* und *äussern Pallisaden* versehen. Ein anderes Aussenwerk ist der *Zwinger*, ebenfalls dem Orient entlehnt, zwischen einer äussern und einer innern Mauer. Als Kern der Burgbefestigung erhält sich der *Hauptturm*, *bercfrid*, aber wie es scheint mehr traditionell als eigentlich praktisch. Seinen Hauptdienst leistet er als Warte, zu welchem Ende er oft durch einen hölzernen Aufbau mit Helm erhöht wird. Der Turm galt derart als architektonisches Abzeichen des Adels, dass selbst das städtische Patriziat Türme neben ihre Bürgerhäuser stellte. Auf dieser Stufe blieb der deutsche Burgenbau des Mittelalters; die neue fortifikatorische Technik, die ihn ablöste, kam aus Italien. Nach *Jähns*, Geschichte des Kriegswesens. Vgl. auch *Schultz*, höfisches Leben I, Abschnitt 1.

Bürger. Mhd. *burgaere* bedeutet das Ingesinde des Herrn der Burg, dann die Bewohner einer befestigten Stadt. Siehe *Städte.*

Burggraf, mhd. *burcgrâve*, lat. *burgravius*, *praefectus* oder *praetor urbis*, *burgicomes*, *comes urbis*, bezeichnet ein Amt, das in seinem Ursprung nicht wesentlich verschieden ist von dem der Grafen überhaupt. Es ist an einen befestigten oder sonst bedeutenden Ort geknüpft, wo der Inhaber die gräflichen Rechte, militärische, gerichtliche und andere zu üben hatte; die Wirksamkeit des Grafen konnte auf die Stadt beschränkt oder damit ein umliegendes Landgebiet verbunden sein. Das älteste Burggrafenamt ist das zu Regensburg, das unmittelbar unter dem König stand und wie andere Grafschaften in den erblichen Besitz einer angesehenen Familie kam. Sonst steht fast überall der Burggraf unter einem geistlichen Fürsten, der die gräflichen Rechte in der Stadt erworben hat und sie nun ganz oder teilweise durch jenen ausüben lässt. So findet es sich seit dem Ende des 10. Jahrh. in Toul, Worms, Köln, Magdeburg, Strassburg, Speier, Mainz, Trier, Metz, Verdun, Cambrai, Utrecht, Augsburg, Würzburg, Bamberg, Salzburg, Münster, Paderborn, Halberstadt, Hersfeld, Corvei, Mölk. Um Übergriffe von Seiten mächtiger

Burggrafen zu vermeiden, wurde das Amt seit dem 12. Jahrh. öfters an Ministerialen vergeben. Es kommt auch vor, dass Vorsteher kleinerer Orte innerhalb fürstlicher Territorien als Burggrafen bezeichnet werden. *Waitz*, Verfassungsgesch. VII, 41 ff.

Burs, Burse, die, heisst auf den mittelalterlichen Universitäten der Konvikt für die Studenten, benannt von dem wöchentlichen Beitrag (*bursa* = lederner Beutel, Börse), den die einzelnen Mitglieder, *combursales*, *bursales*, leisteten. Siehe den Art. Universitäten. Als Kollektivbegriff einer Rotte oder Schar von Gesellen, namentlich von Studenten od. Kriegsleuten oder ihres Gelages wird das Wort die *Burse* oder später die *Bürsch* im 16. u. 17. Jahrh. festgehalten; allmählich ging das Wort wie *camerata* und *Frauenzimmer* von dem singularen Kollektivbegriff in den pluralen Begriff über zur Bezeichnung derer, die zur Burs gehören, und zuletzt entwickelte sich daraus ein männlicher Singular, der *Bursch*, *Bursche*. *Grimm*, Wörterbuch.

Busstage gehen in ihrem Ursprung auf die älteste christliche Gottesdienstordnung zurück, und wurden anfangs der *Mittwoch* und der *Freitag* als solche gefeiert, der erstere mit Beziehung auf den Verrat des Herrn, der andere mit Beziehung auf seine Kreuzigung; die beiden Tage wurden mit Fasten bis 3 Uhr nachmittags begangen, zugleich durch gemeinsames Gebet, Lesen der Schrift und Predigt. *Busszeiten* waren die 40tägigen Quadragesimalfasten vor Ostern und zum Teil der Advent. Besondere Busstage, die sich an den Wechsel der Jahreszeiten anschliessen, waren die *Quatember*, Dank- und Fastentage, die seit dem 3. Jahrh. eingesetzt wurden mit Berufung auf den Propheten, der durch Fasten geheiliget sein lässt die Bitte um das Heil des Volks, worauf Gott unter anderm auch Getreide, Most und Öl die Fülle verleiht. Joel 1, 14. 2, 15—24. Anfänglich waren es drei Zeiten, am 4., 7. u. 10. Monat (vom März an gerechnet), die bis zur Mitte des 5. Jahrh. durch einen vierten zu Anfang der Quadragesima ergänzt wurden. Im fränkischen Reich wurden die Quatemberfasten durch das Konzil von Mainz 813 eingeführt. Die Tage sind Mittwoch nach Invocavit (erster Sonntag der Fasten), nach Pfingsten, nach Kreuz Erhöhung (14. Sept.) und nach Lucia (13. Dez.).

In der evangelischen Kirche wurden in erster Linie *Mittwoch* und *Freitag* für Wochenpredigten beibehalten, sodann jährliche Bet- und Busstage angesetzt an den Quatembern, in manchen Gegenden *monatliche* Busstage eingeführt. Namentlich im 17. Jahrh. sind neue *allgemeine Bet- und Busstage* in den evangelischen Ländern, zum Teil in Anlehnung an geschichtliche Ereignisse, aufgekommen, infolge der Türkennot, des 30jährigen Krieges, in der reformirten Schweiz infolge des Vilmerger Krieges.

Byzantinischer Baustil in Deutschland. Wie der romanische Baustil aus dem *Basilikenbau*, so geht der Byzantinische aus dem *Centralbau* (siehe diesen Art.) hervor. Seine besondere Ausbildung fand der Byzantinische Stil im Morgenlande, doch finden sich unter den Kirchen, welche zur Zeit der Gotenherrschaft am Schlusse des 5. Jahrh. durch römische und griechische Baumeister ausgeführt wurden, auch einzelne Centralbauten, und gerade diese waren es, die Karl d. Gr. für seinen bedeutendsten Kirchenbau, den des Münsters zu Aachen, zum Vorbild wählte. Er ist aber nicht weiter wiederholt worden. Das Vorbild des Aachener Münsters ist *San Vitale zu Ravenna*. Die Umfassungsmauern bilden ein Achteck (mit östlich vorgelegter

Apsis), aus dessen Mitte sich eine gleichfalls achteckige Kuppel erhebt; der niedrigere Umgang besteht aus zwei Stockwerken: das untere Stockwerk öffnet sich zwischen den acht die Kuppel tragenden, durch Bogenwölbungen verbundenen Hauptpfeilern (zwischen denen, mit Ausschluss der Ostseite, je 2, im ganzen also 14 Säulen aufgestellt sind) innerlich in den Centralbau; das obere Stockwerk bildet eine von jenen Säulen und Kreuzwölbungen getragene, umlaufende, vor der Apsis unterbrochene Empore. Ähnlich besteht das Aachener Münster aus einem innern achteckigen, mit einer hohen Kuppel überwölbten Raume, umgeben von einem sechzehneckigen Umgange geringerer Höhe, aber in zwei Stockwerken, mit einem Eingange durch einen Turmbau auf der westlichen und einer Doppelkapelle als Altarnische auf der östlichen Seite. Acht starke, zusammengesetzte Pfeiler, ohne Kapitäle, mit einem einfachen Kämpfergesimse stützen im innern den Mittelbau. Über den Bogen, welche diese Pfeiler verbinden, erheben sich die bedeutend höhern Arkaden des zweiten Stockwerks, von denen früher jede durch eine doppelte Säulenstellung von zwei Säulen in drei Abteilungen geteilt war. Die untere dieser Säulenstellung trug innerhalb jeder Arkade ein Mauerstück, mit einem Bogen in seiner Mitte, auf welchem dann die beiden obern Säulen aufstanden und mit einem einfachen, ziemlich unschönen, architrav-ähnlichen Mauerstück an den Bogen der Arkade anstiessen. Über diesen Arkaden sah man die acht rundbogigen Fenster der Kuppel und endlich die Wölbung selbst, in welcher in Mosaik auf Goldgrund Christus unter den 24 Ältesten dargestellt war. *Otte,* Handb. d. kirchl. Kunstarch., Abschn. 60. *Schnaase,* Kunstgeschichte III, 486 ff.

C.

Cäcilia, heilige, war der Legende zufolge eine römische Jungfrau von edler Herkunft, die, heimlich zum christlichen Glauben bekehrt, das Gelübde fortwährender Jungfräulichkeit gethan hatte, da sie nur Christi Braut sein wollte. Als ihre heidnischen Eltern, die von dem Gelübde nichts wussten, sie einem vornehmen römischen Jüngling Valerianus zur Frau bestimmten, rief sie, während die Hochzeitsmusik erklang, im Stillen Gott an und bekam dadurch die Kraft, den Valerian und seinen Bruder Tiburtius zum Christentum zu bekehren; dieselben wurden jedoch, da sie sich mit Eifer den Werken christlicher Liebe widmeten, auf Befehl des Präfekten enthauptet, Cäcilia dagegen zuerst in ein glühend heisses Bad gebracht und, da dieses sie nicht verletzte, zur Enthauptung verurteilt. Dreimal versuchte es der Henker, ohne dass es ihm gelang, und erst nach drei Tagen starb sie infolge der ausgestandenen Märtyrerleiden im J. 230. Einer spätern Legende des 14. Jahrh. zufolge soll sich Cäcilia, bevor sie zum Tode geführt wurde, die Gnade erbeten haben, noch einmal die Orgel zu spielen und dazu das Lob Gottes zu singen, am Schluss des Gesanges aber selbst das Orgelwerk zertrümmert haben, damit es nie zu unheiligen Zwecken missbraucht werde; auf dem Wege zur Gerichtsstätte habe sie endlich durch ihren heiligen Gesang den Henker selbst bekehrt. Früh wurde die heil. Cäcilia in die Zahl der grossen Heiligen und Märtyrer aufgenommen. Ihr Attribut ist die Orgel, deren Schutzpatronin wie diejenige der Musik überhaupt sie ist.

Calvarienberge heissen plastische Nachbildungen Golgathas, ein Hügel mit dem zwischen den Schächern gekreuzigten Heiland. Im spätern Mittelalter wurden solche oft in der Nähe von Städten so angelegt, dass ein Gebäude, etwa das Haus des Stifters, als Haus des Pilatus angenommen und die notwendigen Stationen dazu in gehöriger Entfernung bezeichnet wurden.

Campus Martius ist die Versammlung des fränk. Heeres, die zu Chlodwigs Zeiten regelmässig im März zum Zwecke einer Musterung stattfand. Auf ihr sollten dem Könige auch die jährlichen Geschenke dargebracht werden; eine Beratung zwischen König und Heer fand dabei im allgemeinen nicht statt. Mit dem Heranwachsen des fränkischen Reiches wurde eine solche allgemeine Heerversammlung unmöglich; wegen der Teilung der Reiche, wegen der Beschränkung der auswärtigen Kriege auf einzelne Gebiete, wegen der immer wiederkehrenden innern Streitigkeiten kam das ganze Volk kaum jemals mehr zusammen. Nur in Austrasien erhielt sich die alte Sitte der alljährlichen Versammlungen; hier wurde ihnen sogar ein grösseres Recht, als sie früher besessen hatten, zuerkannt; nur war es nicht mehr das ganze Heer, sondern bloss die Beamten und Grossen des Reiches, die hier zusammenkamen und mit dem Könige die Verhältnisse des Reiches berieten und Gesetze erliessen. Unter Pipin wurde die Märzversammlung auf den Mai verlegt, das Märzfeld in ein Maifeld, *Campus Madius*, verwandelt, und zwar wurde der Name auch dann beibehalten, als Karl d. Gr. die Versammlung häufig im Juni, Juli oder erst im August abhielt. *Campus Madius* erinnert fortwährend an die alte Heeresversammlung, während die Namen *Synodus*, *Synodalis conventus*, die man derselben Versammlung beilegte, auf die enge Verbindung mit den kirchlichen Zusammenkünften der Bischöfe, der Name *Placitum* auf die grossen Hofgerichtstage und endlich die Namen *Generalis conventus*, *Conventus* allein, *Concilium* auf die allgemeine politische Bedeutung dieser Institution hinweisen. Manchmal wurde das Maifeld erst mitten während des Zuges abgehalten, sonst aber unmittelbar vor Beginn eines Feldzuges, wobei dann die Berufung zur Versammlung zugleich als Aufforderung und Gebot erscheint, sich wohlgerüstet zum Heere einzufinden. Auch wenn kein Feldzug stattfand, wurde die Versammlung abgehalten. In andern Fällen, wo kirchliche Verhältnisse sich geltend machen, trägt die Versammlung den Charakter eines Konzils, besonders unter Ludwig dem Frommen. Manchmal wurde im Herbste eine zweite kleinere Reichsversammlung abgehalten. In Beziehung auf den Ort bestand keinerlei allgemeine Gewohnheit. Wog der militärische Charakter vor, so bestimmte die Gegend des Krieges den Ort der Versammlung; sonst berief Karl d. Gr. das Maifeld gern an seine Pfalzen zu Worms und Aachen, wohin auch Ludwig d. Fr. die meisten Reichstage anordnete. Ort und Zeit einer Versammlung wurden entweder von einer Versammlung selber für die nächstfolgende bestimmt, oder der Kaiser mit seinen Räten gab die Entscheidung. Besondere Schreiber und Boten gingen dann an die Grossen des Reiches. Die Beratungen und Beschlüsse gingen stets bloss vom Kaiser und den Grossen des Reiches aus, die versammelte Menge beteiligte sich nicht daran. Sowohl diejenigen Grossen, die Karl d. Gr. als erste Ratgeber, *senatores*, bezeichnet hatte und die eine Art Ausschuss bildeten, als die übrigen Grossen, hatten ein besonderes Lokal. Bei gutem Wetter berieten sie nach der alten Sitte aller Volksversammlungen im Freien, sonst in bedeckten Räumen. Eine feste Ordnung in betreff der Geschäftsführung bestand nicht, die Anträge gingen bald vom Kaiser, bald vom Ausschuss aus. Von einer scharfen Umgrenzung des Rechts der Versammlung, namentlich einer genauern Unterscheidung zwischen Rat und Zustimmung kann keine Rede sein. Ludwig d. Fr. hat es ausdrücklich ausgesprochen, dass er ohne die Zustimmung der Grossen nichts unternehmen wolle. Solange Karl lebte, ging dagegen freilich der Impuls zu allen wichtigen Beschlussnahmen von ihm aus. Doch auch er achtete der alten germanischen Sitte, dass nicht der Wille und die Einsicht des einzelnen, wenn auch hochbegabten und hochgestellten Mannes, entscheiden dürfe über Wohl und Wehe, Thun und Lassen des Volks, sondern dass derselbe des Beirats und der Mitwirkung solcher bedürfe, welche durch ihre Stellung berufen seien, Auskunft über die Bedürfnisse und Interessen der einzelnen Teile und Glieder des Reiches zu geben. Die Reichstage dienten, den Zusammenhang und die Einheit in der Leitung der staatlichen Angelegenheiten zu erhalten und weiter auszubilden: hier fand der Kaiser Gelegenheit, persönlich mit den Vorstehern der Gaue und Bistümer zu verkehren, wie es bei dem weiten Umfang des Reiches sonst nicht möglich war: hier, die allgemeinen Grundsätze festzustellen und auszusprechen, nach denen sie und die Königsboten handeln, überhaupt die öffentlichen Angelegenheiten geleitet werden sollten. Aber es ist das nicht das Einzige, was in Betracht kommt. Die Reichsversammlung war zugleich ein Ausdruck der im deutschen Volk lebenden Auffassung vom Staat, nach welcher jederzeit ein Zusammenwirken von Herrscher und Volk in den wichtigeren Angelegenheiten erforderlich ist, die zu verschiedenen Zeiten eine verschiedene Bethätigung erhalten hat, die sich aber auch hier, nur in bestimmt aristokratischen Formen, zeigt und nicht gering angeschlagen werden darf. Wohl sind es die Beamten des Staats und der Kirche und einige andere besonders angesehene Männer, welche die eigentlichen Beratungen halten, und auf die es bei allen Entscheidungen ankommt: allein sie handeln im Namen der Gesamtheit und können wie eine Art Vertretung des Landes, die Grafen der Gaue, denen sie vorstehen, die Bischöfe der Diözesen oder auch der auf ihren Besitzungen Wohnenden, angesehen werden. Dem Volk, das ausserdem auf einer solchen Versammlung sich eingefunden hatte und im Freien umherlagerte, ward zuletzt verkündet, was beschlossen war, wenigstens insofern es die Gesamtheit anging. Da mochte dasselbe vielleicht in alter Weise seinen Beifall durch Zuruf oder Waffengetös zu erkennen geben. Mitunter war es der Herrscher selbst, der zuletzt das Wort nahm, über die gefassten Beschlüsse Nachricht gab oder sonst noch einmal zu der Versammlung sprach. War diese geschlossen, so entliess er die Anwesenden förmlich. Die Beschlüsse wurden aufgezeichnet, mitunter auch durch die Unterschrift der Anwesenden bekräftigt. Regelmässig ist dann alles in einem Aktenstück verbunden, in anderen Fällen aber das, was die Geistlichkeit betraf, von dem Übrigen getrennt, oder es sind noch weitere Abteilungen gemacht. Die Originale wurden im Archiv aufbewahrt, aber auch wohl gleich besondere Ausfertigungen für die Beamten gemacht, oder diesen später Abschrift gegeben. Der allgemeine Name, welcher von diesen Aufzeichnungen gilt, ist *Capitularia*. Siehe diesen Art. Nach Ludwig d. Fr. sind keine Maifelder mehr abgehalten worden. Nach *Waitz*, Verfass.-Gesch., besonders III, Abschnitt 5.

Capitularia. Da die Bestimmungen der Volksrechte (vgl. den Art. *leges Barbarorum*) nicht für alle Verhältnisse genügen konnten, suchten die Könige den Mängeln und Lücken durch neue Gesetze abzuhelfen, welche sie teils abgesondert publizierten, teils als Ergänzungen zur *lex Salica* schreiben liessen. Sie galten als gemeines Recht für den ganzen Umfang des Reiches und führten in der merowingischen Zeit die Namen *Edictum*, *Auctoritas*, *Decretum* oder *Decretio*, *Praeceptio* oder *Praeceptum*, *Constitutio*, *Pactum*. Es giebt ihrer von Chlodwig an; später wurden sie von den Hausmeiern erlassen. Seit Karl d. Gr., wo sie überhaupt zahlreicher und eingreifender sind, heissen sie *Capitularia* oder *Capita*, weil sie in Kapitel zerfallen. Sie sind wesentlich Beschlüsse der Reichsversammlungen, mitunter durch die Unterschrift der Anwesenden bekräftigt. Regelmässig ist alles, was eine Versammlung beschloss, in Einem Aktenstück verbunden, in anderen Fällen das, was die Geistlichkeit betraf, von dem Übrigen getrennt. Siehe d. Art. *Campus Martius*. Inhaltlich sind es Instruktionen, Berichte, Gutachten, namentlich aber Gesetze. Regelmässig spricht oder befiehlt darin der König. Handelt es sich um ein Recht eines besondern Volkes oder Stammes, so werden die Bestimmungen den Gauversammlungen zur Anerkennung vorgelegt und hier durch Unterschrift der Anwesenden bekräftigt. Grosses Gewicht wurde auf die Verkündigung dieser Gesetze gelegt. Die Königsboten, Grafen, Erzbischöfe, Bischöfe hatten die Pflicht, für die öffentliche Verkündigung zu sorgen; doch findet sich keine Spur einer offiziellen deutschen Ausfertigung, alle Kapitularien sind in lateinischer Sprache abgefasst. Das Bruchstück einer deutschen Interlinearversion, das bei *Müllenhoff* und *Scherer*, Denkmäler, LXVI, abgedruckt ist, scheint Privatarbeit. Die Kapitularien nehmen, soweit sie gesetzliche Vorschriften enthalten, volle und unbeschränkte Geltung in Anspruch; nur waren sie nie recht allgemein verbreitet. Auf das römische Recht ist keine Rücksicht genommen. Unter Ludwig d. Frommen hat ein Geistlicher *Ansegis* eine Sammlung der Kapitularien der letzten Zeit veranstaltet, die an sich keine offizielle Bedeutung hatte, aber bald in allgemeinen Gebrauch kam und von den Königen selbst wie eine authentische Ausgabe der Reichsgesetze angeführt wurde, obgleich sie durchaus unvollständig ist. *Benedictus Levita* lieferte eine unbedeutende Fortsetzung des *Ansegis*. *Waitz*, Verfass.-Gesch., III, Abschn. 5. — *Stobbe*, *deutsche Rechtsquellen*, I, § 20 ff. Die vollständige Ausgabe der Kapitularien von *Pertz* in den *Monumenta Germaniae legum* I, 1835.

Carmina burana hat *Schmeller* eine Sammlung lateinischer, deutscher und gemischter lateinisch-deutscher Lieder genannt, die in einer Handschrift beisammen stehen, welche einst im Besitze der oberbairischen Abtei Benediktbeuren (daher der Name) war, und die er in Bd. 16 der Bibliothek des litterarischen Vereines in Stuttgart veröffentlichte. Die lateinischen Lieder sind teils in antiken Versmassen, teils in modern accentuierenden Rhythmen mit Endreimen gebaut. Dem Inhalt nach sind es geistlich-polemische Lieder, Natur-, Trink- und Liebeslieder, Gnomen, geistliche Spiele, manches darunter sehr weltlich, ja frivol, anderes überaus frisch und lebendig. Die frühere Ansicht von der Entstehung dieser Lieder war die, dass sie nach 1200 von fahrenden Klerikern oder Vaganten der deutschen höfischen Lyrik in Strophenbau, Rhythmus und Auffassung nachgebildet seien; in neuerer Zeit ist die Ansicht ausgesprochen worden, dass wir hier Dichtungen vor uns hätten, welche neben der südfranzösischen Lyrik und dem niedern Volkslied eine wirkungsvolle Quelle des höfischen lyrischen Gesanges gewesen seien. Siehe *Martin* in der Zschr. f. d. Altert. Bd. 20 (8). Eine Auswahl giebt: *Gaudeamus! Carmina vagorum Selecta. Lips.* 1869. Deutsche Übersetzungen: *A. Pernwerth v. Bärnstein, Carmina burana Selecta,* Würzburg 1879, u. *L. Laistner: Golias.* Stuttg. 1879.

Carolina ist der Name der Reichs-Halsgerichtsordnung Karls V. vom Jahre 1532. Während das Strafrecht im Mittelalter nur in unvollkommenen Aufzeichnungen oft bloss lokaler Natur, in den Reichsgesetzen, in den Rechtsspiegeln, den Stadtrechten oder bloss nach mündlicher Überlieferung vorhanden gewesen war, fanden im 15. Jahrh. die auf das kanonische und römische Recht gebauten Schriften der italienischen Praktiker Eingang und veranlassten eine Reihe nach den Grundsätzen dieser neuen Jurisprudenz hergestellter Halsgerichtsordnungen. Bedeutend wurde namentlich die durch Johann Freiherrn zu Schwarzenberg verfasste Bamberger Halsgerichtsordnung vom Jahre 1507, sie wurde das Muster der Brandenburgischen vom Jahre 1516 u. ebenfalls der peinlichen Gerichtsordnung zu Grunde gelegt, die auf Anregung des Kammergerichts nach vielen Verhandlungen seit 1498 endlich auf dem Augsburger Reichstage von 1532 publiziert wurde. Die *Carolina,* wie sie später genannt wurde, oder *Constitutio criminalis Carolina* besteht aus 219 Artikeln.

Cato, deutscher. Mit diesem Namen bezeichnet man eine Sammlung lateinisch abgefasster Lebensregeln, die in der ersten Hälfte des 13. Jahrh. in deutsche Verse übertragen wurden. Der Verfasser ist nicht bekannt, der Name „Cato" beruht auf einer absichtlichen oder vermeinten Vermengung mit einem der beiden römischen Catonen. Die Entstehungszeit des lateinischen Originals fällt wahrscheinlich ins 4. Jahrh. Die *Disticha Catonis* waren während des ganzen Mittelalters ein beliebtes Unterrichtsbuch für Grammatik, Poesie und Moral. Schon Notker Labeo gedachte sie ins deutsche zu übertragen. Doch stammt die älteste erhaltene deutsche Übersetzung erst aus der ersten Hälfte des 13. Jahrh.; sie ist später mehrfach überarbeitet worden. Die behandelten Stoffe sind: Vermögensverhältnisse; Recht und Gericht; Wachen und Schlafen; Warnung vor Mitmenschen; Freundschaft; Glückswechsel und Notwendigkeit, deshalb etwas zu lernen; Verhalten zu Freunden, Vorsicht; Ehe; Gute Gesellschaft; Tod und Erben; Nachsicht und Güte; Hass, Neid und Laster; Reichtum und Armut; Gesundheit und Ärzte; Aufforderung zu nützlicher Thätigkeit; Kümmere dich nicht um die Reden Anderer. Das Lehrgedicht wurde auch öfters gedruckt, bis schliesslich Sebastian Brant durch seine Übersetzung des lateinischen Cato den ältern deutschen Cato verdrängte. *Zarncke,* Der Der deutsche Cato. Leipzig 1852.

Centralbauten heissen diejenigen kirchlichen Monumente, die entweder kreisrunde oder polygone Anlage zeigen, oder deren Grundriss die Form eines gleichschenkligen, des griechischen, Kreuzes hat. Sie entstehen als älteste christliche Bauart gleichzeitig mit der Basilika. Schon die Römer pflegten gewissen Heiligtümern, vorzugsweise den Grabtempeln, die Form eines kreisrunden Kuppelbaues zu geben; sie waren meist zweigeschossig, unten der Gruftraum für die Leiche, oben der Raum für den Grabkultus. Solche Bauten sind das Grabmal der Helena, der

Mutter Konstantins d. Gr., und das Mausoleum Theodorichs zu Ravenna. Verwandt mit den Grabkirchen sind die Memorien oder Gedächtniskirchen, Denkmäler zur Verherrlichung einer geweihten Stätte. Eine dritte Klasse von Centralbauten sind die Baptisterien oder Taufkirchen, in welchen die Kollektivtaufe der alten Christen vorgenommen wurde. In ihrer Mitte befand sich ein Bassin, in welches die Täuflinge hinuntertstiegen, um durch Untertauchen die Weihe zu empfangen. Die architektonische Entwickelung dieser Centralbauten vollzog sich besonders da-

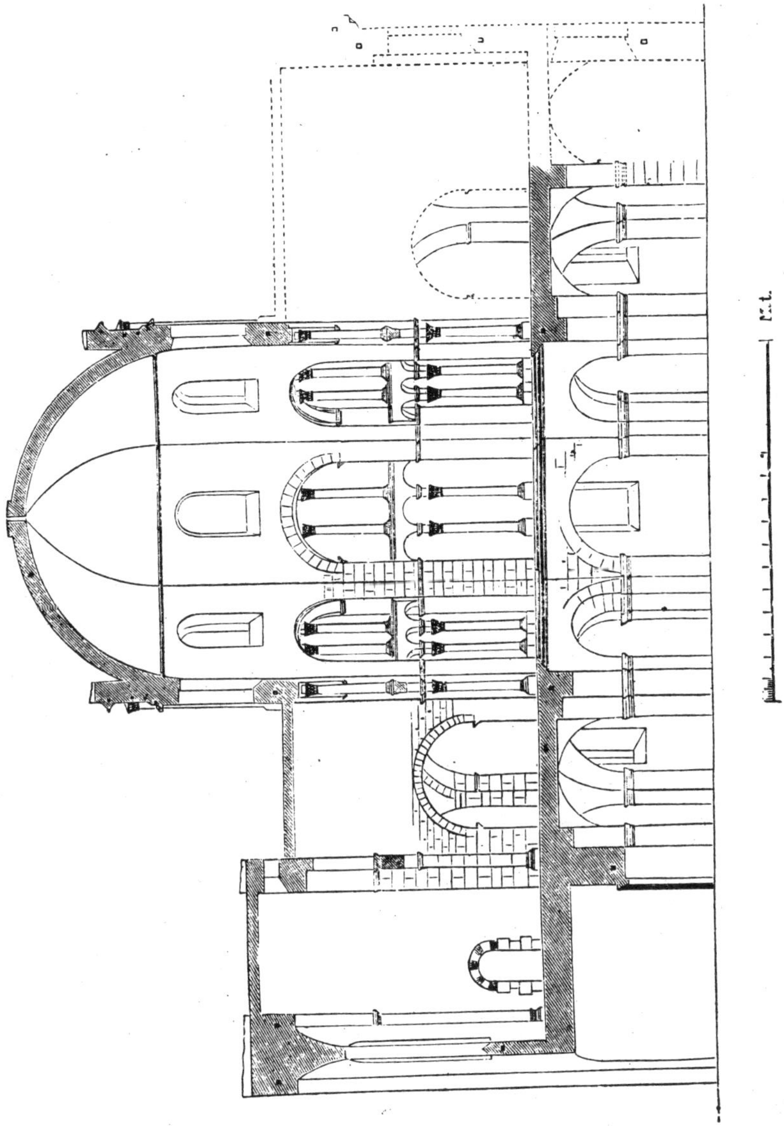

Fig. 41. Münster zu Aachen.

durch, dass man die Kuppel nicht mehr auf den Umfassungsmauern selbst ruhen, sondern sie von Säulen tragen liess, die kreisförmig innerhalb der Rotunde aufgestellt waren. Es entstand daneben ein ringsherumlaufender Umgang, den Seitenschiffen der Basilika entsprechend, dessen Gewölbe dem hochansteigenden und selbständig beleuchteten Kuppelraume ein genügendes Widerlager bot. Im Orient entwickelte sich aus dieser Form die Grundform der byzantinischen Baukunst, im Abendlande blieb sie fast ausschliesslich auf bestimmte Kultuszwecke beschränkt, wie Grabkapellen, Schlosskirchen, Baptisterien. *Rahn*, über den Ursprung und die Entwicklung des christlichen Central- und Kuppelbaues, 1866. Bildende Künste i. d. Schweiz, 80. Siehe Fig. 41, aus den kunsthist. Bilderbogen.

Chiromantie, Wahrsagung aus den Linien der Hand, gehört mit der Astrologie und Alchemie zu jenen aus dem Altertum stammenden Lebenserscheinungen, welche zwar aus der Beobachtung der Natur entstanden, die natürliche Erkenntnis jedoch nicht rationell auszubilden vermochten, sondern in teils naiv kindlicher und phantastischer Art, teils als Mittel des Betruges zu künstlichen Systemen ausgebildet und, vom Mittelalter lebhaft aufgeaufgegriffen, Versuchsfelder sowohl romantischer Träumerei als betrügerischer Handlungsweise als endlich redlicher, aber ungenügender Naturbeobachtung gewesen sind. Schon Aristoteles erwähnt die Chiromantie, Artemidor erhob sie im 2. Jahrh. n. Chr. zur Theorie. Das 16. u. 17. Jahrh. haben in allen europäischen Litteraturen zahllose gelehrte und volksmässige, mit Bildern versehene Darstellungen dieser vermeinten Wissenschaft hervorgebracht, und noch im Beginn des 18. Jahrh. wurden auf den Universitäten eigene Kollegien darüber gelesen. Mit der Chiromantie ging eine auf sämtliche Teile des Körpers sich erstreckende Physiognomie Hand in Hand. Die Chiromantie selber zerfiel in eine *Chiromantia medica* und eine *Chiromantia curiosa*. Die Hauptlinien der Hand sind: die Herzens- oder Lebenslinie, die Kopf-, Mittel- oder Naturlinie, die Tisch-, Gedärm-, Genitalien-, Nieren-, Gall- und bei dem Frauenvolk die Mutterlinie, endlich die Leber-, Lungen- und Magenlinie. Daneben giebt es 8 Nebenlinien, 3 Triangel, den Tisch oder Quadrangel und 7 Berge der Hand: Berg *Veneris, Jovis, Saturni, Solis, Mercurii, Lunae, Cavea Martis.*

Chokolade wurde in Europa zuerst von den Spaniern getrunken und kam von Spanien nach Italien, 1663 nach Paris. *Weigand* weist das Wort auf deutschem Sprachgebiet zuerst im J. 1715 nach.

Chor, der gottesdienstliche Aufenthaltsort des Chores der Geistlichen, wovon er den Namen *Chorus* trägt, auch hoher Chor oder *Presbyterium* (Priesterraum), *Sanctuarium*, ist ursprünglich das regelmässig quadratische Altarhaus. Er liegt höher als das Schiff der Kirche, dehnt sich aber zuweilen westlich bis in die Vierung aus. Vom übrigen Raum ist er durch Schranken (*cancelli*) oder eine niedrige Wand getrennt, an der Westseite gegen das Langschiff häufig durch einen förmlichen Querbau oder eine Emporkirche, der *Lettner*, *Lectorium*, genannt wird. Derselbe ist mehr oder weniger geräumig, durch eine enge Wendelstiege zugänglich und von offenen Bögen getragen oder mit Durchgängen versehen. Er dient ausser zur Verlesung des Evangeliums (daher der Name) auch zum Aufstellen der Sängerchöre und hiess daher auch *Doxal*, von *Doxologie* = Lobpreisung, oder Singechor. Seit dem 13. Jahrh. erlaubte man sich Abweichungen von der quadratischen Form des Altarhauses, sowohl durch Verkürzung als namentlich durch Verlängerung des Quadrates; das letztere wurde im gotischen Stil normal. Ein gänzliches Fehlen des Altarhauses ist seltene Ausnahme. Die Erhöhung des Chorraumes über den Fussboden der übrigen Kirche beträgt oft nur eine oder zwei Stufen, steigt aber auch bis 22 Stufen; ein bedeutend erhöhter Chor lässt stets auf das Vorhandensein einer *Krypta* unter demselben schliessen. Der Schwibbogen, der das Altarhaus von der Vierung scheidet, wird Fronbogen oder Triumphbogen genannt, weil er mit einer Darstellung des triumphirenden Erlösers geschmückt zu sein pflegte. Die Krypta mit einem oder mehreren Altären, war ausschliesslich dem Dienste der Toten gewidmet. Die Cistercienser sollen sie in ihren Kirchen zuerst aufgegeben haben. Die Beleuchtung richtet sich nach ihrer mehr oder minder tiefen Lage. Die Krypta ist stets gewölbt, und die Wölbung wird durch mehrere Pfeilerreihen getragen. Auch Doppelchöre kommen vor, vom 9. bis 12. Jahrh. in Deutschland sogar gewöhnlich; solche Kirchen stellen sich gleichsam als zwei Kirchen mit einem gemeinschaftlichen Langhause dar, wobei jeder Chor seinen eigenen Heiligen hat. Die erste Kirche mit Doppelchören ist die Klosterkirche zu Fulda. — *Otte*, Handb., Absch. 19.

Chorstühle. In den altchristlichen Basiliken pflegten die Geistlichen ihre Sitze in der Apsis einzunehmen, auf den steinernen, mit Polstern und Teppichen belegten Bänken, die sich zu beiden Seiten der bischöflichen Kathedra dem Chorrund anschlossen. Eigentliche Chorstühle scheinen erst um die Mitte des 13. Jahrh. aufgekommen zu sein. Jetzt nämlich wurden die Sitze in der Längenachse der Kirche aufgestellt, an den Wänden des Altarhauses oder längs der Chorschranken, wo sie sich zu beiden Seiten des Hochaltars, in einer langen Folge, meist in doppelter Reihe, bis in die Vierung des Querhauses und noch über dieselbe hinaus bis ins Hauptschiff fortsetzen. Die einzelnen Reihen sind stufenförmig hintereinander ererhöht, die vorderen Sitze nach dem Chore durch eine Brustwehr mit den darauf befindlichen Betpulten abgegrenzt. Dieselbe Einrichtung zeigt die Rückwand für die dahinter befindliche Folge der Hochstühle, die ihrerseits in der Regel eine reiche Bekrönung vermittelst weit über die Rückwand vorragender Baldachine erhielten. Jeder Platz ist von den folgenden durch Armlehnen getrennt und zwar gewöhnlich durch doppelte, die niedrigen zum Gebrauche beim Sitzen, die höheren zur Bequemlichkeit beim Stehen bestimmt. Die Sitze selbst sind zum Aufklappen eingerichtet und auf der untern Seite mit den sog. Miserikordien versehen, kleinen Konsolen, mit Figuren oder Masken geschmückt und dazu bestimmt, den älteren oder gebrechlichen Kapitularen während der zum Stehen vorgeschriebenen Zeit der Chorstunden eine halb aufrechte Stellung zu ermöglichen. Zu den architektonischen Zierden, die man den einzelnen Gliedern zu teil werden liess, kam schon früh ein reicher Schmuck mit Ornamenten und bald auch eine Mannigfaltigkeit figürlicher Darstellungen. *Rahn*, Bildende Künste in der Schweiz, 748 ff. *Otte*, Handb. d. Kunst-Arch. 197.

Christophorus, heiliger, soll nach den alten Martyrologien zu Samos in Lycien gelebt, viele Heiden zum Christentume bekehrt und seine Heldenlaufbahn durch ein glorreiches Martyrium unter Kaiser Dagnus oder Decius besiegelt haben. Nach der späteren Legende gehörte Christophorus zum Volke der Caninäi oder Chananäi, war hundsköpfig und 12 Ellen hoch. Durch das Wunder einer in den Boden gestellten eisernen Rute, die er Blätter und Blüten treiben lässt, bekehrt er 18000 Bewohner der Stadt Samos zum Christentum. Deshalb und weil er während seiner Marterung auch viele weitere Tausende von Heiden belehrt hat, lässt ihn König Dagnus auf einer glühenden eisernen Bank rösten und durch Pfeilschüsse töten; doch wehen starke Winde die Pfeile rechts und links an ihm vorbei, ja einer fliegt dem König Dagnus ins Gesicht und beraubt ihn eines Auges. Er stirbt, nachdem er dem geblendeten König Beschmierung des Auges mit einem im Namen Christi angerührten Kote angeraten, worauf der König, dem das Mittel zum Augenlichte verhilft,

Fig. 42. St. Christoph.

sich selber zum Christentum bekehrt. Die allgemein verbreitete Form der Christophorus-Legende bietet jedoch die *Legenda aurea.* Nach dieser Auffassung dient Christophorus zuerst dem Teufel, dann, um mit Christo, dem Stärkeren als der Teufel, bekannt zu werden, übernimmt er den Dienst eines Fährmanns oder Trägers armer Wanderer über einen Fluss Da lässt sich nun auch das Christkindlein von ihm übersetzen, taucht ihn mitten im Strome unter und legt ihm so taufend den Namen Christophorus, Christusträger bei. Es giebt auch mittelalterliche deutsche Christophorusgedichte. Ohne Zweifel sind bei dieser Form germanisch-heidnische Elemente thätig gewesen. Sehr häufig wurde sein Bild in kolossaler Grösse an den Mauern der Kirchen, Rathäuser und Wohnhäuser angebracht, auch, aber nicht kolossal, unter Kanzel- und Sakramentshäuschen. Der früheste aller *datierten* Holzschnitte ist der sog. Buxheimer Christoph aus dem Jahre 1423. *Hochler* in der 2. Aufl. von Herzogs-Real-Encycl. Monographie von *Hauthal*: Der grosse Christoph. Berlin 1843, siehe Fig. 42 aus *Schasler*, Geschichte der Holzschneidekunst.

Christusbilder. Die altchristliche Kunst begnügte sich, Christus durch Symbole (Monogramm, Fisch, Kreuz, Lamm) oder durch Allegorien (Orpheus, den guten Hirten) andeutend darzustellen. Im 3. Jahrh. erscheint auf Sarkophagen der sog. Katakombentypus: der Heiland in holdseliger Jugend ohne Bart, in einer idealen Auffassung, die sich, der Anschauungsweise der Heiden-Christen entsprechend, an den bereits fertigen Typus des guten Hirten anschloss, wie dieser formell aus dem antiken Bildnis des widdertragenden Hermes hervorgegangen war. Seit dem 6. Jahrh. entwickelt sich daneben aus dem Streben, der göttlichen Gestalt eine höhere Würde und gewichtigern Ausdruck zu verleihen, der sog. Mosaikentypus, das längliche Gesicht mit dem gespaltenen Bart und geteilten Haupthaar, mit unbedecktem Haupt und unbekleideten Füssen, langem Untergewand und kürzerem Obergewand *Salvatorbilder* heissen Abbildungen des verherrlichten Erlösers. Christus steht oder sitzt, seltener auf einem Throne, häufig auf einem Regenbogen (Apost. 4, 3.), die Rechte segnend erhoben, in der linken das Buch des Lebens oder eine Schriftrolle haltend; von seinem Haupte geht rechts ein Lilienstengel, links ein Schwert aus, seine Füsse ruhen auf einer Weltkugel. *Otte*, Handb. Abschn. 158. — *Müller* und *Mothes*, Arch. Wörterb. Art. Christus. Siehe Fig. 43, das Weltgericht darstellend.

Chronostichon, eine im Mittelalter oft angewandte Verhüllung der Jahreszahl in der Art, das die Jahreszahl in sämtlichen oder einer Zahl durch den Charakter der Schrift kenntlich gemachter Zahlbuchstaben verdeckt ist, deren Addition die Jahreszahl giebt. Die Inschrift auf einem Kelche in der Marienkirche zu Danzig lautet: *Fulgidus ille calix divine porcio mense, Aurea quo factus anno per grammata cense,* welches die Zahl 1426 giebt.

Ciborium heisst sowohl der Altarbaldachin als das von ihm herabhängende Gefäss zur Aufbewahrung der Eucharistie; je nach seiner Form nannte man es Büchse (*pyxis*), Taube (*columba*, *peristerium*), Türmchen (*turris*, *turricula*), Kapsel (*capsa*), Speisegefäss (*ciborium*). Die allgemeinste Form war eine runde, cylindrische Büchse, *pyxis*, in älterer Zeit aus Holz, Bein, Stein oder edlem Metall, später fast immer aus letzterem verfertigt. Die Gefässe in Taubenform, mit der symbolischen Beziehung auf den hl. Geist, standen auf einer Schüssel, die mit den daran befindlichen Kettchen an einer Schnur über dem Altartische schwebend herabhing und während der

Fig. 43. Salvatorbild nach Urs Graf.

Messe heruntergelassen wurde. Seit der Einführung des Fronleichnamsfestes im 13. Jahrh. kommen zur Vorzeigung (*monstrare*) der Eucharistie die Monstranzen auf, welche sich zum Teil an die früher bestandenen Reliquien-Monstranzen anschliessen, Schaugefässen zur Aufbewahrung von Reliquien, die seit dem 14. Jahrh. aus einem senkrecht gestellten Krystall - Cylinder bestehen, getragen von einem dem gotischen Kelchfusse gleichenden metallenen Ständer und oben mit einem Tabernakel in den mannigfaltigen Formen der gotischen Architektur gekrönt. *Otte*, Handbuch Abschn. 45. Siehe Fig. 44, aus Seemann's hist. Bilderbogen.

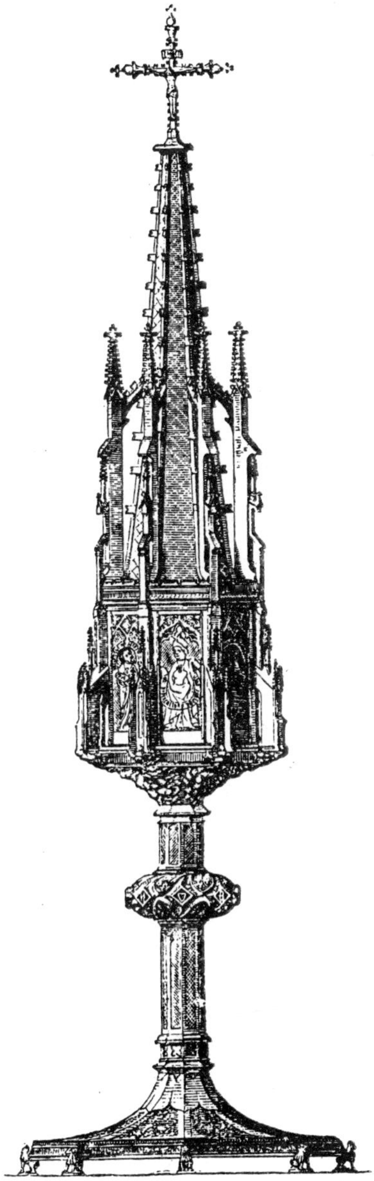

Fig. 44. Ciborium.

Cistercienser-Orden. Sein Stifter ist *Robert*, aus der Champagne, ein eifriger Cluniacenser Mönch. Nach mehreren vergeblichen Bemühungen, einige aus der klösterlichen Zucht gefallene Benediktinerklöster im Sinne einer strengen Ascese zu reformieren, und nachdem ihm die Ordnung der Einsiedler im Wald von Molesmes ebenfalls misslungen war, stiftete er in einer Einöde bei *Citeaux* unfern Dijon 1098 mit Unterstützung des Grafen Odo das Kloster Citeaux unter der strengsten Beobachtung der Regel des heil. Benedikt. Zwar wurde er durch päpstlichen Befehl gezwungen, nach Molesmes zurückzukehren, wo er auch im J. 1108 starb; aber seinen Nachfolgern in Citeaux, Alberich und dem Engländer Stephan Harding, gelang es, die Zustimmung Paschalis II. zu einem neuen Ordensstatut zu erhalten. In rechte Aufnahme kam das Kloster durch den Eintritt des 15jährigen Grafen *Bernhard* von Châtillon mit 30 Gefährten. Die Zahl der Mönche wurde so gross, dass man neue Kolonien auszusenden sich genötigt sah; in waldigen Einöden wurde *La Ferté* (*Firmitas*), *Pontigny* (*Pontis nidus*), *Clairveaux* (*Clara vallis*) und *Morimond* (*Mors mundi*) gestiftet. *Clairveaux* kam unter Bernhards Leitung. Von den genannten fünf Klöstern sind alle anderen abgeleitet; die Kolonisation und eine bedingte Abhängigkeit der Töchter vom Mutterkloster wurde System. Sobald die Zahl der Mönche es erforderte oder gestattete, ernannte der Abt womöglich dreizehn Brüder, unter ihnen das erwählte Oberhaupt des zukünftigen Klosters, welche dann mit festgestellter Förmlichkeit ihre bisherige Heimat verliessen, um an neuer Stelle die Beschwerden der Gründung zu übernehmen. Alle diese Klöster wurden in Einöden, gewöhnlich in Thälern angelegt. Sie fingen mit den rauhesten Arbeiten an und mussten öfter verlegt werden. Der Name wurde frei und bedeutungsvoll gewählt, *Clara vallis, Aqua bella, Portus S. Mariae.* Das Prinzip des Ordens, die Neugründungen in Einöden anzulegen, führte zu landwirtschaftlicher Thätigkeit in umfassendem Sinne. Sobald sich das Gebiet durch Rodungen und Schenkungen ausgedehnt hatte, legte man Maierhöfe, *grangiae,* an, auf welchen die Wirtschaft durch Mönche untergeordneten Ranges betrieben wurde; das ist die Entstehung der bei den alten Benediktinern noch unbekannten Laienbrüder wie sie schon die Cluniacenser eingeführt hatten; sie heissen *conversi*, gegenüber den *professi.* Die *conversi* auf dem Hofe standen unter Leitung eines *professus.* Die Lebensweise war strenge: grobe Gemüse, hartes Brot, ein Strohsack; Fleisch, Eier, Fisch, Milch und Wein waren verpönt.

Die Leitung der Cistercienser Klöster hält die Mitte zwischen dem republikanischen Wesen der alten Benediktiner und der strengen Konzentration der Cluniacenser. Zwar blieb Citeaux der Mittelpunkt, sein Abt hielt die Generalkapitel des Ordens ab. Aber jedes Kloster hatte seinen eigenen Abt, und jedes Mutterkloster führte die Aufsicht über alle von ihm ausgegangenen Klöster. In der innern Verwaltung und der Wahl des Abtes waren die einzelnen Klöster selbständig, unterlagen aber jährlich einer Visitation. Wie die Cluniacenser sind auch die Cistercienser von der bischöflichen Gewalt eximiert und stehen direkt unter dem päpstlichen Stuhle. In Frankreich nannte man den Orden *Bernhardiner-Orden.* Im Jahre 1151 gab es 500, in der Mitte des 13. Jahrhunderts 1800 Cistercienser Klöster, die meisten vor 1200 gestiftet. Ihre Strenge hielt aber nicht lange an, und gegen Ende des Jahrhunderts wurde allgemein über die Verweltlichung auch dieses Ordens Klage geführt. Das Ordenskleid ist im Gegensatz zu der schwarzen Tracht der alten Benediktiner weiss mit grauem Skapulier.

Die Gründung und Entwickelung des Cistercienser-Ordens bildet ein hervorragendes Glied in der Kette der Erscheinungen, welche im 10. und 11. Jahrh. das einseitig-kirchliche Leben des Mittelalters zur Zeitigung bringen. Der ältere Benediktiner-Orden hatte sich würdig und verständig an der Befestigung der christlichen Lehre und Zucht beteiligt, war jedoch stets im engen Zusammenhang mit den weltlichen Gewalten und Bedürfnissen geblieben. Staatlich war bei den königlichen Klöstern aus dem Vorsteher des Klosters ein Fürst des Reiches geworden, und jemehr die Zeitverhältnisse die weltliche Bestimmung der Klosterstiftungen hervorhoben, desto mehr erlahmte der kirchliche Charakter, in Frankreich mehr als in Deutschland. Diesem Charakter wieder zu seinem Rechte zu verhelfen und die Wurzel der Weltlichkeit auszuziehen, entstanden im 10. und 11. Jahrhundert die reformierten Orden der Cluniacenser, Grammontaner, Kartäuser und Cistercienser, deren einflussreichste die Cluniacenser und Cistercienser sind. Während jedoch die älteren Cluniacenser neben ihrer strengen Kirchlichkeit doch die Berührung mit der weltlichen Gesellschaft nicht flohen, ihre Stiftungen in oder bei den Städten anlegten, den Betrieb der Wissenschaften und Künste erneuerten, ergaben sich die Cistercienser einem ausgesucht strengen Ascetentum, stellten eine hochgesteigerte Idee von Mönchsheiligkeit auf, wählten für ihre Stiftungen mit Vorliebe öde Örter, stellten sich in schroffen, feindlichen Gegensatz zur Scholastik, zur Kunst, zur freiern Forschung. An den Albigenserkriegen hat der Orden hervorragen Anteil genommen.

Auch das scheint für den Orden der Cistercienser charakteristisch, dass er sich so überaus schnell entwickelte, er repräsentiert mehr eine schnell erscheinende Stimmung des Gemütes als ein dauerndes erzieherisches Prinzip.

Der Orden der Cistercienser hat auch auf die Entwickelung der Architektur Einfluss gehabt; sein Geist führte auf das Prinzip möglichster Einfachheit. Das Geläute durfte nur von *einer* Glocke ausgehen, gewöhnlich brachte man deshalb auf ihren Kirchen bloss einen Dachreiter, ein kleines Türmchen, auf der Vierung des Kreuzes an. Gold, Silber und Seide waren nur für gewisse Gegenstände gestattet, Skulpturen und Malerei zu üben den Brüdern verboten; Niedrigkeit, Ärmlichkeit der Klöster galt ihnen als ein Lob. Dennoch waren besonders infolge der zum Prinzip erhobenen Gastfreiheit des Ordens geräumige Kirchen und anderweitige grosse Räume notwendig, und die Baumeister des Ordens kamen deshalb dem neuaufkommenden gotischen Style umsolieber entgegen, als dieser gegenüber dem romanischen Stil mit seiner Anhäufung von müssigem, oft schwer verständlichem Bildwerk, Verschwendung von edeln Metallen und kostbaren Stoffen, ernster und keuscher auftrat. Doch übten die Cistercienser in Frankreich keinen erheblichen Einfluss auf die Architektur aus, sie gaben nur ihrer klösterlichen Strenge gemäss die vereinfachten Formen. Dagegen brachten sie in Deutschland neue und praktisch nützliche Formen mit, welche sich zur Annahme empfahlen. Sie bauten überall gewölbte Kirchen, machten daher die bisher nur selten angewandte Wölbung populär und lehrten sie mit Hilfe des Spitzbogens und anstrebender Pfeiler zu sichern. Sie waren gleichsam Missionäre der französischen Architektur. Doch übten sie den französischen Stil mit Vereinfachungen und Änderungen, welche den einheimischen Sitten und Ansichten zusagten. Statt der Säule zogen sie den Pfeiler vor, sie verwarfen die Galerien über den Seitenschiffen, ihre Einfachheit der wesentlichen Formen erzeugte die Neigung zu sorgfältiger und anmutiger Ausbildung der Details.

Deutschland stand vorzugsweise in Verbindung mit *Morimond*, dessen erster Abt Arnold ein Deutscher und Bruder des Erzbischofs Friedrich I. von Köln war; er gründete das erste deutsche Cistercienser Kloster Campen (Alt-Camp) bei Köln. Auch Otto von Freisingen, der Geschichtschreiber, Oheim Barbarossas, war Mönch zu Morimond. Ausser Campen sind Altenberge, St. Georgberg (Georgenthal) in Thüringen, Lutzell im Elsass, Ebrach in Franken Morimondische Kolonien; ihre Zahl wuchs später auf 117; nur zwölf deutsche Cistercienser Klöster stammen von Clairveaux. Dem Cistercienser-Orden gehören u. a. an: Heilsbronn, Eberbach, Loccum, Marienthal, Riddagshausen, Salem, Heisterbach, Pforta, Doberan, Maulbronn, Bebenhausen.

Eine genügende Untersuchung über den Orden mangelt; vgl. *Fink* in Ersch u. Gruber, Art. Cistercienser. — *Schnaases* Kunstgesch. V, 8, Kap. 6. — *Rahn*, Bildende Künste, 346 ff. — Derselbe in den Mitteil. der antiquarischen Gesellschaft zu Zürich, Band XVIII. Heft 2. — *R. Dohme*, die Kirchen d. Cistercienser-

Ordens in Deutschland während des Mittelalters. Leipzig 1869. — *Winter*, die Cistercienser des nordöstl. Deutschlands. 1868—71. 3 Bde. — *Janauschek*, Origines Cisterciensium. 1877. Band 1.

Cithara ist bei den Lateinern des Mittelalters der übliche Name für Harfe.

Cluniacenser Kongregation heisst diejenige Abart des Benediktinerordens, die sich im 10. Jahrh. vom Kloster Clugny aus verbreitete. Der ältere Benediktinerorden war mit der Zeit zu einer Vereinigung von Mönchen geworden, die in geschlossenen Vereinigungen den christlichen Unterricht, die christliche Wissenschaft und Kunst handhabten, doch wurde die Pflege nationaler und weltlicher Beziehungen der Religion zuliebe nicht hintangesetzt und als Muster allgemein die klassischen Autoren des Altertums benützt; der Orden war jedoch nach einem hohen geistigen Aufschwung unter den Karolingern allmählich verweltlicht, was um so leichter geschehen konnte, als diese monarchischen Institutionen bei ihrem stetig wachsenden Reichtum und Grundbesitz nachgerade zu einem wichtigen Glied der Reichsorganisation erwachsen waren. Als sich nun im 10. Jahrh. auf den Gebieten der Kirchenverfassung, der Poesie, der Kunst, der Religion, des Staatslebens schnell derjenige Geist entwickelte, den man den Geist der Romantik nennt, und der sich im Rittertum, im Minnedienst, in der romanischen Baukunst, im Papsttum und in dem erbitterten Kampfe desselben mit dem Kaisertum, in gesteigerter Vorliebe für Ascese, für religiöse Gemütsinnerlichkeit kundgab, da trat dieser Geist auch an die Klöster heran, die damals alle der Benediktinerregel huldigten, und suchte das bestehende, wie man meinte verweltlichte, Mönchsleben geistlich zu reformieren. Das dem Studium des klassischen Altertums, der nationalen Bildung, der weltlichen Bildung überhaupt feindliche Prinzip war zwar schon seit langem vorhanden; als geschlossene Macht trat es erst im 10. Jahrh. an verschiedenen Orten, z. B. in Lothringen, meist durch religiös gesinnte Männer auf, am kräftigsten aber in Clugny, *Cluniacum*. Hier, in Burgund, einige Meilen von *Mâcon*, stiftete im Jahre 910 Herzog Wilhelm von Aquitanien ein Kloster, das ein Muster des reformierten Klosters werden sollte. An die Spitze berief er den Abt des Klosters Beaume, *Berno*. Das neue Kloster wurde von Anfang an unmittelbar dem päpstlichen Stuhl unterstellt. Bernos Nachfolger wurde *Odo*, Abt 927—941. Er ist der eigentliche Reformator des Mönchwesens. Seine *consuetudines Cluniacenses*, durch welche die Regeln Benedikts verschärft wurden, wurden bald in anderen älteren Klöstern eingeführt, und neue Klöster entstanden nach der erneuten Regel. Was diese reformierte Benediktinerregel kennzeichnet, ist die Umgehung der bischöflichen und die einzige Betonung der päpstlichen Gewalt und sodann die Konzentration sämtlicher dieser Regel angehörigen Stiftungen unter eine Centralleitung; die alten selbständigen Abteien wurden, wenn sie der Reformation beitraten, als Priorate behandelt, Clugny war das *Archimonasterium*, sein Abt der *Archiabbas;* die Vorsteher sollten jährlich zu einer beratenden Versammlung in Clugny zusammenkommen. Gregor VII., Urban II. und Paschalis II. waren Cluniacenser. Die Kirchen der Kongregation glänzten durch die Pracht ihrer Ausstattung. Zahlreiche weltliche Fürsten, darunter auch französische und deutsche Könige, waren der Reform geneigt. Wie stark aber an manchen Orten der Widerstand gegen die Neuerer, die Schismatiker, die Welschen war, und wie man ihre kirchliche Strenge unter Umständen als

Heuchelei erklärte, geht aus den St. Gallischen Kasus Ekkeharts IV. hervor; diese an Beispielen aus der ältern, frischen, natürlichen Klosterzeit so reiche Chronik ist eben zu dem Zwecke abgefasst worden, um als Parteischrift gegen die Neuerungen eines dem Kloster aufgedrungenen cluniacensischen Abtes zu dienen und den Beweis zu geben, wie viel Schönes und Herrliches unter der ältern freiern Richtung geleistet worden sei. Siehe die Einleitungen zu der lateinischen und deutschen Ausgabe durch Meyer von Knonau. Die Cluniacenser Reformation hat sich in Deutschland zuerst in den Klöstern des Schwarzwaldes festgesetzt: „Hier verkehrten die Legaten und Gegenkönige, hier feierten sie ihre Feste, hier suchten sie und ihre Anhänger Zuflucht in den Zeiten der Not. Die Mönche von Ebersheim im Elsass haben Rudolf von Rheinfelden sogar seine Krone geschmiedet. Es war nicht wie bei den Sachsen eine zufällige Übereinstimmung in der Opposition gegen das Reich, welche diese Mönche mit Gregor zusammenführte, sondern der reine dogmatische Eifer. Sie lebten in der Vorstellung von der päpstlichen Allgewalt und konnten einen andern Standpunkt gar nicht begreifen.“

„In Verbindung mit Clugny standen diese Klöster wohl schon lange. Ein recht lebendiges und festes Band aber knüpfte sich erst durch *Wilhelm von Hirschau*. Dieser führte auf den Rat des bekannten päpstlichen Legaten Bernhard, Abts von St. Victor, der sich 1077 ein ganzes Jahr lang bei ihm aufhielt, die Cluniacenser Regel in seinem Kloster ein, und von hier aus verbreitete sich nun der Hirschauer Orden nach allen Seiten; neue Klöster wurden gestiftet und alte nach der neuen Weise reformiert. Hirschauer Mönche kamen nach Reichenbach und St. Georgen im Schwarzwald, nach Schaffhausen, Petershausen und Pfäfers, nach Weilheim (später nach St. Peter bei Freiburg verlegt) und Zwifalten, Blaubeuren und Isny, Wiblingen und Ochsenhausen, nach Komburg in Franken, nach Fischbachau und Scheiern, Prüfening und Ensdorf in Baiern, nach dem Petersberg bei Erfurt, Reinhardsbrunn, Gosek, Gasungen und Magdeburg, nach Admont in Steiermark, St. Paul in Kärnthen. Otto von Bamberg führte in allen seinen Klöstern die Hirschauer Regel ein. Derselben Richtung gehörte St. Blasien im Schwarzwalde an. Hier wurde Hartmann, früher Propst von St. Nicola bei Passau, des Gegenkönigs Rudolf Kaplan, Mönch und Prior; dann aber 1094 Abt von Götweih, wohin er eine Kolonie aus St. Blasien führte, und bald wurden ihm auch St. Lambert in Steiermark, Kempten, St. Ulrich und Afra in Augsburg anvertraut. Nach Kremsmünster kamen Mönche aus Gottesau, einer Hirschauer Kolonie im Sprengel von Speier. Bischof Burchard von Basel aber unterwarf 1105, eingedenk der alten Freundschaft und innigen Verbindung, das von ihm gestiftete Kloster St. Alban bei Basel unmittelbar dem Abte von Clugny.“ *Wattenbach*, Geschichtsquellen IV, § 6.

Die Cluniacenser Mönche trennten sich nie völlig von den alten Benediktinern, behielten auch die schwarze Tracht. Abgesehen von den strengeren Regeln der Kongregation unterschieden sich ihre Stiftungen dadurch von den alten nichtreformierten, dass diese durch die nächstfolgenden Jahrhunderte ihre Selbständigkeit und ihre Bedeutung als Reichsstände bewahrten, die mächtigeren unter ihnen sogar zu Reichsfürsten wurden, während die reformierten Klöster dem Charakter der kirchlichen Genossenschaft treuer blieben. Mit den Cisterciensern, die auch Benediktiner sein wollten, aber das Prinzip des geistlichen Mönchstums viel einseitiger darstellten, auch zur weissen Tracht übergingen, führten die Cluniacenser heftige Fehden, besonders Bernhard von Clairveaux als Cistercienser gegen den Abt von Clugny, Peter den Ehrwürdigen. Siehe *Fink* in Ersch und Gruber, Art. Cistercienser.

Cölestinerorden ist gestiftet 1254 von Peter von Murrhone, nachmaligem Papst Cölestin V., der vor seiner Wahl Einsiedler auf dem Berg Murrhone in Apulien war. Die Ordensangehörigen befolgten die Regel des heil. Benedict, erhielten von ihrem Stifter bedeutende Vorrechte und verbreiteten sich schnell in Italien, Frankreich, Deutschland und den Niederlanden.

Cölibat. Das Judentum kannte bloss das Gesetz, dass der Priester keine Buhlerin, Entweihte oder Geschiedene, der Hohepriester keine Witwe heiraten dürfe, alle aber zur Vorbereitung auf heilige Handlungen sich ihrer Frauen enthalten sollten. Früh bildete sich in der Kirche die Ansicht, der ehelose Stand verdiene den Vorzug, und nachdem seit dem 2. Jahrh. Beispiele freiwilliger Gelübde zur Ehelosigkeit vorgekommen waren, wuchs auch die Meinung, dass den Priestern als den Verwaltern der heiligen Mysterien die Ehe nicht anstehe. Seit Anfang des 4. Jahrh. ergehen an mehreren Orten Gesetze in dieser Richtung, und namentlich wirkte das Vorbild des Mönchsstands, hinter welchem der weltliche Klerus nicht zu weit zurückbleiben durfte, entscheidend zu Gunsten des Cölibats, der in der orientalischen Kirche bald zur vorwaltenden Observanz wurde. Zahlreiche abendländische Synoden des 5. Jahrh. erliessen Verordnungen, welche die unbedingte Enthaltsamkeit vom ehelichen Leben Priestern, Diakonen und Subdiakonen vorschrieben. Die weltliche Gesetzgebung bestätigte diese Bestimmungen mit dem Zusatz, dass Ehen der Kleriker der höhern Weihen nach ihrer Ordination als nichtig und die aus solchen entsprossenen Kinder als unehelich zu betrachten seien. So oft jedoch die alten Verordnungen gegen die Priesterehen immer aufs neue und besonders seit Leo IX. (1048—1054) wiederholt wurden, so gab es doch in allen Ländern und sogar unter den Augen des Papstes viele verheiratete Priester. Erst Gregor VII. setzte das Dekret der römischen Synode von 1074 in Vollzug, wornach jeder beweibte Priester, der das Sakrament verwalte, ebenso wie der Laie, welcher aus der Hand eines solchen das Sakrament empfange, mit dem Banne bestraft werden solle. Calixtus II. (1119—1123) und Innocenz II. (1139) erklärten sämtliche Priesterehen überhaupt für ungültig. Der von einem Kardinal auf dem Konstanzer Konzil gemachte Vorschlag, die Priesterehe wieder einzuführen, blieb ohne Erfolg.

Collegia Musica heissen musikalische Akademien, die gleichzeitig mit den Sprachgenossenschaften und den Dichtervereinen nach italienischem Muster in der ersten Hälfte des 17. Jahrh. auftraten, um gemeinsam Orchestermusik zu üben. Man findet solche Gesellschaften u. a. in Zürich 1613, in St. Gallen 1621, Winterthur 1629 gestiftet. Die St. Gallische Gesellschaft hat sich unter dem Namen „Antlitzgesellschaft“ bis heute erhalten und steht noch im Besitze sämtlicher Protokolle und anderer Schriften. Siehe Götzingers Litteraturbeiträge aus St. Gallen. St. Gallen 1870.

D.

Daktylische deutsche Verse sind zuerst im 12. Jahrh. neben anapästischen in Nachahmung lateinischer daktylischer Verse, leononischer Hexameter oder Sequenzen versucht worden, und zwar zuerst in geistlichen Leichen: doch waren sie bei den höfischen Lyrikern weder besonders beliebt noch geschickt gehandhabt. In die Opitzische Schule wurden Daktylus und Anapäst durch *Buchner* eingeführt, der daktylische Verse des Minnesängers Ulrich von Liechtenstein nachahmte. „Dieses Reimgeschlecht“, sagt Schottelius vom Daktylus, „ist eines von den Lieblichsten in deutscher Sprache, nicht ohne Ruhm und Nutz endlich hervorgesucht und richtig nach eingepflanzeten natürlichen Gründen und Lieb-leichlichem Vermögen teutscher Hauptsprache, von vornehmen Poeten, doch anfänglich von Herrn Auguste Buchnero aufgebracht und herausgeschmücket.“ Besonders die Pegnitz-Schäfer hatten eine besondere Vorliebe für die beiden Versarten.

Damast, geblümtes Seidenzeug von Damaskus, aus ital. *damasco,* franz. *damas,* wird im 14. Jahrh. zuerst erwähnt.

Dame, mittell. *domna,* ital. *dama* und *donna,* franz. *dame,* ist nach Grimm wahrscheinlich erst in der zweiten Hälfte des 17. Jahrhunderts bei uns eingeführt; im Simplicissimus, 1669, ist das Wort schon geläufig.

Dei gratia, von Gottes Gnaden, ist zuerst von Pipin in seinen Titel aufgenommen worden. Die Nachfolger behielten es bei, später nahmen es andere Würdenträger, wie Herzöge, Grafen an.

Deutsch, ahd. *diutisk,* mhd. *diutisch, diutsch,* fränkisch-lateinisch *theotiscus,* ist abgeleitet von ahd. der und das *diot* und die *diota,* got. *thiuda,* altsächsisch *thiod* und *thioda* = Volk, Volksstamm, und bedeutet: dem Volke eigen, volksmässig. Nachdem infolge der Völkerwanderung der alte Gesamtname der *Germanen* verloren gegangen war, kam allmählich, zuerst für die Sprache, im Gegensatze zum Latein der Kirche, des Rechtes und der höhern Bildung überhaupt, dann auch im Gegensatze zum Romanischen der Name deutsch auf; man findet das Wort zuerst im Jahre 787, von da noch längere Zeit selten gebraucht. Der gebräuchlichere Name des Volkes sowohl als seiner Sprache war *Franken* und *fränkische* Sprache. Recht in Aufnahme kam das Wort *deutsch* erst im 12. Jahrh., und zwar zuerst in Niederdeutschland; denn im Altfranzösischen unterschied man *Alemant* und *Tyois* als Ober- und Niederdeutsch, wie noch heute bei den Engländern *Dutch* ein Holländer ist; das franz. *Tyois* scheint auch die im Mhd. oft vorkommende Schreibung des Wortes mit *t: tiutsch* veranlasst zu haben. Die nhd. Schreibung mit *t* hat keinen Sinn. Das Wort Deutschland kommt zuerst im 12. und 13. Jahrh. vor; im 16. zeigt es sich häufiger. *Grimm,* Grammatik, Bd. 1 der 3. Auflage, S. 10—20.

Deutsche Gesellschaften nannten sich gelehrte Gesellschaften des 18. Jahrh., die sich die Pflege der deutschen Sprache und Dichtung zur Aufgabe machten und, sich meist an die Universitäten anlehnend, eine freiere Organisation hatten als die unmittelbar vorausgehenden Sprachgesellschaften. Die erste wurde zu *Leipzig* 1697 durch eine Anzahl junger Männer gestiftet, die entweder geborene Görlitzer oder doch Zöglinge des Görlitzer Gymnasiums gewesen waren, daher sie ihren Verein anfangs *görlitzische poetische*, später, als auch andere Mitglieder aufgenommen wurden, *deutschübende poetische* und seit 1727 die *deutsche Gesellschaft* nannten. Die Absicht der Stifter war, einander in regelmässigen Zusammenkünften ihre dichterischen Versuche mitzuteilen und sich durch wechselseitige Beurteilung derselben in ihren Bestrebungen zu fördern. Der bedeutende Einfluss dieser Gesellschaft auf die deutsche Litteratur datiert erst seit dem Zutritt Gottscheds, der 1726 zu ihrem Senior ernannt wurde und ihre Thätigkeit mehr auf Sprachverbesserung und Sprachforschung lenkte. Nach dem Beispiel der Leipziger Gesellschaft bildeten sich allmählich ähnliche Gesellschaften an anderen Universitätsorten, wie in Jena, Göttingen, Greifswald, Königsberg, Helmstädt, die aber sämmtlich zu keiner besonderen Bedeutung gelangten. Eine ähnliche Organisation hatte die *deutschübende Gesellschaft* zu *Hamburg*, gestiftet 1715.

Deutschgesinnte Genossenschaft nannte sich eine der nach italienischem Muster gegründeten Sprachgesellschaften des 17. Jahrh. Sie wurde 1643 zu Hamburg durch *Philipp von Zesen* und zwei seiner Freunde gestiftet und zerfiel in die Rosenzunft, Lilienzunft, Nägleinzunft und Rautenzunft. Die Gesellschaft bemühte sich, im Geiste ihres Stifters, besonders um Reinigung der Muttersprache und um die Einführung einer neuen Orthographie. Sie bestand bis zum Jahr 1705.

Deutsche Reiter heisst eine Art der Reiterei, die ein Mittelding zwischen Kürassieren und Arkebusierern war und sich während der schmalkaldischen Kriege herausbildete. Sie heissen auch *Ringerpferde*, weil sie geringere, d. h. leichtere Pferde ritten. Statt der verschliessbaren Helme trugen sie offene Eisenhüte, statt des Panzers bequeme Brustharnische oder bloss Lederkoller mit Halsberge. Weil sie das Eisenzeug schwarz anzustreichen pflegten, heissen sie auch „die Schwarzen“. Als Angriffswaffen dienten Schwert und Faustrohr. Ihre Fechtweise, ganz nahe an den Feind zu traben, das Rohr abzuschiessen und die Pferde sofort hinter den Haufen zurückzuwerfen, während die nächsten Glieder immer wieder folgten, hiess *Natterweistummeln* (Tummeln nach Natternart), *Caracolieren* oder *Harcelieren*. In ihren Reihen entwickelt sich zum erstenmal ein kavalleristischer Geist im modernen Sinne. Ihren Hauptschauplatz fanden sie in Frankreich, wo die „*reitres*“ in den Hugenotten-Kriegen berühmt und gefürchtet wurden. Durch die deutschen Reiter wurde die uralte Reiterlanze ausser Kurs gesetzt. *Jähns*, 1215.

Dichter. Einen Stand der Dichter oder Sänger hat es bei den Deutschen nie gegeben; den Mann, der vorzüglich mit der Kunst begabt war und deshalb Dichten und Singen wie einen Beruf ausübte, hiess man *scof*, d. i. den Schaffenden wie griech. ποιητής von ποιεῖν, schaffen, oder in Bezug auf den Vortrag den *Sänger*. Das erstere Wort teilt das Schicksal des alten allitterierenden Epos, erhält sich aber vereinzelt in Glossen und Kompositionen noch bis ins 13. Jahrhundert: *salmscoph* = *psalmista*, *leodscaffo* = *carminum conditor*, *scofleod* und *winileod*, *scopfsang*, *das schof* = Erdichtung; *schophlîch*, dichterisch, erdichtet; *schopf-buoch* = Gedichtbuch; *schophen* = dichten. Der andere Name *Sänger* erhält sich bis zu den Minnesingern und Meistersingern, die auch Dichter sind. Die höfische Dichtkunst ermangelt eines gleichmässig verbreiteten Namens für den allgemeinen Begriff des

Dichters; ihre Thätigkeit heisst *singen* oder *singen und sagen*, letztere zwei ursprünglich der Name für das Dichten überhaupt nach Form (*singen*) und Inhalt (*sagen*), später der Ausdruck für die beiden auseinander gegangenen Formen der Epik und und *tihtaere* in die edlere Bedeutung des Ersinnens, Anordnens, Erdenkens, Nachdenkens, Sinnens und künstlerischen Schaffens über; doch wiegt das Verb noch vor, *tihtaere* ist seltener, und noch bis ins 16. Jahrh. behält es zugleich die alte Bedeu-

Fig. 45. Dichter am Pult. Poeta laureatus.

Lyrik. Die Lyriker heissen dann *senger* oder *singaere*, die Epiker *tihtaere*, von *tihten*, aus lat. *dictare* = zum Nachschreiben vorsagen, niederschreiben lassen, vorsagend anfertigen; denn der epische Dichter des Mittelalters konnte gemeiniglich nicht schreiben, er diktierte; mit der Zeit gingen beide Wörter, *tihten* tung des Verfassers einer nichtpoetischen Schrift bei. Neben diesem Wort erscheint oft *meister*, d. i. derjenige der es versteht, seis als Gegensatz zu dem, der es nicht versteht, seis als Ehrenname des Dichters aus bürgerlichem Stande, z. B. *meister Gottfried von Strassburg*, gegenüber dem adligen Dichter, dessen Titel *herr* ist. Erst die Renaissance hat den Namen Dichter als gleichbedeutend mit *poeta* allgemein gemacht; doch nennen *Opitz*, *Schottel* u. a. den Dichter noch regelmässig *Poet*, seine Kunst *Dichtkunst* oder *Poeterei*. Das Mittelalter pflegte schrift *Comparatio Mulae et Musae*, Nürnberg 1506; Der Dichter ist als junger Mann in der Person des Apollo dargestellt, mit lockigem Haar, die Harfe im Arm, sitzend auf einer beblümten Wiese unter den neun Musen. Fig. 46. Über

Fig. 46. Dichter als Apollo unter den Musen.

den Dichter stets am Pulte sitzend und schreibend abzumalen, siehe Fig. 45, welches den *Poeta Laureatus* aus der Horazausgabe des *Jacobus Locher Philomsus*, Strassburg 1498 (Ex. im Besitz der St. Galler Stiftsbibliothek) darstellt; die erste freiere Darstellung des Dichters, die man kennt, findet sich in desselben Lochers berühmter Streit-

Poetenkrönung siehe den Art. *Humanismus*.

Dienstmann, s. Ministerial.

Dienstmannen-Rechte. Da das Verhältnis des Dienstmannes, Ministerialen, zum Dienstherrn ein wesentlich persönliches war, fehlte es an Rechtsquellen, welche für die Ministerialen des Gesamtreiches gleichmässige Prinzipien enthielten.

Die Rechtsbücher sprechen deshalb fast nie von den Dienstleuten. Daher kam es, dass im 12. Jahrhundert besonders in geistlichen Herrschaften das Bedürfnis entstand, die gegenseitigen Rechte und Pflichten der Ministerialen zu verbriefen; es geschah unter Mitwirkung der Ministerialen selbst, ähnlich wie bei den Öffnungen. Diese Aufzeichnungen beziehen sich auf die Dienstpflicht, das Erbrecht, die Verpflichtungen des Herrn zu einzelnen Leistungen, manchmal auch auf die sonstigen Vermögensverhältnisse, Familienrecht, Prozess und Strafrecht. Sie haben meist nur geringen Umfang. Die wichtigsten sind das *Bamberger*, *Kölner*, das *Bischofs-* und *Dienstmannenrecht zu Basel* (herausgegeben von W. Wackernagel), die *Leges feudales Teklenburgicae,* das *Wormser* Dienstrecht. Stobbe, Rechtsquellen, I, 578.

Dies irae dies illa, die bekannte Sequenz auf den Allerseelentag, wird jetzt meist dem *Thomas von Celano*, einem Franziskaner aus Celano in den Abruzzen zugeschrieben; dieser lebte um 1250 und hielt sich längere Zeit in Köln auf. Es giebt drei Texte dieses Liedes und unzählige Übersetzungen ins Deutsche.

Dietrich von Bern ist der beliebteste Held der deutschen Volkssage im Mittelalter. Sein Schicksal liegt in folgenden Zügen: Auf Anstiften des ungetreuen Rates *Sibich* vertreibt der König *Ermenreich* von Rom seinen Neffen Dietrich aus Bern; dieser flüchtet an *Etzels,* des Hunnenkönigs, Hof, wo ihn u. a. das Nibelungenlied vorfindet. Etzel giebt ihm darauf ein Heer mit, sein Land wieder zu erobern; mit dessen Hilfe besiegt er das Heer Ermenreichs in der *Rabenschlacht* (Schlacht bei Ravenna) und gewinnt sein Reich wieder. Die erhaltenen Dichtungen, die sich an die Schicksale dieses Helden anschliessen, sind das altdeutsche allitterierende *Hildebrandslied,* in mittelhochdeutscher Sprache die unstrophischen Gedichte *Biterolf* und *Dietleib* vom Verfasser der Nibelungen Klage, erzählt einen grossen Turnierkampf Attilas und der Seinen, Dietrich voran, um 1225 geschrieben; *Dietrich* und *Wenezlan,* ein Bruchstück, das den Zweikampf mit dem Polenkönig Wenezlan erzählt; *Dietrichs Ahnen und Flucht* oder *daz buoch von Berne* von Heinrich dem Vogler, und *Luarin oder der kleine Rosengarten.* Strophische Dichtungen sind: *Alpharts Tod,* der *grosse Rosengarten,* die *Rabenschlacht, Sigenot, Ecke, Goldemar, Dietrichs Drachenkämpfe, Etzels Hofhaltung.*

Die Entstehung und Bedeutung der Dietrichssage unterliegt den mannigfaltigsten, zum Teil widersprechendsten Ansichten. Der Name Dietrich, der Ort, wo die Sage spielt, Verona, Ravenna, Rom, liessen es früher als selbstverständlich erscheinen, dass der Held der Sage nichts anderes als das epische Bild des Ostgotenkönigs Theoderich des Grossen sei; vergleicht man jedoch den Lebensinhalt beider Dietriche, so stimmt nichts miteinander überein, und man kam deshalb zu der Ansicht, die Sage sei älter als der historische Gotenkönig, wobei dann eine zweite Frage sich aufdrängte: ist in diesem Falle die Sage dennoch historisch, oder ist sie mythisch? Das letztere fände darin einen Halt, dass mit der Dietrichsage die mythische Wielandssage durch dessen Sohn Wittig, tiroler Zwergsagen, der Mythus vom getreuen Eckhardt und Züge des alten Donnergottes verbunden sind. Stimmen übrigens die Lebensschicksale der beiden Dietriche nicht miteinander überein, so scheint die allgemeine Bedeutung, das Ansehen, das der historische Dietrich genoss, um so eher in der Sage sich wiederzuspiegeln, wenn man annimmt, dieselbe sei bei den Alemannen ausgebildet worden; die Alemannen verdankten

Theoderich die Schonung, mit welcher die Franken sie behandeln mussten; Breisach, wo die Sage von den Harlungen spielt, liegt in Alemannien, und an vielen Orten Schwabens wird Dietrich als Bekämpfer schädlicher Ungeheuer genannt, wie denn auch eine Menge Ortsnamen seinen Namen tragen. Karl *Meyer*, die Dietrichsage in ihrer geschichtlichen Entwickelung. Basel 1868.

Diptychen sind bei den Römern der ersten Jahrh. christlicher Zeitrechnung Tafeln von Gold oder Silber, bei einfacher Ausstattung von Holz oder Schiefer, am häufigsten von Elfenbein oder, in Ermangelung dessen, von Kamelbein. Diese Tafeln waren mit Bändern oder Scharnieren versehen, sodass sie wie Bücher auf- und zusammengelegt werden konnten. Die Aussenseiten pflegte man mit Bildschnitzereien zu verzieren, während die inneren Flächen, mit Wachs oder Papyrus überzogen, als Schreibtafeln dienten. Sie wurden, beschrieben und versiegelt, nicht selten als Briefe versandt. Sie waren ein beliebter Gegenstand von Geschenken, die sowohl von Privaten als namentlich von höheren Beamten, Konsuln, Prätoren, Quästoren bei Anlass ihres Amtsantrittes verabfolgt wurden. Die Reliefs stellten deshalb in der Regel die bei jenem Anlass stattgehabten Tierkämpfe dar: oben sitzt der Konsul, von Begleitern umgeben, die Insignien des Amtes in der Hand, das Zeichen zum Beginn der Spiele gebend, unten im kleinern Massstabe finden sich die Spiele selber dargestellt. Solche Diptychen wurden früh für kirchliche Zwecke benutzt. Man pflegte auf demselben die Namen der Märtyrer, der Kirchenvorsteher, der Wohlthäter und anderer hervorragender Gemeindegenossen zu verzeichnen. Diese Tafeln wurden dann während der Fürbitte auf dem Altar aufgestellt und im Abendlande bis ins 12., in der griechischen Kirche bis ins 15. Jahrh. benutzt. Man schmückte sie in christlicher Zeit mit Heiligenfiguren, biblischen oder legendarischen Darstellungen. Eins der berühmtesten Diptychen ist das St. Gallische, das den Namen des Tutilo als Verfertiger trägt. *Rahn*, Bildende Künste. 108 fl.

Directorium humanae vitae, *alias Parabolae antiquorum sapientium* ist eine lateinische Bearbeitung der aus dem *Bidpai* stammenden Novellensammlungen, im 13. Jahrh. von dem getauften Juden Johann von Capua aus einer hebräischen Nachbildung übersetzt, gedruckt zwischen 1470 und 1480 (wahrscheinlich auf Veranlassung Eberhards im Bart), als *Buch der Beispiele der alten Weisen*, Buch *der Weisheit,* der alten Weisen Exempelspruch, zuerst wahrscheinlich Urach 1480, dann Ulm 1483 und öfter.

Disciplina clericalis heisst eine lateinische, im Mittelalter vielfach gelesene Bearbeitung der aus Indien stammenden Novellensammlungen, zu denen *Pantscha-Tantra, Hitopadesa*, die sieben weisen Meister u. a. gehören. Sie wurden verfasst im 12. Jahrh. von einem spanischen Juden Moses, der sich in der christlichen Taufe *Petrus Alfonsus* nannte. Die Quelle war eine arabische. Es sind der Form nach Gespräche zwischen Vater und Sohn, Lehrer und Schüler, zusammen 39 Abschnitte. Herausgegeben von Schmidt, Berlin 1827.

Doktor siehe Universität.

Dolch. Der Name ist im 16. Jahrh. aus dem Slawischen herübergekommen: böhm. poln. der *tulich*, wie Hans Sachs noch *dollich* schreibt. Das Wort hat mit ahd. der *dolk, tolk* = Wunde, altnord. das *dolg* = Kampf, got. der *dulgs* = Schuld, nichts zu thun.

Domherr, Domstift siehe Kanoniker.

Dominikaner- oder **Prediger-Orden.** Sein Stifter ist *Dominikus*, geb. 1170 zu Calaruega im altkastilischen Bistum Osma; er erhielt eine wissenschaftliche Bildung, wurde Domherr zu Osma, als welcher er zur Bekehrung von Mohammedanern und Ketzern ausgesandt wurde. Als Begleiter seines Bischofs lernte er die verkommenen kirchlichen Zustände Südfrankreichs kennen, deren Folge die Ausbreitung der Katharer (Ketzer) oder Albigenser und der Waldenser war. Cistercienser Äbte reisten gerade jetzt im Lande herum, die Ketzer zu bekehren, fanden aber, da sie die Bedürfnisse des Volkes nicht verstanden und als vornehme reiche Herren auftraten, kein Gehör. Nun traten der Bischof Diego von Osma und Dominikus mit ihnen in Verkehr, bereisten in der schlichtesten Kleidung wie Bettler das Land, predigten dem Volk das Evangelium und namentlich die Briefe des Apostels Paulus. Nachdem die Cistercienser und der Bischof in ihre Heimat zurückgekehrt waren, war Dominikus auf sich selbst gestellt. Zu Prouille im Bistum Toulouse gründete er zuerst ein Asyl für Mädchen, die erste seiner Stiftungen; dann erhielt er für sich und seine Gefährten ein Haus zu Toulouse geschenkt, wo die Missionsprediger einen Mittelpunkt fanden. Als dann freilich Innocenz III. Nordfrankreich zu einem Kreuzzuge gegen die Ketzer aufrief, hörte die wandernde Missionspredigt auf, und Dominikus erhielt die Aufgabe, die Verdächtigen und Gefangenen des falschen Glaubens zu überführen. Als er nach dem Kriege in Rom um die Gewährung eines eigenen Ordens einkam, war soeben der Beschluss gefasst worden, keine neuen Orden mehr zuzulassen; die zahlreichen neuen Ordensbildungen des 11. und 12. Jahrhunderts hatten die Kurie ermüdet. So sah sich Dominikus genötigt, eine Gesellschaft von Kanonikern nach der Regel des heiligen Augustin zu bilden, mit Anlehnung an die Regel der Prämonstratenser: Stillschweigen, fast unaufhörliches Fasten, keine Fleischspeise, Armut; als Tracht die der Domherren, langer schwarzer Rock und kurzer, weisser Überwurf ohne Gürtel. Nach Innocenz III. Tode anerkannte Honorius III. im Jahre 1216 *den Orden der Prediger* oder *Fratres praedicatores* und bestätigte ihn durch eine Bulle. Das Wappen des Ordens wurde ein Hund, der wachsame Gefährte des Hirten mit einer brennenden Fackel im Maule. Das erste Kloster blieb das zu Toulouse; schnell wurden andere gegründet; von dem Pariser Kloster im Hause von St. Jacob erhielt der Orden den in Frankreich verbreiteten Namen *Jakobiner*. In Rom reformierte Dominikus die Nonnenklöster nach seiner Regel und wurde wegen seiner Verdienste um die Diener und Hofleute des Papstes zum *magister sacri palatii* ernannt, ein Amt, das immer noch von einem Dominikaner verwaltet wird, und in dessen Händen die oberste Büchercensur liegt. Im Jahre 1219 wurde die Domherrentracht mit derjenigen der Kartäuser vertauscht: weisser Rock, weisses Skapulier mit spitziger weisser Kapuze, darüber beim Ausgehen schwarze Kutte und Kapuze. Erst 1220 wurde auf dem ersten Generalkapitel in Nachahmung der Franziskaner der Grundsatz der völligen Besitzlosigkeit und tägliche Erbettelung der nötigsten Nahrungsmittel festgesetzt. Die Organisation des Ordens stellt Prioren, Provinziale und Definitoren und einen General an. Dominikus starb zu Bologna 1221 und wurde 1233 heilig gesprochen. Gleich den Franziskanern giebt es auch unter den Dominikanern einen dritten Orden, Tertiarier, auch Orden *de poenitentia St. Dominici*.

Der Grundsatz der evangelischen Armut, der bei dem Gründer des Franziskanerordens das treibende Prinzip war, war für Dominikus und seinen Orden bloss Mittel zum Zweck und wurde deshalb schnell aufgegeben. Dagegen waren sie sehr einflussreich durch ihren Verkehr mit den bürgerlichen Ständen, wie sie denn auch ihre Klöster selbstverständlich in den Städten gründeten. Die Bettelorden sind recht eigentlich die Mönchsorden des Bürgertums gewesen. Hauptaufgabe jedoch der Predigermönche blieb, die Wahrheit des christlichen Glaubens innerhalb u. ausserhalb der christlichen Kirche durch Widerlegung und Bekämpfung aller Andersdenkenden zu verteidigen und über der Reinheit der christlichen *Lehre* zu wachen. Zu einem tiefern sittlichen Einstehen für dieses Prinzip nach dem Beispiel des von den Dominikanern am meisten verehrten Apostels Paulus konnte es natürlich nicht kommen, da sie sich sofort in den Dienst des Papstes und der herrschenden Kirche stellten. Ihr Gebiet wurde die Inquisition (Konrad von Marburg), die Censur und die Scholastik; den ersten Lehrstuhl erhielten sie 1228 zu Paris, als infolge von Streitigkeiten die Lehrer der Universität sich auf einige Zeit aus der Stadt entfernt hatten; bald folgten ihnen die Franziskaner in dieses Gebiet. Die beiden Orden wurden, stets miteinander in Streit (vgl. den Art. Scholastik), bis zur Reformation die Träger der scholastischen Theologie; als Thomisten, Skotisten, Nominalisten und Realisten zankten sie sich herum; besonders galt es für die Dominikaner, die von den Franziskanern verteidigte Lehre der unbefleckten Empfängnis Mariä zu widerlegen. Wie tief schliesslich das sittliche Bewusstsein des Ordens gesunken war, zeigt der bekannte Ketzerhandel im Predigerkloster zu Bern vom Jahr 1509; auch des Ablasshandels nahmen sie sich an; *Tetzel* hat ihrem Orden angehört. Andererseits sind auch bedeutende Männer aus ihrer Mitte hervorgegangen: Albertus Magnus, Thomas von Aquino, Meister Ekhard, Johann Tauler, Heinrich Suso, Savonarola, Las Casas, Vincens von Beauvais waren Dominikaner.

Donar ist der zweitgrösste der germanischen Götter, in der Urzeit wahrscheinlich mehr geehrt als Wodan, daher der fünfte Wochentag, *dies Jovis*, zu Donnerstag wurde, der noch heute manche volksmässige Anschauungen bewahrt hat. Während Wodan im sausenden Sturm auf weissem Wolkenrosse reitet, fährt Donar auf einem Wagen durch die Wolken, den vermutlich zwei Böcke zogen. Des Gottes Kinn umwallen die feuerroten Haare seines Bartes, in der Rechten trägt er einen steinernen Keil oder einen gewichtigen Hammer, der, so oft er ihn von sich schleudert, von selbst in seine Hand zurückkehrt. Ihm war die *Eiche* geheiligt, deren rote Farbe an seinen Feuerstrahl erinnerte, und die der Wetterstrahl gern zertrümmerte. Auf ihr haust der Hirschkäfer, Donnerpuppe genannt, der glühende Kohlen auf die Dächer tragen soll. Andere Bäume und Tiere, die wegen ihrer blitzähnlichen *roten* oder *blauen* Farbe zu Donar in Beziehung gesetzt werden, sind der Hagebuttenstrauch und der Vogelbeer- oder Quetschenbaum, die Haselnussstaude, der Erdepheu oder Gundermann, auch Donnerrebe genannt; das rote Eichhörnchen, das Rotkelchen oder Rotschwänzchen, der Hahn, die Heerschnepfe, auch Donnerbock, Donnerziege oder Gewitterziege genannt, besonders aber der Storch mit den roten Beinen. — Donar melkt mit schimmerndem Blitzstrahl die vollen Euter der Wolkenkühe, so dass sie ihre Milch, den Regen, befruchtend zur Erde niederfallen lassen. Vom göttlichen Feuer des Blitzes stammt die Herdflamme, der Mittelpunkt des Hauses, der Familie, des Stammes. Daher ist Donar auch Schützer der Ehe, Spender von Kindersegen, Vorsteher der Sippe, Verteidiger der Gemarkung.

Heilige Gebräuche, die sich anfänglich an den Herd anlehnten, gingen später auf den Ofen über. Donar ist der kräftigste von allen Göttern, er teilt den Menschenkindern Kraft und Stärke mit, er heilt Erkrankte, Menschen sowohl als Vieh, daher gewisse Kuren am Donnerstag vorgenommen werden müssen; durch das Notfeuer, welches durch bohrende Drehung einer Walze in dem Loche eines Pfahles hervorgebracht wird, treibt man das verseuchte Vieh. Da der Blitzstrahl das Erdreich lockert und der nachrauschende Regen den Boden befruchtet, wird Donar zum Frühlingsgotte, ihm danken vorzugsweise die Pflanzen ihr Wachstum. Oster- und Judasfeuer (am Charsamstag) werden ihm zu Ehren im Frühling angezündet, besonders aber um die Zeit der Sommersonnenwende die Sonnwend- oder Johannisfeuer. Auch an Weihnachtsumzügen ist er beteiligt. Auf seinem Wagen durch die Lüfte fahrend, vollführt der Donnerer in den Wolken selbst den gewaltigsten aller Kämpfe, welche die Welt erschauen kann. Er verfolgt die Dämonen, welche das Licht des Himmels, den Glanz der Sonne mit dem Schatten der schwarzen Gewitterwolke, dem Dunkel der Nacht, der Finsternis und Kälte des Winters verdecken und den Lauf des erquickenden Regens zur Erde aufhalten. Aus diesen Dämonen sind im Laufe der Entwickelung die Riesen und Drachen geworden. Von beiden Seiten wird der Streit mit Blitz und Donner geführt, bis der milde Gott den Sieg erringt, der Riese tot zu Boden sinkt, sein Goldhort oder die Frau, die er geraubt hat, befreit sind. Donars Hammer selbst wird Jahr für Jahr im Herbste von den Riesen gestohlen und die sieben Wintermonate hindurch in ihrem Berge versteckt gehalten, bis im Frühling der Gott ihn wieder holt. — Die Skandinavier nannten den Gott *Thor*. Nach *Mannhardt*, Götter, 187 ff. Vergl. ausser Grimm und Simrock noch *Wuttke*, Aberglauben, § 20 ff.

Dorfpoesie, höfische, hat zuerst Lachmann diejenige Richtung der höfischen Lyrik genannt, deren Verfasser zwar wie die Hörer dem höfischen Stand angehörten, deren Gehalt aber und teilweise auch deren Form aus dem Leben der Bauern schöpfte. Sie ging hervor aus einer begreiflichen Reaktion gegen die gebundene, konventionelle, nach Form, Inhalt, Gegenstand der Poesie überhaupt und zumal der Minne rein höfische Lyrik. Gegen sie taucht plötzlich im zweiten Jahrzehnt des 13. Jahrh. eine Lyrik auf, die mit vollem Bewusstsein und mit Entschiedenheit sich von dem Zwange der höfischen Formen lostrennt, die sich nicht mehr mit konventionellen, zarten Empfindungen und weichen Klagen begnügt, sondern mit Humor und Lebenslust sich dem Leben und der Liebe ergiebt. Ihren Ursprung und Hauptsitz hatte diese Richtung am Hofe zu Wien, wo der Erfinder der Gattung, *Nithart von Riuwental*, schon um 1217 thätig war. Am Hofe zu Wien sangen die Fürsten den Frauen den Reigen vor, und diesen samt den begleitenden Liedern, mit welchen das lebenslustige Volk den Beginn des Sommers und der geselligen Freuden des Winters begingen, ahmte Nithart nach, zum Verdruss der an den Sitten des höfischen Lebens festhaltenden Dichter, zumal Walters v. d. V. Es giebt zwei Arten dieser Lyrik: die *Frühlingslieder*, gesungen zur Begleitung des Reigens und im Freien, überwiegend episch gehalten, und die *Winterlieder*, zum Tanz in der Stube. Die meisten Lieder beiderlei Art sind Minnelieder. Nitharts Name war so beliebt, dass das 14. und 15. Jahrh. eine Unzahl von Liedern ihm untergeschoben und Abenteuer nach Art des Eulenspiegels angedichtet hat. Ausser Nithart haben folgende Dichter an dieser Richtung der Lyrik teilgenommen: der *Tannhäuser*, der von *Stammheim*, Leopold von *Scharfenberg*, *Geltar*, Konrad von *Kirchberg*, *Steimmar* aus dem Thurgau und der Zürcher *Hadlaub*. *Lilienkron* in Haupts Z. VI.; *Schröder* in Gosches Jahrb. I.

Doxologien, Lobpreisungen, unterscheidet die katholische Liturgie zwei: die *kleine Doxologie* oder das *kleine Gloria* bestand einfach aus der Formel *Gloria Patri et Filio et Spiritui Sancto in saecula saeculorum. Amen;* bei Veranlassung der arianischen Streitigkeiten setzte die Kirche hinzu: *sicut erat in principio et nunc et semper et in saecula saeculorum.* Die *grosse Doxologie* oder das *grosse Gloria*, auch *Gloria in excelsis* oder der *englische Lobgesang*, *hymnus angelicus* genannt, bestand ursprünglich nur aus den bei Luc. 2, 14 mitgeteilten Worten: *Gloria in excelsis Deo et in terra pax hominibus bonae voluntatis*, zu denen aber ziemlich früh eine Fortsetzung kam, die schon im 5. Jahrh. folgendermassen lautete: *Gloria in excelsis Deo et in terra pax hominibus bonae voluntatis. Laudamus te: benedicimus te: adoramus te: glorificamus te: gratias agimus tibi propter magnam gloriam tuam. Domine Deus, rex coelestis, Deus Pater omnipotens: Domine, Fili unigenite, Jesu Christe, Domine Deus, agnus Dei, Filius Patris, qui tollis peccata mundi, miserere nobis: Qui tollis peccata mundi, suscipe deprecationem nostram: Qui sedes ad dexteram Patris, miserere nobis: Quoniam tu solus sanctus, tu solus Dominus, tu solus latissimus, Jesu Christe, cum Sancto Spiritu in gloria Dei Patris. Amen.* Bis in das 12. Jahrh. durfte der Hymnus nur von den Bischöfen, von den Priestern nur am Osterfeste gebraucht werden. Er gehört zu denjenigen Katechismusstücken, die in der Karolingerzeit ins Deutsche übersetzt worden sind. Siehe *Müllenhoff* und *Scherer*, Denkmäler, LVI.

Drache. Während in der christlichen Ansicht der Begriff böser und teuflischer Schlangen vorwaltet, verehrte das Heidentum mehr gütige, wohlthätige Schlangen; die Schlange ist ein heilbringendes, unverletzliches Tier, dem die Langobarden eine eigene Verehrung widmeten. Sie kriecht oder ringelt sich auf dem Boden; stehen ihr Flügel zu Gebote, so heisst sie *Drache*, aus lat. *draco*, aber schon früh eingeführt. Der deutsche Name, welcher allgemeiner auch die Schlange mit begreift, ist *wurm* oder *lint*, daher die Doppelnamen *Linddrache*, *Lindwurm*. Aus diesem *lint*, mit dem sich der Ausdruck des Schönen, Schmeichelnden verband, sind viele Frauennamen gebildet: *Sigilint*, *Reginlint*, *Ermanlint*, *Eburlint*, *Gêrlint*, *Winilint*. Die herrschende Vorstellung von den Drachen war die, dass sie auf dem Gold liegen und davon leuchten, die Schätze bewachen und nachts durch die Lüfte tragen. Sie galten gleich den Riesen für alt und hochbegabt. Amt der Helden war es, Riesen und Drachen aus der Welt auszutilgen, Thor selbst bekämpft die Midgartsschlange, und Siegemund, Siegfried, Beowulf und viele andere, z. B. Struthan Winkelried, sind tapferste Drachenüberwinder. Der Besieger erhält ausser dem Goldhort noch andere Vorteile: der Genuss des Drachenherzens bringt Kunde der Tiersprache zuwege, und das Bestreichen mit Drachenblut härtet die Haut. Nach alter Sitte werden Ringe und andere Geschmeide gern in Schlangenform gearbeitet, so auf Helmen und besonders auf Fahnen. Der fliegende Adler über einem Drachen oder Löwen war das Feldzeichen der Sachsen Auf der Säule Trajans erscheinen Drachengestalten als fahnenartige Feldzeichen, sowohl unter der Kriegsbeute als in den Darstellungen. Eine grosse Rolle spielt der Drache in der christlichen Symbolik und Malerei. Seine Gestalt ist nicht mehr, wie im heidnischen Altertum, diejenige einer geflügelten Riesenschlange, sondern eines zwitterhaften Ungetüms von sehr zusammengesetzter Art. Er erinnert an die vorsündflutliche Tierwelt, eine Rieseneidechse oder einen Saurier. Er ist gleichzeitig Säugetier, meistens Raubtier mit Kopf und Vorderleib, Schwimm-, Nacht- und Raubvogel mit seinen Flügeln oder Fängen, Eidechse mit seinen Schuppen und Schilden, Schlange mit seinem Schwanz. Nach einstimmiger Ansicht der Theologen ist er Symbol des Bösen. Nach den Tierbüchern des Mittelalters lebt er vorzüglich in Indien und Äthiopien. Man giebt ihm bald ein kleines Maul, aus dem er seine nadelspitze Zunge herausschnellt, bald einen Rachen von der Grösse des Schlundes eines feuerspeienden Berges. Seine Waffen sind der Schweif und namentlich der verpestete Atem. Der Drache erscheint in der Legende des hl. Julian, St. Romanus, Marcellus, St. Georg und als Attribut ausserdem beim Erzengel Michael und sehr vielen andern Heiligen. *Grimm*, Mythologie 652 ff. — *Lindenschmitt*, Handb. I., 276 ff.

Dragoner gehören eigentlich zum Fussvolk und verdanken ihre Entstehung dem alten Gebrauch, Infanterie hinter die leichten Reiter aufs Pferd zu setzen, um sie auf diese Weise rasch an einen entfernten Ort zu bringen. Sie unterscheiden sich je nach ihrer Bewaffnung in *Pikeniere* und *Musketiere*, deren Waffen und sonstige Ausrüstung denen des Fussvolkes vollständig entsprachen, führten jedoch keine Pistolen. Ihre eigentliche Bestimmung war, zu Fusse zu kämpfen, wovon man jedoch in späterer Zeit abging. Zeit und Umstände der Entstehung dieser Truppengattung sind ebenso unsicher wie die Bedeutung und der Ursprung ihres Namens. Die Entstehung setzt man in die zweite Hälfte des 16. oder erst ins 17. Jahrh.; der Name wird bald von „Drache“ abgeleitet, den sie als Feldzeichen getragen hätten; nach anderen war *dragon* eine englische Bezeichnung für eine Musketenart. *Jähns*, 1216.

Drama. Das Drama entsteht teils aus dem mimischen Spiel einer oder mehrerer Personen, teils aus dem Wechselgespräch, beides im Anfang nicht notwendig vereinigt. Mimische Spiele, Aufzüge, Mummereien sind ohne Zweifel schon in vorchristlicher Zeit vorhanden gewesen und erhalten sich das ganze Mittelalter hindurch, in einzelnen Formen bis heute; sie heissen im Mittelalter *kapfspil*, *schowspil*, die Räumlichkeit, in der sie begangen werden, *spilhof*, *spilhûs*, *schimpfhûs*, (*schimpfen* = Spass treiben). Auch Puppenspiele werden schon im 12. Jahrh. erwähnt. Besonders beliebt und verbreitet war das Frühlingsspiel, das den Kampf des Winters und des Sommers darstellte. „Am Rosensonntag“, erzählt Sebastian Franck, „hat man an etlichen Orten in Franken im April den Brauch, dass die Buben an langen Ruten Bretzeln herumb tragen in der Stadt, und zween angethane Mann, einer in Singrün oder Epheu; der heisst der Summer, der ander mit Gmöss (Moos) angelegt, der heisst der Winter, diese streiten miteinander, da liegt der Summer ob und erschlecht den Winter, darnach geht man darauf zum Wein.“ Wurde dieser Streit zwischen Sommer und Winter in Worte gekleidet und sodann auf andere Gegenstände übertragen, auf Herbst und Mai, Buchsbaum und Felbinger, Ritter und Pfaff, Barmherzigkeit und Wahrheit, so erhielt man eine zweite Quelle des Dramas, die sich zugleich an lateinische Vorbilder anschliessen konnte. Die Gesprächspiele gehen, auch nachdem sich das eigentliche Schauspiel schon lange auf eigene Füsse gestellt hat, ihren selbständigen Gang weiter; aus dem 15. Jahrh. kennt man die *Streitgedichte* Wolf und Pfaffe, Priester und Weib, Christ und Jude, Ritter und Bauer, Frau und Jungfrau, Krieg zweier Frauen, ob Lieben oder Nicht-Lieben besser sei, Herz und Mund, Minne und Welt, Schande und Ehre (*Wackernagel*, Lit. G. § 84.). Bei Hans Sachs heissen sie *Kampfgespräche*, z. B. zwischen Kühnheit und Geduld, zwischen Zorn und Sanftmut, Hoffahrt und Demut, Armut und Reichtum, Jugend und Alter, Tochter und Mutter, Krankheit und Gesundheit. Ein solches Streitgedicht, zugleich aber ein *Rätselstreit* (s. Art. *Rätsel*) ist der *Sängerkrieg auf der Wartburg*, entstanden ums Jahr 1300. Siehe diesen Artikel.

Das eigentliche Drama findet seinen Anfang erst in den kirchlichen Schauspielen; denn die noch älteren lateinisch geschriebenen Dramen, darunter 6 Stücke der Nonne *Hroswith* oder *Roswitha, Hrotsvitha* von Gandersheim, vor 984, welche die unzüchtigen Stücke des Terenz durch christliche Spiele zu ersetzen trachtete, sind gänzlich ohne Nachwirkung geblieben. Die kirchlichen Dramen, die vom 12. Jahrh. an beginnen, heissen in Deutschland *ludi*, in Frankreich *misteria*, altfranz. *mistere*, von *ministerium*, kirchliche Handlung, auch *mysteria* geschrieben, doch ohne Zusammenhang mit *mysterium* = Geheimnis. Sie waren dazu bestimmt, die kirchlichen Feste, vornehmlich die Passion und die Ostern zu verherrlichen. Spieler waren die Geistlichen, der Ort der Aufführung die Kirche, die Sprache lateinisch; sie entwickelten sich aus den Festliturgien. Das bedeutendste dieser Stücke ist der *Ludus paschalis de adventu et interitu Antichristi;* andere heissen *Ludus in resurrectione Domini;* deutsche Stellen wurden vorläufig nur spärlich eingefügt, so der Osterleis „*Krist ist erstanden*“, oder einzelne Lieder, die man besonders gern der *Maria Magdalena*, einer Lieblingsfigur der Osterspiele, in den Mund legte.

Im 14. Jahrh. kommen solche *geistliche Spiele*, wie sie von da an heissen, in deutscher Sprache vor und gehen von den Klerikern auf die Laien über. Weltliche Motive, Auflehnung gegen die Geistlichkeit, Hass gegen das Judentum, teils durch den gewinnsüchtigen Judas, teils durch den Spezerei verkaufenden Krämer vertreten, traten in komischer Auffassung unmittelbar neben das Tragische. Anfangs spielen noch die Kleriker, dann diese mit den Schülern, dann die Schüler allein, endlich nur Laien. Zwar band sich die Aufführung immer noch an die Kirchenfeste, aber der Ort der Aufführung wurde der Markt oder sonst ein freier Platz, wo eine künstliche Bühne errichtet war. Die Frauenrollen wurden von Männern gespielt. Der Umfang des in das Spiel eingeschalteten Gesanges sowohl einzelner Personen als ganzer Chöre ist verschieden; selbst Tanz wurde zugelassen. Doch überwog das Gespräch, nach dem Geschmacke der Zeit in Reimpaaren verfasst, das gelegentlich auf der Bühne nur gelesen wurde. Es war sehr breit ausgesponnen, wie auch die Zahl der mithandelnden Personen bis auf mehrere Hundert steigt. Manche Stücke waren so breit, dass ihre Aufführung sieben Tage in Anspruch nahm. Dem Inhalt nach sind es in erster Linie *Passions-* und *Osterspiele* rückwärts und vorwärts verkürzt oder verlängert, so dass unter Umständen mit der Geburt Christi begonnen und mit der Höllenfahrt und der Himmelfahrt geschlossen wird. Da diese Spiele ähnlich dem Epos aus einem gemeinsamen Kern hervorgehen, fehlen überall Verfassernamen. Nächst der Passions- und

Osterzeit wurden auch die *Weihnacht*, Mariä Verkündigung, Lichtmess, Himmelfahrt, das Fronleichnamsfest mit Spielen gefeiert. Schon bei den zuletzt genannten musste eine passende Handlung erst gefunden werden; ganz selbständige Spiele sind sodann *Totentänze* (siehe diesen Art.), das Spiel *von den klugen und den thörichten Jungfrauen*, das von der *keuschen Susanna*, von der heiligen *Dorothea*, von *Theophilus*; im Spiel von *Frau Jutten* hat der Geistliche *Theoderich Schernberg* um 1480 die Geschichte von der Päpstin Johanna behandelt. *Wilken*, Geschichte der geistlichen Spiele in Deutschland. 1871.

Noch mehr als die Osterspiele schliessen sich die *Fastnachtspiele* an vorchristliche Überlieferungen und Gebräuche an. Anfänglich blosse Gelegenheitsmummerei, Strassen- und Kirchenlauf, oft, wie die geistlichen Spiele, in Form eines gerichtlichen *Prozesses*, werden sie im 15. Jahrh. litterarisch ausgebildet, und zwar zu *Nürnberg* durch *Hans Rosenblüt*, den Schnepperer, und durch *Hans Folz*. Sie wurden nicht öffentlich und im Freien, sondern von umherziehenden munteren Gesellen in den Räumen befreundeter Häuser aufgeführt. Bald sind ihrer bloss ein Paar, bald mehr, bis 12 oder 14, die in leichter Vermummung fremdartige Gestalten darstellen, wilde Männer, Bauern, Bettelvolk, allegorische Figuren. Den Stoff der Handlung bieten Szenen des täglichen Lebens, beim Kauf auf dem Markte, vor Gericht, Ehezwiste, Zank des Gesindes. „Mit einer Erfindungskraft von staunenswerter Ausgiebigkeit wurden die Verhältnisse des Geschlechtes zum Gegenstande des schamlosesten, im Schmutze seligen Witzes gemacht und in immer neuen Wendungen enthüllt und verhöhnt. Die brutale Roheit der Sitten hat in diesen Spielen den höchsten Grad erreicht; jeder Sprechende ein Schwein, jeder Spruch eine Roheit, jeder Witz eine Unfläterei.“ Goedeke, I, § 93. Ausser Nürnberg haben Bamberg und Augsburg an der Entstehung dieser Spiele einigen Anteil.

Gegen das Ende des 15. Jahrh. treten in der Geschichte des deutschen Schauspiels von mehreren Seiten her neue Regungen und Bewegungen auf.

In den Kreisen der Humanisten wurden die Dramen des *Plautus* und *Terenz*, später auch griechische des *Aristophanes* von den Schülern aufgeführt und in Nachahmung antiker Muster zahlreiche Neudichtungen versucht; dahin gehören lateinische Schauspiele von *Wimpfeling*, *Reuchlin*, *Jak. Locher*, *Conrad Celtes*, *Christoph Hegendorf*, *Thomas Naogeorgus* (Kirchmair) von Straubing, *Georg Macropedius*, *Nicodemus Frischlin* u. a. *Goedeke*, § 113.

Schon vor der Reformation fing man an, neben Plautus und Terenz auch solche neuere Dramen zu übersetzen, natürlich im Gewande und Verse der Zeit. *Albrecht von Eibe*, Domherr zu Bamberg, gest. 1485, übersetzte die *Menaechmi* und *Bacchides* des Plautus, *Hans Nythart* von Ulm 1486 den Eunuchen des Terenz, 1499 ein Ungenannter den ganzen Terenz, erschienen zu Strassburg. Von neulateinischen Stücken wurde der *Henno* des Reuchlin, der *Acolastus* (verlorene Sohn) des *Gnaphaeus* und manche Stücke des *Naogeorgus* übersetzt und aufgeführt, Hans Sachs bearbeitete den *Plautus* des Aristophanes nach einer lateinischen Bearbeitung (der griechische Text war zu Zürich im Jahr 1531 unter Zwinglis Leitung aufgeführt worden), von Terenz den Eunuchen und die Menächmen, von *Macropedius* den *Hekastus*.

Im Anschlusse an solche fremde Stücke und zugleich durch das wachsende städtische Volksleben, in Deutschland durch Luthers Teilnahme gefördert, entstand im Beginn des 16. Jahrhunderts ein ausgebildetes Schauspiel. Das schweizerische, das am Rhein herab wirksam blieb, ging mehr vom Volke, das mittel- und norddeutsche mehr von der Geistlichkeit und der Schule aus. In der *Schweiz* ist *Bern* repräsentiert durch *Niklaus Manuel* und *Hans von Rüte, Basel* durch *Gengenbach, Sixt Birck, Joh. Kohlros, Valentin Boltz, Zürich* durch *Jakob Ruof, Biel* durch *Jak. Funckelin.* — In *Sachsen* und *Hessen* wirken *Joachim Graff* und *Paul Rebhun*, beide von Zwickau; in Augsburg *Sebastian Wild*, in Nürnberg ausser *Hans Sachs Leonhard Culman*; überhaupt ist diese Dichtung dem Leben der Zeit gemäss durchaus lokalisiert, und es sind nur sehr wenige, darunter in erster Linie *Hans Sachs*, welche über die Mauern ihrer Vaterstadt hinaus wirksam zu werden vermochten.

Was die Stoffe anbelangt, so sind es mit Vorliebe *biblische*, mehr aus dem alten als dem neuen Testament: Adam und Eva, Abraham und Opferung Isaaks, Isaak und Rebekka, Jakob, Joseph, Hiob, das goldene Kalb, Josua, David und Goliath, David und Salomo, Absalom, Judith, Tobias, beide letztgenannten durch Luther empfohlen, Belagerung Babylons, am häufigsten Susanna im Bade. Aus dem neuen Testament: Weihnachtsspiele, Johannes der Täufer, Hochzeit zu Cana, das jüngste Gericht, am seltensten die Passionsgeschichte; dramatisierte Parabeln vom Weingarten des Herrn, vom verlorenen Sohn (*Acolastus*), vom reichen Mann und armen Lazarus.

Zwar diente, wie überhaupt die ganze Litteratur dieser Periode, so auch das Spiel der Lehre, auch wo biblische oder profane Geschichte dargestellt war; es giebt aber solche Stücke, die von vornherein lehrhaften Stoff im engern Sinne besonders satirisch behandeln; dahin gehören die Gauchmatt, die zehn Alter und der Nollhard von Gengenbach, die fünf Betrachtungen zur Busse von Kolros, Wohl- und Übelstand der Eidgenossenschaft von Jakob Ruof, der Welt Spiegel von Boltz, die Narrenschule von Herport.

Am liebsten aber bewegte sich Lehre und Satire auf dem Gebiete der Reformationsstreitigkeiten. Dahin zählt das von W. Farel in französischer Sprache erdichtete und öfter deutsch übersetzte *Spiel im königlichen Saale zu Paris*, die Fastnachtspiele des Niklaus Manuel: Vom Papst und seiner Priesterschaft, Ablasskrämer, Barbali, Elsli Tragdenknaben (ältere Ausgabe von Grüneisen, neuere von Bächtold, Niklaus Manuel, Frauenfeld, 1878); andere Stücke der Art sind: Johannes Huss, 1537; der neue deutsche Bileamsesel von Cammerlander, um 1542.

Zu weltlichen Stoffen des Romans, der Geschichte und der Sage griff man im allgemeinen seltener, Hans Sachs ausgenommen, der überhaupt den Kreis des zeitgenössischen Stoffes weit überschreitet; er hat in seinen 208 dramatischen Stücken Stoffe aus Boccaccios Decameron und den Büchern der durchläuchtigen Frauen dramatisch bearbeitet, aus Sebastian Francks Weltbuch, Albert Krantz' Chronik von Dänemark, aus Homer, Herodot, Plutarch, Xenophon, Ovid, Sueton, Livius; dem deutschen Heldenbuche entnahm er einen Hörnen Seifried, wobei freilich zu bedenken, dass dieser Dichter seine Stoffe, wo immer er sie fand, sowohl für lyrische als epische als dramatische Dichtungen verwendete. Von anderen Dichtern hat man aus dieser Zeit die *Historia Magelonae*, Octavianus und die sieben weisen Meister, Wilhelm Tell, Frau Wendelgart Lucretia, Damon und Pythias, Zerstörung von Troja.

Von den antiken Stücken hatte man nunmehr auch die Unterscheidungsnamen *Tragödie* und *Komödie* kennen lernen, ohne dass man irgendwie über das innere Wesen derselben Aufschluss erhalten hätte; Hans Sachs nennt diejenigen Stücke, in denen ein Krieg vorkommt, Tragödie, die andern Komödie; gern benutzte man deshalb zur Aushilfe *Tragikomödie*, oder man behielt das alte Wort *Spiel* bei. Das geistliche Spiel im engern Sinne wurde in protestantischen Gegenden natürlich nicht weiter geübt, auch das einfachere Fastnachtspiel ist, aber veredelt, nur von Hans Sachs und Jakob Ayrer fortgeführt. Den antiken Mustern entnahm man auch die Einteilung in Akte und Szenen, ebenfalls ohne tiefere Einsicht.

Wie im älteren geistlichen Spiel liebte man es jetzt noch Musikstücke einzuflechten, seis am Anfang oder Ende, seis sonst an passenden Orten. Einzelne gelehrte Dichter machten den Versuch, antike Vers- und Strophenmessung, andere welsche Rhythmen nachzuahmen, besonders Paul Rebhuhn. Zur Belebung des immer noch sehr gebundenen Seelenlebens der handelnden Personen wurde etwa die Mundart verwendet. Die Aufführung der Stücke durch die jüngere Bürgerschaft geschah unter Aufsicht und Unterstützung der Obrigkeit, bei einfachster Bühnenzurüstung und Maschinerie, dagegen mitunter kostbarer Kostümierung, die stets der gegenwärtigen Tracht entnommen wurde. Mitten in die ernste Handlung wurden ohne Anstand komische Szenen eingeschoben, besonders an Ärzte, Juden, den Teufel und den Narren sich anschliessend. Mancherorts spielten die Meistersinger, z. B. in Augsburg, oder Liebhabergesellschaften.

Der frische Aufschwung der Volksspiele durch die Reformationsbewegung erlahmte bald in der allgemeinen Erlahmung des geistigen Lebens; einzig Hans Sachs hielt solange er lebte und noch längere Zeit nachher, durch den Einfluss seiner Schriften die Erinnerung an frühere Jahrzehnte aufrecht. Sonst trat das Schauspiel mehr und mehr in den Dienst der Schule, besonders seitdem die Jesuiten diese Gattung für ihre Anstalten nach ihrem Geiste ausbildeten und protestantische Anstalten mit ihnen in protestantischem Geiste wetteiferten; der Hauptsitz dieser letztern Thätigkeit war Strassburg.

Nur *Nürnberg* hatte in *Jakob Ayrer*, gest. 1605, eine Art Nachfolger von Hans Sachs, der sogar noch Fastnachtspiele schrieb, doch kommt er seinem Vorgänger weder an Form noch Gehalt nahe. Dagegen ist seine Thätigkeit dadurch interessant, dass sich in einigen seiner Stücke zuerst der Einfluss der *englischen Komödianten* zeigt. Schon während der Jahre 1556—84 wurden englische Musiker, Fiedler, Trompeter und Pfeifer am markgräflichen Hofe in Preussen gehalten. Später findet man ähnliche Truppen an anderen Höfen, die zugleich Musiker, Schauspieler, Seiltänzer u. dgl. sind; vor 1586 spielte eine solche Truppe am dänischen Hofe, später in Dresden, Wolfenbüttel, Kassel, von welcher häufige Kunstreisen in zahlreiche Städte Mittel- und Süddeutschlands unternommen wurden, so nach Frankfurt, Ulm, Augsburg, Basel, Nürnberg, Stuttgart, Darmstadt, Regensburg. Diese englischen Komödianten, Zeitgenossen Shakespeares, einige von ihnen ohne Zweifel seine Gehilfen, spielten anfangs in englischer Sprache, später, besonders als deutsche Schauspieler ihnen beitraten, deutsch; als es schon ganz deutsche Schauspielertruppen nach Art der älteren englischen gab, hiessen sie immer noch englische Komödianten. Man kennt den Charakter der von ihnen gespielten Stücke, die zum Teil auf englische Quellen, namentlich Shakespeare, zurückgingen, zum Teil auf älteren deutschen ruhten, teils aus *Jakob Ayrers* Spielen; denn dieser war ihr Zuschauer gewesen und hatte ihre Art nachgeahmt; teils aus einer im Jahr 1620 ohne Angabe des Druckortes herausgekommenen Sammlung von 20 Stücken: „Englische Comedien und Tragedien,“ teils aus den Stücken des Herzogs *Heinrich Julius von Braunschweig*, 1564—1613, herausgegeben von Holland, Bibl. des litt. Vereins zu Stuttg. 1855.

Die Bedeutung der englischen Komödianten liegt nicht in der Einführung des *Clowns*, den man in Deutschland nach dem niederländischen Namen *Pickelhäring* und die Zwischenspiele, die nur für ihn bestimmt waren, *Pickelhäringsspiele* nannte; noch weniger liegt sie in der barbarischen Sittenlosigkeit, welche ihren Stücken zum Teil eigen ist; sondern darin, dass sie zuerst in Deutschland die persönliche, individuelle *Kunst* des Mimenspiels aufbrachten und zugleich diejenigen Bühneneinrichtungen einbürgerten, die seitdem dem Theater eigen geblieben sind. Sie selber mussten noch in passenden Lokalen anderer Art, Fechtschulen, Ballhäusern, Rathäusern spielen; das erste Theater baute Landgraf Moritz von Hessen in Kassel, zu Ehren seines Sohnes *Ottonium* genannt. Seit den englischen Komödianten giebt es in Deutschland einen Schauspielerstand.

Mit dem 30jährigen Kriege hörte das Schauspiel fast überall auf, eine Belustigung des Volkes zu sein; es wurde entweder bloss *Lesedrama* oder ging an die Höfe über, und zwar entweder als Oper (siehe diesen Artikel) oder als Gelegenheitsdichtung ganz im Geiste der Opitz'schen Poetik. Fürstliche Hochzeiten, Kindtaufen und Geburtsfeste wurden mit hofmässigen Schauspielen gefeiert. Aus den Gelegenheitsschauspielen, die eine ernsthafte Handlung in hohem Stelzenschritt und daneben oder darin eine lustige Handlung mit flachen Spässen und Prügeleien vorstellten, entwickelten sich die *Haupt-* und *Staatsaktionen* gegen das Ende des 17. und im Beginn des 18. Jahrh.; die älteren komischen Figuren wurden darin durch die neueren des Pickelhäring und Hanswurst ersetzt. Der einzige namhafte dramatische Dichter der zweiten Hälfte des 17. Jahrh. ist *Andreas Gryphius*, in dessen Werken der Einfluss der Antike, Shakespeares, der Volksschauspiele deutlich zu erkennen sind. Darzustellen, wie dann der französische Geschmack in Deutschland einheimisch wird und gegen ihn antiker und englischer Geschmack ankämpft, gehört nicht in den Rahmen dieser Skizze. Vgl. *Prutz*, Geschichte des deutschen Theaters, *Devrient*, Gesch. der deutschen Schauspielkunst, und ausser den Litteraturgeschichten namentlich von Gervinus, Wackernagel, Goedeke und Scherer, die Einleitungen zu: Schauspiele aus dem 16. Jahrh., herausg. v. Tittmann, 2 Bde.; Hans Sachs, die Schauspiele der englischen Komödianten, die Schauspiele des Herzogs H. J. von Braunschweig, Andreas Gryphius, sämtlich in den Sammlungen „Deutsche Dichter des 16. resp. 17. Jahrh. von Goedeke und Tittmann. Leipz. Brockhaus.

Dreikönigsfest, Epiphanias; wie in den meisten kirchlichen Festen kreuzen und verbinden sich hier heidnische und christliche Anschauungen und Gebräuche. Der Dreikönigstag, 6. Januar, ist der Schluss der *Zwölfnächte*. Die Nacht auf Epiphanias hiess im Mittelalter *giperaht naht*, die leuchtende Nacht, oder *perhtennaht*, *perhtentag;* der Tag galt als der Tag der *Bertha*. Im Gegensatz zu den Zwölfnächten, wo die Sonne im Stillstand ist, weshalb sich kein Rad drehen darf, scheint man an diesem Tage das wieder beginnende Vorrücken der Sonne gefeiert zu haben; der Stern, ursprünglich das Sonnenrad, muss sich *drehen*. Noch jetzt knüpft sich an den Tag zahlreicher Aberglaube, *Wuttke,* § 79. Die christliche Legende setzt auf diesen Tag die Anbetung des Christuskindes durch die *Weisen vom Morgenlande*; die Dreizahl ist dem dreifachen Geschenk, Gold, Weihrauch, und Myrten, nachgebildet, wenn nicht auch darin eine Erinnerung liegt an die wohlthätige Wanderung der oft als Dreiheit gedachten germanischen Gottheit in den Zwölfnächten; frühere Jahrhunderte nahmen die Zahl 12 oder 15 an. Hinsichtlich ihres Ranges und Standes dachte man sich die *Magier* als sternkundige Gelehrte, Astrologen oder als Zauberer; erst später schloss man aus den königlichen Geschenken, dass es Könige gewesen seien.

Beda Venerabilis, 672—735, erwähnt zuerst ihre Namen Kaspar, Melchior, Balthasar; andere nennen sie anders: *Appellus, Amerus* und *Damascus*, oder *Magalach, Galgaluth* und *Saracin*, oder *Ator, Eator* und *Peratoras*. Ihre Leichname sollen im Jahre 1162 aufgefunden und nach Mailand in die Eustorgiuskirche gekommen sein; bei der Eroberung Mailands schenkte sie Barbarossa dem Erzbischof von Köln; sie liegen noch im Kölner Dom. Bekannt ist die alte Sitte, dass am Dreikönigtag drei Leute in abenteuerlichem Kostüm, deren Hauptsprecher einen blitzenden Stern voranträgt, um eine milde Gabe, das sog. *Sterndreherlied* singen, es fängt an: Gott, so wollen wir loben und ehren, die heiligen drei Könige mit ihrem Stern, sie reiten daher in aller Eil, in dreissig Stunden vierhundert Meil; oder: die vier heiligen drei Könige mit ihren Stern u. s. w., öfter abgedruckt.

In Frankreich findet an diesem Tag das Bohnenkönigsfest statt. Ein grosser Festkuchen enthält im Innern eine Bohne. Derselbe wird in so viel Stücke zerschnitten, als Familienglieder vorhanden sind; wer in seinem Stücke die Bohne hat, wird Bohnenkönig und gilt an diesem Tag als Herr und König.

Drude, die, ist altnordisch als *Thrûdhr* der Name einer Schlachtjungfrau, althochdeutsch in zahlreichen Frauennamen erhalten: *Alpdrût, Regindrût, Irmindrût, Amaldrût, Gêrdrût, Sigidrût, Trûdhilt.* Mit Einführung des Christentums ging der Name der halbgöttlichen Jungfrau in den von Hexe, Unholdin über, besonders diejenige, welche als *Alp* die Schlafenden drückt. Ihre ursprünglich gute Bedeutung ist in Tirol erhalten, wo man sie noch für eine schöne Frau hält; an anderen Orten sind es alte, in Waldlöchern hausende Weiber, hässlich anzuschauen. Sie treiben nächtliche Künste, kommen nachts als Alp mit leisen Schritten an das Bett des Schlafenden, auch in Gestalt eines weissen Bündels, legen sich auf den Schlafenden, drücken ihn, dass er sich nicht regen, nicht atmen, nicht rufen kann. Ein anderer Name ist Mare, Mahrt, Nachtmar. *Grimm,* Wörterb., Art. *Drude.* — *Wuttke,* Aberglaube, § 402 ff.

Drudenfuss, *Pentagramma, Pentalpha,* Alpkreuz, Drudenkreuz, *Salus Pythagorae,* ist ein aus zwei verschränkten gleichseitigen Dreiecken gebildeter fünfeckiger oder sechseckiger Stern, galt im Mittelalter als Schloss und Riegel gegen das Eindringen oder Entweichen böser Geister. Eigentlich sind es Vogelfüsse (Gänsefüsse), die das geisterhafte Wesen des zu Verscheuchenden bezeichnen; gewöhnlich werden vier lange Zehen angegeben, drei nach vorn, eine nach hinten. Weiber, welche plattfüssig sind, kommen daher am meisten in den Verdacht, dass sie Druden abgeben. Das Zeichen wird verschiedentlich angebracht, am Fussgestelle der Bettstatt, an der Schwelle, an Gefässen, Büchern, Gerätschaften, an Dorfschenken als Aushängeschild.

Du, Duzen. Unter diesem Wort mögen einige Andeutungen über die Art der persönlichen *Anrede* in älterer Zeit Platz finden. Die gotische Sprache kennt wie die griechische und lateinische bloss die naturgemässe Anrede der Einzelperson in der Einzahl: *hails thiudans!* später noch altdeutsch: *heil herro, heil liebo!* Die erste eingreifende Verrückung des Numerus beim Pronomen stammt aus den königlichen Kanzleien; in Nachahmung des römischen oder byzantinischen Geschäftsstiles be zeichneten die deutschen Könige Theoderich, Pipin, Karl und die folgenden ihre *imperatoria Majestas* dadurch, dass sie von sich im Plural schrieben. Allmählich drang dieser Plural vor in die Schreiben der Bischöfe, Äbte, Grafen u. dgl. Das geschah also in der *ersten* Person. Im 8. und noch mehr im 9. Jahrh. ging dieser Plural in die Anrede, also in die zweite Person über, das Ihrzen der Könige wird geläufiger. Im Waltharilied redet die Hunnenkönigin Ospirin ihren Gemahl mit *vos* an, ebenso Waltharius den König, während Hagen, Gunther und alle kämpfenden Helden sich duzen. In deutscher Sprache redet zuerst Otfried den Bischof Salomon in seiner Widmung der Evangelienharmonie mit *ir* an. Unter dem ganzen Volk hatte sich aber das Ihrzen der Könige und Fürsten schwerlich schon verbreitet. In den höfischen Gedichten des 12. und 13. Jahrh. ist das majestätische *Wirzen* überall gemieden, der Fürst spricht mit *ich*; dass die geistlichen Gedichte das *du* Fürsten gegenüber anwenden, ist Nachahmung der biblischen Anrede. Den weltlichen Gedichten ist, wo sie ritterlichen Stoff behandeln, das Ihrzen gemein, der Kaiserchronik, dem Alexander, der Eneit, dem Rother, Tristan etc. Im Annolied wird gesagt, dass man den Julius Cäsar, um ihn zu ehren, geihrzt habe. Die Hauptregeln der Anrede in der höfischen Zeit waren: unter Seitenverwandten, Könige und Königinnen manchmal ausgenommen, gilt *du*, Eltern gaben den Kindern *du*, der Vater empfing von Sohn und Tochter *ir*, die Mutter vom Sohn *ir*, von der Tochter *du*. Eheleute ihrzen sich. Liebende, minnewerbende nennen sich *ir*, gehen aber leicht in das vertrauliche *du* über; in Minneliedern wird meist *du* angestimmt. Der Geringere giebt dem Höhern *ir* und erhält *du* zurück. In der Kaiserchronik *duzt* der Papst den Kaiser und wird von ihm *geihrzt*. Zwischen Freunden und Gesellen gilt *du*; doch galt das *ir* als besonders höfisch, und wenn im Nibelungenliede die Ritter sich mehr, als sonst geschieht, duzen, so scheint das Überrest des volksmässigen Elementes. Frauen, Geistliche und Fremde erhalten *ir*, dafür sind aber Frauen und Geistliche gegen Geringere leicht höflicher als Männer und Weltliche. Personifizierte Wesen werden vom Dichter *geihrzt*, z. B. Frau Minne, Frau Abenteuer. Das gemeine Volk bleibt noch beim *Duzen* stehen. Leidenschaftliche, bewegte Rede achtet der Sitte nicht und zieht bald trauliches *du*, bald höfliches *ir* vor.

Im Laufe des 14., 15. und 16. Jahrh. blieben die Verhältnisse der Anrede ungefähr wie sie das 13. geregelt hatte, nur dass bei Königen, Fürsten und anderen Trägern hoher Würden im 15. und 16. Jahrh. die *Titel* Majestät, Fürstliche Gnaden, Strenge, Feste, Weisheit u. dgl. überhand nahmen und wenigstens beim Beginn der Rede das unmittelbare *ir* verhinderten. Zu jenen Titeln wurde, je nachdem sie im Singular oder Plural angewendet waren, das Verb. in der *dritten Person* des Singular oder Plural konstruiert: Euer kaiserliche Majestät *hat* befohlen, Euer fürstlichen Gnaden *sind* der Meinung; aber schon das beigefügte Possessiv *Euer* zeigt, dass daneben immer noch geihrzt wurde: aus der dritten Person konnte im Verfolg der Rede in das direkte *ir* übergegangen werden. Solche Titel galten auch für den Fall der wirklichen dritten Person, beim Erzählen, und dann wurde das entsprechende Possessiv damit verbunden: *Seine* Majestät, *Seine*, des Fürsten, Gnaden, wobei man aber irrig durch den Plural des Verbums zu dem pluralen Possessiv *ire, iro, Ihro* verleitet wurde. *IFG* heisst: Ihro fürstliche Gnaden. Aus sog. „Rethoriken" jener Zeit lässt sich umständlich ersehen, wie es mit dem *ihrzen* und *duzen* gehalten wurde. Die Strassburger, 1511 gedruckte, erteilt folgende Anweisungen: der Kaiser duzt alle Geistlichen bis an den Papst, die Geistlichkeit *ihrzt* sich in ihren Schriften, ebenso *ihrzen* sich gleiche weltliche Fürsten und Grafen. Ritter werden von Fürsten geihrzt. Alle Edelleute *duzen* einander; wen sie nicht für edel halten, den *ihrzen* sie „zu merken dass er ein Burger oder nit tuzens von inen gnoss sei." Keinem unedlen Mann, wie hoch verdient oder verfreit er sei, geziemt es einen Edelmann zu *duzen*, er sei ihm denn nahe verwandt. Kinder *ihrzen* ihre Eltern, doch die Kinder der Edelleute *duzen*. Eltern *duzen* ihre Kinder, solange sie nicht in einen höhern Stand treten. So stand es bis etwa in den Beginn des 17. Jahrh., um welche Zeit, wahrscheinlich nach französischem Beispiel, die Benennung *Herr* und *Frau* nicht mehr wie früher eine wirkliche Superiorität des Angeredeten über den Anredenden zu erkennen gab, sondern zu einem blossen Höflichkeitszeichen herabsank. In unmittelbarer Anrede liess sich nun freilich mit diesen Titeln das Pronomen *ihr* verbinden; allein man fing an, sie gleich den übrigen höhern Titeln direkt in der *dritten Person* zu verwenden, und als sie immer weiter um sich griffen, bald mit ausgelassenem Substantiv das bare Pronomen *er* und *sie*, zu dem Verbum dritter Person konstruiert, statt der direkten Anrede zu setzen. Dieses *er* oder *sie* überbot die Höflichkeit des *ihr*, welches fortan eine blosse Mittelstufe der Vertraulichkeit oder Geringschätzung abgab, während *du* die unterste Stufe ausdrückte.

Eine neue Verschraubung der natürlichen Anredeverhältnisse wurde gegen den Schluss des 17. Jahrh. ersonnen, die mit der bisherigen eine Zeitlang zu kämpfen hatte, aber ungefähr zwischen 1730—1740 den Sieg davon trug und durch den jetzt mächtig eintretenden Aufschwung der Prosa befestigt wurde. Als die feinste Höflichkeit kam nämlich auf, dass man *er* und *sie* der *dritten Person* aus dem Singular in den Plural rückte, wonach sich denn auch das Verbum zu richten hatte. Man war also von dem *du* auf das *ihr*, von dem *ihr* zurück auf den Singular *er* und *sie*, von ihnen wiederum auf den Plural *sie* gelangt und hatte die *zweite Person* statt *du bist* anzureden: *sie sind*! Die ersten Spuren dieses pluralen *sie* erscheinen zwischen 1680 und 1690, es ist ein Ausfluss des damals beginnenden *à la Mode*-Stutzertums. Daneben liess man übrigens die älteren Stufen der Höflichkeit, *ihr* und *er* oder *sie* auch nicht fahren, nur dass sie mit der Zeit ihre Bedeutung etwas änderten. Um 1780 stand es folgendermassen: der Edelmann *erzte* seinen Gerichtshalter und Pfarrer, Friedrich d. Gr. seine höheren Civil- und Militärbeamten, der Amtmann den Büttel, der Pfarrer den Küster, der Schulmeister den Schüler, der Schwiegervater den Eidam (Herr Sohn), der Ehemann *siezte* (Singular) seine Frau in vertraulicher Laune (höre se, bestelle sie mir); in der Schweiz redeten gebildete Mädchen den Fremden mit *er* an (*er* tanzt wohl gern?), ehrendes *er* wurde dem Handwerksmeister zu teil, Plural *sie* etwa nur Goldschmieden, Uhrmachern Barbieren, Wirten. *Ihr* bekamen Handwerksgesell, Fuhrmann, Gärtner, Soldat, Bauer, Knecht nnd Magd; *du* war für alle Dienstboten ein Zeichen längerer Vertraulichkeit. *Sie* erhielten alle, die vom Anredenden weder abhängig noch ihm näher vertraut waren. Einzelne ländliche Bevölkerungen hielten wie heute noch am alten *du* fest. In die edle Poesie fand *sie* keinen Eingang, wohl aber *ihr* und *er*, Goethes Hermann *ihrzt* seine Eltern, in Voss' Luise *erzt* der Pfarrer den Schwiegersohn. Nach Grimms Grammatik, IV. 288 ff.

Dukaten, Goldmünze, drei Thaler an Wert, aus ital. *ducato*, mittellat. *ducatus*, franz. *ducat*, mhd. *ducate*, von *dux* = Herzog, weil, wie man behauptet, König Roger II. von Sizilien, als *Herzog* von Apulien, zuerst diese Goldmünze 1140 prägen liess mit der Inschrift: *sit tibi, Christe, datus, quem tu regis, iste ducatus.* Der Name kommt in Urkunden von 1181 und 1185 vor, geprägt wurden sie in Venedig zuerst 1280. Im 16. Jahrh. erscheinen auch die Formen *trucktaten* und *ductaten*. Grimm, Wörterbuch.

Dusek, Duseke. Disak, Disecken, aus böhmisch *tesák*, heisst ein im 15. und 16. Jahrh. oft genanntes, breites, gewöhnlich hölzernes Schwert ohne Heft, statt dessen ein Griff oder eine Öffnung in die Klinge gemacht war, wie ein Nadelöhr, so gross, dass man mit der Hand hindurchgreifen konnte.

E.

Ecbasis, siehe Tiersage.

Eckhart, der getreue, ist eine Gestalt aus dem Kreise der deutschen Heldensage, der Sohn der Hachc, der Pfleger der Söhne Harlungs, die Ermenrich töten liess, ein Held Dietrichs von Bern, mit dem er im Mythus die Teilnahme an der wilden Jagd teilt. Eckhart zieht vor dem wütenden Heere her mit Holda und ist verwünscht, bis zum jüngsten Tage im Venusberg zu weilen. Wenn Holda nach der Sage mit dem wütenden Heere aus ihrem Berge zieht, schreitet der treue Eckhart als ein alter Mann mit langem Barte und weissem Stabe vorauf. Dieser warnt jedermann, aus dem Wege zu gehen. Einmal begegneten ihm zwei Kinder, die soeben einen Krug Bier für ihre Eltern aus dem Wirtshause geholt hatten. Das wütende Heer hielt sie an, riesige Männer nahmen ihnen den Krug ab und leerten ihn. Die Kleinen weinten bitterlich. Aber der treue Eckhart beruhigte sie und sagte, sie sollten nicht bange sein, der Krug werde sich wieder füllen und niemals leer werden, solange sie verschwiegen hielten, woher die Wundergabe komme. Als die Kleinen auf die Anfragen der Eltern und Nachbarn schliesslich doch ausschwatzten, versiegte das Bier.

Edda ist der Name zweier aus dem altnordischen Altertum erhaltenen Lieder- und Sagensammlungen, gewöhnlich *ältere* und *jüngere* Edda geheissen. I. *Die ältere Edda.* Den Namen Edda = Ältermutter, *fem.* von *Aetti* = Vater, erhielt die ältere Sammlung erst durch den Bischof Brynjulf Swendsen zu Skaltholt, welcher im Jahre 1643 die älteste Handschrift, den *codex regius*, auffand und einer Kopie derselben den Titel *Edda Saemundar hinns froda*, Edda Sämund des Gelehrten, vorsetzte; dieser Sämund ist Sämund Sigufson, von seiner Gelehrsamkeit zubenannt, 1055—1133, der Stifter einer der ältesten isländischen Schulen. Beweise dafür, dass Sämund der Sammler der Edda gewesen sei, hat man keine. Jedenfalls sind die Lieder auf dem Festlande gedichtet und von den Isländern mit nach der Insel gebracht und so gerettet worden. Die ältesten Lieder werden dem 6. Jahrh. zugeschrieben. Alle haben den Stabreim. Man unterscheidet, obgleich nicht gleichmässig, mythologische Lieder und Heldenlieder. Zu den *mythologischen* gehört:

1. *Völuspâ* oder die Weissagung, das Gesicht der Wala, die Seherin Wala enthüllt die ganze Geschichte des Weltalls in mythischer Fassung.

2. *Grimmismâl*, d. i. Gesang Grimmirs, eines Namens, unter dem sich *Odhin* verbirgt; dieser, von seinem Pflegesohn als Zauberer gequält, beklagt seine Lage und schildert im Gegensatze die zwölf Wohnungen der Götter und die Herrlichkeit Walhallas.

3. *Vafthrudnismâl*, d. i. Gesang Wafthrudnirs. Odhin lässt sich mit dem Riesen Wafthrudnir in einen Wettkampf der Weisheit ein über Fragen kosmogonischen und mythologischen Inhaltes; der Riese verliert Wette und Haupt.

4. *Hrafnagaldr Odhins*, Odhins Rabenzauber, das dunkelste aller Eddalieder. Nach Simrock lässt sich der allgemeinste Sinn des Liedes dahin angeben, dass die Götter in dem Eintritt der Winterzeit ein Sinnbild des nahenden Weltunterganges erblicken, da sie beim Abfall des Laubes von trüben Ahnungen ergriffen werden.

5. *Vegtamsquidha*, das Lied vom Wanderer: Odhin, der Wanderer, reitet nach Niflhel und befrägt hier eine Wala um das Schicksal Balders, über dessen Tod kündende Träume alle Götter in Angst sind.

6. *Thrymsquidha* oder *Hamars heimt*, Hammers Heimholung. Thor, in Freya verkleidet, geht unter Lokis Begleitung als Braut nach Jötunheim; mit dem ihm als Brautgabe übergebenen Hammer tötet er das Riesengeschlecht; u. a. von Chamisso übersetzt.

7. *Hârbardhsliódh*, das Lied vom Haarbärtigen. Odhin als Fährmann Harbardh soll dem jenseits des Flusses stehenden Thor die Überfahrt gewähren; Thor zieht im Gespräche überall den Kürzern und wird nicht übergefahren, sondern heim zu seiner Mutter gewiesen.

8. *Alvîsmâl*, des Allweisen Lied, eine schwache Nachahmung von Nr. 3. Ein Fragespiel Thors mit dem Zwerg Alvîs, bei dem es um eine Braut gilt, giebt Veranlassung, eine Reihe poetischer Synonyme vorzuführen.

9. *Hymisquida*, die Sage von Hymir, Thors Fischfang mit dem Riesen Hymir.

10. *Oegisdrecka*, Ögirs Trinkgelag. Die Götter sind bei Ögir versammelt, Loki aber wird einer Gewaltthat halber weggejagt. Er kommt jedoch zurück und wirft nun allen Göttern und Göttinnen Schandthaten und Verbrechen vor, bis endlich Thor durch sein Erscheinen Loki bewegt, das Feld zu räumen.

11. *Skirnis för*, Skirnes Fahrt. Skirnir, Freys Diener, wirbt für seinen Herrn um die schöne Gerdur, die Tochter des Riesen Hymir.

12. *Hyndluliodh*, das Hyndlalied. Freya begiebt sich mit ihrem Schützling Ottar zur Riesin Hyndla und lässt diese seine Abstammung kund thun, bei welchem Anlasse auch die Stammbäume anderer Heldengeschlechter angegeben werden.

13. *Hâva mâl*, die Rede des Hohen, d. i. Odhin, enthält Lebensregeln und Vorschriften für den Gast und Reisenden, für Haushaltung und häusliches Leben, für die Landwirthschaft, sodann eingeschoben die Erwerbung des Dichter-Mets durch Odhin, dann Lehren des Vaters an seinen Sohn und die Lehre von den Runen.

14. *Sôlarliódh*, Sonnenlied, ein christliches, aber mit altheidnischen, mythologischen Bildern und Vorstellungen ausgeschmücktes Lied.

15. *Gróugaldr*, Groas Erweckung, eine Nachahmung von Odhins Runenlied im Havamal.

16. *Rigsmâl*, mythische Erzählung vom Ursprung der drei Stände: des Adligen, des Freien und des Knechtes.

17. *Fiölsvínnsmâl*, des Vielwissers Lied, ein durchaus dunkles Rätsellied.

Der *Heldensage* gehören folgende Lieder an:

1. *Helgaquidha Hjörvardhssonar*, das Lied von Helgi, dem Sohne Hiörwards. Helgi rächt mit Hilfe der Walküre Swâwa den Vater seiner Mutter an deren erstem abgewiesenen Freier, fällt aber im Kampfe.

2. *Helgaquidha Hundingsbana fyrri*. Nachdem Helga, Sigmunds Sohn und der Borghild, den Hunding getötet, geht er daran, die Walküre Sigrûn ihrem ersten Versprochenen abzugewinnen, was Helgi gelingt.

3. *Helgaquidha Hundingsbana hin önnur*, das andere Lied von Helgi, dem Hundingstöter. Nachdem Helgi seinem Vater Sigmund im Kampf gegen Hunding geholfen und Sigrûn von ihrem Verlobten Hödbrodd befreit, vermählt er sich mit Sigrûn; ihr Bruder aber, dessen Vater und Bruder von Helgi getötet worden, durchsticht diesen. Als Geist kehrt der Getötete zu seiner Gattin zurück und unterredet sich mit ihr; da er aber die zweite Nacht vergebens erwartet wird, stirbt jene vor Harm und Leid.

4. *Sinfiötlalok*, Sinfiötlis Ende, ein prosaischer Zwischenbericht, der das, was in den Helgiliedern von Sinfiötli, dem ältesten Sohn Sigmunds, erzählt war, durch die Erzählung von seinem Tode ergänzt und das Verwandtschaftsverhältnis von Sinfiötli und Helgi zu Sigurd erläutert.

5. *Grîpis spâ*. Gripirs Weissagung, oder *Sigurdharquidha Fafnisbana hin fyrsta*, das erste Lied von Sigurd dem Fafnirstöter. Sigurd (Siegfried) reitet vor Beginn seiner Heldenlaufbahn zu Grîpir, dem Bruder seiner Mutter Hiördis, damit dieser ihm alle seine Geschicke bis zu seinem Tode voraussage. Er erhält die gewünschte Auskunft und reitet hinweg.

6. *Sigurdharquidha Fâfnisbana hin önnur*, das andere Lied von Sigurd dem Fafnirstöter und

7. *Fâfnismâl*, das Lied von Fafnir. Regin begiebt sich an den Hof Hialprets, wo der junge Sigurd lebt, erzählt ihm von dem Horte, welchen einst die drei Götter Odhin, Hymir und Loki seinem Vater Hreidmâr als Busse für die Tötung Oturs, seines Sohnes, durch Loki gaben, und auf welchem nun der dritte Bruder Fafnir, um des Hortes alleiniger Herr zu bleiben, in Drachengestalt als Hüter liegt. Er reizt ihn zur Bekämpfung Fafnirs und schmiedet ihm zu diesem Zwecke das Schwert Gram. Sigurd zieht nun mit Schiffsvolk aus zur Rache an Hundings Söhnen, die seinen Vater Sigmund erschlugen, besiegt sie und reitet dann auf die Giukaheide, wo er Fafnir tötet. Da offenbart ihm Regin, wen er erschlagen habe, er trinkt von Fafnirs Blut und befiehlt Sigurd, das Herz am Feuer zu braten. Dadurch dass der Saft des Herzens diesem die Zunge netzt, erlangt er Fähigkeit, die Sprache der Vögel zu verstehen, worauf er durch die Unterredung eines Adlerpaars sofort erfährt, dass Regin ihn zu verderben sinne. Er isst Fafnirs Herz, tötet den schlafenden Regin, belastet sein Ross mit dem Golde und reitet zu Giukis Burg.

8. *Brynhildarquidha Budla dôttur hin fyrsta* oder *Sigrdrîfumâl*, das erste Lied von Brynhild, Budlis Tochter, oder Sigrdrifas Rede. Auf dem Wege zu Giukis Burg erblickt

Sigurd einen Berg, dessen Gipfel Lohen umgeben. Er reitet hinauf, dringt durch die Glut, tritt in einen Saal und findet da einen in voller Rüstung schlafenden Mann. Als er mit dem Schwerte die Brünne zerschnitten und abgezogen, ist es eine Jungfrau, die nun erwacht und erzählt, dass Odhin sie in diesen Schlaf gebracht habe. Sie reicht ihm den Minnetrank und nennt sich Sigrdrîfa. Nachdem sie ihm die näheren Vorgänge erzählt und ihn durch Runen- und Sittensprüche belehrt, bricht das Lied plötzlich ab.

9. *Brot af Brynhildharquidha*, Bruchstück eines Brynhildenliedes. Der verlorene Anfang hatte ohne Zweifel die Gewinnung der Brynhild durch Sigurd für Gunnar und ihre unglückliche Ehe mit Gunnar zum Gegenstande. Das Bruchstück beginnt nun mit der von Brynhild an Gunnar gerichteten Aufforderung, den treulosen Sigurd zu töten, erzählt die Ausführung des Mordes, Brynhilds Freude und Hohnlachen, als sie die That erfährt, Gudruns Verwünschung des Mörders, Brynhilds Geständnis, dass Sigurd unschuldig gewesen, und ihre Verkündigung des bevorstehenden Unterganges der Nibelunge.

10. *Sigurdharquidha Fâfnisbana hin thridja*, das dritte Lied von Sigurd. Sigurd ist mit Giukis Söhnen in Verbindung getreten, und hat ihre Schwester Gudrun geehelicht; darauf ziehen sie aus, die Brynhild für Gunnar zu werben. Sigurd erwirbt sie und überantwortet dem Gunnar die unberührte Braut. Aber diese fühlt sich unglücklich vermählt, beklagt ihr Geschick und reizt Gunnarn zu Sigurds Morde auf. Gunnar schwankt und fragt Högnin (Hagen), der den Verrat missbilligt. Da wird dem jüngsten Bruder, den keine Eide binden, dem Gudwurm, die Ausführung übertragen. Dieser stösst dem an Gudruns Seite schlafenden Helden den Stahl ins Herz, wird aber selbst von dem Schwerte, das der Todwunde ihm nachwirft, mitten entzwei gespalten. Der Sterbende nennt der erwachenden Gattin Brynhild als Anstifterin des Mordes. Gunnar schilt sie darum, aber ihn demütigend sagte sie, dass sie wisse, wie sie bei der Vermählung betrogen worden sei, sie gesteht ihre Liebe zu Sigurd und will mit ihm den Tod teilen. Sie sticht sich das Schwert ins Herz, weissagt Gunnar Versöhnung mit Gudrun, welche die Swanhild gebiert und dann mit Atli sich vermählt. Zuletzt bestellt Brynhild noch ihr und Sigurds Begräbnis.

11. *Helreidh Brynhildar*, Brynhilds Totenfahrt zu Hel, der sie ihr Schicksal erzählt.

12. *Gûdhrûnarquidha hin fyrsta*, das erste Gudrunlied. Schilderung des Schmerzes der Gudrun beim Anblick ihres toten Gemahls.

13. *Drap Niflunga*, Mord der Nibelunge, kurzer prosaischer Zwischenbericht zur Überleitung auf die folgenden Lieder.

14. *Gûdhrûnarquidha hin önnur*, das andere Gudrunlied. Gudrun, mit Atl vermählt, klagt dem Thiodrek (Dietrich von Bern) ihr Schicksal, dass sie wider ihre Neigung Atli, dem Bruder der Brynhild, ihre Hand habe reichen müssen. Sie schliesst mit Angabe der Unheil verkündenden Träume Atlis und mit der Versicherung, dass sie suchen werde, dieselben in Erfüllung gehen zu lassen.

15. *Gûdhrûnarquidha hin thridja*, das dritte Gudrunlied. Eine Magd, Herjak (Helche), hat Gudrun Atli gegenüber der Untreue mit Thiodrek geziehen, durch ein ihr günstiges Gottesurteil befreit sie sich von der Anklage.

16. *Oddrûnar grâtr*, Klage der Oddrun, ein späteres, unechtes Lied. Oddrun, Atlis Schwester, erzählt einer Freundin, wie sie gegen den Willen ihres Bruders ein Liebesverhältnis mit Gunnar gehabt habe,

um dessen willen Atli Gunnar und Högni getötet habe.

17. *Gunnars slagr*, Gunnars Harfenschlag, das Lied, mit welchem der von Atli in die Schlangenhöhle geworfene Gunnar die Schlangen bis auf eine, die ihn tötete und Atlis Mutter war, eingeschläfert haben soll. Vielleicht eine Fälschung.

18. *Atlaquidha* und

19. *Atlamâl*, Sage und Gesang von Atli. Beide Lieder schildern den heimtückischen Verrat Atlis an seinen Schwägern, den Giukungen Gunnar und Högni, und die deshalb von Gudrun, ihrer Schwester, an ihm ausgeübte Rache. Atli zürnt den beiden Fürsten, weil er sie für schuldig hält am Tode der Brynhild, und weil er als Gemahl der Gudrun auf den Hort Ansprüche macht, der ihr nach Sigurds Tode von den Brüdern gewaltsam entrissen wurde. Er ladet sie durch einen Boten zum Gastmahle ein, und sie, vergebens gewarnt, folgen der Einladung. Gleich bei ihrer Ankunft in Atlis Burg werden sie hinterlistig angegriffen, erliegen jedoch erst nach der tapfersten Gegenwehr. Atli fordert von den Gebundenen den Hort, Gunnar aber weigert sich, den Ort seiner Bewahrung zu entdecken, solange Högni lebe. Da lässt Atli einem Knechte das Herz aus dem Leibe schneiden und es blutig als Högnis Herz vor Gunnar tragen; der aber erkennt an dem Beben des Herzens, dass es nicht Högnis Herz sein könne, das nie gebebt habe. Nun wird Högni selbst getötet und seines Herzens beraubt, und Gunnar erkennt es als solches an, doch solle Atli den Ort des Schatzes niemals erfahren. Da wird Gunnar in die Schlangengrube geworfen, um seinen Trotz zu büssen. Nun wird Gudrun von der heissesten Rache aufgestachelt, sie tötet ihre mit Atli erzeugten Söhne, giebt dem Vater deren Herz zu essen und deren Blut mit Wein vermischt zu trinken, durchbohrt ihn dann selbst mit Hilfe von Högnis Sohne Niblung, als er trunken im Bette schläft, und steckt die Burg in Brand. Sie selbst will ihren Tod im Meere suchen, aber ihr Geschick ist noch nicht erfüllt.

20. *Hamdismâl*, das Lied von Hamdir, erzählt, wie Gudrun ihre nach Atlis Tode mit Jônakur erzeugten Söhne Hamdir und Sörli zur Rache an König Jörmunrek (Ermanrich) aufreizt, der ihre und Sigurds Tochter, die ihm verlobte Swanhild, auf des treulosen Bikkis (Sibich) Rat wegen fälschlich angeschuldigter Untreue von Rossen hatte zu Tode treten lassen. Jene reiten nach kurzer Weigerung ab und finden ihren Feind beim Zechgelage. Sie richten eine grosse Niederlage unter Jörmunreks Mannen an, berauben ihn selbst der Hände und Füsse und werden so lange vergebens bekämpft, bis Odhin selbst erscheint und den Rat erteilt, Steine auf sie zu werfen, denen sie endlich erliegen.

21. *Gûdhrûnarhvöt*, Gudruns Aufreizung oder Racheruf, an ihre Söhne wegen der Ermordung ihrer Schwester gerichtet, Wehklagen über ihr eigenes jammervolles Geschick und Aufforderung an ihren ersten Gemahl Sigurd, wie er versprochen habe, auf schwarzem Rosse herzureiten und sie aus dem Leben abzuholen. Sie befiehlt, den Brand zu rüsten, dass ihre Brust voll Leides nun brennen möge.

22. *Völundarquidha*, das Lied von Völund, dem Schmied Wieland. Dieser, ein finnischer Königssohn, hat mit seinen Brüdern Egill und Slagfidhr die Heimat verlassen und in Wolfthalen im Reiche des Niarenkönigs Nidhudhr Wohnsitz genommen. Einst überraschten die drei Brüder drei Schwanjungfrauen (Walküren) am Seestrande, fingen sie und vermählten sich mit ihnen. Wie jedoch die drei Brüder einmal auf der Jagd sind, bemächtigen jene sich ihrer Schwanhemden und fliegen

fort, Kampf aufzusuchen. Die heimgekommenen Brüder finden ihr Haus leer, Egill und Slagfidhr machen sich auf, ihre Frauen zu suchen, Wieland aber bleibt daheim, schmiedet Goldringe und reiht sie an den Lindenbast. Da vernimmt Nidhudhr, dass Wieland in Wolfthalen sitze und zieht mit seinen Mannen bei Nacht aus, sich seiner zu bemächtigen. Er ist aber nicht zu Hause; da verbergen sie sich, nachdem sie einen der Ringe weggenommen. Ermüdet von der Jagd kommt Wieland heim, zählt die Ringe und vermutet, da einer fehlt, seine Frau Alwitr sei zurückgekehrt. Eingeschlafen, wird er von Nidhudhr an Händen und Füssen schwer gefesselt und hinweggeführt. Daheim giebt der König den Ring seiner Tochter Bödhwild, Wielands Schwert aber behält er für sich. Auf den Rat seiner Gemahlin, die Wielands Rache fürchtet, lässt er ihm die Sehnen an den Füssen durchschneiden und setzt den Gelähmten nach Sävarstadh, wo dieser ihm allerhand Kleinode schmieden muss. Aber zur Rache tötet Wieland Nidhudhrs junge Söhne, wirft die Gebeine unter den Löschtrog, schweift ihre Hirnschalen in Silber und giebt sie dem König, ihrem Vater. Aus ihren Augen macht er Jarknasteine, Augensteine, und sendet sie Nidhudhrs Weibe, aus ihren Zähnen Brustringlein, die er der Bödhwild schickt. Einst spielt diese mit Wielands Ring, und er zerbricht. Der Schmied, zu dem sie geht, verspricht ihr, ihn ganz zu machen, schläfert sie aber ein und bewältigt sie. Darauf nimmt er sein von ihm gefertigtes Federgewand hervor und hebt sich lachend in die Lüfte. Aus dem Wolken giebt er dem ihn befragenden König Kunde über das Schicksal seiner Söhne und seiner Tochter und entfliegt.

II. Die jüngere Edda oder *Snorra-edda*, weil sie, aber mit Unrecht, dem *Snorri Sturlason*, 1178 bis 1241, dem Verfasser der Heimskringla, eines grossen nordischen Geschichtswerkes, zugeschrieben wird. Die jüngere Edda ist ein Handbuch für junge Skalden, die sich mit der Götterlehre, der Heldensage, den Gesetzen der Dichtkunst und Beredsamkeit bekannt machen wollen, und zerfällt in folgende Teile:

1. *Gylfaginning,* Gylfis Verblendung, schliesst sich in seiner Einkleidung an das dritte mythologische Lied der älteren Edda an, an Wafthrudnismâl. Wie dort Odhin unter dem Namen Gangradr einen mächtigen und weisen Riesen besucht, um sein Wissen auf die Probe zu stellen, und so ein Wettstreit beginnt, bei dem das Haupt des Unterliegenden zu Pfande steht, so wird umgekehrt hier die Weisheit der Götter auf die Probe gestellt. Gylfi, ein mythischer König von Schweden, begiebt sich nach Asgard, um zu erfahren, woher dem Asenvolke seine Macht komme; sein Name ist Gangleri, der Wanderer. Die Götter machen ihm aber ein Blendwerk oder Gaukelspiel vor, und zeigen sich ihm nicht in ihrer wahren Gestalt, sondern beantworten seine Fragen von einem dreifachen Hochsitze aus unter den Namen Hars, Jafahars und Tridis, d. i. der Hohe, Gleichhohe und der Dritte. Die vorgelegten Fragen geben Veranlassung, die Hauptlehren des nordischen Götterglaubens darzulegen.

2. *Bragarödur,* Bragis Gespräche, der Ögisdrecka, dem zehnten mythologischen Liede der älteren Edda, nachgebildet. Ögir, ein zauberkundiger, auf Hlefey wohnender Mann besucht die Asen und wird von ihnen mit Gaukelspiel empfangen. Bei Tische sitzt Ögir neben Bragi, welcher ihm die vorgelegten Fragen durch mythische Erzählungen beantwortet. Deren letzte bezieht sich auf den Ursprung der Dichtkunst, worüber Bragi, der Skalde der Götter, schicklich Auskunft giebt.

3. *Skaldskaparmâl,* hat die Skaldenkunst zum Gegenstand und zerfällt in *a) Kennîngar*, Umschreibungen, *b) Okend heiti*, einfache Benennungen, wie diejenigen, die in Alwismâl, dem achten mythologischen Lied der alten Edda, aufgezeichnet sind. *c) Fornöfn*, in der Skaldenkunst gebräuchliche Namen der Männer, Frauen, Schwerter, Schiffe u. dgl., die aufgezählt und nach ihren mythologischen Beziehungen gedeutet werden. Einigemal findet sich Veranlassung, grössere Stücke aus der Götter- und Heldensage einzuflechten. Die Einkleidung ist dieselbe wie in Bragurödur. *Köppen*, litterarische Einleitung in die nordische Mythologie. *Simrock*, die Edda, übersetzt und mit Erläuterungen begleitet. *Ettmüller*, Litteraturgeschichte.

Edelknabe erscheint im mittelhochdeutschen Sprachschatze nicht; neuere Bücher verstehen darunter junge Knaben edler Herkunft, die bei einem befreundeten Herrn sich in ritterlicher Lebensart ausbilden sollen, mhd. meist *kint* genannt.

Edictum Rotharis und **Theodorici,** siehe *leges Barbarorum.*

êhaftiu nôt, auch bloss die *êhafte*, heisst nach dem Gesetze zulässiger Entschuldigungsgrund dessen, der der Ladung vor Gericht nicht Folge leistet; fränkisch *sunnis.* In den ältesten Rechtsaufzeichnungen werden als ehhafte Nöte aufgeführt *Krankheit*, *Herrendienst* und Tod eines *nahen Verwandten;* in Hartmanns Iwein heissen sie *siechtuom, vancnüsse ode der tôt;* im Sachsenspiegel: *Vier sake sint, die ehte not hetet: vengnisse unde süke, godes dienst butenlande* (Betefahrt) *unde des rikes dienst;* andere Rechte nennen andere Nöte.

Ehe, ahd. die *êwa*, *êa* = Ewigkeit, endlos lange Zeit, (seit langen, undenklichen Zeiten geltendes Recht oder Gesetz), vom got. der *áivs* = Zeit, Ewigkeit, welches dem lat. *aevum*, griech. *αἰών* = Zeit, Lebenszeit, Ewigkeit, sanskr. *êwa* = Gang, Wandel, entspricht. Das ahd. *êwa* findet sich zuerst bei *Notker* († 1022) in der Bedeutung eines auf die Länge des Lebens geschlossenen Rechtsverhältnisses oder Bündnisses zwischen Mann und Weib, mhd. *êwe*, *ê*. *Weigand.*

Der alte Germane hatte der Sitte seines Volkes gemäss nur *eine* Frau, obgleich rechtlich die Vielweiberei nicht untersagt war. Fürsten nahmen etwa politischer Gründe wegen mehrere Weiber. Vgl. den Art. *Unzucht.* Die Verheiratung geschah erst in reiferem Alter (Germ. 20), und bis zum 13. Jahrh. nahm man in der Regel für Mann und Weib das dreissigste Lebensjahr als zum Eintritt in die Ehe an; seit dem 14. Jahrh. wurden im Adel sowohl als in den städtischen Geschlechtern frühzeitige Ehen immer häufiger. Ursprünglich wurde die Braut von dem Vater *gekauft;* doch kennt schon *Tacitus* (Germ. 18) den eigentlichen Kauf der Braut selber nicht mehr, sondern bloss den Kauf der Gewalt über sie, den Kauf des *Mundiums*, des gesetzlichen Rechtes über sie, womit der Waffenschutz, die Vertretung vor Gericht, Darlegung des Geldes verbunden war. Das Mundium musste gekauft werden, in erster Linie aus der Hand des Vaters, in zweiter Linie je nach den besonderen Volksrechten aus der der Mutter oder der Verwandten, bei Unfreien aus der Hand des Herrn, dessen Einwilligung ausserdem gewöhnlich an die Errichtung eines Zinses geknüpft war. Das *jus primae noctis*, das der Herr für sich in Anspruch genommen haben sollte, ist durch Karl Schmidt, *J. p. n.* Eine geschichtl. Untersuchung, Freiburg i. B. 1881, als ein seit dem 16. Jahrh. verbreiteter gelehrter Aberglaube nachgewiesen. Das Verfügungsrecht über die Hand des Weibes von seiten des Vormundes ist altgermanisch, der Vormund durfte es vermählen, wem er wollte, ohne auf ihre Neigung und Einwilligung Rücksicht zu nehmen. Doch minderte sich diese Härte früh durch Einwirkung des Christentums, welches das Recht der freien Einwilligung verlangte. Oft kam, trotz harter Strafen, die darauf gesetzt waren, gewaltsame Entführung, Frauenraub vor; in der vorhöfischen, wie in der höfischen Zeit ist dieses Abenteuer viel besungen worden, z. B. in der Gudrun. Ebenfalls alt und viel verbreitet, bei Fürsten stehender Gebrauch, ist die Werbung durch einen Fürsprecher, welcher vornehmlich die Höhe des Brautkaufes zu verhandeln hatte. Der *Brautkauf*, auch *mahalscaz, muntscaz, brûtmiete*, langobardisch *mela*, burgundisch *wittemo*, mittellat. *mundium, sponsalitium, arrha, pretium emtionis, nuptiale pretium, dos* genannt, ist die Ablösung der Braut von der angeborenen Mundschaft und die Bedingung des rechtmässigen Eintrittes in das Geschlecht und den Schutz des Bräutigams. Ohne Mahlschatz gab es keine eheliche Frau, bloss eine Beischläferin. Ursprünglich wurde er nur in beweglicher Habe gegeben, in Knechten, Mägden, Pferden, Kindern, Kostbarkeiten, Waffen, später auch in Land. Die Höhe desselben wurde ursprünglich dem Übereinkommen von beiden Seiten überlassen, und zudem richtete er sich nach dem Stande des Mannes. Schon früh neigte sich der germanische Geist dahin, den Brautkauf nur als einen Scheinkauf festzuhalten, der zur blossen Rechtsformalität wurde. Doch blieb die Redensart „ein Weib kaufen“ noch lange bestehen. Die Zahlung an den Vormund wurde in Gegenwart von Zeugen dem rechtmässigen Verlober zu seinem Eigentum übergeben. Allmählich kam es vor, dass man die Braut selber in den Genuss des Brautschatzes treten liess.

Als Gegenleistung gegen den Brautkauf, nachdem dieser mehr ein Geschenk an die Familie der Braut oder an diese selbst geworden war, kam die *Mitgift* auf, mhd. *heimstiur, hîstiur*. Es war das eine Gabe der rechtmässigen Verlober, des Vaters oder der Brüder, an die Braut selbst, ein Geschenk, das ihr eigen blieb, und über das der Mann kein Verfügungsrecht hatte. Auch die Mitgift konnte ursprünglich, als das Weib noch nicht liegendes Eigen besitzen durfte, nur in fahrender Habe gegeben werden, was sich später änderte.

Zur Gegengabe gegen die Mitgift, von der doch der Mann ebenfalls mehr oder weniger Genuss zog, kam die Sitte auf, dass der Frau von dem Manne ein Teil seines Gutes ausgesetzt wurde, die *Widerlage*, mhd. die *widerlege*. Durch sie wurde die Mitgift aufgewogen, so dass die Frau fortan keine Ansprüche mehr an sie hatte. Indem die Widerlage besonders für den Lebensunterhalt der Witwe ausgesetzt war, hiess sie *Leibzucht* oder *Leibgedinge*.

Nachdem die Beredung über das Vermögen beider Teile beendet, Brautkauf und Mitgift und, wo das Brauch war, die Widerlage, etwa auch eine Gabe an die Verwandten des Mannes oder der Braut, von der Gegenseite Geschenke des Bräutigams an die Braut gegeben waren, schritt man zur *Vollziehung der Verlobung*. Hauptbedingung war, dass dieselbe von den rechtmässigen Verlobern erfolgte und *öffentlich* war. Die Zeugen schlossen einen Kreis (Ring) und das Brautpaar wurde in die Mitte desselben geführt. Darauf richtete der Verlober an den Mann zuerst, dann an das Mädchen die Frage, ob sie sich zur Ehe wollten, siehe das schwäbische Verlöbnis aus dem 12. Jahrh., u. a. abgedruckt bei Müllenhoff und Scherer, Denkmäler, Nr. 99. Bei dem Verlöbnis wurde vom Verlober dem Bräutigam am Schwerte ein *Ring* überreicht, den der letztere der Braut selbst ansteckte. Er ist das rechte Zeichen des geschlossenen Bundes, die Urkunde der Treue und Minne; in älterer Zeit scheint statt des Ringes ein Faden oder Band Zeichen der Verlobung gewesen zu sein. An die Beringung schliesst sich Umarmung und Kuss; in manchen Gegenden überreichte der Bräutigam der Braut noch einen *Schuh* oder er *trat ihr auf den Fuss.*

War dies geschehen, so war die Verlobung geschlossen und durfte nicht mehr gebrochen werden; eine bestimmte Frist war bis zur Heimführung der Braut gesetzlich gestattet, auf die Versäumnis derselben eine Strafe gesetzt; ebenso wie auf ein absichtliches Zurückhalten der Braut durch den Verlober. Untreue der Braut wurde hart gebüsst, Untreue des Bräutigams leicht.

Zu einer rechten Ehe gehörte Ebenbürtigkeit, es sollten bloss Freie mit Freien, Unfreie mit Unfreien sich verbinden. Ehen zwischen Freien und Unfreien wurden nach einigen Volksgesetzen mit dem Tode bestraft, in anderen mit Geldbussen; dagegen galt im Mittelalter die Ehe zwischen einem Edeln und einer gewöhnlichen Freien als durchaus gestattet, noch im 13. Jahrh. kamen in Österreich und Bayern Ehen zwischen Rittern und freien Bauerstöchtern oder zwischen Ritterstöchtern und Bauern vielfach vor. Dagegen wurde doch schon früh darauf gesehen, dass der besondere Stand in der Ehe gewahrt wurde, Könige mit Königstöchtern, Fürsten mit Fürstinnen Verbindungen eingingen. Die eigentlichen Parteigänger für diese neue Lehre von der Ebenbürtigkeit waren die Frauen. Für die Ehe zwischen Freien und Unfreien, auf die ursprünglich der Tod gesetzt war, bildete sich für die folgende Zeit der Rechtsgrundsatz, dass in solchen Ehen der freie Gatte samt den erzeugten Kindern unfrei werde, der ärgeren Hand folge.

In Beziehung auf die Verwandtschaftsgrade der Ehegatten waren die heidnischen Germanen sehr freidenkend, und ausser Heiraten zwischen Eltern und Kindern scheinen alle Ehen erlaubt gewesen zu sein; man hat Beispiele von Geschwisterehen, Ehen mit der Stiefmutter, mit der Bruderswitwe, dem Geschwisterkind. Die Kirche stellte dagegen ein System von verbotenen Verwandtschaftsgraden auf, das nicht bloss bis in den siebenten Grad der Verwandtschaft ging, sondern sogar die Ehen zwischen Tauf- und Firmelpaten verbot.

Spätestens ein Jahr nach vollzogener Verlobung erfolgte seit dem 13. Jahrh. dem Gesetze nach die *Ehelichung* oder *Hochzeit,* ahd *hîleich, kihîleich, hîrât, brûtlouft, brûtleite;* heiraten: *hîwjan, hîen, gehîjan, gewîben, briuten.* Die gewöhnliche Zeit zum Heiraten war der Herbst und Wintersanfang. Verbotene Heiratszeiten hat erst die Kirche aufgebracht. Von den Wochentagen sind Dienstag und Donnerstag die beliebtesten. Zur Hochzeit selber lud man selbst oder durch den Brautführer, Brautmann oder Hochzeitbitter ein. Das eigentliche Fest wurde im Hause des Bräutigams gefeiert, es war eine *Heimholung*, ein *Brautzug* oder *Brautlauf.* Die wesentlichsten Gebräuche dabei sind: der Bräutigam sendet eine Schar aus, die Braut in sein Haus zu holen; der Brautführer ist selbst für den Fall, dass der Bräutigam am Zuge teilnimmt, der Sprecher und Unterhändler; er bringt die Werbung noch einmal vor, ihm wird die Braut übergeben, und er führt sie dem Bräutigam zu.

Allgemein verbreitet war die Sitte, dass die Braut bei der Heimholung ihr Haupt verhüllte, Hauptschmuck der Braut das lange lose Haar, als Zeichen bewahrter Reinheit; dagegen ist der *Brautkranz* nicht altgermanisch und erst durch die Vermittelung der Kirche aufgekommen, die ihn aus dem klassischen Altertum einführte. Im 13. Jahrh. war der Brautkranz aber bereits im Brauch

Die Braut war das ganze Fest über fast allenthalben in die Obhut der *Brautfrau* gegeben, einer nahen Verwandten oder einer Pate, welche für diesen Tag die Stelle der Mutter vertritt; ihr Vorkommen in altgermanischer Zeit ist wahrscheinlich, aber nicht bewiesen.

Was die *religiöse* Seite der Heirat belangt, so scheint im Heidentum Sitte gewesen zu sein, hier wie in jedem wichtigen Beginnen die Stimme der Götter durch das Los zu erforschen, wie dieses auch heute noch vielfach geübt wird. Unter den germanischen Gottheiten sind als Vorsteher der Ehe zu bezeichnen: Loki, Donar, Freyr, Fro. Lieder, ahd. *brûtleich*, *brûtisanc*, *hîleich*, *leichôd*, wurden beim Brautlauf gesungen.

Die christliche Ordnung verlangte später, dass man den Presbyter und Bischof über die Eingehung der Ehe um Rat fragte und die Ehe nach dem Genusse des heil. Abendmahles unter priesterlichem Segen schloss. Näheres in *Rettbergs* Kirchengeschichte, II, § 117; doch gewöhnten sich die Deutschen langsamer an die neue Anschauung und Sitte als die romanischen Länder, England und Skandinavien. Doppelehen waren bei den merowingischen Königen hergebracht. Zwar wurde die kirchliche Einsegnung von den Karolingern angenommen. aber noch lange nicht allgemein durchgeführt. Bis ins 15. Jahrh. haben Konzilien- und Synodalbeschlüsse mit dieser Sache zu thun. Am leichtesten fügten sich die höheren Stände. Aber auch wo kirchlicher Beistand nachgesucht war, geschah die Einsegnung oft nicht in der Kirche, sondern im Hochzeitshause, mitten im lauten Fest. Dagegen fand die kirchliche Einsegnung des jungen Paares *nach* der Hochzeitsnacht früher und leichter Eingang. In den unteren Ständen begnügte man sich immer noch gern mit der bürgerlichen Verlobung und mit der Öffentlichkeit der Hochzeit. Volksmässige Gebräuche, die zum Teil sehr alt sind, sind bei *Wuttke*, Volksaberglaube, § 558 ff. zusammengestellt.

Die Hauptunterhaltung der Hochzeitsgäste war der *Tanz*: die Festlichkeit begann mit einem Reigen, dann folgte das bürgerliche oder kirchliche Zusammengeben des Brautpaars; ward dabei ein Zug in die Kirche veranstaltet, so wurde er unter Tanz, Gesang und Ballspiel abgehalten; meist fehlten auch die Spielleute nicht. Einen Teil des Festes bildete die Übergabe der Hochzeitsgeschenke an das Brautpaar.

In der Hochzeitsnacht wurde die Braut von den Eltern oder Vormündern, oft von der ganzen Gesellschaft in die Brautkammer geleitet und dem Bräutigam übergeben. Sobald *eine* Decke das Paar beschlug, galt die Ehe als rechtsgültig angetreten, die Braut war Ehefrau; deshalb wurde die Beschreitung des Ehebettes in Gegenwart von Zeugen zur gesetzlichen Bedingung erhoben, in späterer Zeit nur dadurch gemildert, dass beide sich völlig angekleidet niederlegten; doch erhielt sich der ältere germanische Brauch, der sich auf den Sinn des Volkes für die Öffentlichkeit der Rechtsverhältnisse baute, mancherorten bis ins 17. Jahrhundert.

Nach einiger Zeit kehrten die Verwandten oder die ganze Gesellschaft in die Kammer zurück und brachten den jungen Eheleuten einen Trunk. Am Morgen wurde ihnen als Frühstück gewöhnlich ein Huhn, das *briutelhuon*, vor das Bett gebracht, beides uralte Gebräuche. Sitte war es ferner, dem Brautpaare neue Kleider vor das Bett zu legen. Die Frau änderte ihre Haartracht, schürzte das jungfräuliche lose Haar zusammen, legte die Frauenbinde um die Stirn, *sie bant ir houbet*.

Nun folgte die gesetzliche Schenkung der *Morgengabe*, d. h. die am Morgen nach der Brautnacht übergebene Gabe des Bräutigams an die Braut, als Zeichen der Liebe (*in signum amoris*) für die Übergabe der vollen Schönheit (*in honore pulchritudinis*) und der Jungfräulichkeit (*pretium virginitatis*). Witwen erhielten sie erst in späterer Zeit. Auch die Morgengabe bestand anfänglich nur in fahrender Habe, Kleidern, Hausrat, Schmuck, später konnte liegendes Gut gegeben werden; die Höhe der Gabe wurde gesetzlich geregelt und richtete sich nach dem Stande.

Die Sitte der Vorfeier am Vorabende einer Hochzeit, der sog. Polterabend, scheint nicht alt zu sein.

Das eheliche Regiment war bei den Deutschen ein strenges, ohne dass die Frau dadurch sittlich herabgewürdigt worden wäre, sie ward als Genossin des Mannes an Lust und Leid, an Recht und Stand betrachtet. In ältester Zeit folgte dem Tod des Mannes der gewaltsame Tod der Frau; doch weiss Tacitus schon nichts mehr hiervon; die Sage, z. B. von der Brunhild, hat den Gebrauch überliefert; bei den Skandinaviern erhielt er sich länger. Der Germane konnte sein Weib auch letztwillig vermachen, verschenken, mit Haus und Hof verkaufen, wovon zahlreiche Beispiele vorhanden sind.

Vielweiberei, nach Tacit. Germ. 18 von den Germanen verpönt, kommt im Norden, später besonders bei den Fürsten regelmässig vor, ebenso bei den Merowingern und überhaupt nicht selten bei den Franken.

War die Frau weder gekauft noch vermählt, lebte aber dennoch in ehelichem Bunde mit dem Mann, so hiess sie *Kebse*, ahd. *chepisa, kebisa, chepis, kebis*, mhd. *kebese, kebse, kebes*, ursprünglich soviel als Sklavin; andere althochdeutsche Namen sind *friudila, friudilinna, ella, gella*. Sie waren ursprünglich und gewöhnlich unfreie Weiber, die freien verstanden sich nicht dazu. Das Leben mit einer Kebse, das Konkubinat, wurde das ganze Mittelalter hindurch von den reicheren gepflegt, ohne dass die öffentliche Meinung ein Ärgernis daran nahm. Karl der Gr. sollte dafür im Fegefeuer besondere Strafe empfangen haben, Ludwig der Fromme lebte mit Beischläferinnen. Die Kirche schritt bloss gegen dasjenige Konkubinat ein, das neben einer rechtmässigen Ehe bestand, die Geistlichkeit selber sah sich durch die Kirchengesetze allgemein veranlasst, statt mit Ehefrauen, mit Kebsen zu leben. Die Kinder der Kebse hiessen *unechte*, mhd. *unêcht*, aus *unêhaft* zusammengezogen, *natürliche, Bastard, Bankart* = auf der Bank erzeugt, *Kebskind, Kegel* (in der Formel Kind und Kegel = eheliche und uneheliche Kinder), *beikind, ledigkind*, und genossen nicht die Rechte ehelicher, hatten vor allem keinen Anspruch auf das väterliche Erbe, sondern konnten nur von der Mutter erben; ebenso verhielt es sich mit der Teilnahme an Wergeld und Bussen.

Während nach älterer Rechtsansicht die Frau keinen Anspruch auf die Treue des Mannes hatte, wurde diejenige Frau, welche die Treue verletzt hatte, nach Tac. Germ. 19 vor den Augen des Geschlechts schimpflich aus dem Hause gestossen, der freien, langen Haare beraubt, nackt, unter Schlägen vom Manne durch das Dorf gejagt. Noch strengeres Recht gestattete den Germanen, das auf dem Ehebruch ertappte Weib samt dem Ehebrecher auf frischer That zu erschlagen. Doch musste der Mann die That vor Gericht zur Anzeige bringen. Erst später kam auch die Frau zu ihrem Rechte und wurde das Verbrechen des Ehebruchs an dem Manne ebenso gestraft wie an der Frau.

Eine notwendige Folge der Mundschaft des Mannes über die Frau ist die Gütergemeinschaft beider in der Hand des Mannes, der das Verwaltungs- und Nutzungsrecht daran hatte. Durch Tod der Frau oder Scheidung wurde die vereinte Habe wieder getrennt. Anfänglich stand der Familie der Frau noch ein gewisses Aufsichtsrecht über das Vermögen derselben zu, später nicht mehr. Die Frau selber hatte kein Verfügungsrecht über das Ihrige, sondern zum Verschenken, Verkaufen und Verleihen bedurfte sie der Einwilligung ihres Mannes, der ihr Vogt war.

Scheidung der Ehegatten war bei den Germanen wegen Ehebruch, beschimpfender Verbrechen, hohen Alters des einen Teiles u. dgl. gestattet; grossdenkende Frauen schieden sich wohl, wenn der Mann ein unwürdiges tatenloses Leben führte, *sich verlac.* Die Ehe, die offen und vor Zeugen geschlossen war, konnte auch nur vor Zeugen aus beiden Familien gelöst werden. Früh strebte die Kirche darnach, die Scheidung möglichst zu erschweren, und in den Kapitularien der älteren Karolinger ist nur noch Ehebruch und Mordversuch als Scheidungsgrund zugelassen. Dadurch dass Papst Nicolaus I. gegenüber König Lothar II. die Unauflöslichkeit der Ehe hartnäckig und siegreich verfocht, befestigte sich diese Lehre thatsächlich für das fränkische Reich. Natürlich kämpfte die Kirche auch gegen die bei den Germanen ursprünglich nicht verbotene Wiederverehelichung geschiedener Personen. Nach *Weinhold*, deutsche Frauen, VI. und VII. II. Aufl. Wien 1882. Vgl. den Art. *Heiraten und Hochzeiten.*

Ehrschatz, mhd. *êrschatz*, Gebühr, die bei Veräusserung eines Gutes oder Grundstückes oder bei sonstiger Veränderung, sei es durch Kauf oder Todesfall des Besitzers, an den Zins- oder Lehnsherrn von dem Käufer oder Erben zu entrichten ist. Es ist nicht ausgemacht, ob das Wort zu mhd. *êre* oder zu *her* gehört.

Eid, Eideshelfer, Treueid.

I. Eid, got. der *áiths*, ahd. *eid*, mhd. *eit* (gen. *eides*), ist seinem Wortursprung nach dunkel. *Eid* und *Gottesurteil* sind diejenigen Beweismittel des altgermanischen Rechtes, welche nicht sowohl auf die von natürlichen Verstandesregeln geleitete eigene Thätigkeit des Urteilsabsehen, sondern durch Herkommen und durch Gesetze bestimmte Voraussetzungen sind, unter welchen etwas von den Urteilern als wahr oder nicht wahr angenommen werden musste. Der Eid selber ist die feierliche Beteuerung der Wahrheit einer vergangenen, der Echtheit einer gegenwärtigen, der Sicherheit einer zukünftigen Handlung. Das Feierliche beruht wesentlich darin, dass ein dem Schwörenden heiliger Gegenstand angerufen und zum Zeugen genommen wird. Jeder Eid muss in lauter Formel *gesprochen* werden; den Eid ablegen heisst in der alten Sprache *svaran*, schwören, oder *saljan, sellan;* den Eid *leisten* wird dagegen von dem Halten und Erfüllen des geschworenen Sicherheitseides gebraucht.

Den Eid ablegen können alle *Mündigen.* Die Heiden schwuren bei einem oder mehreren Göttern zugleich, die Germanen besonders bei *Freyr*, *Niördhr*, *Wuotan* und *Donar*, die Christen bei Gott, gewöhnlich aber auch bei *ihren Heiligen.* Der Schwörende musste, indem er die Eidesformel hersagte, einen Gegenstand berühren, der sich auf die angerufenen Götter und Heiligen oder auf die dem Meineid folgende Strafe bezog. In Skandinavien fasste er einen im Tempel bewahrten, vom Priester dargebotenen, mit Opferblut geröteten *Ring*, der dem Gott *Ullr* geweiht war. Christen schwuren auf das *Kreuz* oder gewöhnlicher auf das *Heiligtum*. Im höchsten Altertum schwuren die Männer auf ihr *Schwert;* andere Gegenstände, bei denen man schwur, sind *Erde* und *Gras*, *Bäume*, *heilige Wasser*, *Brunnen*, *heilige Berge*, *Felsen*, *Steine*. Schwörende Frauen legten die Hand auf die *Brust*, nach einzelnen Gesetzen musste der über die Schulter herabhängende *Haarzopf* mit angerührt werden; auch Männer, namentlich vornehmere und fürstliche, scheinen in einigen Gegenden leichtere Eide oder blosse Gelübde mit auf die Brust gelegter Hand gethan zu haben. Der friesische Männereid geschah auf die *Locken*. Schwören bei dem *Bart* und mit Anfassung des *Bartes* kommt nicht in den Gesetzen vor, aber oft in den Liedern, wie z. B. die Sage von Otto mit dem Barte erzählt. Bei dem *Gewand* und *Rockschoss* legten die Friesen geringere Eide ab. Verbreitet ist der Eid mit anangerührtem *Stab* des Richters. Zuweilen berührte der Schwörende nicht Glieder seines eigenen Leibes, sondern die des Gegenteils. Eide bei Gastmählern geschahen mit Berührung des *Opfertiers* oder des vornehmsten Gerichtes, im Norden des *Ebers*, in der Ritterzeit in Frankreich des *Pfaues*, in England kommen Gelübde bei *Schwänen* vor.

Zum Eidablegen gehören zwei Teile, einer, der ihn abnimmt, und der andere, der ihn schwört. Der den Eid *abnimmt,* ist entweder der Beteiligte selbst oder der Richter, er sagt dem Schwörenden die Formel vor, er *lehrt*, *giebt* die Worte, er *stabt den Eid*. Der Schwur geschah mit *Mund* und *Hand*, d. h. der *rechten*, die den heiligen Gegenstand *anrührte*. Gewöhnlich legen Männer nicht die ganze Hand, sondern nur die zwei Vorderfinger der rechten Hand auf. Der Schwörende pflegte die *Waffen* vorher *niederzulegen* und zu *knieen*. *Ort der Eidesablage* war die Stelle, wo das anzurührende Heiltum sich befand, wenn es unbeweglich war; war es beweglich, so geschah der Eid in dem *Ring*, vor *Gericht*, zu christlicher Zeit meist vor dem Altar in Kirchen und Kapellen. Im Norden wurde der Eid vor der Kirchthüre *auf der Schwelle* und, wenn kein Messbuch da war, mit Berührung des Thürpfostens geschworen.

Der *falsche* Eid heisst *Meineid*, ahd. und mhd. *meineid*, dessen erster Teil *mein* in seinem Ursprung noch unaufgehellt ist. Treubruch und Meineid war den Germanen so unleidlich, dass auf dem Ort, wo er vorgefallen war, der Name *Meineid* haftete. Misstraute der Teil, gegen welchen geschworen werden sollte, der Rechtschaffenheit des Eidbietenden, so konnte er die Eidesablage hindern und es auf den Zweikampf ankommen lassen. Ebenso durfte ein schwören Wollender durch den abgehalten werden, der selber einen stärkeren Eid ablegen konnte. Auch stand es dem Richter zu, bei Befürchtung von Meineid den Eid zu hintertreiben. Strafe des Eidbruches war *Abhauen der meineidigen Hand*. Nach Grimm, *Rechtsalterthümer*, 882 ff. Eine neuere historische Untersuchung scheint zu mangeln.

II. Eideshelfer. Um sich der Rechtschaffenheit des Eidleistenden zu versichern, verlangte schon das älteste germanische Recht Eideshelfer: *aidi*, *juratores*, *conjuratores*, *consacramentales*. Diese beschwuren nicht die Sache selbst, sondern nur ihre Überzeugung, dass derjenige, dem sie beigestanden, eines falschen Eides nicht fähig sei. Die Zahl der Eideshelfer gegen Standesgleiche war regelmässig *sechs*, mit dem Eidschwörenden also *sieben*; die Beweisführung durch diese sieben Eide nannte man später *besibenen*. Das Gewicht dieses Eides suchte man zu verstärken: durch Bestrafung der Eideshelfer, im Falle der Beklagte im Gottesurteil unterlag, nicht als Meineidige, sondern als Leichtgläubige; durch eine grössere Zahl der Mitschwörenden, daher der spätere Ausdruck *übersibnen*; dadurch, dass der Stand der Eideshelfer in Anschlag gezogen wurde und der Eid eines Adligen mehr galt als der eines Freien, dieser mehr als der eines Unfreien; schliesslich durch die Art der Wahl der Eideshelfer. In ältester Zeit stand es den Blutsfreunden zu, die Eideshilfe zu leisten, sie war eine Verwandtschaftspflicht. Die eine Hälfte wählte später der Kläger aus des Beklagten Blutsfreunden, die andere Hälfte der Beklagte, woher er wollte.

III. Treueid findet sich nach der Völkerwanderung in den verschiedenen germanischen Reichen und ist vielleicht ein ursprüngliches Recht des deutschen Königtums gewesen. Es war deutsche Gewohnheit, dass ein neuer König sein Reich durchzog, um sich als Herrscher zu zeigen und von allem Volk die Huldigung entgegenzunehmen; war das nicht möglich, so wurden ausserordentliche Abgesandte in die Teile des Landes geschickt, um die Eide zu empfangen. Die Form dieses Eides kennt man nicht. Nur einmal wird aus merowingischer Zeit berichtet, dass auch der König seinem Volk einen Eid leistete. Unter den späteren Merowingern kam der Gebrauch des Treueides in Vergessenheit, und erst Karl d. Gr. veranstaltete 786 nach Entdeckung einer Verschwörung einen allgemeinen Eid aller, die das 12. Jahr zurückgelegt hatten. Die Formel lautete: „So verspreche ich meinem Herrn dem Könige Karl und seinen Söhnen, dass ich treu bin und sein werde die Tage meines Lebens, ohne Trug und Gefährde.“ In der folgenden Zeit erfolgte in den neu erworbenen Gebieten immer sofort die Eidesleistung. Nach seiner Kaiserkrönung gab Karl d. Gr. dem Treueid sofort eine viel umfassendere Bedeutung; er verfügte, dass alle, Geistliche und Weltliche, die ihm früher als König geschworen, nun einen neuen Eid als *Mannen* (Vasallen) des Kaisers leisten sollten. Derselbe solle nicht bloss enthalten, dass man dem Kaiser, solange er lebe, die Treue bewahre, keine Feinde in das Land führe und nicht jemandes Untreue unterstütze oder verschweige, sondern es wird eine ganze Reihe teils moralischer oder kirchlicher, teils bestimmter staatlicher Leistungen aus demselben abgeleitet. Dadurch, dass nach diesem Eide die Treue gegen den Kaiser dieselbe sein soll wie die, welche der Vasall seinem Herrn gelobt, wird das allgemeine Unterthanenverhältnis der besondern und engen Verbindung, welche die Kommendation begründet (siehe *Adel*) gleichgestellt. Nicht dass durch diesen Eid alle wirklich Mannen oder Vasallen des Kaisers werden sollten: nur ihre Treue und Ergebenheit soll keine geringere sein. In Zukunft wurden alle, welche das 12. Jahr zurückgelegt hatten, immer sofort durch die Königsboten beeidigt. Als Karl d. Gr. die Bestimmung über die Nachfolge seiner Söhne getroffen hatte, liess er nochmals eine allgemeine Beeidigung vornehmen, die einige Jahre später wiederholt wurde.

Unter den Nachfolgern Karls steigerte sich die Forderung solcher Eide zum wahren Missbrauch; je weniger die Treue gehalten wurde, desto öfter musste sie versprochen werden. Der Treueid wurde wie der Gerichtseid auf Reliquien beschworen. Einem andern als dem Kaiser oder dem besondern Herrn, befahl Karl, dürfe kein Eid geleistet werden. Der Bruch der Treue wurde regelmässig mit Konfiskation des Vermögens oder doch der königlichen Benefizien bestraft. Lebensstrafe, die in früheren Zeiten darauf stand, kam jetzt nur in schwereren Fällen zur Anwendung, wenn das Leben oder die Herrschaft des Königs bedroht gewesen war.

Von eidlichen Versicherungen des Königs an das Volk oder dem Papst gegenüber ist unter den ersten Karolingern nicht die Rede. Erst in der zweiten Generation nach Karl d. Gr. liessen sich die Söhne und Enkel Ludwigs bewegen, um die Unterstützung der Grossen zu erhalten, diesen gegenüber auch eidliche Verpflichtungen einzugehen. Auch die Päpste benutzten jetzt die Umstände, um die Kaiser zu förmlichen eidlichen Zulagen zu verpflichten. Sonst wurde noch später darauf gehalten, dass der deutsche König nicht, auch bei der Salbung wie bei der Königs- und Kaiserkrönung nicht, einen förmlichen Eid ablegte. Er gelobte bloss in anderer feierlicher Weise, durch besondere Beteuerung oder Handschlag, oder liess andere in seinem Auftrag und Namen schwören. Nur Könige untereinander mochten sich gegenseitig den Frieden auch eidlich geloben.

Die Verpflichtungen des Volkes in eidlicher Form kamen dagegen das ganze Mittelalter durch in weiter Ausdehnung zur Anwendung, zu der Bekräftigung einzelner Verpflichtungen, der Bewahrung des Friedens, der Leistungen des Heerdienstes, als Vasalleneid, als allgemeiner Treueid. Der Eid ward zunächst dem neuen König bei der Thronbesteigung geleistet, doch nicht mehr vom ganzen Volk, sondern bloss von den Fürsten, den Grossen, von dem, der ein Amt empfing. Dagegen liessen die Fürsten und andere, welche abhängige Leute hatten, sich von diesen dem Treueid an den König nachgebildete Eide leisten. Nur einzeln wurde bei solchen Lehnseiden die Treue gegen den König vorbehalten, Hilfe oder Dienst gegen diesen ausgeschlossen. Oft, besonders wenn die Treue einmal verletzt war, wurde der Eid durch Geiselstellung bekräftigt. Vom Bruch des Eides hat man zahlreiche Beispiele, und zu Gregors VII. Zeit erklärte man, der Eid binde nur, solange der König recht handle und die von ihm gegebenen Versprechungen halte. Gregor nahm das Recht in Anspruch, auch die Eide gegen einen König zu lösen, was zahlreichen Widerspruch fand.

Elben, Elfen, ahd. und mhd. der *alp*, neben mhd. die *elbe*, angelsächs. *elfen*, englisch, schwedisch und dänisch *elf*; nhd. dauert *Alp* mit der Bedeutung eines Nachtgeistes fort, daneben haben Schriftsteller des 18. Jahrh. die unserer Mundart ungerechte Form *Elf*, *Elfen* eingeführt. Nach der Edda unterscheidet die nordische Mythologie zwei Gattungen von Elben, *Lichtelben* und *Schwarz-* oder *Dunkelelben*. Es sind Mittelwesen zwischen Göttern und Menschen, eine gesonderte Gesellschaft für sich, sie haben Kraft, dem Menschen zu schaden, und scheuen sich doch vor ihm, da sie ihm leiblich nicht gewachsen sind. Unter den Begriff *Elben* oder *Wichte* hat Grimm in der Mythologie alle Wesen dieser Art zusammengefasst, Kap. 17., Zwerge, Wassergeister, Hausgeister u. dgl. Die deutsche Auffassung sieht in den Elben eine besondere Art der mehr einer heidnisch-dichterischen Naturbetrachtung als der eigentlichen Religion angehörenden Wesen, die ebendeshalb sich im Volksglauben länger als die eigentlichen Götter erhalten haben; es gehören dazu die *Zwerge*, *Kobolde*, *Klabatermännchen*, *Berg-* und *Waldgeister*, *Nixen* und nicht minder die *Elben*. Die letzteren sind freie, im Walde und auf Wiesen sich bewegende Naturgeister, bald milder, bald schädlicher Art, Menschen herbeiziehend und sie zerreissend. In den bairischen Alpen leben die gutmütigen, weiblich gedachten Elfen in Bergschluchten, sind sehr scheu, daher schwer zu sehen, nähren sich von der Milch der Kühe und Ziegen und geben den Menschen dafür reichlichen Segen. *Wuttke*, Volksaberglaube, § 50.

Elbschwanenorden heisst die von *Joh. Rist* um 1656 zu Wedel im Holsteinischen gestiftete deutsche Sprachgesellschaft. Sie sollte ein „Pflanzgarten" für die fruchtbringende Gesellschaft sein. Die Mitglieder führten wie in den anderen Sprachgesellschaften Schäfernamen. Mit dem 1667 erfolgten Tode des Stifters ging die Gesellschaft wieder ein.

Elemente, vier. Die Schrift befasst das Universum unter der Einteilung von Himmel und Erde, wonach auch von späteren Kirchenlehrern Himmel und Erde die beiden *Elemente*, *στοιχεῖα*, der Welt genannt werden. Doch fügt schon das alte Testament ein drittes Element hinzu, indem es die Erde als Wasser und festes Land unterscheidet, daher das Universum in diesem Sinne als ein dreifaches erscheint, Himmel, Erde und Meer. Einen Uebergang zu der Lehre von den vier Elementen macht die Erwähnung des Feuers vom Himmel, oder des Feuers, welches von Jehova ausging; doch ist die Zusammenstellung in der Schrift nicht ausdrücklich gemacht und die Lehre von den vier Elementen vielmehr aus dem heidnischen Altertum auf die Kirche übergegangen. Empedocles stellte sie zuerst auf, indem er sie für die Wurzeln aller Dinge und für göttlich, d. h. unvergänglich erklärte. Plato, die Stoiker, Aristoteles behielten sie bei, nur dass der letztere als fünften Körper den Aether beifügt, der unter dem Materiellen das allein Göttliche sei. Die christlichen Lehrer anerkannten den heidnischen Vorgang, ordneten ihn aber der Lehre von der *Schöpfung* unter, indem man annahm, Gott habe im Anfang die vier Elemente geschaffen; doch so, dass der Himmel als ein fünftes dazutrat. Insofern man sich sodann den Leib des Menschen aus den vier Elementen zusammengesetzt dachte, erhielt derselbe auch einen Bezug zur *Auferstehung*, insofern als in ihm der Keim zum Auferstehungsleib bewahrt und er aus ihm dereinst zum ewigen Leben erwachen werde.

In der *Kunst des klassischen Altertums* wurden die vier Elemente, obwohl selten, durch ihre mythologischen Repräsentanten, Vulkan, Ocean, Windgott und Gäa oder durch die Klassen der Tiere, die in ihnen leben, dargestellt. Im Mittelalter lässt sich die Darstellung der Elemente seit dem 10. Jahrhundert nachweisen, zuerst bei der Schöpfung, wobei die Elemente in mythologischer Personifikation erscheinen. Auch die Renaissance hat in ihrer freieren Art die Elemente mit Vorliebe dargestellt. *Piper, Mythologie.* II. Abt. §. 45.

Elend und Elenden-Herberge. Das *Elend*, mhd. das *ellende*, *elelende*, ahd. das *elilenti*, aus *alilanti*, ist zusammengesetzt aus dem mit lat. *alius*, griech. *ἄλλος* = ein anderer, in Urverwandtschaft übereinstimmenden, nur in Zusammensetzungen vorkommenden ahd. Adjektiv *ali*, *eli* = ein anderer, und aus dem mittelst *i* von *lant* gebildeten *lenti*. Das Wort bedeutet also ursprünglich soviel als anderes, fremdes Land, woraus sich dann im Mhd. die Bedeutung grösster Bedrängnis und Beschwernis ergiebt. Wie man das *Land baute*, *so baute man das Elend*, wie z. B. das Wallfahrtslied nach St. Jacob von Comp. beginnt:

wer das elent bawen wel,
der heb sich auf und sei mein gsel
wol auf sanct Jacobs strassen.

Daher auch die zahlreichen Ausdrücke: ins Elend gehen, fahren wandern, fliehen:

e ich mein bulen wolt faren lan
e wolt ich mit ir ins elend gan;

im Elend sein, bleiben, lassen, zubringen, streifen, schwärmen:

Insbruck, ich muss dich lassen,
ich far dahin mein strassen,
in fremde land dahin:
mein freud ist mir genommen,
die ich nit weiss bekommen,
wo ich im ellend bin.

Ferner: ins Elend schicken, versenden, jagen, dringen, treiben, stossen, verweisen, aus dem Elend heimkehren, führen, holen.

Gleicher Bildung und ebenfalls schon althochdeutsch ist das Adjektiv *elend*, ahd. *alilanti*, mhd. *ellende*, das ebenfalls mit der Zeit aus der Bedeutung des in der Fremde Lebenden in die des Beraubten und Blossen, Armen, Armseligen, Geringen und Schlechten überging.

Elenden-Herbergen sind im 15. Jahrh. hauptsächlich für *Pilger* eingerichtet worden. Vereine, die sich die Sorge für arme und kranke Fremde zur Aufgabe gemacht hatten, hiessen *Elenden-Brüderschaften*. Die Elenden-Herberge hatte einen Verwalter. Manchmal gehörte zur Herberge eine Kapelle mit dem Almosenstocke; war der letztere in einer öffentlichen Kirche aufgestellt, so brannte an ihm wohl die durch mildthätige Menschen gestiftete Elenden-Kerze; andere Kerzen wurden in die Herberge selbst zur abendlichen Beleuchtung gestiftet. Die Beherbergung wurde in der Regel nur für eine Nacht gewährt, und es waren besondere Bestimmungen zur Aufrechterhaltung einer guten Ordnung getroffen. Z. B. war bestimmt, dass jeder Aufgenommene Kleider und Gerätschaften mit Ausnahme des Unterhemdes vor der Schlafkammer ablege und daselbst liegen lasse; nach achtstündigem Schlafen wurden die Kammern wieder geöffnet, jeder stand auf, machte sein Bett, kleidete sich vor der Kammer an und wurde nicht eher aus dem Hause gelassen, als bis er erklärt hatte, dass ihm nichts von seiner Habe abhanden gekommen sei. *Grimm*, Wörterbuch, und *Kriegk*, Bürgertum, I, VIII.

Elfenbeinarbeiten. Das Wort Elfenbein ist mhd. *helfantbein*, da mhd. der Elefant *helfant* heisst. Schon seit dem frühesten Mittelalter wurde geschnitztes Elfenbein zum Schmucke von Altären, von kirchlichen Geräten, für kostbare Büchereinbände um so lieber angewendet, als der Elefant nach Notker Labeo als ein *chiusche fieô*, ein keusches Vieh galt. Die Elfenbeinarbeiten, Reliefs von sehr ungleicher Grösse, bald zum Schmucke von Gefässen und selbst von grösseren Geräten nicht selten fabrikmässig zum voraus gefertigt, bald auch als selbständige Kunstwerke bearbeitet, schliessen sich in den ersten Jahrhunderten nach Stil und Inhalt vorherrschend antiken Vorbildern an. Später tritt das christliche Element in den Vordergrund. Sehr beliebt waren unter den aus antik heidnischem in christlichen Gebrauch hinübergewanderten Geräten die *Diptychen* (siehe diesen Art.). Auch zu den *Pyxiden*, kreisrunden Büchsen, welche von dem Ciborium, dem Schirmdache des Altares herunterhängend, zur Aufbewahrung des heiligen Brotes dienten, wurden öfter heidnische Werke, Schmuck- und Toilettenkästchen, benutzt. Im eigentlichen Mittelalter bediente man sich des Elfenbeins nicht bloss zu kirchlichen Zwecken, zu Reliquiarien, Bücherdeckeln, für kleinere Tragaltäre, sondern auch für Geräte des weltlichen Luxus, Jagd- und Trinkhörner, Becher, Geisseln, Lanzenschäfte, Schmuckkästen, Spiegelkapseln, ja ganze Sättel. Die Gotik war der Elfenbeinskulptur nicht günstig, erst in den letzten Jahrhunderten wird die Kunst, namentlich an Schmuckgefässen und Geräten profanen Zweckes, wieder erneuert, besonders in Nürnberg und Augsburg, wo der Elefantenzahn in seiner ganzen Rundung zu Humpen und Krügen, ganz mit Reliefs umgeben, bearbeitet wurde.

Email, mittelat. *smaltum*, *esmalctum*, ital. *smalto*, franz. *émail*, dtsch. *Smalte*, *Schmalte*, *Schmelz*, alles dieses vom deutschen Verb. schmelzen, bedeutet ursprünglich Geschmelze von Gold und Silber durcheinander. Spuren der Email-Technik finden sich schon in ägyptischen, etruskischen und altgriechischen Kunstwerken, kaum bei den Römern. Die Byzantiner verliehen derselben einen neuen Aufschwung, vielleicht in Anlehnung an hindostanische, persische und chinesische Technik. Ihre höchste Kunst erreichte diese Technik seit dem 10. Jahrh., indem sie jetzt nicht bloss zum Schmucke kleiner Werke, sondern selbständig in grossartigen Dimensionen betrieben wurde. Im Abendlande, in Gallien und England, wurde diese Kunst ebenfalls schon früh geübt, doch meist in kleinerem Massstabe und in dekorativem Sinne. Einen höhern Aufschwung erhielt sie seit dem 10. Jahrh., als durch die Vermählung Otto III. mit einer griechischen Prinzessin byzantinische Kunstwerke und vielleicht auch byzantinische Künstler nach Norden kamen. Ihre Hauptsitze lagen am Niederrhein und in Lothringen, etwa seit dem 12. Jahrh. in der westfranzösischen Provinz von Limoges, woher die Emailkunst den Namen *Opus de Limogia* oder *Lemovicinum* erhielt. Die Technik der meisten abendländischen Emails ist von der der byzantinischen verschieden. Diese sind vorwiegend Zellenemails, *émaux cloisonnés*; der gefärbte Glasfluss wird in Zellen ausgegossen, die von dünnen aufrecht stehenden Goldplättchen erstellt worden sind; die abendländische Technik ist meist *Grubenemail*, *émail champlevé*, bei welcher der Glasfluss in die ausgetieften Teile einer stärkern Metallplatte eingelassen wird; die abendländischen Emails sind auch viel einfacher als die byzantinischen. Die Farbenskala ist sehr beschränkt und vorwiegend dumpf: dunkles Blau für den Grund, Rot, Grün oder Blau, Gelb oder Weiss in weicher Abstufung. Figürliche Darstellungen sind selten, meist ist die Kunst hier für Verzierungen angewandt. *Rahn*, Bild. Künste. 280 ff. *Schnaase*, IV, 2. *Bucher*, Gesch. der techn. Künste, I.

Encyklopädie. Das Wort *ἐγκυκλοπαιδεία* verdankt seinen Ursprung bloss einer falschen Lesart für *ἐγκύκλιος παιδεία*, d. h. kreisförmig umschriebener, sich wiederholender Unterricht, wie seit Aristoteles häufig der Kreis von Kenntnissen, Wissenschaften und Künsten genannt wurde, den der freie Grieche als Knabe und Jüngling durchlaufen musste, ehe er zur Vorbereitung auf einen besondern Lebenszweck oder ins thätige Leben selbst überging.

Die absterbende antike Welt fühlte das Bedürfnis, die Resultate ihrer wissenschaftlich pädagogischen Arbeit zum Zwecke des Unterrichtes zusammenzustellen. Der erste, der das mit Erfolg unternahm, war der Neuplatoniker *Martianus Capella* mit seinem zwischen 410 und 427 geschriebenen Werke *De nuptiis Philologiae et Mercurii et de septem artibus liberalibus*, ein Werk in welchem sich die ausschweifendste Phantasie mit dem trockensten Verstande vermählte, welches jedoch im älteren Mittelalter lange Zeit eine Hauptgrundlage des gesamten Schulunterrichtes war. Von *Notker Labeo* hat man eine altdeutsche Übersetzung mit Kommentar. Von *Boëtius* sind einige Werke, namentlich Übersetzungen aristotelischer Schriften, die Übersetzung der *Isagoge* des *Porphyrius*, eines der Hauptschulbücher des Mittelalters, die Bücher *De institutione arithmetica* und die *Ars geometrica* für die encyklopädische Behandlung der Wissenschaften in der Folgezeit vielfach wichtig gewesen, ein zusammenfassendes Werk dieser Art hat er aber nicht geschrieben. Dieses auf dem Boden des Christentums zuerst gethan zu haben, ist das Verdienst *Cassiodors: Institutiones divinarum* et *saecularium lectionum* oder *litterarum,* verfasst um 544, das den Mangel einer theologischen Hochschule im Abendlande einigermassen, und zunächst den Mönchen des Klosters Vivarium ersetzen sollte. Während das erste Buch eine Einleitung in das theologische Studium enthält, bietet das andere einen Abriss der sieben freien Künste. Von umfassendster encyklopädischer Wirkung war sodann das Werk des *Isidorus Hispalensis,* 20 Bücher *Etymologiarum,* worin eine, meist sehr unvollständige Uebersicht der wissenschaftlichen Materien mit einer Definition der wissenschaftlichen Begriffe und Objekte durch eine Etymologie der sie bezeichnenden Worte enthalten ist. Buch 1—3 enthalten die sieben freien Künste, 4. die Medizin, 5. „Gesetze" (Rechtsbegriffe, Verbrechen und Strafen) und „Zeiten", d. h. Tag und Nacht, Monate, Jahreszeiten, Jahrhundert, Alter, Weltalter und daran anschliessend eine kurze Weltchronik; 6. Bibel und ihre Bücher, Bibliotheken, Arten der „Werke", Schreibmaterial,Ostercyklus und Festverzeichnis. 7. Himmlische Hierarchie, Gottheit, Engel, Patriarchen, Propheten, Apostel, Klerus. 8. Kirche und ihre Sekten. 9. Sprachen und Völker, Namen der höchsten Staatsgewalten, Einteilung des Heeres, Magistraturen, Klassen der Bevölkerung und Verwandtschaftsgrade. 10. Etymologie einer Anzahl nach dem Alphabet geordneter Wörter. 11. Der Mensch nach den Teilen des Körpers, den Sinnen und Gliedern, Altersstufen. 12. Tiernamen. 13. Die Welt mit ihren Teilen, Himmel, Luft, Winde, Gewässer. 14. Die Erde, Erdteile, Inseln, Berge. 15. Wohnstätten der Menschen, Verzeichnis der wichtigsten Städte, öffentliche Gebäude, Arten der Häuser, Zimmer, Tempel, Felder, ihre Grenzen und Masse, Strafen. 16. Steine und Metalle, Gewichte, Masse und Zeichen dafür. 17. Feld- und Gartenbau. 18. Krieg und Spiele. 19. Schiff, Hausbau, Kleidung und Schmuck. 20. Speisen und Getränke, Haus- und Ackergeräte. Ein ähnliches Werk Isidors ist *De natura rerum,* im Mittelalter ebenfalls viel gelesen und benutzt. Im karolingischen Zeitalter hat namentlich *Rabanus* sich bemüht, die wissenschaftliche Lehre des Zeitalters in Handbücher zusammenzufassen; dahin gehören *De clericorum institutione* in drei Büchern und die 22 Bücher *De universo;* das letztere ist freilich zum grossenteil wörtlich aus Isidors Etymologien abgeschrieben, nur dass für den christlichen Theologen die mystische Erklärung des Einzelnen beigefügt ist, welche aber ihrerseits meist ebenfalls einem Werke Isidors entnommen ist, den *Allegoriae quaedam sacrae scripturae.* Die Summe der wissenschaftlichen Kenntnisse, welche das christliche Mittelalter aus dem Altertum gerettet und in den besprochenen Formen aufgestapelt hatte, blieb nunmehr für drei Jahrhunderte ausreichend; erst die Kreuzzüge und besonders der von den Arabern gepflegte, der Natur und ihren Erscheinungen in höherem Masse zugewandte Geist, sowie das erneute und vertiefte Studium des Aristoteles brachte es mit sich, dass im 13. Jahrhundert die encyklopädische Arbeit neu und mit Erfolg aufgenommen wurde. Es ist dies namentlich das Verdienst der *Dominikaner,* aus deren Orden die drei bedeutendsten Encyklopädien des späteren Mittelalters hervorgegangen sind, *Albert der Grosse, Thomas von Cantimpré,* dessen *Liber de naturis rerum* vom Regensburger Domherrn *Konrad von Megenberg* im 14. Jahrhundert deutsch als „Buch der Natur“ bearbeitet worden ist, und *Vincenz von Beauvais*, der Verfasser des *Speculum quadruplex*, das wiederum in *Speculum naturale*, *doctrinale*, *morale* und *historiale* zerfällt. Es wurde im 15. Jahrhundert öfters gedruckt und genoss noch in der Reformationszeit ein hohes Ansehen.

Engel sind nach der Ansicht der Hebräer höhere, von Gott geschaffene Wesen, die seinen Thron als Rat umgeben und ihm als Boten dienen. Bis zum Exil dachte man sie sich in menschlicher Gestalt, im Exil verschmolz ihr Begriff unter persischem Einfluss mit dem Begriff Dämon. Das nikäische Konzil (787) setzte fest, sie hätten einen ätherischen Körper, das lateranische von 1215 gab ihnen Unkörperlichkeit. Sie wurden im früheren Mittelalter geflügelt, in reifer Jünglingsgestalt, in Diakonentracht und unbeschuht dargestellt, seit dem 13. Jahrhundert auch als schwebende Kinder, die letzteren tragen häufig musikalische Instrumente. Mit Vorliebe erzählte das Mittelalter vom Abfall der Engel von Gott, eine Lehre, die besonders von Gregor d. Gr. ausgebildet wurde. Nach Jes. 14, 12 ff. und 2 Petri 2, 4 nahm man an, dass ein Teil der Engel von Gott abgefallen sei und dass Gott ebendeshalb, um die dadurch entstandenen Lücken wieder auszufüllen, den Menschen erschaffen habe. Darüber zürnten nun die in der Hölle zu Teufeln degradierten ehemaligen Engel und beschlossen, den Menschen von Gott abwendig zu machen, was denn auch, aber ohne vollständigen Erfolg, durch den in eine Schlange verwandelten Lucifer in's Werk gesetzt wurde. Die kirchliche Kunst sowohl als die Poesie haben den Sturz der Engel vielfach dargestellt, die letztere z. B. in der dem angelsächsischen Dichter Kaedmon zugeschriebenen Genesis, und noch Milton im verlorenen Paradiese. Die christliche Lehre teilte die Engelwelt in 9 *Engelchöre* ein, welche drei Ordnungen bilden, von denen die erste ihre Glorie unmittelbar von Gott empfängt und sie auf die zweite überträgt, welche ihrerseits wiederum die dritte, mit der geschaffenen Welt in Verbindung tretende, erleuchtet. Die *I. Ordnung* bilden: *1. Chor*, die *Seraphim*, bedeuten die Liebe zu Gott, haben 6 Flügel, 2 am Kopf, 2 an den Füssen, 2 über die Hüfte vorgeschlagen und tragen in jeder Hand eine Rolle mit den Worten: Heilig, heilig etc. Ihr Oberhaupt ist der Erzengel *Uriel*. — *2. Chor:* die *Cherubim*, bedeuten die Erkenntnis Gottes, daher oft vieläugig dargestellt, mit 4 oder 2 Flügeln oder mit geflügeltem Haupt oder auf feurigen Rädern stehend, oft nur als geflügelte Köpfe. Ihr Oberhaupt ist *Jophiel*. — *3. Chor:* die *Throne*, bedeuten die Gerechtigkeit Gottes, stützen seinen Thron, oder erscheinen als feurige Räder mit vielen Augen oder tragen eine Palme oder Krone oder einen Thron in den Händen. Ihr Oberhaupt ist *Zaphkiel*. — *II. Ordnung. 4. Chor*: die *Herrschaften*, *dominationes*, welche Gott über die Welt ausübt. Sie tragen Zepter, Schwert oder Kreuz, ihr Oberhaupt ist *Zadkiel*. — *5. Chor:* die *Kräfte oder Tugenden*, *virtutes*, tragen in der rechten eine Dornenkrone und in der Linken den Kelch des Heils. Ihr Oberhaupt ist *Haniel*. — *6. Chor:* die *Mächte* oder *Gewalten*, *potestates*, bewahrende und schützende Engel, tragen Donnerkeil und flammendes Schwert. Ihr Oberhaupt der Erzengel *Raphael*. Alle Engel der II. Ordnung tragen lange Alben, goldene Gürtel, grüne Stolen, auch wohl Goldstäbchen, in der linken das Gottessiegel; sie sind barfuss. — *III. Ordnung. 7. Chor:* die *Fürstentümer*, *principatus*, die Hüter der Fürsten, tragen Zepter und Gürtel oder Schwertgehänge.

mit einem Kreuz vor der Brust, in der Hand einen Lilienstengel und Schuhe an den Füssen. Ihr Oberhaupt ist *Chamael.* — 8. *Chor:* die *Erzengel.* Nach jüdischer Tradition sind es ihrer 4, die katholische Kirche anerkennt als heilige bloss 3, nämlich: *St. Michael* erscheint in seinen drei Ämtern, als Anführer der himmlischen Heerscharen beim Besiegen der Höllenmächte, als Herr und Führer der abgeschiedenen Seelen (Seelenwäger) und als Schutzpatron der streitenden Kirche, als kräftiger Jüngling von ernster Schönheit im steten Kampf mit den Mächten der Finsternis, dem Drachen mit dem Menschenkopf am Schwanz. Als Seelenwäger hält er die Wage, in deren Schalen je eine oder mehrere nackte Seelen sitzen. *Gabriel*, der Engel der Geburt und des Werdens, trägt einen Lilienzweig mit umgewickeltem Spruchband (ave Maria gratia plena) und ein reichgeschmücktes Priestergewand, oder er erscheint als Jäger mit Hifthorn und Hunden, welcher das vor ihm in den Schoss der Maria geflüchtete Einhorn erjagt. *Raphael*, der begleitende Schutzengel der Wanderer und Pilger, daher mit Wanderstab und Pilgerflasche, selten mit dem Schwert dargestellt. Am meisten erscheint er in der Geschichte des Tobias, er erscheint auch den Hirten bei der Geburt Christi. Der von der römischen Kirche nicht anerkannte *Uriel* wird dennoch viel dargestellt mit Schriftrolle oder Buch, erscheint dem Moses im feurigen Busch, sitzt auf dem Grabe Jesu und geht mit den Jüngern nach Emmaus. — 9. *Chor:* die *Engel.* Siehe *Müller* und *Mothes*, Arch. W. Art. Engel, Engelchöre, Erzengel und Sturz der Engel. *Otte*, Handb. Abschn. 158.

Epistelseite heisst diejenige Seite des Altars, welche links von dem auf dem Altare stehenden Kruzifixe ist, also gewöhnlich die südliche; von der auf dieser Seite befindlichen Kanzel wird die Epistel verlesen.

Epistolae obscurorum virorum. Sie sind hervorgegangen aus dem langjährigen Streite Reuchlins mit den Kölner Theologen. Der getaufte Jude Pfefferkorn, ein widerwärtiger, unsauberer Mensch, dem die Bekehrung seiner ehemaligen Glaubensgenossen durch Ermahnung misslungen war, hatte im Jahre 1509 Obrigkeiten und Volk zu gewaltsamer Bekehrung oder Vertreibung der Juden und zur Verbrennung ihrer Bücher aufgefordert. Die Angelegenheit kam an den Kaiser, der vorerst vom Dominikanerprior und Ketzermeister Jacob Hochstraten zu Köln, vom ehemaligen Rabbiner Victor von Carben, von Reuchlin und von den Universitäten zu Köln, Mainz, Erfurt und Heidelberg Gutachten abforderte. Als Reuchlin sich im Gegensatz zu den übrigen judenfeindlichen Gutachten dahin aussprach, „dass man der Juden Bücher nicht solle verbrennen, sondern sie durch vernünftige Disputationen sanftmütig und gütlich zu unserem Glauben mit der Hilfe Gottes überreden", begann Pfefferkorn öffentlich gegen Reuchlin aufzutreten; Reuchlin antwortete: Briefe, Gutachten, Schriften der verschiedensten Art in Prosa und Versen, in lateinischer und deutscher Sprache wurden gewechselt, und besonders der Kreis der deutschen Humanisten betrachtete die Angelegenheit als eine öffentliche Sache der Bildung und Wahrheit gegen Dummheit und Pfaffenstolz. Papst Leo X. schlug endlich den Prozess, nachdem ein besonderes Gericht sich für Reuchlin entschieden hatte, nieder. Im Gegensatze nun zu einer Sammlung von Briefen berühmter Humanisten an Reuchlin, die der Empfänger im Jahr 1514 unter dem Titel *Clarorum virorum Epistolae hebraicae, graecae et latinae ad Jo. Reuchlinum* herausgegeben hatte, damit man sehe, wie alle hell und gut Denkenden in Deutschland und Italien sich um ihn scharten, erschien im Herbst 1515 ein Buch: *Epistolae obscurorum virorum,* 41 Briefe enthaltend; zweimal wiederholt 1516, das zweitemal mit einem Anhang von 7 Briefen; ein zweiter Teil mit 62 Briefen kam 1517 heraus, wozu in der zweiten Ausgabe nochmals ein Anhang von 8 Briefen trat. Die Briefe sind an Ortuinus Gratius, (Ortwin de Graes), Lehrer und Poet an der Kölner Schule, den lateinischen Handlanger und poetischen Schildhalter der Kölner Theologen, gerichtet, die Briefschreiber sind die Magister und Baccalaurei *Genselinus, Caprimulgius, Scherschleiferius, Dollenkopfius, Mistladerius* u. dgl., einigemal auch die Kölner Theologen selber. Die Polemik liegt vornehmlich in dem scheusslichen Mönchslatein und in der naiv-dummen Denkart der Schreiber. Über die Verfasser der Briefe ist Sicheres nicht auszumitteln. Nach *Strauss* stammt der erste Teil wesentlich aus der Feder des *Johann Crotus Rubianus*, eigentlich Johann Jäger, um 1480 in dem thüringischen Flecken Dornheim bei Arnstadt geboren. Er studierte in Erfurt und Köln und war ein Mensch von grosser Begabung und namentlich in hohem Masse witzig. Nachdem er eine Zeit lang Lehrer an der Klosterschule zu Fulda gewesen war, kehrte er nach Erfurt zurück. Er war ein treuer Freund Huttens und trat auch offen auf Luthers Seite über, freilich ohne dabeizubleiben; die letzten Jahre seines wechselvollen Lebens sind gänzlich in Dunkel gehüllt. An der Abfassung des Anhangs zum ersten Teile und der Briefe des zweiten Teiles hat ohne Zweifel *Hutten* hervorragenden Anteil, ohne dass sich das Mass des Anteils näher bestimmen liesse. Andere Verfasser meint man in Hermann von dem Busche, Hermann von Nuenar, Eoban Hesse und Petrejus Eberbach finden zu können. Die ausserordentlich schnelle Verbreitung der Briefe dauerte bloss bis zu dem Augenblicke, wo seit 1518 das Interesse der Zeit gänzlich in der Reformationssache aufging. Siehe *Strauss*, Hutten; der Text der Briefe in Huttens Werken von *Böcking*.

Epos ist wie für die übrigen indogermanischen Litteraturen, so auch für die deutsche die natürliche Dichtungsart der ältesten Periode; der besonderen Entwickelung der deutschen Litteratur und Bildung gemäss hat hier das Epos nach Form und Inhalt eine ganze Reihe von Entwickelungsstufen durchgemacht, bis es nach zähem Leben aufhörte oder einem neuen Kunstepos Platz machte.

1. Vom *Epos der ältesten Zeit* sind nur wenige Nachrichten und Überreste erhalten. Tac. *Germ.* 3 berichtet von Liedern, welche die alten Deutschen auf Herkules (Donar), Thuisko, Mannus und dessen Söhne gesungen hätten; sie besassen alte mythische Lieder und genealogische Lieder, die von den Ahnherren der Menschen und der besonderen Stämme erzählten. Über die Form dieser ältesten Lieder ist nichts erhalten; dass sie *gesungen* wurden, liegt im Wesen der ältesten Poesie, begleitet wurde das gesungene Wort mit der Harfe. Ohne Zweifel war die metrische Form hier schon die *allitterierende*; man erschliesst das besonders daraus, dass die Namen der Söhne des Mannus: *Ingo*, *Isco* und *Jrmino*, und ebenso andere Namen der nordischen und angelsächsichen Sage, *Hengest* und *Horsa*, *Skyld* und *Skeaf* allitterieren. Die Sänger gehörten keinem besonderen Stande an; es sang, wer die Gabe dazu besass (siehe den Artikel *Dichter*). Auch aus der Zeit unmittelbar nach der Völkerwanderung sind die Nachrichten über das germanische Lied spärlich; der Gote Jornandes berichtet 551, dass Lieder über die

Wanderzüge der Goten noch gesungen wurden, über den gefallenen Hunnenkönig Attila und ähnliches. Die ältesten erhaltenen Lieder sind die sog. *Merserbuger Zauberlieder* auf den verrenkten Fuss eines Pferdes und auf die Fesseln eines Kriegsgefangenen, das *Hildebrandslied* und der Anfang des *Wessobrunner Gebetes.* Noch Karl der Gr. liess eine schriftliche Sammlung der deutschen Heldenlieder, worin die Thaten und Lieder vorzeitlicher Könige gesungen wurden, aufzeichnen.

2. *Das Epos im* 9.—10. *Jahrh.* Hätte sich das deutsche Epos von fremden Einflüssen der Religion und Bildung ungestört entwickeln dürfen, so wäre ihm wohl mit der Entwickelung der Schreibekunst ein natürlicher Fortgang zur Epopöe auf den Grundlagen seiner alten Natur so gut als dem indischen und griechischen Epos vergönnt gewesen. Aber die Art und Weise, wie das Christentum in Deutschland auftrat, seine priesterliche Abneigung nicht bloss gegen die heidnische Religion, sondern gegen alles, was volksmässig und deutsch war, liess die Sammlung Karls d. Gr., die leider auch nicht erhalten ist, das letzte sein, was uns von den alten Liedern in echter alter Form überliefert ist. Hatte es doch der persönlichen Liebe Karls zu seiner angestammten Volksart bedurft, dass er überhaupt jene Lieder noch aufschreiben liess; schon lange vor ihm brachte die allein schreibkundige Geistlichkeit dem Volksgesang nicht bloss, wie es später in Skandinavien geschah, ihre Teilnahme nicht entgegen, sondern sie hasste und verfolgte die heimische Dichtung.

Dass sich zwar die allitterierende Form noch einige Zeit erhielt, beweist das dem 9. Jahrh. angehörige Gedicht *Muspilli*, der *Heliand* aus demselben Jahrhundert und die erst im 10. Jahrh. aufgeschriebenen Zauberlieder. Sonst trat jetzt an die Stelle der Allitteration der *Endreim* (siehe *Reim*), ein Wechsel im Geschmacke, der für sich allein der Fortdauer der alten Lieder in hohem Masse im Wege stand. Zwar vermittelte jetzt die kirchliche Bildung die Erscheinungen zweier *Epopöen*, des *Otfriedischen* Evangelienbuches und des *Heliand*, das erstere dem Einzellied insofern sich annähernd, als es sich aus einzelnen, zum Singen bestimmten Abschnitten zusammensetzt. Es sind Epopöen, insofern es geschriebene Dichtungen grösseren Umfanges sind, dem Umfang der Evangelien entsprechend, aber aus dem lebendigen Volksgesang sind sie nicht hervorgegangen, und spätere Wirkung ist von ihnen abgesehen von der Reimform Otfrieds, nicht ausgegangen.

Der von der neuen Bildung zwar nicht unterstützte, aber keineswegs ausgelöschte epische Volksgesang erhielt sich in den Händen fahrender Leute, Spielleute aus den unteren Ständen; diese bewahrten teils die alten Sagen von Dietrich von Bern, Siegfried, Attila, den Burgundern, nach ihrem roheren, den äusseren Thatsachen mehr als dem inneren Leben zugewandten Gehalte, dem durch das Christentum zumal die höhere religiöse Weihe entzogen worden war, teils sangen sie neue Lieder auf Ereignisse der Gegenwart, auf Erzbischof Hattos Verrat an Adelbert von Bamberg, 904, auf die Niederlage der Franken bei Heresburg, 915, auf die Wunderthaten des heiligen Ulrich, bis 973. Dass sogar in Klosterräumen, aber freilich nur in solchen, in welchen der Geist Karl d. Gr. noch fortlebte, wie in St. Gallen, die alte Volkssage noch überaus lebendig war, zeigt das Lied von *Walther und Hiltgunt* und der *Ruodlieb*, beide in lateinischer Sprache gedichtet, aber darum nicht minder deutsch empfunden und dargestellt.

3. *Das Epos der höfischen Zeit.*

Es war nicht das Christentum allein, das der alten Epik entgegenstand; was ihr den Lebensnerv nicht minder angriff, war der Übergang aus dem freien Volksstaat in den Lehnsstaat: die alten freien Sänger verschwanden mit dem freien Gesamtvolke, der Unterschied der unteren und oberen Stände drängte die volksmässige Bildung in den untern Stand zurück, und es ging Jahrhunderte lang, bis der obere Stand der Ritterbürtigen zu einer selbständigen Bildung emporwuchs. Als dies mit dem Beginn des 12. Jahrh. endlich geschah, trat auch eine neue Periode der epischen Dichtung ein. Voraus geht eine durch die Erneuerung des kirchlich-religiösen Lebens im 11. Jahrh. hervorgerufene Reihe geistlicher Dichtungen verschiedensten Stiles und Umfanges, eine wirkungslose Reaktion gegen die aufkommende weltliche Dichtung des höfischen Standes. Ihr folgen gleichzeitig die beiden Gattungen des volksmässigen Epos und des höfischen Kunstepos, beide in der Form geschriebener, künstlerisch wirksam ausgearbeiteter *Epopöen*, beide noch insofern an das alte Epos erinnernd, als die Dichter immer noch, wenigstens in der Regel, des Schreibens unkundig sind, also diktieren müssen, während von seiten der geniessenden Partei nicht gelesen, sondern einem Vorlesenden zugehört wird. Woher das volksmässige Epos seinen Stoff schöpfte, ist mit Sicherheit nicht auszumitteln; er muss von fahrenden Sängern der unteren Stände erhalten worden sein, zumeist ohne Zweifel in dem vom höfischen Leben unberührten, noch mehr in alter Volkskraft und Volkserinnerung lebenden Norden Deutschlands; denn von hier wurden dieselben Stoffe im 13. oder 14. Jahrh. nach Skandinavien getragen und hier als *Wilkina-Saga* aufgeschrieben. Aus Norddeutschland brachten Fahrende diesen Stoff nach Süddeutschland, als auch hier die Teilnahme dafür wieder erwachte. In Österreich, wo am Wiener Hofe französisches Wesen nicht ebenso ausschliesslich herrschte wie im Westen Deutschlands, sind dann von unbekannten Dichtern das *Nibelungenlied*, *Gudrun* und die übrigen Lieder des *Heldenbuches* entstanden (siehe diese Artikel), alle in der Form der *Nibelungenstrophe* oder Abarten derselben.

Das *höfische Kunstepos* empfängt dagegen von Frankreich Anstoss, Stoff, Form, Auffassung, Umfang. Der Vers ist das *Reimpaar*, die Hauptstoffe Alexander, Äneas, Karl und seine Tafelrunde, Artus und seine Tafelrunde, Graal; daran schliessen sich byzantinische Stoffe, z. B. von Herzog Ernst, einheimische Rittersagen, z. B. Otto mit dem Barte, und durch die ganze Zeit hindurch natürlich Geistliches, mit Vorliebe die Legende.

Eine weitere Entwickelung hat das alte Epos kaum mehr gehabt. Mit dem Verfall der höfischen Bildung verfällt auch ihre Dichtung, für das nationale Leben ein schmerzlicher Verlust; wäre die angestammte Sage in ihrer mittelalterlichen Gestalt Eigentum des ganzen Volkes gewesen, es hätte sich wenigstens bis ins 16. Jahrh. retten mögen, vielleicht den Wechsel der Zeiten ganz überdauert; so aber war es Eigentum der Höfe und des Rittertums und ist mit diesen Elementen in dasselbe Schicksal mit hineingerissen worden. Dantes göttliche Komödie ist nur wenig mehr als 100 Jahre jünger, als das Nibelungenlied; während aber dieses schon im 15. Jahrh. vergessen war, lebt Dantes Dichtung noch heute. Bloss einzelne untergeordnete volksmässige Epen hatten sich bis in die Zeit des Buchdrucks gerettet und wurden von Bänkelsängern noch teilweise gesungen und geleiert. Manches, Deutsches sowohl als Französisches, kam als Prosaroman wieder auf den

Markt, wie der hürnene Siegfried, die vier Haimonskinder (siehe den Artikel *Volksbücher*). Wie seit der zweiten Hälfte des 18. Jahrh. die ältere Litteratur wieder erweckt wurde und allmählich neue Keime trieb, gehört nicht hierher. Vgl. den Art. *Heldensage*.

Erbrecht. Das Erbe ist ahd. das *arpi*, *erbi*, *erbe*, got. das *arbi*, dasselbe Wort in den nordisch germ. Sprachen; in welcher Wurzel, von der auch *Arbeit* abgeleitet ist, die Vorstellungen der Angehörigkeit und Hörigkeit (milderer Leibeigenschaft), der Kindschaft und der Knechtschaft ineinander fliessen. Der *Erbe* ist got. der *arbja*, ahd. der *árpeo*, *áripeo*, *érpeo*, *éribo*, *erbo*, mhd. der *erbe*. Weigand.

Die regelmässige Erbfolge der Germanen beruhte auf der Blutsfreundschaft und stand mit den übrigen Rechten und Pflichten der Familie in der engsten Beziehung. Die Verwandtschaft, die zur Erbfolge berechtigte, musste aber einesteils eine durch eine giltige *Ehe* (siehe diesen Art.) begründete Verwandtschaft und andernteils musste der Verwandte dem Erblasser *ebenbürtig* sein. Die Nähe der Verwandtschaft wurde nach der grössern oder geringern Gemeinschaft des *Blutes* gemessen, die Nächsten waren sich also diejenigen, welche den nächsten Stammhalter gemeinsam hatten, was man eine *Parentel* oder *Sippe* nannte, dann kam die Parentel unter dem zweitnächsten Stammhalter u. s. w. Die nähere Parentel schloss die entferntere schlechthin aus. Als Hilfsmittel, die Verwandtschaftsgrade zu versinnlichen, brauchte man das Bild des menschlichen Körpers, indem man an das Haupt den Stammhalter stellte. Die Blutsfreunde, insbesondere die Seitenverwandten, hiessen *Magen*, und es wurde dabei die *paterna* und *materna generatio*, oder *lancea* und *fusus*, die *Schwert-* und *Spillseite* unterschieden. Die älteste Erbfolgeordnung war, soweit sich erkennen lässt (*Tacitus* Germ. 20. 32), auf die Bedeutung der Sippe oder der Genossenschaft der Blutsfreunde gegründet, durch deren Macht jeder des Friedens, des gewaffneten Schutzes und der Vertretung nach aussen und vor Gericht, und nach dem Tode der Ehre der Blutrache versichert ward. Diesem Gedanken gemäss musste das *Vermögen* als die Grundbedingung der Macht bloss an *Männer* und zwar, weil Weiber durch ihre Verheiratung aus ihrer Sippe herausgingen, an bloss durch Männer verwandte männliche Blutsfreunde vererbt werden. Die Töchter waren auf die Gerade, mhd. *gerâde*, angewiesen, d. i. im wesentlichen der vorhandene *Schmuck*: Halsketten, Hafte, Armbauge, Ohrringe, Frauenkleider, im weitern Sinne eine ganze Aussteuer: Betten, Pfühle, Kissen, Bett- und Tischwäsche, Teppiche, Umhänge, Kästen, Laden, Sessel, Spiegel, Bürsten, Scheren, Leuchter, alles Garn, die Kleider, die gottesdienstlichen Bücher, die Gänse und Schafe, alles dies zum Gegensatz zum *Heergeräte*, dem Schwert, das dem Sohn als Erbe zufiel; beides, Gerade und Heergeräte, wurde der Erbteilung voraus weggenommen. Allmählich drängte schon in den alten Volksrechten die Sitte zur Besserstellung der Töchter; sie traten ebenfalls ins Erbe des Grundeigentums ein, anfangs mit einem Drittel, später mit gleichem Teil mit den Söhnen. Bei dem Adel und den Bauern erhielten sich aber nicht nur die alten Elemente, sondern wurden in besonderer Art weiter ausgebildet. Als schwere Verletzung der Verwandtschaftspflicht galt es, den Blutsfreunden das ihnen zukommende Erbe zu entziehen. Im Fortschritte der Zeit kämpfte jedoch das Gefühl der Freiheit gegen diese Beschränkung an, und man suchte eine Ausgleichung. Testamente zwar als einen Akt, den man im Geheimen verrichtet, liess der Grundsatz der Öffentlichkeit im Rechtsleben nicht zu. Hingegen war die Übertragung von Haus und Hof unter Lebenden zugelassen, und dieses geschah in mancherlei Wendungen so, dass der Vergeber sich selbst dadurch möglichst wenig entzog, und die Wirkung sich hauptsächlich erst nach dem Tode äusserte. Aus den Vergabungen unter Lebenden wurden *Erbverträge.* Von diesen Vergabungen bei lebendigem Leibe gab es dreierlei Abstufungen: entweder ging das Vermögen sofort nicht bloss in das Eigentum, sondern auch in den Besitz des andern, unter Vorbehalt der lebenslänglichen Verpflegung oder Verpfründung, *oder* man vergab sein Gut, behielt sich aber bis zu seinem Lebensende den Besitz vor, wobei häufig dem Beschenkten ein Zins vom Gute bedungen wurde; *oder endlich*, man verschenkte sein Vermögen dem andern fest, so jedoch, dass das Eigentum erst nach des Schenkers Tode auf den Beschenkten übergehen sollte. In den beiden ersten Fällen war gerichtliche Auffassung notwendig, der dritte Fall wurde als Gelöbnis angesehen, wofür auch eine Urkunde hinreichte. Das römische Recht des *Testaments* besassen in Deutschland anfänglich bloss die Geistlichen, die überhaupt nach dem römischen Recht lebten; von ihnen aus, namentlich durch die geistlichen Gerichte, fanden die Testamente seit dem 13. Jahrh. in den Stadt- und Landrechten Eingang.

Erek ist der Name eines Ritters aus Artus' Tafelrunde und der Held eines französischen Epos des *Crestien des Troyes* und eines danach bearbeiteten deutschen von Hartmann von Aue. *Erec* hat die schöne *Enite* zur Frau genommen und verliegt sich, d. h. er versäumt ritterliche Abenteuer. Darüber trauert Enite; Erec, wie er den Grund erfährt, zieht mit ihr auf Thaten aus, verbietet ihr jedoch, ihn vor Gefahren zu warnen. Da sie das dennoch jedesmal thut, behandelt er sie hart dafür. Nach vielen Abenteuern tritt er seines Vaters Reich an und verliegt sich nicht wieder. Die Grundmotive sind Ritterehre und Frauentreue.

Ermenrich ist der Hauptfeind Dietrichs von Bern in der Heldensage. Was er mit dem gotischen Könige *Airmanareiks* gemeinsam hat, ist nicht nachzuweisen; in der Sage erscheint er als römischer Kaiser, Oheim Dietrichs; er entehrt die Frau seines Marschalls Sibich, worauf er, durch dessen treulose Räte veranlasst, sein eigenes Geschlecht zu Grunde richtet. Die Söhne seines Bruders Harlung lässt er hängen, und seinen Neffen Dietrich von Bern zwingt er zur Flucht ins Hunnenland; Etzel giebt jedoch dem Berner ein Heer mit, durch dessen Hilfe dieser in der Rabenschlacht den Ermenrich besiegt und sein Land wiedergewinnt. Die einzelnen Momente des Lebens Ermenrichs laufen in den Dichtungen, die davon erzählen, sehr auseinander.

Ernst, Herzog, ist in der Sage der Sohn einer bairischen Herzogin Adelheit, welche mit Einwilligung eben dieses Sohnes Kaiser Otto den Roten heiratet. Durch den Pfalzgrafen Heinrich wird Ernst bei seinem Stiefvater verleumdet und daraufhin seiner Güter entsetzt; eine Fehde entbrennt, und Ernst erschlägt seinen Verleumder im Palaste des Kaisers; darauf flieht er in Begleitung seines treuen Dienstmannen, des Grafen Wetzel, als Kreuzfahrer nach Jerusalem. Auf der Fahrt gelangt er zu einer einsamen, prächtigen, menschenleeren Burg voller Lebensmittel. Während die Kreuzfahrer sich hier gütlich thun, reitet ein seltsames Volk heran, in weissen Kleidern, langen Hälsen und schmalen Schnäbeln wie Kraniche, in ihrer Mitte eine aus Indien geraubte

Jungfrau führend, die wie eine betaute Rose unter Thränen einhergeht. Herzog Ernst und seine Mannen fallen über das Schnabelvieh her, ohne die Jungfrau erretten zu können. Sie ziehen weiter, kommen ins Lebermeer an den Magnetberg; nachdem sein Schiff hier gestrandet, lässt er sich von Greifen auf einen fernen Felsen tragen. Dann kommt er zu den Arimaspen, die nur ein Auge haben, streitet für deren König gegen die Plattfüsse, die zum Schutze vor Unwetter ihre Füsse wie Schirme über sich ausbreiten, und gegen die Langohren, die ihre Ohren als Kleidung brauchen. Nach anderen wunderbaren Abenteuern kommt er endlich nach Jerusalem, wo er grosse Thaten zum Heile der Christenheit vollführt; der Ruhm seiner Thaten zum Heile der Christenheit besänftigt den zürnenden Kaiser und Stiefvater, er kehrt zurück und erhält Frieden und Verzeihung.

Der Stoff dieser Sage zerfällt in zwei Teile: deren erster enthält volksmässig epische Erinnerungen an Herzog Ernst II. von Schwaben, der sich gegen seinen Stiefvater Konrad II. auflehnte und trotz der Verwendung seiner Mutter Gisela samt seinem treuen Freunde, dem Grafen Werner von Kiburg, den Untergang fand; vermischt und durchsetzt mit älteren Erinnerungen an die Geschichte Ludolfs von Schwaben, Stiefsohn der Königin Adelheid, Aufrührers gegen seinen Vater Otto I. und Feindes seines Oheims, Heinrich von Baiern. Der andere Teil, die Heerfahrten, enthält morgenländische Sagen und Fabeln der antiken Weltbeschreibung, die durch die Kreuzzüge entweder erst bekannt oder zu neuer Teilnahme geweckt worden waren.

Die Sage von Herzog Ernst erscheint in den verschiedensten Formen; im 12. Jahrhundert bearbeitete sie ein Fahrender, dem im 13. und 15. Jahrh. Überarbeiter folgten, dazwischen lateinische Bearbeitungen in Prosa und Vers. Der Bänkelsänger, der den Stoff im 15. Jahrh. in der sog. Bernerweise bearbeitete, gab Veranlassung, diese Melodie Herzog Ernsts Ton zu nennen. Endlich wurde gegen Ende des 15. Jahrh. aus der lateinischen Prosa ein deutscher Roman gemacht, der nun unter die *Volksbücher* geriet.

Erzbischof. Bis in die erste Zeit Karl d. Gr. war die Würde eines Erzbischofs oder Metropoliten nicht mit einem bestimmten Bistum fest verbunden, sondern persönlich bald dem einem Bischof, bald dem andern übertragen worden; jetzt wurde diese Würde allmählich mit Rücksicht auf das seit Alters begründete Ansehen einzelner Kirchen geregelt. In *Mainz* erhielt Lull, des Bonifaz Nachfolger, 780 das *Pallium* (siehe den Artikel geistliches Ornat), und um die Mitte des 9. Jahrh. heisst Mainz Metropolis von Germanien; in *Köln* erhielt Hildebold, Karls d. Gr. Kaplan, die erzbischöfliche Würde. Ludwig der Fromme errichtete das Erzbistum *Hamburg*, dessen Metropolit in Bremen residierte, mit der Aufgabe, die obere Leitung der skandinavischen Kirche zu übernehmen; in Baiern empfing der Bischof von *Salzburg* das Pallium; im Mosellande befanden sich anfangs die Bischöfe von *Metz* im Besitze der erzbischöflichen Würde; seit Karl d. Gr. war *Trier* Metropolitan für Metz, Toul und Verdun. Die Erteilung des Palliums erfolgte durch den Papst, aber mit Zustimmung des fränkischen Königs. Otto I. gründete 970 das Erzbistum *Magdeburg*.

Erzguss. Sein künstlerischer Betrieb geht in Deutschland nicht hinter die Karolinger zurück. Karl der Grosse liess kundige Männer aus Italien und anderen Provinzen kommen, um das Aachener Münster mit Gold und Silber, ehernen Gittern und Thüren zu schmücken. Unter den Erzgiessern am königlichen Hofe befand sich ein Mönch aus St. Gallen, Namens Tanko, mit dem ein fremder Meister, der in aller Metall- und Glasarbeit vortrefflich war, wetteiferte. Diese Arbeiten sind zum Teil in vier Metallthüren, Brustgeländern der Emporen, einer wasserspeienden Wölfin und einem Pinienzapfen noch erhalten. Im 10. Jahrh. gründete Bischof Bernward von Hildesheim eine klösterliche Giesshütte, deren ansehnliche Werke in Sachsen teilweise erhalten sind, Thürflügel, eine nach dem Muster der Trajanssäule entworfene Säule zu Hildesheim, Kronleuchter und die Grabtafel des Gegenkönigs Rudolf von Schwaben († 1080) im Dom zu Merseburg. Während in dieser früheren Periode des Mittelalters die Steinwerke an Anzahl von den Gusswerken noch überragt werden, nimmt mit der Gotik die Bildnerei in Stein überhand und tritt der Erzguss zurück, der von da an lange Zeit mehr handwerksmässigem Betriebe überlassen bleibt. In Sachsen finden sich die meisten gegossenen Taufkessel, und die Städte Braunschweig, Dortmund, Erfurt, Leipzig, Magdeburg, Zwickau werden als Giessstätten genannt. Aus Nürnberg gingen später die grössten Erzgiesser hervor, darunter *Peter Vischer*, 1460—1529; er betheiligte sich an dem bedeutendsten Werke des Erzgusses aus der Frührenaissance-Zeit, dem Grabmal des Kaisers Max zu Innsbruck.

Erziehung. Nach altgerm. Rechtsanschauung stand es in der Willkür des Vaters, ob er das neugeborene Kind überhaupt aufziehen lassen wollte; es stand ihm frei, es zu töten, auszusetzen oder zu verkaufen. Doch kam dies im westlichen Deutschland seltener vor als im Norden, und schon Tacitus *(Germ. 19)* erwähnt dieses Rechtes nicht mehr. Bald nach der Geburt wurde das Kind auf die Erde gelegt, bis sich der Vater erklärte, ob er es leben lassen wolle oder nicht. Entschied er sich für jenes, so wurde das Kind *aufgehoben*, daher wahrscheinlich der Name *Hebamme*. Entschied er sich für das letztere, so wurde das Kind ausgesetzt; doch beschränkte sich die Aussetzung auf gewisse Stämme und auf bestimmte Verhältnisse, wie grosse Armut der Eltern, Teuerung, oder sie betraf schwächliche und krüppelhafte Kinder und zwar Mädchen häufiger als Knaben. Sobald dem Kinde nur die geringste Nahrung zu teil geworden war, ein Tropfen Milch oder Honig, so war die Aussetzung nicht mehr gestattet. Dagegen konnte das Kind noch später im Falle äusserster Not in die Sklaverei verkauft werden.

War das Kind aufgehoben, so wurde es gebadet, mit Wasser begossen und ihm dabei der *Name* gegeben, eine altgermanische heidnische Sitte, die ganz zu der Taufe stimmte. Gewöhnlich war es der vornehmste der anwesenden Männer, der das Wasser über das Kind goss und ihm den Namen beilegte; man wählte dazu mit Vorliebe den Namen des mütterlichen Oheims oder des Grossvaters. Viele Zeugen zu der Handlung zu versammeln, war alter Brauch. Wer den Namen gab, fügte ein Geschenk an liegender oder fahrender Habe hinzu. Ebenso pflegte man den ersten Zahn mit einer Gabe zu begrüssen.

Da nach germanischem Recht der Unmündige den Stand des Unfreien teilt, daher Knecht und Knabe, Magd und Jungfrau in der alten Sprache zusammenfallen, so wuchs das Kind des Freien zusammen mit den Kindern der Knechte auf; Tacitus *Germ. 20* berichtet: „In jedem Hause wachsen die Kinder nackt und schmutzig zu jenen Gliedern und Leibern heran, die wir anstaunen. Die Mutter nährt ein jedes an ihrer eigenen Brust, und sie werden nicht

Mägden oder Ammen überwiesen. Herrn und Knecht kann man an keinerlei Bevorzugung in der Erziehung unterscheiden. Unter demselben Vieh, auf demselben Boden leben sie miteinander, bis das heranreifende Alter die Freigeborenen aussondert, Tapferkeit sie kenntlich macht.“ Oft wurden gleichalterige unfreie Kinder den freien Kindern bei der Namengebung zum Eigentum geschenkt und blieben das ganze Leben in ihrer nächsten Umgebung. Überhaupt trug das Zusammenleben der freien und unfreien Kinder zu einer Ausgleichung der Standesverschiedenheit bei.

In den ersten Jahren lebten die Kinder beiderlei Geschlechtes unter der Obhut der Mutter; ob, was in Skandinavien häufig geschah, die Knaben früh schon in das Haus eines Freundes oder eines Verwandten und zwar besonders zum Bruder der Mutter gegeben wurden, ist durch keine Zeugnisse belegt, aber nicht unwahrscheinlich. Die Töchter wurden ausser in den Arbeiten ihres Geschlechtes auch in der Kenntnis der Runen unterrichtet; im Übrigen blieben sie in der Mundschaft des Vaters oder des geborenen Vormundes, bis sie mit der Verheiratung in die Mundschaft des Ehemannes traten; was sie äusserlich vor der Verheiratung einzig kennzeichnete, war der freie Haarwuchs, sonst bloss der Schmuck des Freien; als Braut musste sie die Locken verschneiden, und die Zöpfe wurden ihr aufgebunden. Die Knaben dagegen wurden, solange sie in der Gewalt des Vaters waren, stets von frischem geschoren.

Mit der Stellung der Kinder zu den Eltern hängt ein eigentümlicher Gebrauch früherer Jahrhunderte zusammen, dass nämlich, wenn die ganze Familie über die Strasse schritt, zuerst die Töchter, dann die Mutter, sodann der Vater und dann erst die Söhne kamen. Die Weiber gehen den Männern voran, wie sonst das Gesinde voranzugehen pflegt, um der Herrschaft den Weg zu räumen, und unter den Weibern kommen die Töchter vor der Mutter, weil sie in ihrer Dienstbarkeit zunächst dieser untergeben sind. Die Söhne aber folgen dem Vater, weil sie, gleichsam das stehende Heer des Hauses, ihn als ihren Waffenmeister und Feldherrn an der Spitze haben müssen.

Hatte der Sohn, nachdem er frühzeitig zu körperlichen Übungen angehalten worden war, zum Führen der Waffen, Reiten, Schwimmen, Jagen, hinreichende Proben seines Mutes abgelegt, so erfolgte die feierliche *Wehrhaftmachung*. Öffentlich, vor dem Volke, vor Freunden und Verwandten wurde er vom Vater oder einem befreundeten Edeln mit Schild und Framea ausgerüstet und mit dem ersten ihm selbst gehörenden Schwerte wurde er als fähig bezeichnet, sich und andere zu beschützen. Die Wehrhaftmachung geschah etwa im 15. Jahre; vollkommen frei wurde der Sohn aber erst mit Antritt des 21. Jahres; dann musste er, wenn dieses nicht schon vorher geschehen war, aus der Mundschaft des Vaters austreten, sein eigener Herr werden, mochte er sich nun verheiraten und einen eigenen Hausstand gründen oder unverheiratet bei seinem Vater oder anderswo um Lohn arbeiten oder in die Schar eines Gefolgsherrn eintreten.

Die Völkerwanderung brachte in diese einfachen Zustände manche Verwirrung und anfänglich jedenfalls nichts Schöneres. Schon im 6. Jahrh. liebten es reiche Angelsachsinnen, ihre Kinder Ammen zu übergeben, eine Unsitte, die in der höfischen Zeit allgemein wurde. Für die Knaben und Mädchen kamen Zuchtmeister auf, ahd. *magaczogo*, *magazogo*, mhd. *magezoge* und *magezogine*, *zuhtmeister* und *zuhtmeiste-*

rinne, zuerst ohne Zweifel für die Kinder des Königs und der Fürsten, dann weitergreifend für die der Vornehmen und des Adels überhaupt. Kenntnis der Gesetze und des Schrifttums im Allgemeinen verlangte einen besonderen Unterricht, der naturgemäss von Geistlichen geleitet und gegeben wurde.

Dies wurde besonders durch Karl d. Gr. weiter ausgebildet. Derselbe richtete sogar für seine Töchter neben dem Unterricht im Weben und Spinnen eine Art wissenschaftlichen Unterrichts ein. Besonders sollten die Klosterschulen für den Unterricht der Söhne des Adels dienen; nach dem Vorbilde englischer Frauenklöster wurden durch englische Nonnen deutsche Frauenklöster gestiftet, besonders Bischofsheim an der Tauber, Stätten, die in der Folgezeit die gewönlichen Erziehungsstätten für reichere Mädchen wurden, und in denen nebst feineren weiblichen Arbeiten auch eine gewisse wissenschaftliche Bildung gegeben wurde; der Besitz eines geschriebenen Psalters ist im Mittelalter für die Frau Regel und zählt zur *Gerade* (siehe den bes. Art.).

Weniger Erfolg hatten auf die Länge Karls d. Gr. Bemühungen um wissenschaftlichen Unterricht der Knaben. Zwar waren in den Klöstern neben den für den Nachwuchs der Mönche bestimmten inneren Schulen besondere äussere Schulen für Weltgeistliche und Laien eingerichtet; die Folgezeit weist aber einen Stand der Vornehmen auf, der von gelehrter Bildung sehr wenig angenommen hat. Dagegen hat die Ausbildung des ritterlichen Standes auch eine ganz besondere konventionelle Standeserziehung geschaffen. Ziel derselben war vor allem höfische Lebensart, *zuht, hövescheit*, im Gegensatz zur *unzuht, dörperheit, unhövescheit;* sie beruhte auf einem anständigen Benehmen, auf Kenntnis der gewöhnlichen Spiele, der Musik und der Sprachen. Ausser Weltgeistlichen, Hofkaplanen besonders, bediente man sich dabei der Spielleute, die zugleich Sprachmeister waren; französische kamen nach Spanien, Italien und Deutschland; deutsche Spielleute waren in Italien, deutsche Geiger in Frankreich im 13. Jahrh. sehr beliebt. Für die Knaben war frühe Übung im Waffenspiel unerlässlich, ähnlich den Knaben der Taciteischen Zeit; sie lernten Strapazen ertragen, reiten, laufen, klettern, springen, mit dem Bogen schiessen, den Speer werfen, mit Schild, Lanze und Schwert kämpfen. Ein eigentlicher Fechtmeister hiess *schirmmeister.* Wenn in den Dichtungen dieser Zeit häufig das 7. Jahr als der Beginn solcher Erziehung angegeben wird, so scheint das nicht germanisch, sondern von den Römern hergebrachte Sitte gewesen zu sein. Dagegen ist es germanisches Recht, wenn der Knabe mit dem 12. Jahr an einen fremden Hof geschickt wird, um dort unter der Obhut eines befreundeten Mannes zum Ritter heranzuwachsen, er gehört dann unter die *kint;* er war zu *seinen Jahren gekommen*, er *versan sich*, d. h. er war zur Besinnung, zum eigenen Denken und Handeln gelangt. Die letzte Staffel vor der Ritterwürde nahm der *Knappe* ein, der seinem Herrn schon in dem Ernst des Lebens ein Begleiter war, und die altgermanische *Wehrhaftmachung* erhielt sich endlich im sog. *Ritterschlag*, in der *swertleite.* Näheres beim Artikel *Rittertum.*

In der Folgezeit kommen für die neuen Verhältnisse auch neue Bildungsmittel auf; für Kunst und Handwerk *Lehre und Wanderschaft*, für die gelehrten Stände die *niedere* und die *hohe Schule*, für den Adel das *Reisen. Weinhold*, Deutsche Frauen, Abschn. IV; *Schulze*, Höfisches Leben.

Eselsfest heisst eine im Mittelalter in mehreren Städten Frankreichs gefeierte Volksbelustigung. Zu Rouen war das um die Weihnachtszeit begangene *festum asinorum* ein auf die Vorhersagung der Geburt Christi sich beziehendes Schauspiel: Moses und die Propheten, dann Virgil und die Sibylle als Repräsentanten des Heidentums prophezeiten die Ankunft Christi, ebenso — als Hauptszene — Bileams Esel, durch den Mund eines zwischen seinen Beinen versteckten Priesters. Die Szene der Männer im feurigen Ofen und ein von sämtlichen Mitspielern gesungener Chorgesang schloss das Spiel. — Zu *Beauvais* und *Sens* beging man am 14. Jan. ein Eselsfest zur Erinnerung an die Flucht nach Aegypten. Schmidt in Herzogs Real-Encykl.

Etzel, eine bekannte Person der deutschen Heldensage. Die Grundzüge seiner Sage sind folgende: *Etzel,* Botelungs Sohn, *erobert sich Hünenland* und überlässt seinem ältern Bruder das väterliche Reich. Dann wirbt er um Herche, Oserichs Tochter. Sie wird ihm versagt, aber Markgraf Rüdiger kommt in einer Verkleidung an ihres Vaters Hof und entführt sie zu Etzel, der nun in fortwährender Feindschaft mit Oserich lebt. — *Etzels Zug gegen Waldemar*, Oserichs Bruder. Dietrich, Waldemars Sohn, wird vom Berner gefangen, Herche heilt seine Wunden. Er entflieht, aber der Berner holt ihn ein und haut ihn nieder. Grosse Schlacht zwischen den Hünen und Russen, völliger Untergang Waldemars und Eroberung von Russland. — Etzel hat nach dem Tode der Herche um Kriemhild geworben, und diese hat in der Hoffnung, dadurch an den Feinden Siegfrieds Rache nehmen zu können, eingewilligt. Siehe *Nibelungenlied.* Es lag von jeher auf der Hand, den Held der Sage mit dem historischen Hunnenkönig Attila zu identifizieren, und es ist kein Zweifel, dass der historische Attila zur Ausbildung der Sagengestalt Etzels beigetragen hat; ob aber der sagenhafte Etzel aus der historischen Person Attilas hervorgegangen, ist sehr zweifelhaft. Der dem deutschen Etzel entsprechende nordische Held *Atli* stimmt in vielen Beziehungen gar nicht zum historischen Hunnenkönig.

Eulenspiegel, der Name eines Schalksnarren, auf den zahlreiche Schwänke der wandernden Handwerksburschen und sonstiger fahrender Leute, ältere und neuere, fremde und einheimische, oberdeutsche und niederdeutsche übertragen wurden. Die auf einen Grabstein sich stützende Nachricht, dass er 1350 zu Mölln, einem Städtchen bei Lübeck gestorben sei, ist urkundlich nicht belegt. Sicher ist aber, dass der Name Eulenspiegel als der eines Schalksnarren und Schwänke von ihm lange vor dem ersten bekannten Volksbuche vorhanden waren; *Spiegel* scheint hier eine ähnliche Bedeutung wie im Schwabenspiegel, *speculum historiale* u. dgl. gehabt zu haben. Die erste bekannte Ausgabe ist vom Jahre 1519, oberdeutsch geschrieben, und wird in einer Spottschrift auf Murner diesem zugeschrieben, was ebenfalls nicht näher nachzuweisen ist; jedenfalls war das Buch ursprünglich niederdeutsch verfasst, da der Held in Niedersachsen zu Hause ist: „*Bei dem wald Melme genannt, in dem land zuo Sachsen, in dem dorf Knetlingen, da ward Ulnspiegel geborn, und sein vater hiess Claus Ulnspiegel und sein muoter Ann Witcken.*“ Der älteste nachgewiesene Druck ist zu Strassburg 1519 erschienen, und das Buch wurde von da an das am meisten verbreitete Volksbuch und ins Niederländische, Französische, Englische, Polnische und Lateinische übersetzt. Fischart brachte es in Reime. Die älteste Ausgabe samt

Abhandlungen bei *Lappenberg*, *Dr. Thomas Murners Ulenspiegel.* Leipzig 1854.

Evangeliarium, sc. *volumen*, heisst das Buch, welches die zum öffentlichen Vorlesen bestimmten Abschnitte der Evangelien enthielt, wie *Epistolare*, *Epistolarium*, die Abschnitte aus den apostolischen Briefen, wozu auch die Apostelgeschichte und Apokalypse gerechnet wurden. Beide zusammen heissen auch *Lectionarium* oder *Lectionarium plenum.* Schon Chrysostomus tadelt es, dass man prächtige Pergamentexemplare solcher Bücher mit kostbaren Einbänden und goldenen Buchstaben mehr liebe, als fleissiges und andächtiges Bibellesen. Auch für die Synoden, die Gerichtssäle, besonders zum behufe der Eidesleistungen, bei Bischofsweihen, Krönungen wurde das Evangelienbuch notwendig.

Evangelienharmonien heissen Zusammenstellungen der vier Einzelevangelien in einem Gesamtevangelium. Der erste, der dieses that, ist der Assyrer *Tatian*, der, von sektiererischem Interesse geleitet, die evangelischen Berichte mit willkürlichen Auslassungen, z. B. der Genealogien zusammenstellte; dieses Werk, einst beliebt, ist verloren gegangen. Ebensowenig erhalten ist die Harmonie des Alexandriners *Ammonius*, Lehrers des Origenes, um 224, der sich die Aufgabe stellte, den vollständigen Text der vier Evangelien zusammenzustellen. Erhalten ist bloss die vom Bischof Viktor von Capua neu redigierte lateinische Evangelienharmonie aus dem 6. Jahrh., deren Originalhandschrift durch Bonifazius nach Fulda gebracht und hier ins Deutsche übersetzt wurde, herausgegeben von Schmeller 1841, und *Sievers*, 1872. Mit dem Namen *Evangelienharmonie* benennt man auch die beiden christlich-deutschen Epopöen des 9. Jahrh., diejenige des *Otfried* und den angelsächsischen *Heliand*, und endlich eine jüngere Bearbeitung des von der *Frau Ava* um 1100 gedichteten Lebens Jesu, welche jüngere Bearbeitung man die *Görlitzer* Evangelienharmonie nennt.

Evangelienseite heisst diejenige Seite des Altars, welche rechts von dem auf dem Altare stehenden Kruzifixe ist, also gewöhnlich die nördliche; von der auf dieser Seite befindlichen Kanzel werden die Evangelien verlesen.

Evangelisten werden in der ältesten Zeit symbolisch durch vier Schriftrollen in den vier Ecken eines griechischen Kreuzes oder als vier Bücher, oder als vier Flüsse dargestellt, die aus einem Felsen fliessen, auf welchem Christus alsdann mit der Kreuzfahne steht. Schon im 2. Jahrh. werden die spätern vier *Evangelistenzeichen* erwähnt, die um 600 folgendermassen von Hieronymus erklärt werden: *Matthäus* bekommt den geflügelten Menschen, nicht Cherub oder Engel, weil sein Evangelium mit der menschlichen Abstammung Christi beginnt; *Markus* den Löwen, weil er sein Evangelium mit der Stimme Johannes des Täufers in der Wüste beginnt und weil bei ihm die königliche Würde Christi, des Löwen vom Stamm Juda, des Auferstandenen, überwiegt; *Lukas* erhält den Stier, d. h. das Opferrind, weil sein Evangelium mit dem Opfer des Zacharias beginnt, das Tier deutet auch auf den Opfertod Christi; *Johannes* erhält den Adler, weil er sich gleich am Anfang seines Evangeliums zum Mittelpunkte des göttlichen Glanzes erhebt.

Die byzantinische Kunst stellt die vier Gestalten häufig in einer Viergestalt oder einem *Tetramorph* dar, und zwar entweder in einer Engelsgestalt, welche sechs mit Augen besäete Flügel hat, in der Mitte der Mensch, oder in monströser Tiergestalt, *animal ecclesiae*, Reittier der Kirche, z. B. im Hortus *deliciarum* der Herrad von Landsberg mit vier Köpfen der Evangelistenzeichen und vier Beinen, die von vier Tieren entnommen sind. Im Abendland erschienen die vier Gestalten meist einzeln und zwar in der ältern Zeit geflügelt als ganze Figur, später tritt die Menschengestalt mit dem Kopf des betreffenden Zeichens ein.

Die Evangelisten werden auch mit den vier grossen Propheten zusammen, auf ihren Schultern sitzend, dargestellt, oder mit den vier grossen Kirchenlehrern. Persönlich dargestellt trägt *Matthäus* ein Buch und schreibt sein Evangelium, *Markus*, als kräftiger Mann mittleren Alters, mit langer Nase, tiefgezogenen Augenbrauen, schönen Augen, kahlem Kopf, herabfliessendem Bart, mit untermischten grauen Haaren; der Sage nach ist er von St. Petrus bekehrt und dessen Lieblingsschüler; über seinen Gebeinen ist die Markuskirche von Venedig erbaut. *Lukas*, Lieblingsschüler des Paulus, soll in Griechenland und Ägypten das Evangelium gepredigt haben. Dass er Maler gewesen sei, lässt sich seit dem 10. Jahrh. nachweisen. Mit dem Buch und geflügeltem oder ungeflügeltem Rind wird er gewöhnlich bärtig dargestellt. *Johannes* hat als Evangelist und Verfasser der Offenbarung den Adler und ist in der älteren Kunst ein Mann mit weissem Haar, langem Bart, später oft jugendlich, bartlos. Nach *Müller* und *Mothes*, Arch. Wörterb.

Ewiger Jude. Die Hauptveranlassung zur Annahme eines ewigen Wanderers waren ohne Zweifel die Bibelstellen Matth. 16, 28 u. Joh. 21, 20 ff., welche man darauf deutete, dass Johannes die Wiederkunft Christi erleben werde. Man meinte, entweder sei er lebendig in das Grab gestiegen, wo er nur schlummere, oder er sei nur scheinbar gestorben und habe später die Gruft wieder verlassen; auch war die Ansicht verbreitet, Johannes werde erst zugleich mit Elias durch den Antichrist seinen Tod finden. Man hat auch Kunde von verschiedenen Betrügern, die sich für den Apostel Johannes ausgaben. Eine andere biblische Persönlichkeit kann nach der mittelalterlichen Sage den Tod nicht finden, nämlich jener Diener des Hohenpriesters Kaiphas, der Christo einen Backenstreich versetzte; die Sage identifiziert ihn mit Malchus, dem Petrus das Ohr abhieb, welches Christus wieder heilte. Er ist verurteilt, unter der Erde um die Säule zu laufen, an welche Christus vor seiner Kreuzigung gebunden wurde. In seiner Verzweiflung sucht er sich immer von neuem den Tod zu geben, indem er mit dem Kopf an die Säule stösst. Er kommt auch unter dem Namen Joseph vor. Mitbestimmend zur Entwickelung der Sage vom ewigen Juden war wahrscheinlich die apologetische Tendenz, Einwürfen der Juden und anderer Zweifler gegenüber, die Lehre von Christus durch Aussagen eines noch lebenden Zeitgenossen Christi zu unterstützen. Der älteste bis jetzt nachweisbare Beweis über jenen Joseph findet sich in den *Flores historiarum* des *Roger von Wendower*, gest. 1237, eines Mönches der Abtei St. Alban in England; derselbe erzählt, ein armenischer Erzbischof sei einmal nach St. Alban gekommen und habe folgende Nachricht über den ewigen Juden mitgeteilt: Der Jude *Cartaphilus* war Pförtner des Palastes im Dienste des Pilatus. Als nun die Juden Christus aus dem Palast schleppten, versetzte ihm der Pförtner unter dem Thor einen Schlag mit der Faust und sprach: „Gehe hin, Jesus, immer gehe schneller, was zögerst du?“ Jesus sah sich um mit strengem Blicke und erwiderte: „Ich gehe, Du aber sollst warten, bis ich wiederkomme.“ Der Pförtner war damals 30 Jahre alt, aber allemal, wenn er wieder 100 Jahre zurückgelegt hat, wird er von einer Schwäche ergriffen, fällt in Ohnmacht, dann wird er wieder gesund und lebt wieder auf. Er hat sich von Ananias taufen lassen und den Namen Joseph erhalten, führt als Christ ein frommes, strenges Büsserleben, in der Hoffnung, dereinst begnadigt zu werden. Der Name Cartaphilus ist ohne Zweifel aus *κάρτα φίλος*, „sehr geliebt“ entstanden und erinnert an Johannes. Die Erzählung Rogers findet sich mit nur geringen Ergänzungen bei verschiedenen spätern Schriftstellern. In ein neues Gewand gekleidet, erscheint sie dann im Anfang des 17. Jahrh. zu einer Zeit, wo das christliche Europa in hohem Grade durch die doppelte Nachricht in Schrecken gesetzt war, dass der Antichrist erschienen sei und von Babylon, wo er geboren, seinen siegreichen Feldzug angetreten habe, und dass der jüngste Tag nahe sei. Im Jahre 1602 erschien nun anonym die „*Kurtze Beschreibung und Erzählung von einem Juden mit Namen Ahasverus*“, gedruckt zu „Leyden bei Christoph *Creutzer*“. Hierin erzählt der Verfasser, dass er und andere Studenten wiederholt von dem nachmaligen Bischof von Schleswig, Paul von Eitzen, vernommen, dass er im Jahr 1542 auf einer von Wittenberg (wo er studierte) nach Hamburg unternommenen Reise am letzten Orte in der Kirche einen Mann im Alter von ungefähr 50 Jahren getroffen, der ihm durch sein sonderbares Benehmen aufgefallen sei. Es war eine grosse Gestalt mit langen, über die Achseln herabhängenden Haaren, bekleidet mit zerfetzter Hose und einem Rock, über dem er einen bis auf die Füsse reichenden Mantel trug. Trotz des harten Winters erschien er in der Kirche barfuss. Auf Befragen hätte er sich für einen Schuhmacher aus Jerusalem, mit Namen *Ahasverus* ausgegeben, welcher von Christus, dem er auf dem Wege nach Golgatha eine kurze Rast vor seinem Hause verweigert, zu ewiger Wanderschaft verurteilt worden wäre. Die Druckbezeichnungen „*Leyden*“ und „Christoph Creutzer“ sind jedenfalls fingiert, ebenso auf schnell folgenden Ausgaben der Druckort „Bautzen bey Wolfgang Suchnach“, wie nicht minder der Name des Herausgebers folgender Drucke: „Chrysostomus Duduläus aus Westfalen“, ein bis jetzt noch nicht enträtseltes Pseudonym ist. Bald verbreitete sich das Büchlein in die Litteraturen fast aller europäischen Sprachen.

Einige Züge der Ahasverussage werden auf den Gott *Wodan* gedeutet: der ewige Jäger ist zum ewig Wandernden geworden; er trägt wie Wodan einen breiten Hut, einen grauen zerfetzten Mantel und Nagelschuhe, und zahlreiche Volkssagen haben die uralte Bedeutung dieses ewigen Juden erhalten. In der Schweiz heisst er auch Pilatus oder Pilger von Rom. Als er das erste Mal in den Winkel des Rheines kam, wo jetzt Basel steht, fand er einen schwarzen Tannenwald, das zweite Mal ein breites Dornengestrüppe, das dritte Mal eine vom Erdbeben zerrissene grosse Stadt. Auch über die Grimsel und das Matterjoch ist er mehreremal gekommen und hat bei seinem ersten Hinübersteigen nichts als Weinberge gesehen, wo jetzt Gletscher und Schneefelder sind. Des Juden Stecken und Schuhe wurden als Rarität in der öffentlichen Bibliothek zu Bern aufbewahrt. *Grässe*, die Sage vom ewigen Juden, Dresden, 1844. — *Wolf*, Beiträge zur Mythol. I. — *L. Neubaur*, Die Sage vom ewigen Juden. Leipzig 1884.

Exhortatio ad plebem christianam heisst eine lateinisch und deutsch abgefasste Anrede des Priesters an die erwachsenen Glieder seiner Gemeinde, worin diese aufgefordert werden, das apostolische Glaubensbekenntnis und das Vaterunser selbst zu lernen und ihre Taufpaten zu lehren. Nach Müllenhoff u. Scherer

Denkmäler deutscher Poesie und Prosa, verdankt der lateinische Text der von Karl d. Gr. berufenen Synode vom November 801 seine Entstehung, und wurde die deutsche Übersetzung zu Anfang des Jahres 802 wohl auf Veranlassung des Bischofs Otto von Freising (782—810) angefertigt.

F.

Facetiae. Sammlungen kurzer, witziger Einfälle, Stichelreden in lateinischer Sprache, sind nach antiken Vorbildern unter diesem Namen zuerst von dem italienischen Humanisten *Poggius Bracciolanus*, gest. 1459, gesammelt worden und zuerst 1470 im Druck erschienen; sie enthalten 273 Facetien und wurden in ganz Europa gelesen. Von späteren Sammlungen haben sich einen Namen gemacht die *facetiae* des *Heinrich Bebel*, eines wirksamen Humanisten, der als Professor in Tübingen Lehrer Melanchthons war, gest. 1514; seine *Facetiae*, zuerst 1508 erschienen, waren sehr beliebt und wurden mehrfach ins Deutsche übersetzt. Sie bilden die Grundlage von Kirchhofs Wendunmut; sodann sind erwähnenswert die *Joci et Sales mire festivi* des Othomar Luscinius, die *Facetiae* des Nicodemus Frischlin, 1547—1590; die *Jocorum et seriorum libri duo* des Otto Melander, zuerst 1600 erschienen.

Fahne. In älterer Zeit führten die deutschen Völker gewisse Bilder als Feldzeichen, auf Stangen befestigte Tierbilder, des Ebers, des Stieres, der Schlange. Daneben erscheint schon in heidnischer Zeit als Zeichen für die Bewegung der Heerscharen die Fahne; es giebt dafür zwei Wörter, einmal das *bandum, vandum, bandora*, vom Verb *binden*, später mittellat. *bandéria, banéria, banérium*, woraus ital. *bandiéra*, franz. *bannière*, daraus mhd. die und das *baniere, banier*, im 14. Jahrh. das *paner*; das andere Wort ist got. der *fana* = Zeugstück, wurzelverwandt mit lat. *pannus* = Stück Tuch, Lappe, Binde; ahd. der *fano*, mhd. das *vane, van* und die *vane*, nhd. *Fahne*. Es ist das an den Speerschaft gebundene Feldzeichen, mit dessen Erhebung das Zeichen zum Beginne des Kampfes gegeben wird, wie mit dem Senken derselben die Waffenruhe eintritt. Der fliegende Adler über einem Drachen und Löwen, der im 6. Jahrh. als heiliges Feldzeichen der Sachsen erwähnt wird, das Rabenbild der heidnischen Normannen waren Fahnen. Zuerst wurde die Fahne, *vexillum*, von bewährten Helden edeln Geschlechtes getragen, die nach alter Sitte zu Fusse kämpften. Altdeutsch heisst die Kriegsfahne *gundfano*, von *gundja*, woraus altfranz. *gonfanon*, ital. *gonfalone* = Kriegsfahne, neufranz. dagegen ist *gonfalon* eine Kirchenfahne; ital. *gonfaloniere, gonfaloniero* ist Bannerherr, *gonfalonata* eine Mannschaft, die einer Fahne folgt; mittellat. ist *guntfanonarius* der Bannerträger. Mittelhochdeutsch heisst die Hauptfahne *sturmvane, hervane*; sie wurde dem Heere zu Rosse vorangetragen. Daneben hatten die einzelnen Haufen ihre besonderen Fahnen von geringerer Bedeutung. Wurde die Fahne auf einer belagerten Burg aufgesteckt, so war sie gefallen; wurde sie in der Schlacht von einer Seite freiwillig gesenkt, so gab sich diese für besiegt. In Italien kam der Fahnenwagen auf, das *Carroccio*, zuerst von den Mailändern 1038 erwähnt. Zu Anfang des 12. Jahrh. kam diese Einrichtung nach Deutschland, mhd. die *karrosche, karrutsche, karrâsche*, der und die *karrossch, karrutsch, karratsch, karrâsch*, englisch und deutsch auch *Standart* genannt, mhd. der *standhart*, mit Anlehnung an *Stand* und *hart* aus franz. *estendart*, ital. *stendarto*, von lat. *extendere* = ausbreiten, auch *Heerwagen* kommt vor. Ein hoher Mastbaum, der das Fahnentuch trägt, ist auf einem vierräderigen Wagen befestigt. Der Wagen wird immer von Ochsen gezogen; zuweilen war noch eine Glocke auf dem Wagen angebracht. Auf einem grossen Fahnenwagen hatte sogar eine eigene Besatzung Platz. Das Fahnentuch ist meist seiden; die Farbe der Sturmfahne ist rot oder weiss. Die Fahnentücher werden erst kurz vor der Schlacht an die Stangen gebunden. Fliegende Fahnen sind daher das Zeichen der Kampfbereitschaft. Die alten Kriegsordnungen legten dem Fähnrich auf, sein anbefohlen Fähnlein zu verwahren und in Ehren zu halten, gleich seinem ehelichen Weib. Würde er vom Feinde so gedrängt, dass ihm die rechte Hand abgeschossen wäre, soll er das Fähnlein in die linke nehmen, und wird ihm die auch abgeschlagen, es mit den Stümpfen an sich ziehen, sich darein wickeln, Leib und Leben dabei lassen.

Die Fahne ist nebst der Lanze ein Symbol der Belehnung. Schon Papst Stephan schickt Karl Martell die Schlüssel zum Grabe des heiligen Petrus und die Fahne der Stadt Rom, der Patriarch von Jerusalem ähnlich Karl dem Grossen die Schlüssel zum heiligen Grabe samt einer Fahne. Bei feierlichen Belehnungen wurde regelmässig eine Fahne übergeben. Die rote Blutfahne ist das Symbol des Blutbannes. Bei Märkten steckte man zum Zeichen der Marktfreiheit Fahnen auf. *Lindenschmit. I.* 275. — *Schultz.* Höfisches Leben. *San Marte*, Waffenkunde T. *II*, A. 3.

Fahrende Schüler, *scholastici, scholares vagantes*, aus *vagantes* durch Volkswitz korrumpiert auch Bachanten mit Anlehnung an *Bacchus*. Die erste Form dieser im Mittelalter sehr zahlreichen Menschenklasse sind die *clerici vagantes*, die im 11. und 12. Jahrhundert ohne bestimmtes Amt ein freies Wanderleben führten und als Kaplane, Gesellschafter u. dgl. an den Höfen Dienste fanden. Aus ihnen entwickelt sich im 13. Jahrh. der geschlossene Stand der *Goliarden*, franz. *gouliards*, wandernde Gesellen mit viel Vorliebe für Dichtkunst, die zwar im Gebrauch der lateinischen Sprache ihrem klerikalen Charakter treu blieben, dagegen in der freien, fröhlichen, dem Leben entnommenen Darstellung wenig kirchlichen Charakter aufwiesen. Von ihnen stammen u. a. die *Carmina burana* (siehe diesen Artikel). Es sind nicht mehr durchgängig wirkliche Kleriker, sondern zum Teil Studenten, die erst Kleriker werden wollen. Im 14. Jahrh. werden sie ganz aus dem geistlichen Stande ausgestossen und treiben sich bei den Bauern als Zauberer und Hexenbanner, Wunderdoktoren und Kuppler umher; ihnen verdankt man wahrscheinlich die aus dieser Zeit erhaltenen Mischlieder in Latein und Deutsch. Erst gegen Ende des 14. Jahrhunderts kommen die eigentlichen *Bachanten* auf, alte Schulbuben und wandernde Provisoren, die den Stadtschulen nachgehen und sich als Unterlehrer vermieten. Auf den Wanderungen führten sie kleine Knaben, A-B-C-Schützen genannt, mit sich, angeblich um sie in eine gute Schule zu bringen und selbst zu unterrichten, in Wahrheit um sie für sich betteln und stehlen — schiessen — zu lassen. So ein A-B-C-Schütz war *Thomas Plater*, 1499 bis 1582, später Rektor zu Basel, dessen Selbstbiographie allgemein bekannt ist und das anschaulichste Bild dieses Treibens abgiebt. Ähnlich die Biographie des *Burkhardt Zingg* in den *scriptores rerum Boi-*

carum, I. Zahlreiche kirchliche Stiftungen sorgten für den Unterhalt dieser Leute. *Palm* in Schmids Encykl. — *Giesebrecht* in Allgem. Monatsschrift f. Wissenschaft und Litteratur. 1851.

Fahrendes Volk. Der im Mittelalter vielgenannte Stand der *Fahrenden*, die um Lohn ihre Künste aufführten, ist den Deutschen ursprünglich fremd; denn die alten deutschen Sänger, ob sie schon auch ein Wanderleben nicht verschmähten, und sich wohl auch als Boten gebrauchen liessen, sangen nicht um Gut und und Geld; auch die Dichter und Meister der höfischen Zeit, wenn sie schon oft gezwungen waren, mit ihrer Kunst ihr Brod zu suchen, sind keine Fahrenden: ihre Kunst adelte sie. Vielmehr liegt der Ursprung der Fahrenden in den römischen Gauklern und Mimen, *joculatores, histriones, thymelici*, die sich in die germanische Welt hinein erhielten. Im südlichen Frankreich gediehen diese Banden am zahlreichsten, von da aus fanden sie den Weg nach Deutschland, wo man besonders in den Glossen ihre Namen findet: *spilliman*, *scurra*, *mimus*, *histrio*, *thymelicus scenicus*, *tûmâri*, *sprangâri*, d. h. *Spielleute*, Possenreisser, Tänzer, Springer u. dgl., nie Sänger oder Harfenspieler; auch Weiber, *spilwîp*, fand man unter ihnen, die sich schlechten Rufes erfreuten. War diesem Volke jedoch die Poesie noch längere Zeit verschlossen, so nahmen sie sich doch bald der Instrumentalmusik an, sie wurden *spilman* oder *spilliute* im engern Sinne. Zu den Flöten, Lauten und Pauken, die sie zu ihren Tänzen brauchten, traten mit der Zeit Harfen, Fideln und Geigen, später Rotte, Laute, Querpfeife, Dudelsack, Drehorgel, Horn, Trompete, Posaune und Trommel. Noch weitern Boden gewann dieser Stand dadurch, dass sich leichtsinnige Geistliche und Mönche unter sie mischten; als *Vaganten* (siehe diesen Artikel) lebend, dichteten sie volksmässig empfundene und gedachte Lieder in lateinischer Sprache, wozu ihnen einige Kenntnis der antiken Dichterwelt und der kirchlichen Poesie und Musik zu statten kam. Von ihnen lernten die niederen Spielleute Gesang und Dichtung in den Kreis ihrer bisherigen Kunstübungen einzuziehen. Dadurch entsand eine Spaltung in ihrem Stande. Die besseren unter ihnen traten zu den adligen Minnesängern als Begleiter ihrer Gedichte mit Fiedel oder Rotte in ein näheres Verhältnis. Auch eigene Dichtungen, wie die Legende vom heiligen Oswald, die erzählenden Gedichte von Rother, Salomon und Morolf schreibt man ihnen zu, in roher aber lebendiger Form, zum Teil in roher und gemeiner Auffassung geschrieben; mehr aber gaben sie sich ab mit der Pflege schon vorhandener Geschichten und Schwänke, aus römischen, byzantinischen und morgenländichen Quellen.

Die Masse der *Fahrenden und Gehrenden* jedoch blieb bei ihren niedrigen Künsten stehen. Von ihnen spricht der *Kanzler*, ein Minnesinger der späteren Zeit:

Mannic herre mich des vrâget,
dur waz der gernden sî sô vil;
ob in des niht betrâget (verdriesst),
dem wil ich betiuten, ob ichz kan,
wie ez um die gernden sî:
Ein gernder man der triuget,
der ander kan wol zabelspil,
der dritte hoveliuget,
der vierte ist gar ein gumpelman,
der vünfte ist sinnen vrî,
so ist der sechste spottes vol,
der sibende kleider koufet,
der ahte vederliset wol (schmeichelt),
der niunde umbe gâbe loufet.
der zehende hât ein dirne,
ein wîp, ein tohter, unbehuot;
den gebent niuwe unde virne (d. h. neue und alte Kleider)

die herren durh ir toerschen muot:
sie gebent durh kunst niht guot.

Diese fahrenden Leute der niedern Art, *varndez volc, varndiu diet, varnde liute,* fanden sich überall ein, wo es etwas zu verdienen gab, besonders bei Festen. Sie verstanden sich auf Seiltänzerstücke, Spiele mit Marionetten, Messerwerfen, Becken mit Stecken auffangen, Steine zerkauen, Feuer fressen und aus dem Munde blasen. Sie ahmten die Stimme der Nachtigall, des Rehs, des Pfaues nach, wirkten als Kunstreiter. Manchmal gab es für sie *spilhûs, theatra.* Rechtlich standen sie tief; sie hatten kein Recht und keine Forderung an Busse. Der Schwabenspiegel enterbt den Sohn, der gegen seines Vaters Willen Spielmann wird, und erklärt die Spielleute für rechtlos; die Stadtrechte verweigerten ihnen den Zutritt oder zwangen sie zu öffentlichen Arbeiten. Man nahm an, sie seien dem Teufel verschrieben. Haar und Bart schoren sie nach alter Art unfreier Leute. Zu den Fahrenden im weitern Sinne gehören die Bettler, fahrende Schüler, Kessler, Zigeuner, Bettelmönche oder Stationierer, Landsknechte und Wallfahrer. *Weinhold*, deutsche Fr. *VIII.* — *Schultz*, Höf. Leben, I, VI.

Falkenbeize. Aus der Etymologie der Falkennamen vermutet man, dass die Falkenjagd zuerst bei den Germanen in Aufnahme gekommen und von da zu den Römern und andern europäischen Völkern übertragen worden sei. Die besonderen mittelhochdeutschen Namen der verschiedenen Falkenarten sind *ger-* oder *girvalce*, *sackers*, aus altfr. *sacre*, lat. *falco sacer*, *pilgrîmvalce, edelvalce, habech, sparwaer* (Sperber), *smirl* = Zwergfalke, *terce.* Der Falke ist erst brauchbar, wenn er sich nach dem ersten Jahre zum erstenmal gemausert hat, ein *mûzervalce, mûzaere.* Der abgerichtete Vogel heisst auch *vederspil.* Die jungen Vögel werden entweder dem Neste entnommen oder eingefangen, seltenere Arten auch von Kaufleuten erhandelt. Zur Zähmung blendet man sie einstweilen, indem man durch die unteren Augenlieder einen Faden zieht und denselben aufbindet; auch werden ihnen die Fänge abgestumpft. Darauf wird dem Tiere an jedem Fuss ein *würfel*, d. i. ein Riemen aus weichem Leder, angelegt, von dem ein kleiner Ring herabhängt; durch die Ringe ist ein längerer Riemen, *lancvezzel* gezogen, womit der Falke an seiner Stange angebunden und beim Tragen auf der Faust festgehalten wird. An einem oder an beiden Füssen ist eine Schelle angebunden. Die Hand, auf die der Falk sich setzt, ist durch einen starken Lederhandschuh geschützt; der *lancvezzel* wird um den kleinen Finger gewickelt. Nun wird das Tier Tag und Nacht auf der Hand getragen, geätzt, an die Hand des Führers und an den Klang seiner Stimme gewöhnt. Ist das einigermassen gelungen, so werden ihm die Augen zuerst halb, dann ganz geöffnet und er nun auch so gezähmt. Bei den Orientalen war statt der Blendung die lederne *Kappe* oder *Haube* gebräuchlich, mit einem Loche für Schnabel und Nasenlöcher; Friedrich II. führte sie zuerst im Abendlande ein. Sie wurde dem Tiere erst abgenommen, wenn das Wild in Sicht war.

Die Abrichtung des Falken geschah entweder von Liebhabern und Freunden dieser Kunst, wie z. B. Kriemhilds Traum zeigt, oder von einem dazu bestellten Diener, dem *valkenaere*, lat. *falconarius*, von dem man ganz besondere Eigenschaften des Körpers wie des Gemütes verlangte. Die Vögel, auf die man mit dem Falken beizte, waren Kranich, Reiher, Schwan, Trappe, Fasan, Feldhuhn, wilde Gans, Ente, Taube, Brachvogel, Kiebitz, Staar und Lerche. Besonders abgerichtete Vogelhunde scheuchten das Wild auf, ebenso Trommellärm. — Über die Falkenbeize haben u. a. Kaiser *Friedrich II.* ein Buch *De arte venandi cum avibus*, und *Albertus Magnus De Falconibus, Asturibus et Accipitribus* geschrieben, beide zusammen Augsburg 1596 gedruckt. — Nach *Schultz*, Höfisches Leben I., 368 ff.

Fall, Totfall heisst dasjenige Stück der Hinterlassenschaft eines unfreien oder hörigen Hintersassen, das an Stelle des ganzen Erbes, welches in früherer Zeit dem Hofherrn anheimgefallen war, schliesslich noch als Symbol und Zeichen von der Erbfähigkeit des Hofherren übrig blieb. Es besteht aus dem besten Pferd, der besten Kuh, Esel, Schwein, Schaf, bis zur besten Gans oder zum besten Huhn; oft aber aus dem besten Kleide, zumal dem besten selbstverfertigten Kleide. Die zahlreichen Namen für den *Fall* sind *Besthaupt, optimum caput, jus capitale*, Teuersthaupt, Hauptrecht, Hauptvall, Vallrecht, Sterbfall, Totfall, Totenzoll, tote Hand, Läss oder Geläss, Erbding, Sterbhaber, Erbrecht, Leibfall, Leibpfennig, Hauptzins, Gewandfall, Watmal, Bestewatmal, *kurmiete*, *bûteil*, *bûweteil*, meist ein Teil des Hausrates oder der gesamten fahrenden Habe an Frucht und an Futter. Schon Urkunden des 8. und 9. Jahrh. erwähnen des Besthauptes, sehr häufig ist es seit dem 11. Jahrh.

Fallgatter, mhd. *schôztore*, *slagetore*, *valporten*, franz. *herses*, *sarrasins*, mittellat. *chlatrae*, *cataractae*, hatte das Thor der mittelalterlichen Burg zuweilen zwei. Das eine lag dann unmittelbar hinter der eigentlichen Pforte, das andere am innern Ausgange des Thordurchgangs. Da die Maschinerie des zusammenhängenden Fallgatters durch einen untergeschobenen grossen Stein u. dgl. leicht ins Stocken gebracht werden konnte, erfand man das *Orgelwerk*, *organum;* hier hingen die einzelnen vertikal geordneten Balken an einer Winde und fielen ohne mechanische Verbindung nieder, so dass bei Störung eines oder mehrerer Balken die übrigen ihren Dienst dennoch thaten. Das Fallgatter ist auf vielen mittelalterlichen Städtesiegeln zu sehen. *Jähns*, 664.

Familie. Zu unterscheiden sind die Familie im engeren Sinne, das *Haus*, und die Familie im weiteren Sinne, das *Geschlecht*, die Sippe oder Magschaft. Im *Hause* gilt bei den Germanen wie bei allen Völkern der Hausherr als die Quelle des Friedens und Rechtes; vermöge seines *mundium* (siehe dieses) vertritt und schützt er die Hausangehörigen nach aussen, in Volk, Heer und Gericht; nach innen beherrscht er sie kraft seiner hausherrlichen Gewalt. Er ist *Herr*, in älterer Zeit *frô*, die anderen *dienen* ihm. Bei ihm sind die häusliche Gerichtsbarkeit, das häusliche Priestertum; er darf die Kinder aussetzen, die Frau züchtigen, im Fall der Not beide verkaufen. In seiner Hand steht das gesamte häusliche Vermögen, dessen Besitz, Genuss, Verwaltungs- und Verfügungsrechte nur ihm zustehen. Zunächst ist diese häusliche Gemeinschaft auf Weib und Kinder berechnet, sie erfährt aber eine Erweiterung durch die zum Hause gehörigen Unfreien und Hörigen. Eine weitere Ausdehnung der Familie auf eine Gesamtheit von Einzelfamilien unter einem Geschlechtsältesten kennt das deutsche Recht nicht, da ihm das *Erstgeburtsrecht* fremd war. Der rechtliche Zusammenhang der Familie im weiteren Sinne oder des *Geschlechtes* erlöscht frühe. Zu Tacitus Zeit ordnete sich noch das Volksheer nach Geschlechtern und wurde das Land nach Geschlechtern verteilt; aber zur Zeit der Volksrechte war dieses schon nicht mehr der Fall; dagegen dauerte die uralte Idee, dass die Sippe eine Schutz- und Trutzverbindung zu gemeinsamer Wahrung eines alle Genossen umfassenden Friedens sei, der, wenn gebrochen, von der Sippe gerächt und hergestellt werden müsse, in Sitten und Gewohnheit bis ins späte Mittelalter fort und fanden förmliche Kriege und Friedensschlüsse zwischen den Sippen statt; doch beschränkte man einesteils die zu zahlende Busse bald auf den nächsten Grad unter den Magen und zuletzt auf den nächsten Erben, andernteils die Rache auf eine bestimmte Anzahl von Verwandten des Todtschlägers. In ältester Zeit hatte das Geschlecht die Einzelnen durch das engste persönliche Band und die geheiligte Pflicht unbegrenzter gegenseitiger Treue und Unterstützung verknüpft und als Gesamtheit bedeutende Befugnisse und Pflichten den Gliedern gegenüber geübt. Eine Versammlung aller Hausväter hatte über Friede, Recht und Sitte des Geschlechtes gewacht, ohne Zweifel ein Familiengericht gebildet; noch später konnten Verwandte gegen Verwandte nicht vor Gericht auftreten, mussten vielmehr bei den Genossen Sühne und Herstellung des Friedens suchen. Im fernern war die Sippe ursprünglich eine sittliche, religiöse und gesellige Gemeinschaft, die für Verlobung, Eheschliessung und Ehescheidung, Aufnahme des Kindes und Bestattung des Toten einzutreten hatte. Endlich scheint das Geschlecht auch als solches vermögensfähig gewesen zu sein und heilige Gerätschaften, Vieh, Waffen im Gesamtbesitz gehabt zu haben; ja das spätere Gemeindevermögen war ursprünglich Geschlechtseigentum.

Sehr früh löste sich die genossenschaftliche Verfassung der Familie auf und wirkte bloss im Privatrecht des Mittelalters nach. Die gesamte Verwandtschaft heisst mhd. *sippe, sippeschaft.* Im besondern heisst die Nachkommenschaft in gerade absteigender Linie *buosem*, Busen, nach dem Bilde des menschlichen Leibes, unter welchem man die Verwandtschaftsgrade darzustellen pflegte; alle übrigen (Seiten-) Verwandten von den Geschwisterkindern an heissen *mâgen.* Dieselben sind im Mannesstamm *swertmâgen*, im Weibestamm *kunkel-* oder *spilmâgen*, *spindelmâgen*, Verwandte der Kunkel oder Spindel. Das ältere Wort *mundium* heisst selten mehr der oder die *munt*, häufiger *vormuntscaft, vogtî, phlege,* und es giebt einen ehemännlichen, väterlichen und verwandtschaftlichen *munt.* Seit dem 15. Jahrh. erhält das römische Recht Einfluss auf die deutsche Rechtsanschauung von der Familie. *Gierke*, Genossenschaft I, § 3.

Familiennamen, siehe Personennamen.

Farbensprache. Das Mittelalter schwankte zwischen sechs und sieben Farben, die sieben sind *Weiss, Schwarz, Rot, Blau, Gelb, Grün und Braun;* sechs wurden gezählt, indem man das Schwarz oder das Braun bei Seite liess. Am Regenbogen aber unterschied das gewöhnliche Auge nur die drei Farben: Grün, Gelb und Rot, oder bloss Gelb und Rot. Die sinnbildliche Anwendung der Farben fusst auf den zahlreichen Farbenerscheinungen der Natur, namentlich auf dem menschlichen Antlitze. Weiss und Schwarz sind die Farben des Tages und der Nacht, Rot die Farbe der Liebe und Freude, aber auch der Scham, wozu *bleich* als Farbe der Verzagtheit, der Furcht oder des Leides den natürlichen Gegensatz bildet; doch können Zorn und Hass das Antlitz auch grün und gelb färben. Das Rot und Weiss des Antlitzes ist ein Merkmal der Leibesschönheit; es erscheint dann wie Milch und Blut, oder wie Schnee, der mit Blut geträuft ist, „*hadd ih doch en Kind, so rood as Blood unn so wit as Snee*“ seufzt die Mutter im Märchen vom Machandelbaum. Das Weib, dem von Natur Weiss und Rot nicht gegönnt war, schminkte sich künstlich damit, sowohl Frauen von Stand als Bäuerinnen und Buhldirnen; ein ungeschminktes Weib heisst mhd. *selpvar*. Wie man sich aber in romantischen Landen manchmal bloss der roten Farbe zur Schminke bediente, so in Deutschland bloss der weissen; denn Weiss galt auch für sich allein als die Farbe der Schönheit, wie Schwarz als diejenige der Hässlichkeit, während dasselbe Schwarz hinwiederum, z. B. im Schneewittchen, selbst wieder zur dritten Farbe der Schönheit geworden ist; sie ist ein Kind so weiss wie Schnee, so rot wie Blut und so schwarz wie Ebenholz. Die schwarze Farbe gilt hier dem *Haare*, als dessen vornehmste Farbe sonst im deutschen Mittelalter das *Blond* galt, mhd. *val* (falb) oder *gel;* das Wort *blond*, mhd. *blunt,* stammt aus dem sonst dunkeln französischen *blond* und wurde zuerst von Gottfried von Strassburg gebraucht; verglichen wird diese Farbe mit dem Gold, dem Wachs oder der frischen Seide.

In sinnbildlicher Deutung werden Gelb und Grün die Farben des Neides; Weiss die Farbe der sittlichen Reinheit, der Keuschheit; Schwarz die Farbe der Unreinheit, der Trauer, der Sünde; der Engel wird weiss, der Teufel schwarz gedacht; Nigromantie ist die schwarze Kunst, Zauberbücher heissen schwarze Bücher, weisse Bücher heissen die heilige Schrift und deren Gebote. Der heilige Geist wird durch die weisse Taube, der Teufel durch den schwarzen Raben symbolisiert. Auch bedeuten Weiss und Schwarz die gute und die böse Zeit, Glück und Unglück. Rot ist nicht bloss Farbe der Schönheit, der Freude, des Zornes, der Scham und der Liebe, es wird auch Farbe der Sünde: roter Bart und Haupthaar ist Zeichen der Falschheit:

die bleichen glîchent den tôten,
ungetriuwe sint die rôten,
die swarzen glichent môren,
die wîzen zagen oder tôren.

Roter Bart, untreuwe art, Rot Bart und erlin Bogen (Bogen vom Erlenholz) *geraten selten, ist nit erlogen*; *Rot har ist entweder gar fromm, oder gar boess.* Diese Anschauung soll ihre Quelle in der roten Farbe des Fuchses der Tiersage haben; sonst galt bei den Deutschen rotes Haar und Bart nicht als ehrenrührig; rot ist Beiname verschiedener Fürsten gewesen.

Noch weiter von der Natur entfernt sich diejenige Farbensymbolik, die zum Teil an die Natur sich anlehnt, zum Teil ganz willkürlich durch die *Farbe des Gewandes* zu sprechen sucht.

Die *liturgischen* Farben der abendländischen Kirche sind Weiss, Schwarz, Rot, Grün, Violett und unter gewissen Vorkommnissen Gelb und Blau. Und zwar wird getragen:

Weiss als ein Bild der Reinheit und Freude an jeglichen Gedächtnisfeiern der Bekenner und Jungfrauen, die nicht den Märtyrertod erlitten, zu Weihnachten, Epiphania, Ostern, Himmelfahrts- und Fronleichnamsfest, Allerheiligen und an den Festen der Päpste, Doktoren und Konfessoren.

Rot, ein Bild der brennenden Liebe, bei allen Festen zum Andenken der Apostel und Märtyrer (Pfingsten).

Grün, Farbe der Hoffnung auf die ewige Seligkeit, an den Sonn- und Festtagen.

Schwarz, ein Bild der Traurigkeit, bei den Fasten und Totenfeiern, Charfreitag und bei Seelenmessen.

Blau, ein Bild der Trübseligkeit und der gänzlichen Abtötung, noch zur Zeit Innocenz III. als dunkelblau oder *violaceus* ausschliesslich nur zweimal im Jahr, an dem Feste der unschuldigen Kindlein und am Sonntag *Laetare,* später hingegen häufiger und mit der schwarzen Farbe wechselnd, von *Septuagesima* bis Ostern und während der Quatemberzeiten, an den Vigilien und Bettagen.

Gelb als eine nicht eigentlich festgestellte liturgische Farbe nur ausnahmsweise bei einzelnen Riten, bei dem Feste des heil. Joseph und der zweiten Messe zu Weihnacht.

Schwarz und *Weiss* sind beides auch allgemein Trauerfarben, Weiss jedoch in diesem Falle nur mit Schwarz verbunden, z. B. schwarzer Rock und weisse Kopfbedeckung. Weiss ist das Gewand der Neugetauften und der Firmlinge, daher der Sonntag *Quasimodogeniti*, an welchem gefirmt wird, *dominica in albis*, der weisse Sonntag, heisst.

Während die Farbe der Weltgeistlichkeit wechselte, blieb die *Klostergeistlichkeit* bei der einmal angenommenen Ordensfarbe stehen. Im allgemeinen sind *Schwarz* und *Grau* die verbreitetsten Farben für Büsser und Pilger, grau heisst der ungenähte Rock Christi (obgleich derjenige zu Trier in Wirklichkeit purpurfarben ist). Insbesondere bedienen sich die älteren *Mönchsorden* folgender Farben:

Benediktiner: schwarz, vermutlich nach Vorgang der morgenländischen Basilianer; Benedikt selber hat keine Regel über die Farbe aufgestellt.

Cluniazenser: schwarz.

Orden von Vallombroso: grau, daher *graue Mönche* genannt, später gegen braunrote und zuletzt gegen schwarze Farbe vertauscht.

Kamaldulenser: weiss.

Grammontaner: schwarz.

Kartäuser: weiss mit schwarzer Kappe.

Hospitalbrüder des heil. Antonius: schwarze Kutten mit einem himmelblauen *T*, *Potentia* genannt, d. i. die Handkrücke des hl. Antonius.

Cisterzienser oder Bernhardiner: zuerst schwarz, dann bald weiss mit schwarzem Skapulier.

Prämonstratenser: weiss mit weissem Skapulier.

Karmeliter: zuerst weiss, später braun und weiss gestreift.

Trappisten: wie Cisterzienser.

Humiliaten: aschgrau.

Coelestiner: weiss mit schwarzem Skapulier.

Kanoniker, Regulierte Chorherren: je nach Massgabe der Sprengel wechselnd tragen sie ein schwarzes, weisses, violettes oder braunes Unterkleid, darüber das Chorhemd nebst einem schwarzen Mantel.

Franziskaner: braun, daher „die Braunen“ genannt.

Dominikaner oder *Prediger:* weisses Untergewand, mit weissem Skapulier und schwarzem Mantel, die Nonnen mit braunem Mantel und schwarzem Hauptschleier.

Augustinereremiten: grau, später schwarz.

Beginen: braun, grün oder blau, später schwarz.

Begharden, *Lollbrüder:* grau.

Ritterorden:

Ritter des heil. Grabes: weiss mit rotem Kreuz in silbernem Felde.

Johanniter: schwarz mit weissem Kreuz.

Templer: die Ritter weiss mit rotem Kreuz, die Geistlichen weiss, die dienenden Brüder grau oder schwarz.

Deutschherren: schwarzes Untergewand, weisser Schultermantel mit schwarzem Kreuz.

Auch die *Völker* unterscheiden sich durch die Farbe ihrer Kleidung. Die *Juden* trugen im Mittelalter einen Hut von weisser oder *gelber* Farbe, auch ganz gelbes Kleid, oder einen Ring von gelbem Zeuge auf der Brust des Rockes aufgenäht; gelb ist aber auch das Gewand der feilen Dirnen. Die Bauern des Mittelalters trugen sich schwarz oder grau; *grisette* ist eigentlich ein Mädchen von geringer Herkunft; daneben erscheint für denselben Stand dunkelblau. Der höhere Stand zog in bunten Farben auf, oft seit dem 12. Jahrh. so, das man dasselbe Gewand zweifarbig machte, halb in halb gegeneinander oder in Streifen oder Würfeln durcheinander, jenes heisst mhd. *teilen, zesamene snîden,* dieses *undersnîden, zersnîden, zerhouwen, mengen, parrieren.* Die bezeichnendsten *Kleiderfarben* des höfischen Standes sind aber *weiss* und *rot.* In *weisser* Farbe erschien die fürstliche Gewalt: weisses Pferd, weisser Hund, weisser Stab, weisse Tücher auf Tisch und Bett, weisses Ess- und Trinkgeschirr; der Stab des Richters, des Gerichtsboten und Heroldes ist weiss. *Rot* war nach alter deutscher Sitte nur die Gewandfarbe für den *Krieg*, die Schilde sind ursprünglich rot oder weiss bemalt; so war die gewöhnliche Farbe der *Fahne* rot. Rote *Siegelfarbe* galt als besondere Auszeichnung.

Seit dem 14. Jahrh. übertrug man die Farbensymbolik der Liebe geradezu auf die wirklichen Kleider; liebende Jünglinge und Jungfrauen erschienen in *roten* Röcken; wer die Beständigkeit seiner Liebe öffentlich beweisen mochte, in *blauen, blau tragen* heisst soviel als beständig sein. Weisses Kleid deutete auf Hoffnung, schwarzes auf Trauer, gelbes auf höchste Beglückung, braunes auf Verschwiegenheit und Behutsamkeit, graues ironisch auf den hohen Stand der Geliebten, grünes auf den fröhlichen Anfang des Liebens; mit mehreren Farben an einem und demselben Gewande liessen sich natürlich mehrere Liebesbezüge bezeichnen. Das Volkslied vom 15. Jahrh. an vertauscht dann die Farbensprache mit der *Blumensprache* (siehe diesen Art.). Nach *Wackernagel*, Kl. Schriften, I., 143 ff, und für die kirchl. Farben nach *Weiss,* Kostümkunde. Vgl. Rot und Blau, die deutschen Leibfarben, in Rochholz, deutscher Glaube und Brauch. Berl. 1867, II., 189—278. — *Müller* und *Mothes*, Arch. W. Art. Farbe. — *Weinhold,* die Frauen. II., 268, 2. Aufl.

Fasten, got. *fastan* = halten, beobachten, ahd. *fastên,* unerkannten Ursprungs, ist nach dem kirchlichen Sprachgebrauche entweder *jejunium,* d. h. gänzliche Enthaltung von Nahrungsmitteln während eines Tages, oder *abstinentia,* die Enthaltung von Fleischspeisen. Im Anschlusse an die jüdische Fastendisziplin leitete die alte christliche Kirche zunächst aus Matth. 9, 5 die Pflicht ab, die 60 Stunden der Grabesruhe Jesu durch Fasten auszuzeichnen, woraus sich im Anschluss an Matth. 4, 2 die 40tägige Fastenzeit vor Ostern, *jejunium quadragesimale, Quadragesimalfasten,* entwickelte; dieselben beginnen, weil die Sonntage nicht als Fasten gelten, am Aschermittwoch. Während die Pharisäer zweimal wöchentlich, am Dienstag, an dem Moses den Sinai bestiegen, und am Montag, an welchem er denselben verlassen haben sollte, fasteten, bestimmte die alte Kirche den Mittwoch (Tag des Verrats) und Freitag (Todestag) als Fasttage, an deren Stelle später als wöchentliche „Wachtage" oder „Stationen", Freitag und Sonnabend traten, an denen wenigstens bis drei Uhr Mittags gefastet wurde. Seit dem Exil war ferner bei den Juden ein Fasten im vierten, fünften, siebenten und zehnten Monate üblich, zum Gedächtnis der Eroberung Jerusalems, der Verbrennung des Tempels, der Ermordung Gedaliä und des Anfanges der Belagerung von Jerusalem. Dieses ahmte die Kirche in ihren *Quatemberfasten* nach, wonach je am Mittwoche des Vierteljahres (*quatuor tempora*) Fasten verordnet waren; weil man zu derselben Zeit die öffentlichen Abgaben entrichtete, hiessen sie auch *Fronfasten.* Fastenzeiten sind endlich die Vorabende zu den namhaftesten Apostel- und Heiligenzeiten, die *Vigilienfasten,* und in der älteren abendländischen Kirche die Adventszeit. Schon im späteren Mittelalter wurde die ältere Fastenpraxis sehr gelockert, indem die eigentlichen Fastentage zu blossen Abstinenztagen herabgedrückt, die Abstinenz auf die Abwesenheit des Fleisches beschränkt, sämtliche Fische, mit Einschluss der Fischotter, als Nichtfleisch behandelt, und der Schluss des Fastens von sechs Uhr auf drei Uhr, seit dem 14. Jahrh. auf zwölf Uhr gesetzt wurde. *Kessler* beschreibt das zu seiner Zeit vor der Reformation geübte Fasten folgendermassen (Sabbata I, 90): *Wann man hat wellen fasten, hat man an demselbigen tag nichts weder geessen noch getrunken, biss uf die 11 stund im tag; dann war ein köstlich mal mit manigerlai trachten zůbereit, so man umb besunder wollebens wegen den fastenden imis* (Imbiss) *nennet. Nach demselbigen imis dorft man aber nichts mer essen; biss uf den abend mocht man mit einer collation (wie man es nennet) von manigerlei confecten, gewürz und kreftigen latwergen die schwachen und abgefasteten kreft und blöde hopt erquicken und sterken.*

Fastentuch oder *Hungertuch* heissen grosse, aus weisser, grauer oder violetter Leinwand gefertigte Teppiche, die während der Fastenzeit zur Verhüllung des Kreuzes vor dem Altar aufgehangt und nur während des Evangeliums, der Wandlung und des letzten Segens zurückgezogen wurden. Sie waren mit biblischen Bildern bemalt oder bezeichnet.

Fastnacht, Fasnacht, mhd. *vasenaht, vasnaht, vasennaht*, scheint keineswegs zu *fasten,* sondern zu *fasen, faseln,* davon *Faselhans,* mhd. *vasen,* ahd. *fasôn* zu gehören, mit der ursprünglichen Bedeutung von *Schwarmfest.* Die Form *vastnaht* mit Anlehnung an *fasten* ist zuerst in Norddeutschland aufgekommen, neben *vastelnaht;* in Bayern und Österreich heisst es *Fasching*, was man ebenfalls von *vasnaht* abzuleiten pflegt. *Weigand.* — In den Fastnachtsgebräuchen mischen sich altgermanische Frühlingssitten, christliche Anschauungen, Volksaberglaube und zum Teil von den Römern herstammende italienische Karnevalsfeierlichkeiten. Die Fastnachtfreuden bestanden in Tanz, Schmausereien, Trinkgelagen, Mummereien, Aufzügen, mancherorts im Abhalten eines Narrengerichtes. Die Sucht, sich zu verkleiden, war im Mittelalter sehr gross und machte sich auch zu anderen Zeiten als bloss zur Fastnacht geltend. Eigentliche Aufzüge scheinen aus Italien herübergekommen zu sein, wo im 14. und 15. Jahrhundert der Karneval zu hoher Ausbildung gelangte. In Deutschland war die Hauptsache Schmausen, Trinken und Tanzen. Ratsherren, Beamte, Handwerker wurden in den Städten zu Fastnachtmählern versammelt; die Zünfte hatten an diesem Tage ihren Zunftschmaus, besonders die patrizischen Gesellschaften. In Frankfurt währte bei einer solchen Gesellschaft die Festfeier neun Tage, mit dem zur Erholung nötigen Ausfalle von drei Tagen. Auffallend ist, dass man schon im Mittelalter die Fastnachtsfeier bis in die Fastenzeit fortsetzte. Alle Klassen feierten den Aschermittwoch mit Essen und Trinken; in Konstanz wurde diese Ausdehnung der Feier im Jahr 1450 verboten.

Es giebt eine umfangreiche Fastnachtlitteratur. In erster Reihe gehören dazu die *Fastnachtspiele,* die im 15. Jahrh. besonders in Nürnberg blühten; Hans Rosenblüt und Hans Folz haben ihrer eine Menge hinterlassen. Auch nach der Reformation blieb Nürnberg der Hauptsitz des veredelten Fastnachtspieles, vertreten durch Hans Sachs und Jakob Ayrer (siehe den Artikel Drama). *Fastnachtlieder* hat man mehrere aus dem 15. Jahrh., z. B. Uhland, Nr. 242.

Auch *Fastnachtpredigten* kommen im 15. Jahrh. vor, im 16. Jahrh. meist auf die alte Kirche gemünzt, so die „Kurzweilige Fassnacht-Predigt von Dr. Schwarmen zu Hummelshagen, auf Grillenberg und Tappeneck," und „Ein kurtzweylig Predige, die uns beschreipbt Dr. Schmossmann, am vier und zweinzigsten Kappenzipffell."

Sebastian Frank beschreibt im *Weltbuch* die Fastnacht folgendermassen: „Nachmals (nach Lichtmess) kumpt die Fassnacht, der Römischen Christen Bachanalia. An disem Fest pflegt man vil kurtzweil, spectakel, spil zue halten, mit stechen, turnieren, tanzen, rockenfart, fastnachtspil. Da verkleiden sich die leut, laufen wie narren und unsinnige in der statt, mit mancherlei abenteur und fantasei, was sie erdenken mögen: wer etwas närrisch erdenkt, der ist meister. Da sihet man in seltzamer rüstung, seltzamer mummerei, die frawen in manns kleidern und die mann in weiblicher waat, und ist fürwar schaam, zucht, erbarkeit, frumbkeit an disem christlichen fest teur, und geschicht vil buoberei, doch verrichts gelt alles in der beicht, all bossheit und unzucht ist zimlich an disem fest, ja ein wolstand. Die Herren haben ir Fassnacht an einem sontag, darnach auf den aftermontag (Tag nach dem Montag) die Leigen. In summa, man fachet daran allen muotwill und kurzweil an. Etlich laufend on alle scham aller ding nackend umb, Etlich kriechend auf allen vieren wie die tier, Etlich brüllen narren auss, Etlich seind münch, künig etc. auf diss Fest, das wol lachens wert ist. Etlich gehen auf hohen stelzen und flügeln und langen Schnäbeln, seind storken, etlich bären, etlich wild holzleut, etlich teufel, etlich tragend ein frischen menschenkot auf ein küssin herumb und wören im der fliegen, wolte Gott, sie müessten im auch schneizen und credenzen. Etlich seind affen, etlich in narrenkleidern verbutzt, und zwar dise gehn in ir rechten mummerei und sind in der warheit das, das sie anzeigen. Wann sie ein andrer ein narren schilt und eseloren zeigt, so wöllen sie zürnen, hawen und stechen, und hie beichten sie willig und öffentlich vor jederman selbs, wer si sind. Die Itali oder Walsen in Italia stellen sich auch, als wöllen sie die Teutschen in diesem Fall überwinden, da seind auch narren wolfeil, doch etwas subtiler denn die Teutschen. Um Ulm hat es einen brauch an der Fastnacht: wer diss tags in ein hauss geht und nit sagt, er gehe mit urlaub auss und ein, den fassen si und binden dem (es sei frawen oder manns bild) die händ als ein übeltäter auf den rücken, klopfen mit einem böcken voran und füerens in der statt herumb. Auf diese kumbt die Fast. Den nächsten tag darnach zur eingang derselben lauft das volk zu kirchen, da strewet der pfaff einem jeden umb einen pfennig ein wenig aschen auf den Kopf. Etlich haben ir eigen gebet und andacht auf die fassnacht, für den frörer oder feler. Auf diesen tag der äscherigen mitwoch leuten sie das Fasten ein mit grosser mummerei, halten panket, und verkleiden sich in sunder munier. Etlich klagen und suochen die fastnacht mit fackeln und laternen bei hellem tag, schreien kläglich, wohin die Fassnacht kumen sei. Etlich tragen ein haring an einer stangen und sagen: Nimmer würst! haring! mit viel seltzamer abenteur, fastnachtspil, gsang und reimen, laufend aber etlich gar nackend durch die statt. Etlich henkend einen haufen buoben an sich und singen inen vor, etlich werfen nuss auss, etlich fassen einander, tragen einander auf stangen in bach und treiben der fantasei unzälich vil. Den nächsten Sontag darnach gibt man der Fassnacht urlaub, verbutzt und verhült sich aber, trinken sich voll, spilen und rasslen zuletst. Als dann folget die traurig fast." Und bei Gelegenheit der Beschreibung des Landes der Franken: „An dem Rhein, Frankenland und etlich andern orten samlen die jungen gesellen alle danzjungfrawen, setzen si in ein pfluog und ziehen iren Spilman, der auf dem pfluog sitzt und pfeift, in das wasser. An andern orten ziehen sie ein feurigen pfluog, mit einem meisterlichen darauf gemachten feur angezündt, biss es zu trummern felt. Halten auch ir vier ein leylach (Leintuch) bei den vier zipfeln und ein ströinen angemachten butzen in hosen und wammes, mit einer larven wie ein todten mann, schwingen sie in auf die höhe und entpfahen in wider in das leylach, das treiben sie durch die ganz statt, und mit vil andern figuren gehen die Römischen Heidnischen Christen in der Fassnacht umb, als unsinnig, mit grosser leichtfertigkeit.". Über Fasnachtnarren handelt Kap. 110[b] des Narrenschiffes, siehe dazu Zarnckes Anmerkungen.

Faust, *Dr.*

I. *Litteratur des Faustbuches.* In ähnlichem Sinne wie das 16. Jahrh. einzelne Landfahrergeschichten auf den Eulenspiegel, Narrengeschichten auf den Ort Schilda vereinigte, wurden damals auch seit alter Zeit umgehende Zaubererzählungen auf den Namen eines Dr. Johannes Faust konzentriert. Dieses sog. *Faustbuch* erschien zuerst 1587 zu Frankfurt a. M., unter dem Titel: Historia Von Dr. Johann Fausten, dem weitbeschreyten Zauberer und Schwarzkünstler, wie er sich gegen dem teuffel auff eine benandte zeit verschrieben, Was er hierzwischen für seltzame Abenthewr gesehen, selbs angerichtet und getrieben, biss er endlich seinen wohlverdienten Lohn empfangen. Mehrerteils auss seinen eygenen hinterlassenen Schrifften zusammen gezogen und im Druck verfertiget. Gedruckt zu Frankfort am Mayn, durch Johann Spies." 1588 erschien zu Lübeck eine niederdeutsche Ausgabe, in demselben Jahre ein gereimtes Faustbuch, bald darauf Übersetzungen ins Dänische, Holländische, Französische und Englische, 1599 zu Hamburg eine mit moralischen Betrachtungen, versehene, durch *Georg Rudolf Widmann* veranstaltete Ausgabe vermehrt durch *J. N. Pfitzer* zu Nürnberg 1674; 1728 eine verkürzte Ausgabe zu Frankfurt und Leipzig, welche die Grundlage des spätern Jahrmarktvolksbuches geworden ist.

II. *Verfasser.* Der unbekannte Verfasser des ältesten Volksbuches muss ein protestantischer Theologe gewesen sein, einer der zahlreichen nachreformatorischen Eiferer, die es sich zur Aufgabe machten, den nie ruhenden Unglauben zu bekämpfen. Er war zum mindesten ein sehr abergläubischer Mensch; denn er teilt Briefe und Urkunden als echte mit, z. B. Fausts Vertrag mit dem Teufel, beruft sich auch auf die von Dr. Faust selbst aufgezeichnete und seinem Famulus Wagner testamentsweise vermachte Historie seines Lebens während der Zeit, da er mit dem Teufel Verkehr pflog.

III. *Inhalt des Faustbuches.* Das Faustbuch zerfällt in drei Teile. Deren *erster* handelt von Dr. Fausts Versuchung und höllischem Bündnis. Dr. Faust ist eines Bauern Sohn gewesen, zu Rod bei Weimar gebürtig. Seine Eltern waren gottselige Leute, und sein Ohm, der zu Wittenberg sesshaft und ein vermögender Bürger war, hat Faustum auferzogen und wie ein Kind gehalten. Er liess ihn in die Schule gehen, Theologie zu studieren. Er ist aber von diesem gottseligen Vornehmen abgegangen und hat Gottes Wort missbraucht. Da Faustus als ein gelehriger und geschwindiger Kopf zum Studieren geeignet und geneigt war, ist es bald so weit gekommen, dass man ihn zum Magister examinierte. Weil er aber einen unsinnigen und hoffärtigen Kopf gehabt, wie man ihn denn allezeit den Spekulierer genannt hat, ist er in böse Gesellschaft geraten, hat die heilige Schrift eine Weile hinter die Thür und unter die Bank gelegt und ein rauh und gottloses Wesen geführt; wie es denn ein wahr Sprichwort ist: Was zum Teufel will, das lässt sich nicht aufhalten. Da ging er denn nach Krakau, da ward er ein *Weltmensch*, ein *Astrologus* und *Mathematikus*, nannte sich einen Doktor der Medizin, half auch erstlich vielen Leuten mit Kräutern, Wurzeln und Pflastern und war dabei redselig und in der göttlichen Schrift wohlerfahren. Wie nun Dr. Fausts Sinn dahin gestellt war, das zu lieben, was nicht zu lieben war, nahm er Adlersflügel an sich und wollte alle Gründe von Himmel und Erde erforschen; denn sein leichtfertiger Vorwitz stachelte und reizte ihn also, dass er sich auf eine Zeit vornahm, etliche zauberische Vokabeln, Figuren und Beschwörungen zu versuchen und ins Werk zu setzen, damit er den Teufel vor sich fordern möchte. Mitten im Walde bei Wittenberg beschwor er, auf einem Kreuzwege, durch etliche Zirkel mit seinem Stabe den bösen Geist. Unter schrecklichen Erscheinungen kommt dieser in Gestalt eines grauen Mönchs. Faust citiert ihn des nächsten Morgens in seine Kammer und schlägt ihm ein Bündnis vor: *erstlich* verlangt Faust vom Teufel, dass er, Faust, auch Geschick, Form und Gestalt eines Geistes möge annehmen können; *zweitens* sollte der Geist alles thun, was er begehrte; *drittens* in seinem Haus unsichtbar regieren, und *viertens*, so oft er ihn forderte, sollte er in der Gestalt erscheinen, wie er ihm auferlegen würde. Der Geist willigt ein, falls Faust seinerseits folgende Bedingungen eingeht: 1) dass Faust verspreche, des Teufels eigen sein zu wollen; 2) solches wolle er zu mehrer Bekräftigung mit seinem Blute bezeugen; 3) dass er allen christgläubigen Menschen feind sein wolle; 4) dass er den christlichen Glauben verleugne, und 5) dass er sich nicht verführen lasse, so man ihn bekehren wolle. Faust geht den Pakt ein. Eben in dieser Stunde fiel der gottlose Mann von seinem Gott und Schöpfer ab, der ihn erschaffen hat, und ward ein Glied des leidigen Teufels, und war dieser Abfall nichts anderes denn stolzer, verzweifelter Hochmut, verwegene Vermessenheit, wie den Riesen zu Mute war, von welchen die Poeten dichten, dass sie die Berge zusammentrugen und wider Gott kriegen wollten; ja wie dem bösen Engel, der sich wider Gott setzte, weshalb er für seinen Übermut und Hoffart von Gott verstossen ward. Denn wer hoch steigen will, der fällt auch hoch herab. — Nun lebt Faust in Saus und Braus; seine Nahrung hat er überflüssig, der Geist bringt ihm Wein aus den Kellern, wo er will. Nur die Eingehung einer Ehe verbietet er ihm, als dem Pakte zuwider: denn die Ehe ist göttlicher Einsetzung. Dr. Faust versucht nun vom Geist allerlei Weisheit zu erforschen, die er auf göttlichem Wege nicht erfahren hatte; was für ein Geist er sei? wie sein Herr im Himmel geziert gewesen? wie der Teufel seine Versuchungen von Anfang an getrieben habe? wie die Hölle beschaffen sei? was Mephistopheles, angenommen, er wäre als ein Mensch von Gott erschaffen, thun wollte, um Gott und den Menschen zu gefallen. Die Beantwortung dieser Fragen geschieht mit den notdürftigen theologischen Mitteln der Zeit.

Der *andere Teil* handelt von Dr. Fausti Geschichten und Abenteuern. Am Ende des ersten Teiles hatte der Geist Fausten erklärt, er werde ihm auf seine gottseligen Fragen keine Antwort mehr geben. So musste es Faust für gut sein lassen und fing an, Kalender zu schreiben.

Dagegen frug er den Geist über Sommer und Winter, woher sie ihren Ursprung nähmen, von des Himmels Bewegung, Lauf und Zierde, worauf ihn der Geist gar wohl beschied. Darauf fährt Faust mit des Geists Hilfe zur Hölle, fährt in das Gestirn auf, wo er Gelegenheit findet, das Himmelsgewölbe, Sonne, Mond und Sterne in ihrer Wirklichkeit zu beobachten, und schliesslich macht er eine Reise in die vornehmsten Städte und Länder, nach Paris, Neapel, nach Rom zum Papst, Florenz, Köln, Genf, Strassburg, Wien, Prag, Krakau und durch Ungarn nach Konstantinopel. Nach anderthalb Jahren kehrt er zurück, der Teufel hatte ihm das möglichst grosse Mass von weltlicher Erkenntniss verschafft.

Der *dritte Teil* erzählt in erster Linie etwa 40 Zaubergeschichten des Dr. Faust: wie er vor Karl V. Alexander den Grossen und seine Gemahlin vorzaubert, einem Ritter ein Hirschgeweih an den Kopf zaubert, einem Bauern ein Fuder Heu samt Wagen und Pferden frisst, drei Grafen auf ihr Begehren durch die Luft nach München führt auf des jungen Baiernfürsten Hochzeit, von einem Juden Geld entlieh und ihm seinen Schenkel zu Pfand gab, den er sich selber in des Juden Beisein absägte. Ein andermal verzaubert er Bauern ihr offenes Maul, dass sie es, offen, nicht schliessen können; er zaubert Speise und Trank nach Willkür, wohin er will; er zaubert ein ansehnliches Schloss auf eine Höhe; er zaubert vor den Augen eingeladener Studenten die schöne Helena ins Gemach; er zaubert sich bei einer Belageruug feindliche Kugeln in die Hand u. a.

Ein *Anhang* erzählt endlich, was sich mit Dr. Faustus in seinem letzten Jahr begeben hat. Er macht, wie er merkt, dass die 24 Jahre seines Vertrages bald vorbei sind, sein Testament zu Gunsten seines Famulus Wagner, jammert und seufzt über sein ruchlos Leben und darüber, dass er seine Seele dem Teufel verschrieben, und wird zuletzt vom Teufel zerrissen.

IV. *Elemente des Faustbuches.* Es lassen sich im Faustbuche folgende Elemente unterscheiden:

a. *Die Zaubergeschichten:* im Zusammenhang des Faustbuches sind sie freilich als Ausflüsse göttlichen Thuns betrachtet; sie gehören jedoch ursprünglich in den Bereich der übernatürlichen Erscheinungen, die das christliche Mittelalter aus der heidnischen Vorzeit überkommen und dem Geiste der Zeit gemäss mit Vorliebe überliefert und ausgebildet hatte. Sie unterliegen deshalb eigentlich nicht dem Massstabe des Guten und Bösen, sondern allein des Könnens und Nichtkönnens; die Sage und das Kindermärchen haben den Zauber unwidersprochen bis heute bewahrt, die Rübezahl-Märchen sind seiner voll. Manches von dem Zauber des Dr. Faust mag orientalischer Herkunft sein, in der schönen Helena spielt leise das Prinzip der Renaissance in diese sonst sehr mittelalterliche Welt.

b. *Die Person des Zauberkünstlers.* Ächter Zauber ist ursprünglich Sache eines Geistes; der Mensch kann bloss zu zaubern vorgeben, welches immerhin so lange eine gewisse Entschuldigung bei sich hat, als die Menschen von ihresgleichen Zauber annehmen und glauben mögen. Solcher Zauberer kannte das glaubensvolle Mittelalter viele, Leute, welche die Freude der Mitmenschen an Zauberei benützten, um sich gute Tage zu machen, Menschen von ausgesprochen schlechtem Lebenswandel, Betrüger, Lügner, Wollüstlinge, Schlemmer u. dgl. Ein solcher Mensch, Namens *Faust,* scheint in der zweiten Hälfte des 15. Jahrhunderts in Deutschland gelebt zu haben. Gewiss ist, dass etwas später ein ähnlicher Berufsmann als Zeitgenosse Luthers in Deutschland sein Wesen trieb. Er nannte sich selbst und schrieb es auf seine Karte: *Magister Georgius Sabellicus, Faustus junior, fons necromanticorum, magus secundus, chiromanticus, aeromanticus, pyromanticus, in hydra arte secundus.* Als sein Geburtsort wird das Städtchen Knittlingen in Württemberg oder Rod bei Weimar angegeben. Er soll in Wittenberg und Krakau Theologie und Medizin studiert haben, als fahrender Schüler umhergezogen und durch seine Zauberkünste in Deutschland mehr berüchtigt als berühmt gewesen sein. Erfurt und Wittenberg sind die Hauptsitze seiner Thätigkeit, in Wittenberg stellte er sich unter anderm Melanchthon vor. Aber auch aus Würzburg, Kreuznach, Maulbronn, Magdeburg, Gotha, Nürnberg, Goslar, Prag, Meissen laufen Nachrichten über ihn ein. Sein Tod scheint um das Jahr 1540 erfolgt zu sein.

c. Als drittes Element findet sich im Faustbuch *die naturwissenschaftliche, auf eigenen Füssen stehende Forschung* niedergelegt. Nur mühsam ringt sich während des Mittelalters eine auf Thatsachen gebaute, naturwissenschaftliche Erkenntnis durch; stillgestanden aber hat auch in jener Periode diese Geistesarbeit nicht. Am ehesten gelingt es ihr auf dem Felde der Astronomie zu sicheren Resultaten zu gelangen, besonders wo dieselben durch Rechnen zu gewinnen waren; auf dem Gebiete der Physik, und namentlich der Chemie, sah es dunkler aus, und es ist bekannt, wie damals chemische Forschungen mit allerlei dunkeln Problemen unverstandener Magie zusammentrafen. Dass es aber auch bereits eine sehr bewusste Naturerkenntnis gab, beweisen u. a. die Anschauungen des in Genf verbrannten *Servet*; in *Vadians* Fragment einer Geschichte der römischen Kaiser (Deutsche hist. Schriften III, 20. 40) steht der Satz: „*Dan die Natur nünt anders ist, dan die kraft Gotes, der gaist Gotes, ja Got selbs, durch welchen alle geschepft erhalten wirt und von welicher wegen man der wirkung der geschepften den namen der natur geben hat.*“ Auch Dr. Faust studiert neben der Theologie Medizin, er wird ein Weltmensch, ein Astrologus und Mathematikus, nannte sich einen Doktor der Medizin, half auch erstlich vielen Leuten mit Kräutern, Wurzeln und Wassern, Rezepten und Klystieren. Er machte auch Kalender und man lobte seine Kalender und Almanache vor allen anderen; denn er setzte nichts in den Kalender, es war denn also. Es waren seine Kalender nicht wie die etlicher unerfahrener Astrologen, die im Winter kalt oder Eis und Schnee, oder im Sommer in den Hundstagen warm, Donner und Ungewitter setzen. Er nannte allemal Zeit und Stunde, wann etwas geschehen sollte, und warnte jedes Land insbesondere, das eine vor Krieg, das andere vor Teurung, das dritte vor Sterben u. s. w.

d. Das vierte Element des Faustbuches ist die *kirchliche, offenbarungsgläubige Weltanschauung.* Diese lässt den Menschen bloss durch die Gnadenmittel des Christentums selig werden; wer nicht glaubt, sich vom Glauben loslöst, ist verdammt, ist des Teufels, ihn holt der Teufel, er gehört der Hölle an. Schon die ersten christlichen Jahrhunderte hatten diese Anschauung ausgebildet, wie man denn auch schon so früh die Verschreibung des Gottlosen mit eigenem Blut an den Teufel und das Holen eines Gottlosen durch den Teufel selber kennt. Eine ältere katholische Sage (Theophilus) lässt den Abgefallenen durch die Fürbitte der Maria gerettet werden. Unser Faustbuch ist protestantisch. Rettung durch die Gnadenmittel der Kirche gilt nicht, jeder hat Wohl oder Wehe selber zu tragen, Faust hat sich von Gott losgelöst, also holt ihn der Teufel.

Es richtet sich aber die Strafe

für den Abfall gleichmässig gegen sämtliche drei Elemente des Faustbuches. Faust wird also *erstens* vom Teufel geholt, weil er ein Zauberer ist; der Teufel hat ihm die Kraft des Zauberns mitgeteilt, mit seiner Hilfe hat er auch diejenigen Zaubereien unschuldiger Natur begangen, die an anderen Orten ohne Zuhilfenahme des Teufels berichtet werden. *Zweitens* wird Faust vom Teufel geholt, weil er ein Schwindler ist, ein Schlemmer, ein Prasser, ein Wollüstling. Schon vor dem Faustbuche hatte man sich an verschiedenen Orten erzählt, in der und der Gasse, in dem und dem Hause, sei der wirkliche Dr. Faust nachts vom Teufel geholt und in Stücke zerrissen worden. *Drittens* holt der Teufel den Faust, weil er es unternommen hat, die Wahrheit in der Natur auf eigene Faust zu gewinnen, weil er in seiner Wissenschaft vom Wege der Theologie abgewichen ist.

Nach dem Faustbuch scheint am Ende des 17. Jahrh. eine dramatische Bearbeitung der Sage in Alexandrinern vorhanden gewesen zu sein. Stücke daraus finden sich im *Puppenspiel* Faust, dessen Hauptquelle man gewöhnlich in der von *Marlowe*, gest. 1593, verfassten englischen Tragödie Faust sucht, die von sog. englischen Komödianten nach Deutschland gebracht worden wäre. Wie das Puppenspiel im Aufklärungszeitalter den Anstoss zu neuen Faustdichtungen im Geiste einer freien Bildung gab und zumal Lessing und Goethe beschäftigte, gehört nicht hierher.

Faustrecht und Fehderecht. Ein *Fehderecht* kennt schon das altgermanische Recht; es geht aus dem Begriff des *Friedens* hervor, den die einzelnen Kreise selber zu schützen hatten; wer jemanden böswillig verletzte, der brach mit dem Verletzten und dessen Familie und Genossen den Frieden, setzte sich von selbst mit ihm in Kriegsstand, und der Verletzte hatte das Recht, mit seiner Familie und seinen Genossen wider den Friedensbrecher *Fehde* zu erheben, ihr alle ihm nur mögliche Ausdehnung zu geben und im Blute des Friedbrechers Genugthuung für den erlittenen Hohn zu suchen. Das Wort *Fehde* ist mhd. die *vêhede*, ahd. *fêhida*, angels. *faedhu, faedhe*; mit dem ahd. Verb *fêhan* = feindselig, gram sein, hassen, angreifen und verfolgen, und dem ahd. *fêh*, mhd. *vêch* = feindselig, und dem langobardischen Substantiv die *faida*, stammt es wahrscheinlich von dem got. *faijan* = anfeinden, das wieder mit got. *figan* = hassen, dem Wurzelverb von *Feind*, verwandt ist. Damit sich aber der Starke gegen den Schwachen nicht alles erlaube, bestand zugleich das Recht auf ein *Sühngeld, compositio*. Der Verletzte konnte sich an das Volksgericht wenden und das Volk sorgte für die Stellung des Friedbrechers vor Gericht und zwang ihn zur Genugthuung und dadurch zur Wiederherstellung des Friedens. Zur Fehde berechtigte aber bloss diejenige Rechtsverletzung, durch welche der Friede wirklich gebrochen war, bei Civilansprüchen und bei nicht vorsätzlich zugefügten Verletzungen war die Fehde unzulässig; im ersten Falle musste der Richter angegangen werden, im zweiten Falle trat bloss Komposition ein. Auch war die Ausübung des Fehderechtes dadurch beschränkt, dass gegen den Verbrecher in seinem Hause und in seiner Wehre, in der Kirche oder an der Gerichtsstelle, oder auf dem Wege dahin und zurück, oder beim Könige und auf dem Wege zu und von ihm nichts unternommen werden durfte. Seit der Karolingerzeit wurde aber das Fehderecht als einem geordneten Rechtszustand zuwider sehr eingeschränkt. Der König konnte einem einzelnen Befehdeten den Königsfrieden erteilen, wodurch jede Fehde gegen ihn gehemmt wurde; bei schwereren Verbrechen, namentlich bei Mord,

Brand, Raub, Notzucht, Diebstahl trat der Staat durch eine öffentliche Strafe für den Verletzten ein, da dadurch doch mittelbar der *gemeine* Friede des Staates gestört war.

Im späteren Mittelalter, seitdem vom elften Jahrhundert an die Wirksamkeit der Gerichte so oft gelähmt wurde, änderte sich die Bedeutung des Fehderechtes dahin, dass dieses zwar gestattet wurde und zwar sowohl gegen schwere Verbrecher als gegen geringe Verletzungen, ja auch wegen des unbedeutendsten Civilanspruches, aber nur gegen den, gegen welchen die Gerichte Macht zu verschaffen nicht imstande waren; die Fehde war bloss noch eine erlaubte Selbsthilfe in allen Fällen, in welchen dem aus irgend einem Grunde Berechtigten der Staat zu seinem Rechte nicht verhelfen konnte. Die Ausübung dieses in den *Landfrieden* (siehe diesen Art.) gestatteten Fehderechtes war aber an gewisse Formen gebunden. Wer sich in die Lage versetzt sah, Fehde zu erheben, musste seinem Gegner die Fehde vorher offen und förmlich drei Tage vor ihrem Beginnen ansagen. Die Fehde musste angekündigt werden durch einen *Brief*, den ein Bote in die Wohnung des zu Befehdenden bei Tage zu bringen hatte. Gewisse Personen und Sachen mussten gesetzlich bei Ausübung der Fehde geschont werden: Geistliche, Kindbetterinnen, schwer Kranke, Pilger, Kaufleute, Fuhrleute mit ihrer Habe und Kaufmannschaft, Ackermann und Weingärtner während der Feldgeschäfte, Kirchen und Kirchhöfe. Durch den Klerus wurde zur Beschränkung des Fehderechtes der *Gottesfriede* eingeführt, *Pax* oder *Trenga Dei*. An gewissen Tagen des Jahres und ausserdem in jeder Woche von Mittwoch Abend bis Montag früh sollte jede Fehde ruhen. Der Gottesfriede wurde jedesmal eingeläutet. Wer ihn verletzte, kam in den Kirchenbann, wer sich daraus nicht löste, in die Reichsacht. Dagegen schützte, wie es im alten Rechte gewesen war, Hausrecht und Hausfriede nicht mehr in der mittelalterlichen Fehde. Wer Fehde erhob, ohne richterliche Hilfe versucht zu haben, wer sie nicht ankündigte und sonst sich gegen das Fehderecht verfehlte, war *Landfriedenverbrecher* und büsste gewöhnlich mit dem Strang.

Das missbräuchlich ausgeübte Fehderecht heisst nun *Faustrecht*, ein Wort, das zuerst im 16. Jahrh. erscheint. Die Missbräuche lagen bei dem ganzen Institute nahe, und die Verhältnisse der Zeit begünstigten sie. Besonders den Adel trifft der Vorwurf solcher Missbräuche; die Städte waren in der Regel froh, wenn sie nicht befehdet wurden und nicht zur Fehde zu greifen sich gezwungen sahen. Dem Adel dagegen war die Fehde Lust und Erwerb; denn der Raub war, am Gegner und seinen Angehörigen begangen, gestattet. *Sich auf Räuberei legen*, *vom Sattel* oder *vom Stegreif leben*, war der Ausdruck für dieses Handwerk. Noch gegen Ende des 15. Jahrh. sagte ein römischer Kardinal von Deutschland: *Germania tota unum latrocinium est, et ille inter nobiles gloriosior, qui rapacior:* Ganz Deutschland ist ein einziges Räubernest und unter den Edelleuten der am ruhmwürdigsten, der am meisten raubt. Wegen der kleinsten Bagatellsachen wurde oft Fehde angekündigt; ein Herr von Praunheim schickte z. B. der Stadt Frankfurt einen Fehdebrief, weil eine Frankfurterin auf einem Balle seinem Vetter einen Tanz versagt und mit einem anderen getanzt hatte und die Stadt ihm nicht dafür Genugthuung geben wollte. Oft, wenn ein Ritter jemandem Fehde erklärte, schickte aller Tross, der zu ihm gehörte, auch Fehdebriefe. Nach *Wächter*, Beiträge zur deutschen Geschichte.

Fechtkunst. Das im Mittelhochdeutschen sehr oft gebrauchte Verb *fechten*, wahrscheinlich mit *faust* wurzelverwandt, hat die allgemeine Bedeutung des sich Abmühens, eifrig Strebens, des Anstrengens der Hände, im besonderen wird es vom Kämpfen, Streiten im *Gefechte* angewandt. Die Übung im Gebrauche des Schwertes hiess in der höfischen Sprache *schirmen*; *schirmknaben* sind Knaben, die den Fechtunterricht erhalten; der Fechtmeister heisst mhd. *schirmmeister*. Erst in den Städten nannte man die von zünftigen Handwerkern ausgeübten Waffenspiele, die ohne Zweifel eine Nachahmung der ritterlichen Waffenübungen waren, *Fechtkunst*; als volksmässiges Element mischte sich damit die Kunst der von Alters her umziehenden Spielleute und Schwerttänzer. Als die älteste *Fechtergesellschaft* in Deutschland gelten die *Marxbrüder* in Frankfurt a. M., oder die *Brüderschaft von St. Markus von Löwenberg*, die aus einem Hauptmann und vier Meistern zusammengetreten war. Wer mit ihnen zu fechten wagte, der gab sich ihnen entweder in die Schule oder stand ganz vom Fechten ab. In der Frankfurter Herbstmesse fochten die Marxbrüder auf öffentlichen Platze mit fremden Fechtmeistern; wer die Probe bestand, dem wurde von ihnen die „Heimlichkeit" anvertraut, d. h. allerlei Kunstgriffe in der Führung des Schwertes. Jetzt durfte er das Wappen der Marxbrüder, einen Löwen, führen und in ganz Deutschland das Fechten lehren. Das Privilegium der Marxbrüder wurde vom Kaiser 1480, 1512, 1566 und 1579 erneuert. Unter den nicht privilegirten Fechtschulen war die der *Federfechter* die verbreitetste; sie hiess auch *Freifechter von der Feder*, wobei es ungewiss ist, ob sie den Namen von einer am Hut oder Spiess aufgesteckten Feder trugen oder davon, dass sie ursprünglich aus dem Stand der Schreiber hervorgegangen waren, daher die Worte *Federfuchser, Federheld*, oder ob gar Feder der Name eines Stossdegens war; ihren Hauptsitz hatten sie zu Prag. Auch eine Gesellschaft der *Luxbrüder* kommt vor, deren Bedeutung noch weniger klar ist, wie überhaupt eine urkundliche Darstellung dieses Gegenstandes mangelt. Man hat von *Hans Sachs* (Werke in Fol. *I*, 307) ein Gedicht: *Der Fechtspruch, Ankunft und Freiheit der Kunst.* Darin wird die Fechtkunst von Herkules hergeleitet, der die Olympischen Spiele stiftete; von den Griechen kam die Fechtkunst zu den Römern; das Christentum stellte zwar das blutige Kampfspiel ab,

Dennoch ein stück vom kampf noch blieb.
Vil Held kämpften in freiem Feld
und ritten zsam in finster Wäld,
Als Eck und der alt Hillebrant,
Laurein, Hürnen Sewfrid genannt,
König Fasolt und Dietrich von Bern,
Thaten einander Kampf gewern.

Auch die Fechtkunst des Adels, die zu Verwundungen und Tod führte, wurde abgestellt und die Kunst der St. Marx-Brüderschaft übergeben. Die Kunst selber beschreibt Hans Sachs folgendermassen:

Ich sprach: Wie sind die stück genand,
Die man muss lehren im anfang?
Er sprach: Der Kunst zu eim eingang
lehrt man öber- und unterhaw,
Mittel- und Flügel- haw genaw,
Auch gschlossen und einfachen sturz,
Den tritt darzu, auch lehrt man kurz
Den Possen und ein aufheben,
Aussgäng und niderlegen eben.
Ich bat: Lieber Meister, zeigt an,
Wie nennt man die stück vor dem Mann?
Er sprach: Ob ich dirs gleich thu nennen,
Kanst du die stück ons Werk nit kennen,
Weil du nit hast gelehrt die Kunst,
Doch ich dir auss besondrer Gunst
Etlich häw und stück nennen will,
Die meisterlich sind und subtil:

Der zornhaw und krumphaw, schaw,
Zwerchhaw, schillerhaw, scheitlerhaw,
Wunder versatzung und nachreisen,
Ueberlauf, Durchwechsel etlich heissen,
Schneiden, hawen, stich im winden,
Abschneiden, hengen und anbinden;
Die Kunst hält in vier läger klug,
Alber, Tag, Ochs und den Pflug.

Dieselben seltsamen Namen findet man auch in den im 16. Jahrh. zu Frankfurt erschienenen, mit Holzschnitten versehenen Fechtbüchern; hier wird unterschieden das Fechten mit dem langen Schwert, das Messerfechten, dessen vier häw genannt werden *Zornhaw, Entrüsthaw, Geferhaw, Entwecker, Zwinger* und *Winker*, das Fechten mit Tolchen oder Kampftegen und das Fechten in der Stangen. Dazu Figur 47 bis 49 aus: *Fechtbuch.* Die Ritterliche und Männliche Kunst und Handarbeit Fechtens. Frankf. a. M. 1558. Mit der Verbreitung der Schützengesellschaften kamen die bürgerlichen Fechtergesellschaften in Verfall.

Fig. 47. Aus dem Frankfurter Fechtbuch v. 1558.

Dagegen erhielt sich die Fechtkunst als notwendige Beigabe einer adeligen Erziehung und auf den Universitäten, deren Studenten den Rang eines gelehrten Adels beanspruchten. Als Begründer der akademischen Fechtkunst wird *Wilhelm Kreussler* genannt, Sohn eines Nassauischen Schulmeisters, der zu Frankfurt Marxbruder und in *Jena* privilegierter Fechtmeister wurde, er starb 1673. Von seinen zwölf Kindern wurden vier Fechtmeister an verschiedenen Hochschulen; dieses Geschlecht blieb der Kunst noch durch drei Generationen hindurch treu und hat die berühmtesten deutschen Fechtmeister und durch sie eine deutsche Fechtmethode hervorgebracht. Siehe *Jahn* Turnkunst, und *Scheidler* in Ersch u. Gruber.

Feen, bei den romanischen Völkern aus dem lateinischen Wort *fatum* entstanden, welches an die Stelle von *parca*, Parze getreten war. ital. *fata*, span. *hada*, prov. *fada*, franz. *fée.* Keltischer und germanischer Volksglaube, die deutschen Nornen, mögen sich mit diesen Schiksalsgöttinen vermischt haben. Schon Ausonius, 4. Jahrhundert, erwähnt neben *tres Charites*: *tria fata*, wie denn überhaupt die Dreizahl, daneben einigemal die Zahl sieben und dreizehn für sie charakteristisch sind. Sie haben auch besondere Namen, besonders berühmt ist die *fata Morgana, Morghe la fée.* Sie erscheinen bei ländlichen Festen und belohnen fleissige Spinnerinnen. Ähnlich den deutschen Riesenjungfrauen tragen sie ungeheure Felsblöcke auf dem Haupte nnd in der Schürze, während sie mit freier Hand ihre Spindel drehen; als eine Fee, welche den Bau vollführte, zu Ende war, rief sie ihren Schwestern zu, mit dem Herantragen aufzuhören; diese, obgleich zwei Meilen weit entfernt, hörten den Ruf und liessen die Steine fallen, die sich tief in die Erde senkten; spannen aber die Feen nicht, so trugen sie vier Steine auf einmal. Sie waren gutmütig und nahmen sich besonders der Kinder an, deren Schicksal sie verkündigten. In die Häuser der Nachbarn stiegen sie durch den Rauchfang ein und aus; daher kam es, dass sich einst die unvorsichtigste unter ihnen verbrannte und ein lautes Klaggeschrei ausstiess, auf welches alle Feen der Gegend zusammenliefen. Täuschen liessen sie sich nicht; denn als ein Mann seiner Frauen Kleider anzog und des Amtes pflegte, strafte sie ihn dadurch, dass sie die auf dem Herd kochenden Äpfel in Birnen verwandelte. *Grimm*, Mythol. 382. Die altfranzösischen Epiker verflochten die Feen in die romantischen Abenteuer ihrer Helden, von wo sie auch als mhd. *feie, feine, merfeie, wazzerfeie,* aber nur

Fig. 48. Aus dem Frankfurter Fechtbuch v. 1558.

Fig. 49. Aus dem Frankfurter Fechtbuch v. 1558.

spärlich, in das deutsche höfische Kunstepos eingeführt worden; Gottfried von Strassburg sagt vom Blicker von Steinach (Tristan 4698):

ich waene, daz in feinen
ze wunder haben gespunnen
und haben in in ir brunnen
geliutert und gereinet,
er ist benamen gefeinet.

Aus Volksüberlieferungen und nicht, wie man früher meist annahm, aus arabischen Quellen, sind seit der zweiten Hälfte des 17. Jahrhunderts die französischen *Contes de fées* entstanden, deren erste und beste die des Carl Perrault (1633 bis 1703) ist, erschienen 1697; gleichzeitig sammelte solche Märchen die Gräfin Aulnoy, 1650—1705, sie erschienen 1698; von beiden Sammlungen giebt es zahlreiche Nachahmer. *Schreiber*, die Feen in Europa, Freiburg 1842, und *Knightler*, Mythologie der Feen und Elfen, deutsch von O. L. B. Wolff, Weimar 1828. 2 Bde.

Fegfeuer, mhd. *vegeviur, Purgatorium, Ignis purgatorius* ist ursprünglich eine altpersische Vorstellung und wurde zuerst von Origenes (185—254) in den Kreis der christlichen Anschauungen von den letzten Dingen hineingezogen. Doch hat erst Augustin die Lehre von einem sinnlich peinigenden Fegfeuer vorgetragen und mit 1 Kor. 3, 15 zu begründen gesucht. Die Beziehung des Fegfeuers auf das Messopfer stammt von Gregor d. Gr.; nach seiner Lehre, die im Ganzen bis heute zu Recht besteht, geht, der mit Todsünden belastet stirbt, in die Hölle; lässliche Sünden, wie Schwatzhaftigkeit, Rachsucht, schlechte Haushaltung, werden im Fegfeuer abgebüsst. Hauptsache ist aber schon bei ihm, dass die Kirche durch Fürbitte, gute Werke und namentlich durch das Messopfer den im Fegfeuer Leidenden zu helfen vermag: *die meinung hat globen und statt funden, die lebenden mögen durch ire werk, im namen der toten geschechen, den armen fegenden seelen zů hilf und trost umb erledigung erschiessen, als so gůte gesellen einem helfend das tagwerk, damit er dester ee firabend haben mög, ussrichten. Kessler, Sabbata, I, 93.* Auf dem Konzil zu Florenz 1239 wurde die Lehre vom Fegfeuer zu einem förmlichen Glaubensartikel erhoben.

Femgericht, *Vehmgericht*, mhd. die *veme* = Strafe, Strafgericht, *vemen* = das Urteil über jemand sprechen, verurteilen, davon *vervemen*, nhd. verfehmen, aus dem Mittel-, ursprünglich Niederdeutschen, dunkeln Ursprunges. Die Femgerichte waren *kaiserliche Landgerichte*, die ihren Sitz in *Westfalen*, in einem Teile von *Engern* in dem Winkel zwischen dem Rheine und der Weser hatten. Sie selbst schreiben ihren Ursprung Karl dem Grossen zu, der sie auf den Rat des Papstes Leo eingesetzt habe, und berufen sich darauf regelmässig; richtig ist dies nur, insofern eben Karl der Grosse das Institut der Schöffen in die Volks- oder Gaugerichte einführte (siehe den Art. *Gerichtswesen*). Als nun nach der Karolingischen Zeit die alte Gauverfassung sich allmählich auflöste und die Grafengewalt in ein erbliches Recht und in Landeshoheit überzugehen anfing, verloren die Freien fast überall einen Teil ihres angestammten Rechtes, sie wurden vogteipflichtig, und wenn sie auch an den Landgerichten noch teilnahmen, so bildeten sie doch keine kaiserlichen Gerichte mehr über Freie. In wenigen Gegenden erhielten sich alte Gerichte, z. B. in Oberschwaben das kaiserliche Landgericht bei *Wangen*, hauptsächlich aber in Westfalen und einem Teile von Engern. Hier bildete sich die Landeshoheit sehr langsam aus, die Herren waren meist Geistliche, das alte Sachsenland hing überhaupt strenger an der hergebrachten Sitte, viele freie Grundbesitzer erhielten sich. Der Richter, der dem Gerichte vorsass, war immer noch der alte karolingische Gaugraf, ein kaiserlicher Beamter, der vom Ende des 12. Jahrhunderts an zur Auszeichnung von anderen Grafen *Freigraf*, *Comes liberorum* hiess, wie die Schöffen *Freischöffen*, *Scabini liberorum* oder *liberscabini*. Alle eingesessenen Freien waren und blieben schöffenbar und zahlten an den *Comes* die alten Reichsabgaben für den kaiserlichen Fiskus. Der zwar nicht zusammenhängende Gerichtsbezirk hiess *Freigrafschaft*, *comitia libera*. Die Freigrafen wurden unmittelbar vom Kaiser oder namens des Kaisers vom Herzog mit dem Gerichte belehnt. Zwar gelang es auch hier den Territorialherren, die Freigrafschaften in ein Abhängigkeitsverhältnis zu bringen und sich mit der Grafschaft selbst als sog. *Stuhlherren*, d. h. Gerichtsherren, erblich vom Kaiser belehnen zu lassen, auch die Reichsabgaben an sich zu ziehen; dennoch blieb das alte Gericht, mit ihm die alten Mahlplätze, *Freistühle;* der Stuhlherr musste den Freigrafen als den Vorsitzenden des Gerichtes dem Kaiser oder dem Herzoge präsentieren, damit er von diesem den kaiserlichen Bann unmittelbar erhalte. So erhielten sich diese Freigerichte fort als *kaiserliche* Gerichte und übten nicht bloss Kriminal-, sondern auch Civilgerichtsbarkeit, zunächst jedoch nur über die zur Freigrafschaft gehörigen Freistuhlgüter und deren Angehörige. Über diese Kompetenz hinaus ging das Gericht dadurch, dass sich die Schöffen, ebenfalls nach einer von Karl dem Grossen hergeleiteten Pflicht, für berechtigt hielten, vor dem Gericht als *Rüger*, d. h. als Ankläger im eigenen Namen vermöge ihrer eidlich übernommenen Rügepflicht aufzutreten, und zwar auch gegen Verbrechen, die ausserhalb ihres Gerichtssprengels und von fremden Personen verübt wurden, wenn nämlich der ordentliche Richter nicht imstande war, des Schuldigen mächtig zu werden, oder den guten Willen hierzu nicht hatte; wann diese Erweiterung geschah, ist ungewiss. Um aber gegen die zahlreichen Fälle gerüstet zu sein, wo der Beklagte dem Gerichte einfach nichts nachfragte, richtete man neben den Sitzungen, wozu wie gewöhnlich jeder Zutritt hatte, andere ein, woran nur Schöffen teilnahmen; das *offenbare Ding* verwandelte sich in ein *heimliches oder Stillgericht*, eine *heimliche* oder *beschlossene Acht*, das nicht etwa bei Nacht oder an besonderen Orten abgehalten wurde, sondern am gewohnten Mahlplatz im Freien, nur unter Ausschluss aller *Nichtwissenden*. Am offenen Gericht wurden jetzt bloss noch Civil- und geringere Rügesachen verhandelt; vor das offene Gericht musste auch der *Unwissende geladen* werden, und es wurde hier über ihn gerichtet, wenn er erschien; erschien er nicht, so verwandelte sich das Gericht in die heimliche oder beschlossene Acht dadurch, dass allen Anwesenden, die nicht Freischöffen waren, bei Todesstrafe geboten wurde, sich zu entfernen. Zur sichern Vollziehung des Urteils wurde bestimmt, dass die vom Femgerichte ausgesprochene *Oberacht* zugleich das *Todesurteil* des Gerichteten sein sollte, dass es nur *eine* Todesstrafe geben soll, den *Strang* oder die *Wid*, Weidenstrick, und dass der nächste beste Baum der Galgen sein sollte. Den Schöffen war dem bestehenden Rechte gemäss als allgemeine Pflicht aufgelegt, das Todesurteil zu vollziehen. Sodann nahm man auch ausserhalb Deutschlands Schöffen an, nach dem Grundsatz, dass jeder Deutsche von gutem Rufe, wenn auch der Landeshoheit unterworfen, falls er nur nicht hörig oder von hörigen Eltern geboren war, zum Schöffen aufgenommen werden könne, wenn er in *Westfalen* sich dazu meldete, denn nur auf westfälischer Erde konnte man zum Schöffen gemacht werden. Je höher das Ansehen und die Macht der Femgerichte stieg, desto mehr drängte sich alles zum Schöffenamte, in dem ein besonderer Schutz lag. Die freien Städte sorgten meist dafür, unter den Mitgliedern ihres Rates einige Freischöffen zu haben; die Fürsten sahen es gern, wenn ihre Räte Freischöffen wurden; Reichsfürsten, ja Kaiser reisten nach Westfalen, sich wissend machen zu lassen; im 15. Jahrhundert sollen sich tausende von Freischöffen in Deutschland befunden haben.

Im Übrigen fusste das Verfahren auf allgemeinen germanischen Rechtsgewohnheiten. Das Gericht wurde bei Tage zwischen morgens 7 Uhr bis Nachmittags unter freiem Himmel, an den bekannten Mahlplätzen der einzelnen Freistühle, deren es über 100 gab, gehalten. Vorsitzer war der Freigraf, der ein Westfale sein musste, so zwar, dass jeder freie Westfale, Edelmann oder Bauer, Freigraf sein konnte und wirklich war. Vor dem Grafen stand ein Tisch, auf demselben lag ein blankes Schwert und ein Weidenstrick. Erscheinen und am Urteile teilnehmen konnte jeder Freigraf und Freischöffe, sodass bei wichtigen Verhandlungen ihrer hundert anwesend sein mochten, zum *wenigsten* aber mussten *sieben* zugegen sein. Zum *Urteilsfinder* rief der Vorsitzende einen ebenbürtigen Schöffen auf, dieser beriet sich mit den Umstehenden; sein Ausspruch, wenn er von der Versammlung mit Billigung aufgenommen wurde, bildete das Urteil, das der Freigraf verkündete. Es konnte nur auf *Anklage* verfahren werden, und *Ankläger* konnte nur ein Freischöffe sein; er klagte bald auf eigenen Namen, bald im Namen eines verletzten Wissenden oder Nichtwissenden. Auf erhobene Anklage wurde zuerst entschieden, ob das beklagte Verbrechen *vêmwroge*, d. h. ein vor die Feme gehöriges Verbrechen sei. War dieses bejaht, so wurde der Angeklagte, wenn er *Freischöffe* war, vor die *heimliche Acht* geladen, durch schriftlich ausgefertigte und vom Freigrafen besiegelte Ladung. Die Ladungsfrist betrug nach altem Recht sechs Wochen und drei Tage. Der *Freischöffe* wurde dreimal geladen und erhielt drei Fristen, die erste Ladung geschah durch zwei Freischöffen, die zweite durch vier, die dritte durch sechs Freischöffen und einen Freigrafen; wenn er das dritte Mal nicht erscheine, sollte die höchste *Wette*, die letzte schwere Sentenz ausgesprochen werden. Der Freigraf sollte zum erstenmal durch sieben Freischöffen und zwei Freigrafen, dann durch vierzehn Freischöffen und vier Freigrafen, zuletzt durch einundzwanzig Freischöffen und sieben Freigrafen geladen werden. Die Ladung eines *Nichtwissenden* geschah vor das *offene Ding;* blieb er aus, so verwandelte sich das offene Ding sofort in heimliche Acht. Er erhielt in der Regel bloss *einen* Termin von sechs Wochen und drei Tagen. Die schriftliche Ladung an ihn wurde durch den *Fronboten* des Freistuhls oder durch zwei Freischöffen besorgt. War der Wohnort des zu Ladenden unbekannt, so wurden an vier Orten *des* Landes, in dem der zu Ladende sich vermutlich aufhielt, auf Kreuzstrassen gegen Osten, Westen, Süden und Norden je eine schriftliche Ladung aufgesteckt und zu jedem Briefe eine Königsmünze gelegt. Unter Umständen, wo Vorsicht nötig war, konnte die Ladung auch bei Nacht geschehen und an die Thore des Schlosses oder der Stadt, wo der Angeklagte hauste, gesteckt werden. Erschien der Angeklagte nicht, so hatte am letzten Termine, auf welchen der Angeklagte geladen war, der Ankläger seine Klage zu wiederholen. Dann wurde auf den Geladenen gewartet, „bis die Sonne am Höchsten gewesen", „bis Mittags in die dritte Uhr". Erschien der Angeklagte auch jetzt nicht, so musste der Kläger nachweisen, dass die Ladungen gehörig geschehen seien; dann rief der Freigraf den Angeklagten im Gericht noch viermal beim Namen und Zunamen auf und fragte, ob niemand von seinetwegen da sei, der ihn verantworten wolle? War es vergebens geschehen, so forderte der Kläger *Vollgericht*, d. h. die letzte Sentenz, wenn er nicht selbst noch eine letzte Frist von dreimal vierzehn Nächten, einen sogen. *Kaiser Karls Tag* gestattete. Er wurde nun aufgefordert, seine Klage zu beweisen. Dies geschah nach deutschem Rechte durch *Eideshelfer* (siehe diesen Art.), welche die Ehrenhaftigkeit und volle Glaubwürdigkeit des Schwörenden eidlich zu kräftigen hatten. Wenn also der Ankläger knieend mit zwei Fingern der rechten Hand auf dem blanken Schwerte schwur, dass der Angeklagte schuldig sei, und wenn dann sechs Freischöffen eidlich bekräftigten, sie seien überzeugt, der Ankläger schwöre *rein*, nicht *mein*, so wurde die Anklage als voll erwiesen angenommen. Nun wurde die letzte schwere Sentenz in feierlichster Form über den Schuldigen ausgesprochen; sie lautete im Munde des Freigrafen:

„Den beklagten Mann mit Namen N. den nehme ich aus dem Frieden, aus dem Rechte und aus den Freiheiten, die Kaiser Karl gesetzt und Papst Leo bestätigt hat und ferner alle Fürsten, Herren, Ritter und Knechte, Freie und Freischöffen gelobt und beschworen haben im Lande zu Rechten, und werfe ihn nieder vom höchsten Grad zum niedrigsten Grad und setze ihn aus allen Freiheiten, Frieden und Rechten in Königsbann und Wette und in den höchsten Unfrieden und Ungnade, und mache ihn unmündig, echtlos, rechtlos, siegellos, ehrlos, friedelos und unteilhaftig alles Rechts, und verführe ihn und verfeme ihn und setze ihn hin nach Satzung der heimlichen Acht und weihe seinen Hals dem Stricke, seinen Leichnam den Tieren und den Vögeln in der Luft, ihn zu verzehren, und befehle seine Seele Gott im Himmel in seine Gewalt, wenn er sie zu sich nehmen will, und setze sein Lehen und Gut ledig, sein Weib soll Wittwe, seine Kinder Waisen sein."

Hierauf, heisst es in den alten Femrechtsbüchern, soll der Graf nehmen den Strick von Weiden geflochten und ihn werfen aus dem Gerichte, und so sollen dann alle Freischöffen, die um das Gericht stehen, aus dem Munde speien, gleich als ob man den Verfemten fort in der Stunde hänge. Nach diesem soll der Freigraf sofort gebieten allen Freigrafen und Freischöffen und ermahnen bei ihren Eiden und Treuen, die sie der heimlichen Acht gethan, sobald sie den verfemten Mann bekommen, dass sie ihn hängen sollen an den nächsten Baum, den sie haben mögen, nach aller ihrer Macht und Kraft.

Dieses Urteil wurde vor dem Verfemten in der Regel geheim gehalten; ein Schöffe, der es verriet, war selbst dem Strange verfallen. Dem Ankläger wurde das Urteil schriftlich mit dem Siegel des Freigrafen ausgefertigt, zur Legitimation gegen andere Freischöffen, die ihm bei der Exekution behülflich sein sollten; doch durften nur drei bei derselben sein. Wo sie ihn trafen, richteten die Schöffen den Verfemten, hängten ihn an den nächsten besten Baum und steckten zum Zeichen, dass er von der heiligen Feme gerichtet sei, ein Messer in den Baum.

Die Freischöffen erkannten sich gegenseitig an der *geheimen Losung*. Diese bestand aus den Wörtern *Strick*, *Stein*, *Gras*, *Grein*, aus dem sog. Notwort *Reinir dor Feweri* und aus dem heimlichen *Schöffengruss*: der ankommende Schöffe legt seine rechte Hand auf seine linke Schulter und spricht:

Eck grüt ju, lewe man;
Wat fange ji hi an?

Darauf legt er seine rechte Hand auf des andern Schöffen linke Schulter, und der andere thut desgleichen und spricht:

Allet Glucke kehre in,
Wo de Frienscheppen sin!

Die Schöffen mussten schwören, die geheime Losung und die Heimlichkeiten des Gerichtes überhaupt *vor Weib und Kind, Sand und Wind* zu bewahren.

Erschien der Angeklagte auf die geschehene Ladung vor Gericht und *gestand* er die That, so wurde ihm sofort das Todesurteil gesprochen und an ihm vollführt.

Leugnete der Angeklagte die That und war er selber *Freischöffe*, so brauchte er anfänglich nichts als einen Reinigungseid zu thun, und man musste ihn seines Weges gehen lassen; später, als dieses Vorrecht der Freischöffen dem Missbrauch ausgesetzt schien, wurde bestimmt, dass der Ankläger durch seinen Eid und *zwei Eideshelfer* unter den anwesenden *Freischöffen* den Kläger überbieten könne. Dem gegenüber konnte der Beklagte mit *sechs* Eideshelfern sich losschwören, der Kläger mit *dreizehn* Eideshelfern ihn wieder überbieten und der Angeklagte im Falle mit *zwanzig* Eideshelfern sich endgültig losschwören; diese Zahl konnte nicht mehr überboten werden.

War der Angeklagte ein *Nichtwissender*, so war seine Stellung von vornherein schwierig. Zwar konnte er in manchen Fällen des *Kaisers* Hilfe anrufen, auch konnte sein ordentliches Gericht die Sache abfordern und sich zu Recht erbieten; aber er musste die Abforderung sofort mitbringen und zwei Freischöffen als Bürgen stellen, dass er dort dem Kläger zu Ehre und Recht stehen wolle. Oft jedoch beachtete das Freigericht beides nicht, und dann kam es zum gleichen Verfahren wie in dem Falle, wenn der Beklagte selber Freischöffe war; aber wie sollte er dem Kläger gegenüber unter den Freischöffen die nötigen Eideshelfer finden? Deshalb erschien ein solcher Angeklagter häufig lieber gar nicht, obgleich ihn dann unnachsichtlich die Verfemung traf.

Wenn jedoch der Verbrecher, wo es immer sein mochte, auf handhafter That oder mit den Werkzeugen, mit denen er sie vollbrachte, oder mit dem, was er durch die That sich angeeignet, auf eine Weise betroffen ward, die ihn ganz unverkennbar als Thäter bezeichnete, oder er die That gestand, *„mit habender Hand, mit blickendem Schein, mit gichtigem Mund“*, so konnten drei Freischöffen ihn sofort richten und henken.

Allmählich artete das Walten des Femgerichts in grosse Willkür aus; ganze Städte, der Rat oder sämtliche Einwohner von 14 bis 70 Jahren wurden vorgeladen; *Kaiser Friedrich III.*, sein Kanzler und sein Kammergericht wurden zweimal vorgeladen, „dass er daselbst seinen Leib und die höchste Ehre verantworte, bei Strafe für einen ungehorsamen Kaiser gehalten zu werden“.

Schon um 1400 beschäftigte man sich mit den laut gewordenen Missbräuchen; im 15. Jahrh. erwirkten die Reichsstände für sich und ihre Unterthanen Privilegien gegen die Vorladung, die Zahl der Wissenden ausserhalb Westfalen nahm ab, die verbesserte Reichsjustiz machte die Berufung an sie überflüssig, in Westfalen selber wurden die Freistühle in landesherrliche Gerichte umgewandelt. Die Verhängung von Lebensstrafen kam ausser Übung oder wurde den Freigerichten ausdrücklich untersagt und sie dadurch auf die geringeren Frevel eingeschränkt. In dieser Form aber bestanden sie noch lange fort, in Westfalen wurden sie 1811 durch die französische Gesetzgebung aufgehoben. Meist nach *Wächter*, Beiträge zur deutschen Geschichte. Tübingen, 1845.

Fenster sind im *romanischen Baustil* klein und schmal. Die Kirchen mit niedrigen Seitenschiffen haben im Langhause zwei Fensterreihen, eine für die Abseiten im Untergeschoss, die andere für das Hauptschiff im Obergeschoss, die letztere Reihe setzt sich in den Kreuzschiffen und im Chor fort. Die Zahl der Fenster des Langhauses korrespondiert nicht immer mit der Zahl der Bogenstellungen. Die Fenster sind wie alle Wölbungen im Rundbogen geschlossen. Die Fensterwandung, die Leibung, besteht aus zwei sog. Schmiegen oder Schrägen, welche in der Mitte auf einem platten Bande zusammentreffen, sodass sich die Fensteröffnung nach innen und aussen erweitert, — dadurch wird die Beleuchtung des Innern verstärkt und dem Regen nach aussen leichterer Abfluss gestattet. In den romanischen Türmen nimmt die Zahl der Fenster mit der Höhe des Stockwerks zu; in den oberen Stockwerken gruppieren sie sich nebeneinander, sodass die Öffnungen bloss durch die dieselben stützenden Teilsäulchen getrennt sind; man heisst sie *gekuppelte Fenster*, welche für die romanische Architektur eine sehr charakteristische Bildung sind. Siehe Fig. 50, aus Müller und Mothes, arch. Wörterbuch.

Fig. 50 (a bis c). Gekuppelte Fenster.

Im *gotischen Baustil* sind die Fenster zahlreicher und erhalten grössere Dimensionen. Ihre erste Ausbildung erhalten sie in Profanbauten und Kreuzgängen. Hier wurden zwei durch eine mittlere Säule getrennte Öffnungen von einem gemeinschaftlichen Blendbogen umschlossen, und die zwischen dem letztern und den Fensteröffnungen befindliche Mauerfläche, das Bogenfeld, mit einem Kreisrund, einer drei oder vierblättrigen Rosette durchbrochen. Später wurden die Rundbögen zu Spitzbögen, während man sowohl das Bogenfeld als die kräftige Zwischensäule noch beibehielt. Dann, als mit der Gotik immer mehr das Streben erwachte, die Flächen zu durchbrechen und die stützenden Teile zu erleichtern, reduzierte sich die Zwischenstütze zwischen den Fen-

Fig. 51. Dreipass.

stern auf einen schlanken, stabartigen Pfeiler oder Pfosten, der in den älteren Bauten in Erinnerung an seine Herkunft aus der Säule noch mit einer Basis und einem Kapitäle versehen ist; an die Stelle der steinernen Fläche tritt ein grosser offener Kreis, von einem dünnen Ringe umschlossen; an Stelle der Mauermasse ist ein leichtes Stab- oder Gitterwerk von senkrechten Pfosten, von Spitzbögen und dem darüber befindlichen Kreise getreten, das Ganze von den offenen Hauptbögen umschlossen. Wie früher gestaltete man die Fensterbank und die Leibung des Hauptbogens einwärts und auswärts schräg, jetzt belebt durch einen Wechsel von vorspringenden und eingekehlten Gliederungen, eine Gliederung, die auch dem Stabwerk der Pfosten, Bögen und Kreise zuteil wurde. Noch mehr neue Elemente treten hinzu dadurch, dass die unteren Spitzbögen verdreifacht und vervierfacht wurden, dass man sie paarweise durch grössere umschloss, indem man grössere und kleinere, *alte* und *junge* Pfosten miteinander wechseln liess. Dadurch endlich, dass man die vermehrte Zahl der Bögen und Kreise durch Anbringung kleiner Dreiecke, sogenannte *Nasen*, mit kleeblattförmigen Mustern füllte, entstand das *Masswerk*, ein Wechsel mannigfaltigster Kombinationen, die sich alle auf das Kreisrund zurückführen lassen. Je nach der Zahl, in der die Nasen angewendet wurden, erhielt man eine drei-, vier- oder fünfblättrige Rosette, einen *Drei-, Vier- oder Fünfpass*. Siehe Fig. 51 bis 53 aus derselben Quelle.

Fig. 52. Vierpass.

Seit dem 14. Jahrh. betrachtete man das Masswerk nur noch als blosses Füllwerk und suchte die bisher offenen Teile so reich wie möglich zu dekorieren. An die Stelle der Kreise traten sphärische Drei- und Vierecke, die nun ihrerseits wieder mit besonderem Masswerke gefüllt wurden. Seitdem 15. Jahrh. wird das *Fischblasenmuster* die tonangebende Masswerkform. Nach *Rahn*.

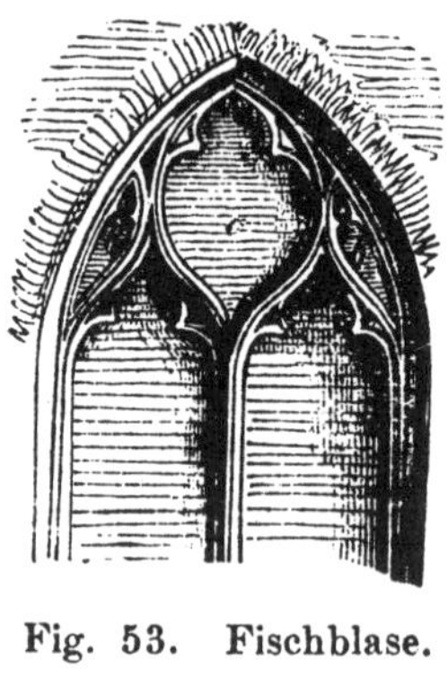

Fig. 53. Fischblase.

Feste, christliche, oder **Feiertage.** Die ältesten kirchlichen Fest- und Feiertage wurden vor dem Mittelalter gestiftet; der *Sonntag* als der Auferstehungstag ist schon im 2. Jahrh. allgemein gefeiert worden; doch ordnete erst Kaiser Konstantin im Jahre 321 eine strengere Sonntagsfeier an, indem er verordnete, dass an diesem Tage die gerichtlichen Sachen und die öffentlichen und gewöhnlichen Tagesarbeiten ruhen sollten; nur die Landleute sollten die günstige Witterung für ihre Feldarbeiten benutzen dürfen. Älter noch als die Sonntagsfeier ist die *Osterfeier* oder die Feier des jüdischen *Passah*, bei welcher an Stelle des jüdischen Osterlammes das Opfer des Herrn gefeiert wurde. In dieses Fest zog man die Feier des Todestages Jesu, des *Charfreitags*, und den darauf folgenden, *grosser Sabbath* genannten Sonnabend und setzte der würdigen Vorbereitung wegen das vorausgehende 40tägige Fasten an. Wie die Juden, so begannen die Christen ihr Kirchenjahr anfänglich mit Ostern. So entnahmen die Christen den Juden auch das fünfzig Tage nach Ostern stattfindende *Wochenfest* oder das Fest der *Früherntc*, *Pfingsten.* Als allgemein gültiges Fest erscheint Pfingsten aber erst im 4. Jahrh. In dasselbe Jahrhundert fällt die allgemeine Einführung des *Himmelfahrtfestes* und der *Weihnachtsfeier*, alle drei Feste bedingt durch Anlehnung des christlichen Kultus an die Religion der Germanen, am meisten das Weihnachtsfest, welches geradezu das Fest der *Wintersonnenwende* zu decken bestimmt war. Die älteste Nachricht vom 25. Dezember als dem Geburtstage Christi findet sich im römischen Staatskalender des 4. Jahrh.; doch wurde zu gleicher Zeit, in der zweiten Hälfte des 4. Jahrh., auch der 5. oder 6. Januar angenommen. Der 25. Dezember hängt aber nach *Piper*, evangel. Kalender für 1856, S. 41 ff. erst in zweiter Linie mit der heidnischen Feier des kürzesten Tages zusammen, in erster Linie hängt derselbe vielmehr vom *Tag der Empfängnis* ab, als welcher mehrenteils der Tag der *Verkündigung*, der 25. März galt, auf welchen nach dem Julianischen Kalender die *Frühlingsnachtgleiche* fällt. Auf diese hat man die Menschwerdung Christi gelegt, aber nicht sowohl wegen dieses Jahrpunkts, sondern um der *Weltschöpfung* willen, die an diesem Tage, welcher der erste Tag der Welt heisst, ihren Anfang genommen haben sollte. Vgl. *Feste, weltliche*, und *Weihnacht.* Das *Epiphanienfest* am 6. Januar scheint älter als das Weihnachtsfest zu sein; als erstes *Kirchweihfest*, das bald Nachahmung fand, wird die Einweihung der von Konstantin dem Grossen erbaute Märtyrerkirche zu Jerusalem genannt. Erst dem 6. oder 7. Jahrh. gehört der *Advent*, dem 5. Jahrh. der Tag des ersten Märtyrers *Stephanus*, der dritte dem *Evangelisten Johannes* geweihte Weihnachtstag, dieser erst im 13. Jahrh. allgemein geworden; der *unschuldige Kindertag*, *Festum Innocentium*, wurde anfänglich mit Epiphanien zusammen gefeiert. Im 5. Jahrh. war damit der grosse christliche Festcyklus abgeschlossen. Jedes bedeutende Fest erhielt schon seit dem 4. Jahrh. seine Nach- oder Schlussfeier am achten Tage nach dem Feste, die *Oktave.*

Eine Erweiterung der Feiertage geschah durch die Verehrung der *Märtyrer*, ihrer *Reliquien* und der Orte und Kirchen, in denen jene aufbewahrt wurden. Ganz besonders aber trug die im 5. Jahrh. überhandnehmende *Marienverehrung* zur Gründung und Ausbildung der *Marienfeste* bei. Dieselben sind folgende: 1) *Mariä Verkündigung*, *25. März*, *Festum Annunciationis Domini* oder *Annunciationis Angeli ad B. Mariam*, später *Annunciatio Mariae* oder *Festum Conceptionis Christi* genannt, wahrscheinlich das älteste, schon aus dem 3. oder 4. Jahrh. stammende Marienfest. 2) *Mariä Reinigung*, *2. Februar*, auch *Festum Praesentionis Domini*, *Festum Occursus*, *Festum Simeonis et Hannae*, *Festum Candelarum* oder *Luminum*; Lichtmess, Licht-Weihe, Kerzen-Weihe, Kerz-Messe genannt, aus dem 6. Jahrh. 3) *Mariä Himmelfahrt*, *15. August*, vielleicht schon im 6. Jahrhundert gefeiert, heisst auch *Festum Herbarum* oder *Würz-Weihe*, *Würz-Messe.* 4) *Mariä Geburt*, *8. September*, *Festum Nativitatis Mariae*, im 7. Jahrhundert entstanden. 5) *Mariä Opferung*, *21. November*, *Festum Praesentationis Mariae*, Feier von Marias Einweihung zum Tempeldienst und zur beständigen Jungfrauschaft. Das Fest kommt aus dem Orient und wurde erst im 10. Jahrh. im Abendlande, und nie allgemein, angenommen. 6) *Mariä Empfängnis*, *8. Dezember*,

Festum Conceptionis Mariae, d. h. die unbefleckte Empfängnis der Maria von ihrer Mutter Anna, nicht die Empfängnis Jesu von der Maria. Es soll zuerst in England im 11. Jahrh. aufgekommen sein; der heil. Bernhard sprach sich noch gegen dieses Fest aus; dagegen warfen sich die *Franziskaner* zu Verteidigern dieses Festes in der Lehre auf, dass Maria ohne Sünde von ihrer Mutter empfangen worden und folglich ohne Erbsünde sei. Trotzdem die *Dominikaner* das Dogma bestritten, erklärte das Konzil zu Basel 1439 die Annahme der Franziskaner für orthodox und schrieb das Fest allgemein vor als eine *consuetudo antiqua et laudabilis*. 7) *Mariä Heimsuchung*, 2. *Juli*, *Festum Visitationis Mariae*, kam im 14. Jahrh. als Kirchenfest auf und wurde im 15. Jahrh. erst allgemein. Papst Urban VI. ordnete 1389 das Fest an, damit bei dem unheilvollen Zerwürfnis der Kirche Maria seiner Bitte desto geneigter sei und das Schisma beseitige.

Kleinere Marienfeste, die zum teil erst in die nachreformatorische Zeit fallen, sind das *Rosenkranzfest*, 1. Oktober, seit 1573; *Marias Verlobungungsfest* mit Joseph, 23. Januar, seit 1546; *Mariä Ohnmachtsfeier* oder Fest der sieben Schmerzen, Freitag oder Sonnabend vor Palmsonntag, seit dem 15. Jahrh.; *Mariä Freudenfeier*, 24. September, seit 1745, und *Mariä Schneefeier*, 5. August, zur Erinnerung an die Einrichtung einer Marienkirche zum Schnee.

Die vornehmsten und am meisten verbreiteten *Feste der Märtyrer, Heiligen* und *Apostel* sind:

Das *Fest Johannes des Täufers*, 24. Juni, aus dem 5. Jahrh.

Tag Petri und *Pauli*, 29. Juni, 4. Jahrh.

Petri Stuhlfeier, *Festum Cathedrae Petri*, 22. Februar oder 8. Januar, 5. Jahrh.

Petri Kettenfeier, *Festum Petri ad Vincula*, 1. August, 4. Jahrh.

Pauli Bekehrung, *Festum Conversionis Pauli*, 25. Januar, 1200 von Innocenz III. begründet.

Aposteltag des Philippus und Jacobus, 1. Mai, von Bonifaz IV. im 7. Jahrh. gestiftet.

Aposteltag des Simon und Judas, 28. Oktober.

Aposteltag des Andreas, 30. November, seit dem 4. Jahrh. Andreas, Bruder des Petrus, Apostel der Skythen, erlitt den Märtyrertod auf einem sog. *Andreaskreuz*, d. i. einem Kreuz in der Form eines X. Seine Reliquien sind sehr verbreitet, ebenso seine Patronatschaften ganzer Länder, Städte, Innungen und Brüderschaften. Wegen seiner Verbindung mit der heil. Virgo ist er Patron der Ehe und wird von ledigen Jungfrauen angerufen. Auf Andreas ging ein Teil der Bedeutung des Gottes *Freyr* über, des Gottes der Fruchtbarkeit und der Ehen.

Aposteltag des Thomas, 21. Dezember.

Aposteltag des Jacobus, des Ältern, 25. Juli.

Bartholomäustag, 24. August.

Matthäustag, 21. September.

Aposteltag des Matthias, 24. Februar.

Tag des Apostels und Evangelisten Johannes, 27. Dezember.

Tag des Evangelisten Markus, 25. April.

Tag des Evangelisten Lukas, 18. Oktober.

Das *Fest aller Heiligen* wurde von der morgenländischen Kirche schon im 4. Jahrh. am Sonntage nach Pfingsten, im Morgenlande seit dem 8. oder 9. Jahrh. am 1. November gefeiert.

Den vier Hauptlehrern und Säulen der abendländischen Kirche: *Gregorius*, *Augustinus*, *Ambrosius* und *Hieronymus*, verordnete Bonifaz VIII. im Jahre 1295 je ein eigenes Fest. Das Fest des heil. Gregor, das auf den 12. März fiel, war *Kinder-* und

Schulfest. Auch die vier Hauptlehrer der morgenländischen Kirche, *Athanasius*, *Basilius der Grosse*, *Gregorius von Nazianz* und *Chrysostomus* wurden im Abendlande wie im Morgenlande durch Feste ausgezeichnet.

Unter den *Engeln* erhielt bloss der *Erzengel Michael* sein Fest am 29. September; es wurde im 9. Jahrh. allgemein. Manche Gebräuche des Michaelistages in Deutschland hängen mit der Herbstfeier des Wodan zusammen, wie überhaupt manche Elemente der Wodansmythe auf den Erzengel Michael übergegangen sind.

Zu erwähnen sind endlich einzelne besondere Feste, die sich auf Christus, auf Glaubensartikel und auf besondere Vorfälle oder Lebenslagen der Gläubigen beziehen.

1. *Das Fest der Verklärung Christi*, *Festum Transfigurationis Christi* oder *Patefactionis Christi in monte Thabor,* am 6. August, ursprünglich im Morgenlande zu Hause, seit dem 9. Jahrh. im Abendlande, allgemein aber erst seit dem 15. Jahrh.

2. *Kreuzes-Erfindung*, *Festum Inventionis S. Crucis,* 3. Mai, seit dem 13. Jahrh. im Abendlande recht verbreitet, zu Ehren der Auffindung des Kreuzes Christi durch Helena, die Mutter Konstantin des Gr.

3. *Kreuzeserhöhung*, *Festum Exaltationis S. Crucis*, 14. September, vom Kaiser Heraklius 631 gestiftet, als die besiegten Perser das aus Jerusalem fortgenommene Kreuz, das sie 14 Jahre besessen hatten, wieder herausgeben mussten.

4. *Fest der Lanze und der Nägel Christi*, *Festum Lanceae et Clavorum,* 16. April, auf Bitte Kaiser Karls *IV.*, der diese Reliquien erworben hatte, im Jahre 1354 von Innocenz *IV.* für Böhmen und Deutschland bestätigt.

5. *Fronleichnamsfest, Festum Corporis Christi*, am Donnerstag nach Trinitatis, als allgemeines Kirchenfest zuerst von Urban *IV.* im Jahre 1264 bestätigt (siehe den besonderen Artikel).

6. *Das Trinitatisfest*, am Sonntag nach Pfingsten, ist erst im 14. Jahrh. allgemeines Kirchenfest geworden.

7. *Fest aller Seelen*, *Festum Omnium Animarum*, 2. November. Als Urheber dieses Festes gilt Odilo, Abt zu Clugny; es wurde besonders von den Cluniazensern verbreitet, erhielt aber nie die päpstliche Bestätigung.

Die Art und Weise, wie die Feste gefeiert wurden, war natürlich nach der Bedeutung des Festes selbst, nach der Volksart der Festfeiernden und nach der Denk- und Empfindungsweise der Zeit verschieden; zahlreiche Überbleibsel altgermanischer Gebräuche, die sich namentlich auf die Feier der Jahreszeiten und ihrer Götter bezogen, waren in die christliche Festfeier einbezogen worden und fanden ihren Platz teils im Gottesdienste selbst, teils und stärker im weltlichen Teile des Festes, in Prozessionen, Schmausereien, Gesängen, Tänzen, in der Festkleidung, in Aufführungen, Spielen u. s. w. Die Blütezeit für die farbig-weltliche Feier der Feste war jedenfalls der Ausgang des Mittelalters, das 14. und 15. Jahrh. Die ernste Würde der höfischen Zucht, die ohne Zweifel auch in die Kirchen hinein gewirkt hatte, war gebrochen, und die sinnlichen Genüssen sehr ergebene Gesinnung des Landvolkes wie der Städtebewohner gab den Festen ein buntes, lautes und charakteristisches Gepräge, dessen weltlicher Geist dazu beitrug, eine Reformation auch dieser Zustände wünschbar zu machen. Lebendige Schilderungen dieser weltlichen Festfreuden geben *Sebastian Frank* im *Weltbuch*, Blatt 130 ff.: Von der Römischen Christen Festfeyr, Tempel, Altar, Begräbnis, Besingnis und Breuchen durch das ganz jar, und *Johannes Kessler* im ersten Buch der *Sabbata*: *Epitome* oder ain kurze Beschribung des

Papstumbs. Ausgabe von Götzinger. St. Gallen, 1866, Bd. I., S. 51 ff. Das Hauptwerk über die christlichen Feste ist immer noch *Augusti*, die Feste der alten Christen. 3 Bde. Leipzig, 1817—20. Meist danach handelt ausführlich über die Feste *Fink* in Ersch und Gruber, Art. Feiertage. Über die germanisch-volkstümlichen Beziehungen zu den Festen vgl. *Wuttke*, Volksaberglauben § 73 ff.

Feste, weltliche.

1. In *germanischer Zeit.* Wie die Götterverehrung überhaupt, so standen auch die besonderen Feste der Germanen in engem Zusammenhang mit dem Wechsel der Jahreszeiten. Die Hauptfeste, *dult*, später *hôchzît*, *hôchgezît*, fallen darum auf die beiden *Sonnenwenden* und die beiden *Nachtgleichen*; doch tritt, da die Germanen bloss die drei Jahreszeiten Frühling, Sommer und Winter kannten, die Herbst-Nachtgleiche hinter den drei anderen Zeiten zurück. Das bedeutendste Fest ist aber das *Jul-* oder *Jubelfest*; es beginnt mit der Nacht zum 25. Dezember, der *heiligen Weih-* oder *Mutternacht*, und dauert zwölf Nächte hindurch — denn die Germanen zählten nach Nächten und nach Wintern, nicht nach Tagen und Jahren — bis zum sechsten Januar, dem *heiligen Lichttag* oder *Obersttag*. Diese Zeit war der Wiederkehr des Frühlings und Sommers geweiht. Die zwölf Tage heissen die *Zwölften*, die zwölf *Nächte*. Mit ihnen beginnt das Jahr. In ihnen wird der Kalender für die folgenden zwölf Monate gemacht: wie das Wetter in den zwölf Tagen sei, so wird es auch in den zwölf Monaten eintreffen. In dieser Zeit ertönt das Lied des wütenden Heeres; die Götter, namentlich Wodan steigen wieder zur Menschenwelt herab und halten, ins Land einziehend, einen segnenden Umzug in Dörfern und Fluren. Darum ist jetzt heilige Zeit, die Arbeit ruht, auf den Bergen lodern heilige Feuer. Uralte Kultusgebräuche stellten den Umzug Wodans dramatisch dar. Man opferte dem Gotte Festgebäcke, auf dem Herde brannte der Weihnachtsklotz. Siehe den Art. *Weihnacht.* Ähnlicher Natur waren das *Frühlingsfest*, das *Sommer-* und *Herbstfest*; Umzüge, Opfer, Festlichkeiten aller Art trugen zur Weihe dieser heiligen Zeiten bei. Die Erinnerung daran hat sich unter anderem darin erhalten, dass in den höfischen Dichtungen, zumal im Nibelungenliede, die *hôchgezîte* an den *sunewenden* stattfinden.

2. *Übergang ins Christentum.* Die Feste der alten Deutschen waren zu tief in ihren Gebräuchen und Anschauungen begründet, als dass es dem Christentum gelungen wäre, dieselben gänzlich auszurotten und statt ihrer die christlich-kirchlichen Feste einzuführen. Indem man zwar die letzteren kirchlich ordnete, fügten sich ihnen die althergebrachten Feste und Feierlichkeiten von selber an und schmiegte sich nicht minder umgekehrt der christliche Festkultus an die Sitten der hergebrachten Feste, so dass Umzüge, Opfer, Feuer, Grüsse, Redensarten, Tänze, Verkleidungen u. dgl. sich als Schmuck der kirchlichen Feste sehr zahlreich erhielten. Dabei ist aber zu bedenken, einmal, dass die Germanen der Jahresrechnung voraus eine Mondrechnung hatten, deren Erinnerung im Worte *Monat* sich erhalten hat, und welche ohne Zweifel in manchen festlichen Gebräuchen noch mitspielt; sodann, dass die Kirchenfeste, welche wie Ostern und Pfingsten gebundene Zeiten hatten, die alten Sonnwendzeiten und Tag- und Nachtgleichen nicht deckten und es deshalb geschehen konnte, dass alte Gebräuche später auf verschiedene kirchliche Zeiten und Feste sich verteilten, und dies um so mehr, als der besondere Einfluss der Gegend und des Stammes

gewiss schon sehr frühe viel Mannigfaltigkeit aufwies.

So sehr wusste sich der christliche Kult den heidnischen Anschauungen anzuschliessen, dass das *Weihnachtsfest* auf das *Julfest* verlegt wurde. Immer noch geht der wilde Jäger um, die Hexen walten in den zwölf Nächten frei, die weisse Frau zeigt sich. Der aus *Wodan* entstandene *Knecht Ruprecht* und die ihn begleitende, aus der Göttin *Frigg* entstandene weibliche Person, weiss gekleidet und verschleiert, tritt auf als das „Christkind", als Maria oder Mutter Gottes, Frau Bertha oder Frau Hulda; sie beschenken die Kinder mit Äpfeln, vergoldeten Nüssen, strafen sie mit der Rute. Der Weihnachtsbaum erinnert an Wodans heiligen Baum und die Lichter an den alten Klotz, der in dieser Zeit auf dem Herde verbrannt wurde. Die Schmausereien und Speisen der Weihnacht sind nicht minder altgermanisch.

Gipfel- und Mittelpunkt der an die Zwölften sich anknüpfenden Zeiten in ihren volkstümlichen Beziehungen ist die *Sylvester-* oder *Neujahrsnacht. Bechtelitag*, d. h. Tag der Berchta, der Himmelsgöttin, heisst entweder der 2. oder 6. Januar; im letzteren Falle fällt er mit dem *Dreikönigstag* zusammen und schliesst die alten Zwölfnächte sowohl als die christliche Weihnachtsfeier.

Eine heidnische Vorfeier des Frühlings, die auf Donar und Frigg Bezug hatte, scheint sich in den Fastnachtsfreuden erhalten zu haben; die besonderen Tage sind der *Donnerstag vor Fastnacht*, schmutziger gumpiger, unsinniger oder feister Donnerstag, auch Weiberfastnacht genannt, der Fastnachtsonntag, Montag und Dienstag u. a., wie Weihnacht und Ostern durch besondere Opfergebäcke, Brezeln, Krapfen, Küchle, Wecken u. dgl. gefeiert.

Die Feier der *Frühlingsnachtgleiche* hat ihre alten Beziehungen an *Ostern* abgegeben, Zu den alten Erinnerungen gehören die *Osterfeuer* (siehe *Feuer*), die *Ostereier*, Sinnbilder des neubeginnenden Naturlebens, wobei der Hase ebenfalls der Frühlingsgöttin angehört oder der Hulda; er war den alten Deutschen heilig, sie assen ihn nicht; das *Eierlesen*. Der *Gründonnerstag* hat Beziehung zu *Donar*.

Eine andere Form nimmt das Frühlings- und Sommerfest am 1. Mai, am *Walpurgistage* an. Auch dieser Tag ist Donar geweiht und war einer der heiligsten Tage des deutschen Heidentums, Opfer- und Gerichtstag der Maiversammlung des Volkes. Weniger Reste alter Festzeit haben sich auf *Pfingsten* übertragen lassen; doch sind Züge des Sommersonnwendfestes auf dieses Kirchenfest übertragen worden, u. a. der Pfingstbaum, der sonst dem Maitag angehört, und das Ausschmücken der Häuser mit Birkenlaub. Der blumenbekränzte Pfingstochse, der einem Osterochsen parallel geht, deutet auf alte Opfer. Der Himmelfahrtstag ist wieder ein Donars Tag.

Die eigentliche *Sommersonnenwende* ist auf den *Johannistag* verlegt, es war das wahrscheinlich dem Fro gewidmete Opferfest: an diesem Tag lodern die *Johannes-* od. *Sonnwendfeuer*, Birken werden aufgerichtet, Blumen- und Laubgewinde an die Häuser gehängt oder quer durch die Strasse gezogen, Tannenbäume mit bunten Eiern und Blumen geschmückt und von den Mädchen singend umtanzt. Siehe *Wuttke*, Volksaberglauben, § 74 ff., und *Reinsberg - Düringsfeld*. Das festliche Jahr in Sitten, Gebräuchen und Festen der germanischen Völker. Leipzig, 1863. *Rassmann*, Art. Göttertempel und Götterbilder bei Ersch u. Gruber.

3. *Feste der höfischen Zeit.* Ohne Zweifel nahmen auch höfische Kreise einigen Anteil an den volkstümlichen

Festen; die höfische Gesellschaft als solche aber verlegte ihre grossen Feste auf die drei kirchlichen *hôchgezîten*, Weihnacht, Ostern und Pfingsten, denen Mariä Geburt an die Seite gestellt wird. An diesen Tagen fanden sich die geistlichen und weltlichen Würdenträger am Hoflager ein, begingen die kirchliche Feier mit dem Herrscher, der dabei im Krönungsornat erschien, und waren dann auch in gerichtlichen und anderen Angelegenheiten mit ihm thätig. Besonders beliebt war das Pfingstfest, wo man sich zugleich im Freien ergötzen konnte. Im Reinecke Fuchs lässt König Nobel seine Vasallen auf Pfingsten nach Hofe berufen. Besonders berühmt war und blieb lange in Erinnerung der grosse Hoftag, den Friedrich Barbarossa zu Pfingsten des Jahres 1184 zu Mainz hielt. Man schätzte die Zahl der Ritter und Krieger, der Geistlichen und der Fahrenden auf 70,000; der Herzog Friedrich von Böhmen kam mit 2000, der Erzbischof von Köln mit 1700, andere mit 500 bis 1000 Reisigen und Rittern. Am ersten Pfingstfeiertage (20. Mai) schritt Kaiser Friedrich mit seiner Gemahlin Beatrix im Schmucke des kaiserlichen Stirnreifes in feierlicher Prozession, von einem glänzenden Gefolge begleitet, zu der in der Mitte des Lagers an dem kaiserlichen Palaste errichteten Kirche; mit der königlichen Krone auf seinem judendlichen Haupte folgte ihnen König Heinrich. Dem Zuge voran schritt Graf Balduin von Hennegau, des Reiches Schwert tragend. Prachtvolle Gastmähler und glänzende Gelage schlossen den ersten Festtag, dabei versahen den Dienst des Mundschenken und Truchsess, des Marschalls und Kämmerers bei dem Kaiser die Herzöge und Reichsfürsten in eigener Person. Am zweiten Tage fanden nach der Frühmesse glänzende Ritterspiele und Waffenübungen statt, bei welchen des Kaisers Söhne, König Heinrich und Herzog Friedrich von Schwaben, ehe sie die Schwertleite empfingen, ihre Gewandtheit in der Führung der Waffen zu zeigen hatten. Bei 20 000 Ritter sollen sich damals in den Schranken getummelt haben. Kaiser Friedrich selbst erschien in ihrer Mitte. Nach dem Kampfspiel wurden des Kaisers Söhne feierlich mit dem Schwerte umgürtet, und sodann zur Feier des frohen Ereignisses an die Scharen zusammengeströmter Dienstmannen, Sänger, Pilger, armer Leute, Gaukler und Gauklerinnen Gold und Silber, Pferde und Gewänder in verschwenderischer Freigebigkeit verteilt, ein Beispiel, das von den Fürsten und Grossen wetteifernd nachgeahmt wurde. Unter ähnlichen Festlichkeiten verlief der dritte Tag. Doch wurde an diesem die allgemeine Festfreude dadurch gestört, dass gegen Abend ein heftiger Sturmwind die inmitten des Lagers errichtete hölzerne Kirche, eine Anzahl anderer Gebäude und eine Menge Zelte niederriss und fünfzehn Menschen das Leben raubte. Seit Menschengedenken war kein so prächtiger Hoftag gehalten worden; für Heinrich von Veldeke wurde das Mainzer Fest Vorbild für die von ihm geschilderte Hochzeit seines Helden Äneas. *Prutz*, Gesch. Friedrichs I. Ausser diesen regelmässigen kirchlichen Hoftagen gab es natürlich noch andere höfische Feste, die besonderen Anlässen ihr Dasein verdankten, Krönungs- und Huldigungsfeste, Hochzeiten, Schwertleiten, Begräbnisse. Über die *Turniere* siehe den besonderen Artikel.

4. *Bürgerliche Feste.* Auch in den letzten Jahrhunderten des Mittelalters dauerten die alten festlichen Volkssitten fort; ein neuer Festcharakter bildete sich in den Städten, wo einesteils eine grosse Gesamtbevölkerung die weltlichen und kirchlichen Volksfeste hob, anderseits der Korporationscharakter der Zeit sich

auch der Feste bemächtigte und eine grosse Mannigfaltigkeit geschlossener Festgesellschaften erzeugte und ausbildete. Solche an gewisse Innungen und Handwerke sich anschliessende Feste sind die *Schützenfeste* oder *Gesellenschiessen*, das *Schönbartlaufen* der Fleischerzunft und der noch bestehende *Metzgersprung* in Nürnberg, der *Schäfflertanz* der Böttcher in München, der Tanz der Böttcher in Frankfurt a. M., der auf dem zugefrorenen Main am Fastnachtmontag stattfindet und mit dem Binden eines Fasses verbunden ist, das *Fischerstechen* in Ulm. *Kriegk*, Bürgertum I, Abschn. 17.

Feuer, Oster-, Johannis- und **Notfeuer.** Offene Feuer haben sich noch heute als Überbleibsel des Donar-Kultus überall in Deutschland erhalten. Die *Frühlingsfeuer* heissen *Petersfeuer*, *Judasfeuer* oder *Osterfeuer*, sie sind besonders in Norddeutschland bekannt. Sie werden entweder am Vorabende des Osterfestes, bisweilen an den folgenden Tagen oder am Sonntag nach Fastnacht oder acht Tage nach dem Fastnachtsonntag angezündet, meist auf Bergen und Hügeln, aus Stroh, Holz, besonders vom Bocksdorn (Kreuzdorn), Besen. Knaben laufen mit brennenden Strohbüscheln um die Felder, sie fruchtbar zu machen. Im Harz werden vor dem Entzünden des Feuers Eichhörnchen, die Tiere des Donar, im Walde gehetzt und gefangen. In Westfalen schliesst das Volk einen Kreis um den Holzstoss, einer schlägt mit einem in einen Knoten geknüpften Tuch (Klumpsack, Plumpsack) jeden einzelnen und spricht: *Kik di nit um, das Foesken dat kämt,* schau dich nicht um, das Füchschen kommt! Dies ist der Ursprung des weitverbreiteten Plumpsackspieles, des Restes eines altheidnischen Festes.

Es giebt auch ein *kirchlich* angeordnetes Osterfeuer, das in der katholischen Kirche am Karsamstag morgen mit Stahl und Stein angezündet wird, nachdem vorher alle kirchlichen Lichter ausgelöscht sind. An diesem Feuer werden Kohlen, die vorher gesegnet wurden, glühend gemacht und mit diesen die Osterkerze angezündet, durch welche nun weiter die vorher ausgelöschten entzündet werden. An vielen Orten wird mittels dieses Feuers auf einem freien Platze in der Nähe der Kirche ein Holzfeuer angezündet und darin alles im letzten Jahre übrig gebliebene heilige Öl, bisweilen auch die Figur des Judas, vielleicht ursprünglich den Winter darstellend, verbrannt. Die Kohlen von angebrannten Pfählen gelten als Gewitterschutz oder, in die Felder zerstreut, als Mittel gegen Misswachs und Ungeziefer. Dieses kirchliche Osterfeuer erscheint in Deutschland zuerst im 9. Jahrh.

Ein anderes uraltes Feuer, das Donar heilig war, war das um die Zeit der *Sommersonnenwende* angezündete, jetzt meist auf den Johannistag (24. Juni) verlegte Feuer; es ist besonders in Süddeutschland zu Hause und heisst Sonnenwendfeuer, Johannisfeuer, Himmelsfeuer, Zündelfeuer. Diese Feuer werden ausser auf Bergen auch auf Märkten und in Strassen angezündet. Man springt durch das Feuer, schleudert brennende Holzscheite, in der Mitte mit einem Loch, hoch in die Luft; aus Stroh geflochtene brennende Räder werden den Berg hinabgerollt. Die Jugend bekränzt sich mit Blumen, namentlich mit Beifuss und Eisenkraut, und diese Kränze werden in den Häusern zum Schutz gegen den Blitz aufgehängt. *Sebastian Franck* erzählt im *Weltbuch* von den *Franken:* „An St. Johans tag machen sy ein Sinetfeuer, tragen auch disen tag sundere kräntz auf, weiss nit auss was aberglauben, von beifuess und eisenkraut gemacht, und hat schier ein jeder ein blaw kraut, Rittersporn genannt, in der hand;

welcher dadurch in das fewr sihet, dem thuet das ganz jar kein aug weh, wie si aberglauben. Wer vom fewr heim zuhauss hinweg gehn will, der würft diss sein Kraut in das feur, sprechende: Es gehe hinweg und werd verbrent mit disem kraut all mein unglück. Das bischöflich hofgesind würft auf disen tag bei ihrem freudenfeur auf dem Berg hinterm schloss feurine kuglen in den fluss *Moganum* (Main), so meisterlich zuegericht, als ob es fliegende Trachen weren.“ In früheren Zeiten nahm auch die feine Welt an diesen Freudenfeuern teil. Zu Augsburg zündete 1497 in Kaiser Max' Gegenwart die schöne Susanna Neithart das Johannesfeuer mit einer Fackel an und machte dann zuerst den Reigen um die Flamme an Philipps Hand. Im Jahre 1578 liess der Herzog von Liegnitz Johannisabends ein Freudenfeuer auf dem Kynast halten, wobei er selbst mit seinem Hof zugegen war. Französische Schriftsteller des 12. und 13. Jahrh. bezeugen die Sitte für Frankreich.

Verwandt mit dem Oster- und Johannisfeuer sind die schon im 8. Jahrh. kirchlich verbotenen *Notfeuer*, die heute noch nicht ganz ausgestorben sind; auch sie wurden dem Gewittergott Donar zu Ehren entflammt, als einer Gottheit, die das Leben und die Gesundheit der Menschen und Tiere beschützt. Das Notfeuer wird angezündet, sobald eine Seuche unter dem Vieh auftritt und zwar durch Reibung mit einer Walze oder einem Rade. Stahl und Stein darf nicht angewendet werden, und im ganzen Orte muss jedes Feuer und Licht ausgelöscht sein, sonst gerät es nicht; jeder Einwohner muss etwas Reisig und Stroh zu dem Feuer liefern. Das Vieh, besonders Schweine, Kühe und Gänse, wird dann dreimal durch das Feuer hindurchgetrieben oder -gezogen. Das Notfeuer heisst auch das *wilde* Feuer. *Grimm*, Mythol. XX; *Mannhardt*, Götter, VI; *Wuttke*, Abergl.

Feuerwaffen. Ihre Anwendung entwickelt sich aus den im Orient seit uralter Zeit bekannten *Kriegsfeuern*. Explodierende Gemenge, aus Salpeter, Schwefel und einem dritten Stoffe, Pech, Harz, Öl oder Holzkohle, sind in den Ländern, in welchen der Salpeter häufiger vorkommt, in Indien, Ägypten und China, zuerst zu Hause gewesen. Mit solchen explosiven Mischungen *spielte* man zuerst, dann *verwertete* man sie im Kriege, zuletzt führte die Erkennung der ballistischen Kräfte, welche die bei der Explosion entwickelten Gase besitzen, zur Feuerwaffe. Die Kenntnis der explosiven Stoffe und Mischungen wurde im Orient namentlich in den Priesterschaften geheim gehalten und benutzt, um der Menge handgreiflich zu imponieren. In theokratischen Despotien, unter Leitung der Priester, wurde auch die Pyrotechnik zuerst in den Dienst des Krieges gezogen. Aus dem Orient kam die Anwendung des Kriegsfeuers in die westlichen Länder, und die Römer verstanden sich schon zur Zeit der Republik auf das Schleudern brennender Substanzen zu Anzündung belagerter Städte. Ein weiterer Fortschritt lag in der Herstellung von Mischungen, die sich von selbst, d. h. bei der Berührung mit der Luft oder dem Wasser entzündeten. Solche hiessen in der Folge *griechisches Feuer*, das im 4. Jahrh. nach Christus bereits bekannt gewesen sein soll; der Name stammt erst aus der Zeit der Kreuzzüge. Im 7. Jahrh. wurde das griechische Feuer mit Erfolg gegen die arabische Flotte angewandt, welche Konstantinopel belagerte, es brannte auch im Wasser und flammte nicht bloss, wie das gewöhnliche Feuer, aufwärts, sondern auch horizontal und abwärts. In Konstantinopel wurden auch schon im 10. Jahrh. *Feuerrohre* angewendet, welche mit langsam brennendem Ausstossatze gefüllt waren und einen Feuerstrom sprühten; sie waren von weicheren Stoffen, von Bambus oder Leder, von Metall, Kupfer oder Eisen. Auch *Feuerlanzen* mit solchem Feuer werden erwähnt. Dadurch ferner, dass man den in den Rohren festgestampften Satz nicht mehr an der glatten Oberfläche entzündete, sondern die explosible Masse durchbohrte und einen Zündfaden einführte, bekam das Feuerrohr eine „Seele" und erhielt man die erste *Rakete,* unsern „Schwärmer", den man wiederum in den Händen ägyptischer, indischer und griechischer Magier und Hierophanten findet. Auch dieses Kriegsfeuer wurde im 4. Jahrh. dem Kriege dienstbar gemacht; das Rezept, das für dieses aus Schwefel, Kohle und Salpeter zusammengesetzte Kriegsfeuer erhalten ist (ein Teil Schwefel, zwei Teile Weidenkohle und sechs Teile Salpeter) ergiebt unser *Schiesspulver.* Was diesem Pulver aber noch mangelte, war vorzüglich die Körnung.

Parallel mit der Entwickelung der Feuerwerkerei bei den Griechen und Römern geht diejenige bei den *Arabern;* doch scheint bei ihnen der Salpeter erst im 13. Jahrh. in Gebrauch gekommen zu sein, worauf bald verschiedene Kriegswaffen, mit explosiblen Stoffen versehen, erfunden oder schon vorhandene nachgeahmt wurden: *Glasbälle, Feuerlanzen, Armbrustpfeile, Wurfspiesse, Streitkolben, Morgensterne;* als eigentliche Feuerwaffe wird die *Madfaa,* ein gestielter hölzerner *Handmörser* erwähnt; aus ihm schoss man zuerst *Bolzen* oder *Kugeln.* Ausserdem berichten arabische Schriftsteller von ausgehöhlten Feuerrohren.

In Westeuropa entwickelte sich teils aus der schon vorhandenen Erfahrung des Orients, die namentlich von den italienischen Republiken ausgenutzt wurde, teils durch Entwickelung der naturwissenschaftlichen Forschung, besonders auf dem Boden Deutschlands und Englands, die Feuerwaffe. *Albertus Magnus,* Predigermönch (starb 1280 zu Köln), kannte das Schiesspulver; ebenso sein Zeitgenosse, der englische Minorit *Roger Bacon.* In Norddeutschland und Flandern war der Hauptsitz des Feuerwerkwesens; dort entwickelte sich auch allein ein besonderer Ausdruck für Pulver, *Kraut.* Auch die Metallindustrie war dort rege, und es ist möglich, dass die Beherrschung des byzantinischen Reiches durch den Grafen von Flandern von 1204 bis 1261 Einfluss auf diese Kunst ausübte. Anfänglich wurden auch auf diesem Boden *Feuerlanzen, Raketen, Feuerrohre* angewendet; vermittelst des letztgenannten warf man schwere Pfeile, Zündsätze, Feuertöpfe und Kugeln zuerst aus Blei, später aus Stein oder Gusseisen. Dass die *Rakete* lange Zeit im Vorsprunge war, ersieht man daraus, dass das Wort *Seele,* welches ursprünglich nur die Durchbohrung der Raketenachse bedeuten konnte, lediglich analog auf das feststehende Feuerrohr Anwendung fand. Ursprünglich hiess die Rakete sowohl *Kanone,* von *canna* = Röhre, mittellat. *cannonus* = grosses Rohr, als *Bombarde,* vom lat. *bombus* = das Summen, daher *bomba* = summendes Geschoss; *bombus ardens* = Geschütz, als *Scopetto,* vom mittellat. *sclopus* = Schlag und Schuss, daraus ital. *schioppo, scoppio* = Knall, *schiopetto, scopietto* = Feuerwaffe; franz. *escopette* = Stutzbüchse. Welchen Einfluss *Berthold Schwarz* auf die Herstellung oder Anwendung der Feuerrohre ausübte, ist unbekannt; dass er aber allgemein als Erfinder des Schiesspulvers gepriesen wird, deutet darauf hin, dass man die Anwendung eigentlichen Geschützes Deutschland zuschrieb. Das älteste urkundliche

Datum aber, welches bezüglich des Gebrauches von Feuerrohren überhaupt erhalten ist, findet sich in den *Genter Annalen* zum Jahr 1313: „*Item, in dit jare was aldereerst ghevonden in Deutschland het gebruuk der bussen* (büchsen) *van einem mueninck*.“ Bestimmte Erwähnungen für den Gebrauch der Feuerwaffen finden sich: für *Metz 1324*, *Florenz 1326*, *Cividale 1331*, *Alicante 1331*; *Este 1334*, *Rouen 1338*, *Cambray 1339*, *Tarifa 1344*, *Mainz 1345*. *Toulouse 1345*, der Engländer bei *Crecy 1346* etc. Zu derselben Zeit, wie die Feuerwaffen, kommt der Ausdruck *Artillerie* auf, siehe diesen Artikel und *Handfeuerwaffen*. Nach *Jähns*.

Fibeln, mhd. *nüsche*, *nüschel*, *bratsche* und *brêtse*, aus franz. *broche*, *fürspane* sind Gewandnadeln aus Erz,

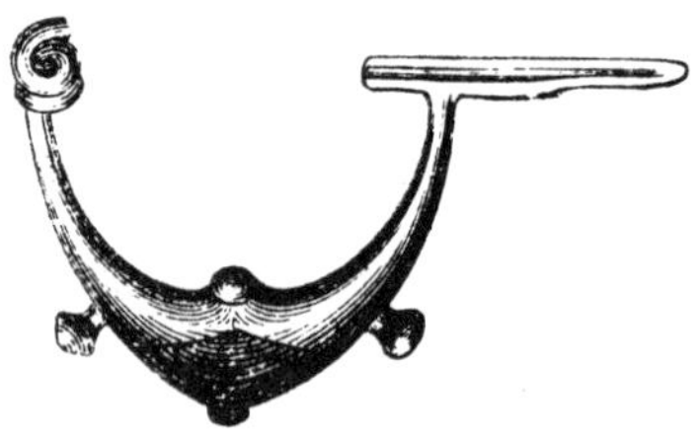

Fig. 54. Fibel.

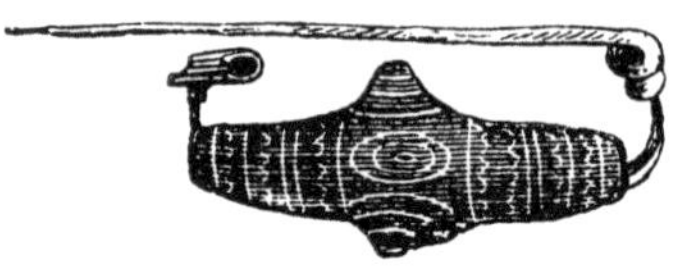

Fig. 55. Fibel.

Fig. 56. Fibel.

Gold, Eisen und Silber von sehr verschiedener Form. Die einfachste ist die dem Dorn nachgebildete, der selbst nach Tacitus im Notfall die Fibel vertrat. Daraus ergiebt sich sodann die Sicherheitsnadel, wobei der Bügel etwa als rohes, phantastisches Tier behandelt wurde, seltener in Schild- oder ovaler Schalen-Form. Auch mit Spiralscheiben geschmückte Nadeln kommen vor. Scheibenfibeln bestehen aus einer runden, metallenen Platte mit hinten befestigtem Dorn, wobei Figuren, Ornamente, Filigran, Glasfluss oder Edelsteine zur Ausschmückung dienen. Wahre Prachtstücke barbarischer Metalltechnik weisen Gewandnadeln auf, deren Bügel breit gehalten ist und oben einen viereckigen Ansatz hat, wobei der sich nach unten schliessende Teil häufig in einen Drachenkopf ausläuft. Siehe Fig. 54 bis 56. Aus *Müller* und *Mothes*, arch. Wörterb. Nach *Weinhold*, Deutsche Frauen. 2. Aufl. II, 307—311.

Finkenritter heisst ein zuerst im Jahre 1560 zu Strassburg gedruckter, später als *Volksbuch* oft wiederholter Roman, in welchem im Sinne der sog. *Lügenmärchen* (siehe diesen Art.) höchst unsinnige, verrückte, zum Lachen reizende geographische und historische Unmöglichkeiten aneinandergereiht werden, als: eine Welt, wo die steinernen Birnbäume stehen, der Bach brennt und die Bauern mit Stroh löschen.

Fliegende Blätter heissen die zahlreichen Flugblätter, die seit dem Ende des 15. Jahrh. mit einem oder mehreren Liedern, mehrfach als offene Foliobogen, seltener in Quart, am häufigsten aber in klein Oktav, namentlich aus den Druckstätten zu Strassburg und Basel, Augsburg und Nürnberg sich verbreiteten. Sie wurden ohne Zweifel meist erst dann gedruckt, wenn die mündliche Fortpflanzung zu stocken begann. Frühzeitig wurden sie von Freunden des Liedes oder der Geschichte zusammengeheftet.

Flohgedichte. Die sinnlich-mutwillige Lebenslust der Poesie des 16. Jahrhunderts hat sich auch der

Flöhe als Motiv bemächtigt. Das ältere der beiden Flohgedichte ist *Fischarts*: *Flöh-Haz* Weiber Traz, der wunder unrichtige und spotwichtige Rechtshandel der Flöh mit den Weibern. Ein New geläs auf das überkurtzweiligest zu belachen, wa anders die Flöh mit stechen einem die kurtzweil nit lang machen. Strassburg, 1573. Der Floh wendet sich an Jupiter, ihn um Schutz gegen die Verfolgungen der Weiber zu bitten. Die Mücke hört das Jammern des Tieres, sie sucht ihn zu trösten, und es entspinnt sich zwischen beiden ein Gespräch, in welchem eine Reihe von Flohabenteuern erzählt werden. Unter den Flohnamen finden sich u. a. Senfimhemd, Nimmerru, Phezsielind, Hintenpick, Schleichinstal, Zwicksi, Leistapp, Bortif, Pulsfüler, Springinsröckel, Zopfsikeck, Mausambauch. Im zweiten Teil trägt der Dichter als vom Jupiter bestellter Flohkanzler die Verantwortung der Weiber, die er durch die Post bekommen, und fällt schliesslich das Urteil, dass es den Weibern erlaubt sein solle, den Flöhen nachzustellen; doch solle es den Flöhen gestattet sein, die Weiber auf der „gängen Zunge" zu stechen und sich in den grossen Halskrausen und Manschetten der Weiber aufzuhalten und diese beim Tanze zu kitzeln.

Das andere Flohgedicht gehört zur *maccaronischen Poesie* (s. diesen Art.), d. h. zu einer Art Gedichten, die in willkürlich gemischter deutscher und lateinischer Sprache versifiziert sind. Es heisst: *Floia, cortum versicale, de flois, schwartibus illis deiriculis, quae omnes fere Minschos, Mannos, Weibras, Jungfras etc. behuppere et spitzibus suis schnaflis stekere et bitere solent, autore Gripholdo Knickknackio ex Floilandia*, zuerst 1593, mit vielen Neudrucken. Das Deutsche darin ist niederdeutsch, das Gedicht ist etwa 200 Hexameter stark, der Anfang lautet:

Angla flöosque canam, qui waffunt pulvere swarto,
Ex Wateroque simul fleitenti et blaside dicko,
Multipedes deiri, qui possunt huppere longe
Non aliter, quam si floglos natura dedisset.
Illis sunt equidem, sunt, inquam, corpora kleina.
Sed mille erregunt menschis martrasque plagasque,
Cum steckunt snaflum in livum, blautumque rubentem
Exsugunt: Homines sic, sic vexeirere possunt,
Et quae tandem illis pro tanta lonia restant,
Vexeritate, et quem nemant per vulnera, dodum
Sunt variae plagae, quibus ob sua Sünda suamque
Ob mutwillitiam strafit Menrosque Frauasque
Ipse Deus, caelum et sternas qui fecit et Erdam.

Neu herausgegeben von *Schade* im Weimarischen-Jahrb. II.

Flore und **Blanscheflur**, d. h. Blume und Weissblume, Rose und Lilie, ist der Titel einer in der höfischen Gesellschaft des Mittelalters weitverbreiteten Liebesgeschichte, die sich an den Sagenkreis Karls des Grossen anlehnt, ohne Zweifel aber keine historische Beziehung zu Karl hat. Das Liebespaar gehört neben Äneas und Dido und Tristan und Isolde zu den berühmtesten Liebespaaren der ritterlichen Zeit. Eine christliche Gräfin aus Frankreich wird auf einer Pilgerfahrt von den Leuten des heidnischen Königs Veniz in Spanien gefangen und an dessen Hof gebracht; die Gräfin war schwanger und gebar eine Tochter, Blanscheflur, in derselben Stunde die Königin einen Sohn, Flore. Beide Kinder wachsen zusammen auf, von *einer* Amme genährt. Aus Büchern lernen sie, noch Kinder, die Minne kennen, die, stets unschuldig bleibend, immer inniger wird. Der Vater, ergrimmt über diese Liebe, will die Jungfrau umbringen, giebt jedoch dem milderen Rate seiner Gemahlin, beide zu trennen, Gehör. Flore wird zu seiner Tante, der Herzogin zu Mantua, geschickt. Blanscheflur aber an Kaufleute verhandelt, welche sie wieder an den Admiral, den Emir von Babylon, verhandeln. In die Heimat zurückgekehrt, will Flore verzweifeln, da ihm ein fälschlich aufgestelltes Grabmal den Tod seiner Geliebten verkündigt. Doch gesteht ihm die Mutter die Wahrheit und giebt ihm, da er sich entschliesst, Blanscheflur aufzusuchen, einen Ring mit, der die Kraft besitzt, jeden, der ihn trägt, vor Verletzung zu bewahren. Blanscheflur ist indessen zu Babylon in einem festen Turm bewahrt worden, und der Emir wird sie in einem Jahre selber zur Frau nehmen. Flore gewinnt durch kostbare Geschenke den Wächter dieses Turmes, dass er ihn in einem Blumenkorbe einlässt. Der süssen Minne pflegend, werden die Liebenden jedoch vom Emir überrascht und zum Feuertode verurteilt. Durch den Wettstreit der Liebe, indem jedes der beiden Liebenden den rettenden Ring dem anderen überlassen will, gerührt, schenkt der Fürst beiden das Leben und lässt sie nach der Heimat ziehen. Flore erhält das Reich seines Vaters, wird Christ und heiratet Blanscheflur. Hundert Jahre alt, sterben beide an demselben Tage und ruhen in *einem* Grabe. Die einzige Frucht ihrer Liebe war *Bertha*, die Mutter Karls des Grossen.

Die französische Quelle ist ein nicht erhaltener Roman des Ruprecht von Orbont; eine franz. Überarbeitung desselben hat Imanuel Becker herausgegeben. Nach Ruprecht von Orbont bearbeitete *Konrad Fleck*, ein schwäbischer oder schweizerischer höfischer Dichter aus der Schule Gottfrieds von Strassburg um 1230, das noch erhaltene Gedicht. Boccaccio legte die Sage seinem Roman *Il Filocolo o Filocopo* zu Grunde.

Flüsse in der mittelalterlichen Kunst. Das Altertum stellte seine Wassergottheiten dar in einer mit Stierhörnern oder Krebsscheren versehenen Kopfbildung, sitzend oder liegend, eine Urne neben sich, der Wasser entströmt, in den Händen ein Ruder oder Schilf; auch kommt ihnen ein Füllhorn zu als Zeichen der Fruchtbarkeit. Den Meergöttern pflegt ein Seetier beigegeben zu werden, Quellnymphen lassen etwa Wasser aus der Brust strömen. Grösse und Bedeutung dieser Bildungen steht zu der Grösse und Bedeutung der dargestellten Naturobjekte im Verhältnis, der Ozean wird als bärtiger Greis gedacht, die grossen Flüsse als Greise oder bärtige Männer, die kleinern als Jünglinge, Quellen als Genien oder Nymphen; Ruder und Füllhorn kommen nur den grössern Flüssen zu, die kleinern erhalten bloss Urne und Schilf. Die genannten Vorstellungen sind auch auf die christliche Kunst übergegangen, welche z. B. die vier Flüsse des Paradieses, die Quellnymphe vor der Stadt Nahor in der Geschichte des Abraham und Isaak, dann den Gott des roten Meeres beim Durchgang der Israeliten, und namentlich der Jordan in der Geschichte des Josua und bei der Taufe Christi in Miniaturen und Elfenbeindekeln, auf kirchlichem Gerät von Stein, Erz und Gold und an Kirchengebäuden angebracht hat. Am häufigsten kommen die *vier Paradiesflüsse* und der Jordan bei der Taufe Christi vor. Jene erscheinen teils eigentlich in Beziehung auf das Schöpfungswerk oder als Sinnbild der vier Evangelien oder in Beziehung auf die letzten Dinge. Während solche Bilder vom 9. bis 13. Jahrh. recht häufig sind, verschwinden sie im 14. und 15., um seit dem 16. Jahrh. neu aufzutauchen, teils in biblischen, teils und häufiger in mythologischen und allegorischen Szenen, das letztere besonders in Gärten und auf öffentlichen Plätzen, bei Brunnen und Wasserleitungen, auch auf Münzen u. Medaillen bei Anlass von Brückenbauten. *Piper*, Mythologie der christl. Kunst. II, 489—564.

Folter, siehe *Tortur*.

Formelsammlungen und **Formelbücher.**

A. *Formelsammlungen.* Bald nach den ersten Rechtsaufzeichnungen entstanden in Deutschland Formelbücher, die Muster für Urkunden der königlichen Kanzlei, für Urkunden über Rechtsgeschäfte zwischen Privatleuten, für Schreiben von Beamten, Gerichtsverhandlungen u. s. w. enthielten. Die Herstellung von Urkunden war eine Kunst (*ars dictandi*), welche gelernt sein musste, um so mehr, als der eigentliche Rechtsinhalt in Reichtum und Schmuck der Rede, Sentenzen, künstliche Eingänge, moralische Betrachtungen und Citate aus der Bibel und anderen Schriften eingehüllt wurde. Diese Formeln lehnen sich meist an bereits vorhandene Urkunden an, aus denen man die konkreten Beziehungen des speziellen Falles entfernte. Die Sprache ist die lateinische, die Verfasser geistlichen Standes. Römische Vorbilder wirkten bei der Abfassung mit. Zwischen den Formeln oder innerhalb derselben stehen etwa kurze Vorschriften über die Abfassung der Urkunden; auch verband man mit den Urkundenformeln *Briefmuster*, wofür die Korrespondenz eines Bischofs oder Abts als Muster diente.

Abgesehen von einigen west- und ostgotischen Formelsammlungen des 7. Jahrh. sind die für Deutschland wichtigsten Sammlungen: *Marculfi monachi formularum libri duo*, um die Mitte des 7. Jahrh. von einem Mönche Marculf im Auftrage des Erzbischofs Landerich von Paris verfasst, „um junge Leute damit zu unterrichten". Das Werk zerfällt in *praeceptiones regales*, Vorschriften für den Verkehr der königlichen Kanzlei, und in *chartae pagenses*, Urkunden, die für das Gaugericht bestimmt sind. Späterer Zeit und dem alamannischen Rechte gehören einige in Reichenau und St. Gallen verfasste Sammlungen an, darunter diejenige des *Iso*, eines St. Galler Mönches, gest. 871, und das *Formelbuch des Bischofes Salomo III.* von Konstanz, aus der zweiten Hälfte des 9. Jahrh., das auch eine Briefsammlung umfasst. Eine *bayrische* Formelsammlung ist wahrscheinlich in *Salzburg* entstanden.

B. *Formelbücher* ähnlicher Natur erscheinen nach längerer Pause wieder im 12. Jahrh., zuerst in lateinischer, dann in deutscher Sprache, die ältesten im Norden Deutschlands, die späteren in den südlichen Gegenden. Sie heissen *dictamen, summa dictaminis, summa, usus sive practica dictaminis, rhetorica.* Verfasser sind anfangs die Geistlichen, dann Notare geistlichen Standes, zuletzt eigentliche Rechtsgelehrte. In vielen Sammlungen verband man mit den Rechtsformeln auch andere Belehrungen. Diese sind: Formulare für Briefe des gewöhnlichen Lebens, später als eigentliche Briefsteller gesondert, dann eine Art Rhetorik mit den Hauptgrundsätzen stilistischer Darstellung, endlich theoretische Erörterungen über die verschiedenen Rechtsinstitute. Auf die Art der Behandlung gewannen die Werke der Italiener über die Notariatskunst Einfluss, auch nahm man italienische Formulare nach Deutschland herüber. Die Zahl solcher Bücher ist eine grosse, ihr innerer Wert klein.

Seit Erfindung der Buchdruckerkunst nimmt diese Litteratur noch mehr zu, und man druckt Bücher wie: *De arte notarii*, *Formulare instrumentorum*, *Formularium diversorum contractuum*, *Rhetorica pro conficiendis epistolis accommodata*, *Speculum notariorum, tabelliarum et scribarum etc.*, manches darunter auch ins Deutsche übersetzt, bis zuletzt, schon im 15. Jahrh., selbständige deutsche Werke erscheinen. Deren ältestes ist: *In dem Namen der heiligen unzerteilten drivaltigkeit Amen: Hye hebt an der Formulari darinn begriffen sind allerhand brieff auch Rhetorick mit frag und antwurt zegeben, tittel aller ständt, Senndtbrieff, Synonima u. Colores, das alles zum brieffmachen dyenent ist*, 1483, in späteren Auflagen als *Formulare und Tütsch rhetorica* oft wiederholt. Oft gedruckt wurde unter dem zuletzt genannten Titel ein Werk des *Heinr. Gessler* aus Freiburg, zuerst 1493; in demselben Jahre erschien *Riedrer, Spiegel der wahren Rhetoric*, 1528 die Rhetorik von Alexander *Hug*. Nach *Stobbe*, Geschichte der deutschen Rechtsquellen.

Fortunat ist der Held eines deutschen Volksbuches ans dem 16. Jahrh. Derselbe ist der Sohn eines edeln Bürgers zu Famagusta auf der Insel Cypern. Da er den Kummer des durch ritterlichen Aufwand arm gewordenen Vaters bemerkt, verlässt er heimlich das Vaterhaus und verdingt sich bei dem auf der Rückkehr von Jerusalem zu Famagusta eben gelandeten Grafen von Flandern. Dieser wendet ihm seine ganze Gunst zu; ein auf Fortunat neidischer Diener aber, Rupert, überredet diesen, der Graf wolle ihn zu grösserer Sicherheit verschneiden lassen, worauf der Jüngling nach London entflieht. Hier wird er bei einem reichen Florentiner Kaufmann Aufseher über die ankommenden und abgehenden Güter, muss aber wegen eines im Hause seines Herrn vorgefallenen Mordes auch diesen Dienst und das Land selber räumen. In der Bretagne hat er nun auf freiem Felde ein Abenteuer mit einem Bären, den er erlegt, wobei ihm eine schöne Frau, *Fortuna*, erscheint. Sie bietet ihm die Wahl zwischen Weisheit, Reichtum, Stärke, Gesundheit, Schönheit und langem Leben; da Fortunat ohne langes Bedenken Reichtum wählt, giebt sie ihm einen *Seckel*, aus welchem er auf jeden Griff zehn Goldstücke ziehen werde, so lange er und seine ehelichen Kinder lebten; doch sind folgende drei Bedingungen daran geknüpft: 1. dass er auf diesen Tag feiere, 2. dass er an diesem Tag kein ehelich Werk vollbringe, und 3. dass er auf diesen Tag, wo er immer sei, die mannbare Tochter eines armen Mannes ehrlich kleiden und die Eltern und sie mit 400 Goldstücken begaben solle. In Begleitung eines vielgewanderten alten Edelmannes durchzieht er nun alle möglichen Länder und Städte in Deutschland, den Niederlanden, England, Schottland, Frankreich, Navarra, Aragonien, Spanien, Portugal, Italien, Türkei, Ungarn, Polen, Schweden, Böhmen, bis er endlich nach 15jähriger Abwesenheit nach Famagusta zurückkehrt. Die Eltern sind tot. An der Stelle des väterlichen Hauses baut er sich einen Palast und heiratet eine Grafentochter. Nach zwölf ruhigen Jahren, während welcher seine Gemahlin ihm zwei Söhne geschenkt hatte, zieht er aufs neue auf die Wanderung, um nun auch den andern Teil der Erde, die Heidenschaft zu erkunden. Auf der Heimkehr von dieser Reise zeigt ihm der Sultan von Alexandria seine Schätze und darunter ein unscheinbares *Filzhütlein*, welches den, der es auf dem Kopfe trägt, augenblicklich an jeden gewünschten Ort bringt. Fortunat setzt es sich auf, wünscht sich in seine im Hafen wartende Galeere und segelt heim nach Famagusta. Nach einigen Jahren, wie er seinen Tod herannahen fühlt, übergiebt er den Söhnen Andolosia und Ampedo die beiden Kleinode, offenbart ihnen die Heimlichkeiten und befiehlt ihnen, die Kleinode nimmer zu trennen. Das letztere geschieht dennoch, indem der ältere Bruder Andolosia mit dem Seckel auf Reisen zieht und in den Dienst verschiedener Könige tritt. Von der Tochter des Königs von England, Agrippina, wird er jedoch bethört und des Seckels beraubt; zwar gelingt es ihm, mit Hilfe des dem Bruder entlockten Hutes, die Prinzessin zu entführen; aber durch seine Unklugheit verliert er an sie auch den Hut; durch List gelingt es ihm, auch dessen sich wieder zu bemächtigen, doch ist das Glück dahin, der Bruder Ampedo stirbt aus Gram, nachdem er den Wünschhut verbrannt, und Andolosia wird des Seckels beraubt und im Kerker erwürgt.

Aus den zahlreichen historischen Andeutungen des Märchens erhellt, dass es um die Mitte des 15. Jahrhunderts entstanden sein muss. Ohne Zweifel ist es deutschen Ursprunges; das *Wunschhütlein* ist ursprünglich der breitkrämpige Hut *Wuotans*, an den sich eine Fülle mythologischer Vorstellungen knüpfte. Der *Seckel* scheint dagegen bretonischen Ursprunges, wie die Fortuna eher einer keltischen Fee als einer deutschen Waldfrau gleicht. Der zweite Teil des Märchens, die Geschichte von Fortunats Söhnen, findet im 120. Kapitel der *Gesta Romanorum* ein Gegenstück. Die Zusammenfassung der verschiedenen Teile des Märchens ist jedenfalls das Verdienst eines deutschen Schreibers. Die erste bekannte Ausgabe ist zu Augsburg 1509 erschienen; später wurde es oft aufgelegt. Hans Sachs hat den Stoff zu einer Tragödie verwertet. Der deutsche Text ist ins Französische, Italienische, Niederländische, Englische und Schwedische übersetzt worden. Dramatische Bearbeitungen hat das Märchen noch erfahren durch Thomas Decker, einen Zeitgenossen Shakespeares, durch die *englischen Komödianten* (siehe Drama), durch *Tieck*. Nach *Zacher* in Ersch u. Gruber.

Framea, der Spiess der alten Germanen, ihre einzige Waffe, die Tacitus näher schildert: sie sei zugleich mörderisch und siegreich. Die Wehrhaftmachung geschieht durch Überreichung von Schild und Framea, die Framea begleitet den Mann in die Volksversammlung, Jünglinge führen zwischen Schwertern und gefällten Frameas den Kriegstanz aus, und Verlobte schenken sich gegenseitig die Framea. Geschildert wird die Waffe, *Germania 6*, als ein Spiess von schmalem und kurzem Eisen, aber so scharf und brauchbar, dass sie mit derselben Waffe, wie es die Umstände erfordern, in der Nähe sowohl als aus der Ferne streiten können; ihre Klinge steht also im Gegensatze zu der der römischen Lanze, welche die Gestalt eines Weidenblattes hatte. Die verbreitete Annahme, dass die Framea eine zur Lanzenspitze umgearbeitete Axt, vorn mit breiter Schneide sei, wird von *Lindenschmit* durchaus zurückgewiesen. Von *framea*, dessen etymol. Ursprung mit Sicherheit nicht erkannt worden ist, sind abgeleitet das angelsächsische *franca* und weiter *francisca*, wahrscheinlich auch *Franco*, der Franke. *Lindenschmit*, Handb. I, 163; *Jähns*, 406.

Franziskanerorden. Sein Stifter, *Johannes Bernardone*, ist 1182 in Assisi als der Sohn eines reichen Tuchhändlers geboren. Den Namen *Francesco* erhielt er vom Vater erst zur Erinnerung an das ihm lieb gewordene Frankreich. Sorgfältig erzogen, aber ohne tiefere Kenntnisse, trat er in das Geschäft seines Vaters, gab sich aber zahlreichen Zerstreuungen hin. Erst als er aus einem Kriegszuge seiner Landsleute gegen die Perugianer und aus einer dabei erfolgten Gefangenschaft zu Hause in eine schwere Krankheit verfiel, begann er sein Leben zu ändern. Er begab sich in die Einsamkeit und wandte sich der Pflege besonders ekelhafter und ansteckender Krankheiten zu. Auf einer Wallfahrt nach Rom, als er an den Kirchthuren für die Armen bettelte, hörte er den Ruf an sich ergehen, die zerfallene Kirche Gottes wiederherzustellen. Eine Predigt über Matth. 10, 9—10 veranlasste ihn, ein grobes Kleid anzuziehen, Tasche, Schuhe und Stab abzulegen und einen Strick statt des Gürtels anzunehmen. Sein Lieblingsaufenthalt in Assisi war das von ihm hergestellte Kirchlein der Maria der Engel, Portiuncula. Einige Jünger und Anhänger, die sich ihm anschlossen, veranlasste er, paarweise durchs Land zu ziehen und zu predigen. Die erste Regel der gemeinsamen Lebensordnung war fast ganz aus Sprüchen der Bergpredigt zusammengesetzt, ihre Gelübde die hergebrachten: Armut, Keuschheit und Gehorsam, die Armut in strengster Auffassung. Sie nannten sich anfangs die armen Büssenden von Assisi; erst als im Jahre 1209 Innocenz III. eine vorläufige Bewilligung erteilte, nahmen sie den Namen *Fratres minores*, *Minoriten*, *Mindern Brüder*, *Minderbrüder* an. Der Name Franziskaner ist späterer Entstehung; in Oberdeutschland hiessen sie meist *Barfüsser*. Ein oberster Diener, *minister generalis*, sollte der gesamten Brüderschaft vorstehen, bei ihm sollten alle in Italien lebenden Brüder sich alljährlich, die auswärtigen alle drei Jahre versammeln. Nachdem der Orden rasch zu einer europäischen Verbindung herangewachsen war, wurden für die einzelnen Konvente Guardiane, *custodes*, eingesetzt, für ganze Kreise und Länder Vorsteher; alle sollten *ministri* heissen; doch kürzte man den Namen *ministri provinciales* bald in Provinziale, den des *Minister generalis* in Ordensgeneral. Schon früh traten im Orden zwei sich befeindende Richtungen hervor: die eine, mildere, forderte das Recht gemeinsamen Besitztums und Teilnahme an kirchlicher, künstlerischer und wissenschaftlicher Bildung; sie ist besonders durch *Helias von Kortona* vertreten, seit 1221 Generalvikar des Stifters; die andere, streng asketische und an der Armut unbedingt festhaltende, sieht ihren Hauptvertreter in *Antonius von Padua*, gest. 1231. Obgleich Innocenz III. noch 1215 die Gründung neuer Orden hatte verbieten lassen, wurde dennoch von Honorius III. die Regel Francescos feierlich bestätigt. Darin verspricht Franciscus dem Papste Honorius und seinen Nachfolgern Gehorsam und Ehrfurcht, die anderen Brüder sind gehalten, dem Bruder Franciscus und seinen Nachfolgern zu gehorchen. Wer in den Orden eintreten will und fest im katholischen Glauben erfunden ist, soll hingehen, alles das Seine verkaufen und es den Armen geben. Nach einem Probejahre wird er zum Gelübde zugelassen. Die Brüder erhalten eine Kutte mit einer Kapuze; diejenigen, die es bedürfen, können Schuhwerk tragen. Alle sollen sich in geringe Gewande kleiden und mögen sie ausflicken mit Säcken oder anderen Fetzen, unter Gottes Segen. „Aber ich vermahne sie, dass sie die Menschen nicht verachten noch richten, welche sie sehen mit weichen, bunten Kleidern angethan, oder feine Speisen und Getränke geniessend, sondern ein jeder richte und verachte nur sich selbst.“ Sie sollen durch die Welt wandernd nicht hadern und mit Worten streiten, sondern friedlich, bescheiden, demütig jedermann ehrbar Rede stehen und in ein Haus eintretend, zuerst sagen: Friede sei mit diesem Hause! Die Priester werden zur Feier der heiligen Stunden des Tages und der Nacht nach der römischen Kirchenordnung, die Laien unter den Brüdern zu einer bestimmten Anzahl Paternoster an diesen Stunden verpflichtet, dazu Fasten fast die Hälfte des Jahres. Die Brüder, denen der Herr die Gnade einer Handarbeit verliehen hat, mögen getreu arbeiten. Als Lohn ihrer Arbeit mögen sie, mit Ausnahme des Geldes, für sich und ihre Brüder nehmen, was der Leib bedarf, bescheiden, wie es Liebhabern der Armut ziemt. Die Brüder sollen sich nichts aneignen, nicht ein Haus, noch eine Stätte, noch irgend eine Sache, sondern als Fremdlinge in dieser Welt dem Herrn in Armut und Demut dienend, sollen sie nach Almosen gehen und dessen sich nicht schämen, denn der Herr hat sich arm für uns in dieser Welt gemacht. — Die Wahl eines Nachfolgers des Generals geschieht durch die Provinziale und Guardiane auf der regelmässigen Pfingstversammlung. Predigen soll nur *der* Bruder, der vom General geprüft und vom Bischof des Sprengels Erlaubnis erhalten hat.

Durch die Tochter eines angesehenen Ritters in Assisi, *Clara Scifi*, eine eifrige Anhängerin des Franciscus, wird 1212 der *Orden der armen Frauen*, nachmals meist *Clarissen* genannt, nach der Regel der Minderbrüder gestiftet, nur dass sie nicht wanderten, sondern in das Kloster eingeschlossen blieben.

Ein *dritter Orden*, *Tertiarier*, ursprünglich Brüder und Schwestern der Busse, nahm solche zu Mitgliedern auf, die in ihrem Besitztum und bürgerlichen Leben, auch in der Ehe, blieben und bei der der Aufnahme nur versprachen, alle Gebote Gottes zu halten; ausserdem wird die Zurückstellung alles ungerecht Erworbenen, die Aussöhnung mit dem Nächsten, für Ehefrauen die Zustimmung ihrer Männer verlangt. Die Mitglieder sollen geringe, dunkelfarbige Kleidung tragen, Schauspiele, Tänze und andere Weltlust meiden, in frommen Werken sich üben und alle kirchlichen Pflichten nach bestimmter Vorschrift eifrig erfüllen, insbesondere nebst durchgängiger Mässigkeit langausgedehnte Fasten halten. Zu schwören in gemeiner Rede und feierliche Eide sollen sie möglichst meiden, Streitigkeiten nach dem Rate der Oberen vergleichen. Angriffswaffen dürfen sie nur führen zur Verteidigung der römischen Kirche, des christlichen Glaubens und ihres Landes. Die Eingetretenen haben nach drei Monaten über ihre Güter, soweit sie dazu berechtigt, letztwillig zu verfügen. Alles dies unter Aufsicht aus ihrer Mitte auf Zeit erwählter Visitatoren und in unbestimmt gehaltener Verbindung mit dem eigentlichen Mönchstum. Spätere Überlieferung verlegte den Anfang des Tertiarier-Ordens in das Jahr 1221. Seine Verbreitung war eine unermessliche, vom Könige und der Königin herab bis zum Bettler, und der Orden durchbrach dadurch in wirksamer Weise mitten in der Blüte des höfischen Standes die Bande der Ständetrennung.

Franciscus starb 1224 zu Assisi und wurde schon 1228 heilig gesprochen. Zweiundvierzig Jahre nach seinem Tod zählte der Orden 5000 Klöster mit 200,000 Mönchen in 23 Provinzen. Diese grosse Verbreitung dankt der Orden verschiedenen Umständen; In erster Linie der Persönlichkeit des Stifters, dessen gemütsinnige Vertiefung in das Vorbild Christi und dessen unbedingte entsagungsvolle Liebe zu allen Armen und Elenden in dieser Zeit kirchlicher Verweltlichung einen tiefen Eindruck hervorbrachte. Die Behauptung, dass in seinem Leibe die Wundmale Christi eingeprägt gewesen seien, erhöhte nach seinem Tode die unbedingte Verehrung des Mannes; im 14. Jahrh. wurden durch Pisis Albizzi (gest. 1401) in dem *Liber conformitatum* nicht weniger als vierzig Ähnlichkeiten zwischen Christus und Franciscus nachgewiesen. Sodann gab der Grundsatz urchristlicher Armut, der herumwandernden Predigt, des Lebens in und mit dem Volke diesem Orden noch mehr als seinem Rivalen, dem Dominikanerorden, einen ungemein populären Zug; das waren weder reiche, vornehme Mönche, wie noch die Cluniazenser und Cisterzienser, noch überhaupt geistliche Ordensleute, die, von der Welt abgesondert, bloss auf ihrer eigenen Seele Heil besorgt waren, sondern fromme Männer, die mit dem Niedersten wie mit dem Höchsten in der Tracht des ersten verkehrten, ihm halfen, ihm zusprachen, Vorbild waren in der Entsagung. Dass das erste Ideal des heiligen Franciscus vielfach verletzt zu Tage trat, verstand sich von selbst: die katholische Kirche mit ihrem Reichtum und ihrem Streben nach Macht spottete der freiwilligen Armut; innerhalb des Ordens selbst hörte die Spaltung in eine freiere und eine gebundenere Richtung nie auf. Die Kongregationen der *armen Cölestiner Eremiten*, der *Spiritualen* und der *Brüder der strengen Observanz* sind aus diesem Zwiespalt hervorgegangen. Auch der Franzikanerorden wurde zuletzt reich, und seine Kirchen entbehrten des Goldes und Silbers keineswegs; auch er hatte den Ehrgeiz, die Lehrstühle der Universitäten zu besetzen und dadurch Einfluss auf die Kirche zu gewinnen. So kam es, dass die Minoriten samt den Dominikanern zuletzt den Verfall der katholischen Kirche am deutlichsten repräsentierten und schon vor der Reformation der öffentlichen Verachtung anheimfielen. *Hase*, Franz von Assisi. Ein Heiligenbild. Leipzig 1856. *Sebastian Franck* schreibt in seiner Chronik, Zeitbuch und Geschichtbibel folgendes über den Orden:

„*Barfüsser-Orden*. Anno 1222 bestätiget bapst Honorius III., der münchsvater, auch disen Orden, von Francisco einem Walchen eingestift, der ein Kaufmann und fast weltlicher mensch biss in 25 jar was. Darnach gedachte er Christo nachzufolgen, verschmacht alle irdische ding. Und als er geschuocht mit zweien rinken gegürt gieng, da ward er eingedenk des Herren wort: Ir solt weder seckel noch taschen, silber oder golt tragen, auch nit geschuocht sein, und wer sich nit aller ding verzeihet, der mag nit mein jünger sein. Deshalb warf er alle ding von im, auch die gürtel, gürtet ein strick umb und fieng alsbald disen orden an. In dem was er im selbs also streng, das er in winter zeit, in anfechtung des fleischs, sich mit schnee oder eiss zuo decket. Er hiess die armuot allweg sein herrin, so hört er lieber schmach dann lob von im sagen, behielt nicht auf morgen, sein Herz schwebet in begird der marter. Gieng in Syriam für den Soldan, der empfieng in eerlich. Darbei wol abzuonemen ist, das er im freilich die warheit nit gesagt hat, dan die warheit wenig gottwillkummen ist an den Fürstenhöfen und in aller welt. Ich underlass hie die fabel zuo setzen, wie in Christus mit seinen heiligen fünf wunden bezeichnet hab. Als er nun 18 jar seinem Fleisch kein ruow liess, da starb er zur Assis, von papst Gregor IX. in der heiligen zal geschriben. Also hastu diese affen des Euangeliumbs beschriben, und der Barfuesser grundfest und seul. Nun ich lass ins gleich recht und guot gemeint haben, wa seind seine nachfolger? Die Kutt und kleid sihe ich villeicht, aber Franciscus leben niendert. Es stehet nit, das weder er noch die seinen mit der buchs umbher sei gelaufen und in allen spilen gewesen. Item nit, das er auf Holzschuohen sei gangen etc.

Orden der mindern Brüder S. Francisci. Anno 1224 oder bald darnach seind von den vorigen Barfüesser die Minores abgestiegen (Franck meint die Tertiarier) und geheckt worden, auch unter S. Francisci kleid und regel, on das sie nit so streng seind, schuoh an tragen, gelt nemen und anregen und etwas mit der regel S. Francisci dispensirt haben.

Sie seind in vil Regel, Secten und Orden zerteilt: Holzschuoer, Barfüesser geregelt, Franciscaner odr Observanzer und Minores genant. Item Minimi. Etlich heissen *de Evangelio,* etlich *de Caputio,* und haben in vil dingen underscheid, on allein in der superstition seind sie alle eins.

Ich kan die unterscheid nicht alle anzeigen, ich find, dass die Minores von S. Francisco gepflanzt seind, von Honorio III. schwerlich bestetiget. Gemelter Francissus hat in ein Regel zuo leben geben, nemlich, das heilig Evangelium Christi zuo halten, in armuot, keuschheit und gehorsam, gleich als ob sie nun allein Christen seien, und welcher ein Christ wöll werden, muoss ein Barfüesser werden, oder als seien mancherlei Christen und Christus in im selbs zerteilt. Dieser Orden hat gehabt Berhardinum von Senis, Bonaventuram ein Cardinal. Item 3 Bäpst, Nicolaum IV., Alexandrum V., Sixtum IV. Item Alexander de Ales, welche alle in des Bapst register canonisiert seind, erhebt und in der heiligen anzal zuogeselt.

Sanct Clara-Orden. Im jar 1225 leuchtet S. Clara, ein jüngerin S. Francisci, von der statt Assis, die hat bei S. Damians kirchen eine heilige versammlung und Orden der armen frawen angefangen, fast auf S. Francisci weiss. Darin 17 jar ir fleisch casteiet. Bapst Inno IV. hat si in iren sterben heimgesuocht, Honorius und Gregorius haben si mit gnad und gab geerwürdiget, und Alexander IV. si unter die heiligen gezölt. Sie tragen graw, leben nach S. Francisci regel (wa si weich und lind ist), doch in vil stücken etwas verenderet, und der orden schleusst nichts dann weibesbild ein und kein mann, es gehe dann etwa in der stillmess zuo." Siehe auch den Artikel *Predigt.*

Fraticellen. Um der Spaltung im Franziskanerorden ein Ende zu machen, war, mit Bewilligung des Papstes Cölestin V. die Gesellschaft der *Pauperes eremiti Domini Coelestini,* Cölestiner Eremiten gegründet worden; dieselbe wurde jedoch von den übrigen Franziskanern verfolgt, und 1302 von Bonifaz VIII. wieder aufgehoben. Die Eremiten, dadurch erbittert, schenkten der Aufhebung keine Folge, sondern liessen sich, unter dem Namen *Fraticelli,* zu immer schwärmerischerem Treiben anregen, trieben das Gebot der Armut auf die höchste Spitze, lehrten, sie seien selber von Sünden frei, besässen den hl. Geist und bedürften weder der Busse noch der Sacramente. Schon hatten sie sich in Italien, Sizilien, Südfrankreich und Deutschland verbreitet, als sie von der Kirche aufs härteste verfolgt, wieder seit der Mitte des 14. Jahrh. verschwanden.

Frauen.

1. *Namen. Frau,* ahd. *frouwâ,* mhd. *frouwe,* im Ulfilas nicht erscheinend, ist die weibliche Form von got. *frauja,* ahd. *frô,* statt *frouwo,* welches früh dem *hêriro, herre, herr* gewichen ist, während sich die weibliche Form erhielt. Der weiblichen Form der Wurzel entspricht der Name der Göttin *Freya,* der männlichen derjenige des Gottes *Freyr.* Als ursprüngliche Bedeutung gilt: der *Erfreuende, Frohmachende, Gütige, Milde,* Eigenschaften, die sowohl dem Gotte als dem Gebieter unter den Menschen zukommen. Als Apellativ kommt dem Wort *Frau* in erster Linie die Bedeutung *Herrin, Gebieterin* zu. Allmählich wird der Name mehr und mehr auch dem Geringeren gegeben, am längsten erhält sich die alte Bedeutung in der Anrede und als Titel: Unsere Frau, Unsere liebe Frau ist

Maria (franz. *nôtre dame*), Frau Königin, Herzogin, und in allen Standen diejenige, die befiehlt. der Dienerschaft gegenüber, in der Familie Frau Mutter.

Kone, Kon, mhd. *kone, êkone* = Gattin, Ehefrau, vereinzelt in Bayern und Österreich lebendig geblieben, sind Überbleibsel des einst viel gebrauchten ahd. *chuenâ, quenâ*, got. *qvinô*, altnord. *kona*, neben welchen Formen eine zweite Form herläuft: got. *qvêns*, ags. *cvên*, altn. *kvân*, im Hochdeutschen fehlend, entartet engl. *quean* = Weibsbild, Hure, und *queen* = Königin. Das Wort entspricht etymologisch dem griech. *γυνή*. Die Wurzel ist *gan, gen* = gebären, zeugen; verwandt sind *Kind, Knabe, Knecht, König* und *können*.

Ahd. *itis*, alts. *idis*, altnord. *dîs*, war ursprünglich der Name eines göttlichen Wesens, namentlich der Göttinnen des Geschickes und wird im Althochdeutschen, Sächsischen und namentlich im Angelsächsischen allgemein für jede Frau jedes Alters, verheiratet oder nicht, angewandt.

Weib, ahd. und mhd. das *wîp*, geht besonders auf das Geschlecht, wie man denn auch dem Tiere sein *Weibchen* zulegt. Nach Grimm geht das Wort auf *weben* und *weifen* zurück. Höfische Dichter streiten sich gern darüber, welches Wort, *Frau* oder *Weib*, vorzüglicher sei. Walther von der Vogelweide entscheidet sich für *Weib*, weil in ihm der Inbegriff aller dem Geschlechte eignenden Tugenden liege; Heinrich von Meissen erklärte sich dagegen für das Wort *Frau* und erhielt dafür den Namen *Frauenlob*.

Braut. Got. ist die *bruths* = Schwiegertochter; ahd. die *prût, brût* = Verlobte wie Neuvermählte, auch Kebsweib; angelsächs. *bryd*, altnord. *brûdhr* = Verlobte. Der Grundbegriff ist die *Heimgeführte;* denn das Wort ist aus got. *fra* = vor, und einem mit lat. *vehere* = fahren verwandten Verb zusammengesetzt.

2. *Die Stellung der Frau in altgermanischer Periode*. Ursprünglich war die Stellung des Weibes bei den Germanen keine andere als bei allen anderen Völkern, es wurde als eine blosse Sache und als Werkzeug sinnlicher Befriedigung aufgefasst. Das Weib musste sich mit dem toten Manne verbrennen lassen, der Mann hatte das Recht, es zu verkaufen, zu vermachen, zu verschenken, seinem Gaste anzubieten. Durch die Gnade des Vaters wurde ihm zu leben erlaubt; durch Geld wurde es von einem Fremden dem Vater abgekauft; auf dem Weibe lag die Bestellung von Haus und Feld. Diese ältesten, harten Verhältnisse des Weibes wurden aber schon früh teils durch das Aufkommen eines milderen Rechtes oder wenigstens einer milderen Gewohnheit, teils durch die Wirkung religiöser Anschauungen veredelt, so dass schon bei Tacitus der ursprüngliche Zustand nicht mehr deutlich hervortritt. Als die wichtigste Bestimmung für die Stellung des Weibes gilt der Grundsatz, dass nach germanischem Rechte die Kinder und die Frau kein eigenes Recht besitzen, sie stehen unter der Mundschaft des Familienvaters oder seines Stellvertreters, welche in ältester Zeit sehr streng war, so dass die Tochter ohne seine Zustimmung weder über ihre Person noch über ihr Vermögen irgend welche Verfügung treffen konnte. Mann und Weib schritten bei den alten Germanen erst spät zur Ehe. Die Rechtsform derselben war ein *Kauf*, den der Vormund, in erster Linie der Vater, mit dem Bewerber abschloss. Unfreie Leute bedurften der Genehmigung ihres Herrn, dem sie dafür eine Steuer bezahlen mussten. Nur allmählich und durch Unterstützung der kirchlichen Anschauungen erwuchs das Selbstbestimmungsrecht der Jungfrau. Die Verabredung über die zu zahlende Summe, *mahalscaz, munt-*

scaz, *brûtmiete*, oder das öffentlich, vor geladenen Zeugen ausgesprochene Gelöbnis des Bräutigams, den Mundschatz zu erlegen, und das Gegengelöbnis des Vormundes, dafür die Braut zu überantworten, war die vornehmste und bindendste Handlung bei der Eheschliessung. Von *mahaljan* = sprechen, besonders in der gerichtlichen Verhandlung, nannte man die Handlung des Verlobens *mahalôn; der gemahel und diu gemahele* sind die Verlobten; *das gemahel* für die Verlobte wird erst im 15. Jahrhundert gebräuchlich. Über die weiteren Ehehandlungen siehe den Artikel *Ehe*.

War die Jungfrau dem Manne angetraut, so war sie rechtlich Eigentum des Mannes geworden. Er durfte sie töten, vererben, strafen, körperlich züchtigen. Noch im Nibelungenliede erzählt Kriemhild Siegfried habe ihr für das unnütze Geschwätz der Brunhild gegenüber den *lîp zerblouwen*. Eheliche Untreue des Weibes wurde auf das härteste bestraft, der Mann durfte sie, wenn er sie auf frischer That ertappte, erschlagen; wurde ihr Leben geschont, so verlor sie ihr Vermögen an ihn, wurde in Gegenwart der Verwandten schimpflich aus dem Hause gestossen, des langen Haarschmuckes beraubt und unter Schlägen durch das Dorf gejagt. Untreue des Mannes in der Ehe blieb ungestraft. Vielweiberei war zwar den Germanen nicht ganz fremd, Ariovist z. B. hatte zwei Frauen; doch war diese Sitte meist durch politische Rücksichten vornehmer Männer veranlasst. Tacitus rechnet es den Germanen zur Ehre an, dass sie sich mit *einem* Weibe begnügten. Kebsen dagegen, d. h. nicht durch öffentlichen Mundkauf verbundene Frauen galten durchs ganze Mittelalter hindurch nicht für unziemlich.

Gegenüber der rechtlich niedrigen Stellung der germanischen Frau machten sich im praktischen sowohl als im sittlich-religiösen Leben Anschauungen geltend, welche der Stellung der Frau sehr zugute kamen. Die Frau war des Mannes Genossin in Freud und Leid. sie war, was ihr Name besagt, *Herrin* des Hauses. Frauen und Jungfrauen reichten beim Mahle den Becher oder das Trinkhorn umher, sie folgten dem Manne in die Schlacht, feuerten seine Tapferkeit an und verbanden seine Wunden.

Am hellsten spiegelte sich die sittliche Bedeutung der germanischen Frau im religiösen Leben des Volkes und hier zuerst in den *Göttinnen* des Volkes und zumal in der germanischen Göttermutter, *Freia* (siehe den besonderen Artikel). Aber auch in den sterblichen Frauen sahen die Germanen etwas Heiliges und Weissagendes, sie suchten in den höchsten Dingen ihren Rat und merkten auf ihre Antworten.

Weiber die sich der Weissagung widmeten, hiessen *wîsiu wîp*, weise oder kluge Frauen. Sie haben ihren göttlichen Hintergrund an den *Nornen* und *Walküren;* nordisch heissen sie *völur; völuspâ*, der Wala Weissagung, ist eins der ältesten Eddalieder, worin der Seherin *Heidr* die Verkündigung des Weltgeschickes in den Mund gelegt wird. Solche Weiber ziehen weissagend im Lande umher, mit Zaubersprüchen vertraut und auf Zauberwerk geübt; man ladet sie gern zu Festschmäusen, bei welchen sie dann in der Nacht den Zauber sieden und vom vierbeinigen Schemel herab ihre Weissagungen verkünden. Der Zaubertrank gab Macht über Menschen, Tiere und Wetter; seine Wirkung war nach den Gegenständen, die in den Kessel kamen, verschieden. Die Sinnesart der Menschen konnte verändert, Hass oder Liebe ihm eingeflösst werden; langsames Hinsiechen, Versetzen aus der Ferne in die Nähe, Erzeugung von Sturm, Unwetter und Misswachs schrieb man dem Zaubergebräu zu, auch *Heilung der Krankheiten.* Die Frauenkrankheiten, besonders die Geburten, standen unter *Freias* Macht. Mit dem Untergang des germanischen Götterglaubens sind diese weisen Frauen *Hexen* geworden (siehe diesen Art.).

Was endlich für die altgermanische Periode die *Liebe* des Weibes zum Manne, der Jungfrau zum Jüngling betrifft, so wirkte der keusche Sinn des Volkes, die Achtung vor Zucht und Ehre heiligend auf den rechtlich niedrigen Stand des Weibes ein. Eigentliche Liebesverhältnisse konnten der Ehe nicht vorausgehen, weil das Gesetz den Werber zum Vater und nicht zur Tochter hinwies. Die Liebe entsprang in dem Busen des Weibes, und der Mann nahm sie hin als Anerkennung seiner Tüchtigkeit, die er fordern konnte und die er mit ehelicher Zuneigung belohnte. Dieser Geist spricht sich in der frühmittelalterlichen Dichtung aus, namentlich in den Eddaliedern, im Liede von Walther und Hiltgunt. Das Wort, das in dieser älteren Zeit die Zuneigung des Weibes zum Manne bezeichnete, ist *minne, minna*, ursprünglich das Denken, das Andenken, die Erinnerung.

3. *Stellung der Frau in höfischer Zeit.* Erst die höfische Zeit hat durch fremde Einflüsse das Verhältnis des Weibes zum Manne, aber bloss innerhalb des Rittertums, gänzlich verändert und den Mann zum bewundernden und werbenden Teil, die weibliche Schönheit an Stelle der männlichen Tüchtigkeit zur Quelle der Liebe gemacht. Dieser Umschwung hat sehr verschiedene Ursachen. Die soziale Ausbildung des Ritterstandes als eines von der nichtritterlichen Welt getrennten zog natürlich auch die weibliche Gesellschaft in die Sphäre des abgesonderten Standeslebens; im Orient that sich für die Kreuzfahrer das Bild eines verfeinerten, ausgebildeten, durch Poesie und Kunst geschmückten Standeslebens auf, worin das Weib eine wesentliche Rolle spielte; die Ausbildung des Marienkultus stellte auch für den gläubigen Christen ein jungfräuliches Weib in die nächste Nähe Gottes und gab den Jungfrauen und Frauen der Gegenwart ein erwünschtes durch die Kirche geheiligtes Ideal; die südfranzösischen Ritter, die in einem reichen, blühenden Lande längst an feinere Genüsse gewohnt waren als der deutsche Rittersmann sie kannte, und denen die Würde und Ehre der ehelichen Keuschheit und Treue im Sinne der guten deutschen Sitte fremd war, bildeten zuerst den konventionellen ritterlichen Minnedienst aus. Nach ihrer Minnekunst giebt es vier Stufen des Minnedienstes. Auf der ersten Stufe steht der schmachtende Ritter, der seine heimliche Liebe nicht zu gestehen wagt, sondern verbirgt und sich verstellt, der *feignaire;* hat er, durch die Frau ermutigt, das Geständnis gewagt, so wird er ein Bittender, *pregaire:* nimmt sie ihn zum förmlichen Liebesdienst an, so wird er ein Erhörter, *entendeire*, und ist ihm endlich die höchste Gunst gewährt, so heisst er der Liebhaber, *drutz.* Der Erhörung ging eine Prüfungszeit voran, deren Dauer dem Gutdünken der Dame überlassen war; dieselbe dehnte sich nicht selten auf fünf Jahre aus. War die Prüfung glücklich vorbeigegangen, dann wurde der Ritter der Vasall seiner Herzenskönigin und förmlich von ihr belehnt. In Südfrankreich wenigstens geschah dies mit den gleichen symbolischen Zeichen, wie sie bei der wirklichen Belehnung eines Vasallen stattfanden: Knieen, Händefalten, Kuss und Ring, auch das Scheren der Haare kam vor und priesterliche Einsegnung. Der Ritter trug nun an Schild oder Lanze die Farben der Frau und ein von ihr erteiltes Wappen-

zeichen: Ring, Gürtel, Haarband, Schleier oder Ärmel. Die Frauen verlangten ausser allgemeinen Beweisen der Liebe diese oder jene That des Gehorsams und oft auf sehr launenhafte Art; manche Ritter sind von ihrer Dame gezwungen worden, an einem Kreuzzug teilzunehmen. Jeder Ritter musste sich nach dem Geiste der Zeit eine Herrin annehmen, die jedoch nie seine eigene Frau sein konnte. Der phantastische Geist der Zeit ermöglichte es zwar, dass der Minnedienst zuweilen gänzlich ideal, bloss in der Empfindung lebend sich gestaltete; es gab Ehemänner, welche die Erlaubnis erteilten, dass andere ihren Frauen dienten. Anderseits war der Geist der Zeit bei beiden Geschlechtern sinnlichem Genusse nicht minder zugethan, und der Minnedienst war die gegebene Leiter dazu. Wie nach der Sitte die anwesenden Vasallen den Lehnsherrn zu Bette begleiteten und sich erst entfernten, wenn er sich niedergelegt hatte, so begleitete der begünstigte Liebhaber die Frau ins Schlafgemach. Ja, die Frau gewährte dem Liebhaber zuweilen eine Nacht in ihren Armen, wenn er sich eidlich verpflichtete sich nichts weiter als einen Kuss zu erlauben. Aus dieser verbreiteten Sitte sind die *Tagelieder* entstanden (siehe den besonderen Artikel). Der Zwiespalt zwischen der bloss empfundenen Liebessehnsucht und der sinnlichen Wirklichkeit liess *Verschwiegenheit* als eine besondere Sorge der Liebenden erscheinen; es war deshalb eine Ehrenpflicht des Minnesängers, den Namen der Frau gar nicht oder nur verhüllt zu nennen. Auch die Aufpasser oder *merkaere,* welche die Freude der Liebenden Tag und Nacht verbittern, gehören zum stehenden Beiwerk des Minnelebens.

Welche besondere Gestalt der *konventionelle Frauendienst des Rittertums* in Deutschland angenommen habe, ist mit Sicherheit nicht zu sagen. Die oben genannten vier Stufen des Minnedienstes sind bei deutschen Dichtern nicht nachzuweisen, und überhaupt ist es mehr der gesellschaftliche und poetische Reflex, der aus der Provence nach Deutschland hinüberscheint, als die Sache selber. Die Vorliebe der ritterlichen Sänger für den Frauendienst, das Gejammer über die *merkaere*, die Tagelieder, das Gesetz der Verschwiegenheit, alles macht den Eindruck des aus der Fremde Angelernten, und es sind auch bloss einige wenige allgemeine Züge, aus deren leichtherzustellender Mischung der etwas wässerige Reichtum der Frauendichtungen hervorgeht. Der provençalische Minnedienst hob das von der Volkssitte geforderte Eheleben eigentlich auf, und französische Schriftsteller erklären, dass nur solche Personen unter den Gesetzen der Liebe stehen, welche nicht miteinander verheiratet sind; zwischen Eheleuten finde keine Liebe mehr statt, und wenn zwei Liebende einander heiraten, erlösche augenblicklich das Verhältnis. Dass ein Mann oder eine Dame verheiratet sei, hinderte keinen Teil, ein Liebesverhältnis mit einer dritten Person einzugehen. Der Mönch Nostradamus, der Biograph der Troubadours, erklärt: *Causa conjugii ab amore non est excusatio certa.* Der deutsche Minnedienst schwebte gleichsam in der Luft, über den wirklichen Verhältnissen, bloss in der Phantasie des Zeitalters. Seine Hauptquelle sind die, französischen Quellen entnommenen Ritterepen, besonders die Artusepen, deren Helden Iwein, Gawein, Erek, Parzival, Titurel, Tristan als Muster galanter Ritter dargestellt sind. So ist auch der Wortschatz des deutschen Minnedienstes nicht gerade reich. Das Wort *frouwe* gehört in erster Linie dazu, weil der Ritter so seine Erkorene, seine *Herrin* ansprach; *genâde* heisst der Minnelohn; seine Art hängt sehr von

Absicht, Gesinnung und Gesittung der Liebenden ab; sie kann reine zärtliche Zuneigung, ein Blick, ein Wort, ein Erröten sein, oder ein äusseres Zeichen der Zuneigung: Brief, Ring, Armband, Spange, Gürtel, Schleier, Ausstattung an Ross, Kleidungen, Waffen oder endlich Gewährung der *minne.*

Ein wesentlich verschiedenes Element ist das *Motiv echter, wahrer Liebe* in den äusseren Formen ritterlicher Galanterie. Mit der konventionellen Frauenminne war im auf geschlossenen Gemüte dieser Zeit natürlich auch die wahre Liebe erwacht, die den Jüngling zur Jungfrau hinzieht; ihr gehört das schöne Liedchen an:

Dû bist mîn, ih bin dîn,
des solt dû gewis sîn.
dû bist beslozzen
in mînem herzen.
verlorn ist daz sluzzelîn:
dû muost immer darinne sîn.

Diese Minneträger sind nicht mehr *frouwe* und *herr*, sondern *man* und *wîp*, und der beliebte Streit, was edler und besser sei, *frouwe* oder *wîp*, beruht wesentlich auf der Frage nach höfisch-konventioneller Minne oder nach der tieferen Liebe; Walther hat sich für die letztere ausgesprochen. Die wenigen tiefempfundenen Lieder unter der grossen Zahl der Minnelieder sind Lieder der Liebe; die Liebe ist es auch, die, immerhin an den ritterlichen Frauenkult erinnernd, das Nibelungenlied und die Gudrun in sich aufgenommen haben:

soltu immer herzenlîche
zer werlte werden frô,
daz kümt von mannes minne,
du wirst ein schoene wîp,
obe dir got gefüeget
eins rehte guoten ritters lîp.

Darin klingt noch tief und voll die ältere Auffassung vom Verhältnis des Mannes zum Weibe, und ebenso in dem zweiten Grund der Abweisung Kriemhildens (der erste ist, dass sie ihre jungfräuliche Schönheit nicht aufopfern will), dass *liebe mit leide ze jungest lônen kan.* Dieser Gegensatz von *liebe* und *leid* ist auch sonst in der höfischen Dichtung weit verbreitet; während der Name *minne* in seinem ursprünglichen Werte längst verdunkelt, zum konventionellen Liebesausdruck geworden war, gab das Wort *liebe* eben durch seinen Gegenpart, das *leit*, dem Begriffe neues, unmittelbares Leben, das ausserhalb der höfischen Gesellschaft seinen Grund hatte. Wie über *wîp* und *frouwe*, so wird auch über den höheren Wert der *minne* oder *liebe* gestritten; Reinmar von Zweter spricht sich für *minne* aus, Ulrich von Liechtenstein identifiziert beide Wörter:

Staetiu liebe heizet minne.
liebe, minne, ist al ein:
die kan ich in mînem sinne
niht gemachen wol zuo zwein.
liebe muoz mir minne sîn
immer in dem herzen mîn.

Freidanks Bescheidenheit handelt in Abschnitt 37 *von minne unde wîben*, und denkt dabei kaum je an den ritterlichen Dienst, sondern an das natürliche Verhältnis von Mann und Weib:

Swer minnet, daz er minnen sol,
dem ist mit eime wîbe wol;
ist si guot, erst wol gewert,
swes man von allen wîben gert.
Ein man sol sîn getriuwez wîp
minnen für sîn selbes lîp;
swer ein getriuwez wîp hât,
diu tuot im maneger sorgen rât. —
Ist schoene wîp getriuwe,
der lop sol wesen niuwe.

Die Art des Liebeslebens ist nicht das einzige, was die Frau der höfischen Zeit bestimmt, aber das am meisten charakteristische; sie hat den höfischen Dichtern den Namen Minnesänger verschafft.

In engem Zusammenhang mit der Liebe steht die *Schönheit*, mhd. *diu schoene.* Alle Heldinnen der Rittergedichte sind, als ob sich das von selber verstände, schön, doch gelingt es der

Zeit nur in bescheidenem Masse, die einzelnen Züge der Schönheit darzustellen; wie denn an Kriemhild nicht gerade anschaulich *diu ir unmâzen schoene* gerühmt wird. Zur Schönheit gehört das lange, blonde Haar, eine aus rot und weiss gemischte Gesichtsfarbe, der Mund rot und durchscheinend wie eine Blüte, klein, festgeschlossen und verheissend; die Zähne weiss und eben, die Augenbrauen gebogen, scharf und schmal wie ein Pinselstrich, der Zwischenraum zwischen den Augen breit, die Nase gerade und lang, weder zu stumpf noch zu spitz, das Kinn gerundet mit einem weissen Grübchen, der Hals weiss, voll und fest; die Brust rund, klein und weiss; die Gestalt mässig gross, schlank und doch voll, in der Mitte des Leibes schmal und gelenk, die Hüften voll und zart, die Beine gerade und rund wie eine Kerze, die Füsse schmal, klein, gewölbt; Arme und Hände weiss, gerundet und fein, die Finger gerade und glatt. Einige Stellen mögen dies naher veranschaulichen:

Ir wol geroeter munt, ir liehten ougen,
ir kel, ir kinne, ir roeselihtiu wangen,
die hant daz sende herze mîn betwungen,
dô si darin geblickten lieplich tougen,
dar nâch zehant dô wart ich ir gevangen.

Gottfried von Nifen.

Wengel rôsen var,
wol gestellet kinne,
ougen lûter, klâr,
mineclîchiu tinne (Stirne)
hât si, diu mir krenket leben unde lîp:
hei, saelik wîp,
dur dîn besten tugende mir mîn leit vertrîp!

Hesse von Rinach.

Die *Erziehung* der adligen Töchter bezog sich mehr, als bei den Knaben der Fall war, auf die Kunst des Schreibens und Lesens und ausserdem auf die Arbeiten der Hausfrau. Nähen und Spinnen wurde früh gelernt. Die Kleider für die Männer, besonders die Ehrenkleider, wurden in der *kemenâte* von den Frauen verfertigt. Weben aber galt als einer Freien unwürdig; so überliess man das Wollespinnen gern den Dienstleuten, während edle Frauen Gespinst von Flachs und Seide verfertigten. Am beliebtesten aber war das Sticken, *wirken in* oder *an der ram*, für Wandteppiche, Tischtücher, Messgewänder, Altar-Antependien. An diesen Arbeiten hatten die jungen Mädchen teilzunehmen, die sich zu ihrer Ausbildung an einem befreundeten Hof aufhielten; sie waren stets in der Nähe ihrer Herrin und mussten sie, zumal wenn sie ausging, begleiten; denn eine edle Dame ging nie allein aus. Auf das äussere Benehmen wurden natürlich hohe Stücke gehalten, es giebt darüber besondere Aufzeichnungen, unter anderen die Lehren der *Winsbeckin* an ihre Tochter. Es galt als für eine Dame unschicklich, mit grossen Schritten einherzugehen, die Arme lebhaft zu bewegen; die Augen soll sie gesenkt haben, ohne sich umzuschauen. Einen fremden Mann zuerst anreden, war verpönt, sie sollte ihn nicht einmal anblicken, bis sie angeredet wurde. Lautes Sprechen und lautes Lachen war gegen die Sitte, die Frau und Jungfrau sollte bloss lächeln, *smielen* oder *smieren*. Einige Kenntnis der Heilkunst hatten die höfischen Frauen aus früherer Zeit her geerbt.

Auf die *Leibespflege*, *Kleidung* u. dgl. verwendete die höfische Frauenwelt natürlich viel Zeit, Mühe und Kunst. In erster Linie auf das *Haar*. Jungfrauen trugen lange, mit Bändern durchflochtene, eigene oder fremde Zöpfe, die man anch zu *färben* wusste. Nach der Vermählung wurden alter Sitte gemäss die Haare aufgebunden. Jungfrauen gingen gewöhnlich ohne Kopfbedeckung; im Sommer flochten sie sich einen Blumenkranz, *schapel,* der auch aus künstlichen Blumen bestehen konnte; bestand der Kopfschmuck aus mehr als einem *schapel,* so heisst er das *gebende,* das nach Wahl, Geschmack und Mode sehr verschieden sein konnte; es wurde als der vorzüglichste Teil des Putzes einer Frau angesehen. Nach der Mode einer gewissen Zeit wurde durch das *gebende* das Haar am Hinterkopfe *ûf gebunden;* ein Teil des *gebendes* lief unter dem Kinn hin und bedeckte die Wangen; wenn daher ein Kuss empfangen werden sollte, musste das *gebende* aufgerückt werden. Die *Kopftracht verheirateter Frauen* ist der *Schleier*, *diu rîse*, er hing frei zu beiden Seiten des Hauptes nieder und reichte mit seinen Zipfeln bis auf die Brust. Verbreitet war das *Schminken* mit roter und weisser Farbe. An den Füssen trugen die Frauen *Socken*, die *Schuhe* waren mit Stickereien verziert und ausgeschnitten. Das *Hemd* von weisser Farbe, leinen, hanfen oder wollen, wurde, wie alle anderen Kleidungsstücke, bloss bei Tage angelegt. Es wurde dicht an den Körper geschnürt und fiel in reichen Falten bis auf die Füsse; der obere Halsteil des Hemdes war mit feinen Nähten, mit Gold- und Perlenstickereien geziert, oder fein gefältelt und mit Krausen besetzt. Eine Agraffe, *spange, vürspange*, schloss die Halsöffnung. Sowohl die in der zweiten Hälfte des 13. Jahrh. aufgekommene Sitte der Brustentblössung als die engen, die Körperformen scharf hervorhebenden Kleider wurden viel getadelt. *Ärmel* wurden erforderlichen Falles ans Hemd angeschnürt oder angeheftet. Es waren zum Teil lange Prunkärmel von kostbaren Stoffen. Der rechte Kleiderluxus beginnt erst mit dem *Rocke*, dessen Schnitt durch die französische Mode bestimmt war, *nach der Franzoyser siten, in dem snite von Franze, als man ze Frankrîche pfliget.* Er reichte bis zu den Füssen herab, lag am Oberkörper fest geschnürt an und wallte unten in Falten herab. Am Halsausschnitt wird er durch eine Spange zusammengehalten; an den Ärmeln, am Hals und bisweilen am unteren Saume ist er mit Pelzwerk besetzt, um die Hüfte durch einen Gürtel zusammengefasst. Er ist ein- oder mehrfarbig. Das *surkôt* ist ein über dem Rock getragenes, meist mit Pelz gefüttertes Gewand, ebenso die den Slawen entlehnten *suckenîe*, *gôdehse*, die *garnasch* ein Pelzüberwurf nach italienischer Mode (ital. *garnaccia*); auch die *kürsen* ist ein Pelzkleid, davon der *Kürschner.* Über die Kleider wurde der *swanz* oder das *swenzelîn* angelegt, ein lang nachschleppendes Gewand, das besonders zum Tanze getragen wurde, sauber gefaltelt, gestickt und gegürtet. Das oberste Stück endlich ist der *mantel*, ärmellos und bis auf die Füsse herabreichend, unter Umständen so lang, dass er von Dienern nachgetragen werden musste. Er war das am prächtigsten ausgestattete Kleidungsstück, aussen und innen reich verziert, meist mit Hermelin gefüttert.

Zu den *Schmucksachen* der Frauen gehört der *Gürtel*, er besteht aus der *borte*, meist aus Seide gewirkt und oft überaus kostbar ausgestattet, der *rinke* oder Schnalle aus Glas oder Edelsteinen, und dem *senkel*, d. i. dem Metallbeschlag an dem andern Ende der Borte, der durch die *rinke* durchgezogen wurde und vorn lang herabhing. Namen für *Spangen* sind die *nusche*, der *fürspange*, das *fürgespenge*, die *bratsche.* Dazu kommen *Ohrringe*, *Halsketten*, *Fingerringe*, *Armbänder*. Die Handschuhe sind von Leder oder Seide. Ältere verheiratete Frauen bedeckten den Kopf mit einem Hute aus Samt, Pelzwerk oder Pfauenfedern.

Um das Bild des mittelalterlichen Frauenlebens in weiterem Umfange vor sich zu haben, müsste man die Frauenklöster in ihren verschiedenen, adligen und bürgerlichen Gestaltungen, das Frauenleben der niederen arbeitenden Stände und nicht minder das Leben der fahrenden Weiber sich veranschaulichen; der letzteren gab es überaus viele. Noch mannigfaltiger aber gestaltete sich das Frauenleben in der letzten Zeit des Mittelalters. Zwar blieben einzelne Züge des höfischen Lebens auch an den späteren Höfen zu Recht bestehen, ja haben sich als Antiquitäten bis heute erhalten; aber der Minnekult starb gründlich ab, wie überhaupt die im 12. und 13. Jahrhundert bestandene Einheit der höfischen Bildung in die Brüche ging. In den Städten zog sich die Bürgerfrau auf den Kreis ihrer Häuslichkeit zurück, denn das Gewerbe und der Handel war einzig Sache der Männer. An Stelle des Gegensatzes zwischen schönen und hässlichen Frauen, zwischen solchen, die *minne*, und solchen, die *unminne* geben, zwischen hoher und niederer Minne tritt der Gegensatz zwischen tugend- und lasterhaften Frauen, zwischen keuschen und unkeuschen, zwischen Weltdamen und frommen Gemütern. Je mehr sich aber ein Stand niedriger Frauen von dem ehrbarer Frauen absonderte, desto eher mochten die letzteren in der Stille des Bürgerhauses gedeihen. Sogar in den Klöstern tritt der moralische Zwiespalt zwischen frommen und liederlichen Genossenschaften auf; in manchen Nonnenhäusern findet die Mystik ihre schöne Pflege, man hat Lieder und beschauliche Betrachtungen, die in Frauenklöstern entstanden sind; auch Einsiedlerinnen vermehren sich wieder; wie umgekehrt die Chroniken viel von höchst sittenlosem Thun in den Frauenklöstern berichten. An Stelle des Minneliedes tritt das Liebeslied, das zwar zum Teil auch frivolere Töne anschlägt, aber im ganzen mehr den Ernst der Liebe, das Schicksal der sich treu Liebenden, Trennung und Wiedersehen besingt und vielfach ältere, epische und mythische Züge in sich aufnimmt. Nach *Vadian* herrscht in St. Gallen *ouch ein schoen und wolgezogene frouwenzucht, mit schoenem und souberm wandel und erbarlich bekleit und guoter sitten, zuo allerlei arbeit geschickt und geneigt.* Das reichste Bild des deutschen Frauenlebens im 16 Jahrhundert gewinnt man wohl aus Hans Sachs' Gedichten, wo in kräftigen Farben das Leben und Treiben des deutschen Weibes, des tugend- und des lasterhaften, des milden und bösen, des armen und reichen, des hohen und niedrigen in Ernst und Scherz geschildert ist; folgende Verse aus einem seiner Gespräche, „*Das Frawen Lob eines Biderweibs*“, mögen diesen Artikel beschliessen.

Ein alter Mann spricht zu einem jungen, der kürzlich ein Weib genommen, mit welchem er nicht auskommt, und der deshalb auf die Frauen schmäht:

Sie (mein weib) kocht, spült, kert, wescht, neet und spinnt
Und zeucht mit fleiss die ihren Kind,
Ist arbeitsam, häusslich und echtig,
Embsig, endlich, weiss und fürtrechtig,
Mit allen Dingen in dem Hauss,
Ich sei darin oder darauss,
Auch sie ist messig, nimbt für gut,
Nachdem die Zeit es bringen thut,
All ding ist wol mit ir versehen,
Ir ding muss alls mit rat geschehen,
Auch geht sie eylend hin ir strass,
Steht nit zu blabbern diss und das,
Zu unnütz sie mir nichts vergeit,
Und ist mir trew zu aller zeit . . . .
Ist mir auch willig untertan,
Zu allem dem was ich will han,
Zu Bett und Tisch freundlicher weiss,
Meins willens hat sie allzeit fleiss,
Und ob sie etwas unrecht tut:
Straff ichs, so nimbt sie es für gut;
Ob gleich ein zoren ich anfach,
So gütet sie und gibt mir nach.

Sie ist verstanden und verschwiegen,
Mit keinem Nachbawrn tut sie kriegen.
Wann ich trawrig, unmutig bin,
Redt sie mir das auss meinem Sinn
Und tröstet mich mit guten Worten,
Ist mir freundlich an allen orten
Und alle ding zum besten wend.
Dergleich weiber unzalbar send,
Die ir Mann halten lieb und wert
Und tun, was nur ir hertz begehrt . . .
Ehweiber halten stete Lieb
Und sind ein ehrentreiche Kron
Ihren Mannen, spricht Salomon.
Als ich selb han ein ehrlich Frawen,
Der ich von hertzen tu vertrawen,
Die sich auch also züchtig helt,
Bey jedermann so ehrbar stelt,
In worten, werken und geper,
Dass ich sie von anfang bissher
Nit hab gespürt mit einem wort
Leichtfertig, frech an keinem ort,
Geht nit vil aus dem Haus mayiren,
Tut sich nit übermessig zieren,
Sondern fein ehrbarlich und schlecht;
Mit Mannsbilden sie nit viel sprecht,
Sie ist nit gögel noch fürwitz,
Noch mit sprichworten jens noch ditz,
Man hörts nit bubenliedlein singen,
Sie ist schamhaft in allen dingen,
Die winkeltänz sie allmal fleucht,
Unehrlich Gspielschaft sie auch scheucht.
Bey mir allein da ist ir wol,
Sie ist ja aller Tugend vol.
Ohn zal findt man der Weiber mehr,
Den ir sinn steht auf Zucht und Ehr,
Embsig, freundlich, in Lieb untadelich,
Löblich, und wirdig und ganz Adelich,
Ein auffenthalt irs Mannes leben.
Wem Gott ein solich Weib ist geben,
Den spricht auch selig Salomon.

Das Hauptwerk über diesen Gegenstand und unsere Hauptquelle ist *Weinhold*, Die deutschen Frauen in dem Mittelalter. 2. Aufl. Wien 1882; andere Quellen sind *Schultz*, Höfisches Leben; *San Marte*, Parzival-Studien III.

Frauenhaus, mhd. *frouwenhûs*, auch Frauenzimmer, Töchterhaus, gemeines Haus, freies Haus, offenes Haus genannt, ist eine für die Unzucht bestehende öffentliche Anstalt. Frauenhäuser kommen in Deutschland schon im 13. Jahrh. vor und bestanden in allen grösseren Städten. Sie sind meist Eigentum der Obrigkeit und werden durch Beamte oder Pächter verwaltet. Auch die Kirche stellte solche Häuser unter ihren Schutz, wie z. B. in Rom selber geschah. Man erkannte zwar die Unehrbarkeit solcher Institute, hielt sie aber aufrecht, um grösseres Übel zu vermeiden. Die Einnahme die der päpstlichen Kammer jährlich aus diesen Anstalten zukam, soll im 16. Jahrh. manchmal 20,000 Dukaten betragen haben. Manche Frauenhäuser sind fürstliche. bischöfliche Reichslehen. Neben den öffentlichen Frauenhäusern bestanden fast überall noch heimliche Frauenhäuser, von Männern oder von Frauen unterhalten; *Frauenwirt*, *Frauenmeister*, *Hurenwirt*, *Freiwirt* heisst der Vorsteher einer obrigkeitlichen, *Ruffian*, mhd. *ruffiân*, *riffien*, *riffin*, *ruffigan* u. dgl., vom ital. *ruffo*, *ruffiano*, der Mann, der auf eigene Faust dieses Gewerbe treibt. Auch Gastwirte trieben das Gewerbe und unterhielten fahrende Frauen wochenlang. Die Häuser standen entweder direkt unter der Aufsicht des Rates oder des Bürgermeisters, oder unter einem der niedrigsten Beamten, Scharfrichter, Stocker u. dgl. Die Lage der Frauenhäuser war überall eine abgeschiedene, weder in der Nähe von Kirchen noch stark bewohnten Strassen, oft an der Stadtmauer; man erkennt solche Gegenden zum Teil heute noch an ihren Namen: Frauengässchen in Nürnberg und Schaffhausen, Frauenfleck in Wien, Bidergasse in Strassburg, Frauenborn, Frauenturm, Frauenpforte in Frankfurt a. M. Die ältesten Frauenhäuser sind die beiden Esslinger vom Jahr 1300; in Zürich wurde 1314 ein solches aufgehoben. Die Blüte des Instituts im 15. Jahrh. hängt mit dem Reichtum und Luxus der Städte in diesem Jahrhundert zusammen. In den zahlreich erhaltenen Frauenordnungen wird unter anderem bestimmt, dass eine Dirne unter keiner Bedingung am Austreten verhindert werden könne, auch war ihnen die Teilnahme am Gottesdienst gesichert; besondere von den Hausbewohnern unterhaltene Kerzen brannten während der Sonntagsnacht in der Hauptkirche; am Samstagabend und an den grossen Feiertagen blieb das Haus geschlossen; auch für Krankenpflege und Altersversorgung der Insassinnen waren an manchen Orten Bestimmungen getroffen. In betreff der Männer war an manchen Orten verboten, Priester und andere geweihte Personen einzulassen, an anderen Orten sollte ein Priester nur nicht über Nacht im Hause gelassen werden; Ehemänner waren zum Teil ebenfalls ausgeschlossen, oder sie wurden im Falle des Besuches mit Gefängnis oder Geldbusse gestraft; den Juden waren diese Häuser überall verboten. Frauenwirte und Dirnen waren überall fremde Leute, nicht Bürger und Bürgerinnen. Die Dirnen waren von Obrigkeitswegen zu einer bestimmten, auffälligen Tracht angehalten; diese bestand in einer bestimmten Art von Mänteln oder Halskragen oder in roter Schleife auf der linken Schulter oder in einem um den Arm gewundenen Bande von bestimmter Farbe. Besonders die *gelbe* Farbe war hier bezeichnend; in Bern und Zürich trugen sie rote Käppchen. An vielen Orten war es Sitte, dass man die Dirnen bei festlichen Gelegenheiten, Tänzen, Hochzeitsfesten ins Rathaus oder in Patrizierwohnungen einlud. Sie überreichten die Blumensträusse und wurden dafür bewirtet. Einziehenden Fürsten wurden auf Befehl des Rates durch diese Personen Blumensträusse überreicht; in Wien tanzten sie öffentlich mit den Handwerksgesellen im Beisein von Bürgermeister und Rat um das Johannisfeuer. Infolge der Reformation wurden in protestantischen und in katholischen Städten die Frauenhäuser aufgehobeu. Nach *Kriegk,* Deutsches Bürgertum, II, Abschn. 15.

Frauenzimmer, aus ahd. *zimpar.* mhd. *zimber, zimmer* = Bauholz und damit errichtetes Gebäude, ist ursprünglich Frauengemach, Frauenkammer und seit dem 15. Jahrhundert vorkommend: das Wort galt gegenüber *Frauenhaus* (siehe dieses) als der Aufenthalt sittsamer oder doch vornehmer Frauen, Hoffrauen, z. B.

ihr zarten jungfraun gross und klein,
kommt mit ins frauenzimmer rein.
Ayrer.

Aus dieser ersten Bedeutung entwickelt sich um 1500 die kollektive Bedeutung der im Zimmer wohnenden Frauen, der weiblichen Dienerschaft, des Gefolges der Fürstin, z. B. die Herzogin und das Frauenzimmer; die Musik war lieblich, der Wein gut, das Frauenzimmer schön. Die weitere Bedeutung liess den räumlich einheitlichen Begriff von Zimmer fahren und nannte Frauenzimmer Frauen insgemein, in der Regel vornehme, wohlgesittete. Zuletzt trat aus dem Kollektiv wieder die Vorstellung des Individuums hervor, wie bei *Bursch* und *Kamerad,* und Frauenzimmer wurde der Name für eine einzelne und zwar eine feine, gebildete Frauensperson; dieser Gebrauch des Wortes findet sich zuerst bei Opitz in der 1622 geschriebenen *Schäferei:* „Wie nun ein Mensch in einem Bilde die Kunst und nicht das Bild, in einer Pflanze die Frucht und nicht die Pflanze liebet, also müssen wir in einem schönen Frauenzimmer nicht die Gestalt, sondern die Schönheit des

Gemütes erheben und hochhalten.“ Häufig wird diese Bedeutung jedoch erst zwischen 1730 und 1750. *Grimms* Wörterbuch.

Freia, Fria, Frigg. Die germanische Göttermutter entsteht aus der Naturbedeutung der nährenden Wolke, der strahlenden Sonne und der fruchttragenden Erde, namentlich aus der ersten dieser drei Bedeutungen; die Wolkenfrau ist des Sturmgottes Gemahlin; mit ihr sind dann Vorstellungen von den leuchtenden Frauen der Morgenröte und Sonne zusammengeflossen, und die Vorstellung der Wolkengöttin im Getreidefeld bringt sie der Erdgöttin nahe. Dass aber ihre Naturbedeutung früh durch ethische Gedanken vergeistigt worden ist, bezeugt ihr ältester Name, *Frîia*, *Frîa*, *Frêa*, d. h. die Liebende, Freundliche. Neben diesen Namen erscheint aber auch die niederdeutsche, verdichtete Form desselben Wortes, *Frikka*. Sie entnimmt ihre ethischen Züge dem Walten der deutschen *Frau* und *Mutter*, der Herrscherin auf dem Hofe; wie diese spinnt und wirkt und webt sie und hält Aufsicht über die Knechte, Mägde und Kinder. Auf der Hausfrau ruht die Behaglichkeit und das Glück des Hauses. Im Meetsaale sitzt sie, goldgeschmückt, mit leuchtender Augenbraue, des Mannes Bankgenossin, obenan. Vom Rat und Ausspruch der Frauen machte der Germane oft den Beginn des Kampfes abhängig; einzelne Frauen standen als Beraterinnen ganzer Völker in fast göttlichem Ansehen. Schon im 4. Jahrhundert erhielt der sechste Wochentag, *dies Veneris*, nach *Frîa*, den Namen *Frîatac*, *Frigetac*, *Freitag*. Als Göttin der sturmgejagten Wolke erscheint *Frîa* als *wilde Jägerin*, die gleich Wodan zur Zeit der Wintersonnenwende nachts durch die Luft tobt; dann hält sie, wie später im Frühling, einen segnenden Umzug durchs Land. Sie geht von Haus zu Haus und schaut in die Stuben, ob die Mädchen den Flachs vom Spinnrocken gesponnen haben; ist das nicht geschehen, so verunreinigt sie das Gespinst. Gern hält sich die Göttin in Wäldern und unter Weidenbäumen auf; da sitzt sie am stillen See und spinnt und haspelt mit ihrem grossen Daumen, und all ihr Gespinst wird klares Gold. Wie Wodan seiner Gemahlin im Sturme nachjagt, so streift umgekehrt Frau *Frîen*, mit weisser Haube und weissem, langherabwallendem Gewande angethan, weinend und klagend über Berg und Thal, ihren Gemahl oder Freier zu suchen. Ihr eigentlicher Wohnsitz aber ist im Himmel Als Himmelsgöttin trägt sie ein leuchtendes Halsgeschmeide, *Brosingamene*. Sie steht dem Ackerbau vor, wird als Führerin der wilden Jagd, die aus Seelen besteht, Todesgöttin, und wird ausserdem als Göttin der Ehe und der Geburt verehrt.

Ausser dem ältesten Namen *Frîa*, der in Ortsnamen überall in Deutschland und in der Volkssage der Ukermark und der Altmark heute noch fortlebt, führt die Göttin noch Beinamen, unter welchen sie in anderen Landschaften zum Teil mit besonderer Betonung einzelner Züge verehrt wird: In der Priegnitz und in Mecklenburg heisst sie Frau *Hôde* oder *Hauden*, in anderen Teilen der Mark Frau *Hera* oder *Harke*, in Thüringen, Hessen und Tirol *Holda*, im übrigen Oberdeutschland *Bertha*, auf altfränkischem Boden *Hrôdsa*.

Frau *Hôde*, *Hauden* oder *Haue* ist aus *Wôda*, der weiblichen Form von Wôdan entstanden. Ihre Gestalt ist weniger entwickelt als die der *Hulda*, *Holda*, *Holle*. Diese ist eine Frau von wunderbarer Schönheit mit langem, goldgelbem Haar, langem, weissem Gewand und Schleier. Sie sendet als Wolkengöttin Schnee und Regen. Wenn die weissen Schneeflocken fliegen, sagt man, Frau Holle schütte die Federn ihres Bettes oder sie schlage ihren weissen Mantel auseinander. Auf einem prächtigen Schimmel reitet sie über Land und Wasser, Satteldecke und Gezäume mit silbernen Röllchen und Glöckchen besetzt. Ein Gefolge göttlicher Frauen und Jungfrauen, auf Katzen reitend, begleitet sie, oder das wütende Heer. Mit ihrem Gefolge schlägt sie ihren Wohnsitz in Bergen auf, aus denen sie nachts hervorstürmt, um am Morgen zu ihnen zurückzukehren. Das Innere des Berges, eigentlich der als Berg gedachten *Wolke*, die das glanzvolle Himmelsgewölbe bedeckt, sieht aus wie ein grosses, lichterhelltes Gewölbe. Im 15. Jahrhundert wurde dem gelehrten Zuge der Zeit gemäss dieser Berg zum *Venusberg* umgewandelt; hier hält sie durch ihren Zauber den *Tannhäuser* gefangen. Dem Wodan als Friedrich Barbarossa im Kyffhäuser steht Holda als Schaffnerin zur Seite. Wenn die Göttin mit dem wütenden Heere aus ihrem Berge herauszieht, schreitet ein alter Mann mit langem Barte und weissem Stabe voraus, der *treue Eckhart* geheissen (siehe diesen Artikel).

Ein anderer Wohnsitz der Göttin, der ebenfalls von der Wolke seinen Ursprung hat, ist ein *See* oder *Brunnen*. Unter dem Wasser eines Brunnens besitzt Holda einen wunderlieblichen Garten, hier nimmt sie die Seelen der Verstorbenen in Empfang und sendet sie wiedergeboren als Kinderseelen auf die Erde zurück. Das ist der Ursprung der Sage vom *Jungbrunnen* oder *Quickborn* und des Glaubens, dass die neugeborenen Kinder aus dem Brunnen kommen. Hier holt sie der *Storch, Adebar* oder *Odebar*, welcher der Vogel der Freia ist. Vom Himmel herunter, aus den Wolken, bringt der Marienkäfer, das Herrgottspferd, die Seelen der Kinder, er heisst deshalb auch Sonnenkalb, Mondkalb, Sonnenhühnchen, Frauenkühlein.

In Oberdeutschland hat die germanische Göttermutter den Namen *Bertha*, *Perahta*, die Glänzende, angenommen. In ihrem Heere finden sich die Seelen der ungeborenen oder der ungetauft verstorbenen Kinder, in Thüringen Heimchen genannt. Mit diesen sorgt sie für die Fruchtbarkeit der Äcker. Ihr Tag, Perchtentag, fällt auf den 30. Dezember, den 2. oder 6. Januar, also jedenfalls in die Zwölfnächte. Stehende Festspeise in Thüringen ist dann ein Gericht von Fischen und Klössen oder Brei mit Heringen, was als eine uralte germanische Götterspeise galt; an andern Orten sind andere Festspeisen oder -gebäcke als Erinnerung an die alten Opfer gebräuchlich. Insofern die Göttin Bertha den Geist des Sterbenden empfängt, wird sie zur Todesgöttin. Umzüge der Frau Perch sind immer noch in Gebrauch. In der fränkischen Sage wurde Berchta als *Ahnmutter* der Menschheit oder des königlichen Geschlechtes aufgefasst. Bei den Franzosen und Italienern bezeichnet man seit alters das goldene Zeitalter mit dem Ausdrucke: *als Bertha spann*. Später hat sich diese Sage mit der Mutter Karls des Grossen, *Bertrada*, und der Neuburgundischen Königin Bertha vermischt. Als Ahnmutter fürstlicher Häuser geht sie als *weisse Frau*, *weisse Dame* um und verkündet ihren Nachkommen Glück oder Unglück; so in den Schlössern zu Berlin, Ansbach, Baireuth, Neuhaus und Rosenberg in Böhmen. In überaus zahlreichen Sagen wäscht die weisse Frau weisse Wäsche im See oder an Quellen oder in Brunnen und hängt sie bei Sonnen- oder Mondschein auf oder bleicht sie auf der Wiese.

In einigen sächsischen Gegenden hiess die Göttin *Hera*, in der Mark *Herke* oder *Harke*, in Thüringen

Frau *Holle*, im Harz die *Haulemutter* oder die *Klagefrau*, in Tirol Frau *Stempe* oder *Stampa*; Mutter *Rosa* heisst sie in einem Kinderspiel. In Süd- und Mitteldeutschland erscheint die weisse Frau als *Urschel*, *Ursel*, *Orschel*, *Horsel*, *Ursula*, von *us*, brennen, leuchten, weiss oder schwarz gekleidet, immer mit einem grossen Schlüsselbund am Gürtel; sie bewacht Schätze und will erlöst sein; auch den schwarzen Hund hat sie bei sich; bisweilen erscheint sie ohne Kopf. Diese Form der Göttin geht dann auf diejenige der *verwünschten Burgfräulein* über; diese erscheinen einzeln oder zwei, am häufigsten drei, in letzterem Falle oft die eine weiss, die andere halb schwarz, die dritte ganz schwarz; sie berühren sich ausser mit der Himmelsmutter mit der Todesgöttin *Hel*.

Viele Beziehungen und Züge der Freia als Himmelskönigin sind später auf *Maria* übergegangen; auch diese waltet in Donner und Blitz und wirft mit goldenen Kugeln. Die Marienfeste stehen in besonderer Beziehung zum Wetter und zu Heilkräutern, besonders Mariä Kräuterweihe. Schon im Mittelalter wurde Maria um Regen angefleht; der Regenbogen ist der Saum ihres Gewandes, der Schnee das „Ingefieder" ihres Bettes; daher Marienschnee oder Maria im Schnee, *Maria in nive* oder *ad nives* der Name verschiedener, auf Bergen gelegener Wallfahrtskirchen. In vielen Sagen erscheint Maria als Spinnerin. Sie kommt wie Holle um die Weihnachtszeit des Nachts in die Häuser und sieht zu, ob in der Küche alles ordentlich ist. Die volkstümlichen Marienbilder haben wie *Holda* fast alle blondes Haar; ein der Freia gehörendes Farrenkraut heisst Mariengras; Marienflachs deutet auf die Spinnerin. Beiden Frauen, Holda und Maria, ist die Rose geweiht, Maria trocknet ihren Schleier gern auf Rosensträuchern. Der der Hulda gehörende Sommerkäfer, Sonnenkäfer, Sonnenkälbchen heisst auch Marienkäfer, Marienkühlein.

Als „*Christkind*" erscheint die Göttin am Weihnachtsabend zur Seite des Knechtes Ruprecht oder des Niklas oder Josephs, als weissgekleidete, verschleierte weibliche Gestalt; sie heisst auch Engel, Maria, Mutter Gottes, Frau Bertha, Frau Hulda, beschenkt die Kinder mit Äpfeln, vergoldeten Nüssen, oder straft sie mit der Rute. An manchen Orten kommt sie allein.

Auch als *kriegerische Göttin* tritt die Himmelsmutter unter dem Namen *Hilde* auf; in Bayern hiess *Berchta* auch *Hildabertha*.

In der skandinavischen Mythologie tritt die Göttermutter unter dem Namen *Frigg*, *Freyja* und *Idhunn* auf.

Frigg, entsprechend dem deutschen *Frikke*, ist die vornehmste der Asinnen, Herrscherin des Himmels und Odhins Hausfrau. Von ihr und dem Götterkönig ist das Göttergeschlecht entsprungen. Sie weiss alles, was sich begiebt, obwohl sie nicht davon redet. Sie spinnt auf goldenem Rocken. Kinderlose Leute flehen sie um Nachkommenschaft an. Ihre königlichen Dienerinnen sind *Full* oder *Fulla*, welche Friggs Schmuckkästchen trägt, ihres Schuhwerks wartet und teilnimmt an ihrem heimlichen Rate; *Hlin* oder *Hlyn* hat das Amt, die Menschen zu beschirmen, welche Frigg vor Gefahr behüten will; und *Gna* ist die Botin Friggs.

Freyja, got. *Fraujô*, ahd. *frouwa*, mhd. *vrouwe*, nhd. Frau, d. i. die *Erfreuende*, *Frohe*, die *Herrin*, ist ebenfalls nur eine Nebengestalt derselben Göttin. Sie gehört dem Wanengeschlechte an. Sie ist Freys Schwester und Njördhs Tochter. Sie schwebt in Falkengestalt durch die Lüfte oder wird von ihrem Eber mit den lohenden Borsten im Wagen gezogen. Gewöhnlich aber bilden zwei *Katzen* ihr Gespann. Auch *ihre* Brust bedeckt der leuchtende Halsschmuck *Brosingame*. Sie ist Gebieterin der Valkyrien. Während die Himmelskönigin mehr das heilige Leben der Ehe beschirmt, nimmt Freyia sich vorzugsweise der zarten erblühenden Liebe an. Die dritte Gestalt, unter der die Himmelsmutter bei den Skandinaviern erscheint, ist *Idhunn;* in ihr sind die Himmelswasser oder die Wasser überhaupt in ihrer heilkräftigen Bedeutung personifiziert. Sie wohnt in *Brunnakr*, Brunnenfeld, und verwahrt Goldäpfel, deren Genuss den Göttern ewige Jugend und Unsterblichkeit verleiht. Nach *Mannhardt*, Götter, VIII, und *Wuttke*, Aberglaube, § 23 ff.

Freidank heisst oder nennt sich der Verfasser der *Bescheidenheit*, eines mittelhochdeutschen Spruchgedichtes aus der Blütezeit der höfischen Litteratur. Über die Person des Verfassers herrscht Dunkel; Wilhelm Grimm machte den Versuch, die Identität Freidanks mit Walther von der Vogelweide zu beweisen; doch ist seine Ansicht nicht durchgedrungen. Dagegen ist bis jetzt nicht sicher, ob der Name *Freidank* der überlieferte Familienname des Dichters oder ein angenommener Name ist. Für das erstere spricht eine Notiz in dem Buche des Nürnberger Arztes Hartmann Schedel, *Opus de antiquitatibus*, worin der Verfasser erzählt, er sei auf einer Kunstreise um 1466 in Treviso gewesen und habe daselbst das wohlerhaltene Grabmal Freidanks gesehen, mit der Inschrift:

Hye leit Freydanck,
gar on all sein danck,
der alweg sprach und nie sanck.

Doch ist die Identität auch dieses Freydanck mit dem Dichter der Bescheidenheit nicht nachgewiesen. Sicher ist, dass Freidank ein fahrender Dichter aus Schwaben war, der zwischen 1216 und 1240 dichtete und unter anderem Kaiser Friedrich II. auf seinem Kreuzzug begleitete. Das Spruchgedicht trägt den Namen *Bescheidenheit*, d. h. Lebensweisheit:

Ich bin genant Bescheidenheit,
diu aller tugende krône treit.
mich hât berihtet Frîdanc,
ein teil von sinnen die sint kranc.

Zwar im ganzen auf dem Boden mittelalterlicher und ritterlicher Weltanschauung stehend, ist er doch, soweit reiche Lebenserfahrung, Menschenkenntnis, ein scharfes Auge für das Ganze es gestatten, ein freier Denker, der überall von der zufälligen, konventionellen Form des Denkens, Glaubens, Handelns, des gesellschaftlichen Lebens und Treibens der Zeit den tieferen Grund bleibender Wahrheit zu erkennen trachtet und sich vornehmlich deshalb als geistiger Genosse Walthers von der Vogelweide kundgiebt. In wenig zusammenhängenden Einzelsprüchen und Reimpaaren, die sich nur zuweilen häufen, bespricht er alle möglichen Verhältnisse von den Dingen dieser und jener Welt; von Gott und Natur, Himmel und Erde, Staat und Kirche. Spätere Handschriften haben die Sammlung in kleinere Abschnitte geteilt, welche folgende Überschriften tragen: *von gote, von der messe, der sêle, den menschen, den juden, den ketzern, wuocher, hochvart, werlde, sünden, rîchen und armen, triuwe und untriuwe, dieben, spile, dieneste, rechte und unrechte, edele und tugende, alter, blinden, konege, gewinne und guote, sorgen, arzâten und siechen, nîde, lobe, scheltenne, gesellen, zorne, himelrîche und helle, pfaffen, künegen und fürsten, wîsen und tôren, milten und kargen, êre, trunkenheit, friunden, minne und wîben, erkantnisse, hunger, wâne, guot und übele, unkünde, tieren, schatz und pfenning, Rôme, Akers, zungen, liegen und triegen, endekrist, Gotes gebote, tôde, jungester tac, gebet.* Es ist ein seltener, wahrhaft erquickender Reichtum an Sprüchen der Weisheit, den besten Spruchgedichten alter und neuer

Litteraturen würdig an die Seite zu stellen. Über die Quellen der Dichtung und über die Art ihrer Benutzung gehen die Erklärer auch auseinander; während die einen die Bescheidenheit als ein planvoll gearbeitetes Gedicht rühmen, sehen andere in ihm bloss eine Kompilation von Bibelsprüchen, Distichen Catos, Fabeln des Äsop, Stellen aus den Etymologien des Isidor, antiken Schriftstellern, Seneca, Ovid, Horaz, Virgil, Cicero, Plautus; auch zeitgenössische Dichter, wie Heinrich von Mölk, den Welschen Gast, Winsbeke und Walther soll er reichlich ausgeschrieben haben; Freidank habe nur eine Blütenlese des Besten geben wollen, was ihm von Maximen und Reflexionen aus alter und neuer Zeit bekannt war und in das er den eigenen Vorrat einwob. In jedem Fall aber bliebe dem Dichter die Form, durch die er diesen Vorrat erst dem Volke und seiner Zeit nahe brachte, und der *freie Gedanke*, die freie Lebensauffassung, die den geistigen Kern des Ganzen bildet; er entkleidet gleichsam die einseitige Denkweise der geistlichen und der höfischen Dichter ihres besonderen Gewandes und bildet aus ihr eine Lebensweisheit des Volkes; daher denn auch das Buch den Untergang der höfischen Bildung um Jahrhunderte überdauert hat. Das Gedicht hat sehr zahlreiche Handschriften veranlasst, ist ins Niederdeutsche, ins Niederländische, ins Lateinische übertragen worden. Sebastian Brant hat es 1508 in erneuerter Form zum Drucke gebracht; der Name Freidank wurde als besonders ehrenvoll auf ähnliche Dichter nach ihm übertragen. Noch Rollenhagen hat im Froschmäuseler den Freidank benutzt. Erst im 17. Jahrhundert verschwindet seine Spur. Ausgaben von Wilhelm Grimm und von Bezzenberger.

Freie Künste, die Übersetzung von *artes liberales*, sind ursprünglich diejenigen Künste, deren Studium den Kindern des Freien notwendig ist. Erst in der letzten Zeit der römischen Bildung, besonders durch *Marcianus Capella* in seinem Buche *De nuptiis philologiae et Mercurii*, und durch *Boethius*, beide im 5. Jahrhundert lebend, wurden die Objekte der elementaren und höheren Bildung in derjenigen schulgerechten Ordnung zusammengestellt, welche durch das ganze Mittelalter hindurch die herrschende blieb. Die *septem artes liberales* zerfielen darnach in das *trivium*, welches den unteren Kurs umschloss und aus Grammatik, Rhetorik und Dialektik bestand, und in den oberen Kurs des *quadrivium* mit Arithmetik, Musik, Geometrie und Astronomie. Der *versus memorialis* heisst:

Lingua, tropus, ratio, numerus, tenor, angelus, astra.

Ein *Magister artium liberalium* war eben ein Lehrer oder Meister der sieben freien Künste, und die Fakultät, welche dieselben lehrte, hiess Artistenfakultät. Im früheren Mittelalter hiessen sie die *siben liste frîe*. Die sieben freien Künste wurden oft abgebildet, z. B. im *Hortus deliciarum* der Herrad von Landsberg; Fig. 57 stammt aus der *Margaritha philosophica* des Karthäusers *Gregor Reisch*, Ende des 15. Jahrh., worüber man den Artikel *Schulwesen* vergleiche, gegen Ende.

Freier Stand. Zu Tacitus Zeit teilt sich das Volk der Deutschen in drei Stände: *Adlige, Freie* und *Hörige*. Der Hauptteil und die Kraft des Volkes, die wahren Volksgenossen, sind die *Freien;* der Name *frei* geht durch alle deutschen Zungen, daneben *frîman, frîhals* und bei den Sachsen *frîling*. Die Geburt von freien Eltern gab die Freiheit; doch mochte der Herr seine mit einer Sklavin erzeugten Kinder wie seine echten Kinder halten. Der umgekehrte Fall dagegen kam in germanischer Zeit nicht vor; eine freie Mutter, die von einem Knechte Kinder gewann, verfiel der schmählichsten Todesstrafe oder Knechtschaft.

Fig. 57. Aus der Margarita philosophica.

Zur Freiheit gehört notwendig *eigener Grundbesitz.* Der Freigelassene blieb ein Höriger. Äusseres Kennzeichen des Freien ist das lange, lockige Haar, Knechte und Unmündige hatten ihr Haar zu scheren. Jeder Freie hat das Recht, unbehindert zu *gehen, wohin er will,* es folgt ihm kein Herr nach, der ihn zurückverlangen darf, *er ist nicht an die Scholle gebunden.* Das Wergeld wird nach demjenigen des Freien gemessen: der Lite oder Freigelassene hatte das halbe, der Adlige das doppelte Wergeld des Freien. Zum Rechte der Freien gehört das *Waffenrecht*; seine Waffen legt der Freie von der Wehrhaftmachung an bis zum Tode nicht wieder ab, sie folgen ihm sogar ins Grab. Schwert und Lanze gelten als Zeichen der Freiheit. Die Waffen strecken heisst sich der Freiheit begeben. Ein weiteres Recht und zugleich Pflicht des Freien ist *Teilnahme an Volksversammlung* und *Gericht.* Der Freie kann seine Freiheit preisgeben, z. B. durchs Spiel.

Infolge der Völkerwanderung und namentlich infolge der staatlichen Neubildungen durch die Gründung des Frankenreiches verwischte sich die frühere strenge Scheidung zwischen Freien und Unfreien und es bildeten sich eigentümliche Übergänge und Zwischenstufen. Knechte wurden waffenfähig und stiegen dadurch bei dem Könige oder vornehmen Herrn zu Ansehen und Einfluss, die Zahl der Freigelassenen vermehrte sich, römische Stände mittlerer Freiheit fanden bei den Deutschen Eingang und Verbreitung; Freigeborene traten in Abhängigkeit und Dienst zu anderen, lebten in ihrem Haus und empfingen von ihnen Land zu Lehen. Aus der Zahl der Freien steigt eine Anzahl durch Macht und Reichtum über die früheren Standesgenossen empor. Hauptsache für den Freien bleibt aber immer der freie Grundbesitz. An letzteren knüpft sich auch jetzt noch die Teilnahme an den gerichtlichen Geschäften, nur dass jetzt das alte Recht in einen Zwang verwandelt ist. So war auch der freie Grundbesitzer allein zur Heeresfolge verpflichtet.

In der Karolinger-Zeit geht der Umwandlungsprozess der Stände noch rascher von statten; Freiheit mit freiem Grundbesitz verbunden, ist so selten geworden, dass man einen Besitzer desselben *nobilis* nennt; der gewöhnliche Name für diesen Stand ist aber *boni homines;* sie allein konnten zu *Schöffen* herangezogen werden; aber auch die Gau- und Schöffengerichte wurden von den zahlreichen anderen Gerichten mehr und mehr verdrängt. Ebenso ist unter den Karolingern der Heerdienst zwar noch eine allgemeine Pflicht des grundbesitzenden Freien, aber schon jetzt waren zahlreiche Männer vorhanden, die ohne Freiheit und Grundbesitz ihrer persönlichen Stellung zufolge zum Waffendienst verpflichtet waren, und die Reiterei machte schon unter Karl dem Grossen einen ansehnlichen Teil des Heeres aus; diese aber bestand nicht aus den gewöhnlichen Freien, die den Heerbann zu leisten hatten.

Immer mehr traten an Stelle der durch Geburt und Grundbesitz bedingten Freiheit andere Verhältnisse, welche die Bedeutung und den Wert eines Mannes bedingen: die Stellung im Reich und zu den verschiedenen Gewalten desselben, der Besitz von Ämtern, Rechten uud Gütern, der Dienst, den man leistet, der Beruf, den der einzelne betreibt, das Leben in einer Stadt oder auf dem Lande. Zwar wird der Unterschied von Freien und Knechten noch immer gemacht, besonders in Rechtsgeschäften; aber andere Unterschiede, wie der zwischen Adligen und Unadligen, Bürgern und Bauern, Rittern und Kaufleuten, sind gebräuchlicher und dem Geist der Zeit angemessener. Doch war die Zahl der Freien noch im 11. Jahrhundert sowohl in den Städten als auf dem Lande keine geringe; es überwog aber die Zahl der Halbfreien und der Unfreien dergestalt, dass vielfach altbewahrte Freiheit den Inhaber in den Stand des Adels erhob; dieses ist der Ursprung desjenigen Adels, der sich mhd. *vrî* nannte, später *Freiherr.* Die nicht adlig gewordenen echten Freien heissen im Sachsenspiegel die *Schöffenbarfreien, scepenbûre vrîe,* im Schwabenspiegel die *Mittelfreien, mittelvrîe,* doch ist diese Klasse in beiden Spiegeln schon im engen Zusammenhang mit dem Lehnswesen gedacht. Nur in einzelnen Gegenden, wie in Westfalen, bei den Ditmarschen, in der Schweiz, erhielten sich echte freie Bauern bis über die Lehnsverfassung hinaus und vermochten ihren althergebrachten Stand bis in die staatlichen Neubildungen des ausgehenden Mittelalters zu retten. Die Litteratur des höfischen Mittelalters braucht das Wort *vrî* fast bloss mit abstrakten Objekten: *alles übels, der sünden, armüete, der êren, vreuden, guoter sinne, des lebens, vor missewende, vor valsche vrî* u. dgl. So ist auch das Wort *Freiheit, vrîheit* im Mhd. selten; wo es vorkommt, wird es meist nicht in gesellschaftlicher oder rechtlicher Beziehung gebraucht, sondern entweder als *Stand des Freien,* häufiger aber als Privilegium oder Immunität, als gefreiter, aus einer grösseren Herrschaft abgetrennter Herrschaftsbezirk oder als Asyl. Freiheit im Gegensatz zu Knechtschaft und Unterwürfigkeit scheint als Übersetzung von *libertas* erst durch Luthers Bibelübersetzung aufgekommen zu sein; daher die Bauern eine so grosse Freude an dem neuen Worte bezeugten.

Freiherr. Das Wort kommt erst im 15. Jahrhundert vor. Sachlich ist der Freiherr der adlig gewordene alte Freie, welcher, ohne durch das Reichsamt eines Herzogs oder Grafen ausgezeichnet zu sein, in den Stand des Adels eingetreten war; Freie, die nicht adlig geworden, also freie Bauern geblieben waren, wurden, weil sie des Titels *Herr* entbehrten, auch keine freien Herren. Sie benennen sich durch Nachsetzung des Adjektivs *vrî* hinter ihren Geschlechtsnamen, z. B. *Walther von Klingen vrî.* Sie sind also die unterste Stufe der echten, alten, in den Ritterstand gehobenen Freien und wohl zu unterscheiden vom Dienstmannenadel oder den Ministerialen, die des Namens *vrî* entbehren und unter Dienstmannenrecht stehen, während jene ihren Gerichtsstand unmittelbar vor dem Kaiser im Reichsgericht hatten. Durch Erwerbung einer gräflichen Gerichtsbarkeit oder auch nur eines Teiles derselben setzten sich viele, die nie wirkliche Grafen gewesen waren, in den Stand, sich Grafen zu nennen, was besonders im 15. und 16. Jahrh. geschah. Siehe übrigens den Artikel *Adel.*

Freimaurerei. Der Name Freimaurer stammt aus dem Englischen, in welcher Sprache *freemason* derjenige heisst, der den *free stone,* den freistehenden oder den Quaderstein bearbeitete, also der *Steinmetz,* gegenüber dem *rough mason,* der den *rough stone,* den rohen oder den Bruchstein bearbeitete, oder dem *Maurer.* Die *freemasons* bildeten aber in England nicht wie in Deutschland geschlossene Brüderschaften, sondern sie standen nur als das hervorragendste Glied in der grösseren Genossenschaft der *Masonen* oder Bauhandwerker. Das hauptsächlichste Ziel der gemeinsamen Bestrebungen und Versammlungen der Masonen war die Verbesserung ihrer materiellen Lage. Die Handwerksgebräuche, Zeichen und Griffe standen unter dem Siegel des Geheimnisses. Ihre einzige Wissenschaft war die Baukunst, von ihnen Geometrie genannt. Die älteste bekannt gewordene Konstitution ist zwischen 1429 und 1445 geschrieben. Wie die deutschen Bauhütten, erlagen im 16. Jahrhundert die englischen Masonen einem allmählichen Siechtum. Als dann im Beginn des 17. Jahrhunderts der italienische Baustil in England unter den höheren Ständen Aufnahme und Pflege fand und es notwendig war, die Baugewerke in die Erfordernisse des neuen Stiles erst einzuführen, so liessen sich vornehme und reiche Bauliebhaber förmlich in die Zunft der Masonen aufnehmen. Dennoch fielen die Bauhütten oder Logen, nach ital. *loggia*, franz. *logis*, engl. *lodge*, bald wieder in tiefen Verfall, und erst im Jahr 1716 entwickelte sich aus dem Institute ein neues Leben, das Freimaurertum.

In diesem Jahre vereinigten sich nämlich die vier noch allein in Südengland bestehenden Londoner Logen zu einer gemeinsamen Vereinigung, Grossloge genannt, die unter einem Grossmeister stand. Die Grundlagen der Verfassung, der Handwerksgebrauch und das Siegel der Verschwiegenheit wurden beibehalten, im Übrigen aber der Vereinigung ein wesentlich humanes Ziel gegeben. Die Maurer verpflichteten sich zu derjenigen Religion, in welcher alle Menschen übereinstimmen, und belassen ihnen selbst ihre *besonderen* Meinungen. Geboten wird der Gehorsam unter die bürgerliche Gewalt, und die Revolution verabscheut, doch dass um der letzteren willen kein Bruder aus der Loge verbannt sein soll. Alle Dispute über Religion oder Politik werden aus der Loge verwiesen und die brüderliche Liebe als die Grundlage und der Grundstein, der Kitt und der Ruhm dieser alten Brüderschaft bezeichnet und treuer, brüderlicher Beistand empfohlen. Die hervorragendsten Stifter des Bundes waren *Johann Theophilus Desaguiliers*, aus einer geflüchteten französischen Hugenottenfamilie abstammend, Doktor der Rechte und als berühmter Physiker Mitglied der königlichen Sozietät, und *Jakob Andersohn*, ein anglikanischer Prediger.

Es ist kein Zweifel, dass die Gesellschaft der Freimaurer ihre Entstehung und sehr schnelle Verbreitung dem durch den Deïsmus in England verbreiteten Streben nach einer Überbrückung des konfessionell-religiösen Zwiespaltes verdankt, dem Suchen nach einer natürlichen, auf Tugend und Menschlichkeit gebauten Religion. Die Stifter waren aber selbst keine Deïsten, und die Anlehnung der Gesellschaft an den hohen und höchsten Adel und das Verbot, über Religion und Politik zu disputieren, lassen vermuten, dass der Geist der Gesellschaft nichtsdestoweniger ein mehr konservativer war. Die hervorragendsten Träger und Verteidiger der freien Bildung und Forschung gehörten nur ausnahmsweise dem Orden an, der dadurch, dass er die freie Bildung in bestimmte Formen band, von vornherein in einen gewissen Widerspruch mit ihr trat. Daher das auch von Lessing wiederholte Wort, man könne Freimauer sein, ohne Freimaurer zu heissen.

Die weitere Geschichte des Freimaurerordens hat es darum auch viel weniger mit Errungenschaften geistiger Natur zu thun, als mit innern Streitigkeiten und Kleinlichkeiten, die an das erinnern, was innerhalb kirchlicher Gesellschaften vorzugehen pflegt; es handelt sich um die Wahl von adligen Grossmeistern, um geschäftliche Verhandlungen, um Schmausereien oder Tafellogen, um Verwaltung des Armenfonds, dessen Ergebnisse meist bloss den Brüdern zu gute kamen. Schon früh erregte der Bund die Besorgnisse von Staat und Kirche, der protestantischen wie der katholischen. Clemens XII. that 1738 die Brüderschaft in den Bann; in Spanien und Portugal wütete gegen sie die Inquisition.

Der Name, den die Gesellschaft in England anfangs annahm, war *Brüderschaft*, *company*, *fraternity*; sie beschränkte sich auf die drei Stufen oder Grade des Lehrlings, Gesellen und Meisters. Erst in Frankreich wurde die Brüderschaft zum

Orden und bekam über den genannten niederen, sog. Johannisorden, — von den beiden Patronen des Bundes, dem Täufer und dem Evangelisten so genannt — noch höhere Ordensgrade. Bis zur Revolution hatte die französische Maurerei zwei mystisch-phantastische Richtungen zu überwinden, deren eine sich als Wiederaufleben des Templerordens geberdete, deren andere sich an die Alchymie, Magie, Geisterbeschwörung anschloss und den berüchtigten Cagliostro zu ihren Adepten zählte. Auch die deutsche Maurerei blieb von solchen Ausschreitungen nicht verschont; der französische Templerorden nahm hier die Bedeutung und den Namen der *strikten Observanz* an; auch an Betrügern, Goldmachern u. dgl. fehlte es nicht. Ein solcher gründete 1773 den *Orden der Rosenkreuzer*, dessen Ableger wiederum der *Orden der asiatischen Brüder* und der der *Kreuzbrüder* oder *Kreuzfrommen* waren; ähnliche Bedeutung hat der von Adam Weisshaupt, Professor des kanonischen Rechtes zu Ingolstadt, 1776 gegründete *Illuminatenorden*, welcher in seiner Organisation dem Jesuitenorden nachgemacht ist und gegen unten auf die Studierenden, gegen oben auf die Obrigkeiten wirken sollte. Nach *Steitz* in Herzogs Realencyklopädie. Vgl. auch *Hettner*, Engl. Litteratur, Buch II, Abschnitt I.

Friede, ahd. *fridu*, mhd. *vride*, zu got. *frijôn* = lieben, wozu auch *Freund* gehört. Friede ist nach ältester Auffassung sowohl die ungestörte Ruhe, der Gegensatz von Feindschaften, welche Hass und blutige Verfolgungen, Fehde entzünden, daher Freyr der Gott des Friedens heisst; als dasjenige, was diesen Frieden erhalten und wenn er gebrochen ist, ihn wiederherstellen soll, also der geordnete und gesicherte Zustand unter der Herrschaft des Rechtes. Friede ist daher mit *Recht* gleichbedeutend, nur dass bei Recht mehr die Beziehung auf den Einzelnen hervortritt. Wer im Frieden des Volkes war, dem war dadurch sein Recht gesetzt und gewahrt, er konnte, wenn er sich für beeinträchtigt hielt, die Hilfe des Gerichtes in Anspruch nehmen; durch die Verletzung des Rechtes des Einzelnen war zugleich an ihm der Friede Aller gebrochen. Gemeindeverbindung und Opfergenossenschaft stand in *einem* Frieden und *einer* Freundschaft.

Eine Erweiterung des Friedens fand statt, wenn Handlungen, die bisher nicht als Friedensbrüche galten, durch Ausdehnung der Unverletzlichkeit oder Setzung eines besonderen Friedens diese Eigenschaft erhielten. Dieses geschah in Beziehung auf Personen z. B. fremden Stammesgenossen, in Beziehung auf Sachen den Pflügen und Mühlen gegenüber. Eine Erweiterung des Friedens war es auch, wenn dieser als wirksam auch da anerkannt wurde, wo er durch eine Handlung verwirkt worden war. Dies war der Fall, wenn die Befugnis und das Recht, Rache an einem Missethäter zu üben, ausserordentlicherweise beschränkt wurde; es geschah dies entweder durch ein Gelöbnis der Partei oder durch einen Befehl des Richters, oder wenn der Verletzer sich zu Recht zu stehen erbot. Dieser Friede war nur ein *zeitweilig wirkender*, eine Art Waffenstillstand; *ein beständiger Friede* aber wurde gelobt, wenn eine Streitigkeit von grösserer Bedeutung, besonders durch den Totschlag eines Verwandten verursacht, durch Erlegung einer Busse oder eines Wergeldes ausgeglichen war; ein solcher Friede geschah durch eidliche Zusicherung beider Parteien, im fränkischen Reiche durch Ausstellung besonderer Urkunden.

Höhere Frieden sind solche, die eine verstärkte Unverletzlichkeit nicht bloss für Einzelne, sondern für Alle wirkten. Ein solcher Friede war durch Ort, Zeit oder andere Umstände bedingt. Die besonderen Arten des höheren Friedens sind:

a) Der *Dingfriede*. Es ist derjenige Friede, der ursprünglich in den hohen Festzeiten herrschte, wenn die grossen Volks- oder Landesversammlungen gehalten wurden, die zum Opfer, zum Gelage und zur Beratung wichtiger Angelegenheiten und Entscheidung von Streitigkeiten dienten. Dann weilte, obschon unsichtbar, die Gottheit selbst unter den Menschen, ein heiliger Gottesfriede herrschte im ganzen Lande. Tacit. Germ. 40. Dieser Gottesfriede wurde auch nach Einführung des Christentums auf die gebotenen Dinge, die Volksgerichte, übertragen, er wurde zum *Dingfrieden*. Es war dies ein bei jedem Gerichte herrschender, vom Gerichtsvorstand in einer üblichen Form besonders verkündeter Gerichtsfriede. Er umfasste nicht bloss die Gerichtsstätte, sondern auch diejenigen, die zum Dinge gingen oder von dort nach ihrer Heimat zurückkehrten. Schon früh war der höhere Friede der Dingversammlungen auf andere Zusammenkünfte, Hochzeiten, Leichenfeiern, Versammlungen von Genossenschaften, ausgedehnt worden; für Märkte entstand der *Marktfriede;* ähnlicher Natur war der *Friede für die christlichen Festzeiten.*

b) Der *Heerfriede* war ursprünglich derselbe wie der Gerichts- oder Dingfriede, da das versammelte Volk zugleich Gerichtsversammlung und Heerversammlung war. In seiner Mitte waltete Gottesfriede, es zog aus unter dem Schutze des schlachtenlenkenden Gottes, heilige, den Hainen der Götter entnommene Zeichen vor sich her tragend. Wer den Frieden brach, wurde von der Hand des Priesters ergriffen und fiel ihr zum Opfer. Auch unter dem Christentum blieb der für die Heerführung durchaus notwendige Heerfriede zu Recht bestehen. Die Volksrechte bestimmen für jede Tötung oder gewaltsame Missethat auf der Heerfahrt drei- bis neunfache Busse, od. Lebensstrafe, Verbannung u. s. w.

c) Der *Heimfriede*. Es war ohne Zweifel urgermanischer Rechtsgrundsatz, dass jedermann in seiner Heimat friedheilig sein sollte. *Grid*, Friede, bezeichnet altnordisch auch das Haus. Auch der Hausfriede hängt vielleicht ursprünglich mit der Religion zusammen, da neben dem Hochsitz die Bilder der Götter standen. Der Hausfriede sollte gegen gewaltsames Eindringen in die Behausung und gegen Verübung von Gewaltthätigkeiten an Personen und Sachen sicher stellen. Auch dem Verbrecher gewährte sein eigenes oder ein fremdes Haus, wenn der Hausherr es gestattete, eine gewisse Sicherheit, die zwar ohne Zweifel an das Mass einer bestimmten Zeit oder an andere Bedingungen geknüpft war. Die im engeren Sinne befriedete Heimat war das Haus mit dem eigentlichen Hofe. Auch einer Vereinigung von Häusern und Höfen, wenn diese durch Umzäunung oder Umwallung ein Ganzes bildete, kam der Hausfriede zu.

d) *Acker- oder Frühjahrs- und Herbstfriede.* In den Zeiten, welche besonders zur Bestellung des Feldes dienten, genoss der Germane eines höheren Friedens; nicht bloss wurden daher Handlungen, wodurch dieser Friede gebrochen wurde, besonders geahndet, sondern man sollte während der Dauer desselben nicht einmal im Wege Rechtens Ansprüche verfolgen können, damit der Landmann nicht in seiner Arbeit gestört würde. Ein derartiger, ebenfalls *während einer gewissen Zeit* dauernder Friede waltete, wenn der Heerbann ausgerückt war, für die Hinterbliebenen.

e) Der *Kirchenfriede*. Die Heiligkeit der altgermanisch-heidnischen Haine, Tempel, Feste ging auch auf die christlichen Gotteshäuser über. Dieser Friede war ein *Friede des Ortes*, der deshalb nicht bloss durch Verletzung der Kirche und der zu derselben gehörigen Gegenstände selbst, sondern auch durch einen Frevel an Personen verletzt wurde, welche sich an der heiligen, Schutz verleihenden Stätte befanden. Als räumliche Grenze der befriedeten Stätte galt die Kirche, der Kirchhof und dazu noch ein gefriedeter Umkreis von einer gewissen Anzahl, z. B. 30 oder 40 Schritt; je nach der Grösse und Bedeutung der Kirche wurde ihr ein mehr oder wenig hoher Friede beigelegt, der in der Höhe der Friedensstrafe Ausdruck fand.

f) Der *Königsfriede*. Von jeher hatte der König Anteil an der Erhaltung des Friedens, da er der Vorstand und Leiter der Volksversammlung war, in welcher über die Erhaltung des Friedens beraten und über Friedensbrecher gerichtet wurde. Mit der Ausbildung der persönlichen Königsgewalt verwandelte sich der *Volksfriede* in einen *Königsfrieden*. Vom Könige wurden die Vorsteher der Gerichte ernannt, von ihm ging der Blutbann aus; Friedensgelder und verfallene Güter des Friedensbrechers fielen vorzugsweise dem Könige zu. Und zwar war dieses sowohl beim Gemeinfrieden als bei dem *höhern Frieden* der Fall; doch fand ein unmittelbares Eingreifen und Einwirken des Königs besonders bei dem letzteren statt; bei der Verletzung eines höheren Friedens sowie bei jeder gröbern Rechtsverletzung erschien der König unmittelbar beteiligt, das Ansehen seiner Gebote verletzt. Bruch eines höheren Friedens war daher *Königsfriedensbruch*, und der Begriff der *verschiedenen* höheren Frieden ging fast ganz in den eines Königsfriedens auf, sowohl der Kirchenfriede, da der König der Beschützer der Kirche war, als der Dingfriede, da die Dinge unter des Königs besonderer Obhut standen, als der Heerfriede; Märkte und später Städte konnten nur mit Bewilligung des Königs gegründet werden, da dazu sein Friede gehörte. Die Kirche beförderte und befestigte diese Ansicht und machte die Bewahrung des Gottesfriedens zur ersten Pflicht des Königs. Ein besonderer Ausdruck derselben war der *Friede der Witwen, Waisen* und *Wehrlosen*, den die Lehrer der Kirche dem Könige besonders und die Könige hinwiederum ihren Beamten ernstlich anempfahlen.

Der König konnte aber seinen Frieden zeitweilig oder dauernd auch einzelnen Personen geben, ursprünglich in Beziehung auf eine bestimmte schwebende oder beendigte Rechtssache, später einzelnen wie ganzen Klassen von Personen ein für allemal; ein Königsfriede im engeren Sinne aber war derjenige Friede, der an jedem Orte waltete, in welchem der König bleibend oder vorübergehend weilte; auch die Königshöfe halten daher das Asylrecht, ja selbst der Stadt und der Provinz, in der der König sich aufhielt, teilte sich sein höherer Friede mit. Unter dem Königsfrieden stehen auch diejenigen, die, um ein öffentliches Geschäft zu vollführen, vom Könige abgesendet werden.

Jedes wahre Unrecht war dem echten Wesen des Friedens zufolge ein *Friedensbruch*, ein *Verbrechen*, das letztere Wort zwar erst seit dem 17. Jahrh. bekannt. Man unterschied aber die wahren, Friedlosigkeit nach sich ziehenden Friedensbrüche, und die, welche für den Missethäter nur die Notwendigkeit erzeugten, sich eine neue Anerkennung seines Friedens zu erwerben, ohne dass er, bis dies geschehen war, als ein gleichsam durch die That Friedloser behandelt werden konnte; die letzteren könnte man im Gegensatze zu den *Friedensbrüchen Rechtsbrüche* nennen; sie ziehen bloss *Bussen* nach sich. Der Umfang der eigentlichen Friedensbrüche war im altgermanischen Recht bedeutend grösser, der der Rechtsbrüche kleiner, als in späterer Zeit.

Friedlosigkeit ist dem Grundgedanken nach eine durch Verschuldung, gleichsam durch einen Treubruch begründete Ausschliessung aus der Friedens- und Rechtsgemeinschaft, welche dem davon Betroffenen nicht nur den Rechtsschutz entzog und ihn in die Lage eines völlig Fremden versetzte, sondern ihn als Feind seines Volkes und des Königs bezeichnete. Der Friedlose konnte busslos von allen und jedem erschlagen werden; die Friedlosigkeit näherte sich also der Todesstrafe; allmählich ging sie aber mehr in Landesverweisung über. Nur eine Wirkung der Friedlosigkeit war es, dass niemand mit dem Friedlosen Verkehr haben, ihn beherbergen, speisen durfte, bei Strafe eigener Friedlosigkeit. Mit der Friedlosigkeit war in der früheren Zeit die *Einziehung des ganzen Vermögens* verbunden, ja selbst die Spur und und das Andenken des Friedlosen aus der Gemeinde wurde durch die Zerstörung, durch das Niederbrennen seiner Wohnung getilgt. Mit der Zeit wurde die Friedlosigkeit in ihrer Anwendung mehr und mehr beschränkt, die Flucht aus dem Lande z. B. erleichtert, die Einziehung des Vermögens nur auf das unbewegliche Gut bezogen, und die Strafe der Friedlosigkeit löste sich in ihre Bestandteile auf, so dass als selbständige Strafen Todesstrafe, Verbannung und Einziehung des Vermögens daraus hervorgingen. Nach *Wilda*, Strafrecht, IV.

Friedhöfe. ahd. *frîthof*, mhd. *vrîthof* = der zur *Schonung* und Sicherheit vor einem und um ein Gebäude eingefangene Raum, der Vorhof; dann erst Vorhof der Kirche als öffentlicher *Schutzort* geflüchteter Verbrecher, endlich schon im Althochdeutschen Kirchhof, Gottesacker. Das Wort *frît* kommt von ahd. *frîten* = begünstigen, welches hinwiederum mit *Friede* und *Freund* wurzelverwandt ist. Althochdeutsch sagte man auch *frîtgadem*. — Friedhöfe hat man aus merowingischer Zeit noch zahlreiche erhalten; sie bezeichnen neben den eigentlichen *Grabhügeln* die älteste Bestattungsstätte der Germanen nach der Völkerwanderung. Sie bestehen aus einfachen Erdgräbern, welche in mehr oder minder regelmässige Reihen geordnet sind. Die Gräber, meist in einer Tiefe von 3 bis 8 Fuss, haben ihre Richtung von Abend gegen Morgen mit 4 bis 5 Fuss breiten Zwischenräumen. Am Mittelrhein haben nahezu alle Dörfer, die überhaupt als sehr alte Niederlassungen anzusehen sind, auch ihre fränkischen Gräber, und ein Umkreis mit dem Durchmesser von 2 bis 3 Wegstunden umfasst oft 8 bis 10 zum Teil ansehnliche Friedhöfe. Die grössten *Totenfelder* in Deutschland sind auf bayerischem und alemannischem Gebiete entdeckt worden, das bayerische bei Friodolfing an der Salzbach wird auf 3000—4000 Tote berechnet, das alemannische bei Nordendorf, 7 Stunden von Augsburg, ergab bis jetzt 362 Gräber. Zur Zeit der ersten Entdeckungen dieser Friedhöfe glaubte man der zahlreichen Waffenfunde wegen dieselben für Schlachtfelder und für die Bestattungsorte der Gefallenen erklären zu müssen; aber die gleichmässige Beisetzung von Männern, Frauen und Kindern, die Ausstattung der Toten mit ihrem vollen Schmucke und mit allen Arten Gefässen bewies, dass man bloss eigentliche Friedhöfe vor sich habe.

Im Mittelalter kamen die Namen *Kirchhof*, *Leichenhof*, *Lichhof*, im 14. Jahrh. *Gottesacker* auf. Ursprünglich hatte jede Stadt und jedes Dorf nur eine einzige Begräbnisstätte, den Friedhof der Haupt- oder Pfarrkirche; allmählich erlangten Klöster und Spitäler das Recht, auf ihrem Grund und Boden besondere Begräbnisstätten haben zu dürfen. Die Friedhöfe waren heilige, kirchlich eingeweihte Stätten; die im Bann oder während des Interdiktes Gestorbenen, die das Sterbesakrament nicht empfangen hatten, die tot Aufgefundenen, die Selbstmörder wurden nicht auf dem Kirchhofe bestattet. Ausser den Friedhöfen wurde auch der Boden der Kirchen als Grabstätte benutzt, anfänglich jedoch bloss für die Geistlichen; später namentlich für solche Laien, die sich durch Schenkungen um die Kirche verdient gemacht hatten. Solche Kirchengruften wurden nachher Erbbegräbnisse. Bei Seuchen u. dgl. wurde zuweilen das Begraben in den Kirchen auf eine gewisse Zeit verboten.

Die Friedhöfe der Dorfkirchen hatten im Mittelalter oft deshalb eine strategische Wichtigkeit, weil die Dorfkirchen meist auf dem höchsten Punkte des Terrains lagen und ihr Friedhof der einzige mit einer Mauer umgebene Raum des Dorfes war. Der Friedhof war deshalb die Zufluchtsstätte für die Dorfbewohner und oft die Stätte blutigen Kampfes, z. B. bei Döffingen. Zwar die Kirche that auch gegen diese Benutzung des Friedhofes Einsprache, aber vergebens.

Die Friedhöfe dienten auch für gerichtliche Handlungen, die mitunter auch in Kreuzgängen und in den Kirchen selbst vorgenommen wurden; diese Einrichtung hat sich mancherorts darin erhalten, dass nach dem Gottesdienste von der Empore herab obrigkeitliche Erlasse bekannt gemacht und vor der Kirche auf dem Kirchhof Gemeindeversammlungen abgehalten werden. Sogar zum Feilhalten von Waren dienten mitunter Kirchhöfe und Kreuzgänge.

Zur Aufbewahrung der ausgescharten Totengebeine war das *Beinhaus* bestimmt, mhd. *beinhûs*, oder der *Kerner*, *Kernder*, *Karner*, *Gerner*, altfranz. *carner*, franz. *charnier*, lat. *carnarium*, manchmal auch *Totenhaus* genannt; es bestand zuweilen aus einer unterirdischen Gruft und der darüber erbauten Kapelle.

Sowohl einzelne Familien als einzelne Brüderschaften besassen besondere Grabstätten auf dem Friedhof. Die *Grabsteine lagen* in der Regel. Früh kommt die Inschrift *Requiescat in pace* und auf den Grabsteinen von Geistlichen der Kelch vor. Ein hölzerner Schild mit dem Wappen des Verstorbenen hiess *Leichenschild* oder *Leichenscheibe*. Auch Kruzifixe auf Gräbern sind alt. *Lindenschmit*, Altertumskunde 90, und *Kriegk*, Bürgertum II, Abschn. 5.

Frô, Freyr. Die nordische Mythologie kennt einen leuchtenden Gott, mit seligem Sitz, Namens *Freyr*, aus *Fravis*, d. h. der Erfreuende, Frohe, der Herr. Er entspross dem Stamme der *Wanen*. Er waltet über dem Regen und Sonnenschein wie über dem Ergrünen und Wachstum der Erde. Er fährt entweder auf seinem zu Lande wie zu Wasser segelnden Schiff *Skidhbladhnir*, in welchem er stets mit gutem Winde steuert und welches nach dem Gebrauche wie ein Tuch zusammengelegt werden kann, oder fährt auf seinem Wagen, den der goldborstige Eber *Gullinbursti* oder *Slidhrugtanni*, d. i. Spitzzahn, zieht, oder er reitet auf dem Eber. Schiff und Eber sind Naturbilder der lichtdurchstrahlten Wolken, auf denen die Sonnenstrahlen über die Weiten des Himmels schweben. Freyr ist der trefflichste aller Götter; seine Hausfrau ist die liebliche Gerdhr, des Riesen Gymir Tochter. Man rief den Gott um Fruchtbarkeit der Erde an, er spendete den Erntesegen durch alle Lande. Darum hiess er freundlich, wohlthätig, fruchtbar, glücklich und gabmilde.

Im Frühling wurde in Schweden eine Bildsäule des Gottes auf einem Wagen durchs Land gefahren. Man meinte, das sei der lebende Gott. Freyr und eine Priesterin, die man sein Weib nannte, sassen im Wagen, ein Diener schritt voraus. Das von überall zusammengeströmte Volk empfing den Wagen mit Opfermahlzeiten, um ein fruchtbares Jahr zu erbitten, mit Gaben von Gold, Silber, guten Kleidern. Wo der Gott einkehrte, klärte sich das Wetter auf und man erwartete reiche Ernte. Freyr füllte auch das Haus mit blühenden Kindern und spendete den Sterblichen Liebeslust. Bei Hochzeiten opferte man ihm. Freyr ist auch der *Gott des Friedens.* Man trank seine Minne um Frieden und Fruchtbarkeit. Um Mittwinterzeit leitete ein dreiwöchentlicher *Julfriede*, während dessen alle Fehden schweigen mussten, das grosse Fest der Wintersonnenwende, das *Julfest*, ein. Auf das feierliche Opfer im Tempel vor Freyrs Bild folgten Gastereien und Spiele; zum Nachtmahl trugen die Diener den dem Freyr und der Freyja geweihten *Sühneber* auf den Tisch, und man legte darauf das Gelübde ab, im beginnenden Jahre grosse und kühne Thaten zu thun. In Ostergotland wird noch jetzt am Julabend ein mit Schweinshaut überzogener Block auf den Tisch gesetzt, und der Hausvater, die Hausfrau und das Gesinde schwören, ihre Pflicht treu leisten zu wollen. An anderen Orten werden Kuchen in Ebergestalt gebacken. Auch *Stiere* fielen dem Freyr als Opfer. Um manche Tempel Freyrs weideten *heilige Sonnenrosse.* Gegenüber dem in Norwegen verehrten Thorr galt Freyr als der Schweden Gott; sein grosser Haupttempel, in welchem doch auch Thorrs und Odhins Bildnisse standen, lag zu Upsala. Freyrs Sohn heisst *Fjölnir*, mächtig, fruchtbar, glücklich und friedselig, wie sein Vater. Bei den Dänen hiess der Gott *Fridhleifr* = Friedenserbe, *Frohdi* = der Weise, oder *Fridhfrodhi.*

Derselbe Gott nun, der bei den Nordländern *Freyr* hiess, wurde von den Deutschen verehrt; er ist ein Sonnengott, sein deutscher Name aber nicht mehr nachweisbar; man nennt ihn mit dem dem nordischen Freyr entsprechenden deutschen Worte *Frô,* welches im Altdeutschen als Gemeinname für den Begriff *Herr*, weiblich *Frouwa* = Frau, Herrin und zugleich als Adjektiv, ahd. *frô*, auftritt. Die Sonnenräder, welche beim Johannis- und beim Osterfeuer angezündet werden, gelten wahrscheinlich diesem Sonnengott. Ihm war besonders das *Julfest* eigen, das Fest der Wintersonnenwende.

Fron-, in Zusammensetzungen ist ursprünglich der bald vor, bald nach Substantiven gesetzte Genitiv Pluralis des ahd. *frô* = Herr, dessen Genitiv Plural *frôna* lautete = der Herren, d. h. hier wohl nach christlicher Ansicht „Gottes und der Heiligen“. Dieser Genitiv Pluralis wurde aber bald missverstanden, in adverbialem Sinne gefasst und als ein wirkliches Adverb *frôno* in den Bedeutungen: der Herren, herrschaftlich, öffentlich, heilig, genommen, woraus endlich allmählich, zuerst im 11. Jahrh., das biegsamere Adjektiv *frôn* hervorging, das im 12. Jahrh. häufiger vorkommt, aber schon im 13. Jahrh. wieder seltener zu werden beginnt; es hiess also: das Kreuz fron, sein heiliger Leichnam fron, der edel Ritter fron, das frone Kreuz, die frone zehen gebot, der zarte fron Leichnam. Zweifelhaft ist, ob die mit Fron zusammengesetzten Wörter als von diesem Adjektiv oder vielmehr als vom wirklichen älteren Genitiv Pluralis abgeleitet anzusehen seien; es bezieht sich in solchen Wörtern das Bestimmungswort Fron stets auf ein dunkles herrschaftliches oder heiliges Verhältnis. Solche Kompositionen sind *Fronaltar*, *Fronarbeit*, *Fronbau*, *fronbar*, *Fronbauer*, *Fronbote*, *Fronbrot*, *Frondienst*, *Fronfasten*, *Fronfeld*, *Fronfeste*, *Fronfuhr*, *Frongarte*, *Frongebot*, *Frongeist*, *Frongeld*, *Frongewicht*, *Fronglaube*, *Frongut*, *Fronhaus*, *Fronhäusler*, *fronheilig*, *Fronherr*, *Fronhof*, *Fronhube*, *Fronkäse*, *Fronknecht*, *Fronkorn*, *Fronkreuz*, *Fronland*, *Fronleib*, *Fronleichnam*, *Fronleute*, *Fronmatte*, *Fronpfennig*, *Fronpferd*, *Fronpflicht*, *Fronrecht*, *Fronschiff*, *Fronschreiber*, *Fronstock*, *Frontanz*, *Fronteil*, *Fronvogt*, *Fronwald*, *Fronwalt*, *Fronwasser*, *Fronwechsel*, *Fronweise*, *Fronwerk*, *Fronwiese*, *Fronzins*. Nach Weigand und Grimm.

Fronhöfe. Der Fron- oder Herrenhof entsteht in altgermanischer Zeit dadurch, dass jeder freie Grundbesitzer mit seinem *Loosgute* in der Feldmark auch einen *Herrenhof* in dem Dorfe besass. Zu besonderer Haus- und Hofhaltung gedieh ein solcher Hof jedoch erst, seitdem die Zahl der Gemeinfreien sich seit der Zeit der Merovinger wesentlich gemindert hatte.

1. *Die Fronhöfe des früheren Mittelalters bis in die Zeit der Karolinger.* Der Fron- oder Herrenhof ist *curtis* oder *curtis dominica, casa dominicata, sala* oder Salhof. Jeder freie Grundbesitzer bis zum König besitzt einen Fronhof. Den Herrenhof des Königs nannte man Königshof, königlichen *Salhof*, königlichen *Fiskus, Palast;* den der Bischöfe *Domhof;* den der Dorfgeistlichen *Pfarrhof.* Zu jedem Fronhof gehörten mehr oder weniger ausgedehnte Ländereien, welche die Grundherrschaft des Hofherrn bildeten. Eine sehr ausgedehnte oder aus mehreren Grundherrschaften zusammengebrachte Grundherrschaft enthielt mehrere Fronhöfe, zumal bei Königen, Bischöfen u. dgl. Die zum Fronhofe gehörenden Ländereien werden teils von dem Hofe aus, teils durch Kolonen gebaut; das Hofgesinde besteht aus unfreien oder wenigstens nicht vollfreien Leuten. Schon früh hatte der *umzäunte* Herrenhof mit den Wohnungen des Herrn sowohl als der Diener ein burgartiges Ansehen. Alle Wohnungen waren aus Holz gebaut, die Dächer mit Schindeln, selten mit Ziegeln bedeckt. Die Herrenwohnung des Vollfreien sah in altfränkischer Zeit aus, wie heute noch die grösseren Höfe Süddeutschlands und der Schweiz; sie bestanden aus blockhausartig zusammengefügten Balken mit einem hohen Dache, dem *First*; das Dach sowohl als das Innere waren durch Säulen getragen, und Säulen *vor* dem Gebäude trugen das vorstehende Dach und bildeten dadurch einen bedeckten Gang. Das Innere der Wohnung, die *Diele*, bestand aus einem einzigen Raume, in welchem die ganze Familie, um den Familienherd versammelt, wohnte. Alle Haupt- und Nebengebäude samt den Arbeitshäusern und Wirtschaftsgebäuden bestanden aus einzelnen, nebeneinander stehenden, einstöckigen und nur einen einzigen Raum enthaltenden Gebäuden. Bewacht wurde das Ganze, wie noch heute die Bauernhöfe, vom *Hofwart,* d. i. dem Hofhunde.

Dieser Bestand der ältesten Fronhöfe erhielt durch Karls des Grossen Bemühungen ein wesentlich verändertes Ansehen. Karl der Grosse erliess genaue Bestimmungen für den Königshof und dessen einzelne Teile. Das Hauptgebäude sollte das geräumige und wohleingerichtete *Herrenhaus* sein: insgemein aus Stein oder wenigstens aussen aus Stein oder auch ganz aus Holz hergestellt; die übrigen Wohn- und Arbeitshäuser, die Häuser für die Frauen samt den nötigen Stuben und Vorratskammern sollten sich daran anreihen. Das ganze Hofgebäude war mit Söllern, hin und wieder auch noch mit bedeckten

Gängen umgeben, wozu dann die Ökonomiegebäude, Gärten, Hofräume und Fischteiche kamen, alles wiederum mit einer gemeinschaftlichen Mauer oder mit einem Zaune umgeben. Karls des Grossen Beispiel fand bei den weltlichen und geistlichen Grundherren bald Nachahmung.

Auf solchen Fronhöfen entwickelte sich nun, ebenfalls in Anlehnung an die *königlichen Höfe*, die *Hofhaltung* des Mittelalters, welche aufs engste mit der Verfassung, der Bildung, der Kunst dieser Periode zusammenhängt. Hier soll bloss die Entwicklung und Gestaltung des Fronhofwesens im engeren Sinne kurz gezeichnet werden.

In Beziehung auf die königlichen Höfe entwickelt sich ein Unterschied zwischen *Pfalzen*, zu denen stets gewisse königliche Villen gehörten und in welchen eine königliche Hofhaltung bestand, und zwischen gewöhnlichen *Königshöfen*, die bloss für eine *Villenverwaltung*, keineswegs aber zum Empfange des Königs und der königlichen Hofhaltung eingerichtet waren. An der Spitze eines Königshofes oder einer Villa und der dazu gehörigen Herrschaft stand ein *herrschaftlicher Beamter*, der sehr verschiedene Namen trägt, z. B. *judex, villicus, major, major villae, cellarius, decanus, centenarius, decurio*, Schultheiss u. a. Dieser Beamte, der bald dem Stande der hofhörigen Leute, bald dem der höheren Hofbeamten angehörte, hatte die Verwaltung und Bewirtschaftung der Ländereien des Hofes unter sich und die Aufsicht über die arbeitenden und dienenden Frauen, Künstler und Handwerker.

Der Verfassung der königlichen Höfe und Villen wurde diejenige der übrigen Grundherren nachgebildet, und zwar unterschied man hier die *innere Familie* des Hofherrn, die zur Besorgung des eigentlichen Hofdienstes verwendet wurde, und die *äussere Familie*, wozu die zur Landwirtschaft verwendeten Knechte, Mägde und andere unfreie und hörige Leute zählten, die um den Fronhof herum wohnten. Salländereien, *terrae salicae, agri salici*, Herren- oder Fronländereien hiessen die vom Fronhofe aus bebauten Ländereien, zum Unterschiede von den an Kolonen hingegebenen Zinsgütern und Benefizien. Auch an der Spitze dieser Höfe standen Meier, Zehenter oder Centner, Ortsvorsteher (*praepositi*), Kellner, Verwalter (*actores*) oder Vögte, in geistlichen Grundherrschaften nicht selten Mönche und andere Geistliche.

Zu den Fronhöfen gehörten aber auch die im Besitz der Kolonen sich befindlichen *Bauernhöfe*. Sie gehörten insofern zum Fronhofe, als ihre Inhaber gewisse Dienste und Leistungen, zu denen sie verpflichtet waren, an den herrschaftlichen Beamten des Fronhofes zu entrichten hatten. Eben aus dieser Zusammengehörigkeit der Bauernhöfe zum Herrenhof ist der Name *Hörigkeit, Hofhörigkeit* entsprungen. Doch lagen diese Bauernhöfe nicht notwendig unmittelbar am Fronhofe, sondern häufig durchaus zerstreut. Sonst war der Bauernhof, abgesehen von seinem abhängigen Zustande, im kleinen, was der Fronhof im grossen war. Er bestand aus einer *Wohnung im Dorfe*, meist *mansus* genannt, mit den dazu gehörigen Stallungen, Scheunen u. dgl. und aus einer Anzahl Feldern und Wiesen in der Feldmark. Die Kolonen konnten wieder ihr unfreies *Gesinde, mancipia*, haben, die, an die Scholle gebunden, mit dem Grund und Boden veräussert wurden.

Die Bauerndienste, welche die Kolonen und Hörigen an den Fronhof zu entrichten haben, sind *Frondienste;* zu denselben waren nicht bloss die Männer, sondern auch die Frauen verpflichtet. Sie sind sehr verschiedener Art, die häufigsten aber sind die *Ackerdienste*; andere sind die *Botendienste, Fronfuhren* und *Vorspanndienste*; auch zu *Kriegsdiensten* und gewissen *Haus-* und *Hofdiensten* waren die Inhaber der Bauerngüter verpflichtet.

Die Kolonen und Schutzhörigen eines Fronhofes bildeten zusammen eine Hofgenossenschaft, deren Haupt der jedesmalige Herr des Fronhofes war. Er vermittelte den Rechtsverkehr der Hofgenossen nach aussen; er vertrat sie. Die Hofgenossen selbst hatten ihr eigenes *Hofrecht*, eine eigene genossenschaftliche Gerichtsbarkeit. Wie bei den Volksgerichten fanden die Genossen selbst das Recht, der vorsitzende Richter war nur Frager des Rechtes.

2. *Die Fronhöfe des späteren Mittelalters.* Die Wohnung des Grundherrn heisst auch im spätern Mittelalter *Fron-* oder *Herrenhof*, *domus dominica, mansus dom., curia, curtis;* andere Namen sind *sal, salhof, selhof, bannhof, twinghof.* Als *Sitz* der Herrschaft heisst er *sedelhof, sidelhof*, woraus später *sadelhof, seidelhof* und *sattelhof* wurde; auch *stadelhof* kommt vor, Amtshof und Dinghof. Insofern zu jedem Dinghof eine Anzahl Bauernhöfe oder Huben gehörte, so hiess er *huobhof*, Haupthof; insofern er keiner Grund- und Schutzherrschaft unterworfen war, *Freihof, freier Fronhof;* nach anderer Beziehung endlich heisst er einerseits *Edelhof* von dem Stande seines Besitzers, *Meierhof, Kelnhof, villicatus, villicatio*, insofern er an Meier oder Kellner zur Bewirtschaftung abgegeben war. Mit allen diesen Namen bezeichnet man nun aber entweder nur die herrschaftliche Wohnung im Gegensatze zu den dazu gehörenden Ländern und Bauerngütern, oder ausser der Wohnung noch alle dazu gehörenden Wirtschafts- und anderen Gebäude nebst Hofräumen nnd Gärten, oder endlich zu alledem noch die dazu gehörigen Ländereien, welche nicht selten eine oder mehrere Dorfschaften umfassten. Je nach der Grösse des von einem Grundherrn zusammengebrachten Territoriums war die Zahl der Fronhöfe verschieden; bestand die Herrschaft aus mehreren Fronhöfen, so stand an der Spitze derselben der *Oberhof*, Haupthof, Amtshof, Pfalz- oder Kammerhof. In Beziehung auf den Herrn unterscheidet man 1. *Palatien* der Könige und die ihnen nachgebildeten *Pfalzen* der Landesherren; 2. die für die Verwaltung bestimmten Königshöfe und die diesen nachgebildeten landesherrlichen Fronhöfe; und 3. die Fronhöfe der geistlichen und weltlichen Grundherren, welche sehr häufig zu gleicher Zeit der Sitz der Herrschaft selbst und der herrschaftlichen Verwaltung waren. Die königlichen und landesherrlichen Fronhöfe enthielten in erster Linie ein zur Wohnung des landesherrlichen Beamten dienendes *Wohngebäude, Königshof, Herrenhof, curia, curtis, Herrenhaus*, später meist *Amtshof, officium, Amtshaus* genannt, wozu dann die nötigen landwirtlichen Gebäude kamen, Scheunen, Speicher, Kasten, Keller, Vorwerke u. dgl. Ähnlich, nur kleiner und bescheidener, waren die Fronhöfe der geistlichen und weltlichen *Grundherren* beschaffen, welche zugleich ständiger Wohnsitz derselben, *herrschaftliche Wohnung* und *Verwaltung* waren.

Aus den *Wohnhäusern der Fronhöfe*, die man nun meist aus Stein baute, daher der Name *steinhûs*, und die schon früh mit *Zäunen* oder *Mauern* umgeben waren, wurden die *Burgen des Mittelalters;* sie treten erst seit dem 10. und 11. Jahrh. als solche hervor. Andere Burgen, die erst später zahlreich als feste Aufenthalts- und Bewahrungsorte angelegt wurden, unterschieden sich von den älteren aus Fronhöfen entstandenen Burgen dadurch, dass sie ausser ihrem Burgbann oder Burgfrieden keinen weiteren Bezirk besassen. Neben den zu Burgen gewordenen Fronhofhäusern gab es aber immer noch zahlreiche Fronhöfe, die nie zu Burgen umgebaut wurden.

Die zu einem Fronhofe gehörenden Ländereien hiessen das *Territorium* oder das *Gut, praedium.* Sie waren, wenn sie um den Fronhof herumlagen, öfters mit einem Graben, Zaun, Etter oder Gatter, meist aber mit Marksteinen oder Grenzpfählen, Grenzbäumen, Kreuzen und Grenzsäulen bezeichnet, die Umzäunung aber mit *Thoren,* besonders mit *Fallthoren*, versehen. Von dieser Abmarkung erhielt das zu einem Fronhofe gehörige Gebiet selbst den Namen *Mark* oder *Hofmark,* auch Etter, Zaun, Bannzaun, Schutzbann. Die Ländereien der Hofmark befinden sich entweder in unmittelbarem Besitze des Grundherrn selbst und werden vom Fronhofe aus durch Kolonen, jedoch nur fronweise, bebaut, oder sie sind gegen bestimmte Leistungen seit undenklicher Zeit an Kolonen hingegeben, also Bauerngüter. Die ersteren hiessen auch im späteren Mittelalter noch *terrae salicae, Salländereien, agri salici,* u. dgl., auch Seelländereien, Seelgüter, Seelhuben, *sellend, sale,* auch *ahtae, ahten, haten, achten,* Hofachten, zu mhd. der *âhte, aehte,* d. h. ein ausgesondertes und unter besonderen Rechtsschutz genommenes Ackerland eines Herrn; auch *Bünden, Gebunden,* Peunten; Hof- oder Fronländereien, Frongüter, Fronäcker, herrschaftliche Ländereien. Diese Güter hatten mancherlei Freiheiten, waren wie die Fronhöfe selbst steuerfrei, frei von allen grundherrlichen und vogteilichen Abgaben, vom herrschaftlichen Zehnten. Sie waren nicht überall arrondiert, sondern lagen oft zerstreut unter den hörigen und unfreien Bauerngütern. In Süddeutschland waren die meisten Salländereien früh zu Zinsgütern geworden, als Lehen verwendet, an Kolonen abgetreten u. dgl. und hatten dann ihren freien Charakter meist mit der Zeit eingebüsst. In Norddeutschland erhielten sie sich länger. Aus ihren Resten sind die *Domänen, Kammergüter, Kammerforsten, Rittergüter,* herrschaftlichen Waldungen hervorgegangen.

Da freier Grundbesitz im Mittelalter allmählich meist die Ritterbürtigkeit zur Folge hatte, wurden die Fronhöfe zu *Edelhöfen,* die Hof- und Grundherrschaften zu *Ritterherrschaften* oder *Rittergütern,* und das Recht, sie zu besitzen, ein Recht des Adels. Jeder Fronhofherr hatte das *freie Eigentum* an dem zu seinem Fronhofe gehörigen Grund und Boden; doch waren auch gewisse Verpflichtungen damit verbunden, namentlich war der Inhaber des Fronhofes zur Haltung des notwendigen *Fasel-* oder *Zillviehes* oder der *Wuchertiere* angehalten. Zu den besonderen Rechten des Herrn gehörte das Eigentum an den *Waldungen,* an *Wasser* und *Weide,* an *Flüssen* und *Bächen,* an dem *Sand,* an den *Bergen, Felsen, Thälern, Wegen* und *Stegen,* freien *Plätzen* und an der *Almende,* so jedoch, dass den Kolonen mehr oder weniger ausgedehnte Gebrauchs- und Nutzungsrechte zugestanden waren.

Zum Fronhofe gehören ausser den *Salländereien* die in den Händen des Kolonen liegenden *Bauernhöfe.* Ihr Name ist *Höfe, curtes, curiae, mansi, Hubhöfe, Sadelhöfe, Sedelhöfe, Zinshöfe, Fallhöfe, Urbare, Hofgüter, Bauerngüter, Fallgüter, Erbgüter;* zu Lehen gegeben heissen sie *Bauernlehen, Mannlehen, Erblehen, freie Lehen, Zinslehen.* Sie waren in verschiedenen Fronhöfen und Grundherrschaften verschieden gross, meist etwa 30 Morgen oder Jucharte, allenthalben aber in einem und demselben Fronhofe *ganz gleich*, so gross zwar, dass das Gut zur Ernährung einer hörigen Familie hinreichte. Alle Bauerngüter waren deshalb ursprünglich *vermessen*. Wegen ihrer ursprünglichen Gleichheit konnten diese Güter auch noch später *verlost* werden. Daneben besitzen die hofhörigen Leute auch noch *ungeteilte Feld-* und *Waldmarken*, *Gemeinmarken*, *Holzmarken*. Die Gesamtheit der in einer solchen Feld- und Waldmark angesessenen hörigen Leute heisst *Markgenossenschaft* oder *Hofmarkgemeinde*, deren vollberechtigte Genossen nur diejenigen sind, welche Hofgüter innehaben; das *rechte Eigentum* über die Gemeinmarken stand aber dem Herrn des Hofes zu.

Die *Dienste der bäuerlichen Kolonen* an den Herrn waren sehr mannigfach. Man unterscheidet *Naturalleistungen*, Früchte, Haustiere, Geflügel, Erzeugnisse der Milchwirtschaft, der Bienenzucht, des Fischfangs, Flachs, Hanf, des Obst- und Weinbaues, Lieferungen der in der Küche nötigen Gerätschaften, des Hausgerätes überhaupt, Fischernetze, Tücher, Pelzwerke, fertige Kleidungsstücke wie Schuhe, Handschuhe, Handtücher; ferner den *täglichen* und den *Wochendienst* zur Bedienung der Grundherrschaft; ausserordentliche Dienste an den feierlichen Hof- und Gerichtstagen, Beherbergung und Verpflegung der Grundherren und ihrer Beamten bei ihren Amtsreisen, welches man den *Dienst*, die *Atzung* oder *Atze*, das *Mahl, Nachtmahl*, den *Imbiss* u. dgl. nannte. Meist wurden mit der Zeit diese Naturalleistungen in Geldleistungen verwandelt. Anderer Natur sind die *Frondienste, Frontage*, auch *Schar, Scharwerk, Scharwerch, Scharwagen, Anger, Tagman, Achten* genannt. Es gehören dazu die Tafeldienste, Botendienste, Fronpferde und Fronfuhren, Schiffsdienste, Baufronen, Jagd-, Fischerei- und Tanzfronen; die *Frontänze*, ursprünglich bestimmt, die Herrschaft zu unterhalten, hiessen auch Pfingst- oder Diensttänze. Pflicht der Herrschaft war es, die hörigen Leute während des Frondienstes zu beköstigen und zu bekleiden. Andere Dienste sind *Naturallieferungen und Dienste für die Landwirtschaft*, Acker- und Felddienste: Lieferung von Dünger, Pflügen, Säen, Ernten, Hauen, Roden, Weinlesen, Zaunmachen. Den hörigen Frauen standen weibliche Arbeiten im Hause und in der Küche zu, Besorgung der Näherei. Die hörigen Dienstmägde wohnten mit den Edelfrauen im *Frauenzimmer*.

Die Auflösung der Fronhöfe beginnt schon im 12. Jahrh. und setzt sich bis zum Abschlusse des Mittelalters stätig fort. Es sind dabei wirksam: Veräusserung einzelner Stücke oder sämtlicher Bauerngüter von dem Fronhofe als Lehen oder als Pacht- oder Meiergüter, allmähliche, zum Teil unvermerkte Loslösung dieser Stücke vom Ganzen; Verpachtungen der Frohnhöfe und der dazu gehörigen Ländereien, Veräusserung an auswärtige Stifter und Klöster, Edelleute, Städte und Stadtbürger, und was sonst den Bestand der mittelalterlichen Grundrechte auflöste. Nach *v. Maurer*, Geschichte der Fronhöfe, der Bauernhöfe und der Hofverfassung in Deutschland. 4 Bände. Erlangen, 1862, 1863.

Fronleichnamsfest, *Festum sive solennitas corporis Christi*, die Feier der Transsubstantiation, entstand bald, nachdem die Lehre von der wirklichen Verwandlung des Brotes und Weines in den Leib und das Blut Christi auf der Lateransynode unter Innocenz III. im Jahr 1215 als kirchliches Dogma sanktioniert worden war. Mehrere Frauen des Nonnenklosters zu Lüttich, namentlich Juliana, Isabella und Eva, erblickten während ihres Gebetes einen glänzenden, jedoch an der Seite verdunkelten Mond und machten ihrem

Bischof Anzeige davon. Als dieser darauf für seine Diözese ein Fest der Hostienanbetung angeordnet, wurde Papst Urban IV. durch ein neues Wunder bewogen, dasselbe im Jahr 1264 durch eine Bulle als ein Fest für die ganze Kirche zu verordnen. Da jedoch dieser Papst kurz nach der Erlassung der Bulle starb, kam das Fest nicht eher zum Vollzug, als bis Clemens V. es durch eine neue Bulle 1311 bestätigt hatte. Vor 1316 lässt sich ein allgemeiner Gebrauch nicht aufweisen. Das Wesentliche der Einsetzungsbulle besteht darin: Obgleich der *grüne Donnerstag* das Fest der Einsetzung des heiligen Abendmahls sei, so könne doch die Kirche an diesem Tage wegen der Aussöhnung der Büssenden, Verfertigung des geweihten Öles, des Fusswaschens und anderer Beschäftigungen jenes Sakrament nicht gebührend feiern, und es müsse daher ein besonderer Tag dazu bestimmt werden. Dieses Fest, für dessen bussfertige Feier ein Ablass von 40 bis 100 Tagen verheissen wird, soll dazu dienen, *die Ketzer zu beschämen und den wahren Glauben zu befestigen.* Die Wahl des *Donnerstags* nach der Pfingst-Oktave hatte offenbar Beziehung auf den grünen Donnerstag und auf das Dogma von der Dreieinigkeit. Allgemein wird dem Scholastiker Thomas Aquinas ein grosser Anteil an der Idee und Ausführung dieses Instituts zugeschrieben. Von ihm rührt das jetzt noch gebräuchliche Offizium her, das unter die vorzüglichsten liturgischen Arbeiten gerechnet wird; besonders schön ist der Hymnus:

Pangue lingua gloriosi
Corporis mysterium
Sanguinisque pretiosi,
Quem in mundi pretium
Fructus ventris generosi
Rex effudit gentium.

Die Fronleichnamsprozession will durch das sichtbare Umhertragen der Hostie und durch den übrigen sinnlichen Aufwand nach dem Ausdrucke des Tridentiner Konzils die Herrlichkeit der katholischen Kirche auch vor den Augen ihrer Gegner offenbaren und deren Seelen erschüttern und gewinnen. *Johannes Kessler* giebt in der *Sabbata*, I, 103 folgende Beschreibung des Festes, wie es bis ungefähr 1525 in St. Gallen abgehalten wurde: *Demnach ist angesehen in onvorlangen ziten anno 1254 ein fest und procession zuo lob und vererung des gegenwurtigen wesenlichen libs Christi im sacrament des abendmals, so jarlich uf dondstag 4 tag brachmonats in solichem pracht und apparat, baide von gaistlichen und weltlichen baider geschlechten personen und kostbarlichen ceremonien, dass ich die nit wiste ze beschriben, begangen wirt. Was sol ich sagen von den unzaligen langen und von gold und arbait gezierten kerzenstangen, mit gras und allerlei bluomen umbwunden, glichermassen wie die haiden ire thyrses genant in den festen Bachi zuoberait haben? Dise thyrses oder wandelkerzen giengen der procession umb die ganzen stat ussert den muren zuovor; demnach die schuoler in iren wissen linwaten überrocken, singende und schellende mit cymbalen ganz lustbarlichen; demnach die priester und monachen, alle in kostlichen, siden und samaten klaider, darinnen och si zuo den hoechsten festen die opfermess haltend, jeder in siner hand oder armen ain guldin oder silberin stuck und gefess tragend, darinnen etlicher abgestorbnen hailgen bain verschlossen ligend. Uf die gaistlich genanten zuoletst gieng irer obersten desselbigen orts, als pfarrer, bischoffe, propst, decan, bi uns hie der abt, fürtreffenlich kostlich tragende in einem guldinen oder silberin monstranzen das brot des abendmals Christi als den wesenlichen, personlichen, selbstendigen lib Christi. Und zuo baiden siten ward der gefüert von der stat obersten burgermaister oder schuldhaissen under ainem himel, welcher mit sechs stangen von den sechs zunftmaister entbor tragen ward. Uf der gaistlichen procession volgte dan der laien huf in iren allerkostbarlichsten klaider, und jederman, gaistlich und weltlich, jungs und alts tragende uf irem hopt von wolriechenden bluomen ainen kranz. Mit solichem hochzitapparat von claidung, zierden, singen, cymbalen, harpfen, gigen, luten, orglen etc. procediert man umb die stat. Ueber den vier toren warend von den burger zuoberaite altar von tüecher, bilder, kerzen; alda hielt man under jedem stil, singende ain evangelion, und empfieng man von dem obersten den segen. In der stat aber, an welchen orten die procession muost fürgon, warend alle hüser nach vermugen dem sacrament zuo eren mit bildern, brinnenden kerzen, tüecher zuoberait und behengt und die gassen mit lobästen waldwiss besteckt, och mit gräss beströuwet und bedecht. Diss fest weret mit usstailung der gnaden und papstlichen aplas acht tag; welcher den gegenwurtigen im tempel durch ainen segen, so mit dem monstranzen des sacraments crutzwiss von dem priester, hin und her, uf und ab gewehet, überraicht ward; och die zit von besunderm ablas genant die aplaswuch.* Eine andere Beschreibung giebt *Sebastian Frank*, Weltbuch, S. 132a.

Froschmäuseler heisst ein episch-satirisches Gedicht des Georg Rollenhagen, 1542—1609, Rektor in Halberstadt und Magdeburg. Es ist eine Nachahmung der Homerischen Batrachomyomachie, aber durchaus ins Lehrhafte und Polemische gearbeitet. Erste Ausgabe Magdeburg 1595. Nach dem Werke selbst handelt das erste Buch vom Privatstande, das zweite vom geistlichen und weltlichen Regimente, das dritte von Kriegssachen, und obgleich von Mäusen, Fröschen und Hasen die Rede sei, so seien doch immer Menschen abgemalet und gemeinet.

Fruchtbringende Gesellschaft oder **Palmenorden** heisst die litterarische Gesellschaft, die bei Anlass eines fürstlichen Leichenbegängnisses im Jahr 1617 zu Weimar gestiftet wurde. Sie wurde nach dem Rate des vielgereisten geheimen Rates nnd Hofmarschalls Kaspar von Teutleben in Nachahmung italienischer Akademien errichtet, dessen Vorschlag dahin ging, „auch in Deutschland eine solche Gesellschaft zu erwecken, darin man gut rein Teutsch zu reden, zu schreiben sich befleissige und dasjenige thäte, was zur Erhebung der Muttersprache dienlich wäre.“ Die Gesellschaft nannte sich die *fruchtbringende*, weil jedes Mitglied „überall Frucht zu schaffen geflissen sein sollte“. Ihre Devise war: „Alles zu Nutzen.“ Jedes Mitglied hatte ausser seinem beziehungsreichen Namen sich auch eine emblematische Blume, eine Frucht, einen Baum oder ein Kraut zu wählen, das an den Wahlspruch „Alles zu Nutzen“ erinnerte. Die Mitglieder der Gesellschaft sollten sich, „wes Standes oder welcher Religion sie auch wären, ehrbar, verständig und weise, tugendhaft und höflich, nützlich und ergötzlich, leutselig und mässig überall erweisen, rühmlich und ehrlich handeln, bei Zusammenkünften sich gütig, fröhlich und vertraulich, in Worten, Gebärden und Werken treulich erweisen, keiner dem andern ein widrig Wort übel aufnehmen, auch sich aller unziemenden Reden und groben Scherze enthalten.“ Dann aber sollte den Gesellschaftern vor allen Dingen obliegen, unsere hochgeehrte Muttersprache in ihrem gründlichen Wesen und rechten Verstande, ohne Einmischung fremder, ausländischer Flickwörter, sowohl im Reden, Schreiben, Gedichten aufs allerzierlichste und deutlichste zu erhalten und auszuüben, auch möglichst zu verhüten, dass diesem in keinem Falle möge zuwider gehandelt, vielmehr gehorsamlich nachgelebt werden“. Die Gründer der Gesellschaft waren ausser Teutleben: der Fürst Ludwig von Anhalt-Köthen und sein Sohn Ludwig der Jüngere; die Herzöge Johann Ernst, Friedrich und Wilhelm von Weimar und zwei anhaltische Edelleute Christoph und Bernhard von Krosigk. Die Ziele der Gesellschaft waren offenbar durchaus würdige; doch war sie vornehmlich eine Gesellschaft des Adels und war, wie die Bildung der Zeit überhaupt, mit Einseitigkeit schöner und löblicher *Form* zugethan; auch war wirklich die hässliche Sprachmengerei, welcher die Gesellschaft entgegentrat, am meisten in den vornehmen Kreisen zuhause. Daher stiftete auch eine Anna, Gräfin von Bentheim, noch in demselben Jahre 1617 zu Amberg in der Oberpfalz eine *Académie des Loyales* oder *l'Ordre de la Palme d'or*, bestimmt, die französiche Bildung unter den Frauen ihres Hauses zu verbreiten. Die Mitglieder der Fruchtbringenden Gesellschaft bemühten sich besonders, französische und italienische Gedichte ins Deutsche zu übersetzen und Ringelrennen und dergleichen Hoffeste mit ihren deutschen Produktionen zu zieren. Ein besonders fleissiger Dichter war in dieser Beziehung der im Jahr 1620 dem Orden beigetretene Dietrich von dem Werder, der Ariosts Rasenden Roland übersetzte. Als das zweihunderste Mitglied wurde *Opitz* unter dem Namen des „Gekrönten“ und mit dem Emblem eines breitblätterigen Lorbeerbaumes aufgenommen. Nachdem im Jahr 1650 erfolgten Tode des Herzogs Ludwig von Anhalt-Köthen, der 30 Jahre lang die Seele der Gesellschaft gewesen war und es mit ihren Absichten wirklich ernst meinte, kam die Leitung der Gesellschaft nach *Weimar*, wo Herzog Wilhelm das neue Oberhaupt der Gesellschaft wurde; denn das Oberhaupt musste nach den Ordensgesetzen ein Fürst sein. Er starb 1662; sein Nachfolger wurde erst 1667 Herzog August von Sachsen; nach dessen im Jahr 1680 erfolgten Tode wurde kein Oberhaupt mehr gewählt. *Döring* in Ersch und Gruber. *Barthold*, Fruchtbringende Gesellschaft.

Fuhrwerk, siehe *Wagen*.

Fürst. Erst in der mittelalterlichen Periode hat man ein Recht, von *Fürsten* zu sprechen; denn die *principes* des Tacitus scheinen keineswegs ein einziges bestimmtes Amt bedeuten zu dürfen, vielmehr an verschiedenen Stellen bald den Gefolgsherrn, bald den Gaukönig und bald den Gaugrafen bezeichnet zu haben. *Dahn*, Könige der Germanen, I, 67 ff. Das Gotische kennt das Wort noch nicht; erst das Althochdeutsche bildet aus dem Adverb *furi* = nhd. *für* einen Superlativ *furisto*, *fursto*, mhd. (absterbend) *vürste* = der Vorderste, Erste, Höchste in Rang und Würde, schon früh Übersetzung von *princeps*, *proceres*.

Mit *princeps* wurde seit der Ausbildung des fränkischen Reiches überhaupt derjenige bezeichnet, der an Rang und Würde zu den Höchsten zählte: der König, der Majordomus, die hohen Beamten. Noch die sächsischen und fränkischen Kaiser und Könige und die Schriftsteller ihrer Zeit sprechen allgemein von den Grossen, den Fürsten des Reichs; seit Heinrich IV. erscheint der Name *principes regni* in den königlichen Urkunden, als Bezeichnung derjenigen, welche im staatlichen Leben die bedeutendste Rolle spielen. Irgend eine bestimmte Umgrenzung des Begriffes findet jedoch noch nicht statt. Zu den geistlichen Fürsten des Reiches gehören in dieser Zeit die Erzbischöfe, Bischöfe und Äbte der unmittelbar unter dem König stehenden Klöster, doch werden auch Kanoniker, Priester und selbst

Mönche dazu gerechnet. Weltliche Fürsten heissen die Herzöge und Grafen, doch werden auch angesehene Freie mitunter dazu gezählt. Als ehrende Anrede empfangen besonders jene höchsten Beamten des Reiches den Namen *princeps*. Allmählich werden die Fürsten bestimmter von den Adligen und Freien getrennt, und die *principes* stehen nun als Amtsadel dem Ritteradel gegenüber. In Freidanks Bescheidenheit handelt die 31. Überschrift von *künegen* und *fürsten*. Die Ausbildung des mittelalterlichen Beamtentums in Staat und Kirche entwickelte zuletzt unter dem Einflusse des Lehnwesens besondere Gewalten, die in ihrer Selbständigkeit zwar mannigfach abgestuft, doch eine gemeinsame Grundlage haben. Die Träger dieser Gewalten heissen *Fürsten*, der Inbegriff ihrer Rechte und Besitzungen *Fürstentümer*, mhd. *fürsttuom* und *fürstentuom*, daneben *hêrschaft* und *hêrtuom*, ursprünglich der blosse Name der Würde eines Fürsten, später mit näherer Beziehung auf dessen Land und Gebiet.

Synonymen sind *Regimen*, *Potestas*, *Territorium*, das letztere Wort führt dann zum Begriff *Landesherr*, *Landesfürst*. Solche Bezeichnungen werden zuerst im Anfange des 12. Jahrhunderts und besonders in Lothringen üblich. Ein Ausdruck der Stellung, die der Fürst einnimmt, ist der *Treueid*, den er sich von den Untergebenen leisten lässt, zunächst von den Vasallen und Ministerialen, in manchen Fällen von weiteren Kreisen der Untergebenen, z. B. den Bewohnern einer geistlichen Stadt. Die Rechte des Fürsten waren Gerichtsgewalt, Heergewalt und Erhebung von Einkünften. Für die Übung derselben und für die obere Leitung bedurfte der Fürst nicht minder als der König Vertreter und Gehilfen. Seine Umgebung heisst *Hof*, *curia*, sowohl als Gericht (Hofgericht) wie als Rat (Hofrat) thätig. Zum Hof werden die Vasallen und Ministerialen berufen. Das letztere ist besonders bei den geistlichen Fürsten der Fall; hier erfolgten Besitzveränderungen nur unter ihrer Zustimmung, die sie verweigern konnten; sie hatten Einfluss auf die Ernennung der Beamten des Stifts und Anteil an der Wahl des Bischofs oder Abtes. Der deutsche Name für diese weltlichen Beiräte ist das *gedigene*, d. h. die Degenschaft. Aus den Ministerialen gingen bei weltlichen und geistlichen Fürsten die Hofbeamten hervor.

Besonders die Kämpfe zwischen Staat und Kirche waren dem Aufkommen der Fürstentümer günstig. Der Kaiser hatte sich dem Papst gegenüber auf die Fürsten stützen müssen; die Folge war, dass diese sich mehr und mehr selbständig ausbildeten. In immer weiterem Umfange wurde damals in den weltlichen Fürstentümern, die ursprünglich ja bloss Teile des Reiches und von diesem und dessen Oberhaupte abhängig waren, erbliche Nachfolge verlangt, bestimmte Geschlechter befestigten sich im Besitze der grossen Fürstentümer. Den Bischöfen stehen jetzt die Bewohner der Städte zur Seite. Je verzettelter die königlichen Besitzungen wurden, desto kompakter schlossen sich die fürstlichen Territorien, zahlreiche Ministerialen standen den letzteren zu Gebote, wie ihnen auch das Aufblühen der Städte, des Handels und Gewerbes, des Wohlstandes in erster Linie zugute kam.

Seit dem 12. Jahrhundert, nachdem die Stellung des Grafen als einstiger hoher Reichsbeamter sich schon wesentlich abgeschwächt hatte und viele Edelleute infolge Erwerbung eines Stückes alter Grafschaft sich den Grafentitel beigelegt hatten, trat eine Spaltung zwischen eigentlichen Fürsten und Grafen ein; von den letzteren gehören nur die wenigen zum Fürstenstande, die vom Kaiser in den Reichsfürstenstand *erhoben* worden waren, woher sie dann *gefürstete Grafen* hiessen. Siehe *Waitz.* Verf. und *Ficker*, Vom Reichsfürstenstande. I. Innsbruck, 1861.

Fürstenschulen heissen im Gegensatz gegen die städtischen Schulen die drei sächsischen, auf einer Stiftung des Landesfürsten beruhenden und unter seiner unmittelbaren Aufsicht geleiteten Gymnasien zu *Meissen*, *Pforta* und *Grimma.* Sie wurden aus den durch die Reformation frei gewordenen geistlichen Gütern, namentlich der Klöster errichtet und zwar die Schulen zu Meissen und Pforta im Jahr 1553, diejenige zu Grimma 1549 durch Herzog Moritz von Sachsen, namentlich unter Mitwirkung der Räte Dr. Kommerstadt und Ernst von Miltitz.

Fussbekleidung. Dass den Deutschen schon früh eine Fussbekleidung eigen war, zeigt das frühe Vorkommen des Wortes got. *skôhs*, ahd. *scuoh*, mhd. *schuoch*, nhd. *Schuh* und die symbolische Verwendung des Schuhes in den Rechtsaltertümern. Im nordischen Recht kommt der Schuh bei der *Adoption* und *Legitimation* vor: der Vater soll ein Mahl anstellen, einen dreijährigen Ochsen schlachten, dessen rechtem Fusse die Haut ablösen und daraus einen Schuh machen, den er zuerst selbst anzieht, nach ihm der adoptierte oder legitimierte Sohn, zuletzt die Erben und Freunde. Nach altdeutscher Sitte bringt der Bräutigam der Braut den Schuh beim *Verlöbnis*; sobald sie ihn an den Fuss gelegt hat, wird sie als seiner Gewalt unterworfen betrachtet; vielleicht war es des Bräutigams eigener Schuh. Mächtige Könige sandten geringeren ihre Schuhe zu, welche diese zum Zeichen der Unterwerfung tragen sollten.

Der älteste Schuh ist der *Bundschuh*, mhd. *buntschuoch*, nach alter Meinung von Karl dem Grossen vorgeschrieben, ein bis an die Knöchel reichendes, aus Leder oder Häuten bestehendes Schuhwerk, mit Schnürriemen *gebunden*, welche letztere so lang waren, dass man sie über die Waden kreuzweise bis zum Knie winden konnte. Fremde Fussbekleidungen, aber ebenfalls alt, sind mhd. der und die *soc*, *socke*, aus lat. *soccus*, und mhd. der und die *stival*, *stivâl*, aus ital. *stivale*, franz. *estival*, vom lat. *aestivale*, also eine Sommerbekleidung des Fusses, beide aus leichteren Stoffen, feinem Leder oder Filz gemacht und von vornehmen Personen getragen; sie reichen etwas höher an der Wade aufwärts als der Schuh, der bei vornehmen Leuten ebenfalls aus feinerem Stoffe, Filz oder weichem Leder gearbeitet und oberhalb des Spanns ausgeschnitten und etwa zugeschnürt war.

Die höfische Mode adoptierte die um 1089 vom Grafen Fulco von Anjou zum Verbergen seiner Schwielen oder Beulen aufgebrachten *Schnabelschuhe*, die vorn spitz zuliefen und darum über die Zehen hinaus verlängert werden mussten; die vorragenden Spitzen waren mit Werg ausgestopft und bei Stutzern manchmal von so bedeutender Länge, dass sie mit einer Kette oder Agraffe, etwa auch mit einer Schelle versehen, ans Knieband oder an den vorderen Lappen des Schuhes selber festgebunden wurden. Wer Trikots trug, bediente sich, besonders Vornehme, statt der Schuhe einer Verstärkung von Leder unmittelbar unter der Sohle. Im 15. Jahrh. kamen für schlechtes Wetter *Unterschuhe* oder *Trippen* auf, genau nach der Form der Sohle gearbeitet und langspitzig, wie die Schnabelschuhe; sie hatten unter der Ferse und dem Ballen eine Erhöhung und bestanden aus Holz, das mit Leder überzogen war. Eigentliche Stiefel wurden in dieser Periode bloss von Reitern bei der Jagd und im

Kriege getragen. Die Schnabelschuhe wichen nach vierhundertjähriger Wirksamkeit, und nachdem überall Verbote gegen sie ergangen waren, erst gegen das Jahr 1500 dem umgekehrten Extrem *breiter* Schuhe, die zuerst *Entenschnäbel*, dann bei erhöhter Breite *Bärenklauen*, *Ochsen-* und *Kuhmäuler* genannt wurden.

Was aber diesem Fusswerk an Breite zuging, ging ihm an Höhe ab; es war meist sehr tief ausgeschnitten. Gegen 1550 verschwand die Breite und machte einer verständigen spitzeren Form Platz; dagegen bemächtigte sich die aufkommende *geschlitzte Mode* auch der Schuhe, und ähnlich den älteren Trippen legte man jetzt ebenfalls geschlitzte Unterschuhe oder *Pantoffeln* unter den Schuhen an; Stutzer pflegten durch ihr Pantoffelklopfen die Aufmerksamkeit der Leute anzuziehen. Die französische Mode schmückte den sonst der Fussform angepassten Schuh mit Rosetten und Schleifen und verschaffte im 18. Jahrhundert für das männliche Geschlecht dem mehr militärischen Stiefel die Herrschaft über den Schuh.

Fussboden. In den Basiliken bestand der Fussboden meist aus einfachen, viereckigen Platten, oder dann aus Mosaik und bunten Steinen. Gegen die dabei vorkommende Darstellung von Heiligen, Kreuzen u. dgl. eiferte der heilige Bernhard, man solle das Heilige nicht mit Füssen treten. Im 11. Jahrh. kamen die *Fliesenfussböden* auf, in deren aus Thon gebrannte Platten oder Ziegel durch Aufdrücken eines geschnitzten Brettes Ornamente eingedrückt waren; auch wurden die Fliesen nach gewissen Figuren geformt, besonders bei den Cisterziensern. In der gotischen Zeit wurden die Muster reicher und zarter, die Verzierungen waren entweder vertieft und ausgegossen, oder vertieft und leer, oder erhöht, mit Schablonen erzeugt oder aus freier Hand mit verschiedenen Zeichnungen graviert und farbig glasiert. In ärmeren Kirchen, sowie in Privatbauten herrschte im frühen Mittelalter der Estrich, d. h. der aus Mörtel hergestellte Fussboden vor, der dann durch den glatten Ziegel-Fussboden, durch Fliesenboden und selbst durch Marmorpflaster und Mosaikboden ersetzt wurde. Die *Dielung* oder der Brettfussboden scheint erst im 11. Jahrh. für Parterreräume aufgekommen zu sein, nachdem er vorher lediglich auf Balken, also in Obergeschossen, verwendet worden war; in der Renaissancezeit entwickelte er sich als Friesfussboden und als Parquett. *Müller* und *Mothes*, arch. Wörterb.

Fusskuss als Zeichen der Verehrung kommt sowohl als geistliche Zeremonie vor, in Anlehnung an Luk. 7, 38. 45: Brachte sie ein Glas mit Salben und küsset seine Füsse und salbet sie mit Salben (daher mit der Zeremonie der Fusswaschung der Fusskuss verbunden ist), als in weltlichen Kreisen, wo der Fusskuss wahrscheinlich auf die Huldigung zurückgeht, die man den Göttern bot:

Gâwân bôt ir sînen gruoz,
si kust im stegreif unde vuoz,
Parz. 621, 16.

Er gilt als Zeichen höchster Verehrung, auch höchster freudiger Rührung, unterwürfiger Dankbarkeit. Daher das Küssen des päpstlichen Pantoffels. Siehe *Küssen*.

Fusswaschung als kirchliche Ceremonie knüpft sich an Joh. 13, 4, wo Jesus bei der letzten Mahlzeit seinen Jüngern selbst die Füsse wäscht. Die Nachahmung dieser Sitte kam schon früh auf und wurde im 7. Jahrh. auf den grünen Donnerstag verlegt. In der griechischen Kirche galt das Fusswaschen als ein Sakrament. In der römischen Kirche empfahl es Bernhard von Clairvaux dringend, und es findet sich im Mittelalter häufig an den Sitzen der Bischöfe und Fürsten.

G.

Gabel ist bei uns als Tischgerät erst nach dem Mittelalter, im 16. Jahrhundert, in Gebrauch gekommen und von der Fleischgabel in der Küche ausgegangen. Vorher führte man die Bissen mit der blossen Hand zum Munde; der Gebrauch von Gabeln galt nach der Ansicht der Geistlichen als sündhafte Üppigkeit.

Galanterie heisst das Wesen des *Galant,* welch letzteres Wort seit etwa 1670 das Wort *alamodisch* (siehe *Alamode*) ablöst. Das französische Wort *galant* ist eine partizipische Adjektivbildung entweder von altfranz. *galer* = lustig sein, Feste feiern, oder von *gala* = festliche Kleiderpracht oder Festpracht überhaupt, besonders bei Hofe, welches Wort aus dem Italienischen oder Spanischen, wahrscheinlich von einem bestimmten Hofe, wie es scheint dem Wiener, eingeführt wurde. Ein *galanthomme, galantuomo* ist ein Mensch, der sich nach der Mode trägt und sich überhaupt, besonders gegenüber dem „Frauenzimmer", modisch beträgt. — Galant sollte aber nicht bloss das Kleid, die Frisur, das *billet doux* sein, sondern überhaupt alles Menschliche. Galante Prediger wurden begehrt, die Dichtkunst sollte galant sein; Christian Weise bezeichnete die Poesie als „den galantesten Teil der Beredsamkeit", und Menantes schrieb ein Lehrbuch: Die allerneueste Art zur reinen und galanten Poesie zu gelangen, Hamburg 1707, auch theatralische, galante und geistliche Gedichte, Hamburg 1706. Joh. Christ. Barth schrieb 1720 „Die galante Ethika, oder nach der neuesten Art eingerichtete Sitten-Lehre, in welcher gezeigt wird, wie sich ein junger Mensch bei der galanten Welt rekommandieren soll, allen Liebhabern der heutigen Politesse zu sonderbarem Nutzen und Vergnügen ans Licht gestellet". *Grimm,* Wörterbuch.

Galgen, got. *galga,* vom Kreuz Christi, ahd. *galgo*, mhd. der *galge.* Sowohl das Wort als die Strafe des Hängens gehen in die älteste Vorzeit zurück. Der älteste Galgen ist der *dürre Baum*; nach Tac. Germ. 12 hängen die Germanen Landesverräter und Überläufer an Bäumen auf; wahrscheinlich benutzte man dazu bestimmte laublose Bäume an bestimmter Stelle oder, wenn diese ausstarben, eingerammelte Stämme und Pfähle. Das Herbeifahren, Eingraben und Errichten des Galgens wird in den Rechtsquellen ausführlich geschildert. Der Ort des Galgens war an offener Heerstrasse, an Wegscheiden. Statt der hanfenen Seile benutzte man anfänglich Zweige von frischem, zähem Eichen- oder Weidenholz. Uralte Sitte ist die Verhüllung des Antlitzes; Steigerung der Strafe war das Höherhängen, oder dass man Wölfe oder Hunde dem armen Sünder zur Seite hing, welch letzteres besonders bei Juden geschah. Frauen aufzuhängen war gegen die Sitte des Altertums; wo für Männer die Strafe des Galgens ausgesprochen war, wurden Frauen zum Verbrennen, Ertränken oder Steinigen bestimmt. Das Hängen war die eigentliche Diebstahlsstrafe und kommt als solche fast bei allen germanischen Nationen vor. *Grimm,* Rechtsalt. 682.

Garten, got. der *garda* = Stall, ahd. *garto,* mhd. *garte,* neben got. der *garts* = Haus, dann in Zusammensetzungen s. v. a. Garten, Kreis, ursprünglich Einzäunung, Einfriedigung eines Grundstücks, ahd. der *gart*, mhd. nur selten der *gart.* Vom deutschen Wort *Garten* und nicht vom lateinischen *hortus* sind entlehnt franz. *jardin*, mit alter Nebenform *gardin*, span. *jardin*, ital. *giardino* und *giardina*, mittellat. *gardinus* und *gardinum*. Urverwandt mit *Garten* ist griech. *χόρτος* = Viehfutter, eigentlich Weideplatz, lat. *hortus* und *cohors* (*cohort*-), eigentlich Gehege, Hürde, Viehhof; auch im Littauischen und Slawischen ist das Wort weit verbreitet; in der Bedeutung Stadt, Burg lebt es in Ortsnamen auf altslawischem Boden, z. B. *Belgard* in Pommern, *Stargard* = Altenburg, *Nowgorod* = Neustadt. Die erreichbar älteste Bedeutung scheint *Zaun*. Daraus entwickelt sich das Eingezäunte, Eingehegte, daher Gestütgarten, Stuttgart, Tiergarten, Schaf-, Hasengarten. Die fernere Bedeutung ist Wohnstätte oder das zur Wohnstätte Gehörige, welche Bedeutung in den nordischen Sprachen weit verbreitet ist. Sodann ist *Gart* auch ein *Landmass* gewesen, ähnlich dem Wort *Hufe*. Der letzten Bedeutung gemäss, wonach der Garten ein zum Hause gehöriges, im unmittelbaren Dienste der Hausbewohner stehendes, dem Nutzen und der Lust dienendes, mit dem *Spaten* bearbeitetes Grundstück ist, zerfällt der Garten in Kraut-, Baum- und Weingarten. Es hat in früherer Zeit einen öffentlichen, umhegten Platz in oder bei den Orten gegeben, wo man zusammenkam, *Heimgarten*, *Kosegarten* genannt, der aber auch als Gerichtsstätte diente; er war mit Linden bepflanzt und wurde später als Spielplatz gebraucht.

Der Gärten im engern Sinne wird auf deutschem Boden wohl zuerst in Karls des Grossen *Capitulare de villis et curtis imperialibus* vom Jahr 812 Erwähnung gethan, worin u. a. die Blumen- und Küchengewächse des Gartens und die Obstsorten, die gezogen werden sollen, Lilien, Rosen, Salbei, Raute, Gurken, Bohnen, Kümmel u. s. w. und nicht minder die Obst- und Zierbäume des genauesten aufgezählt sind. Ganz nach dieser Vorschrift sind auf dem bekannten, unter Abt Gozbert (816 bis 837) hergestellten St. Gallischen Klosterplan die Klostergärten dargestellt, nämlich der *Obstgarten*, der zugleich der Friedhof ist, mit Apfel-, Birn-, Pflaumenbaum, Eberesche, Mispelbaum, Lorbeer, Kastanien-, Feigen-, Quitten-, Pfirsichbaum, Haselnussstrauch, Mandel-, Maulbeer- und Walnussbaum; sodann der *Gemüsegarten*, in dessen Plan folgende Gewächse eingezeichnet sind: Zwiebeln, Lauch-Zwiebel, Sellerie, Coriander, Dill, Mohn, Rettige, Mangolo, Schnitt- oder Knoblauch, Schalotten, Petersilien, Gartenkerbel, Kopfsalat, Saturei, Pastinak, Kohl und Schwarzkümmel; neben diesem Garten steht das Gärtner- und Vorratshaus; kleiner endlich ist der *Arzneikräutergarten* neben der Wohnung des Arztes und dem Spital, worin u. a. folgendes zu finden: Salbei, Raute, Schwertel, Poleiminze, Liebstöckel, Fenchel, weisse Lilie, Rosen, Bohnen, Saturei, Bockshornklee, Rosmarin und Pfefferminze. Ähnliche Bedeutung hat das Gedicht des Reichenauer Mönches *Walafrid Strabo, Hortulus* genannt, welches eine Beschreibung des von dem Verfasser als Abt von Reichenau hergestellten Klostergärtchens enthält. *Ebert*, Lit. des Mittelalters, II, 158.

Ausser den Klöstern hatten wohl auch die Burgen des Mittelalters ihren Kraut- und Würzgarten, in denen die Rosen und Lilien nicht fehlten; von eigentlicher Gartenzucht ist aber kaum die Rede. Erst die Italiener der Renaissance-Periode errichteten Gärten in grösserem Massstabe, wie auch die ersten botanischen Gärten in Italien entstanden sein sollen. Der mehr und mehr auf die Natur gerichtete Sinn liess Fürsten und andere reiche Leute bei der Anlage ihrer Lustgärten auf das Sammeln vieler verschiedener Pflanzen und Varietäten derselben geraten, sodass im 15. Jahrhundert einzelne Gärten durch ihre Blumenzucht weit berühmt waren.

In Holland und Deutschland sind seit dem 16. Jahrh. grössere Gärten angelegt worden und begann die Tulpen- und Hyazinthenzucht der Niederländer. Von den deutschen Gärten des 16. Jahrh. waren berühmt einzelne Patriziergärten von Augsburg, namentlich derjenige der Fugger, dann der Schlossgarten von Heidelberg, von welchem Merian ein aus der Vogelschau genommenes Bild giebt, die Gärten zu Stuttgart, Weimar, Köthen und Kassel. Als Begründer einer eigentlichen *Gartenbaukunst* gilt aber erst *André Lenôtre*, 1613—1700, welcher die Gärten von Versailles, Chantilly, St.-Cloud, in den Tuilerien, zu Fontainebleau und St. Germain anlegte und dadurch das Prinzip der bis aufs Äusserste getriebenen Symmetrie mit zierlich gezirkelten Blumenbeeten, Terrassen, Fontänen, grossen Wasserkünsten, hohen Hecken, Gitterwerken, Labyrinthen, Grotten, Statuen einführte. Noch weiter als die Franzosen gingen dann die Holländer, mit verschnittenen Bäumen, bemalten hölzernen Figuren, farbigen Steinen und Muscheln. Englische Aufklärer, namentlich *Addison* im *Spectator*, *Pope* in den kritischen Briefen und *Horace Walpole* in der „Geschichte der neuen Gartenkunst," übersetzt von A. W. Schlegel, sodann *Milton* durch die Beschreibung des Gartens Eden und als Praktiker *Will. Kent*, wurden die Begründer der freien, an die Natur sich anschmiegenden englischen Gartenanlagen. Vgl. *Teichert* Gesch. der Ziergärten in Deutschland. Berlin 1865.

Gassenhauer, ursprünglich ein Tanz auf der Gasse im dreiteiligen Takte; *aufhauen* ist in Wien ein Kraftwort für tanzen. Vom Tanz und der Tanzweise geht dann die Bedeutung auf das auf der Gasse gesungene Lied, das Volkslied, wie man seit dem 18. Jahrundert sagte, und zwar muss es ursprünglich eine bestimmte Art Lied gewesen sein, wie denn Hans Sachs geistliche Lieder, Gassenhauer, Kriegslieder und Buhllieder unterscheidet; in alten Liedersammlungen werden „Gassenhawer und Reuterliedlein", „Gassenhawer, Reuter- und Bergliedlein" unterschieden. Es werden Lieder gewesen sein, wie sie nächtliche Gassengänger sangen; denn Gassenhauer bezeichnet auch den Gassengänger, Gassentreter. Bevor im 18. Jahrhundert der Name *Volkslied* aufkam, nannte man die ganze Gattung in ehrendem Sinne Gassenhauer.

Gast, Gastfreundschaft. Das Wort Gast ist got. der *gasts*, ahd. *gast*, mhd. *gast*, verwandt mit lat. *hostis*. Die älteste erkennbare Bedeutung ist die des *Fremden*, Gäste sind *Elende* in der alten Bedeutung des Wortes. Ausländer in der Stadt, in der Gemeinde, im Lande hiessen in der Sprache des Rechtslebens bis ins 17. Jahrh. Gäste: Burger oder Gast, Gastgericht ist ein für einen fremden Mann aufgestelltes Gericht. In gesteigertem Ausdruck heisst der Fremde ein *wilder Gast*, der nirgends heimisch ist, ein *elender* oder *fremder Gast*. Im besonderen heissen fremde Kaufleute Gäste, aber auch landfahrende Krieger, Abenteurer, Helden, ähnlich wie *Recke* ursprünglich den Verbannten, also ebenfalls den in der Fremde sich aufhaltenden Mann bezeichnete; die letztere Bedeutung des Helden findet man in Eigennamen: *Liudegast, Hiltigast, Hadugast*, und noch mhd. war *gast* als Held ein geläufiger Ausdruck. Schon enger wird die Bedeutung des Wortes, wenn Gast den *Kunden*, den Fremden im Geschäftsverkehr bedeutet, welches der Fall ist in Kaufgast = Geschäftskunde, Marktgast, Mühlgast, Fahrgast, Badegast. Die neuere Entwickelung des Wortes

Gast geht an dem Gegensatze von *Gast* und *Wirt* vor sich, wobei das lettzere Wort ursprünglich den Mann mit eigenem Hause, Haus und Hofe oder auch Lande (des Landes Wirt = Fürst), Gast also das gerade Gegenteil bezeichnete. Wurde nun ein *Gast*, d. i. Fremder, von einem *Wirte*, Hausherrn, als *sein* Gast aufgenommen, in sein Haus und in seinen Schutz, seine Pflege und Gastfreundschaft, so ergab sich die eine, weitere, der beiden jetzt gangbaren Bedeutungen; die andere kam dann zum Vorschein, wenn der *Wirt Gastwirt (gastgeber)* und der *Gast Wirtsgast* wurde. Auch im letztgenannten Verhältnisse waren ursprünglich nur Fremde gemeint, die beim Wirt Aufnahme suchten und fanden, und erst spät mochten sich einheimische nächtliche Zecher *Gäste* nennen, um beim Weine sitzen bleiben zu können. Nach *Grimm*, Wörterb.

Die *Gastfreundschaft* der Germanen, d. h. also die Freundschaft gegenüber dem Fremdling (das Wort *Gastfreund* ist jüngern Datums und erst seit *Voss* in Gang gekommen) war weit berühmt. Cäsar erzählt, wie den Fremden alle Häuser offen ständen und ihnen geboten würde, was an Speise und Trank vorhanden sei. Tacitus Germ. 21 erklärt, kein anderes Volk könne sich in der Tugend der Gastfreundschaft mit den Germanen messen; kein Fremder, wer er auch sei, werde von einem Dache abgewiesen, es werde dem Gaste vorgesetzt, was das Haus biete, und sei alles aufgezehrt, so gehe der Wirt mit dem Gaste zu dem nächsten Hofe. Beim Abschiede würden erbetene Geschenke gern gewährt. Karl der Grosse schärfte in seinen Kapitularien die Übung der Gastfreundschaft wiederholt ein. Dagegen verlangte man vom Gaste, dass er nicht zu lange bleibe: in Skandinavien waren drei Nächte oder Tage die längste Frist; blieb der Gast länger, so trat er in ein näheres Verhältnis zu seinem Wirte. In vielen isländischen Häusern, die an der Landstrasse lagen, stand stets ein Tisch für Gäste bereit, und die Hausfrau sass vor der Thür, um jeden Wanderer einzuladen, unter ihr Dach zu treten. Der Wirt ging dem Gaste entgegen, bewillkommnete ihn und bat ihn einzutreten; die Wirtin aber begrüsste den Gast mit einem Kuss.

Ähnlich blieb es durchs ganze Mittelalter, während welcher Zeit es an Pilgern, fahrenden Leuten jeden Standes, fahrenden Spielleuten und Sängern nicht fehlte. In der Benediktiner-Regel handelt Kap. 52 von der zu übenden Gastfreundschaft, die in den Klöstern in reichstem Masse geübt wurde. Am Hofe hatte sich edlen Gästen gegenüber ein eigenes Zeremoniell ausgebildet, das sich an die ältere Sitte anschloss. Frau oder Tochter des Hauses nahmen dem ritterlichen Gaste seine Rüstung ab, reichten ihm frische Kleider und, nachdem er einen Trunk genossen, ein Bad. Dann legte sich der Gast entweder für kurze Zeit zu Bett, oder er begab sich, mit den Kleidern des Wirtes angetan, zur Mahlzeit, wo er den Ehrenplatz dem Wirte gegenüber, das *gegensidele*, einnahm. Wirtin oder Tochter kredenzten den Becher und schnitten die Speisen vor. Zur Nachtruhe in die Kammer begleitete den Gast wiederum die Hausfrau, um nachzusehen, ob nichts fehle, und nach einer Weile kam sie wieder, um nachzufragen, ob er gut gebettet sei, zugleich brachte sie ihm den Nachttrunk. Am Morgen fand der Gast vor seinem Bette frische Wäsche, die Hausfrau erkundigte sich, wie er geschlafen habe, vor der Abreise legten Wirt und Wirtin dem Gaste die Waffen an und entliessen ihn, nachdem sie ihm Imbiss und Trunk gereicht hatten. Nach alter Sitte überreichte der Wirt dem Gaste ein Gastgeschenk, das dieser auch fordern mochte.

Auch für Fremdlinge niedern Standes sorgte das alte Recht und die alte Sitte. Wenn der Fremdling abends keine Wohnung mehr erreichte, so war ihm gestattet, ungestraft Speise für sich und Futter für sein ermattetes Pferd aus der Mark zu nehmen. Der Reisende darf sich drei Äpfel vom Baume brechen, drei oder vier Trauben in die Hand schneiden, den Handschuh voll Nüsse pflücken, soviel Heu, als ein Pferd zum Futter braucht, nehmen, auch Holz hauen, um sein Geschirr oder Gefährt damit auszubessern und Speise zu kochen. Doch durfte er kein Futter mitnehmen und musste sich auf gebahntem Wege halten oder im Walde ein Horn blasen, wenn er nicht als Dieb gelten wollte. *Weinhold*, Deutsche Frauen, 2. Aufl. II., 393 ff. *Grimm*, Rechtsalt. 399 ff.

Gau, got. *das gavi*, Gen. *gáujis*, ahd. das *gawi*, *gowi*, *gouwi*. mhd. das *gouwe*, *gou*, neben ahd. die *gawa*, *gouwa*, männlichen Geschlechtes erst seit dem 17. Jahrh. ist etymologisch dunkeln Ursprungs. Man bezeichnet damit die uralte, auf das Staats-, Gerichts- und Heerwesen bezügliche Unterabteilung der deutschen Völkerstämme oder Staaten, im Gegensatze zu den *Marken*- und Dorfgenossenschaften, welche nicht politischer Natur sind, sondern bloss auf das Zusammenwohnen und die Bebauung des Feldes Bezug haben. Ob jedoch dem Worte *Gau* schon in ältester Zeit jene Bedeutung zukam, ist ungewiss, da auch selbständige Völkerschaften, *civitates*, Gaue genannt werden. Der verbreitetere Name für die staatlichen Unterabteilungen in den ältesten Quellen ist vielmehr *die Hunderte*, *centena*, siehe den besonderen Artikel.

Im fränkischen Reiche schliessen sich die staatlichen Unterabteilungen im allgemeinen an die bestehenden älteren Zustände an; nur dass mit der Zeit ein Unterschied in der Bedeutung der Unterabteilungen eintritt, je nachdem sie im engern Sinne als Verwaltungsbezirke des fränkischen Reiches unter einem Reichsbeamten oder als für sich bestehende, ihre eigenen Interessen verfolgenden Gemeinschaften aufgefasst werden. Die ersteren vornehmlich heissen *Gaue*, die letzteren *Hunderte*. Für die Einteilung der Gaue behielt man bestehende Verhältnisse bei, alle römischen Städte mit ihrem Gebiete, auch neue Städte, welche Sitze der Beamten wurden, z. B. Worms-, Speier-, Zürich-, Salzburggau. Andere Gaue, wie der Rhein-, Donau-, Main-, Neckar-, Thurgau schliessen sich an Flüsse, wieder andere an Völkerschaften an: Thüringau, Hessengau. Neben *pagus* und *Gau* kommen die Worte *bant* vor: *Braibant*, *Ostrobant*; *eiba* in *Wettereiba*, *Winegarteiba*; *feld* in *Wormazfeld*, *Meinefeld*, *Grapfeld*, *Eichsfeld*; *bara* auf alemannischem Boden: *Folcholtes para*, *Bertoltis para*, heute in der schwäbischen Landschaft *Baar* erhalten.

Die alten Gerichtsversammlungen blieben zwar den Hunderten; deren Vorsteher *centenarius*, *centurio*, *hunno*, *hunne*, wurde wie früher vom Volke selbst gewählt, aber er gab allmählich die eigentliche Leitung und zwingende Gewalt, womit die Vollstreckung des Urteils und die Exekution der Strafen zusammenhing, an den königlichen Beamten, den Grafen, ab, dessen *Gau* mehrere Hunderte, also auch mehrere Centenarien zu umfassen pflegte. Seit Karl dem Grossen trat die Bedeutung des Grafen immer mehr hervor, die des Centenars zurück; der letztere war bloss noch Unterbeamter und Stellvertreter des Grafen in Gerichtssachen und zwar bloss in seiner Hunderte; mit dem Heerwesen hatte er nichts mehr zu thun; der Name *Gau* wurde in den Urkunden wohl noch zur Bezeichnung der Lage von Orten gebraucht, der häufigere Name des Amtsgebietes selber war *Grafschaft*, *comitatus*; insofern ein alter Gau mehrere gräfliche Amtsgebiete umfassen konnte, konnte es geschehen, dass sich mehrere Grafen oder Grafschaften in einem Gau vorfanden. Die Namen der alten Gaue und die Bezeichnung der Orte nach der Lage in denselben erhalten sich bis in die Mitte des 12. Jahrh.; als einheitliche Amtsbezirke des Reiches sind die Gaue aber schon weit früher allmählich vielfach zerstört und auseinandergerissen worden; von den alten Hunderten sind nur in Alemannien und Lothringen gewisse Gerichtsbarkeiten der Centenarien erhalten. Die Hauptursachen von der Auflösung der alten Gauverfassung waren die Teilung der Gaue unter mehrere Grafen, die Vereinigung von mehreren Gauen zu einem Grafschaftsverband, die zahlreichen Exemtionen von der alten Grafschaft durch Übertragung der in ihr liegenden Rechte an andere, besonders an die geistlichen Stifter, die teils gräfliche Befugnisse auf ihren Besitzungen, teils ganze Grafschaften empfingen, aber auch an weltliche Grosse; sodann die selbständige Entwickelung der Städte, die sich aus dem Grafschaftsverbande lösten. Dadurch verlor der alte Gau als Gerichts- und überhaupt politischer Bezirk seine Bedeutung und meist auch seinen Namen. Nur als allgemeiner Landschaftsname haben sich einige alte Gaunamen erhalten. *Waitz*, Verf. Gesch. *Sohm*, fränkische Reichs- und Gerichtsverfassung.

Gaunertum. Das Wort Gauner taucht erst im 18. Jahrh. in der Form *Jauner* in Oberschwaben auf und wird bei norddeutschen Schriftstellern zu *Gauner*. Es stammt vom rotwelschen; im 15. und 16. Jahrhundert bedeutet der *joner* den Spieler, aus hebräisch *jânâ* = Gewaltthätigkeit üben, übervorteilen, betrügen, überlisten. Das Gaunertum ist aus dem Bettlertum entstanden, uud dieses letztere, bei dem Rechtszustand der alten Germanen noch nicht möglich, geht vornehmlich hervor aus dem Missbranch des christlichen Gebotes der Mildthätigkeit gegen die Armen. Schon die Kapitularien Karls des Grossen warnen vor Bettlern und vor Hausierern, die unter dem Deckmantel kirchlicher Pönitenz im Lande umherschweifen und die Leute betrügen; auch von jüdischen und anderen Handelsleuten, welche Kirchenschätze von gewissenlosen und nachlässigen Wächtern aufzukaufen wissen, ist in denselben Rechtsquellen schon die Rede. Die Aufnahme der Städte, die zum Teil durch flüchtige Knechte veranlasst war, bewog viele Hörige zur Flucht, ohne dass sie deshalb in der Stadt wirklich Unterkunft fanden, wodurch sie bewogen wurden, das Landstreichertum entweder auf eigene Faust oder im Dienste eines räuberischen Adligen zu führen. Zu solchen gesellten sich fahrende Priester und Weiber, fahrende Kirchen- und Schullehrer, wandernde Handwerksgesellen, Marktschreier und Taschenspieler. Weitere Kontingente lieferten gerichtlich ehrlos Erklärte, Landesverwiesene, entlassene Reisige, Landsknechte, *Zigeunerbanden* und *Juden*. Sie nannten sich *Kochemer* oder *Jenische*, beide Bezeichnungen aus dem Hebräischen hergeleitet und so viel als Wissende, Männer des Wissens, Zünftige bedeutend. Ihre Wissenschaft war die Gaunerei, d. h. der Betrieb des Bettelns mit allerlei Künsten, die Verübung von Verbrechen, Diebstählen und namentlich Betrug und Prellerei durch Wahrsagen und Zauberei, Vorschützen von allerhand geistigen und leiblichen Gebrechen. Ihr Treiben war in ein abergläubisches Dunkel gehüllt, mit dem sie sich umgaben. Ihre Sprache hatte sich im Verlaufe der Zeit sehr ausgebildet: jüdischdeutsch, zigeunerisch, Wörter aus den Dialekten fast aller europäischen Sprachen, selbsterfundene Witz- und Schlagwörter, deutsche Ausdrücke aus dem Volksleben sind der Inhalt dieser Sprache, welche von ihnen die *Kochemer*, die *Jenische*, die *Lussenkaudische* genannt wurde. Das Volk nannte die Gauner die *Gilen*, die *Lahmen*, die *Bettler*, ihre Sprache das *Mengische*, in der Schweiz auch das *Pomperlusische.*

Die erste genauere Nachricht über das Gaunertum kommt aus *Basel.* Hier befand sich nämlich „am Kohlenberg“ eine Freistätte der Gilen und Lahmen, ein Vorrecht, das die „freie“ Stadt Basel mit Augsburg, Hamburg und einer dritten (unbekannten) Stadt genoss. Die Bettler genossen hier besondere Privilegien, bildeten eine Korporation unter einem Hauptmann, standen unmittelbar unter dem Reichsvogt und hatten ihr eigenes Gericht. Es ist nun ein Aktenstück erhalten, entweder ein förmliches Mandat des Rates oder eine private oder amtliche, auf Untersuchungsakten gegründete Schrift, welche die Sitten und Gebräuche der Gilen und Lahmen des näheren auseinandersetzt; sie stammt etwa aus der Mitte des 15. Jahrh. Hier werden unterschieden: die *Grautener*, welehe das fallende Weh erheucheln; die *Valkentreiger*, welche den blutig angestrichenen Arm in einer Schlinge tragen, als ob sie gefangen in Ringen gelegen wären; *Brasseln*, welche sich an den Beinen so verunstalten, als ob sie in den Stöcken gelegen wären; *Klant*, tragen Wachsstöcke und sagen, St. Niklaus habe ihnen aus dem Gefängnis geholfen, betteln für ein Opfer; *Sumewerger*, gehen mit langen Messern um, sagen, sie hätten in der Notwehr einen niedergeschlagen und sollten nun eine Summe Geldes zahlen, oder sie würden hingerichtet; *Sumewergerin* sind eheliche oder andere Weiber, die sagen, sie hätten der Sünde gefrönt und wollten sich bekehren, bitten um St. Maria Magdalena willen um ein Almosen; *Bille*, Weibsbilder, die sich mit alten „Wammetsch und Bletz under de Kleider“ schwanger stellen, das heisst „mit der Billen gegangen“; *Jungfrowe*, Weiber, die Klappern tragen wie die Aussätzigen, das heisst „mit der Jungfrowen gangen“; *Munische*, Weiber, die sich als Begharden verstellen; *Kusche Narunge*, Weiber, die vorgeben, sie seien edler Herkunft, aber durch Krieg, Brand und Gefängnis ihrer Habe beraubt; *Badune*, die behaupten, sie seien Kaufleute, denen man ihr Kaufmannsgut geraubt; *Vermerin*, besonders Frauen, die sich als getaufte Juden ausgeben und den Leuten sagen, ob ihr Vater oder Mutter in der Hölle sei oder nicht; *Theweser*, als Priester verkappte Gauner mit geschorener Platte und Monstranz, die den dritten Teil ihres Einkommens demjenigen geben, der ihnen dazu verholfen hat; *Kammerierer*, die an ihren Hüten besondere Zeichen von Ländern und Städten tragen, als ob sie dort gewesen wären; *Gutzbeterin*, die sich als Kindbetterinnen ausgeben; *Sefer*, die sich siech von langer Zeit her stellen; *Blochard*, die sich blind stellen und sagen, sie hätten ihren Kugelhut verloren; die Hüte, die man ihnen dann schenkt, verkaufen sie; *Handblinden*, sich blind stellende Gauner, Gott habe sie um einer Sünde willen geblendet, und sie kämen von fernen Wallfahrtsorten her; *die mit dem Bruch wandelent*, Gauner, die blutige Baumwolle übers Auge binden und behaupten, sie seien als Kaufleute oder Krämer in einem Walde überfallen und geblendet worden; *Spanfelder*, die sich halbnackt, zitternd vor

Kälte, vor die Kirchen legen; *Vopper*, Frauen oder Männer, die sich an eisernen Ketten führen lassen, als ob sie unsinnig wären; *die Glatten*, halb Gelehrte, die sich als beraubte und heimreisende Priester ausgeben und beten; *Krachere*, Leute, die Henker waren und behaupten, sie wollen sich bekehren, und doch wiederum Henker werden. „Und diese, so schliesst das Aktenstück mit einer Probe des Rotwelsch, die die da *andeigent*, das ist *gegangen* — uf dem *Terich*, das ist uf dem Lande — mit dem *Klant* und mit dem *Lume*, das ist mit *Eisenhaltungen*, als ob sie gefangen weren gewessen; — und wenn die zusammen kommen in die *Pöse*, d. i. in die *Herberg*, — so wollent sie haben ein *Breitfuss*, das ist ein *Gans*, — und *Flughart*, das sind Hüener — und *Johanns gnug*, d. i. der Wein; wenn sie denn verschechent werdent, das ist so si *truncken* werdent, so hebet sich ein *Innen*, dass ist ein *Spilen* — mit den *Rüblingen*, dass sint *Würffel* — wenn denn etliche *verinnet*, das ist *verspilet*, dass er nit me hat, so wil er Narunge anfachen, damitte so wird er *wercken*, dass ist *verescht*, dass er die *schuder* sichent gewar werdent, das sind die *Amtblüte* daselbs; — so wird er *gebrukt in der Gabel*, dass ist *gefangen* in der *Statt*, ist dass es *umtich narung* ist, dass ist *bös*, — so wirt er *geflösselt* oder *gemögen*, dass ist *ertrenckt*; — ist es aber klein gefüege narung, die nit vast bösse ist, so schnidet man ime die *Lüselinge* ab, dass sint die *Oren*."

Dieses Baslerische Gauner-Aktenstück wird nun die Quelle anderer Litteratur über das Gaunertum. In erster Linie gehört dazu der 73. Narr aus *Sebastian Brants Narrenschiff*, besonders aber das vielgedruckte und vielgelesene Buch *Liber vagatorum*, welches zwischen 1494 und 1499 wahrscheinlich zuerst in Basel erschien, die Basler Bekanntmachung systematisch redigierte und mit Zusätzen, Exempeln und einem alphabetisch geordneten Wörterbuche versah. Man hat als Verfasser auf *Sebastian Brant* geraten. Es erschienen zwischen den Jahren 1510 und 1529 acht hochdeutsche und eine niederdeutsche Ausgabe, von jenen acht eine in Knittelverse aufgelöst, eine vom Jahr 1524 von *Luther* besorgt und mit einer Vorrede ausgestattet. Andere Ausgaben, welche das Vokabular voranstellen, nennen sich *Rotwelsche Grammatik*; hier ist in späteren Ausgaben das Wörterverzeichnis bedeutend vermehrt worden. Die niederdeutsche Ausgabe des *Liber vagatorum* nennt sich *Der bedeler orden* und *or vocubalar in rotwelsch.* Eine Versifikation des *Liber vagatorum* hat auch *Pamphilus Gengenbach* in Basel veranstaltet.

Erst im 16. Jahrhundert organisierten sich die Gauner, deren Geschäft durch die Reformation und ohne Zweifel durch die Verbreitung des *Liber vagatorum* Einbusse erlitten hatte, zu geschlossenen, durch *Eid* verbundenen Banden, die es besonders auf Mordbrennerei abgesehen hatten, später zu eigentlichen *Räuberbanden*, an deren Spitze hervorragende Spitzbuben standen; besonders der dreissigjährige Krieg hat dieser Erscheinung Vorschub geleistet, vorher schon die Bauernkriege; sie haben Deutschland bis in dieses Jahrhundert hinein vielfach unsicher gemacht.

Zur Organisation des Gaunertums gehören seit alter Zeit geheime *Verständigungszeichen*, *Zinken* genannt; sie wurden und werden noch in die Rinde der Bäume, an Mauern, Wände, Brücken, sogar in den Schnee eingezeichnet oder eingeschnitten. *Avé-Lallemant*, Das deutsche Gaunertum. 4. Bde. Leipzig 1858 bis 1862. Vgl. die Artikel *Juden*, *Kessler* und *Zigeuner*.

Gefässe, häusliche, waren für den gemeinen Mann und den gewöhnlichen Hausgebrauch bis ins Mittelalter von sehr einfachen, meist rohen Formen und entweder aus gebranntem *Thon, Holz* oder zu höherem Bedarf aus *Metall* verfertigt. Metallene Gefässe aus Eisen, Kupfer und Zinn wurden seit der Mitte des 10. Jahrhunderts in den Niederlanden als Handelsartikel verfertigt und versendet. Daneben findet man schon früh im Haushalt der herrschenden Stände und noch mehr in den Kirchen Prunkgefässe aus edlem Metall und Elfenbein, auch diese jedoch anfänglich in oft plumpen Gestalten. Die Trinkgeschirre waren der *Kelch,* halbkugelförmig und auf einem kurzen Fusse stehend, der Name, schon früh aus dem lat. *calix* entlehnt, ahd. *chelih,* mhd. *kelch,* und der ebenfalls dem Lateinischen (volksmässig = lat. *bacar,* mittellat. *baccharium*) entlehnte *Becher,* ahd. *pechar,* mhd. *becher;* er hatte im Mittelalter entweder die jetzige Form oder die Gestalt kleiner, mit Dauben verbundener Holzfässchen; sein deutscher Name ist *Stauf,* ahd. und mhd. *der stouf;* daneben bedient man sich immer noch der alten *Trinkhörner*, entweder aus wirklichen Stierhörnern oder aus Elfenbein geschnitzt; Trinkgeschirre aus Strausseneiern, Kokosnüssen und dgl. stammen aus dem Orient. Auch die *Schüssel,* die mit und ohne Fussgestell vorkommt, hat fremden Namen; ahd. *skuzila*, mhd. *schüzzel* kommt vom lat. *scutula*, dem Diminutivwort von *scuta* = flache Schüssel. Besondere Teller waren nicht üblich; das mhd. *teler*, aus ital. *taglière, taglièro* ist das Küchenhackbrett, zu ital. *tagliare*, franz. *tailler* = schneiden. Die *Kanne* wird von einigen ebenfalls aus dem Lateinischen erklärt, lat. *canna* = Röhre, Krug, Trinkgeschirr; nach *Grimms* Wörterb. soll das Wort mit *Kahn* einer Wurzel sein, beides aus Baumstöcken ausgehöhlte Dinge. *Kandel* und *Kante* sind Weiterbildungen von *Kanne.*

Die Gotik und der Aufschwung des damit verbundenen Kunsthandwerkes kam natürlich auch den Gefässen in hohem Masse zu gute. Während bis zum Schluss des 13. Jahrhunderts bloss die herrschenden Stände Geschirre von Edelmetall besessen hatten, begann nun die Vorliebe für Schmuckgefässe auch den Bürgerstand zu ergreifen. Unter Verwendung zahlreicher Verzierungsmittel entfaltete man, am meisten in Franken, einen früher nie gekannten Formenreichtum, besonders in Schaustücken. Dazu gehörten verschliessbare Tafelbestecke in der Form von *Schiffen,* welche Gewürze, Wein, Trinkgefässe, Löffel enthielten und in oft seltener Pracht hergestellt waren; *Bronnen,* Weinbehälter in Form reichgegliederter Bauwerke, *Salzfässer, Dreifüsse* zur Unterstützung grösserer Geschirre oder als selbständige Schaustücke. Besonderen Wert legte man auf kunstreiche *Trinkgefässe,* zumal auf *Becher,* die bald mehr in der Weise einer Schale, bald in der eines Kelches, eines Tönnchens oder einer Tasse gebildet wurden, mit oder ohne Fuss, mit oder ohne Deckel. Daneben kamen für den häuslichen Gebrauch immer noch *thönerne, zinnerne* und *hölzerne* Gefässe zur Anwendung. Im 15. Jahrh. steigerte sich der Aufwand sowohl als der Erfindungsgeist, der sich in allen möglichen, zum Teil höchst phantastischen Formen erwies. So nehmen nun auch die *Namen* der Trinkgefässe zu; nach der Gesammtfassung oder dem Massinhalte unterscheidet man jetzt *Schrein, Humpen, Kelch, Becher, Krug, Kanne, Kopf, Schoppen:* nach Form und Stoff *Muskat, Eichel, Kokosnuss, Traube, Strauss, Pelikan, Schwan, Schiff, Mönch, Nonne, Narr, Reiter, Greifenklaue, Horn;* bei den *Kre-*

denz- oder *Doppelbechern* bildete ein Becher den Deckel des andern.

Der im 16. Jahrh. in Deutschland auftretende Renaissancestil äusserte sich an den Geschirren, abgesehen von den *Formen* der Verzierungen, darin, dass der künstlerische Gedanke so sehr hervortrat, dass der natürliche Zweck der Gegenstände dadurch beeinträchtigt wurde und die verzierende Ausstattung inhaltlich allmählich ausser Bezug zu den Gegenständen als solchen trat; und in der überhandnehmenden Verwendung des *Glases*, der *Majolika* und der *Fayence*, wodurch die Gefässe in Gold und Silber zurücktraten. Die früheren *Bronnen* und *Dreifüsse* kamen in Abnahme, während die *Schiffe* immer noch vorkamen; besonders wurden aber als Tafelbestecke teils kelchähnliche Ständer oder von zumeist hohen Füssen gestützte schalenförmige Platten beliebt, reich mit Ornamenten bedeckt, worauf sich ein kunstvoller Zierrat erhob, teils in Rund durchgeführte Darstellungen aus dem Menschen- und Tierleben und der Pflanzenwelt, Szenen geschichtlichen und allegorischen Inhalts, mythologische Phantasie, Jagdstücke, Tierkämpfe u. dgl.; ähnlichen Zwecken dienen reichverzierte Muschelaufsätze. Bei den Giessgeschirren wurde die *Kannenform* überwiegend herrschend, wobei Fuss, Deckel, Henkel und Ausguss mannigfaltige reiche Durchbildung erfuhren. Für den eigentlichen Behälter oder den Bauch kam die *Eiform* auf und für das Geschirre überhaupt die altrömische *Vasenform* zur Geltung; auch wenn das Gefäss selber aus gebrannter Erde hergestellt war, pflegte man den Schmuck an Henkel, Füssen u. dgl. aus getriebener Metallarbeit herzustellen. Sehr in Aufnahme kamen die Glasgefässe, welche bis etwa 1550 ausschliesslich im Venetianischen angefertigt wurden. Die absonderlichen Gestalten, welche die vorhergehende Periode so sehr bevorzugt hatte, beschränkten sich von jetzt an mehr auf die Arbeiten aus Steingut und wurden Sache der eigentlichen Töpfer, die nun recht im Gegensatz zur Vasenform Formen aus *ringförmigen Röhren* und die *Tonnenform* oder aufrecht kauernde Figuren und dgl. ausbildeten. Zwischen den eigentlichen *Giess-* und den eigentlichen *Trink*gefässen kam für den gewöhnlichen Verkehr eine zugleich zum Giessen und Trinken benutzte Gefässform auf, der *Henkelkrug*, auch *Krug* überhaupt. Aus Metall oder Steingut hergestellt, gestaltete man den Krug als Vereinigung der Kannen- und Becherform, später häufig mit Hinneigung zur Eigestalt der Vase; dazu kamen bildnerische Verzierungen, Arabesken, Wappen und ein verzierter Deckel aus Metall. Die Becher wurden jetzt häufig aus Elfenbein, Glas und Fayence hergestellt, und zwar meist ohne metallenen Schmuck; die Gestalt war wie früher eine überaus mannigfaltige und abenteuerliche, so dass ein Schriftsteller klagen konnte: „Heutiges Tages trinken die Weltbrüder und Trinkhelden aus Schiffen, Windmühlen, Laternen, Sackpfeifen, Schreibzeugen, Krummhörnern, Knebelspiessen, Weinwagen, Weintrauben, Äpfeln, Birnen, Kockelhähnen, Affen, Pfauen, Pfaffen, Mönchen, Nonnen, Bauern, Bären, Löwen, Hirschen, Rossen, Straussen, Katzen, Schwanen, Schweinen, Elendsfüssen und anderen ungewöhnlichen Trinkgeschirren, die der Teufel erdacht hat, mit grossem Missfallen Gottes im Himmel.“ Später schritt man gar zu Nachahmungen von Stiefeln Schuhen, Schubkarren, Kriegsgeschützen fort. Zu vorwiegender Geltung kamen als Metallarbeit Trinkgefässe von *Tannen-* und *Pinienzapfen*, der *Weintraube*, von *Köpfen*, namentlich von *Hörnern*, mit reichen Beschlägen; sodann Becher in der

Form von *Mönchen*, *Nonnen* und reichgekleideten weltlichen Damen in steifem Reifrock, oder der spitzigen Hälfte des Eies. Die *Kredenzbecher* bildeten meist eine weibliche Figur mit seitwärts ausgebreiteten Armen, über dem Haupt ein Gefässchen tragend, das sich um seine Querachse bewegte; er diente als Doppelbecher für Herr und Dame. Der *Willkommbecher* war meist ein sehr umfangreicher Pokal oder Humpen. Als das vornehmste Trinkgeschirr galt immer noch der *Kelch*, den man jetzt zu äusserster Schlankheit gestaltete und dessen Fuss man willkürlich verzierte. Auch die Trinkgeschirre aus *Glas* wurden in verschiedenster Form, als Pokale, Kelchgläser, Schalen und in Nachahmung jedweder Gegenstände gearbeitet. Dazu Fig. 58 aus *Müller und Mothes*, arch. Wörterb., ein Büffet aus Schloss Rosenberg mit alten Gefässen darstellend.

Im 17. Jahrh., als die Kunst zu sinken begann, kamen *Brunnen*, *Dreifüsse* und *Schiffe* gänzlich ab, ebenso die Mehrzahl sonderbar gestalteter Gefässe; dagegen wurden als Tafelaufsätze Geräte in *Vasenform* mit Blumenstrauss darin beliebt. *Kunstgläser* nahmen noch mehr überhand, die Gefässe fielen der Verschnörkelung anheim, wurden immer flacher behandelt und die früheren Bildnereien durch bloss eingeritzte Zierrate von oft roher Fassung ersetzt. Eine neue Art von Giess- und Tinkgeschirren brachte die Einführung des *Kaffees* und *Thees* mit sich, die *Tassen*, die man zuerst aus Metall verfertigte. Der Rokoko-Stil des 18. Jahrh. endlich brachte den Gefässen das lang- und quergefurchte, vielzackige Muschelwerk, scharfkantige und eckige Schnörkel ohne feste Grundgestalt, aufgemalte, eingelegte oder leicht erhabene Darstellungen, Genien, Blumen, Landschaften, Füllhörner u. dgl. Das Hauptmaterial, das für diese Geschmacksrichtung auch am geeignetsten war, war das *Porzellan*. Nach *Weiss*, Kostümkunde.

Gefässe, kirchliche. Heilige Gefässe, *vasa sacra*, heissen die bei der Liturgie gebrauchten Gefässe, nämlich *Kelche*, *Patenen*, *Hostienbüchsen*, *Ciborien* und *Monstranzen*, *Messkännchen* und *Giessgefässe*, *Weihrauchbecken* und *Schiffchen*, *Gefässe für die heiligen Öle*, *Messglöckchen* und *Weihwasserkessel*. Über die im engern Sinne *vasa sacra* genannten Gefässe, welche durch ihren Gebrauch in unmittelbare Berührung mit dem konsekrierten Brot und Wein des Altarsakramentes kommen, siehe die besonderen Artikel *Kelch* und *Ciborium*. Die übrigen kirchlichen Gefässe sind von minderer Wichtigkeit. Die *Kannen*, *amulae*, *ampullae* haben erst in spätgotischer Zeit einen bestimmten Typus angenommen. Sie kommen immer paarweise, auf *einer* Schüssel stehend, vor, das eine Kännchen für den Wein, das andere für das zur Ausspülung des Kelches erforderliche Wasser. Der bauchige Körper besteht gewöhnlich aus Glas; Fuss, Henkel, Klappdeckel aus Metall; auch kommt das ganze Gefäss metallen vor. Der *Giessgefässe, manilia, aquaemmanilia*, bediente sich der Priester zum Waschen der Hände, sie hatten die Form irgend eines der Natur nachgebildeten oder phantastischen Tieres, eines Löwen, Pferdes, einer Taube, einer Henne, eines Basilisk, aus Metall gegossen. Zu den Räucherungen gehört das *Weihrauchgefäss*, *acerra*, *incensarium*, *pyxis thuris*, und das *Rauchbecken*, *thuribulum*; jenes hatte, wie das Giessgefäss, oft die Form einer Bestie oder diejenige eines Schiffchens, das durch einen in der Mitte geteilten Klappdeckel verschliessbar war. Das Rauchbecken hat zum Hinstellen einen einfachen runden Fuss, während das sich ausbauchende Kohlenbecken zum Zwecke des

Schwingens an Ketten hängt. Sie sind, in älterer Zeit meist aus Erz erst später von Silber. Die *Gefässe für die heiligen Öle,* Heilöl, Krankenöl und Salböl sind verschliessbare Büchsen und Flaschen, auch in Hörnerform. *Otte,* Handbuch der Archäologie.

Fig. 58. Büffet aus Schloss Rosenberg.

Gefolgewesen, eine den Urzeiten der Germanen eigentümliche Einrichtung, von der Tacitus in der *Germania* 13—15 handelt. Es war ein Recht der Fürsten (nicht des Adels und ebensowenig jedes einzelnen im Volke), ein Gefolge, *comi-*

tatus, zu halten. Junge Männer aus dem Volk schliessen sich dem Fürsten an, freiwillig, sodass der Jüngling selbst oder der Vater für ihn den Fürsten wählt; auch Söhne des Adels treten in das Gefolge. Die Verbindung ist dauernd, nicht für einen besonderen Zweck, doch auch nicht unauflöslich. Durch einen Eid wird das Verhältnis bekräftigt, der zur Treue und Hingebung verpflichtet. Die Gefolgsgenossen bilden die Begleitung des Fürsten, wohnen mit ihm, schmausen in seiner Halle, daher sie später *Herdgesellen*, *Bankgenossen*, *Tischgenossen* des Fürsten oder Königs heissen, auch *Notgestalden*, ahd. *nôtstallo*, *Gesinde*. Der Dienst als Ehrendienst minderte die Freiheit nicht. Ein zahlreiches Gefolge gab dem Fürsten Ruhm und Macht, im Frieden Ehre, im Kriege Schutz. Als Lohn erhielten sie Waffen und Rosse, auch Schätze aus der Beute oder andere Gaben. Die Ableitungen des Adels, der Völkerwanderung, der Heerverfassung, der Vasallität, des Benefiziatwesens aus der Taciteischen Gefolgschaft sind alle widerlegt worden. Nach *Waitz*, Verf.-Gesch. I., Abschn. 10, macht die Gefolgschaft, eine Zeitlang in den Königreichen zu besonderer Bedeutung gelangt, später anderen Bildungen Raum, die vornehmlich auf der Entwickelung der fränkischen Monarchie und des Grundbesitzes beruhen. In den nordischen Reichen erhält sich die Gefolgschaft am reinsten und längsten. Die Erinnerung an sie lebt in manchen Gedichten des Mittelalters fort, in den Nibelungen, Gudrun, im Heliand, am lebendigsten im angelsächsischen Beowulf. Vgl. *Dahn*, Deutsche Gesch. I, I, S. 222.

Geisel, ahd. *gîsal*, *gîsil*, mhd. *der* und *das gîsel*, Die ältesten Zeugnisse für die Geiselstellung bei den Germanen sind die mit *gisil*, *gisal*, verkürzt *gis* susammengesetzten zahlreichen Eigennamen: *Willigis*, *Madalgis*, *Fridugis*; *Gisulf*, *Gisalbald*, *Gisalbrand*, *Gisalmund*, auch bloss *Giso*, weiblich *Gisa*, neben *Gisilo*, *Gisila*, *Gisela*, *Gîsel*, *Gîsalhart*, *Gîsalmuot*, *Helidgîs*, *Wolfgîs*, *Berengîs*, *Ebergîs*, *Adalgîs*, *Gôdigîsil*, *Ansigîsil* (zu *ans* = Ase). Man leitet das Wort von *gêr* = Speereisen, Speer ab, wonach Geisel der Speergefangene wäre, wenn nicht eine Zwischenbedeutung = Held anzunehmen ist. Es ist möglich, dass in frühesten Zeiten bloss hohe Gefangene, Fürsten als Geiseln angenommen wurden, während man die übrigen tötete; die hohen Geiseln dienten, wie Hagen und Walthari am Hofe Etzels, geradezu als Zierden der Höfe. Durch das ganze Mittelalter blieb die Geiselstellung eine Bekräftigung des Eides, namentlich wenn die Treue einmal verletzt, oder Verdacht des Abfalles vorhanden war. Sogar der König sah sich unter Umständen veranlasst, für sein gegebenes Wort Geiseln zu stellen; doch erklärte Heinrich IV. den Sachsen gegenüber, die von ihm Geiseln begehrten: Geiseln zu stellen liege weit ab von der königlichen Majestät.

Geissler, Geisselbrüder, Kreuzbrüder, Büsser, *Flagellantes*, *Flagellarii* u. a. sind Benennungen einer im 13., 14. und 15. Jahrh. auf dem Gebiete des kirchlichen Busswesens auftretenden Erscheinung. Die altbritische und angelsächsische Kirche kannte als einzige Art des Busswerkes das *Fasten*: da dieses nicht in allen Fällen ausreichte, kamen als Ersatzmittel desselben Beten, Singen, Hersagen von Psalmen, Kniebeugen, Geldspenden zu kirchlichen oder wohlthätigen Zwecken und die *Geisselung* auf. Die letztere erscheint zuerst in einem Bussbuche des 8. Jahrh., in Nachahmung der Geisselungen Christi und der Apostel. Sie blieb lange nur auf Klöster beschränkt und erlangte hier eine systematische Ausbildung, sodass die Zahl der Schläge nach einer festen Taxe berechnet wurde. Besonders der Kardinal Damiani, gest. 1072, wurde nicht müde, die Geisselung anzuempfehlen und brachte es so weit, dass dieselbe nicht bloss in den Klöstern eine sehr ausgedehnte Anwendung fand, sondern auch in die Privathäuser drang. Die Veräusserlichung des Bussbegriffes, die Vermehrung des Ketzertums und der Kampf der Kirche gegen dasselbe, die zunehmende Verehrung der Wanderprediger, das Aufkommen der geistlichen Spiele, der Gesang freier religiöser Lieder u. a., drängte zu besonderen Ausbrüchen des gesteigerten religiösen Volksgefühls. Von der Wirkung des Antonius von Padua, gest. 1231, heisst es in der Lebensbeschreibung: „Damals fingen die Menschen zuerst an, scharenweise sich geisselnd und geistliche Lieder singend in Prozession zu gehen. Beglaubigt ist, dass im Jahr 1260 zu Perugia, infolge langer und furchtbarer Kämpfe, sich eine Menge Volkes zu reuiger Geisselbusse verband. „Mit entblösstem Oberkörper wallten Edle und Unedle, Greise, Männer und Jünglinge, ja selbst Kinder paarweise in feierlichem Aufzuge durch die Stadt und schlugen sich mit ledernen Geisselriemen über die Schulter, dass das Blut herabfloss. Dann ergossen sie sich hinaus über das Weichbild der Stadt, und immer neue Scharen schlossen sich an, wie von Ansteckung ergriffen, und so zogen die Büsser weiter zu Hunderten, zu Tausenden, ja zu Zehntausenden von Dorf zu Dorf, von Stadt zu Stadt, angeführt von Priestern mit Kreuzen und Fahnen, und warfen sich vor den Altären der Kirchen nieder. Alle Musik, aller Gesang verstummte vor ihren Bussliedern. Reue und Bedürfnis der Versöhnung erwachte in allen Gemütern; jeder beeilte sich zu beichten und gethanes Unrecht wieder gutzumachen. Wucherer und Räuber stellten das unrechtmässig gewonnene Gut zurück, Feinde söhnten sich aus, Gefangene wurden entlassen, Vertriebene wieder aufgenommen, reiche Almosen gespendet. Bis nach Rom hin wanderte das Geisslerheer und aufwärts durch die Lombardei und Piemont bis nach der Provence; selbst der Winter vermochte ihren Eifer nicht zu dämpfen.“

Das Jahr darauf, 1261, sah den ersten Geisslerzug in Deutschland und zwar in den österreichischen Ländern, Bayern, Polen, Böhmen, Mähren und Ungarn. In Italien wiederholte sich die Erscheinung im Jahr 1334. Die grösste Bewegung dieser Art geschah jedoch unter dem Eindrucke des *schwarzen Todes*, der, von Ostasien herkommend, unglaubliche Verwüstungen anrichtete, (siehe den Artikel *Volkskrankheiten*). Nach Deutschland kam diese Pest im Jahr 1348; ihr Eindruck wurde vermehrt durch das auf dem verstorbenen Ludwig dem Bayer und seinen Freunden und Anhängern lastende Interdikt. Da sammelten sich im Jahr 1349 an verschiedenen Orten neue Geisslerscharen, die von sehr verschiedenen Orten sich mehrend und sich wieder zerteilend, das Land von den Alpen bis nach Dänemark und hinüber nach England durchzogen; auch Frauen und Kinder waren dabei. Die ausführlichste Nachricht darüber findet man in *Closeners* Strassburger Chronik, die im Jahr 1362 vollendet wurde.

Wer in die Brüderschaft eintreten wollte, musste zuerst erklären, dass er gebeichtet, aufrichtig bereut, seinen Feinden vergeben und die Einwilligung seiner Ehefrau zur Geisselfahrt erhalten habe; dann musste er 11 Schillinge und 4 Pfennige aufweissen, um durch 30 bis 34 Tage (zum Andenken an Christi

Lebensjahre) sich mit täglich 4 Pfennigen erhalten zu können; sodann sollte er die Weise der Geissler halten und den Meistern der Brüderschaft Gehorsam angeloben. Mit Frauen zu verkehren war nicht gestattet. In der Nähe einer bewohnten Ortschaft ordnete sich der Zug, voran die gewundenen Kerzen, Kreuze, Fahnen, dann die Büsser paarweise, in Mäntel und Hüte gekleidet mit darauf gehefteten roten Kreuzen. Mehrere Vorsänger stimmten dann einen *Leis* an (siehe diesen Artikel), den die ganze Schar nachsang, während alle Glocken des Ortes zum Empfange geläutet wurden. Der gebräuchlichste Leis lautete:

Nu ist die betevart sô hêr:
Crist reit selber gên Jerusalêm,
er füerte eine kriuze in sîner hant;
nu helfe uns der Heilant!

Nu ist die betevart sô guot:
hilf uns, herre, durch dîn heilges bluot,
daz du an dem kriuze vergossen hast,
und uns in dem ellende gelôsssen hast!

Nu ist die strôsse alsô breit,
die uns zuo unserre frouwen treit,
in unserre lieben frouwen lant;
nu helfe uns der heilant!

Wir sullen die buosse an uns nemen,
daz wir gote deste bas gezemen
aldort in sînes vater rîch;
des biten wir dich alle gelîch;
sô biten wir den heiligen Crist,
der alle der welte gewaltig ist.

In der Kirche, wohin sie zogen, knieten sie nieder und sangen:

Jhêsus der wart gelabet mit gallen,
des sullen wir an ein kriuze vallen.

Mit diesen Worten warfen sie sich mit kreuzweis ausgebreiteten Armen zur Erde, und verharrten so, bis der Vorsänger anhob:

Nu hebent ûf die iuwern hende,
daz Got dis grôsse sterben wende,

worauf sie sich wieder erhoben. Dies geschah dreimal. Dann traten Bürger der Stadt hinzu und luden die Brüder zum Imbiss zu sich ein. Zum Geisseln aber oder zum Büssen, welches vor- und nachmittags geschah, begaben sie sich wieder in Prozession auf einen freien Platz, etwa den Kirchhof, schlossen einen Kreis, legten in die Mitte sämtliche Kleidungsstücke bis auf die Hosen, knüpften einen Schurz um und legten sich in einem weiten Kreise so nieder, dass die Lage oder Gebärde die Hauptsünde des einzelnen anzeigte, der Ehebrecher auf den Bauch, der Mörder auf den Rücken. Der Meister schritt dann über jeden weg, rührte ihn mit der Geissel und sprach:

Stant ûf durch der reinen martel êre
und hüete dich vor den sünden mêre!

Jeder Berührte schritt dem Meister nach und that wie er. Nachdem alle aufgestanden waren, stellten sie sich wieder zu einem Kreis zusammen, gingen paarweise um den Kreis, den Rücken mit Geisseln blutig schlagend, von denen drei Riemen in Knoten mit vier eisernen Stacheln ausliefen, und sangen während der Geisselung einen neuen Leis.

Die Geisselung wiederholte sich dreimal. Nachdem die Eingangs-Ceremonien wiederholt waren, legten die Geissler ihre Kleider an, achtbare Leute unter den Zuschauern sammelten eine Beisteuer zu Kerzen und Fahnen für die Brüderschaft, und wenn dies gethan, trat einer, der ein Laie war und lesen konnte, auf eine Erhöhung und verlas einen langen Brief, der angeblich von Christus selbst auf eine Marmortafel geschrieben, durch einen Engel herabgebracht und auf den Altar St. Peters zu Jerusalem niedergelegt worden sein sollte. Er enthielt die Aufforderung zur Geisselfahrt. In feierlichem Zuge, unter Glockengeläute, kehrten dann die Geissler in die Stadt zurück, verrichteten in der Kirche ihre Andacht und gingen auseinander. Sie durften nicht über einen Tag und eine Nacht an einem Orte verweilen; beim Fortziehen aus einem Orte sangen sie:

O herre vater, Jhêsu Crist,
wan du allein ein herre bist,
der uns die sünde mac vergeben,
nu gevriste uns unser leben,
daz wir beweinen dînen tôt.
wir klagen dir, herre, al unser nôt.

Alle Lieder waren erst für diese Geisselfahrt von einem unbekannten Verfasser gedichtet worden.

So ausserordentlich die Teilnahme an dieser seltsamen Erscheinung war, so schnell ging sie vorbei; nach einem halben Jahre verbot man in Strassburg und anderwärts, zum Teil durch die Geistlichkeit angeregt, die öffentliche Geisselung. Dazu kam, dass die französischen Geisselfahrten, wofür die deutschen Leise übersetzt worden waren, von seiten des Königs und der Universität verboten wurden und der Papst noch im Herbst des Jahres 1349 eine Bulle gegen die Geissler erliess, worin er ihnen zur Last legte, dass sie eigenmächtig handelnd, die Schlüsselgewalt und die disziplinarische Ordnung der Kirche missachten, und den Bischöfen befahl, sie zu unterdrücken.

In Italien, Frankreich und Spanien trat die Erscheinung der Geissler vom Jahre 1398 an in anderer Form auf; gehüllt in lange, weisse, leinene Gewänder (daher *Bianchi*, *Albi*, *Albati* genannt), welche auch Kopf und Gesicht verdeckten und nur zwei Öffnungen für die Augen freiliessen, wallten sie in neuntägiger Bussfahrt in grossen Haufen unter Absingung des *Stabat mater* durch die Länder und Städte; auch diese Erscheinung wurde bald unterdrückt, und die Geisselbusse nur noch im Geheimen von den nie ganz zerstörten Brüderschaften fortgesetzt. Im 15. Jahrhundert wurden viele geheime Anhänger derselben in Deutschland von der Inquisition auf den Scheiterhaufen gebracht. Nach *Zacher* in Ersch. u. Gruber.

Geistlicher Ornat. Die Herstellung einer liturgischen Tracht für die christliche Geistlichkeit erfolgte nicht vor dem 6. Jahrh. Die Ausbildung des priesterlichen Amtsornates ging vorzugsweise von der römischen Bekleidung aus und vollzog sich als allgemein massgebend zuerst in Byzanz, erhielt dann aber im Abendlande allmählich eine davon abweichende selbständige Richtung. Die Feststellung der Grundformen des occidentalischen Ornates verlegt man in den Beginn des 9. Jahrh. von welcher Zeit an bis ins 14. Jahrh., die geistliche Tracht im Allgemeinen dieselbe blieb.

Zum Ornat des *Bischofs*, *Erzbischofs* und *Papstes* gehörten folgende Stücke:

1. *Strümpfe* oder *Socken*, *Caligae*, *Tibalia*, es sind dies bis zu den Knieen reichende Langstrümpfe, oberhalb mit Kniebändern versehen, aus Leinwand, später aus Seide oder Sammet, dunkelvioletter Farbe.

2. *Schuhe*, *Sandalia*, *Calceamenta*, *Socculi*, ursprünglich das römische Bindeschuhwerk, später ein vollständiger geschlossener Schuh mit breiten Taschen von der Sohle bis zum Spanne, Farbe meist karminpurpur, ausserdem oft Schmuck von Goldstickwerk, Perlen und Edelsteinen.

3. *Hals-* oder *Schultertuch*, *Amictus*, *Superhumerale*, ein grosses, oblonges Tuch, teils um den Hals zu schützen, teils um die anderen Gewänder vor einer unmittelbaren Berührung mit dem Hals sicher zu stellen.

4. *Albe*, *Alba*, *Camisia*, *Poderis*, *Tunica talaris*, das älteste Stück des ganzen Amtsornates, ein mässig weites Hemd, das bis zu den Füssen reicht, mit langen gegen die Handknöchel zu sich verengenden Ärmeln

mit weitem Knopfloch, von weisser Leinwand, ohne Schmuck.

5. Der zur Albe gehörende *Gürtel*, *Baltheus*, *Zona*, *Cingulum*, ursprünglich schmucklos, später reich ausgestattet mit Troddelwerk und Goldschellen.

6. *Stole*, *Stola*, *Orarium*, ein langes um den Hals gelegtes Band, dessen beide Enden je zur Seite herabhingen. Als dieses Band sich soweit verlängerte, dass es am Gehen hinderte, kreuzte man es auf der Brust, gürtete es mit dem Cingulum und zog es hinter diesem herauf. Die Stole war mit religiösen Sinnbildern und anderen Verzierungen ausgestattet, der Stoff Wolle oder Seide.

7. Das *Manipel*, *Phanon*, *Manipula*, *Mappula*, ursprünglich ein Tuch von Linnen, dessen sich der Priester zum Abtrocknen des Schweisses und zur Säuberung der heiligen Gefässe bediente, später ein schmales, dem linken Arm übergehängtes Band.

8. Zwei *hemdförmige Überzieher*, *Dalmatica* und *Tunicella*, ein längeres und ein kürzeres Gewand, von denen entweder überhaupt bloss eines oder das kürzere über dem längeren getragen wurde, der Form nach geschlossene Überkleider, zu den Seiten je der Länge nach mit einem schmalen violettroten Bandstreifen bedeckt, das längere Kleid meist rot, das kürzere weiss.

9. Das *Messgewand*, *Paenula*. *Planeta*, *Casula*, *Casubula*, ein ringsum geschlossener, glockenförmiger Überhang, durch reichen Goldbesatz ausgezeichnet, der sich um den unteren Saum, um den Rand des Kopfausschnittes und auf der Vorder- und Rückenseite längs der Mitte hin befand, seit dem 15. Jahrh. brachte man auf dem Rückenstück oft einen sehr breiten Besatz in Gestalt des lateinischen Kreuzes mit der Figur des Gekreuzigten darunter an, vorn einen Längstreifen mit kleineren Kreuzen aus Stoff. Seide oder Sammet.

10. *Handschuhe*, *Manicae*, *Chirothecae*, die nicht genäht, sondern gewirkt sein müssen, aus Seidenstoff, purpurfarben und reich geziert, später mit Stulpen versehen.

11. Der *Ring*, *Annulus*, ursprünglich am Zeigefinger, später am vierten Finger der rechten Hand getragen; er sollte von Gold, mit einem Edelsteine geschmückt sein. Er wurde *über* den Handschuh getragen.

12. Eine *Kopfbedeckung*, *Mitra*, *Tiara*, *Infula*, *Phrygium*, *Corona sacerdotalis*, *Cidaris* und *Cuphia*.

a) Die *bischöfliche Kopfbedeckung* oder *Mitra* war eine Nachbildung der auch im gewöhnlichen Leben allgemein üblichen Rundkappen; dieselben wurden inmitten des Schädels mässig eingesenkt, durch die Senkung, vielleicht um dieselbe überhaupt zu erzielen, ein vertikal laufendes breites Schmuckband gezogen, welches sich von der Mitte des auch sonst üblichen Stirnreifes erstreckte. Allmählich löste man den Stirnreif, der bei allen derartigen Kappen seit jeher den Hauptpunkt bildete, von seinem Grunde ab und behandelte ihn in Gestalt einer langen Binde als selbständigen Schmuck, dessen Enden gleichmässig auf die Schultern fielen. Um den Schluss des 11. Jahrh. erweiterte man jene erste Einsenkung dergestalt, dass die Kappe in zwei gleiche Hälften geschieden und zur wirklichen *Doppelmütze* wurde, wobei die Bindebänder nur noch gelegentlich die Bedeutung einer besonderen Auszeichnung beibehielten. Später schwankte diese Bedeckung bloss noch in ihren Höheverhältnissen und in der beständig sich vermehrenden Ausstattung.

b) Die *Kopfbedeckung des Papstes* oder *Tiara* ist ein hoher, zuckerhutförmiger Spitzhut, mit einem senkrechten goldenen Streifen ausgestattet; dieser sowohl als der goldene *Stirnreif* reich mit Edelsteinen besetzt. Erst Bonifacius VIII. (gest. 1303) gab dem Stirnreif die Gestalt einer Krone und brachte darüber in einiger Entfernung noch einen derartigen Reifen an, wodurch die Tiara zur *Doppelkrone* wurde. Benedikt XII. (1334—1342) oder Urban V. (1362—1370) soll einen *dritten* Reif hinzugefügt und Urban VI. um 1378 diese *dreifache* Krone dauernd eingeführt haben.

13. Der *Hirtenstab*, *Baculus episcopalis*, *pastoralis*, *Ferula*, *Virga*, *Pedum*, *Sambuca*, ursprünglich eine mit einer *Krücke* versehene Stütze. Man vermutet, dass der Stab im 8. Jahrh. zum Abzeichen der kirchlichen Macht wurde. Erst um den Schluss des 10. Jahrh. verlängerte man ihn, brachte an Stelle der kurzen Doppelkrücke eine den Schäferstäben ähnliche, nach innen gewendete hackenförmige Krümmung an und vermittelte dieselbe mit dem Schaft durch einen Knopf. Schon die älteren Krückenstäbe waren mit plastischen Zierden versehen; die Krummstäbe hatten eine Windung aus Elfenbein und einen Knopf aus Metall; die Windungen erhielten die Gestalt einer Schlange oder irgend ein symbolisches Blätter-, Blumen- oder Rankenwerk, auch ganze Szenen aus der heiligen Geschichte. Der ursprünglich hölzerne Stab wurde später wohl ganz aus Elfenbein oder Metall hergestellt. — Der *Papst* braucht, da er bei Prozessionen sitzend getragen oder unterstützt wird, keinen Hirtenstab; doch trägt er gelegentlich auf Bildwerken einen langen Stab mit einem *Kreuze* darauf. — Die Windung der *Abt-Stäbe* ist nach Innen gebogen.

Die folgenden Ornatstücke werden entweder bloss vom Papst getragen oder sind nur solchen Erzbischöfen und Bischöfen zugestanden, welche der Papst ebendadurch auszeichnen will:

14. Ein *Band*, *Pallium*, *Pallium archiepiscopale*. Es ist ein ziemlich schmaler, etwa drei Finger breiter Streifen, aus Lammwolle gewoben, mit mehreren schwarzen, später purpurroten Kreuzen verziert, der so um die Schulter getragen wird, dass eines der beiden Enden vorn, das andere hinterwärts herabfällt. Das Pallium ist das Ehrenzeichen des Erzbischofs.

15. Ein *Schulterkleid*, *Amiculum*, *Superhumerale*, *Rationale episcoporum*, vom 12.—15. Jahrh. gebräuchlich, ein dem Schulterkleid des jüdischen Hohenpriesters nachgestaltetes Gewand, das aus zwei einander völlig gleichen viereckigen Hälften, einem Vorder- und einem Rückenteil bestand, beide an den untern Kanten zu kurzen oblongen Streifen verengert, beide Teile mit Sinnbildern, Figuren u. dgl. reich geschmückt.

16. *Rationale*, *Pectorale* oder *Formale*, Nachahmung des *hohenpriesterlichen Brustschildes*, ein längliches Viereck mit darauf senkrecht in vier Reihen gefassten zwölf Edelsteinen; es wurde später durch ein *Brustkreuz* oder durch eine reiche *Brustspange* ersetzt, und das Brustkreuz auch auf die *Bischöfe* übertragen.

Von geringerer Bedeutung, sind folgende Ornatstücke:

17. Der *Mantel*, *Pluviale*, *Kappa*, ein mit einer Kapuze versehener Schulterumhang, anfänglich bloss ein Schutzkleid (Regenmantel), gegen Kälte und Regen, und daher schmucklos aus einem derben Stoff hergestellt. Frühestens zu Ende des 12. Jahrh. verwandelte man dieses Schutzkleid in ein *Festkleid*, stellte dasselbe aus kostbaren Stoffen her und schmückte vorzugsweise die Säume längs der Öffnung und das Oberteil zwischen den Schultern mit reich gesticktem Besatz, den unteren Saum auch wohl mit Glöckchen. Jeder Geistliche konnte sich dieses

Kleides ohne Rangunterschied bedienen; das Rückenschild verkleinerte sich im 15. Jahrh. zu einer Art Genickkragen.

18. *Chorrock, Rocchetum, Rocchet, Superpelliceum,* eine Alba, die nicht beim Altardienste, sondern als bequeme Dienstkleidung getragen wurde; dieses Kleid wurde mit der Zeit mehr und mehr verkürzt.

19. Das *Barrett, Biretum,* ist im 10. Jahrh. aus der damals allgemein üblichen Rundkappe dadurch hervorgegangen, dass man sie zum bequemeren Anfassen etwas erhöhte und fältete. Später wurde sie völlig quadratisch gefaltet und ausgesteift und oben in der Mitte eine Quaste angebracht.

20. Der *Kardinalshut, Pileus* und *Galerus ruber*, kam erst im 13. Jahrh. als *Rangbezeichnung* auf, vermutlich in der ihm jetzt noch eigentümlichen Form einer mit breiter gesteifter Krempe ausgestatteten Rundkappe; Schnüre und Quasten scheinen jüngeren Datums. Später kamen zum roten Hut der *rote Leibrock* und das *rote Barett.*

Über die liturgischen *Farben* siehe den Artikel *Farbensprache.*

Was das kirchliche Ornat der niederen Geistlichkeit anbelangt, so war mit der Einweihung in den *Priesterstand* oder das *Prebsyteriat* die Bekleidung mit der *Stola* und der *Casula* verbunden. Daneben bestand die übrige amtlich kirchliche Ausstattung aus dem *Amictus,* der *Alba,* dem *Cingulum* und dem *Manipel.* Die *niederen Grade* der Geistlichkeit trugen durchgängig das *weisse Feierkleid,* die *Tunica alba* oder *talaris,* wozu später für Einzelne, namentlich die *Ministranten,* das *Chorhemd* und für die *Sänger* ausserdem das *Pluviale* kam.

Die *ausserkirchliche Tracht* der Geistlichkeit bewegte sich im Mittelalter fast unausgesetzt je nach Massgabe der Individualität des Einzelnen vorwiegend in den Extremen einer *äussersten Dürftigkeit,* ähnlich den Asketen und Klostergeistlichen, oder eines *höchst gesteigerten Aufwandes* und Prunkes nach rein weltlichem Geschmack. Deshalb nahm man auch keinen Anstand daran, dass die höhere Geistlichkeit es den *Rittern* gleichthat und in voller *kriegerischer* oder *jagdlicher* Ausrüstung erschien, obgleich die weltliche Obrigkeit vielfach dagegen eiferte und der Geistlichkeit „die Anwendung von bunten, vielfarbigen, roten, grünen, zu kurzen und aufgeschlitzten Kleidern, von goldenen und silbernen Armspangen, kostbarem Pelzwerk, geschnäbelten Schuhen u. dgl. mehr“ strenge verbot. In den Bilderhandschriften des 12. und 13. Jahrh. erkennt man die Geistlichen bloss an den hellblauen Tuniken und am geschorenen Haupt. Kirchlicher Ordnung gemäss sollten sich aber die Geistlichen der den ganzen Körper verhüllenden einfachen *Kappe* und des langen Rückenmantels bedienen, beide von dunkler Farbe.

Das liturgisch einmal festgestellte Amtsornat änderte sich seit dem 14. Jahrh. in wesentlichen Stücken kaum mehr; die Wandlungen, die etwa noch vorkommen, betrafen meist die verzierende Ausstattung, die im 15. Jahrh. die höchste Vollkommenheit erreicht; was die Industrie der maurischen Seidenstoffe, die Weberei, die Wirkerei, Nadelstickerei, Buntstickerei in Goldfäden, Goldfädenspinnerei, Reliefstickerei erfand und vervollkommnete, wurde in erster Linie in den Dienst der kirchlichen Gewänder gestellt. Als ausseramtliche geistliche Tracht bildeten sich nebst dem faltenreichen, mit Kapuze versehenen *Mantel* zwei Hauptformen der Kappe, die eine ein faltenreicher *Talar* mit langen und weiten Ärmeln; die andere, enganliegende mit engen Ärmeln, der ganzen Länge nach dicht mit Knöpfen zum Schliessen bedeckt, hiess

Sutane; der Stoff beider Gewänder war Wolle oder Halbseide; die Farbe bei den Kardinälen hochrot, bei Bischöfen violett, beim Papst weiss und zwar nur in Wolle, bei der der übrigen Geistlichkeit schwarz; über der Kappe lag in gleicher Farbe der breite *Hüftgürtel.* Dazu kam bei der höhern Geistlichkeit ein kurzer Krempenhut von schwarzer Farbe in Gebrauch.

Die Renaissance übte mehr Einfluss auf die künstlerische Ausbildung der schmückenden Zierden, als auf die Gewänder selbst. *Luther* bediente sich für die ausserkirchliche Amtstracht der herrschenden *Gelehrtentracht;* für die kirchliche Tracht behielt die lutherische Geistlichkeit zum Teil den *Chorrock* und das *Messgewand* bei. Nach *Weiss,* Kostümkunde. Vgl. *Fr. Bock,* Geschichte der liturgischen Gewänder des Mittelalters. 3 Bde. Bonn 1859 ff.

Geld, ahd. und mhd. *gelt,* vom Verb *gelten* ist eigentlich die Zahlung, die geleistet wird; got. *gilt* ist Steuer, Zins, altsächsisch *geld* ist Vergeltung, Zahlung, Opfer, angelsächs. *gield, gild, gyld,* und nordisch *giald* das gleiche. Im Sinne von Metall als allgemeinem Zahlungsmittel kannten die Germanen das Geld noch nicht; die runden Goldbleche mit eingeprägten Bildern und Nummern, die man öfters in nordischen Gräbern findet, sind keine Münzen, sondern Amulete und Brustzierden. Der Germane tauschte Gut gegen Gut; am meisten Rinder, Pferde, alles Vieh und Waffen. Worte, die ursprünglich den Begriff des Viehes bezeichneten, wurden daher später auf den Begriff des Geldes übertragen, wie schon bei den Römern *pecus* und *pecunia;* got. *faihu* ist schon ein Name für Geld. In Vieh und Waffen wurden die gerichtlichen Bussen und der Kaufpreis für ein Weib bezahlt. Den Übergang vom Kaufe durch Tausch zum Kaufe durch Geld bildeten die ehernen und goldenen Ringe, die um Hals und Arm getragen noch im Mittelalter ein beliebter Schmuck der Deutschen waren. Goldene Ringe galten als Buss- und Kaufgeld, seis ganz, seis in einzelnen Ringstücken. Erst unter den Merowingern kam infolge Nachahmung römisch - gallischer Münzeinrichtungen ein Geld im engern Sinne auf (siehe den Artikel *Münzwesen*). *Wackernagel,* Kl. Schriften, I, 55 ff.

Gelegenheitsdichterei, d. i. diejenige Richtung und Art der Dichtkunst, die sich an äusserliche Vorfälle des Lebens des einzelnen Menschen oder der einzelnen Körperschaft, Gemeinde u. dgl. anhängt, ist zuerst bei den *Humanisten* Italiens in Aufnahme gekommen. Zwar gab es schon früher an einzelne Personen gerichtete Gedichte, deren z. B. Walther von der Vogelweide mehrere verfasste, aber sie knüpften sich an eine einzelne, freie Lebenserfahrung; Hans Sachs kennt Dichtungen an Personen gar nicht. Erst das den feinen Lebensformen nachgehende Treiben der Humanisten unter sich selber und gegenüber ihren hohen Mäcenaten, ihre Ruhmsucht, die andere rühmen liess, um sich damit selber Ruhm zu erholen, gewöhnte sich an regelmässige poetische Beweihräucherung der Erhebung zu akademischen Ämtern und Würden, von Geburtstagen, Hochzeiten, Sterbefällen. In deutschen Gelehrtenkreisen druckt man seit der Mitte des 16. Jahrh. regelmässig solche *Carmina gratularia* etc. Sie sind anfänglich lateinisch, wenns höher reicht, griechisch, und wenns noch höher kommt, hebräisch oder arabisch geschrieben; mit dem Beginn des 17. Jahrh. treten französische und italienische Sprache auf, mit Opitz die deutsche; von da an dichten nicht bloss die eigentlichen Dichter, wie Opitz, Flemming, Gryphius solche Gelegenheitsgedichte, sondern überall finden sich studierte Leute, wohl meist Pfarrer, die sich gegen einen Lohn dazu hergeben, auf Bestellung dergleichen Gedichte zu liefern. In den zahlreich erhaltenen Einzeldrucken unterscheidet man recht deutlich den bessern Geschmack der ersten und den rohern und unkeuschen Geschmack der zweiten schlesischen Schule. Was die Form dieser Gelegenheitsdichtungen betrifft, so ist zwar die am meisten gebräuchliche die Ode oder die Elegie, ein reflektierendes Gedicht in Alexandrinern; es kommen aber auch strophische Dichtungen vor, die Satire, das Hirtengedicht, Cantaten, Serenaden, Pastorellen, Maskeraden und Balladen. Erst das 18. Jahrh. hat diese Richtung der Dichtkunst dahin zurückgedrängt, wo sie hin gehört, in die Kreise des Privatlebens.

Genovefa heisst die Heldin eines weit verbreiteten Volksbuches. Die Sage ist zuerst 1472 in lateinischer Sprache durch einen aus Andernach gebürtigen Karmelitermönch, Matthias Emich, niedergeschrieben worden und erscheint hier als eine Marienlegende, an die Waldkapelle Frauenkirchen geknüpft, welche einige Meilen von Koblenz entfernt liegt. Ihr Inhalt ist folgender: Zur Zeit des Trier'schen Erzbischofs Hildolf lebte ein frommer Pfalzgraf Siegfried, dessen schöne Gemahlin Genovefa, eine Tochter des Herzogs von Brabant, der Jungfrau Maria mit Gebet und Almosen eifrig diente. Nun begab es sich, dass der Pfalzgraf an einem Heerzug gegen die Heiden teilnehmen sollte, und, noch kinderlos, verordnete er, dass seine Gemahlin während seiner Abwesenheit auf seiner im Maifelde belegenen Burg Simmern wohnen sollte; zu seinem Verweser aber bestimmte er nach dem Rate seiner Vasallen den tapferen Heermeister Golo. In der Nacht vor dem Aufbruche geschah es durch göttliche Schickung, dass die Gräfin vom Pfalzgrafen empfing. Mit Empfehlung seiner Gemahlin in den Schutz der Jungfrau Maria eilte der Graf traurig von dannen. Bald darnach entbrannte der treulose Golo in sündlicher Liebe zu der schönen Frau: doch alle Anträge fruchteten nichts, sowenig als die falsche Nachricht, dass der Herr im Meere umgekommen sei. Nun entzog ihr Golo alle Diener und Dienerinnen und liess ihr für die Stunde der Geburt nur ein altes, böses Weib zum Beistande. Als aber die Nachricht kam, der Pfalzgraf sei auf der Heimkehr begriffen und in Strassburg eingetroffen, ging Golo ihm entgegen und verleumdete den Koch als Buhlen seiner Herrin, wusste ihn auch zu verleiten, dass er dem Vorschlage zustimmte, Mutter und Kind im (Laacher) See zu ertränken. Die mit der Ausführung des Befehles vertrauten Diener schonten jedoch Frau und Kind, liessen jene im Walde zurück und brachten die ausgeschnittene Zunge eines mitgelaufenen Hundes als Wahrzeichen des Gehorsams mit. Maria aber gelobte der verlassenen Mutter ihre Hilfe und sandte dem verschmachtenden Kinde eine Hirschkuh, die es säugte. Sechs Jahre und drei Monate darauf gedachte der Pfalzgraf seinen Vasallen ein grosses Fest zu geben; weil aber viele Gäste früher eintrafen, zog er am Tage vor Epiphanias mit ihnen hinaus znr Jagd. Da stiess er auf die Hirschkuh, fand bei ihrer Verfolgung Mutter und Kind und erkannte sie als die seinigen an. Erzbischof Hildolf weihte auf Genovefas Bitte und Verlangen am Dreikönigstage die schützende Stätte der heiligen Dreifaltigkeit und der Jungfrau Maria. Bei dem grossen Feste aber, das der Graf jetzt gab, wurde Golo durch vier Ochsen zerrissen, die noch nicht im Pfluge gegangen waren. Schon am 2. April starb Genovefa und wurde in der neugestifteten Marienkapelle begraben.

Die bestimmte Gestalt einer lokalisierten Marienlegende scheint die Geschichte Genovefas gegen die Mitte des 15. Jahrhunderts erhalten zu haben, wahrscheinlich unter dem Einflusse der Karmeliter, welche der Marienverehrung besonders ergeben waren. Vielleicht haftete bereits eine der Fortbildung fähige Sage an der Kapelle Frauenkirchen. Der Trierer Bischof Hildolf ist eine apokryphische Person, und von einem rheinischen Pfalzgrafen, der ums Jahr 1100 in dieser Gegend gelebt haben soll, weiss man sehr wenig Gewisses.

Erst um die Mitte des 17. Jahrhunderts, nachdem die Legende bis dahin wenig bekannt gewesen war, erweiterte der französische Jesuit *René de Ceresiers*, geb. 1606, die Legende zu einer erbaulichen *Novelle* und entkleidete sie des lokalen und individuellen Charakters einer Marienlegende. Seitdem wurde dieser Stoff vielfach episch und dramatisch zuerst in französischer Sprache behandelt; in den Niederlanden schliff sich Cerisiers Novelle zu einem *Volksbuche* ab, aus welchem wahrscheinlich das deutsche Volksbuch hervorgegangen ist.

In der Nachbarschaft der Kapelle Frauenkirchen wurde Genovefa Jahrhunderte lang als Heilige verehrt, obwohl sie nie heilig gesprochen worden ist. Alljährlich am Ostermontage, dem Sterbetag der Pfalzgräfin zogen die Bürger der benachbarten Stadt Mayen in voller Kriegsrüstung nach Frauenkirchen, führten ein Scheingefecht zwischen Franken und Sarazenen auf und kehrten nach verrichtetem Gebete in Prozession zurück. Erst im Jahre 1785 hörte die Prozession auf.

Zacher unterscheidet an der Genovefa-Legende zwei Bestandteile, einen ursprünglichen, sagenhaften und einen jüngern, novellistischen. Das novellistische Element war seit dem 13. Jahrhundert in einer grossen Anzahl von Geschichten zur Darstellung gelangt, welche den Sieg der ehelichen Liebe und Treue verherrlichten, die aus Drangsalen und Verfolgungen geprüft und geläutert hervorgeht. Der *Stoff* dieser bis ins 16. Jahrhundert reichenden Novellen war aber meist von früher Zeit her überliefert und geht hier und in andern Erzählungen auf die Göttersage selbst zurück. Es ist nämlich diese Legende ein Bruchstück jener weitverbreiteten Sage, welche bei zahlreichen deutschen Volksstämmen wiederkehrend, an die Namen der Stammheroen, Schwanritter, Siegfried, Welf u. a. sich anknüpft und über diese auf Wuotan hinaufreicht, aus dessen Verbindung mit einer Walkyre jene Stammesheroen entsprossen gedacht wurden. Genovefa ist niemand anders als die deutsche Göttermutter Freya. Dahin weist ihre Auffindung, festliche Heimführung und die Einweihung des Heiligtums am letzten Tage der Zwölften, am Epiphaniasfest, vielleicht auch die Hirschkuh und die Nachbarschaft der Niederlande, wo die Schwanensage am meisten heimisch war. Nach *Zacher* in Ersch. u. Gruber. Vgl. *Seuffert*, die Legende von der Pfalzgräfin G. Würzburg 1877. Aus gleichen Quellen wie die Genovefa-Legende scheint die Legende von der *Ida von Toggenburg* geflossen zu sein, vgl. darüber *Götzinger* in der „Illustrierten Schweiz“, Bern 1874, S. 47—57.

Geographie. Wenige Wissensgebiete waren dem Geiste des Mittelalters so fremd und wurden bei der beschränkten Naturanschauung und dem phantastischen Wundersinn jener Zeit so karrikaturmässig verzerrt, wie das der Geographie. Von den geographischen Anschauungen und Kenntnissen der Alten rettete sich bloss ein ganz unbedeutender Teil, was etwa Plinius, Mela und Solinus geschrieben hatten, die selber dem Wunder so nahe standen, in die Bildungstätten und in die Köpfe des Mittelalters. Die Anschauung von der Kugelgestalt der Erde war wieder verloren gegangen oder war wenigstens nur noch Wenigen, wie dem Beda Venerabilis, bekannt, der astronomische Kenntnisse zur Berechnung der Ostertafeln anwandte. Die Gestalt der Welt dachte man sich scheibenförmig oder viereckig; im ersteren Falle zeichnete man eine s. g. *Radcharte*, nämlich einen Kreis, die Erde, und um sie herum in einem weiteren konzentrischen Kreis den Oceanus, ahd. *wentilsêo*, *wentil meri*. Der Erdkreis wird dann durch einen horizontalen Balken in zwei Hälften zerlegt, in eine östliche asiatische und in eine westliche, die unparteiisch zwischen Europa und Afrika geteilt wurde; zwischen Europa und Afrika liegt, durch einen Querbalken angedeutet, das *Mare Magnum*. Zuäusserst im Asiatischen Halbkreis steht *Paradisus*, zuoberst *Gog et Magog*, das sind die apokalyptischen Völker, die nach der Bibel beim Nahen des Gerichtes die Welt mit Verheerungen überziehen sollen. Im Mittelpunkt oder im Nabel der Welt steht *Jerusalem* verzeichnet. Vgl. *Marinelli*, die Erdkunde bei den Kirchenvätern, Deutsch von Neumann. Lpz. 1884.

Die Bewahrer des geographischen Wissens der Alten und zugleich die fleissigsten und unternehmendsten Länderentdecker waren im frühen Mittelalter die *Araber*; der Kalif Mamun, Zeitgenosse Karls d. Gr., liess die grosse *Syntaxis des Ptolemäus* unter dem Namen *Almagest* (*ἡ μεγίστη* mit dem arabischen Artikel *al*) und vielleicht auch seine geographischen Tafeln übersetzen. Nicht bloss kannten die Araber die Kugelgestalt der Erde, sie massen sogar zwei Erdbogenstücke, wobei sie nur um $^1/_{10}$ zuviel von der Wirklichkeit fehlten. Die Berührung nun des christlichen Mittelalters mit der arabischen Gesittung im heiligen Lande und in Spanien, der Einbruch der Mongolen in Vorderasien, die Eröffnung eines atlantischen Seeweges von den italienischen Handelsstädten nach Flandern und die erneuerte Bekanntschaft mit den Urtexten der griechischen Schriftsteller vermittelten endlich in der zweiten Hälfte des Mittelalters auch dem christlichen Abendlande die Anfänge echter geographischer Erkenntnis. Mit den mongolischen Herrschern, die gegen Glaubensformen gleichgültig waren, entwickelte sich seit der Mitte des 13. Jahrh. von den französischen Höfen aus ein lebhafter Botschafterverkehr, da man ihrer Hilfe gegen die ägyptischen Mameluken zu bedürfen meinte. Zumal *Dominikaner* und *Minoriten* waren bei diesen Gesandtschaften, die zugleich Missionsreisen waren, thätig; darunter zeichnet sich der Bericht des von Ludwig dem Heiligen entsandten Minoriten *Ruysbroek* oder *Rubruquis*, durch seine von störenden Fabeln fast unbefleckte Naturwahrheit sehr vorteilhaft aus. Noch höheres jedoch leisteten die Gebrüder *Poli* aus Venedig, *Nicolo* und *Maffio Polo* und des *Nicolo* Sohn, *Marco Polo*, die 24 Jahre im Morgenlande wanderten und bis nach Peking kamen, von wo sie über Kochinchina, Sumatra, Ceylon, Malabar, Täbris und Trapezunt die Heimreise antraten.

Theoretische Kenntnisse des Altertums entnahm sodann das Abendland aus arabischen Schriftstellern; besonders ist hier zu nennen des *Albertus Magnus Liber kosmographicus* (um 1250) und *Roger Bacos Opus majus*, 1270, worin schon der Satz aufgestellt wird, es müsse nach der südlichen Hemisphäre zu noch ein grosser, trockener uud unbekannter Erdteil vorhanden sein, ein Satz, über dem später Kolumbus grübelte. Eine Weltbeschreibung dagegen des

Gervasius von Tilbury, Kanzlers des Kaisers Otto IV., die *Otia imperialia, seu liber de mirabilibus mundi, seu Solatium imperatoris seu Descriptio totius orbis per 3 dicisiones distincta* überschrieben ist, strotzt von Fabeln. Auch einige Geschichtschreiber schickten ihren Werken geographische Einleitungen voraus, z. B. *Otto von Freising* seinen *gesta Friederici I.* eine Beschreibung von Frankreich, Italien und Ungarn. Durch solche und ähnliche Schriften wurde die Kugelgestalt der Erde im Abendlande wieder allgemein bekannt und angenommen und konnte man sich selbständig an astronomische Ortsbestimmungen wagen. Ein wesentlicher Fortschritt geschah durch die Verbreitung der *Magnetnadel* im 12. Jahrh., seit welcher Zeit auch s. g. *Kompasskarten* in Aufnahme kamen, d. h. mit Wind- und Kompassrosen bedeckte Karten, aus denen strahlenförmig bunte Striche nach den Hauptbimmelsrichtungen auslaufen, um sich auf andern Punkten der Karte zu andern Windrosen zu vereinigen. Die merkwürdigsten Kompasskarten sind das *katalanische Weltgemälde* vom Jahre 1375, von einem unbekannten Steuermann verfertigt, und die Karten des *Venetianers Fra Mauro.* Denn überhaupt sind es die Italiener, denen Europa vornehmlich auf dem Gebiete der Geographie und Weltentdeckung den Übergang aus dem Mittelalter in die moderne Zeit verdankt. Ihre Handelsstaaten, Venedig und Genua, beherrschten nicht bloss mit ihren Schiffen die Meere, sondern mit dem in ihnen gepflanzten Geiste die Erkenntnis selber. Sie haben zuerst die Länder und Völker objektiv zu beobachten und zu beschreiben verstanden; Columbus ist ein Italiener von Geburt und Bildung. Sie haben auch zuerst die geographische Wissenschaft der Alten, namentlich *Strabo* und *Ptolemäus* mit den Karten des Agathodämon wieder für die europäische Bildung nutzbar gemacht. Unter den deutschen *Humanisten*, welche der geographischen Wissenschaft ihre Pflege zuwandten, wird besonders *Vadian* genannt, der Herausgeber des *Pomponius Mela*, der zuerst die amerikanischen Entdeckungen verwertete; *Peter Apianus* gab 1524 die erste deutsche Karte heraus; *Sebastian Frank* und *Sebastian Münster* schrieben zuerst in deutscher Sprache umfassende Weltbeschreibungen.

Georg, heiliger, soll nach der Legende von vornehmer Familie aus Kappadozien gebürtig gewesen sein. Ins römische Kriegsheer getreten, stieg er unter Diokletian zu hohen Ehrenstellen; als er sich energisch gegen die durch den Kaiser verfügten Christenverfolgungen aussprach, wurde er am 23. April um 303 bei Nikomedien enthauptet. Gewiss ist, dass ihm sehr früh Verehrung bezeugt und Kapellen geweiht wurden. Die Kreuzfahrer waren des Glaubens, St. Georg streite persönlich für sie. Die Akten seines Martyriums sind falsch und es scheint, dass St. Georg aus dem persischen Mithras, dem ersten Lichtgeist des Ormuzd entstanden ist, der den Drachen der Finsternis tötet und an einer Höhle stehend abgebildet wird. Krummacher in Pipers evangel. Kal. 1860, S. 107—112. In deutscher Sprache hat man aus dem 10. Jahrh. einen Leich vom heil. Georg, der wenig wert ist, u. a. abgedruckt bei Müllenhoff und Scherrer, Denkm. XVII, sodann aus dem 13. Jahrh. von *Reinbot von Durne*, der zur Schule Wolframs von Eschenbach gehörte, ein im Auftrag Otto II. von Bayern (1231—53) verfasstes längeres Epos, worin der Drachenkampf noch kaum angedeutet ist. Ein späteres Georg-Gedicht im Wunderhorn I, 157, neue Ausgabe von Birlinger und Crecelius I, 132. Als Patron vieler Länder, z. B. Englands, Bayerns, Russlands, sodann vieler Städte, darunter Genua, Leipzig, Ulm, sowie zahlreicher Innungen und Korporationen, z. B. des Hosenbandordens, des schwäbischen Ritterbundes vom St. Georgen Schild, ist der heil. Georg im Mittelalter oft abgebildet worden, und zwar jugendlich, bartlos, in voller Rüstung, bisweilen als römischer Krieger, auch mit rotem Mantel, als Zeichen seines für Christum vergossenen Blutes, zu seinen Füssen der überwundene Drache. Seit dem 12. Jahrhundert erscheint er häufig als Ritter zu Fuss oder auf weissem Pferd, wie er den Lindwurm als Sinnbild des Teufels tötet, dem die Prinzessin Cleodolinde, Tochter des Königs Sevius von Libyen, als Beute ausgesetzt war. *Müller und Mothes*, Arch. Wörterb.

Gerade, mhd. das *gerâde*, sind die wesentlich weiblichen Dinge der Hinterlassenschaft, im Gegensatze zum *Heergeraete*, mhd. *hergewaete*, den wesentlich männlichen Dingen derselben. Nach dem Sachsenspiegel gehören zur Gerade Schafe, Gänse, Kasten mit beweglichem Deckel, alles Garn, Betten, Pfühle, Kisten, Leilache, Tischlachen, Handtücher, Badelachen, Becken, Leuchter, Flachs, alle Weiberkleider, Ringe, Armspangen, Schapel, Psalter und alle gottesdienstlichen Bücher, Sessel, Laden oder Schreine, Teppiche, Wandbehänge, Rücklachen und aller Kopfputz, ausserdem Bürsten, Scheren und Spiegel. Die Gerade erbte nach sächsischem Rechte auf die nächste weibliche Verwandte, also auf die Tochter oder auf die nächste Nichte. *Weinhold*, Frauen, 2. Aufl., I, 211.

Gerichtswesen. A. *In germanischer Zeit.* Der Mittelpunkt des staatlichen Lebens bei den Deutschen war die Versammlung des Volkes, sowohl der Gesamtheit als der einzelnen Abteilungen, in die eine Völkerschaft zerfiel: Dörfer, Hunderte, Gaue. Jede dieser Versammlungen, die der Dörfer ausgenommen, war zugleich Gericht, d. h. Versammlungen, in welchen alle öffentlichen Angelegenheiten der Mark, des Gaues und der Landschaft zur Sprache kamen, alle Feierlichkeiten des unstreitigen Rechts vorgenommen, endlich auch Zwistigkeiten beurteilt und Bussen erkannt wurden. Bei den meisten Stämmen hiessen diese Versammlungen *thing*, *Ding*, den Angelsachsen *gemôt*, engl. *meet*, *meeting*, bei den Friesen *warf*, alle diese Namen von der Bedeutung der *Verhandlung*, *Besprechung*.

Tacitus, *Germ.* 11 und 19, lässt nur die *grosse* Volksversammlung, *concilium*, gelten, die der Hunderte erscheinen ihm als Gericht. Sie fanden, kleinere wie grössere, bei Neu- und Vollmond statt. Als spätere Sitte erscheint, dass die Hunderte allwöchentlich, alle vierzehn Tage oder alle Monate zusammenkamen. Versäumnis der Gerichtsversammlung wurde bei einzelnen Stämmen mit Busse bedroht. Ausserordentliche Versammlungen wurden verkündet durch Anzünden von Feuern, durch Herumschicken eines Stockes oder Pfeiles. Man versammelte sich unter freiem Himmel, auf Anhöhen oder in Hainen, wohl vorzugsweise in der Nähe von Stätten, wo die Götter verehrt wurden. Jede Hunderte, wie schon jedes Dorf, hatte ohne Zweifel ihre regelmässige Versammlungsstätte. Wer teilnahm, erschien bewaffnet, Recht und Zeichen der Freiheit. Nur die Hufenbesitzer sind, wenigstens später, die vollberechtigten Mitglieder der Gemeinde, die zur Teilnahme am Urteil berufenen. Nach Tacitus sassen die Volksgenossen bei der Versammlung, später stand die Menge um den für die sitzenden Vorsteher abgegrenzten Raum, sie schlug den Ring, wie man zu sagen pflegte. Die Versammlung wurde nicht zu bestimmter Zeit, aber feierlich eröffnet. Die Priester geboten Schweigen und den Thingfrieden, über den sie zu wachen haben. Der König oder Fürst trägt die Sache vor, um die es sich handelt. Eine weitläufige Verhandluug findet nicht statt, auch zu einer förmlichen Abstimmung schreitet man nicht. Die Menge gab ihren Beifall durch Zuruf oder Zusammenschlagen der Waffen kund; was missfiel, verwarf sie mit unwilligem Murren. Die besonderen Geschäfte waren Wahl der Fürsten, Erhebung eines Herzogs, Wehrhaftmachung der Jünglinge, Freilassung, Lossagung von der Familie, in einzelnen Fällen Verlobung und Vermählung, Übertragung von Land. Allgemeine Beschlüsse über Krieg und Frieden, Bündnisse und Verträge können nur auf den allgemeinen Versammlungen gefasst sein. In die gerichtlichen Verhältnisse teilten sich Landschaft und Hunderte. Schwerere, öffentliche Verbrechen, die mit Lebensstrafe bedroht waren, kamen an die Landesversammlung. Sonst war die Hunderte als Gericht thätig; die Schlichtung von Streitigkeiten, das Urteil über Verletzung des einzelnen erfolgte regelmässig hier. Überall gilt bei den Germanen, dass die versammelte Gemeinde urteilt, das Recht weist, die Entscheidung trifft, während der Richter die Leitung des Gerichts, die Ausführung des Urteils und was weiter zur Sicherung des Rechts gehört, in Händen hat. Vielleicht gab es Männer, welche als besonders des Rechtes kundig über dasselbe Belehrung zu geben hatten, die alten Formeln und Bussesätze derselben bewahrten. Vielleicht war eine solche Stellung manchmal mit der des Vorstehers der Hunderte, in älterer Zeit mit der des Priesters verbunden gewesen.

Das Landesthing war auch das *Landesheer*, dem Namen sowohl als dem Wesen nach. Die Versammlung, die den Krieg beschloss, führte ihn auch, brach unmittelbar zum Feldzug auf.

Mit der Ausbildung grösserer Reiche ändern sich die ursprünglichen Zustände vielfach. Das Landesthing wird unmöglich; an seine Stelle tritt zum teil das Märzfeld, siehe den Art. *Campus Martius*. Dagegen bleiben die Gerichtsversammlungen der Hunderte in Bestand.

B. *In der merowingischen Zeit.* Die Versammlungen der Hunderte gingen wesentlich unverändert aus der ältesten Zeit in die merowinger hinüber. Der regelmässige Termin war ein vierzehntägiger, der gewöhnliche Gerichtstag von alters her, wahrscheinlich seit heidnischer Zeit, der Dienstag. Bei den Alemannen fand das Gericht statt vor dem Grafen und dem Centenar, welcher in diesem Falle auch *judex* heisst, bei den Bayern vor dem Grafen und, da die Bayern den Centenar nicht kannten, vor einem wie es scheint durch Mitwirkung des Volkes bestellten *judex;* in beiden Stämmen hatte der Centenar oder *judex* die Sache um die es sich handelte zu untersuchen, er entschied, ob sie zum Urteil reif und fertig war, gab an, was das Gesetz über den vorliegenden Fall bestimmte, und ging mit seinem Ausspruch der Gemeinde voran. Er erscheint so als Vertreter und Organ des Volks, das zum Teil durch ihn seinen Einfluss auf die Rechtsweisung übt. Der Graf ist anwesend, weil er der Träger des königlichen Blutbannes ist. Bei den Franken giebt es ausser ihm keinen andern Richter. Daneben war aber, wie früher immer, die Versammlung der freien Grundbesitzer gegenwärtig, um das Recht zu sprechen. Der Graf sass auf einem erhöhten Platze, ein neben ihm aufgehängter Schild bezeichnete die Hegung des Gerichts. Regelmässig ist auch ein Schreiber gegenwärtig. Die Versammlung fand unter freiem Himmel an der bestimmten Gerichtsstätte statt. Sie dauert bis Sonnenuntergang. Die Ladung ergeht vom Kläger selbst. Das Prinzip der Vertretung ist schon weit gediehen, zunächst natürlich in Civilsachen. *Eideshelfer*, *Gottesurteil* und *Zweikampf* (siehe die besonderen Artikel) behaupten ihren Platz. Grössere Versammlungen als diejenigen der Hundertschaften, eigentlich Gauversammlungen, gab es in merowingischer Zeit nicht mehr. Dagegen findet man in dieser Periode Landesversammlungen der alemannischen und bayerischen Gesamtheit, wobei die weltlichen und geistlichen Grossen sich um den Herzog zusammenscharten und freie Volksgenossen sich sonst einfinden mochten; diese *Landtage* wurden wie die grossen Märzfelder im März abgehalten und waren, was in dem Wesen aller deutschen Versammlungen liegt, immer zugleich Gerichte.

C. *Karolingische Zeit.* Die Teilnahme am Gericht, früher ein Recht und eine Ehre des Freien, wird allmählich als Last empfunden, der man sich zu entziehen sucht; die Zahl der vollberechtigten Freien hat abgenommen, ein Teil derselben und namentlich die Grafen, die durch ihre militärische Gewalt der gerichtlichen oft entzogen werden, liegen draussen im Felde. Daraus ergeben sich folgende Veränderungen im Gerichtswesen: Gerichtsversammlungen des ganzen Gaues sollten jährlich bloss zwei bis drei stattfinden, von jetzt an unter einer dazu hergestellten Bedachung, einem förmlichen Gerichthaus, nie in der Kirche. Eine grössere Zahl von Teilnehmern wurde schon dadurch ausgeschlossen. Niemand soll hier bewaffnet mit Lanze und Schild — das Schwert blieb gestattet — sich einfinden. Gerichts- und Heerversammlung fallen also nicht mehr zusammen. Die in kürzeren vierzehntägigen Fristen abzuhaltenden Gerichte werden von einem Abgeordneten (*missus*) oder vom Centenar abgehalten; solche Gerichte urteilen nur über geringere Sachen; über Leben, Freiheit und Eigentum entscheidet das Grafengericht, jedoch ohne gesetzlich bestimmte Kompetenzausscheidung; denn immer noch erscheint der Graf als der ordentliche Richter; der *Vicarius* oder *Centenarius* fungiert nur in Vertretung des Grafen. Die Zahl der Gerichtstage möglichst zu beschränken, ist Streben der karolingischen Gesetzgebung; ebenso soll zu anderen Gerichten als zu den drei allgemeinen niemand geladen werden, als wer etwas dabei zu verrichten hat. Zur Herstellung eines einfachern und kürzern, an der Stelle des alten und förmlichern Verfahrens wurde auch bestimmt: wer nach der zweiten Aufforderung ausblieb, dessen Vermögen sollte mit dem *Bann* belegt werden. Die Busse für Versäumnis fiel nicht mehr wie früher an die Gegenpartei, sondern an den Beamten.

Mit dem allen steht im Zusammenhang, dass bestimmte Personen für die Urteilsfindung bezeichnet und zur regelmässigen Anwesenheit im Gericht verpflichtet wurden, sie hiessen Skabinen oder *Schöffen*, von ahd. *scafan*, nhd. *schaffen* in der Bedeutung: Recht sprechen; der Name erscheint bald nach dem Beginn der Herrschaft Karl d. Gr. Es sind angesehene Männer mit freiem Grundbesitz, deren Auswahl unter Mitwirkung des Grafen und des Volkes erfolgte. Sie wurden vereidigt und konnten nur wegen Unwürdigkeit entfernt werden. In Italien waren es oft Geistliche. Die Skabinen gehören dem Gau, nicht der Hundertschaft an. Wie viel Skabinen jeder Graf hatte, ist nicht ausgemittelt; im Gericht sollten regelmässig sieben anwesend sein.

In der karolingischen Periode hat aber auch schon die Zersplitterung des Gerichtswesens begonnen, dadurch, dass neben den gewöhnlichen Grafengerichten die *geistlichen Gerichte* sich ausdehnten, besondere *weltliche Gerichte* auf den Gütern der Grafen entstanden und ein besonderes *königliches Gericht* vorhanden war.

D. *Die Zeit des Lehnswesens.* Die im Laufe dieser Periode vor sich gehende Auflösung des Reiches in eine Reihe verschiedenartiger Gewalten und Herrschaften zersplittert auch das Gerichtswesen, und es bilden sich jetzt die besonderen Gerichte: das *königliche, Hof-* oder *Pfalzgericht*, die *herzoglichen Gerichte*, die *gräflichen Gerichte*, die *Vogteigerichte*, *Hofgerichte*, *Gerichte von Unterbeamten*, *Stadtgerichte.* Die ordentliche Gerichtsbarkeit ist aber fortwährend die gräfliche, selbst der Herzog wird als Richter zu den Grafen gerechnet.

Das *echte Ding*, d. i. das alte Grafengericht, wird in hergebrachter Weise dreimal im Jahr abgehalten, es heisst das *jährliche*, das *grosse* oder *volle* Gericht, später *Landgericht*, *Landding*, das *Ungebotending* oder auch das *Botding.* Ausser dem Grafen konnten ein solches Ding der Herzog, der Stellvertreter des Grafen, Vögte mit gräflichem Rechte, *Dingvögte*, unter Umständen Geistliche oder wer sonst in den Besitz dieses Rechtes gekommen war, abhalten. Die Zeit war häufig ein für allemal bestimmt, an den hohen kirchlichen Festen, Weihnacht, Ostern und Pfingsten oder Dreikönige, Montag nach dem weissen Sonntag und Mai, oder zweimal zur Zeit des Grases, einmal des Heues. Innerhalb der Grafschaft fanden sich regelmässig verschiedene Gerichtsstätten, meist zwei oder drei, manchmal nur eine. Noch immer wurde nicht selten in alter Weise unter freiem Himmel getagt, in einem Walde, auf einem Hügel, einem Kirchhof, an einer Brücke, einem Fluss, doch auch in grossen Orten und Städten. Alle Freie der Grafschaft waren dingpflichtig, später haben auch Ministerialen teilgenommen. Urteiler sind die *Schöffen*, vollfreie Männer, aus angesehenen Geschlechtern, lebenslänglich, vielleicht selbst erblich. Wer sie ernannte, ist nicht deutlich. Die Kompetenz der Grafengerichte bleibt im allgemeinen die alte: schwere Verbrechen, Streit über Freiheit und Eigentum.

Als *unechtes* oder *gebotenes Ding* galt das Gericht des alten Centenars oder *Schultheissen*, der zwar auch mit Schöffen richtete: dieses Gericht wird besonders in den Städten von Bedeutung. Es war nur kompetent in Klagen um Schuld und Mobilien und in unerheblichen Strafsachen und konnte an jeder beliebigen hierzu geeigneten Stelle abgehalten werden.

Die Entwickelung der öffentlichen Gerichtsbarkeit war nun im allgemeinen die, dass die Gerichtsbarkeit, ihrer Natur nach dazu da, das Recht und den Frieden zu sichern, demjenigen, der sie besass, dem sie mittelbar oder unmittelbar übertragen wurde, die Grundlage für eine Stellung von nicht bloss amtlicher, sondern selbständig politischer Stellung gab. Der Zerfall der gerichtlichen Institutionen in die Kreise der Ritter, der Bürger, der abhängigen Bauern erschwerte die Durchführung gleichmässiger Rechtsgrundsätze. Rache und Fehde benachteiligten das Recht; die Ausbeutung des Rechtes auf Busse für finanzielle Zwecke erzeugte Übelstände der schlimmsten Art, so dass die Gerichtsbarkeit geradezu ein Mittel zur Unterdrückung der unteren Klassen wurde. Zugleich wurde sie der Weg zur Bildung selbständiger grösserer oder kleinerer Herrschaften. Der Besitz der Gerichtsgewalt galt so sehr als Mittelpunkt aller staatlichen Gewalt, dass sie die Grundlage nicht bloss für eine obrigkeitliche, sondern herrschaftliche Gewalt wurde. — Nach *Waitz.* Vgl. *Rud. Sohm*, die fränkische Reichs- und Gerichtsverfassung, Weimar 1871.

Germanen, Name. Der Name *Germanen* war dem Volke, dem derselbe galt, fremd; den Römern wurde er als Gesamtname sämtlicher deutschen Stämme jedenfalls erst seit Cäsars Aufenthalt in Gallien geläufig; zu den Römern aber kam er aller Wahrscheinlichkeit von den Galliern her. *Jakob Grimm* leitet den Namen Germani vom keltischen *gairm, garm*=Ruf, Ausruf her, und erklärt ihn als Schreier, Rufer, ähnlich dem Homerischen Rufer im Streite. *Zeuss* will das Wort auf keltisches *ger, gair*=Nachbar, Nachbarschaft zurückführen, sodass der Name nichts anderes bedeute als Nachbar; *Pott* endlich erklärt das Wort als Ostleute. Tacitus berichtet Kap. 2 in einer sehr verschieden erklärten, dunkeln Stelle über eine Nachricht, die er von dem Ursprunge dieses Namens vernommen hatte. Bei den Deutschen wurde der Name ein heimisch.

Geschichtschreibung. Die Geschichtschreibung wurzelt naturgemäss in dem historischen Inhalte der Volkssage und deren sprachlichem Ausdrucke, dem epischen Volksliede, das zugleich Geschichte und Dichtung ist. Das Christentum ist Ursache, dass dieser natürliche Übergang aus dem Epos in die Geschichte bei den Deutschen nicht stattfand oder sich wesentlich anders gestaltete, da die neue Lehre die Anfänge *ihrer* Geschichte nicht auf heidnisch - germanischem, sondern auf christlich-römischen Boden suchte und fand, womit zusammenhängt, dass die Anfänge deutscher Geschichtschreibung nicht in deutscher, sondern in lateinischer Sprache auftreten. Sie sind aber dennoch eine Erscheinung deutschen Lebens, haben deutsche Verfasser, zeigen deutsche Denk- und Empfindungsweise und kämpfen sich mit der Zeit zu einer auch sprachlich nationalen Erscheinung durch.

I. Die Übergangszeit bis zu Karl dem Grossen.

Zwar ist der innere Zusammenhang, der zwischen Sage und Geschichte sowohl als zwischen Dichtung und Geschichte besteht, noch Jahrhunderte hindurch sichtbar; die ersten deutschen Historiker berichten Sagen, als ob dieselben Geschichte wären; die Geschichte der christlichen Stiftungen beginnt mit Legenden oder *Vitae*, gleichsam den Heldenbüchern ihres Daseins, in denen so gut wie an den Helden der ältesten Volksgeschichte das Wunder eine in der kindlichen Auffassung der Zeit beruhende wesentliche Rolle spielt; noch lange, bis gegen das Ende des Mittelalters, herrscht der Trieb, die Geschichte als Dichtung zu behandeln, poetische Geschichte zu schreiben.

Bis die deutsche Geschichtschreibung auf dem Punkte angelangt war, dass sie aus dem Lande selbst herauswachsen und von Kindern des Landes ausgehen konnte, brauchte es einer längeren *Übergangszeit*, in welcher sich die christlich germanische Bildung allmählich an das Bedürfnis und die Auffassung einer in den Anfängen christlicher Bildung wurzelnden Geschichte gewöhnte und hineinlebte.

Zweierlei Werke sind es vornehmlich, welche den christlich-römischen Geschichtsstoff dem Mittelalter vermittelten und zugleich Muster und Vorbilder für die mittelalterliche Geschichtschreibung wurden: Die Werke des Eusebius und der römische Staatskalender. Von *Eusebius* (264 bis 340) hat man zwei Bücher *Allgemeiner Geschichte*, von Hieronymus fortgesetzt und bearbeitet, und eine von Rufinus fortgesetzte *Kirchengeschichte*. Das erstere Werk enthalt neben einer Chronographie in darstellender Form den tabellarisch aufgestellten synchronistischen Kanon und steht vollständig oder im Auszug an der Spitze aller umfassenden Chroniken des Mittelalters. Der *römische Staatskalender* enthielt folgende Stücke: 1) den eigentlichen *Kalender* mit Bildern; 2) Konsularfasten bis zum Jahre 354; 3) *Ostertafeln* auf 100 Jahre, von 312 an; 4) ein Verzeichnis der *Stadtpräfekten*; 5) *die Todestage der römischen Bischöfe* und der *Märtyrer*; 6) einen *Papstkatalog* und 7) eine dürftige *Weltchronik* bis 334, verbunden mit einer *Stadtchronik* von Rom und der *Regionenbeschreibung*. Die *Konsularfasten* und *Ostertafeln* gaben Veranlassung, kurze *annalistische* Aufzeichnungen ähnlicher Art aufzuschreiben; das *Verzeichnis der Todestage* der Märtyrer und Päpste wurde das Muster für die *Martyrologien*, welche bald zu den blossen Namen Nachrichten über Leiden und Leben der Märtyrer hinzufügen und allmählich zu einer wichtigen Geschichtsquelle heranwachsen; auch die *Nekrologien* haben sich an dieses Verzeichnis der Todestage angeschlossen.

Die ersten, *deutschen* Stämmen angehörigen Geschichtschreiber vor Karl dem Grossen stehen noch durchaus auf dem Boden der antiken Welt, deren Untergang sie beklagen, deren hergebrachten, der Schule der letzten Rhetoren entnommenen Stil sie nachahmen; gemeinsam ist ihnen neben der Vorliebe für die antike absterbende Welt das christliche Interesse, das sich in kirchengeschichtlichen Arbeiten oder in der Beschreibung von Heiligenleben kundgiebt, gemeinsam auch die Vorliebe für die einheimische Sagenwelt, ein Zug, der freilich mit ihrem antiken Wesen in naivem Widerspruch zu stehen scheint.

Es gehören dazu bei den *Ostgoten:* Magnus Aurelius *Cassiodorius* (Cassiodorus) Senator, gest. um 570; sein Hauptwerk, zwölf Bücher gotischer Geschichten, ist bloss im Auszug des zweiten ostgotischen Geschichtschreibers *Jordanis* oder *Jornandes* erhalten; dessen aus drei älteren Schriftstellern kompilierte *Kirchengeschichte* oder *historia tripartita* wurde neben Eusebius das kirchengeschichtliche Handbuch des Mittelalters; Kassiodor ist es auch gewesen, der die wissenschaftliche Arbeit zuerst grundsätzlich in die Klöster einführte.

Unter den *Westgoten* wirkte vornehmlich *Isidor von Sevilla*, gest. 636, dessen 20 Bücher *Originum sive Etymologiarum* die Summe aller vorhandenen aus der antiken Welt hinübergeretteten Kenntnisse in sich aufzunehmen trachtete und im Mittelalter eine ausserordentliche Verbreitung erlangte. Darin findet sich auch eine Chronik, welche, den sechs Schöpfungstagen entsprechend, in sechs Weltalter eingeteilt ist, eine Erfindung, die im Mittelalter allgemein nachgeahmt wurde. Auch Isidor war durch sein Buch *De scriptoribus ecclesiasticis* auf kirchengeschichtlichem Gebiete thätig. — Dem *fränkischen* Stamme gehört vor allen *Gregor von Tours* an, gest. 594, aus einer alten gallisch-römischen Familie stammend; er steht schon der antiken Bildung ferner und wirkt mehr in einseitig römisch-katholischem Sinne; sein Hauptwerk ist die *Historia ecclesiastica Francorum*, besser *zehn Bücher fränkischer Geschichte* genannt, worin ältere heilige und profane Geschichte, fränkische Sagengeschichte und memoirenartige Erzählungen von ihm erlebter Jahre in wunderlichem Gemisch beisammenstehen. Durch seine *libri septem miraculorum* schliesst er sich zugleich an die ausserordentlich grosse Zahl der Heiligenleben an, welche in in der Zeit der Merowinger auf fränkischem Boden entstanden sind. Auf *angelsächsischem* Boden gesellt sich den genannten Männern endlich *Beda Venerabilis* zu (672 bis 735), auch er auf der Seite mehr des Altertums und des Christentums als der Nationalität seines Volkes stehend; seine Werke sind das *Buch von den sechs Weltaltern*, die Grundlage der meisten Universalchroniken des Mittelalters, die angebliche *Kirchengeschichte*, ein *Martyrologium* und *Ostertafeln;* er ist der Hauptvertreter der angelsächsischen Bildung, welche bestimmt war, die ältere aus *Irland* stammende Bildung abzulösen und zu vertiefen.

II. Von Karl dem Grossen bis in die Mitte des 13. Jahrhunderts.

Mit dem Auftreten *Karls des Grossen* und seiner Bemühungen um eine höhere, dem Geiste und der Form des Altertums würdig zur Seite stehende Bildung setzt eine im engern Sinn deutsche Geschichtschreibung ein, die nun auch sachlich von dem Glanze der Thaten Karls und seines Hauses getragen wird. Unter den Männern, die Karl an seinen Hof berief, sind der Angelsachse *Alkuin* und der Langobarde *Paulus Diakonus*, Warnefrids Sohn, selber auf dem Felde der Geschichtschreibung thätig gewesen, Alkuin mit Biographien solcher Männer, die sich in dem Dienst der Kirche ausgezeichnet hatten, Paulus mit der Geschichte der Bischöfe von Metz und der Geschichte der Langobarden, welche zwar noch sehr an die vorkarolingischen Volksgeschichten erinnert. Die Bedeutung der nun hervortretenden zahlreichen Geschichtschreiber liegt in erster Linie in der Beherrschung der Form, der Sprache und Darstellung, die unter den Merowingern der schrecklichsten Roheit anheimgefallen waren. Diese Männer schreiben mit bewusster Nachahmung der ihnen bekannten lateinischen Vorbilder, des Sueton, Tacitus u. A. Man unterscheidet aber zwei Gruppen. Zur älteren gehören die am Hofe Karls selber lebenden Lehrer und deren unmitttelbare, ebenfalls dem Hofe angehörende Schüler, namentlich *Angelbert*, der Homer der karolingischen Akademie, der ein Epos auf Karl verfasst hat; dann *Einhard*, von dem Annalen, das Leben Karls und der Bericht von der Übertragung der heiligen Märtyrer Petrus und Marcellinus erhalten sind, und *Nithard*, ein eifriger Anhänger Karls des Kahlen. Eine jüngere Gruppe bilden Männer, die von den Zeitgenossen Karls angeregt wurden und durch welche erst die neue Bildung in weitere Kreise getragen wurde. Der Mittelpunkt dieser unter Ludwig dem Deutschen zur Höhe gekommenen wissenschaftlichen Bildung, wozu eben auch die Geschichtsschreibung jetzt zählt, ist Fulda unter Rhabanus Maurus, dessen Schüler u. A. die Historiker *Rudolf v. Fulda* und *Walafrid Strabo*, Abt von Reichenau, sind. Unter diesen Gelehrten bilden sich nun die Formen der Historiographie aus, welche im Mittelalter die herrschenden geblieben sind. Dazu gehören in erster Linie

die *Annalen.* Sie entstehen aus kurzen historischen Notizen, die anfänglich auf den Rand der Ostertafeln geschrieben und allmählich durch gegenseitigen Austausch vermehrt, zusammengeordnet, nach Umfang und Inhalt erweitert wurden. Sie gehen von verschiedenen Punkten aus, besonders unterscheidet man aber die *Reichs-* und *Königsannalen*, an denen Einhard beteiligt gewesen sein soll, und zahlreiche *Klosterannalen.* Zuletzt konnte es geschehen, dass ein geschickter Mann den gegebenen rohen Stoff überarbeitete und ein wirkliches zusammenhängendes Geschichtswerk daraus herstellte; gegenüber den älteren oder *kleineren Annalen*, die sich übrigens fortwährend wiederholten und neu entstanden, nennt man die daraus hergestellten grösseren Geschichtswerke *grössere Annalen;* sie sind im 9. und 11. Jahrhundert zur höchsten Ausbildung gelangt.

Neben den Annalen hat die Zeit selbständige *Geschichtswerke biographischer Natur* und eigentliche *Zeitgeschichten* hervorgebracht, die sich an die Gegenwart anschliessen und den mehr sachlich gehaltenen Annalen gegenüber eine freiere, für ihren Gegenstand eingenommene Behandlung aufweisen. Solche Werke, zu denen *Einhards* Leben Karls, des Trierer Chor-Bischofs *Degan, Thegan* oder *Theganus* Leben Ludwig des Frommen zählen, sind stark politischer Natur.

Von einer dritten Gattung der Geschichtschreibung, welche sich neben der Gegenwart zugleich der *Vergangenheit* zuwendet, giebt es wieder zwei verschiedene Arten. Die *allgemeine Geschichte* der älteren Zeit, die Universalhistorie, bildet sich in der *Chronik* aus. Ohne viel Kritik und Urteil werden für diese Gattung heidnische und christliche, historische und andere Werke, was dem Verfasser zu Gebote steht, benützt und zusammengetragen. Als äusseren Rahmens bedienen sie sich der sechs *aetates* des Isidor und Beda, geben römische und deutsche Geschichte unvermittelt nebeneinander und werden erst dann ausführlicher, wenn sie mit ihrem Stoff in die Gegenwart gerückt sind; aus karolingischer Zeit sind solche Chroniken vom Erzbischof *Ado von Vienne*, vom Bischof *Frechulf von Lissieux*, einem Schüler Rhabans, und vom Abt *Regino von Prüm* erhalten.

Die andere Art rückwärts schauender Geschichtsbücher beschränkt sich auf ein *Land*, ein *Volk* oder noch mehr auf eine bestimmte *Lokalität.* Zwar Volksgeschichten wie sie Kassiodorius, Gregor von Tours und Paulus Diakonus verfasst hatten, kommen in grösserem Umfange nicht mehr vor, nur kompendienartige Aufzeichnungen giebt es auf diesem Gebiet; dagegen sind die *Geschichten der einzelnen Bistümer und Klöster* jetzt häufiger und bedeutender. Sie schliessen sich an die Orte an, wo die bedeutendsten Lehrer der Zeit wirkten, und erblühen bald hier bald da zu reifer Entfaltung. *Wattenbach* hat seine Betrachtung der mittelalterlichen Historiographie nach diesen lokalen Mittelpunkten geordnet und für die karolingische Zeit zumal den Klöstern und Bischofssitzen *Fulda, Hersfeld, Münster, Bremen, Hamburg, Corvey, Gandersheim, Trier, Prüm, St. Gallen, Reichenau* besondere Darstellungen gewidmet.

Der Charakter der Historiographie, den die karolingische Zeit ausgebildet hatte, erhielt sich im ganzen bis in die Mitte des 13. Jahrh.

Zwar trat gegen das Ende des 9. Jahrh. in der Bildung Deutschlands überhaupt eine etwa fünfzigjährige Pause ein, durch innere und äussere Wirren hervorgebracht; nachdem jedoch Otto I. die Macht des Reiches neu begründet hatte, traten auch die alten geistigen Kräfte wieder auf den Schauplatz. Doch bilden die Geschichtschreiber dieser Zeit keine bestimmte Schule mehr, treten vielmehr an verschiedenen Orten unter ganz verschiedenen Verhältnissen auf. Die grössten unter ihnen sind Widukind, Thietmar und Liudprand. *Widukind*, Mönch von Corvey, schrieb *drei Bücher sächsischer Geschichten*, die mit der Urgeschichte des Sachsenvolkes beginnen. Sein Muster ist Sallust, und er verweilt in epischer Weise vorzüglich bei der Schilderung der Schlachten und anderer Begebenheiten; er ist einer der vorzüglichsten Schriftsteller des Mittelalters. *Thietmar* von *Merseburg*, Bischof, 976—1018, verwandt mit den Ottonen, gedachte in seiner Chronik vor allem die Schicksale des Bistums Merseburg darzustellen, wozu freilich mit Notwendigkeit die Geschichte des Ottonischen Hauses gehörte, und da er überhaupt ein Buch schrieb, so legte er nebenbei darin auch Alles sonst nieder, was ihm denkwürdig schien, alle kleinen und grossen Erlebnisse und was er in andern Büchern fand. *Liudprand von Cremona,* gest. 972, ist zwar ein Italiener, doch lebte er am Hofe Otto des Grossen, schrieb einen Teil seiner Bücher in Deutschland und beschäftigte sich grösstenteils mit deutschen Begebenheiten. Sein Hauptwerk heisst *Antapodosis*, d. i. Wiedervergeltung, weil er sich mit demselben an König Berengar von Italien zu rächen gedenkt. Es ist also eine Parteischrift, leidenschaftlich, auffallend, buntscheckig, die erzählende Prosa viel durch Verse unterbrochen. Das Buch ist Zeitgeschichte in umfassendstem Sinn, da der Verfasser mit grosser historischer Kunst Alles, was in ganz Europa geschieht, in den Kreis seiner Erzählung hineinzieht.

Überhaupt schien unter den Ottonen die Blüte der Studien derjenigen aus Karls des Grossen Zeit nichts nachgeben zu wollen; wieder trat eine einflussreiche Hofschule ins Leben, und zumal Otto des Grossen jüngster Bruder, *Bruno*, Erzbischof von Köln und Herzog von Lothringen, war der eifrigste Beförderer der Künste und Wissenschaften. Von neuem wurde mit Glück an der Geschichte der einzelnen Bistümer und Klöster gearbeitet, (dazu gehören z. B. die *Casus sancti Galli* von *Ekkehard IV.)*, womit sich eine besondere Vorliebe für *biographische Arbeiten* verband, die besonders im 11. Jahrh. reichen Erfolg hatte. Es galt als Ehrensache, dass ein bedeutender Mann, besonders wenn er dem geistlichen Stande angehörte, seinen Biographen finde. Dazu gehört das *Leben Brunos* von seinem Schüler *Ruotger*, des Kaisers *Heinrich II.* von *Bischof Adalboldus von Utrecht,* das Leben *Bernwards, Bischofs von Hildesheim* von dessen altem Lehrer *Thangmar* und manche andere Arbeiten, die sich durch die bessere Auffassung und die fast durchgängige Rücksicht auf politische Verhältnisse vorteilhaft auszeichnen. Die drei bedeutendsten Werke des 11. Jahrh. aber sind folgende: Das *Leben Konrad II.* von seinem Kaplan *Wipo,* einfach und getreu, anschaulich und lebendig geschrieben; sodann *Adams von Bremen* (als Domherr in Bremen um 1076 gestorben) *Gesta Hammenburgensis ecclesiae pontificum*, das Leben und die Thaten der Erzbischöfe von Hamburg und Bremen, das trefflichste Geschichtswerk des nördlichen Deutschlands, und die *Annalen Lamperts* von *Hersfeld*, eines Mönches, der die Geschichte seiner Zeit, des beginnenden Kampfes zwischen Königtum und Fürstenmacht, zwischen Kaisertum und Hierarchie in würdiger Ruhe und einfach schönem Stile aufgezeichnet hat. Lamberts Ziel war, die Geschichte seiner Zeit zu schreiben; er fängt aber nach dem herrschenden Gebrauche mit der Schöpfung an und stellt dann einen ganz kurzen chronologischen Abriss der Weltgeschichte seinem eigentlichen Werke voraus; die Geschichte seiner eigenen Zeit, die nach und nach immer umfassender wird, ordnet er ebenfalls nach Jahren, ohne sich strenge daran zu binden und ohne dass sich diese engere Form bei der Fülle der Ereignisse und der Ausführlichkeit der Darstellung störend bemerkbar macht. Ganz in ähnlicher Art wie Lamberts Annalen sind nach der Mitte des 11. Jahrh. eine Anzahl Chroniken, die mit einer ausführlichen, nach Jahren geordneten Zeitgeschichte endigen, von bedeutenden Historikern verfasst worden. Dazu zählen *Hermann von Reichenau* oder *Hermannus Augiensis, vulgo Contractus,* d. i. der Gichtbrüchige, mit seinem Fortsetzer *Berthold von Konstanz*, dann *Bernhold von Schaffhausen, Sigebert von Gem-*

blours und *Ekkehard von Aurach*, darunter Berthold und Bernhold eifrige Anhänger des Papstes. Sind nun schon diese Chroniken voll lebendigen Interesses an den Begebenheiten der Zeit, so giebt es daneben eigentlich historische *Parteischriften*, urkundlich belegte Arbeiten, die bloss zum Zwecke der Verteidigung oder Anklage verfasst wurden. Dazu gehört des berühmten *Herbert: Geschichte* des *Rheimser Konzils*, dem der Verfasser seine Erhebung zum Erzbischof verdankte, die Geschichte des sächsischen Krieges unter Heinrich IV. von dem *Magdeburger Cleriker Bruno*, eine heftige Streitschrift gegen den Kaiser; des Kardinals *Benno Vita et Gesta Hildebrandi seu Gregorii VII papae*, eines wütenden Gegners des Papstes, das Leben *Heinrichs IV.*, ein kleines Kunstwerk, das man mit dem *Agricola* des *Tacitus* verglichen hat.

Geschichtschreiber der Kreuzzüge giebt es mehr französische als deutsche; unter die letztern gehört der schon genannte *Ekkehard von Aurach* durch seinen *Libellus de expugnatione Hierosolymitana*.

Vom 12. Jahrh. an treten die Annalen oder gewöhnlichen Chroniken sowohl als die einzelnen Bistums- und Klostergeschichten zurück; wo die letztern sich noch vorfinden, rühren sie meist von unbedeutenden, namenlosen, oft verschiedenen sich nachfolgenden Verfassern her; den neuentstehenden Annalen dagegen liegen nun durchgehend frühere Werke zu Grunde und zwar in gewissen Gegenden immer dieselben, in Lothringen und Nordfrankreich, *Sigbert*, in Süddeutschland, Schwaben und Österreich *Hermann von Reichenau*, und im mittleren und nördlichen Deutschland *Ekkehard von Aurach*. Die bedeutenden Schriftsteller ziehen mehr freie allgemeine Darstellungen vor, zum Teil unterstützt durch die namentlich in Paris aufkommenden wissenschaftlichen Studien. Der bedeutendste Historiker der Hohenstaufischen Zeit ist *Otto von Freising*, Stiefbruder König Konrad III., in Paris gebildet, dann in den Cistercienser-Orden eingetreten, später Bischof von Freising, der mit Barbarossa in vertraulichen Verhältnissen stand. Seine *Chronik*, das erste Werk, das er schrieb, unterscheidet sich von allen frühern Geschichtswerken Deutschlands durch die vollständige Beherrschung des Stoffes und die Verarbeitung desselben nach gewissen Gesichtspunkten; seine Richtung ist mehr philosophisch als historisch, besonders schliesst er sich an Augustin an. Seine Absicht ist, das Elend dieser Welt und die Herrlichkeit des Reiches Gottes zu schildern, die er in ihrer irdischen Vermischung darstellen will. Bedeutender als eigentliches Geschichtswerk sind die *Gesta Friderici I.*, die Geschichte der Anfänge des Hohenstaufischen Geschlechtes und der ersten Jahre Friedrichs. Voraus geht ein Bericht, den der König selber seinem Oheim auf seinen Wunsch über die Anfänge seiner Regierung zugesandt hat. Mit offenem, wahrheitsliebendem Blicke stellt der Geschichtschreiber jedes Einzelne dar, ohne den Blick auf das Ganze jemals zu verlieren. Immer ist ihm dabei die Form, der Schmuck der Darstellung fast ebenso wichtig als der Inhalt, und nimmt im höchsten Grade seine Aufmerksamkeit in Anspruch. Ottos vortrefflicher Fortsetzer der *Gesta Friderici I.* ist *Radewin* oder Razewin; nicht minder würdig erscheint der Fortsetzer von Ottos Chronik, *Otto von St. Blasien*.

Den Geschichtschreibern der Hohenstaufen stellten sich nicht unwürdig die Geschichtschreiber der Welfen, namentlich Heinrichs des Löwen, zur Seite: der *Propst Gerhard von Stederburg*, *Helmold von Bosau* und dessen Fortsetzer *Arnold von Lübeck*.

III. Von der Mitte des 13. Jahrhunderts bis ins 15. Jahrhundert.

Von den Karolingern an bis in die Mitte des 13. Jahrhunderts war die deutsche Geschichtschreibung mehr und mehr vom Geiste und der Bedeutung des deutschen Reiches und seiner obersten Fürsten getragen; obwohl sie sich von zahlreichen Mittelpunkten geistlicher Bildung aus immer von neuem lokal bilden musste, gingen von diesen einzelnen Punkten die leuchtendsten Strahlen stets dem Mittelpunkte zu; man darf von diesem Gesichtspunkte aus die Geschichtschreibung des 9. bis 13. Jahrhunderts eine *Reichshistoriographie* nennen; es leuchtet ein, dass sich dieselbe eben infolge der starken Ausprägung ihres innern Charakters desto reiner von andern der Geschichtschreibung anhängenden Zügen zu halten vermochte. Mit dem Zerfall der kaiserlichen Macht in der Mitte des 13. Jahrhunderts hörte diese grosse am Reiche haftende Arbeit schnell auf, und das historische Interesse wandte sich den neu ins Leben tretenden gesellschaftlichen, religiösen und politischen Gestaltungen und Erscheinungen zu. Das verleiht von jetzt an der Historiographie einen überaus mannigfaltigen, ja buntscheckigen Charakter, der noch dadurch vermehrt wird, dass daneben auch die alten Formen immer noch beibehalten werden und selbst in der spätesten Zeit Werke entstehen, die denen des frühern Mittelalters nachgeahmt sind. Die Zahl der historischen Erscheinungen wird überaus gross und für *einen* Mann kaum mehr übersehbar, und an vielen Punkten durchmisst die Geschichtschreibung von neuem den Prozess, den sie für die Gesamtheit in den vergangenen Jahrhunderten durchgemacht hatte: aus analistischen, einzelnen Aufzeichnungen erwächst allmählich eine zusammenhängende Darstellung, die erst, wenn das Glück ihr günstig ist, nach längerer Zeit zu eigentümlichen, selbständigen Werken höherer Geschichtsdarstellung sich aufschwingt.

So ist nun auch für die Zeit des 12. und 13. Jahrhunderts eigentümlich, dass die Geschichte von neuem Züge der *Sage* in sich aufnimmt, von der sie sich in langem Kampfe losgerissen hatte, freilich zum Teil dadurch bestimmt und bewogen, dass sie in gelehrter, vornehmer Opposition gegen die im Volke lebenden sagenhaften Erzählungen kalt geblieben war. Am frühesten hatte sich die Geschichte in Form von *deutschen erzählenden Gedichten* an die Sage angeschlossen; diese gingen aber von einem Kreise der Bildung aus, welche dem höfischen Leben nach seiner dichterischen Seite hin zugewandt war. Die *Kaiser-Chronik* gehört dahin, welche in höchst phantastischer Weise und mit Legenden untermischt die Geschichte der römischen Könige und Kaiser von Julius Caesar an bis auf Konrad III. erzählt, eine Kompilation verschiedener Stücke; von mehreren *Weltchroniken*, z. B. von *Rudolf von Ems*, ist bloss ein biblischer Anfang fertig gediehen; *Jans der Enenkel* schrieb eine solche als Vorstück seines österreichischen *Fürstenbuches*. Aber in die historischen Werke selbst gewinnt seit der Mitte des 12. Jahrhunderts die sagenhafte Überlieferung immer mehr Aufnahme, bedingt und hervorgerufen durch die immer breiter werdende einseitig kirchlich-phantastische, den Wundern zugeneigte Auffassung des Klerus. Eine wuchernde Fülle traditioneller Überlieferungen setzt sich an die Geschichte an und verhüllt und verdeckt die Wahrheit. Man sieht das besonders an den Arbeiten des *Gotfried von Viterbo*, wahrscheinlich eines Sachsen, der aber lange in Italien lebte. Er verfasste für den jungen König Heinrich VI. ein phantastisches Lehrbuch *Specu-*

lum Regum, sodann eine poetische Behandlung der Thaten Friedrich I.; diese Poesie nahm er in sein, wiederum Heinrich VI. gewidmetes Werk *Memoria saeculorum* auf, das aus Prosa und Versen gemischt die ganze Weltgeschichte umfasst; als ihm Ottos von Freising Chronik bekannt wurde, überarbeitete er darnach seine Weltgeschichte nochmals unter dem Namen *Pantheon*. Hier zuerst strömt die ganze Fülle der Fabeln auch in die *gelehrte* Geschichtschreibung, über den Kreuzzug Karls des Grossen, über die Ottonen, über Heinrich III. Abkunft und Geburt. Das Pantheon hat den grössten Einfluss auf die spätern Autoren Deutschlands und Italiens ausgeübt.

Besonders gross war der Einfluss, den in dieser Hinsicht die *Bettelorden* auf die Art der Geschichtschreibung übten. Für Lokalgeschichte hatten diese anfänglich wenigstens kein Interesse, da sie fahrende Mönche ohne Grundbesitz waren. Sie schrieben Geschichte, um Handbücher für ihre Disputationen und Predigten zu haben, wobei es ihnen nicht auf den politischen Inhalt der Geschichte ankam, sondern auf Geschichten, die sich gut anwenden liessen, entweder in der Form von *Kompendien* zum Handgebrauch, oder von *Encyklopädien*, in denen sie alles nachschlagen konnten, was sie bedurften. Anfänglich war es bloss Weltgeschichte, wofür sie Teilnahme hatten; später, als sie in grösserer Abhängigkeit zu ihren Wohnorten standen, beschäftigten sie sich auch mit der Abfassung von Städte- oder Landesgeschichten. Die berühmteste Encyklopädie, die aus dem *Dominikanerorden* hervorging, ist das *Speculum quadruplex* des *Vincenz von Beauvais*, 1244 geschrieben, das in *Speculum naturale*, *doctrinale*, *morale* und *historiale* zerfällt; ein von Vincenz selbst bearbeiteter Auszug des *Speculum historiale* heisst *Memoriale Temporum*. Noch grösseren Einfluss hatte das Werk des *Dominikaners Martin vvn Troppau*, auch *Martinus Polanus* genannt, der bald fast der ausschliessliche Geschichtslehrer für die katholische Welt wurde. Er war aus Troppau im Königreich Böhmen gebürtig und lebte lange in Rom als päpstlicher Kaplan und Pönitentiar. Seine Weltgeschichte wurde als ein Kompendium für Theologen und Kanonisten geschrieben. Es ist eine ganz oberflächliche, hierarchische Zwecke verfolgende Kompilation, durch welche die zahlreichen Geschichtsfabeln erst recht festen Fuss gefasst und Herrschaft gewonnen haben. Der äusserlichen Einrichtung nach standen sich auf je zwei Seiten die Päpste und Kaiser gegenüber, jede Seite hatte 50 Zeilen, jede Zeile war für ein Jahr bestimmt; vom Jahre 1276 an, wo drei Päpste zusammen hätten verzeichnet werden müssen, hört diese Einrichtung auf und beginnt eine mehr zusammenhängende Übersicht der Ereignisse. Durch Bruder Martin kam die Fabel von der Päpstin Johanna, von der Einsetzung der sieben Kurfürsten und überhaupt die ganze grundfalsche Auffassung der Geschichte in Aufnahme, denn die Chronik verbreitete sich in alle Länder und Sprachen. Die sorgfältige, gründliche und kritische Erforschung der Geschichte des frühern Mittelalters wurde durch dieses Machwerk fast vollständig erstickt.

Eine ähnliche Stellung wie die Chronik des Martin von Troppau nimmt das umfangreiche Werk *Flores temporum* ein, das einen *Minoriten* zum Verfasser hat; alte Nachrichten nennen ihn den *Minoriten Martin*, oder *Hermann* oder *Hermann Gygas*; es scheint eine Konkurrenzarbeit gegenüber dem Werke des *Dominikaners* Martin zu sein.

Charakteristisch für die Geschichtslitteratur des spätern Mittelalters ist im ferneren der *zunehmende*

Gebrauch der deutschen Sprache. Von den mehr sagenhaften deutschen Reimgedichten war schon die Rede; an sie knüpfen sich jetzt eigentliche *Reimchroniken*, verschieden nach dem Inhalt und der Individualität des Verfassers, mitunter Bearbeitung lateinischer Quellen, oder eigene treuere oder freiere Darstellung der Thatsachen. Sie sind am wichtigsten, wenn gleichzeitige Begebenheiten den Gegenstand der Darstellung ausmachen. Dem Norden Deutschlands gehört *Gotfried Hagens Reimchronik von Köln*, vom Jahre 1270, die *Liefländische Chronik* eines Ungenannten; dem Süden die *Österreichische Chronik* des *Ottokar von Horneck* aus Steiermark, aus dem Ende des 14. Jahrhunderts, ein Werk von sehr lebendiger Auffassung und poetischer Behandlung. Von *Nicolaus Jeroschin* hat man eine reimende Übersetzung der lateinischen Chronik des deutschen Ordens in Preussen, welche *Peter von Duisburg* verfasst hatte.

Von gereimten Chroniken schreitet man schliesslich zu deutschen *Prosachroniken* vor, deren erste die *Sächsische Weltchronik* ist, die man dem *Eike von Repgaw* zuzuschreiben pflegt, aus der ersten Hälfte des 13. Jahrh. Diese deutschen Chroniken sind nun selten mehr von Geistlichen, sondern von Dichtern, Rechtsgelehrten, Staatsmännern, besonders Stadtschreibern, von Mitgliedern des Bürgerstandes verfasst; daneben erscheinen immer noch lateinisch verfasste Geschichtswerke, wie dasjenige des *Minoriten Johannes von Wintertur;* des *Matthias von Neuburg*, der ohne Zweifel Prokurator des geistlichen Gerichtes in Strassburg war, und des *Johann von Viktring*, Abt des Klosters Viktring in Kärnthen. Deutsche Chroniken sind z. B. noch die *Magdeburger* aus dem 13. Jahrh., die *Nüwe Casus Monasterii Sancti Galli des Christian Kuchimeister*, die *Strassburger Chroniken* des Chorherrn *Friedrich Closener* und des jüngeren *Jacob Twinger von Königshofen*, die *Limburger Chronik* des Stadtschreibers *Johannes*, Chroniken von *Bremen, Lübeck, Köln, Nürnberg, Augsburg, Magdeburg, Braunschweig, Hamburg* und vielen anderen grösseren und kleineren Städten. Reich mit solchen Werken sind namentlich auch die Städte und Länder der *schweizerischen Eidgenossenschaft* ausgestattet, wo bürgerliche Selbständigkeit besonders früh stark sich entfaltete: es giebt Chroniken von Zürich, Basel, Bern, Luzern und den Urkantonen. Alle diese Werke pflegen mit sagenhafter, zum Teil lächerlicher, geradezu fabrizierter Urgeschichte anzuheben, während ihre Darstellung späterer Verhältnisse durch gesunde Auffassung der Verhältnisse, durch die frische, naive, lebenswahre Erzählung sich auszeichnet. Erst später geschrieben, aber in ihrer Entstehung schon der vorreformatorischen Zeit angehörig ist die an sagenhaftem Stoff selten reiche *Chronik des schwäbischen Geschlechtes derer von Zimmern.*

Neben solchen Richtungen giebt es auch immer noch Bischofs- und Klosterchroniken, z. B. die Reichenauer Chronik des *Gallus Oehem, Lebensbeschreibungen* angesehener Geistlicher, *Weltchroniken*, die letzteren bald rein annalistisch, bald nach Kaisern und Königen geordnet, und mit weitschichtiger Gelehrsamkeit aufgepauscht; die Namen derselben sind *Speculum historiae, Flores historiarum, Imago mundi, Cosmodromium, Fasciculus temporum* und ähnliche.

IV. Humanismus und Reformation.

Mit der Wirkung des Humanismus auf die Geschichtschreibung machen nach langer Zersplitterung wiederum centripetale Tendenzen den bisher herrschenden centrifugalen Richtungen Platz. Die Bewegung kommt natürlich aus Italien, wo die Historiographie sowohl in der Nationalsprache nach dem Muster der grossen Alten, als in noch engerer Anlehnung an die Alten in lateinischer Sprache gepflegt wurde; die Hauptnamen jener ersten Richtung sind *Macchiavelli* (1469 - 1527) und *Guicciardini* (1482—1540). Hauptvertreter der lateinisch schreibenden Historiker sind *Flavius Blondus*, gest. 1461, *Aeneas Sylvius Piccolomini* (*Pius II.*), 1405—1464, *Bartholomaeus Platina*, Bibliothekar am Vatikan, gest. 1461, dessen *liber de vita Christi ac de vitis summorum pontificum Romanorum* fast in alle Sprachen, auch in die deutsche, übersetzt wurde; *Julius Pomponius Laetus*, gest. 1497: *de Caesaribus* und *de Romanae urbis vetustate; Raphael Volaterranus*, gest 1521: *Commentariorum urbanorum libri* 38. Wandten die genannten Italiener ihr Interesse mehr dem römischen Altertum zu (doch hat *Aeneas Sylvius* den *Otto von Freising* und den *Jordanis* benutzt), so richteten die deutschen, von den Italienern angeregten, Humanisten ihr Augenmerk auf die Quellen einheimischer Geschichte, und besonders in *Wien* beförderte Kaiser Max vaterländische Geschichtsbestrebungen, er liess nach alten Urkunden und Chroniken suchen und belohnte jeden Fund; rüstige Buchhändler veranstalteten Ausgaben der mittelalterlichen Quellenschriftsteller, des Jordanis, Paulus Diaconus, Gregor von Tours, Sigbert, Luidprand, Otto von Freising, Ekkard u. a. Zwar wirkte die Vorliebe für Erdichtungen, Sagen und Märchen noch lange nach, wie z. B. *Johann von Trittenheim, Trithemius*, 1462—1516 namentlich in seinem *Chronicon Hirsaugiense* voll von solchem Stoffe ist. Was die Sprache der deutschen dem Humanismus zugezählten Geschichtschreiber betrifft, so ist dieselbe vorläufig noch die *lateinische*. Die hervorragendsten Namen sind *Hartmann Schedel*, 1440—1515, mit einer *Weltchronik*, *Jacob Wimpfeling*, 1450 bis 1528, *Johann Turmair* oder *Aventinus* mit seiner *bayerischen Chronik*, die er selber auch deutsch übersetzte, *Albert Krantz*, gest. 1527, mit der *Saxonia*, *Spiesshammer* oder *Johannes Cuspinian*, gest. 1529, ein Arzt aus Wien: *de Caesaribus atque imperatoribus Romanis; Beatus Rhenanus*, gest. 1547, mit *Rerum Germanicarum libri III.* Mehrere dieser Männer reichen schon in die Reformationszeit hinein und haben wesentlich zum Aufschwunge des geistigen Lebens in weiteren als blossen Gelehrtenkreisen beigetragen, zumal dadurch, dass ihre Bücher früh in deutschen Übersetzungen erschienen. Ganz deutsch, nach Auffassung und Sprache, und in hohem Masse volkstümlich, zugleich getragen von der religiösen und politischen Idee der deutschen Reformation, geübt an den besten Mustern des Altertums, die, wie Caesar, Sallust, Tacitus, Sueton, Herodot, Thukydides, Xenophon und Plutarch dem Volke jetzt selber durch Übersetzungen nahe gebracht wurden, treten jetzt eine Anzahl deutscher Geschichtschreiber auf, deren Werke zum Schönsten gehören, was die Reformation hervorgebracht hat. Wieder ist die Schweiz besonders reich in dieser Beziehung; ihre Vertreter sind *Joachim von Watt, Geschichte der Äbte des Klosters St. Gallen*; *Johannes Stumpf, Beschreibung der Eidgenossenschaft*; *Bullinger, Reformationsgeschichte* und *Aegidius Tschudi, Schweizer Chronik*, der letztgenannte seiner religiösen und politischen Stellung gemäss mehr ein Vertreter der älteren Richtung und daher besonders für die *sagenhafte Überlieferung* bemüht. Deutschland gehören an die *Kosmographie Sebastian Münsters* und der vortreffliche *Sebastian Frank*, Verfasser eines *Zeitbuches* (Weltgeschichte), eines *Weltbuches* (Beschreibung der Welt) und der *Germania*. Zwar reichen ähnliche Arbeiten bis über den Schluss des 16. Jahrhunderts hinaus, sie sind jedoch meist lokaler Natur, darunter *Matthias Quad*, teutscher Nation-Herligkeit, 1609, die Pommerische Chronik von *Thomas Kantzow*, die Speirische von *Christoph Lehmann*, die Baslerische von *Christian Wurstisen*, die Schaffhauserische von *Johannes Rüger*. Die eigentlich *gelehrte* Geschichtschreibung geht schon mit der Mitte des 16. Jahrhunderts in das Geleise der *lateinischen Sprache* zurück; ihr hervorragendstes Werk ist des *Johann Sleidanus* (1506—1566) Buch *de Statu religionis et reipublicae Carolo V. imperatore*. Von da an bleibt lange Zeit die wissenschaftliche Betreibung der Geschichte, welche jetzt Geschichtswissenschaft wird, in den Händen der zunftmässigen, meist lateinisch schreibenden Gelehrten, während die Chronistik im engeren Sinne deutsch bleibt, immerhin so, dass gelegentlich die eine Richtung in die andere hinübergreift.

Neben den *Biographien*, die immer noch bearbeitet wurden, obgleich wenig vortreffliche Werke dieser Art zu nennen wären (*Matthesius*, Leben *Luthers*; *Adam Reissner*, Leben des *Georg* und *Caspar von Frundsberg*), hat diese Zeit, welche so sehr das subjektive Gefühlsleben des Einzelnen steigerte, die *Autobiographie* als neue Gattung der Geschichtschreibung eingeführt. Dahin gehören die Aufzeichnungen des *Götz von Berlichingen*, des *Hans von Schweinichen*, des *Thomas* und *Felix Plater* und die lieblichste unter ihnen, die ganz unter dem Eindrucke des „aufblühenden Evangeliums“, im Angesichte gleichsam Luthers, Melanchthons, Zwinglis, Erasmus geschrieben ist, die *Sabbata* des St. Gallers *Johannes Kessler*, desselben Mannes, der als Jüngling dem Dr. Luther im schwarzen Bären zu Jena begegnete, als der noch als Reitersmann gekleidete Reformator von der Wartburg nach Wittenberg zurückeilte. *Wattenbach*, Deutschlands Geschichtsquellen im Mittelalter. 2 Bde. 3. Aufl. Berlin 1873. — *Lorenz*, Deutschlands Geschichtsquellen im Mittelalter seit der Mitte des 13. Jahrh. 2. Aufl. Berlin 1876. *Waitz* in Schmidts Zeitschrift f. Geschichtswissenschaft Bd. II. u. IV. *Wackernagels* Lit. Geschichte.

Geschlechterstaat, d. i. derjenige Staat, in welchem die staatlichen Aufgaben noch nicht vom Staate, sondern von der Familie oder dem Geschlecht erledigt werden, ist für die Germanen die Form des vorgeschichtlichen Staates. Schon zu Cäsars und Tacitus Zeit hatten die Germanen ihn bereits hinter sich; doch zeigt sich der ältere Zustand später noch darin, dass die Unmündigen, Frauen, Kinder und Knechte unter der Gewalt, der Munt, des Mannes standen und dass der Mann sein Rechtsleben, sein wirtschaftliches und Kriegerleben in der Gemeinschaft mit den engern und weitern Familiengenossen verlebt; das Geschlecht bildete die Unterabteilungen im Heer und bei der Ansiedlung im Dorf. Vgl. den Art. *Familie*.

Gesellenschiessen, s. Schützenfeste.

Gesellschaftslieder nennt man diejenige Gruppe von Volksliedern des 16. und des 17. Jahrh., welche für die Lust und Übung heiterer Gesellschaft aus den ältern einstimmigen Weisen zwei- und mehrstimmig umgesetzt wurden; in eigenen Sammlungen oder *Liederbüchern* vereinigt sind sie die Nachfolger der *fliegenden* Blätter geworden. Die Gesellschaftslieder sind hin und wieder noch ächte Volkslieder, entfernen sich aber immer mehr von ihnen und werden Kunst- oder Gelehrtenlieder, indem die Musiker die älteren Texte verändern oder mit neuen von ihnen selbst oder von gelehrten Leuten verfassten Texten vertauschen. Die ersten Sammlungen dieser Art sind die wertvollsten, später finden sich in ihnen viele fade Reimereien und namentlich Nachahmungen welscher Texte mit welschen Melodien. Mit italienischen und französischen Formen, Madrigalien, Kanzonetten, Motetten, Tricinien, Intraden, Villanellen, Galliarden, Couranten, Paduanen, Neapolitanen, Saltarellen, Volten, Balleten, Parodien, Passamezzen, und zugleich mit Allegorien, mythologischen Namen und Bezeichnungen, fremden Worten und Redensarten füllen sich jetzt die deutschen Liederbücher. Anfangs wurden die letzteren in kleinem, länglichem Quartformat gedruckt, mit gutem Papier und zum Teil vortrefflichem Notensatz, später seit 1600 in gewöhnlichem Quart auf schlechtem Papier und mit immer elender werdendem Schrift-Notendruck. Die wichtigsten Druckorte sind Nürnberg, Frankfurt und München. Die Greuel des dreissigjährigen Krieges und die mit Opitz auftretenden Gedichtsammlungen einzelner Dichter lassen um 1620 die Gesellschaftslieder aussterben. Siehe die *deutschen Gesellschaftslieder* des 16. und 17. Jahrhunderts, aus gleichzeitigen Quellen gesammelt von *Hoffmann von Fallersleben*. 2 Teile. Leipzig, 1860.

Gesta, Geste, Chanson de Geste. Schon die lateinische Sprache entwickelte aus dem konkreten Ausdrucke *res gestae* eine in der altchristlichen Litteratur häufig gebrauchte neutrale Pluralform *gesta*, das nicht mehr bloss Thaten, Handlungen, Verhandlungen, sondern auch Aufzeichnungen bedeutet, parallel dem Worte *acta*, dem nun vorwiegend die geistliche Sphäre in *Acta apostolorum, Martyrum, Sanctorum, Conciliorum* u. dgl. überlassen wird, während *gesta* überwiegend die weltliche und im engern Sinne die heroische Sphäre behauptet. Zuletzt wandelt es sich mittellateinisch in ein weibliches singulares Substantiv, als welches es in die romanischen Sprachen übertritt: ital., provenz., span. *gesta*, altfranz. *geste*, bald singularisch, bald pluralisch gebraucht, mit den Bedeutungen 1) der Thaten eines vornehmen Geschlechtes, 2) einer Chronik, 3) der Geschlechtsfolge des Stammes. In der altfranzösischen Poesie ist *Chanson de geste* der stehende Ausdruck für die in einreimigen Tiraden abgefassten, sowohl zum Absingen als zum Hersagen oder Vorlesen bestimmten Epen, zunächst aus den einheimischen Sagenkreisen, dann für Heldengedichte dieser Form überhaupt, im Gegensatze zu den ritterlichhöfischen *Romans* und *Contes*, deren Stoff anderen Quellen angehört und deren Form, strophenlose Reimpaare, nur für das Hersagen oder Vorlesen bestimmt ist. Die *Chansons de geste* stammen aus den, im einzelnen nicht mehr erkennbaren Helden- und Geschlechtssagen der germanischen Eroberer und ihrer Nachkommen. Die ältesten vorhandenen Denkmäler zeigen einen zehnsilbigen, durch eine Cäsur unterbrochenen Vers, mit männlichem Reime oder Assonanz und strengem Abschlusse des Sinnes am Ende des Verses; erst aus späterer Zeit, 12. Jahrh., stammt der zwölfsilbige Vers oder *Alexandriner*, siehe diesen Artikel. Beide Verse, den zehnwie den zwölfsilbigen verknüpft ein und dieselbe Assonanz oder ein und derselbe Reim eine unbestimmte Reihe von Zeilen hindurch ohne Unterbrechung, bis der Dichter zu einer andern Assonanz oder einem andern Reim übergeht; man nennt die Absätze *tirades monorimes.* In ihrem Entwicklungsgange lassen sich drei Hauptstufen der *Chansons de geste* unterscheiden. Die erste Periode charakterisiert sich durch ein trotziges Vasallentum, die Roheit und Selbstsucht des fränkischen Heldentums, den Hader der Stämme und der Familien. Mit Philipp August und den Kreuzzügen wandeln sich die *Chansons de geste* zu christlich-ritterlichen Epen um, ein opferwilliges, ideales Rittertum kämpft für den Glauben. Karl und seine Paladine, darunter besonders Roland, sind fromme Glaubenshelden, alle Feinde Heiden, d. h. Muhamedaner. Seit der Mitte des 13. Jahrh. beginnt die dritte Periode. Aus den Artusromanen dringen Riesen, Zwerge, Feen, Minne und Galanterie, eine subjektive und willkürliche Behandlung in diese bis dahin streng episch gehaltenen Heldengedichte. Was von diesen Dichtungen am Ende des Mittelalters nicht gänzlich in Vergessenheit gerät, löst sich in prosaische Form auf und geht in Volksbücher über. Nach *Zacher* in Ersch und Gruber, Art. *Gesta.*

Gesta Romanorum heisst eine im späteren Mittelalter weit verbreitete Sammlung von moralisierten Parabeln, Fabeln und Erzählungen, die um das Jahr 1472 zuerst in lateinischer Sprache, 1489 in deutscher und oft in englischer Sprache gedruckt erschien. Nach den Untersuchungen Oesterley's liegt die Entstehung der *Gesta Romanorum* darin, dass zu einer Zeit, zu der das Fremdartigste und Widerwilligste moralisiert, d. h. in einem geistlichen oder christlichen Sinn gedeutet zu werden pflegte, wirklich Erzählungen aus der römischen Geschichte, oder vielmehr Stücke aus römischen Schriftstellern, wie sie schon seit langer Zeit zu Predigtzwecken gesammelt waren, auch lediglich zum Zwecke der Moralisierung zusammengestellt und früher oder später mit der Bezeichnung *Historia* oder *Gesta Romanorum moralizata* oder ähnlichem versehen wurden. In ein solches Grundwerk wurden zuerst Parabeln eingefügt oder angehängt, welche einer geistlichen Auslegung sich leicht anschmiegten; dann nahm man nach Neigung oder Gelegenheit Stücke auf, welche zum Besten der Moralisation umgestaltet wurden, und endlich erfand man, oft ungeschickt genug, Erzählungen lediglich zum Zwecke ihrer geistlichen Deutung. Schliesslich fanden auch blosse Mönchs- und Heiligengeschichten ohne Moralisation einen Platz, und endlich kehrte sich das ganze Verhältnis um, so dass die Erzählungen in den Vordergrund traten und die Moralisationen Nebensache wurden. Es ist wahrscheinlich, aber nicht unwiderleglich beweisbar, dass die *Gesta Ramanorum* in England entstanden sind; doch könnte das Werk auch bloss in England, und zwar aus Deutschland, eingeführt und erweitert worden sein. Der Name des ersten Verfassers oder Sammlers ist nicht mehr nachzuweisen, die Zeit der Abfassung ist gegen Ende des 13. Jahrh.; ohne Zweifel haben Predigermönche, wenn nicht an der Abfassung, so doch an der Fortbildung und Verbreitung des Buches Anteil. Inhaltlich sind die einzelnen Erzählungen kitzliche Rechtsfalle, gewandte Antworten, listige und schalkhafte Streiche, Ehegeschichten und andere Vorfälle des täglichen Lebens, auch legendarische Stoffe, und bald treu erhaltene, bald wunderlich entstellte Anekdoten und Erzählungen aus der alten Geschichte und Mythologie, sowie aus der klassischen Geschichte, herrührend aus klassischen, orientalischen und abendländischen Quellen. Das Buch ist vor der Reformation ausser in den genannten in französischer und niederländischer Sprache gedruckt worden; infolge der Reformation und der Verbreitung klassischer Studien geriet es allmählich in Vergessenheit. Kritische Ausgabe von *Hermann Oesterley*, Berlin, 1872; deutsche Übersetzung von *Grässe*, 1847.

Gilde, siehe *Zunftwesen.*

Glasmalerei. — Die Kunst der Glasbereitung wurde im Altertum schon in umfassender Weise betrieben, zunächst zur Verfertigung von kleinen Gegenständen, Gefässen, Schmucksachen u. dgl. Doch verstanden sich schon die Römer auch auf die Fertigung von Tafelglas, das sie neben dekorativen Zwecken auch zum Verschlusse der Fenster brauchten. In den wärmeren südlichen Gegenden war aber das Bedürfnis nach einer möglichst lichtreichen Befensterung geringer als in den nördlichen Ländern. Hier kam daher die Sitte, die Fenster mit Glas zu verschliessen, ohne Zweifel zeitiger auf. Im 5. Jahrhundert erhält eine zu Lyon erbaute Kirche Glasfenster; in St. Gallen waren im 9. Jahrhundert die Klosterkirche und die Schreibstube mit durchsichtigen Glasfenstern versehen und wird ein Glasmacher Stracholfus erwähnt. Da man in dieser Zeit das Glas nur in kleinen Stücken zu bereiten verstand, so konnte der Verschluss einer grösseren Öffnung nur aus einzelnen Partikeln zusammengesetzt werden; farbloses Glas war seltener und schwerer zu beschaffen als das farbige, und man muss sich darum den gläsernen Fensterverschluss der ältesten Kirchen von vornherein buntfarbig vorstellen. Diese Umstände führten von selbst darauf, dass man die ungleichen bunten Glasteile nicht regellos nebeneinander fügte, sondern dieselben nach ihren verschiedenen Farben und Formen zum harmonischen Spiele zu vereinigen trachtete, zu Mustern ähnlich denen, welche die Mosaiken an Wänden und Fussböden zeigten.

Zur eigentlichen Glasmalerei bedurfte es aber der Vereinigung zweier Farben auf einem und demselben Stücke, der Erfindung einer Schmelzfarbe, die sich im Feuer durch einen chemischen Prozess mit dem Lokalton verband. Gestützt auf ein Schreiben des Abtes Gozbert von Tegernsee (982—1001), in welchem dieser dem Grafen Arnold für die Fenster dankt, mit denen durch sein Zuthun die Klosterkirche geschmückt worden sei, sodass jetzt die Sonne durch das bunte Glas von Gemälden scheine, pflegte man früher den Ruhm dieser Erfindung Deutschland zuzuschreiben, um so mehr, als bald nachher in Tegernsee einer Glashütte gedacht wird, die für auswärtige Besteller Arbeiten lieferte. Ob das nun aber wirkliche Glasgemälde waren oder bloss nach Art der Mosaiken aus einfarbigen Stücken zusammengesetzte Muster, lässt sich nach dem allgemeinen Ausdrucke des Briefstellers, *per discolaria picturarum vitra*, nicht mehr bestimmen. Dagegen spricht eine andere Nachricht aus derselben Zeit unzweideutig von Glasgemälden, dass nämlich der neugewählte Erzbischof Adalbert von *Rheims* (gest. 989) seine Kathedrale mit Fenstern habe schmücken lassen, auf denen verschiedene Geschichten gemalt waren. Da nun ausserdem etwas später als geschickter Glasmaler Rogerus von Rheims erwähnt wird, in Frankreich die ältesten Werke dieser Technik erhalten sind und der Presbyter Theophilus aus dem 12. Jahrhundert, ein Deutscher, in seinem Werke *Schedula diversarum artium*, worin der Glasmalerei ein besonderes Buch gewidmet ist, die besondere Fertigkeit der Franzosen in der Glasmalerei hervorhebt, so ist sehr wahrscheinlich, dass die Glasmalerei in Frankreich und nicht in Deutschland erfunden und zuerst ausgebildet worden ist. Ihr Hauptsitz war die Normandie und die Umgegend von Paris. Die ältesten bekannten Fenster des 12. Jahrhunderts waren die, welche Graf Foulquès V. von Anjou und seine Gemahlin für die von ihnen 1121 erbaute Abtei Loroux bei Vernantes malen liess; sie enthielten die Bildnisse der Stifter zu den Füssen der heiligen Jungfrau und sind erst in diesem Jahrhundert zu Grunde gegangen. Die Zahl der in Frankreich aus dem 13. Jahrhundert erhaltenen Glasgemälde ist sehr gross. Die Kathedrale von

Bourges hat allein 183 gemalte Fenster. Von Frankreich drang die Kunst zuerst nach England, dann nach Deutschland, wo zwar nur die Glasgemälde im Dom zu Augsburg noch aus dem 12. Jahrhundert zu stammen scheinen; dem 13. Jahrhundert gehören die Chorfenster der im Jahre 1208 eingeweihten Kunibertskirche in Köln an. Von Deutschland aus scheint gegen die Mitte des 13. Jahrhunderts die Glasmalerei nach Italien verpflanzt worden zu sein; die ältesten in Italien gemalten Fenster sind diejenigen der Kirche S. Franzesko zu Assisi, von einem deutschen Meister Jacob verfertigt.

Die Technik der Glasmalerei war bis zum 11. Jahrhundert noch sehr einfach. Das Fenster wurde aus kleinen, farbigen Glasstücken zusammengesetzt, die man nach der Vorzeichnung zuschnitt, so dass die Umrisse durch Bleistreifen gebildet waren; die Malerei beschränkte sich auf Umrisse und Schattierungen mit einer schwarzen Farbe, die man aus Kupferasche mit einem Zusatze von grünem und blauem Glase bereitete. Das Einbrennen dieser Schmelzfarbe erfolgte in einem sehr unvollkommnen Ofen; Zeichnen, Glasschneiden, Malen, Brennen und Zusammensetzen der Fenster war gewöhnlich in der Hand eines Künstlers vereinigt.

Der Stil der Glasgemälde entwickelte sich in dieser Periode teils durch die Vervollkommnung der Glastechnik, teils durch die Beziehung zum Baustile. Die Verbesserung in der Technik bestand darin, dass die einzelnen Glasstücke allmählich grössere, gleichfarbige Flächen wurden und eine Unterbrechung durch Bleistreifen seltener eintrat und dass die Kombination der Farben sich ausbildete. In der ältesten Zeit herrschte ein dunkles, blaues Glas vor, Saphir genannt, mit dem man, gewöhnlich sehr unharmonisch, grün und gelb zusammenstellte; seit dem 13. Jahrhundert wird ein schönes rotes Glas vorwiegend. Auch das farblose Glas wurde jetzt häufiger und billiger als das gefärbte, und man verband nun nicht allein grosse rote und weisse Flächen, sondern man erfand die *Grisaille*, d. h. die grauweisse Malerei mit einer grauen oder schwarzen Farbe auf wasserhellem Glase; dieselbe wurde meist zu arabeskenartigen Mustern verwendet und bedeckte oft ganze Fenster; auch bediente man sich ihrer etwa zum Hintergrunde für farbige Bilder und Figuren. Besonders die Cisterzienser, deren Regel gemalte Fenster verbot, bedienten sich der Grisaille. In der Anordnung der Glasgemälde unterscheidet man den romanischen und den gotischen Stil.

Die *Fenster romanischen Stiles* enthielten Muster, die sich in der Regel in den durch die eisernen Querriegel des Fensters gebildeten Abteilungen wiederholten. Oft hatte ein Feld in der Mitte entweder eine Rosette, häufig mit fratzenhaften Tiergestalten, oder ein Schild mit einer historischen oder symbolischen Darstellung. Diese Schilder waren meist rund, auch viereckig mit kreisförmigen Ausbauchungen, seltener von der ovalen oder oben zugespitzten Mandel- oder Fischblasenform. Das ganze umgab eine Kante mit Arabesken von Blumen, Verschlingungen, Wappen u. dgl. gebildet. Ein solches Fenster erinnerte an die Teppiche, mit denen früher die Fenster verhängt wurden. Der Inhalt der Schilder war eine Erläuterung der Predigt oder bestimmt, der religiösen Betrachtung zu Hilfe zu kommen; eine bedeutende künstlerische Wirkung ging von diesen Fenstern noch nicht aus. In manchen Klosterkirchen war das ganze Gebiet der scholastischen Lehre: Geschichte, Theologie, Astronomie, Physik, Musik und Philosophie in den Schildern versinnlicht. Auch in spätern gotischen Bauwerken finden sich solche altertümliche Glasfenster, teils neben

Fenstern gotischen Stiles, teils absichtlich als Umgebung derselben, um das Mittelfenster um so glänzender hervortreten zu lassen.

Die *Gotik* forderte in noch weit höherm Masse zur Anwendung der Glasmalerei auf. In den ältern romanischen Kirchen hatte man Wände und Decken bemalt mit grossen, zusammenhängenden Bilderserien, die oft den ganzen Inhalt der biblischen Geschichten erschöpften. Als der gotische Stil die Wände so viel wie möglich durchbrach, den ganzen Bau in ein Gerüste von schlanken Stützen mit weiten Bögen und kühn gespannten Wölbungen auflöste, ging der malerische Schmuck von den Wänden und Decken auf die zahlreichen und grossen Fenster über, welches um so erwünschter war, als die Fülle des von überall herzuströmenden Lichtes notwendigerweise einer sanften Milderung bedurfte. Auch die Art der gotischen Fenstergliederung war für die Anbringung und stilistische Ausbildung der Glasgemälde eine besonders günstige. Der Raum zwischen den senkrechten Stäben, den Pfosten oder Sprossen gab die Flächen für die grössern figürlichen Darstellungen, während die Masswerke ebensosehr zur ornamentalen Ausstattung oder zur Anbringung erläuternden Beiwerkes geeignet waren.

Der Übergang zum gotischen Stile wird durch das Verdrängen der blauen Gründe durch Rot und durch die reichere Entwicklung der einzelnen Schilder vorbereitet. Das Teppichmuster wurde bloss noch als Hintergrund, dann als Bordüre beibehalten. An Stelle der Schilder treten einzelne grössere, sogar kolossale Figuren. Diese erscheinen zuerst in einzelnen grössern Feldern der Teppiche, dann selbständiger, zuweilen nur in dem untern Teile der Fenster, bald stehend, bald auf Thronen sitzend, unter Baldachinen oder in Stühlen, vor einem Hintergrunde, der oft einfarbig ist, oder den Sternenhimmel darstellt oder das Muster eines Teppichs enthält, der die Rückwand zu behängen scheint. Allmählich gehen die Baldachine in die Form der gotischen Tabernakelkrönungen mit einem spitzen Giebel und zwei schlanken Filialen über, sodass der Stil der Glasfenster sich jetzt in der vollkommensten Harmonie mit dem des gotischen Kirchbaues befindet. Unter den turmartigen Baldachinen prangten die kolossalen Gestalten der Propheten, Apostel, Evangelisten, Heiligen und Donatoren, besonders der Fürsten und Bischöfe; zuweilen baute man in einem Fenster mehrere Stockwerke von Tabernakeln übereinander auf oder vereinigte in anderer Weise Systeme von Baldachinen, Türmen und Filialen, die sich nach oben in das steinerne Masswerk verliefen. Die figurenreichen biblischen Geschichten und Heiligenlegenden verwies man in den untersten Teil der Fenster. Die Zusammenstellung der Farben wurde immer glänzender und im besondern die früher unbekannte rosenrote Fleischfarbe gewöhnlich durch farbloses Glas ersetzt. „Die Malerei war in den gotischen Kirchen von den immer mehr eingeschränkten Mauerwänden und von den mit sogenannten alten und jungen Diensten umgebenen Pfeilern gewichen und fast auf die Fenster eingeschränkt, hier aber erschien sie in einem neuen und wundervollen, fast überirdischen Zauber und entsprach allen ästhetischen Anforderungen auf eine unübertreffliche Weise. In dem neuen Stile der gemalten Fenster war ganz und gar der geistige Gedanke, die Idee ausgesprochen, auf welcher die Entwickelung des Kirchenbaues zur gotischen Form beruhte. Wie der ganze gotische Bau mit seinen himmelanstrebenden Wölbungen, so erhoben diese Fenster den Blick und die Gedanken über das Irdische, indem sie das Himmlische in seinem vollsten Glanze hereinströmen liessen, ohne dass sie das Auge verlockten, von dem, was da drinnen vorging, sich abzuwenden, um der Aussenwelt zu gedenken. Der Künstler dachte nicht mehr daran, durch den Inhalt seiner Darstellungen das Volk zu belehren, er wollte den Andächtigen die Anschauung des Himmelreichs und der Heiligen entgegenbringen, und sie in die Stimmung versetzen, dass sie den Schöpfer in seinen Werken preisen mussten. Aber noch in einer andern Hinsicht waren die Glasgemälde eine notwendige Ergänzung des gotischen Baustils. Die reichen Formen des letztern mit ihren zahllosen Einbuchten und Auskehlungen vertragen keine Beleuchtung durch ungedämpftes Sonnenlicht, und erst die farbigen Glastafeln gewährten dem Innern dieser Kirchen jene gemässigte, gleichförmige Erleuchtung, die allein diesem vielgliederigen Stile angemessen ist. Dazu kam noch, dass selbst die Unvollkommenheit der Technik eine der Grossartigkeit des Baustiles entsprechende Behandlung der Glasfarben mit sich brachte. Es war ebenso unmöglich, die Bleilinien mit der Feinheit und Weichheit zarter und gefälliger Umrisse zu führen, als den Farben eine vollendete malerische Ausführung zu geben. Dadurch aber war man zu einer Behandlungsweise genötigt, welche bei der Grösse und Höhe der Fenster und dem ernsten Inhalte des kirchlichen Bildwerkes diesem einen würdigen monumentalen und wahrhaft religiösen Charakter sicherte.“ Unger.

Seit dem 14. Jahrh. fand ein bedeutender Umschwung in der Glasmalerei statt. Und zwar sind es in erster Linie die technischen Fortschritte, die eine Änderung des bisherigen Systems bedingten. Noch in der ersten Hälfte des 14. Jahrh. begnügte sich der Glasmaler mit einem mosaikartigen Gefüge einzelner Stücke, deren jedes in der Regel nicht mehr als zwei Farben, den Lokalton und das aufgebrannte Schwarzlot vereinigte; nur selten kam dazu eine zweite Auftragfarbe, das sogenannte Kunstgelb. Die letztere Farbe pflegte man erst nach der Mitte des 14. Jahrh. in umfangreicherem Masse zu verwenden. Dazu kommt die Erfindung des *Überfangglases,* das, erst nur rot, in der Weise bereitet wurde, dass man diese Farbe auf die weisse Glasplatte aufschmolz. Sie bildete so eine zweite Lage, die beliebig durch Ausschleifen entfernt werden konnte. Kam dann wieder der farblose Grund zum Vorschein, so konnte man mit Hilfe von Schwarzlot und Kunstgelb, vier Farben auf einer und derselben Platte vereinigen. Vermittelst des Kunstgelbes erzielte man auf blauem Glas Grün, das früher in besondere Partikel gefasst werden musste. So wurde dem Künstler ermöglicht, ganze Partien ohne die Anwendung der bleiernen Mittelstücke zu kolorieren und die Schattierung mit aller Ausführlichkeit zu behandeln.

In zweiter Linie war es die im 14. Jahrh. auf allen Gebieten der Kunst zur Herrschaft gelangte Hinneigung zum Realismus der Natur, was den Gang der Glasmalerei beeinflusste. Während aber bei der ältern Auffassung der Künstler, durch die Schranken der Technik seiner Kunst dazu bewogen, seine Gestalten und Szenerien in dekorativer Unterordnung mit teppichartiger Umgebung dargestellt hatte, trieben die beiden genannten Fortschritte der Technik und der künstlerischen Auffassung den Glasmaler in Gebiete, die ausser der Natur seines Stoffes und seiner Farben lagen. Infolge dessen verwilderte einmal die Komposition, indem sich der Künstler gezwungen sah, ausführlichere Szenen entweder in einem unverhältnismässig kleinen Massstabe herzustellen oder dieselben in der Weise auszudehnen, dass sie ohne Rücksicht auf Inhalt und Formen durch die steinernen Pfosten geteilt und zerrissen wurden. Sodann litt unter diesem einseitigen Realismus die früher bestandene hohe Farbenharmonie, da die Farben jetzt nicht mehr wie früher, mit vorherrschender Rücksicht auf das Ganze gewählt werden konnten, sondern einseitig von der Natur des gewählten Gegenstandes abhingen.

In Zusammenhang damit steht die veränderte Stellung der Künstler und der gesellschaftlichen Zustände überhaupt. Noch im 13. Jahrh. hatte es Meister gegeben, welche die universellsten Kenntnisse besassen und in allen Richtungen der Kunst bewandert waren; das spätere Mittelalter spaltete infolge der erhöhten Anforderungen der vielseitigen Technik die Einheit des Kunstbetriebes und wies dem einzelnen bloss noch einen beschränkten Wirkungskreis an; der einzelne aber wandte sich nunmehr kleineren selbständigen Arbeiten zu, die sich gleich den Tafelgemälden rasch und ohne den Aufwand allgemeiner Studien vollenden liessen. Auch die Nachfrage kam solchen kleineren Arbeiten entgegen, und während die Glasmalerei bis zum 14. Jahrh. fast ausschliesslich im kirchlichen Dienste gestanden hatte, lässt sie sich jetzt ebensogern zu weltlichen Zwecken brauchen, zum Schmucke der Wohnhäuser und Profanbauten überhaupt. Daher erklärt sich auch, dass man seit dem 15. Jahrh. viel häufiger als früher den Namen von Glasmalern begegnet. Besonders die Vorliebe für heraldische Zierden gab zu profanen Schildereien Anstoss. Hatten schon früher einzelne Donatoren ihre Wappen in die Glasfenster anbringen lassen, so wollten jetzt immer häufiger einzelne Korporationen, Zünfte, Bruderschaften, hervorragende Familien ihre Teilnahme an den grossen kirchlichen Bauten durch die Stiftung eigener Kapellen bezeugen, an denen man, zum Ärger der Geistlichkeit, heraldische Zierden anbrachte. Endlich verlangte seit dem 15. Jahrh. auch das bürgerliche Wohnhaus sein gemaltes Fenster, sodass dieses bald in Rathäusern, Zunftsälen, Schützenhäusern, Schlössern und bürgerlichen Wohnungen ein allgemein üblicher Schmuck wurde. Nur ausnahmsweise wurden mehrere solcher Glasfenster zu Cyklen ausgearbeitet; doch war von einem einheitlichen Charakter derselben kaum zu sprechen. Der gewöhnliche Inhalt der gemalten Wappenscheiben besteht aus einer einfachen Zusammenstellung von Wappen und Einzelfiguren, welch' letztere entweder mit persönlicher Beziehung auf die Person des Stifters dessen Schutzheiligen, oder, neben den Wappen von Städten und Ständen, deren Herolde und Fahnenträger darstellen. Auch Wappentiere, wilde Männer und Waldfräulein vertraten zuweilen die Stelle der Schildhalter, oder eine Dame, die in graziöser Stellung und pomphaft gekleidet das Kleinod oder die Helmzierde umfasst. Alle diese Darstellungen heben sich von einem bunten, grau oder schwarz geflammten Damaste ab. Das Ganze umrahmt, bald weiss, bald violett oder gelb, eine stichbogige Architektur, von Pfeilern, Säulen oder knorrigen Stämmen getragen, umrankt von Blattornamenten, welche die oberen Zwickel füllen, oder es tritt an die Stelle dieser Ornamente eine Jagd- oder Kampfszene, die grau in grau mit gelber Auftragfarbe gemalt ist.

In dieser Zeit kam es nur noch ausnahmsweise vor, dass der Glasmaler seine Entwürfe selber zeichnete oder „visierte“; die Regel wurde, dass der eine die Visierung machte, der andere sie in Glas ausführte. Auch Ölgemälde und Holzschnitte wurden auf Glas kopiert, wobei es als Glücksfall zu betrachten ist, wenn die Wahl auf Bilder fiel, die sich vermöge ihrer Zusammensetzung aus wenigen Figuren für solche Übertragung eigneten, wie z. B. die Holzschnitte der *Biblia Pauperum.*

Das Überhandnehmen der Renaissance und des Protestantismus förderten den Verfall der Glasmalerei, nachdem dieselbe schon durch Ausserachtlassen ihrer natürlichen Bedingungen und Grenzen von ihrer einstigen Höhe herabgesunken war. In den Niederlanden, wo die Glasmalerei unter dem Einflusse der Rubens'schen Malerschule noch einmal zu einer Art Blüte kam, galt diese Kunst in der Mitte des 17. Jahrh. als erloschen. In Böhmen war schon 1617 kein Glasmaler mehr. Beschädigte Fenster flickte man mit weissem Glase oder reduzierte die Gemälde. Dagegen kam im 17. Jahrh. eine *Malerei hinter Glas* auf, die als Möbel- oder Wanddekoration verwandt wurde. *Rahn,* Bildende Künste in der Schweiz. — *Unger* in Ersch und Gruber, Artikel Glasmalerei. — *Bucher*, Geschichte der technischen Künste. — *Wackernagel,* Die deutsche Glasmalerei.

Glaubensbekenntnis, *apostolisches* und *athanasianisches.* Das *apostolische* Glaubensbekenntnis, auch *Credo* oder der *Glaube* genannt, hat seinen Namen von der zuerst bei Ambrosius und in erweiterter Gestalt bei Rufinus (4. Jahrh.) sich findenden Sage, wonach die Apostel zu Jerusalem kurz vor ihrer Trennung dasselbe als gemeinsame Lehrnorm und Taufformel verfasst haben sollen. Entstanden ist es aus der allmählichen Erweiterung der Taufformel, war schon in der zweiten Hälfte des 2. Jahrh. seinem wesentlichen Gehalt nach das Bekenntnis der römischen Gemeinde und hat im 5. Jahrh. in Gallien seine gegenwärtige Gestalt erhalten. Das *athanasianische* Glaubensbekenntnis, *Symbolum Athanasianum* oder nach den Anfangsworten *Symbolum Quicunque*, enthält in scharf und bestimmt ausgesprochenen Thesen und Antithesen die orthodoxe Lehre von der Dreieinigkeit und der Menschwerdung Gottes, wie dieselbe auf Grund des Konzils zu Chalkedon (481) im Abendland ausgebildet wurde. Es rührt also nicht von Athanasius (gest. 373) her, giebt auch dessen Lehre keineswegs genau wieder und ist überdies in lateinischer Sprache abgefasst. Es wird mit Sicherheit zum ersten Mal bei Cäsarius von Arles im 6. Jahrh. genannt. Nach *Holtzmann* und *Zöpffel,* Lexikon für Theologie und Kirchenwesen. Leipzig, 1882. Beide Bekenntnisse gehörten zu den Katechismusstücken, welche seit 750 in altdeutscher Sprache vielfach teils einzeln, teils in längeren katechetischen Handbüchern aufgezeichnet wurden. Sie finden sich sämtlich in *Müllenhoffs* und *Scherers* Denkmälern.

Glocke, mhd. *glocke, glogge,* ahd. *klocca, glogga,* aus mittellat. (8. Jahrh.) die *clocca*, *cloca* = Kirchenglocke, welches zu ahd. *clucchôn* = klopfen, anschlagen zu gehören scheint. *Weigand.* Die Überlieferung macht den Bischof Paulinus in Nola (lat. *nola* = Schelle) in Campanien (*campana* = Glocke) um 400 zum Erfinder der Glocken, was eine etymologische Spielerei ist. Erwähnt wird das Instrument zuerst unter der Bezeichnung *signum* im 6. Jahrhundert in den Schriften des Gregor von Tours, und man nimmt an, dass es zuerst durch irische und britische Missionen in Deutschland bekannt worden sei; wahrscheinlich hatte sich der Gebrauch von Klingeln, welcher sich die alten Römer als häusliche Weck-, wohl auch als öffentliche Versammlungszeichen bedienten, ohne Unterbrechung ins Mittelalter fortgepflanzt und war zuerst von einzelnen Klöstern aufgenommen und allmählich Sitte geworden. Als Zeit der allgemeinen Verbreitung der Kirchenglocken in Deutschland wird die Mitte des 9.

Jahrhunderts bezeichnet. Die Glocken der Iren waren aus geschmiedeten Blechen zusammengesetzt; in Deutschland unterschied man im 9. Jahrhundert *vasa fasilia*, gegossene, und *vasa productilia*, geschmiedete Glocken. Eine genietete Glocke der letztern Art, *Saufang* genannt, aus der Cäcilienkirche zu Köln herstammend, und der Überlieferung zufolge dem 7. Jahrhundert angehörend, wird im städtischen Museum zu Köln aufbewahrt; sie ist von der Form der sog. Kuhschellen und besteht aus drei mit kupfernen Nägeln zusammengenieteten Eisenplatten; ihre Weite beträgt am ovalen Rande 13¾ und 8¾ Zoll, ihre Höhe 15½ Zoll. Als Verfertiger der vorzüglichsten Glocke für den Aachener Dom wird der St. Gallische Mönch Tancho gerühmt. Später wurden die Glocken umfangreicher und fast nur noch von Bronce gegossen. Eine Glocke zu Hildesheim, um die Mitte des 11. Jahrhunderts von Bischof Azelin beschafft, soll schon 100 Zentner gewogen haben. Als die grösste Glocke in Deutschland gilt diejenige auf dem mittleren Domturme in Olmütz, *Maria gloriosa*, von 1497; sie wiegt 275 Ztr. Nachrichten von *Glockennamen* hat man seit dem 10. Jahrhundert; sie lehnen sich an Stifter, Patronen, an Eigenschaften oder Bestimmungen der Glocke. Schon früh kam die Sitte auf, den Glocken vor dem Aufhängen eine kirchliche *Weihe* zu geben. Zu Gregors des Grossen Zeit war dafür schon ein Ceremoniell ausgebildet, und die Glockenweihe wurde bald auf ähnliche Weise vollzogen, wie die Kindstaufe. Karl der Grosse verbot wegen der daran geknüpften abergläubischen Vorstellungen 789 die Glockentaufe, ohne damit durchzudringen. Später wurden gegen mancherlei Missbräuche, wie Patengeschenke, obrigkeitliche Beiträge, Gastmäler u. dgl. Verordnungen erlassen; auch entstand nach der Reformation unter den katholischen und protestantischen Theologen Streit über die Zulässigkeit der Glockentaufe, der bis ins 18. Jahrhundert fortdauerte und erst mit der allgemeinen Einführung der *Glockenpredigt* bei den Protestanten ein Ende erreichte. Bei den Katholiken dauert die Einsegnung noch fort.

Die älteste bekannte datierte Glocke ist vom Jahr 1249 und hängt in der Burchardikirche in Würzburg.

Was den *Gebrauch oder die Bestimmungen der Glocken* betrifft, so dienten dieselben ursprünglich offenbar zum Zeichen des beginnenden Gottesdienstes. Später kamen für besondere Bestimmungen auf: 1) *Betglocken*, schon, wie behauptet wird, im 7. Jahrhundert zur Bezeichnung der sieben kanonischen Stunden eingeführt; noch heute bezeichnet *Betglocke* das Morgen-, Mittag- und Abendläuten; am frühesten wurde von den letztgenannten drei Zeichen das Abendläuten eingeführt, indem Papst Johann XXII. zur Zeit der Abendglocke allen Christen drei Ave Maria zu beten befahl, das Morgenläuten wurde in Städten erst im 15. Jahrhundert allgemein üblich. 2) Die *Totenglocke*, welche zur Fürbitte der Gläubigen für einen frommen Sterbenden aufruft, wird schon im 8. Jahrhundert erwähnt. 3) Die *Predigtglocke* wird meist dreimal geläutet, *ad invocandum, congregandum et inchoandum*, zum Einberufen, Versammeln und Beginnen. 4) Die *Wetterglocke* ist schon sehr früh in Gebrauch gewesen, sowohl gegen wirklichen Wasserschaden, Blitz, Hagel, Wolkenbruch, als gegen andere Übel und die Pest. Als kräftig gegen die Dämonen galten in der katholischen Zeit die Bibelsprüche Joh. 1, 1 und 14: „Im Anfang war das Wort," und „Das Wort wurde Fleisch und wohnte unter uns", dann die Namen des Gekreuzigten, der Evangelisten, der heil. drei Könige, der heil. St. Johann und Paulus als sogen. Wetterherrn. 5) *Stunden* oder *Zeitglocke.*

Über den ursprüglichen Zusammenhang der *Türme* mit den Glocken ist man nicht genau unterrichtet; doch ist selbstverständlich, dass man die Glocken, wo sie eingeführt waren, gern in vorhandene Türme hängte. Im St. Gallischen Klosterplane sind westlich von der Kirche, in einiger Entfernung von dem halbkreisförmigen Säulenvorhofe desselben, zu beiden Seiten des von aussen in das Kloster führenden Weges zwei symmetrisch gestellte, mit Wendeltreppen gefüllte Rundtürme angegeben, deren einer die Inschrift trägt: *ascensus per cochleam ad universa superiuspicienda*, der andere *alter similis.*

Die *Glockeninschriften* sind entweder Sprüche, die sich auf die Bestimmung der Glocken beziehen, meist in Versen oder Bibelstellen, Gebetsformen, oder Notizen über Entstehungszeit, Giesser, Donatoren etc. *Sprüche, die sich auf die Bestimmung der Glocken beziehen*, sind z. B. *Vivos voco, mortuos plango, fulgura frango* (Münster zu Schaffhausen). — *Defunctos plango, vivos voco, fulgura frango.* — *Sabbata pango, funera plango, noxia frango.* — *Excito lentos, paco cruentos, dissipo ventos.* — *Laudo deum verum, plebem voco, congrego clerum.* — *Sit tempestatum per me genus omne fugatum.* — *Consona campana depallat singula vana.* — *Vox mea, vox vitae, voco vos ad sacra, venite.* — *Gloriosa heiz ich, die hochzeitlichen fest die beleut ich, die schedlichen wetter vertreib ich und die toten bewein ich.* Bibelstellen sind: *Procul est dominus impiis et preces pastorum exaudit, Proverb. 15, 29.* — *Clama, ne cesses, exalta vocem tuam sicut tuba, Jes. 58, 1.* — *Laudate dominum in cymbalis bene sonantibus, Ps. 150, 5.* — *In principio erat verbum et verbum erat apud Deum, Joh. 1, 1.* — *Gloria in excelsis Deo etc., Luc. 2, 14. Ave Maria, gracia plena, dominus tecum. Luc. 1, 48.* Weitaus die beliebteste Gebetsformel ist: *O rex glorie christe, veni cum pace*, eine Inschrift, die seit dem 13. Jahrhundert erscheint und im 15. Jahrhundert ganz allgemein wurde; man legte offenbar dieser Formel eine magische Wirksamkeit gegen Einflüsse der Dämonen zu. Deutsche Gebetsformeln aus älterer Zeit sind selten: *O Maria, kum zuo troste unde zuo gnaden allen den die da han Christi nam.* Einzelne zauberkräftige Formeln und Namen sind *Jesus, Maria, Johannes, gloria patri; Osanna in excelsis; Benedictus, qui venit in nomine Domini, Jesus Nazarenus; Gloria spiritui sancto; Gloria patri, filio et spiritui sancto;* Maria, Gottes Zell; Maria, reine muoter; Ave Maria; Maria, Jesus; *Sonuit sonus apostolorum; Lucas, Marcus Matheus, St. Johannes defendite nos; ich lüt in sant Franciscus ere; ich lüt in sant Jergen ere.* — Historische Notizen über Verfertiger, Donator und Entstehungszeit der Glocken sind vor dem 11. Jahrhundert selten. Die Formel *fecit* in lateinischen Glockeninschriften kann den Giesser oder den Donator bezeichnen; die deutsche Formel für Giesser ist: *N. N. goss mich* oder *hat mich gossen.* Siehe *Otte*, kirchliche Kunst-Archäologie und desselben Verfassers *Glockenkunde*, Leipz. 1858. Vgl. *Böckeler,* Beiträge zur Glockenkunde, Aachen 1882.

Glockenrad und **Glockenspiel.** Das Glockenrad ist ein um eine Achse sich drehendes, durch eine Schnur in Bewegung gesetztes Rad, das an seinem Kranze mit kleinen Glocken versehen ist. Es diente zum Signalisieren der Wandlung bei der Conventmesse und war entweder auf einer Stange oder in geschnitztem Gehäuse in der Nähe des Altars an der Chormauer angebracht. Ein Glockenspiel, d. h. eine Gruppe von abgestimmten Glocken, erwähnt schon Hieronymus unter dem Namen *Bombulum*, das aus einem metallenen Schaft mit wagrechtem Kreuzbalken bestand, an welchem 24 Glöckchen und 12 Klöppel hingen. Zu Karls d. Gr. Zeit waren schon mehrere Arten dieses Instrumentes in Gebrauch und wurden bis zum 12. Jahrhundert verwendet. Seitdem gegossene Glocken allgemeiner wurden, wurden solche reihenweise der Grösse nach aufgehenkt und durch Hämmer zum Tönen gebracht. *Müller* und *Mothes*, arch. Wörterb.

Glorie, siehe Nimbus.

Glosse, althochdeutsche, aus griechisch γλῶσσα = Zunge, Sprache, darnach lateinisch *glossa*, mhd. seit dem 12. Jahrhundert *glôse* = Auslegung, *glosâr* = Sammlung von *glôsen*, dazu *glôsen* und *glôsieren* = auslegen, deuten, bilden einen wertvollen Bestandteil der altdeutschen Litteratur. Sie beginnen mit den frühesten althochdeutschen Aufzeichnungen im 7. oder 8. Jahrhundert und erstrecken sich bis tief ins Mittelalter, an dessen Ende sie in umfassendere, alphabetisch geordnete Glossare übergehen, aus denen sich zuletzt die Wörterbücher entwickeln. Die altdeutschen Glossen sind von Mönchen und Geistlichen niedergeschrieben worden, zum Zwecke kirchlicher und wissenschaftlicher Ausbildung. Bei den meisten ist daher das Latein die Hauptsache, und die neben die fremden Wörter gesetzten Verdeutschungen sollen nur die Erlernung des Latein und das Verständnis der glossierten lateinischen Schriften erleichtern. Ihrer Erscheinung nach sind die Glossen entweder Interlinearglossen oder Vokabularien. *Interlinear-* oder *Marginal-Glossen* sind Verdeutschungen einzelner Wörter, die sich zwischen den Zeilen oder an den Blatträndern lateinischer Schriften vorfinden, sowohl profaner als theologischer Art. Erscheint bei der Glossierung jedem einzelnen Worte des lateinischen Textes das entsprechende deutsche beigeschrieben, so hat man eine *Interlinearversion*. Die *Vokabularien* sind entweder *alphabetisch* oder *sachlich* geordnet, z. B. Ausdrücke auf Gott und göttliche Dinge bezüglich, auf Kirchenwesen, auf den Menschen, Gebäude, Geräte, Tiere, Pflanzen, Steine u. s. w. Manche Glossensammlungen bestehen aus wenigen Worten oder Zeilen, andere sind umfangreiche Arbeiten; ältere Vorlagen werden von späteren Schreibern immer wieder benutzt und umgemodelt. Am fruchtbarsten an Glossen war die St. Galler Klosterschule. Unter den glossierten Werken steht die *Bibel* obenan, von der man 100 glossierte Handschriften kennt, namentlich für die Genesis, die Evangelien und die Perikopen: auch alte Bibelkommentare von Ambrosius, Hieronymus, Beda, Rhabanus finden sich glossiert; sodann die Gedichte des *Prudentius*, eines christlichen Dichters des 4. Jahrhunderts mit 21, die *Canones apostolorum et conciliorum* mit 16 und das *Liber pastoralis* mit 17 deutsch-glossierten Handschriften. Von Interlinearversionen sind zwei Denkmäler erhalten, die *Benediktiner-Regel* aus St. Gallen, die einem apokryphischen Mönche *Kero* zugeschrieben wird, und eine Anzahl *Hymnen des Ambrosius*. Von alphabetisch geordneten Glossaren sind besonders wertvoll die sog. *Keronischen* und die *Salomonischen Glossen*, beide aus St. Gallen stammend. Das jüngste Glossar dieser Gattung ist der *Vocabularius optimus*. Die althochdeutschen Glossen, herausgegeben von *Steinmeyer* und *Sievers*. 2 Bde. Berlin 1870—81. *Zacher* in Ersch und Gruber, Artikel Glossen, althochdeutsche.

Glückshafen, auch **Glückstopf,** ist der deutsche Name für ital. *Lotto*, d. i. Loos, seit 1522 *Loteria* genannt. Das Spiel war in Italien daraus entstanden, dass Kaufleute, um schnell und mit Vorteil zu verkaufen, jedermann gegen ein kleines Stück Geld eine der Nummern ziehen liessen, auf denen ihre Waren verzeichnet waren. Um 1658 wurde der Name in Frankreich gebräuchlich. Anfangs waren die Glückshäfen nur Ausspielungen von Waren, womit jedoch häufig auch einige Geldpreise verbunden waren. In Deutschland kamen sie zuerst bei den Schützenfesten vor, oder dann zu irgend einem frommen Zwecke. In Augsburg werden sie zuerst 1470, in Nürnberg 1487 erwähnt. Schon im 16. Jahrh. gaben des wohlthätigen Zweckes dieses Spieles halber auch Geistliche ihre Ordenshäuser zum Halten einer Lotterie her. *Kriegk*, I, 469.

Glücksrad und **Kugel des Glücks.** Aus der antiken Poesie und Kunst, welche den Gottheiten des Geschickes, der Tyche, der Fortuna, der Nemesis, als Symbol ein Rad oder eine Kugel beigeben, pflanzte sich die Vorstellung von einem Rade oder einer Kugel des Glückes in die mittelalterliche Welt fort. Die deutschen Dichter brauchen deshalb für diese entlehnte Bildung selten den heimischen Namen des Glückes, *saelde*, sondern gewöhnlicher das abstrakte Wort *glück* oder das lateinische *Fortuna*; auch ist nicht immer klar, ob sie sich das Rad von der Göttin rollend umgetrieben oder das Glück selber sich in Radform denken sollen. Sinnlicher noch wurde diese Vorstellung, wenn man sich das Glücksrad mit Menschen besetzt dachte, die mit ihm auf und ab geführt werden. Das Bild wurde so beliebt, dass es in die lebendige Sage überging, z. B. in die Erzählung von den zwölf Landsknechten, welche der Teufel unter der Vorspiegelung, sie würden dann weissagen und Schätze graben lernen, auf das Glücksrad lockt und sie damit zwölf Stunden lang zwischen Wasser und Feuer umdreht, bis er einen der Zahl durch die Flammen mit sich führt; Grimms Sagen, 1, 286. Auch im dramatischen Spiel und ganz besonders in der bildenden Kunst findet sich das Glücksrad öfters, in Bilderhandschriften und Holzschnitten, wo die herumgewalzten Sterblichen bald Könige, bald die sechs Lebensalter, bald Narren mit Eselsköpfen sind. Vgl. Fig. 59 aus Huttens Schrift Ad. Cäs. Maximil. Epigr. liber I. Strauss I, 95 bis 100. Die vier Figuren bedeuten den Papst, den Gallischen Hahn, den Venetianischen Löwen und den Reichsadler. In Kirchenbauten wurde das Glücksrad oft als Einfassung der runden Giebelfenster über den Portalen angewandt, z. B. am Münster zu Basel. Aus der bildenden Kunst haben sich dann wiederum die Dichter ähnlich ausgeführte Glücksräder geholt, wie es z. B. im *Renner des Hugo von Bamberg* heisst:

Gelücke daz ist sinewel
und blîbet niht an einer stat:
des triuget manchen man sîn rat.
Eins stîgt: den will es machen rîchen;
der nider sîgt, dem wilz entwîchen;
jener sitzet: wer könd im gelîchen?
diss muoz in d'aschen jaemerlîchen.
Ditz rat betriuget uns alsus:
wan ez ist wilder dann ein fus (Fuchs).
Wart ich sîn hie, sô ist ez dort;
hiur vinde ich niht, dâ vert lac hort,
(heuer finde ich den Hort nicht mehr, der im vorigen Jahr da lag.)
Er goukelt mit uns allen;
die nu vil hô hie schallen,
swenn ez beginnet vallen,
der honic wirt ze gallen.

Weiter brachte man das Rad des Glückes, da ja dieses letztere die Welt regierte, noch in bezug auf den Kreislauf und die Wechsel in dem grossen überirdischen Weltall, und wie man sonst schon gewohnt war, die Wandelbarkeit des Glücks mit den Mondphasen zu vergleichen, ja als abhängig davon zu betrachten, so verglich man nun das Glücksrad dem Rade des Mondes:

Sô sprichet ein meister denne,
den ich wol erkenne:
„est rota fortunae
variabilis ut rota lunae:
crescit, decrescit,
in eodem sistere nescit.“
Diz sprichet: „gücke ist sinewel,
ez ist ze wenkenne snel;
ist ez ieze in der hant,
ez ist balde in ein ander lant.
Der Minne Lehre, 1989 ff.

Daher kommt es, dass das Wort langsam Boden fasst; der bildenden Kunst war diese Vergleichung ganz fremd. Die Dichter nennen die Kugel des Glückes entweder einen *Ball:*

gelücke ist rehte als ein bal:
swer stîget, der sol vürhten val.
Freidank.

oder eine *Scheibe:*

Fortuna die ist sô getân:
ir schîbe lâzet si umbe gân.
Lampr. Alex.

Fig. 59. Glücksrad aus einer Schrift Huttens.

lûne, das zuerst den Mond, dann die Mondphasen, dann jegliche Konstellation bedeutete, nun geradezu den Sinn von Glück erhielt. Den vier Phasen des Mondes war auch die gewöhnlich vorkommende Vierzahl der Personen entnommen, welche einen und denselben Menschen im fortschreitenden Wechsel verschiedener Zustände bezeichnen sollten.

Weniger verbreitet war die Vorstellung des Glückes unter dem Bilde einer Kugel, schon deshalb, weil die Kenntnis von der Kugelgestalt der Erde erst im spätern Mittelalter Hierbei bezeichnet Scheibe meist soviel als Kugel. Nach *Wackernagel.* Das Glücksrad und die Kugel des Glücks, kl. Schriften, I. 241.

Goldene Bulle heisst das von Kaiser Karl IV. im Jahr 1356 erlassene Verfassungsgesetz. Zur Beratung desselben waren die Stände 1355 auf einen Reichstag nach Nürnberg entboten worden; am 10. Januar 1356 publizierte der Kaiser in öffentlicher Reichsversammlung die in 23 Kapiteln zusammengefassten Beschlüsse über die Kaiserwahl, die

Vorrechte der Kurfürsten im Reiche und einige Verhältnisse des Landfriedens. Da sich bald nach der Publikation Widerspruch und Unzufriedenheit gegen einige Bestimmungen erhob, wurde in demselben Jahre auf einem Reichstag zu Metz ein Nachtrag in 7 Kapiteln festgestellt. Das Gesetz wurde in mehreren Exemplaren für die Kurfürsten und die Stände ausgefertigt und mit dem *goldenen Siegel* versehen, daher der Name *goldene Bulle;* es heisst auch *Carolina.*

Goldenes Vliess, Orden des g. V., *Ordre de la toison d'or, el Toyson de oro, el Tusan,* in frühesten Zeiten auch der Ritterorden des güldenen Lämbleins von Burgund oder des belgischen Schäpers, wurde von Philipp III. (dem Guten), Herzog von Burgund, bei Gelegenheit seiner mit der Prinzessin Isabella von Portugal, seiner dritten Gemahlin, gefeierten Vermählung am 10. Jan. 1430 zu Brügge gestiftet. Grossmeister des Ordens sollte der Herzog von Burgund sein; nach Karls des Kühnen Tode kam diese Würde auf Maximilian von Österreich. Der Hauptzweck des Ordens war Beschützung der Kirche durch Erhaltung des katholischen Glaubens und Wahrung unbefleckter Ehre des Rittertums. Er war der Jungfrau Maria gewidmet und hatte den Apostel und Märtyrer Andreas zum Schutzpatron. Die Zahl der Ritter war ursprünglich auf 31 festgesetzt, wurde aber später erweitert. Statutengemäss durfte neben dem goldenen Vliesse kein anderer Orden getragen werden, später wurde von dieser Klausel fast immer dispensiert. Die Ritter durften keinen andern Gerichtsstand anerkennen, als eine Versammlung der Ordensritter unter Vorsitz des Grossmeisters oder eines von diesem bevollmächtigten Ritters. Die Ritter sind frei von allen Abgaben, welchen Namen diese auch haben mögen, und haben überall, namentlich bei Hoffeierlichkeiten, Vorrang und Vortritt vor allen, ausser gekrönten Häuptern. Den spanischen Ordensrittern erteilte Philipp das Recht, gleich den Granden des Reiches in Gegenwart des Königs das Haupt bedecken und in die königlichen Gemächer unangemeldet eintreten zu dürfen. Das Ordenszeichen ist das Bild eines Widders, darüber ein blauemaillierter Feuerstein und die einem Hemistichon des Claudian entlehnten Worte: *Prelium non vile laborum.* Diese Dekoration sollte ursprünglich an einer Halskette getragen werden, aus Feuerstählen und Feuersteinen zusammengesetzt, woraus Flammen springen, dem alten Sinnbilde des Hauses Burgund. Von der sonstigen ursprünglichen Ordenskleidung bildete nach der Absicht des Stifters Wolle den Hauptbestandteil. Der Orden teilte sich nach dem Tode Karls V. in eine spanische und eine österreichische Fraktion, die einander gegenseitig nicht anerkennen.

Gotischer Baustil. Wohl in bezug auf keinen Stil hat die Frage nach seiner Entstehung so viele Streitigkeiten herbeigeführt, wie beim gotischen. Das hauptsächlichste Verdienst, die Gotik aus jahrhundertelanger Vergessenheit wieder zur allgemeinen Wertschätzung gebracht zu haben, kommt allerdings den Deutschen zu und es ist nicht zu verwundern, dass sich, namentlich irregeleitet durch die Bezeichnung „gotisch“ die Meinung verbreitete, die Gotik sei speziell eine Schöpfung des deutschen Geistes. Aber weder die Goten noch die Deutschen sind die „Erfinder“ vielmehr war es der italienische Kunsthistoriker *Vasari* (1550) welcher, um seinen Abscheu vor dieser „barbarischen“ Bauweise auszudrücken, den Schimpfnamen „gotisch“ in Umlauf brachte.

Die Gotik ist aber auch nicht von den Deutschen zuerst als Baustil gebraucht worden, sondern es ergab sich, dass sie in Frankreich längst schon ausgebildet war, bevor man in ihren Formen in Deutschland zu bauen anfing.

In Frankreich hatten eine Reihe von günstigen Umständen zusammengewirkt, um dem Lande seit dem Beginn des 13. Jahrhunderts eine hervorragende Stellung zu sichern. Die Centralgewalt hatte sich ausgebildet, das Nationalgefühl war erwacht, die Kreuzzüge hatten der Ritterschaft eine höhere Bedeutung verliehen und die ritterliche Poesie, fand weit heraus Anklang. Dieses bewegte Leben suchte auch einen Ausdruck in der Kunst; es bildete sich nach und nach aus der ernsten strengen romanischen Kunst der zierlichere, lebendigere und leichtere Spitzbogenstil.

Von grossem Einfluss auf diese Neugestaltung in der Bauweise war namentlich, dass die Baukunst aus den Händen der gelehrten, mit der Formenwelt des Altertums nicht unbekannten Mönche in diejenigen der Bürger übergegangen war. Die um die Klöster sich ansiedelnden Städte waren zur Selbständigkeit erwacht und gezwungen, für ihre eigenen Bedürfnisse, für städtische Hauptkirchen und bischöfliche Kathedralen selbst zu sorgen. Mit grosser Begeisterung machte sich das Bürgertum hinter die Lösung dieser Aufgabe. Diejenigen, welche nicht mit in die Kreuzzüge ziehen konnten, wollten doch wenigstens durch Teilnahme an einem Bau zur Ehre Gottes ihren guten Willen beweisen. Durch zahlreiche geistliche Verfügungen, namentlich durch Ablässe, welche das Volk nicht nur zu Geldspenden, sondern auch zu persönlichen Frondienstleistungen anspornten, wurde der Eifer bestärkt. Die Arbeit wurde zum Gottesdienste.

Dieses Schaffen bedurfte aber auch einer tüchtigen fachmännischen Leitung. Die technischen Kenntnisse eines Abtes oder Mönches reichten nicht mehr aus; an die Spitze trat nun der Handwerker oder die Korporation, welche sich im Handwerk bildete: die Zunft. Wir haben es hauptsächlich mit der Zunft der Maurer und Steinmetzen, mit den sog. „Bauhütten“ zu thun.

Diese Wandlung erklärt manche Eigentümlichkeit des gotischen Stiles, denn an Stelle des freien, beweglichen, oft phantastischen Sinnes der romanischen Bauten, setzt die Gotik einen eintönigen, wenn auch prunkenden Schematismus; es bildete sich ein völliges System aus, das wesentlich auf technischer Erfahrung und den Vorzügen eines hochgebildeten Handwerks beruht, (vgl. Rahn, bild. Künste der Schweiz).

A. Kirchliche Architektur.

1) *Grundriss.* Als Grundlage für alle mittelalterlichen Kirchenbauten diente die *Basilica.* Die romanische Baukunst hatte aus der altchristlichen Basilica nach mancherlei Umgestaltungen (siehe den Art.: romanische Baukunst) bereits in den Grundzügen die Form des christlichen mittelalterlichen Tempels ausgebildet. Darnach besteht dieselbe fast ausnahmslos aus einem langgestreckten höhern *Mittelschiff*, an welches sich auf jeder Seite ein, zwei, ja oft sogar drei niedrigere und schmälere *Seitenschiffe* anschliessen. Getrennt sind die einzelnen Schiffe durch *Pfeiler*, die unter sich wieder durch *Bögen* verbunden werden. Gewöhnlich im Osten verbindet sich mit dem Langhaus der *Chor*, der nun nicht mehr, wie in der romanischen Zeit, um viele Stufen erhöht wird und unter sich die Krypta birgt, sondern in beinahe gleicher Höhe liegend nur durch den Lettner oder niedrige Schranken vom Schiffe getrennt wird. Unter *Lettner* versteht man eine tribünenartige Erhöhung, welche, gewönlich auf drei Bogenstellungen ruhend, von einem Pfeiler quer durch die Kirche zum gegenüber-

stehenden sich hinzieht und zur Verlesung des Evangeliums diente.

Um den Chor herum, der im halben 8, 10 und 12 Eck geschlossen wurde, so dass auf die Längenachse eine Seite zu stehen kam (ohne dass es indessen an gegenteiligen Beispielen fehlen würde), und den man in gleicher Höhe und Breite, wie das Langhaus aufführte, ziehen sich oft die Seitenschiffe in *Umgängen* herum. Sind 4 oder mehr Seitenschiffe vorhanden, so gestalten sich die äussern am Chorhaupt zu einem *Kranze von Kapellen*, von denen die in der Längsachse liegende, der Mutter Gottes geweihte, gewöhnlich grösser und weiter ausgebildet ist (Fig. 60) *Grundriss des Kölner Domes (Kunsthist. Bilderbogen).* Freilich kam

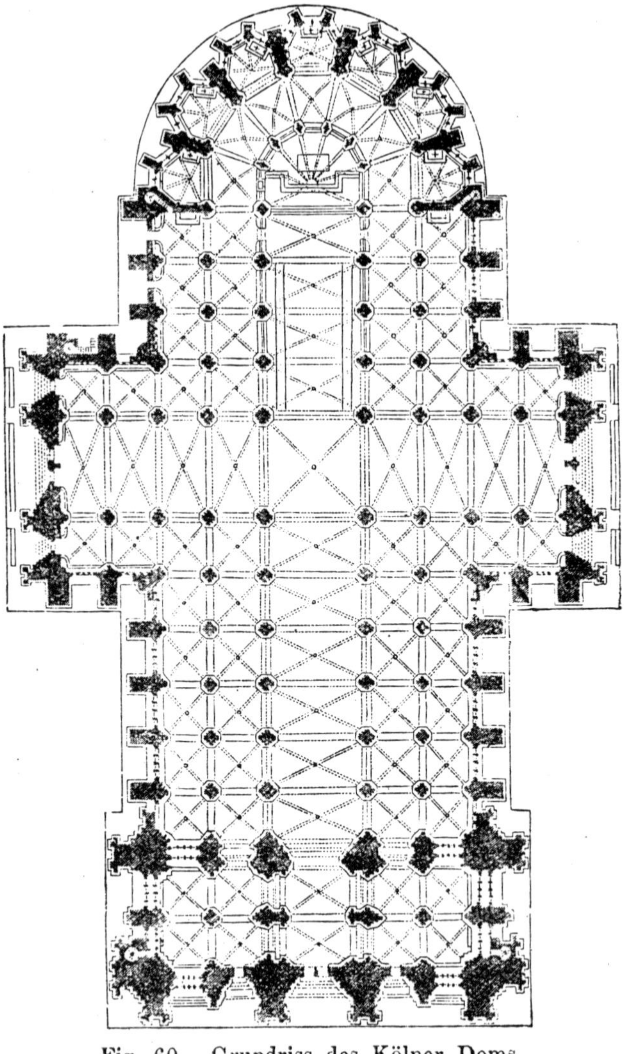

Fig. 60. Grundriss des Kölner Doms.

dieses reiche System nur bei grossen Kathedralen zur vollen Ausbildung; kleinere Bauten liessen Umgang und Kapellenkranz weg und schlossen Mittel- und Seitenschiff durch einfache Absiden, die in mannigfaltiger Gestaltung auftreten, besonders, da die durch das Strebepfeilersystem bedingte Form der Polygone gegenüber den frühern, romanischen halbrunden Nischen ein unvergleichlich beweglicheres Element war (Fig. 61). *Grundriss der Wiesenkirche zu Soest (Kunsthist. Bilderbogen).*

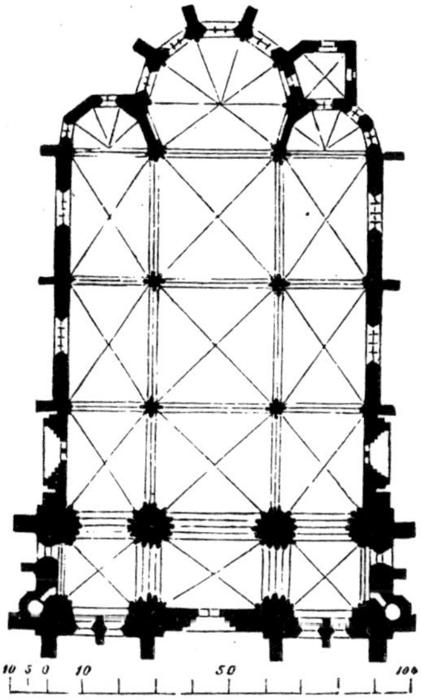

Fig. 61. Wiesenkirche zu Soest.

Auch die einfachste Art des Chorschlusses fehlte nicht, die gerade Linie, wobei die sich ergebende breite Hinterwand zur glanzvollen Entwickelung von Fensterarchitekturen willkommenen Anlass bot (vgl. Klosteranlagen).

Auf die Entwickelung des Grundrisses aber war von grösster Bedeutung der *Gewölbebau.* Schon in der romanischen Zeit hatte man die weitgehendsten Versuche gemacht, die Kirchen statt mit hölzernen, durch Brände oft zerstörten Decken mit steinernen Gewölben zu versehen und hatte als zweckmässigste Form das *Kreuzgewölbe* gefunden.

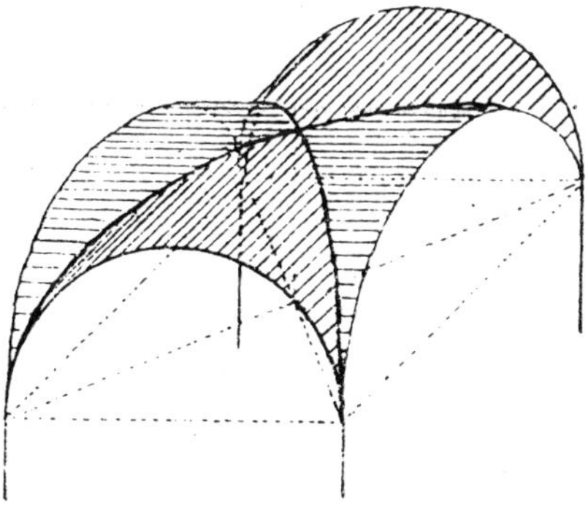
Fig. 62. Rundbogiges Kreuzgewölbe.

Dasselbe besteht aus zwei halben sich senkrecht durchschneidenden Hohlcylindern und bietet den grossen Vorteil, dass es auf die Seitenwände keinen Druck ausübt, sondern denselben nur in den Ecken des Viereckes geltend macht (Fig. 62). So lange man aber dieses Kreuzgewölbe aus dem Rundbogen konstruierte, war man gezwungen, stets über quadratischen Grundflächen zu konstruiren und man behalf sich denn auch in der romanischen Zeit derart, dass man stets zwei Gewölbefelder deshalb so breiten Seitenschiffes auf eines des Hauptschiffes fallen liess (siehe romanische Baukunst). Durch die Einführung des Spitzbogens fiel diese Beschränkung weg, da durch beliebige Verrückung der Mittelpunkte bei gegebener Sprengweite eine beliebige Erhöhung des Scheitelpunktes erlangt werden konnte (Fig. 63, 64). Vorerst wurden nun die Gewölbefelder der Seitenschiffe und des Mittelschiffes nach der Längsachse des Gebäudes gleich breit gemacht, wodurch der Unterschied zwischen Gewölbepfeilern und Arkadenpfeilern verschwand und ein weit einheitlicherer Eindruck erzielt wurde. (Fig. 60, 61 u. 65.)

Die romanische Baukunst hatte ferner zwischen Schiff und Chor das sog. *Querschiff* eingelegt, welches in gleicher Höhe und Breite wie das Hauptschiff die Seitenschiffe durchschnitt und oft noch über dieselben vorsprang. Die gotische Baukunst vernachlässigte es; oft wurde es ganz weggelassen (Fig. 65), wenn es auch bei reichen Anlagen dem Rhythmus des Ganzen folgt und in der Regel eine dreischiffige Anlage erhält (Fig. 60).

Bevor wir die Betrachtung über den Grundriss schliessen, dürfen wir der Anlage der *Türme* nicht vergessen, jenes Stolzes und Wahrzeichens der mittelalterlichen Städte. Die romanische Zeit war in der Anlage der Türme geradezu übermütig gewesen. Bis zu neun Türmen erhoben sich auf demselben Denkmal, aber keiner von allen vermochte sich mit jener Kühnheit zu den Wolken emporzurecken, wie das in der Gotik der Fall ist. In der Regel erheben sich hier nur zwei gewaltige Steinriesen an der westlichen Front und schliessen zwischen sich die reichen Portale ein. In andern Fällen legt sich nur ein Turm vor die ganze Anlage. Der gewaltige Vierungstum über der Kreuzung des Lang- und Querhauses aber schrumpft zusammen in einen kleinen, niedlichen, hochaufschiessenden Dachreiter. Das Westende erhält dadurch seinen bestimmten kräftigen Abschluss, während der Bau am Ostende allmählich ausklingt.

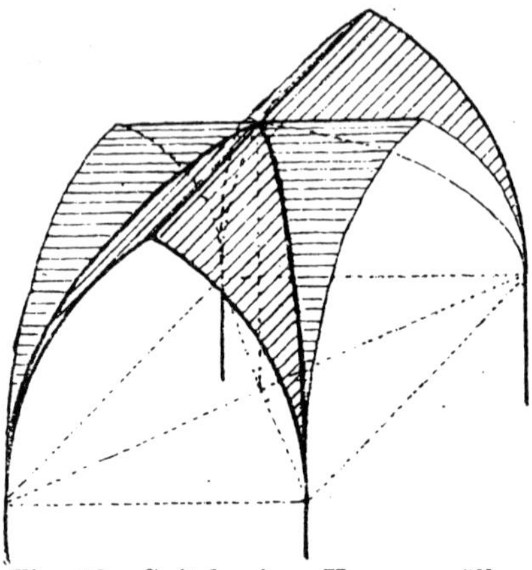
Fig. 63. Spitzbogiges Kreuzgewölbe.

Die antike Welt hatte ihre Tempel so gestellt, dass die aufflammende Morgensonne zu den Portalen einströmen und das geliebte Götterbild mit ihren Strahlen vergolden konnte; die mittelalterliche Anschauung wandte die Anlage um. Der Chor als der Hauptteil wurde nach Osten, dem Lichte entgegen, vorgeschoben; die Portale öffneten sich westwärts.

2) *Innerer Aufbau.* Auf dieser Grundrissbildung baut sich der Tempel in die Höhe, schlank und hoch, mit möglichster Unterdrückung der Horizontalen.

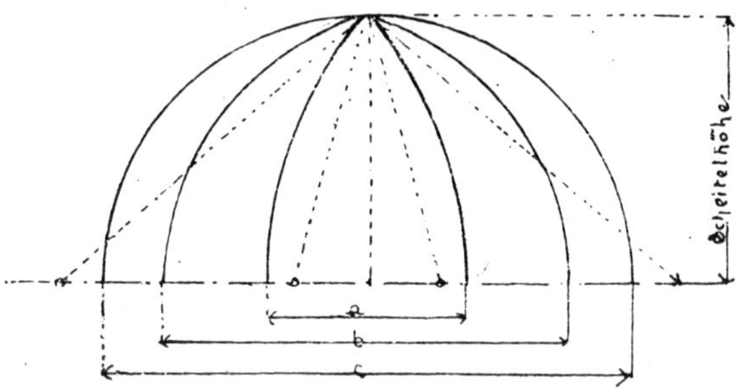

Sprengweite: a:b:c.
Fig. 64.

Betrachten wir vorerst das *Innere.* Es mutet uns durch seine Leichtigkeit und Einfachheit an; alles Beengende ist vermieden, die Konstruktionsmassen sind nach aussen verlegt, die Mauermassen der romanischen Basilika mit ihren kleinen Fenstern haben weiten Öffnungen und schmalen Pfeilern Raum gemacht. Wir bemerken im Innern nichts von den massiven Strebepfeilern, die im Äussern den Gewölbedruck auffangen, nichts von der spannenden Thätigkeit der Strebebogen, nichts von all jenen notwendigen Konstruktionsmitteln, welche der Attraktionskraft der Erde entgegenzuwirken haben. Wir sind von der Aussenwelt abgeschieden durch sattgemalte Fenster, die ein gedämpftes gebrochenes Licht in

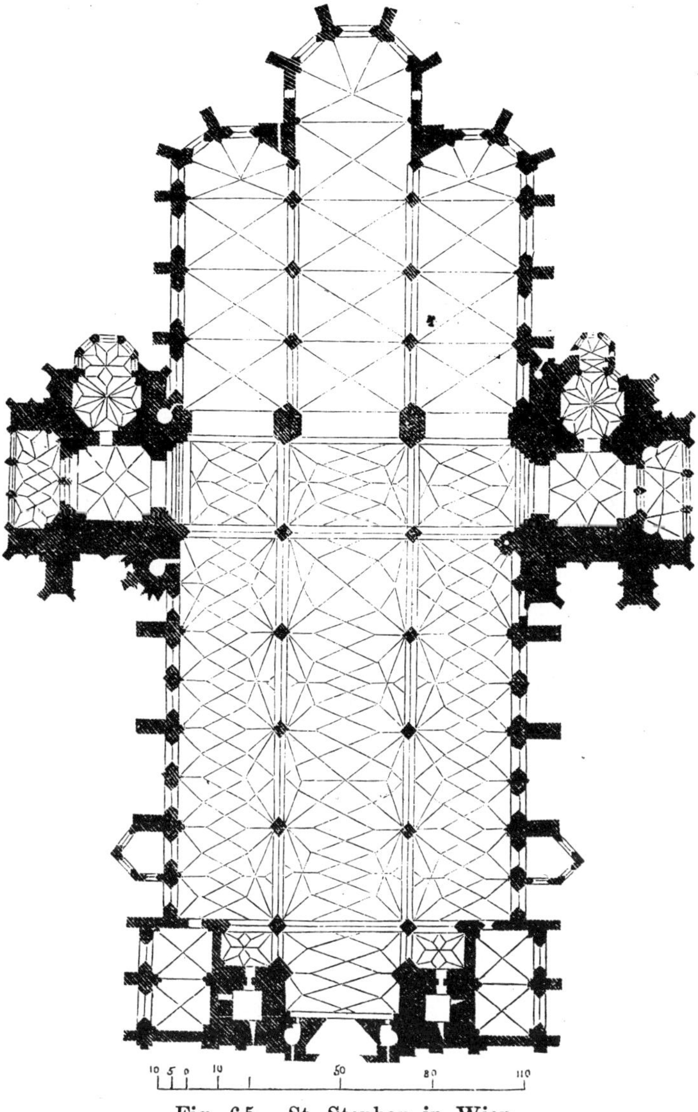

Fig. 65. St. Stephan in Wien.

die Halle senden und durch die vorherrschenden Hohlkehlen und Rundstäbe unterstützt, tiefe, weichaus-

Fig. 66. Strassburger Münster, Inneres.

laufende Schatten erzeugen. Fig. 66 *Inneres des Münsters zu Strassburg* (*Kunsthist. Bilderbogen*).

Pfeilerentwickelung. Die romanischen viereckigen Pfeiler sind kräftigen Säulen gewichen, breit und wuchtig genug, um die über ihnen lagernde Last zu tragen. Sie erinnern noch leise an ihre Urahnen in den griechischen Tempeln, sind aber umgewandelt und umgestaltet, nach der veränderten Funktion, die sie zu verrichten haben. Die attische *Basis,* die in der Regel vorkommt, ist weit ausgekehlt, der untere Wulst herausgedrückt, so dass er oft weit über die Plinte vorragt und durch Konsolen gestützt werden muss. Der Schaft ist massig, ohne Anzug, cylindrisch und sitzt ohne irgend welche Vermittlung auf der Basis auf, die im Übergang vom Runden ins Achteck und in mannigfaltiger Auflösung zu einer einfachen Grundform sich dem Boden anschliesst.

Die *Kapitäle* laden weit aus und nehmen auf ihrer Oberfläche teils die Gewölberippen, teils die Säulchen auf, welche höher liegende Gewölbe stützen. Wuchtige starke Blätter mit Knollen stützen die vier Punkte der tragenden Platte, des *Kämpfers,* welchen die romanische Architektur aus dem antiken Gebälk gebildet hatte. Die Fusspunkte der Bogen halten sich nicht mehr an die Fortsetzungslinien des untern Säulenschaftes. Sie setzen so weit aussen als möglich an, so dass das Blätterwerk des Kapitäls zugleich als tragendes Element, als Konsole zu dienen hat. Die Entwickelung des gotischen Stiles änderte diese ursprüngliche Säule zum Rundpfeiler um, indem sie die Fortsetzung der Gewölberippen durch kleine Säulchen, die sogenannten *Dienste* vermittelte, welche sich anfangs frei um den runden Kern lagerten und nur leicht mit der ursprünglichen Säule an Kapitäl und Basis verbunden wurden. Natürlich fiel dadurch die Notwendigkeit der weiten Kapitälausladung weg und an deren Stelle trat ein leichter Blattkranz von einheimischen Eichen- und Weinstockblättern, bis schliesslich die Spätzeit, wo diese letzte Reminiszenz an den Horizontalismus dem wilden Vertikalismus hindernd im Wege stand, auch noch die Kapitäle beseitigte und die Gewölberippen in einem Schwung vom Boden bis zum Scheitel aufjagte. In vielfachen Variationen wiederholt sich dasselbe Schema und sucht die Formen immer flüssiger, immer schlanker zu machen. Der mittelalterliche Bündelpfeiler war so für die Gotik das geworden, was die Säule dem antiken Tempel war.

Gewölberippen. Auf die so gebildeten Stützpunkte baute sich nun die Decke mit ihren Gewölben auf. Ein wichtiger Fortschritt in der Konstruktion der stets angewandten Kreuzgewölbe wurde gleich im Anfang der gotischen Zeit im nördlichen Frankreich gemacht, indem die Diagonalgräte für sich aus einzelnen Steinen gewölbt wurden und zwar so, dass sie auf der vom Innern des Gebäudes aus sichtbaren Seite mit Profilierungen versehen wurden, nach oben hin jedoch einen Falz zeigten, in den die Dreiecksfelder des Kreuzgewölbes, die Kappen, aus leichterem Material eingespannt wurden. Dort aber, wo sich die Rippen durchschneiden, setzte man einen grösseren künstlerisch ausgeführten Schlussstein (Fig. 67).

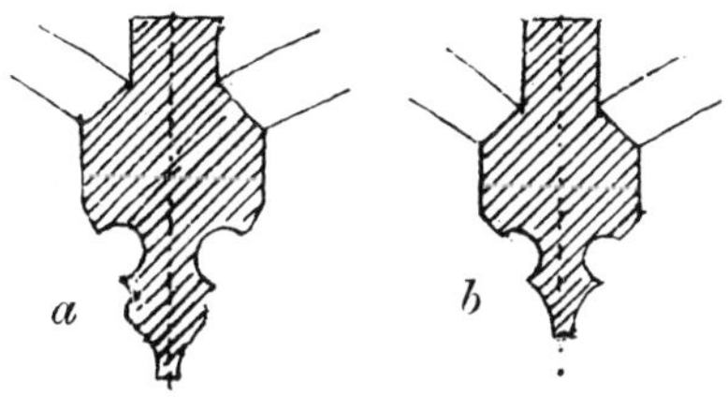

Fig. 67 a und b. Rippenprofile.

Die Profilierung der Rippen lehnte sich anfangs dem Romanismus an, konnte aber bei den eckigen Formen mit den vorgelegten Rundstäben nicht stehen bleiben. Der Ausdruck ihrer ästhetischen Funktion, des Spannens, des sich selber Tragens, musste klargelegt werden. So liess die Gotik die Grundform des Vierecks fallen und setzte an dessen Stelle ein Dreieck mit nach unten gerichteter Spitze. Tiefe Hohlkehlen in Abwechselung mit kräftig tiefen weichen Schatten gewann die Oberhand und überstimmte alles andere. Ein Hasten und Jagen nach

Fig. 68. St. Stephan in Wien, Inneres.

sich lösenden Rundstäben und namentlich den wirkungsvollen Birnstäben steigerten den Eindruck. Die Spätzeit ging auch hierin immer weiter. Die Hohlkehle mit ihrem Effekten trat ein, dadurch aber gerade jene nüchterne Eintönigkeit in den Profilierungen späterer Bauten, welche in der ununterbrochenen Anwendung des gesteigertsten Ausdrucksmittels ihre letzte Kraft vergeudet. Auch die einfache klare Form des Kreuzgewölbes genügte nicht mehr. Die dreieckigen Kappen zerlegte man nochmals in drei Teile, setzte in den Schwerpunkt den Schlusstein und liess zu ihm von allen drei Ecken sich Rippen hinaufwölben. Ging man in der Teilung noch weiter, so erhielt man die reichen Formen des Netz- und Fächergewölbes. Fig. 65 und 68 *Inneres von St. Stephan in Wien* (*Kunsthist. Bilderbogen*).

Der Anblick einer solchen Netzdecke ist ein unendlich reicher und lebendiger, kann aber den Ausdruck von etwas Gesuchtem, nach konstruktiven Spitzfindigkeiten Gehendem keinesfalls verleugnen, wenigstens in seiner letzten Ausbildung nicht.

Hiermit ist das innere Gerippe der gotischen Kirche gegeben. Das übrige ist alles Füllwerk. Wir haben schon betont, dass die Mauermassen des romanischen Stiles, der dieselben nur mit kleinen unbedeutenden Fenstern durchbrach, nach und nach verschwanden und sich auf die Pfeiler konzentrierten, so dass die letzteren zwischen sich ein freies, durch keinen Gewölbedruck belastetes Feld einschlossen, in dem sich die Dekoration nun in ihren lieblichsten Formen tummeln konnte. Über den Bögen der Seitenschiffe öffneten sich in den ersten Zeiten die zierlichen Arkaden der über den Seitenschiffen angebrachten *Emporen*. Die folgenden Zeiten drückten diese Emporen immer mehr zusammen, bis schliesslich nur noch ein schmaler Umgang blieb, der zuletzt auch wegfiel. Als dekoratives Element aber wurden diese Arkaden, die sogenannten *Triforien* oder *Dreiöffnungen* beibehalten. Sie mussten zur Maskierung des an die Mauer sich anlehnenden Pultdaches der Seitenschiffe dienen (Fig. 66).

Darüber entwickelte sich eine grosse Glaswand, die *Fenster*, von der stark abgeschrägten Fensterbank aufsteigend und in dem, dem Gewölbe sich anschmiegenden Spitzbogen endigend. Ihrer Grösse wegen war es notwendig, sie durch mehrere Steinpfosten zu teilen, die sich oben in dem das ganze Fenster überspannenden Spitzbogen in den geometrischen Formen des sogenannten Masswerks verschlangen und auflösten. Noch deutlicher tritt uns die fertige Form der Fenster entgegen, wenn wir sie in ihrer Entwickelung betrachten. Das erste Motiv war in dem gruppenmässigen Zusammenstellen einzelner kleiner Fenster gegeben. Durch Zusammenrücken derselben entstanden leichte, durch Säulchen getrennte Arkaden, und den alle umfassenden Spitzbogen füllte eine einfache Rosette aus. Wie aber nach und nach der Innenbau flüssigeres Leben und Form annahm, tauchte auch in der Fensterarchitektur flüssigeres Leben auf. Die schrägen Geläufe wurden belebt durch Säulchen und Hohlkehlen, und das Rosettenmotiv fand hundertfältige Variation mit sich schneidenden Kreislinien in den sogenannten Drei- Vier- und Fünfpässen; in der Blütezeit noch in massvollen Schranken, später in oft übersprudelndem Formenreichtum, oft aber auch in unermüdlicher Anwendung der sogenannten Fischblase, eines flammenartigen, rundlich geschwungenen Passes, der bereits die Gesetze geometrischer Bildung aufgelöst zeigt (vgl. den Artikel *Fenster*). In späterer Zeit, als man darauf bedacht war, die Mauermassen möglichst zu reduzieren und alles in Licht aufzulösen, zog man sogar die Triforien in das darüber liegende Fenster hinein. Das Licht wurde dadurch erhalten, dass man die Seitenschiffdächer nach einwärts abwalmte, allerdings ein gefährliches Auskunftsmittel, denn man bildete dadurch Zufluchtswinkel für Regen und Schnee.

Eine wundervolle Gestaltung erlangte die Masswerksarchitektur in den sogenannten *Rosen*, wie sie an den Wänden des Querschiffes und aller Art. Namentlich die französische Gotik brachte die Rosen zur vollsten Blüte, während Deutschland

Fig. 69. Barbarakirche in Kuttenberg.

der Hauptfront auftreten; grosse weitgespannte Räder, anfangs mit radialen Speichen versehen, später überflutet von geometrischen Formen dieselben, als dem vertikalen Prinzip widersprechend, fallen liess und durch grosse Spitzbogenfenster ersetzte. — Dieser steinerne Gitterbau bot nun der Verglasung ihren Halt, die dann auch in den lebhaftesten buntesten Mustern zusammengesetzt wurde und dem kalten, nordischen, scharfen Tageslichte den Eintritt ins Innere verwehrte.

3) Ganz anders tritt uns das *Äussere* entgegen. Da begegnen wir den gewaltigen Stützen, da finden wir die mannigfaltigsten Konstruktionsmittel offen und ehrlich. Zunächst fallen die *Strebepfeiler*, wuchtige von breiter Basis aufsteigende Steinkolosse, in die Augen. Wir haben oben gezeigt, wie sich der Druck der Gewölbe auf einzelne Punkte konzentrierte. Diese Punkte galt es vor allem zu sichern. Dem Schub der Seitenschiffgewölbe konnte durch die Strebepfeiler direkt begegnet werden, während der Schub des Mittelschiffgewölbes über das Seitenschiff hinweg auf den Strebepfeiler geleitet werden musste. Dies geschah mittelst frei gespannter Bögen, den sogenannten *Strebebogen*, die einerseits gegen das Mittelschiff, andererseits gegen den Strebepfeiler drückten und so den Gewölbeschub auf die Steinmasse des letztern übertrugen. Waren mehr als zwei Seitenschiffe vorhanden, so sprengte man die Strebebogen entweder in kühner Spannung über beide Schiffe hinweg, oder aber man führte auf den die Seitenschiffe trennenden Pfeilern Türmchen auf, welche den weitgespannten Strebebogen durchschnitten und denselben so in zwei selbständige Teile zerlegten. So sind die Strebepfeiler die wahren Atlanten des Baues und tragen auf ihren Schultern die Last der gesamten Konstruktion, dienen aber zugleich als festes senkrechtes Rahmwerk für die mit luftigen Fenstern durchbrochenen Wände. Anfangs sind sie kahl nach oben durch einfache schräg abfallende Abstufungen sich verjüngend. Die schaffende Phantasie vertiefte sich vorerst auf das Innere, und erst als dasselbe mit seinem Zauber die höchste künstlerische Gestaltung erreicht, beschäftigte sie sich mit der Ausbildung der äusseren Formen. Der schwerfällige Strebepfeiler erwuchs bald unter der schaffenden Gestaltungskraft zu einem eigenen kleinen Bauwerke. Naturgemäss wurde der Pfeiler beträchtlich über den Angriffspunkt der Gewölbe erhöht. Das gab den ersten Anlass zur Dekoration. Die werkthätige Hand säumte nicht, diesen Aufsatz zu einem eigenen kleinen Türmchen mit steiler hoher Spitze auszubilden. Diese Pfeilertürmchen, oder wie sie die damalige Handwerkssprache nannte, die *Fialen*, bestanden aus dem sogenannten Leib und dem schlanken Spitzdache, dem Riesen, aus dessen Spitze eine kreuzförmig ausladende Blume hervorblühte und an dessen Kanten kleine Steinblumen, die Krabben oder Knollen, emporkrochen, auch ihrerseits die aufwärtstreibende Bewegung höchst lebendig aussprechend. Fig. 70. *Barbarakirche in Kuttenberg (Kunsthist. Bilderbogen).*

Die schon erwähnten Absätze aber boten willkommenen Anlass zur Aufstellung von kleinen Tabernakeln, Statuen mit Baldachinen etc., so dass sich der ehemals so plumpe Steinpfeiler schliesslich in einen Wald von auseinander herauswachsenden Türmchen und Nischen auflöste und unter dieser zum Himmel emporstrebenden spielenden Bewegung die entgegenstemmende Wucht kaum mehr ahnen liess. Der Strebebogen, oberhalb mit einer Schräge zum Ablauf des Wassers versehen, aus der die schon erwähnten Krabben emporwuchsen, erfuhr ebenfalls den Einfluss der Phantasie, die keine schwere Fläche mehr dulden wollte.

Die Strebebogen dienten nebenbei aber zugleich als kleine Aquadukte, welche das Abwasser des Hochwerks über die Seitenschiffe wegführten. Ungeheuerliche Gestalten, meistens Tierformen oder

Menschenköpfe, die sogenannten *Wasserspeier*, spieen das sich sammelnde Wasser aus und schleuderten es weit vom Bau weg.

In wechselvoller Weise spannte sich zwischen dieses vortretende konstruktive Gerüst hinein der prächtige Teppich der Fenster, deren umfassender Spitzbogen überdacht wurde von den sogenannten *Wimpergen*, giebelähnlichen Aufsätzen, in deren Dreieck die Lieblingsdekoration des Mittelalters, das Masswerk, ein unbeschränktes Feld fand. Fig. 70. *Wimperge vom Kölner Dom* (*Kunsthist. Bilderbogen*). — Leichte durch ihre tiefen Schatten aber ungemein wirkende *Horizontalgesimse* verbinden die einzelnen Strebepfeiler und umziehen, da sich in den Hohlkehlen gewöhnlich ein reiches Blätterwerk entfaltet, den ganzen Bau mit einem steinernen Kranze.

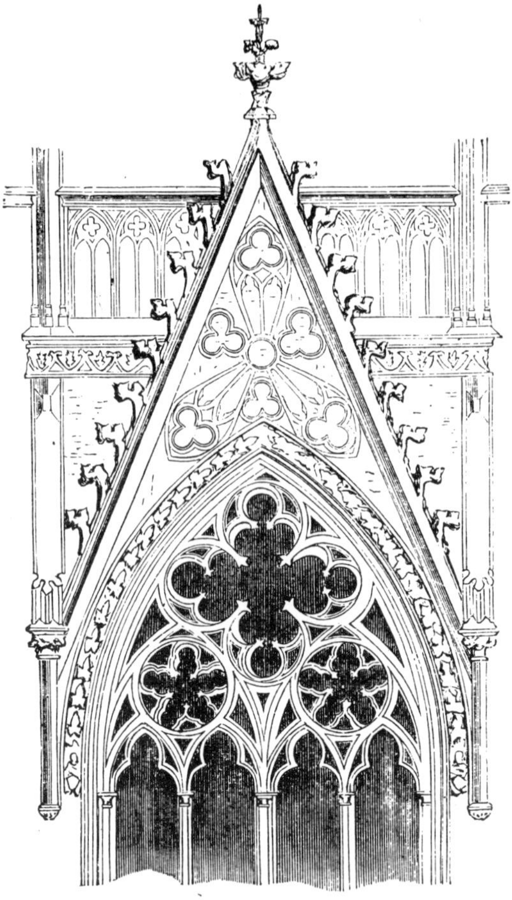

Fig. 70. Wimperge vom Kölner Dom.

Den grössten Triumph aber feierte die Gotik in der Entwickelung der Westfaçade, im *Turmbau*. Wie wir schon bei der Betrachtung des Grundrisses belehrt wurden, erheben sich in der Regel zwei massige Türme. Wenn auch die Anwendung der Strebepfeiler beim Turmbau durch seine inneren Strukturverhältnisse keineswegs geboten war, so überzeugte man sich doch bald, dass die Symmetrie der ganzen Anlage vorspringende Mauermassen erfordere und dass auf diese Weise mit leichterer Kühnheit dem Ganzen der Charakter des Emporstrebenden gegeben werden könne. So setzen denn vier gewaltige Pfeiler am Fussboden an, steigen auf, schlanke hohe Fenster einschliessend, bis eine Galerie, das Untergeschoss trennend, den Übergang vom Vier- ins Achteck markiert, in welchem der Kern seinem Gipfelpunkte zujagt. Die vier Eckpfeiler, zerklüftet von Nischen und sich abstufend in Dutzenden von Fialen, als selbständige Türme sich aufbauend, vermitteln den Übergang auf die bewegteste Art, indem sie den mittleren Kern zu seiner luftigen Höhe begleiten, der sich dort mit einem gewaltigen Steinhelm überdacht. Die strenge Konsequenz, die im gotischen System liegt, wollte aber auch hier oben ausklingen. Auf dem lebendigen, mit Leichtigkeit aufquellenden System des Unterbaues konnte keine volle Steinmasse als Abschlusshelm lasten. Unbekümmert gegen die Unbilden der Witterung, mit künstlerischer Gleichgültigkeit die praktischen Bedürfnisse hintansetzend, erstand ein luftiges durchbrochenes Gerüst, dessen kräftige Rippen, untereinander verspannt, durch Masswerk aller Art, an ihrem Vereinigungspunkt als letzte Blüte

Fig. 71. Brautthor zu St. Sebald. Nürnberg.

eine gewaltige Kreuzrose aufknospen liessen. Unten am Fusse aber öffneten sich drei weite *Portale.* Dort herrschte der bildnerische Schmuck mit gewinnender Anmut. In tiefliegenden Hohlkehlen, keck unterbrochen von schlanken Säulchen, empfangen uns die Scharen der Heiligen, deren Statuen unter Baldachinen, auf Konsolen ruhend, herniedergrüssen, während das von dem Bogen eingespannte Feld, das sogenannte *Tympanon*, Szenen aus der Bibel erzählt und der das breite Portal trennende Pfeiler die Statue eines bevorzugten Heiligen, in der Regel diejenige der Maria präsentiert. Fig. 71. *Brautthor zu St. Sebald (Kunsthist. Bilderbogen).*

Über der reichgeschmückten Archivolte erhob sich in der Regel ein grosser steiler Giebel, dem wir schon bei den Fenstern unter dem Namen Wimperg begegnet sind, nur dass hier die weit grössere Fläche oft auch noch in den Rahmen des bildnerischen Schmuckes hineingezogen wurde, statt mit Masswerk ausgefüllt zu werden. Unbekümmert ragten diese Giebel in das darüberliegende Fenster oder die Rose hinein und kennzeichnen so recht die Rücksichtslosigkeit der mittelalterlichen Baumeister, wenn es galt ein bestimmtes Architekturstück konsequent auszubilden.

Hiermit steht der gotische Kirchenbau vollendet vor uns, gross in seinen Grundgedanken, gross in der konstruktiven und dekorativen Behandlung desselben, aber trotz dem seine bedenklichen Kehrseiten nicht verleugend. Die tausend und aber tausend feinen Spitzen, welche der Vernichtung ihren Arm entgegenstrecken und im wilden Chaos, besonders am Chorhaupte, weder ein klares Bild, noch eine formenschöne Silhouette zustande bringen (Fig. 69), das Überschneiden der zahlreichen Bögen im Innern in oft nichts weniger als schönen Formen, der unvermittelte Aufsatz der Gewölberippen auf den Diensten, die bildnerische Überladung der Portale mit der widersinnigen Stellung der Statuen gegen den Scheitelpunkt des Bogens hin, die zwecklosen, rein dekorativen Wimperge, die Turmhelme, deren durchbrochene Masswerksformen nicht nur dem praktischen Bedürfnisse nicht im geringsten entsprechen, sondern fast für jeden Standpunkt des Beschauers sich überschneiden und sich in unrhythmischer Weise decken, vor allem aber die durch gänzliche Unterdrückung der Horizontale hervorgerufene Unruhe, erinnern nur zu sehr daran, dass Wahrheit, Natur und Zweckmässigkeit nicht die stärksten Seiten der gotischen Architektur waren und dass dieselbe mehr bestrebt war, das Ideale zu realisieren, als das Reale zu idealisieren.

4) Schliesslich hätten wir noch der *abweichenden Formen* zu gedenken. Bei der umfassenden Verbreitung des gotischen Stiles war es selbstverständlich, dass mannigfache Abänderungen sowohl in der Grundrissform als im Aufbau zur Geltung kamen, teils bedingt durch nationale Eigentümlichkeiten, teils durch den veränderten Zeitgeist, teils aber namentlich durch das Baumaterial.

Vorerst hatte jenes exzentrische Streben nach Vertikalismus nicht überall die Oberhand gewonnen. Man hielt zum Teil noch fest an einer ruhigen, dem Romanischen sich mehr anlehnenden Entwickelung. Statt das Mittelschiff zu jener engbrüstigen Höhe emporzuführen, zog man es vor, die Seitenschiffe zu erweitern. Man machte dieselben breiter, zuletzt sogar gleich breit, wie das Mittelschiff. Eine natürliche Folge davon war die Erhöhung desselben, und das Resultat dieser Umwandlung eine Halle mit drei gleichbedeutenden Schiffen (Fig. 68). Dieses System der *Hallenkirchen* beeinflusste die Form der äusseren Anlage beträchtlich. Das Querschiff fiel weg, und der Wechsel des höher emporragenden Mittelbaues zu den niedrigen Seitenschiffen erstarb zu einer glatten Mauer, die trotz der langen grossen Fenster und allen möglichen konventionellen Zieraten sich nie zu jenem lebendigen Rhythmus der Basilikenanlage emporzuschwingen vermochte. Die grosse durch drei gleich hohe Schiffe entstandene Fläche des zu überdachenden Raumes bedingte aber zugleich jene gewaltigen Dächer, die trotz allen angewandten Dekorationsmitteln, trotz des Auflösens in farbigem Schmuck dem Bau ein für allemal ein schwerfälliges Gepräge aufdrückten.

Als *Material* wurde bei den meisten Bauten ein fügsamer Baustein verwendet. In den nördlichen Gegenden indessen, wo derselbe schwer zu erhalten war, sah man sich auf ein Surrogat verwiesen, auf die Ziegel. (*Backsteinbau*). Dadurch entstand dort eine eigentümliche Richtung. Alle stärker ausladenden Details fielen weg und machten einem dekorativen farbigen Flachornament Platz. Indess vermochte diese Richtung in der Kirchenarchitektur sich nicht zu einer wirklich künstlerischen Entwickelung emporzuschwingen. Sie blieb eine lokale.

Die Zeit war nicht mehr dazu angethan, neues zu schaffen, es folgte eine allgemeine Entnüchterung. Man liess den Gesamtgedanken aus dem Auge und wandte Zeit und Geschmack einer dekorativen Ausbildung der Details zu, die nur zu bald in eine bald anmutige, bald nüchterne Spielerei ausartete.

Das Kennzeichen jedes Zopfes, das Haschen nach geschwungenen Linien brach auch da ein. Die *Wimperge* wurden gekrümmt und nahmen die Gestalt des sogenannten *Eselsrückens* an, das Fenstermasswerk verwilderte in den Fischblasenformen, die Fialen wurden spiralförmig gedreht und die Spitze oft hakenförmig umgebogen, die Profile bestanden schliesslich aus nichts mehr als aus tiefeingeschnittenen Hohlkehlen. So wurde die gotische Architektur reif, der einbrechenden Renaissance zu weichen, und wich auch fast ohne Kampf. Die Übergänge sind gering. Die Renaissance tritt unvermittelt ein und verkündet den Anfang einer neuen Zeit, eines anderen Gedankenganges.

5) *Historischer Abriss. Frankreich.* Schon in der Mitte des 12. Jahrhunderts, während Deutschland noch streng romanisch dachte und baute, erstand unter Abt *Suger* an der Abteikirche zu *St. Denis* ein neuer Chorbau, an welchem zum erstenmale der vollendete Strebepfeiler aufkam, verbunden mit der reich ausgebildeten Choranlage; hier nahm auch die konstruktive Verwendung des Spitzbogens ihren Anfang, nachdem schon lange vorher ein Grübeln und Suchen nach diesem System in der romanischen Architektur vorbereitend den Grund zu diesem, wenn man so sagen will, neuen Ge-Gedanken gelegt hatte. Derselbe fand rasch Anklang, und in kurzer Zeit folgten diesem Erstlingswerk die Kathedrale von *St. Remy zu Rheims*, sowie die Kathedralen von *Laon* und *Paris*. Am glanzvollsten entwickelte sich die französische Gotik im 13. Jahrhundert an den Kathedralen von *Chartres* (1195 bis 1260) und *Rheims* (1212) und erreichte den Glanzpunkt ihrer Blüte in der Kathedrale von *Amiens* 1220—88), während das 14. Jahrhundert sich grösstenteils mit Vollendung der begonnenen Bauten beschäftigte. Im 15. Jahrhundert zerfiel die französische Gotik bereits, indem der sogenannte Flamboyantstil oder wie man auf Deutsch sagen würde, der Fischblasenstil einbrach.

Deutschland sträubte sich bis tief ins 13. Jahrhundert hinein, den sich bahnbrechenden neuen Formen sein Gebiet zu öffnen. Es hielt fest an der Ausbildung des romanischen Stils, der allerdings trotzdem in seiner Blütezeit in dem rheinischen Übergangsstil den Einfluss der heranrückenden Gotik, namentlich in der Grundrissbildung, keineswegs zu verleugnen vermag. Das erste bedeutende Beispiel der Aufnahme gotischer Formen zeigt der Chor des Doms zu *Magdeburg*, der das französische Vorbild des Kapellenkranzes acceptiert. Ein liebliches Beispiel der Übertragung dieses französischen Gedankens auf den Zentralbau ist die Liebfrauenkirche in *Trier* (1227—44), während die Elisabethenkirche in *Marburg* als das erste frühe Beispiel (1235—83) einer Hallenkirche erscheint. Das Querschiff ist nach Vorlage des rheinischen Übergangsstiles im Polygon abgeschlossen, die ganze Anlage noch äusserst ruhig, einfach und schlicht, aber von grossem Adel der Auffassung zeugend.

In dem schon 1248 begonnenen *Kölner Dom* (Fig. 60) entfaltet sich das gotische System zu edelster Harmonie und grossartigster Durchführung, die indes nicht frei ist von schulmässiger Regelrichtigkeit. Der Einfluss der französischen Gotik ist unverkennbar und der Kölner Dom sozusagen eine getreue Kopie der Kathedrale von Amiens, allerdings eine Kopie, welche das Original durch Lauterkeit, Folgerichtigkeit und Klarheit der Disposition überholt, ein Bauwerk, dessen gewaltige Dimensionen an das menschliche Können und die menschliche Kraft derartige Anforderungen stellte, dass es unserem Jahrhundert vorbehalten war, mit der Kreuzblume die Steinriesen zu krönen, das gewaltige Werk zu seiner Vollendung also nicht weniger als sechsundeinhalbes Jahrhundert bedurfte. Ungleich origineller in der Auffassung ist die Katharinenkirche zu *Oppenheim* (1262 bis 1315), wo die Masswerksentwickelung in den Fenstern in sprudelndem Leben zur Geltung kommt. Das im gleichen Jahrhundert errichtete Münster zu *Freiburg* imponiert namentlich durch seine edle Turmbaute mit durchbrochenem Helm. Das *Strassburger Münster* (1275—1439) zeigt fast alle Phasen der mittelalterlichen Baukunst. Das Langhaus (Fig. 66) ist streng frühgotisch, die Seitenfaçaden des Querschiffes und der Chor mahnen an romanische Formen, während die vordere westliche Façade mit ihrem gewaltigen Radfenster deutliche Anklänge an die französische Gotik in ihrer Blüte zeigt, und der Turmbau endlich (1439 vollendet) jenes Auflösen der Architekturformen, jenes Jagen nach konstruktiven handwerksmässigen *par force*-Leistungen offenbart, die man höchstens wegen ihrer Kühnheit bewundern, nie aber schön finden kann. Im südlichen Deutschland stellt der 1275 erstandene *Regensburger* Dom das Vorbild für die deutsche Chorbildung auf, welche der reichen französischen Anlage entsagt und dieselbe durch einfache Polygone ersetzt, während im *Prager* Dom (1343—85) eine nochmalige Aufnahme des Kapellenkranzes zum Durchbruch gelangt. Im 14. Jahrhundert ist die Gotik in Deutschland in Fleisch und Blut übergegangen und feiert nochmals ihre Blütezeit, so im Dom zu *Halberstadt*, namentlich aber in der weitern Ausbildung des *Hallenkirchensystems.* Zugleich bricht aber mit der Überhandnahme der gegenüber der Basilika ungleich nüchternen Form der Hallenkirche eine gewisse handwerksmässige Fertigkeit an Stelle der künstlerischen Gestaltungskraft; ein Überhandnehmen von konstruktiven Spitzfindigkeiten, wie Netz- und Sterngewölbe; ein Einhüllen der Formen in ein wahres Netz von frei davorgestelltem Stabwerk, die unumschränkte Herrschaft der Fischblase und des Eselsrückens. Die Beispiele dieser Epoche entbehren zwar keineswegs einer gewissen Anmut und Leichtigkeit, besonders in der Ausbildung von Einzelarchitekturen; wir erinnern nur an die Wiesenkirche in *Soest* mit dem wunderhübschen Chorschluss, an die Marienkirche zu *Mühlhausen*, an die Dome zu *Minden* und *Meissen*, in Süddeutschland namentlich an die Liebfrauenkirche in *Esslingen* mit dem höchst anmutigen Turm, an die Nürnberger Kirchen *St. Sebald* und *St. Lorenz* (1439).

Das gewaltigste Denkmal des 14. Jahrunderts aber repräsentiert *St. Stephan* in Wien (Fig. 68), eine weite Hallenkirche mit wenig erhöhtem Mittelschiff. Im Äussern fallen namentlich die mit grösstem künstlerischen Fleisse erstellten Wimperge ins Auge, wodurch die Schwere des gewaltigen Daches etwas gemildert wird. Besonders aber hat sich die Gotik in dem gewaltigen Riesenwerke des Turmbaues (1433 vollendet) ein letztes, aber durch alle Jahrhunderte Achtung gebietendes Denkmal gesetzt.

Von da an zerfällt sie rasch. Das 15. Jahrhundert vermag sie nicht mehr zu halten. Die Einzelgliederungen werden nüchtern oder phantastisch, sie fangen an, sich zu bäumen und zu biegen und zu verschnörkeln. Die geometrischen Formen werden zur Zerrform der Natur und arten zuletzt in unverstandene plumpe Gestaltungen aus. Eine solche Blüte gotischen Zopfes bietet das Portal des *Merseburger* Domes und der Klosterkirche zu *Chemnitz* etc. Der Backsteinbau findet seine Hauptvertreter in den nördlichen Gegenden, namentlich in der Marienkirche zu *Lübeck* (1276 begonnen), wo die ganze weitschichtige Anlage des französischen Chors in Backstein zur Ausführung gelangte.

In *England* schlug der gotische Stil seinen eigenen Entwickelungsgang ein. Das Langhaus wurde stets nur dreischiffig angelegt und ungewöhnlich in die Länge gezogen. Der Chor erhielt den nüchternen geradlinigen Abschluss. Neben den zwei Westtürmen hielt sich der Querschiffturm. Der deutsche Helm machte beinahe immer einem einfachen Zinnenkranze Platz.

Die hauptsächlichsten Beispiele sind die Kathedrale von Canterbury, die Westminsterkirche in London (1245—69), die Kathedrale von Salisbury (1220—1259), von Worcester und andere mehr.

In *Italien* kam der gotische Baustil nie zu seiner Geltung, oder er erhielt, wo er zur Ausführung kam, ein den nationalen Anschauungen und dem Bedürfnis entsprechendes, dem gotischen Prinzipe aber fremdes Gepräge. Italien lebte zu sehr in den antiken Formen und folgte nur widerstrebend dem Zuge der Zeit, während das vom benachbarten Frankreich beeinflusste *Spanien* den gotischen Stil freudig auffasste und denselben mit maurischen Formen zu einem eigentümlichen Bilde verquickte.

Nach diesem Rundgange durch die verschiedenen Länder und Jahrhunderte können wir ungefähr folgende Epochen des gotischen Baustils aufstellen:

Erste Epoche: Übergangsstil vom Ende des 12. bis zur Mitte des 13. Jahrhunderts.

Zweite Epoche: Frühgotik, Ende des 13. und Anfang des 14. Jahrhunderts, zugleich die Blütezeit.

Dritte Epoche: Verfall und Ausartung, Ende des 14. und 15. Jahrhundert.

B. Die Profanbauten.

Der Wohlstand der mittelalterlichen Städtebewohner, genährt durch den emporblühenden Handel

Fig. 72. Rathaus zu Brüssel.

und gestärkt durch jene Handwerksverbindungen, die Zünfte, mit ihren streng organisierenden Gesetzen und Vorschriften, rief von selbst eine gesteigerte Baulust auch im Profanbau hervor; sei derselbe nun für die Öffentlichkeit berechnet gewesen, oder diene derselbe als Wohnhaus oder Kaufhaus. So entstanden Rathäuser, Gildenhallen, Zunfthäuser und Privatgebäude aller Art. Fig. 72, *Rathaus zu Brüssel* (*Müller und Mothes, Arch. Wörterb.*). Selbst die das Weichbild der Stadt begrenzenden Umfassungsmauern geben durch ihre prächtigen Türme und Thore Zeugnis der lebensfroh erwachten Baulust. Die Façaden der *Wohnhäuser* bauen sich meist mit den durch die Kirchenarchitektur gegebenen Elementen auf, nur dass hier die Massen der Strebepfeiler leichten Lisenen weichen und das spitzbogige Fenster einer gekuppelten Fensteranlage Platz macht, die überdeckt und geteilt ist durch zwei horizontale Steinbalken. Gegen die Strasse zu baut sich meist ein steiler Giebel auf, der Anlass zu mannigfaltigen Dekorationen bietet. Der Symmetrie wird gewöhnlich keine Rechnung getragen und gerade in einer gewissen Regellosigkeit liegt ein hoher malerischer Reiz dieser Gebäude, erhöht durch keck vorspringende, mit reicher Skulpturarbeit überdeckte Erker. Unten an der Strasse aber öffnet sich eine schattige Arkade von kräftigen Bögen und Pfeilern. Diese setzt sich gewöhnlich unter den Nachbarhäusern fort und bildet so jene Bogengänge, die unter dem Namen *Lauben* bekannt sind und den mittelalterlichen Städteanlagen das Gepräge eines heimeligen Beisammenseins aufdrücken. Im Innern waren die Häuser meist eng und entbehrten des Lichtes und der Luft. Von der erwähnten Laube trat man vorerst in einen grossen Flur. Hier pulsierte das geschäftliche Leben des Hauses und wurde überwacht von der im Hintergrunde angebrachten Schreibstube des Kaufherrn. Eine meist enge, steile Treppe führte von der Halle zum Söller, der die Verbindung mit den Wohn- und Schlafräumen des obern Geschosses vermittelte und von dessen Brüstung man den unten vor sich gehenden Verkehr beobachten konnte. In den weiten hohen Dächern aber bargen grosse Speicher die Schätze des Kaufherrn und die Vorräte der Hausfrau. Die *Strassen* waren meist eng, mitten durchzogen von dem sogenannten Stadtbach, und erweiterten sich selten zu freien offenen Plätzen, welche dann gewöhnlich mit vielröhrigen Brunnen geschmückt wurden. Den Glanzpunkt aber feierte die Profanarchitektur, namentlich in den Niederlanden, in den imposanten *Rathäusern*, welche gewöhnlich durch einen gewaltigen Turm mit schlank emporstehender Spitze die Bedeutung des Gebäudes als koordiniertes Glied der Kirche kräftig aussprachen. Mit gleicher Lebensfröhlichkeit entstanden aber auch jene weithalligen *Klosteranlagen* mit ihren romantischen Kreuzgängen, die trotzigen *Burgen* mit ihrem die ganze Gegend beherrschenden Verteidigungsturm, dem Bergfrit.

Die höchste Ausbildung erfuhr der Profanbau in den flandrischen Landen, allein auch in Deutschland fehlt es nicht an einer mannigfaltigen, oft edlen Gestaltung. Zunächst sei der Rathäuser in Braunschweig und Münster gedacht, die zwar des Turmes entbehren, aber durch eigentümliche Anlage der übereinanderliegenden Geschosse und anmutigen Bogenhallen ansprechen. Privathäuser findet man zu Münster und Kuttenberg, namentlich aber zu Nürnberg (Haus Nassau). Unter den Schlössern sind die von Karl IV. gebaute Burg Karlsstein und die grossartig angelegte Albrechtsburg zu Meissen hervorzuheben. Höchst bedeutend ist die Entfaltung, die der Profanbau in Ländern des *Backsteinbaues* gefunden hat, so im Rathaus zu Tangermünde, dem Stadtthor zu Stendal etc. Den Stolz des gotischen Profanbaues in Deutschland aber bildet das Hauptschloss des deutschen Ordens, die sogenannte *Marienburg* mit ihrem wundervollen Rempter.

In *Italien* fand der gotische Profanbau eine weit prunkvollere Gestaltung und Ausdehnung, wie auch in Frankreich und England. wo der Fachwerksbau seine Auferstehung in den zierlichsten und mannigfaltigsten Formen offenbarte. Nach den kunstgesch. Werken von *Lübke*, *Kugler* u. *Schnaase*.

A. H.

Gott Vater, als Bildwerk, wurde in der ältesten christlichen Kunst entweder bloss symbolisch durch die segnende Hand und durch den aus den Wolken reichenden Arm dargestellt, oder durch Christus, den Sohn Gottes. Seit dem 12. Jahrh. übertrugen indes die Künstler die Gestalt des Sohnes auch auf den Vater, so dass die Entscheidung, wer von beiden gemeint sei, oft schwer fällt. Ein eigener Typus für Gott den Vater bildete sich erst seit dem 14. Jahrh. aus, und zwar als Greis von 60—80 Jahren, mit langem, weissem, ungeteiltem Bart, eine abgelebte Gestalt mit den Insignien der Majestät bekleidet, im Kostüme des Papstes, Kaisers, Königs, den Reichsapfel zum Zeichen der Weltregierung haltend. *Otte*, Handb. d. Archäol. Abschn. 158.

Götter der Germanen. Die germanische Religion entwickelt sich aus der Naturreligion der arischen oder indogermanischen Völker; sie stimmt daher in ihren Grundzügen mit den Religionen der Indier, Perser, Griechen, Italiker, Slaven und Kelten überein, und es ist Aufgabe der vergleichenden Mythologie geworden, nachzuweisen, auf welche Weise sie sich allmählich zu ihren besonderen Formen herangebildet hat. Mit der älteren indogermanischen Mythologie teilt die germanische noch deutlich den Charakter eines von einem *Hirtenvolke* geübten *Lichtkultus*. An der Spitze der germanischen Götter standen in den letzten Jahrhunderten vor Christi Geburt die lichten Mächte des Himmels, die *tivas*, altnordisch *tivar*, d. h. die Himmlischen, und die *vaneis*, nordisch *vanir*, die Glänzenden. „Der Gott des leuchtenden Himmelsgewölbes *Tius* wird vorzügliche Verehrung genossen haben.“ An seiner Seite scheint eine Erdgöttin *Fulda* gestanden zu haben. Neben ihnen wurde ein leuchtender Sonnengott und ein strahlender Blitzgott, *Thunar*, verehrt. Diese kämpften mit den finstern Dämonen des Wolkendunkels, der Nacht und des Winters, welche die Frauen, das Gold und die Kühe rauben; die Dämonen werden bald als Riesen, bald als Zwerge, bald als Drachen aufgefasst. Aus der Schar der himmlischen Wasserfrauen und der Jungfrauen der Morgenröte, welche die arische Mythologie kannte, trat als Gesamtverkörperung eine hohe Göttin hervor, welche in der Wolke thronend mit dem Sturme daherfährt, aber auch das Licht der Sonne und Morgenröte spendet. Sie spaltete sich später in die verschiedenen Göttergestalten der *Fria*, *Frigg*, *Hulda* u. a. Die im Blitze, den Sonnenstrahlen, wie in allen Leben der Natur waltenden Seelen des arischen Urvolkes waren bei den Germanen zu *Alben*, *Elben*, *Elfen* geworden; aus den Geistern der Winde, den *Maruts* der Arier, die zum Teil aus den Seelen dahingeschiedener Menschen bestanden, wurden bei den Germanen die *Mârten* unter der Benennung des wütenden Heeres. Die Mythologie dieser Periode stand jedoch noch ganz auf dem Boden der Naturanschauung, und die Naturkräfte und Erscheinungen hatten sich noch keineswegs zu abgeschlossenen, individuellen, dem Menschendasein angelehnten Göttergestalten herausgebildet; daher berichtet noch Cäsar: „Die Germanen rechnen zur Zahl der Götter nur die, welche sie *sehen* und durch deren Segnungen sie offenbar gefördert werden, *Sonne, Mond* und den *Feuergott* (*Vulcanus, Thunar*); von den übrigen haben sie nicht einmal durch Hörensagen vernommen.“

Im Kampfe mit den Römern wurden die germanischen Stämme schnell aus dem Hirtenleben zu einem bewegten Jäger-, Krieger- und Ackerbauleben hinübergeführt; auch die mythologischen Anschauungen wurden dadurch wesentlich verändert. Ein rascheres Denken, erregteres Fühlen, frischeres Handeln führte dahin, in die alten Götter immer mehr geistige und sittliche Gedanken hineinzutragen und dadurch ihr Wesen immer menschlicher, persönlicher, individueller und mannigfaltiger zu gestalten. Der ursprüngliche Sinn vieler mythologischer Bilder ging verloren, und dies gab zur Übertragung himmlischer Vorgänge auf irdische, zu Lokalisierungen aller Art Veranlassung. Aus den Wolkenkühen und Wolkenbergen wurden teilweise irdische Kühe, irdische Berge; der Wohnsitz der *Elbe* wurde zum teil auf die Erde verlegt, und so rückte die Mythologie im ganzen und grossen dem Menschen in vertrauliche Nähe herab. Tacitus nennt uns bereits eine ganze Anzahl individueller Götter und daneben heilige Haine, welche den religiösen Mittelpunkt einzelner grösserer Stämme bildeten. Gleichwohl war der anthropomorphische Götterbegriff noch keineswegs so stark, dass man plastische Gestalten zu denken und darzustellen gewusst hätte. So ist der Ausspruch des Tacitus zu verstehen: „Die Götter in Tempelwände einzuschliessen oder der Menschengestalt irgend ähnlich zu bilden, das meinen sie, sei unverträglich mit der Grösse der Himmlischen. Wälder und Haine weihen sie ihnen, und mit dem Namen der Gottheit bezeichnen sie jenes Geheimnis, das sie nur im Glauben schauen.“ Da die stürmischen Zeiten des Kampfes so ziemlich jedes andere Interesse verschlangen, traten jetzt diejenigen Gottheiten in den Vordergrund, welche einen Bezug auf die neue kriegerische Richtung des germanischen Geistes hatten oder zuliessen. Aus der Schar der im Sturm umfahrenden Seelen hob sich der Sturmgott *Wodan* hervor als ein vorzugsweise kriegerischer Gott. Ihm wurden vor den andern Göttern Opfer und Gebete dargebracht. Tacitus kennt ihn unter dem Namen *Merkur*. Von den Sachsen und Franken verbreitete sich der Kult des Wodan als *Obergott* zu den übrigen germanischen Stämmen, keltische und römische Anschauungen wurden auf ihn übertragen und gaben Veranlassung zur Entstehung *germanischer Mythensysteme*. Es bildete sich den irdischen Verhältnissen analog ein Götterstaat, an dessen Spitze Wodan als kriegerischer Oberherr stand. Auch die übrigen Götter traten in Beziehung zu Kampf und Krieg, und was sich von älteren Anschauungen in diese neuen Verhältnisse nicht fügen konnte, wurde zurückgedrängt oder vergessen. An die Stelle der älteren Lichtgötter, der *Vanen*, traten die *Asen*. Als sich dann, ebenfalls im Gefolge der Kriege mit den Römern, allmählich ein Stand beute- und eroberungssüchtiger Edler von den auf der Scholle sitzenden Hörigen oder Bauern im engeren Sinne abtrennte, spaltete sich analog auch die Mythologie in eine *höhere* und eine *niedere Mythologie*; jene baute sich auf zu einem geistiger und plastischer gedachten Götterstaat mit einem grossen und universellen Hintergrund, diese blieb im Gebiete des rohen Naturlebens stehen und bewahrte als Szenerie durchgehend bäuerliche Verhältnisse. Schon fing die germanische Mythologie der höheren Kreise an, im Anschluss an die Göttervorstellungen der antiken Völker, auch ihre Götter bildlich darzustellen und ihnen Tempel und Statuen zu errichten, namentlich da, wo, besonders in Italien, Germanen in römischen Wohnsitzen sich angesiedelt hatten, als das Christentum der Fortbildung der germanischen Religion als einer heidnischen Halt gebot und sie im ganzen und grossen unterdrückte; daher sind von den aus den edleren Kreisen des Volkes hervorgegangenen mythischen Liedern so wenig Bruchstücke erhalten, sie wurden einfach durch die Denkmäler des christlichen Glaubens ersetzt.

Anders stand es mit dem niederen Volke. Von ihm verlangten die christlichen Missionare vorläufig wenig mehr, als äusserliche Beobachtung der kirchlichen Ceremonien. Man leugnete die Existenz der heidnischen Götter nicht, man erklärte sie für Teufel oder für Menschen, welche Vergötterung erlangt hätten. Auch verfuhr die Kirche mit manchen heidnischen Sitten sehr schonend. Gregor der Grosse empfiehlt dem angelsächsischen Abt Mellitus, die Tempel der Heiden nicht zu zerstören, sondern mit Weihwasser zu besprengen und in christliche Kirchen zu verwandeln, damit das Volk an den durch lange Gewohnheit geheiligten Orten desto lieber und eher an den Dienst des wahren Gottes sich gewöhne. Die Opfermahlzeiten von Stieren im Dienste der Götter sollten in Mahlzeiten zu Ehren der heiligen Märtyrer verwandelt werden. An den Festtagen der Heiligen möge das Volk rund um die Kirchen, die einst heidnische Tempel waren, in Zelten aus Baumzweigen sich lagern, in gewohnter Weise Tiere schlachten und verzehren, aber unter Anrufung Gottes, nur nicht mehr der Teufel. So kam es, dass viele heidnische Vorstellungen sich nur unter den schützenden Namen Gottes, der Heiligen oder teuflischer Mächte zu flüchten brauchten, um unangefochten fortbestehen zu dürfen, und dass neben der christlichen Religion die mit den Göttergestalten des Heidentums und mit mannigfachen Gebräuchen des täglichen Lebens eng verbundene *bildliche Naturanschauung* des Landmannes als ein indifferentes, abgesondertes Gebiet fortleben konnte.

Während auf dem germanischen Festlande die selbständige Mythologie früh dem Christentume wich, vermochte sie sich in Skandinavien noch fünf weitere Jahrhunderte zu erhalten und weiter zu entwickeln. Im zehnten Jahrhundert wurden die Dänen Christen, im Anfang des elften die Norweger und Isländer, in der zweiten Hälfte des elften Jahrhunderts erst gänzlich die Schweden. Der kriegerische Aufschwung der Skandinavier unter schwedischen, norwegischen und dänischen Heerkönigen, die Wikinger und Normannenfahrten im achten und neunten Jahrhundert riefen auch in der geistigen Bildung dieser Völker nachhaltige Bewegungen hervor. Als im Ausgang des neunten Jahrhunderts Harald Harfagr (Haarschön) die vielen kleinen Reiche Norwegens unter seine Alleinherrschaft vereinigte, flohen viele Edle und Bauern, den Verlust der Freiheit nicht ertragend, nach Island, den Faröer- und den Orkneys-Inseln. Durch die Armut der Heimat gezwungen, durchstreiften die thatendurstigen Männer auf Kriegs- und Handelsflotten den Ozean. Ihre Wikingerzüge weckten in ihnen so viele neue Anschauungen, dass ihre Mythologie, einst ihr und der Südgermanen gemeinsames Eigentum, sich jetzt vollends zur letzten kriegerisch-menschlichen Gestaltung ausbildete und zugleich einen ausgebildeten Tempeldienst hervorbrachte. Träger und Bildner dieser Mythologie sind vornehmlich die Hofdichter der *Skalden.* Von ihnen angeregt, wurde an den vielen kleinen Fürstenhöfen des Nordens und überhaupt im Kreise der höheren Stände eine edle Dichtkunst gepflegt, deren Übung in *älteren Zeiten* allgemein war und den Charakter der Volkspoesie trug. In ihrem Kreise erst wurden die Thaten der Götter, die Gedanken über Ursprung, Dauer und Endschicksale der Welt in ein einheitliches System gebracht, wie es die südgermanische Mythologie noch nicht ausgebildet hatte. Zwar zog sich im neunten und zehnten Jahrhundert die Kenntnis jenes älteren in edeln Kreisen gedichteten Volksliedes fast ganz auf die Insel Island zurück, und die zahlreichen an den nordischen Königshöfen von Island berufenen Skalden sangen dem Geiste der Zeit folgend nicht mehr die alten mythologischen, sondern neue der Gegenwart und der Geschichte angehörige Lieder. Da jedoch auch diese neuen mit gelehrter Kunst gedichteten Lieder ihre Bilder und ausschmückenden Umschreibungen immer noch der Mythologie entnahmen, war man trotz der um das Jahr 1000 in Island durch Beschluss der Volksversammlung eingeführten Annahme des Christentums gezwungen, die alten Volkslieder und Sagen zu pflegen. Dieses thaten später besonders die einheimischen Geistlichen, welche statt des Lateins die Muttersprache und die einheimische Poesie pflegten und bewahrten. So entstand am Ende des 13. Jahrhunderts die Sammlung der alten, im 7., 8. und 9. Jahrhundert gedichteten Volkslieder von den Thaten der Götter und Helden, die man die ältere oder poetische *Edda* nennt, siehe diesen Artikel.

Über die besonderen Götter der Germanen handeln die Artikel *Wodan, Donar, Ziu, Balder, Freia, Fro* u. a. Hier mögen im Anschluss an *Mannhardt*, die Götter der deutschen und nordischen Völker, dem wir überhaupt in diesem Artikel gefolgt sind, einige Anmerkungen über die ersten *Naturelemente* der germanischen Mythen angefügt werden, sofern diese nicht antropomorphisch den einzelnen Göttergestalten zugeschrieben worden sind.

Wolken und Nebel. Die Atmosphäre erschien dem unbefangenen Auge des Altertums als ein grosses, zusammenhängendes *Wasser*, ein *Meer* oder ein *Brunnen.* Aus dem Luftmeer heben sich Nebel und Wolken ab, deren mannigfaltig wechselnde Gestalt zu den verschiedensten Auffassungen Anlass gab. Die geballten Haufwolken, aus denen der Regen niederrinnt, verglichen sich dem segnenden Euter der Kühe, den Mutterbrüsten der Frauen, und hieraus erzeugte sich die Vorstellung von den Wolken als Frauen oder Kühen des Himmels, deren Milch der Regen ist. Im Donner vermeinte man das Gebrüll der Wolkenkuh zu hören. Auf der nämlichen Anschauung beruhte die Vorstellung von den Wolken als *Böcken* oder *Ziegen*, deren Euter beim Regen gemolken werden, daher jetzt noch die lichtweissen oder rötlichgelben Federhaufwolken *Schäfchen* genannt werden. Auch als *Katzen* oder *Luchse* wurden die Wolken gedacht, seltener als Ross, Wagen, Schiff oder Floss des Windes, Gewand, Gebirge, Turm, Baum. Im *Nebel* dagegen sieht die Phantasie des Volkes bald *geisterhafte Frauen*, bald ein *Gespinst*, das um die Gipfel der Berge abgesponnen wird. Nach anderer Anschauung ist der Nebel das *Brauen* oder Kochen des himmlischen Regenwassers, daher er altnordisch *Hexenbräu* genannt wird. Auch als *Mantel, Hut* oder *Kappe* wird der Nebel angeschaut. Personifiziert wird der Nebel zum *Nebelmännlein*, oder, wenn er, in den Mantel gehüllt, auf weissem Rosse auf- und abjagend, die ihm Begegnenden verwirrt und in die Irre treibt, zum *Bachreiter* oder *Schimmelreiter.* — *Schneeflocken* heissen herabfallende *Federn* eines Vogels, oder feingemahlenes *Mehl.*

Der *Wind* wurde mit dem heulenden *Hund* oder *Wolf* verglichen, welcher hungrig den Staub aufwühlt und alles auf seinem Wege zerreisst und verzehrt. Auch dem *Eber* vergleicht er sich, zumal als Wirbelwind. Bisweilen wurde der im Winde thätige Geist als ein weibliches Wesen, eine *Windin*, gedacht; der dem grösseren Sturm voraufgehende Wirbelwind heisst schon im 9. Jahrhundert *windisprût*, Windsbraut, d. h. die Gemahlin des Windes. Vom Winde, der als Schwein oder Hund, Fruchtbarkeit wirkend, durch das Getreide geht, glaubte man, dass er leibhaftig im Innern der Saatfelder bleibe und in der letzten Garbe, die auf dem Acker geschnitten werde, gegenwärtig sei. Hier erfasste man ihn und führte ihn jubelnd ins Dorf.

Für das *Gewitter* und seine wechselnden Erscheinungen erschuf die kindliche Phantasie verschiedene Naturbilder. Der *Blitz* wird als *Stab* oder *Speer*, als *Keil, Keule* oder *Hammer*, als feuerroter *Bart* gedacht. Die Zacken des himmlischen Strahles sind *Hauer* eines Tieres oder *Zähne* einer Gottheit. Auch als *Schlange* oder *Drache* wird der Blitz gedacht. Dass die Blitze, indem sie die Gewitterwolke spalten, die von ihr umhüllte goldene Sonne wieder aufleuchten lassen, gab zu der Sage Veranlassung, dass die himmlischen Schlangen einen wunderbaren *Edelstein* verfertigen. Derselben Anschauung entspringt die Vorstellung von Schlangen oder Drachen, die über einem reichen Goldhort lagern und ihn bewachen.

Gestirne. Die Sonne wurde als leuchtendes *Gold* oder als himmlischer *Edelstein* aufgefasst; als *Rad, Schild* oder *Auge.* Geistiger wird die Auffassung von der Sonne, wenn sie eine göttliche Frau, der Mond dagegen ein Mann heisst. Beide waren Gatten, der Mond aber ein kühler Liebhaber, so dass er die Sonne verliess. Sie schlug dem Gatten eine Wette vor: wer zuerst aufwachen würde, solle das Recht haben, bei Tage zu scheinen, dem Trägen gehöre die Nacht. Frühe am Morgen zündete die Sonne der Welt das Licht an und weckte den frostigen Gatten. Seitdem leuchten beide getrennt. Beide reut jedoch die Trennung und deshalb suchen sie sich einander zu nähern. Das ist die Zeit der Sonnenfinsternisse. Dann machen sie sich gegenseitig Vorwürfe, aber keiner behält recht, und so trennen sie sich wieder. Voll Schmerz nimmt der Mond dann ab und schwindet, bis die Hoffnung ihn wieder belebt und vollmacht. Die *Mondflecken* verursachten die Sage vom Mann im Monde.

Götterdämmerung. In der Kosmogonie des Nordens haben die Götter kein vorweltliches Dasein, sondern sie sind erst mit der Welt entstanden und zwar erst nach der Entstehung des Urriesen Ymir oder Aurgelmir, des Vaters der Reifriesen (Hrimthursen), der aus den Tropfen des giftigen Reifes geboren wurde, welcher aus der nördlichen Nebelwelt kommend durch Berührung mit den von der südlichen Flammenwelt Muspelheim ausströmenden warmen Lüften und Funken schmolz. Die Götter aber stammen aus dem durch die Kuh Audhumla aus dem Ureise hervorgelockten Urmenschen Buri. Kaum ist aber das Göttergeschlecht neben das Geschlecht der Reifriesen getreten, so kommt es zwischen beiden zum Kampfe. Buris Enkel, Odin, Vili und We, erschlagen Ymir mit seinem ganzen Geschlechte, mit Ausnahme des Bergalmir, der auf einem Boote entkommt und von dem die Geschlechter der neuen Reifriesen stammen. Zwischen Göttern und Riesen herrscht unversöhnliche Feindschaft, die sich durch die ganze germanische Mythologie hinzieht und in der furchtbaren Katastrophe endigt, durch welche Riesen, Götter und Welt ihren Untergang finden. Dieser Götteruntergang heisst in der nordischen Sprache *ragnarökr*, Götterdunkelheit, Götterverfinsterung; die Hauptquelle für diesen Mythus ist das erste und älteste Lied der Edda, die *Völuspâ*.

Die Ursache zu dem allgemeinen Untergange ist das in die Götter- und Menschenwelt eindringende und um sich greifende Böse; dadurch dass das sittliche Wesen und Walten der Götter sich verfinstert, werden die von ihnen gebändigten, schon vor ihnen existierenden Naturmächte, die Riesen, wieder frei, und es gelingt ihnen mit Hilfe der von ihnen erzeugten Ungetüme ihr Vernichtungswerk auszuführen.

Nach Ymirs Ermordung gestalten die Götter aus seinem Leichnam sofort unsere Welt und beschränken das entflohene Riesengeschlecht durch Anweisung ihrer Wohnsitze längs der Seeküste, sie selbst aber nehmen ihre Wohnsitze im Mittelpunkte der Welt, richten sich daselbst ein, lassen von ihrer weltschöpferischen Thätigkeit ab und geniessen in harmloser Unschuld das goldene Zeitalter. Da nahen drei Jungfrauen aus dem Riesenlande, die übermächtigen Nornen, die als Göttinnen des unabwendbaren Schicksals ihnen zeigen, dass sie nicht die absoluten Beherrscher der Welt sind; mit ihrem Erscheinen findet das goldene Zeitalter der Götter ein Ende.

Sie beginnen jedoch aufs neue ihre weltschöpferische Thätigkeit, indem sie die Zwerge und Menschen schaffen, doch beschwören sie sich jetzt selbst ihr eigenes Verderben und dasjenige der durch sie geschaffenen Welt herauf. Auf selbstsüchtige Thatenlosigkeit und Genusssucht, in welche sie vorher versunken waren, folgt jetzt unersättliche Goldgier, welche nun auch die Menschen ergreift. Während die Götter aber noch beraten, ob sie das in der Menschenwelt ausgebrochene Böse bestrafen oder Sühnopfer dafür nehmen sollen, werden sie von den Wanengöttern mit Krieg überzogen. Zwar kommt zwischen Asen und Wanen ein Friede zustande, dem zufolge der Wanengott Niörder nebst seinen beiden Kindern Freyr und Freya zu den Asen kommen und so an der Herrschaft der Welt teilnehmen; aber dadurch, dass Odin in diesem Kriege seinen Todesspiess unter das Volk geschleudert hat, hat sich das Böse schon zum Menschenmord gesteigert, und es ist dem Verderben nicht mehr zu wehren, obgleich die Wanen vorzugsweise bemüht sind, ein Leben in Fülle und Frieden, Milde und Freundlichkeit zu stiften und somit unter den Menschen Glück und Frieden wieder herzustellen und dauernd zu begründen. Vergeblich gehen die Wanengötter teils gezwungene, teils freiwillige eheliche Verbindungen mit den Riesen ein; auch dass Odin beständig auf der Fahrt ist, Riesen zu vertilgen, bringt keinen Nutzen; denn der Feuerriese Loki, den die Götter in ihre Reiche aufgenommen haben, arbeitet im geheimen an ihrem Untergange, stürzt sie durch seinen satanischen Einfluss vollends in Sünde und Unglück und erzeugt mit dem Riesenweibe Angrboda die verderblichen Ungeheuer: den Fenrirwolf, die Midgardsschlange und die Hel, die in Riesenheim erzogen werden. Unaufhaltsam schreitet das Verderben vor, und das Böse greift unter der Götterwelt so weit um sich, dass die Götter ihrer

Schwüre und Eide nicht mehr achten, und der Brudermord auch unter ihnen zum Ausbruch kommt, indem sie auf Lokis Anstiften den gütigen Baldur töten.

Nun erkennen die Götter ihren Verderber und treffen sofort die ernstesten Vorkehrungen, ihn für immer unschädlich zu machen. Als aber Loki sah, dass die Asen gegen ihn aufgebracht waren, weil er zuerst Baldurs Tod verursacht, und daran Schuld war, dass er aus Hels Gewalt nicht erlöst ward, entfloh er und hielt sich verborgen. Odin liess nun dessen Kinder ergreifen, von denen Weissagungen verkündet hatten, dass den Göttern von ihnen noch grösseres Unheil bevorstehe, und wirft die Schlange ins Meer, die aber zu dem weltumgürtenden Midgardswurme heranwächst, und so oft auch Thor den Kampf mit ihr aufnimmt und so hart er sie auch bedrängt, so kann er sie doch nicht erlegen; die Hel wirft er in die Unterwelt hinab und giebt ihr die Gewalt über die neunte Welt (das Totenreich); den Fenrirwolf aber ziehen die Götter anfangs bei sich selbst auf; als jedoch auch er zum furchtbaren Ungeheuer heranwächst, und die Weisagungen verkünden, dass er zu ihrem Verderben bestimmt sei, und sie nicht wagen ihn zu töten, um den heiligen Frieden ihrer Wohnungen nicht zu verletzen, schlagen sie ihn in Fesseln. Ein Gleiches geschieht endlich auch Loki selbst, nachdem er voll giftigen Hohnes und satanischer Bosheit die Götter und Göttinnen mit den bittersten Vorwürfen und Schmähungen überhäuft hat.

Allein trotz aller dieser Vorkehrungen ist der geahnte Untergang dennoch unvermeidlich. Der von Loki ausgestreute Same des Verderbens wuchert fort, obgleich er selbst in Fesseln liegt, und diese seine Fesseln, sowie die des Fenrirwolfes, droht die Zeit endlich zu lösen, und Hel verstärkt von Tag zu Tag ihr trauriges Reich. Zwar ist die Zeit der furchtbaren Götterdämmerung noch in ungeheure Ferne gerückt, was dadurch angedeutet wird, dass die feindlichen Riesen zum Gelingen ihres Racheplanes eines Schiffes bedürfen, das aus den Nägeln toter Männer gefertigt sein muss und den Namen Naglfahr führt. Bis aber ein solches Schiff aus schmalen Nägelschlitzen der Leichen zusammengesetzt wird, verstreicht lange Zeit, und sie leitet noch durch die warnende Vorschrift Aufschub, allen Toten die Nägel vor der Bestattung oder Verbrennung zu schneiden. Die Riesen aber bringen jenes Schiff dennoch zustande, und grauenvolle Wahrzeichen deuten auf den Beginn der Katastrophe. Laut kräht der lichtrote Hahn bei den Riesen, der schwarzrote unter der Erde bei den Sälen der Hel, und der goldkammige bei den Asen, und „weckt die Männer beim Heervater (Odin)“. Die Götter, als die „Haften und Banden“ der sittlichen und physischen Weltordnung, haben aber alle Macht verloren, so dass zunächst alle sittlichen Banden sich lösen und das Böse auf Erden in völlige, alles zerstörende Verwilderung ausbricht: „Brüder werden kämpfen und zu Totschlägern werden, Schwestersöhne werden die Sippe verletzen: die Gründe gellen, die Streitaxt fliegt, kein Mann wird des andern schonen. Hart geht es in der Welt, grosse Hurerei, Beilalter, Schwertalter; Schilde werden gespalten; Windalter, Wolfsalter, ehe die Welt stürzt. Dieser sittlichen Verwilderung entspricht die Entfesselung aller verderblichen Naturmächte, als deren Personifikationen die Riesen galten. Ein entsetzlicher „Winter tritt ein; da fällt Schnee von allen Seiten, da ist der Frost gross und sind die Winde scharf; die Sonne ist ohne Kraft; drei solche Winter folgen auf einander, ohne dass ein Sommer dazwischen wäre.“ Alle Wetter geraten in Aufruhr; Loki wälzt sich herum, dass die Erde bebt und alle Gebirge, die Wälder entwurzelt werden und die Berge zusammenstürzen, selbst die Weltesche „Yggdrasil zittert, es rauscht der alte Baum, da der Riese (Loki) los kommt“: alle Fesseln und Banden brechen und reissen. Da wird der Fenrirwolf los; das Meer stürmt auf das Land ein, weil die Midgardschlange im Riesenmute sich wälzt und ans Land will. Da geschieht es, dass Naglfar flott wird, Hrymr heisst der Riese, der Naglfar steuert; auf ihm sind alle Reifriesen, aber mit Loki ist Hels ganzes Gefolge. „Der Fenrirwolf fährt mit klaffendem Rachen umher, dass sein Oberkiefer den Himmel, der Unterkiefer die Erde berührt, und wäre Raum dazu, er würde ihn noch weiter aufsperren: Feuer glüht ihm aus Augen und Nase. Die Midgardschlange speit so Gift aus, dass sie alle Himmel und Meere benetzt, und sie ist gar schrecklich und geht dem Wolfe zur Seite. Da kommen Muspels Söhne herangeritten, Surtur fährt an ihrer Spitze, und vor ihm und hinter ihm brennendes Feuer; sein Schwert ist überaus trefflich und strahlt hellern Glanz aus als die Sonne; aber in dem sie über die Himmelsbrücke Bifröst reiten, zerbricht sie. Steinberge stossen zusammen, Riesinnen stürzen; die Toten betreten den Holweg und der Himmel spaltet sich.“ Da erhebt sich Heimdallr, der Wächter der Götter, und stösst mit aller Kraft ins Giallarhorn und weckt alle Götter, die dann Rat halten. „Mimirs Söhne (die Flammen) spielen und Yggdrasil entzündet sich bei dem Rufe des alten Giallarhorns.“ Da reitet Odin zu Mimirs Brunnen und holt Rat von Mimir für sich und sein Gefolge. „Was ist mit den Asen? Was ist mit den Alfen? Ächzend zittert die ganze Riesenwelt; die Asen sind am Dinge. Die Zwerge stöhnen vor den Steinthüren, der Bergfeste Herren: Wisst ihr es nun? oder was? Muspels Söhne ziehen nach der Ebene, die Wiprid heisst und hundert Rasten breit ist nach allen Seiten, dahin kommt auch der Fenrirwolf und die Midgardsschlange, und auch Loki ist da mit Hels ganzem Gefolge und Hrymr mit allen Reifriesen; aber Muspels Söhne haben ihre eigene Schlachtordnung, die sehr glänzend ist.“

Jetzt wappnen sich die Asen und Einherier: „Fünfhundert Thore und vierzig meine ich, dass in Walhalla sind, achthundert Einherier gehen zugleich aus einem Thore, mit dem Wolfe zu kämpfen. Zuvörderst reitet Odin mit dem Goldhelm, dem schönen Harnische und seinem Spiesse, der Gungnir heisst; er geht dem Fenrirwolfe entgegen und Thor schreitet an seiner Seite, aber er kann ihm nichts helfen, denn er hat vollauf zu thun, mit der Midgardsschlange zu kämpfen. Freyr kämpft gegen Surtur, und es wird ein harter Kampf, ehe Freyr fällt, und wird das sein Tod, dass er sein gutes Schwert misset, das er Skirnir gab. Da ist auch Garmr, der Hund, los geworden, der vor der Gnipahöhle gebunden lag: das giebt das grösste Unheil, da er mit Tyr kämpft und einer dem andern zum Mörder wird. Thor trägt den Sieg über die Midgardsschlange davon; aber wie er neun Schritte davon gegangen ist, da fällt er tot zur Erde von dem Gift, das der Wurm auf ihn speit. Der Wolf verschlingt Odin und wird das sein Tod: aber alsbald wendet sich Widar, Odins Sohn von der Riesin Gridhr, gegen den Wolf und setzt ihm den Fuss in den Unterkiefer, mit der Hand ergreift er dessen Oberkiefer und reisst ihm den Rachen auseinander, und das wird des Wolfes Tod. Loki kämpft mit Heimdallr und wird einer des andern

Mörder. Jetzt ist der Untergang dieser Welt entschieden: „Alle Männer werden die Heimstadt verlassen. Die Sonne beginnt zu dunkeln, die Erde sinkt ins Meer, vom Himmel schwinden die heitern Sterne, das Feuer wütet gegen das Feuer, es spielt die hohe Hitze gegen den Himmel selber.“

Unmittelbar auf die *Götterdämmerung* folgt in der Edda die *Erneuerung der Welt* und die *Wiedererstehung der Götter*. Und zwar hebt sich nach der *Völuspâ* die während der Götterdämmerung ins Meer gesunkene Erde herrlich grünend wieder empor, das Wasser strömt ab, und der im Gebirge nach Fischen jagende Adler fliegt über dasselbe hin. Wo vordem Asgard mit seinen Götterburgen sich erhob, breitet sich jetzt das Idafeld der Urzeit wieder aus, die Asen kehren wieder, auch Baldur und Hödur kommen zurück aus der Hel, sowie der den Wanen vergeiselte Hönir; sie finden sich auf dem Idafelde zusammen, sprechen von der mächtigen Midgardsschlange und erinnern sich an die gewaltigen Vorgänge und an Odins alte Runen. Dort liegen auch die wunderbaren Würfel im Grase, welche in der Urzeit Odin und sein Geschlecht gehabt hatten. Unbesäet tragen die Äcker, und alles Böse wird wieder gut gemacht. Auch die Menschen leben wieder auf und empfangen in der neuen Welt je nach Verdienst Lohn und Strafe, den Guten wird ein Saal auf Gimli (d. i. der Glänzende) zur Wohnung angewiesen, wo sie ewig Wonne geniessen, den Schlechten dagegen ein andrer Saal in Naströnd (d. i. dem Totenstrande), wo die furchtbarsten Qualen zur Strafe ihrer Sünden ihrer harren, während früher Walhalla nur die in der Schlacht Gefallenen aufnahm, die übrigen, Götter wie Menschen, zur Hel fahren, ohne dass deren Wohnung immer als ein Strafort gegolten hätte. Wie die Menschen, so leben auch die Zwerge und Riesen wieder auf; jene bewohnen im Norden auf den Nidabergen einen Saal aus Gold, diese auf dem Okolnir (d. h. Unkalten) den Biersal Brimir.

„Doch obgleich die Asen wiedergeboren und entsöhnt sind und wieder in harmloser Unschuld leben, wie in den Tagen ihres goldenen Zeitalters, so sind doch weder sie noch die weisen Wanen jetzt die Beherrscher der neuen Welt, sondern *ein* mächtigerer Gott. Da kommt der Mächtige zum Gericht der Götter, der Gewaltige von Oben, der über alles waltet; er fällt Urteile und entscheidet die Sachen, setzt heilige Ordnungen, die gelten sollen! Also ein höherer, mächtigerer Gott als die Asen übernimmt nun in der neuen, zum paradiesischen Urzustande zurückgekehrten Welt die Regierung, begründet neue heilige Ordnungen, hält Gericht und teilt je nach Verdienst den Menschen Lohn in Gimli oder Strafe an dem Naströnd zu. Und so kehrt mit der erneuten Welt, worin nur eine Macht, das reinste und heiligste Gute, ewig herrschen soll, wenn auch das Böse wenigstens unter den Menschen wieder ausbrechen kann, folgerichtig vom Polytheismus zum Monotheismus zurück; die alten Götter bestehen zwar neben ihm fort, aber sie leben in stiller Unschuld und Seligkeit in ihrem Elysium dahin, ohne an der Weltregierung Anteil zu haben.“

Es ist die Vermutung aufgestellt worden, dass unter diesem einen mächtigeren Gott der von Tacitus Germania Kap. 2 genannte *Tuisko* gemeint sei: sie feiern in alten Liedern den der Erde entsprossenen Tuisko und seinen Sohn Mannus, als Ursprung und Gründer ihres Stammes. Nach *A. Rassmann* in Ersch und Gruber, Art. Götterdämmerung.

Göttertempel u. Götterbilder.

Tacitus sagt in der Germania, Kap. 9: Die Götter in Mauern einzuschliessen und ihnen ein Menschenantlitz zu geben, halten die Germanen für unvereinbar mit der Erhabenheit der Himmlischen; sie weihen ihnen Haine und Waldtriften, und benennen mit dem Namen der Gottheit jenes geheimnisvolle Etwas, das sich nur der ehrfurchtsvollen Andacht offenbart.“ Im Widerspruche mit dieser Stelle scheint es zu stehen, wenn derselbe Geschichtschreiber in Kap. 40 bei der Beschreibung des heiligen Haines und des feierlichen Umzuges der Nerthus erzählt: der Priester merke es, wenn die Göttin in ihrem Heiligtume gegenwärtig sei, und gebe dieselbe, statt des Umgangs mit den Sterblichen, dem Tempel zurück; darnach werde der Wagen, auf dem die Göttin, vom Priester geleitet, ihren Umzug hielt, die Tücher, mit denen er überdeckt war, und — wer es glauben will — die Gottheit selber in einem geheimen See abgewaschen. Setzt schon hier der Umzug auf dem Wagen und das Baden der Gottheit unzweifelhaft ein Bild voraus, so spricht eine andere Stelle des Tacitus, Annalen I, 15, noch deutlicher; hier wird bei Gelegenheit einer Nachricht über den Zug des Germanicus gegen die Marsen im Jahre 14 n. Chr. berichtet, es seien die geweihten sowohl als die ungeweihten Gebäude und namentlich der jenen Stämmen überaus berühmte Tempel, den sie den Tempel der *Tanfana* nannten, dem Erdboden gleichgemacht worden. Offenbar waren Göttertempel und Götterbilder der Germanen zu Tacitus' Zeit noch höchst selten und blieben es auch bis in das 4. und 5. Jahrhundert, da bis dahin alle übrigen Schriftsteller davon schweigen. Erst allmählich entstand der Gedanke, auch den Göttern bleibende Wohnstätten zu errichten. Seit dem 5. Jahrhundert mehren sich die Zeugnisse über deutsche Göttertempel, in königlichen und päpstlichen Edikten, in Weltchroniken und namentlich in den Lebensbeschreibungen der Heidenapostel, und zwar bei den Franken, Alamanen, Westgoten, Langobarden, Angelsachsen und Friesen. Die deutschen Benennungen des Tempels sind: got. *alhs*, ahd. *alah*; ahd. *wîh*, ags. *vîh, veoh* = Waldtempel; ahd. *haruc*, ags. *hearg*, ebenfalls Waldtempel. Das entsprechende altn. Wort *hörgr* bedeutet ursprünglich den Steinaltar im Walde; — ahd. *paro*, ags. *bearo*, ebenfalls Waldtempel; altn. *barr* ist Baum und *barri* ist Hain; ahd., ags., alts. *hof* heisst bloss der *gebaute* Tempel; ahd. *halla*, ags. heal, Halle; — ags. *reced*, altsächs. *rakud*; — ahd. *pluostarhûs*, Opferhaus; — ahd. *petapur*, auch *petahûs*, ahd. *betehûs*; auch ahd. *chirihhâ* kommt als Bezeichnung heidnischer Tempel Tempel vor, und altn. *gohahûs*, Götterhaus.

Da die Tempel aus Holz errichtet waren, sind sie gänzlich verschwunden; entweder wurden sie dem Boden gleichgemacht, um auf demselben die christliche Kirche zu erbauen, oder ihre Hallen wurden zum christlichen Gottesdienste verwendet. Denn da diese Kultusstätten seit grauester Vorzeit her für teure Heiligtümer der Stämme oder ihrer Geschlechter betrachtet und verehrt wurden, schien es durchaus nötig, ihre Heiligkeit und Unverletzlichkeit auf den christlichen Nachfolger des Gottes, in den meisten Fällen einen christlichen Heiligen zu übertragen.

Die Tempel erhoben sich nicht nur auf den Höhen der Berge, sondern auch in Hainen und auf Wiesen und Auen und standen namentlich in enger Verbindung mit den Malstätten. Ohne Zweifel bestanden neben den Tempeln die eingefriedigten freien heiligen Räume in grosser Zahl fort.

Die Zeugnisse für die *Götterbilder* beginnen mit Sicherheit im

4. Jahrh., sie finden sich meist in den Lebensbeschreibungen der Heidenapostel, u. a. in derjenigen des heil. Gallus, welcher bei Tuggen am Zürchersee sowohl als in Bregenz heidnische Götterbilder antraf. Die deutschen Ausdrücke für Götterbilder heissen got. *manleika*, ahd. *manalîhho*, altn. *líkneski* = das nach menschlicher Gestalt geformte Bild und ahd. *avarâ*. Einzelne derartige Bilder aus Eisen, Stein, Leder, Erz, Holz sind erhalten, sie stellen Wodan mit seinem Rosse und seinen beiden Hunden oder Wölfen, Fro, Fria u. a. dar.

Ungleich besser als über die südgermanischen Göttertempel und Götterbilder sind wir über diejenigen der Skandinavier unterrichtet. Hier bestand das Tempelgebäude aus zwei verschiedenen Abteilungen, aus einem Langhause und einem runden, auch wohl gewölbten Nebenhause, das dem Chore an den christlichen Kirchen ähnlich war. Das letztere bildete das eigentliche Heiligtum; in ihm standen in einem Halbkreise auf Gestellen die Götterbilder; vor demselben, also in der Mitte des Halbkreises, erhob sich der kunstreich gefertigte und mit Eisen getäfelte Altar, auf demselben brannte das geweihte Feuer, das nie erlöschen durfte, daneben stand der kupferne Blutkessel, in welchem man das Blut der geschlachteten Opfertiere oder Menschen sammelte, und in dem der Blutzweig lag, mit welchem man die Gestelle der Götterbilder und den Altar, die Wände des Tempels aussen und innen, sowie die Leute und das Gut besprengte; ferner befand sich daselbst der heilige Ring, auf dem alle Eide abgelegt wurden und den der Häuptling bei allen Volksversammlungen tragen sollte. In dem Langhause, welches oft von sehr beträchtlicher Länge war, stand in der Mitte jeder Langwand ein Hochsitz, dessen zwei spitzzulaufende Säulen über das Dach emporragten und gewöhnlich mit einem Thorkopfe geziert waren; in diese Säulen waren Götternägel eingeschlagen, deren Bedeutung unbekannt ist. Auf den Hochsitzen nahmen der Tempelhäuptling und, wie in dem Privathause, je die vornehmsten, beim Opfermahle anwesenden Männer Platz. Zu beiden Seiten der Hochsitze, also den Seitenwänden entlang, waren gewöhnliche Bänke angebracht. Zwischen den beiden Sitzreihen brannten auf dem Boden während des Opferfestes Feuer, über denen die Kessel hingen, in welchen das Opferfleisch gesotten wurde; über diese Feuer pflegte man sich gegenseitig den Vollbecher zu bringen, der, wie alle Opferspeise, von dem Häuptlinge geweiht war. Der ganze Tempel war durch Glasfenster erhellt, mit Tapeten behängt, zuweilen auch mit Schnitzwerk, Gold und Silber und sonstigem Schmucke geziert. In den Seitenwänden, quer dem Nebenhause gegenüber, befanden sich die Thüren, die verschliessbar waren und an denen zuweilen ein metallener Ring hing, dessen Bestimmung unbekannt ist. Vor der Thür befand sich der Opferstein und der Opfersumpf; in welch letzteren die zum Opfertode verurteilten Menschen, nachdem ihnen am Opfersteine der Rücken zerbrochen war, versenkt wurden. Heilige Bäume, an denen gewisse Teile der geopferten Tiere, auch wohl die geopferten Menschen aufgehängt wurden, umgaben den Tempel. Die ganze heilige Stätte schloss eine Einfassung von Holzpfählen ein, die ihrerseits ebenfalls verschlossen werden konnte und innerhalb deren die heiligen Tiere weideten. Die Tempel erhoben sich in der Regel in der Nähe der Dingstätten, zuweilen auch in heiligen Hainen.

Auch die nordischen Tempel waren ohne Zweifel aus Holz aufgeführt. Nach den Sagen finden sich in ihnen meist mehrere Götterbilder zusammen aufgestellt, deren eines, Thor oder Freyr oder Balder oder Odhin, die Hauptstelle einnahm. Meist waren die Bilder aus Holz geschnitzt. Sie stellten die Gottheit in Lebensgrösse oder darüber vor, geschmückt mit wirklichen Gewändern, Gold, Silber, Kleinodien und ihren Attributen, die nackten Teile bemalt. Ausser den Tempelgötterbildern gab es auch Hausgötzen, die meist sehr klein gewesen zu sein scheinen; man trug sie auch im Beutel. Auch Götterbilder aus Teig und Ton werden erwähnt; Thors Bild findet sich an der Hochsitzsäule und an dem Vordersteven eines Heerschiffes aus Holz geschnitzt.

Die Wohnungen der Götter, sowie sie selbst und ihre Besitztümer und Feste standen unter einer hohen Heiligkeit und einem tiefen Frieden, deren Verletzung und Störung dem Heidentum für das schwerste Verbrechen galt, welches, wie man glaubte, die Götter selbst ahndeten. Tac. Germania. 39. Die Heiligkeit der Götterwohnungen ging später auf die christlichen Kirchen und Klöster über.

Bei seiner Gründung wurde der gemeinsame öffentliche Tempel mit einem gewissen Grundeigentum dotiert, auf welches sich die Heiligkeit des Tempels miterstreckte. Auf Hörige, welche Tempeln angehörten, deuten die Eigennamen *Alahdeo* = Diener des Tempels, *Cotadeo, Gotadeo, Cotascalh, Gotascalc, Gotman, Wîhman, Wîhdiu.* Nach *A. Rassmann* in Ersch. und Gruber, Art. Göttertempel und Götterbilder (vgl. *Grimms* Mythologie).

Gottesfreunde sollen die Mitglieder eines religiösen Bundes gewesen sein, der sich seit der Mitte des 12. Jahrh. besonders am Rhein, in der Schweiz und Schwaben ausdehnte. Als ihr geistiges Haupt galt der „grosse Gottesfreund aus dem Oberland", den man zuerst in Nikolaus von Basel, dann in einem gewissen Johann von Chur oder Rütberg wiederzuerkennen meinte, dessen Existenz jedoch neuerdings von Denifle in der Zeitschr. f. deutsches Altertum 1880 als bloss auf einem Roman beruhend nachgewiesen worden ist.

Gottesfriede, *treuga Dei*, *pax Dei,* ist ein mittelalterlich kirchliches Institut, bestimmt, dem ungeregelten Fehdewesen zu steuern. Anfangs waren es die Bischöfe von Aquitanien, welche seit dem 10. Jahrhundert ihre Güter gegen Angriffe durch Androhung des *Anathems* zu sichern suchten und zu dem Ende mit weltlichen Grossen in freiwillige Vereinigung traten. Erst als durch diese Versuche eine beabsichtigte und durchgreifende Herstellung und Sicherung des allgemeinen Friedens nicht erreicht wurde, beschloss man, sich zunächst mit beschränkenden Massregeln gegen Ausübung des Fehderechtes zu begnügen, wodurch die Gemüter allmählich vom Wege der Gewalt auf den des Rechtes geleitet werden sollten. Diese letztern Massregeln heissen erst Gottesfrieden, im engern Sinne *treuga Dei;* denn *pax Dei*, unter welchem man den immerwährenden, grundsätzlichen Frieden verstand, welchen die Kirchen, die Geistlichkeit, die Begräbnisplätze, die Klöster, die Kinder, die Pilger, die Frauen, die Ackerbauer nebst ihren Geräten genossen, war viel älter; erst die *treuga Dei* beschränkte das gesetzlich bestehende Fehderecht für bestimmte Zeiten und band es an kirchlich bestimmte Regeln. Das geschah zuerst auf einer Synode der Diöcese von Elne im Jahre 1027; hier wurde für die Grafschaft Roussillon festgesetzt, dass der Sonntag dadurch geheiligt werden müsse, dass von der None des Sonnabends bis zur Prime des Montags jeder Angriff auf einen Mönch oder anderen Geistlichen, auf einen Kirchgänger oder einen Begleiter von Frauen unterbleiben solle, sowie dass auch Kirchen nebst einem Umkreise von 50 Schritten nach allen Seiten gegen jeden Angriff sicher sein sollten. Der Friedensbrecher verfiel der Exkommunikation. Bald kamen ähnliche Beschlüsse in andern Teilen Frankreichs zustande und nicht bloss wurden die befriedeten Zeiträume vervielfältigt, sondern auch rein weltlichen Angelegenheiten der gleiche Schutz zugewendet, z. B. dem Markte. Die Grossen, die Bürger und die niedere Volksklasse erklärten mit Eifer, den Vorschriften der Kirche Folge leisten zu wollen, sodass bald in ganz Frankreich dieselben Grundsätze zur Annahme kamen. Die Dauer der befriedeten Zeit hatte sich auf die Zeit von Sonnenuntergang des Donnerstags bis Sonnenaufgang des Montags verlängert und als weitere Friedenszeiten waren dazu gekommen die Zeit vom ersten Tage des Advent bis zum 13. Januar, vom Montage vor der Fastenzeit bis zum Montag nach der Osterwoche und an einzelnen bestimmten Festtagen. Die vollendete Einführung des Gottesfriedens in Frankreich wird in das Jahr 1041 gesetzt.

In *Deutschland* gelang es zuerst dem Erzbischof von Köln im Jahr 1083, einen Gottesfrieden für seine Diöcese zu stande zu bringen. Heinrich IV. nahm die bis dahin partielle Massregel auf einem Konzil zu Mainz 1085 in die Reichsgesetzgebung auf; beide Urkunden hiessen noch *pax Dei.* Für befriedete Tage wurden erklärt die Zeiten vom ersten Advent bis Epiphania und vom Sonntag Septuagesima bis Pfingsten, sowie an jeder Woche die Tage vom Donnerstag bis zum Sonntag, mit Einschluss der darauf folgenden Nacht bis Sonnenaufgang, ferner die vier Quatembertage und die Vigilien der Namenstage der Apostel nebst den darauf folgenden Tagen, endlich alle kirchlichen Fast- und Feiertage. Den Schutz des Gottesfriedens genossen die Reisenden und Heimbleibenden, selbst wenn sie Gewalthaten begangen hatten, ausgenommen die gemeinen Diebe und Räuber. Als besonders geschützt werden genannt die Kaufleute auf ihren Handelsreisen, die Ackerbauer bei ihren Arbeiten, die Frauen, die Mitglieder geistlicher Orden.

Papst Urban machte endlich auf der Kirchenversammlung zu Clermont den Gottesfrieden zur Angelegenheit der gesamten Christenheit; seine definitive Ausbildung erhielt das Institut aber im Jahr 1131 auf einer Kirchenversammlung zu Rheims, welche aus den verschiedensten Ländern Europas besucht war; die Beschlüsse von Rheims wurden später öfters durch die Päpste bestätigt und endlich in das Kirchenrecht aufgenommen. Mit der Zeit machte der Gottesfrieden mit seinem kirchlichen Charakter den Landfriedensgeboten von weltlicher Seite Platz, und je mehr das Königtum erstarkte, desto seltener fand sich noch in Gesetzen, Urkunden und geschichtlichen Berichten eine vereinzelte Erwähnung des veralteten Gottesfriedens. *Brandes* in Ersch und Gruber, Art. Gottesfrieden. *Klucksohn*, Geschichte des Gottesfriedens, Leipzig 1857. *Herzberg Fränkel*, Die ältesten Land- und Gottesfrieden in Deutschland, Forsch. z. d. G. XXIII, S. 117 ff.

Gottesurteile, *Ordalien, ordalia*, das lateinische Wort zufällig nach der angelsächsischen Form ordale des deutschen Wortes *urteil* gebildet. Man versteht darunter Proben, an deren Ausgang man einen Ausspruch der Gottheit über Schuld oder Unschuld, Recht oder Unrecht zu erkennen glaubte. Sie kamen auch bei anderen Völkern vor, bei den Griechen, namentlich aber den Indiern.

Die *Arten der Gottesurteile* bei den Germanen sind folgende:

1) Das *Kampfurteil oder der Zweikampf*, *judicium pugnae sive campi*, *pugna duorum*, *duellum*, *monomachia*, *singulare certamen*, ahd. *einwîc*, *chamfwîc*, *wêhadinc*, altn. *holmgangr*, war das vornehmste Gottesurteil, und ursprünglich keinem germanischen Volke fremd. In der Regel konnte nur der freie Mann einen anderen zum Zweikampfe fordern, der schlechtere Mann aber konnte, wenn er angesprochen wurde, den Kampf nicht weigern. Personen, die nicht selbst zu kämpfen im stande waren, konnten oder mussten, je nachdem sie Kläger oder Beklagte waren, einen anderen für sich stellen, und zwar konnte dies entweder der Vogt als Vormund der Person sein, die ihr Recht durch Kampf geltend machen wollte, oder sonst jemand, der sich freiwillig oder für Geld dazu hergab. Das Recht aber, einen anderen als Kämpfer für sich zu stellen, stand allgemein zu: 1) denjenigen, die durch körperliche Mängel, durch Altersschwäche oder Jugend verhindert waren, selbst zu kämpfen; 2) den Weibern. Den letzteren war, wenn sich niemand fand, der für sie einstehen mochte, in späterer Zeit gestattet, sich selbst zu verteidigen, wofür, um die Kräfte auszugleichen, eigentümliche Arten des Weiberkampfes ersonnen wurden, wonach der Mann bis an den Gürtel in einer runden, etwas weiten Grube zu stehen und von da aus vermittelst des Kolbens mit der ausserhalb der Grube stehenden Frau kämpfen musste; 3) den Geistlichen; 4) Personen vornehmen Standes. Bei den Langobarden war es Sitte, die Kampfordale durch gemeine, bezahlte Kämpfer ausfechten zu lassen. Da der gerichtliche Zweikampf im späteren Mittelalter eher zunahm, so bildete sich in verschiedenen Ländern ein eigener Kampfprozess. Durch Privilegium waren gewisse Orte zu Kampfgerichten erhoben, oder gewissen mit Gerichtsbarkeit bekleideten Personen das Recht erteilt, dass alle Zweikämpfe innerhalb eines gewissen Distriktes unter ihrer Aufsicht und Leitung ausgefochten werden mussten. Besonders bekannt waren im 14. und 15. Jahrhundert die Kampfgerichte der Städte Hall in Schwaben, Ansbach, Würzburg, des Burggrafentums Nürnberg, des Landgerichtes zu Franken. Der Kampfplatz wurde von dem Richter angewiesen, doch hatte man auch bestimmte umzäunte Plätze dafür; von der Insel, auf welcher im Norden meist der Kampf vor sich ging, hiess hier der Zweikampf *Holmgang*. Zum Holmgang wurde eine fünf Ellen lange Haut oder ein Teppich hingelegt und an vier Pfählen befestigt, deren einer der Hauptpfahl, *Tiosnur*, hiess. Der, welcher den Fechtplatz zurichtete, musste zu diesen Pfählen rückwärts gehen, gebückt und seine Ohrläppchen haltend, so dass er den Himmel zwischen seinen Beinen durchsehen konnte, und eine Beschwörungsformel hersagen. Um den Teppich herum sollten drei Räume, jeglicher einen Fuss breit, und diese durch vier Stangen begrenzt sein. Der so eingerichtete Fechtplatz hiess eine befriedete Mark. Jeder sollte drei Schilde haben; wenn diese zerschlagen sind, muss man wieder, wenn man auch früher zurückgewichen war, auf den Teppich treten und die Hiebe mit den Waffen auffangen. War einer so verwundet, dass Blut auf die Erde fiel, so konnte man den Kampf als beendet ansehen. Wer so weit gewichen war, dass er mit beiden Füssen ausserhalb der Grenzstangen stand, war in die Flucht geschlagen. Jeder Streiter sollte einen Mann als Schildhalter bei sich haben. Der, welcher überwunden war, musste drei Mark als Lösegeld für sein Leben erlegen.

Auch in Deutschland war eine Art Sekundanten üblich, die *Griz-* oder *Grieswärtel*. Sie waren mit langen Stangen oder Bäumen bewaffnet, welche sie mit Erlaubnis des Richters dem Sinkenden, Verwundeten oder Ermatteten zur Stütze darreichten. Auch hatten sie überhaupt dafür zu sorgen, dass bei dem Kampfe alles ohne Trug, List und Gefährde zuging, sie mussten Sonne und Wind, Licht und Schatten beiden Kämpfern gleich teilen.

Die Waffen waren ursprünglich die bei jedem Stamm gebräuchlichen: bei den Franken und Langobarden die Keule, bei den Alamannen, Sachsen, Friesen und Normannen das Schwert. Ritter erschienen später in voller Rüstung auf dem Kampfplatze, den übrigen Freien war eine eigene Rüstung vorgeschrieben. In manchen Gegenden blieb die Keule als Waffe des geringen Volkes und der Lohnkämpfer üblich. Zum Siege genügte es, dass das Blut des Besiegten den Erdboden färbte, oder der Besiegte durch Entkräftung oder Verlust der Waffen nicht mehr zu kämpfen im stande war; wer aber bis zum Sonnenuntergang sich verteidigte, wurde von der gegen ihn erhobenen Klage freigesprochen.

2) Das *Los*; seiner bedienten sich nach Tacitus Germania, Kap. 10 schon die Germanen, um den Willen der Götter zu erforschen. Es wird in den Verordnungen fränkischer Könige und in den Volksgesetzen erwähnt und wurde besonders bei Diebstahlbeschuldigungen angewendet. Später verschwindet es.

3) *Feuerprobe, judicium ignis, probatio per ignem.* Zu unterscheiden sind drei Arten: a) der Beschuldigte musste seine Hand eine, wahrscheinlich genau bestimmte Zeit in das Feuer halten und galt als unschuldig, wenn er sie unverletzt zurückzog. b) Der Beklagte musste seine Unschuld damit beweisen, dass er im blossen Hemde, oder in einem Wachshemde unversehrt durch einen brennenden Holzstoss ging; mit dieser Probe soll Richardis, die Gemahlin Karls des Dicken, ihre Unschuld bewährt haben. c) Üblicher und verbreiteter als die beiden genannten Feuerproben war die *Probe des heissen Eisens.* Auch hier sind zu unterscheiden: aa) *die Probe des Eisentragens*, wonach ein Eisen von bestimmter Schwere eine Strecke (gewöhnlich 9 Schritte) weit mit blossen Händen getragen werden musste, und bb) *die Probe der glühenden Pflugscharen*, deren in der Regel 9, oft aber auch 6 oder 12 in einer bestimmten Entfernung von einander gelegt wurden, über die der Angeklagte barfuss gehen musste. Auch diese Probe soll nach alten Chronisten die Gemahlin Karls des Dicken, ausserdem Kunigunde, Heinrich II. Gemahlin, und Emma, die Mutter Eduard des Bekenners, rühmlich bestanden haben.

4) *Wasserprobe.* a) *Probe mit heissem Wasser, judicium aquae ferventis*, bei den Friesen *Ketelfang, Kesselfang*, geheissen, gehört nebst dem Tragen des glühenden Eisens und dem Kampf zu den am weitesten verbreiteten und am häufigsten erwähnten Ordalien. Diese Probe ging dahin, dass der Beklagte aus einem Kessel, in welchem Wasser siedend gemacht worden, einen Ring oder Stein, der hineingeworfen war, mit blossem Arm unverletzt hervorholen musste.

b) *Probe mit kaltem Wasser.* Der Beschuldigte wurde entkleidet, mit einem Strick um den Leib (um ihn wieder herausziehen zu können) ein oder auch mehrere Male in das Wasser geworfen; das Untersinken wurde für ein Zeichen der Unschuld, das Schwimmen für einen Beweis der Schuld gehalten. Zuweilen warf man den Beschuldigten in ein grosses, dreifudriges Gefäss statt in ein eigentliches Gewässer. Das älteste historische Zeugnis für den Gebrauch dieser Probe ist ein Verbot desselben durch Ludwig den Frommen vom Jahr 829; man findet sie wenigstens vom 12. Jahrhundert an über Deutschland, Frankreich, Spanien, Italien, England und Schottland verbreitet. Sie erhielt sich besonders in den Hexenprozessen.

5) *Kreuzurteil.* Beide streitenden Teile mussten mit aufgehobenen Händen an einem Kreuze stehen; wer von ihnen zuerst die Hände sinken liess oder bewegte, galt für besiegt. Zuweilen wurde gefordert, dass beide Teile so lange vor dem Kreuze stehen mussten, bis einer von ihnen vor Ermattung hinfiel. Diese Probe wird zuerst in einem Kapitulare Pipins vom Jahre 782 erwähnt; in mehreren Fällen hat sie Karl der Grosse vorgeschrieben, der auch verordnete, dass die Kreuzesprobe und nicht der Kampf, entscheiden sollte, wenn unter seinen Söhnen Streit über Grenzen und Umfang ihres Gebietes entstehen würde. Ludwig der Fromme verbot dieses Gottesurteil im Jahr 826.

6) *Probe des geweihten Bissens.* Dem Beschuldigten wurde ein vorher benedizierter Bissen Brot und Käse gegeben, und er galt für überwiesen, wenn er denselben nicht leicht hinunterbringen konnte, er ihm im Halse stecken blieb oder wieder herausgenommen werden musste. Die Redensart „dass mir das Brot im Halse stecken bleibe" soll von diesem Gottesurteile herrühren.

7) *Abendmahlsprobe.* Der Beschuldigte musste mit den Worten: *corpus Domini sit mihi ad probationem hodie,* das Abendmahl nehmen. Diese Probe war vorzüglich bei der Geistlichkeit in Gebrauch, doch wurden auch Laien oft zur Reinigung durch dieselbe zugelassen.

8) Das *Bahrrecht, jus feretri,* wurde angewendet, um den Thäter bei einer verübten Mordthat zu ermitteln. Der Ermordete wurde auf eine Bahre gelegt und diejenigen Personen, auf welchen der Verdacht ruhte, mussten hinzutreten und unter Aussprechen gewisser Formeln mit der Hand den Leichnam des Ermordeten, gewöhnlich die Wunden und den Nabel berühren. Man glaubte, dass, wenn der Schuldige sich auf diese Weise dem Ermordeten nähere, ein Zeichen geschehen und die Wunden zu bluten oder zu zittern anfangen, der Tote seine Gesichtsfarbe ändern würde. Geschah von dem allen nichts und bekannte der Verdächtige nicht freiwillig, so musste seine Unschuld als erwiesen angenommen werden. Siehe Nibelungenlied, 984—986, Hartmanns Iwein, 1355—1364.

Abgesehen vom Zweikampfe, standen die Ordalien unter der Leitung der Geistlichkeit und wurden bis auf das kalte Wasserordal in der Kirche vollzogen, mit Einwilligung der Priester. Es konnte geschehen, dass Reinigungen durch Gottesprobe nicht vor sich gingen, weil die Priester ihren Dienst verweigerten. Namentlich durch Fasten bereitete man sich zum Gottesurteil vor. Zur Probe selbst war die Kirche für das Volk verschlossen und nur gewissen Zeugen geöffnet. Das zum Urteil Erforderliche wurde vorbereitet, der Kessel aufgesetzt, das Eisen in das Feuer gelegt. Der Angeklagte kniete nieder, der Priester erflehte im Gebete Gottes Beistand. Nach der Messe beschwor der Priester den Beklagten noch einmal, Gott nicht zu versuchen; schwieg derselbe, so reichte ihm der Priester das Abendmahl mit den Worten: *Corpus hoc et sanguis Domini nostri Jesu Christi sit tibi ad probationem hodie.* Alle Gegenwärtigen wurden mit Weihwasser besprengt und mussten vor dem Angeklagten beten. Evangelium und Kreuz wurden ihm zum Küssen gereicht und ihm andere Kleider angelegt. Während dem sang der Priester eine kurze Litanei und sprach dann über das Wasser, Feuer etc. einen Exorcismus und eine Benediktion. Dann sprengte er das Eisen, das auf dem Feuer lag, mit Weihwasser und reichte es dem Angeklagten, oder der Kessel wurde vom Feuer genommen, der Stein oder Ring hinabgelassen. Bei einigen Ordalien wurde sogleich über den glücklichen oder unglücklichen Ausgang entschieden, beim Zweikampf wurde das Urteil von den Kampfrichtern ausgesprochen. Bei der Probe des heissen Eisens und Wassers wurde nach der Probe die Hand sofort eingewickelt, versiegelt und erst am dritten Tage geöffnet. Die Geistlichen liessen sich für ihre Mühewaltungen bei den Ordalien bezahlen.

Man betrachtete die Gottesurteile als ein erschwertes und äusserstes Beweismittel, als die letzte Zuflucht zur Ermittelung der Wahrheit. Erst wenn der Eid und die Stellung von Eideshelfern nicht mehr genügte, griff man zum Zweikampf und erst nach diesem zu den übrigen Ordalien. Die Rechtssammlungen enthalten deshalb überall das Streben, das Gottesurteil auf besonders qualifizierte Streitigkeiten zu beschränken. Oft hing es von der Willkür des Klägers ab, die gewöhnliche gesetzliche Beweisführung zu verwerfen, indem er bei Erhebung der Klage erklärte, die Sache auf die Entscheidung Gottes ankommen lassen zu wollen. Unter Umständen stand auch dem Kläger eine Wahl zwischen verschiedenen Proben offen.

Im 13. und 14. Jahrhundert noch waren Kampf und andere Proben in den meisten europäischen Ländern ein sehr übliches Beweismittel. In Frankreich hob Ludwig IX. den gerichtlichen Zweikampf im Jahre 1260 auf. In England waren seit dem 12. Jahrhundert die Krone und einsichtsvolle Männer bemüht, die Ordalien ausser Gebrauch zu bringen. In den skandinavischen Ländern wurde die Abschaffung der Ordalien besonders durch die Bemühungen der römischen Kurie und der höheren Geistlichkeit bewirkt. In Deutschland, wo das Kampfrecht als gerichtliches Beweismittel nie die Ausdehnung erhalten zu haben scheint, wie in Frankreich und England, verschwand in den Städten das Kampfrecht mit der Entwickelung eines eigenen Stadtrechtes bereits seit dem 13. Jahrhundert, doch kommen einzelne Fälle noch im 15. Jahrhundert vor. In den meisten europäischen Ländern trat an die Stelle der Gottesgerichte die Tortur, nur in England nicht. Zu neuem Leben wurden die aus den Gerichten fast ganz verschwundenen Gottesurteile durch die Hexenprozesse erweckt, besonders die kalte Wasserprobe und das *Wägen der Hexen*. Man glaubte nämlich, dass die von dem Teufel besessenen Hexen ihre natürliche Schwere verlieren, wodurch sie teils im Wasser oben auf schwämmen, teils bei dem Wägen ungewöhnlich leicht befunden würden. Auch das Bahrrecht hat sich als letzter Rest der Gottesurteile in einzelnen Fällen bis ins 18. Jahrhundert erhalten. *Wilda* in Ersch und Gruber, Artikel *Ordalien.*

Grabmäler. Da es die ursprüngliche Bestimmung der Kirchen war, Grabstätten der Heiligen zu sein, konnte die Beerdigung anderer Personen im geweihten Raume folgerichtig nicht zugelassen werden. Dieser Grundsatz wurde aber früh durchbrochen, so dass schon im Anfang der romanischen Periode die Beisetzung ausgezeichneter, um die Kirche verdienter Personen in der Kirche allgemein Sitte wurde. Bischöfe, Äbte, Fürsten, namentlich die Gründer der frommen Stiftungen erhielten ihr Grab in der Kirche, ja eine grosse Zahl der Gotteshäuser wurde zu dem Zwecke gestiftet, dass die Stifter in ihnen ihre Grabstätte fänden. Karl d. Gr. erhielt eine Gruft im Münster zu Aachen, Konrad II. gründete den Speirer Dom, Heinrich der Löwe denjenigen zu Braunschweig. In erster Linie dienten die Krypten dazu, dann aber auch andere Teile der Kirche, das Chor, ferner die Kapitelsäle und die Kreuzgänge. Als die Bürger von Pisa ihren Campo Santo errichteten, sollen sie der Sage zufolge die Erde aus dem gelobten Lande geholt haben.

Das äussere Zeichen des Grabes war anfangs eine *steinerne Platte*, zuerst nur mit flachen Ornamenten verziert, manchmal ein Kreuz oder ein Bischofsstab dabei, zuweilen auch eine Inschrift mit Namen und Todestag. Mit der Zeit suchte man das Bild des Verstorbenen auf dem Steine einzuhauen, was aber erst im Verlaufe des 14. Jahrhunderts mit porträtwahrer Darstellung gelang. Die Darstellungen wurden eingegraben und mit einem dunkeln Kitt ausgefüllt. Den Rahmen bildet dann die Zuschrift, meist mit dem Wunsch *requiescat in pace*. Mit der Zeit wurden die Grabsteine grösser und reicher ausgeführt und das Bild des Verstorbenen durch kräftiges Relief hervorgehoben. Oft findet man die Ehegatten beieinander, der Mann mit seinen Füssen auf einem Löwen ruhend, dem Sinnbilde der Treue. Die gotische Zeit fügt gern einen Baldachin dazu.

Oft finden sich solche Grabplatten *aufrecht gestellt* zu *Epitaphien* an den Pfeilern und Wänden der Kirchen, namentlich seit Reliefplatten allgemeiner in Aufnahme kamen.

Eine *Tumba* ist dasjenige Grabmahl, wobei der Sarkophag nicht unter, sondern über der Erde, mitten im Chor oder im Schiff der Kirche oder an eine Wand angelehnt sich erhebt. Solche *Wandgräber* kamen namentlich in Italien in Aufnahme; der Deckel enthält dann das Reliefbild des Verstorbenen, die Seitenflächen meist nur architektonische Ornamente, anfänglich Säulenarkaden, in späterer Zeit Masswerk. Neben den Steinplatten kommen seit der frühromanischen Periode Platten in *Bronze* oder *Messing* vor, entweder mit eingravierten oder mit Reliefdarstellungen; sie gehören im 14. Jahrhundert zum Schönsten, was das deutsche Mittelalter an Grabmonumenten hervorgebracht hat. Das herrlichste deutsche Bronzegrab ist *Peter Vischers* Denkmal des Erzbischofs Ernst im Dom zu Magdeburg vom Jahre 1495. *Lübke*, Vorschule zum Studium d. kirchl. Kunst I, V. *Otte*, Arch. Handb. Abschn. 52.

Graf, ahd. *krâvio*, *grâveo*, *grâvo*, mhd. *grâve*, etymologisch noch nicht genügend erklärt, s. Waitz, Verf. Gesch. I^3, 265, ist der regelmässige Vertreter des Königs bei den Franken; er nimmt hier die Stelle der alten Volksfürsten ein und steht über den Vorstehern der Hunderten, an deren Ernennung fortwährend das Volk einen Anteil hat. Siehe *Gau* und *Hunderte*. Seine Gewalt bezieht sich überall auf den *Gau*, ohne Rücksicht auf städtische und ländliche Bevölkerung; er heisst in der altfränkischen Periode auch *judex*, *praeses* und *praefectus*. Die Pflichten des Grafen sind: Sorge für Recht und Gerechtigkeit, für Frieden und Ruhe, Schutz der Schwachen und Hilfsbedürftigen, Unterdrückung der Missethäter, Erhebung der königlichen Einkünfte, die militärische Gewalt, die Polizei, der Vorsitz am Gericht, die Ladung und Exekution, überhaupt der *Bann*. Der Graf empfängt seine Befugnisse unmittelbar vom König, für den er auch den Eid der Treue und die Huldigung entgegennimmt; er zieht an der Spitze seines Gaues zu Felde. Als Belohnung für den Dienst empfing er königliches Gut. Die wichtigste Auszeichnung für ihn ist das dreifache Wergeld. Sonst ist sein Recht den Untergebenen gegenüber durch kein Gesetz bestimmt, Recht und

Willkür fliessen ineinander. Seine Wahl stand in der Willkür des Königs und war anfangs durchaus an kein Geschlecht gebunden. Die Grafschaft, *comitatus*, *comitia*, behielt einen überwiegend öffentlichen Charakter. Innerhalb des Gaues konnte der Graf einzelne Geschäfte durch Stellvertreter vornehmen lassen, eigentliche Unterbeamten heissen *vicarii*.

Karl der Grosse änderte an diesem alten System nichts, abgesehen davon, dass er in die neueroberten Länder hauptsächlich Franken als Grafen einsetzte. Die Regel war Bestallung auf Lebenszeit. Unter den Karolingern mehrte sich der Umstand, dass sich angesehene und mächtige Familien in der Verwaltung bestimmter Grafschaften erhielten, in der sie angesessen und begütert waren.

War die Grafschaft früher ein Amt, so änderte sich allmählich ihr Charakter dahin, dass dieses ein Beneficium wurde und die damit verbundenen Vorteile in den Vordergrund traten. Der Graf war Vasall des Königs. Die Grafen gehörten stets zu den vornehmsten Männern, und Einzelerhebungen von Männern niedriger Herkunft zu Grafenämtern erregt Aufsehen. Waren schon früher die Grafschaften oft in der Hand angesehener Familien gewesen, so wurde jetzt die Grafschaft erblich.

Dadurch wurde nun auch der frühere engere Zusammenhang zwischen Grafschaft und Gau gelockert, die Grafschaft drängt den Gau zurück, und das Reich zerfällt in Grafschaften wie einst in Gaue; ein Gau kann mehrere Grafen haben, und verschiedene Gaue können unter einen Grafen gestellt sein, oder ein Graf hat in einer Mehrzahl von Gauen, meist nur in einzelnen Teilen eines Gaues oder an einzelnen Orten die Grafschaft. Jeder unter einem Grafen stehende Bezirk oder Landkomplex kann Grafschaft heissen. Hervorgerufen wurde diese Auflösung der alten Gauverfassung am meisten durch die Exemptionen der geistlichen Stifter von den Grafschaften und durch die selbständige Entwickelung der Städte. Der alte Gau verlor überhaupt als Gerichts- und politischer Bezirk seine Bedeutung. Auch die alten Gaunamen verlieren ihre Bedeutung und wie früher vom Gau, so werden die Grafen jetzt nach dem Ort bezeichnet, wo sie regelmässig ihren Sitz hatten, und gewinnen dadurch Familiennamen; auch nach der Provinz findet man sie benannt, der sie angehörten, Grafen von Sachsen, Westfalen, Thüringen, Bayern, Kärnthen, Alamannien, Schwaben, Elsass.

Mit dem Aufhören der Lehnsverfassung gehen die Grafschaften in Territorialherrschaften über, und die Grafen zählen sich jetzt zum hohen Adel; eine grosse Zahl noch übrig gebliebener freier Herren nimmt im 15. Jahrh. ebenfalls den Grafentitel an, und zuletzt wird die gräfliche Würde vom Kaiser, besonders seit Karl V. käuflich durch Diplom an ritterbürtige Familien verliehen. Siehe auch *Burggraf*, *Landgraf*, *Markgraf* und *Pfalzgraf*. Hauptquelle: *Waitz*, Verfassungs-Geschichte und zum teil in Opposition dazu *Sohm*, Fränk. Reichs- und Gerichtsverfassung § 5 und 7.

Gral oder **Graal.** Der heilige Gral war der Mittelpunkt eines ausgedehnten Dichtungskreises der mittelalterlichen Romantik, woran die Ritterwelt sich erbaute und durch dessen Bearbeitung die Dichter sich die Seligkeit zu verdienen glaubten. In der Gralsage meinte man die unerforschlichen Geheimnisse des Glaubens, die Wunder des Christentums und die segensreichen Lehren des neuen Bundes zu ergründen, in Symbolen anschaulich zu machen und an die poetischen und historischen Traditionen im Geiste des christlichen Rittertums anzuknüpfen. Der Bestand der ursprünglichen, wahrscheinlich aus Spanien durch maurische Vermittelung nach Frankreich gekommenen Sage ist bis jetzt nicht klar gelegt worden; wir kennen sie bloss in derjenigen Gestalt, in welcher sie in Verbindung mit der Geschichte Parzivals und der gesamten Artussage als Lieblingsstoff der französischen, später der deutschen Epiker auftritt. Man besitzt zwar ein altfranzösisches Gedicht des *Chrestien de Troyes, Contes del Gral;* dieses ist jedoch nicht die Quelle der beiden Graaldichtungen Wolframs von Eschenbach, des Parzival und des Titurel; vielmehr nennt Wolfram selber als seine Quelle einen französischen Dichter *Kyot von Provence*, welcher sich, nach Wolframs Angabe, seinerseits wieder auf eine Schrift des Flegetanis in heidnischer Sprache beruft, der ein Heide von Vaterseiten, von Mutterseiten Jude aus Salomons Geschlecht, in der Sternkunde erfahren, ein Kalb anbetete und in den Sternen vom Gral las; diese Schrift will Kyot zu Toledo gefunden haben; da sie indessen nur allgemeine Angaben über den Gral enthielt, forschte er weiter nach in den Chroniken von Britannien, Frankreich und Irland und fand endlich zu Anjou die rechte Märe. Von diesen Quellen, die etwas zweifelhafter Natur sind, ist nichts weiteres bekannt.

Das Wort *Gral* wird bei den alten Schriftstellern in der Bedeutung *Gefäss* nachgewiesen; zahlreiche andere Ableitungen, wie *Sang real* oder *royal*, oder vom hebräischen *garalah* = Vorhaut, sind falsch.

Seinem Wesen nach ist der Gral das höchste, was auf Erden nur gewünscht werden kann, ja das über allen *wunsch* noch weit hinausreicht, das dem Himmelreiche selbst gleichkommt, ein Gefäss so schwer, dass die ganze sündige Menschheit es nicht von der Stelle zu bewegen vermöchte, und gleichwohl doch auch so leicht, dass es mühelos von der zarten Hand Urrepansens sich tragen lässt, deren hohe Reinheit sie zu ihrem Amte als Gralträgerin heiligt. Mit dem Stein, aus welchem der Gral geschaffen ist, verbrennt sich der Vogel Phönix, um schöner zu einem neuen Leben wiedergeboren zu werden; der Stein bewirkt also Zerstörung, Wiedergeburt und Auferstehung. Am Karfreitage schwingt sich eine *weisse Taube* vom Himmel herab, legt eine kleine weisse *Oblate* auf das Gefäss und fliegt dann wieder empor zum Himmel. Durch dieses Mysterium erhält der Gral alle die göttlichen Wundergaben, die weit über alle menschliche Kraft und irdische Herrlichkeit hinausgehen und unendliche Wonne und unaussprechliches Heil wirken. Ursprünglich war der Gral im Himmel bei Gott und von Engeln bedient; nach dem Sündenfalle der Engel und Luzifers Empörung wurden die teilnahmlos gebliebenen Engel aus dem Himmel verstossen und verurteilt, dem Gral auf Erden zu dienen, bis Gott sie in die ewige Verdammnis verstiess, und nun das Heiligtum den durch *kiusche* und *triuwe*, diese Kardinaltugenden, ausgezeichneten Auserwählten der Menschen anvertraute. Diese mussten aber *Getaufte* sein; Gott ernannte sie selbst und berief sie durch seinen Engel zu dem erhabenen Dienste, und *Titurel* war der erste, dem das hohe Schirmeramt als Gralskönig anvertraut wurde. Der Gral ist auch nur den Getauften *sichtbar*. Die vom Gral berufenen Diener sind von allen Todsünden befreit, der Weg zum Himmel ist ihnen eröffnet und die höchste Seligkeit ist ihr Lohn im jenseitigen Leben. Der Gral erwählte die Seinigen ohne Ansehen des Standes oder Geschlechtes; die zum Gral Berufenen müssen aber durch ihr Leben sich der ihnen *sonder Verdienst* zugeteilten Gnade würdig machen, daher der *hôchvart, ungenuht, des valsches* sich entschlagen, *diemüet* üben, in *kiusche* leben und damit ihre *triuwe* bewahren. Insbesondere müssen die Gralritter weltlicher Minne entsagen; nur der König darf vermählt sein; wer aber vom Gral in ein fremdes Land als dessen Herrscher gesandt wird, darf dort sich vermählen, damit sein Geschlecht wieder dem Gral diene. Besonders aber muss der Ritter zur Ehre und Verteidigung des Grals das Schwert führen und stets zum Kampfe dafür gerüstet sein. Er darf weder Pardon geben noch nehmen, und so dem Gral in Leben und Tod geweiht, büsst er die eigene Sündenschuld zu seiner Heiligung, sühnt damit aber auch zugleich die Sündenschuld der Menschheit und bereitet sich seine Seligkeit. Der Gral steht aber auch seinen Dienern in Todesgefahr bei. Sämtliche Graldiener werden eine Brüderschaft genannt; der Gral spendet ihnen alle Bedürfnisse, Kleidung und Waffen, Speise und Trank, und zwar der köstlichsten Art. Der Gral gewährt seinen getreuen Dienern aber noch höhere Gaben; wer ihn erblickt, kann in einer Woche darnach nicht sterben, er erhält ihn in voller Jugendblüte, und würde er auch zweihundert Jahre alt. Der König ist Schirmer über des Grals Geheimnis, sein Reich erstreckt sich über die ganze Erde und weiter bis in die Sterngefilde; denn es ist die ganze Schöpfung, in welcher der Gral waltet; aber er ist nicht Herr über den Gral selbst, sondern nur das Haupt der Gralgemeinde, der Wächter über die Erfüllung seiner Gesetze. Der König des Grals führt im Wappen die Turteltaube, das Sinnbild der Reinheit und treuen Liebe. Unter diesem Zeichen hat die Ritterschaft zur Verherrlichung des Grals zu kämpfen und der König vom heiligen Geist erfüllt zu regieren.

Das Heiligtum des Grals wird in einem Tempel aufbewahrt, der sich zu *Munsalväsche* befindet, im *mons salvationis*, der Gralburg und Residenz des Königs. Von hier aus wird der heilige Samen in die Welt ausgestreut. Das dazu gehörige Land, 30 Meilen ringsum, heisst *Terre de Salvâtsche*; darin entspringt die *Fontâne la salvâtsche*, an welcher die Klause Trevrizents (*trêve recent*, der neue Friede) liegt, wo Parzival seine Heilsbelehrung empfängt. Das Gralgebiet ist ein Bannforst, den niemand ungestraft betreten darf, und mit Wachen und Warten umstellt. Die Burg liegt unüberwindlich auf steilem Berge, aber grosses Geheimnis umgiebt sie. Wer sie sucht, wird sie nicht finden; denn nur, wen der Gral selbst zu sich beruft, kann zu ihm gelangen, er ist mit Waffen nicht zu erstreiten. Zweimal im Jahr, bei hohen Festen, wird mit ungemeinem Aufwande von Pomp und Personen das heilige Gefäss mit der blutenden Lanze im grossem Saale vor den König und seine Ritterschaft getragen. Ein ritterliches Fest wird auf der Burg nicht begangen, alles ist in tiefer Trauer; denn die Gralgemeinde befindet sich in der *Busse*, und zwar wegen der Schuld des *Amfortas;* dieser König Grals hatte sich nämlich gegen das Gebot durch unkeusche Minne zur Heidenkönigin Secundilla und demnächst zur verführerischen Orgeluse vergangen, und im Dienste der letzteren erhielt er beim Kampfe mit einem Heiden, der den Gral erstreiten wollte, durch dessen vergifteten Speer eine unheilbare, unsägliche Schmerzen bereitende Wunde. Die treuen Gralritter wandten vergebens alle natürlichen und übernatürlichen Heilmittel an, bis sie bussfällig zum Gral beteten; dieses Gebet wurde zwar dem Kranken nicht zur Genesung, doch seinen Rettern zur Hoffnung; es erschien nämlich eine Schrift am Gral, dass Amfortas genesen werde, wenn ein Ritter kommen würde, der unaufgefordert *fragte*. Als dieser Ritter, Parzival nämlich, beim Grale erschien, that er die verhängnisvolle *Frage* nicht; Amfortas aber nimmt dieses für eine göttliche Prüfung an, und als Parzival, der schon ernannte Gralkönig, zum zweiten Male erscheint, widmet er sich demütig dem heiligenden Graldienst, indem die Krone des Grals auf Parzival übergeht.

Während Amfortas sich durch offen bewusste Verletzung des Gral- oder Gottesgebotes versündigt, ladet *Parzival* die Schuld auf sich durch seine *Gerechtigkeit*. Parzivals einsame Erziehung im Walde öffnete nicht sein Herz dem Lichtblicke des Glaubens; mit edlen hohen Anlagen, von angebornem Thatendrange getrieben, mit trotzigem Selbstgefühle sich von der Mutter losreissend stürmt er in die Welt, erzwingt sich die Ritterschaft, gewinnt ein herrliches Weib, vollbringt die grössten Heldenthaten, erringt überall Sieg und Ruhm und die höchste Ehre am Plimizol, wo Artus ihn in die Zahl der Tafelrundritter aufnimmt. Dennoch hat er mit fast jeder seiner wohlgemeinten, das ihm gegebene Gesetz nur befolgenden Handlungen Unheil hinter sich gelassen, ohne dass er es weiss oder begreift, weshalb es so kommen musste. Da reisst Kundrins Donnerwort ihn aus dem Taumel des Glücks, und statt Ehre giebt sie ihm den Fluch aller Guten. In dem Bewusstsein gewissenhaftester Erfüllung aller ihm kundgegebenen Pflichten, unfähig, die Schande, die ihn getroffen, zu tragen, wendet sich empört sein Gemüt gegen Gott, und er fällt dem *Zweifel* und der *Verzweiflung* anheim. Da belehrt ihn Trevrecent zum erstenmal über die unendliche Liebe Gottes und bezeichnet ihm Reue, Busse und Demut als den Weg zum Heile. Als ein neuer Mensch setzt er sein Forschen nach dem Gral fort, den er um seines eigenen Heiles willen und im Glauben an die Kraft des Grals aufsucht und findet.

Nach dieser, dem verdienten Parzival-Forscher San Marte entlehnten Erläuterung des Grals stellt sich nun als Idee des Grals im Geiste Wolframs eine christliche Genossenschaft entgegen, ein Reich der Gläubigen und Auserwählten des Herrn, eine christliche Gemeinschaft *ohne* römische Hierarchie, ohne Bann, Interdikt und Ketzergerichte, worin Gott selbst durch den Gral im Geiste des reinen Evangeliums Herrscher und Richter seiner Gemeinde ist; vom Tempelherrenorden aber entlieh der Dichter die Hülle zu seiner idealen Gestaltung dieser Genossenschaft. Seiner Idee gemäss steht das Gralreich im Gegensatz sowohl zum orthodoxen Christentum als zum Heidentum, obgleich er sich der Polemik enthält. Nach San Marte ist der Gral und das Tempelrittertum, wie es von Wolfram geschildert wird, ein der freien Dichtung angehöriges Phantasiegeschöpf, dem der Boden wirklichen Volksglaubens fehlt, zu dem jedoch die Färbung von sehr mannigfaltigen Seiten entlehnt ist. In indischen Mythen wurzelt die Sage von einer Stätte auf Erden, die ihrem Bewohner mühelosen Genuss und ungetrübte Freude gewährt, ein irdisches Paradies; ähnlicher Auffassung entstammt die Zeit des Saturn, das goldene Zeitalter der Griechen; der Islam besitzt sein mit den glühendsten Farben ausgestattetes Paradies, und nicht minder die Religion der Kelten in der Insel Avalon, dem glückseligen Lande, wohin Artus nach der Schlacht von Cambula entrückt ward. Den Stein, aus dem der Gral besteht, hat man geglaubt in Beziehung bringen zu dürfen mit dem schwarzen Steine der Kaaba; er soll einer von den Edelsteinen des Paradieses und mit Adam herab auf die Erde gefallen sein. Der Tempel zu Mekka heisst auch der unverletzliche, unnahbare, wie *Muntsalvatsche* im Titurel der *behalten berc* heisst. So denkt man auch an den altägyptischen Hermesbecher, den Becher des Dschemschid, des Herkules und Bacchus, der zugleich Weltspiegel, Zauberspiegel und Gefäss des Heiles ist. Erst spätere französische Prosaromane, deren noch mehrere bis ins 16. Jahrhundert verfasst wurden, setzten den Gral mit Joseph von Arimathia in Verbindung und nannten ihn die Schüssel, aus der der Herr mit den Jüngern gespeist und in der Joseph das Blut aufgefangen habe, das den Wunden des Herrn bei seiner Beerdigung entströmte. Auch die Ableitung der blutenden Lanze von derjenigen, womit Longinus dem Heiland am Kreuze in die Seite stach, weshalb sie stets und bis zum Tage des Weltgerichts bluten wird, ist spätern Datums. Nach *San Marte* in Ersch und Gruber, Artikel *Graal*, vgl. auch desselben Forschers Parzival-Studien. *Birch-Hirschfeld,* die Sage vom Gral, Lpz. 1877. *Bartsch* in der Einleitung seiner Parzifal-Ausgabe.

Grandmontaner Mönchsorden, *Ordo Grandimontensis*, ein reformierter Benediktiner-Orden des 11. Jahrhunderts. Stifter desselben ist Stephanus von Tigerno, geb. 1046 auf dem Schlosse Thiers in Auvergne. Gregor VII. gestattete ihm die Errichtung eines geistlichen Ordens, der nach den Gebräuchen der calabrischen Mönche eingerichtet wäre, worauf Stephanus unweit Limoges in einer Einöde der Auvergne, Müret genannt, eine Hütte erbaute und hier als Einsiedler lebte. Als sich, durch den Ruf seines heiligen Lebens angezogen, andere ihm beigesellten, liess er sich von ihnen bloss Korrektor nennen; er starb hochbetagt 1114. Nach seinem Tode sprachen die Augustiner von Ambazoc Müret als ihr Eigentum an und nannten sich von da an *Grandmontenser*. Bald verbreitete sich der Orden in Aquitanien, Anjou und in der Normandie. Das erste eigentliche Kloster des Ordens stiftete König Ludwig VII. 1164 zu Vincennes bei Paris. Die Klöster hiessen Zellen, und die Aufnahme erfolgte bloss durch das zu Grandmont wohnende Ordenshaupt. Von Anfang an hatte der Orden mehr Laienbrüder als Geistliche. Der Orden blieb stets auf Frankreich beschränkt und zählte kein einziges Mitglied von grösserer Bedeutung.

Gregor vom Steine heisst eine von *Hartmann von der Aue* in höfischem Geschmack behandelte Legende; ihre Quelle ist wahrscheinlich ein altfranzösisches Gedicht des 12. Jahrhunderts, *Vie du Pape Grégoire le Grand*, dem sich Hartmann genau anschliesst. Der Inhalt ist folgender: Ein Fürst von Aquitanien hinterlässt zwei Kinder, einen Sohn und eine Tochter, die sich auf das zärtlichste lieben. Durch die Lockungen des Bösen wird aber der allzuvertraute Bruder verleitet, seiner Schwester in unerlaubter Weise zu nahen. Der unglückliche Bruder wandert darauf ausser Landes und stirbt, die Schwester aber wird heimlich eines Knaben entbunden. Dieses Kind wird in eine Kiste gethan und ihm eine Tafel beigegeben, auf welcher vermerkt ist, dass es von hoher Geburt, sowie dass sein Vater sein Oheim, seine Mutter seine Base sei; so wird das Kind in eine Barke gesetzt und dem Meere preisgegeben, die Mutter aber lebt gottergeben und zurückgezogen wie eine Büssende und versagt allen Werbern die Hand; von einem derselben, einem mächtigen Herzog in der Nachbarschaft, wird sie deshalb sogar in ihrer Hauptstadt belagert.

Unterdessen wird die Barke mit dem Kind an einem fremden Gestade unweit eines Klosters von Fischern entdeckt, und der davon benachrichtigte Abt vertraut das nach des Abtes Namen Gregorius getaufte Kind einem der Fischer zur Erziehung an. Später wird es in die Klosterschule selbst aufgenommen, wo es grosse Fortschritte macht; da jedoch seine Pflegemutter ihn im Zorne dafür, dass er ihrem Sohne beim Spiel unversehens wehe gethan, einen Findling gescholten hat, erbittet und erhält er vom Abt Auskunft über seine Geburt und zieht in die weite Welt, um, mit jener Tafel versehen, das Land seiner Geburt zu suchen. Er kommt zufällig in das Land seiner Mutter, die eben von jenem Herzog belagert wird, findet Einlass, besiegt den Herzog und vermählt sich mit der Herrin des Landes. Bald erregt bei dieser das Lesen der Tafel, dem der Gemahl sich täglich unterzieht, Argwohn, sie bemächtigt sich heimlich derselben und findet, dass ihr Gemahl ihr Sohn sei. Beider bemächtigt sich namenloses Weh. Gregor ermahnt die Mutter zur Busse und zu guten Werken und zieht im Büssergewande fort. Ein Schiffer bringt ihn seinem Wunsche gemäss auf einen einsamen Felsen im Meer, schliesst ihn in eine eiserne Fessel und wirft den Schlüssel dazu ins Meer, indem er sich höhnend äussert: wenn der Schlüssel wiedergefunden werde, wolle er ihn für einen heiligen Mann halten. Auf diesem Stein verlebt Gregor unter freiem Himmel, fast ohne Nahrung, beinahe siebzehn Jahre. Nach dieser Zeit soll in Rom ein neuer Papst gewählt werden; durch Gottes Stimme werden die streitenden Römer auf Gregor nach Aquitanien gelenkt. Zwei Abgeordnete, die ihn aufsuchen, kommen in die Hütte jenes Fischers, der soeben zu seinem Schrecken den Schlüssel in eines Fisches Bauch wieder gefunden hatte. Darauf hin lassen die Boten sich hinüber auf den Strom fahren und Gregor, der in dem Wiederfinden des Schlüssels ebenfalls Gottes Fügung erkennt, giebt endlich dem Wunsche der Boten nach, bricht mit ihnen nach Rom auf und wird Papst. Auch seine noch lebende Mutter pilgert mit anderen zu dem wunderausübenden Sohne und erwirkt Freisprechung von ihren Sünden. Neueste Ausgabe in Hartmanns von der Aue Werken von Fedor Bech.

Gregoriusfest heisst ein im Mittelalter verbreitetes, am 12. März gefeiertes Schulfest, dessen Entstehung wohl mit der Frühlingsfeier der Germanen zusammenhängt. Die Schüler wählten für dieses Fest einen der ihrigen zum Bischof und zwei andere wurden ihm als Kleriker zugesellt. Alle drei wurden in geistlicher Tracht von dem gesamten Schüler- und Lehrerpersonal unter dem Geläute aller Glocken zur Kirche geführt, wo sich der Knabenbischof und seine zwei Assistenten in possenhafter Feierlichkeit an den Stufen des Altars auf Sessel niederliessen. Ein wirklicher Geistlicher hielt eine Rede, worauf man einen Gregoriusgesang anstimmte, daher der Name *Gregoriussingen.* Nach einer Schlussrede, welche der Knabenbischof hielt, trat man den Rückweg an, auf welchem die Knaben mit Brezeln beschenkt wurden, wofür einesteils Privatleute, anderenteils öffentliche Stiftungen das Geld hergaben; zum Teil waren Jahrmärkte mit dieser Feier verbunden. Der zweite Akt bestand darin, dass die in die Schule neu eintretenden Knaben in ihren Häusern der Reihe nach aufgesucht, als Gregorianer in eine Art Chorhemd gekleidet und in Prozession zur Schule geführt wurden. An anderen Orten bestand das Fest bloss aus einer öffentlichen Speisung der Knabenschaft; so wird aus St. Gallen gemeldet: *anno 1509 am zinstag nach* *der alten fastnacht hand meine herren ain hirs im spital lassen machen und mit breteren tischet vom rathus bis zuo den brotloben, und alle knaben in der stat dazuo gefüert und trait, was under 14 jaren ist gesin, und hiess man essen die schwangeren frowen, so gelust hand, und sind an der zal gesin 1000 junger Knaben, die man verschrieben hat.* Den Namen soll das Fest nach Papst Gregor I. erhalten haben, ohne dass es bis jetzt gelungen wäre, den Grund dieser Namengebung zu entziffern (vgl. *Kriegk,* Bürgerth. II, 93).

Grenadiere sind zuerst im dreissigjährigen Kriege aufgekommen; sie sollten die sonst aus dem Geschütz geschleuderten Granaten oder Grenaten mit der Hand werfen und dadurch das Feuer der Infanterie zumal gegen Kavallerie bei dem Kampfe um Örtlichkeiten und vorzüglich im Festungskriege unterstützen. Das Werfen der eisernen Granaten erforderte bedeutende Körperkräfte und die dazu bestimmten Leute wurden deshalb aus den grössten und kräftigsten Mannschaften ausgewählt. Da ihre Bewaffnung es ausserdem mit sich brachte, dass sie den Feind nahe heran kommen lassen, sich exponieren, in nächster Nähe der Gefahr ins Auge sehen mussten, so wurden die Grenadiere von selbst eine Elite-Infanterie. Später, als die Grenadiere als solche verschwanden, behielt man den Namen für eine auserlesene Infanterie bei, welcher man als besonderes Abzeichen eine springende Granate, an der Kopfbedeckung oder dem Lederzeuge getragen, verlieh. Anfangs befanden sich die Grenadiere von der übrigen Mannschaft in Bewaffnung, Ausrüstung und Bekleidung nicht unterschieden, untermischt unter den Pikenieren und Musketieren; als besondere Waffengattung wurden sie von Ludwig XIV. zuerst im Jahre 1667 eingeführt. Flemming schildert in dem „Vollkommenen deutschen Soldaten“, Leipzig 1726, den Grenadier folgendermassen: „Ein *Grenadier* ist gleichfalls (wie der Musketier) ein gemeiner Soldat, doch hat er vor einem *Mousquetirer* darinnen den Vorzug, dass man ihn bei Sturmlaufen und bei denen gefährlichsten *Actionen* gebraucht, um Granaten zu werfen und muss dabei Ober- und Untergewehr tragen. Man erwehlt hierzu die ansehnlichsten, stärksten, dauerhaftesten und *ramassirten* Leute und sucht gemeiniglich aus jeder Compagnie ein 8—10 Mann aus, nachdem die Compagnie stark ist. Anstatt des Huts tragen sie eine grosse *Grenadier*-Mütze, in der grossen Patrontasche führen sie drei eiserne, gefüllte, fertige, mit Blasen verbundene Granaten. Bei dem Exercieren werden nur hölzerne oder gepappte Granaten gebraucht, die eisernen aber in der scharfen Action vor dem Feinde und inzwischen bei dem Stabe verwahrt und aufgehoben. Forne auf dem Riemen an der Brust ist ein blecherner Luntenverberger befestigt, um die glimmende Lunte vor Regen, Nebel und Feuchtigkeit wohl zu verwahren.

„Wird ein Regiment zur Musterung, *Campirung,* zum *Exerciren* und dergleichen zusammengestellt, so werden die Grenadiere von allen Compagnien auf den rechten Flügel sich zu stellen *commandiret* und nach der Endigung gehet ein jeder zu seiner Compagnie. Dieses geschieht bei einem *regulairen* Feldregimente. Man hat auch ganze Regimenter und *Bataillon's formirter Corps* von *Granadirern,* als gleichsam *Gardes* von hohen Potentaten, die von sonderbarer Grösse und Ansehen sind, zusammengeschafft. Doch solche sind grösstenteils bloss zur Parade und werden in die Residentzen verlegt. Die Feldregimenter aber sind verbunden Dienste zu thun.

„Ein *Granadier* muss nicht weibisch aussehen, sondern furchtbar, von schwarzbraunem Angesicht, schwartzen Haaren mit einem starken Knebelbarth, nicht leicht lachen oder freundlich thun. Vor alten Zeiten hat man von denen Grenadiers nicht viel gewusst. In Deutschland und sonderlich in Sachsen sind sie erst *anno* 1683 aufgekommen, bei dem glücklichen Entsatz der Kayserlichen Residentz-Stadt Wien, als Ihro Churfürstliche Durchlauchtigkeit von Sachsen Johann Georg III. Höchstseligen Angedenkens sich ihrer zum ersten Male mit grossem Nutzen und mit Verlust der Türken bediente.“ *Breyding*, Artikel Grenadier in Ersch u. Gruber.

Griselda, Griseldis, heisst die Heldin der letzten Novelle in Boccaccios Decameron, deren Inhalt folgender ist: Markgraf Gualtieri von Saluzzo, von seinen Vasallen gedrängt sich zu verheiraten, nimmt Griselda, die Tochter eines armen Landmanns, zur Gemahlin. Als sie ihm eine Tochter geboren, lässt er ihr, um ihre Geduld und ihren Gehorsam zu prüfen, das Kind wegnehmen und macht sie glauben, er habe es töten lassen, während er es insgeheim zu seiner Schwester nach Bologna geschickt hat. Ebenso verfährt er mit dem zweiten Kind, einem Sohne, und beidemal fügt sich Griselda ohne Widerstreben und Murren. Nach dreizehnjähriger Ehe giebt der Markgraf vor, er habe vom Papst Dispens erhalten, sich von Griselda zu scheiden und eine andere ebenbürtige Gemahlin zu nehmen, und schickt Griselda im blossen Hemde zu ihrem Vater zurück. Bald aber lässt ihr der Markgraf wissen, sie möge an den Hof kommen, um für die bevorstehende Hochzeit alles herzurichten und die eingeladenen Damen zu empfangen. Griselda thut’s und empfängt am Hochzeitstage die junge Braut. Nachdem man sich zu Tisch gesetzt, lässt Gualtieri Griselda zu sich rufen und fragt sie: „Nun was dünkt dir von Unserer neuen Gemahlin?“ „Mein Gebieter, mir dünkt viel Gutes von ihr, und ist sie so verständig, als sie schön ist, und das glaube ich, so zweifle ich nicht, dass Ihr als der zufriedenste Herr mit ihr leben werdet. Doch, soviel ich kann, beschwöre ich Euch, erspart ihrem Herzen die Stiche, welche die andere, die einst Eure Gemahlin war, von Euch erhielt; denn ich glaube kaum, dass sie dieselben zu ertragen vermöchte, teils, weil sie jünger ist, teils, weil sie in Weichlichkeit erzogen ward, während jene von klein auf in beständigen Mühen gelebt hat.“ Da entdeckte ihr Gualtieri, dass die angebliche junge Braut und ihr mit anwesender Bruder seine und ihre Kinder seien; und der Markgraf lebte noch lange mit Griselda glücklich und hielt sie in hohen Ehren.

Diese Novelle Boccaccios hat *Petrarca* frei in lateinischer Sprache nacherzählt, und diese Bearbeitung ist sowohl Volksbuch als die Quelle zahlreicher epischer und dramatischer Dichtungen in verschiedenen europäischen Litteraturen geworden.

In Deutschland blieb die Übersetzung der *Griseldis* des Petrarca durch *Heinrich Steinhöwel* für die letzten Jahrzehnte des 15. Jahrh. bis in die erste Hälfte des 17. Jahrh. Volksbuch, zuerst gedruckt zu Augsburg 1471 in Fol. durch Günther Zainer und später öfters. Neuere, ebenfalls zu Volksbüchern gewordene Übersetzungen sind: Markgraf Walther, von Johann Fiedlern, Dresden 1653, und die Übersetzung des Kapuziners *Martinus* von *Cochem* in „Auserlesenes Historybuch“ Dillingen, 1687, auch einzeln unter dem Titel: Wunderbarer Demut- und Geduldspiegel, vorgestellt in der Gräfin Griseldis. Andere Übersetzungen hat man in niederdeutscher, französischer, niederländischer, englischer, dänischer, schwedischer, böhmischer Sprache. *Poetische* Bearbeitungen dieses Novellenstoffes kennt man ebenfalls aus zahlreichen europäischen

Litteraturen, z. B. aus Chaucers Canterbury Tales; in Deutschland ist es im 16. Jahrhundert dreimal als Komödie behandelt worden, darunter von Hans Sachs. Boccaccios Quelle ist bisher unbekannt geblieben. *R. Köhler* in Ersch u. Gruber, Artikel Griselda.

Grobianus. Am Schlusse des 15. Jahrhunderts kehrte ein Nürnberger Dichter die seit dem 13. Jahrhundert vorhandenen *Anstandsregeln* in poetischer Form um und gab Regeln für Vernachlässigung des Anstandes. Sebastian Brant erfand als Schlagwort für diese Gattung den heiligen Grobianus, ein Name, der sich rasch ausbreitete und haften blieb. Fr. Dedekind aus Neustadt an der Leine schrieb ein lateinisches Gedicht über die Grobianer, das Kaspar Scheidt in Worms übersetzte und erweiterte. Daneben lief eine Prosabearbeitung. Diese ganze Richtung der Poesie war durchaus volkstümlich.

Groschen, früher auch der *Gross*, von mittellateinisch *denarius grossus*, grosspfennig, dickpfenning. Die ersten Groschen sollen entweder im Jahre 1104 zu Trier oder um 1300 unter König Wenzel von Böhmen geschlagen worden sein. Sie bestanden aus 15lötigem Silber und wogen 10 Cent. Auf eine Mark gingen 60. Zuerst in Meissen, dann in vielen anderen deutschen Städten und Ländern nachgeschlagen, gab es bald eine Menge Groschen unter verschiedenen Namen. Seit dem 17. Jahrhundert war der Groschen der 24. Theil des Reichsthalers und wurde in 12 Pfennige geteilt.

Gudrun, streng oberdeutsch *Kudrun*, ein mittelhochdeutsches Epos mit volkstümlichem Stoffe, wurde sehr wahrscheinlich in der ersten Hälfte des 13. Jahrhunderts gedichtet und hat in seinen Hauptzügen folgenden Inhalt:

1. Hagen, der Sohn des Königs von Irland (nicht zu verwechseln mit dem Hagen des Nibelungenliedes), wird seinen Eltern als siebenjähriges Kind durch einen Greifen entführt. Durch einen Zufall aus der Gewalt der jungen Greifen gerettet, findet er drei ebenfalls geraubte Königstöchter, welche ihn aufziehen. Ein gestrandetes Fahrzeug verschafft ihm Waffen, und jetzt erschlägt er die Greifen. Die Bemannung eines ankernden Schiffes wird von ihm bezwungen und führt ihn mit den drei Jungfrauen in seine Heimat, wo eine derselben, die schöne Hilde von Indien, seine Gattin wird und eine Tochter gebiert, welche ebenfalls den Namen Hilde erhält.

2. Hagen lässt alle Boten der Freier töten, da nur ein gleich mächtiger König seine Tochter heimführen soll. Der König Hetel von Hegelingen sendet drei seiner tüchtigsten Recken als Werber, den freigebigen Fruote, den liederreichen Horand und den kampfberühmten Wate. An Hagens Hof geben sie sich für Kaufleute aus; Wate setzt durch seine Fechtkunst alle in Staunen, Fruote durch seine Pracht, Horand durch seinen süssen Gesang, der die Tiere von ihrer Weide lockt, die Fische und Würmer ihrer Fährte vergessen macht und die Menschen entzückt. Hilde lässt den Sänger heimlich zu sich kommen, und so kann Hetels Werbung angebracht werden, welche bei der jungen Königin günstige Aufnahme findet. Eine List wird verabredet; die drei Recken bitten Hagen und die Seinen, ihre Schiffe zu besuchen und ihre Reichtümer zu bewundern. Kaum hat aber die Jungfrau ihren Fuss auf das Hauptschiff gesetzt, so fährt es vor den Augen ihrer Eltern ab und landet glücklich im Hegelingenlande. Hagen folgt ihnen, und es kommt zu einem hitzigen Kampfe, den Hilde scheidet, zu deren Vermählung Hagen endlich seine Einwilligung giebt.

3. Hilde gebiert den Ortwin und

eine wunderschöne Tochter, die Gudrun. Siegfried von Morland wirbt vergeblich um sie, ebenso wird Hartmuot von Ormanie abgewiesen. Auch dem Herwig von Seeland wird ihre Hand versagt; er aber dringt mit bewaffneter Macht in Hetels Land ein, und Gudrun macht dem Kampfe ein Ende, indem sie sich den Helden zum Bräutigam wählt.

Siegfried von Morland macht unterdessen einen verheerenden Einfall in die Lande Herwigs, welchem Hetel zu Hülfe eilt. Hartmuot benutzt diesen Augenblick, um im Hegelingenlande einzudringen. Er meldet Gudrun seine Ankunft, sie antwortet mit der Nachricht ihrer Verlobung mit Herwig, Hartmuot entführt sie aber mit Gewalt nebst ihrer Freundin Hildeburg. Siegfried, mit dem unterdessen ein ehrenvoller Friede geschlossen worden ist, erklärt sich bereit, Hetel und Herwig in der Wiedererlangung der geraubten Jungfrau zu unterstützen. Sie treffen die Räuber auf einer Insel, dem Wülpensande; vom Morgen bis zum Abend dauert der heisse Kampf, worin Hetel fällt. Hartmuot mit seinen Normannen benutzt die Nacht zur Flucht. Herwigs Leute sind zum grössten Teil gefallen; er muss von der Verfolgung abstehen, bis die junge Mannschaft zu einem kriegstüchtigen Heere heranwächst.

In seinem Reiche anlangend, sucht Ludwig die Jungfrau zur Verbindung mit seinem Sohne Hartmuot willfährig zu machen; sie weigert sich aber entschieden. Wütend erfasst er sie bei den Haaren und schleudert sie ins Wasser, aus dem sie indessen von Hartmuot gerettet wird. Um sie zu zwingen, der Werbung desselben Gehör zu schenken, werden ihr von seiner Mutter, der Gerlinde, die niedrigsten Arbeiten auferlegt, obwohl Hartmuot dies missbilligt; allein nichts kann sie bestimmen, von ihrer Treue zu weichen, weder Härte, noch gütiges Zureden. Täglich muss sie am Strande mit ihre Freundin Hildeburg Kleider waschen und so vergehen 13 Jahre in Not und Elend.

Unterdessen ist im Hegelingenlande gerüstet worden, und ein Engel verkündet Gudrun die nahende Hülfe. Herwig und Ortwin gehen gegen Abend als Kundschafter dem anrückenden Heere voran und treffen die beiden Jungfrauen, die trotz des tiefen Schnees auf Befehl der Gerlinde in blossen Füssen ihre Arbeit thun. Bald erkennen sie sich, Ortwin widersetzt sich aber einer ihrer unwürdigen Entführung; mit den Waffen in der Hand will er seine Schwester zurückholen. In ihrer Freude und im neu erwachten Stolze ihres königlichen Blutes wirft sie die Kleider, die sie waschen sollte, ins Meer. Wütend darüber lässt Gerlinde die Heimgekehrte an eine Bettstelle binden, um ihr die Haut vom Leibe zu schlagen, und Gudrun rettet sich von dieser schmachvollen Züchtigung nur durch das listige Versprechen, Hartmuot minnen zu wollen. Sie lässt ihn alles zur Hochzeit bereit machen und, um dadurch die Besatzung der Burg zu schwächen, veranlasst sie ihn, Boten nach seinen Dienstmannen zu senden.

Im Heere hat man wehklagend den Bericht der beiden Kundschafter vernommen; zornig ruft der alte Wate aus: „Alten Weibern ziemt das Jammern; wir wollen mit Blut die Kleider färben, die ihre weissen Hände gewaschen haben.“ Die Morgenröte zeigt den Burgbewohnern die Heerhaufen vor den Thoren, und die Wappen verraten bald die nahenden Rächer. Ein Ausfall wird gewagt, Hartmuot verwundet Ortwin und Horand, Herwig erschlägt aber Ludwig, und Wate vertritt dem weichenden Hartmuot den Rückzug. Jetzt giebt Gerlinde alles verloren und will Gudrun in ihrer Wut töten lassen; allein Hartmuot sieht es und verhindert den Mörder durch seine Drohungen. Hartmuot muss sich dem alten Wate gefangen geben, der nun in der Burg herumtobt und selbst die Kinder in den Wiegen nicht verschont. Gerlinde findet bei Gudrun Schutz, allein sie wird Wate verraten und samt ihren Dienerinnen niedergehauen. Froh kehren die Sieger heim, und vier Vermählungen schliessen die Erzählung: Ortwin erwählt sich auf den Rat Gudruns die Ortrun, Schwester Hartmuots, welcher die Hand der Hildeburg gewinnt; Siegfried erhält die Schwester Herwigs, und Gudruns ausharrende Treue wird durch ihre Verbindung mit dem geliebten Herwig gekrönt.

Der *Stoff des Epos* lässt deutlich drei Teile unterscheiden: 1. den Raub Hagens durch einen Greifen; 2. die Entführung seiner Tochter Hilde mit ihrer Zustimmung; 3. die Entführung der Tochter derselben wider ihren Willen und die endliche Belohnung ihres treuen Ausharrens.

Im ersten Teile haben wir keine besondere Sage zu suchen; es ist eine Hinzufügung des Dichters und verrät ganz den Geschmack seiner Zeit.

Der zweite Teil beruht auf der uralten *Hildensage*, deren Heimat vielleicht die nordischen Inseln, die Schetlands- und Orkneysinseln sind, von wo sie dann nach Norwegen und an die Nordseeküste gelangte. Wir haben sie im Nordischen überliefert in der jüngeren Edda (*Skaldskaparmal*, c. 50) und von *Saxo Grammaticus* (*ed.* Müller I, 1, 238), wobei die erstere Fassung zweifellos die ältere ist: Während König Högni zur Königsversammlung gezogen ist, wird ihm von Hedin, Hjarrands Sohn, seine Tochter Hilde entführt. Er verfolgt die Fliehenden bis zu den Orkneys, wo es zum Kampfe kommt, da Högni keine Busse annehmen will. Den ganzen Tag kämpfen sie, aber Abends erweckt Hilde mit Zauberliedern die Gefallenen wieder, am Morgen beginnt die Schlacht von neuem, und so wird es fortgehen bis zur Götterdämmerung.

Zeugnisse für das Bekanntsein dieser Sage haben wir in einem angelsächsischen Gedichte des achten Jahrhunderts. Bemerkenswert ist ferner eine umgestaltete Fassung der Sage in einer auf der Schetlandsinsel Fula gesungenen Ballade (vgl. *C. Hofmann*, Berichte der Münchner Akademie 1867, II, 205). Ob und wie auch andere Sagen, in denen Entführungen von Jungfrauen vorkommen, mit der Hildensage zusammenhängen, lässt sich nicht mit genügender Sicherheit bestimmen.

Der Ursprung der Hildensage ist wahrscheinlich in der Mythologie zu suchen. Die sich stets erneuernde Schlacht erinnert an die sich immer wiederholenden Kämpfe der *Einherjar*, der Heldenschar Odins, welche sich alle Tage in heissem Kampfe gegeneinander üben und jeden Abend, von allen Wunden geheilt, zu neuer Waffenübung ausruhen. Wenn die Götterdämmerung anbricht, dann werden sie unter Odins Führung den Kampf gegen die bösen Mächte der Finsternis aufnehmen. Ihre sich stets wiederholenden Waffenübungen beruhen auf dem Wechsel von Tag und Nacht. Der Raub der schönen Jungfrau aus der Gewalt des harten Vaters deutet auf die Erlösung der frühlingsfrischen Natur aus den Banden der Winterriesen.

Die Gudrunsage, welche dem dritten Teile zu Grunde liegt, stammt aus der Gegend der Rhein- und Scheldemündung. Man hat sie gewöhnlich für eine verändernde Weiterbildung der Hildensage angesehen, indessen sind die inneren Verschiedenheiten doch zu gross und die Konsequenzen dieser Annahme zu bedenklich. Man thut am besten die Gudrunsage als selbständig zu betrachten, wobei immerhin Einzelheiten von einer

Sage in die andere gedrungen sein können.

Die Zeugnisse ihres Bekanntseins sind sehr dürftig. Gudrun kommt als Taufname in Oberdeutschland seit dem Ende des 11. Jahrhunderts einigemal vor; ferner beziehen sich auf diesen Sagenstoff drei Balladen, welche in Gottschee an der Save gesungen werden, und welche von den deutschen Einwanderern im 12. Jahrhundert aus ihrer Heimat am Niederrhein mitgebracht wurden. Das Alexanderlied des Pfaffen Lamprecht, Vers 1830—1838 spielt auf ein schwungvolles Gudrungedicht an, welches sich offenbar einigermassen an die Hildensage angelehnt hatte.

Den Ursprung der Sage in der Mythologie zu suchen, berechtigt uns nichts; *Müllenhoff* (Haupts Zeitschr. VI, 67) zeigt, dass der riesische Wate der Sage ursprüngfremd ist. Es ist also eine historische Grundlage anzunehmen. *Widmann* macht auf die Schicksale der zweiten Gemahlin Ottos I., Adelheid, aufmerksam.

Die Entstehung des Gedichtes hat man sich also etwa so zu denken. Auf den nordischen Inseln ihren Ursprung nehmend, wanderte die Hildensage nach Norwegen (nicht vor dem 10. Jahrhundert) und viel früher schon an die niederdeutsche Küste, von wo sie sich in balladenartigen Liedern den Rhein hinauf bis nach Oberdeutschland verbreitete; freilich ist sie daselbst erst um 1100 bezeugt. Die Gudrunsage, an den Mündungen von Rhein und Schelde entstanden, drang von da nach Oberdeutschland, wo sie gegen das Ende des 11. Jahrunderts volkstümlich gewesen sein muss. Etwa in der ersten Hälfte des 13. Jahrhunderts dichtete dann ein nicht nachgewiesener Dichter vermutlich in Steiermark die Gudrun, indem er beide Sagen verband und eine Vorgeschichte im Geschmack der damaligen Zeit hinzufügte. Er nahm sich offenbar das Nibelungenlied zum Vorbild. Die Frage, ob wir es, wie es Lachmanns Ansicht in betreff des Nibelungenlieds war, bloss mit einem Konglomerat von einzelnen Liedern oder mit einer einheitlichen Dichtung zu thun haben, ist entschieden dahin beantwortet worden, dass ein einziger das ganze Werk dichtete, welches später namentlich zum Zweck der Erzeugung von Binnenreimen roh überarbeitet und interpoliert wurde. *Ettmüller*, darauf mit sorgfältiger Kritik *Müllenhoff*, versuchten die zu Grunde liegenden Lieder aus der überlieferten Gestalt herauszuschälen; die Zuverlässlichkeit des Resultates wurde aber von *Bartsch* (Germania IX, 41 und 148) und *Willmanns* (Die Entwickelung der Gudrundichtung, Halle 1873) bestritten.

Die *Form* der Strophe ist der Nibelungenstrophe nachgebildet, und die Veränderungen bestehen darin, dass die dritte Langzeile einen klingenden Schluss erhalten hat, während die vierte durch eine Hebung vermehrt wurde und ebenfalls klingend schliesst. Diese Gudrunstrophe wurde von Wolfram von Eschenbach im Titurel etwas umgeändert verwendet. Zuweilen erscheinen in der Gudrun auch solche Strophen, deren letzte Zeile zu kurz ist, ausserdem aber auch 98 Nibelungenstrophen. Die ersteren erklären sich durch die Ungenauigkeit der Schreiber; die letzteren will *Martin* entfernen, während *Bartsch* sie dem seiner neuen Form noch ungewohnten Dichter zuschreibt.

Nur eine einzige *Handschrift* hat uns das Gedicht erhalten. Es ist eine Handschrift aus dem Schlosse Ambras und enthält das sogenannte Heldenbuch an der Etsch, welches Hans Ried, Zolleinnehmer am Eisack in Botzen, auf Befehl des Kaisers Maximilian I. von 1502 bis 1515 schrieb. Die Überlieferung ist sehr fehlerhaft.

Der Umstand, dass das Gedicht nur in einer Handschrift erhalten ist, während eine so vielfältige Überlieferung das Nibelungenlied bewahrt hat, zeigt, dass die Gudrun nicht viel gelesen und abgeschrieben wurde. Und doch ist es einer der kostbarsten Überreste unseres poetischen Altertums, ein ebenbürtiges Seitenstück zum Nibelungenliede. Man hat diese beiden Epen in vielen Beziehungen sehr treffend mit Ilias und Odyssee verglichen; wie die letztere ist auch die Gudrun ein häusliches Epos, und wie der Grundton des Nibelungenliedes ein tief tragischer ist (*als ie diu liebe leide an dem ende gerne gît*), so baut sich die Gudrun auf den Gedanken auf, dass die *leide* zuletzt mit *liebe* lohnt, dass treues Ausharren in Elend und Erniedrigung am Ende gekrönt wird, auf denselben Gedanken, der auch der Odyssee zu Grunde liegt.

Die Litteratur der Gudrunforschung findet sich am vollständigsten verzeichnet in *Ersch u. Gruber*. Band 96, 142. Ausgaben von *Bartsch*, Gudrun, Leipzig, 3. Auflage 1874, und von *Martin*, Gudrun, Halle 1872.

H.

Haar. Seit den ältesten Zeiten war langes, lockiges Haar bei den Germanen Zeichen der Freiheit und Mündigkeit, das Abschneiden des Haares Symbol der Unfreiheit; es wird deshalb dem Knaben und dem Knechte verschnitten, eine Ausnahme macht die freie Jungfrau; ebenso ist Abscheren des Haupthaares entehrende Strafe, auch bei gefallenen Weibern. Soldaten im Kriege schnitten mitgelaufenen Dirnen, deren sie müde waren, das Haar ab und jagten sie fort; auch der Narr ist geschoren. Mönche und Nonnen geben sich mit dem Verluste ihres langen Haares Gott zu eigen. Die meisten germanischen Völker trugen das Haar frei auf Schultern und Rücken, nur die Sueven kämmten es seitwärts zurück und banden es in einen Knoten. Noch durch längeres und mehr gepflegtes Haar zeichneten sich die Edlen und Könige, namentlich die Merowinger aus. Seitdem einzelne Karolinger von der Sitte ihres Volkes abwichen und sich das Haupthaar kurz schnitten, legten die Franken überhaupt die langen Locken ab. Die Langobarden und Bayern trugen das Haar im Nacken kurz, vorn hing es gescheitelt und lang herab. Die Sachsen bewahrten ihr langes Haar wie ihre langen Röcke.

Schon die alten Germanen bestrichen ihr Haar mit beizenden Salben aus Ziegentalg und Buchenasche, eine Sitte, welche die Römer von ihnen annahmen, wie diese auch auf falsche Flechten von deutschen Haaren begierig waren.

Die höfische Sitte brachte das lange und lockige Haar wieder zu Ehren, der Edeling trug es bis zu den Schultern, doch so, dass es diese kaum berührte; über der Stirn und unterhalb ringsherum war es glatt abgeschnitten; es wurde ausserdem gelockt, gekräuselt, gescheitelt und sogar gebrannt; auch die Geistlichen wollten sich trotz häufiger kirchlicher Verbote ihr zierliches Haar nicht nehmen lassen. Die Frauen der höfischen Gesellschaft trugen ihr Haar in der Mitte gescheitelt und hielten es durch ein Band oder einen Reifen in Ordnung; die längs der Wangen herabhängenden Haare wurden kürzer gehalten und zu Locken gedreht, die sich zierlich um das Ohr herum ringelten. Die übrigen Haare fielen entweder frei über den Rücken herab oder wurden in Zöpfe geflochten, welch letztere meist über die Schulter nach vorn gelegt und mit Goldfäden, Perlenschnüren und Borten durchflochten wurden. Später baute man aus den Zöpfen allerlei Verzierungen auf. In der letzten Zeit des Mittelalters war die Haartracht beider Geschlechter grossem Wechsel unterworfen, bald lang herabfallend, zu Locken gelegt, bald kurz geschnitten. Seit dem Ende des 15. Jahrhunderts war totale Kürzung des Haares Mode geworden, auch die Landsknechte schoren das Haar kurz.

Hagestolz, ahd. *hagustalt* und *hagastalt,* seit dem 13. Jahrhundert kommt *hagestolz* auf mit Anlehnung an *stolz.* Ahd. *hagastalt* war zunächst Adjektiv und bedeutete den eines *Hages* waltenden, ihm vorstehenden oder ihn besitzenden; Hag aber ist hier ein kleineres Grundstück, ein Nebengrundstück. Je nachdem die Hagestolzen das letztere von einem Hofherrn erhalten hatten oder nicht, waren sie hörige Kolonen oder freie Leute, und konnten auch, da sie jedenfalls kriegsdienstpflichtig waren, Ritter sein. Nach und nach wurde die ursprüngliche Bedeutung auf *besitzlose, unverheiratete* und daher dienende Leute beschränkt. Erst seit dem 16. und 17. Jahrhundert hiess Hagestolz jede ledige Person, welche weder Geschwister, noch andere Erben in aufsteigender Linie hinterliess. Als Anfang des besonderen Rechtes, unter dem die Hagestolze standen, wurde ein bestimmtes Alter festgesetzt, meist 50 Jahre oder 50 Jahre 3 Monate und 2 Tage.

Hahn auf dem Glockenturme kommt schon im 10. Jahrh. zu St. Gallen vor, er erinnert an die Wachsamkeit in Beobachtung der kanonischen Stunden. Vor Erfindung der Uhren richtete man sich mit dem Anfange des Frühgottesdienstes nach dem Hahnenschrei. Statt des Hahnes erschienen auf den Turmspitzen nicht selten die Abbildungen der Kirchenpatrone.

Haimonskinder. Die französische Sage von den vier Söhnen Herzogs Haimon oder Aymon, Namens Adelhart, Ritsart, Writhart und Reinald von Montalban gehört dem Karolingischen Sagenkreise an und hat die Kämpfe dieser Helden mit ihrem Lehnsherrn Karl dem Grossen zum Inhalte. Von der französischen Prosaauflösung eines ältern Epos erschien 1535 zuerst eine deutsche Übersetzung: Ein schön lustig Geschicht, wie Kaiser Carle der Gross, vier Gebrüder, Herzog Aymont von Dordons Söne, sechzechen jarlangh bekrieget, kürtzlich auss Frantz. sprach in teutsch transferiert. Doch ist diese Übersetzung nicht das gangbare deutsche Volksbuch; dieses letztere ist vielmehr aus dem Niederländischen bearbeitet und hat weit geringern Wert als jenes.

Hakenbüchsen, *arquebuse* (siehe Arkebusierer), *harkebuse,* auch kurzweg nur Haken genannt, kommt in der zweiten Hälfte des 15. Jahrhunderts vor und ist die erste Feuerwaffe, die ein ordentliches Zielen ermöglichte. Ihren Namen erhält sie von dem Haken, der auf der Unterseite des Laufes nahe der Mündung angebracht ist, um den Stoss auf eine feste Unterlage zu übertragen. Die Büchse war $1^1/_2$ m lang, die Kugeln 60—70 g schwer. Die Doppelhakenbüchse mit einem vor- und einem rückwärtsgerichteten Haken, die von starken Federn niedergehalten wurden, war oft 2 m lang und entsendete Geschosse von 150 Gramm. Sie diente gewöhnlich zur Verteidigung der Wälle und heisst darum *Wallbüchse.*

Halm ist ein altes bei Franken, Bayern und Alemannen im Schwange gewesenes Rechtssymbol; er wird zum Zeichen feierlicher Auflassung, Entsagung oder Kündigung mit der Hand geworfen, gereicht, gegriffen, bald von den Beteiligten, bald von dem Richter, seine Hauptanwendung findet jedoch der Halm bei Auflassung von Grundstücken durch Geschenk, Verkauf und Verpfändung, wobei die deutschen Formeln lauten: *mit halm und munde,* d. h. mit dem Symbol und der dazu gehörigen Rede, *mit hand und halm, mit halmen. Grimm,* Rechtsaltertümer, 121—130.

Der Halm wird in verschiedener Weise auch zur Bestimmung durch das *Los* verwendet, indem man seine Knoten oder Glieder zählt und den letzten Knoten eine bejahende oder verneinende Entscheidung fällen lässt; so bei *Walther* von der Vogelweide:

mich hât ein halm gemachet frô:
er giht, ich sül genâde vinden.
ich maz daz selbe kleine strô,
als ich hie vor gesach von kinden.
nû hoeret unde merket, ob siz denne tuo:
„si tuot, sie entuot, si tuot, sie entuot, si tuot.“
swie dicke ichz tete, sô was ie daz ende guot.
daz troestet mich, dâ hoeret ouch geloube zuo.

Oder es werden unter mehreren Halme von ungleicher Länge gezogen; wer den längeren zieht, hat gewonnen, mhd. *gräselîn ziehen. Grimm,* Wörterbuch.

Halsberge, *halsberc,* angels. *healsbeorg,* altfranz. *hauber, hauberc, habergon,* heisst ein Teil der Ausrüstung eines Kriegers und zwar in erster Linie derjenige, der Hals und Nacken zu decken hatte, höchstens noch den Oberteil der Brust. Im weiteren Sinne versteht man darunter auch das „alles bergende“ *alberc,* also das Panzerhemd, das vom Helmrand bis zu den Knieen hinabreichte. Siehe *Harnisch.*

Hammer, ist ursprünglich sowohl Handwerkszeug als Waffe, und zwar aus Flins- oder Feuerstein verfertigt. Er ist das Attribut des Gewittergottes Donar und heisst als solcher Donnerhammer, Blitzhammer und Donneraxt. Noch wird in Flüchen für „Der Donner schlage Dich“ der Ausdruck gebraucht: Der Hammer schlage Dich! oder beim Hammer! potz Donnerhammer! Noch Karl Martell hatte seinen Namen vom Streithammer, Karl der Grosse kannte ihn nicht mehr. Da Donar zugleich der das Land segnende und bewahrende Gott und der Schützer der Rechtsgeschäfte war, so diente in solchen Fällen der Hammer als Symbol. Mit dem Hammer wurden bei den Skandinaviern Becher geweiht, durch ihn geschah die Brautweihe. Er war ein heiliges Gerät, durch dessen Wurf das Recht auf Grund und Boden, auf Wasser und Flüsse oder andere Befugnisse bestimmt werden konnten; wo der geworfene Hammer einfiel, war der Grenzpunkt. Im Norden berief neben dem Stock oder Pfeil der Hammer die Volksgemeinde. In Obersachsen wurde durch einen herumgetragenen Hammer Gericht angesagt. So ist der Hammer für den Teilhaber an einem Gemeindewalde Zeichen des Mitbesitzes und mit den Anfangsbuchstaben des Namens seines Eigentümers versehen. Das Recht, einen solchen Hammer zu verleihen, gebührt nur dem obersten Vorsteher der Mark. Öffentliches Aufgebot von Gegenständen geschieht unter dem Zeichen des Hammers, der durch Aufschlagen den Meistbietenden in den Besitz der Sache symbolisch einweist.

Hand als Rechtssymbol ist das einfachste und natürlichste Zeichen der *Gewalt.* Der *Handschlag* war seit alters die allgemeine Bekräftigung aller Gelübde und Verträge, denen die Sitte kein feierlicheres Symbol vorschrieb; durch den Handschlag verbanden beide Teile ihre Gewalt gegenseitig; daher die mittelhochdeutschen Ausdrücke *hantslac, hant in hant geloben.* Auch die *Auflassung eines Grundstückes* geschah zuweilen mit blosser Hand, ohne Darreichung des Astes oder Werfen des Halmes. Bei *Huldigungen nach Lehnrecht* legte der Mann beide Hände zusammen; der Herr nahm sie zwischen die seinigen; zuweilen kniete jener, seine Hände dem sitzenden Herrn auf die Füsse bietend; mhd. *die hant strecken, einem die hände valten,* welches Symbol die Minnesänger auf den Frauendienst anwenden: *mîn hende ich valde ûf ir vüeze; mîn hende valde iu, vrowe mîn, ich armer pilgerîn; ein wîplich wîp im billich ir hende valdet.* Die Hand *schwört den Eid,* sie vollbringt und hält ihn. Die Sitte war, dass der Schwörende mit der rechten Hand etwas hielt oder berührte, Männer im Heidentum den Schwertgriff, im Christentum die Reliquien; Frauen die linke Brust und den Haarzopf; Geistliche und späterhin Fürsten Brust und Herz. Siehe den Artikel *Eid.* Traf jemand sein Vieh in fremdem Besitz und wollte es wieder erlangen, so war *Handauflage* nötig; er berührte vor Gericht mit der Rechten die Reliquien, mit der linken fasste er das linke Ohr des Viehs. Im *Femgericht* wurde der heimliche Schöffengruss dadurch ausgesprochen, dass der eintretende Schöffe die rechte Hand erst auf seine linke Schulter, dann auf die des andern Schöffen legte. In vielen Fällen wird die der Hand beigelegte symbolische Verrichtung genauer durch *Finger* bezeichnet. Eide wurden mit Auflegung beider Vorderfinger der rechten Hand geleistet, einfacheres Gelöbnis erging mit Aufstreckung *eines* Fingers. Abhauen der Hand war eine Leibesstrafe. *Grimm,* Rechtsaltertümer, 137 ff.

Handarbeiten der Frauen sind seit ältester Zeit *Spinnen, Weben, Sticken* und *Nähen.* Das Sinnbild der Frau ist die Kunkel; Spindelmagen heissen die Verwandten der Mutter, wie Schwertmagen diejenigen des Vaters. Flachsbau und *Spinnen* stehen unter der Obhut der germanischen Göttermutter, und Nornen wie Schwanjungfrauen und Riesinnen drehen feine Fäden aus Flachs. Leinene Kleider hielten in ältester Zeit die deutschen Frauen für die schönsten. Die Zubereitung des Flachses, das blauen, mhd. *bliuwen,* schwingen, mhd. *dehsen,* hecheln, bürsten besorgten bei den Reichen nur die Mägde; gesponnen wurde auch von der Fürstin und zwar am Rocken mittelst der Spindel; das *Spinnrad* ist erst im 15. Jahrhundert erfunden worden. Auf alten Bildern sieht man stets den Rocken zwischen den Knieen gehalten oder in einem Fussgestelle stecken, die Spindel wird in der Hand gehalten. So arbeiten die Frauen auch am Webstuhle, doch mehr für feinere Arbeiten, wie Borten, Gürtel, Hauben, Taschen u. dgl., und für gewöhnliche Leinwand. Das Weben der Wolle war bloss Arbeit unfreier Mädchen; das Haus, in welchem sie gemeinsam der Arbeit oblagen, hiess daher auch *webehûs.* Schon früh suchten sich arme Frauen durch Weben und Spinnen auch zu ernähren, meist gegen kärglichen Lohn, während die grossen Weber in Flandern und am Niederrhein wie in Süddeutschland zu grossem Reichtum gelangten. Auch in den Frauenklöstern wurde das Weben bald zum Vergnügen, bald zum Erwerbe betrieben; Spinnen und Weben wurde den Nonnen auf dem Aachener Konzil von 816 empfohlen. Bis zum 14. Jahrhundert waren es die Frauen, denen regelmässig das Geschäft des *Zuschneidens* und *Nähens* der Männer- wie der Frauenkleider zukam. Auch daran beteiligten sich Fürstinnen, namentlich mit dem Zuschneiden. Der Ausbildung des höfischen Lebens verdankte man aber auch besondere Schneidermeister, *snîdaere*, die sich auf die fremde Mode verstanden. Besondere Sorgfalt wurde auf die Naht verwendet, die geradezu Beweis höfischen Anstandes ist. Die Lieblingsbeschäftigung vornehmer Frauen war *Wirken* und *Sticken*, *wirken an der ram*. Die Gegenstände waren seidene Bänder, Borten, welche mit Gold und Edelsteinen besetzt auf die Kleider, die Decken und den Kopfschmuck genäht wurden, oder es wurden auf die Stoffe Buchstaben und Bilder mannigfaltiger Art gestickt, aus der heiligen wie der profanen Geschichte; namentlich waren die Ecken und Enden der Kleider und Rossdecken derart geziert. Auf der Haube des Meiersohnes Helmbrecht war auf der rechten Seite die Belagerung und Zerstörung Trojas samt Aeneas Flucht zu sehen, auf der linken die Thaten König Karls und seiner Gesellen Roland, Turpin und Olivier; zwischen den Ohren stand die Rabenschlacht, wie Witege Helches beide Söhne erschlägt; dazu war von einem Ohr zum andern mit glänzender Seide ein Tanz genäht, zwischen je zwei Frauen ein Ritter, und die Fiedler dabei. Genäht hatte das Prachtstück eine entsprungene Nonne. *Weinhold*, Die deutschen Frauen, IV, und *Schultz*, Höfisches Leben, Abschn. II.

Handel erscheint schon im Mittelalter in den beiden Gestalten des Klein- und Grosshandels. Den niedersten Grad des *Kleinhandels* repräsentiert der *Landfahrer* oder Hausierer, der in älterer Zeit für das gesellschaftliche und häuslichwirtschaftliche Leben von grosser Bedeutung war, er gab sich namentlich mit Glaserwaren und Wollentüchern ab und war nicht zunftmässig. Die ausgebreitetste Form des Kleinhandels, die namentlich mit den Jahr- und Wochenmärkten (siehe den Artikel *Markt*) aufs engste verknüpft ist, war der *Kramhandel*. *Kramer, kremer, kromer, gremper, grembler* heissen alle, die bloss *ze kram stan*, also ihr Geschäft bloss in der Markt- oder Gassenbude betreiben. Ihr Handel, *Cromerie, Kremerwerk, Kramerei, Kramschaft*, bezog sich zunächst auf alles, was im Hauswesen für Nahrung und Kleidung nötig war, konnte aber durch Ortsstatute eingeschränkt werden. Man teilt sie zunächst in *reiche* und *arme* Krämer ein; hervorgehoben werden insbesondere die *Specierii sive Mercerii sive Mercennarii*, deren *specia*, *species*, *merces*, *specirei* hauptsächlich die edeln Gewürze Muskat, Muskatblüte, Cardemom, Saffran, Pfeffer, Kandel, Ingwer, Nelken, Zucker, dann Alaun, Weihrauch, Südfrüchte u. dgl. betraf, später aber auch Seefische, süsse Weine und Delikatessen herbeizog; sie erhielten ihre Ware von den in den Städten vorübergehend weilenden und nur zum En-gros-Verkaufe befugten fremden Grosshändlern. Sodann werden genannt die *apotecarii*, *aputekaer*, *apteker*, die seit dem 13. Jahrh. von den Spezerei- und Gewürzkrämern sich ausschieden und sich vornehmlich auf die Bereitung und den Verkauf von Arzneien und Heilsalben verlegten. Da die Städte ein Interesse hatten, eine derartige Heilbude zu besitzen, so unterstützte man die Unternehmer gern mit Steuer- und Wachtfreiheit, regelte ihr Verhältnis zu den Ärzten und verordnete insbesondere, dass sie auch an Sonn- und Feiertagen Arznei zu verabreichen schuldig seien. Dahin gehören endlich die *penestici*, *hoken*, *häker*, *höker*, die sich bloss mit dem Verkaufe von Getränken und Speisen abgaben; in Süd- und Südost Deutschland heisst eine Unterart derselben *fragner*, die mit Obst, Gemüse, Käs, Milch, Kräutern, Hühnern, Salz u. dgl. handelten und einer besonderen Beaufsichtigung unterlagen; es waren meist Frauenspersonen, die diesen Handelszweig betrieben.

Die genannten Kleinhandelsleute waren in den Städten selber wohnhaft. Ausserdem durften auf Jahr- und Wochenmärkten auch *fremde Händler*, *Gäste*, unter gewissen Einschränkungen Handel treiben. Dahin gehört, dass der Gast gewisse Artikel nur in grössern Quantitäten bis zu einer festgesetzten Minimalgrenze verkaufen und keine Kaufgeschäfte mit anderen Gästen abschliessen durfte; ferner musste er seine eingebrachten Waren tarifmässig verzollen, ausser dem herkömmlichen Stätte- oder Budengelde für die gemietete Verkaufshalle weitere, oft ziemlich beschwerliche Markt-Gebühren entrichten.

Als Träger der Marktverwaltung ernannte der Rat die erforderlichen Marktbeamten und übte unter Beihilfe oder Vermittelung derselben die Marktpolizei aus. Der örtlich verbreitetste und bedeutendste städtische Marktbeamte ist der *Marktmeister;* zu seiner Unterstützung dienten einerseits die *Schauer* oder *Versucher*, auch *Visierer* genannt, und die *Vermesser*. Die Marktpolizei hatte vorzüglich die dreifache Aufgabe, der Waren-Fälschung, der Mass- und Gewichts-Verletzung und der künstlichen Preissteigerung vorzubeugen. Die Verhütung der Waren-Fälschung bezog sich auf die „Weinschmiere“, Fälschung von Öl, Talg, Gewürze, Bijouterie und Tücher; die als gefälscht erkannten Waren wurden entweder vernichtet, oder wie unreine Wolltücher oder nicht gesundes Fleisch, an besonderen Verkaufsstellen verkauft. Um Mass und Gewicht rein zu erhalten, hatten die Städte in der Regel ihre festen Normalmasse, eine Muster-Elle, einen Rats-Scheffel u. dgl. Besondere Beachtung wurde der *Wage* zugewendet. Der Stadt- oder Rats-Wage hatte man sich zu bedienen bei allen Samtkäufen, deren Gegenstand grössere Quantitäten bildeten, und bei allen Gäste-Käufen. Die *öffentliche* oder *gemeine Wage*, auch *Fronwage*, war im Rat- oder Kaufhaus, oder in einem eigenen *Waghaus* untergebracht und der Obhut und Behandlung eines *Wagmeisters* anvertraut. Die künstliche Preissteigerung oder der *Vorkauf*, mit dem sich die Marktpolizei vielfach beschäftigte, kommt in viererlei Formen vor: als *Auskauf*, d. h. Verkauf der Waren, um die in demselben Moment ein anderer verhandelt; als *Innungs-Auskauf*, wenn Zunftmeister die zu Markt gebrachten Rohstoffe für sich allein und ohne andere Mitmeister nach deren Bedarf und Wunsch daran teilnehmen zu lassen, käuflich erstehen; als *einfacher Auskauf* ohne Tendenz des gewinnbringenden Wiederverkaufes, wenn die Leute, um gewisse Waren für ihren eigenen Haushalt möglichst billig zu erhalten, „vor die Thore laufen oder in Gassen kaufen und auf die Wagen steigen“, und endlich als *gewinnsüchtiger Auskauf* oder Vor*kauf* im engern Sinne, wenn Jemand die zum täglichen Lebensbedarfe gehörigen Handelsartikel um des ihn bereichernden Weiterumsatzes willen in grössern Mengen wagen- oder karrenweise von den den Markt besuchenden Producenten erwirbt und aufspeichert. Solche *Vor-* oder *Fürkäufer* erstreckten ihre Thätigkeit auf alle Zweige des städtischen Handels, Getreide, Holz, Fleisch, Eisen, Kohlen, Waffen, Kleider, Schuh- und Sattelwerk, namentlich aber auf Holz, Tiere und Getreide.

Den Kleinhändlern stehen die *Grosshändler* gegenüber, die *gewelbherren*, *kaufherren*. Ihrem dreifachen *militärischen*, *bürgerschaftlichen* und *internationalen* Charakter entsprechen die drei Erscheinungen der *Kauffahrten*, der *Kauffahrer-Brüderschaften* und des *Hansgrafen-Amtes*.

Um die für den einheimischen Markt nötigen ausländischen Industrie-Produkte in den erforderlichen Quantitäten an ihren Schaffungsstätten zu erwerben, unternahmen die Kaufleute eines oder mehrerer kommerziell verbündeter Länder oder wohl auch eines oder mehrerer gewerblich konföderierter Einzelorte alljährlich, beziehungsweise nach kürzeren Zwischenzeiträumen eine gemeinsame *Kauf-* oder *Handelsfahrt,* deren frühestes geschichtlich bezeugtes Beispiel sich an die halbmythische Persönlichkeit des Franken Samo im Jahr 623 anknüpft. Ging die Reise auf überseeische Plätze mit Benützung der Wasserstrasse, so konnte dies entweder mit Flotte oder in Convoi geschehen. Mit der *Flotte* fuhr man, nachdem man das Ende der Frühlingsstürme abgewartet hatte, vom bestimmten Hafen in zahlreichen gut bemannten und verproviantierten, zu einer kriegstüchtigen Flotille vereinigten Ruderschiffen und Roggen, d. i. vorn und hinten abgerundeten Fahrzeugen, aus, und kehrte nach beendigten Geschäften gewöhnlich bald nach dem Sonnenwendtage in die Heimat zurück. Die *Convoi-Fahrten* hingegen, deren Anwendung auch auf die Binnenströme sich erstreckte, verlangten bloss kleine Schiffeverbände, hatten aber in diesem engern Kreise eine gemeinsame Gefahrtragung, eine Art von Versicherung, im Gefolge.

Reiste man nach den fremden Märkten *zu Land,* so glich die Kauffahrt noch in höherem Masse einem Kriegszuge. An der Spitze des Zuges der Frachtwagen und gewaffneten Fuhrleute zogen die Kaufherrn, gepanzert, das Schwert, wie der Landfrieden vorschreibt, am Sattelknopf befestigt; doch benahm später die allmähliche Ausbildung des *Geleitwesens* den Land-Kauffahrten das vorwiegend militärische Gepräge, indem jetzt an die Stelle des eigenen Wehrgesindes die Geleitsmannschaft zu Ross und zu Fuss trat; die Gebühr für das Geleite, die oft sehr beträchtlich war, hiess *Geleitschatz*; doch kamen auch Geleits-Verträge vor zwischen der Stadt, der die Kauffahrer angehörten, und den einzelnen Landesfürsten, durch deren Territorien der Weg zu gehen pflegte. Mit der Berechtigung zur Geleitsgabe war übrigens der Pflichtsatz verbunden, den die Geleits- und Gelobbriefe in der Regel ausdrücklich bestätigten.

Als eine Kauffahrt in verkleinertem Massstabe stellt sich die *Messefahrt* dar, mit der wieder das Messe-Geleite zusammenhing. Siehe den Art. *Messe.*

Auch nach überstandener Reise blieb der Kauffahrer am auswärtigen Bestimmungsorte stets in engster genossenschaftlicher Verbindung mit seinen Landsleuten. An manchen Orten treten die Auslandsfahrer desselben Landes oder derselben Stadt geradezu zu förmlichen Brüderschaften zusammen, eine Erscheinung, die man auch bei den blossen Messefahrern findet. Vgl. *Gierke,* Deutsche Genossenschaft, I, § 37.

Der Grosshändler war geradezu der industrielle Repräsentant seines Landes oder Volkes, daher sie auch im Auslande einfach *Teutonici* heissen. Der Inhaber des *Regensburger Hansgrafenamtes*, ursprünglich ohne Zweifel bloss aus der Mitte der Bürgerschaft für die kommerziellen Sonderinteressen auf den auswärtigen Märkten angestellt, erlangte allmählich die ausgedehnte Autorität eines Generalaufsehers über den gesamten südöstlichdeutschen Donauhandel.

In naher und vielseitiger Beziehung zu dem *Hansgrafen* (mhd. *hanse* = Kaufmannsgilde), deren es auch in anderen Städten gab, standen die *Unterkäufer* oder *Mäkler* (zu niederd. *mäkeln,* von *machen* abgeleitet), eine Art von Stadt- oder Ratsbeamten geringeren Ranges, die während der Marktstunden stets am Marktplatze anwesend sein mussten und darauf zu achten hatten, „*daz den burgern unde den gesten rehte geschaehe*“; man zog sie bei der Abschliessung bedeutender Handelsgeschäfte gern als Zeugen zu und übertrug ihnen schliesslich geradezu die Vermittelung solcher Verträge, hauptsächlich zwischen Bürgern und Gästen. Nach *Gengler*, deutsche Stadtrechtsaltertümer, Kap. 9 und Exkurs 8. Erlangen 1882. Vgl. Dr. *Joh. Falke*, die Geschichte des deutschen Handels. 2 Teile. Leizig 1859 u. 60, wo in einer ersten Abteilung „des Handels Gebiete, Wege und Waaren“, in einer zweiten Abteilung „des Handels Formen und Einrichtungen“ besprochen sind. Das bedeutendste Werk über die Handelswege im Mittelalter ist: *W. Heyd*, Geschichte des Levantehandels im Mittelalter, 2 Bde. Stuttgart 1879. Siehe auch *H. Heller*, die Handelswege Inner-Deutschlands im 16., 17. und 18. Jahrhundert und ihre Beziehungen zu Leipzig, in *Ermisch* Neues Archiv für Sächsische Geschichte und Altertumskunde. Bd. V, S. 1—72. Dresden 1884.

Händewaschen bei Tische ist eine allgemein verbreitete Sitte gewesen. Nachdem der Truchsess oder Seneschal knieend dem Herrn des Hauses gemeldet, dass die Mahlzeit bereit sei, befiehlt dieser dem Truchsess, das Signal zum Händewaschen zu geben. Durch Horn oder Trompete oder Zuruf werden die Gäste aufgefordert, sich auf ihren Platz zu verfügen. Unter der Leitung des Kämmerers boten Edelknaben eine Schüssel knieend dar und gossen aus einem Giessfasse Wasser über die Hände. Um den Hals hatten sie eine Serviette, mhd. *twehele*, *dwehele*, *zwehele*, hängen, an welcher sich die Herrschaften die Hände abtrockneten. Damen wurde das Wasser zuerst präsentiert, und Ulrich von Liechtenstein trank zum Zeichen seiner Dienstbeflissenheit das Wasser aus, in dem seine Geliebte sich die Hände gewaschen hatte. *Schultz*, Höfisches Leben, Abschn. IV.

Handfeuerwaffen. Als älteste europäische Handfeuerwaffe kann man die Raketenbolzen betrachten, welche mit der Armbrust geschossen wurden und z. B. in der zweiten Hälfte des 14. Jahrhunderts zu den Zeughausbeständen Bolognas gehörten. Wahrscheinlich auf Armbrüste, welche mit derartigen Raketenbüchsen versehen waren, bezieht sich ursprünglich der Ausdruck *Arkebuse*, ital. *archibuso*, franz. *arquebuse*, vom lat. *arcus* = Bogen, und dem niederdeutschen *busse* = Büchse (siehe eine andere Etymologie, nach Weigand, unter dem Artikel *Arkebusierer*).

Die erste wirkliche Feuerwaffe kam besonders in Flandern auf; es sind die in Lüttich hergestellten *Knallbüchsen*, *canons à main*, d. h. tragbare, gestielte *Handkanonen*. Sie bestanden aus einem kurzen, engen eisernen Cylinder, welcher hinten in einen schwachen, bis auf gewisse Länge ebenfalls hohlen, eisernen Stab endigte, dessen Bohrung als Kammer zur Aufnahme des Pulvers diente. Das Zündloch befand sich am Ende dieser Bohrung auf der oberen Fläche des Stabes und war mit einer kleinen pfannenartigen Vertiefung versehen, in welche das Kraut aufgeschüttet und mittels der Lunte entzündet wurde. Der Reiter befestigte die Büchse mittels eines am hinteren Ende des Stabes befindlichen Ringes an seinem Brustharnische und legte sie beim Gebrauche auf eine vorn am Sattel befindliche, bewegliche Gabel auf. Der Name dieser Reiterwaffe ist meist *Pétrinal*, d. i. Brustbüchse. Von Flandern kommt diese Waffe nach Italien, wo sie 1364 zu Perugia, 1386 zu Padua, 1399 zu Bologna zu Hause ist. Die Büchsen waren in plumpem Eisengusse hergestellt und wurden gelegentlich zugleich als Morgenstern verwendet; solche Doppelwaffen pflegt man *Schiessprügel* zu nennen. Eine andere Art Handfeuerwaffen sind solche, welche *eine oder mehrere bewegliche Ladekammern neben dem Rohre* hatten, die *Kammerbüchsen.* Die Ladekammer, die eigentliche „Büchse“, war meist aus Eisen geschmiedet, das Rohr bestand aus Kupfer oder es war aus schmiedeeisernen Stäben zusammengeschweisst und von aussen mit eisernen Reifen umwunden. Man lud die Kammer mit Pulver, schlug einen Stöpsel oder „Vorschlag“ darauf, die so geladene Kammer wurde in das Rohr eingeführt und durch einen eingeschobenen Keil oder Riegel festgehalten, dann that man den Bolzen oder die Kugel in den Lauf, schüttete Kraut auf das Waidloch (Zündloch), welches oben lag, und entzündete das Kraut mit einer glühenden Kohle oder Lunte. Gewöhnlich gehörten zu einem Feuerrohre drei bis vier Kammern. Die ersten in Augsburg und Regensburg 1376 verfertigten Büchsen waren vermutlich Kammerbüchsen.

Mit den Knall- und den Kammerbüchsen war ein Zielschuss unvereinbar; man *warf* bloss die Kugeln oder Bolzen in hohem Bogen gegen den Feind. Um die Mitte des 15. Jahrhunderts kommen die ersten roh gearbeiteten *Holzfassungen* auf; anfangs nichts anderes als der Ersatz des Eisenstieles durch einen die Büchse mehr oder minder umschliessenden Holzstab, gestaltet sich gegen Ende des 15. Jahrhunderts daraus ein zwar plumper, aber vollständiger *Schaft*, dessen hinterer Teil sich senkte und den man unter den rechten Arm schob, während man das Vorderteil der Waffe auf eine *Gabel* stützte. Um das Auflager auf der Gabel zu sichern und den Rückstoss aufzufangen, erhielten die Gewehre frühzeitig nahe der Mündung einen *Haken*, nach welchem man die Waffe, sie mochte im übrigen so oder so konstruiert sein, *Hakenbüchse* oder kurzweg *Haken* nannte. Die Ähnlichkeit der Wörter *Hakenbüchse*, niederländisch *haakbuse*, mit franz. *arquebuse*, führte dazu, dass schliesslich Arkebuse und Hakenbüchse vollständig indentifiziert wurden. Endlich konstruierte man den Schaft derart, dass man die Büchse an die Schulter anlegen konnte.

Seit Anfang des 15. Jahrhunderts waren nur noch Handfeuerwaffen gebräuchlich, bei denen Kammer und Rohr aus *einem* Stücke gegossen waren; man lernte es, auch längere Waffen von der Mündung aus zu laden, und *Vorderlader* machten den älteren Hinterladern Platz.

Die nächste Verbesserung, welche kurz nach der Einführung des Schaftes eintrat, bestand in der *Verlegung des Zündloches* auf die rechte Seite des Laufes, sowie im Anbringen einer Art von Pfanne hart unter dem Zündloche, und in einem Deckel der Pfanne, welcher das Pulver vor Nässe bewahrte und dessen unvorhergesehenes Herabfallen verhinderte. Das Entzünden des auf der Pfanne befindlichen Pulvers geschah immer noch mit der Lunte aus freier Hand. — Nachdem infolge der genannten Verbesserungen die Handfeuerwaffen wesentlich verbreitet worden waren, dachte man darauf, die Entzündung des Pulvers vermittels der losen Lunte durch eine mechanische Vorrichtung zu ersetzen. Man brachte zu dem Ende am Schafte vor oder hinter der Pfanne ein gekrümmtes, bewegliches Eisenstäbchen an, dessen oberes Ende zur Aufnahme der Lunte gespalten war. Damit hatte man den *Hahn* (Drache, Schlangenhahn — Luntenträger, *serpentine*) erfunden; derselbe wurde anfangs zur Entzündung des Pulvers mit der Hand auf die Pfanne gedrückt, später mit Hilfe einer Feder.

Da die unmittelbar am Schafte

befestigten Teile des *Schwammengelässes,* d. h. des Hahnes und seines Zubehörs, keine genügend sichere Befestigung am Holze fanden und dem Einflusse der Witterung zu sehr ausgesetzt waren, so brachte man unterhalb der Pfanne eine eiserne Platte an, auf der *aussen* der Hahn solide Befestigung fand, während die anderen Teile des nach und nach verbesserten Mechanismus *unter* die Platte verlegt wurden. So entstand das zuerst 1378 aufkommende *Luntenschloss.* Auch das Luntenschlossgewehr hiess *Hakbüchse, Hakenbüchse, Haken, Harkebuse;* sein Rohr war etwa 1 m lang; das Gewicht betrug 5 kg und die Kugeln waren vierlötige Bleikugeln.

Daneben gab es halbe *Haken,* auch *Handrohre* genannt, welche 2—2½ lötige Bleikugeln schossen und vorzugsweise im freien Felde geführt wurden, wobei man sich der Gabeln bediente; die letzteren wurden während des Auflegens mit der linken Hand gehalten und während des Marsches auf der linken Schulter geführt, wobei sie dann zugleich zur Unterstützung der auf der rechten Schulter getragenen Feuerwaffe dienten.

Der *Doppelhaken* oder „Scharfedündel" bediente man sich ausschliesslich bei Verteidigung und Belagerung fester Plätze gegen kleine Patrouillen und gegen die in den Trancheen und Batterieen arbeitende Mannschaft. Die Doppelhaken waren mit Schellzapfen (Schildzapfen) versehen und lagen auf einem dreifüssigen Bocke, der es gestattete, das Rohr nach jeder beliebigen Richtung zu drehen. Sie hatten 4 bis 6' lange eiserne Rohre, aus denen 6- bis 12lötige Bleikugeln geschossen wurden. Es gab auch *doppelte Doppelhaken.*

Die Einführung der ordentlichen Schäftung und die Einrichtung des Luntenschlosses wurden Veranlassung zur Erfindung der *Visierung;* diese wurde anfangs durch einen auf der hinteren oberen Fläche des Rohres angebrachten, hohlen und ziemlich weiten Cylinder bewerkstelligt, der später bis zu einer schmalen offenen Spalte verschlossen wurde; später ersetzte man diese Visierart durch kürzere und offene *Standvisiere,* welche auf ihrer Oberfläche mit einem Einschnitte versehen waren, und noch später kam das *Korn* in Anwendung.

Der Schaft wurde dadurch vervollkommnet, dass man ihm einen durch eine Dünnung abgetrennten Kolben gab. Für den *Ladstock,* welcher zuerst von der Waffe getrennt geführt wurde, brachte man eine Rinne, Nute, an der linken Seite des Schaftes an, die man später an die untere Fläche verlegte. Er bestand aus Holz und war an der Stossfläche meist mit einem Horn- oder Messingknopfe versehen.

Im Jahre 1515 wurde zu Nürnberg das *Radschloss* erfunden. Sein Mechanismus bestand darin, dass ein stählernes drehbares Rad mit gezahnter Peripherie in die Pfanne griff und im Innern des Schlosses durch eine Kette mit einer Schlagfeder in Verbindung stand, welche durch Aufziehen des Rades mittels eines Schlüssels gespannt wurde. Vorwärts der Pfanne war ein Hahn mit einem Schwefelkiese angebracht, der sich auf starker Feder bewegte. Das durch die ausschellende Feder kräftig um die Achse gedrehte Rad rieb sich am Schwefelkiese und erzeugte dadurch Funken, die das Pulver auf der Pfanne entzündeten. Das Radschloss fungierte auch bei Regenwetter und gewährte eine ruhigere Entzündung als das Luntenschloss; da sich das Rad jedoch infolge seiner Berührung mit dem Pulver nach einigen Schüssen bald verschmutzte und dann den Druck versagte, versah man das Gewehr oft mit einem Rad- und einem Luntenschloss. Allgemeine Anwendung fand das Radschloss nie; es wurde fast bloss in Deutschland und hier vorzugsweise zu den Feuerwaffen der Reiterei, Arkebusen-*Pistolen*, wie für Scheiben-, Jagd- und Luxuswaffen benutzt.

Eine weitere Verbesserung bestand in der Erfindung des *Schnapphahnschlosses*, welches durch Berührung von Schwefelkies oder *Feuerstein* (daher Flinte) mit einer sogenannten Batterie den zündenden Funken hervorbrachte. Auch dieses, namentlich in Spanien und den Niederlanden gebrauchte Schloss ist nie für eine allgemeine Ordonanzwaffe verwendet worden.

Gezogene Läufe sind gegen Ende des 16. Jahrhunderts zuerst bestimmt nachweislich; man nannte solche gezogene Gewehre später vorzugsweise *Büchse* oder franz. *carabine*. Eine Folge der gezogenen Gewehre war die Erfindung des *Stecherschlosses*. Doch blieb für die Feuertaktik des Fussvolkes das *Luntengewehr* massgebend; indem man sich nun anstrengte, dieses teils *leichter*, teils *wirksamer* zu machen, kam man auf die Doppelwaffe zurück; den Hauptteil der Infanterie rüstete man mit dem ohne Gabel verwendbaren *Handrohr*, *Muskete*, Rohr aus, eine Elite aber mit der schweren und unbeholfenen *Hakenbüchse*, welche zum Auflegen den *Stand-* oder *Gabelstock* forderte. Diese schwere Handfeuerwaffe wich sodann der leichteren im Zeitalter des dreissigjährigen Krieges für immer. *Jähns*, Geschichte des Kriegswesens.

Handschuhe, ahd. *hantscuoh*, mhd. *hantschuoch*, *hentschuoch*, ist ein seit den ältesten Zeiten als Schmuck und Auszeichnung, wie zum Schutz getragenes Kleidungsstück; namentlich gehören sie zur Bekleidung und zum Ornat weltlicher und geistlicher Grossen. Die Pelzhandschuhe wie überhaupt die gröberen waren Klotzhandschuhe, d. h. bloss mit einem Däumling versehen. Die höfische Sitte erweiterte den Gebrauch dieses Kleidungsstückes, und schon im 11. Jahrh. wurden buntgestickte Frauenhandschuhe getragen. Mitten auf dem Handrücken war ein grösserer Edelstein angebracht, kleinere Steine uud Perlen sonst dazu verwendet. Die anständigste Farbe war damals schon die weisse, der Stoff bald Seide, bald feines Leder. Sie reichten bald bloss bis zum Handgelenk, bald bis zum Ellenbogen. Die Ringe wurden über dem Handschuh getragen.

Handschuh als Rechtssymbol. Mit dargereichtem oder hingeworfenem Handschuh wurden bei Franken, Alamannen, Langobarden und Sachsen Güter übergeben, gleichsam ausgezogen und abgelegt. Zum Zeichen ausgebrochenen Bannes warf der König oder Richter den Handschuh hin und erklärte damit den Verbrecher alles seines Gutes für verlustig. Verbreiteter als die beiden genannten Anwendungen des Handschuhes ist der im ganzen Mittelalter gebräuchliche Wurf des Handschuhes als *Aufforderung zum Kampf*. Endlich bezeichnet der Handschuh Verleihung einer Gewalt von seiten der Höheren auf einen Geringeren; Boten wurden durch Überreichung des Handschuhes und Stabes von Königen entsendet. Städten, welchen der Kaiser Marktrecht giebt, sendet er seinen Handschuh.

Handwerk, siehe *Städtewesen* und *Zunftwesen*.

Hanswurst; das Wort erscheint zuerst in der 1519 erschienenen niederdeutschen Bearbeitung des Narrenschiffes, wo es einen groben Menschen von unbeholfener Figur malen soll, dessen Leibesgestalt an eine Wurst erinnert. Als Bauersmann erscheint Hanswurst zuerst in einem Fastnachtspiel 1553 und die Bedeutung des Narren in der Komödie geht endlich auf ein Schauspiel des Jahres 1573 zurück, wird aber erst gegen Ende des 17. Jahrhunderts recht gemein. Seine Tracht ist eine bunte, geckenhafte Kleidung. *Grimm,* Wörterb.

Harfe, siehe musik. Instrumente.

Harnisch. Das Wort Harnisch, mhd. der und das *harnas, harnasch, harnisch, hernisch,* stammt vom kymrischen „*haearn*", welches soviel wie Eisen bedeutete; *hernez, harnez* = Eisenzeug. Im weitesten Sinne wird darunter die gesamte Ausrüstung eines Kriegers verstanden, im engeren Sinne die Bekleidung des Rumpfes und der Glieder, also mit Ausschluss des Schwertes, Schildes und Helms; im engsten Sinne bedeutet Harnisch das aus Ringen bestehende Panzerhemd, also das Brustkleid, das durch die Jahrhunderte eine merkwürdige Wandlung zu bestehen hatte und endlich durch die Handfeuerwaffe und durch die neuere Taktik verdrängt wurde.

Die ersten sogenannten *Schutzwaffen* waren Schilde aus Baumrinde, Flechtwerk und Holz, daneben Tierfelle, Filzdecken und Filztücher, und endlich werden, allerdings nicht mehr in der Urzeit, Steppwämser von Leinen erwähnt. Und während verschiedene keltische Stämme in barbarischem Mut und Selbstgefühl ihren Feinden die nackten Leiber entgegenstellten, trugen nach Tacitus andere schon goldgeschmückte Panzerhemden, ja hüllten sich ganz in Erz. Es wird das aber unzweifelhaft nicht auf ganze Stämme Bezug haben, sondern nur auf deren Häuptlinge, denn nach zuverlässigen Berichten und nach den aufgefunden Moorleichen zu schliessen, gingen die alten Germanen bis zur erfolgten Mannbarkeit völlig nackt und trugen als Männer ein mantelartiges Gewand (*sagum*) ohne Naht und ohne Knöpfe von gewalktem Stoffe mit Hals- und Ärmellöchern. Auf bestmöglichen Schutz gegen feindliche Pfeile, Speere und Schwerter musste aber selbstverständlich gehalten werden, und so kam denn neben Schild und Helm bald auch die *Handberge* (*handberc*) auf, als vollgegossener Handring zum Schutze des Handgelenkes, oder als Rüstärmel, der entweder aus einer gebogenen Erzschiene oder aus einer federnden Spirale bestand. Vom Erfolge dieser ersten Schutzmittel zu weiteren Versuchen angespornt, suchte man nun namentlich die Brust besser zu decken und erreichte dies dadurch, dass man statt des gewöhnlichen Gewandes oder unter dasselbe eine lederne „*lorica*" anzog. Die Vornehmsten begannen dieselbe hin und wieder mit Schuppen von Erz oder mit Ringen zu besetzen, und endlich verband man die Ringe zu selbständigem Geflechte und schuf so die *Brünne* (got. *brunjo,* ahd. *pruniâ*, angels. *bryne*, altnord. *brunja*, altslav. *brynija*). Für dieselbe Schutzwaffe wird auch der Ausdruck *Ringe* (*hring*) gebraucht, westgot. *zaba* oder *zava*, und endlich ist der Bezeichnung *sar*, *sarwerc*, ahd. *saro, sarawi*, *gasarwi*, *gasarwa* zu gedenken, was eigentlich Rüstung heisst, aber der Brünne gleichkommen mag, Hildebrandslied: „*iro saro rihtun*" = sie warfen ihre Panzerhemden über; „*sarkes bar*" = ohne Panzer. Ursprünglich scheint die Brünne aus hörnernen Schuppen hergestellt worden zu sein. Die Erinnerung daran hat sich bei den älteren Dichtern insofern erhalten, als die absonderlichen Rüstungen ihrer Riesen und Helden sehr oft als *hurnîn* geschildert werden. Des Heiden Ilmars Leute z. B. waren mit „*horne beslozzen*", die Völker des Königs von *Tarmache fuorten hurnîne gar*, gleich wie die Christen *îsen und gewant.* Schon im Beowulfliede kommt jedoch Brünne durchgängig als Ringpanzer und Kettengeflecht vor und dies bezeugt sehr deutlich, dass auch bei den nordischen Stämmen, welche in keiner unmittelbaren Beziehung zu den Asiaten standen, der Gebrauch dieser Waffentracht uralt ist. Auch Hildebrands- und Walthari-lied kennen die Brünne. Dass diese in der Regel aus Ringen geschmiedet war, so dass Blut und Schweiss durch sie zu dringen vermochten, zeigen viele Stellen bei den Dichtern. Lanz. 1996, *daz bluot im durch die ringe ran ûz der tiefen wunden.* Auch Hagen sind die Ringe von *bluote naz.* Die Ringpanzer waren verhältnismässig leicht, liessen die Luft durch und schlossen sich fügsam dem Körper an, gestatteten daher ungehemmte Bewegung und konnten zudem mit geringer Mühe an und wieder abgelegt werden. Im Gegensatz zu dem Plattenpanzer, der angeschnallt werden musste und zwar mit Hilfe anderer, zog man die Ringpanzer an wie ein Kleidungsstück, daher der Ausdruck: *si schuten sich ûz dem gewaffen nâch grôzer müede,* oder *si sluffen in wîges gewâte* und *abe schute er sîn îsengewant.* Die Ringe liessen sich zudem ineinanderschieben, sodass die abgelegte Brünne bequem in einem Waffensack *(sârbalc)* oder in einem Schilde nachgetragen werden konnte. Brünnen, die wie ein Hemd übergeworfen werden konnten und dann bis an die Schenkel herabreichten, bezeichnet bereits das *Ruolandes liet* (um 1180) als Röcke: *di von Clamerse mit ir guoten îsern rouchen. Kün. Ruoth. do schluffen die recken in staline roche.* Diesem entspricht der lateinische Ausdruck für Stahlrock: *tunica ahena.* Walther trug eine dreidrähtige *tunica;* übrigens zog ein Recke je nach Bedürfnis auch mehrere Brünnen — wenigstens zwei — übereinander an.

Wie fest aber diese Ringe auch sein mochten, die Sänger wissen viel zu berichten von vortrefflich gezielten Speerwürfen und ritterlichen Schwertschlägen und Stichen: *do sniet im durch die ringe der küene Wolfhart* (G. Rosengarten). Und weiter:

> *Die ringe begunden rîsen in der rôsen schîn,*
> *Sie lâgent dô geströwet, als sie werint gesêt dar în.*

Man hat deshalb bereits sehr frühe begonnen, Stellen, die dem feindlichen Angriff besonders ausgesetzt sind, noch mit einem weiteren Schutze, nämlich mit aufgenieteten Platten zu versehen, mit sog. *Buckeln,* die oft in schönen Ornamenten die Panzer schmücken, wie die in Kegelgräbern und Torfmooren aufgefundenen, meist gut erhaltenen Exemplare es heute noch weisen. Ja, sogar eigentliche Plattenharnische treten — wenn auch in rohen Formen — bereits im 4. Jahrhundert auf und zwar als ein deutsches Produkt. Begreiflich ist, dass vom Schicksal besonders begünstigte Ritter bald in den Ruf kamen, als trügen sie gefeite Brünnen, auf denen kein Eisen zu haften im stande sei. Ja, nordische Sagen schreiben die gleiche Eigenschaft schon blossen Seidenhemden zu, die in besonderer, zauberhafter Weise gewebt worden. Nicht nur ist der Träger eines solchen für jede Klinge unverwundbar; auch Feuer beschädigt ihn nicht; von Kälte leidet er weder zu Lande, noch zur See; kein Schwimmen ermattet, kein Hunger quält ihn. Es sind dies die „Nothemden“ des deutschen Mittelalters.

Die alte Ringbrünne war noch in der Frankenzeit offenbar nur im Besitze hervorragender und wohlhabender Krieger. Die geringeren Leute, auch solche der Reiterei, begnügten sich mit minder kostbaren Surrogaten und zwar noch auf lange Zeit hinaus hauptsächlich mit dem *Schuppenwams* von Leder mit aufgenähten, übereinander fallenden, metallenen Schuppen. Auch treten schon *Beinschienen (beinbergae)* vereinzelt auf, vornehmlich bei Rittern; doch beschützten sie mehr nur das rechte Bein, weil dieses beim Ausfall nicht so unmittelbar vom Schilde gedeckt war. Kaiser Karl hielt bekanntlich sehr auf derbe, schützende Kleidung bei seinen Kriegsleuten; feiner, teurer Flitter war ihm zuwider. *Gepanzerte Pferde* werden ebenfalls schon im 9. Jahrhundert genannt, und es steht ausser Zweifel, dass auch hier die Schuppenpanzer gemeint sind.

Die Normannen Wilhelm des Eroberers waren, nach der berühmten Tapete von Bayeux zu schliessen, in einen bis über die Kniee reichenden, bequemen Waffenrock von Leder oder Steppleinwand gekleidet, der durchweg mit eisernen Ringen besetzt war. Die alte Brünne bedeckte nur den Rumpf und Oberarm, liess aber namentlich den Hals und Nacken frei, weswegen die nächste Folgezeit bestrebt war, sie in dieser Richtung zu verbessern. So entstand die *Kutte* oder *Halsberge (halsberc)*, agls. *healsberg*, altfrz. *hauber*, *haberc*, *hauberc*, welche namentlich bei den französischen Rittern des 10. und 11. Jahrhunderts allgemein in Gebrauch kam. Anfänglich nur bis an die Hüfte reichend, verlängerte sie sich zusehends, bis sie zu den Mittelgelenken der Arme und Beine reichte. Am Vorderarm kommt das gesteppte Ärmelwams zum Vorschein, an dem Unterschenkel das Kreuzgeflecht der Lederriemen des Bundschuhes, deren Verschlingung Schienbein und Wade schützen. Nur die Führer, z. B. Wilhelm selbst, haben auch die Beine mit Panzerhosen bekleidet. Die Öffnung zum Anziehen des „beringten" Kampfgewandes befindet sich auf der Brust und ist hier mit einem ebenfalls beringten, viereckigen, beweglichen Brustlatze zugedeckt. Die Normannenreiter trugen die Halsberge nur über dem Wamse; in der Folgezeit aber, als die Bewaffnung immer schwerer wurde, kam es auch vor, dass die Halsberge über der Brünne getragen wurde. Andere Forscher nehmen das Umgekehrte an und verstehen dann unter der Halsberge nur eine metallene Wehr für Hals, Nacken und Brust. Über Brünne und Halsberge trug der Ritter wohl auch den Waffenrock aus Seide oder anderen köstlichen Stoffen.

Sie begunden snîden
Den wâpenroc von sîden
Und den halsberc darunde.

Sollte der Mann in der Halsberge sich bequem bewegen können, so musste sie sich in der Nähe der Hüften erweitern, um den Schenkeln den beim Reiten nötigen Raum zu gewähren. Dies wurde dadurch erzielt, dass sich entweder im unteren Teile *slitze* befanden, sodass die Kutte in mehrere Schösse verlief, oder dass sie unten mit keilförmigen Zwickeln, d. h. mit *gêren* versehen war, wie deren auch an Wappenröcken und der Civilkleidung vorkommen. Ulrich von Liechtenstein 451, 2: in seinem Wappenrock waren *zwelf gêren gesniten durch sîne wîte.*

Ein weiterer Schritt war dann die Ausdehnung der gegitterten oder Maschenrüstung auch über die Arme und Beine, und zwar scheint diese Tracht zuerst in Deutschland gebräuchlich geworden zu sein. Eine der frühesten Darstellungen dieser Bewaffnung findet sich in Kaiser Heinrich II. *Evangeliarium*, wo der also gewappnete Ritter über der Schulter einen normannischen Schild und auf dem Kopfe einen niedrigen Glockenhelm mit Nasendeckel trägt. Die Rechte führt einen Knebelspiess, die Linke ist beschäftigt, eine Kurzwaffe (vielleicht ein *skramasax)* aus der Scheide zu ziehen; darunter hängt das eigentliche Schwert. Ähnliche Rüstungen begegnen uns auf nicht wenigen, namentlich deutschen Denkmälern des 12. Jahrhunderts. Dazu Fig. 73 aus dem Hortulus Deliciarum der Herrad von Landsberg. Zugleich zeigt sich eine Weiterentwickelung, indem die Schösse des Waffenrockes meist zu enganliegenden Schenkelhosen ausgebildet werden, welche bis zum Knie reichen. Am vollkommensten gestaltet sich diese Rüstungsweise

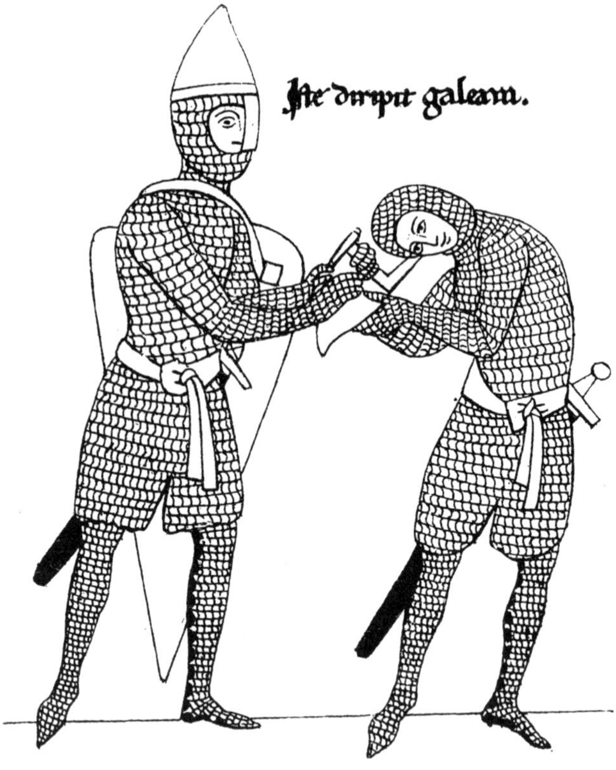

Fig. 73. Aus dem Hortulus Deliciarum.

am Rheine. Hier erschienen zu Ende des 12. Jahrhunderts die Ritter fest eingekleidet in die Ringe, die also nicht nur zu einem blossen Überwurfe, sondern zu enganliegenden Wämsern mit Oberschenkelhosen ausgestaltet sind. Daran schliesst sich knieabwärts ein ebenfalls aus Ringen gebildeter Schienenbeinschutz. Die Hosen waren gleich unseren modernen entweder geschlossen, so dass der Fuss von oben hineinfuhr, d. h. sie wurden „angeschuht“ oder „angeschüttet“, oder sie waren offen und wurden dann an der hinteren Seite des Beines mit Riemen zusammengebunden. Wigal. 6116:

Die frouwen im dô bunden
Die îsenhosen an diu bein.

Oder P. 157, 7:

Zwuo liehte hosen îserîn
Schuohterm über diu ribbalîn.

Anders in Frankreich und in Spanien. Hier ist die Bepanzerung der Beine offenbar später üblich geworden, als auf deutschem Boden. Zwar einige Siegelabdrücke vornehmer Krieger zeigen den Beinpanzer, wenn gleich nur als Schuppen-, nicht als Kettengewand; aber auf den meisten Darstellungen fehlt er; ja sogar die in Deutschland übliche Bepanzerung von Unterarm und Faust mangelt noch. Unter dem Ellenbogen tritt das vom 12. bis 14. Jahrhundert allgemein getragene Ärmelwams (franz. *wambison, gambison*) deutlich hervor. Dieses Wams bestand aus Leder oder Tuch, war mit Watte oder Werg gefüttert und meist mit Seide gesteppt.

Gegen Pfeile, Bolzen, Schwerthiebe, meist auch gegen Lanzenstösse gewährten die Maschenpanzer hinlänglich Schutz, nicht aber gegen die Schlagwaffen, Keule, Axt, Schlaggeissel, Morgenstern, Streitaxt; daher kamen letztere stark in Aufnahme und der Schwerpunkt der kriegerischen Aktion wurde mehr in das Fussvolk verlegt, während er bis anhin in der Reiterei zu suchen war. Was war natürlicher, als dass man bestrebt war, auch die Schutzwaffen in entsprechender Weise zu vervollkommnen? Die nach dem helmbedeckten Kopf geführten Streiche fielen nämlich meist abprallend auf die Schulter und verursachten durch deren Bruch Kampfunfähigkeit. Deswegen brachte man an besagter Stelle die sogenannten *Schulterflügel* an, eiserne Platten, welche das Eisen des Helms gewissermassen verlängerten und zeltartig nach aussen abschrägten. Diese *Ailettes* sind in der Geschichte der Bewaffnung von grosser Wichtigkeit, weil sie die ersten Eisenplatten sind, welche auf dem Kettenpanzer erscheinen.

Wie die Schultern, so suchte man auch Hals, Arme, Schenkel und namentlich die Kniee besser zu decken, indem man Platten und Schienen auf die betreffenden Stellen des Ringpanzers befestigte und zwar durch Aufnieten oder Nageln. Anfänglich verwendete man hierfür Leder, das durch Sieden eigens zubereitet und durch metallene Buckel und Bänder verstärkt wurde. Diese Veränderungen beginnen bereits gegen Ende des 12. Jahrhunderts und nehmen in der Folgezeit immer zu. Wo die Ringe genagelt erscheinen, da gehören sie mindestens schon dem Ende des 12. Jahrhunderts an.

Die Verstärkung der Rüstung durch *Platten* kommt zunächst auf deutschem Boden zur Geltung. Das deutsche Manuskript von Tristan und Isolde, welches zu Berlin aufbewahrt wird und der zweiten Hälfte des 13. Jahrhunderts angehört, zeigt bereits Ritter in vollständigen Plattenrüstungen mit geschientem Arm- und Beinzeug, nebst geschienten Eisenschuhen. In Frankreich war der Fortschritt der Bewaffnung langsamer. Die Ringbrünne kommt erst jetzt zu ihrer höchsten Vollendung, immerhin mit Anfängen der Schienenrüstung. Bemerkenswert ist, dass da, wo die Verstärkung der Rüstung durch Schienen eintritt, im übrigen oft von einer Ausstattung mit dem eigentlichen Maschenpanzer abgesehen, vielmehr zu dem älteren, billigeren Schutzgewande des bekettеten oder beschildeten Kampfgewandes zurückgegriffen wird.

Der *Handschuh* war ursprünglich mit dem Panzer verbunden; wer ihn ausziehen wollte, der musste zugleich den ganzen Panzer ablegen. Das war um so unbequemer, als mit Ausnahme des Daumens die Finger gar nicht gesondert waren; daher machte man später einen Einschnitt in das Maschengewebe, um mit der Hand durchlangen zu können, und liess den vorderen Teil der Maschen bis zum Augenblicke des Gebrauchs hinter der Hand herabhangen. Immerhin aber blieb, auch wenn das Kettenhemd über die Faust gezogen worden, der Handschutz ungenügend, und daher verfertigte man seit der zweiten Hälfte des 13. Jahrhunderts Handschuhe von starkem Hirschleder mit gehämmerten Eisenplatten auf dem

Handrücken und auf dem unteren Fingergelenke des Daumens. In gleicher Weise gehörte zur Rüstung der *Sporn*, der unmittelbar mit der Maschenbepanzerung des Fusses zusammenhing. (Siehe *Sporen.*)

auch Schulterkragen oder Maschenkapuze genannt, welche meist mit der kleinen Beckenhaube verbunden war. Das Wams (*Gambison*) war eine enganliegende Ärmeljacke mit daran befestigten Hosen und Strüm-

Fig. 74. Grabsteine aus dem Ende des 14. Jahrhunderts.

Anfangs des 14. Jahrhunderts bestand die ritterliche Rüstung aus Wams, Ringbrünne und Eisenhosen, welch letztere in oben angeführter Weise durch Platten verstärkt waren, dem Waffenhemde oder Waffenrock von Tuch und der Halsberge,

pfen. Es bestand aus Leinwand oder Leder. Vor der Brust, vor dem Gemächte und den Kniescheiben war es beringt. Siehe Fig. 74 Grabstein vom Ende des 14. Jahrhunderts aus *Weiss*, Kostüm-Kunde. Die inzwischen erfundene Kunst des Drahtziehens ermöglichte es jedem Krieger, sich eine Ringbrünne (Panzerhemd) zu verschaffen. Schulterplatten (*épolières*) und Armschienen (*armînen, brâzel* oder, wenn sie nur die Aussenseite des Armes decken, *demibrassards* genannt), sowie Ellenbogenkacheln und Kniebuckel fehlen nirgends mehr, werden gegenteils immer grösser und nähern sich durch weitere Mittelglieder mehr und mehr, bis die fortschreitende Kunst der Schmiede einen *Plattenpanzer* daraus entstehen lässt, der Rücken- und Brustplatte (Kürass), Bauchplatte (Bauchpanzer), Halsberge und Hängeplatten für die Oberschenkel in sich fasst. Auch der Unterschenkel erhält seine Wadenplatte und zugleich verlängert man die vorderen Unterschenkelschienen durch mehrere aneinandergefügte Plättchen und entwickelt so zusammenhängende Schienenschuhe (*îserkolzen, kolzenschuoh*), die bis zu Ende des 15. Jahrh. die Form langer und spitzer Schnabelschuhe haben. Der Ritter sass ohne Eisenschnabel auf's Pferd; der Knappe „hackte ihm dann den Stachel an", der gewöhnlich $^1/_2$, bei Grafen oft 1', bei Fürsten sogar 2' lang war. Denkt man sich noch die mit beweglichem Gesichtsschutze versehene Kesselhaube, einen Stechhelm oder Eisenhut hinzu (siehe *Helm*), so war das liebe Leben eines solchen Ritters unbestritten trefflich geschützt. Und wenn der vollständige Platten- oder Schienenharnisch auch keineswegs eine bequeme Kleidung gewesen sein mag, so hemmte er doch den Gebrauch der Glieder weniger, seit kunstfertige Meister bemüht waren, den treibenden Hammer so geschickt zu führen, dass die Formen der einzelnen Panzerteile dem anatomischen Bau der Gliedmassen möglichst entsprachen.

Die berühmtesten Waffenschmiede Italiens bestanden zu Mailand. War doch diese eine Stadt nach der Schlacht bei Macalon (1427) im Stande, binnen wenigen Tagen Waffen und Rüstungen für 4000 Reiter und 2000 Fussknechte zu liefern. Die *sarwürker* oder *sarwetter* (Wirker und Weber von Kettenpanzern) sowie die *platenaere, thorifex*, Helmschmiede, Harnischmacher, Sporer und Schlosser genossen grosse Privilegien; so waren sie in Spandau von allen Abgaben frei. Die deutschen Waffenschmiede (Augsburg, Nürnberg) genossen einen Weltruf. *San Marte*, Waffenkunde und *Jähns*, Geschichte des Kriegswesens.

Hatschier, Hatschierer, Hartschier, seit dem 15. Jahrhundert aus dem zuerst seit dem 12. Jahrhundert bezeugten französischen *archer*, ital. *arciero* = Bogenschütze entlehnt, hiess ein Trabant, Leibtrabant, der in kleineren Gemeinden auch Bütteldienste verrichtete.

Haubitze, ein grobes Geschütz zum Schiessen von Granaten und Kartätschen, seit den Hussitenkriegen dem böhmischen *haufnice* = Steinschleuder entnommen, daher das Wort deutsch auch zuerst *haufnitz* lautet.

Hausmarke heisst das besondere Zeichen, mit welchem nach altem Gebrauche die Wohnhäuser und die Stammsitze bezeichnet wurden. Da sich der Hausbesitzer dieses Zeichens auch bei Unterschriften als Handzeichen bediente, erhielt es den Namen *hantgemâl*, welches Wort nun auf das Grundstück, den Stammsitz selber übertragen wurde. Durch das Hantgemal wurde der Ort für den gerichtlichen Zweikampf des Schöffenbarfreien bestimmt und wo es auf Ebenbürtigkeit ankam, der Beweis des schöffenbaren Standes geführt. Später wich die Hausmarke über dem Thor dem Wappen, und der Gerichtsstand richtete sich nicht mehr nach dem Stammsitz, der die Hausmarke trug, sondern nach dem Domizil. *Homeyer*, Abhandlungen über das Hantgemal. Ders. Haus-

und Hofmarken, Berlin 1870. *Michelsen*, Die deutsche Hausmarke, Jena 1853.

Hausmeier, Majordomus, war der Name eines Beamten, der in der Merowingerzeit früh, namentlich bei Geistlichen und an den Höfen der Könige verschiedener germanischer Stämme vorkommt. Bei den Franken ist der Majordomus wahrscheinlich ursprünglich nichts anderes als der alte Seneschall; ihm stand die Oberaufsicht über das Hauswesen im ganzen zu. Es gab ihrer mehrere, da jede Hofhaltung, auch diejenige der Königin, der Prinzen, ihres eigenen Hausmeiers bedurfte. Zuletzt, als die Macht des Majordomus eine solche Bedeutung erlangt hatte, dass eine Teilung derselben unter mehrere unstatthaft geworden war, gab es bloss noch einen Beamten dieses Namens, der auch *major domus regiae, major domus palatii, princeps palatii, palatii praepositus, praefectus palatii, rector palatii* hiess, Als Vorsteher des Palastes und Hofes erhielt er einen Einfluss auf alle Verhältnisse desselben; die Erziehung der jungen an den Hof gebrachten Leute stand zum Teil unter seiner Leitung; er hatte für die Wahrung von Zucht und Recht unter den Grossen, für den Frieden im Lande zu sorgen; in der Ratsversammlung sass er dem Könige zunächst, oder führte, wenn dieser abwesend war, den Vorsitz selbst; unter minderjährigen Königen stand ihm die Erziehung und Reichsverwesung zu. Wahrscheinlich verband sich damit ein Anteil an der Verwaltung des königlichen Hauses, der Erhebung und Verwendung der königlichen Einkünfte. Ursprünglich wurde der Hausmeier wie jeder andere Beamte von dem Könige ernannt, später unter Mitwirkung der Grossen gewählt. Zuletzt gehen alle wichtigen Geschäfte durch seine Hand, von ihm hängen die Beamten ab, er erteilt Gnaden und Ehren, er vertritt den König gegen seine Unterthanen. Er hält an des Königs Platz das Gericht in der Pfalz, sein Name wird auf Münzen gesetzt, er erscheint als der eigentliche Regent des Reiches, er heisst Fürst der Franken oder Unterkönig, *subregulus*. Nachdem Pipin die königliche Gewalt lange Zeit unter diesem Titel geführt und das Königtum selbst an sein Haus gebracht war, wurde kein Majordomus mehr ernannt. *Waitz*, Verf.-Gesch. Bd. 2 und 3.

Heerwesen. In *ältester Zeit* ist das Heer der Germanen nichts anderes als das Volk in Waffen. Glied des Staates war nach Tacitus, 13, wer die Waffen kannte. Zu kriegerischen Unternehmungen vereinigte sich entweder ein ganzes Volk oder ein Stamm, mit Weib und Kind, Hab und Gut, wenn es galt, neue Sitze einzunehmen, oder für besondere Unternehmungen junge Leute im Gefolge eines Fürsten; wenn diese besonderen Züge grösseren Umfang hatten, mussten sie, was auch bei Raub- und Beutezügen geschah, von der Volksversammlung gebilligt werden. Die Abteilungen des Volkes, Gaue, Hundertschaften und Gemeinden, bildeten auch die Abteilungen des Heeres, wobei auf Verwandtschaft und Geschlechterverbindung die möglichste Rücksicht genommen wurde. Man diente zu Ross und zu Fuss, ohne dass der Rossdienst einen besonderen Stand veranlasst hätte; den Reitern waren besonders gewandte und leicht bewegliche Fussgänger zur Unterstützung beigegeben. Die Schlachtordnung war diejenige des Keiles, die ursprünglich allen arischen Völkern eigen war, und zwar bildete das germanische Heer regelmässig drei Keile nebeneinander, deren Reihen hinten zusammenstiessen, worauf erst die eigentliche Masse des Heeres folgte; mit dieser einen Schlachtordnung ging man zum gemeinsamen Angriff. Führer des Heeres waren die Fürsten, für die Leitung des Ganzen wurde ein Herzog gewählt. Nach Tacitus übten die Priester im Heer die oberste Strafgewalt und verhängten wie auf Gebot der Götter Tod, Fesseln und Schläge, wie denn die beiden letzteren Strafen überhaupt aus der strengeren Ordnung des Heerwesens zu stammen scheinen. Der Heerdienst verlieh dem Kämpfer einen besonderen Schutz oder besondere Auszeichnung; unter dem Schutz der Götter und unter göttlichen Feldzeichen zog man aus; den Ausgang einer Schlacht suchte man im voraus zu erkennen, durch Zweikampf zweier vorragender Heergenossen oder durch weissagende Frauen. Mit Gesang und Geschrei ging man zum Kampf. Der Germane pflegte nicht zu fliehen, auch den Schild nicht wegzuwerfen; er siegte oder starb. Feste Plätze hatten die Germanen wenige; als Zufluchtstätten dienten Ringwälle auf Anhöhen; Striche Landes, die man wüste liegen liess, kamen häufig vor. Schon von Anfang an waren die germanischen Küstenbewohner auch zur See streitbar. Der besiegte und gefangene Feind diente fortan, wenn er nicht den Göttern als Opfer fiel, als Knecht; unterworfene Völker verfielen in Hörigkeit oder mussten Tribut zahlen

Zur Zeit der Merowinger und Karolinger war der Heerdienst auf diejenigen *Freien* eingeschränkt, welche *Grundbesitz besassen*; das war schon deshalb nötig, weil der Freie mit eigner Rüstung und Verpflichtung zum eigenen Unterhalt seinen Dienst zu leisten hatte; doch brauchte der Grundbesitz nicht Eigengut zu sein; auch der Besitz von abhängigem Land verpflichtete den persönlich Freien zum Heerbann; Knechte aber waren nicht dienstpflichtig und wurden nur ausnahmsweise bei feindlichem Einfall aufgerufen. Von einer Entschädigung, einem Sold des Kriegsdienste Leistenden war nicht die Rede; nach alter Gewohnheit sollten Waffen und Kleider auf ein halbes Jahr, Lebensmittel für einen Marsch von drei Monaten jenseits der Grenze oder von der Heerversammlung aus mitgeführt werden; doch dauerten manche Züge natürlich weit länger. Zur Rüstung verlangt ein Gesetz Karls des Grossen allgemein Lanze und Schild oder einen Bogen mit zwei Sehnen und zwölf Pfeilen. Als Waffen, die der Reiter führte, werden Lanze, Schild, Schwert und Halbschwert oder Dolch, Bogen und Pfeile angegeben; Helme und Panzer wurden nur von den Angeseheneren, ein Brustharnisch von dem Besitzer von 12 Hufen verlangt. Im Heere Karls des Grossen bildete die *Reiterei* jedenfalls schon einen sehr wesentlichen Bestandteil, ja die Regel, wie es bei den Langobarden schon um die Mitte des 8. Jahrhunderts der Fall war. Aus dem Ende des 9. Jahrhunderts wird berichtet, dass es den Franken ungewöhnlich gewesen sei, zu Fuss zu kämpfen; einzelne Stämme, wie die Sachsen, kämpften noch weit später zu Fuss, und jedenfalls war ein zahlreicher Tross zur Begleitung des Gepäcks und der Lebensmittel vorhanden.

Durch den Befehl oder *Bann* des Königs wurde zum Heerdienst einberufen, bei der Strafe, welche überhaupt auf Verletzung des königlichen Bannes stand und welche daher *Heerbann* heisst; sie betrug nicht weniger als 60 *solidi*. Das Heer selbst hiess ein *gebanntes* und keineswegs Heerbann. Das Aufgebot erfolgte zur allgemeinen Versammlung des Jahres, der Heerversammlung; der Graf verkündigte den Bann in seinem Gau und hatte die Aufsicht über die Rüstung der Einzelnen; der Bann dauerte aber noch 40 Tage nach der Rückkehr, worauf erst die Waffenlegung oder *scaftlegi* erfolgte. Besondere Vorrechte, wie höheres Wehrgeld, genoss in dieser Periode der Krieger nicht mehr, doch sollte während des Kriegszuges ein höherer Frieden herrschen.

Im ganzen war der Kriegsdienst infolge der lange andauernden, weit entfernten Kriege und der Unsicherheit des heimatlichen Gutes während der Abwesenheit des Besitzers immer mehr eine Last geworden, die schwer empfunden wurde und zu einer näheren Regelung des Heerwesens nötigte, die jedoch zu keinem genügenden Abschlusse kam; es trat in Beziehung auf die ursprünglich allen gleiche Strafe eine mildernde Abstufung ein; man regelte die Dienstpflicht nach der Grösse des Besitzes und nach der Gegend, wo der Krieg geführt wurde; man setzte fest, dass ein Teil der Ausziehenden von den zuhause Bleibenden eine Beihilfe empfing, welche die Stelle des Soldes vertrat. Das Verlassen des Heeres, der *herisliz*, galt als Majestätsverbrechen und wurde mit dem Tode bedroht, ein Zuspätkommen bei den Grossen des Reichs nur mit Fasten belegt, soviel Tage Verzögerung, soviel Fasten an Fleisch und Wein. Den Hochbetagten vertrat der Sohn, den Unmündigen der Vormund. Öffentliche Wolfjäger waren schon von Karl dem Grossen vom Kriegsdienst dispensiert.

Die Last des Heerdienstes hatte schon vor Karl viele Freie veranlasst, ihr freies Eigen an Kirchen und weltliche Grossen zu übertragen und Vasallenverhältnisse einzugehen, um sich der Pflicht des Heerdienstes zu entziehen. Karl trat einem solchen Verfahren mit Entschiedenheit entgegen und stellte mit Rücksicht auf die Dienstpflicht das Lehengut dem Eigengut gleich; nur zur Befriedigung berechtigter Interessen stellte er zugleich fest, dass die Grafen von ihren abhängigen Leuten zwei zum Schutz der Familie und zwei zur Wahrnehmung amtlicher Geschäfte, Bischöfe und Äbte überhaupt nur zwei dispensieren dürften; den Geistlichen war es nach kirchlichen Gesetzen verboten, Waffen zu tragen, weshalb sie auch nicht in den Krieg ziehen sollten; doch hat dieser Grundsatz nur bei Mönchen und Priestern unbedingte Anwendung gefunden; auch machten die Äbte davon wieder eine Ausnahme; sie sowohl als die Bischöfe zogen persönlich in den Kampf und waren mit ihren abhängigen Leuten regelmässig im Heere anwesend. Doch strebten die geistlichen Stifter danach, sich wie von anderen öffentlichen Leistungen, so auch von der Heerespflicht durch Ausdehnung der Immunität zu lösen. Wo dieses nicht geschah, trat an Stelle des Grafen, der die Dienstpflichtigen seines Gaues dem Herrn zuzuführen hatte, der Herr.

Das Heer gliederte sich nach den verschiedenen Stämmen und Gauen. Die Mannschaft seines Gaues führte der Graf; den Oberbefehl hatte der König oder einer seiner Söhne, das königliche Banner war von einem angesehenen Mann, etwa einem Grafen, getragen. Dem Kriegsheer folgte ein bedeutendes Rüstwerk: Wurfmaschinen, Gerät, Zelte, Pfähle, Lagerwerkzeug, Lebensmittel und was zu deren Herrichtung erforderlich war, Mühlen, Kochgeschirr. Dazu wurden Saumtiere und Wagen in bedeutender Anzahl erfordert, die letzteren von Ochsen gezogen. Jeder Proviantwagen hatte 12 Scheffel Mehl oder 12 Mass Wein zu enthalten und bei jedem sollten sich die nötigen Wagen, Schild, Lanze, Bogen und Köcher befinden. Zur Lieferung solchen Kriegsbedarfs waren die abhängigen Landbesitzer, die nicht selbst Heerfolge leisteten, ausdrücklich verpflichtet, sei es in Naturalleistung, sei es in Geldzahlung. Für Brückengerät, Schiffe und Kähne, deren man bedurfte, hatte der Graf für seinen Amtsbezirk zu sorgen. Nur ausnahmsweise überwinterte das Heer. Feste Plätze wurden von Karl in den neuunterworfenen Provinzen, später hauptsächlich nur an den Grenzen angelegt. Karls Nachfolger nahmen das Recht in Anspruch, dass neue Befestigungen ohne ihre Zustimmung nicht angelegt werden sollten. Bei der Belagerung fester Plätze benutzte man die schon im Altertum gewöhnlichen Mittel der Zerstörung oder Ersteigung der Mauern, Schilddächer, Widder, Wurfmaschinen, Leitern, für deren Transport der Marschalk zu sorgen hatte. Im Seekrieg, sowohl gegen Griechen und Araber im Mittelalter als gegen die Dänen, waren die fränkischen Flotten nicht glücklich.

Noch im 10.—12. Jahrhundert beriet der König in allgemeiner Versammlung einen Kriegszug und liess Beschluss darüber fassen; die feierliche Zusicherung wurde später durch einen *Eid* gekräftigt, dass der Dienstpflichtige wirklich die Kriegshilfe leisten wolle, zu der er verpflichtet war. Daneben aber bestand wie früher das königliche Aufgebot oder der Heerbann. Die regelmässige Jahresheerfahrt der früheren Periode, die sich an die Heerversammlung im März oder Mai (März- und Maifeld) angeschlossen hatte, kommt nicht mehr vor; entweder ist ein Unternehmen, wie namentlich die Züge nach Italien, längere Zeit vorher ins Auge gefasst, so zwar, dass noch in demselben Jahre Beschluss und Ausführung stattfanden, oder es wird plötzlich ins Werk gerichtet. Das Aufgebot ging nicht an die einzelnen, welche Heerfolge leisteten, sondern an die höheren Gewalten, welche Mannschaften führten und stellten, allgemeine Landesnot ausgenommen, welche alles zu den Waffen rief. Der Dienst ist jetzt gänzlich ein *Reiterdienst* geworden; man unterscheidet dabei leichtbewaffnete und solche schwerer Rüstung; die letzteren hiessen die *Gepanzerten, loricati,* oder die *Beschildeten, clipeati,* daher heisst die kriegerische und besonders die schwergerüstete Mannschaft eines Landes, Fürsten oder Stiftes sein *Heerschild*. Jeder schwergerüstete Ritter pflegte seit dem 11. Jahrhundert einen oder mehrere berittene Begleiter zu haben, die mit Schild und Schwert bewaffnet waren und ausserdem ein kleines Beil am Sattel trugen; der Schwergerüstete aber zog mit Helm, Panzer und Beinschienen, mit Speer oder Lanze neben dem Schwert und mit grossem Schilde in den Kampf; zu dem Streitrosse, dessen er sich im Kampfe bediente, kam ein besonderes für den Marsch; doch hinderte die schwere Rüstung nicht, das Ross zu verlassen, um Mauern zu stürmen oder sonst den Kampf zu Fuss aufzunehmen.

Die Leistung des schwergerüsteten Rossedienstes setzte grösseren Besitz und kriegerische Lebensweise voraus. In dieser Lage befanden sich Vasallen oder Ministerialen, deren Verwendung im Kriegsdienst den hauptsächlichen Grund zu ihrer späteren rechtlichen und politischen Stellung legte; ihre Zahl war zwar bedeutend geringer als das alte Aufgebot; dafür gaben aber die bessere Rüstung und Übung einen Ersatz. Auf den grossen Gewalten, welche die erforderliche Mannschaft zu stellen hatten, ruhte die Heeresordnung des Reichs, auf den Herzögen, Grafen, Bischöfen, Äbten; auch die letzteren zogen in eigener Person zu Felde, sei es in priesterlichem Gewande und Kreuz oder die heilige Lanze vortragend, sei es kriegerisch gerüstet, wenngleich die Kirche das letztere verbot und dagegen eiferte. Bei einem Aufgebote wurde nicht, wie früher, unbestimmt die vorhandene kriegerische Mannschaft in Anspruch genommen, sondern es war ein Kontingent festgesetzt, welches bei Abwesenheit des Fürsten grösser wurde, als wenn er selber mitzog; die Kontingente der geistlichen Fürsten übertrafen diejenigen der weltlichen um ein Bedeutendes; es hatten z. B. für einen Zug Ottos II. nach Italien zu stellen: Mainz, Köln, Strassburg, Augsburg je 100 Panzerreiter; Trier, Salzburg, Regensburg je 70; Verdun, Lüttich, Würzburg und die Abteien Fulda und Reichenau je 60; Eichstädt, Lorsch und Weissenburg 50; Konstanz, Chur, Worms, Freising, Prüm, Hersfeld, Ellwangen 40; Kempten 30; Speier, Toul, Seben, St. Gallen und Murbach 20; Cambrai 12; von Augsburg, Trier, Verdun, Eichstädt, Chur, Worms, Reichenau, Lorsch, Prüm, Ellwangen, Kempten und Murbach wurde die Anwesenheit der Kirchenhäupter verlangt. Das Herzogtum Elsass dagegen schickte 70, Niederlothringen 20; je 40 stellen ein Herzog Otto und Cono, während andere Grafen 30, 20, 12 und 10 zu stellen haben; 10 ist die geringste Leistung, die überhaupt verlangt wird. Als Durchschnitt eines königlichen Heeres werden für den Anfang des 12. Jahrhunderts 30 000 Ritter angegeben, mit Schildknappen und Tross ungefähr 100 000 Mann, ein Heer, das nur in seltenen Fällen sich vollständig versammelte. Den Fürsten stand es zu, diejenigen unter ihren Vasallen auszuwählen, welche den einzelnen Heerzug mitmachen sollten; für Befreiung vom Dienst, sei es ganz, sei es von einem Zuge, wurde unter Umständen Geld bezahlt. Wer der Aufforderung des Lehnherrn, Dienst zu leisten, nicht nachkam, hatte das Leben verwirkt; die alte gesetzliche Busse, der Heerbann, war ausser Übung gekommen.

Zur Entschädigung an die Heerfolge Leistenden erhob nunmehr der *Herr*, und nicht wie früher der König, eine Abgabe oder *Heersteuer* von seinen Untergebenen, die sich nach der Grösse des Grundbesitzes abzustufen pflegte und von der jeder Harnisch eine gewisse Summe Geldes, ein oder mehrere Pferde u. dgl. erhielt. Daraus entstand der *Dienst gegen Sold*, der zuerst in Italien aufgekommen ist und zu einer förmlichen Erwerbsquelle für die Ritter wurde. Innerhalb der deutschen Grenze hat der Solddienst zuerst in Lothringen weitere Verbreitung erhalten, wo die Grossen des Landes in ihren Kämpfen mit geworbenen, für Geld gedungenen Truppen, *Söldnern, solidarii*, einander entgegentreten. Diese Sitte griff bald um sich, und Heinrich IV. verschmähte es nicht, in Italien und Deutschland mit geworbenen Söldnerscharen gegen seine Feinde aufzutreten.

Eine bestimmte Zeit für den Dienst war nur ausnahmsweise festgesetzt. Regelmässig ist auch jetzt noch der König Führer des Heeres. Die einzelnen Abteilungen des Heeres entsprachen den grossen Stammverbänden und standen unter den Herzögen; unter ihnen bilden die Scharen der Bischöfe, Äbte und Grafen besondere Abteilungen von grösserem oder geringerem Umfang. Feldzeichen waren die heilige Lanze, das Bild eines Engels, später der Adler. Die Gegner Heinrich IV. führten ein grosses Kreuz auf einem Wagen mit roter Fahne. Manchmal führte der König selbst das Zeichen, sonst ein angesehener Mann. Jeder Heerhaufen hatte ein besonderes Banner.

Auswärtigen Feinden wurde der Krieg förmlich angekündigt, plötzlicher Überfall galt als unehrenhaft. Wenn das Heer versammelt war, bei den Römerzügen auf den Ronkalischen Feldern, fand vor der Schlacht eine Heerschau statt. Manchmal wurden Ort und Zeit zum offenen Kampf im voraus gegenseitig festgesetzt; denn die Schlacht wurde wie ein Göttergericht angesehen, das über Recht und Unrecht zu entscheiden hatte, und nicht als Sache des Zufalls. Vor dem Angriff sprach der König ermutigende Worte zum Heer; die Krieger aber verpflichteten sich eidlich zur Treue. An der gemeinsamen Losung erkannte man sich. Mit lautem Schlachtruf, das *Kyrie eleison* singend, rückten die Scharen ins Gefecht. Mit jubelndem Zuruf und ehrendem Namen wurde nach glücklichem Erfolge der Führer begrüsst. Feinde heidnischen Glaubens wurden meist mit schimpflichem Tode belegt, ebenso die Bewohner eroberter Städte.

Der allmähliche Übergang der kaiserlichen Staatsgewalt, das Aufkommen der Städte, der Zerfall des Reiches in einzelne Reichsstände, die Anwendung der Feuerwaffen löste im 13. und 14. Jahrhundert die alte Heerverfassung auf. Der Kaiser als solcher unterhielt keine Truppen; das Heer bestand aus den Kontingenten der Reichsstände. Immer mehr kam die Sitte auf, für den Kriegsfall Söldnertruppen anzuwerben; angeworbene Fusstruppen nannte man *Landsknechte,* siehe diesen Artikel; die Reiterei warb man aus Rittersleuten. Zu einem Reichskrieg gehörte ein Beschluss des Reichstages, die Kriegserklärung geschah bloss vom Kaiser in seinem Namen. Im 15. Jahrhundert kamen die *stehenden Heere* auf, seitdem Karl VII. von Frankreich fünf Ordonanzkompagnien errichtete, die auch im Frieden besoldet wurden. Von Frankreich aus verbreitete sich dieses Heersystem in die übrigen europäischen Staaten, wobei die Truppen anfangs durch freie Werbung, später durch *Konskription* vollständig erhalten wurden. Siehe *Waitz,* Verfassungsgesch.; für die älteste Periode *Arnold,* deutsche Urzeit. Vergleiche den Artikel *Kriegswesen.*

Heilige Bäume, sogar heilige Wälder waren mit dem Kultus der alten Deutschen enge verknüpft. Erstere waren die Tempel, der Ort der regelmässigen Opfer, Volks- und Gerichtsversammlungen, wie noch heute mancherorts unter ihnen Messe gelesen wird und altbemoosten Stämmen heilige Bilder in Hut gegeben werden. Wie das Leben der griechischen Dryaden und Hamadryaden aufs engste mit dem Leben des Baumes, den sie bewohnten, verknüpft ist, wie sie mit demselben leben und sterben, ja jede Verletzung mitempfinden und darum mit wehvollem Ruf das frevelnde Beil von ihm abhalten, so verkörperten sich bei den Deutschen besonders einzelnstehende mächtige Bäume in Menschen und Götter. Solche Bäume durften weder ihrer Zweige noch des Laubes beraubt, noch viel weniger umgehauen werden, und kein Profaner wagte es, den heiligen Hain zu betreten, in welchem begraben zu werden jedes Sterbenden letzter Wunsch war. Noch im 8. Jahrhundert liess sich ein schwerverwundeter Sachse in einen heiligen Wald tragen, um da zu sterben.

Bei den Langobarden kommt die Verehrung des sogenannten *Blutbaums* vor.

Unter den heiligen Bäumen (im späteren Mittelalter sind sie gewöhnlich mit „Frau“ angeredet) steht obenan die *Eiche.* Sie als der mächtigste Spross des deutschen Waldes und bekannt durch die Anziehung, die sie auf den Blitz ausübt, ist in erster Linie dem rohen, derben, titanenhaften Donar, auch Thunar, nordisch Thor genannt, geweiht. Sie hat auch heute auf dem Gebiete des Aberglaubens ihre Rolle noch nicht ausgespielt. Nächst der Eiche war die *Esche* heilig, wie schon der Mythus von der Erschaffung des Menschen lehrt, dann die *Linde,* noch jetzt in vielen Dörfern am Eingange des Kirchhofs in gemütvoller Sinnigkeit der einigende Mittelpunkt, ferner „Frau *Hasel*“, die vielbesungene, die einst die alten Gerichte wie noch heute die Saatfelder zu hegen hat. Nach Östgötalag soll in gemeinem Wald jeder hauen dürfen, ohne Busse, ausser Eichen und Haseln, die haben Friede, d. h. sie können nicht gefällt werden. Auch der *Holunderbaum*, der „Holler“ — vielleicht der Holle, der Göttin des Hauses gewidmet — genoss ausgezeichneter Verehrung, wie er noch jetzt allgemein der Baum des Hauses ist. In Niedersachsen heisst er Ellorn oder Ellhorn, und ein Chronist erzählt unverdächtig: Also haben unsere Vorfahren den Ellhorn auch heilig gehalten; wo sie aber denselben unterhauen (die Äste stutzen) mussten, haben sie vorher pflegen dies Gebet zu thun: „Frau Ellhorn, gieb mir was von deinem Holz, dann will ich dir von meinem auch was geben, wann es wächst im Walde“, welches teils mit gebeugten Knieen, entblösstem Haupte und gefaltenen Händen zu thun gewohnt, so ich in meinen jungen Jahren zum öftern beides gehört und gesehen. — Der *Wacholder* (Machandelboom), in dem Elben und andere Geister hausten, durfte ebensowenig abgehauen werden. Haut man die *Erle*, so blutet und weint sie und hebt zu reden an. Ein österreichisches Märchen (Ziska 37—42) erzählt von der stolzen *Föhre*, worin eine Fee sitzt, welcher Zwerge dienen, die Unschuldige beschenkt, Schuldige neckt, und ein serbisches Lied vom Mädchen in der Fichte, deren Rinde der Knabe mit goldenem und silbernem Horn spaltet. Zaubersprüche bannen in Frau Fichte das kalte Fieber. *Grimm*, Mythologie. *Simrock*, Mythologie. *Wuttke*, Volksaberglaube.

Heiligenverehrung. Schon in den apostolischen Christengemeinden pflegte man die Gemeindegenossen als Glieder an dem Leibe des Herrn nach alttestamentlichem Vorgange *Heilige* zu nennen, Röm. 1, 7; Eph. 1, 1; später wurde derselbe Ausdruck Ehrenname für diejenigen Christen, welche durch lebendigen Glauben, musterhaften Wandel und standhaftes Bekenntnis im Leben und Sterben sich als Geheiligte des Herrn hervorgethan hatten, und schon in der zweiten Hälfte des 2. Jahrhunderts feierten ganze Gemeinden das Andenken ihrer Blutzeugen an deren Todestagen, welche man in höherem Sinn ihre Geburtstage nannte. Der Ort, wo die Märtyrer bestattet waren, galt demnach als geweihte Stätte, wo man an den *dies natalis* die Geschichten ihres Bekenntnisses und Leidens vortrug und gemeinsam die Kommunion beging. Schon im 4. Jahrhundert entstand neben den Gedächtnistagen einzelner Märtyrer in ihren Gemeinden und Sprengeln ein allgemeines Fest aller Heiligen und Märtyrer in der Pfingstoktave; das Abendland, welches dieses Fest erst im 7. Jahrhundert einführte, verlegte es auf den 1. November. Die Verehrung der Heiligen gewann Nahrung durch die grössere Betonung des Wertes der Askese, und seit dem 3. Jahrhundert durch das Einsiedlerleben und Mönchstum, wodurch einzelne in den Geruch höherer Begnadigung und vollendeter Glaubenskraft kamen. Man erzählte von den Wundern, welche dergleichen heilige Menschen während ihres Lebens und nach ihrem Tode an ihren Gräbern und durch ihre Reliquien gewirkt hätten; nach der Versicherung der grössten Kirchenlehrer, Gregor, Augustin, Ambrosius, Chrysostomus, war man überzeugt, dass jene Männer und Frauen der höchsten Seligkeit im Anschauen Gottes geniessen und am Gerichte Christi teilnehmen, auch durch ihre Mit- und Fürbitte mächtige Beschützer und trostreiche Vermittler der Gläubigen, und deshalb anzurufen und zu ehren seien. Namentlich lehrte man, dass die Heiligen nicht bloss um Vergebung der Sünden, sondern auch in leiblichen Bedrängnissen mit Erfolg Fürbitte thun. Man erbaute daher Kapellen und Kirchen über ihren Gräbern, legte die Kranken darin nieder, wie früher im Heiligtum des Äskulap, hing, wie früher, in den Göttertempeln, goldene, silberne und andere Abbildungen der genesenen Glieder als Weihgeschenke auf, feierte zu Ehren der als Gäste geladenen Heiligen christliche Gastmähler, trug Reliquien als Amulette und andere Erinnerungszeichen, flehte um ihren Beistand zu einer beabsichtigten Reise, stellte das Schiff unter ihre Obhut. So entstanden die besonderen Schutzheiligen für einzelne Stände, Länder, Kirchen, Glocken, Naturerscheinungen: Peter und Paul die Patrone Roms, Jakobus Spaniens, Andreas Griechenlands, Phokas für die Seefahrer, Lukas für dic Maler, Johannes Evangelista und Augustinus für die Theologen, Ivo für die Fürsten, Gregorius für die Schüler und Juristen, Frumentius für die Kaufleute.

Zwar wirkten schon früh Augustin, Chrysostomus u. a. der übertriebenen Verehrung der Heiligen entgegen, doch ohne nachhaltenden Erfolg. Vielmehr vergrösserte sich die Zahl der Heiligen zusehends: ausser der heiligen Jungfrau traten seit dem 4. Jahrhundert alle in den heiligen Schriften erwähnten Personen, welche irgendwie für die Wahrheit gelitten hatten, in die heilige Schar ein: die Apostel, die Evangelisten, Stephanus, Johannes der Täufer, die drei Magier, die Makkabäer; dann Männer des geistlichen Standes der folgenden Jahrhunderte, welche für Erhaltung der Rechtgläubigkeit gekämpft und gestritten hatten, Athanasius, Ambrosius, Augustin, Martin von Tours. Was so nach und nach allgemein Sitte und Glaube geworden war, das suchten nun im 12. und den folgenden Jahrhunderten die scholastischen Theologen systematisch festzustellen.

Man unterscheidet nunmehr *Heilige* oder *Sancti*, d. h. solche, die, ohne der Läuterung durch das Fegfeuer zu bedürfen, unmittelbar mit dem Tode in den Himmel kommen; *Selige* oder *Beati*, d. h. solche, die erst, nachdem sie einige Zeit im Purgatorium zugebracht haben, zur ewigen Herrlichkeit eingehen. *Märtyrer* sind solche, welche um der göttlichen Wahrheit willen gewaltsamen Tod leiden; *Bekenner* oder *Confessores*, *Beichtiger*, welche ein Bekenntnis der Wahrheit ablegten, ohne deshalb den Tod zu leiden.

Eine besondere *Heiligsprechung* kennt die ältere Zeit nicht; hatte das Volk oder der Klerus einen Märtyrer oder Mönch, wegen des heiligen Lebens, das er geführt, wegen der Wunder, die er oder seine Reliquien gethan haben sollten, für würdig erkannt, um ihn als einen Fürbitter bei Gott, als einen *Heiligen* anzurufen, sich seinem Schutze anzuvertrauen und ihm zu Ehren einen Festtag zu feiern, so wurde von dem Bischofe ein Festtag wirklich festgesetzt, dazu eine neue Liturgie verordnet oder der Name des Heiligen in die frühere Liturgie und zugleich in das Kalendarium oder Martyrologium eingetragen. Die Liturgien oder Litaneien der Heiligen waren deshalb in den verschiedenen Diözesen sehr verschieden. Um dem Unfuge der Erhebung unwürdiger Männer zu Heiligen zu steuern, verordnete Karl der Grosse, dass ohne Genehmigung des Bischofs keine neuen Heiligen verehrt werden sollten. Mehrere Jahrhunderte stand deshalb das Recht der Heiligenernennung ausschliesslich den Bischöfen zu, die entweder selbst Zeuge des Wunders und des Lebens des Heiligen gewesen waren oder von anderen glaubwürdigen Leuten sich Bericht geben liessen, manchmal unter Beratung von Partikularsynoden oder benachbarter Bischöfe und Erzbischöfe. Erst mit der Zeit wurde die Genehmigung des Papstes in dieser Angelegenheit eingeholt, besonders von Luitolf von Augsburg, der im Jahre 993 dem Papste Johann XV. und der bei ihm versammelten Synode die Heiligsprechung des ehemaligen Bischofs Ulrich von Augsburg schriftlich befürwortete. Nach und nach wurde die Heiligsprechung ein ausschliessliches Vorrecht der Päpste; gewöhnlich wird Alexander III., 1158 bis 1181, für den ersten gehalten, der diese Gewohnheit gesetzlich fixierte; er ist es auch, der Bernhard von Clairvaux heilig sprach. Auch fürstliche Personen wurden nun heiliggesprochen, König Eduard von England und Knut der Jüngere von Dänemark durch denselben Alexander III., Karl der Grosse von Alexanders Gegenpapste Paschalis III. auf Ansuchen des Kaisers Friedrich I.; Kaiser Heinrich II. von Eugen III.; dessen Gemahlin Kunigunde von Innocenz III.; die Landgräfin Elisabeth von Thüringen von Gregor IX., König Ludwig IX. von Frankreich von Bonifaz VIII. auf Ansuchen Königs Philipp III. Besonders sind es auch die Stifter von Mönchsorden, welche jetzt in die Zahl der Heiligen aufgenommen werden, Dominikus, Franz von Assisi, Antonius von Padua, Clara, Katharina von Siena; dann angesehene Kirchenlehrer, wie Thomas von Aquino, Bonaventura, Ivo von Chartres. Übrigens unterschied man zwei Grade von Heiligsprechung, die *beatificatio* und die *canonisatio;* die erstere, Seligsprechung, begründet nur eine Verehrung, die an gewissen Orten, in einzelnen Provinzen oder Diözesen oder unter einzelnen Mönchsorden stattfindet, die *canonisatio* gilt der ganzen römischen Christenheit; *beatus* heisst, wer beatifiziert, *sanctus,* wer kanonisiert worden ist.

Die christliche Kunst des Mittelalters hat den Heiligen ihre besondern *Attribute* zugeteilt, welche biographisch oder symbolisch zu deuten sind. Das folgende Verzeichnis der beliebtesten Kirchenheiligen stützt sich auf *Otte,* kirchliche Arch., S. 923—950 und auf *Müller* u. *Mothes,* arch. Wörterb. Das beigefügte Datum giebt das Fest der Heiligen, als welches in der Regel der Todestag gilt.

Adalbert, Bischof von Prag: Lanze und Keule. 997. 24. April.

Adelgundis, Schutzheilige gegen den Krebs. 662. 30. Jan.

Adelheid, zweite Gemahlin Otto I., als Kaiserin. 999. 16/17. Dez.

Adrian, vornehmer Römer des 3. Jahrh., Schutzpatron der Krieger des nördlichen Europa, auch der Schmiede und Brauer und gegen die Pest: Ritter mit Palmen und Schwert. 26. Aug.

Aegidius, ein Athener aus königlichem Geschlecht, 6. oder 8. Jahrh. vorzüglich in England und Schottland verehrt: Einsiedler oder Abt, eine angeschossene Hirschkuh neben ihm. 1. Sept.

Afra, Märtyrerin, Fürsprecherin reuiger Dirnen: an einen Baum gebunden und von Flammen umgeben. 304 oder 307. 25. (7.) August.

Agatha, Märtyrerin. Schutzheilige gegen Krankheiten der Brüste und gegen Feuersgefahr: mit der Zange (womit ihr die Brüste abgerissen wurden) in dem Kohlenbecken. 251. 5. Febr.

Agnes, Märtyrerin, das Sinnbild der fleckenlosen Unschuld: mit dem Lamme, als dessen Braut sie sich betrachtete, um 300. 21. Jan.

Albanus, 425 von den Hunnen auf dem Martinsberg bei Mainz enthauptet: als Priester mit dem Schwert, trägt seinen Kopf in der Hand. 21. Juni.

Albertus Magnus, Bischof von Regensburg, Dominikaner, mit Buch und Feder in der Hand. 1280. seit seiner Beatification 1622: 15. Nov.

Alexander. Unter den mehr als 30 Heiligen dieses Namens wird der Patron von Freiburg i. B., ein Kriegsmann der thebaischen Legion, mit dem Opferaltar zur Seite dargestellt, den er in Gegenwart des Kaisers umgestossen. 26. Aug.

Alexius, siehe den besonderen Artikel: Bettler mit Pilgerstab neben einer Kirche. 417. 17. Juli.

Aloisius, als Jesuit, mit Lilie, Kruzifix und Rosenkranz in den Händen. 1591. 21. Juni.

Amalberga, Prinzessin, Mutter der hl. *Gudula*, 7. Jahrh.: ein Kirchenmodell und zwei Fische im Arm. 10. Juli.

Ambrosius, Erzbischof von Mailand, Kirchenlehrer, Patron der Gänse: mit einem Bienenkorb zur Seite und einer Geisel in der rechten Hand. 397. 4. April; sein Andenken, *Ordinatio*, 7. Dez.

Andreas, siehe Apostel.

Anastasius, Bischof von Rom: eine Axt. 401. 27. April.

Anna, Mutter der Maria und Tochter des Priesters Matthan, verheiratete sich mit dem frommen Joachim aus dem Stamm Juda. Siehe den Art. *Marienkultus.* Sie ist Schutzpatronin der Tischler und Stallknechte, auch gegen Armut, zum Wiederfinden verlorener Sachen. Dargestellt wird sie matronenhaft, in rotem Unterkleid und grünem Mantel, die Maria auf dem Arme tragend, häufig selbdritt (*mettercia*), indem Maria selber das Christuskind trägt. 26. Juli.

Ansgarius, Erzbischof von Hamburg, Apostel der Dänen: Bischof mit verbrämtem Kleid. 864. 3. Febr.

Antonius der Einsiedler, Patron der Schweine, gegen Pest, Rose u. dgl.: mit dem ägyptischen Kreuz (T) und der Bettlerglocke, vom Teufel versucht, ein Schwein neben sich. 361. 17. Jan.

Antonius von Padua, Franziskaner, Patron der Fische, Pferde und Esel: Lilienstengel, das Christuskind haltend, den Fischen predigend, einem knieenden Esel oder Pferde die Hostie vorhaltend. 1232. 13. Juni.

Apollinaris, Schüler des Apostels Paulus, Bischof von Ravenna, Patron der Geburt und gegen den Stein: eine Keule. 23. Juli.

Apollonia, Märtyrerin: Palme und glühende Zange, womit man ihr die Zähne ausriss, Patronin gegen den Zahnschmerz. 9. Febr.

Arbogast, Bischof von Strassburg, rief den auf der Jagd zertretenen fränkischen Königssohn ins Leben zurück: Einsiedler mit segnender Rechte, die Linke hebt den am Jagdhorn kenntlichen Königssohn empor. 678. 21. Juli.

Athanasius, Kirchenlehrer, Patron der Theologen: hält ein Buch oder ein von einem oder zwei Pfeilen durchbohrtes Herz. 430. 28. Aug.

Barbara, Märtyrerin um 240 oder 303: mit dem Schwert, den Hostienkelch in der Hand, weil ihr ein Engel das Sakrament in den Kerker brachte, einen Gefängnisturm neben sich. Patronin gegen Blitz, weil der sie verdammende Richter vom Blitz erschlagen wurde, daher auch der Artillerie; ihr Bild steht an Zeughäusern und Pulverkammern. 4. Dez.

Beatus, durch Petrus zum Priester gemacht, Einsiedler am Thuner See: in einer Höhle als Einsiedler, neben ihm ein Drache.

Benedikt von Nursia, Stifter des nach ihm genannten Ordens, Patron gegen Entzündung, die Rose und das Gift. Abgebildet als Ordensmann, langbärtig, oft als Abt; ausserdem mit Buch, Weihwedel, Dornbusch, oder, als Andeutung der gegen ihn gerichteten Vergiftungsversuche, mit einem Krug oder Becher mit

Wein oder einem Raben mit einem Brot im Schnabel. 543. 21. März.

Bernhard, von Clairvaux, Cisterzienser-Abt und Kirchenlehrer, abgebildet als Abt, den Bienkorb zur Seite (*Doctor mellifluus*), ein Buch mit drei Bischofsmützen in der Hand (weil er drei Bistümer ausschlug), einen Hund neben sich (weil seine schwangere Mutter träumte, sie trage einen Hund mit rotem Rücken). 1153. 20. Aug.

Bernhardinus von Siena, Stifter des Ordens der Observantiner, einer Kongegration der Franziskaner: barfüssiger Franziskanermönch, bartlos, hager, in der Hand eine Tafel mit den von goldenen Strahlen umgebenen Buchstaben I H S, oder einem in drei Spitzen auslaufenden Berg (sog. Dreiberg, *monte di pietà*) mit Kreuz oder eine Fahne, auf der der tote Heiland abgebildet. 1444. 20. Mai.

Bernward, Bischof und Patron von Hildesheim, hält das sog. Bernwardskreuz. 1022. 20. Nov.

Birgitta oder *Brigitta*, siehe den Art. Birgittenorden, trägt in der Hand ein mit einem Kreuze bezeichnetes Herz. 1373. 8. Okt.

Blasius, Märtyrer, Bischof von Sebasta, Patron der Wollenweber und gegen Halsübel: mit einer Hechel oder einer Kerze (die ihm eine, für die Wiedererlangung eines Schweines dankbare Frau in den Kerker brachte). 283. 3. Febr.

Bonifacius, Apostel des Deutschen: ein mit einem Schwerte durchstochenes Buch. 750. 5. Juni.

Briccius, um 400 Bischof von Tours, trägt zum Beweise seiner Unschuld an der Niederkunft seiner Wäscherin glühende Kohlen im Gewande. 13, Nov.

Bruno, Mitglieder des Kartäuserordens: mit über die Brust gekreuzten Arm, das Haupt gesenkt, auch mit Kruzifix, Stern auf der Brust, Erdkugel unter dem Fuss. 1101. 6. Okt.

Burkhard, Bischof von Würzburg: Hostie in der Hand. 753. 2. Febr.

Cäcilia, siehe den bes. Artikel. 220. 22. Nov.

Cassianus, Märtyrer, der von seinen eigenen Schulkindern mit Schulwerkzeugen gemartet worden sein soll. 13. Aug.

Cassius, Ritter der Thebaischen Legion: tritt auf einen Drachen. 10. Okt.

Castor, Schüler des heil. Maximus von Trier, 4. Jahrh. rettet ein sinkendes Schiff. 13. Febr.

Christophorus, siehe den bes. Artikel. 25. Juli.

Clara, Stifterin des Clarissen-Ordens, Patronin der Augen: mit einer Monstranz. 1253. 12. Aug.

Columban, Stifter von Bobbio: eine hellstrahlende Sonne über seinem Haupte (einem Traume seiner Mutter zufolge). 615. 21. Nov.

Constantin d. Gr.: Labarorum und Reichsapfel. 337. 21. Mai.

Corbinianus, Bischof von Freising: ein Bär, den er gezwungen, sein Reisebündel nach Rom zu tragen. 730. 8. Sept.

Cosmas und *Damianus* Brüder, Patrone der Ärzte, Märtyrer, 3. oder 4. Jahrh.: Arzneigläser und chirurgische Instrumente tragend. 27. Sept.

Crispinus und *Crispinianus*, Märtyrer, mussten als Missionare in Gallien ihren Unterhalt mit Schuhmachen erwerben, Patrone der Schuster und Weber: Schuhmachergerät. 303. 25. Okt.

Cunibert, erster Erzbischof von Köln: als Bischof mit einer Taube über ihm. 663. 12. Nov.

Dionysius der Areopagit, Schüler des Apostels Paulus, Bischof zu Athen: trägt als Märtyrer sein abgeschlagenes Haupt in der Hand. 3. Okt. Er wird oft mit *Dionysius*, dem Bischof von Paris, dem Schutzpatron von Frankreich verwechselt, dessen Tag der 9. Oktober ist.

Dismas, der bussfertige Schächer

am Kreuze zur Rechten Jesu, Patron der zum Tode verurteilten Verbrecher; sein Tag fällt mit dem Feste des Leidens Christi, 25. März, zusammen.

Dominicus, Stifter des nach ihm benannten Ordens: zufolge eines Traumes seiner Mutter mit einem neben ihn befindlichen weiss und schwarz gefleckten Hunde dargestellt, der eine Fackel im Maule trägt. 1221. 6. Aug.

Donatus, Bischof von Arezzo, Märtyrer: mit dem Schwert, zuweilen ein mit Lichtern bestecktes Rad in der Hand haltend. 350. 7. Aug.

Dorothea, Märtyrerin unter Diokletian: trägt Blumen, Rosen und Früchte. 6. Febr.

Elisabeth, Gemahlin des Landgrafen Ludwig des Frommen von Thüringen: Franziskanernonne mit drei Kronen (als Jungfrau, Gemahlin und Wittwe); trägt Brote in einem Korbe und einen Krug mit Wein für die Armen. 1231. 19. Nov.

Emmeran, Bischof von Poitiers, Missionar in Bayern, Bischof von Freising: Bischof mit Leiter und Lanze. 654. 22. Sept.

Erasmus, Bischof unter Diokletian, Patron des Unterleibes und der Fuhrleute: eine Winde in der Hand, womit ihm die Gedärme aus dem Leibe gewunden wurden. 3. Juni.

Eustachius, römischer Feldherr, vor seiner Bekehrung Placidus genannt, Märtyrer, Patron der Jäger: als Ritter, hält ein Hirschgeweih, oder es steht ein Hirsch neben ihm (weil er durch den Anblick eines weissen Hirsches, der ein Kruzifix zwischen den Hörnern trug, auf der Jagd bekehrt wurde). Starb um 119. 21. Mai.

Ewald, die beiden Brüder, Missionare und Märtyrer in Westfalen, als der schwarze und der weisse unterschieden, dargestellt als Priester mit Schwertern. 695. 30. (3.) Okt.

Exuperantius, Diakonus zu Assisi, Märtyrer, Gefährte der heiligen Geschwister Felix und Regula, trägt sein Haupt in der Hand. 30. Dez.

Fabian, Papst und Märtyrer: mit dem Schwerte. 253. 20. Jan.

Felicitas, Märtyrin zusamt ihren Söhnen, die *sieben Brüder* genannt: Matrone mit Palme und Kreuzscepter. 160. 23. Nov. Der Tag der sieben Brüder ist der 10. Juli.

Felix und *Regula*, Geschwister, der Bruder Ritter der thebaischen Legion, beide tragen ihr abgeschlagenes Haupt, Patrone von Zürich. 11. Sept.

Fides, eine Jungfrau, welche zu Athen den Märtyrertod litt. 6. Okt.

Florentius, kam aus Schottland nach dem Elsass, starb 675 als Bischof von Strassburg: von Wild umgeben, wobei ein Bär die Schafe hütet, oder eine Königstochter heilend. 7. Nov.

Florian, Ritter um 300, schüttet aus einem Gefässe Wasser ins Feuer (weil er sich erboten, freiwillig durchs Feuer zu gehen), wurde zu Lorch in der Enns ertränkt, Patron von Österreich und Polen, auch gegen Feuersbrünste und Unfruchtbarkeit. 4. Mai.

Franciscus von Assisi: Franciskanermönch, einen Lilienstengel in der Hand und mit den fünf Wundmalen Christi bezeichnet. 1226. 4. Okt.

Fridolin, Patron von Säckingen, Strassburg und Glarus: erweckt einen Toten. 540. 6. März.

Gallus: Eremit, den Bären zur Seite. 640. 16. Okt.

Gangolf, ein burgundischer Ritter, besonders in den Niederlanden beliebt: steht an einer Quelle, bei der ihn ein mit seiner Frau im Ehebruche betroffener Priester mit einem Wurfspiess hinterrücks tötet, um 760. 6. Okt.

Gebhard von Bregenz, Bischof von Constanz, trägt ein Kirchenmodell. 983. 27. Aug.

Die vier *Gekrönten*, Steinmetzen

in Pannonien, über deren Flutengrabe Kronen erschienen, Patrone der Bauhütten. Sie heissen *Severus*, *Severianus*, *Carpophorus* und *Victorinus*. 8. Nov.

Genovefa, Nonne zu Paris um 500, Patronin gegen Dürre: hält ein Licht in der Hand (weil sie die vom Teufel ausgelöschten Kerzen in der Vigilie ohne Feuer wieder anzündete). 3. Jan.

Genovefa von Brabant, siehe den bes. Artikel; dargestellt mit der Hirschkuh. 28. Okt.

Georg, Patron der Ritter, der Reisenden, von Deutschland: Ritter zu Pferde oder zu Fuss, den Lindwurm tötend, siehe den bes. Artikel. 23. April.

Gereon, Ritter der thebaischen Legion, entrann dem Untergange der Legion und fand später bei Köln mit seiner hl. Schaar von 318 Gefährten den Märtyrertod. Patron von Köln. 10. Okt.

Gertrud, Tochter Pipin's von Landen, Abtissin des Klosters Nivellas, Beschützerin der Reisenden, der Armen, der Gräber, gegen Ratten und Mäuse: hält eine Lilie in der Hand, steht von Ratten und Mäusen umgeben am Wasser. 659. 17. März.

Gervasius und *Protasius*, Brüder und Märtyrer, Patrone von Mailand: Gervasius mit Keule oder Hammer. 19. Juni.

Goar, Priester und Eremit zu Trier um 580, Patron der Töpfer: drei Hindinnen geben ihm Milch, womit er die ihn Gefangennehmenden tränkte; ein Teufel sitzt auf seiner Schulter, hält einen Topf in seiner Hand, sein Hut hängt an einem Sonnenstrahl. 6. Juli.

Godehard, Bischof von Hildesheim: Kirchenmodell. 1038. 5. Mai.

Gottfried von Kappenberg, Ritter, dann Prämonstratenser Mönch, Gefährte des heil. Norbert: trägt eine Schüssel mit Broten oder ein Kirchenmodell. 1127. 13. Jan.

Gregor der Grosse, Papst und Kirchenlehrer: eine Taube auf der Schulter. Im Spätmittelalter wurde namentlich in Miniaturen und Holzschnitten die *Messe Gregors* dargestellt, eine Vision, wie Gregor als Bischof der Kirche Porta Crucis in Rom, umgeben von Geistlichen, die Messe liest; da einer der Zuhörer an der Gegenwart Christi zweifelt, senkt sich der Gekreuzigte, umgeben von den Passionswerkzeugen, auf den Altar herab. Mit der Verehrung dieser Bilder war ein Ablass verknüpft. 604. 12. März.

Gudula, Jungfrau aus Brabant, Tochter der heil. *Amalberga*, Patronin von Brüssel: eine Lanze in der Hand. 8. Jan.

Hedwig, Gemahlin Herzogs Heinrich des Bärtigen von Schlesien: Nonne, barfuss, ihre Schuhe in der Hand tragend. 1243. 15. Okt.

Heinrich II. römischer Kaiser: ein Kirchenmodell haltend. 1024. 13. Juli.

Helena, Königin, Mutter Konstantin des Grossen: trägt das Kreuz Christi und die Nägel. 18. Aug.

Hieronymus, Kirchenlehrer: als Kirchenvater in Kardinalstracht, oder als Übersetzer und Kommentator der heil. Schrift, bisweilen ein Engel neben ihm, der ihm diktiert, und sein treuer Gefährte, der Löwe; oder als büssender Einsiedler. 420. 30. Sept.

Hildegard von Frankreich, Gemahlin Karls des Grossen, Patronin der Kranken: als Königin. 783. 22. Juli.

Hubertus, Bischof von Lüttich, Patron der Jäger und gegen Hundswut: hält als Jäger zwei Pfeile, neben ihm ein Hirsch, der zwischen dem Geweih ein Kruzifix trägt, durch dessen Anblick er auf der Jagd bekehrt wurde. 727. 3. Nov.

Hyacinthus, Dominikaner und Bischof, Apostel der Polen und Litthauer: trägt heilige Geräte und geht auf dem Wasser. 1257. 15. Aug.

Ignatius, Bischof von Antiochia, unter Trajan in *Fesseln* nach Rom geführt und den Löwen vorgeworfen. 107. 1. Febr.

Joachim, Vater der Maria: trägt in einem Korb ein Paar Tauben oder ein Lamm. Sein Fest ist das der heil. Anna.

Johannes Chrysostomus, Kirchenlehrer, Patron gegen fallende Sucht: ein Bienenkorb. 407. 27. Jan.

Johannes der Täufer, Patron der Lämmer und Schneider, gegen Hagel und Epilepsie: im Gewande aus Tierfellen, trägt das Lamm Gottes und ein Kreuzpanier. Empfängnis 24. Sept.; Geburt 24. Juni, Mitsommer, Sommersonnenwende; Enthauptung 29. Aug.

Joseph, der Nährvater Jesu, trägt einen Lilienstab, arbeitet als Zimmermann. 19. März.

11000 *Jungfrauen,* siehe Ursula.

Karl der Grosse: als Kaiser, eine Kirche im Arm. 814. 28. Jan.

Katharina von Alexandrien, Prinzessin, disputiert mit 50 Philosophen, verlobt sich mit dem Christkind, enthauptet: mit einem zerbrochenen, mit Messern besetzten Rade oder mit dem Schwert; Patronin der Philosphie und der Schulen. 25. Nov.

Kilian, Bischof von Würzburg, Apostel der Franken: mit Schwert und Dolch. 689. 8. Juli.

Konrad, Bischof von Konstanz, Patron von Schwaben: Kelch und Buch. 976. 26. Nov.

Kümmerniss, oder *Wilgefortis* wird das Bild einer bärtigen, gekreuzigten Jungfrau genannt, welche mit einer heil. *Era* identisch zu sein scheint. Öfter sind Kruzifixe des älteren, später befremdlich gewordenen Typus (mit bekleidetem Körper des jugendlichen Christus ohne Seitenwunde und Dornenkrone) als Bilder dieser mythischen Heiligen angesehen worden. Siehe den Artikel bei *Müller* und *Mothes.*

Kunigunde, Gemahlin Kaiser Heinrichs II. hält eine Pflugschar, weil sie zum Beweise ihrer Keuschheit unverletzt über glühende Pflugschare ging. 1033. 3. März.

Lambertus, Bischof von Maestricht: Wurfspiesse. 708. 17. Sept.

Laurentius, Märtyrer, Patron gegen Feuersbrünste: der Rost, auf dem er gebraten worden. 258. 10. Aug.

Leodegar, Bischof von Autun: den Bohrer in der Hand (womit ihm die Augen ausgestochen wurden). 678. 2. Okt.

Leonhard, Eremit bei Limoges, Patron der Kreissenden: mit einer Kette um den Leib (weil er die schuldlos Gefangenen befreite). 6. Nov.

Leopold IV., Markgraf von Österreich: mit Kirchenmodell. 1136. 15. Nov.

Liborius, Bischof von Mans um 340: hält ein Buch, worauf einige Steinchen liegen; daneben ein Pfau. Patron gegen Steinschmerzen. 13. Juli.

Longinus, der Hauptmann unter dem Kreuze Jesu: in Ritterrüstung, einen Drachen tötend. 15. März.

Lucia, Märtyrerin von Syracus, Patronin der Augen und der Bauern: trägt in einer Schale oder auf einem Buche ihre ausgestochenen Augen, am Halse eine mit einem Schwerte beigebrachte Schnittwunde. 13. Dez.

Lucius, König von Britannien, der dem Thron entsagte und in Oberdeutschland (Chur) als Missionar auftrat: Ritter mit königlichen Insignien, ein Schwert haltend. 3. Dez.

Ludger, Bischof von Münster, Apostel der Sachsen: liest im Brevier. 809. 26. März.

Magdalena, mit einer Salbbüchse, zuweilen in ihr langes Haupthaar gehüllt, kniet unter dem Kreuze Jesu, häufig kenntlich an ihrem weit ausgeschnittenen Kleid, Patronin der Büsserinnen. 29. Juli; Bekehrung 1. April.

Magnus, Schüler des heil. Gallus, Stifter des Klosters Füssen, eifriger Vertilger des Heidentums und der reissenden Tiere, Patron gegen Raupen und Engerlinge. Tötet mit dem Kreuze einen Drachen. 655. 6. Sept.

Marcellus, Papst, ursprünglich Stallknecht: ein Esel an einer Krippe neben ihm. 310. 16. Jan.

Margaretha, Tochter des Saracenen Theodosius, Patronin der Gebärenden, Musterbild weiblicher Unschuld und Anmut, deren Legende im 11. Jahrh. durch Kreuzfahrer nach Europa gekommen; sie führt einen gefesselten Drachen und hält oft Stab, Kreuz und Schwert in der Hand. 12. Juli.

Margaretha von Ungarn, Dominikanerin, hält in der Rechten einen Marienstengel mit drei Blüten. 1271. 28. Jan.

Martin, Bischof von Tours, häufig als Ritter zu Pferde, teilt seinen Mantel mit dem Schwerte einem vor ihm liegenden Armen, segnet drei in Leichentüchern auf Gräbern Sitzende. Er ist Patron der Trinker und Prasser und gegen die Pocken. Um 400. 11. Nov.

Märtyrinnen, die vier grossen, sind Lucia, Agnes, Agatha und Cäcilia.

Maternus, Bischof von Trier, einer der 72 Jünger oder der von Christo auferweckte Jüngling zu Nain, Missionär am Rhein, Patron des Weinbaus. Weil am Rhein drei Erzstifte entstanden (Köln, Trier und Utrecht), hält er eine Kirche mit drei Türmen oder trägt drei Bischofsmützen. 14. Sept.

Mauritius, ein Mohr, Ritter, eine Fahne in der Hand, Anführer der thebaischen Legion, welche, aus 6666 Christen bestehend, weil sie den römischen Göttern nicht opfern wollte, bei Agaunum am Genfer See den Märtyrertod litt, wobei sich nur wenige retteten. Er ist Patron gegen das Podagra. 22. Sept.

Medardus, Bischof von Noyon, teilt Almosen aus, drückt seine Fusstapfen in einen Stein, ein Adler schützt ihn vor dem Regen. Um 545. 8. Juni.

Nicolaus, Bischof von Myra, Patron der Schiffer und Kaufleute, hält ein Buch mit 6 Broten (weil er Myra vor Hungersnot bewahrte), stillt zu Schiffe Wind und Meer. 6. Dez.

Norbert, Stifter des Prämonstratenser Ordens, Erzbischof von Magdeburg, hält einen Kelch, an dem oft eine Spinne kriecht, die er im Abendmahlswein verschluckt und ohne Schaden wieder ausgeniest hatte. 1134. 6. Mai.

Notburga, eine nicht genau festgestellte Persönlichkeit, vielleicht Verschmelzung mehrerer Personen; eine schottische Königstochter des 9. Jahrh., die an den Rhein vertrieben wurde, ist Patronin der Gebärenden. 26. Jan.

Nothelfer, die vierzehn, haben vor ihrem Märtyrertod Gott gebeten, allen Frommen, die in ihrem Namen etwas bitten, das Gebet zu erhören. Sie heissen Georg, Erasmus, Pantaleon, Dionysius, Achatius, Katharina, Blasius, Vitus, Christoph, Cyriacus, Eustachius, Margaretha und Barbara. 28. Juli.

Oswald, König von England, trägt einen Raben, der einen Ring im Schnabel hält. 642. 5. Aug.

Othmar, Abt von St. Gallen: trägt ein Fässlein mit Wein, das den seinen Leichnam begleitenden Schiffsleuten nie leer wurde. 759. 16. Nov.

Ottilia, Tochter des Alamannenherzogs Ethico, Äbtissin von Hohenburg, blind geboren, bei der Taufe durch das Gebet ihres bischöflichen Taufpaten sehend geworden: trägt ein aufgeschlagenes Buch, auf dessen Blättern zwei Augen zu sehen sind. Patronin gegen Augenkrankheiten. 720. 13. Dez.

Otto, Bischof von Bamberg, Apostel der Pommern: trägt Pfeile, die er zu Nägeln umschmiedet und zum Kirchenbau verwendet. 1139. 2. Juli.

Pancratius, als Knabe von 13 Jahren Märtyrer geworden: Schwert. 12. Mai.

Pantaleon, Arzt und Märtyrer: an einen Baum gebunden, an den die Hände über dem Kopfe des Heiligen mit einem Nagel geheftet sind. 28. Juli.

Patroclus, Märtyrer: Ritter, auf einen Fisch deutend, der eine Perle im Munde trägt. 9. Dez.

Pelagius, starb 13 Jahre alt den Märtyrertod: die Zange. 27. Aug.

Quirinus, Bischof von Siscia in Illyrien und Märtyrer, Patron gegen Gicht: ein Mühlstein ist ihm an den Hals gebunden und er ins Wasser gestürzt, wobei er nicht untersinkt. 4. Juni.

Radegundis, Königin von Frankreich, später Äbtissin von St. Croix bei Poitiers: als Nonne, die Königskrone zu Füssen. 587. 13. Aug.

Regina, Märtyrerin: sie wird getröstet durch ein am Himmel erscheinendes goldenes Kreuz, auf welchem eine Taube sitzt.

Reinhold, Mönch zu Köln, Patron der Steinmetzen: mit einem Hammer in der Hand (womit ihm die neidischen Bauleute den Kopf einschlugen), oder als Ritter mit Hacke und Schwert. 12. Jan.

Remigius, Bischof von Rheims: eine Taube mit dem Salbölfläschchen über ihm. Um 533. 1. Okt.

Rochus, als Pilger, am linken Schenkel eine Pestbeule, einen Hund neben sich, Pestkranke heilend. 1327. 16. Aug.

Rupertus, Bischof von Salzburg: einen Salzkübel in der Hand. 718. 27. März.

Die sieben *Schläfer*: *Maximianus* (mit Knotenstock) *Malchus* und *Martinianus* (mit Beilen), *Dionysius* (mit einem Nagel), *Johannes* (mit Keule), *Serapion* (mit Fackel) und *Konstantinus* (mit Keule) wurden auf Befehl des Decius in einer Höhle bei Ephesus lebendig eingemauert und schliefen daselbst 196 Jahre. Sie schliefen ein am 27. Juni oder Juli und erwachten am 11. Aug.

Scholastica, Schwester des heil. Benedikt: ihre Seele fliegt als Taube gen Himmel. 10. Febr.

Sebald, ein seit 1072 auftauchender Nürnberger Lokalheiliger, soll ein dänischer Königssohn gewesen sein, welcher als Einsiedler in einem Walde bei Nürnberg lebte und in Franken das Christentum verkündigte. Abgebildet als Eremit, die Ochsen als weisende Tiere neben sich. 19. Aug.

Sebastian, Patron der Schützen und gegen die Pest, leidet nackt, an einen Baum oder Pfahl gebunden, von vielen Pfeilen durchbohrt den Märtyrertod. 20. Jan.

Servatius, Bischof von Maestricht, 4. Jahrh., Patron für gutes Gelingen: ein Adler weht ihm Luft zu, während er in der Sonnenhitze schläft; hält einen Schlüssel in der Hand. 13. Mai.

Severinus, Eremit in Österreich, Patron der Leineweber: als Abt oder Bischof, dem Volke predigend. Um 482. 5. oder 8. Jan.

Sigismund, christlicher König des noch heidnischen Landes Burgund: Schwert in der Hand. Patron der Fieberkranken. 1. Mai.

Sixtus II., Papst und Märtyrer: Almosenbeutel oder Schwert. 6. Aug.

Stanislaus, Bischof von Krakau: mit dem Schwert, öfter von einem durch ihn erweckten Toten begleitet. 1079. 8. Mai.

Stephanus, Protomartyr, Patron der Pferde: Martyrpalme, Steine vor sich tragend. 26. Dez.

Sylvester, Papst: einen Ochsen neben sich (den er, nachdem ihn ein Jude durch Zauberei getötet, wieder ledendig gemacht hatte). 935. 31. Dez.

Thebaische Legion, siehe Mauritius.

Thecla, Märtyrerin, von wilden Tieren umgeben. 23. Sept.

Theobald, wurde aus Demut Schuhflicker und Lastträger: trägt Schuhmachergerät. 1150. 29. Jan.

Theodor: Heilige dieses Namens giebt es über 20.

Thomas Aquinas, Kirchenlehrer: trägt einen Kelch, der heil. Geist als Taube schwebt an seinem Ohre oder sitzt auf einem von dem Heiligen gehaltenen Lilienstengel. 1274. 7. März.

Thomas (Becket) Cantuariensis, Erzbischof von Canterbury: in seinem Haupte steckt ein Schwert. 1170. 29. Dez.

Timotheus, Schüler des Apostel Paulus, Bischof von Ephesus: Keule und Steine. 24. Jan.

Ulrich, Bischof von Augsburg: hält einen Fisch in der Hand (weil er in den Fasten Fleisch in Fisch verwandelte). 973. 4. Juli.

Urban I., Papst: mit dem Schwert. 230. 25. Mai.

Ursula, eine britische Königstochter: mit dem Pfeile. Von ihrem himmlischen Bräutigam Aetherius geleitet, ist sie die Führerin der 11000 Jungfrauen, mit denen sie zu Schiffe nach Gallien, sodann den Rhein hinauf über Köln nach Basel und nun zu Fusse nach Italien zog, wo sie vom Papst Cyriacus mit ihren Gefährten nach Deutschland zurückbegleitet wurde; in Köln geriet das Schiff in die Gewalt der Hunnen, und alle fielen als Märtyrer. 21. Okt.

Valentinus, römischer Priester, Patron gegen Pest und Epilepsie: mit dem Schwert. 14. Febr.

Veronica, hält das *Schweisstuch*; siehe den bes. Artikel. 4. Febr.

Victor. Heilige dieses Namens zählt man etwa 25 auf, am bekanntesten ist ein Ritter der thebaischen Legion. 10. Okt.

Virgilius, Bischof von Salzburg, Patron und Apostel von Kärnthen und Steiermark, hält das Modell einer Kirche. 780. 27. Nov.

Vitus, ein Kind, mit einem Hahne oder einem Wolfe; Patron gegen den Veitstanz. 15. Juni.

Walpurgis, Äbtissin von Heidenheim: drei Kornähren oder ein Ölfläschchen in der Hand. Um 760. 25. Febr.

Wenzel, Herzog von Böhmen: Ritter mit königlichen Abzeichen und dem Schwert. 929. 28. Sept.

Willehad, Bischof und Patron von Bremen: Götterbilder umstürzend. 789. 8. Nov.

Willibald, Bischof von Eichstädt: auf der Brust das Rationale mit den Worten Spes. Fides. Charitas. Um 786. 7. Juli.

Willibrod, Bischof von Utrecht, Apostel der Friesen: trägt ein Kind. Um 740. 7. Nov.

Wolfgang, Bischof von Regensburg: eine Kirche zur Seite, auch mit kurzem Beil. 994. 31. Okt.

Heilige Tiere. Noch häufiger als von heiligen Bäumen ist von heiligen Tieren die Rede; schliessen sie sich doch enger an die menschlichen Verhältnisse an als die stumme Natur. Das Tier stand entweder in Bezug zu einzelnen Göttern, gewissermassen in deren Dienst (so gehörte der Eber zu Fro, der Wolf und Rabe zu Wuotan); oder es liegen Verwandlungen göttlicher Wesen in Tiergestalt dem Kultus zu Grunde, derentwegen nun die ganze Gattung in höherer Ehre bleibt; oder es wird ein Mensch zur Strafe für irgend ein Vergehen in Tiergestalt verwandelt und so der morgenländische Glaube an eine Seelenwanderung wenigstens gestreift. Die Mythe vom Kuckuck, Specht und der Nachtigall z. B. gewähren eine Fülle von schönen Sagen, die oft in den Heldenkultus eingreift.

Obenan steht das *Pferd*. Wie noch heute bei den Söhnen der Steppen und Wüsten, so gehörte es bei den alten Deutschen recht eigentlich zur Familie, war Wodans heiliges Tier, ja Opfertier, bei welcher Gelegenheit sein Fleisch auch genossen wurde. Daneben war es dem Freyr geheiligt und wurde in dem geweihten Umkreis seiner Tempel unterhalten. Wie Helden nach ihrem Pferde Hengest, Hors, heissen, so erhält es einen Eigennamen gleich dem Menschen. In der nordischen Mythologie ist beinahe jedem Gott sein besonderes, mit Wunderkräften ausgestattetes Pferd zugewiesen. Odins Ross hiess Sleipnir; es war gleich Riesen und Helden achtfüssig. Die Zucht reiner und geweihter Rosse diente zu heiligen Gebräuchen, namentlich zu Opfern, Weissagungen und für den Umzug der Götterwagen. Ihre Mähnen wurden sorgsam genährt, gepflegt und geschmückt, wie die Benennung Faxi (*jubatus*, *comatus*, ahd. *vahso*) anzeigt; vermutlich wand oder flocht man Gold, Silber und Bänder in die Locken (*Gullfaxi*, *Skinfaxi*). Unter allen Farben galt die weisse für die edelste; auch Könige zogen auf weissen Rossen ein und belehnten auf weissen Rossen sitzend. Des weissen Rosses gedenken die Weistümer auch: Wenn eine Erbschaft ledig liegt, so soll der Vogt auf einem weissen Fohlen sitzend, einen Mann vor, den anderen hinter sich setzen und einen davon auf das Erbe herablassen. Das Fohlen galt für noch edler und reiner als ein Ross. Kriegern galt das Wiehern (ahd. *hueiôn*, mhd. *weien*, mnl. *neien*, altn. *hneggja*, schw. *gnägga*) als ein Vorzeichen des Sieges; enthielten sich aber die Pferde des lustigen Wieherns, so deutete das eine sichere Niederlage an. Und wie in Mîmirs abgehauenem Haupte seine Klugheit fortdauerte, scheint das Heidentum mit abgeschnittenen, aufgerichteten Pferdehäuptern vielfachen Zauber getrieben zu haben. Sie wurden zur Abwehr alles Bösen auf die Hausgiebel befestigt, oft mit weitgeöffnetem Rachen nach der Seite hinschauend, von der die Gefahr zu erwarten stand. Bekannt ist das redende Haupt der treuen Falanda im Märchen. Der Pferdekultus war den Celten, Deutschen und Slaven in gleicher Weise eigen und hat sich als Hokuspokus in mancherlei Gestalt bis auf den heutigen Tag erhalten.

Auch *Rinder* wurden nicht selten geopfert, galten also unzweifelhaft als heilige Tiere. Sie zogen noch im späteren Mittelalter die Kriegswagen. Der fränkische Kriegswagen wurde mit Stieren bespannt. Die Kuh scheint zwar fast allerorten dem Stiere vorgezogen worden zu sein. Opferrinder wurden ebenfalls mit Gold geschmückt und zwar an dem Gehörn.

Eber und *Bock* waren ebenfalls heilige Opfertiere, der Eber dem Freyr, Böcke und Ziegen dem Thorr gewidmet, wie sie noch jetzt für Teufelsgetier gelten. Dem göttlichen Eber aber gilt wohl Notkers Lied:

imo sint fuoze fuodermâze,
imo sint burste ebenhô forste,
unde zene sîne zuelifelnîge.

(Seine Borsten ragen hoch wie der Wald, seine Hauer sind zwölf Ellen lang.) Einen Grund der Heilighaltung des Ebers will man darin finden, dass er die Erde aufwühlt und die Menschen von ihm das Pflügen gelernt haben. — Opferbar waren nur die Haustiere, doch auch unter diesen z. B. der *Hund* nicht. Er ist wohl ein treues und kluges Tier, er ist auch geistersichtig, d. h. er erkennt die Götter und Geister, bevor sie dem menschlichen Auge sichtbar werden, und kündet diese durch seine Stimme an, aber er ist doch ein unedles, unreines Tier, weswegen die Benennung „Hund" für den Menschen ein arger Schimpf ist und die Überschickung des räudigen Hundes eine unzweideutige Herausforderung.

Eigentlich heilige Tiere waren die Waldtiere nicht, doch wurden viele unter ihnen mit Scheu verehrt, vor allen *Bär*, *Wolf* und *Fuchs*. Der erstgenannte galt als der König der Tiere. Biörn war ein Beiname des Thorr, und nach der welschen Sage wurde König Artur als Bär und Gott dargestellt. Der Bär am Himmel wird häufig genannt. Es ist nicht zu übersehen, dass einzelne Tierfabeln in menschliche Mythen verwandelt wurden oder umgekehrt, z. B. die Rolle des Bären oder Fuchses auf einen Riesen oder Teufel übergeht. So findet sich die esthnische Erzählung von dem Mann, der mit dem Bären Rüben und Haber auf dem Acker baut, anderwärts von dem Teufel. Zwei Wölfe, Geri und Freki, waren dem Odin heilig, ihnen gab er zu fressen, was ihm an Speise vorgesetzt wurde, sie waren gleichsam des Gottes Hunde. Ein Sohn des Loki, der Fenrisûlfr, tritt in Wolfgestalt unter den Göttern auf; überhaupt kennt unser Altertum keine häufigere Verwandlung, als die der Menschen in Wölfe (Werwölfe). Bär und Wolf sind häufig in Wappen aufgenommen, leben aber noch weit häufiger fort in unseren Geschlechtsnamen, während der Fuchs fast ausschliesslich auf die Rollen des Schlaukopfes in Fabel und Märchen angewiesen ist.

Der Wagen der Freyja war nach der Sage mit zwei *Katzen* bespannt; da aber altn. *fres* nicht bloss Kater, sondern auch Bär bedeutet, hat man neulich gar nicht uneben behauptet, *köttum* könne aus *fressum* entsprungen sein und der Göttin statt des Katzengespanns ein Bärgespann zugehören, wie Cybeles Wagen Löwen zogen. Katzen und *Wiesel* gelten übrigens für kluge, zauberkundige Tiere, die man schützen muss.

Noch vertrauter lebte das Altertum mit den *Vögeln*, die vermöge ihrer grossen Beweglichkeit leicht geisterhafter erscheinen konnten als die Säugetiere. Mit Kornspenden wurden die kleineren unter ihnen geneigt gemacht, dass sie den Fluren nicht schaden sollten. Götter und Göttinnen pflegten sich nach Belieben in Vögel zu verwandeln, aber auch den Riesen war diese Gabe eigen. Tarapita, der esthnische Gott, fliegt von einer Stätte zur anderen. Die griechischen Götter sind geflügelt, wie die jüdischen Engel und die altdeutschen Jungfrauen (Schwanflügel). Nordische Götter und Riesen tragen ein Adlerkleid *(arnarham)*, Göttinnen ein Falkenkleid *(valsham)*. Der Wind wird als Riese und Adler dargestellt.

Dass Hausvögel als Opfer gedient hätten, ist wenig bekannt. Dagegen wurden mit Vorliebe *Hähne* auf heilige Bäume gesetzt, und möglich ist, dass die christlichen Glaubensboten aus Schonung für diesen heidnischen Brauch auch dem vergoldeten Hahne, dem Sinnbild der Wachsamkeit, ein Plätzchen auf unseren Kirchtürmen eingeräumt. Ekkehard erzählt, wie die Hunnen den Hahn auf dem Kloster St. Gallen gefürchtet als die Gottheit des Ortes.

Der *Adler* ist der König der Vögel, Bote des Zeus; der *Rabe* ist Wolf und Fuchs unter den gefiederten Geschöpfen, er besitzt die Fressgier des einen und zugleich die Klugheit des anderen. Zwei Raben (wie zwei Wölfe) sind Odins Begleiter; sie bringen ihm Kundschaft von allen Ereignissen. Raben sind auch die Begleiter des heiligen Gregor, wie des heiligen Meinrad, dessen Mörder sie als Ankläger verfolgen. Sie sind hauptsächlich redende Vögel, wie denn die Vögel überhaupt ihre eigene Sprache haben, die der Mensch dadurch verstehen lernt, dass er eine weisse Schlange isst. *Schwalben* zu töten bringt Unheil; ihre Nester darf man nicht berühren. Die mythische Eigenheit des *Schwans* bekundet die Sage von den Schwanjungfrauen und des sterbenden Tieres Gesang. Der *Storch* wurde ebenfalls verehrt, wie er noch heute, trotz des abschätzenden Urteils der Naturforscher, dem Volke mehr gilt, als er verdienen mag. Nach friesischem Volksglauben treten Wandlungen des Storchs in Mensch und des Menschen in Storch ein. Der *Specht* wurde besonders von den Römern geehrt, doch auch die Deutschen kannten den Beovulf (Bienenwolf, d. i. Specht) wohl und in Norwegen heisst der rothaubige Schwarzspecht Gertrudsvogel, da er die verwünschte Bäckerin Gertrud ist, die den hungrigen Herrn trotz des Segens, der in ihrem Kuchenberg sich zeigte, mit leerer Hand von der Thüre wies. Eine Spur des *Elster*kultus dauert noch in Poitou fort, wo man ihr zu Ehren auf den Gipfel eines hohen Baumes einen Strauss von Heide und Lorbeer bindet, weil sie durch ihr Geschrei den Leuten das Nahen des Wolfes verkündet. In altböhmischen Liedern ist der *Sperber* ein heiliger Vogel und wird im Götterhain gehegt. Auf den Ästen der Eiche, die aus dem Grabe des Erschlagenen spriesst, sitzen heilige Sperber und verkünden geschehenen Mord.

Als sonderbarster unter den Vögeln gilt der *Kuckuck*. Er ist ein Prophet, der nicht nur heiratslustigen Leuten angiebt, wie lange sie noch ledig bleiben müssen, er weiss auch, wie lange ein jedes noch leben darf und zeigt durch seinen Ruf die guten und bösen Zeitläufe an. Bald ist er ein verwünschter Bäckerknecht, der zur Strafe für seinen Geiz die Welt durchirrt und weissagt, dabei aber die Leute oft narrt; bald ist er ein Ehebrecher, der Unfrieden zu säen bemüht ist; bald ist er gar der Teufel selbst; in Polen aber ist er ein verwandelter Gott, wie er in Sachsen „Kuckuck vam Haven“ (vom Himmel?) heisst. Gauch ist auch gleichbedeutend mit Narr, daher die Redensarten: Ich tumber Gauch; tumber denn ein Gauch; der treite Gauches Houbet. Dass aber dem Kuckuck allerlei Spuk zugetraut wird, beweist das vielfache Vorkommen seines Namens als: Gauchsberg, Guggisberg, Göckerliberg, Kuckucksspeichel, Kuckucksbrot, Gauchlauch, Kuckucksblume, Gauchheil etc.

Von den kleinen Singvögeln ist die *Nachtigall* noch besonders zu nennen, die im Minnesang grosse Verherrlichung findet. Der Mythus, dass sie ihre totgeborenen Kinder lebendig singe, scheint nicht deutschen Ursprunges zu sein. Der *Zaunkönig* lebt ebenfalls im Märchen fort, doch in grösserem Ansehen der Heiligkeit scheinen besonders noch *Rotkehlchen* und *Meise* gestanden zu haben. Ersteres gewährt dem Hause jeglichen Schutz und steht im Rufe, dass es Blumen und Blätter auf das Gesicht der Erschlagenen trage, die auf freiem Felde oder im Walde liegen. Die Meise aber, ahd. *meisâ*, ags. *mâse*, nnl. *mêze*, genoss in den Weistümern eines Schutzes, der offenbar von einer hohen Heilighaltung des Vogels zeugt: Wer da fehet ein Bermeisen, der sal geben ein koppechte Hennen und zwelf Hunkeln und sechzig Schillig Pfennig und einen Helbeling. Wer eine Kohlmeise fienge mit Limen oder mit Slagegarn, der sal unserme Herrn geben eine falbe Henne mit sieben Hünkeln. Wer ein Sterzmeise fahet, der ist um Leib und Guet und in unsers Herrn Ungnad.

Die *Schlange* erscheint als ein heilbringendes, unverletzliches Tier und vollkommen für den heidnischen Kultus geeignet. An den Heilbrunnen lagen Schlangen, und den Stab des Asklepios umwand eine solche. Für Potrimpos unterhielten die alten Preussen eine grosse Schlange, und die Priester hüteten sie sorgsam, betteten sie in Kornähren und nährten sie mit Milch. Bei den Letten heissen die Schlangen Milchmütter (*peene mahtes*), stehen unter dem Schutz einer höheren Göttin, der Brehkia, welche den Eintretenden zuschrie, man soll ihre *peene mahtes* ungestört im Hause lassen. Auch die Litthauer verehrten Schlangen, hegten sie im Haus und brachten ihnen Opfer. Der ägyptische Schlangendienst ist aus der Geschichte des israelitischen Volkes bekannt. Fast die ganze Heidenwelt scheint den Schlangenkultus zu kennen, während in der Christenheit der Begriff böser, teuflischer Schlangen vorwaltet; während dort die Schlange ein verwandelter Mensch ist, spricht hier aus ihr der tückische Verführer. Die langobardische Sage erzählt vom Kampf eines feuerspeienden Tierleins mit einem Löwen und Wolfdietrich:

Nun höret durch ein Wunder, wie das Tierlein ist genannt,
Es heisst zu welsch ein Zunder, zu teutsch ein *saribant*,
In Sittenland nach Ehren ist es ein *vipper* genannt.

(Unter Sittenland wird wahrscheinlich der Kanton Wallis gemeint sein.) Im weiteren Verlauf des Liedes erfährt man, dass immer nur zwei solcher Vipern lebten, indem die jungen bald nach der Geburt ihre Eltern auffrassen. Im Jura heisst eine geflügelte unsterbliche Schlange mit diamantenem Auge *vouiver* (*vipera*). Von Hausschlangen und Unken gehen noch jetzt viele Überlieferungen. Auf Wiesen und Weiden, sogar in die Häuser kommen Schlangen zu einsamen Kindern, trinken Milch aus der Schüssel, wobei sie, wie beim Baden, die Goldkronen auf die Erde niederlegen. Die Kronen dürfen aber niemals entwendet werden, denn das brächte dem Hause grosses Unglück; auch darf man die Schlangen nicht töten, sonst stirbt ihr Schützling, das Kind, und schwindet unwiederbringlich der Reichtum in Haus und Stall, Hof und Feld. Wer aber ein Otternkrönlein findet und bei sich trägt, der wird dadurch unsichtbar und in der Folge steinreich.

Der *Drache*, lat. *draco*, ahd. *traccho*, ags. *draca*, altn. *dreki*, in der *Edda ormr*, angelsächs. *vyrm*, ahd. *wurm*, got. *yaúrms*, ist eine geflügelte Schlange. Der Drache, welcher Krimhild gefangen hält auf dem Drachenstein, kommt durch die Luft gefahren, der andere, den Siegfried, vom Schmied ausgesandt, früher tötete, liegt unfliegend an einer Linde. Dies war der eddische Fâfnir, ein Mensch, der Wurmgestalt angenommen hatte, im Siegfriedslied *lintwurm*, sonst auch *lintdrache* und *heidewurm* genannt. Mit *lint* sind viele Frauennamen gebildet, z. B. Sigilint, und es könnte wahrscheinlich diese Benennung auch für den Drachen den Begriff von Glanz und Schönheit enthalten. Das Altertum hatte allgemein die Vorstellung, dass Drachen auf weichem Golde liegen und davon leuchten. Diese Schätze bewachen sie und tragen sie nachts durch die Lüfte. Das Gold heisst *wurmbett*. Drachen sind geizig, neidisch, giftig und flammenspeiend, sie haben ihre *heimwist* in einem Thale, werfen Rauch, Flammen und Wind und speien Feuer und Eiter, Amt der Helden war es nun, wie die Riesen, so die gewissermassen damit identischen Drachen auf der Welt auszutilgen. Thorr selbst bekämpfte den ungeheuren *midgardsorm* und Siegmund, Siegfried, Beovulf stehen als tapferste Drachenüberwinder da. Ihnen gesellt sich eine Menge anderer, wie sie nach Zeit und Ort allenthalben aus dem Schosse lebensvoller Sagen erstehen. Der schönen Thora Borgarhiörtr wurde ein kleiner *lyngormr* geschenkt, den sie in ein Kästchen auf Gold bettete. Wie er wuchs, wuchs auch das Gold, sodass die Kiste zu eng wurde und der Wurm sich im Kreis um die Kiste legte; bald war kein Raum mehr in dem Zimmer, er legte sich um das Zimmer und nahm den Schwanz in den Mund. Niemand liess er in das Gemach als den Wärter, der ihm zu jeder Mahlzeit einen Ochsen brachte. Nun wurde bekannt gemacht, wer ihn erlege, solle die Jungfrau zur Braut und soviel Gold, als unter dem Drachen lag, zur Aussteuer empfangen. Diesen Drachen überwand Ragnar Lodbrok.

Ausser dem Goldeshort aber, den die Helden als Beute davontragen, entspringen noch andere Vorteile aus dem Sieg; der Genuss des Drachenherzens bringt Kunde der Tiersprache und das Bestreichen mit dem Blut härtet die Haut gegen alle Verletzung.

Sogar einige Spuren von *Käferkultus* sind vorhanden. Wir nennen den *Donnerqugi* in unverkennbarem Bezug auf Donar, dann den *Gold-* und *Rosskäfer*, die wie die Drachen als heilige und selbst goldene Tiere Schätze bewachen, vor allen aber das *Marienkäferchen*, auch Gotteskühlein, Gotteskalb, Herrgottskalb, Marienkälblein genannt. Alt muss das Kinderliedchen sein:

Marienkäferchen, flieg' aus:
Dein Häuschen brennt,
Dein Mütterchen flennt,
Dein Väterchen sitzt auf der Schwelle.
Flieg' im Himmel aus der Hölle.

Aus der Klasse der wirbellosen Tiere sind ferner einzig noch die *Bienen* zu nennen, die noch aus dem goldenen Zeitalter, aus dem verloren gegangenen Paradies übrig geblieben sind. Der lautere, süsse Honig, den die Bienen aus allen Blüten saugen, ist Hauptbestandteil des Göttertranks, heiliger Honig die erste Speise, die des eingeborenen Kindes Lippe berührt. *Grimm*, Mythologie.

Heinrich, armer, heisst der Held einer von Hartmann von Aue poetisch bearbeiteten Legende, deren lateinische Quelle noch nicht gefunden worden ist. Heinrich von Aue, ein Ritter desjenigen Geschlechtes, dem der Dichter selber als Dienstmann angehörte, lebt im Vollgenusse höchsten Erdenglückes, als er von einem Aussatz befallen wird. Alle Rettung scheint vergeblich; auch das Mittel, mit dem ihn ein Arzt zu Salerno bekannt macht, nämlich das freiwillig für ihn vergossene Herzblut einer reinen Jungfrau, scheint ihm unerreichbar, und er verschenkt deshalb seine Güter an Verwandte, Arme und Gotteshäuser und behält für sich nur einen Meierhof, wo er vom Meier und dessen Frau und einer achtjährigen Tochter christlich verpflegt wird. Nach vier Jahren erst teilt der arme Heinrich seinem Meier mit, was der Salernitanische Arzt ihm gesagt, und diese Nachricht macht auf die Jungfrau einen solchen Eindruck, dass sie sich entschliesst, sich für ihren Herrn zu opfern. Mit Mühe bringt sie die Eltern zur Einwilligung in ihr Vorhaben und zieht darauf mit dem Kranken nach Salerno. Schon ist der Arzt bereit, dem Mädchen das Herz auszuschneiden, als Reue und Mitleid den Herrn ergreift, dass er sich unter dem schweren Joche der Krankheit zu bleiben entschliesst. Gott aber belohnt die Opferfreudigkeit des Mädchens und die christliche Untergebung ihres Herrn in sein Verhängnis dadurch, dass er Heinrich auf dem Rückwege heilt. Die Legende schliesst damit, dass Heinrich wieder zu Gut und Ehren gelangt und die Jungfrau zu seiner Gemahlin annimmt.

Heiraten und Hochzeiten. Es ist zwar schon im Artikel *Ehe* von Hochzeiten die Rede gewesen; hier mögen nach *Kriegks* Bürgertum II, Abschnitt XI einige besondere hierhergehörende Züge aus dem städtischen Leben des späteren Mittelalters zusammengestellt werden. Offenbar galt die Feier der Hochzeit für den städtischen Bürger als ein eingreifenderes und wesentlicheres Lebensmoment, als es für die höfische Gesellschaft gewesen war; nicht bloss bewegte sich der ritterliche Frauendienst abseits von der Ehe, sondern der Geist des Rittertums bevorzugte überhaupt mehr solche Feste, welche mit der Stellung des Ritters als solchem zusammenhingen, ganz besonders die Schwertleite, den Hoftag, das Turnier u. dgl., Feste, welche eben die höfische Zeit unter dem Gesamtnamen *hôchzît*, *hôchgezît* zusammenfasste. Erst in den Städten hing dies Fest der Eheeingehung enge mit dem Lebensberufe des Bürgers zusammen und blieb für die Bezeichnung Hochzeit an dieser Feier haften. Heiraten waren in den Städten häufiger als jetzt, wie denn offenbar hier das Wort *Hagestolz*, das ursprünglich den Besitzer eines Nebengutes bedeutete, die Bezeichnung für einen Junggesellen geworden ist. Es gab Städte, wo Hagestolze weder Ratsherr werden, noch in der Zunft als Meister aufgenommen werden durften. Witwer und Witwen verheirateten sich schnell wieder, oft bevor das „Jahr der Klage und des Leides" abgelaufen war; ja zweite und dritte Verheiratungen scheinen in Deutschland sogar die Regel gewesen zu sein. Bis ins späte Mittelalter wurde nicht die kirchliche Trauung, sondern die Verlobung als Hauptakt der Eheschliessung angesehen. Immer noch bestand die *Verlobung* oder *Vertrauung* aus den drei Akten, 1. aus der Verabredung über Brautschatz und Mitgift, 2. aus der Konsenserklärung des Vaters und dem Eheversprechen von Seite des Freiers, und 3. aus der *Handreichung*, dem *Handschlag*, *Handstreich* oder dem *Weinkauf*, welches alles Namen für die eigentliche Verlobungs-Termine sind; sie fand inmitten der beiderseitigen Verwandten statt und bestand in der Bejahung der an Braut und Bräutigam gerichteten Frage, ob sie einander heiraten wollen, aus Umfahung und Brautkuss; von jetzt an hiessen die Verlobten *Gemahle*, später bis zur Hochzeit immer noch Braut und Bräutigam. Die beiden ersten Akte waren häufig mit der Abfassung einer schriftlichen Urkunde über die Ausstattung und den Brautschatz, mit der Ausstellung eines Ehebriefes und mit der Ceremonie verbunden, dass ein Verwandter oder Freund die Brautleute förmlich zusammengab. Das letztere geschah bald durch einen Laien, bald durch einen Geistlichen. Gesellige Festlichkeiten fanden nach der Verlobung im Hause der Braut, im Rathaus oder in einem Kloster statt und bestanden in Tänzen, Schmausereien und Trinkgelagen; Namen für dieses Fest sind *Lautmerung*, d. h. öffentliche Bekanntmachung, weil auch Uneingeladene beiwohnten, *Uffenbarung* und *Vorgift*, *Vorgabe*.

Die *Kopulation*, *Einsegnung*, *Benediktion in der Kirche*, *Kirchgang*, *Solemnisierung der Ehe oder Inthronisation* fand stets in der Kirche statt; das vorausgehende dreimalige kirchliche *Aufgebot*, schon zur römischen Kaiserzeit vorhanden, war seit dem 13. Jahrhundert ein Kirchengesetz. Die Kopulation wurde an einem beliebigen Tage in der Woche gehalten und zwar Vormittags nach der Messe. Mehrere Tage früher fand das *Baden* in einer Badstube statt, worauf eingeladene Verwandte und Freunde, auch Dienstboten des Hauses im Hause der Braut oder des Bräutigams bewirtet wurden. Der *Brautkranz* war nicht allgemein gebräuchlich; dagegen das Verteilen von Kränzen seitens der Braut an den Bräutigam, die Brautführer, die Tanzlader und die Spielleute, nicht aber an die wirklichen Gäste.

Braut und Bräutigam gingen bei der Trauung nicht zusammen zur Kirche, sondern jedes von ihnen wurde durch zwei Brautführer dahin begleitet, wobei auch die Braut manchmal männliche Führer hatte. Beim Zuge in die Kirche wurde mit Glocken geläutet oder vom Turme herabgeblasen, was man das *Anblasen der Braut* nannte. Geiger, Lautenisten, Pfeifer, Trompeter oder Trommler gingen dem Zuge voran, an welchem nicht bloss die Verwandten und Freunde, sondern auch die männlichen und weiblichen Dienstboten teilnahmen. In Nürnberg gaben die Verlobten einander vor dem Eintritt in die Kirche den *Mahelring*, welcher an anderen Orten schon bei der Verlobung übergeben wurde.

Das erste *Beilager* fand stets im Hause der Braut statt, meist in der auf die Trauung folgenden Nacht, manchmal aber erst mehrere Tage später. In Frankfurt führte dabei einer der Brautführer die junge Frau, auf deren Sammetschuhen Wappen, Namen u. dgl. mit Gold und Perlen eingestickt waren, in das Brautgemach und zog ihr daselbst den linken Schuh aus, welchen er einem oder mehreren der zur Hochzeit geladenen Junggesellen schenkte. Am Morgen nach dem Beilager überreichte der Eheherr seiner Gattin die *Morgengabe*, bestehend aus einem oder zwei silbernen Bechern oder einem anderen Kleinod; als Gegengeschenk kommt an manchen Orten ein Manns- oder Badehemd vor. Gewöhnlich an demselben Morgen wurde die junge Frau durch die Hochzeitsgäste feierlich zur Messe und in das Haus ihres Gatten geleitet, wenn nicht, was oft geschah, das junge Paar noch eine kürzere oder längere Zeit hindurch im Hause der Gattin wohnen blieb, wo ihm mit der Wohnung auch die Kost frei war.

Die *Hochzeitsgeschenke* der Verwandten und Freunde an das Brautpaar begannen schon bei der Verlobung, und zwar war dieses meist ein *Schmuck*, *Bringat* genannt, vom feierlichen *Überbringen*. Auf der Hochzeit pflegte jeder Eingeladene dem neuen Ehepaar sowohl als beiden Eltern, in deren Hause die Hochzeit gefeiert wurde, ein Geschenk zu machen, als Beitrag zu den Kosten des Festes, an manchen Orten war dagegen ein offenes Mahl und ein Freitanz gebräuchlich. Jene Art von Hochzeiten hiessen *Schenkhochzeiten*; bei *Freihochzeiten*, die erst später aufkommen, gaben die Gäste bloss einen mündlichen Dank. Gegen die kostbaren Geschenke oder *Schenkinen* wurden zahlreiche Verordnungen erlassen; die Geschenke selber bestanden in Schmuck, Hausgeräte, silbergestickten Kleidern, silbernen Trinkgeräten und barem Gelde. Das Brautpaar hatte für die ihm gereichten Brautgeschenke Trinkgelder zu geben, wozu an manchen Orten noch andere Geschenke kamen, besonders Speise und Trank für die Angehörigen der beim Feste beteiligten Leute. Überhaupt war der Aufwand, den man beim Hochzeitsfest entfaltete, meist sehr üppig; es gab bürgerliche Hochzeiten, die neun Tage dauerten, von adeligen und fürstlichen zu geschweigen, und überall sahen sich die Obrigkeiten genötigt, wiederholt einschränkende Verordnungen zu erlassen. Die Hochzeitsfeier wurde im Hause der Braut oder in der Trinkstube, die der Bräutigam zu besuchen pflegte, im Rathause oder in einem andern städtischen Gebäude, von Handwerkern auf ihrer Zunft gehalten. Gegen die Benützung des Rathauses sind aber ebenfalls Verbote erlassen worden. Die Einladung der Gäste geschah durch *Hochzeitslader* oder *Tanzlader* und war oft beritten und von einem kleinen Gefolge begleitet. Ein von Stadt wegen angestellter Sprecher, der *Hängelein* oder *Hege-*

lein oder *Vorhängelein*, vom vorgehängten Amtsschild, auch *Ehensprecher*, *Schlenkerlein*, trug seine Anrede reimweis vor. Ähnlicher Natur waren die *Lotter* oder *Lotterer*, d. h. Lustigmacher. Für die Zahl der Gäste war meist ein obrigkeitliches Maximum aufgestellt. Ein Hauptteil der hochzeitlichen Vergnügungen war der *Tanz; Höfe* heissen Festmahle, die in den nächsten Monaten nach der Hochzeit zu Ehren der Neuvermählten abgehalten werden. Die erste Feier einer *goldenen Hochzeit* wird im Jahre 1661 erwähnt. Vgl. *Kohl*, Alte und neue Zeit, Abschn. 14. Bremen 1871.

Hel, vom altd. *helan*, nhd. hehlen, verhehlen, ist die germanische Göttin des Todes und der Unterwelt; erst später, aber noch in heidnischer Zeit, als man eine Unterscheidung zwischen den Toten machte und besondere Wohnsitze für die Guten und die Bösen annahm, wurde die Göttin Hel zur Vorsteherin derjenigen Geister gemacht, die nach thätigem, ruhmlosem Leben dahingegangen sind, und ihr Name erweiterte sich zu *Hellia*, *Hella*, nhd. *Helle*, *Hölle*, woher der christliche Aufenthaltsort der Verdammten später den Namen *Helle*, Hölle empfing. Man dachte sich die Göttin Hel in Sümpfen oder Brunnen lebend, oder im Berge, Helleberg, die Seelen hütend. Zu ihrem unterirdischen Sitze sollte die Milchstrasse führen, die daher in Norddeutschland der *Helweg* genannt wird. Die *nordische Hel* ist halb schwarz, halb menschenfarbig und hat ein grimmiges, furchtbares Aussehen. Ihr gehört die Herrschaft in *Nifelheimr*, wo sie unter einer Wurzel der Esche Ygdrasil in ihrer Burg Helheimr wohnt. Den langen und traurigen Weg dahin, den Helweg, reitet man neun Tage und Nächte nach Norden zu durch dunkle tiefe Thäler den Abgrund hinab. Über Dornenheiden und Sümpfe kommt der Wanderer zu einem reissenden Strome, den die Gjallarbrücke überwölbt, die mit glänzendem Golde belegt ist. Sie hängt hoch im Winde unter dem dem Gewölk, die *Milchstrasse.* In einem hohlen und von mächtigen Gittern verwahrten Gehege bewacht ein Hund mit blutgefleckter Brust und klaffendem Rachen den Eingang zu Hels Wohnungen. Ihr Saal heisst Elend, ihre Schüssel Hunger, ihr Messer Gier, ihr Knecht Träg, ihre Magd Langsam, ihre Schwelle Einsturz, ihr Lager Krankenbett, ihr Vorhang dauerndes Übel. Damit die Seelen jene Dornenheide nicht barfuss überschreiten müsse, gab man den Toten ins Grab ein Paar Schuhe mit. Wer den Armen auf Erden eine Kuh geschenkt hat, wird nicht straucheln und schwindeln, wenn er die Gjallarbrücke überschreiten muss; denn dort findet er eine Kuh, welche seine Seele über die Totenbrücke geleitet; daher man in vielen germanischen Ländern eine Kuh hinter dem Sarge her bis auf den Kirchhof mitgehen liess. *Mannhardt*, Götterwelt.

Helbling, älteres Münzstück im Werte des jeweiligen Pfennigs; grössere Summen wurden zu Schillingen und Pfunden Helblinge berechnet.

Heldenbuch, *der helden buoch*, nennt sich eine im 15. Jahrhundert mehrfach gedruckte Sammlung der unter dem Namen Wolfdietrich zusammengefassten Gedichte von Ortnit, Hugdietrich und Wolfdietrich; den gleichen Namen pflegt man auch seit Von der Hagens Grundriss zur Geschichte der deutschen Poesie, 1812, Sammlungen von Gedichten aus der deutschen Heldensage, mit Ein- oder Ausschluss des Nibelungenliedes zu geben. Den gleichen Namen tragen zwei neuere Sammlungen, nämlich die neueste Ausgabe der dem Amelungenkreis angehörigen mittelhochdeutschen Dichtungen, herausgegeben von Amelung, Jänicke, Martin und Zupitza, 5 Bände, Berlin, 1866—73, und die erneuerte Sammlung von Simrock in sechs Bänden, welche in die Gudrun, das Nibelungenlied, das kleine Heldenbuch (Walther und Hildegunde, Alphart, hörnerner Siegfried, Rosengarten, Hildebrandlied) und das Amelungenlied zerfällt, wovon das letztere wieder folgende Stücke in sich begreift: Wieland der Schmied, Wittich Wielands Sohn, Ecken Ausfahrt, Dietleib, Sibichs Verrat, die beiden Dietriche, die Rabenschlacht, die Heimkehr.

Heldensage. Die germanische Heldensage teilt mit den Heldensagen aller übrigen arischen Völker den doppelten Ursprung aus dem Mythus und der Volksgeschichte. Das mythische Element der Heldensage erweist sich zuerst darin, dass einzelne Götter mit der Zeit als Sterbliche aufgefasst werden. Dadurch entstehen zuerst die *Heroen;* man vergass von einzelnen Göttergestalten, zum Teil dadurch, dass durch historische Ereignisse ihr Kult ausser Übung kam, dass sie Gottheiten seien und fasste sie nur noch als gewaltige und vorzugsweise mächtige Sterbliche auf, als Helden von göttlicher Abstammung, deren Leben man in die Anfänge der Volksgeschichte versetzte. Ihre Thaten wurden jetzt grösstenteils nicht mehr ihrer inneren göttlichen Natur, sondern äusserer Hilfe und äusseren Mitteln zugeschrieben, welche ihnen die Götter an die Hand gegeben hätten; solche Heroen sind in der deutschen Heldensage Siegfried, Gunther, Hagen, Hettel, Horant, Wate, Wieland, Orendel, Krimhild, Hilde. Diese Heroen pflegen nun mit der Zeit eine Verbindung mit geschichtlichen Erinnerungen einzugehen, der Mythus wird lokalisiert, und Göttliches und Menschliches fliesst in ein Bild zusammen. Wachsen so grössere und lebendige Mythen mit Erinnerungen aus dem glänzenden Heldenalter, welches gewöhnlich dem Eintritt hoch organisierter Völker in das helle Licht der Geschichte vorauszugehen pflegt, zusammen, so entsteht die *Heldensage.* Das Mythische an ihnen ist der feste Kern, um den sich das Historische herumlegt. *Mannhardt,* Götter, Abschn. II. Die mythischen Elemente der Heldensage sind ihrer Natur nach wechselnd; manche Züge mögen in die gemeinsame Urzeit der arischen Völker hinaufreichen, andere sind Resultate der verschiedenen Bildungsperioden der Mythenbildung; oft sind es bloss einzelne Züge, welche an diesem und jenem Helden oder an dieser und jener Sage mythologischer Natur sind, während anderes historisch ist.

Ebensowenig als das mythische Element der Heldensage lässt sich das historische Element auf eine Einheit zurückführen. Ohne Zweifel sind schon lange vor der Völkerwanderung historische Thatsachen von der Sage aufgefasst und gestaltet worden; dieselben fielen aber meistenteils der Vergessenheit anheim, als die grossen tiefeinschneidenden Geschicke der Völkerwanderung kamen, an welche sich die Errichtung des fränkischen Reiches und damit der Eintritt der Germanen in die europäische Staatenentwickelung knüpfte. Diese Ereignisse gaben fortan die historische Unterlage, die Namen der Völker und Fürsten, der Städte, Länder, Flüsse, Berge und Wälder, welche den Rahmen der Heldensage bilden, ohne dass man den Grad der Ursprünglichkeit dieses historischen Elementes im einzelnen jedesmal anzugeben vermöchte. Wilhelm Grimm sagt in der Schlussbetrachtung zur Deutschen Heldensage: „Ruhend und in eine feste Form gebunden, dürfen wir uns das Epos zu keiner Zeit denken. Vielmehr herrscht in ihm der Trieb zur Bewegung und Umgestaltung, ja, ohne ihn würde es absterben, wenigstens die Kraft lebendiger Einwirkung verlieren. Hier erprobt sich die Fähigkeit zur Poesie, und ein unfreies, verarmtes Gefühl wird jedesmal eine Verschlechterung des Epos bewirken. Echte Fortbildung geht niemals aus Laune und Willkür, immer aus innerer Notwendigkeit hervor. Eines der bedeutendsten Mittel ist dabei ohne Zweifel die in verschiedenen Erscheinungen beobachtete *Verknüpfung* einzelner Sagen. Der Norden hat die Helge- und Krakasage der Sigurdssage beigemischt, Deutschland die Dietrichssage mit noch grösserem Erfolg. Aber das glänzendste Beispiel ist unser Nibelungenlied. Gerade der ausgezeichnetste Teil, der zweite nämlich, ist lediglich aus einer solchen Verknüpfung hervorgegangen. Nähme man Rüdiger und Dietrich heraus, die bedeutendsten Verwickelungen und ergreifendsten Stellen würden fehlen und der ganze grosse Kampf in die Erzählung von Gunthers und Hagens tapferer Gegenwehr vor ihrer Überwältigung sich zusammenziehen. So aber treibt die Dichtung, frisch getränkt, neue Sprossen und überall verkündigt sich ein höherer Schwung und eine reichere, gleichförmigere Fülle des Ausdruckes. Wahr ist es auf der anderen Seite, das Neue wird niemals ohne Einbusse an dem Alten gewonnen, und Einfachheit und Verstand der Grundsage leiden bei solchen Umbildungen fast immer; aber wir haben an dem ersten Teile des Nibelungenliedes ein Beispiel, wie ohne eine solche Erfrischung die Sage lückenhaft wird, in sich zerfällt und allmählich erlischt. Siegfrieds Jugendleben, nur unvollständig angedeutet, zum Teil vergessen, Brunhildens damit verknüpftes Geschick, es würde sich besser, freilich auch in anderer Gestalt bewahrt haben, wenn ein neuer Strom der Sage wäre hinzugeleitet worden“ . . . .

„Ich darf als ausgemacht betrachten, dass die geschichtlichen Beziehungen, welche die Sage jetzt zeigt, erst später eingetreten sind, mithin die Behauptung, dass jene Ereignisse die Grundlage geliefert, aller Stützen beraubt ist. Noch eine andere, nicht geringere Schwierigkeit, macht die damit verknüpfte Vorstellung von *absichtlicher*, poetischer Ausbildung des historischen Faktums. Der Dichter der Nibelunge Not musste danach vorsätzlich chronologische Verstösse begehen und sehr genau wissen, dass die Gestalten, die er auftreten liess, bis auf einige Namen, Geschöpfe seiner eigenen Einbildungskraft waren; gleicher Weise konnte er sich über die Unwahrheit der Thaten, die er sie vollbringen liess, unmöglich täuschen. Wie steht das in Widerspruch mit der nicht bloss in der frühesten Zeit, sondern noch bei den gebildetsten Dichtern des Mittelalters herrschenden Überzeugung von der vollkommenen Wahrheit der Überlieferung? Kann man glauben, dass gerade die, welche man sich als Verfasser jener Werke denkt, eine andere, der Klugheit unserer Zeit entsprechende Ansicht nicht allein hegten, sondern auch mit ungewöhnlicher Schlauheit verbargen? Überall bricht ein ehrlicher Glaube an die Wahrheit durch, jede Zuthat und weitere Ausbildung galt für eine blosse Ergänzung derselben. Dieser Glaube ist freilich naiv, aber nicht unverständig, denn er will in dem Gemüte von Menschen, die Historie und Poesie zu trennen noch nicht gelernt haben, nicht mehr sagen, als dass hier nichts aus der Luft Gegriffenes, sondern seiner letzten Quelle nach im wirklichen Leben Begründetes aufgenommen sei. Setzt man noch hinzu, dass auf eine Wahrheit dieser Art das Ganze, wie jeder einzelne Teil, vollkommen denselben Anspruch machen könne und nach einer historischen Thatsache zu fragen vergeblich, ja sinnlos sein würde, da in dieser poetischen Läuterung und Herübernahme in das Gebiet des freien Gedankens jedes äussere Merkmal des Geschichtlichen leicht verschwinden müsste, so hat man, wie es mir scheint, das Richtige."

„. . . . Das Epos, welches das ganze Leben zu erfassen strebt, kann den Glauben an überirdische Dinge nicht hintansetzen, noch die Weise, wie er sich äussert, ihr unbekannt bleiben. Es wird dort immer ein wesentliches Element seines Inhaltes finden, ja, es scheint mir ohne eine solche Mischung des Leiblichen und Geistigen gar nicht bestehen zu können, etwa wie Gesang beides, Worte und Töne, verlangt. Keinem Gedichte, wenn es wahrhaft beseelt ist, fehlt innere Bedeutung oder eine sittliche Erkenntnis; aber nichts berechtigt uns bis jetzt zu der Vermutung, dass die deutsche Heldensage aus Erforschung göttlicher Dinge oder aus einer philosophischen Betrachtung über die Geheimnisse der Natur hervorgegangen sei und in einem sinnbildlichen Ausdrucke derselben ihren ersten Anlass gefunden habe. Sie selbst hat, so weit wir zurückblicken können, sich allezeit neben der Geschichte ihren Platz angewiesen. Die Lieder, welche die Sage von dem aus der Erde geborenen Gott Thuisto und seinem Geschlecht enthielten, die Tacitus, Germ. 2, alte nennt, sind untergegangen; meiner Ansicht nach bestanden sie neben den Heldenliedern, dergleichen jene waren, welche die Thaten des Arminius feierten."

Man pflegt die Denkmäler der Heldensage auf verschiedene Weise zu gliedern; entweder nach den Haupthelden Siegfried, Dietrich von Bern und Gudrun, oder nach den beiden grossen Epopöen Nibelungenlied und Gudrun, denen man die zahlreichen kleineren Heldengedichte nach älterem Vorgange unter dem Namen *Heldenbuch* gegenüberstellt; oder man stellt eine Anzahl Sagenkreise auf, meist vier: 1. den niederrheinischen oder fränkischen, dessen Held *Siegfried* heisst; 2. den *burgundischen*, mit Gunther, Gernot und Giselher, Ute, Krimhild und Brunhild, Hagen und Volker; 3. den *ostgotischen Sagenkreis*, dessen Helden ausser *Dietrich von Bern*, Hildebrand, Wolfhart, Wolfbrant, Wolfwin, Sigestab und Helfrich heissen; 4. von *Attila*, wozu die Helden Rüdiger, Hawart, Iring und Irnfrit kommen. Es fällt in die Augen, dass diese Gliederung, weil rein örtlich, nicht im ursprünglichen Wesen der Sage begründet sein kann. Uhland unterscheidet die Sagen von den Amelungen (Dietrich von Bern), den Nibelungen und den Hegelingen (Gudrun).

Die aus dem Kreis der deutschen Heldensage erhaltenen Gedichte sind folgende:

A. Amelungenkreis.

1. *Hildebrandslied*, siehe diesen Artikel.

2. *Sigenot;* Dietrich von Bern wird vom Riesen Sigenot überwunden, in eine Höhle geworfen und zuletzt von seinem Meister Hildebrand, gegen dessen Rat er ausgeritten und der den Riesen erschlägt, aus der Haft erlöst.

3. *Ecken Ausfahrt.* Die Königin Seburg von Jochgrim in Tirol wünscht Dietrich lebend gefangen zu sehen. Ecke zieht von Gripiar (Köln?) aus, um den Berner zu bringen, verliert aber im Kampf das Leben. Dietrich beklagt seinen Tod.

4. *Laurin.* Die Helden zu Bern unterreden sich über Dietrich und preisen seine tapferen Thaten. Nur Hildebrand will nicht ganz zustimmen, da der Held noch nicht mit Zwergen gekämpft habe. Darauf Auszug nach dem Rosengarten des Zwergkönigs Laurin, dem Dietrich den Zaubergürtel nimmt. Laurin gewinnt seinen Schwager Dietrich,

dessen Schwester Similte er geraubt, für sich und rettet dadurch sein Leben.

5. Der *Rosengarten.* Krimhild hält Hof zu Worms und hat daselbst einen schönen Rosengarten, als dessen Hüter Siegfried und eine Anzahl seiner Helden bestimmt sind; wer diese Hüter besiegt, von dem entbietet sich Krimhilds Vater sein Land zu Lehen zu nehmen; ausserdem sollen die Sieger einen Rosenkranz und einen Kuss von Krimhild zum Lohn erhalten. Auf Hildebrands Antrieb macht sich Dietrich von Bern auf, um den Kampf zu bestehen, wirklich werden Siegfried und die Burgundenhelden überwunden. Als eigentümlichste Figur tritt in dem Gedichte der Mönch Ilsan auf, Hildebrands Bruder, der Jahrhunderte lang eine Lieblingsfigur des deutschen Volkes blieb.

6. *Dietrichs Flucht.* Dietrich von Bern weicht, um seine sieben gefangenen Recken, welche Ermenrich aufzuhängen droht, vom Tode zu retten, von seinem Erbe zu den Hunnen.

7. *Rabenschlacht.* Dietrich klagt an Etzels Hofe um den Verlust seiner Lande durch den alles verwüstenden Ermenrich und erhält von Etzel ein Heer, seine Lande wieder zu erobern: auch giebt Etzel dem Dietrich seine beiden Söhne mit, für deren Leben sich Dietrich bei der Mutter verbürgt hat. Vor Ravenna lässt Dietrich sie nebst seinem eigenen Bruder Diethar unter Ilsans Obhut zurück; aber voll Kampfessehnsucht bitten sie, man möge ihnen gestatten, vor die Stadt zu reiten und sich umzusehen. Da geraten sie in das feindliche Heer und stossen auf den furchtbaren Helden Wittich, der mit seinem Schwerte Mimung auf sie losstürzt und beide nach langem rühmlichen Kampfe erschlägt. Dietrich, sobald er von der Söhne Tod hört, verfolgt zwar Wittich zornig; doch springt dieser ins Meer und wird von einer Meerfrau aufgenommen. Darauf folgt eine schmerzlich rührende Klage der Helche um ihre Söhne, sie flucht Dietrichen, vergiebt ihm aber, da sie seinen tiefen Schmerz sieht und seine laute Klage um die gefallenen jungen Helden vernimmt.

8. *Alpharts oder Albharts Tod.* Dietrich wird von seinem Oheim Ermenrich auf Sibichs verdächtigende Anstiftung bekriegt. Dem heranziehenden Heere reitet der junge Alphart entgegen auf die Warte. Dort wird er von den zu Ermenrich übergegangenen beiden treulosen Helden Heime und Wittich, zwei gegen einen, bestanden und von Wittich getötet. Den Gefallenen zu rächen dringen die Berner heran und treiben Ermenrich in die Flucht. Die Dichtung zählt zu den schönsten Denkmälern der Heldensage.

9. *Biterolf* und *Dietleib.* Biterolf, König zu Tolet, verlässt heimlich Weib und Kind, um die gepriesene Macht des Hunnenkönigs Etzel selbst kennen zu lernen, und begiebt sich unerkannt in dessen Dienst. Als sein Sohn Dietleib kaum herangewachsen, beschliesst er, seinen Vater zu suchen, zieht auch zu Etzel und findet den Vater mitten in der Schlacht. Eine Beleidigung, welche der junge Dietleib auf seiner Fahrt von den rheinischen Königen bei Worms erfahren, veranlasst einen grossen Heerzug dahin, wozu Etzel seine Hilfe giebt, auch Dietrich mit seinen Recken, sowie Ermenrichs Helden mit ausreiten. Nach siegreichem Kampfe kehren Biterolf und Dietleib zu Etzeln zurück und werden von ihm mit der Steiermark begabt, wo sie sich mit den Ihrigen niederlassen.

10. *Dietrichs Drachenkämpfe.* Dietrich und seine Gesellen kämpfen mit Riesen und Drachen; echter Sageninhalt wird hier gänzlich vermisst.

11. *Etzels Hofhaltung,* eine alle-

gorische Dichtung des 13. Jahrhunderts: Frau Saelde wird von dem Wunderer gejagt und von Dietrich, der den Jagenden tötet, errettet.

12. *König Ortnit* von Lamparten entführt mit Hilfe seines Vaters, des Zwerges Alberich, die Tochter des Königs Marchorel von Montebur, die in der Taufe den Namen Sydrat empfängt. Über den Verlust zürnend, sendet der König unter dem Schein von Geschenken durch den Jäger Velle dem Könige Ornit Drachen ins Land, die herangewachsen alles verwüsten. Ortnit selbst findet im Kampfe gegen dieselben den Tod.

13. *Hugdietrich* von Konstantinopel gewinnt, als Mädchen (Hildegunt) verkleidet, des Königs Walgunt von Salnecke schöne Tochter Hildburg, mit der er einen Sohn erzeugt. Dieser wird heimlich ausgesetzt und von Wölfen verschleppt; von einem Jäger gefunden, gelangt er an die Mutter und wird Wolfdietrich genannt. Walgunt willigt zuletzt in die Ehe seiner Tochter mit Hugdietrich, der Weib und Kind heimholt.

14. *Wolfdietrich*, dem seine Brüder, als einem unechten Sohne, sein Erbreich streitig machen, sucht dasselbe mit Hilfe seines getreuen Meisters Brechtung und der Söhne des letzteren zu erkämpfen. Er wird durch Zauber entrückt und seine getreuen Dienstmannen müssen, zu Konstantinopel auf der Mauer angeschmiedet, Wache halten. Vom Zauber befreit, sucht er auf langen Irrfahrten Beistand zu ihrer Erlösung und zur Erlangung seines Erbes, was ihm erst gelingt, nachdem er als Rächer des von den Lindwürmern getöteten Ortnit die Hand seiner Witwe und mit ihr das Reich zu Lamparten gewonnen hat.

B. Nibelungenkreis.

Dahin gehören der hörnerne Siegfried, das Waltharilied, das Nibelungenlied und die Klage, worüber man die einzelnen Artikel sehe.

C. Hegelingenkreis.

Dieser ist einzig durch das Gedicht *Gudrun* vertreten.

Wilhelm Grimm, Deutsche Heldensage; *Uhlands* Schriften, Bd. 1; *Grässe*, die grossen Sagenkreise des Mittelalters; *Rassmann*, Die deutsche Heldensage und ihre Heimat.

Heliand (altsächsische Form von Heiland) wird nach J. A. Schmeller eine altsächsische Evangelienharmonie aus den Jahren 825 — 835 genannt. Als Evangelienharmonie hat das Werk den Zweck die Berichte der vier Evangelien in ein zusammenhängendes Ganze zu bringen. Der Verfasser des vorliegenden Werkes ist unbekannt. Notizen über ihn finden sich in einer „*Præfatio in liberum antiquum lingua saxonica conscriptum*“, welche allerdings nicht dem altsächsischen Gedichte voransteht, sondern in dem Werke des Flacius Illyricus „*Catalogus testium veritatis*“, das 1562 erschien, enthalten ist, aber doch sicher zum Heliand in Beziehung gesetzt werden muss. Diese Präfatio zerfällt in zwei Teile: einen prosaischen und einen poetischen. Im prosaischen Teile wird gesagt, wie Ludwig der Fromme einen berühmten Dichter aufgefordert habe, den Inhalt des alten und neuen Testaments in deutscher Sprache zusammenzufassen. Der Dichter, welcher dem Volke der Sachsen entstammte, kam dem Auftrage seines Herren nach und kleidete die ganze biblische Geschichte von dem Anfang der Welt an bis Christi Tod in ein poetisches Gewand. In den der Prosavorrede folgenden Hexametern wird als Dichter ein Bauer bezeichnet, den eine himmlische Stimme im Traume zum Dichter geistlicher Gesänge entflammt habe. Diese Anekdote ist offenbar im Anschluss an die Erzählung von Kädmon

(Beda, Historia Ecclesiastica Lib. IV Cap. XXIV) entstanden, der auch über Nacht ein gottbegnadigter Dichter wurde. Dass der Heliand auf Veranlassung des kirchlich gesinnten Ludwig des Frommen entstanden ist, erregt keinerlei Bedenken, dass hingegen der Dichter ein schlichter Bauer gewesen, ist nicht wahrscheinlich, da das Gedicht für die Leier eines ungebildeten Volkssängers doch zu gelehrt ist. Die Bildung des Verfassers muss nicht unbedeutend gewesen sein, da, wie Windisch in seiner Schrift: „Der Heliand und seine Quellen“ Leipzig 1868, nachweist, ihm neben der Bibel und der Evangelienharmonie des Tatian noch Kommentare zu den vier Evangelien vorgelegen haben und zwar zum Matthäus der Kommentar des Rhabanus Maurus, zu Markus und Lukas Kommentare des berühmten englischen Kirchenhistorikers Beda und zum Johannes ein Kommentar des Alkuin. Da der Kommentar des Rhabanus 822 geschrieben wurde, so kann diese Jahreszahl als *terminus a quo* unseres Werkes genommen werden.

Wenn die Aussage der Vorrede, dass der Dichter sein Werk vom Anfang der Welt bis zum Tode Christi geführt habe, wahr ist, so hätten wir allerdings nur einen Teil der ganzen Dichtung vor uns, da uns nur die Bearbeitung des neuen Testamentes erhalten ist. Es sind nun verschiedene Untersuchungen angestellt worden, um den Anfang des Werkes aufzufinden. Wackernagel sah in dem Wessobrunner Gebet den Eingang des ersten Teiles. Bekannter ist die Ansicht von Sievers geworden, welche auch manches für sich hat, und die er in seiner Abhandlung: „Der Heliand und die angelsächsische Genesis, Halle 1875“, niederlegt. Er glaubt nämlich in der angelsächsischen Genesis Vers 235—851 ein Bruchstück des gesuchten alten Testamentes gefunden zu haben. Unterstützt wird diese Ansicht dadurch, dass genannte Verse im englischen Werke ohne Zweifel Interpolationen sind, und dass sie eine grosse Ähnlichkeit im Wortvorrat und der Ausdrucksweise mit dem Heliand zeigen. Sicher bewiesen ist die Meinung Sievers noch nicht und man nimmt daher am besten an, dass die Mitteilung in der Präfatio auf einem Missverständnis beruhe.

Der Heliand ist in altsächsischer Sprache geschrieben und wird wahrscheinlich in Westfalen entstanden sein. Das Versmass ist die alliterierende Langzeile, welche allerdings zum christlichen Inhalt nicht gerade passt, so wenig als der heidnische Charakter des Walthariliedes zu den lateinischen Hexametern, in welchen das genannte Epos geschrieben ist. Unser Gedicht zeigt die Alliteration schon in ihrem Verfall; doch ist der Verfasser augenscheinlich bemüht, den Inhalt in Einklang zu bringen mit dem Metrum, und zwar dadurch, dass er die Darstellung derjenigen der alten Heldengedichte nähert. So wird das Verhältnis des Heliands zu seinen Jüngern wie das des Fürsten zu seinen Gefolgsleuten geschildert, die Jünger sind des Heilands *„snelle degene“*. Auch sonst macht sich der Dichter keine Skrupel daraus, einzelne Motive und Gegenstände, welche den Sachsen im biblischen Ausdruck unverständlich gewesen wären, in das Licht der gegenwärtigen Zustände und Verhältnisse zu versetzen. Anderseits vermeidet er auch wieder, was seine Sachsen unangenehm berühren oder ihnen lächerlich erscheinen musste. So schweigt er von der Beschneidung Christi und übergeht, dass Christus auf einem Esel in Jerusalem eingeritten sei. Vermöge des volkstümlichen frischen Zuges, der den Heliand durchweht, und der poetischen und echt epischen

Sprache ist das vorliegende Werk ein schönes Denkmal unserer ältesten Dichtkunst und hebt sich vorteilhaft ab von der trockenen, mönchisch-pedantischen Ausdrucksweise der Evangelienharmonie des Weissenburger Mönches Otfried.

Der Heliand ist uns in drei Handschriften erhalten: 1. Eine Münchner Handschrift. 2. Eine Cotton-Handschrift auf dem brittischen Museum zu London, und 3. Eine Prager Handschrift, welche aber nur wenige Verse enthält und welche der Cottonhandschrift sehr nahe steht. Mit einer Herausgabe des Heliand beschäftigte sich schon Klopstock, da es diesem sehr interessant sein musste, einen so alten Messiasdichter kennen zu lernen. Zu einer Ausführung des Planes kam es jedoch nicht. Die beiden bekanntesten Ausgaben sind:

J. A. Schmeller: Hêliand, poema Saxonicum seculi noni. München 1830. 2. Band *Glossarium* 1840. Moritz Heyne, Paderborn 1866, neueste Ausgabe 1883.

Hellebarte. Nach Wackernagel ist die *helmbarte, helnbarte, helbarte* „die Helme zerhauende Barte“. Richtiger bemerkt wohl Grimm, dass Helm oder Halm soviel wie Stiel und *helmbarte* soviel wie Stielaxt bedeute. Die Hellebarte ist eine Streitaxt, die von Reitern und Fussvolk gebraucht wurde. Sie ist zwar eine nicht ritterliche Waffe, diente aber vortrefflich zu Hieb und Stoss. Entwickelt hat sie sich unstreitig aus der alten Streitaxt und zwar dadurch, dass der Stiel bedeutend verlängert, die Axt (die Barte) verbreitert und statt des abgestumpften Haues eine Lanzenspitze angefügt wurde. Der Barte gegenüber steht ein Haken, der zum Reissen dient.

Die Hellebarte dieser Form tritt nachweisbar erst um das Jahr 1300 auf und zwar in dem Gedichte von Ludwigs Kreuzfahrt, worin man aus der ausführlichen Beschreibung der Waffe auf die Neuheit des Gebrauches derselben schliessen will. Die Hellebarte scheint rasche und allseitige Verbreitung gefunden zu haben, nachdem die Schweizer mit derselben ihre Freiheit gegen Österreich und Burgund so tapfer zu verteidigen gewusst. Wie gefürchtet sie einst war, sagt heute noch ein französisches Sprichwort: *Cela rime comme hallebarde et miséricorde.*

Heller, mhd. der *hallaere, haller, häller, heller*, ist, mit Auslassung des Wortes Pfennig statt *Haller pfening*, mittellat. *denarius Hallensis*, ein zu Schwäbisch-Hall geprägter Pfennig. Die Münze erscheint zuerst 1228. Im 14. und 15. Jahrhundert findet man häufig die grössten Summen in Hallern, Schillingen (kurzen zu 12, oder langen zu 30 Stücken) und Pfunden zu 240 Stücken Haller angesetzt. Der Wert dieser Münze war nach Verschiedenheit der Zeiten und der Münzstätten verschieden, doch gingen meist auf den Pfennig jedes Ortes zwei Haller, daher denn auch Haller oft mit dem Helbling verwechselt wurde.

Helm. Zu Tacitus' Zeit kannten die Germanen noch keine Kopfbedeckung. Barhaupt stürzten sie sich in den Kampf, sträubten dabei die Haare empor, um dem Feinde recht fürchterlich zu erscheinen. Den Gebrauch des Helmes lernten sie also wohl von den Römern. Schon Diodor sagt von den Galliern, dass sie eherne Helme trügen, mit Hörnern und Schädelknochen geschmückt. Eine beliebte Helmzierde der alten Deutschen waren die Eberbilder, der Talisman der Kämpfenden; auch die Kopfhaut der Auerochsen, des Hirsches und Elchs wurden in gleichem Sinne benutzt. Der Helm hatte oft selbst die Gestalt eines Eberkopfes und war aus Erz gefertigt: daneben war auch die Fellkappe noch vielfach in Gebrauch. Jene heidnischen Eberhelme wurden auch von den zum Christentum bekehrten Sachsen in England fortgeführt, allerdings nur von den höheren Führern und vornehmen Kriegern. Zwei Exemplare sind unserer Zeit erhalten geblieben. Das eine besteht aus Eisenrippen, welche strahlenförmig zum Kopfwirbel emporsteigen und deren Zwischenräume mit schmalen Platten von Horn ausgefüllt waren. Der andere besteht aus kreuzweis übereinander gebogenen Stangen, welche durch einen um den Kopf laufenden Reif zusammengehalten wurden. Auf beiden Seiten finden sich Fortsätze zum Anheften der Wangenbänder. Dieser zweite Helm ist aus Erz gemacht. Nach dem Waltharilied war ein solcher Helm auch mit Helmbüschen oder Rossschweifen geziert.

Die erste historisch sicher nachweisbare Form erhält der Helm (ahd. ags. *helm*, altn. *helm*, *hialm*, got. *hilms*) erst in der zweiten Hälfte des 11. Jahrhunderts. Das spröde Erz hat dem schmiegsameren Eisenblech Platz gemacht, das anfänglich in niedriger Glockenform Schädel, Stirn und Schläfen deckt, während unter demselben die aus Maschen gestrickte Kapuze und Halsberge die Verbindung mit der Brünne herstellen. Das Gesicht ist einzig noch frei, wenn auch eng begrenzt; ein starkes Stirnband giebt dem Hute die nötige Festigkeit, und ein vorn in der Mitte festgenieteter Metallstreifen (Nasenschirm, Nasenband, *nasale*, *nasile*) gewährt der Nase etwelchen Schutz. Dieser *îsenhuot* erscheint bald auch mehr kegelförmig, um die Wucht der Streiche zu mildern, die auf dem näher anliegenden topfartigen Vorgänger immer noch empfindliche Erschütterungen des Gehirns hervorrufen konnten. Nicht selten ist die Spitze des Kegels leicht nach vorn geneigt und es tritt neben dem Nasenband auch der Nackenschirm als ein weiterer Bestandteil des Helmes hinzu. Die berühmte Tapete von Bayeux (1066) stellt die meisten Krieger in dem konischen Helm mit Nasenblatt, aber ohne Nackenschirm dar und zeigt deutlich, dass diese unbequeme Kopfbedeckung erst im Augenblicke des Kampfbeginnens aufgesetzt wurde. Die Nasenplatte des Glockenhelmes erweitert sich in der Folgezeit in den Werkstätten der rheinischen Waffenschmiede zu vollständigen Gesichtsschirmen, die nur für die Atmungs- u. Gesichtsorgane die nötigen *ventaille* (*vintalha*, *venteilen*) offen liessen, während andere das Kettengeflecht unter dem Kinn derart verlängerten, dass es über die Stirne am Helm festgeknöpft werden konnte. Eine solche Vorrichtung hiess *barbier, barbel.* Noch andere verlängerten den Stirnteil der Kapuze, sodass dieser beliebig hinaufgeschlagen und herabgelassen werden konnte. So entstand das *härsenier.* (*Man stroufte im ab sîn härsenier.*" „*Sîn härsenier von im er zôch, des twanc in starkiu hitze.*") Unmittelbar auf dem Kopfe liegt die lederne, aussenberingte *Hirnhaube* (*gupfe, hûbe, hüetelîn*, *patwal*) als schützende Unterlage, sodass der Kopf dreifach geschützt war, durch diese, durch die Kapuze des *hauberts* und endlich durch den Helm. Zur Zeit der Kreuzzüge tritt noch eine schleierartige Helmdecke hinzu, welche die syrischen Sonnenstrahlen abzuhalten bestimmt war. Denkt man sich noch die schwere Arbeit eines solchen Krieges hinzu, so ist wohl die Hitze des Kampfes, von der die Sänger soviel zu melden wissen, genügsam illustriert, und begreift man wohl, dass der Helm nur während des Kampfes getragen wurde, sonst aber am Sattel hing, ja, dass er auch in den Pausen des Gefechtes abgelegt wurde, damit der Träger der Gefahr des Erstickens entgehe. Die Querschranze, der wagerechte Durchschnitt für die Augen, wird oft durch eine senkrechte, nasenartige Verstärkung gekreuzt.

Neben dem *Topf-* und *Glockenhelm* kommt die leichtere und bequemere sogenannte kleine *Kesselhaube* in Gebrauch, welche man als eine Erweiterung der Hirnhaube oder wenn man will als eine Verkleinerung des alten Glockenhelms betrachten kann. Sie wurde über der Kettenkapuze getragen und war mit derselben sogar zuweilen unmittelbar verbunden, denn sie bildete im Grunde nur einen Ersatz der Hirnhaube und wurde auch nicht abgenommen, wenn man den Topfhelm aufsetzte, vielmehr stülpte man diesen über die Kesselhaube. Es dürfte um die Mitte des 13. Jahrhunderts gewesen sein, dass man darauf kam, an dieser Kesselhaube ein *Visier* zu befestigen, welches bei plötzlichen Fällen der Notwehr herabgeschlagen werden konnte, falls der grosse Topfhelm nicht zur Hand war. Die kleine Kesselhaube dieser Form fand sehr viel Beifall, denn sie erlaubte es, sich in jedem Augenblicke durch Aufschlagen des Visiers Luft und freie Umsicht zu gestatten und sicherte den Krieger gleichwohl ausweichend gegen Schläge, die nach Hals und Gesicht geführt wurden. Ihr grösster Nachteil war der, dass das herniedergelassene Visier als ein rüsselartiger Vorsprung den feindlichen Schlag leichter auffing als die Ovale und Flächen, und somit, wenn auch keine Verwundungen, so doch heftige Hirnerschütterungen zuliess. Darum kommt mit und neben ihr auch der einfache *Eisenhut* auf, gerundet und spitz, ohne Visier, aber mit breitem Rand. Der Eisenhut schützt nur Kopf und Stirne, während die *Eisenkappe* auch mit Wangenkappen oder doch öfter mit Ohrsternen, Gehörrosen versehen war.

Im späteren Mittelalter tritt mit dem Plattenpanzer die grosse oder hochgekegelte *Kesselhaube, beggelhûben* (Beckenhaube) auf, die mit ihrem Visier das Antlitz völlig deckt, aber die Nachteile der kleinen teilte. Daneben ist es der oben genannte einfache Eisenhut und wieder der Topfhelm in verschiedener Gestalt und unter den Namen Stulphelm, Helmfass, Kübelhelm, der vorzüglich im ritterlichen Lanzenkampfe diente und noch immer über der einfachen Kesselhaube getragen wurde. Er besteht meist aus drei bis fünf zusammengenieteten Lederflächen oder Eisenplatten, deren eine die Scheitelschale bildet, die sich im 14. Jahrhundert mehr nach der Höhe wölbte, weil sie in dieser Form den wuchtigen Schlag der Streitkolben weniger empfinden lässt, als mit der ebenen Platte. Der *„grand heaume“*, welcher anfangs des 14. Jahrhunderts in Frankreich und England üblich war, ist sogar nahezu eiförmig und überragt den Schädel fast um Kopfhöhe. Er wurde meist in Verbindung mit den Achselschilden (*ailettes*) getragen. In Deutschland reichen während der ersten Hälfte des 14. Jahrhunderts die Helmfässer noch nicht auf die Schultern herab; bald aber verlängern sich die Seitenwände und zwar meist derart, dass der Helm auf den Achseln aufsitzt. Die Öffnung für die Augen besteht entweder aus zwei Schlitzen, die bisweilen mit Messing eingefasst sind, oder aus einem offenen Spalt (Sehschnitt) zwischen Kappe und Kübel (Ober- und Unterteil). An der Seite befinden sich einige kleine Luftlöcher und ein kreuzförmiger Einschnitt zur Befestigung an die Halsfeste. Die Topfhelme wurden bald blank, bald vergoldet, bald heraldisch bemalt getragen.

Gegen Ende des 14. Jahrhunderts wird der Topfhelm wieder niedriger, erhält aber ein Visier, ähnlich der Kesselhaube, welches entweder Mund und Kinn allein oder auch die Augen mit bedeckte.

Er bürgerte sich jedoch nie völlig ein, da er nicht mit der Maschenkapuze in Zusammenhang gebracht war, und so wurde er denn bald wieder verdrängt durch den geschlossenen Kübel, der nun endlich durch Abplattung des Hirnstückes, sowie durch Ausschweifung des Gesichtsschutzes diejenige Gestalt erhält, welche er als *Stechhelm* bis ins 16. Jahrhundert hinein bewahrt. Diese Krötenkopfhelme entsprachen ihrem Zwecke vortrefflich. Der obere Teil folgt der natürlichen Rundung des Kopfes, der untere schliesst sich bequem dem Halse an und steigt über Kehlkopf, Kinn und Nase, mit einem stark vorspringenden Grate empor, so dass er über der Nase weit ausladet. Die Sehspalte, welche horizontal über diesem Vorsprunge liegt, bietet der Spitze des feindlichen Schwertes oder der Lanze keinen Anhalt; die zurückweichenden Aussenseiten lassen den Hieb abgleiten; solide Platten reichen auf Brust und Rücken zum Kürass herab und gestatten es, den Helm hier festzuschnallen. Aber diese Schutzwaffe war sehr schwer (18—20 Pfund) und kostbar, und so kommt es, dass sie als „*grand heaume de joute*“ oder „*tilting pot-helm*“ mehr und mehr dem Turnier anheimfällt, während sie im Felde von der grossen Kesselhaube und dem Eisenhute verdrängt wird.

Bei der Reiterei kommt an der Stelle der ersteren die sogenannte *Schale* (Schaller) auf, oben nach dem Schädel geformt, herabreichend über Nase und Mund, hinten mit einem grossen Nackenschirm oder Schweif. Die unteren Partien des Kopfes wurden durch die *Kinnkappe* oder *Barthaube* geschützt, die zugleich als Halsberge diente und am Harnisch festgeschraubt werden konnte.

Der *Burgunderhelm* brachte in seinen Variationen das Visier zu besonderer Entwickelung und zierte sich mit allem möglichen Zierat. Er ist jedoch nicht deutschen Ursprungs, weswegen wir hier nicht näher auf denselben eintreten. Hauptsächlich nach *Jähns*, Geschichte des Kriegswesens.

Helmbrünne oder Helmhaube, auch Ringhaube hiess man die Maschenkapuze, welche teils zu besserem Schutz, teils zur Verminderung des Druckes unter dem Helm getragen wurde. Sie war meist mit Leinwand oder Leder gefüttert.

Helmzierde, *zimier*, *zimierde*, nannte man den Helmschmuck, der besonders dem Turnierhelm nicht fehlen durfte. Er bestand entweder in beliebig gewählten Figuren und Emblemen, oder er entsprach dem Wappenbilde, das in gleicher Weise auch auf dem Schilde, dem Waffenrock, den Pferdedecken und dem Banner angebracht war. Solcher Schmuck macht den Träger desselben schon von ferne kenntlich. Tristans Zimierde ist ein Pfeil, Wigalois' ein Rad, Gahmurets ein Anker etc. Daneben kommen Helmbusch, Federbusch und Helmdecke vor, welch letztere aus Tuch bestand und wie ein Mäntelchen herabhing, bald einfach, bald gefaltet, bald in wunderlichen Formen ausgeschnitten. Neben den Wappen kommen auch belaubte Zweige, Vogelflügel, Hörner, Tier- und Menschenköpfe vor.

Herold ist seit dem 12. Jahrhundert aus dem ebenfalls erst in dieser Zeit erscheinenden französischen Wort *hêraut*, *herault*, in der deutschen Form *heralt* oder umgedeutet als *erhalt* übersetzt worden; das französische Wort geht aber auf ein althochdeutsches, als Appellativ nicht mehr nachzuweisendes ahd. *hariowalt*, Heerwalt, Heerbeamter zurück, das noch im Eigennamen *Chariowaldus* erscheint; die späteren Gestalten des deutschen Wortes sind infolge weiterer Umdeutungsversuche

Ehrenholt, Ehrenhalt, Herolt, Heerholt, alle zu Gunsten vom Herold eingegangen; doch klingt *herald* noch nach in Heraldik, Wappenkunde, und in heraldisch. Welches höhere Amt in Beziehung auf das Heerwesen das deutsche Grundwort ursprünglich bezeichnet, ist nicht bekannt; das Amt selber aber und sein Name musste in den romanischen Ländern noch unvergessen sein, als man seit der Ausbildung der Ritterspiele den Namen auf einen Beamten anwandte, der über den regelrechten Hergang bei Turnieren und die Rittermässigkeit der daran Teilnehmenden die Aufsicht führte, und zwar nicht früher, als bis bei den Turnieren die Ahnenprobe der Ritter und die Wappenprobe ihres Helmes und Schildes zur Hauptsache des Spieles geworden war. Nach dem 14. Jahrhundert erscheint das Amt eines Heroldes als herrschaftliches und kaiserliches nach Funktion, Kleidung, Attributen, Lehrzeit ausgebildet, und der Herold wird nach und nach Kenner und Richter des Rittermässigen auch ausserhalb des Turniers: zugleich ist er als fürstlicher Bote, Verkündiger und Ausrufer, namentlich bei Aufzügen und im Kriege gegen den Feind verwendet. Der Stand der Herolde ist der bürgerliche; doch gereicht ihm die Berührung mit dem fahrenden Sängertum, das zum Heroldsamte beigelassen wird, nicht zu höherem Ansehen. Die Verwendung des Heroldes als Ausschreier, Eröffner und Beschliesser des alten Dramas rührt von Rosenblüt her, der in des Türken Fastnachtspiel des Türken Wappenträger und Herold dazu verwendete.

Von den Herolden oder Wappenkundigen geht eine besondere Art poetischer Zeitgeschichte aus, die Wackernagel *Heroldsdichtung* genannt hat; sie entsteht dadurch, dass die von Fürsten, Herren und Städten angestellten Herolde die Kunst des Turnierens und die Bilder und Farben der Wappenkunst poetisch betrieben; manche dieser Dichtungen haben die Form der Feier oder Klage gleichzeitiger Personen erlauchten Standes. *Grimm*, Wörterbuch.

Herr ist die im 9. Jahrhundert in substantivische Verwendung gekommene, kontrahierte Komparativform des Adjektivs *hêr*, nhd. *hehr*, und lautet ahd. *hêrero*, *hêriro*, *hêrro*, *hêro*, ahd. *hêrre*, *herre*, besonders in der Anrede *hêr* und *her* gekürzt. Dieses Wort trat an die Stelle einerseits des älteren *vrô*, *frô*, ursprünglich von Gott und weltlichen Herren gebraucht und in der weiblichen Form *Frau*, ahd. *frouwa* erhalten, andererseits des ahd. *truchtîn*, welches ursprünglich den Höchstgestellten, den eigentlichen Herrscher bezeichnete. Anfänglich bedeutet das alte *hêriro*, *hêrro* zunächst nur den höher Gestellten, den Befehlenden gegenüber dem Knechte. In der höfischen Periode wird *herr* der Standesname für den Adeligen, *herr Walther von der Vogelweide*, *herr Wolfram von Eschenbach*, *herr keiser*, *herr künec*, *hêr Iwein*, *her Wirnt von Grâvernberc;* der unerwachsene Sohn heisst *junchêrre*, Junker. Der persönlichen Unterordnung der Vasallen und Ministerialen gemäss unter einen Lehnsherrn wird die Formel *herre mîn* oder *mîn herre*, franz. *monsieur*, sehr häufig, ohne sich, wie es in den romanischen Ländern und im Niederländischen geschah, bis in die Gegenwart zu behaupten. In den Städten geht der Name Herr auf die städtische Obrigkeit über, die regelmässig *mîne herren*, *meine herren* heisst. Mit der Zeit verwischt sich diese Standesbezeichnung und der Name Herr sinkt etwa seit dem Beginn des 17. Jahrhunderts zu einem blossen Höflichkeitszeichen herab.

Herzog, ahd. *herziogo*, *herzogo*, mhd. *herzoge*, aus ahd. *heri*, *Heer* und einem vom Verb *ziehen* abgeleiteten, nur in Zusammensetzungen vorkommenden, ahd. der *zoho, zogo;* also ursprünglich „der mit dem Heer auszieht“. Der Ursprung der herzoglichen Würde hängt mit der alten Sitte der Deutschen zusammen, für die Zeit des Krieges einen gemeinschaftlichen Heerführer für mehrere Landschaften zu wählen. Im fränkischen Reich ist der Herzog ein königlicher Beamter über mehrere unter ihm vereinigte Gaue, bald bloss für eine gewisse Zeit, bald regelmässig vorhanden, dem ausser seiner militärischen Stellung auch andere Funktionen der staatlichen Gewalt zukommen. Unter dem Herzoge blieb die gräfliche Gewalt zu Recht bestehend, die sich namentlich in der Leitung der Gerichte zeigte. Der Umfang der Herzogtümer umfasste einen Kreis von drei bis zwölf Gauen. Früh wurde die Bedeutung der Herzöge im fränkischen Reiche eine selbständige, sie wurden die Häupter der Stämme. Ursprünglich von den Königen eingesetzt, wurde ihre Gewalt früh eine in bestimmten Geschlechtern erbliche, welche die Könige anerkennen mussten. Das Gesetz gewährte dem Herzog höhere Rechte, namentlich ein mehrfach gesteigertes Wehrgeld. Er ruft das Volk der Provinz zu allgemeinen Versammlungen zusammen. Unter Mitwirkung des Volkes bestellt er die Richter, vielleicht hat er selbst die Grafen ernannt. Besonders in Alamannien, Thüringen und Bayern wurde die Gewalt des Herzogs innerhalb seines Territoriums eine fast selbständige. Karl der Grosse brach die Gewalt dieser dem Gesamtreiche verderblichen Gewalten, und liess keine neuen Herzöge aufkommen. Beim Zerfall der karolingischen Monarchie kamen aber infolge der wieder zunehmenden Bedeutung der einzelnen Stämme von neuem Herzöge auf, zuerst bei den Sachsen, dann in Bayern, Alemannien, Franken und Lothringen. Die mit der herzoglichen Würde verliehene Gewalt war sehr umfassend. Der Herzog stand dem Kriegswesen in seiner Provinz vor, erliess das Aufgebot und rückte an der Spitze seines Heeres ins Feld; zu seinem Amt gehörten die Stärkung des Rechtes und des Landfriedens, die Sorgfalt für die gemeine Sicherheit und die Förderung der Landeswohlfahrt. Er übte die Hoheit über die ihm untergebenen Bischöfe, Markgrafen, Grafen und Herren, entbot sie zu seinen Hoftagen, hielt mit ihnen Gerichte. Zum Herzogtum gehörten zahlreiche Vasallen, aus des Herzogs Hand mit Reichsgütern belehnt und ihm durch die Bande der Lehenstreue verbunden. So traten die Herzöge fast mit einem königlichen Ansehen auf und nannten sich früh Herzöge von Gottes Gnaden. Auch das Amt dieser nachkarolingischen Herzöge, ursprünglich vom Kaiser eingesetzt, wurde mit der Zeit ein erbliches. Bei den Sachsen war die Vererbung von Anfang an Gewohnheit; unruhige Zeiten brachten jedoch noch mancherlei Wechsel, und es gelang den Kaisern noch spät, wegen der Verletzung der Pflichten gegen das Reich ein Herzogtum zu entziehen. Die fernere Entwickelung der herzoglichen Gewalt wird dadurch bestimmt, dass von unten herauf, von den Bischöfen, Pfalzgrafen, Markgrafen, Grafen und Herren, eine Reaktion gegen die herzogliche Gewalt aufkommt, indem diese kleinen Gewalten die herzoglichen Rechte selber zu erwerben sich bemühen. Dieses gelang in mannigfacher Weise, und seit dem Ende des 12. Jahrhunderts teilten sich infolge davon die weltlichen und geistlichen Grossen in zwei Hauptklassen, in diejenigen, welche die Rechte des Herzogtums, mit oder ohne diesen Namen, besassen und dadurch dem Reiche unmittelbar verbunden waren, und in diejenigen, wobei jenes nicht der Fall war. Im 13. Jahrhundert hiessen jene Fürsten, diese Herren.

Hexen und **Hexenprozesse.** Das Wort Hexe ist ahd. *hagazussa*, verkürzt *hâzus*, *hâzis*, *hâzes*, *hâzissa*, mhd. *hecse*, *hexse*, *hesse*; es ist jedenfalls ein Kompositum, dessen erster Teil *hag* ist in der Bedeutung Landgut, Feld und Flur; der zweite Teil, noch nicht genau nachgewiesen, wird im Grimmschen Wörterbuche mit die *Schädigende* erklärt, Hexe also als die den Hag schädigende.

Der Ursprung der Hexen liegt in den *weisen Weibern* der alten Germanen, Frauen, die, obgleich keine Priesterinnen, sich vorzugsweise der Weissagung widmeten, und im Norden als *völur*, *spâkonur*, *spâdisir* bekannt sind. Sie haben ihren göttlichen Hintergrund an den *Nornen*, welche durch die Vermehrung ihrer Zahl allgemach ihre Bedeutung einbüssten und sich der Stellung weissagender Menschenfrauen näherten; nicht minder berühren sie sich mit den Walküren. Das erste und älteste Eddalied, *Völuspâ*, d. h. der Wala Weissagung, legt einer Seherin die Verkündigung des Weltgeschickes in den Mund; sie zieht im Lande herum, weissagend, mit Zaubersprüchen vertraut und auf Zauberwerk geübt. In anderen Quellen werden die Walen von den Gläubigen eingeladen, ihnen über das Leben, über das Gedeihen der Feldfrüchte im nächsten Jahre und über anderes zu weissagen. Meist von einem Gefolge umgeben, im Lande herum wandernd, ist die weise Frau bei den Herbstgastereien ein willkommener Gast, der in der Nacht den Zauber siedet und vom vierbeinigen Schemel herab seine Weissagungen verkündet. Der *Seidh*, der zur Ausübung der Seherkunst unerlässlich scheint, muss ein *Sod* aus allerlei zauberkräftigen Dingen gewesen sein, der unter Hersagen von Spruch und Lied bereitet wurde. Aus dem Wallen des Wassers, dem Kräuseln der Zuthaten in der Hitze, vielleicht aus dem Bodensatze las die Frau die Zukunft. Der *Seidh*, den auch Männer trieben, gab Macht über Menschen, Tiere und Wetter. Seine Wirkung war nach der Masse, die in den Kessel kam, verschieden. Die Sinnesart der Menschen konnte verändert, Hass oder Liebe ihnen eingeflösst werden; langsames Hinsiechen, Versetzung aus der Ferne in die Nähe, zum Teil urplötzlich, zum Teil unendliche Sehnsucht, welche den Fernen trieb; Verzauberung auf hohe, unzugängliche Orte, Erzeugung von Sturm, Unwetter und Misswachs schrieb man dem *Seidh* zu. Auch Heilung der Krankheiten lag in der Hand der weisen Frauen; denn die Heilung war ein Opferdienst, der je nach dem Leiden dieser oder jener Gottheit gewidmet war; die Frauenkrankheiten, namentlich die Geburten, standen unter Freyas Macht, Wunden wurden den Schlachtengöttern anempfohlen. Die beliebtesten Heilmittel sind Sprüche, Segen, Stäbe mit Runen beritzt, Tränke aus Kräutern, Salben und Pflaster.

Dem Christentum erwuchs in dem Stande der weisen Frauen eine unerbittliche Gegnerschaft, zumal da der neue Glaube und Kult besonders aus dem Orient Bestimmungen enthielt, welche die Heiligkeit der Frau verletzten; namentlich war festgesetzt, dass sich keine Frau dem Altare nähern und keinen noch so äusseren Dienst an ihm und für ihn besorgen durfte; beim Abendmahle durften die Weiber als unreine Wesen die Hostie nur mit dem Schleier anfassen, um sie in den Mund zu stecken. So lässt sich begreifen, dass die deutschen Frauen sich jetzt gern den ketzerischen Sekten anschlossen und hier für ihre Neigung zur Innerlichkeit, zum Geheimnisvollen und Gottesdienstlichen mehr

Befriedigung fanden als in der herrschenden Kirche, welche nun gegen das *Hexenwesen* einen vielhundertjährigen Kampf führen zu müssen meinte.

Der Beweis dafür, dass die Grundlagen des Hexenwesens wirklich aus dem germanischen Altertum stammen, liegt in folgenden Zügen. Was bei den Hexen die Zauberei ist, ist nichts anderes als das einst edlere und reinere Amt der Weissagung; namentlich ist das Beschwören, Besingen, Besprechen, Berufen, und Segnen der Hexen schon den weisen Frauen eigen gewesen. So erscheint in den Werkzeugen der Hexen das alte Opfergerät: der Kessel, in dem sie den Zauber sieden, ist der Opfer- und Seidhkessel; der Tanz der Hexen bei ihren vermeintlichen Versammlungen mahnt sowohl an die Tänze der Elbinnen auf Hügeln und Wiesen, wie an den Tanz der Priesterinnen; die Verbindung der Götter mit ihren Dienerinnen wurde zum Bunde der Hexen mit den Teufeln. Der Wetter- und Liebeszauber der Hexen erinnert an Freya; ebenso die Verwandlung der Hexen in Katzen, welche derselben Göttin geheiligt waren; die Verwandlung in Gänse bringt die Hexen den Schwanjungfrauen nahe, den Walküren, denen auch das Fliegen durch die Luft angehört; die später erwähnten Mittel, das Fliegen zu ermöglichen, Salben und anderes, sind jüngeren Datums, alt dagegen die Nachricht, dass die Hexen auf Rossen durch die Luft reiten und dass sie der Teufel, Wuotan ist gemeint, in seinem Mantel durch die Luft führe. Der Besen steht zu Donar und Wuotan in Beziehung; er ist zunächst ein Bild des auseinanderfahrenden, die Luft oder den Himmel vereinigenden Blitzes, in Verbindung mit den oft besenartig erscheinenden Sturmwolken, die den Himmel fegen. Die am Walpurgistage aufgerichteten Maibäume waren ursprünglich grüne, nach oben gerichtete Besen und es ist wahrscheinlich, dass die im Dienste Donars stehenden Priesterinnen meist Besen getragen haben. Die Verwandlung der Hexen in Schmetterlinge und Fliegen erinnert an ihre Elben-Natur, das Verbergen in Strohhalme und Federn an den Schwan und an eine Feldgottheit; die schlimme Einwirkung der Hexen auf die Kühe steht im Zusammenhange mit der Kuh als dem Symbol der Fruchtbarkeit und ihrem Bezuge mit den elbischen Geistern. Auch im Gefolge des wilden Jägers findet man sie. Als Zeiten sind den Hexen die heiligen und Gerichtszeiten eingeräumt, Ostern oder Mai, Mitsommer und Herbst. Der Vorwurf, dass sie Pferdefleisch geniessen, erinnert an die alten Opferschmäuse.

Schon früh wurden bei den christianisierten deutschen Stämmen Bestimmungen gegen Beeinträchtigung des Lebens durch Gift oder geheime Künste getroffen; auch wird schon einer Hexenverfolgung im grossen unter den Merowingern erwähnt. Der langobardische König Rothar und Karl der Grosse eiferten gegen den Hexenaberglauben und bedrohten diejenigen mit schweren Strafen, welche sich gegen einen solchen vermeintlichen Verbrecher vergehen; doch liessen namentlich die Geistlichen von ihrer Hexenverfolgungssucht nicht ab. Zum Teil unechte Konzilienbeschlüsse des 4. Jahrhunderts sowie die dem Augustin zugeschriebene Schrift *de spiritu et anima* gaben die Grundlage für neue kirchliche Bestimmungen, welche, von der weltlichen Macht bestätigt und angenommen, zur Verfolgung aller Arten sogenannten Zaubers dienten. Noch ist aber der Teufel nicht herbeigerufen; erst die Inquisitoren des 13. Jahrhunderts wussten ihn den armen Hexen zu vermählen und erbauten aus den ketzerischen

Meinungen früherer und der eigenen Zeit eine völlige Teufelslehre. Dabei war der volkstümliche Glaube, der sich an die klugen Frauen knüpfte, eigentlich Nebensache. Die Bulle *Summis desiderantes* des Papstes Innocenz VIII. vom 5. Dezember 1484 gab schliesslich die Losung, die seit etwa 1450 in Frankreich begonnenen Hexenprozesse allgemein zu verbreiten. In dieser Bulle wurden die für Deutschland bestellten Ketzerrichter, die Dominikaner *Heinrich Institor* (Krämer) und *Jakob Sprenger*, Professoren der Theologie, beauftragt, mit allem Eifer auch jene Zauberer zu verfolgen. Beide unterzogen sich ihres Auftrages aufs eifrigste, schrieben auch mit Approbation der theologischen Fakultät zu Köln den berüchtigten *Malleus maleficarum* oder *Hexenhammer*, 1489 erschienen, in welchem die Lehre vom Zauberbunde mit dem Teufel weitläufig auseinandergesetzt, ihre Realität bewiesen, mit einer Masse Beispiele belegt und umständlich gezeigt wird, wie weltliche und geistliche Richter gegen die Hexen verfahren müssen.

Man vermutet, dass es nicht bloss der Verfolgungswahn und die Teufelsdogmatik der Kirche, verbunden mit der meist schlechten sittlichen Lebensführung der als Hexen angeklagten Weiber, und der Methode des Prozessuierens gewesen seien, was die zahllosen Hexengeständnisse ermöglicht, sondern zugleich der Einfluss eines narkotischen Mittels. Bei allen Hexengeschichten ging der Hexenfahrt eine Einreibung mit einer Hexensalbe voraus und oft ist von einem Hexentrank die Rede. Die Zusammensetzung der Salbe ist nicht genau bekannt; Bilsenkraut wird dabei genannt. Dass der Stechapfel dabei eine Rolle gespielt habe, ist durch neuere Untersuchungen widerlegt; er wurde erst später in Europa eingeführt.

Fast überall lautete das Geständnis der als Hexen angeklagten Weiber gleich; der Teufel, hiess es, sei unter der Gestalt eines anständigen Mannes, eines Junkers, Reiters, Jägers, Bürgers, und unter verschiedenen Namen: Volland, Federlin, Federhanns, Claus, Hölderlein, Peterlein, Papperlen, Zucker, Kasperle, Grässle, Hämmerlein, Kreutle u. s. w. zu ihnen gekommen; am Ende hätten sie ihn aber immer an seinen Bocksfüssen erkannt. Er habe versprochen, ihnen in ihren Bedrängnissen beizustehen, ihnen auch Geld gegeben (das sich aber meistens in Scherben oder Dung verwandelt) und sie mit glatten Worten zu einem Bündnisse mit ihm verführt. Sie hätten sich ihm ganz hingegeben, Gott gelästert und ihm abgesagt, dem Teufel gedient und ihm versprochen, Menschen und Tieren möglichst Schaden zuzufügen. Sie haben Zusammenkünfte mit dem Teufel und anderen Hexen und Zauberern bei Nacht auf benachbarten Bergen oder in Schlössern, auf Heiden, im Rathaus und im Ratskeller gefeiert, dort geschmaust (in der Regel ohne Salz und Brot), getanzt und allerlei Unfug getrieben; zu diesen Festen seien sie auf Ofengabeln oder Besenstielen oder auf einem schwarzen Bocke oder auf Pferden durch die Luft geritten mit Hilfe einer Hexensalbe, mit der sie sich oder die Gabel bestrichen. Der Teufel habe ihnen auch gelehrt, Menschen und Vieh durch Berührung Krankheiten anzuhängen, Gewitter und Wind zu machen und ihnen ein Pulver gegeben, mit dem sie fremde Felder verderben könnten.

Den Umstand, dass erst gegen Ende des 15. Jahrhunderts die Hexenprozesse in Gang kamen, während doch der dem Hexenwesen zu Grunde liegende Aberglaube uralt ist und nie aufgehört hatte, erklärt *Wächter* vornehmlich daraus, dass in dieser Zeit eine wesentliche Änderung im prozessualischen Verfahren und Beweissystem eintrat. Damals fingen die Gerichte an, zum Teil auf kaiserliche Privilegien gestützt und nach dem Vorgange der geistlichen Gerichte, das alte, rein formelle, auf dem Eid und den Eideshelfern beruhende Beweissystem zu verlassen, alles vom Geständnisse der Angeschuldigten abhängig zu machen und dieses auf alle Weise herbeizuführen. Als Mittel hierzu wurde, wieder nach dem Vorgange der geistlichen Gerichte und der italienischen Praxis und Doktrin, von der deutschen Wissenschaft und Praxis zur *Folter* gegriffen. Das Beweisverfahren im Kriminalprozesse war nun lediglich auf Zeugen und auf *Geständnis* des Angeschuldigten gebaut und das Mittel, das letztere herbeizuführen, war die Folter. Die Wirkung der Folter wurde dadurch verstärkt, dass man bei den Hexenprozessen von den bestehenden Grundsätzen ausdrücklich abstrahierte, nach welchen der Angeschuldigte freigesprochen werden sollte, wenn er die *einmal* angewandte Folter überstand und nicht nachher neue selbständige schwere Verdachtsgründe an den Tag kamen; dem entgegen erfand man die Gattung der *delicta excepta*, bei welchen der Richter die beschränkenden Vorschriften der Gesetze *übertreten* dürfe und unter welchen namentlich die der Hexerei Angeschuldigten kamen. Die Schmerzen, welche die Folter hervorrief, waren aber so entsetzlich, dass der Gefolterte alles aussagte und auf sich nahm, was der Richter nur wünschte. Man begann die Folter oder die peinliche Frage meist mit dem *Daumenstock;* half dieser nicht, so nahm man die *Beinschrauben* oder den *spanischen Stiefel;* der nächste Grad war der *Zug*, auch Expansion oder Elevation genannt; endlich nahm man brennenden Schwefel oder brennendes Pech zu Hilfe, das man auf den nackten Körper träufelte, oder man hielt den Angeschuldigten brennende Lichter unter die Arme oder unter die Fusssohlen. Als häufiger Verdachtsgrund galt: im Geruche der Hexerei stehen, wozu es oft bloss äusserlicher Leibesgebrechen bedurfte; weitere Indizien waren Flucht, anderen beigebrachter Schaden, auch wenn bloss ein Anwünschen des Bösen, oder eine Berührung vorherging, wenn die Person anderen nicht offen in die Augen sehen kann, wenn sie lange in den Tag hinein schläft, mitternachts vom Hause abwesend ist, Wunden oder Striemen am Leibe hat, wovon man die Ursache nicht kennt, wenn jemand aus freien Stücken Hexen verteidigt und behauptet, was man von ihnen sage, sei Thorheit. Das gefährlichste Indicium war aber die Angabe von Genossinen von seiten gefolterter Hexen.

Unter diejenigen, welche gegen den Hexenglauben und die Prozesse auftraten, zählen namentlich der Jesuit und Dichter *Friedrich von Spee*, dessen *Cautio criminalis* im Jahre 1631 erschien, dann der reformierte Prediger zu Amsterdam *Balth. Bekker* und *Christian Thomasius* durch seine „Lehrsätze von dem Laster der Zauberei“. Die Gesetzgebung hat den Hexenprozess zuerst in Preussen, dann in Österreich unter Maria Theresia unterdrückt; zu Glarus wurde noch 1782 eine Hexe verbrannt.

Weinhold, Deutsche Frauen; *Wuttke*, Aberglauben; *Soldau*, Hexenprozesse, neu bearbeitet von Heppe, 2 Bde. 1880; *Grimm*, Mythol. Kap. 34, und *Wächter* in den Beiträgen zur Geschichte des deutschen Strafrechts.

Hieronymiden, Hieronymitaner, Einsiedler, Eremiten des heiligen Hieronymus, heissen verschiedene Zweige eines Ordens, der als Schutzpatron den heiligen Hieronymus verehrte und nach der Regel des heiligen Augustin lebte. Der Orden entstand zuerst um 1370 im Kirchspiele von Toledo und breitete sich bald aus;

St. Just und der Eskurial gehörten ihm an Ordenskleidung war ein weisser Rock von grobem Stoffe, eine kleine schwarze Kapuze und ein schwarzes Skapulier.

Hildebrandslied.

1. Das *ältere Hildebrandslied* ist das einzige und zwar bloss fragmentarisch erhaltene altgermanische Heldenlied; es ist in einer Handschrift des 8. oder 9. Jahrhunderts auf uns gekommen und in hessischer, stark niederdeutsch gefärbter Mundart wahrscheinlich zu Fulda niedergeschrieben. Die Form ist der alliterierende Vers. Hildebrand, der Waffenmeister Dietrichs von Bern, ist mit seinem Herrn, vor Odoaker fliehend, zu den Hunnen ins Exil gezogen. Nach Jahren an der Spitze eines hunnischen Heeres zurückkehrend, tritt ihm sein Sohn Hadubrand mit einem Heere entgegen. Hildebrand und Hadubrand rüsten sich zum Zweikampf; man darf vermuten, dass der Ausgang desselben beiden Parteien als Gottesurteil gelten soll. Bereit zum Kampfe, fragt Hildebrand den jüngeren Gegner um seinen Namen: Du brauchst mir nicht Dein ganzes Geschlecht zu nennen, nenne mir nur einen, ich kenne sie alle. Hadubrand antwortete: Das sagten mir unsere Leute, alte und weise, dass Hildebrand mein Vater heisse: ich heisse Hadubrand. Er zog ostwärts, floh Odoakers Hass, hin mit seiner Degen viel; er liess im Lande zurück elend sitzen seine Gattin im Hause, den unerwachsenen Sohn. Immer stand er an der Spitze des Volkes, stets war der Kampf ihm allzulieb; nicht meine ich, dass noch im Leben er sei. Auf diese Worte giebt sich der Alte zu erkennen, und zur Bestätigung der Wahrheit bietet er dem Sohne an der Spitze des Speeres goldene Armringe. Hadubrand verschmäht jedoch diese, hält den Greis für einen arglistigen Betrüger, der, wenn er sich nähere, die Ringe abzuholen, den Speer nach ihm schleudern würde: „Mit dem Speer soll der Mann Gabe empfangen, Spitze wider Spitze; du bist dir, alter Hunne, unmässig klug, verlockst mich mit deinen Worten, willst mich mit deinem Speere werfen; bist ein so alter Mann und führst doch stets noch Ränke bei dir! Das sagten mir Seefahrende, westwärts über das Wendelmeer (Ozean), dass Kampf ihn davonnahm: tot ist Hildebrand, Heribrands Sohn!“ Überaus schön und wahr klingt nun aus dem Munde des Vaters die Klage über das schmerzliche Geschick, das ihn betroffen, „Weh nun, waltender Gott! Wehschicksal geschieht! Ich wanderte der Sommer und Winter sechzig, da man mich stets scharte ins Volk der Schützen, da man mir vor keiner Burg den Tod brachte: nun soll mich mein eigenes Kind mit dem Schwerte hauen, erschlagen mit seinem Beile, oder ich ihm zum Mörder werden! Doch, es sei! Der wäre ein übler Feigling, der den Kampf jetzt weigerte, nach dem den Gegner so sehr gelüstet! Das Ende erweise, auf welcher Seite das Recht sei!“ Hierauf beginnt der Kampf, sie eilen mit den Speeren auf einander los, diese prallen von den Schilden ab, sie verlassen die Pferde und zerhauen die Schilde mit den Schwertern. Hier bricht leider die Handschrift ab. Obgleich sich die Handlung durch die Erwähnung Dietrichs und Odoakers als ein Teil der an Theodorich den Grossen sich anlehnenden Dietrichsage giebt, ist es gerade hier sehr wahrscheinlich, dass erst spätere Zeit diesen Kampf zwischen Vater und Sohn in den Kreis historischer Begebenheit eingereiht hat, die Handlung selbst aber einer weit älteren Sagenstufe angehört; ganz ähnliche Sagen findet man bei den Persern in der Episode von Rostem und Suhrab des Firdusischen Königsbuches und in der serbischen Erzählung von Predrag

und Nemad; der Ausgang dieser beiden genannten Sagen, wonach der Vater den Sohn erschlägt, lässt einen ähnlichen Ausgang des deutschen Gedichtes vermuten.

2. Das *jüngere Hildebrandslied*. Ein seltsames Geschick hat denselben Stoff, der uns in dem ältesten erhaltenen deutschen Heldenliede entgegentritt, im 15. Jahrhundert nochmals als letzten Zeugen der absterbenden Heldensage erhalten; bis ins 17. Jahrhundert war das *Lied vom Vater mit dem Sohne* in der Nibelungenstrophe, die von diesem beliebten Gesang lange den Namen *Hildebrandston* trug, weit verbreitet. Die Manier ist, der Zeit angemessen, holzschnittartig, markiert, mit viel kräftigem Humor und zuletzt in ein Liebesmotiv ausklingend. Herzog Amelung (es ist Dietrich gemeint) wird von Meister Hildebrand berichtet, er sei gesonnen, einen Besuch in seiner Heimat Bern bei seiner Frau Uten zu machen, wo er 32 Jahr nimmer gewesen sei. Wenn das sei, sprach Herzog Amelung, so möge er den jungen Herzog Alebrant, der die Grenze bewache, und alle Fremden anrenne, von ihm grüssen und ihm sagen, er, Alebrant, möge ihn, Hildebrand, freundlichst reiten lassen. Hildebrand freut sich aber schon auf den ihm erwünschten Strauss und da auf der Marke Alebrant ihm entgegentritt, giebt es sofort beiderseits schnöde und landsknechtmässige Spässe und Sticheleien. Wie nun gar der Junge dem Alten einen kräftigen Hieb versetzt, da brennt Hildebrand auf, entreisst durch eine List dem Gegner das Schwert, erwischt ihn bei der Mitte und schwingt ihn hinterrücks ins grüne Gras. Wie jedoch nun der besiegte Alebrant meldet, wer er sei, da giebt sich Hildebrand ebenso freundlich, als er vorher kampflustig gewesen, zu erkennen, küsst den Sohn an den Mund, und beide ziehen versöhnt in Alebrants Burg ein. Hier setzt Alebrant den Alten oben an den Tisch, und da die Mutter, die ihren Gatten auch nicht erkennt, darüber zürnt, dass der Sohn einem gefangenen Mann soviel Ehre erweise, da nennt jener des Vaters Namen:

Ach Mutter, liebste Mutter,
Nun beut ihm Zucht und Ehr!
Da hub sie auf und schenket
Und trugs im selber her.
Was het er in seinem Munde?
Von Gold ein Fingerlein:
Das liess er in Becher sinken
Der liebsten Frauen sein.

Himmel, Erde und **Elemente** *in der mittelalterlichen Kunst.* So wenig als in der Mythologie ist in der Kunst des heidnischen Altertums der weltbildende *Himmelsgott* zur ausgebildeten Darstellung gelangt, und auch die Personifikation des Himmels nach seiner räumlichen Bedeutung, das Himmelsgewölbe als Sonnenbahn und Wohnsitz der Götter, erscheint nur selten bildlich dargestellt. Bestimmter ist bei den Alten die Persönlichkeit der *Erde* ausgeprägt, namentlich wird *Gäa* oder *Tellus* in spätrömischer Zeit als ein liegendes Weib gebildet, mit nacktem Oberleib und als Attribute ein Füllhorn oder Blumen im Schooss oder einige Kinder bei sich habend. Ähnlich erscheint sie in der altchristlichen Kunst als die „heilige Erde", welche den Leib des Menschen in sich birgt, oder dann als Schemel der Majestät Gottes. Die persönliche Darstellung vom *Himmel, Erde* und *Meer* war namentlich in der romanischen Periode herrschend. Als Schauplatz und Zeugen der Thaten Gottes erscheinen sie bei der Schöpfung und dem jüngsten Gericht, und begleiten zugleich nach seinen Hauptepochen das Leben Jesu, Geburt und Taufe, Kreuzigung, und Verherrlichung, um damit auszudrücken, dass diese Ereignisse für die ganze Welt Bedeutung haben.

Und zwar sieht man entweder drei Personen als Himmel, Erde und Meer, oder bloss zwei, Himmel und Erde oder Erde und Meer, die Erde weiblich, Himmel und Meer bald weiblich, bald männlich vorgestellt; als Attribute kommen dem Meer Urne, Seedrache oder Dreizack zu, der Erde Länder, oder Tiere, besonders Schlangen, die an ihrer Brust saugen. *Piper*, Mythol. d. christl. Kunst, II. S. 45.

Historienbibeln nennt man im Mittelalter beliebte Zusammenstellungen der historischen Erzählungen des Alten Testamentes. Man kann zwei Gattungen derselben unterscheiden: 1) eine vollständige, prosaische Bearbeitung der historischen Bücher des A. T. nach dem Text der Vulgata, enthaltend den Pentateuch, Josua, Richter, Bücher Samuel's und der Könige, wobei in die Geschichte Davids einige Psalmen, in diejenige Salomos das gereimte hohe Lied eingeschlossen sind: ferner Daniel, Judith, Tobias, Hiob, Esther, Maccabäus und einige apokryphische Stücke. Die Handschriften gehören dem 14. und 15. Jahrhundert an. Der unbekannte Verfasser scheint ein Alemanne vom oberen Rhein gewesen zu sein. Manche Handschriften sind illustriert. 2) eine Prosaauflösung der Weltchronik des Rudolf von Ems. Beide Werke herausgeg. v. Merzdorf, die deutschen Historienbibeln des Mittelalters, in Bd. 100 und 101 der Bibliothek des litterarischen Vereins. 1870.

Hochzeiten, geistliche, heissen die Feste, welche am Tage der Aufnahme in ein Kloster, sowie an dem Tage gefeiert werden, an welchem ein junger Priester zum ersten Male eine Messe und Vigilie hält; das letztere Fest heisst auch *erste Messe.* Früh arteten beide Feste in Prunken und Schwelgen aus und wurden deshalb ein Gegenstand polizeilicher Verordnungen; auch Bischöfe, wie der von Bamberg 1490, erliessen Statute dagegen. Zu Nürnberg war im 14. Jahrhundert nur ein Mahl für die Eltern und Geschwister erlaubt; an anderen Orten war die Zahl der Eingeladenen auf zehn beschränkt; wieder an anderen Orten wandte man auf die geistlichen Hochzeiten einfach dieselben einschränkenden Bestimmungen an, welche für die weltlichen Hochzeiten galten. Wie bei diesen letzteren, so wurden auch bei den geistlichen Hochzeiten Geschenke erteilt. Eine Hausfrau vertrat bei diesem Feste die Stelle der leiblichen Mutter, sie übernahm die *Mutterschaft*, wobei an manchen Orten die Teilnahme der wirklichen Mutter gänzlich verboten war; jene *geistliche* Mutter sass dann mit anderen zur Teilnahme erbetenen Frauen während der kirchlichen Handlung am Altare, eine Sitte, gegen die ebenfalls zu Zeiten obrigkeitlich eingeschritten worden ist. Siehe *Kriegk*, Bürgertum, II, Abschn. 10.

Hofämter erscheinen zuerst am fränkischen Hofe, wo sich seit Gründung des fränkischen Reiches das öffentliche Leben konzentrierte und dem Könige Männer zur Seite standen, welche den Hofdienst um die Person des Königs und den eigentlichen Staatsdienst zu besorgen hatten. Dieselben scheinen ursprünglich aus der Zahl der Unfreien genommen worden zu sein, gingen aber früh auf höher gestellte und freigeborene Leute über, welche zunächst den Dienst bei der Person des Herrn selbst zu besorgen hatten, damit aber zugleich die Aufsicht über die untergebenen unfreien Knechte verbanden. Die ältesten Namen sind *seniscalcus*, *mariscalcus*, *cocus* und *pistor*, oder *major*, *infestor* für (*infertor*), *scantio* und *marescalcus*. Der *Senischulk*, d. h. der *älteste Knecht*, hat als solcher die Aufsicht über das Gesinde; der Name *major domus* scheint ursprünglich eine andere Bezeichnung für denselben Beamten gewesen zu sein. Er löste sich aber vom Amte des Seneschalk und wurde ein so einflussreiches Amt, dass seine Inhaber zuletzt den alten Königsstamm ganz verdrängten, siehe den besonderen Artikel. *Marschalk* oder *Rossknecht*, lat. *comes stabuli*, *Stallgraf*, wird ausser seiner gewöhnlichen Thätigkeit auch als Gesandter und Anführer im Heer gebraucht. Die Aufsicht über das bewegliche Gut führte in der merowingischen Periode der *thesaurarius;* ihm war der königliche Schatz vertraut, womit sich die Aufsicht über das verband, was an Gerät und Gewand am Hofe vorhanden war; er war zunächst an die Königin gewiesen, die als ordnende Hausfrau die Aufsicht über diese Geschäfte führt. Niedriger war das Amt des *camerarius* oder *Kämmerer*, und noch tiefer stand dasjenige des *pincerna* oder *Schenken*, das zwar vornehmen, aber meist jüngeren Leuten übertragen wurde; es galt als der Anfang auf der Laufbahn des Hofdienstes. Mehr untergeordnete Diener der Art waren der *coquus* oder *Küchenmeister;* der *mapparius*, der dem König das Handtuch reichte; der *spatarius*, der ihm das Schwert reichte; dazu kommen Ärzte, Sänger, Thürsteher, Läufer und dgl. Mit der Stellung des Königs als Herrscher und dadurch mit den staatlichen Geschäften verbunden waren Pfalzgraf und der Referendar. Der *Pfalzgraf*, *comes palatii*, ist dem Könige bei der Ausübung seiner höheren Gerichtsbarkeit zugeordnet, siehe den besonderen Artikel; der *referendarius* ist nach Amt und Namen aus römischen Verhältnissen entlehnt. Er fertigt die Urkunden des Königs aus, unterschreibt und siegelt sie, zu welchem Behufe er den königlichen Siegelring zu bewahren hat. Es ist ein Weltlicher, der mit diesem Amte vertraut ist; die Königin hat einen besonderen Referendar für sich.

In der Karolingischen Zeit tritt nach dem Aufhören des Majordomus der *Seneschalk* wieder besonders hervor; er hat die Sorge über das Hauswesen, besonders über den Unterhalt des Hofes und namentlich über das *Mahl;* er heisst daher auch Vorsteher des königlichen Tisches, Meister der Köche, Träger der Speisen, *infestor*, *dapifer*. Ihm zur Seite steht der *Oberschenk* oder Meister der Schenke, *magister pincernarum* der jetzt zu höherem Ansehen gelangt ist; als *Schenken* fungierten ausserdem jüngere Männer, die am Hofe lebten. Der *Stallgraf* hat sein altes Amt beibehalten; was früher *thesaurarius* hiess, heisst jetzt *Kämmerer;* unter Oberaufsicht der Königin hat er die Kostbarkeiten, den Schmuck, was zu Geschenken dient, zu bewahren und zu verwenden. Meist wurden diese Stellen mehr als einmal besetzt; die Mitglieder des königlichen Hauses haben zum Teil ihren eigenen Hofhalt. Andere als die genannten vier Hofämter sind der *Meister, der Thürhüter* oder *Oberthürwart*, *magister ostiariorum*, der *Quartiermeister*, *mansionarius*, Jäger- und Falkenmeister, Schwertträger, Bäckermeister. Wie früher steht der *Pfalzgraf* dem Hofgerichte vor; dagegen heisst jetzt der ehemalige *referendarius*. *Kanzler*, *cancelarius*, oder *notarius*; es sind ihrer stets mehrere, unter denen sich jedoch seit Ludwig dem Frommen ein besonderer Vorsteher heraushebt, der *protonotarius, archinotarius* des kaiserlichen Palastes. Er war fast immer ein Geistlicher. Erst später fiel dieses Amt mit dem Vorsteher der königlichen Kapelle, dem *archicapellanus*, dem *Erzkapellan*, zusammen, wahrscheinlich infolge des Umstandes, dass das Archiv in der königlichen Kapelle aufbewahrt wurde.

Die Bedeutung der Hofämter am königlichen Hofe nimmt später eher ab: von einem erblichen Übergang in einzelnen Familien weist erst die Hohenstaufenzeit Beispiele auf. Der *dapifer* oder *Truchsess* trug die Speisen auf, diente am Tische und hatte wahrscheinlich auch für die Beschaffung des Unterhaltes an den verschiedenen Orten zu sorgen, wo der König sich aufhielt. Truchsess sowohl als Schenk, Marschalk und Kämmerer wurden seit den Königen des fränkischen Hauses regelmässig nur Ministerialen, während bei besonders feierlichen Gelegenheiten die Herzöge fungierten und so im Laufe der Zeit als die obersten Inhaber dieser Ämter erschienen. Es war zuerst Otto der Grosse, der sich bei dem Krönungsmahl in Aachen von den vier Herzögen des Reiches die Dienste leisten liess: der Herzog von Lothringen, in dessen Herzogtum Aachen lag, war als Kämmerer thätig; der von Franken als Truchsess, der von Schwaben als Schenk und der von Bayern als Marschalk; es sollte dieses ein Zeichen davon sein, dass der König gewillt sei, künftig das Herzogtum in strenger Abhängigkeit vom König zu halten. Die hier begründete Übung erhielt sich von da an, ohne dass die Funktionen fest mit einzelnen Herzogtümern verbunden gewesen wären. Erst seit Otto III. hat Sachsen stets das Marschalkamt, Bayern das Schenkenamt für sich in Anspruch genommen, welch' letzteres zwar später an Böhmen kam; das Amt des Truchsessen kam zuletzt an den Pfalzgrafen vom Rhein, das des Kämmerers an Brandenburg.

Die genannten Ämter heissen *Erzämter:* der Suboffizial aber, der dem Inhaber des Erzamtes gegen gewisse Ehrengeschenke in seiner Verrichtung beisteht, besitzt ein *Erbamt*, das wiederum bei gewissen Häusern erblich geworden ist; Erbmarschalle waren die Grafen von Pappenheim, Erbkämmerer nacheinander die von Falkenstein, Weinsberg, Seinsheim, Hohenzollern; Erbschenken die von Limburg in Franken und die Grafen von Althann; Erbtruchsessen die von Nortenberg, die von Seldeneck und zuletzt die Grafen von Waldburg.

Schon früh sind die Hofämter auch auf die Höfe der kleineren Fürsten übertragen worden, unter denselben Namen als Kämmerer, Truchsess, Schenk und Marschall. Ursprünglich nach dem Belieben des Herrn vergeben, auf Zeit oder ohne bestimmte Dauer, oft unter regelmässigem Wechsel, sind diese Ämter später doch auch in Ministerialfamilien erblich geworden; auch höher gestellte Freie verschmähten es nicht, in den Dienst reicher Stifter zu treten und als Vorsteher der oberen Hofämter zu fungieren. Vergleiche *Waitz*, Verfass.-Gesch., und *Maurer*, Fronhöfe.

Höfische Dichtung ist das bleibendste und schönste Denkmal der mittelalterlich-ritterlichen Bildung und zugleich eine wesentliche Kette in der Entwickelung der deutschen Litteratur überhaupt. Zwar geht der Dichtung des höfischen Standes eine Dichtung der unteren nichthöfischen Stände parallel; diese ist aber aus erhaltenen Denkmälern kaum, also fast bloss aus Zeugnissen abgeleiteter Art bekannt, und ihr Charakter bestand überhaupt mehr in der Erhaltung der vorhergehenden Bildungsperiode, als in einem Fortschritte der nationalen Bildung; der eigentliche Träger des mittelalterlichen Geistes ist die höfische Poesie. Sie ist der litterarische Ausdruck jener Bildung, die sich seit der Aufnahme des Christentums und seit der Gründung des fränkischen Weltreiches sehr langsam und durch mannigfache Übergänge hindurch erst im 11. und 12. Jahrhundert zu einer nach Form und Inhalt eigenartigen, in sich selber abgerundeten Bildung vollendete. Was ihr vorausgeht, sind in erster Linie die Bemühungen der christlichen Apostel, Missionäre, Kleriker und Mönche um eine bloss auf den Umfang der christlichen Religion stehende Litteratur, deren bedeutendste Denkmäler die christlichen Epen Heliand und des Otfried sind; sodann die Bemühungen Karls des Grossen und seiner Freunde um sofortige Wiedererweckung des Geistes und Inhaltes des klassischen Altertums, eine grosse, aber voreilige Renaissance, an welcher die deutsche Litteratur, wenige Spuren hinterlassend, vorübergegangen ist, während die Geschichtschreibung ihr Denkmäler von hoher Bedeutung verdankt; endlich das zähe Leben der nationalen Heldensage, die, nur vereinzelt, wie im Walthariliede, in die Litteratur eintritt, dagegen im Volke sich dauernd erhält und auf die Zeit wartet, wo günstigere Verhältnisse sie von neuem in den Kreis nationaler Bildung einführen werden.

Diese Verhältnisse erscheinen in der geistigen Ausbildung des höfischen Rittertums, welcher natürlich die staatliche Bildung des Lehnsstaates vorausgegangen sein musste, bevor eine Blüte des geistigen und litterarischen Lebens daraus hervorgehen konnte. Und wirklich knüpft sich die höfische Dichtung nur mit schwachen Fäden an die vorhergehenden Bildungen an; sie erscheint schnell und als etwas Neues, als eine Ausstrahlung des höfisch-konventionellen Lebens, durchaus ein Produkt der Zeitbildung, mit ihr kommend und verschwindend. Ihr unmittelbar voraus und das 11. Jahrhundert füllend, gehen Versuche geistlicher Dichter, den nahenden weltlichen Geist des Rittertums neuerdings in das jetzt sich ebenfalls erneuernde geistlich-kirchliche Leben zu bannen.

Die höfische Dichtung ist wie der Stand und die Gesellschaft, von welcher sie getragen wird, eine allgemein europäische Erscheinung; Anteil an ihr nehmen nur diejenigen Völker und Sprachen, welche aus dem Schosse des fränkischen Reiches hervorwachsen; die skandinavischen Völker besitzen daher keine höfische Litteratur. Die höfischen Weltlitteraturen sind die *südfranzösische* oder *provenzalische*, deren Bereich sich nach Nordspanien und über ganz Italien erstreckt, die *nordfranzösische*, besonders von den Normannen getragen und durch sie auch in England zur Herrschaft erhoben, und die *deutsche*, deren Sprache man die *mittelhochdeutsche* nennt. In Südfrankreich erwächst die höfische Bildung und Dichtung; etwa ein Menschenalter später tritt sie in Nordfrankreich und wieder nach einem Menschenalter in Deutschland auf. Kenntnis der französischen Sprache gehörte bei dem sonstigen Mangel an jeglicher wissenschaftlichen Bildung zur guten Erziehung des deutschen Ritters. Die Kreuzzüge sind Unternehmungen des europäischen Gesamtrittertums, und im allgemeinen weisen sämtliche drei Litteraturen nach Inhalt und Form dieselben Erscheinungen auf.

Daneben aber wirkt jede dieser Litteraturen auch *national*, zumal die deutsche, deren Gebiet zugleich staatlich geeint war. Hatten einst alle Freien zusammen die Reichspflichten, die Reichsrechte und die Reichsinteressen vertreten, so war jetzt der weitaus grössere Teil der Nation, alle diejenigen, die im Schweisse ihres Angesichtes auf Acker und Weide ihr und ihrer Herren Brot verdienten, von den Reichsinteressen abgelöst. Der thüringische, fränkische, schwäbische Bauer fühlte sich in erster Linie nicht mehr als Deutscher, sondern als Thüringer, Franke, Schwabe. Seinen Anteil weckte wohl, was in seinem engeren Umkreise geschah; an der Centralgewalt des Reiches und an dem, was davon ausging, hing er bloss durch Vermittelung des Herrn. Die Gesamtheit der Herren, der Ritterstand, vertrat von Rechts wegen die Nation: seine Dichtung ist die nationale, seine Sprache die nationale. Bei ihm geht das landschaftliche Leben im grossen Gesamtleben auf, seine Dichtungen gehören der ganzen Nation an, werden in diesem Sinne geschaffen und aufgenommen. Auch die Person des Dichters ist national, und die Bezüge zu derjenigen Landschaft, die ihn geboren und erzogen hat, sind stets sehr untergeordneter Natur. Sie selber und ihre Zeitgenossen haben es nicht für nötig erachtet, ihre engere Heimat aufzuzeichnen.

Auch darin sind die höfischen Dichter national, dass sie mit verschwindenden Ausnahmen kaiserlich und nicht päpstlich gesinnt sind; ihr Auge schaut nach dem Königshofe, in dem auch ihr gesellschaftliches Leben seine höchste Ausbildung erhalten hat. Ja, man findet bei ihnen schon die Keime einer patriotischen Poesie im engeren Sinne, wie sie der altepischen Poesie durchaus unbekannt war und deren weitere Ausbildung noch Jahrhunderte auf sich warten lässt. Dahin gehört das Walthersche Lied:

Ich hân lande vil gesehen
unde nam der besten gerne war;
übel müeze mir geschehen,
kunde ich ie mîn herze bringen dar,
daz im wol gefallen
wolde fremeder site.
nû waz hulfe mich, ob ich unrehte strite?
tiusche zuht gât vor in allen!

Tiusche man sint wol gezogen,
rehte als engel sint diu wîp getân,
Swer si schildet, derst betrogen,
ich entkan sîn anders niht verstân.
Tugent und reine minne,
swer die suochen wil,
der sol komen in unser lant: da ist wünne vil:
lange müeze ich leben dar inne!

Mit der Eigenschaft der höfischen Dichtung als Nationallitteratur hängt die bedeutende Zahl wahrhaft grosser Dichter aus dieser Zeit zusammen; ie Vereinzelung der Litteratur nach landschaftlichen Stämmen, welche in folgenden Jahrhunderten eintritt, lässt grosse, Herrschaft besitzende Talente kaum aufkommen. Die Epik nennt die drei Namen *Hartmann von Aue*, *Wolfram von Eschenbach* und *Gottfried von Strassburg*, die Lyrik *Walther von der Vogelweide* und *Nithart von Rüwental.*

Die höfische Periode bereichert zum ersten Male die deutsche Dichtung mit der *Lyrik.* Überall auf indogermanischem Boden tritt die Lyrik, die Dichtung des subjektiven Gefühles, erst auf, wenn das Epos sich vollendet hat. Lyrik wäre der deutschen Dichtung auch ohne das Christentum zugekommen; doch hat dieses der Zeitigung der Lyrik ohne Zweifel Vorschub geleistet. Zur Zeit der Christianisierung Deutschlands gab es schon eine reiche griechische und lateinische christliche Lyrik; die Kirche brachte dieselbe mit, wo sie hinkam; zu den ersten altdeutschen Denkmälern zählt eine Interlinearversion der Ambrosianischen Hymnen. Otfried soll seine vierzeilige Reimstrophe der lateinischen Hymnenpoesie entnommen haben, und die Geschichte der Hymnologie zählt aus dem karolingischen Zeitalter eine ganze Anzahl deutscher Dichter auf: Notker Balbulus, Tutilo und Ratpert aus St. Gallen, Walafrid Strabo und Hermann Contractus aus der Reichenau, Rabanus Maurus; sogar Karl der Grosse wird als Verfasser des *Veni creator spiritus* genannt. Auch religiöser Volksgesang in deutscher Sprache muss schon früh in Deutschland aufgekommen sein, hat sich aber der lateinischen Kirchenpoesie gegenüber immer nur mühsam behauptet. Über die Entstehung weltlicher Lyrik sind wir nur wenig unterrichtet; gewiss war eine solche vorhanden, bevor die Lyrik der Höfe ins Leben trat; das Ludwigslied und anderes gewährt spärlichen Einblick. Neben einer älteren volksmässigen Lyrik war es dann die provenzalische Hoflyrik der Troubadours, welche den nachhaltigen Anstoss zur Entstehung und Ausbildung der höfisch-deutschen Lyrik gab; die provenzalische Lyrik ist die Mutter der deutschen.

Die höfische Lyrik steht in engster Beziehung zur *Minne* und zum *Frauendienst*, ihre Ausübung war ein Teil, eine Seite des Frauendienstes; zwar kennt auch die Epik Minne und Frauendienst, aber als dichterisches fremdes Objekt; mit seinem Liede steht der Minnesänger thatsächlich im Dienste seiner Dame. Dabei lässt sich erwarten, dass die konventionelle Haltung des höfischen Wesens überhaupt und des Frauendienstes insbesondere auch in der Lyrik mitspielt und diese eintönig, nach einer gewissen Schablone heraus gearbeitet macht; das Standesbewusstsein war eine Schranke des Gemütslebens geworden, daher auch wohl der Umstand, dass es so wenig wahrhaft grosse Namen unter den Lyrikern dieser Zeit giebt, ausser dem unbestrittenen Walther nur Nithart.

Die höfische Dichtung ist ferner wesentlich *Kunstdichtung*. Das zeigt sich darin, dass sie, wenige Dichtungen ausgenommen, an bestimmten einzelnen Dichtern hängt, welche ihre bewusste Kunst zwar nicht in eigentlichen Sängerschulen lernten, aber doch, wenn nicht in persönlichem Umgange mit Meistern, an den lebenden Vorbildern älterer und erfahrener Dichter: in Österreich hat Walther singen und sagen gelernt; darin ferner, dass neben diejenige Art der Dichtung, welche nach alter Übung *gesungen* wird, jetzt eine bloss *gesagte* tritt; dass das Epos meist in der Form der Epopöe erscheint, in ausgeführten, umfangreichen epischen Gebilden, die von vornherein ihrer ganzen Anlage nach nicht mehr von Mund zu Mund gehen können und deren Schöpfung ohne ein bedeutendes Mass architektonischer Durcharbeitung nicht möglich ist; dass in der Epik wie noch mehr in der Lyrik eine sehr komplizierte, ja schon früh ans Gekünstelte grenzende technische Kunstthätigkeit und Kunstfertigkeit zu Tage tritt; dass jetzt die Einfügung einer leitenden sittlichen Idee in der Dichtung, wie bei den Nibelungen und im Parzifal, möglich und thatsächlich wird; dass überhaupt jetzt die altepische objektive Poesie einer durch und durch vom Subjekt getragenen Dichtung Platz macht. Es wird kaum je auszumachen sein, wie diese Kunstthätigkeit eigentlich zustande kam; jedenfalls hängt sie zusammen mit dem im ganzen Leben und Weben des höfischen Standes sich offenbarenden Triebe zu höher gesteigerter Lebensthätigkeit. Der Ritter war und fühlte sich als der Herr der Zeit, der Welt; seine Lebensstellung, sein Reichtum, seine feinere Sitte, seine Weltbildung, sein weiter Blick, seine Abwendung von allem Erwerb durch der Hände Arbeit riefen eine gesteigerte Kraftäusserung hervor, die in allen Beziehungen sich nicht zufrieden gab, bis sie das Höchste geleistet hatte. Damit hängt zusammen, dass diese Dichtung sich nicht über ein halbes Jahrhundert auf ihrer Höhe erhält, ihre Blüte dauert für Deutschland etwa von 1190 bis 1240. Alle grossen höfischen Dichter sind Zeitgenossen gewesen.

Was die besonderen Dichtungsarten der höfischen Periode betrifft, so begegnet man zuerst dem *nationalen Volksepos*. So zerstörend hatte der Eifer der Geistlichkeit doch nicht gewirkt, dass jetzt schon alle epischen

Volkserinnerungen vernichtet gewesen wären. Noch in der ersten Hälfte des 10. Jahrhunderts hatte der St. Galler Mönch *Ekkehart* das Lied von *Walther* und *Hiltgunt* gedichtet, lateinisch und nach Vergils Vorbilde, aber nicht allein aus einem der Heldensage entnommenen *Stoff*, sondern zugleich in der Frische der Auffassung, der männlichen Stärke und der zarten Innigkeit durchaus deutsch. Wo freilich der St. Galler Mönch die Sage her hatte, wissen wir so wenig, als wir die Quellen des Nibelungenliedes mit irgend welcher Sicherheit nachweisen können; man vermutet, dass ein verlorenes lateinisches Gedicht eines gewissen Konrad, Schreibers des Bischofs Pilgerim von Passau, und lebende deutsche Heldenlieder dem höfischen Epos von den Nibelungen zu Grunde gelegen haben. Denn dem höfischen Stande hat der Dichter des Nibelungenliedes angehört; er ist mit der Bildung des höfischen Standes wie mit der poetischen Technik desselben enge vertraut, wenngleich seine Liebe und Teilnahme mehr dem kräftigeren Heldentume der Vorfahren gilt. Das Nibelungenlied sowohl als die übrigen Dichtungen der nationalen Heldensage, Gudrun, Rosengärten, Hugdietrich, Wolfdietrich und andere, sind bloss Eigentum der deutschen Bildung; die Franzosen, Normannen nicht ausgenommen, hatten mit dem Verluste ihrer germanischen Volkssprachen längst auch ihr germanisches Epos eingebüsst.

Tiefer aber als die genannten Dichtungen wurzelte in der Liebe und Gunst der deutschen Höfe und ihrer Gesellschaft das neue *höfische Kunstepos*. In ihm sind die reichsten Schätze des geistigen Lebens jener Zeit niedergelegt, in ihm gipfelt die romantisch-höfische Poesie. Es ist das Epos des Rittertums überhaupt; in ihm sind die Ideale, die Ehre, Zucht, der Frauendienst, aber auch die Verirrungen des Rittertums wie nirgends anders zu finden. Sein Ursprung ist französisch.

Die Bewohner Frankreichs besassen seit Jahrhunderten kein eigenes Nationalepos mehr. Von der römischen Kultur war das gallische Nationalepos, das so gut als das germanische einst existiert haben muss, verdrängt worden, und auch den germanischen Einwanderern, den Franken, Goten, Burgundern war es nicht gelungen, ihre Stammsagen auf diesem Boden festzuhalten. So war also den Franzosen kein anderes Epos mehr vorhanden als das, welches ihnen die gelehrte Litteratur der Alten bot: die trojanische Sage, besonders was die *Äneide Vergils* daraus gemacht, und ein geschichtlicher Held, dessen Gestalt schon fast zu seinen Lebzeiten die Sage zu umspinnen begonnen hatte, *Alexander*. Das konnte eine Quelle werden für das romantische Epos der Franzosen, aber eine schnell auszubeutende. Und die Freude an abenteuerlichen erzählenden Gedichten, an *Aventüren*, war mächtig erstarkt, seitdem sich die Normannen auf französischem Gebiete niedergelassen, daselbst ihre Sprache und damit ihre heimatlich germanische Sage, aber keineswegs ihre Lust am epischen Gesange verloren hatten. Nun hatte es sich getroffen, dass gerade zu der Zeit, wo die Normannen sich dem französischen Boden einverleibten, in Frankreich die Person des grossen Frankenkönigs *Karl* mehr und mehr sagenhafte Züge erhielt und dadurch den sangeslustigen normannischen Franzosen als vortrefflicher Held ihrer Dichtung sich anbot. Bald sammelte sich um ihn ein reicher Kranz von Aventüren; er erhielt eine Tafelrunde mit Paladinen, Roland vor allem, dann Milon, Haimon, Olivier, auch den Normannenherzog Richard findet man zuletzt in dieser Gesellschaft. Im Jahre 1066 erobern die Normannen England, richten sich dort ein, und französische Epik ist von da an in England heimisch. Aber noch ist der Hunger dieser Sänger nach neuen Stoffen nicht gestillt; ein Mönch weist den Sängern durch eine von ihm zusammengestoppelte Chronik der altbritischen Könige den Weg zu einem längst verschollenen König *Artus;* sie greifen ihn auf, und bald windet sich um ihn ein ganzer Knäuel romantischen Aventürenstoffes. Während Artus selber mehr zurücktritt, treten seine Paladine ins hellere Licht: Parzifal, Iwein, Gawein, Erek, Tristan, Lanzelot; mit der Artussage verknüpft ein erfindungsreicher Kopf endlich die aus dem Orient stammende Gralsage.

Alle genannten französisch-normannischen Sagenstoffe, die antiken, karolingischen und artusischen, in vielen französischen Aventüren dargestellt und zu den idealen Trägern der höfischen Romantik geworden, werden nun von der deutschen höfischen Kunstdichtung aufgenommen, so zwar, dass der deutsche Dichter meist seine mündliche oder schriftliche Quelle nennt, dabei jedoch den Stoff frei nach Neigung und persönlicher Stimmung durch- und ausarbeitet. Die drei Klassiker des Kunstepos, *Hartmann*, *Wolfram* und *Gottfried*, haben alle Helden aus der Artussage zum Mittelpunkte ihrer Hauptdichtungen gemacht. Jeder der drei hat seine selbständige, charakteristische Stelle in der Litteraturgeschichte ihrer Zeit, und die späteren gehen meist einseitig auf den von den drei Meistern gebahnten Wegen. Im Sinne der Zeit, aber in unserer Sprache, hätte man jene französischen Stoffe die modernen nennen dürfen, im Gegensatze zu den einheimischen, als veraltet angesehenen Sagenstoffen.

Gehörte die grosse Mehrzahl der klassischen Dichtungen dieser Zeit, soweit sie Kunstepen sind, den genannten drei Stoffen an, so hat doch die fruchtbare, unerschöpfliche Phantasie noch sehr viel geliefert, was anderen Kreisen entnommen ist: Orientalische Geschichten von der reichsten Phantasie, hervorgerufen durch den infolge der Kreuzzüge vornehmlich erwachsenen Verkehr des Orients mit dem Occident; sodann religiöse Stoffe, besonders Legenden in grosser Zahl, unter denen sich oft uralte Überbleibsel germanischen Volksglaubens verstecken; endlich vereinzelte echte Sagenbildungen späteren Datums, die sich an Otto den Grossen, Heinrich den Löwen, Herzog Ernst von Schwaben anschliessen. Nur vereinzelt ist in der höfischen Epik das humoristische Element vertreten.

Die *Lyrik* ist gegenüber der antiken wie der modernen deutschen Lyrik noch sehr einfach. Weitaus die meisten Dichtungen dieser Gattung gehören dem Frauendienst an, sind Minnelieder, wobei die Empfindung sich sehr oft an Frühling und Winter knüpft, der Minne Leiden an den Winter, der Minne Lust an den Lenz. Neben dem Frauendienst ist aber die Lyrik auch in den Dienst der Religion getreten, mit Gesängen auf Maria, welche zugleich der Minne höchste Verklärung darstellt, auf das gelobte Land, auf die Dreieinigkeit. Und der bedeutendste Dichter unter diesen Nachtigallen, Walther, hat die reichste Fülle seines Gemütes in denjenigen Dichtungen ausgegossen, die dem Herrendienste, der Ehre und Zucht der Fürsten und des Vaterlandes dienten. Schon die Lyrik der Troubadours hat die dreifache Art des Frauen-, Gottes- und Herrendienstes gekannt, aber die deutsche Dichtung ist tiefer, ernster, gehaltvoller. Zumal aber besitzt sie eine Art der Minnelyrik, von der die Franzosen nichts wussten. Wie oben schon bemerkt, war das konventionelle Gebahren des höfischen Standes dem Dienste echter Lyrik nicht gerade günstig; schickte sich auch viel in den Augen des Ritters, darunter manches, was sich besser nicht geschickt hätte, so schickte sich doch nicht alles, was gerade das Liebesleben der Dichtung bieten kann. Nicht vergebens ist uns aus dem höfischen Minnedienst der Ausdruck überkommen: *den Hof machen, die Cour machen*, wozu eben keine Leidenschaft gehört. Daher ist es nicht zu verwundern, wie sich zur Zeit der höchsten Blüte des Minnegesanges eine mehr das natürliche Leben anpackende Richtung kundthut, die sich mit Entschiedenheit von dem Zwange der höfischen Formen loslöst, „die nicht mehr konventionelle, weiche, zarte Empfindungen und weiche Klagen ausspricht, sondern mit frischem Humor und naiver Sinnlichkeit sich dem Leben und der Liebe ergiebt und in ihrer kecken und toleranten Lebensanschauung die natürlichsten Dinge als etwas durchaus nicht Anstössiges behandelt.“ Man hat diese Richtung der Minnelyrik als *höfische Dorfpoesie* bezeichnet, im Gegensatz zu der strengeren *höfischen Hofpoesie*. Ihr genialer Hauptvertreter ist *Nithart von Rüwental*, ein Bayer, bei dem auch sofort ein landschaftliches Element stärker hervortritt. Seine Lieder haben am längsten von allen Liedern der Minnesänger ausgedauert.

Zum Teil im Zusammenhange mit den Stoffen der Lyrik steht ihre Form. Auch sie ist dreierlei Art: Leich, Lied oder Spruch. Der *Leich* wird gesungen, ist unstrophisch gebaut und bedarf daher einer durchgehenden musikalischen Komposition; er wurde am liebsten zum Ausdrucke religiöser Empfindung angewendet, erscheint übrigens ziemlich selten. Das *Lied* ist eine oder mehrere gleichgebaute dreiteilige Strophen; die Strophe ist nach einem auch aus Frankreich herübergenommenen architektonischen Gesetze stets dreiteilig, d. h. sie besteht aus zwei rhythmisch kongruenten Teilen, den beiden Stollen, und dem dazu auf irgend eine Art in rhythmischem Gegensatze stehenden Abgesange. Die Strophe wird gesungen und dient vornehmlich zum Ausdrucke der Minne. Der Spruch endlich, dreiteilig wie die Strophen, wird bloss gesprochen und ist stets einstrophisch. Er hat zumeist politischen oder sonst didaktischen Inhalt. Je weiter die Dichtung sich von ihrem Höhepunkte entfernt, desto mehr nimmt der Spruch an Ausdehnung seines Gebrauches zu.

Dass eine poetisch so bewegte Zeit, wie die der höfischen Dichtung es war, auch der *didaktischen* Dichtung gepflegt hat, wer sollte das nicht erwarten? Jede Blütezeit der Dichtung wird eine solche Fülle von Ideen, Empfindungen, Anschauungen, Erfahrungen neben dem in der eigentlichen Dichtung niedergelegten Stoffe vorrätig besitzen, dass sie, einmal eingewöhnt in die Kunst der Rede und des Beifalls der Menge versichert, gern ihren Einfluss benutzt, um das sittliche Resultat ihrer Arbeit in schönem Gewande vorzuführen. Unter den Produkten dieser Art steht *Freidanks Bescheidenheit* obenan.

Schnell, wie sie gekommen war, hört auch die höfische Litteratur mit der höfischen Ehre, Zucht und Tugend auf; wohl versuchen sich bis ins 14. Jahrhundert noch manche Liebhaber der Dichtkunst, der Bahn höfischer Poesie getreu zu bleiben; aber der lebendige Geist ist erloschen und macht schnell anderen Richtungen der Bildung Platz, die man unter dem Namen volkstümlich-bürgerliche Litteratur zusammen zu fassen pflegt. *Götzinger*, Deutsche Dichter, Einleitung zur fünften Auflage; *Wackernagel*, Litteraturgesch.

Hofnarren sind seit dem 15. Jahrhundert mit den *Hofpoeten* und *Hofzwergen* an Stelle der früheren ständischen Sänger, Poeten und Spielleute getreten. Die *Hof-* oder *Schalksnarren* waren in Frankreich und Deutschland an den Höfen der Reichsfürsten und der grösseren Grundherren eigentliche Beamte; Fürstinnen hielten ihre Hofnärrinnen; sie erhielten ausser Kost und Wohnung noch Hofkleider. Ihre Tracht ist die Schellentracht, die ursprünglich von christlichen Priestern sowohl als von weltlichen Grossen, fürstlichen Gesandten u. dgl. bis ins 15. Jahrhundert zur Auszeichnung getragen worden war. Dazu kam der beschorene Kopf, die Narrenkappe mit Eselsohren oder dem Hahnenkamm, der breite Halskragen und der Narrenkolben. Dem Zuge der Zeit gemäss traten diese Leute zu Heckengesellschaften zusammen, die als Heckengerichte, z. B. zu Donaueschingen, bis in die neuere Zeit fortdauerten. Die berühmtesten Hofnarren sind: *Kunz von der Rosen*, lustiger Rat Maximilians I. und *Klaus Narr* oder *Klaus von Ranstatt*, Hofnarr Kurfürst Friedrichs des Weisen, dessen lustige Einfälle und Schwänke siebenmal (1551—1600) aufgelegt wurden. *Flögel*, Geschichte der Hofnarren, 1784. Vgl. *Ebeling*, Zur Geschichte der Hofnarren. Friedrich Taubmann. Leipzig 1883.

Holzarchitektur. Die alten Deutschen wohnten nicht in Städten oder auch nur in Ortschaften bei einander. Das Zusammenleben war der persönlichen Unabhängigkeit der germanischen Völkerschaften in hohem Grade zuwider; ein jeder baute sein Haus, wo er wollte. An eine eigentliche Baukunst unter den Germanen ist deshalb auch kaum zu denken. Sie kannten weder Haustein noch Ziegel; das Material, womit sie ihre Wohnungen errichteten, bestand aus Holz, und wie sehr gerade der Holzbau von Hause aus deutsch, der Steinbau aber römisch ist, bezeugt schon die Sprache, welche für „Bauen" ursprünglich nur „Zimmern" kennt und die einfachsten Benennungen für den Steinbau (wie Maurer von *murus*, Kalk von *calx*, Ziegel von *tegula*) aus dem Lateinischen herübergenommen hat, während alle den Holzbau betreffenden Ausdrücke urdeutsch sind. Die älteste Nachricht über die Bauweise der Germanen liefert uns Tacitus, Germ. 16. Nach demselben genügten ihnen Wohnungen aus rohen, kaum behauenen Baumstämmen. Die Fugen wurden mit schimmerndem Letten ausgefüllt und das so entstehende bunte Spiel der Linien diente ihren mit hohen Rohrdächern versehenen Hütten als einziger barbarischer Schmuck. Die Technik dieser Holzbauten kann zweierlei gewesen sein; entweder mit horizontaler Lagerung der Balken im Blockverbande oder noch roher, aus senkrecht nebeneinander aufgerichteten Stämmen.

Derart ist eine aus angelsächsischer Zeit in England (*Greenstead*) bis heute erhaltene Kirche hergestellt. Sonst ist aus jener frühen Zeit nichts mehr auf uns gekommen und ist und bleibt die Frage nach der inneren räumlichen Disposition der ältesten deutschen Häuser eben ungelöst. Otte glaubt zwar, in Anbetracht der anerkannten Zähigkeit der bäuerlichen Sitten und bei der im Allgemeinen stereotypen Form der deutschen Bauernhöfe zu einem Rückschluss von der Gegenwart auf die ferne Vergangenheit berechtigt zu sein und erblickt in den westfälischen und fränkischen Bauernhöfen die Nachbilder dieser altgermanischen Wohnungen. Vgl. *Henning*, Das deutsche Haus. Strassburg 1882. *Lehfeldt*, Holzbaukunst. Berlin 1880.

Mit der Zeit wird auch auf diese primitiven Einrichtungen römischer Einfluss sich geltend gemacht haben und vielleicht schon unter Kaiser Julian der römische Fachwerksbau statt des Blockbaues eingeführt worden sein, wenigstens nach dem Berichte eines fast gleichzeitigen Geschichtschreibers zu schliessen. Die Wohnungen werden sich aber nicht nur in der den rohen Blockverband übertreffenden Konstruktion aus Bindwerk mit der Zeit verbessert haben, sondern selbst in geschnitzten Verzierungen der Bauhölzer wird sich ein Fortschritt bekundet haben, denn für die Geschicklichkeit der alamannischen Völkerschaften in den verschiedensten Holzarbeiten sprechen die Gräberfunde im Württembergischen. Im Verlaufe des 7. und 8. Jahrhunderts streuten irische Mönche den Samen des Christentums aus. In kleineren und grösseren Scharen pflegten sie zu wandern, lichteten mit ihrer Axt die Wälder und bauten Hütten und Kirchen nach heimischer Art.

Regel war auch hier natürlich der Holzbau und wahrscheinlich in einer den irischen Mönchen eigentümlichen Weise (nach der Bezeichnung des gleichzeitigen *Beda venerabilis: more Scotorum* oder *opus Scoticum*) ganz aus Eichenbalken (*de robore secto*).

Bis in späte Zeiten hinein wurden die ersten eiligen Bauten bei der Gründung von Klöstern und Kirchen immer aus Holz errichtet und selbst unter Karl dem Grossen, der wenigstens für die Kirchen den römischen Steinbau einzuführen trachtete, werden beinahe alle im Sachsenlande errichteten Kirchen kaum über den bescheidensten Bedürfnisbau hinausgereicht haben und eben auch aus Holz errichtet gewesen sein. Mit dem 10. Jahrhundert brach über Deutschland eine unsäglich traurige Zeit herein. Das Reich Karls lag zertrümmert. Im Innern des Reiches herrschte Bürgerkrieg und von Aussen war es bedroht von den Normannen und Ungarn. Man trachtete daher auf Widerstandsfähigkeit und Wehrhaftigkeit und zog wenigstens auf einzelstehenden Gebäuden den Steinbau dem Holzbau vor. Letzterer aber flüchtete sich von da ab hauptsächlich in die Städte, welche sich gemeinsam durch starke Ringmauern zu schützen suchten.

Die grosse Mehrzahl der Wohnhäuser wird man sich kaum dürftig genug vorstellen können und die vielen verheerenden Brände beweisen zur Genüge, dass jene regelmässig aus Holz, wohl in Fachwerk erbaut und wenn nicht mit Rohr oder Stroh, so doch höchstens mit Holzschindeln gedeckt waren. Dafür spricht auch die fabelhafte Schnelligkeit der Bauten. So wird von der Stadt Lebusa erzählt, sie sei in 14 Tagen vollendet worden. Ganz ähnlich lautet der Bericht des Bischofs Tietmar von Merseburg über die Wiederherstellung der abgebrannten Stadt Meissen. Wo das sich darbietende Material es erlaubte, begegnen wir seit Anfang des 12. Jahrhunderts dem sich immer mehr ausbreitenden Quader- oder Ziegelbau, allein in vielen Gegenden, wie in Mähren, Oberschlesien, Pommern und Preussen, blieb man bei dem urtümlichen Holzbau stehen. So befinden sich unter den oberschlesischen Kirchen einige, wie die zu Syrin und Lubom bei Ratibor, an denen spätromanische Details vorkommen. Für die Erbauung der beiden genannten Kirchen werden die Jahreszahlen 1304 und 1305 angegeben. Alle diese Kirchen von einfach rechteckigem Grundriss mit schmälerem Altarraum und mit Vorbauten an den Thüren, sind im Blockverbande aus aufeinandergeschichteten, grobbehauenen Balken errichtet. Vgl. Fig. 75. *Kirche von Hitterdal* (Kunsth. Bilderbogen). Als besondere, auch bei den gleichzeitigen norwegischen Holzkirchen (wie die zu Hitterdal, Borgund) sich vorfindende Eigentümlichkeit derselben erscheint ein das ganze Gebäude umgebendes weit vorspringendes Regendach, wohlgeeignet, um die

Dachtraufe von den Grundschwellen abzuleiten. Der Turm, nicht selten getrennt von der Kirche stehend, pflegt in schrägen Wänden aufzusteigen und ist an der Bretterverschalung des oberen Teiles zuweilen mit Schnitzereien verziert. In Böhmen sind Holztürme besonders häufig, auch neben steinernen Kirchen, ja selbst in Dörfern, die gar keine Kirchen haben. So findet sich neben dem im 14. Jahrhundert errichteten Steinbau der Georgskirche in Przaslawic bei Turnau ein Holzturm über einem steinernen Grundbau; noch stattlicher erscheint der grosse Glockenturm zu Pardubitz.

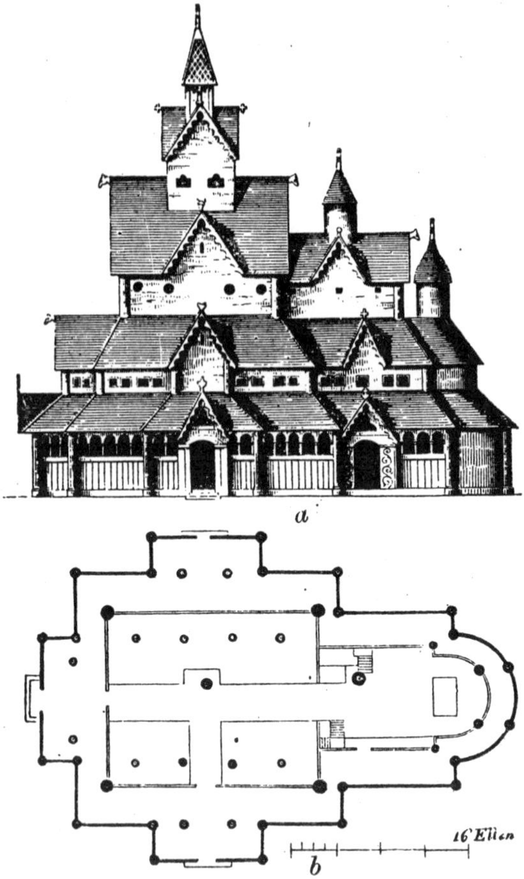

Fig. 75. Kirche zu Hitterdal.

Ein Städtebild dieser Epoche bietet uns enge Gassen und Räume. Eine eigentümliche Ausnutzungssucht des Raumes riss in der Bürgerschaft ein. Die Städte, die an Einwohnern zunahmen, mussten in die alten Ringmauern eingepfercht werden. Man begnügte sich deshalb nicht mehr mit mehrstöckigen Häusern, sondern man suchte das Haus noch nach oben, allem statischen Gefühle zuwider, zu verbreitern. Diese „fürgezimpere“ oder „Ausfänge“, bei denen jedes Stockwerk über das andere vorragte, erweiterte allerdings die obern Räume und bot zugleich, weil Unterstützungs- und Belastungspunkt auf verschiedene Stellen fielen, ein Gegengewicht gegen das Einschlagen der Balken. Andrerseits aber wurde den ohnehin engen Gassen durch diese Bauart Luft und Licht noch mehr entzogen. Selbstverständlich konnte diese Bauart hauptsächlich nur bei Fachwerksbauten vorkommen. Der Steinbau beschränkte sich bei Profanbauten in der Regel auf Keller und Erdgeschoss. Überhaupt waren steinerne Häuser noch eine grosse Seltenheit. In den alten Grundregistern, den sogenannten Schreinsbüchern, sind z. B. von der Stadt Köln, die schon im 13. Jahrhundert an die 6000 Häuser besass, nur ungefähr zehn als *domus lapideae* bezeichnet. Die Sitte, die Stockwerke übertragen zu lassen, führte indes bald und besonders in der gotischen Zeit zu mancherlei Dekorationsformen. Die vorstehenden Balkenköpfe werden mit Schnitzwerk in vegetabilischer Form, Tier- und Menschenbildungen geschmückt, auch oft Erker und Ausbauten angebracht, so dass ein Ganzes von ungemein malerischer Wirkung sich ergiebt.

Noch in der späteren Zeit des 15., ja selbst im 16. Jahrhundert findet man an den Fachwerksbauten lebhafte Anklänge an gotische Formen. Sehr schöne Beispiele in dieser Hinsicht bietet namentlich Braunschweig, wo durch den Holzbau die mittelalterliche Tradition noch lange in Kraft blieb. Diese frühen Bauten zeigen ein strenges Anschliessen der Dekoration an die Konstruktion.

Die Schwellbalken der Füllhölzer erhalten kräftige Auskehlung und Abfasung, wodurch die horizontale Linie der übereinander vorkragenden Stockwerke wirksam betont wird. Überaus beliebt ist die Dekoration mit rechtwinklig gebrochenen Linien, die man als mäanderartig bezeichnen kann. Damit wechselt ein anderes Ornament, das seine Motive dem Pflanzengebiete entlehnt und aus einer Laubranke besteht, welche sich um einen horizontalen Stab windet und die charakteristische Form des spätgotischen Blattwerks zeigt. Nicht minder reich werden die Balkenköpfe hehandelt. Sie erhalten nicht bloss kräftig ausgekehlte Profile, sondern bisweilen in Hochrelief durchgeführte figürliche Darstellungen, Apostel und andere Heilige, aber auch Genrehaftes und Burleskes. Die Anzahl derartiger Bauten der letzten Dezennien des 15. und der ersten des 16. Jahrhunderts ist überaus gross. Noch ganz in mittelalterlichen Formen erbaut ist namentlich der grosse Bau der „Alten Waage“ (1534) in Braunschweig.

Die Renaissance bringt in diese Behandlung der Façaden zunächst nur einige Bereicherung des Ornaments.

Eines der frühesten Beispiele des Auftretens der neuen Formen sind die trefflichen Reste von einem abgebrochenen Ratsküchengebäude von 1530. Da sind die Elemente der Renaissance, wie Delphine, Kandelaber, Gottheiten und Helden des Altertums noch ganz unbefangen mit allerlei mittelalterlichen Genreszenen und Possenhaftem gemischt, ein wahrer Fasching der Phantasie, meint Lübke. Zu gleicher Zeit indessen taucht ein neues Motiv für die Dekoration der Schwellhölzer auf und eine Verschlingung von Zweigen, die fast wie Bänder aussehen und sich friesartig ausbreiten. Beinahe kein Haus entbehrt der Sprüche, welche dasselbe in Gottes Hand legen, oder sonst heitern oder ernsten Inhaltes sind.

Um den Schluss des 16. Jahrhunderts erfährt der Holzbau seine letzte Umwandlung. Der Steinbau wirkt auf ihn merklich ein. Bisher waren die Balken durch Abfasen und Einkerben recht im Sinne der Holzkonstruktion ausgebildet worden. Jetzt werden die Balkenköpfe mit Vorliebe als Konsolen behandelt, die Schwellenbalken erhalten Zahnschnitte, Eierstäbe und Perlschnüre nach antiker Art. Dazu Fig. 76, Niedersächsische Holzarchitektur um 1550 bis 1570 (Kunsthist. Bilderbogen). Die letzten Blüten dieser Entwickelung treffen wir namentlich in Hildesheim. Hier ist es der alte sächsische Holzbau, der fast ausschliesslich den Privatbau beherrscht. Die Beispiele aus dem frühen Mittelalter sind indessen hier selten. Dagegen treten die Renaissanceformen schon sehr frühe auf, so schon 1590 an einem der grossartigsten Holzhäuser Deutschlands, an dem sogenannten Knochenhaueramtshaus.

Unerschöpflich reich ist der

plastische Schmuck an dieser Façade. Die Konsolen sind zwar noch mittelalterlich geformt, in derber humoristischer Auffassung. In den Friesen dagegen sind die Motive der ein. Die ganzen Façaden werden mit Holzbrettern verkleidet, so dass alle Teile der Konstruktion bis auf die als kräftig vortretende Konsolen entwickelten Balkenköpfe mit ihren

Fig. 76. Niedersächsische Holzarchitektur um 1550—1570.

Frührenaissance in Blumen, Fruchtschnüren, Kandelabern etc. überwiegend. Gegen Ende des 16. Jahrhunderts tritt der ausgebildete Stil der Spätrenaissance auf. Auf die Gliederung und Ausschmückung der Façaden wirkt der Steinbau gewaltig Stützen verhüllt werden. Die Schwellbalken aber bilden einen durchlaufenden Fries, mit Ornamenten reich bedeckt. Eine konsequente vertikale Teilung wird durch flachgeschnitzte Säulen, Pilaster oder Hermen bewirkt. Auf den Fensterbrüstungen aber entfaltet sich in figürlichen Reliefs ein unerschöpflicher Reichtum, und um die zierliche Anmut des Ganzen zu vollenden, sind alle Hauptlinien durch feine Gliederungen antiker Kunst belebt. Das Musterbeispiel dieses Stils ist das *Wedekindsche Haus* vom Jahr 1598. Fig. 77.

Der alte Bischofssitz Halberstadt bietet ebenfalls eine reiche Ausbeute an Holzbauten, zu deren bedeutendsten der im Jahre 1461 erbaute Ratskeller gehört. Den Übergang in die Renaissance bezeichnet namentlich der Holzbau des Schuhhofes, an welchem das Motiv der Blendarkaden an den Fensterbrüstungen prächtige Anwendung erlebt. Reiche und hübsche Beispiele, namentlich der Verbindung des Holzbaues mit dem Steinbau bietet Hannover, wo sich zugleich auch ein reicher Erkerbau entwickelt, im Gegensatz zu dem benachbarten Braunschweig. In den mittleren Wesergegenden herrschte der Holzbau in besonders eleganter Weise, wie in Höxter und Münden. Dazu Fig. 78. Geschnitztes Ornament von einem Hause in Höxter 1642 (Kunsthistorische Bilderbogen). In kraftvoller Durchbildung der Schwellhölzer, der Kopfbänder und Konsolen, sowie der Fensterbrüstungen mit vielfach variierten Muschel- und Fächerformen gehören diese Bauten zu den schönsten Schöpfungen dieses Stils. Musterhaft ist derselbe namentlich in der Dechanei in Höxter (1561) entwickelt, welche sich durch einen stattlichen polygonen Erker auszeichnet. Auch in Niederhessen hat der Holzbau in Hersfeld, Allendorf, Fritzlar zahlreiche Vertreter, wie auch in Hersford, Bielefeld etc. In Schwaben war, gefördert durch den prächtigen Sandstein, der Steinbau vorherrschend, indessen hielten die bürgerlichen Kreise noch lange an dem Holzbau mit Riegelwänden fest. Als Beispiele mögen Schwäbisch Hall und das Rathaus in Tübingen (1508, angeführt sein. Franken bewahrt in dem Salzhause zu Frankfurt ein Prachtstück. Die schmale Giebelseite ist reich in Holz geschnitzt und zwar in völliger Nachahmung der Steinarchitektur, gleichsam eine Inkrustation von Holzplatten bildend, unter welcher sich das konstruktive Gerüste verbirgt. Namentlich entwickelt sich der Holzbau in den grossen Hofanlagen der mittelalterlichen und späteren Wohn-

Fig. 77. Das Wedekindsche Haus.

häuser, wo oft mehrere Galerien von Holz übereinander gelagert sind, so im Sebachschen Hause in Würzburg, im Haffnerschen in Rothenburg, im Funkschen und Pellerschen in Nürnberg etc.

Sehr anziehend und bedeutend ist der Holzbau in den Rheinlanden.

Fig. 78. Geschnitztes Ornament. Von einem Hause in Höxter 1642.

Während in den sächsischen Landen die einzelnen Stockwerke so weit als möglich vorgekragt wurden und dadurch jenes reiche malerische Leben, jene energische Gliederung erhielten, sind die rheinischen Bauten bei möglichst geringem Vorsprung der Stockwerke minder kräftig entwickelt und suchen, was ihnen an Lebendigkeit abgeht, durch eine mehr malerische Ornamentierung der Flächen zu ersetzen, ohne indessen die konstruktiven Elemente zu verhüllen und zu verleugnen. Im Gegenteil werden dieselben zum Ausgangspunkt der Dekoration gemacht. Daher werden die Pfosten besonders kräftig betont und namentlich die Eckpfosten in Säulchenform ausgebildet. Die Horizontalen aber werden durch mässiges Vortreten der Schwellbalken nur bescheiden angedeutet, so dass einige ausgekehlte und abgefasste Glieder, bisweilen wohl als ein gewundenes Tau charakterisiert, genügen. Namentlich aber fallen die vortretenden Balkenköpfe des niedersächsischen Holzbaues fort. Die Dekoration aber weist stets eine feine Anmut aus. Mit Vorliebe fügt man den Façaden kräftig vorspringende Erker zu. Als Beispiele mögen hier die Holzbauten zu Rhense, Oberlahnstein, Boppard, Bacherach und Bremen angeführt sein.

Während beinahe überall in deutschen Landen der Riegelbau, wenigstens wo es sich um künstlerische Ausbildung der Façaden handelte, den reinen Holzbau verdrängt hatte, hatte sich derselbe in den Gebirgsgegenden, namentlich in der Schweiz, noch gesund und kräftig forterhalten. In den flachen Kantonen war zwar der Blockbau auch verlassen worden und die dort gebräuchliche Art des abgespreizten und verstrebten Ständerwerkes mit eingeschobenen Bohlenwänden lehnte sich dem deutschen Riegelwerksbau an. Gleichzeitig finden wir aber auch in der Schweiz das mit Stein ausgemauerte Fachwerk zahlreich vertreten. Im Äusseren sind die schweizerischen Städtehäuser meist sehr einfach. Die einzige Zierde sind zahlreiche Holzerker, deren Schnitzerei aber schon den schwülstigen üppigen Barocco des 17. Jahrhunderts zeigen, so diejenigen in Schaffhausen und St. Gallen.

Wo aber die Schweizerbauten als Blockhäuser auftreten, tragen sie überall den streng ausgeprägten Typus des Blockverbandes an sich. Die möglichst durchlaufenden liegenden Wandbalken überschneiden sich an allen Kreuzungspunkten mit der Abgabe ihrer halben Holzstärke und treten aussen als sogenannte Vorstösse an den Wänden um eine Holzstärke vor. Dabei haben die Dächer eine flache, dem benachbarten Süden entsprechende Neigung, um die Schindeldeckung, mit schweren Steinen belastet, tragen zu können. Aus der ganzen Anlage dieser Holzbauten, wie sie namentlich in den Urkantonen, dem Berner Oberland, und dem Appenzeller Land auftreten, spricht das naive Schönheitsgefühl eines sinnigen Landvolkes. Nicht nur haben diese Bauten durch kräftige Malerei, prächtige Schnitzerei und kernhafte Sprüche einen unaussprechlichen Reiz, sondern die Gesamtanlage mit den offenen Lauben, weit vorspringenden Dächern und zahlreichen gekuppelten Fenstern gewähren eine ruhige architektonische Wirkung, welche in Harmonie mit der nächsten Umgebung und in einem gewissen Gegensatze zu der ferneren grossartigen Landschaft steht. Nach *Otte*, Geschichte der deutschen Baukunst. *Lübke*, Geschichte der deutschen Renaissance. *Gladbach*, Der Schweizer Holzstil.

Holzschneidekunst. Die Holzschneidekunst und der mit ihr verwandte Kupferstich versucht, im Gegensatz zur Malerei, nicht nur die Umrisse, sondern auch die Körperlichkeit mittelst blosser einferiger Linien darzustellen.

Die *Technik* der Holzschneidekunst ist ihrem Prinzip nach äusserst einfach, wenn sie auch grosse Sorgfalt und viel Geschick erfordert. Als Objekt, auf welches die Zeichnung aufgetragen, resp. aus welchem die Zeichnung ausgeschnitten wird, dienen Tafeln von trockenem Buchs- oder Birnbaumholz, auf welche, nachdem sie gehörig geglättet und mit einem dünnen Überzuge von Kremnitzer Weiss versehen sind, die Zeichnung scharf und rein, natürlich verkehrt, aufgetragen wird. Ist dies vollendet, so ist es die Arbeit des Formschneiders, sämtliche Stellen, welche auf dem Abdruck weiss erscheinen sollen, herauszuschneiden. Dies geschieht mittelst äusserst feinen Messerchen. Befinden sich Gegenstände auf dem Bilde, welche hinter andere zurücktreten sollen, so wird die ganze Fläche, um die es sich handelt, etwas vertieft, wodurch die Striche beim Abdruck in verminderter Stärke erscheinen. Den Abdruck der Holzplatten nahm man in den frühesten Zeiten mit Hilfe des Reibers vor. Das gefeuchtete Papier wurde auf die mit Farben bestrichene Holzplatte gelegt und nun die Rückseite des Papiers so lange gerieben, bis die Linien des Schnittes sich allmählich in das Papier eingepresst hatten. Als die Presse erfunden war, vollzog man den Abdruck natürlich durch gleichmässig wirkenden vertikalen Druck.

Wann, wie und von wem die Holzschneidekunst erfunden worden, weiss man nicht. Wahrscheinlich waren die ersten Vorbilder in den Stempeln gegeben, womit Urkunden und dergl. statt der Unterschrift bedruckt wurden. Andere wollen in den Spielkarten, deren Herkunft und Geburt ebenso dunkel ist, die Vorläufer der Holzschneidekunst erblicken, indessen stösst man schon in sehr alten Handschriften auf Initialen, welche sich mit überraschender Übereinstimmung wiederholen und deshalb auf Abdruck schliessen lassen, während gedruckte Spielkarten erst seit dem 15. Jahrhundert nachweisbar sind. Diejenigen aus früherer Zeit verraten ihre Vervielfältigung durch Schablonen. Der erste datierte Holzschnitt, den man kennt, stammt vom Jahre 1423. Auf demselben ist der heilige Christophorus abgebildet, wie er das Christuskind über den Fluss trägt. Eine Wiedergabe derselben siehe beim Artikel *Christophorus*. Der Holzschnitt ist in Schwarz mit breiten Linien gedruckt und koloriert. Daneben existiert eine hinlängliche Zahl von Blättern ohne Datum, welche dem Charakter der Zeichnung nach in die Zeit vor der Herrschaft des *Van Eyk*schen Stiles gewiesen werden müssen. Kennzeichen sind, abgesehen von Stileigentümlichkeiten der Zeit, den geschwungenen (nicht gebrochenen) Falten der Gewänder: dicke Umrisse, sowie Mangel an Schraffierung, dafür aber in der Regel eine nachträgliche Kolorierung.

Das zweitälteste datierte Denkmal besitzt die Hofbibliothek in Wien in dem Martyrium des heiligen Sebastian mit der Jahrzahl 1437. Aus derselben Zeit stammen noch eine Grosszahl von Schnitten, unter welchen namentlich illustrierte Ablasszettel und Neujahrskarten eine grosse Rolle spielen. Bei letzteren erscheint in der Regel das Christuskind mit einem Band in den Händen, worauf zu lesen ist: *Ein gut sälig ior oder fil god jar und dage leben etc.* Die Namen der Künstler fehlen im 14. Jahrhundert ganz und kommen auch in der ersten Hälfte des 15. Jahrhunderts äusserst selten vor. Dagegen berichten die Zunftbücher von Nürnberg und Augsburg von Briefmalern, Illuministen und Formschneidern und führen die Namen auf. Die Bilder, welche die Zunftgenossen hinterlassen, sind meist roh und ungefüge und lassen nur zu deutlich durchblicken, dass der Handwerker vorderhand eben auch den zeichnenden Künstler ersetzen musste. Die rohe und grelle Bemalung bestätigt diese Ansicht vollauf.

Die zahlreichste Verwendung fand der Holzschnitt in dieser Zeit zur Herstellung einzelner Bilder, wie sie an Wallfahrtsorten den Gläubigen zum Kauf angeboten wurden. Allein diese einzelnen Blätter reihten sich oft zusammen zu ganzen Büchern, wo für jede einzelne Seite eine Tafel geschnitten wurde. Das sind die sogenannten Blockbücher, die Vorläufer der Buchdruckerkunst. Das älteste derselben datiert aus der ersten Hälfte des 15. Jahrhunderts, es ist: *Das Buch der haymlichen offenbarungen Johanis*“, welches sogar mehrere Auflagen erlebte.

Daneben spielt die „*Ars memorandi*“, worin das Evangelium durch das Symbol der Evangelisten bezeichnet ist und Ziffern die Stellen der Schrift andeuten, eine bedeutende Rolle. Sehr schöne Initialen weist das Mainzer Psalterium von Fust und Schöffer 1457 gedruckt auf. Neben solch' kirchlichen Büchern, die wir uns zum kleinsten Teil aus Text, zum weitaus grossen aus Bildern bestehend vorzustellen haben, erging sich die Holzschneidekunst in Darstellung von naturgeschichtlichen und anderen Werken aller Art.

In der zweiten Hälfte des 15. Jahrhunderts werden die Namen der Formschneider schon häufiger. Wir begegnen einem Meister Ludwig zu Ulm, einem Albert Pfister zu Nürnberg, der uns eine Armenbibel hinterlassen hat, einem Ulrich Han, Friedrich Walther, Hans Scherer etc. In den sogenannten Armenbibeln bestand jedes Blatt aus mehreren Feldern. Im Mittelfeld erscheint die fortlaufende Geschichte des Heilandes, während die Nebenfelder dasjenige aus dem alten Testamente veranschaulichen, was man als Symbol und Verkündigung des neuen anzusehen pflegte. Ja sogar Landkarten sind aus der Zeit des 15. Jahrhunderts auf uns gekommen. Sie tragen den Namen eines Johann Schnitzer von Arnszheim. In den: „*heyligen reyssen gen Jherusalem*“, illustriert von Erhard Rewich, liegt schon der Vorbote des kommenden Jahrhunderts, indem dort die Schatten nicht bloss durch parallele Striche hervorgebracht sind, sondern bereits Kreuzlagen in geschickter Behandlung auftreten.

Überhaupt war mit der Scheide des 15. und 16. Jahrhunderts der entscheidende Moment gekommen, wo die Holzschneidekunst in der Entwickelung der Malerei ein entscheidendes Wort mitzusprechen hatte und wo sie als eine wahre Kunst die grössten Künstler beschäftigen sollte. Schon gegen Ende des 15. Jahrhunderts vollzog sich eine folgenreiche Trennung von Kunst und Kunsthandwerk. Wesentlich günstig wirkt aber die Schwesterkunst, die Buchdruckerei, und besonders der durch dieselbe im Aufblühen begriffene Buchhandel ein. Als kunstsinnige Männer legten die grossen Buchhändler in Augsburg, Nürnberg, Basel etc. Wert auf gediegene Ausstattung ihrer Verlagsartikel, welche in der Regel eines künstlerischen Schmuckes nicht entbehren durften. Und zwar beschränkt sich dieser nicht auf die bildlichen Illustrationen, sondern erstreckt sich auch auf Titelumrahmungen, Randverzierungen, Initialen etc. Künstler ersten Ranges wendeten sich solchen Aufgaben zu und es ist wohl anzunehmen, dass die Künstler ihre Zeichnungen zuweilen auch selbst in Holz schnitten; allein zu vielen Sachen werden sie eben nur die Zeichnung geliefert haben.

Namentlich war es Nürnberg, wo der Holzschnitt von den ersten Künstlern gepflegt wurde. An der Spitze derselben steht vorerst Michael Wohlgemuth und sein Stiefsohn Pleydenwurff, welche in der Nürnberger grossen Chronik von Hartmann Schedel dem Holzschnitte ihre Aufmerksamkeit zuwandten. Zur höchsten Blüte gelangte der Holzschnitt unter Albrecht Dürer. Dürer hat wie wenig andere Meister die Wirklichkeit in allen ihren Äusserungen aufs Tiefste ergründet. Seine Heiligengestalten holt er sich aus seinen Nürnberger Mitbürgern heraus und bemüht sich nicht im geringsten, das Zufällige des gewöhnlichen alltäglichen Lebens abzustreifen. Seine Figuren wollen nirgends mehr scheinen, als was sie sind. Allerdings vermochte Dürer die Einflüsse der phantastischen Richtung seiner Zeit nicht von sich fern zu halten. Sowohl in der Zeichnung der Köpfe und Hände, als auch anderer Teile zeigt sich oft eine knorrige willkürliche Manier und in jenem knitterigen unruhigen Faltenwurf erlag er dem Einfluss der Holzschnitzerei seiner Zeit. Allein so herb und abstossend auf den ersten Blick manches erscheint, so bewunderungswürdig ist gerade die Kraft, die schlichte Einfachheit der Linien, welche besonders seinen Holzschnitten innewohnt. Schon 1498 gab er die *Apocalypsis cum figuris* heraus, 1511 die grosse Passion und das Leben der Jungfrau. Dazwischen und nachher eine Menge einzelner Blätter. 1502 vollendete er die aus 92 Platten zusammengesetzte Ehrenpforte Maximilians, als deren Hauptmitarbeiter ein Jeronymus Andre erscheint. Von den Schülern Dürers ist vor allem Hans Schäufflein hervorzuheben, von dem eine Menge Bilder mit dem Monogramm *H S* vorhanden sind. Weiter sind zu nennen: Hans Springinklee, Goldenmund, Lautensack u. s. w.

Neben Nürnberg war es das reiche Augsburg, wo die Kunst kräftig emporwuchs. Hatten schon die beiden älteren Holbein der realistischen Kunst den Boden geebnet, so bewegte sich namentlich Hans Burgkmair in dieser Richtung als ein tüchtiger handfertiger Meister, von dem eine überaus grosse Zahl von Holzschnittwerken herrührt, unter welchen besonders diejenigen zum „Triumphzug Maximilians" und zum Weisskunig hervorgehoben sein mögen. Allein auch Augsburg erhielt einen Genius auf dem Gebiete der Malerei in dem jüngeren Hans Holbein, als dessen rechte Hand im Gebiete der Holzschneidekunst Hans Lützelberger erscheint. Besonders zeichnet sich der Totentanz aus, als in allem vorzüglich, was in Holzschnitt zu leisten ist.

In Regensburg begegnet uns der Maler Albrecht Altorfer (1480 bis 1538) und dessen Schüler Ostendorfer. Als Ausgänger der schwäbischen Schule sind zu nennen: Hans Baldurg Grien, welcher vor allen anderen ein meisterhaftes Spiel des Lichtes, in der Ausbildung des sogenannten Helldunkels, zustande brachte. Dieses Helldunkel oder *Chiaroscura*, welches von deutschen Künstlern schon sehr früh ausgeführt worden war, giebt dem Holzschnitt *eine* Farbe in verschiedenen Abtönungen, deren jede durch den Druck von einer anderen Platte bewerkstelligt wird. Nur die höchsten Lichter werden weiss ausgesperrt. Ein ungemein fruchtbarer Künstler des 16. Jahrhunderts war Jost Ammann, der 1539 in Zürich geboren wurde und 1591 in Nürnberg starb.

Endlich stellt sich als Ausläufer der fränkischen Schule ein Meister dar, der die Einflüsse derselben nach Sachsen überträgt und dort an der Spitze einer überaus handfertigen Schule thätig war: Lucas Cranach. Aus seiner Schule gingen zahlreiche Meister der Holzschneidekunst hervor, wie Schwarzenberg, Lucius, Leigel, Gottland, Brosamer und andere. Cranach war eifriger Anhänger der Reformation. Die erhabenen Anschauungen Dürers gingen ihm zwar ab, dafür ist ihm ein besonders gemütlicher, harmloser Zug eigen, der seinen Bildern eine volkstümliche Beliebtheit verschafft hat.

So war der Holzschnitt im 16. Jahrhundert zu höchster Blüte gelangt. Allein mancherlei Umstände vereinigten sich, um den Sturz der Holzschneidekunst zu bereiten und zu beschleunigen. Die grossen Meister starben und hinterliessen keine Erben, die Kunstfertigkeit sank wieder zum Handwerk herunter und das Publikum gewöhnte sich nach und nach an die Vorstellung, dass der Holzschnitt ein rohes, verschmiertes Bild sein müsse. Der

30jährige Krieg war der Holzschneidekunst auch nicht gerade förderlich. Der Hauptfeind aber entstand derselben in dem emporblühenden Kupferstiche. Das Bessere war des Guten Feind. Die höhere Vollendung, welche man durch Grabstichel und Radiernadel damals den Kupferblättern zu verleihen glaubte und der Umstand, dass die Maler ihre Empfindungen schneller durch einige Züge der Nadel selbst schaffen und der Welt mitteilen konnten, veranlasste zunächst die Vernachlässigung des Holzschnittes. Er fristete zwar sein Leben noch bis ins 17. Jahrhundert hinein, wo uns namentlich in Paul Kreuzberger von Nürnberg ein achtbarer Künstler entgegentritt, allein im allgemeinen wurden die Holzschnitte nur mehr zum Bedrucken untergeordneter Stoffe benützt. Die Auferweckung der Holzschneidekunst war unserem Jahrhundert vorbehalten.

In den *Niederlanden* drang der Holzschnitt zuerst von Deutschland aus vor. Die Niederländer wollen zwar allerdings die Erfinder des Holzschnittes sein. So sollen schon im 13. Jahrhundert in Harlem Beeldesniders existiert haben, und der Streit bezüglich Erfindung der Buchdruckerkunst durch Lorenz Coster, 1370 geboren, ist bekannt.

Für die Entwickelung der graphischen Künste in den Niederlanden hat *Lucas von Leyden* (1494 bis 1533) eine ähnliche Bedeutung, wie Dürer für Deutschland. Gegen Ende des 16. Jahrhunderts wenden sich die niederländischen Künstler mit Vorliebe dem Helldunkel zu und zwar verbinden sie häufig dabei Kupferstich und Holzschnitt.

Mit grossem Erfolg arbeitete in dieser Weise *Hendrik Goltzius* in Harlem. Im 17. Jahrhundert ging über die Niederlande in *Rubens* ein gewaltiger Stern auf. Für denselben arbeitete namentlich ein deutscher Holzschneider: Christoph Jegher. Ein Schüler Rembrandts Jan Livens (1607—1663) behandelte den Holzschnitt in einer Weise, dass derselbe Ätzblättern ähnlich und zu ganz koloristischer Wirkung gebracht wurde. Im 18. Jahrhundert hört auch in den Niederlanden der künstlerische Holzschnitt fast ganz auf.

Nach *Italien* wurde die Holzschneidekunst ebenfalls durch deutsche Buchdrucker gebracht. Wir begegnen dort anfangs lauter deutschen Namen, wie: Raldolt, Johannes de Francfordia, Jakob von Strassburg etc. Unmittelbar vor Ende des 15. Jahrhunderts erschien in Venedig das berühmte Buch: *Hypnerotomachia Poliphili*, ein topographisches Meisterwerk des Aldo Pio Manutio. Ausserordentliche Thätigkeit entwickelte sich zu Anfang des 16. Jahrhunderts. In Ugo da Carpi erblicken die Italiener den Erfinder des Chiaroscuros. Seine Hauptarbeiten sind Vervielfältigungen Rafaelscher Entwürfe. In der zweiten Hälfte des 16. Jahrhunderts kommen in Venedig wieder deutsche Formschneider vor.

Auch in *Frankreich* waren es Deutsche, welche 1470 die erste Druckerei in Paris anlegten. Zu den ältesten Schnitten gehören die Totentänze von Verara und Vernier. Namentlich aber versuchen sich die französischen Holzschneider in Titelumrahmungen, Initialen und dergleichen, besonders im 16. Jahrhundert, so: eine Isabelle Quatrepomme in Rouen, Bernard Salomon, namentlich aber Jacques Perissin und Jean Tortorel. Im 17. Jahrhundert waren es vornehmlich die Familien Papillon und Sueur, welche den Formschnitt pflegten und die Blüte desselben, namentlich des Chiaroscuros, bis ins 18. Jahrhundert verlängerten.

In *England* erschien das erste mit Holzschnitten verzierte Buch 1493 unter dem Namen: *Aurea legenda*. Zu Anfang des 16. Jahrhunderts hatte der Formschnitt in

England seine Blüte erreicht. Dann aber geriet er gänzlich in Verfall, bis zum Beginn des 18. Jahrhunderts, wo sich die englischen Holzschnitzer damit abmühten, es dem Stahlstich gleichzuthun und es auch zu einer bewundernswertenTechnik brachten. Nach *Bucher*, Gesch. der techn. Künste; *Thausing*, Dürer; *Lübke*, Kunstgeschichte. A. H.

Hörigkeit. Das Wort *hörig*, mhd. *hoerec* = unterthänig, eigen, kann nicht über das 14. Jahrhundert nachgewiesen werden, ist aber von Neueren allgemein für das Verhältnis der loseren, sich dem Stande der Freiheit nähernden Knechtschaft im alten Deutschland. verwendet, siehe *Liten* und *Knecht*.

Horn, diente bei den alten Deutschen, vermutlich schon in frühester Zeit, als Feld- und Jagdzeichen und als Trinkgeschirr; Musikalisch ergiebiger als die heulenden Tierhörner sind erst die Hörner von Metall, Gold, Bronce, Messing; sie sind teils gekrümmt, teils gerade. Das gerade Instrument, ahd. wahrscheinlich *trumba* genannt, entwickelte sich als Jagd- und Waldhorn zur langen Metallröhre mit Schallbecher, die Röhre entweder in altertümlicher Art gerade, oder nach einer Neuerung des 14. Jahrhunderts gebogen; den alten Namen bewahrt das romanisierte Wort *trompette.* M. Heyne im Anzeiger f. Kunde d. d. Vorzeit 1881. Sp. 263—266. Das Heerhorn findet man häufig in den älteren Dichtungen und denen der deutschen Heldensage genannt und sowohl den christlichen als den heidnischen Heeren beigelegt. Kaiser Karl lässt 60000 Hörner blasen, um seine Ankunft anzuzeigen. Rolands Horn Olifant ist berühmt in der Sage; der Name bedeutet Elfenbein. Das Horn, mit dem die Signale im Kriege gegeben werden, heisst *herhorn, wîchorn.* Durch das Horn verkündet der Wächter den herannahenden Tag und den Feierabend; auch zum Beginn des Gerichtes wird es geblasen, wie auch sein Ton die Einleitung zum jüngsten Gericht ist.

Hörnerner Siegfried heisst der Held einer nur in Drucken des 16. Jahrhunderts erhaltenen und im Hildebrandston, d. h. in der späteren Nibelungenstrophe verfassten Dichtung *liet vom hürnînen Sîfrit*, welches die Abenteuer des Helden, seine Drachen- und Riesenkämpfe bis zu seiner Vermählung mit Kriemhild und zu dem mordlichen Anschlag seiner Schwäger führt; dieses und ein verlorenes *Lied von Siegfrieds Hochzeit* sind die Quellen des prosaischen *Volksbuches vom gehörnten Siegfried*, welches den Titel führt: „Eine wunderschöne Historie von dem gehörnten Siegfried, was wunderliche Ebentheuer dieser theure Ritter ausgestanden, sehr denkwürdig und mit Lust zu lesen", Köln und Nürnberg, gedruckt in diesem Jahr. Der unbekannte Verfasser des bis jetzt nicht datierten Buches giebt zwar als Quelle eine französische Urschrift an, aber ohne Zweifel bloss um sein Buch dadurch zu empfehlen. Der Inhalt der Sage ist folgender: Chriemhild, die Tochter des Königs Gibich, ist von einem Drachen geraubt und wird auf einem Felsen gefangen gehalten; in fünf Jahren wird jener wieder Mensch werden, seine schöne Gefangene heiraten und sie dann zur Hölle fahren lassen. Siegfried, der Held aus den Niederlanden, der durch das Fett eines getöteten Drachen unverwundbar geworden ist, einen Fleck zwischen den Achseln ausgenommen, hat sich nun auf der Jagd verirrt und trifft auf den Zwerg Euglein, Nibelungs Sohn, der ihm Chriemhildens Schicksal erzählt. Siegfried lässt sich von ihm nach dem Drachenstein führen, besiegt den Riesen Kuperan und zwingt ihn zum Dienste, wird aber beim Besteigen des Felsens von dem Riesen meuchlings zu Boden geschlagen und nur durch Engleins

Tarnkappe gerettet. Von neuem besiegt, muss Kuperan dem Siegfried die Burg aufschliesen und ihm das Schwert geben, womit der Drache allein getötet werden kann; mit dessen Hilfe erlegt Siegfried den Drachen und befreit die Jungfrau. Dann holt er den Nibelungenhort, versenkt ihn in den Rhein, feiert zu Worms mit Chriemhilden Hochzeit und wird endlich an der Quelle vom grimmen Hagenwald erschlagen.

Hortulus deliciarum, ist der Name eines Werkes, dessen Verfasserin die aus dem Odilienkloster Hohenburg im Elsass entsprungene Äbtissin *Herrad von Landsperg* ist, gestorben 1195. Es ist eine Art Encyklopädie, bestehend aus biblischen, theologischen und rein wissenschaftlichen Auszügen, lateinischen Gedichten und dazu gehöriger Musikbegleitung und Malerei, wobei auch Nachrichten über Trachten, Waffen, Gerätschaften, Architektur und häusliche Lebensweise vermerkt sind. Herausgegeben von Engelhardt, Stuttgart 1818, mit 12 Kupfern.

Hospitaliter oder **Hospitalbrüder** heissen alle diejenigen kirchlich geordneten Vereinigungen, welche sich, meist nach der Augustinischen Regel, der Pflege der in die Hospitäler aufgenommenen Kranken und Armen widmeten. Meist mit eigentlichen Klosterorden verbunden, stehen sie unter der Aufsicht des Bischofs, speciell bei grösseren Verbrüderungen unter einem General; jede einzelne Verbrüderung hat einen Vorsteher, Superior oder Major. Feierliche Klostergelübde haben nur sehr wenige Orden der Hospitaliter, dagegen verpflichten sich viele ausser zur Armen- und Krankenpflege noch zur Armut und Gastfreiheit. Zunächst entstanden die Hospitaliter in Italien seit dem 9. Jahrhundert in dem Orden Unser Lieben Frau *della Scala* oder von der Stufe der Siena. Mit den Kreuzzügen wuchs ihre Zahl ausserordentlich und sie verbreiteten sich durch ganz Europa. Ausser den Hospitalitern des heiligen Anton gab es Hospitalbrüder zum heiligen Johannes, den Orden der deutschen Ritter, die Hospitalbrüder vom Orden des heiligen Geistes und viele andere.

Humanismus heisst die litterarische Bewegung, welche, aus der Beschäftigung mit der antiken Kunst und Litteratur hervorgehend, zuerst in Italien und später auch in den übrigen Ländern des romanisch-germanischen Europas, das Mittelalter verdrängt und die Basis der modernen Bildung, Lebensanschauung, Kunst und Wissenschaft wird; unter den mannigfaltigsten Erscheinungsformen der Renaissance, an welchen das Staatsleben, das Leben des Individuums, das Leben der Gesellschaft, die verschiedenen Künste teilnehmen, fällt also dem Humanismus die Ausbildung des *litterarischen* Lebens zu, und in diesem namentlich dem darin waltenden Lebensprinzipe des *Humanismus,* der schönen, dem klassischen Altertum entnommenen *Menschlichkeit,* welche der Humanismus in bewusster Selbsterkenntnis dem christlich-kirchlichen Lebensprinzipe des Mittelalters gegenüberstellt. Der Humanismus bildet deshalb eine Mittelstufe zwischen dem antiken Lebensprinzipe der *humanitas* und dem Humanitätsideale des 18. Jahrhunderts. Der Entstehung des Humanismus voraus geht die Bildung des modernen Staates auf italienischem Boden, namentlich des städtischen Lebens, die Bildung einer allgemeinen Gesellschaft, welche sich bildungsbedürftig fühlte, und das Erwachen der Persönlichkeit aus dem gebundenen Wesen der mittelalterlichen Welt; erst im 14. Jahrhundert tritt als neue Erscheinung die Parteinahme der Italiener für das Altertum hinzu, welches sich nun der neu sich entwickelnden realen Bildung in allen Gebieten des Geistes als sicherer Führer anbietet. Unterstützt wurde diese Strömung dadurch, dass das mittelalterliche Kaisertum seit dem Untergang der Hohenstaufen im ganzen auf Italien verzichtet hatte und das Papsttum nach Avignon übergesiedelt war.

Als ein erster bedeutender Zug in dieser neuen Geistesrichtung wird die *Teilnahme* erwähnt, die sich *für die Ruinenstadt Rom* kundgiebt; *Poggio* ist hier der erste, der in seiner *Ruinarum urbis Romae descriptio* um 1430 das Studium der Reste selbst mit dem der alten Autoren und mit den Inschriften inniger verband; an seine kurzen Aufzeichnungen schliesst sich das Werk des *Blondus von Forli*, gestorben 1447, *Roma instaurata*, dessen Zweck schon über die Schilderung des Vorhandenen hinaus auf die Ausmittelung des Untergegangenen sich erstreckt. Pius II. ist ganz von antiquarischem Interesse erfüllt und hat die Altertümer der Umgebung Roms zuerst genau gekannt und beschrieben. Es entstanden jetzt die ersten Sammlungen von Altertümern jeder Gattung; man begann Ausgrabungen nach Altertümern, fand den Apoll von Belvedere, den Laokoon, die vatikanische Venus, die Kleopatra; und setzte schon früh die Grundsätze fest, nach welchen Aufnahmen antiker Altertümer geschehen sollten, nämlich für jeden Überrest Plan, Aufriss und Durchschnitt gesondert. Mit dem archäologischen Interesse Hand in Hand geht ein patriotisches, und bald verknüpft sich auch damit eine gewisse Ruinensentimentalität, der man die ersten idealen Ruinenansichten verdankt.

Wichtiger als die baulichen und künstlerischen Reste des Altertums wurden die *alten Autoren*, aus denen man vornehmlich den Geist der schönen Bildung schöpfte; von ihnen kennt das 14. Jahrhundert erst die gangbarsten lateinischen Dichter, Historiker, Redner und Epistolographen nebst einer Anzahl lateinischer Übersetzungen nach einigen Schriften des Aristoteles und Plutarch; erst mit dem 15. Jahrhundert beginnen die grossen und zahlreichen Entdeckungen verlorener Autoren, die systematische Anlage von Bibliotheken durch Kopieren und der eifrige Betrieb des Übersetzens aus dem Griechischen. Mit wahrer Be-Begeisterung und mit grossem Aufwand ökonomischer Mittel wurden seltene Bücher gekauft und abgeschrieben; Nikolaus V. hinterliess diejenige Bibliothek, die der Grundstock der Vatikana geworden ist; in Florenz vermachte Niccolo Niccoli seine wertvolle Büchersammlung dem Kloster St. Marco mit der Bedingung der Öffentlichkeit. Als die beiden grössten Bücherfinder werden Guarino und Poggio genannt; aus antikem Patriotismus sammelte der Grieche, Kardinal Bessarion, 600 Handschriften, für die er einen sicheren Ort suchte, wohin er sie stiften könnte, damit seine unglückliche Heimat, wenn sie je wieder frei würde, ihre verlorene Litteratur wiederfinden möchte; er fand den Ort in Venedig. Besonders in Florenz blühte das Studium der griechischen Sprache und Litteratur, getragen von einer Kolonie griechischer Flüchtlinge, deren erster Manuel Chrysolaras war; der Umgang der italienischen Gelehrten mit geborenen Griechen brachte es auch mit sich, dass griechisch Reden eine Zierde der humanistischen Gelehrten wurde. Als die griechische Kolonie ausstarb, liess die Teilnahme für das Griechische in Italien schnell nach. Auch das Studium der hebräischen und arabischen Sprache gewann in Italien einen ziemlich bedeutenden Umfang.

Der *Humanismus* steht in Italien in enger Verbindung mit dem *Erwachen einer italienischen National-*

poesie und der italienischen Sprache überhaupt; die klassischen Dichter sind in diesem Lande zugleich Humanisten. So schon *Dante*, der Vergil, den grössten antiken Dichter in den Augen seiner Zeit, zum Führer in der Hölle und im Purgatorium gewählt und zuerst eine Fülle antiker Lebensbeispiele in seiner Dichtung gehäuft hat. *Petrarca* ist für seine Zeit weit mehr der begeisterte Prophet der antiken Bildung, als angesehener Dichter gewesen; er ahmte alle Gattungen der lateinischen Poesie nach und war der eigentliche Repräsentant der antiken Bildung. So war auch *Boccaccio* als Humanist und Verfasser mythographischer, geographischer und biographischer Sammelwerke in lateinischer Sprache innerhalb und ausserhalb Italiens weit berühmter denn als Verfasser des Dekamerone.

Als symbolische Ceremonie ist den Humanisten die *Poetenkrönung* mit dem Lorbeerkranz eigen, eine öffentliche Demonstration, ein sichtbarer Ausdruck des litterarischen Ruhmes; ihre Anfänge im Mittelalter sind dunkel; doch steht sie ohne Zweifel im Zusammenhang mit dem griechischen Vorbild der von Domitian gestifteten kapitolinischen Wettkämpfe. Anfänglich nahmen Bischöfe, Rektoren der Universität, die Stadtbehörde von Rom die Ceremonie vor; seit Karl IV. in Italien einen Poeten gekrönt, thaten reisende Kaiser bald da, bald dort ebendasselbe; im 15. Jahrhundert ging die Ceremonie vom Papste und anderen Fürsten aus.

Der Humanismus hatte eine bedeutende Wirkung auf die *Universitäten;* von den Professuren des geistlichen und weltlichen Rechtes, der Medizin, der Rhetorik, der Philosophie und der Astronomie war diejenige der *Rhetorik* besonders das Ziel der Humanisten, abgesehen von besoldeten Lehrern der griechischen Sprache. Doch gab es daneben noch zahlreiche andere gelehrte Institute längerer oder kürzerer Dauer, namentlich auch freie Akademien, an welchen humanistische Lehrer beteiligt waren; im ganzen liebte man die Abwechselung, und es war überhaupt weniger auf eine gründliche philosophische und reale Bildung abgesehen, als auf eine Lebensführung im Sinne des Humanismus, dessen wesentliche Elemente persönlicher Umgang, Disputationen, beständiger Gebrauch des Lateinischen und zum Teil des Griechischen waren.

Unter dem Einflusse des Humanismus sind in Italien auch die ersten von der Kirche unabhängigen *Schulen* entstanden, die teils städtischer, teils privater Natur waren. Erst hier wurde das Schulwesen unter dem Gesichtspunkte höherer Erziehung betrieben; am wirksamsten waren in dieser Beziehung *Vittorino da Feltre zu Mantua*, der zuerst das Turnen und jede edlere Leibesübung mit dem wissenschaftlichen Unterricht verband, und *Guarino von Verona;* besonders unternahmen jetzt Humanisten die früher von Theologen geleitete Erziehung von Fürstenkindern.

Ganz besonders dienten in Italien die Humanisten den Republiken wie den Fürsten und Päpsten zur Abfassung der Briefe und zur öffentlichen, feierlichen Rede. Fast alle grossen Männer der Wissenschaft in Italien dienten im 15. Jahrhundert einen Teil ihres Lebens als *Sekretäre* und Geheimschreiber. Die Briefsammlungen des Cicero und Plinius wurden zu dem Ende aufs genaueste studiert und mit grosser Virtuosität nachgeahmt. Noch wichtiger aber wird die Eloquenz, die sich jetzt völlig von der Kirche emanzipierte und ein notwendiges Element der höheren Gesellschaft jeder Art wurde. Der Name der Gesandten von Staat an Staat ist

Oratoren; Fürsten wurden bei jedem feierlichen Empfang oft stundenlang angeredet; bei Beamtenerneuerungen, Einführung neuernannter Bischöfe, bei Überreichung des Feldherrnstabes fehlt nie die solenne Rede; die Todestage der Fürsten werden durch Gedächtnisreden gefeiert, und namentlich fällt die Leichenrede dem Humanisten anheim; neben den akademischen Reden steht die antiquarisch-philologisch ausgestattete Rede des Advokaten und des Heerführers vor und nach dem Kampf. Ernsterer Natur sind die Bemühungen der Humanisten um die *Abhandlung* in unmittelbarer oder dialogischer Form, um die *lateinische Geschichtschreibung*, um die *Monographie* und *Biographie*, um die Erforschung des Mittelalters, dessen Erkennung als eine überwundene Bildung zuerst in diesen Kreisen auftritt, überhaupt um die Neubildung und Bearbeitung sämtlicher Fachwissenschaften.

Charakteristisch für den Humanismus ist die *Antikisierung der Namen;* dieselben werden teils einfach aus den Vornamen des Altertums genommen, Agamemnon, Aristides, Apelles; oder sie ersetzen Vor- und Geschlechtsnamen zugleich, wie sich z. B. Sanseverino, der Geschichtschreiber, Julius Pomponius Laetus umtaufte; oder es sind griechische oder lateinische Übersetzungen der vorhandenen, sowohl Tauf- als Zunamen, wonach z. B. aus Giovanni Jovianus oder Janus, aus Sannazaro Syncerus wurde; die letztere Art ist bei den deutschen Humanisten fast ausschliesslich Brauch geworden.

Der Humanismus ist es gewesen, der zuerst wieder von der lateinischen Vulgärsprache des Mittelalters auf das klassische Latein zurückgegriffen hat, wobei seit dem 14. Jahrhundert *Cicero* unbestritten als das reinste Muster der Prosa galt; der Ciceronianismus jedoch, der sich jeden Ausdruck versagte, wenn derselbe nicht aus Cicero zu belegen war, begann erst am Ende des 15. Jahrhunderts und hatte immer Gegner, welche einer eigenen, individuellen Latinität das Wort redeten; für die Konversation ging man auf Plautus und Terenz zurück, deren Komödien häufig aufgeführt wurden.

Der höchste Stolz der Humanisten ist aber die *neulateinische* Dichtung. Auf diesem Gebiete hat die Bewunderung für das Altertum ein teilweises Wiedererwachen des antiken italienischen Geistes in den Dichtern selbst möglich gemacht. Unter den Epen steht Petrarcas Afrika, deren Held der ältere Scipio Afrikanus ist, obenan; zahlreich sind die Dichtungen mythologischer und bukolischer Art, worin eine ganz neue, selbständige Götter- und Hirtenwelt zu Tage tritt; von christlichen Epen hat der italienische Humanismus namentlich die Christias des *Vida* und *de partu Virginis* des *Sannazaro* hervorgebracht, welch letzterer unbedenklich alte Mythologie mit dem christlichen Stoffe mischt; auch die Zeitgeschichte wurde in Hexametern oder Distichen behandelt, meist zu Ehren eines Fürsten oder Fürstenhauses, wovon die *Sphorcias*, *Borseis*, *Borgias* Zeugen sind. Die didaktische Dichtung hat besonders im 16. Jahrhundert einen grossen Aufschwung genommen und z. B. das Goldmachen, das Schachspiel, die Seidenzucht, die Astronomie behandelt. Auf dem Gebiete der lyrischen Poesie wurde besonders Catull nachgeahmt; weniger antik erscheinen die Oden in den alten Odenversmassen, täuschend antik dagegen eine Anzahl Gedichte im elegischen Versmass oder bloss in Hexametern, deren Inhalt von der eigentlichen Elegie bis zum leichteren Epigramm herabreicht; auch hier ist Sannazaro der erste Meister.

Man kann im italienischen Humanismus einen bleibenden Kern und eine vorübergehende Form unterscheiden; diese letztere ist die besondere Gestalt, welche die Gesellschaft oder der Stand der Humanisten hier angenommen hatte; berufsmässige Vertreter der antiken Bildung, die nicht bloss in der Lehre und Schriftstellerei, sondern noch mehr im Umfang und Stand ein in sich abgeschlossenes Element der italienischen Gesellschaft bildeten; der bleibende Kern liegt in der Lösung von der Scholastik und in der Wiedergeburt der antiken Weltanschauung; er wirkt unveräusserlich bis heute, während jene humanistische Gesellschaft Italiens schon in den ersten Dezennien des 16. Jahrhunderts schnell abstarb; als Ursachen des Niedergangs werden angegeben die Erfindung des Buchdrucks, welche den persönlichen Umgang mit den Gelehrten teilweise entbehrlich machte, das geringe Mass ihrer sittlichen Tüchtigkeit, ihre Ruhmsucht, Eitelkeit, Schmähsucht, Oberflächlichkeit, und schon in Italien eine Reaktion des gläubigen Kirchentums gegen den wenig kirchlichen Geist der Humanisten. Dagegen erneuerte und vertiefte sich der Humanismus in den Ländern diesseits der Alpen, in welchen er in der zweiten Hälfte des 15. Jahrhunderts langsam Eingang fand.

In *Deutschland* findet man zuerst an den Konzilien von Konstanz und Basel italienische Humanisten teils für sich auf Handschriften ausgehend, namentlich Poggius, teils schon unter Deutschen Propaganda machend für ihre Bestrebungen; das letztere ist besonders bei Äneas Sylvius der Fall. Doch lagen von vornherein die Verhältnisse wesentlich anders als in Italien; die lateinische Sprache war sehr viel fremder für die deutsche Nation; eine Nationalsprache und eine Nationaldichtung, die mit der Dichtung der Gelehrten Hand in Hand gegangen wäre, gab es nicht; die deutschen Fürstengeschlechter zehrten noch an der roheren Bildung der vorhergegangenen Jahrhunderte, und nur wenige, wie Maximilian, mochten sich für eine schönere Bildung begeistern lassen; die italienische Städte-Tyrannis war Deutschland ganz fremd, und in den Reichsstädten dominierte eine den Gewerbs- und Handelsinteressen ergebene Bürgerschaft. Stand der Klerus zwar auch hier tief genug, so arbeitete sich doch seit dem Beginne des 15. Jahrhunderts selbständig ein ernsterer Bildungstrieb durch, welcher sich mit Hingabe dem Jugendunterrichte widmete. Die *Brüder des gemeinsamen Lebens* (vergl. diesen Artikel) wurden die Begründer eines kirchlichen und doch der freieren Bildung offenen Unterrichtes, und aus ihren Schulen gingen bald Gelehrte hervor, die zwar meist ihre Bildung in Italien holten, sich auch in diesem Lande die konventionelle Lebensführung der Humanisten aneigneten, in ihrer eigenen Heimat dagegen ernster und würdiger als ihre Vorbilder zu wirken pflegten, besonders in Bezug auf ihre theologischen Bibel-Studien und auf die Jugendbildung; der Sitz dieser Humanistenschule ist am Rhein, von den Niederlanden aufwärts in Wesel, Heidelberg, Schlettstadt, Basel, wozu besonders noch Tübingen und Erfurt kommen. Die einflussreichsten Namen sind *Johann Wesel*, *Rudolf Agrikola*, *Alexander Hegius*, *Rudolf von Lange*, *Hermann von dem Busch*, *Jakob Wimpheling*, *Beatus Rhenanus*. Sie werden alle übertroffen von den Fürsten des deutschen Humanismus, *Reuchlin* und *Erasmus*, jener besonders für das Hebräische thätig, dieser überhaupt der grösste Gelehrte seiner Zeit.

Ein anderer, dem deutschen Humanismus eigener Zug ist der *nationale*; er zeigt sich teils als Polemik gegen den Romanismus, namentlich gegen die elende scholastische Bildung der Mönche, und feiert seinen Höhepunkt in *Hutten* und in *Reuchlin*, in bezug auf letzteren namentlich in der Art, wie der Humanismus solidarisch für ihn im Kampf gegen die Kölner einsteht, siehe den Artikel *epistolae obscurorum virorum;* teils erweist er sich in der liebevollen und ausgiebigen Beschäftigung mit den Quellen der deutschen Geschichte und Bildung; Mittelpunkt dieses Treibens ist *Wien*, wo Kaiser Maximilian die Erforschung der deutschen Geschichte auf alle Weise beförderte; die hervorragendsten Namen dieses Kreises sind *Cuspinian* (Spiesshammer), *Konrad Celtes*, *Konrad Peutinger*, *Vadian*.

Auch die deutschen Humanisten repräsentierten, wenngleich nicht in dem Grade wie die italienischen, eine in sich abgeschlossene schöne Bildung, die zwar dem Christentum nicht fern stand, doch betrachteten sie als den schönsten Erfolg ihrer Arbeit die Freiheit der Bildung, welche am wenigsten unter dem Druck eines dogmatisch gebundenen Kirchenglaubens gedeiht, und waren jederzeit bereit, ihr Prinzip gegen kirchliche Ignoranz und Intoleranz zu verteidigen, indem sie zugleich einen lebhaften, eleganten, litterarischen und brieflichen Verkehr unter sich unterhielten. Mit der siegenden Reformation hört der Humanismus auf; die Träger desselben gehen entweder in die Reihen des Protestantismus hinüber, wie Melanchthon, Vadian und viele andere, oder, wovon es noch mehr Beispiele giebt, sie bleiben der alten Kirche getreu, ziehen sich aber in diesem Falle meist vom litterarischen Felde zurück, das nun vorläufig den alten und neuen Theologen für ihre Tendenzen überlassen bleibt. Schon in der Mitte der dreissiger Jahre verstummt fast plötzlich die im engeren Sinne humanistische Bildung. Was bleibt, ist, und zwar in erhöhtem Masse, die Teilnahme für die Quellen des Christentums, für den Jugendunterricht, für die Quellen vaterländischer Geschichte. Die *lateinische Dichtung*, welche ebenfalls von den deutschen Humanisten, namentlich von *Eoban Hesse*, gepflegt worden war, stirbt zwar auch nicht aus, verliert jedoch ihr eigentümlich freies humanistisches Gepräge und fällt den sogenannten *Neulateinern* anheim, während die Kritik und Bearbeitung der klassischen Autoren den zünftigen Philologen überlasssen wird. *Burkhardt*, Renaissance; *Voigt*, die ersten Humanisten. *Geiger*, Renaissance und Humanismus in Italien und Deutschland.

Humiliatenorden oder Orden der Demut, entstand im 12. Jahrhundert und soll durch Adelige, die meist aus der Lombardei gebürtig und als Gefangene nach Deutschland gebracht worden waren, nach ihrer Rückkehr dadurch gegründet worden sein, dass sie sich als Büssende, Gedemütigte, *humiliati* zu einer Klostergesellschaft verbunden hätten. Die Regel war diejenige des heiligen Benedikt; Pius V. löste den Orden 1571 auf.

Hundertschaft, ahd. *huntari*, *hunteri*, lat. *centena*, ist eine Unterabteilung des Gaues im früheren Mittelalter. Es ist ursprünglich kein gemein-germanisches Institut und begegnet vor und während der Völkerwanderung nur bei Ost- und Westgoten und Vandalen, wo je hundert Krieger, von Zehntschaften gebildet, zu je zwei Fünfhundertschaften und einer Tausendschaft aufsteigend, darunter verstanden sind. Von den westgermanischen Völkern kennen bloss die Franken, aber erst in späterer Zeit, diese Einteilung, die von ihnen zu einigen der von ihnen unterworfenen Stämme gebracht wurde. Hier ist es nicht mehr ein militärischer, sondern ein räumlicher Verband; man vermutet, dass die Centenen oder Centen ursprünglich mit den Urmarken zusammengefallen seien; in der fränkischen Verfassung war die Hundertschaft der regelmässige Gerichtsbezirk, die Gerichtsversammlung derselben ahd. das *mahal*, mittellat. *mallus*. Der vorsitzende Richter hiess fränkisch *thungin*, die sieben Männer, welche das Urteil vorschlugen, *rachineburgii; sacebarones* hiessen die Beamten des Königs im Hunder; ihnen stand der Einzug der von den Gerichten gefällten Friedensgelder zu. Seitdem der alte *thungin* Unterbeamter des Grafen für den einzelnen Hunder geworden war, hiess er *hunno=hundo*, *schultheiss*, *centenarius*, *vicarius* oder *tribunus*. Er wurde vom Grafen, ausnahmsweise vom Könige selbst gewählt. Als Diener des Grafen war er mit der Vollstreckung des peinlichen Strafurteils, mit Überwachung der Gefängnisse und mit der Exekution des Civilurteils betraut; sodann hatte er die Steuern und Gefälle für den König zu erheben und das Aufgebot zum Heerbann zu verkündigen. Seitdem die Gerichte in die *echten* und die *unechten Dinge* (siehe den Art. Gerichtswesen) zerfielen, wurde der Hunn oder Schultheiss Leiter und Vorstand des letzteren; im echten Dinge hatte er neben dem Grafen seinen Sitz. Schon in der karolingischen Zeit geriet die Gerichtsbarkeit mancher Hundertschaften in grundherrliche Gewalt, wodurch auch die Wahl des Gerichtsvorstehers Befugnis und Recht des Grundherrn wurde; seit dem 11. und 12. Jahrhundert hörte infolge der Zerbröckelung der Grafschaften die Einrichtung der Hundertschaften ganz auf; das Amt des Schultheissen wurde in den geistlichen Herrschaften mit dem der Vögte vermischt, in den Städten wurde der Schultheiss zum Vorsteher des nach ihm benannten Schultheissengerichts. Vgl. namentlich *Sohm*, Fränkische Reichs- und Gerichtsverfassung, §. 8 und 9.

Hünengrab, Hünenbett. Seit dem 13. Jahrhundert war das mhd. *Hiune* von dem Begriff des Hunnen auch auf den eines Riesen übertragen worden und hielt sich in dieser Bedeutung bis ins 16. Jahrhundert, ober- und schriftdeutsch als *Heune*, mittel- und niederdeutsch *Hûne*. Während nun um diese Zeit die oberdeutschen Gegenden das Wort aussterben lassen, bewahren dagegen die niederdeutschen Gegenden mit der Form *Hüne* einen reichen, um diesen Begriff angeschlossenen Sagenschatz, und norddeutsche Gelehrte haben das Wort später für archäologische Funde verwendet. Hünengräber oder Hünenbetten heissen nun die aus heidnischer Vorzeit stammenden Grabmäler, die sich teils einzeln auf Anhöhen oder in Wäldern, teils in Reihen geordnet vorfinden. Hünenbett im engeren Sinne heisst ein solches Grab, das ein aus grossen Felsstücken erbautes längliches Viereck als Kern birgt, mit mächtigen platten Felsstücken bedeckt, über welchen meist ein Grabhügel aufgeschüttet ist. Manchmal führt ein Steingang zur Grabkammer; ausserdem umgiebt das Grab oft ein Steinkreis. Das Innere birgt Skelette, Gefässe, Waffen.

Husar, Benennung einer nach ungarischer Art bekleideten, berittenen und bewaffneten Gattung leichter Reiterei, entstanden aus dem berittenen Aufgebote der ungarischen Edelleute im Jahre 1428, abgeleitet von *husz* = zwanzig, weil von zwanzig Ausgehobenen einer ein Reiter werden musste.

Hut als Rechtssymbol ist Symbol der Übertragung von Gut und Lehen; der Übertragende oder an seiner Statt der Richter pflegte den Hut zu halten, der Erwerbende hinein zu greifen oder einen Halm darein zu werfen. Der Hut war, gleich der Fahne, Feldzeichen; wer ihn aufsteckte, forderte das Volk zur Heer- und Gerichtsfolge auf und hatte die Gewalt dazu. Gesslers aufgesteckter Hut ist Symbol der Obergewalt zu Gericht und Feld. Der Hut war auch ein Zeichen der Freiheit und des Adels; bei den Goten trugen die Edeln als Priester Hüte. *Hut* als Kopfbedeckung siehe den letzteren Artikel.

Hymnen. Schon das apostolische Zeitalter besass neben den Psalmen höchst wahrscheinlich eigene christliche Gesänge, die aber bloss rhythmisch oder bloss in feierlicher Prosa abgefasst und meistenteils biblischen Inhalts waren, wie der Gesang *Gloria in excelsis Deo.* Erst vom vierten Jahrhundert an erhielten sowohl die morgenländische Kirche in griechischer und die abendländische Kirche in lateinischer Sprache eigentliche Hymnen in metrisch-strophischer Konstruktion, welche in engster Beziehung zur Musik dieser Periode standen. Zwar hat die kirchliche Tradition schon früh für die ältesten derselben bestimmte Verfasser genannt; doch ist ein sicherer Beweis der Autorschaft meist nicht beizubringen. Nach der gewöhnlichen Annahme war *Hilarius,* Bischof zu Poitiers, gestorben 368, der erste, der die Reihe dieser lateinischen Hymnologen eröffnete; ihm wird vor allem der Hymnus *Lucis largitor splendide* zugeschrieben; als den gefeiertsten Hymnendichter nennt jedoch die Tradition den heiligen *Ambrosius,* 374 bis 397 Bischof von Mailand, von dem der Name *ambrosianische Hymnen* sogar als Gattungsname dieser Art geistlicher Poesie verwendet wurde. Diesem Kirchenlehrer wurde auch der sogenannte *ambrosianische Lobgesang Te Deum laudamus* zugeschrieben, ihm allein oder ihm und dem heiligen Augustin gemeinsam; sowohl seine freie rhythmische Form als sein Inhalt deuten aber auf höheres Alter; im kirchlichen Gebrauche des Abendlandes stand der Lobgesang schon im Beginn des 6. Jahrhunderts, anfangs wahrscheinlich als Morgengesang bestimmt; im 8. und 9. Jahrhundert findet man ihn in Deutschland schon bei Krönungsfeierlichkeiten und Kirchenversammlungen gesungen; man vermutet als Quelle ein altgriechisches Muster. Neben Ambrosius werden als Dichter des 4. bis 6. Jahrhunderts besonders noch *Augustin*, *Prudentius* und *Fortunatus* genannt; in das 7. Jahrhundert fällt *Gregor der Grosse*, dessen Bemühungen um die Kirchenmusik jedoch weit bedeutender als seine dichterischen Arbeiten gewertet werden. Eine neue Periode des Hymnus schliesst sich an die durch die Karolinger neu beginnende Pflege der Wissenschaften; dahin gehört als Vorläufer *Beda* der Ehrwürdige, dann *Paulus Diakonus* und *Alkuin*, *Rabanus Maurus*, die St. Galler *Notker der Stammler*, *Tutilo* und *Ratpert*, *Walafrid Strabo* aus der Reichenau, der Bischof *Theodulf* von Orleans; doch steht auch hier die Autorschaft selten fest; wird doch sogar *Karl dem Grossen* der Hymnus *Veni creator spiritus* zugeschrieben, als dessen Verfasser auch *Rabanus Maurus* genannt wird. Das Interesse dieser Zeit an hymnologischen Dichtungen erhellt auch aus der althochdeutschen, dem 9. Jahrhundert angehörigen Übersetzung ambrosianischer Hymnen. Die Hymnologie nimmt dann Anteil an der besonders durch die Cisterzienser und Cluniazenser bewerkstelligten Reform des kirchlichen und religiösen Lebens im Sinne einer subjektiveren, weltfeindlichen, in sich abgeschlossenen, religiösen Weltanschauung, aus welcher später die Scholastik herauswächst; die hierher gehörigen Namen sind *Odo von Clügny*, *Petrus Damiani*, *Fulbert von Chartres*, *Bernhard von Clairveaux*, *Adam von St. Viktor*, *Thomas von Aquino*, *Bonaventura*, *Thomas von Celano;* von dem Franziskaner *Jacobus de Benediktus* soll das *Stabat mater* herrühren. Vom 14. Jahrhundert an sind nur noch wenige bedeutende Hymnen gedichtet worden. Die besten Sammlungen der Hymnen sind von *Mone, Daniel* und *Ph. Wackernagel;* von *G. A. Königsfeld* hat man zwei kleinere Sammlungen lateinischer Hymnen mit beigesetzter deutscher Übersetzung, Bonn 1847 und 1865. Vgl. *Ebert*, Geschichte der christlich-lateinischen Litteratur des Mittelalters.

I (J).

Jagd. Ursprünglich scheint die Jagd bei den Deutschen überall frei gewesen zu sein; es bestand freies Jagdrecht oder die *freie Pirsch.* Nach der Völkerwanderung wurde die Jagd und die meist gleichgestellte und zusammen genannte Fischerei ein Zubehör des Grund und Bodens; ein Ausfluss des Eigentums, das der einzelne hatte. Seit Karl dem Grossen wurden viele königliche Bannforsten, *silvae defensatae*, errichtet, Waldungen und Waldbezirke, in welchen die Jagd dem Könige und seinen Stellvertretern vorbehalten und anderen gegenüber bei Strafe des Königsbannes verboten war; doch bestanden daneben die Jagden der freien Grundeigentümer ungestört fort, und die Jagdverbote dieser Zeit bezogen sich bloss auf die Geistlichen, auf den Sonntag und auf die Grafen an Gerichtstagen. Daneben bewirkte freilich die zunehmende Verminderung der Zahl der Freien auch eine Verminderung der Jagdbesitzer und eine Konzentrierung der Jagdbefugnisse in die Hände der angesehensten und mächtigsten Grundeigentümer. Anfangs hatten bloss die Könige ihre Waldungen und Jagden geschlossen, und nur einzelne Königsforsten ihren Beamten und anderen Grossen bald schenkweise überlassen, bald denselben ausnahmsweise gestattet, eigene oder von anderen auf sie übertragene Waldungen zu Bannforsten zu erklären. Mit der Zeit kamen so die meisten Jagdgebiete in die Hand geistlicher und weltlicher Dynastien, und im 13. Jahrhundert sind diese nicht bloss im Besitze sämtlicher ehemaligen Bannforsten, sondern im Besitze des Königsbannes selbst. Aber erst seit der Ausbildung der eigentlichen Landeshoheit im 15. Jahrhundert erweiterte sich die Befugnis dieser Territorialherren zum *Jagdregal;* die Jagdbefugnis erschien nunmehr bloss ein Ausfluss der obrigkeitlichen Polizeigewalt, welche dem gemeinen Mann, namentlich den Bauern, die Jagd schlechthin untersagte. Seitdem gehörte die Jagd wie die Fischerei und der Vogelfang nicht allein in den Waldbannen, sondern auch in den übrigen Waldungen, und grossenteils auch die Feldjagden dem Grundherrn. Ohne seine Erlaubnis durfte bei hoher Strafe niemand jagen. Nur auf Raubtiere war zu allen Zeiten die Jagd frei, und es wurden zu diesen seit alten Zeiten ausser den Bären, Wölfen und Füchsen häufig auch die wilden Schweine gerechnet. Übrigens gab es auch Gegenden, wo sich seit uralter Zeit Spuren der freien Pirsch erhielten manchmal so, dass sich der Hofherr die hohe Jagd vorbehielt, während die Eigenleute die niedere Jagd besassen; besonders in den reichsunmittelbaren Herrschaften, in der Landvogtei Schwaben, im Schwarzwald und am Neckar war diese Jagd frei geblieben.

Was die materiellen Jagdzustände belangt, so war die älteste Jagdart die der Einzeljagd: Rotwild suchte man mit zahmen abgerichteten Locktieren in eingezäunte Räume zu locken oder dasselbe durch Kirrungen hineinzuziehen; oder man fing es in Gruben, Schlingen oder Netzen, welche man über den Wechsel spannte. Sauen wurden auf gleiche Art erlegt oder mit Hunden gehetzt und mit dem Jagdspiess abgefangen, eine Jagd, welche auch häufig auf Bären angewandt wurde. Elenwild, welches sich vorzüglich in den Bruchgegenden aufhielt, wurde im Winter auf dem Eise gehetzt, wo man es leicht erlegen konnte. Hasen wurden wenig geachtet und den Unfreien zur Jagd überlassen; auch war dieses Wild den Christen anfangs als Speise verboten, da es früher als Opfermahlzeit genossen worden war. Zur Jagd der geringen Tiere, Biber, Otter, Marder, wurden verschiedenartige Hunde abgerichtet, die sehr hohen Wert hatten. Geflügel fing man grösstenteils in Netzen und Schlingen, doch war die Vogelbeize ebenfalls früh bekannt. Karl d. Grosse wendete der Jagd grosse Aufmerksamkeit zu, so dass die Jagd von jetzt an mehr kunstgemäss betrieben wurde; es wurden Jagdgehege angelegt, vorzüglich in den Sümpfen und Niederungen und mit Bohlen eingezäunt; eine Schonzeit wurde festgesetzt und die Jagd auf die Monate Juli, August und September, in den Wintermonaten auf Bären, Sauen und Wölfe beschränkt; besondere Jagdwagen waren vorhanden, eine zahlreiche Meute, Fangapparate; zu seinem Hofstaate gehörten Pirschmeister, Aufseher über die Wind- und andere Jagdhunde, Biber-, Fuchs- und Dachsjäger. Seitdem teilte sich die Jagd in die französische oder eigentliche Parforcejagd und in die deutsche Jagd, welche vorzüglich auf Abrichtung des Leithundes und das Stellen mit Netzen und Tüchern gerichtet war, was die Franzosen und Engländer als eine nicht ritterliche Jagd verachteten. Genauere Nachrichten hat man erst aus den Schriftstellern und Dichtern der höfischen Zeit erhalten. Noch immer ist in der höfischen Gesellschaft die Jagd nicht bloss eine Kurzweil, sondern ein notwendiger Krieg gegen reissende Tiere, wie Wölfe, Bären, Luchse, und eine notwendige Anstalt, Fleisch in die Küche zu liefern; denn im Mittelalter war das Fleisch der Haustiere noch wenig beliebt. Als Jagdhunde werden genannt der *Bracke* als Leithund, und der *Wint* als Hetzhund. Das gesamte zur Jagd erforderliche Personal, sowie die Meute steht unter dem Jägermeister. Der Anzug der Jäger ist grün; um den kurzen Rock wird ein tüchtiger, fester Ledergürtel geschnallt, in dem Messer, Stahl, Schwamm und Feuerstein steckt. Die Hosen sind aus festen Stoffen gefertigt und durch Gamaschen geschützt. Ausserdem trägt der Jäger das Jagdhorn; ein grüner, mit Grauwerk gefütterter Mantel vollendet den Anzug. Die gewöhnlichen Jagdwaffen sind Spiesse, Wurfspeer, mhd. *gabelôt*, Armbrust und Bogen; doch wurde das grosse Wild bis ins 16. Jahrhundert in erster Linie nicht geschossen, sondern von den Hunden niedergelegt. Die gewöhnlichen Jagdtiere sind Bären, Wölfe, Luchse, Auerochsen, Wisente, Riesenhirsche (*schelch*), Elentiere, Wildschweine, Hirsche, Rehe, Hasen und Füchse. Man unterscheidet die Pirschjagd, die Hetzjagd und die Falkenjagd; bei der Pirschjagd ging der Jäger entweder auf den Anstand und lockte den Rehbock, indem er, auf einem Blatte pfeifend, die Stimme der Ricke nachahmte und ihn dann *ze dem blate* erlegte, oder er zog mit ansehnlichem Tross von Hunden und Jägern aus. Das

Wild wurde von dem Leithunde aufgespürt, die gefundene Fährte mit einem frischen Reise gezeichnet und die Beute dem versteckten Schützen zugetrieben; sobald der Hirsch verwundet war, wurde er von der losgekoppelten Meute gehetzt, bis er zusammenbrach. Mit einer lauten Hornfanfare wurde die Erlegung gefeiert. Wer den Hirsch erlegte, hatte das Recht, von einer der anwesenden Damen einen Kuss zu verlangen. Es gehörte zur Kunst eines im Jagen bewährten Mannes, die *curîe* zu machen, d. h. das Tier jagdgerecht zu erlegen, wie in Gottfrieds Tristan anschaulich geschildert wird, S. 71, 28 — S. 83, 12. Das Jagdzeremoniell war, wie die zahlreichen französischen Ausdrücke zeigen, französischen Ursprungs. Siehe *Schultz*, Höfisches Leben, Abschn. V. *Von Wagner*, das Jagdwesen in Württemberg unter den Herzogen; ebenderselbe Über die Jagd des grossen Wildes im Mittelalter, Bartsch Germania 1884, S. 110 bis 133. — *Roth*, Geschichte des Forst- und Jagdwesens.

Mehrfach wurde die Jagd zu *allegorischen* Darstellungen benutzt, so durch den bayrischen Dichter Hadamar von Laber, der in der „Jagd" das ritterliche Liebeleben unter der Allegorie einer Jagd dargestellt hat; andere Gedichte der Art heissen: „Der Minne Falkner" und „Jagd der Minne". Ähnliches ist der Fall bei Kaiser Maximilians *Teuerdank*, wo Hirsch-, Gemsen- und Bärenjagden eine grosse Rolle spielen.

Enger mit der Jagd selbst verknüpft sind die alten *Weidsprüche und Jägerschreie*, deren viele aus Handschriften des 16. und 17. Jahrh. erhalten sind, die aber offenbar auf ein weiteres Alter hinaufreichen.

Es sind Rätselfragen, welche die Weidleute vor und nach der Jagd zu gegenseitiger Erheiterung und Prüfung einander aufzugeben pflegten und worin ein reicher Schatz von Kenntnissen, Künsten, Sitten, Wörtern, die auf die Jagd Bezug haben, aufgespeichert ist. Sie fangen meist an mit: Lieber Weidmann, sag mir an? oder: Sag' an, mein lieber Weidmann, u. dgl. Folgendes mag als Beispiel dienen:

Ho ho, mein lieber Weidmann,
hastu nicht vernommen,
wo meine hochlautende Jagdhunde
sind hinkommen?
Ho ho ho, mein lieber Weidmann,
ich höre jetzt zu dieser Stund
weder Jäger noch hochlautenden
Jagdhund.
Ho ho, mein lieber Weidmann,
kannst du mir nicht sagen,
ob du meine hochlautende Jagdhunde hast sehn oder hören jagen?
Jo ho ho, mein lieber Weidmann,
weit (?) gut in jenem Thal,
sie haben den rechten Anfall;
Das sag ich dir frei,
es waren der Hunde drei;
der eine der war weiss, weiss, weiss,
Der jagte den edlen Hirsch mit
allem Fleiss;
der andre der war fahl, fahl, fahl,
der jagte den edeln Hirsch über
Berg und Thal;
der dritte der war rot, rot, rot,
der jagte den edlen Hirsch bis
auf den Tod.

Diese Weidsprüche sind gesammelt in Grimms Altdeutschen Wäldern, Bd. 3.

Jahresanfang. Es finden sich im Mittelalter sechs verschiedene Jahresanfänge:

1. Am *1. Januar*, der Jahresanfang des römisch-julianischen Kalenders. Schon früh im Mittelalter eiferte man gegen diesen Anfang und die mit ihm verbundenen Ausschweifungen, die Überreste der römischen Saturnalien, als gegen eine heidnische Institution. Da aber der Gebrauch, das Jahr mit den Kalenden des Januar zu beginnen,

im bürgerlichen Leben andauerte, legte man, um einen Vorwand für die kirchliche Feier dieser Jahresepoche zu haben, die *circumcisio Domini*, die Beschneidung Christi, darauf. Es ist nicht ausgemacht, ob nun das bürgerliche Leben das ganze Mittelalter hindurch an diesem Gebrauche festgehalten hat; auf kirchlichem Gebiete und in den öffentlichen Urkunden aber wurde der 1. Januar schon früh durch den 25. März und Weihnachten verdrängt, und erst in der ersten Hälfte des 16. Jahrhunderts gelang es ihm wieder zu allgemeiner Geltung zu kommen.

2. Der *1. März*, der vor-cäsarische Jahresanfang, wurde von den Christen schon im 5. Jahrhundert angenommen, vermutlich weil der jüdische Monat Nisan, in welchen das Passahfest fiel, der erste im Jahre war. In Frankreich hielt er sich bis ins 8. Jahrhundert; die Republik Venedig rechnete so bis zu ihrem Untergange.

3. Am 25. *März*, dem Tage der *annunciatio Mariae*, Mariä Verkündigung. Man liess mit der Verkündigung gleichsam das irdische Dasein Christi beginnen, eine Anschauung, welcher der schon früh erwachende Marienkultus grossen Vorschub leistete. In Italien besassen namentlich Florenz und Pisa, zum Teil auch die päpstliche Kanzlei, diesen Jahresanfang, womit das sogenannte *Marienjahr* begann; in Deutschland kommt er nur vereinzelt vor, in den Diöcesen Trier, Köln und Lausanne.

4. *Ostern*, und zwar entweder vom Karfreitag an gerechnet, oder vom Ostersonntage an, der jedoch nach der mittelalterlichen Tageseinteilung mit der Vesper des Karsonnabend, in welcher die Osterkerze geweiht wird, beginnt. Dieser Jahresanfang war in Frankreich seit dem 13. Jahrhundert beliebt und verbreitete sich von da nach Deutschland.

5. Am *1. September*. Aus Byzanz, wo dieser Jahresanfang lange Zeit herrschend war, wanderte er nach Italien.

6. Am 25. *Dezember*, mit welchem Datum, der Wintersonnenwendnacht, auch die alten Germanen ihr Jahr begannen. In Frankreich war dieser Jahresanfang unter den Karolingern der herrschende; der eigentliche Sitz dieses Jahresanfangs ist Deutschland, wo er herrschend blieb, bis im 15. Jahrhundert der 1. Januar sich mehr und mehr Geltung verschaffte. *Grotefend*, Handb. d. Chronol. §. 12.

Jahresbezeichnung nach *Epochen* und *Ären* im Mittelalter. Die ursprüngliche römische Jahresbezeichnung nach den beiden *Konsuln* ragt noch in die erste Zeit des deutschen Mittelalters hinein. Denn als das Konsulat im Jahre 541 mit dem Konsul Flavius Basilius *junior* aufhörte, bezeichnete man, von den Jahren seines Konsulats weiter zählend, eine Reihe von Jahren mit *post consulatum Basilii*. Von den oströmischen Kaisern, die sich seit 567 ebenfalls das Konsulat beigelegt hatten, ging der Gebrauch auf die deutschen Könige über, besonders auf die Karolinger; doch ist das hier bloss überflüssiger Schmuck, da die Konsulatsjahre stets mit den Kaiserjahren übereinstimmen.

Von den frühesten Chronisten des Mittelalters wurde auch *nach Jahren der Stadt*, *ab Urbe condita*, datiert, was spätere Schriftsteller von klassischer Bildung nachahmten.

Vorzüglich beliebt war im Mittelalter, namentlich in Urkunden, die Datierung nach den *Regierungsjahren* der Kaiser, Könige, Päpste, Erzbischöfe, Bischöfe etc. Die Regierungsjahre werden ursprünglich vom Tage der Krönung, später auch vom Tage der Wahl an gerechnet.

Sonst rechnet das Mittelalter *nach der christlichen Zeitrechnung, ab incarnatione Domini.* Der Urheber dieser Zeitrechnung war der Abt *Dionysius exiguus*, gestorben zu Rom um 556, der sie in seiner mit dem Jahre 532 beginnenden Ostertafel zuerst zur Anwendung brachte. *Bedas* Ostertafeln, die Fortsetzung der dionysischen, erhöhten die Verbreitung der neuen Rechnung im Abendlande sehr, so dass sie im 8. Jahrhundert in kirchlichen Urkunden Frankreichs schon zahlreich vertreten war, während die Karolinger sich ihrer erst seit 840 in Urkunden bedienten. In päpstlichen Urkunden kommt die christliche Zeitrechnung erst unter Johannes XIII., 965 bis 972, vor. Die bei den Datierungen angewandten Formeln heissen: *anno ab incarnatione Domini, anno ab nativitate Domini, anno Christi gratie, anno salutis, anno verbi incarnati, anno orbis redempti*, oder in deutschen Urkunden: *nach Christi Geburt, nach der Geburt Christi unseres Heilandes und Seligmachers, nach Gottes Geburt. Grotefend*, Handb. d. Chronologie, § 10.

Jahreseinteilung und **Jahreszeiten.** Neben der Einteilung des Jahres in 12 Monate (siehe den Artikel Monatsnamen) läuft eine andere, wohl ursprünglichere Jahreseinteilung in 2, 3 oder 4 grössere Komplexe. Die Zweiteilung teilt das Jahr in Sommer und Winter, wobei als Fixpunkte Winteranfang (Michaelis = 29. September, dann auch auf Martini = 11. November verschoben) und Sommeranfang (Ostern, wegen der Beweglichkeit dieses Festes gern auf Georg = 23./24. April, Walpurgis = 1. Mai, dann auch auf den halben Mai verschoben. Auch finden sich die Termine Mitwinter (Weihnachten = 25. Dezember) und Mitsommer (Johannis = 24. Juni) als Repräsentanten dieser Zweiteilung. Winter und Sommer oder Umschreibungen dafür wie *im rise und im lobe, bi strô und bi grase* finden sich oft in deutschen Rechtsquellen einander gegenübergestellt und spielen im Sprichwort, in Redensarten, im Volkslied und in dem weitverbreiteten Spiele von Sommer und Winter eine grosse Rolle.

Schon Tacitus erwähnt, Germ. 26, eine Dreiteilung des Jahres in Winter, Lenz und Sommer. Die Termine sind verschieden, doch herrschten Mitwinter oder Winteranfang, Ostern und Mitsommer vor.

Die Vierteilung des Jahres ist eine zweifache, je nachdem man den Eintritt der die Jahreszeiten charakterisierenden Witterung oder die diese Witterung begründende Himmelserscheinung, *aequinoctium* oder *solstitium*, als Beginn der Jahreszeit betrachtete. Der ersten Auffassung entsprechen die Termine Lichtmess (2. Febr.) oder Kathedra (Stuhlfeier) Petri (22. Febr.), die Lateiner (Mamertus, Pankratius und Servatius am 11., 12., 13. Mai) oder Urban am 25. Mai; Mariä Himmelfahrt, 15. Aug. oder Bartholomäus, 25. August; Martini, 11. Nov., Elisabeth, 19. Nov., oder Clemens, 22. Nov. Die letztere Auffassung machte die Termine Ostern, Johannis, Michaelis und Weihnachten zu Vertretern der astronomischen Jahrpunkte, indem der Gebrauch des bürgerlichen Lebens Frühlings- und Herbstanfang von den astronomischen Fixpunkten, 25. März und 24. September, auf die naheliegenden grösseren Feste verschob.

Eine andere Jahreseinteilung gaben die vierteljährigen gebotenen *Fasttage*, die *angaria* oder *quatuortempora, Quatember*, die wegen ihrer strengen Fastenordnung tief in das bürgerliche Leben eingriffen. Die Termine für das Eintreten dieser Fasten sind die Mittwoche vor Reminiscere und vor Trinitatis, nach Kreuzerhöhung (14. September) und nach Lucia (13. Dezember). Ihre Dauer ist einschliesslich des Freitags, der ja stets ein Fasttag ist, von Mittwoch bis zum Sonnabend inklusiv. Ihre Bezeichnung ist *quatuor tempora*, *quatertember*, *quatember*, *quartal*, *vierzeiten*, *angaria*, *fronfasten*, *goldfasten*, *weichfasten*. *Grotefend*, Handb. der Chronologie, § 13. Über bildliche Darstellungen der Jahreszeiten vgl. *Piper*, Mythol. u. Symbolik, II. 313—346.

Jahrzeitbuch, *anniversarium*, heisst das Verzeichnis der Seelenmessen, welche in einer Kirche jährlich an bestimmten Tagen vermöge vorhandener Stiftungen gelesen werden müssen. Sowohl die Seelenmessen selbst als die dafür gemachten Stiftungen an Getreide, Wein, Geld heissen Jahrzeiten. Bei jedem Monatstage ist in den Jahrzeitbüchern der Name desjenigen eingeschrieben, der entweder selbst noch bei Lebzeiten, oder dessen Freunde und Verwandte nachher durch eine Schenkung an die Kirche die Haltung einer jährlichen Seelenmesse erkauft haben; dieselbe fällt immer auf den Todestag dessen, für den sie gestiftet worden ist. In den älteren Jahrzeitbüchern fehlt leider meist die Jahrzahl der Stiftung oder dieselbe ist erst später beigefügt worden.

Jakobsbrüder hiessen die Wallfahrer nach St. Jacob di Compestella, dem Hauptziel der Wallfahrer, seitdem der Zugang zum heiligen Grab immer mehr erschwert worden war. Unter den erhaltenen und weit verbreiteten Wallfahrtsliedern der Jakobsbrüder beginnt das bekannteste:

Wer das elent bauwen wel,
der heb sich auf und sei mein gesel
wol auf sant jacobs strassen!
zwai par schuoch der darf er wol,
ein schlüssel bei der flaschen.
Ein braiten huot den sol er han
und ân mantel sol er nit gan,
mit leder wolbesetzet,
es schnei oder regn oder wähe der wint,
dass in die luft nicht netzet.
Sack und stab ist auch darbei,
er luog, dass er gebeichtet sei,
gebeichtet und gebüesset!
kumpt er in die welschen lant,
er findet kein teutschen priester.
So ziehen wir durch Schweizerlant ein,
sie heissen uns got welkum sein
und geben uns ire speise,
sie legen uns wol und decken uns warm,
die strassen tuont sie uns weisen.

Das Lied weist dann den Weg weiter durch die welschen lant, durch der armen Fecken (Armagnaken) lant, durch Soffeien, Langedecken, Hispanierlant, den Berg Runzevalle (Pyrenäen), erzählt dann von dem abscheulichen Spitalmeister zu Burgos, der 350 deutsche Pilger vergiftete und dafür zu Burgos ans Kreuz geheftet wurde; die letzte Strophe lautet:

Bei sant Jacob vergibt man pein und schult,
der liebe got sei uns allen holt
in seinem höchsten trone!
der sant Jacob dienen tuot,
der lieb got sol im lonen!

Es war für die Pilger im 11. Jahrhundert ein bequemer Weg nach St. Jago angelegt worden, und auf beiden Seiten der Pyrenäen und tief nach Frankreich und nach Deutschland hinein waren Hospitien für die Pilger errichtet; auch bildete sich in Spanien ein eigener Ritterorden zum Schutze der Jakobspilger.

Jambisches Versmass, bestehend aus regelmässig abwechselnden Senkungen und Hebungen, erscheint zuerst bei den höfischen Lyrikern des 12. und 13. Jahrhunderts, doch so, dass dieses wie das entsprechende trochäische Versmass noch in die Willkür des einzelnen Dichters gestellt war. Erst Opitz hat das Versmass und den Namen des Jambus als allgemeingültig in die deutsche Dichtung eingeführt, nachdem in den vorausgehenden Jahrhunderten eine auf Verszählung beruhende Technik die Bedeutung des bestimmten Rhythmus fast ganz unterdrückt hatte. Andere Namen des jambischen und trochäischen Versmasses, welche das 17. Jahrhundert aufbrachte, sind kurzlange und langkurze Verse oder Nachtritt- und Vortrittzeilen. Den Unterschied der beiden zweisilbigen Versmasse erkannte Opitz im Vorhandensein oder im Fehlen einer Auftaktsilbe, eine Ansicht, die noch Goethe und Schiller mit Opitz geteilt haben. Der *jambische Fünffüssler,* welchen die Engländer den Italienern entlehnten, findet sich in deutscher Dichtung zuerst in der ältesten Übersetzung von Miltons verlorenem Paradies, welche von Theodor Haarke in Königsberg und dessen Fortsetzer E. G. vom Berge stammt und 1682 zu Zerbst erschien. Später bemühten sich namentlich Bodmer in Übersetzungen Thomsonscher Erzählungen, Johann Elias Schlegel, Cronegk, Wieland in seiner Shakespeareübersetzung und Herder um die Aufnahme dieses Verses in das deutsche Theater, bis zuletzt Lessing im Nathan denselben endgültig einbürgerte.

Idhunn ist in der nordischen Mythologie die Personifikation des Himmelswassers oder des Wassers überhaupt in seiner *heilkräftigen* Bedeutung; sie ist die Gemahlin Bragis und wohnt in *Brunnakr*, Brunnenfeld. Sie verwahrt Goldäpfel, deren Genuss den Göttern ewige Jugend und Unsterblichkeit verleiht.

Jesuitenorden. Der Stifter des Ordens, *Don Innigo Lopez de Recalde,* war als der jüngste Sohn des Ritters Beltran von Loyola aus altadelig-spanischem Geschlechte 1491 in der Provinz Guipuzcoa auf dem väterlichen Schlosse geboren. Seine Jugend verbrachte er am Hofe Ferdinands des Katholischen; ritterlicher Sinn und Thatendrang, eine devote Ehrfurcht vor den Heiligen waren frühe hervorstehende Züge seines Charakters. Bei einer Verteidigung Pamplonas gegen die Franzosen zerschmetterte ihm eine Kugel den einen Fuss, wovon er sein Leben lang hinkend blieb. Auf dem schweren Krankenlager las er in Ermangelung von Ritterromanen, seiner Lieblingslektüre, das Leben Jesu und der Heiligen, des Dominikus und Franziskus, wodurch sein Gemüt lebhaft aufgeregt wurde. Wiederhergestellt, ging er nach dem Kloster Montserrat, legte ein Bettelgewand an, hing seine Rüstung vor dem Marienbilde auf und hielt mit dem Pilgerstabe in der Hand vor seiner neuen Herrin nach alter Rittersitte Waffenwacht. Bald nachher liegt er in Manresa, in einer einsamen Höhle oder im Dominikanerkloster, strengen Büssungen, Geisselungen und Fasten ob. Hier werden ihm wunderbare Verzückungen und Visionen zu teil, der Dreieinigkeit, des Gottmenschen, der Maria, des Teufels. Da er in Jerusalem und in der Bekehrung der Ungläubigen die Stätte und den Wirkungskreis seiner Zukunft sah, begab er sich nach Palästina, wo der Franziskanerprovinzial ihm zwar einen längeren Aufenthalt nicht gestattete. Heimgekehrt, erkannte er, dass zur geistlichen Wirksamkeit eine gelehrte Bildung unerlässlich sei, und er studierte nun in Barcelona, Alcala und Salamanca Grammatik und und Philosophie, lebte von Almosen und widmete sich der Krankenpflege, machte sich aber zugleich der Inquisition verdächtig und sah sich genötigt, da er dem Befehle, seine Unterredungen über geistliche Dinge vier Jahre lang einzustellen, nicht nachkommen zu können meinte, nach Paris überzusiedeln. Hier, wie vorher auf den spanischen Schulen, gelang es ihm, junge Leute, die sich seiner Führung anvertrauten, in seine Exercitien einzuweihen und so allmählich einen Kreis von Genossen um sich zu sammeln; die ersten waren seine Stubenburschen in Paris, der Savoyarde Peter Faber (Levevre), der Spanier Franz Xavier; dann Alfons Salmeron, Jakob Lainez, Nikolaus Bobadilla, sämtlich Spanier, und der Portugiese Simon Rodriguez. Am 15. August 1534 legten sie in der Kirche von Montmartre das Gelübde der Keuschheit und Armut ab und gelobten, nach Vollendung ihrer Studien entweder in Jerusalem der Krankenpflege und der äusseren Mission sich zu widmen, oder, falls dieser Plan auf Hindernisse stosse, sich jeder Mission des Papstes zu unterziehen.

Nachdem Ignatius in Spanien die Angelegenheiten seiner Freunde geordnet, trafen sämtliche Genossen, durch drei neue verstärkt, 1537 in Venedig zusammen, um von hier aus nach Jerusalem zu reisen. Ein Krieg zwischen Venedig und den Türken verhinderte die Abreise und gab den Jüngern Veranlassung, in den Hospitälern Beschäftigung zu suchen. Hier lernte Ignatius von Caraffa, dem geistlichen Leiter dieser Anstalten, den von diesem kurz vorher gestifteten Theatinerorden kennen, ein Institut, welches die klerikalen mit den klösterlichen Pflichten innig vereinte und das auf Regeneration des kirchlichen Lebens und auf Heranbildung eines tüchtigen Priesterstandes angelegt war. Nachdem sämtliche Genossen in Venedig die Priesterweihe empfangen hatten, wirkten sie als Volksprediger in den Städten Venetiens, straften die Laster, empfahlen die Tugend und predigten Weltverachtung. So traten sie auf verschiedenen Wegen die Wanderung nach Rom an. Infolge einer visionären Erscheinung Christi, die dem Ignatius in einer alten verlassenen Kirche vor Rom begegnet sein sollte, nannte er später die Gesellschaft *societas Jesu.* Durch ihren seltenen Eifer in der Ausübung priesterlicher Pflichten erwarben sich die Genossen in Rom bald die Gunst des Papstes und weltlicher Grossen; der König Johann III. von Portugal liess Franz Xavier und Simon Rodriguez in sein Land kommen, um sie dort für die indische Mission zu verwenden; doch blieb nur der letztere im Lande, Xavier eilte unter die Heiden. Am 27. Sept. 1540 bestätigte Paul III. durch die Bulle *Regimini militantis* die Gesellschaft Jesu, *anfangs mit der Beschränkung auf 60 Mitglieder.* Die Wahl des Generals fiel einstimmig auf Ignatius. Als dieser am 31. Juli 1556 starb, zählte der Orden schon 13 Provinzen, von denen sieben auf die pyrenäische Halbinsel und ihre Kolonien kamen, drei auf Italien, eine auf Frankreich; die beiden deutschen Provinzen waren im Entstehen begriffen. Im Jahre 1623 wurden Ignatius und Xavier selig gesprochen.

Die innere Einrichtung des Jesuitenordens ist teils in den Exercitien des Ignatius, teils in der Gesetzgebung ausgesprochen. Die von Ignatius selber herrührenden *Exercitien* enthalten eine methodische Anweisung zur eigenen Meditation und bezweckten den Meditierenden durch Betrachtung und Gebete in eine solche Stimmung zu versetzen, dass er kraftvollen, unwiderruflichen Entschluss fasse und durch denselben seinem ganzen Leben eine entschiedene Richtung gebe. Das Ganze ist in vier Wochen geteilt und darin jedem Tage sein Pensum zugemessen. Die erste Woche ist dem Nachdenken über die Sünden gewidmet, die zweite über die Geburt und das Leben Christi, die dritte über sein Leiden und Sterben, die vierte über seine Verherrlichung. Diese Betrachtungen werden zu fünf verschiedenen Tageszeiten meist eine Stunde lang angestellt, wobei es darauf abgesehen ist, den Inhalt der biblischen und ausserbiblischen Bilder möglichst sinnlich mit Auge,

Ohr, Geschmack, Geruch, Gefühl in sich lebendig zu machen und sich innerlich dazu zu disponieren, dass ihm das künftige Leben und Wirken in der Gesellschaft als eine freie That unter der Einwirkung der Gnade erscheint, und sein Urteil völlig unter die Entscheidung der Kirche gefangen gegeben ist. Durch die Exercitien hat Ignatius die ascetische Richtung seines Ordens bestimmt.

Nach den Konstitutionen und Grundgesetzen besteht der Orden aus vier Klassen, den Novizen, den Scholastikern, den Koadjutoren und den Professen. Der Zulassung zum Noviziat geht eine genaue Prüfung der Verhältnisse und Intentionen der Aufnahmesuchenden, sowie die Exercitien voraus. Das Noviziat dauert zwei Jahre und die Tagesordnung schreibt für jede Stunde die Beschäftigung strenge vor: Kirchenbesuch, fromme Lektüre, Betrachtung, Gebet, Gewissensprüfung und Erholung. Das Noviziat wird im Novizenhause zugebracht. Nachher tritt der Novize als Scholastiker in ein Kollegium der Gesellschaft und hat hier zwei Jahre dem Studium der Rhetorik und Litteratur, drei Jahre demjenigen der Philosophie, Physik und Mathematik obzuliegen. Erst nachdem er hierauf fünf bis sechs Jahre lang von der Grammatik an durch alle Klassen die Fächer dieses Lehrgangs als Lehrer vorgetragen und praktisch eingeübt hat, tritt er das Studium der Theologie an, das wiederum vier bis sechs Jahre umfasst; der älteste Studiengang, *ratio studiorum*, stammt aus dem Jahre 1586. Erst nach einem weiteren Probejahre empfängt der Scholastiker die Priesterweihe und legt das Gelübde entweder als *Coadjutor spiritualis* oder als *Professe* ab. Ausser den drei Mönchsgelübden, welche der Scholastiker abzulegen hat, verspricht der *Coadjutor spiritualis* rücksichtlich des Gehorsams noch spezielle eifrige Hingebung an den Jugendunterricht und der *Professe* beschwört ausserdem in feierlicher Weise, sich jeder Mission des Papstes unbedingt zu unterziehen *(professi quatuor votorum)*. Die *societas professa*, der Zahl nach der kleinste Teil der Gesellschaft, sind die berechtigten Glieder der Generalkongregation. An der Spitze des Ganzen steht ein General, *Praepositus generalis*. Das Amt des Generals ist ein lebenslängliches. Alle Glieder sind ihm zum Gehorsam verpflichtet, er ernennt die Provinziale und die übrigen Beamten meist auf drei Jahre, er entscheidet über alle Aufnahmen und kann aus dem Orden entlassen und verstossen, *er hat das Recht von den Institutionen und Regeln zu dispensieren;* in seiner Hand liegt die ganze Verwaltung, Regierung und Jurisdiktion. Die Generalkongregation tritt zusammen 1. zur Wahl des Generals, 2. wenn es sich um die Absetzung desselben handelt, 3. wenn die Assistenten, Provinzialen und Lokaloberen durch Stimmenmehrheit die Notwendigkeit ihrer Berufung erkennen, 4. wenn die alle drei Jahre unter dem Vorsitze des Generals zu Rom tagende Abgeordnetenversammlung aus den Provinzen sich dafür ausspricht. Meist suchte man der Berufung der Generalkongregation auszuweichen. Nach *Steitz* in Herzogs Real-Encykl. Die vortrefflichste Darstellung gab *Ranke* in der Geschichte der Päpste.

In der Geschichte der deutschen Litteratur und Bildung ist der Jesuitenorden mehrfach wirksam gewesen. Er hat wesentlich Anteil an der seit dem Konzil zu Trient eröffneten rücksichtslosen polemischen Litteratur, an welchen beide Konfessionen teilnahmen, auf protestantischer Seite namentlich *Fischart* mit dem *Jesuiterhütlein* und mehreren anderen Schriften. Der Jesuitenorden hat durch seine streng formale Methode des höheren Unterrichts zur Ausbildung der Gymnasien überhaupt beigetragen, in seinen Erziehungsanstalten sind namentlich auch die Schulkomödien, anfangs lateinisch, später zugleich deutsch, gepflegt und der Geschmack daran in weiteren Kreisen verbreitet worden. An der neulateinischen Poesie haben sie u. A. durch *Jakob Balde* rühmlichen Anteil genommen und nicht minder rühmlich ist der Name *Friedrichs von Spee*, eines nicht unbegabten Dichters der ersten schlesischen Dichterschule, der sich zugleich um die Bekämpfung der Hexenprozesse grosses Verdienst erworben hat.

Immunität heisst das von den Merowingern und namentlich von den Karolingern den Stiftern und Klöstern erteilte Recht der Befreiung von öffentlichen Lasten, der Erhebung der königlichen Einkünfte für eigene Rechnung und der Aufnahme ihrer Hörigen in den besonderen königlichen Schutz mit den sich daran knüpfenden Wirkungen. Weitere Folge der Immunität war es, dass die Könige jenen Anstalten durch besondere Privilegien für ihre Besitzungen auch die Befreiung vom Zutritt der öffentlichen Beamten verliehen, von welcher Zeit an Gerichte und Strafgewalt von Beamten des Stiftes gehandhabt und zugleich die entsprechenden Bussen und Strafgelder bezogen wurden. Zur Handhabung des königlichen Schutzes wies der König gewöhnlich einen mächtigen Herrn an; später wurde durch Privilegien dem Bischofe oder Abte die Wahl des Schirmvogtes überlassen und diesem sodann für sein Amt gewisse jährliche Ehrengeschenke überwiesen. Der Defensor der Advokatur, der schon nach den alten Kirchengesetzen zum Schutze und zur Vertretung der Kirche nach aussen bestimmt war, wurde jetzt infolge der Immunität der eigentliche Gerichts- oder Dingvogt. Ähnlich den Centenarien sollte er unter der Mitwirkung des Grafen und des Volkes ausgewählt werden und zwar aus den in der Grafschaft Begüterten, nur nicht der Centenarius des Grafen oder der Graf selbst. Sie hatten zu ihrem Amte den Genuss bestimmter Höfe und nach Art der Grafen ein Dritteil der Strafgefälle. Den Blutbann musste der Vogt, da die Kirche nach den kanonischen Satzungen keine Blutgewalt haben durfte, vom Könige selbst empfangen. Ausser den Stiftern und Klöstern waren auch die Krongüter und Reichshöfe, die grossen Besitzungen der weltlichen Magnaten und mit der Zeit Städte, Flecken und Dörfer durch Immunitäts-Privilegien von der gemeinen Gerichtsbarkeit befreit und handhabten ihr Recht durch besondere Gerichte. Die Immunität gab den mit ihr ausgestatteten Besitzungen den Charakter besonderer, von dem übrigen Körper des Reichs abgesonderter Gebiete oder Herrschaften.

Impostoribus, de tribus, ist der Titel eines aus dem 16. Jahrh. stammenden Buches, das fälschlich Kaiser Friedrich II. zugeschrieben wird und in der Behauptung gipfelt, dass Jesus, Moses und Mohammed Betrüger gewesen seien; dass Friedrich II. diese Behauptung aufgestellt, kann nicht bewiesen werden, der Papst Gregor IX. hat es ihm aber 1239 vorgeworfen. Die Schrift bestreitet die Möglichkeit jeder göttlichen Offenbarung und setzt die heidnischen Göttermythen in Parallele zu den Forderungen des alttestamentlichen Gottes. Die ältesten vorhandenen Drucke gehören dem Jahr 1507 an. Der Verfasser ist unbekannt.

Index librorum prohibitorum, Verzeichnis der verbotenen Bücher. Das Verbot der Kirche, ketzerische oder der Ketzerei verdächtige Bücher zu lesen, stammt schon aus dem 5. Jahrhundert, und die Übertretung desselben wurde mit dem Banne bestraft; namentlich war es dabei auf unechte, untergeschobene Schriften abgesehen, die man aus dem öffentlichen kirchlichen Gebrauche bringen wollte. Die Synode zu Elvira 813 bedrohte diejenigen mit dem Anathem, welche *libellos famosos* in die Kirche bringen. Mit der Verbreitung der Inquisition ging die Überwachung der verbotenen Bücher in die Hände der Inquisitoren über. Die Erfindung der Buchdruckerkunst und der beginnende Reformationsgeistleisteten ketzerischen Ansichten und Büchern grossen Vorschub, und Papst Alexander VI. bestellte deswegen eine eigene Behörde, die sowohl die bereits gedruckten Werke als die Handschriften vor dem Drucke untersuchen und sofort entscheiden sollte, ob der Druck und Verkauf des Buches zu gestatten sei; Papst Leo X. erliess u. A. im Jahre 1525 die Verordnung, dass ohne Approbation des Bischofs oder des Legaten oder der Inquisition kein Buch gedruckt werden dürfe bei Strafe der Exkommunikation; das Buch selber sollte konfisziert und verbrannt werden. Das erste Verzeichnis, *index*, von verbotenen Büchern aber war dasjenige, das die Universität von Löwen auf Befehl Karls V. 1546 bekannt machen liess; im Jahre 1550 gab der päpstliche Legat in Venedig, Johann Della Casa ein ähnliches Verzeichnis heraus, und Papst Paul IV. liess endlich im Jahre 1557 während der Suspension des Tridentinischen Konzils durch eine besondere Kongregation den offiziellen *Index librorum prohibitorum* veröffentlichen; er zerlegte die Verfasser verbotener Schriften in drei Klassen: 1. solche, deren Schriften schlechthin verboten wurden, 2. solche, von denen nur einzelne Schriften dem Verbote unterlagen, und 3. die Verfasser anonymer, namentlich aller seit 1519 erschienener Schriften. Den Schluss bildete ein Verzeichnis von 62 Druckern ketzerischer Bücher. Als Strafen auf das Lesen der hier verbotenen Bücher wurde die *Excommunicatio latae sententiae*, Entsetzung von allen Ämtern, immerwährende Infamie festgesetzt. Unter den verbotenen Büchern sind die meisten solche, die das Ansehen der weltlichen Obrigkeit gegen die Eingriffe der Klerisei retten, die Rechte der Konzilien und Bischöfe gegen die Beeinträchtigung des römischen Stuhles behaupten und die Heuchelei, Tyrannei und Religionsbetrügerei der Pfaffen und Mönche an das Licht bringen. Wegen der in diesem Index vorherrschenden grossen Härte wurde das Verzeichnis jedoch nochmals in Verbindung mit der tridentinischen Kirchenversammlung umgearbeitet und endlich im Jahre 1564 von Pius IV. endgültig gebilligt. Es ist die Grundlage aller andern römischen Verzeichnisse dieser Art geworden. Vgl. *Reusch*, der Index der verbotenen Bücher, Bd I. Bonn 1883.

Indiktion, *indictio*, Indictie römischen Gebotes, Kaiserliche Zahl, Römerzinszahl, ist eine der häufigsten Jahresbezeichnungen des Mittelalters und schon früh in die Ostertafeln und in die Datierung der Urkunden aufgenommen worden. Sie ist diejenige Zahl, welche angiebt, die wievielte Stelle ein Jahr in einem Cyklus von 15 Jahren einnimmt. Die 15jährigen Cyklen laufen durch unsere gesamte Zeitrechnung. Über die Entstehung dieser Indiktionsrechnung sind die Ansichten geteilt: die einen knüpfen sie an eine, jedoch bloss vorausgesetzte Grundsteuerperiode des römischen Reiches; andere machen den ägyptischen Ursprung der Indiktionen wahrscheinlich. Man unterscheidet ihrem jährlichen Anfange nach drei Arten der Indiktionsrechnung:

1. *Indictio graeca* oder *constantinopolitana* beginnt mit dem 1. September; sie war im Morgenlande ausschliesslich im Abendlande vornehmlich in der päpstlichen Kanzlei in Gebrauch.

2. *Indictio Bedana,* mit dem 24. September beginnend, verdankt ihre Entstehung dem Ansehen des *Beda Venerabilis;* sie war in Frankreich unter den Karolingern nach Ludwig dem Frommen vorzugsweise gebräuchlich, in der kaiserlichen Kanzlei Deutschlands seit der Mitte des 9. Jahrh. und in der päpstlichen Kanzlei seit 1088.

3. *Indictio romana* oder *pontificalis,* beginnt am 25. Dezember oder 1. Januar; anfangs neben den beiden anderen Indiktionen gebräuchlich, ist sie im späteren Mittelalter die gebräuchlichste Art.

Das erste Jahr eines Indiktionscyklus fällt auf das Jahr 3 vor Christus. *Grotefend* Handbuch der Chronologie. §. 8.

Inkunabeln, Wiegendrucke, vom lat. *incunabula* = Wiege, nennt man die Erzeugnisse der Buchdruckerkunst in der ersten Zeit ihrer Erfindung; die Grenze der Inkunabeln setzt man meist ins Jahr 1500; doch sind auch andere Grenzen, wie 1520 und 1536 in Anwendung gekommen. Die Zahl der Drucke des 15. Jahrh. wird auf etwa 1500 berechnet; ihre Seltenheit wird, abgesehen vom Alter, durch die kleineren Auflagen der ersten Buchdrucker bedingt. Anfangs druckte man meist auf Pergament, später fast ausschliessend auf Papier. Beim Pergament unterscheidet man Kälberpergament, in Deutschland, Frankreich und den Niederlanden gewöhnlich, namentlich für Foliobände gebraucht: Pergament von totgeborenen Lämmern, von Lämmern, welche gelebt haben, und Schafpergament. Das Format war anfangs Folio; um das Jahr 1470 gab es aber schon Bände in Oktav und Duodez. Die Lettern sind in den ältesten Drucken die gotischen; später werden diese, zuerst in Italien, durch die runde antike Schrift ersetzt. Griechische Lettern finden sich zuerst in einzelnen Wörtern und zwar in Holz geschnitten; das erste mit gegossenen Lettern gedruckte griechische Buch ist *Lascaris Grammatica graeca, Mediol.* 1476. 4. Die grosse Schrift, die man bei Messbüchern uud Psaltern anwandte, heisst Missaltypen. Die *Initialen* wurden gewöhnlich nicht eingedruckt, sondern in anderen Farben, meist rot, eingeschrieben; da diese Arbeit der Rubrikatoren oft längere Zeit nach dem Drucke geschah, findet man häufig Inkunabeln ohne *Initialen.* Oft sind die letzteren in Gold und kostbar verziert. Auch im Kontexte finden sich viele mit roter und blauer Farbe eingetragene Anfangsbuchstaben, die gedruckten sind zuweilen mit roter und blauer Farbe bloss durchstrichen. *Signatur* heisst das Zeichen, welches die Buchdrucker unten auf die Vorderseite des Blattes setzen, um bei dem Einbinden Verwirrung zu vermeiden; in den alten Drucken brauchte man dazu gewöhnlich die Buchstaben des Alphabetes, unter Umständen so lange vervielfacht, als es nötig ist. *Kustoden* nennt man das unter der letzten Linie jeder Seite stehende Wort, welches auf die nächstfolgende Seite hinweist und auf dieser das erste Wort ist. Laufen die Zeilen ununterbrochen durch die Breite der Seite durch, so heisst das ein Druck mit auslaufenden Zeilen; sind die Seiten in der Mitte geteilt, so hat man *Kolumnendruck,* in Foliobänden der vorherrschende. In den frühesten Drucken findet man keine fortlaufende Zählung der Blätter, und als diese eingeführt wurde, zählte man stets bloss die Blätter. Die Blattzahlen sind anfangs mit römischen Zahlen ausgedrückt, erst später mit arabischen Ziffern. Titelblätter besitzen die ältesten Inkunabeln nicht, sondern am Ende eine Schlussschrift, *date*, *Colophon*, in welcher gewöhnlich der Name des Druckers, sowie Ort und Jahr des Druckes angegeben sind; oft fehlt aber eine dieser Bezeichnungen oder alle. Titelblätter mit genauer Angabe beginnen 1485. Das erste Buch, worin sich *Kupferstiche* finden, ist in Florenz 1477 erschienen: *Antonius da Siena*, *Monte Santo di Dio*; Holzschnitte kommen früher vor. *Külb* in Ersch und Gruber.

Innung, siehe Zunft.

Inquisition. Schon bei den Römern bezeichnete *inquisitio* diejenige Untersuchung und richterliche Wirksamkeit, welche mittels Zeugen und anderer Hülfsmittel über den Lebenswandel der Beklagten verhängt wurde, und wer dieses Geschäft leitete, hiess *inquisitor*. Im Mittelalter nannte man *inquisitores* u. a. gewisse Sendbotschaften, welche die Könige in ihre Provinzen schickten, um das Verfahren und Betragen der Beamten oder auch gewisse Vorfälle zu untersuchen und nötigenfalls zu bestrafen; in Frankreich wählte man hierzu nicht bloss weltliche Personen, sondern auch Geistliche. Mithin war der Ausdruck längst bekannt und üblich, als die Kirche ihn auf diejenigen Sendbotschaften der Päpste übertrug, die zum Richten und Bestrafen der Glaubensverbrecher bevollmächtigt wurden.

Sachlich ist die Inquisition eine unter Mitwirkung der Zeitverhältnisse herbeigeführte Entwickelung und Ausartung der alten Kirchenzucht, der zufolge die Landbischöfe schon früh die Pflicht hatten, Irrlehren zu steuern und die Visitationen der Kirchen ihrer Sprengel auch zur Ausspähung etwa auftauchender Ketzereien zu benutzen. Die höchste kirchliche Strafe gegen entdeckte Ketzer war die Exkommunikation, mit der als bürgerliche Strafe die Verbannung und der Tod verbunden sein konnten. Doch erklärten sich angesehene Kirchenlehrer, wie Chrysostomus und Augustin, gegen die Todesstrafe der Ketzer, während sie Hieronymus und Leo der Grosse befürworteten, doch so, dass die Kirche die Todesurteile von der weltlichen Macht vollziehen liess. Da die Bischöfe für die Aufrechthaltung der Glaubensreinheit nicht zu genügen schienen, wurden im 6. Jahrh. *Sendgerichte* angeordnet, die sich seit dem 9. Jahrhundert mehr und mehr ausbildeten und sich in bischöfliche, Archidiakonats- und erzpriesterliche Sende teilten. Als die Kirche durch die Katharer (Albigenser) und Waldenser beunruhigt wurde, war es das Institut der *Legaten*, durch welche der römische Stuhl gegen die Ketzer einschritt. Erst Papst Innocenz III. traf die Anordnung, die bisherige Wirksamkeit für die Ausspürung und Bestrafung der Ketzer zu einer bleibenden Einrichtung zu gestalten; er liess durch das vierte Laterankonzil das Verfahren gegen die Ketzer zum Hauptgeschäft der bischöflichen Sende machen, in dem Sinne, dass der Erzbischof oder Bischof diejenige Parochie, in der sich dem Gerücht nach Ketzer befinden sollten, selbst oder durch Stellvertreter besuchen und durch geeignete Personen eidlich sich des Namens der Ketzer versichern lassen sollte. Die Aufsicht über die Bischöfe führten aber bei diesem Geschäfte die Legaten. Genauere Bestimmungen über die Art der Ketzeraufspürung liess derselbe Papst 1229 durch das Konzil von Toulouse ergehen und dadurch die Inquisition zunächst in Toulouse und im übrigen südlichen Frankreich konstituieren. Als aber die Bischöfe immer noch nicht genügten, ernannte Gregor IX. 1232 in Deutschland, Aragonien und Österreich, 1233 in der Lombardei und in Frankreich die

Dominikaner zu beständigen päpstlichen Inquisitoren, die nun eine reiche ketzerverfolgende Thätigkeit entfalteten, welche durch immer neue Erfindungen der kirchlichen Ketzerprozessordnung unterstützt wurde. So durfte keinem Angeklagten ein Belastungszeuge namhaft gemacht werden; Mitschuldige und Verbrecher wurden als Zeugen zugelassen; die weltlichen Obrigkeiten wurden angewiesen, bei Verhafteten nicht bloss zum Geständnisse, sondern auch zur Anklage anderer ihnen bekannter Ketzer die Tortur anzuwenden; später nahmen, um die Aussagen des Gefolterten geheim zu halten, die geistlichen Inquisitoren die Anwendung der Tortur selbst in die Hand. Dem Begriffe der Ketzerei wurde eine masslos weite Bedeutung beigelegt, so dass ausser sektiererischer Meinung Zinswucher, Wahrsagerei, Beschimpfung des Kreuzes, Verachtung des Klerus, Verbindung mit Aussätzigen, Juden, Dämonen, dem Teufel, den Hexen zum Prozesse führen konnten. Die Strafen lauteten auf Verlust der Ehre, der bürgerlichen und kirchlichen Rechte, harte Gefangenschaft im Kerker oder auf der Galeere, Tod durch Hinrichtung, durch Einmauern, durch Feuer. Bald galt der Tag einer Ketzerhinrichtung als Feiertag. Appellation gab es nicht. Papst Innocenz IV. wies 1252 ein Drittel des eingezogenen Vermögens der Inquisition zu und befahl ein zweites Drittel für künftige Inquisitionszwecke zu deponieren. Später erhielt die Inquisition das ganze Vermögen der Angeklagten. Heftige Volksbewegungen und blutige Aufstände gegen die verhassten Tribunale fruchteten auf die Dauer nichts. Dagegen lähmten endlich das päpstliche Schisma und die Konzilien des 15. Jahrhunderts mit der Kraft der Hierarchie auch diejenige der Inquisition, so dass die französische Inquisition meist nur noch mit Anklage der Zauberei und Teufelsverbindung gegen heimliche oder verdächtige Ketzer einschritt. In der Mitte des 16. Jahrhunderts erlosch sie in Frankreich gänzlich.

In *Deutschland* verbreitete sich die Inquisition bald nach dem Konzil von Toulouse durch die Dominikaner Konrad Droso oder Torso und namentlich *Konrad von Marburg*, 1231—1233; doch fielen nicht bloss diese beiden Ketzerrichter als Opfer der Volkswut, sondern der Unwille und Widerstand des Volkes und der Grossen war überhaupt hier so allgemein gegen die Inquisition gerichtet, dass Deutschland über hundert Jahre lang nur vereinzelte Ketzerprozesse erlebte. Im 14. Jahrhundert gab das Auftreten der Begharden nochmals Veranlassung, der Inquisition wieder ein grösseres Feld zu eröffnen; doch blieb wie in Frankreich die Ketzerverfolgung meist auf sog. Hexen beschränkt; siehe den Art. Hexen.

In den Nordstaaten Europas, in England, Dänemark und Skandinavien, zeigt sich die Inquisition nur als eine vorübergehende Erscheinung. Desto wirksamer trat sie in *Spanien* auf, wohin sie im 13. Jahrhundert aus Frankreich den Weg fand. Hier war sie besonders gegen die Mauren und Juden eingeführt und dadurch gekräftigt worden, dass Sixtus IV. 1478 dem Königspaare das Recht gab, Inquisitoren ein- und abzusetzen und die Güter der Verurteilten einzuziehen, wodurch die Inquisition ein königliches Gericht wurde. Sie entwickelte alsbald eine furchtbare Thätigkeit, namentlich seit der Prior der Dominikaner zu Segovia, Thomas de Torquemada, zum Generalinquisitor von Spanien ernannt worden war. Die Angeberei gewährte bürgerliche Vorteile und Ablass und säete Angst und Schrecken unter die Familien. Auf Torquemadas Rat mussten 1492 alle Juden, die nicht Christen werden wollten, auswandern; 1501 traf die Mauren dasselbe Schicksal. Torquemado hatte von 1483 bis 1498, wo er sein Amt niederlegte, 8800 Menschen lebendig, 6500 *in effigie* verbrennen, 90,000 mit verschiedenen Strafen belegen lassen. Sein Nachfolger Doza sandte 1664 Menschen auf den Scheiterhaufen, und der dritte Generalinquisitor, Franz Iimenes de Cisneros, 1507—1517, ihrer 2536; 1368 wurden unter ihm *in effigie* verbrannt, 47,263 in anderer Weise gestraft.

Jedes Inquisitionstribunal zählte drei Inquisitoren, ausserdem Assessoren, Sekretäre, Einnehmer, Familiaren, Kerkermeister und andere Beamte. Für jedes Mitglied war Verschwiegenheit die strengste Pflicht. Das Haus der Inquisition hiess *Casa santa*. Der Prozess begann mit einer dreimaligen Ediktalladung des Angeklagten; erschien er, so wurde er nach einer sorgfältigen Untersuchung in ein dunkles Gefängnis gesperrt, das Haar vom Haupte geschoren, seine Bücher und Schriften sorgfältig verzeichnet, sein Vermögen gewöhnlich sofort konfisziert; er selbst galt als ein Geächteter. Schnelles Eingeständnis errettete zwar vom Tode, zog aber meist den Verlust bürgerlicher Rechte und des Vermögens wie die Übernahme strenger Büssungen nach sich. Leugnen hatte meist eine strengere Haft zur Folge. Gestand der Angeklagte nicht, so wurde er gefoltert, mit den Graden der Strick-, Wasser- und Feuertortur. Halfen diese Mittel nicht, so erfolgte die Verurteilung und langsames Hinsiechen im Kerker. Das Todesurteil bestand im Verbrennen. In der Reformation wandte sich die spanische Inquisition mit erneutem Eifer gegen die Anhänger des Protestantismus.

In Italien wurde die Inquisition 1233 gegen die Waldenser eingeführt; doch war ihre Macht hier nicht so gross, bis sie in der Mitte des 16. Jahrhundertt ebenfalls gegen den Protestantismus neu eingeführt wurde. *Neudecker* in Herzogs Real-Encykl.

Interdikt, siehe Bann.

Interlinearversion, siehe Glossen.

Investitur heisst die symbolische Handlung, durch welche der Vorsteher einer Kirche, ein Bischof, die Seelsorge über eine christliche Gemeinde erhielt und dadurch zugleich von allen übrigen Gliedern derselben unterschieden wurde. Schon in der ältesten fränkischen Kirche erfolgte die Bestätigung des Bischofs für das ihm übertragene Amt und die Verleihung mit den zu demselben gehörigen Pfründen durch den König, und zwar in feierlicher Weise durch Überreichung eines Ringes oder eines Stabes, des Ringes als Symbol der engen Verbindung des Bischofs mit der Gemeinde, des Stabes als Symbol seiner Würde und Sorgfalt in der Leitung der Gemeinde. Während früher bald der Ring, bald der Stab allein überreicht worden war, wurde es nach Konrad II. gebräuchlich, die Investitur mit beiden Symbolen zu vollziehen. In Verbindung mit der Investitur stand der Lehnseid. Nachdem Gregor VII. die Investitur durch den Kaiser verboten hatte, wurde der lange sog. Investiturstreit durch das Konkordat von Worms im Jahr 1122 dadurch ausgeglichen, dass künftig der Bischof innerhalb sechs Monat nach seiner Wahl die Reichslehen vom Kaiser durch das Szepter erhalten sollte, während die Investitur mit Ring und Stab dem Papste überlassen blieb.

Johannesminne oder **Johannessegen** heisst ein vom Priester im katholischen Deutschland geweihter Wein, den jener am Tage St. Johannis Evangelistae, 27. Dezember, am Altare der Gemeinde mit den Worten reicht: *bibe amorem Sancti*

Johannis in nomine patris etc.; oft wird der vom Hausvater in die Kirche gebrachte, stets rote Wein bloss vom Priester geweiht und erst zu Hause feierlich getrunken, von der ganzen Familie der Reihe nach aus demselben Becher, selbst von dem Kinde in der Wiege, zum Teil aber aufbewahrt oder in die Weinfässer gegossen. Missverständlich wird vom Volke die Johannesminne bisweilen als eine Art Abendmahl betrachtet. Dieser Wein bewahrt den übrigen Wein vor Verderbnis und hält von ihm bösen Zauber ab; als Heilmittel wird der Rest von Erkrankten getrunken, vor einer Reise als Schutz und Stärkung; das Brautpaar trinkt ihn bei der Trauung, wo er ihm vom Priester nach vorangegangener Segnung gereicht wird. Ähnlich, aber ohne die kirchliche Feier, ist ein zum Teil auch im evangelischen Süddeutschland am Johannistage, 24. Juni, getrunkener *Johannissegen.* Man deutet denselben auf den von dem Apostel getrunkenen Giftbecher, manchmal auf die Hochzeit zu Kana; er ist aber unzweifelhaft eine von deutschen heidnischen Trankopfern abstammende uralte Sitte, die nur christlich umgestaltet wurde. Johannes, der jugendlich vorgestellte Apostel des Friedens und der Liebe, scheint an die Stelle Freyrs, des freundlichen Gottes des Friedens und der Fruchtbarkeit getreten zu sein, dessen Feste sowohl in die Winter- als in die Sommersonnenwende fielen. Bei Hochzeiten opferte man dem Freyr, trinkt man den Johannissegen. *Wuttke*, Volksaberglaube, § 194. *Zingerle*, Johannessegen. 1852.

Johanniterorden, siehe *Ritterorden.*

Irmin war ein germanischer, kriegerisch dargestellter Gott, hoch von Wuchs und auf jeden Fall ein lichtes Himmelswesen, der sich wahrscheinlich mit Donar und Ziu berührte. Darstellungen von ihm waren die dem Gotte *Hirmin* geweihten Säulen zu Scheidungen in Thüringen, zu Eresburg in Sachsen und die *Irminsûl, Hirminsûl* oder *Ermensûl* im Waldgebirge Osning bei Detmold. Ein heiliger Hain und ein heiliges Gehege umgab dieses „berühmte Idol“, und reiche Gold- und Silberschätze waren dabei niedergelegt. Es war ein hoher Baumstumpf, unter freiem Himmel errichtet. Karl der Grosse begab sich nach der Eroberung von Eresburg zu diesem Heiligtum und zerstörte es. Der Name Irm, Irmin wird durch got. *airman,* ahd. *irmin*, ags. *eormen, irmen* erklärt, welches als verstärkender Vorsatz in der Bedeutung *allgemein* verwandt wird; *Irmingod* ist der allgemeine Gott, des ganzen Volkes. *Mannhardt,* Götter.

Jubeljahr. Dieses, dem Jubeljahr der Hebräer nachgeahmte Institut der katholischen Kirche nimmt seinen Anfang im Jahre 1300. Es wird erzählt, am Abend des eben bevorstehenden Jahres 1300 habe sich in Rom das Gerücht verbreitet, dass denen, die in die Kirche des heiligen Petrus kommen würden, ein voller Ablass zuteil werden sollte. Eine Menge Menschen versammelte und vermehrte sich in der Kirche durch herbeiströmende Pilger; auch ein Greis von 107 Jahren fand sich ein und versicherte dem Papste, dass er sich erinnere, wie man schon vor 100 Jahren einen hundertjährigen Ablass habe gewinnen können. Infolge dieser Aussage erliess der Papst Bonifaz VIII. die Bulle *Antiquorum habet*, berief sich auf jene Angabe als auf eine glaubhafte Nachricht und erklärte, dass zur Ehre der Apostel Petrus und Paulus nicht nur bei dem bevorstehenden Jahre 1300, sondern auch in jedem folgenden hundertsten Jahre ein reicher und vollkommener Ablass, ja der vollkommenste Ablass aller Sünden denen zu teil werden solle, welche unter wahrer Reue und bussfertigem Bekenntnisse ihrer Sünden die Kirche der Apostel besuchen würden: doch müssten die, welche Römer seien, den Besuch wenigstens auf 30, Fremde auf 15 Tage ausdehnen. Eine ungeheure Menschenmenge fand sich bei der Feier ein, und der grosse Gewinn veranlasste die Päpste, die Zeit der Feier eines Jubeljahres zu verkürzen. Clemens VI. setzte daher im Jahre 1349 die Bulle *Unigenitus Dei filius* die Zeit auf das 50. Jahr herab; Urban VI. verlegte die Feier im Jahr 1389 auf jedes 33. Jahr, mit Beziehung auf den Aufenthalt Jesu auf der Erde; jetzt wurden auch Nachjubeljahre veranstaltet, und Bonifaz IX. sandte Ablassverkäufer umher, die für die Summe, welche die Reise zur Feier des Jubeljahres nach Rom gekostet hätte, vollkommenen Ablass erteilen konnten. Paul II. reduzierte endlich die Feier auf jedes 25. Jahr, welche Bestimmung bis jetzt in der katholischen Kirche herrschend geblieben ist. *Neudecker* in Herzogs Real-Encykl., und *Danz* in Ersch und Gruber. *Nöthen*, Geschichte aller Jubeljahre der katholischen Kirche. 1875.

Juden. Der Rechtszustand der Juden im römischen Reich, nachdem dieses das Christentum als Staatsreligion erklärt hatte, war so beschaffen, dass sie zwar in der Ausübung ihrer Religion geschützt, jedoch beschränkt in der Ausbreitung derselben, dazu ausgeschlossen von allen Ämtern, verhindert christliche Arbeiter und Sklaven zu besitzen, und des Connubiums mit den Christen beraubt waren. So blieb es vorläufig auch in den germanischen Staaten; denn wenn auch schon unter den Merovingern einzelner Judenverfolgungen Erwähnung geschieht, so scheinen im ganzen die Fürsten sowohl als das Volk die Juden unbehelligt gelassen zu haben. Unter den Karolingern namentlich genossen sie einer grossen Freiheit in der Art ihres Erwerbes, und diejenigen Juden, welche für die Bedürfnisse des königlichen Hofhaltes sorgten, waren in den besonderen Schutz des Königs aufgenommen und mit besonderen Privilegien ausgestattet. Sie waren von allen Abgaben, Zöllen und Staatslasten befreit, besassen Grundstücke und durften auch Christen in ihren Dienst und Lohn nehmen; der Sklavenhandel ist ihnen gestattet und der König behält sich in allen wichtigen Angelegenheiten die Gerichtsbarkeit über seine Schutzjuden vor. Zu dieser Zeit befand sich der Handel zur See hauptsächlich in jüdischen Händen; Juden vermittelten den Waarenverkehr mit dem Orient. Karl der Grosse und Ludwig der Fromme erliessen eigene Gesetze für die Juden; auch eine Eidesformel wurde für sie ausgearbeitet. Im Jahre 817 wurde bestimmt, dass sie den zehnten Teil ihres Handelsgewinnes an den König abgeben sollten, während christlichen Kaufleuten die Abgabe des elften Teiles aufgebürdet war.

Mit der Aufnahme der Städte findet man Juden in grösserer Anzahl nur in der südlichen Hälfte von Deutschland und im Westen; in den Städten an der Ost- und Nordsee und in den nördlichen Marken kommen sie erst gegen Ende des 13. Jahrhunderts oder noch später vor; am zahlreichsten waren sie am Rhein, an der Donau, vom Elsass bis nach Böhmen, Mähren, Österreich und Schlesien; weniger zahlreich im mittleren Deutschland; man nimmt daher an, dass sie grösstenteils von Italien und Frankreich in Deutschland eingewandert seien. Ausdrücklich erwähnt werden Juden in Metz, Köln, Mainz, Worms, Speier, Regensburg, Bamberg, Merseburg, Magdeburg und Prag.

Jahrhunderte lang scheinen die

Juden friedlich und ohne sonderliche Anfechtung unter den Deutschen gelebt zu haben. Als aber durch die Kreuzpredigt am Ausgang des 11. Jahrhunderts auch die niederen Volksklassen in Bewegung gesetzt wurden und ungeordnete Scharen durch die Gegenden des Rheins, des Mains und der Donau zogen, verhängten diese in religiösem Fanatismus, wohl auch durch die Reichtümer der Juden gereizt, eine blutige Verfolgung über sie: wer das Leben wahren wollte, musste sich taufen lassen; doch kehrten sie bald wieder zum alten Glauben zurück, ohne dass der Kaiser und die deutsche Geistlichkeit ein Hindernis in den Weg legten; nur der Papst sprach sich entschieden dagegen aus.

Seit dem 13. Jahrhundert besitzt man Zeugnisse dafür, dass die Juden des *Kaisers Kammerknechte* genannt wurden; man bezeichnete damit die besondere Schutzgewalt des Königs, unter der sie standen und wofür sie dem König ein Schutzgeld zahlten, dessen Erhebung aber auch auf andere, namentlich die Bischöfe als Herren der Städte, in welchen sie wohnten, übertragen ist. Die Sage führte diesen Schutz auf die Zerstörung Jerusalems zurück, wo Josephus die übergebliebenen jüdischen Gefangenen ihrer dreissig um einen schlechten Pfennig verkaufte, Kaiser Titus dieselben aber zu eigen in des Reiches Kammer geführt haben sollte. *Waitz* führt dieses besondere Schutzverhältnis auf die karolingische Zeit zurück, während *Stobbe* dasselbe erst in der Zeit Friedrich II. entstehen lässt.

Die Kammerknechtschaft der Juden war jedoch von geringem Erfolg; seit den Kreuzzügen wuchs die Unsicherheit ihrer Stellung, und die Kaiser selbst beuteten ihr Recht habsüchtig aus; man entwickelte jetzt die Theorie, dass den Juden ihr Vermögen nur *precario* gehöre und vom Kaiser jeder Zeit wieder genommen werden könne. Man zwang sie zuzeiten, ihre Privilegien freiwillig herauszugeben, oder man raubte sie ihnen mit Gewalt, um ihnen für neue Privilegien grosse Summen zu erpressen oder sie fortzujagen; namentlich waren die Juden verpflichtet, jeweils bei einem neugewählten Kaiser um Bestätigung ihrer Privilegien einzukommen, und der Kaiser hatte es in seiner Hand, ob er sie überhaupt leben lassen wolle; that er dieses, was natürlich immer geschah, so hatte die Judenschaft dafür, abgesehen von den regelmässigen Steuern, eine besondere ausserordentliche Abgabe zu entrichten, welche den dritten Teil ihres Vermögens ausmachte; Sigismund war der erste, der diese „Ehrung" innerhalb ganz Deutschlands verlangte und bezog.

Der Judenschutz konnte als königliches Regal an andere Herrschaften übertragen werden. In den Reichsstädten blieben die Juden am längsten unter dem direkten Schutze des Kaisers; in den bischöflichen und landesherrlichen Städten war es anfangs meist der Bischof oder Landesherr, auf den das Regal übertragen war, und der es später an die städtische Obrigkeit abzugeben pflegte; oft wechselte auch der Inhaber des Judenschutzes. Kaiserliche Privilegien zur Gestattung einer neuen Judengemeinde werden seit Friedrich II. besonders an kleinere Herren oder an kleinere, neu aufkommende Städte erteilt, wobei die Zahl der aufzunehmenden Juden und die Dauer des Privilegs oft näher bezeichnet ist. Das Motiv der Judenaufnahme, oft sind es bloss ihrer zwei, ist entweder die Herbeischaffung von Personen mit grossen Geldsummen, oder die Erwerbung steuerkräftiger Bürger. Mit der Zeit hatten fast alle Landesherren und Städte das Recht erhalten, Juden bei sich aufzunehmen;

die Juden waren landesherrliche oder städtische Kammerknechte geworden. Ihr Domizil ohne Genehmigung ihres Herrn zu verlassen, war den Juden nicht gestattet.

Waren die Juden in den ersten Zeiten des Mittelalters die eigentlichen Vertreter des Handels, so änderte sich dies seit den Kreuzzügen und dem Aufkommen der Städte ebenfalls. Sie durften von jetzt an nicht mehr den Grosshandel betreiben und auf Messen und Märkten erscheinen, sondern blieben auf den Schacher und Wucher beschränkt, auf kleine und grosse Darlehen gegen Zinsen mit und ohne Pfänder, auf den Ein- und Verkauf von gebrauchten Sachen. Es hängt dies damit zusammen, dass die christliche Kirche den Christen verbot, Geld gegen Zinsen auf Wucher auszuleihen; dem Juden war der Wucher gestattet und er war es, der ihm trotz der religiösen Unduldsamkeit überall die Thore der Städte und Burgen öffnete. Doch wurden oft Bestimmungen erlassen, wodurch namentlich der Zinsfuss für kleinere Darlehen geregelt werden sollte; der Zinsfuss schwankte aber im 14. und 15. Jahrh. zwischen $21^2/_3$ und $86^2/_3$ Prozent und war dem Fremden gegenüber ganz unbeschränkt. Auch Zinseszinsen waren in manchen Fällen gesetzlich gestattet. An einzelnen Orten hielt man die Juden für verpflichtet, Darlehen zu gewähren, wenn sie genügende Sicherheit empfingen. Die Pfänder, gegen welche Darlehen gegeben wurden, waren *Einkünfte*, namentlich Zölle, Gerichtseinkünfte, Zehnten, sogar Städte, d. h. die städtischen Abgaben, *Grundstücke* und *bewegliche Sachen*, wie Mobilien und Kostbarkeiten. Für den Erwerb beweglicher Sachen bestand ein besonderes Judenrecht in weit verbreiteter Geltung.

Zur Aufhebung oder Reduktion der Forderungen jüdischer Gläubiger bediente sich das Mittelalter verschiedener Mittel. Das einfachste war, die Juden totzuschlagen, was durch die Praxis sowohl als durch die Theorie geschützt wurde, dass Kaiser und Landesherren nach Gefallen über ihr Gut und Blut verfügen durften. Ein anderes Mittel war, die Forderungen der Juden für null und nichtig zu erklären, sie auf eine bestimmte Quote zu reduzieren, die Zurückbezahlung auf das Kapital mit Abzug der Zinsen zu beschränken. Päpste, Kaiser und Landesherren wendeten dieses Mittel an. So erliess während des zweiten Kreuzzuges Papst Eugen eine Bulle, wonach alle Kreuzfahrer an die Juden keine Zinsen zu bezahlen brauchten; das gleiche that Innocenz III. im Jahr 1213, wobei den Obrigkeiten befohlen wurde, dass sie den Juden jede Gemeinschaft mit den Christen in Verkehr und Handel so lange versagen sollten, bis jene von ihren Zinsforderungen abstehen würden. Von weltlichen deutschen Fürsten werden solche Zins-Niederschlagungen seit dem Beginn des 14. Jahrh. erwähnt, und Ludwig der Bayer und Karl IV. gingen in dieser Art gegen einzelne Gläubiger vor. König Wenzel führte dann diese Judenberaubung in systematischer und grossartiger Weise aus und verschaffte nicht bloss den Schuldnern Erleichterung dadurch, sondern er bereicherte einzelne Städte damit und namentlich sich selbst. So liess er sich 1385 von einer grossen Anzahl schwäbischer Städte 40000 Gulden für ein Privileg zahlen, wonach für länger als ein Jahr ausstehende Schulden der vierte Teil der aus Kapital samt Zinsen zusammen gerechneten Summe erlassen wurden, die anderen drei Viertel aber auf die Städte als die neuen Gläubiger übergingen oder es wenigstens vollständig im Belieben der Städte stand, wieviel sie von den Forderungen sich anzueignen für gut fanden. Dieser Schulden-Nachlass bezog sich auf die in den betreffenden Städten angesessenen Juden; ein paar Jahre später (1390) wurden ebenfalls durch Wenzel die Schuldner in einer Anzahl von Territorien und Städten ihren jüdischen Gläubigern gegenüber befreit, gleichviel ob dieselben an diesen Orten oder sonstwo im Reich ansässig waren; doch fehlte es gegen solche Ungerechtigkeiten nicht an Widerspruch mancher Städteobrigkeiten, und es kam vor, dass gewisse Judenschaften selbst ein Privileg erhielten, dass ihre Forderungen auf eine gewisse Reihe von Jahren hin nicht durch Erlass getilgt werden sollten.

Die Juden einer Stadt bildeten in religiöser, meist auch in kommunaler und rechtlicher Beziehung eine eigene Gemeinde und bewohnten ein besonderes Stadtviertel. Dieselbe stand unter eigener Obrigkeit, deren Rechte und Befugnisse jedoch sehr verschieden waren. Soweit die Kompetenz des jüdischen Richters reichte, soweit reichte auch die Herrschaft des jüdischen Rechtes, und zwar erstreckte sich die jüdische Gerichtsbarkeit nicht bloss auf Civilstreitigkeiten, sondern auch auf Kriminalsachen in weiterem oder geringerem Umfange. Für Streitigkeiten zwischen Juden und Christen gab es an manchen Orten auch gemischte Gerichte. In manchen Städten waren die Juden unter die Herrschaft des Rats gekommen, in andern einem besonderen kaiserlichen oder landesherrlichen Beamten, meist dem Kämmerer, der der Kammer, d. h. den Finanzen vorstand, unterworfen. Vgl. *Gengler*. Deutsche Stadtrechts - Altertümer 1882. Cap. 7. *Die Juden — Wohnplätze.*

Eine Gesamtverfassung der deutschen Juden gab es nicht; rabbinische Synoden, die in Frankreich seit dem 12., in Deutschland seit dem 13. Jahrhundert vorkommen, waren Privatunternehmungen.

Im Gerichtsverfahren war der Jude, soweit es den Zeugenbeweis anbelangt, jedem andern Fremden gleichgestellt; dagegen wandte man gegen ihn andere Beweismittel an, denen sonst nur Leibeigene unterlagen: man unterwarf ihn den Gottesurteilen und der Tortur, freilich erst im späteren Mittelalter; noch Heinrich IV. hatte es verboten, Juden zum Gottesurteil, heissem oder kaltem Wasser zu zwingen, sie zu geisseln oder einzusperren. Auch wurde der Jude später, obgleich das Tragen der Waffen ihm verboten war, zum Zweikampfe genötigt. Der *Judeneid* wurde mit hässlichem Raffinement ausgebildet, sowohl was die Worte betrifft, die der Jude zu sprechen hatte, als in Rücksicht auf seine Kleidung und sein sonstiges Verhalten während des Schwures. Schon in karolingischen Judengesetzen hiess es: „Streue Sauerampfer zweimal vom Kopf aus im Umkreis seiner Füsse; wenn er schwört, soll er da stehen und in seiner Hand die fünf Bücher Mosis halten, gemäss seinem Gesetz, und wenn man sie nicht in hebräischer Sprache haben kann, so soll er sie lateinisch haben.“ Der Schwabenspiegel aber bestimmt: *Er sol uf einer suwe hute stan unde suln diu fiunf buchern Moysy vor im ligen, unde sol im diu rehte hant in dem buoche ligen unz an daz riste*, d. h. bis ans Gelenk; nach anderen Vorschriften sollte der Jude auf nacktem Körper einen grauen Rock und Hosen ohne Vorfüsse anhaben, einen spitzen Hut auf dem Rock tragen und auf einer in Lammblut getauchten Haut stehen. Die älteste Formel des von den fränkischen Königen aufgestellten Judeneides lautete: „So wahr mir Gott helfe, der Gott, welcher Moses das Gesetz auf dem Berge Sinai gab; möge mich der Aussatz verschonen, der über Naeman und Siri kam; möge mich die Erde verschlingen, wie sie Dathan und Abiron verschlang; ich habe in dieser Sache nichts Böses gegen dich verschuldet.“ In deutscher Sprache ist eine erweiterte Formel erhalten, die vom Erzbischof Konrad von Mainz, 1160 bis 1200, ausgearbeitet wurde; sie heisst *Erfurter Judeneid*, u. a. abgedruckt bei *Müllenhoff und Scherer*, Denkmale deutscher Prosa.

Obgleich im ganzen als Prinzip galt, dass ein Jude nicht anders als ein christlicher Verbrecher büssen sollte, wurden doch an vielen Orten die Strafgelder für Juden höher angesetzt und Leibes- und Lebensstrafen an ihnen schimpflicher vollzogen. So setzte man dem Juden, der zur Strafe des Galgens verurteilt war, an manchen Orten einen Judenhut mit brennendem Pech aufs Haupt, hing ihn ausserhalb des Galgens an einem Balken, oder zwischen zwei wütenden Hunden, oft mit dem Kopf nach unten, auf. Zu den weltlichen Strafen konnten besondere jüdische Strafen hinzutreten, namentlich der Bann, den der Judenbischof oder Rabbiner aussprach; auch der kaiserliche und der kirchliche Bann wurde zuweilen über Juden verhängt.

Die *soziale Lage der Juden* war im Mittelalter überhaupt eine sehr niedrige. Kirche und Staat erklärten den Übertritt vom Christentum ins Judentum für ein weltliches Verbrechen, während man durch Drohungen und Gewalt den Übertritt der Juden zum Christentum erzwang, das letztere zwar stets gegen das öffentliche Recht; *die juden sol nieman twingen zer cristenheit unde ze cristenem gelouben*, heisst es im Schwabenspiegel. Besonders hatte es die Geistlichkeit darauf abgesehen, Judenkinder ohne Wissen und Willen ihrer Eltern zu taufen. Missionspredigten für Juden, zu denen man diese zwang, kamen namentlich seit dem Baseler Konzil auf.

Regelmässig besassen die Judengemeinden ihre Synagoge, deren Unverletzlichkeit oft durch geistliche und weltliche Privilegien geschützt war. Manche Synagogen sind nach den Verfolgungen in christliche Kirchen verwandelt, verkauft oder geschlossen worden. Einen Kirchhof besass nicht jede Judengemeinde; manche Gemeinden sahen sich genötigt, ihre Leichen auswärts auf einem fremden Judenkirchhofe zu bestatten. Schon im frühen Mittelalter war dem Juden verboten, sich vom grünen Donnerstage bis zu Ostern auf den Strassen und Märkten sehen zu lassen. Ihren eigenen Gottesdienst sollten sie an ihren Festtagen nicht öffentlich begehen, am Freitage den ganzen Tag über Thüren und Fenster geschlossen halten. So hatte seit ältester Zeit die Kirche ihren Angehörigen verboten, mit den Juden zusammen zu speisen. An vielen Orten erhielten sie besondere Fleischbänke und war es den Christen verboten, von den Juden geschlachtetes Fleisch zu kaufen. So mussten die Juden eigene Brothäuser unterhalten. Christliche Sklaven und Dienstboten zu halten, verbot zwar die Kirche den Juden, doch kam es häufig vor. Die drückendste Vorschrift für die Juden war eine besondere *Judentracht*, deren eine schon die Araber für ihre Juden eingeführt hatten. Innocenz III. gebot 1215, dass alle Juden und Jüdinnen in der ganzen Christenheit sich durch ihre Kleidung von andern Nationen unterscheiden sollten; doch verging längere Zeit, bis in Deutschland das Gebot durchgeführt war. Im 14. und 15. Jahrhundert trugen die deutschen Juden einen gehörnten, spitzen Hut von gelber, blauer oder roter Farbe. Die gelben und roten Ringe, die radförmigen Abzeichen auf ihren Kleidern, Brust oder Rücken, bei Frauen auf ihren Schleiern, wie sie anderorts seit dem 13. Jahrhundert getragen wurden, kamen in Deutschland erst seit dem 15. Jahrhundert in Gebrauch.

Die Judenviertel der Städte waren manchmal, z. B. in Köln, Regensburg und Frankfurt a. M., von der übrigen Stadt durch Mauern und Thore getrennt. Die Häuser selbst standen im Eigentum der Juden und auch Landgüter haben sie im Mittelalter in vielen Gegenden besessen; erst seit dem 14. Jahrhundert wurde ihnen der Ankauf weiteren Grundbesitzes meist untersagt.

War es zwar von Kirche und Staat häufig untersagt worden, dass man Juden öffentliche Ämter über Christen einräume, so wurden sie nichtsdestoweniger oft als Finanzverwalter berufen; so selbst von Papst Alexander III.; Herzog Heinrich IV. von Schlesien (1296—1335) hatte einen Juden Salomon seinem Hofhalt und seiner Küche vorgesetzt. Noch häufiger werden Juden als *Ärzte*, namentlich auch als Leibärzte geistlicher und weltlicher Fürsten verwendet; schon merowingische Schriftsteller erwähnen ihrer; Kaiser Konrad II. hatte einen jüdischen Leibarzt, und ein Würzburger Bischof erteilte 1419 der Jüdin Sara die Erlaubnis, in seinem Bistum überall die Arzneikunde auszuüben.

Die erste, aber nur lokale *Judenverfolgung in Deutschland* fand 1012, also noch vor den Kreuzzügen statt, sie hängt ohne Zweifel mit der durch die Cluniacenser und Cistercienser verbreiteten Reform des kirchlich-religiösen Lebens zusammen; König Heinrich II. vertrieb damals aus religiösen Motiven die Juden aus Mainz. Eine allgemeine blutige Verfolgung der Juden brachte erst der erste Kreuzzug mit sich, und zwar in den Städten längs der Donau und des Rheins, zu Trier, Speier, Worms, Mainz, Köln, Regensburg, Prag. Eine Wiederholung brachte der zweite Kreuzzug, als der Papst die Kreuzfahrer von allen Judenschulden befreit erklärte und Peter von Clugny in Frankreich, um mehr Mittel für den Kreuzzug zu gewinnen, die Juden wenn auch nicht zu töten, so doch ihres in schmählicher Weise erworbenen Vermögens zu berauben riet. Hatten sich bei der Verfolgung während des ersten Kreuzzuges Bürger und Fürsten noch meist dem Pöbel gegenüber auf Seite der Juden gestellt, so machten die Bürger jetzt mit den Verfolgern gemeinsame Sache, nur einzelne Fürsten waren bereit, die Juden in ihren Burgen zu schützen.

Im 12. und 13. Jahrhundert kamen zahlreiche lokale Verfolgungen vor, bei denen es mehr auf die Beraubung als Bekehrung der Juden abgesehen war. Man gab den Juden schuld, sie töteten Christenkinder und verwendeten ihr Blut beim Passahfest, ein Vorwurf, der in Frankreich schon 1171 eine grausame Verfolgung hervorrief. Kaiser Friedrich II. berief viele gelehrte Männer und legte ihnen die Frage vor, ob, wie das Gerücht ginge, die Juden wirklich bei ihren religiösen Gebräuchen Christenblut nötig hätten; wäre das der Fall, so wolle er alle Juden in seinem Reiche verderben; die Antwort lautete, man könne nichts darüber erfahren. Seitdem wucherte jener Aberglaube weiter, und es nützte nichts, dass Innocenz IV. in einer Bulle von 1247 die Juden in Schutz nahm und alle ferneren Verfolgungen verbot. Nachdem vereinzelte Verfolgungen fast jedes Jahr aufgetreten waren, wälzte sich 1298 ein neuer Sturm unter Anführung des fränkischen Edelmannes Rindfleisch von Ort zu Ort; die Veranlassung war eine angebliche Hostienschändung. Andere schwere und blutige Verfolgungen wüteten im Elsass, Franken, Schwaben, Bayern und Österreich von 1336 bis 1338; noch allgemeiner waren die Verfolgungen von 1348 und 1349 bei Anlass des schwarzen Todes, als es allgemein hiess, die Juden hätten die Brunnen vergiftet, und auch jetzt fruchteten die Worte des Papstes und des Kaisers zu Gunsten der Juden nichts; Obrigkeiten, die sich ihrer annahmen, wurden abgesetzt, die Schulden vernichtet, die Pfänder und Schuldbriefe abgenommen, ihr bares Geld unter die Handwerker verteilt, viele Juden getötet. Wenige Jahre nachher bemühten sich die Kurfürsten doch wieder um das Recht der Judenaufnahme und erhielten es in der goldenen Bulle; die Juden erholten sich und sammelten neue Schätze, bis in den achtziger Jahren neue Juden-Krawalle begannen.

Seit dem Beginn des 15. Jahrhunderts begannen dann die *Vertreibungen* der Juden auf den Beschluss der Obrigkeiten; so wurden sie 1420 aus Mainz und Österreich, 1424 aus Freiburg im Breisgau und Zürich, 1426 aus Köln, 1432 aus Sachsen, 1435 aus Speier und wieder aus Zürich, 1438 wieder aus Mainz, 1439 aus Augsburg, 1450 aus Bayern vertrieben. Seitdem hatten sie in einem grossen Teile Deutschlands gar keine feste Niederlassung mehr und durften nur gegen ein bestimmtes Geleitgeld hindurchziehen oder ihres Handels wegen ein paar Stunden oder Tage sich aufhalten; so blieb es bis in die Zeit der Aufklärung und der französischen Revolution. Nach *Stobbe*, Die Juden in Deutschland während des Mittelalters, Braunschweig 1866. Das Hauptwerk über die Geschichte der Juden ist *Grätz*, Geschichte der Juden.

Julfest, siehe *Feste*, weltliche.

Junker, mhd. *junc-hêrre*, *juncherre*, dann *junkher*, im 16. Jahrhundert gewöhnlich *Junker*, bezeichnet als Gegensatz zu *altherre* zunächst den Sohn aus adligem Geschlecht, gegenüber dem als Senior fungierenden Vater, und wechselt mit Knabe und Knecht. Später geht die Bezeichnung als Titel auch auf unadelige Kreise über, zunächst auf hervorragende städtische, als Sohn des gewerbtreibenden Bürgers und Kaufmanns; in Hamburg heisst so der jüngste Bäckerknecht. Da der Teufel gern in edelmännischer Kleidung beschrieben wird, heisst er oft ebenfalls Junker.

Iwein ist der Name eines Helden aus dem Sagenkreise des Artus und zugleich des vollendetsten epischen Gedichtes von *Hartman von Aue*, das nach einem altfranzösischen Gedichte des *Chretien de Troyes* gedichtet wurde. Unter den Rittern am Hofe des Königs Artus erwähnt einer des Zauberbrunnens, wo der König des Waldes herrsche. Iwein fühlt sich aufgelegt, mit diesem ein Abenteuer zu bestehen, und es gelingt ihm, ihn zu besiegen und bis in seine Burg zu verfolgen. Hier jedoch hätten ihn des Königs Diener umgebracht, wenn nicht Lunete, eine Jungfrau der Königin Laudine, ihn durch einen Zauberring unsichtbar gemacht hätte. Entzückt von Laudinens Schönheit, deren Gemahl unterdessen gestorben war, wirbt Iwein um ihre Liebe und wird erhört. Als der König Artus mit andern Rittern gleichfalls zum Zauberbrunnen kommt, verlässt Iwein seine Laudine mit dem Versprechen, in Jahresfrist wieder zurückzukehren. Da dieses nicht geschieht, verwandelt sich Laudinens Liebe in Zorn, und Iwein wird bei seiner späteren Ankunft hart von ihr abgewiesen. Von dem Wahnsinn, in den er darüber verfällt, wird er durch drei Frauen, die ihn im Walde liegend finden, durch eine Zaubersalbe geheilt. Von neuem zum Leben gerufen, vollführt er herrliche Ritterthaten, überwindet einen Drachen, der mit einem Löwen kämpft, und vollführt mit des letzteren Hilfe neue Heldenthaten. In die Gegend des Zauberbrunnens durch seine Abenteuer zurückgeführt, befällt ihn die Erinnerung an sein verlorenes Glück mit solcher Macht, das er besinnungslos vom Pferde stürzt. In der nahen Kapelle hört eine gefangene Jungfrau den klagenden Ritter; es ist Lunete, die dafür, dass sie ihren Herrn zu nehmen geraten, aber sie böslich verlassen hatte, am nächsten Morgen verbrannt werden soll, es wäre denn, dass sich ein Ritter fände, der für sie kämpfen wollte. Iwein thut dieses, wobei ihm der Löwe hilfreich beisteht. Aber noch wagt er nicht, um die Liebe seiner Gemahlin zu werben, und erst nachdem er im ritterlichen Kampf für die bedrängte Unschuld über zwei Riesen, die zweihundert Jungfrauen gefangen hielten, über Gawein, der einer ungerechten Sache sein Schwert geliehen, gesiegt hat, kehrte er zum Zauberbrunnen zurück, wo ihm Lunete seiner Gattin Huld wiederzugewinnen hilft.

K.

Kædmon wird von Beda in der *Historia ecclesiastica gentis Anglorum lib. IV cap.* 24 ein Mann genannt, der in der zweiten Hälfte des siebenten Jahrhunderts in der Nähe des Klosters Streomeshalh oder, mit dänischem Namen Whitby in Northumbrien lebte und als der erste angelsächsische Dichter, dessen Namen wir kennen, betrachtet werden kann. Beda erzählt von ihm, dass, als er im Viehstall, den er bewachen musste, übernachtete, im Traume eine himmlische Stimme ihn aufgefordert habe die Schöpfung der Welt zu besingen. Durch dieses Gesicht wurde der einfache Mann, dem früher die Gabe des Gesanges vollständig versagt war, so begeistert, dass er in die Worte ausbrach:

„Nun sollen wir preisen des Himmels Wächter,
Des Schöpfers Macht und seine Herzensgedanken,
Die Herrlichkeit Gottes, wie zu jedem der Wunder
Der ewige Herr den Anfang legte.
Er schuf zuerst den Kindern der Erde
Den Himmel zum Dache, der heilige Schöpfer,
Dann den Mittelkreis des Menschengeschlechtes Hüter.
Der ewige Herr schuf nachher
Für die Menschen, die Erde, der allmächtige Gebieter.“

So war Kædmon über Nacht ein Dichter geworden und die Äbtissin Hilda des Klosters Streomeshalh nahm ihn in das Kloster auf und liess ihn unterrichten in der biblischen Geschichte. Alles, was er da hörte und lernte, verarbeitete er nun im Gedichte. „So dass er sang,“ wie Beda sagt, „von der Schöpfung der Welt und dem Ursprung des Menschengeschlechtes und die ganze Geschichte der Genesis; von dem Auszuge Israels aus Ägypten und dem Einzuge in das gelobte Land; von vielen anderen Geschichten der heiligen Schrift; von der Fleischwerdung des Herrn, dem Leiden, der Auferstehung und der Himmelfahrt; von der Ankunft des heiligen Geistes und der Predigt der Apostel; auch von dem Schrecken des künftigen Gerichtes, von dem Graus der Höllenstrafe und der Süssigkeit des himmlischen Reichs machte er viele Lieder, aber auch gar manche über die Gnade und Gerichte Gottes; in allen aber trachtete er die Menschen von der Liebe zur Sünde abzuziehen und für die Tugend zu entflammen."

Obwohl dieser Darstellung nach Kædmon ein ausserordentlich fruchtbarer Dichter hätte sein müssen, so können wir doch ausser dem kurzen mitgeteilten Hymnus (welcher sich in lateinischer Übersetzung an der oben angeführten Stelle von Bedas Kirchengeschichte, dann im Original in northumbrischer Sprache am Ende einer alten Handschrift der *Historia ecclesiastica* und endlich in den westsächsischen Dialekt übertragen in Ælfreds Übersetzung der Kirchengeschichte sich findet) aus der ziemlich reichhaltigen geistlichen Litteratur der Angelsachsen kein Werk mit Sicherheit unserem Dichter zuweisen. Ein einziges will ten Brink in seiner englischen Litteraturgeschichte Bd. I pag. 51 mit dem Namen Kædmon in Verbindung gebracht wissen und zwar die angelsächsische Genesis, von welcher ten Brink es durchaus denkbar hält, dass uns in ihr ein fragmentarisch und lückenhaft überliefertes, im einzelnen vielfach verderbtes, sprachlich erneuertes und modifiziertes Werk Kædmons vorliege. Das in Sprache und Darstellung uns entgegentretende hohe Alter der Dichtung, welche eine poetische Paraphrase der Genesis bis zum Opfer Abrahams ist, ebenso entsprechende Ausdrucksweisen und Wendungen wie im Hymnus lassen sich als Beweise für ten Brinks Annahme aufstellen.

Kaffee, der Name aus arab. *kahwah*, kam in der ersten Hälfte des 17. Jahrhunderts nach Italien, ein halbes Jahrhundert später nach Frankreich. Das erste europäische Kaffeehaus wurde 1652 in London errichtet, wo es als *Virginia Coffeehouse* noch heute besteht. Das erste Pariser Kaffeehaus stammt aus dem Jahre 1669, in Wien wurden 1683, in Hamburg 1687, in Nürnberg 1696, in Augsburg 1713 Kaffeehäuser errichtet.

Kaiser, siehe *König* und *Kaiser*.

Kaiserchronik heisst eine in der Mitte des 12. Jahrhunderts verfasste Geschichte der römischen Kaiser von Julius Cäsar bis Konrad III. Der unbekannte Verfasser, seines Standes ein adeliger Kleriker, hat es dabei weniger auf Geschichte als auf die Erzählung der Thaten rühmlicher Helden in Kirche und Staat abgesehen und in unglaublich verwirrter Weise historische Nachrichten mit Legenden und Fabeln bunt zusammengemischt, zum Teil veranlasst durch die einzelnen Quellen, aus denen er schöpfte; der Abschnitt von Julius Cäsar und den Deutschen ist fast wörtlich aus dem Annoliede genommen; einzelne Legenden, wie die von der heiligen Crescentia, lassen sich ohne weiteres von dem übrigen Texte lösen. Das Werk wurde bis ins späte Mittelalter einer Menge von Profanchroniken zu Grunde gelegt und erhielt Fortsetzungen bis zu Rudolf von Habsburg. Ausgaben von *Diemer* und *von Massmann*.

Kaisersage. Die in Deutschland weit verbreitete Sage von Kaisern, die in Bergen schlafen, ist mythischen Ursprungs. Es ist Wodan, der milde, segnende Gott, der die Frucht des Ackers spendete und nun im Winter, wenn sein wohlthuendes Walten sich nicht bewähren kann, tot oder verzaubert einschläft. Im Wolkenberge, in der Wolkenburg, welche dann geschlossen ist und nicht befruchtenden Regen, sondern nur eisigen Schnee zur Erde sendet, träumt er mit seinem ganzen Totenheere dem Frühlinge entgegen. Dieser Mythus lokalisierte sich und ging in die Gestalten der Lieblingshelden des Volkes über. An vielen Orten Deutschlands erzählt man sich, im Berge sitze ein verzaubertes Kriegsheer und schlafe, an seiner

Spitze ein Fürst oder Kaiser. So schläft Kaiser Karl der Grosse im Desenberge bei Marburg, in der Burg Herstalla an der Weser, in der Karleburg bei Löhr am Spessart, im Trautberge und Donnersberge in der Pfalz. Im Sudemerberge bei Goslar ruht Kaiser Heinrich der Vogler verwünscht. Otto der Grosse sitzt verzaubert im Kyffhäuser bei Tilleda, der alten Pfalz des sächsischen Kaiserhauses; später hat die Volkssage Otto den Grossen mit Friedrich Barbarossa vertauscht, der aber fälschlich für Friedrich II. gesetzt war; denn von letzterem glaubte das Volk, er sei nicht tot, er werde wiederkommen, um den unfertigen Kampf mit den Pfaffen auszukämpfen. Über dieses historische Moment der Kaisersage siehe *Voigt* in Sybels historischer Zeitschr., Bd. 26, und *Riezler* in Bd. 22. *J. Häussner*, Unsere Kaisersage. Berl. 1884. Im Kyffhäuser, erzählt nun die Sage, sitzt der Kaiser in einer unterirdischen Höhle mit allen seinen Rittern und Knappen um einen grossen Tisch, durch den sein Bart gewachsen ist. Rund umher stehen zahllose Pferde und rasseln mit den Ketten, sodass es einen gewaltigen Lärm giebt; in den Krippen aber liegt kein Heu, sondern grosse Dornwasen. An den Wänden ist der kostbarste Wein in grossen uralten Fässern aufgespeichert, und obgleich es eine unterirdische Grotte im Berge ist, kann man daselbst doch die grösste Herrlichkeit schauen. Ebenso berühmt ist der *Untersberg* bei Salzburg als Sitz des schlafenden Karls des Grossen oder Friedrich Barbarossas.

Mit den Sagen vom schlafenden Kaiser- und Geisterheer hat sich eine seit dem 14. Jahrhundert behauptete orientalische Tradition verbunden, wonach ein Heerfürst Herr der Welt werde, dem es gelinge, an einen gewissen *dürren Baum* seinen *Schild* aufzuhängen. Den Tataren stand dieser Baum in Tauris, vor Alters in Susa, anderen Orientalen im Hain Mamre. In älterer Zeit hiess es, bei der Welt Ende werde Kaiser Friedrich, von dem man nicht wisse, ob er noch lebe oder gestorben sei, wieder auferstehen. Er hängt seinen Schild an einen dürren Baum, der grünt aufs neue und der Kaiser gewinnt das heilige Grab wieder aus den Händen der Türken. Am Unterberge erzählte man: Hat Kaiser Friedrichs Bart die dritte Tischecke erreicht, so tritt das Weltende ein, der *Antichrist* erscheint, die Engelsposaunen ertönen und auf dem *Walserfelde* wird eine blutige Schlacht geschlagen. Da steht ein dürrer Birnbaum, der schon dreimal umgehauen wurde, seine Wurzel schlug immer wieder aus. Hier hängt Rotbart seinen Schild auf, alles wird hinzulaufen und ein solches Blutbad sein, dass den Kriegern das Blut in die Schuhe rinnt. Da werden die bösen von den guten Menschen erschlagen werden. Über alle deutschen Gaue hat sich diese Sage verbreitet. Nach *Mannhardt*, Göttermythen. S. 135 ff.

Kalande, Kalandsbrüder, hiess eine im 13. Jahrhundert entstandene, über Nord- und Süddeutschland verbreitete Brüderschaft, auch *Kalenderherren, fratres Calendarii* genannt, weil sie unter priesterlicher Leitung sich regelmässig am ersten Tag eines Monats, *Calendis*, versammelte. Ihr Zweck war Veranstaltung gemeinschaftlicher Andachtsübungen und Feste, gegenseitige Unterstützung und Verrichtung guter Werke, namentlich Fasten und Almosenspendung, feierliche Beerdigung ihrer Mitglieder und Abhalten der für die letzteren bestimmten Seelenmessen. Die Gesellschaft konnte aus geistlichen und weltlichen Personen, aus Männern und Frauen bestehen; der Vorstand hiess Dechant, unter welchem der Kämmerer oder Kassenverwalter stand.

Die Oberaufsicht führte der Bischof des Sprengels, der sie auch bestätigte. Mit der Zeit wurde die Abhaltung monatlicher Festessen die Hauptangelegenheit dieser Gesellschaften. Vgl. die Art. Brüderschaft und Zunft- und Gildenwesen.

Kalender, mhd. *kalender, kolender*, aus dem mittellateinischen der *calendarius* oder das *calendarium*, Ableitung von dem lateinischen Plural *calendae* = erster Monatstag, vom lat. *calare* = ausrufen, weil bei den Römern der erste Tag des Monats ausgerufen wurde. Die Form des christlich-mittelalterlichen Kalenders stammt aus dem klassischen Altertum, namentlich von den Römern. Er wurde ursprünglich nicht für jedes Jahr besonders, sondern in seiner allgemeinen Fassung, für alle Jahre gültig, aufgestellt. Schon die römischen Kalender enthalten ausser einigen astronomischen Angaben den Ansatz religiöser Feste und bürgerlicher Festlichkeiten. Der christliche Kalender ersetzte die altrömischen Feste durch christliche Feste und Feiertage; da aber ursprünglich das Gedächtnis der Märtyrer vornehmlich nur an dem Orte, wo sie gelitten hatten, gefeiert wurde, so hatte jede Gemeinde ihr besonderes Festverzeichnis und ihren eigenen Kalender; es sind ihrer sehr viele erhalten, da sehr häufig den Handschriften liturgischer Bücher, auch der Bibel und des Psalters, ein Kalender vorgesetzt wurde; sie pflegten aber mit den Hilfsmitteln versehen zu sein, um für jedes Jahr die beweglichen Feste, zunächst das Osterdatum abzuleiten. Und zwar enthalten sie nicht allein die Buchstaben *A—G* stets wiederkehrend mit dem Anfang vom 1. Januar für die Berechnung der Wochentage, sondern auch die Zahlen I—XIV zur Bezeichnung aller Neumonde, die jedesmal in dem sovielten Jahre des 19jährigen Cyklus an demjenigen Monatstage eintreffen, welchem diese Zahl beigesetzt ist. Ein Monatskalender mit einem solchen Buchstaben- und Zahlenverzeichnis heisst ein *immerwährender* (julianischer) Kalender; vermittelst desselben findet man für jedes beliebige Jahr, sobald man dessen Sonntagsbuchstaben nebst der Ziffer des 19jährigen Cyklus kennt, den Wochentag jedes Datums und alle Neumonde das Jahr hindurch. Aus den letzteren folgt zugleich das Datum des Frühlingsvollmondes und daraus, nach Bestimmung seines Wochentags mittels des Sonntagsbuchstabens, das Datum des Osterfestes. Anleitung zu dieser Berechnung giebt das chronologische Hauptwerk des früheren Mittelalters von *Beda, de ratione temporum*.

Erst gegen Ausgang des Mittelalters wurden die lateinisch abgefassten Kalender in die Landessprachen übertragen; doch giebt es einige Ausnahmen davon, namentlich das Bruchstück eines gotischen Kalenders aus dem 4. Jahrhundert, ein angelsächsisches Kalendarium aus dem 10. Jahrhundert, ein französisches aus dem 13. Jahrhundert. Deutsche Kalender kommen nicht vor dem 14. Jahrhundert vor. Die ersten gedruckten Kalender haben ganz die Einrichtung der handschriftlichen und sind allgemein, für jedes Jahr passend, ausgestattet. Die frühesten sind in Holz geschnitten und in Kupfer gestochen. Der erste Druck eines Kalenders für bestimmte Jahre stammt, nach der Bearbeitung des Johannes Regiomontanus, aus Nürnberg im Jahre 1475; derselbe ist für die Jahre 1475, 1493 und 1513, als die ersten Jahre einer dreimaligen 19jährigen Periode, gestellt, doch so, dass daraus die Data für die übrigen Jahre derselben abgeleitet werden können. Doch bezieht sich diese Spezialisierung nur auf den astronomischen Bestandteil; der Kirchenkalender ist noch in seiner Allgemeinheit verblieben; er enthält nur die Heiligennamen und zwar nach älterer Weise an einer beschränkten Anzahl von Tagen, nicht aber die Einteilung in Wochen und die beweglichen Feste. Die ersten eigentlichen Volkskalender sind dann fast an allen Tagen mit Heiligen besetzt, wie die Kalender von Augsburg 1481 u. s. w., Erfurt 1505, Zürich 1508. Zu allgemeinerem Gebrauch kommen Kalender für ein bestimmtes Jahr, mit der demselben angepassten Wochen- und Festordnung, erst nach der Mitte des 16. Jahrhunderts. Gegen Ende des 15. Jahrhunderts führten die *Astrologen* die sogenannten *Praktiken* in die Kalender ein, Anweisungen, an welchen Tagen gewisse Arznei- und Heilmittel heilbringend seien oder nicht, besonders aber Anweisungen zum Aderlass. Ein zu Oppenheim 1522 erschienener Kalender führte zuerst das Aderlassmännchen ein. Es folgten Anweisungen zum Schröpfen, Purgieren, Baden, Haarabschneiden, Pflanzen, Holzfällen, Ernten, Säen u. dgl., ferner was gewisse Vorgänge am Himmel andeuten, z. B. der Sonnenschein an jedem der sog. Zwölfnächte vom 25. Dezember bis 6. Januar, welche Einflüsse der Monat, in dem die Geburt eines Kindes erfolgt, auf dessen Leben habe. Auch diese Kalender-*Practicae* waren ursprünglich von den Astrologen auf mehrere Jahre voraus als Prophezeiungen bekannt gemacht und sind erst später mit den gemeinen Kalendern verbunden worden.

Gregorianische Kalenderreform. Für die Beobachtung des Osterfestes war in der alexandrinischen Kirche seit der zweiten Hälfte des 3. Jahrhunderts die Regel angenommen, dass dasselbe anzusetzen sei am Sonntag nach dem Frühlingsvollmond, das heisst demjenigen, der am Tage der Frühlingsnachtgleiche selbst oder zunächst nach derselben eintrifft, und dass als Datum dieser Nachtgleiche der 21. März festzuhalten, der Vollmond aber nach einem 19jährigen Cyklus zu berechnen sei. Diese alexandrinische Methode litt an zwei Fehlern. Erstens, indem sie die Frühlingsnachtgleiche am 21. März annahm, schloss sie sich an die *julianische* Jahrform und Schaltordnung an, wonach die Länge des Jahres zu $365^1/_4$ Tagen angenommen, demnach alle 4 Jahre ein Tag eingeschaltet wurde. Das Jahr ist aber in der Wirklichkeit um mehr als 11 Minuten kleiner, was alle 128 Jahre einen Tag ausmacht, der also zuviel eingeschaltet wurde. Zweitens, indem sie den Frühlingsvollmond nach dem 19jährigen Cyklus von 235 Monaten berechnete, nahm sie diese zu $19 \times 365^1/_4 = 6938^3/_4$ Tagen. Aber dieser Cyklus von Monaten ist in Wirklichkeit um mehr als eine Stunde kürzer, was etwa alle 310 Jahre einen Tag ausmacht, um den also der Vollmond zu spät angesetzt wurde.

Es dauerte lange, ehe man auf diese Fehler aufmerksam wurde. Zwar machten schon im 12. Jahrhundert einzelne gelehrte Astronomen auf das Fortrücken der Nachtgleichen und im 13. Jahrhundert auch auf das Fortrücken der Mondphasen aufmerksam; da jedoch ein Konzilsbeschluss jede Veränderung des Kalenderwesens verbot, zog man erst im 15. Jahrhundert, nachdem man durch genauere astronomische Studien sich von der Richtigkeit der Thatsachen genügend überzeugt hatte, die Verbesserung der durch sie entstandenen Übelstände ernstlich in Erwägung. Schon die Kardinäle Petrus de Alliaco und Nikolaus de Cusa hatten auf dem Konstanzer und Baseler Konzil die Kalenderreform herbeizuführen und durch eigene Schriften zu begründen versucht. Doch gelang es erst Gregor XIII. (1572—1585), unter Mithilfe der gelehrtesten Astronomen seiner Zeit, die wichtige Reform zustande zu bringen. Um die um 10 Tage verschobenen Nachtgleichen wieder auf ihre eigentlichen Sitze zurückzuführen, bestimmte Gregor, dass im Oktober 1582 zehn Tage aus dem Kalender wegfallen sollten, sodass nach dem 4. sogleich der 15. gezählt werden sollte. Um aber die Frühlingsnachtgleiche auf dem 21. März für alle Zeit zu erhalten, sollten in einem Zeitraum von 400 Jahren 3 Schalttage ausfallen, und zwar aus den Säkularjahren, deren Jahrhunderte nicht durch 4 teilbar sind, wie 1700, 1800, 1900.

Die sofortige Einführung des Gregorianischen Kalenders geschah bloss im grössten Teile Italiens, in Spanien und Portugal; die übrigen Länder Europas entschlossen sich erst später dazu, namentlich die protestantischen; so nahm das protestantische Deutschland den neuen Kalender unter dem Namen des verbesserten mit Dänemark, den Niederlanden und der evangelischen Schweiz erst 1700, Pisa und Florenz 1750, Grossbritannien 1752 und Schweden 1753 an; Russland hat den julianischen Kalender beibehalten. *Piper*, Art. Kalender in Herzogs Real-Encykl. und *Grotefend*, Handbuch der Chronologie.

Kamaldulenser, ein reformierter Mönchsorden des 10. Jahrhunderts, wurde von *Romuald*, geb. um 950 zu Ravenna, gestiftet. Dieser gehörte einer vornehmen und reichen Familie an, war ein leicht erregbarer, stürmischer Mensch, von einer ohne Geistesbildung und in wildem Lebensgenusse verlebten Jugend; zur Sühnung eines von seinem Vater verübten Totschlages, ging er für einige Zeit nach Ravenna in ein Benediktinerkloster, wo er sich entschloss, der Welt zu entsagen und Mönch zu werden. In der Nähe Venedigs fand er in Maurinus einen zwar bildungslosen, einfältig frommen Anachoreten, der ihn in seine Zucht und Heiligung nahm. Mit ihm zog er 976 in Begleitung des Dogen und dem auf der Wallfahrt begriffenen Abt Marin in die Nähe von dessen Kloster St. Michel de Cusan bei Perpignan in Südfrankreich, lebte hier als Anachoret, kehrte aber wieder nach Italien zurück und begann sein unstetes Anachoretenleben von neuem, gewann die Teilnahme und Bewunderung vieler, namentlich hoher Personen, wie Otto III., Heinrich II. Im Jahre 1018 stiftete er auf einem hohen, schwer zugänglichen Orte, dem *Campus Maldoldi* in den Appenninen bei Arezzo, eine Niederlassung von fünf Einsiedlern, wo er ein sehr strenges, namentlich an Geisselungen reiches Eremitenleben einführte; er starb im Jahre 1027, nachdem er mehrere ähnliche Institute gestiftet. Aber keines bewahrte den eremitischen Geist Romualds besser als die Einsiedelei von Camaldolt. In besondere Aufnahme kam dieser Ort dadurch, dass Petrus Damiani, der Prophet des asketisch-mittelalterlichen Kirchengeistes, Mönch von Fonte Avellana, einem Kloster, das Ludolf, ein Schüler Romualds, im Jahre 1000 gestiftet hatte, bald nach 1040 das Leben Romualds beschrieb. Damiani prägte die Busstheorie in der Form des verdienstlichen Geisselns noch schärfer aus und übte dasselbe nach Niederlegung seines Kardinalats in seinem Kloster Fonte Avellana selbst an sich aus bis zu seinem im Jahre 1073 erfolgten Tode. Erst in diesem Jahre wurde durch päpstliche Bestätigung der eigentliche *Orden der Kamaldulenser* aufgestellt, als eine Abzweigung der Benediktiner, die es zu höherer Vollkommenheit gebracht haben sollten. An der Spitze stand der Prior von Camaldoli als *Major*. Sie wohnten und assen abgesondert voneinander, Fleich war verboten, Fasten sehr häufig, das wichtigste Gebot war das des Schweigens. Sie trugen weisse Gewänder. Die erste geschriebene Regel stammt aus dem Jahre 1102, von demselben Major Rudolf, der auch die *Kamaldulenserinnen* einführte. Auch Camaldoli hatte das gleiche Schicksal, wie die meisten Klöster dieser Jahrhunderte, es wurde reich und besass ganze Grafschaften, die alte Strenge wurde mehr und mehr gemässigt, und neben den Einsiedlern entstand ein regelrechtes Klosterleben, namentlich im Gebiete der Stadt Venedig, auf einer Insel zwischen Venedig und Murano und in Murano selbst. Zur Zeit der Reformation unterschied man daher Eremiten, Observanten und Konventualen.

Kamm, lat. *pecten*, franz. *peigne*, engl. *comb*. Schon in vorgeschichtlicher Zeit benutzte man zur Pflege des Haupt- und Barthaares eine Art Kamm von Holz, Horn, Knochen oder Elfenbein; auch kommt er als Haarschmuck bei Frauen fast überall vor, in den mannigfaltigsten Formen und aus den verschiedensten Stoffen gearbeitet. Im klassischen Altertum, wie auch im Mittelalter findet man ihn häufig kunstreich aus Elfenbein oder Buchsbaum geschnitzt, mehr hoch als breit, ein- oder zweireihig gezahnt. Bei den einfachen ist der obere, bei den Doppelkämmen der mittlere flache Teil mit Reliefs oder Ornamenten geschmückt. Der Kamm Karls d. Gr. wird angeblich im Dome zu Osnabrück, der Bartkamm Heinrich I. im Zither (Schatzkammer) der Schlosskirche zu Quedlinburg aufbewahrt, der des heil. Ulrich in Augsburg etc. Man sieht daraus, dass dieses jetzt geringgeschätzte Gerät früher wohl in höheren Ehren stand. Dasselbe gilt namentlich auch vom *Konsekrationskamm* der Bischöfe und Priester, der bis ins 13. Jahrhundert eine kirchliche Bedeutung hatte. Der *Messkamm* wurde vor der Messe zum Ordnen der Haare gebraucht, der Konsekrationskamm nach der Salbung der Bischöfe. Er wurde sorgsam aufbewahrt und dem Träger ins Grab mitgegeben.

Kammerboten, siehe *Missi dominici*.

Kämmerer, siehe *Hofämter*.

Kammergericht, kaiserliches. Ein oberstes Gericht, das *Hofgericht*, bestand unter der Leitung der *Pfalzgrafen* (siehe diesen Art.) schon am merowingischen Hofe; später verschwindet der Pfalzgraf, und das *Königsgericht* blieb unter des Königs eigener Leitung. Als die Rechtsverhältnisse sich allmählich lockerten, gelangten neben dem Hofgericht in den Reichsvogteien einzelne Schöffengerichte angesehener Städte zu besonderem Ansehen, indem sie zu Obergerichten für bestimmte andere Städte und Ortschaften erhoben wurden; das war der Fall bei den Schöffenstühlen zu Frankfurt, Aachen und seit dem 14. Jahrhundert namentlich zu *Rottweil*, dessen Gericht den Namen *kaiserliches Hofgericht* annahm. Es bestand bis in die letzten Zeiten des Reiches und erstreckte seine Gerichtsbarkeit über einen grossen Teil von Süddeutschland, doch so, dass fast alle vornehmeren Reichsstädte davon eximiert worden waren. Das Amt des Hofrichters war bei den Grafen zu Sulz, später bei den Fürsten von Schwarzenberg erblich geworden. Dieser oder sein Stellvertreter hatte elf Beisitzer, teils von Adel, teils Rottweilische Ratsverwandte.

Für das eigentliche Königs- oder Hofgericht setzte Friedrich II. 1235 einen *Hofrichter* ein, *justiciarius curiae*, welcher den Hof begleiten, täglich anstatt des Königs Gericht hegen und mindestens ein Jahr lang im Amt bleiben sollte. Wichtigere Sachen aber, namentlich wo es Fürsten oder anderen hohen Herren an ihren Leib, Recht, Ehre oder Vermögen ging, blieben dem Könige persönlich, mit Zuziehung von Fürsten als Urteilern, vorbehalten, oder sie wurden, nach seinem Auftrage, vom Pfalzgrafen vom Rheine geleitet. Nun konnte man sich aber unter Umständen statt an den Hofrichter und das Hofgericht an den Kaiser selbst und seine *Kammer* wenden, und nachdem während der Verwirrungen des 15. Jahrhunderts von den Fürsten wiederholt Klagen gegen das Hofgericht laut geworden waren, setzte endlich Friedrich III. 1471 ein bleibendes *Kammergericht* ein, bestehend aus einem „Kammerrichter mit einer zimlichen Zahl erbaren, redelichen, beisitzenden Urteilern", und zwar ohne festen Sitz, an welches unter dem Namen des kaiserlichen Hof- und Kammergerichtes appelliert werden konnte. Dieses Gericht wurde 1495 zum *kaiserlichen oder Reichskammergericht* erweitert. Dasselbe wurde zu Frankfurt eröffnet, dann bald da, bald dort gehalten, einigemal aus Mangel an Unterhalt in Stillstand gesetzt, 1517 in Speier versammelt, durch Reichsbeschluss 1530 dort für immer fixiert, aber nach der Verbrennung der Stadt durch die Franzosen 1689 in *Wetzlar* 1693 wieder eröffnet. Die 16 Urteiler, zur Hälfte Rechtsgelehrte, zur Hälfte vom Adel, wurden zuerst vom Kaiser mit dem Reichstag gewählt, dann mit der Zeit auf 41 vermehrt und ihre Präsentation seit 1507 unter die Kurfürsten, den Kaiser für seine Erblande und sechs Kreise verteilt. Aus Mangel an Besoldung stieg die wirkliche Zahl nicht über 17. Der *Kammerrichter*, der ein Fürst, Graf oder Freiherr sein musste, wurde vom Kaiser gewählt. Die erste Kammergerichtsordnung stammt aus dem Jahre 1495, die vollständig erneuerte, von Karl V. vorgelegte, aus dem Jahre 1548, publiziert 1555. Zur Aufrechterhaltung der Ordnung war eine jährliche Visitation durch eine aus kaiserlichen und reichsständigen Kommissarien gemischte Deputation vorgeschrieben; seit 1588 fanden jedoch nur noch einigemal ausserordentliche Visitationen statt. Vgl. *Franklin*, Das Reichshofgericht im Mittelalter. 2 Bde. Weimar 1869. *Barchewitz*, Das Königsgericht zur Zeit der Merowinger und Karolinger. Leipzig 1881.

Kannen. Die grosse *Messkanne*, lat. *ama*, *urceus*, war ein Sammelkrug, aus dem der Subdiakonus den Wein in die kleinen Messkännchen schüttete, aus welchen ihn der Diakon in die Kelche goss. Daneben kennt man auch die *Giesskannen*, welche dem Priester das Waschwasser auf die Hände träufelten. Die Form der Kannen war weniger genau bestimmt als die der Kelche, und während die erstgenannten wo möglich ebenfalls aus Silber oder Gold gemacht wurden, bestanden die letzteren hauptsächlich aus Bronze, Zinn oder Glas und erhielten mit Vorliebe Tiergestalt (Löwen, Drachen, Greifen, Vögel); oft stellten sie auch Reiter dar. Der Rücken trägt gewöhnlich einen Henkel, in Mund oder Stirn steckt das Ausgussrohr. So dürfte der „silberne Reiter", den nebst vielen goldenen Gefässen und Geräten der Erzbischof Bruno von Köln hinterlies, nur eine solche Giesskanne gewesen sein. Bronzene Kannen trifft man aber schon unter den altheidnischen Grabfunden, was auf deren Gebrauch beim Götterkultus schliessen lässt, und es dürfte ihre Einführung in der christlichen Kirche, wie so manch andere Handlung und Sitte derselben, auf ureinheimischer Überlieferung beruhen. Daneben war auch die Kannenform gebräuchlich, so namentlich auch für die *Tauf-* und *Messkännchen*, die oft mit biblischen Bildern und Insignien (Kreuz, Lamm, Taube) verziert und mit Vorliebe aus Glas gefertigt wurden, damit man von aussen ihren Inhalt unterscheiden könne. Waren die Kännchen metallen, so bezeichnete man sie mit einem *V* (*vinum*) oder mit einem *A (aqua).* Beide Kannen hatten schon früh eine gemeinschaftliche *Schüssel* als Untersatzteller. Natürlich blieben auch die Formen der Kannen, wie die der Kelche, nicht immer dieselben. Namentlich waren es die Füsse, Knäufe, Henkel, Deckel und Ausgüsse, die oft phantastich herausgebildet wurden. Nach *Weiss*, Kostümkunde.

Kanone, siehe *Artillerie.*

Kanoniker hiess ursprünglich jeder Geistliche, der in den Kanon oder die Matrikel einer Kirche eingetragen und zu Einkünften daraus berechtigt war, zum Unterschiede von solchen Geistlichen, die nur an Kapellen fungierten. Schon zu Augustins Zeiten lebten viele Geistliche, ohne gerade in eine klösterliche Vereinigung zu treten, nach einer allgemeinen, vor den Weltgeistlichen sie auszeichnenden Norm, *Canon*; ihr Name war *Canonici*, ihre Lebensweise *Vita canonica.* Sie lebten nach geistlichen Regeln, legten kein Mönchsgelübde ab, kamen täglich in ihrem Münster zusammen, hielten Kapitel, *Capitula*, unter dem Vorsitze ihres Bischofs, beschäftigten sich mit wissenschaftlichem Unterrichte, assen und schliefen zusammen. Dieses Institut der *Vita canonica* neu eingeführt und damit der zerfallenen geistlichen Zucht aufgeholfen zu haben, ist das Verdienst *Chrodegangs*, Bischofs von Metz, gest. 765 oder 766. In seiner aus 32 Kapiteln bestehenden Regel gebot er das gemeinsame Leben unter der unmittelbaren Aufsicht des Bischofs, verordnete die drei gewöhnlichen Klostergelübde der Armut, Keuschheit und des Gehorsams, befahl fromme Übungen selbst in der Nacht nach der Folge der kanonischen Stunden, wies jeden Geistlichen an, täglich zum Kapitel zu kommen, in welchem ein Abschnitt der Ordensregel, *Capitulum regulae*, vorgelesen werden sollte, legte die Beobachtung des Stillschweigens auf, das nur im Falle der Notwendigkeit zu unterbrechen gestattet war, und überliess dem Bischof oder Ordensobern die Bestimmung für den Unterhalt der Ordensbrüder aus einem Teile der Stiftsgüter und Zehnten, gestattete jedoch dem einzelnen Eigentum zu besitzen.

Karl der Gr. bestätigte die Regel Chrodegangs auf dem Konzil zu Aachen 789, und Ludwig der Fromme vermehrte und erweiterte sie auf dem Konzil zu Aachen 816. Die Kanoniker bildeten nun eine geistliche Korporation, und namentlich entstanden an den Dom- uud Kollegiat- d. h. den nicht bischöflichen Kirchen *Monasteria Canonicorum*; jene hiessen *Canonici cathedrales, Domherren*, mhd. *tuomherren,* diese *Canonici collegiales.* Die Domherrn, auch *Stiftsherren* oder *Kapitularen* genannt, bildeten als geistliches Kollegium das *Domkapitel.*

Seit dem 10. Jahrhundert fing wie in den grossen Klöstern auch in den Domkapiteln, welche nun regelmässig dem höfischen oder adeligen Stand angehörten, das gemeinsame Leben an aufzuhören; die für das *Münster* bestimmten Einkünfte der Kirche, Zehnten, Pfarreien und ein Teil der Einnahmen des Bischofs wurden, zuerst in Köln 853, den Kanonikern als *Stiftsgut* überwiesen und dienten nur zum Teil noch für Zwecke der Gemeinschaft, sonst aber wurden sie auf die einzelnen Kapitelstellen als selbständige Pfründen repartiert. Seit dem 12. Jahrhundert fügten sich hier und da nach dem Befehle der Kirche einzelne Domkapitel der Wiedereinführung des gemeinsamen Lebens und kehrten zu des *heil. Augustinus Stiftung* (Augustinerregel) zurück, nahmen auch etwa Mönchsregeln, namentlich die *Prämonstratenser*-Regel an, welche selber aus einer Verschärfung der Augustinerregel hervorgegangen war, und hiessen dann *regulierte Chor-*

herren oder *Canonici regulares*, im Gegensatz zu den der Regel der Weltgeistlichen angehörenden *Canonici seculares.* Die letzteren waren nicht einmal stets Kleriker. Immer mehr gelang es ihnen, den Bischöfen gegenüber eine unabhängige Stellung zu erringen, sie lebten von ihren reichen Pfründen als Herren und überliessen die geistlichen Funktionen gemieteten Vikaren. Es nützte wenig, dass die Kirche gegen diesen Missbrauch auftrat, und z. B. das Basler Konzil verlangte, dass die Hälfte der Domherrenstellen Männern von wissenschaftlichen und kirchlichen Verdiensten zugewiesen würde. In vielen Domkapiteln wurde es gesetzliche Bestimmung, dass nur solche Adelige als Domherren aufgenommen werden sollten, die acht bis sechzehn Ahnen nachzuweisen hätten; auch wurde allmahlich seit dem 16. Jahrhundert die Zahl der Domherren fest bestimmt, die Kapitel wurden *Capitula clausa.* Im Gegensatz zu den eigentlichen Domherren oder den *Canonici majores* nannte man jetzt die Exspektanten *Canonici minores* oder *Domicellares*; man forderte von ihnen ausser dem Adelsnachweise ein Alter von mindestens 14 Jahren, die Fertigkeit lateinisch zu lesen und zu singen und die Abhaltung eines Probejahres im Kirchendienst. An der Spitze der Kongregation stand, der Klosterverfassung entlehnt, ein *Praepositus*, dem ein besonderer Aufseher der Schule, *Scholasticus*, ein Dirigent des Chorgesanges, *Primicerius* oder *Cantor*, der *Custos*, der *Thesaurar* oder *Sacrista*, der *Cellarius* und der *Portarius* untergeben waren; später trat noch ein *Decanus* dazu. „Schwartz röck und ein schepler tragen sy umb den arm gemeinklich geschlagen und seind halb Münch halb Pfaffen,“ sagt Sebastian Frank.

In das 8. oder 9. Jahrhundert verlegt man den Ursprung der *Canonissae*, welche, im Gegensatz zu den eigentlichen Nonnen, zur freieren Verbindung der *vita canonica* zusammentraten. Auch diese Institute sind mit der Zeit adelige Stiftungen geworden.

Kanonisches Rechtsbuch. In den ersten drei Jahrhunderten bezeichnete *Kanon* die teils auf christlicher, teils auf mündlicher Überlieferung beruhende Richtschnur für das Leben der gesamten Kirche. Als die Synoden die Hauptträger für die Entwickelung des kirchlichen Lebens geworden waren, und namentlich die allgemeinen Synoden, wurden die Bestimmungen dieser auch *canones* genannt. Mit der Ausbildung und Entwickelung des Primates der römischen Bischöfe wurde der Begriff Kanon auf die Sendschreiben dieser oder die *Dekretalen* übertragen, und endlich nach dem Sprachgebrauch des Mittelalters jede kirchliche Bestimmung mit dem Ausdruck Kanon bezeichnet, im Gegensatz zur bürgerlichen *lex*, Gesetz.

Die ältesten Sammlungen kirchlicher Verordnungen, namentlich von Konzilienbeschlüssen, sind in griechischer Sprache abgefasst; von ihnen besass die abendländische Kirche schon im 5. Jahrhundert lateinische Übersetzungen, von denen drei besondere Geltung erlangten: 1. die sogenannte *spanische* oder *isidorische*, die lange Zeit fälschlich dem Isidor von Sevilla zugeschrieben wurde; 2. die wahrscheinlich in Italien verfasste *versio* oder *translatio prisca*, und 3. die Sammlung des Mönches *Dionysius exiguus*; dieselbe kam in der römischen Kirche allgemein in Gebrauch und erhielt unter Karl dem Grossen die Autorität eines offiziellen *Codex canonum.* Mit Zugrundelegung dieser ältesten Sammlungen entstanden bis ins 12. Jahrhundert in den einzelnen Ländern mit der Zeit zahlreiche neue Kompilationen, welche den Zweck hatten, das in den früheren Werken zerstreute Material in Verbindung mit neueren kirchlichen Satzungen zu einem übersichtlichen und dem praktischen Bedürfnisse entsprechenden Ganzen zu vereinigen. Gegenüber den älteren kompendiösen und meist nur lokalen Interessen dienenden Sammlungen sind die späteren grossenteils von bedeutenderem Umfange und von der Art, dass sie über die Diöcese hinaus, in der sie entstanden, benutzt werden konnten; dahin gehören u. a. die Sammlungen des Abtes *Regino* vom Prüm, gest. 915, des Bischofs *Burchard von Worms* um 1220, des Bischofs *Ivo von Chartres*, gest. 1117. Immer blieb jedoch das Bedürfnis einer Sammlung, welche mit Beseitigung des unbrauchbar gewordenen dasjenige zusammenstellte, was bleibenden praktischen Wert besass und namentlich die vielfachen Widersprüche vereinigte. Eine solche Sammlung bewerkstelligte *Gratian*, wahrscheinlich Kamaldulenser-Mönch im Kloster St. Felix zu Bologna, um die Mitte des 12. Jahrhunderts; sie trägt meist den Namen *Decretum Gratiani*. Dieses Werk, durch welches die älteren Sammlungen verdrängt wurden, erschien zu der Zeit, wo Bologna der Mittelpunkt der berühmten Rechtsschule war; die Methode der Lehrer und Glossatoren des römischen Rechtes wurde Vorbild und Muster für die wissenschaftliche Behandlung des Gratianischen Dekretes, und Gratian selbst hielt zuerst Vorträge über sein Werk und wurde dadurch der Begründer einer neuen Schule der Kanonisten oder Dekretisten. Dadurch wurde die Sammlung in den weitesten Kreisen bekannt, und die Päpste selber benutzten und citierten sie in ihren Dekretalen, ohne dass sie zwar von irgend einem Papste ausdrücklich bestätigt oder als authentischer Kodex der Kirche angenommen worden wäre. Der Umstand, dass das *Decretum Gratiani* in eine Zeit fiel, wo die fruchtbare gesetzgeberische Thätigkeit der auf der Höhe ihrer Macht stehenden Päpste ein neues ausserordentlich reiches kirchenrechtliches Material hervorbrachte, welches die bisherige Disziplin vielfach modifizierte und weiter entwickelte, liess das Werk Gratians bald als antiquiert und unvollständig erscheinen und rief das Bedürfnis neuer Sammlungen hervor, welche, da sie fast ausdrücklich päpstliche Sendschreiben und unter päpstlicher Autorität abgefasste Konzilienbeschlüsse enthielten, meist *Collectiones decretalium* genannt wurden. Die fünf wichtigsten dieser Sammlungen liess Gregor IX. im Jahre 1230 durch seinen Kapellan und Pönitentiar *Raymund von Pennaforte* in Verbindung mit den Gregorianischen Dekretalen nach einem verbesserten System in *eine* Sammlung verarbeiten, welche den Namen *Decretalium Gregorii IX. compilatio* trägt und sowohl auf den Universitäten wie in der Praxis eingeführt wurde. Nachdem die folgenden Päpste neudings kirchliche Gesetze als Nachträge und Anhänge zur vorigen Sammlung publiziert hatten, liess Papst Bonifazius VII. dieselben in Verbindung mit seinen eigenen zahlreichen Briefen neuerdings zu einem Ganzen ausarbeiten und veröffentlichte diese Sammlung 1298 unter dem Titel *Liber sextus*, weil durch sie die fünf Bücher der Dekretalen Gregors IX. ergänzt werden sollten. Die letzte offizielle Sammlung kanonischer Rechtsquellen stammt von *Clemens V.* aus dem Jahre 1313 und trägt den Namen *Constitutiones Clementinae*. Mit ihnen schliessen die offiziellen Dekretalensammlungen ab. Das erschütterte Ansehen der Päpste, die seit dem 14. Jahrhundert sich steigernden Kämpfe derselben mit der weltlichen Gewalt und einzelnen Nationalkirchen liessen den Erfolg derartiger Unternehmungen als problematisch erscheinen und nahmen die

Thätigkeit der Päpste für andere Zwecke in Anspruch. Bedeutende Dekretalen wurden vorläufig nur noch einzeln verbreitet und von den Lehrern des kanonischen Rechtes kommentiert; erst durch *Johannes Chappuis* wurden sie ebenfalls gesammelt, in zwei Teile geteilt und als *Extravaganten*, d. h. Einzelgehende, im Jahre 1500 zuerst den Clementinen beigefügt.

Schon im 12. Jahrhundert wurde Gratians Dekret *Corpus juris canonici* genannt, nicht minder hiess die Gregorianische Sammlung früh *Corpus juris;* so ist in den Akten der Konzilien des 15. Jahrhunderts öfters vom *Corpus juris*, *Jus scriptum*, *Jus commune* die Rede. Anfangs sind die Sammlungen, aus denen dasselbe besteht, nur einzeln gedruckt worden, das Gratianische Dekret in Strassburg 1471, die Gregorianischen Dekretalen zuerst in Mainz ohne Angabe des Jahres, eine folgende 1473 ebendaselbst bei Peter Schöffer, der *Liber sextus* in Mainz 1445 bei Joh. Fust und P. Schöffer, die *Clementinae* bei denselben 1460. Im 16. Jahrhundert wurden diese einzelnen Teile, seit Chappuis mit den Extravaganten vermehrt, gewöhnlich von derselben Offizin in drei Bänden herausgegeben, deren erster das Dekret, der zweite die Dekretalen Gregors IX. und der dritte das übrige umfasste. Erst seitdem man in der zweiten Hälfte des 16. Jahrhunderts alles in *einem* Bande zusammenfasste, findet sich auch der Gesamttitel *Corpus juris canonici*. *Wasserschleben* in Herzogs Real-Encykl.

Kanzel. In der altchristlichen Basilika erhob sich rechts und links vom Sängerchore, das vom Chor her in das Langhaus hineinreichte, rittlings auf der Balustrade eine Kanzel, *Ambo* genannt, deren eine auf der Nordseite befindliche zum Verlesen der Evangelien, die andere gegenüber zum Vortrage aus den Episteln bestimmt war. Aus den Ambonen entwickelte sich mit den ersten Anfängen der Gotik der *Lettner*, *lectorium*, eine Querbühne zwischen Chor und Schiff, die gewöhnlich aus drei nebeneinander befindlichen Gewölbejochen bestand und vorwärts und rückwärts von reichgeschmückten Bogenstellungen getragen wurde. Auf dem Lettner selbst befand sich eine schmale Empore, auf welcher gewöhnlich ein Lesepult errichtet war, die *Kanzel*, deren Name aus lat. *cancelli* stammt, d. i. das Gitterwerk, umgitterter Raum. Während dieses Lesepult in Deutschland noch im 14. Jahrhundert zum Abhalten der Predigt benutzt wurde, trennte man in Italien zu Gunsten der predigenden Bettelmönche die Kanzel oder den *Predigtstuhl* schon im 13. Jahrhundert von dem Lettner und errichtete ihn zuerst in der Nähe des letzteren, dann an einem Pfeiler an der Nord- oder Südseite des Mittelschiffes als selbständige, auf Säulen ruhende Empore. Die Gotik gab der aus Stein- oder Schnitzwerk gebildeten Kanzel eine vieleckige Form, die unten von einer Säule, von einem Kragsteine, später auch von einer Menschen- oder Tiergestalt getragen wird, und über der ein pyramidalisch gekrönter Baldachin, Schalldeckel, Kanzelhaube genannt, angebracht ist. *Otte*, Archäologie, § 48.

Kanzler. Unter den merowingischen Königen war es der aus römischen Verhältnissen stammende *referendarius*, der die Urkunden des Königs ausfertigte und unterschrieb, zu welchem Behuf ihm der königliche Siegelring übergeben war. Es ist unter den weltlichen *Hofämtern* eines der einflussreichsten, da es dem Inhaber Sitz und Stimme im königlichen Rat und Gericht erteilte. Es gab ihrer wie der übrigen Hofämter mehrere zugleich, die Königin hatte einen besonderen für sich. Seit Pipin und Karl dem Grossen heisst der Beamte, dem die Ausfertigung und Besiegelung von Urkunden zukommt, regelmässig *Kanzler* oder *Notar*; es giebt ihrer auch jetzt noch mehrere, die zum Teil zu Botschaften verwendet werden. Erst unter Ludwig dem Frommen tritt unter ihnen als erster ein oberster Notar oder *Erznotar*, *protonotarius*, *summus notarius* des kaiserlichen Palastes auf, der unter Ludwigs Söhnen *summus cancellarius*, oberster Kanzler heisst. Fast immer war es jetzt ein Geistlicher, ein Abt eines Klosters oder sonst ein Mitglied der königlichen *Kapelle* (siehe diesen Artikel), die jetzt überhaupt in nahe Beziehung zur Kanzlei gebracht wurde. Doch erhält die letztere erst allmählich eine bestimmtere Ordnung, und die Ausdrücke Notar, Erzkaplan und Erzkanzler wechseln noch längere Zeit. Erst seit Lothar gab es regelmässig nur *einen* Kanzler, der meist nur die Urkunden unterschrieb; verfasst und geschrieben wurden sie von untergeordneten Kanzleibeamten. Mit der Kanzlei waren oft andere geistliche Stellen verbunden, namentlich die Propstei des Marienstiftes zu Aachen. Oft verwaltete ein Bischof das Kanzleramt, das überhaupt eine Staffel zu den höchsten Ehren des Reiches war; denn es hatte durch die Männer, die ihm vorstanden, und den Einfluss, den diese übten, eine viel wichtigere Bedeutung erlangt, als die formelle Leitung der Kanzlei mit sich gebracht hätte. Die Kanzler waren die regelmässigen Begleiter des Königs auf seinen Zügen und wurden durch das Vertrauen desselben zu allen bedeutenden Angelegenheiten beigezogen.

Jede Urkunde des Königs war an bestimmte Formen gebunden und bedurfte der Beglaubigung durch den Kanzler, wie der Besiegelung, die von ihm abhing und um derenwillen er das Siegel bewahrte.

Übrigens bestand neben dem eigentlichen Kanzleramt das des Erzkanzlers und Erzkapellans fort und zwar meist in den Händen der Erzbischöfe von Mainz, Trier und Köln; für Italien und Burgund gab es eigene Kanzler; später blieb die Erzkanzlerwürde in Germanien an den erzbischöflichen Stuhl in Mainz geknüpft, der dann den eigentlichen Kanzler als seinen Vizekanzler ernannte, jedoch die Vorbereitung und Leitung der Reichsgeschäfte und Reichsverhandlungen in eigener Hand behielt. *Waitz*, Verf.-Gesch.

Kapelle, Königliche Kapelle, Kaplan. *Kapellen* oder *Oratorien* sind gottesdienstliche Gebäude, welche bloss zum Gebete oder zum Privatgebrauche bestimmt sind. In altchristlicher Zeit war das hauptsächlichste unter den kirchlichen Nebengebäuden die *Taufkapelle*, *Baptisterium*, welche aus einem Vorgemache und dem Hauptraume mit dem Wasserbecken, *piscina*, bestand und in der Nähe der Hauptkirchen errichtet war. Der Hauptraum war gewöhnlich von runder oder achteckiger Grundform, und die innere Einrichtung des regelmässig dem Täufer Johannes gewidmeten Gebäudes erinnerte ebenso an die gleichnamigen Schwimmteiche in den antiken Bädern, wie die Grundform an die antiken Grabmäler. Solche Taufhäuser befanden sich nur an den bischöflichen Kathedralen, mit denen sie durch einen Säulengang verbunden waren; denn das Taufrecht stand in älterer Zeit bloss den Bischöfen zu. Erhalten ist auf deutschem Boden keines; doch erinnern verschiedene in der Nähe von Kathedralen erbaute, zum Teil erst in neuerer Zeit abgebrochene Nebenkirchen, welche dem Johannes Baptista geweiht sind, an das ehemalige Vorhandensein von Baptisterien, so in Mainz, Worms, Speier,

Strassburg, Augsburg, Regensburg. Als besondere Bauwerke sind ausserdem Baptisterien bei der Abteikirche zu Fulda, und in späteren Umbauten vorhanden bei den Münstern zu Aachen und Essen.

Verwandt mit den Baptisterien sind die häufig dem Erzengel Michael gewidmeten runden oder vieleckigen *Grabkapellen* auf Kirchöfen, als Nachbildungen der Rotunde über dem heiligen Grabe zu Jerusalem; das älteste Beispiel davon ist die Michaeliskirche zu Fulda, welche 820 nach dem Plane des in Jerusalem gewesenen Rabanus Maurus errichtet wurde; auch die vom heil. Konrad (935 bis 971) zur Erinnerung an seine Pilgereise nach Jerusalem am Dom zu Konstanz errichtete Grabkapelle ist erhalten, wie manche andere ähnliche Bauten, namentlich in Österreich.

Eine besondere Gattung der Oratorien bilden die *Burgkappellen*; sie sind, mit den stets im zweiten Stockwerk gelegenen herrschaftlichen Wohnräumen in Verbindung stehend, gewöhnlich ebenfalls im Obergeschoss angelegt. Manche Burgkapellen sind jedoch als *Doppelkapellen* gebaut und bestehen aus zwei überwölbten Stockwerken; das Obergeschoss ist dann stets der höhere und reicher verzierte, oft mit Säulen aus edlem Gestein ausgestattete Hauptraum, während das zur Grabstätte und zum Totendienste bestimmte Erdgeschoss niedriger und einfacher gehalten ist; eine vergitterte oder mit einer Brüstungsmauer versehene, im Fussboden der Oberkapelle befindliche Öffnung gestattet den Einblick auf die Gruft.

Der Name *Kapelle* wird von dem Mantel des heil. Martin von Tours, der *cappa Sancti Martini* abgeleitet, einem angesehenen Heiligtum der merowingisch-fränkischen Könige; sie heisst ihrer Kleinheit wegen *capella*, mit welchem Wort man ebenso den Ort benannte, worin die *cappa Sancti Martini* aufbewahrt war. Besondere Geistliche, *Kapellane*, mussten sie hüten und im Krieg und Frieden überallhin dem Könige nachtragen. Karl der Gr. erbaute ihr an der Pfalz zu Aachen, seine Nachfolger auch an anderen Orten eine eigene Kirche zu diesem Zwecke. Der erste der an dieser Kapelle angestellten Kapellane erhielt unter Pipin und seinen Nachfolgern eine besonders angesehene und einflussreiche Stellung; er wurde als der Nachfolger des einstigen Vorstehers oder Abtes des königlichen Oratoriums betrachtet. Er hiess Erzpriester, *archipresbyter*, auch *custos capellae* oder *palatii*, *archicapellanus*. Unter seiner Obhut standen alle kirchlichen Handlungen, die am Hofe vorkamen, er segnete Mittags die Mahlzeit, er hatte die für den Gottesdienst erforderlichen Geräte, Schmuck und die andern hier lebenden Geistlichen zu beaufsichtigen. Ausserdem war ihm die Sorge für alles, was mit den geistlichen Angelegenheiten zusammenhing, übertragen; Wünsche und Anliegen der Geistlichen, Streitigkeiten derselben kamen zuerst an ihn und durch ihn an den Kaiser. Es war deshalb ein hohes Amt, dessen Einfluss später noch dadurch erhöht wurde, dass der Erzkaplan die kaiserliche *Kanzlei* zu leiten hatte, wahrscheinlich aus dem Grunde, weil in der Kapelle wichtige Urkunden aufbewahrt zu werden pflegten, vielleicht überhaupt das Archiv hier seinen Platz hatte und weil überhaupt immer Geistliche zu Kanzlern genommen wurden. Die Königin hatte ihren eigenen Kaplan, und überhaupt waren stets mehrere Geistliche an der Kapelle bethätigt; es galt dieser Dienst als ein Weg, um zu höheren Stellen in der Kirche zu gelangen. Ihr Einfluss wuchs mehr und mehr; durch Rat am Hofe, durch Teilnahme an den allgemeinen Versammlungen, durch

Reichtum und Macht in den einzelnen Provinzen, denen sie angehörten, standen sie voran unter den Grossen des Reiches. An der königlichen Kapelle suchten ältere wie jüngere Männer Aufnahme. Zeitweise gab es hier für die Unterweisung derer, die in der Jugend an den Hof kamen, eigene Lehrer. Auch zu weltlichen Geschäften wurden die Kapellane gebraucht, zu Gesandtschaften und in kriegerischen Angelegenheiten, und es wurde geklagt, dass ein weltliches und selbst leichtfertiges Wesen unter ihnen Platz greife. Die strengere asketische Richtung der Kirche klagte namentlich die Kapelle als eine Pflanzschule der Simonie an. In jedem Falle war die Kapelle die Pflanzschule des Episkopates, und wenige Bischöfe sind nicht eine Zeitlang Mitglieder der königlichen Kapelle gewesen.

Wie bei den übrigen Hofämtern, so ging auch das Amt des *Hofkapellans* mit der Zeit an die kleineren Höfe der Herzoge, Herzoginnen, Markgrafen und Grafen über; es fehlte überhaupt an keinem fürstlichen Hofe und war oft in grösserer Anzahl vorhanden. Sie gehörten hier zum „Hofgesinde" und waren meist die vertrauten Ratgeber ihres Herrn. Sie besassen eigene Freiheiten, z. B. in Bayern das Recht, mit einem Gefolge von vier bis sechs Personen bei Hof zu erscheinen; der oberste Hofkaplan hatte hier bei Tafel den nächsten Sitz am Herzog. Oft war der Burgkaplan das einzige Mitglied des Hofgesindes, das schreiben und lesen konnte, er lass dann die eingehenden Briefe, schrieb die Antworten, fertigte Urkunden, unterwies die Kinder, repräsentierte überhaupt die gelehrte Bildung auf der Burg. Über die Architektur der Kapellen *Otte*, Archäologie und *Schultz*, Höfisches Leben, Abschn. I; über die königliche Kapelle *Waitz*, Verf.-Gesch.

Kapuziner sind aus einer Verzweigung des Franziskanerordens hervorgegangen. Ihr Urheber ist *Matthäus von Bassi* im Herzogtum Urbino, der sich von einem Klosterbruder sagen liess, der heil. Franziskus habe eine andere Kapuze getragen, als bis dahin geglaubt und von den Franziskanern angenommen war. Er entfernte sich infolge dieser wichtigen Entdeckung aus seinem Observantenkloster Montefalconi und erschien 1526 in Rom vor Clemens VII., der ihm gestattete, mit seiner pyramidalen Kapuze und seinem langen Barte als Einsiedler zu leben und überall zu predigen, wenn er sich nur alljährlich in dem Provinzialkapitel der Observanten vorstellte. Nach vielen Streitigkeiten mit den Franziskanern gab ihnen Clemens VII. am 18. Juli 1528 eine Bulle, welche sie als besondere Kongregation bestätigte, von den Observanten befreite und den Konventualen unterordnete, das letztere insoferne, als sie nur einen Generalvikar haben durften, sich Visitationen von den Konventualen gefallen lassen mussten und bei Prozessionen nur unter dem Kreuze der Konventualen oder der Pfarrgeistlichkeit gehen durften. Seitdem sie nun frei mit ihren lang zugespitzten Kapuzen prangen durften, wurden sie von den Leuten *Capuzini*, Kapuzinermännchen, gescholten, ein Titel, der 1536 ausdrücklich anerkannt wurde: sie hiessen jetzt *Capucini ordinis fratrum minorum* oder *Fratres minores Capucini*. Ihr erstes Kloster war das von Colmenzono. In ihren Statuten wurde verordnet, sie sollten den Gottesdienst in alter strenger Weise halten, für keine Messe eine Vergeltung nehmen, zwei Stunden täglich stilles Gebet pflegen, während des ganzen Tages mit Ausnahme weniger Stunden Stillschweigen beobachten, das Geisseln nicht vergessen, weder Fleisch, Eier noch Käse betteln, wohl aber das alles, wenn man es ungebeten giebt, annehmen, nicht mehr erbetteln, als für den Tag nötig ist, nur auf drei, höchstens sieben Tage Vorrat sammeln und kein Geld anrühren. Die Kleidung soll ärmlich, grob und eng sein. In der Regel sollten sie barfuss gehen, sich nur ausnahmsweise der Sandalen bedienen und weder zu Pferde noch zu Wagen reisen. Ihre Klöster sollen in der erbärmlichsten Weise aufgeführt werden und in der Regel nur sechs bis sieben, höchstens zehn oder zwölf Brüder beherbergen. Ausser dem Generalvikar haben sie Provinzialen, Kustoden und Guardiane, die man alle Jahre neu wählt, nur der Generalvikar steht drei Jahre im Amte. Der Stifter und erste Generalvikar Matthäus von Bassi blieb nur zwei Monate im Amt. Grosses Ansehen besass anfangs der Generalvikar Bernhardin Occhim; als dieser jedoch in Genf zum Protestantismus überging, wollte der Papst den Orden aufheben und verbot den Kapuzinern die Predigt. Nur die demütigste Bitte und Unterwerfung bewirkte 1540 die erneuerte Erlaubnis derselben. Seitdem erst kam der Typus der Kapuziner zur scharfen Ausprägung und blieben die grösste Beschränkung von Genuss und Bildung und die absichtliche Verwahrlosung von Geist und Körper die Grundzüge der Heiligkeit der Kapuziner, welche nun seit der Reformation unter den niederen Volksklassen eine ähnliche Wirkung übten wie die Jesuiten unter den höheren und höchsten Ständen. Ursprünglich auf Italien beschränkt, kam der Orden 1574 nach Frankreich, 1581 in die Schweiz, 1592 nach Deutschland und zwar zuerst nach Innsbruck. Seit 1619 erhielten sie endlich eigene Generale und das Recht, in Prozessionen unter ihrem eigenen Kreuze zu gehen; auch machten sie sich im Gefolge der Spanier und Portugiesen um die Heidenbekehrung in Amerika, Afrika und Asien verdient. Seit dem Ende des 16. Jahrhunderts gab es auch *Kapuzinerinnen*. *Vogel* in Herzogs Real-Encykl.

Karlssage. Schon sehr früh bemächtigte sich die Sage der Gestalt Karls des Grossen, dessen ausserordentliche Kraft, Macht und Thätigkeit schon den Zeitgenossen als von übermenschlichem Ursprung erschienen. Man erkennt das unter andern aus den Aufzeichnungen, die der namenlose Mönch von St. Gallen, *Monachus Sangallensis*, auf Befehl Karls des Dicken verfasst hat; besonders das Verhältnis Karls zum Orient und sein Zug nach Spanien gaben der Einbildung Raum zu wunderbarer Ausschmückung. Die Ausbildung eines zusammenhängenden Sagencyklus geschah aber auf französichem Boden, wo Karl dem sich allmählich entwickelnden romantischen Rittertum neben Artus das Ideal des ritterlich-christlichen Heldenkönigs wurde; seine eigene Person zwar trat in ähnlicher Weise wie bei Artus zurück und seine Paladine traten in den Vordergrund, namentlich Roland, von dem geschichtlich gar nichts anderes bekannt ist, als sein Name und Einhards Nachricht im Leben Karl, Kap. 9: es sei im Engpass der Pyrenäen nebst vielen anderen gefallen *Hruolandus britannici limitis praefectus*, Roland, der Befehlshaber im britischen Grenzbezirk. Als Hauptquelle der französisch-karolingischen Dichtungen gilt die *Vita Caroli magni et Rolandi* des Turpin, welche dem 11. Jahrhundert angehört; als bedeutendste Dichtung das *Chanson de Roland* oder *de Ronceveaux* aus dem 12. Jahrhundert. Seitdem in Deutschland Friedrich I. im Jahre 1165 die Gebeine Karls hatte erheben und Papst Paschalis III. unmittelbar darauf Karl heilig gesprochen hatte, wurde auch hier Karls Name wieder volkstümlich, und so ist es erklärlich, dass bald darauf zwischen 1173 und 1177 der *Pfaffe Konrad*, ein Weltgeistlicher, das genannte französische Gedicht zuerst in lateinische, dann in deutsche Verse brachte. Das Gedicht, *Ruolandes liet*, wurde schnell beliebt; man zierte die Handschriften mit Bildern aus und überarbeitete es später. So entnahm man französischen Quellen auch eine Bearbeitung der Jugendgeschichte Karls, den *Karl meinet*, d. h. den kleinen *Charlemaine* oder *Carolus magnus*. Andere Gedichte lehnen sich mehr äusserlich an den Karolingischen Sagenkreis an, wie *König Ruther*, welcher der Vater Pipins und Grossvater Karls ist; *Flore* und *Blanscheflur*, die Eltern der Bertha, der Mutter Karls: die *Gute Frau*, deren Gemahl Karlmann, deren Söhne Karl und Pipin der Kleine sind. Zu den Helden Karls zählt der *heilige Wilhelm von Orange*, den Wolfram von Eschenbach bearbeitete, aber unvollendet hinterliess; Fortsetzungen hat man von Ulrich von Türheim und Ulrich dem Türlin. Zur karolingischen Sage gehörten sodann das niederdeutsche Gedicht *Valentin und Namelos*, aus dem 14. Jahrhundert, und die aus dem Niederdeutschen in schlechtes Hochdeutsch übertragenen Geschichten von *Malagis*, *Reinhold von Montalban* und *Ogier von Dänemark* aus dem 15. Jahrhundert; sodann die aus dem Französischen übersetzten Romane von *Lother* und *Maller*, die *vier Haimonskinder*, *Kaiser Oktavianus*. *Wackernagel*, Litteratur, S. 57. Die französische Sage ist kritisch untersucht bei *Gaston Paris*, *Histoire poétique du Charlemagne*. Paris 1865.

Karmeliter. Ein gewisser Berthold, der im 12. Jahrhundert aus Kalabrien auf einer Wallfahrt oder einem Kreuzzuge nach Palästina gekommen war, gründete auf dem Berge *Karmel* da, wohin die Sage den Wohnplatz des Elias verlegt, eine Niederlassung und Genossenschaft von Einsiedlern, wahrscheinlich eine Nachbildung der in Kalabrien heimisch gewordenen Kartäuser. Um das Jahr 1185 hat man den Berthold noch dort gesehen, und seine Gesellschaft ergänzte und vermehrte sich fortwährend aus abendländischen Pilgern und gestaltete sich ordensmässig. Brocard, der zweite Vorsteher, suchte um die kirchliche Bestätigung nach und erhielt vom Patriarchen von Jerusalem 1209 eine Regel. Sie besteht aus 16 Artikeln und schreibt Gehorsam gegen die Oberen, Wohnung in abgesonderten Zellen, Errichtung eines gemeinsamen Bethauses, Abhaltung bestimmter Gebete, Armut, Handarbeit und für bestimmte Zeiten Fasten und Schweigen vor. Im Jahre 1238 verliess die Gesellschaft den Berg Karmel, wanderte zuerst nach Cypern aus, dann nach Sicilien, 1240 erschienen sie in England, 1244 in Südfrankreich; ihr erstes Generalkapitel hielten sie 1265 in England. Ein von König Ludwig dem Heiligen 1259 in Paris errichtetes Karmeliterkloster trug namentlich zur Verbreitung des Ordens in Frankreich und Deutschland bei. Unterdessen hatte Innocenz IV. im Jahre 1247 auf die Bitte des Ordens Änderungen in der Organisation vorgenommen, wodurch sich die Karmeliter den Bettelmönchen nähern sollten. Die Tracht hatte anfänglich aus weiss und schwarz (oder braun) gestreiften Mänteln, nach dem vorgeblichen Beispiele des Elias, bestanden; jetzt nahmen sie die Dominikanertracht an, nur dass sie Schwarz für den Rock, Weiss für den Mantel bestimmten. Dazu kam das aus zwei Streifen von grauem Tuch bestehende Skapulier, das Maria selbst vom Himmel herabgebracht haben und welches alle, die es hier im Leben tragen oder doch wenigstens darin sterben, selig machen sollte, indem Maria alle Sonnabende in das Fegfeuer käme, um die Betreffenden daraus abzuholen. Infolge dieser 1287 aufgekommenen Erfindung machten die Karmeliter ihr Glück, und es entstand eine Skapulierbrüderschaft, welche ohne ein Ordensgelübde eine grosse Menge von Laien dem Karmeliterorden affilierte. Den Dominikanern machten die Karmeliter die Erfindung des Rosenkranzes streitig, sie setzten der Portiunkulakirche der Franziskaner das Haus der Maria zu Loretto entgegen und behaupteten, sie hätten in der Liebe zu Maria allen Mönchen den Vorrang abgelaufen. Die Verwilderung der Ordenszucht hatte im 15. Jahrhundert mannigfache Reformversuche zur Folge, dazu gehörte die 1452 erfolgte Stiftung von Frauenklöstern des Ordens und die 1476 durch Sixtus IV. geschehene Einrichtung von Tertiariern. Im 16. und 17. Jahrhundert hat der Orden namentlich in Spanien eine neue, von schwerster Askese und eigenttümlicher Mystik getragene Blüte erlebt und eine Art Mittelglied zwischen Jesuiten und Kapuzinern gebildet; ihr Übermut war so gross, dass sie sich des höchsten Alters unter allen Mönchsorden rühmten und eine ununterbrochene Erbfolge der Ordensgenerale wenigstens vom Propheten Elias an zu beweisen vermeinten. *Vogel* in Herzogs Real-Encykl.

Kartäuser-Orden, zählt unter die aus dem Benediktiner-Orden im 10. und 11. Jahrhundert hervorgegangenen, strengerem kirchlichem Leben gewidmeten Ordensgesellschaften. Sein Stifter heisst *Bruno.* Er war vor der Mitte des 11. Jahrhunderts in Köln von adeligen Eltern geboren, hatte auf mehreren hohen Schulen Frankreichs den Studien obgelegen, war dann Kanoniker von St. Kunibert in Köln und später Domherr und Kanzler des Domkapitels in Rheims geworden. Als Lehrer der Theologie wirkte er zur Verbreitung der Grundsätze Gregors VII. und stand u. a. an der Spitze der Gegner und Ankläger des eigenen, eines schändlichen Lebenswandels bezichtigten Erzbischofes Manasses I., der schliesslich von Gregor exkommuniziert wurde. Da sich Bruno jedoch von seinen theologischen Studien religiös nicht befriedigt fand, beschloss er die Welt zu verlassen und ein asketisches Leben zu führen. Er begab sich nach Südfrankreich, wo von Italien her ein neues Einsiedlerleben soeben Eingang fand, und Bischof Hugo von Grenoble wies Bruno mit seinen sechs Gefährten den wilden Ort *la Chartreuse* in der Gegend von Grenoble an. Erst spätere Jahrhunderte wussten von einer Wiederbekehrung Brunos zu berichten, die hier nach Sebastian Franks Chronika mitgeteilt werden mag: „Der orden hat auss solchem erschrecklichem fall seinen anfang entpfangen: dieweil die hoch schuol zuo Pareiss in hoher blüeung stuond, da was under in einer an klarheit der kunst, frumbkeit des lebens und hohem geruch die andern alle übertreffende, der starb. Dieweil nun die Vigili in beiweisen grosser anzal der hochgelerten Doktorn, Meistern, gesungen ward, da richtet sich der todt leichnam in der par auf, mit grosser stimm schreiende: Ich bin auss gerechtem gericht Gottes verklagt, *justo Dei judicio accusatus sum!* Des entsetzten sich alle in gegenwertigkeit, entschlossen sich den leichnam nit zuo ergraben. Des Morgens schrei der todt leichnam wie vor. An dem dritten tag kam schier die ganz statt, das wunder zuo hören. Da stuond der gestorben abermals auf und schrie: Ich bin auss gerechtem gericht Gottes verdampt, *justo Dei judicio condemnatus sum*! Dise stimm durchdrang viler herz, allermeist Brunonem, von Cölen bürtig, ein Regent und schuolmeister daselbs; der sprach zuo seinen jüngern: sehen, wie jämerlich und erbermblich ist der vergangen, der von aller menigklich in seinem leben als heilig geacht ward! Demnach verliess er die welt und ir gebreng, gieng mit siben mennern in ein wüestine und einöde etc.“ In der Chartreuse bauten sie sich einige Zellen, in denen sie anfangs paarweise wohnten, und ein Bethaus. Sie kleideten sich weiss, verpflichteten sich zu stetigem Stillschweigen, zu dem Abhalten der mönchischen Betstunden, zu den strengsten Entsagungen und Abtötungen und zum Abschreiben andächtiger Bücher. Zwar Bruno selber wurde später von Urban II., dessen Lehrer er gewesen war, nach Rom berufen und starb in der wüsten Gegend La Torre in Calabrien, wohin er sich zuletzt als Einsiedler zurückgezogen hatte, im Jahre 1101. Doch blieb die Chartreuse bestehen, und der Orden wurde, nachdem schon manche neue Niederlassungen gegründet waren, 1170 vom Papst Alexander III. als selbständiger Mönchsorden bestätigt. Im Jahre 1258 zählte man 56 Kartäuser-Klöster. Die ersten schriftlichen Statuten des Ordens, die *Consuetudines Cartusiae*, stammen aus dem Jahre 1130. Das Hauptziel der Ordensgesetze ist Abschliessung, nicht bloss von der Welt, von der Nachbarschaft, sondern sogar vom Verkehr mit den Ordens- und Hausgenossen, ja von allen übrigen Orden und von allem Einflusse auf Kirche und Welt. Wirklich hat auch kein anderer Orden so wenig schlimme innere Bewegungen und Spaltungen erfahren, wie der der Kartäuser. Jeder Mönch bewohnt sein eigenes kleines Gebäude, dem ein kleines abgeschlossenes Gärtchen beigegeben ist; in diesen Zellen, die in der Regel den grösseren der beiden Kreuzgänge, welche sich an die Kirche anschliessen, umgeben, verbringen sie den grössten Teil ihrer Zeit einsam, in Gebet, Beschaulichkeit und Arbeit; doch sehen sie sich mehrmals täglich beim gemeinschaftlichen Gottesdienst in der Kirche, im Kapitelsaal und an Sonn- und Festtagen bei gemeinsamen Mahlzeiten im Refektorium, bei denen aber nicht gesprochen werden darf. Der Fleischspeisen enthalten sie sich völlig, sonst ist ihre Nahrung mässig, auch Weingenuss gestattet. Vorsteher des Ordens ist der Prior des Mutterklosters, der grossen Kartuse bei Grenoble; hier versammelt sich alljährlich das Generalkapitel, bei welchem die Prioren sämtlicher Klöster erscheinen oder sich durch Boten und Briefe vertreten lassen.

Karten, siehe *Landkarten* und *Spielkarten*.

Kasperletheater. Kaspar hiess von jeher im Mittelalter einer von den heiligen drei Königen, die in den Mysterien, den Dreikönigsspielen und sonst dem Volk jährlich vor Augen traten. Seit dem 15. Jahrhundert bemächtigte sich auch dieses Spieles der Humor, und Kaspar, der nun als Mohr mit geschwärztem Gesicht auftrat, erhielt den Schein einer lustigen Person und war der Wortführer. Von daher erhielt der Name Kaspar überhaupt die Bedeutung der drolligen Person im Spiel; daher der Name Kasperletheater statt *Puppentheater*, siehe den letzteren Art.

Kastenvogt, Kastvogt, ist der weltliche Schutzherr eines Stiftes, *monasterii advocatus, tutor, defensor*, so benannt, weil er hauptsächlich dessen Zehenden und Einkünfte, den Getreide-Kasten zur Aufbewahrung des Zehend-Getreides, verwaltete und schützte. Siehe *Vogt*.

Katharer heisst eine im Mittelalter weit verbreitete Sekte. Vergebung der Sünden und Erlösung vom Übel, lehrten sie, werde erlangt durch Entsagung der Welt, der Materie, und durch Eintritt in die Gemeinschaft der *Reinen*, ausser welcher kein Heil sei. Die Aufnahme geschah durch eine feierliche Handlung vermittelst des einfachen Auflegens der Hände, was *Consolamentum* hiess, welches die Geistestaufe erteilen sollte; die Wassertaufe verwarfen sie. Erst nach empfangenem *Consolamentum* war man ein vollkommener, *perfectus*, denen allein der Name *Cathari* gebührte; in Frankreich nannten sie sich *bons hommes;* die Katholiken hiessen sie schlechthin die *Haeretici*, daher auch das Wort *Ketzer* bald der Name für Häretiker überhaupt wurde. Die Vollkommenen waren die Lehrer, die Verwalter der Gebräuche; sie mussten sich alles dessen enthalten, was als Todsünde angesehen wurde, lebten ohne Besitz und ehelos, genossen nur vegetabilische Nahrung oder Fische und fasteten streng zu gewissen Zeiten des Jahres. Sie hatten die Regel, immer zu zweien zu sein, doch konnte der Socius auch ein blosser Gläubiger sein. Sie erkannten sich an bestimmten Zeichen, durch welche sogar die Häuser, worin sie wohnten, den Brüdern erkennbar waren. Auch unter den Frauen gab es Vollkommene, welche jedoch weder lehrten noch herumreisten, sondern in Hütten einsam lebten oder sich mit der Erziehung junger Mädchen abgaben. Die Zahl der Vollkommenen war der Strenge ihres Lebens zufolge stets gering; um 1240 sollen ihrer 4000 in ganz Europa gewesen sein. Doch gab es unendlich viele Gläubige, *credentes*, denen Güterbesitz, Ehe, Genuss aller Art Speisen gestattet war, doch unter der Bedingung, diese Sünden den Geistlichen der Sekte zu beichten und jedenfalls vor dem Tode das *Consolamentum*, als unerlässliches Heilmittel, zu erlangen. Die Vollkommenen bildeten zusammen die katharische Kirche, die sie die allein wahre und reine nannten. Ihre religiösen Gebräuche waren sehr einfach; wo sie mächtig genug waren, um öffentlich aufzutreten, wie in Südfrankreich und in Bosnien, hatten sie eigene Bethäuser, aber ohne Bilder, Kreuze und Glocken; man sah nichts darin als einen mit einem weissen Tuch bedeckten Tisch, auf welchem das beim Evangelium Johannis aufgeschlagene Neue Testament lag. Vorlesung einer Stelle und Erklärung derselben bildete den Hauptteil des Gottesdienstes; hierauf folgte der von den Gläubigen knieend begehrte und empfangene Segen; den Schluss bildete das gemeinsam gesprochene Vater Unser, mit den Worten: Gieb uns heute unser übersinnliches Brot *(supersubstantialem panem)* und mit der Doxologie; und zuletzt noch einmal der Segen. Das Abendmahl wurde ersetzt durch Brechen und Segnen des Brotes durch die Vollkommenen, und zwar bei jeder Mahlzeit, welcher solche beiwohnten; dieses geweihte Brot wurde durch die Gläubigen sorgfältig aufbewahrt, es sollte täglich ein Stück davon genossen werden; doch verwarf man dabei jede Beziehung auf den Leib Christi. Als Beichte hatten die Katharer ein öffentliches, von den Gläubigen, wie von den Vollkommenen abgelegtes Sündenbekenntnis. Abgesehen von Weihnachten, Ostern und Pfingsten machten sie keinen Unterschied der Tage. Ihre kirchliche Organisation führten sie zum teil auf die ursprüngliche christliche Kirche zurück. Sie hatten nur Bischöfe und Diakonen; dem Bischofe waren zwei Gehilfen oder Stellvertreter beigegeben, *Filius major* und *Filius minor;* es gab grössere und kleinere Synoden.

Der Ursprung der Katharer ist wahrscheinlich unter den *Slaven* zu suchen, und zwar in Bulgarien. In Thrazien verbreitete sich der Katharismus unter dem Namen *Bogomilis-*

mus, der hauptsächlich in Philippopel und Konstantinopel vertreten war. Handeltreibende Slaven brachten die Sekte nach *Italien*, wo um 1035 ein Katharer verbrannt wurde. Sie war später namentlich in der Lombardei verbreitet; doch findet man ausser in Mailand auch in Florenz, dem Kirchenstaate, in Kalabrien und Sizilien lange Zeit katharische Kirchen, die zuletzt mehrere Diöcesen bildeten. Im 14. Jahrhundert verschwindet hier ihre Spur.

Am mächtigsten waren die Katharer in *Südfrankreich*, wohin sie in den ersten Jahren des 11. Jahrhunderts kamen. Vergebens durchreiste 1147 der heilige Bernhard das Land, um sie zu bekehren; Fürsten und Adel beschützten sie, so dass sie sich frei entwickeln konnten. Sie waren hier in mehrere Bistümer geteilt, deren bedeutendste die von *Toulouse* und *Alby* waren; vom letzteren wurden sie meist *Albigenser* genannt. Im Jahre 1165 hielten die katholischen Bischöfe im Schlosse Lombers bei Alby ein öffentliches Religionsgespräch mit den katharischen Geistlichen des Landes; die letzteren gingen frei aus, und man musste sich begnügen ihre Lehre zu verdammen. Nachdem der von Prälaten und Mönchen begleitete Kardinal-Legat Peter 1178 gegen sie ebenfalls nichts ausgerichtet hatte, sandte Alexander III. 1180 den Kardinal Heinrich, früher Abt von Clairvaux, ins Land, um den ersten Kreuzzug gegen die Albigenser zu predigen, ebenfalls ohne wesentliche Erfolge. Zu Anfang des 13. Jahrhunderts gehörten fast sämtliche Fürsten und Barone Südfrankreichs zu den Gläubigen; in Schlössern und Städten hielten die allgemein verehrten *Bons hommes* öffentlich ihre Versammlungen; in vielen hatten sie Bethäuser und Schulen für Knaben und Mädchen; die katholische Kirche war zum Gespötte geworden. Erst *Innocenz III.* gelang es, mit Hilfe der *Dominikaner* und der *Inquisition* die Ketzerei zu unterdrücken.

Nach *Deutschland* kam der Katharismus teils von dem slavischen Osten her, teils aus Flandern und der Champagne. Schon 1052 wurden zu Goslar Katharer zum Tode verurteilt. Besonders zu Köln und Bonn bestand die Sekte fort. In der ersten Hälfte des 13. Jahrhunderts finden sich katharische Gemeinden in Bayern und am Rhein hinab. In den letzteren Gegenden wirkte seit 1131 der Dominikaner Konrad von Marburg. Seitdem verschwinden sie in Deutschland. *Schmidt* in Herzogs Real-Encykl.

Kaufhaus. Es giebt im Mittelalter zwei Formen dieser Einrichtung, Kaufhof und Kaufhaus im engeren Sinne.

Der *Kauf-* oder *Kauffahrerhof* ist ein gemeinsames Herbergshaus, das die durch gemeinsame Heimat verknüpften Grosskaufleute an den Auslandsplätzen besassen und wo sie zugleich Wohnung, Stallung, Geschäftsbetriebsräume und Vorratskammern fanden. Dazu gehören u. a. die uralten *Teynhöfe* der slavischen Grossstädte, namentlich Prags, der *Fondaco dei Tedeschi* zu Venedig und der hansische Stahlhof zu London.

Das deutsche *Kaufhaus* im engeren Sinne, das auch in kleineren Städten vorkommt, hat zum Zweck, einerseits dem lokalen Handelsverkehre einen konzentrierenden Mittelpnnkt zu schaffen, und andererseits den Geschäftsbetrieb der Fremden, indem es ihn in einen bestimmten, öffentlich überwachten Raum bannt, auf ein erträgliches Mass zu reduzieren. Alte Benennungen des Kaufhauses sind *koufhus*, *halle*, *sellehus*. In der Regel muss ihre Entstehung auf einen Bewilligungsakt des Stadtherrn zurückgeführt werden. Nach seiner baulichen Gestaltung bestand das Kaufhaus gewöhnlich aus zwei

Stockwerken, deren jedes zunächst eine Anzahl von *Koufkameren* enthielt, abgeschlossene Gemächer von ansehnlicher Breite, mit Auslegetischen für die Waaren versehen; sie konnten entweder im Ganzen an einen, oder in Teilen an mehrere Händler vermietet werden; im oberen Stockwerke wurden kostbarere, im unteren geringere Artikel feilgeboten. Die übrigen Räumlichkeiten bestanden aus Versammlungsstuben, Speichern, Gewölben und Kellern. Eine Kaufkammer oder eine Stelle darin zu mieten, stand jedem wirklichen Kaufmann frei; doch gab es gewisse Gewerbserzeugnisse, mit denen nur im Kaufhaus gehandelt werden durfte, namentlich der Tuchverkauf, nicht der ballenweise, sondern der sog. Gewandschnitt, das ist der Verkauf in Viertels- oder Sechstelstücken oder nach der Elle; auch scheint diese Beengung des Tuchhandels allmählich nur noch die fremden Händler oder die Gäste betroffen zu haben. Die im Oberraum des Kaufhauses befindliche Saalhalle war das korporative Geschäftslokal des städtischen und auswärtigen Handelsstandes, zuweilen auch das städtische Gerichtslokal. Die Beamten, welche die Beaufsichtigung und Leitung des Kaufhauses unter sich hatten, waren die *Kaufhaus-Meister* oder *Kaufhaus-Herrn*, ein Ratsausschuss, dem zugleich die kaufhäusliche Gerichtsbarkeit über die während der Geschäftsstunden geschehenen *überfarungen* und über Handelsschuldsachen der im Kaufhause Verkehrenden oblag; der *Kaufhaus-Vorstand* oder *Amtmann* ist ein angestellter städtischer Beamter höheren Ranges; dann giebt es noch einen *Kaufhaus-Schreiber*, *Kaufhaus-Umgelter*, *Kaufhaus-Zöllner*, *Wärter*, *Wagmeister* und *Pförtner*. In das *Kaufhaus-Buch* wurden die in das Kaufhaus gebrachten Handels-Güter und gewisse Zahlungsgelöbnisse verzeichnet. In vielen grösseren Städten gab es ausser dem allgemeinen Kaufhause noch ein *Gewand-* oder *Tuchhaus*, das oft geradezu das Kaufhaus vertrat, und andere gesonderte Gebäude für den Umsatz von Leinenwaaren, Kleidungsstoffen von Halbseide und leichter Wolle, Garngespinsten und Geweben, Leder u. s. w. *Artushöfe* oder *Junkerhöfe* sind seit dem 14. Jahrhundert in Danzig, Elbing, Königsberg und anderen altpreussischen Städten bestehende, umfang- und schmuckreiche Steingebäude, worin der gesamte Kaufleutestand seine täglichen wie ausserordentlichen, dem Ernste und der geselligen Erheiterung gewidmeten Zusammenkünfte hielt und wo auch bei den Vorstehern eingeschriebene Fremde, namentlich aus den befreundeten Hansastädten, Zutritt bekamen. Nach *Gengler*, deutsche Stadtrechts-Altertümer. Kap. 16.

Kawertschen, Gawerschen, Kaumersin, heisst eine im Mittelalter neben Lombarden und Juden oft genannte Klasse von Geldwucherern; sie stammten aus der Stadt Cahors in der Landschaft Guyenne und trieben ihren Gelderwerb durch ganz Frankreich, England und Deutschland. Im Jahre 1156 bewilligte Kaiser Friedrich I. dem Herzog von Österreich nicht nur Juden, sondern auch „Gewertschin“ in seinem Land aufzunehmen. Sie verschwinden im 14 Jahrhundert aus der Geschichte, während von den Lombarden noch mehrere Jahrzehnte des 15. Jahrhunderts hindurch die Rede ist. *Amiet*, die französischen und lombardischen Geldwucherer des Mittelalters, namentlich in der Schweiz, im Jahrbuch für schweizerische Geschichte, Bd. 1 u. 2, 1877 u. 1878.

Kegel in der Redensart *Kind und Kegel* ist soviel wie unehelicher Sohn. Es ist ein im Hause entstandener Ausdruck, der seinen rechten Sinn im Munde des Hausvaters hatte zu einer Zeit die sehr weit zurückliegt, als Kebsweiber neben dem Eheweib von Herkommen und Sitte erlaubt waren. Siehe *Grimms* Wörterb.

Kegelspiel, mhd. *kegelen*, war im Mittelalter in Stadt und Land beliebt, namentlich an der Kirchweihe und auf den Schiessplätzen. Eine Augsburger Chronik vom Jahr 1470 erzählt: *Es waren auch aufgeworfen fünf klainater* (Gewinne), *darumb gemain gesellen kegeleten; welcher in drei würfen am meisten kegel warf, der gewan das best, und ain baur von Menchingen warf siben kegel in drei Würfen.* Früh kommen auch schon Verbote des Spieles vor, in Frankfurt a. M. z. B. 1443. Hildebrand spricht, darauf fussend, dass das Wort *Kegel* ursprünglich soviel als Schienbein oder Wadenbein bedeutete, und dass man ursprünglich aus dem Kegel im Knochengebäude einen Kegel zum Spiel machte, folgende Vermutungen aus, Grimms Wörterbuch V, 385: „Es lässt sich denken, dass das Kegelspiel sehr alt sei, es ist auf dem Lande noch ein oder das Hauptvergnügen an Sonntagen und den hohen Festen; war es vielleicht von jeher ein Anhang der hohen Feste aus der heidnischen Zeit her? und ist der *Kegel* vom Pferde, der zum Spiele dient, ursprünglich von dem Pferde, das dem Wuotan geopfert ward? oder von den den Göttern geopferten Kriegsgefangenen? Denn gerade Wuotan liebte Pferde- und Menschenopfer, und nichts liegt näher, als dass man von dem Opfer wie das Fleisch zum Opferschmause, so die Knochen zu den Spielen nahm und beide dadurch gleichsam heiligte. Der wilde Jäger, d. i. Wuotan, führt noch Rossknochen bei sich, und an heiligen Orten, wo sonst die Fastnachtfeier ihre Stelle hatte nebst allerlei Spielen und Leibesübungen, weiss das Volk von gespenstigen Kegelbahnen; ja in dem Kindermärchen erscheint ein gespenstiges Kegelspiel mit Totenbeinen als Kegeln und Totenköpfen als Kugeln. Das Kegeln im Himmel, was das Volk im Donnern findet, gehört ja wohl auch ursprünglich Wuotan an, in der Oberpfalz u. a. schreibt man es dem heiligen Petrus zu. Die Zahlen, in denen die Kegel auftreten, neun und drei, sind beide heilige Zahlen. Übrigens scheint das Kegeln ursprünglich nur eine Ausbildung oder besondere Anwendung des alten Steinstossens, Steinwerfens, das ja wohl mit anderen Kraftübungen als Wettspiel die Götterfesttage verherrlichen half." *Kriegk*, Bürgertum, I, 423. *Zettler* in Ersch und Gruber.

Kelch. Der Kelch, lat. *calix*, engl. *chalice*, franz. *calice*, ist ein profanes Trink-, hauptsächlich aber ein kirchliches Altargefäss, das schon in der ersten Zeit der Christenheit gebraucht wurde, zur Austeilung des in Wein verwandelten Blutes Christi. Man unterscheidet den *Abendmahls*-, Speise-, Kommunions- oder Laienkelch, der bis zur Kelchentziehung (um 1220) der Gemeinde den Wein spendete, den *Sammelkelch*, in welchem der von den Gemeindegliedern dargebrachte Wein (später das Opfergeld) gesammelt wurde, den *Konsekrationskelch*, in welchem der Priester die Verwandlung des Weines in Blut vornahm, den kleinen *Messkelch*, den der Priester bei der Messe für sich gebrauchte, den noch kleineren *Reise*- oder *Krankenkelch*, der den Sterbenden gereicht wurde, den *Grabkelch* und endlich den *Taufkelch*.

Der älteste auf uns gekommene Kelch dieser Art stammt aus der Zeit Justinians und zeigt bereits die abgeschwächten Formen der späteren Kaiserzeit, ist zweihenkelig und am oberen Rande mit kleinen, von Filigran eingefassten herzförmig geschliffenen Edelsteinen (abwechselnd Rubinen und Smaragden) versehen.

Den Reichtum der *fränkischen* Kirchen deutet eine Nachricht über die Beute Childeberts an, der in Amalarichs Palast 60 Kelche, 15 kostbare Platten *(Patenae)* zum Gebrauche beim Abendmahl und 20 kostbar verzierte Behälter zur Aufbewahrung der Abschriften des heiligen Evangeliums vorgefunden und an die Kirchen und Gotteshäuser seines Reiches verteilt haben soll.

Bei dem Aufschwung des religiösen und kirchlichen Lebens zur Zeit der *Kreuzzüge* und der fortschreitenden Kunst der Verarbeitung edler Metalle wird der Gebrauch der heiligen Gefässe immer allgemeiner und deutlicher nachweisbar. Genannt werden der Kelch mit der Patena (Hostienteller) und der Saugröhre zum Saugen des Weines, die *Ciborien* in welchen die Hostien aufbewahrt werden, ferner die *Schüsseln*, *Giessgefässe*, *Taufbecken*, *Weih-* und *Sprengkessel*, *Räucherfässer*, *Büchsen*, *Salb-* und *Ölfläschchen* und die *Reliquienbehälter*. Die grossen Speise- und die zur Schmückung des Altars verwendeten *Prachtkelche* wurden von Päpsten, Königen und Kaisern oft geschenkt und waren köstlich gearbeitet. Bestimmtere Vorschriften existierten für die Beschaffung der kleineren Kelche, die in der ältesten christlichen Zeit aus Glas, Holz, Horn, Elfenbein, selten aber aus Metall bereitet waren. Im Jahr 787 wurden die hörnernen, 811 die hölzernen, 813 die kupfernen, später auch die gläsernen verboten. Zulässig waren nur noch goldene und silberne, die kupfernen allerhöchstens mit einer starken Vergoldung. Ärmere Kirchen halfen sich jedoch mit zinnernen Gefässen. Vorgeschrieben waren ausser dem Stoff auch Form und Verzierung. Der Kelch sollte aus Fuss, Schaft, Knauf und Schale bestehen und auf der Fläche des Fusses *(Pes)* keine andere Verzierung als die Darstellung des Leidens Christi enthalten. Der Schaft *(Stylus)* sollte der Breite der Hand entsprechen, der Knauf je nach Vermögen mit Edelsteinen besetzt werden, die Schale *(Cuppa)* nach dem Schaft hin etwas enge, nach oben sich erweiternd und der Rand selber so beschaffen sein, dass er weder ein- noch auswärts, noch irgendwie gebogen erscheine. An der Kuppe durften keine Kreise gezogen werden, und allfällige Zieraten waren mindestens zwei bis drei Finger breit vom Rande fern zu halten, der nicht breit, sondern mehr scharf auslaufend gebildet werden musste. Selbstverständlich ist, dass diesen Vorschriften nicht immer nachgelebt wurde und zwar von seiten derjenigen, die sie aufgestellt oder wenigstens in erster Linie zu überwachen hatten. Der Kelch des heiligen Gozlin, Bischof von Toul (922—962), ist zweifach gehenkelt, hat eine halbkugelförmige Schale, einen umgebogenen Rand und ist an allen Teilen mit Gravierung versehen und reichlich mit Edelsteinen geschmückt. Dieselbe Willkürlichkeit in Form und Ausstattung zeigen auch die übrigen Kelche desselben, sowie besonders die des 11. und 12. Jahrhunderts, so der Kelch des heiligen Remigius in der Bibliothek zu Paris und der Speisekelch im Stifte Wilten (Tirol), welch letzterer besonders mit bildlichen Darstellungen aus der heiligen Schrift geschmückt ist. Im 12. Jahrhundert erscheint der Kelch fast ohne Ausnahme halbkugelförmig auf kurzem Fuss, der *Becher* aber in der noch heute üblichen Becherform oder in der Gestalt eines kleinen aus Dauben zusammengefügten Fässchens.

Auch das 13. Jahrhundert bringt keine neuen Formen, sondern begnügt sich hauptsächlich damit, teils den Fuss rosettenartig, teils Schaft und Knauf statt rund nun mehrflächig und die Kuppe um weniges höher und schlanker, eiförmiger zu gestalten. Daneben verdient erwähnt zu werden, dass gegen Ende desselben Jahrhunderts ein neues Kirchengefäss eingeführt wird, die *Monstranz*, dessen wirklicher Gebrauch jedoch durch äussere Umstände verzögert erst zwischen 1317 bis 1330 beginnt.

Die Folgezeit war bestrebt, den Kelch schlanker zu machen; die halbeiförmig gebildete Kuppe wurde nach unten noch spitzer zusammengezogen. Der Schmuck blieb im wesentlichen immer noch auf den Fuss beschränkt, der statt kreisrund wie bisher, sich nun mehrflächig und rosettenförmig aufsteigend verjüngte. Die Flächen wurden nach innen geschweift und bis zum Mittelknauf hin durch Stabverzierungen oft in Verbindung mit geometrischen Figuren in baulicher Weise ausgestattet. Auch der Knauf, der obere Teil des Fusses, wurde demgemäss verziert, der rund, kugel- und eiförmig, mit kantigen Ausladungen, mehr und mehr mit dem Schafte zu einem Ganzen sich gestaltete. Daneben fuhr man fort, die zu Prachtstücken bestimmten Kelche gelegentlich sehr reich zu emaillieren und stellenweise mit Filigranarbeit und farbigen Steinen zu besetzen.

Das 15. Jahrhundert ging hierin noch weiter. Der Fuss des Kelches gestaltete sich zu einem förmlichen Bündel von reichgegliedertem und durchbrochenem, spitzbogigem Nischen- und Pfeilerwerk oder zu einem Rosettengeflecht. Die Kuppe bedeckt man häufig bis über die Mitte mit Masswerk oder mit pflanzlichem Zierat, gemischt mit eingravierten Darstellungen von Szenen aus der Leidensgeschichte. Siehe Fig. 79. Gotischer Kelch aus Hohenstein, nach Müller und Mothes, arch. Wörterb. Noch freiere Formen brachte die Renaissance, die äussere Unterschiede zwischen dem kirchlichen und weltlichen Kelche nicht mehr kennt und zu deren Verzierung alles aufbietet. Der Kelch wird möglichst schlank gebaut. Der Fuss erhält jede beliebige Gestalt. Der Schaft verliert den Mittelknauf und setzt sich zusammen aus runden, linsen- und eiförmigen Körpern, geraden, aus- und einwärts geschwungenen Platten, Leisten und dergleichen nebst dazwischen und darüber angeordnetem Kleinzierat. Die Kuppe nahm an Höhe zu, sodass sie oft zwei Drittel der Gesamtlänge betrug. Sie wechselte in allen Formen, welche ihr Zweck irgend zuliess, zwischen denen des einfachen Bechers und eines mannigfachst geschwungenen, vielflächigen teilweise gebuckelten oder auch einwärts getriebenen Gefässes, ja zuweilen selbst in den Gestalten von geriefeltem Muschelwerk und ward gewöhnlich mit einem entsprechenden Deckel versehen, der wie der Becher selbst reich geschmückt war mit getriebener, gravierter und eingelassener, eingeschmolzener, melierter oder farbiger Emailarbeit.

Fig. 79. Gotischer Kelch aus Hohenstein.

Im 17. Jahrhundert artete die Verzierung oft in geschmacklose Schnörkelei aus, was besonders von manchen „Willkommbechern“ der Zünfte und Innungen gesagt werden muss, die neben oder zwischen dem Zierat oft eingefügte Schau- und Gedenkmünzen zeigen. Nach *Weiss*, Kostümkunde. Vgl. *Otte*, Handb. § 40.

Keller, aus lat. *cellarius*, derselbe Stamm und Begriff wie *Kellner*, heisst der über die *cella*, den Keller, gesetzte Schaffner, Kellermeister. In den Klöstern war der *pater cellarius* Klosterbeamter. Karls des Grossen *capitularium de villis* erwähnt der *cellarii*; es sind diejenigen weltlichen Beamten, welche die Weinberge, Weingärten samt anderen Einkünften, die in den *Keller* einzuliefern waren, wie Honig, Käse, Fische, Gartenfrüchte, Wolle zu verwalten hatten. Der Keller steht unter dem *Maier*; während dieser die Oberverwaltung und namentlich das untere Gerichtswesen unter sich hat, steht dem Keller die Besorgung der Landökonomie zu. Das Wort hat sich als weitverbreiteter Geschlechtsname erhalten.

Kelnhof, Kelhof heisst der unter einem *Keller* stehende Hof; die Benennung kommt in Schwaben und der Schweiz vor und scheint sich auf Klostergüter zu beschränken; der Name blieb später oft auf den Gütern haften, auch nachdem die ursprüngliche Bedeutung faktisch erloschen war. Was zum Kelnhof gehörte, hiess *Kelnhofgut*, die Leute *Kelnleute*, die Mühle *Kelnmühle*; auch der Name *Kelnmaier* kommt vor, der das *Kelgericht* abhält. *Grimm*, Wörterbuch.

Kemenate, mhd. *kemenâte*, ahd. *cheminâta*, mittellat. *caminata* (nämlich *camera*), eigenes Zimmer mit einem *caminus*, ist das heizbare Wohnzimmer auf Burgen, dann auch das gewöhnliche Wohnhaus gegenüber dem alten Hauptteil der Burg, dem (meist wohl unheizbaren) *sal*, *palas*, endlich auch grösseren Burgen gegenüber ein kleinerer Burgstall, befestigtes Haus. Der Begriff Wohnzimmer gliedert sich in denjenigen des Frauengemachs, des Schlafzimmers und des Krankenzimmers, des Wohn- und Geschäftszimmers des Herrn, sogar der Schatz-, Kleider- und Waffenkammer u. a. Am bekanntesten ist seiner inneren Einrichtung nach das Schlafzimmer. Dasselbe ist wie der Saal mit Gemälden geschmückt, wird bei festlichen Gelegenheiten dekoriert, der Fussboden mit Blumen bestreut. In der Kemenate steht das grosse gemeinsame Ehebett hinter Vorhängen; davor ein Teppich und eine Bank samt Fussschemel; *ric* heisst das Gestell, über welches man die ausgezogenen Kleider hängt. Ausser Stühlen und Tischen stehen hier auch die Laden, mhd. *kiste*, *valde*, *schrîn*. Ein Kruzifix dient der frommen Andacht. Das Schlafzimmer der Herrin diente zugleich als Arbeitszimmer für sie und ihre Mägde. Die Thüre war verschliessbar und zum verriegeln eingerichtet. Wer Eintritt verlangte, hatte mittelst des Klopfringes zu pochen. Für die Katzen war unten eine Öffnung ausgeschnitten. *Grimm*, Wörterbuch; *Schultz*, Höfisches Leben, Absch. I.

Kerbholz oder *Kerbe*, auch die *Beile* genannt, ist das alte Mittel zum Zählen und Rechnen, die alte Rechentafel, ein später Nachkomme des uralten Runenstabes. Es diente namentlich zur gegenseitigen Sicherstellung und zum Schutz gegen Betrug im Geschäfts- und Rechnungswesen, was dadurch erreicht wurde, dass beide im gegenseitigen Geschäftsverkehr stehenden Teile zwei ganz gleiche etwa fusslange Stäbchen besassen, die man bei der Notierung der Schuld neben einander legte und über die man in einem Zuge so viele Kerben einschnitt oder einfeilte, als die Rechnung Posten betrug. Bei der Abrechnung wurden die beiden Teile miteinander verglichen und die Kerbe, die, sofern keine Fälschung stattgefunden hatte, genau auf einander passen mussten, zusammengezählt. Der Kerbhölzer bedienten sich namentlich Bäcker, Metzger, Milchbauern, Drescher, Müller, Bergleute u. dgl. Auch amtliche Rechnungen wurden so geführt, und im Steuerwesen diente die Einrichtung zur Berechnung und Kontrole zwischen dem Einnehmer und dem Gegenbeamten. *Hildebrand* in Grimms Wörterbuch; *Staub*, das Brot im Spiegel schweizerdeutscher Volkssprache und Sitte, Leipzig, 1868, S. 48.

Kerzen und **Lichter** beim Gottesdienst, sind seit dem 14. Jahrhundert nachgewiesen, in Nachahmung des siebenarmigen Leuchters im israelitischen Tempel und im Anschluss an die sinnbildliche Bedeutung des Lichtes in der heiligen Schrift. Zur Zeit des Chrysostomus wurden Kerzen vornehmlich zur Beleuchtung des Altars angewendet, während man Lampen lieber in Kapellen und vor Heiligenbildern brauchte. Sie wurden nur aus Wachs bereitet; denn das Erzeugnis der Biene, die nach Vollendung ihres Werkes sterben muss, hat eine mystische Bedeutung. Besondere Altardiener, *Ceroferarii*, trugen die Kerzen und setzten sie auf einem eigenen Tische neben dem Altare nieder. Die Leuchter hiessen *Cereofala*. Je nach der kirchlichen Zeit oder Handlung hat das Kerzenlicht verschiedene Bedeutung: es giebt daher Taufkerzen, Brautkerzen, Grabkerzen, Osterkerzen, deren Weihe am Karsamstag stattfindet; in Süddeutschland aber an Mariä Lichtmess, 2. Februar, an welchem Tage auch die Wetterkerzen geweiht werden, welche man im Sommer bei den „Schauermessen“ anzündet, um Hagel und Wolkenbruch abzuhalten.

Kessler. Wie die Pfeifer und Spielleute (siehe den Artikel *König der Spielleute*) so hatte auch *das freie Handwerk der Kessler* in verschiedenen Gegenden Deutschlands eine eigene privilegierte Gerichtsbarkeit und Organisation, und ein adeliges Geschlecht besass über sie als Reichslehen den öffentlichen Schirm. So waren die Herren von Königsegg schon im 13. Jahrhundert mit dem Reichslehen des Schutzes über die Kessler in Oberschwaben belehnt; im rheinischen Kreise die Pfalzgrafen bei Rhein; die Mainzer Kessler hatten einen besonderen Obermeister in dem Markgrafen von Brandenburg. Auch zu Basel gab es ein eigenes Kesslergericht. An den Kesslertagen spielte namentlich der Kesslertanz eine grosse Rolle. Da die Kessler sogar das Malefizgericht besassen, entlehnten sie für jeden Kesslertag Eisenbande, Stock und Galgen bei irgend einer Malefizherrschaft. Auch ein gemeinsamer Gottesdienst mit Amt war vorgesehen, wobei man die Abgestorbenen verkündete und für sie betete. Das Kesslerprivileg verbot allen Kesslern, Kessel und ähnliches auf Jahr- und Wochenmärkten feil zu haben, es wäre denn, dass er in denselben Zirkel gehöre und das *Kesslerrecht* habe. *Buck*, Das freie Handwerk der Kessler in Oberschwaben. *Ulm* 1872.

Ketzer, mhd. *ketzer*, ist ursprünglich die Verdeutschung des Namens *Katharer*, d. i. der Reinen, einer seit dem 11. Jahrhundert im Abendlande weitverbreiteten Sekte (siehe den besonderen Artikel). Der Ursprung des Wortes wurde aber früh vergessen und man brachte das Wort in eine ungewisse Beziehung zur Katze, dem Teufelstier. Seitdem hiess man nicht allein die Irrgläubigen oder Häretiker Ketzer, sondern namentlich solche, denen man allerlei Schandthaten wider Gott und die Natur zutraute, besonders unnatürliche Wollust, daher

Ausdrücke wie *fleischketzer*, *ketzer am lîbe*, *frowenketzer*, *buobenketzer*. *Grimm*, Wörterbuch.

Keule. Unstreitig die älteste aller Trutzwaffen ist die Keule oder der Kolben (Streitkolben). Aus einem jungen Baumstamm oder einem starken Ast war sie mit leichter Mühe herzustellen. Tacitus Germania redet von brandharten Keulen, welche die spätere Heldensage mit den Eisenstangen (*îsen stangen*) den Riesen, die romantische Dichtung vorzugsweise den Heiden beilegt. Der *Kolben* besteht aus einem hölzernen oder eisernen Stiel, der in einen kugel-, ei- oder birnförmigen Knopf ausläuft. Ist er mit Stacheln besetzt, so wird die Waffe zum *Morgenstern* (*bourlote*, *bourlette*), welcher besonders im 14. und 15. Jahrhundert in Deutschland und der Schweiz (Schweizerprügel) sehr verbreitet war und besonders in den Volksaufständen und Bauernkriegen eine traurige Berühmtheit erlangt hat. Er verdankt seinen Namen den strahlenförmig angebrachten Stachelspitzen und ist in der That oft in der Morgenfrühe fürchterlich über den Köpfen der Feinde aufgegangen. Der Morgenstern war eine Schlagwaffe, mit der man besonders den Kopfschutz des Feindes zu zertrümmern suchte. Das Fussvolk führte den grossen, zweihändigen, mit 2 m langem Schaft, die Reiterei den kleinen. Mit lanzenartiger Spitze diente er auch als Stosswaffe, später mit einem Feuerrohr als Schiessprügel.

Mit einer beweglichen stachligen Kugel versehen, wird die Keule zur *Schlachtgeissel* (Kriegsflegel). Dieselbe wurde dem deutschen Krieger bekannt durch den Einfall der Hunnen. Das *flagellum*, frz. *flael*, *fléau*, engl. *military-flails* oder *holy water-springlers* bestand aus dem Schafte und dem „Bengel“ (Schläger), mit oder ohne Eisenspitzen, welch letzterer meist an einer Kette hing und mit grosser Wucht geschwungen wurde. Der Unkundige verwundete sich beim Rückprall der Kugel selber.

Kinderspiele. Von Gegenständen, mit denen sich die Kinder schon im Mittelalter belustigen, ist zwar die *Klapper* in alten Dichtungen nicht nachgewiesen, dagegen hat man sie in Heidengräbern gefunden. Beliebt waren *Hund* und *Katze* als Spielzeug von Alten und Jungen, sodann *Vögel*, die man früh in Käfigen hielt: *wîp unde vederspiel, die werdent lîhte zam*, singt der Kürenberger; namentlich werden zahme Stare und Sittiche (Papageien) erwähnt. Neben lebenden Tieren gab es dergleichen in Thon, Holz und Metall nachgeahmte Geschöpfe; Vögel von Thon, inwendig hohl und mit Klappersteinen gefüllt, sind oft in Gräbern aufgefunden worden. Die *Puppe* heisst mhd. wie jetzt noch *tocke* und ist z. B. Wolfram von Eschenbach ganz geläufig. Auch *Puppenhäuser* kommen vor, siehe den Anzeiger z. Kunde d. d. Vorzeit, 1870, 229 bis 238; 312—320. Ebendaselbst 1881, 349—351 ein Inventar der Spielsachen für die Kinder des Kurfürsten August von Sachsen, 1572. Knaben ritten auf der Gerte oder dem *Steckenpferd*, *ûfem stabe*, *die gerten rîten*. So unterhielt sich die Jugend gern mit *Reiftreiben* und *Reifschlagen*; auch hölzerne Waffen erwähnt schon Notker, wenn er die Stelle des 63. Psalms: *Sagittae infantium factae sunt plagae eorum*, übersetzt: *iro strala wurden chindo strala, diu uzer stengelon iro scoz machont*, ihre Pfeile wurden Pfeile der Kinder, die ihre Geschosse aus Stäben verfertigen.

Natürlich nahmen die Kinder doppelten Anteil an der Frühlingslust des Volkes, und zwar sind die ersten Knabenspiele im Lenz das *Kreiselschlagen*, mhd. *den kopf umbe trîben* und das *Spicken* oder *Schusserspiel*, das Spiel mit *trîbkugeln*, *gelben kugelîn*, Schnellkügelchen,

Glückern. Freudig wird das erste Veilchen begrüsst und umtanzt, auch der Storch, die Schwalbe, der erste Maikäfer besungen, wobei aller Wahrscheinlichkeit nach die heute gebräuchlichen Kinderlieder schon ihren Dienst thaten. Auch dass sich Knaben aus saftigen Birkenzweigen Schalmeien drehten, wird belegt. Die Jugend nahm sodann Anteil am *Ballspiel* und am *Reihenspringen* des Volkes. Als *besondere Kinderspiele* werden in den Quellen erwähnt: Die goldene und die faule Brücke, Das Totentanzspiel, Der Plumpsack, das Schaf- und Wolfspiel, Das Geierspiel, Das Schelmspiel, Helfen und Geben. *Schaukeln* heisst mhd. *schoc*, *schocke*, *ûf dem schocken farn, ûf dem seile riten.* Andere alte Spiele sind: Gerad und Ungerad, Stözlen oder Blättlen, Verkaufen, Kochen, Verstecken, *zirlin mirlin gassen tirlin*, Steinbergen, Lachen verhalten oder Gramüeseli machen, Blindekuh oder Blindemaus, „Herr König, ich diente gern“, welches jetzt „Schenken und Logieren“ heisst, Knöcheln oder Ausdappeln, d. h. aus der inneren Handfläche Steinchen emporwerfen und dieselben mit der äusseren auffangen; auch das Würfelspiel war bei der Jugend beliebt. Verbreitetes Spiel waren das *vingerlîn snellen*, Platzwechseln, „Schneider leih mir die Scher“. Auch verschiedene *Turnspiele* werden genannt, das Stelzen, Kegelspiel.

Beispiele von *Kinder-Sprechübungen* giebt es zahlreiche aus dem Mittelalter, z. B. *ein flîg die prewt ein praw von pir; wenn wir wern, wo wir wolten, wer wais, wo wir wern; wenn mancher mann wüsste, was mancher mann wäre etc.*, ist aus dem 15. Jahrhundert belegt; Fischart hat u. a. *Kuhrantumvih, Vislamentenkukleas, Zunglinspitzlin, Fritzenschmitzlin, Meiner Mutter Magd macht mir mein Muss mit meiner Mutter Mehl.*

Belegt sind ferner Kindersprüche und Reime, welche den Ruf der Vögel nachahmen, sodann Sprüche an die Schnecke, Grille, den Maikäfer und den Kuckuck. Ein Kettenreim aus dem 14. Jahrhundert beginnt:

Es reit ein hêrre:
eîn schilt war sîn gêre;
ein gêre war sîn schilt,
unde ein hagel sîn wint;
sîn wint war sîn hagel,
ich wil iuch fürbas sagen,
ich wil iuch fürbas singen:
bougen daz sint ringe;
ringe daz sint bougen,
unde ein slâf ein ouge etc.

Das *Kindergebet*, das Johannes Agrikola (geb. 1492) in seiner Jugend betete, lautet:

Ich wil heint schlafen gehen,
zwölf engel sollen mit mir gehen,
zwen zur haupten,
zwen zur seiten,
zwen zun füssen.
zwen die mich decken,
zwen die mich wecken,
zwen die mich weisen
zuo dem himlischen paradeise.
Amen.

Kinderrätsel sind in lateinischer Sprache aus dem 10. Jahrhundert bekannt; ebenso ist das *Märchenerzählen* durch frühe Zeugnisse belegt. Nach *Zingerle*, Das deutsche Kinderspiel im Mittelalter 1868. Vgl. *Rochholz*, Alemannisches Kinderlied und Kinderspiel aus der Schweiz, 1857.

Kindleinwiegen. Bildliche Darstellungen der Geburt Christi waren früh in den Kirchen Frankreichs üblich. Zu Rouen wurde nach dem Tedeum am heiligen Weihnachtstage die Anbetung der Hirten folgendermassen gefeiert: Hinter dem Altar ist eine Krippe erbaut, darauf das Bildnis der heil. Jungfrau. Vor dem Chor auf einer Erhöhung steht ein Knabe, welcher den Engel darstellt, und verkündet die Geburt

Christi. Durch die grosse Thür des Chores treten die Hirten ein und gehen auf die Krippe zu, unter dem Gesange *Pax in terris;* sie begrüssen die Jungfrau und beten das Kind an. Vor dem Altar wird eine Messe gelesen; nachdem sie der Priester geendet, wendet er sich zu den Hirten und fragt: *Quem vidistis pastores?* Die Hirten antworten: *Natum vidimus.*

Ähnliche kirchliche Weihnachtsgebräuche sind seit dem 14. Jahrhundert in Deutschland nachgewiesen. In der Kirche war eine Wiege aufgestellt, an der Maria sass. Sie fordert Joseph auf, das Kind zu wiegen. Dieser erklärt sich dazu bereit, worauf der Chor ein frommes Weihnachtslied anstimmt. Der Text lautet in einer kürzeren Aufzeichnung:

Joseph, lieber neve min,
hilf mir wiegen das kindelin,
dass got müesse din loner sin
in himelrich,
der meide kint Maria.
Gerne, liebe muome min,
ich hilfe dir wiegen din kindelin.
dass got müesse min loner sin
in himelrich,
der meide kint Maria.
Nu freu dich, christliche schar!
der himelische kunig klar
nam die menschheit offenbar,
den uns gebar
die reine meit Maria.

Ähnliche Lieder entstanden viele im 15. Jahrhundert, die in den Mund des Volkes übergingen und sich lange erhielten. In evangelischen Gegenden starb die Sitte allmählich, doch sehr langsam aus, in der katholischen Kirche erhielt sie sich und trieb stets neue Wiegenlieder, die dann in die Gesangbücher übergingen. *Hoffmann v. F.*, Deutsches Kirchenlied, §. 11. *Mannhardt,* Weihnachtsblüten. Berlin 1864. S. 164 ff.

Kirchenlied. Von einem eigentlichen Kirchengesange des Volkes kann im Mittelalter die Rede nicht sein, da die Kirche ausdrücklich den Gebrauch der einheimischen Sprache für die liturgische Handlung untersagt hatte; das Volk sollte schweigend beten und nur im Herzen singen; den Geistlichen allein kam es zu, heilige Gesänge anzustimmen und so die Herzen des umherstehenden Volkes zu erheben. Das einzige was man Jahrhunderte lang dem Volke beim Gottesdienst zu singen gestattete, war der Ruf *Kyrie eleison*, Herr, erbarme Dich unser! Dieser wurde, und zwar oft wiederholt bei Leichenbegängnissen, nach der Predigt, bei der Vesper, ja, wie es in den Kapitularien heisst, auch bei den Geschäften des Lebens, beim Aus- und Eintreiben des Viehes gesungen oder gerufen. Ludwig der Fromme pflegte am Karfreitage in seinem Palaste zu Aachen seine ganze Hofhaltung mit neuen Kleidern zu beschenken, vom Vornehmsten an bis auf den Geringsten, und wenn nun jeder hatte, was er bedurfte und auch die Armen gekleidet waren, dann riefen sie ihm durch die weiten Hallen zu: *Kyrie eleison!* Derselbe Ruf ertönte auch in der Schlacht, wie es z. B. im Ludwigslied heisst:

Ther kuning reit kuono,
Sang lioth frôno,
Joh allê saman sungun
Kyriê leison.

Anfänglich tönte der Ruf ungeschlacht aus dem Munde des Volkes, sodass ein Beschluss erging, das Volk solle *Kyrie eleison* rufen lernen und nicht mehr so *rustice, dörperlîch*, schreien wie bisher. Ein einziges, dem 9. Jahrhundert angehöriges deutsches Lied ist erhalten, das nicht bloss den Refrain enthält, sondern zugleich einen strophischen Text, das *Lied vom heiligen Petrus.*

Die mit dem 11. Jahrhundert zuerst in Frankreich beginnende

religiös-kirchliche Erregung wäre an sich einer Ausbildung des geistlichen Gesanges nicht ungünstig gewesen, wenn die Kirche nicht nach wie vor jeglicher Einmischung nationaler Gesänge in den lateinisch gehaltenen Gottesdienst sich widersetzt hätte. So bewegte sich auch die im 12. und 13. Jahrhundert zur Blüte gelangte weltlich-höfische Lyrik auf anderen Bahnen als auf solchen eines geistlichen Volksgesanges, und wenn zwar religiöser Stoff, namentlich der Mariendienst, der Lyrik der Minnesänger nicht fremd blieb, so war es doch mehr die subjektive individuelle Stimmung des frommen Dichters, die sich aussprach, als das gemeinsam dichtende und religiös empfindende Volksgemüt. So begegnet man denn im 12. und 13. Jahrhundert nur sehr wenigen an die höfische Lyrik sich anlehnenden geistlich volkstümlichen Liedern; was die Zeit an solcher Lyrik wirklich besass und benutzte, waren vielmehr Liederstrophen, die, vielleicht noch aus früherer Zeit herrührend, echtes Eigentum der sonst in dieser Periode so wenig vertretenen Volksdichtung sind. Dass aber das Volk wirklich geistliche Lieder besass und im Gegensatz zu den Franzosen, von denen ausdrücklich bezeugt wird, dass sie keine solche gehabt hätten, sang, davon sind mehrfache Zeugnisse erhalten; so z. B. als der heilige Bernhard von Clairveaux 1146 an den Ufern des Rheins das Kreuz predigte, sang das Volk wiederholt:

Christ uns genâde,
Kyrie eleison,
Die heiligen alle helfen uns!

Man sang bei den Wallfahrten, während des Kampfes, besonders auf den Kreuzzügen, auf der See, während und nach der Fahrt.

In der Schlacht auf dem Marsfelde zwischen Ottokar und Rudolf von Habsburg sang das deutsche Heer:

Sant Mari, muoter unde meit,
al unsriu nôt sî dir gekleit(geklagt).

Dasselbe Lied sangen deutsche Kreuzfahrer vor der Schlacht bei Acca 1291 und bei der Schlacht am Hasenbühel 1298.

Man nannte diese Lieder, ob nun der Kehrvers *Kyrie eleison* noch dabei war, oder nicht, *Leisen*, eine Benennung, die bis ins 15. Jahrhundert dauerte.

Die verbreitetsten Leise waren aber:

Der *Osterleis:*

Christ ist erstanden
von der marter allen,
des söllen wir alle fro sein,
Christ will unser trost sein,
kyrieleison.
Waer er nicht erstanden,
so waer die welt zergangen,
seit dass er erstanden ist,
so frewet sich alles das da ist,
kyrieleison.

Der *Himmelfahrtsleis:*

Christ fur gen himel,
was sant er uns wider?
er sendet uns den heilgen geist
zu trost der armen christenheit,
kyrieleison.
Christ fur mit schalle
von seinen jüngern alle,
macht ein kreuz mit seiner hant,
und tet den segn übr all lant,
kyrieleison.
Alleluia, alleluia,
alleluia!
des soln wir alle fro sein,
Christ sol unser trost sein,
kyrieleison!

Der *Pfingstleis:*

Nu bitten wir den heiligen geist
um den rehten glauben allermeist,
dass er uns behüete an unserm ende,
so wir heim suln varn uss disem ellende,
kyrieleis.

Wahrscheinlich schon in dieser Periode wurde zu Schiffe das Lied gesungen, das später bei Pilgerfahrten und Bittgängen häufig angewendet wurde:

In gotes namen varen wir,
siner gnaden geren wir,
nu helfe uns diu gotes kraft,
und daz heilige grap,
da got selber inne lac,
kyrieleis etc.

Wurden die genannten Lieder und nicht wenige andere erst im 14. und 15. Jahrhundert entstandene geistliche Volkslieder in den folgenden Jahrhunderten bei ähnlichen Gelegenheiten fortgesungen und kamen sie teilweise sogar im Gottesdienst zur Anwendung, so brachte nunmehr das 14. und 15. Jahrhundert noch infolge anderer Vorgänge einen deutschen Kirchengesang mehr und mehr in Fluss. Schon früher vernimmt man, dass Ketzer öffentlich geistliche Lieder sangen; von solchen sind zwar keine Beispiele erhalten, jedoch aus anderen Kreisen, die im Gegensatz zur nüchternen Scholastik und Dogmatik der Kirche ein lebendiges religiöses Empfindungsleben hervorriefen. Dahin gehören die *Mystiker*, in deren Kreisen, namentlich in Frauenklöstern das mystische Lebensprinzip, die Liebe zu Gott und in Gott, das sehnsüchtige Verlangen nach Christo, dem Bräutigam, in zahlreichen Liedern sich aussprach.

Ebenfalls an die Lieder der Häretiker erinnern die von den *Geisslern* gesungenen Gesänge, welche wahrscheinlich schon aus früheren Geisselfahrten des 13. Jahrhunderts stammen (siehe den bes. Artikel).

Nicht minder zeigt sich die neuerwachte Lust am geistlich-deutschen Liede in zahlreichen *Übersetzungen lateinischer Kirchenhymnen.* Sie beginnen schon im 13. Jahrhundert mit *Kum, schepfaer, heiliger geist, Veni creator spiritus; Nie wart gesungen süezer gesanc, Jesus dulcis memoria* und *Gote sage wir gnâde unde êren danc, Hymnum dicamus Domino.* Gegen Ende des 14. und zu Anfang des 15. Jahrhunderts mehren sich diese Arbeiten, namentlich hat der Benediktiner *Hermann von Salzburg* zahlreiche lateinische Hymnen deutsch bearbeitet und zwar auf Begehren seines Erzbischofs Pilgrim, gest. 1396; ebenfalls als Übersetzer und zugleich als fruchtbarer, frommer und begabter selbständiger Dichter hat sich *Heinrich von Laufenberg*, Priester zu Freiburg im Breisgau, ansgezeichnet; er trat 1445 zu Strassburg in ein Kloster. Schon sang an einigen Orten das Volk abwechselnd mit der Geistlichkeit solche Hymnen, je die lateinische und die derselben entsprechende deutsche Strophe. Auch an gedruckten deutschen Hymnensammlungen fehlte es vor der Reformation keineswegs.

Eine weitere Quelle geistlicher Lieder gewann man durch *Umdichtungen weltlicher Gesänge.* Schon die fahrenden Kleriker oder Goliarden hatten im 13. Jahrhundert kirchliche Hymnen weltlich parodiert, z. B. aus dem *Verbum bonum et suave* ein Lied gemacht *Vinum bonum et suave* und sich nicht gescheut, solche Verse in den Kirchen beim Gottesdienste abzusingen. Jetzt geschah das Umgekehrte, man parodierte weltliche Lieder in geistlichen Text. Weltgeistliche, Mönche, Nonnen, nahmen an dieser Arbeit teil, wodurch man sich in den Besitz geistlicher Texte zu schönen längstbekannten Singweisen setzte. So wurde das bekannte Lied:

Ich stuond an einem morgen
heimlich an einem ort,
da het ich mich verborgen,
ich hort klegliche wort
von einem frewlein hübsch und fein,
das stuond bei seinem buolen,
es muost gescheiden sein.

in dieser ersten Strophe folgendermassen umgewandelt:

Ich stuont an einem morgen
heimlich auf einem ort,
da het ich mich verborgen,
ich hort klegliche wort,
wan sel und leip in grozer pein;
die sel sprach zuo dem leibe:
es muoz gescheiden sein.

So wurde aus:

der liebste buolen den ich han,
der leit beim wirt in keller,
er hat ein hölzin röcklin an
und heisst der muskateller,

der Anfang des geistlichen Liedes:

den liebsten herren den ich han,
der ist mit lieb gebunden,
er lüchtet in dem herzen min
und freut mich zallen stunden.

Nur gering ist der Anteil, den die *Meistersänger* am kirchlich sangbaren Liederschatze hatten. Die besondern Gelegenheiten, bei welchen schon vor der Reformation deutsche Lieder in der Kirche gesungen wurden, sind nach *Meister und Bäumker* das katholische deutsche Kirchenlied in seinen Singweisen von den frühesten Zeiten bis Ende des 17. Jahrh. 2 Bde. Freiburg. 1862 und 1883, folgende: 1) an hohen Festen bei dramatischen Aufführungen in der Kirche; 2) in Verbindung mit den Sequenzen, welche an gewissen Festen, Weihnachten, Ostern, Pfingsten, Himmelfahrt, Dreifaltigkeitsfest, Fronleichnam, im Hochamt zwischen Epistel und Evangelium zum Halleluja gesungen werden, so zwar, dass das Kirchenlied der Gemeinde bald nach der Sequenz, bald antiphonisch innerhalb derselben gesungen wurde; 3) vor und nach der Predigt, ein Gebrauch, der im 15. Jahrh. wenigstens einzeln nachweisbar und im 16. Jahrh. ziemlich verbreitet gewesen ist; 4) beim Lehramt, d. h. unter der stillen Messe; 5) bei Prozessionen.

Dagegen trat nun *Luther* gleich im Beginn der *Reformation* ganz und voll für das Recht des kirchlichen Gemeindegesanges ein und unterstützte das Prinzip desselben durch eigene Dichtungen, die er teils aus der Bibel, teils aus den alten lateinischen Hymnen schöpfte, teils sind es alte Liederstrophen, die er fortdichtend benutzte, einige, besonders die polemischen, sind frei gedichtet. Das erste von Luther herausgegebene Gesangbuch erschien zu Wittenberg 1524 unter dem Titel: „Etlich Christlich Lider, Lobgesang und Psalm, dem reinen Wort Gottes gemess, aus der Heyligen schrifft, durch mancherley hochgelehrter gemacht, in der Kirchen zuo singen, wie es dann zum tayl berayt zuo Wittenberg in üebung ist.“ Es enthält acht Lieder, nämlich von Luther selbst vier (Nu freut euch lieben Christen gemein, Ach Gott vom himel sieh darein, Es spricht der unweisen mund wol, und Aus tiefer not schrei ich zu dir.), sodann drei Lieder von *Paulus Speratus:* Es ist das heil uns kumen her, In Gott gelaub ich das er hat, Hilf Gott wie ist der menschen not, und das Lied eines unbekannten Verfassers: In Jesus Namen heben wir an. In demselben Jahre 1524 erschien zu Erfurt schon eine auf 25 Lieder vermehrte Sammlung, das *Enchiridion* oder Handbüchlein, mit 18 Lutherischen Stücken, und so hatte es nun längere Zeit mit zahlreichen neuen Liedern und Sammlungen seinen Fortgang, wobei die letzteren bald mehr dem gemeinsamen Gebrauch der evangelischen Kirche, bald mehr einer besonderen städtischen oder Landes-Kirche dienten. Die Hauptnamen der Liederdichter (ausführliches Verzeichnis bei Goedeke, Grundriss, I. § 127 ff.) sind Paul Speratus, Nicolaus Decius, Erasmus Alberus, Burkhard Waldis, Justus Jonas, Nikolaus Hermann, Wolfgang Musculus, Johann Mathesius, Paul Eber, Nicolaus Selnecker, Johann Fischart, Bartholomäus Ringwaldt, Philipp Nicolai, Johann Valentin Andreä und Hans Sachs. Die Lieder dieser Dichter lassen es sich angelegen sein, den objektiven Inhalt der evangelischen Lehre, namentlich an die Bibel angelehnt, in echter volkstümlicher bündiger, allgemein wirksamer Sprache wiederzugeben; sie wollen aber nicht eigentlich lehren, sondern sie sind der Reflex des evangelischen Glaubens auf das Gemüt der evangelischen Gemeinde und meist mehr kindlich naiv als verständig nüchtern gehalten. Sind die meisten dieser Lieder noch in der roheren Verstechnik des 16. Jahrhunderts verfasst, so werden sie gegen Ende des Jahrhunderts in der Form eleganter, glatter, zum Teil künstlich spielend, und der Auffassung nach subjektiver; diese letztere Gattung, deren Hauptrepräsentant Philipp Nicolai ist, führt dann hinüber zu den Liederdichtern des 17. Jahrhunderts, welche unter dem Einflusse der Opitzischen Verskunst und unter dem Drang des 30jährigen Krieges eine edle Subjektivität des religiösen Gefühles zur Darstellung bringen.

Anders und minder günstig für das Kirchenlied entwickelte sich der Gottesdienst der *Reformierten*. Zwingli wollte für Zürich, namentlich abgeschreckt durch bisher waltenden Missbrauch des kirchlichen Gesanges, keinen deutschen Gemeindegesang dulden; was von reformierten Dichtern dennoch an Kirchenliedern gedichtet wurde, war wenig erheblich und schloss sich an die Dichtung der Lutheraner an, deren Lieder anfangs auch in die reformierten Gesangbücher Aufnahme fanden. Doch verschwanden diese Sammlungen allmählich aus dem kirchlichen Gebrauche und machten, bedingt durch die Forderung eines einzig auf die Schrift gegründeten Kirchengesanges, blossen *Psalmenübersetzungen* Platz. Es geschah das namentlich unter dem Einflusse der von Goudimel nach französischen Volksweisen in Musik gesetzten Psalmen Marots und Bezas; diese französische Psalmensammlung wurde nun, um die Melodien zu erhalten, von *Ambrosius Lobwasser*, Professor zu Königsberg, 1515 bis 1585, Silbe für Silbe ins Deutsche übersetzt und blieb bis gegen Ende des 18. Jahrhunderts das in unzähligen Ausgaben gedruckte Psalm- und Kirchenliederbuch der reformierten Gemeinden.

Auch die *katholische Kirche* Deutschlands blieb zuletzt nicht ganz ohne Anteil an der auf dem Gebiete des Kirchenliedes entstandenen Bewegung. Wenn zwar das Prinzip der Nichtteilnahme des Volkes am kirchlichen Gesang nie von der Kirche selber zurückgenommen wurde, so wurde doch hier und da kirchlich deutscher Gesang geduldet und gepflegt, man sammelte alte Lieder aus der Volksüberlieferung, auch alte Übersetzungen der Hymnen, vermehrte sie mit neuen Übersetzungen und Liedern und erhielt dadurch einen nicht unbeträchtlichen Liederschatz. Der erste, der das that, war *Michael Vese*, Predigermönch und Propst zu Halle an der Saale, mit: „Ein New Gesangbüchlein Geystlicher Lieder, vor alle gutthe Christen nach ordnung Christlicher Kirchen. Leipzig, 1537.“ Es enthält 45 Lieder und wurde benutzt von *Georg Witzel*, Domdechant von Olmütz, der 1567 ein grosses Gesangbuch mit 199 deutschen und 22 lateinischen Liedern herausgab. Noch umfangreicher ist das durch David Gregorius *Corner*, Abt zu Götweig, im Jahre 1625 veranstaltete „Gross Catholisch Gesangbuch“ mit 422 Liedern. *Hoffmann von Fallersleben*, Gesch. d. deutschen Kirchenliedes bis auf Luthers Zeit.

Kirchtürme sind, wie es scheint, ursprünglich nicht der Glocken wegen errichtet worden, sondern entweder als *Treppengehäuse*, in der

Regel paarweise auf den Flanken der Westfront, oder als *Wachtürme* entstanden. Türme der ersten Art sind in deutlichen Spuren nachgewiesen am Dom zu Trier, und an den Münstern zu Aachen und Essen; die paarweise Anordnung erklärt sich aus Rücksichten auf die Symmetrie. Wachtürme waren die neben den Klosterkirchen erbauten Rundtürme, wie sich namentlich aus den Inschriften des St. Galler Klosterplanes ergiebt; sie lauten: *ascensus per cocleam ad universa superinspicienda,* und *alter similis. Isolierte Stellung* der Glockentürme, die in Italien stehende Sitte geworden ist, war in Deutschland nur provinziell verbreitet, namentlich in Schwaben, Böhmen, Oberschlesien und Ostfriesland. Über die Türme im romanischen und gotischen Baustil siehe diese Artikel.

Klage in der Bedeutung von *Totenklage* ist der alte, mancherorts noch bestehende Name der bei den alten Völkern allgemein verbreiteten Totenklagen, eigentlich Wehgeschrei über den Toten, dann Wehklage mit wohlgesetzter Rede und gewissen Gebärden, wozu die Verwandten helfen mussten. Als Attribute solcher Totenklage erscheint oft sich selbst Raufen und Schlagen der Brust, auch Abreissen der Kleider. Später pflegte man diesen lästigen zeremoniellen Vorgang bestellten und bezahlten Klageweibern zu überlassen. *Hildebrand* in Grimms Wörterb.

Kleiderordnungen. Schon Karl d. Gr. sah sich veranlasst, durch besondere Erlasse dem Luxus in der Bekleidung entgegenzutreten, der ohne Zweifel durch fremde Hofleute an seinem Hofe Platz gegriffen hatte. Namentlich waren es die köstlichen Pelze, denen der Kaiser den Krieg erklärt hat. Ein mit Marder- oder Fischotterfellen gefütterter Rock der besten Art durfte nicht über dreissig *solidus*, ein solcher mit Zieselmausfell nicht über zehn *solidus* kosten. Doch erschien nach dem „Mönch von St. Gallen" Karl selbst — wie einfach sein gewöhnliches Kleid war — an hohen Festen vornehm geschmückt, und nicht minder traf das bei seiner Gemahlin und den Töchtern zu. Es ist daher wohl begreiflich, dass nach seinem Tode, unter der Herrschaft seiner schwachen Söhne und Enkel, die Prachtliebe ungehemmt sich entwickeln konnte. Es wich dann die sogenannte fränkische Tracht, namentlich vom 10. Jahrhundert an, allmählich der byzantinischen, die aus Italien herüberkam. Der aufstrebende Adel und die Städte wetteiferten in deren Anwendung, und aller Halt ging verloren, als dann gegen Ende des 13. Jahrhunderts Frankreich in jeder Beziehung tonangebend wurde, wo man — wie Schriftsteller damaliger Zeit versichern — am Hof Ludwigs IX. „sich bei weitem mehr nach einem kostbaren Marderpelz, als nach der ewigen Seligkeit sehnte." Dort erhoben sich, besonders nach dem unglücklichen Ausgange der Schlacht bei Crécy, ernste Männer und schrieben das Unglück besonders der Hoffart und der sie begleitenden Sittenverderbnis zu. Die Posaunen fanden allerorts ihren Widerhall und wie französische Tracht, so fanden auch die Klagen und Verordnungen bald ringsum Eingang. Wir fassen jedoch an dieser Stelle nur die *amtlichen* Erlasse ins Auge und wenden unsern Blick in Kürze nach

Frankreich, dem Vorbild. Seit der Zeit Eduards III. (1337—1377) waren namentlich die Beamteten von Staatswegen gehalten, sich nach bestimmten Vorschriften zu kleiden. Den Gerichtsbeamten lieferte der König die Stoffe und zwar je nach dem Range Tuch und Seide, Lammfell und „Kleinspelt" zum Besatze. So lieferte Richard II. (1377—1399) den Richtern zur Sommerkleidung je 10 Ellen grünes Tuch, den Oberrichtern 24 Ellen grünen Taffet, während letztere unter Heinrich IV. zu Weihnachten für eine Winterkleidung 10 Ellen „*violet in grain*“ und 152 kleine Hermelinfelle erhielten, worunter 32 feinere zur Kopfbedeckung bestimmt waren. Zu Pfingsten erhielten sie 10 Ellen grünes Tuch und ein halbes Stück grünen „*turtarin*“. Die Tracht der übrigen Beamten wurde ebenfalls genau bestimmt und ebenso die der anderen Stände, so der Gelehrten, der Professoren und Studierenden. Die Ärzte z. B. trugen eine graue Robe, gegürtet mit schwarzem Hüftgürtel, auf dem Haupte eine schwarze Kappe, die mit breiten Lappen unter dem Kinn zusammengebunden wurde. Auffällige Auszeichnungen mussten sich auch hier, wie in Italien und später in Deutschland, die öffentlichen Mädchen und die Juden gefallen lassen. Erstere trugen Kappen mit weissen Merkzeichen, letztere nach den Verordnungen der Kirchenversammlungen von 1233 und 1267 ein langes Gewand, dem 1314 ein hornartig gebogener Hut von gelber oder gelbroter Färbung beigegeben wurde. Auch musste ihr Unterkleid auf der Brust oder ihr Mantel auf der Schulter mit einem roten orangefarbenen Rad versehen sein. Solche Abzeichen waren auch beliebte Strafmittel im „peinlichen“ Rechtsverfahren. Fälscher und Falschmünzer stellte man einen ganzen Tag in einem weissen Gewand aus, welches mit umflammten Köpfen bemalt war. Verräter wurden mit pergamentenen Kronen geschmückt in den Strassen umhergeführt, und Falliten wurde die grüne Kappe aufgesetzt.

Zwischen 1330—1350 fand die französische Tracht in *Deutschland* Eingang. Diesem plötzlichen Umschwung in Sitte und Tracht trat man sofort energisch entgegen, aber auch schon von Anfang an mit wenig Erfolg. Namentlich waren es die städtischen Behörden, die dem „Teufelswerk“ zu Leibe rückten, so diejenigen von *Nürnberg* schon 1443, hauptsächlich gegen die Frauen gerichtet. Bald folgte die *Frankfurter* Kleiderordnung und 1356 diejenige von *Speier*, welche alle durch ihre spiessbürgerliche Kleinigkeitskrämerei sich auszeichnen.

Im 15. Jahrhundert folgten sich in allen Städten die verschärften Ordnungen in immer kürzer werdenden Zwischenräumen. Sie vermochten jedoch dem einmal entfesselten Hange nicht Einhalt zu thun. Das „Lappen- und Zaddelwerk, die geteilten Kleider und Schnabelschuhe“ blieben bestehen und veränderten sich oft in phantastische Maskenkleider, die, ihrem Zwecke so sehr entfremdet, den Umwillen der Besonnenen immer mehr reizten. Namentlich war es der reiche Bürgerstand, der es dem Adel zuvorthun wollte und konnte, sodass der letztere, um sich vor gänzlicher Verarmung zu schützen, nun unter sich freiwillige Vereinbarungen traf, z. B. 1479, vor dem grossen Turnier zu *Würzburg*: „Nachdem einem jeglichen Ritter guter Sammet und Perlen zu tragen vorbehalten ist, so haben wir doch hierin beschlossen, dass ihrer keiner einen golddurchwirkten Stoff noch gestickten Sammet tragen soll, darin er sich zu schmücken auf solchem oder anderem Turnier vornehmen wolle; welcher das überführe, der soll von allen Rittern und Edelen verachtet sein, auch in dem Turnier zu keinem Vortanz oder Dank zugelassen werden. Es sollen auch die gemeinen Edelen, so nicht Ritter und doch Turniers- und Rittergenossen sind, keinen Schmuck von Perlen, gestickt oder anders tragen, denn eine Schnur um eine Kappe oder Hut. Es soll auch keiner Gold, von Ketten,

Schnüren oder gestickt tragen, er trage es denn verdeckt und unsichtlich als es die Alten gethan und hergebracht haben. Und soll derselbe auch keinen Sammet, darin er sich auf solchem Turnier schmücken wolle, anderes denn zum Wams nach seinem Gefallen tragen, und welcher das überführe, der soll von anderen Rittern und Edelen verschmäht, der Vortänze und der Dänke beraubt sein. Es sollen auch da alle Ritter und Edelen, und besonders ein jeglicher Ritter, keine goldene Decke (oder Schabracke) und in der Gemeine von Adel von Sammet, von Damast, Alles keine Decke oder Wappenrock führen; welcher das nicht hielte, der soll dann von den anderen verschmäht, auch von den Franken im Turniere abgeschieden und der Vortänze, sammt des Turniers Dänken beraubt sein. — Nachdem als wir die Ordnung unter uns, als den Mannspersonen gesetzt und die Nothdurft mit unsern Weibern, Töchtern und Schwestern auch Ordnung zu versehen erfordert, so ist gemacht, dass eine jegliche Frau oder Jungfrau nicht über vier Röcke, darin sie sich schmücken will, als Sammet oder gestickte Röcke haben soll. Darunter sollen nicht mehr denn zwei dem Sammet gemäss sein; ob sie anders diese hätte und die anderen nach ziemlichen Dingen die dem Adel, als die Alten hergebracht haben, wohl anständig; und welche Frau das nicht halten, sich mit Kleidern zu schmücken über diese Zahl anschicken und zu solchem Turnier gebrauchen thue, die soll von der gesammten Ritterschaft, Frauen und Jungfrauen, verachtet sein und der Vortänze und Dänke des Turniers beraubt bleiben. Und ob aus den gemeldeten Frauen und Jungfrauen etliche mit solcher Kleidung zu dem Geschmuck nicht als köstlich an Sammet versorgt wären, die sollen dennoch nach ihrem Stand zu Ehren gezogen werden.“ Eine ähnliche Verordnung erliess um 1485 die Ritterschaft der Vierlande (Rheinland, Bayern, Franken und Schwaben) auf dem Turniere zu Heilbronn.

Der Bürgerstand, der sich an die Gesetze der Räte wenig kehrte, lud sich nun die Ungnade der Fürsten auf den Nacken. So erliessen um 1482 der *Kurfürst Ernst* und der *Herzog Albert von Sachsen* ihre Verordnungen, die allerdings — wenigstens gegen den Ritterstand — etwas milder waren als manche der übrigen „gnädigen Herren“. So erlaubten sie den ritterlichen Frauen und Jungfrauen ein Kleid zu tragen mit zwei Ellen langen Schleppen, dazu den Besitz einer seidenen Schaube, eines seidenen Rocks und zwei gestickter Röcke, jedes einzeln im Werte von höchstens 150 Gulden. Da aber auch diese fürstlichen Erlasse unbeachtet blieben, kam die Angelegenheit vor den *Reichstag*, der 1497 auf dem Abschied zu *Lindau* besondere Verfügungen traf.

Von grossem Erfolg waren diese Reichstagsverordnungen schwerlich begleitet, denn auf dem Tage zu Augsburg (1500) kam die Angelegenheit wieder zur Sprache und wurde beschlossen: „dass die Kurfürsten, Fürsten oder andere Obrigkeit bei Vermeidung kaiserlicher Ungnade die Reichstagsbeschlüsse in betreff der Überflüssigkeit der Kleider in ihren Ländern in Ausführung zu bringen hätten und zwar bis zum Sonntag Lätare d. J. 1501, und dass alle, welche bis dahin dem nicht völlig genügt haben würden, durch den Reichsfiskal mit Gewalt dazu genötigt werden sollten.“ Diese Gesetze sollten hinsichtlich der Handwerker auch für „deren Frauen, Kinder und Mägde zu verstehen sein“ und den Töchtern der Bürger in den Städten sollten Hauptbändlein und Perlen — natürlich in ziemlichem Masse — nicht unverboten sein. Hinsichtlich der

Juden und *öffentlichen Dirnen* (Freudenmädchen", „der Weiber, die an der Unehre sitzen") galten im allgemeinen die gleichen Bestimmungen, die Frankreich aufstellte. In Berlin mussten letztere (1486) die Mäntel auf den Köpfen tragen, oder aber sie trugen ganz kurze Mäntel; die *Lustigmacher* und *Narren* trugen seit der Mitte des 15. Jahrhunderts möglichst buntscheckige Tracht mit einem weiten, sackförmigen, mit Glöckchen verzierten Hängeärmel, Schellenkappe mit Hahnenkamm, Eselsohren und Narrenkolben.

Auch das 16. Jahrhundert kämpfte nicht minder erfolglos. Die „neue kaiserliche Ordnung und Reformation guter Polizei im heiligen römischen Reich" erliess auf einem spätern Reichstage (1530) wieder zu Augsburg eine ganze Reihe derartiger Bestimmungen, die den Landleuten, den Städtern und zwar Bürgern wie Handwerkern, Handwerksknechten und Gesellen, den Kauf- und Gewerbsleuten, den Räten und Geschlechtern, dem Adel, den Grafen, Herren, Rittern und Doktoren, den Geistlichen, den Reisigen und Kriegsleuten, den Bergknappen etc. die kleinlichsten Vorschriften in bezug auf die Kleidung machten, „damit in jeglichem Stand unterschiedlich Erkenntnis sein möge", und 1548 wurde beschlossen, die Obrigkeiten, die mit der Durchführung derselben nach Jahresfrist noch im Rückstande sein sollten, mit 2 Mark lötigem Golde zu bestrafen; der Erfolg blieb auch jetzt noch aus, der betroffene Bürger bezahlte nötigenfalls seine Strafe, übertrat aber das Gesetz bei der nächsten Gelegenheit wieder. Auch die *Geistlichkeit* benutzte Kanzel und Beichtstuhl, namentlich die nun auftauchenden „Pluderhosen", die „unzüchtigen Teufelshosen" abzuthun; Kirchenstrafen und Bann waren nicht vermögend, der unglaublich raschen Verbreitung der „unflethig, schändlich, zerludert, zucht- und ehrenwegen, pludrigten" Kleidung Einhalt zu thun. Die Räte mussten auch hierin nachgeben. So erlaubte endlich derjenige von Braunschweig (1579) den Bürgern zu einem Paar Hosen 12 Ellen Seide, der von Magdeburg (1583) „den Schöffen, denen von den Geschlechtern, den Vornehmsten aus den Innungen und den Wohlhabenden von der Gemeinde" bis zu 18 Ellen Karteck, der von Rostock (1585) — doch einzig den Adeligen — 12—14 Ellen. Die Kleiderordnungen verschwinden aus den obrigkeitlichen Erlassen erst zu Ende des vorigen Jahrhunderts. Nach *Weiss*, Kostümkunde.

Kleidung, siehe *Tracht*.

Klerus. Die älteste Kirche unterschied bloss *Bischöfe* und *Priester*, beide insofern gleichgestellt, als sie gleichmässig zur Administrierung der Messe zugelassen waren. Zur Hilfeleistung bei dem heiligen Dienste wurden die *Diakonen* verwendet; später entstanden zu diesem Zwecke noch andere Ämter, die *Subdiakonen*, die dem Diakon beim Gottesdienste ministrierten; die *Akoluthen* zur Zureichung der Altar- und der heiligen Gerätschaften; die *Exorcisten* für die Gebete und Handauflegung über die Energumenen, die *Lektoren* zum Vorlesen aus den heiligen Schriften, die *Ostiarien* zur Obhut der Versammlungsorte; die letzteren Ämter vom Diakon abwärts hiessen Ministranten. Später bildeten die Priester und Diakonen zusammen das Presbyterium, mit dem der Bischof die wichtigeren Sachen beratend verhandelte. Die geringeren Stufen verloren sich mit der Zeit als eigentliche Ämter und erhielten sich nur insofern, als in den bischöflichen Schulen die jungen Kleriker je nach dem Alter und den erworbenen Fähigkeiten zu den niederen Weihen zugelassen wurden. Allen Klerikern gemeinsam war die *Tonsur*, das Abscheren der Haare als Symbol der

Ablegung alles weltlichen Sinnes; dieselbe ging seit dem 6. Jahrhundert der Ordination voran. Auf sie folgten die Ordinationen zum Ostiarius, Lektor, Exorcisten, Akoluthen, Subdiakon, Diakon nnd Priester, deren vier erste Grade bloss bildlich zur Erinnerung an die alte Disziplin durchgegangen werden mussten. Seit dem 13. Jahrhundert unterschied man daher vier niedere Weihen, *ordines minores*, oft einfach Kleriker genannt, und drei höhere Grade, *ordines majores s. sacri*. Zu jeder dieser Stufen erteilt die *Ordination* die entsprechende Befähigung und Vollmacht, welche sich auf der letzten, dem priesterlichen *Ordo*, bis zur Befähigung und Ermächtigung zur Darbringung des Opfers erweitert. Des vollständigen Sacerdotiums wird jedoch der Geweihte erst teilhaft, wenn er, durch Wahl oder auf andere gesetzliche Weise zum Hirten einer bestimmten Diözese berufen, für diese die *Konsekration* erhält, und bloss die höheren Orden sind dem Cölibat und der Verpflichtung zum speziellen Gebetsdienste unterworfen. Zur Ordination werden nur solche getaufte Männer zugelassen, denen die Attribute der Unsträflichkeit des Wandels, hinreichendes Alter, eheliche Geburt, genügendes Wissen, Integrität des Körpers, des Geistes, Willens und Glaubens zukommen. Bischöfe und Priester sollten nach den ältesten Kanones dreissig, die Diakonen fünfundzwanzig Jahre alt sein; die niederen Ordines können schon einige Zeit nach dem siebenten Jahre, als dem möglichsten Zeitpunkte der Tonsur, erworben werden.

Klopfan, hiessen kleine Neujahrsgedichte des 15. Jahrhunderts, die mit dem Worte *Klopf an* beginnen und vielgestaltigen und bunten Inhaltes, bald ernst und zart alles Schöne und Gute wünschen, bald voller Unsauberkeiten stecken. *Klopf an* von Oskar Schade, Hannover 1855.

Klöster, siehe *Mönchstum*.

Klosteranlagen. Die Anfänge der christlichen Klosterbauten im Frankenreiche knüpfen sich an die irischen Glaubensboten; wo sie sich niederliessen, da entstanden nicht nur Kirchen, in denen sie ihren Gott verehrten, sondern auch nach heimischer Art gezimmerte Hütten und Wohnhäuser. Freilich werden wir uns jene frühesten Anlagen kaum dürftig genug vorstellen können; es waren schlichte Holzhütten, welche nur den allernotwendigsten Bedürfnissen genügen konnten.

Als dann im 8. Jahrhundert die kräftige Herrschaft der Pipiniden sich entwickelte, erwuchsen an hervorragenden Stellen, geschützt durch die Gewalt der Könige und gefördert durch reiche Schenkungen der Edlen, bereits jene ersten weitläufigen Klosteranlagen, wie wir dieselben durch das ganze Mittelalter verfolgen können. Eine solche hervorragende Stellung unter den zahlreichen von irischen Mönchen gestifteten Klöstern nahm *St. Gallen* ein, das unter seinem trefflichen Abte Othmar rasch aufblühte und eine Erweiterung der alten Abteigebäude bedurfte. Ausser den eigentlichen Klosterräumen wurden auch Häuser für Arbeits- und Handwerksleute angelegt, ferner ein Krankenhaus mit einer besonderen Abteilung für Aussätzige und ausserhalb einer Verzäunung eine sogenannte äussere Schule, in welcher Jünglinge gebildet wurden, die nicht zum Mönchsleben bestimmt waren. In der flachgedeckten, 100 Fuss langen Kirche wird besonders der vielen Fenster, der gläsernen Kronleuchter rühmend Erwähnung gethan. Eine Krypte unter dem Chore enthielt die Gebeine des hl. Gallus. Die ganze Kirche war aus Stein ausgeführt, und das Mauerwerk wird als so fest geschildert, dass beim Abbruch der Kirche im Jahre 820 unter grosser Mühe

Mauerbrecher angewendet werden mussten.

Zu gleicher Zeit entstanden, von irischen Mönchen gegründet, am Oberrhein zahlreiche Klosteranlagen. Das Innere Deutschlands dem Christentum erschlossen zu haben, bleibt aber das Verdienst des angelsächsischen Mönches Winfried oder Bonifacius, des Apostels der Deutschen. Seine Lieblingsstiftung war das Kloster *Fulda*, dessen Grundlegung ins Jahr 742 verlegt wird und zu dessen Erbauung er den ersten Abt Sturm nach dem Mutterkloster Montecassino in Italien sandte, um die dortige Anlage zu studieren. Wie Abt Sturm seine Studien am Kloster Fulda verwertete, wissen wir allerdings nicht, allein es ist sicher anzunehmen, dass der Typus der klösterlichen Anlagen dieser frühen Zeit nicht verschieden war von dem der späteren Jahrhunderte. Um einen, in der Regel quadratischen, mit Arkaden umgebenen Hof, den sogenannten Kreuzgang, gruppierte sich die Kirche, gewöhnlich im Norden, und die zur Wohnung der Konventualen bestimmten Räumlichkeiten, die sogenannte Klausur. Im Grunde genommen ist das, die Kirche ausgenommen, ganz die Anlage der antiken *villa urbana*, während die neben der Klausur belegenen Wirtschaftsgebäude der mit den herrschaftlichen Höfen verbundenen *villa rustica* entsprechen, so dass anzunehmen ist, dass den Benediktinern bei Anlage ihrer Klöster das antike Wohnhaus als Vorbild vorgeschwebt habe. Nachdem Karl der Grosse ins Grab gestiegen, brach allerdings unter den nachfolgenden schwachen Herrschern über Deutschland eine traurige Zeit an, allein es äusserten sich doch noch die Nachwirkungen der vergangenen grossen Epoche. Ganz besonders war es das Kloster Fulda, wo die unter dem zweiten Abte, Baugolf, durch den baukundigen Mönch Ratger begonnenen grossartigen Bauten fortgeführt und so weit ausgedehnt wurden, dass die Mönche den Abt verklagten, weil sie nur immerfort bauen müssten und nichts anderes thun könnten. Im Kirchenbau tritt uns in Fulda unter dem vierten Abte Eigil eine Neuerung entgegen, welche für die Folgezeit geradezu massgebend wurde, nämlich die Anlage eines zweiten westlichen Chores, der errichtet wurde, um die Gebeine des grossen Heidenapostels Bonifacius aufzunehmen und dessen Grab zu verherrlichen. Dadurch war in die Grundanlage der Basilika ein neues Motiv eingeführt und die Salvatorkirche in Fulda wurde in ihrer doppelchörigen Anlage das Vorbild für die meisten Dome und Klosterkirchen der drei folgenden Jahrhunderte. In die Zeit Ludwig des Frommen fällt zugleich ein anderer bedeutender Neubau, der vorzüglich deshalb Interesse erweckt, weil sich über die Grunddisposition ein alter Originalriss aus dem Jahre 820 bis auf unsere Tage erhalten hat, aus dem die ganze Einrichtung und ausgedehnte Anlage eines damaligen grossen Benediktinerklosters zu ersehen ist. Dazu Fig. 80, nach der Rekonstruktion von Professor Lasius in Zürich. Es ist die *Abtei zu St. Gallen*, für deren Neuerstellung sich Abt Gotzbert von auswärts, wahrscheinlich von Fulda, Rats erholte und diesen in Gestalt des aus vier zusammengenähten Pergamentblättern bestehenden Baurisses erhielt. Die ganze Anlage umfasst einen Flächenraum von ungefähr 300 × 430 Fuss. Den Mittelpunkt bildet die Kirche, an deren Südseite der Kreuzgang mit den zur Klausur gehörigen Gebäuden stösst und zwar östlich an den Kreuzgang angrenzend das Wohnhaus der Mönche mit dem gemeinschaftlichen Schlafsaal, dem Bade- und Waschhaus, südlich das Refektorium, der Speisesaal mit der Küche, westlich die Kellerei. Statt des Kapitelsaals, der erst im 10. Jahrhundert vorkommt, dient der an der Kirche sich hinziehende Flügel des Kreuzganges. Neben dem östlichen Chor der Kirche befindet sich an der Nordseite die Schreibstube, darüber die Bibliothek, an der Südseite die Sakristei in Verbindung mit der Hostienbäckerei. Vor die Ostseite der Kirche legten sich, durch zwei aneinandergebaute Kapellen getrennt, das Krankenhaus und die ausgedehnten Kern schliessen sich an der westlichen und südlichen Seite das Gesindehaus und die Ställe für Schafe, Schweine, Ziegen, Kühe, Ochsen, Pferde, ferner das Werkhaus, die Malzdarre, die mit der Klosterküche verbundene Brauerei und Bäckerei, die Stampf- und Mahlmühle, das Haus der verschiedenen Handwerker und die grosse Scheune. Die südöstliche Ecke endlich nehmen die runden Hühner- und Gänseställe, der Begräbnisplatz

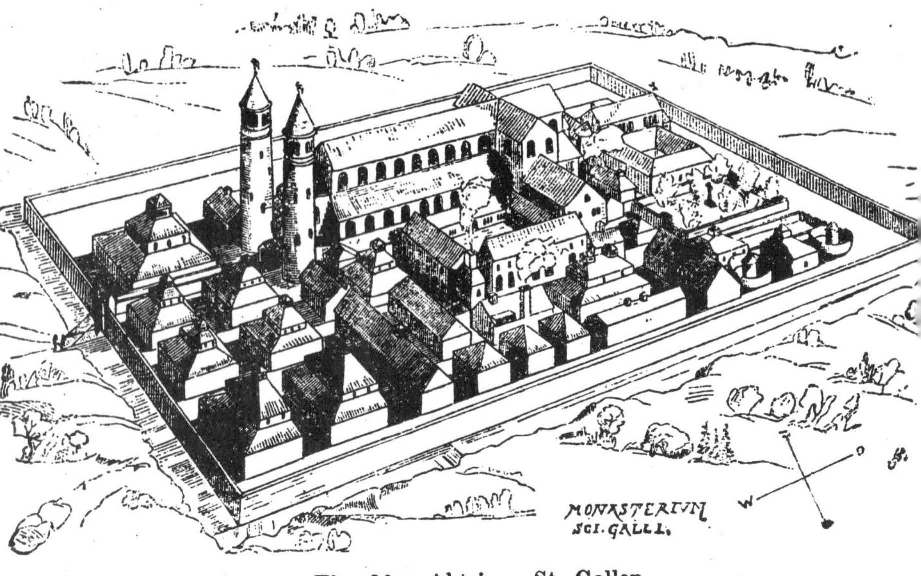

Fig. 80. Abtei zu St. Gallen.

Novizenschule, jedes mit einem quadratischen Kreuzgang in der Mitte. Nördlich vom Krankenhaus liegt die Wohnung der Ärzte und ein besonderes Haus zum Aderlassen und Purgieren. An der Nordseite der Kirche begegnen wir dem einer Basilika mit offenen Seitenschiffen gleichenden Abthaus, dem Schulhaus für die Externen und der Herberge für die Fremden samt einem dazu gehörigen Wirtschaftsgebäude; letzterem entsprechend an der südwestlichen Seite die Herberge für Pilger und Arme. An diesen und der Gemüsegarten ein, in welchem, wie der Plan besagt, Zwiebeln, Sellerie, Coriander, Rettiche, Knoblauch, Salat, Pfefferkraut etc. wachsen.

Die Ausführung des Baues, welche sich schwerlich an diesen mehr systematischen Plan gehalten haben wird, fällt in die Jahre 822 bis 830. Sämtliche Mönche mussten mitbauen. Die Pracht muss gross gewesen sein, denn die Nachrichten aus jener Zeit sprechen von Marmorsäulen an der Abtswohnung. Von der Umfänglichkeit und der

Grossartigkeit der Anlage aber erhält man einen Begriff, wenn man erfährt, dass in einem Backofen allein auf einmal 1000 Brote gebacken werden konnten und die Mühle alle Jahre 10 neuer Mühlsteine bedurfte.

Schwerlich werden die Klosteranlagen des ersten Jahrtausends alle so umfassend angelegt worden sein, wie dies in St. Gallen der Fall war. An den meisten Orten begnügte man sich mit dürftigen Holzhütten und ging kaum über den Bedürfnisbau hinaus, so in der von Fulda aus gegründeten, später so einflussreich gewordenen Abtei *Hirschau*, namentlich aber bei der zahlreichen Neugründung von Klöstern im *Sachsenland*. Schon Karl der Grosse hatte sächsische Jünglinge in fränkische Klöster gesteckt, wie nach Corbie bei Amiens, damit sie dort im christlichen Glauben unterrichtet werden möchten. Diese zogen nun in ihre Heimat zurück, um den Anbau des Landes und christliche Bildung zu fördern. Das bedeutendste Kloster, das so erstand, ist die nach dem Stammkloster benannte Abtei *Corvey*, welche für die kommenden Zeiten ein Hauptsitz der christlichen Wissenschaften wurde und aus welcher Ansgar, der Apostel des Nordens, hervorging. Grössere Lust, als die kriegerischen sächsichen Edeln zeigten ihre Frauen und Töchter am Klosterleben, was die Gründung einer Reihe von *Nonnenklöstern* herbeirief, wie zu Herford, Lammspringe, Gandersheim etc. Im Verlaufe des 10. Jahrhunderts blühten die Klöster durch reiche Schenkungen ungemein auf und es erwachte unter der Geistlichkeit eine grosse Baulust, welche sich namentlich im 11. Jahrhundert geltend machte. Grosse Verdienste um das Bauwesen erwarb sich zu dieser Zeit der Orden der *Cluniacenser*, deren von den Kaisern gefördertes Streben auf die Reformation der erschlafften Benediktinerklöster gerichtet war. Gleichzeitig entfernt sich die Bauart immer mehr von sklavischer, aber missverstandener Nachahmung der Antike, es bildet sich jene Stilrichtung, welche man als „romanisch“ bezeichnet. Aus dem Jahr 1009 besitzt man noch eine Bauvorschrift des Abtes Hugo von *Cluny*. Darin sind sogar sämtliche Längen- und Höhenmasse samt der Fensterzahl für Kirche, Sakristei, Dormitorium oder gemeinschaftlichen Saal, Sprechzimmer, Kalefaktorium, Refektorium, Küche, Speisekammer, Almosenspende angegeben. Ferner schreibt Hugo sechs Krankensäle mit Portikus und einen Saal zum Fusswaschen vor; anstossend an die Kirche ein Gebäude zur Aufnahme der Gäste mit 40 Betten für Männer und ebenso viel für anständige Frauen. Dazwischen aber soll der Speisesaal liegen. Ein eigenes an die Sakristei angebautes Haus soll die Handwerker aufnehmen, auf der andern Seite derselben der Begräbnissplatz liegen. Auf die Südseite werden die Ställe angeordnet und neben das Refektorium die Bäder. Das in der Nähe liegende Noviziat enthalte vier Räume: zum Nachdenken, zum Zeichnen, zum Schlafen und zur Unterhaltung, ein anderes Gebäude diene den Goldschmieden, Miniatoren, Marmorarbeitern und anderen Künstlern.

Ein Brunnenhaus, in den Friedhof hinausgebaut, steht häufig mit dem Kreuzgang in Verbindung. In demselben pflegte man den Mönchen Bart- und Haupthaar zu schneiden, was nach den *consuetudines* der Cluniacenser alle drei Wochen und unter Psalmodieren zu geschehen hatte. Man nannte dieses Brunnenhaus deshalb auch die Tonsur.

Ganz gleiche Anlagen wie die Ordensklöster hatten auch die mit den Bischofssitzen verbundenen *Domkapitel (monasteria clericorum)* und die im 10. Jahrhundert entstandenen

Kollegiatstifter, deren Kapitulare die Regel des hl. Augustin befolgten. Wie an den Klöstern für den Abt eine besondere Wohnung ausserhalb der Klausur, oft auf der gegenüber liegenden Seite der Kirche errichtet war, so auch bei den Kathedralen die bischöfliche Pfalz *(palatium)*, die oft befestigt war. Im Verlauf des 12. und 13. Jahrhunderts gaben die Kapitularen das gemeinsame Leben auf und wohnten auf besonderen Höfen *(curiae canonicales)*, die innerhalb des bischöflichen Jurisdiktionsbezirkes (auf Domfreiheit) lagen. Eine Domherrn-Kurie aus dem 13. Jahrhundert ist die *Curia St. Aegidii* zu Naumburg, ferner die Stiftsbauten in Trier und Bamberg. Dem entarteten Leben der Chorherren trat der *Prämonstratenser*-Orden entgegen, von dessen Baulichkeiten das Liebfrauenkloster zu Magdeburg ein Beispiel zeigt. Im allgemeinen aber lehnen sich die Bauten der Prämonstratenser denen der früheren Klöster an und nehmen auch die besonderen Räumlichkeiten, welche die Kollegiatstifter geschaffen hatten, auf, wie die Kapelle zum Privatgebrauch der Stiftsherren in der Nähe des Kapitelsaals und den grossen Saal zum Abhalten der Stiftsgerichte.

Bis zu Anfang des neuen Jahrtausends hatte sich die Baukunst gänzlich in Händen der Mönche befunden. Allein als im 11. Jahrhundert die masslose Baulust sich entwickelte, reichten die Hände derselben nicht mehr aus und man sah sich deshalb gezwungen, Laien zuzuziehen, welche vorerst als Hörige Frondienste zu leisten gezwungen wurden, oder aber als sogenannte Konversen dem Klosterverband beitraten. Diese bärtigen Brüder, die *conversi fratres barbati*, geschickte Handwerker, welche in den Kriegszeiten im Kloster Schutz gefunden, bildeten ein Institut von Halbmönchen, die zwar Gehorsam und Ehelosigkeit gelobten, aber nur in loser Verbindung mit dem Kloster standen. Das Institut der Konversen bildeten namentlich die Prämonstratenser, noch mehr aber die *Cistercienser* aus, welche seit dem dritten Jahrzehnt des 12. Jahrhunderts von Frankreich aus sich über Deutschland ausbreiteten und deren Kirchen, im Gegensatz gegen den von den Cluniacensern mit der Kunst getriebenen Luxus anfangs von der grössten Einfachheit waren. Sehr eigentümlich hat sich die Chorpartie der Cistercienserkirchen gestaltet, wobei einerseits der schlichte Sinn des Ordens durch Hinweglassung der Absidenvorlage zu einer Verein-

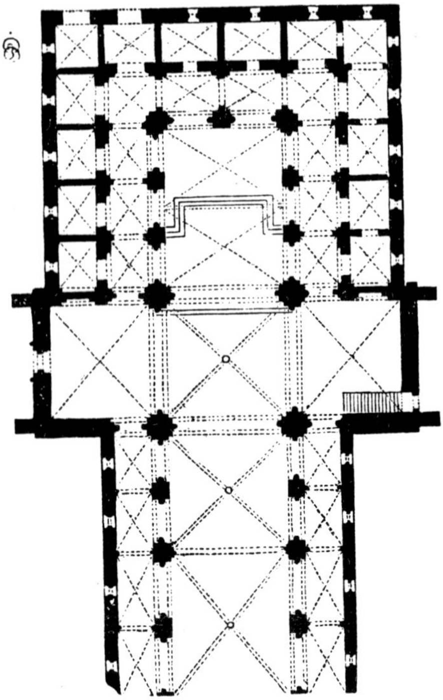

Fig. 81. Grundriss des Klosters Riddaghausen.

fachung, andererseits das Bedürfnis kleiner abgesonderter Kapellen für die Privatexerzitien der Mönche zu reicherer Entfaltung des Grundplanes geführt hat. Als Vorbilder dienten zwei Klöster, einesteils das nicht mehr existierende Mutterkloster Citeaux, anderenteils das Kloster Fontenay. Beide schliessen den figer wird die Anlage von Fontenay nachgeahmt, wie zu Bebenhausen und Maulbronn. Turmbauten führten die Cistercienser keine aus. Da ihnen nicht gestattet war, grössere und mehrere Glocken zu besitzen, begnügten sie sich in der Regel mit einem kleinen, auf der Vierung aufsitzenden hölzernen Dachreiter. Eine

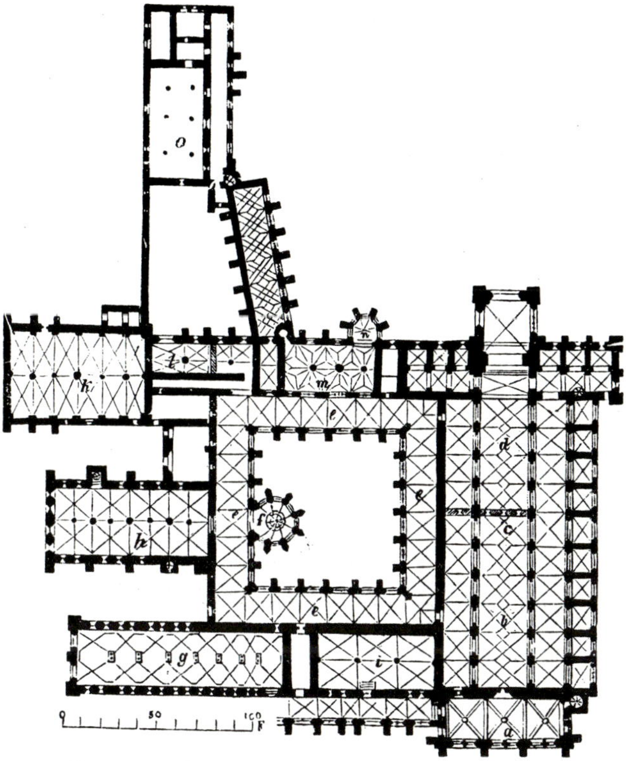

Fig. 82. Grundriss des Klosters Maulbronn.

Chor auf eine Gerade, bei ersterem ist indes das französische System des Chorumgangs und Kapellenkranzes auf den rechtwinkligen Abschluss übertragen, bei letzterem laufen die Seitenschiffe im Querhaus aus, an dessen Ostseite sich dann seitenschiffartig je zwei Kapellen öffnen. Nachbilder von Citeaux sind: *Riddaghausen,* dazu Fig. 81 (Kunsthist. Bilderbogen) Ebrach etc. Häu- Eigentümlichkeit der Cisterciensерkirchen liegt in dem ungemein gestreckten Langhause, wofür um so weniger Gründe vorliegen, als von dem Besuche der Klosterkirchen die Laien und besonders die Frauen ausgeschlossen waren. — In einem gewissen Widerspruch mit der Einfachheit der Kirche steht die Grossartigkeit und Mächtigkeit der Klosteranlagen, wovon uns in dem Cistercienserkloster zu *Maulbronn* (12. bis 14. Jahrhundert) ein grossartiges Beispiel erhalten geblieben ist. Dazu Fig. 28 (Kunsthist. Bilderbogen). Die ganze Anlage gruppiert sich um den gebräuchlichen, hier mit viel Kunst ausgestatteten Kreuzgang. Abweichend von der Regel befindet sich die langgestreckte, mit geradlinigem nach dem Muster von Fontenay gebildeten Chorschluss versehene Kirche im Süden, an deren Westseite sich eine zierliche Vorhalle, das sogenannte Paradies, anlehnt. Ein prächtiges Brunnenhaus, nach Art einer polygonen Kapelle, ist nach dem Hof hinausgebaut. Ihr gegenüber öffnet sich der Eingang in den zweischiffigen Prachtsaal des Refektoriums, dessen reichgegliederte Decke mit der des östlichbelegenen ebenfalls zweischiffigen Kapitelsaales an Schönheit wetteifert. Von hier führt eine Verbindungsgalerie, das sogenannte Parleatorium, nach dem Amtshause. An der Westseite des Kreuzganges endlich befindet sich ein gewölbter Keller und ein zweites Refektorium. Im oberen Stockwerk war das Dormitorium untergebracht. Ausserdem gehörte zum Kloster noch ein Krankenhaus, das ausserhalb der Klausur auf dem Klosterterritorium stand, welch letzteres mit einer durch Türme befestigten Ringmauer umgeben und durch ein Doppelthor nebst Brücke zugänglich war. An den nordwestlichen Eckturm der Ringmauer schloss sich zudem die Klostermühle an und ausserhalb lagen noch verschiedene Gebäude, darunter die Herberge für die Gäste. Bescheidener in der Anlage ist *Bebenhausen*, dagegen zeigen die Klöster *Heiligenkreuz* bei Wien und *Lilienfeld* in Niederösterreich einen bedeutenden künstlerischen Aufwand.

Eine ganz andere Richtung als die Benediktiner, welche sich in freier Lage auf den Rücken von Bergzügen anzusiedeln pflegten, oder die Cistercienser, welche in der Weltabgeschiedenheit stiller Waldthäler ihr Heil suchten, schlugen die im 13. Jahrhundert auftretenden *Bettel-* oder *Predigerorden* ein, denn ihre Aufgabe war es nicht, sich gelehrten Studien hinzugeben, sondern durch Predigt das Volk zu belehren, die *Dominikaner* die höheren Stände, die *Franziskaner* die niederen. Sie siedelten sich deshalb in den Städten, hauptsächlich an den Stadtmauern an. Einesteils der beschränkte Raum, andernteils das Gebot absoluter Armut veranlassten, dass ihre Klosteranlagen so einfach wie möglich, ja ärmlich aussehen mussten. In ihren Kirchen, welche hauptsächlich für Predigt berechnet waren, wurde das nicht absolut notwendige Querhaus weggelassen, ja man ging oft sogar soweit, dass man, aller Symmetrie zuwider, nur ein Seitenschiff anbrachte. Türme fehlen in den meisten Fällen, wie bei den Cisterciensern. Umfassende Klosteranlagen dieser Art sind bei der Minoritenkirche zu Danzig und bei St. Katharina zu Lübeck erhalten.

Gleiche Einfachheit, aber wesentliche Verschiedenheit in der Anlage zeigen die Klöster der *Kartäuser*, welche erst seit dem 14. Jahrhundert in Deutschland vorkommen. Der Zweck des Ordens, das einsiedlerische mit dem Mönchsleben zu verbinden, erfordert grösseres Territorium, weil neben der eigentlichen Klausur, welche das Konventsgebäude nebst dem Kreuzgang in sich begriff, noch ein weiterer rechteckiger Raum mit dem Gottesacker in der Mitte und den einzelnen durch kleine Gärten von einander getrennte Zellen der Mönche auf den Seiten, nebst einem sie verbindenden Kreuzgang, nötig wurde. Auf diese Weise erhielt man zwei Kreuzgangsanlagen. In Deutschland ist die Kartause von *Nürnberg* (germanisches Museum) die vollständigste Anlage dieser

Art. Eine andere findet sich zu *Paradeis* bei Danzig, zu *Köln* und *Basel.* Bei den zwei letzten heisst der eine Kreuzgang: *Galilaea minor*, der andere *Galilaea major.* An den letzteren lehnten sich die einzelnen Zellen an, welche der Reihe nach mit Bibelsprüchen bezeichnet waren, deren Anfangsbuchstaben in alphabetischer Reihe aufeinanderfolgen. Die *Galilaea minor* durften die Mönche nur am Sonnabend betreten, um im Kapitelsaal vor dem Prior zu beichten und ihre Angelegenheiten zu beraten, oder an Festtagen, wenn sie im gemeinsamen Refektorium assen oder sich in dem kleinen Kreuzgange im Gespräche ergingen.

Eine eigentümliche Verschmelzung des Klosterlebens mit dem Kriegsdienste brachten die *Ritterorden* zustande, unter denen die *Deutschritter* in Preussen eine hervorragende Bedeutung haben. Der Typus der preussischen Ordensschlösser, wie er sich im 14. Jahrhundert festgestellt hatte, erscheint als ein von Gräben umzogener quadratischer Bau mit Ecktürmen und Ringmauern. Im so gebildeten Hof erhoben sich ein oder zwei Schlösser, welche sich wieder nach einwärts gegen einen Kreuzgang öffneten, der aber, da die Haupträume des Schlosses nie zu ebener Erde lagen, notwendig zwei Geschosse übereinander erhalten musste. Zu den Haupträumen gehörte zunächst die mit dem östlichen Chorende stets nach aussen liegende Schlosskapelle, der Konvents-Remter genannte Kapitelsaal und das Refektorium, welches Speise-Remter hiess. Das Erdgeschoss, unter dem sich in mehreren Etagen übereinander mächtige Keller erstreckten, enthielt lediglich die zur Ökonomie erforderlichen Räumlichkeiten. Völlig übereinstimmend waren auch die *Schlösser* der *Landesbischöfe* und *Domkapitel* eingerichtet. Unter den Ordensschlössern, welche das ganze Land bedeckten, zeichnet sich vorzüglich das ehemalige Hauptschloss zu *Marienburg* aus, das sich als Sitz des Hochmeisters durch grössere Ausdehnung und Pracht von den übrigen unterscheidet.

Schliesslich wäre noch derjenigen Bauten zu gedenken, welche aus den Klöstern hervorgegangen sind, nämlich der *Hospitäler.* Ursprünglich besass jedes Kloster ein eigenes Krankenhaus. Seit der Mitte des 12. Jahrhunderts verlangten aber die zunehmenden Bedürfnisse selbständige Pflegeanstalten, wie sie namentlich die im 13. Jahrhundert von Papst Innocenz bestätigten *Brüder vom heil. Geiste* erbauten. Diese Hospitäler befinden sich meist an den Eingängen der Städte und wo immer möglich an fliessendem Wasser. Stets sind sie mit einer Kapelle verbunden zur besseren geistlichen Pflege der Kranken. Dergleichen Hospitäler wurden erbaut zu Hildesheim (1155), zu Mainz, Ulm, Berlin, Nürnberg etc. Besonders gut erhalten ist das Spital in *Lübeck,* ein 280 Fuss langer von allen Seiten reichlich beleuchteter Saal mit beidseitiger Bettenreihe, gegen die Strasse zu durch eine Hallenkapelle abgeschlossen und nördlich verbunden mit einem kleinen Hof mit Kreuzgang und angrenzenden Wohn- und Krankenräumen, südlich mit dem Archiv und der Herrenstube und einem Hofe mit kleineren Wohnräumen. Eine mehr klosterartige Anlage hat dagegen das Nikolaushospital zu Cues an der Mosel, bei welchem sich die Krankensäle und die Zellen der Hospitaliten an die drei Seiten eines Kreuzganges anlehnen, während die vierte von der Kirche eingenommen wird. Nach *Otte*, Handbuch der kirchlichen Kunstarchäologie; *Otte*, Geschichte der deutschen Baukunst; *Lübke*, Vorschule zum Studium der kirchl. Baukunst; *Mothes* Baulexicon. A. H.

Knecht als Name für den *Unfreien.* Knechtschaft im Sinne völliger Rechtlosigkeit ist ursprünglich ohne Zweifel durch Kriegsgefangenschaft entstanden und erneuerte sich auf diesem Wege auch später noch lange Zeit. Doch giebt es daneben andere Quellen der Knechtschaft: des Unfreien Kind bleibt unfrei, der Freie konnte durch Heirat mit Unfreien, als Strafe, durch Standrecht, durch das Spiel, durch die Unfähigkeit, andere Schulden, das Wergeld, verwirkte Bussen zu tilgen, seiner Freiheit verlustig werden; er wurde dann Gegenstand des Handels; man kaufte nnd verkaufte ihn, einzeln oder mit dem Lande, das ihm übertragen war. Doch war die soziale Stellung des Unfreien darum nicht durchaus ungünstig; er lebte in ähnlicher Weise wie der Freigelassene, ja wie der Freie, namentlich in der Knabenzeit. Nur Waffentragen war ihm nicht zugelassen, auch nicht als Begleiter seines Herrn. Es ist nicht wahrscheinlich, dass die Zahl der Knechte bei den Germanen eine besonders grosse war.

Erst durch die Eroberungen infolge der Völkerwanderung wurde mit der reicheren Kultur und dem verfeinerten Luxus eine grössere Anzahl unfreier Knechte zum Bedürfnis, namentlich bei den jetzt entstehenden grösseren Grundbesitzern. Hat nun zwar auch der Stand der Unfreien seine Entwickelung gehabt, so trat diese doch weniger stark hervor als bei den oberen Ständen, die als Träger der staatlichen Ordnung und der höheren gesellschaftlichen und geistigen Kultur tiefgreifenden Veränderungen unterworfen waren. Als *Bauern* blieben die Unfreien immerhin als Volksgenossen höheren Rechtes, wie den Liten und Zinsleuten, während des Mittelalters und namentlich während der Ausbildung des Lehnsstaates und des höfischen Lebens, die Vertreter des alten volksmässigen, an den Boden gebundenen Kulturlebens, das erst nach dem Zerfall der höheren mittelalterlichen Bildung zu einer intensiveren Mitwirkung an der Fortbildung der Gesellschaft berufen wurde.

Die verbreitetsten Namen für die Unfreien waren *servus*, *mancipium*, *ancilla*: dann die wahrscheinlich der keltischen Sprache entlehnten *vassus* und *vasallus*; lat. deutsch *gasindus*; *hnecht*, *manahoubit*, *schalk*, *theo* und *theu*, *thiarna*, *diorna*; im späteren Mittelalter *mancipia*, *homines de corpore*, *homines proprii*, *sonderliut*, *eigenliut*, *arme liut*, *leibeigene*, *eigenhoerige*, herrschaftliche Unterthanen. Die Eigenleute machten mit dem Haupthofe, wozu sie gehörten, eine Familie aus; dem Herrn lag ihre Ernährung und Versorgung ob, wogegen jener über ihre Arbeitskräfte zu verfügen, bei ihrer Verheiratung entscheidend mitzusprechen, über die Bestimmung der Kinder mit zu beschliessen, sie nach aussen zu schützen und zu vertreten, im Straffalle an Leib und Leben zu züchtigen und zu strafen hatte; ihr gesellschaftlicher Zustand hing daher sehr von der Person des Herrn ab, zugleich von den allgemeinen, ohne Zweifel dem Wechsel unterworfenen Sitten, Gebräuchen und Anschauungen. Rechtlich besass der Unfreie kein Volksrecht, sondern bloss Hofrecht; das ganze Mittelalter hindurch hatte der Herr das Recht, ihn zu verkaufen, zu verschenken, zu züchtigen, ungestraft zu töten; doch suchte namentlich die Kirche mildernd einzugreifen, und Verkäufe von Unfreien über die Grenzen des Reiches hinaus waren z. B. verboten. Später wurde den Gotteshäusern der Verkauf eigener Leute untersagt. Auch gegen die unumschränkte Strafgewalt des Herrn über die Knechte trat die Kirche frühe auf; auch ihm stand das Asyl offen, und die Tötung eines Knechtes ohne Zuziehung des Richters wurde mit Exkommunikation bedroht.

Ursprünglich konnte jeder eigene Leute halten, auch Liten und Unfreie konnten andere Knechte unter sich haben. Später war festgesetzt, dass nur derjenige Unfreie haben durfte, der ihnen kräftigen Schutz gewähren konnte, Gotteshäuser und von Weltlichen wenigstens Mittelfreie. Die Unfreien in den Städten wurden durch Freibriefe ihrer Herrschaft, und die von aussen dahinzogen, durch Aufenthalt von Jahr und Tag frei. Es gab deshalb bloss noch auf dem Lande Unfreie, die erblich zu einem landesherrlichen Gute, einem Gotteshause oder einem Schloss- oder Rittergute gehörten. Oft wurde ihnen auch durch Privilegium das Recht des freien Zuges gewährt.

Der Unfreie hatte dem Herrn einen gewissen Zins und Dienst zu entrichten; das alemannische Gesetz nennt als üblichen Zins für den mit einer Hufe versehenen Unfreien 15 Eimer Bier, 1 Schwein, 2 Malter Brot, 5 Hühner, 20 Eier, zudem für Knechte wie Mägde drei Tage der Woche Arbeit für den Herrn. Mit der Zeit wurden Frondienste sowohl als Zinse mässiger, bis zuletzt meist bloss das *Fastnachtshuhn* übrigblieb. (Vgl. den Art. Fronhöfe.)

Die Beschäftigung der Unfreien war eine sehr verschiedene. Einige, die *servi rustici, rusticani*, wurden auf dem Hofe für die gewöhnlichen Knechtsdienste in Haus und Feld gehalten; andere waren über einzelne Wirtschaftszweige gesetzt, wie in ältester Zeit der *seneschalk* und *marschalk*, der Koch, Bäcker, Kellermeister, Schwein-, Ochsen-, Schaf- und Ziegenhirt, die dann wieder Lehrlinge unter sich hatten; wieder andere waren für Dienste verwendet, wozu mehr Übung und Geschicklichkeit gehörte, wie die *vassi ad ministerium, ministeriales, servi ministeriales;* aus den eigenen Leuten nahm man ursprünglich die Handwerker, wie Zimmerleute, Schlosser, Maler, Schneider, Schuster, die dann ihren Zins in Fabrikaten zu entrichten hatten. Auch zur Begleitung im Kriege wurden mit der Zeit Unfreie gebraucht. Anderer Art waren diejenigen Unfreien, welche gegen bestimmte Dienste und Abgaben auf Grundstücke zum eigenen Anbau gesetzt waren: sie hiessen *servi rasati, coloni, mansoarii, hobarii, curtarii,* je nachdem sie bloss auf ein kleineres Stück Land (*casa*) oder auf einen ordentlichen Hof (*mansus, curtis*) gesetzt waren. Eigene Leute, die zum Kriegsdienste herangezogen wurden, konnten unter Umständen sogar Ritter werden. Die meisten aber standen in Beziehung zu einem bäuerlichen Grundstück, und die Kinder erhielten zu ihrer Versorgung entweder das Besitztum des Vaters oder wurden, wenn sie einen anderen ausreichenden Nahrungsstand ergriffen, gewöhnlich freigelassen.

Die Ehe der Unfreien bestand nur durch den Willen des Herrn und war ohne dessen Zustimmung ungültig. Mit der Zeit jedoch milderte sich auch diese Härte, und es blieb als Erinnerung daran bloss eine Abgabe zu Recht bestehen, welche der und die Unfreie bei ihrer Verheiratung an den Herrn entrichten mussten; sie hiess Bedemund, Hemdlaken, Hemdschilling, Vogthemd, Nagelgeld, Bumede, Bunzengroschen, Schürzenzins, Frauengeld. Unfreien Leuten waren nur Ehen untereinander gestattet; die Verbindung einer Freien mit einem Knechte wurde in älterer Zeit mit Tod oder öffentlicher Knechtschaft, Friedlosigkeit u. dgl. bestraft.

So war der Unfreie auch keines echten Eigentums fähig; was er hatte, besass er vom Herrn und war Eigentum des Herrn. Doch wurde dies im Leben nicht streng durchgeführt und namentlich dem Knechte der Erwerb eines eigenen Vermögens, des Peculiums, gestattet. Sogar eigene Grundstücke konnte er besitzen, vom Herrn geschenkt erhalten oder sonst beerben. Aber der Nachlass des Unfreien, auch das Peculium, gehörte dem Herrn. Mit der Zeit wurde jedoch den Blutsfreunden des Unfreien ein Erbrecht am Hofe gestattet, entweder ohne allen Abzug oder gegen eine Abgabe, die *mortuarium*, *manus mortua*, tote Hand, Besthaupt, Fall (siehe diesen Art.) hiess.

Vor Gericht musste sich der Unfreie sowohl als Kläger als auch als Beklagter durch den Herrn vertreten lassen; auch zum Zeugnis war er unfähig; zum Eid und Gottesurteil aber durfte er nur mit Zustimmung seines Herrn gefordert werden. Auch diese Zustände verlieren sich aber mit der Zeit. Nach *Waitz*, Verf.-Gesch., *Walter*, Rechtsgesch. Vgl. *Grimm*, Rechtsaltertümer. Über Knecht als Knappe siehe *Ritterwesen*.

Knittelverse oder *Knüttelverse*, wörtlich soviel wie ungehobelte, knüppelige, knotterige Verse, war ursprünglich der Name der *versus leonini* des Mittelalters, in sich gereimter lateinischer Hexameter; später und jetzt stets bezeichnet man damit die Reimpaare, die sich seit dem 14. und 15. Jahrhundert aus den streng rhythmisch gebauten Reimpaaren der höfischen epischen und Spruchpoesie fortbildeten, indem man, besonders in der ersten Hälfte des Verses, sich mit der richtigen Silbenzahl begnügte, während der Schluss doch meist jambischen Rhythmus bekundete. Der Knittelvers ist der typische Vers der volksmässig-bürgerlichen epischen und Spruchdichtung des 14.—16. Jahrhunderts bis auf Opitz und trägt durchaus das Gepräge jener wildlaufenden Zeit an sich. Nachdem der Geschmack der schlesischen Dichterschule ihn als ungehobelt und hässlich beiseite geworfen hatte, ging Goethe in den Dichtungen der Sturm- und Drangperiode, namentlich in Faust, dem ewigen Juden, den Puppenspielen und in Hans Sachsens poetischer Sendung wieder mit Vorliebe auf ihn zurück. Siehe *Grimms* Wörterb. unter Knüttelvers.

Köcher. Wie die Bogen, so wurden besonders auch die Pfeile zum Schutze in ein Futteral gesteckt. Der Köcher für die Pfeile, mhd. *tarkis* genannt, lat. *tarkasius*, frz. *carquois*, *couire*, *curie*, engl. *quiver*, bestand im 14. Jahrhundert gewöhnlich aus einem ledernen Sacke, der über die Schultern gehängt wurde oder auch an den Gürtel. Vor Beginn des Kampfes entnahm der Schütze demselben eine Anzahl Pfeile, die er in den Gürtel, wohl auch neben sich in den Boden steckte oder auf den Boden geworfen mit dem Fusse deckte. In Ermangelung eines Köchers trug der Schütze wohl auch den ganzen Vorrat an Pfeilen einfach im Gürtel mit sich.

Kolben heisst der untere, verdickte, als Schlagwaffe dienende Teil eines Handfeuergewehrs. Über Streitkolben siehe den Artikel Keule.

König der Spielleute u. dgl. Der Vorstand der an einem Hofe angestellten Spielleute und Sänger hiess zuerst in Frankreich und England *König*, *Roy des Menestrels*, König der Geiger, *Roi des violons*; danach nannte man ihn in Deutschland den Spielerkönig, Spielgraf, Musikgraf, Pfeiferkönig, König der fahrenden Leute. In Österreich gab es einen Erbspielgrafen und einen Reichsspielleutekönig für das ganze heilige römische Reich. Diese Ämter wurden endweder adeligen Geschlechtern zu Lehen gegeben, wie z. B. die Herren von Rappoltstein im Elsass, nach deren Aussterben die Pfalzgrafen von Birkenfeld das Königreich fahrender Leute als Reichserblehen hatten, oder sie waren Hofämter. Die Herren von Rappoltstein verwalteten ihr Amt nicht selbst, sie setzten vielmehr einen Pfeifer, Trompeter oder einen anderen fahrenden Mann zu ihrem Stellvertreter ein, der nun *Pfeiferkönig* hiess. Ihm waren alle im Königreich angestellten fahrenden Spielleute untergeben und ihm jährlich ein Huhn und einen Sester Haber zu entrichten schuldig. Sein Amt war, fürzusorgen, dass kein Spielmann zu irgend einer Kurzweil zugelassen werde, der nicht zuvor in die *Brüderschaft* aufgenommen wäre. Das Königreich fahrender Leute im Elsass war nämlich in drei Brüderschaften eingeteilt, die obere, mittlere und untere, deren jede sich jährlich einmal zu einem *Pfeifertag* versammeln musste, um alle gemeinsamen Angelegenheiten zu verhandeln und die unter den Genossen entstandenen Streitigkeiten zu schlichten. Das genossenschaftliche Gericht bestand aus einem Schultheiss, vier Meistern und zwölf Beisitzern, den sogenannten Zwölfern, und aus einem Weibel. Die Appellation ging an die Herren von Rappoltstein. Ähnliche Verhältnisse finden sich in der Schweiz, wo Waldmann Pfeiferkönig war. So hatten die *Seiler* einen König, die *Leinzieher* auf der oberen Elbe. *Maurer*, Fronhöfe, II, 406, und *Grimm*, Wörterb. V, 1697.

Königtum und Kaisertum. 1. *In altgermanischer Zeit.* Spuren vom Königtum finden sich vom ersten Auftreten germanischer Stämme an, neben der immerhin zahlreicheren republikanischen Verfassung. Beide Formen, Königtum und Republik, sind ursprünglich germanisch und lassen sich in ihren Anfängen kaum mehr erkennen. Was das Königtum wesentlich von der Republik unterscheidet, ist die *Erblichkeit*, die sich auch beim Adel findet, und dem König den Namen gegeben hat; denn ahd. *chuninc* ist mittelst der Ableitungssilbe *ing* vom got. *kuni*, ahd. *chunni*, mhd. *künne* = Geschlecht abgeleitet, welches gleich dem griech. *genos* und dem lat. *genus* aus einer Wurzel stammt, deren Bedeutung „geboren werden“ ist. König ist der, dessen Stellung und Würde auf dem Geschlecht beruht. Daneben erscheint gotisch *thiudans* = Volksbeherrscher. Das königliche Geschlecht ist das edelste unter den edeln Geschlechtern und sein Ursprung in der Auffassung der ältesten Zeiten ein mythologischer; von den Göttern leitete man die ersten Könige ab. In eigentümlicher Art verbindet sich aber mit dem Erbrecht des Geschlechtes ein Wahlrecht des Volkes, das manchmal den König bestätigt, anerkennt und wählt. Bei den meisten Stämmen wurde der zum König proklamierte auf den Schild gehoben und dreimal im Kreise herumgetragen, bei anderen trat er auf einen bestimmten Stein in der Mitte der Dingstatt. Gefiel er den Männern, so sprangen sie jauchzend in die Höhe, schlugen ihre Waffen zusammen und riefen ihm Heil zu; dann folgte die Übertragung der Gewalt durch die Überreichung einer Lanze. Die besonderen Rechte des Königs aber waren gewisse priesterliche Funktionen, Berufung und Leitung der Volksversammlung, Vollzug der Gerichtsbeschlüsse, Bezug des verwirkten Friedensgeldes, Anführung des Volksheeres, Ernennung von Feldherren, Bezug freiwilliger Ehrengeschenke, lang herabwallendes Haar und andere ehrenvolle Abzeichen in Tracht und Waffen. War in den ersten Jahrhunderten der christlichen Zeitrechnung das Königstum noch die Ausnahme, so wurde es seit der Völkerwanderung die Regel, so zwar, dass die Könige in erster Linie als Könige über das Volk, nicht über ein bestimmt abgegrenztes Land angesehen wurden, also Könige der Ost- und Westgoten, Vandalen, Burgunder, Thüringer, Langobarden, Franken.

2. *Bei den Merowingern.* Die

fränkischen Könige leiteten ihren Ursprung von einem sagenhaften *Chlodio* oder *Chlogio* ab; von ihm soll Merovech abstammen, von dem das fränkische Königsgeschlecht den Namen der *Merowinger* empfing. Auch ihr Recht beruht auf dem Erbrecht des königlichen Geschlechtes; ihr Ehrenzeichen bleibt das lang herabwallende Haar. Ein Wahlrecht des Volkes in bezug auf das Königtum ist den Franken früh fremd geworden. Einen minderjährigen König nimmt der nächste Verwandte in seinen Schutz oder die Königin-Mutter wird als Regentin anerkannt. Ob das zwölfte oder fünfzehnte Jahr im merowingischen Hause die Mündigkeit gab, ist nicht ausgemacht. Notwendige Eigenschaft des Königs ist körperliche Rüstigkeit; Zeichen der königlichen Gewalt ist die Lanze. Feierliche Krönung oder priesterliche Salbung war unbekannt, auch das Zepter und den Thron erwähnen wenigstens merowingische Schriftsteller nicht. Das Purpurgewand und der Mantel, mit dem sich Chlodwig bekleidete, sind römischen Ursprungs. In den letzten Zeiten ihrer Herrschaft wenigstens fuhren diese Könige auf rinderbespannten Wagen zur jährlichen Versammlung; sonst bestiegen sie das Ross. Die Könige hatten bestimmte Residenzen, wo sie einen Teil des Jahres sich aufzuhalten pflegten; häufig erscheinen sie aber auch auf ihren überall zerstreuten Höfen und Villen, wo ihre Paläste oder Pfalzen lagen. Eine grosse Rolle spielt stets der Schatz, der an den Sitzen des Königs bewahrt wird; er gilt fast nicht weniger als das Reich, und das eine wird mit dem andern erworben, vererbt, erobert, geteilt: er enthielt geprägtes Gold, Geschmeide und Schmuck, Ringe und Ketten, Gefässe, reiche Gewänder und Stoffe. Königinnen und Kinder hatten ihren eigenen Schatz. Ebenbürtiger Ehen waren nur Königstöchter würdig; daneben aber lebten die Könige ungestraft mit niedrig geborenen Weibern auch in doppelten Ehen oder im Konkubinat. Die Titel der merowingischen Könige waren *vir inluster*, *princeps* und *dominus*. Gemildert und in der Wage gehalten wird die Macht des Königs durch die Kraft des Volkes. Dem ganzen Volke gegenüber vermochte der König nicht viel. Der König legte sich eine starke Strafgewalt bei; oft liess er ihm verhasste oder verdächtige Männer gefangen setzen, foltern, in die Verbannung schicken, erschlagen, oft ohne Urteil und Recht. Untreue gegen den König sollte nach den Gesetzen mit dem Leben bestraft werden. Besonders gross ist der Einfluss des Königs auf die Geistlichkeit; vom Könige mit Rechten und Ehren ausgestattet, ist sie auch in hohem Masse von ihm abhängig; Bischöfe werden für jede Verletzung ihrer Pflicht zur Verantwortung gezogen und hart gestraft. Vom Volk sagte man, es *diene* dem König; die Unterthanen nannten sich in Eingaben und Briefen Knechte und Diener. Dagegen hat der König für das Volk zu sorgen, das Recht zu handhaben, den Frieden zu wahren, sei's selbst, sei's durch gewissenhafte, von ihm eingesetzte Richter. Er gewährt allen Hilfe und Schutz, besonders auf den Kirchen- und geistlichen Stiftungen. Dafür überträgt jetzt die Kirche die Vorstellung der heiligen Schriften von der Obrigkeit auf den deutschen König und dieser bezeichnet seine Herrschaft selbst als eine von Gott gegebene. Jeder neue König durchzog sein Reich, um sich als Herrscher zu zeigen und die Huldigung des Volkes entgegenzunehmen; es geschah dies durch den *Treueid*; der *Schutz des Königs* hatte die Bedeutung des *Friedens*; er umfasste das ganze Volk und hielt es in rechtlicher Ordnung zusammen;

einzelnen Personen, namentlich Frauen und Geistlichen, verlieh er auch besondere Rechte. Überhaupt war es die *Person des Königs*, welche die verschiedenen Teile des Reiches und des Volkes zusammenhielt. Auf ihr beruht die staatliche Verbindung; was er beherrscht, bildet sein Reich. Alles unterliegt seiner Aufsicht und Gewalt. Das ganze Volk war ihm persönlich verpflichtet, nur durch ihn zu staatlicher Einheit verbunden. Die höhere Gerichtsbarkeit ist ebenso wie die allgemeine obere Regierungsgewalt an seinen *Hof* gebunden. Am königlichen Hofe laufen die Fäden der Regierung zusammen, werden die wichtigsten gerichtlichen Entscheidungen getroffen.

3. *Karolinger.* Mehrere Generationen hindurch waren die merowingischen Könige bloss noch äusserliche Vertreter des Königtums, während die Familie der Hausmeier ihrerseits auch schon durch mehrere Generationen als Fürsten und Herzoge die faktische Gewalt des Königtums und alle diejenigen Eigenschaften besassen, welche für dasselbe nötig waren. Nach dem Rat und Willen der Grossen wurde nun von Pipin eine Gesandtschaft nach Rom zu Papst Zacharias geschickt, welche anfragen sollte, ob die Übertragung der königlichen Gewalt auf Pipin, den Inhaber der Macht, gerechtfertigt sei. Der Papst bejahte die Anfrage und befahl gemäss apostolischer Autorität, dass Pipin König werde. Darauf fand die feierliche Erhebung Pipins zum Könige und die *Salbung* desselben durch die Bischöfe statt, eine symbolische Handlung, welche im Anschlusse an die Salbung Sauls und Davids durch Samuel schon bei den Westgoten und Angelsachsen Regel geworden war. Ob mit der Salbung schon eine *Krönung* verbunden war, ist nicht sicher; von einer *Eidesleistung* des neuen Königs ist nicht die Rede. Dagegen findet die grössere Annäherung des fränkischen Königtums zur Kirche ihren Ausdruck in dem Titel, den sich Pipin zuerst beilegte, *Dei gratia.*

Die Verbindung mit der Kirche sollte aber noch enger werden. Einzig die Kirche und an ihrer Spitze der Bischof von Rom war es, welche in dieser Zeit einen gewissen Zusammenhang unter den Bekennern des Christentums zu erhalten suchte. Anfangs lehnte sich der römische Bischof noch an das oströmische Kaisertum; seitdem er über kirchlichen und weltlichen Fragen mit diesem zerfiel, suchte und fand der römische Stuhl Hilfe und Rettung beim fränkischen Königtum, das seinerseits durch die Verbindung mit Rom an Ansehen, Macht und Verbreitung nur gewinnen konnte. Papst Gregor III. wandte sich zuerst an Karl Martell um Hilfe gegen die Langobarden und übersandte ihm die Schlüssel zum Grabe des heil. Petrus. Noch mehr that Stephan, des Zacharias Nachfolger: er kam selber über die Alpen und erteilte nicht bloss dem Pipin und seinen Söhnen nochmals die Weihe der Salbung, sondern er ernannte sie zugleich zu *Patriziern*, einer Würde, die öfter germanischen Königen verliehen war, um dieselben in einen gewissen Zusammenhang mit dem Römerreich zu setzen, ihnen eine Art statthalterischer Befugnis in den einst römischen Provinzen zu geben, diesmal in Rom und dem Gebiet der Stadt. Indem der Papst diesen Titel auf Pipin übertrug, handelte er als Vertreter des in der Idee fortlebenden römischen Reiches; er bestellte dadurch den fränkischen König als Beschützer und Verteidiger der Kirche und ihres Bischofs. Seinerseits machte sich Pipin anheischig, dem römischen Stuhl eine Reihe von Besitzungen, die demselben durch die Langobarden entrissen waren, wieder zu verschaffen, was auch geschah. Noch nähere Beziehungen hatte *Karl der Grosse* zum römischen Stuhl; auch ihm übersandte der Papst, Leo, die Schlüssel zum Grabe des heil. Petrus und die Fahne der Stadt Rom, und verband damit die Bitte, der König möge einen seiner Grossen schicken und das römische Volk eidlich zur Treue und Unterwerfung gegen ihn verpflichten; denn man betrachtete Karl nicht bloss in seinem eigenen Reiche, sondern überall, wohin der fränkische Verkehr reichte, als den obersten Herrn der Christenheit; sein Reich war ein Weltreich geworden. So lag es nahe, zumal da in den Kreisen, in welchen Karl sich bewegte, die Vorliebe für das klassische Altertum und namentlich für das römische Weltreich wirksam war, Karl den Titel jenes Reiches neuerdings beizulegen. Von Geistlichen in Karls Umgebung scheint der Gedanke zuerst ausgegangen zu sein; Papst Leo verwirklichte ihn, indem er dem König der Franken am Weihnachtstage 800, d. h. nach damaliger Rechnung am Anfang eines neuen Jahres und Jahrhunderts, in der Kirche des heil. Petrus die Krone aufs Haupt setzte und ihn als *Kaiser* begrüsste. Er erhielt dadurch die Bedeutung eines Herrn der abendländischen Christenheit, eines Schützers der römischen Kirche und eines Fürsten, der dem oströmischen Kaiser ebenbürtig war; überhaupt aber wurden durch diesen Akt das privatrechtliche und persönliche Element des Königtums mehr in den Hintergrund gestellt und es traten in der Auffassung der obersten Gewalt mehr allgemeine und öffentliche Gesichtspunkte hervor.

Karl's vollständiger Titel war jetzt *Serenissimus augustus, a Deo coronatus, magnus et pacificus imperator, Romanum gubernans imperium, qui et per misericordiam Dei rex Francorum et Langobardorium*; später sagte man kürzer *imperator augustus. Semper augustus* und *caesar* wird von Schriftstellern der Zeit, aber nicht in öffentlichen Akten gesagt; dagegen blieb der Ausdruck *regnum, regia majestas* in Gebrauch. Ausser dem Titel *magnus et pacificus*, den Karl sich selber giebt, kamen vor *excellentissimus, gloriosissimus, praecellentissimus, serenissimus, piissimus*; und die Attribute *clementia, dignitas, celsitudo, excellentia, serenitas.* Der römischen Tracht bedienten sich Karl und seine Nachfolger selten; sonst trugen sie bei feierlichen Gelegenheiten ein golddurchwirktes Kleid, Schuhe mit Edelsteinen besetzt und anderen Schmuck. Im festlichen Ornat setzte sich der König oder Kaiser eine *Krone* aufs Haupt und trug *Stab* oder *Zepter* als Zeichen der richterlichen Gewalt in der Hand; ein bestimmter Unterschied zwischen königlicher und kaiserlicher Krone wird nicht gemacht; von der Krone wie vom Zepter gab es verschiedene Exemplare. Auch das *Schwert* ist Insignie der Herrschaft, im besonderen der Heergewalt. Zeichen der Herrscherwürde ist ferner der erhöhte Sitz oder *Thron.*

Eine feste *Residenz* gab es in den ersten Jahren Karl's nicht; später bevorzugte er die Pfalzen an der Maas und am Rhein, Heristal, Worms, Ingelheim und namentlich *Aachen*. Hier empfing er auch zuerst die Kaiserkrone; später nochmals zu Rheims vom Papste selber. Bei der königlichen Salbung und Krönung erfolgt nach Segenswünschen über den zu Krönenden die Salbung mit dem heiligen Öl, dabei ein Gebet, und dann die Aufsetzung der Krone durch den Bischof mit den Worten: „Es kröne dich der Herr mit der Krone des Ruhmes und der Ehre, der Gerechtigkeit und dem Werk der Tapferkeit, damit du durch das Amt unserer Segnung mit rechtem Glauben und vielfacher Frucht guter Werke zur Krone des ewigen Lebens gelangest durch Verleihung dessen, dessen Herrschaft und Reich dauert von Ewigkeit zu Ewigkeit. Amen". Weiter überreicht der Bischof dem König das Zepter und sagt: „Empfange das Zepter, das Zeichen der königlichen Gewalt, den geraden Stab der Herrschaft, den Stab der Kraft, mit dem du dich selber wohl beherrschen, die heilige Kirche, das christliche dir von Gott anvertraute Volk mit königlicher Kraft gegen die Gottlosen verteidigen, die Bösen strafen, die Rechtschaffenen, dass sie den rechten Weg halten unterstützen und führen mögest; auf dass du vom irdischen zum himmlischen Reiche gelangest mit Hilfe dessen, dessen Herrschaft und Reich dauert von Ewigkeit zu Ewigkeit. Amen." Zum Schluss folgt der Segen und ein Gebet für den gekrönten König.

Unter den ersten Karolingern war die Weihe des Papstes zur Führung des kaiserlichen Namens nicht erforderlich; mehrere Kaiser setzten ihren Söhnen die kaiserliche Krone selber aufs Haupt. Auch Könige sind mehrfach vom Papste gesalbt worden; andere Könige sind hinwiederum überhaupt niemals gekrönt und gesalbt worden, z. B. Ludwig der Deutsche; und das Recht zur Herrschaft ist überhaupt weder von der Salbung noch von der Krönung abhängig. Auf öffentliche Fürbitten der Geistlichkeit legten die Karolinger grosses Gewicht; Fürbitten sowohl als Krönung bezogen sich teilweise auch auf die Frauen und auf die Kinder des Königs oder des Kaisers.

Auch die Pippiniden beanspruchten und besassen das Recht der Vererbung des Königtums in ihrem Geschlecht, später in analoger Weise des Kaisertums. Bestätigung und Befestigung erhält das königliche Erbrecht durch den göttlichen Willen, die Weihe der Kirche, die Zustimmung und Anerkennung des Volkes. Ebenfalls nach altem Herkommen war eine Teilung unter mehrere Söhne gestattet, wobei die Mitwirkung des Volkes und der Grossen meist mit in Betracht kommt. Alles Volk vom zwölften Lebensjahre an hatte dem König und Kaiser den *Eid der Treue* zu leisten (siehe *Eid*); der Begriff des *Gehorsams* gegen den Herrscher ist namentlich von der Kirche betont worden und wird mehr in Beziehung auf besondere Verhältnisse, einzelne Anordnungen und Befehle angewendet. Ist auf die Übertretung des Befehles eine besondere Strafe gesetzt, so heisst derselbe *Königsbann.* Er fand seine besondere Anwendung im Heer und im Gericht und war überhaupt zur Sicherung des Friedens bestimmt.

4. *Bis zu den Hohenstaufen.* Mit dem Aussterben des deutschen Karolingischen Hauses verschaffte sich das Prinzip der Wahl wieder Geltung und war von da an von einer Teilung um erblichen Anspruchs willen nie wieder die Rede; doch machte sich sofort auch die Rücksicht auf das Geschlecht wieder geltend, beide Prinzipien bald mit-, bald gegeneinander wirkend; erst im Kampfe der Kirche gegen Heinrich IV. wurde von Seite der Kirche der erbliche Anspruch ganz beseitigt und das Prinzip einer völlig freien Wahl aufgestellt. Der Form nach bedurfte aber stets das erbliche Recht der Anerkennung durch die Wahl, wobei dem Wunsch oder Willen des regierenden Herrschers nur ein gewisser Einfluss auf die Nachfolge zukam. Oft kam es zur Sicherung des erblichen Rechtes vor, dass Könige bei Lebzeiten ihrem Sohn die förmliche Anerkennung und Huldigung als Nachfolger verschafften; eine gewisse Bedeutung für die Nachfolge hatte auch der Besitz der königlichen Insignien; überhaupt aber hat es in dieser Periode noch kaum feststehende Einrichtungen in Beziehung auf die königliche Nachfolge gegeben. Dies gilt auch vom *Ort* der

Wahl, welche zu Frankfurt, Aachen, Forchheim, Mainz, ja auf italienischem Boden stattfinden konnte. So bestand auch noch kein bestimmtes Recht für die Teilnahme an der Wahl. Die Entscheidung liegt stets bei den geistlichen und weltlichen Grossen, neben welchen das Volk nur als mitwirkend und zustimmend genannt wird; den grössten Einfluss aber hatten dabei die hohen Geistlichen, vor allem der Erzbischof von Mainz, dem auch die formelle Leitung der Wahl zustand und der bei einer förmlichen Abstimmung zuerst seine Meinung kundgab. Der eigentlichen Wahl ging oft eine Vorbesprechung, eine Art Vorwahl voraus. Die Formel der Wahl oder Kur war: Ich kiese (lobe) zu einem Herrn und König, zum Richter (Regierer) und Verteidiger (Vogt) des Reichs (oder Landes). Ein förmliches Zählen der Stimmen, eine Entscheidung durch Majorität fand nicht statt. Auf die einstimmige Wahl wurde grosses Gewicht gelegt; wer nicht zustimmte, fand sich überhaupt nicht ein oder nahm an dem förmlichen Wahlakt keinen Teil. Unmittelbar nach der Wahl oder bald darauf fand die Leistung des Treueides und die Huldigung statt; die letztere entgegenzunehmen, durchzog der König wohl das Reich. In Aachen pflegte ein besonders feierlicher Huldigungsakt stattzufinden, sei es, dass die Herrschaft in Lothringen besonders betont wurde, sei es in Erinnerung an den Sitz Kaiser Karl's. In der Kirche wurde der neue König auf Karl's Stuhl gesetzt.

Seit Otto I. war die *Salbung* und *Krönung* des Königs zur festen Regel geworden, auch bei den jungen Söhnen, die bei Lebzeiten der Väter als Könige anerkannt wurden. Als Ort dieser Zeremonie wurde meist Aachen gewählt; doch kommt auch Mainz zuweilen vor. Lange standen sich die Erzbischöfe von Mainz und Köln eifersüchtig in der Behauptung des Rechtes der Königskrönung entgegen, bis schliesslich Köln, in dessen Diözese Aachen lag, endgültig den Sieg davontrug. Der Hergang der Krönung wird folgendermassen beschrieben (*Waitz*, Verf.-Gesch. Bd. 6. S. 165): „Wenn der König sein Gemach verlässt, wird er von der Geistlichkeit empfangen, und der Erzbischof spricht ein Gebet. Zwischen zwei Bischöfen schreitend wird jener in feierlicher Prozession und unter Gesang in die Kirche geführt. Hier nach einem neuen Gebet des Erzbischofs legt er den Mantel ab, kniet an den Stufen des Altares nieder und mit ihm alle Bischöfe und Priester, während die niedere Geistlichkeit singt und betet. Nachdem dann alle sich erhoben, lässt der Erzbischof sich von dem König das Versprechen geben, den rechten Glauben zu bewahren und zu bethätigen, den heiligen Kirchen und ihren Dienern ein Schützer und Verteidiger zu sein, das ihm von Gott übertragene Reich nach dem Recht seiner Väter zu regieren und zu verteidigen. Und dann wendet er sich an das Volk und fragt, ob es diesem Fürsten und Richter sich unterwerfen, seine Herrschaft in sicherer Treue befestigen, seinen Befehlen nach dem Gebot des Apostels nachgehen wolle. Und das Volk antwortet: „So sei es. Amen.“ Nach neuen Gebeten wird der König zuerst am Haupt, an der Brust, an den Schultern und Oberarmen, dann an den Händen gesalbt, empfängt darauf das Schwert als Zeichen der Herrschaft, weiter die Armspangen und den Mantel und den Siegelring, dann Zepter und Stab, zuletzt die Krone, alles unter Anreden und Gebeten, die auf die Bedeutung der einzelnen Zeichen hinweisen, und wo es von der Krone heisst, dass sie ihn zum Genossen des geistlichen Amtes mache. Nachdem zuletzt noch der Segen über den König gesprochen, wie es auch bei kirchlichen Versammlungen üblich war, wird derselbe zu dem Königsstuhl geführt, wo der Erzbischof in der Rede, die er hält, das erbliche Recht, daneben aber auch die Übertragung der Gewalt durch kirchliche Hand besonders hervorhebt, dann, nachdem der König sich gesetzt, noch einmal für ihn betet, hierauf samt den übrigen Geistlichen den Kuss des Friedens empfängt. Ein feierliches Tedeum und die Messe beschliessen den Akt."

Nach der Krönung ging es zum festlichen Mahl, wobei unter Otto I. die Herzoge zum erstenmal die Dienste der Hofbeamten leisteten.

Der deutsche König nahm die *kaiserliche Krönung* als sein Recht in Anspruch; sie galt als Vollendung der Herrschaft überhaupt. Von einer Wahl war daher hierbei nicht die Rede; eine Kaiserkrönung eines Sohnes zu Lebzeiten des Vaters geschah bloss bei Otto II. Auf einem weissen Ross des Papstes pflegte der König in Rom einzuziehen; an zwei Stellen wurde angehalten, um den Römern den Eid zu leisten, dass sie bei ihren alten Gewohnheiten verbleiben sollten. Am Thore der Stadt, wo die Geistlichkeit ihn erwartete, stieg der König vom Pferde; dem Zuge voran wurden ein Kreuz und eine Lanze getragen. In der Halle vor der Kirche des heil. Petrus sass der Papst auf goldenem Sessel. Der König stieg die Stufen hinan, neigte sich vor dem Papst zum Kuss der Füsse, worauf ihn der Papst aufhob und dreimal küsste. Darauf den Papst zur Linken lassend, ging der König durch die Halle bis zur silbernen Pforte der Kirche, wo der Kaiser geloben musste, der Schützer und Verteidiger der römischen Kirche zu sein. Danach erklärte ihn der Papst der Kaiserkrone würdig; am Grabe des heil. Petrus kniete endlich der König zum Gebet nieder. Hier wurde meist die Feier abgebrochen und die Krönung selbst auf einen Sonntag oder hohen Feiertag verschoben. Sie erfolgte vor dem Altar des heil. Petrus. Indem der Papst dem Könige das Diadem auf das Haupt setzte, sprach er: „Empfange das Zeichen des Ruhms, im Namen des Vaters, des Sohnes und des heil. Geistes, damit du abweisend den Feind und die Befleckung aller Laster, so Recht und Gerechtigkeit liebest und so voller Gnade lebest, dass du von unserem Herrn Jesus Christus in der Versammlung der Heiligen die Krone des ewigen Lebens empfangest". Andere Insignien als die Krone kamen nicht in Anwendung. Beim Wegzug aus der Kirche, wenn der Papst sein Pferd bestieg und wenn er es verliess, hielt ihm der neuernannte Kaiser den Steigbügel.

Die Ehre der Königs- und Kaiserkrönung teilte regelmässig die Gemahlin des Königs, bald mit dem König zugleich, bald nach den besonderen Umständen in besonderer Feier.

Während die späteren Karolinger sich noch mit Töchtern einheimischer Geschlechter vermählten, suchten sich die späteren Könige für sich und ihre Söhne die Frauen meist in auswärtigen Fürstenhäusern.

Grosse Sorgfalt wurde auf die Erziehung der jungen Prinzen oder Könige, wie das Mittelalter sie nannte, verwendet. Unmündigkeit galt formell nicht als Hindernis, die Regierung zu führen; der Termin der Mündigkeit war das 15. Lebensjahr, bis wohin es einer Vormundschaft, einer Sorge für die Person und die Regierung bedurfte.

Als Zeichen der Herrschaft dienten die *Reichskleinodien*, die bei der Krönung übergeben wurden. In alter Zeit führte sie der König regelmässig bei sich; erst später, seit Heinrich IV., ist von der Bewahrung auf einer der Burgen der Fränkischen Hauses, Hammerstein und Trifels, die Rede. Insignien des König- und Kaisertums werden nicht unterschieden.

Am Anfang des 10. Jahrhunderts werden als Insignien Krone, Zepter und Stab, Schwert, Mantel und Armspangen genannt; dazu kam unter Heinrich I. die heilige Lanze, manchmal wird der Ring, später wird auch ein Kreuz erwähnt. Der Reichsapfel, eine Kugel mit dem Kreuz, erscheint zwar schon auf Siegeln in der Hand des Kaisers zur Ottonenzeit, hat aber erst später Aufnahme unter die Reichsinsignien gefunden. An den hohen Festen, namentlich Ostern und Pfingsten, war es Sitte, dass der König öffentlich mit der Krone erschien. Ein königlicher Thron war der in der Kirche zu Aachen, von Marmor und zwischen zwei Säulen so erhaben, dass einige Stufen zu ihm hinaufführten. Aber auch sonst sass der König auf erhöhtem Sessel, und wurde der Thron zu den Insignien der Herrschaft gerechnet.

Immer noch galt Aachen vorzugsweise als königlicher Sitz; andere beliebte Pfalzen waren Frankfurt, Forchheim, Quedlinburg, Marburg, Mainz, Ingelheim, Tribur, Goslar, Speier. Kam der König in eine Stadt, so wurde er mit Glockengeläute und festlicher Begrüssung empfangen. Sein Aufenthalt galt als eine Ehre, war aber auch eine Last, da die festliche Bewirtung wenigstens mehrere Tage lang von dem Stifte getragen werden musste.

5. *Das spätere Mittelalter.* Mit den Hohenstaufen beginnt der Zerfall der einheitlichen Reichsregierung. Zwar erhielt in dieser Zeit die Idee des Kaisertums als der obersten allumfassenden weltlichen Macht eine neue Belebung durch das in dieser Zeit aufblühende Studium des römischen Rechtes und durch die nähere Bekanntschaft mit der Gesetzgebung der späteren Kaiser und den damit verbundenen Begriffen kaiserlicher Grösse und Machtvollkommenheit. Zugleich aber drangen jetzt die Grundsätze des Lehenswesens in die Reichsordnung und der Kaiser galt nur noch als das oberste Haupt der das ganze Reich umfassenden feudalen Gliederung. Die Herzogtümer, Grafschaften, Markgrafschaften, Pfalzgrafschaften u. s. w. erhielten den Charakter von Benefizien, ihre Träger den von Vasallen; ja einzelne Reichsgüter, Jurisdiktionen, Blutbann und andere Regalien wurden vom Reiche in mannigfachen Anwendungen an Fürsten, Grafen, Herren und Städte zu Lehen gegeben. Dadurch wurde das Lehnswesen das Band, welches hauptsächlich die Ordnung des Reiches zusammenhielt und worin sowohl das Streben der Reichsstände nach Selbständigkeit, als das Bedürfnis einer auf Treue und Ehrfurcht gegründeten Verbindung mit dem Reichsoberhaupt ihren Ausdruck fanden. Die Belehnung musste bei jeder in der Person des Kaisers oder des Vasallen eintretenden Veränderung binnen Jahr und Tag nachgesucht werden; sie wurde dem Fürsten, der dabei zu Ross im Fürstenmantel zu erscheinen hatte, vom Kaiser in Person, nachdem der Vasall knieend und mit zusammengelegten Händen die Huldigung geleistet hatte, durch Überreichung einer *Fahne* als Abzeichen hoher Gewalt erteilt; daher der Name *Fahnlehen.* Die geistlichen Fürsten wurden mit den Regalien durch das *Zepter* investiert; wenn sie aber dazu ein besonderes Fürstentum bekamen, so wurden auch sie damit mit der Fahne belehnt und nahmen dann auch die Fahnen in ihre Münzen auf. Nach der Belehnung wurde der *Lehnbrief* ausgefertigt; bevor das vor sich gegangen war, konnte man von den Untergebenen keine Huldigung verlangen noch Verleihungen vornehmen.

Eine wesentliche Veränderung ging auch in der Art der *Wahl des Kaisers* vor sich. Während sich früher alle Fürsten und Grossen des

Reiches daran beteiligt hatten, traten allmählich sieben Fürsten in den Vordergrund, denen schliesslich die Wahl allein zukam; sie erscheinen zuerst als geschlossenes Kollegium bei der Wahl Otto's IV. im Jahre 1209, doch wird noch längere Zeit erwähnt, dass diese Fürsten nicht nach ihrem Belieben, sondern mit Berücksichtigung des Willens sämtlicher Fürsten die Wahl vornehmen sollten; der Name *Kurfürst* aber ist erst seit dem Beginne des 14. Jahrhunderts nachgewiesen. Diese Fürsten sind die drei Erzbischöfe von Mainz, Trier und Köln und die vier weltlichen Fürsten, denen zugleich die Erzämter des Reiches beigelegt waren: der Pfalzgraf bei Rhein (Franken) als Truchsess und eben darum auch der oberste unter den weltlichen Fürsten, der Herzog von Sachsen als Marschall, der Markgraf von Brandenburg als Kämmerer, und als Schenk der König von Böhmen; da aber die Könige von Böhmen mehreremal undeutsch waren, legte man ihre Kurstimme dem Herzoge von Bayern bei; die goldene Bulle bestätigte jedoch den böhmischen König. Das Prinzip der Stimmenmehrheit bei der Königswahl wurde zum ersten Mal im ersten *Kurverein* ausgesprochen, einem im Jahre 1338 von den Kurfürsten zu Rense am Rhein geschlossenen Vertrage.

Als Wahlort entschied sich seit der Wahl Friedrich I. das Herkommen allmählich für Frankfurt.

Der Unterschied zwischen Königund Kaiserwürde und Amt verlor sich mit der Zeit ganz, das deutsche Königstum ging in das Kaisertum auf; Maximilian nahm schliesslich den kaiserlichen Titel ohne Krönung durch den Papst oder einen Stellvertreter an. Mehr und mehr beruht das kaiserliche Ansehen auf der Hausmacht seines Geschlechtes. Dagegen wurde das Zeremoniell des Kaisers mit Ängstlichkeit bewahrt; besonders wurden in der *goldenen Bulle Karl's IV.* vom Jahr 1356 und in folgenden Reichstagsabschieden die genauesten Bestimmungen darüber gesetzlich festsetzt. Die erste Wahlkapitulation, welche das Verhältnis des Kaisers zu den Reichsständen festsetzte, wurde von den Kurfürsten bei der Wahl Karl's V. 1519 entworfen und vorgelegt. *Waitz*, Verf.-Gesch. — Für die ersten Perioden, *Dahn*, Die Könige der Germanen; *Sybel*, Entstehung des deutschen Königtums. Vgl. auch den Artikel *Krönungsinsignien*.

Konkordanzen, biblische, d. h. alphabetisch geordnete Sammlungen aller in der Bibel vorhandenen Worte, Redensarten und Ausdrücke mit Angabe der Stellen, wo sie vorkommen, sind zuerst von den Pariser Dominikanern veranstaltet worden; namentlich schrieb eine solche der Kardinal Hugo de Sancto Caro, gest. 1262, zur Vulgata. Griechische Konkordanzen über die Septuaginta und das N. T. erschienen seit dem 16. Jahrh., die erste hebräische Konkordanz schrieb um 1438 Rabbi Isaak Nathan.

Konkordate, d. h. Vereinbarungen zwischen der staatlichen und der katholisch-kirchlichen Gewalt, die von beiden Seiten als bindende Gesetze betrachtet werden, sind durch den Streit zwischen Papsttum und Kaisertum hervorgerufen worden, wobei es sich namentlich um die Investitur (siehe diesen Art.) handelte; das Wormser Konkordat vom Jahre 1122 brachte die erste Lösung dieses Streites. Spätere Konkordate stammen aus dem 15. Jahrh., in welchem Martin V. auf dem Constanzer Konzil 1418 drei Konkordate abschloss, die sich auf die Einschränkung der Annaten (siehe diesen Art.), der Kommenden, d. h. der ohne Verpflichtung zu wirklichen Amtsführungen übergebenen Benefizien, und der päpstlichen Dispensationen bezogen, und zwar mit der deutschen Nation, den romanischen

Staaten und den Engländern. Diesen Vereinbarungen folgten ähnliche in schneller Reihenfolge.

Kopf, gewöhnlich aus lat. *cupa* oder *cuppa,* Fass, Tonne abgeleitet, von Hildebrand in Grimms Wörterb. mit *Schoppen* u. *mhd. schaf* zusammengestellt, ist ein kugel- oder halbkugelförmiges Trinkgefäss mit Fuss, also vom Becher unterschieden; es kommt auch mit Henkeln und Griffen vor. Goldene Köpfe gehören zu den Kleinodien des Hauses, als Ehrengaben, es gab aber auch Köpfe von Holz, Glas, irdene Köpfe; auch gilt das Wort als Mass.

Kopfbedeckungen. Die Germanen, ja die Goten und alten Deutschen kannten eine Bedeckung des Hauptes kaum. Nach alter Sitte gingen sie barhaupt. Die aufgelegten Kopfhäute erlegter Tiere dienten mehr nur als Kopfschmuck des Kriegers. Allgemein gebräuchlich wurde das Tragen von Hüten und Mützen, überhaupt von Kopfbedeckungen, erst in der Zeit der Renaissance, wenn schon Priester und Vornehme sich ihrer namentlich vom 13. Jahrhundert an häufig, Bürgersleute vereinzelt bedienten. Ja schon vom 10. Jahrhundert an wird bei den Sachsen eines einfachen Strohhutes erwähnt, der als ein flaches Geflecht von Männern und Frauen auf dem Kopfe festgebunden zuweilen getragen worden sein soll. Daneben kannte man die einfache Zeugkappe, die Lederkappe für solche, die des Kopfschutzes bedürftig waren, und die mehr oder minder reich geschmückte Rundkappe für die Vornehmen. Hauptsächlich sind nachstehende Bekleidungsgegenstände genannt.

1. Die *Bundhaube,* eine enganliegende Kappe, die von beiden Geschlechtern getragen, den Ober- und Hinterkopf dicht umschloss und unter dem Kinn gebunden wurde. Die Bänder waren oft mit breiten Laschen versehen, die bisweilen beide Wangen vollständig deckten. Die Hauben waren gewöhnlich weiss, zuweilen auch rot, grün oder buntstreifig und längs des Randes nach Vermögen geziert. Schon mannigfaltiger gestaltet sind

2. die *Mützen* des 13. Jahrhunderts, welche als aufgesteifte Rundkappen zwar noch vornehmlich nur zur Reise und Jagd benutzt wurden und daher mit langen Bindebändern versehen waren, dass sie beliebig nach hinten gestreift und so auf dem Rücken hängend getragen werden konnten. Die Mütze trägt schon eine eigentliche Oberkappe, die sich bald halbrund, bald geschwungen spitzig erhebt, bald in der Mitte senkt und dann einen mehr oder minder kostbaren Knopf *„ein knöpfelin, ein durchliuchtig rubîn“* trägt. Auch der Rand war nicht durchweg glatt, oft zackig ausgeschnitten, oft sechs- oder achteckig umgebogen. Daneben kam die Mütze auch als faltiger Bund vor, der sich aus einem stärkeren Stirnband erhob und den Oberkopf, mit einem breiten Behang auch Hinterhaupt und Schultern bedeckte. Daneben nahm die Mütze oft die seltsamsten Formen an, bis sie im 16. Jahrhundert vom Barett mehr und mehr verdrängt wurde.

3. Des *Hutes* und zwar des kegelförmigen Spitzhutes findet man schon zur Zeit Karls d. Gr. erwähnt. Im 10. Jahrhundert kam der Strohhut auf, im 11. der Filzhut, dessen Rand ringsum herabhing. Nachdem derselbe im 12. Jahrhundert steif geworden, giebt er dem Hute bald die mannigfaltigsten Formen, ringsum stark oder schwach aufgekrempt, nur vorn oder hinten, oder auch auf einer Seite. Fürstenhüte werden mit dem Kronreif geschmückt oder mit einem Schapel; wo diese fehlen, findet sich eine mehr oder minder geschmackvolle Verbrämung mit Pelzwerk. Frauen- und Männerhüte werden auch mit Pfauenfedern vollständig bedeckt, *„pfawen huot“*, oder

sie werden in weiten Maschen netzartig überstrickt. Der Hut war gleich der Mütze oft mit Bindebändern versehen. Einfache Rundhüte wurden mehr nur von Leuten unterer Stände getragen; der Vornehme trug unter dem eigentlichen Hute auch etwa einen sogenannten Unterzug, der das Hinterhaupt zu decken hatte. Die rasche Verbreitung der Gugel brachte den Hut im 14. Jahrhundert für einige Zeit in Verruf, konnte ihn jedoch nicht bleibend verdrängen, sondern diese trat vielmehr bald in dessen Dienst, indem sie an die Stelle des Unterzuges trat und gleich der Halsberge der Waffenrüstung Hinterkopf und Nacken, ja Wangen und Kinn verhüllte, während der leichte Gugelhut, Kuelhut, als einfacher, schmalkrempiger, gleichmässig gestülpter Rundhut den Scheitel deckte. Durch Karl VII. kommt in Frankreich (um 1430) der oben abgeflachte Rundhut auf, der bald bedeutend an Höhe zunimmt und den Unterhut erst recht zur Ausbildung bringt. Dieser ist ohne Rand, im übrigen von der Form des Oberhutes und bleibt auf dem Kopfe sitzen, wenn beim Gruss oder in Gegenwart von Damen jener abgenommen und an der langen Sendelbinde über die linke Schulter herabgehängt wird. Die Krempe wurde wohl auch in mehrere Lappen geteilt und diese ungleich stark aufgeschlagen, der Cylinder zudem oft auf absonderliche Weise geziert, wie sehr auch die obrigkeitlichen Erlasse und die Mandate der Sittenrichter dagegen eifern mochten. Die Frauenhüte wichen nach Form und Verzierung von den Männerhüten kaum ab; die Hüte der Handwerker und niederen Stände aber behielten auch im 16. Jahrhundert ihre einfache Form bei, als die vornehmen Stände den Hut überhaupt gegen das Barett vertauschten. Dieses geschah zu Anfang des genannten Jahrhunderts, doch in der zweiten Hälfte desselben kam er wieder zu Ehren und zwar zunächst der hohe, gesteifte spanische als vollständiger oder oben ebener Rundhut, dann der französische, unsern Cylinderhüten ähnliche, der niederländische Rubenshut und im 17. Jahrhundert der breitkrempige Schlapphut.

4. Der *Schapel, schapel, schappil, schapelin*, ist entweder ein natürlicher oder künstlicher Blumenkranz, auch ein Kopfreif von Zeug oder Metall, mit Silber, Gold, Perlen, Schnüren und Troddeln etc. geschmückt. Er kommt im 11. Jahrhundert auf und findet bis ins 16. hinein viele Liebhaber bei beiden Geschlechtern und in allen Altersstufen. Frauen befestigen ihn bisweilen mit einem Kinnband oder verbinden ihn gerne mit dem Gebende, das als ein farbiges Band den Kopf, auch Kinn und Wangen umschloss. Der Schapel ist als Gunstbezeigung namentlich aus dem Minnedienst bekannt.

5. An die Stelle des Gebendes trat oft das *Kopftuch*, das schleierartig den Kopf einhüllte und dabei auf den Nacken herabfiel. Doch kommt auch der *Schleier* selbst schon früh vor und neben ihm die *Rise*, welche länger und schmäler als erstere zwar Gesicht und Hals der Frauen, besonders der Witwen in künstlichen Windungen verhüllte und nur Augen und Nase frei liess, während die Enden in regelmässigen Falten über den Rücken herabhingen.

6. Die *Netzhaube* bestand aus wollenem, seidenem, auch goldenem oder silbernem Flechtwerk und war meist in Stirnband oder Schapel befestigt. Sie bedeckt bald nur den Oberkopf, bald auch Wangen und Nacken.

7. Das *Barett*, eigentlich eine aus der Rundkappe durch Erhöhung und Fältelung hervorgegangene Mütze, tritt vereinzelt schon im 10. Jahrhundert auf, kommt aber erst im 15. zu seiner vollen Entfaltung, wo es — wie oben bemerkt — selbst

die Hüte und damit alle anderen Kopfbedeckungen für eine Zeitlang verdrängte, wenigstens in den höheren Ständen (den unteren war es mancherorts durch obrigkeitliche Erlasse verboten). Es ist fast durchweg tellerförmig u. zeigt ringsum eine hutartige, gesteifte Krempe, den Rand, der vielen Wandlungen unterworfen ist. Bald ist er ganz und ringsum gleichmässig gebogen, bald geschlitzt, erhöht, verlappt und mit farbigen Stoffen durchzogen. Auch wechselt die anfänglich blaue Farbe des Barettes beliebig. Einfach trugen es die Gelehrten. Der Adel und der vermögliche Bürgerstand hingegen verwendeten alles auf dessen Ausstattung, sodass die Regierungen bestimmte Vorschriften darüber erlassen mussten. So durfte in Niederösterreich um 1518 dieser Schmuck nicht über zehn Gulden kosten. Unter dem Barett trug man nicht selten eine ebenso kostbare Unterkappe.

8. Die *Gugel* (Gogel) ist eine Kapuze mit Schulterkragen, war anfänglich an Mantel und Kutte befestigt und diente namentlich in den niederen Ständen auf Reisen. Vom 14. Jahrhundert an kommt sie als selbständiges Kleidungsstück vor und zwar bei vornehm und gering, bei Mann und Weib. Sie deckt Kopf, Hals und Schultern und ist oft gezackt und geschwänzt. Sie verschwindet im 15. Jahrhundert.

9. Die *Mitra*, eine Bischofsmütze, die sich ebenfalls aus der Rundkappe entwickelt hat und schon im 4. Jahrhundert von Vornehmen viel getragen wurde. Zur Bischofsmütze wird sie aber erst im 10., *allen* gestattet zwar erst im 11. Jahrhundert. Damit begann dann auch die Abänderung der Form, und zwar erhielt sie zuerst von vorn nach hinten über die Mitte eine Einsenkung, dann an eben der Stelle einen Reif, *titulus*, Schmuckband. Durch eine tiefere seitliche Einsenkung, die bald gerad-, bald bogenlinig geschnitten war, entstand die Doppelmütze, deren Form mehr oder weniger ständig geblieben ist, während die Verzierungen in der mannigfaltigsten Art wechselten. Die Mitra wurde gemeiniglich aus den köstlichsten Seiden- oder Sammetstoffen gefertigt und mit Gold- und Perlenstickerei reich geziert. An ihr unterschied man den Stirnreifen *(circulus)*, den Mittelstreifen *(titulus)* und die Rückenstreifen *(infulae)*, welch letzterer Name auch der ganzen Mütze beigelegt wurde. Nach den Kirchenordnungen des 13. Jahrhunderts durften die geschmückten Mitren nur an grösseren Kirchfesten getragen werden (*in titulo et in circulo*), während einfach goldgestickte Mitren ohne Stirnreif *(in titulo sine circulo)* für gewöhnliche Tage bestimmt waren.

Verschieden von dieser bischöflichen Mitra ist die *Tiara* des Papstes, ein zuckerhutförmiger Spitzhut, der sich aus bildlichen Darstellungen bis in das 12. Jahrhundert zurück nachweisen lässt. Sie erscheint ursprünglich als ein Flechtwerk aus weissem Stoffe gebildet, mit goldenem Stirnreif geziert, im 13. Jahrhundert mit senkrechten goldenen Streifen ausgestattet und mit Edelsteinen besezt. Durch Bonifacius VIII. wird sie zur Doppelkrone umgestaltet (um 1300), da der Stirnreif, kronenartig gearbeitet, einen zweiten Reif über sich hat. Urban VI. bildete sie (um 1378) zur dreifachen Krone um.

Über die Kopfbedeckung des Kriegers siehe den Artikel *Helm*. Nach *Weiss*, Kostümkunde; *Müller* und *Mothes*, Archäologisches Wörterbuch.

Korb, als Wort nach der Ansicht Hildebrands in Grimms Wörterbuch nicht, wie man gewöhnlich annimmt, von lat. *corbis* abgeleitet, sondern uralt und schon vor der Trennung der germanischen Stämme vorhanden und mit dem lateinischen

Wort bloss urverwandt; dass die Kunst des Korbflechtens bei den Germanen längst in der Blüte stand, zeigt die Fülle deutscher Korbnamen: Kiepe, Kober, Krebe, Kratte, Krätze, Kieze, Kötze, Kütze, Klauder, Sumber, Benne, Brente, Hutte, Zecker, Zeine, Mahne, Flechte, Schwinge u. a. Beachtenswert und auf germanische Vorzeit zurückweisend sind die Bedeutungen des Wortes Korb als *Haus* und *Schiff;* in Bayern sind Kirle kleinere Nebengebäude für Beherbergung der Tagwerker; dass einst Schiffe aus Korbgeflecht vorhanden waren, bezeugt *Isidor* in seinem Wörterbuch und Cäsar für die Britannen; auch zur Herstellung von Wänden dienten geflochtene Ruten. Die Redensart *einem einen Korb geben*, einen Liebes- oder Heiratsantrag zurückweisen, stammt aus der alten Sitte, dass ein Liebender des Nachts in einem Korb zum Fenster aufgezogen wurde; im Fall der Abweisung wurde der Korb, in dem der Liebhaber sass, von der Höhe fallen gelassen oder er war zum Durchbrechen des Bodens eingerichtet, so dass der Liebende durchfallen musste. Später schickte das Mädchen ihrem abgewiesenen Bewerber bloss noch einen Korb ohne Boden. Korb ist auch eine Ehrenstrafe für leichtere Vergehen, eine Vorrichtung zum Prellen, wodurch der Bestrafte mehr Spott als Schaden hatte; er heisst auch Schand- oder Lasterkorb. Hildebrand in *Grimms* Wörterbuch.

Kranz, Kranzsingen. Im Mittelalter trugen Fürsten einen Kranz als Abzeichen; er wurde um den Fürstenhut gelegt, der bei der Belehnung als Symbol diente, statt der Krone. In den Bildern des Sachsenspiegels haben alle Fürsten und Edelherren einen Kranz um das Haar, er war gleich der Binde Auszeichnung des Adels, wenigstens des Standes der Freiheit; auch königlichen Beamten diente er als Zeichen der Amtswürde. Nach *Hildebrand* in Grimms Wörterbuch. V, 2053 scheint demnach die Königskrone auf diesen altgermanischen Kranz zurückzugehen und die Blätterform ihrer Zacken an diesen Ursprung zu erinnern; man stellte für Fürsten den Kranz in Gold dar. Ebenso alt ist auch die Sitte, dem Sieger den Kranz aufzusetzen; Heinrich der Löwe soll sich nach einer gewonnenen Schlacht auf der Walstatt selbst einen Kranz aufgesetzt haben; so war der Kranz auch ein beliebter Preis bei den Turnieren, in der Fechtschule, bei Schützenfesten, bei den Meistersängern. Der Kranz ist ferner ein Freudenzeichen, Feier- und Festschmuck, der sowohl als Zier der Wohnung, der Kirchen u. s. w. als des Hauptes dient. Ausser Frauen trugen im Mittelalter auch Männer z. B. an einem höfischen Maifeste den Kranz; der Brautführer trägt ihn, ja sogar der Ritter im Kampfe; andere bei einer Schlittenfahrt, besonders aber bei Tanz und Festen, wobei die Beschenkung und Zierung von Junggesellen als Zeichen der Gunst und Ehre galt. Besondere Bedeutung hatten der Rosenkranz und der Nesselkranz als Zeichen für den begünstigten und den verschmähten Liebhaber; Zeichen der mangelnden Liebe ist auch der Strohkranz. Schon früh wurden Kränze aus kostbaren Stoffen nachgebildet, aus Perlen, Edelsteinen u. dergl. Der höfische Frauenkranz heisst mit französischem Namen *schapel*, er ist auch von künstlichen Blumen, in Gold und Edelstein gefertigt und war bei vollständigem Kopfschmuck der Hauptteil des *gebendes*. Die Sitte des Schenkens von Seite der Mannes war ebenfalls Zeichen des Gunst und Treue:

demselben wacker meidelein
schikt ich neulich ein krenzelein
mit rotem gold bewunden,

dabei sie mein gedenken soll
zu hundert tausent stunden.

.. Namentlich der Jungfrau kam durch Sitte und Natur der Kranz zu; wie er denn in katholischen Ländern sogar beim Gottesdienst, bei Prozessionen häufig vorkommt. Besonders aber ist er unentbehrlich bei der Hochzeit und im Tode.

Das *Kranzsingen*, d. h. singen um den Preis eines Kranzes, war eine alte Volkssitte; junge Leute, heisst es, seien an etlichen Orten in Schwaben des Nachts ausgegangen und hätten Lieder gesungen und schöne Gedichte gesprochen, damit ihnen ihre Liebsten Kränzlein *(schapelin)* geben. Sebastian Frank erzählt im Weltbuch unter den Bräuchen in Franken am Johannistage: „Die Maid machen auf diesen Tag Rosenhäfen, also: si lassen inen machen Häfen voller Löcher, die Löcher kleiben si mit Rosenblettern zu und stecken ein Liecht darein, wie in ein Latern, senken nachmals diesen in die Höhe zum Laden herrauss, da singt man alsdann umb ein Kranz Meisterlieder; sunst auch oftmals im Jahr zuo Summerszeit, so die Meid am Abent in ein Ring herumb singen, kummen die Gesellen in Ring und singen umb ein Kranz, gemeintlich von Nägelin gemacht, reimweiss vor; welcher das best tuot, der hat den Kranz.“ Die Kranzlieder gehören zu den Rätselliedern; es sind ihrer nur zwei erhalten (in Uhlands Volksliedern, Nr. 2 und 3), deren zweites folgendermassen beginnt:

Ich kumm aus frembden landen her
und bring euch vil der neuwen mär,
der neuwen mär bring ich so vil,
mer dann ich euch hie sagen wil;
die frembden land die sind so weit,
darin wechst uns guot summerzeit,
darin wachsen blüemlein rot und weiss,
die brechen jungfrauwen mit ganzem fleiss
und machen darauss einen kranz
und tragen in an den abendtanz
und lönd die gesellen darumb singen,
bis einer das krenzlein tuot gewinnen.

Mit lust tritt ich an disen ring,
gott grüess mir alle burgerskind,
gott grüess mirs alle gleiche,
die armen als die reichen,
gott grüess mirs allgemeine,
die grossen als die kleinen!
solt ich ein grüessen, die andern nit,
so sprächens, ich wär kein singer nit.
ist kein singer umb disen kreiss,
der mich wol hört und ich nit weiss?
derselbe tuo sich nit lang besinnen
und tuo bald zuo mir einher springen.

Singer, so merk mich eben!
ich will dir ein frag aufgeben:
was ist höher weder gott,
und was ist grösser dann der spott,
und was ist weisser dann der schne,
und was ist grüener dann der kle?
kanst mir das singen oder sagen,
das krenzlin soltu gewunnen haben,
darumb will ich jetz stille ston
und den singer zuo mir einher lon.

Singer, du hast mir ein frag aufgeben,
die gfallt mir wol und ist mir eben:
die kron ist höher weder gott,
die schand ist höher dann der spott,
der tag ist weisser dann der schne,
das merzenlaub ist grüener dann der kle.
singer, die frag hab ich dir tuon sagen,
das krenzlin soltu verloren haben.
u. s. w

Hildebrand in *Grimm's* Wörterb. und *Uhland's* Schriften, III. 204 ff.

Kreuz als Merk- und Schriftzeichen, wie als Verzierungsmittel kommt bei vielen heidnischen Völkern in allen möglichen Formen vor; das *Henkelkreuz* oder das blosse T ist z. B. bei den Ägyptern ein Sinnbild der strahlenden Sonne, den Buddhisten bedeutet das Kreuz die von der Sonnenbahn umkreuzten vier Himmelsgegenden.

Das sich Bezeichnen mit dem Kreuz, das Kreuzschlagen durch blosse Hand- und Fingerbewegung war schon früh allgemein Bewahrungs- und Segensmittel und wurde auf apostolische Überlieferung zurückgeführt. In den abendländischen katholischen Kirchen unterscheidet man das *lateinische* und das *deutsche Kreuz*; beim lateinischen Kreuz wird die Formel *In nomine patris et filii et spiritus sancti, amen* oder eine ähnliche gesprochen und dazu mit der flachen rechten Hand Stirn und Brust, dann die linke und endlich die rechte Seite berührt. Die Formel des deutschen Kreuzes heisst: Im Namen Gottes etc.; wobei mit dem vorgestreckten Daumen der rechten Hand, auf dem der Zeigefinger mit den übrigen quer aufliegt, Stirn, Mund und Brust berührt wird, während die linke Hand auf der Brust ruht.

Das materiell ausgeführte Kreuz, einfach hölzern oder gemalt, war früh allgemein verbreitet und diente schon im 5. Jahrhundert als Amulet. Auf christlichen Denkmälern erscheint das Kreuz jedoch nicht vor Konstantin, welcher das Kreuzeszeichen, das er vor der Schlacht gegen Maxentius (312) in den Wolken gesehen, in seine Kriegsfahne aufnahm und sich selbst als Sieger mit der Kreuzesfahne, später mit dem Kreuz auf der Stirne darstellen, endlich auf die Helme und Schilde der Soldaten das Zeichen des Kreuzes anbringen liess. Auch auf Münzen erscheint es bald nachher. Seit Ende des 4. Jahrhunderts wurde das Kreuz immer mehr der gewöhnliche Schmuck der Kirchen und namentlich der Altäre. Es erhielt seine Stelle im Sanktuarium, über dem Eingange der Kirche, auf dem Ambo vor dem Lesepulte, über oder unter dem Triumphbogen.

Als eigentlich *kirchliches Zeichen* diente das Kreuz zur ersten Weihe bei Gründung einer Kirche, und ebenso wurde die Einweihung der fertigen Kirchen durch das Kreuzeszeichen vollzogen. Das Recht, die in den Kirchen aufgestellten Kreuze zu erheben, bei Prozessionen zu tragen und irgendwo aufzupflanzen, lag ursprünglich in den Händen des Bischofs, der es wie andere Sakramentalien den Presbytern übertragen konnte. Da das Kreuz bei Bittgängen die Hauptrolle spielte, hiessen diese geradezu *cruces*. Unter einem Kreuze mit ausgebreiteten Armen stehen oder sich niederwerfen, war das Zeichen der Busse. Tag der allgemeinen Adoration des Kreuzes war der Karfreitag. Überall, wo ein Kreuz stand, auch an der Strasse, gab es für den Verbrecher ein Asyl. Das Kreuz ist das kirchliche Zeichen der bischöflichen und apostolischen Würde. Der Papst hat das Recht, es überall vor sich hertragen zu lassen. Wie das Kreuz das öffentliche Zeichen oder Wappen der Kirchen war, so wurde es das äussere Zeichen der *Kirchhöfe* und ihrer *Gräber*.

Schon im 5. Jahrhundert wurde das Kreuz häufig im *Eingang* von *Diplomen* und anderen Handschriften statt der Anrufung des Namens Gottes gesetzt; ebenso ein oder drei Kreuze über den Rezepten der christlichen Ärzte. Seit dem 6. Jahrhundert findet man das Kreuz statt *Namensunterschrift* unter Briefen und Urkunden, als Zeichen und Erinnerung der Wahrhaftigkeit. Geistliche setzten es regelmässig *neben* ihren Namen, Bischöfe *vor* denselben. Die griechischen Kaiser unterschrieben oft mit roten, die byzantinischen Prinzen mit grünen, die altenglischen Könige mit goldenen Kreuzen.

Durch die *Kreuzzüge* wurde das Kreuz Kriegszeichen gegen den Halbmond. Die Kreuzfahrer hefteten das aus Seide oder Goldfäden oder sonst gewobene, kokkusfarbene Kreuz an die Kleider. Von nun an wurde es immer mehr weltliches Zeichen, und Fahnen, Helme, Waffen, Kronen, Zepter, Reichsapfel, Denkmäler, Siegel, Münzen, Wappen in den mannigfaltigsten Formen damit geschmückt. Die Eroberung einer heidnischen oder mohammedanischen Stadt wurde durch Aufpflanzen eines Kreuzes bezeichnet. Unglückliche, die eine Klage vorzubringen hatten, trugen ein Kreuz in den Händen oder auf den Schultern. Vor dem heiligen Kreuz oder so, dass es aufs Haupt gelegt wurde, geschahen Eide. Mit Kreuzen wurden Feld- und Gaugrenzen bestimmt. Unter die Gottesurteile zählt auch das *Kreuzurteil*, siehe den Art. *Gottesurteile*, 5.

Erst seit den Kreuzzügen setzte sich auch das Kreuz vollends *architektonisch* durch die Kirche durch. Kein Kirchenbuch, Kirchengefäss und Kirchengewand durfte des Zeichens entbehren. Auch der Aberglaube bediente sich des Kreuzes im weitesten Umfange.

Die Hauptgestalten des Kreuzeszeichens sind:

1) *Crux decussata*, das geschobene oder schräge Kreuz, ×, später Burgunder-, oder, weil der Apostel Andreas daran gekreuzigt sein sollte, das *Andreaskreuz* genannt.

2) *Crux commissa*, in Form des T, an welchem der Apostel Philippus gestorben sein soll, hiess auch das ägyptische, und weil der heil. Antonius in Ägypten damit die Götzen gestürzt und die Pest vertilgt haben soll, das *Antoniuskreuz*.

3) *Crux immissa*, in Form von †, das hohe lateinische oder Passionskreuz, weil nach allgemeinster Annahme Christus an einem solchen gestorben ist.

4) Das *griechische Kreuz*, welches aus gleichlangen Balken in Form von + besteht.

5) Das *Petruskreuz*, an welchem der heil. Petrus gekreuzigt sein wollte, ist das umgekehrte lateinische.

6) Das *Bernwardskreuz* heisst das kurze, unten zugespitzte lateinische Handkreuz, das, einem Dolche ähnlich, vom Bischofe Bernward in Hildesheim selbst verfertigt und im Hildesheimer Domschatze noch vorhanden ist.

7) Das *Schächerkreuz* Y gehört der Wappenkunde an.

8) Das *Doppelkreuz* ‡, vielfach auf katholischen Kirchen, soll mit der oberen Querleiste auf die Pilatusinschrift am Kreuze Jesu hindeuten.

9) Das *dreifache* Kreuz ǂ wird dem Papste und seinen Legaten, wie das doppelte den Patriarchen, das einfache dem Bischofe vorgetragen.

Nach *G. Merz* in Herzog's Real-Encykl. 2. Aufl. Art. Kreuzeszeichen. Vgl. *Stockbauer*, die Kunstgeschichte des Kreuzes, Schaffhausen 1870 und *Zöckler*, das Kreuz Christi. Gütersloh 1875.

Kreuzer, lat. *denarius cruciatus* oder *crucigerus*, im 12. Jahrhundert *kriuzer*, Silberpfennig mit aufgeprägtem Zeichen des Kreuzes. Er stammt ursprünglich aus den Münzstätten von Verona und Meran, weshalb er zuerst meist Meraner oder Etschkreuzer heisst. Siehe *Schmeller*, bayerisches Wörterbuch.

Kreuzfahrer. Seit dem 5. Jahrhundert war *Rom* das Ziel zahlreicher Wallfahrer geworden, die an den Gräbern des Petrus und Paulus ihre Andacht verrichten wollten; schon damals zeigte man auch die *cathedra* und die Ketten des heiligen Petrus, deren Späne abgefeilt Wunder wirkten, sodann Bildnisse Christi und der Mutter Gottes, die Geisselungssäule Christi und Tausende von Splittern des heiligen Kreuzes. Die beliebteste Zeit war das Fest Petri; zur Unterstützung der Wallfahrer war 727 von einem angelsächsischen König eine *schola saxonica* gestiftet worden, welche das Muster für besondere Herbergen der Franken, Sachsen, Langobarden und Friesen wurde. Das beliebteste Ziel der skandinavischen Pilger war dagegen *Konstantinopel*, wo die Fäden uralter

Erinnerungen aus ihrer Geschichte und Sage zusammenliefen. Über beiden Wallfahrten stand aber früh diejenige nach *Jerusalem*, für welche besonders Hieronymus und Augustinus Propaganda machten, während sie freilich zugleich nicht versäumten, auf die Gefahr dieser äusserlichen Leistung für die wahre Frömmigkeit aufmerksam zu machen. Gregor von Nyssa schrieb sogar ein Buch gegen die Jerusalem-Wallfahrten, worin er erklärte, die meisten Pilger hätten bei ihrer Fahrt oft nur den Himmel, nicht aber ihre Gesinnung geändert, die weiblichen Wallfahrer hingegen meist ihre Tugend verloren; auch habe er nirgends in der Welt ein sittlich verwahrlosteres Volk und mehr Gesindel angetroffen als in Jerusalem. Dennoch hob sich das Pilgerwesen von Jahrhundert zu Jahrhundert, besonders da die Päpste allmählich ein Bussinstitut daraus machten und für das Fortkommen und die Sicherheit der Pilger sorgten, und namentlich seit der glänzenden Restaurierung der heiligen, durch Hadrian schändlich profanierten Stätten durch die byzantinischen Kaiser. Diese letztere steht mit der Pilgerreise der Kaiserin Helena, der Mutter Konstantin des Grossen, in Zusammenhang; sie war 326 nach Jerusalem gepilgert und hatte drei Kreuze und drei Nägel aus dem Schutte gezogen. Seitdem wurde das Andenken an die Kreuzesfindung durch ein eigenes Fest am 15. September gefeiert, zu dem aus allen Himmelsgegenden Wallfahrer und Karawanen anlangten, sodass bald ein grosser Jahrmarkt sich daran knüpfte. Konstantin liess nun die 335 im Beisein von 300 Bischöfen eingeweihte heilige Grabeskirche bauen, der schnell zahlreiche andere christliche Heiligtümer, Kapellen, Kirchen und Klöster folgten. Ähnliches that später Justinian. Unter den Pilgern zählte man jetzt auch solche, die kirchlichen und politischen Unruhen aus dem Wege gingen, und vornehme Frauen, Kaiserinnen und Patrizierinnen aus Rom und Konstantinopel, die ein bewegtes Leben in der Stille des heiligen Landes beschliessen wollten. Diese friedlichen Zustände nahmen im 7. Jahrhundert ein Ende, als der Perserkönig Chosroes II. im Jahre 614, und nach kurzer Wiedereinnahme durch die Christen die mohammedanischen Araber 638 Jerusalem nach zweijähriger Belagerung in ihre Hände brachten; das heilige Kreuz war vorher nach Konstantinopel gerettet worden. Doch hatten unter der milden Praxis der Moslimen die Pilgerfahrten ihren Fortgang; auch an Reliquien fehlte es nicht; man zeigte u. a. den Abendmahlsbecher Christi, die heilige Lanze, das Schweisstuch, das Tuch Mariä, auf das die Bilder Christi und der zwölf Apostel gemalt waren.

Durch Karl d. Gr. trat eine neue Epoche des Pilgerwesens ein, als der Patriarch von Konstantinopel ihm im Jahre 800 Reliquien vom heiligen Grabe, die Schlüssel und das Banner desselben, überreichen und seinen Schutz für die Christen des heil. Landes anflehen liess. Wirklich trat Karl in Verbindung mit dem Kalifen Harun-al-Raschid, der den Christen Schutz versprach, und wies zugleich grosse Summen an zur Erbauung von Klöstern, Herbergen und Krankenhäusern im heiligen Lande. Doch blieben die Nachfolger Harun-al-Raschid's den Christen nicht ebenso geneigt, und schon gegen Ende des neunten Jahrhunderts bat der Patriarch um Hilfe und namentlich um Geld, um die an die Heiden verpfändeten Domänen und heiligen Gefässe auszulösen Noch schlimmer wurde die Lage der Christen, seitdem die Kalifen von Ägypten in den Besitz Jerusalems gekommen waren und neben anderen Heiligtümern namentlich die Auferstehungskirche zerstörten.

Dieses vermehrte einerseits die Teilnahme des Abendlandes an den Schicksalen der heiligen Stätte, andererseits bewirkte es, dass sich von nun an die Pilger zu grösseren Scharen vereinigten; im 11. Jahrhundert thaten dies zuerst 700 Pilger unter dem Grafen der Normandie und dem Abte Richard; 1054 sammelte sich schon eine Schar von 3000 Pilgern; aus Furcht vor dem jüngsten Tage zogen 1065 unter dem Erzbischof von Mainz, den Bischöfen von Utrecht, Bamberg u. a. 7000, nach anderen sogar 13000 Köpfe nach Jerusalem, die an der Spitze stehenden Prälaten in ritterlicher Rüstung; englische Pilger folgten auf dem Fusse nach; 2000 sollen wieder heimgekehrt sein. Durch den jetzt ausbrechenden Kampf zwischen Kaiser und Papst geriet die Pilgerfahrt nach dem heiligen Grabe zwar etwas ins Stocken, doch nahm Gregor VII. den Plan eines grossen Kreuzzuges auf; aber ohne Erfolg. Erst das Ende des 11, Jahrhunderts sah endlich die eigentlichen *Kreuzfahrer* ins gelobte Land aufbrechen.

Zahlreich sind die Gründe, welche die Christen zu einer Pilgerfahrt nach dem gelobten Lande veranlassten; ausser der religiösen Teilnahme für das heilige Grab und die anderen heiligen Stätten war es besonders bei den Skandinaviern die ungestillte Sehnsucht nach dem Lande, wo die Sonne aufgeht, wilde Unternehmungslust, Rettung aus schwerer Gefahr oder Krankheit, Trauer über die Verderbtheit der Kirche, Furcht vor dem Weltuntergang, Visionen, besonders aber die kirchliche Busse, welche der Papst, ein Prälat oder Landesfürst auferlegte, und zwar anfangs nur für Mord, Sodomiterei und Simonie, später auch für den Bruch des Gottesfriedens. Die Busse bezog sich entweder auf die kleine oder die grosse Fahrt, nicht selten auf Lebenszeit. Ursprünglich legten die Pilger keine äusseren Abzeichen ihres Gelübdes an; erst später bildete sich, wohl zuerst bei den Reichen die Gewohnheit, durch einen eigenen Habit sich auszurüsten und mit den Zeichen vollbrachter Wallfahrt, Jakobsmuschel und Palmzweig, in die Heimat zurückzukehren. Die Kreuzfahrer trugen nur Kreuze, entweder auf der Brust oder auf der rechten Schulter, wie Christus sein Kreuz getragen. Die Norweger trugen rote Kreuze in weissem Felde, die Dänen weisse in rotem, die Schweden rote in grünem Felde. Zur grossen Kreuzfahrt von 1189 wählten die Engländer weisse, die Franzosen rote, die Flandrer grüne Kreuze. Die Minderzahl der Pilger bettelten sich ins gelobte Land durch; die meisten pflegten sich durch Verpfändung ihrer unbeweglichen Habe bei reichen Bürgern, Klöstern oder Juden mit Geld zu versehen. Gewöhnlich reiste man zu Fuss, auch barfuss, französische Verwandtenmörder mit Ketten beladen, die aus ihrem Schwerte geschmiedet waren, die Skandinavier aber, wenn sie den Landweg einschlugen, pflegten zu reiten.

Das alte Wallfahrtslied der deutschen Pilger lautet:

In gottes namen faren wir,
seiner genaden begeren wir,
des helf uns die gottes kraft
und das heilige grab,
da gott selber inne lag!
  kyrieleison!

Kyrieleis! Christeleis!
des helf uns der heilig geist
und die ware gottes stimm,
dass wir frölich farn von hinn!
  kyrieleison!

Nu helf uns das heilige grab
und der sich durch uns darin gab
mit seinen heren wunden:
dass wir zu Jerusalem funden
werden froliche,
und in dem himelriche
got gebe uns den werden lon
und singen: kyrieleison!

Die Dauer einer gewöhnlichen Pilgerfahrt war in der Regel ein Jahr, bei den Skandinaviern meist zwei bis drei Jahre; die Termine für den Aufbruch meist Ostern und Johannis.

Die *Routen* der Pilger waren sehr verschieden. Die Deutschen, Franzosen und Engländer gingen oft durch Italien und fanden schon in Norditalien oder dann in Brindisi, Bari oder Messina Schiffe zur Überfahrt; vor den Kreuzzügen wählten aber die deutschen Pilger meist den Landweg durch Ungarn, Konstantinopel und Kleinasien, „Weg Karl's des Grossen“ genannt. Die Skandinavier zogen entweder durch Russland nach Konstantinopel, oder durch Deutschland und die Alpen nach Italien oder über St. Jago di Compostella und durch die Strasse von Gibraltar längs der afrikanischen Küste. Überall von den Ausgangspunkten der Pilger an, auf den Alpenpässen, in den Hafenorten, zu Rom, Konstantinopel, in Jerusalem und anderen Orten im gelobten Lande waren Herbergen und Hospitäler gestiftet worden. Als Patron der Pilger wurde der heilige Georg angerufen.

Unter die Wunder des heiligen Grabes gehörte namentlich auch das *heilige Feuer*, welches am Ostersonnabend von der oben offenen Kuppel der Grabeskirche erschien und die zahlreichen im Raum der Kirche aufgestellten nichtbrennenden Lampen mit rötlichem Licht entzündete, unter dem tausendstimmigen Bittrufe *Kyrie eleison!* Es war und ist noch eine Wirkung des griechischen Feuers. Ausser Jerusalem besuchte jeder Pilger Nazareth und Bethlehem, Hebron und den Jordan. Die Heimkehrenden wurden meist von der ganzen Bevölkerung ihres Heimatortes festlich eingeholt und begrüsst. Nach *Reinhold Röhricht*, die Pilgerfahrten nach dem heiligen Lande vor den Kreuzzügen, in *Raumer's (Riehl's)* hist. Taschenb 1875.

Kreuzgang, s. *Klosteranlagen.*

Krîe, Feldgeschrei. Wildes Schlachtgeschrei wird bei vielen alten Völkern erwähnt, Tacitus Germania 3 nennt das Schlachtgeschrei der Germanen *barditus*, welches Wort man mit „Bartweise“ erklärt hat. Das Mittelalter unterschied die vom Kriegsherrn ausgehende Gesamtlosung und die Losung der einzelnen Truppenführer. Die gebräuchlichste Losung in den Kreuzzügen war *adjuva Deus!* oder *Deus vult!* die der normannischen Herzoge *Diex aie! Dame (Dominus) Diex aie.* Gern rief man die Heiligen an, deutsche Ritter namentlich den heiligen Georg; oft nannte man den Namen der Stadt, der man angehörte, z. B. Köln! Der Name für die Losung ist mhd. *krîe*, nach altfranz. *la crie*, später deutsch *Krei* oder *Kreige*, daneben *herzeichen.* Die Feldlosung der französischen Könige, im Gegensatz zu den Heiden, die auch in deutschen Gedichten erwähnt wird, ist *Mon joye* oder *Mon joye St. Denis!* Auch bei den Turnieren wurde die *krîe* angewandt. Die Feldlosung ertönen lassen heisst mhd. *krîiren*, *kriegirn*, die Personen, die sie ausstiessen, *krigierre.*

Kriegswesen.

1. *Kampfweise der alten Germanen.* Die Hauptmasse der altgermanischen Heere bildete das Fussvolk, das der Mehrzahl nach aus Schwerbewaffneten bestand. Ihre altnationale Schlachtordnung war der *Keil* (bei den Helenen die Phalanx, bei den Römern die Legion.) Sie eignete sich mehr für den Angriff als für die Verteidigung und wendet alle Kraft auf den einen ersten Stoss, der oft schnell und glücklich entschied, oft aber verhängnisvoll wurde, wenn der Feind ihm widerstand. Die keilförmige Schlachtordnung soll nach einer alten Sage von Odin selbst eingegeben worden sein; in Wahr-

heit ist sie eine uralte Mitgabe aus der arischen Heimat aller Indogermanen. Das Gesetzbuch Manus, das, wie man annimmt, im 8. Jahrhundert v. Chr. abgeschlossen worden, befiehlt durch göttliche Fügung den Königen Indiens, die Krieger in einem Keile mit der Spitze voraus „in Gestalt eines Eberkopfes“ vorrücken zu lassen. Mit der Sache selbst behielten die Bewohner der deutschen Lande auch deren Bezeichnung bei. *Svinfylking* heisst der Eberkopf in den altnordischen Gedichten, Schweinskopf nennen ihn noch die deutschen Landsknechte und die Schweizer bei Sempach (1386). In Keilform, den Bannerträger Ingo an der Spitze, kämpfte König Odos Frankenschar bei Mons Panchei (892), und noch bei Hastings, also gegen Ende des 11. Jahrhunderts, griffen die Angelsachsen im Keile an. Innerhalb des Keils waren die Krieger nach Familien und Geschlechtsgenossenschaften geordnet, nach „Schlachten“, welche Sitte sich bei einzelnen Stämmen bis ins 16. Jahrhundert hinein forterhalten hat; ursprünglich war sie allen Stämmen gemein. Die Geschlechter wurden von ihren Familienhäuptern geführt und bildeten im Vereine die Hundertschaften, die wieder nach Gauen geordnet waren. Anfänglich bildete die gesamte Mannschaft nur *einen* Keil, vorn 2 Mann, in der zweiten Reihe 4, in der dritten 8 und so fort, bis sich zuletzt die Bogenschützen und Schleuderer anschlossen. Die Angriffe geschahen unter Absingung von Liedern, die summend begonnen, von Strophe zu Strophe verstärkt, den Feind in Mark und Bein erschüttert haben sollen, umsomehr da die vorgehaltenen Schilde dem Tone eine noch dumpfere Färbung gaben. Der erste Stoss (Schock) wurde nötigenfalls wiederholt, auch unter den ungünstigsten Aussichten; Schonung der eigenen Kraft war den Germanen unbekannt. Verwandte Stämme sah man oft mit kaltem Mute dem Schicksal zum Opfer werden; das Gefühl der Zusammengehörigkeit der Nation war noch wenig entwickelt; das Schwert diente der Person, der Familie, dem Stamm. Ein ausgiebiger Oberbefehl über sämtliche Truppen war darum schwer zu erreichen; wenn der wuchtige Anprall und die Kampfwut des einzelnen nicht bald den Sieg errang, entstand leicht grosse Verwirrung im Heere, und eine schreckliche Niederlage war die Folge. Von den Römern lernten sie sodann, ihr Heer in mehrere Haufen einzuteilen, d. h. Reserven zu bilden, die erst im Notfall die Erstangreifenden unterstützten oder auch nach anderen Seiten selbständig vorgingen.

Begonnen wurde das Gefecht von den Bognern nnd Schleuderern; dann traten die Gerschützen auf, und zuletzt kam der Keil, der zuerst mit langen Spiessen oder auch mit geworfenen Kurzwaffen den Einbruch versuchte, worauf dann das Handgemenge mit Streitaxt, Hammer und Frame folgte. Beim Angriffe mit den langen Spiessen starrten durchschnittlich 5—7 Pikenspitzen auf jeden Mann der Front in den Feind hinein, und für die Spitze des Keils stellte sich das Verhältnis noch weit günstiger. Beim Gefechte mit den für den Nahwurf bestimmten Waffen sprang der Kämpfer dem Ango, der Frame, dem Hammer nach, sodass er fast gleichzeitig mit der geschleuderten Waffe bei dem Getroffenen ankam. War dessen Schild nicht zertrümmert, so suchte man ihn mittelst der stecken gebliebenen Waffe zu fassen und niederzureissen.

Wie der Keil schwerbeweglich und etwas ungelenk in jeder Beziehung war, so erschwerte er auch nach der erlittenen Niederlage die schnelle geordnete Flucht sehr oder machte sie geradezu zur Unmöglichkeit: daher die grossen Verluste an

Mannschaft. Flucht galt als Schande. Die Keile lösten sich zur passiven Verteidigung in *Schildburgen* auf (*Skialdsborg*), in phalangitische Vierecke von einigen hundert Mann Stärke. Diese standen so dicht, dass getötete Krieger in ihrer Mitte nicht fallen konnten. Die Masse zog sich langsam nach der *Wagenburg* zurück, die möglichst nah hinter der Schlachtordnung aufgefahren wurde, sowohl zur Rückendeckung, als zur Verhinderung der Flucht. Sie waren aus den Wagen des Trosses hergestellt und bildeten — Rad dicht an Rad — meist mehrere konzentrische Kreise, welche als Wälle dienten und namentlich gegen die feindliche Reiterei treffliche Dienste leisteten. Auf den Wagen standen die Frauen und Kinder der Krieger und ermangelten nicht, durch lauten Zuruf ihre Gatten und Väter zum Kampfe anzuspornen. Sie nahmen öfter Anteil am Gefechte selbst und übten nebenbei das Amt des Wundarztes. Nach Cäsars Berichten sollen die Wagen oft während des Kampfes nach Bedürfnis anders aufgestellt worden sein.

Verhängnisvoller als die geschlossenen Massen waren für den Feind oft die *zerstreuten Gefechte*, aus der Elite des Fussvolkes, den behendesten und beherztesten Jünglingen gebildet. Sie unterstützten namentlich die Reiterei, hatten auch etwa das Gefecht einzuleiten. Auf durchschnittenem Gelände, wo grössere Massen nicht operieren konnten, waren die zerstreuten Gefechte in ihrem rechten Elemente und daher mit Recht von den Römern gefürchtet und gemieden. Armins Schar im Teutoburger Walde bestand hauptsächlich aus diesem leichten Fussvolk; ihm ist also der glänzendste Sieg zu verdanken, den die Annalen unserer Altväter zu verzeichnen haben. In der Folgezeit wurden, zunächst bei den Franken, die Liten und Hörigen, welche ihre Herren begleiteten, mit Bogen und Pfeil oder mit Wurfspiessen bewaffnet und so als leichtes Fussvolk verwendet.

Die Verwendung der *Reiterei* in den Schlachten der alten Deutschen war bei den einzelnen Stämmen sehr verschieden; am häufigsten trat sie bei den Grenzstämmen auf. Nicht minder hing der Gebrauch des Pferdes auch von der Beschaffenheit des Bodens ab, den die betreffenden Stämme bewohnten. Während z. B. die in Hennegau und Namur wohnenden Nervier fast ganz ohne Reiterei waren, konnten die in den Niederungen und am Rhein angesessenen Bataver, Usipeter und Tenchterer, sowie die Sigamber und Friesen grosse Scharen davon aufstellen. Die Reiter fochten in geschlossenen Massen zu Pferd oder auch zu Fuss, und die Pferde waren in letzterem Falle gewöhnt, auf dem Flecke stehen zu bleiben, bis ihre Herren zurückkehrten. Sie schwammen auch samt der Last vortrefflich über breite und tiefe Flüsse, was der germanischen Reiterei einen Weltruf gab, sodass Cäsar sich eine Schar derselben als Leibwache zulegte.

Für den Kampf ausserhalb der geschlossenen Schlachtreihe war jedem Reiter ein behender und kräftiger Fussknecht beigegeben, der frei ausgewählt mit demselben eine taktische Einheit bildete und namentlich das Pferd des Gegners ins Auge fasste. Reiterei und Fussvolk kämpften überhaupt im engsten Vereine. Bei schneller Bewegung griffen die Jünglinge in die Mähnen der Rosse ihrer Mitkämpfer und sprangen ihnen zur Seite mit. Diese Art des Reiterkampfes erregte die grösste Bewunderung der Römer. Nach Art der Reiterei noch lebender wilder Naturvölker griffen auch die germanischen Reiter mit grosser Schnelligkeit an und wichen in ihren Hinterhalt zurück, um bald aufs neue hervorzubrechen, oder sie umkreisten auch den Feind in rasendem Ritt und schleuderten dabei ihre Wurfwaffen nach demselben. Bemerkenswert aber ist, dass nicht die reitenden Stämme oder Völker dauernde Germanenreiche schufen, sondern vielmehr die zu Fusse kämpfenden, namentlich die Langobarden, die Franken und die Sachsen.

Artillerie und *technische Truppen* hatten die Germanen nicht, da jeder freie Mann das Handwerk verschmähte. Dagegen scheint der *Sicherheitsdienst* der Deutschen besser gewesen zu sein als der der Römer. Ihre Späher — schon der genauen Ortskenntnis wegen im Vorteil — wurden oft den römischen Heeren verhängnisvoll. Über die *Verpflegungsverhältnisse* der Truppen weiss man wenig Zuverlässiges. Wahrscheinlich dienten die Wagen der Wagenburg teilweise zur Nachfuhr von Lebensmitteln und zwar je für die einzelnen Familien oder Geschlechter, in die sich nach der Schlacht die Masse ohne Zweifel wieder auflöste. Der römische Einfluss machte sich aber auch in dieser Hinsicht immer mehr geltend, namentlich vom 4. Jahrhundert an.

2. *Das Mittelalter.* Wie reich auch schon das frühere Mittelalter an Fehden und grossartigen kriegerischen Unternehmungen war, für die eigentliche Kriegswissenschaft bietet es verhältnismässig nur eine kleine Ausbeute. Feldherren, die grossartige Neuerungen im Heerwesen durchzuführen oder einen eigentlichen Kriegsplan zu entwerfen und zu verwirklichen wussten, kennt es kaum. Selbst Karl ist mehr Stratege, als hervorragender Taktiker, und bekannt ist, wie nach seinem Tode das Reich nach jeder Hinsicht wieder mehr und mehr zerfiel; wie dem Reiche überhaupt, so fehlte namentlich dem Heer die nötige Einheit, die sich nur für die Zeiten der höchsten Not herstellen liess.

In den Vordergrund tritt zu allererst das *fränkische Volk*, dessen Heere namentlich den Reiterdienst üppig pflegten. Oft scheinen überhaupt nur Reiter aufgeboten worden zu sein; Nachrichten über König Arnulf's Kriege z. B. lehren, dass zu Ende des 9. Jahrhunderts bei den Ostfranken der Kampf zu Fuss sogar ganz ungewöhnlich geworden war. Der Bruderkrieg zwischen den Enkeln Karl's scheint fast ausschliesslich mit Reitern geführt worden zu sein, und Karl der Kahle prahlte, gegen Ludwig den Deutschen ein Heer zusammenzubringen, dass seine Pferde (bei Köln) den Rhein aussaufen sollen. Die *Sachsen* und *Normannen* blieben ihrer deutschen Abstammung treu; sie kämpften noch immer mit Vorliebe zu Fuss und behielten Waffen und Kampfweise (Eberkopf) der Germanen bei, ohne jedoch die jeweiligen Vorteile der Waffentechnik unbeachtet zu lassen.

Am deutlichsten sprechen sich die Quellen über die Art der *Verpflegung* von Mann und Ross aus. Die Franken zur Karolingerzeit, die Sachsen bis ins 11. Jahrhundert, verpflegten sich im Felde selbst. Der einzelne Mann nahm mit auf den Zug, was er zu seinem Unterhalte brauchte. Dem Transport im eigenen Lande dienten Wagen; galt es einen Alpenübergang, so verwendete man hierfür Saumtiere. Natürlich reichten die Vorräte oft nur für kurze Zeit, und der Mann war genötigt zu stehlen, wo er fand und stand. Heu für die Pferde wurde durchweg auf der Reise selbst beschafft, weswegen man bei der Bestimmung der Marschroute hauptsächlich auf den Futterreichtum oder die Futterarmut einer Landschaft Rücksicht zu nehmen hatte. Heerstrassen waren daher mehr Lasten, als Vergünstigungen für die Anwohner, und oft waren bei der Annäherung der Heere die Dorfschaften und Thäler verlassen, sodass die

Krieger statt der gewünschten Erquickung die bitterste Not vorfanden. Wie begreiflich waren solche Zustände der Mannszucht und guten Sitte äusserst hinderlich. Zur Zeit der Kreuzzüge kommt daher der Gedanke auf, sich für die Truppen einen eigenen Lebensmittelmarkt zu sichern in allen grösseren Ortschaften, die durchzogen werden mussten. Der Soldat erhielt seinen Sold, um die dadurch erwachsenden Auslagen bestreiten zu können. Der Train der deutschen Heere tritt daher vom 11. Jahrhundert an wieder mehr zurück und zwar in dem Masse, wie die Ausrüstung des Mannes kostspieliger und schwerer und namentlich das ritterliche Gepäck zahlreicher wird. Das sächsische Heergeräte z. B. enthielt neben Pferd, Harnisch und Schwert auch den Heerpfühl, d. h. Bett, Kissen und Laken, ferner ein Tischtuch, zwei Becken und zwei Handtücher. Endlich gehörten dazu die *Zelte*. Zum Begleit des Heertrosses zählten schon Schmiede, Handwerker und Marketender. Jede *Reise* setzte sich zusammen aus *ire* und *hospitari*, aus Marsch und Rast. Truppen rasten fast ausnahmslos im *Lager*. (Als Ausnahme kommt die Einquartierung in Ortschaften — die Gastung — vor.) Das *Lagerwesen* war ein wichtiger Zweig der damaligen Kriegskunst. Als Lagerort verwendete man womöglich einen ebenen Platz in der Nähe von Wasser und Futterquellen. Dieser wurde mit kreisrundem oder viereckigem Perimeter abgesteckt, und durch Sonderung von Quartieren stellte man gleichsam Strassen und Thore her, die gut bewacht wurden. War das Lager nicht schon von Natur befestigt, so wurden auch in Ausnahmsfällen Wälle und Gräben aufgeworfen. Bei besonderen Anlässen kampierte man wohl unter freiem Himmel, gewöhnlich aber hatte man Zelte und Hütten. Letztere, zu denen das Holz gewöhnlich requiriert wurde, dürften besonders für die Knappen bestimmt gewesen sein. Man lagerte abteilungsweise zusammen nach Kontubernien, die Knappen in der Nähe ihrer Herren. Hier wurden auch die Gepäckstücke der einzelnen zusammengelegt und die Pferde an Pfähle angebunden. Jedes Kontubernium hat auch schon sein bestimmtes Losungswort, sein *signum castrorum*. Bei plötzlichem Überfall durch den Feind und nötig gewordener rascher Flucht wird das Lager in Brand gesteckt. Hierüber, sowie über den Bezug eines neuen Lagers und die Lagerordnung überhaupt entscheidet der Marschall, der übrigens auch in der Schlacht einen Teil des Heeres befehligt. Vom Feind überrascht, verliess man das Lager in aller Unordnung, Mann für Mann auf eigene Faust kämpfend. Auch gegen einen schwachen Feind zog man, vielleicht um ihn zu höhnen, ungeordnet aus. In der Regel aber wurde das Heer gegliedert in mehrere Treffen, und oft stritt man sich um die Ehre, die *prima acies* oder *legio*, das *primum bellum*, den „Vorstreit" zu bilden. Die Stärke der einzelnen Treffen, die übrigens bedeutend geschwankt haben mag, ist nicht zu messen. Die Einheiten hiessen Banner, Turm, Legion. Über die Tiefe der Aufstellung eines Treffens ist man ebensowenig unterrichtet. Eine zufällige Notiz lässt darauf schliessen, dass eine irgend beträchtliche Truppe mindestens 100 Mann Frontbreite hatte.

Mit der Gründung der *Städte* und Zunahme der befestigten *Burgen* (siehe Burg) tritt an den Krieger eine neue Aufgabe heran, der *Belagerungsdienst*, mhd. *geliger*, *besezze*. Zuerst versuchte man den Platz durch Überrumpelung zu gewinnen, sei es durch Einschlagen der Thore, durch Herabreissen der Zugbrücken mit schweren Langhaken oder durch Leiterersteigung. Gelang dieses, so waren begreiflicherweise viele Unannehmlichkeiten mit einem Schlage abgethan, denn eine regelrechte Belagerung war oft sehr zeitraubend und verdriesslich, ja verhängnisvoll. Gelang die Überrumpelung nicht, so versuchte man, die Gräben auszufüllen. Dazu verwendete man Erde, Stroh, Holzbündel, Reisig, Gebüsche u. s. w., ja selbst Schlachtvieh, Leichen und sogar Kriegsgefangene. Zum Schutz gegen die Geschosse der Belagerten arbeitete man unter einer „Katze“, dem Schirmdach oder dem hölzernen Blockhaus, das auf Rädern oder Rollen an die Mauer geschoben wurde, um diese zu untergraben. Missglückte auch ein zweiter Sturmversuch, so griff man unverzüglich zu den Maschinen, dem *antwerk*. (Siehe den Art. Belagerung).

Die Heere des späteren Mittelalters bestanden aus:

1. den Lehensleuten mit ihrer pflichtigen Mannschaft,
2. den Hofdienern der Fürsten mit ihren untergebenen (Edelleuten, Rittern, samt Dienerschaft, Boten, u. s. w.),
3. dem Landvolke der dem Kriegsschauplatz zunächst liegenden Gegenden,
4. den Stadtbewohnern, welche den besseren Teil des Fussvolkes, besonders der Schützen lieferten,
5. den Bundesgenossen, die unter eigenen Hauptleuten fochten,
6. den Stadttruppen.

Unter den Hohenstaufen und namentlich in der darauffolgenden kaiserlosen Zeit gelangte zu allererst die *Ritterschaft* zu ihrer Blüte. Fürsten, Grafen und Herren waren bemüht, ihre berittene Dienstmannschaft möglichst zu vermehren, was oft dadurch geschah, dass Unfreie den Rittergürtel erhielten. Der „Helm“ bildete im 14., die „Gleve“ im 15. Jahrhundert die kleine taktische Einheit. Zu letzterer gehörte in das erste Glied der Ritter (Glevener), in das zweite der mittelschwer gerüstete Knecht, in das dritte ein Schütze. Nach anderen Angaben sind es auch drei Gewappnete und drei Pferde. Die Gleven bildeten zusammen den „reitenden Zug“, zu dem die Speerknappen und Schützen als „einspännige“, d. h. ohne Gefolge reitende „reisige Knechte“ gehörten. Zehn Gleven und eine entsprechende Anzahl Einspänniger standen unter einem Hauptmanne; die gesamte Reiterei befehligte der Marschall, doch ist von einer umsichtigen Oberleitung durch denselben noch immer keine Rede, weswegen die Heerfahrt der gewünschten Beweglichkeit meist entbehrte und selten ein offensiver, stürmischer Reiterangriff gewagt wurde. Auch die Städte stellten oft eine nach der Zahl sehr beträchtliche Reiterei. Die Patrizier und reichen Kaufherrn zogen als „Konstabler“ oder „Kunstofler“ nur zu Pferde aus, und selbst wohlhabende Zünftler gesellten als „Wolerzugte“ sich ihnen bei. Zur Schlacht trennten sich die schweren von den leichten Reitern. Letztere *harzelirten*, leiteten das Gefecht ein, zogen sich dann zurück und übernahmen die Deckung des Rückzuges oder im Fall des Gelingens die Verfolgung des Feindes. Auch Söldner, welche nur für den einzelnen Zug gemietet waren (die *Solidarii*, Soldaten, auch *Sarjanten* genannt) waren anfänglich oft beritten, bis namentlich durch die Schweizer und Ditmarschen in den Schlachten bei Morgarten und Oldenwörden der Kriegskunst eine andere Basis oder vielmehr die alte natürliche wieder gegeben wurde, *der Kampf zu Fuss*.

Städtische Intelligenz und bäuerliche Naturkraft im Vereine bezwangen das Vorurteil, dass nur der Reitersmann ein Krieger sei, und bald wurden die Ditmarschen und Schweizer die Lehrmeister ihrer deutschen Nachbarn. Das Söldnerwesen nahm mehr und mehr überhand; die Söldner bildeten selbständige Banden, die zur Landplage werden konnten, indem sie unter dem Namen „Böcke“ oder „Trabanten“ ein Handwerk trieben, das dem italienischen Brigantentum oft ziemlich ähnlich sah. In Süddeutschland hiessen die einheimischen Söldner *Landsknechte*, die fremden *Böcke*. Das Fussvolk blieb eingeteilt in Zehnt- und Hundertschaften, die je nach Bedarf zu grösseren oder kleineren taktischen Körpern zusammengefügt wurden. Die Leute mit blanken Waffen bildeten die viereckigen Gewalthaufen, die Schützen deckten als kleinere Haufen die Flanken, griffen an und sekundierten beim Kampfe so gut es ging. In der vordersten Reihe standen die bestgerüsteten Lanzenträger; hinter ihnen waren die Fahnen aufgepflanzt, die den Gegenstand des heissesten Kampfes bildeten. Der Schar voraus gingen die Verwegensten, die „Katzenbalger“, als „verlorene Knechte“, die entweder für grösseren Sold oder um ein Verbrechen zu sühnen, ihr Leben mutwillig aufs Spiel setzten. Die gesamte streitbare Mannschaft wurde gern in drei Haufen geteilt, Vorhut, Gewalthaufen und Nachhut.

Durch die Hussitenkriege gelangte auch die *Wagenburg* nochmals zu grosser Aufmerksamkeit. Der einzelne Wagen ist mit fünf Pferden bespannt und mit 21 Köpfen bemannt. Fünf Wagen bilden ein Glied und haben einen besonderen Hauptmann. Fünf Glieder bilden einen Bund und fahren hintereinander in einer Zeile. Vier solche Zeilen nebeneinander bilden die Schickung. „Die ganze Schickung (100 Wagen, 2500 Mann) soll haben einen Richter mit vier Schöppen und einen verständigen Prediger; jeglicher Bund soll haben einen richtigen Kaplan, und jedes Glied soll haben ein Gezelt oder Gesperre (Lagerhütte).“ Zu den Streitwagen gehörten ebenso viele Speisewagen, in gleicher Weise geordnet und versehen mit: „Bierbräuer, Mulzer, Müller, Bäcker, Mäher, Drescher, Schnitter, allweg genug, um, wenn man auf Schlösser, Städte und Märkte kommt, die Bräupfannen und das Mühlwerk besorgen zu können. Auch soll jeglich Glied besonders haben ein Stein- oder Tarrasbüchsen auf einem halben Wagen mit zwei Pferden und die ganze Schickung von 100 Wagen eine grosse Steinbüchsen mit 16, 18 oder 20 Pferden, um willen rechter ernstlicher Hauptstürme auf Schlösser und Städte.“ Die Wagenburgen, von denen auf deutschem Boden im 15. und mehr noch im 16. und 17. Jahrhundert die Rede ist, sind freilich mehr Zeugwagen, anfänglich Sichelwagen, dann Artillerie- und Pionierfahrzeuge oder Waffenwagen mit Hakenbüchsen, Handrohren, auch Handwerks- und Vorratswagen; die Wagenburgen verloren ihren Wert mit der Einführung der Feuerwaffen völlig, namentlich gegen die schweren Geschütze schützten nur starke Wälle, überhaupt eigentliche Befestigungswerke.

Im Dienste der *Artillerie* (siehe dort) und unter dem Befehle des Zeugmeisters standen auch die technischen Truppen, die *Schanzenbauer*, welche die Wege zu erstellen und die Lager zu „umschütten und vergraben“ hatten, die *Zimmerleute*, und *Kriegsbrücker*, die *Bergknappen* und *Steinmetzen*.

Als *Abzeichen* für die Truppen dienten allererst die Kopfbedeckungen oder irgend ein bestimmter Schmuck derselben, Federn, Reiser, Blätter etc. Ausserdem erkennen sich Freunde und Gegner an farbigen Abzeichen auf den Kleidern; sogar gleichförmige und gleichfarbige Uniformen erscheinen vereinzelt schon im 14. Jahrhundert, und oft tragen namentlich die Söldnerheere die Farben ihrer Stadt.

Die *Kriegsführung* dieser Zeit überhaupt wurde durch zwei Umstände wesentlich bedingt, durch die Unmöglichkeit, die Streitkräfte für eine grössere Unternehmung für längere Zeit beisammen und mobil zu halten, und durch die Massenhaftigkeit und Wichtigkeit der Befestigungen. Man hielt Städte, Landwehren und Burgen bestmöglichst besetzt; der Feind belagerte dieselben und zwar oft erfolglos; Ausfälle und Stürme wechselten miteinander ab, aber zu grossen, kunstgerechten Schlachten kam es selten. Einen höheren, militärisch-politischen Charakter haben im Grunde genommen nur die Burgunderkriege, die dann auch in der Geschichte der Kriegskunst eine Epoche einleiten, der sich kaum eine andere vergleichen lässt; denn mit dem 16. Jahrhunderte bildete sich zum erstenmal ein *europäisches Fussvolk*.

Es ist daher wohl billig, dass wir an dieser Stelle des *schweizerischen Kriegswesens* noch ganz besonders gedenken, da es für diese Periode massgebend ist. Von einer gemeineidgenössischen Kriegsordnung kann zwar während der Glanzzeit des kleinen Staatswesens kaum gesprochen werden. Die Mittel zu den Kämpfen aufzubringen, das Material an Menschen, Pferden, Waffen, Kriegsgerät und Ausrüstungsgegenständen zu beschaffen, Befestigungen anzulegen, die ausgehobene Mannschaft angemessen zu organisieren und zu unterhalten, das alles war Sache der einzelnen Orte (jetzt Kantone). War ein Stand bedrängt, so mahnte er seine Mitstände und erhielt meist brüderliche Hilfe. In den Einzelheiten herrscht unter den Milizen der einzelnen Stände manche Verschiedenheit, namentlich trat diese zu Tage zwischen den Städten und Ländern; im allgemeinen aber beruhten die Einrichtungen doch auf denselben Grundlagen. Überall fand die innigste Verschmelzung zwischen den bürgerlichen und militärischen Behörden statt, sodass die bürgerlichen Einrichtungen mit den kriegerischen aufs engste verknüpft sind. Jedes Land und jede Stadt, jede Herrschaft und jedes Amt, ja jede Zunft stellte ihre Mannschaft unter eigenem Zeichen (Banner, Fähnlein), jeder freie Mann ist Soldat; der Dienst im Felde ist ein Ehrendienst, der Entzug der Waffen eine entehrende Schmach für Verbrecher und Meineidige. Die Waffe des Auszügers ist unveräusserliches Eigentum; sie vererbt sich auf die Familie und kann ihr unter keinen Umständen genommen werden. Jede Ortschaft stellt ihr bestimmtes Kontingent an Mannschaft und zwar nach der Zahl ihrer Feuerstätten, je einen oder mehrere, nach der Grösse der Gefahr bemessen. Familien, die keine eigene waffenfähige Leute hatten, warben sich solche in der Nachbarschaft oder liessen sich sonst irgendwie vertreten. Eine Altersgrenze war nicht oder jedenfalls sehr weit gezogen, denn oft kämpften nebeneinander Vater und Sohn. Die Truppen erhielten von den Gemeinden ihr Reisegeld, woraus sie sich selbst zu erhalten hatten. Da dieses aber bei den knappen Geldmitteln sehr klein war, reichte es selten aus, und es verfiel die Mannschaft bald aufs Stehlen und Plündern, was notwendigerweise jede Disziplin erschwerte, wenn nicht ganz verunmöglichte. Daher suchte man den Truppen die Nahrung wenigstens teilweise nachzuführen und teilte in bestimmten Zeitabschnitten jedem das Nötige zu, sodass er es in einem leinenen Sacke selbst nachzutragen hatte. Da nun die Nahrung zum grossen Teil aus Hafergrütze bestand, hiess man den Sack „Habersack“, welche Bezeichnung in der Schweiz heute noch für den Tornister angewendet wird.

Die Rosse, welche dem Lebensmitteltransport dienten, hiessen „Hodelrosse“, und ihre Führer nannte man „Hodler“ oder Trossknechte. Bei dem Freiheitssinn der Eidgenossen ist es leicht erklärlich, dass in Zeiten ernster Gefahr sich beträchtliche „Freiharste“ bildeten, die nicht in dem pflichtigen Kontingente inbegriffen, mit in den Kampf ziehen wollten. Die Regierungen unterstützten auch den militärischen Sinn ihrer Untergebenen mit allen Mitteln; sie setzten namentlich für die Schiessübungen in Friedenszeiten Prämien aus, die vornehmlich in Waffen und anderen Ausrüstungsgegenständen, oft auch in Zeug zu Hosen bestanden. Um die Einführung zweckmässiger Waffen, namentlich Feuerwaffen, zu begünstigen, erhöhten sie auch das Reisegeld für dic Büchsenschützen. Im Dornacherzuge z. B. erhielt jeder derselben eine Zulage von 1 Schilling, doch nur diejenigen, die „eigen Gezeug“ besassen, während die andern, die ihre Büchsen von der Regierung sich geborgt hatten, nur gewöhnliches Taggeld erhielten. Eine Muskete kostete in Bern um 1589 11 Pfund, ein Handrohr 8 Pfund, was nach jetzigem Geldwerte 88, bez. 60 Franken gleichkommen mag, womit die abscheuliche Waffe teuer genug bezahlt war. Um deren Einführung noch besser begünstigen zu können, zog der Staat (der Ort) die Verwaltung an sich, liess sich von den Gemeinden in Friedenszeiten pro Mann ihres Auszuges für drei Monate Dienst 12 Kronen à 25 Batzen (etwa 42 Francs) einzahlen und übernahm dafür die Ausrichtung der Reisegelder in Kriegszeiten. Auf diese Weise ist der Sold entstanden, daher heisst dieser noch jetzt im Munde des Schweizers „das Prä“ (*prêt*), weil er gewissermassen ein Anleihen bei den Gemeinden war. Der Sold betrug 1586 bei den Bernern für einen Musketier 7 Kronen, für einen andern Schützen 6 Kronen, für einen Spiess 5 Kronen. Die Waffen konnten zum kleinen Teil im eigenen Lande gefertigt werden, denn die inländischen Waffenschmieden waren noch in einem sehr primitiven Zustande.

Über das Verhältnis der Waffen innerhalb des Fussvolkes nach der Zahl macht ein Reisrodel von Zürich (1444) folgende Angaben: die Stadt stellte zum Auszuge 639, die Landschaft 2131 Mann. Die ersteren setzten sich zusammen aus 127 Armbrustschützen, 95 Büchsenschützen, 103 Spiessen und 364 Hellebarten, während die letzteren 331 Armbrüste, 16 Büchsen, 546 Spiesse und 1238 Hellebarten zählten. Ihre grössten Schlachten schlugen die Schweizer also mit ihren alten Schlag- und Stichwaffen. Selbst die mit schweren Geschützen und einer vortrefflichen Reiterei trefflich ausgestatteten Heere Karls des Kühnen bezwangen sie noch mit denselben Waffen; so sollen nach Comines' Angaben in der Schlacht bei Murten unter 30000 Mann eidgenössischerseits 11000 Spiesse, 16000 Kreuzwehren und 3000 Schützen (Armbrust- und Büchsenschützen) zu verstehen sein. Anders würde das Verhältnis erst im 16. Jahrhundert zur Zeit der Söldnerkriege in mailändischem und französischem Dienst, die neben den vielen Nachteilen für das Land auch einen Vorteil brachten, den nämlich, dass für sämtliche 13 Orte eine einheitliche Kriegsordnung geschaffen wurde, die im Jahre 1629 die pflichtige Armee sämtlicher Bundesglieder mit Einschluss der zugewandten Orte und Unterthanenlande auf 13400 Mann ansetzt, wozu auf je 100 Mann 3 Reiter, im ganzen also 402 Pferde und 16 Geschütze zu nehmen sind. Die Mannschaft zerfällt in Kompagnien von je 200 Mann, von denen 120 mit Musketen, 30 mit Spiess und Harnisch,

30 mit blossen Spiessen und 20 mit Hellebarten bewaffnet sind.

Die *Reiterei* war, wie oben angedeutet, nicht zahlreich, was unter Erwägung der Verhältnisse leicht begreiflich wird. Auch diese wenigen waren meist freiwillige Patrizier aus den Städten oder Gedungene aus den umliegenden Landschaften (z. B. Genf). Doch lieferten einzelne Orte jeweilen bedeutend mehr, als ihnen geboten war, so vorab die Stadt Bern mit ihrem zahlreichen Adel und ihren grossen Besitzungen im ganzen westlichen Teile der Schweiz. Auf diese Weise kämpfte auch die Reiterei nicht ohne Erfolg.

Aus den oben gemachten Angaben von 1629 geht hervor, dass auch die *Artillerie* schwach vertreten war. Zwar wurden Feldstücke kleinen Kalibers schon früh verwendet, und es setzt im 15. Jahrhundert jede Stadt eine eigene Ehre darein, besonders schwere Kanonen als Belagerungsgeschütz zu besitzen; doch bei der Kleinlichkeit der Verhältnisse und Armut des Landes blieb der Schwerpunkt des Heeres durchaus im Fussvolk, und wenn auch die Wälle der belagerten Städte mit grobem Geschütz notdürftig versehen waren, so fehlte es doch an Feldstücken, oder es waren die vorhandenen nicht wirksam genug. Eine grosse Steinbüchse hiess man „Metze“, die langrohrigen Geschütze für eiserne Kugeln hiess man „Schlangen“, sofern sie leichter beweglich und somit auch im Felde zu gebrauchen waren — „Feldschlangen“.

Jede Stadt, Gesellschaft, Zunft, Herrschaft, jedes Amt bildete eine taktische Einheit, eine Rotte, die in „Zileten“ (Zeilen) von 6—10 Mann zerfiel. Die Bewaffnung der Rotten war eine einheitliche, höchstens vereinigen sich in kleinen Gemeinwesen Spiesser und Schützen. Grössere Zünfte stellen gewöhnlich je eine Rotte von jeder Waffengattung. Den Ehrenplatz auf dem rechten Flügel nahmen die Rotten der herrschenden Stadt oder des herrschenden Standes ein; auf dem linken Flügel standen die zugewandten Orte, in der Mitte die Ämter und Herrschaften, die Unterthanen. Dem Zuge voran schritten die Spielleute, welche von der Obrigkeit besoldet wurden. Es waren das die „Trummelschlaher“ und „Schwägler“, welch letztere die Querpfeife bliesen. Die Musik als Begleit der Heere soll zuerst in der Schweiz aufgekommen, ja die Trommel mit den gespannten Fellen eine schweizerische Erfindung sein. Durch ihren Gebrauch wird wahrscheinlich unvermerkt das Marschieren im Schritt aufgekommen sein, das zwar in dieser Periode noch nicht allgemein geübt wird. Es wird ausdrücklich bemerkt, dass die Musik mehr zur Kurzweil da war, daneben dem Kommando diente, zur Sammlung rief, zu Vorrücken, Rückzug und Schwenkungen u. s. w. Denn was dem Heere der Eidgenossen in bezug auf die Entwickelung der Kriegskunst so hervorragende Bedeutung giebt, das ist die hier zuerst stattfindende rationelle Durchführung der Infanterietaktik; der Schweizer lernte nicht nur den Gebrauch der Waffe, er lernte auch sich als ein Glied einreihen in ein grösseres Ganzes, das nach bestimmten Regeln sich leicht und sicher bewegte. Der schlichte Schweizer war zwar Hirt vom Scheitel bis zur Sohle, aber seine glühende Liebe zu dem kleinen, armen Vaterlande, dem er den einzigen Vorzug, die alte, angestammte Freiheit retten wollte, stempelte ihn in kurzer Zeit zum geborenen Soldaten. Auch darf man nicht glauben, dass einzig diese Bauern die trefflich gerüsteten, an Zahl ihnen weit überlegenen Heere der Könige und Kaiser schlugen, sie waren meist angeführt von gut geschulten Hauptleuten, die ausser Landes gedient und jeweilen in der

Zeit der Not in ihr Vaterland zurückkehrten.

Als Feldzeichen der Eidgenossen tritt schon früh das weisse Kreuz auf, das als Feldzeichen der Berner bei Laupen geweiht, bald von allen Bundesgenossen geführt wird. Jede Rotte führte ihre Fahne, die Urner und Unterwaldner besassen grosse Harsthörner, von denen der „Uristier“ besondere Berühmtheit erlangt hat. Die Fahnen waren länglich und gespitzt, die Banner waren quadratisch. Das Hauptbanner wurde in der Mitte getragen und von den besten Truppen begleitet. Schlachtordnung und Marschordnung fielen bei den Schweizern grundsätzlich zusammen, was für sorglose feindliche Heere oft verhängnisvoll war. Ungefähr die Hälfte der Krieger, und zwar vornehmlich Hellebardenträger, bildeten den Gewalthaufen, der das Hauptbanner trug und daher oft selbst „das Banner“ genannt wurde. Unmittelbar um das Banner her stellten sich die Zileten der vornehmeren Zünfte auf, die Konstabler und Junker, soweit sie nicht zu Pferde fochten. Und bei der ganzen Aufstellung wurde sorgsam darauf geachtet, dass die minder zuverlässigen Rotten der Landgemeinden mit den Rotten der altbewährten Bürgerzünfte versetzt wurden. Die gewöhnliche Tiefe der Aufstellung ist 20 Mann. Ein Teil der Spiesse wird verwendet, die Flanken des Gewalthaufens einzurahmen, und eine Phalanx von 1200 Hellebardieren und 200 Pikenieren kann man sich also derart geordnet denken, dass im Centrum 60 Rotten Hellebardiere und auf jedem der beiden Flügel 5 Rotten Pikeniere stehen. Die Mannschaft „vor dem Banner“, die *Vorhut*, besteht aus den Schützen, einer grösseren Beigabe von Spiessen und einer kleineren von Hellebarden. Sie eröffnet das Gefecht, worauf der Gewalthaufen zu geeigneter Zeit und am passenden Orte angreift. Die *Nachhut* ist die schwächste Heeresabteilung, die zum Schutze des Trosses „hinter dem Banner“ aufgestellt ist, wohl auch im Notfall thätlich in den Gang des Gefechtes eingreift. Die Marsch- und Angriffsordnung der drei Haufen war aber immer derart, dass sie nicht direkt hintereinander, sondern dass die Vorhut seitwärts vor dem Gewalthaufen aufgestellt war, um jedesmal den Angriff in der Front mit einem auf die Flanke verbinden zu können. Ebenso stand die Nachhut seitwärts hinter dem Gewalthaufen. Diese Aufstellungsweise bot den grossen Vorteil der leichteren Beweglichkeit sämtlicher Truppen. Waren die Mannschaften mehrerer Ortschaften versammelt, so bildete man wohl auch drei Haupthaufen, deren jeder eine Vorhut und Rotten sämtlicher Waffengattungen hatte, sodass er zu selbständiger Aktion befähigt war. Auf engbegrenztem Operationsfelde gab man den Haufen eine sehr beträchtliche Rottentiefe, ja man übertrieb das Verfahren zu Anfang des 16. Jahrhunderts sogar dahin, dass der gevierte Haufe, der ebensoviel Front wie Tiefe hatte, als normale Stellung galt. Auf der Ebene bildete man das hohle Viereck, das mitunter vorn offen gelassen die Bagage zwischen die Hörner (aus Vor- und Nachhut gebildet) nahm, oder man bildete in defensiver Stellung auch das Kreuz, indem Vor- und Nachhut dicht an die Seiten des Gewalthaufens heranrückten.

Es erübrigt uns noch, der Fortschritte im *Belagerungskrieg* zu gedenken. Dieselben sind unbedeutend bis um die Mitte des 15. Jahrhunderts. Besass man auch grosse Geschosse, Steinbüchsen, die im Belagerungsdienst vor Städten und Burgen verwendet wurden, so war man doch nicht imstande, die Kugel so schnell zu bewegen, dass damit Breschen in die Mauern hätten geschossen werden können; man musste sich damit begnügen, schwächere Häuser und Thore zu beschiessen, allfällig auch die Zinnen der Ringmauern abzudecken. Glücklicher arbeitete man immer noch vor der Hand unter der Katze. Wie auf die Befestigung eines Ortes erstaunlich viel Mühe und Sorgfalt verwendet wurde, so wurde der Belagerungskrieg mit ausserordentlichem Aufwand geführt, doch oft mit wenig Glück. Eine tapfere Besatzung trotzte Wochen, ja Monate lang einer zahlreichen Gegnerschaft, falls dieser die Aushungerung nicht gelang. Selbst wenn es gelang, Breschen zu legen, so war der Sturm nicht leicht. Die Mauern brachen entweder auf dem Niveau des Bodens oder höher, füllten aber die Gräben keineswegs aus, sodass es immer noch eine Leiterbesteigung galt, und wenn die Belagerten im Innern eine mit Holz oder erdgefüllten Tonnen bekleidete Erdverschanzung errichteten, so bot dieser Wall dem Geschütz mehr Widerstand als die Mauer selbst. Es fehlt darum gerade beim Belagerungszustand des späteren Mittelalters in Deutschland nicht an den allerseltsamsten Streitmitteln. Sogar die *Laterna magica* wird angewendet, um durch Geistererscheinungen die abergläubischen Verteidiger von den Mauern zu vertreiben, und oft sucht man die belagerte Stadt anzuzünden, indem man Katzen und Vögel fängt und diese mit brennenden Lunten nach der Stadt zurücksendet. Die bedeutendste Belagerung dieser Zeit ist diejenige des Karlsteins in Böhmen (1422), die merkwürdigste diejenige von Orleans (1428). Die erstere dauerte 5 Monate und wurde aufgegeben, nachdem aus den Schleudermaschinen 1822 Tonnen voll faulender Stoffe u. 13 Brandfässer geworfen, mit den schweren und kleinen Kanonen 10931 Schüsse abgegeben worden. Die letztere, die nach 7 Monaten ebenfalls aufgehoben werden musste, brach Bahn für die neue Belagerungstaktik durch den Gebrauch der Belagerungs- und Ausfallsartillerie, die Konstruktion der Redouten, Laufgräben und Approchen, den Gebrauch der Palissaden und Fussangeln, sowie durch das Erbauen neuer Werke, wenn die ursprünglichen durch Feuer oder im Sturm zerstört worden waren. Es werden auch schon Minen gelegt. Ob aber darunter wirkliche Pulverminen zu verstehen sind, ist ungewiss. Glücklicher waren (1453) die Osmanen vor Konstantinopel, indem ihnen Flotte und Geschütz gute Dienste leisteten. Ein solches soll 300 Center Gewicht gehabt und zu seiner Fortbewegung 700 Mann und 100 Ochsen erfordert haben. Das Gewicht der Steinkugel wird auf 12 Centner angegeben.

Einen wichtigen Fortschritt machte der Belagerungskrieg in Frankreich, indem um die Mitte des 15. Jahrhunderts die Steinkugeln durch *gegossene Metallkugeln* ersetzt wurden, welche die Wirkung der Geschosse beträchtlich vermehrten. Auch die rationelle Anwendung der *Laufgräben* als Annäherungsmittel, sowie der *Schanzkörbe* fallen in diese Zeit. Zu sichern suchte man sich gegen diesen verstärkten Feind durch verstärkte Mauerwerke und Wälle. Die Mauern wurden niedriger, doch stärker gemacht. Einzig die Burgen blieben bei ihrer alten Bauart, bis sie dann im 16. Jahrhundert zum offenen Landsitz werden.

An den Wehrbauten der Städte aber ist der Übergang von der alten zur neuen Befestigungsweise, die Renaissance der Fortifikation deutlich erkennbar. Die Hürden und Holzbauten der *Bretèches* verschwinden und machen gemauerten Wehrgängen Platz. Die alten Spitztürme verlieren das Dach und erhalten eine Plattform, die mit 1—2 Büchsen versehen wird, deren bohrender Schuss zwar von geringer Wirkung ist, der aber durch seinen

Rückstoss das schwache Mauerwerk bedenklich erschüttert. Auf den Rondengängen der Kurtinen, welche höchstens 2 Fuss Breite hatten, war für das Geschütz kein Platz. Man machte daher innen eine Erdanschüttung bis zur Höhe des Rondenganges und versah diese mit Batterien. Aber auch so war der Schuss zu bohrend. Daher verfiel man auf den Gedanken, den alten Zwinger derart auszugestalten, dass man vor der Aussenmauer einen tiefen Graben anlegte, als dessen Escarpe nunmehr die Zwingermauer erschien. Den Zwinger selbst aber bildete man durch Ausfüllung mit Erde zum Niederwalle um. Von diesem ging nun die Geschützesverteidigung aus, und hinter ihm erhob sich die Hauptmauer, welche mit ihren Türmen und ihren alten Einrichtungen für perpendikulare Defensive, nach wie vor für die Verteidigung mit den Handwaffen bestimmt blieb. Immerhin blieben die hohen Mauern und Türme unverändert bestehen und boten auch dem fernstehenden Feinde einen Zielpunkt, der selten verfehlt wurde. Um diesem zu begegnen, führte man jenseits des Hauptgrabens an der Stelle der alten Letzi *(lice)* einen *Vorwall* auf mit Vorgraben. Vor den Thoren errichtete man Bollwerke *(bouleverts, bastilles, bastides)* aus Holz und Erde, welche die alten Barbigâne ersetzten. Diese Anlagen knüpfen sich an die glorreiche Verteidigung der Stadt Neuss gegen Karl den Kühnen (1474). Sie tragen übrigens nur den Charakter eines Provisoriums.

Zur Breschelegung konkurrierten um die Wende des 15. und 16. Jahrhunderts Mine und Schuss. Die erste Pulvermine wird 1487 erwähnt in einer Belagerung von Serezanella. Einige glückliche Erfolge verschafften ihr bald grossen Ruf, während sie im Laufe des 16. Jahrhunderts mehr nur versucht wird, wenn eine Breschelegung missglückt oder überhaupt ein besonderer Zweck damit erreicht werden soll. Übrigens versagt das Geschütz selten; wenn die leichten Büchsen nicht genügen, so führt man schwere Bombarden auf. Die Stücke hatten nicht bloss gegossene Kugeln, sondern waren nun selbst gegossen aus Bronze, versehen mit Schildzapfen und Wandlafetten. Der Schuss konnte dadurch sicherer gezielt werden und that um so unfehlbarer seine Wirkung, sodass auf ungedeckten Plätzen das Bombardement rasch begonnen und zu Ende geführt werden konnte. Während 1504 Kaiser Maximilian die 14′ dicken Mauern von Kufstein mit 7 Kanonen nicht bezwingen kann, erreicht er seinen Zweck später mit 2 Monster-Geschützen.

Je mehr nun die Unzulänglichkeit der dicksten Mauerwerke gegen die verbesserten Geschosse der Belagerer sich als Thatsache erwies, umsomehr musste man bestrebt sein, die Niederwälle und die Gräben widerstandsfähiger zu machen. Namentlich die letzteren erfuhren die grösste Aufmerksamkeit, sie verbreiterten und vertieften sich und wurden mit Schutzwerken umgeben, die weniger beschossen, als erstiegen werden wollten, und damit beginnt die Einführung eines ganz neuen Momentes in der Poliorketik, nämlich der artilleristische *Nahkampf* gegen die Flankierungswerke, welcher sich wesentlich unterscheidet von dem Geschützfernkampfe gegen die Hochbauten des angegriffenen Platzes. Indessen würde man sehr irren, wenn man glauben wollte, dass bei Erstellung neuer Befestigungswerke nicht auch jetzt noch auf ein gutes Mauerwerk grosses Gewicht gelegt worden wäre. Man baute fester als je und suchte namentlich durch gute Gewölbe in den unteren Geschossen den dort aufgestellten Geschützen einen unbedingt rasanten Schuss zu sichern. Man baute diese Türme niedriger, aber weiter und versah sie mit einer möglichst grossen Zahl von Schiessscharten; die Zinnen aber fielen weg, da sie doch keine Sicherheit boten.

Anlage und Einrichtung der *Basteien* waren ein Gegenstand unablässiger Versuche für alle europäischen Völker. Man sah ein, dass das schwache Feuer der Rondeln nicht wirksam genug war, um den Annäherungsarbeiten des Feindes kräftig entgegenzutreten, da dieser jeden Schuss zehnfach zu beantworten imstande war. Um diesem Übelstand zu begegnen, liess man die Rondeln auf der äusseren Seite in eine gerade Linie ausgehen, damit möglichst viele Geschütze zu frontaler Wirkung gelangen sollten. Andere schoben die Basteien möglichst weit vor und verbanden sie nur durch eine schmale Wallzunge mit dem Hauptwall. So hofften sie wirksamer gegen die Flanken der Feinde zu zielen, boten aber in beiden Fällen den feindlichen Geschossen grössere Zielpunkte, d. h. verloren an eigener Sicherheit leicht mehr, als sie gewannen. Je mehr indessen über diese Probleme nachgedacht wurde, umsomehr sah man ein, dass die ganze Anlage der Festungswerke nach einem bestimmten System vorgenommen werden müsse, während man bisher mehr jeden einzelnen Teil für sich studierte und nach Gutdünken veränderte. Diese Bestrebungen hatten zudem nur lokalen Charakter. Erst die grossen Umwälzungen des 16. Jahrhunderts brachten Fluss in die Ideen; das Wanderschaftswesen entwickelte sich, und nun erwuchs der künstlerischen Produktion der kosmopolitische Charakter, welcher der Renaissance eigen ist. Es entsteht eine *europäische Befestigungskunst,* welche von Italien ausgeht. Sie zeichnet sich weniger durch neue Erfindungen, als durch planmässige und grossartige Anlage der einzelnen bekannten Befestigungswerke aus. Die Mauern der Türme wurden bis auf 10 m Dicke erstellt, die Graben in einer Breite, dass grosse Truppenmassen sich in denselben bewegen konnten. Die Bastionen, bald spitz, bald rund, die Kasematten und Wälle treten mehrfach und in beträchtlichen Abständen voneinander auf. Sie sind zudem von einer Mächtigkeit, dass schwere Geschosse sie nicht so leicht beseitigen. Deutsche Festungswerke dieser Periode sind z. B. Küstrin, Spandau, Düsseldorf und ein Bollwerk eigentümlicher Art, der Munot in Schaffhauen.

Von dem Augenblick an, da die Befestigungskunst bestimmte Grundsätze und feste Formen angenommen hatte, mussten auch Verteidigung und Angriff systematischer geordnet werden. Gegen Befestigungen der früheren Periode, wo in der Hauptsache nur Mauern und Niederwälle zu zwingen waren, war der Angreifer in der Lage, beide Artilleriestockwerke zugleich anzugreifen, und war das erste genommen, so war das zweite, die Mauer, mehr nur noch zu passivem Widerstande fähig. Ganz anders aber war der Widerstand der nach den Grundsätzen rationeller Flankierung und Profilierung erbauten, ausgedehnten bastionierten Front. Da waren schon die Annäherungsarbeiten schwierig. Die Schläge der Laufgräben mussten schon in bedeutender Entfernung vom belagerten Platze begonnen werden, und diese ersten Arbeiten waren schon mit ausreichenden Batterien zu decken, sodass die feindlichen Bastionen an der Belästigung der Sappeure möglichst verhindert werden sollten.

War es gelungen, den Vormarsch bis an den Grabenrand zu erzwingen, so mussten dort Waffenplätze errichtet und diese stark besetzt werden, um den wiederholten Ausfällen der Belagerten zu begegnen, die namentlich die näher heranrückenden Batterien und die Arbeiten der

Schanzleute zu zerstören trachteten. Endlich wurden die grossen Geschütze aufgestellt, die zum eigent lichen Bombardement verwendet werden sollten. Diese *Demontierbatterie* wurde meist erhöht gebaut, da das Ziel meist noch höher lag. Die Deutschen nennen sie „überzwerche Schanze“ oder auch nur die „Schanz“. Die Zusammensetzung einer solchen giebt Herzog Philipp von Cleve folgendermassen an: 6 Kanonen (schwere Breschgeschütze), 2 schwere und 4 mittlere Schlangen und 12 Falkaunen. Die ersten sollen im Tag (Sommerszeit) je 40 Schüsse abgeben können, die letzteren sekundieren bloss. Sie schweigen bescheiden, bis ihre grossen Schwestern kampfgerüstet dastehen, reden aber fleissig, während jene wieder geladen werden, und wenn die Nacht anbricht, sind alle Geschütze auf den kommenden Tag in Stand zu stellen, sodass man mit dem neuen Morgen nur die Lunte aufzulegen braucht. Die grossen geben auch — wie im Traum — während der Nacht hie und da einen Schuss ab, die Falkaunen aber dürfen gar nicht ruhen, damit der Feind nicht neue Abschnitte anlege. Für *Mörser* und *Böller* legte man näher gegen den Platz hin „sonder geordnete Schanzen“ an, weil man aus denselben nur selten „in der Schanz bei den Geschützen“ schiessen könne. Neben diesen artilleristischen Vorkehrungen kam auch die Minenlegung wieder zur Geltung, welcher der Feind mit Gegenminen begegnete.

Waren die Breschen weit und namentlich tief genug, so schritt man zum *Sturm.* Trockene Gräben überstieg man leichter, nasse dagegen mussten erst ihres Wassers entleert oder überbrückt werden. Aus Fässern, Hölzern und Brettern wurden die Brücken gefügt und auf zwei Rädern an den Graben geschoben, oder mit Reisholz, Bündelstroh, Wagen samt Heu u. s. w. wurde der Graben ausgefüllt und so der Übergang bewerkstelligt. Natürlich boten die Belagerten in solchen Momenten alles auf, den Feind zurückzuschlagen, und Grabenübergänge gestalteten sich zu blutigen Szenen. Zum Einsteig durch die Breschen kommt noch die Leiterersteigung, die meist an 2—3 Stellen zugleich versucht wurde. Auch die Palissaden, Thore und Fallgatter wurden im entscheidenden Augenblicke kräftig berannt mit der Petarde oder Breschschraube. Die Belagerten pflegten sich in diesem äussersten Stadium des Kampfes massenhaft und mit Glück der „Fladderminen“ und der Feuerwerkskörper zu bedienen, welche die Soldaten sehr fürchteten und welche eine glücklich durchgeführte Belagerung im letzten Momente noch scheitern liessen. So lange der Angreifer es nicht verstand, durch Anlage von Kontrebatterien die Flankengeschütze direkt zu bekämpfen, besass die Nahverteidigung das unzweifelhafte Übergewicht über den Angriff. Diesen Fehler herauszufühlen und zu verbessern, blieb der zweiten Hälfte des 16. Jahrhunderts vorbehalten, die dann auch namentlich durch die Erfindung neuer Zündungsvorrichtungen für die Handfeuerwaffen dem ganzen Kriegswesen einen ungeahnten Aufschwung gab. Das Radschloss wurde 1515 erfunden zu Nürnberg, das Schnappschloss um 1540 ebenfalls in Deutschland und das Stecherschloss gegen Ende des Jahrhunderts in München. So folgte, wie unvollkommen diese Versuche auch heute erscheinen mögen, eine kleinere Verbesserung nach der anderen, und bald herrschen unter dem Fussvolk die Schützen vor. Auch die Reiterei wird mit Feuerwaffen versehen, nämlich mit Reiterarkebuse und dem Faustrohr, der Pistole, und ebensowenig bleibt die Artillerie zurück mit Verbesserungen des Materials und Bereicherungen der Munition. Nach *Jähns*, Geschichte des Kriegswesens. Vergl. *Heerwesen.*

Krone. Die Krone, lat. *corona*, franz. *couronne*, engl. *crown*, ist das Zeichen der Souveränität. Fürsten, überhaupt der hohe Adel, tragen sie statt des Helmes im Wappenschild.

Aus der Merowingerzeit sind acht Votiv-Kronen bekannt, die bei wechselnder Grösse ganz von Gold gefertigt und reich mit Edelsteinen geschmückt sind. Jede ist mit vier Ketten versehen, die oben in einen geschmückten Knopf oder in einen einfachen Ring zusammenlaufen, damit sie aufgehängt werden kann. Vier derselben bestehen je aus einem breiten, vollkommenen Reife; die übrigen vier sind symmetrisch durchbrochen, eine in Gestalt einer rundbogigen Säulengalerie, welche der in der spätrömischen und griechischen Bauweise üblichen Säulenstellung vollkommen entspricht. Die Steine bilden bei allen am unteren Rande des Reifes ein Gehänge; die fünf grösseren tragen aus ihrer Mitte herabhängend ein mit Steinen besetztes Kreuz, die grösste trägt zudem zwischen den Gehängen die Goldbuchstaben *RECCESVINTHVS REX OFFERET*, welche darauf schliessen lassen, dass diese Krone und so auch wahrscheinlich die übrigen — von dem Könige Reccesvinthus (zwischen 649—672) als „*Ex voto*“ dargebracht ward. Die Stirnreife sind zudem mit aneinandergereihten Kreisen und halbkreisförmigen Vertiefungen geziert, sowie mit verschiedengestaltetem Blätterwerk und ein- und auswärtsgebogenen Ranken nach Art der sogenannten Palmetten. Der die Kette verbindende Knopf der grössten Krone hat die Gestalt eines sich nach unten zu verjüngenden Würfelkapitäls mit roh gezeichneten Palmblättern und ist aus Quarz geschnitten. Alle Verzierungen der Krone sind geprägt oder leicht eingegraben; nirgends findet sich Filigran oder gar wirkliche Email.

Die eigentliche *deutsche Kaiserkrone*, gemeiniglich die Krone Karl's des Grossen genannt als die historisch wichtigste und älteste, wird in der kaiserlichen Burg zu Wien aufbewahrt. Sie ist durchgängig von Gold und 14 Mark 11 Lot 3 Quentchen schwer, achteckig, mit acht oben zugerundeten Feldern, die in einen Bügel auslaufen. Je zwei sich gegenüberstehende Bügel sind miteinander verbunden. Sie gehen von Kreuzen aus, die auf dem Stirnfeld sich befinden. Oberhalb, längs des Bügels selbst erheben sich wiederum dicht aneinander acht oben abgerundete Felder mit sehr reichen Perlenzieraten, von denen das letztere die ebenfalls aus kleinen Perlen gebildete Inschrift *CHVONRADVS DEI GRATIA ROMANORVM IMPERATOR AVG* trägt. Ausserdem wechseln die unteren Felder in der Grösse gleichmässig derart, dass fortlaufend ein grösseres von zwei kleineren eingefasst wird, indem das Stirnfeld zur ersteren gehört. Dieses trägt zudem oben das mit Edelsteinen verschiedener Form, Grösse und Farbe reichgeschmückte Kreuz, das wie die unteren Felder zwischenhinein dicht mit künstlerischer Filigranarbeit ausgestattet ist. Jedes kleinere Feld trägt eine buntemaillierte Darstellung biblischer Personen (Salomon, David, Hiskias, Christus) nebst der lateinischen Beischrift. Ein weiterer Schmuck dieser Krone, das Sudarium, welches als Inful oder Fanones zu den Seiten herabhing, ist im Laufe der Zeit verloren gegangen. Die Krone ist übrigens nicht das Werk *eines* Künstlers, sondern scheint anfänglich nur aus den unteren acht Feldern bestanden zu haben, und zwar ist auch dieser Teil eine byzantinische Arbeit aus dem 11. Jahrhundert. Kreuz und Bügel sollen eine spätere Hinzufügung sein, frühestens aus der Zeit Konrads IV.

In Frankreich wurde zuerst die Lilie in das Gepräge der Krone verflochten, während in Deutschland und England durch das 14. und 15. Jahrhundert vornehmlich Blätter und Ranken verwendet werden. Die *englische Königskrone* (Heinrichs IV.) bestand aus einem mit einem Rubin, drei grossen Saphiren, zehn grossen Perlen, nebst vielem Goldschmiedewerk verzierten Reife, über den sich breit ausladende, getriebene Blätter erhoben, je zwei aufeinanderfolgende durch eine Lilie und drei Perlen unterbrochen. Auch diese Krone war also noch eine *offene*, während Heinrich VI. (1429—1461), aus dem Gepräge seiner Münzen zu schliessen, an seine Krone oben einen gebogenen Bügel anbringen liess, der späterhin einen zweiten recktwinkelig kreuzte. Schon Heinrich IV. trug unter seiner Krone eine reichverzierte *Unterkappe*, während sie bis auf seine Zeit auf dem blossen Kopfe getragen wurde.

Die *österreichische Hauskrone*, fälschlich oft für eine deutsche Kaiserkrone gehalten, wurde 1570 für Rudolf II. gefertigt und von da an von den Habsburgern als Krone von Ungarn, Böhmen und Österreich bei dem Einzug zur Krönung in Frankfurt getragen. In ihrer bekannten Darstellung auf dem österreichischen Wappen ist sie mit einem Reichsapfel gekrönt, der ihr in Wirklichkeit abgeht. Auf ihrem mit Edelsteinen belegten und mit vier grösseren und vier kleineren Blättern besetzten Reif erheben sich auf jeder Seite zwei oben spitz zulaufende, konvexe und sich zu je einer Viertelskugel vereinigende mit figürlicher Darstellung besetzte Schilder, die in der Mitte von vorn nach hinten einen breiten, keilförmigen Ausschnitt lassen, durch welchen die rote Kronkappe sichtbar wird. Der Rand desselben ist mit einer perlenbesetzten Einfassung emailliert. Über dem Ausschnitt erhebt sich der Bügel, der ein Kreuz mit ungeschliffenem Saphir trägt.

Erwähnenswert ist ferner die *deutsche Königskrone*, die im Domschatz zu Aachen aufbewahrt wird. Sie wurde von Richard von Cornwallis behufs seiner Krönung aus England mitgebracht. Der Reif ist von Silber, stark vergoldet, geht oben in eine Lilie aus und ist mit vorspringenden Kameen und anderen Edelsteinen geschmückt.

Die Krone des heiligen *Stephan von Ungarn* stammt aus dem 11. Jahrhundert. Sie ist eine geschlossene Königskrone mit zwei Bügeln. Das Kreuz steht schief. Es steht auf der Mitte der Krone, da wo die Bügel sich treffen. Zu beiden Seiten hängen kleine, mit Edelsteinen geschmückte Kettchen herunter, wie solche die *byzantinische Kaiserkrone* schmücken, die durch das Ebenmass ihrer Formen und schönste Ausstattung vor allen genannten sich auszeichnet. Ihre acht Platten wurden erst 1860 und 61 bei Nyitra-Ywanka (Ungarn) aufgefunden.

Markgrafen führten im Wappen eine Krone mit 4 Lilien und 12 Palmen, die Grafenkrone hatte 16 Perlen, die Freiherrnkrone hat deren 12; in den *Stadtwappen* trifft man die Mauerkrone, die einen Mauerkranz mit Zinnen darstellt.

Auch in der *Ikonographie* drückt die Krone Königswürde aus, ist ein Zeichen von Macht und Herrlichkeit. Sie ist ein Attribut von Gott Vater, Christus und der heiligen Jungfrau, sowie von der Gestalt der christlichen Kirche. Wo sie auf der Erde liegt, ist sie das Zeichen der Verachtung irdischer Hoheit, auch der Unschuld und Tugend. Nach *Weiss*, Kostümkunde; *Müller* und *Mothes*, Archäologisches Wörterbuch.

Krönungsinsignien. Bei den Franken war zur Zeit der Merowinger die Lanze das Zeichen königlicher Würde. Das eigentliche

Königs- und Kaiserornat ist eine Aneignung weströmischer Tracht, später auch die Nachahmung des griechischen Kaiserornates. Ein solches gewinnt aber auf deutschem Boden eine wirklich gemeingültige, feststehende Form erst mit dem 12. und 13. Jahrhundert, und zwar kann hiermit weniger der Schmuck des Königs, als der eigentliche Krönungsornat gemeint sein; die Krönungsinsignien, wie sie Jahrhunderte lang in Anwendung kamen und heute in der Schatzkammer der Hofburg zu Wien gezeigt werden, können in ihrer Vollständigkeit wohl kaum vor der Krönung Ludwig IV. (um 1328), vielleicht zum erstenmal bei Sigismund (1414) gebraucht worden sein. So fand man noch bei der Eröffnung des Grabes Friedrich's II. in Palermo den Kaiser im vollen Ornate, sogar mit Krone und Reichsapfel eingesargt, während nach einer Verordnung die Gegenstände nach vollzogener Weihe abgelegt und der Sakristei der Marienkirche in Aachen als Geschenk verbleiben sollten. Dieser Verordnung scheint überhaupt bis auf genannte Zeit nicht nachgelebt worden zu sein, denn noch 1273 ergreift Rudolf statt des vorgeschriebenen Zepters (da ein solches fehlt) ein Kruzifix.

Die einzelnen Krönungsinsignien, wie sie später bei der Einsetzung jedes neuen Herrschers gebraucht wurden, stammen zum grösseren Teile aus dem 12. Jahrhundert und sind fast durchweg fremden Ursprungs. In ihrer bestimmten und für die Folgezeit massgebenden Zusammensetzung werden sie zum erstenmal 1519 genannt, bei der Krönung Karl's V. Sie mögen jedoch in gleicher Weise schon seit Sigismund gebraucht worden sein. Zu diesen Insignien zählen mit Ausschluss etlicher nicht mehr benutzten Einzelheiten und ausgeschiedenen Reliquien wesentlich noch folgende:

1. Die *Strümpfe*, Tibialien, lat. *caligae*, *tibialia*. Sie wurden im 12. Jahrhundert in Sizilien angefertigt aus karmoisinroter Seide mit Gold durchstrickt, in Form von Laubwerk. Sie reichen bis über die Kniee und tragen am oberen Rand arabische Lettern.

2. Die *Schuhe*, Sandalen, lat. *calceamenta, sandalia, socculi,* gleichen Ursprungs wie die Strümpfe und ähnlich den römischen Sandalen von rotem Atlas, vorn abgerundet, mit Perlenstickerei in Greifen und Sirenen verziert, vermittelst schmaler Bandstreifen über dem Fussgelenke zu befestigen. Es waren davon mehrere Paare vorhanden und zwar in verschiedener Grösse; gegenwärtig ist nur noch ein Paar zu sehen, ein auffallend kleines.

3. Das *Untergewand*, *Dalmatica*, lat. *tunica, talaris,* von dunkelviolettem Seidenzeug. Es erstreckt sich bis unter die Knie, ist vorn geschlossen, langärmelig. Am Hals ist es weit ausgeschnitten, mit goldenem Saum und einer Zugschnur versehen. Der Ärmelrand sowie der untere Saum des Rockes ist mit Gold- und Perlenstickerei nebst dazwischengeordneten kunstvoll emaillierten Goldblättchen versehen.

4. Das *Oberkleid,* die *Alba* oder *camisia*, ein weites, herabfallendes Gewand von weissem Seidentaffet, an den Rändern ebenfalls reich verziert. Auch die Ärmel sind nach ihrer Länge mit reicher Goldborte versehen und die Brust bedeckt dementsprechend ein mit allem Zierat ausgestattetes viereckiges Feld. Die Einfassung an dem unteren Rand ist von beträchtlicher Breite, mit Seide, Gold und Perlen gestickt. In diesen Rändern findet sich eine Inschrift eingestickt, welche besagt, dass dieses Gewand durch maurische Künstler in Palermo unter der Herrschaft Wilhelm I. (1181) angefertigt worden.

5. Der *Gürtel (zona, cingulum),* eine breite Goldborte, mit Tierge-

stalten verziert und silbervergoldeten Schliessen versehen, dienend zur Gürtung der Alba. Es ist noch ein zweiter Gürtel vorhanden aus dichtem, starkem Seidengewebe, geschmückt mit Filigranarbeit, und ferner wurde eines dritten, nun abhandengekommenen erwähnt, dessen „Zeddel“ von kirschroter Seide, der „Einschlag“ von goldübersponnenen Seidenfäden gebildet war. Welcher von allen dreien zum eigentlichen Krönungsornate zählte, lässt sich nicht mehr ermitteln.

6. Ein über sechs Zoll breites *Band* in Gestalt der geistlichen Stola, von gelb geblümtem Stoff, mit dem heraldischen Bild des Reichsadlers geziert. Es wurde dem Kaiser über den Hals und kreuzweis über die Brust gelegt, auch etwa mit einem zweiten Gürtel überbunden.

7. Die *Handschuhe,* lat. *chirothecae,* aus rot- und purpurfarbenem Seidenstoff zusammengenäht, aussen mit Laubwerk in Gold- und Perlenstickerei, sowie mit emaillierten Goldblechen, innen mit Goldzieraten romanischen Stils bedeckt.

8. *Krönungsmantel,* lat. *pluviale, pallium imperiale, paludamentum, tegumen,* ist ein Meisterwerk des 12. Jahrhunderts, halbkreisförmig geschnitten, bildet einen auf der Brust zu befestigenden Rückenmantel von 5 Fuss Länge und 16 Fuss Breite, ist ein festes, dunkelrotes, durchweg gemustertes Seidengewebe mit goldgefasstem Halsausschnitt, edelsteingezierter Brustspange und daranschliessenden Brustschilden von prachtvoll emailliertem Goldblech. Über die Rückenmitte geht eine Stabverzierung von Goldstickerei und Perlenbesatz, die sich oben jederseits in drei mehr horizontal geschwungene blätterartige Stäbchen verzweigt. Jede der beiden Mantelhälften ist mit einer durchaus von Gold gewirkten und mit Perlen bestickten Darstellung eines Löwen nebst einem unter ihm liegenden Kamele fast ausgefüllt. Ringsherum ist er reich bordiert, längs seines vorderen Randes mit zwei dichten Perlenreihen und dazwischenlaufendem Besatz von Goldstickereien mit fortlaufendem vierkleeblattförmigem Perlzierat, längs des unteren Randes mit perlengefasster arabischer Schrift in goldenen „kufischen“ Buchstaben geschmückt. Ihr zufolge war der Mantel für den sizilischen Normannenkönig Robert Guiscard angefertigt im Jahre der Flucht des Propheten um 528 (1133 n. Chr. G.) in der „glücklichen Stadt Palermo“, woraus man zugleich geschlossen hat, dass er höchst wahrscheinlich erst unter den letzten Hohenstaufen zu den Reichskleinodien gekommen ist.

9. Die sogenannte *Krone* Karl's des Grossen. (S. den Artikel *Krone.*)

10. Das *Zepter,* lat. *sceptrum, virga.* Das ursprüngliche Reichszepter ging schon frühzeitig verloren. Von den noch vorhandenen bildet das ältere, wahrscheinlich aus dem 14. oder Ende des 13. Jahrhunderts stammend, einen hohlen Stab von zwei Fuss Länge, aus vergoldetem Silberblech bestehend, an drei Stellen durch vergoldete Ringe und Knäufe unterbrochen, an seiner Spitze eine Eichel mit vier Eichenblättern tragend. Ein zweites Zepter ist einfach von Silber, glatt, hohl und rund, ein drittes, das spätere eigentliche Reichszepter, ist wahrscheinlich eine nürnbergische Goldschmiedearbeit aus dem 16. Jahrhundert.

11. Der *Reichsapfel,* lat. *pomum, globus,* datiert voraussichtlich ebenfalls aus dem 12. Jahrhundert. Er ist eine aus Goldblech künstlich getriebene Kugel von $3^3/_4$ Zoll Durchmesser, mit harziger Masse angefüllt, von zwei sich kreuzenden Reifen umspannt, auf deren oberem Kreuzungspunkt sich ein goldenes Kreuz erhebt, das, wie auch der obere Teil der Reife, mit farbigen Edelsteinen

geschmückt ist. Ein an gelbem Saphir befindliches Monogramm ist nicht zu deuten. Die einen halten es für ein himmlisches Zeichen — Sonne, Mond, Stier, Widder, Fische, — die anderen wollen einen Namen herauslesen und zwar Cuonrad oder XPICTOC. Zwei andere vorhandene Reichsäpfel, rings mit Edelsteinen bedeckt, zählten wohl nie mit zum Krönungsornat.

12. Drei *Schwerter* von reicher Ausstattung. *a*) Das *Schwert des heiligen Mauritius* stammt ebenfalls aus dem 12. Jahrhundert. Es ist ein Zeremonienschwert, welches dem Kaiser bei der Krönung vorangetragen wurde. Die über drei Fuss lange, oben abgerundete Klinge steckt in einer Scheide von dünnem Goldblech, die jederzeit durch Edelsteineinsatz in sieben Lagerfelder abgegrenzt die Bildnisse ebensovieler Könige im Krönungsornate tragen. Der Griff ist kreuzförmig, oben mit einem linsenförmigen Knopfe bedeckt. Derselbe trägt auf der einen Seite einen Adler mit der Umschrift: „*BENEDICTVS . DOS . DES*“, auf der andern Seite einen geteilten Schild, dessen eine Hälfte mit einem halben Adler, die andere mit drei Löwen geziert ist, nebst den noch lesbaren Überresten der Worte „*EVS GVI DOCET MANVS.*“ Auch die Parierstange trägt eine längere Inschrift. *b*) *Das zweite Schwert* ist ein altorientalischer Säbel von mässiger Krümmung mit grünlicher Scheide und Goldblech- und Edelsteinverzierungen. Es soll nach der Tradition sich auf Karl den Grossen zurückführen lassen, der es von dem arabischen Fürsten Harun-al-Raschid geschenkt erhalten habe. *c*) *Das dritte Schwert*, das „Schwert Karls des Grossen“ ist wohl das jüngste von allen, und erst durch Karl IV. den Insignien beigerechnet, also um die Mitte des 14. Jahrhunderts. Die zwei Fuss elf Zoll lange Klinge ist zweischneidig und längs ihrer Mitte etwas rundlich ausgeschliffen. Der vergoldete Silbergriff trägt einen scheibenförmigen, senkrechtgestellten goldenen Knopf, der in zwei dreieckigen Schilden als schmelzfarbene Wappenbilder den einköpfigen schwarzen Adler und den böhmischen Löwen zeigt. Die Scheide ist von Goldblech, mit Filigranarbeit, Perlenreifen und Schmelzzierat reich geschmückt.

13. Zu erwähnen sind ferner ein *Reliquienkästchen*, mit allegorischen Zenen der Jagd und des Fischfanges, übrigens mehrfach restauriert, in seiner ursprünglichen Gestalt wohl aus dem 7. Jahrhundert stammend, und endlich

14. das *Evangelienbuch*, Evangelistarium, das im Grabe Karls des Grossen gefunden worden sein soll. Das Buch mag der angegebenen Zeit entstammen, sein gegenwärtiger Einband jedoch gehört dem 15. Jahrhundert an.

Die Krönungsfeier selbst geschah nach J. Römer-Büchner (Wahl und Krönung der deutschen Kaiser) unter folgenden Massnahmen:

„Nachdem die Salbung vollzogen war, wurde der Kaiser von den Kurfürsten oder deren Stellvertretern in das Wahlkonklave geführt. Der Kurfürst von Mainz blieb beim Altar zurück. Hierbei trugen die Reichserzämter die Insignien vor dem Kaiser her. In der Kapelle angelangt, überreichten die Abgeordneten von Nürnberg die Strümpfe und Schuhe. Der kurbrandenburgische Gesandte legte ihm das lange Unterkleid, das Oberkleid und die Stola an, letztere so um den Hals ordnend, dass deren beide Hälften vorn, über der Brust, einander kreuzten, worauf ihm die nürnbergischen Gesandten die Strümpfe und Schuhe anzogen. So bekleidet schritt der Kaiser, begleitet von dem Wahlgefolge, wiederum in die Kirche zurück, sich abermals vor den Altar begebend. Inzwischen der hier abgehaltenen Feier, und zwar zunächst nach mehrfachem Gebet, nahmen die Kurfürsten von Trier und Köln vom Altar das „Schwert Karls des Grossen“, entblössten es von seiner Scheide und übergaben es dem Kaiser. Sodann, als der Konsekrator die darauf bezüglichen Worte gesprochen, behändigte der Kaiser das Schwert dem kursächsichen Gesandten, welcher es in die Scheide steckte und nun im Verein mit dem kurböhmischen Gesandten den Kaiser damit umgürtete. Darnach nahm der Zeremoniarius von dem Altar einen kostbaren Ring, übergab diesen dem Konsekrator, der ihn, gleichfalls unter einer darauf bezüglichen Ansprache, dem Kaiser an den Finger steckte. Von derartigen Ansprachen begleitet empfing der Kaiser hierauf, zuvörderst durch Vermittelung von zwei Assistenten und des Zeremoniarius, abermals durch den Konsekrator, das Zepter und den Reichsapfel. Und nachdem er bald danach das Zepter dem kurbrandenburgischen, den Reichsapfel den kurpfälzischen Gesandten feierlichst eingehändigt hatte, ward ihm von dem kurbrandenburgischen Gesandten und den Abgeordneten von Nürnberg der kostbare Mantel umgehängt, sodann von dem Kurfürsten von Trier, unter Beistand des Konsekrators, die königliche Krone aufgesetzt, schliesslich ihm auf das Evangelienbuch der kaiserliche Eid abgenommen.“ Nach *Weiss*, Kostümkunde.

Kruzifix. Die altchristliche Kunst begnügte sich mit typischen und symbolischen Andeutungen der Kreuzigung: das Opfer Abels, Melchisedeks, Abrahams, das Kreuz mit dem Gotteslamm am Fuss oder dem Brustbild des Erlösers an der Spitze. Die Aufnahme der Kreuzigung Christi in den mittelalterlichen Bilderkreis bereitete sich in den Streitigkeiten vor, welche man namentlich in Syrien über die beiden Naturen des Herrn führte; syrische Mönche haben im 6. Jahrh. zuerst den gekreuzigten Christus abgebildet. Seit dem 8. und 9. Jahrh. wird die Darstellung zunächst in Miniaturen und auf Elfenbeindeckeln gewöhnlich und nach und nach das verbreitetste Hauptbild der ganzen Christenheit. Zwei Hauptauffassungen müssen unterschieden werden: 1) der ältere, ideale Typus, nach welchem Christus lebend, zuweilen auch schon sterbend mit geneigtem Haupte, gewöhnlich mit wagerecht ausgebreiteten Armen, mit oder ohne Nimbus, niemals aber mit der Dornenkrone, frei am Kreuze auf einem Fussbrette steht, wobei Hände und Füsse entweder gar nicht oder mit vier Nägeln angeheftet sind. Der Leidende ist mehr oder weniger bekleidet. Dieser Auffassungsweise, die mit dem 13. Jahrh. erlischt, liegt die Idee von der Unsterblichkeit Gottes und der Freiwilligkeit des Leidens Jesu zu Grunde. 2) Der seit dem 13. Jahrh. herrschend werdende reale Typus, bei welchem sich die Kunst enger an die geschichtliche und psychologische Wahrheit anschloss, ohne jedoch den Sieg des Lebens über den Tod aus dem Auge zu verlieren. Der leidende, sterbend oder bereits verschieden, das dornengekrönte Haupt nach der rechten Seite neigend, erscheint gewaltsam an den Armen aufgehängt und ist mit drei Nägeln an das hohe, immer mit *INRI* bezeichnete Kreuz geschlagen, zu welchem Ende die Füsse übereinander gelegt sind, und zwar so, dass der rechte stets oben liegt. Das Kreuz, nach der Legende aus einem Baum gezimmert, den Seth vom Baum des Lebens auf das Grab Adams gepflanzt hatte, ist grün mit roten Ästen, seit dem 14. Jahrh. jedoch blutrot. *Otte*, Kirchliche Archäologie.

Kudrun, siehe *Gudrun*.

Kupferstechkunst.

Beinahe zur gleichen Zeit, als der Holzschnitt in deutschen Landen aufkam und anfing, die grössten Künstler zu beschäftigen, erstand auch sein zarterer Zwillingsbruder, der Kupferstich, welcher gleich jenem berufen war, der zeichnenden Kunst zu jener Verbreitung und Popularität zu verhelfen, deren dieselbe sich seit Beginn des 15. Jahrhunderts zu erfreuen anfing. Den Holzschnitt sehen wir aus rohen, unbeholfenen Anfängen entstehen und können ihn als ein wahres Kind des Volkes betrachten, welches seinen, anfangs bloss durch Umrisslinien hergestellten kindlichnaiven Zeichnungen durch buntfarbige Übermalung zu Hilfe zu kommen sucht. Nicht so der Kupferstich. Aus einer bereits entwickelten Kunst ging er als ein Nebenprodukt, als ein ursprünglich gar nicht beabsichtigtes Resultat hervor. Es war die Goldschmiedekunst, welche uns mit der höchsten unter den reproduzierenden zeichnenden Künsten beschenkte. Schon durch verschiedene ihren Zwecken dienende Arten der Technik, wie Email und Niello war dieselbe in nahe Beziehung zur Malerei getreten, und zahlreiche Bildhauer und Maler, darunter solche mit stolzen Namen, waren aus der Goldschmiedewerkstätte hervorgegangen. Seit den ältesten Zeiten hatte die Goldschmiedekunst Zeichnungen in Metallplatten graviert und die eingegrabenen Linien zu deutlicherer Betonung mit einem schwarzen Schmelzfuss, dem sog. *Nigellum* ausgefüllt. Nach langer Vergessenheit war diese Technik im 15. Jahrhundert wieder sehr in Aufschwung gekommen. Es lag aber nun nahe, dass die Goldschmiede, welche dergleichen Niellen anfertigten, sich vor Aufschmelzen des Niello eine Vorstellung der fertigen Zeichnung zu machen wünschten. Das führte auf den Gedanken, vor Einlassen des Nigellum von der gravierten Platte Abdrücke auf Papier zu nehmen. Damit war der Kupferstich in seinen Grundzügen erfunden.

Der Unterschied, welcher zwischen Holzschnitt und Kupferstich liegt, erhellt daraus klar. Während dort die abzudruckende Zeichnung erhaben stehen bleibt, zeigt die Kupferplatte die Zeichnung vertieft. Die Farbe muss hier in die Vertiefungen eingreifen und von diesen aus auf das Papier übertragen werden, nachdem von der, ohnehin blank polierten und somit für die Annahme der fettigen Farbe ungeeigneten, nicht vertieften Oberfläche jede Spur von Schwärze entfernt worden ist.

Zum Eingraben der Zeichnung bediente sich der Kupferstecher entweder allein seiner Werkzeuge (Nadel, Stichel u. s. w.) — eigentlicher Kupferstich — oder ausser denselben auch eines chemischen Mittels, des Ätzwassers — Radierung. Der eigentliche Kupferstich ist die ältere Methode; dieselbe wird entweder als Kartonstich so ausgeführt, dass der Unterschied zwischen starken und schwachen Schatten durch die grössere oder geringere Breite der Linien erreicht wird, oder als farbiger Stich, so dass die Schattierung durch Kreuzlagen der Striche erreicht wird, wobei man sich nicht auf zwei Strichlagen beschränkt, auch wohl die Zwischenräume mit Punkten ausfüllt oder stellenweise ganz mit Punkten arbeitet, Mittel, durch deren grössere Mannigfaltigkeit eine farbige Wirkung hervorgebracht werden kann.

Viel häufiger als den Stich haben die Maler von jeher die *Radierung* geübt. Hierbei überzieht man die ganze zu bearbeitende Platte mit dem sog. Ätzgrunde, welcher, da er vom Ätzwasser nicht angegriffen wird, die Oberfläche der Platte schützt, und nimmt diesen Grund darauf mittelst der Radiernadel, des Schabeisens u. s. w. da wieder fort, wo die Zeichnung erscheinen und das Ätzwasser einwirken soll. — Eine Abart des Kupferstiches ist die „schwarze Kunst“ oder die Schabmanier, bei welcher aus dem mit dem sogenannten Granierstahl aufgerauhten Grunde der Platte die mehr oder weniger lichten Partien herausgeschabt werden; eine Abart des Ätzverfahrens sind die verschiedenen Aquatintamanieren, bei welchen die Grundlage Schatten ist, aus dem das Licht herausgearbeitet werden muss, und der Kreidestich, welcher eine Zeichnung hervorbringt, die der Kreidezeichnung ähnlich ist. —

Über die Priorität der Erfindung des Kupferstiches ist viel gestritten worden; nachdem dieselbe zuerst den Italienern zugesprochen worden war, wo der Goldschmied Maso Finiguerra nach Vasaris Bericht um 1460 zuerst Abdrücke solcher Art gemacht haben soll, hat sich durch weitere Forschungen herausgestellt, dass die grössere Wahrscheinlichkeit für Deutschland spricht. Abgesehen von deutschen Niellen (Metallplatten), die in der Zeichnung ganz deutlich den Charakter der ersten Hälfte des 15. Jahrhunderts zeigen, besitzt man einen Abdruck eines oberdeutschen Meisters mit der Jahrzahl mccccxlvi (1446), die Geisselung Christi darstellend. Diesem Kupferstecher ist ein anderer Meister mit dem Monogramm *P*, dessen von vier Engelchören umgebene *Virgo immaculata* vom Jahre 1451 datiert ist, schon bedeutend in Technik und Zeichnung überlegen. Aus dem Jahre 1457 besitzen wir eine aus 27 Blättern bestehende Passion. Auf der Darstellung des Abendmahls findet sich die Jahresangabe im „*LVII* Jor.“ Im 7. Jahrzehnt sehen wir bereits zwei Schulen sich bilden, eine niederländische und eine oberdeutsche. Die erstere gruppiert sich um den (in Ermangelung seines Namens mit der Jahrzahl benannten) Meister von 1464, den man auch nach den bei ihm häufig vorkommenden Spruchbändern *le maître aux banderolles* genannt hat. Seine Kompositionen sind voll Phantasie, deren Entfaltung nur durch die mangelhafte Technik gehemmt ist, und zeigen starke Umrisse und bereits feine Schraffierung in Kreuzlage. Die andere Schule hat in dem Meister *E S* von 1466, von dem man nebst vielen anderen Stichen eine Darstellung der „*engelwiche zu unserer lieben frouwen zu den einsiedlen*“ besitzt, ihr Haupt. Der Meister *E S* scheint eine grosse Zahl von Schülern gehabt zu haben, deren bedeutendste der Meister von der tiburtinischen Sibylle und der Meister vom Kartenspiel sind. — Dem Charakter der Zeichnung nach zu schliessen, standen die bisherigen Kupferstecher kaum in unmittelbarer Beziehung zur Malerei, die Mehrzahl waren Goldschmiede. Nunmehr tritt aber ein Künstler der Kupferstechkunst auf, der zugleich ein bedeutender Maler war: *Martin Schongauer.* Er führt den Stichel schon mit vollendeter freier Meisterschaft. Von Arbeiten seiner Hand oder aus seiner Werkstatt kennt man 139, darunter verschiedene Wiederholungen in Silber graviert. Dazu Fig. 83 *Christus am Kreuz*, von Martin Schongauer (Kunsthist. Bilderbogen). Zu Schongauers Schule gehören: Der Meister *B S* (Barthel Schön), Albrecht Glockendon, Wolf Hammer, Wenzel von Olmütz und Uras Gemberlein. Neben Schongauer waren gegen Ende des 15. Jahrhunderts noch in Oberdentschland thätig der berühmte Bildhauer Veit Stoss und der geschickte Kupferstecher Nicolaus Alexander Mair von Landshut, welcher besonders dadurch merkwürdig ist, dass er mitunter Abdrücke von seinen Platten auf bräunlichem und grünlichgrauem Papier nahm und die Lichter mit Weiss

Fig. 83. Christus am Kreuze. Von Martin Schongauer.

oder mit Gelb höhte. Wahrscheinlich gab Mair durch diese Behandlung des Kupferstiches den ersten Anstoss zu dem in der Holzschneidekunst, nachweisbar seit 1506 so oft zur Anwendung gekommenen Chiaroscuro. Um dieselbe Zeit finden wir in Westfalen den geschickten Kupferstecher Franz von Bocholt und „Israhel von Meckenen, Goldsmit", wie er sich selbst bezeichnet und dessen zahlreiche Arbeiten meist Nachstiche nach anderen Meistern, namentlich nach Schongauer sind.

So wird im 16. Jahrhundert der Kupferstich eine selbständige Kunst und erreicht unter der Führung der grössten Maler der Zeit eine hohe Stufe der Vollendung, um noch im selben Jahrhundert einerseits einem gewissen Virtuosentum und der Manieriertheit anheimzufallen, andererseits durch Kleinmeister und Ornamentisten wieder in nahe Beziehung zur Goldschmiedekunst und anderer Kunsthandwerke zu treten. Vor allen anderen Städten war es jetzt Nürnberg, welches für die Entwickelung der Kupferstechkunst der kommenden Jahrzehnte das entscheidende Wort zu sprechen begann. Es war die geniale Künstlernatur des *Albrecht Dürer*, welche die aufgekeimte Blüte zur Frucht entfalten sollte. Nirgends erscheint Dürer gerade in seinen malerischen Eigenschaften so vollkommen, wie in den Kupferstichblättern, in welchen er das von früheren Meistern, namentlich von Schongauer Begonnene zur höchsten Vollendung bringt. Wenn auch nach Seite der formalen Schönheit Schongauer von ihm keineswegs überragt wird, so bestehen doch die Werke keines früheren Meisters neben den seinigen in der Kraft der Charakteristik, der Wahrheit des Ausdrucks und der strengen Zeichnung. Mit Freiheit und Sicherheit führt er den Grabstichel wie die Radiernadel, und versteht es, durch die Zartheit feiner Strichlagen, durch eine künstlerische Vollendung der Linienmanier und eine meisterhafte Behandlung des Übergangs von Hell ins Dunkle seinen Werken eine echt malerische Wirkung zu verleihen. Aus der reichen Zahl seiner Arbeiten mögen hervorgehoben werden: die vier Hexen, Adam und Eva, der heilige Hieronymus, der heilige Eustachius, die Eifersucht, die Nemesis, die Porträts von Albrecht von Brandenburg und Erasmus.

Auch sein Lehrer, *Michael Wohlgemuth*, hat zahlreiche Stiche hinterlassen, welche zwar von anderen, da das Monogramm *W* beide Deutungen zulässt, dem Wenzel von Olmütz zugeteilt werden.

Unter den Zeitgenossen Dürers finden wir den Goldschmied Kunz und den Jacob Walch, von dem Dürer die Anregung zum Studium der Proportionslehre empfing, den Sebald Lautensack und den ungewöhnlich vielseitigen Augustin Hirschvogel, der Ansichten von Österreich, Ungarn und Siebenbürgen radierte.

In Augsburg zeichnen sich *Hans Burgkmair*, *Heinrich Vogtheer*, *Alexander Mair* u. s. w. aus, in Regensburg namentlich der ungemein fruchtbare *Albrecht Altdorfer*, welchen die Franzosen den kleinen Albrecht Dürer, den *„petit Albert"* nannten. Seine Stiche sind besonders beachtenswert wegen der künstlerischen Behandlung des Landschaftlichen und der Architektur.

Unter den Künstlern Oberdeutschlands scheint das Ätzen nicht weniger Anklang gefunden zu haben. Wir begegnen dort *Hans Baldung Grien*, *Christoph Stimmer*, *Abel Stymer*, *Urs Graf* u. s. w. Namentlich nützte *Jost Ammann*, geb. 1539 in Zürich, sein ungewöhnlich reiches und bewegliches Talent durch übermässige und rasche Produktion für den Tagesbedarf aus. Es sind von ihm noch 340 Radierungen erhalten.

Der Hauptmeister der fränkisch-sächsischen Schule, *Lucas Cranach*, brachte es in der Kupferstechkunst nicht so weit, wie im Holzschnitt. Seine Stiche, meist Porträts, sind flüchtig und unrein.

Stichel und Radiernadel mussten aber namentlich den sogenannten Kleinmeistern, welche sich den grossen Aufgaben der Kunst nicht gewachsen fühlten, während ihr Reichtum an Phantasie sie fortwährend zum Produzieren antrieb, willkommene Werkzeuge sein.

Fig. 84. Tanzende Bauern von Sebald Beham.

Unter dieselben gehören eine Reihe Schüler Dürer's, wie *Barthel* und *Sebald Beham*, von ihm Fig. 84 *Tanzende Bauern* (Kunsthist. Bilderbogen), *Aldegrever*, *Pencz*, ferner eine Gruppe von Nürnberger Künstlern, welchen wir eine Fülle von interessanten figuralen Darstellungen und namentlich auch von Entwürfen für alle Zweige der ornamentalen Kunst verdanken: eine unerschöpfliche Fundgrube für die Industrie unserer Zeit.

In den zwei folgenden Jahrhunderten, im 17. und 18., fanden die talentvollen Kupferstecher in der Heimat, welche, der Kriegsschauplatz für ganz Europa geworden verwüstet und verarmt war, keinen Boden für ihre Thätigkeit; sie zogen ausser Landes nach Italien, Frankreich und England.

Die Zahl der in dieser Zeit produzierten Kupferstiche ist zwar immerhin noch bedeutend, allein die Radierung wurde meist von untergeordneten Stechern oder Ornamentisten gepflegt.

Von den Künstlern des 18. Jahrhunderts finden wir die zwei berühmtesten in Paris, den *Friedrich Schmidt* und den *Joh. Wille*, welche allerdings ihre Virtuosität auf Kosten der Wahrheit leuchten liessen. — Eine der interessantesten Erscheinungen dieser Zeit ist *Daniel Nik. Chodowieki*, geb. 1726 zu Danzig, welcher sich vorzugsweise dem Radieren kleiner Kompositionen, wie Vignetten, Illustrationen u. s. w., widmete, deren er über 3000 geliefert hat.

Der Idyllendichter *Gessner* aus Zürich (1730—82) hat sich als Radierer von romantischen Landschaften und Vignetten zu seinen Dichtungen einen dauernderen Namen erworben als durch letztere selbst.

Mehrere Kupferstecher lieferte die seit Mitte des 17. Jahrhunderts in Nürnberg angesiedelte Künstlerfamilie Preissler.

In den *Niederlanden* steht an der Spitze der Kupferstecher des 16. Jahrhunderts *Lucas van Leyden,* welcher sich, anfangs beeinflusst von der van Eyk'schen Schule, während der zweiten Periode seines kurzen Lebens in der Komposition dem nationalen Hang zur realistischen Auffassung und Darstellung völlig hingiebt und gleichzeitig die Stecherkunst durch Einführung der Luftperspektive (kräftigere Behandlung der Vordergründe, leichtere der entfernten Gegenstände) einen bedeutenden Schritt vorwärts bringt. Schüler im eigentlichsten Sinne scheint Lucas van Leyden keine gehabt zu haben, doch ist sein Einfluss auf eine grosse Zahl von niederländischen Kupferstechern des 16. Jahrhunderts nicht zu verkennen.

Die von vielen niederländischen Künstlern angestrebte Vermittelung zwischen italienischem und niederländischem Kunstcharakter glücklich in der Technik des Stiches zustande gebracht zu haben, ist das Verdienst des *Cornelius Cort,* geb. 1533. Er that den ersten Schritt zur verschiedenartigen Charakteristik der Stoffe und der Farben. In seiner Schule wurzelt die Entwickelung des Kupferstichs des folgenden Jahrhunderts. Am energischsten ging auf dem von Cort gewiesenen Wege *Hendrick Goltzius* aus Mülbrack vorwärts, z. B. in den sogenannten sechs „Meisterwerken", Nachbildungen nach Rafael, Dürer, Lucas van Leyden u. s. w. Zugleich bereitete er aber mit dem Verzichten auf schöpferische Thätigkeit und Sichanschmiegen an Maler die letzte Phase des Kupferstichs, nämlich die der lediglich reproduzierenden Kunst, vor. An Goltzius reihen sich eine grosse Menge Kupferstecher, hauptsächlich Ornamentisten an. Die Nachblüte der Renaissance in den Niederlanden brachte auch die Kunst des Kupferstichs wieder zu neuem Glanze. In Flandern und Brabant um *Rubens,* in Holland um *Rembrandt* gruppieren sich zahlreiche Künstler, welche mit Stichel und Nadel völlige Farbenwirkung erzielen. Vor allem gelangte die Radierung zu einer bis dahin nicht geahnten Bedeutung. Unter den Landschaftern und Tiermalern sind besonders *Paulus Potter, Philip Wouwermann, Jacob Ruysdal,* namentlich aber *Antoni Waterloo* hervorzuheben. Einer der fruchtbarsten Stecher des 17. Jahrhunderts war *Roman Hooghe* aus dem Haag, der als entschiedener Anhänger der oranischen Partei dieser in den bürgerlichen Wirren mit seiner Radiernadel diente. Zu gleicher Zeit entspann sich ein reger künstlerischer Verkehr mit Frankreich. Verschiedene Stecher siedelten nach Paris über. In den Niederlanden aber entartete der Kupferstich im 18. Jahrhundert rasch zur geschickten Fabrikarbeit.

In *Italien* wurde der Kupferstich durch deutsche Arbeiter, oder, wie Vasari will, durch den Niellisten Maso Finiguerra angeregt. Die ersten nachweisbaren Stiche verfertigte Baccio Baldini. Im letzten Viertel des 15. Jahrhunderts beschäftigt der Kupferstich schon viele Hände in Florenz, wie Antonio del Pallajuolo, Andrea de Verachio, Filippo Lippi, Gherardo u. s. w. In Oberitalien bürgerte der grosse Meister der Schule von Padua: Andrea Montegna den Kupferstich ein. Seine Stechweise ist hart, die Umrisse treten stark hervor, die Schattenstriche sind kurz. Äusserst fein ausgeführt, Silberstiftzeichnungen gleichend, sind die Stiche, welche uns Martinio da Udine, genannt Pellegrino, hinterlassen hat. In Cremona, in Modena, in Bologna, in Padua, in Mailand, überall blühte die Kupferstechkunst auf, am letzten Ort als ersten Jünger den berühmten Bramante beschäftigend. Von Bologna nahm der Begründer der römischen Stecherschule, Marc Antonio, seinen Ausgang, der nach Michelangelo, Dürer, besonders aber nach Raphael gestochen hat. Seine Meisterschaft in der Führung des Stichels versammelte um ihn zahlreiche Schüler, sogar aus Deutschland und Frankreich. Derjenige Schüler, der neben dem Meister am meisten zur Ausbreitung der römischen Schule beigetragen, ist Giulio Romano, um welchen sich in Mantua zahlreiche Stecher gruppieren. Auf die weitere Entwickelung der Kupferstechkunst hatte die Schule von Bologna einen um so unmittelbareren Einfluss, als eines der Häupter derselben, Agostino Caracci (1558 bis 1601), selbst in dieser Kunst sein Bestes leistete. Einer seiner Hauptschüler ist Guido Reni. Glänzende Vertreter der Ätzkunst hat Neapel in Ribera und Rosa. Das 18. Jahrhundert zeigt uns in Venedig einige in ihrem Genre hervorragende Künstler und in Rom einen grossen Kreis strebsamer und für ihre Zeit Bedeutendes leistender Stecher.

In *Frankreich* hat die Kupferstechkunst erst spät Wurzel geschlagen und ist von den Nachbarländern hineingetragen worden. Französische Stecher finden wir erst seit dem dritten Decennium des 16. Jahrhunderts und als ersten einen Noel Garnier, der Kopien nach deutschen und italienischen Meistern anfertigte. Dadurch, dass Franz I. sein Schloss Fontainebleau durch die italienischen Meister Rosso de Rossi und Primalicaro dekorieren liess, bildete sich dort eine italienische Schule, welche lange Zeit im Lande fortwirkte. Dem Zeitalter Ludwig's geben Vouet und Callot im Kupferstich die Signatur. Die Radierung brachte der geist- und phantasievolle Jacques Callot in Frankreich auf. Ludwig XV. befreite die Kupferstechkunst aus den Banden des Zunftzwanges. Dadurch nahm dieselbe aber gleich den anderen freien Künsten den Charakter des äusserlich Pomphaften und Pathetischen an; besonders aber nahm das Porträt die Thätigkeit der Stecher immer mehr in Anspruch. Ein Meister von erstaunlicher Vielseitigkeit aus dieser Zeit ist Jean le Poutre. Unter Ludwig XV. endlich eignete sich der Kupferstich den tändelnden, bald ausgelassenen, leichtfertigen, bald lüsternen Ton der Malerei an. Die Historie wurde zum Genre, an die Stelle des Pathos trat eine mehr oder weniger gemachte Naivität, der strengen folgte eine koquette, zierliche und weichliche Manier, und der Vignettenstich, welcher in der vorigen Periode begonnen hatte, bildete sich zu einem eigenen einflussreichen Kunstzweig aus.

In *Spanien* kommt der Kupferstich fast gar nicht vor, ebensowenig in *Portugal*. Gleich dem Formschnitt hat sich auch der Kupferstich in *England* erst spät so weit entwickelt, um Kunst genannt werden zu können, und es ist bezeichnend, dass die neueren Methoden, die Schabmanier und der Stahlstich, nirgends so beliebt gewesen sind als dort. Im eigentlichen Stich haben die Engländer wie in der Malerei ihr Bestes im Porträt geleistet, während seit Hollar und später Hogarth die Radierung vielfach und oft in origineller Weise geübt wurde. Nach *Bruno Bucher*, Geschichte der technischen Künste; *Lübke*, Grundriss zur Kunstgeschichte. A. H.

Kürass heissen Brust- und Rückenharnisch zusammen. (Siehe Harnisch.) Das Wort kommt erst in Urkunden von 1355, 1424 und 1488 vor als *curassa*, *curassia*, *curacia*, *thorax*, *lorica*. *Dietz* leitet es von *corium*, *coriacea*, Lederwerk ab. Bei den älteren Dichtern kommt das Wort nicht vor, dagegen bei Georg von Ehingen: *kurisz*, *kürisch*.

Kurtisan, vom ital. *cortigiano*, franz. *courtisan*, Höfling, waren

Kleriker des 15. und 16. Jahrhunderts, welche am römischen Hofe sich einzuschmeicheln wussten und hier Anweisungen auf fremde Pfründen und Pfarrstellen bekamen, ohne dass die rechtmässigen Kirchenpatrone darum angefragt worden wären. Sie heissen in der Sabbata *pfrüenden kofer und tuscher, die durch schenk, miet und gaben an des papsts hof hantieren und schaggieren.* Hans Sachs lässt einen solchen sprechen:

Ich bin ein römisch curtisan;
zu Rom ich erstlich esel trieb,
nachdem ich römisch bannbrief schrieb,
die pfaffen ich gen Rom auch lad,
ich bring in Teutschland römisch gnad,
gib eim an teufel ein bassparten,
auf das bapstmonat tu ich warten,
darin zeuch ich die pfründ gen Rom,
vil pfarr und bropstig ich einnom,
die pallium und annaten
must ich gen Rom dem bapst verraten,
damit wir haben zu bursieren.

Kuss, ahd. *chus,* mhd. *kus,* ist ein urartes Zeichen der Versöhnung, des Friedens und der Freundschaft; er macht in einigen Kindermärchen alles vergessen, giebt aber auch die Erinnerung zurück. An einem Kuss hängt die Lösung des Bannes; die Jungfrau in grausenhafter Gestalt, als Schlange, Drache, Kröte, Frosch, muss dreimal geküsst werden, um ihrer Verzauberung entledigt zu sein. Eine besondere Ausbildung hat der Kuss im höfischen Mittelalter erfahren, das auf die Formen des feineren gesellschaftlichen Lebens zwischen Mann und Weib ein grosses Gewicht legte. Schon Ulrich von Lichtenstein unterscheidet den Kuss der Minne, der Freundschaft und der Sühne. Eine besondere Aufmerksamkeit hat *San Marte,* Parzival-Studien, III, S. 172 ff. dem Kusse gewidmet und den Herzenskuss, den Sühnekuss, den Judaskuss und den Kuss der Etikette unterschieden. Der *Herzenskuss* ist entweder der *Kuss der Minne:*

ein kus in liebes munde,
der von des herzen grunde
her ûf geslichen kaeme,
ahi! waz der benaeme
seneder sorge und herzenôt. Tristan.

Am heissesten wird in den Tageliedern geküsst, wenn der Wächter den Morgen verkündet und es nun an ein Scheiden der Geliebten geht: *urloup nâh und nâher baz mit kusse und anders gab in minne lôn;* oder *Kuss der Freude;* derselbe geschieht bei Männern nur ausnahmsweise, bei überwallender Freude und froher Überraschung; sonst küssen sich Männer bei Begrüssungen oder beim Abschiede nicht. Zahlreich sind die Beispiele des *Kusses der Gatten und der Eltern- und Verwandtenliebe.*

Der *Sühnekuss* hat als Symbol, Pfand und Siegel aufgehobener Feindschaft und wiedergewährter Zuneigung eine ernstere Bedeutung. *Küssen hât sô grôze kraft, daz man dâ mit süent vîentschaft,* sagt Ulrich von Lichtenstein; und Wolfram von Eschenbach: *küsse mich, verkius gein mir, swaz ich ie schult getruoc gein dir.*

Der *Judaskuss* ist der Kuss des Verrates: *daz was ein kus, den Jûdas truoc, dâ von man sprichet noch genuoc.*

Der *Kuss der Etikette* ist als gesellschaftliche Form der Gegensatz des Herzenskusses. Bei der Begrüssung küsste der Ankommende die Herrin, doch nur, wenn er an Rang gleich oder höher stand. In der Regel ersucht die Frau den vorgestellten Herrn um den Kuss; der Geringere aber bittet den Vornehmeren, seiner Frau oder Tochter den Begrüssungskuss zu geben. Es liegt eine verbindliche Auszeichnung darin, wenn der Vornehmere dem Geringeren, der Ältere dem

Jüngeren den Vortritt beim Kusse gestattet. Auch beim Abschied verband sich mit der Segens- und Wunschformel in der Regel der Kuss. Man küsste auf Mund, Wangen oder Augen, doch scheint der Kuss *an den munt* nur Auszeichnung der *mâge* zu sein. Die Franzosen küssten noch Nase, Kinn und Hals. Auch Turnierpreis konnte der Kuss sein, wie denn im Titurel ausser dem Kranze dem Sieger die Küsse von achtzig Mädchen in Aussicht gestellt werden. Der Kuss spielt auch im Zeremoniell des deutschen Königshofes eine Rolle. Der König pflegte beim offiziellen Empfang fremden Herrschern, aber auch Untergebenen, Geistlichen und Weltlichen, einen Kuss zu gewähren. Bei der Einführung in ein Amt oder der Belehnung ist der Kuss das Symbol; ausserdem ist er Zeichen der Versöhnung, der Gnade, des Friedens.

Kyrie eleison, siehe *Leis* und *Kirchenlied*.

L.

Lagerstätten. Dieselben sind nach Art der römischen Betten bei den Völkern des westlichen und mittleren Europas schon im frühesten Mittelalter bekannt. Erwähnt wird das Bett zuerst bei Gregor von Tours in der Bemerkung, dass sein Lager von dem der anderen Geistlichen umgeben war, wie ja das Kirchengesetz bestimmte, dass ein Bischof nicht allein schlafen dürfe. Nähere Angaben über die Teile des Bettes und deren Beschaffenheit sind nicht gemacht. Die ältesten Abbildungen zeigen teils vierbeinige Bettstellen, teils fusslose Truhen, in welche Bettstücke gelegt wurden. In den Stückverzeichnissen der Wirtschaftshöfe Karls des Grossen werden bereits mit „Linnen bezogene Federbetten“ erwähnt. Die Bettstätten des 11. Jahrhunderts bestehen zum Teil aus einem verschieden gefügten und mannigfaltig gezierten Gestell aus Stabwerk. Sie stehen auf vier oder mehr Füssen, haben ein hohes Kopfbrett, ein niedriges Fussende und oft auch *eine* Seitenlehne, während die zweite Seite frei ist. Neben den hölzernen erscheinen auch schon metallene Bettladen. Als Bettstücke sind erwähnt die Matratzen, das walzen- oder eirunde Kopfkissen und eine Überdecke. Die Betten des 12. und 13. Jahrhunderts erscheinen als schwere Gestelle von der Form einer Bahre mit geschnitzten, auch schon gedrechselten Füssen, hohem Kopf-, niedrigem Fussende und ebensolchen Längsseiten, die in der Mitte eine Öffnung zum Einsteigen hatten. Sie waren oft mit Elfenbeinschnitzereien und Metallarbeiten geziert, auch die Pfühle, Decken, Kissen und Vorhänge wurden aus den köstlichsten Stoffen bereitet, wovon die Dichter viel zu singen wissen. So heisst es im Parzival, 552, 9 ff.:

Einez was ein pflumît,
des zieche ein grüener samît;
des nicht von der hohen art:
ez was ein samît pastart.
ein kulter wart des bettes dach,
niht wan durch Gâwâns gemach,
mit einem pfellel, sunder golt,
verre in heidenschaft geholt,
gesteppet ûf palmât.
darüber zôch man linde wât,
zwei lîlachen snêvar.
man leit ein wanküssen dar,
unt der meide mantel einen,
härmîn, niwe, reinen.

Ebenso wird von dem Bett, welches König Bela von Ungarn um 1189

Friedrich I. schenkte, ausdrücklich bemerkt, dass es mit prächtig verziertem Kopfkissen und kostbarer Decke versehen war.

Die Betten des 14. Jahrhunderts hatten bereits zwei Matratzen und zwei Kopfkissen, oft sogar auch eine zweite Decke. Die Überdecke verhüllte das ganze Bett mit Ausnahme des Kopfbrettes. Auch der *Betthimmel* vergrösserte sich und wurde, statt dass er bisher von der Decke herunterhing, nun auf die pfeilerartig nach oben verlängerten Füsse der Bettstelle selber befestigt und mit leichten beweglichen Vorhängen versehen. Die Überdecken und Seitenvorhänge der Reichen waren meist aus Seide, Sammet oder gar aus Goldstoff, die Überzüge der Matratzen, Kissen und Bettdecken aus buntgemusterter Seide gefertigt und oft mit einem seltenen Pelzwerk gefüttert oder wenigstens verbrämt, mit Stickereien, Besätzen, Troddeln und Fransen geziert. Daneben hatte man in fürstlichen Häusern auch sogenannte *Paradebetten*, die nur bei besonderen festlichen Vorkommnissen benutzt wurden. Zwei besonders reiche Betten des 15. Jahrhunderts schmückten das Gemach der Isabella von Bourbon, der Gemahlin Karls d. Kühnen. Sie waren durch einen vier bis fünf Fuss breiten Zwischengang und einen verschiebbaren Teppichvorhang getrennt und mit jeglichen Bequemlichkeitsmitteln versehen. Die Betten dieser Zeit waren bis sieben Fuss lang und sechs Fuss breit.

Das 16. Jahrhundert sodann war auch hierin bestrebt, seine Vorgänger noch zu übertreffen. Bettstellen, Matratzen, Kissen und Decken wurden aus den köstlichsten Stoffen gemacht und mit allem erdenklichen Zierat versehen. Das Bett stand selten mehr in einer Ecke des Zimmers, sondern mit dem Kopfende nach der Mitte einer Wand gekehrt. Das Holzwerk war von Nussbaum-, ja sogar von Zedern-, Rosen- und Ebenholz, vergoldet, bemalt, mit Elfenbein- und Metalleinlagen besetzt. Die vier Eckstützen gestalteten sich zu wirklichen Säulen von mannigfaltigster Form. Sie stiegen mitunter nicht eigentlich vom Bettkasten selbst, sondern von vierseitigen zierlichen Postamenten ausserhalb desselben auf und trugen das köstlich gearbeitete Bettdach. In Italien, das hierin den nördlicher belegenen Staaten voranging, rechnete man um die Mitte dieses Jahrhunderts zu einem vollständigen Bett „vier Matratzen von Baumwolle, bedeckt mit zarten, in Seide und Gold gestickten Linnentüchern, eine Decke von Karmesinatlas, mit Goldfäden bestickt und von Fransen umgeben, aus Karmesinseide und Goldfäden gemischt; vier prächtig behandelte Kissen, und ringsum Vorhänge von Flor in Gold und Karmesin gestreift“. Zu bemerken ist, dass die Baumwolle, die heute als der billigste Kleidungsstoff allgemein verbreitet ist, damals ein kostbarer und schwererhältlicher Artikel war.

Das 17. Jahrhundert aber ging noch weiter. Namentlich mit den 70er Jahren desselben trat eine eigentliche Polstersucht ein, welche die Ausstattung des anfänglich so schlichten Gerätes bis zur Ausschliesslichkeit steigerte. Das ganze Holzwerk wurde in Stoff verkleidet. Die Bettstatt wurde zum lehnenlosen, viereckigen Holzgestell, das höchstens am Kopfende etwas erhöht war; der Betthimmel entbehrt also jedes sichtbaren Gerüstes und erscheint in den wunderlichsten Gestalten lediglich aus Zeugen gefaltet. Zugleich baut man für die Betten eigens entsprechende *Wandnischen* und verkleidet diese sowohl in ihrem Innern, als besonders nach aussen mit breiten Vorhängen oder „*Gardinen*“, die vermittelst eines starken

Schnur- und Puschelwerkes vorgeschoben und zurückgezogen werden. Es fehlte natürlich auch diesen Betten nicht an allen möglichen Verzierungen und Zuthaten, die aus früheren Perioden bekannt waren oder vom grübelnden Menschengeist ersonnen werden konnten. Als einen beständigen Begleiter des Bettes nennen wir hier noch den *Bettschemel.* Nach *Weiss*, Kostümkunde.

Lalenbuch, siehe *Schildbürger.*

Lampe, lat. *lampas*, *lampada;* franz. *lampe.* Kleine Öllampen in Gestalt runder oder länglicher Schalen waren für kirchliche und private Zwecke schon frühe in Gebrauch. In den Kirchen wurden sie bald durch die Kerzen verdrängt. (Siehe den Art. Leuchter.)

Länder und Städte in *personifiziert-bildlicher Darstellung.* Der antiken Kunstdarstellung der Länder und Städte liegt teils religiöser Glaube, teils ein bloss künstlerisches Motiv zu Grunde. Beide wurden unter den Schutz von Göttern und Heroen gestellt, wobei bei den Griechen namentlich die *Tyche,* lat. *Bona dea,* bei den Römern die *Roma* eine grosse Rolle spielen. Sonst gilt in der italienischen Religion in der Regel ein männlicher Genius für den Beschützer der Städte. Mit Bildwerken der genannten Vorstellungen wurden Tempel und Altäre geschmückt, wobei Tyche ein Füllhorn und eine Turmkrone erhält, *Roma* dagegen entweder Pallas ähnlich dargestellt wird oder im Amazonenkostüm. Eigentlich allegorische Bilder der einzelnen Städte und Länder, die sich teils in mythischen, teils in historischen Kompositionen, sowie in einzelnen Bildern zahlreich vorfinden, pflegen ebenfalls die Mauerkrone zu tragen. Die christliche Kunst verwarf natürlich die religiöse Bedeutung dieser Vorstellungen und machte sich bloss das künstlerische Motiv zu eigen. Das christliche Altertum ist reich an Städtefiguren in den verschiedenen Gebieten der Kunst, sowohl in Miniaturen als Skulpturen; häufiger sind Reliefbilder, zumal auf Münzen und Diptychen; besonders häufig erscheinen Rom und Konstantinopel; die Attribute der Mauerkrone und das Füllhorn sind beibehalten. Vom 9. bis 12. Jahrhundert findet man Personifikationen von Städten und Ländern bloss auf Miniaturen, teils in biblischen Szenen, teils in weltlichen Darstellungen. Die Figuren sind meistenteils in weiblicher Gestalt gebildet und haben ein Füllhorn in der Hand und auf dem Haupte eine Krone, die aber nur teilweise die Gestalt von Türmen hat. Weltliche Veranlassungen zu diesen Personifikationen gab die Vorstellung eines Herrschers, dem die Länder huldigend nahen oder Abgaben und Geschenke bieten. Aus der heiligen Schrift hat man Personifikationen der arabischen Wüste, wohin sich die Israeliten vor Pharao retteten, und von Babel. Seit dem 13. und namentlich seit dem 15. Jahrhundert hat man wieder ähnliche Figuren auf Malereien und Münzen und seit dem 16. Jahrhundert in grossen Werken der Skulptur und der Malerei zur Ausschmückung von Plätzen und Palästen, mit Beziehung auf unmittelbar gegenwärtige, namentlich vaterländische Interessen. *Piper,* Mythologie der christl. Kunst. II, S. 564 bis 677.

Landfrieden heissen im Mittelalter die von dem Könige ausgehenden Gesetze, welche die Erhaltung des öffentlichen Rechtszustandes, insbesondere der öffentlichen Sicherheit und die Bestrafung der hiergegen begangenen Verbrechen zum Gegenstande hatten. Sie beschränkten sich regelmässig auf eine kurze Bezeichnung der als Landfriedensbruch zu betrachtenden Handlungen und auf die Einschärfung der Verfolgung und Bestrafung der Landfriedensbrecher. Die ältesten Verordnungen dieser Art scheinen nicht auf uns gekommen zu sein; als die erste bestimmte Nachricht über einen Landfrieden gilt die, dass Heinrich II. auf einer Versammlung zu Zürich Hohe und Niedrige habe schwören lassen, den Frieden zu bewahren und sich aller Räubereien zu enthalten. Von da an ist stehend von Landfriedensverordnungen die Rede. Als die wichtigsten Landfrieden aus dem 12. und 13. Jahrhundert werden genannt die Landfrieden Friedrichs I. vom Jahre 1156 und 1187, und der Landfrieden Friedrichs II. von 1235, welche den Landfrieden der folgenden Kaiser hauptsächlich zum Vorbilde dienten. Die ältesten Landfrieden anerkennen unbedingt das Recht der Privatrache oder Fehde (siehe Faust- und Fehderecht) und machen es sogar dem Volke in der Nachbarschaft und wo dieses nicht ausreicht, dem Herzog oder Grafen zur Pflicht, dem Vergewaltigten hierzu ihre kräftigste Unterstützung zu leisten. Daher kam es, dass die Landfrieden gleichsam als vertragsmässige Friedensvereinigungen errichtet wurden, die nur für eine Reihe von Jahren und regelmässig nur in einzelnen Ländern, selten im gesamten Reiche beschworen wurden; denn es handelte sich dabei nicht allein um die Verpflichtung zum Unterhalte landfriedensverbrecherischer Handlungen, sondern auch um das Eingehen einer positiven Verbindlichkeit zu gemeinsamem Handeln gegen die Friedebrecher, sowie um ein wenigstens teilweises Aufgeben des bisher gesetzlichen Rechtes der Fehde. Erst Maximilian I. gelang es auf dem Reichstage zu Worms 1495, die Reichsstände zum Verzicht auf den ferneren Gebrauch der Waffen zur Entscheidung ihrer Streitigkeiten zu bewegen und einen *allgemeinen ewigen Landfrieden* zu errichten, in welchem alle Unterscheidung zwischen erlaubter und unerlaubter Fehde und aller fernerer Gebrauch des Faustrechtes als Landfriedensbruch erklärt wurde; derselbe wurde zu Worms 1521 und später noch mehrmals verbessert, ergänzt und bestätigt. Vgl. *Herzberg-Fränkel*, die ältesten Land- und Gottesfrieden in Deutschland. Forschungen z. d. Geschichte. XXIII, S. 117—164.

Landgrafen werden seit dem Anfang des 12. Jahrhunderts erwähnt. Der Name schliesst sich an *Land*, *Landschaft* als alte Bezeichnung eines gräflichen Gebietes oder Gaues; es ist der Graf mit einem alten Gau- oder Landgericht, und der Name erscheint dann gewählt statt des blossen Grafen, wenn damit gegenüber solchen Grafen, denen das gräfliche Recht nur an einzelnen Orten übertragen war, ausdrücklich und namentlich betont werden sollte, dass sie die alte gräfliche Gerichtsbarkeit behauptet hätten. Doch war der Name Landgraf in diesen Fällen durchaus nicht allgemein üblich.

Landkarten. Aus dem Altertum sind keine anderen Karten ausser denen zum Ptolemäus auf uns gekommen; diejenigen des *Marinus von Tyrus*, 2. Jahrhundert n. Chr., des ersten Geographen, welcher bei der Ortsbestimmung Längen und Breiten berücksichtigte, sind verloren gegangen; auch *Ptolemäus* aus Pelusium, ein Schüler des Marinus, hat keine Karten hinterlassen; dagegen hat er in seiner Erdbeschreibung (nicht zu verwechseln mit seinem astronomischen Hauptwerke, der Syntaxis, dem Almagest, wie die Araber das Buch nannten) Vorschläge zur graphischen Zeichnung und Entwerfung des Landkartennetzes gegeben und die Mittel bezeichnet, um aus der Lage der bekannten Orte die unbekannten zu finden. Von den acht Büchern seines Werkes enthalten das zweite bis siebente Namensregister nach Ländern, Längen und Breitegraden und das letzte einen kurzen Überblick über das Ganze. Die 27 Landkarten aber, die man den meisten alten Handschriften des Ptolemäus beigegeben findet, stammen von einem *Agathodämon* aus Alexandria, einem Mathematiker, den man gewöhnlich ins fünfte Jahrhundert setzt; es sind zehn Blätter über Europa, fünf über Afrika und zwölf über Asien. Sie sind die Grundlage aller neueren Landkarten geworden. Daneben besassen die Römer *Wegkarten*, die namentlich militärischen Zweck hatten, und von welchen sich die sog. *Peutingerische Tafel* erhalten hat; sie bildet eine Rolle aus elf Blättern, 20½ Fuss lang und 11½ Zoll breit; die Hauptsache ist hier die Angabe der Distanzen.

Das Mittelalter ging vorläufig der kartographischen Hilfsmittel des Altertums wieder verlustig; die *Radkarten* (siehe den Art. *Geographie*), sind bloss graphische Aufzeichnungen der dieser Periode bekannten Erdfeste.

Auch die *arabischen Geographen*, unfähig, die Arbeiten ihrer Astronomen zu benutzen, blieben weit hinter den Leistungen des Ptolemäus zurück. Das zeigen z. B. die beiden erhaltenen Karten des *Edrisi*, 12. Jahrhundert, ein kreisförmiges Erdbild und eine viereckige Weltkarte in 70 Blättern, worin zwar Ptolemäus benutzt erscheint, das Gradnetz desselben aber wie in allen sonst bekannten arabischen Karten fallen gelassen worden ist.

Desto grösser ist der kartographische Fortschritt, der sich in den *Kompasskarten* des späteren Mittelalters zeigt.

Sie sind ursprünglich *nur* von Italienern oder von Katalanen von den Belearen verfasst worden und mit Wind- oder Kompassrosen bedeckt, aus denen strahlenförmig bunte Striche nach den Himmelsrichtungen auslaufen, um sich auf anderen Punkten der Karte zu anderen Windrosen zu vereinigen. Der Gesichtskreis wurde in vier *volle Winde* eingeteilt, Nord, Ost, Süd, West, zwischen denen die *halben Winde* Nordost, Südost, Südwest, Nordwest lagen. Zwischen den halben und den ganzen unterschied man die *Viertelwinde*, Nordnordost, Ostnordost u. s. w., die wiederum in Oktaven oder Achtel zerfielen. Später wurde es Sitte, die Windstriche auf den Karten durch bunte Linien auszudrücken, wobei man die ganzen und halben Winde durch schwarze, die Viertelwinde durch grüne, die Achtelwinde durch rote Farbe unterschied. Auf einen dieser Kompasssterne setzte der Steuermann seine Bussole, um zu ermitteln, welche Richtung er innehalten müsse, um von einem Hafen nach dem andern zu gelangen; lief er dann auf das hohe Meer, so schätzte er den zurückgelegten Weg aus der Segelkraft des Windes mit einer Schärfe und Sicherheit, die wie ein halbes Wunder erscheint. Zum erstenmal sieht man hier Europa wie die asiatischen und afrikanischen Vorlande wie von einem Spiegel wiedergegeben. Die ältesten erhaltenen Kompasskarten verfertigte der Venetianer *Marino Sanuto* der Ältere zwischen 1306 und 1321; doch gehen die Anfänge dieser Kartenmethode bis ins 13. Jahrhundert zurück; das merkwürdigste Denkmal aber aller mittelalterlichen Kompasskarten ist das sogen. *katalanische Weltgemälde* vom Jahre 1375, von einem unbekannten majorkanischen Steuermann verfertigt, der u. a. die Reisen des Marko Polo benützte. Neue Fortschritte zeigen die Karten des Venetianers *Fra Mauro*.

Im Anfang des 15. Jahrhunderts entdeckte der Humanismus endlich auch die Ptolemäischen Karten wieder, deren zuerst der Kardinal *d'Ailly*, *Aliacus*, erwähnte. Schon im 15. Jahrhundert erschienen fünf Ausgaben derselben, alle in Italien; im 16. Jahrhundert 21, davon 16 deutsche (9 in Basel, 4 in Köln, 3 in Strassburg). Seit 1513 fügten Jakob Ässler und Georg Übelin einen Atlas neuer Karten hinzu. Die Ptolemäischen Karten, welche durch ihr Gradnetz die Kompasskarten übertrafen, standen anfangs infolge mancher Fehler der Ptolemäischen Zeichnung in mancher Beziehung auch hinter ihnen zurück; am meisten gelang es dann deutschen Geographen die Fehler zu verbessern; genannt werden *Sebastian Münster*, namentlich aber *Peter Bienewitz*. Bald erhielten alle einzelnen Reichsgebiete ihre besonderen Karten, die zum Teil vortrefflich waren; gegen Ende des 16. Jahrhunderts ging die Kartenkunst durch *Mercator* und seinen Freund *Abraham Ortel* zu den Niederländern über, bei denen sie während des 17. Jahrhunderts eine neue Blütezeit erreichte. *Peschel*, Geschichte der Erdkunde. *Ruge*, Geschichte des Zeitalters der Entdeckungen, Berlin 1881.

Landsgemeinden, *freie*, entwickelten sich ähnlich wie die Städte dadurch, dass ältere ländliche Genossenschaften vorübergehend oder dauernd sich zu territorialen Gemeinwesen erhoben und politische Unabhängigkeit behaupteten oder erkämpften. Sie kommen hauptsächlich in den Alpen und bei Friesen und Ditmarsen zur Entwicklung. Das Resultat dieses Prozesses ist ein dreifaches: entweder erringen sich diese Gemeinschaften volle Reichsfreiheit, oder es blieb eine Reichsvogtei bestehen, ohne die Gemeindeverfassung zu hindern, oder es entstanden landesherrliche Landsgemeinden, welche in grösserer oder geringerer Abhängigkeit von landesherrlichen Vögten standen. Die früheste Entwicklung dieser Art fand in den schweizerischen Waldstätten Uri, Schwyz und Unterwalden statt, denen später Glarus, das Amt Zug und Appenzell folgten. An der Spitze der *Länder* und ihrer Landsgemeinden, bis zum 15. Jahrh. *landtag* genannt, standen freigewählte Ammänner, welche aus rein richterlichen Beamten entstanden waren; erst später tritt neben sie ein *Rat*. Die Entwicklung der freien Landesverfassungen im Norden Deutschlands geht langsamer und unvollkommner vor sich; in noch engeren Grenzen halten sich die gemeine Landschaft des Rheingaus, die Hauensteiner Einung im Schwarzwald, die Landsgemeinde der Abtei Kempten, die gemeine Landschaft der zu Corvey gehörigen alten Mark Huxari, das Land Delbrück u. a. *Gierke*, Genossenschaftsrecht I. §. 49.

Landsknechte heissen seit dem letzten Viertel des 15. Jahrhunderts bis zum 17. Jahrhundert Söldner zu *Fuss*; der Name ist einerseits dadurch entstanden, dass eine königliche Satzung (Worms 1495) ausdrücklich verordnete, dass die Söldner aus den *Landschaften im Reich* angeworben werden sollten, andererseits im Gegensatz zu den *Schweizern*, deren Feindschaft mit den Landsknechten sprichwörtlich war. Früh kam die Umdeutung von Landsknecht in *Lanzknecht* auf. In rechte Aufnahme kam das Institut der Landsknechte erst unter Maximilian I., der „das Fussvolk nach Art der römischen Legionen in Haufen, Regimenter, teilte, dieselben mit langen Stangsspiessen oder Piquen versehen lassen und sie in diesem Gewehr dermassen abgerichtet, dass sie es allen andern Nationen zuvorthaten, dannenhero von dieser Zeit an kein Krieg in Europa ohne die Teutschen Lanzknechte geführet worden und kein kriegführender Potentat derselben entbären wollen.“ Der „Orden“ der

Landsknechte setzte sich aus Edelleuten, Bürgern und Bauern zusammen; bald aber herrschte das bürgerliche Element vor, und der Orden wurde zur Zunft, die ihre eigene Verfassung hatte. Die Vornehmen bildeten das erste, die Bürger und Bauern das zweite „Blatt". Jeder Hauptmann warb sich ein „Fähnlein" von 4—600 Mann, das vermöge der gemischten Bewaffnung für sich nicht nur eine Verwaltungseinheit, sondern auch eine taktische Einheit bildete. Jeder Hauptmann hatte um sich einen „Staat" (*estat*, Stab) von einigen Trabanten und Buben. Er war beritten, focht aber an der Spitze seines Fähnleins zu Fuss und war selbst bewaffnet mit einer Streitaxt, Helmbarte oder einem Schwerte. Ihm zur Seite standen der Fähnrich, *Locotenente* (Stellvertreter des Hauptmanns) und der Feldwaibel. Ferner zählten zum Zuge die „zwei Spiel", ein Trommelschläger und ein Pfeifer, und endlich der Schreiber, Kaplan und der Feldscherer. Eine Anzahl Fähnlein bildeten zusammen ein Regiment, dem ein Oberst vorstand. Die bekanntesten und berühmtesten Landsknechtsobersten waren Georg von Frundsberg, der „Vater der Landsknechte", die beiden Brüder von Embs und Schärtlin von Burtenbach. Zum Stabe des Obersten, den sogenannten hohen Ämtern, gehörten der Schultheiss, Oberstwachtmeister, Quartiermeister und Strafer oder Profos. Unter letzterem standen der Stockmeister mit den Steckenknechten und der Freimann (Scharfrichter), sowie der Hurenwaibel samt dem Rennfähnrich und dem Rumormeister zur Beaufsichtigung des überaus zahlreichen Trosses von Weibern und Buben.

Bewaffnet waren die Landsknechte mit Spiessen oder Schlagwaffen, bekleidet anfänglich dem Zweck entsprechend zwar farbenfreudig, doch beweglich und knapp, später mit der Ausartung der Sitten höchst prunkvoll, sodass die Geistlichkeit von der Kanzel gegen den „Hosenteufel" auftrat.

Zur taktischen Einheit wird später der „Haufen", der sich meist ziemlich regellos dem Feind entgegenwälzte. In Feindesnähe gehen einige Schützen als „Läufer" oder als „verlorener Haufe" voraus; ihnen folgt das Gros, der „helle Haufe", nachdem nach guter Väter Sitte das Gebet verrichtet, wohl auch eine Erdscholle als Hostie in den Mund genommen worden. Das Feldgeschrei war: „Her! Her!" das Handgemenge war furchtbar. Oft schwangen sie knieend oder kriechend ihre Kurzwaffen gegen die unteren Gliedmassen der Feinde, „sie schnitten blutige Hosenbänder". Auch gegen die Reiterei operierten die Rondartschiere in ähnlicher Weise, nur dass hier die Füsse der Pferde ihr Ziel waren. Siehe *Jähns*, Geschichte des Kriegswesens.

Unter den Gestalten der wildlaufenden Kulturzustände des ausgehenden Mittelalters spielen die Landsknechte eine hervorragende Rolle. Gewiss in den meisten Fällen aus Leuten zusammengesetzt, denen von Natur und Erziehung ungebundenes Soldatenleben Bedürfnis war, leistete ihre Schar dem Zuge nach individueller Willkür und Freiheit in jeder Beziehung Vorschub; sie schweifen aus in Speise und Trank, Vergnügung und Kleidung, sie bilden bei sich ein eigenes Ideal der Standes-Ehre aus, das auf Frömmigkeit (Tapferkeit) nicht minder als auf die nackteste Genusssucht und auf Verachtung jeder bürgerlich ehrbaren Lebensführung gerichtet ist; sie haben manches mit den Studenten, anderes mit Mönchen, Pfaffen und Schreibern, anderes mit Schelmen und Landfahrern, anderes mit dem Adel gemeinsam, ohne Zweifel darum, weil sie sich aus allen genannten Ständen zum Teil rekrutieren. Viel wirkt dazu ihr feindseliger Verkehr mit den Schweizern, deren trotzige Kriegslust damals aufs höchste gestiegen und die abzutrumpfen ihnen besondere Herzensangelegenheit war; auch ihr häufiger Dienst auf italienischem Boden mag bei ihnen bleibende Charakterzüge hinterlassen haben.

Sebastian Frank spricht sich in seiner „Chronika“ mit heiligem Eifer gegen die Landsknechte aus: „Es ist durch die bank hindurch in alweg und alzeit ein böss unnütz volk, nit weniger dann münch und pfaffen. Ist es im krieg, so ist under tausent kaum einer an seinem sold benüegig, sunder stechen, hawen, gotslestern, huoren, spilen, mörden, brennen, rauben, witwen und weisen machen, ist ir gemein hantwerk und höchste kurzweil. Wer hierin küen und keck ist, der ist der best und ein freier landsknecht; der muoss vornen daran und ist würdig, dass er ein *doppelsoldner* sei, also ist der böst under inen der best. Wer nit zuogreifen und martern kann, der taugt nicht. Kummen sie dann nach dem krieg mit dem bluotgelt und schweiss der armen heim, so machen sie ander leut mit inen werklos, spacieren müessig in der statt creuzweiss umb mit jedermans ärgernus, und sind niemant nicht nutz dann den würten (seind sie anders auch disen nutz), und stellen sich, als sei inen geboten, sie sollen eilents wider verderben. Die andern, denen die beut nicht geraten ist, laufen daussen auf der *gart* umb, das zuo Teutsch bettlen heisst, des sich ein frummer heid, will geschweigen ein christ, in sein herz hinein schämet. Es hat sich aber diss volk verruocht in der gmein, dass es sich keiner bossheit schämbt, sunder *gerüembt* will sein, und bei dem man dörchauss das gegenteil eines christen findt, wiewol man jetzt guote christen auss inen machen will und sie inen selbs den namen geben haben, dass man sie *frumme landsknecht* nennen muoss. Die anderen, den die beut geraten ist, sitzen in wirtzhäusern, schlemmen und demmen, biss sie kein pfenning mer haben, laden gest, sagen von grossen streichen, was sie sich under den pauren erlitten haben, und bringen also die andern auch von irer arbeit auf zuo dem müessiggang, bringens einander (trinken einander zu) auf einen zuokünftigen krieg, und verfüert einer den ander, dass die welt voll krieger und müessiggenger wirt. Und wie vor zeiten ein jedes geschlecht (jede Familie) einen *pfaffen* haben wolt, jetzt muoss jedes nit *einen landsknecht*, sunder *vil* haben. Darnach so die beut hindurch ist, do hüeten sich die armen pauern, die müessen sich leiden und herhaben. Do fahen sie an zu garten, terminiren und zuo teutsch betlen und sich auf die armen leut strecken, biss wider ein guot geschrei kumpt, darab jedermann erschrickt, dann sie allein nit. Darumb ist anderer leut unglück ir höchstes glück, wie sie achten und doch nit ist. Ich geschweig die verkürzung des lebens, dann man selten ein alten landsknecht findt.“

Doch haben weder die Landsknechte selber noch ihre übrigen Zeitgenossen einzig dieses düstere Bild von ihnen gewonnen. Denn was sie selber betrifft, so lieben sie es, sich im Spiegel der Dichtung zu beschauen, deren Grundton bald mutwillige Lebenslust, bald rührende Klage über ihr elendes Schicksal ist.

Bei *Uhland*, Volkslieder, nehmen die Landsknechtslieder die Nummern 188—199 ein; die historischen Lieder stehen bei *Lilienkron*.

Der Landsknecht wurde aber auch von anderen Dichtern zum Inhalt ihrer Dichtungen gemacht: namentlich hat *Hans Sachs* einen Landsknechtspiegel in Spruchform gedichtet und zwei Schwänke in Gesprächsform, St. Peter mit den lantzknechten und Der teufel lesst kein lantzknecht mer in die helle fahren. In dem ersten dieser Gespräche kommen neun *gartende*, d. h. bettelnde und gelegentlich stehlend herumziehende Landsknechte zufällig ans Himmelsthor, wo sie anklopfen. Da der Herr nicht gewillt ist, sie sofort einzulassen, trotz St. Peters Fürsprache, fangen sie draussen an, „marter, leiden und sacrament" zu fluchen. St. Peter, der Meinung, das seien geistliche Reden, legt wiederholte Fürbitte für die Rotte ein und erhält schliesslich die Erlaubnis, sie einzulassen; doch möge er selber zusehen, wie er sie wieder herausbringe. Kaum sind sie im Himmel, so setzen sie sich nieder, nehmen die Würfel hervor, und es dauert keine Viertelstunde, dass sie von Leder zücken und aufeinander einhauen, auch St. Peter selbst, der ihnen wehren will, durchprügeln. Jetzt erbarmt sich aber der Herr des Himmelspförtners und giebt ihm den Rat, er möge einen Engel einen *Lerman*, d. h. Appell (von franz. *alarme*, ital. *all arme*, Alarm) mit der Trommel schlagen lassen.

Bald der engel den lerman schlug,
loffen die landsknecht on verzug
eilent us durch das himeltor,
meinten, ein lerman wer darvor.

Vgl. *Wessely*, die Landsknechte. Görlitz 1877, und *Blau*, die deutschen Landsknechte. Görlitz 1882.

Landwehren, auch *Zargen* von ahd. *zarga* = Rand, oder *Letzen* genannt, heissen einfache Grenzbefestigungen des Mittelalters. Sie bestanden entweder in Wall und Graben oder nach alter Weise in einem lebendigen Zaune oder in beiden zugleich. In der Regel zog man sie über Almenden (Gemeindegüter) und unbebautes Land. Die Durchlässe sicherten starke hölzerne Gitterthore (Grendel, Serren) mit vorgeschobenen Balken oder Schlagbäumen, und oftmals lagen hinter den Thoren noch Wighäuser (mhd. *wîchûs* = Kampfhaus) oder Blockhäuser. Eine hervorragende Rolle spielten die Letzen (schweizerisch plur. *Letzinen*) in den Gebirgskriegen der Schweiz. *Jähns*, Kriegswesen. S. 1109 ff.

Lanze. Wie die Keule als älteste Schlagwaffe, so ist die Lanze als Stich- und Wurfwaffe bei allen alten Völkern bekannt. Aufgefundene Lanzenspitzen zeugen davon, dass schon die Pfahlbautenbewohner sich ihrer bedienten, und nach römischen Berichten war die germanische Lanze nicht ohne Grund gefürchtet. Der Schaft derselben bestand aus einer schweren Stange, an der vorn eine 1—1½ Fuss lange, handbreite, zweischneidige Spitze von Eisen befestigt war. Neben diesem schweren Langspeer führten die Germanen mit ausserordentlicher Kraft und Sicherheit auch den Wurfspiess, der entweder von blosser Hand oder an Riemen geschleudert wurde.

Besondere Beachtung verdient der in den merowingischen Gräbern gefundene 4 Fuss lange *Speer* mit Widerhaken, der Angon, ahd. *ango* (Angel). Agathias beschreibt ihn folgendermassen: Die Angonen sind nicht ganz kurze, aber auch nicht sehr lange Speere, zum Wurf tauglich wie zum Kampf in der Nähe. Sie sind zum grössten Teil mit Eisen bedeckt, sodass vom Holze nur wenig und kaum so viel, als für das untere Beschläge hinreicht, zu sehen ist. An dem oberen Teile des Speeres ragen jedoch auf beiden Seiten gekrümmte Spitzen vor, welche hakenförmig zurück- und abwärtsgebogen sind. Im Kampf wirft der fränkische Krieger den Angon, der, sobald er den Körper trifft, überaus tief eindringt und vom Verwundeten nicht herausgezogen werden kann, der Widerhaken wegen, welche furchtbare und tödliche Schmerzen verursachen. Sieht dieses der Franke, so springt er hinzu, drückt durch einen Tritt auf den Speer mit der

Last seines Körpers den Schild des Gegners herab und tötet den nun unbedeckten mit der Axt oder einem andern Speer. — Dieser Speer wird *Brynthavar* (Panzerbrecher) genannt. Mit dem Schaft schiessen gehört zu den Fechtübungen der Jugend, Speer- und Steinwerfen zu den heldenhaften Kraftübungen.

Die deutsche Bezeichnung der Waffe ist *Ger* und *Speer*, ahd. *gêr*, agls. *gâ*, nord. *geir;* ahd. *sper*, *sperilîn*, agls. *sper*, engl. *spear*. Weniger gebräuchlich ist *Spiess*, ahd. *speoz*, *spioz*, nord. *spiot*, agls. *spietu*. Gleichbedeutend ist Lanze, it. *lancia*, sp. *lanza*. Speer und Lanze verdrängen bei den Kunstdichtern das Wort *ger*, das mehr in den Heldensagen beibehalten wird. Die beiden Teile des Speeres heissen überall Schaft und Spitze. Der Schaft ist aus Eschen-, Hartriegel- oder Eibenholz gemacht, nach verschiedenen Dichtern auch aus Horn, Rohr, oder Elfenbein. Oft war der Schaft bemalt, oft rauh, unentrindet (*unbesniten* und *unbeschaben*). Der mit einer Spitze versehene Schaft war *geschiftet*. Die Spitze war entweder dolchartig spitz oder blattförmig, doch stets zweischneidig. Beim Kampfe zu Ross wurde der Speer nur als Stosswaffe gebraucht, doch liess sich der Ritter deren mehrere nachtragen. Für das Turnier benutzte man die Turnierlanze, welche statt der Spitze das gezackte Krönlein trug oder auch ganz stumpf war.

Im Lanzenkampfe genoss die französische Gendarmerie des besten Rufes; grosse Erfolge hat indessen auch sie nicht aufzuweisen. Die im 14. und 15. Jahrhundert bis 4 m langen Lanzen wurden vielmehr oft verhängnisvoll, falls der erste Angriff den Feind nicht in die Flucht schlug, denn im Gedränge fehlte es an dem nötigen Raum, sie zu handhaben. Es kam daher sehr viel darauf an, dass der Ritter nach dem ersten *schock* (Angriff) sich schnell zurückzog auf den freien Platz, wo er den allfällig zersplitterten Schaft gegen einen neuen vertauschte und dann den Anlauf erneute. Dieses Manöver war um so eher möglich, weil die Ritterschaft nur in einem Gliede attakierte; es hies „die *kêre*“, und daher findet man bei den alten Dichtern so oft statt des Rufes „Vorwärts!“ den Kampfruf: „*kêrâ kêr!*“

Nicht immer führte übrigens der Ritter im Gefechte den schweren sogenannten Kürassspiess, die Gläfe; oft wählte er auch den leichten *raisspiz* (Reisespiess, Spiess der Reisigen, Reiterspiess), der minder lang und stark war und keine Brechscheibe (Einbuchtung, Griff) hatte.

Auch der Speer hatte seine symbolische Bedeutung. Ermangelt er der Spitze, so ist er ein Zeichen des Friedens. Speer und Schwert bedeuten in der älteren Zeit den Mannsstamm im Gegensatz zu Spindeln und Kunkel; daher den Ausdruck *spermâge*, *germâge*, *swertmâge* als Verwandtschaft v. Seite des Mannes, *spillmâge*, *kunkelmâge* von Seite des Weibes. Speer wie Stab und Fahne waren für Könige ein Symbol der Übergabe von Reich und Land: der Speer war das Symbol der Herrschaft, wie später das Schwert. Er diente auch, wie Hut und Pfeil, zur Ansage des Krieges bei den Römern, Schotten und Skandinaviern. Nach *San-Marte*, Waffenkunde.

Lanzelet oder **Lanzelot** ist der Name des Helden eines höfischen Artusgedichtes, das der Thurgauer Ulrich von Zatzikhoven um 1200 nach einer französischen Quelle dichtete. Der Mittelpunkt der Lanz.-Sage ist ein ehebrecherisches Liebesverhältnis zwischen Lanzelot und Ginevra. Die Sage war weit verbreitet, namentlich auch in französischen und deutschen Prosaromanen des 15. u. 16. Jahrhunderts. Vergleiche *Bächtold*, der Lanzelet des U. v. Z. Frauenfeld, 1870.

Laterne. Siehe den Artikel *Leuchter.*

Laurin, siehe Heldensage.

Leberreime sind eine Art Sinngedichte, welche von einem gewissen Schävius erfunden sein sollen und deren erste Zeile allemal mit den Worten anfängt: die Leber ist von einem Hecht und nicht von einem ..... Ihre Blütezeit ist im 17. Jahrhundert.

Legende, mhd. *legende*, aus lat. *legenda*, d. h. was beim täglichen Gottesdienst vorzulesen ist. Dieser Litteraturzweig findet seinen Anfang in den *Martyrologien*, d. h. Märtyrerverzeichnissen, welche einen Teil des ältesten christlichen Kalenders bildeten und in welche zu den blossen Namen bald auch Nachrichten über Leiden und Leben der Märtyrer und Bekenner hinzugefügt wurden. Die ältesten Martyrologien tragen den Namen des Hieronymus, doch mit Unrecht, sie stimmen selten überein, widersprechen sich oft und sind nichts als Heiligenkalendarien, wie sie in den verschiedenen Klöstern geführt wurden. Die grösste Verbreitung fand das Martyrologium des *Beda Venerabilis*, gestorben 735, des angelsächsischen Geschichtschreibers und Verfassers der Ostertafeln; namentlich in Gallien, dann auch in Deutschland wurden die Martyrologien im 9. Jahrhundert mit grosser Vorliebe behandelt; eine metrische Bearbeitung verfasste *Wandelbert*, Mönch zu Prüm, eine andere in Prosa *Rhabanus Maurus* um 845, wieder eine solche auf Befehl Karl's des Kahlen *Husward* und zuletzt der St. Galler *Notker der Stammler*, gestorben 912, und in Versen *Erchempert*, der Mönch von Montecassino. Damit hörte aber die Bearbeitung der kurzen und dürftigen martyrologischen Aufzeichnungen auf, da man bereits eine sehr grosse Zahl ausführlicher Legenden besass, teils aus der Zeit der Merowinger, teils auch über jene alten Märtyrer, von denen die Martyrologen nur sehr wenig zu sagen wussten. Die ältesten in der abendländischen Kirche entstandenen derartigen Legenden sind die drei vom heil. *Hieronymus* verfassten *Vitae* des *Paulus von Theben*, des Mönches *Malchus* und des heil. *Hilarion.* In ihnen trieb die Phantasie der Geistlichkeit, der Heldensage abgewandt, ihre seltsamsten Blüten und wunderbarsten Gebilde, welche wiederum auf die ganze Denkweise des Mittelalters den grössten Einfluss hatten. Doch lassen sich zwei Elemente der Legende unterscheiden, die sich auch in den Namen *Vita* und *Legenda* kenntlich machen, ein historisch-biographisches und ein poetisch-erbauliches. Das erstere, selten rein vorhanden, wirkt doch mehr in den älteren Perioden vor, das andere, dem namentlich das Wunder dient, nimmt seit der asketisch-kirchlichen Richtung des 11. Jahrhunderts besonders überhand; viel Legendenstoff fliesst aus mythischen Erzählungen des Heidentums, die, sich an einen christlichen Helden anlehnend, dadurch ein längeres Leben fristeten. Viele Legenden wurden älteren nachgemacht, besonders in den Klöstern, welche für ihre Reliquien auch der Legende bedurften. Bald hatte man Legenden für jeden Tag im Jahre, die seit dem 10. Jahrhundert in kleinere Sammlungen vereinigt wurden. Die verbreitetste Legendensammlung aber des Mittelalters war die *Legenda aurea* des *Jacobus a Voragine*, Erzbischof von Genua, gestorben 1298; durch zahllose Abschriften verbreitet und in fast alle lebenden Sprachen übersetzt, entsprach das Buch für den praktischen Gebrauch auf der Kanzel und beschränkte den ganzen Kreis der Heiligengeschichte auf den Umfang eines Bandes.

Ausser der Heiligenlegende hat das Mittelalter auch einen reichen Legendencyklus entwickelt, der sich an Christus, an Maria und zum Teil an die Apostel, namentlich an Petrus anschliesst; die Quellen derselben waren besonders die apokryphischen Evangelien, wie das des Nikodemus und der Kindheit Jesu und apokryphische Darstellungen des Lebens der Maria. Diese Legenden sowohl als die eigentlichen Heiligenlegenden sind seit dem 12. Jahrhundert von deutschen Dichtern geistlichen oder höfischen Standes vielfach bearbeitet worden, so der heilige *Anno*, Erzbischof von Köln, gestorben 1075, *Aegidius*, *Crescentia*, *Johannes der Täufer*, *Margareta*, *Servatius*, *Paulus*, *Veronica*, *Pilatus*, die heilige *Elisabeth*, *Gregorius auf dem Steine* von Hartmann von Aue, der *arme Heinrich* von ebendemselben, *Barlaam* und *Josaphat*, ursprünglich das Leben Buddhas, aber schon im christlichen Orient zur Legende umgebildet, *Silvester* und viele andere. Schliesslich bearbeitete ein unbekannter Dichter des 13. Jahrhunderts in seinem *Passional* den Gesamtstoff in drei Büchern, deren erstes dem Leben Jesu und Mariens, das zweite den Aposteln und Evangelisten, das dritte nach der Ordnung des Kirchenjahres den anderen Heiligen gewidmet ist. Das Gedicht umfasst mehr als 100000 Zeilen. Derselbe ungenannte Prediger beschrieb auch in einem andern Werke, *der veter buoch*, das Leben der sogenannten Altväter oder ersten Mönche. Die letzten Jahrhunderte des Mittelalters bearbeiten Legenden mit Vorliebe in deutscher Prosa, sowohl einzeln als in ganzen Sammlungen. Das letztere that u. a. Hermann von Fritzlar im 14. Jahrhundert und zwar wieder durch alle Monate hin nach der Folge der Namenstage in: *daz buoch von der heiligen lebine;* andere spätere Sammlungen, die den Namen *Passionale aller Heiligen* oder *der Heiligen Leben* tragen, sind im 15. Jahrhundert durch frühen Druck vervielfältigt worden, zuerst Augsburg 1471; sie pflegen in *Sommerteil* und *Winterteil* getrennt zu sein. *Wattenbach*, Geschichtsquellen und *Wackernagel*, Litteraturgeschichte.

Leges barbarorum, *Volksrechte*, heissen die ältesten Rechtsaufzeichnungen der germanischen Stämme nach der Völkerwanderung. Vor der Völkerwanderung hatten die Germanen keiner geschriebenen Gesetze bedurft; erst als sie sich nach den Kämpfen mit den Römern teilweise auf römischem Boden niedergelassen und neue Staaten gebildet hatten, in welchen Deutsche und Römer nebeneinander lebten und die Verhältnisse verwickelter geworden waren, trat das Bedürfnis ein, neben der Feststellung des von früher her bestehenden Rechtes zugleich die neuen Verhältnisse rechtlich zu fixieren. Die Volksrechte sind darum nicht bloss Aufzeichnungen des Gewohnheitsrechtes, sondern zum Teil Ergebnisse der Vereinbarung des gesamten Volkes über dasjenige, was es als Recht befolgen wollte, oder der Gesetzgebung des Königs. Die besondere Entstehung dieser Rechtsaufzeichnungen und der späteren ist meist in tiefes Dunkel gehüllt; doch enthalten manchmal die Prologe oder Epiloge mehr oder minder beglaubigte Nachrichten über den Ursprung des Gesetzes. Das wichtigste Motiv für die Aufzeichnung des Rechtes scheint die Berührung mit den Römern abgegeben zu haben, deren Recht mit demjenigen der eingewanderten Deutschen gegenseitig zu vereinbaren war; man erkennt das daraus, dass die ersten *leges* solchen Stämmen angehören, welche am frühesten auf römischem Boden einwanderten. Eine fernere Veranlassung zu Rechtsaufzeichnungen trat dann ein, wenn mehrere bisher voneinander unabhängige Gemeinden oder Staaten durch Eroberung miteinander vereinigt wurden, wobei dann eine Vereinbarung über gewisse Rechtsverhältnisse, namentlich über das Wergeld und die Bussen, zum Bedürfnis wurde. Für diejenigen Volksstämme, welche ihre einmal eingenommenen Wohnsitze nicht mehr verliessen, trat erst mit der Unterwerfung unter das fränkische Reich ein Bedürfnis der Rechtsaufzeichnung ein; derart sind im 6. und 7. Jahrhundert die *leges* der Bayern und Alemannen entstanden. Karl der Grosse endlich liess die Rechte aller derjenigen Volksstämme verzeichnen, welche bisher nur nach ihren Gewohnheiten und den ungeschriebenen Vereinbarungen über das Recht gelebt hatten: die Rechte der Friesen, Sachsen und Thüringer. Auch der Übertritt zum Christentum war ein Anlass, die Rechte der Kirche und der Geistlichkeit festzusetzen und die mit der heidnischen Religion zusammenhängenden Gebräuche christlich umzuändern. Nur das salische Recht ist noch vor der Einführung des Christentums abgefasst worden. Überall scheinen es einige ausgewählte, mit der Anwendung des Rechtes vertraute Männer gewesen zu sein, denen man das Geschäft der Aufzeichnung übertrug; wo aber durch die Aufzeichnung ein neuer Grundsatz aufgestellt werden sollte, war es der König, der auf der Reichsversammlung mit den weltlichen und geistlichen Grossen und unter Zuziehung des Volks das neue Recht verkündete.

Der Inhalt der Volksrechte ist mannigfaltig und ihr Umfang ungleich. Immer nehmen die Busssätze für die verschiedenen Rechtsverletzungen und die Wergeldbestimmungen für die Stände die wichtigste Stelle ein. Daneben erscheinen Bestimmungen über Verfassung und Kirche, über die Stellung der Römer zu den Deutschen, dann findet man Verhältnisse des Grundbesitzes und die Formen seiner Übertragung berücksichtigt, das Erbrecht, das Güterrecht der Ehegatten und das Familienrecht überhaupt, die Leistung des Schadenersatzes und die Verfolgung des Eigentums an beweglichen Sachen. Rechtssätze, welche in der Überzeugung und der Kunde aller lebten und täglich geübt wurden, überging man bei der Aufzeichnung. Vielfach sind einzelne Bestimmungen und ganze Abschnitte aus *einem* Recht in das andere hinübergenommen worden. Die Darstellung ist bald breiter, bald knapper; manche Volksrechte haben mehrere Überarbeitungen erfahren.

Mit Ausnahme der angelsächsischen Gesetze sind alle Volksrechte in lateinischer Sprache geschrieben; doch findet man zerstreut viele deutsche Worte, zum Teil deutsche Redensarten. Erst im 9. Jahrhundert sind einzelne Rechtsquellen deutsch übersetzt worden.

Der Name der Volksrechte lautet in den Quellen selbst ahd. *êwa* = Gesetz, Recht, oder *pactus*, *pactum* = Vertrag. *Edictus* heissen die langobardischen Königsgesetze, auch der Name *leges* kommt vor.

Die einzelnen Volksrechte sind:

1. *Lex Salica*, im nördlichen Frankreich heimisch, wurde noch in heidnischer Zeit nach einem Beschlusse der Häupter des Volkes von vier dazu erwählten Männern, welche an drei Malbergen zusammenkamen, niedergeschrieben, später aber von Chlodewich und einigen Nachfolgern überarbeitet. Das Gesetz war noch zu Karls des Grossen Zeit in Gebrauch. Einige Handschriften enthalten häufig mitten im Text unter der Bezeichnung Malberg oder Malb. altdeutsche Glossen, gewöhnlich *Malbergische Glossen* genannt, die, von den Abschreibern frühe nicht mehr verstanden, bis zur Unkenntlichkeit entstellt und allmählich ganz weggelassen wurden. Ihr Name Malberg stammt von *mal* = Gerichtsversammlung, und *berg*, d. i. der Platz, an welchem dieselbe abgehalten wird; sie wurden

früher aus dem Keltischen erklärt, sind aber von Jacob Grimm als der deutschen Sprache angehörig erkannt worden. Vgl. darüber *Sohm*, Beilage II zur Fränkischen Reichs- und Gerichtsverfassung.

2. *Lex Ripuariorum*, das Recht des zweiten fränkischen Hauptstammes, der ribuarischen Franken, aus dem 6. Jahrhundert, galt in den ost- und rheinfränkischen Gegenden und war zugleich das Recht des fränkischen Königshauses.

3. *Lex Wisigotorum*, besteht weniger aus dem bisherigen Gewohnheitsrecht der Westgoten, sondern aus Konstitutionen, welche die westgotischen Könige mit ihren geistlichen und weltlichen Grossen auf den Reichstagen berieten, wobei überall auf das römische Recht Rücksicht genommen ist. Durch die unerträgliche rhetorische Breite und den gezierten Wortreichtum wird dieses Rechtsbuch bisweilen dunkel. Es hat sich aber sehr lange erhalten, und ist noch im 13. Jahrhundert in das Castilianische übersetzt worden.

4. *Edictum Theodorici*, ein kurzes und dürftiges, von Theodorich, dem König der Ostgoten, um 500 ganz und gar dem römischen Recht entnommenes Gesetzbuch, welches wahrscheinlich von einem Römer im Auftrage des Königs entworfen wurde und welchem Barbaren und Römer gleichmässig unterworfen sein sollten. Es hatte nur kurze Dauer.

5. *Lex Burgundionum*, um 500 durch König Gundobald gegeben, ist weniger aus einer Aufzeichnung des Gewohnheitsrechtes hervorgegangen, als aus der Abfassung einzelner Gesetze, welche der König unter Genehmigung und Beirat der Grossen des Reiches und mit Berücksichtigung des römischen Rechtes erliess. Dieses Recht war in Burgund noch im 9. Jahrhundert gültig. Für die burgundischen Römer war als Ergänzung der für Römer und Burgunder bestimmten *lex* ein besonderes Gesetzbuch, die *lex Romana Burgundionum* verfasst worden.

6. *Edicta regum Langobardorum.* Dieses Gesetzbuch besteht ursprünglich aus den von König *Rothari*, 636 bis 652, gesammelten und bloss für die deutschen Unterthanen gültigen Bestimmungen des langobardischen Gewohnheitsrechtes mit den als notwendig erkannten Ergänzungen. Seinem inneren Gehalt nach ist es die vollkommenste Schöpfung deutscher Gesetzgebung in dieser Periode und zeichnet sich nicht bloss durch den Umfang, durch Klarheit und Bestimmtheit in der Fassung, sondern ebensosehr durch den humanen und aufgeklärten Geist aus, der es durchzieht. In der folgenden Zeit kamen zu diesem *Edictum Rotharis* die Gesetze der späteren Könige hinzu. Auch nach Beseitigung der langobardischen Könige erhielt dieses Recht seine Gültigkeit und wurde nicht bloss von der späteren Doktrin wissenschaftlich bearbeitet, sondern auch durch besondere Kapitularien der fränkischen Könige ergänzt und fortgebildet.

7. *Lex Alamannorum.* Der älteste Bestandteil dieses Volksrechtes wurde unter dem Namen *Pactus* um 550 aufgeschrieben; dieser wurde wiederholt und mit bisher ungeschriebenem Gewohnheitsrecht sowohl als mit neuer Legislation erweitert durch Chlotar II. um 620, der besonders die staatlichen und kirchlichen Verhältnisse Alemanniens im Auge hatte. Eine Revision dieses Gesetzes nahm im 8. Jahrhundert Herzog Lantfrid mit Genehmigung der Grossen seines Herzogtums und des gesamten Volkes vor. Endlich brachte Karl der Grosse oder Ludwig der Fromme dieses Volksrecht in verbesserte Abschriften.

8. *Lex Bajuvariorum.* Es ist dies eine Kompilation aus teils bayerischem, teils fremdem, nämlich ale-

mannischem und westgotischem Recht und enthält Bestandteile aus verschiedenen Zeiten, welche nie zu einem wirklich einheitlichen Gesetzbuch verarbeitet worden sind. Die Redaktion der verschiedenen zum Teil viel älteren Bestandteile zu einem Ganzen scheint um die Mitte des 8. Jahrhunderts stattgefunden zu haben.

9. *Lex Angliorum et Werinorum, hoc est Thuringorum.* Dieses kleinste Volksrecht, für dessen Zeit der Entstehung alle sicheren Anhaltspunkte fehlen, scheint in der Zeit Karls des Grossen entstanden zu sein. Als Heimat des Gesetzbuchs nimmt man Thüringen an, wo einst auch Angeln und Weriner, die man später in Holstein und Schleswig findet, sich niedergelassen hatten. Andere weisen das Gesetz den am Niederrhein wohnenden *Thüringern* zu.

10. *Lex Frisionum.* Es enthält ausschliesslich Bussbestimmungen für die einzelnen strafbaren Handlungen, wobei es in detailliertester Weise zu Werke geht, über Tötung, Diebstahl, Beschädigung, Missheirat, Brandstiftung, Raub, Unzucht, Meineid, Bann, Körperverletzungen und Beleidigungen. Auch dieses Gesetz ist wahrscheinlich unter Karl dem Grossen entstanden, als 802 auf dem Reichstage zu Aachen die Volksrechte aufgezeichnet und revidiert wurden. Auffallend sind die deutlichen Spuren heidnischer Rechtsgebräuche.

11. *Lex Saxonum,* besteht aus drei gegen Ende des 8. Jahrhunderts aufgeschriebenen Bestandteilen, welche von Karl dem Grossen auf dem Reichstage zu Aachen 802 miteinander vereinigt wurden.

Die angelsächsischen Gesetze übergehen wir als nicht zum fränkischen Reiche gehörig. *Stobbe,* Geschichte der deutschen Rechtsquellen, und *Walter,* Rechtsgeschichte.

Lehnswesen, Benefizialwesen. Die Entstehung der Benefizien wird von der rechtsgeschichtlichen Forschung verschieden erklärt; die einen lassen die Benefizien in Anlehnung an das römische Recht dadurch entstehen, dass namentlich die Kirche freiwillig einen Teil ihres Grundbesitzes gegen einen bestimmten Zins oder Dienst oder bloss gegen einen kleinen Scheinzins aus *Wohlthat,* daher der Name *beneficium*, zum Niessbrauch an andere hergab, eine Sitte, der dann der König ebenfalls folgte; andere lassen das Benefizium erst während der Kriege gegen die Araber im achten Jahrhundert dergestalt entstehen, dass sich in dieser Zeit für den fränkischen König die Notwendigkeit zeigte, die übermächtigen Grossen zu gewinnen, um durch deren Beispiel, besonders im Heerdienst auf die anderen zu wirken; da nun das Krongut durch Schenkungen erschöpft war, so sah man sich genötigt, das Eigentum der Kirche in der Form einer Anleihe anzugreifen, zu welchem Zwecke unter Karl Martells Söhnen die Kirchengüter verzeichnet und ein grosser Teil davon verteilt worden seien. Sicher ist, dass zu Karls des Grossen Zeit das Institut der Benefizien schon mannigfaltig ausgebildet war. Bei den kirchlichen Landverleihungen zwar trennen sich die eigentlichen Zinsbauern mit der Zeit von den Inhabern von Benefizien, welche zum Teil angesehene Männer sind; immer noch werden einzelne Kirchengüter durch Verfügung des Königs so verliehen, als ob sie königliche Benefizien wären, neben welchen Benefizien aber auch freiwillige Verleihungen seitens der Kirche vorkommen; so vergeben auch weltliche Grundbesitzer und namentlich der König selber ihre Güter zu Benefizien, teils mit, teils ohne Zins. Zum eigentlichen Lehnswesen aber wird das Benefizialwesen erst dadurch, dass es mit der *Vasallität* (siehe diesen Art.) in Verbindung tritt, was vollständig und nachhaltig erst im 10. und 11. Jahrhundert geschehen ist. Die folgende Skizze lehnt sich an *Waitz*, Deutsche Verf.-Gesch. Bd. VI, Abschnitt 5.

Das Benefizium ist eine solche Landverleihung, die eine nähere Verbindung zwischen dem Verleiher und Empfänger begründet, dem letzteren besondere Verpflichtungen auferlegt, und in dem Verhältnis der Vasallität einen bestimmteren Charakter annimmt. Das deutsche Wort für Benefizium ist *Lehen*, ahd. *lêhan*, mhd. *lehen*; seit dem elften Jahrhundert sagt man auch *feodum* oder *feudum;* dieses Wort ging aus einem älteren mittellat. *feum*, eigentlich *feu-um* hervor, dessen Stamm, das provenzalische *feu*, ital. *fio*, altfranz. *fieu*, latinisiert *fium*=Lehengut, Lehenzins, aus got. *faihu*=Vermögen, Habe, ahd. *fihu*, *feho*, *feo*, nhd. *Vieh* entstanden ist, s. Weigand.

An und für sich erscheint jeder fähig, Lehen zu empfangen; erst später sind Bauern, Kaufleute, Geistliche und Frauen davon ausgeschlossen worden; eine vasallitische Huldigung fand dann aber nicht statt. Oft sind solche niedere Benefizien mit einem Dienst oder Geschäft verbunden, die Belohnung oder Besoldung für dasselbe, bei Fischern, Weingärtnern, Handwerkern, Jägern, Förstern, Meiern oder Schultheissen; auch der Dienst der *Ministerialen* (siehe diese) war mit einem Benefizium verbunden; bei Geistlichen ist mit den einzelnen geistlichen Stellen ein Gut verbunden, das dem Inhaber Unterhalt gewährt und sein Benefizium heisst; auch einzelne Kirchen und Kapellen werden als Benefizium übertragen, wogegen der Empfänger die geistlichen Funktionen zu üben und die Einkünfte zu ziehen hat. Verschiedene Kirchen verleihen einander gegenseitig Benefizien, wie anderseits Personen geistlichen Standes vom Erzbischof bis zum Mönch Lehn von Weltlichen empfangen. Umgekehrt nehmen Weltliche vom Kaiser an abwärts Kirchengut zu Lehen. Das Recht der Verleihung stand jedem offen, und das empfangene Lehn konnte an einen dritten weiter gegeben werden. Gegenstand des Lehens war alles Mögliche, was Nutzen und Einkommen gewährte, mit Ausnahme der fahrenden Habe; am meisten aber wurde Grundbesitz gegeben, einzelne Güter und grössere Höfe, Häuser, Brauereien, Mühlen, Weinberge, Wälder, Fischereien, Burgen und Schlösser, Städte, Provinzen, ja Reiche; sodann Kirchen, Kapellen, Klöster, Hospitäler, Altäre, der Zehnten; sodann wurde statt der Gegenstände selber der Ertrag, den sie boten, die Vorteile, die sie gewährten, zu Lehen gegeben, z. B. bei Münzen und Zöllen, Brücken- und Fahrgeldern, Zinsen und Leistungen, wobei oft abhängige Leute, die an und für sich nicht unfrei waren, Gegenstand der Verleihung wurden. Auch eine bestimmte Geldsumme, die der Belehnte dann jährlich empfangen soll, kann Gegenstand der Belehnung werden. Ganz besonders aber wurde das *Amt* mehr und mehr als Lehn angesehen und behandelt, sowohl in den niederen Kreisen bei Gutsverwaltern und Meiern, als namentlich bei den höheren Beamtungen der Vögte, Grafen, Markgrafen und Herzoge; eine Hauptsache war dabei stets die *Gerichtsbarkeit.* Auch die Verpflichtungen, welche mit dem Lehen übernommen werden, sind verschiedener Art; ein blosser Zins kommt mehr in den niederen Kreisen vor; was für das Benefizium charakteristisch ist, ist vielmehr der *Dienst*, der mehr und mehr einen *kriegerischen Charakter* angenommen hat und auf dem die Bedeutung des Lehnwesens namentlich beruht. Ein Lehn, auf dem eine solche Verpflichtung ruht, heisst *Kriegslehn* gegenüber dem Zinslehn. Man unterscheidet dabei den Heerdienst für das Reich, und die Kriegshilfe, die dem Herrn bei anderer Gelegenheit geleistet wird. Den Heerdienst für das Reich leistete der Fürst eben mit den Inhabern seiner Benefizien, für den besonderen Kriegsdienst pflegte eine besondere Vereinbarung getroffen zu werden. In der Staufischen Zeit hatte bei dem Römerzug, wenn das Heer auf den Roncalischen Feldern lagerte, jeder, der Lehn besass, die erste Nacht bei dem Heere eine Wache zu leisten. Ein Lehn, das zur Verteidigung von Burgen verpflichtete, hiess *Burglehen.* Auch zum *Hofdienste* verpflichtet das Lehen; der Lehnträger hat die Pflicht, am Hofe des Herrn zu erscheinen, bei Hofgerichten zu fungieren, an Verhandlungen teilzunehmen, den Herrn an den Hof des Königs zu begleiten, dem Herrn bei feierlichen Gelegenheiten Schwert oder Schild zu tragen. Mit dem Empfang des Lehens, wenn dasselbe nicht Verwalter niederer Ämter, Ministerialen und Stiftsgeistliche betraf, war regelmässig die *vasallitische Huldigung* verbunden, deren Anfänge in ältere Zeit zurückreichen; sie trat überall da ein, wo der selbständige Freie das Gut eines andern empfing und damit die Verpflichtung zur kriegerischen Hilfe übernahm. Derjenige, der die Huldigung leistet, heisst *vassus*, später *vasallus*, deutsch *man*, lat. *homo* oder *vir*, vorzugsweise aber *miles.* Das Recht, welches dafür galt, hiess *jus militare*, Krieger- oder Ritterrecht, der Akt der Verbindung *hominium*, *homagium*, *manschaft*, *hulde.* Sie geschah in alter Weise durch *Handreichung*, worauf der *Eid* folgte, der zunächst auf feste Treue ging; der Belehnte versprach nach der üblichen Formel, so treu und ergeben zu sein, wie es ein Mann gegen seinen Herrn schuldig ist; den Freunden des Herrn freund, den Feinden feind; dem Herrn und den Seinen ein frommer und treuer Helfer zu sein. Der Eid sollte gelten, solange der Vasall das Gut innehat; er soll dieses verlieren, wenn er seine Verpflichtungen nicht erfüllt. Wenn es sich um eine feste Burg handelt, soll diese dem Herrn allezeit offen stehen. Der Eid wird mit aufgerichteten Händen oder auf Reliquien geleistet. Später wurde der ganze Vorgang noch feierlicher gemacht. Die *Belehnung* selber oder die *Investitur* geschah in symbolischer Handlung durch Überreichung eines Gegenstandes, der nach Art des Lehns verschieden war, durch den *Handschuh* oder den *Stab*, den geistlichen Fürsten seit dem Wormser Konkordat durch das *Zepter*, einzeln durch den *Ring*, bei den Laienfürsten durch die *Lanze* mit der *Fahne* oder durch die Fahne allein, wobei bei der Vereinigung mehrerer Fürstenlehen in einer Hand auch mehrere Fahnen gegeben wurden; abhängige Königreiche wurden später mit dem *Schwert* übertragen, in Italien kommt der *Adler* vor.

Bei dem Wechsel des Herrn und des Mannes war eine Erneuerung sowohl der Huldigung als der Verleihung erforderlich.

Schon früh zeigte sich im Benefizialwesen die Neigung zur Ausbildung erblicher Verhältnisse, bis diese, dem Widerstreben namentlich der Kirche zum Trotz, in höheren und niederen Kreisen zur Regel wurden; auch Töchter succedierten oft in das Lehen. Der Vasall hatte ein gewisses Recht der Verfügung über das ihm anvertraute Gut; aber veräussern oder vertauschen durfte er es bloss mit Zustimmung des Herrn. Lehen konnte auch wieder bloss mit Zustimmung des Herrn in Eigentum verwandelt werden. Willkürlich entziehen durfte der Herr das Gut nicht; wo es geschah, so musste er besondere Gründe haben, namentlich Verletzung der Treue und der Pflichten, offene Feindseligkeit in That und Rat gegen den

Herrn oder Nichtleistung des schuldigen Dienstes; dadurch wurde die Gnade verwirkt, und der Schuldige ging des Lehens verlustig. Doch war dazu ein Ausspruch der Genossen erforderlich, wie sich überhaupt eine eigene Lehnsgerichtsbarkeit ausbildete. War ein Lehn durch den Tod des Inhabers ohne berechtigte Erben oder andere Umstände ledig oder frei, d. h. an den Herrn zurückgefallen, so konnte es wieder verliehen oder in eigenem Besitz behalten werden. Am meisten Bedeutung hatten die Lehen für die geistlichen Stiftungen; denn nicht allein ihres Kriegsdienstes halber brauchten sie Lehensleute, sondern ihre Besitzungen wurden wiederholt von den Königen als Belohnung für geleistete oder zu leistende Dienste in Anspruch genommen; auch andere weltliche Grosse bemächtigten sich mit Genehmigung des Königs oder mit blosser Gewalt der Klostergüter; auch Bischöfe erwarben sich durch Verleihung von Klostergütern kriegerische Mannschaft für ihren eigenen Dienst. Durch die Vereinigung solcher grosser Lehen in der Hand einzelner weltlicher Fürsten wurde eine wesentliche Veränderung in den Besitz- und Machtverhältnissen der Grossen herbeigeführt; es gab Lehen von 1000 und mehr Hufen, welche von den grossen Stiftern für Leistung des Hof- und Kriegsdienstes verliehen wurden. Zuletzt waren fast alle weltlichen Grossen und ebenso die Ritter und Ministerialen an dieser Verwendung des Kirchengutes beteiligt.

Leich bedeutet ursprünglich überhaupt rhythmische Bewegung, Tanz, Spiel; dann das feierliche Schreiten zum Opfer und das Opfer selbst, ferner Wettstreit und Kampf, erhalten im mhd. *wetterleich*, Wetterschlag. Vgl. *Heyne* im Grimmschen Wörterbuche. Im engeren Sinn wird Leich schon im Altdeutschen der Name für eine Tanz- oder Gesangweise, in welcher die Melodie von Glied zu Glied oder doch in einzelnen Teilen wechselte; der Leich wurde stets von einer Menge gesungen, wenigstens mitgesungen; *sangleich* ist ein Chorgesang, *leichôd* und *hîleich* ein Vermählungsgesang, alles dieses im Gegensatze zum *Lied*, das nur der einzelne sang und in welchem die Melodie dem Worte untergeordnet war; erhalten sind aus dem 9. Jahrhundert das Gebet zum heiligen Petrus, eine Bearbeitung des 138. Psalmes, Christus und die Samariterin, das sogenannte Ludwigslied und der Leich auf den heiligen Gallus. Die höfische Dichtung behielt den Unterschied zwischen Leich und Lied bei, wobei sie die erstere Form vornehmlich zur Begleitung des Tanzes, seltener für religiöse Stoffe anwandte.

Leichenbestattung. Die Bestattungsweise der *alten Germanen* schildert Tacitus Germania 27 folgendermassen: „Die Bestattung der Toten geschieht ohne Gepränge; der einzige Luxus, den das Herkommen erheischt, besteht darin, dass zur Verbrennung der Leichen hervorragender Männer bestimmte Holzarten verwendet werden. Den Scheiterhaufen ziert man nicht mit darauf gehäuften Teppichen und wohlriechendem Räucherwerk, nur seine Waffen, manchmal auch sein Ross, werden dem Toten ins Feuer mitgegeben; ein Rasenhügel erhebt sich über seinem Grabe. Die durch viel Mühe und Arbeit erkaufte Pracht von Denkmälern weiss der Germane nicht zu schätzen; sie erscheint ihm nicht als eine Ehre für den Toten, sondern als ein Druck, der auf ihm lastet. Wehklagen und Thränen giebt er nicht lange Raum, Schmerz und Wehmut aber verlassen ihn nur langsam, denn dem Weibe ziemt die laute Trauer, dem Manne stilles Gedenken.“ Ausser dem Verbrennen ist für die älteste Periode schon das Begraben bezeugt; Seeanwohnende übergaben ihre Toten auch dem wässrigen Elemente, legten den Leichnam in ein Schiff, zündeten es an und stiessen es ins offene Meer, gemäss dem Glauben, dass die Dahingeschiedenen über ein trennendes Wasser zu schiffen hätten, wie es überhaupt die Sorge für das jenseitige Leben der Toten war, das die Art der Leichenbestattung veranlasste und bestimmte. Immer wurden mit dem Toten noch andere Dinge bestattet, oft symbolisch in Stein oder Bernstein nachgebildet. Dem Manne gab man seine Schuhe mit, auch Geld, dem Reichen sein Pferd; auch Diener und Dienerinnen vergrub und verbrannte man mit. In ältester Zeit wurde die Gattin mit verbrannt oder sonst über dem Grab getötet. Nordische Quellen sprechen von umständlichen Leichenfeierlichkeiten. Das Grab wurde umschritten oder umritten und ein Leichengesang angestimmt; an dem grossen Leichenmahl, das 7 oder 30 Tage nach dem Begräbnis stattfand, trat der Sohn feierlich das Erbe an. Über dem unverbrannten Leichname oder über der Aschenurne erbaute man oft eine geräumige Grabkammer aus grossen Steinplatten und schüttete darüber einen Erdhügel auf, mit Vorliebe auf weithin sichtbaren Höhen oder an der Küste auf Landzungen, bald einsam, bald neben anderen Gräbern.

Karl Weinhold hat in der Schrift: *Die heidnische Totenbestattung in Deutschland*, Sitzungsbericht der Wiener Akademie, 1859, mit grossem Erfolge zusammengestellt, was bis jetzt in und über der Erde an heidnischen Grabaltertümern zum Vorschein gekommen ist; wir geben hier in Kürze einen Auszug aus dieser Schrift, bemerken aber zum voraus, dass es sich dabei nicht speziell um die Gräber der heidnischen Germanen, sondern überhaupt um die auf deutschem Boden gefundenen Gräber handelt, die ohne Zweifel auch anderen Völkern, wie Römern, Kelten, Slaven angehören, und ferner dass bei der bis wenigstens ins 8. Jahrhundert fortdauernden Art der heidnischen Totenbestattung es oft nicht ausgemittelt werden kann, ob wir wirklich Heidengräber oder Gräber von Christen vor uns haben, deren Bestattungsweise nach alter Art vor sich gegangen ist. Im allgemeinen muss zwischen Steinbauten, Erdhügeln und flachen Grabstätten unterschieden werden:

I. *Steingräber*. Dieselben finden sich in ganz Norddeutschland, den Niederlanden, Dänemark, auf den britischen Inseln, in Nord- und West-Frankreich und auf der Pyrenäen-Halbinsel und tragen in Deutschland meist den Namen *Hünengräber*, Hünenkeller, Hünentritte, Hünenberge, Riesenbetten, Teufelsbetten, Teufelsaltäre, Teufelskanzeln, Teufelsküchen, Steinhäuser u. a. Weinhold unterscheidet *Steinkisten ohne Steinkreise oder Hünengräber im engeren Sinne*, *Hünenbetten und unterirdische Grabkammern.* Das eigentliche Hünengrab besteht aus mehreren im Viereck oder rund gestellten Tragsteinen, über denen ein oder mehrere Decksteine liegen; das Hünenbett ist ein Hünengrab auf einer mit Steinen umstellten Erhöhung, die entweder runde oder längliche Form hat; Hünenbetten kommen häufiger vor als die einfacheren Hünengräber; ihr Inhalt aber ist völlig der gleiche: verbrannte und nichtverbrannte Totenreste, Waffen und Schmuckgegenstände von Feuerstein, Granit, Basalt, Sandstein, Knochen und Horn, Bernstein, nie von Metall, sodann irdene Gefässe als Trank- und Speisegeschirre; derselbe Inhalt ist in den unterirdischen Grabkammern, Riesenstuben oder Totenkammern gefunden worden. Man nimmt an, dass diese Grabstätten einem Volke angehören, das vor den Germanen Deutschland bewohnt hat.

II. *Hügelgräber* haben die Form von Erd- und Geröllaufschüttungen in Gestalt eines Kegels oder Kugelabschnittes von verschiedener Grösse; im Innern sind Überreste verbrannter und unverbrannter Leichen; die Beigaben sind aus Stein oder Metall verfertigt. Die Verbreitung dieser Gräber umfasst ganz Deutschland, aber auch die meisten übrigen Länder Europas und Asiens. Diese Gräber führen den Namen *houc*, *Haug*, in Österreich und Bayern *Leber* oder *Lewer*, ahd. *hlêwari*, mhd. *lêwer*, von *hlêo*, *lê* = Erdaufwurf oder natürlicher Hügel, dann *Buck*, *Bühel*, *Hübel*, *Kogel*, *Fraun-* oder *Fronhäusel*, *Kopf* und *Koppe*, *Knoppe*. In den Grabhügeln mit unverbrannten Leichen findet man sehr verschiedene Leichenlagen: entweder liegt der Leichnam über der Erde, oder es ist bei der Auffüllung des Hügels ein Grab in die Erde gegraben worden; die Leiche ist ferner entweder in die blosse Erde gelegt oder unregelmässig mit Steinen umlegt, oder sie liegt in einem Steinkegel, in einer unbedeckten oder in einer geschlossenen Steinkiste, oder in einem gemauerten Behältnisse oder endlich in einem Holzsarge; meist sind als Beigaben Waffen, Schmuckgegenstände und Thongeschirre beigegeben. Die Grabhügel mit verbrannten Leichen zeigen entweder frei niedergelegte Leichenreste, oder eine Aschenkiste oder Aschen- und Beinurnen; im letzteren Falle sind die Urnen entweder einfach in der Hügelerde beigesetzt oder wie die vergrabenen Leichen mit Steinen umstellt, oder in eine förmliche Steinkammer in einen gewölbten Hügel gesetzt. Vereinzelt findet man statt der Erdhügel auch von Steinen aufgeschüttete Hügel. Die thönernen Aschenurnen wie die zahlreichen anderen Speise- und Trinkgefässe sind meist roh gearbeitet.

III. Ganz ähnliche Verhältnisse in bezug auf den bloss vergrabenen oder verbrannten Leichnam, auf die Beisetzung der Urnen und auf die übrigen Beilagen findet man in den *flachen Gräbern*, deren Insassen denselben Völkern anzugehören scheinen wie diejenigen der Hügelgräber. Zahlreiche Abbildungen der Gräber sowohl als der Grabgefässe in den der Weinholdschen Abhandlung beigelegten Tafeln.

Genauere Nachricht als aus der altgermanischen Periode hat man über die *Grabstätten aus der merowingischen Zeit*, vom 5. bis 8. Jahrhundert, worüber hier nach *Lindenschmits* Handbuch der deutschen Altertumskunde, Teil I, einiges mitgeteilt wird; gegenüber dem Gewicht, das man früher (auch Weinhold gehört hierher) auf die Gleichmässigkeit oder Verschiedenheit des *Grabbaues* legte, betont dieser Forscher als das ungleich gewichtvollere Zeugnis besonders den *Inhalt der Gräber*. Im allgemeinen war in der merowingischen Zeit das Begraben der Leichen weit häufiger als das Verbrennen derselben, offenbar nicht bloss infolge des Einflusses des Christentums, sondern mit Rücksicht auf die Sicherung der Körper, Waffen und Geräte. Die alten Volksrechte, die wie das salische Recht aus heidnischer Zeit stammen, begründen ihre Strafansätze über Gräberverletzung bloss auf vergrabene Leichname, zahlreiche Nachrichten von der Beerdigung germanischer Fürsten, wie des Alarich im Busento, Theodorichs auf dem katalaunischen Schlachtfelde, des Langobardenkönigs Albuin zu Verona, sprechen einzig vom Begraben; nur vereinzelt kann das Verbrennen noch vorgekommen sein, wie denn Karl der Grosse den Sachsen das Leichenverbrennen verbot. Im allgemeinen ist zu unterscheiden zwischen *Grabhügeln* und Beisetzung der Toten in oder unter einen hügelförmigen Aufbau aus Erde und Steinen, und zwischen *in den Boden vertieften Gräbern* mit ursprünglich so geringer Aufschüttung, dass jede Spur derselben längst verschwinden musste.

Die *Grabhügel* von 4—14 Fuss Höhe und einem unteren Durchmesser von 13—36 Fuss sind Überlieferung altheidnischen Brauches und kommen besonders zahlreich bei den Angelsachsen, auf dem Festlande nur bei den Alemannen und vereinzelt bei den Bayern vor; sie finden sich sowohl in vereinzelten Gruppen als auch in der Nachbarschaft oder in unmittelbarer Verbindung mit eigentlichen Friedhofsanlagen. An Zahl weitaus überwiegend erscheinen die *Friedhöfe*, einfache, in mehr oder minder regelmässigen Reihen geordnete Erdgräber, meist in einer Tiefe von 3—8 Fuss, in der Richtung von Abend gegen Morgen und mit 4—5 Fuss breiten Zwischenräumen; sie finden sich am Mittelrhein nahezu in der Nähe aller Dörfer, die grössten aber in Bayern und Alemannien; bei Friedolfing an der Salzach rechnet man 3000—4000 Tote auf einem Totenfeld.

Die Gräber waren mit einem engeflochtenen und geschlossenen Zaun aus dem heiligen Weissdornstrauch umgeben, der auch regelmässig zur Verbrennung der Leiche benutzt wurde. Auf dem Grabhügel am offenen Wege stand wahrscheinlich eine Heersäule oder Irmensäule; auch eines Holzbaues geschieht Erwähnung, der nach Art der Tempel auf dem Grabe errichtet wurde.

Für den Totenbehälter verwandte man sowohl Stein als Holz. Die *Steingräber* sind entweder *in Felsen gehauen*, was man bei den Burgundern, Franken und Alemannen beobachtet hat, oder es sind *Sarkophage* aus einem einzigen Stein, wobei man die ursprünglich römischen Sarkophage von merowingischen unterscheiden muss; der römische Steinsarg ist in seiner älteren Form ein regelmässiges oblonges Viereck mit dachförmigem Deckel, in seiner jüngeren, bis tief ins Mittelalter verwendeten Form, an der Kopfseite breiter als an der Fussseite, mit flachem oder nur wenig gewölbtem Deckel; von diesen römischen unterscheiden sich die Steinsärge einheimischer Arbeit durch eine besondere Skulptur, welche, der Holzschnitzerei ähnlich, aus Stabwerk, Gittern und Kreisornamenten zusammengesetzt ist; seltener sind Sarkophage von Stein, die aus mehreren Stücken zusammengefügt sind; in Frankreich hat man aus merowingischer Zeit reich verzierte Särge aus *Gips* gefunden.

Häufiger als monolithische Steinsärge findet man solche, die *aus Steintafeln zusammengesetzt* sind, wobei man *Plattengräber* und *Grabkammern aus Steinen verschiedener Grösse* oder *Steinkammern* unterscheiden kann. Die Steine der Plattengräber sind entweder Findlinge oder rohe, aus Felsen gespaltene Tafeln; Spuren von Bearbeitung sind selten. Zur Bedeckung sind Steinplatten auch bei den Steinkammern verwendet worden, sei's mit, sei's ohne Unterbau; daneben kommen auch Steinsetzungen ohne Deckplatten vor.

Unter den aus *Holz* hergestellten Totenkammern findet man zwar schon früh Holzsärge mit Eisenbeschlag, viel älter aber ist die Beisetzung in *ausgehöhlten Baumstämmen, Totenbäumen;* sie erhielt sich teilweise bis ins späte Mittelalter. Diese einfachste und älteste Form des Holzsarges besteht aus einem in zwei Teile gespaltenen, trogartig ausgehöhlten Stücke eines Baumstammes, welcher mit seiner Rinde noch in den Boden versenkt und zum Teil mit Steinen festgestützt und bedeckt wurde. Bei den Bayern war die einfachere Bestattung durch

Bedeckung des Körpers mit einem *Brette* üblich; am zahlreichsten aber und bei allen germanischen Stämmen vorherrschend war die *Beisetzung der Toten in freiem Boden,* wie es die meisten Friedhöfe des mittleren Rheinlandes aufweisen. Ob und in wiefern ein Unterschied in der Begräbnisweise der verschiedenen Stände obgewaltet habe, ist bis jetzt nicht nachgewiesen.

Zeichen christlicher Bestattungsweise ist die Richtung der Leichname von West nach Ost, so dass das Antlitz dem Morgen zugewendet ist. Im übrigen blieb die altheidnische Bestattungsweise noch lange im Brauch, dazu gehört die Beisetzung mehrerer Schichten von Toten übereinander, besonders aber die *Beisetzung von Speise und Trank,* das *Mitbegraben von Tieren,* die in den Gräbern vorgefundenen *Tierknochen, Scherben und Kohlen,* welche auf wiederholte Bereitung von Mahlzeiten und Opferungen hinweisen. Von Tieren finden sich in merowingischen Grabstätten ganze Skelette oder bloss Schädel von Rind, Pferd, Hirsch, Schaf, Schwein und Hund. Die Pferdeskelette sind teilweise mit Sattelzeug versehen und bezeichnen die Gräber vollständig bewaffneter und reich ausgestatteter Männer; in der Zeit der Karolinger wurde statt ganzer Pferde bloss noch etwa das Pferdezeug mit ins Grab gelegt. Auch an Münzen römischen und merowingischen Gepräges zum Teil im Munde des Toten fehlt es nicht. Die wichtigste Ausstattung der Toten waren aber *Waffen* und *Schmuck.*

Das Christentum verlegte die Begräbnisstätten in die Kirchen oder in deren unmittelbare Umgebung als in einen geweihten Boden; doch waren *ausserhalb* von den Kirchen gesonderte Begräbnisse auf Privateigentum noch lange in Gebrauch und erst im 12. Jahrhundert gänzlich verboten. Aber auch das Begraben von Toten in den Kirchen war anfangs von der Kirche selbst verboten, da die Gotteshäuser ausser den Heiligenleibern und den Reliquien in den Altären keine sterblichen Überreste umschliessen sollten; dennoch wurde für verdiente Kirchen- und Klostervorsteher, wie für weltliche Grosse die Kirche als Begräbnisstätte benutzt, zumal oft gerade zu diesem Zwecke eigene Kirchen gestiftet wurden: am längsten erhielten die Cisterzienser das Verbot der Beerdigung innerhalb ihrer Kirchen aufrecht. Könige, Königinnen und Bischöfe wurden regelmässig in Kirchen bestattet, den Stiftern derselben gestand man selbst ein Grab in der Mitte des Chores zu; Bischöfe wurden in ihren Kathedralen beigesetzt; Stifter von Messaltären wurden häufig vor diesen begraben; auch der Kapitelsaal wurde manchmal als Grabstätte verwendet. Als Bedeckung des Grabes diente ein *liegender Leichenstein* oder eine aus Bronze gegossene Grabplatte, mit Bildwerk verziert, welches anfangs in die Platte vertieft war; Reliefbilder erscheinen erst seit dem 13. Jahrhundert. Neben den liegenden kommen aber auch aufgemauerte, mit einer Stein- oder Metallplatte bedeckte, über den Fussboden erhobene Grabmäler oder *Tumben* vor, deren ältere nur niedrig sind und zuweilen wirklich den Leichnam umschliessen, wie das beim Grabmal Otto's des Grossen im Dom zu Magdeburg und demjenigen Rudolf's von Schwaben im Dome zu Merseburg der Fall ist. Seit dem 13. Jahrhundert giebt es dann Tumben in Form eines Altares; zuweilen stehen sie nicht frei, sondern sie sind mit einer Seite an die Wand gerückt und nischenförmig überbaut. Auf Füssen ruhende, kastenartige Stein- oder Metallgrabmäler kommen in Deutschland erst gegen Ende des Mittelalters vor. Seit dem 13. Jahrhundert tragen alle Hochgräber ein

Bild des Verstorbenen. *Otte*, Handbuch der Archäologie, § 51.

Die bei einem mittelalterlichen Begräbnisse adeliger Personen vorkommenden Ceremonien und Gebräuche sind teils in den Vorschriften der Kirche, teils in den Erfordernissen des höfischen Standes der *Verstorbenen* begründet; dazu treten ohne Zweifel gewisse seit alter Zeit hergebrachte Volksgebräuche, wozu namentlich auch der laute Schmerz gehörte; man zerriss sich die Kleider, raufte das Haar aus, rang die Hände, schlug sich die Brust, zerkratzte sich mit den Nägeln das Gesicht. Das würdigste Bild eines mittelalterlichen Leichenbegängnisses eines Fürsten wird dasjenige Siegfried's im Nibelungenliede sein. Vergl. dazu *Schultz*, Höfisches Leben, Abschnitt VII.

Manche volkstümliche Sitten beim Leichenbegängnisse treten später wieder in den Städten hervor; wovon hier noch einiges nach *Kriegk*, Deutsch. Bürgertum, II, Abschnitt VI und VII mitgeteilt werden soll. Die Leiche wurde nicht durch besondere Leichenträger, sondern durch Familienangehörige oder durch Standes- und Berufsgenossen zu Grabe getragen. Bei vornehmen Leuten thaten dieses wohl auch Mönche eines befreundeten Klosters. Bei Armen und Verlassenen waren Begharden verpflichtet, die Leiche unentgeltlich anzukleiden und tragen zu helfen; auch gab es dafür eigene Stiftungen; namentlich aber sicherten zahlreiche Bruderschaften ihren Mitgliedern ein anständiges kirchliches Begräbnis. Bei den Zunftgenossen trugen die Meister den Leichnam des verstorbenen Meisters, sowie dessen Weib und Kinder, Gesellen denjenigen eines Mitgesellen zu Grabe. — *Gekleidet* wurde der Tote entweder in das besondere *Totenhemd* oder in seine gewöhnliche Kleidung; in manchen Gegenden nähte man ihn in weisse oder schwarze Leinwand ein; oft begrub man den Toten in der Mönchskutte, weil die Barfüsser, Dominikaner und Karmeliter die Meinung verbreitet hatten, wer in ihrem Ordenskleid sterbe oder sich in demselben begraben lasse, werde ihrer guten Werke teilhaftig und schon nach kurzer Zeit aus dem Fegfeuer erlöst.

Häufig wurden bis ins 17. Jahrhundert Leichen ohne *Sarg* auf einer Totenbare zu Grabe getragen und ins Grab gelegt, Fürsten nicht ausgenommen. In Frankfurt und wahrscheinlich überall sonst pflegte man im 15. Jahrhundert die Verstorbenen schon am nächsten Tage nach dem Tode zu beerdigen. Sehr alte Sitte war das Nachtwachen bei der Leiche, welches oft durch sog. Seelschwestern verrichtet wurde. Die Ansagung des Leides und das Einladen zur Beerdigung geschah durch besonders bestellte und bezahlte Weiber, die *Bitterinnen*, welche in der Regel Beginen waren. Die Zahl derer, welche die *Totenbahre* trugen, war verschieden; ein *Leichenwagen* erscheint in Frankfurt zuerst im Jahre 1511. Das den Sarg bedeckende Tuch heisst Toten-Deckelache oder *Leichentuch*; es war schwarz und mit einem aufgenähten weissen Kreuze versehen. Die *Beerdigung* selbst, mhd. *bevilhede*, *bevilde*, *lîchlege*, später auch *Lipbemele* oder *Lipfel*, war stets eine mehr oder weniger feierliche und durchaus kirchliche Handlung; daher man auch im Kriege stets darauf bedacht war, die gebliebenen Mitbürger vom Schlachtfelde in die Stadt zu bringen und daselbst ordentlich begraben zu lassen. Die Begräbnisse galten daher als etwas sehr Kostspieliges, und zwar waren die Hauptausgaben die für den Pfarrer, für die Wachskerzen und für das Leichenmahl. Gegen die beiden letzten Ausgaben gehen die zahlreichen beschränkenden Verordnungen, welche überall gegen den Beerdigungsluxus erlassen wurden. Immer musste die Leiche, auch wenn sie auf einem andern Friedhofe als demjenigen der Pfarrkirche beerdigt wurde, zuerst in diese Kirche getragen und daselbst der übliche Gottesdienst abgehalten werden. Auf dem Zuge in die Kirche wurde mit einer oder mehreren Glocken *geläutet*, ein Brauch, der aus dem 6. Jahrhundert stammen soll; Zeugnis von dieser allgemein verbreiteten Sitte giebt die Glockeninschrift *vivos voco, mortuos plango, fulgura frango.* Zu den Feierlichkeiten gehörte sodann der *Gesang*, welcher ausserhalb der Kirche von mitziehenden Stiftsschülern gesungen wurde. In der Kirche wurden *Opferspenden* sowohl an den fungierenden Geistlichen als für die Armen dargebracht; die ersteren bestanden vorzugsweise in Kerzen, aber auch in Wein und Brot. *Leichenpredigten* scheinen vor der Reformation nur vereinzelt vorgekommen zu sein. Mitunter wurden bei Beerdigung vornehmer Leute besondere *Klageweiber* verwendet, welche singend über das Grab gingen.

Das *Leichengefolge*, auf welches man nächst den kirchlichen Handlungen den meisten Wert legte, trug, vor und nach der Leiche ziehend, teils *Kreuze*, teils brennende *Kerzen*. Die letzteren wurden in der Regel von dem Sterbehaus angeschafft und unter die Leichenbegleiter verteilt, von diesen aber zu Ehren des Verstorbenen dem beim Seelenamt fungierenden Geistlichen geopfert. Sie wurden früh ein Gegenstand des Prunkes und öffentlicher Verordnungen. Nach der Beerdigung kehrten die *Lichlüte* in das Sterbehaus zurück, wo man ihnen den Dank der Familie aussprach und sie bewirtete und beschenkte. Das *Leichenmahl* ist ebenfalls uralte Sitte, deren schon Augustin gedenkt; auch hier sah sich die Obrigkeit veranlasst, mässigend einzugreifen. Die Bewirtung fand im Sterbehause und auf den Trinkstuben statt; auch pflegte man denen, welche nicht anwesend sein konnten, Essen und Trinken zu schicken.

Zu den beim Adel von früherer Zeit her üblichen Leichengebräuchen gehörte das Führen eines Pferdes im Leichenzug und das Berittensein eines Teiles der Leidtragenden. Bei den Begräbnissen von Schultheissen und Schöffen war das Vortragen von Helm und Schild oder von Schwert und Schild gebräuchlich.

Wenig weiss man von der konventionellen Art der *Trauer* um einen Verstorbenen. In Augsburg trugen im Beginne des 16. Jahrhunderts Männer zum Zeichen der Trauer sog. Nebelkappen, auch Gugelkappen oder Kappenzipfel genannt, schwarze Kapuzen, welche nach hinten mantelartig verlängert waren und vornen das Gesicht ganz und gar oder doch grösstenteils bedeckten, ursprünglich jedoch aus blossen schwarzen Bändern, welche den Hals und Mund verhüllten, bestanden haben sollen.

Einzeichnungen der Verstorbenen waren im Mittelalter nicht gebräuchlich, ausser wo Schenkungen und Legate an kirchlichen Stiftungen gemacht wurden. Sonst behalf man sich, wenn Geburtsjahr, Taufe, Verehelichung oder Tod einer Person nachgewiesen war, mit der Abhörung von Zeugen; eigentliche *Kirchenbücher* entstanden erst seit der Reformation, als der Nachweis der Konfession nötig wurde; daher auf lange Zeit nicht der Tag der Geburt, sondern der Taufe, sowie nicht der Todes-, sondern der Begräbnistag eingetragen wurde.

Das Seelenwohl und das ehrende Andenken an den Verstorbenen liess aber die religiösen Pflichten gegen den Verstorbenen mit deren Tod nicht endigen; reiche Leute waren bemüht, beide Zwecke auf ewige Zeit verfolgen zu lassen; ärmere thaten es in den ersten Wochen nach der Beerdigung, sowie später jedes Jahr am Allerseelenfeste und am Todestage des Verstorbenen. Für ganz arme Leute sorgten auch in dieser Hinsicht besondere kirchliche Stiftungen; der Name für die kirchliche Totenfeier ist *Begängnis.*

Die Hauptfeier für Verstorbene fand in den ersten dreissig Tagen nach der Beerdigung statt und bestand in Seelenmessen, welche entweder an jedem Tage dieser Zeit oder ausser dem Begräbnistage selbst am sog. *Siebenten* und am sog. *Dreissigsten,* d. i. am Schlusse der ersten Woche und des ersten Monats im Sterbejahr abgehalten wurden. Nachher trat an die Stelle dieser Tage die *Jahrgezeit, Jahrzeit* oder das *Anniversarium,* d. i. die jährliche Feier des Todestages. Die Bruderschaften hatten ein allgemeines Jahrgezeit-Fest. Die Kirchen selbst feierten von sich aus das namentliche Gedächtnis nur in betreff derer, die sich durch Schenkungen um sie verdient gemacht hatten; die notwendigen Verzeichnisse hierzu sind die *Anniversarien-Bücher,* nach den Tagen des Jahres geordnet, und die *Totenbücher,* auch Totenzettel, Totenbriefe, Memorien genannt, welche bloss die Namen der Stifter enthielten, um an dem in jeder Woche für die Verstorbenen gehaltenen Gottesdienste gelesen zu werden. An solche Stiftungen waren teils die Abhaltung von Messen und Vigilien, teils die Austeilung von Brot oder Geld oder förmliche Armenspeisungen geknüpft, auch Austeilung von Tuch oder Kleidern. Weitere Ehrenbezeugungen für die Verstorbenen bestanden in der zeitweisen Ausbreitung von Leintüchern über das Grab, in der Beleuchtung desselben an gewissen Tagen; das Begiessen des Grabes mit Wein scheint dagegen seit dem 14. Jahrhundert aufgehört zu haben. Die Hauptfeier war das in der Kirche gehaltene eigentliche Begängnis, wozu die eingeladenen Teilnehmer in Prozession zur Kirche zogen. In der Kirche stand, mit brennenden Kerzen umgeben, ein Katafalk, eine Bahre mit einem „Bellekin“, d. i. Baldachin oder bedeckter Sarg. Den Schluss der Feier bildete ein Festmahl. Vgl. noch *Rochholz,* in deutscher Glaube und Brauch. Berl. 1867. Bd. I, 131—213. — *Kohl,* Alte und neue Zeit. Bremen 1871. Abschn. 16.

Leis, mhd. *der leise,* häufiger Ausdruck für den geistlichen Volksgesang im Mittelalter, stammt aus dem Worte *kyrieleison,* daher er auch zuweilen *kirleise, kirleis* heisst; der deutsche Name ist *ruof.* Die verbreitetsten Leise sind der Osterleis: *Christ ist erstanden,* der Pfingstleis: *Nu biten wir den heiligen geist,* und der Himmelfahrtsleis: *Krist fuor gein himile,* sämtlich durch Luther in den evangelischen Kirchengesang aufgenommen.

Lendner, lat. *tunica hardiata, jubeus, jupa, joppa, tunica audax;* franz. und engl. *jupon,* ein seit 1350 über der Rüstung getragener, enganschliessender, meist ärmelloser Lederrock. Siehe den Artikel *Panzer.*

Leoninische Verse heissen die seit dem 8. Jahrhundert aufkommenden lateinischen Hexameter und Pentameter, deren erste Hälfte bis zur Cäsur mit dem Versschlusse reimt. Der Name soll von dem Pariser Mönch *Leo* oder *Leonius* stammen. So ein Vers ist der Stossseufzer vieler Abschreiber mittelalterlicher Handschriften:

Explicit hoc totum, infunde, da mihi potum!

oder aus den *Casus Sancti Galli Ekkeharti*

Esse velim Graecus, cum sim vix, domna, Latinus.

Als Beispiel leoninischer Distichen sei die Grabschrift des St. Galler Abtes *Himmo* angeführt (*Vadian,* I, 199):

Hic bene maturo transit pater ille
sub aevo,
Ad patriae requiem, hic obit
Himmo diem.
Hunc merito nostri vigilanter
habent memorari,
Plura loco Galli stant moni-
menta tui.

Lersen, Ledersen, lederne Beinkleider, im 14. Jahrhundert kurz und weit, dann lang und eng, mit dichtstehenden Hefteln geschlossen.

Letze, Letzi, lat. *aluca*, hiess man den Umgang der äusseren Ringmauer eines Lagers, einer Burg oder befestigten Stadt. Der Ausdruck ging auch auf die Ringmauer selbst über. „Lezinen“ sind auch eigentliche Schanzwerke (besonders bei Tal-Engen) wie sie die Schweizer bei Morgarten, Näfels u. a. O. errichteten.

Leuchter, lat. *candelaria*, *lucerna*, frz. *chandelier*. Die Leuchter der fränkischen Zeit sind eine Nachbildung der römischen und griechischen Vorbilder, die sie zwar nicht erreichen. Sie sind zumeist aus Holz gedreht, roh profilierte Ständer, oben mit einer Dülle zur Aufnahme des Öls oder der Kerze, unten mit einem einfachen, viereckigen Fuss. Daneben kommen auch hohlgegossene Geräte aus Rotkupfer vor, so der Tassiloleuchter, zwar wahrscheinlich dem 11. Jahrhundert entstammend, obgleich ihn die Überlieferung auf Tassilo zurückführt, der zu Karl des Grossen Zeit als Gefangener im Stifte zu Kremsmünster starb.

Bestimmte Formen von symbolischer Bedeutung erhielten die Leuchter wohl erst zur Zeit der Kreuzzüge, wo für den kirchlichen Gebrauch die *Lampen* und *Fackeln* von den *Wachskerzen* verdrängt werden; der Leuchter wird also zum *Kerzenhalter* und unterscheidet sich in *Stand-*, *Hand-*, *Wand-* und *Hängeleuchter*, neben welchen man für privaten Gebrauch und vereinzelte Zwecke die kleinen *Öllampen* beibehielt. Alle wurden nun zumeist aus Bronze oder Messing gegossen und etwa auch vergoldet oder emailliert. Die grossen *Standleuchter* (auch bloss Kandelaber genannt, welche Bezeichnung ursprünglich allein dem Fusse zukam) sind ohne Zweifel hervorgegangen aus der marmornen Säule der altchristlichen Basilika, sie trugen die geweihte Osterkerze und erhielten durchschnittlich eine Höhe von fünf bis neun Fuss. Sie standen zur Seite des Altars und hatten entweder die Gestalt einfacher Ständer für *ein* Licht oder die eines Gestelles zur Aufnahme einer grösseren Zahl von Kerzen. In Nachahmung des Leuchters im Tempel zu Jerusalem wurden viele siebenarmig erstellt und in dieser Form auch *Arbores* genannt. Im Dome zu Erfurt z. B. findet sich eine fast fünf Fuss hohe Erzstatue mit starrausgebreiteten Armen, langem, gleichmässig gefälteltem Kleide, welche noch gegenwärtig den Zweck eines Lichterträgers erfüllt. Sie entstammt dem 11. oder dem Anfang des 12. Jahrhunderts. Die Ständer dienten auch zur Aufstellung von Heiligenbildern, Reliquienschreinen u. s. w. Die siebenarmigen Leuchter haben meist ein dreieckiges Fussgestell, das in den mannigfaltigsten Formen durchbrochen mit allerlei Zierat geschmückt ist, mit Bändern, Ranken, Menschen- und Tierfiguren. Auf diesem Fussgestell ruht ein senkrechter, vielfach verzierter Schaft, der oben eine Kerze trägt. Die übrigen sechs ruhen auf seitwärts aufsteigenden Armen, die — je zwei und zwei gegenständig — in verschiedener Höhe entspringen und zwar nicht im Wechsel, sondern in gleicher Richtung übereinander. Sie endigen oft pyramidal, oft in gleicher Höhe.

Die *Hand-* oder *Trageleuchter*

waren meist nur sechs bis zehn Zoll hoch und geformt, so dass sie bequem gestellt, angefasst und getragen werden konnten. Sie waren besonders für die dienende Hand des Mesners und des Akoluthen bestimmt. Der Fuss war ebenfalls dreiteilig, der Schaft kurz, gedrungen, in der Mitte mit einem Knauf, oben erweitert oder oft mit einer tellerförmigen Ausladung versehen. In deren Mitte stand zur Befestigung der Kerze ein hoher, spitziger Stift. Alle Teile waren mehr oder weniger reich verziert oder auch vergoldet. Im Chor des Domes zu Hildesheim steht ein solcher, der laut seiner Inschrift aus einer ganz besonderen Metallmischung gefertigt worden. Sie lautet: „*Bischof Bernward liess diesen Leuchter durch seinen Lehrling im ersten Aufblühen dieser Kunst weder von Gold noch von Silber beschaffen, aber dennoch wie du siehst schmelzen.*“ Die Masse ist Gold, Silber und Eisen.

Die *Kronleuchter* oder *Hängeleuchter (corona, coronula)* treten im elften und zwölften Jahrhundert schon in köstlichen Exemplaren auf. Erhalten sind unter anderen zwei solche in der Domkirche zu Hildesheim und eines in der Münsterkirche zu Aachen. Die ersteren führen sich durch ihre Inschriften auf die Bischöfe Azelin (gest. um 1054) und Mezilo (gest. um 1079), das letzte auf Friedrich I. zurück. Alle drei kommen darüber überein, dass sie aus einem ziemlich breiten, kreisförmigen, durchbrochenen Reifen bestehen, an dem in bestimmten Zwischenräumen kleine turmartige Ausladungen mit Nischen zur Aufstellung von Figürchen und zwischen diesen, am oberen Rande, Kerzenstacheln angebracht sind, und dass sie von mehreren, miteinander verbundenen Ketten gehalten werden. Der schönste ist der bronzene Leuchter zu Aachen. Dieser — wie noch andere seiner Art das himmlische Jerusalem darstellend — wird aus acht Kreisbogen gebildet und zwar, wie dessen Inschrift besagt, auf Grund der achteckigen Gestalt des Münsters, nächstdem aber aus sechzehn Türmchen, welche sich teils an den Scheitelpunkten, teils an den Endpunkten der beiden Bogen befinden. Die Türmchen sind verschiedengestaltig, acht grössere, die anderen kleiner, letztere rund, erstere in ihrem Grundriss abwechselnd in Gestalt eines Quadrats oder Vierblattes mit halbkreisförmigen, ausbiegenden Seiten. Die sämtlichen Türmchen sind so angeordnet, dass von ihnen jene viereckigen die Ecken eines Quadrates bilden, dessen Ecken jedesmal ein Segment mit drei anderen Türmchen abschneidet, und dass jene anderen vermöge ihrer halbkreisförmigen Ausladungen den acht runden Türmen auf den Scheitelpunkten gleichstehen. Alle enthalten Nischen, in denen anfänglich ohne Zweifel Heiligenfiguren aufgestellt waren. Die Bodenstücke der Türmchen sind auswärts mit gravierten Zeichnungen auf vergoldetem Grunde geschmückt, dergestalt, dass die acht grösseren und die acht kleineren Darstellungen inhaltlich zusammenhängen. Sie behandeln die Geschichte Christi und zeigen: Die Verkündigung, die Geburt, die Anbetung der Könige, die Kreuzigung, die Frauen am Grabe, Himmelfahrt, Ausgiessung des heiligen Geistes und Christus als Weltenrichter. Daneben finden sich die acht Seligsprechungen auf Spruchzetteln ebensovieler Engel. Die Tafeln erscheinen rostartig durchbrochen und mit Ranken und anderem Zierat reich ausgeschmückt.

Die *Wandleuchter* und die *Trageleuchter* zum Vorleuchten bei Prozessionen kamen erst später (frühestens im 15. Jahrhundert) in Gebrauch, zum Teil als künstliche Schmied- und Schlosserarbeit.

Die Abbildungen von *Öl-* und *Hohllampen* reichen bis ins 9. Jahrhundert hinauf; sie zeigen namentlich die Form von Hörnern und Delphinen, dann auch von Schalen und Ampeln, wie sie die orientalischen Völker gebrauchten. Sie sind aus Bronze gefertigt und nach römischen Mustern mit einer oder mehreren Tüllen versehen. Die sog. *ewigen Lampen* vor Heiligenbildern und Reliquienschreinen sollen im 13. Jahrhundert in Gebrauch gekommen sein. Die Lampen dienten vorzüglich dem privaten Gebrauche, während die Leuchter und somit die Kerzen auf den Gebrauch in den Kirchen beschränkt blieben; wenn solche im 10. Jahrhundert schon für den täglichen Gebrauch erwähnt werden, so mag das höchstens auf die Häuser der Vornehmen und der Geistlichkeit Bezug haben.

In der Folgezeit waren das Handwerk und die Kunst bemüht, für alle diese Beleuchtungsgegenstände neue Formen und Verzierungen zu ersinnen; die Arten derselben erhielten sich jedoch und vermehrten sich nur noch etwa durch die *Laterne,* die wieder fast ausschliesslich zu kirchlichen Zwecken diente. Vom Beginne des 16. Jahrhunderts, besonders aber im 17. Jahrhundert fand bei diesen Beleuchtungsgeräten neben dem dem Zeitgeschmack entsprechenden Wechsel in bezug auf Form und Verzierungsweise auch eine solche hinsichtlich des Stoffes statt. Wenn auch metallene Geräte und steinerne Standleuchter immer noch vorherrschend blieben, so schnitzte man solche auch aus Holz und verzierte sie mit Gold. Daneben kommen auch Elfenbeinschnitzereien vor und in der zweiten Hälfte des 17. Jahrhunderts auch Arbeiten in Glas, aus welchem Stoff das ganze Gerät oder auch bloss die Verzierungen zu grösseren Stücken bereitet wurden. Hölzern waren besonders die grossen Standleuchter, elfenbeinern die (mehrarmigen) Tischleuchter und Hängekronen, gläsern die Lichtständer und Handleuchter. Die Wand- und Windlichter (Laternen) dagegen blieben auch jetzt noch fast ausschliesslich Gegenstände der Metallarbeit. Nach *Weiss,* Kostümkunde.

Liber vagatorum, siehe *Gauner.*

Libri feudorum heisst ein in der Lombardei entstandenes Rechtsbuch, das eine wissenschaftliche Behandlung des Lehnrechtes zum Ziele hat. Dieses Lehnrechtsbuch, eine Privatarbeit, ist allmählich aus verschiedenen Bestandteilen, dogmatischen Schriften und Kaisergesetzen, einzelnen Rechtsfällen u. dgl. hervorgegangen, welche von den Richtern an den Lehnshöfen zu Cremona, Piacenza und Mailand gesammelt und ausgearbeitet wurden. Die Sprache ist die lateinische. Dadurch, dass man diese Rechtsquelle schon früh mit dem Justinianischen Gesetzbuch verband, kam sie seit dem 15. Jahrhundert auch bei den deutschen Gerichten in Gebrauch.

Lichtschere. Derselben wird zunächst im 13. Jahrhundert erwähnt; in häufigeren Gebrauch kam sie wohl erst im 16. Jahrhundert. Sie entbehrte zuerst des Schnuppenkästchens und hatte häufig die Gestalt eines Vogels, dessen Schnabelhälften den Docht abschnitten.

Lied heisst ursprünglich im Gegensatz zu *Leich* eine unter Harfenbegleitung von einem Einzelnen gesungene Dichtung; da in der ältesten Zeit alle Dichtung, soweit sie nicht Chorgesang war, also namentlich auch die epische Dichtung gesungen, d. h. rhythmisch vorgetragen und mit der Harfe begleitet wurde, hatte sie stets auch die Form des Liedes, ihre metrische Gestalt mochte noch so einfach sein; daher der Name des Hildebrandsliedes, der Merseburger Zauberlieder, Heldenlied überhaupt. Erst als allmählich das Singen der epischen Stoffe aufhörte und an seine Statt das Lesen derselben trat, bildete sich langsam das Lied zu einer musikalisch-lyrischen Dichtungsart im Gegensatz zur rein epischen Dichtung aus. Noch Ottfried's Messiasdichtung bewegt sich in Liedern, die aber schon in vierzeilige zweireimige Strophen zerfallen. Zur volleren Ausbildung gelangte dieses Lied im engeren Sinne in der höfischen Dichtung; doch erscheint es da anfangs noch sehr einfach, in einer einzigen Strophe, meist von vier Zeilen bestehend; erst von den *chansons* der Franzosen entlehnte man den *dreiteiligen Strophenbau*, der nun zur festen, selten mehr verletzten Regel wurde. Statt des einstrophischen Liedes kam das vielstrophische in Gebrauch, wobei wieder nach französischem Vorbilde, das Ebenmass der Dreiteiligkeit in der Strophenzahl wiederholend, die Strophenzahl drei, fünf oder sieben beliebt war. Die Dreiteiligkeit der Strophe hat musikalischen Grund: die Strophe ist der Text zu zwei sich wiederholenden und einem dritten selbständigen musikalischen Satze; jene nannten die späteren Meistersänger *Stollen*, diese den *Abgesang;* die Strophe selber heisst mhd. das *liet,* dessen Plural *diu liet* später infolge der mehrstrophischen Lieder gebräuchlich wird; später heisst sie auch *Gesätz.* In der Blütezeit der höfischen Lyrik machte es sich jeder Dichter zur Ehre, sowohl im Text, dem *wort,* als der Melodie, *wîse* oder *dôn,* selbständig zu sein, mhd. ein *liet vinden;* dasselbe bezeichnet *trouver, troubadour* und *trouvère;* die Aneignung fremder Strophenformen und Melodien galt für ein Unrecht; wer es that, hiess *doene diep.* Auch sich selber gegenüber hielten die Dichter auf immer wechselnde Neuheit und erfanden meist für jedes Lied wie für jeden Leich eine andere Form; schliesslich sah man sich freilich gezwungen, um dem Gesetze der Eigenheit und Neuheit zu genügen, zu geschmacklosen Formen zu greifen.

An das Lied der höfischen Kunst schliessen sich der Zeit nach einesteils die strophischen Dichtungen der Meistersänger, andererseits das Volkslied; dort herrscht meist Künstelei, die allmählich in sich selber zusammenfällt, hier entwickelt sich, vielfach an alte Formen anschliessend, nach Form und Gehalt ein überaus reiches Kunst- and Gemütsleben, siehe *Volkslied;* noch immer ist hier Ton und Wort enge und unauflöslich zusammen verbunden, ebenso noch in den dem 17. Jahrhundert angehörenden *Gesellschaftsliedern.* Dagegen kommt gegen Ende des 16. und noch mehr im 17. Jahrhundert namentlich seit Opitz dasjenige neuere Lied auf, welches bloss noch zum Lesen bestimmt ist, und erst dem 18. Jahrhundert war es aufbehalten, diese poetische Kunstgattung neuerdings in enge Berührung mit dem Leben der Töne zu bringen. Vgl. besonders die Litteraturgeschichten von *Wackernagel* und *Koberstein.*

Liten heissen im früheren Mittelalter diejenigen, welche von Person frei, doch keinen freien, sondern bloss abgeleiteten Grundbesitz haben; sie besitzen deshalb auch nicht volle politische Rechte und ebensowenig das Recht der Eheschliessung zu vollem Rechte mit der Tochter eines Freien. Sie bildeten schon zu Tacitus' Zeit einen besonderen Stand, der wahrscheinlich aus der Freilassung von Knechten herrührte und sich durch neue Freilassungen noch lange erneuerte. Man nannte sie auch *aldiones,* später *Halbfreie* oder *Hörige.* Ihr Wergeld war meist die Hälfte des Wergeldes für einen Freien. Sie standen wie die Freien unter Volksrecht, konnten eigenes Vermögen haben, waren aber meist wie die Unfreien auf Nebenhöfe gesetzt, von denen sie Abgaben und Dienste entrichteten. Bald bildete sich bei ihnen ein festes Hofrecht und Erblichkeit des Besitzes aus; doch konnten sie vom Hofe rechtsgültig nichts veräussern. Auch mit den Unfreien war ihnen die Ehe nicht gestattet. Doch zogen sie mit in den Krieg. Mit der Zeit vermischte sich der rechtliche Unterschied zwischen diesen Halbfreien, den Unfreien und den blossen Zinsleuten, und die allen diesen Klassen gemeinsame Bedeutung des bäuerlichen Berufes, des Lebens auf dem Lande, der Nichtadeligkeit, trat als neues Bindemittel in den Vordergrund.

Löffel. Während die Gabel als Tischgerät erst im 16. Jahrhundert zugelassen war, kommt der Löffel als solches schon bei den Römern und dann bei den Völkern Mitteleuropas durch das ganze Mittelalter vor. Die Schale ist anfänglich etwas länglich, sodann kreisrund und wird dann wieder länglich; der Stiel ist zuerst stark gekrümmt, im 14. und 15. Jahrhundert stangenförmig und erhält dann zu der Biegung die etwas platte Form. Dem Stoffe nach gab es silberne, goldene, elfenbeinerne und krystallene Löffel für die Vornehmen. Auch als kirchliches Gerät ist der Löffel früh bekannt. Die griechische Kirche benutzt ihn, um den Gläubigen den Wein auszuteilen, während sich seiner die römische seit dem 12. Jahrhundert nur noch zum Mischen des Weines mit Wasser und zum Aufschöpfen der Hostien bedient.

Lohengrin. Nachdem schon Wolfram von Eschenbach die Sage vom Schwanritter am Ende seines Parcivals auf Parcivals Sohn, Lohengrin, übertragen hatte, übernahm ein unbekannter Dichter um 1300 die Ausführung dieser Idee zu einem eigenen Epos Lohengrin. An den Wartburgkrieg anknüpfend, lässt er darin Wolfram von Eschenbach selbst erzählen, wie Lohengrin vom Gral der Gräfin Elsa von Brabant zur Hilfe gesandt wird, mit der er sich vermählt, indem er die Bedingung macht, dass sie nie nach seinem Namen und seiner Herkunft frage. Mit Heinrich dem Vogler verrichtet er darauf gegen die Ungarn Wunder der Tapferkeit. Als er heimkehrend von Elsa trotz des Verbotes nach Namen und Herkunft gefragt wird, verkündet er, dass er Parcivals Sohn sei, und scheidet von Elsa, die vor Gram stirbt. Ein historischer Anhang führt die Kaisergeschichte bis auf Heinrich II.

Loki heisst eine germanische Gottheit, deren Namen und Mythen ausschliesslich in skandinavischen Quellen überliefert sind. Sein Name geht auf eine Wurzel von der Bedeutung leuchten, wozu u. a. lat. *luc-is* und ahd. *liuhan*, leuchten, gehört, und der Gott vertritt demnach das Element des Feuers. Von seinem Kult ist nichts bekannt. Ursprünglich eine wohlthätige Macht, wurde er später in mehr feindseliger Weise, als böses Prinzip, den guten Mächten widerstrebend aufgefasst und ihm eine wesentliche Rolle in der *Götterdämmerung*, siehe diesen Artikel, zugeteilt. *Weinhold*, Haupt's Zeitschrift VII, und *Meier*, Loki und sein Mythenkreis, Basel 1880.

Los, mhd. *lôz*, ahd. *lôz* und *hlôz*, got. *hláuts*, mit der Bedeutung Loszeichen und Losstäbchen und davon abgeleitet, das durch Schicksalsbefragung Angefallene, ein zugeteiltes Recht, vom ahd. Verb. *hliozan*, mhd. *liezen* = durch Loswerfen bestimmen, durch Los erlangen. Tacitus erzählt Germania 10, dass bei den Germanen Vorzeichen und Weissagung durch Lose in höchstem Ansehen stehen. „Die Art des Losens ist einfach. Man haut einen Zweig von einem Fruchtbaum, zerschneidet ihn in Stäbchen, die man durch gewisse Zeichen unterscheidet, und streut sie nach blindem Zufall über ein weisses Tuch. Darauf betet der Priester des Staates, wenn die

Befragung der Lose von Staats wegen, der Hausvater, wenn sie in einer Familienangelegenheit geschieht, zu den Göttern und hebt zum Himmel aufblickend nacheinander drei Stäbchen auf, deren Bedeutung er nach den vorher eingekerbten Zeichen erklärt. Ist ihr Ausspruch verneinend, so findet in dieser Sache am gleichen Tage keine Befragung der Götter mehr statt; ist er bejahend, so werden zur Bestätigung noch die Vorzeichen zu Hilfe gerufen.“ Die christliche Gesetzgebung beschränkte den Gebrauch des weitverbreiteten Loses auf solche Fälle, wo eine rechtliche Ungewissheit sonst nicht füglich zu heben war. Innerhalb aber dieses Gebietes blieb dem Losen noch lange das Ansehen einer übermenschlichen Bestimmung, eines Gottesurteils. Als allmählich das Los diese Bedeutung einbüsste und nur die Vorstellung einer bloss zufälligen Entscheidung zurückblieb, fiel die Anwendung des Loses aus dem Strafprozesse weg und behauptete sich bloss in Civilfragen als letzte Aushilfe, sei es kraft allgemeiner Rechtsregel oder kraft des Willens des Beteiligten, und zwar in der doppelten Anwendung des *Auslosens der Person* oder des *Verlosens der Sache;* beides war in vielen Fällen in Gebrauch, doch sind die Erwähnungen davon in den Rechtsquellen selten. Neben dem Würfeln, dem Ziehen beschriebener Zettel oder ungleicher Halme kommt in Skandinavien bis tief ins Mittelalter und bei den Friesen bis in die neuere Zeit das uralte Losen mit Stäben vor, auf welchen die Marken oder Hauszeichen der Losenden eingeschnitten waren.

Der Verbreitung und Ausdehnung des Loses im Mittelalter wie in der Neuzeit leistete ohne Zweifel der Umstand Vorschub, dass das Los sowohl in der heiligen Schrift als bei den antiken Schriftstellern oft erwähnt wurde und diese damit astrologische Elemente verknüpfen. Eigentliche *Losbücher* fanden aus Italien im 15. Jahrhundert ihren Weg nach Frankreich und Deutschland; sie enthielten zugleich Anweisungen zum Kartenspiel, Würfelspiel und zum Auslegen von Träumen. *Losbuchen* heisst mancherorts überhaupt soviel wie abergläubische Handlungen vornehmen, um aus gewissen Erfolgen derselben auf die Zukunft zu schliessen. *Vadian* sagt von den Pfarrern der merowingischen Zeit, sie hätten den Auftrag gehabt, dem heidnischen Aberglauben zu wehren, und *namlich die selzamen opfer für die toten, item das lossen oder walsen, das etlich Franken und Almenner anfang einer jeden handlung im brauch hattend, daſs man bei unsern Zeiten noch das lossbuochen oder buochlossen heisst* (Schriften II, 57). *Lostage* heissen die zwölf Nächte vom 24. Dezember bis 6. Januar, weil jeder dieser Tage in seiner Witterung die Witterung der zwölf Monate des beginnenden Jahres voraussagt. Siehe *Homeyer* über das germanische Losen, Monatsberichte der Berliner Akademie 1853 und Berlin 1854. Vgl. den Art. *Runen.*

Lother und Maller ist der Name eines ursprünglich französischen Romans der Karlssage, welcher von einer Gräfin von Nassau-Sarbrück aus der von ihrer Mutter, einer Herzogin von Lothringen, italienisch verfassten Bearbeitung ins Deutsche übersetzt wurde. Er erschien zuerst in Strassburg 1514 und wurde als Volksbuch oft wiederholt.

Lucidarius, Elucidarius oder *Aurea Gemma* ist der Titel eines jetzt noch geläufigen Volksbuches, das aus dem Mittelalter stammt und in seiner ältesten erhaltenen Fassung dem 12. Jahrhundert angehört; es enthält in dialogischer Form zuerst eine Weltbeschreibung und verknüpft in einem zweiten Teil eine Glaubenslehre damit; namentlich ist die Lehre vom Ende der Welt, vom Antichrist und vom jüngsten Gericht damit verbunden. Das Büchlein stammt aus einer lateinischen Quelle und ist in zahlreiche Sprachen übersetzt worden.

Ludus, siehe *Drama.*

Ludwigslied oder **Ludwigsleich** heisst ein altdeutsches Gedicht auf den Sieg König Ludwigs III. in der Normannenschlacht bei Saucourt im Jahre 881; das Lied ist sofort nach dem Siege gedichtet, kleidet aber die Geschichtserzählung in ein wunderbares Eingreifen Gottes. Der Dichter ist jedenfalls ein Geistlicher, und seine Darstellung, zwar von einseitig kirchlicher Tendenz nicht frei, doch lebhaft, verständlich und sachlich. Schon Herder verleibte das Gedicht seiner Sammlung von Volksliedern ein; von neuen Ausgaben siehe besonders *Müllenhoff* und *Scherer*, Denkmäler deutscher Poesie und Prosa.

Lügenmärchen hat es in verschiedener Form vom 13. Jahrhundert an gegeben, meist hervorgegangen aus der mutwilligen Freude am Abenteuerlichen und am Unsinn. Sie erscheinen in der Form von Sprüchen, Volksliedern, von Meistersingersprüchen, von Fastnachtspielen, namentlich gehört dazu auch der Finkenritter (siehe diesen). Vgl. *Müller-Fraureuth,* die deutschen Lügendichtungen bis auf Münchhausen. Halle 1881.

Luntenschloss. Die Entzündung geschah bei dem ältesten Feuerrohr durch die Lunte, die anfänglich von der Hand auf das Pulver der Pfanne gedrückt wurde. Diese Manier eignete sich jedoch höchstens für die feststehenden Büchsen, während sie bei der Handfeuerwaffe das Zielen sehr erschwerte und gefährlich machte oder gar verunmöglichte. So wurde für diese schon im Jahre 1378 das Luntenschloss konstruiert, dessen Beschaffenheit Jähns (Geschichte des Kriegswesens) folgendermassen angiebt: „Ein durch eine Niete beweglich befestigter, gebrochener Balken, die Stange, lag mit seinem vorderen, abwärts von der Platte gebogenen Ende in einer Öse, die mittels eines vernieteten, starken Stiftes mit dem aussen befindlichen Hahne in Verbindung stand, während sein hinteres, ebenfalls gebrochenes Ende auf dem unter ihm befindlichen Abzuge ruhte. Ausserdem wirkte eine Feder je nach ihrer Lage entweder auf die untere Seite des vorderen oder auf die obere Seite des hinteren Stangenbalkens, um kein unwillkürliches Bewegen der Stange und dadurch des Hahnes zuzulassen, sondern letzteren vielmehr zu zwingen, stets abwärts von der Pfanne stehen zu bleiben. Drückte man nun den Abzug zurück, so wirkte derselbe gegen den auf ihm ruhenden hinteren Stangenbalken, indem er ihn aufwärts und dadurch das in der Öse spielende Stangenende und zwar mit dieser abwärts drückte, sodass der mit der Öse in Verbindung stehende Hahn auf die Pfanne geführt wurde. Vor der beabsichtigten Entzündung des Pulvers (Zündkrautes) musste jedesmal erst der Pfannendeckel weggeschoben werden.“ Dieses Luntenschloss erhielt sich an den verschiedenen Büchsen bis in die zweite Hälfte des 17. Jahrhunderts hinein, obschon es begreiflicherweise nicht sicher wirkte, namentlich bei regnerischem Wetter; auch verriet der helle Schein der brennenden Lunten und deren übler Geruch dem Feinde die Stellung der Truppen bei Nacht. An seine Stelle trat sodann der „Schnapphahn“ und das „Radschloss“.

Lyrik, siehe *Höfische Dichtung, Volkslied, Meistersänger.*

M.

Macaronische Poesie heisst diejenige Dichtung, die in der willkürkürlichen Mischung lateinischer und landüblicher (italienischer, französischer, deutscher) Sprache besteht, wobei letztere den Flexionen der lateinischen Sprache unterworfen wird. Sie ist eine Erfindung der italienischen Humanisten des 15. Jahrhunderts, deren macaronisches Hauptwerk das Opus Macaronicorum des Merlinus Cocaius, d. h. Teofilo Folengo ist. Auf deutschem Boden findet man einzelne macaronische Verse bei Murner, Hans Sachs, Fischart zerstreut, denen später ganze Gedichte folgen, namentlich die Floia (siehe den Art. *Flohgedichte*), dann das *Corhum Carmen de Rothrockis atque Blaurockis, auctore Henninio Schelemio Breswenburgensi*, 1600 u. a., was meist für mutwillige Studentenkreise berechnet war. *Genthe*, Geschichte der macaronischen Poesie, und *O. Schade*, zur macaronischen Poesie, im Weimar. Jahrb. Bd. II und IV.

Madrigal heisst ein von der provençalischen in die italienische Dichtung verpflanztes lyrisches Gedicht, das, meist jambisch, sechs bis dreizehn Zeilen lang ist. Kaspar Ziegler, 1621—1690, schrieb ein Büchlein „Von den Madrigalen, einer schönen und zur Musik bequemsten Art Verse“, Leipzig, 1653; den Komponisten der Gesellschaftslieder (siehe diesen Art.) war das „welsche Madrigal“ eine sehr beliebte Form.

Magdalenerinnen, auch *Magdalenennonnen, Schwestern von der Busse der St. Magdalena, weisse Frauen* genannt, heisst ein um 1200 in Deutschland gestifteter Orden, welcher sich der Besserung gefallener Mädchen widmete, später jedoch auch unbescholtene Jungfrauen aufnahm. Er verbreitete sich namentlich in Deutschland und Italien.

Magelone oder die schöne Magelone, ist ein aus dem Französischen durch Veit Marbach ins Deutsche übersetztes und seitdem viel gelesenes Volksbuch; es erschien zuerst 1536 zu Augsburg.

Magister, siehe *Universitäten*.

Magnificat heisst in der Kirchensprache der Lobgesang der Maria im Hause des Zacharias (Luk. 1, 46—55), der mit den Worten beginnt: *Magnificat anima mea*.

Mahlzeiten. An dem, was der Mensch an Speise und Nahrung zu sich nimmt und wie er dieses thut, liegt besonders in einfacheren Bildungsperioden ein wesentlicher Teil seiner natürlichen und seiner geistig sittlichen Existenz; und zwar spiegelt sich die Art seiner Lebensführung nicht bloss in den gewöhnlichen Tagesmahlzeiten, sondern namentlich auch in den Festgelagen ab.

Für die älteste Periode sind von diesem Lebensgebiete nur vereinzelte Nachrichten erhalten. Tacitus sagt Germania 22: „Die Speisen sind einfach; wildes Obst, frisches Wildbret oder geronnene Milch; um ihren Hunger zu stillen, braucht es weder eine feine Zubereitung noch ausgesuchte Gewürze.“ Doch lässt sich diese Notiz nicht unwesentlich aus anderen Quellen ergänzen. Man ass das Fleisch des Rindes und des Pferdes, und bereitete aus der Milch Butter und Käse, welche letztere Speise Plinius ein Hauptnahrungsmittel der Germanen nennt. Vom Getreide war namentlich der *Hafer* beliebt; aus ihm gekochter Brei war durchs ganze Mittelalter so sehr die gewöhnliche Speise des niederen Volkes, dass das Wort *Brei* soviel wie

Speise bedeutete. Daneben kannten sie *Gerste* und *Weizen.* Und wenn auch die römischen Schriftsteller des Brotes als einer deutschen Speise nirgends erwähnen, so bezeugt doch das Alter der Worte *Brod* und *Laib*, dass die Verwandlung des Getreides in Kuchenform den Germanen nicht unbekannt gewesen sein kann. Von *Getränken* erwähnt Tacitus Germ. 23: Bier und Wein; daneben war der *Met* beliebt.

Die häuslichen Mahlzeiten der Germanen werden einzig vom physischen Bedürfnisse bestimmt worden sein; festliche Mahlzeiten kamen namentlich bei *Opfern* vor; für die gesellige Unterhaltung der freien Männer sorgte das *Gelage*, wovon Tacitus Germ. 22 und 23 handelt. Aus dem Beowulf und aus skandinavischen Sagen erfahren wir, wie es bei einem solchen Gelage zuging. Zu den Met- und Bierfesten lud der Wirt entweder bloss seine Bankgenossen oder auch Freunde und Nachbarn ein; die Hausfrau oder Tochter reichte das Trinkhorn selbst herum, wie es in Wallhalla die Wallküren thun; ja, von vielen Gastmählern wird berichtet, dass überhaupt die Frauen daran teilgenommen und tüchtig getrunken hätten.

Aus deutschen Quellen ist für das frühere Mittelalter wenig berichtet, was auf solche Gelage Bezug hätte; vielmehr hat offenbar auch auf diesem Lebensgebiete römischer Einfluss bei den Franken früh sich geltend gemacht und das alte Gelagewesen beseitigt; *Einhard* erzählt in seinem Leben Karls des Grossen: „In Speise und Trank war er mässig, mässiger jedoch noch im Trank, denn die Trunkenheit verabscheute er an jedem Menschen aufs äusserste, geschweige denn an sich und den Seinigen. Im Essen jedoch konnte er nicht so enthaltsam sein, vielmehr klagte er häufig, dass das Fasten seinem Körper schade. Höchst selten gab er Gastereien und nur bei besonderen festlichen Gelegenheiten, dann jedoch in zahlreicher Gesellschaft. Auf seine gewöhnliche Tafel liess er nur vier Gerichte auftragen ausser dem Braten, den ihm die Jäger am Bratspiess zu bringen pflegten und der ihm lieber war als jede andere Speise. Während der Tafel hörte er gerne Musik oder einen Vorleser. Er liess sich die Geschichten und Thaten der Alten vorlesen; auch an den Büchern des heiligen Augustinus hatte er Freude, besonders an denen, ‚die vom Staate Gottes‘ betitelt sind. Im Genuss des Weins und jeglichen Getränks war er so mässig, dass er über Tisch selten mehr als dreimal trank. Im Sommer nahm er nach dem Mittagessen etwas Obst zu sich und trank einmal, dann legte er Kleider und Schuhe ab, wie er bei Nacht that, und ruhte zwei bis drei Stunden.“

Römischer Einfluss wird es auch gewesen sein, der zahlreiche neue Speisen und Getränke aufbrachte für deren sichere Herbeischaffung Karl d. Gr. besonders in seinem *Capitularium de villis* Anweisung gab. Was man jetzt zur königlichen Tafel bedurfte, erkennt man aus den Vorschriften für die Aufseher der königlichen Villen, wenn ihnen befohlen wird, Baumgärten anzulegen, für Obst, Gemüse und Kräuter Sorge zu tragen, desgleichen für die Unterhaltung einer grösstmöglichen Anzahl von Hühnern, Gänsen, Fasanen, Rebhühnern, Pfauen, Turteltauben, und wenn im besonderen folgende Lebensmittel genannt werden: Rettiche, Hirse, gemästete Hühner und Gänse, Eier, Butter, Käs, Honig, frisches und getrocknetes Fleisch, Würste, Schmalz, neben dem gewöhnlichen Wein auch gekochter Wein, wahrscheinlich Claret, Brombeer- und Maulbeerwein, *moratum*, mhd. *moraz*, ein aus Fischen bereitetes Getränk, Bier, Met, Essig, Senf. Auch die frühe Bedeutung der Hofämter des *Schenken*, *Truchsessen*, und der daran sich schliessenden des *Küchenmeisters*, *Oberbäckers*, *Kellners* u. a. sprechen deutlich für die Bedeutung, welche dem Nahrungsmittelwesen jetzt zukam. Vom königlichen Hofe verbreitete sich der Speise- und Getränkeaufwand, mit dem selbstverständlich die Kochkunst Hand in Hand ging, an die kleinen Höfe der Fürsten und Edelinge, sodass dem ausgebildeten höfischen Leben schon eine recht ansehnliche Tafel zur Verfügung stand. Es seien hier nach *Schultz*, *Höfisches Leben*, Abschn. IV folgende Speisen genannt. Gänsebraten, Tauben, Hühner, *kapûn*, Pfauenbraten mit Pfeffersauce, Hirsch, Reh, Wildschwein, Hasen, Kaninchen; von wilden Vögeln: Kraniche und Reiher, Schwäne, Trappen, Rohrdommeln, wilde Gans, wilde Ente, Fasan, Regenpfeifer, Taucher, Rebhuhn und Haubenlerche. Die Fische ass man frisch oder eingesalzen; genannt werden Hering, ein verbreiteter Handelsartikel, Lachs, Lachsforelle, Aal, Stör u. v. a. Sehr beliebt waren *Pasteten*, mhd. die *pastêde*, *bastêde*, *bastêt*, aus mittellat. *pastâta*, von lat. *pastare* = Teig bereiten, *pasta* = Teig; es werden erwähnt Hühner-, Reh-, Kaninchen-, Fasanen- und Regenpfeifer-Pasteten. Von *Gewürzen* kennt man ausser Salz den Pfeffer, der im Mittelalter weit verbreiteter war als jetzt, daher auch die reichen Kaufherren im 15. Jahrhundert den Spottnamen *Pfeffersäcke* trugen; dann Kümmel, Muskatnüsse und Muskatblüten, Gewürznelken, Kardamon, Zimmet. Namen von Saucen sind Salse, altfr. *Sauce*, Pfeffer, Agraz. *Brot* lag bei jedem Gedeck auf der Tafel, mhd. *simele*, *semele*, Semmeln; andere Namen sind Wastel und Wecken; es war aus Weizenmehl gebacken. Als Nachtisch wurden verschiedene Kuchen aufgetragen, Honigkuchen, Gewürztorte, gefüllte Torte, Krapfen, *pfankuochen*; auch Käse gehört zum Nachtisch. Das Dessert besteht aus Obst oder Südfrüchten: Äpfel und Birnen, Weintrauben, Quitten, Nüsse, Himbeeren, Pfirsiche, geröstete Kastanien, Mandeln, Feigen, grosse Rosinen (Kubeben), Datteln, Ingwer, Granatäpfel. Über die Getränke siehe die Art. *Bier*, *Met* und *Wein*. Das älteste Kochbuch, aus dem 14. Jahrhundert, hat *Birlinger* veröffentlicht unter dem Titel: Ein Puch von guter Speise, Stuttg. 1844.

Noch mehr aber als die Speisen und Getränke selber, ist eine besondere *Tischzucht* für das höfische Leben charakteristisch; auch ihre Formen sind ohne Zweifel in Frankreich zuerst ausgebildet worden und sollten dazu dienen, die zu dieser Zeit gewiss noch rohe Natursitte beim Mahle in die Formen edeln Anstandes und würdiger Geselligkeit zu bannen, wobei sowohl die Zubereitung und Zurichtung der Speise als das Auftragen derselben, die gute Sitte der Aufwartenden sowohl als der Speisenden gleichmässig in Betracht kam. Je reicher das Gastmahl und je vornehmer die Teilnehmer, desto mehr kamen die Regeln der höfischen Zucht zur Berücksichtigung, am meisten ohne Zweifel bei den grossen königlichen Hoftafeln.

Die Tafel war mit meist weissen Tischtüchern, Tischlaken, bedeckt, die mit Borten verziert waren; jeder Gast erhielt eine Serviette, mhd. *twehele*, und ein Brot; zum Geräte gehörten die Salzfässer, Schüsseln, Becher, Messer und Löffel (die Gabel fehlte noch) und Trinkgefässe; aus der kleinen Schüssel oder dem Teller speiste bald ein Gast allein, bald zusammen mit einem Tischgenossen. War die Tafel und Speise zum Mahle bereit, so trat der Truchsess, mit abgelegtem Mantel, den Stab in der Hand, zum Herrn des Hauses, kniete vor ihm nieder und meldete, dass die Mahlzeit bereit sei und das

Waschwasser gereicht werden könne. Der Herr lässt darauf, wenn es ihm beliebt, Ruhe gebieten und befiehlt dem Truchsess, das Signal zum Händewaschen zu geben. Durch Horn, Trompete oder Zuruf wurden die Gäste aufgefordert, ihren Platz einzunehmen. Unter Leitung des Kämmerers boten darauf Edelknaben der Reihe nach knieend eine Schüssel dar und gossen aus einem Giessfasse Wasser über die Hände; die Hände wurden an der *twehele* abgetrocknet, welche die Diener um den Hals hängen hatten. Dann setzte man sich zu Tische. Der Fürst speiste an einem besonderen, auf einer Estrade erhöhten Tisch allein oder mit seiner Gemahlin, den anderen wies der Truchsess ihrem Range gemäss den Platz an. Um die Rangunterschiede verschwinden zu lassen, hatte Artus seine Gäste an einen runden Tisch gesetzt. Nach der älteren Sitte speisten Herren und Damen gesondert, nur dass etwa die Hausfrau den Gästen zur Ehre sich ans Mahl setzte. Kinder wurden nicht zugelassen. Zulassung der Damen zum Mahle kam erst in der sinkenden Ritterzeit auf. Das Auftragen der Speisen leitete unter Trommel und Posaunenschall wiederum der Truchsess, der samt seinen Gehilfen als Abzeichen einen Stab in der Hand trug; Edelknaben, schön gekleidet, brachten die Speisen aus der Küche. Grössere gebratene Vögel wurden am Spiesse aufgetragen, andere Gerichte auf kostbaren Platten; das Geflügel kam unzerschnitten, die übrigen Braten aber zerlegt auf den Tisch. Das Zerschneiden der letzteren besorgten Edelknaben oder junge am Hofe zur Erziehung lebende Mädchen; sie hatten dem Gaste knieend vorzuschneiden, die Bissen zuzureichen, den Becher zu präsentieren. Andere Knaben reichten den Wein herum, wobei gewöhnlich mehrere Gäste aus einem Becher tranken. Spielleute und Sänger fehlten bei der Hoftafel nicht. Nach aufgehobener Mahlzeit wusch man sich wiederum die Hände, die Tischtücher wurden abgenommen, der Tisch selber hinausgetragen.

War die höfische Zucht darauf bedacht, namentlich auch das Mahl unter ihr Gesetz zu bringen, so bemühten sich, als jener echte Geist der Zucht schwand, mehrere Schriftsteller, die Regeln der *Tischzucht* aufzuschreiben; man hat solche Aufzeichnungen vom Tannhäuser und eine „Wiener Tischzucht“, später noch von Sebastian Brant im Narrenschiff und von Hans Sachs nachgeahmt; doch sind das höchst äusserliche Regeln, die weniger sagen, was Zucht bei Tische sei, als welche Unzucht man lassen solle, z. B. mit blosser Hand ins Salzfass greifen, des Nachbarn Löffel brauchen, das Brotstück, mit dem man die Schüssel austunkt, abbeissen und wieder brauchen, direkt aus der Schüssel schlürfen, sie mit dem Finger auswischen, sich auf den Tisch aufstützen, beim Essen schnaufen und schmatzen, mit dem Messer in den Zähnen stochern, während des Mahles den Gürtel weitern. *Schultz*, Höfisches Leben, Abschn. IV.

Im allgemeinen blieb die Art, wie man in der höfischen Zeit das Gastmahl einahm, die Norm für die folgenden Jahrhunderte; im Kreise des Adels mag sich das äussere Zeremoniell wenig verändert haben; auch in den Städten, wo bald Gastmähler eine grosse Rolle spielten, blieb wenigstens eine bestimmte Tischzucht zu Recht bestehen. Vgl. *Kriegk*, Deutsches Bürgertum im Mittelalter. Abschn. XVIII., Mahlzeiten und Speisen.

Maifeld, siehe *Campus Martius.*

Maifest, Maifahrt, Mairitt ist das uralte, am 1. Mai, am Walpurgistage, gefeierte deutsche Frühlings- und Sommerfest. Der Tag war dem Donar geweiht und einer der heiligsten Tage des deutschen Heidentums, Opfer- und Gerichtstag der Maiversammlung des Volkes, wovon besonders auch die in die vorangehende Nacht verlegten Hexentänze Beweise ablegen; da zieht der Böse mit den Hexen nach dem Blocksberg, wo sie einen Tanz aufführen, der sich wahrscheinlich auf die Feier der Vermählung Wodans mit Frigg bezieht. Namentlich in Skandinavien und in Norddeutschland wurde der Maitag lange noch festlich gefeiert. Zwei Reiterscharen, die eine vom Winter angeführt, der in Pelz gehüllt und mit Handspiessen bewaffnet, Schneeballen und Eisschollen auswarf, die andere vom Blumengrafen, der mit grünen Zweigen, Laubwerk und kaum erst gefundenen Blumen bekleidet war, rückten von verschiedenen Seiten in die Stadt und hielten ein Speerstechen, worin der Sommer den Winter überwand und durch Ausspruch des umstehenden Volkes für den Sieger erklärt wurde. So im 16. Jahrhundert; später wird bloss noch vom Einführen oder Einreiten des Sommers durch feierlichen Umzug des Maigrafen gesprochen, der den Maienkranz einbringt. Es war eine *Maienfahrt*, welche Kaiser Albrecht am 1. Mai 1308 von Baden nach Brugg unternahm, und die Kränze, welche er den Begleitern, auch seinem Neffen aufsetzte, waren Maikränze, und wenn die Königin später bei Hinrichtung der unschuldigen Burgmänner zu Fahrwangen gesagt haben soll: nun bade sie im *Maientau*, so gehört auch dieser Ausdruck zum Maifest; in Schwaben z. B. heisst der Mairitt mancherorts *Maitauritt*. An vielen Orten wurden am Maitage *Maibäume* im Walde geholt und feierlich bekränzt und aufgestellt; der Baum ist eine Birke, Tanne oder Kiefer, oft auch heisst bloss der grüne Zweig *Maie*. *Grimm*, Mythologie 735; *Uhland*, Schriften, III, 31; *v. Reinsberg-Düringsfeld*, Das festliche Jahr, Monat Mai.

Major Domus, siehe *Hausmeier*.

Malbergische Glosse, siehe *leges barbarorum*, 1. *Lex Salica*.

Malerei. a) *Romanische und gotische Zeit.* Den eigentlichen Ursprung der Malerei in den nördlichen Ländern nachzuweisen, ist deshalb schwierig, weil einesteils die Werke der Malerei den verderblichen Einflüssen der Zeit einen weit geringeren Widerstand entgegensetzen, als z. B. diejenigen der Architektur oder Skulptur, andernteils aber, weil die Jahrhunderte nach der Reformation in ein feindliches Verhältnis zu dem traten, was die Vorzeit besonders in der Malerei Grosses hinterlassen hatte. Was wir deshalb aus der frühen Zeit der romanischen und gotischen Epoche noch besitzen, beschränkt sich auf äusserst weniges. Das meiste besteht in Miniaturen, jener Ausschmückung geschriebener Bücher durch Bilder, Randzeichnungen und Zierbuchstaben (s. den Artikel Miniaturen). Indessen liegen dennoch genug Beispiele vor, aus denen sich schliessen lässt, dass die Malerei besonders in Wandgemälden der Kirchen sich zu grosser räumlicher Wirkung entfaltet hatte, und dass eine völlige Bemalung des Inneren der Kirchen an Wänden, Gewölben und Holzdecken allgemeine Sitte war.

Der Zusammenhang mit der Architektur verlieh dem Stil der Malerei eine strenge Erhabenheit und Würde. Die Regung des individuellen Lebens war zwar eingeschränkt, aber dafür gewährten die Gestalten, die sich in kräftigen Farbentönen von dem in der Regel blau gehaltenen Hintergrund in energischen Umrissen abgehoben, verbunden mit einer einfachen architektonischen Gliederung, welche dem Ganzen klare Übersichtlichkeit, rhythmischen Wechsel und reiches Leben verlieh, den Eindruck von hoher

Würde und Macht. Derart enthält der *Wormser* Dom viele verblichene Wandmalereien. In der Liebfrauenkirche zu Halberstadt, in der Stiftskirche zu Quedlinburg schimmern noch die alten Malereien hervor, und in manch' anderen Kirchen hat die Übertünchung den alten Schmuck heiliger Wandmalereien nicht ganz vertilgen können. Unter den Werken des entwickelten 12. Jahrhunderts stehen die der Kirche in Schwarzrheindorf an Ausdehnung und künstlerischem Gehalte obenan. In der Schlussepoche des romanischen Stiles scheint die Wandmalerei besonders am Niederrhein, in Westfalen und Sachsen sich zu umfassenden Leistungen ausgebildet zu haben, so im Kapitelsaal in Brauweiler, in der Nikolaikapelle zu Soest und der Kirche zu Methler, vor allem aber in den bedeutenden Gewölbemalereien im Chor und Querschiff des Domes zu Braunschweig. Eines der wichtigsten Werke dieser Zeit ist die Holzdecke der Michaelskirche zu Hildesheim, die in überaus schöner Einteilung und reichem ornamentalen Rahmen den Stammbaum Christi enthält.

Bereits in der frühen Zeit des 13. Jahrhunderts entwickelt sich neben dem romanischen Stile ein anderer, welcher mit der Zeit allgemein vorherrschend wird. Das Starre, Strenge, Ernste, die traditionell überlieferte Bildungsform verschwindet und macht einer weicheren Führung und einem eigentümlichen Schwunge der Linien Platz. Die Gestalten verlassen ihre ruhige Stellung oder eckige schroffe Bewegung und nehmen etwas Graziöses in Haltung und Geberde an; die Falten der Gewänder fliessen weich, in langen Linien und Massen herab, die Gesichter erhalten die Andeutung eines lieblichen, häufig sentimentalen Ausdruckes, der zuweilen zwar nicht ohne Manier, insgemein jedoch auf eine schlichte, naive Weise hervortritt. Es ist das Erwachen des subjektiven Gefühls des Künstlers, welches die dargestellten Personen unbewusst durchdringt. Hand in Hand mit der Architektur zeigt sich aber auch hier ein typisch wiederkehrendes Gesetz der Formbildung. Das Gesetz einer architektonischen Symmetrie herrscht über Naturwahrheit vor. Grössere Darstellungen, welche die allgemeinen Typen des *gotischen* Stiles mit grösserer oder geringerer Vollendung tragen, sind mannigfach als Tafelbilder, Wandgemälde, als Glasmalereien und gewirkte Teppiche erhalten. Unter den bekannten gotischen Wandmalereien sind die der Frühzeit angehörenden Gemälde in der Apsis zu Brauweiler, besonders aber die Malereien an den Gewölben und Wandungen der ehemaligen *Kapelle zu Ramersdorf bei Bonn* Fig. 85 (Kunsthist. Bilderbogen), im Dom zu Köln, in der Thomaskirche zu Soest, der Klosterkirche zu Wienhausen, der Marienkirche zu Kolberg, im Dome zu Marienwerder, der Vituskirche zu Mühlhausen a. N. und viele andere als Beispiele anzuführen.

Indessen verdrängte der sich rasch ausbreitende gotische Stil die Malerei doch immer mehr und mehr. Die grossen Wandflächen, welche die romanische Baukunst geschaffen, schrumpften zusammen und machten einem steinernen Gerippe mit eingespannter Fensterwand Platz. Die Architektur drückte ihre Schwesterkunst zu blosser Ornamentik herab, und die nordischen Nationen erkauften die Befriedigung, sich im gotischen Stil mit ihrer ganzen Kraft auszusprechen, auf Jahrhunderte mit der völligen Einbusse der Fähigkeit, in grossräumigen Schöpfungen ihre höchsten Ideen mit den Mitteln der Kunst darzustellen, die recht eigentlich zum Ausdruck derselben bestimmt schien.

Die Malerei wurde gezwungen,

sich auf Schöpfungen der Kleinkunst zu werfen. Besonders blüht deshalb auch in dieser Epoche die Miniaturmalerei auf, daneben aber zugleich die sogenannte *Tafelmalerei*, deren Werke jene schliessenden Deckel von Altarschreinen bedeckten, wie sie zu dieser Zeit allgemein im Gebrauche waren. Entsprechend der Technik, Auftrag der mit Eiweiss angemachten Farben auf einem feinen Kreideüberzug, sind dieselben meistens zart, licht und durch häufig angewandte Vergoldung abgetönt. Die allgemeine Richtung der Zeit mit ihrem sanften Gefühlsausdruck

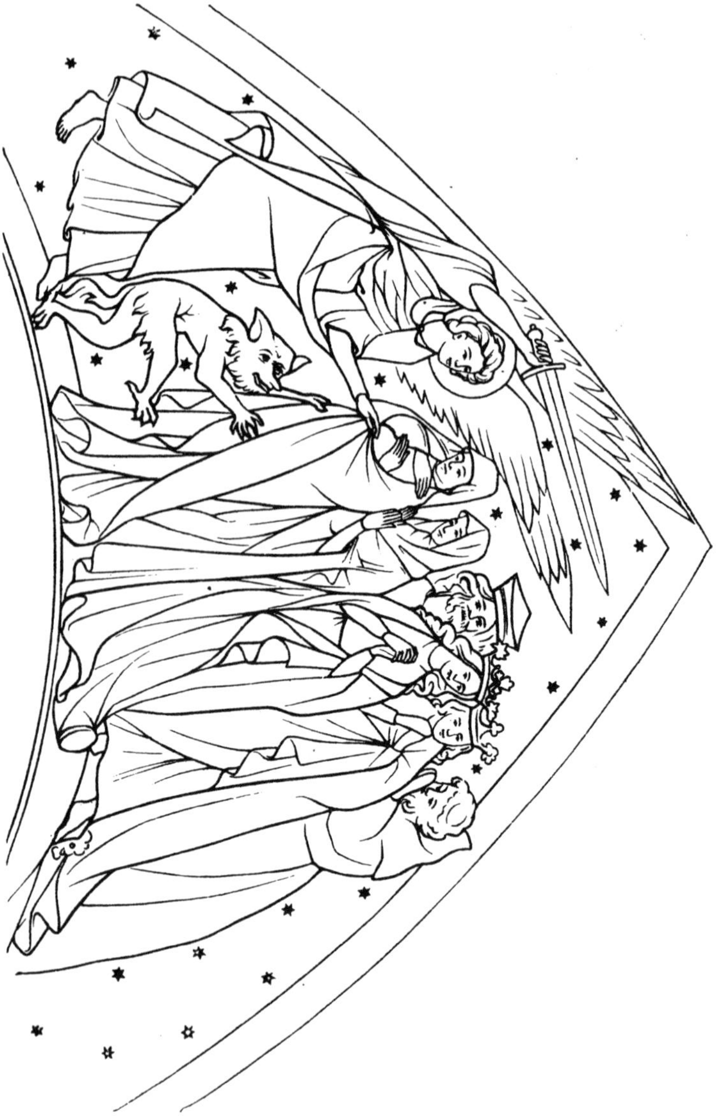

Fig. 85. Aus der Kapelle zu Ramersdorf bei Bonn (Anfang des 14. Jahrhunderts.).

und ihrem Spiritualismus wiegt in diesen Werken zwar vor, indessen treten doch innerhalb dieser Grundzüge seit 1350 besondere Richtungen, selbständig ausgeprägte Schulen vor. Der einzelne ordnet sich zwar wohl noch ein Jahrhundert lang völlig den gleichen Prinzipien unter, welche seine Genossen befolgen; sein Schaffen geht auf in dem seiner Genossen und hebt sich höchstens durch den höheren oder geringeren Grad technischer Ausführung, nicht aber dem Charakter nach, von der Menge ab. Vor allem waren es die drei Städte Köln, Prag und Nürnberg, welche zu Zentralpunkten für Malerschulen der gotischen Zeit wurden.

Besonders in Köln fand die ideale Erhebung der mittelalterlichen Kirche ihren vollkommenen Ausdruck.

Schule von Köln. Die schriftlichen Nachrichten über die einzelnen Künstler, denen die Werke dieser Schule angehören, sind äusserst dürftig. Man knüpft an die bedeutendsten Gemälde die Namen zweier Meister, entsprechend den beiden Hauptepochen, wie sie im Verlauf in der Kölnerschule beobachtet werden können. Der erste von diesen ist der Meister *Wilhelm von Herle*, von dem die gleichzeitige Limburger Chronik (1360) berichtet, dass er der beste Maler in allen deutschen Landen gewesen sei und dass er jeglichen Menschen von aller Gestalt gemalt habe, als hätte er gelebt. Bei ihm herrscht reine Kinderunschuld, Zartheit der Empfindung und Holdseligkeit des Ausdrucks in anmutigen schlanken Gestalten und einem duftigen Schmelz des Kolorits vor. Von dem bedeutenden Einfluss, welchen dieser Meister auf die Kunst seiner Zeit ausübte, giebt eine namhafte Anzahl Bilder seiner Schüler Zeugnis. Einem unter denselben war es beschieden, den vorzüglichen Leistungen seines Meisters noch Vorzüglicheres an die Seite zu stellen. Dies ist der Meister des berühmten *Kölner Dombildes*, Fig. 86 (Kunsth. Bilderbogen): *Stephan Lochner*. Seinen Namen hat uns Dürer in seinem Reisehandbuch aufbewahrt. Er tritt vorerst in die Fussstapfen seines Meisters, ist erfüllt von derselben Tiefe der Andacht und Unschuld, bringt sie in denselben edlen Gestalten zur Erscheinung, verleiht ihnen aber durch kräftigere Modellierung, intensivere Färbung und Anwendung schmuckvoller Zeittracht einen höheren Grad von Wirklichkeit. Seine Richtung führt die streng kirchlich ideale Kunst des Mittelalters bereits an den äussersten Grenzpunkt, über den hinaus sie keiner Entwicklung mehr fähig ist, ohne ihren unbeugsamen Prinzipien völlig untreu zu werden.

Ganz im Gegensatz zu der kölnischen Schule entfaltet die deutsche Malerei eine andere Blüte in der *Schule zu Prag* unter der Regierung Kaiser Karls IV. (1346—78.) Kaiser Karl führte, seiner Weltstellung gemäss, verschiedenartige Elemente in die Malerei seines Hofes ein, wovon die Meisternamen Thomas von Modena und Nikolaus Wurmser von Strassburg Zeugnis geben; auch scheint byzantinischer Einfluss mitgewirkt zu haben. Allein trotzdem bewahrt die böhmische Schule den einheitlichen lokalen Charakter, als dessen Vertreter man Meister *Kunze* nennt. Die bedeutendste Anzahl Werke dieser Künstler sieht man in dem von Karl erbauten Schloss Karlstein und in der Kapelle des heiligen Wenzeslaus im Dome zu Prag. In ihren allgemeinen Verhältnissen lassen sie das Schlichte und die einfache Würde des gotischen Stiles erkennen. Der vorwiegende Charakter ist der einer überaus grossen Weichheit, der in der Formgebung fast zum Verschwommenen hinneigt. Die Farbe ist ausserordentlich fein vertrieben, die Formen aber sind zumeist breit und plump, die Nasen überaus dick und rundlich, die Lippen voll, die Augen gross und von weit mehr offenem als heiterem Eindruck, dabei die Haltung der Gestalt meist unbehilflich und besonders durch die hohen Schultern und den kurzen Hals ängstlich gedrückt. Allein trotz alledem lag hier mehr als in Köln der Ansatz zu grosser monumentaler Kunst. Geschaffen und gehoben durch die Gunst Karls IV. erhielt

Fig. 86. Flügel des Kölner Dombildes.

diese Schule das Gepräge der andern Vormacht des deutschen Mittelalters, des alten Kaisertums.

Zwischen diesen beiden Polen deutscher Kunstentwickelung im Westen und Osten liegt die Reichsstadt *Nürnberg*. Wie in Köln und Prag sind auch hier die Elemente der ersten Entwickelung dem heimatlichen Boden entwachsen. Doch führte der lebhafte Verkehr der aufblühenden baulustigen Handelsstadt notwendig zu mannigfachen Berührungspunkten mit der Fremde, und soweit sich der Gesamtcharakter der ersten dortigen Schule aufstellen lässt, liegen deren Eigentümlichkeiten zwischen dem Wesen der Kölner und Prager Schule mitteninne. Die Malerei steht hier unter entschiedenem Einfluss der mächtigen Skulpturthätigkeit und sucht durch strenge Zeichnung, entschiedene Formgebung und Modellierung mit der Schwesterkunst zu wetteifern, während zugleich ein kräftiges Kolorit die eigentliche malerische Wirkung festhält. Die Gestalten zeigen weiche aber gedrungene Formen, die Köpfe kindlichen Ausdruck bei weit geöffneten, meist braunen Augen. Eine bedeutende Anzahl hierhergehöriger Bilder sieht man in den Hauptkirchen Nürnbergs St. Sebald und St. Laurenz. Die spätern Werke machen sich durch ein etwas gedrungenes Verhältnis der Formen bemerkbar, wie am Tucherschen Hochaltar in der Frauenkirche. Weniger noch als in Köln oder Prag lassen sich hier einzelne Künstler beim Namen nennen.

Der Entwicklungsgang, der sich an die Nürnberger Schule anschliesst, entspricht ganz den Geschicken des deutschen Volkes. Die Schulen von Prag und Köln vertraten die höchste Ausbildung, deren die mittelalterliche idealistische Richtung fähig war. Jetzt veränderte sich der Schwerpunkt im Leben der Nation. Die Kaisermacht verflüchtete sich, und die Herrschaft der Kirche wurde unterwühlt. Dafür erhob sich das Bürgertum mehr und mehr zu selbständiger Bedeutung, und da dasselbe sein Augenmerk irdischen Dingen zuwandte, musste jede weitere Vervollkommnung der Malerei notwendig zur genaueren Beobachtung der Naturgegenstände und zum Überwiegen der realistischen Behandlung führen. Die ersten Keime davon fanden wir bereits in der Kölner Schule in Lochner, allein sie erlag dem mächtig einbrechenden realistischen Zug der Zeit; die Prager Schule aber ging in den Stürmen der hussitischen Wirren gänzlich unter.

Bevor wir jedoch die Entwickelung der Malerei in Nürnberg und auf deutschen Boden weiter verfolgen, haben wir unseren Blick für einige Zeit nach dem Norden zu richten. Hier war es die grosse Handelsverbindung der Hansa, welche von nun an die gebietende Weltstellung im Norden Europas einzunehmen begann. Ihre Hauptstadt lag in den Niederlanden, und wie von *Brügge* aus der Markt in Süd und Nord beherrscht wurde, so sollte auch von Brügge aus der neue Geist in der Malerei ausgehen.

b) *Zeit der Renaissance,* 1. *Altflandrische Schule.* Flandern sollte die Geburtsstätte der modernen Malerei des Nordens werden. Das reiche, glänzende, vielbewegte Leben, wie es in den flandrischen Städten damals seinen Gipfelpunkt erreicht hatte, musste mächtig auf die Entwicklung der Malerei einwirken, nachdem das Auge des Künstlers einmal für die ihn umgebende Wirklichkeit geöffnet war. Die unendliche Mannigfaltigkeit der hier zusammenströmenden Menschen, in Physiognomie, Geberde, Tracht und Sitten, forderte die Beobachtung heraus und schärfte das Auge. Das Abgeschlossene einzelner idealer Gestalten oder symmetrisch geordneter Gruppen wird verlassen, der starre Glanz des goldenen Hintergrundes hinweggethan und dem Blick die Möglichkeit eröffnet, in die Tiefe und Weite einzudringen. Die ganze Welt der Erscheinungen, Himmel und Erde, Nähe und Ferne, anmutvolle Bergzüge und grüne Matten, die Behaglichkeit und der Schmuck menschlicher Wohnungen, alles das wird in den Werken der Folgezeit wiedergespiegelt. An der Spitze dieser neuen Richtung stehen die Gebrüder *van Eyck*: *Jan* und *Hubert*. Hubert wurde vermutlich 1366 in Maaseyk geboren, das Geburtsjahr seines Bruders fällt gegen 1400. Über die Lebensumstände der beiden Meister ist wenig bekannt, dagegen glänzen ihre Verdienste als Begründer einer ganz neuen Weise der Malerei um so unzweifelhafter.

Fig. 87. Gentner Altar. Flügelbilder.

Dem Inhalte nach schliessen sie sich aufs innigste der gedankenvoll symbolischen Kunstweise des Mittelalters an, greifen aber zugleich mit kühnem Mut ins Leben und prägen in allem scharf die Zustände ihrer Zeit und ihres Vaterlandes aus. Zugleich erfinden sie neue Vorteile in Bereitung und Anwendung der Farben und erreichen durch Verwendung des Öles als Bindemittel eine vorher nicht gekannte Leuchtkraft und Tiefe derselben. Das berühmteste Werk der beiden Brüder ist das *grosse Altarwerk*, welches von ihnen für die *Kirche des heiligen Johannes zu Gent* gemalt und im Jahre 1432 vollendet wurde. Fig. 87. (Kunsthistorische Bilderbogen). Ein grosser Gedanke, der Gedanke der Versöhnung, der Grundgedanke des Christentums, durchzog dasselbe. Heutzutage ist das Werk zum Teil zerstört, zum Teil verdorben. Von der künstlerischen Thätigkeit des Hubert ist ausser diesem Riesenwerke wenig auf uns gekommen, dagegen sind von der Hand *Jan's* mehrere Arbeiten erhalten geblieben. Auch die Schwester der beiden van Eyck, Margarete, war eine bedeutende Malerin. Obschon historisch beglaubigte Arbeiten von ihr kaum gekannt sind, so kann doch manches von den Miniaturmalereien van Eyck'schen Stiles ihrer Hand zugeschrieben werden. — Die von den van Eyck begründete Darstellungsweise übte einen unwiderstehlichen Einfluss auf die Zeitgenossen aus, wie sich aus den zahlreichen Bildern ihrer Schüler und Nachfolger ergiebt. Als die bedeutendsten werden genannt: *Gerhard van der Meere*, *Justus von Gent*, *der hochgeschätzte Hugo van der Goes*, *Albert Ouwater* u. s. w.

Als einer der bedeutendsten Maler wird *Hans Memling* gerühmt, der die Weise der Eyckschen Schule in einem eigentümlich strengen Sinn auffasst. Die Züge der Gesichter sind bei ihm weniger lieblich, sondern ernster, die Gestalten nicht so zierlich schlank, die Bewegung weniger weich, die Behandlung schärfer und mit genauerer Ausbildung des einzelnen. In der Gruppenanordnung befolgt er strenge Symmetrie und giebt gern im Hintergrunde die Begebenheit vor und nach der Haupthandlung in kleinerem Massstabe. Seine Landschaften tragen den Charakter des Sommers an sich. Überaus glücklich ist er in Darstellungen, welche den stärksten Glanz des Lichtes voraussetzen. Die vorzüglichste Auswahl von seinen Gemälden findet man im Spital des heiligen Johannes in Brügge, worunter namentlich der berühmte Ursulakasten, die Darstellung einer der anmutigsten Heiligenlegenden, hervorzuheben ist. Der eigentümlichen Darstellungsweise Memlins verwandt sind die Gemälde des *Dierick Bouts* von Harlem. Zu den spätesten Nachfolgern der Eyckschen Schule gehören ferner *Rogier van der Weyden* und *Anton Claessens*. Rogier wurde in Tournay geboren; seit 1436 wird er als Maler der Stadt Brüssel genannt, in deren Auftrag er vier Bilder für den Rathaussal malt. In realistischer Treue und Genauigkeit der Schilderung geht er noch über Jan van Eyck hinaus; seine Gestalten sind meist hart und eckig und mager, die Köpfe aber voll physiognomischer Kraft und Tiefe. Eines seiner bedeutendsten Bilder ist der irrigerweise sogenannte Reisealtar Karls V., ferner sein jüngstes Gericht im Hospital zu Beaume. Zum Schlusse mag noch eines eigentümlichen niederländischen Künstlers gedacht sein, der sich ganz unabhängig von seinen Zeitgenossen gebildet hat, des *Hieronymus Bosch*. Seine Darstellungen sind aus einer höchst abenteuerlichen Phantasie hervorgegangen, wahre Traumgebilde, die er jedoch in einer merkwürdigen Farbenglut zu gestalten wusste. Namentlich war ihm die Hölle ein beliebter Vorwurf, worin die armen Seelen aufs unerhörteste gepeinigt werden, wahre Küchenstücke der Hölle.

2. *Deutsche Schulen.* Bevor wir der mit Ende des 15. Jahrhunderts in den Niederlanden sich bahn-

brechenden neuen Richtung unsere Aufmerksamkeit zuwenden, sei vorerst der Entwicklung der Malerei in deutschen Landen gedacht. Selbstverständlich musste die bedeutsame Thätigkeit der flandrischen Schule mannigfach auch über die Grenzen der Heimat hinauswirken und zur Nachfolge reizen. Es wurde schon betont, dass die ältere *Kölner Schule*, trotzdem Meister Stephan Lochner schon leise Anklänge für die neue Richtung angeschlagen hatte, vor dem glänzenden Realismus spurlos zusammensank. Das zeigt sich namentlich in dem Meister der Lyvensbergischen Passion, welches Bild in der Ausführung ganz an die Weise Rogiers van der Weyden sich anlehnt. Die Einwirkung des Meisters der Lyvenbergischen Passion auf seine Umgebung war sehr bedeutend. Unter seine Nachfolger gehören *Bartholomäus de Bryn* und *Jan Joest*. Zu gleicher Zeit aber erhält sich in *Westfalen* die erhabene Hoheit der älteren Kölner Schule, welche im *Meister von Lisborn* einen letzten Vertreter findet, der im Hochaltar des Klosters Lisborn ein Beispiel einer seltenen Verschmelzung jenes feierlichen Stiles mit der realen Charakteristik und lebensvollen Ausbildung hinterlassen hat.

Bedeutender und selbständiger nehmen die Schulen von Ober- und Mitteldeutschland die flandrischen Einflüsse auf. Ohne den idealen Sinn der früheren Zeit völlig preiszugeben, huldigen sie der neuen Richtung in manchen Punkten und erzielen bisweilen eine glückliche Verschmelzung der beiden Grundelemente, so in dem Altarwerk der Kirche zu Tiefenbronn von *Lucas Moser*, auf dessen Rahmen man den Stossseufzer des Malers liest: „Schrey Kunst, schrey und klag dich sehr, dein begehrt jetzt Niemand mehr“, vielleicht ein Zeugnis dafür, dass die Welt anfing, sich von den Vertretern der älteren Schule abzuwenden. Zu gleicher Zeit lebte in Nördlingen ein Meister *Friedrich Herlin*, von dem im Bürgerbuche von 1467 ausdrücklich berichtet wird, dass er mit niederländischer Arbeit umzugehen wisse. Bilder von ihm sieht man in der Jakobskirche zu Rothenburg, den städtischen Sammlungen zu Nördlingen und dem National-Museum zu München.

Viel bedeutender als diese beiden Meister ist der Begründer der *Elsässer Schule: Martin Schongauer* (auch Schön, oder Bel Martino genannt) von Kolmar. Seine Ausbildung erhielt er von Rogier van der Weyden. Die Auffassung des Lebens ist bei ihm dieselbe, wie bei den Niederländern; in der Behandlungsweise stimmt er jedoch nicht durchaus mit ihnen überein. Seine Farbe ist im allgemeinen nicht von kräftigem Tone, sein Faltenwurf würdig gezeichnet, seine Karnation meist sehr weich. Die Gestalten zeigen eine ruhige Würde, in den Köpfen derselben ist der Anklang einer vollendeten, gereiften Schönheit zu finden, wie er fast nirgends in der älteren Kunst wahrgenommen wird. Die wichtigsten Gemälde Schongauers haben sich in Kolmar selbst erhalten, unter welchen die Madonna am Rosenhag in der dortigen Martinskirche eines der bedeutenderen ist. Sehr Treffliches leistete Schongauer im Kupferstich, wo er teils noch in ziemlich nahem Anschluss an die flandrische Kunst, teils schon zu einem eigenen Stil fortgeschritten erscheint, dessen äussere Merkmale neben der feinen sinnigen Schönheit der Köpfe eine gewisse Unruhe der knitterig behandelten Gewandung, eine scharfe eckige und magere Zeichnung und eine Beimischung oberdeutscher Trachten sind. In anderen Stichen tritt das phantastische Element hervor, wie z. B. in einer Versuchung des heiligen Antonius, wo der Heilige von wunderlichen Dämonen in die Lüfte emporgeführt wird. Sein Porträt hat uns sein Schüler *Hans Larghmair* hinterlassen.

In einer gewissen Verwandtschaft zu Martin Schön steht sein etwas jüngerer Zeitgenosse *Hans Holbein der Ältere*, der um 1460 in *Augsburg* geboren ward, sich bis 1499 dort aufhielt und dann vorübergehend in Ulm und Frankreich lebte und 1524 in Augsburg starb. Holbein tritt in die Fussstapfen Schongauers ein. Seine Bilder verraten zwar etwas Handwerksmässiges und zeigen scharfe, eckige Formen, doch gewahrt man in ihnen das Ringen eines lebendigen kräftigen Geistes, in einzelnen vornehmlich weiblichen Köpfen eine erfreuliche Anmut und überraschende Zartheit. Das Böse stellt er nicht in eigentlich hässlicher Gestalt dar, sondern nur in disharmonischen, phantastischen Formen. Von ihm sind zahlreiche Werke in der Galerie zu Augsburg und der Pinakothek zu München vorhanden. Holbein war seiner Lebtag arm geblieben und hatte gegen sein Lebensende oft mit der bittersten Not zu kämpfen. Neben Hans Holbein dem älteren war sein Bruder *Sigmund* ebenfalls ein bedeutender Künstler.

In ähnlicher Richtung wie Holbein bewegt sich anfangs *Hans Burgkmaier*, 1472 zu Augsburg geboren. In gewissen Schärfen der Zeichnung, wie auch in einzelnen Phantastereien folgt er dem Zuge der Zeit. Durch seinen Aufenthalt in Italien brachte er die Auffassung der Renaissance nach der Heimat. Unter den im ganzen nicht sonderlichen, aber zahlreichen Bildern befinden sich einige, die sich durch Kraft der Charakteristik, lebendige Schilderung und warme harmonische Färbung auszeichnen. In der Galerie in Augsburg ist der Künstler am reichsten vertreten. Seine Hauptwerke sind: Christus und die Madonna, von den Heiligen verehrt, die Geisselung Christi, Johannes auf Patmos etc. Besonders das erstere ist mit einer gewissen Keckheit hingeworfen.

Abweichend von dieser Richtung der deutschen Kunst hatte sich im Beginn des 16. Jahrhunderts in *Ulm* eine *Malerschule* gebildet, in welcher das phantastische Element, das sich schon in den früheren Entwickelungsperioden der nordischen Kunst geltend machte, vornehmlich aber bei den Malern der späteren Zeit, wie Martin Schön und dem älteren Holbein sich zeigt, minder charakteristisch hervortritt. Eine eigentümliche edle Milde bildet den Grundzug ihrer Kunst. Einer der bedeutendsten Künstler der *Ulmer* oder *schwäbischen Schule* ist *Bartholomäus Zeitblom* von Ulm, der gegen 1450 geboren ward. Fig. 88, *Geburt Christi* von *Zeitblom* (Kunsthist. Bilderbogen). Seine Werke zeigen ein bewusstes und im einzelnen durch glücklichen Erfolg gekröntes Streben nach einer würdigen und bedeutsamen Erfassung des Gegenstandes, verbunden mit einem aufrichtigen Anschliessen an das Vorbild der Natur. Seine wichtigsten Bilder befinden sich in der öffentlichen Sammlung zu Stuttgart. Von der ausgedehnten Wirksamkeit Zeitblom's geben verschiedene Werke Zeugnis, die als Arbeiten seiner Schule betrachtet werden müssen, so namentlich der Hochaltar in der ehemaligen Klosterkirche zu Blaubeuren. In dem grossartigen Hochaltar der Kirche zu Tiefenbronn lernen wir einen anderen wackeren Künstler der Ulmer Schule kennen, den *Hans Schühlein.* Allen voran aber geht *Martin Schaffner*, zu dessen trefflichsten Werken vier Tafeln mit der Verkündigung, Darstellung im Tempel, Ausgiessung des heiligen Geistes und dem Tode Marias gehören. Andere Bilder des Meisters bergen der Münster in Ulm und die Galerien zu Stuttgart, Sigmaringen und Berlin.

Fig. 88. Geburt Christi von Barth. Zeitblom.

An die obengenannten Künstler reiht sich wiederum einer der bedeutendsten Meister deutscher Kunst an: *Hans Holbein der Jüngere,* der Sohn des obengenannten Künstlers gleiches Namens. Zu Augsburg 1497 geboren, wandte er sich schon in frühen Jahren nach der Schweiz, Frankreich und England, wo er 1543 in London starb. Schon mit 18 Jahren tritt er als tüchtiger Maler auf und gehört zu den wenigen Meistern des Nordens, welche entschieden Einflüsse italienischer Kunst in sich aufgenommen und zu vollkommener Selbständigkeit verarbeitet haben. Holbein ist vornehmlich Porträtmaler. Seine zahlreichen Bildnisse zeigen ein inniges, unbefangenes Anschliessen an die Natur und eine edle Ruhe und Gemessenheit. Obschon in sorgfältiger Behandlung aller Einzelheiten den Arbeiten der Zeitgenossen sich anschliessend, stehen sie denselben doch in einer schöneren Fülle der Formen und in einer kräftigeren intensiveren Färbung weit voran. Die historisch beglaubigten Arbeiten Holbein's fangen erst in Basel an und werden im dortigen Museum aufbewahrt, worunter besonders ein furchtbar naturalistischer Christus hervorzuheben ist. In dieselbe Zeit fallen zwei Gemälde im Münster in Freiburg, die Geburt Christi und die Anbetung der Könige, ferner eine Reihe vorzüglicher Porträts, wie das des Bürgermeisters Meier und seiner Frau. Vor allem wichtig sind acht Bilder der Passion, von 1520—1525 entstanden, höchst dramatisch, kühn und gewaltig in der Komposition, aber geläutert durch die Einflüsse Raffael's. Etwa um 1524 ist die berühmte *Madonna des Bürgermeisters Meier* entstanden, keine hinreissende Schönheit, sondern die tief empfundene Schilderung echt deutschen Familienlebens. Fig. 89. Nicht minder stimmungsvoll ist die Madonna von Solothurn.

Wie Holbein monumentale Aufgaben behandelte, erkennen wir in den grossen Wandgemälden im Saal des Basler Rathauses. Seit seiner Übersiedelung nach England widmete er sich beinahe ganz der Porträtmalerei. Auch als Miniaturmaler leistete Holbein Ausgezeichnetes. In genialster Weise bekundet dies sein Totentanz, in welchem er dem phantastischen Geiste der Zeit den schuldigen Tribut zahlt. Wie er aber hier im kleinen als wahrer Künstler wirkt, so wirkt er nicht weniger im grossen. Seine Entwürfe zu den Fassademalereien bezeugen, mit welch genialer Freiheit er die Malerei in monumentaler Weise zu verwenden wusste.

Als direkte Nachahmer Holbein's gelten *Christof Amberger*, von dem ein paar gute Porträts erhalten sind, *Urs Graf* und *Nicolaus Manuel* von Bern, genannt Deutsch, der als geistreicher Anhänger der Reformation die Missbräuche der katholischen Kirche durch seine Kunst zu verspotten wusste; von ihm stammen auch die an die Kirchhofmauer des Dominikanerklosters in Bern in Farbe ausgeführten Totentänze.

Fränkische Schule. Unabhängiger von den besonderen Eigentümlichkeiten der niederländischen Malerei und nur im allgemeinen auf verwandter Entwickelungsstufe stehend, erscheinen die Künstler von *Nürnberg.* Wir haben schon anfangs gesehen, wie dort, gestützt auf ein kräftiges Bürgertum, die neueinbrechenden Ideen freudig aufgenommen wurden; ja Nürnberg sollte für Deutschland sogar das werden, was Brügge für die Niederlande war. Eine ausserordentlich rege Thätigkeit hatte sich in Nürnberg im 15. Jahrhundert in der Plastik entwickelt, und dieser plastische Geist blieb nicht ohne Einfluss auf die Malerei. Eine auffallend scharfe Formbezeichnung und energische Modellierung sind neben einem ins

Fig. 89. Madonna des Bürgermeisters Meier von Holbein.

Einseitige und Hässliche gehenden Streben nach Charakteristik die Merkmale der Nürnberger Schule. In keinem Meister prägen sich dieselben so schroff und unerfreulich aus, wie in *Michael Wohlgemuth* (1434—1519). Seine meisten Werke verraten einen ziemlich handwerksmässigen Meister, der vornehmlich in Darstellung bewegter Handlungen in Härte und Unnatur verfällt, in dessen Bildern aber zugleich, wenn sie ruhigere Momente entwickeln, mannigfache Andeutungen jenes Gefühles für Anmut der Form und Zartheit des Ausdrucks enthalten sind. Sein Hauptwerk ist der Altar in der Marienkirche zu Zwickau, wo die realistische Richtung fast überwiegend im Niedrigen und Hässlichen sich ergeht, das Ganze aber trotzdem von grossartiger Wirkung ist. In den besseren Werken indes erfreut der Meister oft durch eine fast ideale Schönheit der Köpfe. Bedeutendes hat Wohlgemuth, besonders in Verbindung mit seinem Stiefsohn *Pleydenwurff*, im Holzschnitt geleistet.

Aus dieser Schule indessen sollte ein Meister hervorgehen, der alle anderen in den Schatten stellte und der, was angeborene künstlerische Begabung betrifft, den Vergleich selbst mit Raffael und Michelangelo nicht zu scheuen braucht. Es ist *Albrecht Dürer*. Allerdings ist ein grosser Unterschied zwischen den Gipfelpunkten deutscher und italienischer Kunst. In Italien entfaltete sich eine reiche Blüte höchster, vollkommener Kunstleistungen. Die alte Zeit der Hellenen ward wiedergeboren. Dazu trug die südliche Natur, welche mit der Fülle der Vegetation das Auge ergötzte und zur Nachahmung reizte, nicht wenig bei. Aber auch das öffentliche Leben Italiens war ein anderes als das des Nordens. In der Kunst erblickten die Magistrate und Fürsten des Südens den höchsten Schmuck des Lebens, die Kunst konnte gross werden an umfassenden monumentalen Aufgaben. Nicht so im Norden. Der Reichtum der nordischen Handelsstädte hatte zu einem barbarischen Pomp geführt, der in der bunten überladenen Modetracht mit den bauschigen Stoffen, von Sammet, Seide, Brokat und Atlas, einen unerfreulichen Ausdruck fand; die grossartige Auffassung der Kunst aber ging den deutschen Machthabern vollends ab. Aber auch die Natur bot nicht jene Vorzüge, nicht jenes Leben. Sie schlummerte die Hälfte des Jahres unter Schnee und Eis, all ihres Schmuckes beraubt. Das reizte das Gemüt zu eigener Thätigkeit, es entstanden jene zahllosen Märchen des Nordens, jenes tiefsinnige Spiel der Phantasie, welches schliesslich ins Mass- und Ziellose hinausschweifte und das Reich der Schönheit gefährdete. Dieser Hang zum Phantastischen war den nordischen Völkern zwar von jeher eigen, allein es trat besonders jetzt zu Tage, als die grosse reformatorische Bewegung Luthers dem Gedanken eine einseitige Berechtigung einräumte. — Aus all diesen Gründen kam es, dass die nordische Malerei sich nie zu jener sonnigen Höhe der italienischen Kunst zu erheben vermochte und vielfach in handwerksmässige Verknöcherung versank und in dieser Gestalt selbst dem grossen Meister Albrecht Dürer beinahe unübersteigliche Hindernisse in den Weg legte. Allein bei alledem hat die nordische Malerei doch ihre Vorzüge. Das ist zunächst die Innigkeit und Wärme der Empfindung, die einfache Wahrhaftigkeit und Naivität, verbunden mit einer grundehrlichen Treuherzigkeit und Gediegenheit, Eigenschaften, die insgesamt zwar den Mangel an Schönheit nicht ersetzen können, aber vermöge ihrer starken sittlichen Tüchtigkeit für manches entschädigen.

Albrecht Dürer wurde im Jahre 1471 in Nürnberg geboren. Sein Vater war Goldschmied. Das Handwerk der Malerei lernte er bei Michael Wohlgemuth. 1490 begab er sich auf die Wanderschaft, von der er 1494 zurückkehrte und sich in seiner Vaterstadt Nürnberg als Meister niederliess. 1505 machte er eine Reise nach Italien, von der er aber schon im folgenden Jahre in sein geliebtes Nürnberg zurückkehrte. 1520 besuchte er die Niederlande und starb 1528 in seiner Vaterstadt. Seine Arbeitskraft war ungeheuer. Nicht nur brachte er den Holzschnitt und den Kupferstich zu künstlerischer Vollendung, sondern er führte daneben auch noch Schnitzwerke im Buchsbaumholz und Speckstein aus. Aus seinen letzten Jahren sind ausserdem mehrere wissenschaftliche Arbeiten, Anweisung über Geometrie, Befestigungskunst und die Verhältnisse des menschlichen Körpers erhalten. — Und all diese erstaunliche Fruchtbarkeit entfaltete sich unter dem Druck ungünstiger Lebensverhältnisse. Von seiner ihm so lieben Vaterstadt musste er sich als einzige Gnade erbitten, ihm ein kleines mit merklicher Mühe erworbenes Kapital zu geringem Zinsfuss zu verzinsen, und Kaiser Maximilian, der dem trefflichen Meister geneigt, aber weder ein Julius II. noch ein Leo X. war, wusste ihn zu nichts Grösserem zu verwenden, als zur Ausschmückung eines Degenknopfes, eines Gebetbuches und zum Entwerfen des „Triumphwagens“ und der „Ehrenpforte“, einer ziemlich nüchternen Verherrlichung des Monarchen, die Dürer freilich mit dem ganzen Reiz seiner Phantasie ausstattete. In seinen Gemälden strebt Dürer nach höchster Vollendung und sucht durch Studium der flandrischen Meister über das Handwerksmässige, zu welchem die Malerei in Deutschland, besonders in der Wohlgemuth'schen Werkstätte ausgeartet war, möglichst Herr zu werden. Bilder von ihm sind in grosser Menge vorhanden, so in der Pinakothek in München der sog. Paumgärtner'sche Altar mit der Geburt Christi, im Museum zu Darmstadt ein Herkules, in den Ufficien in Florenz die Anbetung der Könige, im Kloster Strahof zu Prag eine Darstellung des Rosenkranzfestes, im Museum in Dresden das vielleicht vollendetste Gemälde Dürer's, ein kleines Kruzifix, in der Galerie Pitti in Florenz Adam und Eva, im Belvedere zu Wien die mit entsetzensvoller Wahrheit gemalte Marterszene der 10 000 Heiligen, in Frankfurt wenigstens eine Kopie seiner verloren gegangenen Krönung Mariä, in der Galerie in Wien ein Dreieinigkeitsgemälde etc. Indessen schien aber Dürer, wie er selbst sagt, „des fleissigen Kleiblens“ müde geworden zu sein. Man pflegte eben seine Gemälde nach dem Massstabe der handwerksmässigen Schöpfungen seiner Zeit zu bezahlen, und seine Klage ist gewiss gerecht, wenn er meint: „Es verzehrts Einer schier drob“, und wir dürfen uns nicht wundern, wenn er den Vorsatz fasst: „wieder seines Stechens fleissiger zu warten“. Denn mit seinen Kupferstichen und Holzschnitten, mit welchen seine Frau zur Messe zog, vermochte er mehr zu verdienen. So veröffentlichte er 1511—15 in kurzer Aufeinanderfolge die umfangreichen Werke der grossen Passion und das Leben Mariä und das Kupferstichwerk: Die kleine Passion. Gegen Ende seines Lebens legte Dürer in den sogenannten vier Kirchenstützen sein tiefstes Glaubensbekenntnis ab. Dieses letzte Werk Dürers stellt die lebensgrossen Gestalten des Johannes, Petrus, Markus und Paulus dar. Aus den tiefsten Gedanken, welche dazumal den Meister bewegten, hervorgegangen und mit der überzeugendsten Kraft

Fig. 90. St. Michaels Kampf mit dem Drachen. Von Dürer.

und Vollendung der Darstellung vorgeführt, hat hier Dürer Grösse und Einfachheit des Stiles, Tiefe und Harmonie der Farben, vollendete Freiheit der Form erreicht und selbst in den wunderbar grossartigen Gewändern alle kleinliche Manier überwunden. Damit hatte Dürer das Ziel der Kunst erreicht, nach Vollendung dieses Werkes durfte der Meister sein Auge schliessen. Er starb denn auch bald darauf im Jahre 1528. Dazu Fig. 90, der Dürersche Holzschnitt *St. Michael mit dem Drachen* (Kunsthist. Bilderbogen).

Ihm folgte eine zahlreiche Schule, aber mit derjenigen Höhe, wozu er in seinem letzten Meisterbilde die deutsche Kunst emporgeführt hatte, war es für lange Zeit vorbei. Seine Schüler vermochten wohl seine Manier und seine Darstellungsweise nachzuahmen, allein der tiefe Geist des Meisters, der Genius der Kunst war entflohen. Einer der anziehendsten Schüler ist noch Hans von Kulmbach, von dem wir in der Sebaldus-Kirche in Nürnberg ein grosses Altarbild besitzen, wahrscheinlich nach einer Zeichnung Dürers ausgeführt.

Heinrich Aldegrever verdient besonders als fleissiger Kupferstecher Aufmerksamkeit, ebenso *Albrecht Altdorfer.* Ein tüchtiger, gewandter Meister, der sich ganz leidlich in die Manier Dürers hineingearbeitet hat, ist *Hans Schäuffelin.* Wenig ansprechend ist *Barth. Beham.* Er zeigt eine wilde manirierte phantastische Nachahmung des Dürerschen Stiles. Sein Bruder, *Hans Sebald Beham,* widmete sich fast ausschliesslich dem Kupferstich. Als vorzüglicher Nachahmer Dürers gilt *Mathias Grünewald.* Ihm wird ein mächtiger Flügelaltar im Museum zu Kolmar zugeschrieben. Ausserdem besitzt das Museum von Basel von ihm eine Auferstehung. Von den unmittelbaren Schülern Dürers ist noch *Georg Pencz* zu nennen, der von Dürer weg in die Schule Raffaels ging. Einen ausgezeichneten Rang nimmt Pencz namentlich als Porträtmaler und trefflicher Kupferstecher ein. — Zu den bedeutendsten deutschen Künstlern gehört sodann der aus der schwäbischen Schule hervorgegangene *Hans Baldung,* genannt *Grien.* In ihm feiert der Hang zur Phantastik eine künstlerische Verklärung, wie wir sie bei keinem anderen Meister finden. — Besonders reich erblühte während dieser Epoche die Malerei in München, gefördert durch die kunstliebenden Herzoge von Bayern. Hierher gehört namentlich *Hans Muelich* von München, dessen geistreiche, lebendige Art der Darstellung und die ungewöhnliche Harmonie und Pracht der Farben an Hans Holbein erinnern.

Sächsische Schule. Der Richtung des Albrecht Dürer und seiner Schule zur Seite steht die sächsische Schule mit ihrem Hauptmeister *Lucas Cranach.* Von seinen Vorgängern in Sachsen ist wenig bekannt. Lucas Cranach der Ältere stammt aus dem sächsischen Orte Cronach. 1504 wurde er Hofmaler des Kurfürsten Friedrich von Sachsen und blieb in dieser Eigenschaft auch unter dessen Nachfolgern Cranach starb 1553 in Weimar. Als eifriger Anhänger der Reformation versuchte er dem Verhältnis der neuen Lehre zu der überlieferten Anschauung in seinen Bildern Ausdruck zu verleihen. Cranach hat vieles mit Dürer gemein, doch tritt bei ihm an Stelle jenes tiefsinnigen Ernstes und grossartiger Kraft mehr eine naive, kindliche Heiterkeit, und jenes Element des Phantastischen hat bei ihm im einzelnen die lieblichsten märchenhaften Blüten getrieben. — Von seinen Altarbildern sind die wichtigsten die in der Kirche zu Schneeberg, im Dom zu

Meissen und in den Stadtkirchen zu Wittenberg und Meissen. Namentlich aber sind von Cranach eine grosse Anzahl Darstellungen erhalten, in welchen er sein Studium des

Der bedeutendste war sein Sohn *Cranach der Jüngere*, der etwas von dem Ruhme und etwas von der Kunst seines Vaters erbte.

3. *Holländische Schule.* Dieselbe

Fig. 91. Christus und der Versucher. Von Lucas van Leyden.

nackten Körpers, namentlich des weiblichen zur Geltung zu bringen wusste. Nebenbei pflegte er den Kupferstich und Holzschnitt und brachte es besonders in letzterem zu bedeutender Meisterschaft. — Von eigentlichen Schülern oder Nachfolgern Cranach's ist wenig bekannt.

hatte sich aus der flandrischen Schule schon sehr früh gebildet, indem die ersten Künstler als unmittelbare Schüler der Gebrüder van Eyck erscheinen, so der schon genannte *Albert von Ouwater* und dessen frühverstorbener Schüler: *Gerhard von Harlem*, namentlich aber ein anderer

Harlemer Künstler: *Dierik Bouts.* An diese schliesst sich *Cornelius Engelbrechtsen* (1468—1533) von Leyden an. In seinen Bildern erkennt man trotz einer gewissen Härte noch einen Nachklang der flandrischen Schule, zugleich aber ein Streben nach vollerer Wirkung. Sein Hauptwerk ist ein Altargemälde im Stadthause zu Leyden, welches die Kreuzigung darstellt. Mehr als durch eigene Bedeutung tritt Engelbrechtsen als Lehrer des *Lucas van Leyden* (1494—1533) hervor, eines der frühreifsten Talente der Kunstgeschichte. In bezug auf äussere Behandlungsweise dürfte dieser Künstler zunächst mit Dürer zu vergleichen sein, allein es hat das phantastische Wesen der Zeit bei ihm bereits einen bizarren Charakter angenommen. In solcher Art wenigstens erscheint Lucas in seinen zahlreichen Kupferstichen. Dazu Fig. 91. *Christus und der Versucher;* Kupferstich von *Lucas van Leyden* (Kunsthist. Bilderbogen). Gemälde seiner Hand sind höchst selten, und wir nennen hier nur ein umfangreiches jüngstes Gericht im Museum zu Leyden und eine Madonna in der Pinakothek in München.

Schliesslich wäre noch einer ganz neuen Richtung zu gedenken, welche eine grosse Zukunft vor sich hatte. Schon die Gebrüder van Eyck hatten die *Landschaft* in ihre Bilder eingeführt dadurch, dass sie den goldenen gemusterten Hintergrund der mittelalterlichen Bilder zerrissen und dem Blick erlaubten in die Ferne zu schweifen. Jetzt versuchten es die Künstler, den Hintergrund zur Hauptsache zu machen und die heiligen Geschichten zu blosser Staffage herabzusetzen. Dadurch wurde die moderne Landschaftsmalerei geschaffen. Namentlich *Joachim Patenier* (1490—1550) war es, welcher diese Neuerung in die Malerei einführte. Entschiedener für die weitere Entwickelung derselben trat *Herri de Bles* ein.

4. *Weiterentwickelung der flandrischen Schule.* Gegen Ende des 15. Jahrhunderts begannen die flandrischen Künstler eine neue Richtung einzuschlagen. Es drängte sich nämlich immer mehr das Begehren hervor, den Menschen aus der ihn umgebenden Natur zu lösen und Individualität und Charakter des einzelnen selbständig hervortreten zu lassen. Der liebevolle kindliche Sinn, mit dem die Gebrüder van Eyck und ihre Nachfolger die gesamte Welt der Erscheinungen in ihren Bildern wiedergegeben, war dem weiterstrebenden Geiste nicht mehr genügend. Das Bekanntwerden mit der klassischen Meisterschaft der italienischen Malerei mochte wohl den ersten Anstoss zu dieser neuen Richtung gegeben haben. Man suchte nun den menschlichen Körper gründlicher zu studieren, die Form grösser und bedeutender zu fassen und in ganzer Lebensfülle darzustellen. An der Spitze dieser neuen Richtung steht *Quintin Messys* von Antwerpen, der, ursprünglich ein Goldschmied, die Kunst der Malerei erlernte, um der Hand seiner Geliebten würdig zu werden. Wir besitzen von ihm eine Kreuzabnahme, ein Werk voll gewaltiger Kraft und dramatischen Lebens. In anderen Bildern, deren Gegenstand die pathetische Auffassung des vorigen ausschloss, erscheint Quintin reicher und entwickelt ein eigentümlich heiteres frisches Leben, so in mehreren Altartafeln, namentlich derjenigen mit der Sippschaft Christi in St. Peter in Löwen. Besonders milde und anmutig ist eine Madonna im Museum zu Berlin. Auch Genredarstellungen kennt man von seiner Hand, wie der Geldwechsler im Louvre in Paris, Fig. 92, *Geldwechsler und Frau von Quintin Messys* (Kunsthist. Bilderbogen), und die beiden Geizhälse in Windsor-Castle. — Eine namhafte Schule scheint sich an Messys nicht angeschlossen zu

haben; dagegen begegnen wir zur gleichen Zeit einer nicht unbedeutenden Anzahl Künstler, welche die Mängel der alten Schule in anderer Weise auszugleichen suchen. Man behielt das Gemütvolle der alten Kompositionsweise bei ohne ihre Härten und Unregelmässigkeiten und bildete die Gestalten richtiger und voller. Aber mit der Naivität der alten Darstellung verschwand auch zugleich ihr innerliches geheimnisvoll ergreifendes Wesen, ohne dass man im stande war, den tiefen Quell, aus dem die vollendete Richtung der italienischen Kunst hervordrang, zu ergründen. So entstand eine Leere des Gefühls, die von der grossartigen Kraft des Quintin Messys weit entfernt war.

Die vorzüglichsten Künstler dieser Zeit sind folgende: *Johann von Mabuse*, zu dessen besten Arbeiten das grosse Altarwerk in der Galerie zu Prag gehört. In seiner späteren Zeit verfiel er dem Manierismus der römischen Schule. Ganz ähnlich ging es dem *Bernhardin van Orley*, dem *Jan van Schoreel*, dem *Michael Coxcie* und manchen andern Meistern. Sie versuchten bei dem ausgebildeten Idealstil der römischen Schule anzuknüpfen; allein was dort nach Jahrhunderten langsam erblüht war, liess sich nicht auf fremden Boden verpflanzen, ohne den Charakter eines Treibhausgewächses anzunehmen. Das sahen die niederländischen Meister ein und ergaben sich deshalb ganz der Nachahmung

Fig. 92. Der Geldwechsler und seine Frau. Von Quintin Messys.

italienischer Malerei, doch blieb das Ideal, zu dem sie sich emporzuschwingen versuchten, eben nur ein formelles, inhaltloses. Ihre Bedeutung für die Kunstgeschichte besteht im wesentlichen darin, dass sie ein Verbindungsglied zwischen den älteren Meistern und den grossen Schulen des folgenden Jahrhunderts erstellen. Zu den Malern dieser Übergangsstufe gehören: *Lambert Lombard*, dessen berühmtestem Schüler *Franz Floris* die Niederländer den Titel des flandrischen Raffael beilegten. Ferner *Otto Venius* oder *Octavius van Veen*, der Lehrmeister von Rubens. Andere wie *Antonio Moro* und *Franz Pourbus* bewahrten auch jetzt noch eine einfache Tüchtigkeit der Frische und Auffassung, indessen zeigen die Produkte dieser Übergangsperiode wenig Erfreuliches.

c. *Nachblüte der Renaissance.* Im Verlaufe des anbrechenden 17. Jahrhunderts erstand die Malerei nochmals in ungeahntem Aufschwung. Die Brücke, welche das 16. Jahrhundert gebaut hatte, war aus den mannigfachen Kämpfen um innere und äussere Freiheit hervorgegangen und hatte das ihm entsprechende Medium für den Ausdruck seines mannigfaltigen Wesens in der Malerei gefunden. Sie wurde zur Lieblingkunst. Nicht nur Italien, Brabant und Holland eröffneten ihr ihr Gebiet, sondern auch Spanien, Frankreich und England. Einzig Deutschland, welches der 30jährige Krieg zerfleischte, hatte die Lust an künstlerischen Produktionen verloren. Zugleich erweitert sich aber auch der Anschauungskreis. Während in den katholischen Landen die Kunst noch einmal aus der unerschöpflichen Quelle der kirchlichen Stoffe neue Anregungen gewinnt, hat das Walten des modernen protestantischen Geistes den alten Bann der Überlieferung gesprengt und den Blick auf die unermessliche Mannigfaltigkeit des wirklichen Lebens, auf die ewige Schönheit der landschaftlichen Natur, auf die charakteristische Bedeutung der Tierwelt hingelenkt. Hier bewegt sich die Malerei mit unendlicher Vielseitigkeit, sie sondert sich in Historienmalerei, in das Genre, die die Landschaft, das Tierstück und Stillleben. Ein gemeinsamer Zug aber geht durch alle Zweige, der Naturalismus, der völlige Bruch mit aller Tradition. Das Streben nach dem Höchsten und Gemeingültigen, nach vollkommen gereinigter Schönheit und Idealität ist zwar nicht mehr vorhanden, aber in der Breite, in frei unabhängiger Behandlung und Würdigung des einzelnen wird mannigfach Bedeutendes und Neues gewonnen.

1. *Historienmalerei.* Gleich von vornherein sehen wir in den Niederlanden zwei Schulen sich noch schärfer ausprägen, welche bereits bestanden, einerseits in Brabant, wo die Malerei grösstenteils im Dienste der Kirche bleibt, anderseits in Holland, das einen gänzlich unabhängigen Weg der Entwickelung zeigt. Neben diesen beiden grossen Schulen erscheinen noch vereinzelte Maler der Niederlande und von Deutschland, welche sich im allgemeinen an die italienischen Naturalisten anlehnen, aber wenig Erfreuliches zu Tage fördern.

a) *Die Schule von Brabant.* Der Begründer dieser Schule, der erste, welcher den Manieristen des letzten Jahrhunderts den entscheidenden Krieg erklärte, war *Peter Paul Rubens,* wenn er auch seinen ersten Unterricht im Malen bei Otto Venius erhielt, bei welchem er höchstens jene manieristische Nachahmung der Italiener lernen konnte. Allein schon mit 23 Jahren ging er selbst nach Italien und erwarb sich dort in siebenjährigem Aufenthalte eine dem Drange seiner Zeit entsprechende Grundlage für seine Darstellung. Die Formen seiner Gestalten sind nicht mehr willkürlich nach einem allgemeinen äusserlichen Schönheitsgesetz gewählt, sondern es sind die einer derben kräftigen Natur. Leidenschaftliche Bewegung, kühne Thatlust und tiefe mächtige Empfindung sind die Elemente seiner Kunst. Dem entspricht auch der hinreissende Zauber eines leuchtenden, frischen, mit breiten kühnen Pinselstrichen behandelten Kolorits. — Einer Menge von Arbeiten seiner Hand, oft von kolossalem Umfange, begegnen wir in den Kirchen seines Vaterlandes, namentlich in Antwerpen den beiden berühmten Bildern der Kreuzaufrichtung und Kreuzabnahme. Aber auch in ausländischen Museen sprechen zahlreiche Gemälde für die ausserordentliche Thätigkeit des Meisters, so im Belvedere in Wien eine Himmelfahrt Mariä, in Madrid eine Anbetung der Könige, in Wien das bekannte Ambrosiusgemälde, wie er Theodorich den Eintritt zur Kirche verwehrt, in München das kolossale jüngste Gericht. An diese Bilder reihen sich eine Menge mythischer Darstellungen von heroischer Gewalt. Gross ist Rubens aber auch in profangeschichtlichen Darstellungen, namentlich wo es auf dramatische Schilderung ankommt. Sodann giebt es von ihm eine Menge genialer Genrebilder, wild bewegte Tierstücke, grossartige Landschaften, Porträts u. s. w. Fig. 93. *Die vier Erdteile von Rubens.* (Kunsth. Bilderbogen). Ja, selbst als Architekt war Rubens thätig. Es würde zu weit führen, alle seine Werke aufzuführen, in denen sich alle Fülle und Pracht jener glänzenden Epoche vereinigt. Der berühmteste seiner Schüler ist *Anton van Dyck* (1599 bis 1641), der in seinen früheren Bildern seinen Meister bis zur Übertreibung nachzuahmen sucht, nachmals aber durch unmittelbare Studien der Venezianer seinem Stile eine massvollere edle Schönheit zu verleihen weiss. An Stelle des Rubensschen Thatendranges tritt bei seinen Bildern der elegische, selbst bis ins Thränenreiche nnd Sentimentale gehende Ausdruck der Trauer. Namentlich aber als Porträtmaler erwarb sich van Dyk einen bedeutenden Ruf. Die übrigen zahlreichen Schüler Rubens ahmten die energischen Seiten seiner Darstellung oft mit Glück, oft aber auch nicht ohne Schwere und Roheit nach. Der Talentvollste unter ihnen ist *Jakob Jordaens.*

b) *Die holländische Schule.* Auch in Holland hatte sich gegen Beginn des 17. Jahrhunderts eine Opposition gegen die Manieristen erhoben. Den vollen Ausdruck gewinnt die neue Richtung namentlich in den sogenannten Schützen und Regentenstücken, in jenen Kollektivdarstellungen städtischer Genossenschaften. Die kirchliche Tradition wurde von dem strengen Protestantismus des Landes zurückgewiesen, und die Kunst sah sich zunächst auf treue Abspiegelung der Wirklichkeit hingewiesen. Zu den tüchtigsten Meistern gehören *Michael Mierewelt* (1567 bis 1641), *Jan van Ravesteyn* (1572 bis 1657), *Franz Hals* und *Thomas de Keyser* (1595—1679). Etwas jünger als die genannten ist *Bartholomäus van der Helst.* Er neigt in der Behandlung zur Manier des van Dyck und ist ihm namentlich im Kolorit nahe verwandt. Die bisherigen Künstler gingen kaum über das Porträt hinaus. Im zweiten Viertel des 17. Jahrhunderts aber trat unter den Holländern ein Künstler auf, der eine eigentümliche historische Malerei schuf, welche einen scharfen Gegensatz zur brabantischen Schule bildete. Es war *Hermann Rembrandt* van Ryn (1607—1669). Zunächst schlosss er sich dem künstlerischen Entwicklungsgange der genannten Meister an. Aber was bei jenen in einem gewissen Grade unbewusst und unbefangen geschehen war, führt er mit bestimmter ausschliesslicher Absicht durch. Er nahm sogar eine feindliche Stellung ein gegen das Studium ideal gereinigter Frauenschönheit und ging oft mit Vorliebe auf die Nachbildung der gemeinen Natur aus. Ihm war es nicht um Darstellung erhabener Ruhe zu thun, welche das An-

Fig. 93. Die vier Erdteile. Von Rubens.

schauen vollendeter Schönheit gewährt, er wollte nur die innere Stimmung seines Gemütes, das dunkle Gefühl träumerischer Kraft und verhaltener Leidenschaft zur Erscheinung bringen. Während die Werke von Rubens bei allem derbsinnlichen Wesen immerhin einen gewissen vornehmen Charakter haben, erscheint in den Werken Rembrandts jener düstere Trotz, jene im Verborgenen gärende Leidenschaft. In seinen früheren Werken treten diese besonderen Eigentümlichkeiten nicht so schroff hervor. Es mag dies im Zusammenhang stehen mit seiner Lebensgeschichte. Die ersten Künstlerjahre verlebte er an der Seite seiner anmutigen Gattin Saskia von Ulenburg. Mit dem frühen Tode der geliebten Frau beginnt das Leben des Künstlers sich zu trüben; er gerät trotz allen rastlosen Fleisses in stets wachsende Bedrängnis, die 1656 zum Bankerott führte. — Mehrere Porträts aus seiner Frühzeit sind im Haager Museum und in der Galerie zu Kassel aufbewahrt. Seine späteren Werke beherrscht eine wunderbare Ausbildung des Helldunkels, ein keckes verwegenes Spiel mit phantastischen, selbst grellen Lichteffekten. Noch vereinzelt tritt dieses Streben beim „Paulus im Gefängnis“ aus. Bei der sogenannten „Nachtwache“ im Museum zu Amsterdam erblicken wir ein Meisterstück dieser Art. Eine genial übermütige Ironie spricht aus seinem „Raub des Ganymed“ in Dresden. Mit Vorliebe behandelte Rembrandt alttestamentliche Gegenstände, so das „Opfer Abrahams“ (Petersburg), Moses (Berlin), Das Leben Simsons (Kassel) u. s. w. Zahlreiche Darstellungen des neuen Testamentes hat er in Radierungen ausgeführt, bei welchen namentlich wieder das meisterhafte Spiel des Lichtes zur Bewunderung hinreisst. Endlich darf nicht vergessen werden, dass Rembrandt mehrere Landschaften von grandioser Kühnheit hinterlassen hat. Den Schülern und Nachahmern Rembrandt's ging es wie allen Nachahmern grosser Meister. Sie fassten die Manier desselben auf, ohne seinen Genius im ganzen Umfange zu ererben. *Gerbrand van der Eckhout* kommt ihm wohl am nächsten. *Govart Flinck* ist nüchterner, oft liebenswürdig und anziehend *Ferdinand Bol.* Ein trefflicher Porträtmaler ist *J. Lievensz*, technisch sehr bedeutend *Salomon König.*

c) *Nachahmer der Italiener.* Neben den Meistern der beiden grossen Schulen sind noch eine Anzahl deutscher und niederländischer Künstler vorzuführen, welche an der italienischen Malerei festhielten. Am leidlichsten spricht sich diese Richtung in *Johann Rottenhammer* von München (1564—1622) aus, geradezu widerwärtig in anderen, die in kläglicher Mittelmässigkeit dem Michelangelo nachstümpern. Eine Ausnahme bildet allein der liebenswürdige *Adam Elzheimer* von Frankfurt (1574—1620), einer der frühesten Meister der Landschaftsmalerei. Zu etwas grösserer Frische hebt sich die Kunst des 17. Jahrhunderts in *Joachim von Sandrart*, *Carl Screta* von Prag und *Johann Kupetsky* aus Ungarn. Das 18. Jahrhundert weist in *Christian Dietrich*, *Tischbein* und *Bernhard Rode* ebenfalls einige beachtenswerte Kräfte auf.

Endlich wäre noch einiger Niederländer Erwähnung zu thun, welche sich der Weise des Franzosen *Poussin* anschlossen. Der bedeutendste scheint *Adrian van der Werff* zu sein, dessen Bilder den höchsten Gipfelpunkt zeigen, bis zu welchem sauberste Ausführung und elfenbeinerne Geleckttheit bei allgemein richtiger Zeichnung, aber gänzlichem Mangel an allem geistigen Element zu treiben ist.

2. *Genre-Malerei.* Schon die Gebrüder van Eyck hatten die

Fesseln der strengreligiösen Malerei gesprengt und die heiligen Gestalten aus der Glorie des Goldgrundes in den Garten der wirklichen Welt gestellt. Der Protestantismus aber, der die traditionell kirchlichen Stoffe verschmähte, hatte den ersten Anstoss gegeben, dass die Künstler sich unter ihresgleichen die Gestalten ihrer Bilder suchten und die Motive zu ihren Gemälden dem sie umgebenden Leben entnahmen. Darstellungen des werktäglichen Verkehrs bildeten den Vorwurf. Hieraus bildete sich die sogenannte Genre-Malerei.

Sie scheidet sich je nach Auffassung in höheres und niederes Genre; dieses bringt Schilderungen aus den natürlich und ungebunden sich bewegenden Kreisen der menschlichen Gesellschaft, jenes aus dem durch Sitte und Bildung verfeinerten Leben der höheren Stände. — Schon im Ausgange des 16. Jahrhunderts tritt *Peter Brüghel* der Ältere, der Bauernbrüghel genannt, in solcher Weise selbständig auf und führt mit Behagen und derber Laune Schilderungen des bäurischen Lebens in seiner Roheit vor. Sein Sohn, der *„Höllenbrüghel"*, huldigt, wie Hieronymus Bosch, allen möglichen Teufeleien unter Anwendung einer höchst effektvollen nächtlichen Feuerbeleuchtung. In verwandter Weise bewegt sich der *ältere David Teniers*, in dessen Sohn die eigentliche reife Entwickelung des niederen Genres einen Vertreter findet. Namentlich sind es Bauernhochzeiten, Zechgelage, Prügeleien und ähnliche Kurzweil, welche er durch meisterhafte Anwendung des Helldunkels in unübertrefflich malerischer Gesamtwirkung wiederzugeben versteht. Die „Versuchung des heiligen Antonius" giebt ihm reichen Anlass zur Entfaltung eines phantastischen Spuks. Minder lebendig bewegt schildert *Adrian van Ostade* das Bauernleben, wenn auch seine Gemälde durch treffliches Helldunkel fesseln.

Näher an Tenier steht *Adrian Brouwer*, dem man nachsagt, dass er bei seinen Studien im Wirtshaus untergegangen sei. Auch von *Jan Steen* weiss man allerlei Übles zu erzählen. Seine Bilder aber zeigen eine freie vergnügliche Auffassung des gemeinen Lebens. Er ist unter allen Darstellern des niederen Genres wohl der geistreichste und kühnste. Voll von Handlung sind seine Bilder, und das gegenseitige Verhältnis und Interesse der dargestellten Personen und in diesen eine geistreiche mannigfach verschiedene Charakteristik zeugen von starker Beobachtungsgabe. — Wesentlich verschieden von diesen Meistern bildete sich *Peter van Laar*, der in Italien studierte und von dort den Namen „Bamboccio" mitbrachte, wovon die ganze Gattung des niederen Genres die Bezeichnung Bambocciaden erhielt. Das wilde Soldatenleben weiss *Jan le Ducq* und der etwas spätere *Philipp Rugendas* zu schildern. Als eigentliche Schlachtenmaler erwarben sich *Wouwermann* und *van der Meulen* einen Platz in der Geschichte der Malerei.

Der edelste unter den Meistern des höheren Genres ist *Gerhard Terburg*, welcher das Leben und die Sitten der feinen Gesellschaft schildert. Reiche Kleiderstoffe, zierliche Bewegungen, prächtige Zimmer-Einrichtungen und dergleichen verleihen seinen Bildern einen poetischen Reiz. Insbesondere aber geht er denselben Weg wie Jan Steen. Er stellt nicht Zustände, sondern Handlungen und Situationen dar und regt dadurch den Beschauer zum Nachdenken an. Nicht minder bedeutend ist *Gerhard Dow*, der in Rembrandts Schule eine meisterliche Behandlung des Helldunkels erlernt hat. Der Weise Terburgs und Dows folgten verschiedene andere Künstler, die, wenn sie auch im allgemeinen nicht die Vortrefflichkeit dieser beiden erreichten, doch in einzelnen Fällen sehr Anmutiges und Artiges hervorbrachten. Zu den Liebenswürdigsten gehört *Gabriel Metzu*, ferner der äusserst

Fig. 94. An der Staffelei von Franz von Mieris.

fruchtbare Schüler Dows: *Franz von Mieris*, Fig. 94 *An der Staffelei von Franz von Mieris* (Kunsthist. Bilderbogen) und dessen Sohn *Wilhelm*. Sehr Treffliches hat *Caspar Netscher* geliefert; in Darstellung zierlicher Lichteffekte aber namentlich *Gottfried Schalcken*, wenn er auch oft ins Manierierte verfällt. Unter den späteren Genremalern ist endlich noch *Peter van Houghe* anzuführen, der sich durch schlichte Auffassung und gediegene kräftige Ausführung sehr vorteilhaft auszeichnet.

3. *Landschaftsmalerei*, *Tierstück*, *Blumenstück* und *Still-Leben*. Schon im 16. Jahrhundert hatte *Joachim Patenier* und *Herry de Bles* den Grund zur selbständigen Ausbildung der Landschaft gelegt. Auch hier ist es wiederum einer der Familie Brüghel, welcher diese Richtung aufnimmt, der Sohn des Bauernbrüghels, der sogenannte *Sammet-* oder *Blumenbrüghel*. Ihm schliessen sich *Roland Savery*, *David Vinckebooms* und *Jodocus de Momper* an, allein es herrscht hier überall ein phantastisches Einerlei vor. Erst *Rubens* führt die Landschaft mit grosser durchgreifender Künstlerschaft zu jener hohen Bedeutung, in der sie als eine freie Nachahmung der Natur in dem Beschauer eine ahnungsvolle Stimmung erweckt. — Eine besondere Blüte erreichte die holländische Malerei, welche sich die heimische Natur und deren Eigentümlichkeiten ohne weitere idealistische Nebenabsichten zum Vorbilde nahm. Die holländischen Meister dieser Richtung detaillieren bis ins Feinste und geben das Spiel der Luft und des Lichtes mit grösster Wahrheit wieder. Der erste Platz unter den älteren Meistern gebührt *Johann van Goyen* (1596 bis 1656) und dessen vorzüglichem Schüler *Adrian van der Kabel*. Eine bedeutende Einwirkung übte *Rembrandt* aus, besonders durch jenes Spielen des Lichtes und des träumerischen Helldunkels. In seine Fussstapfen tritt *Artus van der Neer*, namentlich *Mondscheinlandschaften* mit Meisterschaft darstellend. Fig. 95. *Landschaft von Artus van der Neer* (Kunsthist. Bilderbogen.) Eine gemütliche Auffassung der Natur zeigt *Anton Waterloo* in seinen Waldbildern. *Jacob Ruisdael* ist derjenige, dessen Bilder den eigentlichen Kern und Mittelpunkt dieser Richtung der Landschaft ausmachen. Seine Gemälde bewegen sich in den Formen der nordischen Natur, und spiegeln darin den altgermanischen Naturdienst wieder. Mit übermächtiger Gewalt steht die Natur dem Menschen gegenüber; seine Werke zeigen sich meist als Ruinen, von den gewaltigen Einwirkungen der Natur überwunden. Minder bedeutend sind die Bilder seines älteren Bruders *Salomon*; dagegen hatte *Jakob* in seinem Schüler *Minderhout Hobbema* einen tüchtigen Nachfolger.

Eigentümlich steht den bisherigen *Aldert van Everdingen* gegenüber, der in seine Gebirgsgegenden Norwegens eine wilde grossartige Charakteristik legt. Neben der Landschaft wird in Holland auch die Seemalerei mit Eifer gepflegt. Bedeutende Meister dieses Faches sind: *Jan van de Capelle*, *Bonaventura Peters*, *Jan Peters*, *Simon de Vlieger*, der vorzüglichste von allem aber: *Willem van der Velde* der Jüngere.

An diese schliessen sich die niederländischen Architekturmaler an, unter denen namentlich *Peter Neefs*, *van der Heyden* und *van Steenwyck der Jüngere* Tüchtiges in Perspektive leisten.

Eine Verschmelzung des Genres und der Landschaft erblicken wir in den Bildern *Philipp Wouwermans*. Auf die Schilderung des Tierlebens war schon *Rubens* in gewaltigen Jagd- und Kampfscenen eingegangen. Sein Freund *Franz Snyders* brachte es im Tierstück zu grosser Meisterschaft, ebenso *Johann Fyt*, *Karl Ruthart* und andere mehr.

Heem, *Johann Huysum* etc. Endlich ist noch der sogenannten Stillleben oder Frühstücksbilder zu

Fig. 95. Landschaft von Artus van der Neer.

In der Blumenmalerei hatte der „Blumenbrüghel" bereits einen zierlichen Anfang gemacht. Ihm folgten *Daniel Seghers*, *David de*

gedenken, als deren vorzüglichste Meister *Wilhelm van Aelst*, *Adriaenssen* und *Peter Nason* gelten.

Damit sind wir hart an die Kunst

der Neuzeit herangerückt. Nochmals wurde dieselbe durch das begeisterte Wirken Winckelmanns an den Quell der Kunstschöpfungen des klassischen Altertums zurückgeführt, aber aus dem antiken Gedankenkreise und der klassischen Formauffassung war auf die Dauer eine wahrhaft lebendige Fortbildung der Malerei nicht zu gewinnen. Sie bedurfte eines neuen Inhalts, einer volkstümlichen Nahrung, einer nationalen Grundlage. Dies wurde ihr verschafft durch die tiefeingreifenden Bestrebungen der Romantiker, als deren erste Vertreter *Peter Cornelius*, *Friedrich Overbeck*, *Philipp Veit* und *Wilhelm Schadow* erscheinen. Nach *Lübkes* Grundriss der Kunstgeschichte. Vergleiche im übrigen: Geschichte der Malerei von *Woltmann*. *Dohme*, Kunst und Künstler des Mittelalters. *Waagen*, Handbuch der Geschichte der deutschen und niederländischen Malerschulen. A. H.

Mandorla oder *mystische Mandel* heisst eine Glorie in Form eines früher stumpfen, später oben und unten zugespitzten Ovals, die namentlich den Salvatorbildern, der verherrlichten Madonna und der Maria Magdalena zukommt. Name und Bedeutung erklärt sich daraus, dass die Mandelfrucht als süsse Frucht im harten Kerne als Sinnbild der Menschwerdung galt.

Mannschaft, siehe *Lehnswesen*.

Mantel. Unter den eigentlichen Kleidungsstücken ist der Mantel das älteste. Wie im Oriente, so kommt er auch bei den ältesten Kulturvölkern des Abendlandes ursprünglich als das *einzige* vor, indem er, aus einfachen Stoffen gefertigt, als faltiges Gewand den Körper deckt, von den Schultern bis zum Fuss, und zwar gehörte er beiden Geschlechtern gemeinsam an. In zweiter Linie tritt dazu das ärmellose Untergewand. So in Rom, das seine Sitten und Gebräuche mit dem Schwerte in der Hand in die Nachbarstaaten trug. Mit der Biederkeit und Einfachheit der Republik fiel aber auch die schlichte *Toga* oder artete in absonderliche Formen aus, so dass sie ihrem Zwecke oft entfremdet wurde.

Die *Franken* ahmten in ihrer Tracht die römischen Formen nach. Sie schnitten ihre Mäntel aus einem viereckigen Stück Tuch, und trugen sie „übereck“, sodass die Spitzen vorn und hinten bis auf den Boden reichten, zu beiden Seiten aber der Unterschenkel frei blieb. Demselben war wohl auch — nach Art der römischen *paenula* — eine Kapuze angefügt, zur Deckung von Kopf und Hals. Nach der Farbe trug man sie mit Vorliebe grau oder blau.

Vom 11. Jahrhundert an wird er halbkreisförmig, bald auch kreisförmig geschnitten, und erhält sich in diesen beiden Formen durch das ganze Mittelalter hindurch. Er wird auch kürzer, zierlicher, köstlicher, dient aber immer weniger zum Schutz, als zur Zierde. Getragen wird er anfänglich auf der linken Schulter, auf der rechten befestigt, dann als Rückenmantel auf beiden, vorn durch ein Band, eine Agraffe oder Kette (Mantelschloss) zusammengehalten. Der Mantel der letzteren Art hiess auch „Glocke“ und war oft der ganzen Länge nach zum Zuknöpfen eingerichtet. Beide wurden mit oder ohne Gugelhaube getragen. Auch als mit dem Beginn des 14. Jahrhunderts die weitfaltigen Gewänder den Mantel für den gewöhnlichen Gebrauch leicht entbehrlich machten, wurde er gleichwohl beibehalten, wenn auch noch mehr gekürzt und mit ausgezoddelten Rändern geziert. Zu einem weitgeöffneten, nutzlosen, oft nur noch lappenähnlichen Rückenbehang wurde der Mantel an der Wende des genannten Jahrhunderts, während er in der Folgezeit als Zierkleid fallen gelassen wird und mehr noch als Bedürfniskleid, aber als solches wieder längergefaltet auftritt.

In bezug auf Stoff, Farbe und Verzierungen unterschieden sich die verschiedenen Stände auch in ihren Mänteln genau, und namentlich Amtspersonen und Würdenträger entbehrten seiner als Symbol oder Abzeichen nicht; bei der Amtskleidung spielte neben dem Schwert und Krummstab auch der Mantel eine wichtige Rolle. (Siehe die Artikel Krönungsinsignien und Ornat.) Der auf der Erde ausgebreitete Mantel ist das Zeichen der Besitznahme eines Landes durch einen Feldherrn, die Bekleidung mit demselben der Einsetzung in ein bestimmtes Amt. Der Amtsrock aber wurde nur getragen während der Ausübung amtlicher Funktionen. Vorehelich geborene Kinder werden legitimiert, indem die Mutter sie bei der Trauung mit ihrem Mantel bedeckt; daher ihr Name – *Mantelkinder*. Verurteilte aber werden in den Verbrechermantel gehüllt und öffentlich ausgestellt oder zur Richtstätte geführt.

Marienkultus. Ein solcher ist zwar nicht vor dem 5. Jahrhundert nachzuweisen; doch gehören die Vorbereitungen dazu, welche in dem Bestreben ihren Grund haben, die Mutter Jesu über ihre neutestamentliche Stellung zu erheben, immerhin früheren Jahrhunderten an. Das nächste Interesse zu dieser Erhebung liegt in der reicheren Ausbildung der Lehre vom Gottesmenschen und des Aktes seiner Menschwerdung. Sodann griff die typisch-allegorische Interpretation des Alten und Neuen Testaments schon im 2. Jahrhundert zu Vergleichungen der Eva und der Maria; jene glaubte der Schlange und wurde dadurch Urheberin der Sünde, des Todes; diese glaubte der Botschaft des Engels und wurde dadurch Werkzeug des Heiles, des Lebens; anfänglich nur als unverfängliches Spiel ausgesprochen, gewöhnte man sich doch mit der Zeit daran, Maria im vollen Sinne zur Begründerin einer neuen Menschheit, zur Mittlerin und Fürbitterin bei Christus zu machen. Eine weitere Entwicklung der Marienverehrung liegt in der seit dem 4. Jahrhundert besonders durch das Mönchtum verbreiteten und geförderten Wertschätzung des asketischen Lebens und der Virginität. Anfänglich nahm man zwar an, Maria sei bloss vor der Geburt Jesu Jungfrau gewesen, habe aber später den Joseph geehelicht und ihm Kinder geboren; später wurde das bestritten, und man nahm entweder bloss eine Scheinehe an oder nannte die Brüder Jesu Söhne Josephs aus einer früheren Ehe, oder bloss Vettern desselben; die Scheinehe aber hielt man darum für notwendig, damit dem Fürsten der Welt das Mysterium der jungfräulichen Geburt verborgen bliebe. Die weitere Folge dieser Lehre war, dass man Maria nicht bloss moralisch, sondern auch physisch Jungfrau bleiben liess, und annahm, dass sie mit geschlossenem Leibe, *clauso utero*, geboren habe, namentlich in Anlehnung an Ezechiel 44, 1—3, wo von dem verschlossenen östlichen Thore des Tempels die Rede ist, durch welches Jehova hindurchgegangen sei, welches nun typisch auf Maria bezogen wurde. Dazu kam schliesslich die Vorstellung, dass Maria auch ohne Schmerzen und Belästigung geboren habe.

Ihren Ausdruck erhielten diese Ansichten im 3. und 4. Jahrhundert in einer Reihe von apokryphischen Erzählungen, durch welche die dürftigen Nachrichten des neuen Testamentes über die Jugendgeschichte Jesu ergänzt werden sollten; die älteste derselben ist das *Protevangelium Jakobi*, von dem die Erzählungen vom Zimmermann Joseph, von der Geburt der Maria und von der Kindheit Jesu bloss verschiedene Redaktionen oder Fortbildungen sind. Danach heissen Marias Eltern *Joachim* und *Anna*, die, ein kinderloses Ehepaar, im Falle der Geburt eines Kindes dasselbe dem Herrn zu weihen gelobten, dem es alle Tage des Lebens in steter Virginität dienen solle. Obschon die Kirche diese Schriften als unecht verwarf, blieben doch manche Züge daraus in der kirchlichen Tradition bestehen, ausser den Namen der Eltern die Erziehung der Maria im Tempel, die Scheinehe mit dem bei der Versprechung schon 90 Jahre alten Joseph, die Geburt der Maria in einer Höhle.

Zur Aufnahme der Marienverehrung trug sodann, obgleich unbewusst, der Umstand bei, dass die bekehrten Heiden, die unwillkürlich nach Analogieen ihrer herkömmlichen Götterverehrung mit dem christlichen Glauben suchten, in Maria Züge ihrer weiblichen Gottheiten wiederzufinden meinten oder jene in ihre Auffassung der Gottesmutter hineinlegten; bei den Germanen gingen viele Züge der Himmelskönigin Freia auf Maria über (siehe *Freia*).

Ein wichtiger Wendepunkt in der Entwicklung der Marienverehrung war der Nestorianische Streit. *Nestorius*, seit 428 Erzbischof von Konstantinopel, der für die Unterscheidung der beiden Naturen in Christo eintrat, bestritt die Zweckmässigkeit des verbreiteten Attributes der Maria θεοτόκος, Gottesgebärerin, und wollte sie lieber χριστοτόκος, Christusgebärerin, genannt wissen. Gegen ihn trat *Cyrillus*, Bischof von Alexandrien, auf und setzte es auf der Synode zu Ephesus 431 durch, dass die Ansicht des Nestorius verdammt und die Rechtgläubigkeit des Namens *Gottesgebärerin* anerkannt wurde. Ein ungeheurer Jubel begleitete die Entscheidung; man nannte jetzt Maria das Paradies des zweiten Adam, die wahrhaftige leichte Wolke, auf welcher der über den Cherubim Thronende fährt, die einzige Brücke Gottes zu den Menschen, den beseelten Strauch der Natur, den das Feuer nicht verbrannt hat, den Webestuhl der Menschwerdung. Und da um dieselbe Zeit die Verehrung der Märtyrer und Heiligen als Fürsprecher für die Sünder in ihrer kräftigen Blüte stand, trat nun Maria an ihre Spitze. Die Gebete an sie wurden jetzt erst allgemein. Kirchen wurden ihr geweiht, Altäre errichtet, Bilder aufgestellt; im Jahre 606 wurde das längst verschlossene Pantheon des Agrippa zu Rom zu einem Tempel der *Maria ad martyres* geweiht.

Bald erzählte man auch von Wundern, welche Maria gewirkt haben sollte, und stellte ihr Bild mit denen der übrigen Heiligen nicht bloss in Kirchen, sondern auch in Häusern und auf Wegen allgemein aus, zündete vor ihnen Lichter an, beräucherte sie, betete vor ihnen. Es bildete sich jetzt auch eine Tradition über ihre Gestalt und ihr Aussehen; im 11. Jahrhundert wurde sie mittlerer Gestalt geschildert, bräunlicher Farbe, gelblichen Haares, ovalen Angesichts, schmaler und länglicher Handbildung. Als das berühmteste Bild galt das, welches angeblich von Lukas stammt.

In ihren *Bildern* stellte man anfänglich Maria, in den Gesichtszügen ihrem Sohne ähnlich, als Matrone von 40—50 Jahren dar; im 13. Jahrhundert erscheint sie jünger und ziemlich von gleichem Alter mit Jesus, gegen Ende des Mittelalters oft als Mädchen von 16—20 Jahren. Ausser dem langen Untergewande trägt sie einen weiten, oft zugleich als Schleier dienenden Mantel, den Mantel der Gnade; die typischen Farben ihrer Kleidung sind blau und rot. Nach Offenb. 12, 1 erscheint Maria in Statuen von einer strahlenden Sonne umgeben, auf dem Haupt eine Krone von 12 Sternen, in der einen Hand das Zepter, auf dem anderen Arm das Kind, zu ihren Füssen den Mond, der auf der Erdkugel steht, um welche sich eine Schlange windet mit dem Apfel im Maul.

Man unterscheidet Marienbilder als Gegenstand religiöser Verehrung, und historische Bilder. Die *Marienbilder als Gegenstand religiöser Verehrung* stellen entweder *die Jungfrau ohne das Kind* dar als verschleierte Matrone mit betend ausgebreiteten Armen, zur rechten Hand ihres verherrlichten Sohnes sitzend, *Sponsa Dei;* in einem Buche lesend als *Virgo Sapientissima*; von Gott Vater und Christus gekrönt als *Virgo incoronata;* ihren Mantel ausbreitend über die gläubige Gemeinde als *Mater misericordiae*, „Maria Schutz"; unter dem Kreuze stehend; ein Schwert, auch fünf oder sieben Schwerter in der Brust, mit Beziehung auf ihre *sieben Schmerzen* (Beschneidung Christi, Flucht nach Ägypten, Verlierung Jesu im Tempel, Kreuztragung Jesu, Kreuzigung, Kreuzabnahme, Grablegung); im Gegensatze zu den *sieben Freuden* (Verkündigung, Heimsuchung, Geburt Christi, Anbetung der Weisen, Auferstehung Christi, Ausgiessung des heiligen Geistes, Krönung durch Gott Vater und Christus) als *Mater dolorosa;* auf der Mondsichel als *Virgo purissima*, Gottes Magd; *Regina sine labe originali concepta,* Himmelskönigin. Seit dem 15. Jahrhundert kommen die sogenannten *Rosenkranzbilder* auf, in welchen rote und weisse Rosen (Freuden und Leiden) die Jungfrau umgeben, welcher alle Stände Rosenkränze überreichen; ähnlich sind die Bilder der „Maria im Rosenhag". Oder *die Jungfrau ist mit dem Kinde dargestellt*, auf dem Throne sitzend, das Kind auf dem Schoss, in feierlich ernstem Typus als Mutter Gottes, *Sancta Dei genitrix,* oder das Kind auf den Armen haltend, in reizend lieblichem Typus als *Mater amabilis, alma Mater*. Die *historischen Bilder* stellen das Leben der heiligen Jungfrau nach jenen apokryphischen Legenden und nach der heiligen Schrift vor. (Siehe über die Bilder: *Otte*, Handbuch der kirchlichen Kunstarchäologie S. 940 ff.)

Die im 11. Jahrhundert auftretende asketische Richtung der Theologie und der Kirche nimmt im Mariendienste noch höheren Schwung; *Peter Damiani*, der Freund Gregors VII., nennt Maria *deificata,* vergottet, alle Gewalt ist ihr im Himmel und auf Erden gegeben, kein Ding unmöglich, Verzweifelnde richtet sie zur Hoffnung auf. Sie tritt vor den goldenen Altar der Versöhnung, nicht als Magd, sondern als Herrin, befehlend, nicht bittend. Sie ist das goldene Bett, auf welchem Gott ermüdet von der Menschen und Engel Treiben sich niederlegt und Ruhe findet. In wahrhafter Verzückung erzählt Damiani die Vorbereitungen zur Verkündigung; die vernünftige Kreatur fällt, der Allmächtige birgt schweigend seine Verlegenheit, endlich wird Maria geboren und entfaltet in ihrer Blüte einen solchen Zauber der Schönheit, dass sie selbst das Auge Gottes reizt; in heftiger Liebe entbrannt, singt er das ganze hohe Lied zu ihrer Ehre; unfähig, seine Leidenschaft zurückzuhalten, sammelt er die Engel und verkündet den Staunenden seinen Ratschluss, dass wie durch ihn alles geschaffen, so auch durch sie alles erneuert werden soll. Dieser Beschluss wird in Schrift gefasst dem Engel Gabriel übergeben. Ähnlich sprechen sich Bernhard von Clairveaux, Bonaventura und andere aus.

Infolge dieser Vorgänge prägte sich der Marienkultus seit dieser Zeit immer mehr in den Formen des kirchlichen Lebens aus, und wenn es an mancherlei Warnungen auch jetzt nicht fehlte, trat ihre Verehrung thatsächlich ebenbürtig neben diejenige Christi. Seit dem 11. Jahrhundert widmete man ihr in den Klöstern ein Offizium und heiligte ihr den Samstag, wie Christo der Sonntag geheiligt war; auf dem Konzil zu Clermont dehnte Urban II. 1095 die Rezitation des Offizium auf den gesammten Klerus aus. Gegen das Ende dieses Jahrhunderts kennt man im Abendlande schon über 100 der Maria geweihte Klöster. Natürlich waren auch ihre Reliquien vor allen anderen gesucht und wunderthätig. Die Kirche zu Chartres besass ihr Hemd; die Klosterkirche zu Fleury von ihrer Milch; das Kloster Trenorch in Frankreich die Gewänder, die sie teils für sich, teils für ihren Sohn gewoben; dem Kloster Monte Cassino schenkte Benedikt VIII. ein Stück von ihrem Schleier. Kaiser Karl IV. besass ausser den Doubletten aller genannten Stücke einen Rest der Wachskerze, die bei ihrem Tode brannte, und einen Palmzweig, den die Apostel vor ihrer Bahre hertrugen. Die berühmteste Reliquie ist aber ihr Wohnhaus, welches 1291, als Palästina den Abendländern völlig verloren ging, von Engeln nach Tersale in Dalmatien, drei Jahre später aber nach Recanati in Picenum (Loretto) getragen worden sein sollte.

Besondere Verehrung genoss Maria in den Orden. Sie war Patronin des deutschen Ritterordens; die Dominikaner widmeten ihr seit 1270 den Rosenkranz, die Franziskaner eiferten für ihre unbefleckte Empfängnis, die Karmeliter errichteten auf der Maria Ermahnung hin die Skapulierbrüderschaft. Seit dem Ende des 14. Jahrhunderts vereinigten sich allenthalben gleichgesinnte Marienverehrer zu Liebfrauengilden, die sich zur feierlichen Begehung der *Marienfeste* (siehe den Artikel *Feste*), zur Teilnahme am Begräbnis ihrer Angehörigen und dergleichen verpflichteten.

Mit der Zeit war der Mariendienst ein beliebter Stoff der lateinischen und der deutschen Dichtung des Mittelalters geworden. Über das Alter der frühesten Marienhymnen ist nichts Näheres ausgemacht; es gehört dazu namentlich der Hymnus *Ave maris stella*. Diese sind gesammelt in *Mones'* lateinischen Hymnen des Mittelalters, Bd. II., Marienlieder 1854.

In der deutschen Dichtung beginnt die Marienpoesie nicht vor dem Anfang des 12. Jahrhunderts; Ottfried und Heliand, die doch Veranlassung genug gehabt hätten, zeigen noch keine Spur von ausgebildeter Marienverehrung. Diese beginnt vielmehr mit lyrischen Dichtungen zum Lobe der Jungfrau, worunter besonders das sogenannte Mölker *Marienlied*, dessen erste Strophe lautet:

Ju in erde leite
Aaron eine gerte:
diu gebar mandalon
nuzze alsô edile.
die suozze hâst dû fure brâht,
muoter âne mannes rât,
sancta Maria.

Es ist aber alle Mariendichtung, lateinische wie deutsche, getragen und erfüllt von einer reichen Zahl allegorisch-symbolischer Bilder, die sich meist auf das Wunder der Geburt Christi beziehen und Erscheinungen aus der Bibel oder aus der Natur betreffen, in denen eine wirkliche oder scheinbare übernatürliche Wirkung zu Tage tritt. *Wilhelm Grimm* hat in seiner Ausgabe von *Konrad von Würzburg* goldener Schmiede, Berlin 1840, diese Bilder nach ihren Fundorten zusammengestellt, von denen hier die bezeichnendsten angemerkt werden mögen. Maria wurde von Gott durchdrungen wie die *Sonne durch Glas* scheint; wie *Krystall und Beryll kalt bleiben*, während eine Kerze durch sie entzündet wird, so ward durch den göttlichen Schein Christus, das wahre Licht, entzündet. Sie ist wie ein *Spiegel*, der tausend Bilder aufnimmt, ohne verletzt zu werden; wie die *Luft*, die klar und hell ist, wenn die Sonne durch sie scheint, sonst aber dunkel; wie das Gestirn seinen Glanz hervorbringt, so gebar sie den Herrn ohne Schmerz. Gott war bei ihr, wie die *Sonne bei den Blumen* wenn sie den Tau *verzehrt;* sie ist der *feurige Busch*, der unversehrt blieb; der *Berg*, aus dem der Stein, d. i. Christus kam, der das Bild zerstörte, welches Nebukadnezar im Traume sah, die *ewige Pforte* des Himmelreichs, des Paradieses, *der Saelde*, denn sie empfing das Wort durch das *Thor ihres Ohres*, wodurch die *Taube*, der heilige Geist, leise in ihr Herz geflogen kam; sie ist die Pforte des Tempels gen Morgen, die verschlossen war und durch welche nur der Herr einging; wie das *Einhorn*, das nicht erjagt werden kann, aber freiwillig zu einer reinen Jungfrau kommt und in ihrem Schoss entschläft, so ist Christus, von dem Himmelsjäger getrieben, zu Maria gekommen. Sie gleicht der *Gerte Aarons*, welche, obgleich dürr, dennoch grünte, blühte und Mandeln trug, daher sie auch Mandelbaumes Blüte, blühendes Mandelreis, blühendes Himmelreis, genannt wird; sie ist die *blühende Garbe von Jesse* nach Jesaias 11, 10 und Römer 15, 12; eine *blühende Aloe*, die *Rute*, womit Moses das Meer teilte, das *Körblein*, in dem Moses auf das Wasser gesetzt wurde; wie das *Seidenwürmlein im Gespinnst* ward Christus bei ihr gefunden; sie gleicht der *Blume im Meer*, in welche sich nachts ein Vogel senkt und einschliesst; sie ist das *Wiesel*, von der das Hermelin geboren ward, Gold und Seide oder Seide und Flachs ward zusammengebunden; sie ist der *Zünder*, an welchem Gottes Flamme sich entzündete, das *Feuer des Lebens*, in dem der alte Phönix sich verjüngte, der *versiegelte Brunnen* nach Hohes Lied 4, 12.; die *Erde*, mit der sich der Himmel vereinte, die gebenedeite Erde, der *beschlossene Garten*, den Gott selbst hütete, nach Hohes Lied 4, 12; die *Aue*, die von *Himmelstau* begossen und beregnet, Blumen trägt; das *Lammfell Gideons*, welches allein von dem Tau befeuchtet ward, während alles andere trocken blieb; sie ist das *Siegel*, auf welches die Gottheit sich abdrückte, das *Oblateisen* des lebendigen Himmelsbrotes, *Gottes Tabernakel*, der *geweihte goldene Schrein*, der das Himmelsbrot beschlossen hat, der *Balsamschrein*, der *goldene Eimer*, das *Wachs*, in welches der Honig der göttlichen Süssigkeit gelegt ward, das *Himmelsnest des Pelikans*, das *oberste Himmelreich;* darin Gott wohnt, Gottes Statt, Zelle, Palast, Zelt, Kapelle, Saal, Haus, Gadem, Arche, Tempel, Thron, Sedel, Sessel, Fürstenstuhl, der *Werder*, in dessen herrlichem Kräuterduft Gott sich erging, die *Kammer* der wahren Sonne, die *Krippe des Lammes*, *Salomons Thron* und *Tempel*.

Als *Mutter* und *Jungfrau* zugleich heisst sie *muotermeit*, *meitmuoter*, *Gebärerin des Schöpfers*, *Gottesbraut*, *Himmelsbraut*, *Braut von Nazareth*, *Erwählte Gottes Dirne*, *Gottes Mutter*, *Tochter*, *Gemahl*, *Amme;* sie war bei Joseph wie das blühende Rosenblatt bei dem scharfen Dorne, daher sie *Rose ohne Dornen* heisst, nach Hohes Lied 2, 2, *Rose im Himmelstau*, *Lilie in Dornen*, *Zederbaum ohne Wurm*, *Turteltaube ohne Galle;* ihre Keuschheit gleicht dem *weissen Schnee*, dem *Elfenbein*, der *Taube*, dem *arabischen Golde*.

Nach einer andern Richtung heisst Maria *Himmelskaiserin*, *Kaiserin*, sie ist von *Davids Geschlecht*, *Davids Turn*, nach Hohes Lied 4, 4; *Salomons Kind*, *Tochter von Sion*, *Jerusalems Zinne*. Sie heisst *Himmelskönigin*, trägt eine *Krone von zwölf Sternen* auf dem Haupt, hat die *Sonne zum Kleid*, den *Mond zum Schemel* nach Offenb. Joh. 12, 1; sie ist selbst die *Sonne*, das *Licht*, die *Morgenröte*, der *Mond*, nach Hohes Lied 6, 9; sie gleicht dem *Adler*, dessen Augen allein das Sonnenlicht ertragen, sie ist eine *Fackel*, die vor Erschaffung aller Dinge vor Gottes Antlitz brannte.

Gries und Staub, Gras und Laub, Regentropfen und Sterne, könnten sie sprechen, würden ihr Lob nicht zu Ende bringen; wie das *Meer (mare)* alle Flüsse sammelt, so vereinigt *Maria* alle Güte. Unerschöpflich sind die Gleichnisse, die ihre Herrlichkeit ausdrücken; sie ist der *Welt Heil*, ein *Himmelshort*, *Spiegel der Wonne*, *Spiegelglanz der Engelschar*, der *Engel Augenweide*, der *Engel Königin und Kaiserin*, Frau und Vögtin, *diu hoehste in himel über elliu lant*, *himelvrouwe*, *vrouwe aller vreude*, *der vreuden tür*, *vröudental*, *wunnentanz*, *seitenklanc*, *himelsanc*, *des herzen schal;* sie ist *der saelden tac*, *ursprinc*, *gater* und *houbetschatz*, *der saelden kint*, ein *Glücksrad*, *des wunsches wunsch*, ein *Diamant*, *der weise*, der Edelstein in der Reichskrone, der *Karfunkel*, der vor Gottes Thron leuchtet, *Smaragd*, *Saphir*, *Perle*, *goldes bouge*, die triefende *Honigwabe* nach Hohes Lied 4, 11., *Himmelsmanna*, *Zuckerwabe*, *Zuckerstaude*, *lebendiu himelspîse*, *Milch*. Sie ist der *Saal*, der Berg und Thal einschliesst, das *Paradies* des herrlichen Obstes, ein *Garten* edler Blumen und gewürzreicher Kräuter, eine blühende *Heide*, ein *Rosengarten*, eine *Himmelsrose*, *Rose von Jericho*, *Lilie*, *Lilienaue*, *Rose und Lilie*, zugleich wegen ihrer Liebe und Reinheit, *brennende Minnenblüte*. Wie die *rote* und *weisse*, ist sie auch die *kalte* und *warme*, und weil sie, die weisse, von dem Feuer des Geistes berührt und gebräunt worden ist, ist sie auch die *schwarze* und liebliche, nach Hohes Lied 1, 4. 5. Sie ist die *Viole* wegen ihrer Demut, *Violgeruch im März*, *Violenfeld*, *ôstergloie*, *zîtelôse*, *grüenender klee*, *balsam*, *balsamîte*, *myrrhe* nach Hohes Lied 5, 6., *bîsam*, *wîrouchbühse*, *lavendel*, *Muskatblume*, *Muskatnuss*, *Nelkenblüte*, *Apotheke* nach Hohes Lied 3. 6., *Weingarten*, *Traube*, *Garbe*. *Weizengarbe*, *Acker*, auf dem der Weizen reifte, *Ölbaum*, *Granatbaum*, *Zeder* auf *Libanon*, *Cypresse in Sion*, *Palme von Cades* nach Joh. 7, 7., *Platane*.

Maria, die *Mutter* aller Christenheit, ist die zweite *Eva;* daher grüsste sie Gabriel mit *ave*, dem umgekehrten *Eva;* sie giebt das Leben, indem sie den Sünder zum Heil führt, sie erleuchtet die finstere Nacht, als sei es Tag, sie ist daher der *Meerstern*, *leitesterne*, *Morgenstern*, *trêmuntâne*, *Stern von Jakob*, *Stern der drei Könige*, *trôst der wîselôsen*, ihr *banier* und *leitvan*, sie trägt die höchste Sturmfahne wider die Hölle, sie ist der *vrideschilt* der Christenheit, der *Gnadensee*, wo man mit Freuden landet, *ankerhaft*, *Segelwind*, *Gnadenflut*, *Himmelsstrasse*, *Himmelspfad*. Da ihr Gewand den Geruch von Aromatkräutern hat, so ziehen ihr die kranken Seelen auf der Himmelsstrasse (der Milchstrasse) nach, wie dem *Panther* im Mai seines süssen Atems wegen alles Wild nachläuft. Dem Schwererkrankten ist sie ein *salbe* und *lactwarje*, sie reinigt die Seele wie der *Kampfer* den, der ihn an die Nase hält, sie ist die *Büchse*, die Salbe trägt für alles Weh, die *Arznei der Sünder*, die *wünschelgerte* der *saelden*, die *Wünschelrute der Gnade*, womit in der Wüste Wasser aus dem Stein geschlagen wurde, ein süsser *Tau*, ein lebender *Brunnen*, ein *Bach* den Durstigen, das *Wasser des Paradieses*, das in vier Arme sich teilt, das sind Christen, Ketzer, Juden und Heiden, über die sich ihr Trost ergiesst; wie der *Adler* seine Jungen aus dem Neste, so führt sie uns der Sonne entgegen; wie der *Strauss* seine Eier ausbrütet, indem er sie anblickt, so ist ihr Auge über uns geöffnet und bewacht uns.

Da Maria den bösen Feind verjagt und seine Macht zerstört, so gleicht sie der *Judith*, die dem Holofernes das Haupt abschlug; sie ist vor Christus unsere *vögtinne*, *advocata*, *süenaerinne*, *sünden wenderinne*, die *müllerin*, die das Korn der Gottheit gedroschen, gemahlen und zu Himmelsbrot gebacken hat. Der Schmerz bei dem Tode ihres Sohnes drang nach Luk. 2, 35 als ein *Schwert* durch ihre Seele.

Die *deutsche Mariendichtung* der höfischen Periode geht teils von geistlichen, teils von weltlichen Dichtern aus und gehört entweder der epischen oder der lyrischen Gattung an. Unter die epischen Dichtungen, die sämtlich von Geistlichen herrühren, zählen eine Anzahl breit ausgeführter *Marienleben* nach den oben erwähnten apokryphischen Quellen; dazu gehört ein Gedicht des Mönches *Wernher von Tegernsee*, das in drei *liet* zerfällt, deren erstes die Geschichte Annens, das zweite die Jugend Marias und ihre Vermählung mit Joseph, und das dritte die Geburt des Heilands und die Geschichte bis zur Rückkehr nach Judäa enthält; im 14. Jahrhundert schrieb *Walther von Rheinau* ein Marienleben in 15000 Versen, ein anderes *Bruder Philipp*, ein norddeutscher Kartäuser - Mönch; auch das *Passional* begreift in seinem ersten Buche denselben Inhalt.

Von *höfischen Dichtern* giebt es Leiche, Lieder und Sprüche zum Lobe Mariens, doch nicht in grosser Anzahl; im ganzen war ihr Sinn mehr weltlichen Stoffen und namentlich weltlicher Minne zugewandt, wenn schon anderseits der höfische Frauendienst im Mariendienste seine religiöse Weihe erblickte, beide Erscheinungen jedenfalls ähnlichen inneren Ursachen ihr Dasein verdanken; es fällt auf, dass in Wolframs Werken keine Spur von einer Verehrung der Jungfrau sich zeigt. Ein weitausgesponnener Hymnus auf Maria, den man früher Gottfried von Strassburg zuzuschreiben pflegte, ist nachgewiesenermassen nicht von ihm, und ausser Walther von der Vogelweide, der in seinem Leich das Lob der Dreifaltigkeit und der Jungfrau würdig und innig singt, hat man bloss von etwa einem Dutzend Minnesänger lyrische Dichtungen auf Maria erhalten. Die dreimal fünfzig *Mariengrüsse* eines Unbekannten (herausgegeben von Pfeiffer in Haupts Zeitschrift, VIII.), je eine vierzeilige Strophe, deren ein Drittel mit *wis gegrüezet*, ein anderes mit *vreue* dich, und ein drittes mit *hilf uns* beginnt, und *Konrad von Würzburgs goldene Schmiede* gehören schon nicht mehr der obersten Blüte höfischer Poesie an; doch erhielt sich die *goldene Schmiede* bis ins 15. Jahrhundert in Ansehen, was sie namentlich der Gottfried von Strassburg nachgeahmten Feierlichkeit der Rede und dem Prunk von Worten verdankt. Das Gedicht, das 2000 Verse stark ist, beginnt:

Ei künd ich wol enmitten
in mînes herzen smitten
getihte ûz golde smelzen,
und liehten sin gevelzen,
von karfunkel schône drîn
dir, hôhiu himelkeiserin,
sô wold ich dîner wirde ganz
ein lop durchliuchtic unde glanz
dar ûz vil harte gerne smiden.
nû bin ich an der künste liden

so meisterlîchen niht bereit,
daz ich nâch dîner wirdekeit
der zungen hamer künne slahen,
oder mînen munt also getwahen,
daz er ze dînem prîse tüge.
ob immer ûf ze berge vlüge
mîn rede alsam ein adelar,
dîn lop enkünd ich nimmer gar
mit sprüchen überhoehen . . . .
Er muoz der künste meijen rîs
tragen in der brüste sîn,
swer dîner wirde schapelîn
sol blüemen unde vlehten,
daz er mit roeselehten
sprüchen ez flôriere
und allenthalben ziere
mit vîolînen worten,
sô daz er an den orten
vor allem valsche es liuter,
und wilder rîme kriuter
darunder und darzwischen
vil schône künne mischen
in der süezen rede bluot.

Konrad von Würzburg nennt in seinem Gedichte Dominikus und Franziskus als diejenigen, welche Mariens Lob gepredigет hätten; auch fernerhin sorgten die neuen Mönchsorden und die Scholastiker dafür, dass die Marianischen Geheimnisse immer neu unters Volk gebracht wurden; es giebt bis zur Reformation zahlreiche Mariengedichte, welche im ganzen demselben Bilder- und Gleichnisse-Kreis entnommen sind, der überhaupt der Marienverehrung zu Grunde lag, nur dass bei der zunehmenden Beschäftigung damit die Sache mehr und mehr ein handwerksmässiges Ansehen erhielt; Mariendichtungen dieser Art sind z. B. auf uns gekommen von *Peter von Suchenwirt, Muskatblüt, Heinrich von Laufenberg, Hugo von Montfort, Oswald von Wolkenstein.* In den Meistersängerschulen war dieser Stoff bis zur Reformation sehr beliebt, auch *Hans Sachs* sang anfänglich Marienlieder.

Neben diese dogmatisch-scholastische Auffassung der Jungfrau tritt seit dem 14. Jahrhundert eine Auffassung, welche das menschliche, das mütterliche Element in engster Verbindung mit dem leidenden Christus betont, die Romantik des Marienkultus mit menschlicher Teilnahme an ihrem Schicksal vertauscht. Diese Auffassung findet sich einesteils in den Liedern der Mystiker, die überhaupt das persönlich-menschliche Element Christi wieder hervorhoben, auch lateinische Hymnen gehören dahin, namentlich *Stabat mater dolorosa* von dem als Franziskaner 1308 gestorbenen *Jacoponus* oder *Jacobus de Benedictis;* derselbe soll das Lied im Gefängnisse gedichtet haben, in das ihn Bonifacius VII. deshalb werfen liess, weil der Mönch ihn seiner Sitten halber streng gerügt hatte; andererseits in den *Osterspielen,* in denen die *Marienklage* ein stehendes Motiv war, welches auch als selbständige epische oder lyrische Dichtung Anwendung fand. Siehe namentlich *Steitz* in Herzogs Real-Encykl., Artikel *Maria, Mutter des Herrn.*

Markgenossenschaft. Marke, *marka,* das alte deutsche Wort für Grenze, Gebiet, welches erst seit dem 14. Jahrhundert durch das slavische Wort *grenitz, grenitza* verdrängt wurde, ist im Altdeutschen unter anderen Bedeutungen das Gebiet einer Bauerschaft; es besteht aus dem in Privatbesitz stehenden Ackerlande und dem Gemeinlande. Jenes, das Ackerland, umlagerte die als Dorf zusammenliegenden oder zerstreuten Höfe; das Gemeinland bestand in Waldungen, Weiden, Gewässern, Torfgründen und dergleichen, so zwar, dass das Recht darauf an den einzelnen Höfen hing. Die Bauern der Gemarkung bildeten eine Gemeinde mit einem Vorsteher, der *decanus, tribunus,* Schultheiss hiess. Auf einem Bauerntage wurden die Angelegenheiten der Gemeinde, namentlich die Aufnahme junger Bauern in die Gemeinde erledigt. Vollberechtigte Mitglieder konnten nur echte Freie sein; die Niederlassung eines Fremden war an die Zustimmung aller gebunden. Dieser ältere Zustand der Karolinger-Periode durchdauerte im ganzen unverändert das Mittelalter, nur dass das Amt des Schultheissen oder *villicus* später von dem Inhaber der hohen Gerichtsbarkeit verliehen oder mit einem Hofe, an welchen das Amt geknüpft war, erblich zu Lehen gegeben wurde. Zusammen mit Schöffen aus den zur Bauernschaft gehörenden Dorfmarken handhabte der Schultheiss die Dorfpolizei, richtete über leichte Straffälle und brachte wichtigere Sachen vor den Bauerntag, der zu regelmässigen Zeiten abgehalten wurde. Behufs Benutzung des Gemeindelandes bildeten sich eigene Markgenossenschaften mit einem *Holzgrafen* oder *Obermärker* an der Spitze, welcher oft eine vornehme Person war, und mit eigenen Gerichten oder *Märkergedingen*, wo die Markstreitigkeiten entschieden und die Markfrevel abgestraft wurden.

J. Grimm hat in den *Rechtsaltertümern* 494—532 zahlreiche Rechtsverhältnisse zusammengestellt, die sich auf die Mark beziehen und von denen hier einiges Wesentliche auszugsweise folgt. Als die natürliche, älteste Grenze sieht Grimm den *Wald* an; in Eichen wurde das Zeichen gehauen. Zwischen den Wäldern auf dem Gefilde siedelten sich Leute an, daher sich der Begriff der Marke geradezu mit dem des Waldes berührt. *Markolf* oder *Markulf*, der Häher, ist eigentlich Markwolf = Waldvogel, Waldschreier, und *Markwart* ist Wald- oder Grenzwart, Förster. Zur Mark gehörten Wald, Flüsse und Bäche durch den Wald, Viehtriften und ungebaute Wiesen, in ihm und um ihn her gelegen, Wild, Gevögel (mhd. *gefugele*) und Bienen; nicht aber, „wohin Pflug und Sense gehet“, Ackerland, Gärten, Obstbäume. Die allgemeinsten Ausdrücke für die Mark sind Wald und Weide oder Wald und Heide. Die edelsten Bäume sind *Eiche* und *Buche*, weil sie das beste Holz, dem Vieh die reichste Mast geben; sie heissen Hartholz, alle übrigen Weichholz. Holz, das der Wind gefällt und gebrochen hat, heisst Gefäll, Windfall, Windwerf, Windbläse, Windschläge und dergleichen; oder auch bloss Wetterschlag, Sturmwetter; sind es bloss abgeschlagene dürre Äste und Späne, so sagt man Afterschläge, Afterzagel, Zeil, Abholz, Gipfel und Wipfel, Stecken. Jeder volle Markgenosse hat freies Holz für *Brand* und *Bau*. Bauholz für Haus oder Scheuer sollte innerhalb Jahr und Tag, nachdem man es gefällt, wirklich verbaut sein; wollte man ein Jahr warten, so musste man es umwenden und durfte es dann ohne Gefahr der Strafe wieder ein Jahr liegen lassen; Brennholz aber musste sofort aus dem Walde geschafft werden. Die Markvorsteher und Beamten haben gewisse Vorrechte; dem Förster z. B. gehören von Amts wegen Gipfel, Windfäll und was die Rinde lässt, dürres und grünes, was dann nieder gelegen ist. An manchen Orten steht der Windfall dem Pfarrer zu, der dafür dem Schulz und Schöffen auf Martini den Tisch decken, ein Weiss- und Roggenbrot auflegen und den Pferden Rauhfutter geben muss. Weichholz, dürren Abfall und Afterschlag, manchmal sogar hartes Holz, durfte der Fremde an manchen Orten, aber nur bei lichtem Tage, ungestraft im Walde holen, in anderen Marken ist dieses alles verboten. Dagegen darf in jedem fremden Wald Pflug und Wagenholz für augenblickliche Notdurft straflos gefällt werden. Wer bei nächtlicher Weile über dem Abhauen eines Stammes betroffen wurde, dem sollte nach einer alten Rechtsaufzeichnung das Haupt oder die Hand auf dem von ihm genommenen Stamme abgehauen werden; dieselbe *Strafe* ist auf das Waldbrennen und Baumschälen gesetzt; eine andere Strafe für Waldbrenner war, dass man sie in die Nähe eines grossen Feuers setzte, barfuss und gebunden, so lange, „bis ihm seine Sohlen verbrennen von seinen Füssen und nicht von seinen Schuhen“. Brennt der Wald noch und man hat den Brenner in Gewalt, so soll man ihn in eine rauhe Kuh- oder Ochsenhaut thun und drei Schritt vor das Feuer, da es am allerheftigsten brennt, legen, bis das Feuer über ihm brennt. Wer einen stehenden Baum *schälet*, dem soll man seinen Nabel aus dem Bauch schneiden und ihn mit demselben an den Baum nageln und denselben Baumschäler um den Baum führen, so lange bis ihm seine Gedärme alle aus dem Bauch um den Baum gewunden seien. Von dieser uralten Strafe ist übrigens, so verbreitet ihre Aufzeichnung ist, kein geschichtliches Beispiel nachzuweisen. – Geduldet wurde von den Märkern, dass aus Holz und Rinden Gefässe verfertigt, Lohe für das Leder bereitet und Brennholz zum Brennen irdener Töpfe genommen wurde. Weit verbreitet ist für den Nutzen der gemeinen Mark der Ausdruck *Wunn* und *Weid*, womit ursprünglich die doppelte Benutzung des Wiesengrundes durch Heubereitung und durch Weide gemeint sein soll, später gehörte es zum Begriff der gemeinen Markweide, dass darauf kein Heu geschnitten werden durfte. Die Hauptsorgfalt der Märker war, wann es Eckern gab, auf die Ordnung der Schweinemast gerichtet. Zur Mark wurden auch ausser den Eicheln und Buchnüssen die Holzäpfel, Schlehen, Hagebutten und Haselnüsse gerechnet.

Die Mark lichten, Bäume vertilgen uud den Boden urbar machen heisst ahd. *riutan*, mhd. *riuten*, reuten; neu ausgereutetes Land heisst *geriute*, *niuriute*, *niulende*, Neubruch, *terra novalis;* später sagte man *rotten*, *roden* und *Rottland;* auch *swentan*, schwenden und die *Schwendi* haben dieselbe Bedeutung. Sobald ein Waldstück gerottet war, was oft durch Niederbrennen der Stämme geschah, wurde es der Kirche zehntpflichtig und verlor dadurch seine alte Freiheit. Wo immer es anging, strebte der Markverband dem Ausroden entgegen. Obstbäume werden in der gemeinen Mark nicht gelitten. Die älteste Art der Grenzbestimmung in der Mark war die *Hammerteilung* (siehe den Artikel *Mass*); sie gründet sich auf den Axt- oder Hammerwurf und dient zur Bestimmung des Masses, wie weit sich der Boden und das Gebiet der Mark in die übrige Feldflur hinein erstrecken und behaupten lasse, oder wieviel von der Mark an den einzelnen Privatmann abgetreten werden solle; später bediente man sich der Baumeinschnitte und Mahlsteine.

Die *Märkergerichte* wurden zur Wahl oder Bestätigung der Vögte und Amtleute, Verleihung der Weistümer (siehe diesen Artikel), Anbringung und Erledigung der Rügen, sowie zur Einnahme der Bussen verwendet, gewöhnlich mit fröhlicher Zeche und Gelag beendigt. Gegen einen ungehorsamen Märker war die härteste Strafe, dass ihm sein Brunnen gefüllt und sein Backofen eingeschlagen wurde. Der Märker durfte sein Eigentum, Haus, Hof und Acker in der Markgemeinde, nur in der Mark verkaufen, und allen Markgenossen stand Näherrecht zu. Vgl. *G. L. v. Maurer:* Einleitung zur Geschichte der Mark-, Hof-, Dorf- und Stadtverfassung und der öffentlichen Gewalt, München 1851, und ebenderselbe, Geschichte der Markenverfassung in Deutschland, Erlangen 1856.

Markgraf. Karl der Grosse war

es, der denjenigen Grenzbezirken des Reiches, welche ursprünglich nicht zum Reiche gehörten, sondern den Nachbarn abgenommen waren, zur Wahrnehmung feindlicher oder friedlicher Beziehungen zu jenen, eine besondere Organisation gab; der Vorsteher dieser bald grösseren, bald kleineren Bezirke oder *Marken* hiess Graf, oder zur Unterscheidung von den übrigen Gauvorstehern, vor denen er durch Ansehen und Bedeutung hervorragte, Markgraf, *marchio, comes marchae.* Unter Karl und seinen nächsten Nachfolgern werden erwähnt die Hispanische, Britannische, Sächsische oder Dänische, Sorbische, Avarische oder Pannonische und die Friaulische Mark, alles Gebiete, die sich an die grossen Stammgebiete Bayern, Thüringen und Sachsen angeschlossen. Seit dem 11. Jahrhundert nahmen auch solche Fürstenhäuser den Markgrafentitel an, welche bloss in der Verwandtschaft wirklicher Markgrafen standen. Wie die Grafen überhaupt, so benannten sich auch die Markgrafen später gern nach ihren Besitzungen oder Schlössern, die zum Teil gar nicht in ihrer Mark lagen. Mit der eigentlichen Mark war regelmässig eine oder die andere Grafschaft in einem Grenzgau verbunden. Im ganzen besassen die Markgrafen dieselben Rechte und waren denselben Verpflichtungen wie die Grafen unterworfen; doch entwickelten sie sich zum Teil für die territoriale Landeshoheit günstiger als jene. „Es waren“, sagt *Waitz*, Verf.-Gesch., VII., S. 93, „ausgedehntere Gebiete, an Umfang den gewöhnlichen Grafschaften weit überlegen; als neu gewonnene Lande mit einer zum Teil von Anfang an abhängigen Bevölkerung der Gewalt der Markgrafen völliger unterworfen; die sich bildende Ritterschaft überwiegend aus Ministerialen hervorgehend und so auch zu stärkerem Dienst verpflichtet; die geistlichen Stifter, selbst die hier begründeten Bistümer, wie Meissen, Brandenburg, Havelberg, nicht mit so ausgedehnten Privilegien ausgestattet, wie andere im Reich, sie und ihre Güter nicht ganz der Einwirkung der Markgrafen entzogen; die Städte meist von diesen begründet und mit Freiheiten bedacht. Daher kam es hier nicht zu einer solchen Auflösung des Amtsgebiets, wie sie sich in den alten Provinzen des Reichs geltend gemacht hat. Die Gewalt der Markgrafen, fester begründet und zusammengehalten als die der meisten andern Würdenträger des Reichs, gab den im erblichen Besitz bleibenden Häusern eine Bedeutung, die nur wuchs, je mehr auch die alten Herzogtümer der Auflösung anheimfielen. Das erklärt, warum die Marken, vor allem Österreich, Meissen und, wie später die Nordmark hiess, Brandenburg, unter den deutschen Fürstentümern eine so hervorragende Stellung gewannen, unter den territorialen Bildungen fast den ersten Platz einnahmen.“

Markt und Marktplatz ist im Mittelalter der Mittelpunkt des städtischen Lebens, er fehlt auch der kleinsten Stadt nie, liegt gewöhnlich im volksreichsten Teile, oft geradezu in der Mitte der Stadt, mit mancherlei Kunstgebilden geschmückt und häufig schon mit Steinen gepflastert. Ihn ziert in norddeutschen Städten oft das Rulandsbild, bald in ritterlichem Gewande mit Harnisch, bald im Krönungsornat, bald jugendliche, bald greise Züge tragend, ein Wahrzeichen der städtischen Gerechtigkeiten und Freiheiten. Weniger verbreitet ist das *Friedkreuz mit dem Königshandschuhe*, ein Stein- oder Holzkreuz als Verkünder des die Stadt behütenden sog. St. Peters- oder Gottesfriedens, woran der Handschuh aufgehangen wurde, welchen der König zum Beweise bewilligter Marktfreiung den damit begnadigten Städten zuzusenden pflegte.

Die Bedeutung des Marktes ist aber eine doppelte, eine *spezifisch-juristische* und eine *wirtschaftlich-merkantile*.

A. Als *Ort der städtischen Rechtshandhabung* ist der Markt

1. die *stadtgerichtliche Dingstätte*, wo in älterer Zeit namentlich in peinlichen Sachen Gericht gehegt zu werden pflegte. Es war althergebrachte Sitte, dass an einem freien und unbedeckten Orte Recht gesprochen wurde; die nötigen Tische, Bänke und Einfriedigungen wurden für den einzelnen Fall besonders aufgeschlagen. Erst allmählich zog sich das Gericht in ein eigen hergestelltes *Ding-* oder *Gerichtshaus*, das ebenfalls am Markte errichtet wurde. Ursprünglich waren dies bloss überdeckte, schuppenartige Hallen von Holz, später kleine einstöckige Fachwerk- oder Steinbauten, die an der, der Strasse zugekehrten Vorderwand durch breite Fenster dem Volke vollen Einblick gestatteten. Schliesslich wurden stattliche Amtshäuser eingerichtet.

2. Auch *ordentliche Richtstätte* war der Marktplatz in älterer Zeit; hier wurden Hinrichtungen, öffentliche Ausstellungen, Stäupungen u. dgl. vollzogen; hier oder in nächster Nähe des Marktplatzes stand der *Pranger*, der entweder ein aus einem behauenen Felsblocke bestehender einfacher Schandstein war, oder ein *Schandpfahl*, oberdeutsch meist *schreiat*, d. h. Verrufsstätte, eine Stein- Holz- oder Eisensäule von ansehnlicher Länge, an der Spitze zuweilen mit Schnitzerei, z. B. der Figur eines Henkers geziert, auf einem gestuften viereckigen festgemauerten Postamente angebracht, oder drittens ein *Schandkorb*, statt dessen auch die *preche* genannt wird, ein Lattenverschlag oder Bretterkasten, oder das *Narren- oder Drillhäuschen*. Für strafrichterliche Zwecke fand sich im Umfange des Marktplatzes das *Henkerhaus* und der *Stock*, der letztere ein Bewahrungsraum für Verbrecher. Auch die Richtstätte wurde im Verlaufe der Zeit, und zwar meist schon früh, vom Marktplatze getrennt und entweder unmittelbar vor ein Thor oder noch weiter hinaus verlegt.

Übrigens blieb die eigentliche Richtstätte stets der Ort, wo das Hochgericht oder der *Galgen* errichtet stand; derselbe musste aber auf freier, weithin sichtbarer Stelle stehen. Die bauliche Herstellung des Hochgerichtes lag in den Städten bald nur gewissen Zünften, wie den Zimmerleuten, Schmieden, und Schlossern ob, bald den gesamten Handwerken.

B. Auf dem Markte findet in zweiter Linie die *Entfaltung des mit dem Gewerbe eng verbundenen Kleinhandels* statt. Als Handels-Ort hatte der Markt ursprünglich seine *feste räumliche Abgrenzung*. Die *Verkaufsstätten*, mit dem der Markt versehen war, waren entweder *Stände*, d. h. offene Stehplätze samt dazu gehörigen auf dem Marktboden angewiesenen Auffahrt- und Auslagestellen, oder *Bänke*, entweder hohe dreibeinige Holzschemel und Tische, oder kurzfüssige leicht ausgehöhlte Rohklötze zur Schaulegung von Fleischwaren, Fischen, Bäckereien, Leder- und Schuhwerk; an Schragen oder Holzgestellen wurden fertige Kleider und geschlachtete Tiere aufgehängt. Eine dritte Art der Verkaufsstätten sind *Hütten*, mit Linnen oder Blahen oder mit Holzbedachung versehene verschliessbare Bretterverschläge. Die genannten Verkaufs-Einrichtungen hatten ihre fixierten Standorte und bildeten entweder langgestreckte Kolonnen oder engere Bänke- und Hütten-Komplexe, gleichsam gemeinschaftliche Sonder-Markt-Orte der Einzelgewerbe darstellend. Das Eigentum an den Verkaufsstätten stand der

Stadtgemeinde zu und es musste dafür ein „Standgeld“ bezahlt werden, das zuweilen in einem Quantum Pfeffer oder in anderen Gewerbsprodukten bestand. Eine vierte Gattung der Verkaufsstätten hiess *buden*, auch *bauden*, *krame*, *gademen*, *koufgaden*, *stadel;* es waren durch Einmauerung fest mit dem Erdboden verbundene Gehäuse, bald völlig freistehend, bald rücklings an ein anderes Gebäude angelehnt, regelmässig ein einziges Gemach bildend, mit einer seitwärts angebrachten Thüre und einem die ganze Breite der Vorderwand füllenden Auslage- oder Verkaufsfenster versehen, durch welches der auf Stapfeln davor stehende Käufer die begehrten Waren empfing. Ähnlicher Art waren Verkaufskammern im Unterteil eines Wohn- oder Geschäftshauses, oder Vereinigungen mehrerer Buden zu einem einzigen eindachigen Gebäude, oder Halbbuden. Buden gab es auch ausser dem Marktplatze, namentlich an den vorspringenden Aussenteilen eines Gotteshauses angebaut. Auch die Buden waren in der Regel Eigentum der Stadtgemeinde, doch konnten sie durch Verlosung, Vermietung, Verstiftung auf Lebenszeit und durch Erbverpachtung übertragen werden.

Für den höheren Detailhandel dienten die *Lauben;* es sind ausserhalb des Marktplatzes in breiten Strassen angelegte, ebenerdige, nach drei Seiten offene, überdeckte Bogen- und Säulengänge, die längs den Häusern bald als vorgeschobene Anbaue, bald als Träger der oberen Stockwerke hinliefen. Sie wurden zur Feilbietung von „*brot und fleisch, wat und kram und allerlei koufmanschaft*“, in jüngerer Zeit vorzüglich für feinere Handelswaaren verwendet. Es gab auch Lauben, unter denen Gericht gehalten wurde.

Die *Markthaltung* setzte im Mittelalter stets eine königliche, beziehungsweise in jüngerer Zeit eine darauf zurückführende landes- oder stadtherrliche *Verleihung*, sei es in der allgemeinen Stadthandfeste, sei es in einem besonderen *Markt-Privileg* voraus. Das letztere pflegte sich über die Markt-Zeit und den Markt-Frieden zu verbreiten.

Die *Zeit* betreffend, schieden sich die städtischen Märkte in Jahr- und Wochen-Märkte.

Der *Jahrmarkt* hängt in seinen Anfängen aufs engste mit dem christlichen Kultus, nämlich dem Kirchweih-Feste zusammen, daher es stets bestimmte örtlich hervortretende Feiertage sind, nach welchen sich ein Jahrmarkt benennt. Die Zahl der Jahrmärkte an einem Orte wächst bis zu sieben. Die Dauer geht von einem Tage bis auf zwei volle Wochen.

Der *Wochenmarkt* begriff ursprünglich wohl nur einen einzigen Tag, welchem bei vorhandenem Bedürfnisse später ein zweiter hinzugefügt wurde. Besondere Unterarten des städtischen Wochenmarktes sind der sog. *Sonntags-Markt* und der sog. *Tagemarkt,* d. h. der für gewisse Gegenstände des Haus- und Unterhaltungs-Bedarfs innerhalb gewisser Schranken täglich gestattete Marktverkauf.

Was den *Marktfrieden* betrifft, so setzte die Abhaltung von Märkten in den Städten vor allem für diejenigen, welche davon Nutzen ziehen wollten, die Befugnis *freien Zutritts* und einen die Besucher schützenden besonderen *Frieden* voraus, ohne welchen gemäss den Vorstellungen des Mittelalters ein Markt gar nicht gedacht werden konnte. Der Marktfrieden war ursprünglich mit dem Kirchweih-Frieden identisch und bewirkte namentlich die schwerere Bestrafung aller an den Marktgängern verübten Friedbrüche, nämlich mindestens durchschnittlich zweifache Strafe; in das privatrechtliche Gebiet griff der

Marktfrieden dann hinüber, wenn die Bestimmung aufgestellt wurde, die Marktbesucher gegen gerichtliche Verfolgung wegen aller ausserhalb des betreffenden Ortsmarktes entstandenen Schuldforderungen sicher zu stellen. Ursprünglich erstreckte sich der Marktfriede wohl nur über den, oft bis auf die Stunde genau begrenzten Zeitraum der Markthaltung selbst, zu welchem Behufe Anfang und Ende der Marktzeit mittelst öffentlicher Zeichen kundgegeben wurde, durch Aussteckung und Wiederabnahme eines Strohwisches oder Hutes, durch Auf- und Einziehen einer Marktfahne, durch Ein- und Ausläuten mit der Kirchenglocke. Später wurde der Marktfrieden auf den, den Markttagen voraus und nachfolgenden Tag ausgedehnt.

Mit der Zeit kamen neben dem alten Hauptmarkte örtlich und zeitlich getrennte *Spezial-* oder *Sonder-Märkte* auf. Dahin gehören der *Viehmarkt* für Grossvieh (Schafe, Schweine und Ziegen gehörten auf den Haupt Marktplatz), der *Pferde- oder Ross-Markt, Korn- oder Frucht-Markt, Hopfen-Markt, Holz-Markt, Kohlen-Markt, Fisch-Markt, Salz-Markt.* Nach *Gengler*, deutsche Stadtrechts-Altertümer. Erlangen 1882. Kap. 8, 9 und 10. Vgl. die Art. *Handel* und *Messe.*

Marschalk, siehe *Hofämter.*

Martinsgans, Martinslied. Auf den heiligen Martin, der Legende nach ein Kriegsmann, der dem in Bettlergestalt umherwandelnden Heiland ein Stück seines Mantels mit dem Schwerte abschnitt und schenkte, sind früh Züge des Wodanskultus übertragen worden; so der Schimmel, auf dem er reitet; ihm zu Ehren wird ein Backwerk in Form eines Hornes, sogenannte Martinshörner, gebacken, das sich auf die dem Wodan geopferten Böcke zu beziehen scheint. Ganz besonders ist aber das dem Wodan zu Ehren gefeierte Erntefest auf die Feier des Martinstages, 11. November, übertragen worden, an welchem der Erntebraten, meist eine Gans, vorgesetzt wird. Auch Martinsfeuer giebt es, wozu Kinder sich Scheite ansammeln, indem sie zugleich Birnen, Äpfel und Nüsse als Ernteopfer unter Absingung von Liedern zusammenbetteln. *Sebastian Frank* schreibt von den Franken: „Sant Martins und Sant Niclas Fest celebriert diss volk wunder ehrlich, doch unterschidlich, Sant Martin im hauss ob tisch, Sant Niclas in der kirchen. Erslich loben sie S. Martin mit guotem wein, gänsen, biss sie voll werden, unselig ist das hauss, das nit auf dise nacht ein ganss zuessen hat; da zäpfen sie ire neuwe wein an, die sie bissher behalten haben, da gibt man zuo Würtzburg und anderswa auf disen Tag den armen ein guote notturft. Zwei eberschwein schleusst man in ein zirkel oder ring auf disen tag zuosamen, die einander zerreissen, das fleisch teilet man auss unters volk, das best schickt man der oberkeit“. In Gegenden, wo die Gänse seltener sind, werden sie durch andere Gerichte vertreten, am Niederrhein durch frische Wurst mit Reisbrei, an der Aar durch „kalte Milch und Wecksupp“, in Westflandern durch Waffeln, in Norwegen tritt zur Gans oft ein Ferkel. An vielen Orten war am Martinstage Austeilung eines gewissen Quantums Wein oder Most seitens der Obrigkeit an die Dienerschaft, Beamten, Lehnsinhaber, Bürger gebräuchlich. Das 15. und 16. Jahrhundert hat eine ganze Anzahl *Martinslieder* hervorgebracht, die sich bald mehr an die Gans, bald mehr an den Martinstrunk anlehnen; sie sind zum Teil studentischen Charakters, da eines derselben sogar die Messformel oder andere geistliche Hymnen parodiert, ein anderes gemischten lateinischdeutschen Text aufweist, während andere wiederum mehr volksmässige Trinklieder sind. Eines der kürzeren Lieder lautet:

Praesulem sanctissimum veneremur,
Gaudeamus!
Wöllen wir nach Gras gan, hollereio,
So singen uns die Vögelein, hollereio,
In hoc solemni festo
Zir zir passer.
Des Gutzgauch frei Sein Melodei
Helt über Berg und tiefe Thal.
Der Müller auf der Obermühl,
Der hat ein feiste Gans,
Die hat ein feisten dicken langen
waidelichen Kragen.
Die wöll wir mit uns tragen.
Drussla drussla drussla drussla,
drussla gickgack gickgack
Dulci resonemus melodia.

Andere Lieder u. a. in *Hoffmanns von Fallersleben* Deutschen Gesellschaftsliedern, Nr. 256—265. Über Martinsgebräuche: *Reinsberg-Düringsfeld*, Das festliche Jahr.

Märzfeld, siehe *Campus Martius.*

Masse. Unter diesem Artikel mögen nach *J. Grimms Rechtsaltertümern* von den dort beschriebenen, im deutschen Rechtsleben des Mittelalters vorkommenden Massbestimmungen volkstümlicher Art die verbreitetsten zusammengestellt werden. „Ihr Grundcharakter", sagt Grimm, „ist Auffassung des Rechtlichen durch das Sinnliche; Weisung dessen, was festgesetzt werden soll, durch etwas Unfestes, dem Zufall nie ganz zu Entziehendes. Meistens tritt eine Handlung und Gebärde des Beteiligten, oft bedingt von der einfachsten Verwicklung, mit ins Spiel; zuweilen wird eine andere Einwirkung der lebendigen oder unbelebten Natur beachtet. Es sind lauter Masse für die Grösse, Höhe, Weite, Ferne, Dicke und einige andere solcher Verhältnisse".

1. *Wurf* oder Schuss, geschieht mit Hammer, Beil, Speer, Stab, Pfeil, Sichel, Pflugeisen, Löffel, Kugel, Pfund, Stein, Erde, und zwar mit Abmarken der äussersten Grenze. Der Gebrauch des Wurfes war bei allen Germanen verbreitet und deutet in seiner Entstehung auf eine den niedergeschriebenen Gesetzen vorhergehende Zeit. Ausser dem Wurf überhaupt ist in den alten Rechtsquellen zugleich Stellung und Gebärde der Füsse und Hände des Werfenden angegeben, welches, wie es scheint, dieses Geschäft erschweren und den Erfolg nicht ganz von seinem Willen abhängig machen soll. So soll z. B. der Gegenstand über Rücken und Achsel geworfen werden, oder die rechte Hand hat den Wurf unter dem linken Beine zu thun. Dabei ist häufig eine unsichere, schwierige Stellung auf der Höhe geboten, auf der Mauer, dem Zaune, dem Thore des Zaunes, der Thürschwelle und dergleichen. Bei der rechtlichen Ermittelung der Herrschaft über einen breiten Strom reitet der Herr, vollständig und schwer gewaffnet, auf einem starken Hengst in die Flut, soweit er gelangen kann, worauf er erst von dieser Stelle aus den Wurf vornimmt. Überall handelt es sich hier nicht um den ersten Erwerb an Grund und Boden, sondern um die Abgrenzung von bestehendem Eigentum oder Besitztum und um die Befugnis gegen die Nachbarschaft und Mark. Der Bienenbauer wirft sein Beil oder seinen Löffel zur Erneuerung seines Zaunes; Fischer und Müller erwerfen die Grenzen ihres Fischfangs und Mühlenreches.

2. *Berührung* mit Hammer, Speer, Lanze, Axt, Beil, Barte, Messer, Rute, Stock und Pfahl kommt nicht so häufig vor wie der Wurf, hatt aber dieselben Zwecke wie dieser, nämlich Abmarken der äussersten Grenze, Behauen überhängiger Äste, sei es auf öffentlichem Wege oder auf Privatgrundstück; der vornen über den Sattel vorgelegte Spiess ordnet z. B. die Breite des Weges; die Landgrafschaft Sissgau geht

rheinaufwärts soweit, als einer auf einem Ross in den Rhein reiten und mit einem Basler Speer in den Rhein reichen mag.

3. Mit dem *Schein* oder Schimmer fernleuchtender Gegenstände wird die Weite eines Raumes gemessen, wenn es z. B. heisst: es soll ein Recht soweit gehen, als man einen roten Schild, ein weisses Pferd, den Gerichtsbalken, den Thürriegel bei Tag sehen kann.

4. Der *Schall*, vermittelst dessen gemessen wird, ist entweder *Kinderschrei*, insofern die Lebens- und Erbfähigkeit eines Kindes danach gemessen wird, dass „es die vier Wände des Hauses beschreiet“, oder *Schall des Horns*, *Glockenklang*, *Tiergeschrei*, z. B. des Hahnes, *Geldesklang* und *Knochenklang*, wobei Geld und Knochen über den neun oder zwölf Fuss weiten Raum, meist die Strasse, im Schild, später im Becken erschallen mussten.

5. Nach dem *Sitzraum* wird das Mass eines Raumes bestimmt, je nachdem eine Biene, eine Gans, ein Tisch, eine Wiege mit einem Kinde, ein dreibeiniger Stuhl, eine Badewanne darauf Platz findet.

6. *Bergung* von Tieren ist eine Massbestimmung für Bäume und Äste, wobei es darauf ankommt, ob ein Schwein, ein oder mehrere Ochsen, ein Rabe und dergleichen darunter sich bergen können.

7. *Federflug*. Wer unschlüssig war, wohinaus er gehen sollte, blies eine Feder in die Luft und folgte ihrer Richtung; man fragte deshalb den Ausziehenden: wohinaus bläst du deine Feder? Die Stadt Lindau hatte soweit Recht über den Bodensee, *als der runs eine feder in den see treibet*.

8. *Lauf*. Zeit und Raum werden nach der Bewegung in ihnen gemessen: so lange Zeit, dass man eine Meile Weges gegangen; so weiter Weg, als man in einer Stunde gelaufen wäre. Wo zwei *Läufer*, von entgegengesetzten Punkten zu derselben Zeit anhebend, *zusammenstossen*, da wird die streitige Grenze gesteckt; dies ist der Fall in der Sage vom Glarner und Urner Läufer.

9. *Land umgehen*, *umpflügen*, wodurch Land erworben wird; das Alter dieser Erwerbsart erhellt daraus, dass ihrer nicht mehr in Gesetzen, sondern bloss in Sagen Erwähnung geschieht; so erzählt die elsässische Chronik Königshofens: König Dagobert habe dem heiligen Florentius so viel Land geschenkt, als er mit seinem Eselein umfahren könnte, bis der König gebadet und sich die Kleider angezogen hätte. Heinrich der Welf liess sich von Ludwig dem Frommen soviel Landes verleihen, als er, solange der König zu Mittag schliefe, mit einem goldenen Pfluge umackern oder mit einem goldenen Wagen umziehen könnte.

10. *Land bedecken und umreiten* ist ebenfalls eine bloss in der Sage erhaltene Massbestimmung, nach welcher soviel Land erworben werden soll, als ein gewisses Mass von *Erde* oder *Samen* auf dem Felde bedecken oder die Haut eines Tieres belegen könne. So soll Ludwig der Springer den Berg, wo jetzt die Wartburg liegt, von den Herrn von Frankenstein durch folgende List gewonnen haben: Aus seinem Grund und Boden liess er nachts Körbe voll Erde auf jenen Berg tragen und ihn ganz damit beschütten. Hernach fing er an da zu bauen. Die Herren von Frankenstein klagten vor dem Reich; Ludwig behauptete, dass er auf dem Seinen baute; es ward zu Recht erkannt, wenn er das mit zwölf ehrbaren Leuten erweisen könnte, hätte er es zu geniessen. Ludwig nahm zwölf Ritter, trat mit ihnen auf den Berg, sie zogen die Schwerter aus, steckten sie in die Erde und schwuren, dass der Graf auf das Seine gebaut habe. — In der Sage von der Melusine

erbittet sich Raimund von Bertram, Grafen zu Poitiers, soviel Land, Feld und Erdreich an Äckern und Wiesen, als er in eine *Hirschhaut umschliessen* oder umfahen könne. Sobald die Urkunde hierüber ausgefertigt ist, kauft Raimund eine schöngegerbte Hirschhaut und lässt daraus einen sehr langen und dünnen Riemen schneiden, womit er ein grosses Thal umzieht.

11. Ein *Joch Ochsen* sind das Mass für die Höhe von Busch und Gesträuch auf einem Acker; wenn das letztere nämlich so hoch geworden ist, dass sich zwei Ochsen darin verbergen können, oder dass zwei Ochsen es nicht niederdrücken können, so fällt der Acker der gemeinen Mark anheim.

12. *Durchschlüpfende Tiere.* Es wird ein mit Holz beladener Wagen daran gemessen, dass sieben Hunde einen Hasen hindurch jagen mögen oder dass eine Atzel (Elster) mit aufgereckten Ohren hindurchfliegen kann.

13. *Mannes Kraft* enthält besonders insofern eine Massbestimmung, als die Fähigkeit freien Handelns danach gemessen wird, ob er vermöge zu *gehen* und zu *reiten* oder frei zu stehen, *ungehabt* und *ungestabt,* d. h. ohne dass man ihn halte, unterstütze, und ohne dass er sich eines Stabes bediene; oder bestimmter, ob er in seinem Kürass von der Erden auf ein hengstmässiges Pferd sitzen kann.

14. Die *Stärke der Hühner* wird danach gemessen, ob sie auf einen dreibeinigen Stuhl oder auf eine Tonne fliegen können.

15. *Schnelle Handlung* wird nach folgenden Bestimmungen gemessen: es soll einer eine unaufschiebliche Handlung verrichten, bevor er sein Messer unabgewischt in die Scheide gesteckt hat; wenn er den einen Schuh, die eine Hose ausgethan hätte, soll er den andern Schuh u. s. w. nicht austhun, sondern wieder anziehen und die Sache verrichten.

16. *Berechnung nach Gliedern* des Leibes, je nach Länge, Höhe, Ausspannung kommt oft vor: soviel man in der Hand mag halten, soviel Finger man auf eine Wunde setzen kann; Brot oder Käse, so gross, dass man, den Daumen in der Mitte haltend, mit gestreckten Fingern einen Umkreis machen kann; eine Garbe muss so gross sein, als ein vollkommener Mann unter dem Arm zwischen der Hüfte beklemmen kann, den Pferden soll man Futter geben bis über die Naslöcher und Stroh bis an den Bauch.

Meier, ahd. *meior*, *maior,* mhd. *meier*, *meiger, villicus*, *major,* heisst der Vorgesetzte eines Landgutes oder Hofes; ihm lag die Leitung des Feldbaues und der Einzug der Gefälle ob; da er zugleich bei den Hofleuten die Obrigkeit vertrat, suchte er sich oft der Landwirtschaft zu entziehen und sich allein mit dem Gerichtswesen abzugeben. Je nach dem Stande des Gutsherren konnte auch derjenige des Meiers ein verschiedener sein; Edle waren Meier des Königs, Freie die der Edeln, Knechte die der Freien. Oft wussten sie sich infolge der auf ihnen ruhenden Amtsgewalt entweder in einen höheren Stand erblich zu erheben, daher es im Mittelalter unter den höfischen Ministerialen viele Meier giebt, z. B. die Tschudi, welche Meier der Abtei Säckingen über ihre Unterthanen in Glarus waren, oder sie wussten mit der Zeit das ihnen anvertraute Gut erblich an sich zu bringen; später betrachtete man oft das Meieramt als Lehen.

Meister, sieben weise, heisst eine in den Rahmen einer Erzählung gebrachte Sammlung von Geschichten, die ursprünglich aus Indien stammt und Gemeingut der arabischen, persischen, türkischen, syrischen, hebräischen, neugriechischen, französischen und deutschen Litteratur geworden ist. Die älteste indische Quelle trägt den Namen

Pantschatantra; aus ihr fliessen ausser den sieben weisen Meistern die Fabeln des *Bidpai*, die unter dem Namen *Buch der Weisheit der alten Weisen* schon 1483 und später sehr oft wiederholt deutsch gedruckt wurden; sodann die *Hitopadesa* und die *Disciplina clericalis.* Vgl. *Benfey*, Pantschatantra. 2 Bde. Leipzig 1859.

Der Rahmen der Erzählung ist folgender: Ein Kaiser hat einen Sohn, den er von sieben Meistern in aller Weisheit unterrichten lässt. Als der Jüngling wieder an den Hof berufen wird, zeigen die Gestirne Lebensgefahr für ihn, wenn er ein Wort rede. Er erscheint also und redet nicht. Seine Stiefmutter, erst in Liebe zu ihm entbrannt, dann verschmäht und wütend, dringt auf seine Hinrichtung und bewegt den Kaiser jedesmal mit einer bezugvollen Geschichte, dass er den Tod seines Sohnes befiehlt; einer der Meister aber bewirkt jedesmal mit einer Gegenerzählung einen Tag Frist. So vergehen sieben Tage, nach denen die Gefahr verschwunden ist, und nun entdeckt der Prinz die Schmach seiner Stiefmutter, die samt ihrem Buhlen verbrannt wird. Erzählungen sowohl als die Namen der Meister, des Kaisers und des Prinzen wechseln: in den deutschen Bearbeitungen heisst der Sohn *Diokletian*, der Vater Prinzipian oder Poetion oder Domitian; der Haupterzieher heisst bald Virgil, bald Syntigyas. In deutscher Sprache hat man eine im Jahre 1412 geschriebene poetische Bearbeitung dieses Stoffes unter dem Namen *Diokletians Leben* von *Hans dem Büheler*, der zu Poppelsdorf bei Bonn lebte, und das vielverbreitete Volksbuch in Prosa, dessen ältester datierter Druck aus dem Jahre 1473 stammt.

Meistergesang. Die Entstehung der Singschulen liegt bis jetzt noch sehr im Dunkeln; denn wenn sich auch die Meistersänger des 16. Jahrh. als unmittelbare Nachfolger der Minnesänger ausgaben, so lässt sich bis in die Mitte des 15. Jahrh. durchaus keine Singschule nachweisen; höchstens kann man vor dem genannten Zeitraum von einzelnen *Meistersängern* sprechen, d.h. Leuten bürgerlicher Herkunft, welche den Beruf des Sängers und Dichters ergriffen hatten und den Ehrennamen *Meister* trugen; schon in der zweiten Hälfte des 13. Jahrhunderts kommen die Namen *meistersinger, meistersanc* und *meistersanges orden* vor, aber nur, um Gesang zu bezeichnen, der allen als Muster dienen könne. Die schulmässige Erlernung des Dichtens knüpft sich an den Namen *Heinrichs von Meissen* oder *Frauenlobs*, der 1317 oder 1318 zu Mainz starb und von Frauen in die Abside des Domes zu Grabe getragen wurde; er mit Heinrich von Müglin, Klingsor, dem starken Popp, Walther von der Vogelweide, Wolfgang Röhn, Ludwig Marner, Barthel Regenbogen, Römer von Zwickau, Konrad Geiger, dem Kanzler aus der Steiermark und dem Alten Steffan soll nach einem Meistergesang des 16. Jahrhunderts der Stifter der Singschule gewesen sein, zur Zeit Otto I.! Aber weder Frauenlob noch seine Nachfolger kannten das Institut der Singschulen; diese findet man vielmehr als geschlossene Gesellschaften nach dem Vorbilde der Zünfte nicht vor der Mitte des 15. Jahrhunderts und zwar zuerst in Oberdeutschland, in Mainz, Strassburg, Kolmar, Freiburg, dann in Augsburg, Nürnberg, Ulm, Regensburg, Memmingen; ferner in Österreich, östlich bis nach Schlesien hin in Görlitz und Danzig. Es scheint, dass neben dem Zunftwesen, welches namentlich die Teilung der Gesellschafter in Lehrlinge, Gesellen und Meister vorbildete, auch die Scholastik der Universitäten auf die Schulen wirksam war. Es war dabei aufs Singen und aufs Dichten abgesehen. Die ersten Aufzeichnungen der Gesellschaftsordnungen, *Tabulatur* genannt, stammen aus dem 16. Jahrhundert. Jedes Gedicht ist nach der Tabulatur der Nürnberger Singschule ein *Lied*, d. h. strophisch gebaut und für den Gesang bestimmt, in der Kunstsprache ein *Bar* genannt. Dasselbe ist nach dem Gesetze der höfischen Kunst *dreiteilig*, besteht aus Stollen, Gegenstollen und Abgesang, die einer dreiteiligen Gliederung der Melodie entsprechen; die Strophe heisst *Gesätz*, Strophe und Melodie ein *Ton;* die Verschlingung der Verse und die Anzahl der zu einem Gesätz verwendeten Verse ist überaus künstlich, die letztere geht manchmal über 100 Zeilen hinaus. Die einzelnen Verse werden ausschliesslich nach der Zahl der Silben, ohne Beachtung ihres Wertes, gemessen; ihre Zahl soll nicht über dreizehn steigen, „weil mans am Atem nicht haben kann, mehr zu singen“. Um die künstlichen Gesätze und Töne herauszubringen, gestattete man sich anfangs die abscheulichste Willkür in der Behandlung der Sprache, gebrauchte verschiedene Mundarten nebeneinander, feilte an den Wörtern, hieb Silben einfach weg oder veränderte sie. Dagegen wurden nun freilich in der Tabulatur Verbote erlassen. Als Fehler werden hier aufgeführt die *Milbe*, wenn der letzte Buchstabe eines Wortes, das *Halbwort*, wenn eine ganze Silbe weggeworfen wird: wir singe, wir sage; *Anhang* heisst eine willkürliche Verlängerung des Wortes; *Klebsilbe* das Zusammenziehen eines zweisilbigen Wortes in *eine* Silbe: gtan für getan; *Differenz* das willkürliche Umstellen der Laute: Deib für Dieb. Der *Vortrag* darf nur gesangsweise geschehen, jedoch ohne alle musikalische Begleitung. In Bezug auf den *Inhalt* waren *falsche Meinungen* streng verpönt, d. h. „alle falsche, abergläubische, schwärmerische, unchristliche und ungegründete Lehren, Historien, Exempel und schändliche und unzüchtige Wörter, die der reinen, seligmachenden Lehre Jesu Christi, gutem Leben, Sitten, Wandel und Ehrbarkeit zuwiderlaufen“. Vor der Reformation waren es namentlich die Fragen der scholastischen Theologie, über die unbefleckte Empfängnis u. dgl. gewesen, was in den Schulen behandelt wurde, seit der Reformation der Inhalt der Schrift.

Die Gesellschaftsmitglieder wurden eingeteilt in *Schüler* „die die Tabulatur wissen“, *Dichter*, die nach fremden Tönen ein Lied zu machen imstande sind, und *Meister*, die einen neuen Ton erfunden haben. Der angehende Schüler wählt sich einen Meister, der die Lehre übernimmt; ist er weit genug vorgeschritten, so stellt ihn dieser der Gesellschaft vor, welche nach vorhergehender Prüfung und Verpflichtung auf die Zunftstatuten seine Aufnahme verfügt. Hat er sich „zu Ehr und Vorteil der Gesellschaft gehalten“ und Proben seiner Geschicklichkeit abgelegt, so kann er auf Freisprechung antragen. Diese wird in den Singschulen vollzogen, welche öffentlich gehalten werden und mit denen Preisverteilungen verbunden sind. In Nürnberg wurde der dazu bestimmte Tag durch Anschlagtafeln bekannt gemacht. In der Kirche zu St. Katharinen stand dann neben der Kanzel der „Schaustuhl“ für die Sänger, vor dem Chor ein mit Vorhängen verschlossenes Gerüste, das Gemerk. Auf diesem nehmen die Merker Platz, die Vorsteher der Zunft, denen die Aufrechterhaltnng der Tabulatur, das Urteil und die Zuerkennung der Preise obliegt. Dann beginnt zuerst das „Freisingen“, bei welchem kein Preis zu gewinnen ist, darauf nach einem gemeinschaftlichen erbaulichen Gesange das „Hauptsingen“ um die Ehrenkette, um einen Kranz von künstlichen Blumen und selbst um Gold, welches ein Gönner der Gesellschaft ausgesetzt hat oder das am Eingange der Kirche gesammelt worden ist. Die Merker urteilen auch über die Aufnahme eines neuen Meisters, nachdem dieser einen Meisterton erfunden hat; derselbe wird unter Assistenz von zwei Gevattern auf „einen ehrlichen Namen“ getauft und zu ewigem Gedächtnis in das Meisterbuch eingeschrieben. Die Feier schliesst mit einem Gelage auf der „Zeche“, dem gewöhnlichen Versammlungsorte der Zunft, wobei der Gewinner des Kranzes die Aufwartung zu besorgen hat. Ein Meister durfte seine Kunst nur *neben* dem Handwerk treiben und sollte sie nicht durch gewinnsüchtigen Betrieb entweihen. Der Schüler hatte zu geloben, „dass er kein Meisterlied oder Ton auf öffentlicher Gasse, auch nicht bei Gelagen und Gastereien hören lassen wolle“. Die Handwerke, welche dem Meistergesang am meisten zugethan waren, sind Schuhmacher, Kürschner und Weber. Die Nürnberger Schule erhielt sich bis tief ins 18. Jahrhundert; in Ulm löste sich die noch aus vier Meistern bestehende Singschule 1839 auf und setzte den Liederkranz zum Erben ihres Eigentums ein.

Eine bleibende Wirkung auf die Entwickelung der deutschen Dichtkunst hat der Meistergesang kaum gehabt, er war eine Art von Fortbildungsschule für Handwerker; nur eine einzige Schule kam zu höherem Ansehen, diejenige von Nürnberg, aber auch nur durch *Hans Sachs*. Doch beruhte auch dieses Mannes Ruhm nicht auf seinen zahlreichen Meisterliedern; er hat deren über 4000 verfasst, von denen zu seinen Lebzeiten keine gedruckt worden; was von ihm durch den Druck verbreitet wurde, sind nur ausser der Schule entstandene Spruch- und dramatische Dichtungen. Erst *Goedeke* hat im ersten Teile der von ihm herausgegebenen „Dichtungen von Hans Sachs, Leipzig 1870“, 159 Meisterlieder gesammelt und herausgegeben. Siehe *Goedeke* und *Tittmann*, Liederbuch aus dem 16. Jahrhundert, Einleitung zu den Meisterliedern, *Wackernagel*, Litteraturgeschichte, und *Goedekes* Grundriss § 139.

Melusine ist die Heldin einer ursprünglich keltischen Feensage. Eine Tochter des Königs von Albanien und einer Meernymphe, an Gestalt von ausserordentlicher Schönheit, musste sie an gewissen Tagen Fisch- oder Nixengestalt annehmen. Einst überraschte sie trotz ihrer Warnung ihr Gemahl in dieser Gestalt, worauf sie verschwand und nun in dem Turm des von ihrem Gemahl erbauten Schlosses die Rolle der weissen Frau übernahm. Jean d'Arras verfasste danach gegen Ende des 14. Jahrhunderts ein lateinisches Gedicht, das im 15. Jahrhundert in französische Prosa gebracht wurde; daraus übersetzte der Berner Thüring von Ringoltingen 1456 das deutsche Volksbuch, das seit 1474 oft gedruckt worden ist.

Merseburger Zauberlieder heissen zwei in einer Handschrift der Bibliothek des Domkapitels zu Merseburg (daher der Name) gefundene Zaubersprüche aus altgermanischer Zeit, die zwar erst im 10. Jahrhundert aufgeschrieben wurden. Der eine soll den verrenkten Fuss eines Pferdes heilen, der andere die Fesseln eines Kriesgefangenen durch die im Spruche liegende Zauberkraft lösen. Beide Sprüche zählen zu den wichtigsten Denkmälern der ältesten Periode unserer Litteratur. Vergleiche namentlich den Exkurs in *Müllenhoff* und *Scherer*, Denkmäler deutscher Poesie und Prosa.

Messen in merkantiler Bedeutung sind Jahrmärkte, die sich durch die religiöse Anziehungskraft der sie veranlassenden Kirchenfeste, durch politische Bedeutsamkeit oder günstige geographische Lage des Marktortes, stets aber unter dem Einflusse königlicher Gnadenbriefe zu einer höheren Gattung entwickelt haben. Der Name *messe*, anfänglich regelmässig mit der alten Bezeichnung zusammengebraucht: *jarmesse und merkte, mess und jarmerkte*, ist seit dem 14. Jahrhundert nachgewiesen. Wo Messen überhaupt vorkommen, gab es deren regelmässig mehrere des Jahres. Gegenüber den Jahrmärkten zeigt die Messe ein Überwiegen des *Fremden-Elementes.* Der Ausländerverkehr wurde durch die von den Kaufleuten einer oder mehrerer benachbarter, geschäftlich verbundener Städte nach den Messeorten gesellschaftlich unternommenen Messfahrten vermittelt und durch die höchstmögliche Steigerung des Marktfriedens (siehe den Art. Markt) zur *Messefreiheit* gefördert; das letztere war der Fall, wenn der betreffende Stadtherr seinen Schutz für Leib und Gut auch auf den Fall ausdehnte, dass er mit der Landesherrschaft, aus deren Gebiet die fremden Kaufleute gekommen, in offener Fehde begriffen sein sollte. Die Messe war sodann vorherrschend dem *Samptkauf*, d. i. dem *Mengehandel* zugewandt, sodass darauf hauptsächlich Kaufleute mit Kaufleuten verkehrten, in ganzen Wagen- und Schiffsladungen, Säumen u. dgl. Die hauptsächlichsten Grosshandelswaaren sind Salz, Getreide, Wein, Seidenstoffe und bessere Wollenzeuge, Buntwerk (Felle), Gewürze, namentlich Pfeffer und Saffran. Die Messe hatte eine längere Zeitdauer als der gemeine Jahrmarkt; schon das uralte Messe-Vorbild, der Dagobertsche Markt von Saint-Denys (629), erstreckte sich über vier Wochen; die deutschen Messen umspannten eine bis vier Wochen. Die Messe beschränkte sich nicht auf den Raum des Marktplatzes, sondern breitete sich von diesem über die sämtlichen einmündenden Strassen, ja häufig über weitere ganze Stadtteile aus. Nach *Gengler*, Deutsche Stadtrechts-Altertümer. Kap. 9.

Messer, auch Gnippe, *kneif, kneip*. Die Sitte, neben dem Schwert noch ein Messer als Stoss- oder Stichwaffe zu tragen, geht in die früheste Zeit zurück. Sehr häufig finden sie sich z. B. schon in den merowingischen Gräbern und zwar in der Länge von 10—11 Zoll, ganz oder bis zur Hälfte zweischneidig. Die Messer wurden, besonders von den südländischen Völkern, auch gern geworfen.

Tischmesser zum Vorschneiden der Speisen kommen in schriftlichen Nachrichten auch schon früh vor, ebenso auf Bildern. Schon die St. Galler Mönche erwähnen kleiner Tischmesserchen. Tischmesser und Gabeln für den Gebrauch jedes einzelnen Tischgenossen kommen erst im 16. Jahrhundert in Aufnahme.

Met, ahd. *metu*, mhd. *mete* oder *met*, ist ein uraltes Getränk der Germanen und blieb mit dem Bier bis tief ins Mittelalter das üblichste Getränk; es wurde aus gegorenem Honigwasser erzeugt, wobei man im 13. Jahrhundert auf zwölf Teile Wasser einen Teil Honig rechnete.

Minderbrüder, siehe *Franziskaner.*

Miniaturmalerei. Unter Miniatur versteht man die Ausschmückung geschriebener, nicht gedruckter Bücher, durch Bilder, Randzeichnungen, Zierbuchstaben. Die Miniatur steht deshalb im engsten Zusammenhange mit der Kalligraphie. Der Ausdruck „*miniatur*“ stammt von *minium* (ahd. *minig*), einer roten Farbe, welche die mittelalterlichen Maler meist aus Bleiglätte herstellten und zur Verzierung der grossen Buchstaben oder zur Bezeichnung von Wangen und Lippen oder auch der Gewänder der menschlichen Gestalten anwandten. Die Technik der Miniaturmalerei ist je nach der Zeit verschieden. Die ältesten bekannten Miniaturen scheinen in der Wachsmalerei ausgeführt zu sein, wobei die Farben, mit einer zusammengeschmolzenen Mischung von Wachs, Lauge und Leim versetzt, heiss aufgetragen und nachträglich geglättet wurden. Später wurden die Farben in der Regel mit Eiweiss, Eigelb oder Leim angemacht. Das Gold wurde bald als Blattgold, bald mit dem Pinsel aufgetragen. Im ersteren Falle bildet es in der Regel den Grund der Malerei. — Man schrieb und malte auf Pergament oder Baumwollenpapier. Ersteres bereiteten die Mönche selbst aus Schafs- oder Kalbshaut, letzteres *(pergamena graeca, carta bambagnia)* wurde aus dem Orient bezogen. Die Vorbereitungen zum Malen waren mannigfach. Vorerst wurde das Pergament mit dem Staub von Tintenfischknochen grundiert, dann mit einem Zahnrade die Abstände der Schriftlinien festgestellt. Zum Entwerfen der Zeichnung bediente man sich eines Silberstiftes oder einer Mischung aus zwei Teilen Blei und einem Teil Zinn. Mit Kielfeder und Tinte, einer Mischung von Lampenruss und Gummi, zog man die Umrisse nach, mit dem Pinsel von Eichhörnchenhaaren und verdünnter Tinte wurden die Schatten angelegt. Den Grund, sofern er nicht weiss gelassen wurde, färbte man oft purpurrot, seltener grün oder blau. War die Schrift und Malerei fertig aufgetragen, so glättete man die Fläche mit dem Brunierstein oder Brunierzahn (Zähne von fleischfressenden Tieren oder Edelsteine: „je edler, desto besser"). Den Schreibern *(scriptores et pictores)* war im Kloster ein eigener abgetrennter Raum, das Scriptorium, vorbehalten; entweder lag ihnen ein Original vor oder der Armarius diktierte. Was geschrieben werden sollte, bestimmte der Abt.

Dass schon bei den Alten das Illustrieren von Handschriften durch bildliche Darstellungen vorgekommen ist, wissen wir aus der Erzählung des Plinius von den griechischen Ärzten Cratenas, Dionysius und Metrodorus, welche ihren Abhandlungen über die Eigenschaften der Pflanzen deren Abbildungen beifügten. Ähnlich begann man früh schon die heiligen Schriften der Christen, vornehmlich die des alten Testaments auszuschmücken; ähnliche Werke byzantinischen Stiles aus dem ersten Jahrtausend unserer Zeitrechnung sind zahlreich vorhanden.

Während im byzantischen Reiche die Miniatur ursprünglich Gemälde, den Büchern eingefügt, war und erst im Laufe der Zeit die Ornamentation der Schriftzüge selbst hinzukam, nahm die Sache im Abendlande den umgekehrten Verlauf. Den Mönchen kam es vor allem darauf an, durch Abschreiben ihre Klöster in den Besitz der heiligen Bücher zu bringen. Nach und nach erst kamen die Schreibkünstler dazu, durch grössere, verzierte Anfangsbuchstaben ihre Schrift auszuzeichnen. Kunstwerke früherer Epochen standen ihnen nicht zu Gebote, deshalb mussten die Tier- und Pflanzenformen ihrer unmittelbaren Umgebung ihnen die Vorbilder liefern. Aus der Kalligraphie ging aber zugleich eine streng ornamentale Malerei hervor. Die Zeichner hatten kaum die Absicht, die Vögel, Fische, Schlangen, Blätter und Blütenzweige naturgetreu wiederzugeben, selbst die menschliche Gestalt musste sich die freieste Behandlung und die Umwandlung zum Ornament gefallen lassen.

Irland ist die Heimat dieser frühesten abendländischen Malerei, und es ist wahrscheinlich, dass der Stil und die Malertechnik von

Alexandria aus nach Irland durch Einwandern ägyptischer Mönche gekommen und von der keltischen Bevölkerung später eigentümlich fortgebildet worden ist. Von den irischen Klöstern ist diese Ornamentation zuförderst auf englische übergegangen. Ein charakteristischer Zug der irischen Manuskripte besteht darin, dass die Buchstaben der ersten Zeile eines Abschnittes viel grösseres Format haben als die übrigen. Zudem überragt der eigentliche Initiale seine Nebenmänner um ein bedeutendes. Auf die erste Zeile pflegen sich auch die Zierraten zu beschränken. Säume von roten Tupfen um die Initialen sind die ersten schlichten Versuche, malerischen Schmuck anzubringen. Dann wird der Körper der mit schwarzer Tusche ausgeführten Buchstaben mit einem verschlungenen Linienornament in weisser Farbe ausgestattet, die einzelnen Balken der Buchstaben erhalten Köpfe von Vögeln oder Reptilien; in den Winkeln und sonstigen Zwischenräumen siedeln sich Vögel, Schlangen, Drachen u. dgl. an, umgeben von oder verflochten mit dem auf das sinnreichste geführten Band- oder Riemenwerk. Die Farben sind mit starken Bindemitteln angemacht und dadurch vor dem Verblassen geschützt. Als Boten des Christentums bereisten diese Irländer nachmals das ganze Europa; mit ihnen zog zugleich ihre Schreib- und Illuminierkunst in die Welt hinaus. Die umfassendste Arbeit über die Miniaturen dieser Schule hat J. O. Westwood in seinem Werke: *Facsimiles of the miniatures and ornaments of Anglo Saxon and Irish manuscripts* geliefert, auf welches Werk verwiesen sei. Einen grossen Schatz altirischer Manuskripte besitzt die Bibliothek des ehemaligen Klosters zu St. Gallen (siehe *Rahn*: Das *Psalterium Aureum* von St. Gallen 1878). In den noch zahlreich erhaltenen Werken der späteren Zeit zeigt sich oft eine sonderbare Verschmelzung des irischen Stils mit dem byzantinischen, so im Evangeliarium der Trierer Dombibliothek und in demjenigen der Bibliothek zu Boulogne. Die Zeichnung der Figuren ist durchgängig besser, das Ornament dagegen weniger zierlich; die spezifischen Elemente desselben, die Kombination von Linien, Winkeln, Spiralen, Riemen u. s. w. verschwinden nach und nach gänzlich. Fig. 96.

Fig. 96. Initial aus einem Missale des 8. Jahrhunderts.

Von den Bewohnern des Festlandes scheinen besonders die aus Tieren zusammengesetzten Buchstaben mit Begier aufgegriffen worden zu sein. Zeugnisse hierfür besitzen die Bibliotheken zu Laon, Stuttgart, München, St. Gallen und Paris. In den Ländern Nordeuropas datieren die ältesten Denkmäler aus der Zeit Karls des Grossen. Altchristliche, noch von antiker Tradition lebende und byzantinische Vorbilder und häufig auch der Einfluss, der aus Irland gekommenen Mönche lassen sich in den noch höchst unbeholfenen Zeichnungen erkennen.

Die Farben selbst gewinnen eine feste symbolische Bedeutung. Bei ihrer Verteilung leitet mehr ein allgemeines Gesetz der Harmonie als die Rücksicht auf die Natur, und es ist nicht selten, dass Haare und Bart grün oder blau gefärbt sind, wenn es gerade passt. Als das älteste Werk der karolingischen Epoche gilt das Evangelistarium des Godeslac, welches auf Befehl Karls des Grossen angefertigt wurde. Mit dem grössten Luxus ausgestattet, erscheint die Schrift in Gold und Silber auf purpurfarbigem Pergament. Fig. 97. Zu grosser Selbständigkeit erheben sich die Miniaturen des 9. Jahrhunderts. Bisher bewegten sich die Künstler innerhalb eines sehr engen Kreises der Darstellungen, nun aber unternehmen sie es, die im Text erzählten Vorgänge bildlich wiederzugeben, anfänglich in kleinen Zeichnungen, welchen die Initialen als Rahmen dienten, nachher als freie Komposition in grossen Bildern. Auch die Farbengebung wird weniger hart; der Maler bemüht sich zu modellieren, zum Teil nach dem Vorbild der Byzantiner mit grünlichen Schatten, zum Teil aber auch nach der Natur mit eigentümlicher Anwendung goldener Lichter in den Gewändern. Hierher gehört nebst anderen die Wessobrunner Handschrift (Hofbibliothek München), das Evangeliarium Lothars und die Bibel Karls des Kahlen, das reichste aller dieser Werke.

Fig. 97. Aus dem Evangelistarium des Godeslac. 8. Jahrhundert.

Auch in der Folgezeit, der romanischen, verleugnet die Miniaturmalerei keineswegs die Anlehnung an die Antike, wie sie durch die altchristliche Kunst überliefert war. Indessen geht die Pflege der Kunst mit dem Erlöschen der karolingischen Herrschaft von Frankreich auf Deutschland über. Die Künstler sind nach wie vor Klostergeistliche, aber Auge und Hand der deutschen Maler erweist sich noch als ungeübter und ungelenker, und das Bestreben, mit der Tradition die Anschauung der Natur zu verbinden, Bewegung und Ausdruck in die Zeichnung zu legen, verleiten dieselben zu Übertreibungen und Verzerrungen. Die Gesichter erhalten eine fahle, selbst grünliche Farbe, die im Verein mit dem Hageren, Eingefallenen, den langgestreckten Gestalten und den leblos schematischen Gewändern diesen Arbeiten einen bei aller Farbenpracht doch tristen, abschreckenden Ausdruck geben. Unter den Werken des 10. Jahrhunderts hat das Evangeliarium des Bischofs Egbert von Trier in der dortigen städtischen Bibliothek grosse Bedeutung. Die Evangelisten erscheinen auf violettem, goldverziertem Teppichgrund, grossartig feierlich in Haltung und Ausdruck. Der byzantinisierende Stil ist besonders ausgedrückt in den Miniaturen, welche Heinrich II. für das Domstift Bamberg anfertigen liess. Die Zeichnung ist konventionell, halbverstandenen Vorbildern ohne Rücksicht auf die Natur nachgeahmt. Im weiteren Verlauf des 11. Jahrhunderts bemächtigt sich eine manieristische Entartung des Stiles, die in seltsam verschrobenen Körperformen, wirren Gewandmotiven und oft in abstossender Hässlichkeit sich geltend macht und den tiefsten Verfall der Kunst verrät. Fig. 98 (Kunsthist. Bilderbogen).

Von der Mitte des 12. Jahrhunderts an nimmt die Bildung eines selbständigen germanischen Stiles ihren Ausgang. Eine Kunst, welche in so inniger Beziehung zur Litteratur stand wie die Miniaturmalerei, konnte ja von dem Aufschwunge, welchen die Poesie in Deutschland nahm, nicht unberührt bleiben. Die heiligen Schriften gaben der Malerei nicht mehr allein Stoff und Anregung; Legenden, Heldengedichte, poetische Erzählungen, Tiersagen und Minnelieder eröffnen dem Künstler ganz neue Welten. Und mit den Gegenständen geht auch die Ausübung der Kunst aus dem ausschliesslichen Besitz der Geistlichen in Laienhände über. Die Tracht der Zeit spiegelt sich deutlich in den Malereien wieder; in Gesicht und Körperbildung weicht der byzantinische Typus mehr und mehr einem nationalen. Starke schwarze Umrisse werden auch jetzt noch beibehalten, wie auch die phantastischen Verschlingungen an irische Initialen erinnern; die Motive aber werden der Pflanzen- und Tierwelt entlehnt, und in den Zügen der grossen Buchstaben zeigt sich Sinn für Schwung der Linien. Eines der vorzüglichsten Werke dieser Epoche besass die Bibliothek zu Strassburg in dem „*Hortus deliciarum*“, welchen die Äbtissin Herrad von Landsberg 1175 geschrieben und mit zahlreichen Abbildungen versehen hat, denen ein vielfaches Eingehen auf Natur und Leben einen naiven Reiz verlieh. Von der freien, schwungvollen Phantastik, die in den Randverzierungen und Initialen ihr heiteres Spiel treibt, geben drei Passionale aus dem Kloster Zwiefalten (Bibliothek in Stuttgart) mehrfach glänzende Beispiele. Die Gestalten sind in roten und schwarzen Federzeichnungen, zum Teil auf farbigem Grund abgebildet, dabei sind die nackten Teile stets in roten Umrissen gehalten. Für das Studium des Zeitkostüms namentlich wichtig sind die Miniaturen zu Heinrich von Veldecks „Eneit“ in der Bibliothek zu Berlin, insgemein ohne Ausmalung. Dieselbe Bibliothek besitzt eine aus dem 13. Jahrhundert datierende, in neugotischen Minuskeln geschriebene Kopie des Lebens der Maria von Werinher von Tegernsee. Umgekehrt erscheinen hier die Gewänder in roten, die nackten Teile in schwarzen Umrissen, nur die Unterlippen sind durch einen roten Strich, die Wangen durch rote Punkte bezeichnet.

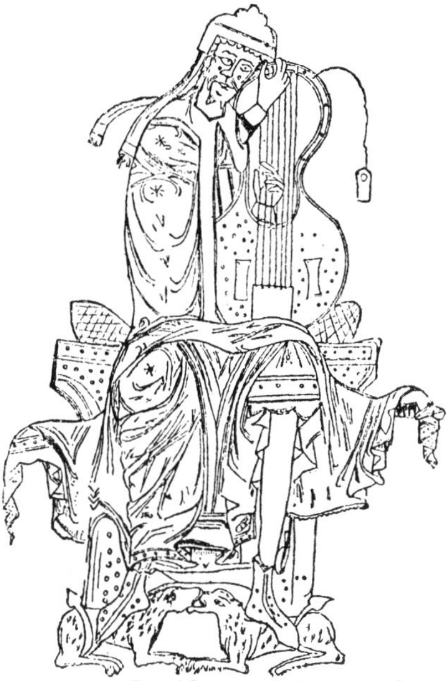

Fig. 98. David. Aus dem Psalter des Notker Labeo.

Die französische Miniaturmalerei stand in der romanischen Epoche unter überwiegendem Einfluss des irisch-angelsächsischen Stils. Indessen wirkt der gotische Stil, der in Frankreich seine Heimat hat, hier früher und entschiedener auf die

Miniaturmalerei ein als in anderen Ländern. In der Kunst des „Illuminierens“ waren die Pariser Künstler weit berühmt.

Vorerst beschränkte man sich in der gotischen Zeit auf schlichte Umrisszeichnungen; indessen vollzieht sich der Übergang vom Byzantinismus und Romanismus zu natürlicheren Bewegungen und zur Individualisierung der Köpfe allmählich. Die Mittel zum Ausdruck der Empfindungen sind noch äusserst beschränkt: Herabziehen der Mundwinkel für Schmerz etc. Die farbigen Bilder sind anfangs noch wirkliche Federzeichnungen, mit ungebrochenen Farben illuminiert; erst allmählich gelangen die Künstler selbständig wieder auf die Stufe, welche sie mit dem Aufgeben der byzantinischen Technik verlassen hatten; sie gebrauchten Mitteltöne und Übergänge zwischen Licht und Schatten. Das Streben nach Zierlichkeit und Anmut führt zu eigentümlich gewundenen Stellungen und Verdrehungen des menschlichen Körpers. Eines der liebenswürdigsten Beispiele dieser Art sind die Handschriften des Parcival Wolframs von Eschenbach und des Tristan Gottfrieds von Strassburg in der Bihliothek zu München, schwarze Federzeichnungen auf farbigem Grunde. Noch entschiedener geht der Weingartner Minnesänger-Kodex (Königliche Bibliothek in Stuttgart) und der Manessische (Bibliothek in Paris) auf den charakteristischen Schwung des gotischen Stiles ein. Dazu Fig. 99. Alle diese Miniaturen zu Profandichtungen werden aber überragt von den auf Gold- oder Tapetengrund ausgeführten illuminierten Federzeichnungen zu Wolframs von Eschenbach Ritterroman Wilhelm von Oranse, in der Bibliothek zu Kassel. Oft ohne jede nähere Beziehung zum Texte sind die Randzeichnungen, wie wir sie in Bibeln, Psaltern oder Evangelienbüchern finden, abenteuerliche Ungestalten aus Menschen- und Tierleibern zusammengesetzt, voll originellen, mitunter derben Humors mit sicherer Hand gezeichnet, sich auf Ranken und dergleichen tummelnd. Reich in dieser Beziehung ist eine Vulgata der öffentlichen Bibliothek zu Stuttgart. Auch in Böhmen entwickelt sich im Lauf des 13. Jahrhunderts eine verwandte Richtung, von der eine Bilderbibel in der Bibliothek des Fürsten Lobtowiz zu Prag zahlreiche Beispiele voll Leben und Originalität bietet.

Für die zweite Periode des gotischen Stiles ist charakteristisch, dass mehr und mehr an Stelle der kolorierten Federzeichnung die selbständige Malerei mit dem Pinsel tritt. Das Auge hatte sich geschärft in der Beobachtung der Natur; es fasste die Formen richtiger auf, und der Künstler fing an sich klar zu werden über die Bedingungen der körperlichen Erscheinung der Dinge. In der Zeichnung menschlicher Figuren verrät sich bereits ein genaues Studium der Köpfe und Hände, während es allerdings mit der Anatomie des übrigen Körpers noch übel bestellt ist. Der Faltenwurf der Kleider wird leichtfliessend, den Hintergrund bilden Architekturen oder sogar Landschaften, häufig indes Schachbrett- oder Teppichmuster.

Die französischen und burgundischen Fürsten besonders liessen sich die Pflege der Kalligraphie und Buchmalerei angelegen sein, und es waren namentlich niederländische Miniatoren die ausführenden Künstler. Für Deutschland kommt in dieser Periode ganz vorzüglich die böhmische Schule in Betracht. Wie Karl IV. war auch sein Sohn Wenzel wenigstens anfangs beflissen, die Kunst in Böhmen zu pflegen. Zahlreiche Handschriften, für die genannten Fürsten angefertigt, ver-

Fig. 99. Aus der Manessischen Bilder-Handschrift.

raten niederländischen oder französischen Einfluss. Als Werk eines böhmischen Künstlers und zwar des Leutpriesters von Landskron: Johannes von Troppau stellt sich ein Evangeliarium der Wiener Hofbibliothek dar. Für den König Wenzel angefertigt ist eine deutsche Bibelübersetzung, die Wenzelbibel, erhalten. Die fürstlich Lichtensteinische Bibliothek in Wien und das Stift Lilienfeld besitzen Exemplare einer *Concordantia caritatis*, welche erkennen lassen, dass an jedem Blatt fünf Künstlerhände beschäftigt gewesen sind, was auf eine gewisse fabrikmässige, eine grosse Nachfrage voraussetzende Produktion schliessen lässt.

Die englischen Miniaturen dieser Zeit pflegen sich von den französischen durch geringere Routine in der Zeichnung zu unterscheiden.

Die realistische, individualisierende Richtung in der Malerei, von den Brüdern van Eyck und der altflandrischen Schule weit über die Nachbarländer hinaus zur Herrschaft gebracht, fand auf dem Gebiete der Miniaturmalerei einen vorzüglich günstigen Boden. Die porträtmässige Behandlung der Figuren, das Streben nach Naturwahrheit sind von nun an hervorstechende Züge in der Miniaturmalerei. In einzelnen Werken dieser Zeit glaubt man die Hand der berühmtesten Meister der flandrischen Schule zu erkennen, wie die Brüder van Eyck selbst, namentlich aber deren Schwester Margaretha. Daneben werden die Malereien der für Philipp den Guten geschriebenen *Histoire du royaume de Jherusalem*, die Miniaturen im Gebetbuch Karl des Kühnen und Philipp des Guten, die Bilder der Geschichte des Hennegaus, diejenigen aus dem Breviarum des Kardinals Grimani etc. Rogier van der Weyden, Memling und Direk Stuerbot zugeschrieben. Zu den reichsten und schönsten Büchern dieser Epoche gehört das Gebetbuch der Maria von Burgund in der Wiener Hofbibliothek. Ebendaselbst befindet sich eine prachtvoll ausgestattete deutsche Übersetzung des *Hortulus animae* von Seb. Brant. Die Initialen in den niederländischen Manuskripten werden mit Vorliebe mit konventionell behandeltem Blattwerk behandelt, deren Zwischenräume mit prächtigen Blumen oder Früchten ausgefüllt oder mit farbenreichen Vögeln oder Insekten bevölkert werden. — Deutsche Miniaturen um die Mitte des 15. Jahrhunderts zeigen meist noch die Nachwirkungen früherer Kunstweisen. Die Weichheit der Modellierung erinnert oft an den letzten Vertreter der altkölnischen Schule: Stephan Lochner, während in der Schönheit der Farben sich bereits der Einfluss der van Eyckschen Schule bemerkbar macht.

Wie in allen Zweigen der Malerei erscheint auch in der Miniaturmalerei Dürer als Grossmeister. Hierher gehören die Randzeichnungen zum Gebetbuch Maximilians I. in Blau und Rot auf Pergament ausgeführt, voll Phantasie in den zierlichen Arabesken aus Pflanzenformen und Linienverschlingungen, oft gewürzt mit köstlichem Humor. Fig. 100.

Von den zahlreichen Illuministen, welche in der ersten Hälfte des 16. Jahrhunderts in Nürnberg die Ausschmückung von Büchern gewerbsmässig betrieben, ist vornehmlich Georg Glockenton zu nennen, dessen Kinder und Enkel ihm auf der Bahn folgten, daneben Seb. Beham. Bayern barg eine grosse Menge Illuministen. Auch aus Böhmen sind in neuerer Zeit eine grosse Zahl Miniaturwerke bekannt geworden, wenn auch manches in den hussitischen Stürmen zu Grunde gegangen sein mag.

Frankreich hatte in der ersten Hälfte des 15. Jahrhunderts keine Musse für die Pflege der Künste: Bürgerkriege und der Krieg mit

Fig. 100. Handzeichnung zum Gebetbuch Maximilians von Dürer.

England verwüsteten das Reich. Den Stil der Renaissance in die französische Miniaturmalerei eingeführt zu haben, ist das Verdienst Jehan Foucquets. Als vorzüglichste Arbeit seiner Schule erscheint das Gebetbuch des Königs René. Den dominierenden Einfluss der italienischen Malerei unter Franz I. verrät ein Exemplar der *Chants royaux* (Hofbibliothek in Wien). Von Geofroy Tory, dem ausgezeichneten Buchdrucker, Zeichner und Stecher, existieren zwei Miniaturwerke, welche unter dem Einflusse der Schule von Fontainebleau entstanden zu sein scheinen. Später kommen in Frankreich, wie anderswo, die Miniaturen in den Büchern nur noch vereinzelt vor.

Vom Entwicklungsgange der Miniaturmalerei im Norden wurde die italienische weniger oder gar nicht berührt. Die ältesten italienischen Miniaturen besitzt das Kloster Montecassino (6. Jahrh.) Im allgemeinen datiert die Befreiung der italienischen Miniatur aus byzantinischen Fesseln erst aus dem 13. Jahrhundert. Im 14. Jahrhundert erlangt die Schule von Siena hervorragende Bedeutung. In Florenz waren im 14. Jahrhundert die Kamaldulensermönche fleissige Miniatoren. Die Miniaturmalerei hielt sich in Italien bis ins 17. Jahrhundert.

Verdrängt wurde die Buchmalerei einesteils durch die Buchdruckerkunst, andernteils aber namentlich durch den Holzschnitt; indessen hinterlässt die Miniaturmalerei der Buchillustration ein reiches Erbe in Initialen, Vignetten, Zierleisten, Arabesken etc.

Nach *Lübke*, Grundriss der Kunstgeschichte; *Bucher*, Geschichte der technischen Künste. Vgl. *Waagen*, Handbuch der Malerschulen. A. H.

Minimi fratres, *mindeste brüeder, Eremitae Minorum Fratrum S. Francisci de Paula,* heisst ein von *Franz von Paula* gestifteter Mönchsorden. Der Stifter, im Jahre 1416 zu Paula im Neapolitanischen geboren, war bei seiner Geburt dem heiligen Franz von Assisi geweiht und entwickelte schon als Knabe in einem Franziskanerkloster eine ausserordentliche Neigung zu strenger Askese; als 14jähriger Jüngling lebte er in der Nähe der Heimat in einer abgelegenen Felsengrotte von Kräutern und frommen Gaben, erhielt im zwanzigsten Jahre gleichstrebende Jünger, später die Erlaubnis zur Erbauung eines Klosters und einer Kapelle, welche 1436 von den Eremiten des heiligen Franz bezogen wurden. Den drei gewöhnlichen Mönchsgelübden wurde das beständige Fastenleben beigefügt, d. h. eine Enthaltsamkeit, die sich nicht nur auf eigentliche Fleischspeisen erstreckte, sondern auf alle vom Fleisch herkommenden Speisen überhaupt, also auch auf Eier, Milch, Butter, Käse, und nur Brot, Öl und Wasser erlaubte. Sixtus IV. bestätigte die Ordensstatuten 1474. Der Orden verbreitete sich schnell in Italien, Frankreich, Spanien und Deutschland. Die Tracht ist ein bis an die Fersen reichendes schwarzwollenes Gewand mit gleichfarbiger Kappe, die vorn und hinten bis an die Hüften reicht. Ein besonderer Zweig der Minimen sind die *Minimen-Tertiarier* oder *Minimen beiderlei Geschlechts*, auch von Franz von Paula für weltliche Personen gestiftet, die zu einem gemeinschaftlichen Leben nicht verpflichtet sind.

Ministerialität. *Ministeriales*, ahd. *dienestmann*, *Dienstmann*, *Dienstleute.* Ursprünglich, in der fränkischen Periode, verstand man darunter überhaupt Leute in einer dienstlichen Stellung, wie sie an den Höfen des Königs, der geistlichen Stifter und der weltlichen Grossen freie oder unfreie, hohe oder niedrige Leute einnahmen. Spätere Zeit benannte mit diesem Ausdrucke vorzüglich solche *ab-*

hängige Leute, welche durch bewaffneten Dienst und hier wieder namentlich durch Leistung von Rossdienst, für den sie vom Herrn Land zu Benefizium empfingen, sich in eine von den übrigen abhängigen Leuten unterschiedene Stellung emporarbeiteten, die zuletzt ihren Abschluss in der näheren Beziehung zum Hofdienst erhielt. Erst seit dem 11. Jahrhundert war diese gesellschaftliche und rechtliche Bildung zu einer bestimmten Anerkennung gelangt, und gab es seitdem ein Recht und einen Stand der Ministerialen, obgleich auch immer noch grosse Verschiedenheiten herrschten. So hatten, wie vor alters die Königsleute, so jetzt die Dienstmannen des Königs oder des Reichs eine bevorzugte Stellung, dann die der Erzbistümer und Bistümer, der Klöster und unter diesen der Reichsabteien, deren Recht den Ministerialen anderer Klöster verliehen wird; es kommt daher seit dem 11. und 12. Jahrhundert wiederholt zu Aufzeichnungen einzelner *Dienstmannenrechte* (siehe diesen Artikel). Was den Eintritt in die Klasse der Ministerialen betrifft, so hing es zunächst von dem Herrn ab, wen von den abhängigen Leuten er zu dem Hof- oder Heerdienst heranziehen wollte, in manchen Fällen aber auch von dem, der Eintritt begehrte; später jedoch wurde das Verhältnis ein dauerndes und erbliches, das nicht einseitig aufgehoben oder geändert werden konnte. Im Wesen der Ministerialität liegt es, dass persönliche Freiheit und Dienstbarkeit nebeneinander liegen und miteinander streiten; insofern die Dienstleute zu Dienst verpflichtet sind, einen Herrn haben, dem sie Dienst schuldig sind, dem sie angehören, dessen Diener, Knechte sie heissen, sind sie unfrei. Aber der Dienst selbst heisst freier Dienst, und die Bedeutung der Abhängigkeit tritt besonders dann zurück, wenn als der Herr nicht eine Person, König, Bischof oder dergleichen, sondern die Gewalt selbst, das Reich, Bistum, Fürstentum betrachtet wird. Gehören sie weder zu den rechtlich Freien noch zu den Vasallen, so gehören sie doch zu der angesehenen und ehrenvollen Stellung der Reisigen oder Ritter, deren Rüstung und Tracht sie auch tragen. Dem Todfall (siehe *Fall*) sind die Ministerialen meist nicht unterworfen, ebensowenig einem Heiratsgeld; doch durften sie anfangs mit einer fremden Frau keine Vermählung eingehen; Ehen mit freien Frauen, die oft vorkamen, genossen besondere Begünstigung. Zu Zeugnissen, Besitzübertragungen und anderen Rechtsgeschäften sind sie neben den Freien befugt, sie nehmen teil am Grafengericht, die Ministerialen des Reichs am königlichen Hofgericht. Hinwiederum hat der Herr ein Verfügungsrecht über sie, er kann sie, d. h. die Rechte, welche er über sie hat, an andere übertragen. Sie sind dem Herrn zur Treue verpflichtet, die sie eidlich geloben.

Der *Hofdienst*, der um die Person des Königs und der Grossen zu leisten ist, spaltet sich nach den Ämtern des *Kämmerers*, *Truchsessen*, *Schenks* und *Marschalls*. Auch diese Hofämter sind ursprünglich nach dem Belieben des Herrn vergeben, auf Zeit, ohne bestimmte Dauer; er war auch kein permanenter, sondern wechselte vielmehr; von den vielen Ministerialien eines geistlichen Stiftes sind die einzelnen den verschiedenen Ämtern zugeteilt, haben aber zeitweise den wirklichen Dienst zu leisten. Später aber sind die einzelnen Ämter auch erblich verliehen und gewähren Ansehen, Vorteile, Reichtum und Macht; sogar höher gestellte Freie verschmähten nicht in den Dienst der reichen Stifter zu treten und als Vorsteher der oberen Hofämter zu fungieren. Über den Kriegsdienst der Ministerialen, siehe den Artikel *Heerwesen.*

Wer zum Dienst herangezogen ward, empfing Unterhalt, Kleidung und Beihilfe zur kriegerischen Rüstung; Wohnung und Kost diejenigen, die im täglichen Dienst des Herrn standen; besonders aber *Land* als Lehen, wobei später mit bestimmten Ämtern bestimmte Benefizien verbunden waren, die ebenfalls mit der Zeit erblich wurden. Ministerialen werden mit den Gütern veräussert und die Güter mit jenen. Von diesen Gütern erhalten sie auch später die unterscheidenden Namen, die dann Familiennamen wurden. Da zu Anfang die Beziehung auf den Herrenhof überwog, konnten solche Namen verschiedenen Familien gemeinschaftlich sein. Ein Ministeriale konnte auch Eigengut haben, ebenso auf seinen Gütern Knechte und andere abhängige Leute, die ihn als Knappen in den Dienst begleiteten. Einzelne Ministerialen spielten als Begleiter ihrer Herren, als Inhaber der grossen Hofämter, als Räte eine bedeutende Rolle; namentlich wird manches von Vergewaltigungen berichtet, die sie von festen Burgen aus an den geistlichen Stiftern begangen haben; auch auf Besetzung der geistlichen Stifter erlangten sie Einfluss. In allen wichtigen Angelegenheiten nahmen sie ein Recht des Beirats, der Mitwirkung in Anspruch, treten als *gedigene*, Degenschaft, den Bischöfen und Äbten zur Seite; vor allem gaben sie ihre Zustimmung bei Aufnahme in ihre Gemeinschaft oder bei Veränderungen, die den Besitzstand betrafen. Überhaupt bildeten sie als durch gleiches Recht und gleichen Dienst Verbundene eine Genossenschaft, zu der bald alle unter demselben Herrn stehenden, bald bloss solche zählten, die zu einem einzelnen Hof oder Dorf gehörten; in den Bischofstädten war die Ausübung des Münzrechtes oft einem Teil der Ministerialen übertragen, die dazu eine eigene Vereinigung bildeten, für welche der Name *Hausgenossen* in Gebrauch kam.

Ministerialen wurden besonders zur Verteidigung befestigter Orte verwandt, bildeten die Besatzung von Burgen, wie schon unter Heinrich I. berichtet wird. Bischöfe und Äbte hatten eine Anzahl ihrer Dienstleute an dem Sitze des Stiftes zur Hand. Daneben beteiligten sie sich in den Städten, wo sie sich niederliessen, an friedlichen Geschäften, waren als Münzer zugleich Wechsler und trieben Warenhandel.

Seit dem 13. Jahrhundert wurde der Grund der Ministerialität nicht mehr in den besonderen Pflichten dieses Standes, sondern wie bei den Vasallen in den ihnen verliehenen Lehen gefunden; das Dienstverhältnis löste sich in das Lehnrecht auf; die persönlichen Bande, die den Dienstmann an den Herrn geknüpft hatten, lockerten sich, und der ordentliche Hofdienst wurde durch besoldete Hofbeamte ersetzt. Auch der Sprachgebrauch änderte sich, und die Ministerialen wurden geradezu als Freie bezeichnet; Dienstmann und Vasall wurde gleichbedeutend, Meist nach *Waitz*, Verf.-Gesch. V. 289 ff. Vergl. *Nitzsch*, Ministerialität und Bürgertum im 11. und 12. Jahrh. Leipzig 1859.

Minnesänger. Der Name *minnesinger* oder *minnesenger* wird zwar vereinzelt von höfischen Dichtern verwendet, aber keineswegs als stehender technischer Ausdruck für die lyrischen Dichter höfischen Standes; in allgemeine Aufnahme kam das Wort erst, seitdem *Bodmer* und *Breitinger* ihre „*Sammlung von Minnesingern*“ 1758 und 1759 hatten erscheinen lassen. Häufiger sagte man im Mittelhochdeutschen *singaere, singer*, wenn man die Lyriker getrennt von den Epikern benennen wollte; da aber die Lyrik auch die Form des ungesungenen

Spruches unter sich begreift und überhaupt bei den Lyrikern dieser Periode das Singen dem Dichten untergeordnet ist, so konnte *singer* nur in besonderen Fällen Anwendung finden; *Minnesinger* hiess man wohl einen Lyriker, insofern er dem Frauendienst gewidmete Dichtungen verfasste; aber einesteils kennt diese Lyrik neben dem immerhin vorherrschenden Frauendienst doch auch den Herren- und Gottesdienst, und andererseits ist das Motiv der Minne nicht minder im höfischen Epos zu Hause als in der Lyrik, nur dass man jenes freilich nicht mehr sang, sondern las. Auffallend ist immerhin, dass sich in Deutschland nicht ein Name allgemeine Geltung verschafft hat, mit dem man den höfischen Dichter kurz und deutlich benennen konnte, ähnlich dem provençalischen *Troubadour* und dem nordfranzösischen *Trouvère*, das ist Finder, Erfinder. Die Ursache dieses Mangels liegt darin, dass in Deutschland die Dichter keinen so geschlossenen Stand bildeten, wie dieses in Frankreich der Fall war, sondern nach Lebensführung, Art des Erwerbes, Dienstverhältnissen, Kunst und Verhältnis zu den Frauen sich mehr als jene den allgemeinen Lebensformen unterordneten, die damals die herrschenden waren. Vgl. die Artikel *Frauen* und *Höfische Dichtung* und die schöne Abhandlung *Uhlands*, Der Minnegesang, im fünften Bande von Uhland's Schriften.

Minoriten, siehe *Franziskaner*.

Missi dominici, *Sendboten*, *Königsboten*. Von jeher war es im fränkischen Reiche Sitte, dass der König ausserordentliche Abgesandte in die Provinzen schickte, um einzelne wichtige Geschäfte vorzunehmen, namentlich solche, die von den ordentlichen Beamten nicht erledigt werden konnten oder sollten; aber erst Karl d. Gr. gab dem Institute eine bestimmte Form und gestaltete es zu einem wesentlichen Teil der Reichsregierung. Die lateinischen Quellen nennen die Boten *missus*, *legatus*, *nuntius*, mit der näheren Bezeichnung *dominicus*, *regalis*, *palatinus;* der deutsche Ausdruck ist nicht überliefert; Sendboten und Königsboten sind neuer Entstehung. Die Pflichten und Befugnisse der Königsboten sind verschiedener Art, sie vertreten in gerichtlichen Sachen den König, halten selbst Gericht, wachen über die Interessen und Rechte der Kirche, führen eine allgemeine Aufsicht über die weltlichen und geistlichen Beamten, berufen im Auftrage des Königs grössere Versammlungen, sind als Heerführer thätig, wirken als Gesandte an auswärtige Fürsten. Die Personen der Boten waren bald hohe Hofbeamte, bald sonst angesehene Männer, bald Grafen, bald Getreue niederen Standes oder Mitglieder der Geistlichkeit. Nach der Kaiserkrönung waren es namentlich die Königsboten, welchen Karl die Durchführung der höheren staatlichen und kirchlichen Ordnung übertrug. Was in der Regierung des Reichs eine besondere Bedeutung hatte und Karl persönlich am Herzen lag, Staatliches und Kirchliches, namentlich die Beobachtung von Ordnung und Zucht, rechte Handhabung der Gerichtsgewalt, Durchführung der Heergewalt, Sicherung und Bewahrung des kaiserlichen Besitzes und Einkommens fiel in den Bereich ihrer Thätigkeit. Damit die Einrichtung in allen Teilen des Reiches zur Ausführung komme, wurde das Reich in Distrikte geteilt, *missaticum* oder *legatio*, deren jeder mehrere Königsboten erhielt, oft zwei, nämlich den Erzbischof und einen Grafen, oder mehrere Grafen oder mehrere Geistliche; ein einzelner wurde nur ausnahmsweise als *Missus* ausgesandt. Die Boten erhielten stets ihre besondere Instruktion, die bald in einem Auszug aus den allgemeinen Gesetzen des Jahres bestand, bald nähere

Anweisungen für einzelne Vorkommnisse enthielt; nach Ablauf der Sendung hatten sie dem Kaiser Bericht über ihre Arbeit zu erstatten. Unter den letzten Karolingern geriet die Einrichtung in Verfall, und die sogenannten *Kammerboten*, *nuntii camerae*, Erchanger und Berthold, welche in den St. Gallischen Kasus des Ekkehart als Feinde des Bischofs Salomon genannt sind, scheinen zu ihren Namen bloss aus der Verbindung verschiedener Erinnerungen des Chronisten gekommen zu sein.

Mitra, frz. *mitre*, engl. *mitre*, lat. *mitra* = Band, Kofbinde, Mütze. Siehe den Artikel *Kopfbedeckung*.

Monatnamen. Die indogermanischen Völker belegten erst nach ihrer Teilung in Einzelvölker die Mondabschnitte des Sonnenjahres mit festen Eigennamen, die daher nicht voneinander abgeleitet sind. Nach römischer Überlieferung soll Romulus das Jahr in 10 Monate geteilt und den ersten nach seinem göttlichen Vater Mars *Martius* benannt haben, den zweiten *Aprilis* von dem Aufgehen *(aperire)* der Pflanzenknospen, den dritten *Majus* nach der Maja, der Mutter Merkurs, den vierten *Junius* nach der Juno, die übrigen nach der Zahl *Quinctilis, Sextilis, September, October, November, December.* Später erhielt der *Quinctilis* von Julius Cäsar den Namen *Julius*, der *Sixtilis* von August den Namen *Augustus.* Numa Pompilius soll dann den *Januarius* vom Gotte *Janus* und den *Februarius* hinzugefügt haben, der von dem allgemeinen, am Schlusse eines jeden Jahres dargebrachten grossen Sühnopfer, *Februalia*, den Namen hatte.

Die Germanen wurden erst nach der Bekanntschaft mit dem römischen Kalender zur Bildung fester Monatnamen veranlasst, und zwar erst nachdem ihre nähere Verbindung schon aufgegeben war; daher die Abweichung in den nord- und südgermanischen Monatnamen, das Schwanken zwischen allgemeinen Zeitangaben und besonderen Monatworten, die Anwendung gewisser Namen auf mehrere Monate zugleich und die leichte Verdrängung der deutschen durch die römischen Namen. Im allgemeinen liebten die Deutschen mehr als Jahrteilung nach dem Monde eine Teilung nach Wetter und Wirtschaft, Tieren und Gewächsen. Die ältesten germanischen Monatnamen stammen aus Skandinavien und England. Von den Monatnamen der festländischen Deutschen berichtet zuerst *Einhart* in Karls d. Gr. Leben, Kap. 29; hier ist erzählt, dass Karl an Stelle der bisher durcheinander gebrauchten deutschen und lateinischen Namenreihe eine gültige deutsche Namenreihe gesetzt habe, die folgendermassen lautet:

1. *wintarmânoth,*
2. *hornunc,*
3. *lenzinmânoth,*
4. *ôstarmânoth,*
5. *wunnimânoth,*
6. *brâchmânoth,*
7. *hewimânoth,*
8. *aranmânoth,*
9. *witumânoth,*
10. *windumemânoth,*
11. *herbistmânoth,*
12. *heilagmânoth.*

Davon stammen 1, 3, 11 aus den Jahreszeiten; 5, 6, 7, 8, 9, 10 gehören dem Wirtschaftskalender an; 4 und 12 bedeuten heilige Zeiten; *Hornung* wird, dem altnordischen der *hornûnger* = „unehelicher Sohn" gemäss und in Ansehung, dass der Monat auch der *kleine Horn* genannt wird, dem Januar gegenüber, welcher *der grosse Horn* heisst, als „unechter Monat" gedeutet, *Lenz* ist der alte, bis jetzt unerklärte Name des Frühlings, *wunnimânoth*, nach anderer Lesart *winnimânoth* ist soviel wie Weidemonat, von *winjan*, *winnen* = weiden, erhalten in der alten Rechtsformel Wunn und

Weid; *aranmânoth* ist Erntemonat; *witumânoth* ist Holzmonat, der Monat, in dem man im Walde Holz holt; *windumemânoth* ist der Monat der Weinlese, mhd. *wimmet*, schweizerisch *Wümmet*.

Die Namensreihe Karls blieb wirklich fortan die Grundlage der deutschen Monatsbezeichnungen, nur dass etwa landschaftliche Benennungen hervortreten; daneben erhalten sich die lateinischen Namen. Die Kalender des 15. und 16. Jahrhunderts haben meist folgende Namenreihe, die im ganzen bis ins 18. Jahrhundert herrschend blieb und in schweizerischen Kalendern heute noch zu Recht besteht.

1. Jenner,
2. Hornung,
3. März,
4. April,
5. Mai,
6. Brachmond,
7. Heumond,
8. Augstmond,
9. Herbstmond,
10. Weinmond,
11. Wintermond,
12. Christmond.

Die landschaftlichen Monatreihen der Bayern, Alemannen u. s. w. weisen davon manche Abweichungen auf. Was die Bedeutung der *Monatnamen* betrifft, so unterscheidet *Weinhold*, Die Deutschen Monatnamen, Halle 1869, dem wir diese Mitteilungen überhaupt entnehmen, Monatnamen aus dem religiösen Leben (Oster- und Christmonat), nach Zeit und Wetter, von Pflanzen und Tieren und nach Geschäften in Feld und Haus.

Mönchswesen. Da einerseits über die in Deutschland vertretenen mittelalterlichen Mönchsorden in besondern Artikeln dieses Werkes gehandelt ist, und es andererseits an einer neueren Darstellung mangelt, welche den inneren Zusammenhang dieser Erscheinung mit der allgemeinen Entwicklung des Mittelalters überhaupt erschlösse, so können hier bloss einige Anhaltspunkte zur Orientierung in den mannigfaltigen Erscheinungsformen des Mönchswesens gegeben werden.

Das Mönchswesen, soweit es eine Erscheinung der christlichen Religion ist, beginnt in den ersten Jahrhunderten unserer Zeitrechnung mit den morgenländischen *Anachoreten*, deren Prinzip vereinzelte Weltflucht, Entsagung, Askese ist. Erst das 4. Jahrhundert führte die Einsiedler im Morgenlande in Klöster zusammen, griech. *κοινόβιον*, *coenobitum*, *coenibita*, lat. *claustrum*, von *claudere* = schliessen, verschliessen; auch *Mönch* und *Nonne* sind noch griechischen Ursprungs; *μόναχος* zu *μόνος*, ist der allein Lebende, *νόννα* ist unerklärt. Im Abendlande, wo das Mönchstum durch *Athanasius* bekannt und von Ambrosius, Augustinus und Hieronymus empfohlen wurde, war die Lebensweise der Mönche weniger der persönlichen Askese zugewandt als im Morgenland; neben der Betrachtung lagen die Mönche der Handarbeit ob, seit Cassiodor auch dem Bücherschreiben. Noch waren die Mönche meist Laien und nur der Abt Presbyter, die Klöster vom Bischofe abhängig; doch galt das Mönchstum schon seit dem Ende des 4. Jahrhunderts als Pflanzschule des Klerus. Besondere Orden gab es nicht, das Mönchstum bildete zusammen einen einheitlichen Stand; die einzelnen Klöster folgten den Vorschriften ihres Stifters. Erst die Regel des *Benedikt von Nursia* und ihre allmähliche Einführung in den Klöstern des Abendlandes gab dem ganzen Institut Einheit und Zusammenhang. Das Benediktiner Mönchstum begleitet die Neubildung der fränkisch-mittelalterlichen Bildung bis zu dem Zeitpunkt, wo im 11. Jahrhundert die höfisch-ritterliche Bildung der Träger der mittelalterlichen Kultur wird. Verschiedene Gründe äusserer und innerer Art mögen dem Mönchs- und Klosterwesen in dieser Periode zu seiner Bedeutung verholfen haben; das Institut kam in die germanisch-romanischen Länder als ein schon vorhandener Bestandteil der Kirche, so zwar, dass die Missionäre des Christentums meist selber ihm angehörten. „Das Tiefsinnige, Elegische im deutschen Charakter, sagt Rettberg, musste sich in dem angeblich Verdienstlichen eines Zurückziehens von der Welt gefallen, wobei man dem Schauerlichen einer wilden Einsamkeit nachhängen konnte. Darum sind in Deutschland keine Gegenden so dicht mit Klöstern besetzt als die Thäler der Vogesen, Ardennen und das bayerische Hochland mit den lieblichen Seen.“ Die Urbarisierung der germanischen Heidenwelt in Beziehung auf den Ackerbau sowohl als auf die Erziehung des Volkes zu christlicher höherer Bildungsfähigkeit in Wissenschaften und Künsten verlangte offenbar mehr als einzelne Prediger, zusammenhängende, starke, organisierte Gemeinwesen, gleichsam Festungen des christlichen Glaubens, der christlichen Zucht und Arbeit, wie denn wirklich die Klöster es waren, welche in den verschiedensten Beziehungen die Träger neuer Bildungen, Handwerke, Kulturen, Künste u. dgl. geworden sind. Weit entfernt, in ihren Zwecken und Zielen der Welt, dem Volke, der Arbeit nach aussen zu entfliehen, finden sie ihre Aufgabe in der Hingebung an das Wohl des Ganzen. Sie unterstützen die staatliche Obrigkeit in ihren ideellen Aufgaben, wie umgekehrt der Staat und seine Träger die Klöster als ein wesentliches Mittel ihrer höheren Zwecke ansehen und ehren. Namentlich stützt sich Karls d. Gr. Wirksamkeit für die Bildung seines Volkes auf die Mithilfe der Klöster; der Zusammenhang der Klöster mit dem römischen Stuhl bezog sich bloss auf die rein kirchlichen Angelegenheiten; ihre Obrigkeit erkannten sie durchaus in den staatlichen Gewalten.

Die kulturgeschichtliche Aufgabe, welche das fränkische Weltreich sich selbst und dem Mönchstum gestellt hatte, wurde von der fortschreitenden Entwicklung der inneren Verhältnisse aufgehalten oder in andere Bahnen gelenkt; Karls und seiner Zeitgenossen Hoffnung, auf fränkischem Boden eine römische oder der römischen gleichwertige Bildung herzustellen, war ein Traum, und während im 9., 10. und 11. Jahrhundert an der Verwirklichung desselben gearbeitet wurde, bereiteten sich diejenigen Bildungen vor, welche im 12. und 13. Jahrhundert die herrschenden waren, das Rittertum und dessen höfische Bildung einerseits und die katholische Kirche mit ihren spezifischen und exklusiven Bildungen andererseits. Beiden Bildungen neigen sich nun auch die Klöster zu: entweder gehen sie, indem sie das kirchliche Gewand bis an die äusserste Grenze abstreifen, in das Lager weltlich-höfischer Staatsbildungen hinüber, werden gefürstete Abteien, die nur äusserlich an der Regel des heiligen Benedikt festhalten, oder sie ergreifen die Partei der neuerwachten Kirchlichkeit, wobei man Klöster älteren Datums unterscheiden kann, die sich einer kirchlichen Reformation unterstellen, oder, was viel häufiger vorkommt, Klöster *neuer Orden*, die eben zu dem Zwecke gestiftet werden; es sind die *Cluniacenser*, *Kamaldulenser*, *Grammontaner*, *Cistercienser*, *Kartäuser*, *Prämonstratenser*, *Karmeliter* und die geistlichen *Ritterorden;* schon ihre Zahl zeugt dafür, dass in dieser Periode sehr verschiedene Richtungen und Kräfte, und namentlich der Geist einzelner Persönlichkeiten sich geltend machten, welche die karolingisch-fränkische Zeit nicht gekannt hatte; auch ist es nicht bloss der Gegensatz zum älteren verweltlichten Mönchstum, was hier wirkt, sondern nicht minder der Gegensatz zum Geiste der klerikalen Kirche selber, manchmal, wie bei Cluniacensern und Cisterciensern, der Gegensatz zwischen Orden und Orden; manche dieser Orden hatten übrigens in der jetzt schneller arbeitenden Zeit das Schicksal der älteren Benediktiner Stiftungen, reich und dadurch dem kirchlich asketischen Prinzip untreu zu werden. Bedenkt man ferner, dass diese Mönchsorden zahlreichen andern Neubildungen auf dem Gebiete des Staates, der Gesellschaft, der Litteratur, der Kunst parallel gehen, so ist deutlich, dass jetzt der Mönchsstand überhaupt an Einfluss auf den Geist der Zeit verloren hat; während die karolingische Periode kaum ein Lebensgebiet kennt, an dessen Bebauung und Bildung die Klöster keinen Anteil gehabt hätten, so giebt es jetzt grosse Gebiete, wie dasjenige der höfischen Litteratur, wo von irgend einem Orden kaum die Rede ist; dagegen haben sie sich um einzelne Landesteile, Städte, Länder, gewiss grosse und bleibende Verdienste erworben.

Zeigt schon die Periode der reformierten Klosterstiftungen auf dem Boden des Benediktinertums eine bunte Mannigfaltigkeit, deren innerer geschichtlicher Bedeutung schwer nachzukommen ist, so gestaltet sich in der Periode *des volkstümlichen Mönchstums* das Bild zu einem noch viel bunteren, entsprechend dem Geiste des ausgehenden Mittelalters, das den Zwang höfischer Zucht und Bildung hat fahren lassen und dessen zahlreiche Neubildungen noch nirgends zu bleibender Gestalt gediehen sind. Dem immer mehr verschärften Gegensatze zwischen den Interessen der Hierarchie und des Staates dienen vor allem die Bettelorden, und unter diesen namentlich die *Dominikaner* und *Franziskaner*, woneben der Geist ausschliesslicher Kirchlichkeit nicht minder manche der älteren Orden und Klöster beherrscht; die Dominikaner sind aber zugleich die Haupthelfer der kirchlichen Autorität gegen das überall aufstrebende Ketzertum, und beide Bettelorden zusammen die Stützen der Scholastik und dadurch der theoretischen Ausbildung des mittelalterlichen Kirchentums; andererseits stehen sie aber auch dem verwilderten Weltklerus entgegen, dessen Seelsorge sie grösstenteils auf ihre eigenen Schultern nehmen; daher beider Bettelorden Bedeutung für die deutsche Predigt und die Mystik; dieses Mönchstum steht ferner im engen Zusammenhang mit dem aufblühenden Städtewesen, in dem die Stiftungen des heiligen Dominikus und Franziskus nicht die letzte Stelle behaupten; endlich repräsentieren sie der humanistischen vornehmeren Bildung gegenüber den bettelnden, terminierenden, bildungslosen geistlichen Pöbel, zeigen also im ganzen ein höchst vielseitiges Leben, das zum Teil zwar aus den vielseitigen Bedürfnissen der Zeit entspringt, zum Teil aber eine Mannigfaltigkeit und Vielseitigkeit der in diesen Orden thätigen *Personen* wiederspiegelt, deren Selbständigkeit Zeugnis für die zunehmende Bedeutung des Individuums in dieser Periode ablegt.

Neben den Bettelorden sind die älteren Orden mit wenig Ausnahmen auch in dieser Periode lebendig, und zwar in den mannigfaltigsten Gestalten; auch sind immer noch neue Orden im Entstehen begriffen, wie die *Minimen;* lebenskräftiger aber und eine schönere Zukunft vorbereitend erscheinen die *Brüder vom gemeinsamen Leben*, aus denen wie aus keinem andern Mönchsorden ein Geist der neueren kirchlichen und humanen Bildung hervorgeht. Mit der Reformation wird das Mönchstum eine ausschliessliche Erscheinung der katholischen Kirche, für deren Verteidigung besonders die Orden der *Jesuiten* und der *Kapuziner* gestiftet werden. Von älteren Schriften über diesen Gegenstand sind namentlich die beiden Traktate *Vadians Von dem mönchsstand* und *Von stand und wesen der stiften und clöstern zuor zeit der alten teutschen Franken* zu nennen, abgedruckt in Vadians deutschen historischen Schriften, Bd. I, 3—103.

Monogramm Christi heisst die als Inschrift überaus häufig angewandte abgekürzte Bezeichnung der Namen Christus, Jesus Christus und Jesus.

I. Für den Namen *Christus* wird das Monogramm aus *X* und *P* (die griechischen Majuskeln des lateinischen Ch und R) und zwar in doppelter Weise zusammengesetzt, indem das *P* mitten in das *X* hingesetzt, das letztere aber entweder stehend X oder liegend + genommen wird. Mit der letzteren Form nahe verwandt ist das ägyptische Henkelkreuz ♀, das Zeichen des Lebens, das von ägyptischen Christen geradezu statt des Kreuzes gebraucht wurde; die andere Form ☧ ist heidnischen Ursprungs und findet sich lange vor Christus auf Münzen des griechischen Altertums. Als christliches Zeichen bedienen sich zuerst Privatdenkmäler des Monogramms, wie Grabdenkmäler, Grabgeräte, z. B. Lampen und Glasgefässe, Sarkophage, dann auch geschnittene Steine und Ringe; auf öffentliche Denkmäler geht das Monogramm durch Kaiser Konstantin d. Gr. über, welcher dasselbe in das Labarum, die kaiserliche Standarte, auf seinen Helm und auf die Schilde der Soldaten setzen liess; auch auf Münzen und öffentlichen Bauwerken erscheint das Zeichen von jetzt an häufig.

II. Für die Namen *Jesus Christus* heisst das Monogramm im Griechischen $\overline{\mathrm{IC}}$ $\overline{\mathrm{XC}}$, im Lateinischen IHS $\overline{\mathrm{XPS}}$, wo also die ersten beiden Buchstaben dem griechischen, der dritte dem lateinischen Alphabet entnommen ist. Es findet sich auf Münzen, in Inschriften und Bildwerken, Malereien, namentlich Miniaturen, karolingischen Handschriften sowie in Tafelgemälden des Mittelalters.

III. Für den Namen *Jesus* heisst im Griechischen das Monogramm $\overline{\mathrm{IH}}$, im Abendlande IHS; das letztere gewann seit dem Ausgange des Mittelalters grosses Ansehen und populäre Verbreitung durch Bernhardin von Siena, der in Predigten, die er im Anfang des 15. Jahrhunderts in verschiedenen Städten hielt, zum Schluss eine Tafel mit diesem Namenszuge in goldenen Buchstaben, von Sonnenstrahlen rings umgeben, zur Verehrung ausstellte. Auch die Jesuiten haben sich dieses Monogramm angeeignet. *Piper* in Herzogs Real-Encykl.

Monogramme der Künstler finden sich seit dem 14. Jahrh., ähnlich den Steinmetzzeichen, auf Erzgüssen, Schnitzwerken, besonders auf Gemälden, Kupferstichen und Holzschnitten. Sie bestehen entweder aus Anfangsbuchstaben der Namen, aus Wappenbildern der Meister, aus Hausmarken oder andern willkürlich gewählten Zeichen.

Monstranz, lat. *monstrantia*, hiess man bis zur Einführung des Fronleichnamsfestes (um 1264) den tragbaren Reliquienbehälter, der auf einem schlanken Fuss, in einem zierlich geschnitzten Säulenwerke hinter Glas oder Krystall die Reliquien zur Schau brachte. Mit jener Zeit aber nimmt die Monstranz die bis dahin im Ciborium verborgene Eucharistie (die Hostie) auf, was zwar erst um 1330 allgemeiner Gebrauch wird.

Die Form des Gefässes bleibt ziemlich die gleiche. Der Fuss ist demjenigen des Kelches ähnlich. Das eigentliche Behältnis war ein walzen- oder linsenförmiges Gehäuse von Glas oder Krystall, der Schmuck ein schlank sich erhebendes, durch Strebebogen verbundenes Pfeilwerk mit Blätter-, Ranken- und Stabverzierungen, sowie mit Figuren von Engeln und Heiligen. Die Spitze krönte das Kreuz. Der Stoff war Gold oder mindestens stark vergoldetes Silber. Auch die Edelsteine fehlten nicht. Die deutschen Meister sollen sich in der Ausarbeitung köstlicher Geräte dieser Art ausgezeichnet haben.

Das 16. Jahrhundert brachte auch hierin neue Formen. Der einfache Schaft wurde mannigfach gegliedert und verziert, ähnlich wie es bei den Kelchen geschah. Der Behälter erhielt eine reich mit Steinen besetzte Umfassung, meist in Gestalt einer strahlenden Sonne. Das Rankenwerk wurde reicher mit sinnbildlichen Figürchen geschmückt, so einerseits mit einer Ähre von Diamanten, anderseits mit einem Traubengehänge von Rubinen, den heiligen Leib (das Brod) und das heilige Blut (den Wein) versinnbildlichend.

Mörtel, lat. *mortarium*, *mortietum;* frz. *mortier;* engl. *mortar*. Bekannt ist die ungeheure Widerstandsfähigkeit der alten Ritterburgen, deren Steine durch ein weit besseres Bindemittel zusammengefügt sein müssen, als das bei neueren Bauten der Fall ist. Der Hass des Volkes weiss immer noch die Schaudermären zu erzählen von Bauernblut, dann auch von Wein, Fett und Stecknadeln, die zur Bereitung des Mörtels verwendet worden sein sollen und es lässt sich leicht denken, dass manche Thräne geflossen, bis das nötige Material auf den Platz geschafft und zum gefürchteten Bau zusammengefügt war. In einzelnen Fällen mag auch aus Hochmut ein Fass Wein zu diesem Zwecke geleert und das Blut eines Widerspenstigen in die Mörtelpfanne gefasst worden sein; in der Regel aber versah das Wasser den Dienst, wie heute noch.

In altchristlicher Zeit verwendete man in Italien ausser dem Kalksandmörtel auch Puzzolanerde, im Mittelalter jedoch fast ausschliesslich den ersteren, im Inneren der Häuser auch den Lehm, aus welchem Stoffe (nebst dem Holz) die Hütten der Armen fast durchweg bestanden. Sehr haltbar sind fast sämtliche Bauten aus dem 11., 13.—15. Jahrhundert. Am Rhein scheint auch der Trass zur Mörtelbereitung verwendet worden zu sein.

Mühlen. Da eine historisch-antiquarische Untersuchung über Mühlen im allgemeinen zu mangeln scheint, mag hier aus *Genglers* deutschen Städte-Altertümern, Erlangen 1882, Kap. 13 einiges über städtische Mühlen zusammengestellt werden.

Die mittelalterlichen städtischen Mühlen sind *Wassermühlen*, *Windmühlen* und *Rossmühlen*, die Windmühlen besonders seit dem Ausgange des 13. Jahrhunderts auf den grossen Stadtfeldern, manchmal auf den Stadtmauer-Bastionen angelegt; die Rossmühlen nicht minder uralt als die Haus-Mühlen und stets von hervorragender Bedeutung in Zeiten von Krieg und Belagerung. Unterarten der Wassermühle sind Getreide-Mahlmühle, Getreide-Stampfmühle, Grützmühle, Oel-, Malz-, Lohe-, Säge- oder Bretter-, Schleif-, Papier- und Walkmühle, die letztere im Tuchmachergewerbe schon im 12. Jahrhundert weit verbreitet. Was die Immobiliarbestandteile der Mühle betrifft, so nennen die Urkunden: die *Mühl-Baustätte*, das *Mühlen-Haus*, das *Mühl-Wasser*, den *Mühlen-Teich* und den *Mühl-Graben*, durch welchen das überflüssige Mühlwasser hinweggeleitet wurde. Für die innere gewerbliche Mobiliareinrichtung der Mühle kommen in betracht: die *Räder*, deren Zahl in den Mühlgründungsbriefen regelmässig voraus bestimmt war; zum wenigsten pflegte eine Mühle zwei Räder oder Gerinne zu haben; es wird aber auch von zwölf und mehr Rädern berichtet; und die *Mühlsteine*, welche sich um eine eiserne Spindel in einem hölzernen, oben mit einem Einschüttetrichter versehenen vierwändigen Kasten herumdrehen; sie machten gleich den Schleifsteinen einen bedeutenden Handelsartikel aus, für welchen besondere Niederlagen bestanden.

In bezug auf die Eigentums- und Besitzverhältnisse sind zu unterscheiden: *kirchenherrliche*, *stadtherrliche*, in den Reichsstädten meist Reichsgut und als solches vom Könige zu Verpfändungen benutzt, *grundherrliche*, *stadtgemeinliche* und *stadtzünftige* Mühlen. Gewöhnlich wurde die Mühle von ihrem Eigentümer Zeitpacht- oder Erbleiheweise an andere zum Nutzbetriebe überlassen. Der Besitz einer zureichenden Anzahl von Mühlen zählte zu den Lebensfragen einer Stadt, und häufig wurde schon in den Handfesten die Erbauung von Mühlen in Aussicht genommen. Überhaupt aber bedurfte jede Neuanlegung einer Mühle, auch wenn der Erbauer dazu seinen eigenen Grund und Boden verwendete, der Genehmigung des Stadtherrn. Ein besonderer Vorzug war es, wenn einer neu entstandenen Mühle von dem Landes- oder Stadtherrn mit der Anlagebewilligung zugleich ein *Baurecht* verliehen wurde, wie dies im früheren Mittelalter in zahlreichen Fällen durch die Könige geschehen ist; zunächst durfte niemand anders als der Bauberechtigte die fragliche Wasserkraft für eine Mühle ausnutzen; mit der Zeit ging dann aus diesem Mahl-Vorrechte ein Mahl-Zwangsrecht hervor, vermöge dessen die Bewohner des betreffenden Mühlenortes gehalten waren, ihre Mahlbedürfnisse ausschliesslich in der Bannmühle befriedigen zu lassen. Einen wichtigen Akt bei der Anlegung einer Mühle bildete stets die *Abstechung und Legung des Fachbaumes*; die eigentliche Bauhandlung dabei vollzog der Mühlenbesitzer selbst unter Mitwirkung von mühlbaukundigen *Baumlegern*, worauf das vollendete Werk von der Obrigkeit feierlich, z. B. unter Vortragung des Gerichtsschwertes bestätigt zu werden pflegte.

Die *Mühlen-Auflagen*, d. h. die ständigen Sonderabgaben der Mühlen an die stadt- oder grundherrliche Kasse, bestehen aus der Mühlen-Accise, auch Mühlen-Zoll geheissen, aus dem Mahl-Pfennig, d. h. einer Naturalquote des Mahlkorns, aus dem Mühlen-Handlohn, bei Besitzveränderungen in festgesetzter Summe entrichtet, und aus dem Vogts-Scheffel.

Das gesamte städtische Mühlenwesen unterlag einer sorgfältig geübten obrigkeitlichen Beaufsichtigung in technischer, finanzieller und gewerbspolizeilicher Beziehung. Namentlich verlangte die Müllerordnung, dass der Müller richtige, mit dem eingebrannten Probezeichen versehene „Gemässe“ habe, dass er das ihm anvertraute Getreide vor Schaden bewahre und nicht betrügerisch mische, dass er die Mahlgäste nach der Reihenfolge, wie sie kommen, befriedige und seine Mahlkunden nicht übernehme. Die Gegenleistungen der Mahlkunden bestanden aber aus der *Mahlmetze*, bestehend in einem an den Müller fallenden Bruchteile von jedem ihm zum Mahlen übergebenen Scheffel Getreides oder aus dem *Mahl-Schwing-*, *Roll-* oder *Beutelgeld*, das in der Regel auf freier Verabredung beruhte.

Nach der allgemeinen Volksanschauung des Mittelalters trübte das Mühlgewerbe den Leumund; es kommen daher Bestimmungen vor wie die, dass Müller nicht bewaffnet auf die Herberge kommen sollten, an gewissen Orten war ihnen sogar der Eintritt in die Innungen verwehrt; bei Strang-Hinrichtungen hatten mancherorts die Müller die Galgenleiter zu liefern. Umgekehrt erfreuten sich die Mühlen eines höheren Friedens und ihre Hofräume wurden nicht selten zur Abhaltung grosser Jahres-Volksfeste verwendet.

Mummenschanz. Die Maskeraden sollen unter Karl VI. am französischen Hofe aufgekommen sein und zwar bei Gelegenheit einer Hochzeit zwischen einer Hofdame und dem Ritter de Vermandois um 1393. Da aber mehrere Masken verbrannten, sah sich der König veranlasst, solche Festlichkeiten für die Zukunft zu verbieten. Sie wurden jedoch in kurzer Zeit wiederholt und zwar mit mehr Glück und kamen so rasch in allgemeine Aufnahme.

Münzwesen. I. *Bei den Germanen* versah in ältester Zeit hauptsächlich das *Vieh* den Dienst des Geldes; Ulfilas übersetzt Ausdrücke von der Bedeutung des Geldes mit *faihu;* althochdeutsche Glossen übertragen *pecunia* durch *fihu;* ebenso bezeichnet altsächsisch *fehu*, angelsächsisch *feoh*, altnordisch *fê*, das, was später allgemein *Geld* heisst. Die herkömmlichen Busszahlungen, die zur Aufrechthaltung des Rechtszustandes und öffentlichen Friedens für den Fall einer Verletzung vorgeschrieben waren, und das Wergeld wurden regelmässig in einer bestimmten Anzahl Stücke Vieh bezahlt und berechnet, vergleiche Tacitus Germ. 12 und 21; und zwar galt als Werteinheit eine gewöhnliche, gesunde, milchgebende *Kuh*, nach deren Wert sonstiges Vieh, Pferde, Ochsen, Kälber, Schafe, Ziegen und Schweine berechnet wurden; nach Jakob Grimm hängt damit das Wort *Schilling* zusammen, mit dem regelmässig das römische Wort *solidus*, die als allgemeine Werteinheit geltende römische Goldmünze, übersetzt wird; es soll nämlich Schilling mit *skilan* = töten, und *Schuld* verwandt sein; wer getötet hatte, war schuldig Busse zu zahlen, und der Wertbetrag, worin diese Schuld zu entrichten war, hiess Schilling; die Übersetzung der römischen Werteinheit mit der ältern deutschen Werteinheit sei aber dadurch befördert worden, dass beide Münzwerte einander ungefähr gleichkamen. Nach Anderen soll freilich mhd. *schillinc* von *schellan* herstammen und soviel als klingende Münze bedeuten. Dass aber der römische Solidus wirklich dem alten Kuhwert gleichkam, erhellt aus dem Volksrecht der Ripuarischen Franken, worin bei der Entrichtung des Wergeldes ein gehörnter, sehender und gesunder Ochse für 2 Solidi, *eine gehörnte, sehende und gesunde Kuh für einen Solidus*, ein sehendes und gesundes Pferd für 6 Solidi, eine sehende und gesunde Stute für 3 Solidi, ein Schwert mit Scheide für 7 Solidi gerechnet wird.

Neben dem Vieh erscheint aber bei den Germanen die Kenntnis und der Besitz von Metallen, Gold, Silber, Erz, sehr alt. Tacitus erzählt im fünften Kapitel der Germania: „Ich weiss nicht, soll ich es eine Gunst oder Ungunst der Götter nennen, dass sie ihnen Gold und Silber versagt haben. Zwar möchte ich doch nicht behaupten, dass Germanien keine Silber- oder Goldader berge, denn wer hat je danach geforscht? — aber Besitz und Gebrauch dieser edeln Metalle machen keinen sonderlichen Eindruck auf sie. Man kann sehen, wie bei ihnen silberne Gefässe, die ihren Gesandten und Fürsten zum

Geschenk gemacht wurden, gerade so geringschätzig behandelt werden, wie die Töpfe, die sie selbst aus Thon formen. Nur die unserer Grenze zunächst Wohnenden haben den Gebrauch von Gold und Silber beim Handel kennen gelernt und wissen sie zu schätzen, einzelne Gepräge haben sie sich gemerkt und nehmen diese mit Vorliebe an, während bei den Stämmen, die tiefer im Innern hausen, noch der ursprüngliche, alte Tauschhandel im Schwange geht. Am liebsten sind ihnen, weil alt und längst bekannt, die am Rande gezackten und die mit dem Gepräge eines Zweigespanns versehenen Denare. Silber ziehen sie dem Golde vor, nicht aus einem Vorurteil, sondern weil die grössere Zahl der Silberstücke für Leute bequemer ist, welche allerlei wohlfeiles Zeug zu verhandeln pflegen."

Indessen bezeugen zahlreiche Nachrichten von Tacitus selber wie von anderen römischen Schriftstellern, dass es in den römisch-germanischen Grenzländern an edelm Metall nicht gemangelt haben kann, und es ist wahrscheinlich, dass die hauptsächlichste Quelle des Zuflusses edler Metalle, namentlich von *Silber*, nach Deutschland in den Soldzahlungen sowie in den häufigen Geschenken und Subsidien der römischen Kaiser an germanische Truppen und Fürsten zu suchen ist. Die zahlreichen *Goldfunde* in norddeutschen Gräbern und in den Ostseeländern weisen aber darauf hin, dass die Germanen noch eine andere Quelle des edeln Metalls hatten; ohne Zweifel kam als Tauschmittel für ihren Bernstein von Westasien her im Verkehr mit den griechischen Kolonien an der Nordküste des schwarzen Meeres viel Gold in ihre Hände, welches sie als *Ringgeld* verwendeten. Ringe oder *bougen* in der verschiedensten Grösse, geschlossen oder spiralförmig gewunden (*wuntâne bougâ* des Hildebrandsliedes) als Arm- oder Halsschmuck, einzeln oder mehrfach verkettet, sind oft in Gräbern aufgefunden worden und werden in nordischen und altdeutschen Dichtungen viel genannt. Freigebige Fürsten heissen Baugenbrecher, Baugenzerstückler, Ring- oder Gold-Brecher. Namentlich war das Ringgeld in Anwendung beim Tauschhandel und für die Belohnung geleisteter freiwilliger Kriegsdienste. Dass, wie beim Vieh, auch bei den Ringen ein gewisses Gewichtssystem, eine absichtliche regelmässige Gewichtsbemessung geherrscht habe, wird von der neuesten Forschung abgewiesen. Dagegen liegt es auf der Hand, dass zur Bestimmung und Wertung des Ringgeldes Wage und bestimmtes Gewicht notwendiges Erfordernis war. Wahrscheinlich haben die Germanen auch ihr Gewichtswesen auf demselben Wege erhalten, auf welchem sie zuerst gegen den Austausch ihrer Produkte Edelmetall erhielten, im Verkehr mit den griechischen Kolonieen am schwarzen Meere, und zwar war es nicht der attische Münzfuss, den die Germanen von daher erhielten, sondern der besonders in der Stadt Cyzikus am Bosporus herrschende *bosporische Münzfuss*, nach welchem die Drachme 3,71 Gramm wog; es ist das nämliche Gewichtssystem, das man in den ältesten syrischen und sidonischen, hebräischen und ägyptischen Münzen findet und das zuletzt auf das Fundament des ganzen Gewichtswesens, das babylonische Talent, zurückführt.

II. *Das Münzwesen des merowingischen Reiches* gründet sich auf das römische Münzwesen. Im römischen Reich aber war seit der Mitte des 3. Jahrhunderts das gesamte Münzwesen in die ärgste Verwirrung geraten, sodass der Denar, ursprüngzu 3,41 Gramm geprägt, zu einer immer wertloseren Billonmünze und schliesslich zu einem winzig kleinen Weisskupferstück hinabgesunken war. Auch die Goldmünzungen waren so unregelmässig geworden, dass die Goldmünzen schwerlich anders als mit fast jedesmaliger Feststellung des Gewichtes der einzelnen Stücke den Geldumlauf vermitteln konnten. Kaiser Konstantin I. brachte endlich eine umfassende Reform des Münzwesens zu stande, welche lange Zeit herrschend blieb. Als oberste Norm der Wertbestimmungen sollte von nun an das Pfund gereinigten Goldes nur nach dem wirklichen Gewichte und ohne Rücksicht auf das Gepräge gelten; es wurde eingeteilt und ausgemünzt in 72 Solidi, welche also $^1/_6$ Unzen oder 4 Skrupel = 4,55 Gramm wiegen sollten. Das römische Goldgeld wurde als allgemeine Weltmünze betrachtet und Ausmünzung desselben galt als ein ausschliesslich kaiserliches Recht, während die Ausmünzung von Silber und Kupfer seitens fremder Regenten kein Bedenken fand. Als Silbergeld bestanden während des 5. und 6. Jahrhunderts nur die *siliquae*, deren beständig 24 auf den *solidus* gerechnet wurden. *Solidi* und *Siliquen* nebst entsprechender Menge von Halb-Siliquen und wenigen Doppelstücken der Siliqua waren daher die Münzen, welche die germanischen Stämme bei ihrer Niederlassung in den römischen Provinzen vorfanden und welche später die Grundlage ihres eigenen Münzsystemes wurden; doch besassen die Franken und Gallier neben den beiden genannten Münzsorten noch *ältere römische Silberdenare* zum Werte von $^1/_{12}$ des Goldsolidus, und eine ebenfalls *Denar* genannte ausserordentlich kleine Kupfermünze, deren 6000 oder eine dieser Summe nahekommende Zahl auf den Solidus ging und von welcher wieder 5 Stück die gewöhnliche Kupfermünze ausmachten; von der letzteren kamen also 50 Stück einer Siliqua und 1200 Stück einem Solidus an Wert gleich. Eine Neuerung trat durch das fränkische Münzsystem insofern ein, als an die Stelle sowohl des alten Silberdenars $= {}^1/_{12}$ Solidus, wie der Siliqua $= {}^1/_{24}$ Solidus ein neuer *fränkischer Denar* $= {}^1/_{40}$ Solidus trat; nach ihm sowohl als nach dem Goldsolidus werden im Volksrechte der salischen Franken die Bussansätze gewertet.

Die Münzen der Merowingischen Periode sind entweder Gold- oder Silbermünzen. Von den *Goldmünzen* besteht der weitaus grösste Teil in *Drittel-Solidi, Trienten* oder *Tremissen;* ganze Solidi sind wenige vorhanden, halbe kommen nicht vor. Die Goldmünzen tragen 1. entweder den *Namen der oströmischen Kaiser*, wobei aber sonst durch ausdrückliche Bezeichnung der fränkische Ursprung dargethan wird, oder 2. *den Namen eines fränkischen Königs* und ausserdem entweder den gewöhnlichen Revers der damaligen oströmischen Goldmünzen *Victoria Augustorum* oder den Namen eines Münzers, eines Ortes und verschiedene Embleme, wie Kreuz, Chrisma (Monogram Christi), mit sehr starkem Relief der Bilder; oder 3. geben sie eine spezielle sachliche Bestimmung in der Aufschrift kund, wie *moneta palatii, racio fisci, racio ecclesiae, racio basilici Sci Martini*, und daneben den Namen des Münzers und Ortes, oder 4. sie tragen nur den Namen eines Münzers mit Angabe des Ortes und der Prägung. Eine Jahreszahl hatten die merowingischen Münzen nicht. Die Nachbildung der oströmischen Goldmünzen geschah meist in sehr roher Weise und mit auffallender Korrumpierung der kopierten Schrift und der Typen; die Ausmünzungen wurden in grosser Ausdehnung und vielerorts betrieben. Sowohl hinsichtlich des Gewichts als des Feingehalts sind diese Münzen sehr ungleich; es gab öffentliche und Privat-Münzanstalten. Die Ausmünzung der einzelnen Stücke wurde nicht mit Genauigkeit vorgenommen, vielmehr darauf gesehen, dass eine bestimmte Anzahl zusammen das normale Gewicht pro Pfund oder Unze enthielt.

Von *Silbermünzen* ist aus der merowingischen Periode bloss der *Silberdenar* nachgewiesen, wahrscheinlich den Wert des alten römischen Silberdenars = $^1/_{12}$ Solidus haltend; über Teilungen des Denars ist man auf Vermutungen angewiesen. Merowingische *Kupfermünzen* sind sehr selten.

Bei den Alemannen und Bayern erscheint in dieser Periode statt des fränkischen Denars die *saiga*, d. h. der alte römische Silberdenar = $^1/_{12}$ Solidus.

III. *Unter den Karolingern.* Die wesentlichste Veränderung des Münzwesens unter den Karolingern besteht in dem im 8. Jahrhundert vor sich gehenden *Übergang von der Goldwährung zur Silberwährung*, hervorgerufen durch die sich mehr und mehr fühlbar machende Abnahme des Goldvorrates, verglichen mit der disponibeln Silbermenge, und infolge der damit in Verbindung stehenden Einschränkung und Verschlechterung der Goldausmünzung; als die Hauptursachen der Abnahme des Goldvorrates werden Abnutzung und Umschmelzung der Münzen, Verlorengehen und Vergraben derselben und Ausfuhr nach dem Auslande genannt. An Stelle des Goldsolidus trat nun ein *Silbersolidus von 12 Denarien*, der aber nicht geprägt, sondern nur in der Rechnung gebräuchlich wurde. Die Goldprägung hörte seit Pipin so gut wie ganz auf. Während aber vorher wahrscheinlich 25 Solidi zu 12 Denarien auf ein Pfund Silber gerechnet, also 300 Denarien daraus geschlagen wurden, wurden unter den Karolingern zuerst 22, dann 20 Solidi auf das Pfund gerechnet, eine Veränderung, die mit der Einführung eines grösseren Pfundes, des sog. *Karlspfundes*, durch Karl d. Gr. zusammenzuhängen scheint. Eine völlige Gleichheit des Münzwesens bei allen Stämmen des fränkischen Reiches einzuführen, gelang Karl nicht; bei den Friesen, Sachsen und Bayern erhielten sich eigentümliche Münzverhältnisse. Münzen mit den Namen der einzelnen Münzer und ohne den des Königs giebt es jetzt nicht mehr; die Denarien tragen jetzt den Namen der Könige oder ihr Monogramm; daneben erscheint als fast unerlässlich das Kreuz; einen Kopf tragen die fränkischen Münzen Karls des Grossen nicht, wohl aber die kaiserlichen, deren Köpfe baare Nachahmungen antiker Gepräge sind und die wahrscheinlich für Italien geschlagen wurden; das wichtigste auf den Münzen Karls ist aber immer die Schrift, welche den Namen *CAROLVS*, *CARLVS*, *KAROLVS*, *KARLVS*, *KARL*, dann den Titel *R F*, d. i. *Rex Francorum*, und die Angabe der Münzstätte enthält; die Münzen Ludwigs des Frommen tragen oft ein Kirchengebäude und die Inschrift *christiana religio*. Überhaupt wechselten die Münztypen oft infolge der verschiedenen Münzstätten und anderer Umstände. Die Zahl der Münzstätten ist eine bedeutend geringere als unter den Merowingern. Wenn auch an verschiedenen Orten zu münzen gestattet war, so sollte es nicht ohne ausdrückliche Erlaubnis und unter Aufsicht des Grafen geschehen. Wie unter den Merowingern ausnahmslos, so wurde unter den Karolingern wenigstens vorherrschend nur in den Provinzen links vom Rhein gemünzt, wo unter andern als Münzstätten hervortreten Aachen, Andernach, Basel, Bingen, Bonn, Cambrai, Chur, Köln, Löwen, Lüttich, Mainz, Mastricht, Metz, Mons, Neuss, Speier, Strassburg,

Toul, Trier, Verdun, Wyk de Duerstede; von linksrheinischen Münzstätten werden Regensburg, Esslingen und Würzburg genannt. Meist hatten die Münzen nur einen Umlauf in der Gegend, wo sie geschlagen wurden. Da Jeder für seine Rechnung prägen lassen konnte und daher bei der Münze Gelegenheit fand, Metall oder alte Münze in die eben kursierende zu verwandeln, so diente die Münze, die man darum auch gern mit einem Markt verband, zugleich als Wechselbank. Da es zum Prinzip der Regierung Karls gehörte, das Münzwesen zu konzentrieren, geschahen unter ihm keine Verleihungen des Münzrechtes; dagegen beginnt die Erteilung von Münzprivilegien unter Ludwig d. Fr., das Bistum Lemans in Frankreich und das Kloster Corvey rühmten sich, dieses Vorrecht zuerst empfangen zu haben; doch erfolgte die Prägung auch hier fortwährend unter dem Namen des Königs. Die Regel war, dass an der Münze für andere gemünzt wurde; schon Pipin erkannte dem Münzer einen Solidus vom Pfund zu, als sog. Schlagschatz, d. h. eine Abgabe an den, der das Münzrecht hatte. Falschmünzerei, die unter den Merowingern sehr im Schwange gewesen war, gab auch den Karolingern viel zu schaffen, sei es dass einer ohne Münzrecht münzte, sei es dass Münzer oder Nichtmünzer sich eigentliche Fälschungen zu schulden kommen liessen; die Strafen darauf waren Schinden im Rücken, Haarabscheeren, Brandmarkung im Gesicht mit den Worten *f. m.* = *falsator monetae*, Münzfälscher, Verlust der Hand.

IV. *Zehntes bis dreizehntes Jahrhundert.* In dieser Zeit zerfällt das durch die Karolinger einheitlich geordnete Münzwesen infolge von Privilegien zu gunsten geistlicher Stifter und der Münzprägung seitens weltlicher Grossen in eine neue grosse Zersplitterung. Verliehen wurde das Münzrecht zunächst zu gunsten eines *Marktes* und zwar fast regelmässig zugleich mit dem Marktrecht; seit dem Anfang des 10. Jahrhunderts finden sich Münzen, die neben dem königlichen Namen oder statt desselben den eines Herzogs oder Bischofs tragen; die ersten darunter sind Herzog Arnulf von Bayern, Hermann I. von Schwaben, Bischof Salomo von Konstanz, Strassburger Bischöfe aus der Zeit Konrad I. Die Verleihung des Münzrechtes ging eine Stufe weiter, wenn darunter die Befugnis verstanden war, an jedem Ort des Bistums, des Klostergebietes oder einer Grafschaft eine Münze zu errichten, ohne weitere Einholung königlicher Erlaubnis; doch waren für die Ubung des Münzrechtes bestimmte Bedingungen gestellt: die Münzen sollten probehaltig sein, öffentlichen Gewichtes und reinen Silbers, oder sie sollten nach dem Vorbild bekannter und angesehener Münzorte geschlagen werden, manchmal mit dem Zusatz, dass es erlaubt sein solle, die Stücke um ein Bedeutendes leichter auszuprägen, als es dort üblich war. Daneben liessen fortwährend die Könige auf ihren Pfalzen oder an bedeutenderen Handelsorten, welche unmittelbar unter ihrer Gewalt standen, prägen. Die königlichen Namen tragen jedoch auch viele Münzen geistlicher und weltlicher Grossen. Die Zahl der Münzstätten ist überaus gross; besonders bedeutend ausser den Bischofsstädten sind die königlichen Orte Dortmund, Duisburg und Goslar.

Das Gepräge schliesst sich anfangs an das der karolingischen Periode an: die vorherrschenden Typen sind Kreuz, Kirchengebäude, Name, selten ein Monogramm, regelmässig die Bezeichnung des Ortes. Das Brustbild der Könige erscheint einzeln unter Otto I., häufiger seit Otto III., die ganze Figur ist selten; später liessen auch geistliche und weltliche Fürsten ihr Bild aufnehmen. Von Einfluss auf den Stempel war im Norden angelsächsischer, im Süden italienischer Einfluss, sodann das Vorbild einzelner einheimischer Münzstätten und ganz besonders das Belieben der Stempelschneider. Seit dem 11. Jahrhundert fing man an, den beiden Seiten der Münzen statt wie früher mit einem Schlag jeder für sich den Stempel aufzudrücken *(Halbbrakteaten)*, einem Verfahren, dem in der Staufischen Zeit die Prägung mit bloss einem Stempel folgte *(Brakteaten)*. Immer noch hatten die Münzen einen beschränkten Umlaufskreis, daher bei Zahlungen bestimmte Münzen ausbedungen wurden. Als Münzstätten werden in dieser Periode genannt, in *Lothringen* Cambrai, Verdun, Metz, St. Dié, Lüttich, Brüssel, Löwen, Nivelles, Dendermonde, Valenciennes, Antwerpen; in *Friesland* Utrecht, Tiele, Deventer; am *Unterrhein* Köln, Remagen, Duisburg; in *Rheinfranken* Speier und Worms; in *Ostfranken* Würzburg; in *Alemannien* Strassburg, Basel, Zürich, Konstanz, Ulm, vielleicht Hall; in *Bayern* Regensburg; in *Kärnthen* Friesach; im *östlichen Sachsen* Goslar, Stade, Bardewic, Magdeburg, vielleicht Halle; in *Westfalen* Dortmund, Soest, Iserlohn, Münster. Inbezug auf das *Gewicht* werden ein *öffentliches* oder königliches und das *Kölner Gewicht* unterschieden. Nach karolingischer Ordnung galt das Pfund Silber gleich 20 Solidi oder *Schillingen* zu 12 *Denarien*, wovon jedoch kleinere Abweichungen vorkommen. Seit dem Anfang des 11. Jahrhunderts wird in Deutschland auch die Rechnung nach der von den Angelsachsen entlehnten *Mark* gebraucht, und zwar ist die Mark bald soviel als Pfund, bald die Hälfte desselben, bald hat sie noch anderen Wert; die *Kölner Mark* betrug zwei Drittel Pfund = 8 Unzen und wurde später statt zu 166 nur zu 144 Denarien (12 Solidi à 12 Denarien) ausgeprägt.

Während *Pfund*, *Mark* und *Schilling* nur Rechnungseinheiten sind, heissen die einzig ausgeprägten Münzen *Denar*, lat. allgemein *nummus*, deutsch *Pfennig*, ahd. und mhd. *phenninc*, *phennic*, von ahd. das *phant*, nhd. *Pfand*, also eigentlich soviel als Pfandart; dann der *halbe Denar*, *helblinc*, *obulus*, Heller, selten ein Viertelsdenar. Immer noch kam es bei grösseren Summen mehr auf das Gesamtgewicht einer grösseren Anzahl, als auf das dem Wechsel unterworfene einzelne Stück an.

Gold wurde nur *gewogen*, nicht geprägt; Goldmünzen, die etwa umliefen, waren byzantinischen Ursprungs oder stammten aus fränkischer Zeit.

Was unter den Karolingern nur selten geschah, die Umprägung und wiederholte Änderung der Münze, wurde jetzt Gewohnheit; galt es zwar als alte Regel, dass die Münzen der Bischöfe auf deren Lebenszeit geschlagen wurden, so wechselten doch manche Bischöfe mehrmals im Jahr, bald aus Gründen der Habsucht, bald um eingerissenen Missbräuchen zu steuern.

V. *Ende des Mittelalters.* Der zunehmende Verfall der Reichseinheit hatte auch eine zunehmende Zerspaltung und Vereinzelung des Münzwesens im Gefolge, dergestalt, dass im 14. und 15. Jahrhundert eine zusammenfassende Übersicht der Münzen kaum möglich, wenigstens bis jetzt noch nicht versucht worden ist. So zahlreich aber die vorhandenen Münzgebiete in dieser Zeit, die landschaftlichen Münznamen und namentlich die einzelnen Münzwerte sind, so fussen sie doch alle bis ins 13. Jahrhundert auf dem Pfund Silber, welches 20 Schillinge oder 240 Silberdenare oder Pfennige enthält; da sowohl Pfund als Schilling blosse Rechnungsmünzen waren, so wurde ihr Wert allein durch den Wert des Pfennigs als der Einheit bestimmt. Dieser Wert aber war ein sehr veränderlicher, da jede neue Silbermünze, die sich Ansehen und Kurs verschaffte, durch geringere Ausprägung wieder verschlechtert wurde; so kam der Pfennig der schwäbischen Stadt Hall, der als *Heller* die gangbarste Silbermünze im südwestlichen Deutschland wurde und selbst die allgemeine Bezeichnung der Pfennige durch die besondere der Heller verdrängte, durch ihre Entwertung im 14. Jahrhundert auf einen halben Pfennig und weiter herab. Aus dem Wort Pfennig lösten sich mit der Zeit zum Teil mit der Übertragung der ältern Bedeutung auf das geprägte Münzstück überhaupt verschiedene andere selbständige Münzwerte ab, wie *Gulden* = güldener Pfennig, *Berner*, *Haller*, *Münchener*, *scil.* Pfennig, *Groschen* = *denarius grossus*, Gross-Pfennig, substantivisch der Gross, Grosch; *Weiss-Pfennig*, *Kreuzer-Pfennig* oder Kreuzer, der *gulden Florenzer*, oder *Ducaten*, der *gulden rheinisch*, der *gulden ungarisch* — Pfennig; der Dreier, Vierer, Sechser, der Joachims-Gulden = Grosch — Pfennig, woraus *Thaler* entsprungen ist. Vgl. *Schmeller*, Bayr. Wörterb., unter dem Wort *Pfennig*.

Neben die Silberwährung stellt sich seit dem 13. Jahrhundert eine *Goldwährung*, deren Ausgangspunkt der *Florentiner Gulden*, *Florin d'oro*, ist; derselbe wurde seit 1252 von der Republik Florenz ausgeprägt und zeigte auf der einen Seite das Bild Johannes des Täufers, des Schutzpatrons von Florenz, auf der andern die Lilie als Wappen der Stadt. Nach diesem Vorbilde wurde zuerst der Venezianische *Ducaten* oder Zechin im Jahre 1283, dann der ungarische Gulden unter der Regierung Karl Roberts, aus dem Hause Anjou von Neapel (1309—1342) geprägt. Die neue Goldmünze fand bald auch in Deutschland Eingang, in Böhmen wurde sie von König Johann 1325 eingeführt. Seitdem in der goldenen Bulle den geistlichen und weltlichen Kurfürsten sowie der Krone Böhmen das Recht zugesprochen war, Gold- und Silbermünzen zu schlagen, liessen auch die rheinischen Kurfürsten *Gulden* mit dem Bilde Johannes des Täufers prägen.

Da die Goldmünze die verhältnismässig konstante Grösse war, pflegte diese von jetzt an den Wertmesser für die Silberwährung abzugeben; das Gewicht, nach dem in dieser Periode die italienischen Gulden geprägt wurden, war die Kölnische Mark; die deutschen Gulden wurden nach Gepräge, Schrot und Korn bloss jenen nachgeprägt, wobei die Bestimmung des Münzfusses den einzelnen Münzherren freigestellt war.

Um der auch hier überhandnehmenden Verwirrung abzuhelfen, vereinigten sich im Jahr 1386 die vier rheinischen Kurfürsten zu einem Münzvertrag, worin sie den Münzfuss der Gold- und Silbermünze sowie deren gegenseitiges Wertverhältnis bestimmten. Sie beschlossen, Gulden zu münzen mit dem St. Johannisbilde, 23karätig, 66 Stück auf die Mark im Gewicht; doch soll der Münzmeister für die Mark fein Gold nicht mehr als 67 Stück geben und jeder Münzherr einen halben Gulden als Schlagschatz bekommen. Ein Gulden dieser Art soll 20 neue Silberpfennige (wysse penning) gelten und ebensoviel wie die ungarischen und böhmischen Gulden. Als trotz dieser Vereinbarung auch die Goldwährung sich wieder verschlechterte, wurde endlich 1402 der Münzfuss durch ein Reichsmünzgesetz festgestellt, das später mehrmals erneuert werden musste. Seit dem Jahre 1535 fing man an, offenbar infolge grösseren Silberzuflusses, Silberstücke oder *silberne Groschen* zu schlagen, die einen Goldgulden im Werte gleich sein und 60 Kreuzer geben sollten; man nannte diese Stücke mit einem nicht von ihrem Stoffe, sondern von ihrem Werte entlehnten Namen *Guldiner-Groschen*, *Guldiner*, *Guldner*, *Reichsguldner*, *Reichsgulden*, zu unterscheiden von dem von nun an tautologisch so genannten *Goldgulden*. Als diese Münze im Werte stieg, wurde wiederholt verboten, die *Guldener* höher als 60 Kreuzer zu nehmen, mit Ausnahme der in Joachimsthal in Böhmen geschlagenen *Joachimsthaler-Guldner*, die man später *Thaler* nannte.

Über das älteste Münzwesen bis zu den Karolingern handelt *Soetbeer* in den Forschungen zur deutschen Geschichte, Band I, II, IV und VI; über „Die deutschen Münzen der sächsischen und fränkischen Kaiserzeit“, *Dannenberg*, 1876; über die ältere Zeit *Waitz* in der Verfassungsgeschichte und *Müller*, Deutsche Münzgeschichte bis zu der Ottonenzeit. Leipzig 1860. Über das spätere Mittelalter namentlich *Hegel*, Deutsche Städtechroniken, Nürnberg, Band I, S. 224—262, und II, 531 ff. und *Schmellers* Bayr. Wörterbuch in den Artikeln *Pfenning*, *Schilling*, *Gulden*, *Thaler*. Eine zusammenhängende vollständige Münzgeschichte fehlt bis jetzt.

Musik. Die ältesten Nachrichten, welche wir über die Deutschen durch einige Schriftsteller des klassischen Altertums erhalten, bestätigen, dass unsere Vorfahren früh schon Poesie und Gesang liebten und übten. Tacitus erzählt uns von dem sogenannten Barditus, dem Schlachtgesang der Deutschen, der durch Vorhalten der Schilde vor den Mund noch wilder und furchtbarer tönend gemacht wurde und nach dessen Wirkung sie den Ausgang des Treffens glaubten bestimmen zu können. Auch die Instrumentalmusik hatte bei den alten Germanen schon frühe Eingang gefunden. Selbstverständlich waren es anfangs nur schallverstärkende Lärm- oder Klinginstrumente: Trommeln, Cymbeln und höchstens noch das weithinschallende Horn des Stieres. Wie unselbständig die Musik in den alten deutschen Dichtungen auftritt, beweist, dass „singen und sagen“ noch bis ins 13. Jahrhundert gleichbedeutend war. Der altdeutsche Gesang erscheint vorwiegend als Vollender der poetischen Form der Sprache; er bildet die Hauptstützen der Versbildung, deren Hauptregel das Gesetz der Betonung wurde. Im Accent treten einzelne Töne unterscheidbar heraus und diese Betonung der sogenannten Liedstäbe musste zur Einführung gewisser Intervalle in der Tonhöhe führen, welche messbar waren. Höher darf man sich den Anteil, den der Gesang an der Poesie nahm, wohl kaum denken, und es ist daher nicht zu verwundern, wenn die Römer, welche ihre Musik grösstenteils schon ausgebildet von den Griechen erhalten hatten, von der Gesangkunst der Deutschen nicht sonderlich erbaut waren. Zugleich lernen wir aber auch die Mühe würdigen, die es den christlichen Bekehrern verursachte, unsere Vorfahren für den Kirchengesang zu erziehen.

1. *Musik der ersten christlichen Zeit.* Über die früheste Zeit, in welcher das Christentum in Deutschland Eingang fand, sind wir wenig unterrichtet. Die Verheerungen der Völkerwanderung liessen den Samen desselben zu keiner gedeihlichen Fortentwicklung unter den Deutschen kommen. Vollkommen zur Herrschaft gelangte dasselbe erst unter seinem ersten Kaiser, Karl dem Grossen. Durch ihn erst gewann das Christentum in deutschen Landen festen Fuss, sodass eine vollständige Umgestaltung deutscher Kultur, Kunst und Sitte erfolgen konnte. Ganz besondere Sorgfalt aber verwandte Karl auf die Pflege des

Kirchengesanges. Derselbe war in Italien inzwischen schon zu einer bedeutenden Entwicklung gelangt.

Wie die bildenden Künste hatte auch dort die Musik das Erbe des Altertums angetreten, aber statt einer verständnisvollen Fort- und Ausbildung des Überlieferten, trat eine Vereinfachung, eine mehr kindlich naive Auffassung des Gegebenen ein. Wie der erste christliche Kirchengesang entstanden, wissen wir nicht: alte griechische und römische Melodien, jüdischer Tempelgesang und kunstloser Naturgesang werden vereint erklungen haben, bis sich nach und nach eine feste Norm ausbildete. Ohne Zweifel sang vorerst die ganze Gemeinde, denn noch der Bischof Ambrosius berichtet: „Freilich befiehlt der Apostel, dass die Weiber in der Kirche schweigen sollen, aber Psalmen singen sie sehr gut. Die süssen Stimmen der Jünglinge und Mädchen klingen lieblich zusammen, ohne dass es Gefahr bringt.“ — Allein bald sah sich die Kirche doch veranlasst, der Gemeinde das Recht des allgemeinen Gesanges zu entziehen; das Kirchenjahr, das sich nach und nach gebildet hatte, verlangte auch eine bestimmte einheitliche Regelung des Gesanges, und so befahl das Konzil von *Laodicea* (367): es solle kein Anderer in der Kirche singen, als die dazu verordneten Sänger von ihrer Tribüne. Wir erfahren denn auch, dass bereits unter den Päpsten Sylvester und Hilarius eigene Sängerschulen entstanden. Indessen vermochte dies alles nicht, den Einfluss und die Nachwirkungen der antiken Musik zu verwischen; im Gegenteil wurde der letzte Vertreter derselben, *Boëthius*, das Dogma aller mittelalterlichen Musikgelehrten. Derselbe hatte ein grosses schwerverständliches Buch: *De musica* hinterlassen. Darin erscheint er als gelehrter Redactor der musikalischen Sätze des *Pythagoras*, *Aristoxenos*, *Ptolemäus* etc. Die Musik ist ihm ein Theil Mathematik. Die Grundlage seines Systems bildet eine Reihe von vier Tönen im Umfange einer reinen Quarte: das *Tetrachord.* Dasselbe enthält stets zwei Ganztonintervalle und ein Halbtonintervall. Je nach Stellung dieses Halbtonintervalls in der Aufeinanderfolge der vier Töne heisst das Tetrachord dorisch (wenn der Halbtonschritt in der Tiefe liegt), phrygisch (wenn er in der Mitte liegt) oder lydisch (wenn er in der Höhe liegt). Setzt man nun zwei phrygische Tetrachorde derart zusammen, dass vom höchsten Ton des tiefen Techrachords zum tiefsten Ton des höhern Tetrachords ein ganzer Tonschritt ist, so erhält man eine *Oktavengattung*, in welcher die Töne in folgenden Intervallen aufeinanderfolgen:

Ton (I II III IV) (V VI VII VIII)
Interv. 1 $^1/_2$ 1 1 1 $^1/_2$ 1.

Diese Tonreihe nahm man nun als Fundament alles Kirchengesanges in die christliche Musik herüber. Da indessen der Wunsch, bei gewissen Gelegenheiten oder einzelnen Texten durch höhere heller klingende Intonation eine charakteristische Wirkung hervorzubringen, fühlbar werden mochte, und auch die nächsthöhern Oktavenreihen den menschlichen Singorganen nichts Aussergewöhnliches zumuteten, so wurden auch diese noch dazu genommen, so dass man vier für sich nach oben und unten abgegrenzte Tonreihen von folgender Gestalt erhielt:

(Ton VIII ist gleich Ton I, nur eine Oktave höher, also):

I II III IV V VI VII $\overline{\mathrm{I}}$
1 $^1/_2$ 1 1 1 $^1/_2$ 1
II III IV V VI VII $\overline{\mathrm{I}}$ $\overline{\mathrm{II}}$
$^1/_2$ 1 1 1 $^1/_2$ 1 1
III IV V VI VII $\overline{\mathrm{I}}$ $\overline{\mathrm{II}}$ $\overline{\mathrm{III}}$
1 1 1 $^1/_2$ 1 1 $^1/_2$
IV V VI VII $\overline{\mathrm{I}}$ $\overline{\mathrm{II}}$ $\overline{\mathrm{III}}$ $\overline{\mathrm{IV}}$
1 1 $^1/_2$ 1 1 $^1/_2$ 1

Ob bei Aufstellung der Vierzahl irgend welche jener Zeit eigentümliche Symbolik mitgespielt hat, bleibe dahingestellt; dagegen darf nicht unterlassen werden, zu betonen, dass die sich durch Verschmelzung dieser vier Oktavenreihen erzielende Tonreihe:

I II III IV V VI VII $\overline{\text{I}}$ $\overline{\text{II}}$ $\overline{\text{III}}$ $\overline{\text{IV}}$
1 $^1/_2$ 1 1 1 $^1/_2$ 1 1 $^1/_2$ 1

als kirchliches Gesetz betrachtet und jede Änderung oder Einschiebung fremder Töne strenge untersagt wurde.

Indessen ergab sich doch bald das Bedürfnis, an dieser Strenge zu rüttteln, besonders als man anfing mehrstimmig zu singen und die Begleitung der Melodie in Quartenläufen beliebt wurde.

Betrachtet man nämlich fortschreitend die Tonreihe, so wird man finden, dass I u. IV, II u. V, IV u. VII, V. u. $\overline{\text{I}}$ u. s. w. immer je $2^1/_2$ Töne auseinanderliegen; einzig der Tonschritt III und VI umfasst ein Intervall von drei ganzen Tönen. Das war eine übermässige Quarte und klang unrein, und man wusste sich nicht anders zu helfen, als dass man den Ton VI um einen Halbton erniedrigte und die Strenge der diatonischen Skala zerbrach. Um das zu vermeiden, zog man es vor, diesen Tonschritt als „*diabolus in musica*“ einfach zu verbieten.

Die vier Oktavenläufe oder Tonarten scheinen indessen nicht genügt zu haben, und schon der 590 zum Papst erwählte Gregor der Grosse suchte dem Bedürfnis nach grösserer Mannigfaltigkeit abzuhelfen, indem er aus jedem der vier Kirchentöne, die man nun „*Authentische*“ nannte, je einen sogen. „*Plagalen*“ bildete. Dies geschah derart, dass er die vier obern Töne eines jeden Authentus dem gleichnamigen um eine Oktave tiefer versetzte, also: (⌒ = Halbtonschritt)

(I II III IV) (V VI VII $\overline{\text{I}}$)	authentus protus
($\underline{\text{V}}$ $\underline{\text{VI}}$ $\underline{\text{VII}}$ I) (II III IV V)	plagalus protus
(II III IV V) (VI VII $\overline{\text{I}}$ $\overline{\text{II}}$)	authentus deuteros
($\underline{\text{VI}}$ $\underline{\text{VII}}$ I II) (III IV V VI)	plagalus deuteros
(III IV V VI) (VII $\overline{\text{I}}$ $\overline{\text{II}}$ $\overline{\text{III}}$)	authentus tritus
($\underline{\text{VII}}$ I II III) (IV V VI VII)	plagalus tritus
(IV V VI VII) ($\overline{\text{I}}$ $\overline{\text{II}}$ $\overline{\text{III}}$ $\overline{\text{IV}}$)	authentus tetrardus
(I II III IV) (V VI VII $\overline{\text{I}}$)	plagalus tetrardus.

Unter die erste plagale Tonreihe, als die mit dem tiefsten Ton beginnende, soll nun Gregor die Buchstaben *A B C D E F G* gesetzt und diese aufwärts in gleicher Reihenfolge wiederholt haben, so dass die acht Kirchentonarten nun hiessen:

D E F G a b c d
A B C D E F G a
E F G a b c d e
B C D E F G a b
F G a b c d e f
C D E F G a b c
G a b c d e f g
D E F G a b c d

Es wurde schon vorhin bemerkt, dass der Tonschritt *III* bis *VI* oder, wie wir ihn jetzt nennen können, *F* bis *b*, unrein klang und man sich deshalb veranlasst sah, das b um einen halben Ton zu erniedrigen. Demgemäss führte man auch zwei Zeichen hierfür ein, das *b molle* oder *rotundum:* ♭ und das *b quadrum* oder *durum:* ♮, woraus nachmals unser *h* entstanden ist.

Damit war das Tonsystem für das ganze Mittelalter geschaffen. Die starre Diatonik herrschte beinahe unbeschränkt, Halbtonschritte gab es keine anderen als die zwei einmal angenommenen von *E—F* und von *B quadratum* zu *C*. Die enge Zusammengehörigkeit der authentischen und plagalen Tonarten, deren Verhältnis von den Schriftstellern des Mittelalters durch die Bezeichnung männlich und weiblich treffend charakterisiert ist, zeigt sich am deutlichsten darin, dass der musikalische Schwerpunkt, der Grund- oder Finalton beiden gemeinsam ist; die authentische Tonart hat ihn in der Tiefe, die plagale dagegen in der Mitte. Nach diesem Prinzip teilte man auch die Melodien in authentische und plagale ein, nämlich in solche, die sich vom Grundton bis zu seiner Oktave und zurück bewegen, und in solche, die von ihrem Grundton aus eine Quinte aufwärts und eine Quarte abwärts steigen, um schliesslich wieder zu dem mittleren Grundton zurückzukehren.

Gregor hatte sich indessen noch ein anderes Verdienst um die Musik erworben. Mit Eifer sammelte er die Gesangsweisen, welche sich nach und nach gebildet hatten, dichtete neue dazu und ordnete dieselben nach den Zeiten des Kirchenjahres. Was aber das Wichtigste war, er sorgte dafür, dass sie niedergeschrieben wurden. Dadurch entstand eine feste Norm, welche heute noch in der katholischen Kirche unter dem Namen *Gregorianischer Choral* als Ritualgesang befolgt wird. Dieses sogenannte Antiphonar liess Gregor sonderbarerweise nicht nach der von ihm erfundenen Tonschrift notieren, sondern bediente sich der mangelhaften Tonschrift der *Neumen*, Fig. 101 und 102, das sind gewisse über die Textessilben geschriebene Strichelchen, Häkchen, Punkte, Halbbogen und ähnliche Figuren. Vermutlich aus den Accenten der griechischen Schriftsprache entstanden, hatte diese Tonschrift zwar vor der Buchstabenschrift die Fähigkeit voraus,

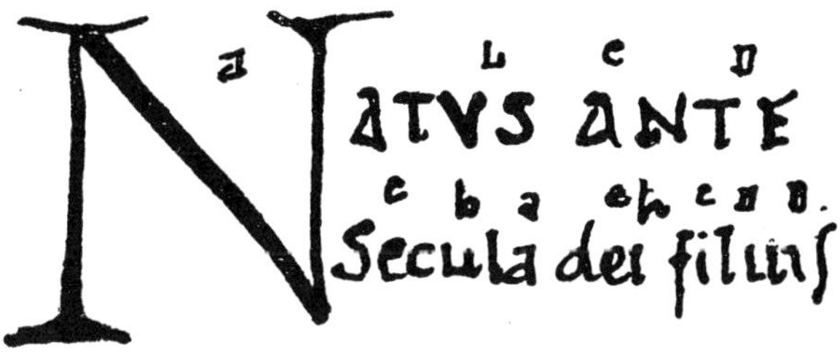

Fig. 101. Gregorianische Buchstabennotierung.

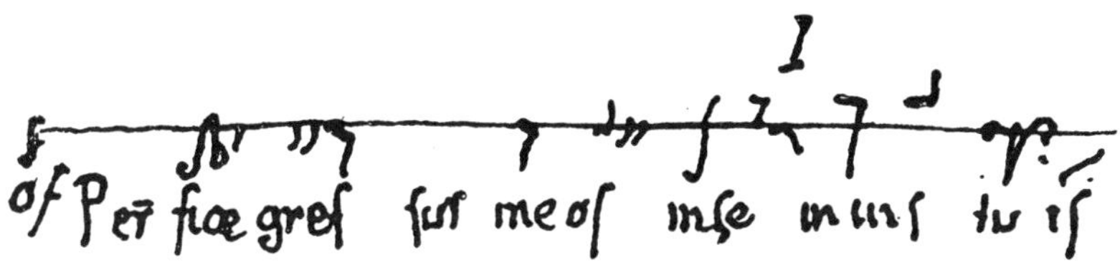
Fig. 102. Neumenotierung.

Steigen und Fallen der Stimme anschaulich zu machen, worin der Keim unserer jetzigen Notenschrift liegt; allein die absolute Höhe des Tones oder die Grösse der Intervalle war nicht herauszufinden und die Neumen dienten sicherlich nur als Gedächtnisnachhilfe für den Sänger, der die Melodie auswendig kannte. Als die charakteristische Eigenheit des Gregorianischen Gesanges wird angenommen, dass er im Gegensatze gegen den metrischen, die Quantität der Silben nach antiker Art genau beobachtenden ambrosianischen Gesang, keine bestimmte Zeitdauer der einzelnen Töne angenommen, sondern es dem Sänger überlassen habe, nach Belieben zu dehnen und zu verkürzen. Dadurch aber war das Band gerissen, welches bis dahin die christliche Musik noch mit der antiken verknüpft hatte. An Stelle der früheren poetischen Metrik trat nun eine musikalische. Wo früher Länge und Kürze geherrscht, da führte jetzt Arsis und Thesis das entscheidende Wort. Dadurch aber war es zugleich ermöglicht, auf eine Silbe mehrere Töne fallen zu lassen; es entstand jener verzierte Gesang, der unter dem Namen: Vitalianischer bekannt ist, namentlich aber jene Jubellaute, von denen der Bischof Durandus erzählt, dass man das Alleluja von Alters her mit dem *pneuma* gesungen habe, welches *pneuma* eine unaussprechliche Freude des Gemütes über das Ewige ausdrücke.

Bis zu dieser Entwickelungsstufe war der Gesang gediehen, als Karl der Grosse erschien, die der Kultur widerspenstigen Völker bezwang und sie durch die Wohlthat einer höheren Bildung mit seiner Herrschaft dauernd auszusöhnen versuchte. Karl gründete Schulen im ganzen Umfange seines Reiches, von denen die zu Metz, Soissons, Fulda, Mainz, Trier, St. Gallen zu hohem Ruhm gelangten. Gleich den übrigen Lehrgegenständen wurde hier auch die Musik gepflegt. Mit Missvergnügen aber bemerkte Karl, dass sich im Kirchengesange Unterschiede einschlichen. Mehrmals liess er daher Sänger von Rom kommen, um durch ihr Beispiel die ungeübten Kehlen seiner fränkischen Sänger zu veredeln. So entstand namentlich in Metz eine berühmte Sängerschule, aber auch in St. Gallen sollte die Sangeskunst ungeahnt aufblühen. Der Grund zu dieser Blüte wurde gelegt durch Romanus, einen der zwei römischen Sänger, welche Papst Hadrian I. auf Wunsch Kaiser Karls nach Metz sandte, mit zwei authentischen Abschriften des gregorianischen Antiphonars versehen. Auf der Hinreise erkrankte Romanus und erreichte mit Mühe St. Gallen, wo er denn auch auf besondere Weisung Karls verblieb und mit ihm ein Exemplar des Antiphonars, welches noch heutzutage auf der St. Gallischen Stiftsbibliothek liegt. Von nun an begann ein reges künstlerisches Streben unter den St. Galler Mönchen, worüber uns Ekkehard IV. in seinem *Casus St. Galli* Ausführliches zu erzählen weiss. Besondere Verdienste um die Ausbildung der Musik erwarben sich die beiden Notker, Labeo und Balbulus, der letztere Erfinder einer neuen Kunstgattung, der sogenannten Sequenzen. Dieselben entstanden, indem man den langatmigen Vokalisen des Alleluja Worte unterschob und auf diese Weise in die wortlos gewesenen Melismen wieder Sinn und Verstand zu bringen suchte.

Dadurch kamen Dichtung und Musik in ein ganz neues Verhältnis. Die Arbeit des Musikers und Dichters trennte sich. Der erstere erfand Melodien für künftige mannigfach darunter unterzulegende Worte, der letztere dichtete zu bereits vorhandenen Melodien Texte. Notker Balbulus unterzog aber zugleich die bereits vorhandenen Jubilos einer Art Redaktion, indem er 50 davon mit eigenen Namen bezeichnete und dazu neue dichtete.

Diese Melodien und Gesänge galten anderwärts als mustergültig und wurden mannigfach nachgeahmt, namentlich entstanden ähnliche Gesänge im Volke, welches dieselben teils beim Gottesdienste, teils bei Bittgängen, beim Kampfe u. s. w. anstimmte. Hierher gehören die beiden Dichtungen: *Stabat mater* und *Dies irae*.

So wirkte der gregorianische Gesang nach allen Seiten und strebte nach unbedingter Herrschaft, und wie die gelehrte Theorie in Boëthius eine gegebene Grundlage der theoretischen Musik, so fand die Praxis im Gregorianischen Gesange einen gegebenen Stoff zu musikalischer Übung, er wurde der *cantus firmus*, der Tenor, an dem nicht getastet werden durfte. Das Mittelalter hatte ein tiefes Bedürfnis nach einer Art Autorität, nach dem Dogma. So nahm es seinen Boëthius und den gregorianischen Gesang wie Dogmen hin; der letztere durfte aber gerade deshalb kein Produkt des menschlichen Geistes sein, er war inspiriert und damit von einer, keiner weitern Kritik unterliegenden Beglaubigung.

Neben der Gesangskunst wurde auch die Instrumentalmusik in St. Gallen eifrig betrieben. Das rauhe Klima begünstigte die Entwickelung der Gesangsorgane nicht in gleichem Masse, wie das der südlichen Länder, so dass der Diakon Joannes in seinem Leben des heiligen Gregor meint, die Alemanen und Gallier strengten sich vergebens an, den römischen Kirchengesang auszuführen und liessen von ihren ungefügen Kehlen nur ein donnerndes Gebrüll hören, welches dem Gepolter eines bergabrollenden Lastwagens gleiche. Allein, hatte die Natur den Deutschen den Wohlklang der südlichen Stimmen versagt, so war es dennoch der Norden, der gerade vermittelst seiner Instrumentalmusik, auf die er hingewiesen ward, dasjenige Element in die Musik einführen sollte, welches recht eigentlich als Unterscheidungsmerkmal der modernen und der antiken Musik gelten darf, die Mehrstimmigkeit.

2. *Anfänge der Mehrstimmigkeit.* Dieselbe existierte in der Instrumentalmusik schon lange, bevor man anfing, mehrstimmig zu singen. Das beweisen namentlich die alten Geigeninstrumente, die sogenannte *Crota* oder *Rota*, ein meist mit drei Saiten bespanntes Instrument mit flachem Steg und *ohne* die Seiteneinbuchtungen unseres Geigenkörpers. Durch das letztere war aber der Bogen gezwungen, zu gleicher Zeit über alle drei Saiten zu streichen, und so tönte denn neben der auf der ersten Saite gespielten Melodie der Grundton und die Quinte nach Art eines Dudelsackes mit. In ähnlicher Weise diente der Vielstimmigkeit das sogenannte *Organistrum*, von dem die Art, vielstimmig zu singen, ihren Namen erhalten sollte. Die Kunst des Organisierens, d. h. die Kunst, zu einer gegebenen Melodie eine zweite oder dritte Stimme zu singen, fand bald Eingang und Verbreitung, und schon im ersten Jahrtausend unserer Zeitrechnung in dem flandrischen Mönche *Hucbald* einen wissenschaftlichen Vertreter. Hucbald nennt die Kunst des mehrstimmigen Tonsatzes (*organum* oder *diaphonie*) einen „einträchtig zwiespältigen Gesang". Derselbe aber wurde auf zweierlei Arten zustande gebracht; einmal derart, dass eine Stimme der ersten im Intervall einer Oktave, Quinte oder Quarte parallel folgte (Parallelorganum), andernteils derart, dass ein Sänger die rechte Melodie hielt (Tenor), während der andere mit fremden aber passenden Tönen die Melodie umspielte, am Schluss aber beide im Einklang oder der Oktave zusammentrafen (Schweifendes Organum). Beim letzteren erscheinen im Gegensatz zum

Parallelorganum im Durchgange auch andere Intervalle als Quinten und Quarten, nämlich Sekunden, Terzen u. s. w., sodass also schon in dieser frühen Zeit Dissonanzen wenigstens im stufenweisen Durchgange als zulässig erkannt wurden. An der herrlichen Wirkung seines Organum zweifelt Vater Hucbald keineswegs. „Singen ihrer,“ sagt er, „zwei oder mehr mit bedächtiger und einträchtiger Strenge zusammen, jeder seine Stimme, so wirst Du einen lieblichen Zusammenklang aus

findung führten die Romanusbuchstaben den Reichenauer Mönch Hermann Contractus († 1054) der auf den Gedanken kam, über den Text Buchstaben zu setzen, welche dem Sänger die Fortschreitung zum nächstfolgenden Intervall andeuteten, z. B. e (equaliter), t (tonus, Ganzton) D (Diatesseron), △ (Diapente) etc.

Hucbald nun probirte es vorerst mit einer, der alten griechischen nachgebildeten Notation. Er legte seinem System den Buchstaben F

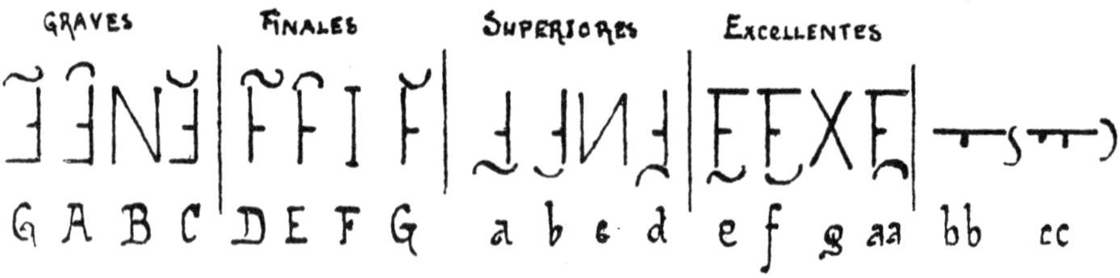

Fig 103. Hucbaldsche Buchstabennotierung.

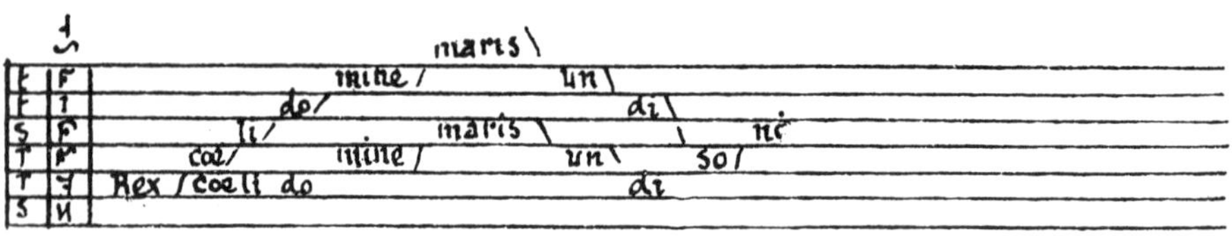

Fig. 104. Hucbaldsche Liniennotierung.

dieser Vermischung der Töne entstehen sehen“.

Hucbald versuchte auch die Tonschrift zu verbessern. Schon vor ihm waren mannigfache Versuche gemacht worden, der Unsicherheit der Neumen durch eine andere Notation abzuhelfen. So hatte schon Romanus neben den Neumen noch andere Zeichen angebracht, die sog. Romanusbuchstaben. Über dieselben hat uns Notker Balbulus ein Verzeichniss hinterlassen. Sie haben dreifache Bedeutung: teils zeigen sie die Tonhöhe an, teils das Mass der Bewegung, teils sind es Vortragszeichen. Auf eine eigentümliche Er-

zu Grunde und, weil es für die vier Kirchentonarten vier Schlusstöne (finales) gab, erfand er vier verschiedene Varianten:

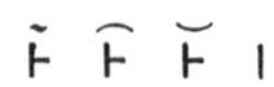

D E G F

Zeichen, durch deren Umkehrung und Verdrehung er folgende Skala erhielt. Fig. 103.

Diese Tonschrift hatte aber, wie die Gregorianische, den Nachteil, dass sie das Steigen und Fallen der Stimme nicht versinnlichte. Er versuchte es daher mit einem Liniensystem, in dessen Zwischenräumen die Textessilben derart aufgeschichtet wurden, dass die Tonintervalle von einer Silbe zur andern durch die Anzahl der zwischenliegenden Linien-Zwischenräume ersichtlich wurde. Zur besseren Orientierung setzte er ausserdem am Beginn jedes Spatiums die Buchstaben T (*tonus* = Ganzton) oder S (*semitonus* = Halbton). Allein diese Schreibweise hatte etwas ungemein Schwerfälliges und Unbehülfliches, seine Notenschrift blieb unbenutzt. Fig. 104.

Erst das folgende Jahrhundert sollte den Mann hervorbringen, der eine wirklich brauchbare Tonschrift aufstellte. Schon vor dessen Erscheinen hatte man in Italien quer durch die Neumen eine rote Linie gezogen, welche den Ton f bedeutete. Was darüber stand war höher als f, was darunter, tiefer. Später zog man noch eine gelbe oder grüne, welche den Ton c bedeutete. Statt die Linien zu färben, begnügte man sich auch, vorn an dieselbe den betreffenden Buchstaben zu schreiben. Hieraus sind die „Schlüssel" entstanden. Fig. 105 und 106. Dadurch hatte man viel gewonnen und der Weg war gebahnt, der auf unser heutiges Notensystem führen musste. Diesen Weg gefunden zu haben, ist das Verdienst des Benediktinermönches *Guido von Arezzo* aus dem Kloster Pomposa bei Ravenna. Statt der zwei Linien zog er deren vier und benutzte nicht nur die Linien, sondern auch die Zwischenräume zur Bezeichnung der absoluten Tonhöhe. Zugleich vereinfachte er auch die Zahl und Gestalt der Neumenzeichen, welche sich schliesslich, nach allerlei Modifikationen, in die modernen Notenzeichen umwandelten. So entstand einerseits die von Tinctoris erwähnte *Fliegenfussschrift,* welche in der That an die Füsse von Mücken erinnerte, anderenteils die eigentümlich stilisierte *Nagel-* und *Hufeisenschrift,* die sich namentlich im Buchdruck lange behauptete. Fig. 107 und 108. Nach und nach aber schrumpften die Neumen auf den *Punctus* zusammen, der sich dann in die sog. Choralnote verwandelte.

Guido war aber nicht nur Theoretiker, sondern auch Praktiker. Um seinen Schülern das Tonmerken beizubringen, pflegte er ihnen beim Unterrichte die Johanneshymne: Fig. 109. einzuprägen. Das Liedchen schien dem lehrenden Guido besonders deswegen zweckmässig, weil seine sechs Verse nacheinander mit den sechs Tönen der Skala von *c* bis *a* in regelmässiger Folge anfingen: *Ut* fiel auf *c*, *re* auf *d*, *mi* auf *e* etc. Aus diesen Anfangsbuchstaben *ut, re, mi, fa sol, la* ist dann die sogenannte *Solmisation* entstanden. Guido's Skala umfasste 21 Töne, nämlich:

Γ A B C D E F G a ♭ ♮ c d e f g
a ♭ ♮ c d
a ♭ ♮ c d

Diese teilte er nun in sieben sechsstufige Tongruppen, Hexachorde genannt, deren einzelne Töne mit den Silben *ut re mi* etc. bezeichnet wurden, derart, dass zwischen die Silben *mi fa* stets ein Halbtonschritt zu stehen kam. Selbstverständlich schliessen diese Hexachorde nicht, wie die Oktaven der modernen Musik aneinander — dies würde eine Reihe von 42 Tönen ergeben haben —, sondern sie greifen ineinander ein. Eine vollständige Tonleiter von acht Tönen liess sich demnach nicht unmittelbar mit den Guidonischen Silben singen, sondern es mussten die Hexachorde gewechselt werden, man hatte zu *mutieren* z. B.:

c d ef g a ♮ c
ut re mi fa sol la
ut re mi fa

Diese Mutation namentlich war eine erfolgreiche Übung, welche die Sängerknaben innerhalb des gesamten Tongebietes völlig heimisch machte. Mit der wachsenden Fülle des musikalischen Darstellungsmaterials wurde die Solmisation indess zum „*crux tenellorum puerorum*“. lich hatte einer seiner Schüler die Entdeckung gemacht, dass die Hand gerade soviel Glieder zählt, als das

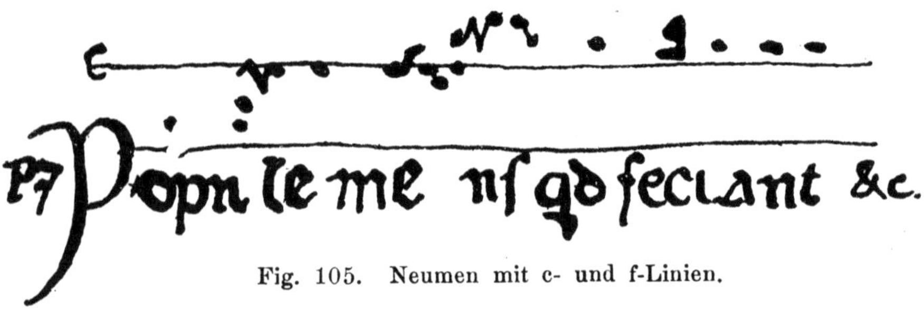

Fig. 105. Neumen mit c- und f-Linien.

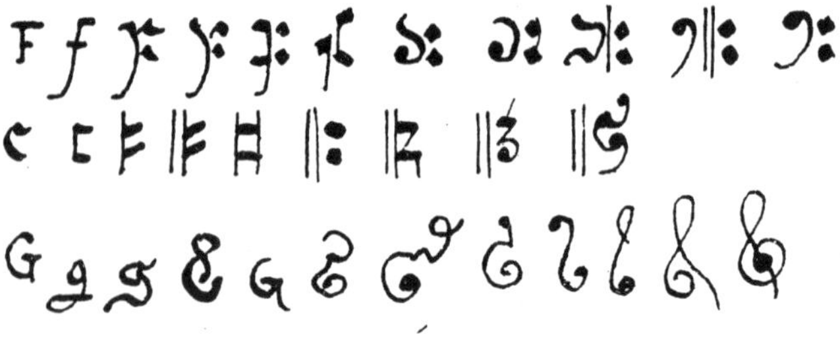

Fig. 106. F-, C- und G-Schlüssel.

Fig. 107.

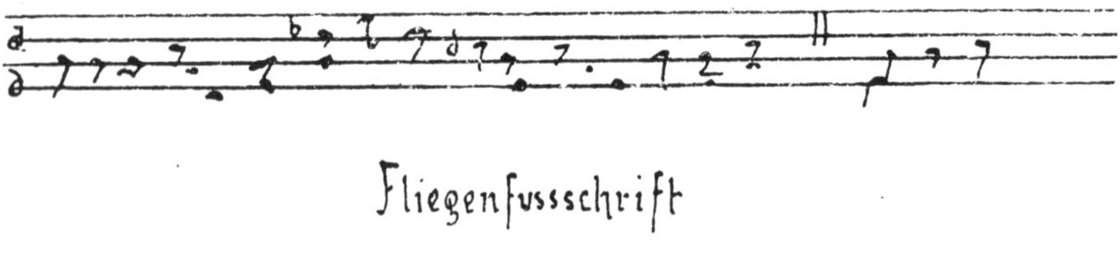

Fig. 108.

Als Gedächtnisnachhilfe beim Mutieren wurde vielfach die Guidonische Hand benutzt. Wahrschein- guidonische Tonsystem Töne, nämlich 19 von $\Gamma - \frac{d}{d}$, das $\flat$ und $\frac{\flat}{\flat}$

nicht zugerechnet. Jedes Glied wurde nun zum Sitz eines Tones gemacht, das obere Glied des Daumens erhielt den tiefsten Ton Γ. Von da fuhr man herab, dann quer hinüber, am kleinen Finger hinauf, an den oberen Gliedern der folgenden drei entlang,

Fig. 109. Johanneshymne.

am Zeigefinger herab u. s. w. im Kreise bis zum Ton $\frac{d}{d}$. Fig. 110.

Trotz aller Theorie stand es aber mit der Musik in diesem Zeitraum doch wohl recht böse. Sie wurde noch immer als das Produkt des rechnenden, kombinierenden Verstandes, nicht der Phantasie angesehen; sie brauchte nicht schön zu sein, wenn sie nur den Anforderungen einer imaginären Regelrichtigkeit entsprach. Höchst bemerkenswert in dieser Hinsicht ist das rein mechanische Verfahren, welches Guido zur Erfindnng neuer Melodien vorschreibt und welches darin bestand, dass man jedem der fünf Vokale einen Ton der Tonleiter substituierte und dann unter die einzelnen Silben eines beliebigen Textes den ihrem Vokal entsprechenden Ton schrieb. Fig. 111.

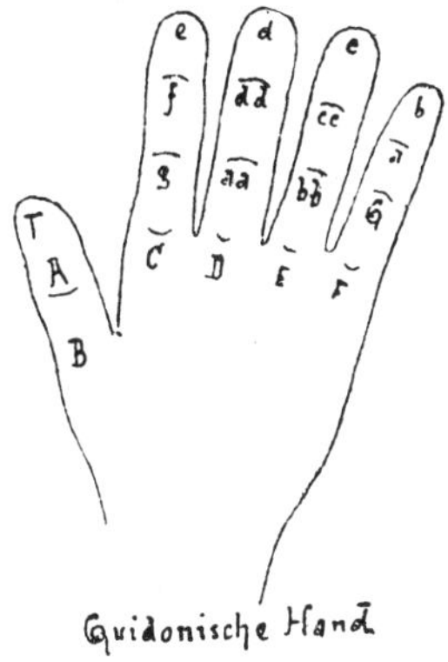

Fig. 110.

3. *Einführung der Mensuralmusik.* Die Entwickelung der Mehrstimmigkeit war in diesem Zeitraum noch nicht viel weiter gediehen als vorher. Man hatte noch immer seine Freude an Quinten- und Quartenparallelen; indessen bemerkt man doch, dass man anfing die begleitenden Stimmen in abweichender Weise zu führen, dem Cantus (der ursprünglichen Melodie) einen Discantus (eine abweichend begleitende Stimme) zuzugesellen. Die Kunst des Diskantierens wurde namentlich in Frankreich ausgebildet und es ergab sich dort statt des anfänglichen parallelen Gesanges der Stimmen schliesslich eine Gegenbewegung derselben, ja man scheute sich nicht, ganz verschiedene Melodien unter sich zu mehrstimmigen Sätzen zu verbinden. — Je mehr man aber im Zusammensingen mehrerer Stimmen Fortschritte machte, um so mehr musste sich auch das Bedürfnis geltend machen, dass die einzelnen Stimmen sich in gleich schnellen Tempi bewegten. Hierfür fehlte jedoch vorderhand jedwede Notenschrift. Der gregorianische Kirchengesang hatte es dem einzelnen überlassen, nach seinem Gutdünken den Zeitwert der einzelnen Noten zu

bestimmen. Dies musste aufhören, sowie verschiedenartige Stimmen so geführt werden sollten, dass sie vereinigt dem Gehör angenehm erklangen. Damit beginnt etwa in der zweiten Hälfte des zwölften Jahrhunderts die Entwickelung der sogenannten Mensuralmusik. Der erste Schriftsteller, welcher über die beim „gemessenen Gesange“ zu beobachtenden Regeln Auskunft giebt, ist *Franco von Köln*. Aus dem Punctus der Neumen hatte sich im Laufe der Zeit bereits der viereckige Notenkopf gebildet. Diesen nahm kam man mit diesen Notenwerten nicht aus, und schon Franco führte die doppelte Länge (maxima) und die halbe Brevis (semibrevis) ein. Etwa in der zweiten Hälfte des 14. Jahrhunderts begann man in Frankreich die Noten nicht mehr schwarz auszufüllen, sondern weiss zu lassen, wodurch die weisse Choralnote entstand. Zugleich versuchte man auch, die sogenannten Melismen, das sind die auf einer Textsilbe gesungenen, aus zwei oder mehr Tönen bestehenden Figuren in einem Zeichen darzustellen:

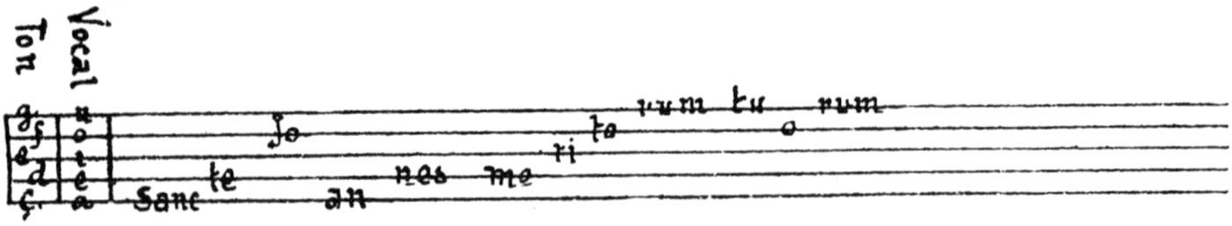

Fig. 111. Melodienfabrikation.

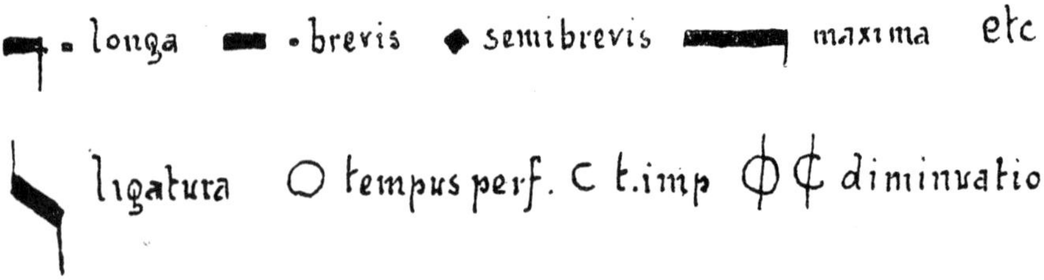

Fig. 112. Choralnoten.

Franco als Grundlage für die Mensuralnoten. Vorerst glaubte man, mit zwei Noten auszukommen, mit der sogenannten *longa* (Punkt mit Strich) und der sogenannten *brevis* (Punkt), entsprechend den kurzen und langen Silben der antiken Prosodie, und es wurde nach den meist vorkommenden Versmassen, Trochäus und Jambus der *dreiteilige perfekte Rhythmus* herrschend, indem man eine Länge gleich zwei Kürzen annahm. Fig. 112. Erst im 14. Jahrhundert erscheint der zweiteilige Rhythmus, den man auch im Gegensatz zum dreiteiligen den *unvollkommenen* nannte. Indessen es entstanden die *Ligaturen* (*ligatura ascendens* und *descendens*, *obliqua*, *recta*, *etc.*) Auch des Punktes bedienten sich schon die Mensuralisten und zwar des *punctum augmentationis* oder *additionis*, wenn derselbe den Wert der Note, hinter welcher er steht, um deren Hälfte verlängert, und des *punctum divisionis*, um anzuzeigen, dass eine Note von der halben Geltung zur vorhergehenden oder folgenden doppelwertigen gezogen werden solle. Ebenso wie die Töne mussten nun auch die Pausen bezeichnet werden. Dazu bediente man sich senkrechter, durch die Linie gezogener Striche, welche je nach ihrer Länge die Zeitdauer ausdrückten. Endlich war es auch noch nötig das *Tempo* durch ein Zeichen zu bestimmen. Der vollständige Kreis wurde das Zeichen des Tempus *perfectum*, der nach rechts offene für das Tempus *imperfectum*. Bei verdoppelter Bewegung wurde der Kreis durchstrichen etc.

Nächst Franco von Köln haben das meiste Verdienst um die Ausbildung der Mensuralmusik Morchettus von Padua und Johannes de Müris. —

Hucbald, Guido und Franco hatten im eifrigen Studium und unter unendlichen Denkerqualen den Grund gelegt, auf welchem sich eine wahrhafte Kunstmusik aufbauen konnte; allein die Musik hatte in der bedenklichen Nähe der Arithmetik und Geometrie beinahe vergessen, dass sie von Haus aus eine schöne Kunst und dass es ihre Aufgabe sei, das Schöne in Tönen zu verwirklichen; sie begnügte sich, das mathematisch Richtige zu erreichen, bei dem nicht der ästhetische Sinn, sondern der Verstand das entscheidende Wort hatte.

Indessen war dafür gesorgt, dass die Musik nicht in spekulativer Wissenschaft aufgehen sollte.

4) *Weltliche Musik.* Die Kreuzzüge sollten auch auf die Musik neubelebend einwirken und ihr das verschaffen, was sie wieder zur wahren Kunst machte. Einesteils waren es die neuen Instrumente, welche die Kreuzfahrer aus dem Orient mit nach Hause brachten, anderenteils aber machte sich der durch die Kreuzzüge geweckte Dichtersinn als lyrischer Gesang Luft, wo Wort und Melodie vereint erklangen, wo nicht die Schulregel eines Tonlehrers, nicht die profunde Wissenschaft des Mönches dareinzureden hatte, wo vielmehr nur der Drang des Gemütes das Wort in Liebes- und Frühlingsliedern führte und zugleich den rechten dazu gehörigen Ton fand. Unter dem lieblichen Himmel Südfrankreichs fand diese „fröhliche Kunst“ ihre ersten glücklichen Vertreter. Die Höfe der Grafen von Toulouse, von Provence und von Barcelona waren Pflegestätten der Dichtkunst. Nach dem Erfinden nannte man im südlichen Frankreich die Dichter Trobadours. Als erster von ihnen wird Wilhelm von Poitiers genannt. Der Troubadour sang selten selbst, vielmehr hatte er kunstfertige, im Gesang und Spiel musikalischer Instrumente erfahrene Diener zur Seite, die Minstrels oder Jongleurs (Spassmacher), Leute von oft sehr untergeordnetem Range. Eine Ausnahmestellung unter den Troubadours nimmt Adam de la Hale ein, nach seinem Wuchs und seiner Vaterstadt: Der Bucklige von Arras genannt, indem er den Erfinder von Gesängen und den ausübenden Meister in seiner Person vereint. Er gehört zugleich zu den ersten Tonsetzern, welche vierstimmige Singstücke komponierten.

Derselbe Geist, der bei den romanischen Völkern die Troubadours hervorgerufen, fand bei den germanischen Stämmen Deutschlands seinen Ausdruck im sogenannten Minnegesang. Der deutsche Dichter aber hatte nicht den zweideutigen Jongleur, den Gaukler zum Gefährten; ebensowenig gehörten alle Minnesänger dem ritterlichen Stande an. Die nichtritterlichen Sänger hiessen Meister. Die Vortragsweise der Gesänge glich ziemlich dem gregorianischen Choral. Von den Rittern und ritterlichen Sängern ging indes die Kunst bald auf die Bürger und ehrsamen Handwerker über: der ritterliche Minnegesang wurde zum zunftmässigen, kleinbürgerlichen Meistergesange; aus der blühenden Rose entwickelte sich die magere Frucht der Hagebutte.

Der Hauptsitz des Meistergesanges war anfangs Mainz, später Strassburg, Augsburg und Nürnberg, auch

Ulm und Regensburg. Die Kunstgesetze waren in der sogenannten Tabulatur verzeichnet, wo auch für jeden genau bezeichneten Fehler eine bestimmte Strafe festgesetzt war. Zu überwachen, dass die Gesetze von den Singenden gehörig beobachtet wurden, war Sache der sogenannten „Merker". Der Obermeister, Kronenmeister, Merkmeister mit seinen Merkern, der Büchsenmeister und der Schlüsselmeister bildeten zusammen den Zunftvorstand. Jede Zusammenkunft hiess eine Schule und die Mitglieder nannten sich „Liebhaber des deutschen Meistergesanges". Beim Beginn der Schule nahm das Gemerk die Sitze an der Oberstelle ein. Die Vorträge mussten frei gehalten werden. Die vier Merker teilten sich in ihr Wächteramt; einer achtete auf die Reime, der andere auf das Versmass, der dritte auf die Melodie und der vierte hatte die aufgeschlagene Bibel vor sich, damit kein Verstoss gegen das „Geschrifft" vorkomme.

Die Meistersänger hatten ihren Zunftschatz bestimmter Melodien oder Weisen, denen jeder nach seinem Gutdünken sein Poëm unterschieben konnte, obgleich dem Meister die Erfindung eines neuen Tones keineswegs verwehrt war. Wurde dieser neue Ton von den Merkern genehmigt, so gab man ihm einen „ehrlichen nicht verächtlichen" Namen, welcher insgemein höchst verwunderlich lautete. Da gab es einen blauen Ton, einen roten Ton, eine geschwänzte Affenweis, eine gelbe Veiglinweis, eine „über kurz Abendrotweis", einen „gläsernen Halbkrügelton" und wie diese vom baroksten Ungeschmack eingegebenen Benennungen sonst lauteten.

Nach dem Beispiele der Meistersänger vereinten sich nun auch die Instrumentalmusiker zu zunftmässig geordneten Genossenschaften und gaben das vagabundierende Leben, welches sie bis dahin als „fahrende Leute" geführt, auf. Namentlich waren es in den Städten die Türmer, um welche sich nach und nach Horn- und Pfeifenbläser ansammelten und sich zu Bruderschaften verbanden.

In Frankreich war es besonders die *Confrérie de St. Julien des Menestriers*, in Deutschland die 1288 gestiftete Nicolai-Bruderschaft. Einen besonderen Gönner fanden die fahrenden Leute an Karl IV., der ihnen einen eigenen König gab, den „*Rex omnium histrionum*". Der erste war Johannes, der „Fiedler" genannt. Diesem Beispiele folgend, ernannte Adolf, Kurfürst von Mainz, seinen Hofpfeifer Brachte zum Pfeiferkönig. — Jährlich hatten sowohl die Pfeifer als die Geiger ihren Pfeifer- und Geigertag. An diesem Tag wurde der König neu gewählt und fanden die Gerichtsverhandlungen statt; mit Gottesdienst wurde er eröffnet, mit Spiel und Tanz beendet.

Die erste selbständige Instrumentalform, die zugleich bedeutsam für die Entwicklung der gesamten Kunst wird, ist der *Tanz*. Derselbe wurde in doppelter Weise ausgeführt, als umgehender oder als springender. Der erste erinnert an unsere Polonaise, der letztere an die Reihen, wie sie heute die Kinder noch ausführen. Zur Bezeichnung des Taktes genügte zunächst die Trommel; bald kam die Pfeife, namentlich die sogenannte Sackpfeife (der Dudelsack) hinzu, und der Stimmung, welche der Tanz in den Tanzenden erzeugte, wurde in mannigfaltigen Tanzliedern Ausdruck verliehen, die sich im Metrum eng an den Tanzschritt anschlossen und deren Inhalt namentlich die Freuden der Liebe ausdrückte. Diese Tanzmelodien erlangten grossen und bedeutenden Einfluss auf die Entwicklung des Liedes. Das rhythmische Element wurde dadurch in die Volksmusik eingeführt. Allein nicht nur das; das Volk sang nur, wenn sein Herz voll war, sei es vor Freude oder Leid, vor Hoffen, Sehnen oder Bangen und sang nichts anderes, als was sein Herz bewegte. Dann aber musste es singen und die *Melodie wurde der getreue Ausdruck der Empfindungen.*

Dem Volke waren zugleich die spekulativen Theorien über die Musik unbekannt. Es vermochte den Ausdruck seiner Gefühle nicht in die 21 Töne der Guidonischen Skala einzuzwingen, sondern benutzte eben Zwischentöne, wie sie ihm gerade passten. Dadurch aber wurde der Sturz der Kirchentonarten mit ihrer strengen Diatonik vorbereitet. Die beliebteste Tonart, in welcher das Volk sang und dichtete, war die mit *C* beginnende (unser *Cdur*). Dieselbe wurde mit der Zeit neben der mit *A* beginnenden (unser *Amoll*) zur eigentlichen Normaltonleiter, nach der alle andern gebildet wurden. Die meisten Volkslieder wurden von ganzen Gesellschaften verfasst, wenn auch der weitaus grösste Teil derselben dem rein persönlichen Empfinden seine Entstehung verdankt, wie die zahlreichen Liebes-, Reiter-, Jäger-, Studenten-, Wein- und Gesellschaftslieder. Die Limburger Chronik enthält die frühesten Mitteilungen über die Beschaffenheit der Volksgesänge; zahlreiche Beispiele finden sich in einer im 15. Jahrhundert verfassten Handschrift, dem Lochheimer Liederbuch.

5. *Die Schule der Niederländer.* Der entscheidende Einfluss der Volkslieder auf die Kunstmusik macht sich vorerst in der Kunst des Diskantierens geltend; ja dieselbe fand, besonders in der gesangreichen Provence, eine so eingehende Pflege, dass Papst Johann XII. sich veranlasst sah, eine Bulle gegen den Gebrauch „melodienfremder Intervalle“ beim gregorianischen Gesang mit Ausnahme „einiger melodiöser Konsonanzen“, in Oktave, Quinte und Quarte zu erlassen. Allein erst Mitte des 14. Jahrhunderts konnte dem Unfuge des Improvisierens des Diskantes vorläufig Schranken gesetzt werden, dank der Wirksamkeit der für diese Kunst besonders begabten Niederländer in der päpstlichen Kapelle. Schon früher war bei den päpstlichen Sängern eine Form des dreistimmigen Gesanges unter dem Namen *Faux — bourdons* (falscher Bass) in Aufnahme gekommen. Derselbe ist nichts anderes als eine Reihe von Sextakkorden und wenn auch etwas wohlklingender, so doch nicht weniger mechanisch als das Organum des Hucbald. Über den Namen „falscher Bass“ sind die mittelalterlichen Theoretiker selbst nicht ganz einig. Von den einzelnen Stimmen eines solch mehrstimmigen Gesanges hiess diejenige, welche den gregorian. *Cantus firmus* hielt: Tenor; die Gegenstimme, der *Discantus*, welche in der Regel ein dem Volksgesang entnommenes Motiv verwendete: *Motetus*; die eingeschobene Zwischenstimme aber hiess *Kontratenor.* Wie sehr aber auch die Kunst des mehrstimmigen Tonsatzes durch alles dies gefördert wurde, so blieb daneben doch der improvisierte *Discantus* oder *Contrapunctus* (Gegenbewegung von Note zu Note) im Gebrauch. Der erste bedeutende Kontrapunktist, welcher diesem *Contrapunto a mente* entgegenzutreten suchte und dessen Arbeiten wirklichen Stil zeigen, ist der Niederländer *Wilhelm Dufay* aus der belgischen Provinz Hennegau. Namentlich ist es die sogenannte *Nachahmungsform*, welche er mit bewundernswertem Eifer und ausserordentlichem Erfolge an Stelle des freien *Discantus* einführte. Diese Nachahmungsform *(canon, fuga)* entstand derart, dass eine zweite Stimme die Melodie der ersten zu anderer Zeit und oft auch

in einer andern Tonhöhe, ja selbst in verändertem Tempus begann, während die erste dieselbe zu Ende führte. Sonderbar sind die Notierungskünste, welche die niederländischen Meister hierbei anwandten. Beim einfachen Kanon lag es nahe genug, sich mit Notierung von nur einer Stimme zu begnügen und den Eintritt der übrigen Stimmen durch ein Zeichen anzudeuten. Komplizierter wurde die Sache allerdings bei zusammengesetzten Musikstücken, wobei dem Scharfsinn der Sänger sehr viel zugemutet wurde, besonders als man an Stelle der Zeichen mysteriöse Sprüche zu setzen begann. Auf die Textworte nahmen die niederländischen Tonsetzer vorderhand keine Rücksicht, ja man liess oft sogar zwei ganz verschiedene Texte durcheinandersingen, besonders als die Musiker an Stelle des gregorianischen Chorals Volksweisen als *cantus firmus* einführten. Als Vertreter des eigentlichen Kontrapunkts wird *Ockenheim* bezeichnet, der die Theorie des Kanons bedeutend erweiterte. Die Freude der Vielstimmigkeit erreicht bei ihm bereits eine ins Grenzenlose gehende Form. Als Beweis mag seine 36stimmige Motette dienen. Noch weiter als Ockenheim brachte es sein Schüler *Josquin des Près.* Mit den bestehenden Regeln nahm er es allerdings nicht sehr genau, sodass zahlreiche Klagen über die neue Musik laut wurden. Allein die Tonkunst sollte eine neue Basis erhalten; das alte System sollte zerfetzt und ein neues emporgetrieben werden. Namentlich veranlasste die Einführung des Volksliedes in die Kunstmusik, den Bann der alten Kirchentonarten zu sprengen, und wenn auch Josquin noch manches von der Pedanterie der niederländischen Schule anhängt, wie der Gebrauch verschiedenartiger Texte oder ins Weite getriebener Polyphonie, so ist doch das Streben bemerkbar, den Tonsatz der Dichtung anzuschmiegen. Auch ist er der erste, der den ästhetischen Wert der Dissonanz erkannt hat und sie mit Bewusstsein und Absicht zum Ausdruck leidenschaftlicher Empfindungen verwendet.

6. *Italienische Schulen.* Mit noch grösserem Erfolge als Josquin strebte dessen Landsmann *Adrian Willaert*, der Begründer der venezianischen Schule, darnach, die Kunst des Tonsatzes dem musikalischen Gedanken dienstbar zu machen, insbesondere die polyphonen Gebilde durch dramatischen Ausdruck zu beleben. Die Anlage der Markuskirche, an welcher Willaert Kapellmeister war, mit ihren zwei Emporen, führte ihn auf den Gedanken, die *Chöre örtlich zu trennen* und so das verwickelte Gewebe der Polyphonie möglichst zu entwirren.

Damit hatte er die *Zweihörigkeit* geschaffen, bei welcher die einzelnen Stimmen nicht mehr sich selbständig zu entwickeln strebten, sondern vielmehr sich in Massen zu vereinigen bemüht waren. Das bedingt aber zugleich, dass man von jetzt ab nicht mehr mit dem einzelnen Tone operierte, sondern mit Akkorden und dadurch die Bildung harmonischer statt melodischer Formeln notwendig machte. Durch die Massenwirkung kam zugleich auch das Wort wieder zu grösserer Bedeutung, welches in dem künstlichen Tongeflechte der niederländischen Kontrapunktisten ganz verloren gegangen war.

Dass an der strengen Diatonik der Kirchentonarten bereits vielfach gerüttelt worden war und zahlreiche Zwischen- und Halbtöne eingeführt werden mussten, wurde bereits betont. Den entscheidenden Schritt, die Musik aus den Banden der Diatonik zu befreien, thaten die Schüler Willaert's: *Cyprian de Rore* und *Zarlino.* Ersterer dadurch, dass er den freien Gebrauch der *Chromatik* (wonach die Oktave als eine Aufeinanderfolge von zwölf Halbtonschritten erscheint) in bemerkenswerter Weise steigerte, der andere, indem er die sogenannte *temperierte Musik* einführte.

Die Höhe des Tones wird durch die Anzahl der Schwingungen, welche der tönende Körper in einer gewissen Zeit macht, bestimmt, sodass z. B. die doppelte Zahl der Schwingungen eines angenommenen Tones in gleicher Zeit die Oktave desselben giebt. Wie aber die Anzahl der Schwingungen eines Körpers durch seine Länge bedingt wird, so auch der Ton. Eine um die Hälfte verkürzte Saite giebt bei gleicher Spannung die Oktave des durch die ganze Saite erzeugten Tones, um $^2/_3$ verkürzt giebt sie die Quinte, um $^3/_4$ die Doppeloktave etc. Untersucht man derart die Schwingungszahlen sämtlicher Töne der diatonischen Skala von *c*, welche neben derjenigen von *a* noch fast ausschliesslich im Gebrauche war, so erhält man, wenn *C* in einer Zeiteinheit eine Schwingung macht, für

C	D	E	F	G	a	♮	c
1	$^8/_9$	$^{64}/_{81}$	$^3/_4$	$^2/_3$	$^{16}/_{27}$	$^{128}/_{243}$	2

Schwingungen. Das Verhältnis von $C:E$, also vom Grundton zur Terz ist ein sehr kompliziertes, und da erfahrungsgemäss nur der Zusammenklang jener Töne dem Ohre angenehm ist, welche in einem einfachen Zahlenverhältnis stehen, so musste $C-E$ notwendig als Dissonanz erscheinen. Zarlino versuchte nun, dem abzuhelfen, indem er die Terz um das Intervall $^{89}/_{81}$ (das sogenannte syntonische *Coma*) verkleinerte und auch den diatonischen Halbton ♮ in ein einfacheres Verhältnis zum Grundton brachte. Dadurch erhielt er folgendes sogenannte reine diatonische System

Ton	C	D	E	F	G	a	♮	c
Schwing.	1	$^8/_9$	$^4/_5$	$^3/_4$	$^2/_3$	$^3/_5$	$^8/_{15}$	2

Nun konnte die Terz ruhig unter die Konsonanzen aufgenommen werden und der Akkord: Grundton, Terz und Quinte, der sogenannte *Dreiklang*, wurde von nun an die eigentliche Basis aller polyphonen Musik. Damit hatte die venezianische Schule, welche in Joh. Gabrieli ihre höchste Blüte gewonnen hatte, den Grund zur *Harmonie* gelegt.

Diese aber bildete ein richtiges Gegengewicht gegen die Ausschreitungen und Missbräuche der niederländischen Kontrapunktisten, welche die beim Konzil zu Trient versammelten Väter beinahe bestimmt hätte, die mehrstimmige oder Figuralmusik gänzlich aus der Kirche zu verbannen. Glücklicherweise war inzwischen in *Pier Luigi Sante*, nach seiner Geburtsstadt *Palästrina* genannt, der Meister erschienen, welcher Melodie und Harmonie im richtigen Masse zu verbinden wusste. Er geht den umgekehrten Weg wie die Venezianer. Während bei diesen die einzelnen Stimmen sich melodisch zu entfalten und zu Akkorden zu verbinden strebten, lösten jetzt die einzelnen Stimmen die Akkordmassen auf. Früher war das mehr flüchtige, melodische Element vorwiegend, jetzt tritt das macht- und glanzvolle Harmonische in den Vordergrund: die Akkorde sind gewissermassen die Säulen, über die und zwischen denen die Melodie ihre Bogen schlägt.

7. *Das geistliche Volkslied* und *das Kunstlied.* Während so jenseits der Alpen die kirchliche Kunstmusik sich entwickelt und eine hohe Stufe der Vollendung erlangt hatte, war es dem Norden beschieden, dem Volksliede seine Pflege zuzuwenden, ohne dass die nordischen Meister versäumt hätten, auch der Entwicklung der kirchlichen Kunstmusik zu folgen, welche in Heinrich Finck, Heinrich Isaak,

Stephan Mahu, Ludwig Senfl, namentlich aber in *Orlandus Lassus*, dem Münchener Kapellmeister, bedeutende Vertreter fand. Von weittragender Bedeutung für die Weiterentwicklung der nordischen Musik war vorab die Erscheinung Luthers und sein Bestreben, statt des rituellen lateinischen Gesanges den deutschen Gemeindegesang beim Gottesdienste einzuführen. Wir haben bereits darauf hingedeutet, wie ausserhalb der Kirche schon ein geistliches Volkslied entstanden war. Das 12. Jahrhundert schon hatte das recht volksthümliche: „Crist ist erstanden", „In Gottes Namen fahren wir" und eine Anzahl Marienlieder erzeugt; indess war die Teilnahme des Volkes an der Liturgie als singendes Glied doch immer unbedeutend. Luther erst war es vorbehalten, deutsche Sprache und deutschen Gesang in der Kirche zur Herrschaft zu bringen. In richtiger Erkenntnis des Guten wählte er zunächst aus dem altlateinischen Kirchengesang solche Melodien, welche an die Liederform erinnerten, wie das: „Mitten im Leben sind wir vom Tod umfangen" oder das *Veni redemptor gentium;* den gregorianischen Choral aber verwarf er gänzlich. Er meint, dass sei „wüstes Eselsgeschrei" und töne, „wie Gesang der Hunde und Säue".

Reichere Ausbeute als der Kirchengesang lieferte dem protestantischen Kirchengesang das weltliche Volkslied, jene Tanzmelodien, welche schon die Niederländer als *Cantus firmus* statt der gregorianischen Weisen in ihren kontrapunktischen Werken benutzt hatten. Es wurden zu diesen gegebenen Melodien neue Texte gedichtet, wie zu dem Lied: Innsbruck, ich muss dich lassen: „O Welt ich muss dich lassen". Die bedeutendste Verbesserung war jedoch, dass die Melodie in die Oberstimme verlegt wurde, während sie früher in der Mittelstimme, im Tenor lag. Einen treuen Mitarbeiter fand Luther in dem Kapellmeister Friedrichs des Weisen, Johann Walther, welcher die neue kirchliche Weise: den *Choral*, zunächst noch im Sinne der alten Musikpraxis mit dem Schmucke der Kontrapunktik ausstattete. Ungleich bedeutender wirkten nach dieser Richtung Ludwig Senfl und Georg Rhaw.

In der zweiten Hälfte des 16. Jahrhunderts beginnt sich der Einfluss der venezianischen und römischen Schule geltend zu machen. Man begann, die verflochtenen Stimmen, welche durch Einführung des Kontrapunktes entstanden waren, einheitlich in der Harmonie zusammenzufassen. Mit genialem Verständnis erfasste diese Weise der als Tonsetzer wie als Gelehrter hochberühmte *Seth Calvisius*, den Höhepunkt aber erreicht sie in *Hans Leo Hassler*, *Prätorius*, *Eccard* und dessen Nachfolger *Stobäus*.

Neben dem kirchlichen Chorale pflegten diese Meister selbstverständlich auch weltliche Musik: es erstand das sogenannte *Kunstlied*, das ist die mehrstimmige Bearbeitung von Volksmelodien mit genauer Berücksichtigung des Textes. Die früheren Komponisten hatten nicht an eine im Sinne und Geiste der Melodie erfolgende Ausgestaltung derselben gedacht, dem alten Kontrapunkt waren die Volksweisen nur Tonphrasen. Jetzt werden sie Keim und Wurzel eines sich selbständig aus denselben entwickelnden Kunstgesanges. Zugleich wurde auch versucht, eigene Melodien zu erfinden. In Italien war namentlich das sogenannte *Madrigal*, ein kurzes, gewöhnlich acht-, höchstens zwölfzeiliges Lied, das von Liebe oder von der Herrlichkeit der Natur handelte, aufgekommen. An diesen Gedichten versuchten sich die Kontrapunktisten zuerst in der freien Erfindung. Die natürliche Folge dieser Musikübung war, dass nun auch der Einzelne versuchte, die Oberstimme oder selbst eine Mittelstimme, die im Grunde nicht weniger Melodie hatte als jene, allein zu singen und die fehlenden Stimmen durch Instrumente zu ersetzen. Um Ausbreitung dieser Gesangsweise erwarb sich namentlich der berühmte Sänger *Giulio Caccini* Verdienste. In Deutschland wurde sie von *Prätorius*, *Heinrich Schütz* und *Hermann Schein* weitergebildet. Dabei spielte selbstverständlich die Begleitung vorerst eine untergeordnete Rolle. Die künstliche Stimmverflechtung des Kontrapunktes löste sich in einfache Akkorde auf. Man brauchte deshalb neben der Melodie nur den Bass zu verzeichnen und die begleitenden Akkorde durch Zahlen anzudeuten. Diesen numerierten Bass nannte man *Generalbass*.

8. *Die Ausbildung der Instrumentalmusik.* Das beliebteste Instrument, mit welchem die Gesänge im 16. Jahrhundert begleitet wurden, war unstreitig einerseits die *Laute* — sie war zum Hausinstrument geworden — anderseits die *Orgel*, welche sich in der Kirche eingebürgert hatte. Für beide war denn auch eine eigentümliche Notierungsform entstanden. Für die Orgel genügten noch lange die Guidonischen Buchstaben, denn die Konstruktion derselben war unsäglich plump, und man begnügte sich, auf derselben den *cantus firmus* einstimmig, höchstens mit dem Organum verbunden, zu begleiten. Dem entsprechend bildete sich in Deutschland die sogenannte *Orgeltabulatur* aus. Dieselbe bestand vorerst aus den Tönen der diatonischen alten Skala, welche nun folgendermassen bezeichnet wurden:

Γ A B C D E F G a h c d e f g

$\overline{a}$ $\overline{h}$ $\overline{c}$ $\overline{d}$ $\overline{e}$ $\overline{f}$ $\overline{g}$ $\overline{\overline{a}}$ $\overline{\overline{h}}$ $\overline{\overline{c}}$ $\overline{\overline{d}}$ $\overline{\overline{e}}$

Als dann auch die Zwischentöne immer erweiterten Eingang fanden, wurden sie durch ein angehängtes Häkchen oder eine Schleife angezeigt, z. B.: *f*, oder *f*ζ = *fis*. Nachdem die Verbesserung des Instrumentes dann auch die Ausführung der Mensuralmusik möglich machte, musste der Zeitwert der Noten gleichfalls bestimmt angegeben werden. Man fügte deshalb der Buchstabenschrift besondere Zeichen bei: ein Punkt bedeutete z. B. eine Brevis, ein Strich die Semibrevis u. s. w. Im Übrigen wurden die Stimmen so untereinander gesetzt wie in unserer Partitur.

Diese Art der Aufzeichnung war für Orgel, Geige, Laute und die entsprechenden Instrumente im Gebrauch, kam aber auch beim Gesang zur Anwendung. Daneben hatten die Lautenisten noch eine eigene, die Lautentabulatur erfunden, welche ganz speziell der Spielweise und der Technik des Instrumentes angeeignet war. Dabei ging man von der fünfsaitigen Laute aus, deren einzelne Saiten man mit den Zahlen 1, 2, 3, 4, 5, die einzelnen Griffe aber mit Buchstaben bezeichnete. Die Meister des Lautenspiels gaben dazu noch mancherlei ergänzende Bestimmungen, wie Hans Gerle in *Musica Teusch.* Eine Zwischenstellung zwischen Orgel und Laute nimmt ein anderes Saiteninstrument ein, das schon früh mit einer Klaviatur versehen worden war. Dasselbe war entstanden aus dem *Monochord*, einem einsaitigen Instrument, auf welchem durch Verschiebung eines Steges die verschiedenen Töne erzeugt werden konnten. Um sich das Verschieben des Steges zu ersparen, brachte man mit der Zeit eine Anzahl Tasten an, welche beim Niederdrücken die Saite in bestimmte Längen teilte und zugleich erklingen machte. Später nahm man statt der einen Saite mehrere, wodurch das Instrument, das sogenannte *Clavichord*, bundfrei wurde, da die Tasten von nun an nur mehr die Funktion des Erklingenmachens, nicht mehr aber des Abteilens zu versehen hatten. In dieser Form nannte man das Clavichord auch *Clavicymbel*, *Spinett* oder *Virginal.*

Neben diesen Instrumenten besass das Mittelalter noch eine Grosszahl anderer, namentlich waren die Streich- und Blasinstrumente viel zahlreicher als heutzutage. Aus der keltischen Crota war die Rota oder Fidel, *Viola* (vergleiche den Artikel Musikinstrumente) entstanden, sowohl die *Viola di gamba* als die *Viola di braccio.* Unter den Blasinstrumenten gelangten namentlich die Pommern und Schalmeien zu umfassender Verwendung.

Bisher war die Instrumentalmusik beinahe ausschliesslich mit der Volksmusik verbunden gewesen. Je selbständiger jedoch dieselbe wurde, umsomehr musste sie sich von der Volksmusik lostrennen und einen eigenen Stil ausbilden, den *Instrumentalstil*, der sich vom Vokalstil der Hauptsache nach durch grössere rhythmische Bestimmtheit — angeregt durch den Tanz, zu dessen Begleitung die Instrumente geeigneter schienen, als die menschliche Stimme, — sowie durch grössere Beweglichkeit, durch Zerlegen des langgehaltenen Gesangtones in kleinere Wertteile auszeichnete. Von grösster Wichtigkeit nicht nur für die Instrumentalmusik, sondern für die gesamte Kunst aber war die durch erstere geforderte Annahme einer bestimmten einheitlichen Tonhöhe und die Einführung der sogenannten *gleichschwebenden Temperatur.*

Schon Zarlino hatte die Temperatur in die Musik eingeführt und war zu einer Scala gekommen, deren einzelne Töne folgende Schwingungszahlen aufweisen:

c	d	e	f	g	a	♮	c
1	$^8/_9$	$^4/_5$	$^3/_4$	$^2/_3$	$^3/_5$	$^8/_{15}$	2,

wobei *c—d* und *f—g* zu einander im Verhältnis von 8 : 9; *d—e* und *a—h* aber in dem von 9 : 10 stehen. Der Tonschritt *c—d* und *f—g* ist also kleiner als derjenige von *d—e* und *a—h.* Dies musste aber ausserordentlich störend wirken, als die chromatische Tonleiter und die feststehende Stimmung eingeführt wurde und die verschiedenen Instrumente ineinander musizierten. Da konnte die mathematische Reinheit nicht mehr aufrecht erhalten werden, sondern die Ungleichheiten mussten unter die 12 Halbtonschritte der chromatischen Skala gleichmässig verteilt werden. Dieses nannte man die gleichschwebende Temperatur.

Ein Orchester aus dieser Zeit war noch etwas äusserst bunt Zusammengewürfeltes. Es galt ja vorderhand nur, die Singstimmen zu ersetzen oder zu unterstützen, nicht aber besondere Klangwirkungen zu erzielen. Man stellte die Instrumente deshalb zusammen, wie sie gerade zu haben waren, weshalb die Komponisten auf ihre Tonstücke ziemlich regelmässig die Bemerkung machten: „auff allerley Instrument zu gebrauchen.“ Indessen beginnt doch schon in Prätorius das Gefühl nach verschiedenen Klangwirkungen sich zu zeigen, er spricht bereits von verschiedenen Seiten des Stimmwerks. Einen besonderen Reiz sollte die Instrumentation durch das sogenannte Kolorieren und Diminuieren erhalten, das aus dem Stegreif geübt wurde und etwas mit der Kunst des Diskantierens gemein hatte. Namentlich zeigte sich dieser Ornamentalstil in der sogenannten *Toccata*, wo anstatt der Melodie laufende und gebrochene Figuren eingeführt sind. Ihre künstlerische Gestalt verdankt sie dem venetianer Organisten *Claudio Merula*, die volle Ausbildung aber wurde ihr durch *Frescobaldi* zu Teil, dessen Toccaten alle musikalischen Errungenschaften seiner Zeit in sich vereinigen: die Fuge, die freie Imitation, glanzvolles Passagenwerk und mächtig strömende Akkordfolgen. In einer zweiten Kunstform, der sogenannten *Kanzone*, kam das gesangreiche Spiel mehr zur Anwendung, und in der „*Symphonie*“ und dem „*Ritornell*“ begegnen wir bereits ganz selbständigen Orchestersätzen, welche entweder Vokalsätze einleiten oder Erholungspausen der Sänger ausfüllen.

In Italien war zudem die *Sonate* eine beliebte Instrumentalform geworden. Ihr Name bedeutet ursprünglich nichts als Instrumentalstück und scheint denselben Zwecken gedient zu haben, wie die Symphonie. Eingehende Pflege fand auch im 17. Jahrhundert die Tanzweise. Schon die Stadtpfeifer hatten die Gewohnheit gehabt, eine Anzahl von Tanzweisen, zu einem Cyklus vereint, ohne den dazu gehörigen Tanz vorzutragen. Diese so aneinandergereihten, im übrigen nur durch Gemeinsamkeit der Tonart zusammengehörigen Tanzstücke, nannte man anfangs Partie *(partita)*. Später wurden sie als Suite eine der beliebtesten Instrumentalformen.

Besonders einflussreich auf die Weiterentwicklung der Instrumentalmusik sollte eine Kunstgattung werden, welche im Lauf der Zeit aus Verbindung von weltlicher und kirchlicher Musik sich gebildet hatte:

9. Die *Oper* und das *Oratorium*. Schon im 12. und 13. Jahrhundert hatten die sogenannten geistlichen Schauspiele immer mehr Ausbreitung erlangt. Dieselben bestanden aus Darstellungen biblischer Stoffe in der Kirche und waren vorerst mit der Liturgie aufs engste verbunden. Der Gesang war teils wirklich ritualer Kirchengesang, teils wurden die nach dem Bibelworte zusammengestellten oder auch frei erfundenen Gesänge nach eigenen Melodien vorgetragen. Der freie derbe Humor jener Zeiten verlangte aber zugleich Einmischung komischer Episoden: wie wenn der Salbenkrämer den zum Grabe eilenden Frauen seine Ware unter allerlei Scherzen anbietet.

Damit hatten jedoch die geistlichen Schauspiele ihre höhere Weihe gänzlich verloren und wurden deshalb mit Recht aus der Kirche verbannt. Allein das Volk, das einmal grossen Gefallen an diesen Spielen fand, liess sich dieselben nicht nehmen, sondern führte sie auf freien Plätzen oder im besondern „Spilhus“ auf. Vgl. den Art. *Drama*.

Einen wohlthätigen Einfluss übte auf die Entwicklung des Schauspiels der erwachende Geist der Renaissance aus. Man versuchte es, die altgriechischen Komödien nachzubilden und brachte dadurch wieder mehr Ernst in die Sache. Auch dazu ging der Anstoss von Italien aus. Das *dramma in musica* oder die *Tragedia per musica* fand dort namentlich in Peri einen eifrigen Vertreter und Beförderer. Wir haben schon gesehen, wie der Sänger *Caccini* den Einzelgesang oder die Monodie wieder einzuführen bestrebt war. Den weiteren entscheidenderen Schritt that nun Peri in seiner ersten Oper: „Dafne“, indem er einen völlig neuen Musikstil einführte, welcher die Mitte hielt zwischen Gesang und ausdrucksvoller Rede, den sogenannten *Stile recitativo*, der noch heute in unsern Opern gebraucht wird. Peri gewann sich dadurch die ungeteilte Zustimmung der Hörer. Man glaubte, die dramatische Musik der alten Griechen wieder aufgefunden zu haben. Allerdings war jetzt das Material zur Rekonstruierung des antiken Musikdramas wieder beieinander: der Chor zum Ausdruck der Stimmung der Gesamtheit, der melodische Gesang (die Arie) zur Schilderung der Gefühle des Darstellers und das Recitativ für den Dialog und diejenigen Empfindungen, welche nur vorübergehend anzudeuten waren. Durch seinen Erfolg ermutigt, schuf Petri bald darauf das Musikdrama „Euridice“, ein Werk, welches berufen war, einen Markstein in der Geschichte der Musik zu bilden; denn mit demselben tritt diejenige Kunstgattung ins Leben, die von nun an ununterbrochen die musikalische Welt beschäftigen sollte: die *moderne Oper*.

Die Instrumentalbegleitung war hierbei noch äusserst dürftig und beschränkte sich auf einfache Begleitung des Gesanges. Den ersten Schritt, auch die Instrumentalmusik in der Oper zur Charakteristik der verschiedenen Stimmungen verwandt zu haben, that *Monteverde*, der die Individualität der einzelnen Instrumente und ihre verschiedenen Klangfarben erkannt hatte.

Bedeutenden Einfluss auf die Weiterentwicklung der dramatischen Musik übte Giacomo Carissimi aus, der zwar keine Opern schrieb, aber den wichtigsten Anteil an der Ausbildung einer der Oper ähnlichen Kunstgattung, dem *Oratorium* hat. Als Begründer desselben erscheint der römische Priester *Filippo Neri*, der auf den Gedanken kam, seine Erklärungen der heiligen Schrift mit geistlichen Chorgesängen zu verbinden, welche dieselben gleichsam illustrierten. Zu wirklich selbständiger Bedeutung aber gelangte das Oratorium erst durch *Ludovico Viadana*, der mit seinen *Concerti da chiesa* die von Caccini neuerfundene Monodie zuerst wieder in der Kirchenmusik heimisch machte und durch Einführung eines selbständigen obligaten Instrumentalbasses, des *Basso continuo*, eine durch das ganze Stück ohne Pause sich hindurchziehende Grundstimme schuf. Das wirklich dramatische Element, die Umgestaltung der einfach liedartigen Kantate zu einer Art dramatischen Scene mit Recitativ, Ariosen und Ensembleeinsätzen (freilich ohne sichtbar dargestellte Handlung) führte erst Carissimi in das Oratorium ein und schuf dadurch die sogenannte *Kammerkantate*, bei welcher die Aufmerksamkeit des Zuhörers weder durch äussere Darstellung, wie in der Oper, noch durch religiöse Ceremonien, wie in der Kirchenmusik mit in Anspruch genommen wird und sich also durchaus auf das Tonwerk konzentriert. In dieser strengen Schule bildete sich *Skarlatti*, der dadurch die Fähigkeit erlangte, auf jedem Spezialgebiet mit Erfolg zu wirken. Seine Fruchtbarkeit war eine unglaubliche. Er dichtete 114 Opern und 200 Messen, daneben eine Menge Kantaten. Skarlatti führte die italienische Oper zu ihrem Glanzpunkte, wenn er auch dem sich steigernden Bedürfnis nach sinnlichem Reize die antike Einfachheit derselben opfert.

Mit grossem Eifer wandten sich der dramatischen Form nun auch die deutschen Meister zu. Schon längst hatte in Deutschland wie in Italien das geistliche Schauspiel bestanden, aus dem sich mit der Zeit das weltliche Spiel entwickelt hatte. Die Thätigkeit der schlesischen Dichterschule gab der ganzen Sache einen anderen Verlauf, indem jetzt ebenfalls versucht wurde, nach klassischen Mustern der ganzen Richtung einen bestimmten Weg vorzuzeichnen. Der alte deutsche Schwank wurde zum *Singspiele*, in welchem das deutsche Lied eine nicht unwichtige Rolle spielte. Die Einführung der eigentlichen Oper aber veranlasste Peri's Daphne, welche Martin Opitz, der Begründer der schlesischen Dichterschule, im Auftrag des Kurfürsten Johann Georg I. von Sachsen in's Deutsche übersetzte und wozu der Dresdener Hofkapellmeister *Heinrich Schütz* die Musik dichtete, die sich dem italienischen Stile auf das Engste anschloss. Indessen vermochte die Oper in Deutschland vorderhand doch nicht recht aufzukommen, der 30jährige Krieg lähmte alle Kunst in ihrem Fortschreiten. Einzig in Hamburg kam sie zu einer gewissen Blüte, in dem ihr besonders zwei Doktoren der Medizin: Francke und Frötsch ihr musikalisches Talent widmeten. Zu grösserer Bedeutung, gelangten diese Versuche erst mit *Sigismund Kusser*, der nicht nur ein gründlicher Kenner italienischer, sondern auch französischer Musik war. Namentlich hatte Lully, der Begründer der französischen Oper, auf ihn eingewirkt. In Frankreich hatte die Oper ganz denselben Weg genommen, wie in Italien und Deutschland. Von dem schon genannten Adam de la Hale kennt man die ältesten Liederspiele, kleine artige Liederstücke. Entschiedenen Einfluss hatte aber auch in Frankreich die italienische Oper, welche durch italienische Sänger nach Paris gebracht und dort mit grossem Beifall aufgenommen ward. Das regte die inländischen Poeten und Tonsetzer zu eigener Thätigkeit an; namentlich waren es *Perrin* und *Cambert*, welche mit ihrer Oper Pomone allgemeinen Beifall ernteten. Allein eine wirkliche nationale Gestalt erhielt die französische Oper erst durch *Lully*, dessen Oper zwar als musikalisches Kunstwerk hinter denen der Italiener zurücksteht (bei ihm liegt der Schwerpunkt in der musikalischen Deklamation und Rhetorik), aber in der geschickten Anwendung der äusseren theatralischen Mittel eine genaue Kenntnis der Bühne verrät. Durch Lully fand auch die Instrumentalmusik selbständige Verwendung, indem er die *Ouverture*, die *Vor-* und *Nachspiele* einführte. Nur Ein Komponist vermochte es, sich neben Lully Geltung zu verschaffen, *Jean Philipp Rameau*, der theoretische Begründer unseres modernen Musiksystems. Schon Jahrhunderte früher waren die sogenannte ionische und aeolische (die mit c und a beginnende) Kirchentonart im Volksgesange fast ausschliesslich zur Anwendung gekommen. Sie gelangten zur Universalherrschaft, als man anfing, nach Einführung der gleichschwebenden Temperatur, alle 12 Halbtöne der Oktave als Grundtöne ebensovieler Transpositionen der Dur (ionischen) und der Moll (äolischen) Skala zu gebrauchen und damit die der modernen Komposition hinderlichen Schranken der alten Tonarten durchbrach.

Mit grosser Sorgfalt und eingehendem Fleisse war namentlich in Deutschland die kirchliche Form des *Oratoriums* gepflegt worden. Bereits um die Mitte des 16. Jahrhunderts scheint es Ehrensache für jeden Kontrapunktisten gewesen zu sein, die Passion in Musik zu setzen. Schon Orlandus Lassus hatte in seinen Busspsalmen den ersten Anstoss zur Pflege dieser Kunstgattung gegeben. Namentlich aber ist es *Heinrich Schütz*, der als Schüler Gabrielis die in Italien empfangene Anregung benützte, um seine deutsche Tiefe uud Kernhaftigkeit in vollem Umfange zur Geltung zu bringen. Zugleich aber schuf er eine neue Form des Oratoriums. Bisher hatte sich darin alles nur chorweise bewegt, jetzt versuchte er es, die handelnden Personen selbständig aus dem Chor als Solopartien hervortreten zu lassen und komponierte ein-, zwei- und mehrstimmige Sätze, je nach Anzahl der sprechenden Personen. An der Erweiterung des Oratoriums wirkten neben Schütz: H. Schein, Rosenmüller u. a. m.

So waren mit der Neige des 17. Jahrhunderts die letzten Vorbedingungen erfüllt, um alle Musikformen in höchster Vollendung erstehen zu sehen. Namentlich deutsche Meister sind es, welche die Aufgabe des 18. Jahrhunderts zu lösen begannen: die Kunst über die nationalen Bedürfnisse emporzuheben und Kunstwerke im höchsten Sinne des Wortes zu schaffen.

10. *Das 18. Jahrhundert.* Hamburg wurde bereits als der Ort genannt, wo die bedeutendern Opern des In- und Auslandes zur Aufführung gelangten, und zwar war es dort neben Kusser namentlich *Reinhard Keiser*, welcher auf Entwicklung der deutschen Oper wesentlichen Einfluss ausübte. Indessen hinderte der szenische Pomp, mit welchem man die Gesangsdramen auszustatten suchte, die reichere musikalische Ausbildung. Ging man auch in Hamburg nicht so weit, wie an einzelnen Höfen Deutschlands und Italiens oder in Paris, so liess man es doch in musikalischer Hinsicht an der notwendigen Sorgfalt fehlen und weder *Matheson* noch *Telemann*, die Nachfolger Keisers, vermochten diesem Fehler gründlich abzuhelfen. Die deutsche Oper musste neuerdings der italienischen weichen, welche im übrigen Deutschland viel eifriger gepflegt wurde, namentlich in der veredelten Form, die ihr *Agostino Steffani*, der Vorgänger Händels an der Oper zu Hannover, dadurch gegeben, dass er mit ihr den etwas verfeinert deklamierenden Stil der französischen Oper zu verschmelzen suchte. Grossen Erfolg errang auch in Deutschland die nur auf virtuose Gesangskunst basierte Oper der Neapolitanischen Schule, die durch Allessandro *Scarlatti* begründet und dann durch Leonardo Leo, Leonardo *Vinci*, Cimarosa, Jomelli etc. weitergebildet worden war. Besonders durch die letzterwähnten fand sie auch in Deutschland Verbreitung. Unter den deutschen Opern-Komponisten aber, die sich der Pflege derselben widmeten, sind besonders *Hasse*, *Graun* und *Naumann* zu nennen. So war in der ersten Hälfte des 18. Jahrhunderts die italienische Oper die völlig herrschende in Deutschland. Auch in Frankreich erstand der durch Lully gegründeten grossen Oper 1752 durch die Ankunft einer italienischen Operntruppe eine bedeutende Konkurrenz.

Das musikalische Paris teilte sich alsbald in zwei Parteien, die unter dem Namen Buffonisten oder Antibuffonisten entweder auf Seiten der italienischen oder der nationalen Oper standen. In dem hartnäckigen Kampfe zogen schliesslich die Italiener den kürzeren, wenn auch, angeregt durch die *opera buffa*, die *opera comique*, welche namentlich in Grétry einen praktischen, in Rousseau einen theoretischen Vertreter fand, enstanden war. Zum Abschluss gelangen sollte der Kampf erst durch das Erscheinen eines der grösstenMänner derMusikgeschichte, eines Deutschen, durch: *Christof Willibald von Gluck*, der nicht nur Frankreich, sondern auch Deutschland zu einem mustergültigen Opernstil verhalf. Dieser war nur dadurch zu finden, dass der weitschweifige Mechanismus der durch Scarlatti gegründeten italienischen Oper zusammengerückt, zu einem lebendigen Organismus beseelt und zugleich mit der grössern Schlagfertigkeit der Darstellungsmittel der französischen Oper ausgestattet wurde. Durch jahrelange unausgesetzte Thätigkeit hatte sich Gluck den italienischen Stil zu höchster Kunstfertigkeit angeeignet und sich mit demjenigen der französischen Oper in gleicher Weise vertraut gemacht. Durchschlagenden Erfolg sollte Gluck mit seiner Oper: Alceste erringen, allein erst mit seiner Iphigenie gewann er den neuen Standpunkt vollständig. Hier hat er den ganzen Apparat der italienischen und französischen Oper von allem Unwesentlichen entkleidet und beide damit zu lebendigem Organismus erhoben. Die charakteristischen Intervallenschritte, welche die Recitation der französischen Oper seit Lully auszeichnen, erhob er zu bedeutsamen Wort- und Gefühlsaccenten, und indem er dieselben zugleich auch der melodienreichen italienischen Arie einverleibte, gelangte diese zu einer Innigkeit der Empfindung, die ausschliesslich das Interesse dem dramatischen Verlauf zuwendet. Dadurch wurde die treffendste Charakteristik der handelnden Personen ermöglicht und die Handlung entwickelte sich dramatisch belebter und wahrer. Zugleich eignet der Meister auch dem Chor, der durch die Italiener vernachlässigt worden war, diese neuen Mittel an, wodurch auch dieser dramatisch bedeutsam wird.

Während so Gluck den ganzen Apparat der Oper jener Zeit verengte, um ihn recht dramatisch zu gestalten, erweitert ihn jener andere Meister — *Händel* — der gleichfalls die eine Hälfte seines Leben der italienischen Oper gewidmet hatte, ins Gewaltige und Grossartige, um den Ausbau der Form des Oratoriums auszuführen. Händel giebt keins der Mittel der italienischen Oper auf. Die breiten Formen derselben erweitert er noch und trägt sie namentlich auch auf den Chor über; und indem er sie dann mit seinem gewaltigen, mit den Wunderthaten der heiligen Schrift erfüllten Geiste belebt und durch die Meisterschaft seines Kontrapunktes neu gestaltet, gewinnt er die rechte Gestalt für oratorische Darstellungsweise, die ohne äusseren Theaterapparat die ganze heilige Geschichte vor Augen zu führen bestimmt ist.

Während Händel und Gluck den Gestaltungsprozess der neuen Musikpraxis des 18. Jahrhunderts jeder nach besonderer Richtung zu Ende führten, erfasste ihn ein dritter grosser Meister dieser Zeit, *Sebastian Bach*, in seiner Gesamtheit, um ihn zum Abschluss zu bringen und zugleich die Keime zu neuer grossartiger Entwickelung zu legen. Bach machte den geistlichen Volksgesang, den Choral, zum Mittelpunkt seiner künstlerischen Wirksamkeit, und indem er denselben in den kunstvollen Formen des doppelten und mehrfachen Kontrapunktes verwendet, führt er den Gestaltungsprozess, der durch die Niederländer angeregt worden war, zu Ende.

Um sein ganzes reich erfülltes Innere aber austönen zu lassen, bedurfte Bach auch der Instrumentalstimmen, welche nunmehr allmählich ebenso wie die Singstimme zu ausdrucksvollen Trägern seiner Ideen wurden. Dadurch gelangte er zu jenem Kantatenstil, bei welchem Vokal- und Orchesterstimmen sich gegenseitig ablösen und sich in einem künstlich ineinander geflochtenen Gewebe ergänzen. Zu wahrhaft dramatischer Form gestalteten sich namentlich seine Passionen, in denen sich, besonders in der Matthäus-Passion, sein ganzes künstlerisches Vermögen zeigt: kunstgemässe Behandlung des protestantischen Chorals, unumschränkte Herrschaft über den fugierten Stil und endlich vollständige Kenntnis der Orchesterinstrumente. — In Bach vollendet sich die Kunst als christliche und tritt zugleich als weltliche, als selbständige Instrumentalmusik, in bisher nicht gekannter Bedeutung hervor. Namentlich gründete Bach den sogenannten Klavierstiel aus, insbesondere durch sein epochemachendes Werk: Das wohltemperierte Klavier, eine grosse Fugensammlung. Noch wunderbarer erweist sich Bach's geniale Kraft in den Orgelstücken. Wie in den Klavierstücken das weltliche Volkslied, so bildet in manchen Werken für die Orgel das geistliche meist die Grundlage. Mit Sebastian Bach war jene Bewegung, welche seit der Reformation die Entwickelung der Tonkunst bestimmt hatte, die Einführung des Volksliedes in die Kunstmusik, bis in ihre äussersten Konsequenzen erschöpft. Zugleich hatte er den Keim zu neuer herrlicher Entfaltung gelegt, indem er die Tonkunst in engere Beziehung zum Individuum und zum Leben überhaupt gesetzt hatte. Wie die folgenden Meister diese Aufgabe gelöst, fällt ausser den Rahmen dieses Artikels. (Nach *Reissmann*, Gesch. der Musik. *Ambros*, Gesch. der Musik.) A. H.

Musikinstrumente: Die Zahl der Musikinstrumente, über welche das Mittelalter verfügte, ist eine überaus grosse. Es wimmelt in den musikalischen Werken des Mittelalters von allen möglichen Namen. Gar viele gehören wohl demselben Instrument an, welches bei oft geringfügiger Formveränderung auch andere Benennung erhielt. Für viele Instrumente fehlen uns bestimmte und zutreffende Nachrichten und auch die vorhandenen sind oft unvollständig und unklar. Die Musiker waren in seltenen Fällen auch Schriftsteller, und sofern sie es doch waren, befassten sie sich in der Hauptsache fast ausschliesslich mit dem Tonsatze und seiner Technik und nur nebenher erlangen wir Aufschluss über das eine oder andere namhaft gemachte Instrument. Für die ersten Zeiten der christlichen Musik geben die Miniaturen noch den besten Aufschluss über Musikinstrumente. Ein umfassenderes Werk über dieselben haben wir erst in dem, Ende des 15. Jahrhunderts von dem Oberkapellmeister König Ferdinands, Namens *Tinctoris*, bearbeiteten Lexikon. Mehr Ausbeute gewährt uns die „*Musica* getuscht“ von dem Basler Organisten *Seb. Virdung*, der in der zweiten Hälfte des 15. Jahrhunderts lebte und seiner Beschreibung der Musikinstrumente deren Abbildungen in Holzschnitt beifügte. Gegen Ende des 15. Jahrhunderts erschien von *Martin Agricola*, Kantor in Magdeburg, ein ähnliches Werk mit vielen Zeichnungen. Ihm schliesst sich Anfangs des 16. Jahrhunderts *Michael Prätorius* und gegen Ende desselben *Johann Matheson* in Bild und Wort an. Trotz dieser Quellen bleibt die Bedeutung vieler Namen dunkel und unklar, weshalb im folgenden nur die allergebräuchlichsten Instrumente aufgezählt werden sollen. Näheres ist aus dem „Musikalischen Konversationslexikon“ von *Mendel u. Reissmann* zu erfahren.

Die Instrumente pflegt man gewöhnlich in Saiten-, Blas- und Lärminstrumente einzuteilen. Zu den ersten gehören diejenigen, bei welchen eine Darm- oder Metallsaite durch Schlagen, Streichen oder Reissen zum Tönen gebracht wird. Zu den zweiten alle jene, bei welchen die in einer Röhre enthaltene Luftsäule, welche durch einen von aussen eindringenden Luftstrahl in Vibration, gesetzt wird, der eigentlich tönende Körper ist. Die dritte Gattung wird gebildet durch jene Instrumente, welche sich auf eine blosse Verstärkung und schärfere Markirung der Rhythmen beschränken, also nicht Töne, sondern nur ein „Geräusch“ von sich geben.

A) *Saiteninstrumente* (in alphabetischer Ordnung.)

1. *Cythara teutonica* ist aus der Harfe entstanden und besteht aus fünf bis sieben Saiten, welche über ein, unserem Geigenkörper in der Form ähnliches, gewölbtes Brett gespannt sind. Die einzelnen Saiten werden durch einen Saitenhalter mit dem Rahmbrett verbunden. Sie kommt besonders seit den Kreuzzügen vor und verdankt ihre Form wahrscheinlich der arabischen dreisaitigen Rebec, Ribible oder Reberbe.

2. *Fidel* oder *Videl* wurde im Mittelalter die aus der Rotta entstandene Geige genannt. Das Wort Fidel, mhd. *videle, videl,* soll von lat. *vitulare* = springen wie ein Kalb, herkommen und also ein

Saiteninstrument zu Sprung und Tanz bedeuten und hat sich in unserer Violine erhalten. Die Fidel war ein ungemein beliebtes Instrument. Ursprünglich (zehntes Jahrhundert) nur einsaitig, entwickelt sie sich rasch zur dreisaitigen kleinen Geige, auch polnische Geige genannt, deren es vier Arten gab: Diskant-, Alt-, Tenor- und Bassgeige. Unterschieden war die kleine Geige von der sogenannten grossen, deren es ebenfalls vier Arten gab, dadurch, dass letztere mehr Saiten, bis zu neun, besass und Bünde zeigte, wie die Laute.

Die Geigen des Mittelalters besitzen keinen Steg und die Saiten liegen sämtlich in einer Ebene. Zugleich hat der Geigenkörper eine mehr mandolinenmässige Form. Man war deshalb gezwungen, auf allen drei Saiten zugleich zu spielen; auf der höchsten die Melodie, auf den anderen die akkordische Ergänzung (Grundton und Quinte). Erst der Anfang des sechszehnten Jahrhunderts brachte den Geigen die gewölbte Decke und den Steg, wodurch der selbständige Gebrauch jeder einzelnen Saite ermöglicht wurde. Dies war das Verdienst von Gaspard Duiffopruggar, der in Bologna geboren ward und der Geige die Gestalt gab, die sie im wesentlichen heute noch hat. In Italien nannte man die Geigen Violen und unterschied zwischen *Viola da gamba* (Kniegeigen, heute: Violoncello) und *Viola da braccio* (Armgeigen). Jede dieser Gattungen hatte wieder verschiedene Arten, je nach der Grösse und dem Umfange. Zur Vollendung sollte die Technik der Geige erst durch Antonio Amati (1590—1619), den berühmten Cremonesergeigenbauer, gelangen.

3. *Hackbrett.* Dasselbe wurde schon im neunten Jahrhundert geübt. Der Klangkörper ist ein, mehrere Fuss breiter und langer Kasten, der je nach der Saitenlänge sich verkürzt. Häufig findet man ihn später in eleganterer Form mit gewölbtem Resonanzboden. Auf dem letzteren, welcher mit zwei Schalllöchern versehen ist, sind die Saiten gezogen und zwar Metallsaiten, welche durch Wirbel gestimmt und mit hölzernem Klöppel angeschlagen werden. Der Ton ist scharf und durchdringend, weshalb das Instrument namentlich bei ländlichen Tänzen verwendet wurde. Anfangs hatte es nur einen beschränkten Umfang von vier oder fünf Tönen und war nur einchörig, d. h. für jeden Ton war nur eine Saite vorhanden; später erreichte es einen Umfang von vier Oktaven in dreichörigem Bezuge. Künstlerisch bedeutsam wurde es nur insofern, als es einen Theil seiner Mechanik dem Klavichord lieh.

4. Die *Harfe,* ahd. *harafa,* mhd. *harpfe,* dunkler Herkunft, ist unstreitig das älteste Instrument. Über die Form, welche die Harfe in der frühesten Zeit ihrer Verwendung beim Gesang hatte, sind wir zwar nicht unterrichtet, doch darf man annehmen, dass sie der einfachen Spitzharfe glich, einem dreieckigen hölzernen Rahmen mit quer aufgespannten Saiten. Sie durfte nur von mässiger Grösse und leicht tragbar sein, sodass sie der Spieler ohne Anstrengung im Arm halten und auch an einen andern weiter geben konnte, denn bei den Gastmahlen wurden Rundgesänge ausgeführt. In der Regel wurde die Harfe mit den Fingern geschlagen oder gerissen, seltener wohl mit einem Plektrum. Bei Begleitung von Massengesängen scheint eine mehrchörige Harfe in Anwendung gewesen zu sein. Die Saiten sind unten mittelst Saitenhaltern befestigt, nicht wie bei der Spitzharfe im Rahmen.

5. *Klavichord.* Dasselbe entstand aus Verbindung des Hackbretts und

des Monochords. In einem Kasten, der wie beim Hackbrett die Form eines Rechtecks hatte, befindet sich der Stiftstock und der Wirbelstock, jener mit feststehenden Stiften, an welche die Saiten aus Messingdraht angehängt waren, dieser mit Wirbeln, vermittelst welcher die Saiten gestimmt wurden. An Stelle der Klöppel, mit denen die Saiten beim Hackbrett erklingen gemacht wurden, traten Metallzungen, die am Ende eines Hebelarms, in welchen jede niederzudrückende Taste (*Claves*) ausgeht, aufrechtstehend angebracht waren, sodass sie die betreffende Saite anschlugen und dadurch ertönen machten. Anfangs waren nicht so viel Saiten vorhanden als Töne, und die Tasten hatten zugleich den Zweck die Saiten abzuteilen. Allein musste das äusserst störend sein und man kam denn auch bald dazu, für jeden Ton eine eigne Saite aufzuziehen.

Das Instrument beschränkte sich noch zu Prätorius Zeit auf 20 Töne, „*allene in genere diatonico* gemacht, darunter nur zweene schwartze Claves, das ♭ und ♮ gewesen.“ Später nahm die Zahl der Claves immer mehr zu, und schon Virdung kennt „neuwer *Clavicordia* mit 4 Oktaven.“ Gewöhnlich war in späterer Zeit die Besaitung dreichörig, d. h. jede Saite war drei Mal vorhanden, dabei waren auch etliche Chöre, die „gar kein Schlüssel“ (Taste) anrührte, die nur da waren, die Resonanz zu verstärken. Die untern Chöre waren mit Messing-, die oberen mit Stahlsaiten bezogen. Zwischen den Saiten zog sich auch schon, wie Virdung berichtet, ein „Zötlein von Wellentuch“ hin, um das Nachtönen zu verhindern. Schon im Anfange des sechszehnten Jahrhunderts verwandte man auf die Ausschmückung dieses Instruments bedeutende Sorgfalt.

6. *Klavicymbalum* unterscheidet sich vom Klavichord dadurch, dass bei ihm, statt der Metallzungen, auf die Stäbchen stehende Rabenkiele an dem Ende des Hebelarmes der Taste angebracht waren, durch welche die Saiten in ähnlicher Weise erklingen gemacht wurden, wie die Saiten der Streichinstrumente beim Pizzicato.

Auf gleiche Weise war das *Klavicyterum* konstruiert, nur dass statt der metallenen, Darmsaiten angewendet wurden. Saiten und Resonanzboden standen aufrecht und das Instrument hatte nach Prätorius „eine Resonanz fast der Zithern oder Harffen gleich.“ Das Bedürfnis, einen stärkeren Ton zu gewinnen, führte dazu, das Klavicymbalum, auch Gravecymbalum genannt, sogar vierchörig zu beziehen. Nach Prätorius war es ein „länglicht Instrument und wurde von etlichen ein Flügel, weil es fast also formieret ist, genannt: Von etlichen *sed male* ein Schweinskopff, weil es so spitzig, wie ein wilder Schweinskopf fornen an zugehet.“ Er bezeichnet es ferner als ein Instrument „von starkem, hellem fast lieblichen Resonantz und Laut, mehr als die andern, wegen der doppelten, dreifachen, ja auch wohl vierfächtichen Saitten.“ Aus dem Klavicymbalum, das anfänglich auch nur aus 20 Tönen bestand, entstand das *Klavicymbalum universale seu perfectum*. Immer aufs neue waren nämlich Versuche gemacht worden, auch auf den Tasteninstumenten die Enharmonik darzustellen, *dis* und *es*, *cis* und *des* u. s. w. zu unterscheiden. So erzählt Prätorius von einem derartigen Instrument, welches „in vier Oktaven von *C* bis $\bar{\bar{c}}$ in alles 77 Claves gehabt hat.“

7. *Klaviorganum*. Dasselbe hatte neben den Saiten noch einige Register Orgelpfeifen, welchen durch die hinten angebrachten Blasebälge

Luft zugeführt wurde. Im übrigen entsprach es ganz dem Klavicymbel.

8 *Geigenklavier.* Bei demselben sind die Stöckchen, durch deren Anschlagen an die Saiten beim Klavichord der Ton erzeugt wird, durch kleine, mit Pergament überzogene und mit Kolophonium überstrichene Räderchen ersetzt, welche wiederum durch ein grosses Rad und unterschiedene Rollen, unter dem Sangboden liegend, im vollen Schwunge gehend, erhalten werden. „Wenn nun," berichtet Prätorius, „ein Claves fornen niedergedrückt wird, so rühret dieselbige Saite an der umblaufenden Räder eines und giebt den Resonantz von sich gleich als wenn mit einem Bogen drüber gezogen würde." Prätorius erzählt zugleich, dass das Instrument von Hans Heyden in Nürnberg erfunden worden sei, zur besseren Nachahmung der Singstimmen, und um den Ton zu halten. Die neuern Versuche dieser Art sind unter den Namen Klaviergamba, Bogenklavier u. s. w. bekannt.

9. *Laute*, mhd. *laute* und *lûte*, aber erst im fünfzehnten Jahrhundert geläufig; das Wort kommt mit dem Instrument aus Frankreich, wo es französisch *luth*, altfranzösisch *leút*, provenz. *laút*, *ahut*, italienisch *liúto*, *leúto*, *liúdo*, lautet, Namen, welche aus spanisch *laúd*, portugiesisch *alaúde* stammen, die ihrerseits wieder ihren Stamm in arabisch (mit dem Artikel *al*) *al'ûd*, *alaûd* finden = Aloeholz, gekrümmtes Holz, Laute. Mit *Laut* und *Lied* hat also das Wort nichts zu thun. Sie machte im sechszehnten Jahrhundert allen andern Saiteninstrumenten den Rang streitig. Schon im vierzehnten und fünfzehnten Jahrhundert war sie als fünfsaitiges mandolinenartiges Instrument beliebt. Der sogenannte Lautenkörper — „Bauch" — oder auch Corpus genannt, ist bei weitem mehr gewölbt, als der der Streichinstrumente oder unserer Guitarre, mit dem das Instrument noch die meiste Ähnlichkeit hat. Der Lautenkörper ist augenscheinlich der Schildkrötenschale oder einem halben Kürbis nachgebildet, welche ursprünglich zu diesem Instrument verwendet wurden.

Virdung giebt in seiner Schrift eine Abbildung der mittelalterlichen Lauten. Die Saiten sind unten an einem Saitenhalter befestigt, oben in dem sogenannten Kragen, der zurückgebogen ist. Das Griffbrett ist mit Querleistchen versehen, den sogenannten „Bünden," vermittelst welcher die Griffe für die verschiedenen Töne abgegrenzt wurden, ähnlich wie beim Monochord. In der Regel war die Laute des vierzehnten Jahrhunderts schon mehrchörig bezogen, so dass die Saiten für den einen Ton in doppelter Zahl vorhanden waren. Nach Prätorius hatte sie im fünfzehnten Jahrhundert vier und dann fünf Chöre. Virdung berichtet, dass etliche Lautenisten auf neun Saiten in fünf Chören spielen, andere wieder auf elf Saiten in sechs oder auf dreizehn Saiten in sieben Chören, woraus geschlossen werden kann, dass nur ein Teil der Saiten doppelt vorhanden war. Die drei tiefsten Saiten hiessen: Grossbrummer, Mittelbrummer und Kleinbrummer. Man gab ihnen gewöhnlich oben die Oktave bei: „weil sye grob und gross synd, So mag man sye doch nit so laut oder so stark hören clyngen als die claynen, oder die hohen, darum gibt man ihnen Oktaven zu", sagt Virdung. Der vierte Chor wird mit zwei Messingsaiten, die im Einklang gestimmt sind — die Grosssangsaite — bezogen und ebenso der fünfte, die Kleinsangsaite, dann folgt die Quintsaite, die nur einfach aufgezogen ist. Eines Normaltons bedurfte man in jener Zeit noch nicht und Agricola lehrt deshalb:

„Zeuch die Quintsait so hoch du magst; dass sie nicht reisst, wenn Du sie schlagst.“ Die Laute diente ursprünglich nur zur Begleitung des Gesanges. In der Regel wurden die Saiten mit dem Finger gezwickt. Erst später wurde die Laute zu einem selbständigen Instrument und gelangte namentlich im achtzehnten Jahrhundert neben dem Klavier zur Herrschaft.

10. Die *Lyra* war ein drei- oder mehrsaitiges Instrument, welches mit dem Plectrum geschlagen wurde. Im übrigen gleicht es vollkommen der Harfe.

11. Das *Monochord.* Dasselbe bestand aus einem Resonanzkörper, über welchem eine Saite gespannt war, deren klingender Teil vermöge eines beweglichen Steges verkürzt werden konnte, je nach dem Verhältnis des zu erzeugenden Intervalls. Auf der Decke des Resonanzkastens waren die Stellen, nach denen der bewegliche Steg geschoben werden musste, um den betreffenden Ton zu erhalten, genau angegeben.

Das Monochord fand in den Klöstern zunächst und zwar schon vor Guido von Arezzo, beim Gesangsunterricht Anwendung, um die Schüler anzuleiten, die Intervallenverhältnisse zu unterscheiden und rein singen zu lernen. Da es sich dann als notwendig erwies, dem Schüler die acht Tonstufen jedes Kirchentones deutlicher zu machen und einzuprägen, kam kurz nach Guido die sogenannte vierteilige Figur des Monochords in Gebrauch, bei dem auf dem obern Brett des Resonanzkastens eine vierfache Skala für die Bewegung des Steges angebracht war, so dass jede Saite, deren man entsprechend nur vier aufzog, die Verhältnisse des zugehörigen Kirchentons in authentischer und plagaler Führung angab. Auch führte man schon frühe, ähnlich wie beim Organistrum, eine Klaviatur ein, wodurch das Aufstellen und Umlegen der Stege erspart wurde. Das Monochord wandelte sich später in das Klavichord um.

12. *Organistrum.* Dasselbe ist aus der Rotta entstanden, indem man statt des Fidelbogens ein Rädlein anbrachte, welches die Saiten strich. Auch hier mag die oberste Saite melodieführend gewesen sein, welche, wie aus Abbildungen zu ersehen ist, durch Tasten (Claves) in längere und kürzere Teile abgeteilt werden konnte. Das Instrument heisst seit dem Ausgang des zwölften Jahrhunderts auch Symphonie oder Chifonie, wahrscheinlich weil es, in der Art des Organums Hucbalds, der Mehrstimmigkeit diente. Anfangs scheinen zwei Personen, die das Instrument auf dem Schosse liegen hatten, zur Bedienung desselben nötig gewesen zu sein. Die eine drehte das Rad, während die andere die Stege aufhob und niederlegte. Im sechszehnten Jahrhundert war das Instrument eines der beliebtesten, nachher sank es zur sogenannten Bettlerleyer herab und wurde verachtet und vergessen.

13. *Quintern:* eine Abart der Laute

14. *Rotta.* Dieselbe ist eines der ältesten Instrumente. Die erste Form desselben, Crotta genannt, war eine Art Lyra, die mit dem Plectrum gerührt wurde. Aus dem Plectrum hatte sich nach und nach der Geigenbogen entwickelt. Die Zahl der Saiten soll ursprünglich 6, später 3 betragen haben. Später glich die Rotta mehr einer Mandoline. Die Saiteneinbuchtungen unserer Violine fehlten also und der Bogen musste infolge dessen, da auch kein Steg vorhanden war, über alle Saiten zugleich gezogen werden; so tönte dann wahrscheinlich neben der auf der ersten Saiten gespielten Melodie stets der Grundton und vielleicht auch die Quinte nach Art eines Dudelsackes mit. Aus der Rotta

entwickelte sich einerseits das Organistrum, anderseits die Fidel.

15. *Rebec*, *Ribible* oder *Reberbe* ist ein durch die Kreuzzüge vermitteltes arabisches dreisaitiges Instrument von der Form der *Cythara teutonica.*

16. *Rybeben* nannte man die Grossgeigen (siehe Fidel).

17. *Scheitholtz* entsand direkt aus dem auf 3—4 Saiten erweiterten Monochord. Weder Virdung noch Agricola erwähnen desselben, und auch Prätorius zählt das Scheitholtz „unter die Lumpeninstrumente“, giebt indessen darüber eine Beschreibung, wonach das Instrument aus einem Holzkasten mit 4 eingespannten Saiten bestand, „darunter 3 in Unissono uffgezogen, die eine aber unter denselben, in der mitten mit einem Hacklin also niedergezwungen wird, dass sie umb eine Quint höher resonniren muss.“ Auf der 4. Saite wurde die Melodie gespielt.

18. *Spinett.* Dasselbe ist eine Abart des Klavichords. Es war im 16. Jahrhundert gebräuchlich, hatte nur drei Oktaven Umfang und war einchörig mit messingenen Saiten bezogen. Nach Prätorius war es „umb eine Oktave oder Quint höher gestimmt, als der rechte Thon.“

19. Das *Trummscheit* hatte eine ähnliche Konstruktion, wie das Scheitholtz, „Uff der grobsten Saite aber wird mit dem anrühren des Daumens die rechte Melodey, gleichwie ein rechter Clarin uff einer Trummet, zu wege bracht, also, dass es nicht anders lautet, als wenn vier Trumtler miteinander bliesen.“

20. *Virginal* nannte man in England eine Abart des Klavichords oder Klavicymbels.

B. *Blasinstrumente.*

1. *Alphorn.* Dasselbe war namentlich im Süden gebräuchlich. Schon früh wurden die Alphörner dadurch gewonnen, dass man junge Tannenbäumchen ausbohrte und an der weiten Öffnung mit einem Schallbecher versah. Das Instrument, das bei gehöriger Länge (5—6 Fuss) einen starken Ton giebt, wurde zugleich als Signalhorn benutzt und auch aus andern Stoffen gearbeitet. Es erzeugte so die lange Trompete in der Form, wie sie in den Psalmenbüchern häufig als Gerichtsposaune abgebildet ist. Das Instrument kommt auch in etwas gebogener Form vor und erzeugte so die Zinken und Krummhörner.

2. Die *Clareta* besteht aus einer gewundenen ungelöteten Metallröhre. Sie gehört zu der Gattung der Trompeten.

3. *Dudelsack* (siehe Sackpfeife).

4. Das *Fagott* kam im 16. Jahrhundert auf und hiess dazumal auch *Dolcian.* Den ersten Anstoss dazu gab ein von dem Domherrn Afranio konstruiertes Instrument: „*Phagotum*“. Dasselbe bestand aus zwei cylindrischen, mit Klappen und Tonlöchern versehenen grösseren und zwei zwischen ihnen stehenden kleinern Röhren, die unter sich sämtlich durch Windkanäle verbunden waren. Ein Blasbalg führte ihnen, wie bei der Orgel, die Luft zu. Wann die Umwandlung des so konstruierten Instruments zum Fagott erfolgte, ist nicht bekannt; doch wird von einem der ältesten Pfeifenmacher, Sigmund Schnitzer, gerühmt, dass er auch vortreffliche Fagotte bis zu ausserordentlicher Grösse verfertigte.

5. *Feldtrompete*, siehe Trompete.

6. Die *Flöte*, mhd. *flöite*, *vloite*, aus altfranzösisch *flahute*, *flaüte*, von *flaüter* = die Flöte blasen, woraus mhd. *vloitieren* entstanden ist; die Wurzel ist lateinisch *flâtus* = das Blasen.

a) Die *Langflöte* wurde so geblasen wie unsere Klarinetten oder Oboen und kam als Diskant-, Alt-. Tenor- und Bassflöte vor. Das Instrument ist augenscheinlich aus der einfachen Pfeife hervorgegangen. Von den acht Tonlöchern ist das unterste doppelt vorhanden, weil ein Bläser die rechte, ein anderer die linke Hand unten hielt, und dem entsprechend wurde das eine oder andere mit Wachs verklebt. Für die Bassflöte war eine Klappe angebracht, die vom kleinen Finger sowohl der rechten wie der linken Hand erreicht werden konnte.

b) Die *Querflöte,* die wie unsere heut üblichen Flöten geblasen wurde, auch Schweizerpfeife genannt, war ebenfalls in den vier Arten der Diskant-, Alt-, Tenor- und Bassflöte vorhanden. Der Umfang jeder einzelnen erstreckte sich auf zwei Oktaven, und auch die Art der Technik war dieselbe, wie bei den Lang- oder Schnabelflöten. Im 18. Jahrhundert verdrängte die Querflöte die Langflöte gänzlich. Des bequemeren Transportes halber wurde sie in drei Stücke zerlegt. Dabei entdeckte man, dass darin zugleich ein Mittel gewonnen war, die Stimmung des Instrumentes zu reguliren.

7. Die *Hoboe*, die ganz direkt aus der Schalmei hervorging, gelangte erst im 18. Jahrhundert zu umfassender Verwendung.

8. Das *Krummhorn* (Kromphorn) ist eine besondere Art Pfeife, welche durch Umbiegung des einen Endes aus dem Alphorn entstanden ist. Es kommt gleichfalls in den vier Arten als Diskant-, Alt-, Tenor- und Basskrummhorn vor. Der Umfang reichte nicht über eine Oktave. Trotzdem war das Krummhorn im 16. Jahrhundert sehr beliebt und fehlte in keiner Kapelle.

9. *Orgel*, ahd. *orgela* neben *organa* (mit Übergang vom *n* in *l*), mhd. *orgel* neben vereinzeltem *orgen*, aus griechisch-lat. *organum* = jedes Werkzeug, dann insbesondere die Wasserorgel. Die Orgel ist in ihren Grundzügen ein Vermächtnis des Altertums, wo die Wasserorgeln bereits eine bedeutende Entwicklung erlangt hatten. In Deutschland indessen fanden nicht die Wasserorgeln der Römer, sondern die pneumatischen der Byzantiner Eingang. Wiederholt wird erzählt, dass byzantinische Kaiser nach Deutschland solche Orgelwerke verschickten. So soll bereits Kaiser Constantin Copronimus dem Frankenkönig Pipin dem Kleinen eine Orgel zum Geschenk gemacht haben, welche dann, wie der St. Galler Mönch berichtet, von den Werkleuten nachgeahmt wurde. Im Laufe des 10. und 11. Jahrhunderts werden die Orgeln allgemeiner. Sie fanden in den Kirchen beim Gottesdienst Eingang, wenn auch noch nicht als unentbehrliches Instrument. Diese Orgeln muss man sich freilich als im Tonumfang beschränkte und sehr plumpe schwerfällige Instrumente denken. Die Tasten waren noch mehrere hundert Jahre später oft 4—5 Zoll breite schaufelförmige Claves, plumper als unser Pedal. Der Organist musste die Orgel deshalb mit Fäusten schlagen oder mit den Ellenbogen niederdrücken. Die Pfeifen waren nach der diatonischen natürlichen Skala gereihet. Der Umfang stieg von einer Oktave bis 21 Töne. Dass die Orgeln schallstark gewesen, ist wohl anzunehmen. Über dem Klang der Orgel im Münster zu Aachen sollen sogar Weiber in Ohnmacht gefallen sein. Eine Riesenorgel liess Bischof Elfegg bauen. Sie hatte 400 Pfeifen und 26 Blasbälge, zu deren Regierung 70 starke Männer nötig waren, die, wie der Berichterstatter schreibt, ungemein schwitzten. Das Orgelspiel wurde von zwei Organisten besorgt, deren jeder seine eigene Oktave regierte. Man begnügte sich also nicht mit zweistimmigem Spiele, sondern spielte auch drei- und vierstimmig. Das ganze Werk hatte nur 10 Töne, so dass 40 Pfeifen auf einen Ton kamen und einen wahren, mit dem Getöse des einströmenden Windes vermischten Donnerspektakel verführten. Insgemein indessen waren die Orgeln weit entfernt, solch grosse

Werke zu sein. „Es waren," um mit Prätorius zu reden, „solcher Invention und Erbauungen keine grossen, sondern gar kleine Werke, so stracks an einen Pfeiler oder in die Höhe des Chores als Schwalbennester gesetzt worden sind und scharff und stark geschrien und geklungen haben." Da es für etwas Schönes galt, die Quinte oder Quarte stets mittönen zu lassen, so ist nicht unmöglich, dass, um nicht immer zwei oder drei Tasten niederdrücken zu müssen, schon sehr früh die sogenannten Mixturen erfunden wurden, bei welchen zum angeschlagenen Ton dessen Oberquinte und hohe Oktave mittönt.

Vom 14. Jahrhundert an verbesserte sich der Mechanismus der Orgeln wesentlich. Die Tasten wurden schmäler gemacht und dadurch nicht nur die Spielbarkeit erleichtert, sondern auch die Möglichkeit gegeben, den Umfang zu erweitern. Ein bedeutsamer Fortschritt war ferner die Erfindung des Pedals, die man dem, in Venedig von 1445—59 als Organist thätigen Bernhard dem Deutschen zuschreibt.

Während die Orgeln früherer Zeit sich zumeist auf die Töne der diatonischen Tonleiter beschränkten, begann man schon im 13. Jahrhundert die chromatischen einzuschieben. Im 14. Jahrhundert wurde in Halberstadt eine Orgel erbaut, welche im obersten Manual (damals Diskant genannt) 14 diatonische und 8 chromatische, im Ganzen 22 Töne hatte. Berühmte Orgelbauer des 15. Jahrhunderts waren Konrad Rothenburger, Heinrich Kranz, Traxdorff etc.

Als besondere Arten von Orgelwerken werden von Virdung das *Portativ*, das *Positiv* und das *Regal* genannt, die sich nur in ihrer Grösse und der Anzahl der Stimmen (Register) von einander unterschieden. Dem Positiv, einer kleinern Orgel mit meist nur zwei Registern, fehlt in der Regel das Pedal oder es ist nicht selbständig dem Werk beigefügt, sondern nur dem Manual angehängt. Das Portativ war ein kleineres tragbares oder doch versetzbares Positiv, in der Regel mit nur einem Register und einer Oktave Umfang. Das Regal war ein noch kleineres Werk, in der Regel mit nur einer Zungenstimme, daher heisst auch ein Zungenregister unserer Orgeln noch Regal.

10. Die *Racketten* waren den Fagotten ähnlich, nur viel kürzer. Da die innere Röhre neunfach zusammengelegt war, so gaben sie so tiefe Töne, wie das grösste Doppelfagott. „Sie haben viele Löcher, aber nicht mehr als Elffe zu gebrauchen", sagt Prätorius, „an Resonantz seyend sie gar stille, fast wie man durch einen Kam bläset und haben keine sonderliche *gratiam*."

11. *Rauschpfeife.* Sie unterscheidet sich von der gewöhnlichen Pfeife dadurch, dass das Mundstück nicht direkt an das Rohr gesetzt ist, sondern in das sogenannte Kopfstück, das als Mittelstück zwischen Mundstück und Rohr tritt. Die Rauschpfeife ist der Urahn der Oboen und Klarinetten. Die Rauschpfeifer zogen meist in Gesellschaft der Dudelsackspfeifer, um Tänze aufzuspielen.

12. *Regal* (siehe Orgel).

13. *Sackpfeife* oder Dudelsack war schon frühe bekannt und diente zum Begleiten des Tanzes. Sie besteht aus einem Schlauch, einem Ansatzrohre und einer oder mehreren andern Röhren. Vermittelst des Ansatzrohres bläst der Sackpfeifer Luft in den Schlauch, den er mit dem Arm so bearbeitet, dass die Luft in die gegenüber am Schlauch angesetzte Schalmei treibt; diese ist mit sechs oder sieben Tonlöchern versehen, die, um Töne von verschiedener Höhe und Tiefe zu erzeugen, geschlossen oder geöffnet werden, wie bei der Flöte; auf dieser Schalmei spielt der Sackpfeifer seine Melodie. Ausserdem sind noch eine oder zwei

Röhren angebracht, die nur je einen Ton geben, den sie ununterbrochen fortsummen; sie heissen deshalb: Summer, Hummeln, Stimmer, Bourdons. Ihr Ton bildet in derselben Weise eine Art Bass zur Melodie, wie wahrscheinlich die verschiedenen Saiten beim Organistrum. Das Instrument war seit dem 14. Jahrhundert unstreitig das beliebteste zur Regelung des Tanzes. Noch im 17. Jahrhundert waren mehrere Arten Sackpfeifen im Gebrauch, die Prätorius beschreibt. Sie führten verschiedene Namen: Der *Bock* mit einem grossen langen Horn als Summer, die *Schaberpfeiff* mit zwei Summern, das *Hümelchen*, ebenfalls mit zwei, der *Dudey* aber mit drei Summern u. s. f.

14. Die *Schalmei* ist ursprünglich eine einfache Röhre, der man erst später ein Mundstück ansetzte, welches dann durch 2 Rohrblätter ersetzt wurde, die man in eine besondere Kapsel steckte.

15. *Schwegel* ist die älteste Form der Pfeife. Nach einem alten Glossar einer Strassburger Handschrift bedeutet Schwegel den Teil des Beines eines Tieres vom Knie bis zum Fuss und zugleich die daraus bereitete Pfeife. Die ältesten Pfeifen bestanden also aus dem Schienbeinknochen bestimmter Tiere. Andere Glossarien übersetzen *Sweguld* mit *Sambucca* (Hollunder) oder mit *balmus*, so dass man annehmen muss, diese Pfeifen oder Flöten seien aus dem Rohr verschiedener Pflanzen gefertigt worden. Später nennt man die Schwegeln Querflöten, Zwerchpfeifen oder Schweizerpfeifen.

16. *Trompete*, mhd. *trumpet* und *trumet*, entlehnt aus franz. die *trompette*, dem Diminutiv von ital. die *tromba;* aus demselben Worte kommt mhd. die *trumme*, *trumbe*, auch *trumpa*, ursprünglich soviel als Trompete, Posaune, dann Trommel. Dieselbe hatte schon im 15. Jahrhundert im wesentlichen dieselbe Form wie heute. Die Feldtrompete ist eine gewundene und zusammengelötete Röhre mit Mundstück und Schalllöchern. Anders gewunden ist die *Klareta* und wieder anders das *Türmerhorn.* Die *Posaune* hat ebenfalls bis in unsere Zeit die Form behalten, welche sie damals schon hatte.

17. *Wasserorgel.* Dieselbe entstand dadurch, dass man den in Stössen aus dem Blasebalg ausströmenden Wind durch einen Wasserbehälter strömen liess, damit er sich dort reguliere, bevor er in die Pfeifen eintrete. Erfunden wurde die Wasserorgel schon von dem griechischen Architekten Ktesibius.

18. Die *Zinken* waren bereits im 15. Jahrhundert in den Stadtpfeifereien meistenteils in mehrfacher Anzahl vorhanden. Die Zinken sind aus der Schalmei entstanden und erscheinen entweder als gerade oder krumme Zinken. Ihre Konstruktion unterscheidet sich wenig von der der Schalmei.

19. *Zwerchpfeifen* siehe Flöte.

C. *Lärminstrumente.*

1. *Trommeln* kamen schon bei den Germanen zur Anwendung, zur Unterstützung des Tanzes. Im allgemeinen hatten sie dieselbe Gestalt wie heute und wurden gleichfalls mit 2 Schlägeln geschlagen. Eine abweichende Behandlung zeigt das *Taborum*, eine kleine Trommel, welche an einem Bande um den Hals getragen wurde.

2. Die *Cymbeln*, Metallplatten, die aneinandergeschlagen wurden, hatten die gleiche Form wie heute.

3. Das *Tintinabulum (Rota cymbalum)* war ein aus radförmig zusammengestellten Glocken bestehendes Instrument, mit welchem fleissig auch in der Kirche geklingelt wurde.

4. *Tympanum.* Nach Abbildungen des 9. und 10. Jahrhunderts zu schliessen, bestand dasselbe aus einer Metallplatte, welche meist an einem Bande um den Hals getragen und

mit einer Art Plektrum geschlagen wurde.

Meist nach *Reissmann*: Illustrierte Geschichte der deutschen Musik.

A. H.

Muskete. Siehe den Artikel Handfeuerwaffen.

Muspilli hat Schmeller ein von ihm 1832 aus einer Münchener Handschrift veröffentlichtes altdeutsches Gedicht *vom jüngsten* Tage genannt; dasselbe möchte nach Schmellers Vermutung von König Ludwig dem Deutschen selbst aufgeschrieben worden sein; die Versart ist noch die allitterierende, der Stoff ein christlicher; an das germanische Heidentum erinnert das Wort *Muspilli*, der altgermanische Name des Weltbrandes. Nach Art einer Predigt wird der christliche Mythus vom jüngsten Gericht dargestellt, um die Seele des Sterbenden kämpfen zwei Scharen, Engel und Teufel; der Antichrist kämpft mit Elias, jener wird besiegt, dieser verwundet, und sein tropfendes Blut setzt die ganze Schöpfung in Brand. Darum soll sich jeder Christ rechtzeitig zum jüngsten Gericht vorbereiten und wenn er sich sündig weiss, Busse thun im Sinne der Kirche. Der Schluss des Gedichtes ist abgebrochen. Vergleiche namentlich den Exkurs zum Gedicht bei *Müllenhoff* und *Scherer*, Denkmäler deutscher Poesie und Prosa.

Mütze. Siehe den Artikel Kopfbedeckung.

Mystik heisst die dem 14. und 15. Jahrhundert angehörende Richtung der deutschen Theologie des Mittelalters, welche der verstandesmässigen Scholastik gegenüber das religiöse Recht der gläubigen Seele, ihr Einswerden mit Gott, die Sache des christlichen Gemütes gegenüber der vorgeschriebenen Glaubensregel der Kirche betonte. Diese mystische Richtung ist zwar an sich weit älter, die griechische Kirche kannte sie in hohem Grade, Scotus Erigena hing ihr im 9. Jahrhundert an, sie zeigt sich unter den Ketzern des 13. Jahrhunderts, namentlich den Katharern, sie ist sogar bei den Scholastikern selbst vertreten, durch Bernhard von Clairveaux, Hugo von St. Viktor und Albertus Magnus, aber in dem Gewande der lateinischen Sprache; in deutscher Sprache erscheint sie zuerst bei den *Dominikanern* des 14. Jahrhunderts; die ihnen im 13. Jahrhundert vorausgehenden deutschen Predigten der Franziskaner, Bruder *Berthold von Regensburg* an der Spitze, enthalten nichts Mystisches, vielmehr volkstümliche, auf kirchlichem Grunde ruhende Sittenlehre. Den Franziskanern gegenüber, deren Wirksamkeit wesentlich von der Kanzel ausging und auf die Menge berechnet war, ist die Mystik der Dominikaner für eine kleinere Schar von Auserwählten berechnet und benützt gerne den Lehrstuhl des Lektors oder Lesemeisters. Die Hauptstätten dieser Bewegung sind die Lehrinstitute der Prediger zu Köln und Strassburg; der Kreis, auf den sie wirken, zunächst die Klöster, sei es des Predigerordens selber oder anderer Orden, in besonderm Masse *Frauenklöster*, in denen das bräutliche Verhältnis der Seele zu ihrem himmlischen Bräutigam nach dem Vorgange des hohen Liedes das bereiteste Verständnis fand. Die beliebteste Form des mystischen Vortrages war die *collâzie*, ein freier Dialog, der aufgezeichnet und der dialogischen Form entäussert nachmals als Lesestück dienen konnte; war sie der Erörterung theologischer Fragen gewidmet, so entstand daraus der *Traktat*. In manchen Frauenklöstern beteiligten sich die Schwestern selber an der Aufzeichnung eigener und fremder Erfahrungen auf dem Gebiete der Mystik, von Visionen, Träumen und Offenbarungen. Einen weiteren Kreis teilnehmender Genossen fand die

Mystik in den *Beginen* und *Begharden*, Frauen und Männern, die ohne Gelübde und nur unter einer freien Regel der Welt entsagt und sich, allein oder mehrere zusammen, einem geistlichen Leben gewidmet hatten. Wieder ein anderer Kreis waren die *Gottesfreunde* (ihr Name, aus Joh. 15, 15 entnommen, war bereits den ältern Waldensern geläufig), bei denen der Unterschied zwischen Laien und Priestern grundsätzlich ausgeglichen war; die Exkommunikation, welche 1324 gegen Ludwig den Baier und alle ihm anhängenden Länder ausgesprochen war und bis 1347 dauerte, zwang manche Laien, sich in geistlichen Dingen selber zu helfen, und gottesfreundliche Priester, meist wieder Dominikaner, standen ihnen bei. Man besitzt von einem derselben, der den Namen des *Gottesfreundes aus dem Oberlande* trägt, eine Anzahl mystischer Traktate, die von ihrem Herausgeber *Schmidt* einem *Nikolaus von Basel* zugeschrieben, dann diesem abgesprochen und neuerdings als Erfindung eines dritten nachgewiesen wurden. Die weitere Entwicklung der Mystik knüpft sich an die Dominikaner *Nikolaus von Strassburg* und *Eckard;* jener streift nur in den dreizehn von ihm erhaltenen Predigten die mystische Denk- und Empfindungsweise, da er im übrigen seinen Stoff nach Art der Scholastik wissenschaftlich beherrscht; erst *Eckard* ist der philosophisch schöpferische Genius der deutschen Mystik geworden; er stammte aus Thüringen, war bis 1298 Prior des Predigerklosters zu Erfurt, dann Lehrer zu Paris, Provinzialprior der Ordensprovinz Sachsen, Lektor zu Strassburg; wegen Verdachts der Ketzerei wurde vom Papste über ihn eine Untersuchung verhängt, deren Verlauf unbekannt ist. Er starb 1327, und zwei Jahre darauf wurden durch eine päpstliche Bulle 28 Lehrpunkte des Verstorbenen als ketzerisch oder übelklingend und der Ketzerei verdächtig bezeichnet: „Die ältern Mystiker und insbesondere diejenigen, die bisher zu dem Volk in seiner Sprache geredet, hatten das Einswerden der Seele mit Gott, um das sich alles mystische Denken dreht, in den Willen gesetzt, Eckard setzte es in das Wesen. Wenn die Betrachtung der Früheren daher ein rein asketisches Gepräge trug, musste die seinige ein spekulatives annehmen. In der Behauptung einer Wesenseinheit der Seele mit Gott war das erste Glied zu einer Kette gegeben, welche nur mit der letzten metaphysischen Frage ihren Abschluss erreichte. Da in dieser Wesenseinheit von Gott sowohl als von der Seele die Vorstellung der Persönlichkeit notwendig ausgeschlossen war, so musste hinter beiden der Gedanke eines unpersönlichen Absoluten oder reinen Seins aufsteigen, in welchem beide ihren Grund und daher auch ihre Einheit fanden. Das reine Sein aber konnte nur durch ein ins Endlose fortgesetztes Abstreifen all und jeder Bestimmtheit gedacht werden und ward so alsbald dem Nichts gleich. Im Nichts daher sich selbst und Gott zu finden, im Nichts ihm gleich zu werden, erschien als höchste Aufgabe der Seele und als Inbegriff der Seligkeit, nach welcher sie sich sehnte. Erst wenn sie auf diese Weise in ihren Ursprung zurückgekehrt und wieder Gott geworden ist, kann der Vater in ihr das Wort sprechen oder den Sohn gebären, für den eine jede Seele Maria zu werden bestimmt ist.“

Ausser Eckard nennt die deutsche Mystik des 14. Jahrhunderts noch zwei grosse Prediger, *Johannes Tauler*, 1290—1361, Predigermönch zu Strassburg, Verfasser der *Nachfolge des armen Lebens Christi*, der dem spekulativen Meister gegenüber wieder mehr volksmässige Darstellung sucht und findet, und *Hein-*

rich Siuse, lat. *Suso,* aus dem Hegau gebürtig und Dominikaner zu Konstanz und Ulm, gest. 1365, auch Seelsorger in verschiedenen Frauenklöstern, ein schwärmerischer Mann voll Phantasie und dichterischer Anlagen, ein Minnesänger auf geistlichem Gebiete, dessen Hauptwerk das *Buch von der ewigen Weisheit* heisst. Noch sind ausserdem von andern Mystikern Denkmäler ihrer Wirksamkeit erhalten, darunter von einem ungenannten Priester im Deutschordenshause zu Frankfurt, der sog. *Frankfurter,* ein Buch, das Luther 1516 zuerst veröffentlichte und Eyn deutsch Theologia betitelte; auch *Lieder* mystischen Inhalts, zum Teil von Nonnen gedichtet, giebt es in ziemlicher Anzahl, siehe darüber *Hoffmann v. Fallersleben*, Geschichte des deutschen Kirchenliedes, 2. Aufl. §. 6.

Im 15. Jahrhundert tritt die Mystik zurück; lateinische Predigten und mit ungeistlichen, würdelosen Geschichten, Schwänken und Fabeln vermischte deutsche Reden kommen in Gebrauch. Andrerseits bewirkt die Verbreitung der Bibel einen reineren Bibelglauben, der sich unter anderen in dem von *Thomas von Kempen* zuerst lateinisch verfassten Büchlein *De imitatione Christi* zeigt; im Gefolge der humanistischen Bewegung endlich verdrängt eine allgemeine menschliche Moralphilosophie die ältere auf dem Boden der christlich-mittelalterlichen Weltanschauung stehende Andacht. Nur *einen* Mann hat das 15. Jahrhundert als Spätling der grösseren Mystiker des vorhergehenden Jahrhunderts noch hervorgebracht, *Johannes Geiler von Kaisersberg*, 1448 zu Schaffhausen geboren, aber in der elsässischen Reichsstadt Kaisersberg erzogen, Priester und nicht mehr Mönch, Lehrer an den hohen Schulen zu Basel und Freiburg im Breisgau, zuletzt 32 Jahre lang bis zu seinem 1510 erfolgten Tode Gemeinde- und Klosterprediger zu Strassburg. Seine Kanzelreden gehörten meist reihenweise zusammen und stellten in solcher Verbindung ein zusammenhängendes Lehrbuch dar; derart sind seine Predigten über des Albertus Magnus Buch *De virtutibus*, welche unter dem Namen „Das Seelen-Paradies“ vereinigt sind, und die Predigten über Sebastian Brants Narrenschiff. Geiler war schon vom Geist des Humanismus durchdrungen, was sich namentlich in der Abweisung mancher abergläubischer Elemente zeigt, die in den früheren Mystikern noch wirksam waren. Seine Predigten bekundeten weniger den religiös erbaulichen als den sittlich zurechtweisenden Charakter, und durch die lebensvolle, realistische, farbige Auffassung der Verhältnisse erinnert er an Bruder Berthold von Regensburg. Nach *W. Wackernagel*, altdeutsche Predigten und Gebete, S. 376 ff. und desselben Litteratur-Geschichte, §. 90. Vgl. *Greith*, deutsche Mystik im Predigerorden, 1861. *Preger*, Geschichte der deutschen Mystik im Mittelalter, bis jetzt 2 Bände. Leipzig, 1874 und 1881.

N.

Nachtwächter, ahd. *nahtwahtari*, ist schon durch das Horn, das er trägt, als eine sehr alte Erscheinung bezeugt. Karl d. Gr. verordnete, dass die freien Leute ausser dem Heerdienste im Felde ausdrücklich noch bei Strafe des Heerbannes zum Wachedienste *(wacha aut warda)* verbunden sein sollten, und zwar zu Tag- und Nachtwachten, zur Aufrechthaltung der Ordnung im Innern des Landes sowohl als zur

Bewachung der Städte und Festungen und der Grenzen des Reiches; im besonderen soll der Wachdienst den Ärmeren obliegen, welche die Kosten des Feldzuges und Heerlagers nicht zu erschwingen vermögen. In der Ritterzeit tritt der Nachtwächter, namentlich in dem Amt des *Turmwächters*, in den Dienst der Höfe und Burgen, und hier mögen sich gewisse Funktionen für sein Amt ausgebildet haben, die ausserhalb des kriegerischen Zweckes lagen und mehr einem allgemeinen menschlichen Bedürfnisse, dem des geselligen und friedlichen Zusammenlebens der Burgbewohner, ihr Dasein verdankten. Hier wohl entstand der bis in neuere Zeit erhaltene Morgen- und Abendruf, welcher der christlichen Denkweise des Mittelalters gemäss dahin lauten musste, dass Gott den Menschen eine gute Nacht und einen guten Tag geben möchte. Denselben Turmwächter mit seinem *tageliet* hat Wolfram von Eschenbach als Person in das s. g. *Tagelied* (siehe diesen Art.) eingeführt, daher diese Lieder auch *morgensanc, des wahters liet, wahters don, warnesanc, taghorn* hiessen. Fliegende Blätter des 16. Jahrh., auf denen Tagelieder gedruckt waren, zeigen auf dem Titel in grobem Holzschnitte den auf der Zinne wachenden Wächter mit dem Horn. Des höfischen Wächters Nachfolger wird der städtische Nachtwächter; in dem dieser das Horn beibehält, vertauscht er Spiess oder Ger mit der Hellebarte; den Abend- und Morgenruf beibehaltend, erwächst ihm mit Einführung der Turmuhren die neue Funktion des Stundenrufes; derselbe ist, wie der Ausdruck *ir herren* bezeugt, in erster Linie an die Ratsherren gerichtet; die älteste uns bekannte Formel stammt aus dem 15. Jahrh. und lautet: *Merkt ir herren und lasst euch sagen, die glock hat Sechse geschlagen. Hüets fewr; wolhin gucter sechse.* In italienischen Städten rief der Nachtwächter neben der Stunde auch das Wetter aus. Mit der Zeit wurde der Nachtwächter an gewissen Orten unter die unehrlichen Leute (s. d. besonderen Art.) gezählt; die weit verbreiteten kürzern und längern Nachtwächterlieder stammen höchstens aus dem 16. Jahrh. Vgl. den Art. Nachtwächter in der *Krünitzschen* Encykl.

Namen, siehe auch *Personen-* und *Familiennamen, Ortsnamen.*

Namen von Sachen. Ausser den Personen erhalten namentlich in ältester Zeit auch Gegenstände nicht menschlicher Art Sondernamen, es sind Waffen, Haustiere und dergleichen andere Dinge, die dem Besitzer vertraulich nah stehen, gleich einem Familiengliede, denen eine gewisse dämonische Beseelung, eine Persönlichkeit, sogar eine göttliche, inne zu wohnen scheint, oder die als besonders seltener und kostbarer Besitz gelten. Zwar kennt man diese Namen erst aus den mittelalterlichen Schriftwerken, aber viele darunter gehören der weit älteren Heldensage und damit dem Kulturleben der alten Germanen an. Dergleichen Gegenstände sind:

Waffen, nämlich Schwert, Panzer und Helm; Speer und Schild gehören nicht dazu, wie denn Tacitus in der *Germania* 6 berichtet, dass jeder Krieger mit Speer und Schild bewaffnet sei, wenige aber mit Schwert, Panzer und Helm. Das *Schwert*, gothisch *hairus* und *mêkeis*, zeigt schon durch sein männliches Geschlecht eine persönliche Auffassung an; in Griff und Spitze ausgezeichneter Schwerter wohnen nach der nordischen Auffassung oft Wurm und Natter. Besondere Schwerter der deutschen Heldensage sind unter anderen *Adelring*, in dänischen Liedern das Schwert Siegfrieds, *Balmunc*, Siegfrieds Schwert in der deutschen Dichtung; *Brinnig*, das Schwert Hildebrands; *Eckesahs*, auch blos Sahs und das alte Sahs genannt, das zuletzt Dietrich von Bern besitzt, im heidnischen Mythus aber einst ein Gott mag besessen haben; *Gram*, der altnordische Name von Siegfrieds Schwert, *Mîminc* Mîmung, Wittigs Schwert; *Nagelrinc*, Schwert Heimes; *Waske* oder *Wasche*, d. h. Baske, Schwert Walthers von Spanien; *Welsunc* altnordisch *Völsung*, zuerst Biterolfs, dann seines Sohnes Dietleibs Schwert. Die gefeiertsten darunter sind Eckesahs, Mîminc und Nagelrinc, deren jedes von dem Schmied an, der es fertigt, seine ganze Geschichte hat, wie es von einem Helden an den andern gekommen ist. Die berühmtesten Schwerterschmiede sind Mîme, Hertrîch und Wieland. Schwerter der Karlssage sind *Durentart* das im Besitze Oliviers, und *Halteclair* oder *Alteclêre*, d. h. Hochglanz, das im Besitze Rolands steht.

Helmnamen sind weniger zahlreich; nordische sind *Hildisvîn* und *Hildigölt*, das letztere von Gölt = Eber, beide Wörter also dem auf dem Helm angebrachten Eberkopfe entnommen; *Hiltegrîm* oder *Hiltegrîn* heisst Dietrichs Helm, wieder aus *hild* = Kampf und zudem aus *grîma* Maske oder Helm zusammengesetzt. Rolands Helm heisst *Venerant.* Von *Panzernamen* ist nur ein einziger in der Edda erhalten; er lautet *Finnsleif.* Ein *Horn* mit eigenem Namen ist Rolands *Olivant*, d. h. Elfenbein, von altfranzösisch *olifant* = Elefant. Der *Stier von Uri* ist ein Auerochsenhorn. Benannte *Ringe* sind Odins *Draupni; Andvaranaut* ist dagegen kein Eigenname, er bedeutet Ring (*naut*) des Zwerges Andvari.

Unter den benannten *Rossen* nimmt die erste Stelle ein *Sleipni*, Odins Ross, d. h. das gleitende, zu hochdeutsch *slîfen.* Der Heldensage gehören an *Belche*, das Ross Dietrichs; *Falke*, das Pferd Dietrichs und Wolfdietrichs; *Grani*, Siegfrieds Ross in der nordischen Ueberlieferung d. h. das graue oder graugewordene; *Rispa* heisst Heimes, *Scheminc* oder *Schemminc* Wittigs Ross; das letztere ist der Bruder Falkes, Granis und Rispas; der Name gehört zu *scheme* = Schimmer.

Unter den zahlreichen Rossen der Karlssage ist das berühmteste *Bayart*, das die vier Haimonskinder trägt.

Alte *Hundenamen* betreffen meist Jagdhunde; doch heisst in der Edda *Garm* der Hofwart, *hovawart*, d. i. Hofhüter der Hölle. Ein besonders häufiger Haushundname ist *Wacker* = der Wachsame. In der Thidrichs Sage wird von den abenteuerlichen Jagdzügen des Grafen Iron von Brandenburg erzählt, der 60 Hunde mit sich führt; deren beste sind *Stapp*, *Stutt*, *Luscta*, *Rusca*, *Paron*, *Bonikt*, *Bracka* und *Porsa;* man erklärt sie als *Stapf* und *Stutt*, d. i. Schritt und Trotz; der schleichende (ahd. *lûschen*) und der rasche, muntere, wie ein andermal auch ein Pferd *Rusche* heisst; *Paron* wird zu ahd. *baro* = Mann gestellt, *Porsa* zu *birsen, birschen*; *Bonikl* gehört vielleicht zu ahd. *punît* = Diadem, und *Bracka* ist Bracke, Spürhund. Vereinzelte Namen blos giebt es von dem Rind, der Ziege, dem Esel, der Katze, dem Bären, dem Falken.

Zur Eigenbenamung der *Schiffe* führte schon die uralte Vergleichung dieses Gegenstandes mit dem schwimmenden Vogel und dem rennenden Pferd: Schnitzarbeit am Vorderteil liess das Ganze als einen Drachen erscheinen; so hiess Baldurs Schiff *Hrînghorni* mit Bezug auf den Ringschmuck seines Stevens, ein nordisches Königsschiff heisst *Wunschjungfrau*, Walküre, ein anderes *Mannshaupt.* Zwei Schiffe des deutschen Ordens in Preussen hiessen *Pilgerîn* und *Vriedeland* d. i. Beschütze das Land! Im späteren Mittelalter heissen Schiffe auf den schweizerischen Landseen Gans, Fuchs, Ente, Bär, Schnecke.

Geschütze wurden anfänglich, bevor das Pulver in Gebrauch kam, nach dem Vorgange des Altertums, mit Tiernamen benannt, aber in appellativer Weise nur je die Gattung, z. B. *Katze, Krebs, Tarant, Igel;* eigentliche Individuen-Namen kamen erst mit den Feuergeschützen auf, wobei sich die Phantasie den freiesten Spielraum erlaubte: Aff, Drach, Falk, Falkonet, Fledermaus, Fuchs, Hornuss, Hurlebus oder *Hurlebaus*, d. h. Brummkatze, Lewe, Luchs, Nachtigal, Püfel, d. h. Büffel, Purlebaus oder Purlapaus s. v. a. Hurlebus, zu *burren* = brummen, Schlange, Schrötel, d. h. Schröter, Hirschkäfer, Wolf; *jungfraw Falkenet, Drometterin, Maurbrecherin, Singerin, Nar, Roraff,* dieses ein Strassburger Geschütz, das seinen Namen von dem Wahrzeichen der Stadt hat, einem lächerlichen Bauernbild an der Münsterorgel; *Ketterlin von Einsen* (Ensesheim), *Metz* oder *Mette, Metteke*, Kosewort zu *Mechtild, Weckauf;* auch Monatnamen, Namen der Planeten und der Zeichen des Tierkreises, ja die Buchstaben des Alphabetes kommen als Geschütznamen vor; als Moritz von Oranien 1591 Nimwegen aus solch einem A B C beschoss, nannten ihn die Belagerten A B C schütze.

Türme empfingen oft Eigennamen: *Luginsland, Schütt den helm, Hans in allen Gassen.*

Glocken sind sehr früh getauft und damit zugleich benannt worden; das älteste Beispiel ist die Glocke im Lateran, die Papst Johann XIII. nach sich und dem Heiligen der Kirche *Johannes* nannte; auch später sind es meist Heiligennamen, mit denen man die Glocken versieht. Nach *W. Wackernagel*, die deutschen Appellativnamen, Abschnitt I, Pfeiffers Germania, IV und V, und kleinere Schriften III.

Narren. Name und Begriff des Narren, ahd. *narro*, mhd. *narre*, dunkler Herkunft, spielen in den Zeiten des ausgehenden Mittelalters eine grosse Rolle; seitdem sich der Geist der Zeit von den religiösen, gesellschaftlichen, staatlichen, künstlerischen Prinzipien der höfisch-romantischen Welt losgelöst hatte und nach neuen Grundlagen des Lebens drängte, konnte es nicht ausbleiben, dass der Gegensatz zwischen dem Weisen und dem Thoren, dem Vernünftigen und Unvernünftigen mit in den Vordergrund der Zeitbegriffe rückte und nach festen, plastischen Formen in Sprache, Litteratur, Kunst und in dem Leben der Gesellschaft ausging. Damit verbanden sich ältere, meist der Volkskomik angehörende Elemente, didaktischer Inhalt des alten Testamentes, Einfluss antiker Schriftsteller und welsche, besonders italienische Einflüsse komischer und humoristischer Art, die ihrerseits zum Teil wieder auf altrömischen Gebräuchen beruhen. Eine zusammenhängende Untersuchung über diese genannte Erscheinung fehlt bis jetzt, am meisten findet man in der Einleitung zur Ausgabe von Sebastian Brants Narrenschiff durch *Zarncke* und in *Weinholds* Abhandlung über das Komische im altdeutschen Schauspiel, in Gosche's Jahrbuch für Litteraturgeschichte, Bd. 1.

Die ältere Zeit zieht den Namen *tôre* dem *narren* vor, gebraucht aber synoym damit vielfach die Namen der drei Tiere *affe, esel* und *gouch*, wie es z. B. in alten Sprüchen heisst: *Ich bin ir narr, ir gouch, ir aff, in esels weis ich si angaff; affen zegel* (Schwänze) und *esels ôren tragent veil der werlte tôren;* die Wichtigkeit des Affentums in dieser Zeit, die übrigens mit dem lautlichen Zusammenhang des Tiernamens mit dem Worte *Affentür, Affenteur* statt *Aventur, Abenteur* zusammenzuhängen scheint, ergiebt sich unter andern aus den Kompositionen *affenbanc, affenberc, affenhôchzît, affenhût, affenkleit, affenrât, affensalbe, affenseil, affensmalz, affenspil, affen-*

spîse, affental, affentanz, affenvuore, affenwort, affenzagel und *affenzît,* wo überall statt des Tieres Thor oder Narr gesetzt werden kann. Früh ist der *Esel* zur Ehre eines unvernünftigen Tieres gekommen; Notker sagt schon von einem Narren, er lebe in *esiles wîse,* und später heisst es: *Esels stimme unt gouches sanc erkenne ich ân ir beider danc; ist er ein esel oder gouch, dasselb ist er zuo Paris ouch; swâ man den esel kroenet, da ist daz lant gehoenet; der esel gurret ûf den wân, er waenet wol gesungen hân; maneger wolte gerne sîn ein esel oder ein eselin, daz man seite maere, wie wunderlich er waere; bî rede erkenne ich tôren, den esel bî den ôren.* Zahlreiche althergebrachte Redensarten drehen sich um das langohrige Tier: *einem den esel bohren, den esel zeigen, den esel stechen,* d. h. den Zeige- oder kleinen Finger gegen ihn ausstrecken, während die übrigen drei eingebogen werden, *einem den esel strecken, schnitzen, den esel kroenen, einen auf den esel setzen oder bringen, den esel reiten,* eine beschimpfende Strafe, die aus Bürger's Ballade „Der Kaiser und der Abt“ bekannt ist; von Zusammensetzungen mit dem Esel gebraucht allein Dr. Luther Eselbapst, Eselbischof, Eseljurist, Eselreiter, Eselsforz, Eselskopf, Eselskunst, Eseltheolog.

Das dritte Tier, den *Gauch* oder Kukuk, kennt ebenfalls schon Notker als Sinnbild des Narren, wenn er zusammenstellt *der unwîso unde der gouh*; später heisst es: *wîsiu wort unt tumbiu werc, diu habent diu von Gouchersberc*; *der ablâz dunket tôren guot, den ein gouch dem andern tuot.* Zum ausgeführten Bilde der Narrenwelt wurde der Gauch in der *Gauchmatte* oder *Geuchmatte*, ein Name, der im 16. Jahrhundert sprichwörtlich wurde, durch zwei Dichtungen Gengenbachs und Murners, die beide in Basel spielen; es ist die Darstellung einer Matte, auf der die Gäuche, die verliebten Narren, zu einem Feste zusammenkommen, eine Vorstellung, die sich an eine Seite des uralten Maifestes anschliesst. Zu den Maitänzen nämlich vereinigten sich einzelne Paare, die oft das Los oder die Darreichung und Annahme eines Laubreises und Strausses bestimmte, und die dann den ganzen Sommer oder das grosse Fest hindurch miteinander tanzten. An jenem Feste hatte der Kukuk eine wichtige Rolle als Bote des Frühlings und wurde als solcher gefeiert; sein Rufen galt den Liebenden als Wahrsagung, man machte sein Rufen nach und stieg zu diesem Zwecke sogar auf Bäume.

Als Name für den unweisen *Menschen* wird in älterer Zeit, wie schon erwähnt, *tôr* angewendet. *Vrîdanc* hat einen längeren Abschnitt, der überschrieben ist *Von den wîsen und tôren.* Er beginnt mit dem Spruch: *Got hat den wîsen sorge gegeben, dâ bî den tôren senfte leben,* und fasst in dem Sinne dieses Eingangsspruches den Thoren allgemein als denjenigen, welcher unvernünftig *handelt*, und noch nicht als besondern Stand: *wir gevallen alle uns selber wol, des ist daz lant der tôren vol. Swer waenet, daz er wîse sî, dem wont ein tôre nâhe bî. Dem tôren dunket selten guot, swaz ein wîse man getuot. Swer tôren welle stillen, der rede nâch ir willen.*

Indessen brauchen doch schon Zeitgenossen Freidanks auch das Wort *narr* und die Zusammensetzungen *narrenweg* und *narrenspil;* so erscheint der Kolben, den der Narr trägt, wenigstens im 14. Jahrhundert, ein Beweis, dass sich in dieser Zeit, ohne Zweifel von Frankreich und Italien her, der Begriff der Narren als einer selbständigen Gestalt und Bildung, einer besondern Spezies der Menschen, auszubilden begonnen hatte; auch das romanische Wort *fou*, von spät lat. *follere*, sich hin und her bewegen, *follis*, etwas sich hin herbewegendes, auch Blasebalg, daher *folle* soviel als possenhaft, grillenhaft, ist erst im Mittelalter in Gebrauch gekommen. Das 15. Jahrhundert hat bereits ganze Fastnachtspiele, die von Narren handeln, aber es sind fast immer nur die verliebten Narren gemeint; siehe übrigens über den Narren im Spiele weiter unten. Seine bleibende charakteristische Gestaltung in der Litteratur und dadurch auch in der Anschauungs- und Ausdrucksweise der Zeit überhaupt erhielt jedoch der Narr bei uns erst durch *Sebastian Brants*, im Jahre 1494 zuerst erschienenes *Narrenschiff*, wo auch zuerst die besonderen Beziehungen des Narrendaseins zum vollen sprachlichen Ausdruck gelangten; von Brant stammen die Redensarten: *Er ist in der narren rott, im narrenorden, die pfîfen zuo dem narrenreien, narrentanz, narrenfelt, narrenberg, die ziehen doch den narrenpfluog; und danzt hernach am narrenholz, und wird am narrenseil gefüert, man sicht sie im narrenstrick, er gehort uf den narrenschlit, man setzt in uf den narrenbank, ich dunk in tief in narrenbrî, er stäckt im narrenbrî.* Die Wirkung des Narrenschiffes war eine ausserordentliche, es wurde das gelesenste Buch seiner Zeit, durch zahlreiche deutsche Ausgaben in Deutschland, durch zwei lateinische Bearbeitungen in der europäischen Gelehrtenwelt und durch mehrfache Übersetzungen in die französische, englische und niederländische Sprache auch in der ungelehrten Leserwelt dieser Länder verbreitet; Deutschland erstattete Frankreich damit zurück, was dieses ihm an Narrenerscheinungen zu- und vorbereitet hatte. Der Verfasser des Narrenschiffes wurde als der erste deutsche Dichter gefeiert, als ein zweiter Dante, eine Epoche der Litteratur sollte mit ihm begonnen haben.

Wirklich ist auch durch das ganze 16. Jahrhundert und bis in das erste Viertel des 17. kaum ein deutscher Dichter von Brants Narrenschiff unabhängig, die bedeutendsten unter ihnen am meisten; doch bezieht sich diese Abhängigkeit in erster Linie auf die Weltanschauung Brants überhaupt, auf seinen sittlichen und vernünftigen Massstab, mit dem er die Dinge misst, auf den reichen und vollen Gebrauch der freien Rede, und erst in zweiter Linie auf das Narrentum. Dennoch ist auch sein Narrentum als der Revers der Weisheit, der Schatten hinter dem Lichte der Vernunft, in zahlreichen Büchern und Dichtungen weiter gebildet worden. In der *lateinischen* Litteratur der Gelehrten steht hier des *Erasmus Enkomium Moriae* obenan, das selber wieder ein eigentliches Weltbuch geworden ist; vgl. die Übersetzung der *Moria* durch Sebastian Frank, Ausgabe von Ernst Götzinger, Leipzig 1884. Von deutschschreibenden Schriftstellern hat sich zuerst *Thomas Murner* das Narrenschiff zum Vorbilde von vier Hauptwerken genommen, der *Gäuchmatt*, der *Schelmenzunft*, der *Narrenbeschwörung* und vom *groben lutherischen Narren.* Während aber der streitbare Mönch mit seinen Narren allmählich in die hasserfüllte religiöse Partei-Satire gedrängt wurde, blieb *Hans Sachs* in seinen zahlreichen Narrengedichten bei der Verspottung des menschlich Unvernünftigen stehen und verstand es mit seinem heitern Humor, fern von aller Verletzung berechtigter Interessen, der Thorheit ihr natürliches Recht zu gönnen und zu lassen. Sein berühmtestes Narrengedicht ist das Fastnachtspiel, das *Narrenschneiden*, wo das Wort Narr die Personifikation einer bestimmten Narrheit bedeutet, Hoffart, Geiz, Neid, Unkeuschheit, Füllerei, Zorn und dergl.; überhaupt aber

Allerlei Gattung, als falsch Juristen,
Schwarzkünstler und die Alchamisten,

Finanzer, Alefanzer und Trügner,
Schmeichler, Spotfeler und Lügner,
Wunderer, Egelmeier und leunisch,
Grob, ölperer, unzüchtig und heunisch,
Undankbar, Stocknarren und gech,
Fürwitzig, leichtfertig und frech,
Gronet und gremisch, die allzeit sorgen,
Böss Zaler, die doch gern borgen,
Eiferer, so hüten ihrer Frauen,
Die on Not rechten und on Not bauen,
Spieler, Bögschützen und Waidleut,
Die viel verton nach kleiner Beut,
Summa Summarum, wie sie nannt
Doktor Sebastianus Brant
In seinem Narrenschiff zu farn.

Narrenschwänke von Hans Sachs sind der *Narrenbrüter*, *der Kram der Narrenkappen*, der *Narrenfresser*, das *Narrenbad;* von andern Dichtern stammen Spiele, Sprüche und Lieder, genannt das *Narrengiessen*, die *Narrenschule*, die *Narrenkappen*, die *Narrenhatz*, *Spital unheilsamer Narren.* Mit der Einführung des Opitzischen Geschmackes geht diese Litteratur, die durchaus volkstümlich war, aus; einzig *Abraham a St. Clara* hat noch einen nicht unglücklichen Nachtisch geliefert in seinem *Centifolium stultorum in Quarto* oder hundert ausbündige Narren in Folio.

In allen genannten Narrenschriften bezeichnet der Narr denjenigen, der in seiner Lebensführung, dieselbe mag im übrigen sein welche sie wolle, vom Wege der Vernunft abweicht; diese Narrheit ist eine Krankheit, eine Schwäche, die abgelegt und geheilt werden soll und kann, eine Verirrung, die auf den rechten Weg zurückgeführt werden muss. Parallel mit diesen Narren geht nun in der Literatur eine andere Narrenklasse von geborenen Narren, von Naturnarren, denen die Natur selber das Recht ihrer Existenz gegeben hat, die nicht in ihrem Berufe närrisch handeln, deren Beruf vielmehr ist, Narr zu sein. Die höfische Gesellschaft kennt auch diese Narren nicht; äusseres Ansehen, hoher Stand decken die Mängel des Verstandes; diese Narren gehören der niederen Volksklasse an. Sie sind aber wieder unter sich verschieden; entweder sind sie ganze Narren, oder sie sind Schalksnarren, die ihrem niedern Stand getreu auch ein geringes Mass von Weisheit anwenden und sich namentlich darin gefallen, durch Ungezogenheit, unflätige Worte und Geberden, gute und schlechte Witze die Weisheit und die Lebensart der höhern Stände parodierend zu verhöhnen. Einzelne Streiche gehören der Weltliteratur an und verbreiten sich über ganz Europa, sind sogar in Asien nachgewiesen worden. Ein solcher Schalksnarr ist *Markolf* oder *Morolf* in dem sehr alten Roman oder Volksbuch von Salomon und Morolf, ein einfältiger, tölpelhafter Bauer, der aber mit seinem Mutterwitz den weisesten König doch zu Schanden macht, ein Vorläufer oder Vorbote des Hofnarren. Mit Vorliebe erzählen andere Bücher von Pfaffen niedrigen Standes, welche durch tolle Streiche diesen ihren Stand gleichsam rächen, so das Buch vom *Pfaffen Amis* von dem *Stricker*, der *Pfaff vom Kutenberg* und *Peter Leu*, der ursprünglich Blockträger in Hall war, dann unter die Armaniaken geriet und zuletzt Pfaff wurde. Der vollendetste Volksnarr des niedern Volkes wird aber *Eulenspiegel.* Die Spezies der Ganznarren ist vertreten durch die *Schildbürger*; dieses Volksbuch ist aus der Zusammenfassung vereinzelter Stichelschwänke über gewisse Städte und Städtchen entstanden, verrät aber in seinem unbekannten Verfasser einen recht geistvollen Kenner des menschlichen Herzens. Von einem der vielen Weisen Griechenlands lässt er das Völklein abstammen und ursprünglich mit der höchsten Weisheit begabt sein; sie werden daher von allen Fürsten zu Rat berufen und keiner von ihnen kann daheim bleiben, bis endlich ihre Weiber sie zurückfordern, ihr verwildertes Hauswesen herzustellen; worauf sie denn, um ferneren Drang nach ihrer angeborenen Weisheit zu vermeiden, beschliessen, sich närrisch zu stellen, und sich nun allmählich so in die Narrheit verlieben und festrennen, dass sie nicht mehr anders können. Nachdem sie sich in allen Arten der Narrheit meisterlich versucht und befestigt und vom Kaiser ein Privilegium mit Brief und Siegel dafür erhalten haben, geht ihre Narrheit zuletzt ins Tragische über, zerstört ihren eigenen Wohnsitz und zwingt sie, nach allen Gegenden hin auszuwandern: so sind sie nun wieder, wie die Juden, durch die ganze Welt zerstreut und überall anzutreffen.

An den Narren der didaktischen und erzählenden Litteratur schliessen wir den *Narren des Schauspiels*; er steht mitten inne zwischen einer allegorischen Personifikation der Thorheit und Unvernunft und zwischen dem lebendigen Lustigmacher der Gesellschaft. An die Auffassung des Lasters als Thorheit erinnert im mittelalterlichen Schauspiel die Behandlung des *Teufels* als komischer Person; als Vater der Sünde ist der Teufel auch Vater der Thorheit; andere mit der Narrheit verflochtene Personen sind die *Verliebten* oder *Liebesnarren*, die *Ehenarren*, Männer, welche ihren Frauen die Hose mit dem längern Messer lassen, der *Faulenzer*, der *Aufschneider*, unter den einzelnen Berufsklassen in erster Linie der *Bauer*, dann der Hirte im Anschlusse an die Hirten im Weihnachtsspiel, die *Gärtner*, die *Söldner*, welche im Passionsspiel die Wächter am Grabe vorstellen; seltener werden *fahrende Leute*, und eigentliche Handwerker, etwa Schneider, Schuster, Leineweber für das dramatische Spiel verwendet; dagegen sind beliebte komische Personen die *Krämer*, *Quacksalber* nnd *Ärzte*, durch den Salbenkrämer im Passionsspiel veranlasst, welcher die älteste lustige Person unseres Schauspiels ist, dann die *Juden*, *Mönche, Pfaffen* und alten *Weiber*; doch sind diese Figuren nicht die eigentlichen Quellen und Vorbilder der Narren als einer bestimmten einzelnen Person des Spiels; vielmehr entwickelte sich der Narr des Dramas aus den *Lustigmachern*, welche neben dem Spiel herliefen und deren Aufgabe es war, Raum für die in Gesamtheit auftretenden Spieler und die nötige Stille zu schaffen; zugleich dienten sie als Ein- und Ausschreier oder Vorläufer. Es scheint nun, dass zwei Strömungen nebeneinanderliefen, eine, welche diesen Gaukelmann, *gouggler*, wie bisher die genannten Funktionen verrichten liess, und eine ernstere, die ihn in einen ehrsamen *Spruchsprecher*, oft auch in einen stattlichen *Herold* umzuwandeln zwang, neben welchen dann jene Narren blos noch nebenzu mitliefen; manchmal gebot der Narr bloss Stillschweigen, mit der Aufforderung, dem Argument des Herolds zu lauschen. Zu einer charakteristischen Benutzung des Narren erhob sich die dramatische Kunst des deutschen Dramas im 16. Jahrhundert nicht; nur Jacob Ruef aus Zürich machte ihn in seinem Neujahrsspiel bedeutender, indem er ihm die Aufgabe politischer Satire gab, und Hans Sachs gab ihm in der Esther die Stimme des gesunden Verstandes, der schimpfweis die Wahrheit sagt, und legte ihm sogar in der „Comedia“ von Vater Sun und Narr mephistophelische Züge bei, was aber nur vereinzelt blieb.

Durch das Vorbild der englischen Komödianten kam der englische *Clown* ins deutsche Schauspiel; der Herzog Heinrich Julius von Braunschweig nennt ihn stets *Jahn*, und stellt ihn als scheinbar dummen, aber mutterwitzigen Knecht hin; in den Tragödien und Komödien des Jakob Ayrer heisst er seltener Narr, sonst auch Jahn, ein unflätiger Knecht, in einzelnen Spielen mit den besonderen Unterscheidungen Jahn der Bott, Jahn Posset, Jahn Clam der Bott, Jahn Panser der Leibknecht, Jahn der Narr, Jahn der Kurzweiler, Jahn Türk der närrische Knecht; auch in Fastnachtsspielen hat Ayrer den Jahn verwendet, aber ebenfalls ohne Glück.

Wieder andere Namen für den Narren begegnen in den zahlreichen Spielen, die im 16. Jahrhundert von Geistlichen und Schulmeistern verfasst wurden: Narrolt oder Reckenkolben, Hans, Heinz, Jäckel, Jogle, Veit, Claus, Lorenz; Hanswurst und Hans Han bezeichnen anfangs nur den Bauernhans, den groben Tölpel.

Nicht minder mannigfaltig als die Erscheinung des Narren in dem ältern Schrifttum ist diejenige im Leben des Volkes; auch dieses Narrentum ist international und hat sich mehr in den Ländern romantischer Zunge und in Deutschland in den Grenzgebieten, besonders in Köln und Wien festgesetzt. Dass auch die Kirche daran teilnimmt, braucht für das Mittelalter keiner Entschuldigung, da sich in ihr oft religiöse Weihe hart und unvermittelt mit höchst weltlichem Gebahren zusammen gekoppelt vorfindet. An römische Gebräuche bei der Saturnalien-Feier pflegt man das sogenannte *Narrenfest* anzuknüpfen, *festum fatuorum, stultorum, follorum*, von dem im 12. Jahrhundert zuerst ein Theolog berichtet. Man liess die Schüler Kinderäbte und Kinderbischöfe wählen, welche in den Kirchen den liturgischen Dienst versehen, es wurden dabei eigens gedichtete Lieder gesungen und Prozessionen veranstaltet. Nachher wurde die Parodie zur burlesken Mummerei. Die Zeit der Feier war gewöhnlich zwischen Weihnachten und Epiphanien. An Stelle des Kinderabtes und Kinderbischofes trat dann ein Narrenbischof oder Narrenerzbischof oder ein Narrenpapst: die als Weiber, Tiere oder Possenreisser vermummten Geistlichen betraten das Chor mit Tanzen und Absingen schlechter Lieder; auf dem Altar, vor der Nase des messelesenden Priesters, assen die Diakonen und Subdiakonen Würste, spielten Karten und Würfel, thaten alte Schuhsohlen u. dgl. ins Rauchfass. Auch in den Mönchs- und Nonnenklöstern wurde das Narrenfest gefeiert, das zu Antibes bei den Franziskanern folgendermassen vor sich ging: Am Tage der unschuldigen Kinder kamen statt des Guardians und der Priester die Laienbrüder ins Chor, zogen zerrissene und umgewendete priesterliche Kleider an, hielten die Bücher verkehrt, hatten Brillengestelle auf der Nase, worin statt der Gläser Pomeranzenschalen befestigt waren, bliesen die Asche aus den Rauchfässern einander ins Gesicht oder streuten sie sich auf die Köpfe, murmelten unverständliche Worte und blökten wie das Vieh.

Immer ist es mehr der Name Narrenfest als die Person des Narren, die hier beteiligt ist. Der eigentliche Narr in der Gesellschaft des Mittelalters ist eine Verbindung des freiherumgehenden Blödsinnigen mit dem Lustigmacher, wobei die Heranziehung des erstern in die Gesellschaft nicht blos ein rohes Vergnügen, sondern zugleich eine Versorgung solcher für diesen Zweck noch brauchbarer Menschen gewesen sein mag. Die Entwickelung dieser Figur findet teils innerhalb der gesellschaftlichen Formen des Mittelalters, am Hofe, in den Städten statt, teils im Anschlusse an den italienischen Karneval. Die Entstehung des Hofnarrentums liegt im Dunkeln. Nur so viel ist sicher, dass die Hofnarren, zuerst in Frankreich, an die Stelle der Hofspielleute und Possenreisser traten; auf deutschem Boden erscheint ein solcher *narre* oder *tôre* zuerst in einer der Fortsetzungen von Gottfrieds Tristan, die ums Jahr 1300 verfasst ist; hier lässt sich Tristan, um zu einer Dame zu gelangen, ein *tôrenkleit machen von wunderlîchen sachen, einen rock seltsaen getân, und eine gugel daran ûz snoedem tuoche, daz was grâ, darûf gesniten hie unt dâ narren bilde ûz rôter wât, daz nieman gesechen hât so toerisch einen rok gestalt, und nam einen kôlben grôz;* aus seinem verruchten Gebahren, das er nur der Königin gegenüber zur Schau trägt, ersieht man deutlich, dass es sich hier um einen Blödsinnigen handelt, welcher der Sitte der Zeit gemäss seine eigene Kleidung und Tracht anhatte. Die Narren von Beruf und Anlage sind aber nicht durchweg verdingt, sondern treiben ihrHandwerk oft auf eigene Faust, indem sie bald hier bald dort, bald einzig, bald in Truppen sich anstellen lassen und bleiben, bis ihr Schatz geleert ist. Namentlich sind sie bei festlichen Anlässen unentbehrlich. Sie treten bald als eine eigentliche Körperschaft auf, die ihre eigenen Satzungen hat und sich namentlich durch ihre Kleidung äusserlich schon kennzeichnet. Auf einer französischen Spielkarte aus dem Schlusse des 14. oder dem Anfange des 15. Jahrhunderts findet sich ein solcher Narr (*fou*) in ganzer Figur dargestellt, umgeben von Kindern, welche ihn hänseln. Hier zeigt sich derselbe unterhalb, bis zu den Hüften hin, völlig nackt; nur um die Hüften, die Scham verhüllend, mit einer schmalen Sackbinde gegürtet. Den Oberkörper bedeckt eine Art Hemd mit mässig weiten unterwärts kurz aufgeschlitzten Halbermeln; darüber ein fast ebenso langer, tief ausgezaddelter Schulterkragen, der gleichmässig ringsherumfallend dem Halse ziemlich enge sich anschliesst. Die Kopfbedeckung hat die Form eines runden Spitzhutes mit turbanähnlicher Umwindung, aus der sich zur rechten und zur linken ein eselohrförmiger Lappen erhebt; die Spitze ist mit einer Schelle versehen. Das Gesicht ist bartlos, auch das Haupthaar völlig verdeckt.

Dieses Kostüm blieb in der Hauptsache unverändert bestehen. Schellenkappen, Eselsohren, Hahnenkamm, lange, mit Schellen besetzte Ermel, Kolben und Fuchsschwanz, nebst den tollen Sprüngen — das alles machte den Narren aus. Vgl. dazu die oben angeführte Abhandlung von *Weinhold*, S. 39 ff.

Reicher noch waren die Hofnarren gekleidet, so namentlich am französischen Hofe; doch geschah das nicht immer mit würdigen Nebenbeziehungen. So war es z. B. Sitte, die (übrigens kostbare) Kleidung der Narren aus demselben Stoffe herzustellen, mit dem der geheime Stuhl des Königs überzogen war.

Von den eigentlichen Hofnarren zu unterscheiden sind die sogenannten *lustigen Räte, kurzweilige Räte* oder *Tischräte*, meist geistreiche Männer, die sich des Vorrechts der freien Rede bedienten, um die Thorheiten und Gebrechen ihrer Zeit und Umgebung zu geisseln und zu verspotten. So ein Mann war der lustige Rat Kaiser Maximilians, Kunz von der Rosen. Auf fahrende Schalksnarren, die in keinem ordentlichen Dienste stehen, sollte gefahndet werden. Das Institut der Hofnarren dauerte etwa bis 1700.

Zuerst am Niederrhein, also wieder an der Grenze Frankreichs, wird von *Gecken-* und *Narrengesellschaften* erzählt, wohl in Nachahmung ritterlicher Orden errichtet;

die erste derselben wird im Jahr 1381 von 2 Grafen und 35 Herren aus der Cleveschen Ritterschaft gestiftet. Ihr Ordenszeichen, das sie gestickt auf ihren Kleidern trugen, stellte einen Narren vor, der eine halb rote und halb von Silber gestickte Kappe mit gelben Schellen, gelbe Beinkleider und schwarze Schuhe trug und eine vergoldete Schaale mit Früchten in der Hand hielt. Sie wählten alle Jahre einen König und sechs Ratsherrn; Narrenfreiheit, Freiheit von dem Zwange des lästigen Hofzeremoniells war der Hauptzweck der Gesellschaft. In Dijon bestand eine ähnliche, aber grössere Narrengesellschaft, genannt die Narrenmutter, *La Mère folie, Mater stultorum, L'Infanterie Dijonnoie.* Ihr Obmann, der sich durch gute Gestalt, gefällige Manieren und Rechtschaffenheit auszeichnen musste, hiess im Besondern die Narrenmutter und hatte einen eigentlichen Hofstaat; auf der Fahne der Infanterie waren eine Menge Narrenköpfe mit Narrenkappen gemalt, mit der Überschrift: *Stultorum infinitus est numerus.* Die 50 Schweizer, welche die Narrenmutter zu ihrer Wache hatte, waren die vornehmsten Künstler der Stadt. Der Aufnahme in die Brüderschaft ging ein Examen in Versen voraus, das mit Versen beantwortet werden musste. Gecken- oder Narrengerichte in kleinerm Massstabe gehören noch heute unter die Fastnachtlustbarkeiten mancher Gegenden.

Die letzte Ausbildung des Narrentums vollzieht sich im Geleite der italienischen Renaissance im 14. und 15. Jahrhundert. Es ist der römische und florentinische Karneval, der in Anlehnung an die Volkssitte, vielleicht auch an altklassische Züge und unterstützt von der damals herrschenden ausserordentlichen Freude an plastischen Darstellungen namentlich grosse Aufzüge zu Wagen, zu Pferd und zu Fusse veranstaltete, mit allegorischen Darstellungen der manigfaltigsten Art; beliebt war besonders der aus dem Heidentume herübergenommene Schiffwagen, eigentlich das Isisschiff, das am 5. März als Symbol der wieder eröffneten Meerfahrt ins Wasser gelassen wurde. Es ist dieselbe Vorstellung, die wahrscheinlich nach einem Vorbilde der Niederländer, zu denen der italienische Karneval Eingang gefunden hatte, unserm Sebastian Brant als Einkleiduug seines *Narrenschiffes* diente; eines Schiffes also, das auf einem Wagen gezogen, den Stand der Narren zu tragen bestimmt ist. Vgl. noch *Flögel*, Geschichte der Hofnarren, und Geschichte des Grotesk-Komischen.

Narrenhäuschen, frz. *cachot,* nannte man ein auf der Vorderseite offenes, vergittertes Verliess, in dem namentlich Ehebrecher von der kirchlichen Behörde an den Pranger gestellt wurden. Es war in der Kirche selber, meist zur rechten oder linken des Chors angebracht, so in der Stadtkirche zu Meissen und in derjenigen zu Jena. An den Rathäusern waren solche Häuschen für nächtliche Ruhestörer, für Betrunkene etc.

Nasenschirme, frz. und engl. *nasal*; lat. *nasale.* Der Nasenschirm ist ein circa 4 cm breiter Metallstreifen, der zum Schutze der Nase auf den ursprünglich glocken- oder kegelförmig gestalteten Helm des Kriegers aufgenietet wurde. Siehe den Art. Helm. Auch die Rossstirn der Pferderüstung war damit versehen.

Nekrologien heissen Verzeichnisse der Todestage aller derer, deren Gedächtnis in der Kirche oder dem Kloster, dem diese Aufzeichnungen angehörten, durch Einschliessung in die öffentliche Fürbitte gefeiert werden sollte. Sie sind nach dem Kalender geordnet und enthalten, da jeder angesehene Mann sich um seiner Seligkeit willen ein solches Gedächtnis zu sichern pflegte, die Namen der angesehensten Männer geistlichen und weltlichen Standes, namentlich aber der Stifter mit ihren Familien und der Wohlthäter, welche Schenkungen gemacht oder Seelenmessen gestiftet hatten. Ihre Namen pflegte man durch grössere Schrift, farbige Dinte und sonstige Verzierungen auszuzeichnen. Das Nekrologium von Fulda enthält Namen von 780 bis 1065. Diejenigen Nekrologien, welche bloss die Namen von Stiftern enthalten, heissen *Anniversarien.*

Nestel, lat. *nustula, stigula,* nennt man eine zum Zusammenschnüren der Kleider dienende Schnur, die meist — nach Art der heutigen Schuhnesteln — an den Enden mit Metallspitzen versehen waren.

Netz. Das *Fischernetz* ist in vorgeschichtlicher Zeit erfunden worden und ist ohne Zweifel der Kunst, Tuch zu weben, vorausgegangen. Das Haarnetz, lat. *flecta, flexa, cratula,* kam auf deutschem Boden im 14. Jahrhundert in Gebrauch. Frauen schmückten und banden damit das geflochtene und aufgebundene Haar. Im 15. Jahrhundert trat infolge der völligen Haarkürzung bei Männern und Frauen an seine Stelle die *Haarhaube,* welche teils allein, teils unter dem Barett getragen wurde.

Neumen, siehe Musik.

Nibelungenlied, ein strophisches Epos der mittelhochdeutschen Zeit, dessen Stoff der Volkssage entnommen ist, wurde wahrscheinlich zwischen 1180 und 1190 gedichtet. Es ist nur in zwei Umarbeitungen aus der ersten Hälfte des 13. Jahrhunderts erhalten.

I. Sein *Inhalt* ist in den Hauptzügen folgender:

In Worms halten die drei Könige der Burgunder, Gunther, Gernot und Giselher Hof. Einmal träumt ihrer Schwester Kriemhild, wie ihr zwei Adler einen wohlgezähmten Falken zerreisen, was ihre Mutter auf den Tod ihres Geliebten deutet. Stolz entgegnet das Mädchen: Was sagst du mir von einem Geliebten? Ich weiss wohl, wie die Liebe mit Leid lohnt und will die Minne meiden. Die Antwort der Mutter lautet, dass die höchste Seligkeit des Weibes Mannes-Minne sei.

In Niederland ist der Sohn des Königs, Siegfried, eben zum Ritter geschlagen worden. Man hat ihm viel von Kriemhilds Schönheit erzählt, und er beschliesst, um sie zu werben. Die Warnung vor der Macht und besonders vor Hagens Stärke schlägt er in den Wind; giebt man ihm das Mädchen nicht gutwillig, so will er es sich mit Gewalt erzwingen. Es ärgert ihn, dass man ihn vor der Tapferkeit der Burgunden warnt, ihn, der sich jeden zu bestehen getraut, und in dieser Stimmung reitet er in das Burgundenland.

In Worms sieht man ihn ankommen, weiss aber nicht, wer er ist. Nur Hagen vermutet, dass der stattliche Held wohl Siegfried sein möge. Er erzählt, wie derselbe in den Besitz des Nibelungenhortes gekommen sei, indem er die Riesen Schilbung und Nibelung erschlug und 700 Recken ihres Landes bezwang, wie er dem Zwerg Albrich die Tarnkappe nahm und einen Drachen tötete, dessen Blut seine Haut undurchdringlich machte. Die Könige werden dem kühnen Recken gewogen und empfangen ihn freundlich, allein Siegfried, noch ganz unter dem Eindrucke beleidigten Stolzes, weil man ihn den Burgunden nicht gewachsen gehalten hat, fordert den König Gunther ungestüm zum Zweikampfe heraus; auch Ortwin und Hagen beleidigt er. Gernot und Giselher aber vermitteln, und Siegfried denkt dann doch auch an die herrliche Jungfrau, die zu gewinnen er gekommen ist. Es bildet sich bald ein freundschaftliches Verhältnis, so dass Siegfried ein ganzes Jahr in Worms bleibt. Oft sieht ihn

Kriemhild bewundernd bei den Ritterspielen von den Frauengemächern aus und bald keimt in ihr die Neigung zu dem stattlichen Helden.

Die Könige der Dänen und Sachsen sagen den Burgunden den Krieg an. Diese sind in grosser Besorgnis, allein Siegfried erklärt sich bereit, den Kampf mit Hilfe von 1000 Rittern bestehen zu wollen. Er nimmt gleich zu Anfang den rekognoszierenden König der Dänen samt seinem Gefolge gefangen, und als ihn der Sachsenkönig in der Feldschlacht erkennt, ergiebt er sich verzweifelnd mit seinem Heere. Boten eilen mit der Siegesnachricht heim. Kriemhild brennt vor Begierde, von den Thaten des herrlichen Ritters zu hören, den sie im Herzen trägt, aber sie wagt kaum nach einem der Boten zu senden, denn sie fürchtet zu verraten, dass ihre Teilnahme den Thaten des Geliebten gelte. Der Bote schildert den Kampf anschaulich; immer tritt Siegfrieds Heldengestalt in den Vordergrund. Die Jungfrau lauscht seinen Worten mit Begeisterung; sie freut sich wohl auch über die Thaten ihrer Brüder, aber ihr Herz ist erfüllt von Siegfrieds herrlichem Bilde. Nach der Rückkehr der Kämpfer bereitet man sich zum Siegesfest, und um dasselbe noch glänzender zu machen, lassen die Könige ihre Schwester Kriemhild zum erstenmale mit ihrem Gefolge vor den Rittern erscheinen. Da putzt sich mancher junge Ritter und hofft, dass ein schönes Auge wohlgefällig auf ihm verweilen möchte. Siegfried, der Hauptheld, wird bestimmt, die königliche Jungfrau zu geleiten. Schüchtern führt er sie an der Hand, und der höfischen Sitte gemäss, darf ihm seine holde Begleiterin auch einen Kuss gewähren. Wie mancher Recke sieht da sehnsüchtig nach den Beiden! Sie dankt ihm für den Beistand, den er ihren Brüdern geleistet hat, und so sind sie die zwölf Tage des Festes hindurch in traulichem Beisammensein. Zum guten Schlusse werden die gefangenen Könige nach dem edelsinnigen Vorschlage Siegfrieds ohne Lösegeld freigelassen.

Gunther hat sich Brünhilde, die Königin von Island, zur Gemahlin ausersehen und bittet Siegfried um Hilfe bei der gefahrvollen Werbung. Dieser sichert sie ihm gerne zu und wagt nun endlich auch mit seiner Werbung hervorzutreten: Kriemhild soll sein Lohn sein. Wohlgerüstet begeben sich die Helden, nachdem alle Vorkehrungen getroffen sind, zu den Schiffen; Kriemhild bittet Siegfried, ihren Bruder zu schützen.

In Island angekommen, werden sie von der Königin empfangen, welche Siegfried für den werbenden König hält, er weist sie aber auf Gunther hin, für dessen Dienstmann er sich ausgiebt. Dieses grosse Opfer bringt er, um sich unbemerkt entfernen und ihm heimlich beistehen zu können, ohne dass sein Fehlen unter den Gästen auffällt. Nun beginnen die Kampfspiele, in denen Brünhilde durch Gunther besiegt werden muss, um ihm als Gattin nach Worms zu folgen. Siegfried geht zu den Schiffen und holt die Tarnkappe, welche ihn unsichtbar macht. So verhilft er Gunther zum Siege und stellt sich nachher, als hätte er den Spielen nicht beigewohnt.

Brünhild nimmt von den Ihrigen Abschied und mit günstigem Winde segeln sie nach Worms. Siegfried eilt als Bote voraus und wird von Kriemhild freudig empfangen. Sie entschuldigt sich, sie habe kein Botenbrot für einen so reichen König; er aber antwortet, wenn er dreissig Lande hätte, so würde ihn eine Gabe aus ihrer Hand glücklich machen. Als Gunther angekommen ist, wird die Vermählung gefeiert und bei der darauf folgenden Tafel Kriemhild mit Siegfried verlobt, indem sie die Ringe wechseln. Das muss der Brünhilde auffallen, weil sie ja Siegfried für einen Eigenmann Gunthers hält. Sie befriedigt sich nicht mit den Ausflüchten Gunthers, droht, ihm ihre Minne nicht gewähren zu wollen und bindet ihm, da er sich ihr im Brautgemach liebewerbend naht, Hände und Füsse zusammen, worauf sie ihn an einen Nagel hängt. Am Morgen da er Siegfried sein Leid klagt und ihm seine geschwollenen Hände zeigt, verspricht ihm dieser seinen Beistand. Abends schleicht sich Siegfried von seiner Gemahlin weg und geht, durch die Tarnkappe unsichtbar geworden, in Gunthers Gemach. In gewaltigem Ringen besiegt er das starke Weib, das ihn für Gunther hält, und dieser darf sich nun ihrer Minne erfreuen. Siegfried nimmt im Übermute einen Ring von Brünhildens Hand und ihren Gürtel mit und übergiebt diese Gegenstände seiner Gemahlin.

Siegfried zieht nun mit seiner Gemahlin in sein Königreich. Brünhilden lässt es aber keine Ruhe, dass er gar keine Zeichen von Unterthänigkeit giebt, keinen Zins entrichtet und sich nie bei Hofe sehen lässt. Sie verlangt von Gunther, dass er ihm einmal herzukommen befehle, worauf dieser endlich einwilligt ihn einzuladen. Brünhild erkundigt sich eifersüchtig bei den Boten, ob denn Kriemhild noch immer so schön sei. Die reichen Geschenke, die ihnen Siegfried gespendet hat, erwecken in Hagen den Gedanken an dessen grossen Schatz. Er war von jeher von Neid gegen Siegfried erfüllt. Früher hatte er die erste Rolle am Hofe der Burgunden gespielt, sein Rat war die letzte Zuflucht der Könige gewesen, seit aber Siegfried gekommen ist, sieht er sich beiseite gestellt. Der Besitz eines Schatzes verschafft Macht, mit Gold kann man Heere werben, und es keimt in Hagens Sinn sofort der Wunsch, Siegfried beiseite zu schaffen und den Hort zu gewinnen.

Die Gäste werden wohl empfangen; Brünhild wirft verstohlen manchen Blick auf ihre Schwägerin, deren Schönheit Alle überstrahlt. Schon elf Tage dauert das Fest, da sehen die Königinnen einmal zusammen dem Waffenspiele zu. Kriemhild ist glücklich über die Thaten ihres Gatten; ihr liebendes Herz fliesst über in bewundernden Worten. In ihrem Glücke überhört sie die Rede der Brünhild, welche hervorhebt, dass er eben doch Gunthers Leibeigener sei. Brünhild wiederholt diese Worte, welche Kriemhild einfach dadurch zurückweist, dass Gunther sie, seine Schwester, doch gewiss nicht seinem Leibeigenen vermählt hätte. Brünhilde aber wird immer bitterer, und nun gerät auch Kriemhild in Aufregung, sie stellt Siegfried sogar höher als Gunther. Zornig spricht die Burgundenkönigin: „Ich will sehen, ob man dich oder mich mehr ehrt.“ „Jawohl,“ entgegnet Kriemhild, „mein Gatte ist der Trefflichste, der je eine Krone trug.“ Sie trennen sich, um sich zum Kirchgange zu kleiden. Brünhild mit ihrem Gefolge ist die erste beim Münster und erwartet Kriemhild, um zu sehen, ob sie es wagen werde, vor ihr die Kirche zu betreten. Dieselbe naht mit ihrem Gefolge, das im Glanze seiner Kleidung alles überstrahlt. Brünhild ruft ihr zu: „Nun warte; vor der Königin soll keine leibeigene Magd gehen.“ „Schweige,“ entgegnet die aufs höchste gereizte Kriemhild, „du bist ja ein Kebsweib; wisse, dass dir mein Mann, nicht Gunther, das Magdtum genommen hat.“ Darauf schreitet sie mit ihrem Gefolge ins Münster und lässt die weinende Brünhild draussen stehen. Diese wartet, bis Kriemhild zurückkommt und setzt sie zur Rede. Kriemhild bekräftigt ihre Worte durch den Ring und den Gürtel, den sie von ihrem Gemahle erhalten hat. Laut weinend lässt Brünhild ihren Gatten und Siegfried rufen, welcher seine Unschuld durch den Reinigungseid bezeugt.

Hagen kommt dazu und findet die Zeit höchst günstig für seine Absichten. Unter dem Vorwand, die Schmach seiner Königin zu rächen, kann er den verhassten Nebenbuhler beseitigen und zugleich den Schatz gewinnen. Er rät also den burgundischen Königen Siegfrieds Tod; anders könne die erlittene Schmach nicht gesühnt werden. Sie wollen aber nicht darauf eingehen; Siegfried hat ja den Reinigungseid geleistet und seine vielfachen Beweise uneigennütziger Freundschaft sind noch in frischer Erinnerung. Jetzt tritt Hagen mit seinem eigentlichen Gedanken hervor: „Wenn uns Siegfrieds Tod seinen Schatz verschaffte, so würde sich unsere Macht über alle Lande ausbreiten!“ Gunther ist zu unselbständig, als dass er Hagens Rat ohne weiteres verwerfen könnte. Er weist nur darauf hin, dass bei der Stärke Siegfrieds doch kein Erfolg zu hoffen wäre, wenn man den Plan auch ausführen wollte. „Das überlasst nur mir,“ spricht Hagen, „dafür werde ich schon sorgen“. Er weiss, dass Siegfried eine verwundbare Stelle hat und es gilt nun vor Allem, von Kriemhild zu erfahren, wo sich dieselbe befindet. Zu diesem Zwecke ersinnt er eine List; er lässt durch eine falsche Botschaft den Burgundenkönigen den Krieg ansagen. Siegfried bietet, wie zu erwarten war, sofort seine Hilfe an, Kriemhild aber ist in höchster Angst, denn sie fühlt wohl, dass sie eine feindliche Stimmung gegen Siegfried hervorgerufen hat. Daher sucht sie Hagen, der am meisten zu fürchten ist, zu gewinnen. Als er zu ihr kommt, um Abschied zu nehmen, gesteht sie, Unrecht gehabt zu haben, bittere Reue quäle sie. Sie vertraut ihm auch ihre Besorgnis an, man möchte ihre Schuld Siegfrieden entgelten lassen und fleht ihn, denselben zu schützen. Das verspricht er und rät ihr, ein rotes Kreuzchen auf die Stelle zu nähen, die er schützen solle. Damit hat er seinen Zweck erreicht und der angebliche Krieg wird nun wieder abgesagt.

Bald nachher rüstet man sich zu einer Jagd, die am Odenwalde stattfinden soll. Böse Träume haben Kriemhild geängstigt, sie beschwört Siegfried, dieses Mal zurückzubleiben, allein er lässt sich durch ihre Besorgnis nicht abhalten. Auf der Jagd thut er Wunder der Kühnheit; er fängt sogar einen Bären, bindet ihn lebendig und hängt ihn an den Sattel. Alles staunt den wunderlichen Fang an; im Lager lässt er das Tier los, das sich eiligst flüchtet und dabei unter die Kessel und Töpfe der entsetzten Köche gerät, was drollige Szenen veranlasst.

Hagen bemerkt plötzlich, dass man ja den Wein vergessen habe, kennt aber eine nahe Quelle, die den Labetrunk spenden soll. Gunther schlägt einen Wettlauf mit Siegfried vor. Dieser nimmt seine Waffen, Schild und Schwert zur Hand und legt sich sogar auf die Erde, während Gunther und Hagen blos mit den Hemden bekleidet zu laufen beginnen. Trotzdem erreicht er die Quelle zuerst, wartet aber auf Gunther, um ihm die Ehre des ersten Trunkes zu lassen. Sorglich legt er ihm den Schild zu dem Wasser hin, damit er nicht auf die Erde knien müsse. Nachdem Gunther getrunken hat, kniet Siegfried nieder: „*dô engalt er sîner zühte*“, da lohnte man ihm seine Liebenswürdigkeit! Hagen schafft alle Waffen schnell bei Seite, ergreift einen Speer und durchbohrt Siegfried an der Stelle, wo das rote Kreuzchen aufgenäht ist. Totwund erhebt sich der Held, mit dem Schild schlägt er den fliehenden Hagen nieder, der noch nie in grösserer Lebensgefahr war. Aber Siegfried ist zu schwach, und fällt in die Blumen. Mehr als die Wunde schmerzt ihn die Treulosigkeit seiner Verwandten, und es ist rührend, wie er bittet, wenigstens seine liebe Gemahlin wohl zu behandeln.

Niemand wagt es, der Kriemhild die Trauerbotschaft zu überbringen; Hagen aber zeigt seine ganze Roheit und legt ihr den Leichnam gerade vor die Schwelle. Als sie am Morgen die Leiche erblickt, ist ihr Jammer furchtbar. Wie Hagen und Gunther zu dem Toten treten, beginnen die Wunden wieder zu bluten, jetzt ist kein Zweifel mehr: Brünhild riet die That, und Hagen ist der Mörder.

Rache, blutige Rache ist der einzige Gedanke, der im Herzen des unglücklichen Weibes noch Raum hat. Mit den Brüdern versöhnt sie sich zwar wieder, nicht aber mit Hagen. Sie lässt den Nibelungenhort nach Worms kommen und wirbt fremdes Kriegsvolk damit, was ihre Brüder beunruhigt: sie nehmen ihr den Schatz und übergeben ihm Hagen, der ihn zu Loheim in den Rhein versenkt.

Etzel, (Attila), dem seine Gattin gestorben ist, wirbt durch den Markgrafen Rüdeger um Kriemhild. Hagen rät den Brüdern ab, der Werbung Gehör zu schenken, denn alle Macht in den Händen dieses aufs tiefste verletzten Weibes erscheint ihm gefährlich. Allein die Brüder willigen ein. Kriemhild selbst will zuerst nicht darauf eingehen, bis ihr Rüdeger, der nichts von den Verhältnissen weiss, schwört, ihr stets der nächste sein zu wollen, der ein ihr zugefügtes Leid räche. Mit ziemlich kaltem Abschied scheidet sie von ihren Brüdern und reist mit dem Markgrafen dem rechten Donauufer entlang. Nach dem freundlichen Empfang, den ihr Rüdegers Familie zu Bechelaren bereitet hat, trifft sie Etzel an der Grenze. Die achtzehntägige, reiche Vermählungsfeier findet zu Wien statt und darauf zieht Kriemhild als neue Herrin in Etzelnburg ein. Ein Söhnchen beglückt sie, aber ihre Gedanken weilen doch noch oft am Rhein; sie wünscht ihre gute Mutter her und träumt von Giselher, ihrem jüngsten und liebsten Bruder.

Zwölf Jahre sind vergangen; noch immer betrauert sie Siegfried in ihrem Herzen. Sorglich hat sie Alles vorbereitet und nun soll die Rache über Hagen hereinbrechen. Sie lässt ihre Brüder durch König Etzel in das Hunnenland einladen und trägt den Boten noch besonders auf, doch ja dafür zu sorgen, dass Hagen mitkomme. Die Könige nehmen trotz der Warnung Hagens die Einladung an und Hagen entschliesst sich mitzugehen, obgleich er den Plan der Kriemhild durchschaut und weiss, dass es besonders auf ihn abgesehen ist. Die Boten bringen die Nachricht zu den Hunnen und Kriemhild frohlockt, da sie vernimmt, dass Hagen nicht zurückbleiben werde.

Hagen ist zu stolz, als dass er den Anschlägen Kriemhilds furchtsam ausweichen wollte, da doch die Könige die Gefahr nicht fürchten. Er muss am Zuge teilnehmen, wenn er nicht für feige gehalten sein will. Er sieht ein, dass dem Verhängnis nicht zu entrinnen ist und geht ihm trotzig, die Gefahr selbst herausfordernd, entgegen. Als Ute, die Mutter der Könige, ihre Söhne beschwört, nicht fortzuziehen, da ein böser Traum ihr Unheil verkündet habe, ist Hagen der erste, der sie zurückweist und Weiberträume Thorheiten nennt. Eine komische Rolle spielt der Küchenmeister Rumold, der Gunther zurückzuhalten sucht und verspricht, ihm dann immer sein Lieblingsgericht kochen zu wollen.

Die Donaunixen weissagen Hagen auf der Reise, dass niemand ausser dem Kaplan wieder heimkehren werde. Hagen wirft ihn auf der Überfahrt ins Wasser, um die Prophezeihung zu prüfen. Der Misshandelte schwimmt aber wieder zurück ans Ufer, wo er seinem Ärger durch weidliches Schimpfen Luft macht. Jetzt erkennt Hagen, dass er richtig vorausgesehen hat; niemand wird seine Heimat wieder sehen, und er zertrümmert das Boot, das sie übergeführt hat. Die Herren des Landes, die sich ihnen in den Weg stellen, werden besiegt; die Schaar zieht weiter und trifft auf den Markgrafen, der die Grenze behütet und sie warnt.

Während so auf allen Seiten trübe Wolken den nahenden Sturm verkünden, bricht plötzlich ein heller Sonnenstrahl hervor und zeigt uns ein liebliches Bild, den reizend dargestellten Aufenthalt bei Rüdeger in Bechelaren. Es ist allerliebst geschildert, wie die schöne Tochter Rüdegers beim Empfang den grimmigen Hagen lieber nicht geküsst hätte, was sie doch der Etiquette gemäss thun muss. Dagegen gefällt ihr der junge Burgunderkönig Giselher sehr gut, und die gegenseitige Neigung führt zur Verlobung. Jeder erhält beim Abschiede ein Geschenk, Gunther eine Rüstung, Gernot ein Schwert, Hagen einen vortrefflichen Schild. Nur Giselher erhält nichts; Rüdeger hat ihm ja das Beste, was er besitzt, seine schöne Tochter zu eigen gegeben. Er giebt seinen Gästen das Geleite, damit sie sicher bei Etzel ankommen.

Der König Dietrich von Bern, der an Etzels Hofe weilt, reitet ihnen entgegen und warnt sie, indem er verrät, dass Kriemhild den ermordeten Siegfried noch immer beweine, somit sei es geboten, auf der Hut zu sein. Hagen spottet: „Ihre Thränen werden ihn wohl nicht so schnell wieder lebendig machen.“ Kriemhild geht ihnen zum Empfang entgegen, es ist ihr aber nicht möglich, ihren Groll ganz zu verbergen; mit Hagen wechselt sie bittere Worte. Die Burgunden geben die Waffen nicht ab, und zornig sieht die Königin, dass sie gewarnt worden sein müssen.

Hagen und der Spielmann Volker, der das Schwert eben so gut zu führen weiss, als den Fiedelbogen, sitzen nachher zusammen vor dem Saal und Kriemhild geht an ihnen vorüber. Volker will sich erheben, wie es sich geziemt, Hagen aber sagt: „Nein, sie könnte glauben, wir fürchten sie.“ Er entblösst vielmehr sein Schwert, das Siegfried einst gehört hat, und entgegnet der Königin, die ihm Vorwürfe macht, kaltblütig: „Ja wohl, ich habe dir Leides genug gethan: ich habe dir den Siegfried erschlagen.“ Die Ritter im Gefolge der Königin wagen es aber nicht, den Kampf mit den Beiden aufzunehmen, und so geht diese günstige Gelegenheit vorüber. „Nehmt das Eisengewand und ergreift die Schwerter,“ ruft Hagen seinen Genossen am Morgen zu, als sie zur Messe gehen, und da Etzel sich darüber wundert, erwidert er, das sei so der Burgunden Brauch. Nachher wird turniert und Volker tötet dabei einen der vornehmsten Hunnen; Etzel aber beschwichtigt seine Leute, da es nur ein unglücklicher Zufall gewesen sei.

Kriemhild, die vergeblich Dietrich von Bern und seinen Waffenmeister Hildebrand gebeten hat, sie zu rächen, wendet sich nun an Blödelin, der mit seinen Leuten alle Knappen in der Herberge der Gäste erschlägt. Dankwart tötet ihn und bahnt sich einen Weg durch die Feinde, um zu seinen Gefährten zu gelangen, die mit Etzel im Saale zu Tafel sitzen.

Hier hat Hagen den Hunnenkönig gröblich beleidigt und Alle sind in aufgeregter Stimmung. Plötzlich erscheint Dankwart bluttriefend vor dem Saal. Da fährt Hagen auf: „Jetzt wollen wir dem König seinen Wein bezahlen;“ Der erste Schlag trifft Etzels Söhnlein, dessen Haupt in den Schoss Kriemhilds rollt. Volker, der Spielmann, fiedelt mit seinem Schwerte ungefüge Töne auf den Leibern der Hunnen, die sämtlich erschlagen werden. Nur Etzel und Kriemhild werden von Dietrich gerettet und auch Rüdeger mit seinen Mannen verlässt den Saal, der nun von Etzels Mannen rings umzingelt wird. Hagen wird von mehreren Hunnen bestanden und in grosse Not gebracht, siegt aber schliesslich doch immer. Die Burgundenkönige suchen ihre Schwester zu besänftigen, und sie ist auch zum Frieden bereit, aber nur unter der Bedingung, dass Hagen ausgeliefert werde, worauf die Burgunden natürlich nicht eingehen können. Da lässt Kriemhild das oberste Stockwerk des Saales anzünden; die Hauptthelden der Belagerten bleiben aber immer noch am Leben. Das Blut steht so hoch im Saal, dass die niedersinkenden Verwundeten ertrinken, und auf Hagens Rat stillen die Helden ihren Durst damit.

Jetzt ist noch Rüdeger übrig von den hunnischen Recken. Der König bittet ihn, den Streit mit den Feinden zu bestehen, und so kommt der Markgraf in eine verzweifelte Lage. Er fleht: „Nimm mir mein Lehen, alles, was ich besitze, lass mich betteln gehen, nur fordere nicht, dass ich meinen Gästen, meinen Freunden, meinen Verwandten in ihrer Not als Feind gegenübertrete!“ Da erinnert ihn Kriemhild an den Eid, den er ihr geleistet hat, als er um sie warb, dass er jederzeit der erste sein wollte, der ihr Leid räche. Nun kann er nicht mehr ausweichen, er muss sein Schwert gegen die ziehen, die mit ihm durch die engsten Bande verbunden sind. Als er den Burgunden naht, glauben sie, dass ihnen Hilfe komme; allein er setzt den Schild vor den Fuss zum Zeichen der Fehde. Die Helden klagen: „Willst du deine Tochter denn schon zur Wittwe machen?“ ruft ihm Giselher zu. Hagen zeigt den Schild, den er von ihm als Gastgeschenk empfangen hat und der ganz zerhauen ist. Rüdeger giebt ihm den seinen und wünscht, dass er ihn noch in seinem Heimatlande tragen möge. Thränen der Rührung treten den Helden ins Auge bei diesem letzten Zeichen von Rüdegers Treue und Freigebigkeit. Dann beginnt der Kampf. Die Mannen Rüdegers und die Überbleibsel des burgundischen Gefolges fallen; Rüdeger und Gernot erschlagen sich gegenseitig und werden von den Burgunden tief beklagt.

Dietrich hört von dem Tode Rüdegers, seines treuen Freundes, und verlangt zornig den Leichnam heraus. „Hole ihn selber“, ist die trotzige Antwort. Volker fährt fort, zu höhnen und zu spotten, und so kommt es zum Kampfe, in welchem Alle, ausser Dietrich und Hildebrand, Gunther und Hagen fallen. Zuletzt überwältigt Dietrich die beiden Burgunden und bringt sie gebunden vor Kriemhild, indem er ihr Gnade für die kühnen Recken empfiehlt. Sie verlangt von Hagen die Angabe des Ortes, wo der Nibelungenhort verborgen liegt. Hagen weiss wohl, dass Nichts mehr sein Leben retten kann, will der Königin aber noch den letzten Schaden anthun: sie soll den Ort des Schatzes nie erfahren. „So lange einer meiner Herren lebt,“ sagt er, werde ich den Ort nicht verraten.“ Da lässt sie ihrem Bruder das Haupt abschlagen und zeigt es Hagen. „Jetzt weiss den Schatz niemand, als Gott und ich; und du wirst seinen Ort nie erfahren!“ ruft er frohlockend aus. Da zieht sie Siegfrieds Schwert aus der Scheide und erschlägt ihn. Ergrimmt darüber, dass die kühnen Helden durch die Hand des blutdürstigen Weibes gefallen sind, dessen wilde Rache so viel Unheil stiftete, haut Hildebrand auch sie nieder. So nimmt, was in Liebe und Glück begonnen hat, ein blutiges Ende, *„als ie diu liebe leide an dem ende gerne gît.“*

II. Die Frage nach dem *Handschriftenverhältniss*, womit auch die Frage nach der Entstehung des Gedichtes zusammenhängt, ist noch keine endgültig gelöste. Es sind sehr viele Handschriften vorhanden. Die meisten gehören zu der Gruppe, welche man die Vulgata zu nennen pflegt, an deren Spitze B, die St. Galler Handschrift, als die beste steht. Die Hohenems-Münchener Handschrift A nimmt in dieser Gruppe eine eigentümliche, selbständige Stellung ein. Weniger zahlreich ist die Gruppe, deren Hauptvertreter die Hohenems-Lassbergische Hdschr. C ist.

Bodmer wurde zuerst auf die Hdschr. C aufmerksam gemacht und gab deren letzten Teil heraus, *Myller* liess dann auch noch den vordern Teil abdrucken, aber nach der Hdschr. A. Bodmer hielt A für die älteste Hdschr., und diese Meinung wurde allgemein angenommen, ohne dass irgend Jemand einen Beweis versucht hätte. Schon *Docen* blieb es nicht verborgen, dass C die älteste der uns erhaltenen Handschriften sei. *Lachmann*, der anfänglich diese Meinung teilte, gelangte später zu der entschiedenen Ansicht, dass die spätere Hdschr. A eine ältere Gestalt des Textes enthalte. Den Untersuchungen *Wolfs* zufolge sind die homerischen Gedichte als Verknüpfungen einzelner Lieder zu betrachten, und die mehrfache Vergleichung des Nibelungenliedes mit der Ilias, namentlich aber die vielen inneren Widersprüche in der Hdschr. A, wiesen darauf hin, zu untersuchen, ob sich nicht auch für das deutsche Epos das gleiche Verhältnis nachweisen lasse. Lachmann kam zu dem Resultate, dass das ganze Gedicht aus 20 romanzenartigen Liedern zusammengefügt sei, deren Strophenzahl sich immer durch 7 teilen lasse. Diese Volkslieder wurden seiner Zeitbestimmung zufolge etwa um 1190—1210 gedichtet, dann mit Zusätzen versehen und um 1210 zu einem Ganzen vereinigt, wie es A, freilich schlecht, überliefert. Der Verfasser des Textes B verbesserte die rohe Arbeit und sein Text wurde dann in C um 1220 noch einmal geglättet und verfeinert. Lachmann suchte nun aus A die ältesten Lieder wieder herauszuschälen, von denen er annahm, dass sie ganz unverändert in das Epos aufgenommen seien. Nach allerdings nicht immer konsequent durchgeführten Kriterien erklärt er eine Menge Strophen für unächt, vom Bearbeiter hinzugedichtet, und kam so zu den 20 Liedern.

Zuerst trat *Holtzmann* (1854) gegen diese Aufstellungen Lachmanns auf, die lange Zeit unangefochten geblieben waren, und ihm folgten sogleich mehr Gelehrte, welche der Kritik Lachmanns den Vorwurf der Befangenheit in einer vorgefassten Meinung machten. Während sonst in der Kritik der Grundsatz gilt, dass man vom besten Texte auszugehen und, sofern nichts dagegen spricht, die ältesten Handschriften besonders zu berücksichtigen hat, so war in diesem Fall von Lachmann das umgekehrte Verfahren eingeschlagen. Nur die Liedertheorie konnte ihn dazu berechtigen, nur wenn diese feststand, ergab sich A als der ursprüngliche Text, aber die Liedertheorie selbst war bloss zu stützen, wenn A als ursprünglichster Text angenommen wurde. Die Kriterien für die Ausscheidung der Lieder fand man zu willkürlich und die Teilbarkeit durch 7 in der Strophenzahl ungenügend begründet.

Die Ansichten des damals bereits verstorbenen Lachmann suchten besonders *Müllenhoff* und *Lielienkron*, in neuerer Zeit auch *von Muth* gegen diese Angriffe zu verteidigen, während *Wilmanns*, an Lachmann anknüpfend, mit einer neuen Ansicht von der Entstehung des Gedichtes hervortrat.

Holtzmann gelangte zum Resultate, dass C den Text am besten erhalten habe, während B und A stufenweise Verschlechterungen desselben seien. Durch *Zarncke* wurde diese Ansicht besser begründet, da Holtzmanns Ausführungen noch manches Unüberlegte und Flüchtige enthalten hatten. Seinen Untersuchungen zufolge ist die Handschrift C im Beginn, B in der Mitte, A gegen das Ende des 13. Jahrhunderts geschrieben worden. Das Original des Nibelungenliedes ist uns zwar verloren, aber in C ziemlich treu erhalten. B enthält den Text einer grobkörnigeren Bearbeitung, und A ist durch vielfache Auslassungen und Verschlechterungen aus B entstanden.

Ein anderer Gegner erwuchs der Lachmann'schen Ansicht in *Bartsch*. Auch er legt A keinen massgebenden Wert bei, stellt das Verhältnis von C und B aber etwas anders auf, als Zarncke. Nach ihm sind C und B Umarbeitungen eines verlorenen Originals; dafür spricht namentlich der Umstand, dass die Kombination mancher Lesarten, wo die beiden Handschriften im Reime von einander abweichen, Assonanzen ergiebt, welche C und B offenbar in reine Reime umzuwandeln streben. B soll dabei mehr Ursprüngliches in sich schliessen, als C, was Bartsch durch die Untersuchung der Metrik in den Strophen, welche nur in einer der beiden Handschriften stehen, darzuthun bemüht ist.

Die beiden Bearbeitungen gehen so weit auseinander, dass an eine Rekonstruktion des Originals nicht zu denken ist; man hat sich also an eine derselben zu halten. Ob C oder B. mehr Ursprüngliches erhalten haben, ist eine noch nicht endgültig entschiedene Frage; für B sprechen mehr äussere, für C mehr innere Gründe. Allgemein wird aber anerkannt, dass C die weitaus schönere und feinere Textesrezension in sich schliesse; jedem, der das Nibelungenlied des ästhetischen Genusses wegen lesen will, ist C in erster Linie zu empfehlen.

III. Für die *Entstehung des Gedichtes* sind, den Ansichten über das Handschriftenverhältniss entsprechend, ebenfalls abweichende Meinungen vorhanden. Dass der Sagenstoff ursprünglich in einzelnen Liedern verbreitet war, ist durch die Lieder der ältern Edda, soweit sie diesen Sagenkreis betreffen, bezeugt, dann aber auch noch durch zwei wichtige Stellen in der *vita Canuti* und bei *Saxo Grammaticus*. In den ersten Tagen des Jahres 1131 sucht der deutsche Sänger Siward den Herzog Knud Laward von Schleswig vor der hinterlistigen Einladung des dänischen Königs zu warnen, indem er ihm dreimal den vielbesungenen Verrat der Kriemhilde an ihren Brüdern vorsingt. Nach *Lachmann* ist das Nibelungenlied einfach eine Verknüpfung solcher Lieder. *Zarncke* und *Bartsch* sehen es dagegen als das Werk eines einzigen Dichters, eines fahrenden Sängers an, der nur den Stoff aus den alten Liedern schöpfte. *Wilmanns* ist in neuerer Zeit mit einer Ansicht aufgetreten, die derjenigen Lachmann's ähnlich ist, aber trotzdem ganz neue Gesichtspunkte enthält. Er nimmt an, dass sich Gedichte, welche einzelne Haupthelden des Nibelungensagenkreises zum Mittelpunkt hatten, miteinander verbanden, und dass diese grösseren Dichtungen wieder ineinander gearbeitet wurden. Es wäre dies also eine Entstehung durch Kontamination. So geistvoll diese Anschauung ist, so fehlt es ihr doch an überzeugender Kraft, und sie hat sich wenig Geltung verschafft (vgl. Germania XXIV, 201) und die anderen dort aufgeführten Rezensionen.

IV. Über die Person des *Dichters* sind manche Ansichten aufgestellt und als haltlos zurückgewiesen worden. Am meisten hat die Vermutung *Pfeiffer's* für sich, welche dann von Bartsch verteidigt wurde, dass das Gedicht dem Kürnberger zuzuschreiben sei, dessen Minnelieder, in der Pariser Handschrift erhalten, die Form der Nibelungenstrophe zeigen. Diese Ansicht ist aber nicht durchgedrungen, da sie auf zu unsichern Boden gebaut ist.

V. Die *Zeit* der Verbindung jener 20 Lieder, aus welchen er das Epos zusammengefügt sein lässt, setzt *Lachmann* um 1190—1210. *Holtzmann* stellte die Abfassung des Nibelungenliedes ins 10. Jahrhundert, was entschieden unhaltbar ist; nach *Zarncke* ist es nicht viel vor 1200 entstanden, wie sich aus Verskunst, Reim und Sprache schliessen lässt. Nach *Bartsch* fällt die Entstehung des Originals in die Zeit von 1140 bis 1150, da Kürnberger seine Lieder um diese Zeit dichtete. Wer aber die Verfasserschaft des Kürnbergers für das Nibelungenlied nicht annimmt, für den fällt auch diese Datierung; denn das Gedicht selbst giebt durchaus kein Recht zur Annahme eines so hohen Alters, spricht vielmehr eher dagegen. (Vgl. *Paul*, Beiträge III, 373.) Die beiden Bearbeitungen des Originals, welche durch B und C vertreten sind, weist Bartsch der Zeit von 1190—1200 zu.

VI. Als *Ort* der Entstehung des Liedes hat man allgemein Österreich angenommen; *Zarncke* suchte (1857) darzuthun, dass mehr Wahrscheinlichkeit für Tirol spreche.

VII. Die *Strophe* besteht aus vier Langzeilen, deren jede in zwei Hälften zerfällt. Jede Hälfte wird durch drei Hebungen gebildet und die erste hat klingenden, die zweite stumpfen Schluss. Nur die letzte Hälfte des vierten Verses enthält vier Hebungen mit stumpfem Ausgang. Solche Verlängerungen des Strophenschlusses waren im 12. Jahrhundert sehr beliebt. Dieselbe Strophenform wurde schon von dem Minnesinger Kürnberger verwendet. (Minnesangs Frühling S. 7.)

VIII. Die *Nibelungen-Klage* ist eine angehängte Schlussdichtung in Reimpaaren und in den meisten Handschriften des Nibelungenliedes enthalten, so dass dessen Handschriftenverhältnis auch für die Klage gilt. Der Inhalt besteht aus einer kurzen Wiederholung der Handlung, welche der zweite Teil des Nibelungenliedes darstellt, worauf Klagereden Etzel's, Dietrich's und Hildebrand's um die gefallenen Helden folgen. Der Spielmann Swemmel bringt die Trauerkunde nach Bechelaren und Worms. Dietrich zieht mit seiner Gemahlin und Hildebrand heim nach Bern.

In den kurzen Erzählungen der Kämpfe hat die Klage einen ältern Text des Nibelungenliedes benutzt, als der uns vorliegende ist. Gestützt auf die Verse 4675—4702, auf die Untersuchungen *Zarncke's* (Beiträge u. s. w., 1857) und *Dümmler's* darf man mit höchster Wahrscheinlichkeit folgendes aufstellen: Um 980 liess der Bischof Piligrim von Passau durch seinen Schreiber Kuonrad in lateinischer Prosa eine Redaktion vom zweiten Teile des Nibelungenliedes verfassen und die Klage ebenfalls in lateinischer Prosa anfügen. Darauf fussend schuf ein Dichter (vielleicht derjenige des Biterolf) ein Gedicht in Reimpaaren, welches der Dichter des Nibelungenliedes an sein Werk anschloss. Ausgaben von *Lachmann*, der Nibelungen Not und Klage, 1326, 5. Ausgabe 1870, *Bartsch*, Die Klage, 1875, *Edzardi*, die Klage mit vollständigem kritischen Apparat, Hannover 1875.

IX. Die *Verbreitung der Sage* war gross. In Deutschland und zwar wahrscheinlich bei den Franken, den Nachbarn der Burgunden, entsprungen, wanderte sie nach dem Norden und erwarb sich auch dort viele Freunde. Dass sie im Norden nicht einheimisch war, zeigt sich deutlich darin, dass sie auch in der nordischen Gestalt am Rhein spielt und mit den Namen der burgundischen Helden verwachsen ist. Es sind zwei Überführungen der Nibelungensage nach dem skandinavischen Norden zu unterscheiden.

In der ersten Hälfte des 9. Jahrhunderts war die Sage im Norden schon bekannt geworden, und ihren Inhalt besangen Lieder, von denen uns ein Teil in der *ältern Edda* aufbewahrt ist. Lücken, welche diese Lieder im Zusammenhange der Sage lassen, werden durch die *jüngere Edda* und die *Völsungasage* ausgefüllt, die in der zweiten Hälfte des 13. Jahrhunderts verfasst wurde.

Um die Mitte des 13. Jahrhunderts wurde die Sage zum zweiten Male nach dem Norden gebracht und nebst anderen um Dietrich von Bern gruppiert. So entstand die *Thidreksaga*. Das Nibelungenlied lag dem Verfasser dieser Saga in einer Handschrift der Gruppe B vor; er versuchte aber eine Angleichung an die im Norden schon vorhandene Sagenfassung herzustellen, wie sie sich infolge der ersten Entlehnung der Sage verbreitet hatte.

Eine Darstellung der *nordischen Sagengestalt*, wie sie aus diesen Denkmälern resultiert, ist ziemlich schwer zu geben, da die einzelnen Quellen sich in manchen Zügen widersprechen. Doch lässt sich im allgemeinen folgendes feststellen:

a. Vorgeschichte. Von Odin's Nachkomme Völsung stammen Sigmund, seine neun Brüder und ihre Schwester Signy. Deren Gemahl Siggeir tötet den Völsung und lässt die zehn Söhne, die den Vater rächen wollen, im Walde festbinden, wo sie nacheinander durch ein Ungetüm getötet werden. Nur Sigmund wird durch die Hilfe seiner Schwester gerettet und tötet das Untier. Um einen Rächer für den Tod ihrer Brüder zu gewinnen, verwandelt Signy ihre Gestalt und zeugt mit ihrem Bruder Sigmund den Sinfjötli, der also von väterlicher und mütterlicher Seite Odin's Nachkomme ist. Im Walde verborgen wächst er zum tüchtigen Recken auf und verbrennt mit Sigmund den Siggeir in dessen Burg. Signy, befriedigt, die Pflicht der Vaterrache erfüllt zu haben, sucht in den Flammen des Palastes den Tod. Sigmund vermählt sich mit Borghild, welche den Sinfjötli umbringt. Die zweite Ehe schliesst Sigmund mit Hjöördis, der Tochter des Königs Eylimi von Frakkland (Franken), wird von Hunding erschlagen und von einem Sohne gerächt. Hialprek nimmt Hjördis gefangen und in der Gefangenschaft gebiert sie Sigurd, von dem ihre nachfolgende Heirat mit König Alf den Makel, in der Gefangenschaft, also unfrei geboren zu sein, nicht wegnehmen kann.

b. Gewinnung des Schatzes. Der Zwerg Andvari hütet in Gestalt eines Hechtes einen Schatz. In der Nähe lebt ein Bauer, dessen drei Söhne Otr, Fafnir und Regin heissen. Der erste hält sich als Otter im Wasser auf, der zweite ist ein Drache, der dritte ein kunstgeübter Zwerg. Die Götter Odin, Hönir und Loki kommen dahin, und der letztere schlägt die Otter tot. Als Sohnesbusse verlangt der Bauer so viel Gold, dass die Otter ganz damit verdeckt werden kann. Loki fängt den Andvari, nimmt ihm seinen Schatz und zuletzt auch noch seinen Ring, an den der Zwerg wütend seinen Fluch heftet. Den ganzen Schatz müssen sie als Busse hingeben, selbst den Ring noch, der bald seine verderbliche Wirkung zeigt. Es entsteht Streit um das Gold unter dem Bauer und seinen beiden Söhnen, sie erschlagen ihn. Der Drache Fafnir nimmt den

Schatz, bei dem auch ein Helm, eine Brünne und ein treffliches Schwert liegt, für sich allein und hütet ihn auf einer Haide. Regin schmiedet ein vorzügliches Schwert und bringt es Sigurd ins Frankenland mit der Aufforderung, den Drachen zu töten. Dies vollführt Sigurd und Regin ist nun im Besitze des Schatzes. Er verlangt von Sigurd als Bruderbusse ein Zeichen der Dienstbarkeit, er soll ihm das Herz Fafnir's braten. Dabei kommt ihm etwas von dem Blute an seine Lippen, und nun versteht er die Sprache der Vögel, die ihn vor Regin's Tücke warnen. Er erschlägt diesen und reitet mit Schatz und Ring davon.

III. Sigurd und Brynhild. Sigurd kommt zur Sigrdrifa, einer Walküre, welche Odin wegen ihres Ungehorsams in Schlaf versenkt und mit einem Feuerkreis, der Waberlohe, umgeben hat. Sigurd reitet durch das Feuer, die Walküre lehrt ihn die Runen, und er zieht wieder weiter. Seinen entflogenen Falken suchend, kommt er zu einem Turm, wo er die Brynhild mit Sticken beschäftigt findet. Von ihrer Schönheit hingerissen, verlobt er sich mit ihr.

Weiter ziehend gelangt er an den Rhein, wo drei Brüder herrschen, Gunnar, Högni, Guthorm. Ihre Mutter Grimhild wünscht ihn zum Eidam und giebt ihm einen Vergessenheitstrank, worauf er sich mit ihrer Tochter Gudrun verlobt. Gunar will um Brynhild freien und Sigurd verspricht ihm seine Hilfe, da ihm der Vergessenheitstrank alle Erinnerung an seine frühere Verlobung mit ihr geraubt hat. Brynhild erkennt ihn auch nicht wieder, fühlt aber grosse Neigung zu ihm. Nur der soll sie gewinnen, der durch loderndes Feuer reiten kann. Das vermag aber nur Sigurd, welcher deshalb die Gestalt mit Gunnar tauscht und sich mit Brynhild verlobt. In der Brautnacht legt er ein blosses Schwert zwischen sich und sie und tauscht dann seine Gestalt wieder. So wird Brynhild Gunnars Gattin; sie fühlt sich aber immer mächtiger zu Sigurd hingezogen, traurig gehen ihr die Tage dahin. Eines Tages, als sie mit Gudrun ihre langen Haare am Strande wäscht, erhebt sich Streit unter ihnen, welche die Vornehmere sei. Zuletzt hält ihr Gudrun vor, dass sie den würdigern Gatten besitze, denn Sigurd habe das Feuer durchritten. Die Wirkung auf Brynhild ist furchtbar, nicht nur ihr Stolz ist tief beleidigt, sie ist um ihr Lebensglück betrogen. Es bleibt kein andrer Ausweg: Sigurd, der ihr nicht angehören kann, muss sterben. Guthorm ermordet Sigurd im Bette. Jetzt ist sein Betrug gesühnt, jetzt kann ihm Brynhild angehören; sie lässt einen Scheiterhaufen errichten und verbrennt sich neben ihm als seine rechtmässige Gattin.

IV. Gudrun und Atli. Der König Atli trachtet darnach den Schatz Sigurds zu gewinnen, den jetzt Gunnar und seine zwei Brüder besitzen. Er befehdet sie, und zur Besänftigung erhält er die Hand der Gudrun. Allein dies beschwichtigt seine Gier nicht. Trotz der Warnung ihrer Schwester kommen die Könige auf Atlis Einladung in dessen Land und werden da bis auf Gunnar und Högni erschlagen. Gunnar erklärt, er werde das Versteck des Schatzes nicht nennen, so lange Högni lebe. Atli lässt diesen töten, worauf Gunnar als einziger Besitzer des Geheimnisses schwört, dasselbe nicht verraten zu wollen. Seinen Tod rächt Gudrun, indem sie ihre und Atlis Kinder tötet und diesen in seinem Palaste verbrennt.

Die Jörmunreksaga erzählt die weitern Schicksale der Gudrun, aus denen sich aber nichts Weiteres für die Nibelungensage ergiebt.

Für die *Entstehungsgeschichte der Nibelungensage* ist die nordische Sagengestalt sehr wichtig. Eine Vergleichung derselben mit der deutschen zeigt klar, dass in der nordischen Gestalt mehr Ursprüngliches erhalten ist, obwohl die Sage ihre eigentliche Heimat in Deutschland hatte. Da die Christianisierung im Süden viel energischer betrieben wurde, verblassten in Deutschland die alten heidnischen Götter viel schneller, als im Norden. So sind viele zur Handlung notwendige Züge, wie z B. die Walkürennatur der Brünhild, in der deutschen Sage verwischt. Auch einzelne historische Züge hat das nordische treuer bewahrt.

In der Entwicklung der Sagen und Mythen beobachtet man zwei Wege: 1. Ein vielbesungener Held wird von der Volksphantasie schliesslich in den Götterhimmel versetzt und seine Thaten werden zu göttlichen, das heisst, die Sage wird zum Mythus oder 2. Göttergestalten verblassen mehr und mehr, sie werden zu Heroen und ihre Thaten werden ins Menschliche übertragen: der Mythus wird zur Sage. Für den ersten Fall ist die Geschichte des Herkules, für den zweiten diejenige Wodans bezeichnend, den wir im wilden Jäger und zuletzt gar in der Person eines Oberjägermeisters von Braunschweig wiedererkennen.

Für den Kern der Nibelungensage ist offenbar die zweite Art der Entwicklung anzunehmen. Was für ein Mythus aber zu Grunde liegt, ist unsicher. *Lachmann* nahm an, es sei der Baldr-Mythus, und der Grundgedanke sei der, dass das Gold alle, die nach ihm streben, der Gewalt finsterer Mächte weiht. Gegen diese Annahme wenden sich Bugges Untersuchungen über Baldr und die Beobachtung, dass die Mythen sich auf Vorgänge in der Natur, aber wohl kaum je auf ethische Gedanken gründen. *W. Müller* verglich daher einen Naturmythus, denjenigen von Freyr, dem Gott der Fruchtbarkeit. Der Grundgedanke wäre ihm zufolge der Kampf zwischen Winter und Sommer um die Erde.

Mit dem Mythenstoffe vermischten sich historische Sagenzüge aus der Erinnerung der Franken, bei denen die Sage wohl ihren Ursprung nahm. Im Jahre 437 erlitten die Burgunden, die südlichen Nachbarn der Franken, eine gewaltige Niederlage durch die Hunnen. Manche Einzelheiten dieses gewaltigen Ereignisses, welche sich geschichtlich nachweisen lassen, hat die Nibelungensage treulich bewahrt. 20 Jahre nach der grossen Schlacht flog die Kunde durch die deutschen Gauen, dass Attila tot sei, und zwar habe ihn sein eigenes Weib, die Ildico, getötet. Ildico ist das Deminutivum von Hilde und kann wohl mit Kriemhilde identisch sein. Es mag also wohl auf historischen Reminiszenzen beruhen, wenn Kriemhilde (deren Namen im Norden erst später durch Gudrun verdrängt wurde) ihren Gemahl Atli (Attila) vernichtet. Später drangen auch noch Züge aus der Dietrichsage ein.

So lebte die Nibelungensage fort. ein willkommener Gast bei Hoch und Niedrig, bis im 12. Jahrhundert die Sagen fremder Nationen den Blick der vornehmen Gesellschaft in den höfischen Kreisen auf sich lenkten. Von da ab gehörte das Singen und Sagen dieser volkstümlichen Epen nicht mehr zum feinen Ton und das Nibelungenlied zog sich mit seinen stammverwandten Dichtungen in den Kreis des niedrigern Adels und des Volkes zurück, dessen Schoss es entsprossen war. Die zahlreichen Jahrmarktsdrucke des Volksbuches vom hörnenen Seifrid zeigen, wie lieb ihm der Stoff war, und jetzt noch findet man dieses Volksbuch auf den Jahrmärkten feilgeboten, während die vornehmern Kreise ihren Irrtum bereits erkannt haben und stolz darauf sind, dem vergötterten Homer ein ebenbürtiges Kunstwerk an die Seite stellen zu können, dem heimisches Blut in den Adern schwungvoller Verse schäumt.

Ausgaben auf Grund von A durch *Lachmann*, der Nibelungen Not und die Klage, Berlin 1826, 5. Ausgabe 1878; nach B von *Bartsch*, das Nibelungenlied 1866, 4. Auflage 1875. Eine grosse kritische Ausgabe mit sämtlichen Varianten und Wörterbuch lieferte auch *Bartsch*, der Nibelunge Not, 2 Teile 1870—1880. C legt zu Grunde *Zarncke*, das Nibelungenlied, Leipzig, 1856. 5. Auflage 1875. Ausser einer trefflichen Einleitung findet sich hier auch ein vollständiges Verzeichnis aller Schriften über Lied und Sage und sämtlicher Ausgaben. R. Sp.

Nimbus, Glorie, Heiligenschein, kommt schon bei den alten Hindus, Ägyptern, Griechen und Römern an Götter- und Heldenbildern in Gestalt einer runden Scheibe um das Haupt vor. In der christlichen Kunst findet dieses symbolische Zeichen des sinnlichen Glanzes zuerst im Orient Aufnahme, seit dem 6. Jahrhundert ist dasselbe als Attribut der drei Personen der Gottheit, der Engel und Heiligen allgemein üblich und je nach dem Stande der Personen klassifiziert. Bei den drei Personen der Gottheit ist der Nimbus mit einem Kreuze bezeichnet, dessen Mittelpunkt und unterer Arm von Kopf und Hals bedeckt sind; statt des kreisförmigen Nimbus oder auf demselben tragen Gott Vater und Sohn oft drei Lilien oder drei Strahlenbündel. Im allgemeinen ist bis zum 12. Jahrhundert der Nimbus eine feine Kreisfläche oder Scheibe; im 12. und 13. Jahrhundert wird er dicker und grösser; im 14. und 15. Jahrhundert verschwindet allmählich die Kreisfläche und bleibt bloss eine dünne Kreislinie übrig; am Ende des 15. und zu Anfang des 16. Jahrhunderts gleicht der Nimbus einer Kokarde oder runden Kappe; oft wird er auch zu einem formlosen Lichtschein vergeistigt, der als Strahlenglanz namentlich die ganze Figur der Salvator- und Marienbilder umgiebt. Im frühern Mittelalter wurden übrigens auch Kaiser und Könige mit dem Nimbus versehen. Auf Gemälden ist der Nimbus meist golden oder gelb, manchmal bezeichnet die Farbe eine gewisse Rangordnung der Heiligen. Nach *Otte*, Kunst-Archäologie, §. 160.

Nixen, von noch unerklärter Ableitung (ahd. *nihhus* bedeutet Krokodil) sind Wassergeister, männliche und weibliche, mit den besondern Namen Nicker, Nickel, Nickelmann, Wassermann, Hakemann, Seemensch, Wasserjungfern, Wasserfräulein, Wasserfrauen, Seejungfern, Seeweibel, Wasserlissen. Sie hängen mit Wodan zusammen, der als Wolkengeist auch Meergeist ist. Der männliche Nix, meist bärtig und alt, mit grünem Hut und grünen Zähnen, oft auch grünen Haaren und grünem Bart, lebt meist einzeln und ist sehr bösartig; seine klagende Stimme lässt sich besonders des Abends hören, oft wie der Hilferuf eines Ertrinkenden, um Menschen heranzulocken; sie ist oft so verlockend, dass der Mensch unwiderstehlich nach dem Wasser hingezogen wird und sich hineinstürzt. Sein blosser Blick ist gefährlich und zieht Kinder ins Wasser. Er hat Liebschaften mit menschlichen Mädchen und Weibern und zieht sie ins Wasser, wo sie in der Wassertiefe in einem Krystallpalast leben und mit dem Nix Kinder zeugen. Die weiblichen Nixen sind freundlicher; sie tauchen mit dem halben Körper aus dem Wasser, die untere Hälfte hat die Gestalt eines Fischschwanzes oder einer Schlange. Sie erscheinen meist des Nachts auf dem Wasser, unter Brücken, sitzen aber auch gern an der Sonne und kämmen ihr langes Haar. Sie lieben Tanz, Gesang und Musik, singen schön und erscheinen, in ganz menschlicher

Gestalt, bei ländlichen Tänzen auf Hochzeiten; aber ein Zipfel ihres Kleides ist immer nass. Bisweilen leben sie auch längere Zeit unter den Menschen verheiratet und gebären ihren Männern Kinder, von denen das siebente dem Wasser gehört; manchmal ziehen sie ihre Geliebten mit ins Wasser, wo sie mit ihnen Kinder erzeugen, die aber immer Schwimmhäute zwischen den Zehen haben. Sie lassen etwa auch ihre so gewonnenen Männer nach einiger Zeit wieder auf die Erde zurückkehren, bringen auch ihr neugeborenes Kind hinauf zu den Menschen, um es von diesen aufziehen zu lassen; ist es erwachsen, so fordern sie es zurück oder ziehen es gewaltsam ins Wasser. Gern saugen sie Kindern das Blut aus und sperren ihre Seele unter umgekehrte Töpfe, die ins Wasser geworfen wurden, und zwingen sie, selbst Nixe zu werden. Oft fordern sie alljährlich ein Menschenleben. Auch haben sie selbst Händel untereinander. Wasserfrauen werden von Wassermännern in andere Gewässer entführt. Sie können sich in grosse Kröten verwandeln. Vielfach berühren sie sich mit den Zwergen. Nach *Wuttke*, deutscher Volksaberglaube, § 54—56.

Nornen heissen in altnordischer Sprache die Schicksalsgöttinen; der Name ist noch nicht genügend erklärt; bei den Angelsachsen heissen sie *Mettena*, d. h. die abmessenden, abwägenden, oder *Vyrdha*, alts. *Wurthi*. Sie werden oft als Spinnerinnen genannt; doch ist die griechische Vorstellung von einem Spinnen und Abschneiden des Lebensfadens, wie dies den Parzen zugeschrieben wird, auf deutschem Gebiete nicht nachweisbar. Abbilder ihres Gespinstes erkannte man im feinen Gespinste des Spätsommers, der deshalb *Mädchensommer*, *Alteweibersommer* heisst. In Bayern heissen die Schicksalsgöttinnen *Heilrätinnen*, d. h. Wesen, die das Glück der Menschen beraten und beherrschen. Zwei von ihnen sind gut und freundlich, die eine ist kreideweiss, die andere trägt ein rot und weisses Kleid, die dritte Schwester dagegen ist böse und furchtbar, am Körper schwarz, mit feurigen Augen. Die Nornen sind wie im Ganzen die Göttinnen überhaupt, von der Grundgestalt der Wolkenfrau ausgegangen, wobei sich an die schwarze Wolke die Idee des nächtigen Todes, an die weisse die Idee der Geburt und Heirat knüpfte. Aus der Schar der Wolkenfrauen traten nun drei besondere Schicksalsgöttinnen hervor, von denen zwei, die Vertreterinnen der lichtweissen Wolke, vorzüglich bei Geburt und Hochzeit, die Jungfrau der schwarzen Wolke beim Tode die Schicksalsmacht ausübte; eine Erinnerung an die drei Schwestern ist in dem weitverbreiteten, mancherlei Variationen unterliegenden Kinderliedchen enthalten, dessen eine Form z. B. lautet:

Sonne, Sonne schein!
Fahr über den Rhein,
Fahr über das goldne Haus,
Da schauen drei alte Jungfrauen heraus.
Eine spinnt Seide,
Die andre wickelt Weide,
Die dritte geht ans Brünnchen,
Tränkt ein goldenes Kindchen.

Eine oberdeutsche Form ist:

Rite, rite, Rössli.
z' Bade stoht e Schlössli,
z' Bade stoht e goldis Hus,
Lueget drei Mareie drus.
Di eint spinnt Side,
Die ander schnätzlet Chride,
Die dritt spinnt Haberstrau,
Bhüet mer Gott mis Chindli au.

An die sächsische Schicksalsgöttin *Vyrdh* oder *Wurth*, d. h. das Gewordene, die Vergangenheit, scheint sich die Vorstellung angeschlossen zu haben, dass sie, berufen in der Schlacht die zum Tode bestimmten Männer auszusuchen, selbst ihrem Opfer einen Speer oder spitzen Nagel in den Kopf treibe und es so in ewigen Schlaf versenke. Eine Erinnerung daran ist die alte spinnende Frau, welche Dornröschen mit ihrer Spindel sticht, und die Königin, welche Schneewittchen eine Blume oder einen Kamm in das Haar steckt, worauf beidemal Schlaf oder Tod erfolgt. Nach einer andern, höhern Auffassung wohnten die *Vyrdhen* als Beisitzerinnen dem Göttergericht bei und sprachen als Schöffinnen das Urteil aus, welches als ewiges Schicksal jedem Menschen zukommt. Ähnlich, nur weiter ausgebildet, haben die nordischen Deutschen ihre *Nornen* entwickelt; hier sind es ihrer drei: *Urdhr*, d. i. Vergangenheit, dasselbe Wort wie *Wurth*, die älteste; *Verdhandi*, d. i. Gegenwart, die zweite, und *Skuld*, oder Zukunft die jüngste. Sie sind aus dem See unter der Esche Ygydrasil hervorgestiegen, sitzen nun zwischen den Zweigen des Weltbaums oder an ihrem Fusse, und hüten den Lebensborn, der unter einer der drei Wurzeln des Baumes liegt und Urdharbrunnen heisst. Mit seinem heiligen Wasser begiessen sie Tag für Tag den Weltbaum, der davon immer grün in ewiger Jugend prangt. Mit weissem Nebel begossen sendet die Esche den Tau in die Thäler der Erde; die Bienen nähren sich davon. Die Nornen legen hier die Gesetze, erkiesen den Zeitenkindern das Leben, urteilen beim Götterricht, das sich täglich unter der Esche versammelt. Ihr Spruch ist unabwendbar, sie steigen selbst zur Erde nieder, um seine Ausführung zu bemerken; sie fördern hilfreich das Licht der Sonne, treten an die Wiege des Menschen und neben die Bande, welche sein künftiges Geschick umspannen sollen. *Mannhardt,* Götter der deutschen und nordischen Völker. S. 321—328.

Noten, siehe Musik.

Novelle. Mit diesem in Deutschland erst seit dem 18. Jahrhundert aufgekommenen Namen, der ursprünglich von den Italienern aufgebracht wurde und so viel als *neue Erzählung* bedeutet, benennt man in der Litteraturgeschichte verschiedene Erscheinungen, die darin zusammentreffen, dass es schriftstellerische Erzeugnisse erzählender Natur sind, welche, kürzeren Umfangs, von geringerer Verwicklung, leichten Inhaltes, die Phantasie angenehm reizen. Sie stehen im Gegensatz teils zur eigentlichen Historie, teils zur alten Sage — mhd. *niuwe maere* im Gegensatze zu *alten maeren* —, teils zur ausgeführten Epopöie; auch das Element des Spottes und Witzes ist ihnen, gegenüber dem würdigern Ernste der ältern epischen Dichtungen, eigen, und der Umstand, dass hier dem Verfasser freie Erfindung des ganzen Inhaltes gestattet ist, was die ältere Epik ebenfalls nicht kannte. Auf die äussere Form, ob Verse oder Prosa, kommt es ursprünglich nicht an; je nachdem sich die Novelle aus verschiedenen ältern Erscheinungen entwickelt, bedient sie sich dieser oder jener Form.

Lateinisch geschriebene Novellen findet man als anmutige Geschichten, Anekdoten und Legenden schon früh zerstreut bei den ältern Geschichtschreibern des Mittelalters; in reicherer Zahl beisammen zuerst in dem *Policraticus* des *Johann von Salisbury*, 1159 dem Kanzler Thomas Becket gewidmet. Johann war in Frankreich ein Schüler Bernhards von Clairveaux gewesen und sein Werk war dazu bestimmt, den Kanzler an seine Pflichten gegen die Kirche zu mahnen, wozu denn zahlreiche Erzählungen dienen sollten. Eine Nachahmung dieses Buches ist das Werk des *Walther Map De nugis Curialium,* welches, dem fanatischen und habsüchtigen Klerus, namentlich aber dem Cistercienser-Orden Feind, mit Märchen und Geschichten, Sittenschilderungen und moralischen Betrachtungen gegen sie ankämpft. An demselben englisch-französischen Hofe lebte *Gervasius von Tilbury*, auch am Hofe des deutschen Königs Otto IV. eine Zeit lang im Amt, der für König Heinrich den jüngeren ein *Liber facetiarum* schrieb. Auf deutschem Boden erwuchs der *Dialogus miraculorum* des *Caesarius von Heisterbach*, eines Kölners im Cistercienser-Kloster Heisterbach unweit Bonn, der eine ausserordentliche Fülle namentlich geistlicher Geschichten, Wunder, Visionen zusammenschrieb. Siehe über die genannte Gruppe *Wattenbach*, Geschichtsquellen, Abschnitt V, § 24.

Anderer Art sind die seit dem 13. Jahrhundert auftretenden *deutschen Novellen*; sie sind vorläufig, im Anschluss an die episch-höfische Dichtung, in Reimpaaren geschrieben, ihr Stoff entweder erfunden oder dem in den unteren Volksschichten längst vorhandenen gangbaren Erzählungsstoff entnommen, wobei man im ganzen leicht, im einzelnen oft schwer, solche Geschichten unterscheiden kann, die von Anfang an deutschem Boden entstammen, und solche, die aus der Fremde kommen; eine reiche Strömung von Erzählungsstoff wälzt sich im Mittelalter aus Indien, namentlich den buddhistischen Ländern, über Arabien und Persien in den Occident, so zwar, dass er auf seinen Wanderungen und Etappen mit Leichtigkeit der Denk- und Erzählungsweise desjenigen Volkes sich anschmiegt, das ihm bei sich das Bürgerrecht schenkt. Standen die obengenannten Novellen den eigentlichen Geschichtswerken entgegen, so stellen sich die deutschen Novellen in Gegensatz zu den höfischen Epopöien; hatten diese vom Hörer eine willige Hingebung, liebevolle Vertiefung, einen idealen Aufschwung des Geistes verlangt, so wollte man sich jetzt nur noch reizenden, schnell wechselnden Unterhaltungsstoff gefallen lassen, spannende Neuigkeiten, Novellen. Der Gegensatz zur höfischen Dichtung liegt ferner darin, dass das Gesetz der höfischen Zucht jetzt zum Gegenstande des Witzes und Spottes wird. „Diese Komik ergreift nun schonungslos alle Kreise und Verhältnisse des Lebens, nichts ist ihr heilig, unantastbar. Im Königssaale wie in der Bauernhütte ist sie zu Hause, auch die Klostermauer und selbst die Kirchenthüre schliessen sie nicht aus, besonders gern aber reibt sie sich an faulen ehelichen und geschlechtlichen Verhältnissen im allgemeinen: die Ehemänner scheinen nur da zu sein, um von ihren Weibern und deren Liebhabern, nicht selten Pfaffen, betrogen zu werden, und die Töchter wetteifern mit einer Lüsternheit und Koketterie, die gern die Maske der Naivität vermummt, galanten Rittern oder fahrenden Schülern, jungen Geistlichen, wo nicht gar einem verstellten Thoren, von dem Verschwiegenheit zu hoffen, ihre Gunst zu erweisen. Roheit und Frivolität sind die Extreme, in die diese Komik gern verläuft, und wenn die ritterliche Dichtung mit dem Weibe einen lächerlichen Götzendienst getrieben, so erfreut man sich jetzt daran, zu hören, wie ein roher Mann seine widerspenstige Gattin und Schwieger mit sehr handgreiflichen Argumenten zum Gehorsam bekehrt“. *Lambel*, Erzählungen und Schwänke, 1872. Einleitung VIII. Eine besondere Rolle spielt hier der Kampf, den der niedere Klerus und die unteren Stände gegen die herrschende Geistlichkeit und den Adel begannen. Durch den Druck ihrer Oberhirten sahen sie sich gezwungen, mit List und Betrug ihr Leben zu fristen, und gegenüber der Macht, der überlegenen Freiheit und Gelehrsamkeit ihrer Gegner und Unterdrücker nahmen sie unter der Maske der Einfalt und Naivität zur List und zum angeborenen Mutterwitze, zum Narrentum ihre Zuflucht, wobei mit Vorliebe eine grobe Derbheit hervorgekehrt wurde.

Es lässt sich dem Gesagten gemäss erwarten, dass die Dichter, die hier in Betracht kommen, nicht dem adeligen Stand angehören werden: es sind vielmehr Bürgerliche, Handwerker, fahrende Sänger und Spielleute. Von vielen der erhaltenen Novellen kennt man den Dichter überhaupt nicht.

Folgende Gruppen lassen sich unterscheiden:

1. *Schwänkesammlungen, deren Held ein Mitglied des niedrigen Klerus ist*, welcher sich durch seine derben Spässe an dem vornehmen und hochmütigen Gebahren seiner Oberen rächt; dahin gehören der *Pfaffe Amîs* von *Stricker*, der *Pfaffe vom Kalenberg* von *Philipp Frankfurter zu Wien*.

2. *Aus dem Orient herrührende Novellensammlungen*, welche teils durch mündlichen Verkehr der Kreuzfahrer, der Araber und Mongolen, teils durch jüdische und arabische Schriften nach Europa kamen. Auf Grund dieser entstanden zunächst lateinische Übersetzungen, aus denen die Stoffe dann in die Volkssprachen übergingen. Die Hauptquelle ist die indische Sammlung *Pantschatantra*, die *Benfey* übersetzt und kommentiert hat, Leipzig 1859. Die berühmtesten lateinischen Sammlungen sind die *Disciplina clericalis* des Petrus Alfonsi, das *Buch von den sieben weisen Meistern*, die *Gesta Romanorum* (siehe überall die besonderen Artikel), und die obgenannten *Liber facetiarum* des Gervasius und *Dialogus miraculorum* des Cäsarius von Heisterbach.

3. Aus solchen lateinischen Büchern, zumeist aber aus den seit der Mitte des 12. Jahrhunderts an den französischen Höfen beliebten *fabliaux* schöpften nun deutsche Dichter die Vorbilder zahlreicher, oft leichtsinniger und schlüpfriger Erzählungen, die ihrer Entstehung nach meist ins 13. und den Anfang des 14. Jahrhunderts gehören. Schon früh wurden grössere Sammlungen solcher gereimter Novellen angelegt; gedruckt sind u. a. der Kolaczaer Kodex altdeutscher Gedichte, von Mailath und Köffinger, Pesth, 1807; Bd. 1—3 von Lassbergs Liedersaal, 1820—1825; Von der Hagens Gesamtabenteuer 1850, und Lambel, Erzählungen und Schwänke 1872. Indem wir auf diese Sammlungen selbst verweisen, stellen wir hier blos die Titel einiger Erzählungen zusammen, da sich schon daraus der Charakter dieser Stücke einigermassen erraten lässt: Wiener Meerfahrt, das Häslein, der Fischer und der Pfaffe, die alte Mutter und Kaiser Friederich, Rittertreue, die Königin von Frankreich und der ungetreue Marschall, die Heidin, der Kozze, der Weinschwelg, der Weinschlund, der Schüler zu Paris, Frauenturnei, der Weltheilige, Aristoteles und Fillis, Alten Weibes List, die halbe Birn, *der münch der ein kint truoc*, der entlaufene Hasenbraten, *von den ledigen wîben*, der Ritter unterm Zuber, die Fischreusen, *daz maere von dem sperwaere*, das Gänslein, das Schneekind, die Beichte, die Meierin mit der Geiss, das Schretel und der Wasserbär; zu den merkwürdigsten gehört *Meier Helmbrecht*, gegen 1250 von *Wernher dem Gartenaere* gedichtet.

Erst dem Ende des 14. und dem 15. Jahrhundert gehören an: Der Ritter von Staufenberg, Schwänke des Hans Folz, Barbierers zu Nürnberg um 1480, von dem man auch Fastnachtspiele hat, Metzen Hochzeit, Pyramus und Thisbe, der König im Bade von *Hans Rosenblut*, der ebenfalls zugleich Fastnachtspiele verfasste, der Brennenberger, das Meerwunder, Virgilius im Korbe. Der letzte Ausläufer dieser Dichtungen ist *Hans Sachs* mit seinen Schwänken, mit ihm geht dieser Litteraturzweig auf deutschem Boden aus.

4. *Novellen* oder *Schwänke in Prosa* nehmen ihren Hauptausgangspunkt aus Italien, wo sich unter der Herrschaft der Renaissance und namentlich hervorgerufen und unterstützt vom Charakter der italienischen Gesellschaft die Prosa-Novelle rasch zu einer höchst beliebten Litteraturgattung erhebt. Die Stoffe sind zum Teil die alten, zu denen Erfindung und Erfahrung immer wieder Neues hinzuthut. Ihre Wirksamkeit beruht einesteils auf dem Spott und Witz, in welchem sich die gesteigerte Individualität dieser Periode mit Vorliebe Luft macht. „Es sind meist keine eigentlichen Geschichten, sondern Antworten, die unter gewissen Umständen gegeben werden, horrible Naivitäten, womit sich Halbnarren, Hofnarren, Schalke, liederliche Weiber ausreden; das Komische liegt dann in dem schreienden Gegensatz dieser wahren oder scheinbaren Naivität zu den Verhältnissen der Welt und zur gewöhnlichen Moralität; die Dinge stehen auf dem Kopf. Alle Mittel der Darstellung werden zu Hilfe genommen, auch z. B. schon die Nachahmung bestimmter oberitalienischer Dialekte. Oft tritt an die Stelle des Witzes die bare, freche Insolenz, der plumpe Betrug, die Blasphemie und die Unfläterei.“ Burckhardt, Renaissance, Abschnitt II. Die andere Wirkung stützt sich auf die schöne Form, dergestalt, dass Boccaccio mit seinen Novellen sich den Namen eines Begründers der italienischen schönen Prosa zu erwerben vermochte; es hängt das damit zusammen, dass auch auf diesem Gebiete klassische Muster vorlagen, namentlich sogenannte Apophthegmata des Plutarch u. A. Die älteste Novellensammlung der Italiener sind die *Cento novelle antiche*, die noch zu Ende des 13. Jahrhunderts entstanden sind, die einflussreichste der *Dekamerone* und das lateinisch verfasste *Buch von den berühmten Frauen, de claris mulieribus* des Boccaccio. Auf deutschem Boden hat es diese Gattung nie zu einer klassisch-schönen Form gebracht, schon darum nicht, weil die deutsche Prosa des 16. Jahrhunderts eigentliche schöne Formen kaum kannte; ihr standen Kraft, Wahrheit und Natur höher als Schönheit. Es war daher hier mehr der witzige Inhalt, der sich in der Novelle geltend machte, mit Ausnahme lateinisch geschriebener Sammlungen, unter denen diejenige des *Erasmus* das meiste Ansehen genoss. Im einzelnen lassen sich noch verschiedene Gruppen unterscheiden: Übersetzungen und Bearbeitungen älterer Sammlungen, wie der *Gesta Romanorum* und der sieben weisen Meister, dann Übersetzungen der italienischen Novellen, des Dekamerone, zuerst Ulm 1472, und nachher oft wiederholt, des Buches von den berühmten Frauen, zuerst Augsburg 1471 von *Heinrich Steinhöwel;* sodann, für Gelehrte und Studenten bestimmt, die *Facetien* (siehe den besondern Artikel), welche wieder als *Geschwenk* verdeutscht wurden, und endlich eine Anzahl *volkstümlich deutscher*, meist sehr beliebter Schwanksammlungen, die von allen den genannten Gruppen und Quellen abhängig, gewöhnlich ein besonderes Lesepublikum im Auge hatten: An der Spitze steht das Novellenbuch des *Johannes Pauli, Schimpf* und *Ernst*, d. h. Scherz und Ernst; der Verfasser, dessen ursprünglicher Name Paul Pfedersheimer lautet, war ursprünglich Jude, liess sich taufen, trat in den Barfüsserorden, der ihn 1518 zum Lesemeister im Franziskanerkloster zu Schlettstadt, 1518 zu Than machte, wo er um 1530 starb. Seine Sammlung, zuerst 1522 zu Strassburg ge-

druckt, enthält etwa 700 Schwänke; Ausgabe von Österley, Bd. 85 der Bibliothek des lit. Vereins in Stuttgart. Von *Jörg Wickram* aus Kolmar im Elsass stammt das *Rollwagenbüchlein.* Ein neuws, vorunerhörtes Büchlein, darin vil guoter schwenk und historien begriffen werden, so man in schiffen und auf den rollwegen (Marktwagen, Omnibus), dessgleichen in scherheuseren und badstuben, zuo langweiligen zeiten erzellen mag, die schweren melancolischen gemüter damit zur ermüntern, vor aller menigklich, jungen und alten, sunder allen anstoss zuo lesen und zuo hören, allen kaufleuten, so die messen hin und wieder brauchen, zur einer kurzweil an tag bracht und zuosamen gelesen durch Jörg Wickrammen, stattschreiber zuo Burckhaim. Anno 1555. Neu herausgegeben und mit Erläuterungen versehen von Heinrich Kurz, Leipzig 1868.—Die *Gartengesellschaft* des *Jacob Frei*, Stadtschreiber z. Maursmünster in Elsass: Ein new hüpsches und schimpflichs Büchlein, genannt die Gartengesellschaft, darin vil frölichs gesprächs, schimpfreden, speiwerk und sonst kurzweilig bossen von historien und fabulen gefunden werden, wie sie zuo zeiten die selben in den schönen gerten, bei den külen brunnen, auf den grünen wisen, bei der edlen musik, auch andern ehrlichen Gesellschaften, (die schweren verdrossnen gemüter wieder zuo recitieren und aufzuoheben) frölich und freundlich geredt und auf die ban werden gebracht. Erste Ausgabe 1556. — *Weg-Kürtzer* des *Martin Montanus* von Strassburg, ein sehr schön lustig und aussdermassen kurzweilig Büchlein, darin vil schöne lustiger und kurzweiliger historien, in gärten, zechen und dem Feld sehr lustig zu lesen. — *Michael Lindener*, *Katzipori*, darin newe mugken, seltzame grillen, unerhörte tauben, visierliche zotten verfasst und begriffen sein, durch einen guoten companen, allen guoten schluckern zuo gefallen, zusammen getragen 1558. — *Nachtbüchlein*, zu nacht nach dem allen oder auf wegen und strassen zu lesen, von *Valentin Schumann*, schriftpresser, der geburt von Leiptzig 1559. — *Wendunmut* von *Hans Wilhelm Kirchhof*, erste Ausgabe Frankfurt a/M. 1563; neue Ausgabe von Österley in Bd 95 bis 99 der Bibliothek des litt. Vereines in Stuttgart. Vgl. die Litt. Gesch. von Wackernagel und Goedecke.

O.

Oblate oder Hostie, lat. *oblata, oblia, oblagia, obleta, hostia, formata, munus ecclesiasticum, panis benedictus, sancta species* heisst die aus Weizenteig gebackene Waffel, die seit dem 11. Jahrhundert an der Stelle des üblichen runden Brotes als Leib Christi bei der Messe genossen wird. Die erstere Benennung wendet man auf die ungeweihte, die zweite auf die geweihte Waffel an. Sie wird mittels des *Hostieneisens* geprägt und trägt anfänglich ein Kreuz oder ein Monogramm Christi, vom 13. Jahrhundert an ein Kruzifix mit Kreuzestitel. Gesegnete (nicht geweihte) Oblaten wurden den Mönchen, die das Abendmahl nicht genossen, im Refektorium vor dem Essen gereicht, auch etwa den Toten auf die Brust gelegt und mit in den Sarg gegeben. Seit dem 15. Jahrhundert kennt man *Oblaten*, schweiz. *Öffleten*, auch *Hüpen* und *Hipen* genannt, als Name eines spröden braunen Gebäckes, das aus einer papierdünnen runden Scheibe von 2—3 Zoll Durchmesser besteht, auf dem Arabesken oder Familienwappen abgedrückt sind. Von den zum Erstellen solcher Gebäcke notwendigen *Oblateneisen* sind einige Exemplare abgebildet im Anzeiger für Kunde d. d. Vorzeit. 1877. S. 258.

Ochsenzunge hiess ein circa 0,45 m langer Dolch, der von der Bürgerschaft bis zu Ende des Mittelalters viel getragen wurde.

Octavianus heisst der Held eines nach französischer Quelle bearbeiteten Volksbuches, das dem karolingischen Sagenkreise angehört. Die erste 1535 erschienene Ausgabe führt den Titel: Eine schöne und kurzweilige Histori von dem Keyser Octaviano, seinem weib und zweien sünen, wie die in das ellend verschickt und wunderbarlich in Frankreich bei dem frummen König Dagobert widerumb zusammen kommen sind. Neulich aus frantz. sprach in teutsch verdolmetscht.

Odin, siehe *Wuotan.*

Ofen. Er entsteht aus dem uralten steinernen Herde, welcher der heilige Mittelpunkt des Hauses war, die alte Opferstätte, der Altar des Hauses. Manches von der ursprünglichen Heiligkeit des Herdes ist daher später auf den Ofen übergegangen; Herd und Ofen gehören der Holle; die junge Ehefrau und eine neue Magd wird beim Betreten des Hauses zuerst dreimal um den Herd geführt. In der Neujahrsnacht gucken die Jungfrauen in den Ofen und gewahren darin das Bild des zukünftigen Bräutigams; daher der Kinderspruch: „Lieber Ofen, ich bete dich an, du brauchst Holz und ich ein' Mann“! In Sagen und Märchen wird, z. B. bei den verschiedenen sogenannten Mordnächten (Zürich, Luzern und an anderen Orten) dem Ofen gebeichtet.

Die ursprüngliche Form der Feuerstätte war der einfache, auf Steinplatten erhöhte Herd; das Wort *Herd* selbst bedeutet sowohl den Boden (obgleich es mit *Erde* nicht verwandt ist) als die Feuerstätte. Aus der ältesten Form entstanden nun, als sich der Kochherd von der Heizeinrichtung trennte, einerseits der Kamin, anderseits der *Ofen;* Kamin, mhd. der *kamîn*, *kemîn*, aus griech.-lat. *camînus* = Feuerstätte, Zimmerherd; daher mhd. die *kemenâte* = heizbares Zimmer, wie mhd. *stube*, nhd. *Stube*, aus ital. *stufa* = Einrichtung zu warmem Baden, Badstube, Ofen, entstanden ist; die Etymologie des Wortes *Ofen* ist unsicher. Die beiden Formen der Heizeinrichtung teilen sich nun so in Europa, dass der Süden und Westen mit England, Holland und Ostfriesland dem Kamin, die slavischen und germanischen Länder dem Ofen huldigen. Im Baurisse des Klosters St. Gallen aus dem 9. Jahrhundert, siehe den Artikel *Klosteranlagen*, sind drei verschiedene Heizsysteme angedeutet, das römische Hypokaustum unter dem Direktorium, im Wohnsaal der Novizen und im Krankensaal, sodann die einfache Herdeinrichtung, *locus foci*, in der Mitte des Speisesaales der Fremdenwohnung, und zahlreiche Öfen von länglich runder Form in den Ecken der Stuben. Die höfischen Dichter erwähnen sowohl des Ofens als des Kamins, dessen mittelhochdeutscher Name *fiurrame*, Feuerrahme ist. Das Material für die Öfen des Mittelalters scheinen thongebrannte und glasierte Kacheln gewesen zu sein; während die ältesten bekannten eisernen Öfen schwerlich über das Jahr 1400 hinaufgehen, findet man schon auf den Darstellungen vom Ende des 13. Jahrhunderts den *Kachelofen*; die ältesten erhaltenen Kacheln werden dem 14. Jahrhundert zugewiesen und enthalten in kräftigem Relief figürliche Darstellungen, Minneszenen, Tiergestalten, Jagdbilder u. dgl.; ganze Öfen sind z. B. erhalten auf der Veste zu Salzburg mit gotisch stilisierten, fast freistehenden Blumen, vom Jahre 1490, und auf Schloss Tirol bei Meran.

Zahlreicher sind die aus der Renaissance erhaltenen Kachelöfen, die namentlich in der Schweiz im 16. und 17. Jahrhundert eine hohe

Blüteperiode gehabt haben. Ihrer Anlage nach bestehen sie aus einem unteren, breiter vortretenden, auf Füssen ruhenden Teile, über welchem ein schmalerer turmähnlicher Oberbau aufragt. der nicht selten durch zinnenartige Bekrönung ausdrücklich als Turm charakterisiert ist. Der breite Unterbau, der die Feuerung aufzunehmen hat, steht mit der Wand in Verbindung, da das Anheizen von Aussen her stattfindet. Die enge Ecke zwischen Wand und Ofen wird fast immer zur Anlage eines erhöhten Sitzes benutzt, zu welchem man über zwei breite Stufen gelangt. Nicht bloss die Kacheln des ganzen Ofengebäudes wurden nun mit plastischem Schmuck oder farbiger Zier bedeckt, sondern auch die Wandflächen des Zimmers in der Nähe des Ofens erhielten ihre Bekleidung mit gemalten Kacheln, und selbst ein Teil des Fussbodens wurde mit glasierten Fliesen belegt. Es lassen sich in der Geschichte der Schweizer Kachelöfen drei Stadien unterscheiden, die aber nicht durchaus nacheinander, sondern teilweise nebeneinander herrschen. *In der ersten Epoche* erscheint der Ofen rein *als architektonisches Werk* behandelt und mit plastischen Gliederungen ausgestattet; seine Gesamtform ist meist rund, doch kommen auch einfach viereckige vor. Er ist in der Regel einfarbig, da die Kacheln fast durchgängig nur die grüne Bleiglasur zeigen. In *der zweiten Epoche* wird der Ofen zum *plastischen Kunstwerk*; während Gesamtform und einfarbige Glasur meist unverändert bleiben, erhalten die Kacheln in stark vortretendem Relief allerlei figürlichen Schmuck. *Die dritte Entwicklungsstufe* giebt den Ofen in die Hände der *Malerei*; das plastische Element in Gliederungen und Verzierungen wird zurückgedrängt, während die reiche Farbenpracht zunimmt. Die grüne Bleiglasur verschwindet; die Kacheln, die jetzt grösser werden, erhalten einen milchweissen Emailgrund, auf welchem die Darstellungen farbig gemalt erscheinen. Ein schönes Blau bildet die Grundlage der Zeichnung; daneben kommt gelb, grün, violett und schwarz zur Anwendung. Die Öfen dieser Periode beginnen mit ziemlich reicher polychromer Entfaltung, werden dann im weiteren Verlaufe des 17. Jahrhunderts zunächst etwas matter im Farbenauftrag und schliessen im 18. Jahrhundert mit mildem Blau auf weissem Grunde, der sentimentalen Wehmut des Jahrhunderts angemessen. Die figürlichen Darstellungen, mit lateinischen und deutschen Sprüchen und Versen versehen, gehören der biblischen und antiken Geschichte, der vaterländischen Geschichte, der Mythologie, Symbolik und Allegorie. Der Hauptsitz dieser Ofentechnik war *Winterthur*, die angesehenste Hafnerfamilie daselbst diejenige der *Pfau*. Die Bilder entstammen meist den Kupferstichen, Radierungen und Holzschnitten der Zeitgenossen. *Lübke*, Über alte Öfen in der Schweiz, namentlich im Kanton Zürich. 2. Aufl. Zürich 1865.

Öffnungen, siehe Weistümer.

Ohrgehänge, Ohrringe, mhd. *orringa*, lat. *inaures*, *arraucanes*, *parceti*, *pendentes*, waren besonders bei den Orientalen seit alters in Gebrauch und auch bei den Griechen und Römern sehr beliebt. Auch die alten Gallier und Germanen beiderlei Geschlechts trugen sie als grosse Goldringe. In der Karolingerzeit trugen sie die Frauen als kurze, perlenbesetzte Gehänge, im 11. Jahrhundert vornehme Männer und Frauen, während sie zu Ende des 12. wieder ausser Mode kamen und mehr nur noch von Frauen niederen Standes getragen wurden. Sie kommen aber auf Denkmälern fast nie zum Vorschein und werden auch später von den Dichtern nicht näher beschrieben, so dass wir über ihre

Formen wenig wissen. Was sich an Überresten aus den ältern Zeiten her erhalten, ist wohl byzantinischen Ursprungs. Die deutsche Goldschmiedekunst (Augsburg, Nürnberg) wird im 13. Jahrh. als vorzüglich erwähnt; doch ist auch von ihr, was die Verfertigung von Ohrgehängen anbelangt, nichts bekannt.

Ohrstern oder Gehörrose nannte man die rosettenartigen, durchlöcherten Plättchen der Sturmhaube (Helm), welche speziell die Ohren zu schützen, dem Schall aber möglichst ungehinderten Zutritt zu gestatten den Zweck hatten.

Oktaven oder **Stanzen,** ital. *ottave rime*, *stanza,* dieses entstanden aus mittellat. *stantia* = Aufenthalt, Wohnung, Zimmer, von *stare* = stehen; *stanza* also ein Reim*gebäude*, ein Zimmer, wie denn auch in mittelhochdeutschen Dichtungen eine dichterisch in Gedanken und Form abgeschlossene Rede unter dem Bilde eines *zimbers* = Gebäudes, Hauses, dargestellt wird *Weigand.* Diese Strophe wurde durch die erste schlesische Dichterschule bei uns eingeführt, und war anfänglich in der Regel aus Alexandrinern zusammengesetzt, z. B. in der metrischen Übersetzung von Tassos befreitem Jerusalem durch Dietrich von dem Werder, Frankfurt 1626. Später hat namentlich Wieland die Oktave in die schöne deutsche Litteratur, aber mit Abänderungen, eingebürgert.

Öl. Für die ewigen Lampen, die schon um das Jahr 900 vor jedem Altar brannten, sollte ausschliesslich Olivenvöl verwendet werden. Das Zeremoniale spricht den Wunsch aus, es sollten am Tabernakel 3—5, am Hochaltar 3, an den Nebenaltären eine Lampe brennen und zwar Tag und Nacht. Sämtliche sollten nicht mit Butter, sondern mit Olivenöl gespeist werden. Der Ölbehälter dieser Lampen besteht aus gefärbtem Glas. Ausser diesem einfach gesegneten *Brennöl*, *oleum benedictum*, wurde zu kirchlichen Zwecken verwendet das *Krankenöl*, *oleum infirmorum*, das *Salböl* (Chrysam) *oleum exorcisatum*, *chrismale oleum*, *chrismale sanctum* und das *Katechumenenöl*, *Heilöl*, *oleum catechumenorum*, *oleum sanctum.* Sie alle wurden am Gründonnerstag vom Bischof geweiht.

Ölberge, d. h. Christi Leiden darstellende, oft lebensgrosse Gruppen in Stein, von Gethsemane an bis zur Kreuzigung, Grablegung und Auferstehung, werden seit dem 15. Jahrhundert gewöhnlich in Nebenräumen oder ausserhalb der Kirchen angebracht. Sie gehören zu den *Stationen.*

Oper. Dieselbe hat Namen und Ursprung aus Italien, wo sich am Ende des 16. Jahrhunderts im Gegensatze zur ausschliesslichen Pflege des Kontrapunktes, die damals herrschte, eine besondere Teilnahme an individueller Behandlung der Melodie und des Textes kundgab, zum Teil in der Absicht, damit die verloren gegangene Musik der alten Griechen zu erneuern. Es galt zu dem Ende einen melodisch herausgebildeten und dem Texte entsprechenden Sologesang zu erwecken. Als erstes derartiges Stück gilt die im Jahre 1597 zu Florenz aufgeführte Dafne des *Ottavio Rinuccini*, mit Musik von *Pari.* Im Jahr 1600 wurde unter Schaustellung eines ausserordentlichen Prunkes die von denselben Meistern herrührende Oper Euridice zur Vermählungsfeier Heinrich IV. mit Maria von Medici aufgeführt. Das erste grosse Talent, das an dieser neuen musikalisch-dramatischen Gattung arbeitete, war *Claudio Monteverde,* erste Hälfte des 17. Jahrhunderts, durch welchen das Interesse für die Oper erst ein allgemeines wurde; seitdem wurden in allen grösseren Städten Italiens Opernaufführungen veranstaltet.

Als erste *deutsche* Oper gilt die

von *Opitz* nach dem genannten italienischen Vorbild bearbeitete Daphne; ein gewisser *H. Schütz*, der sich in Italien ausgebildet hatte, setzte sie in Musik. Die Aufführung geschah 1627 zu Torgau bei Gelegenheit der Vermählung einer sächsischen Prinzessin. Seitdem blieb die Oper in Dentschland vorläufig in gänzlicher Abhängigkeit von Italien: die Stoffe waren biblische, mythologische, allegorische, mit Vorliebe der Schäferwelt entnommene, die hauptsächlichen Veranlassungen Feste an Höfen und andern Orten, die vorzüglichsten Dichter *David Schirmer*, *Andr. Gryphius*, *Sigmund von Birken* und *J. Schwieger*. Gegen das Ende des 17. Jahrhunderts, als die Oper in einzelnen Städten, namentlich in *Hamburg*, festere Sitze gewann und damit ein allgemeines Unterhaltungsmittel der höhern Stände wurde, erweiterte sich die Oper nach Form und Inhalt. Neben den älteren Stoffen, die auch in den Nebenarten der Oper, den Balletten, Maskeraden, Serenaten, Pastorellen, Oratorien, Kantaten zur Darstellung gelangten, wurden historische Stoffe beliebt, daneben solche, die der Wirklichkeit und der Gegenwart entnommen waren. Die Ausstattung wurde immer prächtiger. Musik, Malerei, Architektur, Tanzkunst und Mechanik unterstützten sich gegenseitig. Worauf es die Dichter abgesehen hatten, war die Entfaltung von Verwandlungen, Wolkenfahrten, Illuminationen u. dgl. Unter den zahlreichen Dichtern dieser späteren Periode werden hervorgehoben: *Christian Richter*, *H. Postel* und *J. U. von König*. Vom Jahr 1678, dem Eröffnungsjahr der Hamburger Oper, bis 1728, wurden hier gegen 300 Opern gegeben, der Komponist *Keyser* komponierte 107 Stücke. Gegen die Mitte des 18. Jahrhunderts erlosch diese Oper, teils weil der tiefere Ernst der Zeit ihrer überdrüssig wurde, teils infolge von öffentlicher Kritik, der sie namentlich *Gottsched* unterzog. Vgl. den Art. *Musik*.

Opfer. Das deutsche Wort Opfer leitet sich von dem lat. *offerre* ab; ahd. *opfarôn*, *opforon*, *opfar*; mhd. *opheren*, *opher;* altn. *offr;* das Wort ist erst durch das Christentum eingeführt worden, während die Sache, die sie bezeichnet, eine heidnische ist. Der älteste, bei allen Germanen gebräuchliche Ausdruck der Gottverehrung durch Opfer war got. und angels. *blotân*, altn. *blôta*, ahd. *pluozan*. Schon dieser Ausdruck lehrt, dass die Opfer vorzüglich blutige waren, was sich übrigens für Jägervölker von der Art der Germanen von selbst verstand. Die sichersten Angaben über die Opferungen und die damit verbundenen Festgelage geben uns die unerschöpflichen Sagen des Nordens. Daneben sind es die Berichte der Römer, die uns manches erzählen; und die Verbote der Kirche, die namentlich gegen heidnische Tischgelage und Festtänze gerichtet sind, beweisen uns vollends, dass die nordischen Gebräuche auch in Deutschland zu finden waren.

Unter den blutigen Opfern standen die *Menschenopfer* obenan. Sie waren bei den Germanen so gebräuchlich, wie bei allen andern Völkern des Altertums und galten dem Wodan und Zio, im Norden dem Thor. „Ihrem Wesen und Ursprunge nach sind sie sühnend. Ein grosses Unheil, ein schweres Verbrechen kann nur durch menschliches Blut beschworen und getilgt werden.“ Nicht nur wurden nach errungenen Siegen die gefangenen Feinde zum Wohlgefallen der Götter an den Bäumen aufgehängt und die gesamte Beute an Pferden und Geräten vernichtet, wie es z. B. durch die Cimbern und Teutonen nach dem grossen Siege an der Rhone geschah; sondern auch seine eigenen Leute opferte man, wenn man die Götter erzürnt glaubte. Eigentümlich war der schwedische Brauch, bei eintretender Hungersnot den König zu opfern, nicht nur weil er das köstlichste Opfer war, das man den Göttern darbringen konnte, sondern auch weil er als Oberpriester des ganzen Landes durch Vernachlässigung des Opferdienstes die Götter erzürnt und somit die Not verschuldet haben musste. So fiel König Domaldin, nachdem ein Ochsenopfer im ersten und ein Menschenopfer im zweiten Herbste die Hungersnot nicht gebrochen hatten; so fiel auch König Olaf Tretelja, wie die *Ynglinga saga* erzählt: „da entstand ein grosses Misjahr und Hunger; das gaben sie ihrem Könige schuld, sowie die Schweden gewohnt sind, ihrem Könige sowohl das gute als das Misjahr schuld zu geben. König Olaf war ein geringerer Opferer; das gefiel den Schweden übel, und sie meinten, daher komme das Misjahr. Da zogen die Schweden ein Heer zusammen, machten einen Angriff auf König Olaf und umringten sein Haus, verbrannten ihn darin, und schenkten ihn dem Odin und opferten ihn für sich um ein gutes Jahr."

Ganz besonders aber stand das Menschenopfer im Dienste der Rechtspflege. Die Todesstrafe war eine Sühne, die den Göttern nicht verweigert werden durfte. Der Verbrecher wurde vor dem Tempel am Opferstein gebrochen, oder in den Opfersumpf versenkt und mit Reisig zugedeckt. Aber auch zur Erhaltung und Verlängerung des eigenen Lebens opfert König Ön neun seiner Söhne und erhält von den Göttern jedesmal gnädig eine weitere Frist; wie er aber den zehnten Sohn auch noch opfern will, da widersetzen sich die Schweden und der König starb. Von Kinderopfern sind übrigens in den alten Volkssagen auch noch weitere Spuren vorhanden. Sie sollen hauptsächlich zur Abwehr ansteckender Krankheiten angewendet worden sein und zwar durch Einmauern in Grundwälle, wobei man denselben Speisen und Spielsachen mitgab. Dieser Umstand spricht deutlich dafür, dass an ein Fortleben nach dem Tode und zwar unter gleichen Bedürfnissen und Bedingungen geglaubt wurde, wie auch den Göttern das Bedürfnis nach Speise und Trank zugedacht war. Daher wurden auch bei den häufigen

Tieropfern nur reine Geschöpfe gewählt, deren Fleisch für den Menschen geniessbar, d. h. zu essen erlaubt war; eine Ausnahme machen Hunde und Habichte, die durch ihre bekannten Dienstleistungen gleichen Rang haben, wie die bevorzugtesten Tiere. Zu diesen zählen in erster Linie die *Pferde*, die geradezu als heilige Tiere verehrt wurden. (Siehe den Art. Heilige Tiere.) Ihr Fleisch wurde von den heidnischen Germanen mit Vorliebe gegessen, und die Bewohner Islands behielten sich bei der gesetzlichen Einführung des Christentums ausdrücklich den unbehinderten Genuss des Pferdefleisches vor, während er anderorts von den Glaubensboten aufs strengste untersagt wurde. Wie schwer es aber hielt, das Verbot durchzuführen und wie mancher Rückfall die äussere Not veranlasste, das beweisen die wiederholten kirchlichen Erlasse. Die jüngere Olafs-Sage berichtet, dass bei einem Misswachse die bereits zum Christentum übergetretenen Bauern von Throntheim um Wintersanfang grosse und stark besuchte Gastmähler hielten. „Da waren grosse Trinkgelage. Dem Könige Olaf wurde gesagt, dass da alle Minne dem Thor geweiht werde und dem Odin, der Freyja und den Alsen, alles nach altheidnischer Sitte. Dazu wurde auch weiter erzählt, dass da Vieh und Pferde geschlachtet und die Altäre mit dem Blute bestrichen wurden und dass der Opferdienst ganz offenbar abgehalten und dabei die Formel gesprochen werde, dass dies für die Besserung des Jahrganges (*til ârbôtar*) geschehen solle. Dazu wurde beigefügt, dass es allen Leuten klar scheine, dass die Götter darüber zornig seien, dass die Halogaländer sich zum Christentum gewandt hätten.“ Und so muss der (christliche) König Hakon seinem Volke zu lieb an dem Opferfeste zu Gladir aus dem dem Odin geweihten Becher trinken (freilich macht er darüber vorerst das Kreuzeszeichen, statt dasjenige des Hammers) und entgeht dem Tode nur, da er wenigstens zum Schein über den Pferdefleischkessel den Mund öffnet, als geniesse er Fleisch, Fett und Brühe. Die Pferdeopfer sollen sich in Schweden bis in die zweite Hälfte des 11. Jahrhunderts erhalten haben.

Rinderopfer waren nicht minder allgemein, der Stier war dem Freyr oder Fro geheiligt, ja er führt in der Edda geradezu den Namen der Gottheit selbst. Übrigens opferte man ihn auch nicht selten dem Wodan, als dem Gott der Ernte, des Acherbaues und der Viehzucht.

Eberopfer waren ebenfalls sehr häufig, wie *Ferkelopfer*, *Friscing* (Frischling), was die Überlieferungen fast mit Gewissheit annehmen lassen. Noch im 13. Jahrhundert benennt eine bischöfliche Urkunde in Passau die zu entrichtenden jungen Schweine mit *siteurisching*, *sitfrisching*, *seitter*, *seitfrisching*, was ohne Zweifel ein junges Schwein bedeutet, das nach heidnischem Gebrauche sich zum Gesottenwerden eignen würde, also ein Opferschwein. Im Norden wurde der Sühneber, *sônargöltr*, ein feierliches Opfer, das dem Freyr an Julabenden gebracht wurde. „Am Abend erfolgten Gelübde; der Sühneber wurde vorgeführt, die Leute legten auf ihn ihre Hände und legten da ihre Gelübde ab beim Bragabecher.“ — „König Heidreker liess einen Eber füttern, der war so gross wie der stärkste Ochs und so schön, dass jedes Haar aus Gold zu sein schien. Der König legte seine Hand dem Eber auf den Kopf und die andere auf die Borsten und legte da das Gelübde ab, dass niemals jemand so Schweres verwirken solle, dass er nicht rechtes Urteil seiner Weisen erlangen sollte, und die sollten des Ebers pflegen; oder auch sollte er solche Rätsel vorbringen, dass sie der König nicht zu raten vermöchte.“ Dieses güldenborstigen Ebers ist auch in Deutschland oft und in späten Zeiten noch erwähnt, so in einem Lautenbacher Weistum vom Jahre 1589, wo es heisst, dass zu einem auf Dreikönigstag (also in der Julzeit) gehaltenen Gerichte „die Hübner ein reines, schon bei der Milk vergelztes (noch säugend verschnittenes) Goldferch acht halben Schillingen wert liefern sollten.“ Der Preis ist ein unverhältnismässig hoher, was darauf schliessen lässt, dass das Tier bei diesem Anlasse eine besondere Bedeutung hatte, wie heute noch das Ei zu Ostern und die Gans am Martinstage. Das Ferkel wurde nämlich rund durch die Bänke geführt und ohne Zweifel hernach geschlachtet und verspeist, was offenbar auf einen heidnischen Opferbrauch zurückzuführen ist. Auch die oben angeführten Sühneber des Freyr fanden sich in England noch lange Zeit, und heute noch wird in Ostergotland am Julabende ein mit einer Schweinshaut überzogener Block (*julbueken*) auf den Tisch gesetzt, auf den die Hausgenossen einander ihren Treuschwur ablegen. Auch das mit Lorbeer und Rosmarin, Citrone oder Pomeranze geschmückte Schweinshaupt unserer Tafeln, sowie die zu Oxford feierlich und unter Gesang umhergetragene

Eberhaut und dergleichen Gebräuche mehr sind Erinnerungen an die Eberopfer unserer heidnischen Vorväter.

Widderopfer werden als geringere Opfer seltener erwähnt, was jedoch nicht beweist, dass sie auch selten dargebracht worden wären. In Norwegen bestand die gesetzliche Verordnung: „Kommt ein Unfreier zu Land oder eigenem Haushalt, so soll er sein Freiheitsbier (*frelsiöl*) bereiten, jeder Mann neun Eimer Bier und einen Widder schlachten; ein echtgeborener soll das Haupt abschneiden und sein gesetzlicher Herr die Halslösung von seinem Haupte nehmen."

Ebenso kamen *Bockopfer* vor, so bei den heidnischen Langobarden, die sie — wie Gregor der Grosse meldete — dem Teufel darbrachten. Der Bock war dem Donnar heilig, die Geiss der Holda. Doch wurden sie auch dem Wodan dargebracht. Kleinere Tiere, wie *Hunde* und *Geflügel*, scheinen wenig und fast nur als Opfer für die Erntegottheiten dargebracht worden zu sein.

Die *unblutigen* Opfer waren ebenfalls dankende und bestanden in Gegenständen, die von den Menschen als Lebensbedürfnisse sehr geschätzt waren. Dem Gotte Thor opferte man im Tempel zu Hunthorp täglich vier Laibe *Brot*, da man die Götter überhaupt menschlicher Speise bedürftig hielt. Auch die Göttin Berchta erhielt, wie Rochholz nachgewiesen, ihre Opferbrote, und die vielen *Festkuchen* und *Festbrote*, die man noch heute in ganz Deutschland bei verschiedenen Festanlässen backt und unter den verschiedensten Gebräuchen verzehrt, beweisen genügsam, dass derlei Dinge früher für die Götter und ihre geheiligten Tiere bestimmt waren. Auch *Bier* brachte man denselben dar, wahrscheinlich in der Art, dass ein Teil davon feierlich für die Götter ausgegossen, das übrige aber in einem Gelage ebenfalls in ihrem Dienste getrunken wurde, wie solches in den schaumburgischen Erntefeierlichkeiten sich vielleicht am deutlichsten erhalten hat. Ebenso lassen die vielen abergläubischen Verwendungen der Gründonnerstags- und Charfreitagsfeier darauf schliessen, dass die *Eier* auch eine Götterspeise waren; daneben sind es *Milch* und *Honig*, namentlich für die Hausgeister, Wichtelmännchen und für den Boten der Holda, für das Marienkäferchen, auch *Gold* und *Silber*, *Kleidungsstücke* und *Blumen*.

Die unblutigen Opfer durfte der Opfernde selbst darbringen (in der Regel that das der Hausvater); die blutigen hingegen wurden von den Priestern behandelt und zwar in den meisten Fällen bei Anlass grosser Festlichkeiten, im Beisein der gesamten Bewohnerschaft eines Gaues, also der Tempelgemeinde. Dem damit verbundenen Opfermahle stand der Opferhäuptling vor, ein echtgeborener, der ohne Zweifel vom Volke selbst der Ehre des Vorsitzes gewürdigt worden. Aus Meister Adam's Beschreibung des grossen Opferfestes zu Upsala lasst sich schliessen, dass zu den Opfern in der Regel nur *männliche* Tiere verwendet wurden. Auch scheint die Farbe den Wert eines Opfertieres nicht unwesentlich bestimmt zu haben. *Weisse* Pferde waren geschätzter, als rote und schwarze; ebenso die Schafe; das Opferhuhn durfte keine andern als weisse Federn haben, und noch in späten Rechtsdenkmälern ist nach Grimm die Unverletzlichkeit schneeweisser Ferkel zugesichert. Den unterirdischen Gottheiten dagegen opferte man vorzugsweise *schwarze* Tiere, namentlich schwarze Schaf- und Ziegenböcke. Die Opfertiere wurden also wahrscheinlich zu diesem Zwecke jung schon ausgewählt, gezogen und *gemästet* und dürften schwerlich je zu menschlichem Gebrauch gedient haben; wenigstens stellen alte Rechtsdenkmale diese Bedingungen an Fohlen und Rinder, die zu feierlichem Landerwerb oder zum Totpflügen der Marksteinfrevler verwendet werden wollen.

Forderten die Götter ein Menschenopfer und waren deren mehrere bereit, so hatten sie das betreffende durch das Los näher zu bezeichnen. Das geschah durch die Runen oder nach einer Formel, die der angelsächsischen Andreaslegende entnommen war, natürlich unter Anrührung und Beschwörung der betreffenden Götter. Die Opfer wurden sodann geschmückt, durch den Volkshaufen geführt und geschlachtet. Das Blut wurde in dem Opferkessel aufgefangen und mit dem Blutzweig darauf der Altar, die Tempelwand, auch etwa der Baum, die Lebensmittel und das Volk besprengt. Fell und Haupt wurden vom Opfer getrennt und an einem Baume aufgehangen, worauf der Tanz und Festgesang begann. In grossen Kesseln wurde das Fleisch gesotten, weswegen die Teilnehmer am Opferfeste *supnautar* (Sudgenossen) hiessen; daneben wurden die Opferkuchen gebacken und das Bier gebraut, welche Arbeiten wahrscheinlich den weisen Frauen oblagen. Die edleren Teile des gekochten Tieres, Herz, Leber, Lunge, wurden vermutlich den Göttern dargebracht, der Rest aber samt der Brühe vom Volke verzehrt, nachdem alles von dem Könige oder Opferfürsten von seinem Hochsitze aus geweiht worden war. So ging das Opferfest in ein allgemeines Opfermahl über, bei dem auch das Nationalgetränk, das Bier, nicht fehlen durfte. Man trank Odins Vollbecher um Sieg und Macht für den eigenen König, Niördrs und Freyrs Horn um ein gutes Jahr und Frieden, auch Bragi's, Freyrs und Thors Becher wurden getrunken, über welch letzteren jeder Trinkende das Zeichen des Hammers machte. Diese Becher trank man sich über die Feuer weg gegenseitig zu, was man *minni* (Gedächtnis, Erinnerung) nannte. So nahm das Fest den Charakter eines heiteren Mahles an und wurde daher im Norden auch Opfermahl, *blôtveizla*, oder geradezu Opferfreude, *blôtfagnadr*, genannt.

Diese Feste waren entweder *religiöse*, die alljährlich zu bestimmten Zeiten in der ganzen germanischen Welt gefeiert wurden, oder sie waren durch besondere Veranlassungen hervorgerufen, durch den *Amtsantritt eines Königs*, der zugleich oberster Priester war, bei *Gerichts-* oder *Dingversammlungen*, *vor* und *nach der Schlacht*, bei *Hungersnot* und *Seuchen* u. s. w. Die drei (religiösen) Hauptfeste aber waren:

1. Das *Herbstopfer*, *haustblôt*, das Opfer um ein gutes Jahr oder nach einer Missernte „um ein besseres Jahr". Es war also ein Erntefest, ein Dankopfer, im zweiten Falle auch ein Sühnopfer, mit dem man sich im Anfang des Jahres (das Jahr beginnt bei den nordischen Bauern heute noch mit dem Winter) der Gunst der Götter versichern wollte. Dieses Opfers wegen hiess im Norden der Oktober *gormânuor*, nach der Ausweidung der geschlachteten Tiere, bei den Schweden *blotmånad, slagtmånad;* die Angelsachsen hiessen den November *blôtmônad*, die Friesen heissen ihn noch heute *slachtmoänne;* die Niederländer nannten den Dezember *slachtmaent*, was darauf hinweist, dass dieses Fest nicht an allen Orten zu gleicher Zeit, sondern im Norden früher, als im Süden begonnen wurde, was mit dem gleichzeitigen Vorrücken des Winters zusammenhängen mag. Übrigens scheint das Fest wenigstens einen halben Monat gedauert zu haben, weswegen man für dasselbe den Winter abwarten musste, der den wilden Kämpfen der Horden von selbst ein Ende machte.

2. Das *Mitwinterfest*, das grosse *hauptbôt*, wurde zu Anfang des Monats *Thorri* (14. Januar) gefeiert und dauerte drei Tage. Es ist identisch mit dem deutschen Julfeste, *jôl*, *jôlaveizla*, *jôlaboo*, *jôlahalld*, *jôladrykkja*, das später zehntägige Dauer hatte. Die Bewohner Got- und Finnlands erbaten sich von ihrem *Thorri* Schnee und gute Schlittenbahn, während das Fest im allgemeinen der neugeborenen Sonne galt und dem Freyer der Sühneber dargebracht wurde.

3. Das Opferfest des *Sommereinzugs* wurde einen Monat nach dem *Thorrablôt*, zu Anfang des Monats *Gôi*, also im Februar, abgehalten und währte eine Woche. Es war wohl vorzugsweise ein Opfer um Sieg für die herannahenden Heerfahrten und hiess deshalb auch *sigrblôt*. Daneben galt es der Begrüssung des Sommers und war ein Bittopfer um reichen Ertrag des Feldes. Sämtliche Feste fielen also auf den Winter. Daneben sind als speziell deutsche Opferfeste noch genannt die *Ostara*, das *Maifest* und das Fest der *Sommersonnenwende*.

Bekannt ist, wie leidenschaftlich der Deutsche an diesen althergebrachten Gebräuchen festhielt und wie die christlichen Glaubensboten die Feste nicht verbieten konnten, ohne ihre Sache preiszugeben. Aus Nachrichten von Gregor dem Grossen u. a. m. geht vielmehr deutlich hervor, dass man sich damit begnügte, den heidnischen Festen auf die schonendste Weise einen christlichen Charakter zu geben, und es hält daher sehr leicht, namentlich mit Zuhilfenahme der vielen, auf unsere Zeit fast unverändert herübergekommenen Festgebräuche den Zusammenhang nachzuweisen zwischen den Festen der Väter und den unserigen. Aus dem Oktoberfeste sind nach zahlreichen nordischen Nachrichten die Kirchspielfeste geworden unter dem Namen der Bier- und Trinkzeiten, und so sind in Deutschland die Kirchmessen (Kirmsen) entstanden, Volksfeste, jedes religiösen Charakters bar. Aus dem Julfeste wurde unsere Weihnachtsfreude, aus dem *Gôiblôt* Mariä Lichtmess; namentlich das letztere hat sich in den Fastnachtsgebräuchen noch unverkennbar fortgepflanzt.

Es erübrigt noch, der *privaten* Opferfeste mit einem kurzen Worte zu gedenken. Sie begleiteten den Menschen durch alle Lebenslagen, wo er der Hilfe der Götter sich benötigt fand, und konnten an geheiligten Stätten, in Privattempeln, auch im eigenen Hause dargebracht werden. Einzig die feierliche Handlung, wonach der Vater oder dessen Vertreter das neugeborene Kind mit Wasser begoss und ihm damit die Lebensberechtigung zusprach, scheint ohne Opfer vollzogen worden zu sein. Dagegen opferte die Wöchnerin von ihrer ersten Mahlzeit, Nornengrütze, den Schicksalsgöttinnen. *Bei Einsegnung einer Ehe* sodann wurde ein feierliches Mahl abgehalten und Thors, Odins und Freyrs Minne getrunken. Zur Weihung der Bräute diente Thors Hammer. Das *Totenopfer* bestand nach Mannhardt in einer Kuh und einem Ochsen, die in einem feierlichen Leichenmahl verzehrt wurden. Auch Rosmarin und Zitronen scheinen dem Totengotte dargebracht worden zu sein. Beim Erbschaftsantritt durfte das *Erbschaftsmahl* nicht fehlen, das Gedächtnis des Verstorbenen. Geopfert wurde auch bei der Besitznahme von Land, bei der Ackerbestellung, bei der Freilassung eines Sklaven, beim Zweikampfe und bei *Weissagungen*, wo sie die Gottheit für ihre geneigte Kundgebung belohnen sollten. Das Opfer diente oft selbst zur Weissagung, indem sich aus seinem Blute oder aus der Beschaffenheit der Eingeweide die Zukunft sollte erschliessen lassen. Andernfalls legte man der Gottheit bei der Opferung selbst die Frage vor und überliess es ihr, die Antwort auf beliebige Weise zu geben (durch den Tod des Tieres, durch Vogelschrei u. s. w.), oder man entschied über dem Opfer selbst durch das Los.

Nach *A. Rassmann*, in Ersch und Gruber, Art. *Göttertempel.*

Ordalien, siehe *Gottesurteile.*

Orden, siehe *Mönchswesen, Ritterorden.*

Orendel heisst eine byzantinisch-palästinische Dichtung des 12. Jahrhunderts, deren Verfasser, wahrscheinlich ein fahrender Spielmann, unbekannt ist. Sie verbindet mit der eigentlichen Orendelsage die *Sage vom ungenähten Rock Christi.* Das Gedicht beginnt mit Erzählung der seltsamen Schicksale des grauen Rockes Christi; Maria hat ihn gesponnen, die hl. Helene gewirkt. Christus hat darin die heiligen vierzig Tage gefastet; nach seinem Tode verlangt ein alter Jude von Herodes den Rock zum Lohne 23jährigen Dienstes. Der Jude wäscht ihn am Brunnen und breitet ihn an der Sonne, aber des Heilandes rosenfarbnes Blut bleibt daran. Da befahl Herodes den Rock fortzuschaffen, in einem steinernen Sarg wird er ins Meer versenkt: doch eine Sirene bricht den Sarg auf, der Rock schwimmt ans Ufer, wo ihn ein armer Waller als Gabe Gottes aufhebt; das rosenfarbne Blut, das dem Waschen widersteht, verrät ihm das Geheimnis; und sich unwürdig wähnend den heiligen Rock zu tragen, wirft er ihn wieder in die Flut. Ein Wal kommt, verschlingt ihn und trägt ihn mehrere Jahre im Magen, bis er dem Helden des Gedichtes zu teil wird.

Orendel ist der Sohn des Königs Eigel zu Trier an der Mosel. Als er zu seinen Jahren gekommen, soll er um eine ferne überm Meer wohnende Jungfrau werben, *Breide* mit Namen, der das heilige Grab und viel Heidenschaft dient. Mit freiwillig ihm folgenden Gefährten fährt er Mosel- und Rheinabwärts auf einer Flotte ins Meer: in der Nähe des gelobten Landes aber versenkt ein Sturm alle Schiffe, Orendel allein wird nackt ans Land getrieben. Hier tritt er in die Dienste eines Fischers und fängt bei seinem ersten Fang unter anderen jenen Wal, in dessen Magen der Rock gefunden wird. Orendel kauft diesen um dreissig Goldpfennige, welche ihm Maria durch den Engel Gabriel gesendet hat, zieht in dem Rock zum heiligen Grabe, besteht für die schöne Breide viele und ungeheure Kämpfe gegen die Heidenschaft und vermählt sich mit Breide, doch so, dass nach Geheiss eines Engels immer ein Schwert zwischen ihnen liegt. Sein Name ist der graue Rock. Nach vielen seltsamen Thaten und Wundern entsetzt er seinen Vater zu Trier von der Belagerung eines heidnischen Heeres, tauft die Heiden, die sich ihm unterworfen haben und lässt den grauen Rock auf den Befehl eines Engels hin zu Trier zurück. Noch befreit er das in die Gewalt der Heiden gefallene heilige Grab, in dessen Dienste er mit seiner Gattin lebt, bis die Engel ihre Seelen hinführen.

Orgel, siehe *musikalische Instrumente.*

Ort ist schon bei den höfischen Dichtern der vierte Teil von Mass, Gewicht und Münze, später besonders der vierte Teil eines Guldens: ein Ortsgulden = 14 Kreuzer, ein Ortsthaler = $1/4$ Thlr. Der gewöhnlichen Vermutung, Ort in dieser Bedeutung sei aus quart entstanden, widerspricht *Lexer* im mhd. Wörterbuch, indem er bemerkt, dass diese Bedeutung von Ort vielmehr von den viereckigen, durch ein Kreuz in vier *Orte* geteilte Münzen ausgegangen und erst dann auf Mass und Gewicht übertragen worden sei.

Ortsnamen. Unzweifelhaft gehören die Orts- wie die Personennamen unter die Altertümer; sie jedoch in ihrer geschichtlichen Entwicklung darzustellen, ist bis jetzt kaum möglich; für einzelne Gegenden ist es geschehen, namentlich für Hessen in dem Werke von *W. Arnold*, Ansiedelungen und Wanderungen deutscher Stämme, zumeist nach hessischen Ortsnamen, Marburg 1875. Wir beschränken uns hier auf eine Übersicht desjenigen Materials, das der gelehrteste deutsche Namenforscher, *Ernst Förstemann*, in seinem Buche, *die deutschen Ortsnamen*, Nordhausen, 1863, zusammengestellt hat, wobei wir seltene und bloss landschaftlich vorkommende Namen und Namengruppen übergehen und im einzelnen neuere Forschungen und Ansichten zu Rate ziehen. Auf Material zu praktischen Ortsetymologien ist es hier natürlich nicht abgesehen; dazu gehört in jedem einzelnen Falle die Kenntnis der ältesten Wortform und sehr oft die Kenntnis von der Besonderheit des Lokals, an dem der Name haftet; daher auch die Ortsnamenforschung ihrem Wesen nach lokaler Grundlage bedarf.

Ortsnamen sind Namen örtlicher Individuen, dieselben mögen bloss der Natur angehören oder erst durch den Anbau der Menschen zu Individuen geworden sein. Ursprünglich sind es Gemeinnamen, deren Übergang zu Eigennamen sprachlich besonders durch Aufgeben des Geschlechtes und Abwerfen des Artikels geschieht. Förstemann unterscheidet:

A. *Natürliche Örtlichkeiten.*

I. *Nasses Element.*

Das Grundwort *Wasser* ist nur selten als Ortsname verwandt, häufiger *See*, ahd. *wâc*, bewegtes Wasser in Fluss, See und Meer; ahd. *aha*, got. *ahva*, verwandt mit lat. *aqua*, oft zu *ach* oder *aa* geschwächt; eine Bildung dieses *aha* ist *ouwa*, *owa*, *awa*, dessen ursprüngliche Bedeutung Fluss mehr und mehr der Bedeutung eines bewässerten Wiesengrundes weicht, nhd. *Aue;* zum selben Wortstamm rechnet man drittens auch den Flussnamen *affa*, der nach Arnold dem *aha* an Zeit vorausgeht; er ist besonders in Hessen und Westfalen verbreitet. Häufig erscheint der Name *Seifen*, Siefen oder Siepen als Gebirgsbach; seltener sind ahd. *giozo* und mhd. *vliez* und *vlôz*, diese letztere zu ahd. *fliessen*; der gemeinste Name des fliessenden Wassers aber ist *Bach*; älter als dieses, aber in Deutschland selten, ist *alb* und *alf*, schwedisch *elf*. Den Begriff der Quelle auszudrücken dienen die Namen ahd. *sprinc* und *prunno;* die Mündung wird bezeichnet durch ahd. *mund*, Stromschnellen und Wirbel durch ahd. *hlouf*, nhd. Lauf, eine Krümmung durch ahd. *biugo* und *bogo*, nhd. Beuge und Bogen; ahd. *fart* und *furt* sind Namen für Flussübergänge, beide von *faran*, fahren, abgeleitet. *Ufernamen* geben ahd. *urfar*, mhd. *nover* (Ufer) und ahd. *stad* = Gestade, d. h. Stelle, wo die Schiffe nach der Fahrt stehen bleiben, landen, ahd. *stadôn*. Der verbreitetste Inselname ist ahd. *warid*, nhd. werth und wörth, Kaiserswerth und Donauwörth.

II. *Trockenes Element.*

Das gemeinste Wort für Bodenerhöhung ist *Berg*, welches in alten Namen oft mit dem etymologisch verwandten *Burg* wechselt; verwandt sind ferner ahd. und mhd. *houc* und sein Deminutiv *Hügel*, das aber erst Luther in die Schriftsprache einführte; bloss eine von diesem Hügel veränderte Form mag das Wort *Hübel* sein, ahd. *hubil*; viel verbreitet ist in Süddeutschland *buhil*, Büchel, eine Verkleinerungsform des ebenfalls vorkommenden *buc*. Weit verbreitet, als Appellativ aber längst verschollen, ist der Hügelname ahd. *hleo*, mhd. *lê*, das sich lautlich gern mit *lêhen* = Lehngut vermengt. Mehr in Niederdeutschland zu Hause sind die zu *werfen* gehörigen Bildungen *Warp*, *Wurp*, *Warf*, *Wurf*, *Werf* und *Werfen*, es sind *aufgeworfene* Bodenerhebungen, auch Gerichtsstätten, ja Gerichtsversammlungen damit gemeint. Von den beiden Bergnamen *Haupt* und *Kopf* ist jenes in älterm, dieser in jüngerm Gebrauch. Dem Begriff des *Abhangs* dienen ahd. *hlita*, mhd. *lite*, später auch leit, leite, leiten, leute, leuten und dgl., dann ahd *hang*, *halda* und *rein*, nhd. oft *Rain* geschrieben. Alt und verbreitet ist als Name einer Wasserscheide ahd. *sceit*, Scheid, Scheide, Scheidt. Den Felsen und Klippen dienen die Namen ahd. *stein*, selten *fels*, neuern Datums *klippe*, dann *sahs* und *stouf*, wie in Hohenstaufen. Dem Begriffe des Thales dient in erster Linie dieses Wort ahd. *tal* selber, das seit dem 8. Jahrhundert ziemlich verbreitet ist; sodann *grund* und *fall*. Überaus reich vertreten sind in den Ortsnamen, der Ansiedlung der Deutschen in den Wäldern gemäss, die Ausdrücke von *Wald* und *Busch*. Ausser dem Worte Wald, ahd. *wald*, hat man *holz*, *vitu*, besonders in allen Gaunamen auf — *wide* vertreten, *marca*, *forst*, *hurst*, oder *horst*, *hard*, *hac*, nhd. Hag, welches anfänglich den Wald, erst später das schützende Buschwerk, Einhegung bedeutet haben soll; ahd. *hagan*, nhd. *hagen* ist eine vielgebrauchte Ableitung davon; zu derselben Begriffsgruppe zählt ahd. *busc*, Busch, *Schachen*, *Loh*, mhd. der und das *lôch*. Als Ortsname in ähnlichem Sinne werden auch einzelne Pflanzennamen verwendet: die allgemeinen *Baum* und das ältere *tar*, dann *Eiche*, *Buche*, *Birke*, *Tanne*, *Fichte*, *Apfelbaum*, ahd. *apholtra* und dgl. Dem freien *Felde* gehört als das häufigste, schon im 5. Jahrhundert überlieferte Wort *Feld* an, dann *Heide*, ahd. *heida*; *wang*, das bloss im Süden, und *gest*, *geest*, das bloss im Norden Deutschlands zu Hause ist; ahd. *ebanôt*, Ebenet; *Boden*; auch *Gau*, ahd. *gawi*, scheint in seiner ältesten Bedeutung dahin zu gehören. Dem Begriff der *Wiese* gehören ausser dem genannten Worte selber an: ahd. *weida*, Weide; *angar*, Anger. Zu den Sumpfnamen, deren Fülle wie beim Wald auf eine ältere Bodenkulturstufe hinweist, gehören ahd. *bruoch*, nhd. Bruch, *mos*, nhd. Moos, womit sich ahd. *mour*, nhd. *Moor*, aber bloss hinsichtlich des Tones, berührt, während *mar* mit dem letztern wirklich verwandt ist; ahd. *fenni*, mhd. *ven*; *phuol*, unser Pfuhl; *lacha*, nhd. Lache. Andere Namen bezeichnen mehr die horizontale Form eines Landstriches, das Hineinspringen des Waldes ins Feld oder des Feldes in den Wald, des Berges in die Ebene oder umgekehrt; dahin gehören ahd. das *ort* = Ecke, Winkel, Spitze; dann ahd. *ekka*, Ecke, *winkil*, *Zipfel*, *Gehren* = keilförmiges Ackerstück; auch *Horn*, *Sterz*, *Schwanz*, *Zagel*, *Zunge* werden derart verwendet.

B. *Ausdrücke, welche ein Wirken der Menschenhand bezeichnen.*

Zum *Graben*, wozu man das Ebnen des Bodens zu irgend einem Zwecke rechnen kann, gehören die Namen *Weg*, seit dem 8. Jahrhundert bezeugt, ahd. *steic*, welches sich seit alter Zeit in *Steig*, *Stieg* und *Steg* spaltet. Wasserwege sind *Graben*, niederdeutsch *Gracht*, ahd. *sil* = Kanal; während das niederdeutsche *Deich* die Erdaufschüttung bezeichnet, ist das hochdeutsche *Teich* eine mit Wasser gefüllte Erdaushöhlung; Niederland und Friesland besitzen mehrere landschaftliche Namen für ähnliche Begriffe. Auf das Schlagen oder Niederbrennen des Waldes und das Ausgraben der Wurzeln, niederdeutsch *roden*, hochdeutsch *reuten*, bezieht sich niederdeutsch *rode* und *rade*, oberdeutsch *riuti*, auch *slat*, *slac*, *swand* und *swend*, *brand* und *brunst*.

Durch *ackern und pflanzen* ergeben sich zuerst die Namen *bracha*, Breite, mhd. der *esch* = Ortsflur, Saatfeld; zum Einhegen und Umzäunen gehören namentlich mhd. *vride* = Zaun, Gehege; ahd. *mura*, Mauer; *hova*; ahd. *sweiga*, bairisch *Schwaig* = Viehhof; ahd. *garto*, dessen älteste Bedeutung ebenfalls Umzäunung ist. Der höheren und zusammengesetzteren Thätigkeit des Menschen, wodurch er sich und seinem Eigentum zuerst ein Obdach schafft, gehören an ein als Appellativ früh verschwundenes ahd. *lâr*, das die Bedeutung Stätte, Niederlassung im allgemeinen gehabt haben mag; ahd. *hûs*, bis zum Jahr 1100 in nahezu 1000 Ortsnamen nachgewiesen; ahd. *bûr* zu *bûwan*, bauen, d. i. wohnen mit den besonderen Formen *bura*, *buri*, *burin*, *buren*, *beuern* u. dgl., *sal* und *salida*, mhd. *sal* und *selde* = Wohnung; *halla* und *wîl*, über welch letzteres Wort gestritten wird, ob es von lat. *villa* abgeleitet oder ein selbständiger mit *villa* bloss verwandter deutscher Name sei; ahd. *zimbar* wird später in Ortsnamen Zimmern; *stal* in der Bedeutung von Stelle, Stätte. Unter den Ortsnamen, die von gottesdienstlichen, meist mit lateinischen Namen benannten Gebäuden hergenommen sind, wie *Kirche*, *Kapelle*, sei hier das ahd. *petapur* = Bitthaus, erwähnt. Herrenhäuser haben die Namen *burg* aus ältester Zeit, *burgstal* zuerst im 8., und *schloss*, kaum vor dem 14. Jahrhundert nachgewiesen. Das ahd. *turn* ist im 11. Jahrhundert zuerst erwähnt, früher dagegen *warta* = Ort zum Ausschauen. Zum Teil sehr alt sind die Ausdrücke für die *Scheune*, *chasto* und *scura*, nhd. Scheuer.

Namen für Häusergruppen, gemeinsam bewohnte aneinandergerückte Wohnstätten sind ahd. *heim*, got. *haims*, von griechischen Schriftstellern schon im 1. Jahrhundert n. Chr. erwähnt und ausserordentlich verbreitet; seine erste Bedeutung war einfach das Haus, wohin man gehört. Ahd. *stat*, das vor dem 8. Jahrhundert sich nicht findet, hat die allgemeine Bedeutung von Stätte und ist so wenig als *Flecken* häufig für Namen verwandt; aus dem 7. Jahrhundert stammen die ersten Zeugnisse für *Dorf*, ahd. *dorf; wîlarî*, *Weiler* ist mittellat. *villare*, welches eine Adjektivbildung zu *villa* ist; nur verwandt dagegen mit lat. *vicus* ist ahd. *wich*, altsächsisch *wik*, das z. B. in Braunschweig steckt.

Das Ziel des Grabens, Pflanzens, Einhegens und Bauens ist endlich der *Besitz;* dahin zählen Namen wie *huoba*, Hufe und Hube, Ableitungen von *sitzen: saza*, *säss*, *sitz*, *sedal; eigan*, *arbi*, Erbe; ahd. *piunt*, jetzt *paint*, *point*, *peunt*, *bünd*, das durch einen Zaun von der gemeinen Mark *losgebundene*, die Hofstatt.

Das Bedürfnis nach weiterer Schöpfuug von Ortsnamen hat dem Geiste der deutschen Sprache gemäss hier wie in den Personennamen zu zahllosen *zusammengesetzten Ortsnamen* geführt, wobei in erster Linie die Grundwörter selber zugleich als Bestimmungswörter verwendet wurden: Wasserburg, Bachheim, Laufdorf, Werdheim, Haldewanch, Spitzbergen, Staufeneck, Hagenried, Brühlhof, Bruchbach, Wegefurt, Wallburg, Brachfeld, Zaunhof, Hofkirchen, Schweiglehen, Zimmerberg, Burgfeld, Wartstein, Heimbronn, Sedelhof; bei 500 Grundwörtern ergäbe diese Art der Ortsnamengebung eine Zahl von 25000 möglichen Bildungen. Dazu kommen aber noch sehr viele Bildungen durch Bestimmungswörter anderer Art, wie *Zahlen* (Einsiedeln, Zweibrücken, Fünfkirchen), *Farben* (Weissenburg, Schwarzwald), durch *Attribute der Grösse* (Michilinstat, Luzilunburch), der *Höhe* (Tiefenbach,

Ufhova, Niderhusun), der *Mitte* (Mittilibrunnen, Zwischenberg), der *Breite, Länge, Weite* u. dgl., der *Trockenheit* und *Nässe, Reinheit* und *Trübe* der Gewässer, der *Wärme* und *Kälte*, des *Alt-*, *Neu-*, und *Jungseins*, der *Himmelsgegenden;* sodann die Nachbarschaft bestimmter *Flüsse*, wonach Gaue, Örtlichkeiten und Völker benannt werden; seltener sind *Mineralien*, reichhaltiger vertreten das *Pflanzenreich*, Waldbäume, Hasel und Dorn, Getreide, Gras, die *Tierwelt*, Haustiere sowohl als wilde Tiere, Vögel.

Unendlich häufig sind es endlich *Personennamen*, welche den Ortsgrundnamen näher bestimmen helfen; da nun die deutschen Personennamen meist selber Komposita sind, so ergiebt sich als Regel eine mehrfache Komposition, wobei der zweite Teil des Personennamens, der somit die Mitte des ganzen dreiteiligen Wortes bildet, am meisten der lautlichen Verwitterung ausgesetzt ist. Weniger zahlreich sind diejenigen Ausdrücke, welche eine bestimmte Menschenklasse, einen Stand oder ein Gewerbe benennen, wie *König, Herzog, Graf, Fron, Bischof, Abt* u. dgl.; *Meister, Meier*; Bezüge des *Hirtenstandes*, der *Knechtschaft*, des *Handwerks*, des *Volkes* (*volk, liut* und *diet*), *Volks-* und *Stammnamen*, wie Frankfurt, Düringfeld, Paierbrunnen; *Gott* in Göttweig, *Herr, Himmel*; abstrakter Natur sind *Hunger*, Namen für Krieg und Sieg, Hilfe und Freiheit, die Attribute des *heilig* und *selig* und das *Kreuz*.

Zu diesen Ortsnamen, denen stets ein Appellativ des Ortes zu Grunde liegt, tritt endlich die Bildung eines blossen Personennamens mit der Endung *ingen*, welche die Herkunft, die Abstammung, die Angehörigkeit zu der genannten Person aussagt; *ingen* ist aber der Dativ der Mehrzahl von der Einzahl *ing:* ein Nachkomme oder ein bloss Angehöriger eines *Filo, Tacho, Gruono, Chnabi* hiess ein *Filing, Taching, Gruoning, Chnabing;* eine Mehrzahl derselben, Söhne oder Angehörige die *Filinge, Tachinge, Gruoninge, Chnabinge;* der Ort, wo sie wohnten, *ze den Filingen, Tachingen, Gruoningen* und *Chnabingen*, woraus endlich die weitverbreiteten Ortsnamen auf *ingen* entstanden sind. Überhaupt sind, wenigstens im Mittelalter, die meisten Ortsnamen Dative, weil bei dem Abgang einer flexivischen Ortsnamenbildung im Deutschen nicht anders auszukommen war.

Was nun das allmähliche Hervortreten der einzelnen Ortsnamen betrifft, so hat *Arnold* in dem oben genannten Buche eine eingehende Untersuchung der hessischen Ortsnamen geliefert, auf welche er um so mehr Gewicht legt, als Hessen das einzige oder weitaus sicherste Gebiet für diese Untersuchung sei; denn nur hier haben innerhalb der beglaubigten Geschichte stets deutsche Stämme gewohnt. Wir teilen hier die Resultate dieser Forschungen in derjenigen Form wörtlich mit, wie sie derselbe Gelehrte in seinem Buche *Deutsche Urzeit*, Gotha 1879, niedergelegt hat. Er schreibt daselbst Seite 211 ff.: „Die Orte zerfallen ihrem Alter nach in drei Klassen, die sich teils durch die geographische Lage, teils durch das relative Alter ihrer Namen bestimmen lassen, und zwar im allgemeinen um so sicherer, als die dadurch gewonnenen Zeiträume zugleich genau den in der Geschichte allgemein angenommenen Perioden entsprechen. Die erste *Klasse* begreift die Namen der *Urzeit* bis zur Bildung des fränkischen Reichs oder den fränkischen Wanderungen im fünften Jahrhundert. Es sind entweder einfache, oft sehr schwer zu enträtselnde Namen, oder Komposita mit den später in der Sprache ausgestorbenen, daher jetzt ebenfalls nicht mehr verständlichen Worten *affa* (Wasser), *lar* (Ort, Stätte), *loh* (Wald), *mar* (Quelle, Sumpf), und *tar* (Baum, Strauch). Sie sind meist den einfachsten sinnlichen Wahrnehmungen entlehnt und führen auf die örtliche Lage, die Bodenbeschaffenheit, die Pflanzen, Bäume oder Tiere zurück, welche sich zufällig am Ort der Niederlassung zuerst fanden. Alle hierher gehorigen Orte liegen in offenen Thälern oder fruchtbaren Ebenen, während die Berge, wenn es sich nicht etwa um alte Befestigungen handelt, erst später angebaut werden. Denn natürlich nahm man zuerst den besten Boden in Anspruch und stieg erst, als die Bevölkerung dichter wurde, in die kleinen Seitenthäler und die höher gelegenen, minder ergiebigen Gegenden hinauf. Die *zweite Klasse* begreift die Namen der *merovingischen Epoche* bis zur Einführung des Christentums in Hessen und Thüringen, also die Zeit vom fünften bis zum achten Jahrhundert. Sie lassen sich zuerst mit Sicherheit auf den oberfränkischen Wanderungen, besonders in den überrheinischen Gebieten, verfolgen und bezeichnen deutlich den inzwischen erfolgten Übergang zur festen Ansiedelung und vollen Sesshaftigkeit des Volks. Es sind meist Zusammensetzungen mit den jüngeren Lokalbezeichnungen *-au, -bach, -berg, -born, -feld, -scheid, -statt,* die an die Stelle der älteren Grundworte treten, oder mit Worten, die von Anfang an menschliche Wohnsitze bezeichnen, wie *-büren, -dorf, -heim, -hausen, -wig* und anderen, oder schliesslich, und zwar immer häufiger, mit *Personennamen*, welche auf die Erbauer oder Eigentümer der Orte gehen und die vor allem die festere Verknüpfung der Ansiedler mit dem in Besitz genommenen Land andeuten. Die *dritte Klasse* endlich begreift die Namen, welche der christlichen Zeit bis zum Aufkommen der Städte oder dem neunten bis dreizehnten Jahrhundert angehören, womit die Geschichte des ältern Anbaues schliesst, da seit dem Aufkommen der Städte die Bevölkerung dichter zusammenrückte und von den früheren Orten, namentlich gerade den später gegründeten, viele wieder eingingen. Die Zeit des Interregnums bildet etwa die Grenze, wo die Rodungen in der bisherigen Weise aufhörten. Es sind vorzugsweise die Namen auf *-hagen, -rode, -sess, -burg, -fels, -stein, -kirchen, -cappel, -münster* und *-zell,* welche dahin zählen; daneben blieben natürlich auch die Grundworte der vorigen Periode in Gebrauch, und die jüngeren, die der dritten und letzten angehören, kommen nur neu hinzu.“ Vgl. Abschnitt X bei Förstemann.

Die Litteratur über die Ortsnamen ist so reich und nach den Landschaften verteilt, dass eine Zusammenstellung der engern Sammlungen hier kaum wird erwartet werden. Dagegen seien noch erwähnt die grösseren Werke von *Pott,* die Personen- und Familiennamen unter Berücksichtigung der Ortsnamen, zweite Ausgabe. Leipzig 1859: *Förstemann,* altdeutsches Namenbuch; Oberdeutsches Flurnamenbuch, von Dr. *Buck,* Stuttgart, 1880.

Ortnit, siehe Heldensage.

Ostereier. Ihr Ursprung ist unzweifelhaft heidnisch, worauf auch die gewöhnlichen Farben derselben, rot und gelb, die Sonnenfarben, deuten. Sie sind die Sinnbilder des neu beginnenden Naturlebens. Auch der Hahn, der sie legt, wahrscheinlich als Sinnbild der Fruchtbarkeit, gehörte der Frühlingsgöttin; er war den alten Deutschen heilig, sie assen ihn nicht. *Wuttke,* Aberglauben, § 82.

Osterfeuer, siehe *Feuer.*

P.

Palimpseste heissen beschriebene Blätter, die man durch Vernichtung der ersten Schrift noch einmal zum Schreiben brauchbar gemacht und benutzt hat. Sie waren im Altertum sehr häufig, wo man von Papyrus die ältere Schrift abwusch oder abkratzte, daher der schon bei den Griechen vorkommende Name *βιβλίον παλίμψηστον*, wiederabgekratztes Buch. Auch Pergament wurde schon im Altertum ähnlich verwendet; aber erst im Mittelalter wurde die Tilgung älterer Pergamentschrift als eine besondere Kunstfertigkeit geübt und in bedeutendem Umfange betrieben; es sind verschiedene Rezepte und Anweisungen dazu erhalten. In den letzten Zeiten des untergehenden Römerreiches und den zunächst folgenden Jahrhunderten wurde im Abendlande sehr viel reskribiert; die meisten aber und fast allein wertvollen lateinischen Palimpseste stammen aus dem 7. bis 9. Jahrhundert. *Wattenbach*, Schriftwesen des Mittelalters. Abschn. III.

Palissaden, d. h. Pfahlbäume (von *palis*, Pfahl) wurden schon von den Kelten und Germanen als Befestigungswerke benutzt, bald allein, bald in Verbindung mit Gräben und Erd- oder Steinwällen. Vorgeschobene geschlossene Palissaden, sogenannte Palissadenzwinger, scheinen seit dem 9. Jahrhundert in Gebrauch zu sein.

Pallium. Siehe den Art. geistliches Ornat.

Palme, lat. *palma*. Schon im römischen Altertum ist die Palme Sinnbild des Sieges, der Palmzweig des Siegers Ehrenlohn. Schon die Katakomben zeigen Christi Bild mit demselben geschmückt. Erst später wurde der Palmzweig auch Attribut der Engel und aller Märtyrer mit Bezug auf Psalm 92, 13.

Palmenorden, siehe Fruchtbringende Gesellschaft.

Palmsonntag, *dominica palmarum*, wurde in der orientalischen Kirche schon im 4. Jahrhundert gefeiert; in der occidentalischen ist Beda Venerabilis, 8. Jahrhundert, der erste, von dem sich eine Predigt auf diesen Tag erhaltne hat. Schon früh wurde den zur Taufe vorbereiteten Katechumenen auf ihre Meldung und Bitte um Zulassung zum Sakrament an diesem Tage das ihnen bis dahin vorenthaltene Glaubensbekenntnis, *Symbolum fidei*, mitgeteilt. An demselben Tage findet die Palmenweihe und die Palmenprozession statt; die *palmstuden, so an dem palmtag gesegnet, sind nit allein kreftig für tüfelsche gespenst, sunder och alle ungewitter, donder, hagel, platzregen ze vertriben, so die angezündt und der rouch dem wetter entgegen schlacht.* Kessler, Sabbata, I. 105. Von Alters her war man bemüht, die Prozession möglichst genau der in den Evangelien berichteten nachzuahmen. In den Klöstern und Kirchen des Mittelalters benützte man oft einen lebendigen Esel, der prächtig geschmückt entweder eine Palme mit der konsekrierten Hostie oder ein Evangelienbuch trug, oder man begnügte sich mit einem auf kleinen Rädern laufenden hölzernen Palmesel und einer darauf gesetzten Puppe, die den Herrn darstellen sollte.

Panisbrief heisst die Urkunde, in welcher der Kaiser oder Landesherr einem Kloster oder Stift befiehlt, eine gewisse Person fortan zu ernähren. Solche Pfründen gab es im Mittelalter in ganz Europa;

sie leiteten sich von dem alten Rechte weltlicher Herrschaften auf Unterhalt in geistlichen Stiftern während ihrer Reisen her. In Deutschland verzichtete der Kaiser erst 1790 auf das Recht, Panisbriefe zu erteilen.

Panzer, *panzir*, *banzier*, nach Diez von *pantex* = Bauch, Wanst, abstammend, nennt man die Ausrüstung des Kriegers. Ob damit anfänglich bloss die Brust- oder die Bauchbedeckung bezeichnet worden, lässt sich aus den verschiedenen Angaben nicht genau nachweisen. (S. Harnisch.)

Panzerbrecher wurde ein Dolch genannt von circa 40 cm Länge; Panzerstecher ein einschneidiger, spitzer Stossdegen.

Papier. Der Ursprung dieses Schreibstoffes ist dunkel. Die Bereitung von Papier aus *Baumwolle* soll bei Chinesen aus uralter Zeit üblich und bei der Eroberung von Samarkand um 704 den Arabern bekannt geworden sein, welche in Damaskus die Fabrikation lebhaft betrieben; durch die Araber kam die Kunst zu den Griechen, welche im 10. Jahrhundert auf Papier geschrieben und im 13. den Gebrauch des Pergamentes überholt haben sollen. Den Namen bekam der neue Schreibstoff vom ältern Nilpapier, *charta* und *papyrus*, auch *charta bombycina*. Ursprünglich soll die rohe Baumwolle zur Papierbereitung verwendet worden sein, *Lumpenpapier* wird zuerst im 12. Jahrhundert erwähnt; da in den Lumpen sicher auch oft, ja oft vorherrschend *linnene Lumpen* waren, so veränderte sich damit von selber das Material des Papiers; doch ist möglich, dass schon die alten Ägypter auch Linnenpapier bereiteten. Von den Arabern lernten die Spanier und Italiener die Papierfabrikation. Von Venedig und Mailand wurde anfangs Süddeutschland, von Frankreich und Burgund das westliche und nördliche Deutschland mit Papier versorgt. Die ersten deutschen Fabriken befanden sich zwischen Köln und Mainz, um 1320 bei Mainz. In Nürnberg, welches mit Venedig in lebhaftem Handelsverkehr stand, errichtete Ulman Stromer 1390 eine Papiermühle mit Benutzung von Wasserkraft, wozu er sich italienische Arbeiter verschaffte. In Ravensburg wurde 1407 ein *Papirhûs* erbaut, aus welchem das Papier mit dem Ochsenkopf (derselbe wird als Zeichen des heiligen Lukas, des Patrons der Malergilden, erklärt) hervorging, *so man gar gern in den kanzleien nutzt*. Während man jedoch feinere Papiere noch lange aus Italien bezog, hatte die grosse Ravensburger Handelsgesellschaft umgekehrt im 15. Jahrhundert ihre Häuser in Valencia, Alicante und Zaragoza. Eine Basler Fabrik liess 1470 zur Vervollkommnung der Papierbereitung spanische Arbeiter aus Galicien kommen. Von den Arabern wurde auch das Wort *razmah* = Bündel, mit dem Papier übernommen, span. *resma*, ital. *risma*, franz. *rame*, engl. *ream*, deutsch *ries*, *riesz* = 20 Buch zu 25 Bogen.

Das älteste sichere Beispiel einer Urkunde auf Baumwollenpapier ist eine Urkunde des Königs Roger von Sicilien vom Jahr 1102, das älteste bekannte kaiserliche Schreiben auf diesem Stoffe ist von Friedrich II. 1228 aus Barletta an ein Nonnenkloster in Steiermark gerichtet und noch in Wien vorhanden; doch verbot derselbe Kaiser 1231 die Anwendung des Papiers zu Urkunden, weil es zu vergänglich sei. Italienische Notare mussten noch in späterer Zeit bei ihrem Amtsantritte versprechen, kein Papier zu Urkunden zu verwenden; doch gebrauchte man es zu Protokoll-, Konzeptbüchern, Registern u. dgl. *Wattenbach*, Schriftwesen im Mittelalter.

Parzival ist der Held des grossen höfischen Ritterepos von Wolfram von Eschenbach, das nach ihm selber *Parzival* heisst und zwischen 1200 bis 1207 enstanden ist. Die Handlung des Parzival gehört der Gralsage an; doch haben schon die französischen Quellen des deutschen Gedichtes Züge der Artussage damit verflochten. Der Gehalt des Parzival-Gedichtes ist ein wesentlich ethischer; „Parzival ist das Symbol des Menschen, der Gott sucht, aber in Irrtum und auf Abwege gerät, von Gott sich entfernt, der an Gott in dem Glauben irre wird und zur Verzweiflung gelangt. Aber vor der Verzweiflung findet er Genesung, die Reue erwacht, er besiegt den eigenen Trotz und Hochmut, er wird demütig, und nun erst ist er vollkommen würdig, das geistliche Königtum zu erlangen. Er hatte es gefunden, ohne es zu suchen, in der Herzenseinfalt und Reinheit der Jugend, aber eben in dieser Einfalt den Besitz des höchsten Gutes verscherzt. Das reine Gemüt der Jugend befähigt ihn zum höchsten Besitze; daher vermag Gawein, der diese Herzensreinheit nicht hat, wenn er auch in weltlichem Sinne als ein Ideal des Rittertums bezeichnet werden kann, den Gral nicht zu erringen, die Gralburg nicht aufzufinden. Aber erst wenn der Mensch durch das Feuer des Leids, durch innere Trübsal, durch die Nacht des Zweifels hindurchgegangen ist, gelangt er nach Besiegung des Zweifels in den dauernden Besitz. Sündig wie er ist, muss er in Hochmut, in Verzweiflung an Gott und an sich selbst fallen; aber gereinigt geht er aus diesen Kämpfen hervor zum ersehnten Königtum.“ Bartsch, Einleit. Die Aufgabe, einen ethischen Inhalt von so umfassendem Gehalt in die Form romantisch-höfischer Ritteraventüren zu giessen, war sehr schwierig, und schon Wolframs Zeitgenossen haben daher die dunkle Weisheit getadelt, ja verhöhnt. Nachdem über die Bedeutung der Gralsage schon im Art. *Gral* gesprochen worden, gilt es hier nur eine kurze Skizze der Handlung des deutschen Gedichtes zu geben:

Parzival, mhd. *Parzivâl*, altfranz. *Perceval*, bretonisch *Peredur* (die Schreibung Parsival beruht auf einer von Görres aus dem Persischen aufgestellten falschen Deutung des Namens), ist der Sohn *Gamurets* aus dem königlichen Geschlechte von *Anjou* und der aus dem Königsstamme der Gralshüter entsprossenen *Herzeloide*. Nach des Vaters frühem Tode wird er von der besorgten Mutter, fern von der Welt, in der Einöde Soltane erzogen, damit ihn nicht, wie bei seinem Vater geschehen, ein früher Tod im Kampf erreiche. Da lauscht er nun in kindlicher Unschuld dem Gesang der Vögel. Als er zum Jüngling herangewachsen, ziehen drei gewappnete Ritter durch den Wald, die der Jüngling, in Erinnerung an ein Wort der Mutter, „Gott sei lichter als der klare Tag,“ jeden für Gott hält; er erfährt aber von ihnen, sie seien Ritter, und Artus sei es, der Ritterschaft verleihe. Sofort erwacht das unwiderstehliche Verlangen in ihm, vom König Artus Ritterschaft zu erlangen. Zwar lässt ihm die Mutter statt einer Rüstung eines Thoren Gewand anlegen, aus Sacktuch und Kälberfell genäht, und so, als ein *tumper*, zieht er hinaus in die Welt, die Mutter fällt vor Gram tot zur Erde. Parzival aber gelangt nach Nantes an den Hof des Königs Artus, wo er durch seinen Aufzug solches Aufsehen erregt, dass eine Fürstin, die noch niemals gelacht, durch ihn zum ersten Auflachen bewogen wird. Auch seine rauhe und ungefüge Tapferkeit erregt Aufsehen. Die erste That, die er nun ausführt, ist der Kampf für die von übermütigen Freiern bedrängte *Konduiramur* dieselbe wird seine Gemahlin, doch lassen ihn Heimatsehnsucht und Wandertrieb nicht lange bei ihr ruhen; er zieht aus, nach seiner Mutter zu sehen. Auf dieser Fahrt gelangt er nun, ohne es zu ahnen, auf die *Gralsburg Munsalwäsche*; blendende Pracht und Herrlichkeit empfängt ihn im Burgsaale. Ein Knappe bringt eine blutende Lanze herein, bei deren Anblick alle jammern, Jungfrauen tragen Leuchter, silberne Messer und dergleichen, endlich die Königin *Repanse* den *Gral*, der alles Wünschbare, auch Speise und Trank in Fülle gibt. Der Wirt schenkt seinem Gaste ein Schwert; da aber Parzival, eingedenk der Lehre eines alten Ritters, dass er nicht allzuviel fragen möge, auch hier die Frage nach der Bedeutung dieser Dinge unterlässt, findet er am nächsten Morgen das Schloss öde und verlassen und sein Pferd gesattelt auf dem Hofe stehen. Bald trifft er nun auf Artus, der mit seiner Ritterschaft den roten Ritter sucht, um ihn in seine Tafelrunde aufzunehmen. Da sich Parzival im Kampf mit Artus' Rittern als der stärkste bewährt, erklären ihn bald alle als der Tafelrunde würdig; man nimmt ihn auf, aber mitten im Feste erscheint vom Grale kommend die Zauberin *Cundrie*, verflucht Parzival, weil er die Frage nicht gethan habe, und erklärt die Tafelrunde durch seine Genossenschaft für entehrt. Darauf scheidet Parzival aus der Tafelrunde, deren er sich unwürdig dünkt, und zieht, an Gott verzweifelnd. von dannen, den Gral zu suchen.

Über vier Jahre irrt er nun, fern von Gott und der Heimat, trotzig und verzagt, *zweifelnd* umher; das Gedicht verliert ihn ganz aus den Augen, um in langer Ausführung die Herrlichkeit des weltlichen Rittertums, deren Held *Gawein* ist, zu schildern. Nach vier Jahren endlich, an einem Karfreitag, dessen Heiligkeit er durch Waffentragen verunehrt hat, weist ein Ritter im grauen Gewande Parzival zum erstenmal wieder auf das höhere Ziel seines Lebens hin, indem er ihn an die Treue Gottes mahnt. Ein Einsiedler, es ist sein eigener Oheim *Trevrizent*, belehrt ihn über die Geheimnisse des Grals; sein Bruder *Anfortas*, der Gralkönig, habe einst auch das Feldgeschrei Amur vor sich hergetragen, darum habe er im Streit unterliegen müssen, sei mit jenem vergifteten Speer verwundet worden und daher siech, obgleich der Anblick des Grals sein Leben friste; Heilung werde er erst erlangen, wenn ein Ritter auf die Gralburg komme und freiwillig nach dem Leiden des Königs und nach dem Gral fragen werde; diesem werde dann Anfortas das Gralkönigtum übergeben; er selber aber, Parzival, sei dafür bestimmt. Nachdem er nun noch zahlreiche Thaten vollführt, und infolge davon in die Tafelrunde des Artus aufgenommen worden, wird ihm durch dieselbe Gralsbotin, die ihn einst verflucht hatte, seine Bestimmung zum König des Grals angekündigt; er zieht auf die Burg, thut die Frage, erlöst seinen Oheim von seinen Schmerzen, nimmt von dem Königtum Besitz und findet zuletzt seine Gattin mit seinen beiden Söhnen *Kardeiss* und *Loherangrin* wieder; dieser soll ihm im Gralkönigtum, jener in den weltlichen Reichen seines Vaters nachfolgen. — Als Grundgedanken fasste Wolfram den Gegensatz zwischen dem Streben nach weltlicher irdischer Lust (Gawein) und dem Ringen nach dem geistigen himmlischen Besitze (Parzival). Die Geheimnisse der Gralburg und die verhängnisvolle Frage bilden den Mittelpunkt, um welchen der ganze Stoff sich schürzt. Parzival ist das Symbol des Menschen, der Gott sucht, aber in Irrtum und auf Abwege gerät, von Gott sich entfernt, der an Gott und dem Glauben irre wird und zur Verzweiflung gelangt. Aber von der Verzweiflung findet er Genesung, die Reue erwacht, er besiegt den eigenen Trotz und Hochmut, er wird demütig, und nun erst ist er vollkommen würdig, das geistliche Königtum zu erlangen. Er hatte es gefunden, ohne es zu suchen, in der Herzenseinfalt und Reinheit der Jugend, aber eben in dieser Einfalt den Besitz des höchsten Glückes verscherzt. Das reine Gemüt der Jugend befähigt ihn zum höchsten Besitze; daher vermag Gawein, der diese Herzensreinheit nicht hat, wenn er auch in weltlichem Sinne als ein Ideal des Rittertums bezeichnet werden kann, den Gral nicht zu erringen, die Gralburg nicht aufzufinden. Aber erst wenn der Mensch durch das Feuer des Leides, durch innere Trübsal, durch die Nacht des Zweifels hindurchgegangen ist, gelangt er nach Besiegung des Zweifels in den dauernden Besitz. Sündig wie er ist, muss er in Hochmut, in Verzweiflung an Gott und sich selbst, fallen; aber gereinigt geht er aus diesen Kämpfen hervor zum ersehnten Königtum. Nicht im lauten Treiben der Welt findet Parzival den verlorenen Glauben wieder, sondern in der Einsamkeit bei dem Einsiedler Trevrezent, in welchem er seinen Oheim erkennt. Dieser belehrt ihn, dass Hochmut und Zweifel den Gral niemals erringen können. Trevrezent erzählt ihm, er selbst habe, wiewohl dem Königsgeschlecht des Grals angehörend, der Würde eines Pflegers entsagt und büsse als Einsiedler; sein Bruder Anfortas, der Gralkönig, habe einst im Kampfe das Feldgeschei „Amur" ertönen lassen, weltliche Liebe aber ziemen dem Gralkönige nicht, daher sei er verwundet worden und schleppe ein langes Leben dahin, er könne nicht sterben, da er aus dem Anblick des Grals immer neues Leben schöpfe; aus einer Inschrift am Gral wisse man aber, es werde ein Ritter kommen, der die Frage nach dem Grunde der Trauer auf der Gralburg thue, diesem werde Anfortas das Königtum übergeben. Trauernd und doch voll Trost scheidet Parzival von ihm: schwere Proben muss er bestehen, ehe er das Ziel erreicht. Er muss mit seinem besten Freunde Gawein kämpfen, ohne ihn zu kennen; denn zwischen beiden besteht ein innerer Gegensatz, der zum Austrag kommen muss. Der letzte, schwerste Kampf ist der mit seinem Halbbruder Feirefiz, also mit dem ihm am nächsten stehenden Menschen. Aber auch hier ist der Kampf motiviert und notwendig, weil Feirefiz noch Heide ist. Der nach Gott ringende Mensch darf auch das Teuerste auf Erden nicht schonen. Mit diesem Kampfe, den er für Gawein besteht, ist seine Reinigung äusserlich wie innerlich vollzogen, und er darf in die Gralburg zurückkehren, wo er die versäumte Frage thut, das Königtum gewinnt und sein Weib und seine beiden Kinder wiederfindet." Nach *Bartsch* in der Einleitung zur Parzival-Ausgabe. Vgl. *Birch-Hirschfeld,* die Sage vom Gral. Leipzig 1877.

Passional, siehe Legenden.

Passionsspiele, siehe Drama.

Pastourelle, Pastorell, heisst in der provençalischen Lyrik eine Dichtart, welche den Dichter in Berührung mit Schäferinnen und Schäfern zeigt und es namentlich liebt, Stücke von Volksliedern in der Art eines Refrains anzuhängen.

Im 17. Jahrhundert tragen denselben Namen nach italienischem Muster abgefasste Schäferspiele. Mit Ausnahme einiger lyrischer Teile, wie der „musikalischen Vorbereitung" zu Anfang und der „musikalischen Application" zu Ende sind sie in Alexandrinern abgefasst. Es gab auch Pastorellen in Prosa mit eingelegten Gesangsstücken und ganz gesungene Pastorellen.

Patronat über **Kirchen.** Schon

im römischen Reiche waren den Erbauern einer Kirche gewisse Rechte gesichert, Ehrenrechte, Erwähnung des Namens im Kirchengebete, Empfang mit Weihrauch beim Eintritt, besonders aber Einfluss auf die Anstellung des Geistlichen. Auf germanischem Boden bildete sich dieses Verhältnis dadurch weiter aus, dass überhaupt eine Kirche mit ihren Rechten, Gütern, Einkünften und ihrem Personal als ein Besitz galt. Karl der Grosse räumte daher ohne weiteres ein, dass der freie Mann, der eine Kirche baue, das Recht habe dieselbe zu vergeben und zu verkaufen, sobald nur die Erhaltung des Gebäudes und des Kultus darin gesichert bleibe. Auch an ein Kloster oder an einen bischöflichen Sitz konnte eine Kirche inkorporiert werden, was wie bei andern Schenkungen von Grundbesitz unter symbolischen Formen geschah, gewöhnlich durch Einwicklung der Schenkungsurkunde in das Altartuch oder mittelst des Glockenseils. Dem Besitzer der Kirche stand in erster Linie das Recht zu, den Geistlichen anzustellen, eine Befugnis, die früh mit der bischöflichen Gewalt in Konflikt geriet und oft Streitigkeiten veranlasste; eine Auskunft war u. a. die, dass man den Patronen bloss die Präsentation geeigneter Subjekte zusprach, dem Bischof aber die eigentliche Erteilung des Amtes zugleich mit der Ordination. Das Recht des Patrons ging aber noch weiter, der Patron machte Anspruch auf das Einkommen der Kirche, manchmal verlangte er sogar von den auf dem Altar geopferten Gaben die Hälfte. Obgleich die Synoden sich gegen dieses Prinzip wehrten, blieb für den Patron das Recht auf denjenigen Teil des Kircheneinkommens bestehen, der nach der Bestreitung des geistlichen Dienstes übrig blieb. Infolge der stärkern Betonung des Kirchenrechtes im 11. und 12. Jahrhundert wurde parallel mit den Streitigkeiten um die Investitur der Bischöfe den Stiftern das Eigentumsrecht abgesprochen und dafür das Recht der Kirche in den Vordergrund gestellt; dem Grundherrn blieb nur einerseits das Recht des Schutzes und der Aufsicht über das Kirchengut, anderseits die Präsentation zu dem erledigten Amte.

Pegnitzschäfer, siehe Blumenorden.

Pelz. Aus den Fellen einheimischer Tiere verfertigten sich schon die Germanen ihre notdürftige Bekleidung. Es wird aber auch gemeldet, dass sie ihre Pelze auf der äussern, rauhen Seite mit köstlichen Pelzstücken geziert, die sie ihren nördlichen Nachbarvölkern abgehandelt. Bekannt ist, wie zu Karl des Grossen Zeit sich die Hofleute in der Beschaffung köstlicher Pelzmäntel überboten, und zwar werden als solche Marder- und Hermelinfelle genannt. Scandinavische und russische Pelze gehörten bald zu Ehrengeschenken, „deren Duft“ — wie Adam von Bremen im 11. Jahrhundert klagt — „unserer Welt das tödliche Gift der Hoffart und Eitelkeit eingeflösst hat. Und schätzen jene nordischen Völker die Felle nicht höher denn Mist, und damit ist uns wohl das Urteil gesprochen, da eben wir mit jeglichen Mitteln, rechten oder unrechten, nach einem kostbaren Marderkleid wie nach der höchsten Seligkeit trachten.“ Wohl vom Anfang des 12. Jahrhunderts an unterschied man die zarten Bälge der Zieselmaus als Buntwerk, das Fell der grauen Eichkätzchen als Grauwerk und eine Mischung beider als Buntgrau. Geschätzt waren Zobel, Biber und Hermelin. Die Pelzmäntel wurden von beiden Geschlechtern getragen, ungefähr in Knielänge, von Männern mit, von Frauen auch ohne Armstück, aber mit Kapuze, von Kriegern auch über der Brünne. Das Gesagte hat jedoch nur auf die höheren Stände

Bezug; den niederen sowie dem Bürgerstande war das Tragen von Pelzen bis zu Ende des Mittelalters gänzlich untersagt, während der Ritterstand, dem von Reichswegen ebenfalls Vorschriften gemacht wurden, in diesem Luxus sich nicht einschränken liess. Der Pelz wird immer weiter, schliesst sich vorn und erhält namentlich bei den Frauen solche Länge, dass zum Tragen der Schleppe eine dienende Hand nötig wird. Im 15. Jahrhundert wird der Pelz wieder enger und verschwindet auch beim weiblichen Geschlechte so, dass ausser dem Schulterkragen nur noch eine köstliche Pelzgarnitur des Oberkleides Platz greift. Auch bei den Männern wird er in der zweiten Hälfte des genannten Jahrhunderts zu einem einfachen Überrock, während er im 16. Jahrhundert sich wieder verlängert und erweitert.

Weiss, Kostümkunde; vergl. *Weinhold*, deutsche Frauen, Abschnitt IX.

Pentagramm, siehe Drudenfuss.

Pergament soll seinen Namen folgender Begebenheit verdanken: Als König Eumenes II. in Pergamus eine Bibliothek anlegte und so als Nebenbuhler der Ptolemäer in Alexandrien auftrat, verboten diese aus Eifersucht die Ausfuhr des Papyrus und zwangen dadurch die Gelehrten von Pergamus, sich wieder dem altasiatischen Schreibstoff, den Tierhäuten, zuzuwenden; da sich infolge davon die Zubereitung der letzteren sehr verbesserte, wurden sie seitdem als *charta Pergamena* bezeichnet. Seitdem blieb das Pergament neben dem Papyrus ein beliebter Schreibstoff. Im Mittelalter unterschied man das italienisch-spanische und das deutsch-französische Pergament; bei jenem sind die beiden Seiten verschieden, bei diesem meist gleich bearbeitet. Das feinste Pergament gaben die Häute ungeborener Lämmer; es ist sehr dünn, weiss und glatt, konnte aber nur zu ganz kleinen Handschriften dienen; es heisst schon im Mittelalter Jungfernpergament; das gewöhnliche Pergament war von der Haut des Hammels, der Ziege und des Kalbes. Das Pergament war ein Handelsartikel, wurde aber in abgelegenen Gegenden, Klöstern u. dgl., oft recht löcherig und roh, zum eigenen Bedarf zubereitet. Nach und nach entstand ein Gewerbe der Pergamentmacher, mhd. *pergamenter*, *bermenter*, *permunzer*, *pirmeter*, *buochfeller;* sie verkauften ihre Ware nach Stücken, Häuten und Quaternen.

Schon in alter Zeit färbte man das Pergament purpurn, zuerst wohl nur für den Umschlag der Rollen oder für das am obern Rande der Rolle angebrachte Titelblättchen. Im 3. Jahrhundert aber war schon die Mode herrschend, ganze Werke auf purpurnem Pergament mit Gold und Silber zu schreiben; Hieronymus und Chrysostomus eiferten dagegen; die merkwürdigste und vielleicht älteste dieser Handschriften ist der *Codex argenteus* der gotischen Bibelübersetzung zu Upsala. Von Italien kam diese Kunst zu den Angelsachsen; auch Karl der Grosse hatte eine Vorliebe dafür; meist waren es Bibelhandschriften, denen diese Ehre zu Teil wurde. Nach dem 9. Jahrhundert schrieb man bloss noch einzelne Blätter auf diese Art.

Wattenbach, Schriftwesen im Mittelalter.

Perlen werden als besonders kostbarer Schmuck neben Edelsteinen wohl schon früh im Mittelalter erwähnt, dagegen als Halsbänder, Hut-, Hauben-, Kragen-, Ärmel- und Handschuhbesatz der Damen erst eigentlich im 16. Jahrhundert. An den Höfen hielt man zur Anfertigung solcher Arbeiten eigene „Perlenhefter“.

Perlmutter. Die Perlmutter war schon den Meistern des früheren Mittelalters bekannt und namentlich zu eingelegten Arbeiten und Tabletterien gerne verwendet.

Perrücken waren schon in Rom in der späteren Kaiserzeit gebräuchlich; sie verschwinden jedoch — wenigstens im Abendlande — vom Schauplatze, bis sie im 15. Jahrhundert am burgundischen Hofe auftauchen. Das Bestreben, lange Haare zu tragen und diese durch Wickel, Brennen und Einölen zierlich zu kräuseln, liess diejenigen, denen die Natur den starken Haarwuchs versagt hatte, auf den Gedanken kommen, das Fehlende künstlich zu ersetzen. So nahmen sie zu dem „falschen Haare“ ihre Zuflucht. Der Name „Perrücke“, franz. *perruque*, engl. *periwig*, findet sich zuerst bei Brantôme um 1570. Am beliebtesten waren die *blonden* Perrücken, wie denn überhaupt die blonden Flechten für die schönsten galten; eine Ansicht, die von den französischen Frauen ausgegangen sein soll und für lange Zeit im ganzen Abendlande unangefochten blieb. Die Haare wurden daher nötigenfalls gefärbt und gebeizt. Aber auch die Männer suchten sich auf ähnliche Weise zu schmücken. Nach einem Briefe des italienischen Dichters Marino trugen um 1615 in Paris auch die Männer „auf dem Kopfe einen falschen, aus Haare nachgemachten Kopf“ und bald war auch der schönste natürliche Haarwuchs nicht mehr gut genug; die Perrücke war zur Modesache und so für die Leute von Stand zum Bedürfnis geworden, dass um die Mitte der fünfziger Jahre das Faktotum seiner Zeit, Ludwig XIV., nicht nur selbst zur Perrücke griff, sondern auch gleichzeitig 48 Hofperrückenmacher ernannte und für Paris und die Vorstädte eine eigene Körperschaft von 200 *Perruquiers* ernannte, von welcher die durch des Königs Leib-*perruquier* Binette um 1670 erfundene „*binette (grand in-folio)*“ getreulich nachgeahmt wurde. Sie kostete bis 1000 Thaler und war also nicht jedermanns Kauf; aber wer sie nicht so köstlich aus Menschenhaaren konnte verfertigen lassen, der begnügte sich mit einer kleineren, die auch nötigenfalls aus gesottenen Pferde- oder Ziegenhaaren hergestellt sein durfte. Bei der Nachahmungssucht der Nachbarvölker fehlte es nicht, dass in kurzer Zeit der französische Geschmack auch hierin ringsum Anklang fand.

Als Amtstracht erscheint die Perrücke besonders bei den Advokaten; doch suchten sich auch zu wiederholten malen und nicht ganz ohne Frfolg Geistliche das Recht des Tragens einer „bescheidenen Perrücke“ auszuwirken, wie sehr auch eben ihre Synoden die neue Mode als lächerlich und sündhaft erklärten und mit scharfen Erlassen gegen dieselbe ankämpften. Auch Schriftsteller leisteten das Menschenmögliche, aber nicht mit mehr Erfolg. So schreibt Michael Freund in seinem „*Alamode-Teuffel*“ um 1682: „Heutiges Tages regieret auch ein besonderer Haar-Teuffel bey den Mann- und Weibspersonen, sie führen damit einen sonderlichen Pracht, lassen dieselben weiss, gelb, bleich, roth, braun färben, mit besonderen Zangen kräusen, auffreihen und puffen. Wie viel tausend und aber Reichsthaler werden vor *Paruqven* bezahlet? die mancher gar wohl entrathen könnte, weil er sonst Haar genug auff seinem Kopffe hat. Wie viel hundert Dukaten verstieben mit dem Haarpouder? Die stinkende Perrücke bestreuet mancher mit köstlichem *Poudre de Cypre*, also dass er eines Müllers Sohn nicht ungleich siehet; oder man doch zum wenigsten vermeinen sollte, dass er den Kopff im Meelsacke gehabt hätte. Vor andern hat der Alamodische Haar-Teuffel sein Spiel mit den Alamodischen Locken, so man über die Stirn und Gesicht herunterhangen lässet, wie die lockete Wasserhund, mit sonderbaren Haarhauben, so von frembden Haar gemachet, und auff das Haupt, als wenns natürlich Haar, gesetzet werden, lassen ihnen güldene Feilspäne darein streuen, auch wohl gar Gold darein flechten"; u. s. w.

Nach *Weiss*, Kostümkunde.

Personen- und Familiennamen.

I. Personennamen.

Bei den Germanen geschah die *Namengebung* der Kinder, altnordisch *nafnfesti* = Namenfestigung, in feierlicher Weise nach der Geburt: nachdem das Kind durch den Vater vom Boden aufgehoben, gebadet und mit Wasser begossen war, wurde ihm vom Vater, oft aber auch vom Grossvater oder vom mütterlichen Oheim der Name zugeteilt und dabei ein Geschenk übergeben. Der Name wurde aber hauptsächlich mit Rücksicht darauf gewählt, dass derselbe die verwandtschaftlichen Beziehungen angeben sollte, und zwar auf verschiedene Art. Entweder geschah die Abwandlung der Namen durch Ablaut oder Lautsteigerung: *Ada* und *Uota*, *Adalhilt* und *Uodalhilt*, oder durch den Stabreim: *Sigelint*, *Sigemunt*, *Sigefrit*; *Dietwart*, *Dietmâr*, *Dieterîch*; *Wolfhart*, *Wolfbrant*; *Liudgêr*, *Liudgart*; *Hildebrant*, *Hadubrant*; *Gunther*, *Gêrnôt*, *Gîselher*, wobei meist der ganze erste Teil der Komposition bewahrt worden ist; auch der zweite Teil der Wortzusammensetzung wurde zur Andeutung der Verwandtschaft gebraucht, z. B. in St. Gallischen Urkunden die Brüder *Erinpert* und *Amalpert*; *Tiutulf*, *Merolf* und *Piscolf*; *Hupert* und *Isambert*; gern wurde dem neugeborenen Kinde auch der Name des Grossvaters oder des Oheims gegeben. Auch das kam vor, dass man dem Kinde einen Namen aus den Namen von Vater und Mutter zurechtmachte.

Abgesehen von den genannten verwandtschaftlichen Rücksichten waren die Deutschen gewohnt, Sinn und Bedeutung auf den Namen zu legen; es sollte eine heilsam weissagende Kraft, die im Namen lag, dem Träger zugute kommen. Einfache Namen sind wenige auf uns gekommen; es gehören dazu *Ernst*, ahd. *Ernust*, der zum Kampfe entschlossene, *Karl*, *Liupôsta*, *Traganta*, *Wahsanta* (die Tragende und Wachsende), *Perahta* = *Bertha*, *Ida*, *Ava*, *Swabin*, *Cristinna*. Weit häufiger sind die zusammengesetzten Namen, in denen die einfachen Namensstämme in allen möglichen Kombinationen sich verbinden. Ihre Fülle und Mannigfaltigkeit setzt in Erstaunen, und zwar ist es namentlich zweierlei, was sich in ihnen zumeist wiederspiegelt: Die Beziehungen des Menschen zur Gottheit und die häufigste und ruhmvollste Beschäftigung, der Kampf.

Das deutsche Wort *Gott* finden wir in den Namen *Gotleib*, woraus *Gottlieb* entstanden ist, er bedeutet aber ursprünglich gottgeboren; ferner in *Godefrid*, *Godascalc* (Gottesknecht), *Godwin* (Gottesfreund), *Gotahart*, *Goderam* (Gottes Rabe). Während dann freilich die Namen der hohen Götter und Göttinnen selbst, wie *Wuotan*, *Donar*, *Ziu*, *Fro*, *Frigg* in Namenzusammensetzungen, wohl aus religiöser Scheu, nur ausnahmsweise verwandt werden, sind dagegen die untergeordneten Götterwesen sehr häufig, so namentlich die *Asen* oder *Ansen*, in *Anshelm*, *Ansbert*, *Ansfred* und in angelsächsischer Form *Oskar*, *Oswald*. An die *Alben* oder *Elfen* erinnern *Alberich*, *Albuin* (*Albwin* = Elfenfreund), *Alfred* = Elfenrat, *Alpgêr*, *Albsind*. Im Gegensatze zu ihnen stehen die *Riesen*, Hünen und Thursen, deren Geschlecht in *Hunibald*, *Hunipreht* (franz. *Umbert*, ital. *Umberto*), *Hunfrid*, *Humbold*, *Thurismund* niedergelegt ist. Heilige Tiere, die in der Namengebung viel verwandt wurden, sind *Wolf* und *Rabe*, ahd. *ram.* Wolf legt sich in der Form *ulf* oder *olf* fast an jeden andern Stamm, und es finden sich z. B. *Adolf, Arnulf, Gerolf, Gundolf, Hildolf, Meginolf, Rudolf, Reginolf, Thiudolf, Wigolf;* Förstemann zählt ihrer etwa 370; auch an erster Stelle des Namens erscheint das Wort, wie in *Wolfrat, Wolfgêr, Wolfart.* Wie der Wolf, so ist auch der Rabe *Wuotan* als dem obersten Schlachtenlenker heilig: sein Name liegt in *Hiltiram, Guntram, Sigiram, Wolfhraban, Waldram, Bertram, Rambert, Wichram, Aldram, Engelram.*

Die Tiernamen haben auch eine allgemeinere Beziehung zum Mut, zur Kampfeslust der Germanen; in diesem Sinne erhielt u. a. der Knabe den Namen *Eberwin* oder *Wolfwin*, Eber- oder Wolfsfreund. Auf den *Bären* weisen Namen wie *Bernhart, Bernwart, Bernold, Beringar, Isanpero,* auf den *Aar Arnolf* und *Arnold*, auf den *Eber Eberhart, Eberwart, Eberswind. Lint* = Schlange, und *Swana* = Schwan dienen zu weiblicher Namengebung: *Gerlint, Burglint, Rihlint, Swanahild, Swanaburg, Swanagart.*

Noch wirksamer für die Namengebung der Männer wie der Frauen sind Namen des Krieges, des Ruhmes, der Ehre; die hierher gehörenden Worte sind namentlich *gund, hild, hadu, wig.* Von *gund* kommt z. B. *Guntram, Gunthelm, Gundbert, Gunthari* = *Günther, Guntolf, Gundobert, Gundemar; Hildegunde, Adelgunde, Kunigunde, Fredegunde.* Noch zahlreicher sind die Zusammensetzungen mit *hild: Hildebrand, Hilderich, Hildebert, Hildefons, Hildebald, Hildolf,* weibliche Namen *Hildeburg; Hildegard, Hiltrud, Machtild, Brunhilde, Grimhilde, Clothilde.* Das Wort *hadu* begegnet in *Hadubrant, Hadumar, Hadolt, Hadolf, Haduwig;* im letzteren Namen erscheint *hadu* mit dem Kriegswort *wig* verbunden, das sich u. a. auch in *Wigbold, Wigbert, Wichman, Wiclef, Hludowig* = Ruhmeskampf, *Hartwig* und *Herwig* vorfindet. An den Streit schliesst sich der *Sieg;* daher *Sigwart, Sigfrid, Sigmund, Sigibald, Sigbert, Sighart, Sigimar, Sigihelm, Sigilind.* Auch die *Waffen* der Helden klingen aus den Namen wieder, zunächst das *Eisen: Isingrim, Isenhart, Isenbold.* Als hauptsächliche Trutzwaffe erscheint die kurze Lanze, *ger* oder *ker*, welches in *Garibald, Gerhard, Gerold, Gerlach, Gerwin, Gerbert,* in *Notker, Berengar, Edgar, Wolfger, Ansigar* = altsächsisch *Osgar*, die Wehr der Ansen, vorkommt; ebenso findet sich *gisal* = Peitsche, *grima* = Helm, und *helm* selbst in Namen wie *Giselbrecht* und *Giselher; Isengrim* und *Lohengrim; Helmold* und *Helmger; Wilhelm* (Willensschutz) und *Anshelm* (Asenschutz), *Diethelm* = Volksschutz. In *Eckehart, Egbert, Eginolf* steckt *eg* oder *egin* = Schwert.

Unter den kriegerischen Eigenschaften ist vor allem Kraft und Stärke, *ellan* und *magan* hervorzuheben, daher *Ellanhart* und *Ellentrud; Meginrat* oder *Meinrad* und *Meinhart, Meinhold, Meginhold* und *Meginbreht.* Der Begriff der Kühnheit liegt in den mit *nand* und *bald* gebildeten Namen: *Nandulf* (kühner Wolf), *Siginand* (siegeskühn); *Baldwin, Balderich, Theobald* = der mit tapferem Volk, *Liutbold* oder *Leopold, Willibald, Sigibald* und *Heribald.* Unser heutiges Wort *Kühn* findet man in *Kuono* und *Kuonrat* = Kühn im Rat. *Hart* bezeichnet strengen Mut und ausharrende Kraft, davon *Hartman, Hartmuot, Hartbert, Nithart* = stark im Zorn, *Gerhart, Gebhart, Bernhart* = der mit Bärenkraft, *Eberhart, Wolfhart, Burchart, Richhart, Regin-* oder *Reinhart, Megin-* oder *Meinhart, Gothart, Erhart, Eckehart.* Mit *mar* = berühmt, kommen vor *Adalmar, Dancmar, Waldemar, Volkmar, Rudmar.* Zahllos sind die

Namen, die mit *peraht* oder *preht* = glänzend gebildet sind: *Albreht* aus *Adalperaht*, der durch Adel glänzende, *Hildebreht*, woraus später *Hildebrant*, *Haduberaht*, *Meginberaht*. Herrschaft und Gewalt sind ausgedrückt in *rich: Richbert*, *Richwin*, *Richbald*, *Friderich*, *Heinrich*, *Theoderich*, *Hilderich*, *Richlint*, *Richdrut*. Kollektivbegriffe, aus denen sich Personennamen bilden, sind *Heer*, ahd. *hari*, *heri: Hermann*, *Heribert*, *Guntachar-Günther*, *Chlothachar-Lothar-Luthar*, *Giselher*, *Sigeher*, *Merilint*, *Heriswind*, *volc* in *Folcwin*, *Folcrat;* ahd. *diot*, mhd. *diet* in *Dietrich*, *Dietbold*, *Dietpert*, *Diethelm*, *Thietmar*, *Diether*, *Dietlinde*, *Theoderada*, und mhd. *liut*, nhd. Leut, in *Liutpold*, *Liutprand*, *Liutper* u. a. Ähnlicher Natur sind Namen, in denen *lant* und *marc* stecken, wie *Landfrid* und *Marcwart*. Geburt und Stellung, Dienstverhältnisse und Stand bezeichnen Begriffe wie *schalk* = Knecht, *diu* oder *deo*, der oder die Dienende, in *Engildeo*, *Irmindeo*, *Adaldeo;* sodann *degan* (*Degenhart*), *erl* und *karl* in *Erlebald* und *Karlman*; *kuni* = Geschlecht, in *Kunigunde; fara* von derselben Bedeutung in *Burgundofara*, *Adal* in zahlreichen Namen. Wieder eine andere Gruppe schliesst den Begriff des *Schützenden*, *Bergenden* in sich; dahin gehören die mit *berga*, *birg*, *burg*, zusammengesetzten Namen; sie werden meist für Personen weiblichen Geschlechtes, wie *Hiltburg*, *Frideburc*, *Gundisberga*, verwendet, während umgekehrt ahd. *munt* = Schutz, Vormundschaft, seiner Bedeutung gemäss fast ausschliesslich zur Bildung von Männernamen gebraucht wird: *Sigmund*, *Faramund*, *Ratmund*. Auch das Wort *fride* bedeutete ursprünglich Schutz und Sicherheit und ward wie *wart* und *walt* einst gerne zu Namen verwendet: *Fridehelm*, *Marcwart*, *Walthari*, *Waltfrid*, *Oswald;* das letztere Wort *walt* wird dann zu *oald* — *Rodoald*, *Wulfoald* — und zuletzt zu *old*, *Reinold*, *Gerold*, *Arnold*, *Bernold*. Zwei Stämme haben die Bedeutung von *Rat:* das ältere *ragin* oder *regin* in *Reginwald*, *Reginbald*, *Reginswind*, und das Wort *rat* selber, das z. B. bei den Namen *Ratmund* und *Radegunde* vertreten ist.

Aus solchen und vielen andern Wortbildungen — es ist hier bloss eine Auswahl zur Besprechung gelangt — setzte sich der alte Schatz der deutschen Personennamen zusammen und blieb im Ganzen bis gegen das Ende des Mittelalters zu Recht bestehen, wobei Stammes- und Familienüberlieferungen oft von Einfluss waren; so kommen Friedrich, Rudolf und Albert vorwiegend in Schwaben, Luitpold und Dietpold bei den Bayern, Heinrich, Ludwig und Kuonrat bei den Rheinfranken vor. Im karlingischen Geschlecht waren Karl, Ludwig und Lothar zu Hause, bei den Hohenstaufen Friedrich, bei den Zähringern Egino, bei den Habsburgern Albrecht, Rudolf, Leopold und Friedrich, bei den Wittelsbachern Otto. Heiligennamen kamen für geistliche Personen seit dem 7. und 8. Jahrhundert, aber nur vereinzelt vor; die höfische Romantik bevorzugte eine Zeitlang, doch mit nicht wesentlichem Erfolg, Namen des höfischen Epos, wie Parzival, Tristan. Zu derselben Zeit nahm die Zahl der kirchlichen Namen zu, namentlich *Johannes*, *Petrus*, *Paulus*, *Jacobus*, *Philippus*, *Michael*, *Christoph*, *Martin*, *Georg*, *Judith*, *Elisabeth*, *Maria*, die zum Teil besonders da sich verbreiteten, wo der Heilige besonderer Verehrung genoss. Die Häufung mehrerer Vornamen kommt seit dem 14. Jahrhundert auf.

Seit der Reformation wurden in protestantischen Ländern biblische Namen und im Gegensatze dazu infolge der Gegenreformation in katholischen Gegenden die Heiligennamen sehr geläufig, so dass seitdem von den alten deutschen Namen nur ein kleiner Bruchteil übrig blieb, solche, welche ebenfalls heilige Patrone aufzuweisen hatten, und solche, welche besonders unter dem Landvolk als stets wiederkehrende Rufnamen festwurzelten, wie Karl, Fritz, Heinz, Kunz.

II. Familiennamen.

Familiennamen treten um die Mitte des 11. Jahrhunderts zuerst beim Adel auf und beziehen sich auf Güter oder Schlösser, die der Familie angehören. Doch wechseln sie noch in den folgenden Generationen, sind auch etwa bei Brüdern nach deren verschiedenem Besitz verschieden. Eigentliche, stehende Geschlechtsnamen findet man zuerst in *Venedig*, wo schon 809 eine Familie *Particiacus*, dann 836 *Tardonicus*, 887 *Candianus* vorkommt, wie man vermutet, nach einem von Konstantinopel her eingeführten Brauche; von Venedig verbreitete sich die Sitte in andern italienischen Städten, in Mailand seit 882, in Verona seit 905, Florenz 973, und trat im 12. Jahrhundert bei uns auf, in Köln z. B. seit 1106, in Zürich seit 1145, in Basel seit 1168. Überall findet man die Geschlechtsnamen zuerst in den grösseren Städten und zwar bei den vornehmern Bürgern, Ministerialen und Patriziern. Was an Rang über und was unter diesem Stande ist, der hohe Adel und die Geistlichkeit, der Handwerker und hörige Bauer, hält vorläufig noch an dem alten Brauch der einfachen Namengebung fest; erst infolge grösserer bürgerlicher und staatlicher Freiheit nehmen die letztern mit der Zeit auch Geschlechternamen an, wie denn unter den freien Landleuten von Uri schon im 13. Jahrhundert solche zu Tage treten.

In bezug auf die *Bedeutung der Familiennamen* lassen sich etwa folgende Gruppen unterscheiden:

a) *Personennamen als Geschlechtsnamen* sind dadurch entstanden, dass sich ein Geschlecht als Nachkommen eines angesehenen Ahnen benannt hat, wobei Anfangs der vollständige Ausdruck lautete wie z. B. Heinrich, Sohn des Arnold. Es ist aber auffallend, dass die überwiegende Mehrzahl dieser Namen nicht im Genitiv sondern im Nominativ auftritt, z. B. schon im 8. Jahrhundert ein *Sigfridus filius Sigmundus*, im 11. Jahrhundert *Uquo Folcaldus*, eine Erscheinung, die man aus einer gewissen Erstarrung der Sprache erklärt. Im besondern wandte man zur Bezeichnung der patronymischen Abstammung folgende Mittel an:

Die Verkleinerungs- oder *Koseform des Personennamens;* dieselbe wirkt natürlich in erster Linie in den Personennamen als solchen, wie denn in einer Urkunde des 10. Jahrhunderts die Notiz steht: *Uodalricum ob leporem vocaverunt Uszonem,* den Ulrich nannte man in kosender Weise Utz. Die Anwendung der Koseform aber auf den Familiennamen oder die infolge der Geschlechts-Anwendung erfolgte Verkleinerung und Verstümmelung des vollen Personennamens lässt sich grösstenteils daraus erklären, dass die innere Bedeutung des Namens im Familiennamen früh verschwand und der Name hier bloss noch als Zeichen der Geschlechtszusammengehörigkeit diente. Die älteste Art des Kosenamens entsteht dadurch, dass die eine Hälfte des Namens, meist die zweite, wegfällt und der Rest ein abschliessendes *o* erhält: *Burchart Burco, Dankmar Danco, Fridrich Frido, Garibald Garo, Heribert Hero, Otmar Otto, Reginart Regino.* Eigentliche Verkleinerungssilben, die sodann mit Abstossung des *o* an diese Namen treten, sind *i; Sigi, Kuni; iko, ilo izo: Sigiko, Sigilo* und *Sigizo.* Die Diminutivendung *iko* liegt der niederdeutschen Familiennamenendung zu Grunde, deren besondere Formen später auf *ke, k, ch, ken, chen* ausgehen; an die Endung *ilo* schliessen sich die oberdeutschen Formen mit *el, l, le, li, lin, len, lein;* ausgiebiger aber als Beide war die Endung *izo*, welche teils für sich, teils mit den andern beiden Endungen und ihren Ausläufern vermischt, einen überaus reichen Namenschatz hervorgerufen hat.

b) *Haus- und Hofnamen.* Wie sich der Adel nach seiner Burg benannte, so der angesehene Bürger nach seinem städtischen Wohnsitze, *vom Neumarkt, de foro* = vom Markte, *zer Linden, am Tor, im Turn.* In den genannten Beispielen ist es die *Lage* des Hauses, welche den Namen hervorruft; ein anderesmal wird der *Name* der Häuser das Bestimmende; daher Frankfurter Namen *zum Kranich, zum Römer, zum Paradies, zum Schnabel, zum Rebstock, zum Wetterhahn, zum Klobelauch.* Da nun alle möglichen Gegenstände, namentlich aber Tiere, Pflanzen und Ortschaften, ihren Namen an Häuser abzugeben pflegten, so konnten auch solche Geschlechtsnamen den mannigfaltigsten Inhalt erhalten: *Biber, Fink, Schäfli, Luchs, Haas, Krebs, Seevogel, Hirsch, Gembs, Kinkelin* (Kaninchen), *Lämmli, Oechsli, Schwan.* Auf dem Lande konnte in ähnlicher Weise der *Hof* namengebend sein; in beiden Fällen aber schwindet meist die volle Ortsbezeichnung, der Haus- und Hofname büsst seine Präposition ein und wird unter Umständen durch eine Bildung auf *er* ersetzt: *Stalder, Studer, Gruber, Brunner, Zellweger, Sonderegger, Hübler, Wegscheider, Nussbaumer, Linder.*

c) *Namen aus Amt und Würden entsprungen.* Das Mittelalter hat den grossen Reichtum seiner meist zur Erblichkeit gebrachten Ämter wenigstens in Geschlechtsnamen der spätern Zeit hinterlassen; Geschlechtsnamen sind z. B. die Namen der obern Hofämter, *Schenk, Truchsess, Marschalk, Kämmerer;* sodann *Schultheiss* oder *Schulze, Vogt, Ammann, Meier, Keller, Zoller, Zöllner, Zehnter, Münzer, Herold, Venner, Waibel, Heimlicher* (Mitglied des Geheimen Rates), *Portner, Küster, Glöckner, Messner, Sigrist, Stocker* und *Sulzer* (Gefängniswärter), *Meister, Pfander, Fechter, Falkner, Holzwart, Markwart, Hagmann.*

d) *Namen aus Geschäft, Gewerbe* und *Handwerk entstanden* bieten in ihrer Mannigfaltigkeit ein höchst anschauliches Bild der mittelalterlichen Gewerbverhältnisse; neben den noch bestehenden Handwerken, wie *Müller, Schneider, Schmied, Kessler,* erinnern andere wie *Schwertfeger, Schafter, Bolzer, Armbruster, Harnister* an später ausgestorbene Arbeitsleistungen.

e) *Namen von der Heimat,* wobei bald der Volksstamm, *Schwab, Bayer, Sachs,* bald der *Heimatort* den Namen bestimmt; im letztern Falle tritt entweder die Präposition an, von *Speier,* von *Mechel,* oder der Ortsname steht nackt: *Hagenbach, Kehlstadt, Werth,* oder die Endung *er* tritt hinzu: *Schaffhauser, Hamburger, Appenzeller.*

f) *Persönliche Umstände* anderer Art treten hinzu, namentlich Adjektive, sei's dass diese allein stehen, wie *Weiss, Schwarz, Rot, Alt, Jung, Gross, Klein, Reich,* wobei die ältere Form den Artikel hat, *der Jung, der Rot;* sei's dass diese Wörter sich mit andern Namen zusammensetzen: *Kleinmichel, Kleinpaul, Junghans, Kleinknecht, Grossknecht.*

g) *Übernamen humoristischer Natur,* welche neckischer Laune, dem Witz, dem Spott und Hohn ihr Dasein verdanken. Zu unterscheiden sind zwei Schichten dieser Namen, eine ältere vorzugsweise dem 12.

und 13. Jahrhundert, und eine jüngere, dem 14. und 15. Jahrhundert angehörende Schicht. Der *ältern* Schicht gehören an *Namen von Körpergliedern, mit dem Dumen, Barfuoz, Buntebart, Hardevust;* substantivische Namen, die eine charakteristische Thätigkeit bezeichnen: *Fraz, Slevere* (Schläfer), *Schecher* (Räuber), *Schad, Manesse* (Menschenfresser), *Boneze*, (Bohnenesser); dann Adjektivnamen wie *Overstolz, Ungestome, Unverzagt, Kleingedank, Wolgemut, Freidank, Früe*; *Tiernamen*, sofern sie nicht von Hausnamen stammen, waren beim Landadel beliebt, wie *Bär, Wolf, Fuchs, Geier, Unke.* Überaus reich sind die *Satznamen* ausgestattet, die als Nebennamen schon früher in Italien und Frankreich nachgewiesen werden, in Deutschland freilich bloss beim niedern Adel nicht vor dem 12. Jahrhundert vorkommen; ihre Blütezeit ist das 14. und 15. Jahrhundert.

In der *jüngern Schicht* spiegelt sich erst recht das wildlaufende Treiben der letzten mittelalterlichen Periode ab, wo die Bande der höfischen, kirchlichen, staatlichen Zucht gesprengt und der Willkür, der Laune, dem Mutwillen, dem Übermut, der Zuchtlosigkeit jeder Art die Welt offen stand. Entstanden sind die Namen dieser Zeit im Lager der Landsknechte, auf den Raub- und Verwüstungszügen der Fürsten und Städte, im Gelage der Herberge, der Zunftstube, der „Bauernkilbi". Eine verständige Veranlassung zu sehr vielen dieser Namen ist gar nicht abzusehen, war auch nie vorhanden; sie verdanken offenbar meist ihr Dasein einem plötzlichen Einfall, um dann, wenn das Schicksal es wollte, am Opfer des Einfalls hangen zu bleiben. Man kann unterscheiden *Kriegsnamen*, wie *Iselin, Stähelin, Eisenhut,* namentlich reich in Satznamen repräsentiert; *Durchdenkopf, Schlagintweit, Eilinvelt, Findenfund, Füllsack, Fürdenschild, Schlaginhaufen, Fürdenspitz, Greif, drauf, Hawinboden, Hebdenstreit-Leichenwürfel, Raumensattel, Raumsglas, Schüttenhelm, Suchenwirt, Zerrenmantel.* — *Handwerksnamen* humoristischer Art, *Pfenningspeck, Swinpeck, Grillensmid, Gareisen, Gerbeisen;* Namen von *Zeiten* wie *Ostertag, Sonntag*; Namen von *Speisen* und *Gerichten: Schweinefleisch, Kalbfleisch, Wurst, Schunken, Altwegg, Sauerwein, Kindelbier;* von *Münzen: Schilling, Hälbling, Grosch, Heller*; von *Pflanzen*, besonders *Blumen: Wolgemut, Luzei, Wegetritt, Grünlaub, Hölderlin, Bonenbluest, Wachholder, Hagebutte;* Namen, die einer *Redensart* ihr Dasein verdanken: *Helfgott, Gothelf, Gotseigeert, Gotzzorn, Hallo, Warlich, Hotop* (Hut auf!) Über die lateinischen Namen des *Humanismus* siehe daselbst. Die Litteratur über diesen Gegenstand ist zum grossen Teil lokaler Natur; das Hauptwerk über die altdeutschen Namen ist *Förstemann*, Altdeutsches Namenbuch. Bd. I. Personennamen. Nordhausen, 1856. Andere Arbeiten sind *O. Abel*, Die deutschen Personennamen, Berlin, 1853; *L. Steub*, Die oberdeutschen Familiennamen, München, 1870; *Vilmar*, Deutsches Namenbüchlein; *Stark*, Kosenamen der Germanen, Wien, 1868; *Heintze*, Die deutschen Familiennamen, Halle, 1882; *Weinhold*, Die deutschen Frauen im Mittelalter, Wien, 1882, 2. Aufl. Abschn. I. Für die Familiennamen ist von uns namentlich benutzt *Becker*, Die deutschen Geschlechtsnamen, ihre Entstehung und Bildung, Programm der Gewerbeschule zu Basel. 1864.

Peterspfennig hiess eine ursprünglich freiwillige Abgabe, die in England seit dem 8. Jahrhundert für den Papst, jedoch mit häufigen Unterbrechungen, erhoben wurde. Nach dem Vorgange Englands wurde diese Abgabe auch in andern Ländern üblich, nämlich in Dänemark, Polen, dem Ordensland Preussen, Schweden und Norwegen. In Frankreich und Spanien gelang es nicht, die Steuer einzuführen. Mit der Zeit war die freiwillige Abgabe an manchen Orten in eine notwendige Steuer übergegangen.

Pfaff. Das Wort kommt von lat. *papa* = Vater, womit bei den Kirchenvätern ein höherer Geistlicher, ein Bischof benannt wurde; es ist schon ins Gotische aufgenommen und erhält später im Ahd. die Form *pfaffo*, mhd. *phaffe*, *pfaffe* mit der Bedeutung des Weltgeistlichen überhaupt. Aus der griechischen Form jenes lat. *papa*, aus *papas*, welches in der Kirchensprache ein Name des höchsten Priesters war, entstand ahd. und mhd. *bâbes*, *bâbest*, nhd. Papst. Pfaffen werden im Mittelalter den Laien und den Mönchen entgegengesetzt; *leien unde pfaffen* ist soviel als jedermann. Die geistlichen Geschäfte der Pfaffen sind namentlich Eheeinsetzungen, Seelenmessen, Begräbnisse und Beichte. Wenn zwar an unzähligen Orten von sündhaftem Thun der Pfaffen erzählt wird, so wird doch oft eingeschärft, dass ihr heiliges Amt von ihrem persönlichen Lebenswandel zu unterscheiden sei und unter letzterem nicht ernstlich leide. Erst um die Zeit der Reformation verlor das Wort seine ursprüngliche würdevolle Bedeutung, doch bemerkt schon Aventin etwas früher, der Name Pfaff sei ein „unehrliches und Schmachwort“. Siehe die Wörterbücher von Müller-Zarncke und Schmeller.

Pfahlbauten heissen die auf Pfählen in Seen und Sümpfen erbauten menschlichen Niederlassungen, auf die man zuerst im Winter von 1853 auf 1854 im Zürichersee aufmerksam wurde; man verdankt die erste wissenschaftliche Untersuchung derselben und den dadurch herbeigeführten Anstoss zu ähnlichen Untersuchungen in zahlreichen andern Seen der Schweiz namentlich dem Dr. Ferdinand Keller in Zürich, gest. 1881; seitdem sind ähnliche Ansiedelungen im Mecklenburgischen, in Pommern, Posen, Mähren, in den bayrischen und österreichischen Alpenseen und in den Seen Oberitaliens gefunden worden. Ähnliche Niederlassungen beschreibt auch Herodot: „Diejenigen Päonier, welche auf dem See Prasias in Makedonien auf Pfahlbauten leben, rammen bei der ersten Anlage auf Kosten der Gemeinde Pfähle in den Grund und befestigen die darüber gelegten Dielen aneinander. Eine einzige schmale Brücke führt vom Ufer her auf das Gerüst. Auf demselben hat ein jeglicher eine Hütte zur Wohnung, in der eine Fallthüre durch die Dielen abwärts in den See führt. Damit die Kinder nicht ins Wasser fallen, werden sie am Fusse mit einem Stricke angebunden. Ihre Pferde und anderes Vieh füttern sie mit Fischen, woran sie einen solchen Überfluss haben, dass sie einen Korb, den sie an einem Stricke durch die Fallthüre in den See herablassen, nach kurzer Zeit voll von Fischen heraufziehen.“ Andere Schriftsteller erwähnen solcher Ansiedlungen am schwarzen Meer, in Syrien, und ebenso findet man sie noch heute bei wilden Völkern, z. B. in Neuguinea, auf den Sundainseln, in Hinterindien, am Euphrat, in Inner-Afrika, bei Indianerstämmen Südamerikas.

In den Pfahlbauten der Schweiz wurde je nach der Beschaffenheit des Seegrundes der Unterbau verschieden hergestellt. In kleinen Gewässern mit thonigem Boden schichtete man Knittel und Reisig abwechselnd mit Lehm und Kies aufeinander; meistens aber trieb man eine Anzahl zugespitzter Pfähle aus jüngern Baumstämmen so tief in den Grund, dass sie tragfähig wurden, und legte auf die Köpfe den Wohnboden. Wo dieses Mittel nicht ausreichte, wurden die Pfähle mit schweren Steinen umstellt oder in wagrecht liegenden Schwellen von Eichenholz befestigt, die einen Rost bilden mussten. Die Hütten waren einstöckig, und enthielten Raum für eine Familie und den Viehstand. Für Wände und Dächer wurde Stammholz, Rinde, Reisig, Schilf oder Stroh verwendet. Die Verbindung mit dem trockenen Lande bildete einen Steg, der sich leicht zurückziehen liess. In jeder Hütte stand ein Feuerherd; zur Aufbewahrung von Lebensmitteln dienten Töpfe von schwach gebranntem Thon. Geräte zur Jagd und Fischerei, zum Schlachten der Tiere, zur Bearbeitung von Holz und Stein, Knochen und Horn oder Fellen und Geweben, sowie zur Bereitung der Speisen waren reichlich vorhanden. Augenscheinlich ernährten sich die Pfahlbaubewohner nicht bloss durch Jagd und Fischerei, sondern in immer steigendem Masse durch Viehzucht und Ackerbau. Ihre Bedürfnisse verstanden sie fast ohne Ausnahme selbst zu befriedigen; doch erwarben sie auch Einiges durch Tauschhandel, wie Metalle, Bernstein und Glas. In Schlamm und auf dem Grunde der Seen sind Reste von Haustieren, von Rindvieh, Hunden, Schweinen und Ziegen, von Gewild, von Weizen, Gerste und Hirse, ja von Brod und Brei, von Nüssen, Beeren und Obst gefunden worden; daneben Strohgeflechte und Gewebe, Schnüre und Fäden von Flachs. An Gefässen kommen Kochtöpfe, Teller, Becher und Krüge, an Werkzeugen Beile, Hämmer, Meissel, Kornquetscher, Lanzen und andere Waffen aus Stein, Nadeln und Pfeilspitzen aus Knochen vor, welche nur mit Hilfe von steinernen Geräten hergestellt werden konnten; denn die meisten schweizerischen Pfahlbauten kennen noch kein Metall. Doch scheint immerhin die Bronze schon früher verwendet worden zu sein, ohne dass es bis jetzt gelungen wäre, die Frage nach der Herkunft dieses Materials für diese Kulturstätten zu lösen. Die jüngsten Pfahlbauten sind ohne Zweifel diejenigen, in denen das Eisen zur Verwertung gelangt; immerhin ist es nicht möglich, diese Fundstätten ausschliesslich nach dem Stein-, Bronze- und Eisenmaterial zu sondern, da die genannten Stoffe fast nirgends in ganzer Reinheit, sondern gemischt vorliegen.

Über die Ornamentik auf den Fundgegenständen der Pfahlbauten drückt sich *Rahn*, schweizerische Kunstgeschichte, S. 26 ff., folgendermassen aus: An den ältesten Fundgegenständen aus der sogenannten Steinzeit beschränkt sich die Zierat auf ein einfaches, beinahe zufälliges Linienspiel. Die derbe, mehr an den Kampf und die Mühsale der Jagd gewöhnte Hand übt sich in losen und unsicheren Strichen, die kaum durch ihre parallele Lage einigen Zusammenhang verraten, oder es sind auch einfache Dupfen, welche regellos die Fläche bedecken. Zuletzt kommt dann noch die Kreislinie hinzu, und aus diesen drei Elementen entwickelt sich nun die ganze Ornamentik der Pfahlbauer. Die Linien werden zum Zickzack, sie verbinden sich zum aufrechten oder über Eck gestellten Quadrate, der Kreis wird mit konzentrischen Ringen gefüllt oder durch Seinesgleichen gekreuzt. Sodann erwacht das Streben nach rhythmischem Wechsel, nach der Gliederung verschiedener Motive in regelmässiger Wiederkehr. Der Zickzack wird durch Vertikallinien unterbrochen, die einzeln vorherrschend diagonal komponierten Zierbänder an Gefässen und Spangen werden durch horizontale Zwischenteile getrennt, die Kreise, leer und gefüllt, treten in ein bestimmtes Wechselverhältnis unter sich, oder sie werden mit anderen Kombinationen versetzt. Die Horizontallinie wird gebrochen, zieht sich rechtwinkelig oder mit Krümmungen ein und setzt sich auf diese Weise fort; sie wird dem Ornamente ähnlich, welches die Alten nach jenem vielfach sich schlängelnden Flusse Kleinasiens als Mäander bezeichneten. Neben diesen mannigfaltigen und entsprechenden Äusserungen einer kindlich schaltenden Phantasie macht sich schon früh der Einfluss anderer Fertigkeiten auf die Ornamentik geltend. Zahlreiche Kombinationen z. B. weisen unzweideutig auf den Ursprung aus der Teppichwirkerei, dem Flecht- und Nestelwerke zurück. Doch sind diese Ornamente ohne Rücksicht auf ihre Herkunft und ihre struktursymbolische Bedeutung auf alle möglichen Stoffe und Formen angewendet, ein Beweis, dass ein Verständnis der Formensprache fehlte, und dass es nur darauf ankam, die Phantasie durch ein anmutiges Spiel der Linien zu beschäftigen. Erst zuletzt erweitert sich das Formenwesen derart, dass die umgebende Natur, insbesondere die Pflanzenwelt zur Nachahmung auffordert. Am reichsten entfaltet sich diese Ornamentik an den Fundgegenständen des sogenannten Eisenalters, so namentlich an den bei Marin am Neuenburgersee gefundenen Schwertern. Hier sind auch mehrfache Tonfiguren, Vögel, Einhörner u. dgl. zum Vorschein gekommen, dann auch eigentümliche zangenförmige Ornamente, wie sie unter allen bisherigen Funden neu, dagegen wohl mehrfach auf ostgotischen und alemannischen Denkmälern nachgewiesen worden sind. Es ist indessen wahrscheinlicher, dass diese Schwerter schon nicht mehr als Produkte einheimischer Kunstindustrie, sondern als importierte Werke gallischer Herkunft, etwa aus den Werkstätten der Provinz Belgien zu betrachten sind.

Das Ende der Pfahlbautenkultur ist nicht minder rätselhaft wie ihr Anfang. Wahrscheinlich fand ein allmähliches und friedliches Verlassen statt, nachdem die Verhältnisse ein Wohnen auf dem trockenen Lande wünschenswerter gemacht hatten.

Gänzlich im Dunkeln liegt die ethnographische Kenntnis des Pfahlbauten-Volkes. Man weiss weder, wie weit die sogenannten Stein-, Bronze- und Eisenstationen auseinanderliegen, noch welchem Volk überhaupt diese Ansiedelungen angehören; darf man für die jüngsten derselben auf Kelten schliessen, so ist doch höchst auffallend, dass kein einziger römischer Schriftsteller ihrer erwähnt, zumal da in Oberitalien selber solche Niederlassungen nachgewiesen worden sind. Die Hauptquelle für diese Erscheinungen sind die zahlreichen, in den Mitteilungen der Züricher antiquarischen Gesellschaft erschienenen Berichte *Dr. Ferdinand Kellers;* die Hauptsammlung von Gegenständen ebenfalls diejenige derselben Gesellschaft in Zürich. Vgl. die Zusammenstellung in *Baer* und *Hellwald*, Der vorgeschichtliche Mensch, Leipzig. 1874. S. 210 bis 260.

Pfahlbürger, mhd. *pfâlburgaere*, sind ausser der Stadt auf dem Lande lebende Herren, Ritter, Prälaten oder gemeine Freie, welche das Bürgerrecht einer Stadt erhalten haben; sie mussten der letzteren durch Beihilfe in ihren Fehden, durch Beherbergung ihrer reisenden Boten u. dergl. beistehen, genossen aber dafür den Schutz der Stadt, den Gerichtsstand in derselben, den freien Absatz ihrer Erzeugnisse und andere Vorteile. Erst im 15. Jahrhundert gelang es den durch das Pfahlbürgertum geschädigten Landesherrn, unter Mithilfe der Reichsgesetze diese Einrichtung zu unterdrücken.

Pfalzgraf, *comes palatii*, Graf des königlichen Palastes oder der königlichen Pfalz, ist schon unter den Merovingern dem Könige bei der Ausübung seiner höheren Gerichtsbarkeit zugeordnet. Unter Karl und seinen Nachfolgern hatte er die obere Leitung alles dessen, was mit der königlichen Gerichtsbarkeit zusammenhing; Sachen geringerer Personen machte er für sich ab, während Angelegenheiten angesehener Männer dem Könige vorbehalten blieben. Wahrscheinlich lag ihm auch die Vollstreckung der Gerichtsurteile des königlichen Gerichtshofes ob. Nach dem Aussterben der Karolinger scheint dieses ältere Amt aufgehört zu haben; dagegen werden seit Otto I. neuerdings Pfalzgrafen, *comites palatini*, in anderer Stellung genannt, deren Bedeutung sehr im Dunkeln liegt. Man findet sie in Bayern, Sachsen, Lothringen und Schwaben, wo sie überall zu den Grafen gerechnet werden, auch eine bestimmte Herrschaft inne haben; andere Pfalzgrafen als diese vier genannten, die den alten Stammesherzogtümern entsprechen, hat es nie gegeben. Ob es sich bei ihrer Einsetzung darum handelte, den Herzogen ein gewisses Gegengewicht zu geben und durch sie die eigentlich königlichen Interessen wahrnehmen zu lassen, ist nicht ausgemacht. In Bayern scheint die Würde der Pfalzgrafen an die Pfalz in Regensburg geknüpft, in Lothringen gab die Bedeutung Aachens dem Amte eine besondere Bedeutung, welche diesem später den ersten Platz unter den Pfalzgrafen verschaffte; doch trat die Beziehung zur alten Kaiserpfalz später so in den Hintergrund, dass sein späterer Name *Pfalzgraf vom Rheine* wurde; er galt als der erste unter den fränkischen Fürsten. Nach dem Sachsenspiegel war es als ein Recht der Fürsten anerkannt, dass sie bei dem Pfalzgrafen bei Rhein, als des Kaisers oberstem stellvertretenden Richter, Klage gegen den Kaiser führen konnten. Für den Fall seiner Abwesenheit von Deutschland konnte der König das Richteramt über die Fürsten demselben Pfalzgrafen übertragen, der auch den Vorsitz im Fürstengericht, das Erztruchsessenamt, das Reichsvikariat und die Kurwürde besass. Wie andere Fürstentümer, so wurden auch die mit der Pfalzgrafenschaft verbundenen Herrschaften mit der Zeit erblich und der Wertmesser für das Ansehen und die Bedeutung ihrer Träger. Der letzte Rest des Pfalzgrafenamtes scheint in den von Karl IV. ernannten Hofpfalzgrafen, *comites sacri palatii*, zu liegen, welche namentlich Doktoren, Licentiaten, gekrönte Poeten, kaiserliche Notarien kreieren, uneheliche Kinder legitimieren und das Recht der Volljährigkeit erteilen konnten.

Pfarrer. Das Wort ist eine Ableitung von „die Pfarre, Pfarrei“, welches seinerseits von kirch.-lat. *parochia* = Sprengel eines Bischofs kommt; der griechische Stamm *παροικία* bedeutet ursprünglich das Wohnen an einem Ort als Fremder, später Bischofssprengel, gleichsam Bei- oder Umwohnung eines Bischofs. Die Entstehung des Pfarramtes liegt in der Errichtung christlicher Gemeinden auf dem Lande, über welche von dem in der Stadt wirkenden Bischof städtische Presbyter gesetzt wurden. Der Name dieser Kleriker war *presbyter*, z. T. mit dem Zusatze *parochianus* oder *parochialis;* als Vorsteher einer Gemeinde, *plebs*, heisst er *plebanus*. mhd. *liutpriester*, welcher Name zwar meist nur den Archipresbytern zukommt, deren Kirchen das Taufrecht besitzen; andere Namen sind *rector (ecclesiae)*, *pastor*, *curatus*, d. h. mit einem Benefizium versehen, *persona ecclesiae.* Zu den älteren Parochialkirchen oder Taufkirchen traten im Mittelalter Privatkirchen auf den Gütern der Grundherrn, *oratoria, capellae,* in welchen bloss Messe gelesen, aber nicht getauft wurde; doch erhoben sich viele derselben mit der Zeit zu wirklichen Pfarrkirchen.

Pfeifergericht, s. *König der Spielleute.*

Pfennig, s. *Münzen.*

Pferd. Unter allen Haustieren stand schon im Altertum, besonders aber durch das ganze Mittelalter dem Deutschen keines so nahe wie das Pferd. Ross und Reiter waren so unzertrennlich wie Seele und Leib. Daher die Unmasse von Sprichwörtern und Redensarten, die sich aufs Pferd beziehen, und die grosse Zahl der Namen für dieselbe. Jähns nennt deren *dreiundsechzig* und sieht dabei ab von der Fülle der lokalen und historischen Varianten. Die gebräuchlichsten Bennennungen sind: ahd. *hros, ros, equus, caballus, jumentum, marah;* nord. *mar, mert,* angs. *maere, mere, equa;* oder auch *pherit, poledrus, vilis equus, parafrid, parafredus, veredarius;* mhd. *ros, ors, merch, marc, pfaerît, phaerît, pfaert, merhe, meriche, equa;* die Sprache ist nicht konsequent in diesen Bezeichnungen. Im Volksepos überwiegt der Ausdruck *marc* im Sinne von Streitross, das sonst in der Regel *ors* oder *kastelân* genannt wird im Gegensatz zum *cläpper,* Klepper, ein Nebenpferd. Das Wort Gaul, *gûl,* bezeichnet ursprünglich den Eber, das Ungeheuer, auch den Hahn und ging erst im 15. Jahrhundert auf das Pferd über und zwar auf das männliche Zuchtpferd, während *caballus* einen verschnittenen Hengst bezeichnen soll, einen Walach, *wallach. Zelter* oder Passgänger heisst ein Pferd mit sanfter Gangart, ein Frauenpferd. Das *runzît* ist ein Klepper von geringerer Qualität, der höchstens von Dienern oder Knappen zum Reiten benutzt wird. Der Renner heist *ravît;* ein kraftloses, stolperndes, hinkendes Pferd heisst Kracke oder *gurre.* Die *jumente* oder Stute ist ein weniggeschätztes Lasttier, das nur von Leuten geringen Standes geritten, meist aber für den Karren verwendet wird. Die *soumaere, soumari, soumare, somare, somere, soumar, burdo,* trug auf den schlechten Saumpfaden die *soumschrîn, leitschrîn,* worein die Effekten verpackt waren, in welche Arbeit sich auch der Maulesel, *mûl,* lat. *mulus,* ahd. *mul, mulus, mûlin, mula,* teilte, der höchstens von Priestern und Frauen zum Reiten benutzt wurde. *Hangt, hanke* bedeutet ursprünglich *Füllen,* erst gegen Ende des Mittelalters legt der Sprachgebrauch dem Worte *hengst, hengest* die Bedeutung von Vollross zu, welches bis dahin mit *mâdum, aithms, maiden,* benannt wurde; auch mit *meienpfert, münchpfert.*

Keineswegs gleichgültig ist die *Farbe* des Pferdes. Obenan steht der *Schimmel, blancros, bleichros.* Durch das ganze Mittelalter werden die Dichter nicht müde, die *wünneclichen gevar* (Farbe) der Pferde dieser Art zu schildern. Der Schimmel ist schon in der Mythologie das Attribut der guten Götter, in der Sage ist er oft eine rettende Erscheinung, und so bleibt er auch im täglichen Dienst als Streit- und Jagdross das Königspferd. Der *Rappe* ist das Attribut des Bösen. Falbe Pferde waren wenig geschätzt. Die vier Hauptfarben: Schimmel, Rappe, Fuchs und Brauner wurden gern mit den vier Elementen und den vier Temperamenten zusammengehalten. Der Schimmel repräsentierte das weiche Element des Wassers und das Phlegma, der Rappe als Melancholiker die Erde, der Fuchs als Choleriker das Feuer und der Braune musste ein Sanguiniker sein und die Eigenschaften der leicht beweglichen Luft besitzen. Doch sind die Angaben hierüber oft verschieden.

Die *Herkunft* des Pferdes ist nicht nachzuweisen; dass aber die germanischen Völker schon sehr früh sich das Tier dienstbar gemacht haben, ist unzweifelhaft. Herodot berichtet, in den Ländern jenseits der Ister würden Pferde gehalten, die sich durch ihre 14 Zoll langen Mähnen auszeichnen, aber brauchbarer zum Ziehen als zum Reiten seien. Dieser Beschreibung entspricht nicht schlecht das langhaarige und *schwere germanische Pferd*, wie es das frühere Mittelalter aufweist, wahrscheinlich als eine Eigenart der *deutschen Lande*, denn die antike Welt kennt nur das *leichte* Pferd von orientalischem Typus. Tacitus und Cäsar sind nicht sehr erbaut von diesem deutschen Pferde. Der kräftige Bau desselben, die breite Brust, der volle Hirschhals entsprechen nicht nur der rauheren Weide des Nordens, sondern auch dem anstrengenderen Dienst.

Das *wilde Pferd* scheint in Germanien nicht vorgekommen zu sein, wohl aber das verwilderte in grossen Scharen. Übrigens scheint der Pferdekultus wenigstens in bezug auf das weisse Pferd eine sorgfältige *reine* Zucht schon früh bedingt zu haben. Die heiligen Hengste der Tempelhaine hatten eine gewisse Anzahl Stuten, die sich nur mit ihnen paarten, und so erhielt sich durch den Kultus der auserlesenste Stamm der Pferde unvermischt. In den ältesten Zeiten hielt sich die Herde wohl fast das ganze Jahr auf der Waldweide auf; doch gehört schon bei den Alemannen zu den vollständigen Wirtschaftsgebäuden auch ein „*armentum equorum*“. Eine vollständige Heerde *(stodhross, equaritia)* zählte zwölf Stuten und einen Hengst. Diese stand unter einem Rosseknecht oder *marischalk, mariscalcus.* Die Kastration war wenigstens den Quaden nicht unbekannt. Besonders sorgfältig wurden Schweif und Mähne der Pferde gepflegt; nach denselben erhielten diese meist ihren Namen. Nach angelsächsischem Rechte musste derjenige, der sich am Haarschmuck eines Pferdes vergriff, dasselbe so lange ans Futter nehmen, bis der Schaden ausgewachsen war, und er hatte dem Geschädigten unterdessen ein anderes Pferd als Pfand zu leihen und zur freien Benutzung zu überlassen. Verlor ein Pferd den Schweif völlig, so ward es dienstuntauglich erklärt. Berühmt waren die *friesischen* Pferde durch Ausdauer und Kraft, die *burgundischen* durch Schönheit und Gewandtheit, ganz besonders aber die *thüringischen*, die sich eines hohen Rufes erfreuten. Vegetius empfiehlt sie sogar den Römern, um deren Kriegspferdezucht wieder aufzufrischen, und Theodorich d. Gr., dem der Thüringer König Hermanfrid edle Pferde gesandt, gedenkt mit grosser Anerkennung ihrer Trefflichkeit, preist ihre schöne, silberne Farbe, ihre edle Gestalt, den feinen, hirschähnlichen Hals, die bei ihrer Grösse und mächtigem Bau auffallende Schnelligkeit, ihren leichten Schritt und ihre Ausdauer. Noch im Mittelalter genossen die thüringischen Pferde den gleichen Ruf.

Auf diese Weise wurde die *Pferdezucht* ohne Zweifel bald zu einer nicht unergiebigen Quelle des *Wohlstandes* unserer Altvordern. Schon sehr früh fand ein ausgedehnter Pferdehandel mit den römischen Provinzen statt; später war namentlich nach England der Absatz stark. Noch Hugo Capet sandte dem britischen Fürsten Athelstan, um dessen Schwester er warb, als vorzüglichstes Geschenk germanische Hengste, und der gleiche britische König erwähnt in seinem Testamente als besonders wertvoll mehrere sächsische Rosse mit Namen. Abgesehen davon, wurde von den alten Germanen die Stutenmilch nicht ungern getrunken sowie auch zur Butterbereitung verwendet, und der *Genuss des Pferdefleisches* war ein ganz allgemeiner. Dieser wurde erst durch die christlichen Glaubensboten verdrängt, da das Schlachten und Verspeisen des Pferdes bei den Germanen mit dem Wodansdienste eng zusammenhing.

Über die damaligen *Pferdepreise* sind nur spärliche Angaben vorhanden; die wenigen, die man kennt, zeigen an, dass das Pferd zahlreich vorhanden und darum leicht erhältlich war. Nach altenglischen Gesetzen schätzte man ein Fohlen unter einem Jahr auf 24 Schillinge, im zweiten Jahre wurde es 48, im dritten 60 Schillinge wert und für dienstfähig anerkannt. Acker- und Karrengaul behielten diesen Wert bei, während Schlacht- und Saumrosse bis auf das Doppelte steigen konnten. Nach der *lex salica* betrug der Preis eines solchen Pferdes 40 Solidi; ein Stier galt 35 Solidi. Dieser Vergleich lehrt, dass die Pferde nicht bedeutend teurer waren als die Rinder.

Von den *Tiergefechten*, die im Altertum beliebt waren, finden wir — wiederum bezeichnend genug — auf deutschem Boden die *Hengsthatz, hestating, hestavig*.

Wie kräftig im *Kriegsdienste* die deutsche Reiterei schon im Altertum mitgewirkt hat, ist im Artikel Kriegswesen dargethan worden. *Das Pferd war auch das älteste und ursprünglichste Lehensgut.* Bei den Tenchterern wurde das Streitross daher nicht auf den ältesten Sohn vererbt, wie das beim übrigen Nachlass der Fall war, sondern auf den kühnsten und besten Krieger unter den Hinterbliebenen. Sogar beim *Brautkauf* spielt das Ross die erste Rolle. Der germanische Bräutigam brachte als Heiratsgabe ein gezäumtes Ross und die nötigen Waffen. Dieses Ross soll silberweiss sein. Im westgotischen Gesetze werden neben Sklaven dreissig Rosse und Rinder als die wesentlichen Teile des Mundschatzes erwähnt, und auch bei Ostgoten und Franken führen edle Freier dem Brautvater erlesene geschmückte Pferde zu. Dichterische Übertreibung ist es ohne Zweifel, wenn die Mähnen dieser Tiere oft bis auf die Hufe herniederreichen.

Das *Besteigen des Pferdes* gehört zur Mündigkeitserklärung, ist ein Zeichen des Besitzes der Vollkraft. Das Pferd fehlt darum bei der Schwertleite nicht, ja diese Schwertleite fand nach einer alten Sage zumeist „am grossen Pferdetag" statt, am St. Stefanstag, wie denn überhaupt *St. Stefan* der grösste Pferdeheilige ist. Ihm kommt der heilige *Georg* am nächsten. Das Reiten hat also eine feierliche symbolische Bedeutung. Schon im Altertum wurde der neugewählte König aufs Pferd gesetzt, damit er sich allem Volke als würdig und gewählt zeigen konnte. In diesem Sinne bestieg auch Chlodwig, als er die ihm vom Kaiser Anastasius übersandten Insignien, Diadem und Purpur, angelegt hatte, sein Pferd und zeigte sich dem Volke, das ihm jubelnd den Titel „*Consul et Augustus*" entgegenrief. Für Edle war das Zufussegehen für höchst unanständig angesehen, es galt geradezu für eine Schmach. Vom König *Harald*, Kanuts d. Gr. Sohn, erzählt der Chronist, er sei von seinem Vater so abgeartet und so unbekümmert um edle Sitten gewesen, dass er gegen seine königliche Würde lieber zu Fuss gegangen als geritten sei und daher auch den Namen „Harald Harefoet", (Hasenfuss) empfangen habe.

Die Gewandtheit im Reiten wurde massgebend für die Tüchtigkeit und Brauchbarkeit eines Mannes. Daran erinnert z. B. der Rechtsgebrauch des *Rittersprunges* oder des *Vorritts.* Schon nach alemannischen Gesetzen weist sich der Herzog in der Weise über seine Befähigung zum Felddienste aus, dass er ohne Hilfe sein Ross zu besteigen weiss; die volle persönliche Zurechnungsfähigkeit wird auch noch durch das ganze Mittelalter auf gleiche Weise bewiesen. In schriftlichen Verträgen ist bemerkt, dass der Geber oder Verpfänder verfügt habe „dieweil er reiten und gehen konnte“, oder „dieweil er noch so jung und gesund war, dass er in seinem *kurris* von der Erde auf ein hengstmässig Pferd sitzen und sich in dieser Stellung dem Landvogt erzeigen mag.“ Hatte z. B. der adelige Besitzer eines Mannslehens keine männlichen Erben, so durfte er sein Gut ohne weitere Erlaubnis des Landesherrn veräussern, sobald er seine unzweifelhafte „Dispositionsfähigkeit“ dadurch bewies, dass er — vollkommen kriegerisch gerüstet, ohne Hilfe, namentlich ohne die Steigbügel zu berühren, „in das gereite sprang“. Die Verordnung des Sachsenspiegels ist milder; sie verlangt nur, dass der Vererbende noch vermöge, mit Schwert und Schild auf ein Ross zu kommen, „von einem Stein oder Stock, einer Daumellen hoch, also doch, dass man ihm Ross und Stegreif halt.“ Man sieht aus dem Zusammenhang dieser Gebräuche, welch hohe Wichtigkeit auch im Rechtsleben das Pferd hatte, und daher ist es ganz begreiflich, wenn die altgermanische Justiz der *rechten Hand* und dem *linken Fuss* einen höheren Wert beilegte, als der linken Hand und dem rechten Fuss. Denn wie die rechte Hand das Schwert führt, so ist es der linke Fuss, der „intapfet,“ d. h. beim Aufsitzen in den Steigbügel tritt. Der Frevel an diesem wird daher mit einem höheren „Wehrgeld“ bezahlt, als der an den entsprechenden anderen Gliedmassen.

Wie das Pferd im Leben vom Reiter unzertrennlich war, so blieb es auch im Sterben. Es klingt ohne Zweifel an den Gebrauch der häufigen Pferdeopfer an, *wenn im deutschen Altertum dem abgeschiedenen Reiter das Pferd ebenfalls beigegeben wurde.* Bekanntlich verbrannten die Deutschen ihre Toten. Dass dabei das Leibross des Verstorbenen mitverbrannt wurde, bekundet *Tacitus* Anmerkung: *„quorundam igni equus adjicitur.“* Das Pferd war ohne Zweifel auch ein Opfer, das dem Totengotte dargebracht wurde, und sollte dem Ritter gleich mitgegeben werden, damit es ihm im Jenseits unter keinen Umständen an dem notwendigsten Freunde fehle. Schon in vorchristlicher Zeit ging man jedoch von der Verbrennung der Leichen zur *Bestattung* über. Hervorragende Männer wurden nun auf ihrem Lieblingsrosse sitzend in's Grab gesenkt, während die übrigen Rosse des Verstorbenen auf dem Grabhügel geopfert wurden.

Das *kriegerische Reitertum* tritt besonders durch die *Franken* in ein helleres Licht, Hand in Hand mit der Ausgestaltung des Lehenwesens. Jeder Vasall empfängt sein Lehen und ist zur berittenen Heerfolge verpflichtet. Aber auch der „Gemeinfreie“ tritt, wenn er eigenen Grundbesitz hat, als Reiter auf. Der Edelmann besitzt das Rittergut, der freie Bauer den Sattelhof, das *Reitlehn*, *Reiterlehn*, *Klepperlehn*, den *Klepperbesitz* oder die *Reithufe.* Der Unterschied zwischen dem adeligen Ritter und dem berittenen Freien trat erst im 10. Jahrhundert schroffer hervor, da der erstere in bezug auf die Ausrüstung mit Trutz- und Schutzwaffen immer weiter ging und grosse Summen auf das Gereite verwendete, während der Bauer, dem diese Mittel nicht zur Verfügung standen, dadurch vom schweren

Ritterdienst ausgeschlossen, ja buchstäblich vom Pferde verdrängt wurde. Es wurde auch bald Gewohnheitsrecht, dass Lehen, von denen die berittene Heerfolge verlangt war, nur noch an solche vergeben wurde, deren Väter den gleichen Dienst schon geleistet hatten. So bildete sich besonders seit Konrad II. ein *Stand der Milites*. Vgl. den Art. *Adel* und *Heerwesen*.

Was die *Pferdezucht* betrifft, so hat Pipin noch dem Pferdemangel hauptsächlich durch Requisition abgeholfen, sodass ihm z. B. die Sachsen und Thüringer einen jährlichen Tribut von 300 Pferden entrichten mussten; schon Karl Martell benutzte die Pferde, die er den ins Frankenland eingefallenen Arabern abgenommen hatte, zur Hebung der inländischen Zucht und legte so den Grund zu den trefflichen Limousiner Schlägen. Sichere Nachrichten liegen aus der Zeit Karls d. G. vor. Auf dem Königshof zu *Asnapium* wurden 51 Stuten, *jumenta majora*, nebst fünf dreijährigen, sieben zweijährigen und sieben einjährigen Stuten gehalten, sodann zwölf zweijährige und acht jährige Hengstfohlen, *poledri;* und endlich die Beschäler, *emissarii*. Auf einem andern Königshofe waren vorhanden: 79 alte Stuten, 24 dreijährige, 12 zweijährige und dreizehn jährige Stutenfüllen, ferner sechs zweijährige und zwölf jährige Hengstfohlen, sowie fünf Beschäler. Es sind dies die ältesten Nachrichten über deutsche Gestüte. Karl gab den Rossen Königsfrieden „*pacem habeant per bannum regis*“ und verbot die Ausfuhr von Hengsten. Eins der ausgezeichnetsten Gestüte des nachfolgenden Jahrhunderts scheint dasjenige des Herzogs Ludolf von Schwaben gewesen zu sein, der um 940 jenen berühmten Stutengarten besass, welcher der Stadt *Stuttgart* den Namen gegeben hat.

Die Folgezeit betrachtete es zunächst als ihre Aufgabe, ein *schweres Pferd* zu ziehen, da dasselbe nicht nur eine grosse Last zu tragen fähig sein musste, sondern auch selbst als Waffe diente, indem es mit der Wucht seines Körpergewichtes die feindlichen Reihen mitunter zu sprengen hatte. Das Gewicht des Reiters aber soll mit demjenigen der Ausrüstung von Ross und Reiter im 12. Jahrhundert 340, im 16. Jahrhundert ungefähr 440 Pfund betragen haben. Die Stutereien im eigenen Lande mehrten sich beträchtlich, und um den Kriegern den Besitz dieser schweren Pferde zu sichern, verboten Verordnungen des 14. Jahrhunderts den Besitz eines Ritterpferdes jedem Nicht-Wappengenossen. Die Zucht dieser Pferde scheint hauptsächlich in Niederdeutschland und Dänemark geblüht zu haben, wurde dann aber durch die *Hohenstaufen* auch nach Süddeutschland verpflanzt, so besonders durch Friedrich II., der auch auf sizilianischen Gebieten grosse Stutereien unterhielt.

Doch hatte die deutsche Pferdezucht zu ihrer Hebung auch schon *fremdes edles* Blut verwendet, so namentlich spanisches, *spanjol*, *râvit*, von *Spanje*, *Kastelân*, welch letzterer Ausdruck so viel heisst, als Schlachtross aus Kastilien, ja er ist geradezu der Inbegriff des Vollkommenen. Die Römerzüge führten das italienische Blut ein und die Kreuzzüge das morgenländische. Die arabischen Rosse, mit dem orientalischen Originalwort „*faris*“ benannt, waren zwar leicht an Körpergewicht, aber nichtsdestoweniger schon sehr geschätzt. Später wurden auch türkische Pferde eingeführt. Diese morgenländischen Pferde wurden aber mehr als Paradepferde verwendet und konnten namentlich im Felddienste dem deutschen schweren Rosse den Rang nicht streitig machen.

Der *Pferdediebstahl* war ein altgermanischer Brauch. Wie der Araber heute noch keine Sünde darin erblickt, dem Nachbar ein Pferd wegzunehmen, wenn er im Forteilen diesem zurufen kann: „Ich nehme dir dein Pferd!“ so scheint das deutsche Sprichwort: „Mit Verlaub kann man dem Bauer das Pferd aus dem Stalle stehlen,“ ziemlich dasselbe anzudeuten. In der That gehörte der Pferdediebstahl mit dem Holz- und Jagdfrevel in die gleiche Kategorie des Diebstahls, in diejenige nämlich, die ein gewisses Privileg und die volle Sympathie des Volkes für sich hat. Zwar verwies das altdeutsche Recht den Pferdedieb an den Galgen, aber es scheint, dass die angedrohte Strafe wenig fruchtete.

Bei der vermehrten Aufmerksamkeit, die man dem Pferd im Mittelalter zuwendete, wurden auch die *Preise* bedeutend höher. Zu Anfang des 10. Jahrhunderts wurde ein Streitross mit 30 Joch Landes und einer Hofstelle bezahlt. In Westfalen galt 100 Jahre später ein gutes Pferd dreissig Schillinge, wofür man wol Hunderte von Scheffel Korn kaufen konnte; und derselbe Preis erscheint auch noch im 12. Jahrhundert, zu einer Zeit, in der dreissig Schillinge so viel wie 1000 Viertel Weizen galten. 1385 blieb dem Ritter Simon von Haune im Gefecht ein schwarzer Hengst, welcher auf 150 Gulden angeschlagen wurde; einen anderen Hengst, der unter ihm erstochen ward, schätzte man auf 130 Gulden.

Im *Kriege* galt im 11. und 12. Jahrhundert der schwergerüstete Reiter soviel wie 12 Fussstreiter. Er ritt auf der „*reise*“, leicht geharnischt, einen *palefrei;* seine schwere Rüstung war einem besonderen *Klepper* aufgebürdet, während der *Kastelân*, das eigentliche Streitross, ledig folgte, damit es frisch sei, wenn es bei beginnendem Kampf bestiegen würde. Parallel mit der Entwickelung der Adelsreiterei ging auch diejenige der *Konstabler* in den Städten. Auch die reichen Kaufherren der Städte zogen den Kriegsdienst zu Pferde vor. Die geringeren Zünfte thaten Dienst zu Fuss. Da ihnen aber nach und nach dieser Dienst auch zu beschwerlich werden wollte und sie sich der *reise* nur sehr ungerne anschlossen, „*wurdent sie reitende uf wegeren*“, Man setzte nämlich ihrer vier bis sechs auf einen Wurstwagen und fuhr sie als *gespannglevener*, *wagenreuter*, *wurstreuter* dem Heere nach, freilich mussten sie sich die beissendsten Spottreden gefallen lassen. Vielerorts in Deutschland kannte man den sogenannten „umgehenden Rossedienst“, d. h. die vermögenden Bürger hielten abwechselnd gegen Kost und Entschädigung ein gerüstetes Pferd, um auf Ratsgebot „mit der Stadt Gefahr“ eine Reise zu thun.

Dass das Schlachtross ein Hengst sein musste, war ganz selbstverständlich; Walache oder gar Stuten zu reiten, galt für den Edeln als schimpflich. Über die *Turniere* siehe den bes. Art.

Erstaunen darf man auch, mit welchem Aufwand an Pferden die grossen *weltlichen und kirchlichen Feste* des Mittelalters verbunden waren. Ein Festbericht vom Konzil in Konstanz (1414) sagt u. a.: „Des ersten ritt der Graf Hugo Planani von Rymeln, des Bapsts Marschalk, in einem roten, sameten Rock, und gingen ihm nach zwölf weisse Pferd gesattelt, mit rotem Tuch verdeckt, darnach des Bapstes Kreuz, darnach die Singer des Babstes, darnach ritten auch die Advocaten und Auditores in ihrem Habit. Nach den Auditores kamen die Äbt und die Bischöff und die Erzbischöff, die zu reiten hatten, der waren an der Zahl hundertundsechsundzwanzig, alle mit verdeckten Rossen, und hatt ihr jeglicher einen Ehrbarn, der ihm das Pferd bei dem Zaum führte. Nachdem führte man einen schönen hohen Hut, der war weit, dass er wol an einer engen Strass von einem Haus zu dem anderen reichet, und der war rot und geel geteilet, nach der Länge und darauf ein guldener Engel. Darnach gewappnet Leut und alle Stadt und Zünften Kerzen, und all Posaunen, die posauneten aber nicht. Darnach ritten die Kardinäl, je zween und zween, derer warens zweiundzwanzig. Darnach drei Patriarchen, darnach unser heiliger Vater, der Bapst, und ritt unverdeckt, dass ihn allermännlich sahen, und sass mit der Krone und mit seinem ganzen Habit auf ein weisses Pferd, das war mit Rotem verdecket. Und ging unser Herr, der König, zu Fuss dar und neiget sich auf seine Knie und nahm das Ross zu einer Seiten mit der Hand beim Zaum, und nahm es zu der andern Seiten auch bei dem Zaum der Markgraf von Brandenburg und hinter dem König ging Herzog Ludwig von Bayern und hub des Rosses Decken auf zu einer Seiten, und zu der andern Seiten ein gefürsteter Graf, und zogen also ab dem Hof, und ward dem Bürgermeister Heinrichen von Ulm das Ross, darauf der Bapst geritten war.“

Im Ganzen wird die Zahl der Fremden, die sich zu diesem Konzil in Konstanz eingefunden haben, auf 100,000, die Zahl ihrer Pferde auf 30,000 angegeben.

Neben den Turnieren waren auch *Wettrennen* schon im Mittelalter beliebt. Dieselben waren mit den Lenz-, hauptsächlich aber mit den Jakobifesten verbunden. Die Preise waren nach heutigen Begriffen etwas niedrig. So feierte München sein erstes „Rennend“ 1488 unter Albrecht dem Frommen. „Das vordrist phardt gewann ein scharlachthuch, das ander darnach ein Sperber mit seiner Zugehörung, das dritt ein Armbrust, das letzt Pfardt ein Saw.“ Die gleichen Preise erscheinen auch anderorts, so in Wien und Augsburg. 1470 erscheint ein Preis von 45 Gulden in bar. Eine bayerische Landesordnung von 1616 verbietet diese Feste, da sie in der Fastenzeit schier wöchentlich angestellet werden.

Das *Gereite oder Reitzeug* besteht aus Zaum, Sattel und Sporn. Zum *Zaum* gehört die *Halfter*, ahd. *halftra*, mhd. *halfeter*, der Kopfriemen mit Halsgurt, ferner das *Gebiss*. Im weiteren Sinne zerfällt er in das Hauptgestell, Mundstück und die Zügel. Das Gebiss, *brîdel*, *prittil*, *bredel*, bestand ursprünglich aus Hanf, dann aus Holz und endlich aus Metall. Die letzteren unterscheidet man in Trenser- und Stangengebisse; Trense ist die ältere Form. Der *Sattel*, ahd. *satul*, mhd. *satel*, *hersessel*, besteht aus dem Holzgestell, den Sattelbäumen, welche durch Stege oder Schaufeln miteinander verbunden sind, und den Polstern. Unten hangen die Steigbügel, *stegenhaft*, *stegreif*. Die *Sporen*, *sporin*, *sporn*, sitzen am Fusse des Reiters und dienen nicht nur zum Antreiben des Pferdes, sondern haben auch eine symbolische Bedeutung, diejenige der Ritterschaft und Wehrfähigkeit. Der Reiter trug noch im 10. Jahrhundert nur *einen* Sporen und zwar am linken Fuss und ohne Rad. Die alten Deutschen kannten den Sattel noch nicht; sie sassen auf dem *nackten* Pferd. Zur Zeit der Römerkriege noch hielten sie denselben für ein Zeichen von Weichlichkeit und glaubten, er verrate Mangel an Geschick in der Behandlung des Pferdes. Später bediente man sich des übergeworfenen Tierfells als Sattel und hiess dasselbe *bast*. In Ermanglung eines solchen mag auch der *Baumbast* Verwendung gefunden haben, wie auch der Zaum ursprünglich aus demselben Stoffe bestand; noch im Mittelalter tritt dergleichen Zaumzeug auf. Von Parzivals Klepper heisst es: *„sîn zoum, der was pästin.“* Den ersten *Reitsattel* erwähnt der heilige Hieronymus um 340 n. Chr., ohne ihn jedoch näher zu beschreiben. Üblich war noch bis spät ins Mittelalter ein kleiner *Sessel*, der vermittelst Riemen auf dem Pferde festgemacht wurde. Jedenfalls hatte der Sattel des germanischen Altertums noch keine Steigbügel. Dagegen finden sich bei den Gräberfunden aus der Merowingerzeit schon trefflich gearbeitete Trenser mit eingekettetem Gelenk und eisernen Rosetten.

Schon im 9. Jahrhundert finden sich die ersten Spuren von der *Bepanzerung* des Pferdes, wenn auch nach der berühmten Tapete von Bayeux dieselbe noch lange nicht allgemein in Aufnahme kam. Die Gräberfunde zeigen neben Sättelschnallen, eisernen Gebissen, eisernen, verzinnten Steigbügeln und starken Hufbeschlägen Teile eines Pferde-Schuppenpanzers. Ein in Stuttgart befindliches Psalterium aus dem 10. Jahrhundert zeigt etwas schlanke Pferde, gezäumt mit einfacher Trense. Die Sättel entbehren noch der bald nachher üblichen hohen Lehnen. Bis zur ersten Hälfte des 14. Jahrhunderts erscheint auch auf allen Darstellungen, namentlich auf den Reitersiegeln, immer nur *ein* Zügel oder *brîdel;* von da an erscheinen sie zu zweien. Auch das Gebiss verschärft sich namentlich im Turnierdienste sehr. Zu den stärksten dieser Instrumente gehört das Wolfsgebiss, *orginoe, lupata,* zu den eigentümlichsten, aber häufigen der Zaum mit *Maulkorb*, der sich bis zum Ende des 16. Jahrhunderts vielfach findet. Der Zaum, namentlich der Hauptzügel erscheint mit glänzendem Beschlag.

In der zweiten Hälfte des 13. Jahrhunderts kommt auch das *Schellenzeug* am Zaume vor, das durch Kreuzfahrer von den Orientalen herübergekommen sein soll.

Was die Rüstung des Streitrosses anbelangt, so bestand diese im 11. Jahrhundert aus „Schindeln und Rauten“: Im 13. Jahrhundert traten leichtere geflochtene „*Kettenpanzer*“, *parsen*, *barschen*, wahrscheinlich persischen Ursprunges auf, und die Rüstung umgab bald das ganze Tier mit Ausnahme der Beine und Weichteile. Den Kopf des Streithengstes bedeckte die *Rossstirn*, *chanfrien*, ein larvenartiger Stirnschutz, der auch — aber selten — zum völligen Kopfpanzer ausgebildet wurde. Die Augen waren durch Drahtgitter geschützt. Oben ragten meist zwei kleine Röhren empor zur Aufnahme von Federbüschen, an deren Stelle auch das *gügerel*, *houbestiudel*, ein metallenes Wappenbild treten konnte. Über die Nase ging eine etwas längere Schneppe, und unten am Maul öffnete sich ein Ausschnitt, um die gehörige Festigung des Gebisses und der Stange anzubringen. Die mehrfach gegliederte *Halsrüstung* war aus verschiebbaren Metallstreifen zusammengesetzt und mit eisernen Stäbchen an das Kopfstück befestigt. — Den länglich gewölbten *Brustharnisch* hielten Haken am Sattel fest. Er war in der Mitte häufig mit einer metallenen Halbkugel geschmückt, an der sich die Gewalt etwaiger Lanzenstösse brach. Das *Hinterteilstück* war ebenfalls mit Haken am Sattel befestigt. Es war sehr breit und hoch gewölbt und bedeckte die ganze Kuppe. Alles das wurde mit starken Riemen und Schnallen fest zusammengehalten. Zu Ende des 13. Jahrhunderts wurde es überdies üblich, das Pferd zu „verdecken“, *verlankenieren*, also über die Rüstung noch eine Oberlegedecke, das „Dach“, *kleit des orses*, *die grôpière* oder *converture* zu breiten, die oft bis auf den Huf des Pferdes herniederreichte. Diese Decken waren Schaustücke und enthielten oft das gestickte Wappen des Ritters. Beim Kampf wurden sie aufgeschlagen. Der Sattel bestand aus Buchenholz und war stark mit Eisen beschlagen, natürlich nach innen und aussen gepolstert und reich verziert. Die hohen Vorder- und Hinterpauschen *(satelboge)* gewährten einen überaus sicheren und bequemen Sitz. Die Turniersättel wurden zudem vorne bis zu den Steigbügeln hinab schildartig verlängert zum Schutze der Beine des Ritters, und sahen darum einer kleinen Festung nicht unähnlich. Sie waren nicht selten zinnoberroth angestrichen. Zum Reisen benutzte man leichtere Sättel, die eine freie Bewegung gestatteten.

Die *Quersättel* für Frauen kamen im 12. Jahrhundert auf. Zwar fanden sie nicht so rasch Eingang und man findet auf bildlichen Darstellungen noch lange fort Frauen, die schrittlings ritten. Übrigens ritten Mann und Frau auch nicht selten auf *einem* Pferde. Die Frau hielt sich in diesem Fall am Gürtel des Mannes fest.

In bezug auf das *Verkehrswesen* ist endlich noch zu bemerken, dass bis auf unsere Zeit das Pferd der einzige Vermittler war. Daher genoss es auch im *jus prov. elem.* schon das Recht, überall das benötigte Futter zu beanspruchen. „*Ain fremde man snidet wol sinem mueden pfäriden ain fuoter, daz gen ainem pfeni wert ist, ob er went, daz es im erliegen welle . . . . Er lat auch sin pfärde treten mit den sonderen fuezen in das korn und lat ez ezzen, und er soll des fuoters nit von dannen fueren.*“ Ein altmodisches Recht erklärt sogar, dass der Reiter, der sein Pferd abgesattelt und Herberge genommen hat, den Schutz geniessen soll, als sei er auf seinem eigenen Boden, während doch der Fremde sonst als vooelfrei angesehen wurde. Nach *San-Marte*, Waffenkunde und *Jähns*, Ross und Reiter im Leben und Sprache, Glauben und Geschichte der Deutschen. Leipzig 1872.

Phönix ist eine aus dem Altertum stammende mythische Vorstellung, die im Mittelalter sehr beliebt war. Die Sage stammt zunächst aus Agypten, und zwar erzählt Herodot, dass der Phönix nur selten, alle fünfhundert Jahre, wie die Heliopoliten sagen, von Arabien nach Ägypten komme, und zwar alsdann, wenn sein Vater gestorben sei, den er in Myrrhen gehüllt nach dem Sonnentempel bringe und dort bestatte. Der Phönix habe ein goldenes und rotes Gefieder und sei an Gestalt und Grösse am meisten dem Adler ähnlich. Erst seit Ovid ist von diesem Vogel bei Griechen und Römern mehr und häufig die Rede und seine Geschichte und Beschreibung wird weiter ausgeschmückt. Plinius erzählt, dass der Vogel ein Nest bereite, es mit Wohlgerüchen erfülle und sterbe; aus seinem Mark und Knochen entstehe zuerst ein Wurm, daraus ein Junges, welches den Vater bestatte. Endlich bildete das Altertum die Phönix-Sage dahin um, dass der Vogel sich verbrenne und aus der Asche der neue Vogel entstehe, und verwendete ihn daher als Sinnbild einerseits der Unsterblichkeit und ewigen Dauer, anderseits der steten Erneuerung und Verjüngung. Die Vorstellung vom Phönix fand sodann Eingang in den jüdischen und in den christlichen Vorstellungskreis; im letztern tritt er als Symbol in den Dienst der Auferstehung und der übernatürlichen Erzeugung Christi; als ein Bild Christi erscheint er auch im *Physiologus.* In der christlichen Kunst erscheint der Phönix zuerst, analog einer ältern Verwendung, auf Münzen christlich-römischer Kaiser. Eigentümlich christlich ist dagegen die Verbindung des Phönix mit dem *Palmbaum*, dem man dieselbe wunderbare Eigenschaft zuschrieb, wiederholt abzusterben und aus sich selbst wieder aufzuleben; beide symbolische Gegenstände tragen zugleich im Griechischen denselben Namen *φοῖνιξ*, soviel als Palme und Phönix. Später wurde eine Zusammenstellung des Phönix mit dem Pelikan beliebt, der seine Brust mit dem Schnabel aufritzt, um die unter ihm im Neste sitzenden Jungen mit seinem Blut zu ernähren. *Piper*, Mythologie der christl. Kunst, I, 446—471.

Physiologus heisst eine im Mittelalter lateinisch und deutsch, in Prosa und in Versen mehrfach bearbeitete Deutung mythischer Tiere auf Christus und den Teufel. Vgl. den Art. *Tierkunde.*

Pickelhering, auch Pickelhäring geschrieben, eigentlich ein in Pökel liegender oder gelegener Hering, ist als Name des Lustigmachers in der Komödie durch die englischen Schauspieler im ersten Viertel des 17. Jahrhunderts bei uns eingeführt, aus englisch *pickleherring* von der oben angegebenen Bedeutung. Das Wort dürfte den magern Narren gegenüber Hanswurst dem Feisten bezeichnen.

Pistolen will man als „Schlüsselbüchsen“ von einer Spanne Länge bereits um 1364 in Italien gekannt haben, die zu Ende des 15. Jahrhunderts in *Pistoja* durch Anbringung eines Luntenschlosses bedeutende Verbesserungen erfahren haben sollen. Die genannte Stadt will der später namentlich bei der Reiterei beliebten Waffe den Namen gegeben haben. Im Museum zu Sigmaringen wird eine siebenläufige Pistole gezeigt, die dem 16. Jahrhundert angehören soll. Im 17. Jahrhundert machte man Mörserpistolen mit sehr weitem Lauf.

Planeten. Man war im christlichen Altertum um so mehr veranlasst, auf die Namen der Planeten zu achten, da von dem planetarischen Götterkreis auch die Tage der Woche ihre Namen erhielten, ursprünglich in astrologischem Sinn, dass jeder Tag unter der Herrschaft des betreffenden Planeten und somit auch des Gottes stehe, nach dem er benannt wird. Die Kirchenlehrer wiedersetzten sich deshalb diesen Benennungen strenge, indem sie die Dämonen der Planeten für gefallene Engel, oder, wie bei Origenes geschieht, für höhere Geisterwesen erklärten, welche zu Gott beten und den Herrn loben. Da jedoch die Kirche die letztere Ansicht für ketzerisch erklärte, ging man allmählich auf die im Mittelalter allgemein verbreitete Anschauung über, dass Sonne, Mond und Sterne von Engeln bewegt werden, ähnlich wie die Menschen im Schutze von Engeln stehen. Was die Darstellung der Planeten in der christlichen Kunst betrifft, so scheint der altchristlichen Kunst die Vorstellung der Planetengötter fremd geblieben zu sein. Erst seit dem 9. Jahrhundert kommen in astronomischen Bildwerken Bilder der Planetengötter mit ihren der antiken Kunst entnommenen Attributen vor; im Zusammenhang kirchlicher Ideen sind sie noch nicht zur Darstellung gelangt. Häufiger trifft man seit dem 15. Jahrhundert die Planetengötter, teils in Nachahmung des klassischen Altertums, teils in *astrologischem* Interesse, indem man das menschliche Leben unter dem Einflusse der Planeten stehend wähnte; namentlich ist das der Fall in den sog. *Planetenfolgen*, d. h. einzelnen Blättern, auf welchen die Eigenschaften, Häuser, Umlaufszeilen und Wirkungen auf die unter ihnen geborenen Kinder angegeben und die sowohl handschriftlich als in Holzschnitt und Kupferstich illustriert werden; von da werden seit dem Ende des 15. Jahrhunderts die Planeten-Figuren in die mit kolorierten Holzschnittfiguren versehenen gedruckten Kalender aufgenommen; und zwar stehend, nackt, mit einem Stern auf der Scham. *Piper* in der Mythologie der christl. Kunst, II, 199—276.

Plaphart, Plapharter, Plappert, heisst ein ehemaliger ursprünglich ausländischer Dickpfennig oder Grosch von nicht völlig 3 Kreuzern; es werden genannt alte Plappharter oder beheimische Grosch, gute Pl., Kreuzpl., Kreuzerpl.; der gestempft Beheimisch in der Gemeine (96 Stück aus $8^1/_8$ Lot 2 gl. fein Silber) zu $9^3/_{32}$ dn. schwarz; dann Maylander Schlangen-Pl., Grossen-Pl., Münchner, Salzburger, Regensburger und Montforter Plapharte, 94 Stück aus 7 Lot 3 gl. dn. fein Silber geprägt; Rappen-Pl. Der Name scheint aus franz. *blafard* = bleich entstellt, welches seinerseits aus ahd. *pleihfaro*, d. i. bleichfarben stammen soll; die Münze wäre also, wie der Weisspfennig, von der Farbe des Silbers benannt.

Plastik. Die Bildhauerkunst (Plastik, Skulptur) stellt, wie die Architektur, ihre Werke körperlich, d. h. in drei Raumdimensionen dar. Sind ihre Arbeiten so ausgeführt, dass sie rund der Natur nachgebildet erscheinen und von vorn, von den Seiten, wie von der Rückseite beschaut werden können, so werden dieselben Rundfiguren oder Statuen genannt; ist dagegen das Werk so angelegt, dass es gleich wie ein Bild nur von *einer* Seite betrachtet werden soll, dass der Hintergrund, von dem sich die einzelnen Figuren abheben, eine mehr oder minder ebene Fläche bildet, so bezeichnet man solche Arbeiten als *Reliefs*; je nachdem die Figuren mehr oder weniger aus dem Hintergrund hervortreten, spricht man von Hoch- oder Basreliefs.

Das Gebiet, welches der Bildhauer beherrscht, ist ein verhältnismässig eng begrenztes. Seine Aufgabe ist die Darstellung der lebenden Natur, in erster Linie des Menschen, etwa noch des Tieres: die Wiedergabe der Landschaft, der Bäume, Blumen etc. ist ihm untersagt, er kann sie höchstens andeutend behandeln.

In der klassischen Kunst hat man die Schönheit des menschlichen Körpers zuerst wiederzugeben sich bemüht, die griechische Kunst leistete in Darstellung des nackten Menschenleibes das Vorzüglichste.

Die durch die Schönheit geadelte Sinnlichkeit, wie sie das Altertum empfand, verging mit dem Auftreten der spiritualistischen Lehre des Christentums. Körperliche Schönheit ward nun gleichgültig: Reinheit der Seele, Schönheit der Empfindung ward das höchste Ziel der Darstellung. Von der körperlichen Form bedurfte man nur noch des täuschenden Schimmers, damit trat die Malerei in ihre eigentliche Bestimmung und die Rolle der Plastik schien ausgespielt. Je sichtlicher aber die Kunst selbst verfiel, um so weniger waren auch die Künstler der schwierigen Aufgabe, einen nackten Körper gut und schön wiederzugeben, gewachsen. Zudem waren die meisten Bildwerke für den kirchlichen Gebrauch bestimmt. Man bekleidete deshalb alle Figuren.

Das Wenige, das noch geleistet wurde, zehrte von antiken Reminiszenzen und wiederholte in immer roherer geistloserer Weise die wenigen neuen Typen und Darstellungskreise, welche das Christentum hervorgerufen hatte.

Selbst die rein ornamentale Skulptur ist anfangs noch äusserst schwach und getraut sich kaum, einige schüchterne Linien zu versuchen; die Plastik sinkt zur Kleinkunst herunter und bleibt es bis ins 12. Jahrhundert.

Romanische Epoche: Unter den Werken des 10. und 11. Jahrhunderts

Fig. 113. Elfenbeinrelief des Tutilo.

steht die *Elfenbeinarbeit* in erster Reihe. Sie ist fast ausschliesslich wie alle Kunst dieser Zeit, für kirchliche Bedürfnisse thätig. Sie schmückt die kleinen tragbaren Altäre, stattet die Bücherdeckel, Hostienbüchsen und andere Geräte mit Bildwerken aus. Die Darstellungen bestehen meist in kräftigem Relief, das bisweilen mit einer gewissen Starrheit und Schwerfälligkeit, mitunter selbst roh und ungeschickt behandelt ist. Dies zeigt unter andern der angebliche Reliquienkasten Heinrich I. in der Schlosskirche zu Quedlinburg, Vorgänge aus dem Leben Christi darstellend.

Einen merkwürdigen Gegensatz hierzu bietet ein *Diptychon* in der *Sammlung* des *Hotel Cluny* in Paris, aus der Zeit Otto I., der sich mit der griechischen Prinzessin Theophane verlobt hatte; was zur Verbreitung des byzantinischen Stiles, der sich namentlich in den steifen Prunkgewändern des erwähnten *Dipty-*

chons zeigt, ein besonderer Anlass war. Wie sehr sich dieser Stil ausbreitete, beweist eine grosse Zahl ähnlicher Arbeiten, darunter zwei *Relieftafeln* in der Bibliothek zu St. Gallen, die man *Tutilo* zuschreibt. Fig. 113 (Kunsthist. Bilderbogen). Durch den Byzantinismus erhielt die in Roheit versunkene Technik doch wieder eine strengere Richtung. flüchtig aufgefasst, namentlich Köpfe, Hände und Füsse ungebürlich gross und ungeschickt gezeichnet.

Mit der Elfenbeinschnitzerei ging die Arbeit in kostbaren *Metallen* Hand in Hand. Namentlich wurden die Altartische mit *Antependien* von getriebenen Metallplatten bekleidet, an welchen Reliefs, Schmelzmalerei und kostbare Edelsteine sich in

Fig. 114. Antependium von Basel.

Aber, wenn sie sich auch eine bessere und geschicktere Behandlung aneignet, so nimmt sie doch nicht ohne weiteres die seelenlose Starrheit des byzantinischen Stiles an. Vielmehr strebt sie überall nach neuem Ausdruck, nach dramatischer Lebendigkeit. Dadurch jedoch werden die äussern formalen Gesetze aufs neue vernachlässigt, die Verhältnisse des menschlichen Körpers unrichtig und prunkvoller Wirkung verbanden. So wird uns über die Ausstattung der Abteikirche Petershausen vom Jahr 983 berichtet, dass am Altar mit Silberplatten bekleidete Säulen einen reich mit Metall verkleideten Baldachin trugen und das Antependium mit gediegenem Gold und Edelsteinen besetzt gewesen sei. Auch von St. Gallen, von Mainz und vielen andern Orten wissen die

Geschichtschreiber von kostbaren Gefässen, welche grösstenteils in Gestalt von Drachen, Greifen, Kranichen und Löwen gebildet waren, von goldenen Kruzifixen und reichen Antependien zu erzählen. Das umfangreichste und bedeutendste Denkmal dieser Art ist die *Altartafel aus dem Münster zu Basel*, welche sich gegenwärtig im *Hotel Cluny* zu Paris befindet, und ganz aus Goldblech getrieben ist. Fig. 114 *Altartafel zu Basel* (Kunsthist. Bilderbogen).

Neben diesen Prachtarbeiten beginnt auch seit Beginn des 11. Jahrhunderts der *Erzguss* eine um so grössere Bedeutung zu erlangen, als er den Übergang zu umfassenderer monumentaler Anwendung der Plastik bildet. Die hervorragendsten Arbeiten knüpfen sich an die Persönlichkeit des Bischofs *Bernward von Hildesheim* († 1023), eines gelehrten, in Kunst und Wissen gleich erfahrenen Mannes. Seine erste Arbeit ist die grosse eherne Thür des Doms zu Hildesheim, welche in 16 viereckigen Feldern auf der einen Seite die Momente der Schöpfungsgeschichte, auf der andern Vorgänge aus dem Leben Christi giebt. Der Stil ist noch ungemein primitiv und die Behandlung der Gestalten von seltsamem Ungeschick. Noch eine Reihe anderer Arbeiten erzeugte der Erzguss im 11. Jahrhundert, alle aber verraten, namentlich im Figürlichen, eine harte Strenge des Stiles. Zu hoher Anmut und Freiheit entfaltet sich dagegen gleichzeitig das *Decorative*, wie in den beiden Kronleuchtern im Dom zu Hildesheim, namentlich aber in dem prachtvollen siebenarmigen Leuchter der Stiftskirche in Essen.

Weniges lässt sich von der *Stein- und Holzskulptur* des 10. und 11. Jahrhunderts sagen; grössere Bedeutung sollte sie erst im folgenden Jahrhundert mit der reichen Ausbildung der Architektur erlangen. Unter den selbständigen Werken stehen zwei Reliefplatten im Münster zu Basel mit streng antikisierenden Gestalten obenan.

Das 12. Jahrhundert. Wie schon angedeutet, wurde die Plastik im Laufe des 12. Jahrhunderts überwiegend von der Architektur in Anspruch genommen und dadurch, da sie sich nun nicht mehr so frei bewegen konnte, wie in den kleinern dekorativen Werken, einer andern Bestimmung, einer neuen Entwicklung entgegengeführt. Noch einmal wird die Antike zum Ausgangspunkt genommen, aber der bedeutend erweiterte Kreis des Daseins, den der Glanz des ritterlichen Lebens, das Aufblühen der Städte, die weiten Fahrten in den Orient, namentlich die Kreuzzüge eröffnet hatten, erfüllte die alten Formen mit einem jugendlichen, freien und edlen Leben. Das Zusammenwirken mit der Architektur, die sich von unverstandener Nachahmung der Antike nun befreit und im romanischen Baustil ihre eigene Form gefunden hatte, trieb die Plastik zu einer dem baulichen Organismus parallel laufenden Umgestaltung. Allerdings sollte erst das 13. Jahrhundert die reifen Früchte dieses Umschwunges ernten, die Plastik musste im 12. Jahrhundert vorerst lernen, sich gegebenen Raumverhältnissen anzuschliessen und in gleichmässiger Komposition architektonischen Gesetzen sich zu fügen.

Wie schwer ihr oft wurde, die Schätze dunkler Symbolik, mit der sie sich beladen hatte, mit dem klaren Rhythmus eines Bauwerkes in Einklang zu bringen, zeigen manche Portale, Chorschranken, Lettner und Façaden. Nicht selten stehen deshalb die Werke des 12. Jahrhunderts tiefer als diejenigen des vorangegangenen, ja oft fällt die Plastik in äusserste Roheit und Barbari zurück, und selbst der seelenlose Byzantinismus erobert sich noch einmal gewissen Einfluss.

An der Spitze der Leistungen steht auch im 12. Jahrhundert Deutschland. Dem Anfange desselben gehört zunächst das Relief der *Externsteine* bei Horn in Westfalen an, eine grossartig angelegte Komposition der Kreuzabnahme enthaltend. Das Werk ist in eine Felswand, wahrscheinlich 1115 eingehauen worden. Eine ganze Reihe Reliefkompositionen und in ihnen eine konsequent fortschreitende Entwicklung lässt sich in den sächsischen Kirchen nachweisen; zumeist bestehen dieselben aus Stuck, wie diejenigen an den Chorschranken von *St. Michael* in Hildesheim. Bemerkenswert ist der freie künstlerische Humor, der sich in den Werken Bahn bricht, wie z. B. an den Reliefs am Chor zu Königslutter, wo die Momente einer fröhlichen Hasenjagd dargestellt sind.

In Süddeutschland sind es vorab

Fig. 115. Taufbecken in der Bartholomäuskirche in Lüttich.

die bayerischen Lande, welche sich an einer reichen Übung der Plastik beteiligen. Hier mischen sich die halbverschollenen Gestalten der alten nordischen Sagen mit den christlichen Anschauungen zu einer Phantastik, die in unkünstlerischem Durcheinander ihre wilden Aphorismen planlos über Portale und Façaden hinstammelt. Ein Prachtstück dieser Art ist das Portal von *St. Jacob* in Regensburg. Der gleichen Richtung huldigt die grosse Säule in der Krypta des Domes zu Freising. Vom Fusse bis zum Kapitäl ist das Ganze ein Gewirr von menschlichen Gestalten, Drachen und andern ungeheuerlichen Zusammensetzungen — eine wahre Martersäule für die gelehrte Auslegung. Auch Schwaben weist eine Menge derartiger Arbeiten auf, in denen die Fülle symbolischer Beziehungen die künstlerische Bedeutung weit überragt. Neben der Kirche zu Alpirsbach ist es namentlich die Johanniskirche in Gemünd, an der neben unglaublich puppenhaften Gestalten Christi und der Heiligen fröhliche Jagdszenen in erfreulicher Frische und Lebendigkeit abgebildet sind.

Eine besondere Gattung von Denkmalen, die *Grabsteine*, ist im 12. Jahrhundert nur ausnahmsweise künstlerisch vertreten. Man begnügte sich, die Gestalt des Verstorbenen mit eingeritzten Linien oder aus flachem Relief darzustellen.

Fig. 116. Romanischer Kronleuchter aus Comburg.

Neben der Steinskulptur nimmt jetzt auch der *Erzguss* eine wichtige Stellung ein. Ein bedeutendes Werk dieser Zeit ist das Taufbecken in *St. Bartholémy* zu Lüttich, welches gegen 1112 durch *Lambert Patras* von *Dinant* geschaffen wurde. Fig. 115 (Kunsthist. Bilderbogen). Hieher gehören ferner eine Reihe Kirchengeräte und Thüren, namentlich aber sind jene prachtvollen *Kronleuchter* zu erwähnen, welche mit den zwölf Thoren das himmlische Jerusalem bedeuten sollten, so in der Abteikirche zu Comburg, Fig. 116

(Kunsthist. Bilderbogen) und im Münster zu Aachen. Der Erzguss findet nun auch zuweilen bei Grabplatten Anwendung, wie am Grabmal des Gegenkönigs Rudolf von Schwaben im Dom zu Merseburg in flachem Relief; die Augäpfel und Gewandung waren ehemals reich mit Edelsteinen geschmückt.

Eines der grossartigsten Werke ist der *Schrein der heil. drei Könige im Dom zu Köln.* Fig. 117 (Kunsthist. Bilderbogen).

Frühgotische Epoche 1200—1300. Das 13. Jahrhundert führte den Prozess, der im 12. begonnen, zu Ende. Einen glänzenden Aufschwung zeigt vorerst die Architektur. Das

Fig. 117. Dreikönigsschrein im Kölner Dom.

Holz- und Elfenbeinschnitzerei ersteigen in dieser Epoche keine neue Stufe, dagegen macht sich an den Arbeiten der *Goldschmiede* ein neuer Geist in Auffassung und Durchführung der Arbeiten bemerkbar, namentlich in prachtvollen Reliquienschreinen, die in architektonischer Weise angelegt werden. Der Hauptsitz dieser Arbeiten scheint das Rheinland gewesen zu sein.

nördliche Frankreich stellt in dem neuen gotischen Stile eine Schöpfung hin, in welcher Kühnheit der Konstruktion und Scharfheit der Berechnung sich mit glänzender Pracht und dem edlen Ausdruck einer begeisterten Empfindung verschmelzen. Dies vermochte sich aber nur durch eine reichere Anwendung und höhere Entwicklung der Plastik auszusprechen. Daher sehen wir in den

Portalen und Vorhallen, in den Galerien der Façaden, den Baldachinen der Strebepfeiler, den Wänden der Chorschranken die Architektur eifrig bemüht, der Schwesterkunst eine freiere Stätte zu bereiten. Architektur und Plastik zeigen nun wieder eine Wechselbeziehung und ein lebendiges Zusammenwirken, wie es seit der griechischen Blütezeit nicht mehr erblickt worden war.

Das vollständigste Bild von einem Künstler des 13. Jahrhunderts ist uns in den Skizzenbuche des *Villard von Honnecourt* erhalten, welches sich auf der Bibliothek zu Paris befindet. Besonders wichtig ist das Buch durch mehrere Tafeln, auf denen er Anleitung zum Figurenzeichnen gibt. Er verfährt dabei nach einer unter seinen Zeitgenossen allgemeinen üblichen Regel, indem er durch Einzeichnen von geometrischen Figuren, namentlich von Dreiecken in die menschliche Gestalt, die Sache dem architektonisch gebildeten Künstler zu erleichtern sucht. Dies stellt sich uns als ziemlich willkürliches Verfahren dar, aber es gibt Aufschluss darüber, warum die zahllosen Statuen jener Zeit so sicher stehen, so fest in ihrem Schwerpunkt ruhen. An diesem einzigen Beispiel sehen wir, wie strebsam die damaligen Künstler waren; aber das Leben, das sie umgab, war auch dazu angethan, ein künstlerisches Auge zu begeistern. Es war überall anmutiger und geschmeidiger geworden, die Sitten waren milder, man legte Wert auf die Schönheit des Äussern. Darnach entwickelte sich die Tracht, welche den barbarischen Prunk byzantinischer Hofgewänder abschüttelte und dafür die Formen des Körpers klar hervortreten und sich in edler Bewegung frei entfalten liess.

Für die völlige Wirkung der Plastik dieser Epoche wird aber auch eine entsprechende Malerei notwendig. Bereits hatte die Architektur der romanischen Zeit von der Polychromie umfassenden Gebrauch gemacht. Als dann die Plastik anfing, sich an der Dekoration des Innern zu beteiligen, mussten auch ihre Werke, um sich harmonisch dem Ganzen anzuschliessen, kräftige Bemalung erhalten. Mit diesem gesteigerten Ausdrucksmittel hatten die Künstler zugleich einen nicht minder reich entwickelten Ideengehalt auszudrücken. Was die Scholastik in tiefsinniger Durchdringung der Heilslehre als grossartig dogmatisches Gebäude hingestellt, was die von der Kirche ausgegangene dramatische Kunst in den Mysterien dem Volke in lebenden Bildern vorgeführt hatte, das wurde nun auch in den Portalen und Vorhallen der Kathedralen ausgemeiselt: sie geben in den grossen symbolisch-historischen Bilderkreisen die Summe des Glaubens und Wissens ihrer Zeit.

Endlich findet auch der Humor eine Stätte, zunächst wie früher in mancherlei originellen Gebilden an Konsolen und wohl auch an Kapitälen, sodann aber vorzüglich an den Wasserspeiern, welche als phantastische Drachen, Tier- und Untiergestalten gebildet werden. Die Phantastik, die den Völkern des Nordens im Blute steckt und in jener Zeit sich unbefangen als grobe, selbst unflätige Possenreisserei sogar in die kirchlichen Mysterien eindrängen durfte, suchte und fand in jenen abenteuerlichen Gestalten ihren Ausdruck.

In Deutschland tritt uns die Plastik dieser Zeit nicht so grossartig und einheitlich geschlossen entgegen, wie namentlich in Frankreich, wo durch den schnellen Sieg des gotischen Systems das bunte Treiben der frühern lokalen Schulen zum Schweigen gebracht wurde. Als treuer Nachhall politischer Verhältnisse erhebt sich in

Deutschland der hartnäckige Unabhängigkeitssinn der einzelnen Schulen gerade jetzt zu grosser Kraft. Wie in der Architektur bilden sich in der Plastik lokale Gruppen, welche sich noch lange dem neuen französischen Stile widersetzen. So überflutet noch in den ersten Dezennien des 13. Jahrhunderts eine ebenso formlose als wilde Phantastik die Chornische an der Kirche zu Schöngrabern in Niederösterreich und die Façaden von St. Stephan in Wien. Welche Anhänglichkeit man auch immer in den verschiedensten Gegenden Deutschlands dem ältern Stile widmete, beweisen unter anderm die bedeutenden Leistungen der *fränkischen Schule* am Dom zu Bamberg. Welch seelenvoller Schönheit aber auch die alte Auffassung fähig war, erkennen wir an den Arbeiten der *sächsischen Schule*, namentlich an den Reliefs der Kanzel zu Wechselburg. Noch glänzender entwickelt sich derselbe Stil an den Skulpturen der golden Pforte zu Freiberg im Erzgebirge. In grossartiger Anlage, in Adel der Romantik, vor allem aber in reichlicher Anwendung bildnerischen Schmuckes nimmt sie unter allen Portalen die erste Stelle ein. Fig. 118.

Fig. 118. Von der Kanzel zu Wechselburg.

Derselben Richtung begegnen wir in einem zweiten Werke der Kirche zu *Wechselburg*, dem plastischen Schmucke des Hochaltars.

Wie die romanische Architektur, so vermochte auch die reife Blüte ihrer Skulptur vor dem übermächtig eindringenden gotischen Stile Frankreichs sich nicht zu halten. Die glühende Begeisterung, die innige Sehnsucht und die schwärmerische Hingebung musste sich in den gemeisselten Gestalten aussprechen, und so verloren denn auch die Figuren die stattliche Würde, das an die Antike erinnernde Gepräge von erhabener Ruhe, sie werden schlank, zart aufgeschossen und mit schwärmerischer Neigung des Lockenhauptes dargestellt. Eine eigentümliche Bewegung zieht sich durch den ganzen Körper, als wollte derselbe den Schwingungen des Empfindens folgen. Die Gewandung fliesst voll und faltenreich und nähert sich immer mehr der kleidsamen Zeittracht. Eine liebevolle Behandlung erfährt namentlich das Gesicht: es ist ja der Sitz der Gedanken,

Fig. 119. Reiterstatue am Dom zu Bamberg.

das Spiegelbild der gemütlichen Erregungen des Innern. Ein Zug lächelnder Holdseligkeit erhellt fast ohne Ausnahme das jugendliche Gesicht. Das energisch Mannhafte, trotzig Kühne liegt diesem Stil ferne, und selbst seine männlichen Gestalten haben den Ausdruck einer fast weiblichen Anmut. Den ersten Werken des neuen Stils begegnen wir auf deutschem Boden an der Liebfrauenkirche zu Trier, allein es waltet hier noch eine Befangenheit, welche die Elemente des neuen Stils sichtlich als fremde, ungewohnte handhabt. In reifer Vollendung und Schönheit finden wir ihn alsdann an der plastischen Ausstattung des Domes zu Bamberg. Selbst zu Reiterstandbildern versteigt sich diese jugendkräftige Zeit, wie das lebendige *Reiterbild des Königs Konrad III.* Figur 119 (Kunsthistorische Bilderbogen) am Dom zu Bamberg beweist. Rasch verbreitet sich der neue Stil über Sachsen und das südwestliche Deutschland, wo wir die herrlichsten Beispiele am südlichen Portal und an der Hauptfaçade des Strassburger Münsters erblicken. Fig. 120 *Statuen vom Strassburger Münster*, (Kunsthistorische Bilderbogen).

Noch entschiedener als die Steinskulptur hielt die *Goldschmiedekunst* an den prunkenden Formen der romanischen Weise mit ihrer reichen Ornamentik fest. Die Erzplastik aber tritt beinahe ganz zurück.

Spätgotische Epoche, 1300—1450. Mit dem Beginn des 14. Jahrhunderts ist der Höhepunkt des Mittelalters überschritten. Überall geraten die alten Institutionen ins Schwanken. Das majestätische Gebäude der Hierarchie sieht sich in seinen Grundfesten erschüttert, aber nicht minder ohnmächtig sinkt das Kaisertum dahin. Ein neuer Stand beginnt aufzublühen, in dem die gesunden Elemente der Zeit sich vereinigen: der Bürgerstand. Auch im Schosse der Kirche gewinnen die bürgerlichen Mönchsorden über die aristokratischen Genossenschaften der Benediktiner und Cistercienser die Oberhand; an Stelle der abgestorbenen, verknöcherten Scholastik tritt die innerlich gewordene subjektiv erregte Schwärmerei der Mystiker. Schon gegen das Ende der vorigen Epoche sind wir den lyrisch wiederkehrenden Bewegungen des Körpers begegnet und haben auf das konventionelle Lächeln hingewiesen. Diese Züge werden jetzt immer mehr verstärkt. Die Gestalten ergreift ein seltsames inneres Wehen, das sich in geschwungenen Stellungen Luft macht, in starkem Herausbiegen der einen und ebenso starkem Einziehen der anderen Körperhälfte, in übertriebenem Lächeln, wobei die Augen sogar schief gestellt werden. Die Gewandmassen werden gehäuft und durch übermässig viele Falten gebrochen. Aber auch an Tiefsinn und Fülle der Gedanken sind die Werke des 14. Jahrh. denen des 13. nicht ebenbürtig. Nur selten begegnen uns noch als Nachhall jener grossen Zeit die bedeutsamen Bildercyklen. Allein, wenn auch die Plastik in wichtigen Punkten der frühern untergeordnet erscheint, so suchte sie dafür in anderer Hinsicht einen Fortschritt durch genaues Eingehen auf die Natur, durch schärfere Bezeichnung und vollere Entwicklung der Formen; aber, da ein Verständnis des gesamten körperlichen Organismus auch jetzt noch mangelte, so blieb es bei einzelnen Ansätzen. Zugleich war sie aus den Händen der Mönche ganz in diejenige bürgerlicher Meister übergegangen und hatte an dem zünftigen Betriebe zwar eine solide technische Schule erhalten, aber auch eine unverkennbare geistige Schranke. So dürfen wir denn, trotz mancher gelungenen Einzelheit, den hereinbrechenden Verfall des Mittelalters nicht in Abrede stellen, das sie umgebende Leben häufiger betrachteten und ihren Darstellungen

Fig. 120. Vom nördlichen Seitenportal der Hausfront des Strassburger Münsters. Ende des 13. Jahrhunderts.

wenn auch der aufkeimende Natursinn der Plastik manche Bereicherung verschaffte und die Künstler manche genrehafte, selbst humoristische Züge beimischten. Das war aber auch das einzige Mittel, die nachgerade etwas verbrauchten Stoffe etwas aufzufrischen. Die Region der Teufel (bei Schilderungen des jüngsten Gerichtes) gab schon früher mannigfachen Anlass zu kräftig derbem Humor. Jetzt weicht die dämonische Unheimlichkeit völlig burlesken Ausmalungen und das Niedrigkomische findet reiche Verwendung.

Unbedingt die erste unter den plastischen Schulen des 14. Jahrhunderts ist die Nürnbergische. Ihre erste bedeutende Leistung ist das Westportal der Lorenzkirche und mehrere Portale von St. Sebald. Zu den bedeutendsten Werken der späteren Zeit gehört: der *schöne Brunnen* Figur 121 (Kunsthistorische Bilderbogen).

Einer zweiten bedeutenden Schule begegnen wir in Schwaben, zunächst in den Portalen des Doms von Augsburg und desjenigen in Ulm, sodann an der Heil. Kreuzkirche in Gmünd bei den humoristischen Wasserspeiern.

In den rheinischen Gegenden finden wir zunächst am Münster zu Freiberg tüchtige plastische Arbeiten. Ein ganzes Kompendium der heil. Geschichte ist in miniaturartiger Ausführung am Westportale der Kirche zu Thann zusammengedrängt.

Fig. 121. Vom schönen Brunnen in Nürnberg.

Einen hohen Wert besitzen endlich die Statuen Christi, seiner Mutter und der Apostel im Chor des Kölner Domes; sie sind namentlich auch durch die treffliche Polychromie von besonderem Interesse.

Neben dieser reichen Anwendung der Steinskulptur stehen die in anderem Material ausgeführten Werke merklich zurück. Die Holzskulptur tritt nur ganz vereinzelt auf.

Wichtiger dagegen sind einige Arbeiten des Erzgusses. Neben einer Menge kleiner, meist handwerksmässiger Arbeiten gewinnt das Reiterstandbild des heil. Georg auf dem Hradschin zu Prag durch Lebendigkeit erhöhte Bedeutung.

Die *Grabsteine* behalten in der ersten Zeit des 14. Jahrhunderts noch eine Weile das edle Gepräge der früheren Zeit, die typische Allgemeinheit der Gesichtszüge, die ernste Ruhe der Haltung, die verklärte Lieblichkeit namentlich in weiblichen Köpfen. Auch die Tracht bleibt zuerst noch dieselbe ideale, fast antikisierende Gewandung. Indessen fangen die Bildhauer doch auch hier an, nach und nach die Natur vor Augen zu nehmen. Zuerst versucht sich das Streben nach individueller Charakteristik an männlichen Köpfen, die durch kräftigere Entwicklung der Formen, auch wohl durch den Bart dem Bildner einen Anhaltspunkt gewährten. Für die weiblichen Köpfe hielt man dagegen gern, auch bei sogenannten Porträtbüsten, an dem idealen Typus fest, der sich allmählich herausgebildet hatte. Erst im weitern Verlauf der Epoche, nachdem mehrfach die Künstler begonnen hatten, den leer gewordenen Typus der Madonna durch das untergeschobene Bild irgend einer schönen und liebwerten irdischen Jungfrau zu beleben, gewann man auch für weibliche Porträtstatuen das Gepräge der bestimmten Persönlichkeit.

Ein Hindernis für die Entfaltung der Plastik wird schon seit Mitte des Jahrhunderts die veränderte Tracht in den Reiterstatuen; denn mit den kurzen Waffenröcken, den zuerst an den Gelenken auftretenden Eisenschienen, die den ganzen Körper in steife Fesseln schlagen, ist jede Möglichkeit einer edlen Darstellung ausgeschlossen. Die Gestalten zeigen sich nun mit gespreizten Beinen und abstehenden Armen, in derselben ungeschickten Schwerfälligkeit, wie sie eben das Leben mit sich brachte. Fig. 122 *Grabmal des Landgrafen Ulrich* (Kunsthistorische Bilderbogen). Die schönste Veranlassung, porträtwahre Charakteristik mit den Anforderungen eines würdevollen Stiles zu verbinden, boten die bischöflichen Denkmäler, da gerade diese Tracht die prächtigsten Motive für stilvolle Gewandbehandlung bot.

Unter den Kleinkünsten erfreute sich vornehmlich die *Elfenbeinschnitzerei* reicher Pflege, namentlich zu kleinen tragbaren Altären oder Schmuckkästchen, Gefässen u. dergl.

Minder Günstiges lässt sich von der anspruchsvollen Technik der *Goldschmiede* sagen; denn, seitdem auch in diesen Werken das gotische Stilgesetz durchgedrungen war, wurde jedes Gefäss und Gerät seiner natürlichen Form entkleidet und als kleines Bauwerk maskiert, wodurch die freie Plastik nur kümmerlichen Raum für sich behielt.

Neuere Zeit: 1450—1550. Schon seit Beginn des 15. Jahrhunderts hatte sich im Norden, gleich wie in andern Ländern, namentlich in Italien, der Sinn für die Wirklichkeit, der *Realismus* geregt. Was den völligen Durchbruch der neuen Auffassung in der nordischen Plastik erschwerte, war nicht der Mangel an realistischem Sinne, sondern die lange noch fortdauernde Herrschaft der gotischen Architektur. Die neue Plastik, lebenswahr und selbst extrem realistisch, fand keinen Platz mehr in dem System der Gotik, die neuen Gestalten wollten freie Bewegung haben, wofür in den engen Hohlkehlen, an den beschränkten Bogenfeldern der Portale, zwischen den knappen Säulenstellungen der Baldachine kein Raum war. Als nun trotzdem der Zug nach realistischer Treue die Plastik mit fortriss, musste ein Kompromiss mit der Architektur geschlossen werden; allein die Konzessionen, welche die Gotik machen konnte, waren wohl hinreichend, ihr eigenes Gesetz aufzulockern, aber nicht genügend, den gerechten Anforderungen der Plastik nachzukommen. Darin liegt auch der Grund, weshalb die nordische Bildnerei nicht zu jener harmonischen Gesamtkunst sich entfalten konnte, wie in Italien, von 1420—1520, wo der Einfluss der Antike zugleich eine neue Architektur geschaffen hatte, welche den beiden bildenden

Fig. 122. Grabmal der Landgrafen Ulrich und Philipp in St. Wilhelm in Strassburg.

Künsten in ihrer fortgeschrittenen Gestalt einen neuen Rahmen, eine zusammenfassende Einheit gegeben hatte. Aber auch die Ungunst der äussern Zeitverhältnisse wirkte ein. Die ehrsamen Bürger und tölpischen Bauern des 15. Jahrhunderts waren kein Gegenstand, an denen sich ein reines Schönheitsgefühl hätte nähren und stärken können. Eine unschöne, bunte, überladene Tracht steigerte das spiessbürgerliche Gepräge der Plastik ins Phantastisch-verzwickte. Dafür konnte die ausdrucksvolle Kraft der männlichen, die holde Anmut der weiblichen Köpfe allein nicht entschädigen, denn die Plastik bedarf mehr als des Kopfes; sie muss auf eine harmonische Ausbildung des ganzen Körpers bedacht sein.

Im Norden fehlt endlich auch das Material, das dem Süden zur Verfügung stand: der weisse Marmor. Man ist auf den grobkörnigen Sand oder Kalkstein angewiesen, mehr aber noch und mit bezeichnender Vorliebe auf das derbe Eichen- und Lindenholz, aus dessen Blöcken das kühn gehandhabte Messer des Bildschnitzers eine Welt von reichen Altarwerken u. dergl. zu gestalten weiss.

Die Mehrzahl dieser Werke in Stein und Holz erhält deshalb ihre volle Bemalung und wetteifert an Goldglanz und Farbenschimmer mit den gemalten Tafeln, die sich mit ihnen oft zu grossen Gesamtkompositionen verbinden. So strebt die nordische Plastik ins Malerische hinein.

Die Stoffe für ihre Werke nimmt sie meistens aus dem Leben Christi, namentlich aus der Passionsgeschichte. In diesen Szenen kann sie ihrem Hange nach leidenschaftlicher Schilderung vollauf genügen, und sie thut es mit unerschöpflicher Erfindungskraft. Weder im Charakter ihrer Gestalten, noch im Ausdruck der Empfindungen sucht sie dabei das Edle, Geläuterte, vielmehr sind ihr die derbsten Charakterfiguren, die heftigsten Motive, die rückhaltlosesten Geberden die liebsten. Man war der ewig gleichförmigen Schönheit im Wurf der Falten, des stillen monotonen Lächelns der Gesichter satt und wollte lieber die Wirklichkeit in ihren eckigen Gestalten, ihren vielfach gebrochenen Gewändern, als jene leer und allgemein gewordene Schönheit. Dies musste auf eine ungleich grössere Mannigfaltigkeit der Richtungen führen, denn jeder Meister hatte, namentlich für Madonnen- und andere Frauenköpfe, nur sein eigenes in der Wirklichkeit vorhandenes Schönheitsideal, in welchem wir noch jetzt oft den schmerzlich süssen Reflex subjektiver Herzenserlebnisse ahnen können.

a) Die Holzschnitzerei.

Am unmittelbarsten knüpft die Holzschnitzerei in Technik und Inhalt an die mittelalterliche Tradition an. Sie ist die Lieblingskunst geworden. Früher spielte sie eine bescheidene Rolle. Wohl kommen auch im 14. Jahrhundert oder im Anfange des folgenden hie und da Holzschnitzaltäre vor, aber erst seit der Mitte des 15. nimmt die Holzschnitzerei in Deutschland einen solchen Aufschwung, dass ihre Werke die Gebilde in Erz und Stein überragen. Die Hauptthätigkeit erstreckt sich, wie schon bemerkt, auf jene zahlreichen Altäre, welche sich in vielen Abteilungen neben und übereinander aufbauen, mit doppelten, ja oft vier- und sechsfachen Flügeln versehen. Der Hauptteil besteht in der Regel aus einem tiefen Schrein, der entweder mit einigen Statuen oder Reliefszenen ausgefüllt ist. Dieselben schildern die Vorgänge durchaus malerisch, auf perspektivisch entwickeltem Plan mit landschaftlichen Hintergründen, und repräsentieren die in Holz übersetzten, mit reicher

Bemalung belebten geistlichen Schauspiele, die sog. Mysterien jener Zeit. (Vergl. Artikel Altar.)

Die Priorität in Aufnahme und Ausbildung des neuen realistischen Stils darf die schwäbische Schule in Anspruch nehmen. Auffallend frisch tritt diese Richtung bereits an zwei Altären der Kirche zu Tiefenbrunn hervor, gefertigt von *Lucas Moser* und *Hans Schuhlein;* um dieselbe Zeit ist der Maler *Friedrich Herlin* in Franken thätig. Der Hauptsitz der schwäbischen Schule aber ist einerseits Ulm, wo neben Schuhlein die beiden *Jörg Syalin*, Vater und Sohn, uns in den Chorstühlen im Münster, im sog. in Stein ausgeführten Fischkasten (Marktbrunnen), in den Chorstühlen zu Blaubeuern und dem in üppiger Dekoration durchgeführten Schalldeckel im Münster grossartige Meisterwerke hinterlassen haben. Beinahe keine Kirche Schwabens entbehrt glanzvoller Beispiele, ja selbst bis weit in die Schweiz hinein erstreckt sich die Thätigkeit der schwäbischen Schule, wie der von *Jacob Rösch* im Dom zu Chur 1499 ausgeführte Hochaltar und zahlreiche Altäre in Graubünden darthun.

Am Oberrhein zeigen die wenigen noch vorhandenen Schnitzarbeiten viel Verwandtschaft mit dem dort durch *Martin Schongauer* in der Malerei begründeten Stil.

Neben Ulm ist Augsburg ein Hauptsitz schwäbischer Kunst. Auch in Österreich findet sich eine grosse Zahl solcher Werke, von denen manche, namentlich im Tirol, ihre Entstehung dem Bildschnitzer *Michael Pocher* verdanken. Aber auch am Rhein, in Westfalen, in Pommern, lassen sich zahlreiche Beispiele aufführen.

Eine besondere Bedeutung haben sodann die fränkischen Arbeiten, die grösstenteils unter Leitung des auch als Maler thätigen *Michael Wohlgemuth* ausgeführt wurden; aber erst gegen Ausgang der Epoche tritt Nürnberg durch den Bildschnitzer *Veit Stoss* wirklich in den Vordergrund. Seine beste und grösste Arbeit in Nürnberg ist der Rosenkranz in der Lorenzkirche. Dazu Fig. 123 Verkündigung von Veit Stoss (Kunsthist. Bilderbogen).

b) Steinskulptur.

Der Steinskulptur blieb in dieser Epoche nur ein enges Feld. Die Architektur verschmähte mehr und mehr ihre Beihilfe. Die gotischen Bauwerke werden entweder in nüchterner Kahlheit aufgeführt oder suchen und finden ihren Schmuck ausschliesslich in den geometrischen Zierformen eines spielend ausgebildeten Maasswerkes. Die Steinskulptur sieht sich deshalb ganz auf kleinere Gegenstände, wie Kanzeln, Brunnen, namentlich aber auf Grabsteine angewiesen. In allen diesen Fällen ist es namentlich das Hoch- oder Flachrelief, und so ist klar, dass die Plastik unaufhaltsam ins malerische Gebiet hinübergedrängt wurde. In einseitig scharfer Nachbildung der Wirklichkeit aber wetteifert die Steinplastik mit der Holzskulptur.

Auch hier weist einesteils Schwaben in den Portalen der Frauenkirche zu Esslingen und am Ulmer Münster, im Sakramentshäuschen daselbst und manchen andern Werken Prachtstücke auf. Prunkvolle Kanzeln besitzen die Dome zu Freiburg, die Münster zu Strassburg und St. Stephan in Wien. Eine Reihe tüchtiger Grabmäler in den Rheingegenden gibt ein anschauliches Bild von der Entwicklung dieser Art Monumente. Von grossem Wert ist namentlich der bald nach 1468 entstandene Grabstein des Königs Ludwig in der Frauenkirche zu München.

Kein Ort in Deutschland ist jedoch für Entwicklung auch der Steinskulptur so bedeutend, wie gerade Nürnberg, welches in *Adam Krafft* einen der bedeutendsten Meister hervorbrachte. Eines der kunstvollsten Erzeugnisse Kraffts ist das Sakramentshäuschen in St. Lorenz. Gleichzeitig arbeitete er an mehreren Grabmälern, wie am

Fig. 123. Die Verkündigung von Veit Stoss.

Perzensdörferschen in der Frauenkirche etc.

Mit wie frischer, lebensvoller Naivität der Meister auch das gewöhnliche Dasein zu ergreifen wusste, bewies er an dem anziehenden Relief der *Stadtwage*, eines prächtigen Genrebildes. Fig. 124 (Kunsthist. Bilderbogen).

Karmeliterkirche zu Boppard und desjenigen des Erzbischofs Albrecht im Dom zu Mainz.

c) Erzarbeit.

Auch in der Erzarbeit gebührt Nürnberg weitaus der erste Rang, denn neben Veit Stoss und Adam Krafft erscheint als dritter grosser

Fig. 124. Relief vom Waghaus zu Nürnberg von Krafft.

Um dieselbe Zeit lebte ein ebenfalls sehr tüchtiger Meister in Würzburg: *Tilman Rünsenschneider*.

Im Stephansdom zu Wien schuf Meister *Niclas Lerch* und *Michael Dichter* das stattlichste Grabmonument der ganzen Epoche für Kaiser Friedrich III. Ganz in die Formen der Renaissance kleiden sich die Grabmäler des Johann Eltz in der

Meister: *Peter Vischer* in seinem Hauptwerk, dem *Sebaldusgrab* Fig. 125 (Lübke, Geschichte der Renaissance) in der Kirche des heil. Sebaldus. Ungezwungen mischen sich hier die Elemente der hereinbrechenden Renaissance mit gotischen Motiven. Eine Menge Grabmäler verdanken demselben Meister die Entstehung. Der Ruf der Nürnberger Giesshütte verbreitete sich weit herum. Sogar für den Dom zu Schwerin wurde bei Vischer eine Erztafel bestellt. Neben dem Sohne Vischers leistete nach seinem Hingang namentlich sein Schüler *Pancraz Labenwolf* Bedeutendes. Die glänzendste Leistung der Nürnberger Schule steht in dem Denkmal Maximilians in der Hofkirche zu Innsbruck, welches unter Leitung und nach der Idee des Hofmalers *Gilg Sesslschreiber* von Augsburg in der Nürnberger Giesshütte und zwar wahrscheinlich zum grossen Teil noch von Vischer selbst ausgeführt wurde.

Fig. 125. P. Vischers Sebaldusgrab.

Das 17. und 18. Jahrhundert. Waren bis jetzt die Einflüsse Italiens auf die nordische Bildnerei nur leichter Art gewesen, so tritt nun der Einfluss namentlich der durch Michelangelo gegründeten römischen Schule ausschliesslich hervor. Man zog immer mehr italienische und niederländische Meister nach Deutschland; denn die religiösen Wirren, die gewaltigen Bewegungen der Reformation zogen die einheimischen Kräfte von einem ruhigen künstlerischen Schaffen ab. Die Aufgaben, welche diese Zeit der Plastik stellt, zeigen die zunehmende Verweltlichung der Kunst. Bezeichnend in dieser Richtung ist die veränderte Gesinnung, in welcher man jetzt die Grabmonumente anordnete. Schon am Denkmal Kaiser Maximilians zu Innsbruck hatte die kirchliche Auffassung kein Wort mehr mitzureden, die Reliefs erzählen nur von kriegerischen und politischen Thaten des Gefeierten. Demselben Geiste begegnen wir in dem Denkmal des Kurfürsten Moritz im Dom zu Freiberg.

Die Erzgiesserei fand ein weites und dankbares Feld an den prachtvollen Brunnen, wie am Augustsbrunnen zu Augsburg, daneben an einer Menge Statuen und Standbildern.

Für die Steinskulptur boten die prunkvollen Grabmäler ergiebiges Feld. Die Dome zu Köln, Mainz, Würzburg sind besonders reich an gediegenen Arbeiten, ausserdem gehören die *11 Standbilder* der württembergischen Fürsten im Chor der Stiftskirche zu Stuttgart, zu den tüchtigsten, Fig. 126 *Graf Eberhard in der Stiftskirche zu Stuttgart* (*Lübke Kunst-Geschichte*), die zahlreichen Gräber im Chor der Stiftskirche zu

Fig. 126. Grabmal aus der Stiftskirche zu Stuttgart.

Tübingen zu den prunkvollsten Werken. Ein Prachtstück plastischer Dekoration endlich ist die Façade des Heidelberger Schlosses.

Im 17. Jahrhundert wurde Deutschland durch die Verheerungen des 30jährigen Krieges nicht allein von allem künstlerischen Schaffen abgehalten, sondern auch für lange Zeit in Erschöpfung und Mutlosigkeit gestürzt. Eine neue Triebkraft bricht in dem Staate zuerst wieder hervor, der durch den Heldensinn der grossen Fürsten der Zeit sich damals in jugendlicher Frische erhob, in Brandenburg. Vorerst muss ihm allerdings Holland seine Baumeister und Bildhauer leihen, unter denen *Andreas Schlütter* (1662—1714) einer der grössten Künstler ist. Für seine hohe Bedeutung im Fach der Skulptur sprechen die zahlreichen dekorativen Reliefs, welche er im königlichen Schloss zu Berlin ausführte, sowie die ergreifenden *Köpfe sterbender Krieger* über den Fenstern des Zeughauses, Fig. 127 (Kunsthist. Bilderbogen); vor allem aber die kolossale bronzene Reiterstatue des grossen Kurfürsten auf der langen Brücke. Etwas später war in Wien der durch edle Naturauffassung hervorragende Rafael Donner thätig. Nach *Lübke:* Grundriss der Kunstgeschichte; *Lübke:* Geschichte der Plastik, vergl. auch; *Alvin Schulz:* Kunst und Kunstgeschichte. A. H.

Fig. 127. Zwei Masken sterbender Krieger vom Berliner Zeughaus von Schlütter.

Platte, Plattenrüstung. Siehe den Art. Harnisch.

Polterabend, d. i. eine Vorfeier der Hochzeit am Vorabend derselben, wird erst seit dem Ende des

Mittelalters erwähnt; in Leipzig heisst sie die Rammelnacht. In manchen Gegenden heisst eine ähnliche Vorfeier Kranzelabend oder Kranzelbindabend.

Pönitentialbücher. Das Busswesen ist auf griechischer Grundlage zunächst in der britischen und irischen Kirche ausgebildet worden, daher auch hier die ersten Anweisungen zur Verwaltung desselben entstanden sind, *libri poenitentiales, poenitentialia.* Irische Missionare, wie Columban, verpflanzten dieses Institut in die fränkische Kirche. Daneben wurde dasselbe lebhaft in der angelsächsischen Kirche gepflegt, wo unter den Namen des *Beda Venerabilis,* gest. 735, und des *Egbert von York,* gest. 767, verfasste Beichtbücher im Gebrauche waren. Auch von hier aus wurde die Bussdisziplin im Frankenreich beeinflusst; bekannt unter den fränkischen Bussbüchern ist besonders dasjenige des *Rhabanus.*

Portiuncula-Ablass heisst der Ablass, den Papst Honorius III. 1233 dem Franziskanerorden für alle diejenigen erteilte, welche am 2. August in der Kirche zu Portiuncula ihre Andacht verrichten würden. Bei dieser Kirche hatte sich nämlich Franz von Assisi mit seinen Ordensbrüdern niedergelassen, und in dieser Kirche sei ihm der Herr erschienen und habe ihm erlaubt, sich zum Besten der Menschheit eine Gnade zu erbitten, worauf Franz eben den Ablass sich erbeten. Der Ablass wurde später nach verschiedenen Seiten hin erweitert und ist noch in Übung.

Postwesen. Zwar war die öffentliche Staatspost des römischen Kaiserreiches, der *cursus publicus,* mit dem Reiche selber zu Grunde gegangen; doch hatten sich einzelne Spuren davon bis in die Karolingische Zeit erhalten; sogar einige alte technische Ausdrücke sind stehen geblieben: *mansio,* Postherberge, *veredus,* Postpferd, *paraveredus,* d. h. das Privatpferd, welches man von der Hauptstrasse ab für Reisen auf den Seitenwegen benutzte, und *tractoriae,* d. i. Urkunden, welche ihren Inhabern das Anrecht auf freie Verköstigung und auf freien Unterhalt für die ganze Dauer einer Reise gewährte. Wenn aber auch gewisse, der Beförderung von königlichen Gesandten dienende Leistungen, Halten von Pferden, Vorspanndienste, Beherbergung, vorhanden waren, so fehlte diesem Dienst jedenfalls der einheitliche Charakter und die einheitliche Leitung.

Neue Ansätze zu einem öffentlichen Postverkehr liegen in den regelmässigen *Boten,* welche von den neu entstehenden Korporationen für ihre Bedürfnisse angestellt wurden. Dies war in erster Linie bei den *Kaufleuten* der Fall, deren beeidete Boten den Verkehr zwischen den Kaufmannschaften der miteinander in regelmässigem Verkehr stehenden Städte besorgten; Einzelforschungen über dieses Städte-Botenwesen mangeln bis jetzt; angeführt wird u. a., dass Leipzig schon 1388 durch Briefboten zu Fuss und zu Ross mit Nürnberg, Augsburg, Braunschweig, Magdeburg, Hamburg, Köln an der Spree, Dresden, Prag und Wien in regelmässiger Verbindung gestanden habe. Natürlich besassen auch die Hansestädte ihre Botenzüge. Vortrefflich organisiert war die Postanstalt der *deutschen Ordensritter*; in Marienburg leitete der oberste Pferdemarschall den *Briefstall* und beaufsichtigte die Briefjungen oder Postillione; welche mit ihren Pferden, Schweiken oder Briefschweiken *(Swoiken)* genannt, die einzelnen Poststrassen zurücklegten. Auf allen Ordenshäusern war der Komtur zugleich Postmeister, und auf jedem Ordenshause musste Aufgabe oder Ankunft und Abgang des Briefes, sowohl in einem Buche als auf einem mitgegebenen Stundenzettel angemerkt werden.

Nur ganz lokale Verbreitung scheint die sogenannte *Metzgerpost* gehabt zu haben, wonach z. B. in Esslingen das Postreiten bei den Metzgern der Reihe nach umging; solche auf den Vieheinkauf basierte Posten gab es in Württemberg bis ins 17. Jahrhundert. Früh erscheinen *Boten der Universität von Paris*, welche eine eigene Botenanstalt bildeten; im Jahr 1296 wurde den Mitgliedern derselben für einen Krieg urkundlich Sauvegarde erteilt. Die Organisation dieser Botenanstalt scheint eine sehr umfassende gewesen zu sein.

Die erste *staatliche Posteinrichtung* stammt von Ludwig XI. von Frankreich, die von ihm 1464 gegründete königliche Post. Dieselbe war ausschliesslich für den Dienst des Königs und des Staates bestimmt. Auf den Hauptrouten des Königreiches sollten von vier zu vier Stunden taugliche Leute zur Haltung von vier bis fünf Pferden aufgestellt werden; an der Spitze der Anstalt stand der *Conseiller grans Maitre des Coureurs de France*. Die königlichen Kouriere waren verpflichtet, die vom König abgesandten Kouriere zu begleiten und die Depeschen und Berichte sofort weiter zu befördern. Nach Ausweis und gegen taxmässige Bezahlung konnten sich auch die Boten und Kuriere des Papstes und anderer mit Frankreich befreundeter Höfe der Anstalt bedienen. Zum Gedächtnis an die Errichtung der königlichen Post liess der König eine Münze prägen, deren Revers zwei galoppierende Kuriere zeigt, deren vorderer ein Brieffelleisen hinter sich hat. In einem die Anstalt ergänzenden Patent vom Jahre 1487 kommt zuerst der Ausdruck *postes* vor. Schon 1480 erweiterte sich die Anstalt dahin, dass Privatpersonen zu sechs Sol. für die Station per Pferd befördert werden konnten; auch Privatkorrespondenzen kamen bald zur Beförderung. Lange konkurrierte die Universitätspost mit der königlichen, und erst im Jahre 1719 sind beide Anstalten verschmolzen worden.

Auf deutschem Boden waren mit der Zeit *Stadtbotenämter* entstanden, die auf ihren Routen ebenfalls Pferdewechsel unterhielten; ihrer bediente sich auch gegen Vergütung der kaiserliche Hof. Die erste *landesherrliche* Post entsteht im Brandenburgischen, wo unter Kurfürst Albrecht ein Botengang zwischen Küstrin-Ansbach eingerichtet wurde. Die zweimal im Monat abgesendeten Boten brauchten für den 68 Meilen langen Weg 24 Tage, für den Weg von Ansbach nach Wolfenbüttel 15 Tage. Andere Obrigkeiten befolgten bald das brandenburgische Beispiel. Das erste in Leipzig errichtete *Postamt* stammt vom Jahre 1611, der erste Postmeister erhielt 120 Gulden Gehalt. In Österreich datieren die ersten Nachrichten über ein regelmässiges Kurierwesen aus der Zeit Kaiser Friedrich III. (1440—1493); die Leistung des für Pferdewechsel eingerichteten Dienstes stand unter dem Oberjägermeister *Roger (I) von Taszis*; diese Post ging durch Steiermark und Tirol. Unter Maximilian errichtete *Francesco de Taszis* 1516 eine reitende Post von Brüssel nach Wien.

Die Familie *Taxis* stammte von den *Torriani*, Herren von Mailand; der spätere Name des Geschlechtes war *de la Tour*, deren einer sich im Gebiete von Bergamo niederliess. und daselbst von dem ihm gehörenden Berge *Tasso* (Dachsberg) den Namen *del Tasso*, später *de Tassis* annahm. Nachkommen von ihm waren jener Roger und Francesco.

Der letztere erhielt, wohl in Nachahmung der französischen Einrichtung, von Kaiser Max Titel und Würde eines Generalpostmeisters; den vier Neffen desselben übertrug Karl V. die Aufsicht des Boten-Kurierwesens in seinen Landen, und zwar dem *Maphée* für Spanien, dem *Simon* fürs Mailändische, dem *David* für Tirol, während sodann *Baptista de Taxis*, der den Mittelpunkt seiner Thätigkeit nach den Niederlanden verlegte, über alle gesetzt wurde. Dadurch, dass Karl V. den niederländischen Oberpostmeister zugleich zum Oberpostmeister des deutschen Reiches ernannte, war der erste Schritt zu einer Zentralisation der Posten gethan; zwar sträubten sich die einzelnen Landesherren lange und oft mit Erfolg gegen dieses neue Reichsregal; auch kam gegen Ende des 16. Jahrhunderts die Thurn- und Taxische Anstalt selber in Verfall. Zur Wiederaufrichtung derselben diente namentlich der Umstand, dass Kaiser Matthias den Grafen Lamoral in den Reichsfreiherrnstand erhob und für ihn und seine Nachkommen mit der Reichspost *belehnte*. *Hartmann*, Entwickelungsgeschichte der Posten. Leipzig 1868.

Prämonstratenser heisst der von *Norbert* im 12. Jahrhundert gestiftete Orden von Chorherren, welcher unter die reformierten Klosterstiftungen des 11. und 12. Jahrhunderts gehört. *Norbert* war ein Kanoniker von vornehmer Abkunft, geboren in Xanten, der in angesehener Stellung am Hofe lebte, verwandt mit Heinrich V. Plötzlich entschloss er sich (1115) der Welt zu entsagen; ein Blitzstrahl, der ihn betäubte, bestärkte ihn in seinem Vorsatz, und er nahm zu Siegburg das Mönchskleid an, ohne doch eigentlich in den Orden einzutreten. Vielmehr ging er umher und predigte, wozu er sich vom Papste Gelasius eine förmliche Vollmacht auswirkte; besonders liess er es sich angelegen sein, die zahllosen Fehden, welche damals Frankreich wie Deutschland erfüllten, beizulegen und Frieden zu stiften. Im folgenden Jahre liess er sich von seinem Freunde, dem Bischof von Laon bewegen, dauernd in dessen Sprengel sich niederzulassen; in unwirtlicher, sumpfiger Gegend gründete er 1121 das Kloster *Prémonstré* (*Praemonstratum*) nach der Regel des heiligen Augustinus (siehe Kanoniker), die er durch strengere Bestimmungen schärfte. Die Erwerbung von Kappenberg in Westfalen für den Orden führte Norbert wieder häufiger nach Deutschland; mit dem Erzbischof Friedrich von Köln, der ihn zum Priester geweiht hatte, war er nahe befreundet. Bald gewann er auch grossen Einfluss auf Kaiser Lothar, der Norberts Wahl zum Erzbischof der sehr verwilderten und verwahrlosten Magdeburger Kirche bewirkte, eine Stellung, zu der seine übertriebene mönchische Askese ihn keineswegs geeignet machte. Er erfuhr dort den hartnäckigsten Widerstand und konnte zu keiner bedeutenden Wirksamkeit gelangen. Erst nach seinem Tode (1134) breitete sich der Prämonstratenser-Orden in diesen Gegenden weiter aus und leistete viel für den Anbau und die Germanisierung der slavischen Lande.

Der Orden der Prämonstratenser umfasste 30 Provinzen oder Circarien, denen jedesmal ein Circarier vorstand. Daneben übte das Mutterkloster gewisse Rechte über die von ihm abgeleiteten Stiftungen. Das höchste Ansehen hatten die vier ältesten Stiftungen Prémontré, St. Martin, Floreff und Cuissy, die das Recht der Visitation sämtlicher Klöster besassen. Der Abt von Prémontré hatte die Oberleitung des Ordens. Eine gewisse unabhängige Stellung nahm die sächsische Circarie unter dem Propst von Magdeburg und die spanische Circarie ein. Die Tracht des Ordens ist weiss und besteht in Tunica, Skapulier, Kappe und Baret. Es giebt auch Frauenklöster des Ordens. *Vogel* in Herzogs Real-Encyklopädie; *Wattenbach*, Geschichtsquellen, V, § 3; *Fr. Winter*, Die Prämonstratenser des 12. Jahrhunderts und ihre Bedeutung für das nordöstliche Deutschland. Berlin, 1865.

Pranger nannte man den Schandpfahl, die Staupsäule oder den Pfeiler, an dem die Verbrecher zur öffentlichen Beschämung ausgestellt wurden. Statt derselben errichtete man auch an einer Strassenecke, am liebsten beim Rathaus selbst, oder in der Kirche eigene Häuschen, Stauphäuschen, Narrenhäuschen (siehe dort), wo die Verurteilten vermittelst des Halseisens festgebunden und zur Schau ausgestellt wurden, oft mit einer Rute in der Hand, deren Gebrauch jedem Vorübergehenden freistand.

Predigt, deutsche. Eine eigentliche Predigt in der Form einer Rede geistlichen Inhalts gab es im altdeutschen Zeitraume noch nicht; Bischöfe und Priester begnügten sich, dem Volke deutsch abgefasste kirchliche Formulare, Stücke des damaligen *Katechismus* vorzutragen; es sind mehrere für diesen Zweck verfasste katechetische Handbücher auf uns gekommen, z. B. aus Weissenburg und St. Gallen, welche das Vaterunser, das apostolische Glaubensbekenntnis, den Hymnus Zachariä *(Benedictus)* aus Ev. Luc. 1, das Kantikum Mariä *(Magnificat)*, das Athanasische Glaubensbekenntnis, ein Beichtformular und die Teufelsentsagung, bald mehr, bald weniger vollständig, enthalten, bald ohne, bald mit eingestreuten kurzen Erläuterungen. Wo solche Auslegungen des Glaubens und des Gebetes zum Nutzen der Gemeinde etwas breiter wurden, galt es schon für eine Predigt. Noch die karolingischen Kapitularien verlangen von den Pfarrern nichts als solche Glaubens- und Paternosterreden; die *Exhortatio ad plebem Christianam* (siehe diesen Art.) ist ein Exempel davon. Der lateinische Ausdruck ist *praedicare*, altdeutsch *brediga, bredigôn, bredigâri*, was ursprünglich jegliche Mitteilung über Gott und göttliche Dinge bezeichnet, die sich mündlich an eine grössere Menge richtet.

Daneben haben sich vereinzelte Beispiele der in der älteren Kirche hochgeschätzten eigentlichen Reden erhalten, für deren Betrieb Gregor d. Gr. ein eigenes Gesetzbuch, den *Liber pastoralis*, verfasst hatte. Der Name dieser Predigt im engeren Sinne war *sermo, tractatus*, griech. *homilia, homelia, omelia;* je nachdem diese ihr Thema aus den Evangelien, Episteln und Psalmen nahmen, für die man schon früh in den sogenannten *Lectionarien* eine bestimmte Wahl und Reihenfolge festgesetzt hatte, oder aus den Heiligenleben schöpften, unterschied man *sermones de tempore* und *sermones de sanctis.* Daneben schrieben sowohl die Benediktinerregel als Chrodegangs *regula canonica* (siehe Kanoniker) nach der gemeinsamen Mahlzeit predigtartige Ansprachen vor; der Name dafür ist *collatio*, mhd. *collâzje.* Von Bonifaz sind nur 15 Sermones in lateinischer Sprache erhalten, von denen jedoch acht weiter nichts als Glaubens- und Beichtreden sind; auch die übrigen sind sehr einfach und kurz und enthalten wenig mehr als erbauliche Paraphrasen biblischer Stücke. Nun war aber das Recht der Predigt auf die Bischöfe eingeschränkt worden und der niederen Geistlichkeit nur gestattet, ältere lateinische Homilien vorzulesen oder herzusagen. Für die Bischöfe liess Karl d. Gr. 782 durch Paulus Diakonus eine Sammlung von lateinischen Predigten, *tractatus atque sermones*, auf alle Sonn- und Festtage fertigen und stellte ihnen dieselbe mit einem empfehlenden Rundschreiben zum Gebrauche zu; sie enthält 200 Predigten der Kirchenväter; Rhabanus Maurus und Haimo von Halberstadt veranstalteten bald nachher ähnliche Sammelwerke; aber erst 813 befahl Karl den Bischöfen, die Homilien von jetzt an in der Volkssprache vorzutragen, eine Verordnung, die zwar mehrmals erneuert, doch bis zum 10. Jahrhundert wenig Beachtung fand. Eine Ausnahme macht eine in sächsischer Sprache erhaltene Homilie Beda's.

Diejenige Predigtform, die vielmehr vorläufig der Bildung des Volkes am meisten entsprach, war diejenige der *Dichtung*; eine Art Predigt ist das allitterierende Gedicht Muspilli (siehe diesen Art.), an Predigten erinnern die epischen Lieder, aus denen *Otfrieds* Evangelienharmonie besteht. Erst im 11. Jahrhundert finden sich die Anfänge einer wirklich deutschen Predigt, um von da an nie mehr zu verschwinden. Schon *Notkers* Übersetzung und Erklärung der Psalmen sind zum Teil beim Gottesdienst in der Klosterkirche vorgetragen worden, wenn sie gleich in einem sehr nüchternen, schulmässigen Stile gehalten sind; dagegen zeigt die sogenannte Bamberger *Beichtrede*, welche eine Schilderung des Himmels und der Hölle enthält, schon eine poetisch gehobene Darstellungsart, und aus demselben 11. Jahrhundert, dem dieses genannte Stück angehört, hat man auch die erste Sammlung deutscher Predigten, die sogenannten *Ambraser Predigten* (Müllenhoff und Scherer, Denkmäler, Nr. 86); sie sind dem Gedankengehalte nach aus Gregors d. Gr. Homilien entnommen; in gemässigt einfacher Haltung der Rede begleiten sie die Texte von Schritt zu Schritt mit erbaulicher Auslegung, wobei die Methode durchgängig die seit den Kirchenvätern übliche allegorische ist. Die von jetzt an immer neu entstehenden Predigtsammlungen sind zunächst Handbücher für Priester, zum Teil geradezu Predigtformulare, und schwerlich in ihrer Gesamtheit wirklich gehaltene Predigten. Von grosser Wirkung war auf diesem Gebiete namentlich die lateinische Predigtsammlung, *Speculum ecclesiae*, des *Honorius Augustodunensis* (von *Autun*), Anfang des 12. Jahrhunderts, die vielfach für deutsche Predigten Muster geliefert hat. Vorläufig bleibt noch die in den alten Sermonen zu Recht bestehende Predigtweise in Kraft; die *Sermones de sanctis* pflegen aus einer kurzen Erzählung mit angehängter erbaulicher Ermahnung zu bestehen; an der Spitze der *Sermones de tempore* steht in der Regel die Perikope, zuerst lateinisch, dann in deutscher Umschreibung; dieser Text wird dann in der Weise der Homilie, ohne dass zuerst ein einheitliches Schema daraus abgeleitet würde, Glied für Glied belehrend und erbaulich ausgelegt und angewendet; den Schluss bildet eine allgemein gehaltene Ermahnung und ein kurzer Gebetruf um den Segen Gottes. In der allegorischen Methode ist nunmehr gegen früher die Veränderung eingetreten, dass die Thatsachen der evangelischen Geschichte selbst nicht mehr symbolisch gewendet werden; vielmehr bleiben sie in ihrer ersten und eigentlichen Bedeutung stehen, es wird ihnen aber etwas anderes als sie abspiegelndes Symbol an die Seite gestellt; diese Sinnbilder aber sind entweder natürliche Dinge oder Ereignisse und Personen des alten Testamentes, welches als Typus und Vorahnung des neuen Testamentes aufgeführt zu werden pflegte. Mehr als die dogmatische Seite liegt diesen Predigten die Bethätigung des Glaubens durch Wandel und Werke am Herzen, wobei die ethischen Forderungen sehr den Geist alttestamentlicher Gesetzesstrenge tragen. Sind die Predigten überhaupt mit der Zeit ausführlicher geworden, so gewöhnt man sich seit dem 12. Jahrhundert an die Einschaltung kurzer Geschichten, Legenden, Anekdoten, namentlich des vorchristlichen Altertums.

Einen neuen Aufschwung nimmt die Predigtweise in Deutschland dadurch, dass die namentlich gegen die Ketzer gestifteten Bettelorden der *Franziskaner* und *Dominikaner* sich um eine im höheren Sinne volksgemässe Predigtweise bemühen; man erkennt den Einfluss der Orden sofort auch daran, dass jetzt zum erstenmal Autorennamen auf diesem Zweig der Litteratur auftreten, wie denn überhaupt erst jetzt die Persönlichkeit des Redners zum Durchbruche zu kommen beginnt.

Vorläufig sind es, im 13. Jahrhundert, die *Franziskaner*, von denen diese Wirkung ausgeht. Die Vertreter dieses Ordens sind hier *David von Augsburg* und *Berthold von Regensburg;* von jenem, der 1271 zu Augsburg starb, sind zwar keine deutschen Predigten, sondern bloss deutsche geistliche Abhandlungen, Betrachtungen und Gebete erhalten, welche überall eine erst aus dem lateinischen Ausdruck sich mühselig entwindende deutsche Sprechart verraten. Desto selbständiger ist Davids Schüler, Berthold von Regensburg; seine Predigten sind 1824 unvollständig von *Kling* und seit 1862 vollständig von *Franz Pfeiffer* erschienen. Berthold gehörte dem 1221 gegründeten Ordenshause der Franziskaner zu Regensburg an und starb daselbst 1272. Von 1250 bis 1265 durchzog er als Landprediger die deutschen Länder, auch Ungarn und slavische Gebiete, wo ihm ein Dolmetscher zur Seite stand. Die Zahl seiner Zuhörer stieg ins Unglaubliche, so dass er auf freiem Felde, im Walde oder von Mauertürmen herunter predigen musste. Seine zahlreich auf uns gekommenen Predigten sind ohne Zweifel von gedächtnisstarken Jüngern aufgezeichnet worden. Seine Manier ist durchaus von seiner Person getragen, er will ans Gewissen des Einzelnen sprechen, er besitzt hohe Vorzüge rhetorischer Kunst, ohne es zu wissen, er arbeitet mehr mit dem Gemüt und der Phantasie als mit dem Verstand, und es ist ihm mehr um die sittliche Bethätigung des Glaubens als um den Glauben selber zu thun; seine Wirkung war so gross, dass viele Chroniken der Zeit seines Auftretens und seines Todes als eines grossen Ereignisses erwähnen. Bertholds Predigtweise, die doch auch nicht ohne vorbereitende Anfänger war, gaben den Anstoss zu mannigfachen ähnlichen Versuchen und Sammlungen, unter denen besonders diejenige hervorragt, die von *Grieshaber* „Deutsche Predigten des 13. Jahrhunderts. Stuttg. 1844“ herausgegeben worden ist.

Im 14. Jahrhundert ist es der *Predigerorden*, der, ohne dass dabei der Fortgang der älteren Richtung der Minderbrüder aufhört, der Predigtweise eine neue Bahn bricht. Sie entwickelt sich zunächst nicht auf der Kanzel, sondern auf dem Lehrstuhl des Lehrmeisters oder Lektors im Ordenshause. Das *studium generale* des Predigerordens zu Köln und das *studium sententiarum* zu Strassburg wurden die Hauptsitze der *mystischen* Predigtweise. Dieselbe richtete sich zunächst an die Bewohner der Predigerklöster selbst und an diejenigen Klöster, die sich seinem Einflusse öffneten, namentlich an Frauenklöster. Die hauptsächlichen Vertreter dieser Richtung sind zunächst die anonyme, bei Wackernagel abgedruckte Predigtsammlung, sodann *Nikolaus von Strassburg*, Lektor zu Köln und *Eckard;* der letztere gebürtig aus Thüringen, Prior des Predigerklosters zu Erfurt, wirkte als Lehrer zu Paris, Strassburg, Köln; starb zu Köln 1327; er war der Ketzerei angeklagt gewesen und eine päpstliche Bulle bezeichnete zwei Jahre nach seinem Tode achtundzwanzig seiner Lehrsätze teils als ketzerisch, teils als übelklingend und der Ketzerei verdächtig. Eckard ist der spekulativ hervorragendste unter den deutschen Mystikern des 14. Jahrhunderts; als Prediger aber wird er von *Johannes Tauler* übertroffen; dieser war Eckards Schüler, Lesemeister und Prediger zu Strassburg; mehr als vielgelesener Schriftsteller, denn als Prediger, erlangte *Heinrich Suse* (lat. *Suso*) Bedeutung, gest. 1365 im Dominikanerkloster zu Ulm.

Gegen das Ende des 14. Jahrhunderts fand die Blüte der mystischen Predigt ihren Abschluss (vgl. den Artikel *Mystiker*); das 15. Jahrhundert zeigt in der Predigt einen meist verdorbenen Geschmack, sowohl was die Ausführung der Predigtteile, als was die Behandlung der Allegorie betrifft; namentlich wurde jetzt auch das *maerlin*, das früher nur spärlich zur Veranschaulichung der Lehre gedient hatte, im Übermass und possenhaft verwendet; man legte jetzt sogar *Predigtmaerlein* an. Der einzige bedeutende Prediger dieses Jahrhunderts ist *Johannes Geiler* von *Kaisersberg*, geb. 1440 zu Schaffhausen (auf der Durchreise seiner Eltern), Priester und Lehrer, nicht Mönch, an den hohen Schulen zu Basel und Freiburg im Breisgau, zuletzt Prediger am Münster zu Strassburg, gest. 1510; er zeigt schon den Einfluss des Humanismus, was sich namentlich in der Abwerfung des abergläubischen Elements zeigt. Er pflegte über ganze Werke zu predigen, wie über des Albertus Magnus Buch *de virtutibus* und über das Narrenschiff. Er selber schrieb nur lateinische Entwürfe und überliess die Ausführung dem Momente und die Überlieferung der gehaltenen Predigt Freunden und Verehrern. Nach *W. Wackernagel*, Altdeutsche Predigten und Gebete, Basel 1876. *Marbach*, Geschichte der deutschen Predigt vor Luther, und *Cruel*, Geschichte der deutschen Predigt im Mittelalter, Detmold, 1879.

Priamel, aus mittellat. *praeambulum* = Vorgang, Vorlaut, Vorrede, Sprichwort, zu *ambulare* = gehen, wandeln, heisst ein einem Rätsel vergleichbarer Reimspruch, dessen einzelne Sätze als Vorspiel der den Schluss bildenden Lösung erscheinen. Sie kommen schon im 13. Jahrhundert, z. B. bei Freidank, vor und sind im weiteren Verlauf der volkstümlichen Litteratur sehr beliebt. Namentlich haben die Nürnberger Hans Rosenblut und Hans Folz (15. Jahrhundert) solche Sprüche, zum teil mit unsauberem Inhalt verfertigt. Vgl. *Ad. von Keller*. Alte gute Schwänke. 2. Aufl. Heilbronn. 1876.

Priester als eigentlichen Stand kannten die Germanen nicht; für sein Haus besorgte der Hausvater die gottesdienstlichen Handlungen, Opfer und Gebete selbst; für die Gemeinde that es der Fürst, *princeps*. Immerhin erwähnen römische Schriftsteller (u. a. Tacitus Germ. 7. 10. 11. 40. 43.) eines Priesters bei den Germanen, als beteiligt bei der Losung in öffentlichen Angelegenheiten, als Leiter der Strafe oder des Sühnopfers; man erklärt das entweder daraus, dass hier immer von Fürsten im priesterlichen Amte die Rede sei, oder dass es bestimmte Familien gegeben habe, denen das Recht des Priestertums zustand. Ausser der Handhabung der Opfer-Gebete hatten sie namentlich den Willen der Götter vor allen wichtigen Handlungen zu erkundigen, was durch Beobachtung des Vogelflugs, der Begegnung verschiedener Tiere, des Wasserstrudels der Flüsse, des Wieherns heiliger Schimmel, durch den Zweikampf eines Gefangenen mit einem Krieger des eigenen Volkes und endlich durch die Weissagungen aus Los und Runen geschah. Alte deutsche Namen für Priester sind got. *gudja*, noch im oberdeutschen Götti und Gotte = Pate und Patin, erhalten;

ahd. *êwart* = Gesetzbeobachter; *harugari* und *paruwari* von *harug* und *paro* = Tempel. Auch *Priesterinnen* kann es demnach nicht gegeben haben, und wenn alte Nachrichten von germanischen Frauen berichten. die als Deuterinnen und Verkünderinnen des göttlichen Willens galten, so beruht das immer nur auf der besonderen persönlichen Hochachtung und Verehrung, die man einzelnen Frauen zollte.

Priester Johannes galt dem europäischen Abendlande als ein geheimnisvoller grosser König, der im Morgenlande über ein christliches Volk herrschen sollte, und von dem man ausgiebige Hilfe zur Eroberung und Erhaltung des gelobten Landes erhoffte. Die erste Nachricht über den Priesterkönig oder Presbyter Johannes bringt der Geschichtsschreiber Otto von Freising, der Stiefbruder Kaiser Konrad III. Otto berichtet, dass er 1145 aus dem Munde eines syrischen Bischofes folgendes habe erzählen hören: Vor wenigen Jahren sei im fernen Osten jenseits Armenien und Persien ein gewisser Johannes, Priester und König zugleich über ein nestorianisches Volk, aufgetreten, habe erst die medische Hauptstadt Egbatana erobert und dann die samiardischen Bruderkönige, die in Persien und Medien herrschten, in dreitägiger Schlacht besiegt und sei weiter nach Westen gerückt, um der bedrängten Kirche in Jerusalem beizustehen. Aber der Tigris habe seinem Zuge Halt geboten und ihn zur Umkehr genötigt. — Das hier genannte Ereignis wird auf die im Jahr 1141 geschehene Schlacht bei Samarkand gedeutet, in welcher der tungusisch-mandschurische Volksstamm der Chitanen unter ihren, *Korchan* oder *Gurchan* (woraus allmählich der Name Johannes entstanden sein soll) genannten Fürsten den persischen Sultan Sandschar mit seinen Neffen besiegten. Andere denken an den siegreichen Kampf des Johann Orbelian, des Grosswürdenträgers und siegreichen Feldherrn des georgischen Königs David, mit den Türken, um 1123. Jedenfalls suchten später die abendländischen Reisenden den Priesterkönig im Osten des kaspischen Meeres und, als sie ihn dort nicht fanden, denn das Reich der Chitanen war 1215 zerstört worden, immer weiter im Osten bis nach China. Die Verwechslungen und Verschiebungen des Priesters Johannes dauerten bis ins 14. und 15. Jahrhundert, wo man ihn schliesslich im christlichen König von Habesch entdeckt zu haben glaubte, an welchen noch im 16. Jahrhundert portugiesische Gesandte abgingen. *Ruge*, Geschichte des Zeitalters der Entdeckungen. Berlin 1881. S. 37—40.

Pritschenmeister, hiess derjenige, der bei den Schützenfesten die Ordnung auf dem Schiessplatze zu handhaben hatte; er bediente sich zu dem Ende der Pritsche, eines flachen, in mehrere dünne Brettchen gespaltenen Werkzeuges, womit er die Unfolgsamen schlug. Er war zugleich Lustigmacher der Gesellschaft und hatte auf die Festlichkeiten Spruchgedichte anzufertigen. Sie bestanden mit eigener Tracht an manchen Höfen bis in den Anfang des 18. Jahrhunderts.

Probenächte nennt man die durch zwei Schweizer Weistümer des 16. Jahrhunderts belegte Sitte oder vielmehr das Recht eines Herrn über die erste Nacht einer Ehe, die sein Höriger mit einer Hörigen eingeht, *jus primae noctis*. Nach der neuesten Untersuchung von Karl Schmidt, *jus primae noctis*, Freiburg im Br., 1881, ist dieses vermeintliche Recht ein gelehrter Aberglaube, der sich seit dem 16. Jahrhundert verbreitet hat.

Propheten kommen in der mittelalterlichen Kunst entweder, wo es sich um messianische Weissagungen handelt, vereinzelt mit anderen Personen des alten Testaments vor, z. B. mit Jakob, Moses, David, oder zusammen, namentlich die vier grossen Propheten mit Aposteln, Evangelisten, Engeln oder den Sibyllen. Ihre allgemeinen Attribute sind eine Schriftrolle oder ein Spruchband mit dem Namen in der Hand, Sandalen an den Füssen, aber kein Nimbus. Die Darstellungsweise der einzelnen Propheten ist folgende:

Jesajas hält den Mandelblütenzweig oder das Christuskind, dessen Kommen er weissagte, oder eine Säge, weil er auf der Flucht von einer Zeder verschlungen und in dieser zersägt worden sein soll.

Jeremias trägt nach Jer. 1, 11 den Wächterstab, d. h. die Rute des Zornes, oder nach 1, 12 einen hoch schwebenden Kessel.

Hesekiel hält ein Thor mit Türmen auf der Hand, weil er sein Volk mit dem Wiederaufbau des Tempels tröstete.

Daniel, ein Jüngling mit eng anliegender Kleidung und phrygischer Mütze, oder unbekleidet mit ausgestreckten Armen in der Löwengrube liegend.

Hosea betet mit ausgestreckten Armen, neben ihm eine säugende Mutter mit Knabe und Töchterlein, nach 1, 3 ff.

Joel mit dem Löwen, der ihn zerrissen haben soll.

Amos nach 7, 14 als Hirt mit Hirtenstab, von Schafen umgeben, neben ihm ein wilder Feigenbaum.

Obadja oder *Obdias*, Wasserkrug und Brot neben sich.

Jonas schläft in der Kürbiskeule (4, 6) oder wird vom Fisch verschlungen und ausgeworfen, unzähligemal dargestellt.

Micha oder *Michäus*, nach 5, 1 mit der Linken zum Himmel, mit der Rechten auf ein Kind weisend.

Nahum, der Prophet des Unterganges von Ninive, jugendlich dargestellt, wandelt über Bergspitzen (nach 2, 1) oder hat dürres Holzwerk neben sich, das vom Feuer Gottes vernichtet wird.

Habakuk, als Knabe, wie ihn der Erzengel Michael bei den Haaren durch die Luft entführt, um dem Daniel in der Löwengrube Brot und Obst zu bringen.

Zephanja trägt eine Laterne, um nach 1, 12 Jerusalem zu durchsuchen.

Haggai hat nach 2, 9 einen Geldbeutel in der Hand, aus dem Geld herausfällt.

Sacharja oder *Zacharias* hat die mit dem Tempelbau beschäftigten Juden oder nach 4, 2 den siebenarmigen Leuchter neben sich.

Maleachi nach 3, 1 mit einem Engel, oder mit drei Schafen, deren eines blind, ein zweites lahm ist.

Müller und Mothes, Archäol. Wörterbuch.

Pseudoisidorische Dekretalien. Um das Jahr 850, also etwa um die Zeit des Vertrages von Verdun, entstand, wahrscheinlich in Mainz oder in Reims, eine unter dem Namen des heiligen *Isidorus* gehende verfälschte Dekretaliensammlung (siehe den Art. *Kanonisches Rechtsbuch*), zu dem Zwecke, anscheinend aus den ältesten Quellen des Kirchenwesens alle die Befugnisse herzuleiten und als schon verliehen darzustellen, nach deren Besitz die Kirche trachtete, um Selbständigkeit und eine ihrer hohen Aufgabe würdigere Stellung dem Staate gegenüber zu erlangen. Die Form dieses trügerisch erfundenen Machwerkes sind Schreiben der römischen Bischöfe aus den ersten Jahrhunderten des Christentums; die Hauptabsicht der Sammlung aber ist, die Kirche durch engeres Zusammenschliessen derselben unter dem Primate Petri unabhängiger vom Staate und seinen hemmenden Einrichtungen zu machen und sie dadurch aus dem Zustande der Unsicherheit und Erniedrigung zu retten, in welche sie ihre Unterordnung unter dem Staat und die Leiden des Bürgerkrieges unter Ludwig dem Frommen und seinen Söhnen gestürzt hatten. Neben dieser Hauptabsicht scheint die Nebenabsicht gewaltet zu haben, auf die Erhöhung einer gewissen Metropole im fränkischen Reiche — Mains oder Reims — zu einer erhabeneren Stellung hinzuwirken. Die Pseudoisidorische Sammlung bietet eine Art Gegenstück zu dem Vertrage von Verdun; während dieser ohne jede Rücksicht auf die Interessen der Kirche den Metropolitanverband an mehreren Stellen durchschnitt, die Besitzungen der Bistümer und Klöster willkürlich für die Kosten des Bürgerkrieges in Anspruch nahm, Bischöfe und Äbte durch einseitige Verfügung der weltlichen Gewalt von ihren Sitzen verjagte, so erklärte die Dekretalien-Sammlung die Besitzrechte der Kirche für heilig und unantastbar, eximierte die Geistlichen vom weltlichen Gerichte und liess sie in letzter Instanz nur von dem selbst unabsetzbaren Papste gerichtet werden. Erwähnt wird die Sammlung zum erstenmal im Jahre 857 auf dem Reichstage von Chiersy und bald darauf ihre Gültigkeit von Papst Nicolaus I. ausdrücklich den französischen Bischöfen gegenüber behauptet. Im 15. Jahrhundert erwachte die Ahnung des Betruges, im 16. Jahrhundert wurde dieser durch protestantische Gelehrte zur Gewissheit gebracht.

Puppen; mit solchen spielten wie einst die römischen, so die jungen Mädchen des Mittelalters; die *tocken* sind im 9. und 10. Jahrhundert allgemein bekannt; auch der Puppenwiege geschieht Erwähnung.

Puppenspiele, d. h. dramatische Spiele mit künstlich hergestellten Figuren, kennt man in Deutschland seit dem 12. Jahrhundert; der Name für die aus Holz, Lappen oder Wachs verfertigten Puppen ist *tocke*, auch *kobolt*, *wichtel* und *taterman*, daher man auf Zusammenhang dieser Spiele mit dem heidnischen Götterdienste geschlossen hat. Der *Hortus deliciarum* der Herrad von Landsberg enthält ein Bild, das zwei junge Leute darstellt, welche über einen Tisch hin zwei geharnischte Gliederpuppen mit Schnüren bewegen und miteinander fechten lassen. Nähere Nachrichten hat man über diese Spiele nicht.

Zu weiterer Ausbildung gelangten die Puppenspiele in den Ländern romanischer Zunge, namentlich in Italien und Frankreich. In Italien scheinen sich Spiele mit automatischen Puppen von der Römerzeit her erhalten zu haben; im 16. Jahrhundert waren sie allgemein beliebt, und es gab stehende Puppentheater sowohl als wandernde Buden mit Marionetten, *buxattini*. Entweder wurden kleinere Puppen mit der Hand dirigiert und dazu rezitiert, oder lebensgrosse Puppen wurden durch Fäden, Drähte oder Federn in Bewegung gesetzt. Aus Italien sollen diese Spiele ihren Weg nach Frankreich gefunden haben, wo auch der Name *Marionetten* aufkam; man deutet ihn als Diminutiv von Maria, wobei man erwähnt, dass auch zu religiösen Zwecken in den französischen Kirchen des Mittelalters ähnliche bewegliche Puppen, namentlich am Feste Mariä Himmelfahrt, Anwendung fanden, als Ersatz für die früher von lebenden Personen gespielten Mysterien oder geistlichen Spiele. In dem Sinne eines Volkstheaters erscheint der Ausdruck *marionettes* zuerst um 1600. Ihre stehenden Charaktere empfing diese Puppenkomödie vom wirklichen Volkstheater, namentlich um das Jahr 1630 den französischen Hanswurst. Der berühmteste französische Marionettenspieler war Jean Brîoché, seines Berufes Zahnbrecher und Puppenspieler.

Nach Deutschland brachten herumziehende fremde Marionettenspieler aus England, Frankreich, Holland,

Italien und Spanien zur Zeit des dreissigjährigen Krieges diese Volksbelustigung; im Jahre 1675 findet man sie in Frankfurt a/M,; in Wien etablierte sich 1667 ein vierzig Jahre lang bestehendes italienisches Puppentheater; auch in Hamburg sind solche Spiele seit derselben Zeit nachgewiesen; sie stellten hier u. a. als Komödie Maria Stuart, Königin der Franzosen und Schotten, dar, wobei der Hanswurst sich als lustiger Franzmann zeigte; dänische privilegierte Hofacteurs gaben ebenfalls in Hamburg das geistliche Stück „die öffentliche Enthauptung des Fräulein Dorothea“, das ursprünglich ein *ludus* gewesen war (siehe Drama); ein Haupteffekt darin war der, dass, wenn die Dorothea enthauptet worden war und die Zuschauer da Capo schrieen, der Direktor der Puppe den abgehauenen Kopf nochmals aufsetzte und ihr dann denselben zum zweiten Mal abhauen liess. Auch Opern und Singspiele wurden durch automatische Puppen dargestellt. Das Hauptstück der deutschen Puppentheater war der Dr. Faust; andere Stücke waren: Der Raubritter, Der schwarze Ritter, Medea, Alceste, Judith und Holofernes, Haman und Esther, Der verlorene Sohn, Genoveva, Fräulein Antonie, Marianna oder der weibliche Strassenräuber, Don Juan, Trajanus und Domitianus, die Mordnacht in Äthiopien, Fanny und Durmann; der Hanswurst, der dabei seine stehende Rolle hatte, hiess seit der Mitte des 18. Jahrhunderts Kasperle. *Flögels* Geschichte des Grotesk-Komischen, neu bearbeitet von Fr. W. Ebeling, Leipzig 1862. — *Grässe*, Zur Geschichte des Puppenspiels und der Automaten, 1856. — Deutsche Puppenkomödien, herausgegeben von Karl Engel. Oldenburg, 1875.

Purpur. Die köstlichen Purpurkleider stammen aus dem entarteten Rom und wurden in Deutschland kaum vor dem 13. Jahrhundert eingeführt. Noch im 10. Jahrhundert durften in Byzanz nur die Hofleute Purpur tragen, während er in Italien so verbreitet war, das Weiber und Mönche sich seiner bedienten. Seine Farbe war übrigens nicht das heutige Dunkelrot, sondern ein Violettrot. Noch um 1100 war bei uns der Besitz eines Purpurs an diplomatische Abmachungen geknüpft, sodass Alexius I. zufolge einer Übereinkunft den deutschen Hof mit gefärbten Zeugen zu versehen hatte.

R.

Rabenschlacht, siehe *Heldensage,*

Rad und rädern, siehe *Strafen.*

Ramme. Die Bockramme oder Hoye diente im Mittelalter — wie heute noch bei Brücken- uud Wasserbauten — zum Einrammen der Pfähle. Sie bestand in der Regel aus einer schweren Holzart und war an der Stirne mit einem Metallbeschlag versehen. Ihre häufigste Verwendung fand sie im Belagerungsdienst, bei der Errichtung von Schanzwerken.

Rapier, Rappier. Im achten Jahrzehnt des 16. Jahrhunderts kam unter diesem Namen zuerst in Spanien, dann in Frankreich und den übrigen europäischen Staaten, ein Stossdegen auf, der im ausserkriegerischen Gebrauche das Schwert verdrängte. Er war dem altherkömmlichen Panzerstecher ziemlich ähnlich, die Klinge 0,75 m lang, schmal, vierkantig. Der Griff war bügellos oder hatte höchstens einen dünnen Faustbügel, dagegen eine gerade Querparierstange und über derselben eine „Glocke“ als Stichblatt. Dasselbe war auch zu einem netz- oder siebartigen Korbe ausgeziert.

Rasselkarren wurden vielerorts, mit Schnarren versehen, vom Gründonnerstag bis Ostern durch die Strassen der Stadt geführt, um den verstummten Glockenklang zu ersetzen.

Rathaus. Die beiden Kardinal-Gebäude der mittelalterlichen Stadt sind Rathaus und Kaufhaus. Das Rathaus, *rathus*, *rathof*, *burgerhus*, *dinchhus*, *hus* überhaupt, erscheint in Deutschland zuerst im zwölften Jahrhundert. Die einzelnen Bestandteile desselben sind:

Die *ratestube*, *ratsdörntze*, *aestuarium*, der Hauptsaal des Gebäudes, mit allerlei Prunk und Zierrat ausgestattet, namentlich war oft über dem Bürgermeistersitze das jüngste Gericht aufgehängt, ausserdem die sogen. *Rats-Spruchtafel* mit Reimen, aus denen sich eine eigentümliche Form didaktischer Poesie, die *ratmanne reime* entwickelte, welche auch in die Rechtsbücher Aufnahme fanden. Die wichtigsten Geräte der Ratsstube sind: der *Ratstisch*, darüber eine kostbare, zuweilen seidene Decke, darauf ein Kästchen mit Reliquien, worauf die Staatseide geleistet wurden, wenn man sich für diesen Zweck nicht mit einem hölzernen Heiligenbilde begnügte. — Die *Rats-Bank*, mit Kissen oder Polstern belegte Sitze, auch der *ratstuel* genannt, darunter namentlich des Bürgermeisters Sitz ausgezeichnet. — Die *Ratsstuben-Almer*, *armaria*, ein Aktenschrein. — Die *Rats-Truhe* oder *Trog*, ein massives eisenbeschlagenes Holzbehältnis, in welchem die bedeutenderen magistratischen Geschäfts-Utensilien untergebracht waren und wozu in der Regel mehrere Ratsangehörige die Schlüssel trugen; dazu zählte das grosse Insiegel, falls dasselbe nicht in einem gesonderten Gefäss, der sogen. Siegel-Lade, aufbewahrt wurde. In der Ratsstube fanden die Neuwahlen der Ratsmannen, die Plenarversammlungen des ganzen Rates, d. h. der neuen samt der alten Räte, wozu die Einzelnen in der Regel besonders eingeladen wurden, dann die Wochen-Sessionen des regierenden Rates statt, dessen Geschäfte sich auf die Rats-Gerichtsbarkeit, die Bürgerrechts-Angelegenheiten und auf das sogen. Rats-Notariat bezogen, d. h. auf die Verbriefung und Verbuchung der an den Ratsstul verwiesenen Privatrechtshandlungen. Ausserdem war die Ratsstube die Fest- und Belustigungsstätte des Rates, beziehungsweise der Bürgerschaft, wo Empfangsfeierlichkeiten, Huldigungen, Rats-Mahlzeiten, Rats-Hochzeiten, sogar Fastnachts-Mummereien und Tänze abgehalten wurden. An manchen Orten hatte der Rat seine eigenen Stadtnarren mit einem Spielgrafen an der Spitze. Die Ratsstube war für solche Fälle mit dem erforderlichen Hausrate, Flaschen, Kannen, Tellern u. dgl. ausgestattet und eigene Stubenknechte waren zur Bedienung der Gäste aufgestellt. Die *Rats-Laube* war ein geräumiger, balkon- oder gallerie-artiger, nach dem Markte oder der Strasse zu offener und mit einer Brüstung versehener Ausbau an einer oder mehreren Seiten des Hauptgebäudes, worin die jährliche Ablesung der *Bursprake* vor dem Volke und die Verkündigung der neuen Ratsherren vollzogen wurde.

Die *Tresekamer* war bestimmt zur Unterbringung des Staatsschatzes, der aus mannigfaltigen Kunstgeräten bestand.

Die *Kämmerei*, *camera*, Aufenthaltsort der mit dem Kassen- und Rechnungswesen betrauten *Kämmerer* der Stadt.

In deutschen Rathäusern jüngerer Zeit findet man häufig ausserdem:

eine *Wettstube* für die durch die sogen. Wetteherren besorgte Bagatell-Gerichtsbarkeit, vornehmlich in Übertretungsfällen der Handwerker und Zünfte;

eine *Bau-* oder *Bauamtsstube;*

eine *Ratsdiener-Stube;*

die *Rathaus-Kapelle,* worin die Ratmannen vor Beginn der Sitzungen einer Messe beizuwohnen pflegten;

die *Ratsküche;*

den *Rathaus-Turm* von mehreren gewölbten Etagen, deren unterste zuweilen das Archiv enthielt, während die oberen verschiedene Glocken beherbergten, die *Ratsglocke* zur Einläutung gewisser Ratshandlungen, die *Wein-* oder *Bierglocke,* auch *Feier-* oder *Wächterglocke* genannt.

Die *Rats-Kassenkammer.*

Der *Ratskeller* zog sich ursprünglich regelmässig unter dem Rathaus selber hin, während man ihn später unter Umständen in ein anderes Gebäude verlegte. Er war zunächst zur Aufbewahrung der dem Rate gehörenden Weine und Biere bestimmt und hatte eine Trinkhalle für den Ausschank dieser Getränke; sogen. Rats-Keller-Wirtschaften, an verschiedenen Orten der Stadt, durften bloss das städtische Bier verzapfen. Aus dem Ratskeller wurden die sogen. Ehrenweine, Tischtrünke und Weindeputate verabreicht. In einzelnen Städten durften vornehme Thunichtgute ihre Strafen auf einer Ratskeller-Stube absitzen.

Das *Rats-Gefängnis.*

Die *Rathaus-Buden,* an Handelsleute vermietete Verkaufsstätten im Untergeschoss des Hauses.

Das Rathaus war in allen seinen Teilen befriedet. Nach *Gengler,* Deutsche Stadtrechts-Altertümer. Kap. 16.

Rätsel und Rätsellieder. Rätsel, ahd. *râtissa, râtisca,* mhd. *râtische, raetsche, raetersche, râtsal, raetsel,* mit vielen andern Nebenformen, sind eine uralte Gattung der Volkspoesie, namentlich in der altnordischen und der angelsächsischen Dichtung in reicher Fülle erhalten; das Dunkle darin und das Finden und Binden derselben zeigt sich ähnlich in den mythologischen Anschauungen, in alten Rechtsgebräuchen, in der Art des menschlichen Verkehrs der ältesten Zeiten. Schon sehr früh wurden gewisse Rätselgruppen zu Rätselliedern zusammengeordnet, deren eine Hauptform die ist, dass der Wirt und der ankommende Gast sich in Wechselrede prüfen; der letztere sollte durch sein eigenes Wort von seinem Wesen zeugen; er wird zunächst um Namen, Herkunft, Weg und darum befragt, wo er die letzte Nacht geherbergt habe, Fragen, denen er seinerseits mit doppelsinnigen Erwiderungen und Wortspielen ausbeugt, woraus sich dann ein Wechsel von Frage und Antwort entspinnt. Auch um Völker, Könige und Länder wird der Wanderer befragt, und nicht minder gilt es im Wettspiel mit ihm den allgemeinen Zusammenhang und tiefern Grund der Dinge zu erfassen, die Quellen geistiger Erkenntnis aufzuspüren. So lässt schon die Edda den Asenvater Odin wissbegierig ausfahren, die Weisheit der Riesen zu prüfen und über Ordnung, Ursprung, Untergang und Wiedergeburt der Welt sich zu messen; gegenseitig wird dabei das Haupt zur Wette gesetzt.

Deutsche Volksrätsel finden sich zuerst in einem Büchlein von 1505 gesammelt, welches von da an fleissig und unter verschiedenen Titeln, wie *Raeterschbüchlein, Reterbüchlein,* nachgedruckt und überarbeitet wurde. Siehe *Strassburger*

Rätselbuch, neu herausgegeben von *A. F. Butsch*, Strassburg, 1876, und *Simrock*, Das *deutsche Rätsel-Buch.* 3. Aufl. Frankfurt a/M. 1874.

Unter den deutschen *Rätselliedern*, denen der altertümliche Rahmen der Prüfung des ankommenden Gastes eigen ist, ist das älteste das *Traugemundeslied*, das man in seiner erhaltenen Form ins 12. Jahrhundert setzt. Ein fahrender Mann, Meister *trougemunt*, d. h. Dragoman = Dolmetscher, dem 72 Lande kund sind, wird bewillkommnet und gefragt, wo er die Nacht gelegen, womit er bedeckt war, wie er Kleider und Speise gewinne? „Mit dem Himmel war ich bedeckt, mit Rosen umsteckt, in eines stolzen Knappen Weise bejage ich Kleider und Speise"; worauf dann nach der wiederkehrenden Formel: Nun sage mir, Meister Traugemund, zweiundsiebenzig Lande die sind Dir kund, die Rätsel und ihre Antworten folgen. Dieselben beziehen sich zunächst auf Eigenschaftswörter, besonders der Farbe, und suchen den Gegenstand, dem dieselben in vollstem Mass zukommen, z. B. Was ist weisser als der Schnee, was ist schneller als das Reh, was ist höher als der Berg, was ist finsterer als die Nacht? Antwort: Sonne, Wind, Baum und Rabe.

Anderer Art, aber ebenfalls Rätseldichtungen, sind die *Handwerksgrüsse*, die zur Losung unter den Angehörigen derselben Genossenschaft dienten, Empfangsgespräche zwischen dem Wandergesellen und dem Altgesellen der Zunft, die in Zeiten, wo es noch keine Wanderbücher gab, den Ausweis des Fremden vertraten. Dieser wird gefragt, wo er herkäme? wie er sich nenne? wo er gelernt? wo er seinen Gesellennamen bekommen und wer dabei gewesen? Diese Grüsse, in gereimter Prosa gehalten, reichen in ihren Aufzeichnungen zwar nicht über das 18. Jahrhundert hinauf, zeigen daher auch den verdorbenen Geschmack des Volkes, ohne doch die Spuren älteren Ursprunges ganz vermissen zu lassen. Älter in der Aufzeichnung und frischer in der Haltung sind die *Weidsprüche*, „wodurch ein Jäger den andern geprüft hat und wodurch sie sich zu belustigen pflegen." Sie betreffen grossenteils die genaue Kenntnis der Fährten und Zeichen des Waldes, sowie ihrer kunstmässigen Benennungen; manche sind echte Rätselaufgaben, aber mit weidmännischer Schlusswendung, die eigentümlichsten aber beschäftigen sich mit dem Hirsche. Vgl. den Art. *Jagd.*

Am sorgfältigsten ausgebildet ist die Übung des Rätsel-Grüssens in der *Singschule;* schon in der ersten Hälfte des 13. Jahrhunderts erscheint, noch sparsam und vereinzelt, das Rätsel in der Lyrik, so zwar, dass der Sänger die Antwort eines andern Sängers verlangt. Dies geschah namentlich, seitdem der von den Höfen zum Bürgerstand übergesiedelte Gesang in den Geheimnissen des Glaubens seinen höchsten und beliebtesten Gegenstand gefunden hatte. Diese Rätsel sind nun freilich nicht mehr kurz, sondern spitzfindig ausgesonnen, weitläufig ausgeführt und künstlich gebaut. Der Art ist der sog. *Wartburgkrieg*, dann Lieder, in denen *Regenbogen* mit *Frauenlob* und beide einander namentlich geistliche Rätsel zu erraten geben. Oft wird dabei bildlich eines Werbens um einen Rosenkranz gedacht, Rosen zum Kranze brechen bedeutet die Kunstwerbung, und aus sieben edeln Rosen, d. h. den freien Künsten, soll das Kränzlein gemacht sein. Daneben aber wird vom Aushängen des Kranzes, vom Schwenken an der Stange, vom Abgewinnen und Aufsetzen derselben auf eine Weise gesungen, die nicht bezweifeln lässt, dass dem bildlichen Ausdrucke die Anschauung eines wirklichen

Herkommens, des Wettgesangs um einen aushängenden Rosenkranz, zu Grunde liege. Wirklich sind auch solche volkstümliche *Kranzlieder* erhalten, deren Inhalt wiederum Volksrätsel sind, siehe den Art. *Kranz* und *Kranzlieder*. *Uhlands* Schriften. Bd. III, 181 ff.

Rauchgefässe, *thuribulum*, *turabulum*, *thymiaterium*, waren schon in der vorchristlichen Zeit als Opfergefässe im Gebrauch. Der Weihrauch versinnbildlicht die zum Himmel aufsteigenden Gebete. Die Kirche unterscheidet schon früh, wenigstens vom 11. Jahrhundert an, das grosse, meist zur Seite des Altars *feststehende* und das kleine, *tragbare* Rauchgefäss. Beide sind metallen, von Silber, Kupfer, später auch von Messing oder Eisen, mit oder ohne Vergoldung. Der Deckel ist durchbrochen, um dem Rauch den Durchgang zu gestatten. In ihrer Form weichen sie sehr von einander ab. Während das letztere durchweg die tiefe Beckengestalt beibehielt, wie verschieden auch sein Zierrat sein mochte, richtete sich die Gestalt des ersteren nach dem jeweiligen Geschmack des Künstlers oder nach dem herrschenden Zeitgeschmack oder Baustil überhaupt. Die ursprüngliche Kugelform machte einem turmartigen Gebilde Platz, das oft in künstlerischer Arbeit die verschiedensten Ecktürmchen, Giebelwändchen, Strebepfeiler, Spitztürmchen, Fialen- und Nischenwerk in sich vereinigte und mit allerlei ausgeschnitzten Figuren geziert war. Aber auch verschiedene Tiere liehen dem Künstler ihre Formen zur Darstellung dieses Gefässes. So soll *Willigis*, der Erzbischof der Domkirche zu Mainz, zwei silberne Rauchgefässe geschenkt haben, die einen Kranich in natürlicher Grösse dargestellt haben. Der Rauch stieg aus dem geöffneten Schnabel der Vögel.

Rechtssymbole, d. h. bildliche Vollbringung eines Geschäftes im Geiste des alten Rechts, beziehen sich gewöhnlich auf Grund und Boden oder auf persönliche Verhältnisse und zwar so, dass Sache oder Person dabei selbst sinnlich und leiblich vergegenwärtigt werden müssen; doch ist bei manchen Symbolen der Bezug des Zeichens auf die Sache verdunkelt. Wenn das Symbol aufbewahrt und gerichtlich vorgezeigt wird, steht ihm der Name *Wahrzeichen* zu. Die folgende Aufzeichnung ist den Rechtsaltertümern *Jakob Grimms* entnommen.

1. *Erde, Gras;* dieses wurde ausgeworfen sowohl von dem, der von seinem Grund und Boden schied, das Land räumte, wie von dem, der ein einzelnes Grundstück auf einen andern zu eigen oder Pfand übertragen wollte; leistete der Schuldner keine Zahlung, so setzte der Richter durch dieses Symbol den Gläubiger in den Besitz des Gutes; dasselbe wurde also durch Ausschneiden und Darreichen der Graserde aufgelassen, durch Annahme derselben in Empfang genommen. Die besondern deutschen Namen für die Graserde sind *Erdscholle, Rasen;* in sächsischer und niederdeutscher Sprache *Torf*. Bei einem Grenzstreit setzten die Kämpfenden ihre Schwerter an das in einem Tuch vor den Grafen gebrachte Rasenstück und schwuren; etwas Ähnliches scheint es zu bedeuten, wenn in alten Sagen und Liedern schwörende Helden das Schwert bis an den Griff in den Erdboden stecken.

2. *Halm;* siehe den besonderen Artikel.

3. *Ast.* Wenn ein Baumgarten, Waldgrund oder Weinberg übertragen wurde, so pflegte man einen Laubzweig, eine Rebe zu brechen, in die Scholle zu stecken oder allein darzureichen, wobei sich die Art der Zweige nach dem Grundstück richtete; aus Gärten nahm man sie von Apfelbäumen, in Gebüsch und Wald von Haseln und Birken.

4. *Stab* dient a) als Zeichen der Güterabtretung und zwar meist für grössere Landschaften; b) als Zeichen der Landflüchtigkeit, Erniedrigung und Knechtschaft für den, der ihn in der Hand trägt. Die sich auf Gnade und Ungnade ergeben haben, tragen *weisse Stäbe* in Händen. In Holland gehen dienstlose Mägde mit weissen Stäben; c) als Zeichen höchster Gewalt; König, Fürsten und Richter tragen ihn in der Hand, ebenso die Boten und Herolde des Königs und Richters; von Bittenden, Gelobenden und Schwörenden wurde dieser Stab angerührt; d) als Symbol des Todesurteils; denn über dem Haupt des Verurteilten wurde der Stab gebrochen und ihm vor die Füsse geworfen; es drückt aus, dass der Missethäter nichts weiter zu hoffen hat und auf sein Leben verzichtet.

5. *Hand und Finger*, siehe den besondern Artikel.

6. *Füsse.* Es scheint allgemein Sitte der Vorzeit gewesen zu sein, dass der Sieger den Fuss auf den zu Boden gestreckten Feind setzte, zum Zeichen vollendeter Bezwingung; wenn liegendes Gut angesprochen wurde, musste der rechte Fuss aufgesetzt werden.

7. *Mund.* Bei Belehnungen ist der küssende Mund Symbol, was auch mit der Formel „mit Hand und Mund belehnen" gesagt sein will. Den Kuss gab der Lehnsherr dem Vasallen.

8. *Ohr.* Noch im 18. Jahrhundert herrschte in mehreren Gegenden Deutschlands die Sitte, bei wichtigen Anlässen, als der Legung eines Grundsteins, Setzung eines Grenzsteins, Findung eines Schatzes u. dgl. Knaben zuzuziehen und sie unversehens in die Ohrlappen zu pfetzen oder ihnen Ohrfeigen zu stecken, damit sie sich des Vorgangs während ihres ganzen Lebens erinnern sollten; dabei empfingen sie kleine Geschenke. Namentlich in Bayern war diese Sitte seit den ältesten Zeiten üblich, wo aber nicht bloss Kinder, sondern die erwachsenen eigentlichen Zeugen selbst an den Ohren gezupft zu werden pflegten.

9. *Bart und Haar* waren Zeichen und Tracht des Standes würdiger Freier; Abschneiden des Haupthaares, bei Erwachsenen des Bartes, war Goten, Franken und Langobarden Symbol der Annahme an Kindesstatt. Ein Freier konnte sich durch Übergabe seines abgeschnittenen Haars in die Knechtschaft eines andern begeben. Etwas anderes war es, wenn jemand sich die Haare abschnitt und sie dem, dessen Beistand er anflehte, zum Zeichen dringender und unverstellter Not übersendete. Schwörende Männer rührten Bart und Haar an, schwörende Frauen legten die Finger der rechten Hand auf ihre Haarflechten.

10 und 11. *Hut und Handschuh*, siehe die besondern Artikel.

12. *Schuh.* Im altnordischen Recht kam das Symbol des Schuhs bei der Adoption und Legitimation vor. Der Vater soll ein Mahl anstellen, einen dreijährigen Ochsen schlachten, dessen rechtem Fusse die Haut ablösen und daraus einen *Schuh* machen; diesen Schuh zieht er dann zuerst an, nach ihm der adoptierte und legitimierte Sohn, hierauf die Erben und Freunde; man heisst das: mit einem in den Schuh steigen. Nach altdeutscher Sitte wurde der Schuh auch bei dem Verlöbnis gebraucht: der Bräutigam bringt ihn der Braut; sobald diese ihn an den Fuss gelegt hat, wird sie als seiner Gewalt unterworfen betrachtet. Nachher wurde es üblich, der Braut neue Schuhe darzubringen. Mächtigere Könige sandten geringeren ihre Schuhe zu, welche diese zum Zeichen der Unterwerfung tragen konnten.

13. *Gürtel*, und zwar derjenige, der die innerste Bekleidung, das Hemde, über den Hüften zusammenhält. Die symbolische Bedeutung

desselben ist eine vierfache: a) landräumige, auf Gnade und Ungnade sich unterwerfende Männer mussten den Gürtel, wie die Schuhe, ablegen; b) bei der Haussuchung mussten die Eintretenden im Hemd und entgürtet gehen; c) Frauen, die auf die Erbschaft ihres verstorbenen Mannes verzichteten, warfen ihn entweder gleich bei der Beerdigung auf sein Grab oder lösten hernach vor Richter und Zeugen den Gürtel; vermutlich genügte es bald, ihn bloss darzureichen; d) mit dem Gürtel geschah auch die feierliche Veräusserung eines einzelnen Gutes.

14. *Rockschoss*, mhd. *gêre*, d. i. der gefältelte Teil des Leibgewandes. Das Abnehmen und Hinwerfen desselben war wieder Symbol der Auflassung eines Gutes. Durch Greifen an den Rockschoss überliefert der Forderer den Geforderten, der Gläubiger den Schuldner rechtlich. Auch bei einigen Eidschwüren wurde vermutlich die Hand auf den Geren gelegt.

15. *Mantel* ist ein Zeichen des Schutzes, besonders der von Fürsten getragene. Mantelkinder heissen die adoptierten Kinder, weil sie unter den Mantel genommen wurden. Zu Frankfurt, wenn eine Frau ihren Mantel auf des Mannes Grab fallen liess und nicht mehr als ein Kleid behielt, war sie nicht schuldig, für dessen Schulden einzustehn.

16. *Fahne;* mit der Aufrichtung der Fahne wie des Hutes wurde das Volk aufgeboten und versammelt. In der Schweiz rief die in einen Brunnen getauchte Fahne alle Mannschaft zu den Waffen; man tauchte die Fahne ins Wasser und schwur nicht zurückzukehren, es wäre denn der Feind geschlagen oder die Fahne an der Luft getrocknet. Mit der Fahne geschah die Belehnung, wobei der Vasall dieselbe dem Herrn darbrachte und dieser sie ihm hernach wiederbot. Nach der Belehnung wurden die grossen Banner der Reichsfürsten vom Königsstuhl herabgeworfen und den Kriegsknechten preisgegeben. Bei Märkten steckte man zum Zeichen der Marktfreiheit Fahnen auf.

17. *Pfeil.* Im Norden wurde, wenn der Feind ins Land brach, ein Raub oder Mord geschah, schnell ein Pfeil herumgeschickt und allem Volk entboten, sich zu versammeln und dem Thäter nachzueilen; dies war der Heerpfeil, *herör*. Den Langobarden war der Pfeil Symbol der Freilassung.

18. *Hammer*, siehe den besondern Artikel.

19. *Speer* bedeutet in der älteren und gesetzlichen Sprache Mann und Mannesstamm, im Gegensatz zu Spindel oder Kunkel; daher die Ausdrücke *spermâge, gêrmâge, swertmâge* = Verwandtschaft von seiten des Mannes, und *spindelmâge, spillmâge, kunkelmâge* = Verwandtschaft von seiten des Weibes. Gleich Stab und Fahne war der Speer für Könige ein Symbol der Übergabe von Reich und Land. Er diente aber auch wie Hut und Pfeil zur Ansage des Krieges. In Skandinavien wurde neben dem Heerpfeil in vielen Gegenden auch ein angebrannter Stock herumgesandt, der Kriegsgefahr wegen das Volk zusammenzuberufen.

20. *Schwert;* auf den Griff des Schwertes mit in die Erde gesteckter Spitze wurde bei Schwüren und Gelübden die Hand gelegt, in ältester Zeit wohl auch durch blosses Ausziehen des Schwertes geschworen. Die Freischöffen bei der Fahne legten ihre Finger aufs breite Schwert und schwuren. Die sich ergaben, gingen entweder ohne Schwert oder fassten das Schwert an der Spitze, ihrem Sieger den Griff reichend. Durch das Schwert geschah auch Übergabe von Land; es war Symbol der Gerichtsbarkeit, besonders der peinlichen über Leben und Tod. Die Friesen trugen der Braut bei der

Brautführung ein Schwert vor, zum Zeichen, dass der Mann Gewalt über ihr Leben habe. Übersendung und Annahme des Schwertes bezeichnet die zu vollziehende Hinrichtung. Es war endlich Sitte, wenn ein Mann bei einer Frau schlief, die er nicht berühren wollte, dass er ein Schwert zwischen sich und sie legte; nach der Sage geschah dies z. B. zwischen Sigurd und Brunhild; in deutschen Dichtungen zwischen Tristan und Isolde, zwischen Wolfdietrich und der Heidentochter, Orendel und Frau Breide und in vielen andern Sagen.

21. *Messer* bezeichnete wiederum die Übergabe von liegenden Gütern. Wenn die Freischöffen einen gerichtet und im Wald aufgehängt hatten, steckten sie ein Messer in den Baum. Ähnlich stecken im Märchen zwei scheidende Freunde ein Messer in den Baum: auf wessen Seite es rostet, des Leben ist vorbei.

22. *Spindel* ist Symbol der Frau und Hausfrau, vgl. Nr. 19. Der Ehemann durfte die ehebrecherische Hausfrau mit der Kunkel und vier Pfennigen aus dem Hause weisen und war ihr weiter nichts schuldig, wenn sie ihm auch noch so viel Gut zugebracht hatte.

23. *Scheere* bedeutet Abschneiden der Haare, also Verlust der Freiheit. Zur beschimpfenden Strafe wurde *Scheere* und *Besen* getragen, ein Zeichen verwirkten Haarschnitts und Rutenschlags; an Geringen wurde nämlich die Strafe selber vollstreckt, Vornehme kamen mit dem blossen Symbol davon.

24. *Kreuz.* Hier sind folgende symbolische Anwendungen zu unterscheiden: a) Das Zeichen des Kreuzes war bei den Grenzen in rechtlichem Gebrauch, dergestalt dass in die Grenzbäume Kreuze eingehauen und Nägel eingeschlagen wurden. b) Ein Kreuz bedeutet Marktgerechtigkeit und Weichbildsfrieden, gleich dem Handschuh; oft kommen beide so verbunden vor, dass an dem Kreuz ein Handschuh hängt. c) Der Kläger oder Gerichtsbote steckt ein Kreuz an das Haus oder auf die Sache des verklagten und verurteilten Schuldners.

25. *Span.* Gerichtliche Übergabe eines Hauses wurde symbolisch dadurch bewerkstelligt, dass der Fronbote einen Span aus dem Thürpfosten hieb und dem neuen Besitzer einhändigte. Der Gantknecht zeigt einen Span vor, auch aus dem Galgen schnitt man ihn zum Wahrzeichen.

26. *Thüre.* Der Besitz eines Hauses wurde angetreten, indem der Erwerbende in die Thüre einging, seinen rechten Fuss auf die Thürschwelle setzte oder mit der rechten Hand Thürpfosten oder Thürring oder Thürnagel fasste oder auch bloss die Thüre auf- und zu that. Auch Eide wurden mit auf die Thür gelegter Hand abgelegt; ein Schlag mit der Hand an die Kirchenthüre war bei den Ripuariern feierlicher Einspruch gegen den in der Kirche abzulegenden Eid. Über die Thürschwelle durfte man nicht den Leichnam eines Missethäters schleifen, man musste sie durch ein unter ihr gegrabenes Loch ziehen.

27. *Schlüssel* sind das Symbol jungfräulicher Gewalt; bei der feierlichen Einsegnung erscheint die Braut mit Schlüsseln geschmückt, die am Gürtel hingen; sie mussten bei der Scheidung dem Manne zurückgestellt werden.

28. *Ring.* Der Bräutigam pflegte der Braut zum Zeichen des geschlossenen Eheverlöbnisses einen Ring an den Finger zu stecken, doch war diese Sitte aus den romanischen Ländern, wo sie Fortsetzung des römischen Heiratsringes war, nach Deutschland gekommen. Nach den Gedichten des 13. Jahrhunderts empfingen die Liebhaber Ringe von ihren Damen.

29. *Münze.* Bei den salischen

und ripuarischen Franken galt folgende eigentümliche Weise der Freilassung: der Herr warf, schlug oder stiess von der Hand seines Knechtes eine kleine Münze herunter, wodurch dieser in den Stand der Freien überging. Grimm vermutet, dass der Knecht die Münze gleichsam zum Kaufpreis gab, den der Herr, sie zu Boden schnellend, verschmähte.

30. *Stein.* Kleine Steine, vermutlich Kiesel, sind ein Zeichen der Übergabe.

31. *Faden;* ein Zwirn- oder Seidenfaden reichte hin, symbolisch zu binden, sogar bei der Zulieferung schädlicher Menschen, Vagabunden. Auch gebannte Grundstücke wurden durch einen darum gezogenen Seidenfaden gehegt, wie auch die Rosengärten der Sage mit seidenen Fäden umgeben sind. In den dänischen Volksliedern binden die Helden, um sich festzumachen, rote Seidenfäden um ihre Helme.

32. *Seil;* mit dem Glockenseil werden Kirchengüter übergeben. Ein Seil um den Hals trugen sowohl solche, die sich auf Tod und Leben ergaben, als an gewissen Orten die Freibauern zum Zeichen geringerer Knechtschaft oder Hörigkeit.

33. *Wagen.* Ein Land mit dem Wagen befahren ist Zeichen der Besitznahme; Heinrich der Welf liess sich der Sage nach von Ludwig dem Frommen so viel Landes verleihen, als er, solange der König zu Mittag schliefe, mit einem goldnen Pflug umackern oder mit einem goldnen Wagen umziehen könnte.

34. *Pflug;* auch mit ihm wird neuerworbenes Land befahren. Siehe Nr. 33.

35 *Stuhl* und *Tisch.* Als Rechtssymbol hat der Tisch immer drei Beine; der geringste Gutsbesitz wird durch den Raum bezeichnet, worauf ein dreibeiniger Stuhl steht; ein Stück, das keinen Stuhl fasst, ist des Grundeigentums unfähig. Durch einen dreibeinigen Stuhl wird aber auch der Besitz jedes andern Grundstückes angetreten. Weigert sich der Richter einer vorzunehmenden Belehnung oder Entsetzung, so kann wer ein Recht hat, sie zu fordern, mit einem solchen Stuhl die feierliche Handlung selbst begehen, muss aber die schuldige Geldabgabe darauf legen; statt des Stuhles kommt etwa auch ein dreibeiniger Tisch vor. Auch das Sprichwort: einem den Stuhl vor die Thür setzen, d. h. einen bisher zu Sitz berechtigten aus dem Hause weisen, scheint einer früher vorgenommenen symbolischen Handlung sein Dasein zu verdanken.

36. *Wasser;* ein Trunk Wassers war Zeichen der Entsagung; sonst ist auffallend, dass ausser dem Netzen der Fahne in Brunnenwasser (siehe Nr. 16) ein sonst so einfaches, naheliegendes Symbol keine weitern Zeugnisse seiner Anwendung auf deutschem Boden hinterlassen hat.

37. *Wein,* Bier oder Met wurde von altersher in Deutschland zur Bekräftigung feierlicher Verträge und Bündnisse getrunken, ja unter vielen Teilnehmern und Zeugen förmliches Gelag und Mahl gehalten. Namentlich war dieses Sitte bei Friedensschlüssen, Aussöhnungen, Erbschaftsteilungen und Hochzeiten; doch ist dieser Brauch kaum aus einer symbolischen Bedeutung des Weines oder dgl. herzuleiten, da kein Gesetz den Weintrunk zur Eingehung irgend eines Rechtsgeschäftes fordert. Im Mittelalter scheint die allgemein und weitverbreitete symbolische Anwendung des Weintrunks zur Feier eingegangener Käufe, mhd. *lîtkouf*, *winkouf*, von mhd. *lît* = Obst- und Gewürzwein, geistiges Getränke überhaupt, aufgekommen zu sein.

38. *Blut;* nach Nachrichten aus der ältesten heidnischen Zeit und nach Sagen wurden feierliche Eide, Gelübde und Bündnisse mit Blut bekräftiget. Dieses geschah bei Eingehung der Brüderschaft, wo beide

Freunde ihr Blut in eine Grube zusammenrinnen liessen, dass es sich mit der *Erde* vermische.

39. *Feuer;* Zündung und Nährung desselben auf einem Grundstück war Zeichen rechtlicher Besitznahme und Inhabung; dem Rechtlosen wurde das Wasser gestopft und das Feuer gelöscht, und noch bis auf die neuere Zeit galt in einigen Gegenden Deutschlands die Sitte, bei Gutsübergaben das alte Feuer zu löschen und ein neues anzuzünden. Angezündete Feuer geben in der Schweiz und in Friesland in Kriegsnot und Landesaufruhr ein Zeichen zur Versammlung.

40. *Strohwische* werden an Stangen auf Wiesen und Felder gesteckt, um sie zu hegen, daher *hegewisch*, oder den Weg zu sperren; sie bezeichnen auch etwas feiles, z. B. ein gerichtlich zu verkaufendes Grundstück. Endlich bezeichnet die umgedrehte, umgekehrte und *angebrannte* Schaube die Besitznahme, was wahrscheinlich der symbolischen Kraft des Feuers gilt. *Grimm,* Rechtsaltertümer, S. 109—207.

Regalien. Das Wort *regalia* in der Bedeutung von dem Könige zustehenden Hoheitsrechten findet man nicht vor dem 12. Jahrhundert; was damit zusammenhängt, dass im früheren Mittelalter Einkünfte des Reiches und des Königs nicht getrennt, sondern als ein und dasselbe gedacht wurden. So gehörten von alter Zeit Zölle und Weggelder, das Münzrecht, das Recht auf Gewinnung der Metalle dem Reiche, und erst als im Verlaufe des Mittelalters der Kaiser diese Rechte und Befugnisse einzelnen Fürsten und Herren zu Lehen übertrug, nahmen sie den Charakter von Hoheitsrechten an und wurden als solche weiter ausgebildet. Es gehörten dazu Zölle, Abgaben von Innungen, Standgelder von den Jahrmärkten, Münzrecht, Forst- und Jagdrecht, Fischerei, Fähr- und Mühlengerechtigkeit, Bergwerke, Judenschutzgelder, Einkünfte aus dem Geleitsrecht. Später ist durch Einfluss der Fürsten manches, was früher Gemeingut war, z. B. die Salzgewinnung, als Regal erklärt worden.

Regenbogenschüsselchen, nach der Meinung des Landvolkes da anzutreffen, wo der Regenbogen auf die Erde stosse, sind Münzen keltischen Ursprungs, mit einer schüsselförmigen Gestalt und sehr roher Arbeit, ohne Schrift, aber mit verschiedenen Stempeln versehen; mit einem Vogelkopf oder einer dreiteiligen Figur, einem offenen Ring mit verschiedenen kugelförmigen Gebilden. Man hat solche zum teil in sehr grosser Anzahl im südwestlichen Deutschland gefunden, besonders zwischen Bodensee, Inn und Donau, zwischen Donau und Main, sowie in Böhmen, Rheinbayern und Rheinhessen. Als Periode ihrer Prägung wird das erste und zweite Jahrhundert vor Chr. angenommen, als keltische Völker noch in diesen Gegenden wohnten, und das von ihnen im Lande gewonnene Gold auf diese Weise ausmünzten; denn man weiss, dass früher in den böhmischen Flüssen und Bächen und in den norischen Alpen viel Gold gewonnen wurde. Siehe *Soetbeer,* Beiträge zur Geschichte des Geld- und Münzwesens in Deutschland, in den Forschungen zur deutschen Geschichte I, 244 ff.

Regenschirm. Erwähnt wird der Regenschirm zuerst im 11. Jahrhundert, wo er durch die Normannen in England eingeführt worden. Doch war er im ganzen Mittelalter, ja noch in der Renaissancezeit nie allgemein. Im 16. Jahrhundert spannten namentlich Frauen zum besseren Schutze des Kopfes ihre Mantelkapuzen mit Fischbein oder Draht über denselben aus.

Reichsapfel, siehe *Krönungsinsignien.*

Reichsdörfer, heissen gewisse Dörfer, Flecken und freien Landgemeinden, die teils Überreste ehemaliger Reichsgüter, teils Güter ehemaliger Dynasten waren, welche nicht wieder zu Lehen gegeben worden waren. Sie standen nur unter dem Kaiser und regierten sich sonst selbst. Man hat ihrer an 120 nachgewiesen, die meist von den Königen wieder verpfändet, verkauft, zu Lehen gegeben wurden u. dgl. Zuletzt, als man sie 1803 mediatisierte, waren bloss noch fünf übrig.

Reichskammergericht, siehe *Kammergerichte.*

Reichskleinodien, siehe *Krönungsinsignien.*

Reichsstädte, siehe *Städtewesen.*

Reichsversammlung, Reichstag. Schon unter den Karolingern galt es als Pflicht der geistlichen und weltlichen Würdenträger, sich an den hohen Festen des Jahres, Ostern, Pfingsten, Weihnachten und Mariä Geburt, am Hoflager einzufinden, die kirchliche Feier mit ihm zu begehen und dann in geistlichen und andern Angelegenheiten mit ihm thätig zu sein. Es ergingen förmliche Einladungen dazu, so dass diese Versammlungen seit den fränkischen Kaisern den Charakter von Hof- und Reichstagen annahmen. Der Name ist *curia, concilium, conventus, placitum,* am häufigsten aber *colloquium,* mhd. *sprâche,* ähnlich dem in England gebräuchlich gewordenen Wort Parlament. Neben diesen regelmässigen Hoftagen gab es auch andere, zu denen der König die Grossen des Reiches überhaupt oder diejenigen einzelner Provinzen berief. Es wurde mehr als Pflicht, denn als ein Recht betrachtet, die Hof- und Reichstage zu besuchen. Die Grossen kamen oft in zahlreicher Begleitung, so dass man gezwungen war, sich unter freiem Himmel zu lagern und zu tagen. Jeder hatte dabei zunächst für seinen Unterhalt selbst zu sorgen, daher bei längerem Aufenthalt bedeutende Kosten auflaufen konnten. Da der Zug auf den Reichstag als Reichsdienst galt, erschien es als ein Recht der Fürsten, sich dafür von ihren Untergebenen eine Beisteuer zahlen zu lassen. Die Geschäfte des Reichstages konnten sehr verschieden sein. Beratung über kirchliche wie über weltliche, äussere und innere Angelegenheiten, Bestimmungen über das Recht, Schenkungen, Verlobungen, Verleihung der höhern Würden in Staat und Kirche, Privilegien und Gnadenbezeugungen. Im 15. Jahrhundert führte die hervorragende Stellung der Kurfürsten dazu, dass dieselben nach Vorlegung der kaiserlichen Proposition zu einer abgesonderten Beratung und Beschlussnahme darüber zusammentraten, ein Vorgang, dem zuerst die übrigen Fürsten und Herren, dann die Reichsstädte folgten, so dass der Reichstag nunmehr in drei Kollegien zerfiel, in dasjenige der Kurfürsten, in den Reichsfürstenrat und in das Kollegium der Reichsstädte, welch letzere Wilhelm von Holland 1225 zuerst zum Reichstage zugelassen hatte. Eine gemeinsame Versammlung der drei Kollegien fand nur bei besonderen Festlichkeiten statt. Der Gang der Verhandlungen war folgender: die kaiserlichen *Propositionen*, welche an den Reichstag gelangten, wurden gleichzeitig an das Kurfürstenkollegium und an den Fürstenrat zur Beratung abgegeben; stimmten die Beschlüsse dieser beiden, *Relation* und *Correlation* genannt, überein, so kam die Sache an das Kollegium der Städte; sonst war sie schon verworfen. Traten die Städte bei, so hiess der Beschluss *Reichsgutachten;* wenn er vom Kaiser die Sanktion erhalten hatte, hiess er *Reichsschluss.* In den Kollegien selbst entschied Stimmenmehrheit. Die Reichsschlüsse wurden erst am Schlusse eines Reichstages zusammen verkündet, und der Name dafür war *Reichsabschied.*

Seit Friedrich III. nahm der Reichstag den Charakter eines Gesandtenkongresses an, indem die meisten Fürsten nicht mehr in Person erschienen; der Kaiser liess sich dabei durch einen aus dem Fürstenstande genommenen Prinzipalkommissär vertreten. Das Präsidium auf dem Reichstage führte Mainz als Reichs-Erzkanzler. Im *Fürstenrate* präsidierten abwechselnd Österreich und Salzburg. Ursprünglich wurden die Stimmen nach Köpfen geführt; später hafteten sie auf den Ländern, und zwar war als Normaljahr für die Stimmgebung im Reichstage das Jahr 1582 angenommen. Die Grafen und Herren hatten nur Gesamtstimmen, d. h. Curiatstimmen, und zwar hatten die Grafen anfänglich zwei Curien, die wetterauische und die schwäbische Grafenbank, später kam eine fränkische und eine westfälische Grafenbank hinzu. Die Prälaten zerfielen bei ihren zwei Kuriatstimmen in die rheinische und schwäbische Prälatenbank. Die Reichsstädte teilten sich seit 1474 in die rheinische und in die schwäbische Städtebank. *Waitz*, Verfass.-Geschichte. — *Wacker*, der Reichstag unter den Hohenstaufen Leipzig 1882. *Walter*, Rechtsgesch.

Reifröcke trugen die Spanierinnen zuerst und zwar im 16. Jahrhundert; unter dem Namen *vertugalles* oder *vertugadins*, „Tugendwardeinen.“ Von da aus fanden sie in Frankreich Eingang, welches sie in kurzer Zeit auch in den übrigen europäischen Staaten zur Modesache machte, wie lächerlich und unbequem sie auch erscheinen mussten. Neben den eisernen Reifen, „Springer“, kamen Drahtgeflechte und Feigenkörbe zur Verwendung und liessen die Röcke in faltenloser Glockenform erscheinen. Vorn waren diese bald offen, damit das Unterkleid durchscheine, bald geschlossen; bald sind sie länger, bald kürzer. Im Sommer trug man sie ohne Gürtel, sodass sie nur am Halse den Leib berührten; im Winter wurden sie um die Hüfte gegürtet. Ihre grösste Bedeutung und Verbreitung hatten sie um 1730, während sie schon zur Zeit Ludwigs XV. am Hofe aufgegeben und erst wieder durch Maria Antoinette in Schwung kamen, diesmal platt von vorn nach hinten, an den Hüften aber breit. Sie verschwanden aber bald wieder, um nach einer kurzen Pause der „*culs de Paris*“ Platz zu machen, die aber ebenfalls nur kurze Zeit sich halten konnte. Mit dem Beginne der zweiten Hälfte unseres Jahrhunderts kam der Reifrock als „Krinoline“ wieder auf, freilich auch diesmal nur auf kurze Dauer. Der „gute Geschmack“ wird ihn aber ohne Zweifel wieder auf die Weltbühne rufen.

Reim. Derselbe ist im 9. Jahrhundert aus der lateinischen Reimpoesie der Kirche, wo er seit dem 3. Jahrhundert gefunden wird, in die deutsche Dichtung gedrungen, aus der er schnell die ältere Allitteration verdrängte; namentlich war es Otfrieds Einfluss, der hier wirksam war. Mit der Aufnahme des Reims in engster Beziehung steht ebenfalls aus der christlich-lateinischen Dichtung her die Aufnahme der Strophe, die ihrerseits wieder mit der Entwicklung des Gesange in dieser Periode zusammenhängt.

Das Wort *Reim*, mhd. *rîm*, hat ahd. als *rîm* und *hrîm* die Bedeutung von Zahl, Vielheit, eine Bedeutung, welche erst im Mittelhochdeutschen in die des durch Gleichlaut mit einem andern gebundenen Versgliedes übergegangen ist. Alle althochdeutschen Gedichte mit Endreimen, die vor dem 11. Jahrhundert entstanden sind, bestehen aus Strophen, die älteren derselben, in denen auch Otfried seine Lieder schrieb, aus vier Zeilen; daneben finden sich in den ältesten Reimgedichten dreizeilige Strophen; Strophen von mehr als vier Versen finden sich vorläufig bloss in Gedichten gemischter Strophenarten, den sog. Leichen. Im 11. Jahrhundert tritt eine allseitige Verwilderung der Reim- und Verskunst ein, teils infolge der in dieser Zeit eintretenden Verdünnung und Abschleifung der Endsilben, teils infolge davon, dass jetzt Gedichte aufkommen, die bloss zum Lesen bestimmt waren, denen daher das strengere musikalische Band abging. Die zum Lesen bestimmten Gedichte bedienten sich des aus dem allitterierenden Langverse hervorgegangenen *Reimpaares*, das anfangs, zum Teil auch in Anlehnung an lateinische Vorbilder, sehr ungeregelt war und daher den Namen *Reimprosa* erhalten hat. Künstlich verschlungene Reimgebäude sind zuerst in der Lyrik aufgekommen; anfangs bestanden diese *Strophen* bloss aus zwei, drei oder mehr mit einander verbundenen Reimpaaren, aus den gewöhnlichen kurzen Versen der erzählenden Gattung; später verband man Langverse ebenfalls paarweis, und zwar wenigstens ihrer vier, zu einem strophischen Reimgebäude, deren merkwürdigstes die Strophe *Kürenbergers* oder die *Nibelungenstrophe* ist. Alt ist auch die Erweiterung der aus zwei kurzen Reimpaaren bestehenden Strophe durch Einschiebung einer reimlosen Zeile zwischen das zweite Paar, nach dem Schema a a b x b. Mit dem Fortschritte der lyrischen Kunst wächst dann schnell die Kunst, Strophen zu bauen. Im ganzen waltet bei den mittelhochdeutschen Strophen das Gesetz der *Dreiteiligkeit*, siehe den Art. *Lied;* alles dies bedingt durch den Charakter der Musik dieses Zeitalters. In bezug auf die Reinheit der Reime gelingt es anfangs bloss, den Reimklang annähernd zu treffen, so dass dieser oft mehr einer Assonanz als einem wirklichen Reime gleicht, in welchem Vokal und Schlusskonsonanz sich zu decken bestimmt sind; erst die Blütezeit der höfischen Kunst hat die Reinheit des Reimes zu einer fast fehlerlosen, bis heute nie mehr erreichten Vollendung gebracht; namentlich zeichnet sich Hartmann von Aue in dieser Beziehung aus.

Der Zerfall der höfischen Kunst seit der Mitte des 13. Jahrhunderts galt auch der Kunst des Reimes; derselbe wurde wieder unrein, sowohl infolge mangelnder Kunstbildung, als des Eindringens landschaftlicher Formen in die Schriftsprache; er wurde aber auch gekünstelt und unnatürlich, und namentlich kamen jetzt Strophenungetüme auf, welche das Mass des Schönen weit überschritten. Das alte Reimpaar, jetzt seiner zerknitterten Verse wegen *Knittelvers* genannt, blieb nicht bloss für die erzählende und die Spruchpoesie der typische Vers, es wurde auch für die neu aufkommende dramatische Dichtung die übliche poetische Form. Was strophische Dichtung betrifft, so erhielten sich in den Singschulen der Meistersänger wohl einige alte von den Meistersängern überkommene Töne; dazu aber wurden stets neue, meist recht abenteuerliche Töne erfunden, oft höchst verwickelt und geschmacklos, manchmal über 100 Verse lang, denen auch das beibehaltene Gesetz der Dreiteiligkeit nicht mehr zur anschaulichen Gliederung zu verhelfen vermochte. Daneben herrschen im Volksliede ältere und einfachere Strophenformen, von vier, fünf oder sechs Verszeilen, welche von der einfachen Volksweise getragen sind. Der seit Jahrhunderten dauernden Reimverwilderung macht endlich *Opitz* ein Ende; doch ist es weniger der Reim, als vielmehr die Versmessung, welche die Grundlage von Opitzens Reform ist und welche dann auch den Reim zwingt, sich in rhythmischer Beziehung strengeren Gesetzen zu unterwerfen. Die auf dem Ton der Vokale und Konsonanten beruhende Vollkommenheit des Reimes war innerhalb der hochdeutschen Sprache kaum mehr herzustellen, da die Aussprache der einzelnen Laute jetzt ungleich mehr landschaftlichen Nüanzierungen unterlag als dies in der Sprache der höfischen Dichter der Fall gewesen war; daher pflegte die deutsche Poetik bis Schiller der lautlichen Reinheit des Reimes nur ein mässiges Interesse zuzuwenden. Die Aufnahme romanischer Vers- und Strophengattungen durch Opitz und seine Nachfolger konnte, was den Reim betrifft, keinerlei Schwierigkeiten begegnen; die höfische Kunst hatte längst viel grössere überwunden.

Reimchroniken, siehe Geschichtschreibung.

Reliquien der Heiligen als Gegenstände gläubiger Verehrung sind zur Zeit der Christenverfolgungen der ersten Jahrhunderte aufgekommen, anfangs unter teilweisem Widerspruch einzelner Kirchenlehrer; doch sprachen sich gerade die angesehensten Väter der Kirche, wie Chrysostomus, Hieronymus, Ambrosius und Augustinus, zu gunsten der Reliquienverehrung aus. Ohne Zweifel ahmte man damit zum teil den Kultus nach, den die Heiden mit den Gräbern ihrer Heroen zu treiben pflegten. Wie diese auf solchen Gräbern Tempel bauten, so die Christen über den Gräbern der Apostel und Märtyrer; waren keine Gräber vorhanden, so erwarb man Reliquien, wobei namentlich die römischen Katakomben unerschöpflichen Vorrat boten. Die Wallfahrten nach dem gelobten Lande brachten neue Reliquienschätze in Umlauf, Reliquien Christi und der Apostel und neu daran sich knüpfende Wunder. Es waren aber nicht bloss die Körper der Heiligen, einzelne Teile derselben oder Teilchen, Partikeln, sondern auch Dinge, die mit den Heiligen in Berührung gestanden hatten. Schon Augustin klagt, dass müssige Mönche mit den Reliquien, welche auch als Schutz- und Heilmittel dienten, Handel trieben. Schon zu Karl des Grossen Zeit kamen sehr abenteuerliche Reliquien auf; während der Kreuzzüge mehrten sie sich noch mehr; es kamen z. B. vom Leibe Christi ein Zahn, Haare, Stücke vom Nabel zum Vorschein; Einwendungen frommer Männer, auch Gottesurteile, die zur Unterscheidung echter und unechter Reliquien angeordnet wurden, fruchteten nichts. Der Dom zu Halle a. S. besass vor der Reformation 8133 Partikeln, darunter in *einem* Sarge 1243, und 42 gange Körper, in mehr als 200 Behältnissen, deren Vorzeigung jährlich am Sonntag nach Mariä Geburt stattfand. Die Vorzeigung geschah in einzelnen Abteilungen, entweder vor einem Altare in der Kirche, oder von Altanen oder Galerien, sog. Heiligtumsstühlen, herab an das im Freien versammelte Volk. Auf Reliquien, mhd. *heiltuom* oder *heilectuom*, wurden im Mittelalter Eide geschworen.

Von nachhaltiger Bedeutung wurde die Reliquienverehrung für die bildende Kunst und das Kunsthandwerk, welche eine unzählige Menge von Reliquienbehältern in Gold, Silber, Elfenbein, Edelsteinen, Kristall, feinen Holzarten u. dgl. schufen. Die älteste Stelle der Reliquie war eine verschlossene Vertiefung unter der Altarplatte, *sepulchrum*, zur Aufnahme eines bleiernen Kästchens mit der Weihungsurkunde und der Reliquie bestimmt; diese durften bei keinem Altare fehlen, da jeder Altar, im Anschlusse an die altchristliche Abendmahlsfeier über den Gräbern der Märtyrer, das Grab eines Heiligen vorstellt. Im Verlaufe der Zeit entstanden zahlreiche besondere Formen von Reliquienbehältern, die *Otte*, kirchliche Kunst-Archäologie, § 38, auf folgende Klassen zurückführt.

1. Reliquienbehälter in der Form eines viereckigen *Kastens*, *Särge*, *Kästchen*, *Pulte*, *Bücher*, *Schachteln*.

Behältnisse für einen oder für einige ganze Körper heissen Kasten, *capsa*, mhd. *chafsa, kafs, kaps, chefsa* und ähnlich; *cista*, Kiste, Lade, Schrein, Sarg. Nach Art antiker Särge haben sie einen dachartigen Oberteil, also die Form eines Hauses oder einer Kirche, selbst mit Seiten- oder Querschiffen, analog dem jedesmaligen Baustile. Der Kasten besteht aus Holz, mit vergoldetem Metallblech, Silber oder Kupfer überkleidet, das mit getriebenen Reliefs aus der biblischen oder heiligen Geschichte reich verziert erscheint; derart ist der Kasten mit den Gebeinen Karls des Grossen im Münster zu Aachen und der Kasten der heil. drei Könige im Kölner Dom. Der Gebrauch, solche Särge auf Bahren in den Prozessionen herumzutragen, gab Veranlassung, solche Schreine anzufertigen, welche, auf den Schultern von Klerikerfiguren ruhend, von diesen scheinbar getragen werden. Zur Aufnahme von Partikeln dienten *Kästchen* oder *Särgchen* ähnlicher Gestalt, deren noch sehr viele vorhanden sind, zum Teil aus Elfenbein oder aus Holz, welches mit Elfenbeinplatten überzogen ist. Andere Behälter haben die Form eines *Setzpultes*, wie sie auf Altären zum Auflegen des Messbuches gebräuchlich waren.

2. Cylindrische Behältnisse hatten die besondere Gestalt einer *Büchse*, eines *Turmes* oder eines *Tabernakels*, Gefässe, die ebenfalls zur Aufbewahrung der Eucharistie dienten. Das Tabernakel war ein aus einem Walde von Strebepfeilern komponiertes, vielfach durchbrochenes Reliquiarium, in dessen Sockel die Reliquie aufbewahrt wurde.

3. *Taschen*, im Orient am Gürtel getragen und durch Pilger und Kreuzfahrer im Abendlande verbreitet.

4. Behältnisse für bestimmte Körperteile in Form der letzteren, meist aus vergoldetem Silber. Dahin gehören *Brustbilder* zur Aufnahme des Schädels der Heiligen im Kopfe der Büste, darunter das Brustbild Karls d. Gr. im Aachener Dom; *Arme*, die Röhrknochen des Heiligen-Armes enthaltend; auch diese Form kommt in Aachen für den Arm Karls d. Gr. vor; *Finger; Füsse;* einzelne *grössere Gebeine*, Rippen, Wirbelknochen u. dgl., in Metall gefasst: *Bilder*, Statuetten der Heiligen zur Aufnahme der Reliquien, aus Metall getrieben oder hohl gegossen, auch aus Holz geschnitzt.

5. Behältnisse, welche durch ihre Form auf die in denselben enthaltenen Reliquien oder auf die Legende der Heiligen deuten. Derart sind *Kreuze* oder *Kruzifixe* als Behältnisse von Partikeln des wahren Kreuzes, in unzähligen Formen und Grössen erhalten. Seitdem die Kaiserin Helena Partikeln des heil. Kreuzes genommen hatte, vermehrten sich diese dergestalt, dass schon 30 Jahre nachher Cyrillus bezeugte, die ganze Welt sei mit Partikeln des Kreuzholzes erfüllt. Zu den Behältnissen, welche in Form der *Attribute* oder *Symbole* der betreffenden Heiligen verfertigt sind, gehören ein silbervergoldeter züngelnder *Drache*, als Attribut der heil. Margarethe, eine *Fahne*, mit Perlen durchstickt, für St. Moritz und St. Gregor, eine thönerne *Lampe* der heil. Elisabeth, ein geflügelter *Löwe* des Evangelisten Markus, ein silberner *Phönix* auf dem Scheiterhaufen, als Symbol der Unsterblichkeit, mit 16 Partikeln der heil. Jungfrauen, ein *Schiff* der heil. Ursula, ein *Schwert* als Marterwerkzeug vieler Heiligen, eine silberne *Wiege* mit Heiligtum von den unschuldigen Kindlein.

6. *Reliquientafeln, tabulae*, seien es mit Flachmalereien oder Reliefs geschmückte Tafelbilder oder grössere und kleinere Flügelschreine. Dahin zählen auch die sog. *Kusstäfelchen* oder *Pacems,* welche, seitdem der eigentliche Friedenskuss nicht mehr üblich war, den Gläubigen, besonders

den Geistlichen, vor der Kommunion während des Agnus Dei zum Küssen dargereicht wurden und gewöhnlich Reliquien enthielten. Sie bestehen aus Elfenbein oder Marmor, sind viereckig oder gewölbt, mit Reliefs aus der heil. Geschichte.

7. *Monstranzen;* hier findet sich das sichtbare Heiligtum in einem senkrecht gestellten Kristall-Cylinder, der von einem gotischen Kelchfusse getragen wird und oben mit einem Tabernakel in den mannigfaltigen Formen der gotischen Architektur gekrönt ist. Solche Gefässe sind erst seit dem 14. Jahrhundert in Gebrauch.

8. Allerlei Gefässe, Geräte und Geschirre aus Stein, Glas und Metall, die sonst im kirchlichen und häuslichen Gebrauche zur Aufnahme von Flüssigkeiten dienen, wie *Schalen, Becken, Gläser, Becher, Kelche, Kannen*, und die zum Zwecke der Reliquien-Aufbewahrung mit Deckeln versehen wurden. Auch *Blashörner* sind zu diesem Gebrauche verwendet worden.

9. Kleinodien der verschiedensten Art; mit ihnen wurden in den Reliquienschätzen der Dome oft *Kuriosa* und *Raritäten* aufbewahrt, die nach Umständen auch als Reliquienbehälter, oder aber sonst als Schaugegenstände oder als Erinnerung an eine Pilgerfahrt dienten. Dazu gehören seit dem 9. Jahrhundert *Strausseneier, Kokosnüsse, Smaragd-Gefässe, Greifenklauen*, d. h. meist mit Tierfüssen versehene Hörner, *vorsündflutliche Knochen, Walfischrippen, Schildkrötenschalen, Meteorsteine, Alraunwurzeln.*

Renaissance-Stil. Schon um das Jahr 1420 griffen die italienischen Architekten, die den gotischen Stil nur äusserlich aufgenommen und selbst innerhalb seiner Tradition sich bald dem Rundbogen wieder zugewendet hatten, mit Bewusstsein zu den antiken Formen zurück, um eine „Wiedergeburt“ der Baukunst einzuführen. Diese Renaissance ging von einem sorgfältigen Studium der antiken Überreste aus, welche das alte Rom hinterlassen hatte.

1. *Anfänge der Renaissance bei Malern und Bildhauern.* Während diese Umgestaltung sich im Süden vollzog, brach der Norden nicht minder entschieden, wenn auch in anderer Weise mit den Traditionen des Mittelalters. Hier war es die Natur, aus der die Kunst sich verjüngen sollte. Dieser Zug nach grösserer Naturwahrheit, welche der traumhafte Idealismus des Mittelalters nicht gekannt hatte, zeigt sich zuerst in der Malerei. *Hubert* und *Jan van Eyck* sind die ersten Bahnbrecher einer neuen Epoche, aber bald verbreitet sich der Einfluss der von ihnen gegründeten flandrischen Schule über alle Gebiete Deutschlands. Dadurch entstand ein scharfer Konstrast mit der herrschenden Architektur, welche völlig in den Dienst eines handwerklichen Schematismus geraten war, und in dem in der Routine ergrauten Handwerk eine Stütze fand, welche den gotischen Stil bis ins 17. Jahrhundert hinein neben der von Italien einbrechenden Renaissance, aufrecht erhielt.

Unter den Kunstwerken der Übergangsepoche ist vielleicht keines, welches den Übergang so vielseitig veranschaulicht, wie die Chronik von *Hartmann Schedel* (1493) mit ihren von *Michael Wolgemuth* und *Pleidenwurff* entworfenen Holzschnitten. Während sich einerseits darin die mittelalterliche Anschauung mit ihrer Gleichgültigkeit gegen das Reale, ihrem Hange zu phantastischer Willkür in vielen Städtebildern zeigt (Ninive, Damaskus, Babylon, Athen sehen aus wie mittelalterliche Städte und Ninive genau so wie Korinth, Damaskus wie Neapel, Perugia, Verona, Siena, Mantua, Ferrara), so bemerkt man doch in andern einen gewissen Sinn für Wirklichkeit, wie in den Bildern von Nürnberg, Würzburg, Venedig, Florenz u. s. w., namentlich aber die Neigung, die dargestellten Gebäude in Renaissanceformen zu kleiden.

Mit dem Beginn des 16. Jahrhunderts tritt eine neue Generation von Künstlern auf den Schauplatz, welche ihre Anregungen direkt aus Italien holt und der Renaissance den Eingang in die deutsche Kunst bahnt. Der Vorrang gebührt hier der Augsburger Schule, wo *Hans Burgkmair* einer der ersten ist, welcher die Kunst des Südens nach Norden zu verpflanzen sucht. Ihm schliesst sich die Familie *Holbein* an, vorerst mit Hans Holbein dem ältern, namentlich aber mit Holbein dem jüngern, der vollständig mit dem Mittelalter bricht und sich dem neuen Stile mit Entschiedenheit zuwendet, nicht nur in zahlreichen Gemälden seiner Hand, sondern auch in den bekannten Façademalereien, aber auch in Entwürfen zu Glasgemälden und Gegenständen des Kunstgewerbes. Ganz anders gestaltet sich das Verhältnis zur italienischen Renaissance bei dem Hauptvertreter der fränkischen Schule: *Albrecht Dürer*. Er strebt weniger als Holbein, sich die Formenwelt der italienischen Renaissance zu eigen zu machen. Die Hauptsache ist bei ihm getreue Nachahmung der Natur. Dass er aber, wo es ihm darauf ankam, die antiken Formen zu beherrschen wusste, erkennen wir aus seiner herrlichen Handzeichnung des Basler Museums von 1509, welche die Madonna mit dem Kinde, sitzend in einer prachtvollen Halle mit korinthischen Säulen, darstellt.

Inzwischen wird die Strömung der Renaissance mächtiger und die Lust am reizenden Spiel ihrer Formenwelt verbreitet sich unter den deutschen Künstlern bald so allgemein, dass die Gemälde, Kupferstiche und Holzschnitte etwa seit 1520 von Details dieser Art wahrhaft überströmen. Aldegrever, Altdorfer, Pencz, Schäuffelin, Hans Sebald Beham sind die Vertreter dieser Epoche.

Gleichzeitig mit der Malerei wendet sich auch die Plastik dem neuen Stile zu, und gerade an einem der grössten Meister lässt sich der Umschwung der Anschauungen deutlich nachweisen. Es ist *Peter Vischer* von Nürnberg mit seinem Hauptwerk, dem Sebaldusgrab in St. Sebald, welches so vollständig wie kein anderes die Verschmelzung des neuen Stils mit der Gotik zeigt. Während die Erzarbeit durch dieses Meisterwerk rasch und entschieden dem neuen Stile zugeführt wird, verharrt die Steinskulptur und mehr noch die volkstümliche Holzschnitzerei bis tief ins 16. Jahrhundert bei den Formen der Gotik. Die Hauptmeister dieser Kunstzweige, Jorg Syrlin von Ulm, Veit Stoss und Adam Krafft bleiben unentwegt auf den Bahnen des Mittelalters, wenn sich auch in ihren Werken ein erfreuliches Ringen nach Naturwahrheit deutlich zeigt. Geringen Versuch in Anwendung der Renaissanceformen macht Tilman Riemenschneider von Würzburg. Am entschiedensten dringt der neue Stil an *Grabmälern* vor, die in zwei Formen auftreten, entweder als Wandgrab, von einer reichen und kräftigen Architektur eingerahmt, mit stehenden Gestalten der Verstorbenen, oder als *Freigrab*, welches den Toten auf prachtvoll geschmücktem Sarkophage liegend darstellt.

Die Chöre der Kirchen zu Wertheim, Pforzheim, Tübingen, Stuttgart, Freiberg bergen eine Menge derselben. Namentlich das prachtvolle Monument des Kurfürsten Moritz von Sachsen in Freiberg gehört zu den bedeutendsten Leistungen der Renaissance. Bereits ganz selbständig tritt die Plastik an dem Grabmonument des Kaisers Max zu Innsbruck auf.

2. *Renaissance in der Architektur.* Während so in den bildenden Künsten die Renaissance bereits festen Fuss gefasst hatte, war das Mittelalter in der Architektur zu Anfang des 16. Jahrhunderts noch keineswegs abgethan. Namentlich beim Kirchenbau begnügte man sich noch lange mit gotischen Konstruktionen und Formen, und selbst im 17. Jahrhundert lassen sich gotische Einzelheiten, namentlich Portale nachweisen.

Mit Macht beginnt etwa seit der Mitte des Jahrhunderts die Renaissance sich aller Orte in Deutschland auch in der Architektur auszubreiten. Seit dem Augsburger Religionsfrieden (1555) begann das Reich sich von den Religionskämpfen zu beruhigen, welche Ruhe erst durch den Ausbruch des 30 jährigen Krieges ihr Ende finden sollte. In diesen 60 Jahren fast ununterbrochenen Friedens, wo Handel und Verkehr blühte, ein neues geistiges Leben sich überall regte, entwickelte sich nun auch die deutsche Renaissance in ihrer ganzen Fülle. Hätte Deutschland einen dominierenden Königshof besessen, wie Frankreich, so würde der Gang seiner Renaissance ebenso einfach und übersichtlich sein, wie dort. Während dort sich die einzelnen Epochen nach den Regierungszeiten der einzelnen Könige gliedern, ist die Bewegung in Deutschland eine viel mannigfaltigere und kompliziertere.

Die geistige Konfiguration des deutschen Kulturlebens besteht auch jetzt aus einer Anzahl gesonderter provinzieller Gebiete, die fast bis zum Eigensinn ihre Originalität und Selbständigkeit behaupten.

Von einer stetig fortschreitenden historischen Entwicklung ist deshalb bei der deutschen Renaissance wenig zu spüren, wenn sich auch etwa drei verschiedene Stadien in der Nüancierung dieses Stiles unterscheiden. Die *erste Epoche* umfasst die frühesten Versuche, die neue Bauweise auf deutschen Boden zu übertragen. Hierher gehören die Denkmäler, die zwischen 1520 und 1550 entstanden sind. Der Charakter derselben fusst auf einer naiven Aneignung der Frührenaissance Oberitaliens, namentlich Venedigs. Das Dekorative waltet vor und zwar in dem leichten zierlichen Gepräge eines überwiegend vegetativen Ornaments von Blumenranken, durchwebt mit Masken und anderem Figürlichen, dessen Ausführung indessen den deutschen Steinmetzen selten recht gelingen will. Die selbständigen Glieder der Architektur, namentlich die Säulen mit ihrem Zubehör, werden ohne genaueres Verständnis, unsicher und schwankend gehandhabt. Daneben spielt das Gotische in Gliederungen und Details, in Thür- und Fenstergewänden, Treppen und dergl. immer noch eine grosse Rolle.

Die *zweite Phase* der Entwickelung beginnt um die Mitte des Jahrhunderts. Man hat durch Lehrbücher die antiken Formen besser kennen gelernt. Die schwankende Unsicherheit tritt zurück, aber für eine wahre Ausbildung der Architektur fehlten bedeutende, tonangebende, führende Meister. Ein jeder suchte in seiner Weise in dem Chaos verschiedener Formen sich zurechtzufinden. Neben den Elementen der klassischen Architektur und den Reminiszenzen der Gotik stellten sich zugleich die frühen Vorboten des beginnenden Barokstils ein. Dies alles bedingt eine Mischung, welche nicht immer glücklich ausfiel, gleichwohl aber doch in einigen Meisterschöpfungen, wie in dem Otto Heinrichsbau in Heidelberg, sich bedeutsam ausgeprägt hat.

Diese Stilentwickelung geht dann unmerklich in die *dritte Stufe* über. In ihr gewinnt alles einen derberen Ausdruck, die Formen häufen sich

Fig. 128. Vom Kanzleigebäude in Überlingen.

nicht selten bis zur Überladung, Barokes und Willkürliches mischt sich ein, besonders die Ornamentik verlässt den feinen Grundzug der früheren Zeit und wendet sich wieder einem Spiel mit geometrischen Formen und einer Nachahmung fremdartiger Ornamente, namentlich aus dem Bereiche der Schmiedearbeit, zu. Mit dem Ausbruch des dreissigjährigen Krieges findet auch diese Entwickelung ihr Ende, und der französische Stil Louis XIV. tritt in die Lücke ein.

a) Die *Detailformen.* Um nun im einzelnen den Charakter der deutschen Renaissance zu schildern, ist vorab mit der Behandlung der Details zu beginnen. Was zunächst den *Säulenbau* betrifft, so gibt es keine grössere Anzahl von Varietäten als die deutsche Renaissance sie bietet; es wimmelt, namentlich in Zeichnungen und Holzschnitten, von einer fast unabsehbaren Mannigfaltigkeit der Formen, so voll von Willkür, dass es sich einer systematischen Analyse vollständig entzieht. Aber die meisten hielten alle diese oft wunderlich angethanen Formen für wirkliche Renaissance, und manches drang in die monumentale Architektur ein, so namentlich jene pflanzenhafte Behandlung der Säule, welche dem Schaft in seinem unteren Teile eine Ausbauchung gibt und dieselbe mit gezacktem Blattwerk umkleidet, die Basis ebenso willkürlich aus knollig geschwellten Gliedern zusammensetzt und auch das Kapitäl in einer Mischung von mittelalterlichen und unklar aufgefassten antiken Motiven behandelt (wie z. B. am Erker vom Schloss Hartenfels zu Torgau). Neben diesen unklar spielenden Formen erscheinen indessen auch andere, welche mit grösserer Sicherheit die Elemente der Renaissance zur Erscheinung bringen, wenn auch bei ihnen ein starker Hang zu ornamentaler Behandlung vorwiegend ist. Dem unteren Teil des Schaftes, der durch einen Ring begrenzt ist, gibt man deshalb in der Regel reiches plastisches Ornament, aus welchem dann wohl Löwenköpfe und dergleichen aus der Mitte vorspringen. Dergleichen Säulen zeigt ein Portal an der Kanzleistrasse zu Stuttgart, das Portal des Kanzleigebäudes in Überlingen und das Portal des Schlosses zu Tübingen. Die spätere Zeit wendet sich mit Vorliebe den einfacheren Säulenordnungen, namentlich der dorischen und toskanischen zu. Fig. 128. *Portal vom Kanzleigebäude in Überlingen* (*Lübke, Geschichte der Renaissance*).

In ganz anderer Weise als bei Portalen, Grabmälern, Brunnen u. s. w. wird die Säule da behandelt, wo sie eine ernsthaftere Funktion zu erfüllen hat, besonders bei Arkaden, wie sie namentlich in Schlosshöfen vorkommen. Bedingt durch die niedrige Stockwerkshöhe wird die Säule stämmig und gedrungen gebildet, mit freier Umgestaltung der antiken Verhältnisse. Gerade dadurch aber gewinnt sie oft den Charakter einer eigentümlichen kraftvollen Schönheit, so in trefflicher Weise im Schlosshofe zu Stuttgart. Noch derber ist die Behandlung der Säulen im alten Münzhof in München.

Endlich sind noch jene Fälle zu nennen, wo die Säule vereinzelt zur Anwendung kommt, namentlich bei Brunnen, aber auch bei Mariensäulen u. s. w. Hier wird sie frei nach dem Schönheitsgefühl des Künstlers gestaltet, so an dem schönen Brunnen in Nürnberg, einem Brunnen zu Gmünd und Rothenburg. Streng klassisch ist die Mariensäule in München behandelt, originell die Säule an der alten Kanzlei in Stuttgart, welche eine Wendeltreppe birgt.

Die Behandlnng der *Pilaster* schliesst sich in der Regel derjenigen der entsprechenden Säulenstellungen an. Meistens kanellirt man sie, aber eben so oft werden sie mit einem Rahmen umgeben. Die Flächen erhalten Ornamente von Blättern, in deren Rankenwerk sich Figürliches mischt. Beispiele dieser Art zeigt die Façade des Otto Heinrichbaues in Heidelberg. Fig. 129. *Schloss zu Heidelberg* (Kunsthistorische Bilderbogen). Gegen Ausgang der Epoche wird es beliebt, die Pilaster entweder à la Rustica mit Bossagen zu behandeln, oder sie nach unten verjüngt als Hermen, häufig mit schup-

Fig. 129. Schloss zu Heidelberg. Otto Heinrichsbau.

penartiger Behandlung aufzufassen. Noch öfter bekleidet man den unteren Teil des Schaftes ähnlich wie die Säulen mit spielendem, Metallbeschlägen ähnelndem Ornament. Das Barockste ist, wenn plötzlich in der Mitte des Schaftes sich ein Teil desselben vom Grunde zu lösen beginnt und in starker Ausbauchung vorspringt, um sich dann volutenartig dem Schafte wieder anzuchliessen. Beispiele derart zeigt die Kapelle in Liebenstein. Daneben macht die Spätzeit besonders ungemein ausschweifenden Gebrauch von Hermen und Karyatiden, und zwar nicht bloss mit nach unten verjüngtem Schaft, sondern auch mit allerlei phantastischen Verzierungen. Dagegen macht sich zuletzt eine Reaktion geltend, welche den Pilaster in strengerer Weise als struktives Glied mit straffer, meist etwas verjüngter Bildung des Schaftes auffasst.

Der selbständige Pfeilerbau findet sich hauptsächlich bei den Arkaden der Höfe angewendet, wie in der Residenz in Freising, dem Pellerhaus in Nürnberg und in der Trausnitz bei Landshut. Fig. 130. *Hof im Pellerhaus in Nürnberg (Lübke, Geschichte der Renaissance).*

Die Behandlung des *Bogens*, mag derselbe mit Säulen oder Pfeilern verbunden sein, klingt noch in manchen Teilen ans Mittelalter an. Zwar verdrängt der Rund- und Flachbogen allmählich den Spitzbogen, allein die Profilierungen sind noch ganz im Sinne des Mittelalters Abfassungen und Auskehlungen. Indessen gewinnt auch hier die Antike mit ihren rechtwinkeligen architravierten Formen das Übergewicht, sei es, dass man dieselben bloss durch Profil wirken lässt oder dass man auch den Bogen völlig mit Ornamenten bekleidet, wie auf der Plessenburg.

Der *Portalbau* nimmt an den Wandlungen Teil, welche der Bogenbau im allgemeinen durchmacht. Portale mit geradem Sturz gehören zu den Ausnahmen, Regel ist der Rundbogen, obwohl bisweilen, wie am Rathaus in Mühlhausen, der Spitzbogen oder wohl auch der Flachbogen vorkommt. Anfangs ohne viel Zierat, umrahmt sich das Portal nach der Mitte des Jahrhunderts mit den antiken Säulenordnungen, wie die Portale zu Überlingen, zu Stuttgart, zu Danzig, Rothenburg. Eine kräftige, oft reich geschmückte Konsole bezeichnet den Schlussstein des Bogens, Ornamente vegetabilischer und figürlicher Art schmücken die Zwickel und die Flächen der Archivolte, wie auch des Frieses. Für die obere Bekrönung begnügt man sich vorerst mit dem einfachen Giebel, später wird derselbe oft in barocker Weise durchbrochen, oder es wird — besonders wo ein Fenstersystem mit dem Portal verbunden werden soll — ein attikaartiger Aufsatz mit Pilastern und Seitenvoluten und nicht selten mit reicher Bekrönung angebracht. Mit dieser Form des Portals kam man bei allen Gebäuden, kirchlichen und profanen aus; als eine Ausnahme erscheint es, wenn dem Hauptportal ein kleineres für Fussgänger beigegeben ist, vielleicht ein Einfluss des französischen Schlossbaues. Die Anordnung findet man an den Schlössern zu Stuttgart und Tübingen, dem Piastenschloss zu Brieg.

Die Behandlung der *Fenster* hat manche Verwandtschaft mit dem Portalbau, zeigt aber eine grössere Mannigfaltigkeit in Vermischung mittelalterlicher Formen mit denen des neuen Stils. Spitzbogen, Flachbogen, Rundbogen und gerader Sturz kommen gleichmässig vor. Auch hier sind zuerst die mittelalterlichen Profile beliebt, wie am Tucherhaus in Nürnberg. Antikisierende Einfassung mit Architravprofilen zeigt das Piastenschloss zu Brieg. Meistens sind die Fenster ungeteilt, so

Fig. 130. Hof im Pellerhaus in Nürnberg.

dass die kleinen runden, in Blei gefassten Scheiben bloss durch hölzerne Rahmen gehalten werden. Bei stattlicheren Anlagen wird das Fenster durch einen mittleren Steinpfosten geteilt, der häufig einen Schmuck von Hermen und Karyatiden erhält, wie am Heidelberger Schlossbau. Die Friese erhalten reichen Ornamentschmuck, und über dem Gesims wird entweder eine freie plastische Bekrönung oder ein einfacher, wohl mit Masken geschmückter Giebel angeordnet. Auch durchbrochene Giebel kommen in der Spätzeit auf. Neben diesen Doppelfenstern begegnet man auch dreifachen mit erhöhtem Mittelfenster, ja bisweilen kommen gruppierte Rundbogenfenster vor, wie am Rathaus in Konstanz.

Fig. 131. Steinornament vom ehemaligen Lusthaus in Stuttgart.

Besonders bezeichnend für die gesammte deutsche Renaissance ist die Bildung des *Ornaments.* Ausgehend von der Ornamentik der italienischen Frührenaissance, welche durch rhythmischen Schwung und klaren Fluss der Linien, sowie durch anmutige Verteilung im Raume sich auszeichnet, wird diese graziöse Ornamentik gegen Mitte des Jahrhunderts immer mehr zurückgedrängt und schliesslich ganz beseitigt. Aus dem italienischen Barocco dringt vorerst schon früh das sog. Kartouchenwerk nach Deutschland: aufgerollte, abgeschnittene, mit ihren Enden scharf herausgebogene und frei vorspringende Bänder, die einer biegsamen Masse nachgebildet sind und ihre Entstehung wahrscheinlich Augenblicksdekorationen verdanken. In Deutschland besonders verbindet sich nun dieses Ornament mit einer Flächendekoration, die ihre Motive aus der glänzend betriebenen Schlosser- und Schmiedekunst herleitet und aufs Genaueste den Stil von Metallbeschlägen nachahmt, sogar die Nieten und Nägel werden getreulichst wiedergegeben. Das figürliche Element aber macht sich namentlich in Köpfen und Masken geltend. Fig. 131. *Steinornament vom ehemaligen Lusthaus in Stuttgart* (Kunsthistorische Bilderbogen). Wie üppig diese Ornamentik auch bei kleineren Prachtstücken vom Holzschnitzer verwendet wurde, zeigt die Säule von einem Altar aus Überlingen.

Die Ornamentik ist die Stärke und Schwäche der deutschen Renaissance. Einerseits spricht sich in ihr eine Fülle von Phantasie, Originalität, eine gewisse Kraft und kecke Derbheit aus, anderntei1s aber zeigt sie auch, wie tief der Hang zu geometrischen Formspielen und Künsteleien im deutschen Geiste steckt. Derselbe Zug hatte in der gotischen Zeit zuletzt alles in Masswerk aufgelöst, derselbe Sinn bringt die Architektur unter die Herrschaft des Metallstiles.

Doch verdrängt er das freiere Ornament nicht ganz. Besonders in der Stuckdekoration und den gemalten Verzierungen behält das Vegetative, gemischt mit Figürlichem die Oberhand, aber auch hier wird die zierliche Vortragsweise der ersten Zeit verlassen und die Formen grösser und breiter gemacht. Dazu gesellt sich eine mannigfache Anwendung von Voluten und ähnlichen geschwungenen Linien, in welchen wiederum der Hang zum Geometrischen hervortritt. (Residenz in München).

b) *Façadenentwicklung.* Noch schärfer prägt sich die deutsche Eigentümlichkeit aus in der Komposition der *Façaden.* Während in Italien der Horizontalismus der allgemein herrschende war, geht in Deutschland der Façadenbau auf die Form des mittelalterlichen Bürgerhauses zurück. Hoch und schmal aufragend kehrt das Haus in der Regel seinen steilen, meistens abgetreppten Giebel der Strasse zu. Dadurch bleibt der Hochbau mit ausgesprochener Vertikaltendenz das Prinzip der deutschen Renaissance. In der Gliederung der Façaden überwiegt anfangs noch das mittelalterliche Prinzip ruhiger Flächen, welche durch zahlreiche, meist gotisch profilierte Fenster durchbrochen werden, die zu zweien oder dreien gruppiert nur durch das Kaffgesimse mit einander verbunden werden. Bald werden die antiken Ordnungen zur Gliederung der Façade verwendet, wenn auch meist, wegen der Niedrigkeit der Stockwerke, in verkrüppelter Gestalt. In der Regel begnügt man sich mit Pilasterstellungen, wobei man in der Anwendung der einzelnen Systeme mit grosser Willkür verfährt. Fig. 132. *Pellerhaus in Nürnberg* (Kunsthistorische Bilderbogen).

Am wichtigsten für die Wirkung der Façade ist die Behandlung des *Giebels.* In freier Umbildung der abgetreppten Form wird er mit Voluten, hornartigen Schweifen und andern phantastischen Formen umkleidet, wobei namentlich wieder die Nachahmung von Metallbeschlägen eine grosse Rolle spielt. Die Giebelwand wird in der Regel mit Pilasterstellungen gegliedert und durch kräftige Gesimse in mehrere Geschosse geteilt. Auf die vorspringenden Ecken werden, in freier Umbildung gotischer Fialen, Obelisken, man setzte sogar, allerdings nur ausnahmsweise, kleine Giebel auf, wenn

Fig. 132. Pellers Haus in Nürnberg.

oder auch wohl Kugeln gestellt. Die Mannigfaltigkeit in Ausbildung solcher Giebel ist überaus gross, ja das Haus mit der Längsfaçade an der Strasse lag; die Regel war aber vielmehr, das Dach unmaskiert zu

Fig. 133. Zeughaus in Danzig.

zeigen und es etwa durch buntfarbige Ziegel zu dekorieren, wie am Rathaus zu Mühlhausen.

Den Hauptreiz erhalten die Façaden durch die ebenfalls echt nordische Eigentümlichkeit des *Erkers.* Wenn es irgend angeht, legt man denselben in die Mitte der Façade, doch kommt er auch häufig in unsymmetrischer Lage vor, wie am Hause zum Ritter in Heidelberg. Wo aber ein Gebäude eine frei heraustretende Ecke bildet, da wird diese sicherlich zur Anlage des Erkers ausersehen, der nun entweder in rechtwinkliger Form überecks vorgelegt wird oder sich kreisförmig oder noch häufiger polygon entwickelt. Die Auskragung wird stets durch mehr oder minder reiche antike Gesimse gegliedert, welche unten auf einer Säule ruhen.

In den norddeutschen Niederungen war schon zu gotischer Zeit der *Backsteinbau* weit verbreitet; dort bleibt, wenn auch nicht mehr in der Ausdehnung wie im Mittelalter, in der Zeit der Renaissance sein Hauptsitz. Von einem Übergangsstil ist bei diesen Bauten wenig zu verspüren. Die schulgemässe Verwendung der antiken Formen hatte sich bereits weit verbreitet, als diese Gegenden die Renaissance aufnahmen. Da dieselben aber vom Quaderbau ausgegangen waren, verfiel man in steinarmen Gegenden auf Nachbildung derselben in Stuck, wenn man sich nicht zu dem Luxus verstieg, Steine von fernher kommen zu lassen. Der heimischen Bauweise blieb man einzig in Mecklenburg treu und errichtete eine Anzahl prächtiger Gebäude, bei welchen man die Flächen zwar mit Putz verkleidete, aber die Portale und Fenster mit ihren Einfassungen, die Gesimse und Friese und die übrigen ornamentalen Teile in gebrannten Steinen ausführte. Das Hauptwerk dieser Architektur ist der Fürstenhof in Wismar.

Zierliche Bauwerke entstanden sodann aus Verbindung des Backsteinrohbaus mit dem Quaderbau, wobei die Flächeu aus unverputztem Backstein bestehen, die konstruktiven Glieder aber in Haustein gebildet werden. Die Heimat dieses Stils ist in den Niederlanden, allein es verbreitete sich derselbe rasch nach Norddeutschland, England und Dänemark.

Noch grössere Ausdehnung hat eine dritte Art architektonischer Behandlung, welche in hervorragender Weise einen deutschen Charakter trägt: die Verwendung der Holzkonstruktion in Verbindung mit Stein, im *Fachwerksbau* (siehe Artikel: Holzarchitektur) gefunden. Namentlich sind in den Städten wie Braunschweig, Hildesheim, Goslar u. a. noch zahlreiche Beispiele vorhanden. Fig. 133. *Zeughaus in Danzig* (*Lübke, Geschichte der deutschen Renaissance*).

Endlich ist noch einer andern Gattung von Façaden zu gedenken, der *gemalten Façaden.* Zu den ersten, welche diese Sitte künstlerisch ausgeprägt haben, gehört Hans Holbein. In den meisten Fällen hatte die Façadenmalerei die Aufgabe, die Unregelmässigkeiten des Aufbaus zu verdecken, indem sie das Gerüst einer idealen Architektur über die Fläche warf, und dasselbe nicht bloss mit ornamentalen Gebilden, sondern auch mit figürlichen Kompositionen ausfüllte. Der künstlerische Charakter dieser Darstellungen wurzelt in einer kräftigen Polychromie. Dazu kommen allerlei perspektivische Täuschungen, gemalte Gallerien mit neugierigen Zuschauern, weite Bogenhallen mit landschaftlichen Hintergründen etc., so dass diese Façaden das Gepräge eines heitern Lebens erhalten. Fig. 134. *Haus zum weissen Adler in Stein am Rhein* (*Lübke, Geschichte der deutschen Renaissance*). Leider ist wenig von diesen Werken auf uns gekommen. Eins der vollständigsten und reichsten Prachtstücke bietet das Haus zum Ritter in Schaffhausen.

c) *Grundrissanlagen. Der Schlossbau.* Während der italienische Palastbau der Renaissance sich von aller mittelalterlichen Tradition zu lösen sucht und zu regelmässigen klar gegliederten Anlagen durchdringt, behalten die deutschen und französischen Schlossbauten auch fernerhin das malerische Gepräge mittelalterlicher Burgen: eine unregelmässige Anlage, bisweilen die runden Ecktürme, die selbständigen Wendeltreppen mit ihren Stiegenhäusern. Fig. 135. *Altes Schloss in Stuttgart (Lübke, Geschichte der deutschen Renaissance).* Die einzelnen Flügel des Schlosses gruppieren sich um einen in der Regel unregelmässigen Hof, der bisweilen mit Arkaden umzogen wurde (Schlösser zu Stuttgart und Plessenburg), welche teils der Verbindung der innern Räume, teils aber auch als Schauplätze für die Herrschaften dienten, bei Gelegenheit der Ringelrennen und anderer Ergötzlichkeiten, die

Fig. 134. Haus zum weissen Adler in Stein.

man in den Schlosshöfen abzuhalten pflegte. Im Innern des Schlosses bildet der grosse Rittersaal, die Türnitz, den Kernpunkt der Anlage. Die deutsche Vorliebe fürs Bankettieren liess diese grossen Säle, die gewöhnlich einen ganzen Flügel einnahmen, als den wichtigsten Teil der Anlagen erscheinen. In der Nähe des Saales war die Kapelle angeordnet, in der Regel in gotischen Formen gehalten. Namentlich sind die Wendelstiegen der Stolz der alten Werkmeister. Man legt sie in den Ecken des Schlosshofes in vorspringenden Türmen an. Prachtstücke sind die Treppen in den Schlössern zu Mergentheim und zu Göppingen.

Gegen Ausgang der Epoche streift der Schlossbau manche seiner mittelalterlichen Eigenheiten ab. Die runden Ecktürme fallen fort, und man liebt es statt dessen jene hohen Giebel anzubringen, welche der Stolz der deutschen Architektur sind wie am Schlossbau zu Aschaffenburg.

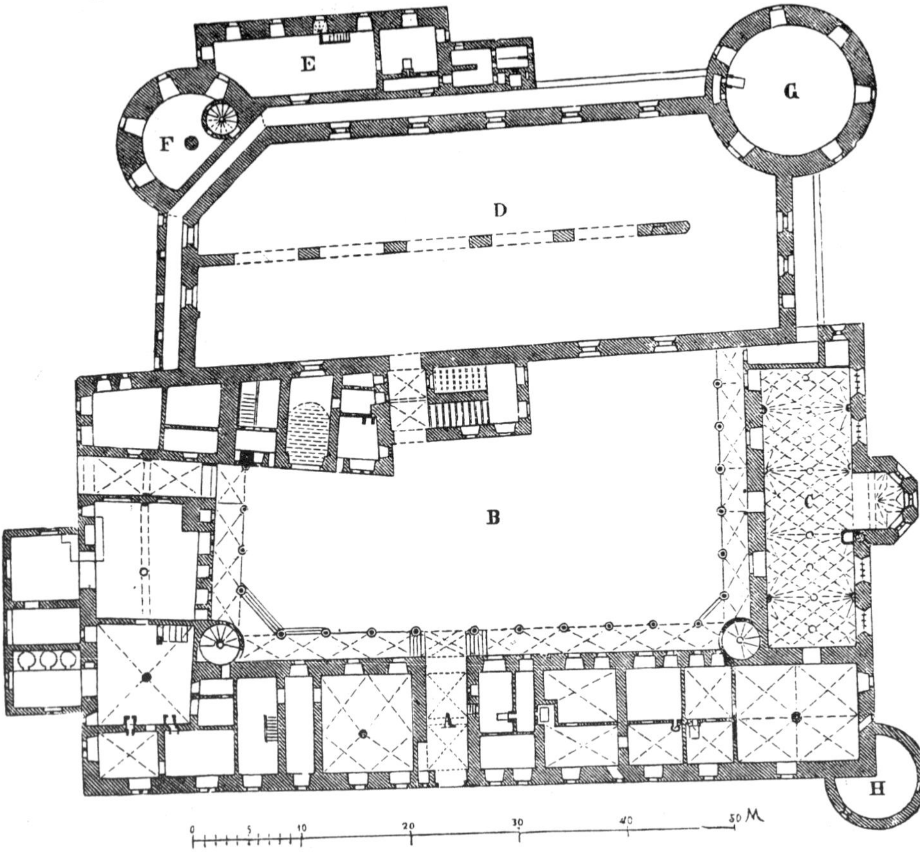

Fig. 135. Stuttgart, altes Schloss.

Neben dem Schlossbau steht in zweiter Linie das *bürgerliche Wohnhaus.* Der Grundriss ist schmal und in die Tiefe gestreckt, ganz nach Art des Mittelalters. Ein Hof verbindet in der Regel das Vorderhaus mit den Hintergebäuden. Hölzerne Gallerien vermitteln die Verbindung, an deren Stelle bisweilen steinerne Arkaden treten (Pellerhaus in Nürnberg). Die Treppen sind stets als steinerne Wendelstiegen in den Ecken der Höfe angebracht und mit den Gallerien in Verbindung gesetzt. In den meisten Fällen bleiben diese deutschen Hofanlagen eng und schmal.

Von den städtischen Gebäuden stehen die *Rathäuser* in erster Linie. Im Gegensatz zu den italienischen, werden die Façaden geschlossen behandelt und nur durch grosse Freitreppen, wie in Heilbronn, ausgezeichnet. In solchen Fällen wird das Erdgeschoss gewöhnlich mit Bogenhallen auf Pfeilern angelegt und als Waarenlager und zu ähnlichen Zwecken verwendet. Im Hauptgeschoss zieht sich vor dem Rats- und Gerichtssaal in der Regel ein grosser Vorplatz hin. Für Büreaus und Schreiberzwecke waren nur wenige Räume erforderlich. Deshalb wirkt das Innere durch die paar grossen Räume, den Vorplatz und den Hauptsaal, höchst bedeutend. Die Treppe liegt in der Regel als Wendelstiege in einem vorspringenden Turm. Erst später werden die Treppen ins Innere gezogen und mit geraden Läufen und Podesten angelegt. Wo aber die Treppentürme bleiben, erhalten sie eine meist kuppelartige Bedachung, welche den schlanken mittelalterlichen Helmen schnurstracks entgegengesetzt sind und oft durch originell geschwungenen Umriss eine malerisch pikante Wirkung gewinnen.

d) *Innendekoration.* Die künstlerische Ausbildung des Innern bewegt sich bei allen Profanbauten der Renaisssance in ziemlich übereinstimmender Richtung. Was zunächst die Deckenbildung betrifft, so ist die Anwendung von Gewölben besonders im Erdgeschoss, den Treppenräumen und den Korridoren überwiegend und zwar beinahe immer in gotischer Form. Die meisten Räume jedoch erhalten flache Decken, zunächst einfache mittelalterliche Balkendecken. Bald dringt indess auch hier die antike Formbildung ein und man giebt den Sälen und Zimmern geschnitzte Kassettendecken, oft mit farbigen Intarsien geschmückt. Damit verbindet sich eine nicht minder reiche Täfelung der Wände. Schliesslich kommt die Auschmükkung der Decken in die Hände der Maler und Stukatoren. Den Übergang zu den Wänden mit ihrer Teppichbekleidung bildet dann eine grosse Hohlkehle mit Stuckreliefs. Oft prangen diese Decken in grossartiger Farbenpracht, oft aber bleiben sie auch weiss und bezeichnen den Übergang von der mittelalterlichen Polychromie zu der nüchternen Einfarbigkeit des Barocco.

e) *Verschiedene Bauwerke.* Den künstlerischen Trieb der Zeit vergegenwärtigt vielleicht nichts so deutlich, wie die Ausführung der zahlreichen *Brunnen* auf öffentlichen Plätzen. Dieselben scheiden sich in Zieh- und Röhrenbrunnen. Der erstere verlangt in der Regel ein steinernes Gerüst zum Aufhängen der Rolle, bei letzterem ergiesst sich das Wasser in ein grosses Bassin. Die Renaissance bildet dieselben in der Regel so, dass sich in der Mitte des Beckens eine Säule erhebt, auf deren Kapitäl man eine Figur zu stellen liebt. Fig. 136. *Brunnen in Gmünd (Lübke, Geschichte der deutschen Renaissance).* Fast alle alten Städte haben noch als schönsten Schmuck ihrer Strassen und Plätze solche Brunnen bewahrt, wie Basel, Gmünd, Rothenburg, Rottweil, Nürnberg, Augsburg und München. Von den städtischen Bauten zu Schutz und Trutz ist noch manches erhalten, obschon die gewaltigen Wälle von unserer nivellierenden Zeit mit Eifer beseitigt werden, wie die unvergleichlich grossartigen Mauern von Nürnberg.

Noch wären schliesslich mehrere Lehranstalten, namentlich Jesuitenkollegien anzuführen, ferner verschiedene Spitäler, Kanzleien, Fleischhallen, Zeughäuser und Gebäude für höfische Festlichkeiten, unter welchen das in unserm Jahrhundert zerstörte Lusthaus in Stuttgart ein Unicum bildete; indessen tragen alle diese Bauten im allgemeinen in der Behandlungsweise die bereits geschilderten Züge in ziemlicher Übereinstimmung an der Stirn.

Fig. 136. Brunnen in Gmünd.

f) *Gartenanlagen.* Mit den Schlössern und fürstlichen Lusthäusern, aber auch mit reichen Bürgerhäusern, standen fast immer Gartenanlagen in Verbindung, allerdings heute fast nirgends mehr erhalten. Den vollständigsten Begriff eines Gartens der Renaissance giebt uns die bei Merian aus der Vogelschau genommene Darstellung des Schlossgartens zu Heidelberg. Das Ganze macht mit seinen regelmässig abgeteilten Blumenbeeten, eingefasst von kleinen rundgestutzten Bäumchen, durchzogen von Taxushecken und überwölbten Laubgängen, zwischen Springbrunnen, Statuen und Gartenhäuschen, mit seinen Grotten, Labyrinthen und andern zierlichen Spielereien den Eindruck einer streng mit Lineal und Zirkel behandelten Anlage.

g) *Der Kirchenbau.* Der Kirchenbau wiegt in der deutschen Renaissance nicht schwer. Bis tief ins 16. Jahrhundert bleibt derselbe der

Gotik treu. Erst in der 2. Hälfte des 16. Jahrunderts dringen allmählich die Formen des neuen Stils ein, indessen wird das gotische Rippengewölbe auch jetzt noch in den komplizierten Netz- und Sternverbindungen festgehalten. Auch die Fenster werden übereinstimmend noch mit Masswerk behandelt. Selbst der Grundriss folgt noch der gotischen Überlieferung und schliesst das Langhaus mit polygonem Chor. Die Renaissance mit ihren antiken Formbildungen kommt hauptsächlich den freien Stützen, den Emporen und den Portalen zu gute. Ein vollkommenes System von Bogenhallen, mit allen Elementen Architektur mit Säulenordnungen, abgebrochenen Giebeln, Voluten und allen Ausgeburten des Barocco umrahmt wurde; Tabernakel, Sakramentshäuschen u. s. w. sind bemüht, ihr Möglichstes zur Ausschmückung des Gotteshauses zu thun.

3. *Renaissance in den Kunstgewerben.* Grosse Bedeutung gewinnt der neue Stil der Renaissance namentlich in dem weiten Gebiete des Kunsthandwerks. Was zur Ausstattung der Wohnräume, was im engern und weitern Sinne zum Kostüm gehört, erfreute sich in Deutschland einer um so lebendigeren Pflege, als hier der Sinn für häusliches Behagen vorzugsweise ausgebildet war.

Fig. 137. Intarsia-Ornament.

der drei antiken Ordnungen umkleidet, umzieht das Innere der Universitätskirche zu Würzburg. Wie alles Übrige trägt auch der *Turmbau* dieselben Spuren von Stilmischung an sich. Der vollständige Bruch mit dem Mittelalter vollzieht sich an der Michaelishofkirche in München und dem mit kolossalem Innengewölbe überbauten Bau der Dreifaltigkeitskirche zu Regensburg.

Die innere Ausstattung dieser Kirchen setzte alle künstlerischen Kräfte in Bewegung. Kunstreiche Eisengitter, prächtige Grabmäler, reich geschnitzte Chorstühle und Altäre, deren Hauptstück nun das vom Maler angefertigte Altarbild wurde, welches von einer in mehreren Stockwerken sich aufbauenden

Selbst die grossen Meister, wie Dürer und Holbein, verschmähten nicht, dem Kunstgewerbe Vorbilder zu schaffen. Auch hier wirken die mittelalterlichen Formen noch lange nach, und erst seit der Mitte des 16. Jahrhunderts wendet man sich dem neuen Stile zu, aber bis zum Ende der Epoche mischt sich immer noch manches Mittelalterliche dabei ein.

a) *Holzarbeit.* Die *Holzarbeit* hat ihre glänzende Ausbildung in erster Linie im Dienste der Kirche gewonnen. Nicht bloss die zahlreichen Schnitzaltäre, sondern namentlich auch die Chorstühle gaben reiche Gelegenheit zur Entfaltung. Die Formen der Renaissance erscheinen erst 1550, dann aber

Fig. 138. Zimmer aus dem Seidenhof in Zürich.

schon mit barocken Elementen gemischt, wie an dem Chorgestühl der Klosterkirche zu Danzig und Wettingen. Mit aller Energie wirft sich dann diese Technik auf die *Ausstattung der Wohnräume.* Zunächst sind es die *Wände* und *Decken* der Zimmer, welche in gediegenster Weise mit Täfelwerk ausgestattet werden, erstere mit einem System von Pilastern oder Halbsäulen und farbig eingelegtem Ornament, dazu Fig. 137. *Intarsia-Ornament* (Kunsthistorische Bilderbogen) letztere mit reichem Kassettenwerk nach antiker Art. Ein hübsches Beispiel bietet ein Zimmer des alten Seidenhofs in Zürich; Fig. 138, *Zimmer aus dem Seidenhof in Zürich* (*Lübke, Geschichte der deutschen Renaissance*), zum höchsten Prunk aber steigert sich die Behandlung im goldenen Saale des Rathauses zu Augsburg.

Neben diesen grossen Prachtstücken bringt die *Kunsttischlerei* alle jene in ihr Gebiet fallenden Gegenstände, welche zum *Mobiliar* der damaligen Bürgerhäuser und Schlösser gehören, in mannigfaltigster Weise hervor. Dazu verwendet man dann nicht nur einheimische Holzarten, sondern auch Ebenholz und Elfenbein, Perlmutter, Schildpatt, *Lapislazuli* u. s. w., was den Werken jener Zeit die reiche Farbenpracht einer durchgebildeten Polychromie verleiht. Am einfachsten gestalten sich in der Regel die grossen *Schränke* für Kleider, die Truhen für Leinenzeug, die Büffets und Kredenzen. Die Renaissance führt dieselben als kleine Bauwerke auf, die mit Pilaster und Säulenstellungen eingerahmt und selbst mit Portalbildungen versehen werden. Einen höhern Anlauf nimmt die Kunsttischlerei, wo es gilt Prachtgegenstände zn schaffen, seien es einzelne *Bettladen* oder aber namentlich sogenannnte *Kunstschränke*, die, auf prachtvollen Tischen aufgestellt, in ihren zahlreichen, teils geheimnisvoll versteckten Fächern und Schubladen zur Aufbewahrung von allerlei Kostbarkeiten und Raritäten bestimmt, oft aber auch lediglich zu Schreibtischen dienend, durch den erdenklichsten Aufwand an prachtvollem Material und sinnreicher Arbeit stets einen hohen Wert gewinnen. Die Gesamtform dieser Schränke bildet einen Aufsatz in Gestalt kleiner palastartiger Prachtbauten, reich gegliedert, in mehreren Stockwerken durch reichverzierte Säulen, Karyatiden und Atlanten in Hermenform auf geschmückten Postamenten, dazwischen Statuetten und Reliefs in reichem Rahmen, das Ganze bekrönt von durchbrochenen Ballustraden. Der Mittelbau ist öfter eingezogen, stets aber mit einem Prachtportal und darüber mit einer offenen Loggia auf Säulen ausgestattet.

b) Elfenbeinschnitzerei und *Goldschmiedekunst.* An diese kunstvollen Tischlerarbeiten schliesst sich die Elfenbeinschnitzerei und Goldschmiedekunst. Zunächst bedarf die genussfrohe Zeit eines ausserordentlichen Vorrats von Trinkgeschirren aller Art. Holbein und Dürer waren mit Anfertigung von Zeichnungen zu prachtvollen Pokalen beschäftigt. Allein die Neigung zum Seltsamen und Phantastischen verleitete andere Meister zu den wunderlichsten Erfindungen. In Gestalt von Brunnen und Dreifüssen, von Burgen, Schiffen u. dgl., von Damen mit aufgebauschtem Reifrock, wurden die Gefässe mit Vorliebe dargestellt. Fig. 139. *Trinkgefässe* (Kunsthistor. Bilderbogen). Unermesslich ist der Schmuck, mit welchem man diese Geräte ausstattete. Das ganze Reich der Mythologie und Allegorie wurde in Kontribution gesetzt und dazu noch üppiger Pflanzenschmuck gefügt. Eins der glanzvollsten unter allen erhaltenen Werken ist der berühmte Tafelaufsatz von Wenzel Jamnitzer, gegenwärtig im germanischen Museum zu Nürnberg. Aber die Thätigkeit des Goldschmieds erstreckte sich noch weiter über alle Gebiete des Schmuckes und zwar nicht bloss der schmückenden Geräte im engeren Sinne, vielmehr die ganze *Kleidung* wurde Gegenstand prächtiger Ausstattung. Nicht allein Ringe, Ketten und Gürtel, Spangen und Agraffen gaben Anlass zu künstlerischer Behandlung, sondern auch Röcke, Mäntel und Hüte wurden oft reich mit Zierraten bedeckt, zu deren Erfindung selbst Holbein Kopf und Hand zu bieten nicht verschmähte. Ferner ist auch an den Waffen die künstlerische Ausstattung eine wahrhaft bewundernswerte. Daran schliesst sich die nicht minder glanzvolle Arbeit der Harnischmacher oder Plattner.

Bei alledem sind die verschiedenen Richtungen der Metallarbeit dieser Zeit noch nicht erschöpft. Reiches Tafelgeschirr aus edlem Metall, Platten, Schüsseln, Schalen, Teller, Näpfe, Konfektträger und Kühlgefässe variieren in den mannigfaltigsten künstlerischen Formen und werden mit getriebenen oder flach gravierten Ornamenten und figürlichen Darstellungen bedeckt. Auch die Löffel und Messer werden beliebte Gegenstände für die erfindungsreiche Thätigkeit des Goldschmiedes. Endlich sind noch die Standuhren zu erwähnen, welche namentlich in Augsburg und Nürnberg verfertigt wurden.

c) Schmiedearbeiten. Bescheidenere Arbeiten lieferten die Eisenschmiede, aber Arbeiten, die durch höchste technische Vollendung und sinnreiche Erfindung sich zum Wert

Fig. 139. Trinkgefässe.

von Kunstwerken erhoben. Die *Schlösser* und *Thürbeschläge* sowie die *Thürklopfer* erfreuen sich der reichsten Ausbildung und werden in ihren Flächen häufig durch eingegrabene und geätzte Ornamente, bisweilen selbst durch Vergoldung und Touchierarbeit geschmückt. Besonders aber glänzt die Erfindung und Kunstfertigkeit der Meister in Herstellung der schmiedeeisernen *Gitter*. Fig. 140. *Eisengitter aus dem 16. Jahrhundert* (Kunsthist. Bilderbogen). Das Prinzip derselben besteht darin, runde Stäbe in mannigfaltigen Verschlingungen und Durchschneidungen so mit einander zu verbinden, dass das Ganze einen festen Zusammenhalt bildet. Dieser wird nicht bloss dadurch hergestellt, dass an den durchschneidenden Stellen Bänder angebracht werden, sondern noch häufiger dadurch, dass man das Stabeisen durcheinander-

Fig. 140. Eisengitter aus dem 16. Jahrhundert.

steckt, indem man an den Kreuzpunkten ein sogenanntes geschwelltes Auge anschmiedet, eine wahre Geduldsprobe für den ausführenden Meister. Daneben erhalten die untergeordneten Endungen oft freies Blattwerk oder seltsame Fratzen, Menschen- oder Tierköpfe. Neben diesen Gittern aber schuf die Schmiedekunst noch treffliches aller Art: Leuchter, Wetterfahnen, Kreuze, kleine Kästchen u. s. w.

d) Töpferarbeiten. Zu den wichtigsten Kunstgewerben der Zeit gehört ferner die Töpferei, welche nicht nur die gewöhnlichen Gefässe des Haushaltes mit verschiedenfarbiger Glasur und tausendfach variierten Ornamenten schafft, sondern auch die Fliessen zu Fussböden, namentlich aber zu *Öfen* lieferte. Der Ofen besteht in der Regel aus einem Unterbau, der auf meist plastisch gestalteten Füssen ruht und aus welchem ein schmaler Oberbau aufsteigt. Der ganze Aufbau wird architektonisch durchgebildet, mit kräftigem Fuss- und Deckgesimsen versehen. Hermen und Karyatiden, wohl auch Pilaster betonen die vertikale Gliederung, und die einzelnen Felder werden als Bogennischen gebildet, welche man mit figürlichen Reliefs schmückt. Die meisten Werke dieser Art sind mit einer schönen grünen, andere mit einer schwarzen Glasur überzogen. Besonders vielseitig und lang andauernd hat die Schweiz die Ofenfabrikation gepflegt. Der Hauptsitz war Winterthur, wo die Familien Pfau und Erhart eine Anzahl geschickter Hafnermeister und Ofenmaler lieferte. In der Regel wird neben dem Ofen in der Ecke des Zimmers ein bequemer Sitz mit Rücken- und Armlehne ebenfalls aus Kacheln aufgebaut. — Sehr bald tritt an die Stelle des einfarbig grünen Ofens mit seiner plastischen Durchbildung der vielfarbige mit malerischer Behandlung. Die Farben werden dünn und leichtflüssig aufgetragen. Diese Polychromie behalten die Öfen bis in die zweite Hälfte des siebenzehnten Jahrhunderts, dann werden sie matter und matter, bis sie schliesslich ganz ins Weisse erblassen.

e) Glasmalerei. Nicht in gleichem Umfang, aber doch in ansehnlichem Betriebe wird die Glasmalerei gepflegt. Teils verwendet man sie zur Herstellung von Trinkgläsern und Bechern, teils zur Herstellung farbiger Fenster. Auch da war es namentlich die Schweiz, welche diesen Kunstzweig bis ins achtzehnte Jahrhundert hinein mit grossem Eifer pflegte.

f) Textile Kunst. Schliesslich ist noch ein Blick auf die textilen Künste zu werfen, die in dieser Zeit im Wetteifer mit der gesammten künstlerischen Bewegung ihre Meisterschöpfungen hervorbrachten. Flandern war es vor allem, wo die Teppichstickerei aufblühte, die in der vollen Anwendung und reichen Abstufung der Farben und im Herbeiziehen des Goldes die monumentale Malerei zu überbieten suchte. Ausser diesen Teppichen, mit welchen die Wände bedeckt zu werden pflegten, fertigte man namentlich die Kissen und Polster für Stühle und Bänke. Auch das Bett wird oft prächtig mit Stickereien ausgestattet. Vorzüglich aber wendet man die Stickereien an Gewändern an. Hierher gehören endlich auch die Arbeiten in gepresstem Leder, welches seine Verwendung namentlich zu Büchereinbänden fand und denselben ein unvergleichlich stilvolles Gepräge verleiht. So zeigt sich das Kleinste wie das Grösste von derselben künstlerischen Strömung ergriffen.

4. *Theoretiker und Architekten.* Über die Studien und Stellung der damaligen Architekten liegen nur spärliche Notizen vor. Es waren anfangs schlichte handwerkliche

Meister, die ihrer Lebensstellung und ihrem Bildungsgange nach sich nirgends über die Schranken der hergebrachten Anschauung erhoben, im Gegensatze zu den italienischen und französischen Architekten, voll höherer Bildung und voll stolzen Bewusstseins derselben. In der zweiten Hälfte des sechszehnten Jahrhunderts fangen zwar allmählich die Werke an, sich klassischer zu gestalten; aber erst gegen Ausgang der Epoche trifft man unter ihnen solche, die auf Studien in Italien deuten. Die damaligen deutschen Meister scheinen nur ausnahmsweise Studienreisen nach Italien unternommen zu haben. Ihre Kenntnis der antiken Architektur schöpften sie zumeist aus den zahlreichen theoretischen Schriften. Der ersten einer, welcher solche herausgab, war Albrecht Dürer. Die Resultate seines Nachdenkens und die Erfahrungen seines gesamten Lebens beabsichtigte er in einem umfassenden Werke niederzulegen, von welchem nur ein Teil zur Ausführung gelangt ist, die Unterweisung der Messung mit Zirkel und Richtscheit und die Vier Bücher von menschlicher Proportion. Seine Unterweisungen giebt er mit steter Rücksicht auf Grössen und Zahlenverhältnisse, auf die Geometrie, und fusst einerseits auf den überall noch in Kraft befindlichen Ueberlieferungen des Mittelalters, anderseits sucht er sich an Vitruv anzulehnen. Bezeichnend ist seine Bemerkung, dass jeder streben solle, etwas Weites und Fremdes zu finden; denn wenn auch der hochberühmte Vitruvius und andere gesucht und gute Dinge gefunden hätten, so sei damit nicht aufgehoben, dass nichts Anderes, das gut sei, möge gefunden werden. Diesen Hang zu willkürlicher Freiheit der Erfindung erkennt man denn auch in manchen seiner Kompositionen; denn, obwohl er die Antike im Auge hat, mischt er die einzelnen Ornamente in ungebundenster Weise. Eigentümlich genug sind die Entwürfe zu drei Gedächtnissäulen, wobei es sich bei einer um einen Sieg über aufständische Bauern handelt und die der Sonderbarkeit halber hier beschrieben sei. Die sehr gut gezeichneten Gruppen gefesselten Viehes, welche er auf die untersten Stufen der Basis legt: „Kühe, Schafe, Schweine und allerlei“ kann man sich noch gefallen lassen. Aber auf die Ecken des Postaments rät er Körbe mit Käse, Butter, Eier, Zwiebeln, Kräutern oder was dir einfällt, zu stellen. Auf diesen Unterbau setzt er allen Ernstes einen Haferkasten und stürtzt darüber einen Kessel, auf welchen er einen Käsenapf stellt, der mit einem starken Teller zugedeckt wird. Auf denselben setzt er ein Butterfass, auf dieses wieder einen Milchkrug. Dieser trägt eine Korngarbe, in welche Schaufeln, Hauen, Hacken, Mistgabeln, Dreschflegel u. dgl. eingebunden sind. Darüber folgt ein Hühnerkorb und auf diesem ein Schmalzhafen, auf welchem ein trauernder Bauer sitzt, dessen Rücken mit einem Schwert durchstochen ist. Dies eine Beispiel mag genügen, zu zeigen, wie sehr Dürer zwar dem Naturalismus huldigte, aber auch zugleich, wie wenig er im stande war, zu reinen architektonischen Prinzipien durchzudringen. Bald nach Dürers Tode erschien eine verständlichere Darstellung der „Kunst der Messens“ von *Hieronymus Rodler*, der von den Dürerschen Büchern meint, sie seien nur für die, so eines grossen Verstandes, vielleicht dienlich. In der That geht Rodler einfach praktisch zu Werke und bringt eine Reihe von Beispielen, an welchen er die perspektivische Erscheinung und Darstellung der Dinge nachweist. Überall bemerkt man in seinen Zeichnungen eine steigende Lust zur Anwendung von Renaissanceformen, die aber gleichwohl von einem wirklichen Verständnis weit entfernt sind.

Nicht lange darauf gab in Nürnberg *Walther Rivius* seine umfangreichen Werke heraus, 1547 die „Neue Perspektive“ und 1548 den „Deutschen Vitruv“, den er nach der 1521 zu Como erschienenen Ausgabe und dem Kommentar des Cesariano bearbeitete; auch die Illustrationen sind meist nach Cesariano. Überhaupt ist die Auffassung des Autors durch die seiner italienischen Vorgänger beherrscht. Seine Schriften bezeichnen offenbar den Moment, wo die italienische Behandlung der Formen in Deutschland eindrang. Von Sympathie für die Kunst des Mittelalters ist wenig mehr zu spüren, wenn er auch den Mailänder Dom in Grund und Aufriss bringt. Die architektonischen Details, die er abbildet, sind korrekt nach dem Muster der Italiener wiedergegeben, und er rät, die Ordnungen nicht zu vermischen. Doch spukt auch bei ihm die Neuerungssucht der Zeit in mancherlei Vorschlägen zu „Verenderung der Bossen, so ein verstendiger Baumeister weiter nach seinem Gefallen in mancherlei Werk bringen möge.“ Wenn schon hier viel Barockes mit unterläuft, so bringt er denn doch das barockste Zeug unter den künstlichen Säulen von Bildwerk, „wie solche dieser Zeit bei den Welschen in Brauch.“ Was Rivius von Anlage und Gesamtform antiker Gebäude vorbringt, ist begreiflicherweise nach Cesarino und nimmt sich wunderlich genug aus. So giebt er die Grundformen der griechischen Tempel ganz nach dem Schema mehrschiffiger Kirchen. Wie ernsthaft man es aber nahm, ersehen wir aus der Stelle, wo er den Architekten nicht bloss ermahnt, dass er „so er der Symmetrie behende und wohl erfahren sein solle, sich der geometrischen Messung heftig üben müsse,“ sondern auch nach Vitruv die Unterschiede der Tempel nach verschiedenen Gottheiten, besonders männlichen und weiblichen, einschärft. In seiner zweiten Schrift, der neuen Perspektive, kommt er überall auf die „wunderbarliche Art, Eygenschafft und Gerechtigkeit des Zirkels“ zurück und giebt umständliche Anleitung, wie alle möglichen Formen mit Zirkelschlägen zu konstruieren seien.

Im weitern Verlaufe des 16. Jahrhunderts steigert sich die Lust und das Bedürfnis nach theoretischen Schriften, namentlich erfreut sich die Perspektive erneuter Behandlung, wie von Erhard Schön, Hirschvogel, Stoer, Jamnitzer, Lenker etc., daneben auch die Anatomie, wie in der deutschen Übersetzung der Anatomie Vesals von Johann Baumann.

In der spätern Zeit des Jahrhunderts nehmen die architektonischen Lehrbücher überwiegend den Charakter eines ausschweifenden Barockstils an. Immer aber wissen die Herausgeber sich dabei viel mit der Lehre Vitruvs zu beschäftigen, welche sie noch in ihren tollsten Phantasiegebilden treu zu befolgen glauben. Derart ist die Architektura des „vitruvianischen Architekten Rutger Kässmann, Bildhawer und Schreiner.“ In ein vollständiges System wird aber die tolle Willkür der Zeit durch das „Schweiff büchlein“ Gabriel Kramers gebracht. Das Werk ist ein Kompendium barocker Detailformen; trotz alledem ist aber doch Methode in diesem Wahnsinn, da alle diese Ausgeburten der Phantastik streng nach den verschiedenen Säulenordnungen durchgeführt sind, so dass für jede derselben eine bestimmte Art der Verschnörkelung zum Gesetz erhoben wird. Massvoller ist eine andere Sammlung, welche durch Georgen Haasen, Hoftischler und Bürger in Wien, 1583 herausgegeben wurde. Alle Zeitgenossen übertrifft aber an Üppigkeit der Erfindung und barockem Schwulst der Strassburger Baumeister und Maler Wendel Dietterlein in seinem Werk: „Architektura und Austeilung der fünf Seuln.“ Am ungebundensten bewegt sich seine Phantasie in den Pilasterhermen, welche er jeder Säulenordnung beigiebt. Bei der toskanischen, die er einem groben Bauern vergleicht, zeigt der Pilaster wirklich die Gestalt eines solchen. Ein andermal verwendet er einen feisten Koch als Atlanten, auf dem Kopf zwei Schüsseln, am Gürtel zwei Bündel Schnepfen und ein Küchenmesser, in der Hand einen Schöpflöffel. Praktische Nachfolge haben diese Dinge glücklicherweise nur an Altären und Epitaphien gefunden, der Profanbau hielt sich im allgemeinen rein davon, während die Kirche das tollste Zeug nicht verschmähte.

Die durch solche Schriften gebildeten Architekten gewannen denn auch im Dienst der Fürsten allgemach eine angesehenere Lebensstellung. Über einen derselben, Heinrich Schickhart, sind nähere Berichte auf uns gekommen, welche das Leben und Studium eines damaligen Architekten veranschaulichen und welche in der öffentlichen Bibliothek zu Stuttgart aufbewahrt sind. Wenn er auch zwei Studienreisen nach Italien machte, so geht im ganzen aus seinem Lebensbilde doch hervor, dass die damaligen Baumeister meist auf litterarische Quellen für das Studium der antiken Kunst angewiesen waren. Zugleich aber gaben sich die damaligen Architekten auch alle Mühe, über die gleichzeitig aufgeführten Bauten sich Kenntnis zu verschaffen und kopierten einzelne Teile derselben in eigenen Entwürfen oft ganz genau. Nach Lübke, Geschichte der deutschen Renaissance, Allg. Teil. A. H.

Renner ist der Name eines ausgedehnten deutschen Lehrgedichtes des Hugo von Trimberg aus dem Würzburgischen, 1260—1309 Schulmeister am Collegiatstift an der Theurstadt vor Bamberg. Das über 24000 Verse starke Gedicht entbehrt eines festen Planes und ist mehr eine allgemeine Strafpredigt, aber lebhaft geschrieben und durch eingestreute Fabeln und Erzählungen belebt. Es war neben dem Freidank das geachtetste Lehrgedicht des Mittelalters und wurde in einer Erneuerung schon 1549 gedruckt. Neue Ausg. Bamberg 1833. Renner heisst es, weil es durch alle Lande zu rennen sich vorgenommen hat.

Richtsteig Landrechts und Richtsteig Lehnrechts sind die Namen systematischer Werke über den Prozess, aus dem Sachsenspiegel gezogen, um dessen Anwendung zu erleichtern. Verfasser des Richtsteig Landrechts ist Johann von Buch, der auch die erste Glosse zum Landrecht verfasst hat (siehe Sachsenspiegel). Namentlich dieser Richtsteig war sehr verbreitet und wurde im 15. und 16. Jahrhundert öfters mit dem sächsischen Landrecht zusammen herausgegeben, zuerst Basel 1474; die vorzüglichste Ausgabe von *Homeyer*, Berlin 1857.

Ring. *Armringe, Baugen*, ahd. und mhd. *bouc*, werden in den ältesten Dichtungen sehr oft erwähnt und sind eines der zahlreichsten Gräberfundstücke; sie dienen nicht bloss als Schmuck, sondern sie vertreten zugleich das gemünzte Geld (siehe den Art. *Münzen*); Baugenverteiler und Baugenbrecher sind Ehrennamen des Königs; in den Schatzkammern der Könige lag das edle Metall in Ringform aufgehäuft. Die Stoffe waren Erz und Gold, Eisen und Silber, auch Glas. Die häufigsten Formen sind die halb- oder ganzrunden geschlossenen oder halboffenen eigentlichen Baugen und die spiralischen Drahtringe. In höfischer Zeit kamen die Armringe der Männer ausser Mode und blieben fortan bloss ein Schmuck für das weibliche Geschlecht. *Fingerringe* finden sich oft; sie heissen mhd. *fingerlîn.* Sie zeigen in alter Zeit die einfache Reifform oder die spiralförmige, in merovingischer Zeit häufig die des römischen Siegelrings; die Platte ist mit barbarischen Ornamenten, Kreuzen, Inschriften und Nachbildungen römischer Münzen geschmückt. Durch edle Steine erhielten die Ringe nach dem Glauben des Mittelalters Wunderkraft. Der Stoff war Gold, Silber, Kupfermischung, Zinn und Glas. *Halsringe* oder Halsbaugen waren Nachbildungen römischer und gallischer Sitte. *Ohrringe* aus Bronce- oder Silberdraht werden in den heidnischen Gräbern ebenfalls viel gefunden, werden auch in der höfischen Periode mit den Armspangen häufig als beliebter Frauenschmuck genannt. Sie bestehen zuweilen aus mehreren ineinander geflochtenen Drähten.

Als Zeichen der Verlobung stammt der Ring aus den romanischen Ländern, wo er Fortsetzung des römischen Heiratringes war. Einen Ringwechsel des Brautpaares kennt daher das frühere Mittelalter nicht, sondern nur der Bräutigam übergiebt einen Ring der Braut. Er verbreitete sich durch Hilfe der Kirche. Siehe *Weinhold,* deutsche Frauen.

Die *Siegelringe* wurden wohl weniger an dem Finger getragen, als unter den Amtsinsignien mitgeführt. Die eigentlichen *Pontifikalringe*, die einen wesentlichen Bestandteil der Weih- und Krönungsinsignien ausmachten, wurden seit dem 9. Jahrhundert vorschriftsgemäss am Ringfinger der rechten Hand getragen, früher am Zeigefinger. Der Ring ist auch hier Ehering, das Zeichen der geistigen Vermählung des Bischofs mit seiner Diözese, des Königs mit seinem Lande. Vom 13. Jahrhundert an wurden namentlich die Bischofsringe immer reicher mit Edelsteinen ausgeschmückt, sodass deren obere Fläche sich oft turmartig erhöhte und das Tragen — namentlich im 15. und 16. Jahrhundert — schwierig wurde. Ringe dieser Art wurden über dem Handschuh an den Finger gesteckt.

Rise, siehe Kopfbedeckung.

Rittergesellschaften sind als Mittel, den niedern Adel durch korporative Verfassung den zahlreichen andern Korporationen gegenüber zu halten, im 14. Jahrhundert entstanden, nachdem die französische Ritterschaft mit ähnlichen freien Eidgenossenschaften im 13. Jahrhundert vorausgegangen war. In der zweiten Hälfte des 14. Jahrhunderts spielen sie eine entscheidende Rolle in allen Kriegen und Fehden. Die wichtigsten darunter sind seit 1332 die *Wetterauische Gesellschaft*, die Gesellschaft vom *Stern* 1371, in Sachsen, Thüringen und dem Oberrhein; 1375 die Gesellschaft *von der alten Minne* in derselben Gegend, 1378 vom *Horn* in Oberhessen, vom *Falken* in Hessen und Westfalen circa 1380, fortgesetzt von dem 1391 gestifteten *Bengelarbunde;* die Gesellschaft *mit der Sichel* 1391 ebenfalls in Hessen, dito die *Buchner* 1397 und die Gesellschaft vom *Luchs.* In Franken entstand 1355 die Gesellschaft der *Fürspänger*, 1379 die mit dem *Greifen*, in Thüringen 1410 eine vom *Einhorn.* Von Schwaben und Bayern gingen Gesellschaften von ausgeprägt politischer Tendenz und grossem Einfluss aus, welche die Grundlage der spätern reichsfreien Ritterschaft wurden: neben den *Martinsvögeln* (1367) die Gesellschaft vom *Schwert* (1370), die von der *Krone* und die mit den *Wölfen* (1372); die Gesellschaft von *St. Georg* und *St. Wilhelm* (beide 1379), und in demselben Jahre die Gesellschaft vom *Löwen,* die sich bis in die Niederlande, den Thüringer Wald und in die Bayerischen Alpen erstreckte u. Herren u. Städte aufnahm. Als dieser Adelsbund sich mit den Gesellschaften von St. Georg und St. Wilhelm vereinigte und alle drei der grossen Einigung von Herren und Städten von 1382 beitraten, schien es, als sollten die Gesellschaften der Ritter einen festen Platz in der Ordnung des Reiches erhalten. Doch scheiterten die Versuche der Reichseinung, und die Ritterbünde nahmen wieder einen mehr partikulären Charakter an. Es traten auf 1392 die Gesellschaft von *St. Georgenschild* und die schon 1367 aufgehobenen, 1394—1396 aber erneuten *Schlegeler*. Wo, wie im Norden und Osten Deutschlands, die Landeshoheit schon stärker entwickelt war, mussten die Ritterbünde ihre politischen Absichten teilweise hinter dem Schein eines lediglich geselligen Vereines verbergen, wie die *Geckengesellschaft* in Kleve (1381), oder sie kamen von Anfang an unter höfischen Einfluss, wie die grosse Rittereinung vom *Drachen* in Österreich, Steiermark und Ungarn, an deren Spitze der Herzog von Österreich und der König von Ungarn standen. In den Donaulanden erhoben sich um 1408 die Gesellschaften vom *Hirsch* und vom *Rüden*, im Kulmer Land 1397 die Gesellschaft von der *Eidechse*, in der Mark die *Stellmeiser*, in Tirol der *Elefantenbund*. Die letzte derartige Gesellschaft war die 1489 gegen den Herzog von Bayern gestiftete Bayerische Gesellschaft vom *Löwen*. Von den ältern Gesellschaften dauerte nur die schwäbische Gesellschaft von *St. Georgenschild* als ein selbständiger politischer Verein fort, absorbierte seit 1450 die Rechte der übrigen Gesellschaften, nahm überhaupt alle Elemente des niedern Adels, welche sich der Landsässigkeit zu erwehren vermocht hatten, in sich auf und veranlasste schliesslich die korporative Verfassung der *Reichsritterschaft*.

Die Grundlage dieser ritterlichen Einungen ist einzig und allein der durch einen Eidschwur bekräftigte freie Wille der Verbundenen. Ihrer Organisation nach lehnen sie sich teils an die Städtebünde, teils an die geistlichen Ritterorden. Hauptzweck war in der Regel Friede unter den Genossen, Herstellung eines geordneten Rechts und gemeinschaftliche Verteidigung der Interessen der Glieder. Dazu kam häufig gegenseitige Unterstützung in Notfällen, gesellige Gemeinschaft, religiöse Verbrüderung u. dgl. Äusserlich pflegte zum Zeichen der innigen Verbindung eine gemeinsame Kleidung oder doch ein besonderes Erkennungszeichen bestimmt zu werden, und zwar wurde ein goldenes Zeichen für die Ritter und ein silbernes für die Edelknechte unterschieden. Ein oder mehrere Mal im Jahre wurde die Versammlung aller vollberechtigten Gesellen (das Kapitel) abgehalten. Die Vorstände hiessen Hauptleute, auch Könige, Marschälle, Oberste, Gekorene über die Einung. In allen Beziehungen trat die Gesellschaft als Einheit auf, schloss Verträge, Bündnisse und Vergleiche, erklärte Fehden, fällte Schiedssprüche und verhandelte mit Kaiser und Fürsten.

Ausläufer dieser politischen Rittergesellschaften sind mannigfache *gesellige Vereine*, namentlich die in der zweiten Hälfte des 15. Jahrhunderts mit dem Versuch der Neubelebung der längst verschollenen Turniere zahlreich emporwachsender *Turniergesellschaften*, welche eine bestimmte Anzahl von Ahnen für die Aufnahme forderten, ein Gesellschaftszeichen trugen und bei den Waffenspielen fest zusammenhielten; solche Gesellschaften sind diejenigen des *Esels*, mit dem *Drachen*, des *Fisches*, des *Falken*, der *Krone*, des *Wolfes* in Schwaben; der *Spange*, des *Einhorns*, des *Bären* in Franken; des *gelben Hundes* und des *gekrönten Steinbocks* am Rhein. Später kommen auch adelige Mässigkeitsvereine, Adelsgesellschaften gegen das Fluchen und Zutrinken u. a. vor.

Endlich gingen die Adelsinnungen dadurch in *fürstliche Ritterorden* über, dass die Fürsten, indem sie sich selbst an die Spitze von Gesellschaften stellten, das gegen sie entstandene Institut zu ihrem Vorteil wandten. Teils mit andern Fürsten gemeinsam, teils ausschliesslich unter ihrem Adel stifteten sie seit dem

14. Jahrhundert Gesellschaften mit geselligen, religiösen und sozialen Tendenzen, in welche man nur unter gewissen Bedingungen der Geburt, später auch des Verdienstes aufgenommen werden konnte. Das Erkennungszeichen wurde zum Ehrenzeichen, die Aufnahme ging ausschliesslich oder doch vornehmlich auf den Landesherrn über.. Solche Gesellschaften sind z. B. die 1398 von den Grafen von der Mark und Kleve gestiftete Brüderschaft von den *Rosskämmen*, die „freundliche fröhliche Gesellschaft vom *Rosenkranz*“, zu welcher der Erzbischof von Köln und die Bischöfe von Paderborn und Münster gehörten, die *Einhornsgesellschaft* Balthasars von Thüringen 1407, die Gesellschaft mit dem *Greifen* 1379, die österreichische Gesellschaft mit dem *Zopfe* 1376; die Pragerbrüderschaft mit dem *Reife* und *Hammer* 1382, die freundliche Gesellschaft mit dem *Sittich* in Bayern 1414, der thüringische *Fleglerbund* 1412. Näher den modernen Orden stand schon die Gesellschaft vom *Lindwurm*, welche Kaiser Sigismund 1424 aufthat; mehr noch die nach dem Vorbilde des 1431 von Herzog Philipp von Burgund gestifteten *goldenen Vliesses* errichteten Gesellschaften, wie die vom Kaiser Albrecht 1431 gestiftete Gesellschaft mit dem *Adler*, und die 1440 gegründete Brandenburgische *Schwanengesellschaft* unserer Lieben Frauen Kettenträger, die um 1420 an märkischeEdelleute verliehene schlesische Gesellschaft mit dem *Rückenbande*, die 1450 gestiftete österreichische Gesellschaft vom *Salamander*. Nach Gierke, Rechtsgeschichte der deutschen Genossenschaft. §. 46.

Ritterorden, geistliche, sind während der Kreuzzüge im gelobten Lande ursprünglich von französischen Rittern ausgegangen und waren dazu bestimmt, die Regel des weltlichen Rittertums mit derjenigen des Mönchstums zu verbinden; anfangs ohne Zweifel sehr persönlichen Stimmungen einzelner Individuen ihr Leben verdankend, haben sie sich, durch den Geist der Zeit getragen und aus ihm entsprungen, mit der Zeit zu einflussreichen Institutionen des Staates und der Kirche herangebildet.

1. *Tempelherrn, Templer, Fratres militiae templi, milites sive equites Templarii*, hiessen die sieben Ritter, welche zuerst 1119, zwanzig Jahre nach der Eroberung Jerusalems und der Gründung des Königreichs Jerusalem, unter der Leitung von *Hugo von Payens* und *Gottfried von Omer* zusammentraten und in die Hand der Patriarchen von Jerusalem die Gelübde der Keuschheit, der Armut und des Gehorsams ablegten; damit verbanden sie den Schwur, Strassen zu schützen, Wallbrüder zu den heiligen Stätten zu geleiten und gegen Überfall zu verteidigen und zur Beschirmung des gelobten Landes wider die Ungläubigen ritterlich ihr Leben dran zu setzen. Den Namen erhielten sie von dem ihnen vom König eingeräumten, an die Morgenseite des salomonischen Tempels anstossenden Palaste. Anfänglich lebten sie in wirklicher Dürftigkeit, ihren heiligen Pflichten nachkommend; nach neun Jahren erst nahmen sie auf des Königs Vorschlag neue Mitglieder an; *Bernhard von Clairveaux*, derselbe, der dem Cisterzienser-Orden so zugethan war, nahm sich der Templer warm an, schrieb auch eine eigene Schrift für sie: *de laude Militiae ad Milites Templi;* worauf Papst Honorius auf der Kirchenversammlung zu Troyes 1129 den Orden bestätigte und den Brüdern als Ordenskleid einen weissen Mantel bewilligte, dem später Eugen III. ein einfaches rotes Kreuz auf demselben hinzufügte. Auch die Regel des neuen Ordens ist ohne Zweifel Abt Bernhards Werk; ihr liegt die Regel des heiligen Benedikt zu

Grunde. Jeder Bruder kommt Tag und Nacht seinem Gelübde nach; das zehnte Brot soll den Armen übergeben werden; die Kleidung der Brüder soll stets von Einer Farbe sein; die Diener tragen sie schwarz. Haare und Bart übermässig wachsen zu lassen ist nicht erlaubt, ebensowenig die Kleider zu schmücken oder am Reitzeuge Gold und Silber zu tragen. Jeder Templer darf bloss drei Pferde halten und nur einen Diener. Alle Bedürfnisse giebt der Orden; dem Meister ist strenger Gehorsam zu leisten, auch in Kleinigkeiten; die Jagd mit Falken ist dem Templer untersagt, nur Löwen zu jagen ist seiner würdig. Verheiratete Brüder sind gestattet, doch dürfen sie das weisse Kleid nicht tragen. Die Küsse eines Weibes, selbst der Mutter, Tante oder Schwester, sind zu meiden, und dergleichen. Von der Kirchenversammlung zu Troyes reiste *Hugo von Payens*, nachdem er in der Würde als Grossmeister bestätigt worden war, zur Aufnahme seines Ordens an den Höfen umher, warb überall neue Mitglieder und nahm zu Handen des Ordens reiche Güter und Ländereien als Geschenk entgegen; dies geschah namentlich in England, aber auch in Deutschland, den Niederlanden, Spanien und Portugal; mit 300 Rittern kehrte er ins heilige Land zurück. Um das kriegerische Leben, das in der ersten Regel nur wenig berücksichtigt war, besser zu ordnen, wurden allmählich genauere Ordens-Statuten aufgestellt, die zwischen 1227 bis 1266 gesammelt und in provenzalischer Sprache abgefasst wurden.

Diesen Statuten gemäss bildeten den Kern des Tempelordens die *Ritter*, deren Aufnahme mit feierlichen Zeremonien verbunden war; sie mussten adeligen Standes sein. Ihnen standen aus bürgerlichem Stande die *dienenden* Brüder zur Seite *(fratres servientes)*, die wiederum in die *Waffenbrüder (armigeri)* und die *Handwerksbrüder (famuli)* zerfielen. Jene bildeten eigene Scharen im Kriege und hatten gewisse Ehrenrechte mit den Rittern gemeinsam; diese betrieben die Gewerbe und hauswirtschaftlichen Geschäfte des Ordens; in der Folge schlossen sich auch weltliche Personen dem Orden als *Affilierte* an. Seitdem sich die Templer von der Gerichtsbarkeit der Patriarchen zu Jerusalem befreit hatten, erhielten sie eigene, ebenfalls adelige Geistliche und Kaplane, welche unmittelbar unter dem Papste standen. Oberhaupt des Ordens war der *Grossmeister*, mit fürstlichem Rang; ihm zur Seite stand das *Generalkapitel* oder, da dieses nur selten zusammen kommen konnte, der Konvent zu Jerusalem. Die übrigen Ordensoberen waren der *Grosskomtur* oder *Grossprior*, der *Seneschall*, der *Marschall*, der dem Kriegswesen vorstand, der *Grosspräceptor* oder Komtur des Königreichs Jerusalem, der *Drapier*, der über die Kleider verfügte, der *Turkopolier*, Befehlshaber der leichten Reiterei, und die *Generalvisitatoren*. Eine ähnliche Ordnung bestand in den Provinzen.

Der Orden nahm nun gewaltig zu; er erhielt von den Päpsten ausserordentliche Freiheiten und Begünstigungen, wie Zehntenfreiheit von seinen Gütern; Eroberungen und Vermächtnisse vermehrten seinen Reichtum; 150 Jahre nach seiner Gründung zählte er gegen 20000 Ritter und besass 9000 *Komtureien* (mhd. *kommentier*, *commendur* aus mittellat. *commendator*, zu *commendare* = befehlen), *Balleien* (aus mittellat. *balius*, *bajulus* = Träger, Geschäftsträger, Vorwand) und aus *Prioritäten*, deren jährliche Einkünfte gegen 54 Millionen Franken betrugen; die bekannten Provinzen des Ordens sind im Morgenlande Jerusalem, Tripolis, Antiochien und Cypern; im Abendlande Portugal, Castilien und Leon, Aragonien, Frankreich und Auvergne, Aquitanien und Poitou, Provence, England, Deutschland, Ober- und Mittelitalien, Apulien und Sicilien. Anfangs war Jerusalem der Hauptsitz, später Cypern, zuletzt Frankreich. Hier erhob sich im Beginne des 14. Jahrhunderts ein abscheuliches Gericht über den Orden, dem er bald gänzlich zum Opfer fiel. Die Ursachen der Feindschaft gegen sie waren zum Teil wirkliche Ausartungen, die Anklage, dass sie in treulosem Einverständnis mit den Saracenen gestanden hätten und der schlimme Ausgang der Kreuzzüge ihnen am meisten zur Last falle; die Eifersucht der Johanniter; die Abneigung der Bischöfe und Weltgeistlichen, von deren Gericht der Orden gänzlich emanzipiert worden war; am meisten aber die von den Reichtümern des Ordens gereizte Habsucht des Königs Philipps IV. und die Schwäche des Papstes Clemens V. Im Jahre 1306 erfolgte durch königlichen Befehl die gleichzeitige Verhaftung aller in Frankreich lebenden Tempelritter, und Einziehung ihrer Güter. Die Anklagepunkte waren vornehmlich auf die Verleugnung Christi, die Verehrung des Götzenbildes Baffomet und auf unnatürliche Wollust gerichtet; ausserdem sollten sie das Kreuz bespeien, mit dem Teufel im Bunde stehen, einen schwarzen Kater anbeten und küssen, Kinder opfern und dergleichen. An der Spitze der königlichen Untersuchungskommission stand der Dominikaner Wilhelm. Die Untersuchung wurde höchst grausam und willkürlich geführt; viele standhafte Ritter erlitten den Feuertod. Im Jahre 1312 erklärte der Papst den Orden für aufgehoben, indem er die Personen und die Güter des Ordens seiner und der Kirche Verfügung vorbehielt; die letztern sollten dem Johanniterorden zufallen. Trotzdem eignete sich Philipp IV. ungeheure Schätze zu; in andern Ländern wurden die Güter der Krone zu teil, oder dem Johanniterorden, oder, wie in Aragonien und Portugal, einheimischen Ritterorden. Vgl. *Havemann*, Geschichte des Ausgangs des Tempelherrenordens, Stuttgart 1846. — *Prutz*, Kulturgeschichte der Kreuzzüge. Berlin 1883. S. 274—310.

2. Der *Johanniterorden*, auch *Rhodiser* und *Maltheserritter* genannt, *Johannitae*, *Fratres hospitales St. Johannis*, *Milites hospitales St. Johannis Hierosolymitani*, *Hospitalarii*. Die Stiftung dieses Ordens knüpft sich an dasjenige der zahlreichen, zu Jerusalem schon vor den Kreuzzügen zur Aufnahme der Pilger gestifteten Hospitäler, welches dem heiligen Johannes von Alexandrien geweiht war. Den Bewohnern dieses Gotteshauses, welche sich der Regel des heiligen Benedikt unterworfen hatten, stand zur Zeit der Eroberung Jerusalems der Provençale Gerhard als Prokurator vor. Bald nach diesem Ereignisse gaben sich die Hospitäler von St. Johann, ohne sich ihrer ursprünglichen Aufgabe, der Pflege von Armen und Kranken, zu entfremden, eine eigene Regel, deren Befolgung sie dem Patriarchen gelobten. Ein schwarzes mit einem weissen Kreuze auf der Brust geziertes Gewand zeichnete die Brüder aus. Gleichzeitig mit der neuen Regel (1113) erwarb sich der Orden durch Papst Paschalis II. die Befreiung von dem an den Patriarchen zu entrichtenden Zehnten und das Recht, sich seine Vorsteher selbständig zu wählen. Der erste derselben war Gerhard, dessen Nachfolger seit 1118 Raymund du Puy, unter dem erst durch eine Anzahl neuer Regeln der Orden eine festere Gestaltung gewann. Es wurde nämlich zu den Klostergelübden die Verpflichtung gefügt, gegen die Ungläubigen zu kämpfen; zu dem Ende war die ganze Gesellschaft

in die drei Klassen der Ritter, Priester oder Kapellane (Gehorsamsbrüder) und dienenden Brüder geteilt, von denen die erste für den Krieg, die zweite für den geistlichen Dienst, die dritte für die Pflege der Wallfahrer bestimmt war. Die kriegerische Thätigkeit des Ordens war es vornehmlich, die ihm schnell die Gunst des Papstes und der weltlichen Fürsten verschafften; doch artete infolge der ungeheuren Reichtümer auch diese Gesellschaft schon früh aus. Nach dem Verluste Jerusalems verlegte der Orden seinen Sitz zuerst nach Ptolemais, dann nach Limisso auf Cypern, von wo aus er sich 1309 der Insel Rhodus bemächtigte; nach langen Belagerungen eroberten 1522 die Türken die Insel Rhodus, worauf sich die Johanniter bald da bald dort aufhielten, in Candia, Sizilien, Rom, bis Carl.V. ihnen 1530 die Inseln Malta, Gozzo und Comino mit Tripolis unter der Bedingung zu Lehen gab, dass sie die Türken und Seeräuber bekämpften, Tripolis beschützten u. a. Nachdem schon die Reformation dem Orden grosse Verluste gebracht, erlag er der Revolution gänzlich.

Zur Zeit seiner Blüte bestand der Orden aus sieben Nationen oder Zungen, welche Abgeordnete zum Kapitel schickten: 1) Die Provence mit dem Grosskomtur des Ordens, als Präsidenten des Schatzes; 2) Auvergne mit dem die Landtruppen befehligenden Ordensmarschall; 3) Frankreich mit dem Grosshospitalmeister; 4) Italien mit dem Admiral oder General der Galeeren; 5) Aragonien, Navarra und Katalonien mit dem Grosskonservator; 6) Deutschland mit dem Grossbailli; 7) Kastilien und Portugal mit dem Grosskanzler; 8) England mit dem Turko-Polier, dem Kommandanten der Wachen und der Reiterei. Jede Zunge zerfiel wieder in Prioreien, Balleien und Komtureien. Die höchste Ordenswürde war die des Grossmeisters des heiligen Hospitals zu Jerusalem und Guardian der Armen Jesu Christi: er wurde aus dem Kapitel gewählt, das sich aus den Abgeordneten jeder Zunge konstituierte. Die Aufnahme der von vier Gliedern väterlicher- und mütterlicherseits adeligen Mitglieder konnte mit dem 16. Jahre erfolgen, mit dem 17. begann das Noviziat, mit dem 18. wurden die Gelübde abgelegt. Das Ordenswappen bestand in einem silbernen achteckigen Kreuze in rotem Felde, mit einer von einem Rosenkranze umgebenen Krone, unten mit einem kleinen Maltheserkreuze und der Unterschrift *Pro fide.* Die Ritter trugen im Frieden einen langen schwarzen Mantel, auf demselben und auf der Brust das weisse achteckige Kreuz; im Kriege sollte die Ordenstracht in einem weissen Waffenrocke mit einem einfachen Kreuze auf der Brust und auf dem Rücken bestehen. Neudecker in Herzogs Real-Encykl. — *Prutz,* Kulturgeschichte der Kreuzzüge, 233—255.

3) *Deutschorden.* Als bei Anlass der Belagerung von Akkon viele deutsche Pilgrime in dem durch Seuchen und Hungersnot heimgesuchten Lager hinstarben, schlugen einige Bremer und Lübecker Bürger, die unter der Führung des Grafen Adolf von Holstein ins gelobte Land gesegelt waren, vermittelst ihrer Schiffsegel Zelte zur Pflege jener Pilger auf; mit ihnen verbanden sich um 1190 Brüder des deutschen Hospitals zu Jerusalem. Anwesende Fürsten und namentlich der junge Herzog Friedrich von Schwaben fassten darauf den Entschluss, dieses Institut zu einem Ritterorden nach dem Vorbilde der Johanniter und Templer zu gestalten; die beiden Meister dieser Orden entwarfen nun gemeinsam mit dem Patriarchen und

anderen hohen Geistlichen eine neue Regel, so zwar, dass man die Gesetze für die ritterliche Thätigkeit von dem Tempelorden, die Pflege christlicher Mildthätigkeit aber von den Johannitern entlehnte. Die neue Gemeinschaft hiess „Orden des deutschen Hauses unserer lieben Frau zu Jerusalem“ und erhielt 1191 die Bestätigung des Papstes Clemens III. Das Ordenskleid der Ritter wurde ein weisses Gewand mit einem schwarzen Kreuze; der erste Hochmeister war Heinrich Walpott von Bassenheim in den Rheinlanden. Die Brüder zerfielen in zwei Klassen, in Ritter und Krankenpfleger; die Priester, die den Gottesdienst zu besorgen hatten, wurden erst später dem Orden als eigentliche Mitglieder eingeordnet. Die erste bedeutende Schenkung kam dem Orden durch Kaiser Heinrich VI. zu, ein Cistercienserkloster zu Palermo, dessen Besitzer wegen widerspenstigen Benehmens vertrieben worden waren. Schnelleren Aufschwung nahm aber der Orden erst seit 1210, unter dem Hochmeister Hermann von Salza, der seiner grossen Verdienste wegen für sich und seine Amtsnachfolger zur Reichsfürstenwürde erhoben wurde und die Erlaubnis erhielt, auf seinem Schilde und in seiner Ordensfahne den schwarzen Adler zu führen.

Das folgenreichste Ereignis für die Zukunft des Ordens war seine Berufung nach Preussen. Der Bischof Christian von Kulmerland und der Herzog Konrad von Masovien, ausser stande, sich der beständigen Einfälle und Verheerungen der heidnischen Preussen zu erwehren, kamen nach Besprechung mit den masovischen Grossen überein, dem Hochmeister des Deutschordens, der damals in Venedig residierte, eine Schenkung des Kulmerlandes und eines anderen Gebietes an der Grenze Preussens anzubieten, wenn er sich entschliesse, einen Teil seiner Ordensritter herbeizusenden. Nachdem Kaiser Friedrich II. dem Hochmeister Vollmacht erteilt, mit der ganzen Macht seines Ordens in Preussen einzudringen und zugleich bewilligt hatte, dass der Orden sowohl das verheissene und das sonst noch an ihn zu verleihende, als das sonst zu erwerbende Land frei, ohne Dienstlast und Steuerpflicht besetzen sollte, schickte Hermann von Salza eine Schar Ordensbrüder unter Anführung des Deutschmeisters Hermann Balk und des Marschalls Dietrich von Bernheim nach Preussen ab. Das Land wurde eingenommen, Burgen und Städte gegründet, auch vereinigte sich der Orden mit den schon früher bestandenen Orden *der Dobriner Ritterbrüder* und dem *Ritterorden der Schwertbrüder* in *Livland.* Die ersten Beamten waren ausser dem auf Lebensdauer gewählten Hochmeister der Grosskomtur, der Oberst-Spittler, der Oberst-Trapier, der Tressler oder Schatzmeister; die Residenz des Hochmeisters und seiner Würdenträger war Akkon, wo auch das Generalkapitel gehalten wurde. Für die einzelnen Länder wurden Stellvertreter ernannt; der Statthalter von Deutschland hiess Deutschmeister, der von Livland Heermeister, der von Preussen Landmeister. Den einzelnen Bezirken, deren es in Deutschland elf gab, standen Komture vor, neben welchen es in Preussen Ordensvögte gab. Seit 1309 war der Sitz des Hochmeisters in Marienburg. Das 14. Jahrhundert war die Blütezeit des Ordens; den ersten schweren Stoss erlitt er, als in der Schlacht bei Tannenberg 1410 die Blüte des Ordens von dem vereinigten polnisch-litauischen Heere vernichtet wurde; durch den Frieden von Thorn, 1466, geriet das Ordensland in polnische Lehensabhängigkeit, das Kulmer Land, Elbing und Marienburg gingen ganz verloren. Der Ordensstaat war in völliger Auflösung begriffen, als auf den Rat Luthers der Hochmeister Markgraf *Albrecht von Brandenburg* die Säkularisation des Ordensstaates und die Einführung der Reformation ins Werk setzte. Die in Deutschland befindlichen Reste des Ordens wählten einen neuen Hofmeister, der seinen Sitz zu Mergentheim nahm. *Klüpfel* in Herzogs Real-Encyklopädie. — *Voigt*, Geschichte des deutschen Ritterordens, 2 Bände. Berlin 1857—59. *Prutz*, in dem angeführten Werke, S. 255—264.

Ausser den genannten Ritterorden entstanden zu derselben Zeit noch zahlreiche andere, die mehr oder minder grosse Bedeutung gewannen. Dazu gehören u. a. der *Orden von St. Jago*, um 1170 in Spanien zur Vertilgung der Mauren und zur Beschützung der Jakobsfahrer gegründet; der *Calatrava-Orden*, von der kastilischen Stadt Calatrava benannt, um 1158 gegen die Sarazenen gestiftet; der *Orden von Alkantara*, um 1156 gestiftet; er besass die Regel der Cistercienser und widmete sich namentlich der Krankenpflege und dem Schutz der Kirche und der Pilger.

Ritterorden, weltliche. Nach dem Vorbilde der geistlichen Ritterorden entstanden seit dem Ende des 12. Jahrhunderts Rittergesellschaften weltlicher Natur, Brüderschaften oder Bünde, die je nach Ermessen geistliche oder weltliche Geschäfte verbanden. Von Anfang an vorzugsweise von Fürsten und dem höchsten Adel gegründet, ging das Recht ihrer Stiftung früh einseitig auf die Herrscher über, die sich dieser Stiftungen für ihre dynastischen Zwecke bedienten. Zu den frühesten Orden dieser Art gehört der 1190 vom Dänenkönig Kanut IV. begründete *Elefantenorden*, und der 1219 ebenfalls in Dänemark vom König Waldemar II. gestiftete *Orden vom Danebrog*. In die rechte Blüte als einer zum weltlichen Fürstenstaat gehörenden Institution kamen diese Orden nicht vor dem 14. Jahrhundert, wo ihr Zweck Verherrlichung des Hofes, Auszeichnung und Heranziehung der geeignetsten Persönlichkeiten in Hof-, Kriegs- und Staatsdienst wurde. Diese Richtung ist vorhanden in dem von Philipp von Burgund 1430 gestifteten *Orden vom goldenen Vliesse*, im englischen *Hosenbandorden* (1454), im französischen *Orden des heiligen Michael* (1469) und vom *heil. Geist* (1578); desgleichen in dem des *heil. Ludwig* (1693).

Rittertum. Die Entstehung des Ritterstandes liegt in der zunehmenden Bedeutung des Rossedienstes; indem sich ausserhalb der durch das Geburtsrecht bedingten Ständeunterschiede die Art des Kriegsdienstes in den Vordergrund drängte, ergab sich ein Band, das namentlich die bis jetzt getrennten Stände des hohen Adels und der Ministerialen unter einer neuen Einheit vereinigte; der lateinische Name ist *miles*, aus dem deutschen Wort *rîter* zweigt sich das Wort *ritter* ab. Man findet auf deutschem Boden diese Namen zuerst in Lothringen, das sich in seiner Entwicklung dem benachbarten Frankreich anschloss, in königlichen Urkunden zuerst unter Lothar, 1125 bis 1137. Im Verlauf des 12. Jahrhunderts bildete sich die Ansicht immer fester aus, wonach alle zum Ritterdienst berechtigten und verpflichteten Personen als eine geschlossene Gesellschaft, das *schildes ampt*, *ordo militaris, equestris*, vereinigt gedacht wurden. Sie bildeten einen eigenen Stand, dessen Erhaltung namentlich auf der standesmässigen *Erziehung* der Söhne beruhte. Freie eheliche Geburt und Wahl der kriegerischen Lebensart waren die Vorbedingungen, um diesem Stande anzugehören; sonst konnte jeder, er mochte Fürst oder Dienstmann sein, Ritter werden; dennoch bildete sich auch dieser seiner Natur nach auf der Persönlichkeit der Einzelnen beruhende Stand dem Geiste der Zeit gemäss früh wieder in einen erblichen Stand, den der *Ritterbürtigen* aus, dem alle diejenigen angehörten, deren Vater und Grossvater Ritter gewesen waren; dem Kaiser blieb dabei die Befugnis, um besonderer Verdienste willen auch Knechte zu Rittern zu machen; doch war das gegen die allgemeine Regel und ungern gesehen. Das Symbol des Rittertums ist das *Schild*, daher der Name *schildes ampt*, das soviel als Ritterdienst bedeutet. Ritter ist in der höfischen Periode der verbreitetste Name für den Angehörigen des höfischen Standes, da er allein alle besondern Abteilungen und Arten desselben umfasst; so heisst es z. B.: *der keiser, die künige, der fürsten schar, grâven, frîen, dienstman, — waz werder rittere hât der plân etc.*

Charakteristisches Zeichen der Ritterwürde ist die *swertleite*, die Umgürtung mit dem Schwert, das Wort *ritterslac* kommt mittelhochdeutsch nur vereinzelt vor; die Zeremonie stammt aus der uralten Wehrhaftmachung der Germanen (siehe den Art. Erziehung) und hatte sich ohne besonderes Aufsehen als Gewohnheit und Recht der Freien bis jetzt erhalten. Die häufigsten Gelegenheiten zur *swertleite* boten die hohen Kirchenfeste, namentlich das Pfingstfest, Verkündigung eines Friedens, Reichstage, Krönungsfeste, Vermählungen und dergleichen, sodann benutzte man mit Vorliebe den Moment vor oder nach einer Schlacht oder sonstigen kriegerischen Begebenheit, den Ausbruch eines Krieges. Zu den Vorrechten der Ritterbürtigen gehörte auch das Recht, die Würde andern zu erteilen, und es kam vor, dass gerade dieses der erste Akt eines Wehrhaftgemachten war; als Philipp, Sohn Philipps des Schönen, an einem Pfingstfest seine drei Söhne zu Rittern gemacht hatte, machten diese jungen Fürsten sofort 400 andre zu Rittern.

Die ritterliche Erziehung dauerte in der Regel bis zum 21. Jahr. Bis zum 7. Jahr blieb der Knabe bei der Mutter; dann kam er an einen fremden Hof oder zu einem fremden Ritter, um sich hier gemeinsam mit andern Knaben in höfischer Sitte unterrichten und üben zu lassen; sein Name ist jetzt *kint*, *juncherre*, *juncherrelîn*. Sein Dienst galt besonders der Dame, an deren Hof er sich befand; er musste sie bei Tisch bedienen, ihre Aufträge und Befehle vollziehen, den Boten machen, sie auf Reisen, auf Spaziergängen und auf der Jagd begleiten, ihres Winkes gewärtig sein; es war die Vorbereitung zum spätern ritterlichen Frauendienst. Daneben wurde er in mancherlei Kenntnissen und Fertigkeiten von „weisen Männern“ unterrichtet, meist Geistlichen oder fahrenden Sängern; da standen sie denn wohl unter der Aufsicht eines besondern *zuchtmeisters*. Auch körperliche Übungen u. Künste wurden getrieben: Laufen, Springen, Reiten, Schwimmen, mit Bogen und Armbrust schiessen, Steinwerfen, Schwert, Lanze und Schild handhaben.

Mit dem vierzehnten Jahre wurde das *kint* zum *knappen*, *famulus*, *armiger*, befördert; auch das Wort *knecht* wird etwa gebraucht. Er erhielt jetzt ein Schwert umgehängt und trat in die Dienste des Ritters. Jetzt hatte er für Reinhaltung der Waffen, für die Pferde zu sorgen, den Herrn zur Jagd, zum Turnier, in den Krieg zu begleiten, wobei er des Herrn Lanze trug und das Streitross desselben am Zügel neben sich führte. In der Schlacht blieben die Knappen in unmittelbarer Nähe der ritterlichen Schlachtreihe. Seine Wehr bestand in einer leichten Blechhaube, einem Schild und einem Schwerte; statt eines Streitrosses hatte er einen Klepper. Ehre und Anstand gebot, dass sein Herr, meist der Lehnsherr, ihn zierlich kleidete, in der Regel in den Farben seines Wappens. Am Hof hatte der Knappe die persönliche Bedienung des Herrn, in der Schlafkammer, bei Tische, in Küche und Keller, im Stall, so zwar, dass an grössern Höfen diese verschiedenen Obliegenheiten unter die Knappen unter der Aufsicht der obern Hofbeamten verteilt waren. Überhaupt aber war es in der Blüte des Rittertums dem Herrn daran gelegen, den Knappen nicht bloss körperlich, sondern geistig und sittlich zu einem rechten *vrumen*, d. h. trefflichen Ritter zu machen; daher sich in Prosa und Versen eine eigene Zucht- und Anstandslehre für junge Knappen ausbildete, die namentlich in dem Gedicht „Winsbeke“ erhalten ist.

Mit dem 21. Lebensjahre war die Knappenzeit abgelaufen und durfte die *Schwertleite* erfolgen; andere Namen dafür sind *daz swert nemen*, *swert leiten*, *daz swert geben*; diese zu erwerben war jeder verpflichtet, vom Kaiser bis zum adeligen Dienstmann; doch mussten sie Christen sein und es war gegen die Regel, wenn Richard Löwenherz und Friedrich II. edeln Sarazenen den Ritterschlag erteilten. Ein einheitliches Zeremoniel gab es anfangs nicht; auch bedingten Ort und Zeit wesentliche Änderung; ein Schlag war in ältester Zeit jedenfalls nicht die Hauptsache, sondern die Umgürtung mit dem Schwert. Das französische Ritual war ausgebildeter als das deutsche, und die spätere Zeit gefiel sich um so mehr in Zeremonien, je mehr der thätige Geist des kriegerischen Rittertums gewichen war. Immer ging ein Gottesdienst voraus, wobei der Knappe beichtete und das Abendmahl empfing. Nachdem er dann knieend die Ermahnungen angehört und das Gelübde mit einem Eidschwur abgelegt, empfing er mit der Fläche des Schwertes drei Schläge über die Schulter oder den Rücken, oder einen leisen Schlag an den Hals, zum Zeichen, dass dies nunmehr der letzte sei, den er sich müsse gefallen lassen; später war der Backenstreich die Zeremonie, welche den Edelknaben zum Knappen machte. Sodann wurde ihm mit dem ritterlichen Gürtel das Schwert um den Leib gegürtet und darauf die goldenen Sporen und die einzelnen Stücke der Rüstung nach einander angethan, endlich das Ritterpferd vorgeführt, auf dem er sich sofort in dem nun folgenden Turnier in seiner Würde bewähren konnte.

Das einer belgischen Chronik entnommene berühmte Zeremoniel bei der Ritterweihe des Königs Wilhelm 1207 hat sich als Fälschung herausgestellt. Siehe *Roth v. Schreckenstein* in den Forschungen z. d. G. XXII, 233—247.

Die mit der Schwertleite vollendete ritterliche Erziehung bildete nun die Grundlage des *ritterlichen Geistes*, der *ritterlichen Bildung*, welche die eigentliche Blüte des mittelalterlichen Geistes geworden ist. Der Kern dieses Rittertums ist seiner innern Natur nach ein Ideal, ein Geist, eine Kraft, ein Begriff, der sich im einzelnen Ritter nie vollständig verwirklichen konnte, der aber für die ganze Bildung des Standes von ausserordentlichen Folgen war. Es wird nie gelingen, aus den vorhandenen Regeln des Rittertums das ganze Bild der Erscheinung zu gewinnen; am ehesten ist das aus den von des *Dichters* Auge erschauten Rittergestalten möglich, namentlich aus den Artusgedichten, Tristan und Isolde, Iwein, Parzival. Die *vier Hauptrichtungen der ritterlichen Lebensführung* sind aber preiswürdiger vollkommener *Waffendienst*, *Ehre*, *höfische Zucht* und *Frauendienst*, von welchen die beiden erstern mehr aus der ältern Zeit herübergenommen, aber höfisch ausgebildet, die beiden letztern neu sind.

Des Ritters *Waffendienst* schliesst, was früher nicht der Fall war, jeden andern Lebensberuf als des

Ritters unwürdig aus; er bestellt nicht einmal sein eigenes Hofgut, aus dem er doch herausgewachsen ist; noch viel weniger darf er Handel und Gewerbe treiben. Der Ritter ist geborner Kriegsmann; auf den Waffendienst sind in erster Linie Wohnung, Kleidung, Unterhaltung, Spiel und Erziehung gebaut; so eng ist der Dienst mit dem Wesen des Ritters verflochten, dass dieser kraft seines Standes nicht bloss im ernsten Waffendienst dem Feinde gegenüber zu kämpfen hat, sondern dass er als Ritter verpflichtet ist, immer und überall freiwillig kriegerischen Kampf aufzusuchen und sich daran zu bethätigen; daher ist der Waffenkampf nicht bloss eine tägliche Übung des Ritters auf seinem Hofe, sondern er hat an fremden Höfen, in fremden Ländern, in der Nähe und in der Ferne seinem Beruf nachzugehen, *er suocht fremediu lant.* Überdies hat sich der ritterliche Waffendienst zu einer besondern Kunst und Erscheinung ausgebildet, die im ernsten Kriegskampfe sowohl als im Ritterspiel, in der Form des *tjost, buhurt* und *turnier* ihren eigenen, streng vorgeschriebenen Gesetzen folgt. Siehe die besondern Artikel.

Auch die *Ehre* ist gewiss etwas weit älteres als das Rittertum; sie eignet ihrer Natur nach jedem höher gestellten Wesen, sie eignet Gott, dem König, dem Herrn, dem Freien, und die Deutschen zumal übten von altersher die Ehre des Dienstmannes, welche man *Treue* heisst; ja gerade die *Treue* scheint sich ihm schon sehr früh zu einem Lebensideal gestaltet zu haben, welches wesentlich zur Entwicklung des spätern Begriffes der ritterlichen Ehre beitrug. Doch ist diese mehr als Treue; sie ist der sittliche Inbegriff alles dessen, was ihn der Gesellschaft gegenüber zum Ritter macht, sie ist jetzt ein spezifisch ritterlicher Begriff, der Abglanz des ritterlichen Amtes, kraft welches sowohl die Drittperson, sei sie höfischen Standes oder nicht, ihm, dem Ritter, die ihm gebührende äussere und innere Achtung entgegenzubringen hat, als er selbst zu handeln, zu sprechen, zu empfinden verpflichtet ist. Es giebt wohl auch Regeln der Ehre; doch ist diese nicht bloss äusserlich erkennbar; denn auch sie ist eine Kraft, eine Idee, die im Gemüte wurzelt und von da aus das ganze Leben durchdringen muss. *Weise*, d. h. erfahrene, ältere Männer, sind es, welche der Jugend, der *tumpheit*, zu sagen wissen, was *êre* sei; denn Ehre will Erfahrung. Das Ideal der Ehre konnte sich am allerwenigsten in einem Ritter verwirklichen, die Natur des Menschen trägt auch Unehre an sich. Besonders gefährlich war dieser Begriff für die Wertschätzung des Ritters nach Massgabe seiner geistigen intellektuellen Gaben und seines weltlichen Besitzes; von dem letztern, dem Reichtum, war die Ehre des Ritters unabhängig, ein Umstand, der es allein dem besitzlosen Edeling ermöglichte, in den Kreis der höhern höfischen Gesellschaft einzutreten; aber dieselbe Verachtung des Reichtums verlangte von dem, der ihn besass, stets und überall so zu handeln, als ob es für ihn gleichgültig sei, wie viel und wie oft er zu geben habe; daraus fliesst die ritterliche Tugend der *milte*, der Freigebigkeit, welche eine grosse Schuld am spätern ökonomischen Ruin des Adels auf sich getragen hat. Weniger gefährlich mag der Umstand gewesen sein, dass auch die intellektuelle Wertschätzung ausser dem Begriff der Ehre lag: denn das Lieblingsgebiet des Talentes, die Wissenschaft, lag gänzlich ausser der Sphäre des Rittertums, welches nicht einmal der Schreibekunst bedürftig war: nicht lesen und schreiben zu können, verstösst nicht gegen die Ehre des Ritters, aber Narrheiten,

Sünden gegen die Vernunft zu begehen eben auch nicht, und wenn in der Blüte der höfischen Bildung die Ehre stark genug gewesen sein mag, auch hier vermittelnd einzugreifen, schliesslich hat sich doch aus dem höfischen Rittertum ein Don Quixote entwickelt.

Wesentlich *neu* und erst der Bildung des höfischen Lebens angehörend ist die *höfische Zucht*, die *hövescheit*, die *courtoisie*, die man zwar auch unter den Begriff der Ehre unterordnen dürfte. Es ist das Gebahren des Ritters in der höfischen Gesellschaft. Gewiss hatte sich schon lange, namentlich am königlichen Hofe, eine Regel des hofmässigen Benehmens herangebildet, aber zur lebendigen, den ganzen Stand umfassenden Lebensführung ist die höfische Zucht erst jetzt geworden. Auch sie ist ihrem Wesen nach innerlich, geistig, ideal; aber die Gesellschaft bemüht sich, sie leiblich ins Leben einzuführen. Zucht ist das Gefühl für Wohlanständigkeit, sie ist so notwendig, dass sie sogar *Gott* selbst beigelegt wird. Leiblich aber ist sie edle Anständigkeit im Betragen, Geberde, Kleidung; sie bewährt sich besonders beim *Empfange*, beim *Abschied*, in der *Gesellschaft*, namentlich in der aufmerksamen und feinen Bedienung bei *Tafel*. Das schickliche Wort in schicklicher Form bei der Begegnung und in der Unterhaltung zu finden und zu gebrauchen, ist stets ein Beweis der Zucht. Das Lebenselement der *zucht* ist aber das *Mass*, die *mâze*, das gemessene Handeln, die Rücksicht auf die Umstände, die Vermeidung des Zuviel, des Zuwenig, die Bändigung des leidenschaftlichen Benehmens, und doch eine Beweglichkeit, welche die Scheu und die Unbeholfenheit überwindet. Die Forderung höfischer Zucht, die Unterordnung des Mannes unter eine gebotene Gesellschaftsregel giebt dem mittelalterlichen Ritterideal etwas weichliches und weibliches, wie sich auch die Poesie mit Vorliebe der frischen, aufblühenden Jugend zuwendet, wenn noch das Rot und Weiss der Wangen zart erglüht. Selbst die *Kleidung* des Ritters ist nicht ohne weiblichen Zug. Die höfische Sitte verlangt zunächst ein bartloses Gesicht, von welchem bloss hohe fürstliche Personen und würdige Alte Ausnahme machten. Dagegen gestattete man dem Haupthaar mehr Spielraum und liess es in sanften welligen Locken zu beiden Seiten des Gesichtes am stets freigetragenen Halse herabfallen, doch nicht so lang, dass es die Schultern erreichte. Der lange Rock des Ritters ging bis über die Knie, ja selbst bis auf die Füsse herab; er war rings geschlossen, am Oberteile nach dem Wuchse geschnitten und in ziemlicher Enge an den Körper schliessend, während er unten weit die Beine umwallte; auch war er mit einem meist kostbaren Gürtel gegürtet. Um die Schultern legte sich zur Vervollständigung der ritterlichen Kleidung ein weiter wallender Mantel, der auf der Brust durch eine Agraffe gehalten wurde. Die Rüstung legte der Ritter nur an, wenn er sie brauchte; in der Gesellschaft und sogar auf dem Kriegszug Abends in der Herberge trug er die gewöhnliche Kleidung. Die Rüstung bestand aus dem Kettenhemd und ähnlichen aus Ringen geflochtenen Bekleidungen des Kopfes, der Hand und der Beine. Über den Ringen lag lang und weit und flatternd ein prachtvoller Waffenrock der in Farben leuchtete und mit den Zeichen und Bildern des ritterlichen Wappens bedeckt war.

Die höfische Zucht, als eine eigenartige, auf einen hohen Grad von Gefühl für das Edle und Schöne gebaute Lebensführung, die nicht bloss in der Phantasie vorhanden war, obgleich sie hier die höchste

Ausbildung erreicht haben mag, steht nun im engsten Zusammenhang mit dem *Frauendienst*, der das Eigentümlichste ist, was die höfische Bildung hervorgebracht; im Dienste der Frau steht zugleich des Ritters Waffe, Ehre und Zucht. Die Stellung des Weibes war bei den Germanen wie bei allen andern Völkern ursprünglich eine sehr niedrige. Das Weib musste sich mit dem toten Manne verbrennen lassen, der Mann hatte das Recht, es zu verkaufen oder zu verschenken. Nur durch die Gnade des Vaters wurde ihm zu leben erlaubt, durch Geld wurde es von einem Fremden dem Vater abgekauft; auf dem Weibe allein lag die Bestellung von Haus und Feld. Diese ältesten harten Verhältnisse waren nun freilich schon früh, lange bevor das Christentum bei den Germanen herrschend wurde, teils durch das Aufkommen eines milderen Rechtes oder wenigstens einer milderen Gewohnheit, teils durch die Wirkungen religiöser Anschauungen veredelt. Doch blieb das ganze Mittelalter hindurch der Grundsatz, dass die Frau kein eigenes Recht besass; sie stand unter der Vormundschaft und dem Schutze des Mannes, und wenn sich auch im praktischen sowohl als im sittlichen religiösen Leben Anschauungen geltend machten, welche der Stellung der Frau sehr zu gute kamen, dergestalt, dass sie des Mannes Genossin in Freud und Leid war, dem Gesinde gegenüber die *Herrin* des Hauses, so blieb doch ihr Stand ein gedrückter; denn der freie Germane sah ja die Teilnahme an der Volksgemeinde und am öffentlichen Leben als seine erste und oberste Pflicht an, an welcher die Frau keinen Anteil nahm; war sie ja sogar auf dem eigenen Hofe mit ihren Töchtern und Dienerinnen in ein besonderes *Frauengemach* verwiesen. Liebesverhältnisse konnten der Ehe nicht vorausgehen, weil das Gesetz den Werber zum Vater und nicht zur Tochter hinwies. Die Liebe entsprang in dem Busen des Weibes und der Mann nahm sie hin als Anerkennung seiner Tüchtigkeit, die er fordern konnte und die er mit ehelicher Zuneigung belohnte. Hatte der Mann auch Achtung vor der einzelnen Frau, dem *Geschlechte* versagte er eine ihm ebenbürtige Stellung. Die alten Heldensagen der Germanen kennen wohl leidenschaftliche, den Männern sogar überlegene einzelne Heldinnen, aber Lieder der Liebe sind es nie und nimmer gewesen.

Das ändert sich jetzt fast plötzlich, ohne dass man genau sagen könnte warum; wir erkennen bloss, dass eine Veränderung eingetreten ist, zufolge welcher *weibliche Schönheit* an Stelle der männlichen Tüchtigkeit zur Quelle der Liebe gemacht ist. Eine Hauptursache dieser Erscheinung war gewiss die, dass die soziale Ausbildung des Ritterstandes als eines von der nichtritterlichen Welt getrennten von selbst auch die weibliche Bevölkerung des Standes in die Sphäre des abgesonderten Standeslebens zog; die Ehre des Ritters zog die Ehre seines Weibes nach sich. Im Orient that sich für die Kreuzfahrer das Bild eines verfeinerten, ausgebildeten, durch Poesie und Kunst geschmückten Standeslebens auf, worin das Weib eine wesentliche Rolle spielte; die Ausbildung des Marienkultus stellte für den gläubigen Christen ein jungfräuliches Weib in die nächste Nähe Gottes und gab den Jungfrauen und Frauen der Gegenwart ein erwünschtes, durch die Kirche geheiligtes Ideal. Und ein Ideal ist das Weib der höfischen Zeit in erster Linie, sogut wie das ganze Rittertum; wer die höfische Dame kennen lernen will, mag die Dichter der Zeit darum fragen. Aber dieses Ideal war doch auch Wirklichkeit, die höfische

Dame strebte darnach, ihr Vorbild im Lebeu zu erreichen, die Erziehung der Töchter hatte dasselbe Ziel im Auge; das verfeinerte Gefühl für das Anständige, Schickliche, Schöne wirkte in That und Wahrheit, und auch der Frauendienst der Männer wäre doch kaum verständlich, wenn er nicht von einer erhöhten äusseren und inneren Bildung der Frauen getragen wäre. Auch die erhaltenen bildlichen Darstellungen in den Miniaturen lassen trotz ihrer künstlerischen Unbeholfenheit auf die Weichheit, die Natürlichkeit, die Anmut der weiblichen Bewegungen unleugbar schliessen. Mit bewusster Absicht strebte die ritterliche Welt nach der Schönheit und Anmut des Äusseren. Die Schönheitslehre war Stück für Stück durchgedacht, und wäre viel davon zu sagen, vom langen blonden Haar, von der aus rot und weiss gemischten Gesichtsfarbe, dem roten und wie einc Blüte durchscheinenden Mund, dem kleinen und festgeschlossenen; den weissen Zähnen, den gebogenen Augenbrauen, der geraden und langen, weder zu stumpfen noch zu spitzigen Nase, dem gerundeten Kinn mit einem weissen Grübchen. Dass die Kleidung der Damen derjenigen der Männer an wirklich edlem Geschmacke nicht nachgab, versteht sich in dieser Zeit von selbst.

Diesem Geschlechte also widmete der Ritter seinen Dienst, den *Minne-* oder *Frauendienst*, und damit ist freilich eine Seite des höfischen Lebens erwähnt, wo eine befriedigende Deckung zwischen Idee und Wirklichkeit kaum mehr möglich ist. Ob der französische Ritter, denn in Südfrankreich ist der Frauendienst entstanden, durch das plötzliche Erwachen seiner Frauenwelt aus einem langen Schlummer aus der Bahn des hergebrachten sittlichen Lebens geworfen wurde, ob bei ihm dieses sittliche Leben etwa gar nicht bestanden, ob er sich durch Bilder des Orients verzaubern liess, kurz, er begann der Frau einen Dienst zu widmen, ähnlich und nachgebildet dem Treudienst, den der Vasall seinen Lehnsherrn schuldig ist. Er wählte sich eine Dame, es durfte auch für den Ritter niedriger Herkunft eine hochgeborene sein, der er seinen Dienst widmete, mochten sie und er verheiratet sein oder nicht; nur die eigene Frau war zur Dame des Ritters untauglich. Nahm sie seinen Dienst vorläufig an, so gewährte sie ihm eine mehrjährige Prüfungszeit; erst nachdem er diese bestanden, wurde er der Vasall seiner Herzenskönigin und förmlich von ihr belohnt und zwar, wenigstens in Frankreich, mit den gleichen symbolischen Zeichen staatlicher Belehnung: Knieen, Händefalten, Kuss und Ring. Der Ritter trug nun an Schild und Lanze die Farben der Frau und ein von ihr erteiltes Wappenzeichen, Ring, Gürtel, Haarband, Schleier oder Ärmel. Die Frauen verlangten ausser allgemeinen Beweisen der Liebe diese oder jene That des Gehorsams, oft auf sehr launenhafte Art, manche Ritter sind von ihrer Dame gezwungen worden, einen Kreuzzug mitzumachen. Überhaupt aber sollte der Waffendienst des Ritters der Frau gewidmet sein. Es braucht der besonderen Beweise nicht, um einesteils das Unsittliche, anderenteils das Unmännliche eines solchen Dienstes nachzuweisen; aber es ist eben so sicher, dass, obgleich manche Ritter diesem Dienste huldigten, derselbe doch mehr in ihren Köpfen und ihrer Phantasie, namentlich aber in ihren Liedern vorhanden war, als auf ihren Burgen, und in Deutschland zumal ist es mehr der gesellschaftliche und poetische Reflex, der aus der Provence herüberscheint, als die Sache selber. Würdiger eines tugendhaften Ritters —

und Tugend stand bei der Würdigung des Ritters stets obenan — war der Zug der Zeit zu treuer und reiner *Liebe*, die sich jedoch auch in den Formen ritterlicher Galanterie bewegt. Mit der konventionellen Frauenminne oder dem Frauendienste war im aufgeschlossenen Gemüte dieser Zeit natürlich auch wahre Liebe erwacht, die den Jüngling zur Jungfrau hinzieht.

Diese Minneträger sind nicht mehr *frouwe* und *herr*, sondern *man* und *wîp*, und der beliebte Streit, was edler und besser sei, *frouwe* oder *wîp*, beruht wesentlich auf der Frage nach höfisch konventioneller *Minne* oder nach der tiefer gegründeten *Liebe*. Die wenigen tiefempfundenen Lieder unter der Unzahl der Minnelieder sind Lieder der Liebe; die Liebe ist es auch, die, immerhin an den ritterlichen Frauenkult erinnernd, das Nibelungenlied und die Gudrun in sich aufgenommen haben:

soltu immer herzenlîche zer werlte werden frô,
daz kümt von frowen minne, du wirst ein schoene wîp,
ob dir got gefüeget eins rechte guoten ritters lîp.

Darin klingt noch tief und voll die ältere Auffassung vom Verhältnis des Mannes zum Weibe, und ebenso in dem zweiten Grund der Abweisung Kriemhildens (der erste ist, dass sie ihrer jungfräulichen Schönheit nicht verlustig gehen will), dass *liebe mit leide ze jungest lônen kan*. Denn während der Name *Minne* in seinem ursprünglichen Werte längst verdunkelt, zum konventionell höfischen Liebesausdruck geworden war, gab das Wort *liebe* eben durch seinen Gegenpart, das *leit*, dem Begriffe neues, unmittelbares Leben, das ausserhalb der höfischen Gesellschaft, in dem Schicksal des Herzens selber, seinen Grund hatte.

Zur ritterlichen Gesellschaft gehört durchaus der *Sänger*. Es ist kein Zweifel, das Mittelalter hätte auch unter anderen Lebensbedingungen als denjenigen des Lehenswesens eine Lyrik und daher auch einen Stand der Lyriker hervorgebracht; da nun aber in der Form der ritterlichen Gesellschaft seine Blüte aufging, so musste auch der Sänger ein Glied des Rittertums sein. Da wo Hartmann von Aue ein Bild seines ritterlichen Helden, des armen Heinrich, giebt und erzählt, wie herrlich es um ihn gestanden an *êre*, *zuht*, *milte*, *tugent*, *triuwe*, *jugent*, da schliesst er sein Bild mit den Worten: *er sanc vil wol von minnen*. Der Gesang verlangte aber Form und Gehalt, Wort und Wohllaut. Wie der Ritter mit Lanze und Schwert der Frau diente, was doch auch hätte unterbleiben können, so diente mit mehr Recht und Billigkeit der Dichter seiner Herrin mit dem Liede. Auch ihm musste sich nach der Sitte der Zeit die Dame erkenntlich erweisen, ja sie nahm ihn, wenigstens in Frankreich und Italien, förmlich in ihren Dienst. Noch mehr als Waffenkunst stellte die Dichtkunst den Sänger, auch den Armen, den Hohen und Fürsten gleich. Es konnten natürlich nicht alle singen, doch hat jeder Stand des Rittertums, bis zu den Kaisern hinauf, seine Sänger gehabt, und wer von den Fürsten nicht selber singen konnte, der wurde Gönner und Freund der Sänger. Hat doch sogar die Sage den kunstliebenden Hof des Landgrafen Hermann von Thüringen zu Eisenach bleibend verklärt.

Der Ritterstand war also in seiner Entstehung und höchsten Ausbildung mehr eine Würde, eine Ehre, die auf der Person ruhte, von ihr erworben werden musste, mit ihr starb und von jedem Sohn neuerdings genommen werden musste, als ein Geburtsstand mit gewissen staatlichen Rechten; denn auch die Rechte, welche die

Ritterwürde gab, waren bloss Ehrenrechte der höfischen Gesellschaft, Gemeinsamkeit des Kampfes, der Tafel, der Kleidung, der Erziehung, und nicht der staatlichen Ober- und Unterordnung, des Gerichts- und Eigentumswesens. Für den hochgestellten Mann, den König, Herzog, Fürsten, Grafen, blieb daher das Rittertum ein Schmuck, eine Grundlage der Geselligkeit, später eine Erinnerung an eine glänzende Vergangenheit, wie denn Maximilian der letzte Ritter genannt wurde. Dagegen für die untern Schichten des höfischen Standes, die Dienstmannen und die Lehnsmannen, war die Angehörigkeit zum Ritterstand nicht bloss eine Brücke zur geselligen Vereinigung mit den höchsten Lebenskreisen, sondern zugleich ein Mittel zu selbständiger rechtlicher Stellung. Nur diese Ritter niederen Adels sind es, welche sich zu einem *Geburtsstande* entwickeln, der sich auf Lehnfähigkeit und Lehnfolgefähigkeit gründet; statt *lehnfähig* heisst es nun, vornehmer klingend, von *rittersart*, *rittermaezec*, ritterbürtig. Mit diesem Hauptrechte der Lehnsfähigkeit verbanden sich dann allmählich noch andere Vorzüge, wie Wappenfähigkeit, Turnier- und Stiftsfähigkeit, Hoffähigkeit, auch Steuerfreiheit und Landtagsfähigkeit, die Fähigkeit, im Lehngerichte als Richter und Schöffe aufzutreten. Bei der Vorliebe des Mittelalters für zunftmässige Vereinigungen konnte es sodann nicht fehlen, dass nicht auch die Mitglieder des Ritterstandes zu ähnlichen Verbindungen zusammentraten. Dahin gehören als *natürliche* Genossenschaften einerseits die ritterlichen Lehenbesitzer von Reichsgütern, die sog. Reichsdienstleute, *Reichsritterschaft* genannt, und anderseits die ritterbürtigen Leute einer gewissen Landschaft, *Landesritterschaft* genannt; sodann bildeten sich auch *freie* ritterliche Genossenschaften mit eigenen Statuten und Ordnungen aus, die sog. *Ritterorden* und *Rittergesellschaften*, siehe die besondern Artikel. — *San-Marte*, die Gegensätze des heiligen Grales und *von ritters orden*. Halle, 1862. — *Schultz*, höfisches Leben. — *Falke*, die ritterliche Gesellschaft im Zeitalter des Frauenkultus. — *Weinhold*, die deutschen Frauen.

Rock, siehe *Tracht*.

Roland ist der berühmteste Paladin in Karls des Grossen Tafelrunde. Geschichtlich ist von ihm nichts bekannt als sein Name und Einhards Notiz im Leben Karls, Kap. 9: es sei im Engpass der Pyrenäen nebst vielen anderen gefallen *Hrolandus britannici limitis präfectus*, d. h.: Roland, der Befehlshaber im britischen Grenzbezirk. Nach Hugo Meyer liegt der fränkischen Rolandssage ein Mythus von einem Gotte Hruodo oder Rodo zu Grunde, der ums Jahr 700 etwa diese Form hatte: Der Sonnengott Hruodo, Berthas Sohn, ursprünglich eins mit den Sonnengöttern Irmin und Ziu, ausgezeichnet durch sein Schwert uud sein Horn, wird vom Altfeinde der Götter, Gamalo, verraten, von seinem Bluts- oder Bundesbruder Aller, dem Schildgott, dessen Schwester er liebt, wider dessen Willen tödlich verwundet, und endet so im Kampf wider die Unholde im Dornenthal unter dem Weltbaum. Die Sonne bleibt nach seinem Tode stille stehn, die Steine weinen um den Verstorbenen, die Geliebte folgt ihm in den Tod. Über das *Rolandslied* siehe den Art. Karlssage.

Rolandslied, siehe *Karlssage*.

Roman. Schon der Name dieser Dichtungsart erinnert an die französische Quelle; *roman* bedeutete im Altfranzösischen zuerst die Volkssprache gegenüber dem Latein, dann die in solcher Sprache geschriebene Dichtung, und sofort eingeschränkter die in Prosa erzählte Geschichtsdichtung, besonders die in Prosa erzählte und erdichtete Liebes- oder abenteuerliche Geschichte. Bei den Franzosen entstanden schon im 12. und 13. Jahrhundert prosaische Bearbeitungen der kurz vorher in poetischer Form behandelten mittelalterlich-ritterlichen Sagenstoffe; in Deutschland geschah dasselbe nach dem Absterben der dichterischen Produktivität im 14. Jahrhundert, nur dass man hier vorläufig mit Vorliebe fremde Romane aus französischen, italienischen und lateinischen Quellen übersetzte; immer noch sind es adelige Kreise, für welche diese Arbeiten bestimmt sind, und adelige Damen nahmen mit Vorliebe Anteil daran; auch wo bürgerliche Übersetzer genannt werden, standen diese im Dienste adeliger Gönner. Zu diesen ältesten Romanen in deutscher Sprache gehören Alexander der Grosse, Salomon u. Markolf, Flore und Blanscheflur, Apollonius, die sieben weissen Meister, Amicus und Amelius, Athis und Prophilias, Hug Schapler (eigentlich Hugo Capet), Fortunat mit dem Wünschhütlein; manches darunter berührt sich mit der Novellendichtung, siehe den besondern Artikel. Zwar nicht eigentlich Original, aber doch ganz freie, von bewunderns-würdiger Sprachgewalt zeugende Arbeit ist *Fischarts*, zuerst 1575 gedruckte, dem ersten Buche von Rabelais Gargantua entnommene *Geschichtsklitterung* oder Gargantua. Im 16. Jahrhundert wuchs diese Litteratur ansehnlich; aus Frankreich kamen Fierabras, die vier Haimonskinder, Kaiser Oktavian, die schöne Magelone und Ritter Galmy. Deutsche Stoffe sind der Eulenspiegel, die Schildbürger und Doktor Faust, alle drei durch Konzentration gangbarer Volksgeschichten auf einen Helden oder auf einen Ort entstanden. Als Erfinder von Romanen wird im 16. Jahrhundert bloss *Jörg Wickram* aus Kolmar genannt, der in den Jahren 1551—1556 vier Romane schrieb, Gabriotto und Reinhard, den Goldfaden, den Knabenspiegel und die guten und bösen Nachbarn; seine Muster sind die Volksromane, sein Publikum die deutsche Jugend. Daneben hörte die Einfuhr französischer Übersetzungen nichts weniger als auf, namentlich wurde der weitläufige Roman des „Helden Amadis aus Frankreich" die Lieblingslektüre des deutschen Adels, er wuchs von 1569 bis 1594 allmählich auf 24 Bände an und erhielt sich lange die Gunst seines Publikums, auch nachdem viel anderes Material auf den Markt eingeführt war. Don Ouixote, 1621 zum erstenmal ins Deutsche übertragen, machte wenig Aufsehen; dagegen trat der Schäferroman, noch mehr aber der Helden- und Liebesroman nach französischem Muster auf, so zwar, dass sich unter der Hülle des Schäfer- und Heldentums wirkliche Erlebnisse, Personengeschichten und politische Ereignisse der neuesten Zeit, mit Erfundenem vermischt, zu verbergen pflegten; aus dem Spanischen erhielt man die Schelmenromane, Lebensbeschreibungen von Landstreichern und Abenteurern geringer Herkunft. Mitten unter diesen meist geschmacklosen Machwerken begegnet man drei schönen ältern Volksbüchern, die der Kapuziner Pater Martin von Kochem aus einem französischen Jesuiten schöpfte, Griseldis, Genovefa und Hirlanda. Aus der Nibelungensage taucht erst jetzt als letzte Erinnerung das Buch vom gehörnten Siegfried auf. Doch fehlt es auch nicht an Romanen, die Deutsche zu Verfassern haben, und zwar legte man, dem Charakter der Bildung des 17. Jahrhunderts gemäss, die mehr ins Breite als in die Tiefe ging und deren Hauptquelle das Reisen war, in die Romane ganze Lehrbücher des Wissenswerten nieder, Geschichte, Länder- und Völkerkunde, Altertümer, Litteraturgeschichte, Religions- und Sittenlehre, Reisebeschreibungen, Astrologie und Aberglaube; man fügte auch poetische Stücke, Dramen, Schäfer- und

Tanzspiele ein. Solche deutsche Romanschriftsteller sind *Dietrich v. d. Werder*, *Philipp von Zesen*, *A. G. Buchholz*, der Herzog *Anton Ulrich von Braunschweig*, *Heinrich Anselm von Ziegler* mit der oft aufgelegten „asiatischen Banise“ und Lohenstein mit dem Arminius. Selbständiger und bedeutender aber sind die spanischen Mustern nachgebildeten Romane des *Moscherosch* „Gesichte“, und der *Simplicissimus* des *Christoffel von Grimmelshausen*, 1625—1676. Ihr Nachfolger ist *Christian Weise*: „die drei ärgsten Erznarren“, „die drei klügsten Leute“ und „der politische Näscher“. Die bald nachher auftretenden *Robinsonaden* und deren Nachahmungen, die Aventüriers, führen schon auf den englischen Einfluss, unter dem in Gemeinschaft mit französischen Mustern der moderne Roman erwachsen ist. Siehe die Litteraturgeschichten von *Wackernagel*, *Koberstein* und *Scherer*.

Romanische Baukunst. 1. *Allgemeines.* Nachdem das karolingische Reich zerfallen war, brach über die nordischen Völker vorerst eine traurige Zeit herein. Innere Parteiungen zerfleischten das Reich, die räuberischen Scharen der Ungarn, Wenden und Normannen verheerten die Länder. Um die Wende des Jahrtausends entstand ein ungestümer Feuereifer, der sich in frommen Werken, im Niederreissen alter Kirchen und Wiederaufbau neuer prachtvollerer, nicht genugthun konnte; denn die schlimmsten innern und äussern Stürme hatten sich mittlerweile ausgetobt, die staatlichen Verhältnisse begannen sich zu festigen und der germanische Volksgeist hatte diejenige Stufe der Entwicklung erreicht, dass er selbst bestimmend auf die weitere Gestaltung der Kunst seinen Einfluss ausüben konnte. Bisher hatten für die Kunst jene altchristlich-römischen oder byzantinischen Formen den allgemeinen Typus gegeben; jetzt begann ein selbständiges freies Umgestalten der alten Formen, woraus schliesslich jener Stil hervorging, den man mit dem Namen des *romanischen* bezeichnet, nach dem Vorgange der Sprachwissenschaft, welche die Idiome, die sich gleichzeitig und unter entsprechenden Verhältnissen aus der alten Römersprache bildeten, mit demselben Worte benennt. Die ausschliessliche Trägerin der Bildung war in dieser Epoche die Kirche, und es ist nicht zu verwundern, wenn der Charakter, den die Bauwerke dieser Epoche tragen, ein hieratischer ist. Vorab waren es die Mönche, in deren Händen sich die Baukunst befand. Sie entwarfen für ihre Kirchen- und Klosteranlagen die Risse und leiteten den Bau. Feste Schultraditionen entsprangen daraus und knüpften ihre Verbindungen von Kloster zu Kloster. Gleichermassen verbanden sich aber auch die weltlichen Handwerker, welche den Mönchen bei Ausführung der Bauten dienten, zu genossenschaftlichen Verbindungen, aus denen in der Folge ohne Zweifel die Bauhütten hervorgingen. Der Geist des Bürgertums aber dringt erst gegen Ausgang der romanischen Epoche selbständig in diesen Stil ein.

2. *Das romanische Bausystem.* a) *Die Basilika.* Die altchristliche Basilika ist der Ausgangspunkt für die mittelalterliche Architektur. Das Langhaus erstreckt sich als breites hohes Mittelschiff zwischen zwei nur halb so hohen und breiten Seitenschiffen. Fig. 141 und 142. *Quer- und Längeschnitt romanischer Basiliken* (Kunsthistorische Bilderbogen). Am Ende desselben scheidet gewöhnlich ein kräftig vorspringendes Querhaus von der Höhe und Breite des Langhauses das letztere vom Chore, die Kreuzesgestalt der Kirche klar ausprägend. Bisweilen tritt allerdings das Quer-

schiff nicht über die Seitenschiffe vor, oft bleibt es sogar ganz weg. Die wesentlichste Umgestaltung erfuhr vorerst der *Chorraum*. In der altchristlichen Basilika schloss sich derselbe als eine halbrunde Nische unmittelbar an das Querhaus an. Die grössere Zahl der Geistlichkeit verlangte nun vorerst eine Vergrösserung dieses Raumes, welche dadurch bewerkstelligt wurde, dass man dem Chor noch ein der sogenannten *Vierung*, d. h. der Durchschneidung von Quer- und Langhaus entsprechendes Quadrat vorlegte. In gleicher Weise verlängerte man das Querhaus nach rechts und links, wodurch der mittlere Teil desselben, die Vierung, ein nach allen Seiten freiliegender, von vier kräftigen Pfeilern und ebenso vielen hohen Gurtbogen abgegrenzter Raum wurde, den man gewöhnlich zum Chor hinzuzog und mit steinernen Schranken gegen das Langhaus und die Querhausflügel abschloss. Gegen das Schiff zu wurde diese Schranke oft tribünenmässig erhöht und diente als *lectorium* (*lettner*), von wo aus dem Volke das Evangelium verlesen wurde. Der ganze Chorraum aber war über das Langhaus um mehrere Stufen erhöht und barg unter sich stets eine Gruftkapelle, mit Kreuzgewölben überdeckt, die auf kurzen, stämmigen Säulen ruhten. Diese Kapelle, die *Krypta*, diente als Begräbnisplatz für angesehene Personen und hatte ihren eigenen Altar. In der räumlichen Ausdehnung des Chores entwickelte sich indessen im Laufe der Zeit eine grosse Mannigfaltigkeit. Teils liess man die Seitenschiffe jenseits des Querhauses, ähnlich dem Mittelschiffe, mit Absiden oder Conchen endigen, teils liess man dieselben um den ganzen Chor herumlaufen, teils wandte man sich auch einfacheren

Fig. 141. Querschnitt einer romanischen Basilika.

Fig. 142. Längenschnitt einer romanischen Basilika.

Anlagen zu und schloss sowohl Mittelschiff als Seitenschiff einfach geradlinig ab. Die reichste Anlage zeigt sich da, wo an das um den Chor herumgeführte Seitenschiff sich in radialer Stellung halbrunde Altarnischen anschliessen. Fig. 143. *St. Maria am Kapitol zu Köln* (Kunsthistorische Bilderbogen). Auch hier richtete sich die Gestaltung des Grundplanes stets nach dem Bedürfnis, nach der Zahl der genannte *Paradies*, stehen und der im Atrium stehende Cantharus schrumpfte zum Weihwasserbecken zusammen. Fig. 144. *Dom zu Speier* (Kunsthistorische Bilderbogen).

Manchmal forderte indessen das kirchliche Bedürfnis auch eine reichere Ausbildung des westlichen Teiles. Namentlich in grossen Abteien ward die Anlage eines *zweiten Chores*, dem östlichen entsprechend, beliebt, ja oft legte man demselben

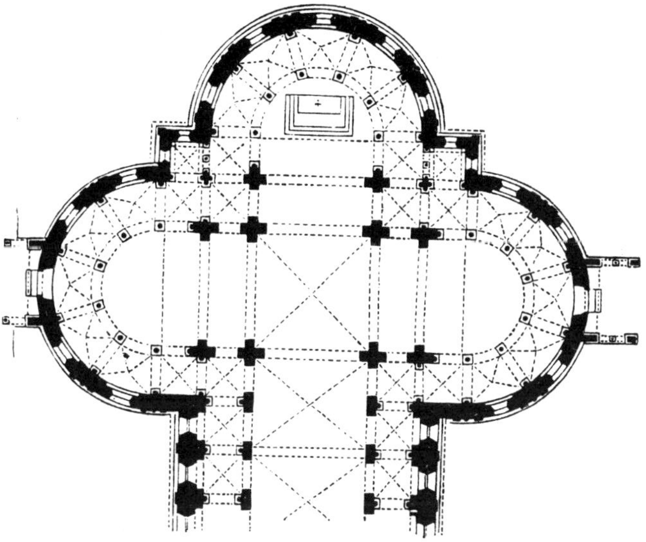

Fig. 143. St. Maria am Kapitol zu Köln.

Geistlichen, der erforderlichen Altäre u. s. w.

Während so die östliche Partie, (man legte den Chor stets nach Osten zu), eine Bereicherung erfuhr, vereinfachte man in gewisser Beziehung die westlichen Teile der altchristlichen Basilika. Dort hatte sich der Narthex und das Atrium ausgedehnt, in welchem sich gewisse Stufen der Laienwelt während des Gottesdienstes hatten aufhalten müssen. Jetzt gewann die ganze Gemeinde Zutritt zum Gotteshause und so liess man höchstens noch eine kleine Vorhalle, das so- ein zweites Querhaus vor. Fig. 145. *St. Michael in Hildesheim* (Kunsthistorische Bilderbogen).

In der Regel aber öffnete sich am Westende der Kirche das grosse *Portal*, von zwei mächtigen Türmen eingeschlossen, welche nun nicht mehr freistehend aufgeführt, sondern mit dem übrigen Bauwerk verbunden werden.

Bei Nonnenklöstern wird ausserdem meist über dem westlichen Teile des Mittelschiffes eine Empore auf Säulen eingebaut, der sogenannte *Nonnenchor*.

Die *Bedeckung* der Räume erfolgte vorerst, mit Ausnahme der Krypta, beinahe ausschliesslich mit

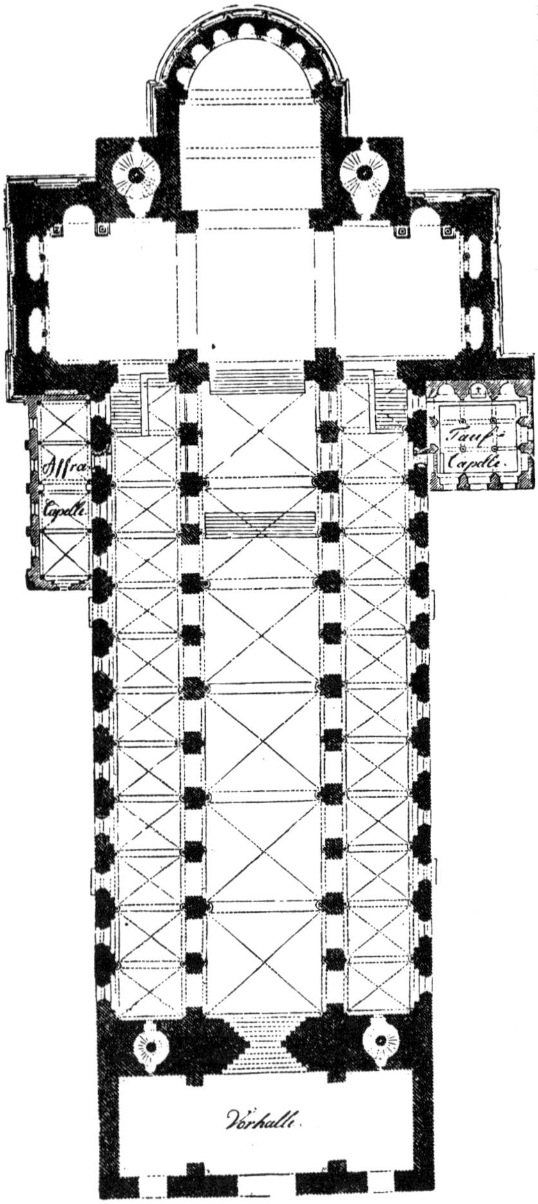

Fig. 144. Dom zu Speyer.

einer *flachen Holzdecke*, entsprechend derjenigen der altchristlichen Basiliken; allein die tragenden Glieder erfahren doch schon vor Einführung des Gewölbebaues eine durchgreifende Veränderung, vor allem die Stützen, welche die auf Arkaden ruhende Oberwand des Mittelschiffes tragen. Statt der Säulen mischen sich öfters Pfeiler ein, entweder abwechselnd oder je das dritte Säulenpaar verdrängend, oder geradezu ausschliesslich, wodurch die ursprüngliche Säulenbasilika eine Pfeilerbasilika wird. Die hohe Obermauer des Mittelschiffes aber sucht man zu beleben, indem man mit Überschlagung einer Säule oder eines Pfeilers je zwei Arkadenbogen mit einem grösseren Bogen rahmenartig umspannt. Darüber öffnen sich alsdann die kleinen, mit stark abgeschrägter Leibung versehenen Fenster, welche regelmässig im Halbkreis geschlossen sind. Ähnliche Fenster enthalten die Wände der Seitenschiffe und die Apsiden.

Die mit flacher Holzdecke versehene Basilika ward inzwischen bald durch den *Gewölbebau* verdrängt, der als ein Bedürfnis sich geltend machte; denn die häufigen Brände, die den Dachstuhl ergriffen, zerstörten nicht nur diesen, sondern auch, da die hölzernen Decken herunterstürzten, den ganzen Innenraum der Kirchen. Vorerst griff man zum *Tonnengewölbe* und überwölbte nur die Seitenschiffe, da bei dem höher liegenden Mittelschiff der Seitendruck nur schwer aufzuheben gewesen wäre. Auch mit der Kuppel versuchte man auszukommen; indessen war auch bei dieser Gewölbeform die Schwierigkeit, dem Seitenschube zu begegnen, nicht wohl zu überwinden. Die bessere, freiere, lebendigere Lösung versuchte man erst zuletzt, obschon man bei untergeordneten Räumen, besonders bei Krypten, dieselbe schon längst praktisch angewendet hatte, das *Kreuzgewölbe.* Dasselbe besteht aus zwei sich rechtwinkelig durchschneidenden, halbkreisförmigen Tonnengewölben und bedarf, da der Vertikaldruck und Seitenschub durch die entstehenden Diagonalrippen wesentlich auf die vier im Quadrat liegenden Eckpunkte geleitet wird, nur an jenen Stellen einer entgegenwirkenden wuchtigen Mauermasse. Fig. 146. *Romanisches Gewölbesystem* (Kunsthist. Bilderbogen). Zuerst begann man auch hier damit, die Seitenschiffe zu überwölben, was um so leichter war, da die Breite derselben ungefähr dem Abstande der Pfeiler entsprach, also quadratische Felder sich ergaben. Der durch die Wölbung erhaltene festere Unterbau ermutigte aber zugleich zur Anbringung von *Emporen* über den Seitenschiffen, welche sich gegen das Mittelschiff zu arkadenartig öffneten und die kahle Oberwand des Mittelschiffes in angenehmer Weise gliederten. Fig. 147. *Querschnitt des Domes zu Limburg* (Kunsthist. Bilderbogen). Man behielt diese Arkaden auch später noch bei, als man von den Emporen wieder abkam; es bildeten sich daraus die sogenannten *Triforien.*

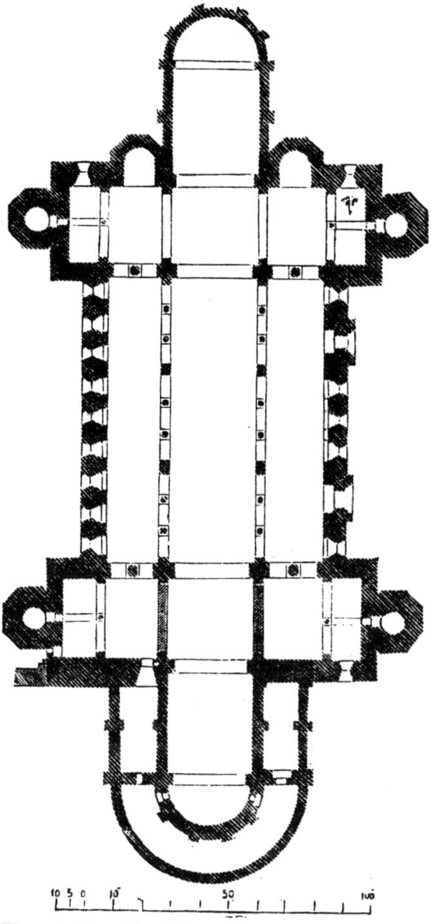

Fig. 145. St. Michael in Hildesheim.

Das Kreuzgewölbe verlangte, solange es aus dem Rundbogen konstruiert wurde, stets quadratische Felder. Da nun die Pfeiler in Abständen gleich der Seitenschiffbreite standen, welche halb so gross als die des Mittelschiffes war, so musste bei Überwölbung des letzteren stets ein Pfeiler überschlagen werden. Dadurch erhielt die Basilika ein ganz neues Gepräge, indem es nun angezeigt wurde, diejenigen Stützen, welche die Gurtbogen des Mittelschiffes aufzunehmen bestimmt waren, stärker zu gliedern, als die anderen. Man brachte Pfeilervorsprünge in Form von Halbsäulen und dergleichen an und gab dadurch dem ganzen eine höhere rhythmische Gliederung, welche sich in reicher Abwechselung von Pfeiler

Fig. 146. Romanisches Gewölbesystem.

Fig. 147. Dom zu Limburg, Querschnitt.

und Säule in angenehmer Weise kundgab.

In der *Detailbildung* ging man naturgemäss ganz von der Antike aus, wie dieselbe von der altchristlichen Kunst überliefert worden war, ohne sich indessen an die strengen ästhetischen Gesetze derselben irgendwie zu halten. Vorab erfährt die *Säule* eine umfassende, freiere Umbildung. Der Stamm derselben wird je nach dem Bedürfnis, bald derb gedrungen, bald schlank, ohne Schwellung, ja in der Regel auch ohne Anzug, einfach cylindrisch, gebildet. Die *Basis*, Fig. 148, *Säulenbasis mit Eckblatt* (Kunsthist. Bilderbogen), hat gewöhnlich die Form der attischen, wenn auch nur in der Gesamtform des Profils, keineswegs aber in den Verhältnissen. Als charakteristisches Zeichen des romanischen Stiles aber erscheint das sogenannte *Eckblatt*, das über den untern Wulst der Basis hinweg auf die quadratische Plinthe sich herabneigt und so die leeren Ecken der Platte ausfüllt. Dasselbe kommt in mannigfacher Gestalt, als Pflanzenblatt, als Tiergestalt, als kleiner Pflock, oft auch in ganz phantastischen Formen vor, wobei besonders eine Abwechselung selbst bei Säulen derselben Arkadenreihe äusserst beliebt ist. In späterer Zeit überkleidete man auch den Säulenschaft mit gefälligen linearen Dekorationsformen. Am wichtigsten ist die Ausbildung des *Kapitäls*. Man unterscheidet dabei zweierlei Formen. Einmal versuchte man es, das überlieferte korinthische Kapitäl frei nachzubilden, Fig. 149, *Kapitäl aus dem Kreuzgang zu Laach* (Kunsthist. Bilderbogen), freilich meist roh und unbehilflich, andernteils schuf die romanische Baukunst eine eigene Art des Kapitäls, welche für diesen Stil geradezu charakteristisch wurde, das sogenannte *kubische* oder *Würfelkapitäl*. Fig. 150. (Kunsthistorische Bilderbogen.) In

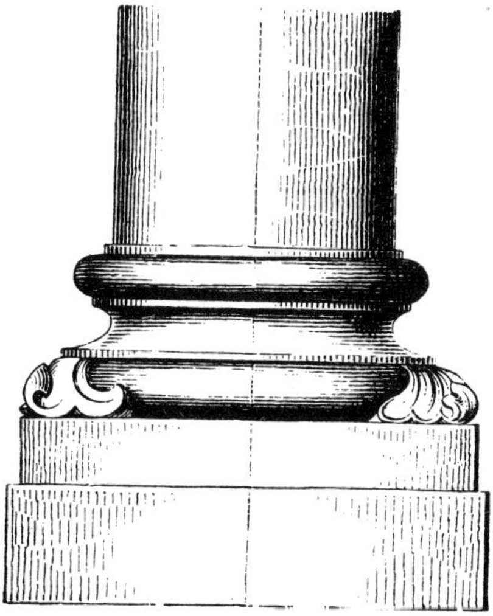

Fig. 148. Säulenbasis mit Eckblatt.

Fig. 149. Kapitäl aus dem Kreuzgang zu Laach.

seinem obern Teile quadratisch, erhält es an den vier Flächen nach unten eine halbkreisförmige Begrenzung, um von dort aus in die runde Form des Säulenschaftes überzugehen. Die Deckplatte besteht entweder aus einer Plinthe oder einer Abschrägung oder aus einer Komposition von antiken Gliedern. Die Flächen des Würfelkapitäls erhalten oft reichen plastischen Schmuck und bergen ganze historische Darstellungen in sich.

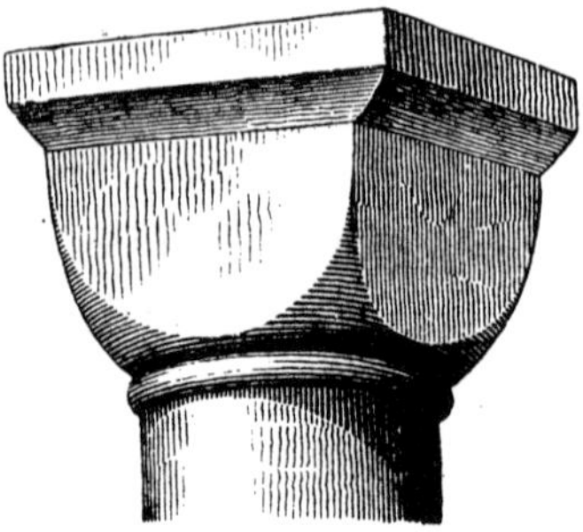

Fig. 150. Würfelkapitäl.

Neben diesem Würfelkapitäl gestaltet sich das antike korinthische zum *Kelchkapitäl* aus, das wiederum in mancherlei Varianten sich mit dem Würfelkapitäl verbindet oder in Verbindung mit reichem plastischem Schmuck äusserst zierliche Gestaltungen zeigt, in denen sich der phantastische Zug der Zeit in Verschlingung von Tier- und Menschengestalten nicht genug thun kann.

Neben der Säule ist der *Pfeiler* zu betrachten. Seine Grundform ist viereckig, meist quadratisch. Unten schliesst er in der Regel durch eine attische Basis ab, die sich oben oft in verkehrter Form wiederholt. Im übrigen treten die mannigfaltigsten Gesimsbildungen auf; Hohlkehlen, Wulste und Plättchen sind in völliger Freiheit zusammengestellt. Oft sucht man dem etwas schweren Pfeiler dadurch eine leichtere Form zu geben, dass man ihn an den Ecken abfast oder aber die Ecken rechtwinklig ausschneidet und schlanke freistehende Säulchen hineinstellt, welche sich am Fuss und Kapitäl mit den Gesimsen des Pfeilers verbinden. Dieser reichern Gestaltung des Pfeilers folgt dann auch eine reichere des auf denselben aufsitzenden *Bogens*, den man

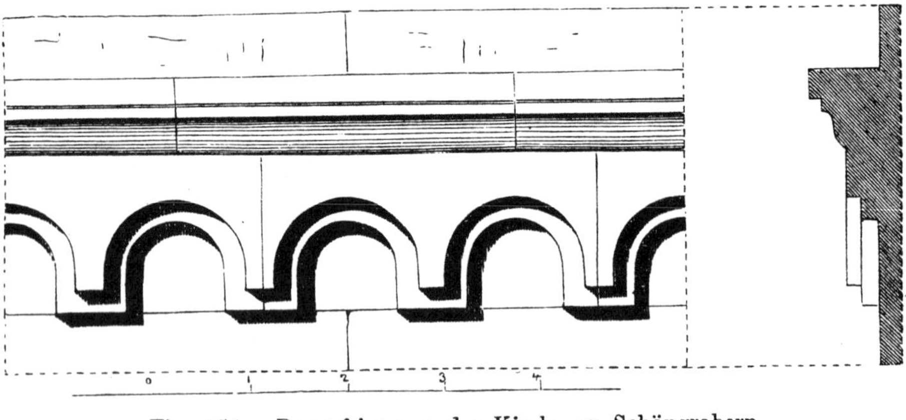

Fig. 151. Bogenfries von der Kirche zu Schöngrabern.

an den Kanten häufig mit grossen Wülsten versieht, und im Profil nace dem Zentrum zu in treppenartigen Absätzen verjüngt.

Das *Äussere* der romanischen Kirchen baut sich in ernsten ruhigen Massen kräftig auf. Die Gesimse erinnern im allgemeinen an antike

Vorbilder. Für die Teilung der Wandflächen verwendet man schmale pilasterartige Streifen, sogenannte *Lisenen*, die gewöhnlich oben in scher Bauten und wird oft mit Konsolen reicher ausgebildet. Über ihm schliesst das Dachgesims an, das vielfach von bandartigen Friesen

Fig. 152. St. Aposteln zu Köln.

einen Fries auslaufen, der aus kleinen Rundbogen zusammengesetzt ist. Fig. 151. *Bogenfries von der Kirche zu Schöngrabern* (Kunsthistorische Bilderbogen). Dieser *Bogenfries* ist ein untrügliches Merkmal romani- begleitet wird; namentlich sind die sog. *Stromschichten* (übereckgestellte Steine) und der *Schachbrettfries* (mehrere Reihen erhöhter und vertiefter Steine) sehr beliebt.

Bei reichern Anlagen tritt an

Stelle der schwach vortretenden Lisenen, namentlich an den Chorabsiden, eine Gliederung mit schlanken Halbsäulen. Eine besondere Auszeichnung erhalten die Absiden in manchen Gegenden durch freie auf kleinen Säulen ruhende *Galerien*, welche sich unmittelbar unter dem Dachgesimse als Laufgänge ähnlich wie die Triforien im Innern hinziehen. Fig. 151. *St. Aposteln zu Köln* (Kunsthistorische Bilderbogen).

Auf die Gestaltung der westlichen Façade wirkt namentlich der *Turmbau* ein. In frühester Zeit sind die sich vor die Seitenschiffe legenden zwei Türme in der Regel rund, später werden sie viereckig, der bessern Verbindung mit dem übrigen Bauwerke wegen. Die Gliederung der Türme ist äusserst einfach und wird in der Regel durch schwach vorspringende Lisenen und Rundbogengesimse bewerkstelligt. welche den Turm in mehrere Geschosse teilen. Die obern Geschosse erhalten *Schallöffnungen*, parweise und zu dreien gruppierte und durch Säulchen geteilte fensterartige Durchbrechungen der Mauer, die nach oben grösser und zahlreicher werden. Oft geht der Turm oben ins Achteck über. Die Vermittlung vom Viereck ins Achteck geschieht mittelst einfacher schräger Abdachungen. Gedeckt wird der Turm in der Regel durch einen einfachen, etwas niedrigen und gedrückten Helm.

Den Mittelpunkt der Westfaçade bildet das *Hauptportal*, dessen Wände auf beiden Seiten sich von innen nach aussen erweitern und mehrfach rechtwinklig eingeschnitten sind, in welche Einschnitte gleichwie bei den Pfeilern schlanke Säulchen gestellt werden. Gedeckt ist das Portal stets durch eine reiche Archivolte, deren Gliederung sich derjenigen der Seitenwände anschliesst, und die oft von einem flachen Giebel überdeckt wird. Die eigentliche Eingangsöffnung wird meist horizontal gedeckt und es bildet sich dadurch eine halbkreisförmige Fläche, das sog. *Tympanon*, auf dem häufig Reliefdarstellungen ausgeführt wurden. Überhaupt entfaltet sich an den Portalen die volle Pracht der Ornamentation. Über dem Portale öffnet sich manchmal ein grosses kreisförmiges Fenster, das durch Gesimsstäbe gegliedert ist, die nach dem Zentrum laufen und wegen seiner radähnlichen Gestalt den Namen *Radfenster* erhalten hat. Die volle Ausbildung sollte dasselbe erst im gotischen Stil erhalten. Oben schliesst die Westfaçade entweder mit dem Giebel, der durch das Dach des Mittelschiffes bedingt ist, oder es legt sich ein hochaufragender Querbau als Verbindung zwischen die Türme. Neben der einfachen Anlage der zwei Westtürme findet man bei romanischen Kirchen auch noch andere mannigfaltige Anordnungen von *Türmen*, welche den bedeutenderen Abtei- und Kathedralkirchen eine grossartige prachtvolle Gruppierung verleihen. Besonders erhebt sich oft über der Durchschneidung vom Lang- und Querhaus, auf der sog. Vierung, ein mächtiger turmartiger, meist achteckiger Körper aus der Masse des Gebäudes, der bestimmt ist, in seinem Innern die Kuppel aufzunehmen, die man ob der Vierung bei Aufnahme des Gewölbebaus auszuführen pflegte. In seinem Äussern ist derselbe oft reich mit Arkaden gegliedert und schliesst mit einem polygonen Pyramidendach ab. Zu diesen kuppelartigen Türmen treten dann oft zu beiden Seiten des Chores oder am Ende der Nebenschiffe schlanke Türme hinzu, ja manchmal wiederholt sich die Kuppel auf einem zweiten Kreuzschiff und verbindet sich auch hier mit zwei Türmen, wodurch die ganze Anlage einen ungemein stattlichen Eindruck gewinnt. Auch in der Bedeckung, sei dieselbe massiv oder aus Holz konstruiert, zeigt sich eine mannigfache Verschiedenheit in stumpfen und schlanken Helmen, in Fächerdächern u. s. w.

Mit all diesen Gliedern des Baues verbindet sich nun eine reiche *Ornamentik*, welche teils dem vegetativen Leben angehört, jedoch niemals bestimmten Naturformen nachgebildet ist, sondern nur in kräftigen Zügen ein mehr stilistisches allgemeines Gesetz zu erkennen giebt, teils ihre Motive aus verschlungenen und verknoteten Bändern, Mäandern, wellenförmigen, zickzackartigen, gebrochenen Linien, Schuppen, Schachbretmustern u. dergl. zusammensetzt, teils endlich zu diesen Formen Tier- und Menschenleiber, monströse Gebilde aller Art, oft von symbolischem Gehalt, oft lediglich Ausflüsse nordischer Phantastik, gesellt.

Mit der reichen Gliederung und Dekoration hing aufs innigste der *Farbenschmuck* zusammen. Derselbe bestand nicht allein in Darstellung heiliger Personen und Geschichten an den breiten Wandflächen, sondern auch aus einer Bemalung der Glieder und Ornamente, der Säulen, Gesimse, Gewölbrippen u. s. w. In dieser polychromen Ausstattung beobachtet die romanische Kunst ein bestimmtes Gesetz rhythmischen Wechsels. Die Hauptfarben sind rot und blau mit hinzugefügter Vergoldung. An dem einen Bündelpfeiler haben dann oft die Säulenkapitäle blaue Ornamente auf rotem Grunde, während am gegenüberliegenden das Verhältnis gerade umgekehrt ist.

In den bezeichneten Grundzügen beharrte der romanische Stil bis weit über die Mitte des 12. Jahrhunderts. Um diese Zeit aber machen sich innerhalb des romanischen Formengebietes Erscheinungen bemerklich, die in gewissem Grade die Reinheit und Strenge des Stiles verwischen und an die Stelle seiner bei aller Mannigfaltigkeit im Einzelnen doch imposanten Ruhe ein unruhiges Schwanken und selbst ein zweckloses Spiel mit Gliederungen und Konstruktions-Elementen setzen.

Grundanlage, Aufbau und Einteilung der Räume bleiben zwar im wesentlichen dieselben, allein es macht sich das Bestreben nach grösserer Leichtigkeit und Schlankheit geltend, und zu den auf den höchsten Grad des Reichtums und der Zierlichkeit entwickelten Formen des alten Stils gesellt sich als fremdartig neues Element der *Spitzbogen.*

Man nennt diese Entwicklungsstufe, weil sie zwischen streng romanischem Stil und Gotik die Mitte hält, den *Übergangsstil.* In Frankreich kam derselbe nie zur Geltung. In kurzer Frist hatte sich dort der gotische Stil gebildet. Seine Blütezeit fand der Übergangsstil in Deutschland, das mit zähem Festhalten am Überlieferten sich noch lange gegen den von Frankreich einbrechenden ausgebildeten gotischen Stil sträubte.

Das hervorstechendste Merkmal des Übergangsstils ist, wie schon betont, der Spitzbogen, der zuerst eine vorwiegend dekorative Stellung im Innern der Kirche einnimmt, bald aber sich beim Gewölbebau eindrängt, da durch Anwendung desselben das Überwölben nicht quadratischer Felder mittelst Kreuzgewölben bedeutend erleichtert wurde; denn beim Spitzbogen konnte über gegebener Sprengweite eine beliebige Scheitelhöhe erlangt werden, während dieselbe beim Rundbogen ein für alle mal gegeben war und dem Übelstande nur durch unnatürliches Erhöhen der Kreisbogen über den Mittelpunkt, durch sogenanntes *Stelzen* abgeholfen werden konnte. Indessen behält der Spitzbogen im Übergangsstil doch immer noch eine sehr gedrückte Gestalt. Dagegen kam es immer mehr in Gebrauch, die Scheitel der Kreuzgewölbe in die Höhe zu ziehen, so dass dieselben

56*

bedeutend höher lagen, als die Scheitel der zugehörigen Gurtbogen. Das Streben nach zierlichen Verhältnissen giebt sich namentlich auch an den Profilierungen zu erkennen. An Stelle der einfachen Wulste treten Hohlkehlen u. dgl. Wahrscheinlich angeregt durch das Vorbild des französischen gotischen Stiles wurden die Kanten des Gewölbes (an den Diagonalen) mit rundprofilierten Kreuzrippen ausgestattet, so dass die grossen Flächen der Gewölbe eine viel schärfer markierte Einteilung zeigen. Der Ausbildung des Gewölbebaues entspricht die des Pfeilers, der oft eine Menge von Ecksäulchen und Halbsäulchen erhält. Überhaupt werden in verschwenderischer Weise schlanke Säulchen an Wänden und Mauerecken, oder in den Arkaden der Kreuzgänge, einzeln, paarweise oder zu mehreren verbunden, was oft, namentlich in Kreuzgängen, zu glänzender Entwicklung der Architektur führt.

Bezweckten alle diese Neuerungen eine lebendigere Gliederung der Massen, so war es natürlich, dass dasselbe Streben sich auch am Grundriss selbst durchsetzte. Die halbrunde Chornische geriet mit ihrer ruhigen Linie in Gegensatz gegen die Richtung der neuen Baukunst und man brach deshalb die Rundung in ein Polygon. Aber auch die niedrige dunkle Gruftkirche stimmte nicht mehr zu der nach Licht und Freiheit strebenden Richtung. Man liess sie deshalb bei neuern Bauten stets fort.

Der Umgestaltung des Innern folgte bald auch die des Äussern. Am erfolgreichsten erwies sich hier die Ausbildung der *Fenster*. Ausgehend von den Fenstergruppen, wie sie schon der romanische Stil geschaffen, kam man bald dazu, diese meist zu dreien angeordneten Fenster in *ein* Fenster zusammenzufassen und die frühere teilende Wandfläche durch schlanke Säulchen, die in der Mitte meist einen Ring erhielten, zu ersetzen und denselben statt des Rundbogens den Spitzbogen zu geben. Noch freier verfährt man da, wo zwei Fenster zusammengeordnet werden, wo dann die obere Fläche durch ein kleines Dreiblatt oder Rundfenster durchbrochen wird. Auch die frühern Radfenster entwickelten sich zu brillanten Rosenfenstern.

Oft findet man auch selbst halbierte Radfenster, Fenster in Fächerform und noch andere auffallende Bildungen.

Die *Portale* behalten im wesentlichen die reiche Gestalt der romanischen Epoche; indessen tritt auch hier an Stelle des Rundbogens der Spitzbogen oder der Dreiblatt- oder Kleeblattbogen, wobei die Bogenlinie gebrochen und aus drei Kreisteilen zusammengesetzt wird. Ja sogar der maurische Hufeisenbogen wird angewendet.

Dem entsprechend werden auch die Gesimse, namentlich die so charakteristischen Rundbogenfriese umgestaltet, wobei sich die Rundbogen oft in einander verschlingen. Im Übrigen bleibt für die Gliederung des Äussern das Gesetz des romanischen Stiles. Nur an den Türmen bemerkt man ein schlankeres Aufstreben, was sich namentlich in den steilern Dachhelmen kundgibt.

Das Streben nach kräftigerer Wirkung durchdringt nun auch alle Details. An Säulenbasen, Deckplatten und Gesimsen wird durch tiefe Auskehlung und Unterschneidung, sowie durch scharfes Vorspringen der vielfach gehäuften Glieder eine schlagende Wirkung erzielt. Das Ornament erreicht oft den höchsten Grad von Schönheit und Eleganz. An den Kapitälen wird die schlankere Kelchform überwiegend gebraucht und namentlich mit knospenartigen, an langen

Stengeln sitzenden Blättern ausgestattet. Der Schaft der langen dünnen Säulen erhält häufig in der Mitte einen Ring. Oft bricht auch die Säule in halber Höhe plötzlich ab und bezeichnet die Stelle ihres Aufhörens durch reichgezierte konsolenartige Glieder, wahrscheinlich ein Mittel um Raum zu gewinnen.

Gegen die Mitte des 13. Jahrhunderts musste der Übergangsstil dem von Frankreich einbrechenden gotischen das Feld räumen.

b) *Abweichende Kirchen-Anlagen und andere Bauten.* Zu den von der Basilikaform abweichenden Formen gehören vorerst die einfachen Dorfkirchen, die meistenteils nur *einschiffig* sind und des Querschiffes entbehren. Daneben trifft man auch *zweischiffige* Anlagen mit zwei gleich hohen und breiten Schiffen. Ausserdem giebt es eine kleine Zahl kirchlicher Bauwerke, welche auf die *kreisrunde* oder *polygone* Form zurückgehen, deren Innenraum entweder ungeteilt behandelt und mit einer Kuppel bedeckt wurde oder einen durch Säulen getrennten niedrigern Umgang erhielt. Beliebt war diese Form besonders für Tauf- und Totenkapellen.

Eine sehr originelle Bauanlage treffen wir in den *Doppelkapellen*, die man namentlich auf Burgen findet. Hierbei sind zwei Kapellen von derselben Grundform aufeinander angelegt und verbunden durch eine in dem Gewölbe der untern Kapelle gelassene weite Öffnung, welche den oben weilenden gestattete, an dem in der unteren Kapelle gehaltenen Gottesdienste Teil zu nehmen.

Nicht so sehr im Grundplane, aber dafür desto entschiedener im Aufbau weichen die *Hallenkirchen* von der herrschenden Basilikenform ab, bei welchen die drei Schiffe gleich hoch und oft auch beinahe gleich breit gemacht wurden.

Die Kirchen waren meist mit *klösterlichen Stiftungen* verbunden, deren umfangreiche Gebäude sich an dieselben anschlossen. Zur Verbindung der einzelnen Gebäude diente der Kreuzgang. An ihn schlossen sich der Kapitelsaal und das Refektorium, sowie die anderen Räume an. Der ganze Bezirk wurde mit Mauern umzogen (siehe Artikel Klosteranlagen).

Die *Profanarchitektur* ist noch vorwiegend einfach, und einzig macht etwa die *Schlossarchitektur* Anspruch auf künstlerische Gestaltung, so z. B. die Wartburg. Die *bürgerliche* Architektur aber ist nur sehr ausnahmsweise in dieser Epoche schon zu monumentaler künstlerischer Ausprägung gelangt. Einzelne romanische Häuser haben sich in Trier und Köln erhalten; einen seltenen Reichtum frühmittelalterlicher Architektur bewahrt Goslar.

3) *Historischer Abriss.* Die architektonische Bewegung schreitet während der romanischen Epoche in den einzelnen Ländern so verschiedenartig vor, dass es beinahe unmöglich ist, eine feste geschichtliche Einteilung aufzustellen. Nur so viel lässt sich im allgemeinen vorausschicken, dass der Baustil während des 11. Jahrhunderts durchweg eine gewisse Strenge und Einfachheit atmet, dass er im Laufe des 12. Jahrhunderts seine reichste und edelste Blüte entfaltet und gegen Ende dieses und im ersten Viertel des 13. Jahrhunderts zum Teil ausartet, zum Teil sich mit gewissen neuen Formen verbindet und ein buntes Gemisch verschiedenartiger Elemente darbietet.

Flachgedeckte Basiliken von grosser Strenge und Einfachheit der Behandlung finden sich namentlich in den sächsischen Gegenden. Überaus altertümlich und streng erscheint die Kirche zu Gernerode (gegründet 961). Freier und edler gestalten sich die antiken Reminiszenzen in der Schlosskirche in Quedlinburg. Aus dem Anfange des 12. Jahrhunderts datieren die glänzenden Werke in Hildesheim, wie die Gerhardskirche (1146) und die Michaeliskirche (beg. 1033, erneuert 1186), mit ihrer doppelchörigen Anlage, Chorumgang und reicher Turmanlage.

Einfachere Anlagen von strenger Durchführung des Gewölbebaues sind die Cisterzienserkirchen zu Loccum und Riddaghausen, beide mit geradem Chorschluss, bei letzterer aber mit Umgang und Kapellenkranz.

Am Rhein ist eine der mächtigsten Säulenbasiliken die 1030 gegründete Klosterkirche zu Limburg; ferner der 1047 beendete Dom zu Trier.

Andere Säulenbasiliken haben sich zu Hersfeld (1047), Hirschau (1071), Schwarzbach, Konstanz, Schaffhausen erhalten. Als Beispiele für Pfeilerbasiliken mögen die Dome von Würzburg und Augsburg, mehrere Bauten in Regensburg, der Dom von Salzburg (1127), der Dom von Gurk und Fünfkirchen angeführt sein.

Der *Gewölbebau* trug in Deutschland zuerst in den rheinischen Gegenden den Sieg über die flachgedeckte Basilika davon. Hieher gehört der doppelchörige Dom zu Mainz (nach einem Brande 1081 begonnen), der Dom zu Speier (1030 gegründet), der Dom zu Worms (1181 eingeweiht), die Abteikirche zu Laach (1156 vollendet). Alle diese Bauten zeigen auch bereits die reiche Turmanlage mit Vierungsturm und mehreren Treppentürmchen.

Eine originelle Anlage ist der zierliche Zentralbau der Doppelkirche zu Schwarzrheindorf.

In wesentlich verschiedener, aber ebenfalls in künstlerisch bedeutsamer Weise entwickelt das alte Köln seinen Kirchenbau. Eines der frühesten Denkmäler ist St. Maria im Kapitol (1049 geweiht). Der Bau ist von origineller Disposition. Sowohl der Chor, als auch die beiden Kreuzarme sind im Halbkreis geschlossen, aber vollständig von niedrigen Umgängen umzogen. Diese zentralisierende Behandlung der Chorpartie fand im Laufe des 12. Jahrhunderts an St. Aposteln und Gross St. Martin eine weitere Ausbildung; bei letzterer Kirche namentlich in dem imposanten Vierungsturm, auf dessen Ecken vier schlanke Türmchen vortreten. Das Gepräge des Übergangsstiles zeigt St. Gereon (1212—1227).

In der weitern Umgegend Kölns erscheint die Ruine der Abteikirche zu Heisterbach besonders durch die Chorbaute als originelle Komposition im Stile des Übergangs. Derselben Zeit gehört das nicht minder prächtige Münster in Bonn an.

Am Mittelrhein erscheint der Übergangsstil an der mit flachgedecktem Langhaus versehenen Pfarrkirche zu Gelnhausen (1235 eingeweiht), vorzüglich aber am Dom zu Limburg an der Lahn.

Ungleich strenger und schlichter tritt der Gewölbebau in den westfälischen und sächsischen Gegenden auf, so am Dom zu Soest. Die Übergangsepoche ist durch den Dom zu Münster vertreten. Namentlich finden sich in Westfalen einige Hallenkirchen, wie zu Herford, Paderborn und Methler.

In den sächsischen Gegenden tritt die Wölbung in Verbindung mit dem alten strengen Basilikenstil des Landes zuerst bedeutsam am Dom zu Braunschweig (1171) auf. Ihm folgte die Kirche zu Königslutter. Den Übergangsstil bezeichnet der 1242 geweihte Dom zu Naumburg. Den Gipfel erreicht aber derselbe im Dom zu Bamberg.

Unter den gewölbten Bauten des südlichen Deutschlands und der deutschen Schweiz sind der Dom zu Freising, die Stiftskirche zu Ellwangen und der Grossmünster in Zürich hervorzuheben.

Früh und bedeutend tritt der Gewölbebau im Elsass auf. Im strengen Stil des 11. Jahrhunderts erscheint die Kirche zu Ottmarsheim, eine wohlerhaltene Nachbildung des karolingischen Münsters zu Aachen. Aus der Frühzeit des 12. Jahrhunderts stammt die Abteikirche Murbach, die Kirche zu Gebweiler, die östlichen Teile und das mächtige Querschiff des Strassburger Münsters.

Überaus reich und glänzend hat sich gerade die letzte Epoche des Romanismus in den österreichischen Ländern ausgeprägt. In Wien zählt die Façade der Stephanskirche, sowie der edle Schiffbau der Michaeliskirche hierher. Dem Übergangsstil gehören die Cistercienserkirchen zu Heiligenkreuz, Lilienfeld und Zwetl an.

Bis tief nach Ungarn und Siebenbürgen hinein finden wir diesen prächtigen Stil verbreitet. Das Hauptwerk ungarischer Architektur ist die Kirche St. Jáck.

Eine für sich durchaus gesonderte Gruppe bilden die Bauwerke der Nordostlande, welche meist in Ziegelstein aufgeführt werden mussten und im Äusseren, da sie unverputzt blieben, eine malerische Wirkung erzeugten. Namentlich ergab sich für die Detailbildung manche Umgestaltung. Die Basen wurden vereinfacht und die Kapitäle aus der Würfelform in den massigeren Backsteincharakter übersetzt. Oft allerdings nahm man für diese Details auch den Haustein zu Hilfe. Unter den vorhandenen Denkmalen steht die Klosterkirche zu Jerichov in der Altmark, eine flachgedeckte Säulenbasilika, als eins der bedeutendsten Beispiele da.

In gleicher Mannigfaltigkeit und Pracht, wie in Deutschland, bildete sich der romanische Baustil auch in den übrigen Ländern, in Italien, Frankreich, England, Skandinavien und Spanien aus. *Lübke*, Grundriss der Kunstgeschichte. *Otte*, Geschichte der deutschen Baukunst. *Kugler*, Geschichte der Baukunst. *Schnaase*, Geschichte der bildenden Künste des Mittelalters.

Rosengarten, siehe Heldensage.

Rosenkranz, *rosarium*, Paternoster, heisst die durch eine Reihe Perlen gezogene Schnur, deren man sich in der römischen Kirche bedient, um eine bestimmte Anzahl von Vaterunsern oder Ave-Maria's zu beten. Die Sitte, das Vaterunser mehrmals zu wiederholen, wird im Einsiedler- und Mönchsleben schon des 5. Jahrhunderts erwähnt; zu dieser Zeit hat ein Abt Paulus in der Wüste Pherme das Vaterunser 300 mal hintereinander gebetet, wobei er sich 300 gezählter Steinchen bediente. Der eigentliche Rosenkranz wurde aber erst von den Dominikanern gebraucht; es ist möglich, dass die Kreuzzüge den Gebrauch des Rosenkranzes deshalb begünstigten, weil auch die Brahminen und Mohamedaner sich desselben bedienten. Der Name Rosenkranz ist ohne Zweifel der aus Rosen hergestellten Krone nachgebildet; die mittelhochdeutschen Wörterbücher kennen das Wort in dieser Bedeutung noch nicht; nach Weigand soll es im 15. Jahrhundert aufgekommen sein. Volksmässig wurde der Gebrauch des Rosenkranzes jedenfalls erst nach der Reformation, als deutliches Unterscheidungszeichen den Protestanten gegenüber. Unter den Rosenkranzandachten sind die bekanntesten: 1) Der vollständige oder Dominikaner-Rosenkranz, besteht aus 15 Dekaden kleiner Marienperlen, welche durch 15 grössere Paternoster-Perlen getrennt sind, zum Abzählen von je zehn englischen Grüssen zwischen zwei Vaterunsern. 2) Der gewöhnliche Rosenkranz umfasst fünf Dekaden Marienperlen und fünf Paternosterperlen; dreimal wiederholt bildet er den Marienpsalter. 3) Der mittlere Rosenkranz mit 63 Marien- und sieben Paternosterperlen, zur Andeutung der 63 Lebensjahre, welche die Legende der Jungfrau Maria beilegt. 4) Der kleine Rosenkranz hat zur Erinnerung an die 33 Lebensjahre Christi drei Dekaden Marienperlen und drei Paternosterperlen. 5) Der englische Rosenkranz, *rosarium angelicum*, hat ebensoviel Perlen wie der vorige; doch wird bei jeder Dekade der Marienperlen nur zu der ersten Marienperle der englische Gruss gesprochen, zu den folgenden nur das Sanktus mit der kleinen Doxologie. 6) Die Krone besteht aus 33 Paternostern zum Gedächtnis der 33 Lebensjahre Christi und aus fünf Ave-Maria zur Feier der fünf Wunden desselben.

Die erste *Rosenkranzbruderschaft* stiftete 1475 in der Dominikanerkirche zu Köln der Dominikaner Jakob Sprenger, derselbe, der sich mit der Hexenverfolgung berühmt gemacht hat und Mitverfasser des im Jahre 1489 erschienenen Hexenhammers gewesen ist. Sixtus IV., der die Brüderschaft mit einem Ablass privilegierte, forderte zur Verbreitung derselben unter Männern und Frauen auf. *Steitz* in Herzogs Real-Encykl.

Rosenkreuzer sollten die Teilnehmer einer geheimen Gesellschaft sich genannt haben, von denen die in Kassel 1604 erschienene anonyme Schrift: „*Fama Fraternitatis* des löblichen Ordens der Rosenkreuzer", die Schrift vom Jahre 1615: „*Confession* oder Bekandtnis der *Societat* und Brüderschaft *R. C.* An die Gelehrten *Europae*" und die Schrift vom Jahr 1618: „Chymische Hochzeit. Christian Rosenkreutz" Kunde gaben. Es war darin von einer geheimen Gesellschaft berichtet, die ein gewisser Christian Rosenkreutz vor etwa 200 Jahren errichtet habe. Derselbe, 1388 geboren, sei im Orient gewesen, sei von den Arabern in die Geheimnisse der Physik und Mathematik eingeweiht worden und habe, nach Deutschland zurückgekehrt, mit wenigen Freunden einen geheimen Orden gestiftet, der hauptsächlich der unentgeltlichen Heilung der Kranken gewidmet worden sei; übrigens seien die Brüder im Besitz der höchsten Wissenschaft und bei makellosem Lebenswandel frei von Krankheit und Schmerz, jedoch wie andere dem Tod unterworfen. Da es der Ratschluss Gottes sei, dass jetzt um der Welt Glückseligkeit willen die Brüderschaft vermehrt und ausgebreitet werde unter allen Ständen, Fürsten und Unterthanen, Reichen und Armen, so wurde durch diese Schriften zum öffentlichen Beitritt eingeladen. Als Verfasser galt schon früh *Joh. Valentin Andreä*, ein württembergischer Theolog 1586—1654, der damit die Geheimnissucht und die Vorliebe für mystische Thorheiten geisseln wollte. Es entwickelte sich bald eine Litteratur, die für und wider den vermeintlichen Orden Partei nahm. Eine ums Jahr 1622 im Haag entstandene und von da weiter verbreitete Gesellschaft von Alchymisten nannte sich Rosenkreuzer, ähnlich wie im 18. Jahrhundert ein Zweig der Freimaurer sich mit demselben mystischen Namen zu decken beliebte. *Klüpfel* in Herzogs Real-Encykl.

Rother, König, heisst ein episches Gedicht eines unbekannten Dichters, das, in den Rheinlanden entstanden, der Vorbereitungszeit der höfischen Litteratur angehört und zur byzantinisch-palästinischen Dichtung gezählt wird. König Rother herrscht zu Bari in Apulien und sendet, da er sich zu vermählen beschlossen hat, zwölf Mannen nach Konstantinopel zu Kaiser Konstantin, Werbung anzustellen um dessen Tochter; die Boten werden aber gefangen genommen und in den Kerker gesteckt; worauf Rother selber unter fremdem Namen nach Konstantinopel fährt und die Königstochter entführt; Konstantin aber lässt dieselbe durch einen Spielmann, der sie auf sein Schiff lockt, dem Rother wieder entreissen. Darauf zieht Rother mit einem grossen Heere vor Konstantinopel und zwingt den Kaiser, ihm seine Frau wieder herauszugeben. Erst infolge späterer Erfindung ist diese namenlose Frau zur Ahnmutter Karls des Grossen gemacht worden. Ausgabe mit Einleitung von *Heinrich Rückert*, König Rother. Leipzig, 1872.

Rotwelsch, siehe *Gauner*.

Rudolf, Graf, ist ein episches Gedicht aus der Vorbereitungsperiode der höfischen Kunstepik, ums Jahr 1170 entstanden, das einen flandrischen Grafen Rudolf zu Jerusalem, Askalon und Konstantinopel im Kriege mit Heiden und Christen und im Liebesbunde mit einer heidnischen Königstochter zeigt. Ausgabe von Wilhelm Grimm, Göttingen, 1844.

Rulandsbilder. Die älteste Erwähnung der von Thüringen an über ganz Norddeutschland verbreiteten Rulandsbilder geschieht in einer Bremer Urkunde vom Jahr 1111; ein häufigeres Vorkommen derselben ist erst durch die Schriftsteller des 15. Jahrhunderts konstatiert. Sie finden sich sämtlich in Ländern, von welchen aus die germanische Herrschaft von den Zeiten Karls d. Gr, an nach dem Norden sich ausbreitete und unter den Ottonen sich befestigte, wobei sich drei Kreise unterscheiden lassen: der eine an den Küsten der Nordsee, mit Bremen und Hamburg als Zentren, der andere das Erzbistum Magdeburg, und der dritte die Mark Brandenburg, Uckermark und Neumark. Die Rulandsbilder waren in der ältesten Zeit insgesamt aus Holz geschnitzt und sind erst bei späterer Erneuerung seit dem 15. Jahrhundert durch Stein ersetzt worden. Die Ausführung ist durchaus in kolossaler Grösse, die den Eindruck des Riesigen und Gewaltigen, ja Schreckhaften hervorbringen soll. Die durchschnittliche Grösse scheint 13—14 Fuss gewesen zu sein. Alle Rulandsbilder stellen einen aufrecht stehenden bewaffneten Mann in ernster gebietender Haltung dar, die meisten einen noch jugendlichen, das Kinn völlig bartfrei, Schnurrbart nur selten, das Haupthaar voll und lockig, die Augen gross, der Blick starr. Das Haupt ist meist unbedeckt, selten von einer Königskrone oder einem Helm geziert. Den Leib schützt meist der ritterliche Harnisch des 15. Jahrhunderts, mit Arm- und Beinschienen; ältere Bilder aber zeigen als ältern Typus die kaiserliche Tunica. Die Hände sind mit Handschuhen bedeckt. Charakteristisch ist das gerade und entblösste Schwert, welches der Ruland meist in steifer Haltung in der rechten Faust trägt. Der Schild scheint erst später beigefügt worden zu sein. Der Standort des Rulands ist meist der Marktplatz vor dem Rathause; hier steht er ohne Bedachung unter freiem Himmel.

Da vor dem Ruland unter freiem Himmel auf dem Markte Gericht gehalten zu werden pflegte, scheint seine erste Bedeutung diejenige einer *Gerichts-*, inbesondere einer *Blut*-Säule gewesen zu sein. Und zwar scheint das Rulandsbild hervorgegangen zu sein aus der ältern Sitte, an Gerichtsplätzen einen Dingbaum oder einen Pfahl mit einem daran gehängten Schild oder Schwert zu errichten. In enger Verbindung damit steht die Bedeutung des Ruland als *Marktsäule* (vgl. den Art. *Markt*). Insofern sodann jeder Ort, der zur Stadt oder zum Marktflecken erhoben wurde, eine Immunität vom gemeinen Landgerichte erhielt, wurde der Ruland auch ein Wahrzeichen der städtischen Immunität oder eine *Mundats-Säule*, ähnlich andern Mundats-Zeichen in der Form steinerner Kreuze, worauf eine Hand abgebildet war, hervorgegangen aus ältern hölzernen' Kreuzen mit angehängtem kaiserlichem Handschuh. In den Reichsstädten nahm endlich der Ruland noch eine besondere Bedeutung an, insofern er das Wahrzeichen der *Reichsfreiheit* wurde.

Aus den genannten Bedeutungen der Rulandssäule ergibt sich, dass der Ruland ursprünglich ein Kaiserbild ist, das den *Kaiser als Richter* darstellt, als denjenigen, von dem allein die Gerichtsbarkeit, namentlich die über Hals und Hand, erworben werden konnte, der der oberste Richter und die Quelle aller Gerichtsbarkeit ist. Insofern es nun wahrscheinlich ist, dass die Rulandsbilder zuerst in der Zeit der Ottonen entstanden sind, lässt es sich vermuten, dass sie ursprünglich den *roten König Otto* oder *Otto II.* dargestellt haben, auf den verschiedene Thatsachen hinweisen.

Der Name *Rulandssäule* wird von Zöpfl als eine auf dem roten Lande, der roten Erde, d. h. auf der Blutgerichtsstätte errichtete Säule erklärt. Als man diese älteste Bedeutung nicht mehr verstanden hätte, sei der Name auf den Paladin Karls d. Gr. gedeutet worden; mitunter wurde der Säule auch das Standbild Karls d. Gr. oder eines mächtigen Landesherrn, wie Heinrich der Löwe, untergeschoben; an einigen Orten sank der Ruland bis zum städtischen Schildhalter herunter. Endlich sind auch auf die Rulandsbilder mancherlei Gebräuche und Sagen übertragen worden, welche teils an den Schwert-Gott *Ziu*, teils an den *Frô*, ja selbst an *Wuotan* erinnern. Nach *Zoepfl*, die Rulands-Säule, Leipzig 1861, auch Bd. 3 von Zoepfls Altertümer des deutschen Reichs und Rechts.

Runen heissen die von den Germanen angewendeten Schriftzeichen; der Bedeutung des Wortes gemäss, got. *runa*, ahd. *rûna* = Geheimnis, geheimer Ratschlag, wurde diese Schrift nicht für zusammenhängende schriftliche Aufzeichnung des gewöhnlichen Lebens, sondern zur Losung und Weissagung, zu Segens- und Verwünschungsformeln angewendet. Die Runenzeichen stammen aus dem griechisch-phönikischen Alphabet; wie und wann sie den Germanen zukamen, ist nicht bekannt; wahrscheinlich geschah es auf dem alten Handelswege von Griechenland und dem Schwarzen Meere her. Die Anwendung der Runen zur Losung geschah dergestalt, dass man Stäbchen aus den Zweigen von fruchttragendem Hartholze, besonders von der Buche (daher ahd. *buochstab*, Buchstabe, in der Bedeutung von Lautzeichen und das Wort *buoch* = das Buch, aus die *buoche*, ahd. *puocha*) schnitt, in jedes Stäbchen eine Rune ritzte und aus den aufs Geratewohl herausgegriffenen Runenstäbchen eine Deutung zu gewinnen suchte; dabei vertraten die Runen nicht sowohl einzelne Laute, als Begriffe, mystische Zeichen, die erst durch das gesungene Lied, worin die Runen als Anlaute gewisser Hauptworte allitterierend wiederkehrten, ihre Bedeutung erhielten. Daher die Rune auch Stab hiess, wie die allitterierenden Begriffswörter des stabreimenden Verses. Der technische Ausdruck für das Einschneiden oder Einritzen der Runen war ahd. *rîzan*, altsächs. und angelsächs. *wrîtan*, in engl. *write*, erhalten und nhd. Abriss, Reissbrett, das Wort wurde durch das lat. *scribere* verdrängt, ahd. *scrîban*, nhd. schreiben. Erst mit der Zeit lernte man die Runen als blosse Lautzeichen verwenden. Das erste Runenalphabet enthielt ursprünglich bloss 15 oder 16 Zeichen, später erhielt es eine Erweiterung bis zu 22, bei den Angelsachsen sogar bis zu 33 Zeichen. Der Gebrauch der deutschen Runen hörte mit der Einführung der lateinischen Schrift durch christliche Lehrer schnell auf; bei den Angelsachsen und den Skandinaviern erhielt sich die Runenschrift bis tief in die christliche Zeit. Aus einer Vermischung des Runenalphabetes mit dem griechischen schuf Ulfilas sein gotisches Alphabet. *W. Grimm*, über deutsche Runen, Göttingen 1821. *W. Lilienkron und Müllenhoff*, zur Runenlehre. Zwei Abhandlungen. Halle 1852. *Zacher*, das gotische Alphabet Vulfilas und das Runenalphabet. Leipzig 1855. Über die in der letzten Zeit gefundenen und erklärten Runen vgl. namentlich *Dietrich* in Haupts Zeitschrift für deutsch. Altert. Band XIII, 1867 und Pfeiffers Germania X, 1865.

Ruodlieb heisst ein von einem unbekannten Klostergeistlichen, wahrscheinlich in Bayern, ums Jahr 1050 in Hexametern verfasstes episches Gedicht, das zwar Anklänge an die überlieferte Sage hat, sonst aber nach Art des Romans seinen Stoff frei erfindet. Das Gedicht ist nur Bruchstückweise erhalten. Es findet sich abgedruckt in Grimms und Schmellers lat. Gedichten des 10. und 11. Jahrhunderts. Göttingen 1838; neue Ausgabe von Friedr. Seiler, Halle 1882.

Rüstung. Im weiteren Sinne versteht man unter der Rüstung die vollständige Bewaffnung eines Kriegers, im engeren Sinne nur die Schutzwaffen. Siehe die Art. Harnisch und Helm.

S.

Säbel. Das Wort stammt aus dem Slavonischen *(sabla)*, welches eine einschneidige, gekrümmte Hiebwaffe bedeutet. Der Säbel war als solcher schon den alten Persern und Iberiern, sowie den Römern zu Trajans Zeit bekannt. In Deutschland erscheint er schon im 4. Jahrhundert neben dem eigentlichen Schwert, kommt aber in eigentlichen Gebrauch erst im 17. Jahrhundert.

Sachsenspiegel ist der erste Versuch, das gesamte deutsche Recht wissenschaftlich darzustellen; die alten Volksrechte waren in Vergessenheit geraten; die Reichsgesetzgebung war spärlich und beschäftigte sich meist bloss mit dem Strafrecht und der Aufrichtung von Landfrieden; die übrigen Rechtsquellen waren lokaler Art, Stadt-, Dorf-, Hof- und Dienstrechte; erst im Anfang des 13. Jahrhunderts unternahmen es Privatleute, die allgemeinen Rechtsgrundsätze in grösseren Arbeiten zusammenzustellen, wobei sie nicht bloss das Bedürfnis der Schöffen im Auge hatten, sondern zugleich versuchten, das gesamte Recht darzustellen, Privatrecht, Strafrecht und Gerichtswesen, Staatsrecht und Recht der Kirche, soweit es von praktischem Interesse sein konnte. Das wichtigste dieser Rechtsbücher ist der in niederdeutscher Sprache verfasste *Sachsenspiegel.* Derselbe ist von *Eike von Repgowe* verfasst, einem Manne aus ritterbürtigem Geschlecht, das sich nach dem zwischen Dessau und Köthen liegenden Dorfe Reppichau nannte, er wird in den Jahren 1209—1233 als Schöffe in der Grafschaft Billingshöhe in der Nähe des Harzes aufgeführt. Er schrieb sein Rechtsbuch wahrscheinlich zwischen 1226 und 1238 zuerst in lateinischer Sprache und übersetzte dasselbe erst auf Veranlassung des

Grafen Hoier von Falkenstein ins Sächsische. Spiegel nannte er es nach der litterarischen Mode seiner Zeit, da das Recht seines Volkes gewissermassen in einem Spiegel zur Anschauung gebracht werden sollte. Das Buch zerfällt in das *Sächsische Landrecht* und das *Sächsische Lehnrecht*. Landrecht ist hier das Recht, wie es in den Landgerichten, welchen die Freien unterworfen sind, gehandhabt wird; nur dem Recht des freien Ritters und des freien Bauern ist also das Buch gewidmet; die Städte werden nur gelegentlich erwähnt und das Hof- und Dienstrecht ausdrücklich ausgeschlossen. Geschriebene Quellen sind im Landrecht sehr wenige benützt, vom römischen Recht fast keine Spuren. Einzelne Bestimmungen haben einen sehr altertümlichen Charakter, der dem 12. Jahrhundert oder noch früherer Zeit angehört; so entspricht die Schilderung der ständischen Verhältnisse wenig dem im 13. Jahrhundert schon allgemein herrschenden Lehnwesen: die fünf sächsischen Königspfalzen entsprechen wohl dem 11. aber nicht dem 13. Jahrhundert, so dass es scheint, der Verfasser habe sich bisweilen an altherkömmliche Traditionen gehalten, deren praktische Bedeutung längst abhanden gekommen war. Ursprünglich war das Landrecht bloss in einzelne Artikel eingeteilt, erst von späteren Abschreibern stammt die Gliederung in drei Bücher, wozu dann als viertes das Lehnrecht kommt. Die Zahl der Handschriften ist eine sehr grosse.

Als dem sächsischen Landrecht eigentümliche Auffassungen hebt *Stobbe*, I, S. 301, folgende heraus: „Vor Gott, welcher den Menschen nach seinem Bilde schuf, sind alle Menschen gleich und in der Zeit, als die Sachsen das Land eroberten, gab es keine Knechte, sondern alle waren frei; überhaupt gibt es keinen Grund, warum einer der Gewalt des andern unterworfen sein soll. Der Mensch, Gottes Bild, soll nur Gott angehören, und wer ihn einem andern unterwerfen will, der handelt wider Gott. In Wahrheit hat die Knechtschaft ihren Ursprung in Zwang, Gefangenschaft und unrechter Gewalt, und was zuerst durch Unrecht seinen Anfang nahm, sucht man jetzt wegen der langen Gewohnheit als Recht zu behaupten. Als Gott den Menschen schuf, gab er ihm Gewalt über Fische, Vögel und wilde Tiere, daher kann niemand seinen Leib an diesen Dingen verwirken, aber der König gibt den wilden Tieren an bestimmten Orten durch seinen Bann Frieden. Die Welt wird durch zwei Gewalten regiert, die weltliche und die geistliche: von den zwei Schwertern, welche Christus auf der Erde zurückliess, um die Christenheit zu beschirmen, gehört dem Papst das geistliche und dem Kaiser das weltliche. Der Papst reitet zu gewissen Zeiten auf einem Schimmel und der Kaiser soll ihm den Steigbügel halten, damit sich der Sattel nicht verschiebe. Das ist ein Zeichen dafür, dass wenn sich ein Widerstand gegen den Papst erhebt, und er ihn mit dem geistlichen Recht nicht zu heben vermag, der Kaiser mit seinem weltlichen Recht ihm den Gehorsam erzwinge. Und ebenso soll auch die geistliche Gewalt der weltlichen helfen. Beide Gewalten sollen also in Eintracht neben einander bestehen, jede hat ihren eigenen Kreis und keine ist der andern übergeordnet. Daher darf der Papst mit seinen Geboten nicht das weltliche Recht umändern und kann den Bann gegen den Kaiser nur aussprechen, wenn er an dem rechten Glauben zweifelt, sein eheliches Weib verlässt oder Gotteshäuser zerstört. Der König ist der gemeine Richter überall und richtet auch über Leib und Leben der Fürsten; aber er ist nicht Herr alles Rechts, sondern selbst dem Gesetz unterworfen und verantwortlich; er muss vor dem Pfalzgrafen zu Recht stehen und kann seinen Leib verwirken, nachdem ihm das Reich durch Urteil aberkannt ist. Da er nicht überall in seinem Reich sein und nicht jedes Urteil richten kann, so setzt er Grafen und Schultheissen ein, welche von ihm ihre Gewalt haben.“

Der Sachsenspiegel erlangte schnell eine weitausgedehnte Verbreitung, namentlich in den nördlichen Gegenden Deutschlands; er galt nicht bloss als Rechtsbuch, sondern bei den Gerichten sogar als Gesetzbuch; wozu unter andern die allmählich entstandene Ansicht beitrug, dass der Sachsenspiegel auf einem Privileg Karls des Grossen und auf andern Kaisergesetzen beruhe. Auch bei andern Volksstämmen hat der Spiegel Verbreitung gefunden und ist die Quelle einer grossen Zahl von Rechtsbüchern geworden, die mittelbar oder unmittelbar von ihm abstammen. Dazu gehören der *Deutschenspiegel* und der *Schwabenspiegel* für ganz Süddeutschland; dann das *Magdeburgische Weichbildrecht*, das sich über ganz Sachsen ausbreitete, der sogenannte *vermehrte Sachsenspiegel* oder das *Rechtsbuch nach Distinktionen*, das in Thüringen entstand, der *Richtsteig Landrechts*, ein Märkisches Lehrbuch des Prozesses, und der *Richtsteig Lehnrechts*. Für Breslau und Polen wurde der Sachsenspiegel ins Lateinische, für Polen auch ins Polnische übersetzt, für das Herzogtum Breslau als Landrecht publiziert, für Görlitz und Holland besonders bearbeitet. Endlich entnahmen eine grosse Anzahl Stadtrechte einzelne Sätze und ganze grössere Partien dem Sachsenspiegel, z. B. diejenigen von Hamburg, Lübeck, Stade, Bremen, Berlin, Gosslar; andere Städte und Gerichte, wie Krakau und Braunschweig, liessen den Sachsenspiegel abschreiben, um ihn beim Rechtsprechen zu Grunde zu legen; der dritte Teil Deutschlands, hiess es noch am Ende des Mittelalters auf einem deutschen Reichstage, lebe nach dem Sachsenspiegel, ja es bildete sich allmählich die Ansicht, dass der Sachsenspiegel *gemeines* Recht sei.

Der Sachsenspiegel regte auch zuerst die Thätigkeit deutscher Rechtslehrer zu wissenschaftlicher Bearbeitung der Rechtsquellen auf, offenbar in Nachahmung italienischer Rechtslehrer, und zwar war es vornehmlich der Gegensatz deutscher und römischer Rechtsgrundsätze, der diese Arbeiten veranlasste. Diese Schriften heissen *Glossen zum Sachsenspiegel*, deren älteste dem märkischen Ritter *Johann von Buch*, in Urkunden 1321 bis 1355 genannt, angehörte; sein Werk ist wie der Spiegel selber in niederdeutscher Sprache geschrieben. Endlich hat man auch den Text des Sachsenspiegels durch *Bilder* zu erläutern versucht, die man in mehreren Handschriften findet; diejenigen der Heidelberger Handschrift, deren Originale dem 13. Jahrhundert anzugehören scheinen, sind in Auswahl herausgegeben von *Kopp*, Bilder und Schriften der Vorzeit, 1819; vollständig in: Teutsche Denkmäler, herausgegeben und erläutert von *Batt*, *v. Babo*, *Eitenbenz*, *Mone* und *Weber*, erste Lieferung Heidelberg 1820. — Die älteste gedruckte und datierte Ausgabe des Sachsenspiegels erschien 1474 zu Basel. Nach *Stobbe*, Geschichte der deutschen Rechtsquellen, Braunschweig 1860. Die bedeutendste Ausgabe des Sachsenspiegels ist die von *Homeyer*, 2. Ausgabe. Berlin 1835.

Sage, siehe *Heldensage*.

Salisches Gesetz, siehe *Leges barbarorum*.

Salomon und **Markolf** heissen

eine Reihe älterer deutscher Dichtungen. Die erste derselben, der höfischen Epik vorausgehend, von einem fahrenden Sänger strophisch gedichtet, enthält ein Gewebe von Entführungsgeschichten, die zwischen Salomo, König von Jerusalem, und den heidnischen Königen Pharao und Princian um Salomons Weib Salome bestanden werden; Salomons Bruder Morolf erscheint dabei als listiger Diener, der jenem die zweimal durch List geraubte Gemahlin zweimal durch grössere List wiedergewinnt. Ein jüngeres, dem 14. Jahrhundert angehöriges Gedicht, Salomon und Markolf, das im 15. Jahrhundert überarbeitet wurde, stellt dem weisesten Könige den hässlichen und tölpelhaften Bauern Markolf gegenüber, der zur Verspottung der Weisheit allerlei Narrenstreiche begeht. Derselbe Stoff, der auch in lateinischer Bearbeitung vorliegt, wird schliesslich zu einem weit verbreiteten prosaischen Volksbuch verarbeitet, das zuerst 1487 zu Nürnberg erschien und den Titel führt: Frage und Antwort Salomons und Markolfi. Siehe die deutschen Dichtungen von Salomon und Markolf, herausgegeben von *Friedrich Vogt.* I. Band. Halle 1880.

Salzfass. Neben den thönernen Salzfässern des Bürgerstandes findet man auf den Tafeln der Vornehmen für diesen Zweck Gold- und Silbergefässe, die oft auf Rädchen laufen, damit die Tischgenossen dieselben sich leichter zuschieben können. Vorhanden ist im *Musée de Cluny* ein zinnernes aus dem 13. Jahrhundert, auf dessen Deckel die Verkündigung dargestellt ist. Das bekannteste aber ist das goldene Salzfass Franz I., gefertigt durch Benvenuto Cellini, gegenwärtig im Münz- und Antikenkabinet in Wien zu sehen. Es ist freilich mehr ein Schaustück, das seinem Zweck entfremdet ist. Der Unterbau ist oval, nach oben mässig verjüngt, stellt Felsgestein dar, von See- und Landtieren, Schlingpflanzen, Blumen und Früchten umgeben. Auf diesem ruht einerseits Neptun mit dem Dreizack, der Gott des Meeres, der das Salz spendet. Er neigt sich etwas rückwärts, die Hand auf ein kleines Schiffchen legend, das zur Aufnahme des Salzes bestimmt ist. Auf der entgegengesetzten Seite sitzt Cybele als die fruchtbare Erde, die den Pfeffer erzeugt; dessen Behältnis lehnt sich an einen zierlichen Tempel. Beide Figuren sind nackt und wie alles übrige von reinstem Golde.

Särge machten die Deutschen in vorchristlicher Zeit einfach aus einem Baumstamm, indem sie ihn durchsägten, die eine Hälfte aushöhlten und die andere als Deckel benutzten. Das waren die eigentlichen *Baumsärge* oder *Totenbäume,* welch letzterer Ausdruck sich bis in unsere Zeit erhalten hat. Die Särge waren zwar noch selten; etwas häufiger wurden sie mit der Einführung des Christentums, und zwar waren es im 9. und 10. Jahrhundert Behälter von Holz oder Stein, im ersteren Falle *Kästen* oder *Tonnen.* Die Truhen erhielten auf dem Deckel etwa eine sägeblattartige Stabverzierung, die — wie man vermutet — eine Schlange darstellen soll. Die Einführung des Christentums setzte an deren Stelle das Kreuz.

Die *Steinsärge* oder *Sarkophage* waren schon im Altertum bekannt. Der letztere Name bezeichnete anfangs den Sargstein, einen kleinasiatischen Kalkstein, der die Verwesung der Toten befördert haben soll und den die Griechen und Byzantiner darum mit Vorliebe zum Auslegen der Särge benutzten. Später verstand man darunter einfach einen steinernen Prunksarg. Das Material war Sandstein, Marmor, Porphyr, Granit, Basalt und dergleichen. Auch in deutschen

Gegenden waren diese Särge bekannt. So berichtet das Nibelungenlied über Siegfrieds Beerdigung:

„Smide hiez man gâhen, bewürken einen sark,
von edelm mermelsteine vil michel unde stark,
man hiez in vaste binden mit gespenge guot.“

Auch diese Steinsärge waren kistenförmig, und sie zuerst hatten einen giebelförmigen Deckel. Die Seitenflächen wurden bald architektonisch gegliedert und der Deckel mit der in Stein gehauenen Porträtfigur des Verstorbenen geziert. Daneben sind namentlich einige auf uns gekommene altchristliche Särge (Rom, Ravenna, Mailand, Spalato), mit biblischen Darstellungen geschmückt, sehr sehenswert.

Sattel, siehe *Pferd.*

Saufänger nannte man einen im späteren Mittelalter bei der Eberjagd gebrauchten Spiess mit messerförmiger Klinge und fast meterlangem Schaft.

Sax (*scramasax*). Ein einschneidiges Stutzschwert, *semispatum.* Siehe Schwert.

Schachspiel. Dasselbe war als Kriegsspiel in Indien im 6. Jahrhundert erfunden, von da nach Persien gekommen und hatte in Arabien seine Ausbildung gefunden. Von hier kam es nach dem Abendlande, wo es Peter Damani, der Freund Gregor VII., als leidenschaftliches Spiel der Priester verklagt, Mitte des 11. Jahrhunderts. Seit dem 13. Jahrhundert findet man die Spuren des Spiels in den Dichtungen der höfischen Periode weit verbreitet; sein mhd. Name ist *schâchzabel,* dessen *zabel* das lat. *tabula* = Tafel, Brett ist; entstellte Formen sind *schâfzabel, schâfzapel, schachttapel;* Schach spielen heisst *schâchzabel ziehen, spilen,* sich daran *setzen;* der und das *schâch* bedeutet den König im Schachspiel, das Brett und das Spiel. Die ältesten erhaltenen Schachfiguren gehören dem 12. Jahrhundert an, schwere faustgrosse Stücke aus Elfenbein, Hirschhorn oder Holz. Die mittellateinischen Namen der *schâchzabelgesteine* sind *rex, domina* oder *femina* oder *regina, eques, alficus* oder *senex, rochus, pedites,* die altfranzösischen *roy, roine* oder *fierge, chevalier, dauphin, roch, péons,* die deutschen *künec, küneginne, ritter,*

Fig. 153. Schachspiel, aus Ingolds goldenem Spiel.

alte, roch, venden oder *vuozgengen.* Der Dominikaner Jakobus de Cessoles, 1250—300, hielt eine Reihe Predigten über das Schachspiel, worin er dasselbe symbolisch-allegorisch auslegte; dieselben fanden lateinisch und übertragen die weiteste Verbreitung; auch ins Deutsche waren sie übersetzt. Ausserdem giebt es in deutscher Sprache vier zum Teil von Cessoles abhängige allegorische Schachgedichte, deren bekanntestes von Konrad von Ammenhusen, Leutpriester zu Stein am Rhein, stammt. Dazu Fig. 153 aus *Ingolds goldenem Spiel*, Augsburg 1472. *Weinhold*, deutsche Frauen. 2. Auflage I, 116 ff.; *Schultz*, höfisches Leben, I, 415.; *Massmann*, Geschichte des mittelalterlichen Schachspieles, Quedlinburg 1839. *A. v. d. Linde*, Geschichte und Litteratur des Schachspieles, Berlin 1874. Ebenderselbe, Quellenstudien zur Geschichte des Schachspieles, Berlin 1881.

Schamkapsel nannte man denjenigen Teil der Plattenrüstung, der die Geschlechtsteile des Mannes fasste und schützte. Das Wort begreift im weiteren Sinne auch das vorgenähte Säckchen oder Lätzchen in sich, das die knappe Hose des 15. Jahrhunderts nötig machte und das auch bei der weiten Pluderhose beibehalten war.

Schandbilder waren die gebräuchlichsten Begleiter der *Schandbriefe,* die ungeduldig gewordene Gläubiger ihren Schuldnern zustellten oder an öffentlichen Plätzen anschlugen. Sie erklärten den Dargestellten als ehrlos. Beliebt waren: Hängen, Rädern, Stäupen, Prangerstehen, Esels- und Sauritt u. s. w., überhaupt Darstellung derjenigen Strafmethoden, die gegen öffentliche Vergehen thatsächlich ausgeführt zu werden pflegten.

Schapel, siehe *Kopfbedeckung.*

Schärpe. Sie ist ein breitgesticktes Band, das vom 13. Jahrhundert an von den Rittern als Standesabzeichen getragen wurde und zwar um den Leib gebunden oder über die rechte Schulter nach der linken Hüfte.

Scharwacht nannte man im Kriegsdienst die patroullierende Wacht. Der Name hat sich auf die kleinen Wachttürmchen an den Ecken der Wälle übertragen und lebt heute noch mancherorts im Munde des Volkes fort in dem ausserordentlichen Nachtwachedienst zur Beaufsichtigung und Unterstützung der Nachtwächter bei erhöhter Feuersgefahr, z. B. bei starkem Föhn in den Bergthälern der Alpen.

Schaube, siehe *Mantel* und *Tracht.*

Schenk, siehe *Hofämter.*

Schere. Die Schere kommt annähernd in ihrer jetzigen Form schon auf Bildern des 10. Jahrhunderts vor, am häufigsten hat sie aber durch das ganze Mittelalter die Form unserer Schafscheren.

Schiffahrt, siehe Seewesen,

Schild. Unter den Schutzwaffen der Germanen ist die am allermeisten verbreitete und älteste unzweifelhaft der Schild (ahd. *skilt,* ags. *scild,* got. *skildus,* nord. *skyla,* angels. *scildan*). Die Schilde der germanischen Völker, wie sie in Beschreibungen und Originaldenkmälern erhalten sind, zerfallen schon in den ältesten Zeiten in zwei ganz von einander verschiedene Arten, in die wandartigen und mit grellen Farben bemalten Gestelle und die bronzenen Rundschilde. Die ersteren waren starke Holzrahmen, ausgefüllt mit festem Flechtwerk, auf der Rückseite mit einer Handhabe versehen und sonstiger Vorrichtung zur Befestigung am linken Vorderarm. Diese Schilde waren von mächtigem Umfange und wahrscheinlich mit Tierhäuten überzogen. Auf ihnen schiffte man sogar über Ströme. Die Bronzeschilde waren kleiner, meist rund oder oval, nach aussen etwas ausgebaucht und geschmückt, mit einer Spitze auf der Mitte; auf der Innenseite ist wieder das nötige Riemenwerk für Hand und Arm. Statt der Spitze kommt nicht selten auch eine Höhlung in der Mitte vor, die nach aussen als Buckel hervortritt, innen aber für die Hand Raum lässt und mit der Handhabe überspannt ist. Ringsherum geht ein starker Bronzereif. Dergleichen Schilde finden sich vornehmlich bei den nordischen Völkern, was in dem Metallreichtum ihres Landes seine Erklärung findet. Aber auch von dem trefflichen Schutz der Gestelle weiss Cäsars Bericht über die Schlacht gegen Ariovist zu melden. Hier deckte sich die Masse mit 6 Fuss hohen, vier Fuss breiten Schilden derart, dass die vordern Glieder den Schild vor sich, die innere Masse dagegen denselben über sich hielt, daher die römischen Pfeilschützen ihnen nichts anhaben konnten, bis die kühnsten auf das Schilddach sprangen und es durchbrachen. Da solche Schilde ausserordentlich schwer zu führen waren, kamen allmählich kleinere in Gebrauch von drei bis vier Fuss Höhe und $1\frac{1}{2}$—2 Fuss Breite, die entweder aus Wurzeln geflochten und mit Leder überspannt, oder aus Brettern geschnitten waren; am liebsten scheint man das weiche und leichte Lindenholz dafür verwendet zu haben, weswegen der Schild auch geradezu Linde genannt wird (Hildebrandslied). Die Schilde waren bemalt, daher *schiltaere, schilteraere*, Schildmaler, Schildmacher. Wahrscheinlich gab es bereits Stammesfarben; wenigstens erwähnt Tacitus von dem Stamme der Arier ausdrücklich, dass er an seinen schwarzen Schilden kenntlich gewesen sei. Die altfriesischen Gesetze sprechen von braunen Schilden als den eigenen und von roten sächsischen. Die fränkischen Schilde beschreibt Apollinarius im 5. Jahrhundert als in der Mitte goldgelb, nach dem Rande zu weiss bemalt. Im Norden galt der rote Schild als Zeichen des Krieges, der weisse als ein solches des Friedens.

Eiserne Schildbuckel hatten nur die Schilde der Vornehmen. Die grösste Zahl derselben hat sich in den Gräbern des Rheinlandes gefunden. Die Buckel *(umbo)*, auch Nabel genannt, waren mit starken eisernen Nägeln und Spangen an den Schild befestigt. Der Schildbeschlag reicher Edler und Fürsten war vergoldet und oft mit Edelsteinen besetzt. Diese hatten zudem ihre Schildträger, da sie für den Notfall mehrere Schilde mit sich führten.

Im 11. und 12. Jahrhundert herrscht der mandelförmige, nabellose Hochschild vor, der an der „Schildfessel“ über den Schultern hing und den der Krieger, wenn er ihn nicht brauchte, auf dem Rücken trug. Genabelte Rundschilde trifft man nur bei leichtgerüsteten Fusskämpfern. Während des 12. Jahrhunderts nimmt bei fast allen europäischen Völkern die Grösse des Schildes allmählich ab. In Frankreich geht man sogar zu den kleinen Oval- und Kreisschilden über, während in Spanien der spitze Langschild seine höchste Entwicklung erreicht. Der kleine Dreispitz in Frankreich und der ebenfalls dreieckige rheinische Schild wurde an einem Hängebande an dem Hals getragen, damit der Reiter die linke Hand für den Zügel des Pferdes oder für das zweihändige Schwert frei habe, was bei der verbesserten Maschenrüstung, die sich bereits über den ganzen Körper ausdehnte, wohl ohne zu grosse Gefahr gewagt werden durfte.

In der Regel bildet eine Holztafel den Kern des Schildes. Der Überzug besteht beim gemeinen aus leimgetränkter Leinwand, bei schönen Exemplaren aus Leder oder Pergament; auf ersteren wurde das Wappenbild gemalt, auf letzteren ausgeschnitten, oder in kostbarem ausgeschnitztem Pelzwerk aufgenagelt. Aus Metall wurden die Schilde bei der Verbesserung der übrigen Ausrüstung und trotz derselben immer weniger gemacht, da sie nicht so schwer sein durften. Die Dichter berichten daher viel, dass Schilde in Splittern den Kampfplatz deckten, oder dass die Lanzen in denselben stecken blieben, bis der Schild für den Arm zu schwer geworden.

Die Armbrustschützen bedienten sich in der Folgezeit mit Vorliebe des Setzschildes, der Sturmwand, eines grossen, gerundeten oder nach der Mitte in eine senkrechte Kante verlaufenen Gerätes, das unten in einer geraden Linie abgeschnitten und mit schwachen Spitzen versehen war, die sich leicht in den Boden stecken liessen, so dass der Schild auf demselben feststand. Der Schütze trug den Schild auf dem Rücken an Ort und Stelle und benutzte ihn während des Kampfes als Schutzwall, indem er hinter demselben seinen Bogen spannte, was wenigstens eine Minute Zeit und seine ganze Aufmerksamkeit erforderte.

Der ritterliche Schild *(écu)* des 14. Jahrhunderts ist ziemlich klein, zumal in Frankreich. Im allgemeinen ist er dreieckig, im obern Rand bald geschweift, bald geradlinig, auch verschieden in der Stärke seiner Ausbiegung auf der Trutzseite. Schilde, welche von der dreieckigen Gestalt abweichen, werden jetzt Tartschen *(targes)* genannt, welches Wort von den einen aus dem arabischen *tarcha* oder *dardy* hergeleitet wird, als wäre dasselbe zur Zeit der Kreuzzüge entstanden; Diez aber weist nach, dass Tartsche deutschen Ursprungs ist und Schutzwehr heisst (angels. *targe*, altn. *targa*, ahd. *zarga*). Solche Tartschen haben oben rechts häufig einen Ausschnitt, um die eingelegte Lanze durchzulassen. Innen waren sie meist gepolstert und mit Schildfessel versehen. *Pavese*, franz. *pavois*, *pavart;* ital. *pavese, palvese*, nennt man die Tartsche des Fussvolkes im Unterschied zur Renntartsche. Erstere ist ein grosser Schild von ovaler oder rechteckiger Gestalt, insbesondere von Bogenschützen gebraucht seit Ende des 13. Jahrhunderts. Diese Schutzwaffe ist meist 1 m hoch und 0,49—0,60 m breit. In der Mitte hat sie eine tiefe Rinne, welche nach aussen als Rippe erscheint und dem Schild nicht nur eine grössere Festigkeit gibt, sondern es auch ermöglicht, ihn an einen in den Boden getriebenen Pfahl anzulehnen. Das Instrument gleicht in der Art seines Gebrauches der schweren Setztartsche (Setzschild).

Seit der Mitte des 15. Jahrhunderts hört der Schild auf, den Rittern im Gefechte zu dienen und erhält sich nur noch auf dem Turnierplatze; denn seit die Plattenrüstung für den Feldgebrauch (so sehr vervollkommnet durch Schulterstück und doppelten Brustpanzer) aufgekommen war, gewährte sie mehr Schutz, als der leichte Schild, und war dieser somit mehr hinderlich als förderlich. Als ausgezeichnetste Werkstätten zur Herstelltung dieser Schutzwaffen galten die zu Wien, Nürnberg, Genf, Paris und Rouen.

Der heutige Sprachgebrauch weist mehrfach darauf hin, dass der Schild auch seine symbolische Bedeutung hatte. „Schildes-Amt“ ist so viel als Ritterwürde, „Schildes-Amt haben“ heisst Ritter sein. Schon bei den alten Germanen machte nach Tacitus der Schild den heranwachsenden Knaben wehrhaft. Schild und Speer waren die Begleiter des Mannes in die Volks- und Gerichtsversammlungen. Die Zahl der streitbaren Männer wurde wie nach Rossen, Helmen und Speeren, so auch nach Schilden bestimmt. Der Schild war der Hauptträger des fürstlichen oder ritterlichen Wappens und gewann in dem ganzen Ritterwesen, besonders in der Heraldik, die weitgreifendste Bedeutung. „Den Schild verunehrt zu haben" ist der schimpflichste Vorwurf, der einen Mann treffen kann. Das Gesetz bestraft diesen Schimpf, wenn er ein unverdienter ist, mit den härtesten Strafen. Die grossen Schilde dienten nach beendetem Kampf zum Heben und Tragen der kostbaren Beute sowohl als der Toten. Der neue König (der gewählte sowohl wie der erbliche), wurde auf einem Schilde dreimal im Kreise des versammelten Volkes herumgetragen, dass Jedermann ihn sehen könne. Die Ripuarier gaben ihre Zustimmung zu den Vorschlägen *Clodovechs* durch Zusammenschlagen ihrer Schilde zu erkennen und übertrugen ihm die Herrschaft bei seiner Königswahl durch Erhebung auf den Schild. Nach *Jähns*, Geschichte des Kriegswesens und *San-Marte*, Waffenkunde.

Schildbürger heisst das bekannte, aus Stichelschwänken über Städte und Städtchen zusammengestellte Volksbuch eines unbekannten Verfassers; die erste Ausgabe führt den Titel: Die Schildbürger. Wunderseltzame Abendtheurliche, unerhörte, und bisher unbeschriebene Geschichten und Thaten der obgemelten Schildbürger in Misnopotamia hinder Utopia gelegen. Itzund also frisch zusammengetragen und auss Utopischer und Rothwelscher in Deutsche Sprach gesetzt. Durch M. Aleph, Beth, Gimel. Misnopotamia 1598. Ein anderer Name ist: Das *Lalenbuch*, gedruckt zu Lalenburg. Vgl. den Artikel Narrentum.

Schirmvogt, siehe Vogt.

Schlaraffenland. Mhd. *Slûderaffe*, *slûraffe*, ist zusammengesetzt aus *slûder*, Faulenzer, träges Geschöpf, und *affe* als Bezeichnung für den Narren, siehe den Artikel Narrentum. Der Name Schlauraffe ist im 15. Jahrhundert ein gewöhnliches Schimpfwort; Sebastian Brant schildert im 108. Kapitel des Narrenschiffes das *Schluraffenschiff*. Das ohne Zweifel durch Brant beeinflusste Gedicht Hans Sachsens stammt aus dem Jahr 1530; seitdem ist der Schwank noch öfters in Prosa und Versen behandelt worden. Vgl. *Zarncke*, Brants Narrenschiff. S. 455 ff.

Schleier, siehe *Kopfbedeckung*.

Schleuder. Die Schleuder ist als Kriegshandwerkzeug schon aus Davids Zeit bekannt und ohne Zweifel von ältesten Zeiten her viel gebraucht worden. Die Dichter erzählen uns aber wenig von ihr, da sie nur eine Waffe des gemeinen Kriegsvolkes ist und als Handwaffe an Bedeutung verliert, sobald die Bepanzerung des Mannes fester wird. Die Schleuder bestand aus einem Strick mit Riemen, dessen Ende den zu werfenden Stein in einer Schlinge fasste. War der Riemen an einem Stabe befestigt, so entstand die Stabschlinge, *stapaslinga* im Gegensatz zur *slinga*, *funda*, *fundibula*. Die Schleuderer hiessen *slingaere*. Die Tragweite erstreckte sich auf 300—350 Schritte; auf die Entfernung von 100—150 Schritte war die Wirkung eine mörderische, namentlich als in der Folgezeit auch platzende Granaten geworfen wurden.

Schmucksachen. Dass die Verarbeitung des Metalls bei den Germanen, denen sonst Handarbeit als eines freien Mannes unwürdig vorkam, in hohem Ansehen stand, bezeugt der Umstand, dass manche Halbgottheiten unter der Gestalt von Schmieden gedacht wurden, so Wieland und die Zwerge. Die erste Ehre der Schmiedekunst betraf zwar das Schwert und den Pflug, daneben aber auch mannigfachen Schmuck, wie denn Wieland dem König Neithart Schwerter und Bauge, Brustspangen und Ringe schmieden muss. Die erste Stelle unter dem Geschmeide nehmen die *Bauge* ein, dann die *Finger-* und *Armringe* (siehe den Artikel *Ring*), *Halsringe* und anderer Halsschmuck, Steinchen, Thonkügelchen, Beinstückchen, Muschelschalscheiden, Zähne und Glasflussperlen, die auf Fäden gereiht sind; auch Bernstein wird dazu verwandt. In Skandinavien werden echte oder nachgemachte byzantinische Medaillen und Goldmünzen mit Öhren am Halse getragen. Halbmondförmiges Geschmeide kommt aus Gold, Silber und Bronze vor. Ketten sind in früherer Zeit selten, erst im späteren Mittelalter sind zierliche Halskettchen beliebt. Der Anhang am Halsband erweitert sich zum *Brustgeschmeide,* das sehr mannigfache Formen aufweist, die *Gewandnadeln* oder Fibeln, Rüsche, Broschen, mhd. *bratsche* oder *brêtse*, aus franz. *broche*, *fürspan*: es sind entweder dem Dorn nachgebildete Nadeln mit Widerhaken, oder Sicherheitsnadeln mit Bügeln, diese letzteren oft als rohes, phantastisches Tierbild behandelt; seltener ist die Schild- oder ovale Schalenform. Statt der Nadeln kommen auch Scheibenfibeln vor, die aus einer runden metallenen Platte mit hinten befestigtem Dorn bestehen. In der höfischen Zeit steckte das *fürspan* am Hemd oder am Rock, als Scheibe oder Vierblatt oder Rosette, Raute und Schildform gebildet. Andere Schmucksachen sind *Ohrringe.* Zum Haarschmuck gehört der *Kamm* (siehe den bes. Artikel), *Haarnadeln* aus Gold, Silber und Erz. Zur Festhaltung der Scheitelung und des Haares, auf welche die höfische Mode viel gab, wurde ein *Stirnstreifen* um die Haare gelegt, mhd. *undirbant*, *scregiblant*, *scheitelbant*, *hârbant*, oft auch *schapel*, womit man sonst auch den Kranz benennt. *Weinhold*, deutsche Frauen, 2. Aufl. II. S. 298 ff. Vgl. *Schultz*, Höfisches Leben, Bd. I. Abschnitt III.

Schnabelschuhe, siehe Fussbekleidung.

Scholastik, von *scholasticus*, d. h. Lehrer an einer Kloster- oder Stiftsschule, heisst die ausgebildete theologische Wissenschaft des Mittelalters. Die karolingische Periode, welcher eine innere notwendige Trennung und Unvereinbarkeit des natürlichen Lebens und der Religion noch fremd war, begnügte sich in ihren theologischen Arbeiten an der Reproduktion des von den Kirchenvätern her überlieferten theologischen Materials. Erst im 11. Jahrhundert, als sich der innere Kern des Mittelalters zu seinen charakteristischen Formen entwickelte, wozu namentlich die gänzliche Trennung des natürlichen und des religiösen Lebens gehörte, entwickelte sich die bloss dem Mittelalter eigene scholastische Arbeit; sie hängt zusammen mit den Klosterreformationen und den Neugründungen der Cistercienser-, Cluniacenser- und Bettelorden und mit der Ausbildung der höfischen Bildung, insofern als die gänzliche Trennung der ritterlichen Bildung und Bildungsbedürfnisse von derjenigen der Kirche diese letztere dem natürlichen Leben entfremden half und sie einem einseitigen Bücher- und Verstandesleben überantwortete, das jedoch so wenig als sein Gegenpart, das Rittertum, romantischer Züge entbehrte. Die Thatsache, dass die ganze europäische Welt, sofern sie sich überhaupt um höhere wissenschaftliche Bildung bemühte, der Scholastik angehört und dass wirklich originelle Meister in ihr auftraten, lässt erkennen, dass sie eine notwendige Frucht der europäischen mittelalterlichen Entwickelung gewesen sein muss; sie war die letzte Frucht; ihr namentlich galt der

Kampf der humanistischen Denkart, mit der das Mittelalter aufhört und eine neue Zeit heranbricht. Zu unterscheiden ist übrigens von vornherein die Scholastik im engeren Sinne und die scholastische Methode des Mittelalters, die sich nicht allein auf Theologie und Philosophie, sondern auf das ganze Gebiet der Wissenschaften erstreckte; in Humanistenkreisen pflegte man die *Schuollerer von Paris und die Juristen von Bononi* (Bologna) als eine gemeine Erscheinung anzusehen. Man unterscheidet drei Perioden der Scholastik. In der *ersten Periode* begnügten sich die Theologen mit einer bloss dialektischen Bearbeitung des augustinisch-kirchlichen Lehrbegriffes. *Anselm von Canterbury*, gest. 1109, suchte vor allem doch den Glauben von allen philosophischen Untersuchungen ungefährdet zu bewahren, und als *Roscellinus*, Kanonikus zu Compiegne, durch kühne Behauptungen über die Trinitätslehre denselben zu bedrohen schien, bekämpfte ihn Anselmus und nötigte ihn zum Widerrufe. Die mit diesem Streite verwickelte philosophische Streitfrage über die Bedeutung der Universalien gab den Parteinamen der Realisten und Nominalisten ihren Ursprung; der *Nominalismus* erklärte die allgemeinen Begriffe für blosse Abstraktionen des Verstandes aus den gegebenen Gegenständen; der *Realismus* erklärte die allgemeinen Begriffe für das Ursprüngliche im göttlichen und menschlichen Geiste. Seit dem Anfange des 13. Jahrhunderts wurde Paris der Hauptsitz der scholastischen Theologie; während nämlich bis dahin in den Schulen nur das *Trivium* und das *Quadrivium* gelehrt waren, traten jetzt hier zuerst Lehrer für die Philosophie und Theologie auf. Nächst Paris erhielt *Oxford* für die scholastische Theologie am meisten Bedeutung. In Paris hatte zuerst *Abälard*, gest. 1108, das meiste Ansehen; gegen ihn traten *Bernhard von Clairvaux* und *Norbert* auf, welche jede Abweichung von der überlieferten Auffassungsweise missbilligten und Abälard eine Verurteilung durch den Papst zuzogen. Seitdem fingen die Theologen an, ihre dialektischen Erörterungen durch Authentizitäten der heiligen Schrift und der Väter zu sichern; dies that namentlich der Jahrhunderte hindurch gelesene *Magister sententiarum Petrus Lombardus.*

Die *zweite Periode* der Scholastik wird dadurch eingeleitet, dass man auf den maurischen Schulen in Spanien die Schriften des Aristoteles kennen lernte. Aus dem Arabischen, bald darauf auch aus der griechischen Ursprache wurden jene nun für das Abendland ins Lateinische übersetzt und namentlich von den Dominikanern und Franziskanern zur Erweisung der christlichen Wahrheiten benutzt. In diese Periode gehören der Franziskaner *Alexander von Hales*, *Doctor irrefragabilis*, gest. 1245; der Dominikaner *Albertus Magnus*, gest. 1280; und dessen Schüler *Thomas* von *Aquino*, *Doctor angelicus*, gest. 1274 Im Gegensatz zu diesem hob der Franziskaner *Bonaventura*, *Doctor seraphicus*, gest. 1274, die Mystik wieder hervor; demselben Orden gehört der *Doctor subtilis Johannes Duns Scotus* an, gest. 1308, den die Franziskaner dem Thomas gegenüberzustellen pflegten Die Polemik der beiden Orden und ihrer theologischen Vertreter, der Thomisten und Scotisten, füllt die *dritte Periode* der Scholastik, die sich nun in unfruchtbarer Polemik über das Mass der Freiheit, der Genugthuung Christi und über die unbefleckte Empfängnis Mariä gefielen. Als der Humanismus auftrat, war die Scholastik schon am Untergehen.

Schöpfung der Welt. Die älteste Kirche hatte den *Sonntag* neben der

Feier der Auferstehung dem Gedächtnis der Weltschöpfung geweiht; der Schöpfung galten auch zwei, Gregor d. Gr. zugeschriebene, für die Sonntagsfeier bestimmte Hymnen, *Primo dierum omnium* und *Lucis creator optime*. So wurde auch von altersher die jährliche Auferstehungsfeier durch das Gedächtnis der Weltschöpfung und durch die kirchliche Verlesung und Auslegung des biblischen Schöpfungsberichtes eingeleitet. Damit hängt zusammen, dass die alte Kirche die Menschwerdung Christi auf den 25. März verlegte, den Tag des Frühlingsanfanges nach dem Julianischen Kalender; derselbe Tag, der auch für den Jahrestag gehalten wurde, an welchem die Welt angefangen habe, nämlich das Licht geschaffen worden sei. — Die bildliche Darstellung des Schöpfungswerkes wird unterstützt durch den Wortlaut der Schrift, wonach Gott selber *spricht* und Himmel und Erde seiner *Hände* Werk heisst. Es wird aber zur bildlichen Darstellung gebracht, sowohl der *Schöpfer* (und zwar entweder als sprechend, bereitend oder segnend, oder als bei sich zu Rate gehend oder als ausruhend vom Schöpfungswerk), als das *Schöpfungswerk* selber. Im Abendlande wurde, nicht vor dem 9. Jahrhundert, zuerst die Erschaffung des Menschen abgebildet, seit dem 10. Jahrhundert die übrigen Schöpfungswerke, anfangs zum Zwecke der Ausschmückung der heiligen Schrift mit Miniaturen, seit dem 12. Jahrhundert zum Zwecke der Ausschmückung von Kirchengebäuden und Gerätschaften durch Malerei und Bildhauerarbeit, wobei die sämtlichen sechs Tagewerke entweder zu *einem* Bilde vereinigt vor dem Schöpfer oder jedes einzeln zur Darstellung gelangt ist, das letztere namentlich in den Mosaiken der Vorhalle von St. Marco zu Venedig und in den Skulpturen an der Kathedrale zu Chartres. Ausserdem sind die *einzelnen* Tagewerke vielfach zur Darstellung gelangt. *Piper*, Mythol. und Symbolik der christlichen Kunst, I, Th. 2, S. 172 ff. Ders. Evangel. Kalender f. 1854. S. 15 ff.

Ungefähr zur gleichen Zeit mit den Bildern der Weltschöpfung erscheint die erste *poetische* Darstellung der Schöpfung unter den in Reimprosa verfassten sog. Reden des 11. Jahrhunderts, welche, religiösen Inhalts und von altertümlicher Form, den weltlich höfischen Dichtungen des 12. und 13. Jahrhunderts vorangehen.

Schreibkunst und **Schrift.** I. *Zubereitung des Stoffes.* Über den Stoff vergleiche man die Artikel Pergament und Papier. Die erste Thätigkeit des abendländischen Schreibers bestand in der Instandsetzung des nur sehr roh gearbeiteten Pergamentes, damit es überall die Tinte annehme; es wurde abgeschabt, dann mit Bimsstein geglättet, Risse und Löcher verklebt oder zusammengenäht. Dann wurde das Pergament liniiert, wozu man ihm zuerst mit dem Zirkel eine Anzahl genau abgemessener Stiche beibrachte. Das in allgemeinstem Gebrauch des Altertums stehende Schreibwerkzeug war das Schreibrohr, *calamus;* es wurde auch im Mittelalter angewendet und war aus Italien zu beziehen; doch kommt seit dem 5. Jahrhundert die *Feder* mehr und mehr auf; *scrîbmezer* oder *scriptral* heisst das Federmesser; neben den echten Federn kommen auch solche von Metall vor; auch *Bleistifte* werden für die Schrift auf Tafeln erwähnt. Die Tinte ist in den alten Handschriften von vorzüglicher Beschaffenheit; später, als man seit dem 13. Jahrhundert mehr schrieb, wird sie schlechter; an Tintenrezepten, wobei immer Galläpfel und Vitriol die Hauptsache sind, mangelt es in mittelalterlichen Quellen nicht; gewöhnlich wird Wein dazu genommen.

Das *Tintenfass* war häufig ein einfaches Horn, welches durch eine Öffnung des Schreibpultes gesteckt wurde; das *Schreibzeug, schrîpziuc,* war häufig dazu eingerichtet, auch Rohre und Federn aufzunehmen. *Rote Farbe* zur Hervorhebung der Abschnitte war schon den alten Ägyptern bekannt; im Mittelalter war die Sitte allgemein verbreitet, nicht nur die Abschnitte durch rote Rubriken hervorzuheben, sondern oft auch jedes irgend bedeutendere Wort mit einem roten Strich zu bezeichnen; es giebt Handschriften, wo die Daten rot geschrieben sind; oft der Text neben dem schwarzen Kommentar; vom 13. Jahrhundert an sind rote und *blaue* Farbe regelmässig für die Anfangsbuchstaben und sonstige Verzierungen in Gebrauch. *Goldschrift* war namentlich im byzantinischen Reiche, aber auch im Abendlande beliebt; bald schrieb man ganze Handschriften in Gold, bald nur die ersten Seiten oder die Überschriften, den übrigen Text häufig in Silber. Gern erhöhte man den Glanz des Goldes durch purpurnes Pergament.

II. Das *Schreiben.* Der altgermanische Ausdruck dafür ist got. *vreitan*, ahd. *rîzan*, angels. *vrîtan*, englisch *to write*, in Reissbrett, Reissblei, Riss erhalten; es wurde verdrängt durch das lat. *scribere*, ahd. *scrîban.* Der Schreiber sitzt auf der *cathedra*, dem *schrîbstuol;* das Brett desselben heisst *schrîbbret.* Vor sich hat der Schreiber das *exemplar.* Um die Zeilen nicht zu verfehlen oder mit dem Suchen die Zeit nicht zu verlieren, hatte der Schreiber die *cavilla*, den *durluog;* oft hält er vermittelst eines gekrümmten, von der linken Hand gehaltenen Messers, das Pergament fest. Sehr häufig sind in den Unterschriften der Schreiber Bemerkungen über die grosse Mühsal ihrer Arbeit, wobei der Vergleich mit dem Erreichen des Hafens am Ende der Arbeit namentlich beliebt ist. Oft heisst es:

Scribere qui nescit, nullum putat esse laborem,
Tres digiti scribunt totum corpusque laborat.

Ein St. Galler schreibt: *Sicut aegrotus desiderat sanitatem, ita desiderat scriptor finem libri.* Der Schwäche der Augen wurde seit dem 14. Jahrhundert durch *Brillen* nachgeholfen. Die *Zeit* einer Abschrift hing natürlich von der Geübtheit des Schreibers und der Art der Schrift ab; Notkers Psalmenübersetzung wurde einmal in 14 Tagen abgeschrieben; ein prächtiges neues Testament von 278 Blättern in gross Folio in sechs Monaten. Die Kostbarkeit des Schreibmaterials führte zu *Abkürzungen*, deren Übermass oft das Lesen sehr erschwert; Johann von Tilbury versuchte im 12. Jahrhundert eine Zeichenschrift zu erfinden, mittelst deren man im stande sein sollte, alle Vorlesungen nachzuschreiben und sich so alle Weisheit anzueignen; er kam aber nicht damit zu stande.

III. *Schreiber.* In der römischen Periode pflegten professionelle Kalligraphen die Bücher zu schreiben, im Mittelalter wurden die *Mönche* die eigentlichen Bücherabschreiber, welche mehr und mehr darin einen wesentlichen Teil ihres Berufes fanden. Schon Hieronymus empfiehlt den Mönchen: *scribantur libri;* aber erst *Cassiodor* führte grundsätzlich in die Klöster die ihnen bis dahin fremden gelehrten Studien ein (siehe Geschichtschreibung); er gab zu dem Zwecke seinen Mönchen eine Sammlung von Schriften über Orthographie, die er 93jährig zu ihrem Gebrauch exzerpierte, zugleich Buchbinder und Musterbände. St. Benedikts Regel setzt die Existenz einer Bibliothek im Kloster voraus, aus welcher jeder Mönch Bücher zum Studium erhält. Eine eigentlich gelehrte Thätigkeit entwickelt sich jedoch erst in den Klöstern neubekehrter Länder, wo auf den Mönchen die ganze Last der vorhandenen Bildung ruhte, zunächst in Irland und England, wo massenhaft und sehr schön geschrieben wird. Aber auch die Schottenmönche teilten vielfach die barbarische Verwilderung der Zeit, und erst Karl der Grosse brachte eine bleibende Besserung zuweg; seit jener Zeit fehlte es in keinem gut eingerichteten Kloster an einer Schreibstube, *Scriptorium;* immer wenn ein Kloster einen neuen Aufschwung nimmt, erkennt man diesen auch aus den Arbeiten seiner Schreiber; das ist auch noch bei den Cluniacensern und den Karthäusern der Fall; auch Nonnen übten die Kunst, dagegen war sie in einigen alten Benediktinerklöstern im 13. Jahrhundert so gut wie ausgestorben, so in St. Gallen und Murbach. Die Bettelorden verlegten sich mehr auf Abschriften ihrer eigenen Kompilationen und scholastischer Schriften als auf die Vervielfältigung älterer Werke. Manche vorher verfallenen Benediktinerklöster erlebten um die Mitte des 15. Jahrhunderts einen neuen Aufschwung der gelehrten Studien. Die *Brüder vom gemeinsamen Leben* machten aus dem Abschreiben ein Gewerbe, unterschieden sich aber von den Lohnschreibern durch ihre genossenschaftliche Organisation und durch ihre Bestrebungen für Unterricht, Gelehrsamkeit und Erbauung.

Eine weitere Schreiberklasse des Mittelalters sind die *Kanzleibeamten*. Aus Italien, wo sie sich aus der alten Zeit erhalten hatten, verbreitete sich der Stand der weltlichen Notare nach dem 13. Jahrhundert auch in andere Länder. Zwar hatten die Merovinger noch weltliche Kanzleibeamte gehabt; aber unter den Karolingern fielen Kapelle und Kanzlei zusammen, und viele Jahrhunderte hindurch wurden seitdem ausserhalb Italiens alle Urkunden von Geistlichen geschrieben; ganz besonders war auch alle Korrespondenz in geistlichen Händen. Jeder Mann von einiger Bedeutung musste seinen *clericus, pfaff* haben, der seine Briefe las und schrieb; es war dies für die Kleriker zugleich der Weg zu Ansehen und Ehre; die Vorsteher der königlichen Kanzlei (siehe den Artikel *Kapelle*) wurden Bischöfe, den übrigen fielen geringere Pfründen zu. Die Anleitung zum Briefschreiben bildete deshalb seit alter Zeit einen wichtigen Teil des Unterrichts, man nannte es *dictare,* einen *brief dihten.*

Lohnschreiber gab es in Italien ebenfalls seit alter Zeit, sie erhielten sich hier durch das ganze Mittelalter und wurden später von den Universitäten als Zugehörige unter ihre Jurisdiktion und ihren Schutz aufgenommen. Im fränkischen Reiche gab es ohne Zweifel viele Geistliche, welche als Lohnschreiber ihren Lebensunterhalt fanden, doch werden sie selten erwähnt. Auch schrieben wohl Mönche für einen auswärtigen Besteller um Lohn ab, während sie natürlich für die eigene Bibliothek umsonst schrieben. Rechtshandschriften wurden auf deutschem Boden früh von Laien abgeschrieben; vom 13. Jahrhundert an werden eigentliche gewerbsmässige Schreiber aus dem Laienstande häufiger und übertreffen an Zahl die geistlichen; sie heissen *cathedrales* oder *stuolschriber.* Auch Frauen kennt man, die um Lohn abschreiben, und Schulmeister; Graf Hugo von Montfort (gest. 1423) liess seine Minnelieder durch seinen Knappen niederschreiben und mit Weisen versehen. Bürgerliche Schreiber beschäftigten sich vorzüglich mit Büchern in den Volkssprachen; kirchliche und gelehrte Bücher fielen noch immer vorzugsweise der Geistlichkeit und dem entstehenden Gelehrtenstand zu. Die erste gedruckte *Schreibekunst* verfasste der Nürnberger *Anton Neudörffer.*

IV. *Entwicklung der Schrift.* Die Hauptgattungen der lateinischen Schrift sind:

1. *Kapitalschrift* heisst die Majuskelschrift in den vollen schönen Formen des lateinischen Alphabetes, wo jeder Zug, sei er geradlinig oder rund, wesentlich ist. In ganzen Handschriften erscheint die sonst der römischen Bildung angehörige Schrift bis ins 6. Jahrhundert; später behielt man sie nur noch für Überschriften und für die ersten Seiten von Prachthandschriften bei, vorzüglich in karolingischer Zeit.

2. *Unicalschrift,* ist aus der Kapitalschrift hervorgegangen, deren gerade geometrische Züge nach Bequemlichkeit bei ihr durch runde ersetzt sind; einzelne Buchstaben reichen schon über und unter die Zeilen. Diese Schrift bestand Jahrhunderte lang völlig ausgebildet neben der Kapitalschrift. Man kann in den Handschriften diese Schrift mit zunehmender Entartung vom 4. bis ins 8. Jahrhundert verfolgen.

3. Die *altrömische Kursivschrift* ist aus der Unicalschrift hervorgegangen; die Buchstaben hängen zusammen und werden ineinander gezogen; einzelne Züge treten über und unter die Linie; diese Schrift repräsentiert zugleich die Entstehung der *Minuskel.* Anfänglich für den Schulgebrauch und das bürgerliche Leben bestimmt, wird diese Schrift vom 4. Jahrhundert an auch zu neuverfassten Handschriften angewendet.

4. Die *Nationalschriften.* Auf der gemeinschaftlichen Grundlage der römischen Kursive, verbunden mit Elementen der Unicalschrift, haben sich nun verschiedene Nationalschriften entwickelt; anfangs dem Charakter der Völkerwanderung gemäß ausserordentlich verwildert, wurden sie mit der Zeit kalligraphisch weiter ausgebildet. Es gehören dahin die *langobardische, die westgotische* und die *merowingische* Schrift.

5. Die *irische Schrift.* Das Hauptland der Kalligraphie war vom 6. Jahrhundert an Irland; es bildeten sich hier mehrere grössere und kleinere Schriftgattungen aus. Vorzüglich liebten die Iren den reichsten Farbenschmuck und verzierten die Initialen und ganze Seiten mit der künstlichsten Verflechtung von Spiralen und schmalen farbigen Bändern. Mindestens wurden die grossen Buchstaben mit Reihen roter Punkte umgeben, namentlich charakteristisch aber sind die überall angebrachten Schlangen- und Vogelköpfe. Irische Mönche, die man in Deutschland Schottenmönche heisst, verbreiteten ihre Schrift über den ganzen Kontinent.

6. Die *angelsächsische* Schrift empfing Einflüsse teils von der irischen, teils von der römischen und wirkte wie die irische ebenfalls auf das fränkische Schriftwesen ein.

7. Die *karolingische Minuskel.* Die Bemühungen Karls des Grossen um die Reorganisation der öffentlichen Bildung richteten sich ausser der verwilderten Orthographie und Interpunktion auch auf die Pflege der Handschrift. Für Prachtstücke kehrte man zur alten Unicalschrift zurück; für den gewöhnlichen Gebrauch wurde eine Minuskel ausgebildet, die wesentlich eine Reform der merowingischen Schrift darstellt; ihr Ausgangspunkt ist Alkuins berühmte Schule im Martinskloster zu Tours; von hier wurde die neue Schreibart durch das ganze Frankreich verbreitet. Die karolingische Schrift ist rundlich, stark mit kursiven Elementen und einzelnen Unicalbuchstaben gemischt; charakteristisch sind besonders die keulenförmig nach oben verdickten Langstriche. Neben der Arbeit für den täglichen Gebrauch war die Richtung dieser Zeit vorzüglich der

Verfertigung von Prachtstücken zugewandt; Purpurnes Pergament, Gold, Silber, Kapitalschrift, nach den besten alten Inschriften kopiert, verschiedene Unicalformen, Ornamente und Bilder nach antiken und byzantinischen Mustern ausgewählt, vereinigte sich zur Herstellung staunenswerter Kunstwerke.

8. Die *ausgebildete Minuskel*. Die fränkische Schrift kam mit der Zeit zur Alleinherrschaft. Ihr Entwicklungsgang besteht darin, dass sie bis zum 12. Jahrhundert zu immer grösserer Regelmässigkeit fortschreitet; jeder Buchstabe hat seine bestimmte Form und steht unabhängig neben dem andern, die Striche sind scharf und gerade, die Worte vollständig getrennt. Gegen den Ausgang des 12. Jahrhunderts beginnen an den früher gerade abgeschnittenen untern Enden der Buchstaben starke Abschnittslinien bemerklich zu werden; dann biegen sich die Striche selbst unten nach vorn in die Höhe und geben dadurch der ganzen Schrift ein verändertes Aussehen; man schreibt viel mehr und deshalb viel rascher und nachlässiger. Um Platz für ihre ungeheuer umfänglichen Produkte zu schaffen, treiben namentlich die Bettelmönche den Gebrauch der Abkürzungen auf die Spitze. Im Verlaufe des 14. Jahrhunderts wird die Schrift immer eckiger und es bildet sich die gitterartige Schrift aus, die man *gotisch* oder *Mönchsschrift* nennt. In den Verzierungen herrschen die im 13. Jahrhundert aufkommenden abwechselnd roten und blauen vor. Dazu kommen die reichen Blattverzierungen, namentlich das Dornblattmuster, im 15. Jahrhundert ganze Pflanzen, Blumen und Früchte, mit Käfern und Schmetterlingen auf Goldblattgrund. Die Humanisten kehrten endlich zur reinen Minuskel des 12. Jahrhunderts zurück. Nach *Wattenbach*, das Schriftwesen im Mittelalter, zweite Aufl., Leipzig 1875 und ebenderselbe, Anleitung zur lateinischen Paläographie; zweite Aufl. Leipzig 1872.

Schuh, siehe *Beinbekleidung*.

Schüler, fahrende, siehe *fahrende Schüler*.

Schultheiss, mittellat. *scultetus*, ahd. *scultheizo*, mhd. *scultheize*, von ahd. *scult* = zu leistende Verpflichtung, zu leistende Verbindlichkeit, und *heizan* = heissen, befehlen. Dieser schon im 8. Jahrhundert nicht seltene Name bezeichnet nach *Sohm* fränkische Reichs- und Gerichtsverfassung, Weimar 1871, § 9 S. 213 ff, den *Centenar*. Er wird in der Regel vom Grafen, ausnahmsweise vom König ernannt; er ist also ein gräflicher, kein unmittelbar königlicher Beamter. Seine Amtsfunktion ist die Exekution des durch den Grafen als Richter ausgesprochenen Urteils, mag dies nun ein peinliches Strafurteil oder ein Civilerkenntnis sein; zugleich ist er der Unterbeamte des Grafen für die Eintreibung der auch auf öffentlich rechtlichem Titel ruhenden Einkünfte des Königs. Er hat ferner die Führerschaft über die Büttel der öffentlichen Polizei und Exekutivgewalt. Seitdem an vielen Orten die gräfliche Gewalt an einzelne Grundherrn übergeht, tritt der Schultheiss dem Grundherrn gegenüber in die Stellung, die er früher zum Grafen hatte; ihm steht jetzt die Erhebung der Zinsen und Einkünfte aus den grundherrlichen, meist geistlichen Gütern zu; sein Amt nähert sich bald dem des Vogtes, bald dem des Meiers; er wird jetzt nicht mehr, wie wahrscheinlich früher immer der Fall war, aus der Zahl der Freien genommen, sondern kann selber unfrei sein. Aus den genannten Ursachen ist seine Stellung in der grundherrlichen Verfassung überall verschieden.

Schulwesen. Schule entsteht überall da, wo sich gewisse Kenntnisse und Fertigkeiten ausgebildet haben, welche der Jugend zu überliefern allgemeines Bedürfnis geworden ist und zu deren Überlieferung es bestimmter Lehrer bedarf, in erster Linie also da, wo die Kunst des Lesens und Schreibens bekannt und zum Bedürfnis geworden ist. Die Schule erweitert sodann den Umfang ihrer Lehrziele, wenn sie die weitere Aufgabe erhält, ein gewisses Mass höherer Kenntnisse, fremde Sprachen, schriftstellerische Erzeugnisse, überhaupt das, was zu einer höheren litterarischen Bildung gezählt wird, zu überliefern, und sie steigt noch höher, wenn sie sich dafür einrichtet, zum Lehrinstitut für solche zu werden, deren Amt und Beruf selber auf der Aneignung solcher höheren Bildung beruht.

Die Germanen hatten vor der christlichen Zeit keine Schule entwickelt; daher verstand es sich von selbst, dass der christlichen Kirche, welche neben ihrem Glauben auch eine eigene fremde Sprache und ein sehr ansehnliches Gebiet höhern Wissens mitbrachte, vorläufig die Stiftung und Leitung von Schulen zufallen musste. Für den Elementarunterricht im Lesen und Schreiben der lateinischen Sprache war die notwendige Lehrmethode in der lateinischen Grammatik längst gegeben; die Schulkenntnisse höherer Art kamen in derjenigen Form und Ausdehnung ins Mittelalter, in welcher die spätere römische Zeit nach dem Vorgange des Boethius und Cassiodorus den Unterricht zu fassen pflegte, in derjenigen der *sieben freien Künste*, des aus Grammatik, Rhetorik, Dialektik und Arithmetik bestehenden *Quadriviums* und des aus Musik, Geometrie und Astronomie bestehenden *Triviums*, alles in sehr enger und einseitiger Weise an theologische Stoffe angelehnt. Wie wenig jedoch im Geiste der Kirche anfänglich der Schulunterricht zu bedeuten hatte, zeigt der Umstand, dass die Benediktinerregel nichts auf Schulunterricht bezügliches enthält. Die erste Veranlassung zur Einrichtung eines solchen haben in den Klöstern ohne Zweifel die *pueri oblati* gegeben, Knaben, die von ihren Eltern früh zum geistlichen Dienst bestimmt und deswegen dem Kloster übergeben wurden. Am königlich fränkischen Hof bestand früh in Nachahmung älterer römischer Sitte für die Prinzen eine *Hofschule;* sonst wuchs die Mehrzahl, selbst der Grossen und Vornehmen, sowie die gesamte übrige Bevölkerung, ohne jeglichen Unterricht auf, abgesehen etwa von der Gedächtniseinprägung lateinischer Gebetsformeln und christlicher Zeremonien. *Karl der Grosse* war es, dem zuerst das Bedürfnis einer höheren und allgemeinen Bildung aufging; italienische und angelsächsische Zustände dienten ihm dabei zum Beispiel und Sporn. Er erneuerte die Hochschule, an deren Unterricht er selbst, seine Kinder und Hofleute teilnahmen, er befahl in einem Kapitular von 789, es sollen mit allen Bischofskirchen und Klöstern Schulen verbunden werden, in denen nicht bloss die Kinder der Leibeigenen (aus denen sich der Klerus gewöhnlich ergänzte), sondern auch die Kinder der Freien und Edeln unterrichtet werden, und zwar in Psalmen, Noten, Gesang, Komputus (Rechnen) und Grammatik. In einem anderen Kapitular vom Jahre 801 wird geradezu gefordert, dass ein *Jeder* seinen Sohn zur Erlernung des Lesens in die Schule schicke und ihn bis zur Vollendung des Unterrichts dort verweilen lasse. Theodulf von Orleans, einer der Genossen Karls, legte seinen Geistlichen sogar ausdrücklich die Unentgeltlichkeit dieses Unterrichtes ans Herz, damit sich auch der Ärmste die im bürgerlichen Leben notwendigen Kenntnisse erwerben könne (794). Schnell blühten nun die Kloster- und Stiftsschulen empor. Jene zerfielen in die *schola interior* für die *oblati*, welche von Anfang an dem Klosterleben geweiht waren, und in die *schola exterior* für Zöglinge weltlichen Standes. Den Unterricht leitete ein gewöhnlicher Mönch oder ein *scholasticus;* in grösseren Klöstern waren für die einzelnen Disziplinen *Magistri* angestellt, die oft weither aus anderen Klöstern berufen worden waren; Lehrlust und Lehrgabe spielten natürlich hier schon eine grosse Rolle. Frauenklöster besassen ähnlich eingerichtete Schulen für Mädchen, etwa auch für jüngere Knaben. Noch mehr als die Klosterschulen dienten die in den Städten gelegenen Dom-, Stifts- oder bischöflichen Schulen den Söhnen weltlichen Standes. In Bezug auf den Umfang des Unterrichts hatten die niedrigen Schulen oder Klassen vornehmlich das *Lesen* im Auge; Kirchengesang, Rechnen und lateinische Grammatik bildeten die erste Erweiterung des Elementarunterrichtes; nur an den grossen Gelehrtenschulen trat das Quadrivium dazu. Der grammatische Unterricht (nach Donat, Priscian, Beda, Alkuin u. a.) war wie überhaupt aller Unterricht mühsam und auf Einübung von Regeln, Wörtern und Phrasen beschränkt; von alten Dichtern kamen besonders Virgil, dann Ovid und Horaz, Lucian und Statius, seltener Terenz zur Behandlung; auf Versemachen wurde grosses Gewicht gelegt. Die Kenntnis der lateinischen Prosaiker war eine sehr beschränkte. Livius, Cäsar, Cicero waren selten, häufiger Seneca, Sallust und Sueton. Die Kenntnis des Griechischen war nur ganz sporadisch vorhanden. Die schulmässige Behandlung des *Deutschen* war jedenfalls selten und von der besonderen Denkweise eines Lehrers abhängig; *Notker Labeo*, der St. Galler, bemerkt in einem Brief, er habe, um seine Schüler in das Verständnis der Klassiker einzuführen, etwas Ungewöhnliches gethan und die lateinischen Schriftsteller in die Muttersprache übersetzt und in dieser erläutert, denn in der heimischen Sprache werde leicht gefasst, was in einer fremden kaum oder nicht ganz begriffen werden kann. Viel Gewicht legte man auf Gesang und Schönschreiben. Die Schulzucht war streng und die Rute häufig gehandhabt. Als Aufseher waren *circatores* bestellt. Doch fehlte es nicht an erlaubten Ergötzlichkeiten: Würfelspiel, Wettlauf, Ringen mit gesalbten Händen, Stockspiel, Steinwurf. In St. Gallen hatten die Schüler bereits das *festum sanctorum innocentium*, an welchem sie der Zucht entbunden waren und jeden bei ihnen eintretenden Fremden festnehmen, als Schulabt auf das Katheder führen und zu einer Loskaufung nötigen konnten. Die Lehrmethode ist am ehesten aus den Lehrbüchern *Alkuins* ersichtlich; in seiner Grammatik tritt nach angelsächsischem Muster besonders der *Dialog* hervor; der Lernende fragt und der Lehrende antwortet, manchmal reden auch zwei Schüler miteinander und mit dem Lehrer; öfters werden die Rollen vertauscht. Die *disputatio Pippini cum Albino Scholastico* ist ein derartiges Handbüchlein für Denkübungen in dialogischer Form. Darin sind Definitionen von verschiedenen, dem Menschen naheliegenden Objekten und Begriffen gegeben, am liebsten in Metaphern; z. B. was ist die Zunge? Eine Geissel der Luft. Was ist der Nebel? Die Nacht am Tage, die Mühe der Augen. Was ist der Tag? Die Anregung der Arbeit. Erinnern schon diese Fragen und Antworten an das Rätsel, so lässt ein zweiter Teil dieses Büchleins dem Schüler wirkliche Rätsel aufgeben.

Die Blüte des karolingischen Schulwesens dauerte etwa bis in die Mitte des 11. Jahrhunderts, so zwar, dass man innerhalb dieses Zeitraumes zwei Höhepunkte, im 9. und am Ende des 10. Jahrhunderts, unterscheiden kann; nach 1050 führen zum Teil längst schon vorbereitete innere und äussere Ursachen einen schnellen Verfall dieses Schulwesens herbei. Dahin gehören die Verweltlichung der grossen Abteien und Domstifter, die Ausbildung des höfischen Standes und der durch denselben bedingten höfisch-weltlichen Bildung, das Auftreten der strengen reformierten Mönchsorden, wie der Cluniacenser und Cistercienser, deren kirchlich-asketische Ziele wissenschaftliche Studien wenig oder gar nicht förderten. Für den Adel und das Rittertum bildete sich eine höfisch-ritterliche Erziehung aus, die auf adelige Künste und Fertigkeiten, auf weltmännisches Benehmen, auf die Kenntnis der französischen Sprache Bedacht nahm und nur ausnahmsweise (Hartmann von Aue) eigentlichen schulmässigen Studien sich zuwandte. (Vgl. *Rittertum* und *Erziehung*.) Was man an den Höfen an Lehrern etwa bedurfte, besorgten fremde Spielleute, fahrende Kleriker und dergleichen als Privatlehrer. Nur vereinzelt erhielten sich, durch die Gunst einzelner Persönlichkeiten getragen, grössere Kloster- und Stiftsschulen unter angestellten Lehrern.

Eine Erneuerung des Schulwesens wird erst im 12. Jahrhundert sichtbar, und zwar in zweierlei Gestalt, in der Bildung elementarer *Stadtschulen* und derjenigen der *Universitäten;* über die letzteren siehe den besonderen Artikel. Was die Stadtschulen betrifft, so finden sich solche zuerst in den frühentwickelten italienischen Städten. Im 12. Jahrhundert entstanden dann in den Städten nördlich von den Alpen, namentlich früh in den norddeutschen und niederländischen, *deutsche oder Schreibschulen*, die teils die notwendige bürgerliche Elementarbildung in der Landessprache darboten; teils als Vorschule für die lateinische Schule dienten. Sie haben besonders anfangs manche Kompetenzstreitigkeiten mit den geistlichen Obrigkeiten zu bestehen, welche die Schule, für welche die Kirche doch selten mehr etwas that, für ihr Monopol ansahen; namentlich suchte die Kirche zu verhüten, dass sich diese Schulen dem Zuge der Zeit gemäss in lateinische Schulen umwandelten. Die Unterrichtsmethode unterschied sich nicht von derjenigen in den kirchlichen Schulen, gedieh auch nirgends zu einem durchgreifenden allgemeinen Schulsystem. Schulbücher, selbst Papier für den Gebrauch der Kinder war zu teuer; daher bestand der Unterricht zum grossen Teil in Auswendiglernen und Aufsagen. Noch spielte in der Disziplin die *Rute* eine grosse Rolle. Daneben erscheint in den lateinischen Schulen seit dem 16. Jahrhundert der *Asinus*, ein in der Schulstube stehender hölzerner Esel, den der straffällig gewordene Schüler am Ende der Lehrstunde besteigen musste. Die Verfassung der städtischen Schulen war zunft- und handwerksgemäss. Der Rektor oder Schulmeister wurde von der Obrigkeit auf ein Jahr gemietet; die Hilfslehrer, seine Gesellen, wählte er selbst; Bildung und Lohn derselben war gering. Meist hatte nur der Rektor festen Gehalt, der jedoch jährlich höchstens 40 Gulden betrug, wozu dann allerlei andere Emolumenta, namentlich Geschenke, kamen: Ostereier, Fastnachtkuchen, Kirchweihgeschenke, Fastnachthühner, Gutjahr. In kleineren Ortschaften war der Pfarrer Schulherr, der dann für das Lehramt gewöhnlich einen Gehilfen, den

Kindermeister, annahm, welcher neben den Schulverrichtungen, wie der Pfarrer selbst, durch kirchliche Dienste seinen Lebensunterhalt aufbrachte. Da feste und bleibende Anstellungen fehlten, bildete sich ein wandernder Lehrstand. Die älteren Gesellen, *scholares vagantes*, Bacchanten, nahmen dabei die Dienste jüngerer Schüler in Anspruch, die ebenfalls, um der Wissenschaft nachzugehen, die Heimat verlassen hatten. Mit Betteln und Stehlen mussten diese „Schützen“ ihre Bacchanten auf ihren Kreuz- und Querzügen begleiten; viele gingen bei diesem Umherwandern zu Grunde. Solche *fahrende Schüler* (vgl. den besonderen Artikel) bildeten nun das Hauptkontingent für den Schuldienst; doch nahmen auch andere Männer, die des Lesens und Schreibens kundig waren, die Schulhaltung auf sich; besassen sie wirklich Kenntnisse, so fanden sie gleichzeitig andere Verwendung, z. B. als Schreiber im Dienste der Stadt oder Ortschaft, und diese belohnte unter Umständen treue und ausdauernde Dienste mit dem Bürgerrecht. Eine Schulpflicht für die Kinder bestand in keinem Fall, um so weniger, als mancherorts der Schullohn ausschliesslich aus dem Schulgeld der Kinder bestand; ebensowenig eine festgesetzte Schuldauer; doch mag die ursprüngliche Bedeutung des 6., oder 7.—12. Lebensjahres auch hier meist massgebend gewesen sein. Auch städtische Mädchenschulen hat es vor der Reformation gegeben.

Sehr alt war das Institut der *Chorschüler;* zwar nahm die ganze Schule am Kirchengesange teil; für ausserordentliche Leistungen aber, bei Trauungen, Beerdigungen und dergleichen, genügte ein aus den ärmern Schülern gebildeter Chor, in den Stiftsschulen teils *Pannenses* oder *Brotschüler* genannt, d. h. solche, die regelmässig bloss Brot erhielten, und *scolares ad mappam* oder *ad scutellam,* d. h. solche, denen das Stift regelmässig die ganze Kost gab; übrigens benutzten die Chorschüler ihre Singkunst, um sich auch ausserhalb des Gottesdienstes Geld zu verdienen, z. B. bei den Fastnachten des Rates oder vor der Herberge einer durchreisenden fürstlichen Person. An manchen Orten reichte ihnen das Spital den Überrest vom Gesindeessen, daher jeder von ihnen am Gürtel ein hölzernes Gefäss befestigt hatte, das ihnen den Namen *Häfeleinbuben* eintrug.

In allen Lateinschulen wurde der Unterricht in lateinischer Sprache erteilt, und die Schüler sollten auch untereinander nur Latein sprechen. Die tägliche Zahl der Lehrstunden oder Lektionen war an den meisten Schulen vier, seltener drei oder fünf. Vormittags begann der Unterricht zur Sommerszeit um 6 oder 7, sogar um 5 Uhr, im Winter eine Stunde später. *Schulprüfungen* kennt das Mittelalter nicht; diese sowohl als die Schulprämien kamen erst in der Reformationszeit auf. Auch von *Schulferien* wusste man nichts; sogar an den auf Wochentage fallenden kirchlichen Feiertagen fand z. B. in Nürnberg regelmässig Schulunterricht statt. Dagegen hatte der Lehrer fast überall das Recht, den Schülern einmal einen oder mehrere freie Wochentage „durch lust und spils willen irem libe zu trost“ zu gewähren; manchmal liess sich der Lehrer dafür von den Schülern bezahlen. Desto grösser war die Bedeutung der *Schulfeste*; es waren das namentlich das *Gregoriusfest* (siehe den besondern Artikel), die *Schulkomödien* und das *Virgatum-Gehen.* In manchen Städten war es nämlich von alter Zeit her gebräuchlich, dass an einem Sommertage die ganze Schuljugend in den Wald zog, um die nötigen *Ruten* herbeizuschaffen; dieses heisst der *Rutenzug* oder das Virgatum-Gehen und war ein Fest der Freude; die Jugend führte dabei allerlei Spiele auf und liess sich von Eltern und Lehrern bewirten.

Was die *Lehrbücher* betrifft, so trat an die Stelle der alten Grammatiker etwa seit 1240 das *Doctrinale puerorum* des *Alexander von Villedieu (de villa Dei)*, eine Grammatik in Versen und Reimen von übler Beschaffenheit; ein Buch, von dem im 15. Jahrhundert mehr als 50 Auflagen erschienen sind; es zerfiel in drei Teile: Etymologie, Syntax und Pronunziation. Andere Lehrbücher für den lateinischen Unterricht waren die *Gemma Gemmarum*, das *Catholicon* (von dem Dominikaner des 14. Jahrhunderts Joh. de Balbis), der *Modus latinitatis*. Ein Schulbuch dieser Zeit ist auch der *Cisio-Janus*, ein aus 24 lateinischen Versen bestehender Festkalender, der vielleicht schon im 10. oder 11. Jahrhundert entstanden ist. Ein viel umfassendes Schulbuch war die *Margaritha philosophica* des Karthäusers *Gregor Reisch*, Ende des 15. Jahrhunderts, die in 12 Büchern *grammaticae rudimenta* (in Versen), *dialecticae principia*, *rhetoricae partes*, *arithmeticae species*, *musicae principia* (mit Noten), *geometriae elementa*, *astronomiae theorematica*, *naturalis philosophicae principia*, *alchimiae principia*, einiges *de anima* und *de principiis philosophiae* darbot. Die Buchdruckerkunst warf sich schnell auf die Verbreitung dieser Bücher.

Zu einer rationellen Vervollkommnung erhob sich endlich das Schulwesen durch den *Humanismus;* hier erst wurde es zugleich höhere Erziehung. In Italien sind es namentlich zwei vortreffliche Männer, *Vittorino da Feltre* und *Guarino von Verona*, welche diesen Zug des Humanismus wirklich schön ausgeprägt haben. Auf deutschem Boden bemächtigten sich zuerst und mit grossem Erfolg die *Brüder vom gemeinsamen Leben* (siehe den besonderen Artikel) oder die Hieronymianer dieser Aufgabe; ihnen folgen andere Humanistenkreise, namentlich in den Rheinlanden, wo u. a. die Schlettstadter Schule eine Zeitlang zu hoher Blüte gedieh. Die Wirksamkeit der Humanisten wurde jedoch in Deutschland schnell durch die Reformation gehemmt oder wenigstens in mehr kirchliche Bahnen gezogen. Es ist bekannt, wie *Luther* und *Melanchthon* die Neubegründer der deutschen Schule geworden sind, jener mehr für die Volksschule, dieser, auf dem Boden des Humanismus weiter bauend, mehr für die Gymnasien und den höheren Unterricht. Mit Benutzung von *Kämmel*, Artikel *Mittelalterliches Schulwesen* in *Schmids* Encyklopädie des Erziehungswesens, Bd. IV, S. 766 bis 816; Ebenderselbe: Geschichte des deutschen Schulwesens im Übergang vom Mittelalter zur Neuzeit. Leipzig 1882; *Hunziker*, Geschichte der schweizerischen Volksschule, Zürich 1881, Vorgeschichte, und *Kriegk*, Deutsches Bürgertum, II. Abschn. 4.

Schürze. Als Schutzmittel bei der Arbeit ist die Schürze schon aus dem frühereren Mittelalter bekannt; als Kleidungsstück der Frauen und Jungfrauen tritt sie um die Mitte des 16. Jahrhunderts auf.

Schüsseln verlangten ihrem Zweck gemäss eine mehr oder minder tiefe Schalenform. Als Tischgefässe waren sie schon in früherer Zeit *irden*, als kirchliche Gefässe *metallen* und zwar je nach Vermögen und Zweck von Gold, Silber, Zinn oder Kupfer, letztere dienten entweder zur Aufnahme der Hostie oder dann einfach als Waschbecken für die Priester.

Schützenfeste, früher *Schiessen*, *Freischiessen*, *Gesellenschiessen* genannt, sind gegen Ende des 14. Jahrhunderts nachweisbar; sie hängen teils mit der Aufnahme der *Arm-*

brust, teils mit dem in den Städten erwachenden Volksgeist und der Freude an gemeinsamer Festlust, teils mit den ältern Turnieren zusammen, von denen einzelne technische Ausdrücke, wie „rennen“, „stechen“ in die Sprache der Gesellenschiessen übergehen. Seit dem 13. Jahrhundert veranstalteten die wehrpflichtigen Stadtbewohner regelmässige Übungen im Gebrauche der Armbrust, die, vom Rate oft unterstützt, eine regelrechte Gestaltung annahmen. Bald trat wie bei allen derartigen Verbindungen des Mittelalters neben das militärisch-soziale ein religiöses Element. Ungefähr seit der Mitte des 14. Jahrhunderts traten die Schützen-Brüderschaften als äusserlich abgeschlossene, organisch geordnete Körperschaften hervor. Seit der Erfindung des Schiesspulvers traten zu den ältern *Stahl-* oder *Rüstungsschützen* die jüngern *Büchsenschützen.* Durch landesfürstliche Gnadenbriefe empfingen sie mancherlei Freiheiten und gaben sich eigene Willküren oder Statuten. Der gewöhnliche Name war *Sankt-Sebastians - Brüderschaft, Sankt-Sebastians-Schützen.* Jede Brüderschaft hatte ihre eigene Kapelle oder wenigstens einen eigenen Altar. Die Gesellschaftsschiessen waren teils engere Schiessen *nach dem vogel oder schiebe,* sog. *schiesstage,* an denen höchstens um geringe Gewinnste, *vortel,* meist *umb die hosen* oder um ein *zinnern kandel* geschossen wurde; teils das solenne Gesellen-Freischiessen. Ausser dem Ehrenkönige als Jahres-Präsidenten hatten die Brüderschaften ordentliche Vorsteher, Beisitzer und Pfleger. Jede Gesellschaft besass ihr eigenes Panner. Die Schützentracht bestand in älterer Zeit in Eisenkappe mit Schulterkragen, Streitkolben oder Pike, Ledervorschutz und Schild, also einer vollständigen Kriegsrüstung; später blieb ausser Wehr und Waffe höchstens ein farbiger Mantel für die feierlichen Kirchengänge übrig; den Schützenkönig zeichnete bald das Zepter mit dem silbernen Vogel, bald die Ehrenkette mit dem Kleinod aus; die Schützenältesten trugen den Gildestock. Die Aufnahme in die Zahl der *brüder, schützenbrüder, kumpane, gesellen, gemein schiessgesellen,* war in der Regel durch ehrlich Geschlecht und Herkommen, einen ungetrübten Leumund und den Besitz des städtischen Bürgerrechtes bedingt und erfolgte gegen Erlegung einer Einkaufsgebühr in die Lade. Das oberste Gebot in den Schützen-Satzungen war gesittetes Betragen und ruhiges friedliches Verhalten gegenüber den Genossen sowohl als auf dem Schiessplatze und im Gesellen-Zelte. Bei dem Tode eines Gildenbruders oder seiner Hausfrau hatten sämtliche Glieder der Brüderschaft dem Leichenbegängnisse beizuwohnen.

Eines Freischiessens wird aus dem Jahr 1387 zu Magdeburg, 1394 eines solchen zu Turnay in den Niederlanden erwähnt. Von da an sind sie auch in Süddeutschland ganz gewöhnlich; um 1500 erreichen sie ihren Höhepunkt und zeigen vor dem 30jährigen Krieg Spuren des Verfalls. Die Schiessen waren ein beliebtes Mittel, der Politik nachzuhelfen und ihr Nachdruck zu verschaffen; gemeinsame Interessen wurden ausser dem Schiessstand besprochen, Reden gehalten; nach einem Krieg fanden sich die Feinde am ehesten wieder auf dem Schützenplatz. Oft war die Zahl der eingeladenen Orte sehr gross, bis 200, und dem ein besonderer Preis ausgestellt, *der am witesten har zum schiessen kommen was.* Bei dem Ausschreiben ward bei der Armbrust der Umfang des Bolzens, beim Rohr die Schwere der Kugel voraus bestimmt, ebenso die Entfernung des Schützenstandes von der Scheibe, wobei die Länge des üblichen Masses in schwarzer Linie dem

Briefe aufgedruckt; dito die Anzahl der abzugebenden Schüsse, die von 12 bis etwa 40 variieren. In noch älterm Gebrauch als die Armbrust steht der Handbogen mit Pfeil; dann kommt seit 1400 die Armbrust; bald nachher tritt die Büchse auf, welche aber an Vornehmheit noch lange der Armbrust nachstand; in der Schweiz namentlich wird die Büchse bevorzugt und hier 1472 das grosse Freischiessen zu Zürich nur für die Büchse ausgeschrieben. Uralt war als Ziel der Vogel auf der Stange; ihn verdrängte jedoch im grössten Teile Deutschlands die Schiessmauer oder schwebende Scheibe. Die Entfernung des Zieles betrug für die Armbrust 340, später 300 Fuss, für die Büchse durchschnittlich 600 bis 750 Fuss. Die Zielstatt war namentlich für die Armbrustschützen vielfach geschmückt, als Holzbau mit Thüren und Stockwerken, mit Triumphbogen, einem Tempel mit Kuppeltürmchen, mit Wappen und Figuren verziert dargestellt; zu oberst ein künstliches Uhrwerk, darauf eine bewegliche geschnitzte Figur, oft Fortuna auf einer Kuppel. Sehr wichtig waren bei jedem Feste die Pritschmeister, welche das Amt des Ausrufers, Stegreifdichters, Polizeibeamten und Possenreissers in sich vereinigten; sie wurden oft von der Fremde, namentlich aus Nürnberg oder Augsburg, verschrieben. Siebner und Neuner heissen die obersten Richter nach dem Schiessrecht, welchen auch die Prüfung der Waffen obliegt. Es war das Bestreben, so viele Schützen als möglich mit Preisen zu versehen; so erhielt der beste Schuss jedes Rennens, der „Zweckschuss“ seinen Preis; dann wer die meisten Schüsse zunächst am Nagel gethan; die Hauptgewinne aber waren für diejenigen Schützen, denen am Ende des Schiessens die meisten Zirkelschüsse zusammenaddiert wurden. Ritterschützen heissen die, welche, weil sie die gleichen Schüsse gethan, mit einander stechen müssen. Jeder Schütze musste beim Beginn des Festes einen Geldbetrag, den Doppel, einlegen, dessen Betrag von anfangs 2 Gulden bis auf 12 Reichsthaler stieg. Grosse und kleine Fahnen gehörten zu allen Preisen des Hauptschiessens. Der Preis heisst Abenteuer; Hauptpreise sind ein Widder, ein Ochs, Pferd, in der Schweiz ein „Muni“, oft mit wertvollem Tuch bedeckt; Nebenpreise sind ein kleiner Becher, Silberschale, Gürtel, Armbrüste, Schwert und namentlich Stoff zu einem paar Hosen; bald kommen auch Geldpreise auf, um 1500 sind 101 Gulden das Beste, dann abwärts bis auf 1 Gulden. Die Geldbeträge werden häufig in besondern Festmünzen und Medaillen gezahlt, deren es grosse, kleine, vergoldete, häufig drei- und viereckige gab, s. g. Klippen. Der letzte Schütz, der auf einen Gewinn Anspruch machen konnte, erhielt unter vielen Gratulationen des Pritschmeisters ausser der kleinsten Geldprämie eine Sau, mit einer Fahne, auf der dieses Thier abgebildet war. Neben dem Wettschiessen waren „offene Spiele“ eingerichtet, Steinstossen, Springen, Laufen, das letztere für die Gesellen und für die „Frauen“; auch Rosserennen kamen vor, sogar Ringen und Tanzen erhielten wohl Preise; in Augsburg erhielt 1508 auch der einen Preis, der dem Volk die grösste Lüge erzählen konnte. Früh spielte bei den Freischiessen der Glückstopf oder Glückshafen, das Lotto, eine Rolle; es erscheint schon 1467 auf dem Armbrustschiessen zu München. Meist nach *G. Freitag*, Bilder aus der deutschen Vergangenheit, II, 2, aus dem Jahrhundert der Reformation, Abschnitt 10, die Waffenfeste des Bürgers, und *Gengler*, deutsche Städte-Altertümer, Exkurs IX.

Schwabenspiegel. Die Bedeutung, welche der Sachsenspiegel schnell in Norddeutschland gewann, veranlasste auch süddeutsche Bearbeitungen dieses Rechtsbuches. Deren erste ist der *Deutschenspiegel* oder der *Spiegel deutscher Leute*, unvollendet und zum teil bloss eine oberdeutsche Übersetzung des niederdeutschen Vorbildes; an einzelnen Stellen sind andere Quellen benutzt, römisches und kanonisches Recht, die *Lex Alemannorum*, das Freiburger Stadtrecht, die Bibel, die Kaiserchronik u. a.; es ist wahrscheinlich, dass er um die Mitte des 13. Jahrhunderts in Augsburg entstanden ist. Ausgabe von *Ficker*, 1859. Während dieser Deutschenspiegel bald vergessen wurde, erlangte eine zweite oberdeutsche Bearbeitung des Sachsenspiegels, der *Schwabenspiegel*, in allen Teilen Süddeutschlands eine weite Verbreitung und grosses Ansehen in den Gerichten. Er zerfällt wie der Sachsen- und der Deutschenspiegel in Landrecht und Lehnrecht. Der Schwabenspiegel wird von dem Verfasser selbst *landrechtbuoch* genannt, in den Handschriften *Land-* und *Lehnrechtbuch*, *Kaiser Karls Recht* (für das Landrecht), *Kaiser Friedrichs Recht* (für das Lehnrecht), *Kaiserrecht*, in den ältesten Ausgaben *Spiegel kaiserlichen und gemeinen Landrechts;* der Name *Schwabenspiegel* stammt von *Goldast*, der das Buch zwar in der Ausgabe von 1600 Kaiserliches *Land-* und *Lehnrecht* nannte, am Rande aber *Schwabenspiegel* hinzufügte. Der Verfasser des Schwabenspiegels kannte den Sachsenspiegel selbst nicht; er benutzte ihn vielmehr bloss in derjenigen Gestalt, welche er im *Deutschenspiegel* durch Bearbeitung und Verbindung mit andern Quellen gewonnen hatte; ausser den Quellen, welche schon der Deutschenspiegel neu herangezogen hatte, sind hier noch andere selbständig benutzt, die *Lex Bajuvariorum* (siehe *Leges Barbarorum*), die Kapitularien, Reichsgesetze, das Augsburger Stadtrecht, Historische Schriften, der Freidank, Predigten. Die Tendenz des Verfassers ist, das allgemeine deutsche Recht darzustellen, das er aber weniger im Gewohnheitsrecht eines bestimmten Volkes, als vielmehr im mosaischen Gebot, im römischen Recht und dem Recht Karls des Grossen, im Dekret und den Dekretalen findet. So ist denn seine Arbeit mehr eine gelehrte, aus Büchern geschöpfte, welche der Rechtsbildung der Zeit gemäss voll von Widersprüchen und Missverständnissen sein musste. Gegenüber der freieren weltlichen Auffassung Eikes von Repgowe ist der Verfasser des Schwabenspiegels mehr der päpstlichen Partei zugewandt. Wie der Sachsenspiegel, zerfällt auch der Schwabenspiegel nur in Artikel oder Kapitel, nicht in Bücher. Die Entstehung wird zwischen 1273—1282 gesetzt. Der Verfasser ist unbekannt; er lebte in Schwaben oder Bayern, vielleicht wie der Berarbeiter des Deutschenspiegels in Augsburg. Der Schwabenspiegel ist in verschiedenen Mundarten überliefert, überwiegend jedoch in mittel- und oberdeutschen Idiomen, doch gibt es auch niederdeutsche Handschriften. Überhaupt aber ist die Zahl der Handschriften eine sehr grosse und ihr Text ein überaus verschiedener; Homeyer zählt 220 bekannte Handschriften auf. Älteste datierte Ausgabe Strassburg 1440. Ausgaben des Landrechts von *Lassberg*, 1840; *W. Wackernagel*, 1840, *Gengler*, 1851. Nach *Stobbe*, Geschichte der deutschen Rechtsquellen., Bd. I.

Schwanjungfrauen, siehe Walküren.

Schweisstuch Christi galt als eine der wertvollsten Reliquien; die h. Veronika begleitete nach der Legende Jesum zur Richtstätte und reichte ihm, da sie ihn schwitzen und bluten sah, ein dreimal zu sammengesetztes Tuch dar, in das er, als er sich abtrocknete, aus Dankbarkeit dreimal sein Bildnis abdrückte. Mit einem dieser Abdrücke heilte Veronika den Kaiser Tiberius von einer schweren Krankheit; später kam er in die Hände eines Papstes und zuletzt durch Konstantin den Grossen an die Kirche des h. Petrus zu Rom; ein zweiter Abdruck blieb in Jerusalem, ein dritter kam nach Spanien. Auch Turin und Besançon wollten dieselbe Reliquie besitzen.

Schwert. Wie aus der Römerzeit, so sind aus den merovingischen Funden längere und kürzere, ein- und zweischneidige Schwerter zu Hieb und Stich zu unterscheiden, die einen mit langer zweischneidiger Klinge und kurzem Griff, die andern mit kurzer einschneidiger Klinge und langem Griff.

Das lange Schwert ist nach griechischen und römischen Berichten die Waffe der Völker des Westens und Nordens. Es ist oft von der ungefügigsten Länge und für den Stoss zu wenig widerstandsfähig, denn es biegt sich. In den merovingischen Gräbern trifft man die *spata* selten, da sie als ein köstliches Erbstück hoch geschätzt wurde. Sie hatte eine Länge von $2^1/_2$ bis $3^1/_2$ Fuss bei einer Breite von 2 bis 3 Zollen.

Das *kurze Schwert (scramasaxus* oder *semispata)* ist einschneidig, schmal, messerartig, bis 2 Fuss lang und $1^1/_2$ Zoll breit mit 4 Linien breitem Rücken, dem heutigen Weidmesser oder Hirschfänger nicht unähnlich. Das Langschwert wurde an einem Gürtel an der linken Seite getragen, das Halbschwert (Sax) an der rechten, in der Regel mit Ketten am Ringhemd befestigt.

Mit Beginn der eigentlichen Ritterzeit verschwindet die Führung zwiefacher Schwerter und an die Stelle des Sachs tritt öfters nur ein Dolch oder Messer. Gleichwohl erhielt sich der Ausdruck *sahs* noch längere Zeit bei den ältern Dichtern, bis er sich bei den jüngern auf die Bedeutung Messer beschränkt. Dichter übertreiben die Struktur und Grösse der Schwerter oft und lassen sie auf die wunderlichste Art entstehen. Glaublich aber ist, dass ein starker Arm, verbunden mit einer aufs höchste gesteigerten Kampfwut manchen „Schwabenstreich“ ausgeführt, der Erstaunen erregte und besungen zu werden verdiente. Die Haupttugenden des Schwertes sind Schärfe, Härte und Stärke. Die *Schneide* heisst *ecke*, *egge;* die *Blutrinne* durch die Mitte heisst *valz;* der *Griff* heisst ahd. *helza*, ags, *helt, hielt,* altn. *hialt,* mhd. *helze*, *gehilze*, *helza.* Er ist bald länger, bald kürzer und oft mit Gold, Perlen und Edelsteinen geschmückt. Beim Beginn des Griffes verwandelt sich die Klinge in einen festen, starken Stab, der in einem Knopf von Eisen oder andern Metallen sich schliesst, während der Stab oft mit Leder oder Leinwand überzogen ist. Die *scramasaxe* haben statt des Knopfes oft eine höchst einfache Befestigung der Klinge an dem Griff, indem die Angel einfach durch die Holzhülse geschoben und umgenietet wird. *Parierstangen* (zum Schutz der Hand) finden sich weder am Knauf der *spata*, noch des *scramasax*, wohl aber am Ritterschwert, und zwar stehen sie senkrecht zum Griff und bilden mit diesem ein Kreuz, oder sie sind etwas gegen die Schneide gebogen, oft auch s förmig. Die *Scheide* war schon früher ein notwendiges Zubehör. Sie bestand aus Holz mit Leinen- oder Lederüberzug. Metallene Scheiden waren durch das ganze Mittelalter sehr selten. Die *Schwertfessel (swertfezzel)* ist der um die Hüften geschlungene Gürtel, an welchem das Schwert getragen wird, das eigentliche *cingulum militare,* dessen Umgürtung beim Ritterschlag feierlich geschah. Es war von Leder, doch mit Sammet, Borten und Edelsteinen oft reich verziert.

Der *Pûsch* (*busch*) scheint ein hölzernes Schwert oder ein Stock gewesen zu sein, dessen sich die Jugend bei den Fechtübungen (Steckenspiele) bediente.

Mannigfach ist die symbolische Bedeutung des Schwertes. Es ist der unzertrennliche Begleiter der Person und hat seinen eigenen Namen und seine eigene Geschichte; als Familienerbstück geht es von Geschlecht zu Geschlecht. In nordischen Liedern ist es eine Schlange, die zischend unter die Feinde fährt. Die *Schwertsage* ist in erster Bedeutung der Weihe- und Segensspruch, welcher bei Umgürtung des Schwertes über den jungen Ritter ausgesprochen wird vom Priester oder Fürsten. In zweiter Bedeutung ist es der auf der Klinge oder am Griff eingegrabene, oder in Goldschrift angebrachte Segensspruch, wodurch man glaubte, dem Schwert besonders mystische Kräfte zu verleihen, oder durch den der Führer desselben an seine Pflichten gemahnt werden sollte. In dritter Bedeutung ist die Schwertsage die Beschwörungsformel, welche den Besprochenen gegen Verletzung durch das Schwert sicher stellen soll. Beim Kreuz (das Griff und Parierstange bildeten) wurde geschworen und gebetet. Wolfdietrich legt das Schwert zwischen sich und die zauberische Heidentochter ins Bette, dass sie ihn nicht verführen kann: *wer gumpt und ruet niete, der selb verschneidet sich.* — Wer sich dem Sieger ergab, der ging entweder ohne Schwert auf denselben zu oder er fasste es bei der Spitze und reichte demselben den Knauf. Bei den Goten scheint Adoption durch das Schwert stattgefunden zu haben. Dasselbe war auch Symbol der Gerichtsbarkeit, zumal der peinlichen Gewalt über Leben und Tod.

Nach *San-Marte*, Waffenkunde.

Schwertmag, siehe Familie.

Seelgerät, Seelhaus, Seelbad. Mhd. *sêlgeraete,* zu das *geraete*, dem Kollektiv zu *rât* = Vorsorge, Ausrüstung, Vorrat ist, was man zum Heil der Seele (seiner oder anderer) einer geistlichen Anstalt für Seelenmessen und dergleichen vermacht. Mhd. *sêlhûs,* ist ein Haus oder eine Wohnung, die jemand zum Heil der Seele für ärmere, unverehelichte Personen weiblichen Geschlechtes gestiftet hat, die unter dem Namen *selnunnen*, *sêlswestern*, *sêlfrowen*, *sêlwîber* in Gemeinschaft darin lebend, für die Abgeschiedenen zu beten hatten. So heisst *Seelbad* das Bad, welches jemand zum Heil der Seele für Arme gestiftet hat, entweder ein einzelnes am Jahrestag seines Todes zu bestreitendes, oder eine fortwährende Anstalt.

Seewesen. Die Entwickelung der Marine des Mittelalters sondert sich in zwei grosse Hauptgruppen, in die den antiken Traditionen folgende *Mittelmeergruppe* und in die *Ozeangruppe,* der die germanischen und romanisch-keltischen Völker angehören, Der Natur des stillern, buchtenreichen Mittelmeeres gemäss bevorzugt die erste Gruppe die *Ruderschiffahrt*, die zweite der Natur des Ozeans gemäss die *Segelschiffahrt* mit Hochbordschiffen von fester Fügung. Die Kreuzzüge bedienen sich des Ruders; das Zeitalter der Entdeckungen lässt dasselbe dem Segel weichen.

Zur *Mittelmeergruppe* zählen:

1. die *Byzantiner*, deren Flotte vom 4. bis 10. Jahrhundert die erste des Mittelmeeres war; ihre Kiegsschiffe hiessen *Dromoner*, eine kleinere Gattung *Galeeren*, *γαλέαι*, das heisst Haifisch (nach anderer Erklärung stammt der Name aus einem arabischen Wort, das Bienenkorb bedeutet, siehe Weigand).

2. die *Araber* erscheinen seit dem 7. Jahrhundert im Mittelmeer;

ihr Einfluss ist in einigen aus dem Arabischen stammenden Seewörtern noch erhalten: *Admiral*, von Amyr = Fürst; *Kabel*, von *kabl*, = Ankertau; *Arsenal*, italienisch *darsena* aus *dâr-azzan's* = Haus der Betriebsamkeit; *kalfatern* von *qalafa* = ein Schiff verkitten, und *Korvette* von *ghorâb* = Rabe.

3. die *Italiener*, namentlich *Venedig*, *Genua*, *Pisa* und *Amalfi*. Im Gegensatz zu den Byzantinern und den Genuesen scheinen die Venetianer keine Kriegsschiffe von mehreren übereinander liegenden Ruderreihen gebaut zu haben; vielmehr entwickelt sich bei ihnen die aus dem antiken langen Flachschiffe, dem Fünfzigruderer, abgeleitete Form der *Galeere* zu der Bedeutung und Gestalt, die ihr bis ins 18. Jahrhundert geblieben ist. Eine besonders grosse Form hiess *Galeazze*. Die Galeeren waren bedeckt und auf dem Deck sassen die *Ruderer*, durch einen Mittelgang getrennt; auf eine Bank kamen zwei, drei, sogar vier Ruder, zu welchem Zweck die Bänke schräg gegen den Bord standen. Später zog man es vor, die Bänke gerade gegen den Bord zu stellen und zwei bis fünf Bankgenossen an einem schweren, meist 50 Fuss langen Ruder arbeiten zu lassen, so zwar, dass das innere, 13 Fuss lange Stück, das mit Blei ausgegossen war, im Gleichgewichte mit dem äusseren, 37 Fuss langen stand. Die gewöhnliche Galeere hatte auf jeder Seite 25—26 Ruder, die Ruderer waren meist verurteilte Verbrecher. Für die sogenannten *lateinischen* oder dreieckigen Segel waren ein bis zwei, seltener drei Maste vorhanden; der Hauptmast stand in der Mitte. Die Steuerung geschah bis zum 13. Jahrhundert durch ein oder zwei grobe, vom Hinterteil des Schiffes aus regierte *Ruder*, das moderne Steuerruder erscheint nicht vor dem Ende des 12. Jahrhunderts; es ist das am Hintersteven durch starke Haken und Fingerlinge beweglich befestigte, meist aus drei Stücken zusammengesetzte Ruderholz. Eine Brustwehr, die den Bord umzog, deckte die Ruderer; ausserdem errichtete man auf dem Schiffe turmartige Schanzen oder Kastelle.

4. die *Katalanen;* ihnen verdankt das Mittelalter das in Barcelona entstandene *Libro del Consulado*, eine Sammlung der Seegewohnheiten, das erste gemeine Seerecht des Mittelalters enthaltend; auch die *Seeversicherung* ist hier zuerst in Anwendung gekommen. Gegen Ende des 15. Jahrhunderts nahm die Bedeutung der katalonischen Marine schnell ab.

Bei den *Ozean-Völkern* unterscheidet Jähns:

1. die *Südgermanen bis auf Karl den Grossen.*

Die ersten Nachrichten über die Schiffahrt deutscher Stämme beziehen sich auf Binnenschiffahrt. Roh ausgehöhlte Baumstämme, besonders eschene, vermochten 30 bis 40 Menschen zu tragen. Dennoch stellten sich die Germanen den römischen Flotten entgegen und wagten Raubzüge über das Meer hin, namentlich werden die *Friesen* als Seefahrer gerühmt. Die batavische Flotte bestand überwiegend aus Schiffen mit ein oder zwei Ruderbänken, zahlreichen Kähnen und leichten Rennschiffen. Mannigfache buntfarbige Segel waren aufgezogen. Im 3. Jahrhundert besassen die *Goten* auf dem Mittelmeer eine ansehnliche Flotte. Später traten *Franken* und *Sachsen* als Seefahrer in den Vordergrund. Die Hauptarten ihrer Kriegsfahrzeuge sind die von den Römern Myoparen genannten Schiffe und die Kiele. Die *Myoparen* waren leichte Kriegsbarken, die aus Weiden-Flechtwerk hergestellt und mit Leder überzogen wurden. Die Briten sollen nach

Plinius auf solchen Schiffen bis nach Norwegen und Island gefahren sein. Die *Kiele* waren grössere Langschiffe, welche ein Segel führten; auf solchen fuhren Cäsar und Claudius, später die ersten Sachsen nach Britannien. Auch dem neuen Frankreich mangelte es nicht an Schiffen. Karl Martell suchte die Friesen zu Schiffe auf, und Karl der Grosse erliess wiederholte Befehle, Schiffe zu bauen und zu bemannen, doch scheint es nicht zu genügenden Anordnungen über Bemannung und Führung der Schiffe gekommen zu sein.

2. die *Skandinavier.* Nach Tacitus Germ. 44 waren die Suinonen, d. h. die Bewohner Skandinaviens, mächtig durch ihre Flotten. Ihre Schiffe waren auf beiden Seiten spitz und dadurch geeignet, beliebig mit der einen oder der anderen den Strand anzulaufen. Sie bedienten sich weder der Segel, noch versahen sie das Schiff mit festen Ruderbänken. Das Steuer bestand aus zwei grossen beweglichen Schaufelrudern. Ausgiebiger werden die Nachrichten erst für die *Normannenzeit;* die grösste Art der normannischen Kriegsschiffe hiess *Drachen*, wahrscheinlich weil am Vorderteil ein geschnitzter Drachenkopf angebracht war, der dazu diente, die Feinde zu schrecken und deren Schutzgeister zu verscheuchen. Ein besonders grosser Drache wird erwähnt, der auf jeder Seite 34 Ruder führte; andere hiessen *Schnecken*, ursprünglich = Schildkröte oder Schaltier, daneben gab es viele Gattungen kleinerer Fahrzeuge. Nach alten Bildern auf Tapeten und Siegeln sind alle normannischen Schiffe vorn und hinten ganz ähnlich gebaut, grössere Hallen im *Deck*, unter dem die Ställe und Kammern lagen; gern entfalteten die Seekönige an ihren Fahrzeugen grosse Pracht: vergoldete und bemalte Drachen- und Rosshäupter, in christlicher Zeit Symbole. Die Steuerung geschah durch ein an der rechten Seite des Fahrzeuges angebrachtes Schaufelruder. Die Schiffe hatten nur *einen* Mast und ein grosses viereckiges Segel, das Takelwerk war sehr einfach, an der Mastspitze wehte eine Flagge; die Segel waren oft, namentlich mit Wappenfiguren, bemalt. Übrigens haben die Seefahrten der Normannen die Nautik kaum wesentlich befördert; es scheint, dass sie nicht einmal diejenige Stufe der nautischen Kenntnisse erreichten, welche die Sachsen schon im 5. Jahrhundert erstiegen hatten.

3. *Die Deutschen.* I. *Die vorhansische Zeit.* Erst im 11. Jahrhundert, nachdem die Einfälle der Normannen auf deutsches Gebiet aufgehört hatten, begann sich der maritime Geist der norddeutschen Küstenstämme zu regen. Die *Bremer* wagten sich als Kauffahrer und Freibeuter auf die Ostsee, die *Kölner* fuhren nach England, die *Friesen* drangen als See- und Küstenräuber ins Mittelmeer; an der Ostsee entwickelte sich eine *wendische Seemacht*, deren Mittelpunkt Rügen war; sie erlag schon im 12. Jahrhundert den Dänen. Die erste grosse Seeunternehmung, an welcher sich die Deutschen beteiligten, war der dritte Kreuzzug; Bremer, Kölner, Flandrer, Dänen und Friesen zogen mit 94 Schiffen an die Küste des gelobten Landes; am fünften Kreuzzuge war die Beteiligung der deutschen Seemacht noch viel beträchtlicher; 50000 Friesen nahmen daran Anteil, für die allein die Gebiete des Kölnischen Sprengels 300 Meerschiffe ausrüsteten. Zu gleicher Zeit zogen Niedersachsen von Lübeck aus gegen die heidnischen Livländer, setzten sich in Riga fest und befreiten Lübeck für immer von der dänischen Oberhoheit (1234).

Die in dieser Zeit in deutschen Schriften erwähnten Fahrzeuge sind:

Der *Kiel*, im Beówulf ein allgemeiner Ausdruck für Schiff überhaupt; bei mittelhochdeutschen Dichtern bedeutet Kiel soviel als Langschiff.

Kocke, ahd. *kocho*, mhd. *kocke*, altholld. *kogghe*, niederd. *kogge*, bezeichnet das massiv gebaute, hochbordige, vollbäuchige Fahrzeug. Seit dem Ausgang des 13. Jahrhunderts war die Kogge in den nördlichen Gewässern das eigentliche Schlachtschiff; vorn und hinten trug sie kastellartige Erhöhungen, welche gleich dem, einem kleinen bezinnten Turme nachgebildeten Mastkorbe, mit der Elite der Mannschaft besetzt wurden. In der Mitte standen die Bleiden und treibenden Werke. In Frankreich entspricht der Kogge *la coque* und *la nef*. Beides waren reine Segelschiffe ohne Ruder. Die Nefs hatten ein bis drei Decke, ihr Rumpf lud vom Kiel her weit aus und stieg hoch auf.

Schnecke, sniggi, ist die nordische kleinere Schwester der Galeere, auf Segel und Ruder eingerichtet, lang und schmal, offen und seit alter Zeit in stetem Gebrauche.

Die *Schute*, niederl. *schuit*, ist ein Segelschiff mit Verdeck als einmastige Jacht getackelt, mit einer Tragfähigkeit von 12 bis 15 Last, für den kleinen Küstenverkehr an der Nord- und Ostsee noch im Gebrauch. Der Name Schute, eins mit „Schuss“, deutet auf die Geschwindigkeit hin.

Die *Galeere*, mhd. *galîe, galêe, galîne, galeide*, mittellat. *galea*, engl. *galley*, altfranz. *galêe* ist oben beschrieben worden. Andere in niederdeutschen Schriften vorkommende Namen sind *Bording, Busen, Einer und Esping* für Seefahrzeuge; *Kunkel, Bolscip, Prahm, (promptuarium), Tungetship, Nankau, Envar, Ketze* für Flussfahrzeuge.

Von mhd. Dichtern werden ferner eine Anzahl fremder, meist französischer Schiffsnamen gebraucht:

Die *Ussiere*, Lastschiff zum Kavallerietransport. Hier lag der *huis*, d. h. die Pforte zum Einschiffen der Pferde, am Hinterteile des Schiffes und zwar unter der Wasserlinie, wurde daher nach vollendeter Einschiffung wasserdicht verschlossen. Gewöhnlich nahmen sie 25 Pferde mit voller Fourage auf.

Treimunde, Iragamunde, wahrscheinlich das franz. *Dromon*, aus jenem ältern byzantinischen Schiffsnamen entstanden.

II. *Die hansische Zeit.* Schon 1254 bestätigte König Wilhelm von Holland den *rheinischen Bund*, der von mehr als 70 Städten von Basel abwärts bis Koblenz geschlossen worden war und eine bedeutende Schiffsstreitmacht auf dem Rheine entwickelte. Dauerhafter als dieser früh verfallene Bund war die *Hansa*. Das Wort bedeutet im got. und ahd. eine streitbare Schar, ags. *hôs* gilt von einer Schar, einer geschlossenen Vereinigung überhaupt; als kaufmännische Vereinigung mit bestimmten richterlichen Befugnissen erscheint *hans, hanse* in süddeutschen Handelsplätzen, in Regensburg seit 799. „Hansen“ haben im ersten Drittel des 12. Jahrhunderts ihr *hanshûs* in London. Aus dem gemeinsamen Rechte deutscher Handelsherren im Auslande nun und aus dem Bündnisse deutscher Städte in der Heimat erwuchs nach und nach der *Hansabund*. Dem bevorrechteten „Stahlhofe“ der Kölner Kaufleute zu London schloss sich Lübeck an; Lübecker und Hamburger Häuser gewannen Privilegien zu Brügge; mit den wendischen Seestädten Rostock, Wismar, Stralsund und Greifswald schloss sich Lübeck, mit den Städten Niedersachsens Hamburg zusammen. Zu Anfang des 14. Jahrhunderts vereinigten sich beide Gruppen, worauf bald die westfälischen mit denen Preussens in Verein traten. Diesen Handelsbündnissen zur Seite gingen die grossen Landfriedensbündnisse von vorwiegend militärischer Bedeutung, ein System von Bünden, aus denen sich um die Mitte des 14. Jahrhunderts der Organismus der grossen Hansa darstellte. Die Schiffsmannschaft der Hansaflotte setzt sich fast ausschliesslich aus Bürgern zusammen; die Schwerbewaffneten dagegen waren meist Soldtruppen, Ritterbürtige mit Knappen und Knechten. Als Leichtbewaffnete wurden Leute des gemeinen Volkes angeworben. Die Führung lag in den Händen von Ratmannen. Neben der geordneten Heeresmacht geht die Kaperei her, welche die Hansen jedesmal dann begünstigten, wenn sie selbst nicht mehr recht leistungsfähig waren. Jedes Kauffarteischiff war selbstverständlich zu jener Zeit wehrlich gerüstet. Nach *Jähns*, Geschichte des Kriegswesens, Seite 1229—1266, wo Seite 1266—1268 auch die Franzosen, Engländer, Portugiesen und Spanier behandelt sind. Vgl. *San Marte*, Waffenkunde, Teil I, Abschnitt 2, *Schiffswesen* und *Schultz*, höfisches Leben, II, Kap. V.

Segenssprüche. Nach dem ältesten wie dem neuesten Volksglauben soll in dem ausgesprochenen Segen oder Fluch eine unmittelbare, magische Wirkung liegen, die sich aber nie auf allgemeine, sittliche Dinge, sondern auf die zeitlichen Vorteile des Menschen, auf Abwehr von zeitlichen Übeln, Erlangung irdischer Güter und Vollbringung des persönlichen Hasses bezieht. Die älteste Form des Besegnens oder Besprechens ist die Rune oder das Lied: diese können töten und vom Tode wecken wie gegen den Tod sichern; heilen und krankmachen, Wunden binden, Blut stillen, Schmerzen mildern, Schlaf erregen, Feuer löschen, Meerstürme sänftigen, Regen und Hagel schicken, Bande sprengen, Fesseln zerreissen, Riegel abstossen, Berge öffnen u. schliessen, Schätze aufthun, Kreissende entbinden oder verschliessen, Waffen fest oder weich, Schwerter taub machen; Knoten schürzen, die Rinde vom Baum lösen, Saat verderben, böse Geister rufen und bannen, Diebe binden. Nach heidnischem Brauche wurden auf Totenhügeln und Gräbern Lieder ausgesprochen, damit ein Toter Rede stehe oder etwas herausgebe. Die älteste Form der Segen ist die erzählende, so zwar, dass immer etwas erzählt wird, was mit dem zu besprechenden in einer gewissen gleichlaufenden Beziehung steht, ursprünglich dem Kreise des Mythus, später dem der heiligen Geschichte und Sage oder dem Gebiete der natürlichen Wirklichkeit. (Mond nimmt zu, Warze nimmt ab), oder der dichtenden Phantasie entnommen; auf die Erzählung kann der Befehl kommen, der in spätern Segensformeln oft allein herrscht, indem einfach die Krankheit, der Dieb, Dämon und dergl. angeredet und beschworen wird zu weichen. Ursprünglich ist der Beschwörungsspruch in allitterierender Form gehalten; seit dem Untergang dieser Reimart hat er sich in prosaischer Form erhalten oder sich dem Nachfolger des Stabreimes, dem Reimpaar oder Knittelvers anbequemt. Die ältesten erhaltenen Segen, welche zum Teil an indische Segenssprüche erinnern, sind die beiden s. g. Merseburger Zaubersprüche auf den verrenkten Fuss eines Pferdes und auf die Fesseln eines Kriegsgefangenen; es folgen dann der Wiener Hundsegen, Wurm-, Blut- und Reisesegen u. a., abgedruckt bei *Müllenhoff* und *Scherer*, Denkmäler. Darnach soll die Entstehung der meisten christlichen Segen mit Wahrscheinlichkeit in die Zeit fallen, wo mit der zweiten Hälfte des 11. Jahrhunderts die geistliche Dichtung in der Volkssprache einen neuen Aufschwung nahm und dann bis gegen den Ausgang des 12. Jahrhunderts mit Eifer gepflegt wurde. Oft sind in christlich geformten Segen die heidnischen Grundlagen noch unverkennbar; an Stelle Wodans, Donars, der Frigg traten Christus, Petrus und Maria. So ist die häufige Formel: „Christus und Petrus gingen über Land“, den Wanderungen Wodans mit andern Göttern entnommen; in böhmischen Besprechungen der Würmer heisst es: „Es war eine makellose Jungfrau Maria, die hatte drei eigene Schwestern: die eine spann, die andere wickelte auf, die dritte segnete die Würmer“, oder: „die heilige Lucia hatte drei Töchter: die erste spann, die zweite wickelte auf, die dritte weifte“, es sind Frigg mit den drei Nornen. Einzelne Formeln sollten von den Ägyptern, von Salomon, den Arabern stammen, bei einigen Formeln zum Festmachen wird gesagt, sie seien vom König Karl d. Gr. gebraucht. Wuttke hat u. a. Beispiele zusammengestellt gegen das Fieber, gegen Friesel, Schlaflosigkeit, Schwinden, Gicht, Verrenkung, gegen ein Fell auf den Augen, gegen Blutungen, Zahnschmerz, Würmer im Leibe, Kolik, die Rose, Entzündungen, gegen Mundfäule, gegen Warzen, den Schlangenbiss, gegen Wunden, Brandwunden, gegen Versengungen überhaupt, wenn man von einem Hunde angefallen ist, gegen Aufblähung des Rindviehs, Feuersegen, um sich kugelfest zu machen, wenn man vor Gericht geht, gegen Diebe. *Grimm*, Mythologie, Kap. 38; die Sammlung von Segen, die als Anhang der ersten Ausgabe beigegebeu war, ist in der zweiten Ausgabe weggeblieben; *Wuttke*, Aberglauben, §. 221—242.

Semperfreie, mhd. *sentbaere, sempaere vrîe* sind solche, welche am *sent* (aus *synodus)*, d. h. Grafengerichte teilnehmen dürfen.

Sequenz hiess derjenige Teil des Messgesanges, der die letzte Silbe des Hallelujah in langen Modulationen forthallen liess; er hiess auch *jubila* oder *jubilatio*. *Notker Balbulus* (gest. 912) in St. Gallen war es, der diesen Tonreihen selbständige Worte unterlegte und zugleich neue Tonreihen zu ebendemselben Gebrauch komponierte. Anfänglich immer noch als Teil des Messgesanges vorgetragen, lösten sie sich mit der Zeit davon ab und traten selbständig auf. In den Messbüchern des Mittelalters mehrte sich die Zahl der Sequenzen bis auf 100; später kamen die meisten wieder in Abgang; Sequenzen sind u. a. *Veni sancte spiritus, Lauda Zion salvatorem, Stabat mater* und *Dies irae*. Man nimmt an, dass die Sequenz von wesentlicher Wirkung auf den weltlich deutschen Gesang, namentlich auf den Leich, gewesen sei. *Ferd. Wolf*, über die Lais, Sequenzen und Leiche, Heidelberg, 1841, *Schubiger*, St. Gallische Sängerschule; 1858. *Bartsch*, die lateinischen Sequenzen des Mittelalters in musikalischer und rhythmischer Beziehung, Rostock, 1868.

Servietten brauchte man schon in Rom in der späteren Kaiserzeit; sie wurden durch das ganze Mittelalter, jedoch nur von Vornehmen, benutzt. Bei Bürgersleuten kamen sie zu Ende des 16. Jahrhunderts in Gebrauch.

Sibyllen. Bei den Alten waren Sibyllen weissagende mit dem Apollokultus im Zusammenhang stehende Frauen, von denen die sogenannten sibyllinischen Bücher herrühren sollen. Die Zahl dieser Sibyllen wurde verschieden angegeben, bloss eine oder drei, vier, zehn. Seit dem Ende des ersten Jahrhunderts ist unter den Kirchenschriftstellern auch von christlichen Sibyllen und sibyllinischen Büchern die Rede, und zwar wieder in verschiedener Zahl; erhalten sind mehrere von jüdischen und christlichen Schriftstellern verfasste weissagende Bücher unter dem alten Titel, welche von den Kirchenvätern häufig citiert werden. Im Mittelalter kommen namentlich bei Franziskanern zwei neue Sibyllensagen auf; die erste berichtet, Kaiser Augustus habe die Pythia befragt, wer nach ihm herrschen werde, worauf sie anfangs keine Antwort, dann aber die Weisung gegeben: er solle schweigend von ihren Altären sich entfernen, da ein hebräisches Kind, welches über die unsterblichen Götter herrsche, ihr heisse von dem Sitz zu weichen und in den Orkus zurückzukehren. Darauf habe Augustus auf dem Kapitol einen noch stehenden Altar errichtet mit der Inschrift; *haec est ara primogeniti dei*, dieses ist der Altar des erstgebornen Gottes. Die andere Sage erzählt, Augustus habe die tiburtinische Sibylle zu sich kommen lassen, um über einen Antrag des Senats, der ihm göttliche Ehre erweisen wolle, sie zu befragen; sie aber habe geantwortet: „vom Himmel wird der König kommen, der es in Ewigkeit sein wird.“ Sogleich öffnete sich der Himmel und er sah dort eine Jungfrau in herrlicher Schönheit, auf einem Altar stehend, mit einem Knaben auf dem Arm und hörte eine Stimme: *haec ara filii dei est*, dieses ist der Altar des Sohnes Gottes. Der Kaiser betete darauf an und that dem Senat die Vision kund. Dieselbe ereignete sich in dem Gemach des Augustus, wo jetzt die Kirche St. Maria in Capitolio ist.

Auf den Grund solcher sagenhafter Voraussetzungen sah sich die Kirche veranlasst, die Sibyllen neben den Propheten in den Kreis christlicher Kunstvorstellungen zu ziehen, was aber nicht vor dem 12. Jahrhundert geschah. Und zwar stellte man entweder die Sibylle vor, wie sie dem Kaiser Augustus das Kommen des Sohnes Gottes offenbart, oder die Sibyllen überhaupt, sowohl in Fresko- und Glasmalereien, als in Staffelei- und Miniaturbildern, als in Werken der Skulptur; so enthalten die Chorstühle im Münster zu Ulm neun Sibyllen. Sie dienen als Trägerinnen des „Lichtes, welches im Finstern scheint.“ Daher ihnen etwa eine Laterne oder ein Licht in die Hand gegeben wird, als Träger evangelischer Verkündigung in der Heidenwelt, mit den Propheten und Kirchenlehrern zusammen als Zeugen der Wahrheit aus dem Heidentum, Judentum und Christentum. Von den Sibyllen handelt auch ein zuerst in Frankfurt 1531 erschienenes *Volksbuch: „Zwölf Sibyllen Weissagungen* vil wunderbarer Zukunft von Anfang bis End der Welt besagende. Der Königinn von Saba König Salomeh gethane Propheceien.“ Hier ist in Holzschnitten jede Sibylle einzeln dargestellt; ihre Namen lauten hier: persische Sibylle, Libica, Delphica, Chimeria, Samia, Cumana, Hellespontia, Phrigia, Europea, Tiburtina, Erithrea, Agrippa und Nichaula, Königin von Saba „welche eine rechte Sibylla gewesen sei, eine Prophetin und Wahrsagerin der heimlichen Räthe zukünftiger Dinge Gottes.“ *Piper*, Mythologie der christlichen Kunst, I, 472—507.

Sieben freie Künste, siehe *freie Künste.*

Siegel, aus lat. *sigillum*, mhd. *sigel*, *siegel*, *sigille*, *insigele*, war im Mittelalter, als die Unterschrift noch fehlte, das gewöhnlichste Beglaubigungsmittel einer Urkunde; als die Unterschrift allgemeiner wurde, trat das Siegel zurück; allgemein wird sein Gebrauch etwa seit 909. Was das Material angeht, so ist dasselbe entweder *Metall;* dann heisst das Siegel, wie die Urkunde selbst *bulla;* das Metall ist Gold oder Blei, und zwar ist das goldene Siegel in der älteren Zeit nur bei den griechischen Kaisern, im Abendlande seit Otto III. in Gebrauch;

es wird als ein Vorrecht der deutschen Kaiser für Fürstenbriefe, Erteilung von Herzogtümern und dergl., später für Erhebungen in den Grafenstand angesehen; zuletzt konnte jeder, der aus der kaiserlichen Kanzlei eine Ausfertigung bekam, für die Taxe ein goldenes Siegel bekommen. Meistens sind sie hohl und bestehen nur aus Goldblech, das mit Wachs ausgefüllt ist. *Bleierne* Bullen sind das Hauptsiegel der Geistlichkeit, der Päpste seit dem 8. Jahrhundert, der geistlichen Fürsten bis zum Bischof und dem reichsfreien Äbte bis etwa 1300; auch die Konzilien von Konstanz und Basel siegelten damit; Kaiser nur selten. Das häufigste Material ist *Wachs,* dem man anfangs alle möglichen Farben gab, bis seit dem 12. Jahrhundert die natürliche Farbe für gewöhnliche Zwecke die Oberhand erhielt. *Rote* Siegel kamen zuerst bei Kaisern und Bischöfen vor, dann siegelten seit dem 13. Jahrhundert reichsfreie Fürsten damit, und es galt als ein kaiserliches Recht, das Privileg des roten Siegels zu erteilen. *Grüne* Siegel sind seit dem 13. Jahrhundert gebräuchlich und seit dem 15. allgemein; damit siegelte besonders, wer nicht rot siegeln durfte, niedere Stifte, niederer Adel, viele Städte: *schwarze* Siegel kommen bei den geistlichen Ritterorden vor. Den Gebrauch von *Harz* oder *Siegellack* kennt man seit dem Ende des 16. Jahrhunderts; aus derselben Zeit den der *Oblaten.* Was die *Befestigung* der Siegel betrifft, so wurden sie anfangs auf die Urkunden aufgedrückt, später hing man sie an die Urkunden, und zwar mit Schnüren oder Pergamentstreifen; die Schnüre sind bei den päpstlichen Urkunden von ungefärbtem Hanf; seidene von gelb und roter Farbe sind feierlicher Art. Kaiserliche Urkunden haben bis zum 15. Jahrhundert willkürliche Farben, seit Friedrich III. schwarzgelbe oder gelbe Schnüre. Die älteste Form der Siegel ist die runde; später wird sie länglich oder eiförmig; dreieckig waren die Siegel der niedern Adeligen, das Bild des Schildes. Jedes Siegel enthält ein Bild, *signum,* das anfangs willkürlich angenommen war, erst seit dem 12. Jahrhundert von ganzen Familien festgehalten wurde; immer war die Bedeutung des Bildes durch eine Umschrift erklärt. Im besonderen kann man unterscheiden: *Kaisersiegel.* Die Karolinger haben einen Kopf oder höchstens ein Brustbild mit Umschrift; seit Arnulf kam der Reichsapfel dazu; die Ottonen haben ein halbes Leibstück mit Diadem, Schild und Lanze; seit Otto III. liessen sich die Kaiser als ganze Figur abbilden, auf dem Throne sitzend, mit Reichsapfel und Zepter; dieses Siegel blieb als Majestätssiegel seitdem die Regel. Als Kanzleisiegel diente der Reichsadler. *Fürsten* und Grafen liessen sich zu Pferde mit Schild und Fahne abbilden, wobei das Schild oft ein *signum* trug, oder sie führten das Schwert; das sind die sog. *Reitersiegel; Fusssiegel* sind selten, dann aber stets geharnischt mit dem Schild als *signum.* Der niedere Adel trägt erst nach dem 14. Jahrhundert einen Helm in den Siegeln. Die *Städtesiegel* zeigen das Bild des Schutzheiligen, ein Stadtthor, Rathaus, Stadtkirche und dergl. Über die päpstlichen *Bullen* siehe den Artikel *Bulle. Bischöfe* und *Äbte* liessen sich bis zum 11. Jahrhundert in rundem Siegel mit halbem Leibstück, den Hirtenstab und ein Buch in der Hand, mit einer den Namen tragenden Überschrift, dann sitzend auf einem Throne abbilden. Das Kirchen- oder Konventssiegel trägt den Schutzheiligen. An weltlichen Urkunden hängen soviel Siegel, als Personen bei den Rechtsgeschäften beteiligt sind, daher man Urkunden von 300 und mehr Siegeln hat; Zeugen hängen erst seit dem 15.

Jahrhundert die Siegel mit an. Vgl. *List*, Katechismus der Urkundenlehre. Leipzig, 1882. §§. 91—108.

Skapulier nannte man ein mönchisches Kleidungsstück, das einer Tunika ähnlich sah, etwas kürzer als diese, vorn geschlossen, statt der Ärmel mit weiten Armschlitzen versehen. Das Skapulier wurde später vorzugsweise nur noch bei körperlicher Arbeit getragen und daher auf beiden Seiten weit aufgeschlitzt. Seit dem 12. Jahrhundert sind Vorder- u. Rückenstreifen durch ein Querband verbunden, die Seiten aber für den Arm ganz frei.

Sommer und **Winter.** Diejenige Naturerscheinung, welche wie keine andere zur Mythenbildung beigetragen hat, spielt noch während des ganzen Mittelalters, bald mehr mythisch, bald mehr allegorisch, eine wesentliche Rolle in Sitte und Denkart des Volkes. Am Sonntag Lätare, zu Mitfasten, wurde namentlich am Rhein ein Ringkampf zwischen Sommer und Winter aufgeführt, wobei jener in Laubwerk, dieser in Stroh und Moos gekleidet war; der Winter unterlag und wurde seiner Hülle beraubt. Die dabei versammelte mit weissen Stäben versehene Jugend sang dabei: stab aus, stab aus! (staubaus!) stecht dem Winter die Augen aus! Schon früh entwickelte sich dieser Aufzug zum ausgeführten Gespräch, in welchem in Liedform beide Streitende die Gründe zur Berechtigung ihres Daseins im wohlgeordneten Jahreslaufe darthaten. Der älteste erhaltene volksmässige Text aus dem Ende des 16. Jahrhunderts beginnt:

Sommer.

Heut ist auch ein fröhlicher Tag,
dass man den Sommer gewinnen mag;
alle ir herren mein,
der Sommer ist fein!

Winter.

So bin ich der Winter, ich gib dirs nit recht,
o lieber Sommer, du bist mein knecht!
alle ir herren mein,
der Winter ist fein!

Sommer.

So bin ich der Sommer also fein,
zu meinen zeiten da wechst der wein;
alle ir herren mein,
der Sommer ist fein! u. s. w.

Die drei letzten Strophen heissen:

Winter,

O lieber Sommer, beut mir dein hand,
wir wöllen ziehen in frembde land!
alle ir herren mein,
der Sommer ist fein!

Sommer.

Also ist unser krieg vollbracht,
gott geb euch allen ein gute nacht!
alle ir herren mein,
der Winter ist fein!

Winter.

Ir herren, ir solt mich recht verstan,
der Sommer hat das best getan;
alle ir herren mein,
der Sommer ist fein!

Man hat auch verschiedene, mehr kunstmässige Bearbeitungen des Themas, lateinische aus Karl d. Gr. Zeit, altfranzösische, mittelhochdeutsche, niederdeutsche, auch eine von Hans Sachs; in einer St. Gallischen Urkunde vom Jahr 858 sind Winter und Sommer die Namen zweier Brüder. Eine spätere Form dieses Wettstreites ist die, dass die Gewächse, welche sonst nur das bezeichnende Beiwerk herleihen, selbst und persönlich die Gegner sind; so stehen in einem englischen Lied Stechpalme und Epheu, in dem bekannten seit dem 16. Jahrhundert verbreiteten deutschen Liede *Buchsbaum* und *Felbinger* (Weide) einander gegenüber. *Uhlands* Schriften, III, 17 ff.

Sonett, stammt aus Italien, wo die ältesten dieser Strophen vermutlich um 1200 enstanden sind; es besteht aus zwei vier- und zwei dreizeiligen Strophen; die vierzeiligen haben denselben Reim, so zwar, dass die beiden innern Zeilen von den beiden äussern umrahmt werden; die dreizeiligen Strophen sind in der Regel Terzinen. Nachdem Dante und Petrarca diese Form zur höchsten Vollendung gebracht, kam sie nach Frankreich, England, Spanien und Portugal, und durch Weckherlin und Opitz nach Deutschland, wo man sie *Klinggedicht* hiess und als Vers den Alexandriner wählte; besonders Paul Flemming hat schöne Sonette gedichtet. Seit dem Untergang der schlesischen Dichterschulen hörte die Vorliebe für das Sonett für einige Zeit wieder auf, bis Bürger und die Romantiker sie neu belebten. *Welti*, Geschichte des Sonettes in der deutschen Dichtung. Leipzig 1884.

Sonne und **Mond** als *Kunstvorstellung.* Das klassische Altertum stellte Sonne und Mond mit dem Wagen auf der Himmelsbahn sich bewegend, vor, jener von vier, diese von zwei Pferden gezogen, Helios emporsteigend, Selene sich senkend. Wo der Wagen fehlt, ist der Sonnengott am Strahlenkranz und an der Peitsche, der Fackel oder einer Kugel in der Hand, die Mondsgöttin an der Sichel über dem Haupt und an dem kreisförmig über demselben ausgespannten Gewand kenntlich; auch nur als Brustbilder, oder als Köpfe, oder endlich bloss nach der mathematischen Figur als Scheibe nnd Sichel findet man sie. Manchmal ist das Haupt des Sonnengottes mit Strahlen umgeben, sowie sich die Sonne auch als Gesicht mit neun Strahlen in einem Rund abgebildet findet. Die christliche Kunst hat die beiden Gestirne sowohl in mathematischer Figur, als in den erwähnten drei Graden der Personifikation abgebildet: bloss angedeutet durch das Gesicht, oder als halbe Figur oder in ganzer Gestalt. Die Figuren von Sonne und Mond finden sich sowohl bei alttestamentlichen Ereignissen, namentlich in der Schöpfung und bei der Geschichte des Joseph, Josua und Jonas, als bei der Person Christi in verschiedenen Epochen seines Lebens angebracht, bei der Geburt, unzähligemal bei der Kreuzigung, wobei Sonne und Mond, zum Zeichen der Verfinsterung, in der Regel ihr Antlitz mit dem Gewand oder einem Tuch verhüllen, sodann bei der Kreuzabnahme, der Himmelfahrt und öfter zur Seite des verherrlichten Christus. Seit dem 13. Jahrhundert hört die persönliche Darstellung von Sonne und Mond auf und sie erscheinen statt dessen in der Hand von Engeln oder Genien, oder bloss als Gesicht, oder in mathematischer Figur als Scheibe und Sichel. Seit Anfang des 16. Jahrhunderts wurde die Vorstellung von Sonne und Mond neben dem Gekreuzigten fast allgemein aufgegeben, während dagegen im Gebiete der profanen Kunst die Personifikation beider Himmelskörper mit voller mythologischer Ausstattung neuerdings dem Altertum entnommen wird. *Piper*, Mythologie der christlichen Kunst II, S. 116—199.

Speer, siehe Lanze.

Spiegel, aus lat. *speculum,* von Glas kannte das Altertum nicht, wohl aber solche aus blank poliertem *Metall*, Bronze, Stahl oder Silber. Das Glas, in seiner Verwendung zu Fensterscheiben schon längst bekannt, kam in dieser Eigenschaft nicht vor dem 12. oder 13. Jahrhundert zur Anwendung und zwar in kleinen, meist runden, zierlich gefassten Handspiegeln, die namentlich von Frauen um den Hals oder am Gürtel getragen wurden. An der Stelle des Quecksilberbeleges findet sich ein Aufguss von Blei, Zinn oder Harz. Das Quecksilberamalgam kam zu Ende des 16. Jahrhunderts auf, und dadurch erhielt der Glasspiegel erst seine Vorzüge, durch welche er den Metallspiegel verdrängte. Doch hielt er sich, was seine Ausdehnung anbelangte, noch immer in sehr bescheidenem Masse, denn Glastafeln von mehr als zwei Fuss Seite zu machen, war noch eine Unmöglichkeit. An der Umrahmung aber wurde nichts gespart, in Schnitzerei, Parqueterie, Metallarbeit, Bemalung, Vergoldung und Einfügung von köstlichen Steinen.

Der Spiegel ist das Symbol der Selbstprüfung, des Gewissens, daher die Sittenprediger ihre Werke gern nach demselben benannten: Sachsenspiegel, Schwabenspiegel, Laienspiegel, Heilsspiegel, Spiegel deutscher Leute, Klagspiegel, Spiegel der Rhetorik, Ritterspiegel, *Speculum humanae salvationis*, *Speculum morum*, *Speculum puerorum*, *Speculum universale*. In der Renaissance wird der Spiegel das Emblem der Wahrheit. Vgl. *Wackernagel*, kl. Schriften, Bd. 1. Über die Spiegel im Mittelalter.

Spiele sind nicht minder als Wohnung, Nahrung, Kleidung, Recht, Erziehung, Kampfweise u. s. w. ein natürlicher und mit der Entwickelung der Menschen und Völker wechselnder Ausdruck des niederen und höheren Lebens, und es wäre von hohem Interesse, die Entwickelung eines Volkes im Lichte seiner Spiele nachzuweisen. Da die Nachrichten über diesen Stoff nur spärlich sein können, muss man sich hier mit wenigen Notizen und Andeutungen begnügen. Vor allem ist im Auge zu behalten, dass der Natur der Sache nach Spiele der Jugend und der Erwachsenen, der Männer und der Frauen zu unterscheiden sind; erst wenn sich gewisse Stände aus der Allgemeinheit der Bevölkerung ausscheiden, kann man von besonderen Spielen solcher engeren Kreise sprechen, wie von Spielen der Ritter, der Städter, der Landsknechte, der Studenten, der Schulkinder, der Bauern. Zu unterscheiden sind dann Spiele im Freien, welche dem Wechsel der Jahreszeit angehören, namentlich Frühlingsspiele, die grössere Kreise von Teilnehmern umfassen, und Spiele des Hauses, deren Teilnehmer bis zur Zahl zwei sinken kann; jene beschäftigen mehr den Körper, diese den Verstand. Nur im weiteren Sinne, obgleich sie mit Recht denselben Namen *Spiel* tragen, gehören zu den Spielen diejenigen Spielbeschäftigungen, deren Übung sich mit der Zeit zu einem eigentlichen Berufe ausgebildet hat, wozu die Musik, das Schauspiel und die niederen Spiele der Seiltänzer und dergleichen zählen; daher der im Mittelalter so viel verbreitete Stand der *Spielleute*, vgl. *fahrendes Volk*.

Aus altgermanischer Zeit erwähnt Tacitus Germania 24 des *Schwerttanzes*: Nackte, junge Männer, sagt er, führen dieses Spiel aus, indem sie tanzend zwischen Schwerter und drohende Speere dringen. Sicher ist, dass auch anderer Tanz den Germanen nicht fremd war; ihm kam auch eine wesentliche Rolle bei ihren Gottesdiensten zu. Spiele der Männer waren das Steinstossen, Speerschiessen, Wettlaufen; die Erinnerung an sie ist im Wettkampfe zwischen Brunhild und Gunther erhalten. Auch das *Kegeln* (siehe diesen Artikel) scheint sehr alt zu sein. Ausserdem erwähnt Tacitus an dem genannten Orte das *Würfelspiel;* der Germane betrieb dasselbe bei völliger Nüchternheit als ein ernsthaftes Geschäft mit solcher Leidenschaftlichkeit bei Gewinn und Verlust, dass er, wenn sonst alles verloren sei, Freiheit und Person auf den letzten Wurf setzte.

Als mit der Völkerwanderung die altgermanische Sitte allmählich in die des Mittelalters überging, teilten sich die Spiele in diejenigen des Landvolkes und diejenigen der höfischen Kreise; das Landvolk hielt mehr an den offenen Spielen fest und an denjenigen, welche der Wandel der Jahreszeit mit sich brachte: Steinstossen, Springen, Kegeln, Reigentanzen; den grossen und kleinen Höfen fielen die, in ihrer Art umgewandelten Kampfspiele zu, die sich mit der Zeit zu den eigentlichen Ritterspielen, Tjost, Buhurt, Turnier entwickelten; auch die Falkenjagd erhält den Namen *vederspil.* Die Ausbildung, zum Teil auch die Namengebung dieser Spiele zeigen französischen Einfluss, was namentlich auch vom höfischen *Tanze* (siehe diesen Artikel) gilt. Auch die erst jetzt auftretende Klasse der Spielleute ist undeutschen Ursprungs. Unter den offenen Spielen namentlich der weiblichen Jugend bürgerlicher Kreise erscheint im Mittelalter zuerst und dann sehr oft das *Ballspiel* (siehe den bes. Artikel); aus dem 4. Jahrhundert stammt die erste Nachricht vom *Brettspiel,* welches seit dem 11. Jahrhundert mit dem *Schachspiel* das beliebteste Verstandsspiel höfischer Kreise war. Daneben ging, niedriger Spielleidenschaft am meisten genügend, das alte *Würfelspiel,* das freilich von geistlichen und weltlichen Obrigkeiten viel verfolgt wurde; Otto der Grosse verbot es den Geistlichen, Friedrich II. seinen Beamten. Dazu Fig. 154 aus *Ingolds* goldenem Spiel. Augsburg 1472. Vgl. die Bilder zu *Brettspiel* und *Schachspiel.*

Fig. 154.

Der Charakter des Spieles in der der höfischen Zeit nachfolgenden Periode wird bestimmt einerseits durch die auch im Spiele wirksame Assoziation, anderenteils durch die wilde, ausgelassene und raffinierte Art, wie man das Spiel betreibt. Während die ländlichen Spiele ohne Zweifel die ältere Art beibehielten, trat namentlich in den städtischen Spielen das *Spielen um Geld* in den Vordergrund, wie man aus zahlreichen dagegen gerichteten Ratsverordnungen erkennt; es wurde um Geld gekegelt; in Frankfurt a. M. bestand von 1390 bis 1493 eine Würfel-Spielbank, die von der Stadtbehörde selber betrieben wurde, wie denn überhaupt das 15. Jahrhundert als die Blütezeit leidenschaftlichen Glücksspieles gilt; der Prediger Capistranus, der öffentlich die Spieler ermahnte, ihm Karten- und Spielbretter zum Verbrennen zu übergeben, soll allein in Nürnberg 3640 Spielbretter, über 40000 Würfel und „Kartenspiele ohne Zahl“ vernichtet haben; Kartenspiele bilden jetzt einen bedeutenden Handelsartikel. Förmliche *Spielstuben* wurden eingerichtet, deren Besitzer *Scholderer* hiessen; auch an Falschspielern fehlte es nicht. Diesem niederen Spielzuge gehört auch das *Lotterie-Spiel* an; dasselbe kam in Italien auf, wo es daraus entstand, dass Kaufleute, um schnell und mit Vorteil zu verkaufen, jedermann gegen ein kleines Stück Geld eine ihrer Nummern ziehen liessen, auf denen ihre Waaren verzeichnet waren. In Deutschland hiess man das Spiel den *Glückshafen* oder *Glückstopf;* in Italien wurde es *Lotto* (Loos) und seit 1522 *Loteria* genannt. Anfänglich waren es immer Waren, welche auf diese Art ausgespielt wurden; später wurden Geldpreise daraus. In Deutschland war der Glückshafen seit etwa 1470 an den Schützenfesten gebräuchlich, wo auch die uralten Volksspiele, Steinstossen, Springen und Wettrennen gegen Preise geübt wurden. Sonst wurde dieses Spiel lange bloss für mildthätige Zwecke gestattet und ausgeübt. Siehe *Schultz*, höfisches Leben I, Abschnitt VI; *Weinhold*, deutsche Frauen, 2. Aufl. I, 107 ff. *Kriegk*, Bürgerleben I, Abschnitt 19: die öffentlichen Vergnügungen und Lustbarkeiten, und die besonderen Artikel Brettspiel, Kegeln, Kinderspiele, Schach-, Tanz- und Würfelspiel.

Spielkarten kennt man bei uns seit dem 14. Jahrhundert, wo sie zuerst in einer handschriftlichen Chronik des Nikolaus von Cavelluzzo erwähnt werden, mit der Bemerkung, dass sie 1379 in Viterbo eingeführt worden und zwar aus dem Lande der Sarazenen. Sie stammen wahrscheinlich aus China und Indien, wie das Schachspiel, ja sie scheinen aus diesem hervorgegangen zu sein durch Übertragung der Figuren auf einzelne Blätter oder Täfelchen. Die Araber kannten das Spiel schon im 12. Jahrhundert, und von dorther brachten es die Kreuzfahrer ins Abendland, zunächst nach Italien, wo es längere Zeit nicht recht aufkommen wollte. Aber schon 1387 erliess Johann von Kastilien eine Verordnung, worin er die Würfel, das Schach und die Karten (*naypes*, von dem arabischen *naïb*, d. h. Offizier, Hauptmann abstammend) untersagte, und zehn Jahre später verbietet auch der Prevot von Paris den Handwerkern das Würfel-, Ball-, Kugel- und Kegel- und endlich auch das Kartenspiel. Erlaubt bleibt es nur an Feiertagen. Anfänglich hielt man sich wohl an die ursprünglichen orientalischen Figuren und Benennungen, bis in Paris zur Erheiterung des geisteskranken Königs Karl VI. ein besonderes Kartenspiel gemalt wurde, worauf bis gegen die Mitte des 15. Jahrhunderts in Frankreich, Spanien, Italien und Deutschland die Kunst des „Briefmalens“ sich eigene Wege gebrochen hatte und dadurch das Spiel nicht bloss in allen seinen Beziehungen erweitert, sondern auch zum beliebtesten Gesellschaftsspiele wurde, das alle obrigkeitlichen Erlasse nicht mehr zu entfernen vermochten.

Nach ihren Farben und Figuren teilen sich die Spielkarten in drei Gruppen. 1. Die französische mit den Farben *coeur* (englisch *heart*), *trèfle* (englisch *club*), *carreau* (englisch *diamond*), *pique* (englisch *spak*); 2. die italienischen und spanischen mit den vier Farbennamen *cupi* (Becher, *coeur*), *denari*, (Münzen, *trèfle*), *bastoni* (Stöcke, Stäbe, *carreau*), *spadi* (Degen, *pique*); 3. die deutschen und die nordischen, deren vier Farben *Rot* oder *Herz*, *Grün* oder Blätter (Spaten, Schippen), *Eicheln* oder Kreuz und *Schellen* sind. Vergl. *Kriegk*, Deutsches Bürgertum, I. 432 und *Eitelberger* in den Mitteilungen der k. k. Zentralkommission, Wien, 1860, v, 93—102, 140—147.

Spielleute, siehe fahrendes Volk.

Spinnräder kennt man seit 1530, in welchem Jahre sie durch den Bildschnitzer Johann Jürges in Watenbüttel erfunden wurden. Gesponnen wurde zwar schon im Altertum, jedoch vermittelst der *Spindel*, die erst zu der oben genannten *Zeit* durch die *Spule* ersetzt wurde.

Spitzen als Seiden-, Baumwollen- oder Leinengewirke waren im früheren Mittelalter sehr selten. Die Kunst des Spitzenklöppelns wurde um 1536 von Venedig aus nach der Schweiz und nach Deutschland verpflanzt, und damit fand auch das Produkt bald eine allgemeine Verbreitung.

Sporen. Ein ritterliches notwendiges und allgemeines Rüststück scheinen die Sporen (althd. *sporo, sporôn*; angels. *spora, spura;* nord. *spori*; franz. *éperon;* engl. *spur*) erst im 12. Jahrhundert geworden zu sein, obschon sie sich in Liedern, Bildern und Wappen viel weiter hinauf nachweisen lassen und solche aus den ältesten fränkischen und burgundischen Gräbern Deutschlands und der Schweiz ausgegraben werden. Der Ritter trug *einen* Sporn und zwar am linken Fusse, wohl um dem Ross den Druck nach rechts zur bewaffneten Hand des Gegners zu geben. Die Bilder zum Rolandslied zeigen doppeltgespornte Ritter, viele Reitersiegel einfachgespornte und die mehrfach genannten Teppiche von Bayeux lassen die Mehrzahl der Ritter ohne Sporen auftreten. Wo aber solche vorkommen, da sind es einfache, wenig aus dem Bügel hervorragende Stacheln von nicht sehr starkem Eisen. Diese Stachelsporen dauern fort bis ins 15. Jahrhundert, wenn auch mehr ausnahmsweise, denn die Rädersporen hatten sie aus dem allgemeinen Gebrauch verdrängt. Diese wurden mit zierlichen Borten über den Eisenschuh geschnallt oder gebunden und waren, zumal wenn das Pferd in einen Eisenpanzer gehüllt war, von beträchtlicher Länge (bis ein Fuss). Zur Zeit der Plattenrüstung wurde der Sporn unter den Fussschienen getragen und ragte aus einer Spalte hervor.

In der Blütezeit des Rittertums hatten die Sporen wie der Handschuh auch ihre symbolische Bedeutung. Der Überwundene gab dem Sieger nebst seinem rechten Handschuh auch den rechten Sporn, zur Versicherung, dass er die versprochenen Bedingungen erfüllen wolle. Pontus Heuter erzählt, dass noch im Jahr 1382 in der Oberkirche zu Cortrycht 500 Paar goldene Sporen gelegen hätten, die man 1302 den Franzosen bei Gröningen abgenommen. Knappen trugen höchstens silberne Sporen; die goldenen zeichneten den Ritter aus. Sie wurden ihm bei Erteilung der Ritterwürde von einem andern Ritter oder von einer Dame umgebunden, zuerst der linke, dann der rechte. Die Dame erteilte ihm dabei die Ermahnung, dass die Sporen ihm nicht bloss dazu dienen sollten, das Pferd anzutreiben, sondern sie sollen ihn hauptsächlich erinnern, dass Tapferkeit und Ehre der einzige Sporn zu edlen Thaten für ihn sein sollen. *San-Marte*, Waffenkunde.

Sprichwörter, mhd. ein *altsprochen wort, aldez wort, alter spruch, sprichwort, altez sprichwort,* und dergleichen, sind uralte Form der Volksweisheit, ursprünglich in allitterierender Gestalt, die sich in vielen Fällen erhalten hat, später in Prosa oder mit Endreim; schon früh gesammelt, bilden sie unter anderem einen wesentlichen Bestandteil von Freidanks Bescheidenheit; kleinere Sammlungen stammen aus dem 15., umfassendere aus dem 16. Jahrhundert. Die bedeutendsten unter den sehr zahlreichen Sammlungen sind: *Johannes Agricola* von Eisleben, 1492—1566, zuerst niederdeutsch 1528, dann 1529 hochdeutsch unter dem Titel: Dreyhundert Gemeyner Sprichwörter, später auf 750 vermehrt, mit Auslegungen „die meistens sehr neben dem Sinne hergehen.“ — *Sebastian Franck* von Donauwörth, etwa 1500—1565, geistvoller in der Auslegung der Sprichwörter und reichhaltiger; seine Sprichwörter erschienen zuerst 1541.

Gödeke, Grundriss I, §. 103. *Zingerle,* die deutschen Sprichwörter im Mittelalter. Wien, 1864.

Spruch. In der höfischen *Lyrik* benennt man mit diesen Namen seit Simrock im Gegensatz zu Lied und Leich die einzeln stehende, meist grössere, aus langen Versen bestehende, manchmal dem Gesetz der Dreiteiligkeit nicht unterworfene Strophe, die mehr gesagt als gesungen wurde; wenigstens wird bei ihr nirgends musikalischer Begleitung erwähnt; der Spruch, der sich erst allmählich vom gesungenen Liede löst, dient besonders politischem, gnomischem und satirischem Inhalt und nimmt daher um so mehr zu, als die hochgespannte, religiöse und dem Frauendienst gewidmete Empfindung abnimmt. Die bedeutendsten Sprüche stammen von Walther von der Vogelweide.

In anderer Bedeutung erscheint *Spruch* als Name eines gesprochenen Gedichtes belehrenden Inhaltes, unter Umständen eines Gedichtes in Reimpaaren überhaupt. Solche Dichtungen lösen sich langsam seit dem 12. Jahrhundert von den epischen Dichtungen ab; im 13. Jahrhundert am Abschluss der Blütezeit der höfischen Dichtung stehen die drei berühmten Spruchgedichte *Freidanks Bescheidenheit,* der *Welsche Gast* des Thomasin von Zirklar und der *Renner* des Hugo von Trimberg. Von dieser Zeit nimmt mit der Abnahme der erzählenden Dichtungen diese gereimte Spruchweisheit bis ans Ende des Mittelalters stetig zu; der *Winsbeke* und die *Winsbekin,* Lehren und Ermahnungen eines adeligen Vaters und einer adeligen Mutter an Sohn und Tochter enthaltend, gehören noch der guten Zeit an. Es treten dann Tierfabeln, kleine weltliche und geistliche, märchenhafte und allegorische Erzählungen in diesen Kreis; nach einer Pause erscheint am Ende des 15. Jahrhundert Sebastian Brants *Narrenschiff,* mit seinen Nachahmungen (vergl. den Artikel *Narrentum*), bis endlich bei *Hans Sachs* alles Spruch heisst, was weder gesungenes Lied noch gespieltes Drama ist, mag es nun im besonderen der Erzählung, der Allegorie, dem Lobspruch, dem Schwank, dem Gespräch, dem Traum etc. angehören. In dieselbe Kategorie gehören endlich die zahllose Menge von Einzelsprüchen, welche in diesen Jahrhunderten der Lehrhaftigkeit überall angebracht wurden, an Häusern, Brücken, auf Schwertern, Truhen, auf Wappen, Glas- und anderen Gemälden, Gläsern, Humpen, Krügen, Salzgefässen, Öfen etc. Vergl. *Wichmann,* die Poesie der Sinnsprüche und Devisen, Düsseldorf, 1882.

Stab. Abtstab, Bischofsstab, Krummstab, sind Abzeichen kirchlicher Ämter. Aber auch untergeordnete Kirchendiener trugen ihn, so der Vorsänger den Kantorstab und der Kirchendiener den *bâton de bedeau.* Auch die weltliche Herrschaft bediente sich neben dem Zepter des Stabes.

Stadtbefestigung. Über die ältesten Stadtbefestigungen in Deutschland sind nur wenige Notizen erhalten; einzelne Daten sind: für *Mainz* 712 und 730; *Regensburg* 734; *Köln* 716, die Brücke 789; *Worms* 897; 985 wird eine feste Burg im Innern der Stadt erwähnt; *Frankfurt a. M.* stammt aus der Zeit Ludwigs des Frommen; *Strassburg* wird anfangs des 8. Jahrhunderts zum ersten Mal erweitert, zum zweitenmal im 13. Jahrhundert; *Augsburg* hat zur Zeit der Ungarnschlacht 955 eine Ringmauer; Türme erhält es erst nach der Schlacht; *St. Gallen* wird 953 befestigt und soll 13 Türme bekommen haben; *Hildesheim* wird 933 mit Mauern und Türmen versehen; über die von den sächsischen Kaisern befestigten Orte, siehe den Artikel *Burg.* Bauliche Überreste sind vor dem

11. Jahrhundert keine erhalten; es scheint, dass den meisten Städten eine mässig dicke und hohe, in Stein erbaute Ringmauer, hinter einem breiten, momöglich Wassergraben genügte. Die Bewachung und Verteidigung war so unter die verschiedenen Klassen der Bewohner verteilt, dass den Einzelnen bestimmte Strecken oder gewisse Türme zugewiesen waren. Im 11. Jahrhundert war die Bedeutung der Städte als feste Plätze eine wesentlich erhöhtere; sie dienten als Sammelplätze der Heere, auch der Kirchen- und Reichsversammlungen; die Belagerungen, von denen berichtet wird, Würzburg 1077 und 1086, Augsburg 1081 und 1087, Regensburg 1086, Marburg 1105, Köln 1116, waren meist vergeblich. Auch aus dem 12. Jahrhundert sind die Überreste städtischer Befestigungsbauten noch spärlich; ihre Elemente sind Graben, Ringmauern, Türme und Vorhöfe. Der Aufschwung, den im 12. und 13. Jahrhundert der Burgenbau infolge der Kreuzzüge nahm, kam bald auch den deutschen Städten zu gute; er ging Hand in Hand mit dem sich entwickelnden Bürgertum und den Zünften und die letzteren dienten zugleich als militärische Gliederungen, sowohl zur Besetzung, als zur Unterhaltung und Erneuerung bestimmter Teile der Umwallung. Da baute und schmückte denn jede Zunft nach ihrem Sinne, was manche seltsame Anlage ergab; auch ihre Namen bekamen gewisse Teile des Mauergürtels von ihren Innungen, wie Bäckerthor, Schneiderbrücke. Besondere Aufmerksamkeit verwandte man auf die *Thorburg*, das *Propugnaculum*, das übrigens nicht bloss verteidigen, sondern auch die Macht und das Ansehen der Stadt repräsentieren sollte.

Infolge des seit dem 13. Jahrhundert zunehmenden Fehdewesens versah man in vielen Gegenden sogar die *Dörfer* mit einer Befestigung, die in Franken *Haingraben* hiess. Dieselbe bestand aus breiten Gräben, starken Zäunen und Erdaufwürfen, die mit Hecken bepflanzt waren. Flügelthore, weit genug, um einen Erntewagen durchzulassen, öffneten sich meist nur zwei Wegen gegenüber. Die Hauptverteidigung des Dorfes lag im *Kirchhofe* mit der *Kirche*, siehe *Friedhof*. Ähnliche Verhältnisse traten bei einem Teile der deutschen Städte ein, es sind die sogenannten *Dorfstädte*, die für ihre Befestigungen lange Zeit durch auf *Holz* und *Erde* angewiesen blieben; auch wo die eigentliche Stadt mit Mauern eingeschlossen war, blieben die Vorstädte meist auf die alte Befestigung mit Graben und Pfählen angewiesen. Die Elemente der *Stadtbefestigungen* aber waren jetzt die meist neu angelegten *Mauern* in einer Höhe von 30—50 und einer Dicke von 5—7 Fuss. Der Wehrgang lag anfangs oben, später oft in halber Höhe; in der Mauer waren für die Armbrust 3 Fuss breite mit Laden verschliessbare Fenster oder kreuzförmige Scharten, für den Bogen vertikale und für die Feuerwaffen runde Scharten angebracht. In allgemeinem Gebrauche ist auch eine aussen herumgehende, auf Tragsteinen ruhende Gallerie mit durchbrochenem Fussboden, von wo aus man siedendes Wasser, brennendes Pech u. dgl. herabgiessen konnte. —

Die *Türme* waren 40—70 Fuss hoch; sie springen bis zum Beginne des 14. Jahrhunderts in Deutschland selten über den Mauerzug vor; später ruhen sie zuweilen als Halbtürme erkerartig auf der Mauer; erst im 15. Jahrhundert werden sie zur Seitenbestreichung des Zwingers über die Mauer hinausgerückt. Die Form der deutschen Türme ist meist viereckig, nach hinten zumeist offen; in Frankreich die Form geschlossener Cylinder. Bei der Armierung nahm man die Spitzdächer ab und stellte auf den Plattformen Wagarmbrüste, später Büchsen auf. — Die *Thore*, welche stets mit der Brücke über den Graben und dem jenseits liegenden Brückenkopfe zusammengehörige Befestigungen bildeten, erscheinen als selbständige Werke innerhalb der Umfassung, daher manchmal geradezu Burgen genannt. Bei einer und derselben Stadt kann ihre Anordnung sehr mannigfaltig sein. Die Thoröffnungen sind, offenbar um den schweren Lanzenreitern bei Ausfällen den nötigen Raum zu bieten, auffallend hoch und breit, weshalb sie später wiederholt eingebaut werden mussten. Vor dem Thor war eine *Barbigan* angebracht, ein Aussenwerk, das die Ausfallpforte deckte und der Besatzung gestattete, sich vor der Ringmauer geschützt zu sammeln; sie war von Holz oder Erde hergestellt, seltener aus Stein, und mit Zugbrücke, breitem Graben und äussern Pallisaden versehen. — Die *Gräben* waren anfangs sehr schmal und seicht; zu Ende des 14. Jahrhunderts und zu Anfang des 15. wird in vielen Städten ein *zweiter Graben* angelegt. Mit dem jenseitigen Grabenrande waren die Thore durch *Brücken* verbunden, die nach aussen so stark wie möglich, nach der Stadt zu ganz schutzlos hergestellt wurden. Das Stück der Brücke unmittelbar vor dem Thore war stets eine bewegliche Zugbrücke. Meist liefen die Brücken schräg auf das Thor zu; ihr Material war gewöhnlich Holz; Brücken mit steinernem Unterbau waren wieder mit Türmen besetzt. Jenseits des Grabens lagen die *Barbiganen*, welche seit dem 15. Jahrhundert gewöhnlich *Bollwerke* oder *Basteien* genannt werden; weiter hinaus *Zäune* (Palissadenreihen) und *Schütten* (Erdwälle), welche eine Art gedeckten Weges bildeten.

Allgemein in Europa war die *Verbindung von Burg und Stadt*, seis dass sich an und um die Burg die Stadt angesiedelt, seis dass in die fertige Stadt eine Burg gebaut worden war. In Deutschland ist der erste Fall namentlich in den preussischen Städten mit den Ordensburgen eingetreten; doch kommt dieselbe Erscheinung auch in ältern Städten vor, in Münster, Bamberg, Leipzig, Würzburg, Nürnberg, Landshut, Eichstädt, Kempten, Halle, Meissen. Lag die Burg höher als die Stadt, so verband man Burg und Stadt durch eine Mauer, die den Berg herablief und an die Stadtmauer anschloss.

Durch das Auftreten der Feuerschlünde war das im 14. Jahrhundert herrschende Fortifikations-System in Unordnung gekommen, und die Versuche es herzustellen, gehen von der Mitte des 15. bis ins 17. Jahrhundert. Das Problem der Kriegsbaumeister ist nunmehr: Möglichkeit rasanter Geschützwirkung bei Aufrechthaltung voller Sicherheit gegen Leitersteigung. Infolge davon kam man von der Sitte, das Geschütz auf den Türmen aufzustellen, ab, schüttete den Wehrgang der Mauer mit Erde an und schuf so einen Wallgang hinter der Mauer, von dem aus das Geschütz feuern konnte; daher der Name *Schütte*, franz. *rempart*, von *remparer = parer à nouveau*. Da jedoch der Sturz der gebrochenen Mauer in diesem Falle unbedingt den der Erdmasse nach sich zog, wendete man lieber eine *äussere Schüttung* an und schuf einen äussern *Niederwall*, den man mit den bestehenden Mauern und Türmen verbinden konnte und der die Beibehaltung des älteren Systemes gestattete. Ausserhalb der Thore baute man statt der alten Barbigane grössere Bollwerke, die das Geschütz aufnahmen und wiederum mit Gräben versehen wurden. Eine bedeutende Rolle spielten nunmehr auch breite und tiefe Gräben; um diese selbst zu verteidigen, errichtete man an den Ecken der Umwallung im Graben selbst austretende Streichwehren.

Die genannten neueren Bauten, bei denen der Erdwall eine grosse Rolle spielt, wurden bloss als *Ergänzungsbauten* der mittelalterlichen Wehreinrichtungen hergestellt. Anderer Natur sind die *fundamentalen Neubauten*, bei welchen der *Mauerbau* zu kühner Ausgestaltung und grandiosen Dimensionen gelangt. Die Absicht dabei ist, die Mauer der gesteigerten Artilleriewirkung halber zu verstärken und in den untern Geschossen der Werke Hohlräume zu gewinnen, die dem dort aufgestellten Geschütz einen rasanten Schuss sicherten. Die Verstärkung der Mauer geschah durch ausserordentliche Stärken, *Hohlräume* wurden *gewölbt;* ältere Maueröffnungen wurden nach verschiedenen Methoden zu *Geschützscharten* umgewandelt. Die *Türme* wurden niedriger und mit grösserem Durchmesser angelegt, auch mehr nach Aussen vorgeschoben und die Zahl der Scharten vermehrt. Die Batterie hinter den Zinnen wurde geblendet und dann unmittelbar an den Rand der Turmplattform vorgerückt. Namentlich die Anlage und Einrichtung der *Basteien* waren ein Gegenstand unablässiger Versuche für alle europäischen Völker; im allgemeinen hatten um das Jahr 1500 die Neuerungen im Befestigungswesen noch vorwiegend *lokalen* Charakter und eigentliche Militär-Ingenieure gab es noch nicht.

Eine allgemein anerkannte Befestigungskunst entwickelte sich zuerst auf dem Boden der italienischen *Renaissance;* hier entstand die bald überall angenommene *Altitaliensche Befestigungsweise* oder die *bastionierte Befestigung*, die man angemessener *Fortifikation mit Bastionen* oder *Polygonalbefestigungen* heissen sollte. Nach *Jähns*, Geschichte des Kriegswesens.

Diesen kriegsgeschichtlichen Andeutungen seien hier einige rechtsgeschichtliche beigefügt, die wir dem Werke *Genglers*, deutsche Städte-Altertümer, Erlangen 1882, Abschn. I, II und III entnehmen.

1) *Mauern.* Ihre Herstellungs-Arbeit teilte sich zwischen *verstendigen werklüten* und den Bewohnern der Stadt. Die Dienste der letzteren heissen die *Mauer-Baulast;* sie beruht auf sämtlichen Einwohnern der Stadt, welche den Dienst entweder persönlich oder durch Drittpersonen ausüben; oft erhalten sie dafür von den Stadtherren Befreiung von Steuern und anderen Diensten. Den *Geldaufwand* für die Errichtung und Instandhaltung der Stadtmauer suchte man in der Regel durch die allgemeinen städtischen oder durch bestimmte landesherrliche, der Stadt überwiesene Einkünfte zu decken; bisweilen aber schuf man einen eignen *Befestigungs-Baufond,* dessen Einnahmsquellen die Mauersteuer, der Mauerzoll, das heisst ein Zuschlagszoll zu dem ordentlichen Weggelde, die Mauer-Accise oder das Mauer-Ungeld, die Mauer-Vermächtnisse, d. h. in jedem Testament auszusetzende Zwangsbeiträge, das Mauer-Drittel von allen bei Todesfällen sich ergebenden erblosen Gütern, die Mauer-Geldbusse, bei gewissen an öffentlichen Orten verübten gewaltthätigen Handlungen. Eine ähnliche Frevelstrafe, z. B. bei Friedbrüchen und Geheimbündnissen, erscheint häufig mit der Leistung von zehn- bis fünfzigtausend Mauersteinen zum Stadtbaue, während andere Vergehen durch Leistung einer gewissen Anzahl von Pfählen oder Fuder Steine gebüsst werden. Wenn Wohnhäuser oder anderer Grundbesitz unmittelbar an den Mauerbau anstiessen, also speziell durch denselben geschützt waren, wurde zuweilen der Eigentümer zu einem Bruchteil des Baukosten-Betrages verpflichtet.

Die Stadtmauer galt für unverletzlich oder heilig, und zwar der Anschauung des Mittelalters gemäss um der in den städtischen Kirchen aufbewahrten Reliquien oder um der Schutzpatrone willen. Als besonders mauer-schädigende Handlungen werden in den Stadtrechten aufgeführt die Mauer-Zerstörung, die Mauer-Verletzung, die Mauer-Verbauung, die Mauer-Übersteigung und die Mauer-Begehung. Zuweilen wurde solchen Klöstern, welche die Mauer berührten, gestattet, kleine Durchgangspforten oder bloss Fenster durch den Mauerkörper anzulegen.

Für die Mauer bestand eine eigene *Mauerwache*, für welche ein eigener Wächtergang, ursprünglich regelmässig innerhalb der Mauer, zwischen dieser und den anstossenden Häusern, ausnahmsweise auch ausserhalb der Mauer zwischen ihr und dem Stadtgraben zu ebener Erde herum angelegt war, an dessen Statt später ein sogen. *oberer Umgang* in der Höhe der Schiessscharten angelegt wurde, eine, auch *Letze* genannte hölzerne und gedeckte Gallerie.

Um den Mauergürtel ging der *Stadt-Graben*, der auf der Gegenseite der Mauer durch den *Stadt-Wall* begrenzt war.

2) *Stadt-Thore*, mhd. *tore*, *porten*, *statporten*, *portel*, *pörtel*, *tüerl*. Sie sondern sich in *Wall-* oder *Grabenthore* und in *Mauer-Thore*. In der lange verfolgbaren Vierzahl lassen sie den uraltertümlichen Einfluss der vier Himmelsgegenden erkennen.

Die *Thorgewalt* oder die Verfügung über die Stadtthore, namentlich die Rechte der *Thorbesetzung* und *Schlüsselverwahrung*, gebührte ursprünglich allein dem Stadtherrn; doch trat im Verlaufe der Zeit das Bestreben der Bürger hervor, die volle Verfügungsgewalt über ihre Stadtthore an sich zu bringen; in der Regel wurden dann entweder die Bürgermeister oder einzelne Ratsglieder bevollmächtigt, jeden Abend die Thorschlüssel in Empfang zu nehmen.

Für die *Thorhut* bestanden die Ämter des Thorwartes und der Thorwächter. Der Thorwart sass in der *Thorstube* und war allein befugt, den Einlass begehrenden das Thor oder die kleinere im Thorflügel angebrachte Durchgangsthüre zu öffnen; nach einzelnen Stadtrechten hatte der Thorwart auch die satzungsgemässen Thorgelder einzuheben, die Einfuhr fremder Gewerbsprodukte zu kontrollieren, das Thorgefängnis, wo ein solches bestand, zu überwachen und die im Thorgelasse aufbewahrten Geschütze und Waffenvorräte zu beaufsichtigen. Unter seinem Befehle standen die *Thorwächter*, welchen die Wache unter dem Thorbogen, die Spähe auf der Thorzinne und die sogen. Gitterwart oblag.

3) die *Thürme* scheiden sich in *Wart-* und *Wehrtürme* aus.

Der *Wart-Turm*, *wart turn*, *warte*, *wart* befand sich stets ausserhalb der Stadt, doch im Umkreise ihrer Markung, in der Regel auf einem erhöhten Punkte, der oft *wartberg* heisst. Es waren meist massive Steinbaue von schlanker, oft viereckiger Gestalt und ansehnlicher Höhe. Den Dienst darauf versah ein Turmwärter, in Kriegszeiten ein bewährter angesehener Mann, der mit den städtischen Mauer- und Turmwächtern durch verabredete Merkzeichen eine fortwährende Verständigung unterhielt.

Die *Wehrtürme* sind fünferlei Art: 1) *Mauer-Türme*, Bestandteile der Mauer selbst, entweder ursprünglich freistehende kleine Burgen, die man nachher bei Anlegung der Stadt in den Mauerring einbezog, oder mit dem Mauerbau zusammen erbaut, ihrer Bauart nach meist mittelhoch, schmal, mit einem konischen oder spitzen Ziegeldache überdeckt. Stets sind zahlreiche Mauertürme Zierde und Stolz der deutschen Städte gewesen. 2) *Wall-* oder *Grabentürme* sprangen basteiartig an den Ecken oder Umbiegungen des Walles auf Damm-Ausläufern derselben vor; von ihrer kurzen bauchigen Rundform heissen sie *rondele.* 3) *Thor-Türme* erhoben sich ein- oder zweistöckig über den Hauptthoren in den mannigfaltigsten Formen. 4) *Zwinger,* d. h. zum speziellen Schutze einzelner Mauerteile bestimmte, meist cylinderförmige, nicht bedeutend hohe, aber sehr weite Steintürme, zur Unterbringung schweren Geschützes und beträchtlicher Besatzungen. 5) *Bergfriede,* ursprünglich transportable Holztürme zur Belagerung, sodann Türme ähnlicher Art, aber zur Abwehr des Feindes an die Mauer gestellt; noch später feststehende Türme, häufig noch aus Holz, entweder bloss zur Bergung der Einwohner und ihrer wertvolleren Fahrhabe während einer Belagerung bestimmt, dann im Innern der Stadt, oder als Schutztürme vor der Stadt erstellt.

In Friedenszeiten sassen auf denjenigen Türmen, die man als *Wachttürme* benützte, *hüeter* oder *wachter;* unbenützte Türme überliess man wohl zeitweise an Klöster oder Privatpersonen zu Besitz und Nutzung, sei's als Wohnungen, sei's als Kornspeicher u. dgl.

Einer unter den Wachttürmen galt als *Beobachtungs-* und *Melde-Turm,* wo dessen Funktionen nicht etwa dem Kirchturm übertragen waren. Vom Melde-Turm aus wurde der Bürgerschaft durch bestimmte Zeichen, Flaggen-Aushängung und Glockenschlag gewisse Zeichen gegeben. Die zu diesem Zwecke dienende Glocke hiess *Sturm-, Bau-* oder *Eidglocke;* auch *Mordglocke* kommt vor. Die Glocke wurde angeschlagen in Kriegsgeschäften, in Feuer-, Eis- und Wassersnot, bei Aufstand, bei Verbrechen dann, wenn es galt, die schnelle Verfolgung und Ergreifen des Schuldigen ins Werk zu setzen, bei Beginn des Malefizverfahrens.

Eingekerkert in den Türmen wurden *schedliche Leute* von der Haftnahme bis zur Gerichtsverhandlung, sodann zur Einkerkerung Verurteilte, wobei es manchmal Spezialkerker für Verbrecher verschiedener Art, für die beiden Geschlechter, für patrizische Verbrecher und für Verbrecher aus bestimmten Zünften gab. Ebenso wurden in einem Turme diejenigen verwahrt, welche die Strafe des Henkers zu erwarten hatten, sowie auch Folterungen darin vorgenommen wurden.

Turmnamen sind benannt entweder nach der *Bauform:* lang, hoch, rund, Mehlsack; oder nach der *Farbe* des Daches oder Gemäuers: grün, rot, blau, weiss, oder nach den *Handwerkern,* die in ihrer Nähe angesessen waren. Viele Türme aber sind nach *Tieren* und *Bäumen* genannt: Adler, Bär, Dach, Hatzel, Papagei, Birke, Tanne u. dgl.

Städte. Das got. Wort der *staths* bedeutet bloss Stätte, Stelle, Raum, Gegend; die Bedeutung der Stadt wird im Gotischen durch *baurgs* ausgedrückt; erst im Althd. beginnt sich für das Wort die *stat* die Bedeutung Ortschaft zu entwickeln, bis im Mhd. *stat* neben der alten Bedeutung diejenige einer über andere im Range gestellten Ortschaft hat. Vgl. *Gengler,* Deutsche Stadtrechts-Altertümer, Exkurs I: Die quellenmässigen Bezeichnungen der deutschen Städte im Mittelalter. Ursprünglich kennen die Deutschen keine Scheidung der verschiedenen Wohnsitze; was in den eroberten Provinzen von römischen und gallischen Städten dem fränkischen Gebiete einverleibt wurde, wurde nicht anders als die heimischen Dörfer behandelt; doch erlangten manche stärker bevölkerten Ortschaften immerhin eine erhöhte Wichtigkeit als Bischofssitz, Mittelpunkt eines Gaues, Wohnung eines Grafen, als fester Platz, wo Gewerbe und Handel Zuflucht fanden, als Sitze von Klöstern, Pfalzen der Könige und Fürsten, als Orte, deren günstige Verhältnisse einen lebhafteren Verkehr beförderten. Es ist bekannt, dass Heinrich I. Klöster und andere grössere Wohnplätze mit Mauern und Gräben umziehen und mit regelmässiger Besatzung versehen liess (vgl. den Artikel *Burg*). Jeder befestigte Ort, aber auch jede grössere zusammenhängende Ortschaft hiess *Burg*. Entscheidend für die Entstehung einer Stadt war aber nicht die Ummauerung, die man auch bei Burgen und Klöstern findet, auch nicht das Vorhandensein einer selbständigen Gemeindeverwaltung; sondern die Verleihung des *Marktrechtes* erhob eine Niederlassung zur Stadt und bot für die Folgezeit die Grundlage, auf der sich städtisches Wesen im Sinn des Mittelalters ausbildete. Anlass aber zu gesteigertem Marktverkehr bot besonders der Besuch von Kirchen; hier kaufte man ein, was fremde Händler oder die Handwerker des Ortes darbrachten, und bot dagegen den Ertrag der eigenen Wirtschaft. Mit dem Marktrechte war für die Besucher des Marktes sowohl als für die gesamte städtische Einwohnerschaft ein besonderer königlicher *Frieden* verbunden (vgl. den Artikel *Friede*), auf dessen Verletzung die Strafe des Königsbannes stand; er bezog sich zunächst auf die, welche den Markt besuchten, sowohl auf diesem selbst als auf dem Hin- und Rückwege. Zeichen des Königsfriedens war das auf dem Marktplatze errichtete Kreuz. *Mercatus* und *forum* sind anfänglich gleichbedeutend mit *oppidum* und *civitas*. Für die Marktherrn lag in der Verleihung des Marktes das Privileg zur Erhebung von Zoll- oder Marktgeldern, für die städtische Gemeinde aber war vielfach schon mit der Verleihung des Marktes die *Immunität* verbunden, d. h. die Loslösung von der gräflichen und die Aufstellung einer eigenen Gerichtsbarkeit über alle Sachen, die sich auf Verletzung derselben bezogen, über alle Personen, die an dem Orte wohnten. Die Verleihung des Marktrechtes ging ursprünglich nur vom Könige aus. Von ihm erhielten es, stets nur für einen bestimmten Ort, die *Bischöfe*, zunächst für ihre Hauptstädte, dann wohl auch für einzelne andere Niederlassungen; ebenso erlangten es einzelne Grafen und Klöster für ihre Sitze. Oft wurde bei der Verleihung des Marktrechts auf das Vorbild anderer Märkte Rücksicht genommen, im Süden auf *Regensburg*, *Augsburg*, *Konstanz*, *Basel* und *Zürich;* in Franken auf *Würzburg* und *Bamberg;* am Rhein auf *Worms*, *Mainz* und *Köln;* weiter im Westen auf *Trier* und *Cambrai;* im nördlichen Deutschland auf *Dortmund*, *Goslar* und *Magdeburg*. So bildete sich eine gewisse gleichmässige Ordnung, ein Recht der Kaufleute und des Marktes. Die bewilligten Märkte sind entweder *Jahrmärkte*, die ohne Zweifel mit dem Feste des Kirchenheiligen zusammenfielen, oder auch *Wochenmärkte;* die Zeitdauer des Jahrmarktes wechselt von zwei bis zu acht Tagen, am häufigsten sind es drei; auch mehrere Märkte werden in einem Jahr gestattet. Während anfänglich bloss der König Marktrecht verlieh, errichteten später, anfangs wenigstens mit Genehmigung des Königs, geistliche und weltliche Grosse ihrerseits Märkte. Die Errichtung eines Marktes und der dadurch bedingte Aufschwung von Handel und Verkehr gaben Anlass, den Bewohnern der Stadt oder speciell den Kaufleuten noch mancherlei andere Vergünstigungen zukommen zu lassen: Verhängung strenger Strafen wegen Gebrauch von Waffen innerhalb der Stadt, Bestimmungen über Marktdiebstahl, Vergünstigung betreffs Erwerbung von Grundeigentum behufs städtischer Wohnstätten, Erlaubnis, Angehörige anderer Herrschaften bei sich aufzunehmen, Freiheit von Zöllen, die Freiheit, kein Vogtgericht ausserhalb der Stadt zu besuchen. Vgl. den Art. *Markt*.

Was die *Beamten* der Stadt in der ersten Zeit betrifft, so sind dieselben durchaus aus den älteren Reichsbeamten hervorgegangen; die gräfliche oder Gau-Gerichtsbarkeit hat ein *Burggraf* (vgl. den besondern Artikel) oder ein *bischöflicher* mit gräflicher Gewalt ausgerüsteter *Vogt*. Der Burggraf scheint ursprünglich nichts anders als ein auf die Stadt beschränkter Graf gewesen zu sein; wo der Bischof mit der Zeit die gräflichen Rechte an seine Kirche brachte, tritt dafür ein, mit gräflichen Rechten ausgestatteter, vom Bischof ernannter Vogt ein, der aber wie die echten Grafen, den vornehmsten Geschlechtern des Landes entnommen und bischöflicher Lehnsmann ist. Unter dem Burggrafen oder Vogt steht der Vertreter des alten Centenars, der *Schultheiss* (siehe diesen Artikel); er ist der Exekutor des Grafen, und verwaltet zugleich die Erhebung der Zinsen und Einkünfte aus den bischöflichen Gütern; auch er ist, wie meist der Vogt, aus den Ministerialen des Bischofs hervorgegangen und oft hat sich mit seinem Amt dasjenige des *Meiers* verbunden. Bischöfliche Beamtungen untergeordneter Art sind der *Zöllner* und der *Münzmeister*. Der Burggraf oder Vogt stand auch wie von altersher an der Spitze des Heerbanns; die Einwohner und die der Umgegend mussten nach alter Weise zum Unterhalt der Mauern und Türme mithelfen, Wacht- und Wartdienste thun; viele Städter wurden durch fortgesetzte kriegerische Lebensart wirkliche Rittersleute; überhaupt wurde so der Grund zu der später so bedeutenden Kriegsmacht der Städte gelegt.

Die *Einwohnerschaft* bestand aus Freien, halbfreien Zinsleuten und Knechten. Jene, die Freien, bildeten ihrer ausschliesslichen Schöffenbarkeit wegen einen engern Kreis, die *cives* oder *burgenses;* sie beschäftigten sich mit Handel und höhern Gewerben und waren meist auch auf dem Lande begütert; die *milites* bildeten die höchste Klasse derselben; auch freie Handwerker trifft man in den Städten. Eine zweite Einwohnerklasse waren die Welt- und Ordensgeistlichkeit und die bischöflichen Ministerialen, in deren Händen das Regiment ruhte und welche allmählich den freien rittermässigen Geschlechtern gleich wurden; die halbfreien Zinsleute des Stiftes und die hörigen Knechte des Stiftes sowohl wie anderer in der Stadt befindlichen geistlichen Anstalten trieben Handwerke, Acker-, Gartenbau u. dgl.; sie standen unter Hofrecht und waren den gewöhnlichen Lasten dieser Stände unterworfen. Wie aber der ältere freie und der jüngere unfreie Adel mit der Zeit zum Ritterstande, und die freien, halbfreien und unfreien Bewohner des Landes mit der Zeit zum einheitlichen Bauernstand zusammen wuchsen, so wurden die verschiedenen Einwohnerklassen der Städte mit der Zeit *Bürger*, und die frühern Unterschiede vermischten sich.

Die Beiziehung der städtischen Einwohnerschaft zum *Regiment* knüpft sich an die Beisitzer des Vogtgerichts, die *Schöffen*, welche allmählich zu einem städtischen Ratskollegium wurden, oft so, dass ebendieselben Männer unter Vorsitz des Vogtes zu Gericht sassen, unter

Vorsitz des Bürgermeisters, den sie mit der Zeit sich erworben hatten, als städtisches Ratskollegium fungierten. Zur Wahrung der gemeinschaftlichen Interessen entstanden nun in den Städten engere Verbindungen, welche es mit der Zeit dahin brachten, neben den Schöffen noch andere Männer in den Rat zu wählen, die bald Ratmannen, bald Konsuln u. s. w. hiessen. In andern Städten zog die Gesellschaft der Münzer oder Hausgenossen unter dem Münzmeister die Besetzung des Rates an sich. Trotz der Verbote der Kaiser bildeten sich nach den Gewerben Fraternitäten, die ihre Meister selbst wählten; doch blieb zwischen ihnen und den alten ratsfähigen Geschlechtern ein scharfer Unterschied.

Den *Umfang der Stadt* betreffend unterscheidet man Innenstadt und Aussenstädte. Die *Innenstadt* zerfiel in verschiedene Arten von *Bezirken.*

a) Die verbreitetste Einteilung ist diejenige in *Viertel*, *Quartale, Quartier*, deren jedes anfänglich seiner *örtlichen* Beschaffenheit nach aus einer der vier, den Himmelsgegenden gemäss angelegten Hauptstrassen nebst den darin einmündenden Nebenstrassen bestand. Der Charakter dieser Viertel war überwiegend ein militärischer; jedes Viertel hatte demgemäss sein eigenes *Banner*, seine eigenen *Führer, houptman*, *bannerherr*, *bevelhabere*, seinen eigenen *Lermenplatz* oder Sammelort; bei Kriegszügen im Ausland fand in der Beteiligungspflicht der Viertel ein Wechsel statt. Später standen unter den *Viertelsmeistern* oder *Quartierherrn* eine gewisse Zahl Hauptleute. In manchen Städten verlor die Viertel-Einteilung mit der Zeit ihren militärischen Charakter und die Viertel blieben nur noch bestehen als Steuer-, Wach- und Feuerschutz- und als Gewerbe-Distrikte.

b) Eine Einteilung in *Wachten* oder *Wachen*, *vigiliae*, findet man in Regensburg, wo der militärische Charakter dieser Gliederung mit der Zeit völlig verschwand.

c) Die Einteilung in *Bauerschaften.* Anfänglich war die Bauerschaft eine selbstthätige Körperschaft innerhalb der Stadtgemeinde und nahm erst in zweiter Linie, da auch ihr Wohn- und Feldraum im gesamtstädtischen Grundraume eine gesonderte Örtlichkeit darstellte, zugleich den Charakter eines Bezirkes an. Solche Bauerschaften finden sich u. a. in Braunschweig und Hildesheim, während die Bauerschaften in Köln dörflich oder fronhöfisch organisierte Genossenschaften blieben, die niemals eigentliche Stadt-Bezirke wurden. Ähnliche Bedeutung wie die Bauerschaften haben die *Leischaften* in Münster und Osnabrück, die *Kluchten* oder *Nachbarschaften* in Coesfeld und die *Höferschaften* in Soest.

d) In *Grafschaften* zerfiel die Stadt *Aachen.*

e) In *Pfarrsprengel* oder *Kirchspiele* zerfiel Köln, deren jeder seine eigene Behörde, Gemeinde-Recht, Bürgerrecht, Ding- und Versammlungs-Gebäude und seine eigene Schatz- und Urkunden-Lade besass.

Die *Aussenstädte* schieden sich in *Neben-* und *Vorstädte* aus:

a) Die Nebenstadt entstand in der unmittelbaren Nähe und meist unter den Kultur-Einflüssen einer bereits vorhandenen Stadt, bald als selbständige Anlage, bald bloss als Ausdehnung der Innenstadt. Der Name war meist *nova civitas, nüwe stat.* Anfänglich zeigten die Nebenstädte schon im Äussern eine völlige Abschliessung von der alten Stadt, die man, auch nachdem beide im Verlaufe der Zeit eine gemeinsame Mauer erhalten hatten, an den dazwischen durchströmenden Bächen und an einem s. g. *Zingel-* oder *Zielthor* erkannte. Auch im Innern hatte die Nebenstadt vollkommene Selbständigkeit und eigene Rats-, Rechts- und Gerichtsverfassung. Mit der Zeit sieht man beide Städte zu einem einheitlichen Gemeinwesen verschmelzen, was entweder auf dem Wege des Vertrags oder auf demjenigen des Privilegs geschah, Vorgänge, die zu den bedeutsamsten Ereignissen in der politischen Entwicklungsgeschichte der Städte zählten.

Die *Vorstädte* lagen regelmässig in der Richtung auf die innenstädtischen Hauptthore zu und bestanden bald nur aus einer einzigen Gasse, bald aus einem Geflechte von Strassen, wobei es übrigens an einer schützenden Umwehrung meist nicht fehlte. Ihre Entstehung verdankten die Vorstädte dem Dasein eines angesehenen Stiftes oder Klosters, einer neuen Flussbrücke, der Kultivierung öder Plätze oder, wie es bei den s. g. *Rats*-Vorstädten der Fall ist, einer Finanzoperation der Stadtverwaltung; am öftesten aber wandeln sich benachbarte Dörfer allmählich in Vorstädte um. Die Einwohner der Vorstädte standen zum Teil in abhängigem Verhältnis von städtischen Geschlechtern oder Stiftern, auf deren Besitz sie sich angesiedelt hatten. In bezug auf ihre Berufsthätigkeit waren es Feldbau und Gärtnerei treibende Leute, auch *grasburger* genannt, oder Krämer- und Kleinhandwerker. Auch die Verfassung der Vorstädte beruhte ursprünglich auf selbständiger Grundlage; doch pflegte man auch sie mit der Zeit mit den Prinzipalstädten zu vereinigen.

Die städtischen *Strassen* können in fünffacher Weise eingeteilt werden:

1) in *Haupt-* oder *Nebenstrassen.* Eine *hauptstrasse* oder *hauptgasse* verlief gradlinig von einem nach dem entgegengesetzten anderen Thore oder sie berührte oder führte zu den wichtigsten Gebäuden und Plätzen.

2) *Natur-* und *Kunststrassen;* die letztern entweder bloss chaussiert, d. h. mit Holzbohlen, Kleingestein und Kies belegt oder mit zugehauenen Steinen gepflastert. Die Anlage der letztern begann in den wohlhabenderen Städten mit dem 13. Jahrhundert, und es wurde zu diesem Behufe vom Rat ein *estricher* oder *estrichermeister* gedungen; noch im 16. Jahrhundert gehörten in kleinern Residenzorten gepflasterte Strassen zu den Seltenheiten.

3) *Fahrwege* und *Fusspfade;* das Breitenmass war meist genau bestimmt.

4) *Innen-* und *aussenstädtische* Strassen. Zu den letztern gehörten die *Reichs-* und *Landes-Heerstrassen,* auch kaiserliche, königliche, des Reichs offene Strasse, freie Strasse, Landstrasse genannt.

5) *Öffentliche Strassen* und *Privatwege.*

Zur Herstellung und Unterhaltung der städtischen Strassen dienten zunächst die *Weggelder*, Wagen-, Karren- und Räder-Zölle, Deichselpfennige u. dergl., von denen es jedoch zahlreiche Befreiungen gab, namentlich für die innenstädtischen Bürger und für die ritterlichen und geistlichen Personen. Ausserdem war dem Bürger oft geboten, den Weg vor seinem Hause selbst zu bessern. Zur Aufsicht über das Strassenbauwesen bediente sich der Rat eigener *wegemeistere*, wenn nicht diese Funktion dem *Baumeister* übertragen war; an zahlreichen polizeilichen Verordnungen über die Offenhaltung der Strassen u. dergl. mangelte es nicht. Wegen politischer Vergehen geschah es im Mittelalter, dass einer Stadt die vier Hauptstrassen mittelst Aufstellens s. g. *Meineidsäulen* dauernd verunziert wurden.

Die *Strassennamen* sind hergenommen von einer Nachbarstadt, von ehemaligen Feldmarken und Fluren, von Gewässern und Dämmen,

Mauern, Thoren, Türmen, Plätzen, Gebäuden, von Amtshäusern, Handels-Niederlagen und grösseren Gewerbestätten, von Hausmarken, von der örtlichen Lage der Strassen im Stadtraume, von der besondern Form der Strassen-Anlage, von den darin überwiegend wohnhaften Ständen, von edeln Geschlechtern oder bürgerlichen Familien, namentlich aber von Gewerben und nationalen Elementen.

Man unterscheidet *Städte des Reichs* und *Städte der Fürsten;* jene werden unmittelbar durch königliche Beamten verwaltet, in diesen übt der Landesherr die öffentliche Gewalt aus. Zu den Städten des Reichs oder Königsstädten, *civitates regiae, imperiales,* werden aber ununterschieden gezählt, sowohl die *Pfalzstädte* als die *Städte der geistlichen Fürsten,* die letzteren darum, weil der Burggraf oder Vogt hier mit dem Blutbann vom König belehnt wird und so den Charakter eines königlichen Beamten erhält. Seit Karls IV. (1346—1378) Zeit bereitet sich aber eine Änderung vor, deren Resultat die Ausscheidung von Freistädten aus den Reichsstädten ist. *Freistädte* sind seitdem diejenigen Städte, welche der landesherrlichen Vogtei entwachsen, dennoch aber nicht in das enge Pflichtverhältnis zum Reich zurückgetreten sind, in welchen die Pfalz-, nunmehr Reichsstädte standen. Schwören sie zwar ihren alten Herrn den Eid bloss noch *pro forma,* nicht als Huldigungs- und Treueid der Unterthanen gegen den Fürsten, sondern als Bundeseid des Gleichstehenden gegen den Feind, so schwören sie denselben ebensowenig dem König als ihrem Herrn; dem Landesherrn gegenüber erklären sie unter dem Reich zu stehen, dem König gegenüber berufen sie sich darauf, dass er sich selbst seines Rechts über sie entäussert habe; dadurch erhielten sie beim Erwerb der öffentlichen Gewalt freiere Hand, ihr Verhältnis zum Reich in einem ihr zusagenden Sinne zu ordnen. Der Kreis der Freistädte war aber nicht offiziell bestimmt und abgeschlossen; unzweifelhaft als solche galten bloss die sieben alten Bischofsstädte *Köln, Mainz, Worms, Speier, Strassburg, Basel* und *Regensburg;* bei *Trier* stiess der Gebrauch des Titels auf Widerspruch, noch mehr bei Braunschweig und Freiburg i/Br. Jene sieben alten Bischofsstädte aber führen bis in die zweite Hälfte des 15. Jahrhunderts den von der kaiserlichen Kanzlei anerkannten Namen Freistadt und definieren diesen stets dahin: 1. gegenüber dem Bischof, weil sie ihm als Landstadt nicht gehören; 2. gegenüber dem König, weil sie von der Reichssteuer und dem Reichsdienste der Reichsstädte frei seien und nur verpflichtet zum Dienst über Berg (zur Kaiserkrönung) und zum Krieg wider die Ungläubigen. Die übrigen bischöflichen Städte, also die grosse Mehrzahl, wurden nicht Freistädte, sondern sie wurden entweder zu *bischöflichen Landstädten* oder, vom König wieder an das Reich gezogen, zu *Reichsstädten,* z. B. Augsburg und Konstanz. Auch die *Abteistädte* wurden teils der Landeshoheit der Äbte unterworfen, teils, wie Zürich, wieder an das Reich gezogen; auch einige ursprünglich der Landeshoheit von Fürsten unterworfene Städte, wie Lübeck und Hamburg, sind im Laufe der Zeit dem Reiche wieder gewonnen worden. So ergibt sich nun für die Mitte des 15. Jahrhunderts der Unterschied von *Freistädten, Reichsstädten* und *Landstädten,* zugleich aber bahnt sich jetzt eine *Vermischung der Frei-* und *Reichsstädte* an. Die Freistädte nämlich, die. auch auf den Reichstagen erschienen, wo sie mit den Reichsstädten die Städtebank teilten, näherten sich mehr und mehr den Reichsstädten, nahmen etwa auch diesen Titel an, während umgekehrt Reichsstädte sich des Titels Freistädte bedienten; schliesslich nannten sich die Freistädte *freie Reichsstädte*.

Durch Handel und Reichtum hob sich die Macht der Städte mehr und mehr; unfreie Leute vom Lande, welche in den Städten Zuflucht und Beschäftigung fanden, und nach Jahr und Tag von der Leibeigenschaft frei wurden, vermehrten die Bevölkerung: noch mehr die *Ausbürger* oder *Pfahlbürger*, d. h. Herrn, Ritter, Prälaten, Klöster und gemeine Freie, die auf dem Lande wohnhaft, doch in das Bürgerrecht der Stadt traten; sie verpflichteten sich, der Stadt durch Beihilfe in ihren Fehden, durch Beherbergung ihrer Boten u. dgl. beizustehen, und waren dafür des Schutzes der Stadt, des Gerichtsstandes in derselben, des freien Absatzes ihrer Erzeugnisse teilhaftig. Schliesslich gingen einzelne mächtigere Städte zur Erwerbung eigentlicher Unterthanengebiete über, deren Mittel meist die Verpfändung solcher Gebiete von seiten geldbedürftiger Dynasten war; den meisten Erfolg hatten in dieser Richtung die schweizerischen Reichsstädte Bern und Zürich. So erwarben sich die Städte mit der Zeit auch die verschiedenen Hoheitsrechte, wie das Zoll- und Münzrecht, endlich auch die Gerichtsbarkeit, die Vogtei und das Schultheissenamt, sei es unmittelbar, sei es aus der Hand eines anderen, an welchen dieselben bereits veräussert oder verpfändet worden waren; wo das geschah, wurde die Gerichtsbarkeit durch einen städtischen Vogt oder Schultheissen ausgeübt. Von grossem Einflusse wurden die seit dem 13. Jahrhundert auftretenden *Städtebündnisse*; dasjenige, aus welchem seit 1241 der *Hansabund* hervorgegangen, umfasste an 80 Städte; über 60 Städte am Rhein traten dem Bunde bei, der 1254 einen grossen Landfrieden errichtete. Von bleibender Bedeutung für die Ausbildung der Staatsgewalt war bloss die Eidgenossenschaft der schweizerischen Städte, welche ausser den Städten ländliche Territorien oder sogenannte *Länder* umfasste.

Mit der zunehmenden Bedeutung der Städte entwickelte sich die *Verfassung*. An der Spitze standen meist zwei erwählte Bürgermeister, deren einer ursprünglich dem Rat als Gericht, der andere dem Rat als der Obrigkeit vorstand, und der Rat selber, welcher aus den Schöffen und den Ratmannen bestand, wo beide zusammen vorkamen. Um die Macht des Rates zu mässigen, wurde oft seit dem 12. Jahrhundert dem kleinen oder engeren Rat ein *grosser* Rat obgeordnet, an anderen Orten wurden die Schöffen gänzlich aus dem Rate verdrängt und die obrigkeitlichen Funktionen den Ratmannen allein übertragen, so zwar, dass manchmal in wichtigen Fällen der Rat des vorigen, in noch wichtigeren auch derjenige des vorvorigen Jahres zugezogen wurde. Die Bedingungen der Wählbarkeit, die Amtsdauer und die Art der Erneuerung sind überall verschieden. Seit dem 12. Jahrhundert erwarben sich, oft durch blutige Kämpfe, die *Handwerker* Anteil am Regiment, wodurch oft eine ganz neue Verfassung nötig wurde. In Köln erlangten 1370 die Handwerker zunächst nur, dass neben dem engen Rat von 50 aus den Geschlechtern ein weiterer Rat von 50 aus den Handwerkern angeordnet wurde; erst 1396 wurde die ganze Bürgerschaft in 22 *Zünfte* unter den Namen *Amter* und *Haffeln* eingeteilt, wovon fünf edle Geschlechter enthielten; das Schöffengericht wurde vom engeren Rate getrennt und statt beider Räte ein neuer von 49 Mitgliedern eingesetzt, deren 36 von den Haffeln, die übrigen 13 von den 36 gewählt wurden; für besonders wichtige Verhandlungen war bestimmt, dass die Sache vorher den 22 Ämtern und Haffeln kundgethan und aus jeder zwei Mitglieder abgeordnet wurden, welche gemeinschaftlich mit dem Rate berieten; anders war der Ausgang der Zunftwirren in anderen Städten, vgl. den Artikel *Zunftwesen.*

Um ein richtiges Bild und Mass von der Bedeutung der Städte für die drei letzten Jahrhunderte des Mittelalters zu erhalten, gälte es, den Einfluss der Städte auf die verschiedensten Zweige des Kulturlebens und umgekehrt allseitig ins Auge zu fassen; sind in der karolingischen Zeit die Stifter uud Klöster neben den königlichen Pfalzen die Zentren der Bildung, und werden diese seit dem 11. Jahrhundert von den zahlreichen Höfen der Edeln darin abgelöst, so sind es jetzt die Städte, auf welche nicht bloss die Hauptaufgaben jener älteren Kulturperioden übergehen, sondern auf welchen, immerhin neben anderen Instituten, die sich doch meist wieder an die Städte anschliessen, die neuen Aufgaben des Kulturlebens liegen: Grosshandel und Kleinhandel, Binnen- und Aussenhandel, Schiffahrt und Kriegskunst, Justiz- und Verwaltungswesen, Münz- und Bankwesen, Judentum, Bauwesen, öffentliche Gesundheitspflege, Armen- und Krankenwesen, Genossenschaftswesen aller Art, Brüderschaften, Klöster, namentlich der Bettelorden, Handwerk- und Marktwesen, was zur Belebung der Geselligkeit gehörte, Spiele, Schützenwesen und Schützenfeste, Fechtschulen, Hochzeiten, Tischordnungen, städtische Tracht- und Kleiderordnungen, Zunftfeste und Zunftgelage, Meisterschulen und Meistersänger, Mysterien und Fastnachtspiele, öffentliche Unzucht, Schulwesen, Universitäten, Bibliothekwesen, Geschichtschreibung, das Kunsthandwerk nach seinen verschiedenen Seiten, Architektur, Malerei, Holzschnitt, Buchdruckerkunst, alles dies und noch viel Anderes hat sich erst entwickeln können, als der bürgerliche Geist in unablässigem Ringen nach innerer und äusserer Freiheit und Selbständigkeit in Staat, Gesellschaft, Kunst, Bildung, Gewerbe den Boden dazu bestellte. In den Städten ist auch zuerst der Gedanke der Nationalität und das Gefühl der Vaterlandsliebe mächtig geworden, und sie haben deshalb für die nationale Monarchie am Anfang der neuen Zeit überall eine Hauptbasis gebildet. *Waitz*, Verf. Gesch. VII, Abschnitt 12; *Arnold*, Verfassungsgeschichte der deutschen Freistädte, Hamburg, 1854. 2 Teile. *Heusler*, Ursprung der deutschen Städteverfassung, Weimar, 1872. *Walter*, Rechtsgeschichte, S. 230 bis 246. *Gierke*, Rechtsgeschichte der deutschen Genossenschaft, Berlin, 1868. *Gengler*, deutsche Stadtrechts-Altertümer, Erlangen, 1882. Das ältere Hauptwerk, das für die Kulturgeschichte viel Ausbeute gibt, ist *Hüllmann*, Städtewesen des Mittelalters, 4 Teile, Bonn, 1826; aus neuerer Zeit in dieser Beziehung besonders bedeutend *Kriegk*, Deutsches Bürgertum im Mittelalter, 2 Bände, Frankfurt a. M., 1868 und 1871. Vgl. den Artikel *Stadtbefestigung.*

Stadtrechte. Die individuelle Entwickelung der Städte brachte es mit sich, dass, im Gegensatz zu den, grössere Territorien umfassenden allgemeinen Rechten, jede Stadt ihr besonderes Recht heranbildete; die Aufzeichnungen derselben sind nach den verschiedenen Stufen der städtischen Selbständigkeit verschiedene. Sie beginnen mit *Privilegien,* deren älteste die dem Herrn der Stadt erteilten Immunitätsprivilegien sind, durch welche der bischöfliche Ort von der Grafschaft eximiert und die gräfliche Gewalt auf den

Vogt übertragen wird; seit dem Anfange des 12. Jahrhunderts kommen Privilegien zum Besten der Städte und ihrer Einwohner hinzu, welche sich meist bloss auf einzelne Rechtsbestimmungen beziehen, wie Markt- und Zollverhältnisse, Hörigkeit, Erbrecht u. a. Weitaus die meisten dieser Urkunden sind Bestätigungsurkunden. Nur städtische Neugründungen erhalten, was ältere Orte durch eine Reihe Urkunden bekommen hatten, durch ein einmaliges Privilegium. Anderer Natur sind solche Aufzeichnungen, welche infolge von Streitigkeiten zwischen der Bürgerschaft und dem Herrn der Stadt oder zwischen den einzelnen Klassen der Einwohner als endgültige Anerkennung der städtischen Rechte, oft unter kaiserlicher Vermittelung entstanden, sie heissen *Handfesten*. Da neu gegründete Städte von ihrem Landesherrn das Recht einer anderen Stadt erhielten, kam es vor, dass eine solche Mutterstadt erst durch Abforderung ihres Rechtes von seiten einer Tochterstadt zur Aufzeichnung ihres Rechtes veranlasst wurde. Von der Stadt selbst ausgegangene Rechtsbestimmungen heissen *Küren, Buerkören, Willkören, Einungen, Skraa* (in sächsischen Gegenden), *Recht;* solche Rechtsbestimmungen, meist polizeilicher Natur, pflegte man mit den Handfesten und Privilegien in dem sogen. *Stadtbuche* zu vereinigen, das auch *Ordeelbuch*, *rotes* und *schwarzes* Buch heisst. Dazu kamen oft Urteile des Stadtgerichtes, die zugleich einen allgemein gültigen Rechtssatz enthielten. Um solchen meist sehr verschiedenen Rechtsstoff einheitlich zu verarbeiten, wurden seit der Mitte des 13. Jahrhunderts in manchen nord- und süddeutschen Städten Kommissionen niedergesetzt, die nun das gesamte öffentliche und Privatrecht zu einem *Stadtrechte* zusammenstellten; das geschah z. B. in Augsburg unter Gestattung König Rudolfs im Jahre 1276, in Strassburg 1322. Neben den eigentlichen Stadtrechten gab es in manchen norddeutschen Städten, wie Bremen, Hamburg, Lübeck, Wismar, Stendal, sogen. *Bauersprachen*, welche diejenigen polizeilichen Vorschriften enthielten, nach denen sich jeder Bürger zu richten hatte und die jährlich zur Nachachtung verkündet wurden. Seit den Zeiten der Zunftunruhen wurden sogen. *Friedensbücher* verfasst. *Stobbe*, deutsche Rechtsquellen I, § 50.

Stadtschreiber, *Syndici*, kamen seit dem Ende des 14. Jahrhunderts dadurch auf, dass die Städte eigentliche Rechtskonsulenten in ihren Dienst nahmen, welche auch zugleich Beisitzer des Stadtgerichtes waren. Sie brachten das römische Recht nicht bloss in die Urteilssprüche hinein, sondern vermittelten auch seine Aufnahme in das Stadtrecht, dessen Redaktion hauptsächlich ihnen überlassen war. Manchmal geschah es, dass Männer, die bisher auf Universitäten doziert hatten, zu dem Amte des Syndikus berufen wurden; namentlich gab sich Nürnberg Mühe, berühmte Männer als Rechtsbeistand zu erhalten.

Stahl, lat. *azarum*, *stalum*, verwendeten und kannten schon die Alten uuter den Namen „chalybdisches Erz“. Die Bereitung desselben war jedoch der deutschen Werkstätte, obwohl sie ihn kannte, zu umständlich. Noch im 12. Jahrhundert bezog sie ihn zum grössten Teil aus Indien.

Stände, Landstände. Neben den grossen Gerichtsversammlungen, den *lanttädingen* oder *lanttagen*, die sich bis ins 13. Jahrhundert erhielten und regelmässig auch von den Landesherrn benutzt wurden, um mit den Landsassen über Landesangelegenheiten zu verhandeln, finden sich in den grössern Territorien, den Herzogtümern und Fürstentümern, in welchen Bischöfe, Grafen und andere Landesherrn sassen, in Nachbildung der Reichstage *Hoftage*, durch den Herrn berufene Versammlungen der Grossen des Landes, auf welche der Name *Landtag* von jenen allmählich aussterbenden Gerichtsversammlungen überging. Die hauptsächlichsten Verhandlungsgegenstände waren, ausser den vor dieselben gehörigen, Lehnrechtsachen, Anordnungen und Einrichtungen, die zum Vollzuge der Reichsschlüsse notwendig waren, Aufbringung der Mannschaften und Kosten der Reichskriege, sowie überhaupt die Kosten der Landesregierung. Denn da der Ertrag der herrschaftlichen Güter und der Regalien nicht mehr wie früher zur Bestreitung des Regimentes ausreichte, galt es allerlei, anfangs ausserordentliche Beihilfen, später regelmässig wiederkehrende Steuern zu bewilligen, deren Grösse oder Art der Herbeischaffung Gegenstand der Verhandlung wurde. Seit dem 14. Jahrhundert fingen die *Landstände* (der Name erscheint im Mhd. noch nicht und mag wohl erst später aus dem franz. *états* übersetzt worden sein; der alte Name ist *lantherren*) an, sich über ihre Rechte und Freiheiten von den Landesherrn urkundliche Zusicherungen erteilen zu lassen; schlossen auch unter einander zur Wahrung ihrer Rechte und Freiheiten Bündnisse. Gewöhnlich teilten sie sich in drei Kurien: Prälaten, Ritterschaft und Städte: in Tirol und Württemberg kamen noch Abgeordnete des Bauernstandes nach Ämtern hinzu. Jeder Stand beriet und beschloss für sich, und es brauchte erst gegenseitiger Verhandlungen, um zu einem gemeinsamen Schlusse zu gelangen. Seit dem 17. Jahrhundert behaupteten sie sich nur in wenigen Territorien in voller Bedeutung.

Stauchen trugen die Frauen des 15. Jahrhunderts bei ihren häuslichen Arbeiten über den üblichen kostbaren Kleidern. Sie bedeckten besonders die Arme als eine Art Überärmel.

Der Name bezeichnet auch den Brechkragen oder Stosskragen an den Achselstücken der Plattenrüstung.

Staup oder Stauf, lat. *staupus, stopus, stoupus.* Der Staup ist ein Trinkgefäss, das im früheren Mittelalter neben dem Becher, dem Kelch, der Justa, Full, Ker oder Kar und den Hörnern viel gebraucht wurde. Daneben führten namentlich Reisende die *Lederflasche (ledrflaska)* mit sich. Streitbare Männer bereiteten sich (im Norden) nach heidnischem Brauch wohl auch noch eine Trinkschale aus dem *Schädelknochen* eines erschlagenen Feindes.

Staupsäule, Schandpfahl, Pranger, hiess die Säule, an der gemeine Verbrecher ausgestellt und gestäupt, d. h. mit Ruten gegeisselt wurden.

Stecher zur leichteren Lösung des Schneppers im Schloss der Feuerwaffen kennt man seit 1543. Sie wurden in München erfunden.

Stein-, Erz- und Eisenalter. Um die Mitte der dreissiger Jahre kam in Deutsehland und noch mehr in Dänemark, hier namentlich durch *C. J. Thomsen*, den Direktor des Museums für nordische Altertümer in Kopenhagen, die Ansicht auf, dass sich die germanischen Altertümer vorchristlicher Zeit in drei grosse strenggeschiedene Gruppen abteilen liessen, deren bestimmende Merkmale in dem verschiedenen Material der Waffen und Werkzeuge aus Stein, Erz und Eisen zu erkennen seien; diesen drei Kulturperioden sollten wenigstens für das Nord- und Ostseegebiet ein dreimaliger Wechsel der Waldvegetation (Tanne, Eiche und Buche) und drei verschiedene Völker mit ebenso vielen Haustieren entsprechen. Man ist seitdem zu der Überzeugung gelangt, dass dieses Dreiperiodensystem nur mit grosser Vorsicht anzunehmen sei; mit der Entwicklung von Einzelvölkern steht es nur insoweit im Zusammenhang, als Geräte aus Knochen und Stein eben eine durchgehende Grundlage des gesamten vorgeschichtlichen Kulturstandes sind und ebenso überall der Übergang von Stein zum Eisen durch die Mittelstufe der Bronze geht; es können also sehr verschiedene Völker sich gleichzeitig desselben Materials und umgekehrt Abteilungen desselben Volkes je nach besondern Umständen sich gleichzeitig eines verschiedenen Materials für ihre Waffen und Geräte bedient haben; um die Objekte, welche Zeugen dieser ältesten Zeit sind, in ihrem Zusammenhang zu beurteilen, genügt es nicht allein auf den Stoff zu sehen; auch der Fundort, die Form, begleitende Überreste der Pflanzen und Tierwelt müssen mit herbeigezogen werden. Dennoch ist es von Wert, im Material ein bequemes, leicht erkennbares Unterscheidungsmittel zu besitzen.

I. *Steinzeit.* Am allerwenigsten lässt sich über jene Menschen etwas Geschichtliches vermuten, deren *Steingeräte* den Zeitaltern des Mammut und des Renntieres angehören; menschliche Geräte der *Mammutzeit* hat man namentlich im Thale der Somme (Pikardie) und in Höhlen Frankreichs, Belgiens und Steiermarks entdeckt; reicher sind die Überreste der *Renntierzeit* vertreten und zwar ebenfalls in Süd-Frankreich, Belgien und ausserdem in Schwaben, der Schweiz, Bayern, Westfalen und Mähren; der benutzte Stein ist meist der Feuerstein oder Flint; vermittelst seiner wurden sogar Tierbilder in Schieferplatten, auf Renntierknochen, auf Geweihstücke eingeritzt; doch findet man auch andere Steine benutzt, Gneis, Diorit, Serpentin, Nephrit, harte Rollkiesel u. a. Die Gegenstände bestehen aus roh zugeschlagenen Steinen, ohne jeden Versuch eines Schliffs, oder aus eben so roh bearbeiteten Horn- und Knochenstücken. Doch erkennt man bereits Steinäxte, Steinmesser, steinerne Lanzenspitzen und Pfeilspitzen.

Eine *jüngere Steinzeit,* deren geschichtlicher Zusammenhang aber meist ebenfalls sehr dunkel ist, charakterisiert sich durch *geglättete* oder *geschliffene Steingeräte.*

In diese Periode gehören: a) der sogenannte *Kjökkenmöddinger,* d. h. *Küchenmoder* aus Dänemark. Es sind das terrassenförmige Bänke an der Meeresküste von 30 bis 500 m Länge, 6 m Breite und 1 bis 2 m Höhe. Sie bestehen unter einer Decke von Rasen und Rollstein aus Muschelschalen, Gräten, Knochen, Asche, Kohlen und Geräten von Kieselstein, Horn und Knochen. Ausser in Dänemark findet man ähnlichen Abhub an der Rhonemündung, am Golf von Genua, an den Küsten Südamerikas. — b) *Torfmoore* in Dänemark, Schweden, im Thal der Somme. — c) die *Pfahlbauten,* siehe den besonderen Artikel. — d) *Steinbauten.* Dahin gehören die sogenannten *Dolmen* oder Steintische, auch *Kromleh* oder Mensir genannt, grosse aufgerichtete Steine, die zum Teil in Kreise zusammengestellt sind und auf denen ein riesiger Stein gleich einer Tischplatte ruht. Ihr Ursprung liegt gänzlich im Dunkeln; dass es keine Druidenaltäre sind, ist erwiesen; wo man Steingeräte darin findet, gehören dieselben den polierten Steinen an. Man findet sie über den ganzen Westen und Südwesten von Frankreich, und bis an die Ostsee, in Dänemark, Schonen und Westgotland, südlich bis Thüringen und Schlesien, auch die britischen Inseln sind reich daran. Sie scheinen in Zusammenhang zu stehen mit den dänisch-schwedischen *Ganggräbern* oder *Riesenkammern,* in welchen die Toten sitzend oder liegend beigesetzt wurden.

Die *Waffen* der zweiten Steinperiode sind die *Axt*, welche mehr Keilform hat und zum Spalten dient; das *Beil*, an der Schneide minder breit und nur an einer Seite schräg angeschliffen, da es zum Behauen dient; *Dolche* und *Messer*, *Pfeilspitzen*, *Meissel*. Die Befestigung der Steinklingen am Griffe geschah teils durch Festbinden mit Sehne oder Bast, teils durch Einkleben mit Erdpech und ähnlichen Stoffen, teils durch Einklemmen.

II. *Bronzezeit.* Das erste Metall, das die Menschen in ihren Gebrauch zogen, war unstreitig das gediegen vorkommende *Gold.* In zweiter Linie steht das ebenfalls gediegen vorkommende *Kupfer*, das sich durch Schlagen mit Steinen in jede gewünschte Form bringen liess; es gab Völker, z. B. in Mesopotamien und am Nil, welche vom Gebrauche der Steinwaffen zu den Kupferwaffen übergingen; häufiger ist aber die Anwendung der durch Schmelzung gewonnenen, aus 90 Teilen Kupfer und 10 Teilen Zinn bestehenden *Bronze.* Die Anwendung dieses Metalls hatte in verschiedenen Gegenden ohne Zweifel sehr verschiedene Dauer. Wahrscheinlich kam die Kenntnis der Bronze sowohl durch eingewanderte, erobernde Stämme, als durch Handelsverbindungen nach Europa; die Form der Verzierungen, die Kürze der Schwertgriffe mancher Bronzegegenstände lassen vermuten, dass u. a. phönizische Händler ihre Waare nach Europa brachten. Doch mangelte es hier nicht, wie die zahlreich vorgefundenen Gussformen beweisen, an eigenen Bronzewerkstätten. Am reichsten trat diese Industrie in den nördlichen Gebieten auf, welche ihr Zinn und zum Teil ihr Kupfer leicht von den Scilly-Inseln und der benachbarten Küste von Cornwall bekommen konnten, in Dänemark, Schweden, Norddeutschland; andere Fundstätten minderen Reichtums sind die Pfahlbauten, die sogenannten *Taramaren*, d. h. ausgetrocknete künstliche Wasserbecken in den Provinzen Parma, Modena und Reggio.

Die Elastizität der Bronze war damals auf einen Grad gelangt, der seitdem nicht mehr erreicht worden ist. Überall dauert der Gebrauch der Steinwaffen während der Bronzezeit fort und ragt noch tief in die Eisenzeit hinein; Gewohnheit, ererbte Fertigkeit, das Beispiel der Vorfahren, Mythus und Aberglaube waren dabei wirksam. Bei Hastings fochten im 11. Jahrhundert Dänen und Sachsen ausser mit eisernen Waffen mit solchen von Stein, noch später die heidnischen Preussen gegen die deutschen Ordensritter. Auch erkennt man den Einfluss metallener Geräte deutlich an der kunstvolleren Herstellung der metallenen Vorbilder.

Die eherne *Streitaxt* kommt als Celt, als Paalstab und als eigentliche Axt vor. Die *Celte* dienten sowohl zum Nahkampf als zum Wurf; sie haben die Form eines Keils, sind aber nach dem Rücken hin gerundet und zur Aufnahme eines Schaftes ausgehöhlt; die etwas breiter werdende Schneide ist scharf zugeschliffen. Viele sind mit einer Öse versehen, durch die man einen Riemen knüpfte, mit welchem man die Klinge dem Stiele sicher verband. Die Klingen der *Paalstäbe* zeigen die Gestalt des Meissels, der nach der Schneide zu breiter wird; rückwärts befinden sich zwei Schaftlappen zur Befestigung an den Holzstab, mit dem sie durch eine Schnürung verbunden sind. Unter dem Namen *framea* ist das die älteste Nationalwaffe der Germanen. Die eigentlichen *Streitäxte* zerfallen in solche mit einfachem Schaftloch, in solche, welche mit Schaftröhren versehen sind und in Doppeläxte; die berühmteste Form der einfachen Axt ist die der *francisca*, die zweischneidig und kurzstielig sich sowohl zum Gebrauche in der Faust als zum Wurfe eignete. *Streitkolben* und *Stachelknöpfe* von Bronze haben auf einer gegossenen, über einen Holzschaft geschobenen Hohlwalze mehrere Reihen von Stacheln. Die *Lanzenspitzen* der Bronzezeit haben gewöhnlich die Form eines Weidenblattes mit starkem Mittelrücken und sind zur Befestigung mit Schaftröhre oder mit Angeln versehen. Bronzene *Pfeilspitzen* sind selten, der Flintstein genügte hier vollständig; die *Erzmesser* sind im Gegensatz zu den steinernen Messern einschneidig. Als eine ganz neue Waffe erscheint jetzt das *Schwert*, dessen ursprüngliche Form wahrscheinlich die einschneidige ist, wahrscheinlich dieselbe Waffe, die bei den Germanen *scramasax* hiess. Später entwickelt sich die schlanke zweischneidige Form des eigentlichen Schwertes; seine Klinge hat die Gestalt eines Schilfblattes, nimmt also nach der Mitte an Breite zu und läuft spitz aus; der Griff ist nie länger als 2,5 Zoll und in der Regel mit Spiral- und Zickzackverzierungen geschmückt. Kaum vom Schwert zu trennen ist der zweischneidige *Dolch*. Seltener als die Angriffswaffen sind Schutzwaffen aus Bronze: Helm, Schild und Panzer. Auch Schalen von Bronzeblech sind zahlreich und weitverbreitet gefunden worden, dann Hängeurnen mit glockenförmigem oder plattem Deckel.

Erst das Metall gab sodann Veranlassung, die Kunst, welche Waffen herstellt, zugleich zu Gegenständen für die Frauenarbeit und namentlich für *Schmucksachen* zu verarbeiten. Überall erscheinen Nähnadeln, Arm- und Fingerringe, Knöpfe, Haarnadeln und Kämme; um vieles reichhaltiger ist der Bronzeschmuck der nordischen Länder; hier erscheinen Diademe, Kopf-, Hals-, Arm- und Fingerringe, Agraffen, Fibeln, Gewandnadeln.

III. *Eisenzeit.* Auch der Anfang des *Eisens* bleibt in Dunkelheit gehüllt. Dass die alten Germanen die Anwendung dieses Metalles gekannt, davon zeugt die Bedeutung und Ehre, welche die Schmiedekunst und die Schmiede bei ihnen hatten; es ist die einzige Handarbeit, die von Anfang an eines freien Mannes würdig erachtet wurde; auf die frühe Stahlbereitung deutet die Sage vom Schmied Wieland, der sein Schwert zerfeilte, die Eisenfeilspähne mit dem Mehlbrei seinen Gänsen zu fressen gab, den Gänsekot ausglühte und von dem zurückbleibenden Eisenstaube das schärfere Schwert schmiedete; in den tierischen Exkrementen ist, wie auch andern Völkern früh bekannt wurde, Stählung wirkender Kohlenstoff enthalten. Mit der Erfindung des Eisens wird das *Schwert* die Hauptwaffe. Nordische Altertumsforscher wollen zwei, einzelne sogar drei Perioden des Eisenzeitalters unterschieden haben. *Jähns*, Geschichte des Kriegswesens, S. 1 bis 14. — *Baer* und *Hellwald*, der vorgeschichtliche Mensch, Leipzig 1874.

Stelzschuhe wurden namentlich von Leuten kleiner Statur im 15. und 16. Jahrhundert viel getragen und zwar bis zu zwei Fuss Höhe. Sie erhielten sich bei den Vornehmen weniger lang, weil der Bürgerstand sich ihrer bald bediente, und fielen dann auch um die Mitte des 16. Jahrhunderts zum zweitenmal aus aller Gunst durch die *Courtisane*, die sie über alles Mass aufbauschten.

Sternbilder. Die Aneignung der griechischen Sternnamen wurde von den alten Kirchenlehrern als etwas heidnisches bekämpft; höchstens, doch auch nicht unwidersprochen, werden die Sternbildernamen des Buches Hiob nach der *Septuaginta: Pleyaden*, *Arcturus* und *Orion* und aus der Vulgata die *Hyaden* zugelassen. Am meisten Beachtung fanden die *Sternbilder des Tier-*

kreises, welche doch von einigen Kirchenlehrern ebenfalls für ein Werk der Dämonen erklärt wurden. Sonst ging sowohl die mythologische als die natürliche Erklärung der Tierkreiszeichen auf das Mittelalter über. Während die Kunstvorstellung der Sternbilder in der altchristlichen Kunst sich nicht sicher nachweisen lässt, findet sie sich häufig seit dem 9. Jahrhundert in Malereien und Skulpturen, sowohl lediglich als astronomisches oder Kalender-Bild, als im Zusammenhang christlicher Gedanken. Den Tierkreiszeichen der Kalenderbilder sieht man häufig eine menschliche Figur beigesetzt, was auf eine alte astrologische Lehre des Altertums und alter Kirchenlehrer zurückgeht, wonach den zwölf Zeichen des Tierkreises eine Wirksamkeit auf den Leib des Menschen zusteht, und zwar auf die einzelnen Leibesglieder verteilt, so dass z. B. dem Widder der Kopf, dem Stier der Rachen, den Zwillingen die Schultern, dem Krebs die Brust eigen sind. Aus dieser menschlichen Figur ist der *Aderlassmann* abgeleitet. Im Zusammenhang christlicher Gedanken findet man Skulpturen der Sternbilder im Innern der Kirchen und an Portalen, als Bild des Himmels und der ganzen Welt, oder als Bild des Jahres und seiner zwölf Monate. Auch als *Häuser der Planeten*, deren Lehre chaldäischen Ursprungs ist, sind die Tierkreisbilder in der Regel in den s. g. Planetenfolgen abgebildet.

Schon früh hat es nicht an Versuchen gefehlt, die heidnischen Sternbilder durch christliche zu ersetzen, am häufigsten so, dass man mit Beibehaltung der Figuren nur die Bedeutung änderte, in dem man die Namen einen christlichen Sinn unterlegte und sie auf Geschichten des Alten oder Neuen Testamentes bezog. Beda soll dies zuerst gethan haben. Auch einige deutsch-volkstümliche Sternbenennungen kennt man, wie *Jakobsstrasse* für die Milchstrasse, *Jakobsstab* für die drei Sterne im Gürtel des Orion. In neuerer Zeit haben u. a. *Wilhelm Schichard*, Professor der Mathematik und der orientalischen Sprache zu Tübingen 1623 und *Garsdörffer* um 1656 den Versuch gemacht, die heidnischen Namen durch christliche zu ersetzen. *Piper*, Mythologie der christlichen Kunst. II. 276—310.

Steuerwesen. Die alten Germanen wussten von Steuern nichts; dagegen war Sitte, dass sie ihren Fürsten *Geschenke* darbrachten als Zeichen der Ehrfurcht und des Dankes. Solche Geschenke dauerten in mehrfacher Anwendung noch lange fort; entweder machte man sie dem König aus persönlichen Gründen, zur Unterstützung einer Bitte, zur Erlangung eines Amtes, bei Gelegenheit einer in der königlichen Familie gefeierten Hochzeit; oder es waren jährliche, fest bestimmte oder frei gewählte Gaben, die man anfangs an die Märzversammlungen brachte, später bei anderen Terminen, an Weihnacht oder Neujahr; namentlich wurden geistlichen Stiftern solche Geschenke, in Rossen und Waffen bestehend, als Leistung auferlegt. Geschenken letzterer Art ähnlich sind die Tribute, welche ein unterworfener Volksstamm oder Fürst dem Herrn zu bezahlen hatte. Diese Leistung hiess *steora*, *Steuer* oder *stuofa* und bestand ebenfalls aus Naturalien: Rindern, Pferden, Lämmern, Hühnern, Eiern, Honig, Gewändern, Holz, teilweise auch in Geld; ob aber zu dieser Steuer alle, z. B. die Thüringer, Sachsen, Alemannen verpflichtet waren, ist nicht deutlich. Bei einer Landesnot wurden auf die Stifte, Klöster, Grafen und königlichen Vasallen ein Tribut ausgeschrieben, kraft dessen sie von jedem ihrer Haupt- und Nebenhöfe ein Bestimmtes zu zahlen hatten; Juden mussten dann einen Zehnten, Handelsleute ein Elftel entrichten; sonst aber bestand noch in der Zeit der Karolinger der altgermanische Grundsatz, dass der Freie weder von seinem Lande noch von seiner Person eine Abgabe zu entrichten habe. Die Einkünfte des Königs, welche eins waren mit denjenigen des Reiches, bestanden im Ertrage der königlichen Güter, der Friedensgelder und Bannbussen, aus den häufigen Konfiskationen, der Einziehung erbloser Güter, dem Tribut fremder Völker, der Kriegsbeute; dazu kamen Zölle, Weg-, Brücken- und Fahrgelder auf den öffentlichen Wegen und Flüssen, der Ertrag des Münzwesens und zahlreiche Naturalleistungen des Volkes für besondere öffentliche Zwecke. Dahin zählten der Unterhalt der öffentlichen Wege, Schleusen und Brücken, der Aufenthalt, den man königlichen Gesandten zu leisten hatte, Leihung von Pferden und Fuhren derselben, zahlreiche Naturalleistungen, die das Kriegswesen mit sich brachte.

Ausserordentliche Beiträge, Beihilfen für verschiedene besondere Anlässe waren es, aus denen sich allmählich der Begriff der öffentlichen Steuer entwickelte. Solcher Natur waren die Zahlungen abhängiger Leute an ihren Herrn wegen nicht geleisteten Kriegsdienstes, die *Heersteuer*, ahd. *heristiura*, mhd. *herstiure*, siehe den Artikel *Heerwesen*. Ähnlicher Art sind in Bischofsstädten Zahlungen an den Herrn als Beihilfen zur Heer- und Hof-Fahrt. Andere Beihilfen sind zwar dem Namen nach freiwillig, werden auf Bitten gegeben, daher die Namen *petitio*, *precaria*, *betta*, *bete*, *bede*, aber die Bitte wurde oft strenge Forderung und durchaus regelmässig. Abhängige Leute verschiedenen Standes unterliegen diesen Forderungen, in den geistlichen Stiftern regelmässig von seiten der Vögte; Freie unterlagen solchen Forderungen in der Regel nicht. Auch die Könige brachten es vorderhand nur zu ausserordentlichen Beihilfen; als dazu verpflichtet galten vor allem die von alters her zu solchen Leistungen verpflichteten geistlichen Stifter; neu kamen jetzt die *Städte* hinzu und zwar musste ein solcher Beitrag, dem ohne Zweifel andere zur Bestreitung gemeinsamer Bedürfnisse zur Seite gingen, von den Angehörigen der Stadt aufgebracht werden. Eine eigentümliche Abgabe ist das in den Städten aufgekommene *ungelt*, eine Abgabe von Einfuhr und Verkauf der Lebensmittel, eine Zehr- und Verbrauchssteuer; die Bürger nannten sie, weil es dafür keinen Rechtsgrund gab, *ungelt*, d. h. was man nicht schuldig ist, *indebitum;* später wurde das Wort entstellt zu *umbgelt*, noch in der Schweiz als *Ohmgelt* erhalten. Es wurde anfangs, doch ohne Erfolg, von Reichs wegen verboten. Seit dem 14. Jahrhundert ahmten Landesherrn in ihren Territorien diese Steuer nach.

In den Städten nun und in den landesherrlichen Territorien entwickelten sich die eigentlichen regelmässigen Steuern. Wie die Umlage verteilt wurde, war verschieden; an einigen Orten nach dem Einkommen, an anderen nach dem Kapitalvermögen, in den Städten nach den Häusern und dem beweglichen Vermögen; auch ein Grundzins von jeder überlassenen Baustelle kam häufig vor. Daneben blieb, wie früher dem König, so jetzt dem Landesherrn vorbehalten, zu ausserordentlichen Bedürfnissen ein *nôtbete* zu verlangen, bei drängender Kriegsnot, zur Auslösung aus der feindlichen Gefangenschaft, zur Tilgung von Schulden, zum Besuche der Reichstage und des Hoflagers, zu einem Römerzug, zur Ausstattung einer Tochter, zu den Festlichkeiten des Ritterschlages der Söhne. Seit dem 15. Jahrhundert war die Einführung neuer oder die Erhebung bestehender Steuern an den Beirat oder die Bewilligung der Landstände gebunden; dieses geschah dann auf gewisse Jahre oder auf unbestimmte Zeit unter den Namen *Schatzung*, *Geschoss*, *Kontribution*, und es wurden entweder die steuerpflichtigen Personen oder Güter unmittelbar nach ihrem Vermögen oder Ertrage besteuert, oder die ganze Summe nach bestimmten Quoten auf die Prälaten, Ritterschaft, Städte und gemeine Landschaft verlegt.

Nachdem mit der Zeit die ursprünglichen Reichseinkünfte fast ganz aufgehört hatten, kamen im 15. Jahrhundert für vorübergehende ausserordentliche Bedürfnisse *Reichssteuern* auf. Die eine Form derselben war die Ausschreibung eines gemeinen Pfennigs auf alle Einwohner des Reichs, nach dem Verhältnis ihres Vermögens, die andere ein den Reichsständen auferlegter Anschlag, der dem Kontingent jedes Standes entsprach; seit 1535 geschah der Anschlag so, dass die zu Worms 1521 für den beabsichtigten Römerzug entworfene Mannschaftsmatrikel zu Grunde gelegt wurde, wornach der Fussknecht zu vier, der Reisige zu zehn Gulden *monatlich* angeschlagen war; das Geldkontingent für eine monatliche Lösung hiess *Römermonat.* Die einzige *stehende* Reichssteuer war die von den Reichsständen seit 1548 zum Unterhalte des Reichskammergerichtes übernommene. Die Römermonate und die letztgenannte Steuer wurde in den einzelnen Territorien auf die Unterthanen verlegt. *Waitz*, Verfassungsgeschichte und *Walter*, Rechtsgeschichte.

Strafen. In altgermanischer Zeit ging die Ausübung der Strafgewalt vom obersten Gericht, der Gauversammlung aus; doch wurden nur die schweren Verbrechen, wie Verrat, Übergang zum Feind, Feigheit oder Flucht, mit dem Tode bestraft, alle übrigen durch *Vermögensbussen* gesühnt. Neben der Strafgewalt der Gemeinde stand das *Fehderecht* der Familie, dessen kräftigster Ausdruck die *Blutrache* war. Von den Vermögensbussen fiel ein Teil, *Komposition* oder *Busse* genannt, an den Verletzten zur Genugthuung für das erlittene Unrecht, der andere Teil, der *Fredum* oder *Wette* hiess, an das Gemeinwesen zur Sühne des verletzten *Friedens*; später trat noch der *Bann* als Sühne des verletzten Königsfriedens dazu. Besass der zu Büssende kein Vermögen, so büsste er durch körperliche Züchtigung oder musste dem anderen seinen Leib für die Schuld verpfänden oder sich ihm in Knechtschaft ergeben oder endlich, wenn nicht Verwandte und Freunde für ihn eintraten, mit dem Leben herhalten. Sklaven oder leibeigene Knechte lagen durchaus in der Gewalt des Herrn.

Mit der Zeit nahm das Strafrecht eine andere Richtung an. Für die römische Bevölkerung der germanischen Reiche blieb das römische Strafrecht in Anwendung; das Christentum, das den Grund der Strafe auf den Begriff der Gerechtigkeit und dessen Zusammenhang mit der sittlichen Weltordnung zurückführte und zum Teil das mosaische Recht anerkannte, dann die höhere Vorstellung von den Pflichten des königlichen Amtes, endlich das Bedürfnis, die allgemeine Ordnung und Sicherheit durch Strafen zu stärken, alles dies rief ein auf harte Lebens- und Leibesstrafen gebautes Strafrecht hervor. Dasselbe bildete sich vorherrschend lokal und zum Teil willkürlich aus, und erst seit dem 15. Jahrhundert wurden in Deutschland, beeinflusst von der italienischen Jurisprudenz, zusammenhängende Systeme versucht.

Was die *besonderen Strafen* betrifft, so sind zu unterscheiden:

A. *Vermögensstrafen.*

1. *Komposition* oder *Wergeld,* vgl. den Art. *Wergeld.*

2. Das *Fredum* oder die *Wette* war das Strafgeld, das zur Sühne des verletzten Friedens ursprünglich an das Volk, später an den König entrichtet wurde. Komposition und Fredum gehören zusammen, so zwar, dass in jener der Begriff der persönlichen Genugthuung, in diesem der Begriff von Strafe vorherrscht. Die Grösse des Fredum betrug gewöhnlich ein Drittel der Komposition.

3. Der *Bann* ist die Busse, welche wegen des Ungehorsams gegen ein königliches Banngebot zu entrichten war; sie betrug regelmässig 60 Solidi. Wer die Bannbusse nicht zahlen konnte, erhielt 60 Hiebe.

4. *Konfiskation* des Vermögens war ursprünglich immer mit der Friedlosigkeit verbunden, später kam sie in der Verbindung mit der Verbannung oder der Todesstrafe oder auch selbständig vor.

B. *Lebens-* und *Leibesstrafen.*

I. Die *Todesstrafe.* Tacitus Germ. erwähnt zweier bei den Germanen angewendeter Todesstrafen, des Aufhängens und des Versenkens in Moor und Sumpf; es ist kein Zweifel, dass noch andere Todesstrafen daneben bestanden haben, welche aber, wie dies auch später vorkam, nach jeweiliger Rechtsanschauung und der besonderen Sitte eines Volksstammes verschieden waren. Fand auch eine gewisse Beziehung statt zwischen der Natur des Verbrechens und der Art der zu wählenden Todesstrafe, so war doch der Sitte und Willkür in diesen Zeiten hier ein grosser Spielraum gelassen.

1. *Enthaupten* scheint die gewöhnlichste Todesstrafe gewesen zu sein; die Enthauptung geschah mit Barte und Schlegel: der Verurteilte legte seinen Hals auf einen Block, die Barte (Beil) wurde darüber gehalten und mit dem Schlegel ein Schlag gethan. Die Anwendung des Schwertes scheint edler und kriegerischer. Alte Sitte scheint es, dass das gefallene Haupt in die Höhe gehoben und gezeigt oder auf einem Speer umhergetragen wurde. Alle übrigen Strafen scheinen mehr als qualifizierte gegolten zu haben, die bei solchen Verbrechen zur Anwendung kamen, wo neben der unrechten Gewalt auch eine böse und niedrige Gesinnung vorhanden war.

2. Die weitverbreitetste, am meisten übliche von diesen scheint das *Hängen* gewesen zu sein, nach alten Formeln: in der Luft reiten, die Luft über sich zusammenschlagen lassen, den Ast bauen, den dürren Baum reiten. Uralt ist und in alten deutschen Mundarten verbreitet das Wort ahd. *galgo, Galgen;* ausser dem Galgen benutzte man bestimmte laublose Bäume oder, wenn diese ausstarben, eingerammelte Stämme und Pfähle. Statt der hänfenen Seile drehte das einfache Altertum Zweige von frischem, zähem Eichen- oder Weidenholz, mhd. *rîs, wit* (Holz) und *wide.* Uralte Sitte scheint Verhüllung des Antlitzes, oft mit einem schwarzen Tuch. Das Gesicht des Verbrechers wurde nach Norden gerichtet. Die Strafe wurde meist in der Art vollzogen, dass der Tod sogleich beim Aufknüpfen selbst erfolgte. In der Schaustellung des Missethäters lag ein erschwerendes Moment dieser Strafe, daher der Galgen an offener Heerstrasse oder bei einem Scheidewege aufgestellt wurde; höher hängen war noch eine besondere Erschwerung. Eine altertümliche Erschwerung der Galgenstrafe war es auch, dass Wölfe

oder Hunde neben dem Verurteilten aufgehängt wurden. Hängen war die eigentliche Diebstahlsstrafe. Frauen sollten nicht gehängt werden, sondern statt dessen dem Verbrennen, Ertränken und Steinigen unterliegen. Sonst gilt Hängen nächst der Hinrichtung im Verhältnis zu den anderen üblichen Todesstrafen als minder harte Strafe.

5. *Rädern* oder *Radebrechen*, aufs Rad legen, kommt ebenfalls sehr früh vor. Die Strafe bestand darin, dass die Glieder des Missethäters mit einem Rade zerstossen, der Verurteilte mit zerbrochenen Gliedern aufs Rad geflochten und so auf einem Pfahl oder Galgen ausgestellt wurde. Grimm vermutet, dass das Zerstossen der Glieder mit dem „neun- oder zehnspeichigen Rade“ erst später entstanden und man statt dessen früher mit einem Wagen über den Missethäter gefahren sei.

4. *Das Verbrennen* ist eine schon bei den heidnischen Sachsen und Franken bezeugte Todesart, namentlich für Zauberer und Giftmischer, später für Ketzer. Besonders nahe lag es, die Mordbrenner selbst dieser Todesart zu weihen; auch beim Ehebruch war diese Strafe üblich.

5. *Steinigen* wird in nordischen und fränkischen Quellen erwähnt. Der Missethäter wurde an einen Stamm oder Pfahl gebunden und mit Steinen nach ihm geworfen.

6. *Lebendigbegraben* erwähnt Tacitus Germ. 12. Später galt als Regel, wenn Männer gehängt und gerädert werden sollten, solle man Weiber „der weiblichen Ehre willen“ lebendig begraben. Mit dieser Strafe wurde noch später oftmals das *Treiben eines Pfahles durch den Leib*, besonders bei Kindesmörderinnen, verbunden. Das Versenken in Moor und Pfützen, das Lebendigbegraben und selbst das Ertränken scheinen alle fast nur verschiedene Formen einer und derselben Strafart gewesen zu sein, wobei vorzüglich das heimliche Wegthun, das Entziehen eines ehrlichen Begräbnisses in Betracht kam.

7. *Ertränken* war vorzüglich Strafe der Frauen und Zauberinnen. Das Schwimmen der Ertränkten zu verhindern, band man ihnen Steine, Mühlsteine um den Hals; erschwert wurde die Strafe dadurch, dass man die Missethäterin in einem Sack mit Hund, Katze und Schlange zusammen ertränkte.

Die übrigen Todesstrafen sind seltener erwähnt und nicht allgemein angewendet worden:

8. *Ausdärmen* galt für Baumschäler und Pflugräuber.

9. *Fleischschneiden aus der Brust* ist Strafe des bösen Schuldners.

10. *Vierteilen*, mhd. *zerliden*; oft geschah das so, dass einzelne Glieder des Missethäters an den Schweif eines wilden Rosses gebunden und zerschleift oder dass Arme und Füsse an mehrere Pferde befestigt und diese nach verschiedenen Seiten hin getrieben wurden. Oft wird diese Strafe in den Gedichten des karolingischen Sagenkreises verhängt.

11. *Zertreten von Pferden* wird in nordischen Sagen erwähnt und ist dem Zerstossen der Glieder durch Wagen zu vergleichen; siehe oben 3. *Rädern*.

12. *Sieden*, in siedendem Wasser töten, scheint an Ketzern vollstreckt worden zu sein.

13. *In ein steuerloses, leckes Schiff setzen*, kommt bloss in Liedern und Sagen vor.

14. *Tieren vorwerfen* erscheint auf deutschem Boden ebenfalls bloss in der Sage.

II. *Leibesstrafen*. Auch die Anwendung dieser oder jener Leibesstrafe stand oft in der Willkür des Richters, wobei neben der Gerechtigkeit auch Rücksichten auf die Person, deren Stand, Gefährlichkeit u. a. leiteten. Manche dieser Strafen konnten, gleichsam als Schärfungen, mit der Todesstrafe verbunden werden.

1. *Verstümmelnde Strafen*, wodurch der Missethäter eines Gliedes oder Sinneswerkzeuges beraubt wurde. Dahin gehören:

a) *Hand- und Fussabhauen*, wobei rechte Hand und linker Fuss mehr galten als die andern; jene führt das Schwert und schwingt den Speer, mit diesem tritt der Mann in den Steigbügel. In Waldweistümern kommt oft Abhauen des Daumens vor.

b) *Blenden*, sei es bloss eines, sei es beider Augen.

c) *Abschneiden der Nase*, eines oder beider *Ohren* oder wohl von Nase und Ohren zugleich. Besonders Sklaven mögen mit dieser Strafe belegt worden sein, weil dadurch ihrer Arbeitsfähigkeit weniger geschadet wurde.

d) *Entmannung*. Geisselhiebe und Entmannung waren bei den salischen Franken die beiden Strafen für Unfreie; wer bei den Friesen Heiligtümer entweiht hatte, sollte vor der Hinrichtung entmannt werden.

Weniger allgemeine und häufige Strafen derart scheinen gewesen zu sein: *Ausschneiden der Zunge*, besonders für Verleumder und Verräter, *Abschneiden der Oberlippe* mit der Nase, *Ausbrechen der Vorderzähne* dem gegenüber, der den andern beisst; *Abschneiden* oder Abhauen einzelner *Finger*.

2. *Geisslung* oder *Stäupung*, Aushauen des Malefikanten, der dabei an einen Pfahl gebunden oder auf eine Bank hingestreckt wurde, mit Ruten, Riemen oder Stricken auf blossem Rücken. Dadurch, dass diese Strafe nach erfolgtem Rechtsspruch, unter Aufsicht des Gerichts, öffentlich geschah, unterschied sie sich von der blossen Züchtigung, wie sie dem Herrn gegen seine Hörigen und selbst gegen die in seiner Mannschaft stehenden Familienglieder erlaubt war. Die Zahl der Hiebe wird in alten Volksrechten von 40 bis 300 gestellt. Namentlich Unfreie mussten ihre Missethat mit ihrer Haut büssen; Freie wurden nur dann dieser Strafe unterworfen, wenn sie nicht im stande waren die Busse zu bezahlen; erst mit der Zeit wurden unbedingt gewisse Missethaten mit körperlicher Züchtigung bedroht. Die körperliche Züchtigung zog, wenn ein Freier sie erlitt, den Verlust der Freiheit keineswegs nach sich; dagegen scheint, gleichsam als ein Bestandteil der Strafe selbst, das *Abscheeren der Haare* damit verbunden gewesen zu sein.

3. *Schinden*, Abziehen der Haut mit den Haaren, eine Strafe, die für sehr schimpflich galt; ausserdem war im Altertum noch ein besonderes *Riemenschneiden* aus der Haut als Strafe bekannt.

4. *Brandmarken* war nicht bloss Strafe wegen des Schmerzes und Schimpfes, sondern diente auch dazu, den einmal Verurteilten und noch anderweitig Bestraften wieder zu erkennen; es geschah meist durch Einbrennen eines Schlüssels in Wange oder Stirn.

5. Wer jemanden mit einem Messer gestochen hatte, dem sollte dasselbe *Messer* vor Gericht *durch die Hand geschlagen* werden.

6. Unvorsätzliche Mörder wurden im Mittelalter kirchlich angehalten, mit schweren Ketten oder Ringen um den Leib oder die Arme belastet, Wallfahrten zu thun In leichteren Fällen musste der Mörder wenigstens an hohen Festen entkleidet und nackt bis zum Gürtel vor der Prozession ziehen, in jeder Hand eine gebundene Rute, und sich selbst schlagen, dass es blutete, und die Bande tragen, bis sie abfielen.

III. *Freiheitsstrafen*. 1. *Sklaverei*. Wer in alter Zeit einen Friedensbruch mit Geld zu sühnen unvermögend war, wurde Sklave oder Höriger seines Schuldners; ja nach einigen Gesetzen war es ihm sogar gestattet, Frau und Kinder in die Hörigkeit zu geben, um für ihn die Schuld mit abzuverdienen. Nach andern Gesetzen konnte ein Missethäter überhaupt dem Verletzten oder Nächstbeteiligten in beständige Knechtschaft hingegeben werden. Dem Grad nach scheint die Hingabe in Sklaverei der Todesstrafe am nächsten gestanden zu haben. In deutschen von der Kirche beeinflussten Volksrechten wird auch Sonntagsentheiligung und Ehebruch mit dieser Strafe belegt.

2. *Verbannung.* Während die Flucht aus dem Lande früher eine notwendige Folge des Friedensverlustes war, um dadurch der verhängten Strafe der Tötung oder der Hinrichtung zu entgehen, wurde die Verbannung später zu einer besondern Freiheitsstrafe. Sie erscheint aber in den Rechtsquellen mehr eine von dem König oder Herzog als höchstem Richter in den ihm geeignet scheinenden Fällen willkürlich, oft an Stelle anderer Strafarten auferlegte Strafe gewesen zu sein. Doch kommt die Verbannung auch in andern Verhältnissen vor. Wenn die Markgenossen oder Gaubewohner einen Verbrecher aus ihrer Gemeinschaft schliessen wollten, zerstörten sie ihm sein Haus: das Dach wurde abgetragen, das Thor verpfählt, der Brunnen mit Erde zugedeckt, der Ofen eingeschlagen. Häufig wurden im Mittelalter die *Wohnungen* von Kapitalverbrechern *zerstört*, abgesehen von der sonst über sie verhängten Strafe. In die Burg verurteilter Ritter wurde *ein Kreuz gerissen*, d. h. die Mauer von vier Seiten her durchbrochen. Der von der Genossenschaft freier Männer Ausgeschlossene durfte fortan keinen Umgang mit ihnen haben, den Versammlungen, Gerichten und im Heidentum den Opfern nicht beiwohnen, musste, wenn er ihnen auf dem Weg begegnete, ausweichen. Mittelalterliche Formeln dafür sind *einen êrlôs und rechtlôs sagen*, *künden*, *bannen*, *verbannen*, *verfesten*, *verweisen*, *verschalten*, *verfêmen*, *verzelen*, *aechten*, *einen allermenniglichen erlouben.* *Waldgang* hiess in ältester Zeit der härteste Grad der Verbannung, der Verbannte *Waldmann*, *Waldgänger*, auch *wargus* = Wolf und Räuber, weil der Verbannte gleich dem Raubtier ein Bewohner des Waldes ist und gleich dem Wolf ungestraft erlegt werden darf. Verwiesene räumten *barfuss*, *entgürtet*, und einen *Stab tragend* das Land; ihn sollte niemand beherbergen und speisen. Die Ausschliessung aus der Gemeinschaft ging zunächst nur das engere Verhältnis an, die Mark, den Gau, später auch die Stadt; es gab aber auch Verhältnisse, wo der Verbrecher des Friedens im ganzen Volk verlustig wurde. Die Kirche setzte später oft an Stelle des weltlichen Bannes die *Wallfahrt* an heilige Örter, wobei der Verbrecher Bande und Kette trug. Frauen unterlagen deshalb der Verbannung nicht, weil sie nicht in der Gemeinschaft der freien Männer standen. Landesverwiesene durften, wenn sie sich bei feierlichem Einzug des Fürsten an dessen Wagen oder Pferd hielten, sicher zurückkehren.

3. *Gefängnisstrafe*, zeitweilige und lebenslängliche, wird zuweilen erwähnt; sie kam aus den römischen eroberten Ländern, und wenn Karl der Grosse befahl, dass jeder Graf in seiner Grafschaft für ein gehöriges Gefängnis sorgen sollte, so fehlte es doch noch später oft an Aufbewahrungsorten für Verurteilte.

IV. *Ehrenstrafen.* Diese sind in der früheren Zeit mindestens selten gewesen und scheinen erst mit der bestimmteren Ausbildung eines Standes, der auf bevorzugte Ehre Anspruch machte, ausgebildet und üblicher geworden zu sein.

1. *Widerruf* und *Abbitte.* Wer den anderen gescholten, ihm ein Verbrechen vorgeworfen hatte, ohne es bewähren zu können, musste sich öffentlich auf den Mund schlagen und sagen: Mund, da du das Wort redetest, logest du!

2. *Schimpfliche Tracht*, wie das Abschneiden des Haares, das Kürzen des langen Gewandes, beides besonders bei Frauen, die ihre Unschuld nicht beweisen konnten.

3. *Untersagung der Waffen und des ritterlichen Gerätes.* Ein ehrloser Ritter sollte Stiefel ohne Sporn tragen, ein Pferd ohne Hufeisen, ohne Sattel und mit bastenem Zaum reiten; das hiess mhd. *einen von schildes ambet scheiden und rechtlôs sagen.* Edelleuten, die sich vergangen hatten, wurde das *Tischtuch zerschnitten* und das *Brot verkehrt gelegt.*

4. *Symbolische Prozession.* Die Missethäter mussten in demütigendem Anzug, ein Zeichen der verwirkten Strafe auf ihrem Hals oder Rücken tragend, vor ihrem Herrn erscheinen und eine vorgeschriebene Strecke, gewöhnlich bis zur Grenze des Gaues durchwandern, gleichsam damit ihre Entehrung jedermann im Lande bekannt würde. Edle und Freie trugen ein *blosses Schwert*, Unfreie den *Strang* um ihren Hals, zum Symbol, dass sie verdient hätten, enthauptet oder gehangen zu werden. Missethäter trugen auch *Ruten* oder *Besen* in der Hand, zum Zeichen des verwirkten Staupenschlags, wie dem ergriffenen, vor Gericht geschleppten Dieb *Schere* und *Besen* auf den Rücken gebunden wurde. Edle Verbrecher *trugen Hunde*, wohl um anzudeuten, dass sie wert wären, gleich einem Hund erschlagen und aufgehängt, an der Seite eines Hundes aufgehängt zu werden. Blosse Freie oder Dienstmannen *trugen Sättel*, Unfreie ein *Pflugrad.* Frauen trugen *Steine um den Hals.*

5. *Eselritt.* Eine Frau, die ihren Mann geschlagen hatte, musste *rückwärts auf einem Esel reiten* und dessen Schwanz haltend durch den ganzen Ort ziehen. Ähnliche Ehrenstrafen sind, hinterrücks auf einen weissen Gaul, oder auf einen schwarzen Widder gesetzt zu werden.

6. *Dachabdeckung* ist ebenfalls eine Strafe für den Ehemann, der sich von seiner eigenen Frau hat raufen, schlagen und schelten lassen.

7. *Mit Pech bestreichen und in Federn wälzen.*

8. *Pranger;* der Verbrecher wird an einen auf dem Gerichtsplatz oder sonst öffentlich stehenden *Pfahl*, *Block* oder *Stein* gebunden, angeschlossen oder eingespannt und den Blicken des Volkes ausgestellt; dieser Schandpfahl heisst in Niederdeutschland *Kake*, in Schwaben die *Schraiat*, in Bayern die *Preche*, in Norddeutschland die *Fiedel*, in Schwaben die *Geige.* Härtere Strafe ist der *Schandkorb*, der für Gartendiebe, zänkische Weiber und Ehebrecher gebraucht wurde, und das *Aufhängen im Kefich.*

9. *Unehrliches Begräbnis.* Tote Übelthäter und Verbrecher wurden auf den *Kreuzweg* begraben und nicht über die *Schwelle*, deren Heiligkeit nicht entweiht werden durfte, aus dem Haus getragen, sondern durch ein Loch unter der Schwelle hergeschleift; so der beim Einbruch erschlagene Nachtdieb und der Ketzer, namentlich aber der Selbstmörder.

Nach *Wilda*, Strafrecht der Germanen, Halle 1842; *J. Grimm*, Rechtsaltertümer, 680—744; *Walter*, Rechtsgeschichte. Vgl. *Dreyer*, antiquarische Anmerkungen über einige in dem mittleren Zeitalter in Teutschland und dem Norden üblich gewesene Lebens-, Leibes- und Ehrenstrafen, Lübeck 1792, und *Kriegk*, Deutsches Bürgertum, I.

Abschn. XI, Kriminaljustiz und Abschn. XII, Die Kriminalstrafen; *Schultz*, höfisches Leben, II, 149 bis 157.

Strafverfahren. In diesem Artikel sollen als Ergänzung namentlich des Artikels *Gerichtswesen* einige Gerichtsaltertümer besprochen werden, wobei besonders *Grimms Rechtsaltertümer* Buch VI, Kap. V und VI und *Walters* Rechtsgeschichte als Quelle dienen.

1. *Ladung.* Schon früh im Mittelalter wurde das gebotene Gericht *beläutet* und *beschreit.* Die *Glocke* rief alle Freien und die Urteiler insbesondere zu ihrem Rechte, wie die Kirchenglocke zum Gottesdienst, die Sturmglocke gegen Feind, Mörder und Feuer aufrief. Der *Gegner* dagegen wurde in der ältesten Zeit ohne Einmischung des Richters gerufen; der Kläger selbst forderte seinen Schuldner, in Beisein von Zeugen, vor Gericht; der Ausdruck dafür ist ahd. *manôn*, nhd. *mahnen.* Zu dem Ende verfügte sich der Kläger, von Zeugen begleitet, zu der Wohnung des Schuldners, forderte ihn nochmals auf seine Verbindlichkeit zu erfüllen und bestimmte dem Weigernden ein Gericht. Wurde die Ladung, was später aufkam, von dem Richter oder dessen Boten vorgenommen, so hiess sie *Bann;* dieser geschah mündlich, oder später auch schriftlich, durch den Gerichtsboten, der unter Umständen die Ladung an die Thüre stecken oder hängen durfte. Gewaltsam konnte in der Regel kein Freier vor Gericht gebracht werden, am wenigsten nach der ersten Ladung; solcher Ladungen aber waren in den alten Volksrechten drei bis sieben vorgeschrieben. Bei den höheren Ständen mussten bis ins 15. Jahrhundert zur Ladung Ebenbürtige gebraucht werden. Über die gesetzlich gestatteten Entschuldigungsgründe siehe den Artikel *êhaftiu not.*

2. *Hegung des Gerichtes.* Die feierliche Aufstellung des Gerichtes hiess *gerihte hegen,* eigentlich mit einem *Hag* abschliessen. Es scheint, dass beim Sitze des Richters ein *Schild* aufgehängt wurde, vielleicht an einem in die Erde gesteckten Speer; die gewöhnlichen Gerichte wurden aber seit dem Mittelalter bloss durch *Spannung der Bank* und mit dem *Stab* gehegt; am Schlusse des Gerichtes pflegten die *Bänke gestürzt* (zusammengeworfen) zu werden. Erstes Geschäft des Richters ist, *Stille zu gebieten, Gerichtsfrieden zu bannen, ban und frid gebieten.* Bis wieweit der Umstand (die Umstehenden) dem geheggten Gericht nahen durfte, bestimmte entweder Seil und Schranken, oder besondere Verfügung. Fremde mussten sich in noch weiterer Ferne halten; Überschreitung der gesetzten Schranke wurde hart gebüsst.

3. *Streit.* Der Prozess wurde als ein Kampf gedacht; der Kläger greift an, der Beklagte wehrt sich; die Ladung ist eine Kriegsankündigung, die Gemeinde schaut zu und urteilt, wer unterlegen sei; Zeugen und Mitschwörende helfen auf beiden Seiten; zuweilen löst sich das ganze Verfahren in das Gottesurteil eines leiblichen Zweikampfes auf. Klage und Antwort und das übrige Verhalten vor Gericht war an genau abgemessene Ausdrücke gebunden. Der Gang der Verhandlung war ängstlich abgemessen und die Ausdrücke für das Einzelne so genau vorgezeichnet, dass die kleinste Abweichung Nachteil und Gefahr mit sich führte.

Klage ist ursprünglich das Geschrei, mit dem man seinen Ankläger beschuldigt, dass es möglichst alle hören, und die Hilfe des Richters anruft. Wirklich war es im Mittelalter Sitte, dass derjenige, der den Verbrecher auf der That ertappte oder selbst vergewaltigt worden war, das *Geschrei*, mhd.

das *gerüefte*, den *wuof* oder *wuoft*, erhob; diesem Waffenruf, wozu nach Umständen das Lärmhorn geblasen und die Sturmglocke geläutet wurde, war jeder Erwachsene bei Strafe zu folgen verbunden. Hatte man den Verbrecher eingefangen, so zog man zum Richter, der alsbald das Gericht versammelte. Der Leichnam, die gestohlene Sache oder andere Wahrzeichen der That mussten vor Gericht gebracht werden, was der *blickende schîn'* oder *schûb* hiess; später musste wenigstens die abgelöste Hand als *Leibzeichen* vorgelegt werden, bis zuletzt die Besichtigung der Schöffen und das Protokoll der Sektion aufkam. Auch vor dem versammelten Gericht wurde die Klage mit *Gerüfte* erhoben, welches auch bei Klage auf übernächtige That eintrat. In diesem Fall konnte nach uraltem Brauch der Beklagte, umringt von Verwandten und Freunden, vor Gericht treten, doch war im Mittelalter die Zahl derselben auf dreissig höchstens mit einem Schwerte bewaffnete eingeschränkt. Besonders ausgebildet war die Klage wegen Totschlag und Wunden. Auch hier musste der Tote mitgebracht werden; ja nach einigen Rechten wurde, wenn ein Gericht nicht gleich zu haben war, die Leiche in einem Fass mit Kalk unter Siegel aufbewahrt und damit geklagt. Vor dem versammelten Gericht erhoben der Kläger, seine Verwandten und Freunde mit gezogenen Schwertern das dreimalige Geschrei, sie *verschrieen* den Mörder, indem sie jedesmal den Toten etwas näher brachten. Nachdem ein Urteil ihnen die Schwerter einzuthun geboten und der Schultheiss mit den Schöffen den Mord besehen hatten, rief der Schultheiss den Verklagten dreimal mit Namen auf, und wenn derselbe nicht anwesend war, wurde ein Termin über 14 Nächte gesetzt, und das Gericht gab Urlaub, den Toten zu begraben; doch wurde an einigen Orten das blutige Gewand oder die rechte Hand zurückbehalten, manchmal aber statt der letzteren eine *wächserne Hand* zugelassen. Blieb der Verklagte im dritten Termine aus, so wurde er in die Mordacht erklärt.

Über die Beweismittel *Eid mit Eideshelfern*, *Gottesurteile*, *Zweikampf*, später *Tortur* siehe die besondern Artikel.

4. *Verurteilung.* Urteil war die Antwort der Schöffen auf die ihnen vom Richter gestellte Frage. Abstimmende Urteiler pflegten wohl mit einer Formel zu schliessen; z. B.: *kunne anders ieman iht gesagen, der spreche sunder mînen zorn.* Gewöhnlich galt Stimmenmehrheit. *Folge* heisst, wenn dem Urteilenden die übrigen Schöffen oder auch die umstehenden freien Männer beipflichten: „ein *unerfolgtes* Urteil ist kein Urteil“. Ein gefundenes Urteil anfechten, hiess *schelten* oder *strafen*, was ursprünglich durch ein Gottesurteil geschehen konnte. Später war die gewöhnliche Wirkung des Scheltens, dass der Streit vor andere Urteiler gebracht wurde, entweder unter Vorsitz desselben Richters oder bei einem höhern Gericht. Einem Verbrecher schwere Strafe zuerkennen, hiess ihn *verzählen*, ahd. *firzellan* oder *firtuoman*, *firtuon*, *firwâzan;* die Schöffen hoben dabei ihre Finger auf. Eine Verurteilungsformel der *Verbannung* und *Verfehmung* lautet z. B.:

„des urteilen und ächten wir dich und nehmen dich von uns aus allen rechten und setzen dich in alles unrecht, und wir teilen deine wirtin zu einer wissenhaften witewen und deine kinder zu ehehaften waisen, deine lehen dem herren, von dem sie rühren, dein erb und eigen deinen kindern, dein leib und fleisch den tieren in den wäldern, den vögeln in den lüften, den fischen in den wogen; wir erlauben dich auch männiglich allen strassen, und wo ein ieglich man frid und geleit hat, soltu keins haben und weisen dich in die vier strassen der welt.“ Oder:

„der *scharfrichter* soll ihn führen auf freien platz, da am meisten volk ist, und mit dem schwert seinen leib in zwei stück schlagen, dass der leib das grösste und der kopf das kleinste teil bleibe; [ist einer zum Strick verurteilt:] soll ihn führen bei einen grünen baum, da soll er ihn anknüpfen mit seinem besten hals, dass der wind under und über ihn zusammenschlägt; auch soll ihn der tag und die sonne anscheinen drei tage, alsdann soll er abgelöst und begraben werden.“

Über einen zum Tod Verurteilten wurde der Stab gebrochen.

5. *Hinrichtung.* Strafen zu vollstrecken scheint ursprünglich nicht das Amt bestimmter Leute gewesen zu sein; wie die Gemeinde selbst das Urteil fand, musste sie auch an dessen Vollziehung Hand legen oder sie etwa dem Kläger und seinem Anhang überlassen. Immerhin besorgte schon sehr früh meistenteils der Gerichtsbote die Hinrichtung. Scherge und Fronbote waren angesehene Leute. Alte Namen derselben sind *scarjo*, *wîzinari*, *wîziscalh*, jüngere: *Henker*, *Nachrichter*, *Scharfrichter*, *Stocker*, *Meister*, *Angstmann*. Weil aber zu Schergen und Gerichtsdienern *unfreie* Leute genommen werden konnten, also die Hinrichtung in knechtische Hände zu fallen pflegte; weil es dem natürlichen Gefühl widerstrebte, dass sich ein Mensch dazu hergab und gleichsam sein Geschäft daraus machte, andere ums Leben zu bringen, so trennte sich mit der Zeit das Amt des Henkers von dem des Gerichtsboten und jenes sank in Verachtung. Jede Strafe, die der Henker vollzog, verunehrte; jede Berührung von seiner Hand beschimpfte. Man mied seinen Umgang, bei der Austeilung des Abendmahls musste er es zu allerletzt nehmen. Nur in Notfällen, wenn der Scharfrichter mangelte oder nicht allein fertig werden konnte, trat die Verbindlichkeit der Gemeinde hervor, Hilfe zu leisten, und sie musste alsdann förmlich von ihrem Richter aufgefordert werden. An einigen Orten (z. B. in Reutlingen) wurde dem untersten Schöffen, an andern (z. B. in fränkischen Gegenden) dem jüngsten Ehemanne die Hinrichtung aufgetragen. Eigentümlich war der Gebrauch, mehrere Verurteilte an einander selbst die Strafe vollstrecken zu lassen.

Strickerei. Erfunden wurde sie um 1550, wahrscheinlich in Spanien, und befasste sich anfänglich mit der Anfertigung männlicher Beinkleider, der „Trikot“, die bis dahin aus mehreren Stücken zusammengenäht waren. Namentlich die seidenen Trikots waren sehr geschätzt. Heinrich VIII. von England liess sich 1547 das erste Paar aus Spanien kommen. Heinrich II. von Frankreich erschien 1559 ebenfalls in Trikots. William Lee erfand 1589 den Strumpfstrickstuhl zu Cambridge; da aber die Handstricker dessen Konkurrenz fürchteten und der König ihnen beistimmte, floh der Erfinder nach Paris und liess sich dann in Rouen nieder.

Strümpfe waren anfangs von Leder oder Wollenzeug genäht und mit den Hosen verbunden. (Strumpfhosen.) Um 1550 kam die Strickerei auf und zwar die Strumpfstrickerei durch Elisabeth von England. Die Strümpfe wurden fortan getrennt von den Hosen getragen und aus Wolle, Baumwolle oder Seide hergestellt. Der Strumpf war faltenlos an den Unterschenkel gepasst „wie das Fell einer Trommel“, und bald wurde er mit verzierten Zwickeln und köstlichen Strumpfbändern derart ausgestattet, dass die Sittenrichter ihm den Krieg erklärten.

Besonders beliebt waren die weissen Strümpfe aus *Filet de Florence.* Die Strümpfe zählten auch zu den Krönungsinsignien. Siehe dort.

Stuhl. Wie andere jetzt notwendige Zimmergeräte kommt der Stuhl im früheren Mittelalter noch selten vor, eigentlich nur als Prachtund Thronstuhl für hohe Würdenträger, etwa auch als Ehrensitz für den Hausvater und für Fremde. Die Familie setzte sich auf Schemel, Bänke, Truhen oder Hütschen, Klappstühle und Sessel. Am Schlusse des 11. Jahrhunderts findet man, zwar immer noch nur bei Vornehmen, Schemel mit Rückenlehnen, also Holzstühle im täglichen Gebrauch. Im 13. Jahrhundert wird die Sitzplatte sechs- bis achteckig und das Gerät hat entsprechend die gleiche Zahl von Stützen oder Beinen. Für den Richterstuhl dagegen besteht aus der gleichen Zeit die Vorschrift, dass er vierbeinig sein soll, und ebenfalls im 13. Jahrhundert fertigte man auch schon Stühle aus dünnen Eisenstäben, bereitete den Sitz aus Riemen oder Gurten und legte Kissen auf dieselben. Überaus kostbar waren schon die byzantinischen und römischen Prachtstühle, und sie blieben es durch das ganze Mittelalter. Die Rücklehnen waren besonders hoch und mit köstlichen Schnitzereien geziert, ihre Säulen sowohl wie die Füsse mehr oder minder geschmackvoll geschweift und gedrechselt. War das Holzwerk weniger kostbar, so überdeckte man es von oben bis unten mit einem gestickten oder gewirkten Überzug. Der Prachtstuhl stand nie frei, sondern meist vor der Mitte einer Wand.

Sutane, lat. *sutana,* nennt man das ausserdienstliche Kleid der katholischen Geistlichkeit. Es ist bei Kardinälen hochrot, bei Bischöfen und Hausprälaten des Papstes violett, beim Papste selbst weisswollen, bei der ganzen übrigen Priesterschaft schwarz.

Synoden. Versammlungen der Bischöfe kommen schon in den ersten Jahrhunderten der Kirche vor; anfangs auf engere durch Nationalität und Sprache verbundene Kreise beschränkt, umfassen sie seit Konstantin d. Gr. das ganze römische Reich, die ganze Christenheit. Bis in die Mitte des 9. Jahrhunderts wurden solche ökumenische Synoden nur im griechischen Sprachgebiet, und zwar in Kleinasien oder Konstantinopel gehalten; es sind das die Synoden 1. von Nicäa 325, 2. von Kontantinopel 381, 3. von Ephesus 431, 4. von Chalcedon 451, 5. von Konstantinopel 553, 6. von Konstantinopel 680, 7. von Nicäa 787, 8. von Konstantinopel 869. Daneben gibt es zahlreiche Provinzial- und Metropolitansynoden. Für diejenigen Synoden, die im *fränkischen* Reiche abgehalten wurden, nahmen die Könige von jeher die Befugnis in Anspruch, dazu ihre Zustimmung zu erteilen oder geradezu Zeit und Ort der Synode zu bestimmen; hatte der König selbst die Bischöfe zur Versammlung eingeladen, so pflegte er wohl auch persönlich sich dazu einzufinden und die weltlichen Grossen mit zu berufen, wobei dann die Geistlichen bald für sich allein, bald mit den weltlichen Grossen zusammen berieten; Regel war, dass diese Synoden mit den Reichsversammlungen zum Teil zusammenfielen, daher die Reichssynoden geradezu als Reichstage betrachtet wurden; so blieb es bis ins 11. Jahrhundert. Seit der Ausbildung des Primates und der asketisch-kirchlichen Reform der Welt- und Klostergeistlichkeit verloren die deutschen Synoden ihren weltlich-staatlichen Charakter, und päpstliche Legaten lenkten jetzt den Gang und Geist der Versammlungen; nacheinander traten nun auf Befehl des Papstes meist in seiner eigenen Pfarrkirche, dem *Lateran*, grosse abendländische Synoden auf, die *erste* im Jahr 1123 zur Genehmigung des Wormser-Konkordates, die *zweite* 1139, die *dritte* 1179, die *vierte* und zugleich die glänzendste im Jahr 1215, von Innocenz III. veranstaltet, an der 412 Bischöfe, 800 Äbte und Prioren nebst Abgeordneten der morgenländischen Patriarchalkirchen und zahlreiche Gesandte von Fürsten und Herren teilnahmen; hier wurde das Dogma von der Wandlung sanktioniert, die Ohrenbeichte gesetzlich festgestellt und Verordnungen über Inquisition und Ketzergerichte erlassen. Diesen Laterankonzilien schliessen sich an die beiden *Lyoner* Synoden 1245 und 1274 und das Konzil von *Vienne* 1311, das den Tempelorden aufhob. Gegenüber diesen päpstlichen Synoden, die mehr approbierende Versammlungen für päpstliche Beschlüsse waren, folgen die *reformatorischen Konzilien* des 15. Jahrhunderts, welche die Kirche an Haupt und Gliedern zu reformieren beabsichtigten. Dahin gehören die *Konzile von Pisa* 1409, *Konstanz* 1414—1418, *Basel* 1431—1443, *Ferrara* und *Florenz* 1438—1439. Der Restitution des Papsttums diente endlich 1545—1563 das *Konzil von Trient.*

T.

Tabernakel. Anfangs wurde die Eucharistie über dem Altare am Baldachin desselben aufgehängt; nachdem der Altarbaldachin weggefallen war, führte das Bedürfnis der Aufbewahrung des Ciboriums zur Errichtung besonderer stehender Gefässe, deren Namen *Tabernakel* (d. h. Häuschen), *Sakramentshäuschen*, *Herrgottshäuschen*, *Gotteshüttchen*, *Fronwalme* ist. Es sind drei verschiedene Arten desselben bekannt: 1) *Wandschränke* in Brusthöhe über der Erde, gewöhnlich mit einer eisernen Gitterthür geschlossen. 2) *Freistehende Tabernakel in Form eines Turmes*, monumentale Monstranzen in grossem Massstabe, seit dem 14. Jahrhundert und namentlich infolge der Einführung des Fronleichnamsfestes in Gebrauch. Auf einem hohen Sockel ruht der rings von durchsichtigem Gitterwerke umschlossene *Schrein*, über welchem sich eine gotische, oft bis zum Gewölb reichende Pyramide erhebt; das Tabernakel im Münster zu Ulm ist 90 Fuss hoch. 3) *Türme, die an einer Seite mit der Wand verbunden sind. Otte*, kirchl. Archäol. §. 45.

Tagelieder, mhd *tageliet, tagewîse*, sind eine beliebte Gattung der höfischen Lyrik sowohl in der französischen als in der deutschen Litteratur. Sie bestehen aus einem an den Anbruch des Morgens, den Aufgangdes Morgensternes anknüpfenden Gespräch zwischen dem Geliebten und der Geliebten, worin die wehmütige Empfindung des nötig gewordenen Scheidens zum lyrischen Ausdrucke kommt. Die Situation ist ursprünglich ohne Zweifel die allgemein über Europa verbreitete Sitte des *toerschen bîligen*, der von seite der Geliebten gestatteten Probenächte der Enthaltsamkeit, wobei ausser Kuss und Umarmung nichts weiter gestattet war, derselben Sitte, die heute noch unter den Namen *zu Kilt gehen*, *kilten*, *Gassel gehn*, *gasseln*, *fenstern*, *branteln*, *schnurren* u. a. in verschiedenen Gegenden zu Recht besteht.

Die nachweisbaren Lieder dieses Inhaltes beginnen aber erst mit dem Eintritte der Lyrik in die Litteratur; sie heissen bei den Provençalen *albas*, von *alba*, Morgenstern, bei den Franzosen *aubes*. Die deutschen Tagelieder stellen entweder die einfachere Szene dar, wenn die Frau erwacht, den Liebenden weckt und beide scheiden, oder die Szene gestaltet sich durch die Einführung des Wächters belebter, indem dieser von der Zinne des Burgturmes bei dem ersten Scheine der Morgenröte ein warnendes Lied anstimmt. Auch dieser Zug dürfte auf der wirklichen Sitte beruhen, dass der Nachtwächter, wie es bis in neuerer Zeit geschah, ausser dem gewöhnlichen Stundenrufe regelmässig noch einen Abend- und einen Morgenruf singt. Wolfram von Eschenbach hat den Wächter zuerst in das Tagelied eingeführt. Wieder eine Variation ist es, wenn statt des Wächters ein Freund des Ritters die Wache versieht; nie aber hat man in den zahlreich vorhandenen Tageliedern, welche zum Teil den besten Minnesängern, Walther v. d. V. und Wolfram angehören, erlebte Liebesereignisse zu erkennen, sondern stets bloss Lieder der Liebe, welche dem Geschmacke der Zeit zufolge mit Vorliebe diese Form annahmen; daher ist es auch nicht allzuhoch zu verwundern, wenn berichtet wird, ein Abt von St. Gallen habe Tagelieder gesungen. Mit dem Aussterben der höfischen Lyrik erscheint das Tagelied in der Form des Volksliedes, wie denn z. B. das bekannte Lied: „Es stehen drei Sterne am Himmel, die geben der Lieb ihren Schein" ursprünglich ein Tagelied ist. Im 16. Jahrhundert wurden Tagelieder auf fliegende Blätter gedruckt, welche auf dem Titel in grobem Holzschnitte den Wächter mit dem Horn auf der Zinne zeigen. Auch geistliche Umdichtungen dieser Liedgattungen waren früh beliebt; die bekannteste derselben ist das Lied von Philipp Nicolai, „Wie schön leuchtet der Morgenstern"; dasselbe war namentlich als Hochzeitslied verbreitet. *Weinhold*, Deutsche Frauen, zweite Aufl. I, 261 ff. *Bartsch*, im Album des litt. Vereins zu Nürnberg, 1865. S. 1—75.

Tagesbezeichnung. Die Tagesbezeichnung im Mittelalter ist eine fünffach verschiedene; die älteste ist:

1. Die *altrömische* Datierung nach Kalenden, (Anfang des Monats), Iden (Mitte des Monats) und Nonen (9. Tag vor den Iden, diesen und den Tag der Iden mitgerechnet); nur der sprachliche Ausdruck dieser Datierung ist etwas anders geworden.

2. Die *heutige Tagesbezeichnung*, vom 1. bis 28., 29., 30. oder 31.

3. Die *consuetudo Bononiensis*, seit dem 11. Jahrhundert vorkommend; darnach heisst der erste Teil des Monats *mensis intrans* und wird vorwärts gezählt, der zweite Teil des Monats bis zum Schlusse *mensis stans, astans, exiens* und wird rücklaufend gezählt. In Deutschland findet sich diese Rechnung selten und erst seit der Mitte des 13. Jahrhunderts.

4. Die *Tagesbezeichnung nach Festen und Heiligentagen*, sei es, dass die Datierung direkt dem Feste oder Heiligentage selbst entnommen, sei es, dass sie durch Bezeichnung der Wochentage vor oder nach einem solchen Tage beschafft wurde.

Die mittelalterlichen *Wochentagsbezeichnungen* (über ihre Bedeutung und Entstehung siehe den besonderen Artikel) sind:

Sonntag: feria dominica, feria prima, dies Solis, lux Dei, Frontag, Sunnetac.

Montag: feria secunda, dies Lunae, Montac.

Dienstag: feria tertia, dies Martis, Eritag, Erchtag, Zistag, Zinstag u. s. w., Aftermontag.

Mittwoch: feria quarta, dies Mer-

curii, Wodenstag, media septimana, Mittwochen.

Donnerstag: feria quinta, dies Jovis, Donnerstag, Phinstag.

Freitag: feria sexta, dies Veneris, Fro Venustag, Fridach.

Sonnabend: dies Saturni, Sambestag, Sunnabend.

Bei der *Festbezeichnung* sind folgende stehende Ausdrücke erwähnenswert:

Festum, deutsch *fest, hôhgezîte, dult*, wird jeder grössere Feiertag genannt.

Vigilia, pervigilium, deutsch *abend, vorabend, bannfasten; dies pro festo, profestum*, deutsch *vorfest, vorfir, vorhochtid, der foddere tagh* bedeutet *den Tag vor einem Feste. Vigilia vigiliae, praevigilia, vorfirabend* kommt regelmässig bei Weihnachten, Pfingsten und Allerheiligen, einzeln bei andern grössern Festen vor. *Die crastino, sequenti die, proximo die, am lateren dage, morgens, mornentz* heisst immer am unmittelbar folgenden Tage nach dem Feste. *Octava, der achte Tag* ist insofern der achte Tag nach einem Feste, als stets Anfangs- und Endtermine mitgezählt werden.

Eine seit dem 14. Jahrhundert viel verbreitete Art der Datierung nach Festen und Heiligentagen geschieht mit Hilfe des *Cisiojanus*, d. h. aus den Anfangssilben der grössern Festtage und willkürlichen Einschiebseln zusammengestoppelter Memorierverse. Der Vers des *Januar* lautet:

Cisio Janus Epi sibi vindicat Oc Feli Mar An
Prisca Fab Ag Vincen Ti Pau Po nobile lumen.

Das will heissen: Der *Januar* macht Anspruch auf das edle Licht der Beschneidung Christi, *circumcisio*, (1), auf *Epiphania* (6), *Oktava Domini*, d. h. Weihnachtsoktave (1), *St. Felix* (14), *St. Marcellus* (16), *St. Anton eremita* (17), *St. Prisca* 18), *St. Fabianus et Sebastianus* (20), *St. Agnes* (21), *St. Vincentius levita* (22), *St. Timotheus* (24), *St. Pauli conversio* (15), *St. Polycarpus* (26). Der Cisio Janus wird mehrfach als Unterrichtsgegenstand erwähnt und wurde öfters in deutsche Verse übertragen; da lautet z. B. der *April*:

Aprill und Bischof Ambrosius
Faren doher und sprechen alsus.
Die Ohren wellen Tirburtium bringen,
So wil Valerianus das Alleluja singen.
Sprechen Jörg und Marx zur Hand,
Wüsste das Petermeylant.

Siehe *Pickel*, das heilige Namenbuch von Konrad von Danngrotzheim mit einer Untersuchung über den Cisio Janus. Strassburg 1878. Der ganze Artikel nach *Grotefend*, Handbuch der historischen Chronologie. Hannover 1872. §. 11—17.

Tageseinteilung. Der Tag des deutschen Mittelalters währte, gegenüber dem von Mitternacht zu Mitternacht gezählten römischen Tage, von Sonnenuntergang zu Sonnenuntergang. In der verschiedenen Einteilungsweise wirkten römische, germanische und spezifisch christliche Elemente zusammen.

Römischen Ursprungs sind die populären Bezeichnungen *media nox*, Mitternacht; *gallicinium*, der erste Hahnenschrei, *diluculum*, Morgendämmerung, *primo mane*, frühmorgens, *mane*, morgens, *ad meridiem*, am Vormittag, *meridies*, Mittag, *de meridie*, am Nachmittag, *solis occasus*, Sonnenuntergang, *vespera*, Abend, *crepusculum*, Abenddämmerung, *luminibus accensis*, die Zeit des Lichtanzündens, *concubia*, der erste Schlaf, *intempesta nox*, *ad mediam noctem*, vor Mitternacht.

Dem christlichen Gottesdienste gehört die Einteilung in *vigiliae* und *horae canonicae.*

Vigiliae sind infolge der zu gottesdienstlichen Zwecken dienenden klösterlichen Nachtwachen entstanden; man teilte, der militärischen Vigilieneinteilung der Römer analog, die Nacht in vier gleiche Teile, die von 6—9, 9—12, 12—3 und 3—6 währten.

Horae canonicae sind für das Mittelalter die eigentliche Einteilung des lichten Tages; sie beginnen ungefähr um drei Uhr morgens und reichen bis sechs oder sieben Uhr abends. Sie bilden die Fixpunkte für die meist alle drei Stunden vorzunehmenden Stundengebete (*Tagzeiten*) der Geistlichen und werden in allen Klöstern durch Geläute verkündigt, welches sich je nach der Jahreszeit verfrühte oder verspätete.

1. *Matutina (hora), Mette, Frühmette,* begann in Klöstern in der Regel um drei Uhr morgens, während die Weltgeistlichkeit den Anfang noch weiter in den Tag hinein verzog, ja endlich die ganze Mette am Tage vorher voraus nahm. Streng genommen währte die *hora matutina* von der Mitternacht bis zur *Prima.*

2. *Prima, zur preim zit, umb prim zit,* von fünf, resp. sechs Uhr morgens bis zur Tertia.

3. *Tertia, zu Terzen zit,* von acht, resp. neun Uhr morgens bis zur Sexta. Zu dieser Stunde begann der Tag des öffentlichen Lebens.

4. *Sexta, um sexte zit, zu sexten zit,* von elf, resp. zwölf Uhr mittags bis zur Nona.

5. *Nona, zu nonen zit,* von zwei oder drei Uhr nachmittags bis zur Vesper.

6. *Vespera, hora vesperarum,* oder *vesperorum, hora vespertina, zu vesper zit,* von vier, resp. fünf Uhr bis zur zweiten Vesper.

7. *Completorium, hora completa, um complete zit,* Complet, selten *zweite Vesper* genannt, gleich nach Sonnenuntergang. Zu dieser Zeit findet das *Ave-Maria-Läuten* statt, am Abend gleich nach Sonnenuntergang, welches auch den Namen „die letzten Glocken“ trägt.

Endlich kennt das Mittelalter auch eine Einteilung in *Stunden,* von 1—24 fortlaufend und von Abends sechs Uhr unserer Zeitrechnung ab gezählt. An den Kirchtürmen und an sonstigen hervorragenden Orten angebrachte Sonnenuhren regulierten die Zählung. Der Übergang von der ganzen zur jetzigen halben Uhr vollzog sich im Laufe des 15. Jahrhunderts, spätestens des ersten Viertels des 16. Jahrhunderts. Nach *Grotefend,* § 18, siehe den vorstehenden Artikel.

Tannengesellschaft, *aufrichtige,* zu Strassburg, ist eine der zu Opitz Zeit nach italienischem Muster gestifteten Akademien; ihr Stifter ist Esaias Römpler von Löwenhalt, das Jahr 1633; sie sollte deutsche Gesinnung fördern, der Muttersprache ihre Reinheit wiedergeben und die Rechtschreibung feststellen. Sie hat nur wenige Mitglieder gezählt und scheint sich nicht über den nächsten Bereich des Stiftungsortes ausgebreitet zu haben.

Tannhäuser. Der historische Tannhäuser ist ein deutscher Minnesänger, der vermutlich zu dem bayerisch-österreichischen Geschlechte der freien Herren von Tannhusen gehörte und neben Nithart der beste Repräsentant der höfischen *Dorfpoesie* (siehe diesen Artikel) ist. Er kam weit in der Welt herum, machte eine Kreuzfahrt und andere grosse Reisen, lebte gern fröhlich und lustig, liebte schöne Weiber, guten Wein und schmackhafte Bissen, um deren willen er vor Verpfändung seiner Habe nicht zurückschreckt. Die von ihm erhaltenen Gedichte sind meist Tanzlieder. Ausser diesem historischen Tannhäuser des 13. Jahrhunderts kennt die Sage noch einen, ohne dass es bis jetzt gelungen wäre, den Zusammenhang beider deutlich zu erkennen. Ein Volkslied erzählt von ihm: Tannhäuser im Venusberg sehnt sich von dannen und wird vergebens von Frau Venus zurückzuhalten gesucht; als er die Jungfrau Maria anruft, lässt das Weib ihn scheiden. Er geht zum Papst Urban, von ihm Vergebung seiner Sünden zu erlangen; der Papst aber weist auf den dürren Stab, den er in der Hand hält und spricht: so wenig der grünen werde, so wenig werde Tannhäuser Vergebung seiner Sünden erwerben. Traurig geht Tannhäuser wieder in den Berg. Da fängt am dritten Tag an der Stab zu grünen. Der Papst schickt in alle Lande aus, wo Tannhäuser hingekommen? Der aber war wieder im Berge und hatte sein Lieb erkoren. Deshalb muss der vierte Papst Urban ewig verloren sein. Im einzelnen weichen die besonderen Formen des Tannhäuserliedes von einander ab. Frau Venus im Venusberg ist niemand anderes als *Freya* (siehe diesen Artikel); was für andere Bezüge aber in dem Liede stecken, ist vorläufig Sache der Vermutung. Abhandlungen über den Tannhäuser von *Grässe*, 1846 und 1861, und von *Zander*, 1858. *Herrig*, Archiv, Bd. 68; S. 43—51.

Tanz war, je weiter zurück in das Altertum man ihn verfolgt, eine um so wichtigere geselligere Freude, eines der verbreitetsten Spiele des Leibes. Er wird ursprünglich von dem Gesange, dem Lied getragen und trat bei jeder festlichen Handlung, auch bei der religiösen, als notwendiger Teil des Ganzen auf. Tacitus erwähnt Germania 24 des *Schwerttanzes,* ausgeführt von nackten Jünglingen, die tanzend zwischen Schwerter und drohende Speere springen; Ausläufer desselben sind bis in die neuere Zeit in Städten und auf dem Lande in Übung geblieben. Uralt ist ferner die Bedeutung des Tanzes bei der Hochzeit, wo ihm eine Fülle symbolischer Beziehungen eignet, sodann Tänze um die heiligen Feuer, wie Osterfeuer, Sonnwendfeuer, vielleicht auch die überall verbreiteten Kirchweihtänze und die zahlreichen Tänze, welche das Kinderspiel erhalten hat. Auch Zauberkraft wird dem Tanze, sei es ein wirklicher Tanz, sei es bloss ein Herumgehen um den Gegenstand, wie bei allen indogermanischen Völkern, so auch bei uns, zugeschrieben; man spinnt dadurch gewissermassen einen Gegenstand in den eigenen Machtbereich hinein; so geht man dreimal um die Kirche, um den Heerd, um ein brennendes Haus, um das Feld, um Bäume, um verdächtige Menschen.

Der alte Name für den Tanz ist gotisch *laikan,* ahd. und mhd. der *leich; leichen* = hüpfen. Andere Ausdrücke für tanzen waren ahd. *salzôn,* aus dem gleichbedeutenden lat. *saltare, plinsjan* aus dem Slawischen, *spilôn* = spielen, und *tumbjan;* auch ahd. *dinsan* und *dansôn* scheint das Führen und Hin- und Herziehen der Paare bezeichnet zu haben; denn aus dem Stamme dieser Verben ist das romanische *danse* gebildet, welches die Deutschen seit dem Ende des 12. Jahrhunderts von den Franzosen zurücknahmen.

In der höfischen Periode unterschied man als die beiden Hauptarten des Tanzes den *Tanz* im engern Sinne, der *getreten* wurde, und den *Reihen*, der *gesprungen* wurde, *danser* und *caroler.* Der bloss getretene oder gegangene Tanz war vorzugsweise in höfischen Kreisen zu Hause; es wurde eine Reihe gebildet, jeder Mann nahm eine Frau oder auch zwei bei der Hand, und unter dem Saitenspiele des vorausschreitenden Spielmanns und unter Gesang hielten die Tänzer mit schleifenden leisen Schritten ihre Umgänge. Oder die Gesellschaft schloss einen Kreis, und mit sanfter Bewegung gingen sie singend in der Runde herum, indem der Inhalt des

Gesanges durch Mienenspiel und einfache Bewegungen äusserlich dargestellt wurde. Auch den Bauern waren diese ruhigeren Tänze nicht unbekannt, sie wurden aber wesentlich zur Winterszeit in den Stuben getanzt; besondere Namen dafür sind die *Stadelweise*, der *Ridewanz*, der *Firggandray*, der *Mürmum*, der *Trypotey*. Instrumentalmusik und Gesang war sowohl dem Tanz als dem Reigen eigen; ein Vorsänger oder eine Vorsängerin leitete ihn; die Frauen gingen rechts von den Männern und wurden entweder bei der Hand oder am Ärmel geführt; herumgetanzt ward nach links.

Die *Reigen* waren gesprungene Tänze und namentlich von alter Zeit her beim Landvolke in Gebrauch. Sie wurden seit dem 14. Jahrhundert immer wilder. Besondere Reigennamen sind der *krumme Reier*, der *Hoppaldei*, der *Heierleis*, *Firlei*, *Firlefei* und *Firlefanz;* manche dieser Namen scheinen dem Slawischen, Flämischen oder Französischen anzugehören, andere erklären sich durch mundartliche Ausdrücke und aus der kecken Sprachbildungslust des ausgehenden Mittelalters. Reihen werden wohl auch die *Frontänze* gewesen sein, die ursprünglich den Zweck gehabt zu haben scheinen, die Grundherrschaft zu unterhalten, und später als eine symbolische Anerkennung der Herrschaft dienten; man findet sie in Thüringen und in der Rheinpfalz. In Langenberg im Geraischen mussten z. B. jedes Jahr am dritten Pfingstfeiertage die Bauern von mehr als acht Dörfern paarweise zusammenkommen, um unter einer Linde in Gegenwart ihrer Herrschaft einen Tanz aufzuführen; von der Herrschaft erhielten sie Bier und Kuchen; man nannte diese Tänze auch *Pfingst-* oder *Diensttänze.*

Aller Tanz wurde entweder durch Gesang oder durch Musik, Geigen, Pfeifen, Flöten, Zithern, Trommeln oder Tamburin begleitet. Das Tanzlied wurde gewöhnlich von einem Vorsänger oder einer Vorsängerin vorgetragen und die Menge stimmte nur in den Refrain ein oder sang die einzelnen Verse nach. Der Inhalt der *Tanzlieder* war ein sehr verschiedener: Liebeslieder, politische und Rügelieder, Scherzlieder, am häufigsten natürlich das Liebeslied; doch sind auch historische Tanzlieder reichlich vertreten, und man darf annehmen, dass die alten Heldenlieder in ältester Zeit zu den Tänzen gesungen wurden; das nahe Verhältnis des Tanzes zum erzählenden Gedicht hat sich im romanischen Namen des Tanzliedes, *ballata*, erhalten. In bezug auf die Form gehört der *Leich* (siehe diesen Art.) mit seinen wechselnden Rhythmen mehr dem springenden Reigen, das strophische Lied dem tretenden Tanze. Oft verband sich mit dem Tanze das Ballspiel.

Der Tanz kommt zwar zu jeder Zeit vor, doch ist er vorzugsweise Spiel des Frühlings, wo das Volk ganze Tage vertanzte. Sonst wählte man am liebsten, dem stets wiederholten Kirchenverbote zum Trotz, Sonn- und Feiertage. Zum Schmucke der Weiber, wenn es zum Tanze ging, gehörte vor allem der Kranz auf dem Haupte, der zuweilen auch der Preis war, um den bei dem Ringeltanz von den Gesellen gesungen wurde. Siehe den Artikel *Kranz.* Auch ein kleiner Spiegel war beliebt; er wurde in der Hand getragen oder hing an einer seidenen, um den Hals gewundenen Schnur; Männer kamen wohl mit dem Schwert bewaffnet zum Tanze.

Das Volk tanzte am liebsten unter freiem Himmel, und es gab daher an vielen Orten zum Tanzen bestimmte, besondere Räume im Freien, *Tanzbühel*, *Tanzplan* oder *Tanzrain;* dahin führende Wege heissen Tanzwege und Tanzgassen.

Hier nun wurde um eine Linde herum getanzt, oder man errichtete für die Kirchweih oder andere Feste einen bedeckten, mit Maien geschmückten Tanzboden, der *Tanzhaus*, *Tanzhütte* oder *Tanzlaube* hiess. Die höfische Gesellschaft tanzte im geschlossenen Raum, im Saal oder Palas, unter Umständen aber auch vor der Burg. In den Städten gab es wohl eigene Tanzhäuser, in den Dörfern *Spielhäuser*, welche ebenfalls zum Tanzen dienten. In manchen Städten benutzten die Patrizier die Ratsstube zum Tanzen, oder ein anderes öffentliches Gebäude, besonders aber die Zunftstuben. Nicht bloss die Kirche eiferte gegen das Tanzen: dasselbe stamme vom Teufel ab und der erste Tanz sei der Tanz der Juden um das goldene Kalb gewesen; sondern auch die weltlichen Obrigkeiten erliessen Verbote gegen Tanzüberschreitungen.

Eine eigentümliche Sitte war am Rhein das *Mai-Lehen*. Dasselbe bestand darin, dass am Ostermontag oder am Vorabend des 1. Mai unter die versammelten Burschen eines Ortes die Jungfrauen desselben versteigert wurden, von welchen letzteren dann eine jede das Jahr hindurch nur mit ihrem Ersteigerer tanzen durfte Das erlöste Geld wurde für die Tanzmusik und für die Bewirtung der Maifrauen, d. h. eben der ersteigerten Mädchen verwendet. In St. Goar aber geschah die Versteigerung auf dem Rathause und der Erlös floss in die Stadtkasse.

Auch ein *Hahnentanz* wird als ein „fremdländischer“ und „heidnischer“ Tanz erwähnt; er bestand darin, dass die Paare um eine Stange tanzten, auf dessen Spitze ein Hahn befestigt war, und dass dabei der Tänzer springend das Ende eines an der Stange quer angebrachten Armes zu berühren suchte, auf dem ein gefülltes Glas stand. Gelang es ihm, dieses dadurch zum Umfallen zu bringen, so hatte er einen der ausgesetzten Preise gewonnen. *Weinhold*, deutsche Frauen, 2. Auflage, I, 389—391; II, 157—182. *Kriegk*, deutsches Bürgertum, I, 415—423; vgl. *Schröder*, die höfische Dorfpoesie, in Gosches Jahrb. f. Lit. Gesch. I, Berlin 1865. Voss, der Tanz und seine Geschichte. Berlin 1870.

Taschentücher kennt man bei uns seit der zweiten Hälfte des 16. Jahrhunderts, wo sie von Italien her in Gebrauch kamen. Sie waren nicht mit Unrecht als ein Luxusartikel verschrien; denn nicht nur waren sie aus feinster Leinwand oder aus Kammertuch gefertigt, sondern auch mit Stickereien, kostbaren Spitzen und feinen Quasten geziert, sogar mit Gold, Silber und Perlen verbrämt. Schon im 16. Jahrhundert feuchteten Damen ihre Taschentücher mit wohlriechenden Wässern an und meinten damit nicht nur ihre Nachbarschaft zu erfreuen, sondern auch zugleich den Teint zu konservieren.

Tassen von Ton und Metall sind aus der Bronzezeit noch erhalten. Als Tischgefässe zum täglichen Gebrauch sind die spätestens ins 13. Jahrhundert zurückzuführen und zwar sind sie meist aus Metall gemacht, mit zwei Henkeln und einer Untertasse versehen.

Taucher- und Schwimmapparate des Mittelalters findet man in mehreren Bilderhandschriften des 15. Jahrhunderts zahlreich dargestellt, ohne dass nähere Nachricht über die praktische Verwendung derselben vorhanden wäre. Abbildungen im Anzeiger f. Kunde des d. Altert. 1871. Sp. 257.

Taufgelöbnisse, d. h. kirchliche, dem Glaubensbekenntnisse vorangehende Formeln, welche die Abschwörung des Glaubens an heidnische Götter und Götzendienst enthalten, sind in der deutschen Sprache mehrere enthalten; dasjenige in sächsischer Sprache ist namentlich deshalb merkwürdig, weil darin die Namen der obersten germanischen Gottheiten angeführt sind, Donar, Wodan und Saxnot, d. i. Ziu. Mit Kommentar sind sie u. a. abgedruckt bei *Müllenhoff* und *Scherer*, Denkmäler, Nro. 51, 52 und 53.

Taufsteine. Während man in den ersten christlichen Jahrhunderten in jedem beliebigen Wasser taufte, kamen seit Konstantin eigene Taufhäuser, *Baptisterien*, in Gebrauch, die in der Nähe der bischöflichen Kirchen errichtet waren; denn in älterer Zeit hatten bloss die Bischöfe das Recht, die Taufe zu vollziehen. Den Mittelpunkt der Baptisterien bildete das Taufbassin, in welches der Täufling untergetaucht wurde; darüber erhob sich das Gebäude in Form der Rotunde, siehe den Art. *Kapelle.* Das Bassin war rund oder achteckig und reich ausgestattet. Mit der Einführung der Kindertaufe musste man die Taufe auch andern als bischöflichen Kirchen gestatten, was bis zum 13. Jahrhundert durchgeführt war; aus dem nämlichen Grunde verlegte man den Taufraum in die Kirche selbst und zwar an die nördliche Seite der Vorhalle; endlich kamen, da statt des ältern Untertauchens das Übersprengen mit Wasser Gebrauch wurde, statt des Taufbassins seit dem 9. Jahrhundert die *Taufsteine* auf, denen man mit Vorliebe in Erinnerung an die Form des Bassins ebenfalls runde oder achteckige Form gab. Ihrer besonderen Gestalt nach unterscheidet man mehr *trogartige* oder mehr pokal- oder kesselartige, auf einem Schaft oder Stengel ruhende Steine. Wo das Steinmaterial fehlte, wendete man die sogenannten *Taufgrapen* an, d. h. aus Metall gegossene Taufsteine, die auf Füssen standen, welche gewöhnlich menschliche oder Tierfiguren darstellten. Schliesslich wurde der Taufstein zum blossen Taufständer für die flache Taufschüssel; zur letzteren gehörte noch ein besonderes Giessgefäss, ein Kännchen, aus dem das Wasser über den Täufling ausgegossen wurde. *L. Brockhaus* in Herzogs Real-Encykl. 2. Aufl. Art. *Baptisterium.* Vgl. *Otte,* kirchl. Archäol. § 49.

Teller von Ton, Metall und Holz kommen auch bei den deutschen Völkern schon in ältester Zeit vor; doch wurden darin bloss die Speisen aufgetragen, worauf jeder Tischgenosse sein Stück auf eine Brodschnitte gelegt erhielt und mit dem Messer zerkleinerte. Erst im 12. Jahrhundert setzte man den Gästen noch besondere Teller vor und zwar anfänglich je einen für zwei Tischgenossen. Die Teller der Armen waren von Holz, seltener von Ton, diejenigen der Wohlhabenden von Zinn und die der Reichen von Silber. Die Teller dieser Zeit waren etwas kleiner, im übrigen aber von gleicher Form, wie die unsrigen, die einen mehr flach, die andern vertieft.

Teppiche verwendete man im Mittelalter schon recht häufig zur Belegung der Fussböden und Gänge in Kirchen und Wohnhäusern, sowie auch als Vorhänge für Wände, Thür- und Fensteröffnungen. Von ganz besonders kostbaren Teppichen ist schon in der alten orientalischen Geschichte die Rede. So sollen die Araber bei Eroberung des Perserreiches in Khosru's Palast einen Teppich vorgefunden haben, der sechzig Ellen im Geviert gemessen, aus Seide gewirkt und mit Gold, Silber und farbigen Edelsteinen geziert war, die einen in Blüten und Früchten prangenden Obstgarten darstellten. Omar verteilte den Teppich unter seine Freunde, deren Zahl nicht angegeben wird; doch soll ein Stück von Ali mit 20,000 Silberstücken bezahlt worden sein.

Die Teppiche des früheren Mittelalters stammen meist aus dem Orient. Vom 11. Jahrhundert an weben die

Laienbrüder der Klöster Teppiche in Leinwand und die Nonnen ahmen die vorliegenden orientalischen Muster nach. Die Bodenteppiche werden nur mit geometrischen Figuren oder mit Ornamenten geziert, allerhöchstens mit Bildern aus den niedern Tierklassen, „mit bösem Gewürm"; die Vorhangteppiche aber, sowie die zum Decken der Möbel verwendeten werden namentlich vom 13. Jahrhundert an zu eigentlichen Luxusgegenständen. Die kirchlichen erhalten kirchliche Bilder, diejenigen für den Privatgebrauch zum Teil weltliche. Berühmt ist die äusserst wertvolle „Tapete von Bayeux", die für die Kostümkunde ihrer Zeit wichtige Aufschlüsse gibt. Auf einer Leinwandfläche von 63 m Länge und 9,46 m Höhe schildert sie in 72 Szenen mit 530 Figuren die Eroberung von England durch Wilhelm dem Eroberer. Die Stickerei ist im Plattstich ausgeführt und mit vielen Inschriften versehen. Die Arbeit stammt wahrscheinlich aus der 2. Hälfte des 12. Jahrhunderts und wird von den einen der Gemahlin Wilhelms, der Königin Mathilde, von andern der Tochter Heinrichs I. von England zugeschrieben.

Sehr sehenswerth sind auch die Zeltteppiche Karls des Kühnen, die er bei Granson verlor. Sie stellten die Kriegsthaten Julius Cäsar's dar und sind ohne Zweifel eine niederländische Arbeit, wie denn überhaupt die Niederländer sich im späteren Mittelalter auch in der Teppichstickerei besonders hervorgethan haben.

Terzine, die dreizeilige Strophe, in der Dante seine göttliche Komödie dichtete und deren äussere Zeilen mit einander reimen, während die Mittelzeile den Reim für die folgende Terzine anschlägt, wurde durch *Paul Melissus* 1572 zuerst, aber nur ganz vereinzelt, ins Deutsche eingeführt; die Opitzianer nahmen diese Form nicht an, so dass sie erst am Ende des 18. Jahrhunderts bekannter wurde.

Teuerdank heisst ein allegorisches, höchst unbehilfliches Reimwerk Kaiser Maximilians, worin des Kaisers Jugendschicksale unter dem allgemeinen Bilde einer Brautfahrt des *Teuerdank* (Maximilian) nach *Ehrenreich* (Maria von Burgund), König *Ruhmreichs* (Karls des Kühnen) Tochter erzählt werden. Auf dieser Fahrt kommt der Held an drei Engpässe, an deren jeden ihn ein Feind erwartet: *Fürwittig*, d. i. Unbesonnenheit der Jugend, *Unfalo*, d. s. Unglücksfälle, und *Neidelhard*, d. s. die politischen Feinde. Schliesslich besiegt Teuerdank seine Gegner und sie werden als Verbrecher gerichtet. Das Werk, dessen Redaktion dem Kaplan des Kaisers, Melchior Pfinzing, übertragen war, wurde mit verschwenderischer Pracht und vielen Bildern in vierzig Exemplaren auf Pergament, zugleich aber auf Papier gedruckt und erhielt später noch viele Auflagen. Der Titel der ersten Ausgabe lautet: „Die geuerlicheiten und eins teils der geschichten des löblichen streitbaren und hochberühmten Helds und Ritters Tewrdannckhs. Gedr. Nürnberg durch den Eltern Hannsen Schönsperger Burger zu Augspurg, 1517.

Teufel. Es ist bloss die mittelalterliche, verkörperte Gestalt des Teufels, der Teufel des Volksglaubens, der unter die deutschen Altertümer gehört, und nicht der ältere Teufel der biblischen und kirchlichen Lehre. Nur das sei in bezug auf den letztern hier bemerkt, dass der ältere Teil des alten Testamentes den Teufel noch nicht kennt; erst im Exil, nimmt man an, hätten die Juden von der Zoroastrischen Religion der Perser, welche zwischen Ormuzd und Ahriman, dem guten und bösen Geist, unterschieden, den *Versucher* kennen gelernt, der dann mehr und mehr in ihr Volksbewusstsein überging, aber noch lange nicht als körperlich gedacht wurde. So tritt er im Neuen Testament auf. Später trug namentlich die Berührung mit einigen Sekten, den Gnostikern und Manichäern, zur dogmatischen Ausbildung des Teufels-Dogmas bei und es bildete sich aus sehr verschiedenen Elementen im Gegensatz zur Welt der Engel eine Welt böser Geister aus, die zum Teil als von Gott abgefallene Engel betrachtet wurden und deren Oberhaupt der Teufel ist. Die herrschende Vorstellung von dem Teufel wurde wesentlich dadurch erweitert, dass die absterbenden heidnischen Götter zwar für besiegt und ohnmächtig, aber nicht ganz für machtlos erklärt, sondern in das Gebiet der teuflischen Mächte verwiesen wurden, und zwar geschah dies in erster Linie mit denjenigen heidnischen Gottheiten, welche von Natur übelthätig und finster waren, wie die deutschen Götter Loki und Hel; dann aber auch mit den übrigen, sonst als gut gedachten Gottheiten, sofern nicht die fortschaffende Phantasie ihre Züge andern guten Gestalten des Christentums, wie Maria und den Heiligen zuwies. So sagt denn Grimm, der Teufel sei jüdisch, christlich, heidnisch, abgöttisch, elbisch, riesenhaft, gespenstig, alles zusammen.

Der *Name* Teufel, ahd. *tiuval*, mhd. *tievel, tiufel*, ist nichts als das griech. *διάβολος;* es ist ein internationaler Ausdruck fast aller europäischen Völker; zahlreiche Euphemismen des Namens sind hochdeutsch *Deichel, Deixl* u. dgl.; *satan* wird mhd. selten angewandt. Den übrigen Benennungen liegt entweder der *Charakter*, die *Gestalt*, oder der *Aufenthalt* des Teufels zu Grunde. Seinem Charakter oder innern Prinzip nach heisst der Teufel, im Gegensatz zum gütigen, freundlichen und milden Gotte, der *Böse, Feindliche*, der *Unhold*. Andere Ausdrücke sind der *Leidige*, der *Altfeind*, der *Alte*, mhd. *vâlant*, nhd. Volland, Junker Volland, Partizip zu ags. *vaelan* = verführen, schrecken. Seiner *äussern Gestalt* nach heisst der Teufel der *hinkende, Hinkebein*, der *schwarze, Graumann, Graumännlein;* in allen übrigen Gliedern sonst wie ein Mensch geformt, verrät ihn *Bocksohr, Horn, Schwanz* oder *Pferdefuss*. Der *Bock* ist das heilige Tier *Donars;* daher er oft in Schwüren und Verwünschungen erscheint: *dass dich der bock schend!* Alle Hexen dachten sich ihren Meister als schwarzen Bock, wie er in der Hexenversammlung erschien; der Teufel ist es auch, der die Ziegen oder die Gemsen erschaffen hat. Nächst dem Bock ist der *Eber* ein Teufelstier, er war ursprünglich dem *Fro* heilig und gab in Walhalla der Helden Speise her; daher er und die *Sau* Teufelstiere sind. Oft erscheint der Teufel als *Wolf*, welches wohl der Wolf Wodans ist; wenn er dagegen als schwarzer *Hund* mit Feueraugen erscheint, so deutet das wieder auf den Gewittergott. Gern nimmt der Teufel die Gestalt von Wodans Tier, des *Raben*, an. Alt und verbreitet war die Erscheinung des Teufels als *Schlange, Wurm* und *Drache*, eine Vorstellung, die sich teils an die Schlange im Paradiese, an Apokalypse 20, 2 und an den Leviathan, teils an den einheimischen Volksglauben von feuerspeienden, giftigen Würmern, schatzhütenden Drachen und wunderbaren Schlangen anschliesst. Auch zwei Geräten, dem *Hammer* und dem *Riegel* wird der Teufel verglichen; von welchen der Hammer Donar, der Riegel Loki zusteht; ja man schrieb den Sturmwind und die Windsbraut geradezu später den Riesen oder Teufeln zu.

Von seinem *Aufenthalt* in der *Hölle*, aus welcher er die heidnische Göttin *Hel* (siehe diesen Artikel) verdrängt hat, heisst der Teufel *hellewarte, hellehirte, hellewirt.* Ursprünglich der Aufenthalt der Todesgöttin Hel, und dadurch Wohnung der Toten, zwar traurig und freudenleer, aber frei von jeder Strafe und Qual seiner Bewohner, wurde die Hölle der Name des Ortes der Verdammten, ein mit Flammen und Pech erfüllter Pfuhl; die alten Sachsen nannten diesen Ort noch lange, weil ihnen das einheimische *hellia* noch zu heidnisch vorkam, mit dem biblischen Namen *infern* oder verkürzt *fern.* Grimm vermutet, dass die *Pechhölle* den Griechen von den Slawen zugebracht worden sei; denn in slawischen Sprachen bedeutet dasselbe Wort Pech und Hölle. Ein eigentümlich mittelalterlicher Name für die Hölle ist *Nobiskrug,* auch griech.-lat. *abyssus* = Abgrund, Hölle und niederdeutsch der *krôg, Krug* = geringe Schenke; die Hölle ist also hier als Wirtshaus und der Teufel als Wirt gedacht.

Alle heidnischen Götter verwandelten sich den neuen Christen nicht bloss in Götzen, sondern in *Teufel.* „Wer den alten Göttern anhing, ihnen heimlich opferte, hiess *Teufelsdiener*; die alten Taufgelöbnisse fragten einfach: Widersagst du dem Teufel; Antwort: Ich widersage dem Teufel und der Teufelsverehrung und allen Werken und Worten des Teufels, dem Donar und dem Wodan und dem Saxnot und allen den Unholden, die ihre Genossen sind.“ Aus Wuotan, dem wilden Jäger, wurde ein jagender Teufel, der *hellejager,* der auch als Jäger in grünem Rock mit Hahnenfeder auf dem Hut erscheint. Gleich Wuotan und Donar fährt der Teufel bald auf schwarzem Rosse, bald in stattlichem Wagen. Wie Wuotan als Gott und Erfinder des Spiels, namentlich des Würfels galt, so wird jetzt das Würfelspiel auf den Teufel bezogen, er würfelt mit Menschen, die ihre Seele aufsetzen. Wie Wuotan seinen Schützling durch die Wolken bringt, so werden Helden aus ferner Gegend von dem Teufel plötzlich durch die Lüfte zur Heimat getragen; das ist der Fall bei Heinrich dem Löwen, Klinsor, Ofterdingen, Faust. Die meisten Eigenschaften des Teufels aber sind von Donar übernommen; er haust im Gewitter und Wirbelwind; er hinterlässt, wenn er durch ein heiliges Wort oder ein heiliges Zeichen überwiesen wird, immer einen Schwefelgestank, der auf den Blitz deutet. Die Donnerkeile heissen auch Teufelsfinger; in Flüchen ist Donner und Teufel oft dasselbe. Donnerkind ist sowiel wie Teufelskind; schwierige Schmiede- und Schlosserarbeiten werden dem Teufel zugeschrieben. Die grossen feurigen Augen, sein Erscheinen als schwarzer Hund, die rote Farbe seiner Kleidung, die rote Hahnenfeder auf dem Hut sind dem Gewittergott entnommen.

Aus dem deutschen Heidentume stammen auch die *Teufelinnen,* Gestalten, die dem Judentume durchaus fremd sind. Schon Ulfilas übertrug das griechische *daimonion* durch ein weibliches Wort; die *unhulthô,* d. i. unholde Frau; diese vertritt unter den Neubekehrten, was sich ihre Voreltern unter Holda gedacht hatten. Holda ist es auch wahrscheinlich, die unter dem Namen „des Teufels Grossmutter“ bekannt ist.

Einzelne Opfer, die, weil sie mit Gebräuchen und Festen zusammenhingen, noch lange Zeit hindurch, zuletzt als unverstandene schuldlose Sitte fortgeführt wurden, wurden dem Teufel zugeschrieben, so *Lämmer* und *Böcklein,* meist *schwarze,* die in Norwegen dem Wassergeist zugeschrieben wurden; bei Schatzhebungen kehrt dieser schwarze, genau ein Jahr und einen Tag alte Geissbock immer wieder. Auch *schwarze Hühner* kommen vor, an denen aber keine weisse Feder sein darf; das Opfer eines

Lichtes hat sich bis jetzt in der Redensart erhalten: „dem Teufel ein Licht anstecken“.

Vieles hat der Teufel von den Dämonen und Geistern der deutschen Naturreligion aufgenommen; er heisst daher der *Wicht, Bösewicht, Hellewicht*; gleich Elben hat er die Gabe zu erscheinen, zu verschwinden und sich zu verwandeln. nur dass die mehr neckische Schadenfreude dieser Geister dem Teufel immer als bitterer Ernst angerechnet wird. Teufelbesessen ist der, dem es die Elbe angethan haben; er gleicht der Wohnung, in welcher sich Poltergeister festgesetzt haben. Gutmütigen Hausgeistern gleich trägt der Teufel seinen Freunden und Günstlingen Geld oder Getreide zu. Ganz besonders ist aber der Teufel an die Stelle der alten *Riesen* getreten; beide, Riesen und Teufel, verfolgt der Donnergott mit seinem Hammer; wie der Riese von Thors Miölnir, so wird der Teufel im Märchen von des Schmiedes Hammer getroffen. Riesig erscheint namentlich der Teufel da, wo ihm das Volk ungeheuere *Bauten* und *Steinwürfe* beilegt; der *dumme Teufel* gilt wie der *dumme Riese*. Die Erbauung christlicher Kirchen ist ihm verhasst, er sucht sie zu zertrümmern, sein Plan wird aber jedesmal von einer höheren Gewalt oder durch überlegene List der Menschen, z. B. einen künstlich gewirkten Hahnenschrei oder durch etwas Heiliges vereitelt. Gleich dem Riesen zeigt er sich selbst oft als erfahrenen Baumeister, welcher eine *Burg, Brücke* oder *Kirche* aufzuführen übernimmt und sich zum Lohn die Seele dessen ausbedingt, der den neuen Bau zuerst betritt; daher man wohlbedächtig zuerst einen Hahn oder eine Gemse über die neue Brücke laufen lässt; beim Kirchenbau ist es ein *Wolf*. *Teufelssteine* heissen entweder die, welche er zum Bau tragend aus der Luft fallen liess oder die er, sein begonnenes Werk zerstörend, auf die Berge trägt oder die er nach der Kirche geworfen hat. *Teufelsmauern* erklärt das Volk so: der Teufel habe damit die Grenze seines Reiches abschliessen wollen. Hervorragende Felsklippen heissen *Teufelskanzeln*, da soll der böse Feind dem versammelten Volk gepredigt haben; es sind vielleicht alte Kultusplätze.

Zweifelhaft ist der Ursprung der Sage von *vertragsmässigen Bündnissen mit dem Teufel*, wodurch für die von dem Teufel erlangten irdischen Glücksgüter, besonders aber für die Zauberkraft, die eigene Seele verkauft wird. Das älteste Beispiel dieser Sage stammt aus dem 4. Jahrhundert, wo aber noch keiner *Verschreibung* gedacht wird; das früheste Beispiel eines Bündnisses mittelst Verschreibung an den Teufel bietet die Geschichte des *Theophilus*. Dieser, ein überaus frommer Mann, lebte zu Adana in Cilicien als Ökonomus oder Vizedominus der Kirche zur Zeit der Persereinfälle in das Reich. Nach des Bischofs Tode wurde er zum Bischof erwählt, lehnte aber die Wahl aus Demut ab. Der statt seiner nun gewählte neue Bischof entsetzt, durch Verleumdung geblendet, den Vizedominus seines Amtes, worauf dieser, bitter gekränkt, sich an einen als gewaltigen Zauberer bekannten Juden wendet, durch dessen Beistand er wieder zu seinem Amte zu kommen hofft. Der Zauberer führt den Theophilus am nächsten Tage in den Zirkus und mahnt ihn, vor keiner Erscheinung zu erschrecken und sich mit dem Zeichen des Kreuzes zu beschützen. Dort treffen sie eine Menge Weiber mit brennenden Fackeln umherziehend, Loblieder singend; in ihrer Mitte thront Satanas, der die Huldigungen seiner getreuen Unterthanen entgegennimmt. Auch Theophilus fällt auf die Knie und küsst des Teufels Füsse; da Satanas sich jedoch nicht erinnert, den Theophilus je gesehen zu haben, verwundert er sich über die Dreistigkeit des Eindringlings. Auf die barsche Frage, was er wolle, erwidert Theophilus: deinen Befehlen gehorchen. Da erhebt sich Satanas ein wenig, streichelt dem Theophilus den Bart, küsst und begrüsst ihn freundlich als seinen lieben Unterthan; Theophilus aber entsagt hierauf Jesus und der Maria und überreicht dem Teufel die von ihm selbst geschriebene und mit Wachs versiegelte Urkunde. Am folgenden Tage wird Theophilus vom Bischof auf die ehrenvollste Weise in sein Amt wieder eingesetzt und führt fortan als des Teufels Lehnsmann ein übermütiges Leben. So geht es eine Zeitlang; später aber wird Theophilus von Reue ergriffen; 40 Tage und Nächte lang fleht er Maria in ihrer Kirche um Beistand an; sie lässt sich erweichen, bewegt auch ihren Sohn dem Sünder zu verzeihen, schafft die Urkunde wieder herbei und legt sie ihm, während er in der Kirche eingeschlafen war, auf die Brust. Erwachend, findet er die Schrift, bekennt öffentlich seine Sünde, verbrennt die Schrift und stirbt drei Tage darauf eines seligen Todes. Die spätere Zeit versetzte ihn unter die Heiligen. — Die *Unterschrift mit Blut* kommt zuerst im 13. Jahrhundert vor.

Über den Teufel in den *Hexenprozessen* siehe diesen besonderen Artikel.

Was die *Litteratur des Teufels* betrifft, so ist dieselhe in der karolingischen Periode bei dem keuscheren, dem Altertum nicht wenig zugekehrten Sinn noch kaum in besonderen Werken vertreten; der Erzbischof *Agobard* von Lyon, aus der karolingischen Schule hervorgegangen, gestorben 841, trat noch gegen den Glauben an die Wettermacherei durch den Teufel auf. Auch die höfische Bildung bevorzugt den Teufel noch in keiner Weise, so oft auch sein Name als böses Prinzip in den Schriften dieser Periode angetroffen wird. Erst die kirchlich-asketische Bildung, die seit dem 11. Jahrhundert auftrat und namentlich in den neueren Orden ihren Halt hatte, war es, welche das Interesse am Teufel wachhielt und belebte. Daher die zahlreichen Teufelsgeschichten in den Legenden, in den Wundererzählungen des Cisterciensermönchs *Caesarius von Heisterbach*, 13. Jahrhundert, des gleichzeitigen Augustiner-Mönches *Albericus*, das Buch des wenig späteren Cistercienser-Abtes *Richalnus*, „Buch der Offenbarungen über die Nachstellungen und Tücken des Teufels", sodann die Teilnahme der neuen Orden, desonders der *Dominikaner*, an den Ketzerverfolgungen, wo immer auch der Teufel ins Spiel gezogen wurde, an der Aufhebung des Templerordens, an den Hexen-Prozessen. Eine eigentümliche und im späteren Mittelalter mehrfach bearbeitete Schrift ist der *Satansprozess, processus Satanae*, eine Art Prozesslehrbuch, „ein nützlicher Gerichteshandel vor Gott dem allmechtigen unserm Herren, durch die gloriwirdigsten Jungkfrawen Mariam, fürsprecherin des menschlichen geschlechts, am einen, und vermaledeyten Sathanam, anwalt der hellischen schalckheit, am andern Teil geübet"; die Schrift wird meist einem gewissen Bartolus, 14. Jahrhundert, zugeschrieben, sie scheint aber im 13. Jahrhundert von einem Juristen erfunden worden zu sein.

Der *Teufel* kam endlich als *komische Person auf die Bühne*, und im 15. und 16. Jahrhundert gehörte er in Spanien, Frankreich und Deutschland zu den Würzen der geistlichen Spiele. Hier war er recht wie der Teufel des Volksglaubens ausgestattet, machte groteske Sprünge und Tänze und vergnügte die Zuschauer namentlich auch durch sein Schmerz- und Angstgeheul. In einem zu Zürich aufgeführten Spiele wurde der Teufel sogar klistiert, worauf er ein Mausenest von sich gab. Seine Rolle im Spiel ist eine doppelte, als Bestrafer des Lasters und als Vater aller Sünde. In der ersten Rolle ist er ernst, man liebte es, ihm der Reihe nach alle möglichen Stände zuzuführen und bildete so eine Art Teufelstanz dem Totentanz nach. Am weitläufigsten ist dieser Gedanke in dem Gedichte „*des tiufels segi*“ behandelt, herausgegeben unter dem Namen „des Teufels Netz“ von Barack, Stuttgart 1863, ausserdem in mehreren Spielen. Als Vater der Sünde ist der Teufel zugleich Vater der Thorheit und nähert sich dadurch dem Narren. Unter den Spielen, worin der Teufel eine Rolle spielt, findet man auch jene oben erwähnte Sage von *Theophilus* wieder; ein anderes ist das Spiel von Frau *Jutta*, dessen Inhalt die Sage von der Päpstin Johanna ist. Ein Mädchen aus England ist mit einem Geistlichen, ihrem Geliebten, in Mannskleidern nach Paris gegangen, wird daselbst Doktor, in Rom Kardinal und zuletzt Papst; als solcher aber wird sie mit Schimpf entlarvt und von den Teufeln in der Hölle empfangen, jedoch durch die Fürbitte Maria's und des heiligen Nikolaus dennoch befreit. Auch in der *Posse* spielt der Teufel als komische Figur seine Rolle. Siehe *Weinhold* in *Gosche's* Jahrbuch für Lit.-Gesch. Bd. I, Seite 17 ff.

Bildlich kommt der Teufel frühzeitig bei der Darstellung des Sündenfalles in der christlichen Kunst vor unter dem biblischen Bilde einer Schlange mit oder ohne Menschenhaupt; später kommen als Sinnbilder der Drache hinzu, mit welchem Michael kämpft, und der Löwe, den Heilige unter die Füsse treten. Vereinzelt erscheint er im 9. Jahrhundert bei der Versuchung Christi als böser Engel in nackter Menschengestalt, geflügelt und von grüner Farbe; seit dem 11. Jahrhundert erscheint er teils in menschlicher, teils in tierischer Gestalt, aber immer hässlich, mit haarigem Körper, Schwanz, gespaltenen Hufen, Hörnern, Fledermausflügeln u. dgl. Magiern oder Feinden Gottes sitzt er als ein schwarzer Galgenvogel auf der Schulter; den Besessenen fahren die Teufel aus dem Munde. In der Hölle thront Satan, umgeben von seinen Vasallen, in allen möglichen scheusslichen Gestalten. Seit 1500 überliessen sich die Maler überhaupt bei Darstellung der Hölle und ihrer Bewohner den ausschweifendsten Phantasien. *Otte*, kirchliche Archäologie, § 158. *Wessely*, die Gestalten des Todes und des Teufels in der darstellenden Kunst. Leipzig 1876.

Im 15. Jahrhundert schien die Bedeutung des Teufels abzunehmen; der Humanismus kannte ihn nicht mehr, die mönchische Anschauung war in Verachtung geraten, und die plastisch-dramatische Darstellung seiner Gestalt sprach deutlich dafür, dass man ihn zu fürchten verlernte. Da regte *Luther* den Teufelsglauben von neuem auf. Von Natur und Familie war er einem stark sinnlich-altertümlichen Teufelsglauben geneigt und trug denselben vielfach in seine Reden und Schriften über. Nun war schon früher der Teufel satirisch-didaktisch als Allegorie des Bösen verwendet worden, unter anderm war 1489 ein lateinischer Klagebrief über das Elend der Pfarrer erschienen, worin die armen Landgeistlichen von neun Teufeln, darunter der Bischof, gequält dargestellt wurden. Diese Epistel liess

Luther 1540 mit einer Vorrede begleitet wieder abdrucken, und nun entwickelte sich eine ganze Teufelslitteratur, die 150 Jahre anhielt und worin die verschiedenen Lasterhaften als ebenso viele Teufelsbesessene gegeisselt wurden, ähnlich wie man sonst das Laster als Narrheit darzustellen pflegte. Diese Teufelstraktate, in Prosa, in Versen, auch in dramatischer Form, bringen nun der Reihe nach einen Hofteufel, Hosen-, Fluch-, Ehe-, Sauf-, Jagd-, Junker-, Geiz- und Wucher-, Faul-, Hoffarts-, Zauber-, Schnaps-, Haus-, Bau-, Gesind-, Tanz-, Spiel-, Pestilenz und viele andere Teufel. Ihrer 24 sind in dem grossen Folianten abgedruckt, der 1569, 1575 und 1587 unter dem Titel *Theatrum Diabolorum* zu Frankfurt a. M. erschien.

Erst das Aufklärungszeitalter hat den Teufel, der bei Protestanten und Katholiken seit der Reformation auch in die Katechismen, Gebete und Gesangbücher Einlass gefunden hatte, in die Dogmatik verwiesen. *Grimm*, Mythologie, Kap. 33; *Wuttke*, Volksaberglauben. *Roskoff*, Geschichte des Teufels, zwei Bände. Leipzig 1869. *Freitag*, Bilder aus der deutschen Vergangenheit. Aus dem Jahrhundert der Reformation, Abschnitt 11: Der deutsche Teufel im 16. Jahrhundert.

Tiara heisst die kronenartige Kopfbedeckung des Papstes. Anfänglich war sie glatt, ohne Kronrand, dann gestreift mit einem Stirnreif versehen, hoch, kegelförmig. Bonifacius VIII. (1294—1303) gab dem Stirnreif die Gestalt eines Kronreifes und setzte einen zweiten über denselben, ungefähr in die Mitte des Kegels. Urban V. (1362—1370) fügte den dritten hinzu, und so entstand die sogenannte *dreifache Krone.* Sie trägt auf der Spitze den Reichsapfel und das Kreuz, zu beiden Seiten je ein Band.

Tierbilder in symbolischer Bedeutung sind zuerst aus der antiken Welt in die christlichen Bildwerke hinübergenommen und hier zum teil christlich umgedeutet worden; dabei kommt in Betracht der Unterschied zwischen reinen und unreinen Tieren, als Symbole des Lichtes und der Finsternis; Raubtiere sind Repräsentanten christenfeindlicher Mächte, wehrlose Tiere bezeichnen die bedrängte Christenschar; Jagdszenen bedeuten die Bekehrung der Sünder, die gejagten Tiere die einzelnen Sünden, die Jagdhunde die Bussprediger, die aufgestellten Netze den Glauben und die Gottesverehrung. Anfangs herrschte in diesen christlichen Tierbildern noch ein harmloser Ton, der namentlich Lämmer und Schafe bevorzugt; seit aber die Apokalypse bekannter geworden war, traten die ungeheuerlichen Tiere der Offenbarung in den Bilderkreis ein, um den Sieg der christlichen Kirche über den Satan zu versinnlichen: der Erzengel Michael besiegt den Drachen, Ritter Georg den Lindwurm; phantastische Gestalten aller Art traten auf, Menschen mit Tierköpfen, Tiere mit Menschenköpfen, barocke an ägyptische Gottheiten erinnernde Missgestalten, darunter der Tetramorph, welcher die vier Evangelisten darstellt und ein aus Mensch, Ochs, Adler und Löwe gebildetes vierleibiges und vierköpfiges Ungeheuer ist. Die Plastiker des 11. Jahrhunderts brachten diese symbolischen Tiere, zu deren Gebrauch und Auswahl auch der *Physiologus* mitwirkte, in die kirchliche Ornamentik; zunächst gab man kirchlichen Geräten in Messing und Email, den Messkannen, Salbflaschen, Weihrauchbüchsen, die Form von Greifen, Straussen, Kranichen, Delphinen, während das Ciborium die alte Form der Taube beibehielt; die Weihwasserkessel erhielten zwei sich begegnende Drachen zum Henkel, ähnliche Gestalten bekamen die Leuchter für ihr Untergestell. Dann kamen die gleichen Figuren in die monumentale Dekoration des Kirchenbaus; anfangs auf die Ausschmückung der Säulenkapitäle des Innern beschränkt, verbreiteten sie sich im 12. Jahrhundert auch über alle Façadenteile der romanischen Kirche, und zwar in der ernsten Absicht, damit das Böse und seine unseligen Folgen so abschreckend als möglich abzubilden; auch sind die Darstellungen anfangs noch streng und der kirchlichen Tradition getreu gehalten; im 13. und 14. Jahrhundert, als weltliche Baumeister und Steinmetzen auftraten, liess man dagegen der persönlichen Laune und Satire die Zügel schiessen, und brachte die freiesten, mutwilligsten Schöpfungen auf. Es gibt auch Tierdarstellungen, welche direkt dem deutschen *Tierepos* entnommen sind. Abgesehen von der häufigen Abbildung des Wolfes und Fuchses, findet man an den Pfeilerfriesen der Krypta des Basler Münsters den ganzen Inhalt von *Isengrims Not* (Tiersage Nr. 5), namentlich die Krankheit und Heilung des Königs Löwe abgebildet; ähnliches auf einem Teppich zu Lübeck, der einst als Altardecke diente. *Otte*, kirchl. Archäologie, S. 875 ff. — *Wackernagel*, kl. Schriften, II, 309 ff. *E. Kolloff*, die sagenhafte und symbolische Tiergeschichte des Mittelalters, in Raumers hist. Taschenbuch. Vierte Folge, Jahrg. 8, S. 179—269.

Tierfabel. Die Tierfabel, welche im Kleide einer scheinbar der Tierwelt entnommenen Szene eine für die Menschenwelt berechnete Lehre, eine Erfahrung oder Warnung enthält, stammt aus dem Orient; bei den Indiern ist sie vertreten durch die *Pantschatantra* 'und die aus dieser Sammlung hervorgegangenen Bearbeitungen *Hitopadesa* und *Bidpai*, bei den Griechen durch *Äsop* und bei den Römern namentlich durch *Phaedrus*. Das Mittelalter überkam die Fabeln des Altertums vornehmlich aus einer prosaischen Fabelsammlung eines gewissen *Romulus*, der auf Äsop beruht; es gibt aber daneben noch einige andere, teils in Prosa, teils in Versen verfasste Fabelsammlungen des Mittelalters. Mit ihnen mischten sich orientalische Tierfabeln, die man aus den Novellenbüchern kennen lernte, aus der *Disciplina clericalis*, den *Gesta Romanorum*, den sieben weisen Meistern (vgl. den Artikel *Novellen*). Die deutsche Litteratur zeigt für diese Dichtungsart erst Geschmack, nachdem gegen die Mitte des 13. Jahrhunderts die Blüte der höfischen Dichtung vorbei war und die frei schaffende Phantasie die Leitung der Poesie an den Verstand abgegeben hatte. Der älteste Fabeldichter ist der *Stricker*; ihm folgt mit einer *Edelstein* genannten, um 1330 gedichteten Sammlung von 100 Fabeln der Berner Predigermönch *Ulrich Boner*, es ist das erste in deutscher Spruche gedruckte Buch; Bamberg 1461; dann *Heinrich von Müglin*, der seine Fabeln in lyrischer Strophenform dichtete, während die übrigen Fabeldichter das gewohnte Reimpaar anwendeten; auch in den *Renner* des *Hugo von Trimberg* sind vielfach Fabeln eingeschoben. Der ahd. Name für diese lehrhaften, ohne Zweifel von den Tierepen beeinflussten Tierfabeln, denen meist die Lehre gesondert beigefügt ist, ist *bîspel*, zu ahd. und mhd. das *spel* = Rede, Erzählung, Sage, woraus erst nhd. *Beispiel* wurde. Erst im 15. Jahrhundert kehrte man zu der ursprünglichen Form der Fabel zurück, zur Prosa, und zwar übersetzte der Ulmer Arzt *Heinrich Steinhöwel* sowohl die Fabeln des Äsop als den indischen *Bidpai*, den letztern unter dem Titel *Buch der Beispiele der alten Weisen*, und zwar aus einer lateinischen Bearbeitung, welche im 13. Jahrhundert Johann von Capua unter dem Titel *directorium humanae vitae* verfasst hatte. Steinhöwel's Äsop erschien vor 1480, das Buch der Beispiele 1483. Beide Bücher bewiesen durch die zahlreichen Neudrucke, die sie durch mehr als ein Jahrhundert hindurch erlebten, wie sehr jetzt die Zeit der Fabel geneigt war. Durch die Vorliebe und Empfehlung *Luther's*, der selber äsopische Fabeln übersetzte und veröffentlichte, gewann die Gattung noch mehr Einfluss, so dass nun im 16. Jahrhundert die Zahl der gereimten und ungereimten, kurzen und ausführlichen Fabelsammlungen sehr gross wird. So schrieb *Sebastian Brant* Fabeln in Prosa, *Hans Sachs* als Meistergesänge und in Spruchform. Weit verbreitet waren die Fabeln des *Erasmus Alberus*, gest. 1553, der auch geistliche Lieder dichtete; ihr Name ist „das Buch von der Tugend und Weisheit“; ebenso der „*Esopus*, ganz neu gemacht und in Reimen verfasst, mit sampt hundert neuer Fabeln“ von *Burkhardt Waldis*; noch andere Sammlungen haben *Hartmann Schopper*, *Nathan Chyträus*, *Daniel Holtzmann*, *Huldrich Wolgemut* veranstaltet. Mit dem Aufleben des Opitzischen Geschmackes verschwindet die Fabel für längere Zeit fast ganz aus dem Gesichtskreise der deutschen Litteratur, und erst im 18. Jahrhundert erhielt sie durch den Vorgang *La Fontaines'* und durch das Gewicht, das die Zürcher Kritiker Bodmer und Breitinger auf diese Gattung legten, erneuerte Teilnahme.

Tierkunde des *Mittelalters*. Dass dem natürlichen Auge des Mittelalters Tierbeobachtung nicht fremd war, beweist die Verbreitung und liebevolle Bearbeitung der Tiersage; doch wurzelt diese mehr in den volksmässig-natürlichen Anlagen des mit der Natur zusammenlebenden Menschen; was man im engern Sinne Geist des Mittelalters nennt, die den Grundlagen des natürlichen Lebens abgewendete, dem Christentum und seinen Wundern zugewandte, phantastisch-romantische Weltanschauung, so hat diese für die Gegenstände der Natur überhaupt wie insbesondere für die Tierwelt nur sehr wenig Verständnis, und soweit sie sich der Tierwelt nicht ganz entschlägt, zieht sie dieselbe mit Vorliebe in den Dienst ihrer metaphysisch-symbolischen Ideen von Himmel und Hölle, Christus und Maria, Tugenden und Laster u. dgl., dergestalt, dass die Zoologie des Mittelalters wenig anders als ein Stück Theologie scheint. Vorgearbeit hatte aber in dieser Betrachtungsweise schon die alte Welt, welche, die exaktere Beobachtungs-Methode des Aristoteles verlassend, ihre Kenntnis und Teilnahme an der Tierwelt vielfach mit wildem Aberglauben verquickte; Zeugnisse davon sind Plinius und Älian, deren Nachrichten zum Teil in die Encyklopädie des *Isidor* übergegangen sind. Das Hauptwerk aber der Tierkunde des früheren Mittelalters ist der *Physiologus*, dessen ausserordentliche Verbreitung schon daraus erhellt, dass man ihn, prosaisch oder metrisch, in griechischer, lateinischer, syrischer, armenischer, arabischer, äthiopischer, althochdeutscher, angelsächsischer, altenglischer, irländischer, provençalischer und altfranzösischer Sprache erhalten findet. Dieses Lehrbüchlein der mittelalterlichen Welt scheint in den ersten Jahrhunderten der christlichen Zeitrechnung von Lehrern orientalisch-alexandrinischer Christengemeinden verfasst worden zu sein. Die Tiere, welche darin zur Beschreibung kamen, waren die *biblischen*, den naturhistorischen Gehalt boten die heidnischen Tierfabeln und Tiergeschichten, Zweck des Buches war schliesslich symbolische Anwendung der Tierwelt auf die christliche Lehre.

Erst mit der Zeit erhielt die Sammlung eine kanonisch fixierte Gestalt, an welcher dann nur noch, durch Ort und Zeit veranlasst, Äusserlichkeiten geändert wurden. Anfangs war die Kirche dem Physiologus nicht günstig, seit Gregor d. Gr. galt er aber als anerkanntes Lehrbuch der christlichen Zoologie; seine Bedeutung erlischt erst im 14. Jahrhundert. Viele Handschriften des Physiologus oder *Bestiarius*, wie er auch heisst, waren illustriert. Die hauptsächlichsten Tiere des Physiologus sind der *Löwe*, der *Panther* oder *Pardel*, ein Tier, das nie seinesgleichen auf der Welt hatte, — sanftmütig und wundersam, das Fell rot, blau, gelb, grün, schwarz und grau gefleckt, aus seinem Munde strömt ein Geruch, lieblicher als ein ganzes Blumenbeet oder Spezereigewölbe, so dass dic Tiere von allen Seiten seiner Färte folgen; er ist das Sinnbild Christi Der *Elefant* ist das grösste Tier der Welt, hat viel Verstand und wenig Geschlechtstrieb. Er schläft stehend, an einen Baum gelehnt; Jäger, die ihn fangen wollen, suchen die Stellen und Bäume auszukundschaften, wo er schläft, nachher sägen sie den Baum bis auf ein dünnes Ende durch, und wenn der Elefant sich daran lehnt, so fällt er mit dem Baume um und schreit erbärmlich. Das Horn des *Einhorns* (der Stosszahn des Narwal galt dafür) bewahrt den Besitzer vor Vergiftung; Probierlöffelchen daraus dienen, mit silbernen Kettchen angelötet, namentlich an Salzfässern und Trinkbechern, um bei Tafel vor heimtückischen Anschlägen zu sichern. Das Einhorn selbst ist Symbol der unbefleckten Empfängnis. Seine Gestalt dachte man sich anfangs als ein Ziegenlamm, später als Rhinozeros oder Schimmel. Das *Antholops* oder Aptolops, Aptolos, Antula ist ein wildes schnellfüssiges Thier mit zwei langen Hörnern, scharf wie eine Messerklinge und zackig wie eine Säge, so dass es damit die dicksten Bäume zerschneiden oder umsägen kann; diese Hörner sind die beiden Testamente. Der *Waldesel* oder *Wildesel*, bei welchem Nebukadnezar wohnte, lebt in Afrika und schreit nur, wenn er nichts mehr zu fressen hat. Jedes Jahr am 25. März brüllt er zwölf Mal in der Nacht und ebenso oft am Tage; daraus erkennt man, dass die Nächte ebenso lang sind als die Tage. Der *Wolf* ist stark an den Füssen, aber schwach in den Rippen und so geartet, dass er den Kopf nicht nach hinten hinwenden kann; wenn er hinter sich sehen will, muss er sich deshalb mit dem ganzen Leibe umdrehen. Die Wölfin wirft im Monat Mai Junge, und nur, wenn es donnert. Von den zahlreichen Kniffen des *Fuchses* steht im Physiologus bloss die Geschichte, wie er sich scheinbar tot mit dem Rücken auf die Erde legt, in der Absicht, unbesonnene Vögel als Aas anzulocken und sie nachher zu töten. Es folgen dann der *Bock*, der *Biber*, der *Igel*, das *Wiesel*, der *Hydrus* oder *Ydris*, eigentlich das Ichneumon, der *Adler*; wenn er altert, so erlahmt die Kraft seiner Flügel und trübt sich die Hellsichtigkeit seiner Augen; dann fliegt er zur Sonne auf, wärmt sich an ihren Strahlen, senkt sich nieder und taucht dreimal in einen Brunnen, woraus er völlig verjüngt hervorgeht; der *Geier*; der *Rabe*; der *Strauss*; der *Storch*; der *Falk* (Reiher); der *Kranich*; der *Ibis*; der *Hahn*; der *Kalander*, nach der deutsch-mittelalterlichen Anschauung der Lewark, die grosse Haubenlerche; er ist ein ganz weiss und ein äusserst kluger Vogel, dessen zu- oder abgewandter Blick über Leben und Tod entscheidet. Er hat nämlich die Art, wenn man ihn zu einem siechen Menschen bringt, so deutet er an, ob der Mensch sterben oder genesen soll. Verschmäht er des Kranken Antlitz und wendet seine Augen von ihm ab, so stirbt der Kranke; kehrt er sich aber zu dem Kranken hin und legt seinen Schnabel auf dessen Mund, so genest der Kranke, denn der Vogel nimmt sein Siechthum an sich, fliegt damit hoch in die Luft hinauf und verbrennt es an den Sonnenstrahlen. Der Kalander, auch *Galiander, Calandrius, Caradrius* genannt, ist ein Sinnbild Christi. Die *Eule;* das *Rebhuhn;* die *Drachen* und deren Abart, die *Serra;* die *Schlange;* die *Otter;* die *Viper.*

In der höfischen Dichtung findet man den Einfluss des Physiologus namentlich in demjenigen Abschnitt von *Freidanks Bescheidenheit*, der *von tieren* überschrieben ist.

Eine Erneuerung seiner Tierkunde erlebte das Mittelalter erst dadurch, dass im 13. Jahrhundert durch Vermittlung der *Araber* die zoologischen Schriften des Aristoteles im Abendlande bekannt und ins Lateinische übersetzt wurden; die beiden Übersetzer sind *Michael Scotus*, wie erzählt wird, durch Kaiser Friedrich II., den Verfasser des Buches über die Falkenjagd, dazu aufgefordert, und *Wilhelm von Moerbeke.* Unter Benutzung des Aristoteles stellten sich darauf drei *Dominikaner* in der Mitte des 13. Jahrhunderts die Aufgabe, das gesamte zoologische Wissen der Zeit in umfassender Form zur Darstellung zu bringen; und zwar schrieb *Thomas von Cantimpré* (1201 bis 1263) in 20 Büchern *de naturis rerum;* Buch 1 beginnt mit der menschlichen Anatomie, 2 handelt von der Seele, 3 von den monströsen Menschen des Orients, 4—9 von den Tieren, 10—12 von den Bäumen und Kräutern, 13—20 von den Quellen, Edelsteinen, vielen Metallen, sieben Gegenden und *humores* der Luft, dem Himmelsgewölbe und den sieben Planeten, dem Donner und ähnlichen Erscheinungen, den vier Elementen und der Bewegung der Gestirne. Thomas hat ausser dem Aristoteles die ganze dieser Zeit zugängliche zoologische Litteratur benutzt; ausser den Alten, wie Theophrast und Plinius, die Kirchenväter, den Isidor, verschiedene mittelalterliche Schriftsteller, auch den Physiologus und ähnliche seltenere Lehrbücher, und wenn er natürlich weder von der moralisierenden Methode noch vom Wunderglauben frei ist, so bezeichnet seine Anschauung zufolge ihrer grösseren Objektivität doch einen wesentlichen Fortschritt. Sein Lehrer ist *Albertus Magnus*, gest. 1280; dessen Werk über die Tiere ist aber später als dasjenige des Thomas geschrieben, um 1250; es enthält ausser den 19 Büchern des Aristoteles noch sieben weitere, in welchen von der Natur der tierischen Körper, von den Vollkommenheitsgraden, den vierfüssigen Tieren, Vögeln, Wassertieren, Schlangen und den kleinen blutlosen Tieren gehandelt wird; Albert hat das Werk seines Vorgängers und Schülers fleissig zu Rate gezogen, zeichnet sich aber ihm gegenüber durch eine planvolle systematische Durcharbeitung der Aristotelischen Naturphilosophie aus. Der dritte Dominikaner ist der bekannte *Vincentius Bellovascensis*, dessen *Speculum quadruplex* (siehe Geschichtschreibnng) auch einen *speculum naturale* enthält. Er hat noch mehr Schriftsteller als seine beiden Vorgänger ausgezogen, auch, wie Albert, den Thomas stark benutzt; sonst ist ihm Albert an Sicherheit und Konsequenz der Ansichten überlegen. Der *Franziskaner-Orden* nimmt an diesen zoologischen Arbeiten durch ein Werk des *Bartholomäus Anglicus de proprietatibus rerum* Anteil, das bis ins 17. Jahrhundert neu gedruckt wurde.

Mit den genannten Werken trat vorläufig ein Stillstand in der zoologischen Forschung ein; doch wurden von Bedeutung zwei im 14. Jahrhundert entstandene Bearbeitungen des *Thomas von Cantimpré*, eine prosaische *deutsche*, das *Buch der Natur von Konrad von Megenberg*, herausgegeben von *Franz Pfeiffer*, Stuttgart 1861, und eine versifizierte *niederländische*, der „*Naturen bloeme*“ von *Jakob von Maerlant.* Konrad von Megenberg war ebenfalls *Dominikaner*, um 1309 in Bayern geboren, starb 1374 als Domherr zu Regensburg; sein Buch der Natur war sehr verbreitet und wurde bloss vor 1500 sechsmal gedruckt. Jakob von Maerlant starb 1300 als Stadtschreiber in Westflandern.

Die Anfänge der neuern, auf die Beobachtung der Natur selbst gegründeten Natur und Tierkunde sucht man in Italien; schon an *Dante* bewundert man die reiche Fülle von Naturbetrachtung; Tiergärten waren in Italien früh Sitte geworden; schon Kaiser Friedrich II. hatte sich einen angelegt, im 15. Jahrhundert gehörten sie zum regelmässigen Luxus der Fürsten und Städte. Doch war das Hauptinteresse des Humanismus sowohl als der unmittelbar folgenden Zeiten immer nur in bescheidenem Masse der Tierwelt zugewendet. Die Sammlungen naturwissenschaftlicher Gegenstände blieben noch lange Raritäten - Kabinete; im Mittelalter freilich waren sie den Reliquiensammlungen in den Kirchen angehängt worden. Manches trugen die Entdeckung des neuen Weltteils und Reisen nach andern Ländern zur Erforschung der Naturbeobachtung bei, und der freiere Forschungsgeist, der überhaupt seit dem 15. Jahrhundert erwacht war, brachte es mit sich, dass auch die Tierkunde namentlich durch *ein* klassisches Werk der Reformationszeit wesentliche Erneuerung erfuhr, durch *Konrad Gessners historia animalium* 1551. *J. V. Carus*, Geschichte der Zoologie, München 1872; *E. Kolloff*, die sagenhafte symbolische Tiergeschichte des Mittelalters, in Raumers hist. Taschenbuch, IV. Folge, Jahrg. 8, 1867, 179—269. *Voigt*, Tierpflege an den deutschen Höfen, in Raumers Taschenb. I. 1830 und VI, 1835. — *Piper*, die Herrschaft des Menschen über die Tiere. Evangel. Kalender 1860. S. 28—38.

Tiersage. Kein anderes Volk hat eine so ausgebildete Tiersage entwickelt, wie das deutsche, und in ihm besonders der Stamm der Franken; ja im Mittelalter tritt das Tierepos in einer reichen Fülle von Dichtungen fast in Konkurrenz zum Heldenepos. Während nun *Jakob Grimm* in seinem Werke *Reinhart Fuchs*, Berlin 1834, diese Dichtung als ein urwüchsiges Produkt des germanischen Lebens und Gemütes anschaute, haben in neuerer Zeit andere Forscher das Tierepos aus der äsopischen Fabel vom kranken Löwen herleiten wollen, der auf den Rat eines Fuchses durch einen frischen Wolfsbalg geheilt wird; diese Fabel, sagen sie, sei aus Indien nach Griechenland, von da nach Italien und von da spätestens im achten Jahrhundert nach Deutschland gekommen. Um 940 sei sie einem kleinen von einem Mönche in Toul verfassten lateinischen Epos eingefügt worden, welches parabolisch in der Form einer Tiergeschichte die Flucht eines Mönches aus seinem Kloster erzählte; worauf später die Fabel durch viel andere erweitert und zu wahren Epen aufgeschwellt worden sei. *Keller* in Fleckeisens Jahrbüchern, Suppl. Bd. IV. — *Müllenhoff* in Haupts Zeitschr. f. d. A. XVIII. S. 1—9. Dieser Ansicht steht vieles entgegen, die deutschen Namen der Tierhelden, das ursprüngliche Königtum des Bären, die auffallend starke Neigung des germanischen Stammes zur Mitempfindung und Betrachtung des Tierlebens, die sich, abgesehen vom eigentlichen Tierepos, auch in zahlreichen Volksliedern, Tiermärchen, Kinderliedern u. dgl. abspiegelt. Auf dieser Ansicht fusst gegenwärtige Zusammenstellung, die sich auf die Abhandlung *W. Wackernagels* stützt: Von der Tiersage und den Dichtungen aus der Tiersage. Kleinere Schriften, II, 234—326.

Der Mensch der Vorzeit sah in den Tieren ein halb übermenschliches Wesen und einen Stand näher den Göttern selbst; das zeigt das hohe Lebensalter, das man einzelnen Tieren zuschrieb, dann die Rätselhaftigkeit ihres Todes, sobald sie von selbst ungewaltsam sterben, der Aufenthalt der Vögel hoch in freier Luft, die Art der Sprache, die dem Menschen nur unter besondern Umständen verständlich wird, der Glaube, dass eine übernatürliche Kraft Menschen in Tiergestalt verzaubere, und die Annahme einer Seelenwanderung, die auch dem Germanen nicht fremd war, sodann die Angehörigkeit einzelner Tiere an einzelne Gottheiten, ihre Bedeutung für Weissagung, die Anwendung von Namen edler Tiere, wie des Adlers, Raben, Wolfs, Bären, als Menschennamen (siehe den Art. Personennamen).

Wie nun das Götterepos und das Heldenepos die Götter und Helden in epische Handlung bringt, so das Tierepos seine Tiere. Und zwar sind es bloss die Tiere des Waldes, die sich der Herrschaft und Vertraulichkeit des Menschen entziehen, nicht die zahmen Haustiere; diese gehören als Begleiter des Menschen ins Menschenepos. Zum Tierhelden aber wurde die Tiergattung dadurch, dass man die letztere als Einzelwesen anschaute, das, wie der Mensch seinen persönlichen Eigennamen trägt und in seinen Handlungen lokalisiert, an einen heimatlichen Wohnort gebunden ist.

Träger oder *Helden der Tiersage* sind in erster Linie der Wolf und der Fuchs. Der *Wolf* heisst *Isengrim* = Eisenhelm (altnordisch *grîma* = Maske, Helm), der *Fuchs Raginhart*, *Reinhart*, d. h. Ratstark, der sich und andern immer Rat weiss; beides sind auch menschliche Namen. Ursprünglich ist der Wolf, obschon er immer durch den Fuchs zu Schaden kommt, doch als der heldenhaftere gedacht und nimmt die bevorzugtere Stellung ein, während der Fuchs erst neben und nach ihm steht. Über Wolf und Fuchs stand als König einst der *Bär, Brûn;* statt seiner ist erst später aus der äsopischen Fabel der *Löwe* eingeführt worden. Seinen Eigenschaften nach ist der *Wolf* alt, grau, greis, alter Gevatter, Oheim, stark, ungeschlacht, dick, plump, beschränkt, gierig, gefrässig, unersättlich, frech, schamlos, stolz, neidisch, grausam, wütig, Räuber, Mörder, ungetreu, alter verstockter Bösewicht, Teufel, Hahnrei, angeführt, besiegt; der *Fuchs* dagegen rot, frisch, jung, junger Gevatter, Neffe, schlank, glatt, schwach, fein, schlau, durchtrieben, listig, ränkevoll, Schleicher, Schmeichler, Schalk, Betrüger, Dieb, böse, boshaft, treulos, gottlos, teuflisch, lecker, geil, Taugenichts, Ehebrecher, verschlagen, vorsichtig, erfahren, beredt, Ratgeber, Meister und Sieger. Die übrigen Tiere haben für die Sage nur untergeordnete Bedeutung.

Die *Motive* der Handlung entsprechen dem niedrig tierischen Charakter der Helden und streifen daher ans Komische; namentlich der Fuchs ist ein arges Tier, da er nicht einmal das heilige Band der Gevatterschaft, ja der näheren Sippschaft (er ist einmal Isengrims Neffe) scheut. „Die Tiersage schliesst in sich den Gegensatz eines Starken, dem seine Thorheit alles Handeln in Leiden verkehrt, und eines Schwachen, der durch Klugheit alles Leiden in ein Handeln wendet zum eigenen Vorteil und zum Schaden und bis zum Untergang des ihn bedrohenden Starken."

Die *Heimat* der deutschen Tiersage ist Franken, im besonderen die Niederlande, das nördliche Frankreich und das westliche Deutschland, und es ist möglich, dass gerade dieser Stamm seine besondere in der merovingischen Zeit noch sehr rauhe Eigenart in den Eigenschaften des Wolfes und Fuchses wieder erkannte. Auch zeichnete sich Gallien schon im frühesten Mittelalter durch seine Vorliebe für die *Tierfabel* aus, deren Einfluss auf die *Tiersage* schon die Verdrängung des Bären durch den Löwen zeigt. Wirklich gehören auch die ältesten von fränkischen Schriftstellern aufgeschriebenen Tiergedichte mehr der Fabel als der Sage an. Die bedeutenderen Dichtungen der eigentlichen Tiersage sind folgende:

1. Die *Ecbasis,* aus dem 10. oder 11. Jahrhundert, lateinisch in Versen abgefasst; das Gedicht erzählt die Flucht eines Kalbes von seiner Herde; es gerät in die Gewalt des Wolfes und wird von diesem in seine Burg geschleppt. Diese wird hierauf im Auftrage des Königs Löwe und unter Anführung des Fuchses durch die übrigen Tiere belagert und erstiegen und der Wolf getötet. Ausgabe von *E. Voigt*, Ecb., das älteste Tierepos des Mittelalters. Strassburg, 1875. Vgl. Ebenders. Kleinere lateinische Denkmäler der Tiersage aus dem 12. bis 14. Jahrhundert. Strassburg 1878.

2. *Isengrimus,* lateinisches Gedicht des 11. oder 12. Jahrhunderts. Es erzählt zuerst die Heilung des kranken Löwen durch Umlegen des Felles, das auf Reinharts Rat dem Wolfe abgezogen worden ist, und sodann ein Ereignis aus früherer Lebenszeit des Wolfes, das der Fuchs erzählt: verschiedene Tiere nämlich, darunter *Renardus,* machen eine Pilgerfahrt; da sie in einer Waldherberge rasten, schleicht *Isengrimus* in räuberischer, mörderischer Absicht herzu, wird aber durch listige Vorkehrungen des Fuchses abgeschreckt.

3. *Reinardus*, lateinisches Gedicht des 12. Jahrhunderts, viel umfangreicher als die bisher genannten Gedichte, über 6000 Zeilen stark; zugleich das erste Gedicht der Tiersage, dessen Dichter „*Nivardus*", ein im übrigen unbekannter Mann, sich *genannt* hat. Das Gedicht hat den Inhalt des *Isengrimus* zum Teil wörtlich in sich aufgenommen und zahlreiche andere Tierabenteuer dazu verbunden; im ganzen sind es dieser zwölf.

Mit Ausnahme des *Isengrimus* sind schon diese Dichtungen stark mit Satire durchzogen, und zwar ist diese teils persönlich, bezieht sich auf ganz bestimmte Zeitgenossen und Verhältnisse, auf bekannte und genannte Bischöfe und Äbte, teils bezieht sie sich auf den in dieser Periode ausgebrochenen Kampf zwischen Kaisertum und Papsttum, so zwar, dass die Verfasser, obwohl selber Geistliche, alle auf Seite des Reiches gegen die Kirche stehen, und obwohl selber Mönche, doch mit besonderer Vorliebe das Mönchstum persiflieren, namentlich das reformierte Mönchstum der Cistercienser, deren Hauptvertreter *Bernhard von Clairvaux* seinen Namen *Bernardus* dem Widder und dem Esel hat verleihen müssen.

4. *Roman de Renart*, umfasst 30362 Verse und zerfällt in 27 zum Teil sehr selbständige Stücke oder *Branches* (Zweige am Baum der Sage); die Dichtung ist nur sehr allmählich durch die Arbeit mehrerer entstanden, und reicht von der zweiten Hälfte des 12. bis ins 14. Jahrhundert; von manchen Stücken werden die Dichter genannt. Der Inhalt ist teils dem *Renardus*, teils anderen schriftlichen und münd-

lichen Quellen entnommen. — Die reichere Ausführung zeigt die Einwirkungen der höfischen Epik, zu den Haupttieren ist ein zahlreiches Nebenpersonal gekommen, deren Namen meist französisch ist; der Löwe heisst hier zuerst *Noble;* die Satire ist dürftiger und matter geworden; ihr Hauptträger, bisher der Wolf, ist jetzt der Fuchs, und ihre Spitze nicht mehr gegen die Kirche, sondern gegen das Hofleben gerichtet. Nur beiläufig mögen noch zwei andere französische Tiergedichte des 13. und 14. Jahrhunderts erwähnt werden, die ganz in das Gebiet der satirischen *Allegorie* fallen: *Le couronnemens Renart* ist eine Satire gegen die *Bettelmönche* und *Renart le nouvel* eine solche gegen die *Ritterorden.*

5. *Isengrîmes nôt* von Heinrich dem *Glîchezâre, Glîchesaere, Glîchsenaere,* d. i. dem Heuchler, Gleissner, einem Elsässer. Seine Hauptquelle ist ein französisches Tierepos, das nicht mehr erhalten ist, sich aber in den französischen Namen und anderen Verhältnissen überall kundgibt. Man kann zwölf Abenteuer oder Branchen unterscheiden; auch hier richtet sich die Satire vornehmlich gegen den Hof. Von der ursprünglichen Gestalt sind nur Bruchstücke, das Ganze in einer Überarbeitung des 13. Jahrhunderts erhalten, die den Namen *Reinhart Fuchs* trägt. — Andere Dichtungen dieser Art hat die Litteratur des deutschen Mittelalters nicht hervorgebracht; statt der Tiersage pflegte man auf deutschem Boden vielmehr die Tierfabel, die immerhin auch vereinzelte Züge der Sage in sich aufnahm.

6. *Reinaert,* ein flämisches Gedicht von *Willem,* aus der zweiten Hälfte des 13. Jahrhunderts, meist nach französischen Quellen bearbeitet. Zwar in überlieferter Weise satirisch gemeint, ist das Gedicht doch rein episch gehalten. Es ist das vorzüglichste Werk unter allen Tierepen und gehört überhaupt zu den besten dichterischen Erzeugnissen des Mittelalters. Es enthält die Anklage des Fuchses, die Vorladung desselben durch den Bären, den Kater und den Dachs, seine Lossprechung gegen das Gelübde einer Pilgerfahrt und seine Übelthaten gegen den Hasen und den Widder, also das, was den Inhalt des ersten Buches im Reinecke bildet; ein Abschluss mangelt. Eine lateinische Bearbeitung dieses *Reinaert* in Distichen von einem gewissen *Baldwinus, Reynardus vulpes,* wurde noch im 13. Jahrhundert verfasst und im 16. zu Utrecht gedruckt. Um 1300 erhielt der *Reinaert* von einem unbekannten Flaeming eine Fortsetzung, gleichfalls auf Grundlage französischer Dichtungen; diese wiederholt in störender Weise den älteren *Reinaert,* die Versammlung der Tiere, die Klage derselben über den Fuchs, sein Erscheinen bei Hofe, seine lügenhafte Erzählung von den Schätzen, alles nur breiter, gelehrter, mit äsopischen Fabeln durchstreut und sehr stark ins satirischdidaktische, ja ins allegorische gezogen.

Der flämische *Reinaert* in seiner ganzen Ausdehnung wurde nun die Quelle zahlreicher Überarbeitungen. In *holländischer Prosa* erschien eine solche 1479 und 1495, aus deren Verkürzung ein jetzt noch in Holland vielgelesenes Volksbuch, *Reinaert de vos,* hervorging; ebendieselbe erschien in englischer (1481) und in französischer Übertragung 1566, die letztere als *Regnier le renard.* Neben der Auflösung in holländischer Prosa gab es aber vom alten *Reinaert* auch eine Übersetzung in *holländische Verse,* von deren Druck leider bloss sieben Blätter vorhanden sind; das Gedicht erscheint hier zuerst in Kapitel eingeteilt, deren jedes mit einer vorausgeschickten prosaischen Inhaltsangabe und einer lehrhaften Nutzanwendung in Prosa versehen ist. Der Verfasser und Bearbeiter hies *Hinrek van Alkmer.*

7. *Reinke de vos*, in niederdeutscher Sprache zuerst 1498 zu Lübeck erschienen, wahrscheinlich zum Teil hervorgerufen durch die ein Jahr vorher ebendaselbst erschienene niederdeutsche Ausgabe von Sebastian Brant's *Narrenschiff*. Dieser *Reinke de vos* ist bloss eine niederdeutsche Übersetzung des holländischen Gedichtes von Heinrich van Alkmar. Die Ausgaben dieses Volksbuches zerfallen in zwei Klassen; deren erste bietet den Text mit der ursprünglichen Gestalt der Glosse, wohin u. a. die Ausgaben von Lübben, Oldenburg 1867, Hoffmann von Fallersleben, Breslau 1845 und 1852, und Schröder, Leipzig 1872 (die beiden letzteren ohne die Glossen) gehören; die zweite Klasse beginnt mit dem Rostocker Druck von 1539, wo die frühere Glosse durch eine weitläufige neue vom protestantischen Standpunkte ersetzt ist. Die ausserordentliche Seltenheit der ersten Ausgabe rührt daher, dass katholische und protestantische Geistliche das Buch eifrig verfolgten; man setzte es sogar auf den Index. Übertragen wurde endlich das Buch im Verlaufe des 16. und 17. Jahrhunderts ins Hochdeutsche, Französische, Dänische, Schwedische, Isländische, Englische, Holländische, Lateinische; diese letztere Übertragung unter dem Titel *Speculum vitae aulicae* siebenmal gedruckt. Die Bearbeitung Goethe's erschien 1794. *Holzschnitte* besass schon die holländische Ausarbeitung des Heinrich von Alkmar, wie fortan die späteren Ausgaben. Eigentümlich ist dabei die heraldisch-verzogene Manier, in der die Tiere, für diesen Zweck nicht unpassend, gehalten sind.

Tjost, mhd. die und der *tjoste, tjust, joste, schuste* u. dergl., aus mittelfranz. *jouste*, von lat. *juxta*, ist der ritterliche Zweikampf mit dem Speere, gegenüber dem *Buhurt* oder Reihenkampf. Der Speer ist beim Tjost abgestumpft und statt der Spitze mit einer flachen, etwas gezackten Platte, dem *kroenlîn*, versehen. Ritter wie Ross waren gepanzert, sprengten im Galopp an und stürmten dann mit verhängten Zügeln auf einander los. Jeder versuchte mit der eingelegten Lanze den Gegner zu treffen, mit dem Schilde den Stoss zu parieren. Das Aufeinanderprallen der Kämpfer heisst ahd. *puneiz*. Traf der Speer den Gegner richtig, so wurde derselbe entweder aus dem Sattel gehoben, oder die Lanze zersplitterte an dem richtig parierenden Schilde, so dass die Stücke, *trunzûne*, umherflogen. Schultz, höfisches Leben, II, Seite 107. Vergl. *Buhurt* und *Turnier*.

Tip, Tippe, spitzes Ende der Mantelkapuze, das durch Einlagen von Fischbein oder Pappe nach vorn gebogen wird und hornartig über die Stirn hervorragt. Die Tippe, Tip-Heuke, Tip-Hoike, war besonders in Niedersachsen im 16. und zu Anfang des 17. Jahrhunderts beliebt.

Tisch. Der Name *Tich* ist aus griech.-lat. *discus* = Wurf-, Essscheibe, Teller entlehnt, eine Bedeutung, die das Wort in nordgermanischen Mundarten lange beibehielt; der echtdeutsche Name des Gerätes ist got. *biuds*, ahd. *piot*, *biet*, ursprünglich Opfertisch, von *bieten* = darlegen. Die Germanen und Skandinavier hatten sehr massive Speisetische auf vier starken Pfosten, oder auf einem sägebockartigen, gekreuzten Gestell, wie solche durch das ganze Mittelalter vorherrschen. Die grossen viereckigen Tische wurden bei der Mahlzeit gewöhnlich mit einem Tischtuch bedeckt. Daneben hatte man kleine runde, auch halbrunde und ovale Tische. In das Reich der Märchen wird es zu rechnen sein, wenn Roderich von Toledo meldet, dass die Araber im Schatz der Westgoten bei der Eroberung Spaniens einen grossen Tisch von Smaragd oder Glasfluss vorgefunden, der überdies mit drei Reihen Perlen besetzt war und auf 365 goldnen Füssen stand, sodass dessen Wert 500 000 Goldstücke betrug. Auch Karl der Grosse soll drei silberne und einen goldenen Tisch hinterlassen haben, deren einer auf der Platte den eingegrabenen Stadtplan von Konstantinopel, ein zweiter die Ansicht von Rom und ein dritter die Himmelskarte zeigte. Den goldenen Tisch schenkte er der Peterskirche in Rom mit einigen Prunkgefässen. Karl selbst muss solche Kostbarkeiten von aussen ebenfalls geschenksweise erhalten haben, so besonders von Byzanz, denn die deutsche Kunst lag noch zu sehr in ihren Anfängen, als dass sie solche Meisterwerke aufzuweisen im stande war. Den vorerwähnten goldenen Tisch hält man vielleicht nicht mit Unrecht für eine südfranzösische Arbeit eines Meisters aus der Schule des heiligen Eligius. Von Otto III. wird tadelnd erwähnt, dass er — entgegen der deutschen Art — *allein* an einer kleinen, halbrunden Tafel speiste. Im 13. Jahrhundert erhielten die hölzernen Tische *Zargen*, eine erhöhte Einrahmung, wohl auch schon *Schublade*, schrägstehende Beine, die behufs Erzielung einer grösseren Solidität und zur Bequemlichkeit mit Fussstangen versehen wurden. Die Tische wurden übrigens oft von Steinplatten gemacht und auf Stein gestützt.

In der früheren Renaissancezeit stellte man die gedrechselten und mit grossen Knäufen versehenen Beine wieder meist lotrecht und verband sie in ihrer unteren Hälfte durch einen Kreuzsteg.

Titurel heisst ein, bloss in zwei Bruchstücken erhaltenes, unvollendet gebliebenes Jugendwerk Wolframs von Eschenbach. Dasselbe ist stark lyrisch gehalten und in einer eigens dazu gedichteten, der Gudrunstrophe nachgedichteten Strophe erhalten. Das Gedicht gehört wie der Parzival der Gralsage an und bildet eine Art Vorgeschichte des grösseren Werkes. In den beiden Bruchstücken sind die schönsten Partien herausgegriffen und behandelt, und zwar sind im ersten Bruchstücke die keimende Liebe *Schionatulanders*, nach dem eigentlich das ganze Gedicht genannt sein sollte, zu Sigune, dann der Tod Gahmurets, des Erziehers von Schionatulander, und des letztern Klage um ihn behandelt, im zweiten Bruchstücke die Abenteuer, welche die Wiedererlangung eines kostbaren, verloren gegangenen Brackenseiles bezwecken. Diese Bruckstücke, die in den letzten Jahren des 12. Jahrhunderts gedichtet sein mögen, hat 50 Jahre nachher *Albrecht von Scharfenberg*, ein bayerischer Ritter, zu einem grossen und langweiligen Epos ausgearbeitet, das der *jüngere Titurel* heisst. Dasselbe war im Mittelalter fast berühmter als der Parzival, ist aber ein abgeschmackt gelehrtes Machwerk mit einer starken Hinneigung zum römisch-kirchlichen Parteistandpunkt. Siehe *Bartsch* in der Einleitung zu Wolfram's Parzival und Titurel, Leipzig 1870.

Tortur. Dieselbe stammt aus dem römischen Rechte, wo sie anfangs nur gegen Sklaven, wenn sich der Herr für seine Unschuld auf ihr Zeugnis berief, später auch gegen Freie und zwar zuerst beim Majestätsverbrechen, allmählich aber auch bei andern schweren Vergehen angewendet wurde. In den alten deutschen Volksrechten kommt die Tortur bloss gegen Sklaven vor, verschwindet dann aber wieder; und das eigentliche Mittelalter kennt als

Mittel des Beweisverfahrens bloss den *Reinigungseid*, die *Eideshelfer* und das *Gottesurteil.* Erst im 15. Jahrhundert trat in Deutschland eine wesentliche Änderung im Verfahren und Beweissystem ein. Die Gerichte fingen an, zum Teil auf kaiserliche Privilegien gestützt und nach dem Vorgange der geistlichen Gerichte, Alles vom *Geständnisse* der Angeschuldigten abhängig zu machen, welches man nun auf alle Weise herbeizuführen sucht. Als Mittel hierzu wurde, wieder nach dem Vorgange der geistlichen Gerichte und der italienischen Praxis und Doktrin, zur *Folter* gegriffen, welche nun nach und nach durch Landesgesetze und im 16. Jahrhundert durch die Reichsgesetzgebung bestätigt wurde; auch das Wort *Folter* stammt aus Italien, wo im mittellateinischen *póledrus, póletrus,* von griech. *pôlos* = Füllen, ein Marterwerkzeug bezeichnet, das ein Gestell mit vier Füssen nach der Art eines *Pferdchens* darstellt. Erfordernisse zur Anwendung der Folter waren: dass weder durch Geständnis noch durch Beweis die Wahrheit bereits entdeckt worden sei oder in der Folge entdeckt werden könne; dass die Beschuldigung in einem schweren Verbrechen bestehe; dass das *Corpus delicti* von demjenigen Verbrechen, über welches die Folter erkannt werden sollte, berichtiget sei; dass wider den zu Folternden wichtige Anzeigen vorhanden seien, die einen starken Verdacht gründeten und dass der Verbrecher die Folter auszuhalten fähig und nicht gegen dieselbe privilegiert sei; privilegiert waren aber hohe Adels- und Gerichtspersonen, fürstliche Räte und Soldaten. Die Folter wurde auf verschiedene *Grade* erkannt, die aber nicht überall gleich waren; meist nahm man ihrer drei an. Der Der *erste* oder *geringste Grad* war das *Schnüren,* wobei dem Angeklagten die Hände an den Gelenken bis auf die Knochen mit Seilen stark zusammengeschnürt und auf den Rücken gebunden wurden; an andern Orten bestand der erste Grad in den *Daumenschrauben* oder *Daumenstöcken*, wobei dem Inquisiten die Daumen beider Hände zusammengepresst wurden; noch an andern Orten gehörten die *Spanischen Stiefeln* oder *Beinschrauben* zum ersten Grade, wodurch die Waden und Schienbeine des Inquisiten gequetscht wurden. Der *zweite Grad* bestand, nach dem sächsischen Rechte, darin, dass der Angeklagte auf die *Leiter* gezogen, ihm die Spanischen Stiefel angelegt, hierauf seine Glieder auf der Leiter ausgedehnt und auseinandergezogen wurden, welcher Grad nun noch dadurch vermehrt ward, dass man das Seil einige Male anzog, oder dem unten losgebundenen Inquisiten einige Gewichte von Stein oder Eisen an die Füsse gehängt wurden, und dann an das Seil geschlagen oder ihm an die spanischen Stiefel geklopft wurde; oder man bewarf den Angeklagten mit *Schwefelfaden.* An andern Orten bestand der zweite Grad allein darin, dass der Angeklagte mit auf den Rücken gebundenen Händen aufgezogen und eine Zeitlang hängen gelassen wurde. Wenn endlich der *dritte Grad* der Folter erkannt wurde, so ward, nach sächsischem Rechte, der auf der Leiter aufgespannte Leib des Angeklagten noch weiter gepeinigt, indem man Federkiele in zerlassenen Schwefel eintauchte und angezündet dem auf der Leiter liegenden Inquisiten auf den Leib warf, oder davon gemachte Pflaster anzündete und auf den Leib klebte, oder einen Knaul von einem eine halbe Elle langem Holze, mit Hanf umwunden, in zerlassenes Pech eintauchte, mit Hanf wieder umwickelte, wiederum eintauchte, bis der Knaul die Grösse einer Faust erhielt, den man hernach anzündete und dem Inquisiten auf den blossen Leib warf, jedoch auf keine edlen Teile; oder wenn man ihm spitz gemachte Kienhölzer unter die Nägel schlug und anzündete. An einigen Orten bestand der dritte Grad allein darin, dass mit dem Aufziehen des Inquisiten das Schlagen an die Seile oder das Anhängen von Gewichten verbunden ward. In manchen deutschen Landen waren neben den oben angeführten drei Graden auch noch andere Arten und Werkzeuge zur Folter eingeführt, als das *Bambergische Instrument*, der *spanische Bock* oder das *Meklenburgische Instrument*, die *Spanische Kappe*, der *Dänische Mantel*, die *Englische Jungfrau*, der *gespickte Hase*, die *Feuertortur*, der *Schwitzkasten*, das *Fiedeln mit dem Riemen* u. s. w. Zahlreich waren die Vorschriften über Dauer, Art, Exekution, Wiederholung der Folter, und ihre hässlichste und schrecklichste Anwendung fand sie in den *Hexenprozessen*, siehe den besondern Art. Nachdem schon im 16. Jahrhundert einige Stimmen sich gegen die Folter erhoben hatten, fiel sie endlich im 18. der Aufklärung zum verdienten Opfer; namentlich Thomasius, Beccaria, Voltaire, Sonnenfels und Justus Möser hatten sich gegen sie ausgesprochen. Friedrich d. Gr. schaffte sie zuerst ab, 1740 und 1754; dann folgte Dänemark 1770, Österreich 1784 und 87, Frankreich 1789.

Totenkleid, Totenhemd. Nach heidnischem Brauch wurden im früheren Mittelalter die Leichen möglichst prunkvoll beerdigt, Krieger in ihrem Waffenschmucke, Würdenträge in ihrem Amtsornat. Die christliche Kirche eiferte dagegen und verhiess Verkürzung der Busszeit im Fegefeuer, wenn Verstorbene sich im Busskleid beerdigen lassen. So wurde aus dem langen Busskleid das übliche Sterbekleid, meist von weisser Leinwand gemacht und mit schwarzem Besatz versehen.

In der Renaissancezeit kam es für kurze Dauer in Abnahme, erhob sich aber im 17. Jahrhundert zu noch allgemeinerem Gebrauch.

Totenleuchter, Kirchhofslaternen, Armseelenlichter, Lichthäuschen, Lichtsäulen waren schon früh im Gebrauch. Heidnischer Volksglaube war es, vermittelst eines Leuchters die bösen Geister vom Grabe der Seinigen fernzuhalten. So erhielt anfänglich jedes Grab sein besonderes Lämpchen, wenigstens dasjenige eines Heiligen oder eines Hochgestellten überhaupt. Aus dieser Sitte entsprang die weitere, entweder auf dem Gottesacker selbst auf einer mehr oder minder hohen Säule oder dann in einem erkerartigen Lichthäuschen an der anstossenden Kirchenmauer ein ewiges Licht zu unterhalten, wovon die erste sichere Meldung auf das 12. Jahrhundert zurückweist. In Deutschland sind einige Totenlichter aus dem 13.—16. Jahrhundert erhalten, z. B. in Schulpforta, Regensburg, Klosterneuburg, das letztere (vom Jahre 1381) 9 m hoch und mit Reliefs aus der Passionsgeschichte geschmückt. An der Säule ist oft auch eine essenartige Vertiefung, ein kleiner Herd, in welchem als Armseelenlicht Weihholz (Weiden- und Wachholderzweige, am Palmsonntag geweiht) verbrannt wurde. Ob dieses an manchen Orten das eigentliche und einzige Totenlicht war, oder ob daneben eine ewige Lampe brannte, kann genau nicht ermittelt werden. In Frankreich haben einige Totenleuchter aussen herum eine Wendeltreppe, über die man zum Totenlicht emporsteigen konnte; in Deutschland sind keine solche erhalten geblieben.

Totentanz. Unter die humoristisch-allegorischen Lieblingsfiguren des ausgehenden Mittelalters zählt nächst dem Narren und dem Teufel namentlich der Tod. Schon früh war die Personifizierung des Todes nichts ungewöhnliches: man stellte ihn, einem biblischen Bilde folgend, dar als *Ackermann*, der den Garten des Lebens jätet und die Blumen bricht, der über das Schlachtfeld schreitet und es mit Blut düngt, mit Schwertern furcht und mit Leichen ansät; oder als *König*, der durch die Lande fahrend seine Heerscharen, die Sterbenden, sammelt, der seinen Feinden, den Menschen, Krieg ankündigt, gewappnet auszieht und sie gefangen nimmt, der sie in sein gastliches Haus oder als Richter vor seinen Gerichtsstuhl ladet; Krankheiten sind seine Boten, Zweikämpfe und Schlachten seine Prozesse. Seit dem 14. Jahrhundert nimmt man die Bilder des Todes mit Vorliebe aus dem niedern Alltagsleben, nennt den Kampf ein Beichtehören, ein Ablass und Segen-Erteilen, den Tod ein Feierabend machen, oder man setzte den Tod ans Schachbrett, wo er den Figuren desselben, als Päpsten, Kaisern, Königen, Schach oder Matt bietet, oder man dachte sich, der Tod gebe den Menschen ein Gastmahl, einen Trunk, mit *Musik und Tanz*, überhaupt einen *Tanz*, zu welchem der Tod den Menschen aufspiele. Dieser musizierende und mit den Menschen davon tanzende Tod wurde nun im Beginn des 14. Jahrhunderts zum *Gegenstand dramatischer Dichtung* und Schaustellung gemacht, so zwar, dass der Tod eine Reihe von Menschen verschiedener Art und Stände musizierend und tanzend entführte, wobei sich der Dialog auf kurze Worte und Gegenworte beschränkte; ohne Zweifel sind solche Spiele von Geistlichen aufgeführt worden; aus Paris ist eine derartige Aufführung aus dem Jahre 1424 bekannt. In Frankreich begann man auch an demselben Ort, wo man die Totentänze zu spielen pflegte, auf die Mauer des Kirchhofs die Bilder des Tanzes zu malen. Dasselbe geschah in Deutschland, und zwar ist das älteste Beispiel ein Gemälde in der Marienkirche zu Lübeck; es weist, gleich dem alten Spiele, bloss 24 Personen auf, und zwar Papst, Kaiser, Kaiserin, Kardinal, König, Bischof, Herzog, Abt, Ritter, Karthäuser, Bürgermeister, Domherr, Edelmann, Arzt, Wucherer, Kapellan, Amtmann, Küster, Kaufmann, Klausner, Bauer, Jüngling, Jungfrau und Kind. Diese tanzen in langer Reihe, je eine Todesgestalt und eine menschliche nebeneinander, also einen *Reigen;* der Tod ist hier nirgends ein gänzlich entfleischtes Gerippe, welches er im 16. Jahrhundert wird, sondern nur eine eingefallene zusammengeschrumpfte Leiche, ein vielfältig um den Leib sich schlingendes und ihn grossenteils verdeckendes Grabtuch tragend; der letzte Tod des Lübecker Totentanzes führt, in Erinnerung an jenen Ackermann, den Schnitter Tod, eine Sense. Der Lübecker Totentanz war lange ein Ruhm der Stadt und erweckte vielerlei Nachahmung. Die ältesten oberdeutschen Totentänze sind in *Bücherhandschriften* oder in *Holzschnitten* erhalten; sie unterscheiden sich von der niederdeutschen Gruppe durch eine etwas andere Auswahl der Personen, dann dadurch, dass eine kurze, einem Prediger in den Mund gelegte gereimte Vermahnung voraus und nach geht, und dass endlich die Bilder den zusammenhängenden Reigen in *einzelne Tanzgruppen* auflösen. Sowohl von der Lübecker als von der soeben genannten Holzschnitt-Auffassung abhängig ist der *Totentanz im Basler Klingenthal*, einem Frauenkloster des Dominikaner-Ordens; er nimmt die Personen der beiden genannten Gruppen zusammen und vermehrt sie durch einige neue bis zu 39; der Tanz ist ebenfalls in lauter einzelne Paare aufgelöst.

In den genannten Gemälden waren die Bilder den Worten untergeordnet, diese das ältere, jene das spätere daraus abgeleitete Element; seit man das Spiel des eigentlichen Totentanzes nicht mehr aufführte, änderte sich das Verhältnis, und die Bilder wurden zur Hauptsache, die Worte traten zurück; die Bilder wanderten jetzt von Ort zu Ort, während die Verse sich änderten oder ganz verschwanden. Muster für alle spätern Totentänze blieb der *Klingenthaler von Basel*, der zuerst in einem Totentanz des Basler *Predigerklosters* nachgeahmt, künstlerisch aber von ihm übertroffen wurde. Erst dieser „Tod von Basel" wurde das aufgesuchte Wahrzeichen der Stadt und ein Sprichwort des Volkes und das nähere Vorbild aller folgenden Darstellungen, so in den *Predigerklöstern* zu *Strassburg* und zu *Bern*, die letztere von *Nikolaus Manuel*, welcher Maler, Dichter, Staatsmann zugleich war und seine geniale Laune in den Linien und Versen seines Totentanzes gleich originell spielen zu lassen verstand. So ist der Basler Tod auch Veranlassung geworden zu den *Holzschnitten Holbeins*, die als *Imagines mortis* seit 1530 erschienen. Hier sind nun eine beliebige Zahl von Personen zu einer Gruppe vereinigt und als geschlossene Bilder komponiert, auch ist der Tanz aufgegeben und der Tod schreitet und greift sonst wie auf die jedesmal angemessene Weise in das Treiben der Menschen hinein. Erst hier ist auch der Tod als vollkommenes Gerippe aufgefasst. Dazu Fig. 155 (Kunsthist. Bilderbogen). Die beigegebenen Verse verfasste zuerst auf Französisch *Corroret*, dann, sie übersetzend, auf Lateinisch *Georgius Aemilius*. Dass Holbein auch den Grossbasler Totentanz gemalt habe, war eine grundlose Sage. *Wackernagel*, kl. Schriften, I, 302—375. Vgl. *J. C. Wessely*, die Gestalten des Todes und des Teufels in der darstellenden Kunst. Leipzig 1876.

Fig. 155. Aus Holbeins Totentanz.

Tracht. Über die Kleidungsart der alten Germanen und ihrer Stammverwandten sind wir durch die Römer genau unterrichtet. *Tacitus* beschreibt sie im 17. Kap. der *Germania* folgendermassen: *Landestracht* ist bei Allen ein Überwurf, bestehend aus einem viereckigen Tuchstück, das mit einer Spange oder in deren Ermangelung mit einem Dorn zusammengeheftet wird. Ohne andere Bedeckung liegen sie ganze Tage lang am Herdfeuer. Die Wohlhabenden unterscheiden sich durch den Stoff des Unterkleides, das nicht bauschig, wie bei den Sarmaten und Parthern, sondern anliegend ist und die einzelnen Gliedmaassen hervortreten lässt. Auch Tierfälle tragen sie, wobei die Anwohner des Rheins und der Donau keinen besonderen Unterschied machen; dagegen sind die im Innern des Landes wählerischer, da ihnen kein Handel sonstigen Putz bringt. Sie ziehen gewisse

Tierarten vor und durchsetzen ihre Felle mit Lappen aus andersfarbigen Bälgen, welche sie vom entlegneren Ozean und dem uns unbekannten Meere her erhalten. Das Kleid der Frauen ist ganz gleich, wie das der Männer, nur hüllen sie sich öfter in leinene, mit Purpur verbrämte Gewänder. Der obere Teil des Kleides wird nicht zu Ärmeln verlängert, sondern Ober- und Unterarm sind ganz frei und ebenso ist die Brust vom Halse an zum Teil bloss.

Spärlich fliessen die Quellen der folgenden Jahrhunderte bis auf Karl d. G. Thatsache ist, dass die an die römischen Provinzen angrenzenden Volksstämme schon früh sich in Sitten und Gebräuchen, so auch in ihrem äusseren Auftreten, in der Kleidung beeinflussen liessen. Es geschah das aber nicht mit einemmal und nicht an allen Orten zu gleicher Zeit und in gleicher Weise. Sicher ist, dass die altgermanische Einfachheit nach und nach dem römischen Prunke wich, über die Art und Weise des Weichens der einen und des Fortschreitens der anderen sind keine bestimmten Anhaltspunkte vorhanden. Wenn einzelne Nachrichten von einem Prunke reden, der den römischen übertrifft, so sind das entweder Sagen oder haben zum mindesten nur auf die höchstgestellten Personen, auf Könige und Bischöfe Bezug; während man mit Sicherheit annehmen darf, dass das gemeine Volk noch Jahrhunderte lang den Sitten der Väter in bezug auf Kleidung treu blieb, was ihre Lebensweise überhaupt schon mehr oder weniger bedingte.

Der früheste Berichterstatter über die Kleidung der Franken ist *Sidonius Apollinaris*, der um die Mitte des fünften Jahrhunderts schrieb: „Wallend und blond ist das Haar der Franken, blau ihr Auge; ihre grossen und starken Glieder umschliesst ein enganliegendes Kleid; sichtbar (nackt) ist das Knie, um den Leib tragen sie einen Gurt; mit ihren Streitäxten hauen sie weit; den Schild zu handhaben ist ihnen Spiel, dem Wurfspeer kommt selbst ihr Angriff zuvor; schon in der Kindheit ist Krieg ihre Freude; übermannt kennen sie keine Furcht, ihr Mut dauert über das Leben hinaus.“

Dass aber auch in der Merovingerzeit der Aufwand bei fürstlichen Personen schon gross gewesen sein muss, geht aus verschiedenen Nachrichten hervor. Nach dem Tode des jüngsten Sohnes Chilperichs liess Fredegunde, die Mutter, aus Betrübnis sämtliche Kleider, „die seidenen und die von anderen Stoffen“, sowie die Schmucksachen verbrennen und brauchte zum Fortschaffen derselben vier Karren. Das Gold und Silber liess sie schmelzen und that es bei Seite, „damit nichts in seiner alten Gestalt verbliebe, was ihr die Trauer zurückriefe“.

Besser unterrichtet sind wir über die Tracht der *Karolinger*. Durch das ausgesprochene, lebenskräftige Deutschtum Karl des Grossen wird der Luxus von dem Hofe und damit aus den oberen Ständen wieder verdrängt und kommt die *fränkische* Tracht zu ihrer Entfaltung. Karl selbst bediente sich derselben. Über sein Auftreten sagt Einhard, sein Biograph: „Der Kaiser Karl kleidete sich nach *vaterländischem, fränkischem* Brauch. Auf dem Leib trug er ein linnenes Hemd und ebenfalls linnene Unterhosen, darüber ein mit seidenen Streifen verbrämtes Wams und Beinkleider; sodann bedeckte er die Beine mit Binden und die Füsse mit Schuhen. Nur im Winter bediente er sich zum Schutz der Schultern und der Brust noch eines eigenen, aus Seehundsfell und Zobelpelz verfertigten Rockes; auch trug er einen meergrünen Mantel und beständig das Schwert an der Seite, dessen Handgriff und Gehenk aus Gold oder Silber gearbeitet waren. Mitunter jedoch, so namentlich bei Festlichkeiten oder wenn die Gesandtschaften fremder Völker vor ihm erschienen, führte er auch ein noch reicher mit Gold und Edelsteinen verziertes Schwert. Ausländische Tracht aber wies er zurück, mochte sie auch noch so prunkend sein, und liess sich solche niemals anlegen, nur ausgenommen zweimal in Rom, wo er einmal auf Wunsch des Papstes Hadrian und ein andermal auf die Bitte von dessen Nachfolger Leo die lange Tunika, die *Chlamys* und römische Schuhe anzog. Einzig bei festlichen Vorkommnissen erschien er in golddurchwirktem Kleide und Schuhen mit Edelsteinen besetzt, den Mantel durch eine goldene Hakenspange zusammengehalten und auf dem Haupte ein Diadem von Gold mit Edelsteinen geschmückt. An anderen gewöhnlichen Tagen indes unterschied sich seine Kleidung nur wenig von der gemeinen Volkstracht“. Aus einer Mitteilung in den „Lorscher Jahrbüchern“, betreffend die Begräbnisfeierlichkeit desselben Kaisers, ist ersichtlich, dass er „heimlich auch unausgesetzt ein härenes Gewand auf blossem Leibe getragen hat“. Die Kleider wurden von den Frauen selber verfertigt, sogar am Hofe des Kaisers, in den sogen. Frauenhäusern. Die Kaiserin und ihre Töchter „beschäftigten sich mit Spindel, Spinnrocken und Wollenarbeit, damit letztere nicht in Trägheit verfielen und sich an Müssiggang gewöhnten“. Zwar konnte es nicht fehlen, dass bei dem lebhaften Verkehr mit den auswärtigen Höfen, sowie angesichts der vielen kostbaren Geschenke, die Karl von Byzanz und sogar von Persien her erhielt, manch köstliches Stück in den Hofschatz kam, das namentlich den Frauen in die Augen stach und sie wenigstens veranlasste, selbige nachzuahmen. Und in der That verwandte man am Hofe grosse Sorgfalt auf Handarbeiten aus dem Stickereifach. Wie gründlich aber der Kaiser seinen Hofleuten die Gier nach köstlichen Pelzwerken verleidete, erzählt die bekannte Anekdote von dem zu Wasser gewordenen Jagdvergnügen. Überhaupt war Karl ein ausgesprochener Feind der fremden Trachten, was schon aus seinen *Kleiderordnungen* erhellt. Siehe den besonderen Artikel.

Auf die Zeit Ludwig des Deutschen hat bezug, was der „Mönch von St. Gallen“ von fränkischer Tracht berichtet, wenn er sagt: „Die Tracht der alten Franken bestand in Schuhen, aussen mit Gold geschmückt, nebst drei Ellen langen Schnüren, scharlachnen Binden um die Beine und darunter aus linnenen ebenso gefärbten Hosen, aber mit kunstreicher Arbeit geschmückt. Über diese und die Binden erstrecken sich in kreuzweiser Windung, innen und aussen, vorn und hinten, jene langen Schnürbänder. Dann ein Hemd von Glanzleinewand, und darüber ein Schwertgehenk. Dieses Schwert wurde zunächst durch die Scheide, dann durch irgend eine Art Leder und drittens von weisser und mit hellem Wachse gestärkter Leinwand so umgeben, dass es mit seinen in der Mitte blinkenden Kreuzchen zum Verderben der Heiden fest erhalten ward. Das letzte Stück ihres Anzuges war ein blaues oder graues Gewand, viereckig und doppelt, dergestalt, dass es über beide Schultern gehängt, vorn und hinten die Füsse berührte, seitwärts jedoch kaum bis zum Knie reichte. Dazu führten sie in der rechten einen Stab mit gleichmässigen Knoten von einem geraden Baumstamme, schön, stark und schreckbar zugleich, mit einem Handgriff von Gold oder Silber, den schöne, erhabene Arbeit schmückte“.

Wie sehr nun von alten Schriftstellern diese Tracht als die *altfränkische* angeführt wird, so ist doch nicht zu verkennen, dass sie eigentlich die *altrömische* ist, was namentlich die erhaltenen Miniaturbilder aus dieser fränkischen Zeit bestätigen. Die *Männer* erscheinen auf denselben in einer bis zum Knie reichenden, enganliegenden *Tunika* mit langen, knappen Ärmeln. Die *Beinkleider* sind ebenfalls eng, der Unterschenkel umbunden. Verkürzt sich die *Unterschenkelbinde* zur Kniebinde, so tritt noch eine besondere Fussbekleidung dazu, die *Socken* oder *Stiefel.* Hochgestellte erscheinen auch etwa in einem viereckigen Schultermantel, dessen Enden vorn und hinten tiefer hangen, als zu beiden Seiten. Die *Frauen* tragen mehr oder minder reichverzierte, lange Unterkleider, einen vermittelst der üblichen Spange gehefteten Mantel und kurz zugespitzte farbige Schuhe. Als ein König, der der fremden Tracht sehr zugethan war, wird *Karl der Kahle* genannt, der nach den Jahrbüchern aus dem Kloster Fulda (876) griechischen Prunk aus Italien herüberbrachte, einen langen, faltenreichen, dalmatinischen Talar trug mit darüber geschlungenem Gürtel, der bis auf die Füsse hing, den Kopf in Seide gehüllt und mit dem Diadem gekrönt. Dasselbe bekräftigen die Jahrbücher von St. Bertin, die Karl auf der Synode zu Pontion am 21. Juni 876 „mit einem golddurchwirkten Gewande nach *fränkischem* Schnitte“ erscheinen lassen, während er am Schlusse derselben, am 16. Juli, ein *griechisches* Gewand und die Krone trägt. Die den Römern entlehnte Tracht entsprach aber in der Hauptsache den Anforderungen der Franken, und erhielt sich deshalb ziemlich unverändert zwei volle Jahrhunderte hindurch, ja in ihrem Grundcharakter bis in den Anfang des 14. Jahrhunderts. Die Abänderungen erstrecken sich besonders auf die verschiedenartige Bekleidung der Beine. Mit der allmählichen Verbreitung der männlichen Beinkleider wurden die Schenkelbinden verdrängt, wogegen Stiefel oder Socke von Filz und Leder häufiger wurden und selbst der Kopf zu seinem Schutze hier und da (z. B. in Sachsen schon im 10. Jahrhundert) den leichten Strohhut erhielt. Vom 12. Jahrhundert an wurde auch das Untergewand noch mehr verlängert und der Schultermantel erhielt zuweilen eine *Kapuze.* Die Vornehmen trugen Kleider nach demselben Schnitt, jedoch mit reichen Randverzierungen und in verschiedener Färbung; der einfache *Bundschuh* wurde zum höher geschnittenen *Halbstiefel.* Die *Frauen* erscheinen im 11. Jahrhundert auch etwa in einer oberen Tunika mit weitgeöffneten Halbärmeln und gewöhnlich in rot oder blau gefärbten Schuhen. Die Könige trugen sich nach Art Karls des Kahlen; doch wird bei Widukind in der Schilderung der Krönungsfeierlichkeit vom Jahre 936 (Otto I.) ausdrücklich erwähnt, dass der König „mit dem enganliegenden fränkischen Gewande bekleidet war“ im Gegensatz zu der langwallenden, üppigen *griechischen* Kleidung. Dieser fränkischen Gemessenheit in der Tracht entsprach auch das allgemeinüblich kurzgeschnittene *Haupthaar*, während man am griechischen Hof Haar und Bart lang trug und in farbige seidene Tücher hüllte.

Im 11., vielleicht schon im 10. Jahrhundert, entsteht in den höheren Ständen der Brauch, auf dem Leibe zunächst ein leinenes *Hemd* zu tragen, welches aus naheliegenden Gründen bald allgemein angenommen wurde. Wer sich dessen enthielt und das schon aus dem 8. Jahrhundert bekannte grobhärene Büsserhemd trug, meinte damit den Himmel zu verdienen. Allgemeiner wurde auch in dieser Zeit schon die Kopfbedeckung (siehe dort). Aus einer Klage *Thietmars von Merseburg* ist zu schliessen, dass sich schon zu Ende des 11. Jahrhunderts Frauen gelüsten liessen, „die einzelnen Teile des Körpers auf unanständige Weise zu entblössen, allen Liebhabern offen zu zeigen, was an ihnen feil sei, und also, obwohl als ein Greuel vor Gott und eine Schande vor der Welt, ohne irgend welche Scham allem Volke zur Schau einherzugehen". Aus den Miniaturbildern dieser Zeit ist nicht zu ersehen, wie Thietmars Worte zu verstehen sind. Es darf aber angenommen werden, dass nicht völlige Nacktheit der Frauen den Ankläger so schamrot gemacht hat, sondern vielmehr die knappe Gewandung, welche die Körperformen zu deutlich hervortreten liess.

Mit dem Aufschwung, den der Handel — zum grossen Teil durch die *Kreuzzüge* veranlasst — im 12. Jahrhundest nahm, brachen sich auch die verschiedenen *ausländischen Trachten* immer mehr Bahn. Zur Metropole dieses Handels war Venedig geworden, auf dessen Markte Byzanz, Indien, Ägypten, Nordafrika und Spanien mit ihren Erzeugnissen vertreten waren, und zwar bestanden diese vornehmlich in Schmucksachen, Kleiderstoffen und fertigen Kleidern. Bei den Beziehungen, welche auch die deutschen Städte mit Venedig pflegten und besonders der deutsche Hof, konnte es nicht fehlen, dass die alte fränkische Tracht bei den höheren Ständen bald völlig, beim aufstrebenden Bürgerstande nach und nach verdrängt wurde. Seidene und köstliche baumwollene Tücher verdrängten die einheimischen, und es konnte der Wettstreit zwischen den Ständen und Geschlechtern sich nach Belieben entfalten. Viel erwähnt wird bei den Dichtern des 12. und 13. Jahrhunderts *Seide* aus Ninive, Bagdad, Alexandrien, Adramant, Assagauk, Alamansura, Pelpiunte, Meuriente, Ecidemonis, Agathyrsienthe, Tabronit, Mohrenland, Zazamank u. s. w. Als Stoffe werden sonst noch genannt: der Baldachin, Blialt oder Plialt, Cyclat, Palmat, Pfawin, Triblat, Pfellel, Tyras, Tymit, Taft, Marroch, Sindel, bei welcher Gelegenheit mit Weitschweifigkeit auch die Heimat und Zubereitungsart des betreffenden Stoffes angegeben wird, wobei oft die wunderlichsten Mären erzählt werden. Am höchsten geschätzt war der *Pfellel*, dann der *Baldachin* von Balbeck (Bagdad) und der *Sammt*, der zu Ende des 12. Jahrhunderts unter den Vornehmen schon stark verbreitet war. Häufig kam auch der *Siglat* oder *Cyglat* in Gebrauch, den man oft wie den Baldachin bestickte und mit Goldfäden durchwirkte. Selbstverständlich war man auch bemüht, diese Stoffe nachzuahmen, d. h. im eigenen Lande zu verfertigen; so wird bereits in dieser Zeit der *Zürcher Seide* und des *Regensburger-Zendals* erwähnt. So wurde auch die einheimische Weberei, die Leinwand- und Wolltuchweberei, namentlich vom Niederrheine aus verarbeitet und verbessert. Neben der schon aus Karls des Grossen Zeiten bekannten „*Friese*" kamen jetzt durch Verwendung englischer, ungarischer und spanischer Wolle auch feinere Tücher auf, Scharlach, Saja, Rasch, Fritschal, Bogram, Barragan, Lodon und Kamelot. Der *Bogram* wurde aus Ziegenhaaren gewoben, der *Kamelot* aus Kamelhaaren. Auch die Benennungen *Zwillich*, Belker und Schetter kamen in dieser Zeit schon auf. Mit der Weberei kamen auch die Färberei, Wirkerei und Stickerei mehr in Aufnahme, wie überhaupt ein Gewerbe das andere unterstützte und anregte.

Selbstverständlich ist, dass nicht jede Hausfrau sich getraute, diese köstlichen Stoffe selbst in Arbeit zu nehmen, um so mehr, da auch der Schnitt der Kleider immer komplizierter wurde. So entstand im 12. Jahrhundert ein neues Handwerk und damit eine neue Zunft, die der *Snider*, in Frankreich Talierer genannt, die anfänglich die Tuchkrämer auch in sich begriffen. Im 13. Jahrhundert heisst man sie „Mentler, Gewand- und Flickschneider“ und erst später werden sie in „Manns- und Frauenschneider“ ausgeschieden.

Was nun die Art der Kleidungsstücke und ihre Zahl betrifft, so bleibt dieses trotz der veränderten Verhältnisse so ziemlich gleich, — Hemd, obere Tunika, Beinkleidung und Mantel machen in der Hauptsache auch jetzt noch die männliche Tracht aus. Das *Hemd, hemede, nider-wât, nider-kleit*, ist von Leinwand gemacht, kurzärmelig, nach Art der Tunika vorn geschlossen. Die *Hose, caliga*, hatte vielfach doch die Gestalt der Trikots, indem sie als Langstrümpfe die Beine bis in die Mitte der Oberschenkel bekleidete und dort an die Broche, *femoralia*, (unserer Schwimmhose ähnlich) anschloss oder auch als ein Stück mit derselben den Leib bis zur Hüfte bedeckte. Bei den Armen tritt eine einfache *Pumphose* auf, die am obern Rande durch einen eingenähten Riemen zusammengezogen wird. Auch die ganzen *Trikots* wurden mittelst Schnüren an den Hüften geheftet, d. h. meist mit dem Oberkleide zusammengenestelt, wozu diese sowohl wie der Hüftengürtel entsprechend durchlöchert waren. Diese Trikots wurden aus Seide oder Wolle gewebt, vorherrschend einfärbig, besonders rot, dann oft auch gestreift oder jeder Beinling in eigener Farbe. Die *Schuhe*, Halbstiefeln, wurden nach wie vor aus Zeug, Filz oder Leder gefertigt und erhalten immer noch verschiedene Farben; doch herrscht bereits die schwarze vor. Sie wurden mehr oder minder weit ausgeschnitten und offen getragen oder mit Riemen gebunden, sogar vereinzelt auch geschnäbelt, welche Manier Graf Fulko von Anjou oder Angers um 1089 seiner übelgebauten Füsse wegen aufgebracht haben soll. Am deutlichsten zeigte sich der fremde Einfluss im *Roc* oder *Rock*. Bei den dienenden Ständen herrschte als Untergewand zwar immer noch die kurze Ärmeltunika vor, bei den Beamten aber und bei Personen von Rang oder Stand verlängerte diese sich derart, dass sie oft aufgeschürzt werden musste. Das Stutzertum schlitzte sie auch vom Gürtel abwärts ganz auf und zackte den untern Rand zu schmalen Lappen aus. Auch trug man mitunter über diesem ein zweites, ärmelloses Untergewand, das ungegürtet herabhing, vom 13. Jahrhundert an als *Schapperun, Warkus, Kappe*, beständig zum vollen Anzug gehörte und jetzt eine Kapuze oder Ärmel oder auch beides zugleich erhielt und zwar die Ärmel als weite Halb- oder Hängeärmel. Das untere Gewand hiess *Sukkenîe* und wurde in seinem oberen Teile sehr verengt. Es war das Hauskleid, während die „*Kappe*“ auf Reisen und zur Jagd darüber angezogen wurde. Vornehme trugen auf der Jagd auch ein besonderes „*Pirsgewant*“, einen kurzen Umhang von Pelzwerk. Der *Mantel* (siehe dort) hatte seine ursprüngliche Form, diejenige eines halbkreisförmigen, mehr oder minder weiten Umhangs, noch immer bewahrt, wurde nun aber nicht mehr ausschliesslich nach römischer Sitte auf der linken Schulter getragen, sondern als Rückenmantel auf beiden Schultern zugleich. Die *Kopfbedeckung* kommt noch selten vor, wo sie aber auftritt, da ist es die Rundkappe, die spitzige Pelzmütze und der breitkrempige Strohhut. (Siehe Kopfbedeckung.)

Die *weibliche* Kleidung entsprach

der eben besprochenen. Zunächst ist es auch im 12. Jahrhundert nur noch *ein* Kleid, der Rock, der auf blossem Leibe getragen wird. Er bleibt auch längere Zeit noch das einzige Kleidungsstück der Bediensteten und der Armen. Vermögliche tragen bald das Hauptkleidungsstück über demselben und seit der zweiten Hälfte des 12. Jahrhunderts auch schon das dritte. Der Stoff des Hemdes ist Leinwand oder Seide; wo es ein einziges Kleidungsstück bleibt — ein grober Wollenstoff. Der *Rock* bedeckte den Oberkörper sehr knapp, erweiterte sich aber an den Hüften zu einem langen Schleppkleide, dem die weiten Hängeärmel entsprachen. Die Geistlichkeit nahm Anstoss an dieser Tracht und untersagte sie auf einem Konzil um 1185 aufs nachdrücklichste. Sie erhielt sich jedoch bis in den Anfang des 13. Jahrhunderts, wo die (in ihrem oberen Teile) weitere ärmellose *Suggenîe* oder *Suckenîe* aufkam, die auch von den Männern bald allgemein getragen wurde. Erwähnt werden bei den Dichtern noch der kurze *Bolt*, wahrscheinlich ein Überwurf, der *Surkot*, ein dem *Skapulier* ähnlicher Überhang, vorn und hinten herabhängend, an den Seiten offen, oben mit einem Kopfloch versehen — und ferner der *Swanz* oder das *Swänzelîn*, vermutlich eine *Suckenîe* mit Schleppe. Mantel, Fuss- und Kopfbekleidung, wenigstens erstere zwei, unterschieden sich nicht von denjenigen der Männer, wogegen die kostbaren fremden Geschmeide von den Frauen im allgemeinen mehr geliebt werden, als von den Männern, wie wenig auch die Männer, natürlich die Fürsten vorab, den glänzenden Erzeugnissen der Goldschmiedekunst abhold waren. Im Inlande zeichneten sich auf diesem Gebiete die Augsburger und Nürnberger Goldschmiedewerkstätten aus. *Haar* und *Bart* wurden immer noch kurz geschnitten; der volle Bart kennzeichnet den *Juden*, dem überdies ein zuckerhutförmiger Hut mit kurzem, herabhängenden Rand vorgeschrieben war, welche Bestimmungen von späteren Kirchenversammlungen dahin erweitert wurden, dass der Hut hornartig gekrümmt und das Unterkleid auf der Brust oder dann der Mantel mit einem orangefarbenen Rad bezeichnet werden müsse. Ebenso mussten sich die jüdischen Weiber und Kinder auffällige Kennzeichnung gefallen lassen.

Wohl auch gegen Ende des 12. Jahrhunderts mögen besondere *Abzeichen* für Beamte aufgekommen sein, sei es nun dass diese in einem eigenartig gestalteten Kleidungsstück selbst oder in einer Verzierung desselben bestanden.

Auch des *Stabes* wird als eines solchen Abzeichens erwähnt. Es müssen aber diese Abzeichen überhaupt anfänglich nur bei besonders hohen Festlichkeiten getragen worden sein, wenigstens erscheint auf einem Bilde in der Manesseschen Liederhandschrift, die zwischen 1280 und 1328 gesammelt worden, der Böhmenkönig Wenzel II. in seinem vollen Ornate, während seine sämtlichen Begleiter ohne besondere Kennzeichen dargestellt sind. Auch ist mit Gewissheit anzunehmen, dass in gleicher Weise die Auszeichnung der Kur- oder Wahlfürsten kaum vor dem Ende des 13. Jahrhunderts aufkam. Diese bestand in einem langen, roten Mantel, besetzt und gefüttert mit Hermelin und einem Kragen von demselben Stoffe, und in einer roten Rundkappe mit Hermelinbesatz, bei den vier weltlichen Fürsten von Sammet, bei den geistlichen von Tuch.

Zu eben der Zeit, als der *Hof* seine Beamten äusserlich kennzeichnete, nahm auch die *bürgerliche Amtskleidung* in den städtischen Gemeinwesen ihren Anfang. Die höchste Gewalt war die richterliche, und für ihre Träger findet man zuerst — und zwar schon in den Rechtsbüchern des 13. Jahrhunderts — bestimmte Vorschriften über ihr Erscheinen bei deren Ausübung. Der *Richter* musste auf einem vierbeinigen Stuhle sitzen „als ein grisgrimmender Löwe, den rechten Fuss über den linken geschlagen“, bekleidet mit einem Mantel, den sollen sie „*uppen den schulderen hebben, sunder wapenen solen sie sin*“. Und „*swar man dinget in bi koninges banne, dar ne sal noch scepenen* (Schöffen) *noch richtere kappen hebben an noch hüdeken noch huven noch handschuhe*“. Zudem trägt der Richter einen weissen (entrindeten) Stab. Schultheissen und Landgrafen sitzen auch, sowie die übrigen Schöppen oder Schöffen auf der Schöppen-Bank. Sie tragen Stab und Mantel und überdies einen gelben Krempenhut, dessen Spitze hornartig rückwärts gebogen erscheint. Untergeordnete Beamte trugen die Farben der Stadt, vielleicht auch die Wahrzeichen derselben in Form von Wappenschildchen, wie auch jede Zunft — mancherorts auch einzelne Geschlechter — ihr eigenes Wahrzeichen führte.

Schon in der zweiten Hälfte des 13. Jahrhunderts hatte Deutschland die Führerschaft unter den europäischen Landen an Frankreich abtreten müssen, das auch in bezug auf die Tracht eine völlige Umgestaltung hervorrief, indem es mit den altrömischen Überlieferungen völlig brach und dadurch für das Kostüm eine durchaus selbständige, höchst wechselvolle Fortgestaltung anbahnte. Deutschland widerstand dem französischen Einflusse bis gegen die Mitte des 14. Jahrhunderts und der Grundcharakter der Bekleidungsart blieb bis dahin dem bisherigen gleich. Dann aber brach mit einemmale der ganze Widerstand, und die Flut des Neuen brach nun um so kräftiger herein. Adels- und Bürgerstand suchten sich zu überbieten „und was beide in äussern Genüssen nicht selber ersannen oder vermochten, ersann und vollführte die Geistlichkeit. Wie heftig auch der Einspruch wurde, den einzelne gesinnungstüchtige Männer, Prädikanten und Moralisten, und selbst Behörden dagegen erhoben, und wie wirksam auch dies teilweise war, im ganzen blieb man sich getreu, ja fühlte sich darum um so entschiedener geneigt, im Eigenwillen zu beharren und eben nur sich, dann oft bis zum Mutwillen, in ungebundenster Art zu genügen.“

Zwischen 1330 und 1340 kam die *neue Tracht* in Aufnahme, zuerst bei der Jugend, dann bei den Erwachsenen männlichen Geschlechts, zuletzt bei den Frauen. Der Verfasser der Limburger Chronik (1349) sagt hierüber: „Die alten Leut, mit Namen die Manne, trugen weite und lange Kleider, die hatten nicht Knäufe, allein an den Ärmeln hatten sie drei oder vier Knäufe. Die Ärmel waren bescheidentlich weit, und die Röcke oberhalb der Brüste gerunzet und eingefranzt, vorne geschlitzet bis an den Gürtel. Die jungen Mannsleute trugen kurze Kleider, abgeschnitten, auf den Lenden gerunzet und gefalten, mit engen Ärmeln, die Kogeln gross. Darnach zur Hand trugen sie Röcke mit vierundzwanzig oder dreissig Girnen, und lange Heuken, die waren gekneuft, vorne nieder bis auf die Füss, und Stumpf-Schuh. Etliche aber trugen Kogeln, die hatten vorne einen Lappen, die reichten herab bis an die Knie, die Lappen verschnitten und verzuselt. Es hat diese Tracht gar manches Jahr gewährt.“

„Die Herren und Ritter, wenn sie hoffahrten, hatten lange Kappen an ihren Ärmeln bis auf die Erde herabhängend, gefüttert mit Bunt oder kleinem Spelt (grauem Pelzwerk), als wie es den Herrn und Rittern gebührt.“

„Frauen und Weibspersonen waren gekleidet, wann sie gingen zu Hof oder Tanz, mit Perkkleidern, darunter Röcke mit engen Ärmeln, und das oberste Kleid hiess Sorkete; es war zu beiden Seiten, beneben und unten aufgeschlitzt und gefüttert, im Winter mit Bunt, im Sommer mit Zindel, darnach es auch jedem Weibe ziemlich war. — Es trugen die Frauen, so Bürgerinnen waren, in den Städten gar ziembliche Heuken, die nannte man *Veelen* und war daran des kleinen Gespens (Gespenstes) von Distelschit kraus gefallen und eng gefalten, bei dem einen mit einem Saum bei nahe einer Spanne breit, und kostet einer neun oder zehn Gulden.“

Zum Jahre 1350 schreibt derselbe Chronist: — — „und machten die Leute neue Kleidung. Nun waren die Röcke unten ohne Girnen, und sie waren auch nit gekürzet, sondern lang und dergestalt enge, dass ein Mann nicht wohl darin schreiten mochte, und gingen eine Spanne unter die Knie; da fingen auch die Schnabelschuhe an.“

„Die Frauen trugen neue Hauptfinstarn, so dass man die Brüste beinahe halb sahe. Wiederum auch machten die Männer Röcke kurz eine Spanne unter die Gürtel; auch trugen sie Heuken, die waren alle rund und ganz, die hiesse man Glocken, die waren weit, lang und auch kurz.“

Und schon 1362 weiss der Chronist eine weitere Neuerung zu berichten: „In diesen Tagen vergingen die grossen weiten Ploderhosen und Stiefeln; diese hatten oben rot Leder und waren verhauen (aufgeschlitzt) und gingen die langen Ledersen an. Die waren eng, mit langen Schnäbeln, hatten Krappen, einen bei dem anderen, von der grossen Zehe an, bis oben aus, und hinten aufgenestelt bis halb auf den Rücken hin. Dahingegen vergingen nun die weiten und *kurzen* Ledersen, die hatten oberhalb gut Leder und waren (unterwärts) verhauen. Da ging auch an, dass die Männer sich vorne, hinten und neben zunestelten und gingen also hart gespannt. Die jungen Männer trugen gemeiniglich geknäufte Kogeln, als wie die Frauen. Diese Kogeln währten dreissig Jahr und vergingen darnach wieder.“

Wie es bei Nachäffereien zu geschehen pflegt, waren es besonders die auffälligsten Absonderlichkeiten der französischen Mode, die eifrig nachgeahmt und überboten werden wollten, so die überaus weiten Hängeärmel der Röcke, die Schwänze der Kapuzen, die Schnäbel der Schuhe und die Auszattelung der Ränder. Während die Franzosen z. B. die engen Röcke vollständig zugeknöpft trugen, schlitzten die Deutschen dieselben zuerst an den Seiten noch etwas auf und versahen diese Schlitzen wieder mit Knöpfen in dichtester Reihe. Den kurzen Rock nannte man schlechthin „*Schecke*“ und entlehnte diesen Ausdrnck wahrscheinlich dem Englischen (*jacke, jacket*), den längeren nannte man *Wams, wammesin*, *wambeson*, *gambeson*, mit welchem Ausdruck anfänglich das ritterliche Untergewand bezeichnet wurde. Der *Hüftgürtel* behielt seine ursprüngliche Stelle bei uns noch lange Zeit bei, indem nur vereinzelte Stutzer ihn tiefer hinunterrückten, wie es die französische Mode vorschrieb. Als *Beinkleid* war die enganliegende Hose jetzt am verbreitetsten, doch waren auch die alten Einzelbeinlinge noch üblich. Was aber der Verfasser der Limburger Chronik unter der „Ploderhose“ versteht, ist nicht ersichtlich. Die spitzen Schnabel der *Schuhe* waren oft eine Elle lang und die gleiche unsinnige Übertreibung bemächtigte sich der *Kugeln* (Gugeln, Kogeln, Gogeln, lat. *cuculus*,

Kappe), der üblichen Kopfbedeckung, die mit Lappen- und Zaddelwerk unförmig behangen und mit mehr als ellenlangen Schwänzen versehen wurden. Für die *Mäntel* behielt man die zwei bisher üblichen Formen der „Heuke“ und „Glocke“, den linken Schultermantel, der auf der rechten geheftet wird, und den zweiteiligen Schurz, der oben ein Knopfloch besitzt, vorn und hinten weit herabhängt und zu den Seiten offen ist.

Gleichzeitig mit der neuen Tracht kam bei den Männern auch das lange *Haar* und der *Bart* wieder in Aufnahme, wie *Hagecius* schon um 1329 sagt: „Nun auch begann die Ritterschaft ihre Bärte lang wachsen zu lassen, da man sich vordem glatt trug; auch trugen einige Knebelbärte, gleich Hunden und Katzen nach heidnischer Art. Andere aber, ihre Mannheit verleugnend, nahmen weibischen Gebrauch an, trugen langherabhängendes Haar, kämmten und bleichten es nass an der Sonne. Etliche, die vor allen andern berufen und schön erscheinen wollten, brannten und kräuselten ihr Haar, und je zierlicher einer dies konnte, je schöner er sich zu sein bedünkte.“

Die *Frauen* gaben zuerst das ärmellose Unterkleid auf oder wandelten es zum *Sorket* um, indem sie es zur rechten und zur linken von unten herauf stark aufschlitzten. Darauf liess man es wieder ungeteilt, verengte es aber und versah es mit Ganzärmeln. Bald aber überboten sie ihre Männer im Wetteifer, nach französischer Art sich zu kleiden. Das Kleid wurde in seinem obern Teile eng, dafür aber tief ausgeschnitten, sodass Hals und Schultern, oft auch ein grosser Teil der Brust entblösst erschienen. Um so verschwenderischer war man mit dem faltigen untern Teile desselben, der — wenn auch nicht in demselben Masse wie in Frankreich — in einer Schleppe endigte. Der *Gürtel* wurde reich verziert und im Laufe der Zeit unförmig verbreitert. Als Kopfbedeckung benutzten auch die Frauen den *Gugel*. Daneben kommt als eine deutsche Kopftracht die *Haube* vor, die Kopf und Schultern bedeckt und an ihrem äussern Rande, der das Gesicht umschliesst, einen weichen Besatz von Krausen trägt, weswegen sie auch „Hullen“ oder „Kruseler“ genannt werden. Die jungen Mädchen tragen noch den Stirnreif oder Schapel bei offenem oder langgeflochtenem Haar. Der *Schleier* wurde immer häufiger.

Als *Mantel* beliebte den Frauen immer noch der bis dahin übliche Rückenmantel, der auf der Brust befestigt wurde; seltener trugen sie die „Heuke.“ Im übrigen ist zu bemerken, dass das, was hier aufkommt, dort schon fällt, und was von einer Stadt gesagt werden darf, auf eine andere nicht Bezug hat, wenigstens nicht in demselben Grade; denn — wie ein österreichischer Chronist sagt: „Jeder kleidete sich nach Gefallen, einige trugen Röcke von zweierlei Tuch, bei andern war der linke Ärmel beträchtlich weiter als der rechte, ja bei manchen sogar noch weiter als der ganze Rock lang war. Andere hatten beide Ärmel von derartig gleicher Weite, und wiederum andere verzierten den linken auf mancherlei verschiedene Weise, teils mit Bändern von allerlei Farben, teils mit silbernen Körnlein an seidenen Schnüren. Einige trugen auf der Brust ein Tuchstück von verschiedener Farbe, mit silbernen und seidenen Buchstaben geziert. Noch andere trugen Bildnisse auf der linken Seite der Brust, und aber andere wickelten sich die Brust ganz mit seidenen Ringen ein. Einige liessen sich die Kleider so eng machen, dass sie solche nur mit Hilfe anderer oder vermittelst Auflösung einer Menge kleiner Knöpflein, womit die Ärmel bis auf die Schultern, auf Brust und Bauch ganz besetzt waren, wirklich an- und ausziehen konnten" etc.

Auch der mehrmals genannte Limburger Chronist verliert die Geduld, die jeweiligen Änderungen in der Tracht mit der Ausführlichkeit zu behandeln, wie er es anfangs gethan. So sagt er vom Jahre 1370 kurz: „Neue Kleidung ging an in dem Jahre, das waren die langen *Tapperte*, die trugen sowohl Männer als Frauen, und trugen die Männer die Hauken kurz, weit, auf beiden Seiten geknäuft; und währte nicht lang in diesen Landen." Er überspringt dann zehn Jahre und bemerkt (1380): „Wer heuer ein guter Schneider war, der taugt jetzt nicht eine Fliege, also hat sich der Schnitt verwandelt in diesen Landen in so kurzer Zeit."

„In demselben Jahr" — erzählt er weiter — „gingen die Männer und die Frauen, edle und unedle, Knaben und Jungfrauen mit Tapperten, und hatten die in der Mitte gegurtet, und die Gürtel hiess man *Duchsing;* die Männer trugen sie kurz und lang, wie sie wollten, und machten daran grosse, lange und weite Stauchen, einesteils bis auf die Erde. Diesen Schnitt haben sie nicht von Notdurft oder aus Grobheit angenommen, sondern lediglich von Hoffahrt."

„Da auch fing es an, dass man nicht mehr die Haarlocken und Zöpfe trug, sondern die Herren, Ritter und Knechte trugen gekürztes Haar oder Krüllen, über den Ohren abgeschnitten, gleich wie die *Conversbrüder*. Da dies die gemeinen Leute sahen, thaten sie es ihnen nach."

„Es führten die Ritter, Knechte, Bürger und die reisigen Leute überhaupt, lange Schecken, Scheckenröcke, geschlitzet hinten und beneben, mit sehr grossen und weiten Ärmeln, die *Pieschen* (Wülste) an den Ärmeln betrugen eine halbe Elle oder mehr. Das hing den Leuten über die Hände und wo man wollte, schlug man sie auf. — Die Hundskogeln führten Ritter und Knechte, Bürger und auch reisige Leute. — Item auch trugen die Männer Ärmel und Wämser ohne Schoppen und andere Kleidung, die hatten Stauchen bis nah auf die Erde, und wer von ihnen die allerlängste trug, das war ein Mann."

„Böhmische Kugeln trugen die Frauen, die gingen da an in diesen Landen. Diese Kugel stürzte eine Frau auf ihr Haupt und standen vorne auf zu Berge, über dem Haupt, als wie man die Heiligen in der Kirche malet mit den Diademen."

Der „*Tappert*", auch Trappert oder Trapphart genannt, war ein Überziehrock von mässiger Weite, anfangs bis auf die Füsse reichend, vorn vom Gürtel abwärts aufgeschlitzt, mit beliebigen Ärmeln versehen. Bald wurde er verkürzt und reichte so nur noch bis zum Knie. Gegürtet wurde er mit dem „Duchsing" (Dupsing, Dusing, Teusinke), der nach einer alten, nun neuerstandenen Sitte mit Schellen und Glöckchen geziert war.

Diese wurden zuerst, wie es heute noch üblich ist, mit dem Pferdegeschirr in Verbindung gebracht, also selbstverständlich nur von den höheren Ständen angewendet; als man sie aber auf Gürtel, Ärmel, Kugel und sogar auf die Schuhe übertrug, da liessen sich die Behörden dagegen auf. So gebot 1343 der Rat zu Nürnberg: „Kein Mann noch Frau soll keinerlei Glocken, Schellen, noch irgend von Silber gemacht hangende Dinge an einer Kette noch an einem Gürtel tragen." Und nach der Göttinger Chronik erschienen auf den grossen Festen, die Herzog Otto um 1370 und 1376 veranstaltete, viele Ritter, Weiber und Jungfrauen geziert mit herrlichen Purpurgewändern und klingenden, silbernen und goldenen Gürteln und Borten, mit langen Röcken und

Kleidern, die gingen alle schurr schurr und kling kling.“

Wie der Tappert selbst sich erweiterte, so wurde das Unterkleid nach französischem Muster immer kürzer und enger, sodass die Räte allen Ernstes zur Wahrung des Schicklichkeitsgefühls dagegen auftreten mussten, so der zu Konstanz im Jahre 1390: „Wer in einem blossen Wamms zum Tanz oder auf die Strasse geht, soll es fein ehrbahrlich machen und die Scham hinten und vorne decken, dass man die nicht sehen möge.“

Die *Frauen* hinwieder wetteiferten darin, ihre „Leibchen“ auf Brust und Rücken recht weit auszuschneiden und diese entblössten Teile recht voll erscheinen zu lassen durch Anwendung eines breiten, engen Gürtels, der die Taille möglichst lang und dünn erscheinen liess. Der Schellengürtel hing nur lose an den Hüften. Als Kopfbedeckung kam zu der bisherigen noch neu hinzu das aus Gold- und Silberfäden geflochtene, mit kleinen Metallanhängseln, Perlen und Steinen reich gezierte Haarnetz, ebenfalls ein deutsches Produkt, das den damals in Frankreich allgemein verbreiteten „*Atour*“ nicht recht aufkommen liess.

Wie allgemein aber zu Ende des Jahrhunderts die neue Tracht schon war, d. h. wie sie auch die kleinen und kleinsten Städte schon völlig für sich eingenommen hatte, beweist eine Nachricht aus Kreuzburg: „Die reichen Leute hatten Teusinke um, war ein silberner Gürtel, da hingen Glöcklein an; wenn eines ging, schellte es um ihn her. Das Mannsvolk hatte Kappen mit wollenen Troddeln, ellenlang und setzten sie über die Stirn. Ihre Schuhe waren vorn spitzig, fast ellenlang. Ja einige machten an die Spitzen Schellen. Auch hatten die Männer Hosen ohne Gesäss, banden solche an die Hemden. Die reichen Jungfrauen hatten Röcke ausgeschnitten hinten und vorne, dass man Brüste und Rücken fast entblösst sah. Auch waren diese Röcke geflügelt und auf den Seiten ausgefüttert. Etliche, damit sie schmal blieben, schnürten sich so enge ein, dass man sie umspannen mochte. Die adeligen Frauen hatten geschwänzte Röcke (Schleppen), vier oder fünf Ellen lang, sodass sie Knaben nachtrugen. Die Frauen und Mädchen hatten an Röcken dopple dicke Säume, handbreit; die reichen Weiber silberne Knäufen oder breite silberne Schalen, von oben bis unten auf die Schuh. Die Mägde trugen Haarbänder von Silber, vergoldete Spangen und hangende Flammen (Schleier) zum Geschmück auf den Häuptern; die Weiber auch lange Mäntel mit Falten, unten weit, mit zwiefachem Saum handbreit, oben mit dickem, gestärktem Kragen, anderthalb Schuh lang: hiessen Kragenmäntel. Auch hatten die Männer Wämmser von Barchent, mitten waren doppelte Kragen mit Taig zusammengekleistert, und kurze Röcke mit zwei Falten, kaum wurde der Hinterste bedeckt.“

Noch weiter ging das *15. Jahrhundert.* Namentlich die Jugend war bemüht, die gegebenen Formen der bisherigen Tracht durch neue Zuthaten noch auffälliger zu machen, weswegen denn auch Verordnung über Verordnung erschien, dem „Lappen- und Zaddelwerk“, der „geteilten Kleidung“, der „Schellentracht“ und den „Schnabelschuhen“ den Krieg zu erklären. Doch herrschte — sagte ein alter Chronist — „anno 1400 und bis man schrieb 1430 ein so grosser Überfluss an prächtigem Gewand und Kleidung der Fürsten, der Grafen, Herrn, Ritter und Knechte, auch der Weibspersonen, als vor niemals gehört worden; auch trug man da silberne Fassungen oder Bänder mit Glocken von zehn, zwölf, fünfzehn und zuweilen von zwanzig Marken (etwa zehn Pfund).

Etliche auch trugen rheinische Ketten von vier oder sechs Marken, samt kostbarlichen Halsbändern, grossen silbernen Hüftgürteln und mancherlei Art von Spangenwerk.“

Zur Auszaddelung eignete sich der *Tappert* am besten; er erhielt daher in dieser Zeit die weiteste Verbreitung. Ausgezaddelt wurden zuerst die weiten Ärmel, dann aber der ganze Rand und endlich der Halskragen und selbst die Schulterstücke. Bald war der ganze Rock ausgezaddelt, dass er weder zu schützen, noch zu decken vermochte. Die einzelnen Zaddeln waren von ungleicher Grösse und Form, und oft mit weiteren Zaddeln derart überlegt und übernäht, dass das ganze wirklich ein „Zaddelwerk“ genannt werden durfte. Mit der Mitte des 15. Jahrhunderts kam dann neben dem Tappert auch die *Schaube* auf, indem jener auf der Vorderseite geöffnet allmählich in diese umgestaltet wurde. Die sogenannte *Teilung* der Kleider hatte immer noch zumeist auf die Beinkleider Bezug. Da der Tappert als mehr oder minder langes Obergewand den Rock oder das Wams bedeckte, schenkte man letzterem weniger Aufmerksamkeit. Doch gab es auch etwa einzelne Stutzer, die den Rock in zwei Farben, zwei Hälften, *geteilt* trugen.

Von der Kleidung der *Frauen* ist wenig neues zu melden. Während einige Frauen der höchsten Stände sich durch ihr schlichtes, würdevolles Auftreten auszeichneten und darum den Künstlern ihrer Zeit als Vorbilder zu Darstellungen der Maria und andern Heiligenbildern dienten, bemühten sich die übrigen, im Wettstreit mit den Männern den Sieg davon zu tragen, indem sie das Zaddel- und Schellenwerk nachahmten, Brust und Rücken womöglich noch schamloser entblössten und das Schnürleibchen, „Gefängnis“, noch enger machten. Die freien *Haarlocken* wichen mehr wieder den aufgebundenen Flechten, die mit Rosetten- und Edelstein gezierten Goldstreifen, künstlichen Kränzen, gestickten Bändern, mit Blumen und Federn geschmückt wurden. Wer das Geld für einen ersten Schmuck erlegen konnte, der liess sichs nicht gereuen, unglaubliche Summen zu opfern; wer keinen echten bezahlen konnte, begnügte sich mit einem unechten, wie er ihn bei öffentlich zu Recht bestehenden Handwerksinnungen haben konnte. Seine Blüte aber erreichte das Stutzertum in der zweiten Hälfte des 15. Jahrhunderts und zwar am *burgundischen Hofe*, wo es sich in beiden Geschlechtern jedweder Fessel entwand und die tolle Laune dem Anstand, der Schönheit und Zweckmässigkeit überordnete. *Monstrelet* schreibt zum Jahre 1467 in sehr bezeichnender Weise: In dieser Zeit machten die Männer die Kleidung so kurz, dass man die genaue Form ihrer *culs* und *genitoires* sehen konnte, ganz so, wie bei den bekleideten Affen. Auch in Deutschland trug man statt der langen Tapperte nun die vorn offene *Schaube* oder den kurzen, engen Scheckenrock, dazu eine Hose, deren Knappheit sich bis zur Schamlosigkeit gesteigert hatte und die eine *Schamkapsel* erforderlich machte. Auch wurde die Jacke weit ausgeschnitten, der Ausschnitt mit köstlichen Borden verziert und mit einem Brustlatz unterlegt, wie ihn die Frauen trugen. Die Ärmel wurden verkürzt, aufgeschlitzt und die Schlitze unterpufft. Hie und da fanden auch schon die französischen, *hochaufgepolsterten Schultern* ihre Anwendung. Der *Mantel* musste begreiflicherweise lappenartig verkümmern oder zu einem blossen Schaustücke sich verengen, das — mit einer weiten Halsöffnung versehen — nur etwa den Rücken bedeckte und vorne auf der Brust durch eine thunlichst lange Schnur zusammengehalten wurde, damit ja dem

Auge des Beobachters nichts vorenthalten bleibe, was derselbe sehen wollte und sehen sollte. Auch das Rückenstück wurde zuweilen ausgeschnitten wie die Brust und dann in gleicher Weise mit einem Unterlatz versehen. An kostbaren Besätzen und Stickereien fehlte es ebenfalls nicht; letztere stellten nicht selten einen Sinnspruch oder ein Sinnbild dar und fehlten sogar auf den Beinlingen der *Hose* nicht. Diese war eigentlich auf das Bein gespannt, mit Nesteln gebunden. Oft zerfiel sie der Länge nach in zwei Stücke, indem der Unterschenkel seine eigene Bekleidung hatte, die am Knie an die obere Hose angenestelt wurde. Auch trug man überhaupt zwei Hosen übereinander, die untere lang, die obere von anderer Färbung nur bis zum Knie. Die *Brust* war auch etwa geschlossen und dann weiberbusenartig hoch gepolstert.

Hinsichtlich der „*Gehalwirung*“ oder *Teilung* (*miparti*) ging man nun so weit, dass nicht nur die Hose, sondern überhaupt das ganze Kleid in zwei Hälften zerfiel, nach Farbe, Form und Stoff, was sogar auf die Kopfbedeckung und Fussbekleidung Bezug hat, sodass der Mann von der einen Seite etwa ganz rot, von der andern ganz blau, von vorn und hinten aber halb blau und halb rot erschien. So kleidete 1459 der Pfalzgraf am Rhein 1300 Mann in blau und weiss, und die Frankfurter Chronik erzählt von einem Bernhard von Rohrbach, einem reichen Stutzer daselbst, dass er um 1464 sich ein „geteilt Kleit“ machen liess, „*rot und wys zu eyn Farbe uff der linken Sitten und mitten uff der Gosen als das Rothe und wys zusammen genegt; ytel Knop und mit Gatteln rot und wys, und oben uff iklichem Knop eyn silbern Spang gestegt, als Perlin, und also auch Rock, Koller und Kogel.*“ Doch beliebte auch die *Mehrteilung*; so waren um 1473 die Krieger der Stadt Augsburg *dreifarbig* gekleidet, weiss und rot, durch grün geteilt. Die Teilung nach der Form erstreckte sich auf die Ärmel und Beinlinge.

Die *Schnabelschuhe* erhielten sich trotz der heftigsten Angriffe, die sie von allen Seiten erlitten und trotz der augenfälligen Unzweckmässigkeit bis zum Jahre 1490, wo man ins andere Extrem überging, nämlich zum breiten, „entenschnabelförmigen“ Schuh. Kopfbedeckungen waren vorab der *Hut* in den verschiedensten Gestaltungen, daneben die Mützen, Sendelbinden und Gugeln. Das Haupthaar trug man gegen Schluss des Jahrhunderts lang; wer von Natur dieses Schmuckes entbehrte, der trug *falsche* Haare (siehe Perrücke); der Bart wurde mit wenigen Ausnahmen immer noch geschoren. Ausgenommen in der Teilung der Kleider, machten die *Frauen* auch in der burgundischen Tracht getreulich mit. Die Schleppe wird bis 4 Ellen lang, und muss von dienender Hand getragen werden. Dadurch wird auch das Unterkleid sichtbar, weswegen es unterwärts reich besetzt wird. Der Halsausschnitt bleibt weit, ja er vertieft sich noch und nimmt das kostbare, feine aber durchsichtige *Vorstecktuch* auf, das die Gestalt eines Kragens oder eines Brustlatzes hat, darin die sonst völlig freien Brüste vom Leibchen unterstützt, ruhten. So schreibt der Erfurter Chronist zum Jahre 1480: „Mädchen und Frauen trugen köstliche Brusttücher, auch vorn mit breiten Säumen gestickt, mit Seide, mit Perlen oder Flitter, und ihre Hemden hatten Säcke, dahinein sie die Brüste steckten, das alles zuvor nicht gewesen war.“ Gegen Ende des Jahrhunderts teilte man auch nach französischer Manier das Leibchen von dem Rock und gab nun dem ersteren noch freiere Gestaltung. Besondere Aufmerksamkeit schenkten sie auch jetzt der *Kopfbedeckung*. Neben den vielen einheimischen Formen tritt besonders die französische „*hennin*“ auf, meist kegelförmig geflochten und mit einem breiten, flügelartigen Behänge versehen. Sie ist vereinzelt schon in der ersten Hälfte des Jahrhunderts zu treffen, kann sich aber auch jetzt noch nicht nachhaltig einbürgern, wie überhaupt die Gefallsucht in der Tracht am Schluss der 15. Jahrhunderts jene Höhe erreicht hatte, die sie keinen ruhigen Halt mehr gewinnen liess.

Die erste Hälfte des *16. Jahrhunderts* brachte, was die Tracht anbelangt, wenig neues. Man begnügte sich im allgemeinen, das alte in etwas veränderter Form, bald verbessert und bald verschlechtert, bald vereinfacht und bald erweitert, immer wieder zu probieren. Namentlich was die Kleidung der Frauen betrifft, trat nach und nach eine Wendung zum Zweckmässigeren und Anständigern insofern ein, als die Schleppe sich verkürzte und mancherorts ganz wegfiel und das Leibchen sich nach oben wieder mehr schloss oder bei einem weiten Halsausschnitt der „Goller“ Schultern und Brust deckte. Für die männliche Kleidung waren die *Landsknechte* tonangebend, deren lockeres Wesen selbstverständlich keine durchgreifende Wendung zum Guten versprach. Vielmehr gestaltete sich namentlich die Hose schamloser, als je, sodass schon zu Maximilians Zeit die Hofleute ernstliche Klagen gegen die Kriegsgesellen und ihr Auftreten zu führen sich bemüssigt fanden; der Kaiser aber, der sie nicht entbehren konnte, antwortete ausweichend, dass man ihnen für ihr „kümmerlich und unselig Leben doch ein wenig Freud und Ergötzlichkeit gönnen solle.“ Die wichtigste Neuerung dieser Zeit ging mit der Kopfbedeckung vor, indem das *Barett* die bisher bestehenden in kurzer Zeit aus dem Felde schlug, und zwar bei Männern sowohl als bei Frauen. Letztere behielten daneben nur noch die enganschliessende *Haarhaube*.

Was den Stoff der Kleider anbelangt und die Ausstattung mit Schmucksachen und Stickereien, so blieb es auch hierin beim alten, d. h. jedermann wendete hiefür auf, was seine Mittel erlaubten, weswegen denn auch die geistlichen und weltlichen Behörden in zahllosen Erlassen gegen die überhandnehmende Prachtliebe auftraten und bis ins kleinste bestimmten, wie sich die verschiedenen Geschlechter und Stände zu tragen hätten. Der Erfolg blieb aus. Auch die Presse benutzte bald nach Erfindung der Buchdruckerkunst die günstige Gelegenheit, Flugschriften in die Welt hinauszuschicken, die das verblendete Volk belehren sollten. So schrieb der Magister Westphal: „Wenn man sich in der weiten Welt umsiehet und Achtung darauf gibt, so wird man finden, das fast alle Völker, Länder uud Nationes ihre eigene besondere gewisse Tracht, Art und Form der Kleidung haben. Allein wir Deutschen haben nichts gewisses, sondern mengen dies jetzt erzählte und noch viel mehr alles durcheinander, tragen Welsch, Französisch, Husernisch, und ja nahe allerdingen Türkisch dazu. Wer wollte oder könnte wohl erzählen die mancherlei wunderlichen und seltsamen Muster und Art der Kleidung, die bei Manns- und Weibspersonen oder Volk in dreissig Jahren her, auf- und wieder abgekommen ist, von Ketten, Schauben, Mänteln, Pelzen, Körsen, Röcken u. s. w.? Jetzt hat man den Schweizerschnitt, bald den Kreuzschnitt, den Pfauenschwanz in die Hosen geschnitten, und eine solche schändliche, gräuliche und abscheuliche Tracht daraus worden, dass ein fromm Herz dafür erschrickt und seinen grossen Unwillen daran sieht. Denn kein Dieb am Galgen so hässlich hin und her bommelt, zerludert u. zerlumpt ist als die jetzigen Hosen der Eisenfresser und Machthansen, pfui der Schande!“

Um 1553 wurde nämlich durch *Landsknechte* eine völlige Umgestaltung der Hose hervorgerufen; es entstand die vielgenannte und vielgehasste „zerluderte, zucht- und ehrverwegene pludrige Teufelshose“, die sogenannte *Pluderhose.* Man fertigte sie aus einer Ueberfülle von sehr dünnem Stoff, gewöhnlich aus Seidengewebe, und fasste diesen durch mehrere bandartige Streifen von Sammet oder Tuch, sodass das ganze weit und schlotterig von den Hüften herabhing. Die Nürnberger Chronik nennt das Lager des Kurfürsten Moritz (Magdeburg) als den Ort, wo diese Hose erfunden worden sein soll; während in dem Gedichte: *„Ein new Klaglied eines alten Deutschen Kriegsknechts wider die grewliche vnd vnerherte Kleidung der Pluderhosen“* das *„Braunschweiger landt“* genannt ist als der Ort, wo erfunden worden sei *„eine grosse sünd vnd schand“*. Jedenfalls ist sie eine deutsche Erfindung, denn Andreas Musculus sagt um 1555: „Wer Lust hätte von Wunders wegen solche unflathige, bubische und unzuchtige Pluderteufel zu sehen, der such sie nit unter dem Papsttum, sondern gehe in die Städte und Länder, die jetzund lutherisch und evangelisch genennet werden, da wird er sie häufig zu sehen kriegen, bis auf den höchsten Greuel und Ekel, dass ihm auch das Herz darüher wehe thuen und dafür als für dem greulichsten Meerwunder sich entsetzen und erschrecken wird.“ Die Landsknechte müssen ihre Freude an solchen Angriffen gegen ihr liebstes Kind gehabt haben, denn sie verlängerten die Hose, die anfänglich nur bis zum Knie reichte, bald bis auf die Knöchel herab und brauchten gewöhnlich 20—40 Ellen für eine Hose, während in einzelnen Fällen 100—130 Ellen verwendet wurden. Die gleiche Verschwendung wendeten sie auf die Ärmel ihrer Jacke an, und als dann in den sechsiger Jahren ein hoher, fast kegelförmiger Filz- oder Pelzhut als Kopfbedeckung hinzukam, der selber wieder von Federbüschen oder Bändern flatterte, da war das Kostüm allerdings bis zu einem gewissen Abschluss gediehen, aber für einen Krieger im Felde viel weniger geschickt, als für einen Hanswurst auf dem Jahrmarkt. Doch erhielt die Hose auch unter der Zivilbevölkerung in kurzer Zeit grossen Anhang, wie sehr auch die Sittenrichter gegen sie auftraten. Kurfürst Joachim II. von Brandenburg liess mehrere Lumpenhösler aufgreifen, in einem Käfig drei Tage hindurch öffentlich ausstellen, Musikanten davor aufspielen. Auch liess er einigen Edelleuten das „zottige Hosengeplump“ auf offener Strasse heimlich loslösen, so dass sie allem Volke zum Gespötte wurden. Das alles half nicht, die Hose erhielt sich bei den Landsknechten sowohl, als im Volke überhaupt, bis zum Erlöschen des freien Söldnertums, bis in das letzte Jahrzehnt des 16., in der Schweiz bis in das 17. Jahrhundert.

Die „ehrbar gesinnten“ Bürgersleute und der Adel jedoch befreundeten sich wenigstens mit der *langen* Pluderhose nie, trugen aber eine kurze, die weniger bauschig war und zwischen dieser und der engen Schlitzhose die Mitte hielt. Doch wendeten auch sie verhältnissmässig zur Ausstattung des *Latzes* oder der Schamkapsel zu viel auf an allerlei Schleifenwerk. Neben dieser Hose oder vielmehr in Verbindung mit derselben trug man auch jetzt noch die enge Kniehose, sowie die alte Strumpfhose mit und ohne Zwickel, die lange Hose dagegen nur noch in den höchsten Ständen. Daneben kamen auch die seidenen *gestrickten*

Hosen auf, wenn auch nicht allgemein, da sie noch zu teuer waren. Noch seltener waren die spanischen und spanisch-französischen Oberschenkelhosen und die glatten oder mit Bandstreifen dicht überzogenen, straff ausgepolsterten *Rundwülsten*, häufiger wieder die von den Hüften bis zum Knie reichenden ausgepolsterten *Pumphosen* und die unten offene *Kniehose*. Mit diesen versöhnten sich die Sittenrichter allmählich; wenn sie auch die spanischen „Herpauken“ und die Schlumperhosen anfangs nicht ganz billigen konnten, so waren sie doch annehmbarer als die „Pluderhosen“. Zwar schreibt Johann Strauss: Die Plumphosen zieren wohl, wenn sie ohne Latz gemacht werden und nicht gar so weit. Jetzt aber müssen sie mit Haar ausgefüllet sein, dass einer darin pauset wie ein Malzsack. Man muss drei Kälberhäute (das Haar) zu einem Paar haben. Und da sonst nichts ausgezogenes darin ist, so muss doch d'Stotzer, wie sie es nennen, ausgezogen sein und unter die Augen sehen. Pfui der Schand! Man machet Diebsäck (Taschen) drein, dass man wie die Spitzbuben, allerlei Gattung bald hinraffen mag.“

Die *Jacke*, die man zu den Pluderhosen trug, war eng, reichte vom Hals bis zu den Hüften, hatte da einen Vorstoss und war wattiert und gesteppt. Die unentbehrliche Schlitze wurde mit Streifen besetzt oder mit allerlei Knopfwerk. Die Ärmel hatten dieselben Verzierungen, waren aber weit. Johann Strauss schreibt darüber: „Was für Üppigkeit mit Wams und Puffjacken getrieben wird, das siehet man. Der Leib am Wams, ob er wohl fein und glatt angemacht wird, so muss er doch mit Seiden durch und durch umstöppt sein; vorne seltsame Kneuffel dran, von Stein, Korallen, Glas oder Horn. Oben einen Kragen darauf, der weit hinausstarret, Ärmel daran, die einer, wegen der Grösse und Weite, kaum an den Armen tragen kann. Die müssen vorn auch eingefaltet sein, dass sie Kröss gewinnen. Die trägt man an den Armen, wie die Gartenknecht ihre Camisseckel an den Armen tragen.“ Mit dem Fall der Pluderhosen wurden wenigstens auch die Ärmel der Jacken einfacher, im übrigen war aber gerade das Wams den fremden Einflüssen am meisten unterworfen. Man versah dasselbe mit *Schulterwülsten*, polsterte es unter der Taille zu dem *Spitzbauch* aus und nahm sogar den französischen *Gänsebauch* an, so dass 1586 Andreas Osiander der Jüngere, Diakon zu Urach, sich darüber also vernehmen liess: „*Ein gar herrlicher Schmuck aber seind die hässlichen langen ausgefüllten Gänssbäuch, die oben gleich unter dem Hals anfangen uud herab bis weiter unter die Gürtel hangen, wie ein Erker an ein Haus hanget, dass er schier umziehen möchte.*“

Der *Halskragen* oder die *Kröse* war bis in die Mitte dieses Jahrhunderts mit dem Hemde verbunden als ein leicht gekrauster Streifen Weisszeug. Von da ab wurde er selbständig behandelt und verbreitete sich immer mehr, bis die „über sich ragenden oder auf die Schulter herabhängenden Mühlstein-Krägen“ daraus entstanden. Der mehrgenannte Johann Strauss sagt betreffend der Krösen: Obwohl das Hemd von Materie nit gar so köstlich ist und bisweilen von grober Leinwandt, so muss doch oben darauf kommen ein Krauss oder Gekröss von gar köstlichem Gezeug, und dasselbe über alle Massen weit und hoch, dass kaum die Ohren herausragen und der Kopf herausgucket, wie aus einem Sacke. Das muss gestärket sein, dass es starret und steif stehet. Solche Krausen sind etwa gedoppelt und hinten zugemacht (u. s. w.). Welsche und spanische Krägen, mit viel abhängenden Schnürlein, tragen ihrer eins Teils auch. Die alte Tracht, wie man etwa die alten Fürsten von Sachsen mit ihren Hemden und Krägen um den Hals malet, taug nit mehr. Vorne zu den Ärmeln müssen auch Kröss herausgehen, wie das höllische Feuer zu allen Fenstern herausschlägt."

Über die *Oberkleider* sagt derselbe: „Ein *Leibröck* mit einem selbstangeschlossenen Schurz oder eine *Harzkappe* stehet ehrbaren Leuten wohl. Die Handwerksleut haben ihr *Schurzfell*, Fürhänge und Koller, ist ehrbar und stehet wohl. Oberkleider sind jetzt, Gottlob, das meiste Teil leidlich und löblich; feine Bürgerröck zu Winter und Sommer; sonderlich die feinen, langen und ehrbaren Kappen oder Mäntel ohne und mit Ärmel, die kleiden und zieren wohl alte und junge Leute." Aber bald darauf sagt er: „Die ehrbaren Leibröcke und Harzkappen gehen ab und kommen auf die Puffjacken, die sind gar auf die Kürze abgericht, dass der Stossdegen hinten vor kann ragen, und vorne müssen sie offen sein, dass man die Kneuffel am Wamms und anderes mehr sehen mag. Die Heffte drann müssen gar gross und ungeschaffen sein. Die Schlingen wie die Geschirrinken so gross; die Haken wie die Schnäbel an Löffelgänsen."

Unter der *Harzkappe* ist eine verkürzte Schaube verstanden, die wie der kleine spanische Schultermantel jetzt viel getragen wurde. Beide wurden mit einem breiten, hochstehenden Schulterkragen versehen oder mit Polzwerk reich verbrämt, und es herrschte zwischen ihnen kaum ein merklicher Unterschied, ausser dass die Harzkappe in Anlehnung an die Schaube meist weite Armlöcher oder auch weite geschlitzte Halb- oder Ganzärmel erhielt. Wurde sie bis zu den Hüften gekürzt, so hiess sie *Puffjacke*. — Die ursprüngliche lange Schaube dauerte fort beim Alter, bei dem Gelehrtenstande und als Abzeichen der höheren Beamten.

Als Kopfbedeckung erhielt sich das *Barett* bis in die achtziger Jahre neben dem spanischen Hute, welcher es dann verdrängte. Es war unterdessen einfacher geworden, meist ungeschlitzt, ein flaches, deckelförmiges Käpplein. Die *Schuhe* erhielten endlich wieder eine Form, die dem Fusse angepasst war, mussten dagegen immer noch aus verschiedenen Stoffen hergestellt, geschlitzt und unterpufft sein, „auf dass das Wasser bald wieder herauskommen kann," meint schalkhaft Johann Strauss. Dabei bediente man sich, wie bisher, eines Unterschuhes, der aber jetzt die Gestalt der *Pantoffeln* erhält. Auch durch diese fühlt sich Strauss beleidigt: „Auch muss man nicht allein im Winter (welches etlichermassen eine Entschuldigung hätte), sondern auch mitten im Sommer auf Pantoffeln daherschlürfen und junge Kerl schleifen dieselben an den Füssen hernach, und klopfen damit wie die alte sechzigjährige oder siebzigjährige Weiber." Und: „Was soll man sagen von den ungeheuer grossen *Hentzsken*, die etliche auch im Sommer tragen, so weit, dass einer ein ziemlich Paar gerade Ärmel daraus könnte machen lassen." Diese Hentzsken waren weniger Fingerhandschuhe, als grosse stulpenartige Fäustlinge von derbem Zeug oder feinem Leder.

Die *Haartracht* war weniger bestimmt, als in früheren Perioden. Im ganzen trug man sich kurzgeschoren und bartlos, doch strichen einzelne das Haar vorn „über sich und machten gepuffte Kolben, daraus man siehet, wie ein rauher Igel" oder „wann eine Sau zornig ist, dass ihr die Borsten über sich stehen." Neben glattrasierten Gesichtern findet man auch wallende

Vollbärte, zugespitzte Kinn- und blosse Lippenbärte.

Die *weibliche* Kleidung schlug in das Gegenteil um. An die Stelle der beliebten Nacktheit des früheren Jahrhunderts trat jetzt in rascher Aufeinanderfolge eine Versteifung. Verhüllung von Brust und Hals wurde zur unerlässlichen Anstandsforderung. Die Halskrause fehlte nicht. Die Ärmel wurden eng und blieben ungeschlitzt. Dafür erhielten die Schulterstücke eine wulstige, breitausladende Erhöhung. Während die Sittenrichter noch vor kurzem über die „unfletige, schantbarliche“ Nacktheit sich ausliessen, richteten sie ihre Pfeile nun gegen eine übertriebene „Vermummelung“, die aus der Eitelkeit entsprungen, recht ehrbar zu scheinen und den Teint zu schonen. Die Schleppe war weggefallen, der obere Rock hing in mässiger Weite vielfach gefaltet herab, sodass er auch den Fuss völlig deckte. Auch das Leibchen war durchaus geschlossen. Daneben trug man auch nach spanisch-französischer Mode *geöffnete* Röcke, und zwar hiess man sie *enge*, wenn sie nur von der Taille abwärts, *weite*, wenn sie ganz herauf geöffnet waren. Natürlich waren die Unterkleider in diesem Falle um so köstlicher. Das Oberkleid wurde durch Unterfütterung mit derbem Stoff, Filz oder mit metallenen Reifen (Springer) mehr oder minder starr ausgespannt. Es geschah das beim geschlossenen, wie beim offenen. Lassen wir wieder den eifrigen Johann Strauss reden: „Die Krösen tragen sie (die Frauen) mit den Mannspersonen gemein. Die Ärmel müssen unter den Uchsen und unten am Arm durchsichtig sein, dass man die weisse Haut sehen mag. Die Brustlätze auf das schönste gezieret, mit Pulsterlein fein gefüttert, dass sie pausen, als sie reif zum Handeln sein. Die Schweife unten an Kleidern müssen von Sammet und Seiden sein, und ist etwa das Kleid oben kaum Sackleinwand. Springer darunter, dass sie wie eine Glocke einen Zirkel geben und weit um sich sparren. Die feinen Leibjäckchen tun sie weg, nehmen Schäublein, Harzkäpplein, und dieselben kurz genug, dass man den Pracht unten sehen mag. Vor Zeiten trug das Frauenzimmer fein lange Schauben, jetzt sind sie verhauen bis auf die Gürtel, wie der Landsknecht Käpplein. Was für Unkosten auch an die Mäntel gewendet worden, das sieht man vor Augen. Man kann so teure Gewandt nicht bekommen, man braucht es darzu, und welche Frau den teuersten hat, dass ist die beste. Die Jungfrauen desgleichen. Auf diese und dergleichen Stücke ist nun jetzt aller Dichten und Trachten gerichtet, und was sie verdienen, ergattern und erobern, bisweilen auch dass es wohl besser döcht, das wenden sie an die leidige Hoffart. Und geht manche Dienstmagd dermassen her, dass sie es wohl einer reichen Bürgerstochter zuvortut. Darnach wenn sie zur Ehe greifen sollen, da ist weder Bett, Kissen noch Pfuhl, Decke noch Strecke.“ Es war also lediglich der allzugrosse Aufwand, der nun getadelt werden konnte und was der äusserst gestrenge Sittenrichter hier hervorhebt. Die Rügen betreffs der Schlitzen und durchsichtigen Ärmel gehen nur nebenher und können wohl nur für die erste Zeit, jedenfalls nicht allgemeine Geltung haben.

Der offene Oberrock rief der *Schürze*, die aus Weisszeug, schwarzer Seide oder leichtem Taffet gemacht und mit Stickereien und anderem Besatz geziert wurde. Auch *Gürtel* mit zierlichen *Täschchen*, *Bestecken* (Scheiden) und *Schlüsseln* behangen, *Fächer*, *Tragspiegel*, *Uhren* und *Handschuhe* trug man nach spanisch-französischem Vorbilde, und das *Taschentuch* wurde zu einem eigentlichen Prunkstück. Besondere

Unterröcke, wie sie in Frankreich bereits üblich geworden, scheinen noch selten zu sein und die *Frauenhose* wird in deutschen Trachtbüchern noch um das Jahr 1600 als eine Besonderheit der italienischen Frauen erwähnt. Hinsichtlich der Fussbekleidung ist wenig Neues zu berichten. Die Frauen schlossen sich hierin den Männern an, trugen also den geschlitzten farbigen Schuh und den Pantoffel oder die *Trippe.*

Der *Mantel* gestaltete sich bei den Frauen frei. Er war bald kürzer, bald länger, bald mit einem leichten Umhange versehen, bald köstlich pelzverbrämt. Hochstehende Kragen wurden bei ungünstiger Witterung auch etwa aufgeschlagen und bedeckten so den Hals und Kopf zugleich. Als Kopfbedeckung kommen neben Barett und Haarhaube auch gold- und silbergezierte *Mützen* und *Schleier* oder *Stürzen* wieder mehr in Aufnahme. Das *Haar* wurde nach wie vor am Nacken hochgebunden; Bräute und Brautjungfern trugen es frei oder legten es in Flechten um den Kopf. Nach den sechziger Jahren liess man es in zwei Zöpfen über den Rücken herunterhängen, was zu dem Luxus der falschen, blonden Zöpfe führte. Von 1585 an trug man die grossen Halskrägen, verzichtete um ihretwillen auf die Zöpfe und band das Haar hochaufstrebend mit mancherlei Schmuck ausgestattet nach französischer Frisur. Da diese nicht selten mit Draht unterstützt war, verglich sie Osiander in nicht sehr galanter Weise mit „Sauhägen, da man die Ruten über die Tremel zeucht.“

Für die Tracht des 17. Jahrhunderts blieb Frankreich massgebend oder wurde es mehr als je. Schon zu Anfang desselben erhielt die kurze, rundwulstig gespannte, langstreifig geschlitzte Oberschenkel*hose* am Pariser Hofe den Vorzug und gelangte bald zu weitester Verbreitung. Das *Wamms* erhielt lange Schösse, die den Unterleib bedeckten, die Taille rückte höher oder verschwand ganz und wurde bloss durch ein farbiges Schleifenwerk angedeutet. Die *Ärmel* erweiterten sich. Den *Fuss* kleidete ein hoher Reiterstiefel, der bald in seinem obern Teile sich beträchtlich erweiterte. Der niedere *Schuh* war mit Maschenwerk geziert und steckte in einem schützenden Überschuh. Der *Mantel* wurde beträchtlich erweitert, oft zu einem förmlichen Knöpfrock umgestaltet, die Ärmel gekürzt oder zur Hälfte umgeschlagen, der Rand oft mit Pelz besetzt, der Kragen vielgestaltig. Der *Hut* wurde breitkrämpig und überschwänglich geziert, das *Haar* frei und wallend.

Die verschiedenen deutschen Landesteile verhielten sich zu diesem französischen Einflusse ungleich. Die einen erlagen ihm bald, die andern erst in der zweiten Hälfte des Jahrhunderts. Leicht zugänglich waren für dieselbe z. B. die Höfe in Düsseldorf, derjenige der Pfalz, von Bayern, Braunschweig und Hannover, am schwersten derjenige zu Wien und unter den Städten Hamburg, Lübeck, Bremen, Ulm, Nürnberg, Augsburg, Frankfurt a. M. und Strassburg. Am gierigsten griff das Stutzertum darnach, und dieses verbreitete seine Losung „*à la mode*“ oder „*allamode*“ (gegenüber stand „allväterisch“) seit den Zwanzigerjahren mit sichtlichem Erfolg. Zahlreich und heftig waren die Angriffe der Gegner. Namentlich von den Kanzeln wurde das Wort Gottes in unzweideutigem Sinne ausgelegt; aber umsonst. Da war es wieder die Presse, die das Wort festhalten und dem Auge aufnötigen musste, wenn das Ohr nicht hören wollte. Kaplan Johann Ellinger schrieb im Jahre 1629 den „*Allmodischen Kleyder Teuffel*“ und zierte den Titel mit acht allmodisch gekleideten Figuren.

Dem Wort kam auch die darstellende Kunst zur Hilfe. Um 1628 erschienen die ersten „fliegenden Blätter“, welche zum Teil in masslosen Übertreibungen die hoffärtigen Neuerungen bildlich zum Gespötte machten und sie mit Spottgedichten begleiteten. Ein solches ist betitelt: „*Monsieurisch Alla mode vnd Damische Bisarrie*“. Ein anderes führte unterwärts die Aufschrift: „*Wie sich ein deutscher Monsieur in Kleydern halten soll, er soll haben: Immagination — haar, Patient — barth, Responsion — huth, Indifferent — hutschnur, Legation — feder — — — Stultisissmus — gang vnd geberden*“ u. s. w. im ganzen zwanzig verschiedene Stücke.

Die Zerrüttung Deutschlands in politischer Beziehung und der wechselvolle, alles verheerende Krieg hatten namentlich die Jugend aus Rand und Band gebracht und besonders die erwachsene männliche Jugend, die nichts Grösseres kannte, als die französische Grossthuerei in allen Stücken nachzuahmen. Das erklärt denn auch das Auftreten eines Hans Michael *Moscherosch* (1600—1669), der wie kein anderer Schriftsteller seiner Zeit, berufen war, die Entartung seines Volkes zu geisseln. Er schrieb als *Philander von Sittewald* 1646 eine satirische Schrift: „*Wunderliche und wahrhafte Gesichte*“ und bald darauf seinen „*Alamode Kehraus*“, worin es unter anderm heisst: „Diese langen *Haare*, also herunterhangend, sind rechte Diebeshaare, und von den Welschen, welche umb einer Missethat oder Diebsstücks willen irgend ein Ohr abgeschnitten, erdacht worden, damit sie mit den Haaren es also bedecken möchten. Und ihr wollt solchen lasterhaften Leuten in ihrer Untugend nachäffen? ja oft eurer eignen deutschen Haare euch schämen? Wollt hingegen lieber eines Diebs oder Galgenvogels Haar euch auf den Kopf setzen lassen? Aber wer sich seines eigenen Haares schämt, der ist nicht werth, dass er einen deutschen Kopf hat“ (u. s. w.) „Bist du ein Deutscher? warum denn musst du ein Welsch Haar tragen? Warumb muss das Haar also lang über die Schultern herabhangen? warumb willstu es nicht kurz beschneiden auf deutsche Weise?“ Und vom *Bart*: „Da deine Vorfahren es für die grösste Zierde gehalten haben, so sie einen rechtschaffenen Bart hatten, so wollet ihr den welschen unbeständigen Narren nach alle Monat, alle Wochen eure Bärte beropfen und bescheeren, bestummeln, bestutzen, ja alle Tag und Morgen mit Eisen und Feuer peinigen, foltern und martern, ziehen und zerren lassen? jetzt wie ein Schnecken — Bärtel, bald wie ein Jungfrauen — Bärtel, ein Teller — Bärtel, ein Spitz — Bärtel, ein Maikäfer — Bärtel“ (u. s. w.) „Nun ist eure meiste Sorge, sobald ihr morgens aufgestanden, wie ihr den Bart rüsten und zuschneiden möget, damit ihr vor jungen Narren und Lappen könnt durchwischen. O ihr Weiber-Mäuler! Ihr Unhärigen. In den Löffeljahren geht ihr zu zapfen, zu trillen, zu ropfen, bis die Gauchshaar herauswollen; und wann ihr durch Gunst der Natur dieselbige endlich erlangt habt, so wisst ihr ihnen nicht Marter genug, bis ihr sie wieder vertreibet! Ihr Bart-Schinder! Ihr Bart-Schneider! Ihr Bart-Stutzer: Ihr Bart-Zwacker! Ihr Bart-Folterer! Ihr Bart-Wipperer!“ u. s. w. Und vom *Hut* sagt er: „Wie viele Gattungen von Hüten habt ihr in wenigen Jahren nicht nachgetragen? Jetzt ein Hut wie ein Ankerhafen, dann wie ein Zuckerhut, wie ein Cardinalshut, dann wie ein Schlapphut, da ein Stilp Ehlen breit, da ein Stilp Fingers breit; dann von Geissenhaar, dann von Kameelshaar, dann von Biberhaar, von Affenhaar, von Narrenhaar; dann ein Hut als ein Schwarzwälder Käss, dann wie ein Holländer Käss, dann wie ein Münster Käss." *Wams* und *Hose:* „Und möchte mancher meinen, er sehe einen Kramladen aufgethan oder in einen Paternoster-Laden, so mit mancherlei Farben von Nesteln, Bändeln, Zweifelstricken, Schlüpfen und anderen, so sie *favores* (Liebespfänder) nennen, sind sie an Haut, an Hosen und Wams, an Leib und Seel behenket, beschlcket, beknöpfet und beladen." So behandelt er auch die andern Teile der Tracht.

Besonderer Beliebtheit erfreuten sich die französischen *Stulpstiefel* von ausserordentlicher Weite, unten mit breitem Spornleder und mit schweren, rasselnden *Ledersporen*, sowie die weitstulpigen, langbefranzten *Handschuhe* und die ledernen *Überziehwämser*, kurzschossig, mit Ärmeln oder wenigstens mit Armlöchern versehen.

Aber auch die *Frauen* hatten ihre Sittenrichter. Georg Friedrich *Messerschmid* sagt in einer gedruckten Predigt (Strassburg 1615) über sie: „So lasset uns doch nicht von der Narrheit abweichen, ehe wir zuvor die Eitelkeiten der Weiber in den äusserlichen Aktionen, Thun, Vorhaben und Lassen entdecken und offenbaren: als wie sie sich so sehr delectiren und belustigen, hübsch zu sagen, sich mit mancherlei Farben anzustreichen und schön zu machen. Sie erkühlen das Antlitz mit fersigblühend Wasser, bestreichen und zärteln das Fleisch mit Limonensaft, mit Eselsmilch. Sie erhalten sich mit Rosenwasser, Wein und Alaun. Sie gebrauchen sich der Tragant-Täfelein von Quittenkernen, des gebranden Weins, des ungelöschten Kalks, ihnen ein recht vollkommen Bleiweiss-Sälblein zu präpariren. — Siehe, da werden gesehen ausstaffirte Spiegel-, Rosen- und Spicanardiwasser, Bisam, Zübeth, Rauchwerke, schmäkend Pulver von Aloes, Cipern, Stabwurz, Schmalkügelein, Bisamkopf, Muskatnüssen — — — da sieht man Sträl (Kämme), Spiegel, Ohrenlöffel, Haareisen, Haarschären, Rumpfzwänglein und Pfriemen. Da stehen Schächtelein, Büchslein, irdene Geschirrlein, gläserne Fläschlein, Schisselein, Schärblein, Häfelein, Eyerschaalen, Muscheln, gespickt und ausgefüllt von allerhand Pflästerlein und Sälblein. — — — Da tritt die Magd herbei, die Haarbögen zu rüsten, ihnen die Rosen und Nestel zu binden, die Haarscheidel zu machen, die Haar recht zu ordnen und zerteilen, sie einzuschmiren, die Achseln zu ziehen und einzuhalten, um ihnen davornen und dahinten zu helfen, die Pantoffeln und Stelzenschuhe beizutragen, die Falten zu erheben, den Schweiff (die Schleppe) zu erlupfen." —

„Da tritt dann Frau Venus herein mit wohlaufgeputztem Kopfe, mit aufgelegten Büschen, mit auf der Seite aufgebundenen Hornen, mit gelben, braunen, blauen, grünen, schwarzen, weissen Haarflechten, mit güldnen Binden und Floren, mit Masken, mit Larven, mit Federbüschen, mit einem Huth, darauf Stiefften, Medaglien, oder vergüldten Müntzen; mit neugebachen, fantastischen Bossen: mit Armbanden um den Arm, mit diamantnen Ringen an den Fingern, mit Ketten um den Halss und Gehenkten an durchlöcherten Ohren; mit Nägelsblumen (Nelken) wohl offtermalen in der rechten, mit Rosen in der linken Hand. Auf solche Manier, nun herausgeputzt, da kommt sie eben recht für, wie eine Falsche und angestrichene Isabella. — Weiteres zur grösseren Zärtlichkeit trägt sie seidne oder von Gold gestückte Handschuh; zu Winterszeit ein Schluffer von Zobel, den Sommer durch einen Windfahnen oder Mückenschleicher. Was wollen wir nun aber von ihrer Halszierde erzählen? wie viel ich deren gesehen, welche Kragen tragen, die vielmehr für Karrenräder zu haltend seynd? Und ich weiss nicht, wie sie sich dafür zeichnen (bekreuzen) können. Und obschon die Sache mehrers nicht werth ist, thut es doch Not, Thüren und Pfosten zu erweitern, sonst können sie nicht hinein. Auch sieht man zwar, dass sie monatlichen solcher Krägen formen, verändern und *changiren*, welche Veränderungen dann offtermalen mehr kosten, als wohl bisweilen ein ganz newes Kleide. Und ich weiss eine Persohn, die hat für einen dicken Kragen fünfzig Kronen spendirt; ist zwar für einmal genug. Nun fragt sich, ob dieses nicht Würkungen der Narrheit sein, welche solchen Leuthen es dermassen so süss einredet, dass sie sich dürfen bereden, sie stehen desto besser, je mehr sie mit dergleichen parfümirten Bossen aufgezogen kommen.“

Zu diesen Thorheiten wurden den Frauen gerechnet das knöpfrockartig gestaltete *Überkleid* mit langen Schössen und kurzen oder langen geschlitzten Ärmeln, die vorn mit Litzen und Knöpfen dicht besetzt waren, dann der grosse *Schlapphut*, wie sie ihn den Männern nachtrugen, der gefältete, breitherabfallende *Kragen* und die *Stulphandschuhe*, sowie die *Hosen*, die „die hohen Madonnen unter den Röcken trugen.“

Auch die haushälterische Kurfürstin Magdalena Sibylla von Sachsen beklagt sich brieflich schwer über die Leipziger Frauen (ihrem Gatten Johann Georg II. gegenüber) und Dr. Höpner in dort gelangt 1641 an den Senat wegen eines Schneiders, der französische Pracht und Hoffart von „theuren Halssgen und allerlei Hauptgeschmuck und andere neue Moden zu Stärkung der verbotenen und verpönten Kleiderhoffarth zu feilem Kauf auslasse, also dass von Frauen und Jungfrauen ein grosser *Concursus*, gleichsam eine Wallfart, zu ihm angestellt werde. Da Gott dadurch erzürnt, der Obrigkeit Gebot übertreten und der Stadt ein grosses Unglück zugezogen werde, ... so sollte die Obrigkeit ihres hohen Amtes handhaben und gegen die Förderer und Fortpflanzer der vermaledeiten Kleiderhoffardt mit exemplarischen Strafen verfahren.“

Auch in Versen wurde die neue Mode viel gegeisselt. *Friedrich Logau* (1604—1659) schreibt in seinen Epigrammen:

„Diener tragen insgemein ihrer Herren Liverei:
Soll's denn sein, dass Frankreich Herr, Deutschland aber Diener sei?
Freies Deutschland, schäm dich doch dieser schnöden Kriecherei!“

Und ein anderer deutscher Satiriker, *Joachim Rachel* (1618—69) schreibt:

„Ein jeglich zweites Wort, muss jetzt französisch seyn;
Französisch Mund und Bart, französisch alle Sitten,
Französisch Rock und Wams, französisch zugeschnitten.
Was immer zu Paris die edle Schneiderzunft
Hat neulich aufgebracht, auch wider die Vernunft,
Das macht ein Deutscher nach. Sollt ein Franzos es wagen,
Die Sporen auf dem Hut, Schuh an der Hand zu tragen,
Die Stiefel auf dem Kopf, ja Schellen vor dem Bauch,
Anstatt des Nestelwerks: der Deutsche thät es auch.
Bei einem sammtnen Rock die groben Leinwandhosen?
Wer hat es sonst erdacht, als Narren und Franzosen?
Wenn selber Heraklit den Plunder sollte sehen:
Er liess (mit Gunst gesagt) vor Lachen Einen gehen.“

In der zweiten Hälfte des Jahrhunderts geht es in gleicher Weise fort. Bei den Männern ist es besonders die schutzförmige „*Unter-*

rockhose", die im Verein mit der Perrücke am meisten angefochten wird. *Wolfgang Ouw*, Pastor zu Flensburg, liess sich um 1663 folgendermassen über dieselben vernehmen: „Was sind die unerhörte weite Männerhosen, die für einem Jahr erstlich auffgebracht, anders als abgekürtzte Weiber-Röck, es gehen 20—30 und mehr Ellen darein, daraus man vor diesem zwei und mehr Kleider hat machen können. O der grossen Üppigkeit! Von diesen Hosen möchte man fast eben dasjenige schreiben, was vor Jahren von den Zucht- und Ehrverwegenen pludrichten Hosen Teuffel ist auffgezeichnet worden. Pfuy, wie hat dieser Teuffel, in so geschwinder Eil, so viel Länder und Städte eingenommen.

Die *Weiber* standen hinter ihren Männern in keiner Weise zurück. Sie liessen sich allmonatlich eine *Modepuppe* von Paris kommen, um ja keine Thorheit länger als nötig war zu versäumen; sie schickten auch ihre Schneider dorthin, dass diese sich dort über alles vergewissern, was die Tracht beschlagen konnte.

Der obengenannte *Wolfgang Ouw* schrieb weiter (1663): „Wollte jemand die Kleiderpracht der Weiber anatomiren, würde man genug zu thun kriegen. Kürtzlich und wahrhafftig kann man davon also urteilen. 1. Wird gesündiget *superfluitate*, dass man an Gewand, Kammertuch, Bänder etc. mehr gebraucht, als die Nothdurft erfordert. 2. Wird gesündigt *sumptuositate*, da man allerlei theure Sachen auff den Leib leget, in Gold und Silber-Stück, Seiden, Sammet, Atlas und andern theuerbahren Wahren sich kleidet. 3. Wird gesündigt *novitate*, dass keine Tracht so neu, bunt, krauss, wunderlich, alamodisch, man närret, äffet und alamodiret immer nach, bald gehet man Frantzösisch, bald Englisch, bald Niederländisch, bald Polnisch, ja sollten die Türken kommen, man wurde wol auff Türkisch gekleidet gehen. 4. Wird gesündiget *levitate* und *scurilitate*, da man sich mit leichtsinniger Kleidung behanget, die Glieder, so Gott und die Natur zudecken heisset, schändlich entblösset, und sonst auff ander Weise seine Leichtsinnigkeit an den Tag giebet, oder andere mit Kleider dazu anreitzete! —

Wenn Ouw sich hier darüber beklagt, dass nicht nur die französische Mode nachgeahmt werde, sondern auch die aller andern Länder und Völker Europa's, so ist es wohl mehr der Unmut, der dieses schreibt, als die Wahrheitsliebe; denn wenn auch Frankreich selbst das eine und andere in ähnlicher Form dem Ausland entlehnt, d. h. von diesem irgend eine Anregung empfangen haben mochte, so zeigte sich jetzt der französische Erfindungsgeist auf diesem Gebiete so unerschöpflich, dass er auch dem putzsüchtigsten Stutzertum ein vollständiges Genüge leisten konnte.

Neben der übermässigen Verwendung des *Haarpuders*, der *Schminke* und der *Schönpflästerchen* waren es jetzt die *Schleppen*, die ***Brustlätze*** und „*Fontangen*", die am meisten Anstoss erregten. Die letztere war ein Kopfputz und rührte von der schönen Fontange her. Ihre Entstehungsgeschichte zeigt so recht die überreif krankhafte Modesucht des französischen Hofes. Auf einer Jagdpartie trug nämlich die Maitresse einen kleinen, mit Federn geschmückten Hut. Ein heftiger Wind nötigte sie, den Hut zu entfernen und ihr Haar, damit es nicht allzusehr in Unordnung gerate, mit Bändern aufbinden zu lassen. Wie nun der König die Enden und Schleifen derselben im Winde flattern sah, ward er so entzückt, dass er die Trägerin bat, so zu verbleiben. Natürlich wussten die übrigen Hofdamen nichts eiligeres zu thun, als schleunigst den zufälligen Putz ihrer Konkurrentin nachzuahmen, und so konnte es nicht fehlen, dass der Modewelt das neue Glück in kurzer Zeit zugetragen würde.

Im Jahre 1689 erschien gegen die *Fontange* ein Schriftchen, das an Derbheit der Sprache nichts zu wünschen übrig liess. Es war betitelt: „*Der gedoppelte Blasbalg der üppigen Wollust, nemlich die erhöhete Fontange und die blosse Brust, mit welchem das alamodische und die Eitelkeit liebende Frauenzimmer in ihrem eigenem und vieler unvorsichtigen Manns-Personen sich darin vergaffenden Herzen ein Feuer der verbothenen Liebes-Brunst angezündet, so hernach in einer hellleuchtenden grossen Flamme einer bitteren Unlust ausschlägt, Jedermänniglich, absonderlich dem Tugend und Ehrbarkeit liebenden Frauenzimmer zu guter Warnung und kluger Vorsichtigkeit vorgestellet und zum Druck befördert durch Ernestum Gottlieb, bürtig zu Veron.*“ Eine zweite erschien ein Jahr später zu Frankfurt: „*Die verabgötterte Fontange im Gnadenschoss des Königs von Frankreich verblichen, jetzund aber auf den Häuptern des Frauenzimmers in Teutschland wieder lebendig worden, von F. L. von Hohen-Uffer*“. Der ausgesprochene Eifer und der nicht zu verkennende gute Wille blieben auch hier ohne Erfolg; die *Fontange* erhielt sich bis um 1720, denn sie war französisch, und ein im Jahr 1689 zu Geyersbergk erschienenes Schriftchen sagt mit Recht: „Es ist ja leider! mehr als zu sehr bekannt, dass, so lange der Franzosen-Teuffel unter uns Teutschen regieret, wir uns am Leben, Sitten und Gebräuchen also verändert, dass wir mit gutem Recht, wo wir nicht gar naturalisirte Franzosen seyn und heissen wollen, den Namen eines neuen, sonderlichen und in Franzosen verwandeltes Volk bekommen können. Sonsten wurden die Franzosen bei den Teutschen nicht ästimiret, heute zu Tage können wir nicht ohne sie leben und muss alles französisch sein. Französische Sprache, französische Kleider, französische Speisen, französischer Hausrat, französisch Tanzen, französische Musik, französische Krankheiten, und ich befahre, es werde auch ein französischer Tod darauf erfolgen, weil ja die hiedurch verübten Sünden nichts anders prognostizieren. . . . . Die meisten deutschen Höfe sind französich eingerichtet, und wer heutzutage an denselben versorgt sein will, muss französisch können und besonders in Paris, welches gleichsam eine Universität aller Leichtfertigkeit ist, gewesen seyn, wo nicht, darf er sich keine Rechnung am Hofe machen. Indessen mochte dies noch hingehen . . . . Allein dies ist auch bis auf Privatpersonen, und bis zu dem Pöbel gekommen, und man darf sich nur in den Städten umsehen, so wird man finden: alles ist französich.“

„Will ein Junggesell heute zu Tage bey einem Frauenzimmer *attresse* haben, so muss er mit französischen Hütigen, Westen, galanten Strümpfen u. s. w. angestochen kommen. Wenn dieses ist, mag er gleich sonst eine krumme Habichts-Nase, Kalbes-Augen, Buckel (oder wie es andere, die dergleichen Personen *affectionirt* sind, hohe Schulter nennen), Raffzähne, krumme Beine und dergleichen haben, so fragt man nichts darnach: genug, dass er sich nach langem Lernen *a la mode frans* stellen kann. Man hält ihn für einen recht geschickten Kerl, ob er gleich nicht für einer Fledermaus *erudition* im Kopff, und anstatt des Gehirns Heckerling hat. Es ist und bleibt ein *Monsieur*, bevoraus wenn er etwas weniges *parliren* kann.“

Unter sothanen Umständen hielt es schwer, ja es war ganz unmöglich, durch eine äussere Macht dem Unwesen Einhalt zu thun. Selbst die hochobrigkeitlichen Erlasse dieser Zeit treten weniger mehr gegen die Tracht selber auf, als gegen die *Vermischung der Stände.* Diese sollen auseinandergehalten werden, also, dass man sie erkenne in ihrem äusseren Auftreten. Das war es, was der Hof und der Adel wollte, was aber die andern Stände eben hassten. Die Standesunterschiede waren die Haupttriebfedern dieser Konkurrenz auf Leben und Tod, indem die einen sie mit aller Mühe wiederherstellen, die andern verwischen wollten.

In diesem Sinne erlässt Georg I. von Sachsen schon um 1612 eine Verordnung, die jedem Stand bis ins kleinlichste vorschreibt, was er tragen darf und was nicht, wie viel Zeug zu diesem Kleidungsstücke verwendet werden dürfe und wie viel zu jenem und wie jedes Zeug zu schneiden, zu zieren und zu tragen sei. Da erhalten ihre Vorschriften: „Die vom Adel und das adeliche Frauenzimmer; Professores vnd Doctores auff den Universitäten. Deren Weiber; der Doctoren Töchter; Hoffdiener so nit graduiret, Item Secretarien; Magistri; der Hoffdiener und Secretarien Weiber (und „ihre Töchter“): Pfarrern, Weiber vnd Kinder; Studiosi; Schlösser, Amtvögte, Verwalter, Bürgermeister vnd Ratsverwandten (Manns- vnd Weibspersonen); deren Söhne; deren Weibern, Jungfrawen; von Handelsleuten, Kramern vnd vermögenden Bürgern, so nicht von ihrem Handwerge, sondern von jhren Gütern, Renthen oder anderm bürgerlichem Gewerb sich allein ernehren; deren Söhne, Weiber vnd Töchter, Gemeine Bürger, Handwergsleute vnd Gesellen; Gemeinen Bürger vnd Handwerger Weiber vnd Töchter; Handwerger in Vorstädten; Vorstädter, so eigene Häuser haben, auch die Pfalbürger; Dienstboten, Knechten und Mägden; der Bawerssmann beneben Weib vnd Kindern . . . .“

Im 18. Jahrhundert — um auch dieses der Vollständigkeit willen noch kurz zu berühren — blieb Frankreich trotz seines sittlichen Zerfalles immer noch massgebend. Noch unter der Regierung Ludwig XIV. trat für die *männliche* Kleidung der Charakter der Faltenlosigkeit ein. Der *Rock* wurde bald etwas enger getragen, bald weiter und ganz geöffnet, nach dem Tode Ludwigs ganz oder halb zugeknöpft. Die Stutzer liessen ihn von der Taille abwärts mit derben Stoff oder mit Fischbein glockenförmig aussteifen, was bis zum Ausgang der Vierzigerjahre beliebte. Der Kragen blieb weg, die Ärmel erhielten einen breiten Überschlag. Der Besatz blieb ein reicher. Die *Weste* verlängerte sich wieder bis zum Knie. Die *Oberschenkelhose* verengte sich wieder und die *Strumpfhose* bestand meist aus weisser Seide. Als *Fussbekleidung* griff man zum *Schuh* mit Seidenlaschen und Spannschnalle. Die *Perrücken* wurden bedeutend einfacher.

Die *Damenwelt* verzichtete auf den übermässig aufgetürmten Kopfputz, da 1714 der König an zwei Engländerinnen den „niederen“ so reizend gefunden, dass er sich äusserte: „Wenn doch die französischen Damen nur so verständig wären, ihre lächerliche *Coiffure* gegen jene zu vertauschen“. Und eben durch dieselben kam auch der kleine *Reifrock* wieder zu Ehren, der bald einen Umfang von sieben und mehr Fuss erreichte. Um aber die *Schleppe* doch nicht zu entehren, befestigte man rücklings zwischen den Schultern oder an der Taille eine entsprechende Stoffmasse. Der Oberleib steckte in einem engen Leibchen, der Halsausschnitt wurde tiefer. Begreiflich erhielt jedes Stück einzeln wieder seine besondere Durchbildung.

Deutschland fuhr fort, das neueste nachzuahmen. Unberührt blieb davon höchstens noch etwa die Landbevölkerung, die einesteils die Mittel nicht hatte, solchen „Staat“ anzuschaffen, anderenteils die Zeit nicht, ihn zu tragen und zu pflegen. Auch war bei dem Abhängigkeitsverhältnis, das zwischen Stadt und Land zu gunsten der ersteren vielorts noch herrschte, bei dem letzteren die Abscheu vor der „städtischen“ Mode schon allein vermögend, sie in Misskredit zu bringen. So ging der Mode-„Teufel“ seinen Gang trotz der immerwährenden Angriffe, die er auch jetzt zu erdulden hatte, namentlich von seiten der Frommen, die an der Hand der Bibel haarscharf nachwiesen, dass diese Mode vor Gott ein Greuel sei. So die Schrift: *Inversus Dekalogus Mundi. Das ist: Die verkehrte Welt. Oder zehn Hauptlaster der heutigen Welt. Wider die H. Zehn Gebote Gottes, Sehr anmutig und lustig zu lesen. Nebst einen angenehmen Valet der Welt, Vorgestellet von Einem Weltkündigen Liebhaber der Wahrheit, Nahmens B.F.H. Gedruckt im Jahr Christi 1712.“ u. a. m.*

Mehr und mehr wich auch in den östlichen Staaten aller Widerstand; selbst *Wien* erschloss sich nach dem Ableben Karl VI. der jeweiligen Mode immer mehr, und in der zweiten Hälfte des Jahrhunderts war kaum ein deutscher Hof zu finden, der nicht nach französischem Muster eingerichtet gewesen wäre. Selbst das Zubehör an Jagden, Festen, Opern u.s.w. wollte Keiner mehr entbehren. Voran *Sachsen* unter August I. und II. und dem Günstling des letzteren, dem *Grafen von Brühl*, der einen eigenen Hofstaat unterhielt mit zahllosen Hausbeamten, (z. B. dreissig Köchen), für die er die Kleidungsstücke bis in's Kleinste aus Paris bezog. Die Sachsen galten daher mit Recht als „die Franzosen in Deutschland“.

Die Prachtliebe des ersten *preussischen* Königs, Friedrich I., ist bekannt. Anders verhält sich Friedrich Wilhelm, der bei seinem Regierungsantritt (1713) 88 Kammerherren und zahlreiche andere Bedienstete entliess und dadurch unzweideutig zu erkennen gab, wessen man sich bei ihm zu versehen habe. Er selbst trug einen braunen Rock (Habit) mit englischen Aufschlägen und eine rote, mit Silber bordierte Weste, von 1719 an eine schmucklose Uniform. Die Wolkenperrücke vertauschte er zuerst mit dem einfachen „*Muffer*“ oder „Mirleton“, entfernte aber auch diesen bald und flocht die eigenen Haare in einen *Zopf*, was er auch auf sein Heer übertrug. Sein ganzer Hof, Gemahlin und Kinder inbegriffen, folgten seinem Beispiel. Auch in weiteren Kreisen blieb sein Vorgehen nicht ohne Einfluss, da er klug genug war, nicht durch Erlasse, die doch nicht auszuführen waren, sich selber, sondern die Hoffart selbst durch ihre Darstellung zu blamieren. So führte er der französischen Gesandtschaft, die aus dreissig Personen bestand und deren Einfluss bei Hofe er brechen wollte, bei einer Revue ganz unerwartet die Profosen der Regimenter in französischer Tracht vor mit möglichster Übertreibung — in riesigen Hüten, mit Federn bedeckt, in Röcken mit übergrossen Aufschlägen und mit gewaltigen Haarbeuteln. Das that gute Wirkung, um somehr, da der König bald darauf auch allen als „infam“ Erklärten den Haarzopf abschneiden und die Perrücke aufsetzen liess. So wählte er auch für seine *lustigen Räte* immer dasjenige aus, was er lächerlich machen wollte. Auf diese Weise brachte er bei den Männern eine soldatische Kleidung, den knappen, abgeschrägten, blauen Frack und den *dreieckigen Hut* zu ziemlicher Verbreitung. Die grosse Perrücke blieb nur noch bei Ministern, Räten, Doktoren und Geistlichen und wurde im übrigen durch den „Muffer“ ersetzt. Wer sich mit dem Zopfe nicht befreunden konnte, kräuselte die Haare über den Ohren zu kleinen Rundwülsten auf. Vorsteckärmel und Schürzen wurden gebraucht, „Jabot“ und Manschetten von den Hemden getrennt behandelt, überhaupt ging von Preussen ein neuer Geist der Ernüchterung und Sparsamkeit aus. Weniger glücklich war der König mit seinen Reformplänen bei den *Frauen*. Diese, anfänglich schüchtern nachgebend, entschädigten sich für die beschränkte Stofffülle durch die Ausstattung mit köstlichen Spitzen, und als Friedrich Wilhelm starb und Friedrich II. den Thron bestieg, verfielen sie wieder vollständig dem Hang nach der französischen Mode; wie auch die Männer, trotz dem *militärischen Gepräge*, das ihr Auftreten behielt, für den französischen Einfluss wieder zugänglicher waren, umsomehr, da der neue König, wenn auch nicht ein Freund der französischen Tracht, so doch ein Verehrer der französischen Bildung war und die französischen Gelehrten an seinem Hofe stets gern gesehen und gelitten waren. Zudem war Friedrich viel zu sehr mit seinen weitgehenden Plänen beschäftigt, als dass er den kleinlichen Streit um den „Frack“ der Friedrich-Wilhelms-Männer“ hätte aufnehmen und weiterführen mögen. In seinem Alter sprach er sich wohl hie und da scharf gegen den modischen Kleideraufwand aus; es geschah das aber mehr nur in einer Anwendung seiner eigensinnigen Herrscherlaune und blieb darum auch ohne Erfolg. Frankreich hatte mit seiner Mode zu Ende des Jahrhunderts die Welt erobert und es behielt sie, bis es ihr mit dem Schwerte in der Hand auch die „Freiheit“ bringen wollte. Der Ausgang des Kampfes ist bekannt: Das alte Europa wurde in seinen Grundfesten erschüttert. Die alten Staatsformen fielen mit ihren beengenden Vorschriften und Verordnungen und mit diesen fiel auch der Gegenstand, den sie bekämpft, die *französische Tracht*. Nach *Weiss*, Kostümkunde. *Köhler*, die Entwicklung der Trachten in Deutschland, Nürnberg 1878. Vgl. *Jakob von Falke*, Kostümgeschichte der Kulturvölker, Stuttgart 1880.

Trauerkleider. Die Trauerfarbe der Alten war Violett. Wittwen verhüllten um 1350 den Kopf nach Nonnenart, trugen dunkles Kleid, weisses Skapulier mit gestickten oder gemalten schwarzen Thränen und einen Strick als Gürtel. Um 1500 kam die schwarze Tracht auf, welche die ständige blieb und nur noch in ihren Zuthaten — Binden, Mützen, Gürteln und Schleier — variierte, die bald weiss, bald schwarz getragen wurden.

Trinkhörner waren neben der hohlen Hand wohl bei allen Völkern die ersten Trinkgefässe. Auch die Germanen liebten sie und boten sie bei ihren Festen fleissig herum. In einer Leipziger Sammlung findet sich ein thönernes Trinkhorn aus der Bronzezeit.

Tristan heisst das höfische Kunstepos, das *Gottfried von Strassburg* hinterlassen hat. Die Sage ist wie diejenige des Artus eine britannische, scheint aber im Gegensatze zu dieser, welche einen historischen Hintergrund hat, mehr mythischer Natur zu sein; wie dieselbe, ohne Zweifel durch normannisch englische Sänger, in die nordfranzösische Litteratur geriet, ist nicht ausgemittelt; ebensowenig sind die französischen Gedichte erhalten, aus denen Gottfried seiner eignen Aussage zufolge seine Geschichte entnahm. Eine Verbindung der Tristansage mit der Artus- und Gralsage ist nur sehr äusserlich hergestellt worden. Auch das unterscheidet die Tristansage von der Artus- und Gralsage, dass jene von vornherein eine *Liebessage* ist, ähnlich den Sagen von Pyramus und Thisbe, Hero und Leander, Romeo uud Julie. Von der Beliebtheit, welcher sich die Tristansage im Mittelalter erfreute, geben namentlich verschiedene bildliche Darstellungen Zeugnis, so Freskodarstellungen auf dem Schlosse Runkelstein bei Bozen, ferner mehrere Teppiche, ein geschnitztes Elfenbeinkästchen u. a.

Das Gedicht Gottfrieds beginnt mit der Geschichte der Eltern des Helden, *Riwalin und Blanscheflur*, welch letztere die Schwester des Königs Marke von Kurnewal ist; der Vater ist, von einem Feinde besiegt, kurz *vor*, die Mutter *bei* der Geburt des Söhnleins gestorben, das nun von dem getreuen Marschall des Vaters, *Rual*, als dessen eigenes Kind zu sich genommen und auferzogen wird. Norwegische Kaufleute entführen den 14jährigen Knaben, an dessen Gestalt und Begabung sie Gefallen gefunden, mit sich, setzen ihn indes, durch einen schrecklichen Sturm zur Erkenntnis ihrer Raubthat gekommen, wieder ans Land. Von zwei Pilgern begleitet, trifft er zufällig auf die Jäger seines ihm unbekannten Oheims *Marke*, deren Lob er sich durch seine meisterlichen Jägerkünste gewinnt; auch der König selbst fühlt sich so zu dem Jüngling hingezogen, dass er ihn zu seinem Jägermeister ernennt, ja ihm, nachdem jener sich auch im höchsten Grade der Sprache und des Saitenspieles kundig erwiesen, geradezu seine Freundschaft anträgt. Vier Jahre schon hält sich Tristan an Markes Hof auf, als sein Pflegevater *Rual* nach mühseligen Wanderungen, die er um Tristans willen unternommen hat, den Ersehnten findet und vor König Marke das Rätsel seiner Geburt löst, worauf sich dieser bereit erklärt, Erbvater seines Neffen sein zu wollen. Er folgt Tristans *Schwertleite*, bei welcher Gottfried Veranlassung nimmt, in einer berühmt gewordenen klassischen Stelle sein Urteil über die bedeutendsten deutschen höfischen Dichter auszusprechen. Nachdem Marke seinem Neffen versprochen, dass er seinetwegen unverehelicht bleiben wolle, kehrt dieser in seine Heimat zurück, rächt seinen Vater, übergibt aber sein wiedergewonnenes Land seinem geliebten Rual und kehrt zu seinem Oheim Marke zurück. Hier ist soeben *Morolt von Irland* erschienen, um für seinen Schwäher den seit mehreren Jahren auferlegten Zins und dreissig edle Jünglinge zu heischen; Tristan bewegt seinen Oheim den Zins zu weigern und besteht den in diesem Falle ausbedungenen Zweikampf mit Morolt; zwar besiegt, erschlägt er diesen im zweiten Waffengange, nachdem er freilich im ersten Waffengange durch Morolts vergiftetes Schwert eine Wunde erhalten, die nach Morolts eigener Aussage bloss durch dessen Schwester *Isot* geheilt werden kann. Da infolge des Ausgangs dieses Kampfes Irland für Tristan verschlossen ist, sieht er sich genötigt, als Spielmann verkleidet jenes Land zu betreten, wo es ihm wirklich durch seine List gelingt, bei der Königin Einlass und von ihr Heilung seiner Wunde zu erlangen; als Entgelt dafür hat er die Tochter der Königin, die junge *Isot*, in Saitenspiel und Sprachen zu unterweisen. Nachdem er zu Marke zurückgekehrt, sieht sich dieser auf den Rat von Neidern Tristans und auf dessen eigenen Rat hin veranlasst, an eine Verehelichung zu denken und zwar, wieder auf Tristans Rat hin, mit der jungen Isot. Natürlich kann kein anderer als Tristan selber der Brautwerber sein, und es gelingt ihm nach vielen Abenteuern, worunter auch ein Drachenkampf erscheint, die Einwilligung zu erhalten.

Zur Heimfahrt gibt die alte Königin ihrer Tochter ihre Niftel *Brangaene* und zugleich einen *Minnetrank* mit, welchen Brangaene, nachdem sich *Isot und Marke* in Liebe vereint hätten, diesen statt Weines schenken möge. Während die Reisenden einmal Ruhe halten, und das Volk sich zur Erlustigung an das Land begeben hat, besucht *Tristan* die Königin und begehrt während des Zwiegespräches zu trinken; da reicht ihm eine der anwesenden Jungfrauen unwissentlich jenes Gefäss; *Tristan* bietet es zuerst der Herrin, dann trinkt er selber und sofort erwacht in beider Herzen glühende Liebe, und es nützt nichts mehr, dass die erschrockene Brangaene das Glas ins Meer wirft. Nun folgen verschiedene Abenteuer, welche alle darauf hinauslaufen, den mit *Isot* vermählten König *Marke* wegen der Treue seiner Gattin zu täuschen, wobei ausser dem Könige selbst bald dessen Truchsess, bald ein Zwerg der Betrogene ist. Endlich überzeugt sich dennoch der König der Untreue seines Neffen und seiner Gattin, doch sind ihm beide zu lieb, um sie zu töten, er verbannt sie. In der Wildnis halten sie sich in einer herrlichen Minnegrotte auf, wo sie der jagende König neuerdings findet und, durch eine List von neuem getäuscht, beiden vergibt. Wiederum aber überrascht Marke das Paar, worauf Tristan flieht und in der Fremde eine Liebschaft mit einer anderen Isot, *Isot Weisshand*, anknüpft. Die Dichtung bricht mit der Erzählung ab, wie *Tristan* dieser neuen Geliebten schöne Lieder gedichtet und gesungen habe.

Das unvollendet hinterlassene Gedicht hat zwei Fortsetzer gefunden: *Ulrich von Türheim* schrieb um 1240 seine etwas schwächere und notdürftige Weiterführung; er wurde wesentlich und mit Glück übertroffen von *Heinrich von Freiberg*, um 1300. Ausgabe des Tristan mit sämtlichen Fortsetzungen von Fr. H. v. d. Hagen, 2 Bände, Breslau 1823. Neueste Ausgabe von *Gottfrieds* Tristan, v. *Reinhold Bechstein*, 2 Bände, Leipzig, 1869. Von ebendemselben der *Tristan des Heinrich von Freiberg*, Leipzig.

Trojanischer Krieg gehört zwar unter diejenigen Stoffe des höfischen Epos, welche der antiken Sagenwelt entnommen sind, erfreute sich aber durchaus nicht der Beliebtheit wie die Sagen von Aeneas und Alexander; einesteils fehlte es an genügenden Quellen, denn Homer wurde in dieser Periode auf deutschem Boden nicht gelesen; andererseits an einem Helden, der wie Aeneas und Alexander zum Typus des Rittertums umgebildet werden konnte. Die lateinischen Quellen der mittelalterlichen Trojaner-Gedichte sind Dares und Dictys. Von diesen gilt *Dares Phrygius* als Verfasser einer *Historia de excidio Trojae*, einer kurzgefassten, flüchtig und in schlechtem Latein geschriebenen Erzählung von der zweimaligen Zerstörung Trojas, durch Herkules und durch die Griechen, mit kurzer Berührung der Argonautenfahrt, angeblich von Cornelius Nepos ins Lateinische übersetzt; der Verfasser, nimmt man an, habe etwa im 6. Jahrhundert n. Chr. gelebt. Ergänzt wurde Dares aus den *Ephemeris belli Trojani* eines gewissen *Dictys*, unter dem sich ein späterer Grammatiker verbirgt. Aus diesen Quellen hat der nordfranzösische Dichter Benoît de Saint-More im 12. Jahrhundert ein grosses Gedicht von etwa 30 000 Versen verfasst, *destruction de Troyes*, *roman de Troyes*, welches seinerseits Quelle geworden ist für ein deutsches Epos des *Herbort von Fritzlâr*, *liet von Troye;* dieses Gedicht ist im Auftrage des kunstliebenden Landgrafen Hermann von Thüringen geschrieben, der das französische Original von dem Landgrafen von Leiningen erhalten hatte; es fällt also in den Anfang des 13. Jahrhunderts. Ungleich vollkommener in Darstellung und Ausdruck als dieses Gedicht ist der Trojaner Krieg des *Konrad von Würzburg*, dessen Hauptquelle derselbe französische Dichter war; Konrad starb über dem unvollendet gebliebenen Werke, das dann ein Unbekannter vollendete. Berühmter als die genannten Bearbeitungen der Trojanersage wurde endlich der lateinische Prosaroman des *Guido de Columna*, Richter in Messina: *Historia destructionis Trojae*, 1287 vollendet, ebenfalls unter Benutzung des französischen Gedichtes ausgearbeitet. Der Roman wurde fast in alle Sprachen Europas übersetzt und in einer Masse von gedruckten Ausgaben verbreitet; man hat Übersetzungen ins Italienische, Französische, Spanische, Englische, Deutsche, Niedersächsische, Holländische, Böhmische, Dänische. Aus ihm entlehnte auch *Boccaccio* den Stoff zu seinem *Filostrato*, welcher die Hauptquelle zu *Shakespeares Troilus* und *Cressida* wurde. Die verbreitetste deutsche Übersetzung stammt von *Hans Yair* oder *Hans Mair* von Nördlingen, aus d. J. 1392 und ist oft gedruckt worden. Endlich hat ein unbekannter Dichter, der sich betrügerisch Wolfram von Eschenbach nennt, im 14. Jahrhundert dieselbe Sage in etwa 30 000 Versen behandelt. *H. Dunger*, Die Sage vom trojanischen Kriege in den Bearbeitungen des Mittelalters. Leipzig 1869.

Truhe nannte man einen rechteckigen Kasten mit flachem oder gewölbtem Deckel. Die Vorderseite war nach Vermögen mit Schnitzereien und Malereien geziert. Die Truhe diente zur Versorgung der Kleider und kostbarer Hausgeräte, zu Hause sowohl, wie namentlich beim Transport.

Tunicella, eine etwas kürzere Tunika, die im früheren Mittelalter von der griechischen Geistlichkeit unter der *Dalmatika* getragen wurde. Zu Anfang des 9. Jahrhunderts scheint sie auch im Abendlande aufzutreten und zwar als Unterkleid aller Geistlichen. Der Diakonus trug die Tunicella und die Dalmatika zugleich, der Subdiakonus erstere allein. Die Tunicella war bis ins 11. Jahrhundert weiss, mit violettem Saumstreifen besetzt, dann mit Gold verbrämt und etwa mit kleinen Schellen behangen. Siehe auch den Art. *Krönungsinsignien.*

Tunika, das erst ärmellose, seit Augustus Zeit mit Ärmeln versehene leinene oder wollene Unterkleid, das auf blossem Leibe unter dem Mantel getragen wurde.

Turnier. Die Turniere sind neben der höfischen Dichtung der eigenartigste Ausdruck des mittelalterlichen Rittertums. Sie entstehen ohne Zweifel aus älteren *Reiterspielen*, von denen der Geschichtschreiber *Nithard*, Vier Bücher Geschichten III, 6 folgendes anschauliche Bild gibt: „Zur Leibesübung stellten sie — es ist von den beiden Söhnen Ludwig des Frommen, Luwig dem Deutschen und Karl dem Kahlen, die Rede — auch oft Kampfspiele an. Dann kamen sie auf einem besonders auserlesenen Platze zusammen und während rings umher das Volk sich scharte, stürzten sich zuerst von beiten Seiten gleich starke Scharen von Sachsen, Wasken, Austrasiern und Brittonen wie zum Kampfe in schnellem Laufe aufeinander; darauf wendeten die einen ihre Rosse und suchten mit den Schilden sich deckend vor dem Angriff der Gegner durch die Flucht sich zu retten, während diese die Fliehenden verfolgten; zuletzt stürmen beide Könige, umgeben von der ganzen jungen Mannschaft, in gestrecktem Lauf, die Lanzen schwingend, gegen einander, und bald von dieser, bald von jener

Seite zur Flucht sich wendend, ahmt man den wechselnden Kampf der Schlacht nach. Und es war ein Schauspiel bewundernswert wegen des Glanzes und der Ordnung, die herrschten: denn auch nicht einer von dieser so grossen Menge und von diesen verschiedenen Völkern wagte, wie es selbst unter Wenigen und unter Bekannten zu geschehen pflegt, einem andern eine Wunde zu schlagen oder einen Schimpf anzuthun."

Diese Reitspiele erhielten mit der Aufnahme des Ritterwesens in Frankreich ihre ritterliche Ausbildung, und zwar wird in den Zeitbüchern der Franzose *Godefroi de Prieuilly*, 11. Jahrhundert, als derjenige genannt, der das Turnier, *torneamentum*, von lateinisch *ternare* = drehen, kehren, wenden, französisch *tournoyer*, provençalisch *torneiar*, mhd. *turnieren*, erfunden habe; es ist nicht unwahrscheinlich, dass die Erfindung des französischen Ritters darin bestand, dass er das bestehende kunstmässige *Reitspiel* mit dem ritterlichen *Waffenkampfe* verband, eine Veränderung, welche einerseits das blosse Neckspiel dem ernsten Kampfe, anderseits den ebenfalls uralten blossen Lanzen- und Schwertkampf dem schönen künstlerischen Spiele näherte; es war gleichsam eine Verbindung des Tanzes mit dem Kampfe.

In Deutschland wird zuerst im Jahr 1127 ein *torneamentum* erwähnt, das Kaiser Lothar bei Würzburg abhielt. Seitdem ist es in Deutschland wie in Frankreich völlig heimisch, wie u. a. die wiederholten Verbote der Päpste beweisen; doch erfolgt die eigentliche Ausbildung dieses Ritterspieles auf deutschem Boden erst in der zweiten Hälfte des 12. Jahrhunderts; auf dem Kreuzzuge unter Konrad II. und Ludwig VII. wurden die Deutschen noch wegen ihrer Ungeschicklichkeit im Reiten von den Franzosen verhöhnt.

Man muss nun durchaus unterscheiden zwischen den Turnieren der eigentlichen höfischen Zeit, im 12. und 13. Jahrhundert, und zwischen den späteren Turnieren des 14. bis 16. Jahrhunderts. Was die ersteren oder die echten Turniere betrifft, so unterscheiden sich dieselben von den in dieser Zeit sehr geläufigen ritterlichen Kampf- und Reitspielen, dem *tjost* und dem *buhurt*, dadurch, dass diese jeden Augenblick zur Übung, zur Kurzweil, auf den Wunsch irgend einer Person angestellt werden können, während das Turnier stets *vorher angesagt* ist. Das Turnier fand nicht überall in gleicher Weise statt, die Franzosen z. B. galten als hitziger als die Deutschen, manche Stämme hatten grössere Vorliebe für das Spiel, andere geringere Freude daran. In Beziehung auf den *Zweck des Turniers* unterscheidet man:

a) *turnei durch lernen*, mittellat. *tirocinium*; diese Spiele, durch welche Knappen in die Turnierkunst eingeführt werden sollten, fanden unter Aufsicht älterer Ritter statt. Aber bloss die drei letzten Jahre der Knappenzeit, in welchen der Knappe *kneht* hiess, berechtigten zur Teilnahme an diesen Turnieren; es war die Zeit, wo er, aber nur geduldet, schon das ritterliche Schwert führte und das ritterliche Ross ritt; doch trug er jenes noch nicht gegürtet, sondern musste es an den Sattel hängen. Ein solches Knechtturnier fand auch am Tage vor der Schwertleite statt, zur Prüfung der Kandidaten des Rittertums.

b) *turnei umbe guot*. In jedem Turniere gehörte die Rüstung und das Ross des Gefangenen von Rechts wegen dem Sieger, und der Gefangene musste sich für eine von diesem geforderte Summe auslösen. Doch galt es für anständig, den Gefangenen freizugeben. Aber nicht alle Turnierer beobachteten diesen Anstand, namentlich diejenigen nicht, die erbelos im Lande herum abenteuerten, gewandt im Turnieren waren und sich lediglich durch Turniere erhielten. Um solchen Leuten ihre Freude zu lassen, stiftete man geradezu *turniere umbe guot*, Turniere, wo das Beutemachen die Hauptsache war; wer hier kein Lösegeld hatte, musste *ze den juden farn.* Am Rhein fanden solche Turniere das ganze Jahr statt.

c) der *turnei durch die vrouwen;* darunter versteht man sowohl den auf jedem ordnungsmässigen Turnier stattfindenden *Damenstich,* an welchem namentlich die *vrouwen ritter* teilzunehmen hatten, als überhaupt solche Turniere, welche zu Ehren und zur Belustigung der Frauen angestellt wurden. Frauen nahmen überhaupt den lebhaftesten Anteil an solchen Belustigungen; ja es wird erzählt, wie sie sogar Männerrüstung angelegt und zum Schimpfe (zur Kurzweil) turniert hätten. Diese Turnierart artete leicht in ein Galanteriespiel aus.

d) der *turnei durch êre* ist das edelste Turnier; hier konnten bloss erprobte Ritter mit Erfolg kämpfen, Gefangene wurden sofort freigegeben. Wurden zwar bei diesem Turniere, was bei den drei andern Arten vermutlich nicht stattfand, Preise ausgesetzt, so blieb der Hauptlohn für den Sieger doch immer der, der geschickteste Turnierer genannt zu werden. In den höfischen Geschichten geschieht es oft, dass bei einem solchen Turnier eine Dame sich und ihr Land dem Sieger als Preis anbietet.

Nach den *Bedingungen*, unter denen das Turnier stattfand, kann man unterscheiden:

a) der *turnei ze ernste.* Darunter war nicht etwa ein Turnierkampf verstanden, der, friedlich begonnen, durch den Zorn der unterliegenden Partei in einen wirklichen Kampf ausartete, wobei man die stumpfen Waffen mit scharfen vertauschte, sondern ein Turnier, das wirkliche Feinde nach gegenseitiger Verabredung mit scharfen Waffen abhielten.

b) der *turnei ze schimpfe* ist ein Turnier mit stumpfen Waffen, dessen Hauptgewicht auf den durch das künstliche Reiten ausgebildeten Speerkampf fällt; es kommt hier vor allem darauf an, möglichst viele Gegner aus dem Sattel zu heben und sie zur *sicherheit*, *fîance* zu bringen; der Besiegte verlor dadurch seine Freiheit und es stand völlig in dem Belieben des Siegers, ob und wann er ihn freilassen, ob und für welche Summe er ihm sein Kampf-Zeug zurückgeben wollte. Im Gegensatze zu diesem Turnier steht.

c) der *turnei ze schimpfe mit vride;* hier setzte man von vornherein eine Lösesumme fest, die der Besiegte an den Sieger zu zahlen hatte und die im Durchschnittswert der zu Felde gebrachten Turnierrüstungen bestand. Unter Umständen war diese Turnierweise gefährlicher als die vorhergehende; dort konnte ein edelmütiger Sieger seinen Gefangenen unter Umständen freigeben; hier verstand es sich unter allen Umständen, dass das vorher ausgemachte Lösegeld bezahlt werden musste.

d) Der *turnei ze schimpfe mit vride mit kippern* ist das einzige Ritter-Turnier, in welchem es den Knappen gestattet war in den Kampf einzugreifen; da sie indes keine ritterlichen Waffen tragen durften, mussten sie sich mit einem einfachen *Knüttel* behelfen; auch konnten sie nicht zu Rosse sitzen, mussten vielmehr ihrem Herrn zu Fusse nachgehen. Ihre Aufgabe war den abgestochenen Ritter so lange mit Prügeln zu traktieren, bis er Sicherheit gelobte. Diese wenig höfische Kampfweise wurde besonders im Turnier *umbe guot* geduldet; im *turnei durch êre* schloss man sie gewöhnlich aus.

Die im Turnier geübte *Reit- und Kampfkunst* erhellt am deutlichsten aus einer Stelle im Parzival, 812, 9—16:

Fünf stiche mac turnieren hân:
die sint mit mîner hant getân.
einer ist zem puneiz:
ze treviers ich den andern weiz:
der dritte ist zen muoten:
ze rehter tjost den guoten
ich hurteclîchen hân geriten,
und den zer volge niht vermiten.

Diese Stelle wird erklärt: es gebe fünf Reittouren im Turnier, in denen auf den Gegner gestochen werden kann, Turnierspeerkampf; zu ihnen kommt dann der Turnierschwertkampf, das *zöumen.*

Der *Turnierspeerkampf* besteht also aus folgenden Touren oder Stichen:

1. Der *Stich zem puneiz* ist eine Attaque sämtlicher Scharen von vorne auf den Feind mit eingelegter Lanze und *hurt,* d. h. mit demjenigen stossenden Anreiten, das auch dem *buhurt* zu Grunde liegt. Die Kunst für den einzelnen besteht darin, zu richtiger Zeit, sobald der Führer der Scharen den Befehl „*zem puneiz*“, d. h. zum Wechsel des Galopp- und Karrièreritts gibt, diesen auszuführen, damit er nicht hinter den anderen zurückbleibt.

2. Der *Stich ze treviers* ist eine Attaque sämtlicher Scharen *von der rechten Seite* auf den Feind mit eingelegter Lanze nnd Hurt. Die Kunst für den einzelnen besteht darin, sobald der Führer das Kommando „*ze treviers*“ gibt, zugleich aus dem Galopp in die Karrière und aus der geraden in die schräge Richtung zu fallen, damit er nicht zurückbleibt; sie ist also viel schwieriger als im Stiche *ze puneiz.*

3. Der *Stich zen muoten* ist das Stechen eines einzelnen gegen eine ganze Schar, wobei es für diesen darauf ankommt, während er den einen aufs Ziel genommenen Gegner trifft, den Stössen der übrigen zu entweichen. Dieser Stich ist daher schwieriger als die vorhergehenden, aber verhältnismässig selten und muss deshalb als eine Art Extra-Tour gelten.

4. Der *Stich ze rehter tjost* ist Einzelattaque mit eingelegter Lanze auf den Feind, geradlinig oder von der rechten Seite her. Die Kunst des Einzelnen ist hier, durch geschicktes Reiten sich dem Hurt des Gesamtkampfes zu entziehen und richtig zu beurteilen, ob es im einzelnen Falle rätlich sei, gerade oder schräg den Gegner anzurennen, wann in beiden Fällen in die Karrière zu fallen sei und ob es gut sei, gleich anfangs *ze trviers* zu reiten oder erst, nachdem man schon im *puneiz* die Karrière genommen hat, plötzlich in die Richtung *ze treviers* zu fallen, was besonders grosse Gewandtheit erforderte. Jede Tjoste, die als kunstgemäss „gemessen“ gelten soll, muss richtig *geritten* und richtig *gestochen* werden. Die beiden *tjostiure,* d. i. die tjostierenden, reiten geradlinig aufeinander; ist die Tjoste zu Ende, so „*kerent*“ sie oder sie „*tuont den wanc*“, d. h. sie reiten zum ersten Standorte zurück, lassen sich neue Speere geben und beginnen den gradlinigen Ritt wieder, so dass man also vom ersten, zweiten, fünften Tjost spricht. Die Tjost beginnt im Galopp und geht nachher in die Karrière über, wobei die Kunst darin besteht, zur rechten Zeit den Wechsel des Tempos eintreten zu lassen. Dabei treten zwei Fälle ein: entweder reiten die beiden *tjostiure,* während sie die Speere verstechen, aneinander vorüber, oder sie treffen mit den Rossen Brust an Brust zusammen; der Name dieses Zusammenrennens mit den Rossen ist *hurten*, der oder die *hurt.* Ehe die *tjostiure* zum Stiche aneinander ritten, galt es *die tjost ziln*, d. h. *Schild* und *Speer* kunstgerecht zu

halten, den Schild mit der linken Hand so, dass er den ganzen Oberkörper vom Hals bis zu den Knien, von vorne und von der linken Seite bedekt; *daz sper under den arm slahen, daz sper ûf die brust lîmen.* Zielpunkte des Speerstosses sind die *vier Nägel* oder der *Hals* des Gegners; die vier Nägel befanden sich auf demjenigen Teile des Schildes, welcher während des Kampfes die Hand deckte; es sind ohne Zweifel dieselben Nägel, welche innen die Handriemen festhielten und um den Schildbuckel herum lagen. Besiegt ist der Gegner, wenn er durch den Stoss auf die vier Nägel oder auf den Hals abgestochen oder wenn beim Hurt das Ross mit samt dem Reiter zu Boden gesunken ist; unentschieden ist der Kampf und hat also aufs neue zu beginnen, wenn die aus dürrem Holze gefertigten Speere zersplittert sind oder wenn beim *hurten* das Ross zwar den Stoss ausgehalten hat, die Riemen dagegen, welche den Sattel halten, durch den Hurt gelöst sind und der Sattel mit samt dem Reiter vom Rosse herabgerutscht ist.

5. Der *Stich zer volge* ist ein Stich, der *nach* den eigentlichen Turnieren stattfindet und bloss von den gewandtesten Reitern gestochen wird; es ist noch mehr als der dritte Stich der sogenannte *Damenstich:* er wird bloss auf ausdrückliche Provokation und Zustimmung des Provozierten hin gestochen und ist im übrigen auch ein *tjost.*

Die stehende Formel für den Schluss eines getroffenen Stiches war; dass der Abgestochene fragte: *wer hât mich überwunden?* worauf der Sieger antwortete: *ich bin N.* und der Besiegte: *mîn sicherheit sî dîn.* Wurde aber dem Gegner bloss Helm- oder Schildriemen locker gemacht oder die Riemen des Rosses zerstochen, so war er nicht besiegt, musste aber vom Turnierplatz, um sich mit Helm, Schild und Ross aufs neue zu versehen. Beim Endurteil kam dann freilich mit in Betracht, wie oft dieses letztere eingetreten war.

Neben dem Turnierspeerkampf besteht ein *Turnierschwertkampf.* Er heisst das *zöumen* und besteht darin, dass der Ritter das Ross seines Gegners am Zügel nimmt, mit ihm umwendet und es nach der Seite seiner Turniergenossen hin vom Turnierplatz zu ziehen sucht. Da dieses jedoch meist nicht so glatt von statten ging, musste die Gewandtheit des Reiters durch den Kampf unterstützt werden, wozu man eben den Schwertkampf benutzte. Eben in dieser Turniertour griffen nun in sehr unhöfischer Weise jene *kipper* ein, deren oben gedacht ist. *Kipper* ist eine turnierunfähige Person, welche sich während des Kampfes der Beute der Ritter mächtigt, in erster Linie Knappen; ihre Waffe ist ein Prügel, mit dem sie das Ross des Gegners ihres Herrn namentlich beim *zoumen* traktieren. Wer *gezoumt* war, galt natürlich als besiegt.

Was die *Veranstaltung und Ausrichtung* eines Turniers sonst betrifft, so hatte der, der ein Turnier abhalten wollte, zunächst den, gegen den er zu kämpfen beabsichtigte, davon in Kenntnis zu setzen, *den turnei anbieten.* Nahm es dieser an, so einigte man sich über die Bedingungen, unter denen der Turnei abgehalten werden sollte, ob *ze ernste* oder *ze schimpfe,* mit *vride* oder *âne vride,* wie der Turnei *stân* oder *gelten* soll, d. h. wie hoch die Auslösungssumme anzusetzen sei, ob Kipper zuzulassen seien oder nicht. Dann wurde *Zeit* und *Ort* für den Turnei festgestellt, was die Zeit betrifft, immer im Sommer und zwar meist am *Montag.* Turnierort ist ein grosser freier Platz, in der Regel in der Nähe einer grösseren Stadt. Beide Teile sorgten jetzt für die *Auskündung* des Turniers, *den turnei schrîen*, was durch Knappen an bestimmte Personen oder an jeden turnierfähigen Mann geschah, der angetroffen wurde. Mindestens drei Wochen dauert es von da bis zum bestimmten Termin. Der Turnierplatz ist von Schranken, *hâmit*, umschlossen worden, hinter denen sich das *gestüele* für die Damen, alten Herrn und die Mitglieder des Turniergerichts erhebt. Die zum Turnier Erschienenen wurden *gemustert* und geprüft, ob sie turnierfähig, d. h. Ritter seien und zur Zeit in keinem unfreien Verhältnisse stünden. Jeder Turnierteilnehmer kam allein oder mit seinen Gesellen, welche entweder Dienstmannen oder Ritter waren, die sich ihm freiwillig angeschlossen hatten und dann wie die Dienstmannen während des Turniers das Wappen ihres erkorenen Dienstherren trugen. Wer ganz auf eigene Faust kam, hiess *muotwillaere*, wozu die *lantvaraere* gehörten, die das Turnier des Erwerbs wegen aufsuchten. Ferner wurde konstatiert, ob jeder im vorgeschriebenen *Turnieraufzuge* gekommen sei, nämlich *georset*, mit einem *ors* = Streitross, versehen, das stets männlich und meist ein Hengst war, und *gezimiert*, d. h. mit der *zimierde*, dem Helmschmuck und dem Wappen auf dem Schilde versehen. Sodann müssen die *Waffen* spiegelblank aussehen, ganz neue Riemen haben und *bei allen gleich* sein. Dazu gehören:

Das *harnas* oder *harnasch*, Ringpanzer, welcher wieder aus der Bedeckung des *Kopfes* besteht, die *coife*, *koufe*, *kupfe*, die entweder den ganzen Kopf umschliesst und bloss Löcher für die Augen lässt oder das Gesicht ganz frei gibt; aus der Bedeckung des *Oberkörpers: halsperc*, und aus derjenigen der Beine und Füsse: *îserhosen* oder *îserkolzen*. Dazu kommt zum Schutze des Halses: das *collier* des Kopfes: *die barbier*, eine gewölbte Platte, die von der Stirnleiste des Helmes bis zum Kinn herabreichte und oben Löcher für das Auge hatte; der *Brust:* die *plate;* der *Knie:* das *schinnelier*, alles dies von innen besonders bepolstert. Wie der Ritter ist das *Ross* in eine eiserne Decke gehüllt. *Schutzwaffen* sind: der *Turnierhelm*, im Gegensatz zu dem in der Schlacht zu dieser Zeit noch meist gebrauchten *îsenhuot*, mit der *zimier*, dem Helmschmuck versehen; und der *Turnierschild* in Form eines abgerundeten Dreiecks, mit dem bunt bemalten Wappenbilde. Die *Angriffswaffen*, *Speer* und *Schwert*, beide abgestumpft, jener womöglich bemalt. Vergleiche die besonderen Artikel.

Der eigentliche Turnierkampf zerfällt in die *vesperîe*, den *turnei* im engern Sinn, und den *Damenstoss*, und zwar so, dass *vesperîe* und Damenstoss, die beim klassischen Turnei Regel sind, beim *turnei umbe guot* gewöhnlich fehlen. Die *vespereî* ist ein Turnei am Vorabend des Festes, an dem sich vorwiegend jüngere Ritter und Knechte beteiligen; für das Urteil des Turniergerichts kommt dieses Spiel nicht in Betracht. Der eigentliche Turnei beginnt mit Anhörung einer *Messe;* dann ordnen sich die Ritter, *der turnei wirt geteilt*, so zwar, dass völlige Harmonie der einzelnen Streitgruppen vorhanden sein muss, jede Abteilung, *teil* oder *parte* genannt, hat ihren Hauptführer, zerfällt aber wieder in *scharn* oder *rotten* mit Einzelführern. Am *Damenstoss* beteiligen sich nur ausgewählte Ritter; doch heisst es erst, wenn er gestochen ist, *nû het der turnei ende.* Auf den Turnei folgt der *Urteilsspruch* und die *Preiszuerkennung.* Das *Turniergericht* setzte sich zusammen aus den ältesten und erfahrensten Rittern, die nicht selber turnierten und aus ihren für diesen Dienst bestimmten, erprobten und wappenkundigen Knappen, *knaben von dem wâpen*, denen alle Kostbarkeiten, Wappen und Zimierden, die auf dem Turnierplatze liegen geblieben sind, als ihr rechtmässiges Eigentum zufallen. *Sieger* kann im *turnei durch êre* nur *einer* sein, *der den prîs ze beiden sîten hât*, d. h. wer den turniermässigen *Speer-* und *Schwertkampf* am gewandtesten gekämpft und am elegantesten dabei geritten hat. Die Preise waren gering. Nach *F. Niedner*, Das deutsche Turnier im 12. und 13. Jahrhundert. Berlin 1881. Vgl. *Schultz*, höfisches Leben, II, Kap. 2.

Gegen die Mitte des 13. Jahrhunders verfielen die Turniere rasch und gestalteten sich zu solennen, aber gehaltlosen Privatvergnügungen des höhern Adels. Eine aus den Quellen geschöpfte Darstellung der Turniere des 14. bis 16. Jahrhunderts scheint zu mangeln. Was man in ältern Werken darüber findet, beruht zum grössten Teil auf einer der ärgsten *Geschichtsfälschungen*, die man kennt, auf *Rüxners Turnierbuch*. Dieses veröffentlichte zu Frankfurt im Jahr 1530 Georg Rüxner aus Bayern unter dem Titel: „Anfang, ursprung und herkommen des Thurniers in teutscher Nation“. Der Verfasser führte darin die Anfänge der Turniere auf die Zeiten Heinrich I. zurück und brachte sie mit dem glücklichen Kampfe gegen die Ungarn in Verbindung, wobei er sich auf ein älteres Büchlein stützte, das 1508 über dieselbe Materie zu Augsburg erschienen war. Es ist unglaublich, mit welcher Frechheit Rüxner einesteils die einzelnen Turniere datiert und aufgezählt, anderseits die Unzahl von Namen adeliger Teilnehmer erfunden und zusammengestellt hat. Die ersten bessern Schriftsteller, die sich durch Rüxner betrügen liessen, waren *Sebastian Frank* in der Chronik, und *Hans Sachs* in einem Spruch: Historia vom Ursprung und Ankunft des Thurniers 1541. Siehe darüber *Waitz*, Heinrich I. 2. Ausg. S. 252 ff.

U.

Uebersetzungen nehmen bei der mannigfachen Wechselwirkung, welche das alte und mittlere Zeitalter und die verschiedenen Einzellitteraturen des Mittelalters auf einander haben, eine wesentliche Stelle in der Litteratur des Mittelalters ein. Hier kann es sich, zumal eine gesonderte Behandlung dieses Litteraturzweiges mangelt, nur um eine kurze Übersicht derselben handeln. Da im Mittelalter alle gelehrte Bildung und Schriftstellerei von der Kirche ausgeht, welche sich ununterbrochen der lateinischen Sprache bedient, so zeigt sich vorläufig kaum ein Bedürfnis, die Werke der antikchristlich-römischen Litteratur ins Deutsche zu übersetzen. Eine Ausnahme machen bloss kirchliche Schriften, deren Mitteilung an einen weiteren Kreis der Volksgenossen wünschbar war. Zwar die Bibel ist im altdeutschen Zeitraum nie vollständig ins Deutsche übersetzt worden (siehe den Art. *Bibelübersetzungen*), zum Teil ohne Zweifel deshalb, weil die ersten Missionare in Deutschland Irländer, also Fremde, waren; dagegen hat man zahlreiche Übersetzungen liturgischer Katechismusstücke, der Glaubensbekenntnisse, des Unservaters, von Beichtformeln; etwas weiter reicht der Versuch *Tatians* Evangelienharmonie zu übersetzen, es ist dies wie die Interlinearversion der *Ambrosianischen Hymnen* und die Übersetzung zweier Schriften des *Isidor von Sevilla* ein Zeugnis von der durch Karl d. Gr. geweckten Teilnahme für die deutsche Muttersprache; dieses Interesse verschwindet aber bald wieder, und die kommentierten Übersetzungen des Hiob und der Psalmen wie verschiedener Werke der römischen Profanlitteratur, des Boethius, des Martianus Capella und des Aristoteles durch *Notker Labeo* aus St. Gallen, die ums Jahr 1000 entstanden sind, fanden Jahrhunderte lang keine Nachfolge.

Mit dem Begriffe einer Übersetzungslitteratur berührt sich eng die Thätigkeit der Dichter des *höfischen Kunstepos*, welche dem Zuge der Zeit und namentlich des Rittertums gemäss die französischen Epen von Karl d. Grossen, Äneas, Alexander, Artus, dem Gral, Tristan u. dgl. aus dem Französischen ins Deutsche übersetzten; wenn sie aber auch im Beginn ihres Gedichtes regelmässig ihre französische Quelle benannten und die Verantwortung der Thatsachen auf jene abschoben, so galten und wirkten diese Dichtungen doch als Originalschriften; ihr Name ist *getihte*, *buoch*, *sage*, *maere*, *âventiure* und nie *translation* oder dergleichen; man wollte nicht das französische Vorbild in seiner Eigenart deutsch übertragen besitzen, sondern man wollte denselben Stoff und dieselbe Form, wie ihn die französischen Ritter besassen, auch in Deutschland zu eigen haben, und deshalb übertrug man denn auch freier, als es der eigentliche Übersetzer zu thun gewohnt ist; auch lateinische Quellen, die man etwa für Legenden benutzte, unterlagen der gleichen Bearbeitungsweise.

Die Bearbeitung französischer Schriftwerke in deutscher Form hört seit der höfischen Zeit nicht mehr auf und nähert sich mehr und mehr der eigentlichen Übersetzung. Meist sind es auch vorläufig die höhern adeligen Stände, für welche solche Arbeiten unternommen werden. Das 13. und 14. Jahrhundert überträgt zahlreiche *fabliaux* (siehe den Art. *Novellen)*, dann kommt der *Roman* (siehe diesen) an die Reihe, bis schliesslich gegen Ende des 16. und in den folgenden Jahrhunderten Französisch die Umgangs- und Lesesprache aller derjenigen Bevölkerungskreise Deutschlands wird, welche Anspruch auf Vornehmheit machen.

Eine andere Gruppe von Ubersetzungen, die sich aber zum Teil mit der französischen Gruppe berührt, bilden jene prosaischen Schriften, die zum Teil schon während der höfischen Periode, noch mehr aber in den letzten Jahrhunderten des Mittelalters internationales, gemeinsames Eigentum der europäischen Völker werden; sie stammen teils aus dem Orient und gelangen anfänglich meist durch Vermittelung der lateinischen Sprache in die Volkslitteraturen; es ergänzt sich aber diese *Volkslitteratur* immer wieder durch neu auftauchende Werke, von denen jedes, wie ein ins Wasser geworfener Stein, einen engern oder weitern Ring in das Gebiet benachbarter Litteraturen zieht. Solche Weltbücher sind der *Physiologus* (siehe den Art. *Tierkunde*), die *sieben weisen Meister*, die *Gesta Romanorum*, die *Legenda aurea*, die Mehrzahl der *Volksbücher*, *Sebastian Brants Narrenschiff*, *Reineke Fuchs*, *Eulenspiegel* u. a. Auch diesen Übersetzungen liegt aber nicht die Absicht zu Grunde, einen fremden Schriftsteller in seiner Eigenart durch das Mittel der Volkssprache näher zu bringen, sondern es ist immer das stoffliche Bildungsinteresse, das sich dieser Weltbücher bemächtigt.

Die eigentliche *Übersetzung* von Profanschriftstellern hat erst der *Humanismus* auf die Bahn gebracht, eine Lebensrichtung, der zuerst die

Bedeutung des Individuums, auch des schriftstellernden, zum Bewusstsein gekommen war. Doch wusste man vorläufig zwischen wirklichen Schriftstellern des Altertums und zwischen lateinischen Skribenten der Neuzeit noch wenig Unterschied zu machen, und bei der Mehrzahl der Leser, namentlich der ungebildeten, für welche diese Arbeiten berechnet waren, überwog noch lange das stoffliche Interesse. Der neuerfundene Buchdruck bemächtigte sich schnell dieses Zweiges der Litteratur. Einer der ersten Übersetzer war *Niclas von Wyle*, aus Bremgarten, Schulmeister in Zürich, dann Ratschreiber zu Nürnberg und Esslingen, zuletzt Kanzler des Grafen von Württemberg. Er übersetzte eine Reihe kleinerer Schriften des *Poggius, Äneas Silvius, Felix Hemmerlin* u. a., die zum Teil anfangs besonders gedruckt und dann 1478, ihrer achtzehn an der Zahl, unter dem Titel *Translationen* zusammengestellt wurden. Andere vorreformatorische Übersetzungen, bei denen die beigesetzte Jahrzahl das Datum des ersten datierten Druckes bezeichnet sind: Der trojanische Krieg des *Guido Columna 1474* (siehe *Trojanischer Krieg)*; *Boethius De consolatione philosophiae 1473; Äsop* (vor 1480); *Terenz 1486; Cicero de officiis 1488; Hyginus 1481; Aristoteles Problemata 1492; Livius 1505; Caesar 1507*; *Plautus 1511; Lukian 1512; Seneca 1507; Plinius lobsagung vom heyligen Keyser Trajano 1515*; *Sallust 1513; Vergils Aeneis* durch *Dr. Thomas Murner*, *1515; Isocrates 1517; Plutarch 1519.*

Nach der Reformation mehren sich zwar die Übersetzungen, doch macht sich das Vorwiegen des stofflichen Interesses noch lange geltend, teils darin, dass man die alten Klassiker in meist sehr ungenügender Form überträgt (Vergil und Homer in Knittelversen), teils in der Vorliebe für die Geschichtschreiber, die Praktiker, und in der gänzlichen Übergehung der Lyriker; griechische Schriftsteller, für die man überhaupt nur noch geringes Verständnis besass, wurden oft durch Vermittelung lateinischer Versionen verdeutscht. Im 16. Jahrhundert kamen zu den schon genannten Autoren, die meist öfters erneut wurden, folgende neue hinzu: *Homer Odyssee 1537; Ilias 1610; Vergil Bucolica 1567*; *Ovids Metamorphosen 1571 — Flavius Josephus 1531;* und von da an in zahlreichen Ausgaben: *Justin 1531; Herodian 1531; Thucydides 1533; Herodot 1535; Orosius 1539; Xenophon 1540; Demosthenes 1543; Euclides 1562; Polybius 1574; Sueto* und *Tacitus 1535; Plinius historia naturalis 1543; Diodor 1554; Vitruvius 1548; Frontin 1532.*

Von *griechischen Dramatikern* erschien in deutscher Verdolmetschung zuerst *Euripides Iphigenia in Aulide 1585; Medea 1598; Alcestis 1604; Hecuba 1615; Sophocles Aiax 1608* und *Aristophanes Nubes 1613.*

Goedeckes Grundriss I, § 114 und 143; *J. F. Degen*, Litteratur der deutschen Übersetzungen der Römer, Altenburg 1794—99, 3 Bde. und Litteratur der deutschen Übersetzungen der Griechen, 1797—98. 2 Bände.

Uhren, mhd. *ûre, ôre,* aus lat. *hora*, bedeutet zuerst die Stunde, *ôrglocke,* die Stundenglocke, *horologium.* Das frühere Mittelalter benutzte ausschliesslich die schon dem Altertum bekannten *Sonnen-, Sand- und Wasseruhren,* von denen die erste Art zuweilen an den Kirchen angebracht war. Wann die durch ein Gewicht in Bewegung gesetzten mechanischen Uhren aufgekommen sind, ist nicht mit Gewissheit bekannt; man hat die Erfindung derselben bald dem Priester Pacificus aus Verona im 9. Jahrhundert, bald dem Papst Silvester II., Gerbert, gest. 1003, zugeschrieben. Erwähnt werden sie zuerst in um das Jahr

1120 zusammengetragenen Statuten des Cistercienzer-Ordens, wo dem Sakristan aufgegeben wird, die Uhr so zu regeln, dass sie schlägt und ihn vor dem Frühgottesdienst weckt. Das Zifferblatt war bis ins 16. Jahrhundert in 24 Stunden geteilt, welches die *ganze* oder die *grosse* Uhr hiess. Die erste *Räderturmuhr* bekam Augsburg 1364, Breslau 1368, Strassburg 1370, Nürnberg 1462. Künstliche astronomische Uhren erhielten das Münster zu Strassburg 1352—54, die Marienkirche in Lübeck 1405; jenes Strassburger Werk wurde durch ein neues, von Isaack Habrecht aus Schaffhausen in den Jahren 1547—1574 verfertigtes und aufgestelltes Werk ersetzt, das für ein Wunder der Mechanik galt, aber im Jahr 1789 zu gehen aufhörte. Um die Mitte des 16. Jahrhunderts waren Räderuhrwerke mit Schlagwerk und Wecker als Stubenuhren, ebenso Taschenuhren schon vielfach im Gebrauch. Als der Erfinder der letztern wird der Nürnberger Peter Hele bezeichnet, als das Jahr der Erfindung 1510.

Umzüge der germanischen Götter werden in verschiedener Weise erwähnt. Am feierlichsten war der Umzug mit dem Bilde oder dem Symbol der Gottheit, wobei man sich diese selbst von ihrem Heiligtume aus unter den Menschen ihren Umzug haltend dachte. Der Wagen mit dem Bilde wurde überall festlich empfangen, Opfer und Weihgeschenke ihm dargebracht und Festfriede gehalten. Tacitus Germania 40. Namentlich zur Erbittung eines fruchtbaren Jahres wurden solche Umzüge im Frühlinge abgehalten. Anderer Art sind die Nachrichten von Umzügen mit einem *Schiffswagen*, d. i. einem mit Rädern versehenen grossen Schiffe. Ein solcher wurde 1133 in einem Walde unweit Aachen gezimmert und durch die Mitglieder der Weberzunft, die sich vorspannten, weit im Lande herumgezogen, unter grossem Zulauf und Geleite des Volks. Die Ankunft des Schiffes war in den Städten voraus gesagt, wer die Erlaubnis erbat, das Schiff berühren zu dürfen, musste die Kleinode von seinem Halse den Webern geben oder sich durch eine andere Gabe lösen.

Die deutsche Mythologie ist auch an solchen Umzügen reich, welche die Götter ohne Vermittelung der Priester halten; dahin gehört der Umzug Wodans mit dem wütigen Heere und der Umzug der Göttermutter Freia. *Rassmann* in Ersch und Gruber, Artikel Götterbilder; *Grimm*, Mythol., S. 237 ff.

Die christliche Kirche ersetzte diese Umzüge zum Teil durch Grenzumgänge, Bittfahrten zu Wallfahrtskirchen, die ebenfalls meist im Vorsommer stattfinden und ein fruchtbares Jahr vom Himmel erbitten sollen. Solche Prozessionen fanden und finden immer noch in katholischen Gegenden regelmässig in der *Kreuzwoche*, in den Tagen vor und nach dem Himmelfahrtsfest statt; einzelne an andern Terminen, oft mit Aufwand grosser Pracht und Schaustellung; in Schwaben nennt man diese Umzüge Esch- oder Flurgänge; die ganze Gemeinde umzieht, den Geistlichen an der Spitze, die Markung; an vier Stellen macht man Halt, um das Evangelium zu lesen und den Wettersegen entgegenzunehmen, und Häuser, Menschen und Tiere werden mit Weihwasser besprengt. Berühmt ist namentlich der sog. *Blutritt* im ehemaligen Kloster Weingarten.

Unehrliche Leute. Bürgerliche Ehr- und Rechtlosigkeit lastete im Mittelalter nicht bloss auf denjenigen, die sich gewisser Verbrechen schuldig gemacht hatten, sondern auf allen denen, welche keine Waffen tragen durften, wie der Knechte, Juden, Türken und Heiden, und nicht minder auf gewissen Gewerben und

Dienstverhältnissen, deren Ausübung sich nach der Auffassung der Zeit mit der vollen Ehrenhaftigkeit eines freien Mannes nicht vertrug. Über die letztern hat *Otto Beneke* in einem Büchlein gehandelt, das den Titel führt: Von unehrlichen Leuten, Hamburg 1863. Daraus mögen hier einige Nachrichten zusammengestellt werden.

Als unehrlich galten *Hirten*, *Schäfer* und *Müller*. Söhne von Müllern waren zu Karls d. Gr. Zeit von allen geistlichen Ämtern und Würden ausgeschlossen. Mancherorts war den Müllern die Lieferung aller benötigten Galgenleitern aufgebunden, und erst im 16. Jahrhundert wurden durch Reichspolizeiordnungen die Müller mit den Hirten und Schäfern vollständig ehrlich erklärt, doch brauchte es noch mancher kaiserlichen Erklärung, bis sie Zulassung zu allen ehrlichen Zünften und Gilden erhielten.

Spielleute gehörten schon ihrer wandernden Lebensart halber keiner bestimmten Genossenschaft an; dass sie zudem Gut für Ehre nahmen, und sich selbst für Geld zu eigen gaben, machte sie unehrlich. Und zwar war hier mit der Ehrlosigkeit eine Art Rechtlosigkeit verbunden, welche sich auf die Unfähigkeit bezog, zu gerichtlichen und anderen Ehrenämtern gewählt zu werden; war ein Spielmann unverdient gekränkt worden, so bestand seine ganze Genugthuung darin, dass man ihm den *Schatten* seines im Sonnenschein gegen die Wand gestellten Beleidigers Preis gab; diesem Schattenbilde durfte er dann einen Schlag an den Hals geben. Eine Reichspolizei-Ordnung des 16. Jahrhunderts verfügte, dass alle Schalksnarren, Pfeifer, Spielleute, Landfahrer, Sänger und Reimensprecher eine besondere, leicht erkennbare Kleidung tragen sollten, damit die ehrlichen Leute sich desto leichter vor Schaden hüten und von ihrer Gemeinschaft absondern könnten. Spätere Reichsgesetze erklärten die Pfeifer und Trommler für ehrlich und warfen bloss noch die, „so sich auf Singen und Reimensprechen legen“ als fahrende Leute in das gleiche unehrliche Recht zu den Schalksnarren. Als im dreissigjährigen Krieg fahrende Spielleute in die stehenden Verbände der angesehenen *Trompeter* und *Paukenschläger* eingetreten waren, erwirkten eine Anzahl angesehener kaiserlicher und fürstlicher Hof- und Feldtrompeter und Heerpauker ein kaiserliches Privileg, wonach der Kriegs- und Hofdienst den Türmern und blasenden Komödianten strenge verschlossen bleiben sollte. Auch die in den Städten fest angesiedelten *Pfeifer*, welche ebenfalls zu Verbrüderungen zusammengetreten waren, die Kunstpfeifer, Stadtpfeifer oder Ratsmusikanten, wollten nichts von den fahrenden Spielleuten wissen.

Bader und *Barbiere* sind schon früh der Unehrlichkeit anheim gefallen, offenbar darum, weil die Bäder mit der Zeit als Herbergen der Leichtfertigkeit angesehen wurden. Als Kaiser Wenzel durch eine heroische Bademagd aus der Gefangenschaft errettet wurde, belohnte er 1406 diesen Dienst durch ein Privileg, wonach das Handwerk der Bader künftig überall makellos, ehrlich und rein angesehen werden sollte; zugleich verordnete er den Badern ein Zunftwappen, nämlich im güldenen Schild eine knotenweis verschlungene Aderlassbinde, in deren Mitte ein grüner Papagei prangte. Doch hatte das Privileg wenig Wirkung, und die vornehmeren Zünfte versagten noch lange den Söhnen von Badern die Aufnahme. Die Ursache der Unehrlichkeit, in welcher die Barbierer standen, mag ihre Mitwirkung an der Inquirierung und Torquierung von gefangenen Missethätern gewesen sein.

Leineweber kamen wie die Müller

deshalb in den Verruf unehrlicher Leute, weil ihr Gewerbe eine vielfache und bequeme Verführung zum Betruge darbieten sollte; entweder sei das Garn oder der Kleister gefälscht oder das Längen- und Breitenmass unrichtig. Waren an einigen Orten die Müller verpflichtet, die Leiter zum Galgen zu liefern, so war den Leinewebern auferlegt, den Galgen selber zu machen. Verschiedene alte Leineweberlieder bestätigen die Ansicht, die man von diesem Gewerbe hegte; in einem solchen Liede heisst es:

Der Leineweber schlachtet alle
Jahr zwei Schwein,
Das eine ist gestohlen, das andre
ist nicht sein.

Übrigens war die Unehrlichkeit der genannten Gewerbe nicht allgemein, und es gab Landschaften, Städte, Zeiten, wo Müller, Barbierer und Leineweber sich eines durchaus ehrlichen Namens erfreuten; die vornehmste Zunft in St. Gallen war z. B. diejenige der Leinwandweber, weil auf ihnen der Reichtum und Ruhm der Stadt beruhte. An einigen Orten waren auch diejenigen *Gerber* verrufen, die Hundshäute verarbeiteten, an andern *Tuchmacher*, die Raufwolle verarbeiteten, hie und da auch *Schornsteinfeger* und *Essenkehrer*.

Von *Staats-* und *Gemeindedienern*, welche in teilweiser Unehrlichkeit standen, wurden durch das Reichsgesetz von 1731 der Unehrlichkeit los- und freigesprochen die *Gassenkehrer*, *Bachfeger*, *Holz- und Feldhüter*, Leute, die offenbar durch ihren zum Teil schmutzigen und niederen Beruf zu der öffentlichen Unehre gekommen waren. Ihnen schliessen sich an die *Zöllner*, die *Totengräber*, die *Türmer*, und zwar diese oft um deswillen, weil man die Beaufsichtigung der als Haftlokale dienenden Türme den Scharfrichtern übertrug, welche den Dienst durch einen Knecht versehen liessen, dann die *Bettelvögte*. Von den *Nachtwächtern* gehörten nur diejenigen zur Klasse der unehrlichen Leute, welche zugleich zum Diebsfangen gebraucht wurden: die richtigen Nachtwächter, welche mit Lanze, Horn und Leuchte vigilierten, galten als ehrlich.

Gerichts- und *Polizeidiener* waren in ältester Zeit durchaus ehrlich; erst als man die Schergen für Straf- und Blutgerichte von den gewöhnlichen Fronboten in Zivilsachen trennte und für jene häufig Unfreie nahm, kam der Dienst in den Geruch der Unehrlichkeit, der ihm bis ins 18. Jahrhundert an manchen Orten blieb. Unehrlicher aber als alle genannten Stände war der Stand des *Scharfrichters und Henkers*. Auch dieser zwar war nach der ältesten Sitte ein ehrlicher Mann, oft der jüngste Richter selbst oder der jüngste Ehemann in der Gemeinde. Das Amt büsste zwar schon dadurch an bürgerlicher Ehrenhaftigkeit ein, dass es sich zu einem Berufe entwickelte, der nur von unfreien Leuten übernommen werden mochte, dass sich mit der Einführung des römischen Rechts die verhasste Exekution der Tortur damit verband und endlich, dass der Scharfrichter zugleich *Abdecker* oder *Schinder* wurde. Um nun die verachteten Scharfrichter gegen die Folgen einer volkstümlichen Vogelfreiheit zu schützen, wurden sie durch kaiserliche oder landesherrliche Privilegien geschirmt, daher ihr Name *Freimann* und *Freiknecht*. Mit der Zeit wurde das verachtete Scharfrichteramt fast erblich, wie es der Unehrlichkeit des Geschlechtes gemäss kaum anders sein konnte, zugleich aber war es ein recht einträgliches Amt geworden. Wie bei den Fechtmeistern gab es Scharfrichterfamilien, deren Angehörige über eine ganze Provinz verbreitet waren; sie hiessen *Schelmensippen*. Erst im Reichspolizeigesetz von 1731 wurde bestimmt, dass zwar die Unehrlichkeit bei den Nachkommen des Schinders in erster und zweiter Generation stehen bleiben soll, die ferneren Generationen aber zu allen und jeden ehrlichen Handwerken und Erwerbsarten zugelassen werden sollen. Durchgreifender lautete das kaiserliche Patent von 1772, wonach die Kinder der Wasenmeister, welche die verwerfliche Arbeit ihres Vaters noch nicht getrieben haben, noch treiben wollen, von den Handwerken nicht auszuschliessen, sondern ehrlich zu achten seien.

Es war Sitte, dass in der Scharfrichterfamilie der älteste Sohn des Vaters Meistertitel und Lehen erbte, während die jüngern, falls sie nicht einen eigenen Dienst erhielten, Henkersknechte und Abdeckerleute wurden, zu denen sich etwa unehrliche Leute andern Standes, ja Räuber und Mörder gesellten. Innerhalb einer solchen vom Verkehr mit der übrigen Welt ausgestossenen verachteten und gefürchteten Familie, bestand aber eine gewisse Strenge und Gesetzmässigkeit. Seine Frau fand der *Meister* in der Familie einer anderen Scharfrichterei, die jüngeren Söhne blieben meist ledig. Die Scharfrichtersöhne hatten ihre Lehr- und Wanderjahre durchzumachen, wobei sie ihren besonderen Handwerksgruss besassen. Da jede Berührung eines Ehrlichen mit dem Henker beschimpfend wirkte, war derselbe zu einer eigenen, leicht erkenntlichen Kleidung verbunden, er sass in der Kirche auf einem entlegenen, gesonderten Platz und genoss das Abendmahl allein und zuletzt. Eine verunglückte Exekution wurde wohl augenblicklich durch die Volksjustiz geahndet, indem man den Scharfrichter marterte, steinigte, zerriss; daher man ihm später, als das freie Geleit nichts mehr fruchtete, eine starke Militärmacht beigab. Es war auch Sitte und Vorschrift, dass nach vollzogener Exekution der Scharfrichter vom Schaffot herab den anwesenden Richter anredete und fragte, ob er recht gerichtet? Nachdem dieser geantwortet: „Du hast gerichtet, wie Urteil und Recht gegeben und wie der arme Sünder es verschuldet hat“, entgegnete jener schliesslich: „Davor danke ich Gott und meinem Meister, der mir diese Kunst gelernet.“ Die Diensteinnahmen des Scharfrichters bestanden ausser der Wohnung in den nach bestimmten Taxen geregelten einzelnen Verrichtungen. Geringere Strafen, wie Staupenschlag und Brandmarken, besorgte der Meisterknecht; in grossen Städten fielen diesem auch die Exekutionen mit Galgen und Rad anheim, wofür er den Spezialtitel *Henker* erhielt, und der Scharfrichter selber handhabte bloss das Schwert. Oft funktionierte er zugleich, im Geheimen natürlich, als Tier- und Menschenarzt, wobei er vielfach in den Ruf zauberkundiger Mittel geriet. Berühmt war namentlich der Scharfrichter zu Passau, der 1611 den Soldaten des Erzherzog Matthias einen Talisman gegen Hieb, Schuss und Stich verkaufte; das Geheimmittel kam so in Schwung, dass es den Namen *Passauer-Kunst* erlangte, welche noch die Nachkommen des Erfinders ausbeuteten. Andere Scharfrichter verstanden sich auf Freikugeln, aufs Festmachen, auf sympathetische Mittel u. dgl.

Ausser der Person des Scharfrichters und seiner Gesellen nahmen die bei seinen Verrichtungen gebrauchten *Geräte* Anteil an dem Rufe der Unehrlichkeit. Dazu gehört das *Abdeckermesser*, womit sich der Träger gegen diejenigen wehrte, welche, entgegen dem ihm erteilten Privilege, in betreff der Bestattung alles verlebten Viehes, etwa einen Hund, eine Katze oder dgl. auf eigene Faust töteten oder begruben. In das Haus eines solchen Rechtsverletzers und zwar in den Thürpfosten desselben stiess er dann sein allbekanntes Abdeckermesser; der an ihm haftenden Unehrlichkeit wegen wagte niemand es herauszunehmen und war kein anderes Hilfsmittel, als den Wasenmeister zu beschicken und ihm die Gebühr zu zahlen. Gefürchtet und gemieden war das *Richtschwert*; es ist ein mässig langes, breites, schweres Klingeneisen, mit beiden Händen zu schwingen, und steckt gewöhnlich in schwarzlederner Scheide, meist mit einer Inschrift auf der Klinge, z. B.:

Wenn ich das Schwert thu aufheben,
So wünsch ich dem armen Sünder
das ewige Leben.

Eine *Ehrlichsprechung* geschah nicht bloss in bezug auf ganze Stände und Gewerbe von seite des Kaisers und Reichstages, sondern es sind auch einzelne unehrliche Leute, die sich verdient gemacht hatten, vom Kaiser ehrlich gesprochen worden.

Universitäten. I. *Gründung.* Die Ausbildung der Universitäten, einer gesamteuropäischen Erscheinung, geschieht im 12. Jahrhundert, parallel mit der Ausbildung des Rittertums und des neuen Cistercienser Mönchstums. Der Trieb des intellektuellen Lebens, die neue Wissenschaft der rationalen oder dialektischen Theologie, die Scholastik, welche die heilige Lehre mit den Kräften des natürlichen Denkens innerlich zu bewältigen und sich anzueignen suchte, zeitigte das Institut der Universitäten. Wie Rittertum und asketisches Mönchstum geht die Universität von Frankreich aus. Paris ist das Muster der deutschen Universitäten.

Die Pariser Universität ist aus alten kirchlichen Schulen hervorgegangen, der Domschule und den Klosterschulen zu *St. Geneviève* und *St. Victor.* Der Ruf der grossen Lehrer, die hier im 12. Jahrhundert wirkten, zog aus allen Ländern eine zahlreiche Schülerschaft nach Paris. Der Kanzler oder Scholastikus des *Domkapitels,* dem die Pflicht oblag, für den Unterricht an der Domschule zu sorgen, sah als weitere Amtspflicht die Anstellung oder Lizentierung und Überwachung *aller* Lehrer der Diözese an. Daraus hervorgegangenen Missbräuchen entgegenzutreten, entstanden die Anfänge der Korporationen der Lehrerschaft. Innocenz III. regelte 1213 zuerst das Verhältnis zwischen dem Kanzler und der *universitas magistrorum et scolarium.* Allmählich erhielten die lockern Interessenverbände bestimmtere Form, und man unterschied in der zweiten Hälfte des 13. Jahrhunderts vier Nationen der Artisten: Franzosen, Normannen, Pikarden und Engländer (später Deutsche), jede unter einem *procurator* oder *provisor,* die Gesamtheit unter einem *rector.* In Sachen der Lehre und der Disziplin (*facultas*) berieten alle Magister aller Nationen als Gesamtheit. Daneben bestanden als autonome Körperschaften von etwas späterer Bildung die drei *Facultäten* der *Theologen*, *Dekretisten* und *Mediziner* unter einem Vorsteher, *Dekan* genannt. In äusseren Angelegenheiten der Gesamtheit wurde von der Kongregation dieser sieben autonomen Körperschaften Beschluss gefasst, als Haupt der Gesamtheit galt der *rector.*

Im 15. Jahrhundert führte das Institut der *Kollegien* die Universität zu einer inneren Umbildung. Die Kollegien wurden seit dem 13. Jahrhundert als Stiftungen für arme Scholaren gegründet mit besonderm Wohnhaus. Allmählich zog sich der Unterricht aus den öffentlichen Lektorien in diese Kollegien zurück und wenigstens die Artistenfakultät löste sich in eine Anzahl Internatsschulen auf.

Älter als die Pariser, aber für die spätern deutschen Stiftungen von weniger Einfluss waren die italienischen Universitäten. Die *medi-*

zinische Schule zu *Salerno* bestand schon im 11. Jahrhundert; seit der Mitte des 12. Jahrhunderts blühte die *Rechtsschule* zu *Bologna* auf, aus der im 13. Jahrhundert, durch eine Auswanderung, die zu *Padua* entstand. In *Bologna* zerfallen die Studierenden in *citramontani* und *ultramontani*, die aus ihrer Mitte je einen Rektor wählen. Die Studierenden sind nicht Knaben, wie in den Pariser Artistenschulen, sondern geistliche und weltliche Herren, die durch ihre soziale Stellung zur Bildung selbständiger Korporationen befähigt scheinen. Was die Lehre betraf, so lag hier alles in der Hand des Doktorkollegiums. Erst im 13. Jahrhundert kam zu der älteren Rechtsschule eine *universitas philosophorum et medicorum*, oder zusammen *artistarum* hinzu; die theologische Schule wurde 1362 errichtet.

Nachdem nach dem Bilde von Paris und Bologna in Frankreich, England, Italien und Spanien während des 13. und 14. Jahrhunderts ähnliche Schulen entstanden waren, folgte zuletzt *Deutschland*. Hier scheiden sich für das Mittelalter zwei Gründungsperioden: die erste fällt in die zweite Hälfte des 14., die andere in die zweite Hälfte des 15. Jahrhunderts.

Die *erste Epoche* folgt der Periode des wirtschaftlichen Aufschwungs zwischen 1150 und 1300; zahlreiche neue Kanonikate waren gestiftet, Stadtschulen errichtet, die Dom- und Stiftsschulen vermochten mit den auswärtigen Universitäten nicht mehr zu konkurrieren.

1. *Prag*, 1347; gemäss der Stiftungsurkunde werden den Gliedern der Universität alle Privilegien, Immunitäten und Freiheiten zugesichert, deren die Glieder der Pariser und Bologneser Universität sich erfreuen. — 2. *Wien*, 1365 gestiftet, doch erst 1384 recht ausgeführt, zum Teil durch Pariser Lehrer, die wegen des kirchlichen Schismas aus Paris vertrieben worden waren. — 3. *Heidelberg* 1385. — 4. *Köln* 1386, wo das theologische Studium schon blühte und es sich bloss darum handelte, die in verschiedenen Klöstern und Stiften vorhandenen Kurse zusammenzufassen, mit dem Recht der Erteilung akademischer Grade. — 5. *Erfurt* 1389, eine städtische Stiftung. — Als Nachzügler der ersten Epoche sind zu nennen 6. *Leipzig* 1409, gegründet in unmittelbarer Folge davon, dass zu Prag die böhmische Nation von den drei anderen Nationen (Bayern, Sachsen, Polen) den Vorrang in den Stimmen erhielt, und 7. *Rostock* 1419.

Die *Gründungen der zweiten Epoche* scheinen infolge eines ausserordentlich starken Andranges zu den Studien stattgefunden zu haben, infolge des Humanismus, des Aufkommens der römischen Rechtsgelehrten als eines besonderen Standes, steigenden Wohllebens, wirtschaftlichen Aufschwunges.

1. *Greifswald*, 1456. 2. *Freiburg*, 1460 eröffnet. 3. *Basel*, 1460. 4. *Ingolstadt*, 1472. 5. *Trier*, 1473. 6. *Mainz*, 1476. 7. *Tübingen*, 1477. — Als Nachzügler 8. *Wittenberg*, 1502. 9. *Frankfurt a. O.*, 1506.

Die Universitäten sind in erster Linie kirchliche Schulanstalten, den ältern kirchlichen Schulanstalten in Disziplin und Einrichtungen ähnlich. Ihr Zusammenhang mit der Kirche erweist sich 1. darin, dass überall die päpstliche Mitwirkung bei der Gründung einer Universität eingeholt wird, wodurch man sich nicht allein des notwendigen und vollkommenen Einverständnisses des Hauptes der Christenheit versicherte, sondern besonders die Ermächtigung zu lehren und Grade zu erteilen erhielt; die Verwaltung dieser Befugnis wurde regelmässig von einem ortsanwesenden Vertreter der Kirche, der Kanzler hiess, überwacht, meist der Bischof oder sonst der vornehmste Geistliche am Ort der Universität. 2. In der

Ausstattung der Lehrer mit Einkommen aus Kanonikaten und Pfarreien. Die weltliche Obrigkeit stellte sich anfänglich nicht anders zur Universität, als zu jeder andern kirchlichen Stiftung, im 15. Jahrhundert dehnten sich jedoch die landesherrlichen Befugnisse sehr aus.

II. *Organisation.* Während in Paris in unregelmässigem Wachstum und nach verschiedenem Bildungsprinzip vier selbständige Körperschaften, vier Nationen und drei Fakultäten entstanden und äusserlich zu einer *universitas* verbunden worden waren, gingen die deutschen Neugründungen umgekehrt von der Einheit der Anstalt aus und gliederten nun dieselbe in Anlehnung an das schematisierte Pariser Vorbild auf doppelte Weise in Nationen und Fakultäten, einer doppelten Funktion der Lehre und der politischen Verwaltung entsprechend; als Lehranstalt heisst die Universität *studium generale* und teilt sich in vier Fakultäten, als Korporation heisst sie *universitas studii Pragensis, Viennensis* u. s. w., so dass jedes Glied der Universität in beiden vorkommt.

Die *Nationen* bilden eine rein äusserliche Einteilung der Gesamtheit für die Zwecke der Verwaltung nach der geographischen Lage des Heimatortes der Mitglieder. Aus dem Universitätsorte als Mittelpunkt wird die ganze Christenheit in vier Quartiere eingeteilt, jedes nach dem Namen einer am stärksten vertretenen Landschaft benannt. Jede Nation wählt einen Vorsteher, *Procurator*, der die Mitglieder in die Listen der Nation, *Matricula*, einträgt, die Versammlungen beruft, die Kasse verwaltet. In die vier Nationen gegliedert, übt die Gesamtheit, *congregatio universitatis*, die gesetzgebende Gewalt, beschliesst, nach Nationen stimmend, Statuten oder Disziplinargesetze, zu deren Haltung alle Glieder durch Eid sich verpflichten, wählt zum Teil durch eine komplizierte, indirekte Wahl den Rektor. Dieser ist Vertreter der Universität nach aussen und führt das Siegel, handhabt die der Korporation vom Landesherrn gegebene Gerichtsbarkeit. Jedem Rektor ist ein Rat, *consilium universitatis*, beigegeben, zu dem jede Nation zwei Mitglieder abordnet. Zu diesen Ämtern konnten anfänglich sowohl Graduierte als Nichtgraduierte wählen und gewählt werden; doch wurde schon früh die Stimmfähigkeit auf die Graduierten eingeschränkt; die passive Wahlfähigkeit blieb dagegen allgemein, besonders der Rektor war oft ein Nichtgraduierter. Die Einteilung in Nationen hatte aber auf den deutschen Universitäten von Anfang wenig Einfluss; die Dekane der Fakultäten nahmen von selbst neben den Räten der Nationen die Stelle von Beratern des Rektors ein und die jüngern Universitäten begnügten sich überhaupt mit der Einteilung in Fakultäten.

Was die *Lehranstalt und die Fakultäten* betrifft, so gibt es auf einer mittelalterlichen Hochschule weder eine bestimmte Zahl fester, besoldeter Lehrstühle für die verschiedenen Disziplinen, noch einen berufsmässigen Professorenstand, noch Studenten im heutigen Sinne. Lehren und lernen geht ineinander; man fängt den Kursus lernend an, geht allmählich zum Lehren weiter und schliesst ihn bloss lehrend. Jede Fakultät ist mit Beziehung auf die Lehre selbständig. Der *scolaris* schliesst sich als Lehrling einem bestimmten *magister* an, tritt meist in seinen Haushalt ein, der klösterlicher Natur ist. Nachdem er in etwa zwei Jahren die Anfangsgründe der Lehre erlernt, wird er der versammelten Meisterschaft vorgestellt, von ihr geprüft und zum *baccalaureus*, Gesellen, ernannt. Dieser lernt weiter, wird jedoch durch einen Eid verpflichtet, unter Aufsicht des Meisters seinerseits die Elemente der Kunst zu lehren. Nach etwa zwei Jahren wieder geprüft und von der kirchlichen Behörde mit der *licentia* ausgestattet, wird er durch öffentlichen Akt von seinem Meister zum Meister gemacht. Durch den Meistereid ist er verpflichtet, wenigstens noch zwei Jahre in der Stadt zu bleiben, um als Meister zu lehren, die Meisterschaft aufrecht zu erhalten. Er nimmt jetzt selbständig Lehrlinge an, die er zu Gesellen und Meistern heranzieht. Dieser vollständige Kurs der freien Künste heisst *facultas artium*; verlässt der Magister nach zweijähriger Ausübung der Kunst die Stadt nicht, so mag er die höheren Künste auf dieselbe Weise lernen: Medizin, Jurisprudenz, Theologie, und zu diesem Zwecke kann er in eine Stiftung, *collegium*, eintreten, wo er Wohnung und einiges Einkommen erhält; überdies erhält er von seinen Lehrlingen das Lehrgeld, *pastus, minerval*. Man bleibt dann Meister in der Artistenzunft und ist Lehrling oder Geselle in einer der andern Zünfte; erst wenn man Meister in einer der höhern Fakultäten, *doctor*, wird, scheidet man aus der untern aus. Erhält man endlich eine Kanonikatspfründe, so mag man lebenslang als Lehrer an der Universität bleiben. Die wenigsten machen aber diesen vollständigen Studiengang durch; die Zahl der Schüler in den obern Fakultäten war immer gering.

Ihren Unterhalt vermochten sich bloss die Lehrer der Artistenfakultät durch den Schullohn zu erwerben; Doktoren der höhern Fakultäten gewann man dadurch, dass man eine bestimmte Anzahl von Kanonikaten mit der Universität verband, einesteils mit einem Kanonikat die Pflicht der Vorlesungen vereinigte oder anderseits ein Kanonikat von allen oder einigen geistlichen Pflichten dispensierte. Erst allmählich erlangte die Landesobrigkeit Einfluss auf die Besetzung der Lehrstellen durch Gründung besonderer Professuren; seit dem 15. Jahrhundert besetzte die Obrigkeit die Lehrerstellen der obern Fakultäten von sich aus. Die Anzahl der Lehrer der Artistenfakultät hing von der Frequenz der Anstalt ab und erst im 16. Jahrhundert waren auch hier überall eine bestimmte Anzahl von Stellen festgesetzt.

Die *Artistenfakultät* war die Vorbereitungsanstalt für die obern Fakultäten, die philosophischen Professoren waren Studenten in den andern Fakultäten. An Rang und Recht standen die Artisten an der letzten Stelle. Vorhandene ältere Stadtschulen wurden oft in die Universität einverleibt. Der unterste Kurs der Artisten hiess manchmal *paedagogium*; das Alter der Schüler ging oft nicht über 12 Jahre hinaus. Schulen, die sich die Vorbereitung zur Universität zur Aufgabe machten, gab es im Mittelalter nicht; erst seit dem 16. Jahrhundert beginnen die Gymnasien. Grössere Stadtschulen lehrten unter Umständen den gleichen Stoff wie die Artistenschulen, wenigstens in ihrem ersten Kurs, dem sogen. Trivium.

In der *äussern Lebensordnung* sind die Universitätsglieder ursprünglich den Angehörigen der Kirche nachgebildet. Die Gesamtheit der Mitglieder der Wiener Universität heisst *clerus universitatis*, die Universitätsfeste sind kirchlicher Natur. Die Artistenfakultät feierte besonders den Tag der hl. Katharina. Auch die Kleidung war die geistliche: langer Rock von einfarbig dunklem Zeuge, für die Scholaren mit Kapuze und Gürtel, für den Magister mit Barett. Studentenkrawalle richteten sich u. a. gegen das Tragen des Gürtels. Die Dozenten standen unter dem Cölibat; von der weltlichen Obrigkeit der Schule ward bloss der Rektor zum Cölibat verpflichtet. Mediziner brachen wohl zuerst diese alte Sitte, dann Juristen und Artisten, am Schluss des 15. Jahrhunderts war ein verheirateter Magister keine Seltenheit mehr.

Im Hause des Kollegiums, in welchem auch die Räume für die Vorlesungen und Universitätsakte und Wohnungen für Scholaren sich befanden, wohnten die Magister klösterlich zusammen. Jeder hatte seine Stube, die Mahlzeiten waren gemeinsam. Jeder Magister hat einen Scholaren als Bedienten, *famulus, servitor*. Heizbar sind die Gemächer der Scholaren regelmässig nicht. Die Mahlzeit pflegte überaus einfach zu sein, im grossen Kollegium in Leipzig gab es 13mal im Jahr ein Extragericht nebst Wein und Früchten. Daher freute man sich so sehr auf die Festschmäuse.

Ihre Unterkunft fanden die Studenten entweder mietsweise in den Kollegien, wo sonst die Magister wohnten, oder in besondern Stiftungshäusern; auch Privatunternehmungen einzelner Magister werden erwähnt. Ein solcher Konvikt hiess *bursa*, von dem wöchentlichen Beitrag (*bursa* = Börse), den die einzelnen Mitglieder, *combursales, bursales, domicelli, socii*, leisteten. Der Magister, der Unternehmer oder Vorsteher war, hiess *conventor*, Vermiether, auch *rector bursae, regens bursam*, daher die Burse auch *regentia*. Ausserhalb der Kollegien oder der approbierten Bursen zu wohnen, war überall verboten; Ausnahmen kamen bei vornehmen Personen, armen Leuten in dienender Stellung und Ortsangehörigen vor. Die Zahl der Bursenbewohner war oft eine beschränkte, 8, 10 oder 12 Mitglieder. Die Mitglieder der Burse bildeten die Lehrlingschaft des Meisters, sie hörten seine Vorlesungen, nahmen an den Disputationsübungen Anteil, die regelmässig nach dem Abendessen, oft auch nach dem Mittagessen stattfanden. Daneben hielten sie die öffentlichen Vorlesungen in den Lektorien der Kollegienhäuser. Die Repetitionskurse in den Bursen hiessen *resumptiones* und waren gegen Ende des 15. Jahrhunderts meist obligatorisch. Der Rektor kontrollierte den Besuch der Vorlesungen und die Akte der Fakultät, war auch verpflichtet, die Studenten *ad latinisandum* anzuhalten und Übertretungen durch *theutonisare*, deutsch reden, zu strafen. Heimlich aufgestellte Aufpasser, *lupi*, aus der Mitte der Scholaren notierten die Fehlbaren. Ging der Magister öffentlich aus, zur Kirche, zu den Fakultätsakten, spazieren oder ins Bad, so begleitete ihn die Lehrlingschaft. Die einzelnen Kammern der Bursenmitglieder, unheizbar, hiessen *camerae, cellae, commoda*, die heizbare Speise- und Schulstube *stuba communitatis, aestuarium*. Habsucht keilte oft in eine einzige Kammer bis 12 Scholaren.

Der Tisch wurde aus den Beiträgen der Bursenmitglieder bestritten, Koch war entweder der *famulus* oder die Bursalen selber in bestimmter Abwechslung.

Das mittlere Alter der Scholaren beim Anfang ihrer Studien war das 15. oder 16. Lebensjahr, doch kommen auch jüngere Scholaren vor.

Mittel des Unterrichts waren *Vorlesungen* und *Disputationen* nach Inhalt und Methode der Scholastik, die letztern namentlich mit der Kunst einer absichtlich unredlichen Sophistik ausgebildet und oft so heftig und erbittert geführt, dass z. B. an der Sarbonne in Paris der Platz des Opponenten von dem des Respondenten durch eine Bretterwand geschieden war, damit die Disputierenden sich nicht in die Haare fahren könnten.

Infolge der *Reformation* änderte sich der Charakter der Universitäten in mancher Beziehung, im ganzen aber hat sich kaum ein mittelalterliches Institut so zäh gegen die Formen neuer Bildung und neuer

Lebensanschauungen erwiesen, wie die hohen Schulen.

An Stelle der kirchlichen Obrigkeit trat in den protestantischen Ländern der Landesherr oder die Landesobrigkeit; Bestätigung gab der Kaiser, die Auflösung der Bursen und Kollegien machte selbständige Vorbereitungsanstalten notwendig, Gymnasien u. dgl., wodurch der bisherigen Artistenfakultät der Charakter einer Vorbereitungsschule genommen und sie zur selbständigen *philosophischen Fakultät* heranwuchs. Neustiftungen sind Marburg 1527, Königsberg 1544, Dillingen 1554, Jena 1558, Helmstädt 1575, Altorf 1578, Würzburg 1582, Grätz 1585, Paderborn 1592, Giessen 1607, Rinteln 1621, Strassburg 1621, Salzburg 1623, Münster 1631, Osnabrück 1632, Duisburg 1655, Kiel 1665, Innsbruck 1672, Halle 1694, Breslau 1702, Fulda 1734, Göttingen 1734, Erlangen 1743, Stuttgart 1775, Landshut 1802. Dem Geiste der nachreformatorischen Bildung gemäss machte der lebendige, geistige Aufschwung der Reformationszeit einem ängstlichen, breiten und geistlosen Schematismus Platz, dem namentlich die Reinheit der Lehre und die Abweisung neuer Lehren am Herzen lag. Die Vorlesungen wurden nur in lateinischer Sprache gehalten, bis Christian Thomasius der Erste wurde, der deutsche Vorlesungen einrichtete. Die Teilnahme der Studierenden an der Leitung der Universitäten hörte auf, die persönliche Leitung der Studierenden durch die Lehrer trat ebenfalls zurück, so dass es möglich war, dass sich namentlich seit dem 30jährigen Krieg ein rohes Studentenwesen ausbildete, dessen hässlichster Auswuchs der *Pennalismus* war, eine rohe burschikose Vergewaltung der ältern Studenten oder *Schoristen*, d. h. derjenigen, welche die andern *schoren*, gegen die angehenden Mitschüler. Damals kamen die studentischen Namen *Neovisti*, *Vulpeculae*, Füchse, *Caeci*, Blinde, *Vituli*, Mutterkälber, Säuglinge, *Innocentes*, Unschuldige, *Imperfecti*, *Galli domestici*, Haushähne, *Dominastri*, Rappschnäbel, Bacchanten auf. Diese Jüngern mussten nun den Ältern die niedrigsten Dienste leisten und sich gleichsam zur Wehrhaftmachung nach Ablauf eines Jahres der *Deposition* oder Enttölpelung unterziehen, einer lächerlichen, zum Teil schmerzlichen Zeremonie mit einer Menge symbolischer Handlungen. Zu derselben Zeit kam unter den Studenten das *Duell* auf, ebenso die *Landsmannschaften* oder *Verbindungen*, die *Studentenlieder* und eine Litteratur kleiner Büchlein, worin sich ein lustiger, oft auch schmutziger Humor jeder Art geltend machte. Die geistige Erneuerung der deutschen Universitäten beginnt mit wenigen Ausnahmen erst im 18. Jahrhundert. *Paulsen*, die Gründung der deutschen Universitäten im Mittelalter, in Sybels historischer Zeitschrift 1881. Vgl. *Zarncke*, zur Geschichte der deutschen Universitäten; *Tholuck*, Vorgeschichte des Rationalismus; *K. v. Raumer*, Geschichte der Pädagogik. Bd. 4.

Unzucht. Eheliche Keuschheit galt dem Römer als ein Hauptmerkmal germanischer Sitte. „Die Ehe, sagt *Tacitus* Germ. 18 und 19, wird bei den Germanen streng gehalten, und wohl in keinem Stücke haben die Germanen mehr Anspruch auf Hochachtung; denn von allen Barbarenvölkern sind sie fast die einzigen, welche sich mit einem Weibe begnügen. Sehr wenige machen davon eine Ausnahme und zwar nicht von Sinnlichkeit geleitet, sondern weil sie ihres Ansehens wegen mit mehreren Anträgen angegangen werden. Die Frauen führen ihr Leben in den Schranken keuscher Sittlichkeit, frei von den Verlockungen üppiger Schauspiele, unberührt von dem Sinnentaumel sittenloser Gelage. Von geheimen Liebesbriefen weiss weder Mann noch Frau; Ehebruch kommt bei dem so zahlreichen Volke sehr selten vor, und die Strafe, welche der Bestimmung des Gatten überlassen bleibt, folgt ihm auf dem Fusse nach. Für verlorene Keuschheit gibt es keine Gnade; weder Schönheit noch Jugend noch Reichtum werden ihr je einen Gatten zuführen. Denn da ist niemand, der über das Laster scherzte, niemand, der verführen und verführtwerden den Lauf der Welt nennte. Gewiss steht es mit einem Staate, wo nur Jungfrauen sich vermählen, und wo die Gattin mit ihrer Hoffnung und ihrem Gelübde ihr Leben für immer bestimmt, besser als mit dem unsern. Einen Gatten erhält das Weib, wie sie nur einen Körper und nur ein Leben empfing, und kein Gedanke, kein Gelüst soll diese Schranken übertreten, sie soll in ihrem Gatten nicht den Mann, sondern die Ehe lieben.“ Schon Tacitus erwähnt an dieser Stelle der, politischer Rücksichten wegen, vorkommenden *Vielweiberei;* dieselbe, ohne Zweifel aus frühern rohen Zuständen überkommen, war im Geschlechte der Merovinger gewöhnlich; bei den Nordgermanen dauerte sie noch lange fort und war z. B. in Schweden im 11. Jahrhundert allgemein verbreitet. Auch *Konkubinat* war den Germanen nicht fremd; die *Kebse*, mhd. *kebese*, *kebeswîb*, *frîundinne*, *gelle*, *zuowîp*, *bîslâfe*, *bîslaeferinne*, *slâfwîp*, *slâffrouwe,* war dem Manne nicht vermählt, lebte aber in *dauernder* Verbindung mit ihm. Ursprünglich scheinen es unfreie Weiber gewesen zu sein, die in diesen Stand eintraten; doch war das Verhältnis während des ganzen Mittelalters von den Vornehmen gepflegt, ohne dass die öffentliche Meinung besonderes Ärgernis daran nahm; so hatten Karl d. Gr. und Ludwig der Fromme ihre Beischläferinnen. Die Kinder der Kebsen erbten bloss von der Mutter und gehörten nicht zur Sippe des Vaters, waren also, wo der Vater Fürst war, von der Thronfolge ausgeschlossen, wenn nicht besondere Umstände und persönliche Vorzüge ihren Stand verdeckten. Oft erhielten uneheliche Fürstensöhne hohe geistliche Stellen.

Öffentliche Weiber sind dagegen den Deutschen erst durch die untergehende römische Welt zugekommen; doch zeigt schon die Fülle der ihnen angehörenden Namen, wie diese Menschenklasse auch in Deutschland um sich griff; mittelhochdeutsche Namen sind z. B. *gemeine frowen fröuwelîn* oder *wîp; armiu valschiu boesiu wîp*, *varende frouwen*, *veil frouwen; irriu*, *swachiu*, *übeliu wîp*, *wandelbare vrouwen*, *unwîp*, *üppige frouwen*, *wildiu wîp*, *gilwerin*, *hübscherinne*, *knaberin*, *lennelîn.* Zwar für die Blütezeit des Rittertums wird man annehmen müssen, dass der ideale Zug der Zeit, die hohe Stellung, die namentlich die *deutschen* Ritter dem Weibe einräumten, die zerstörende Macht der gemeinen Buhlerei beschränkt habe; der Geist der höfischen Dichtungen Walthers, Hartmanns, Wolframs legt dafür Zeugnis ab. Anderseits lag es in der Natur der romantischen Frauenverherrlichung, dass dieselbe geradezu einem natürlich derberen Verhältnis der geschlechtlichen Verbindungen zu rufen geeignet war; dann war der Ritter, seiner Lebensart zufolge, die ihn hauptsächlich körperlich entwickeln liess, durch Jagd, Spiel, Kampf, Reisen, mit einer Leibeskraft ausgestattet, die gewiss gern über die Schranken des Gesetzes hinauslangte, und endlich war die kosmopolitische Weltbildung des Ritters und seine Abhängigkeit von der Denk- und Handelsweise des *französischen* Rittertums einer gesellschaftlichen Prüderie nicht zugethan, wie man zum Teil wieder aus den Dichtungen der genannten besten höfischen Dichter erkennen kann. Als dann aber bald nach dem ersten Viertel des 13. Jahrhunderts der ideale Sinn der ritterlichen Gesellschaft schnell erblasste und eine allgemeine Auflösung der gesellschaftlichen Pflichten und Rücksichten eintrat, da verwilderte namentlich auch das Verhältnis des Mannes zum Weibe in auffallendem Grade. Zeugnis davon gibt schon Gottfried von Strassburg, ebenso Nithart von Riuwental und die andern höfischen Dorfdichter, noch mehr aber die zahlreichen Novellen und Erzählungen, unter denen nach dieser Seite hin namentlich Von der Hagens Gesamtabenteuer sich auszeichnen. Dabei ist jedoch zu berücksichtigen, dass die Ansicht des Mittelalters von Sitte und Sittlichkeit überhaupt eine laxere war und die öffentliche Meinung vieles ohne weiteres gestattete, was später als strafwürdig oder schlecht galt; der Verkehr mit feilen Weibern brachte den Männern des ausgehenden Mittelalters keinen Makel. So liest man denn, dass den französischen Kreuzheeren ganze Schaaren von Dirnen folgten, im Jahre 1180 z. B. 1500 miteinander. Am französischen und englischen Hofe gab es einen besondern Marschall zur Beaufsichtigung jener Personen. Auch in Deutschland zogen den Söldnertruppen und Landsknechten ganze Schaaren gemeiner Weiber nach, die einem eigenen Amtmann unterworfen waren und demselben eine wöchentliche Abgabe zahlten. In Magdeburg setzte 1279 ein Bürger bei einem von ihm veranstalteten Turnier ein Mädchen als Siegespreis aus; der Kaufmann von Goslar, der es gewann, stattete es aus und brachte es zu einem tugendhaften Wandel zurück. Am Konzil zu Konstanz wurden 1500 Freudenmädchen gezählt. Solche waren es auch, die dem einziehenden Herrscher auf Veranstaltung der Obrigkeiten Kränze und Blumen zu überreichen pflegten. Von den kleinen und grossen Höfen verbreitete sich diese Unzucht in die Kreise der städtischen Bevölkerungen, wo die *Frauenhäuser*, siehe den besondern Artikel, zu den notwendigen städtischen Anstalten und Stiftungen zählten. Um das Bild dieser Seite des sozialen Lebens zu vervollständigen, ist noch des Verhaltens der Geistlichkeit zu erwähnen. Klagen über Unzucht des geistlichen Standes beginnen schon in den ersten Jahrhunderten des Mittelalters und bilden bis zur Reformation eine ununterbrochene Kette, deren Zeugnisse und Urkunden unzählbar sind; sie liegen vor in Ratsprotokollen, Zeitbüchern, Verordnungen und namentlich auch in den Fastnachtspielen, Fazetien und Novellen des 14. und 15. Jahrhunderts, deren Inhalt zum allergrössten Teile die Verführung einer Frau durch einen liederlichen Pfaffen ist. „Man duldete die Sünde der Hurerei, als eine nicht zu beseitigende menschliche Schwäche, um derenwillen der Betreffende sich, vermittelst der kirchlichen Gnadenmittel, lediglich mit Gott und seinem Gewissen abzufinden habe.“ Auf diesem Gebiete hat der Geist des Humanismus keine Änderung, vielleicht eher eine Verschlimmerung hervorgebracht; denn nie war die Unzucht auf einen höhern Grad gestiegen, als am Ende des 15. und am Anfang des 16. Jahrhunderts, und es bedurfte der gründlichsten Massregeln von Seite der protestantischen Obrigkeiten, um hier eine nur langsam wirkende Umkehr zu erreichen. *Weinhold,* deutsche Frauen, II., Abschnitt 7 und 8. *Schultz,* höfisches Leben, I., Kap. 7; *Kriegk,* deutsches Bürgertum, II, Abschnitt 12 bis 15. *Burckhardt,* Renaissance, Abschnitt V.

Urbarbücher, von mhd. *urbar*, *urbor* = zinstragendes Grundstück,

Zinsgut, Zins von einem solchen, welches zum mhd. Verb *erbern* = ertragen gehört, sind Verzeichnisse der Besitzungen, Lehen, grundherrlichen Abgaben und Pflichten. Sie kommen bei geistlichen Stiftern wie bei weltlichen Herrschaften seit dem 12. Jahrhundert vor; bekannt ist z. B. das von Pfeiffer herausgegebene habsburgisch-österreichische Urbarbuch, welches die habsburgischen Besitzungen im Elsass, in Schwaben und der Schweiz 1304—1311 enthält.

Urfehde, mhd. *urvêhe* und *urvêhede,* ist ein eidlich gelobter Verzicht auf Rache für erlittene Feindschaft; eine Urfehde wurde von Gerichtswesen der freigesprochenen Angeklagten zu dem Zwecke aufgebunden, damit er an seinem Ankläger keine Rache übe. Als die Tortur aufkam, mussten häufig unschuldig befundene Torquierte dem Gerichte selbst eine Urfehde schwören, dass sie sich wegen der Marter nicht rächen wollten. Endlich nannte man Urfehde auch den Eid, welchen ein aus einem Gerichtsbezirke Verbannter dahin schwören musste, dass er während der Dauer der Verbannung ohne Erlaubnis des Rates weder zurückkehren, noch sich wegen dieser Strafe und der überstandenen Gefangenschaft rächen wolle.

Ursulinerinnen heisst eine zu Ehren der hl. Ursula 1537 durch die hl. Angela Merici (1470—1540) in Brescia gestiftete Frauen-Schwesterschaft zum Zwecke des Jugendunterrichtes und der Krankenpflege. Zur Verbreitung des Ordens trug namentlich der Kardinal Borromeo bei.

V.

Vaganten, *clerici vagantes, vagi,* sind Geistliche, die eines ständigen Kirchenamtes als Quelle ihres Lebensunterhaltes entbehren und deshalb unstät herumziehen. Schon im 4. und 5. Jahrhundert werden Kirchengesetze gegen das unordentliche Treiben solcher Kleriker erlassen, meist ohne nachhaltigen Erfolg. Besonders zahlreiche Klagen werden im karolingischen Zeitalter laut, und Karl d. Gr. erneuerte in mehreren Kapitularien die altkirchlichen Verbote der *ordinatio vaga.* Ein kirchlicher Schriftsteller des 12. Jahrhunderts erklärt die Vaganten, weil sie weder rechte Kleriker, noch Laien seien, für eine Art Hippocentauren und für eine Synagoge Satans. In eben demselben Jahrhundert gerieten nun diese Vaganten mit den Spielleuten in Berührung; in Frankreich zogen ganze Scharen von Scholaren durch die Lande, auch deutsche Genossen mit sich führend, und da die Zeit dem Gesange überaus günstig und diese Leute als Kleriker des Lateinischen kundig waren, entstand unter ihnen in Nachahmung der ritterlich - höfischen Sänger eine höchst charakteristische, originelle lateinische Vaganten-Lyrik, namentlich Liebes-, Wein- und Spiellieder, Sprüche satirisch - persönlicher Art u. dgl. Die bedeutendste Sammlung derselben sind die sog. *Carmina burana*, siehe den bes. Artikel; der begabteste Dichter dieser Volksklasse war *Walther der Erzpoet, Archipoeta*, der mehrere Jahre in der Umgebung des Erzbischofs Reinhold von Köln, des Kanzlers Barbarossas, lebte; er ist der Dichter von *Mihi est propositum in taberna mori.* Seine Dichtungen hat J. Grimm veröffentlicht unter dem Titel: Gedichte des Mittelalters auf Friedrich I. Berlin 1854. Später vereinigten sich die Vaganten mit den fahrenden Schülern.

Vallombrosa, Orden von, ist eine der zahlreichen Ordens-Neugründungen des 11. Jahrhunderts. Der Gründer, Johannes *Gualbert,* Herr von Pistoja, soll der Ordenslegende zufolge von seinem Vater zur Verfolgung eines Mörders von einem seiner Verwandten ausgesendet worden sein; an einem Charfreitage findet er den Mörder in einem Hohlwege, verzeiht ihm aber, da ihn jener bei der Liebe des gekreuzigten Jesu um Gnade bittet. Dafür nickt ihm das in der nächsten Kirche befindliche Kruzifix, vor dem er betete, dankend zu, und Gualbert fasst den Entschluss, sich der Kirche und dem Dienst Gottes zu weihen. Er wird zunächst Mönch eines schon bestehenden Klosters, dann 1039 Einsiedler in *Vallis umbrosa* in den Appenninen unweit Florenz, wo er nun andere Genossen um sich sammelt, welche die strengste Erfüllung der Regel Benedikts geloben, namentlich in betreff der Klausur, des Stillschweigens und der andächtigen Betrachtung des Lebens und Sterbens Jesu. Gualbert starb 1093. Das Ordenskleid war grau, daher man die Ordensleute auch *graue Mönche* nannte; seit 1500 nahmen sie jedoch braune Ordenstracht an. Der Orden war nie besonders verbreitet.

Vasall, mittelalt. *vassus* und *vasallus*, ein wahrscheinlich aus dem Keltischen zu den Franken gewandertes Wort, das anfangs den unfreien Diener bedeutete, bezeichnet ursprünglich denjenigen, der in den Schutz, in das Mundium eines andern aufgenommen ist; der Eintritt in ein solches Schutzverhältnis trägt den Namen *Kommendation.* Schon in der merovingischen Zeit hatte dieselbe besonders gegenüber dem *König* einen sehr weiten Umfang, indem ganze Klassen der Bevölkerung einen Anspruch auf den Königsschutz hatten, namentlich Witwen und Waisen. Auch ausdrücklich wird er häufig erteilt: Geistlichen bloss für ihre Person oder zugleich für ihre Kirche, Kaufleuten, Juden, Frauen. Kommendation tritt auch regelmässig bei den jungen Männern ein, die an den Hof des Königs gebracht werden, um sich hier zum Dienste vorzubereiten oder in ein bestimmtes Hofamt einzutreten. Doch beschränkte sich dieses Verhältnis nicht auf den König; auch Grafen, Bischöfe, geistliche Stifter konnten einen ähnlichen Schutz erteilen. Alle nun, die sich kommendiert haben, mag es ein niederer Landbesitzer einem Stift oder einem anderen Herrn gegenüber, ein vornehmer Weltlicher dem König gegenüber sein, tragen den Namen *vassus* oder *vasallus*, seit der Karolinger Zeit auch *gasindus*, *homo*, derjenige aber, der den Schutz gibt, heisst *dominus* oder *senior*.

Mit der Zeit unterschied man von den Schutzverhältnissen überhaupt als eine besondere Art derselben die *Vasallität,* und zwar erfolgte die Kommendation, welche die Vasallität begründete, durch einen bestimmten, symbolischen Akt, in der Weise, dass der Vasall seine Hände zusammengefaltet in die des Schutzherrn legte; nach der Handreichung erfolgte regelmässig ein besonderes *Treuversprechen.*

In der karolingischen Periode zeigt sich noch eine grosse Verschiedenheit in den Verhältnissen der Vasallen. Zwar dem Stande nach sind es regelmässig Freie; dagegen ist der Unterschied zwischen den Vasallen des Königs und denjenigen anderer Herren ein grosser. Manche Vasallen leben als Aufseher über die Dienerschaft oder über die Ökonomie im Hause des Herrn, andere haben Land vom Herrn empfangen, oft hat der Vasall wieder andere Vasallen unter sich. Königliche Vasallen werden für staatliche Angelegenheiten in Anspruch genommen, als Königsboten, Heerführer, Beamte. Die grosse Zahl der königlichen Vasallen und die noch grössere derjenigen, die zu geistlichen Stiftern und zu weltlichen Grossen im Verhältnis der Vasallität stehen, hängt zum grossen Teil damit zusammen, dass sich der Grundsatz feststellte, alle die, welche *Beneficium* empfingen, hätten sich dem Verleiher zu kommendieren, sich in die Vasallität zu begeben. Freilich war das nicht bei jeder Landverleihung der Fall, z. B. da nicht, wo der Schenker sein Gut zum Niessbrauch wieder erhielt, und überhaupt nicht in bäuerlichen Verhältnissen; durch Empfang von Benefizien verschiedener Herren konnte einer Vasall mehrerer Herren werden. Das Verhältnis der Vasallität war von beiden Seiten lösbar und erlosch jedenfalls mit dem Tode, konnte aber natürlich von den Söhnen erneuert werden. Die Verpflichtungen der Vasallität waren gegenseitige, und der Herr war dem Vasallen Schutz zu leisten verpflichtet; unterliess er es, so konnte ihn dieser verlassen. Auch eine gewisse Gerichtsbarkeit steht dem Herrn über seine Vasallen zu, und namentlich konnten die Sachen der Vasallen vor das königliche Gericht gebracht werden. Eine besondere Anwendung wurde diesem Verhältnis schon vor Karl d. Gr. dadurch gegeben, dass man, um die im Frankenreich aufgekommenen mächtigen territorialen Gewalten wieder zu unterwerfen, die Inhaber derselben zur vasallitischen Huldigung anhielt. Ebenso mussten unter Karl d. Gr. und seinen Nachfolgern fremde Fürsten, die sich dem fränkischen Könige unterwarfen, die Huldigung leisten, was ausdrücklich bei sarazenischen, britischen, slawischen und dänischen erwähnt wird.

Seine spätere engere Bedeutung erhielt nun die Vasallität erst, seitdem die vasallitische Huldigung mit der Ausbildung des Lehenwesens ein wesentliches und charakteristisches Erfordernis des Lehenempfangs wurde. Lehnsmann und Vasall wird jetzt gleichbedeutend, Lehn- oder Feudalrecht ist zugleich Recht der Vasallität, und da der Hauptzweck der Belehnung die Verpflichtung zu kriegerischen Leistungen ist, so nimmt der Begriff Vasall nunmehr auch diese Richtung. Daher kommen jetzt auch *vasallus, vir, homo, miles* nebeneinander und in gleicher Anwendung vor. Vgl. den Art. *Lehnswesen.* Nach *Waitz*, Verfassungsgeschichte.

Vitae patrum, auch *Historia eremitica* genannt, ist eine von Rufinus im 4. Jahrhundert verfasste Sammlung von Lebensgeschichten ägyptischer Mönche, geschrieben „in Erinnerung an des Rufinus Reise nach Ägypten und das viele Wunderbare, das ihm Gott dort zum Heile seiner Seele zeigte, und zwar auf den öfters ausgesprochenen Wunsch der Mönche des Ölberges.“ Das Buch sollte für das Mönchsleben Propaganda machen; es wirkte stark auf die Phantasie des mittelalterlichen Lebens, war weit verbreitet und wurde bis ins 17. Jahrhundert öfters gedruckt und in verschiedene neuere Sprachen übersetzt. Eine mittelhochdeutsche Bearbeitung, *der veter buoch*, ist im Artikel *Legende* erwähnt.

Vitalienbrüder heissen Seeräuberbanden, welche vom letzten Viertel des 14. Jahrhunderts an fünf Jahrzehnte hindurch die nordischen Meere und Küsten beunruhigten. Hervorgegangen aus dem älteren Seeräubertum dieser Gegenden, nahmen die Vitalienbrüder dadurch ihren Anfang, dass nach der Besiegung und Gefangennahme des

Königs Albrecht von Schweden durch die Königin Margarete von Dänemark die Verwandten des Schwedenkönigs, nämlich die Herzoge von Mecklenburg im Verein mit den Städten Rostock und Wismar, Freibeuter gegen die drei nordischen Reiche aufriefen, die namentlich auch den Auftrag hatten, das dem Könige treu gebliebene Stockholm mit *Viktualien,* überhaupt mit Zufuhr zu versorgen; daher der Name *Vitalienbrüder*, den sie sich selber beilegten, um unter diesem ehrenhaften Namen ihr übriges unehrenhaftes Gewerbe zu verdecken. Auch *Liekendeler,* d. h. Gleichteiler, Gleichbeuter hiessen sie, weil sie den gemachten Raub oder den daraus gelösten Gewinn stets zu gleichen Teilen unter die Genossen einer Rotte oder Horde zu verteilen pflegten. Über die Disziplin oder innere Verfassung dieser Raubgenossenschaften ist wenig bekannt. Nachdem sie einige glückliche Erfolge gegen die Schweden und Dänen gehabt und 1394 die Insel Gotland erobert, rafften sich endlich der deutsche Orden, die Königin von Dänemark, Hamburg und Lübeck gemeinsam gegen sie auf. Ein Teil der Vitalienbrüder kehrte nach der Heimat zurück, die grössere Zahl fand bei den friesischen Häuptlingen Unterkunft, von wo aus sie neuerdings viel Unheil anrichteten. Die Hamburger schlugen sie endlich 1402 entscheidend bei Helgoland und brachten die Anführer Klaus Störtebeker und Wigman vom Leben zum Tode. Im Jahre 1439 brannten die Vitalienbrüder Bergen nieder; doch verschwindet seitdem ihr Name. *J. Voigt* in *Raumers* historischem Taschenbuch. 1841.

Vogt, mhd. *voget*, *vogt*, *voit*, aus mittellat. *vocatus* für *advocatus*, ist in erster Linie der Name desjenigen Beamten, der die einem Stifte mit der *Immunität* gegebenen Rechte handhabt, die Angehörigen des Stifts vertritt und in bezug auf sie alle diejenigen Befugnisse übt, welche kraft der Immunität den königlichen Beamten entzogen sein sollten. Ihm lag zugleich die Pflicht ob, das Stift zu schützen, seinem geistlichen Vorsteher den Beistand zu leisten, dessen derselbe bedürftig wäre; doch ist der Name *Schirmvogt*, der sich auf diese letztere Funktion bezieht, im Mittelhochdeutschen noch unbekannt. Karl d. Gr. hatte die Funktionen des Vogtes gesetzlich geregelt und namentlich festgestellt, dass ein Stift oder Kloster in jeder Grafschaft einen Vogt haben solle, wo es Güter besass, und dass nicht der Graf oder Centenar, sondern stets ein in der Grafschaft begüterter Mann zum Vogte genommen werden solle. In der karolingischen Zeit wurde derselbe noch unter Mitwirkung des Königs und seiner Beamten eingesetzt, später gilt es als Recht des Bischofs oder Abtes, den Vogt selber zu wählen. Gründer neuer Klöster oder Kirchen pflegten sich und meist auch ihrer Nachkommenschaft die Vogtei vorzubehalten. Obgleich sich der Papst ausdrücklich dagegen erklärte, wurde die Vogtei nicht bloss in dem zuletzt genannten Falle meist wie andere Ämter des Mittelalters erblich, es kam vor, dass der eigentliche Vogt Stellvertreter setzte, die an seiner Statt die Befugnisse übten, *Vizevögte*, *Untervögte*, *zweite und dritte Vögte,* ein Verhältnis, das die Stiftungen gern zu verhindern suchten. Grössere Stifter hatten mit Rücksicht auf die Lage der Güter regelmässig mehrere Vögte, manchmal auch für einzelne Distrikte, Orte und Güter einen besonderen Vogt; doch wird im Laufe der Zeit immer allgemeiner einer als der eigentliche und wahre Vogt bezeichnet. Unter den Karolingern war ausdrücklich bestimmt worden, dass der Graf, den ja der Vogt wesentlich zu vertreten hatte, nicht selber Vogt sein könne; das änderte sich später so, dass fast regelmässig ein höherer Beamter, der Graf oder der Herzog, in den Besitz der Vogtei über die zu seinem Amtsbezirk gehörigen Stifter oder die hier belegenen Güter anderer Stifter gelangte, ein Verhältnis, das jenen weltlichen Gewalten die ihnen durch die Immunität früher entrissenen Güter und Rechte nur in anderer Form und meist bleibend wieder zubrachte. Namentlich die Klöster sind der Mehrzahl nach der Macht ihrer Vögte mit der Zeit unterlegen. Nur bei solchen Klöstern, die unmittelbar unter des Königs Schutz standen, blieb wohl dem König und dem Reiche die Vogtei vorbehalten, oder er liess sie sich förmlich übertragen, um dann in der einen oder andern Weise wieder über sie zu verfügen, War aber der Vogt auch vom Vorsteher des Stiftes selbst gewählt, *eingesetzt* wurde er von dem König, der ihm das Recht des königlichen Bannes zu erteilen hatte. Mit der Zeit wurde die Vogtei *als Lehen betrachtet,* wodurch der Einfluss und die Gewalt, die der Vogt über das Kloster hatte, noch stärker wurde. Sonst erhielten die Vögte bloss bestimmte Güter zu Lehen, die als Belohnung oder Besoldung für ihr Amt angesehen wurden, Güter, die manchmal einen ausserordentlichen Umfang erreichten.

Die Funktionen und Rechte des Vogtes wurden oft durch Vereinbarung oder urkundliche Festsetzung bestimmt. Nach diesen sollte er zunächst der Vertreter des Stifts und seines Vorstehers sein; er vollzog Rechtsgeschäfte, Erwerbungen, Tausche u. dgl., führte die Rechtssachen. Innerhalb der Immunität ist der Vogt Richter über die abhängigen Leute des Stifts oder die, welche später der Gerichtsbarkeit desselben unterworfen worden sind. Bussen und andere Gerichtsgefälle erhält er in dem Umfange, wie sie der Graf als Richter empfing. Auch dieses Verhältnis führte oft den Missbrauch mit sich, dass sich der Vogt als den Inhaber der Gerichtsbarkeit betrachtete, dieselbe auf die Mitglieder des Stiftes selber ausdehnte und sie schliesslich als eine Art Herrschaft über die ihr Unterworfenen ausübte, die dann wie Unterthanen eidlich verpflichtet wurden; es kam vor, dass der Vogt einen Abt sogar ernannte und investierte, Übergriffe, denen die Stifter mit allen ihnen zu Gebote stehenden Mitteln zu wehren suchten; durch königliche Privilegien, Rechtsentscheidungen, Verträge wurden die Rechte der Vögte festgesetzt, bei neuen Verleihungen bestimmte Vorbehalte gemacht, bei Neugründungen von vorne herein die Vogtei an beschränkende Bedingungen geknüpft; auch versuchte man es, die Erblichkeit, ja auch die Lebenslänglichkeit des Amtes zu durchbrechen, oder man gab die Vogtei in die Hände von *Ministerialen*, die sich immer in grösserer Abhängigkeit vom Stifte befanden, oder überhaupt von solchen, welche wirkliche Beamte waren und blieben, Meier oder Schultheisse, welche in diesem Falle dann auch *Vögte* hiessen. In manchen Fällen gelang es, durch Ablösung, Verzicht oder Schenkung des Inhabers die Vogtei ganz zu beseitigen; der Cistercienser-Orden nahm für seine Neugründungen das Recht der Vogteifreiheit in Anspruch.

Ausser den geistlichen Stiftern kommen Vögte auch in andern, weltlichen Verhältnissen vor. So gibt es *königliche* Vögte, die es meist nur mit der Vertretung des Königs in einzelnen Rechtsfällen zu thun haben. Späterer Entstehung sind die *Reichsvögte* als Vorsteher von *Reichsvogteien*, d. h. solcher Territorien, die bei der Auflösung des Reiches in Territorien geistlicher oder weltlicher Herren dem Reiche übrig geblieben waren, sei es, dass freie Reichsgüter oder freie Grundeigentümer sich erhalten hatten, was besonders am Rhein, in Schwaben, Franken, im Rednitzgau, in Südthüringen der Fall war; *Reichsvogt* hiess der Vorsteher einer städtischen, *Landvogt* einer ländlichen Reichsvogtei; doch erhielten sich auch diese Vogteien nicht lange, teilten vielmehr das Schicksal aller übrigen Landesteile Deutschlands, einzelnen Territorien einverleibt zu werden. Wieder andere sind *Beamte weltlicher Fürstentümer* und *landesherrlicher Territorien*; es sind Stellvertreter des Landesherrn, die davon den Namen *Landvogt* tragen, und handhaben wie ehemals der Graf die hohe Gerichtsbarkeit. Endlich haben auch die *Städte* regelmässig ihren Vogt gehabt; es ist ursprünglich niemand anders als ein oder der Vogt des Bischofs, auf dessen Gebiet die Stadt liegt und in dessen Händen die gräfliche oder hohe Gerichtsbarkeit liegt, dem Schultheiss oder dem Nachfolger des Centenars gegenüber, dem die Ausübung der niedern Gerichtsbarkeit obliegt. Doch gibt es Städte, z. B. Köln, wo jener den Namen Burggraf und dieser den Namen Vogt trägt. Seitdem sich die Städte auf eigene Füsse stellten und die Gerichtsbarkeit von sich aus an die Hand nahmen, blieb Vogt der Name für den Vorsteher des Rates, wenn dieser als hohes Gericht zusammentrat; später nannte man ihn in den sog. Reichsstädten den *Reichsvogt*. *Waitz*, Verf. Gesch. VII, Abschn. 12, und *Walter*, Rechtsgeschichte.

Volksbücher heisst man, wie es scheint, erst seit der Zeit der Romantiker, Novellen und Romane, welche seit den letzten Jahrhunderten des Mittelalters die beliebteste Lektüre, anfangs mehr der adeligen, später der volksmässigen Bevölkerung waren und seit der Erfindung des Buchdrucks als *Bücher* weit verbreitet wurden; sie nennen sich selber meist eine *Historie* oder ein *Buch* oder ein liebliches *Lesen* u. dgl., was darauf deutet, dass es eben nicht die Kunstform der Novelle oder des Romans war, was man darin suchte und fand, sondern der unterhaltende Inhalt. Derselbe entstammt den allerverschiedensten Gebieten, dem Orient (sieben weise Meister), dem Mythus (Genofeva), den höfischen Sagenkreisen der Franzosen (Karolingischer Kreis, Artus, Tristan), dem deutschen Sagenkreis (Hörnener Siegfried), dem Volkswitz (Eulenspiegel), wobei aber alles der naiven Weise der Zeit gemäss in die Anschauung, Lebens-, Denk- und Empfindungsweise der Gegenwart gestellt ist, so zwar, dass sich oft unter der meist unscheinbaren Hülle der Begebenheit grosse Lebensweisheit, tiefe Einsicht in das Wesen der menschlichen Seele verbirgt; auch die Erzählungsart erinnert an die Plastik der Holzschnitte jener Zeit. Übrigens lässt sich der Begriff der Volksbücher weiter oder enger fassen; im engern Sinne gehören nur erzählende Bücher dazu, im weitern Sinne allerlei andere für das Volk bestimmte Schriften, Volksliedersammlungen, Rätsel, Sprichwörter, Traumbücher, kurz alles, was in Buchform auf den Jahrmärkten ausgeboten wurde. Die Veranlasser dieser Bücher mögen in den meisten Fällen unternehmungslustige Buchdrucker gewesen sein, manchmal nennt sich Bearbeiter oder Übersetzer, von dessen nähern Umständen jedoch in der Regel nichts Näheres bekannt ist. Die erste Sammlung einer Anzahl Volksbücher erschien unter dem Namen *Buch der Liebe* zu Frankfurt 1578 und 1587. Die einzelnen Bücher wurden, mit Holzschnitten versehen, auf den Märkten verkauft, zum Teil mit der Unterschrift „gedruckt in diesem Jahr“, verloren aber mit der Zeit viel an ihrem ursprünglichen Ausdruck. Die Romantiker wiesen zuerst auf diesen von der gebildeten Welt gänzlich verkannten und geringgeschätzten Teil der alten Litteratur hin; namentlich hat *Tieck* sich durch seine Neubearbeitungen und *Görres* durch sein Werk: „Die teutschen Volksbücher. Nähere Würdigung der schönen Historien-, Wetter- und Arzneybüchlein, welche teils innerer Wert, teils Zufall, Jahrhunderte hindurch bis auf unsere Zeit erhalten hat,“ Heidelberg 1807, grosses Verdienst erworben. Die Volksbücher nach den besten alten Texten neu bearbeitet zu haben, ist das Verdienst *Simrocks:* Deutsche Volksbücher nach den echtesten Ausgaben hergestellt. Berlin und Frankfurt 1839 ff. Das folgende Verzeichnis beruht grösstenteils auf *Goedeke's* Grundriss, § 105 und 173.

1. *Herzog Ernst*, gegen Ende des 15. Jahrhunderts aus dem ältern Gedicht prosaisch aufgelöst. Siehe hier wie bei den meisten andern Nummern den besonderen Artikel.

2. *Wigalois*, aus dem ältern Gedichte des Wirnt von Grafenberg 1472 in Prosa aufgelöst und 1493 in Augsburg zum ersten Mal gedruckt.

3. *Tristan*, aus dem überarbeiteten Gedichte des Eilhart von Oberge, des Vorgängers von Gottfried von Strassburg, in Prosa aufgelöst: *von der leut wegen, die solichar gereimter bücher nit genad habent, hab ich ongenanter dise hystori in die form gepracht.* Augsburg 1498.

4. *Wilhelm von Österreich;* es ist dieses eine nur einmal (Augsburg 1481) gedruckte Prosaauflösung eines Gedichtes, dessen Verfasser Johann der Schreiber von Würzburg durch Nachahmung älterer Gedichte das österreichische Fürstenhaus zu verherrlichen gedachte.

5. Die *heiligen drei Könige*, ursprünglich von Johannes von Hildesheim, starb 1375, für Köln lateinisch bearbeitet, 1389 deutsch übersetzt und um 1480 zu Strassburg erschienen.

6. *Barbarossa:* „Ein wahrhafftige History von dem Kayser Friedrich, der erst seines Namens, mit einem langen roten Bart, den die Walsen nennten Barbarossa,“ Landshut und Augsburg 1519. Das Büchlein berichtet, wie Barbarossa mit König Philipp von Frankreich und Richard von England Jerusalem erobert, wobei ein Herzog Eckhart von Bayern zu Hilfe kommt, der seinen Bundschuh als Banner aufsteckt; bei einem Bade wird Barbarossa durch Verrat des Papstes vom Sultan gefangen, nach einem Jahr aber wieder entlassen, worauf er nach Rom zieht, um sich an dem Papst zu rächen. Es erfolgt aber Versöhnung und Tod des Kaisers.

7. Der *Pfaff vom Kalenberg*, eine gereimte Schwänkesammlung, die ein sonst unbekannter Philipp *Frankfurter* gegen Ende des 14. Jahrhunderts zu Wien gedichtet haben soll, die aber erst seit dem Ende des 15. Jahrhundert nachzuweisen ist. Erster Druck Frankfurt 1550.

8. *Peter Leu*, Fortsetzung des Kalenbergers, verfasst von *Achilles Jason Widmann* von Schwäbisch-Hall, zuerst Blockträger daselbst, später Pfaffe; erster Druck Frankfurt ohne Datum; Nürnberg 1560.

9. *Eulenspiegel*, Strassburg 1519.

10. Die *sieben weisen Meister*, erster datierter Druck Augsburg 1473.

11. *Salomon und Marcolf*, Nürnberg 1487, ging auch als lateinisches Volksbuch um unter dem Titel: *Collationes quas dicuntur fecisse mutuo rex Salomon sapientissimus et Marcolphus facie deformis et turpissimus, tamen, ut fertur, eloquentissimus.*

12. *Griseldis*, „Diss ist ain epistel Francisci Petrarch, von grosser stätikeit ainer frowen Grisel gehaissen,“ Augsburg 1471.

13. *Appollonius*, nach dem Lateinischen des Gottfried von Viterbo „*von latin zu teutsch gemachet*“, Augsburg 1471.

14. *Flore und Blanscheflur*, nach dem aus dem Französischen geschöpften Romane *Filicopo* des *Boccaccio*, Metz 1499.

15. *Lother und Maller*, Strassburg 1514.

16. *Fortunatus*, Augsburg 1509.

17. *Melusine*, 1456 von Thüring von Ringoltingen aus dem Französischen übersetzt und zu Strassburg um 1474 zum ersten Mal gedruckt.

•18. Der *Ritter von Turn*, nach französischer Quelle durch Marquard von Stein übersetzt, Basel 1493.

19. *Pontus und Sidonia*, aus einem französischen Roman durch Eleonore von Österreich übersetzt, Augsburg 1498.

20. *Hug Schapler*, die sagenhafte Geschichte des Hugo Capet, von der Herzogin Elisabeth von Lothringen aus dem Französischen verdeutscht, Strassburg 1500.

21. *Herpin*, ebenfalls aus dem Französischen. Strassburg 1514.

22. *Magelone*, von Veit Warbeck aus dem Französischen ins Deutsche übersetzt, Augsburg 1535.

23. *Fierabras*, eine Riesengeschichte aus dem Karolingischen Sagenkreise, nach französischer Quelle, Siemern 1533.

24. Die *vier Haimonskinder*, Siemern 1535.

25. *Oktavianus*, von Wilhelm Salzmann aus dem Französischen bearbeitet, Strassburg 1535.

26. *Ritter Galmy*, ebenfalls aus dem Französischen, Strassburg 1539.

27. Der *Finkenritter*, eine Zusammenstellung von Lügenmärchen, Strassburg um 1560.

28. *Claus Narr*, Geschichten des sächsischen Hofnarren ebendesselben Namens, der von 1486 bis 1532 lebte, Eisleben 1572.

29. *Hans Clauert*, ein zweiter Eulenspiegel, beschrieben durch Bartholomäus Krüger, Stadtschreiber zu Trebbin in der Mark, daher das Buch auch der märkische Eulenspiegel heisst. Berlin 1591.

30. *Faust*, Frankfurt 1587.

31. *Schildbürger*, 1589, auch *Lalenbuch* genannt.

32. Der *ewige Jude*, Danzig 1602.

33. *Ogier*, aus dem Dänischen durch Egenberger von Wertheim übersetzt, Frankfurt 1571.

34. *Genofeva*.

35. *Hirlanda*. Die beiden letzten Nummern sind erst im 17. Jahrhundert durch den Kapuziner Pater *Martin von Cochem* in Verbindung mit Griseldis und andern Legenden und Geschichten als „Auserlesenes History-Buch“ dem Werke eines französischen Jesuiten nacherzählt worden, haben aber bald den Rang der beliebtesten Volksbücher erworben.

Volkskrankheiten. I. *Der schwarze Tod*, gemeiniglich in den zeitgenössischen Chroniken „das grosse Sterben“ genannt, ist jene furchtbare Pestseuche, die 1348 in Europa auftrat, bald eine allgemeine Verbreitung erlangte und zahllose Opfer hinwegraffte. Sie bestand in einem hitzigen Fieber, begleitet von Blutauswurf; bald erschienen Brandbeulen und schwarze Flecken auf der Haut (daher der Name: schwarzer Tod), die Lymphdrüsen schwollen an, Bubonen brachen in den Achseln und Weichen hervor: in drei Tagen war der von der schrecklichen Krankheit Befallene eine Leiche. Zuerst wird ihr Auftreten an der Südküste Europas gemeldet im Jahre 1348, von wo aus sie im Osten durch Oberitalien Eingang fand in Kärnthen, Steiermark und Österreich, im Westen durch das Rhonethal in der Schweiz und Burgund. Von Österreich griff sie in westlicher Richtung hinüber nach Bayern, wo um Michaeli 1348 ihr heftiges Auftreten in Mühldorf, einer salzburgischen Enklave im Bayerischen, gemeldet wird; von hier ist ihr Vorschreiten ein allmähliches. Regensburg wird erst 1350 erreicht. In der Schweiz wird fast allgemein 1349 als das

Pestjahr angegeben. Deutschland sah sich also zugleich durch einen Angriff von Westen her bedroht, und in der That erscheint das unheimliche Gespenst der durch Burgund vorgerückten Krankheit in der oberrheinischen Tiefebene früher als an den Ufern des Bodensees, die durch das vorgelagerte Hochgebirge vor der Ansteckung geschützt waren. Strassburg wird im Juni 1349 erreicht, im August und den folgenden Monaten die mittelrheinischen Städte, Frankfurt schon im August, Köln nicht vor Mitte September. Im gleichen Jahre noch erscheint die Seuche in Preussen, mit Beginn des Jahres 1350 in Jütland, Schleswig und Holstein, so dass der ganze nordwestliche Teil Deutschlands zwischen Elbe und Rhein gleichzeitig von Süden, Westen und Norden bedroht wird; übereinstimmend wird für das ganze Gebiet für das Jahr 1350 der Ausbruch der Pest gemeldet. Die landläufige Annahme ist, dass bis 1350 der schwarze Tod eine pandemische Verbreitung in ganz Europa, mit Ausnahme von Russland erlangt habe. Im wesentlichen sind es jedoch die grossen Handels- und Verkehrsstrassen, die zugleich Heerstrassen des schwarzen Todes wurden; abgelegene, vom Verkehr wenig berührte Orte mögen verschont geblieben sein. Aber auch an grossen und ausgedehnten Gebieten ist der erste Ansturm glücklich vorübergegangen, wo durch hemmende Gebirgszüge mit wenig frequentierten Pässen dem direkten Kontagium eine Grenze gesteckt war. So Ostfranken, und weiter ostwärts in gleicher Weise Böhmen, wo die Pest erst 1359 und zwar mässig und sporadisch auftrat; das kräftige Aufblühen dieses letzteren Gebietes in den ersten Jahren von Karls IV. Regiment wäre sonst schwerlich zu erklären, wenn die besten Kräfte des Landes durch den schwarzen Tod vernichtet worden wären. Ähnlich verhält es sich mit Schlesien; in Breslau zeigt sich die Pest erst 1372 nach einer glaubwürdigen Notiz, und mit Polen, wo eine energisch durchgeführte Quarantäne denselben Schutz gewährte, wie für Ostfranken die natürliche Grenze von Odenwald, Spessart, Rhön und Thüringerwald, und für Böhmen die dieses Land umgebenden Gebirgszüge.

Eigentümlich und interessant in bezug auf die Ergründung der Ursachen einer so furchtbaren Heimsuchung ist die erste wissenschaftliche Grundlage, die derselben gegeben wurde. In der Mitte des 14. Jahrhunderts fand nämlich eine Reihe von Erderschütterungen statt, deren Mittelpunkt Villach war, wo am 25. Januar 1348 ein Erdbeben nicht unerhebliche Zerstörungen verursachte; in unmittelbaren chronologischen Zusammenhang damit wird nun der Ausbruch der Pest gesetzt, indem man glaubte, der „irdische Dunst“ habe sich einen gewaltsamen Ausweg verschafft, die Luft vergiftet und verpestet, und infolge dieser Luftvergiftung sei die Pest entstanden. Darin sehen wir die erste wissenschaftliche Begründung des direkten Zusammenhanges des schwarzen Todes mit gleichzeitigen Vorgängen im Naturleben. Dass übrigens noch allerlei sonderbare Dinge mit dem Erscheinen der Krankheit in Zusammenhang gebracht wurden, ist selbstverständlich bei dem krassen Aberglauben, der die Geister im Mittelalter befangen hielt. Zum Zorn Gottes über die Verschlechterung der Menschheit kamen astralische Einflüsse, seltsame Konjunkturen der Planeten Mars, Jupiter und Saturn; je später die Chronisten, desto mehr berichten sie von Erdbeben, Überschwemmungen, Regenfluten, gemischt mit Schlangen und Kröten, Heuschreckenschwärmen, giftigen Nebeln, unheimlichen Himmelszeichen, Kometen, Feuerkugeln, woran sich natürlich allerlei abergläubische Geschichten knüpfen. Heckers Ansicht ist gleichsam der Schlussstein dieser Theorie „der kosmische Ursprung des schwarzen Todes beruhe in einem unerhörten Aufruhr der Elemente über und unter der Erde, wie er in gleicher Ausdehnung nie wiedergekehrt sein soll“. Auch Haeser ist der Ansicht, „der schwarze Tod ist eingeleitet und vorbereitet durch die heftigsten Erschütterungen der Erde und des sie umgebenden Luftkreises“.

Wir werden wohl diese Ansichten, bei denen der verpestete Wind von 1348 eine bedeutende Rolle spielt, als auf unsinnigen Erfindungen der Späteren beruhend, in die gehörigen Schranken zurückweisen müssen. „Die grosse Zahl der zeitgenössischen Schriftsteller wissen bis 1348 so gut wie nichts von aussergewöhnlichen Vorgängen im Naturleben. Erst mit dem Herannahen der furchtbaren Krankheit tauchen allerhand wüste Gerüchte auf: „unter entsetzlichen Stürmen seien Kröten, Schlangen, Eidechsen, Skorpionen in giftigem Regen auf die Erde gefallen, darauf hätte Blitz und Hagel unzählige Menschen getötet und schliesslich Feuer und Qualm vom Himmel schlagend den Rest alles Lebens vernichtet.“ Aber alles soll nach dem Avignoner Brief vom 27. April 1348 vor sich gegangen sein *circa yndiam majorem in orientalibus partibus in quadam provincia;* auch die anderen Quellen lassen diese Vorgänge in angemessener Entfernung passieren *„ubi zinziber nascitur“;* dagegen die späteren Kompilatoren ziehen sie heran und machen schliesslich die Heimat zum Schauplatz, und alles erfährt natürlich die seltsamsten Deutungen und schrecklichsten Prophezeiungen und Kombinationen. Erst die neueren ätiologischen Forschungen lassen uns Rückschlüsse thun und das tiefe Dunkel, das über dem schwarzen Tod in pathologischer Beziehung lag, lichten. „Die heutige medizinische Wissenschaft konstatiert eine gewisse Gleichartigkeit in dem Wesen der sogenannten Infektions-Krankheiten. Die Krankheit selbst wird bei dem Individuum durch Aufnahme eigentümlicher giftiger Substanzen in dem Organismus verursacht. Diese Substanzen sind in ihrem Ursprunge und in ihrer chemischen Zusammensetzung noch nicht völlig ergründet. Aber tausendfache Erfahrungen weisen immer wieder auf die mit allgemeinen sozialen Missständen gegebenen Zersetzungsherde organischer Stoffe als die gemeinschaftliche Quelle des Krankheitsgiftes.“ Hirsch weist nun die Entstehung der Krankheit ausserhalb Europas nach, alle Zeitgenossen stimmen darin überein, dass der schwarze Tod sich über den westlichen Teil Asiens und über Europa und Afrika verbreitet habe; so werden wir wohl Hirsch unbedingt beistimmen können, dass wir in einigen nordwestlichen Gebieten Hindostans, und speziell in den am südlichen Abhange des Himalaya gelegenen Provinzen die eigentliche Heimat der unter dem Namen des schwarzen Todes bekannt gewordenen Pestepidemien zu suchen haben. Auch über das Wesen der Krankheit sind wir jetzt im Klaren; es ist eine durch Lungenaffektion wesentlich modifizierte orientalische Beulenpest, deren spezifische Eigentümlichkeit eben die Lungenaffektion ist; eine Krankheitsform, die nach Hirsch vollkommen übereinstimmt mit der indischen Pest.

Dass die Seuche in den raschaufblühenden mittelalterlichen Städten, wo auf verhältnismässig geringem Flächenraum grosse Menschenmassen eingepfercht gewesen sein müssen, sich üppig entwickeln und grosse Verheerungen anrichten konnte, ist natürlich. Mit diesen

Missständen vereinigte sich ein heftiges Widerstreben gegen vernünftige Massregeln der Hygieine, abscheuliche Missbräuche in der Handhabung des Leichenwesens; die Toten wurden begraben in Kirchen, oder doch innerhalb der Stadtmauern, so dass dadurch neue Ansteckungsherde entstanden. Schmutz, Elend, Unsittlichkeit waren die mächtigsten Bundesgenossen des schwarzen Todes, wozu noch an manchen Orten anormale Witterungsverhältnisse und deren Konsequenzen mögen hinzugekommen sein. Daraus erklärt sich die Intensität und die anhaltende Dauer der Seuchenperiode. Hirsch hält es „für unzweifelhaft, dass, wenn auch nicht alle, so doch viele der in den folgenden Jahren bis 1380 beobachteten Pestepidemien unter den Erscheinungen des schwarzen Todes verlaufen sind.

Mit Ausgang 1351 scheint eine Pause in der Sterblichkeit für Deutschland eingetreten zu sein, 1356 wird das Wiedererscheinen des schwarzen Todes gemeldet, der 1357 bis an die Grenzen der Mark Brandenburg und südlich bis Bayern und Baden vordrang, 1358 das ganze südwestliche Deutschland überzogen hatte, und zwar nach Closner und Königshofen in der Richtung nach Nord und Süd seinen Zug nehmend. 1359 und 1360 wird die ganze Nord- und Ostseeküste von neuem entvölkert, gleichzeitig Österreich zum zweitenmale heimgesucht, am Ende dieses Jahrzehnts auch Böhmen, Schlesien und Polen. Ende der sechziger und Anfang der siebziger Jahre fällt das dritte Auftreten der Pest; und Chalin de Vinario, Arzt in Avignon, stellt die Fortdauer der Seuchenperiode in Aussicht. Bis zum Ausgang des Jahrhunderts vergeht fast kein Jahr, wo nicht ein „grosses Sterben“ gemeldet wird, auch noch im Anfang des 15. Jahrhunderts. Ein genauer Abschluss lässt sich erklärlich nicht datieren, wir werden jedoch gut thun, bei Untersuchung der Folgen nicht über das 14. Jahrhundert hinauszugehen. Jedenfalls nahm die Sterblichkeit, wo auch die Krankheit noch auftrat, in jedem Jahr immer mehr und mehr ab.

Nach den gleichzeitigen Berichten ist kein Zweifel zu hegen, dass ein beispielloses Entsetzen die Gemüter ergriff und Leidenschaften entfesselt wurden, die sich roh und gewaltsam äusserten; unverkennbar steigerten sich Üppigkeit, Luxus und Verschwendung, zügellose Begierden nach Genuss in den letzten vielleicht noch vergönnten Augenblicken. Charakteristisch sind daher die seit Mitte des 14. Jahrhunderts (1356) in Deutschland häufigen Verordnungen gegen Kleiderluxus, anstössige Trachten und Schwelgerei Eine direkte Beeinflussung der Gestaltung politischer Verhältnisse durch den schwarzen Tod tritt in geringem Masse zu Tage. Die Parteikämpfe wurden gelähmt, die durch die Seuche selbst oder die Angst vor ihr hervorgerufene allgemeine Verwirrung und Bestürzung musste einen momentanen, lähmenden Druck ausüben auf die öffentliche Thätigkeit. Bestimmter erkenntlich sind die Einwirkungen der Seuchenperiode auf die wirtschaftlichen Verhältnisse. Was zuvörderst den Menschenverlust betrifft, so sind die Zahlenangaben des Mittelalters von sehr zweifelhaftem Werte. Die überlieferten Verlustziffern für Lübeck schwanken z. B. zwischen 9000 und 80 000 Umgekommenen. Völlig wertlos sind die allgemeinen Berechnungen der Zeitgenossen, wie Chalin de Vinario, die Verluste der ersten Epidemie auf 60 %, Guy de Chauliac auf 75 % der Bevölkerung angibt. Vorzugsweise hatten, wie natürlich, die untersten Volksschichten zu leiden; so war z. B. 1350 in Westfalen kein Hirt und kein Schnitter zur Erntezeit zu finden; ähnliche Berichte sind in grosser Zahl zu finden. Eine unausbleibliche wirtschaftliche Folge war eine Steigerung der Arbeitslöhne, die aber wieder reduziert wurde durch eine bedeutende Wertverminderung der Scheidemünze, hervorgerufen durch eine allgemeine Verschlechterung der Prägung. Ein solcher Zustand musste natürlich dem Kleinhandel ganz empfindlich schaden, aber selbst Münzverordnungen, wie diejenigen der Erzbischöfe von Trier und Köln, sowie die Bemühungen Karls IV. vermochten dem drückenden Übel nicht abzuhelfen. Dagegen wusste sich der deutsche Grosshandel zu sichern durch Hinübernahme des den Kursschwankungen weniger unterliegenden florentinischen Goldguldens. Im allgemeinen aber bemerken wir, nachdem der allgemeine Ausgleich der Bevölkerungsverhältnisse der wirtschaftlichen und geschäftlichen Stockung wieder Abhilfe verschafft hatte, in den Städten besonders einen raschen und erfreulichen Aufschwung und Fortschritt. Zudem fällt in diese Zeit auch die Stiftung der ersten deutschen Universitäten, Prag 1348, Wien 1365, Heidelberg 1386, Köln 1389, Erfurt 1392. „Die zweite Hälfte des 14. Jahrhunderts ist die Zeit, in der der deutsche Handel den Weltmarkt zu erobern beginnt. In immer steigendem Masse erblüht Handel und Industrie, und selbst Künste und Wissenschaft gelangen wieder zu neuen Ehren.“ Am allgemeinen Charakter des 14. Jahrhunderts „dieser wilden gährenden Zeit voll gewaltiger Impulse und roher Leidenschaften“ hat der schwarze Tod nichts geändert. Die Anarchie in den Jahren 1348—50 hat gewiss die Pest verschuldet, und gewiss stehen Geisselfahrt und Judenverfolgung mit ihr im Kausalzusammenhang. Aber beide beruhen auch im Charakter der Zeit und sind deswegen, weil sie explodierend ausgebrochen sind, zügellos und roh geworden. Beide Bewegungen, die Judenverfolgung von Südfrankreich, gleichzeitig mit der Pest, die Geisselfahrt im Osten Deutschlands, als Präventivmassregel der Pest und zur Besänftigung des göttlichen Zornes, unmittelbar vor Ausbruch des schwarzen Todes ausgehend, eilen in ihrer rapiden Verbreitung über Deutschland der Pest voraus. An einzelnen Orten fallen sie zeitlich zusammen, wie Pest und Geisselfahrt in Strassburg, in Flandern; zuweilen tritt an einem Orte die Pest auf, ihr folgte die Judenverfolgung, hervorgerufen durch die unsinnige Mär von der Brunnenvergiftung durch die Juden, oder der Fanatismus der Geissler schürte den Judenhass wie in Frankfurt a. M., Köln, Breslau; im allgemeinen aber werden die Juden vorher die Opfer der blinden Verfolgungswut. Die Geisselfahrten erreichen schon ihr Ende, bevor auch nur die Hälfte deutschen Gebietes vom schwarzen Tod überzogen ist; Judenverfolgung und Geisselfahrt treten auch da auf, wo die Krankheit bei ihrem ersten Verwüstungszug durch Deutschland vorbeizog.

Noch zu erwähnen haben wir, dass sich auch die Kirche die allgemeine Todesangst zu Nutze zu machen wusste, wovon eine Unzahl von Testamenten und Immunitäten beredtes Zeugnis ablegen; niemals war der klingende Erfolg grösser als 1350, als Clemens VI. einen Jubiläumsablass ausschrieb und eine ungeheure Menschenmenge in Rom zusammenströmte. Ferner wuchs der Grundbesitz und das Vermögen der Kirchen und Klöster an, was sich offenbarte in der eminenten Bauthätigkeit nach dem Ausbruch der Pest.

Fassen wir die Geschichte des 14. Jahrhunderts zusammen: „Für die politische Geschichte ist der schwarze Tod fast bedeutungslos geblieben. Der enorme Menschenverlust hat auch den mächtigen Aufschwung von Handel und Industrie, die glänzende Entwickelung der deutschen Städte nicht aufhalten können, und was sich von der angeblichen Verwilderung des Menschengeschlechtes unter den Schrecken und Freveln der Pestzeit zu erkennen gibt, bewegt sich völlig in dem Charakter der Zeit, und tritt in ähnlicher Weise schon vor dem Ausbruch des schwarzen Todes zu Tage. Nirgends tritt, wenn wir allenfalls von der Entstehung der Sanitätspolizei absehen, in der Entwickelung der Verhältnisse ein Impuls zu Tage, der nicht schon vorher wirksam gewesen wäre, und kein neuer Gesichtspunkt macht sich in der Gestaltung der Dinge bemerkbar."

Nach *Dr. Robert Höniger*, Der schwarze Tod in Deutschland. Ein Beitrag zur Geschichte des 14. Jahrhunderts. Berlin 1882.

II. *Kinderfahrten*. Hecker bezeichnet sie in Verbindung mit der Tanzwut als die Psychopathien des Mittelalters. Die grossartigste Erscheinung dieser Kinderfahrten, die ihren Ursprung im religiösen Enthusiasmus und in der Gemütserregung der Zeit haben, ist der Kinderkreuzzug vom Jahre 1212. Die Idee der Wiedereroberung des heiligen Landes, das schon wieder in die Hände der Sarazenen gefallen war, ergriff die Gemüter mit erneuter Heftigkeit, und bei der damaligen Stimmung konnten überspannte Ausbrüche derselben nicht ausbleiben. Den ersten Anstoss gab ein Hirtenknabe Etienne, aus dem Dorfe Cloies bei Vendôme; er hielt sich für einen Abgesandten des Herrn, der ihm erschienen sei, von ihm Brot genommen und einen Brief an den König gegeben habe. Die Hirtenknaben der Umgegend strömten ihm in Scharen zu, täglich erhoben sich acht- und zehnjährige Propheten und führten dem jungen Stephanus ganze Heere der von der Bewegung fortgerissenen Kinderwelt zu, deren Fanatismus nichts zu bändigen im stande war. So waren bald 30 000 bewaffnete und unbewaffnete Kinder beisammen, die unter der Führung des heiligen Stephanus zur Eroberung Jerusalems auszogen; keine Beschwerde der Pilgerreise vermochte ihre heilige Begeisterung und Andacht zu ersticken. In Marseille wurden die jungen Pilger auf sieben Schiffen eingeschifft, von denen jedoch zwei mit den darauf befindlichen Kindern untergingen; die anderen fünf lieferten ihre Insassen schmählich den Sarazenen als Sklaven in die Hände. Nicht so übel erging es den jungen Kreuzfahrern in Deutschland, wo sich die Bewegung ebenso mächtig zeigte und unter ähnlichen Umständen verlief. Hier zogen zwei Heereshaufen, die an Zahl den französischen Zug wohl noch überstiegen, dem Meere zu, das, wie auch sie zuversichtlich glaubten, vor ihnen zurücktreten würde, so dass sie trockenen Fusses das heilige Land erreichten. Der eine Haufe, unter der Führung eines gewissen Nikolaus von unbekannter Herkunft, wandte sich über den Mont Cenis und erreichte im August in der Zahl von noch 7000 Teilnehmern Genua. Die Genueser öffneten ihnen jedoch erst nach einigen Unterhandlungen die Thore am 24. August; aber schon waren viele der Kreuzfahrt müde, sie suchten und fanden gastliche Aufnahme und blieben in Genua zurück. Die anderen, genötigt nach einigen Tagen die Stadt zu verlassen, zerstreuten sich nach verschiedenen Richtungen. Viele versuchten, sich nach Deutschland durchzuschlagen, die wenigen, denen es gelang, wurden dort mit Hohn und Spott empfangen. Ein Teil blieb jedoch seinem Vorhaben treu, durchzog in verschiedenen Haufen Italien; eine Anzahl Knaben wallfahrtete nach Rom und musste dort dem Papste das Gelübde ablegen, wenn sie herangewachsen seien, einen Kreuzzug abzulegen. Von dem anderen Kinderheer haben wir keine Kunde, auch den Namen des Führers kennen wir nicht. Es nahm seinen Weg über den St. Gotthard, wurde aber in der Lombardei mit eisiger Kälte aufgenommen; viele kamen um, die Stärksten und Gläubigsten gelangten nach Brindisium, wo sie Sarazenen als willkommene Beute in die Hände fielen.

Ein Zeichen der Erregung in der Kinderwelt dieser Zeit ist eine zweite Kinderfahrt, die sich aber auf die Stadt *Erfurt* allein beschränkte. Am 15. Juli 1237 verliessen gegen 1000 Kinder tanzend und springend die Stadt und wanderten über den Steigerwald nach Arnstadt. Am folgenden Tage wurden sie von ihren Eltern, die inzwischen den Vorgang erfahren hatten, wieder abgeholt; viele sollen noch lange nachher krank gewesen und namentlich an Zittern der Glieder gelitten haben. Der ganze Vorfall ist in seinen Ursachen dunkel; noch dunkler eine Kinderfahrt vom Jahre 1458, deren Motive offenbar religiöser Natur waren. Sie galt der Verehrung des Erzengels Michael. Mehr als 100 Kinder aus *Hall* in *Schwaben* wanderten wider Willen ihrer Eltern nach der damals weltberühmten, jetzt zum Staatsgefängnis gewordenen Abtei St. Michel in der Normandie, wo sie auch wirklich angekommen sein sollen. Der Magistat, der die Fahrt nicht hindern konnte, gab ihnen wenigstens einen Führer und einen Esel zum Tragen des Gepäcks mit. Weitere Nachrichten fehlen.

III. *Die Tanzwut.* 1. *St. Johannstanz.* Bald nach dem Wüten des schwarzen Todes verbreitete sich eine neue Volkskrankheit in Deutschland, die Tanzwut. Schon 1374 kamen in Aachen Männer und Frauen an, die in Kirchen und Strassen dem Volk ein seltsam Schauspiel darboten. Stundenlang tanzten sie in geschlossenen Kreisen in wilder, bacchantischer Raserei, bis sie vor Erschöpfung niederfielen. Dann klagten sie über Beklemmungen, bis man ihnen den Unterleib mit Tüchern zuschnürte, oder mit Faustschlägen und Fusstritten von ihrem Leiden half, worauf nach einiger Zeit ein neuer Anfall sie in den früheren entsetzlichen Zustand zurückversetzte. Während des Tanzes hatten sie Erscheinungen, einige sahen den Himmel offen mit dem Heiland und der Maria. Die Anfälle begannen mit fallsüchtigen Zuckungen; die von diesen Behafteten fielen bewusstlos und schnaubend, Schaum vor dem Mund, zu Boden, dann sprangen sie auf und begannen ihren Tanz unter den schrecklichsten Verzerrungen. Die Krankheit verbreitete sich bald von Aachen aus über die Niederlande, wo die heranwachsende Schar der Johannistänzer allmählich Besorgnis erregte und man anfing, zu Beschwörungen und Bittgebeten seine Zuflucht zu nehmen, um zu verhüten, dass die Krankheit auch die höheren Stände ergriff. Einen Monat später als in Aachen war die Tanzsucht auch in Köln, wo 500 Menschen von ihr befallen wurden, und in Metz, wo die Zahl sogar auf 1100 anstieg. Landleute, Handwerker, Dienstboten, Knaben und Mädchen, verheiratete und unverheiratete Frauen schlossen sich dem unheimlichen Reigen an, der bald zur Brutstätte wilder Begierden und Leidenschaften wurde. Erst nach vier Monaten gelang es, dieses dämonischen Treibens in den rheinischen Städten Herr zu werden, ohne jedoch seine gänzliche Vernichtung zu erreichen. Die Beziehung Johannes des Täufers zur Tanzwut ist folgende: Seit den ältesten Zeiten feierte man den Johannistag mit allerlei sonderbaren, wilden, heidnischen Gebräuchen. Die Deutschen verlegten den uralten heidnischen Gebrauch der Notfeuer auf diesen Tag, wobei ein wilder, bacchantischer Tanz aufgeführt wurde, eine Erscheinung, die sich auch bei anderen Völkern zeigte. Es liegt nun die Vermutung nahe, dass die ausgelassene Feier von 1374 den Anstoss zum Johannistanz gab, da die Tänzer immer den Namen des heiligen Johannes im Munde führten.

2. Der *St. Veitstanz.* Im Jahre 1418 erschien in Strassburg der gleiche Wahnsinn wie in den rheinischen und belgischen Städten; hier nahm sich der Magistrat der Kranken an und liess sie in einzelnen Haufen nach den Kapellen des heiligen Veit nach Zabern und Rotestein geleiten, wo ihnen durch Messen und andere heilige Gebräuche, einen feierlichen Umzug um den Altar und kleine Opfer von ihrem Almosen Heilung erfleht werden sollte; viele genasen wirklich. Über St. Veit, einen der 14 „Nothelfer", geht folgende Legende: er habe, ehe er sich unter das Schwert gebeugt, zu Gott gebetet, er möge alle, die seinen Abend fasten und seinen Tag feiern, vor dem Tanz bewahren, und darauf eine Stimme vernommen: „Sankt Vite, du bist erhöret". So wurde St. Veit der Schutzheilige der Tanzsüchtigen. Diese Tanzsucht ist übrigens keine neue Erscheinung. Wir werden nicht umhin können, jene Kinderfahrt von 1237 in Erfurt als eine Form der Tanzwut zu erklären. Ein ähnlicher Vorfall hatte sich ereignet in Utrecht am 17. Juni 1278, wo 200 Tänzer auf der Moselbrücke nicht aufhören wollten zu tanzen, als bis ein Priester den Leib Christi zu einem Kranken vorübertrüge; allein die Brücke brach vorher und alle ertranken. 1201 wurde von 18 Landleuten auf dem Friedhof der Klosterkirche Kolbig bei Bernburg durch Lärmen und Tanzen der Gottesdienst in der Christnacht gestört, worauf der Priester Ruprecht den Fluch über sie habe ergehen lassen, ein Jahr lang zu schreien und zu tanzen. Dies sei wirklich in Erfüllung gegangen, bis sie durch das Gebet zweier frommer Bischöfe erlöst worden seien. Ein Zeichen mittelalterlicher Roheit ist auch ein auf diesen Fluch wohl zurückgehendes, jetzt längst untergegangenes Sprichwort: „*dass dich Sanct Veitstantz ankomme*". Eine Ursache für diesen Tanz wurde gefunden in der unkräftigen Taufe unzüchtiger Priester. Dass für den Klerus hieraus grosse Gefahr entsprang, ist leicht zu erklären, und derselbe suchte sich gegen den allgemeinen Unwillen durch Beschwörungen zu helfen, die aber ebensowenig nützten, wie die Gebete am Altare St. Veits. Denn von der Heftigkeit der Tanzsucht geben uns Beschreibungen aus dem 16. Jahrhundert lautes Zeugnis, wo sie eigentlich schon im Abnehmen begriffen war. Die mildere Form war häufiger, seltener die heftige. Damals sollen sich viele an Ecken und Wänden die Köpfe zerschmettert oder sich in Flüsse gestürzt haben, wo sie den gesuchten Tod fanden. Sie konnten nicht anders gebändigt werden, als dass man die Rasenden mit Tischen und Stühlen umstellte und sie so zu hohen Sprüngen zwang, dass sie bald in äusserster Erschöpfung zu Boden stürzten. Selbst hochschwangere Frauen sah man ohne Schaden der Leibesfrucht an dem tollen Tanze teilnehmen. Dass lebhafte Musik die Erregung steigerte, liegt im Wesen der Krankheit. Magistrate mieteten daher oft Musikanten, um die Anfälle rascher vorbeizuführen. Es mussten auch

Verbote erlassen werden gegen das Tragen der roten Farbe, welche die Wut und Raserei der Kranken hervorrief. Allmählich wich die Krankheit nun doch zurück, wenigstens kamen Wanderungen von Stadt zu Stadt nicht mehr vor. Manche wurden auch nur alljährlich befallen. Den ganzen Juni vor dem Johannisfest fühlten sie Unruhe und Unbehaglichkeit, Schmerzen trieben sie unstät umher. Sehnlich erwarteten sie den Vorabend, um vor dem Altar des hl. Johannes oder des hl. Veit zu tanzen. Zwei Kapellen des letztern waren besonders besucht, die eine in Bienen bei Breisach, die andere in Wasenweiler. Wenn sie mit einem dreistündigen Tanze den Forderungen der Natur genüge gethan hatten, blieben sie das ganze Jahr unangefochten. Im Anfang des 17. Jahrhunderts war die Tanzwut seltener. 1623 berichtet man noch von Frauen in Drefelhausen bei Weissenstein im Ulmer Gebiet, die alljährlich zu den Kapellen des hl. Veit hinwanderten, um ihre Tanzanfälle abzuwarten und dann Tag und Nacht bis zur Erschöpfung zu tanzen. Allmählich verschwindet sie ganz bei der zunehmenden Aufklärung der Geister. Gleichzeitig und in sehr naher Beziehung zum Veitstanz trat in Italien der *Tarantismus* auf, der in Italien im 17. Jahrhundert seine höchste Höhe erreichte, als der Veitstanz schon erloschen war.

IV. *Der englische Schweiss* ist jene heftige Krankheit, die nach der Schlacht bei Bosworth im siegreichen Heere Heinrich VII. ausbrach, in den ersten Tagen des August 1486. „Es war ein überaus hitziges Fieber, das nach kurzem Froste die Kräfte wie mit einem Schlage vernichtete, und während schmerzhafter Magendruck, Kopfweh und schlafsüchtige Betäubung hinzutraten, den Körper in übelriechenden Schweiss auflöste. Dies alles geschah innerhalb weniger Stunden und niemals blieb die Entscheidung über Tag und Nacht aus. Unerträglich war den Kranken die innere Hitze, doch brachte ihnen jede Abkühlung den Tod.“ Kaum war der König in London angelangt, da brach bald nachher am 21. September auch hier die Krankheit auf und wütete furchtbar bis Ende Oktober. Dann verschwand sie wieder, bis sie im Sommer 1507, aber ohne bedeutende Sterblichkeit und nur von kurzer Dauer, in London wieder auftrat. Bei ihrem dritten Auftreten in London im Juli 1518 forderte sie zahllose Opfer, verbreitete sich auch während des ganzen Winters in den meisten englischen Städten. In den letzten Tagen des Mai 1529 trat sie in der Hauptstadt mit derselben Heftigkeit auf wie 1518, die Menschenverluste lassen sich bei ihrer raschen und allgemeinen Verbreitung nicht beziffern. Gegen den 25. Juli erschien sie zum ersten Mal in Hamburg und erregte eine allgemeine Bestürzung. Ein Schiffer, Namens Hermann Evers, soll aus England zurückgekehrt sein, mit jungen Leuten, von denen 12 in zwei Tagen der Schweisssucht erlagen.

In der Nacht nach der Ankunft starben in Hamburg 4 Personen, dann täglich 40—60, während der 9tägigen Dauer der Krankheit. In Lübeck starb am 30. Juli eine Frau daran, dann folgte eine reissende Zunahme der Todesfälle. In die gleiche Zeit fällt ihr Ausbruch in Rostock, Boitzenburg, Zwickau; in letzterem Orte wurden am 14. August 19 Todte beerdigt, in der Nacht erkrankten schon 100 Menschen. Gegen Ende August und Anfang September tritt die Schweisssucht auf in Stettin (31. August), Danzig (1. September), in der Mark Brandenburg, Schlesien, Augsburg (6. September), Köln (7. September), Frankfurt a. M., Marburg, Göttingen, Eimbeck, Lüneburg u. s. f. In Strassburg war sie schon am 24. August. In Preussen starben etwa 30 000 Menschen dahin, in Augsburg in 6 Tagen 800. In Strassburg waren 3000 krank, aber nur wenige starben. Der einzige Kranke in Marburg genas. Auffallend ist, dass die Niederlande, wo der Verkehr mit England ungleich bedeutender war, erst vier Wochen später ergriffen wurden, auch hier wie in *Deutschland* ist die *Zeit* ihres Verweilens eine beispiellos kurze. Ihr Auftreten fällt in Dänemark in die letzten Tage des September, von da wanderte sie auch in die skandinavische Halbinsel hinüber. Am spätesten tritt sie in der Schweiz auf, in Basel im Spätherbst, nachher von hier aus in Solothurn und Bern. Während die Verluste in Basel bedeutend waren, starben in Bern von 300 Erkrankten nur drei. Die Erschütterung der Gemüter war über alle Beschreibung heftig, sie wurde noch erhöht durch haarsträubende Erzählungen von den Qualen der Kranken. Hierzu kam der unglückselige Wahn, wer von der Krankheit ergriffen, entrinnen wolle, müsse 24 Stunden unablässig schwitzen, während gerade in England allgemein der Rat half: mässige Erwärmung, keine Nahrung, nur mildes Getränk, keine starken Arzneien, ruhig 24 Stunden ausharren bis zur Entscheidung. Viele beherrschte auch die Einbildung, vom englischen Schweiss befallen zu sein, so dass sie unter einem Berg von Betten, auf den sich noch einige Gesunde oft legten, ihren Tod fanden. Nicht zu vergessen ist, dass in dieser Zeit der Glaubenskämpfe der Seuche eine besondere Bedeutung zugeschrieben wurde. Die Volkskrankheit wurde als Geissel Gottes hingestellt, und die päpstliche Partei bemühte sich auf alle Weise, sie auszuschreien als offenbare Abmahnung vom Luthertum, wobei man sich natürlich auch der Unwahrheiten nicht scheute. So wurde behauptet, die Zusammenkunft der Reformatoren in Marburg am 2. Oktober hätte deshalb zu keiner Einigung geführt, weil die Furcht vor der neuen Krankheit die Ketzer ergriffen hätte.

Was die Ärzte dieser Zeit betrifft, so verordneten die unwissenden und erwerbslustigen, da, wo der gesunde Sinn des Volkes nicht dagegen aufkommen konnte, in einer Fülle von Flugschriften das unsinnige 24stündige Schwitzen, wodurch die Kranken gleichsam tot geschmort wurden; und eine Unmasse von Pillen, Latwergen, Tinkturen, Aderlässe, Abführungen, herzstärkende Arzneien gaben dem Volk alle möglichen und unmöglichen Geheimmittel, wobei sie natürlich gute Geschäfte machten. Gegen diesen Unsinn erhob sich aber doch eine gesunde energische Reaktion, die dem englischen Verfahren bald die verdiente Anerkennung verschaffte und der Krankheit Einhalt that.

Am 15. April 1557 erschien der alte Erbfeind des englischen Volks wieder, und zwar zum letzten Mal, in Shrewsbury, verbreitete sich alsbald über ganz England bis an die schottische Grenze, und raffte, keinen Stand verschonend, eine sehr bedeutende Menschenmenge hinweg.

Deutschland wurde verschont, und es liegt nahe, die Eigentümlichkeit der englischen Atmosphäre und der Bodenbeschaffenheit als Grund aufzufassen. Seitdem ist die Krankheit nicht wieder erschienen. — Nach *Hecker*, die grossen Volkskrankheiten des Mittelalters, herausgegeben von *Hirsch*. Berlin 1865. Vgl. *Haeser*, Lehrbuch der Geschichte der Medizin. Über den *Aussatz* siehe den besondern Artikel.

Volkslied. Der Name Volkslied stammt erst aus dem 18. Jahrhundert und kam auf, seitdem Herder den Unterschied von Kunst- und Volksdichtung als den für das Wesen der Poesie eingreifendsten zu betonen begann. Den Romantikern, namentlich Achim von Arnim und Klemens Brentano, den Verfassern von „Des

Knaben Wunderhorn“ und den bald darnach auftretenden Begründern der deutschen Litteraturgeschichte verdankt man die Untersuchung über die Entstehung und Entwickelung des Volksliedes; so reich nunmehr die Sammlungen von Volksliedern geworden sind, so fehlt immer noch eine eingehendere Monographie über dieses Litteraturgebiet; die herrlichen Abhandlungen *Uhlands* über das Volkslied, die den dritten Band seiner Schriften bilden, sind leider Fragment geblieben.

In seiner Entstehung knüpft das Volkslied an die älteste Dichtung überhaupt an, wonach alle Dichtung Volksdichtung und alle Volksdichtung Gesang ist. Lieder mythischen Inhalts wurden vom begleitenden Volke bei religiösen Fest- und Umzügen gesungen. Vor dem Beginn der Schlacht sangen nach Tacitus Germania 4 die Germanen von Herkules, d. h. von Donar. Neben Liedern mythischen hatte man Lieder geschichtlichen Inhalts, wobei man ohne Zweifel sehr früh wieder sagenhafte Lieder und solche unterscheiden konnte, welche eine That der Gegenwart feierten. Lieder, welche die Thaten und Kriege der alten Könige besangen, liess Karl d. Gr. aufzeichnen und lernen und Ludwig der Fromme verbannte sie wieder aus Vortrag und Unterricht. Leider ist von allen Liedern mythischen Inhalts nichts, von Liedern der Sage bloss das Hildebrandslied erhalten; eine schöne Probe des geschichtlichen Volksliedes aus dem 9. Jahrhundert bietet der Leich auf König Ludwig III. und die Normannenschlacht von 881. Die christliche Bildung änderte wenig an diesen ältesten Verhältnissen des Volksliedes, abgesehen davon, dass an Stelle heidnisch-mythischer Lieder christliche und an Stelle des Stabreimes der Endreim trat; im übrigen sind die Dichtungen der christlich-kirchlichen Periode wieder Volksdichtungen oder künstliche Nachahmungen derselben. Dieser Art sind der *Heliand* und die *Evangelienharmonie Otfrieds*, der Leich auf den heiligen Petrus, das Lied von der Samariterin, die ebenfalls in Leichform gedichteten Legenden vom heiligen Georg und vom heiligen Gallus. Was zwar dem Volksgesang jetzt wesentlichen Abbruch that, war der Umstand, dass sich jetzt das ganze Gebiet der wissenschaftlichen und damit der feineren Geisteskultur überhaupt von ihm absonderte und in die, vorläufig lateinische Prosa überging. Doch hörte der Volksgesang nicht auf, nur wurde er selten durch die Schrift überliefert. Historische Volkslieder geschichtlicher Natur, die gesungen worden sind, werden u. a. erwähnt auf Erzbischof Hatto 914, auf die Schlacht bei Heresburg 915; auf Bischof Ulrich von Augsburg, auf Herzog Boleslav den Polen 1109. Reicher noch waren die Lieder, welche der Heldensage angehörten; ihr Dasein ist durch die im 12. Jahrhundert aus ihnen entstandenen Epopöien der deutschen Heldensage bezeugt, denen verloren gegangene gesungene Volkslieder in reicher Anzahl vorausgegangen sein müssen. Zu ihnen gesellten sich die Legende und kirchliche Sage, und überhaupt der vielfache Erzählungsstoff, der seit dem Beginne der Kreuzzüge durch den vermehrten Verkehr mit dem Auslande in die mittelalterliche Welt eingeströmt war.

Die Sänger dieser Volkslieder sind im ganzen die *Fahrenden*, Sänger von Fach und Gewerbe; sie sind von alters her die eigentlichen Pfleger der Kunst des Volksgesanges, sie bewahren in ihrem Gedächtnis und in ihrem Vortrag den stofflichen Inhalt des Volksliedes, sie bilden die Technik des Dichtens, des Singens und Sagens weiter. Ohne zunftmässige Abgeschlossenheit, besitzen und erben sie fort die

Lehre und Übung des Gesanges, des Vortrags, der dichterischen Technik.

Im 12. Jahrhundert trat nun die *höfische Kunstdichtung* neben die Dichtung des Volkes und drängt diese letztere dadurch um so weiter von ihr weg in Roheit und Geringschätzung, als jetzt die besseren und aufstrebenderen Talente der Volksdichtung für kurze Zeit ins Lager der höfischen Dichtung übertraten, wo allein Ehre und Verdienst zu erholen war. Das dauert aber bloss bis gegen das Ende des 13. Jahrhunderts, wo mit dem Untergang der höfischen Bildung der volksmässige Gesang, speziell das, was man jetzt *Volkslied* heisst, in reichster Fülle zu tage tritt. Die Limburger Chronik erzählt zum Jahre 1370 „dass am Rhein ein aussätziger Mönch die besten Lieder und Reigen in der Welt machte, von Gedicht und Melodien, dass ihm Niemand uf Rheinstrom oder sonstwo gleichen mochte. Und was er sang, das sangen die Leute alle gern, und alle Meister pfiffen, und andere Spielleute führten den Gesang und das Gedicht“. Über das Alter der einzelnen Volkslieder ist selten etwas Gewisses zu sagen; ihre Aufzeichnung beginnt mit dem 14. und wird erst häufiger im 15. Jahrhundert, wo dann der Buchdruck zuerst in fliegenden Blättern, später in Liedersammlungen sich mit Vorliebe dieses Stoffes bemächtiget. Gewiss ist, dass die ungebundene, dem individuellen Gemütsleben so viel Freiheit gönnende Denkart dieser Zeiten dem Volksliede stets neue Nahrung und neuen Stoff zuführt; ältere Lieder lassen sich zum Teil an ihrer episch-dramatischen Darstellung als solche erkennen, erst später, namentlich im 16. Jahrhundert, tritt die reinere lyrische Behandlung an Stelle der epischen.

Alte Namen für den Begriff des Volksliedes als eines gangbaren Liedes der Menge in der Landessprache sind, dem gelehrten lateinischen *versus und carmen* gegenüber, *carmen barbarum*, *carmen vulgare, seculare, triviale, rusticum, publicum, gentile; bûrengesang*, *ein liet*, *ein neuw liet*, *ein hübsch new lied*, *ein Reiterliedlein*, *ein Bergreihen*, *Grasliedlin*, *Strassenlied*, *Gassengedicht*, *Gassenhauer*, *gute Gesellenliedlein*, *Reuterliedlein*. Die hier folgende Gliederung des Volksliedes nach seinem *Inhalte* folgt der Einleitung zum *altdeutschen Liederbuch von Franz M. Böhme*, Leipzig 1877.

1. *Balladen* und *Romanzen*, die lyrische Fortsetzung des alten Epos; ihr Stoff ist dem Mythus und der alten Sage entnommen, oft auch dann, wenn Namen von Personen und Orten scheinbar der Handlung eine spätere Zeit zuweisen; was diese zum Teil uralten Zeugen der Volkspoesie erhalten hat, ist meist der allgemein menschliche, die Zeitereignisse überdauernde Gehalt. Leider ist die Zahl dieser Lieder gegenüber der skandinavischen und schottischen Litteratur bei uns nur eine kleine. Von eigentlichen *Heldenliedern* sind bloss das *Hildebrandslied* (das jüngere), das Ermenrichlied und der Jäger aus Griechenland, der Wolf-Dietrichsage angehörend, erhalten. Mythischen Ursprungs sind Lieder vom Wassermann, von Nixen, Geistern und Gespenstern, vom Tannhäuser; auch einzelne Liebesballaden, wie die Schwimmersage, gehen auf mythischen Ursprung zurück.

2. *Tag-* oder *Wächterlieder;* ursprünglich der höfischen Lyrik angehörend (siehe den Art. *Tagelied*), hat sich diese Gattung im Volksliede später in reicher Fülle erhalten.

3. *Liebeslieder* im engern Sinne. Sie werden schon im 8. Jahrhundert erwähnt, da Bonifacius Reigen der Laien und Gesänge der Mädchen

in den Kirchen verbietet und ein Kapitular Karls d. Gr. von 789 bestimmt, dass die Nonnen keine *winileodes*, d. h. Freundes-, Gesellenlieder, von *wine* = Freund, schreiben oder ausschicken sollen. Leider ist von solchen Liebesliedern des althochdeutschen Zeitraumes nichts erhalten; Lieder ähnlicher Art müssen es aber gewesen sein, an welche anknüpfend das höfische Minnelied sich entfaltete; dasselbe trägt als Zeugnis seines volksmässigen Ursprungs namentlich den Umstand, dass es regelmässig an die Wandlung der Jahreszeit anknüpft, so zwar, dass die glückliche Zeit des Frühlings den Anbruch der Liebe, die Zeit des Herbstes und Winters die Trennung von der Geliebten, der Liebe Leid in sich trägt. Diesen Zug trägt auch das spätere Volkslied noch an sich.

4. *Abschieds-* und *Wanderlieder* gehören zu den rührendsten und ergreifendsten Volksliedern, die man hat; sie stehen im Zusammenhang mit der allgemeinen Wanderlust des 15. und 16. Jahrhunderts, und mit der damit verknüpften Beschwerlichkeit des Reisens, der Unsicherheit des Besitzes, der Unstätigkeit des Lebens. Solche Lieder sind „Innsbruck ich muss dich lassen“, „Ach Gott, wie weh thut scheiden“, „Ich stund an einem Morgen heimlich an einem Ort“.

5. *Rätsel-*, *Wett- Wunsch-* und *Lügenlieder* gehören ihrem Inhalte nach zu den ältesten Dichtungen, die in engem Zusammenhang sowohl mit dem Mythus und der religiösen Denkweise als mit den ältesten Zuständen des gesellschaftlichen Lebens stehen (vgl. den Art. *Rätsel* und *Rätsellieder*). Das älteste Rätsellied, zugleich eines der ältesten erhaltenen Volkslieder, ist das aus dem 13. Jahrhundert erhaltene *Tragemundeslied*. Zu den Wettgesprächen, in welchen sich in urgermanischer Zeit zwei Männer zur Prüfung ihres Wissens herausforderten und wobei sie auf ihre Antwort Sagen von der Welt und den Göttern mitteilen, gehören auch die Wettstreitlieder zwischen *Sommer* und *Winter* (siehe den bes. Art.) und das diesen nachgemachte zwischen Buchsbaum und Felbinger. Siehe Uhland, Abhandlung III: Wett- und Wunschlieder.

6. *Tanz-* und *Kranzlieder* wurden beim Reigen von den Tanzenden selbst gesungen, wobei alle Tanzenden sich bei den Händen gefasst hielten und langsam umhertraten; erst auf diesen ersten Teil folgte als zweiter und aus derselben Melodie geformt der *Nachtanz* oder *Springtanz*. Die Kranzlieder gehören inhaltlich zu den Rätselliedern; vgl. die Art. *Tanz* und *Kranz*.

7. *Trink-* und *Zechlieder* gibt es erst seit dem 16. Jahrhundert; die höfische Zeit und die unmittelbar folgenden Jahrhunderte brachten an Trinkliedern bloss lateinische Vaganten- und Mönchslieder hervor. Desto üppiger treiben sie im 16. Jahrhundert, wo zahllose Festlichkeiten, Schmäuse und Zechgelage zur Ausübung solcher Poesie Anlass boten. Ihr wesentlichster Inhalt ist Ermunterung zum heitern Lebensgenusse, Lob des Weines und Zuspruch zum Trinken; eine besondere Art der Trinklieder sind die *Martinslieder*.

8. *Historische Lieder*. In ihrer Entstehung wiederholt sich die Entstehungsart des geschichtlichen Liedes von ältester Zeit her, nur dass die besondern historischen Bedingungen, welche das Volkslied des 13. bis 16. Jahrhunderts zeitigten, ihren besondern Charakter erhalten durch den im 13. Jahrh. beginnenden Kampf der untern Stände gegen den Adel. Kaum beginnt dieser Kampf der Städte, Eidgenossenschaften, Thal- und Landschaften gegen ihre bisherigen Herrn, ein Kampf, der recht eigentlich dem Geiste der Zeit Richtung gibt, und

ein neues Heldenalter herbeiführt, so erscheinen auch die Lieder Schlag auf Schlag. Wo überall auf deutschem Boden das Volk seine Fesseln bricht, zuerst in der Eidgenossenschaft, dann im Niederland, bei den Ditmarschen, später allerorts in Deutschland, da folgen den Schlachten, Eroberungen der Städte und Burgen ihre Lieder; den wirklichen Ereignissen ihr bleibendes Bild. Dieses ist keine Schlachtbeschreibung, sondern ein von gesteigerter Einbildungskraft erschautes Einzelbild, dem meist, wie beim alten Epos, die direkte Rede, das Zwiegespräch charakteristisch ist. Die Sammlung v. Lilienkrons, welche die historischen Lieder vom 13. bis 16. Jahrhundert umfasst, enthält 623 Nummern, worunter freilich manche bloss gesprochene Dichtungen, sog. *Sprüche*, inbegriffen sind. Die im strengern Sinne historischen Lieder wollen immer zugleich politisch wirken, der Partei dienen, wobei freilich das Lied in der Regel bloss den Sieg zu begleiten pflegt. Mehr unmittelbar dichterischen Eindruck als die historisch-politischen Lieder machen diejenigen Volkslieder, in denen eine zwar historische, aber ins Gebiet der Romantik streifende That sich zum Liede gestaltet hat, wie das vom Lindenschmied, vom Eppele von Gailingen. Wiederum scheint sich in andern Liedern ein aus früher, vielleicht aus sehr früher Zeit hergekommener historischer oder mythischer Zug bloss einem historischen oder für historisch geglaubten Namen angepasst zu haben, wie z. B. jetzt das alte Hildebrandslied als eine romantische Ritterballade zum Vorschein kommt.

9. *Landsknechts-* und *Reiterlieder* des 15. und 16. Jahrhunderts sind die Soldatenlieder der Vorzeit; sie berühren sich teils mit dem historischen Lied, teils mit dem Liebeslied.

10. *Jägerlieder* und *Jägerromanzen* erscheinen seit dem Ende des 16. Jahrhunderts und waren seit der Zeit bis ins 18. Jahrhundert beliebt; sie sind zum Teil nach französischem Vorbilde gesungen worden.

11. *Lieder auf verschiedene Stände* sind weder alt, noch waren sie je allgemeiner verbreitet, abgesehen von den schon genannten Typen, worin sich u. a. der Geist der Städter, Bauern, Landsknechte u. dgl. andern Ständen gegenüber ausspricht. Dagegen sind Handwerks- und Zunftlieder, worin die Thätigkeit des Handwerks beschrieben ist, kaum vor dem 16. Jahrhundert und nur sporadisch dagewesen. Die gereimten Zunftlieder waren nach ihrem Inhalte sog. *Ruhm-*, *Ehr-* und *Loblieder* der Handwerker, meist auf eine und dieselbe Schablone zugeschnitten, an Poesie arm und nüchtern. Erst im 17. und noch mehr im 18. Jahrhundert sind von Volkspädagogen und Aufklärern eine grössere Anzahl Berufsgesänge gedichtet worden, an denen namentlich das Mildheimer Liederbuch, 1799, reich war.

12. *Scherz-*, *Spott-* und *Schandlieder* bilden eine besondere Gattung von Volksliedern; unter denen besonders die auf Bauern und Pfaffen zahlreich sind, auch auf einzelne Handwerker, wie die Schneider und Leineweber. Dahin gehören Stossseufzer geplagter Eheleute, Spottlieder auf menschliche Gebrechen, Missheiraten, z. B. des kleinen Mannes mit dem grossen Weibe.

13. *Kinderreime*, siehe den Art. *Kinderspiele.*

14. *Geistliche Volkslieder*, siehe den Art. Kirchenlied. Über den Übergang des Volksliedes ins *Gesellschaftslied,* siehe den besondern Artikel. Sammlungen von Volksliedern sind viele vorhanden; es seien hier erwähnt ausser dem *Wunderhorn* (neue Ausgabe von Birlinger und Crecelius, Wiesbaden 1874), *Uhland,* alte hoch- und niederdeutsche Volkslieder, Stuttgart

1844—46, kürzlich unverändert neu aufgelegt; dazu gehören in Band 3 von *Uhlands* Schriften die Abhandlungen, von denen bloss folgende vier bearbeitet und erschienen sind: Sommer und Winter; Fabellieder; Wett- und Wunschlieder; Liebeslieder; und die Anmerkungen in Band 4 der Schriften; *Simrock*, die deutschen Volksbücher, Frankfurt 1851 und 1872; *Erk*, deutscher Liederhort, Berlin 1856; *von Liliencron*, die historischen Volkslieder der Deutschen vom 13. bis 16. Jahrhundert, Leipzig 1865—69. 4 Bde; *Goedeke* und *Tittmann*, Liederbuch aus dem 16. Jahrhundert, Leipzig 1867; *Böhme*, altdeutsches Liederbuch, Leipzig 1877, besonders für die Melodien bearbeitet.

W.

Wagen erscheinen als vierrädrige Wagenkarren schon in der Merowingerzeit, da die Könige sich ihrer als eines uralten Vorrechtes bedienten; diese Königskarren waren mit einem Gespann von Ochsen bespannt, die nach Bauernart ein Rinderhirte leitete. So blieb es noch sehr lange, und es ist bekannt, wie Kaiser Friedrich III. vermittelst eines Ochsenwagens seine Länder bereiste. Unmittelbar auf den Achsen ruhte ein zwei- oder vierrädriger Karren mit viereckigem Wagenkasten, die Pferde bald zwei neben-, bald zwei hintereinander angespannt. Zum Antreiben bediente man sich der Geissel oder eines Stabes mit eisernem Stachel. Ein gewisser Aufwand in der äussern Ausschmückung des Wagens trat erst im 13. Jahrhundert hauptsächlich in Frankreich zu Tage, wo Ludwig der Schöne den Damen vom Hofe den Gebrauch von Wagen als Auszeichnung gestattete. Der Aufwand bestand jetzt in Verzierung der Aussenwände des Wagenkastens durch Schnitzwerk und Malerei, Überspannung des Kastens durch Tücher vermittelst Reifen, Ausstattung der Sitze durch Polster; im übrigen zogen bis über das Mittelalter hinaus auch Damen das Reiten oder die *Tragsänfte* dem holprigen Wagen vor. In Frankreich führte man im 16. Jahrhundert eine Verbesserung der Wagen dadurch ein, dass man den Kasten in ein Riemengehänge befestigte und Thüre und Tritt des Wagens seitwärts anbrachte, infolge davon auch die Sitze der Breite nach anordnete. Die langsame Verbesserung des Personenfuhrwerks namentlich in Deutschland hing zum Teil damit zusammen, dass die Landesherren den Gebrauch von Wagen als nur ihnen zuständig oder bloss Weibern zu gestatten erachteten; noch im 16. Jahrhundert wurden die *Kutschwagen* — der Name ist in dieser Zeit aus dem Ungarischen nach Deutschland gekommen — in verschiedenen Staaten verboten und allen denen, die am Hofe etwas zu schaffen hätten, eingeschärft, sie möchten zu Rosse erscheinen. In England wurden Kutschen an Stelle der ältern Karren erst um 1580 von Deutschland aus eingeführt. Doch blieb der Gebrauch der Kutschen sogar in Frankreich noch vereinzelt, und es soll zu Paris um 1540 zu täglicher Benutzung bloss zwei Kutschen gegeben haben, eine für einen adeligen Herrn, der seiner Beleibtheit wegen nicht reiten konnte, und die andere für die Herzogin von Valentinois. Heinrich IV. besass für sich und die Königin nur einen Wagen, und in Spanien gestattete Philipp II. die Benutzung der Kutschen nur denen, die mit vier eigenen Pferden fahren konnten; wer dies nicht vermochte, hatte auf Maultieren zu reiten. Dagegen gab es schon etwas früher reich ausgestattete Luxuswagen; bei der Kaiserkrönung Maximilians II., um 1562, erschien der Kurfürst von Köln mit 14, bei der Huldigung in Warschau 1594 der Markgraf von Brandenburg mit 36 Kutschen. Um 1599 erschien der Marschall François de Bassompierre zuerst in einer Kutsche mit Glasfenstern, die er aus Italien mitgebracht. Der Kutscher sass bis dahin regelmässig auf dem Pferde. In dieser Zeit kamen auch die geschmückten Luxus-Schlitten auf. Seit dem Regierungsantritte Ludwigs XIV. stieg in Paris die Menge der Wagen schnell und um 1651 wurde schon zur Errichtung von *Mietkutschen* geschritten, welche nach ihrem Standort, dem Hôtel St. Fiacre, den Namen *Fiacre* erhielten. In Deutschland war es der verschiedene Geschmack der Höfe, der den Gebrauch der Wagen begünstigte oder zurückhielt; als in der Schweiz 1671 der französische Gesandte seinen Einzug in Baden in einer Kutsche hielt, fiel dieses ungewöhnliche Schauspiel auf. *Trag-Stühle* oder *Porte-chaises* fanden im 17. Jahrhundert ausser wie seither zum Gebrauch für Kranke, wenig Anklang. In Dresden besteht bis heute die ums Jahr 1705 zum Besten des Armenwesens gestiftete Sänftenträgeranstalt. *Weiss*, Kostüm-Kunde.

Wagenburg. Für nomadisierende Völker, welche auf dieser Stufe ihrer Entwickelung die Feldbefestigung noch nicht kennen, bietet die Wagenburg den naturgemässesten Ersatz. Auch die alten Deutschen bedienten sich derselben regelmässig und manöverierten damit oft mit Geschick. Die Wagenburg erhält sich bei einzelnen Völkerschaften durch viele Jahrhunderte und gelangt in den Hussitenkriegen nochmals zu einer gewissen Berühmtheit. Städte und befestigte Lager machten sie anderorts bald entbehrlich. (Siehe den Artikel Kriegswesen.)

Wahrzeichen. mhd. *warzeichen*, zu mhd. die *war* = Achtsamkeit, also Zeichen zur Achtsamkeit, schon im Mhd. gern mit *wortzeichen* zusammengestellt. Man versteht darunter gewisse Denkmale und Kuriosa, die in oder an Kirchen und andern öffentlichen Orten einer bestimmten Stadt angebracht sind. Sie bestehen entweder in Baudenkzeichen, und sind dann teils Schlusssteine, namentlich an Brücken, teils zu tage gelegte Grundstücksbezeichnungen, Bauamulette, z. B. die Hufeisen, Fusssohlen, Kreuze, Köpfe, teils aber nur Bauhütten- oder Steinmetzzeichen, teils Schlüssel alter Bausagen, oder sie sind aus eigentlichen Landesgerichtszeichen entstanden, oder endlich aus den missverstandenen ältesten, ursprünglichen Städtewappen hervorgegangen. Diese Wahrzeichen spielten in der Geschichte der Gewerbsverbände eine grosse Rolle, indem die zuwandernden Gesellen oder Knechte sich dem Altgesellen gegenüber durch die Kenntnis der Wahrzeichen über den Aufenthalt in andern Städten ausweisen mussten. Es war daher Erfordernis, dass jeder Handwerksgeselle oder Knecht, sobald er in einer Stadt in Arbeit kam oder auch nur das Geschenk erhielt, sich das Wahrzeichen der Stadt besah und sich die dazu gehörigen Gedenkverse einprägte, damit er im gegebenen Falle das Examen bestehen konnte. Die Kenntnis der Wahrzeichen vertrat daher gleichsam das spätere Wanderbuch. *W. Schäfer*, Deutsche Städtewahrzeichen. Leipzig 1858.

Waisenhäuser, von ahd. *weisi*, mhd. *weise* = beraubt, entblösst, das Wort Waisenhaus zuerst 1618 nachgewiesen. Waisenhäuser finden sich mehr bei den germanischen, Findelhäuser bei den romanischen Völkern. Das erste in der Geschichte bekannte Waisenhaus ist die von Kaiser Trajan gemachte Stiftung für 5000 Waisenkinder; im Jahr 330 n. Chr. wurde in Konstantinopel ein Waisenhaus gegründet; das älteste französische soll das durch den Bischof von Angers 654 gestiftete sein. In Deutschland kommt im 9. Jahrhundert im Kloster Weissenburg eine solche Anstalt vor, bürgerliche Waisenhäuser scheint es dagegen hier nicht vor dem 14. Jahrhundert gegeben zu haben; sie blieben auch von da bis ins 17. Jahrhundert noch selten, da man die Sorge für Waisen meistens den bestehenden Armenanstalten und Krankenhäusern überliess. In einzelnen Fällen gewährte auch die Obrigkeit einen Beitrag, um einem elternlosen Kinde zu helfen, oder man setzte ein wöchentliches Almosen dafür aus und gab etwa ein Waisenkind zur Verpflegung auf das Land. Ein *Findelhaus* wird im 7. Jahrhundert in Trier erwähnt; zu Florenz 1316 und zu Paris 1362, in Deutschland im 14. Jahrhundert zu Freiburg *der funden kindlîn hûs*, und 1386 zu Ulm; 1473 zu Esslingen.

Walküren, Walkyrien, altnord. *valkyrja*, ahd. *walachuriâ*, zusammengesetzt aus altnordisch der *valr* = Gesamtheit der Todes*wahl*, d. h. der für Walhalla erwählten und daher in der Schlacht gefangenen Krieger, Gesamtheit der vom Schlachtentod betroffenen, dann der Kampfplatz, das Schlachtfeld selbst; und aus einer den Sinn von „Wählende, Auswählende, Empfangnehmerin“ tragenden Ableitung des Verbs *küren* oder kiesen, das Ganze also ein aus zwei sinnverwandten Wurzeln bestehendes Wort. Die Walküren haben ausser dem Amte der Totenwahl dasjenige der Schenkmädchen Odhins und der Einherier; sie dienen in Walhall, bringen das Trinken und verwahren das Tischzeug und die Metschalen. In beiderlei Hinsicht sind sie Vervielfältigungen der Freia, erscheinen aber auch als Vollstreckerinnen des Willens Odhins. Wie die Nornen wirken sie auf das Geschick, aber mehr in bezug auf die Schlacht, wie sie denn auch Walmädchen, Schild- und Helmmädchen heissen. Eine der Walküren heist *Mist* = Nebel, Wolke; auf Wolkenrossen schweben sie über dem Schlachtfelde und Tau träuft von den Mähnen ihrer Rosse in tiefe Thäler. Wenn sie Luft und Wasser reiten, legen die Walküren Schwanenhemden an oder verwandeln sich in Schwäne, wobei das Anfügen des Schwanengefieders durch den Schwanring vermittelt wird. Wie es irdische Nornen gibt, und die Gabe der Weissagung und des Zaubers auch sterblichen Frauen übertragen werden kann, so können auch Königstöchter in den Stand der Walküren treten, wenn sie kriegerisches Gewerbe ergreifen und ewige Jungfrauschaft geloben. Sie heissen dann Wunschmädchen, Adoptivtöchter Odhins. Solche Walküren sind die drei Meerweiber, die im Nibelungenlied bei der Überfahrt der Burgunder über die Donau erscheinen; in der Gudrun erscheint ein weissagender Engel in der Gestalt eines schwimmenden wilden Vogels, ursprünglich ohne Zweifel eines Schwanes; auch Brunhild ist ursprünglich eine Walküre. Der Zahl der Walküren wird verschieden angegeben, zwölf, sieben oder neun. *Simrock*, Mythologie.

Waltharilied ist ein in lateinischen Hexametern von dem Sanktgaller Mönch Ekkehart I. in der ersten Hälfte des 10. Jahrhunderts verfasstes Gedicht, dessen Inhalt kurz folgender ist. Den mächtigen

Hunnenkönig Etzel ergreift wieder einmal die Kriegslust. Die Franken will er diesmal mit seinen Horden heimsuchen. Zu Worms herrscht über das *Frankenland* König Gibich. Eben ist ihm ein Sohn Gunther geboren. Da kommt Nachricht, Etzel stehe mit einem ungeheuren Heere an den Grenzen des Landes. Unsinn wäre es, Widerstand zu leisten, Bündnis und Geiseln sind hier besser angebracht als Feindschaft und Kampf, so denken Gibich und seine Räte. Noch ist Gunther zu klein um als Geisel seinem Vaterlande Ruhe und Frieden zu erkaufen; deshalb wird des Königs Vetter Hagen zu Etzel gesandt. Weiter wälzt sich die Heereswoge der Hunnen gegen das Land der *Burgunder*, welches König Herrich regiert. Ihm wächst als Tochter auf die reizende *Hildegund*. Sie gibt der Vater als Geisel hin. Noch einen Herrscher will der Hunnenfürst heimsuchen, nämlich König Alpher von *Aquitanien*. Der Hof von Burgund und der von Aquitanien stehen in freundschaftlicher Beziehung, welche durch die Vermählung von Alphers Sohn Walthari und der schönen Hildegund, die noch Kinder, doch schon für einander bestimmt sind, in Zukunft noch enger werden soll. Wie seine beiden Vorgänger, der Franken- und der Burgunderkönig, hält es auch Alpher von Aquitanien für besser, statt mit dem Schwert durch Lösegeld und Geisel sich den gefährlichen Feind vom Halse zu schaffen; er überliefert seinen Sohn *Walthari* dem Hunnenfürsten, der nun mit Hagen, Hildegund und Walthari heimwärts zieht an die blaue Donau. Die Kinder werden an dem hunnischen Hof gut gehalten. Wohl unterrichtet in den Werken des Krieges und des Friedens wachsen die beiden Knaben auf, während Hildegund unter die Obhut der Gemahlin Etzels, der Königin Ospirin tritt und vermöge ihrer Tüchtigkeit und ihrer Tugenden es bis zur Aufseherin des Hofschatzes bringt.

In Worms ist nach dem Ableben Gibichs Gunther auf den Tron gekommen. Er bricht das Bündnis mit den Hunnen und verweigert den üblichen Zins zu zahlen. Das hört Hagen und verschwindet bei Nacht und Nebel. Walthari dient vorläufig seinem Herrn als trefflicher Feldherr; doch hegt auch er Fluchtgedanken, und wie er nach einem siegreichen Feldzuge ruhmgekrönt zurückkehrt, verabredet er mit Hildegund die Flucht; dieselbe soll unmittelbar nach dem Siegesgelage stattfinden. Hildegund als Hüterin der Schatzkammer wird die Beschaffung der Ausrüstung anvertraut, bei der zwei Schreine mit Spangen und Gold, sowie Angelhaken nicht fehlen dürfen.

Der verhängnisvolle Abend kommt heran. Bald hat des Weines Kraft die Hunnenhelden, Etzeln an der Spitze, besiegt und in tiefen Schlaf versenkt. Jetzt ist die Gelegenheit zur Flucht da und bald trägt das gewaltige Schlachtross „Löwe“ seinen Herrn und Hildegund samt den entwendeten Schätzen hinaus dem Westen zu, zum grossen Verdrusse des endlich aufwachenden Königs. Walthari und Hildegund fristen ihr Leben mit dem Fleische der gefangenen Vögel und der geangelten Fische. Nach vierzig Tagen setzen sie bei Worms über den Rhein. Als Belohnung bietet Walthari dem Fährmann die letztgefangenen Fische dar und reitet weiter. Doch jetzt naht das Verhängnis. Der Fährmann bringt die geschenkten Fische dem Koch des Königs, sie kommen auf Gunthers Tisch und aufmerksam gemacht durch die Fremdartigkeit der Speise forscht er nach deren Geber, in welchem denn auch Hagen aus des hergerufenen Fergen Erzählung seinen Jugendgespielen Walthari mit Hildegund erkennt.

Da erfasst Habsucht das Herz des Frankenfürsten, es lechzt nach den Goldschreinen, die Walthari mit sich führt und in denen nach des Königs Meinung das Geld sei, das sein Vater als Zins nach Ungarn geliefert. Trotz Hagens Abraten reitet der habgierige König mit zwölf auserlesenen Recken, darunter Hagen, aus zur Verfolgung des Aquitaniers, der unterdessen landeinwärts reitend in den Wasichenwald gelangt und Abends beim Wasgenstein nach vierzigtägigem Reiten eine wohlverdiente Nachtruhe geniessen will, während seine scharfäugige Gefährtin Hildegund die Wache hält. Walthari fährt aus dem süssen Schlummer auf; er erkennt in den Gegnern die Franken, rüstet sich zum Gefecht, tröstet die entsetzte Hildegund und fleht Gott um einen günstigen Ausgang des Kampfes an. Nochmals will Hagen den König bestimmen von einem Angriff auf Walthari abzusehen. Sein Bitten nützt nichts. Vielmehr sendet Gunther den *Camelo von Metz* Walthari entgegen mit dem Auftrag vom Aquitanier die Schreine Goldes, das Ross und die Maid zu verlangen. Camelo thut nach seines Herrn Befehl, wird aber von Walthari zurückgeschickt mit dem Bescheid, dass er dem König hundert Spangen als Weggeld geben wolle. Wieder erhebt der erfahrene Hagen seine warnende Stimme, wird aber vom König mit höhnenden Worten der Feigheit geziehen, so dass der also Geschmähte schweigt und von Ferne dem bevorstehenden Kampfe zuzuschauen gedenkt. Sein früheres Verlangen zu wiederholen wird Camelo nochmals von Gunther abgeschickt. Er geht und nachdem Walthari vergebens zweihundert Spangen ihm angeboten, entspinnt sich der Zweikampf, welcher mit dem Tode Camelos ein blutiges Ende nimmt. Dem Camelo folgen die übrigen Helden, deren jeder in der ihm eigentümlichen Waffe und Gefechtsart den Helden vergebens angreift; Walthari erwehrt sich sämtlicher Gegner und tötet sie. Nur *Gunther* und *Hagen* bleiben übrig. Kalt bleibt Hagen bei den inbrünstigen Bitten seines Herrn, auch teilzunehmen am Kampfe, eingedenk der frühern bittern Worte des Königs, die ihn und seine Ahnen der Feigheit beschuldigt. Erst als Gunther auf den Knien vor ihm liegt und er sieht, dass die Ehre der Franken auf dem Spiele steht, entschliesst sich Hagen endlich im Zweikampf seinem Freund entgegenzutreten. Doch will er Walther in das freie Feld ziehen lassen und dort den Waffentanz beginnen. Um ihn sicher zu machen und so seinen Abzug zu veranlassen, ziehen sich die beiden Franken zurück. Gegen Morgen erhebt er sich aus dem Schlummer, schaut nach den gefangenen Rossen und nimmt als Kriegsbeute den Besiegten Panzer, Spangen, Schwert und Wehrgehenk ab. Dann rüsten sich er und Hildegunde zur Weiterreise, die mit der Beute beladenen Rosse treibt er vor sich her, als plötzlich von einer Anhöhe Gunther und Hagen herabsprengen zum blutigen Entscheidungskampf. Durch einen furchtbaren Schlag mit dem Schwert trennt Walthari dem König Gunther das eine Bein vom Rumpfe; ihm den Todesstreich zu geben gelingt nicht, da Hagen dem Hiebe sich entgegenwirft, so dass an seinem eisenharten Helme Waltharis Schwert wie Glas zersplittert. Walthari will den Schwertknauf verächtlich wegwerfen, da gibt er seiner Rechten eine Blösse und mit wohlgezieltem Schlage haut sie ihm Hagen ab. Noch ist Walthari nicht verloren, mit seiner Linken erfasst er das krumme Hunnenschwert und schlägt dem Hagen ins Gesicht, dass ein Auge und sechs Backenzähne der grimme

Kämpe lassen muss. Jetzt hat das Ringen ein Ende. Versöhnt setzen sich die beiden Helden auf den Wiesengrund. Hildegund kommt herbei, verbindet die klaffenden Wunden und kredenzt den Lechzenden den Labetrunk. Mit Scherz und Neckereien über die gegenseitigen Verstümmelungen wird der Wein gewürzt, dann geht jeder seiner Wege.

Mit Freuden wird Walthari in Aquitanien empfangen und an der Seite seiner treuen Hildegund beherrscht er nach seines Vaters Tod noch dreissig Jahre lang das Volk von Aquitanien zu dessen Segen und Ruhm.

Der Verfasser des Waltharilliedes ist der St. Gallische Mönch *Ekkehart*, der durch den Beinamen der I. unterschieden wird von seinen beiden Neffen Ekkehart dem II. und III. und Ekkehart dem IV., von denen der erstere es war, der wegen seiner funkelnden Augen und seiner herrlichen Gestalt von der Herzogin Hadwig zum Lateinlehrer ausgewählt wurde und 990 als Dompropst zu Mainz starb, während von Ekkehart dem III. man nur weiss, dass er seinen Neffen Ekkehart den II. auch einmal auf den Hohentwiel begleitete und es in St. Gallen bis zur Würde des Dekans gebracht, Ekkehart der IV. (c. 980 bis c. 1060) aber besonders bekannt ist als Verfasser verschiedener lateinischer Gedichte und als Fortsetzer der von Ratpert bis zum Jahre 883 geführten *Casus Sancti Galli*, die er selber mit dem Jahre 975 abschliesst.

Aus der Gegend von Gossau oder Herisau, nach anderen von Jonswil war Ekkehart I. nach St. Gallen in die Klostermauern eingezogen. Er brachte es zu hohen Würden, indem er die Stelle eines Dekans bekleidete und nach Abt Cralohs Tod 958 interimistisch selbst als Amtsverweser die Geschäfte des Klosters leitete, dann aber auf die Würde eines Abtes verzichtete zu gunsten Purchards, des Sohnes des Grafen Ulrich von Buchhorn. Vom ganzen Kloster tief betrauert starb er den 14. Januar 973. Das Gedicht ist eine Jugendarbeit, denn als Klosterschüler verfasste es Ekkehart im Auftrage seines Lehrers *Geraldus*. Die Entstehung des Gedichtes fällt in die Zeit von 920—940. Die uns vorliegenden Verse sind allerdings nicht die ursprünglichen, welche Ekkehart der I. verfasste. Sie sind vielmehr durch die bessernde Hand des Geraldus gegangen und haben später nochmals in Ekkehart dem IV., dem oben erwähnten gewandten Lateiner, einen sorgfältigen Korrektor gefunden. Wie hoch schon die Zeitgenossen Ekkeharts das Gedicht zu schätzen wussten, zeigt der Umstand, dass es mit einer Widmung versehen von Gerald dem Bischof Erchenbald von Strassburg zugesandt wurde und durch Ekkehart des IV. Vermittelung auch an dem Hofe des Erzbischofs Aribo von Mainz sich Ansehen zu verschaffen wusste.

Unserem lateinischen Walthariliede diente offenbar als Vorlage ein althochdeutsches Heldenlied, das die Waltharisage behandelte, uns aber leider verloren gegangen ist.

Nach Wackernagel enthält die Waltharisage wahrscheinlich eine Beimischung aus der Göttersage, oder wurzelt vielleicht ganz in letzterer: in dem Entscheidungskampfe wird Walthari einhändig, wie Tyr und Hagen einäugig wie Hödhr blind ist; Hildegund aber vereinigt in sich die Namen zweier Valkyrien Hildr und Gunnr.

Die Waltharisage liegt uns in drei Gestalten vor (Müllenhoff, Zeitschrift für deutsches Altertum XII., 273):

1. in einer *alemannischen*, 2. in einer *fränkischen*, und 3. in einer *polnischen*.

Die alemannische Gestalt der Sage tritt uns in dem *Waltharius manufortis* des Ekkehart entgegen, ferner in den Anspielungen auf die Waltharisage in dem Nibelungenlied und im Biterolf und endlich noch in dem angelsächsischen Gedicht *Valdere*, das aus dem 9. Jahrhundert stammend die älteste uns erhaltene Aufzeichnung der Sage ist und uns in zwei Fragmenten wenige einzelne Züge der Sage erzählt.

In der *fränkischen* Fassung liegt uns die Waltharisage in der *Thidrekssaga* vor, wo der Held als *Valtari af Vaskasteini*, dessen Vater nicht genannt wird, und als Schwestersohn Ermenrichs erscheint. Ihr schliesst sich auch das Fragment eines österreichischen Gedichtes über Walthari aus der besten Zeit des mittelhochdeutschen Epos an. Auf die Seite der Hunnen stellt sich der Pole *Boguphalus* († 1253), der in seinem *Chronicon Poloniae* die Waltharisage erzählt.

Über die Litteratur des Walthariliedes vgl. die Walthariusausgabe von Scheffel und Holder p. 174.

Wappen, das gleiche Wort mit *Waffen*, mhd. *wâfen*, wozu *wâpen* als niederdeutsche Bildung gehört; und zwar beide Formen *wâfen* und *wâpen* in beiderlei Bedeutung verwandt. Der Ursprung der Wappen liegt ohne Zweifel in dem Umstande, dass die gallischen und germanischen Völker in der Urzeit buntbemalte Schilde trugen und die Helme mit Tierfiguren ausschmückten; Tacitus Germ. 6. Diese Gewohnheit musste dazu führen, die Helmfigur und namentlich den bemalten Schild als Unterscheidungszeichen der Person zu benutzen. Die ältesten sichern Zeugnisse für das Vorhandensein wirklicher Wappen sind den Siegeln der Könige und des hohen Adels aus dem 11. und 12. Jahrhundert zu entnehmen. Sie zeigen den Inhaber entweder im Ornate, mit der Krone auf dem Haupte, auf dem Throne sitzend, oder, bei dem hohen Adel und zuweilen auch bei den Königen, in voller Rüstung mit Banner und Schild auf dem Pferde einhersprengend. Die Wappenbilder finden sich nun hier entweder auf Schild, Helm und Banner der Reitergestalt, oder für sich selbständig auf kleinen Siegeln, die als s. g. Gegensiegel auf der Rückseite der grossen Wachssiegel abgedrückt wurden und im Verlaufe, nachdem sie lange Zeit neben den grossen Siegeln vorgekommen, diese letztern völlig verdrängen. Das älteste bekannte Wappensiegel hängt an einer Urkunde des Grafen Robert I. von Flandern vom Jahr 1072 und zeigt auf dem Schilde bereits den flandrischen Löwen. Zahlreicher werden die Wappenbilder erst seit der Mitte des 12. Jahrhunderts, ja die meisten Geschlechter des hohen deutschen Adels können ihre Wappenbilder nicht vor der ersten Hälfte des 13. Jahrhunderts nachweisen. Sogar die Reichswappen fixieren sich nicht in früherer Zeit. Die französischen Lilien, früher auch anderswo häufig vorkommendes Symbol des vom König gewährten Friedens, die englischen drei Leoparden, der aufgerichtete schottische Löwe in doppelter Lilienreihe erscheinen als feststehende Reichswappen erst in der zweiten Hälfte des 12. Jahrhunderts. Der deutsche Reichsadler zeigt sich als ständiges Wappen erst auf den Siegeln Rudolfs von Habsburg, der Doppeladler erst unter Sigismund. Die vielen Sagen über den älteren Ursprung einzelner Wappen sind slso sämtlich Fabeln und ein Wappensiegel des 10. Jahrhundert ist immer unecht.

Die Entstehung des Wappens ist also offenbar von der Entstehung und Ausbildung des *Ritterwesens* abhängig. Die Erhebung eines besonderen Ritterstandes verlangte ein äusseres Zeichen der Ritterwürde, die verhüllende Eisenrüstung ein besonderes Kennzeichen des einzelnen Ritters; die Standes- und Kriegerehre verlieh diesen Zeichen hohen Wort und bestimmte die Erben, an dem einmal angenommenen Zeichen festzuhalten, und die aufblühende Kunst beeilte sich, den willkommenen Gegenstand in würdiger Weise darzustellen. Die Ausbildung der Wappenkunde als einer Berufswissenschaft durch die *Herolde* (siehe diesen Art.) kam erst nach der höfischen Zeit auf; von den Herolden aber stammen die im 14. Jahrhundert systematisch entwickelten und schriftlich aufgezeichneten Regeln der Wappenkunst, *Heroldskunst* oder *Heraldik* her. Der französische Ausdruck *l'art du blason* wird von dem deutschen *blasen* abgeleitet, dem Hornrufe, womit der Ritter an den Turnierschranken den Herold zu rufen hatte. Das gebrauchte Horn soll dann auf dem Helm als Zeichen der geschehenen Zulassung befestigt worden sein.

Bestandteil des Wappens bildet Bild und Farbe des bemalten Schildes und der den Helm zierende Schmuck; von Schild und Helm wurden dann die Wappenfiguren auf den Wappenrock, das Panier, die Pferdedecke übertragen, so zwar, dass auch hier meist die Schildform, oft mit Beifügung des Helmes, beibehalten ist und das ganze als Nachbildung der zur Turnierschau ausgestellten oder der vom Ritter selber zu Pferde getragenen Waffenstücke sich darstellt. Meist sind die alten Wappenabbildungen, wie in der Manessischen Handschrift der Minnesänger, von der Art, dass man ohne irgend welche Veränderung den Ritter selbst nur hinter dem Schild in den Helm eingefügt sich zu denken braucht, um das volle Profilbild des Ritters zu haben, wie er, am linken Arme den Schild tragend, in kunstgerechter Stellung zu Pferde sitzt. Die Siegel des 13. und 14. Jahrhunderts, welche Wappen enthalten, haben ursprünglich häufig selbst Schilderform, daneben wird die runde Form, die den Schild bloss als inneres Siegelbild zeigt, immer gewöhnlicher. Dabei findet sich anfangs Schild und Helm selten vereinigt, entweder bloss Schild oder, namentlich in kleinen Handsiegeln, der Helm mit der Helmzier. Erst spätere Zeit verbindet regelmässig Schild und Helm. Im Verlauf der Zeit wurden die Wappen auf Siegeln und anderen Darstellungen immer reicher ausgeschmückt, Symbole der Amtswürde oder Adelsstufe des Inhabers, wie Kronen, Mützen, Hüte, Stäbe, auch Helmdecken kommen dazu; ferner im 16. und 17. Jahrhundert besondere Schildhalter, Devisen als Kriegsruf des Geschlechtes, endlich s. g. *Wappenzelte* oder *Wappenmäntel*, die von den Rittermänteln hergenommen sind.

Nur die *Wappen der Städte, Kirchen und Klöster* lassen sich nicht direkt von der Ritterrüstung ableiten, obgleich sie ebensowenig aus den älteren Siegeln dieser Korporationen abgeleitet werden können. Wahrscheinlich verdanken sie ihren Ursprung den Panieren, unter denen die Angehörigen der Stadt, des Bischofs oder Abtes zu Felde zogen; die Schildesform ist also hier blosse Nachahmung; die Wappenfarbe kann nur von der Farbe des Paniers oder der Kleidung der demselben zu Fuss folgenden Krieger herrühren. Alte Wappenrollen enthalten Städte- und Stiftswappen wirklich in Form von Fahnen.

Herrschafts- und Länderwappen sind durchwegs dem Geschlechtswappen des Herrn entnommen; erst wo etwa die Herrschaft wechselte und das ältere Wappen für das Land blieb, wurde die Herleitung verdunkelt; denn gewöhnlich nahm nicht das Land das Wappen des neuen Herrn, sondern der neue Herr das Wappen der neu erworbenen Herrschaft an.

Ursprünglich scheint man die

Bilder zum Teil aus Pelzwerk ausgeschnitten und auf den Schild befestigt zu haben; daher die schwarze Farbe noch im 13. Jahrhundert gewöhnlich mit *zobel* bezeichnet wird; weiss ist *hermîn*. Die üblichen Farben sind *Silber* und *Gold*, dann *Weiss*, *Schwarz*, *Rot*, *Blau*, *Grün*; gewöhnlich ist das Feld Metall und das Wappenbild gefärbt, oder umgekehrt.

Über den *Grund*, welcher ein Geschlecht, eine Stadt oder Korporation veranlasste, dieses oder jenes Wappenbild anzunehmen, ist selten etwas Zuverlässiges anzugeben möglich. Am erkennbarsten liegt er vor bei den s. g. redenden Wappen, bei denen Bild und Name entsprechen sollen, oft zwar nach vollständig erfundener Etymologie, so wenn Helfenstein einen Elefant, Schaffhausen ein Schaf (einen Widder) im Wappen trägt; doch sind diese Bilder oft erst später adoptiert. Nicht selten ist das Wappenschild oder die Farbe zum Andenken an irgend eine tapfere Waffenthat verliehen oder angenommen worden. Unter den Tierfiguren erscheinen weitaus am häufigsten die *Löwen* und *Adler*, Symbole der Kraft und des Mutes, die schon im 12. Jahrhundert vorkommen; ursprünglich zu den vornehmsten Wappenbildern des hohen Adels gehörig, finden sie sich infolge von Verleihung oder als Zeichen der Abhängigkeit schon früh auch in Wappen des niederen Adels, der Ministerialen und Städte, oft so, dass das abgeleitete Wappen durch eine Veränderung seiner Farbe oder Figur oder durch einen Zusatz zu der letzteren von seiner Quelle unterschiedeu wurde; so finden sich die Löwen der schwäbischen Herzöge nicht selten in den Schilden des schwäbischen Adels, die Löwen der Grafen von Kiburg in den Wappen der Städte Winterthur, Diessenhofen und Andelfingen. Andere alte Wappenzeichen sind der *Leopard*, die *Bärentatze*, die *wilde Meerkatze*, der *Wolf*, der *Eber*, der *Hirsch*, der *Steinbock*, der *Widder*, der *Greif*, der *Windhund*, der *Strauss*, der *Papagei*, *Fische*, das *Schiff*. Auch *Zeichen des in der Familie erblichen Amtes* oder Dienstes können die Wappen sein; so führen manche Truchsessen-Geschlechter einen Kessel oder eine Schüssel, manche Schenken einen Becher im Schilde; häufiger indes deutet nur das Helmkleinod auf ein solches Verhältnis hin, wobei das sonstige Familienwappen ungestört bleibt; die geistlichen Herren, die Kurfürsten und Fürsten haben Hüte und Mützen in bestimmter Form, und von ihnen abgeleitet mitunter auch ihre Vasallen; daneben kommen dieselben Stücke als Symbole der Freiheit, zuweilen wohl auch ganz ohne Bedeutung häufig vor, als Helmzier oder auch bloss als Unterlage einer solchen. *Kronen* finden sich als s. g. Rangkronen nicht bloss in den Wappen des hohen Adels, sie kommen schon um 1350 in den Siegeln des niederen Adels vor. Auch auf die Beschaffenheit der Helme selbst wurde bis gegen die Mitte des 15. Jahrhunderts kein besonderes Gewicht gelegt; der gewöhnliche Helm in Wappen und Siegeln war der einfache geschlossene; seit Ende des 15. Jahrhunderts galten dagegen geschlossene oder s. g. *Stechhelme* für Zeichen eines nicht adeligen, offene oder s. g. *Turnierhelme* als Zeichen eines turnierfähigen adeligen Geschlechts.

Die *Bedeutung des echten Wappens* besteht darin, dass es Zeichen eines rittermässigen, turnierfähigen und seit Ausbildung des niedern Adels adeligen Geschlechts ist. Wappengenoss, *wâpengenôz*, zu Schild und Helm geboren und ritterbürtig sind gleichbedeutende Ausdrücke. Erteilung eines Wappenbriefes fällt mit der Erhebung in den Adelsstand zusammen. „Seit Ende des 14. Jahrhunderts dehnte sich jedoch der Gebrauch der Wappen, namentlich bei den Bürgern der Städte, viel weiter aus. Je mehr die wirklich rittermässigen Geschlechter der Bürgerschaft mit den andern zu einer Genossenschaft zusammenschmolzen und Mühe hatten, ihren Stand gegenüber der nicht in Städten niedergelassenen Ritterschaft zu behaupten, desto mehr näherten sich ihnen die bürgerlichen Geschlechter, insofern diese wenigstens kein unritterliches Gewerbe trieben; und die Unterscheidung wurde um so geringer, als ja ursprünglich diese Standesverschiedenheit nur auf der Lebensart beruht und die Unterlage persönlicher schöppenbarer Freiheit gerade in den Städten auch ausser dem Adel ungeschwächt sich erhalten hatte. Dazu halfen die Privilegien mit, die den Bürgern einzelner Städte allgemeine Lehensfähigkeit erteilten. Das Wappen konnte hier um so weniger mehr als ein Zeichen des Adels gelten, als es überhaupt die Beziehung auf Ritterschaft und Kriegswesen immer mehr verlor und die praktische Bedeutung auf das Siegelbild sich konzentrierte. In der Schweiz dehnte sich der Gebrauch der Wappen sogar auf die Bauern und auf einzelne Dörfer aus. Doch unterschied die strenge Heraldik fortwährend zwischen adeligen und nicht adeligen Wappen, und gab nur den erstern die Kraft des eigentlichen Wappens.“

Seit der vollendeten Ausbildung des Wappeninstitutes im 14. Jahrhundert gilt das eigentliche Wappen als notwendig und unveränderlich. Wappenverleihungen kommen erst im 14. Jahrhundert vor; bei bürgerlichen Familien wurde, früher wie später, das Wappen willkürlich von dem hierzu Berechtigten angenommen. Das Wappen vererbt sich nach den Grundsätzen der Familienerbfolge auf die ebenbürtigen Nachkommen; es gilt als ein wichtiges nutzbares Recht, dessen Verletzung durch Verhöhnung, Missbrauch oder unbefugte Anmassung Anrufung des richterlichen Schutzes und Strafe rechtfertigen kann; es kann sogar als Teil des Vermögens veräussert werden, wie z. B. der Freiherr Leuthold von Regensburg 1370 sein Helmkleinod, den Brakenkopf, aus Geldnot den Burggrafen von Nürnberg verkaufte. Viel grösser aber ist die sonstige Bedeutung des Wappens. Ritterehre und Familienstolz vereinen sich, den Ruhm des althergebrachten Wappens zu wahren und zu erhöhen. Veredlung des Wappens durch kaiserliche Verleihung ist höchste Belohnung bewiesener Tapferkeit; während dem Verbrecher der Wappenschild vom Herold umgestürzt und durch den Kot geschleift wird, deckt edel gebliebene Toten noch im Grabe der Stein mit dem Wappenbild; stirbt aber der letzte des Geschlechtes, so wird über dem Grabe, da auch Schild und Helm ihn nicht überleben soll, das Ehrensymbol feierlich zerschlagen. Meist nach *Friedrich v. Wyss.* Über Ursprung und Bedeutung der Wappen, im sechsten Bande der Mitteilungen der Zürcher Antiquarischen Gesellschaft. *Schultz*, höfisches Leben, II, Abschnitt 1. Vgl. *Mayer*, C. v., Herald. Abc-Buch, 1857, und *O. Hefner*, Handbuch der theoretischen und praktischen Heraldik, 1863.

Wartburgkrieg. Die Wartburg war unter der Herrschaft des Landgrafen Hermann von Thüringen der Sammelplatz der grossen Dichter. Da konnte wohl manchmal die Eifersucht und der Wetteifer der Sänger ein poetisches Turnier veranlassen, in welchen sie ihre Kräfte massen. In einen solchen Wettgesang, der im Jahre 1206 oder 1207 auf der Wartburg stattgefunden haben soll, werden wir durch das Gedicht „Der Wartburgkrieg“ eingeführt. Die berühmtesten Sänger der damaligen Zeit sind daran beteiligt: *Walther* *von der Vogelweide*, *Wolfram von Eschenbach* und *Reimar der Alte*, ferner der *tugendhafte Schreiber*, *Biterolf* und *Heinrich von Ofterdingen*, von welch letzterem wir sonst so gut wie nichts wissen.

Im ersten Teile des Gedichtes, im *Streitgedicht*, kämpfen die Sänger über den Vorzug von Fürsten. Heinrich von Ofterdingen macht sich anheischig seinen Herrn den Herzog Leopold VII. von Österreich zu preisen, gegenüber Wolfram von Eschenbach und dem tugendhaften Schreiber, welche den Landgrafen Hermann von Thüringen über den Österreicher stellen und gegenüber Biterolf, der die Stimme erhebt zur Verherrlichung seines Herrn, des Grafen von Henneberg. Walther von der Vogelweide zeigt sich anfangs ungehalten auf Österreich und gibt dem König von Frankreich vor allen andern Fürsten den Preis; später bereut er es, sich von Österreich losgesagt zu haben und vergleicht Leopold mit der Sonne.

Heinrich von Ofterdingen gibt dies stillschweigend zu, ist durch eine unschöne List Walthers besiegt worden und soll nun durch den Henker Stempfel aus Eisenach hingerichtet werden. Zu seiner Hilfe ruft er den Zauberer *Klingsor* aus Ungarn, dieser erscheint und mit seinem Auftreten hebt der zweite Teil des Gedichtes an, den Simrock *das Rätselspiel* überschrieben hat. Klingsor giebt nämlich dem Wolfram von Eschenbach acht Rätsel auf, welche dieser mit Leichtigkeit löst. So hat der einfache Glaube des Minnesängers gesiegt über die schwarze Büchergelehrsamkeit des ungarischen Zauberers. Dieser will Rache nehmen für seine Niederlage und zugleich erfahren, mit welcher überirdischen Macht Wolfram im Bunde stehe, dass er die schwierigen Rätsel so schnell gelöst. Er beschwört zu diesem Zwecke den Teufel Nasion, der bei Nacht Wolfram heimsucht und ihn über den Lauf der Gestirne frägt. „Derjenige, der die Gestirne gemacht hat, regelt und kennt ihren Lauf, mich bekümmert das nicht", ist die Antwort Wolframs, der zugleich durch das Zeichen des Kreuzes den Teufel zum Fliehen zwingt.

An diesen zweiten Hauptteil des Wartburgkrieges, der mit dem ersten allerdings in einem ziemlich losen, aber doch in einem Zusammenhang steht, sind nun noch verschiedene Dichtungen gereiht, die mit dem Wartburgkrieg so gut wie nichts zu schaffen haben.

Wer der Verfasser des Wartburgkrieges gewesen, ist nicht sicher anzugeben. Ohne Zweifel aber stammt er nicht von einem einzigen Dichter. Die Pariser Handschrift der Minnelieder bezeichnet als den Dichter Wolfram von Eschenbach, während die Jenaische Liederhandschrift den ersten Teil dem Heinreich von Ofterdingen, den Rätselkampf aber Wolfram von Eschenbach in den Mund legt. Auch die Entstehung der einzelnen Teile fällt in verschiedene Zeiten.

Von jeher betrachtete man den Wartburgkrieg als einen Versuch, dem geistlichen Drama ein weltliches entgegenzusetzen. Der Dichter schloss sich bei diesem Unterfangen an das Streitgedicht an und verknüpfte mit diesem einen Rätselkampf, wie ihn seine Zeit liebte. Streitgedichte mit unter Sängern verteilten Rollen fand er bei den Franzosen vor unter dem Namen *jeu parti*. Vor dem Wartburgkrieg waren sie in Deutschland nicht volkstümlich, das einzige ausgenommen, das den Streit zwischen Sommer und Winter behandelt und als älteste Quelle solcher poetischer Wettkämpfe betrachtet werden kann. Rätselkämpfe dagegen kommen schon in der deutschen Mythologie vor. Dem Inhalte und der Form nach erhebt sich der Wartburgkrieg nicht über den

Charakter des Streitgedichtes, und der erste Versuch rein deutscher Dramatik muss somit als misslungen bezeichnet werden, wie das ganze Gedicht überhaupt im grossen und ganzen poetisch wertlos genannt werden darf. Wohlthuend ist der Hauch der Ehrfurcht und der Bewunderung, welcher das ganze Gedicht durchweht, für den grössten deutschen Dichter des Mittelalters, für Wolfram von Eschenbach. Der Wartburgkrieg, herausgeg., geordnet, übersetzt und erläutert von *K. Simrock.* Stuttg. 1858.

Wechsler. Die ausserordentliche Verwirrung der Münzverhältnisse im Mittelalter, die Ausbeutung des Münzregals von seite der Territorialherrschaften, überhaupt die allgemeine Verschlechterung der Münzen, alles dies verlangte mit Notwendigkeit die Ausbildung des Institutes der Wechsler. Unter diesen kann man einheimische deutsche und fremde Wechsler unterscheiden. Zu den *einheimisch deutschen Wechslern* gehören in erster Linie die *Dienstmännischen* oder *patrizischen Geschlechter* in einigen Städten, welche eine eigene Zunft, die *Hausgenossen*, unter dem Münzmeister bildeten; diese besassen ausser dem eigentlichen Münzrecht als Lehen das ausschliessliche Vorrecht, in den Städten Geld wechseln zu dürfen; sie hatten dem zufolge den Namen *campsores*, *cambiatores*, Wechsler. Das Privileg hing damit zusammen, dass die Münzer als die Münzschauer das Recht und die Pflicht hatten, die probehaltige Münze zu versiegeln, die nicht probehaltige zu zerschneiden, überall nach der Echtheit der Münzen zu sehen und alle beträchtlichen Zahlungen zu kontrolieren. In Litauen und Polen, Krakau und Breslau besorgten dagegen lediglich *angesehene Kaufleute* den Geldwechsel der grossen Beträge einheimischer Geldarten, die aus diesen Gebieten seit dem 12. Jahrhundert in Baarsendungen als Abgaben an den päpstlichen Hof gingen. Vielleicht aus den Hausgenossen hervorgegangen findet man drittens seit dem 13. Jahrhundert eine Zahl von *Nebenwechslern*, die, unter der Aufsicht der Hausgenossen stehend oder unabhängig neben ihnen gegen Kaution und Abgaben von den städtischen Obrigkeiten Erlaubnis zum Wechseln erhalten. Sie betreiben fast lediglich den Handwechsel, Geldtransport und das Hinleihen von Darlehen gegen Pfänder, nehmen auch Depositen an und besorgen Wechsel auf Bestellung, indes nicht nach entfernten Zahlungsorten. Sie finden sich besonders in norddeutschen Städten, Lübeck, Hamburg, Breslau, in Preussen und Polen. Viele derselben besassen erbliche Wechselbänke, die sie nach Belieben vor dem Rate übertrugen und die meist nahe dem Rathause und der späteren Börse stehen. *Fremde Wechsler* aus *Italien* und *Südfrankreich* waren namentlich in *Süddeutschland* ansässig. Schon seit dem 8. Jahrhundert hatten die italienischen Haupthandelsplätze Amalfi, Ankona, Venedig, dann französische Handelsorte Niederlassungen im Orient zur Ausbreitung des Handels errichtet, und die Blüte dieser Niederlassungen hatte die ihnen besonders nützlichen Kreuzzüge überdauert. Daraus entstand nun der weitverzweigte Geld- und Warenhandel der italienischen Kaufleute und Wechsler (Bankhäuser) über Frankreich, die Niederlande und England. Die Kommanditen der grossen italienischen Bankhäuser folgten den Kaufleuten in die Fremde, um ihnen bei Regulierung des von ihnen im Eigenhandel übernommenen Geldes erwünschte Dienste zu leisten. In derselben Weise verschafften sie sich auch als Kaufleute wie als Wechsler Eingang in Süddeutschland. Man findet sie hier im 13. Jahrhundert in Worms, im 14. Jahrhundert in Siegburg bei Bonn, Bingen, Solothurn, in Nürnberg seit dem 15. Jahrhundert. Sie tragen den Namen *Lombarden, Lamparter, Lummerte, Walen, Kawertschen* (siehe den besondern Artikel). Vereinzelt zeigen sie sich auch in Norddeutschland, z. B. in Lübeck und Breslau. Eine dritte Gruppe von Wechslern bilden die Juden, welche von einzelnen Landesherren das Privileg des Wechselrechtes erhalten.

Von den *Geschäften* der italienischen Wechselhäuser betreiben die Wechsler in Deutschland vornehmlich nur drei, den *Handwechsel*, das *Darlehn* und den *Wechselbetrieb*, doch betreiben die Deutschen und Judenwechsler den Wechselbetrieb innerhalb kleinerer Entfernungen innerhalb Deutschland; über Deutschland hinaus, namentlich nach Frankreich und Italien, pflegen ihn die italienischen Wechsler. Eine grosse Zahl der Wechsler liess sich ohne Zweifel neben ihrem kaufmännischen Gewerbe an dem Gewinne des Handwechsels genügen, während andere die stete Bereithaltung von Darlehen meist in kleiner Summe und auf kurze Zeit daran knüpften. Neben solchen privaten Darlehnsbanken wurden mit der Zeit durch kaiserliches oder landesherrliches Privileg von den städtischen Obrigkeiten *städtische Wechselbänke und Leihhäuser* angelegt.

Da jedoch diese Institute, soweit sie nicht von Juden betrieben wurden, gegen das allgemeine kirchliche Wucherverbot des Mittelalters waren und doch nicht entbehrt werden konnten, richtete die Kirche eigene Darlehnsbanken für die geldsuchenden Bedürftigen ein, die sie *berge der miltikeit, montes pietatis* nannte, und wo dem kanonischen Glaubenssatze getreu gar keine Zinsen von dem Darlehnsnehmer gefordert werden sollten; geistliche Mittel sollten zur Herbeischaffung des nötigen Kapitals angewandt werden: Vermächtnisse, Schenkungen frommer reicher Leute, Beförderung zu akademischen und anderen Würden, zum Adel, für die, welche angemessene Einlagen in die *montes* thaten; unehelich Geborene werden der Rechte der ehelich Geborenen teilhaft, und wer der Verwaltung der *montes* unentgeltlich Gehilfendienste widmete, dem versprach man den Lohn des Himmels. Da jedoch die frommen Spenden bald versiegten, sah sich die Kirche gezwungen, zur Deckung der Geschäftsunkosten und der Verluste einen geringen Betrag von jährlich 10—15 % zu fordern; den Begüterten aber, falls sie ihre Gelder eine längere bestimmte Zeit den *montes* zinslos überliessen, versprach man die Summen nach Ablauf der Zeit vervielfacht zurückzubezahlen, und so kam es erst in Italien, dann auch in Deutschland in Gebrauch, dass ein Vater nach der Geburt einer Tochter die Mitgift der letzteren sogleich in die Kasse der *montes* zahlte, um nach deren *achtzehntem* Lebensjahre den zehnfachen Betrag dem Verlobten des Mädchens einzuhändigen; heiratete das Mädchen früher, so ging das Kapital an die jüngere Schwester über, und fiel, wo eine solche nicht existierte, der Kasse der *montes* anheim.

Die weiteren Funktionen der italienischen Wechsler übernehmen in Deutschland die *Genossenschaften der Kaufleute* und die *städtischen Behörden*, namentlich das grosse *Darlehns- und Depositengeschäft*, die *Akkomenda* und den *Wechselumlauf*. Nach *Neumann*, Geschichte des Wuchers in Deutschland, Halle 1865.

Weihnacht. Hier sollen in Ausführung des Artikels *kirchliche Feste* die näheren Bezüge zusammengestellt werden, in welchen die kirchliche Weihnachtsfeier zum heidnisch-germanischen Volksglauben steht. Das Weihnachtsfest entstammt einem Naturfeste, das bei sehr vielen Völkern einheimisch war, der Feier der Wintersonnenwende, dem nahenden Wiedererwachen der Natur; so feierten die Hindu das Wiedererwachen des in tiefen Schlaf versunkenen Gottes Wischnu; in Griechenland zeigte man am 20. Dezember im Tempel zu Delphi das Grab des Dionysos und trauerte um ihn mit wilden Geberden, bis man ihn sich bald darauf wieder wachend vorstellte und seine Neugeburt pries. Ebenso feierten die Römer an den sieben Tagen vom 17. bis 24. Dezember das Fest des Saturnus, zündeten in seinem Tempel als Abbild des neu geschenkten Sonnenlichtes viele Lichter an, ergaben sich ausgelassener Festfreude, beschenkten einander und dergleichen, später fügten die Kaiser dem Saturnalienfeste noch den 25. Dezember als allgemeinen Festtag hinzu, zur Feier der zwar von den Schatten des Winters bekämpften, aber dennoch unbesiegten Sonne; an eben demselben Tage wurde das Geburtsfest des unbesiegten Sonnengottes Mithra begangen und der Gott dargestellt, wie er in einer Felsengrotte, dem Abbild des nächtlichen Himmels, geboren wurde. Feste ähnlicher Bedeutung wurden auch an anderen Jahreszeiten gefeiert, wobei der verschiedene Neujahrsanfang oft bestimmend einwirkte.

So begingen von den *germanischen* Völkern die *Skandinavier* in den älteren Zeiten ihr mit dem 12. Januar als ihrem Neujahrsanfang beginnendes dreitägiges Fest der *Mitwinternacht* oder das *Julfest* als Abschluss der Mitte Oktober beginnenden „Winternacht“. Ähnlich war es bei den Angelsachsen, wo das Julfest *Mutternacht* hiess. Schon im 6. Jahrhundert erzählt der griechische Sophist und Geschichtschreiber Prokop, er habe gehört, dass die nördlichsten Bewohner von Schweden und Norwegen am 35. Tage der langen Winternacht Boten auf die Gipfel ihrer höchsten Berge schickten, um die wiederkehrende Sonne zu erspähen; wenn sie erblickt werde, so erhebe sich unermesslicher Jubel, alles feiere „das Fest der frohen Botschaft“. Aus Furcht, die Sonne möchte einmal ganz ausbleiben, schlachteten sie unaufhörlich den Göttern und höhern Mächten der Luft, des Himmels, der Erde Opfer, zumal dem vornehmsten von Allen, dem Kriegsgott, dem als edelste Gabe ein kriegsgefangener Mann an einem Galgen erhängt oder in die Dornen geworfen wurde. Nach dem Glauben der Germanen schlief im Winter Wodan mit seinen Geisterscharen verzaubert im Berge, die bösen Geister trieben ihr Wesen; Riesen, Weihnachtsbuben oder Weihnachtswichte genannt, sollten von den Bergen herabkommen und mit langen Haken aus den Vorratskammern der Bauern Dörrfleisch stehlen oder die Menschen in ihre finstern Höhlen rauben. In Dänemark bildet man diese Gestalten nach und ein Knecht mit geschwärztem Gesicht, eine in einen langen Schwanz endigende Pferdedecke über den Körper geworfen und einen mit brennenden Lichtern bedeckten Stock im Munde, kriecht in die Häuser und sammelt Äpfel und Nüsse ein, und stösst Drohungen aus, falls er nichts bekomme. Schon gegen das Ende der langen Winternacht war man mit Hoffnung der nahenden Sonnenwende erfüllt; an den drei Donnerstagen vor Weihnachten, den drei Rauhnächten oder Klöpfleinsnächten, ziehen in Süddeutschland Knaben vor die Häuser ihrer Bekannten und werfen mit Erbsen an die Fenster. Nun kommt die Zeit, wo Wodan mit der Schar der gefallenen Helden als wilde Jagd durchs Land zieht. Lärmt das Wuetersheer recht, so darf man ein fruchtbares Jahr erhoffen. Auch milde Göttinnen sind im Zuge, Frau Gode, Fria oder Holda. Bildliche Darstellungen Wodans aus der Adventszeit sind noch der *Schimmelreiter* und *Knecht Ruprecht,* beides ursprünglich Beinamen Wodans selbst, ahd. *hruodperaht* = ruhmglänzend, und in den Geschenken, die er den Kindern bringt, an die Segnungen des Gottes erinnernd; auch manche Weihnachtsgebäcke aus Lebkuchenteig sollten ursprünglich rohe Abbildungen des Gottes sein. Das dreitägige Julfest selber leitete in Skandinavien ein feierliches Opfer um Fruchtbarkeit und Frieden ein; Herolde verkündigten einen dreiwöchentlichen Julfrieden; auf den Höfen fand gastliche Bewirtung statt. Auf den Feldern und Bergen lohten Feuer, man pflanzte Tannenbäume vor die Häuser, die man mit Bändern und Lichtern behing. Als Sinnbild des neuen Lichtes brannte in der Halle des Hauses ein mächtiger Baumklotz auf dem Herde, auf dem Tische zündete man dreiästige Kienspäne als Jullichter an. Zwei Leute, als Wodan und Friga gekleidet, traten auf und Jünglinge tanzten um sie einen Schwerttanz; auch Sommer und Winter stritten miteinander. Als uralte Festgerichte galten Hafergrütze mit Heringen, die aus dem Rückenstück eines frischgeschlachteten Schweines gekochte Julsuppe, ein Eberbraten. Unzählig waren die Gebräuche, vermittelst welcher man in der Julnacht das zukünftige Geschick zu erschauen vermeinte. An das eigentliche Julfest schlossen sich als eine heilige Zeit die *Zwölfnächte,* die jetzt genau die Zeit vom Weihnachtstag bis zum 6. Januar, dem Dreikönigstag, füllen. Auch hier ruhte alle Arbeit. Die zwölf Nächte galten als ein Abbild des kommenden Jahres; wie in jedem der zwölf Tage das Wetter war, so erwartete man es an jedem entsprechenden Monate. *Mannhardt,* Weihnachtsblüten in Sitte und Sage, Berlin 1864; vgl. *Reinsberg-Düringsfeld,* das festliche Jahr, und *Wuttke,* Volksaberglaube.

Wein. Die ursprünglichen Getränke der germanischen Völker sind *Met* und *Bier* (siehe die besonderen Artikel), und nur bei einigen Völkerschaften *Obstwein* oder *lît;* im bayerischen Sprachgebiet heisst *lîthûs* eine Schenke, *lîtgebe,* der Wirt und *lîtkouf,* der Gelöbnistrunk beim Abschlusse eines Handels. Doch erwähnt schon Tacitus Germania 23, dass die Bewohner der römischen Grenzgebiete von den Römern Wein erhandelten; den römischen Ursprung bezeugen auch die der römischen Sprache entnommenen Wörter, ahd. *wîn,* aus *vinum,* ahd. *winzuril,* Winzer, aus *vinitor,* ahd. *windemôn,* mundartlich wimmeln, wimmen, aus *vindemiare;* Presse, Torkel und Kelter aus *pressa, torcular, calcitrare;* nur Trotte ist deutscher Abstammung. Früh wurden die Rebberge an der Mosel deutsches Eigentum, seit dem 6. Jahrhundert wurde Wein bei Andernach im Speiergau und am unteren Neckar gebaut. Karl der Grosse wendete dem Weinbau seine Aufmerksamkeit zu, später war namentlich Ulm ein eigentlicher Weinmarkt. Wie der verfeinerte Geschmack der höfischen Gesellschaft den Wein bevorzugte, erkennt man u. a. daraus, dass in den Gedichten des 11. und 12. Jahrhunderts Met und Wein noch regelmässig als gleich angesehene Getränke neben einander erwähnt werden, während die höfischen Dichter des 13. Jahrhunderts den Met fast gar nicht mehr kennen. Doch scheint der einheimische Wein, mhd. der *lantwîn,* mit Ausnahme derjenigen Gegenden, wo den Reben von den Römern her überlieferte sorgsamere

Pflege zu Hilfe kam, nicht in besonderem Ansehen gestanden zu haben, er galt als sauer, und die Härte der Trauben soll im Mittelalter dazu genötigt haben, die Kelterbäume aus den längsten und dicksten Stämmen des Waldes zu machen. Als gute einheimische Weine waren vorzüglich *Rheinwein*, *Elsasser*, *Botzener* geschätzt; sonst tranken die Vornehmen mit Vorliebe *ausländische* Weine, von denen man eine reiche Namenliste kennt. Zu den verbreitetsten gehören der *Malvasier*, ein griechischer Wein von Napoli di Malvasia in der Morea, vielleicht überhaupt von Griechenland; wie andere südliche Weine bezog man ihn meist von Venedig. Ein anderer südlicher Wein ist der *Romanij*, Romonij, Rommenji, Rominere, Rummenie u. dgl. genannt, aus Napoli di Romana bezogen, wenn der Name recht hat. Diesen Weinen an Preis gleich stand der *Muscateller* oder Mustadelle; unter *welschem Wein* oder *vinum latinum* ist wahrscheinlich italienischer zu verstehen; der *vinum Rabiole*, *Riviglio*, *Reinfal* oder *Reinfan* stammt aus Istrien und wächst zu Prosecco bei Triest. Berühmt war auch der *cipperwîn*, Cyperwein von der Insel Cypern.

Fast noch lieber als die natürlichen Weinsorten trank das Mittelalter solche Weine, die durch Einkochen *versüsst* oder, wie unser Maiwein, durch Beimischung von *gewürzhaften Kräutern* und anderen Zuthaten verstärkt werden. Schon in der merovingischen Zeit würzte man gelegentlich den Wein, doch kam diese Sitte erst im 11. Jahrhundert in allgemeineren Gebrauch, und zwar kennt man als ältere Arten dieses Getränkes den *môraz*, lat. *moratum*, d. h. Wein über Maulbeeren abgezogen, Glühwein und eine Mischung von Wein und Honig; zur eigentlichen Sitte, den Wein zu würzen, wurde es aber erst in den Zeiten der Kreuzzüge, und zwar ohne Zweifel in Nachahmung der Franzosen; die beliebtesten Sorten gewürzter Weine sind jetzt:

Das *pigment*, fr. *piment;* insofern *pigmentum* eigentlich ein stark- und wohlriechendes Gewürz, Spezerei bezeichnet, war *pigment* anfänglich nichts anderes als ein mit Gewürzen versetzter Wein; doch wird auch einer Zuthat von Honig für diesen Wein Erwähnung gethan, wodurch derselbe die gleiche Bedeutung erhält wie

der *clarêt*, franz. *clarêt*, lat. *claratum*, *claretum;* es ist ein guter Rotwein, der so lange mit Gewürzen und Honig gemischt und gerüttelt wurde, bis er *klar* geworden war.

Eine wohl besonders auf arzneiliche Wirkung berechnete Art des Clarets war der nach Hippokrates, dem sprichwörtlich berühmtesten Arzte, genannte *Hippokras*. Eine andere Art Claret hiess man ihrer roten Farbe wegen *sinopel*, von lat. *cinnabaris*, deutsch Zinnober.

Der am häufigsten vorkommende Name für den angemachten Wein ist aber *lûtertranc*, ein dem Wort *clarêt* nachgebildeter Name; doch scheint zwischen ihnen ein Unterschied bestanden zu haben, insofern man den *lûtertranc* vorzüglich aus *weissem* Wein und vermittelst scharfer und wohlriechender, frischgewachsener oder gedörrter Kräuter bereitete.

Das Mittelalter kennt übrigens auch schon *gefälschte* Weine, und seit dem 14. Jahrhundert gibt es obrigkeitliche Verordnungen, in denen jede Änderung am Wein verboten wurde; es steht darin manchmal, es dürfe niemand den Wein anders machen, als Gott der Herr ihn habe wachsen lassen. Doch sah man sich gezwungen, die künstliche Bearbeitung von umgeschlagenem Wein zu gestatten; die dafür erlaubten Stoffe waren anfangs Erde und Milch: seit dem 16. Jahrhundert kam das *Schwefeln* auf. Am Ende des Mittelalters kamen von Reichs wegen Weinverordnungen zu stande, und 1487 arbeitete ein zu Rotenburg an der Tauber gehaltener Reichs-Deputations-Tag nach dem Gutachten der Ärzte eine Weinordnung aus, welche nachher vom Reichstage angenommen und publiziert und später noch oft wiederholt und verschärft wurde.

Überaus zahlreich sind die städtischen Verordnungen über den Weinverkehr, Weinhandel u. dgl. Da unseres Wissens eine Zusammenstellung derselben bis jetzt nicht vorliegt, mag hier einiges aus den Verhältnissen mitgeteilt werden, wie sie *Kriegk* für Frankfurt berichtet, wobei vorläufig zu vermuten ist, dass die Einrichtungen anderer Städte im ganzen ähnliche gewesen sein werden.

In *Frankfurt a. M.* war der Weinhandel innerhalb der Stadt gesetzlich an die obrigkeitlich bestellten *Weinstecher* gebunden, die eine eigene Zunft bildeten. Sie hatten nicht bloss Käufer und Verkäufer gegen Übervorteilung sicher zu stellen, sondern auch die bei jedem Weinverkauf vorgeschriebene städtische Abgabe zu erheben, das sog. *Stichgeld,* wovon sie als Maklergebühr zwei Dritteile behielten, den dritten Teil aber an die Stadtkasse abzuliefern hatten. Die Weinstecher waren in vier Gruppen eingeteilt, deren jede das Geschäft gemeinschaftlich trieb. Beim Frankfurter *Weinhandel* ist zwischen dem in und dem ausser der Messe zu unterscheiden. Auch Fremde durften ausserhalb der Messe Weinhandel treiben, jedoch mit der Einschränkung, dass sie zwar an Bürger jede beliebige Quantität, an Fremde aber nur grössere vorgeschriebene Lasten verkaufen durften. Von ausgeführtem Wein musste jedermann einen Ausfuhrzoll, die *Steinfuhr*, bezahlen, ein Name, der daher rührt, dass ursprünglich jeder, der ein Fass Wein aus Frankfurt fuhr, der Stadt ein Fuder Steine für ihre Bauten hatte zuführen müssen. Von seiten der Bürger und Einwohner durfte der Verkauf von Weinen nur nach der Frankfurter Eiche geschehen, Fremde durften Fässer einer andern Eiche benutzen. Kein Wein, der nicht eigenes Gewächs eines Bürgers war, durfte nicht anders als öffentlich verkauft, d. h. er musste zum Verkauf auf den Markt gebracht werden. Während der Messezeit war auch den fremden Wein- und Bierhändlern gestattet, im kleinen auszuschenken, doch mussten sie so gut wie die Bürger von dem ausgeschenkten Wein und Bier die zweifache Abgabe des *Niederlagegeldes* und des *Ungeldes* entrichten; von dem selbst getrunkenen Wein aber zahlten Fremde wie Bürger den *Gäste-Pfennig*, der in der vierten Mass bestand.

Ausserhalb der Messezeit war das *Weinschenken* von altersher nur einem *Bürger* gestattet. Es schenkten aber nicht bloss berufsmässige Weinwirte Wein aus, sondern alle Bürger, die Weinbau trieben, verzapften ihr selbstgewonnenes Erzeugnis; in andern Städten war das Ausschenken bestimmter Weinsorten dem Rate vorbehalten; dagegen übte der Rat von Frankfurt auf seinen Dörfern das ausschliessliche Recht des Weinverkaufes im kleinen aus, er besass dort, wie es hiess, den *Bannwein,* ein Recht, das er etwa für ein Fass oder bloss für die Kirchweihe an eine Dorfgemeinde oder an einen Wirt abtrat. Das Ausschenken des eigenen Weines war notwendig, weil der gewöhnliche Landwein als Handelsartikel weder gut noch dauernd genug war. Doch musste der Bürger zuerst die Erlaubnis zum Ausschank von den Rechenmeistern eingeholt haben; diese gaben ihm dann ein Zeichen, das er an die Visierer abgab, die ihrerseits die nötigen Vorbereitungen für Reinheit des Weines und für Erlegung der Abgaben trafen. Stets war die Erlaubnis zum Weinschenken auf vier Wochen beschränkt. Wer jene erhalten hatte, liess seinen Wein und dessen Preis in den Strassen ausrufen und steckte über seine Hausthüre ein Abzeichen auf, das im Gegensatz zu den Wirtshausschilden in einem *grünen Busch*, *Zweig* oder *Strohbündel* bestand; solche temporäre Schenken hiessen *Busch- oder Strausswirtschaften.* Das Anstechen jedes zum Verzapfen bestimmten Fasses geschah durch die *Visierer* oder *Ungelder. Weinknechte* hiessen diejenigen, welche den Wein ausriefen und in der Wohnung des Ausschenkers das Abzapfen und Auftragen des Weines besorgten; auch sie standen im Dienste der Obrigkeit und bildeten eine eigene Zunft; kein Wirt durfte mehr als zwei Weinknechte im Dienst nehmen, den einen als *Weinzapfer*, den andern als *Weinrufer* oder *Weinsager.* In der Regel durften die Weinwirte nur zwei Sorten oder zwei *Zapfen* zugleich schenken, nur ausnahmsweise drei oder gar vier. Beide Zapfen mussten verschiedenen Preis haben, den der Rat festsetzte, oft zum Verdruss der Wirte. Vor der Hausthüre pflegte des Wirtes Weinknecht den Wein zum Versuchen darzureichen. Zahlreiche Verordnungen und Verbote zeugen von dem oft bunten und wilden Treiben in der Wirtsstube.

Ausser den eigentlichen *Wein- und Bierhäusern*, den für bestimmte Kreise bestehenden *Trinkstuben* und den temporären Wirtshäusern der weinausschenkenden Bürger gab es *Gasthäuser* für Fremde oder *Herbergen.* Die Trinkstuben waren Weinstuben für geschlossene Korporationen oder Vereine und sehr verbreitet; es gab solche für die Ratsmitglieder, die Zünfte und andere sog. *Stubengesellschaften.* Die eigentlichen Wirtshäuser, d. i. die bleibenden Wein- und Bierschenken, wurden vorzugsweise von solchen Leuten besucht, welche wie die nichtzünftigen Handwerker, die Handwerksknechte und Dienstboten, keine Trinkstube hatten. Schon früh war eine bestimmte Stunde des Weggehens festgesetzt und in allen deutschen Städten die Einrichtung getroffen, dass dieselbe durch das Läuten einer *Glocke, Weinglocke, letzte Glocke* oder *lange Glocke* angekündigt wurde; in der bessern Jahreshälfte „läutete man die letzten“ um 9, in der schlimmen um 8 Uhr; der Wechsel trat an Maria Verkündigung (25. März) und an Gallustag (16. Okt.) ein.

Selten kam man im Mittelalter zu einem gemeinschaftlichen Geschäfte zusammen, ohne dabei Wein zu trinken; und da selbst städtische und Ratsgeschäfte nicht ohne Wein abgehandelt wurden, so war es für die städtischen Obrigkeiten geboten, einen *Ratskeller* zu haben: lag die Stadt im Weinlande, so pflegte der Wein, welchen die Stadt von ihren eigenen Reben oder als Zins, Abgabe u. dgl. erhielt, hier abgelagert zu werden; mancherorts war es auch der *Spital*, in dessen Keller der städtische Wein lag. Bei festlichen Gelagen, Bürgermeisterwahlen, beim Besuch hoher Fürsten oder Gesandtschaften wurde mit städtischem Weine aufgewartet, was man *Weinschenkinen* hiess.

Zwar bezieht sich der Begriff des *Trinkens* zugleich auf die übrigen Getränke, doch mag hier einiges Allgemeine über diese bekannte National-Leidenschaft der Deutschen zusammengestellt werden. Mythologie und Geschichte erzählen schon aus ältester Zeit vom Trinken der Germanen; in Walhall tranken Odin und die Einherier Met und Bier aus den Hirnschädeln der überwundenen Feinde; als Schenkmädchen dienten die Walküren. Aus dem Tranke eines göttlichen Met erlangt man nach der Edda Weisheit und Dichtkunst. So waren die Germanen auch grosse Freunde von Gelagen; gemeinschaftliche Opfer und Feste, bei denen zu Ehren der Götter gewaltige mit Silber beschlagene Auerochsenhörner geleert wurden, waren häufig. Ein gallischer Bischof des 6. Jahrhunderts, Venantius Fortunatus, der solchen Gesellschaften beigewohnt hatte, berichtet: „Sänger sangen Lieder und spielten die Harfe dazu. Umher sassen Zuhörer bei ahornen Bechern und tranken wie Rasende Gesundheiten um die Wette. Wer nicht mitmachte, ward für einen Thoren gehalten. Man musste sich glücklich preisen, nach dem Trinken noch zu leben.“ Bündnisse auf Leben und Tod, Verträge und öffentliche Handlungen wurden beim Trunke abgeschlossen, der Trunk gehörte unter die gottesdienstlichen Handlungen; in den Tempeln wurden die Gott geweihten Becher durch die Opferflamme gehoben, und der erste zu Wodans, der andere zu Thors und Freyas Verehrung geleert, der dritte galt dem Gedächtnis berühmter Helden, der vierte, Minnebecher, dem Andenken geschiedener Freunde. Auch auf den Gräbern feierten sie Gastgelage und stellten den Verstorbenen Speise und Trank hin. Kein Wunder, wenn der ernste Römer an mehreren Stellen seines Büchleins (Tacitus Germania 22 und 23) der Trunkleidenschaft der Germanen Erwähnung thut und seither eine fast fortlaufende Kette ähnlicher Nachrichten zu Gebote steht; namentlich spielt dabei das Wett- und Zutrinken eine grosse Rolle; dasselbe wird schon erwähnt von Priscus bei der Beschreibung eines Attilaschen Gastgebotes, wobei auch Deutsche anwesend waren. Sobald die römischen Gesandten das Gemach betreten hatten, brachte ihnen ein' Schenk einen Becher zum Trinken dar. Hierauf eröffnete der Länderbezwinger das Gelage mit einer Gesundheit, die er den vornehmsten seiner Tischgenossen ausbrachte und die diese stehend erwiderten; später forderte er seine Gäste zu einem allgemeinen *Trinkgefecht* auf. Ähnlich klingt die bekanntere Schilderung des Attilaschen „Weinturniers“, die Ekkehart im Walthariliede niedergelegt hat. Wiederholt erliessen fränkische Synoden Erlasse gegen Trunksucht der Geistlichkeit. Zwar Karl d. Gr. hielt auch hier Mass; er war kein Freund von Gastereien und suchte durch mancherlei Verordnungen dem Laster seines Volkes entgegenzuwirken; dagegen hat sich Ludwig der Deutsche im Vertrage von Verdün ausdrücklich die jenseits des Rheins gelegenen Bistümer Speier, Worms und Mainz deshalb ausbedungen, weil sie starken Weinbau hatten. Auch die Bedeutung, welche das *Schenkenamt* an den Höfen des Mittelalters besass, spricht für die Bedeutung des Weingenusses. Die höfische Zucht zügelte für einige Zeit die wilde Leidenschaft, wofür es in den Aussprüchen der Dichter manche Belege gibt; desto schlimmer wurde es in den folgenden Jahrhunderten, zuletzt besonders im 15. und 16., welche die Blütezeit der deutschen Säuferei sind. Die Zeugnisse dafür sind unzählbar, alle Stände, vorab aber der Adel, dann die Bürger, Studenten, Landsknechte, die Geistlichen brachten dem Trunk-Gotte ihren Zoll. Die Chroniken, z. B. die Zimmersche, Satiren, wie das Narrenschiff (Kap. 16), Fastnachtspiele, die Schriften des Hans Sachs, namentlich auch die Selbstbiographie des Ritters *Hans von Schweinichen* sind voll Material zur Geschichte der Säuferei; ein grosser Trinker zu sein, war eine Ehre, und der genannte Schweinichen erzählt einmal: „Habe auf diesem Ritt im Reich grosse Kundschaft bekommen und mir mit meinem Saufen einen grossen Namen gemacht.“ Unter den satirisch-moralischen Schriften des 16. Jahrhunderts, die den Namen „Teufel“

tragen, fehlt natürlich auch der „Saufteufel“ nicht.

Erfreulicher als diese bis ins 18. Jahrhundert dauernde Erscheinung ist das Aufkommen der *Weinpoesie*. Der höfischen Lyrik ist noch jedes Wein- und Trinkmotiv fremd; die erste Weinpoesie, ein Spruchgedicht in Reimpaaren, genannt der *Weinschwelg*, stammt schon aus der zweiten Hälfte des 13. Jahrhunderts und schildert höchst ergötzlich einen Allein-Zecher, der in regelmässigem Fortschritt — *dô huob er ûf unde tranc* — seine Kanne mit Wein leert, denselben preist, forttrinkt und forttrinkt, bis er am Schluss des Gedichtes — erst eigentlich anhebt zu trinken. Erst im 14. Jahrhundert tritt mit dem Volkslied auch das Trink- und Gesellschaftslied auf, das sehr heitere Blüten getrieben hat, und wenn der Spruch: „wer nicht liebt Wein, Weib und Gesang“ u. s. w. auch nicht von Luther herrühren sollte, so bezeichnet er doch den Inhalt des Volksliedes seiner Zeit, das neben der Liebe und dem Gesang namentlich den Wein besingt: „Der liebste Buhlen, den ich han, der leit beim Wirt im Keller, er hat ein hölzin Röcklein an und heisst der Muskateller.“ Es sind meist Schlemmerlieder, die ein Hans Ohnesorge in die Welt hinaussingt, oder mutwillige Gesellschaftslieder, wozu auch die *Martinslieder* gehören; vgl. Uhlands Volkslieder, Nr. 205 ff.; *Hoffmann v. F.*, Gesellschaftslieder, Nr. 174—265. Ergötzlich sind auch die aus Mariengrüssen parodierten *Weingrüsse* und *Weinsegen* des Nürnberger Wappenmalers Hans Rosenblüt, genannt der Schnepperer.

An den Trunk knüpft sich endlich auch das Trinkgefäss und das Fass, in weiterer Linie Tisch, Stuhl und Schenktisch. Das älteste Trinkgeschirr ist das *Horn*, unter Umständen mit Silber eingefasst und bis zum 12. Jahrhundert in Gebrauch; in Aachen wird noch das Horn Karls d. Gr. und in Braunschweig dasjenige Heinrichs des Löwen aufbewahrt. Aus uralter Zeit wird von *Schädeln* erschlagener Feinde berichtet, aus denen die Germanen getrunken hätten; bei den Langobarden hiess dieses Gefäss *schala*. Später traten zum Teil nach römischem Muster rohgeformte Gefässe aus Metall, Bronze, Silber oder Gold auf, deren Grundformen der *Kelch* und der *Becher* sind. Siehe den Art. *Gefässe*. Auch *hölzerne* Becher waren im Brauch, aus Ahorn-, Fichten- und Nussbaumholz; aber der Vornehme bediente sich wenigstens bei Festlichkeiten der metallenen, zum Teil mit Edelsteinen geschmückten Pokale, auf welche man seit dem 10. und 11. Jahrhundert viel Geld und Arbeit verwendete. Im 12. und 13. Jahrhundert werden *Köpfe* und *Schalen* als übliche Trinkgefässe genannt, jener ein dem Kelch verwandtes halbkugelförmiges, auf einem Fuss stehendes, dieses ein flachgewölbtes Trinkgefäss ohne Fuss. Unmässige Zecher tranken aus *Kannen*. Mit der Zeit vermehrte sich die Grösse der *Köpfe* und *Humpen*, ähnlich wie man eine Ehre darein zu setzen anfing, ungeheure Fässer im Keller zu haben. Kurfürst Johann Kasimir von der Pfalz liess 1591 ein Fass von 132 Fudern zimmern; 1664 liess Karl Ludwig ein grösseres von 204 Fudern aufstellen, bis endlich Karl Theodor das jetzige Fass zu Heidelberg von 250 Fudern bauen liess; es wurde 1752 am Martinstage zuerst, später noch drei Mal gefüllt; seit 1769 steht es leer; noch grösser waren die Königsteiner Fässer, deren grösstes 1725 erbaut wurde, 34 Fuss lang und 24 Fuss hoch war und 600 Eimer mehr als das Heidelberger Fass fasste. — *Wackernagel*, *Mete Bier Win Lûtertranc* in den kl. Schriften I; *Kriegk*, Bürgertum, I, Abschnitt 16; *Schultz*, höfisches Leben, I, Abschnitt 4; *Deutscher Trunk*. Kulturhistorische Skizzen. Leipzig, 1863; *R. Schultze*, Geschichte des Weins und der Trinkgelage, Berlin 1867; *Nordhoff*, der vormalige Weinbau in Norddeutschland, Münster 1877; *Hahn*, Kulturpflanzen und Haustiere.

Weisende Tiere nennt die Mythologie solche Tiere, welche auf göttlichen Ratschluss dem Menschen, der zu irgend einem Vorhaben den Weg nicht kennt, die Richtung dahin weisen, sei es, dass es gilt eine Niederlassung zu gründen, Städte, Burgen, Kirchen zu bauen, einen Toten, besonders einen Heiligen oder einen Verdammten zu bestatten. Schon die Hebräer, Griechen und Römer kennen die weisenden Tiere; in der deutschen Sage sind es namentlich Rabe und Wolf, die Lieblinge Wodans, dann der Bär, der Hirsch und die Hündin, etwa so, dass der Hirsch Jägern, der Stier Hirten und der Wolf Helden den Weg weist. Auch in der Legende des hl. Gallus geleiten zwei noch ungezähmte Pferde den Wagen mit dem Sarge des Heiligen; der hl. Lucius von Chur spannt zwei wilde Waldbüffel in einen Karren und fährt mit ihnen nach der Heimat. *Grimm*, Mythologie 1093.

Weisskunig heisst eine von Kaiser Maximilian entworfene und handschriftlich hinterlassene allegorische Geschichte in Prosa, die 1775 mit Holzschnitten zu Wien in Folio herauskam. Der „weise Kunig" ist des Kaisers Vater.

Weistümer hiessen die mittelalterlichen Aufzeichnungen der Hof- und Dorfrechte. Vereinzelt finden sie sich schon seit dem 8. Jahrhundert, in grösserer Zahl seit dem 13. Jahrhundert, bis sie mit dem 14. Jahrhundert in fast unübersehbarer Masse in den meisten Gegenden Deutschlands zum Vorschein kommen. Da es grössere Landschaften umfassende Rechtsnormen im Bauernrecht gar nicht gab und jeder einzelne Hof sein durch Herkommen oder Übereinkunft des Herrn mit den Unterthanen entwickeltes eigenes Recht besass, so hatten die Bauern auch Interesse daran, die geltenden Rechtssätze immer von neuem in Erinnerung zu bringen, damit dem Herrn die Möglichkeit benommen würde, sein Recht wirklich weiter auszudehnen. Es war daher Sitte, dass an bestimmten Tagen, wo die ganze Gemeinde sich versammelte und der Herr oder sein Vertreter zugegen war, besonders in den ungebotenen Gerichten (siehe *Gerichtswesen*), die wichtigsten Rechtssätze ausgesprochen wurden, welche sich so von Geschlecht zu Geschlecht weiter forterbten. Später verzeichnete man die Rechtssätze und las sie in den Gerichten vor. Das Recht verlesen oder aus der Erinnerung mitteilen, hiess nun *das Recht weisen*, *eröffnen*, und die darüber aufgesetzte Urkunde *Weistum*, *Öffnung*, mhd. *wîstuom*, *offenunge*, in Bayern *êhaftrecht*, in Österreich *pantaiding*. Die Form des Weisens war verschieden: bald werden die Schöffen, die Gerichtspersonen oder alle Männer, welche am besten das Herkommen kennen, nur im allgemeinen aufgefordert, alles was sie vom Recht wissen, auszusagen; bald thut der Richter, Beamte oder Herr einzelne Fragen und die Gemeindeglieder geben darauf ihre Antworten; ist ihnen dabei etwas nicht vollständig bewusst, so versprechen sie zu antworten, soweit es sie Sinn und Witz lehre, oder sie erklären, dass sie keine Entscheidung wüssten, weil ihnen ein solcher Fall noch nicht vorgekommen sei, oder sie bitten sich zur Antwort einen spätern Termin aus. Mit der Zeit zog man zur schriftlichen Aufzeichnung der Weistümer Notare oder sonstige Schreiber zu, welche dieselben in der Form von Fragen und Antworten oder in derjenigen von einzelnen Rechtssätzen redigierten; man schrieb sie auf einzelne Blätter oder Pergamentstreifen oder trug sie in Bücher und Register ein. Auch die spät niedergeschriebenen Weistümer enthalten meist sehr alte Rechtssätze, welche schon seit Jahrhunderten gegolten hatten, und man wusste, dass man althergebrachtes Recht mitteile; die Schöffen, heisst es, weisen das Recht, wie sie es von den Vorfahren und ihren Mitbrüdern erlernt und gehört haben, und halten es für Pflicht ihrer Nachkommen, es unangetastet spätern Generationen zu überliefern. Man schrieb die alten Weistümer wörtlich von neuem wieder ab, selbst dann, wenn die veränderten Verhältnisse eine Änderung erforderten und fügte bloss einzelne neue Sätze hinzu.

Der Inhalt der Weistümer ist sehr mannigfaltig, je nachdem die Bauern frei oder unfrei sind u. s. w. Einige Weistümer sind blosse Dorfordnungen, andere Hofrechte. Es gibt Mark- und Forstweistümer, welche sich nicht auf eine einzelne Gemeinde, sondern auf die Rechte mehrerer Dörfer an der gemeinen Mark, auf Markfrevel u. a. beziehen; ferner Bergrechte für Weinbau treibende Dörfer, Grenzweistümer, Zeidlerrechte, Wasserrechte, Deich- und Mühlenrechte, Fischereiweistümer, Fährweistümer, Flurordnungen, Kirchenrechte. Den Hauptinhalt bildet die Stellung der Gemeinde zum Landes-, Gerichts-, Vogtei- und Grundherren; die Zahl und Beschaffenheit der einzelnen Güter wird aufgezeichnet, die Abgaben, Zinsen und Frohnden aufgezählt, die Verpflichtungen des Herrn genannt, die Grundsätze mitgeteilt über die Vererblichkeit und Übertragbarkeit der Güter, Strafen für niedere Frevel u. a. Nach *Stobbe*, Rechtsquellen, I, 585 ff. Die bedeutendste Sammlung von Weistümern wurde seit 1840 von *Jacob Grimm* veranstaltet und nach seinem Tode fortgesetzt.

Welscher Gast, d. h. der Fremde aus Welschland, heisst ein mittelhochdeutsches Lehrgedicht, das der aus Friaul gebürtige *Thomasin von Zerclaere* ums Jahr 1215 in 14742 Zeilen dichtete. Das erste von zehn Büchern enthält allerlei Regeln für das gesellige Leben; Buch 2—8 trägt das eigentliche System vor, wobei alle Tugenden aus der *staete*, d. i. der Beharrlichkeit, abgeleitet werden und die Unveränderlichkeit im Leben der Tiere und der Pflanzen und in den Bewegungen der Planeten der sündhaften Veränderlichkeit des menschlichen Geistes entgegengesetzt wird. Buch 9 handelt vom Richteramt, dem weltlichen und geistlichen Gericht, Buch 10 über Freigebigkeit und Geiz. Ausgabe von *Rückert*, Quedlinburg 1852.

Wergeld, ahd. *werigelt*, zu ahd. *ver* = Mann, also eigentlich Manngeld, war im altgermanischen Recht die bestimmte, gegen Totschlag an die Blutsfreunde zu entrichtende Busse; dieselbe wurde als Befriedigung und Sühne für ein Verbrechen gegeben, und bezeichnete den Wert, wozu jeder nach seinem Stande in dem Gemeinwesen geschätzt und versichert war; ursprünglich entsprach das Wergeld dem Wert der Hufe. Die Forderung des Wergeldes ging von den Blutsfreunden des Erschlagenen aus, die jenes auch unter sich verteilten, und ebenso waren die Blutsfreunde des Thäters genötigt, zu dem geforderten Wergeld beizutragen oder es unter Umständen ganz zu zahlen. *Wilda* unterscheidet, Strafrecht der Germanen, S. 371, folgende verschiedene Stufen in der Entwickelungsgeschichte des Wergeldes. 1) Es bildete sich und bestand neben dem ältesten auf *Friedlosigkeit* gegründeten Strafrecht und war weder Gegenstand der Gesetzgebung, noch der Rechtspflege. 2) Es wurde eine Rechtsinstitution, die dazu diente, die Familien, ohne notwendige Rücksicht auf den Thäter, lediglich um ihrer selbst willen zu versöhnen. 3) Es wurde der Familie zur Pflicht gemacht, zum Wergeld beizusteuern, damit der Schuldige selbst sich von weiteren Folgen seiner That befreien könne, ohne dass jener vorige Gesichtspunkt ganz erlosch. 4) Die Gesetze beschränkten diese Pflicht der Familien, bis sie dahin kamen, jede notwendige Beteiligung aufzuheben und den Grundsatz aufzustellen, es solle der Thäter allein für seine Schuld büssen, mit Ausschluss jeder subsidiären Haftung. Das Wergeld nahm nun ganz die Natur einer Strafe an; es war, nebst dem beim Totschlage zu zahlenden Friedensgelde, rein an die Stelle der den Schuldigen treffenden Friedlosigkeit getreten. 5) Es war dieses auch nicht etwa nur in Beziehung auf den Totschlag der Fall, sondern eine Menge anderer Missethaten sollten nach den gesetzlichen Bestimmungen mit dem Wergelde, und zwar bald des Verletzten, bald des Schuldigen gebüsst werden, ohne dass sich dafür, wenn man das eine oder andere gewählt hat, eine feste Regel auffinden lässt. Indem man dann dieses Wergeld auch vervielfachte und teilte, war es zu einem allgemeinen Busssatz geworden.

Werwolf, mhd. *werwolf* von ahd. *wer* = Mann, also Mannwolf, ist nach einer bei slawischen, romanischen, keltischen und germanischen Völkern herrschenden Anschauung ein in einen Wolf verwandelter Mensch; die Annahme der Wolfsgestalt hängt von dem Überwerfen eines Wolfgürtels oder Wolfhemds ab; wer dieses anlegt, erfährt Umwandlung und darf erst am zehnten Tag in menschliche Gestalt zurückkehren; nach andern Sagen muss er drei, sieben oder neun Tage in dem Wolfsleib beharren; mit dem Aussehen nimmt er zugleich Wildheit und Heulen des Wolfes an und zerfleischt wälderdurchstreifend alles, was ihm in den Weg kommt. In den Hexenprozessen spielte dieser Aberglaube eine grosse Rolle, und zwar war hier die gewöhnliche Annahme, die Verwandlung werde durch einen um den Leib gebundnen Riemen bewirkt; der Gürtel sei nur drei Finger breit, und aus der Haut eines Menschen geschnitten. Von natürlichen Wölfen soll ein Werwolf an seinem abgestumpften Schweif zu erkennen sein. *Grimm*, Mythologie 1048; vgl. *Leubuscher*, Über die Werwölfe und Tierverwandlungen im Mittelalter. Berlin 1850.

Wessobrunnergebet heisst eine aus dem 8. oder 9. Jahrhundert stammende kurze deutsche Dichtung in allitterierenden Versen, die aus mehreren ursprünglich nicht zusammengehörenden Stücken kompiliert ist. Der erste aus vier Langversen bestehende Teil ist der Eingang eines heidnischen, ursprünglich altsächsischen Gedichtes von der Weltschöpfung; die vier weitern Verse enthalten eine christliche Schilderung von der Weltschöpfung, und der Schluss besteht aus einem christlichen Gebet. Den Namen hat das Fragment davon, dass es in dem bayerischen Kloster Wessobrunn aufgefunden worden ist.

Wetterhahn auf dem Glockenturme kommt schon im 10. Jahrhundert zu St. Gallen vor; er erinnert an die Wachsamkeit in Beobachtung der kanonischen Stunden, da man vor der Erfindung der Uhren den Anfang des Frühgottesdienstes nach dem Hahnenschrei richtete. Statt des Hahnes kommen auch Kirchenpatrone vor.

Wieland ahd. *Wiolant*, angelsächs. *Veland*, altnord. *Völundr* heisst der Held eines aus mythischer Anschauung hervorgegangenen Sagenkreises, dessen Hauptinhalt folgender ist: Riese Wada, der Sohn des Wilkinus und der Meerfrau Wachilde, gibt seinen Sohn Wieland erst bei Mime, dann bei Zwergen in die Lehre, die ihn zum kunstreichsten Schmied machen. Darauf wohnt er mit seinen Brüdern Eigil und Slagfidr eine Zeitlang in Ufdalir, wo sie drei Schwanjungfrauen finden und mit ihnen zusammenleben, bis diese nach sieben Jahren als Walküren davonfliegen. Dann kommt Wieland zu König Nidung und besiegt im Wettkampfe den Schmied Amilias mit dem Schwerte Mimung. Nidung lässt ihn lähmen, aber Wieland rächt sich, indem er des Königs beide Söhne tötet und seine Tochter entehrt; ihr gemeinsamer Sohn ist der Held *Wittich*. Dann entflieht er in einem Federkleid. — Die Sage vom Schmied Wieland war im Mittelalter weit verbreitet, wie u. a. viele mit Wieland zusammengesetzte Ortsnamen bezeugen. Dagegen ist leider kein deutsches Gedicht dieses Inhaltes erhalten geblieben; bloss ein dem 14. Jahrhundert angehöriges Gedicht *Friedrich von Schwaben* erzählt Abenteuer des Helden, die eigentlich diejenigen Wielands sind; unter dem Namen Wieland, heisst es hier, habe Friedrich seine Geliebte Angelburg, ein halb geisterhaftes Wesen, gesucht und sei ihm Hoffnung gemacht worden, an einem bestimmten Ort seinen Wunsch zu erreichen. Als er dort angelangt ist, sieht er drei Tauben zu einer Quelle fliegen, die sich darin baden wollen. Indem sie die Erde berühren, werden sie zu Jungfrauen, deren eine Angelburg ist. Sie werfen ihre Gewänder ab und springen ins Wasser. Wieland, durch Hilfe einer Wurzel unsichtbar, nimmt ihnen die Kleider weg. Darüber erheben die Mädchen grosses Geschrei, aber Wieland, sichtbar hervortretend, erklärt sich nur dann zur Zurückgabe der Kleider bereit, wenn eine davon ihn zum Manne nehmen wolle. Sie entschliessen sich endlich und überlassen ihm die Wahl, worauf er die geliebte Angelburg wählt, die mit Freuden den Friedrich von Schwaben in ihm erblickt. Reicher fliessen die Quellen der Wielandssage in der altnordischen Litteratur; die *Wölundarquida*, ein Heldenlied der alten Edda (siehe unter dem Artikel Edda das zweiundzwanzigste Lied der Heldensage), dem übrigens nach Simrock wahrscheinlich ein deutsches Lied zu Grunde liegt, erzählt von Wieland. Noch deutlicher liegt der deutsche Ursprung in der *Vilkina*- oder *Viltina-Sage* vor, einem nordischen Prosaroman, der um das Jahr 1300 aus Mitteilungen sächsischer und westfälischer Männer zusammengestellt worden ist. Auch die Franzosen kannten die Sage von Wieland oder *Galland*, wie er bei ihnen heisst; ein französischer Roman dieses Stoffes, Partenopeus und Melior, wurde wahrscheinlich von Konrad von Würzburg unter dem Namen *Partinopier* und *Meliur* ins Deutsche übertragen.

Wigalois heisst ein der Artussage angehöriges höfisches Epos des Dichters *Wirnt von Gravenberg*, der dasselbe, ein Nachahmer Hartmanns von Aue, im ersten Viertel des 13. Jahrhunderts nach einem französischen Gedichte des *Renant de Beaujeu* bearbeitete. Ein unbekannter Ritter, der an Artus Hofe erscheint, fordert die Genossen der Tafelrunde auf, ihm einen Wundergürtel abzugewinnen; nachdem alle unterlegen sind, führt er des Königs Neffen Gawein gefangen mit sich fort, um ihn mit seiner Nichte *Flôrîe* zu vermählen. Als Gawein, nachdem er einen Sohn gezeugt, an Artus Hof zurückgekehrt ist, kann er da, weil er den Wundergürtel nicht mitgenommen, das Land *Flôrîes* nicht wiederfinden. Mit dem Gürtel nun zieht sein Sohn Wigalois auf Abenteuer aus, kommt an Artus Hof, wird zum Ritter geschlagen und schliesst mit seinem

Vater, ohne von ihm gekannt zu werden, Freundschaft. Im Dienste Königs Artus besiegt er darauf den Feind der *Larîe von Korntîn*, *Roaz von Gloys*, kämpft mit Riesen und Drachen und wird von einem in Feuer umgehenden Geiste, den er erlöst, über seine Herkunft unterrichtet, worauf er sich mit *Larîe* vermählt und König ihres Landes wird. Ihr Sohn heisst *li fort Gawanides*, dessen Aventiure zwar in welscher Sprache aufgezeichnet, aber für des deutschen Dichters Kunst zu schwer sind. Vielfache Betrachtungen erhöhen den Wert der sonst dürftigen Erzählung.

Wilhelm von Orleans oder Dourlens ist ein 1241 gedichtetes höfisches Epos des Rudolf von Ems, das mit Wilhelm dem Eroberer beginnt und mit Gottfried von Bouillon aufhört; Wilhelm erscheint darin als ein Fürst von Brabant (Bouillon), der in Turnier und Krieg die Königstochter und das Königtum in England gewinnt.

Wilhelmiter heissen die Mönche eines reformierten Benediktinerordens, von dessen Stiftung wenig bekannt ist. Der Gründer, ein heiliger Wilhelm, soll sich nach einem ausschweifenden Leben bekehrt und auf den Rat des Papstes Eugen III. als Einsiedler in eine Wüste von Toscana zurückgezogen haben. Aber erst im Gebiete von Siena fand er das öde steinige Thal, das er suchte und wo er sich 1155 zu einem entsagungsvollen Leben niederliess. Der Ort *Stabulum Rhodis*, später *Malavalle* genannt, wurde der Ausgangspunkt von Eremiten-Kongregationen, die sich nach dem heil. Wilhelm benannten und sich durch Italien, Deutschland, die Niederlande und Frankreich verbreiteten. Der Orden war nie bedeutend. Nach anderer Auffassung sollen Wilhelmiter-Mönche der Name der durch Abt Wilhelm von Hirsau reformierten Benediktiner-Kongregation sein. Stälin, Württemberg. Gesch. II, 685.

Willehalm heisst das letzte der drei höfischen Epen *Wolframs von Eschenbach*. Es gehört dem Karolingischen Sagenkreise an und geht wie die übrigen Epen Wolframs auf ein französisches Buch zurück, das der Dichter durch seinen Gönner, den Landgrafen Hermann von Thüringen, erhalten hatte. Willehalm, Graf von Orange in Südfrankreich (es ist eigentlich der heil. Wilhelm, Graf Wilhelm von Aquitanien, der 793 gegen die Sarazenen focht, und obgleich besiegt, das Vordringen der Feinde hemmte), der Vasall Ludwig des Frommen, war in die Gefangenschaft des Heidenkönigs Terramer (d. i. *li rois d'outre mer*, der König von Jenseits des Meeres) geraten, war aber von der zu ihm in Liebe entbrannten und von ihm in der Gefangenschaft zum Christentum bekehrten Tochter des Königs Arabel, der Gemahlin des Königs Tybalt, befreit worden und mit ihr zurückgekehrt. Zur Rache für diese That fallen nun der Vater und der Gemahl Arabels oder, wie diese seit der Taufe heisst, Gyburcs, in Willehalms Land ein; mit der Beschreibung der ersten Schlacht auf dem Felde von Alischanz beginnt das Gedicht; Willehalm wird geschlagen und entschliesst sich deshalb, sich an den Hof nach Orleans zu begeben, um bei Loys (Ludwig der Fromme), der seine Schwester zur Ehe hat, Hilfe zu suchen. Mit dem Hilfsheer, in dem sich namentlich auch der furchtbar starke Knappe Rennewart befindet, trifft er vor dem von den Heiden belagerten Orange ein. Die Entscheidungsschlacht wird hauptsächlich durch Rennewarts Tapferkeit, der sich übrigens als der einzige, als kleines Kind schon entführte Bruder der Gyburc herausstellt, zu gunsten der Christen gewendet; doch wird nach der

Schlacht Rennewart vermisst, worauf Willehalm gegen das Versprechen, ihm die Auslieferung seines Helden zu bewirken, 25 gefangene heidnische Fürsten freilässt. Damit schliesst das Gedicht, dessen Weiterführung wahrscheinlich durch des Dichters Tod verhindert wurde. Wie Wolframs Titurel, so hat auch sein Willehalm, den die Zeitgenossen sehr hoch schätzten, von jüngern Dichtern Ergänzungen erfahren, und zwar wurden sowohl die Vorgeschichte als der scheinbar fehlende Schluss hinzugedichtet. Die Ergänzung des Schlusses unternahm *Ulrich von Türheim* aus der Gegend von Augsburg um 1242. Das Gedicht ist noch ungedruckt; Willehalm und Gyburc gehen darin schliesslich ins Kloster. Die Ergänzung der Vorgeschichte rührt von *Ulrich von dem Türlin*, einem kärnthischen Dichter, her, der im Dienste König Ottokars von Böhmen (1253—78) arbeitete. Auch dieses Gedicht ist bis jetzt ungedruckt.

Willkomm hiessen die grossen Pokale oder kannenartigen Humpen, die auf der Willkommstube der Zünfte zum Empfang der Gäste geleert wurden. Sie hatten mit Anlehnung an das Gewerbe der betreffenden Zunft verschiedene Formen, die eines Schiffes, eines Hutes, eines Stiefels, einer Tonne oder Kanone etc.

Winde und Weltgegenden in der Kunst. Das Altertum gab den Winden volle Persönlichkeit und erwies ihnen göttliche Verehrung; in Bildwerken erscheinen sie ungeflügelt oder mit Flügeln versehen, teils in ganzer Figur, teils nur mit halbem Leibe sichtbar; gern blasen sie auf einer Muscheltrompete, wobei sie, um den ausgehenden Windstoss einen Rückhalt zu geben, die Hand an das Hinterhaupt legen; selten und spät ist die Vorstellung der Winde als Köpfe, aus deren Munde Strahlen hervortreten. Die christliche Kunst stützte sich bei der Verwendung der Winde auf den Vorgang der heiligen Schrift, namentlich bei der Fahrt Christi auf dem galiläischen Meer, wo er den Wind und das Meer bedrohte, aber auch bei anderm Unwetter, z. B. als Jonas ins Meer geworfen wurde. Zu einer höhern Auffassung erhebt sich die Darstellung der Winde, wenn bei den letzten Dingen die *vier Winde* erscheinen, Offenb. 7, 1, gleichwie bei der Weltschöpfung die vier Weltgegenden vorgestellt worden sind; aus diesen wehen nach der Anschauung des alten Testamentes die vier Winde. Das christliche Mittelalter hat die Winde meist bloss durch einen Kopf dargestellt, von dessen Munde ein Hauch ausgeht, selten durch Tierköpfe. Als Naturerscheinung kommen die vier Winde zur Darstellung in deutschen Kalendern seit dem letzten Viertel des 15. Jahrhunderts, so zwar, dass an die Erklärung ihrer Eigenschaften und ihres Einflusses auf den Körper sich die Ermahnung knüpft: „und also wenn die Winde kommen, so mag sich ein jeder darnach halten;“ der dazu gehörende Holzschnitt stellt die Winde als blasende Köpfe dar, in einem Kreise angebracht.

Die Winde dienen auch zur Veranschaulichung der *Weltgegenden*, sowohl im alten Testament als im klassischen Altertum. Doch hat das letztere die vier Winde durch Hinzufügung der Zwischenwinde auf eine Windrose von acht oder von zwölf Winden erweitert. Auf das Mittelalter ging die 12strahlige Windrose über, mit folgenden Namen:

(Siehe folgende Seite.)

Es sind dieselben Winde, für welche Karl d. Gr. nach dem Leben Einhards deutsche Namen aufstellte: und zwar nannte er den *Subsolanus: ostroniwint*, den *eurus ostsundroni*, den *euroauster sundostroni*, den *auster sundroni*, den *austroafricum sundwestroni*, den *africus west-*

sundroni, den *zephyrus westroni*, den *eurus westnordroni*, den *circius nordwestroni*, den *septemtrio nordroni*, den *aquilo nordostroni*, den *vulturnus ostnordroni*. Andere einfache Windnamen im Altdeutschen sind nach *Grimm* Grammatik III. 390 altn. *byr; pîsa* für den scharfen Nordwind, noch schweizerisch als *bîse* erhalten. Die Weltgegenden wurden übrigens im Mittelalter nicht bloss durch die Winde, sondern auch unmittelbar persönlich dargestellt, in halber Figur, verschieden-

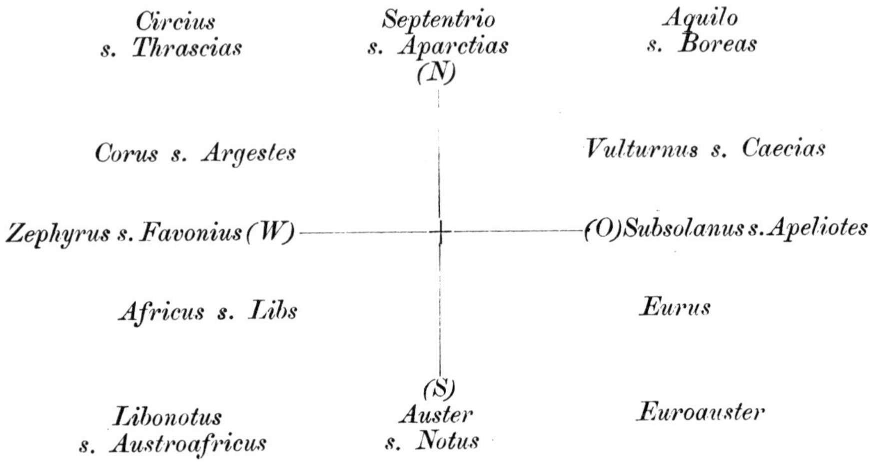

farbig bekleidet. *Piper*, Mythologie der christl. Kunst II. S. 433—474.

Winsbecke und Winsbeckin (der und die) heissen zwei, der guten höfischen Zeit angehörende Lehrgedichte in strophischer Form, worin ein Vater dem Sohne und eine Mutter der Tochter Unterweisungen in allen Tugenden des adeligen Lebens geben. Ob der Name „der Winsbecke" auf den Dichter oder auf den Charakter des Gedichtes gehen soll, ist nicht ausgemacht; einige Handschriften haben die Namen *des vater und der muoter lêre*. Beide Gedichte gehören zu den ausgezeichnetsten des Mittelalters. Ausgabe von Haupt, Leipzig, 1845.

Witwe, got. *viduvô*, altsächs. *widua*, ahd. *wituwâ*, mhd. *witewe*, *witwe*, kommt von dem gleichbedeutenden lat. *vidua*, d. h. die (des Gatten) beraubte. Nach altdeutschem Recht musste die *kinderlose* Witwe alsbald nach dem Tode des Mannes und nachdem sie in den Besitz des ihr rechtlich Zukommenden gesetzt war, das Gut ihres Mannes verlassen, das seine nächsten Verwandten in Besitz nahmen; bloss wenn sie sich nach vorangegangener Unfruchtbarkeit beim Tode des Mannes für schwanger erklärte, durfte sie bis zur Entscheidung der Richtigkeit ihrer Angabe im Hause bleiben. Waren aber Kinder vorhanden, so blieb die Witwe bei diesen, führte das Hauswesen fort und stand dabei unter der Mundschaft des nächsten Schwertmagen ihrer Kinder; im andern Falle kam sie unter den Schutz ihrer nächsten angebornen Verwandten zurück. In der ältesten, vorhistorischen Zeit folgte die Witwe dem Gatten in den Tod; so Brynhild dem Sigurd in der nordischen Sage; es ist ein uralter auch bei den Indern, Thrakern, Griechen und Slawen bekannter Brauch, dem die Auffassung der Frau als eines Eigentumes des Mannes zu Grunde liegt, das gleich Pferd und Knechten mit ihm sterben muss. Auf diese Periode folgte diejenige, in der zwar die Witwe fortlebte, sich aber nicht wieder vermählen durfte; Tacitus bezeugt sie Germania 19. Die nach der Völkerwanderung aufgestellten Volksrechte gestatten hinwiederum die Wiederverheiratung der Witwe; doch erhielt sich, von der Kirche unterstützt, noch lange eine gewisse Abneigung gegen eine Wiederverheiratung der Frau; das zeigt z. B. der in einigen Städten für Witwentrauungen bestimmte, sonst vermiedene Mittwoch; und es ist nicht unwahrscheinlich, dass die *Katzenmusik* von dem Höllenlärm bei derartigen Verlobungen oder Brautläufen ihren Ursprung genommen hat. Um zu rascher Wiederverheiratung Schranken zu setzen, gebot die Kirche wenigstens ein Jahr trauernder Enthaltsamkeit, was aber selten inne gehalten wurde. *Weinhold*, deutsche Frauen. Abschnitt VII.

Wochentage. Dass die Woche, d. i. der Zeitabschnitt von Mondviertel zu Mondviertel, den alten Germanen schon vor der Einführung des Christentums bekannt war, zeigt schon der deutsche Name dafür, got. *vikô*, ahd. *wehhâ*, mhd. *woche* und *wuche*, welches Wort mit *weichen* und *Wechsel*, auch mit lat. *vicis* = Wechsel verwandt ist und soviel als Zeitwechsel (Mondwechsel) bedeutet. Doch scheint bei Benennung der Wochentage, ebenfalls schon vor Einführung des Christentums, römischer Einfluss, vielleicht über Gallien her, gewaltet zu haben. Von den ursprünglich wahrscheinlich ägyptischen und um den Schluss des 2. Jahrhunderts bei den Römern völlig eingebürgerten astrologischen Namen der sieben Wochentage wurden die für Sonntag und Montag beibehalten, die übrigen aber durch die Namen der entsprechenden germanischen Gottheiten bezeichnet. Dem römischen *Mars* entsprach der deutsche *Ziu* oder *Er*, daher ahd. *Ziestac*, d. i. *Ziwestac*, oberdeutsch *Zistig*, bayerisch Ertag, Erchtag, Eritag. *Merkur* wurde mit *Wodan* übertragen, daher durch alle niederdeutschen uud nordischen Sprachen bis heute der Tag *Gudestag*, *Gudenstag*, niederl. *Woensdach*, angels. *Vôdenes däg*, engl. *Wednes dag*, altnordisch *Ódhinsdago*, schwedisch und dänisch *Onsdag* heisst, dessen altdeutscher Name *Wôdanes tag* gelautet haben wird, während in Oberdeutschland sich früh ein abstraktes, die *mittawecha*, später der *mittwoche*, mit ergänzend hinzugedachtem *Tag* zeigte, bis jetzt nicht vor dem 10. Jahrhundert nachgewiesen. *Dies Jovis* wurde überall zum Tag des *Donar*, ahd. *Toniris tac*, mhd. *doners-*, *donres-*, *dunrestac*, engl. *thursdag*, altnord. *thôrsdagr*, schwedisch und dänisch *torsdag*. *Dies Veneris* würde zum Tag der *Frîa*, nordisch *Frigg*, der Gemahlin Wodans, und nicht, wie man früher annahm, der Göttin der Liebe und Fruchtbarkeit; denn nach ihr, der altnord. *Freyja*, ahd. *Frouwâ* benannt, würde der Tag nicht *frîatac* sondern *frouwûntac* heissen müssen. Beim letzten Wochentage gehen die germanischen Sprachen wieder auseinander; den *dies Saturni* bewahrte das Niederländische, Angelsächsische, Englische und Westfälische (*Satersdag*), während sich im Norden ein *langardagr*, d. i. Badetag, festsetzte, und in Oberdeutschland die Namen *Samstag* oder *Sonnabend;* das letztere Wort heisst ahd. *der sunnûn âband*, mhd. der *sunnen âbent* und „lässt die Sonne an dem *Vorabend* des ihr geweihten Tages, des Sonntages, als zur Ruhe gehend erscheinen, um dann an diesem, dem ersten der Woche, gleichsam mit ihrem Laufe neu zu beginnen“. Der *Samstag* hingegen, ahd. *sambaztac* und *samiztac*, mhd. *samtez-*, *samez-*, *samztac* neben *sames-*, *samis-*, *samstac*, franz. *samedi*, ist dem lat. *sabbati dies* entsprungen. Gemäss ihren altheidnischen Patronen haben die Wochentage, nur etwas umgebildet durch christliche, besonders römisch-katholische Einrichtungen, vielfach ihre alten Beziehungen erhalten. Allgemein gilt der *Sonntag* als glücklicher Tag und wird daher besonders zu Trauungen gewählt; Sonntagskinder sind Glückskinder und können, wie der Sonne nichts unverborgen ist, vieles andern Menschen verborgene sehen und erkennen. Der *Montag* übernimmt ebenso die Bedeutung des Mondes, der mit der Nacht, der Veränderlichkeit, der Dunkelheit verwandt ist; er ist also meist ein Unglückstag; am Montag darf man nichts unternehmen, was dauernd sein soll, nicht Wäsche waschen, in keine neue Wohnung ziehen, nicht Hochzeit machen, die Ernte beginnen, einen Dienst oder eine Reise antreten u. dgl. Insofern aber der Mond, bei fast allen Völkern, als Förderer der Fruchtbarkeit gilt, besonders als zunehmender, ist der Montag günstig für alles, was *wachsen* soll, also zum pflanzen. Der *Dienstag*, einst dem Gott des Krieges, des Schwertes und des Gerichtes geheiligt, ist wichtig für Gerichts- und Vertragssachen, daher er auch früher *dingstac*, d. h. Gerichtstag, genannt wurde; deshalb wird er auch für Trauungen und zum Antreten eines Dienstes günstig geachtet. Der *Mittwoch*, dem Gott des Sturmes und Ungewitters gehörend, ist ein Unglückstag; am Abend fahren die Hexen aus, nichts was von Dauer sein soll, darf angefangen werden; getraut werden an diesem Tage nur gefallene Mädchen und Witwen. Vor allen andern Tagen unheilvoll ist der *Donnerstag;* manche Arbeit ist untersagt, weil der Tag ein heidnischer Festtag war: kein Holz darf gehauen, kein Mist ausgeführt, abends nicht gesponnen werden; man muss sorgfältig allen Zauberschutz beobachten, denn die Hexen halten Umzug. Sofern Donar auch Gott der rechtlichen Ordnung ist und durch seinen Hammer Gesetz und Vertrag festigt, ist der Donnerstag früher, zum Teil auch jetzt noch, Gerichtstag. Der *Freitag* ist der verhängnisvollste Wochentag; je nachdem aber die heidnische oder die christliche Überlieferung überwiegt, gilt er als der glücklichste oder, aber seltener, als der unglücklichste Tag. Er eignet sich vor allem zu Hochzeiten; Freitagskinder, am Sonntag getauft, gelten den Sonntagskindern gleich. Der *Sonnabend* gehörte wahrscheinlich dem *Frô;* an diesem Tag soll die Sonne scheinen, wenn auch nur zu Mittag drei Minuten lang; denn die Mutter Gottes will ihr Hemd trocknen. Am Abend darf nicht gesponnen werden; denn was man da spinnt wird in der Nacht wieder verdorben oder weggenommen. *Grimm*, Mythologie 111; *Zacher* in Ersch und Gruber, Artikel Germanien, Seite 373; *Wuttke*, Volksaberglaube, §. 66—72. *Rochholtz*, die deutschen Wochentage, in deutscher Glaube und Brauch, Berlin 1867, II., 1—64.

Wodan, (ahd. *Wuotan*, ags. *Vôden*, altnord. *Odhinn*), oberster Gott der germanischen Völker. Die Römer glaubten in Wodan ihren Merkur wieder zu erkennen. Im Französischen ist der Mittwoch dem Merkur geweiht *Mercredi*, im Englischen aber dem Wodan *Wednesday*, niederl. *Woensdag*, westfälisch *Gudensdag*. Der Name hängt zusammen mit dem ahd. Verb *watan*, *praet. wuot*, unser „waten“, dessen ursprüngliche Bedeutung „durchdringen“ war, und so bezeichnet denn der Name Wodan, wie der

Gott bei den Altsachsen hiess, das alldurchdringende Wesen, die alldurchdringende schaffende und bildende Kraft. Von *watan* ist aber auch unser „Wut“ abgeleitet und so tritt uns denn zuerst Wodan entgegen als Vertreter des allesdurchdringenden Elementes, der Luft, die aufgeregt, oder bildlich gesprochen, in Wut versetzt, zum Sturme wird. Als *Sturmgott* reitet Wodan auf milchweissem Pferde, in einen weiten blauen fleckigen Mantel gehüllt und mit einem breitkrämpigen Hute bedeckt entweder allein, oder an der Spitze der *wilden Jagd* und des *wütenden Heeres* durch die Lüfte. Der Glaube an die wilde Jagd, die wie das wütende Heer aus den als Lufthauch dem Leichnam entfliehenden Seelen der Verstorbenen besteht, gehört dem Norden Deutschlands an, während die Vorstellung des wütenden Heeres in Süddeutschland volkstümlich ist. Der Wôde jage, heisst es in Pommern, Mecklenburg und Holstein, der Wôejäger in Hannover, der Wôinjäger ziehe um in Oldenburg, wenn der Sturm durch den Wald tost. Der weite Mantel hat dem Gott in einem Teile Westfalens, im Harz, und im Thüringerwald den Namen „*Hackelbärend*“ oder „*Hackelberg*“, d. h. „Mantelträger“, verschafft, während er wieder in anderen Gegenden Norddeutschlands wegen seines weissen Rosses „Schimmelreiter“ genannt wird. Eine Eule, Tutursel mit Namen, fliegt dem Zuge voran, Raben und Hunde mit Lichtern folgen ihm. Nur wenn man sich platt auf den Boden wirft mit dem Angesicht, kann man sich vor dem Mitgerissenwerden hüten. Schaut man zum Fenster hinaus beim Herannahen der wilden Jagd, so erhält man einen betäubenden Schlag, oder wird blind, oder wahnsinnig. Wo Wodan sein Ross weidet, da windet es fortwährend. Auf bestimmten Wegen rast die wilde Jagd dahin, besonders gern durch Häuser und Scheunen, in denen zwei oder drei Thüren hintereinander liegen. Bei solchen Durchzügen kommt es oft vor, dass der wilde Jäger einen seiner Hunde, welche seine Kinder oder Seelen von Bösewichtern sind, im Hause zurücklässt und übers Jahr wieder abholt. Der Feuerherd ist die Wohnstätte des Hundes, Asche seine Nahrung. So jagt Wodan mit seinen Hunden, denen sich oft noch eine aus Toten gebildete Schar anschliesst, entweder einem Eber, oder einem Pferde oder einem geisterhaften Weibe nach, das er endlich nach sieben Jahren einholt und vor sich hin quer aufs Ross legt. In Mitteldeutschland aber und Tirol verfolgt die wilde Jagd die sog. Moosweibchen, Lohjungfern, Holzfräulein, welche die Personifikationen des Laubwerkes sind und dem Landmann bei seiner Arbeit helfend zur Seite stehen. Wer aufgefordert in den Jagdruf des Wode und seiner Genossen einstimmt, dem schenkt er eine Pferdekeule, die sich in Gold verwandelt, wer aber höhnt auf den wilden Jäger, dem heftet er auf den Rücken oder an das Haus einen nach Schwefel stinkenden Pferdeschenkel, der nicht mehr zu entfernen ist.

Das *wütende Heer* ist dasselbe wie die wilde Jagd, nur ist es eben keine Jagd, d. h. keine Verfolgung irgend eines Wildes. Die verschiedenen Namen Wuotes Heer, Muotes, Wuotunges Heer, Guenis Heer gehen auf die Form Wuotanes Heer zurück, während wieder in anderen Gegenden die unheimliche Erscheinung unter den Bezeichnungen: „das Nachtvolk“, „Nachtgejäge“ oder „die wilde Fahre“ bekannt ist. Als ein Zug von Geistern in menschlicher Gestalt, manchmal in einer grossen schwarzen Kutsche sitzend, braust das wütende

Heer daher unter bezauberndem Gesang und wunderbar schöner Musikbegleitung. Wehe dem, der dem Warnungsruf des vorausschreitenden Mannes nicht gehorcht und sich nicht platt auf die Erde wirft. Entweder muss er mit rasen oder wird geblendet oder seines Hauptes beraubt. Im Berneroberland, Graubünden und Wallis erscheint das wütende Heer als Nachtvolk, Totenvolk oder Totenschar, welches mit dem Tode an der Spitze die Leichname derer herumträgt, die bald sterben müssen und so das Eintreten eines Todesfalles verkünden. Klopft das Nachtvolk an eine Thüre, so muss mitziehen oder sterben, wer ihm antwortet.

Diese Sagen beruhen alle auf Naturvorgängen. Vor dem Sturmwind wirft man sich auf den Boden, um nicht mitgerissen zu werden. Wie die wilde Jagd, so zieht auch der Wind besonders heftig durch hintereinanderliegende Thüren und Fenster. Durch den Kamin heult der Wind und wirbelt die Asche des Herdes auf, auf der Feuerstätte winselt und heult aber der Sage nach auch Wodans Hund und frisst Asche. Wodans Mantel ist der Himmel, sein Hut die Wolke. Der Sturmwind scheucht die Wolken vor sich her, der wilde Jäger das Ross, den Eber oder die Geisterjungfrau. Der Luftzug weht das Laub von den Bäumen, wie Wodans Heer die Waldgenien mit sich reisst. Der Blitz ist es, der als schweflige Pferdekeule den Spötter trifft. Die wilde Jagd, wie das wütende Herr werden begleitet von Blitz, Donner und Regen. Die schwarze Gewitterwolke ist die Geisterkutsche, der Donner ihr Rollen. Mehrfach kehrt die Sage wieder, dass Geister des wütenden Heeres eine Kuh schlachteten und verzehrten, die sie dann aus der abgezogenen Haut wieder erneuten und ins Leben zurückriefen. Es ist die Wolke als Kuh gedacht, von der die Windgeister die Seele zehren, indem sie den Regen derselben auf die Erde giessen. Nur ein kleines Wölkchen, die Haut, bleibt übrig, und aus dieser ersteht und wächst die Kuh, wie sie war, zu neuem Leben. — Im Laufe der Zeit trat an die Stelle des Wodan als Anführer des wilden Heeres ein Held der deutschen Vorzeit, so in der Lausitz und in Altenburg Dietrich von Bern, in Schleswig Herzog Abel, der seinen Bruder ermorden liess. Doch nicht nur Deutschland kennt die wilde Jagd und das wütende Heer. In Frankreich spukt sie unter dem Namen: *Chasse Hérode*, *Chasse de Caïn*, *Chasse Machabée*, *Chasse du diable*, *Chasse galerie*, *Chasse gayère*, *Chasse briquet*. Ihre Anführer sind, wie teils ihre Namen andeuten, Herodes und Kain, dann in der Gegend von Tours Hugo Kapet, an anderen Orten St. Hubert und St. Eustachius. Selbst der König der Tafelrunde, Artus, wurde zum wilden Jäger gemacht. In England wird die wilde Jagd nach deren Anführer, König Herla, *Herlathing* genannt.

Aus der wilden Jagd oder dem wütenden Heere entwickeln sich allmählich andere Sagen. So wurde Wodan, der an der Spitze seiner Genossen das alles in Bewegung setzende Sturmlied singt, zum kunstfertigen *Spielmann*, wie er uns als Rattenfänger von Hameln in der populärsten Weise entgegentritt. Einen viel edleren Charakter hat Wodan in der Gestalt des alles bezaubernden Sängers *Horant*, der namentlich in der Gudrun bei der Entführung der irischen Königstochter Hilde eine grosse Rolle spielt.

Nahm der heidnischen Auffassung zufolge die wilde Jagd alle Seelen mit, so beschränkte das Christentum die Aufnahme dadurch, dass sie bloss aus den Geistern von Leuten bestehend gedacht wurde, die Sonntags und Werktags gejagt, das Landvolk durch Fronknechte zur Treibhatz getrieben und in ihrer wilden Lust selbst der Saaten und des Schweisses der Bauern nicht geschont hätten. Darum trügen sie zur Strafe die Köpfe unter dem Arm und ritten auf Rossen ohne Kopf.

Als die deutsche Mythologie einen immer kriegerischeren Charakter annahm, so ging dieser auch auf die wilde Jagd über, welche aus im Kampfe gefallenen Helden nunmehr zusammengesetzt war und durch ihr Erscheinen den Ausbruch eines Krieges verkündete. *L'armée furieuse* heisst in Frankreich der Spuk. Im Odenwald ist der durch Scheffels *Gaudeamus* so populär gewordene *Rodensteiner* der Anführer dieser wilden Scharen, welche, so oft feindliche Völker es wagen den Rhein zu überschreiten, ausbrechen aus dem Schnellertsberge und ihnen entgegentreten und erst wieder in den Berg zurückziehen, wenn die fremden Soldaten über den Fluss zurückgegangen sind. In Oberhessen ist an die Stelle Wodans sogar ein Held der neuern Zeit Karl V. getreten, der auch beim Herannahen eines Krieges mit seinem Gefolge seine Bergheimat verlässt.

Aus den Wolken quillt der Segen, strömt der Regen. Auch Wodan mit seinem wilden Heere wird so zum *Regengott*, zum *Befruchter der Saaten*, welchem von den frommen Landleuten Opfer dargebracht werden. Dieser heidnische Gebrauch herrschte noch im vorigen Jahrhundert in Mecklenburg, wo bei der Roggenernte am Ende eines jeden Feldes ein Streif Getreide unabgemäht blieb, mit dem Garben zusammengeflochten und mit Bier besprengt wurde. Mit entblössten Häuptern baten dann die Bauern Wôda um eine gute Ernte für's nächste Jahr. Ein ähnliches Opfer war noch im Anfang dieses Jahrhunderts in Lippe-Schaumburg üblich, und noch heute heisst in Hessen die letzte Garbe „Waulroggen". In Bayern wurde Wodan als Erntegott unter dem Namen Oanswald, Uanswald, Aswald oder Oswald verehrt. War Wodan einmal Sturm-, Wolken- und Regengott, wurde das Gelingen oder Misslingen der Ernte als von ihm abhängig betrachtet, so lag es nahe ihn überhaupt zum Gott des *Himmels* und der *Luftregionen* zu machen. Er ist als solcher einäugig; denn die Sonne ist sein Auge, das Sternbild des grossen Bären sein Wagen, auf welchem er die Toten in das Seelenreich führt. Da sich Wodan jetzt zu einem Himmelsgott, zu einem milden und segenspendenden Wesen erhoben hatte, so wurden seine früheren zerstörenden Wirkungen als Sturmgott einem Eber, dem sogenannten „Windeber" zugeschrieben, mit welchem Wodan kämpft. Der Gott besiegt das Untier, stirbt dann aber selbst; der milde segnende Gott, welcher die goldne Frucht des Ackers spendet, erschien als ein sommerlicher, mit seinem Tode oder Verschwinden machte er dem frostigen Winter Platz. Im Wolkenberge, in der Wolkenburg, welche dann geschlossen ist und nicht befruchtenden Regen, sondern nur eisigen Schnee zur Erde sendet, träumt er mit seinem ganzen Heere dem Frühling entgegen. Wie als wilder Jäger, so ging als *Schlafender* Wodan in die Gestalten von Lieblingshelden des deutschen Volkes über. Kaiser Karl der Grosse schläft im Desenberge bei Warburg, in der Burg Herstalla an der Weser, in der Karleburg bei Löhr im Spessart, im Trautberg und Donnersberg in der Pfalz. Otto der Grosse sitzt verzaubert im Kyffhäuser. Später trat an Stelle Ottos Friedrich Barbarossa, der schlafen muss, so lange die Raben um die Burg herumfliegen. In Schottland träumt König Artus mit seiner Tafelrunde in den Hügeln von *Alderley Edge*. Nach einer andern Sage irrt Wodan sieben Jahre, welche die sieben Wintermonate bedeuten, als ein Verbannter herum, fern von seiner Gattin, um die der blasse, winterliche Wodan wirbt. Nach Ablauf der sieben Jahre respektive sieben Monate aber kommt er zurück, vertreibt seinen Nebenbuhler und erweckt an der Seite seiner Gemahlin alles wieder zu neuem Leben. Wieder in einer andern Fassung heisst es, der Himmelsgott jage sieben Jahre seinem Weibe nach, der Wolkengöttin, welche verzaubert ihm untreu geworden. Es ist dies die geisterhafte Jungfrau, welche schon oben als von der wilden Jagd verfolgt erwähnt wurde.

Vom 21. Dezember der Wintersonnenwende an werden die Tage wieder länger, und dies betrachtete man als eine Vorbedeutung für die Wiederkehr des Frühlings und Sommers. Die auf das Wintersolstiz folgenden „zwölf Nächte“, in England unter dem Namen *Twelf Nights* wohl bekannt, gelten in bezug auf das Wetter vorbedeutend für das folgende Jahr. Die Geister der Verstorbenen steigen in dieser Zeit zur Erde nieder und wandeln unter den Sterblichen. Die wütende Jagd durchtost das Land. Mit den Verstorbenen mischen sich auch die Götter unter die Menschen und verlangen Verehrung. Heilige Feuer lohen auf den Bergen zur Ehre Wodans. In den Dörfern aber wurden die Kultusgebräuche dramatisch dargestellt. Noch jetzt repräsentiert in Braunschweig, Schlesien, Schwaben und auch in England der sogenannte „Schimmelreiter“ oder das *Woodenhorse*, *Hobbyhorse* den auf weissem Ross daherbrausenden Wodan. In seiner Gesellschaft sind oft ein Schmied, der den Schimmel beschlägt, ein Bär, welchen ein in Erbsenstroh gehüllter Bursche spielt, an dessen Stelle in Usedom der Klapperbock, in Schweden der *Julebock*, in Obersteiermark die Habergais tritt. Oft auch folgt dem Schimmelreiter Hans Ruprecht oder *Knecht Ruprecht*, welcher sich ja jetzt noch nicht nur auf dem Lande, sondern auch in den Städten erhalten hat und mit seinen Gaben die braven Kinder beglückt, mit seiner Rute die unartigen bestraft. Selbst Gebäcke wurden um diese Zeit in Pferdeform gemacht. Noch einmal tritt der Winter in seine Rechte, dann aber ergreift der segenspendende Sommergott wieder dauernd die Herrschaft über die im frischen Schmucke prangende Erde. Im Mai schlägt Wodan in entscheidender Schlacht den kalten Herrn des Winters aus dem Felde. In England zieht dann Robin Hood mit seinen fröhlichen Jagdgesellen ein. Wieder spielt bei den Frühlingsfestlichkeiten, wie sie in den zwölf ersten Maientagen in Deutschland, England und bis nach Frankreich hinein von der frohen Bevölkerung gefeiert werden, der Schimmelreiter eine grosse Rolle. Ihm zur Seite steht aber die ebenso wichtige Persönlichkeit der Maikönigin oder des Maikönigs in England, des Maigrafen in Niederdeutschland, des Pfingstbutz in Schwaben, des Wasservogels in Bayern, welche alle mit Grün und Blumen geschmückt den Einzug der warmen Jahreszeit veranschaulichen sollen.

Wie das sanfte Wehen des Windes die Luft reinigt und Krankheitsstoffe verscheucht, so tritt auch Wodan als *Heilgott* auf, der, wie der zweite Merseburger Zauberspruch zeigt, z. B. die Fussverrenkung von Balders Fohlen heilt, nachdem vergebens die heilkundigen Weiber Sinthgunt und Sunna, Fria und Volla das Tier besprochen.

Dem doppelten Charakter des Gottes gemäss, empfing Wodan auch zweierlei Opfer. Als segenspendendem Erntegott wurden ihm Feldfrüchte dargebracht. Der wilde Herr des Sturmes und der Schlachten aber lechzte nach Blut und so fielen Pferde und selbst Menschen unter dem Messer oder durch den Strick des opfernden Priesters; denn namentlich die Seelen der Gehängten sind dem Gotte lieb.

Wenn er nicht im wilden Sturmwind einherfährt, so weilt Wodan mit seinem Gefolge in seinem Palaste hinter den Wolken. Zu diesem goldleuchtenden Hause führt ein Weg, der mit edlen Steinen gepflastert ist. Auch für Liebe ist das Herz des Himmelsgottes nicht unempfänglich, die Sage weiss von einer Verlobung Wodans mit der reizenden Köhlerstochter Lili. Ebenso weiss der gewaltige Gott die selbstvertrauende Macht und Klugheit der Menschen zu achten und zu würdigen.

Der Gott, welcher den Menschen den Sieg verlieh, wurde bald auch der Geber alles Glückes und aller höheren Güter, er wurde Geber des Wunsches und gar der *Wunsch* selber; denn mit diesem Worte bezeichneten noch die Dichter des Mittelalters ein gewaltiges, schöpferisches Wesen.

Wie bei den Griechen und Römern waren auch bei den Germanen die Herrscher darauf versessen, von Göttern abzustammen. Bei der englischen Königsfamilie reicht der Stammbaum bis auf Wodan hinauf und mit Hilfenahme weiblicher Zwischenglieder bis Königin Viktoria herab.

Bei den Nordgermanen finden wir den Namen Wodan in *Odhinn* (oft mit verdeutschter Schreibung *Odin* geschrieben) verwandelt. Seine Bedeutung ist dieselbe geblieben. Auch Odhinn ist Sturmgott, als solcher sogar früher als Adler abgebildet, daher der Name *Arnhöfdhi* (adlerhäuptig)), welcher an der Spitze der wilden Jagd in Dänemark oder des wütenden Heeres in Schweden und Norwegen sein Wesen treibt. *Asgardhreidh*, d. h. Fahrt nach Asgardh, mit welchem Namen Odhinns Wohnsitz bezeichnet wird, nennt man die Erscheinung. Geister von Trunkenbolden, Schlägern, Neidern und Betrügern, die für den Himmel nicht reif, für die Hölle zu gut sind, bilden das Gefolge des Gottes und treiben es ganz gleich wie ihre Brüder in Deutschland. Auch Odhinn wohnt im Wolkenberg, ist einäugig, weil die Sonne sein Auge bildet, stellt durch seinen weiten Mantel das Himmelszelt, durch seinen breitrandigen Hut die Wolken dar und reitet auf weissem Ross, das Sleipnir heisst und acht Füsse besitzt. Ähnliche Gebräuche wie in Deutschland herrschen auch in Skandinavien an der Wintersonnenwende und im Frühlingsanfang.

Ganz anders allerdings gestaltet sich das Bild Odhinns, wenn wir die Edda zu Rate ziehen, welche sich einen Götterhimmel geschaffen, wie die Griechen ihn besassen. Da ist Odhinn der König und väterliche Regierer der Welt und des Götterstaates. Er wird daher Allvater genannt. Als solcher thront er in der Götterburg Asgardhr, welche in ihrem Mauerring viele herrliche Paläste umschliesst. Der prächtigste von diesen ist Gladsheim (Welt der Freude), wo geräumig die goldschimmernde Vallhöll (*Walhalla*, d. h. die vorzügliche Halle) sich erhebt. In dieser Halle freuen sich die Einherier, die im Kampfe gefallenen Helden, ihres Lebens, essen das Fleisch des Ebers Sährimnir, das ihnen der Koch Andhrimnir in dem Kessel Eldhrimnir zubereitet, laben sich an der nie versiegenden Milch der Ziege Heidrhun, während die holden Valkyrien ihnen aus goldenen Hörnern köstlichen Met kredenzen. Odhinn selbst sitzt auf goldenem Throne, umgeben von den beiden Wölfen Geri (der Heisshungrige) und Freki (der Gefrässige), umflogen von den Raben Hugin (Gedanke) und Munin (Erinnerung). Zu den Einheriern gehören bloss die im Kampfe gefallenen Könige, Herzoge, Adelige und reichen Herren. Sie werden ausgewählt auf blutiger Wahlstatt von den Valkyrien und ein festlicher Empfamg wird ihnen bereitet in Walhalla. Einst wird Odhinn die Einherier gebrauchen: in der Götterdämmerung, wenn es gilt gegen die dämonischen Mächte, welche den Untergang der Welt herbeiführen, den Entscheidungskampf zu schlagen. Odhinn ist Kriegsgott. Ja er säet sogar Zwietracht, wenn Frieden im Lande ist. Entbrennt die Schlacht, so kämpft er selbst unsichtbar mit. Von ihm allein hängt der Sieg ab. Im Vertrauen auf die Hilfe Allvaters verrichteten die Nordmänner Wunder der Tapferkeit und sahen lachenden Mundes dem Tod ins Angesicht. Bis zum Fanatismus begeistert stürzten sie sich wohl panzerlos, als Berserkir, in die Scharen der Feinde und bissen um sich wie Wölfe.

Odhinns Dienst war blutig, Menschenopfer fielen an seinen Altären. Wie in Deutschland wurden auch in Skandinavien die zum Opfertode bestimmten vorzugsweise gehängt.

Doch nicht nur auf dem Festlande ist Odhinn Herr. Auch die Seefahrer flehen ihn um günstigen Fahrwind an und vertrauen auf seine Hilfe in des Sturmes Nöten. Recht bezeichnend ist es für die Germanen, denen ja schon Tacitus Liebe zum Trunke vorwirft, dass sie ihren obersten Gott gleichsam auch als obersten Bierbrauer ansahen. Im engsten Zusammenhang damit steht aber auch, dass Odhinn Dichtergott ist, welcher den Sängern den Trank der Begeisterung einflösst. Er selbst ist der beste der Dichter, und ihm werden sogar eine Reihe von Sinnsprüchen in den Mund gelegt, die unter dem Namen Havamal, d. h. Sprüche des Hohen, gesammelt sind. Ebenso gross wie sein dichterisches Talent ist sein Geschick *Rätsel* aufzulösen, selbst den Riesen Vafthrudnir besiegt seine Weisheit im Rätselkampfe. Odhinn ist allwissend, denn er hat aus dem Weisheit spendenden Brunnen des Riesen Mimir getrunken, wofür er aber dem Riesen zur Belohnung das eine Auge lassen musste. Mit des Gottes Allwissenheit hängt auch seine Allmacht zusammen. Er ist Erfinder der *Runen*, der Schöpfer und Ordner im Reiche der Natur und alles höheren Lebens. Mit seinen Brüdern Vili (der Wollende) und Ve (der Heilige) hat er aus dem Chaos Himmel und Erde erhoben und die organische und sittliche Weltordnung geschaffen. Aus Bäumen hat er die Menschen gebildet und ihnen die Seele eingehaucht. Fort und fort erhält er, als König dem Götterstaate vorstehend, seine Weltordnung aufrecht. Er ist Vorbild der Gesetzgeber und wacht über die Heilighaltung des Eides. Auch Kinder werden Odhinn zugeschrieben. Mit Frigg hat er den lichten Balder erzeugt, mit der Erdgöttin Jördh den starken Donnergott Thorr, mit Rindr den Vali, mit der Riesin Gridhr den schweigenden Vidharr; auch die Kampfgötter Tyr und Hödhr, der Dichtergott Bragi, der Götterwächter Heimdallr und Hermodhr, der Götterbote, nannten den Allvater Odhinn ihren Erzeuger. Als die Heiligen der christlichen Kirche den heidnischen Göttern den Krieg erklärten und sie allmählich aus dem Felde schlugen, da nahmen doch einige der Sieger Züge von den Unterdrückten an. Der Erzengel *Michael*, dieser „Fahnenträger der himmlischen Heerscharen“, trat an Wodans Stelle. Auf denselben Plätzen, wo Wodans Tempel gestanden, erhoben sich Kapellen des

Erzengels Michael; in Schweden lodern Michaelsfeuer zu derselben Zeit, in der sonst dem Odhinn auf diese Weise das Volk seine Verehrung bezeugte. Wodan als Hackelbärend ging auf in dem *Heiligen Martin*, der bekanntlich als Ritter dem in Gestalt eines Bettlers ihn anflehenden Heiland ein Stück seines Mantels gegeben, Was früher dem Wodan gegolten, geschieht jetzt dem heil. Martin zu Ehren. Er wird als Schimmelreiter dargestellt; ihn günstig zu stimmen feiert man an Martini in der Mark Erntefeste und zündet Freudenfeuer an. In Süddeutschland zeigt sich St. Martin zur Weihnachtszeit in der Rolle des Knecht Ruprecht als Pelzmärtel. Endlich hat auch *St. Nikolaus*, der kinderfreundliche Bischof von Mira, dessen Festtag (6. Dezember) in die Zeit der Wintersonnenwende fiel, seinen Namen dem Wodan borgen müssen. Auf einem Schimmel, oder als Knecht vermummt zieht er in der Nacht vom 5. auf den 6. Dezember in den Dörfern herum und legt den Kindern Äpfel, Birnen und Nüsse in die Schuhe, in welch' letztere von den Kleinen Heu gestopft wird am Vorabend, damit der Schimmel des freundlichen Gebers auch etwas zu fressen habe. So lebt auch heute noch mehr oder weniger deutlich das Andenken an Wodan im deutschen Volke fort.

Nach *Mannhardt*, Die Götter der deutschen und nordischen Völker.

Würfelspiel wird schon von Tacitus Germania 24 als eine Leidenschaft der Deutschen geschildert, das sie sogar im nüchternen Zustande treiben. Haben sie alles verspielt, so setzen sie auf den letzten Wurf Leib und Freiheit. Das Spiel blieb das ganze Mittelalter hindurch bei Männern und Frauen beliebt, auch bei Mönchen und Nonnen, und keines der zahlreichen geistlichen und weltlichen Verbote hatte nachhaltige Wirkung; Otto der Grosse bedrohte z. B. die Geistlichen, die vom Würfelspiel nicht abliessen, mit der Absetzung. Um das Spiel unschädlicher zu machen, erfand der Bischof Wibold von Cambray (972) ein besonders kunstreiches und auf geistliche Verhältnisse umgedeutetes Würfelspiel. Die Würfel waren aus Elfenbein oder Knochen, die Nummern hiessen *Esse*, *Tus*, *Drîe*, *Kwater*, *Zinke* und *Ses*. Ein besonderes Würfelbrett gehörte zum Spiel. Später waren namentlich die Landsknechte für ihre Leidenschaft zum Würfelspiel berüchtigt.

Z.

Zahlen. Der Gebrauch gewisser Zahlen ist, abgesehen von dem natürlichen Zahlenwert derselben, in symbolischer Bedeutung bei den meisten, wo nicht bei allen Völkern im Schwange; besondere Ausbildung hat die Zahlensymbolik u. a. bei den Hebräern, den Griechen und Römern (Pythagoras), und im Mittelalter erlangt; die christliche Symbolik des Mittelalters ist reich an solchen Anschauungen, nicht minder der Volksaberglaube, die Magie, die volksmässige Anschauung überhaupt; so beruht das Nachtwächterlied „Hört ihr Herrn und lasst euch sagen, Unsre Glock hat zehn geschlagen“, Simrock Volkslieder Nr. 379, auf der Anwendung folgender heiliger Zahlen: Zwölf Gebote, Eilf Apostel, Ein Gott, Zwei Wege des Menschen, Dreieinigkeit, Vierfaches Ackerfeld;

und das Lied *O Lector Lectorum* oder die katholische Vesper (Simrock Nr. 335), welches anfängt: „Guter Freund, ich frage dich, Sag mir, was ist Eines?“ und worin in jeder Strophe eine weitere heilige Zahl zugesetzt wird, lautet in der Schlussstrophe:

Guter Freund, ich frage dich,
Guter Freund, was fragst du mich?
Sag mir, was sind zwölfe?
Zwölf sind Apostel,
Eilf tausend Jungfrauen,
Zehn Gebote Gottes,
Neun Chöre der Engel,
Acht Seligkeiten,
Sieben Sakramente,
Sechs Krüg mit rotem Wein
Hat der Herr geschenket ein
Zu Kana in Galiläa.
Fünf Wunden Christi,
Vier Evangelisten,
Drei Patriarchen,
Zwei Tafeln Mosis,
Eins und Eins ist Gott der Herr,
Der da lebt
Und da schwebt
Im Himmel und auf Erden.

Äehnlich legte nach Vadian (deutsche Schriften III, 509, 26) *ein pfaff und pfarrer zuo Tal bi Rinegg*, das Kartenspiel, das er am Neujahrstag 1533 auf die Kanzel gebracht hatte, seinen Zuhörern also aus: *der küng der bedüte Got den obristen; der oberbuob unser frouwen, der underbuob die 12 boten; die nüne die nün frömbden sünd; die achte die acht sälikeiten; die sibne die siben totsünd; die sechse die sechs werch der barmherzikait; die vier die vier evangelisten; die drü die halgen drifaltikait; die zwai die zwei taflen Moisi.*

Eine Zusammenstellung kirchlich-symbolischer Zahlen ist uns unbekannt; vgl. indes *Leyrer* in Herzogs Real-Encyklopädie, Art. Zahlen bei den Hebräern; dagegen hat *J. Grimm* in den Rechtsaltertümern, Kap. 5, Zahlenverhältnisse aus dem Gebiete des deutschen *Rechtes* gesammelt, von welchen hier unter Beiziehung des Grimm'schen und des Schmeller'schen Wörterbuches Einiges angemerkt werden soll. Nach Grimms Beobachtung zerfallen im symbolischen Gebrauche des Rechtes schon die einzelnen Zahlen in zwei ungleiche Theile, dergestalt, dass einer geraden Basis eine ungerade Zugabe, einer ungeraden eine gerade beigefügt zu werden pflegt; im ganzen werden daher meist *ungerade* Zahlen gebraucht und gefordert, namentlich drei, sieben und neun.

1) *Dreizahl.* Drei bezeichnet das abgeschlossene, vollendete, vollständige; wenn bei den heidnischen Deutschen das feierliche Werfen der Lose stattfand, um eine göttliche Entscheidung zu erlangen, so wurden drei von den hingeschütteten Losstäben herausgenommen oder das Losen ward an drei verschiedenen Tagen wiederholt; in Volksliedern finden sich drei Rosen, drei Reiter zu Pferd, drei Häslein, drei Wolken am Himmel, drei Gäns im Haberstroh, drei Bursche, die über den Rhein ziehen und vieles andre. Ihrer ethnogonischen Sage zufolge stammten die drei Stämme, in welche das Gesamtvolk der Germanen zerfiel, die Ingävonen, Hermionen und Istävonen, von den drei Söhnen des Mannus. Die Zahl der Stände ist drei: Adel, Freie und Knechte. Am Gerichtsplatz stehen drei Eichen, dreimal wird etwas bekannt gemacht, wird aufgefordert, angekündigt, gewarnt, geantwortet, ein Zeichen gegeben; drei ist die Zahl der ehhaften Nöte; von drei Strafen wird häufig dem Verbrecher die Wahl gegeben eine auszulesen; einen Gast behält man drei Tage.

2) *Vierzahl* ist meist bloss auf den Einfluss der vier Himmelsgegenden, auf die Landeseinteilung, Wege und Gerichtsplätze bezogen; häufig war eine Landeinteilung in vier

Stücke, mit vier Ecken, Wänden und Wegen; auf dem *quadrivium*, der Wegscheide, wurden verschiedene Rechtsfeierlichkeiten vorgenommen; ein Mann wohnt binnen seinen vier Pfählen; über dem Haupte des zum Tode Verurteilten werden vier gebrochene Stäbe nach den vier Seiten hin geworfen. Vier Pfennige sind eine häufige Abgabe. *Vierer* oder *Viermeister* sind eine dörfliche und in Städten eine zünftige Behörde, die man manchmal *Führer* geschrieben findet.

3) *Fünfzahl* findet im alten Recht selten Verwendung; dagegen gründet Otfried die Einteilung seiner Evangelienharmonie in fünf Bücher auf die fünf Sinne; vielleicht an die Zahl der Sinne oder der Finger denkend verlangt Gottfried von Strassburg fünf Dinge von der Minne: Reinheit, Keuschheit, Milde, Demut, Geduld. Ein bayerischer Spottausdruck *Bauernfünfer* hat nach Schmeller vielleicht Bezug auf die ältern Schrannengerichte, bei welchen wenigstens „fünf erber man" oder „fünf bider man" als geschworne Rechtsprecher sassen, die auf dem Lande aus Bauern genommen wurden.

4) *Sechszahl* ist sehr selten.

5) *Siebenzahl* ist Zahl der Schöffen, der Zeugen (daher besiebnen, übersiebnen). Vor Gericht erscheint jeder Freie, der an Grund und Boden sieben Schuh hinter sich und vor sich besitzt; den Sarg nennen die Dichter das Haus von sieben Füssen. Am Gerichtsplatz stehen *sieben Eichen*, daher der Ortsname. Häufig sind sieben Strassen, z. B. in Hennegau sieben Heerstrassen des Königs, vier mit rotem, drei mit schwarzem Steine gepflastert; in Friesland, das noch im 10. Jahrhundert in sieben Landschaften zerfiel, vier Wasser- und drei Landstrassen; sieben Pfennige, vier dem himmlischen, drei dem irdischen Könige, sind eine Abgabe; sieben Heerschilde zählt der Sachsenspiegel. Es giebt sieben Frieden, für Haus, Weg, Ding, Kirche, Wagen, Pflug und Teich. Sieben Jahre und sieben Tage sind häufig fristbestimmend, z. B. für die Grenzbegehung; ein *sibenaere* ist einer von sieben aufgestellten Sachverständigen bei Besichtigung von Bau-, Flur- und Grenzsachen; der *Siebnergang* ist die jährliche Besichtigung sämtlicher Marken einer Flur durch die Siebner. Der *Siebent*, der siebente, ist der siebente Tag nach Beisetzung einer verstorbenen Person, an welchem ehemals der zweite Gottesdienst für sie gehalten zu werden pflegte.

6) *Achtzahl* ist wiederum im Recht ungebräuchlich; acht Tage sind ein alter Ausdruck für die Woche, indem man von der neuen Woche den ersten Tag mitzählt.

7) *Neunzahl*; neun Kinder können, der Annahme des friesischen Gesetzes nach, erzeugt werden; sonst gibt es neun Urteiler, neun Pflugscharen beim *Gottesurteil* (siehe diesen Art. Nr. 3); die eine leibeigne Frau haben, sollen neun Schritte von der Gerichtshütte stehen bleiben; neun Jahre, neun Tage, neun Nächte.

8) *Zehnzahl* scheint im Recht überall aus 9 + 1 zu erklären; der *Zehnte* bedeutet die Entrichtung des Stückes, das auf das neunte folgt; ebenso sind Fristen, zehn Nächte, zehn Jahre Verbannung zu erklären.

9) *Eilf*, *zwölf* und *dreizehn* bedeuten oft gleichviel, 11 die Verminderung, 13 die Vermehrung der 12 um eins; bei 11 Schöffen ist der Richter der zwölfte, bei 12 Schöffen der dreizehnte: oft erscheint ein Herr mit eilf oder zwölf Dienstmannen; im letztern Fall ist er selbst mitgezählt. *Elfer* sind auch eine städtische Behörde.

10) *Vierzehn* ist die Verdopplung von sieben, *Fünfzehn* der Zusatz von einem zu vierzehn, *achtzehn*,

Verdoppelung von neun, bezeichnet z. B. die Jahre der Mündigkeit.

11) Unter den *Zwanzigern* ist 21, 24 und 27 in Gebrauch; 21 und 27 Verdreifachung von 7 und 9; 24 Verdoppelung von 12. Ein Hausgenosse darf 21 Jahr abwesend sein, ohne sein Recht einzubüssen.

12) *Dreissig* Jahre bestimmen den Ablauf der Verjährung, eine aus römischem Recht hergeleitete Frist.

die wîsen jehent und ist ouch wâr,
daz kein unmâze nie gewerte drîzec jâr, oder:
kein unfuoc weret drîzec jâr.

Der *Dreissigste* ist der dreissigste Tag nach der Beerdigung eines Verstorbenen, an welchem ehemals der letzte Seelengottesdienst für denselben gehalten zu werden pflegte, jetzt überhaupt der letzte Seelengottesdienst.

13) *Vierzig* Tage oder Nächte ist eine alte Fristbestimmung, die besonders beim Heerbann galt, doch auch in den Gedichten des Mittelalters vorkommt.

14) *Zweiundsiebenzig* Eideshelfer, d. h. 8 × 9 oder 6 × 12 kommen in den alten Volksrechten vor; sonst trifft man Strafe um 72 Pfennige; 72 Dienstleute, 72 Länder, 72 Sprachen.

15) *Zugabe-Zahlen.* Entspringen schon einzelne Zahlen für den Rechtsgebrauch aus blosser Zugabe, nämlich vier aus 3 + 1, acht aus 7 + 1, zehn aus 9 + 1, dreizehn aus 12 + 1, fünfzehn aus 14 + 1, dreissig aus 27 + 3, vierzig aus 39 + 1; seltener aus Verminderung, wie sechs aus 7 — 1, eilf aus 12 — 1, sechsundzwanzig aus 27 — 1, so offenbart sich dieses Prinzip in erweitertem Masse vorzüglich bei Fristbestimmungen. Der Verstrich einer Frist ist nämlich erst dann für voll zu achten, wenn in die ausser ihr liegende Zeit eingetreten wird, weshalb noch ein Stück dieser neuen Zeit mit dazu geschlagen zu werden pflegt. Die ältere Zählung ist die, dass einer gewissen Zahl von Nächten, z. B. 7 oder 14, ein Tag zugegeben wird, was sich bis in sehr späte Zeit erhält; spätere Zählung nennt bloss Tage und nimmt den Zugab-Tag gleich in die ganze Zahl mit auf; also statt 7 + 1 : 8; statt 14 + 1: 15 Tage. Längere Fristen wurden aus Einzelnen zusammengesetzt, wobei sich die Zugaben nach den Einzelfristen richteten; so bestand eine sechswöchentliche Frist aus 45 Tagen, d. h. drei vierzehnnächtige Fristen (42 Tage) mit je einem Zugab-Tag: 42 + 3 = 45. Die Fristen und Formeln, die das alte Recht kennt, sind folgende:

a) dreinächtige und siebennächtige ohne Zugab-Tag nach den ältesten Gesetzen;

b) *einen dag und vierzehn nacht;*

c) vierwöchentliche oder monatliche werden meist durch 30 Tage ausgedrückt: *vier wochen und zwei tage;*

d) sechswöchentliche Frist ist sehr verbreitet und beruht auf dreimaliger Wiederholung der vierzehntägigen Frist mit drei Zugaben: *drei tag und sechs wochen, sechs wochen und dri tag, drei vierzehn tage und noch drei tage;*

e) die vorige Frist verdreifacht = 135 Tage: *dreimal sechs wochen und neun tage;*

f) *Jahresfrist* hat die Formel: *jâr und tag*, und ist namentlich Bestimmung für verjährenden Besitz und für die Dauer des Aufenthaltes. Diese Frist galt nun aber nicht soviel als ein Jahr und ein voller Tag dazu, sondern sie wurde seit Jahrhunderten bei den Gerichten nach der sechswöchentlichen Frist (oben *d*) gerechnet und war soviel als *ein Jahr sechs Wochen und drei Tage;*

g) zehn Jahr und ein Tag kommt in bayerischen Urkunden oft vor und wird im alemannischen Landrecht wieder gedeutet als *zehen jâr, sechs wochen und drîe tage;*

h) achtzehn Jahr und ein Tag;

i) dreissig Jahr und ein Jahr, eine uralte Bestimmuug, die schon im 7. Jahrhundert bezeugt ist; später wird daraus dreissig Jahr und ein Tag, oder einunddreissig Jahre und ein Tag;

k) fünfzig Jahr und ein Tag bestimmt den Begriff eines Hagestolzen;

l) hundert Jahr und ein Tag ist Formel für ewige Verbannung.

Zattelwerk. Dieses entstand durch das übliche Ausschneiden der Ränder namentlich an der männlichen Kleidung, wie solches vom 13.—15. Jahrhundert in Deutschland üblich war. Siehe *Tracht* und *Kleiderordnung*.

Zauber. Zauber, ahd. *zoupar*, mhd. das und der *zouber*, ist die schädliche und unbefugte Ausübung übernatürlicher Kräfte und wurde erst den gesunkenen verachteten Göttern zugeschrieben; nächst diesen den Mittelwesen zwischen ihnen und den Menschen, den Riesen, Elben und Zwergen, zuletzt unter Umständen den Menschen. Gegenüber dem Wunder, der heilsamen und mit rechten Dingen zugehenden Wirkung übernatürlicher Kräfte, geht der Zauber mit unrechten Dingen zu. „Unmittelbar aus den heiligsten, das gesamte Wissen des Heidentums in sich begreifenden Geschäften, Gottesdienst und Dichtkunst, muss zugleich aller Zauberei Ursprung abgeleitet werden; Opfern und Singen tritt über in die Vorstellung von Zaubern, Priester und Dichter, Vertraute der Götter und göttlicher Eingebung teilhaft, grenzen an Weissager und Zauberer.“ Schon die heidnischen Deutschen kannten neben dem Götterkultus die Zauberei; aber erst seit das Christentum alle Begriffe und Bräuche der Heiden für Trug und sündhaftes Blendwerk erklärte, flossen die beiden Gebiete zusammen. „Bald erzeugten sich Überlieferungen von unmittelbarem Zusammenhang des bösen Feindes mit dem Wesen der Zauberei; die unerhörteste grausame Verwirrung zwischen Phantasie und Wirklichkeit ist daraus hervorgegangen. Dergestalt verflossen verübte und eingebildete Zauberkünste ineinander, dass sie weder in der Bestrafung noch selbst in der Begehung geschieden werden konnten.“

Zauberei wurde von Männern wie von Frauen betrieben; doch schrieb das früheste Altertum dieselbe schon vorzugsweise *Frauen* zu. Ihnen war das Auslesen und Kochen kräftiger Heilmittel angewiesen; Salbe fertigen, Linnen weben, Wunden binden war *ihr* Geschäft, ebenso Buchstaben schreiben und lesen. Erfahrung und behagliche Musse verliehen den Weibern Befähigung zu heimlicher Zauberei. Dazu kam ihr wärmeres und empfänglicheres Einbildungsvermögen; namentlich *alte Weiber*, die der Liebe und Arbeit abgestorben waren, verlegten wohl ihr Sinnen und Trachten vorzugsweise auf geheime Künste. Das ist der Ursprung der *weisen* Frauen, aus denen später die *Hexen* sich entwickeln, siehe den besondern Artikel. Von besonderen Arten des Zauberns sowohl der Hexen als anderer Zauberer werden erwähnt *Hagelmachen* und *Saatverderben*, wobei sich jene manchmal einer Wanne oder eines Kruges bedienen; gewöhnliche Schimpfwörter gegen Hexen waren Wettermacherin, Wetterhexe, Wetterkatze, Donnerkatze, Nebelhexe, Strahlhexe, Blitzhexe, Wolkengüsse; manchmal geht dabei die Absicht des Zaubers weniger darauf aus, die Frucht zu verwüsten, als vielmehr sich ihrer zu bemächtigen. Unter den *Geräten*, vermittelst welcher gezaubert wird, spielen das *Sieb* und *Wachsbilder* eine Rolle; dem letztern thut man unter Aussprechung geheimer Worte etwas an, um auf abwesende Menschen einzuwirken, es wird in die Luft gehängt oder ins Wasser getaucht, am Feuer gebäht oder mit Nadeln durchstochen unter der Thürschwelle vergraben; ein solches Wachsbild heisst ein *Atzman;* roher war der Gebrauch, die *Erde* oder *Rasen* auszuschneiden, auf welchen der Fuss eines Menschen gestanden hat, den man verderben will. Ein anderer Zauber liegt in dem Vermögen, *Tiergestalt* anzunehmen, was namentlich beim *Werwolfe* (siehe den besondern Artikel) der Fall ist; seltener als in einen Wolf, kommt die Verwandlung in einen *Bären*, in eine *Katze*, eine *Gans* vor. Wenn die abgelegte Kleidung weggenommen wird, ist keine Wiederherstellung der verlassenen Gestalt möglich ausser unter der Bedingung, dass ein unschuldiges Mädchen sieben Jahre lang stumm und schweigend ein *Hemd* fertig spinne und nähe, das über den Verzauberten geworfen werde; ein solches Hemd, im Mittelalter *St. Georgenhemde* geheissen, löst nicht nur den Zauber, es macht auch fest und siegreich. Zauber ist auch möglich ohne alle Berührung durch *blossen Blick*, was mhd. *entsehen* heisst; das triefende neidische, *üble Auge* der eintretenden Hexe, geschweige ihr *Hauch* und *Gruss*, kann plötzlich verletzen. *Grimm*, Mythologie, Kap. 34; vgl. *Wuttke*, Volksaberglaube.

Zehnte, ahd. *zehando*, mhd. *zehende, zênde;* Plural *die Zehnten*, hat seine Entstehung in den Vorschriften des Alten Testaments, wonach jeder Israelit den zehnten Teil seiner Feld- und Baumfrüchte und das zehnte Stück des Rind- und Kleinviehs an die Leviten zu ihrem Unterhalte abgaben, die dann wieder den Zehnten davon an die Priester ablieferten, Bestimmungen, die später dahin erweitert wurden, dass ein zweiter Zehnt von Ackerprodukten, Öl und Most und die Erstlinge des Rind- und Kleinviehs, zu einer Mahlzeit beim Zentralheiligtum verwandt werden sollten. Auf diese Satzungen berufen sich im 4. und 5. Jahrhundert die Kirchenväter, wenn sie die Gläubigen zur Entrichtung der Zehnten ermahnen; doch galt die Leistung anfangs nur als ein Werk der Liebe, und erst im 6. Jahrhundert drohte eine fränkische Synode mit dem Banne, wenn ferner die Christen den Priestern den ihnen von Gott angewiesenen Zehnten verweigern würden. Neben diesem *kirchlichen* Zehnten gab es aber auch einen *weltlichen*, aus den römischen Gesetzen herrührenden; diese kannten nämlich ein Zehntverhältnis für die Bebauer der Staatsdomäne, des *ager publicus*, welcher durch Eroberung in allen Provinzen als Eigentum des römischen Volkes, später der Kaiser, erworben war; wer Stücke daraus zur Bebauung übernahm, bezahlte als Anerkennung des unvollkommnen Eigentums, über das der Staat unter Umständen anderweitig verfügen konnte, die *zehnte Garbe.* Ein ähnliches Verhältnis eines unvollkommenen Besitzes bestand bei dem römischen *Kolonat* seit Konstantin d. Gr., wobei persönlich freie, jedoch an die Scholle gebundene Bebauer von Landgütern das Eigentum des Grundherrn gegen Abgabe des Zehnten bebauten. Dieses letztere Verhältnis blieb vielfach auch auf deutschem Boden namentlich für die nach römischem Recht lebende Kirche in Geltung, so zwar dass die Kirche von den auf ihren Gütern lebenden Kolonen den alten, an den Inhaber der Domäne zu entrichtenden, durchaus weltlichen Zehnten als Rente bezog. Zur Einführung des *kirchlichen* Zehntens, für dessen Einführung das Volk lange keine Ohren hatte, so oft und viel die Kirche dazu ermahnte, machten besonders die Fürsten in der Weise den Anfang, dass sie den auf ihren eigenen Krongütern liegenden *grundherrlichen* Zehnten an manchen Orten der Kirche überwiesen; ein Vorbild, das nun die übrigen Grundbesitzer zu ähnlichen Schritten bestimmte; für das

Sachsenland bestimmte Karl d. Gr. die Zehntpflicht als allgemein für alle besitzenden Stände. Mit der Zeit verschwand der Unterschied beider Zehnten, und die Kirche machte für alle Zehnten nur noch den Gesichtspunkt ihres auf göttlicher Anordnung beruhenden Rechtes geltend. Für die Verwendung des bischöflichen Zehntens galt als Regel eine Verwendung nach vier Portionen, deren eine dem Bischof, die andere den Klerikern, die dritte den Armen und die vierte der Kirchenbaukasse zukam; der Zehnten der Pfarrkirchen sollte zu gleichen Teilen dem Priester, den Armen und der Kirchenfabrik (Kirchenbaukasse) zufallen, erst später wurde ein vierter Teil auch dem Bischof verrechnet. Dadurch, dass die Könige und andere weltliche und geistliche Grundbesitzer das von ihnen der Kirche verliehene zehntbare Gut vielfach an Laien zu Lehen gaben, kam viel zehntbares Gut in weltliche Hände; auch Patrone zogen oft die Zehnten zurück, die ursprünglich den auf ihrem Grunde erbauten Kirchen gehörten. Seit dem 11. Jahrhundert verbot zwar die Kirche dieses Vorgehen und sprach zuletzt den Grundsatz aus, dass schon der Besitz eines Zehnten in den Händen eines Laien eine Sünde und ein Verstoss gegen die göttlichen Gesetze sei; es ist klar, dass die Kirche nicht überall durchdrang. *Richter*, Kirchenrecht; *Rettberg*, Kirchengeschichte.

Zeitungen heissen anfänglich gedruckte Berichte, die über einzelne das allgemeine Interesse in Anspruch nehmende Thatsachen von unternehmenden Buchdruckern seit dem Beginn des 16. Jahrhunderts veranstaltet wurden, sei's in Prosa, sei's in Versen; ähnliche Blätter tragen die Namen „Anzeigen, Berichte, Historien, Relationen", mit Vorliebe aber „wahrhaftige neue Zeitungen". Die erste gedruckte Zeitung soll aus dem Jahr 1505 stammen; sie enthält Berichte aus Brasilien. Im Jahr 1566 wuchs mit der Türkengefahr die Zahl der Zeitungen und es entstanden zum ersten Male numerierte Blätter, von 1 bis 8, welche Strassburger und Basler Buchdrucker herausgaben und viel nachgedruckt wurden. Von 1591 an brachte ein Jakobus Frankus, d. i. Konrad Lautersbach, bei P. Brachfeld in Frankfurt einen halbjährig erscheinenden Bericht *Relationes historicae*, welcher in monatlichen Übersichten das Neueste mitteilte; als „Frankfurter Mess-Relationen" wurde dieses Unternehmen bis 1792 fortgesetzt. Das Auftauchen *wöchentlicher* Zeitungen fällt in das 17. Jahrhundert, und zwar gab der Frankfurter Buchhändler Egenolf Emmel das erste Beispiel dazu 1606, ein Blatt, aus dem mit der Zeit das Frankfurter Journal hervorgegangen ist. Einen grössern Aufschwung nahm das Zeitungswesen erst im 18. Jahrhundert. *Prutz*, Geschichte des deutschen Journalismus, und *Weller*, Die ersten deutschen Zeitungen, litterarischer Verein in Stuttgart, 1872, Bd. 111.

Zepter. Das Zepter der byzantinischen Kaiser war ein oben gekrümmter Stab von 60—70 cm Länge, dasjenige der Karolinger und ihrer Nachfolger ein goldener Stab mit einem Adler, Kreuz, einer Kugel oder Lilie. Das ursprüngliche Reichszepter ging früh verloren, wahrscheinlich um 1270; das älteste der drei vorhandenen stammt — wie man vermutet — aus dem 13. Jahrhundert. Siehe den Artikel Krönungsinsignien.

Zigeuner sind, wie die Sprachforschung erwiesen hat, ein alter, aus seinen Ursitzen ausgewanderter Stamm *Indiens;* der Name *Sinte*, den sie sich selbst beilegen, daher ital. *zingano* und *zingaro*, deutsch Zigeuner, scheint auf Anwohner des Indus (oder Sind) hinzuweisen. Wie sie nach Europa gekommen sind, ist bis jetzt unausgemacht, wahrscheinlich geschah es infolge eines Mongolensturmes im 13. Jahrhundert unter den Nachfolgern Dschingischans, und zwar nördlich dem Schwarzen Meer entlang in die Walachei. Von hier wanderten einzelne Banden seit 1415 nach Nord- und Westeuropa; auf deutschem Boden findet man sie zuerst 1417, zur Zeit des Konstanzer Konzils, in den Hansestädten an der Nord- und Ostsee; man nannte sie *Tatern*, d. h. Tartaren, Heiden, Zigeuner, Böhmen; sie selber hiessen sich Secaner oder Roma. Ohne Kinder zählte die Bande etwa 300 Köpfe, an ihrer Spitze standen ein „Herzog" und ein „Graf". Sie wiesen Schutzbriefe des Kaisers Sigismund vor, die er ihnen angeblich zu Konstanz oder Lindau ausgestellt haben sollte und laut welchen sie aus Klein-Ägypten kommen und ursprünglich gute Christen gewesen sein sollten, bis ihre Väter abtrünnig geworden und sich zum Heidentum gewandt; darauf hätten ihnen ihre Bischöfe als Busse auferlegt, sieben Jahre lang die Welt zu durchirren und von den Almosen der Christenheit ihr Leben zu fristen. Da man die kaiserlichen Privilegien für echt ansah, fanden die Abenteurer in Lüneburg, Hamburg, Lübeck, Wismar, Rostock, Stralsund und Greifswald zuvorkommende Aufnahme. Doch konnten sie ihren Charakter nicht lange verleugnen und wurden aus Norddeutschland verjagt, worauf sie sich 1418 nach der Schweiz wandten, von wo sich wieder kleinere Banden nach Südfrankreich, Süddeutschland und Italien abzweigten; aus dem letztern Lande brachten sie angeblich Schutzbriefe des Papstes Martin V. mit, worin es hiess, ihre Ahnen hätten einst in Ägypten die Maria und den Joseph, der mit dem Jesuskindchen bei ihnen Gastfreundschaft erfleht, von sich gestossen: dafür müssten nun sie, die Nachkommen, Jahrhunderte lang ohne Rast und Unterlass im Elend umherwandern; an andern Orten, wie in Paris, wo sie 1427 erschienen, tischten sie wieder andere Märchen auf; mit dem Jahre 1433 scheint diese erste Horde vollständig verschollen oder aufgerieben oder in die Heimat zurückgekehrt zu sein. Die eigentlichen grösseren Einwanderungen der Zigeuner in West-Europa und ihre Zerstreuung über den ganzen Kontinent datieren höchstens vom Jahre 1438. An der Spitze der jetzt nach tausenden zählenden Banden stand ein „König", Zindl genannt. Lange scheinen sie nun in Deutschland herumgezogen, sich auch hie und da angesiedelt zu haben, bis 1500 auf dem Augsburger Reichstage das erste Verbannungsedikt gegen die „Spione des Türkischen Sultans" publiziert wurde, dem nun viele andere folgten; ähnliches geschah in Frankreich, das die Zigeuner wirklich ausrottete, während sie in Deutschland, Spanien und England sesshaft blieben. *Pott*, die Zigeuner in Europa und Asien, 2 Bände, Halle 1844—45; *Liebich*, die Zigeuner, Leipzig 1863; *Hopf*, die Einwanderung der Zigeuner in Europa. Gotha 1870.

Zimmerausstattung. Diese war bei den *Germanen* selbstverständlich noch äusserst einfach. Von einer häuslichen Einrichtung nach unseren Begriffen weiss ein nomadisierendes Volk nichts, und wenn auch die Germanen schon in ihren asiatischen Wohnsitzen den Ackerbau kennen gelernt und wohl auch ausgeübt haben, was *Grimm* aus dem ihn betreffenden Wortschatze nachgewiesen hat, so brachte doch der grosse Zug nach dem Nordwesten diese Völkerschaften notgedrungen wieder aus der stilleren Lebensweise heraus und liess sie bei den römischen Berichterstattern den Kelten gegenüber als ein unstätes Nomadenvolk erscheinen, das die festen Wohnsitze verschmähte. Zum kleineren Teile aus Verachtung, zum grösseren aus Bequemlichkeit oder Faulheit nimmt sich der Mann der Wirtschaft nicht im mindesten an, er pflegt nur die Waffe. *Haus* und *Feld* besorgt die Frau, was eine sehr primitive Einrichtung des ersteren und eine mangelhafte Bestellung des letzteren notwendig zur Folge hat.

Das Häuschen war leicht aus Holz gebaut und sass entweder schon auf einem Wagen oder liess sich auch beim Weiterzuge leicht ganz oder zerlegt auf denselben heben. Gelegentlich benutzte man auch vorhandene Höhlen und baute sich diese in der Folgezeit als den sogenannten *tunc*, welche Benennung von dem Dünger herrühren soll, mit dem diese zum Schutze gegen die Winterkälte bedeckt wurden. Mit den festen Wohnsitzen kamen dann auch die festen Wohnstätten in Gebrauch. Dass diese anfänglich *nur* aus Holz gebaut waren, lässt sich schon aus dem Umstand schliessen, dass dieses Material überall vorhanden und leicht zu verarbeiten war. Dieser Annahme entsprechen auch die ältesten Ausdrücke für die Thätigkeit des Bauens: Ahd. *zimbarjan*, *zimbarôn*, got. *timrjan*, alt- und angelsächsisch *timbrjan*, altnordisch *timbra*. Innerhalb der vier Pfähle bestand das Haus aus einem einzigen Raum. In den beiden Kurzseiten waren die Thüröffnungen, die nicht nur als Ein- und Ausgang dienten, sondern auch zugleich unsere Fenster vertreten mussten. Die eine Thür fehlte auch mitunter, und diese Seite (wahrscheinlich die nördliche) bekam statt derselben eine Erhöhung. Einzig zwei Stützbalken bildeten im Norden die rohe Gliederung des Raumes. Sie standen in der Mitte desselben. Zwischen ihnen, gegen die Sonne gekehrt, erhob sich der Sitz des Hausherrn. Nach beiden Seiten hin verliefen die Bänke und zwischen diesen brannte das grosse Herdfeuer. Die Erhöhung an der einen Kurzseite trug im Norden den Frauensitz, in Westfalen den Herd. Kleinere Verschläge, die meist an einer Langseite angebracht waren, bildeten die Schlafstätten und Vorratskammern. Gedeckt war der Raum unmittelbar durch das Dach, durch dessen Lücken der Rauch seinen Ausgang suchte. Mitunter waren freilich zu diesem Zwecke auch viereckige Lücken bereitet, durch die nebenbei auch der Tag seinen Eingang finden sollte.

Das Vieh fand mancherorts seinen Schutz unter dem gleichen Dache; auf grösseren Höfen aber war es in einem getrennt gebauten Stalle untergebracht. In Upland z. B. gehörten sieben Gebäude zu einem vollständigen Hofe, das Wohnhaus *(stuva)*, die Küche, die Scheune, die Kornkammer, das Vorratshaus, das Schlafhaus und der Viehstall. Ein dichter Zaun oder Lebhag umgürtete sie gemeinsam. In andern Höfen bildete wenigstens das Frauenhaus einen abgesonderten Teil, der mit einem eigenen Zaune umgeben war. Von eigentlichen Hausgeräten, noch viel weniger von etwaigem Zimmerschmuck ist nichts bekannt; es ist auch sehr unwahrscheinlich, dass in dieser Hinsicht viel Aufwand gemacht wurde. Ein beim Bau abfallender Block oder ein in der Nähe liegender Stein war doch ein solider Sitz; wurde er mit einem Bären- oder Wolfspelz überdeckt, so mochte er auch als bequem und schön erscheinen; die Bank war aus einem behauenen Stück Holz leicht und billig herzustellen, des Tisches bedurfte man entweder gar nicht, oder man bereitete sich denselben wieder aus einem massiven Blocke; das Stroh- oder Mooslager ward auf dem Boden bereitet und den Wandschmuck bildete die Waffe des Hausherrn.

So blieb es in den unteren Schichten der Bevölkerung noch weit bis in das Mittelalter herauf, auch als durch das Beispiel der *Römer* angeregt, die Wohnsitze der Adeligen aus festem Mauerwerke aufgeführt wurden und in der Folgezeit Klöster und Kirchen der deutschen Baukunst Gelegenheit zu ihrer Entfaltung gaben. Wenn auch die bürgerlichen Wohnstätten nach und nach etwas bequemer und zu Karl d. Gr. Zeit schon vielfach aus Stein aufgeführt wurden, so bestanden sie doch vorzugsweise immer noch aus nur *einem* Raum, der für die häusliche Arbeit, für die geselligen Zusammenkünfte, als Ess- und Trinkstube und zugleich als Schlafzimmer diente und zwar für beide Geschlechter, für die Frauen und für die Mägde, für die Herren und ihre Knechte, wie es im Norden vielfach bis in unsere Zeit geblieben ist. Wenn die Nacht anbrach, belegte man den Boden des Saales mit Stroh und jeder legte sich an jener Stelle unter den Tisch, wo er vordem seinen Platz zum Sitzen hatte. An den Wänden waren auch etwa verschliessbare Schlafräume *(lokhvilur)* angebracht, die jedoch für die Gäste oder für besonders vornehme Hausgenossen reserviert blieben. Um Ungehörigkeiten zu vermeiden, brannten die ganze Nacht hindurch eine entsprechende Anzahl Lichter. In höfischen Kreisen sind die Schlafstätten nach Geschlechtern getrennt. Der Herr schläft bei seinen Knechten, die Frau mitten unter ihren Weibern und Mädchen. Auch die eigentlichen *Zimmergeräte* kommen hier in Aufnahme und dringen nach und nach — in gleichem Masse, wie die Kultur überhaupt fortschreitet — auch zu den unteren Schichten der Bevölkerung durch. Dieses Fortschreiten ist freilich ein sehr allmähliches und nirgends deutlich nachweisbar.

Zum Sitzen bediente man sich — hier in Abweichung von der römischen Gewohnheit der sophaähnlichen Gestelle — im besten Falle des *Sessels*, der die Gestalt eines kleinen *Klappstuhles* hat, wie er in den Hütten der Bergbewohner heute noch gefunden wird. Doch findet dieser in der Regel nur als Ehrensitz seine Anwendung; die Familie sitzt bei Tische, zur Arbeit und Unterhaltung auf langen Bänken, die aus Holz gezimmert und an den Wänden befestigt, selten beweglich sind. Gepolsterte und mit Teppichen belegte *Lehnstühle* kommen nur in den Häusern der Vornehmsten, und auch da nur sehr vereinzelt vor. Die *Tische* sind auch an die Wand geklappt oder aus schweren, viereckigen Tafeln bereitet, die auf einem meist gekreuzten Gestelle ruhen. Doch kommen auch schon Rundtische vor, die ohne Zweifel mehr zur Zierde in der Mitte des Zimmers aufgestellt wurden, während die eigentlichen Arbeits- und Esstische in einer Ecke angebracht waren. Kostbarkeiten, wohl auch Kleider und kleinere Geräte, wurden in kofferartigen *Truhen* aufbewahrt. Unter dem Deckel einer solchen sollte nach der Erzählung *Gregors von Tours* die widerspenstige *Rigunthe*, *Chilperichs* Tochter, den Gehorsam gegen ihre Mutter lernen, die ihr, aufgebracht über ihr anmassendes Wesen, über ihre unverdienten Schmähungen und Faustschläge, die Truhe öffnet, die Schmucksachen ihres Vaters herauszunehmen erlaubt, dann aber den scharfkantigen Deckel so sehr auf den Nacken drückt, dass ihr die Augen aus dem Kopfe quellen und nur die herbeieilende Magd sie vor dem Tode errettet. Diese Erzählung lässt es als unzweifelhaft erscheinen, dass unter derartigen Truhen nicht ein Schmuckkasten zu verstehen sei, sondern eine grosse Lade, wie sie die Landbevölkerung heute noch zur Aufbewahrung seiner Fruchtvorräte benutzt. In einem solchen einfachen Holzbehältnis fanden sich in der Gruft des heil. Gallus das härene Gewand und die Geissel vor. Ihr Verschluss war ein Band, dem das Wachssiegel aufgedrückt wurde. Was über die *Betten* dieser Zeit gesagt wird, ergeht sich in Mutmassungen. Es wird angenommen, dass dieselben nach Art der spätrömischen aus einem vierbeinigen Gestell, teilweise mit, teilweise ohne Kopf- und Fusslehne bestanden haben, auf das die nötigen Unterpolster und Decken zu liegen kamen. *Tücher* und *Teppiche* kommen häufig vor und dienen nicht nur zum Belegen der Möbel, sondern auch zum Verkleiden der Wände und Verhängen der Thür- und Fensteröffnungen. Vielleicht auch wurden an grossen Häusern die Söller damit überspannt, zur Zeit, da man auf denselben zu speisen pflegte. Als Wandschmuck kommen metallene Spiegel vor, vom 9. Jahrhundert an auch etwa Malereien, meist durch italienische Künstler ausgeführt. Die Prachtgeräte Karls, von denen einige Schriftsteller so gerne und so viel erzählen, sind meist byzantinische Ehrengeschenke und können darum hier nicht in Betracht kommen.

Bis um die Mitte des 12. *Jahrhunderts* vermochte das deutsche Handwerk in Zimmermöbeln nicht viel neues zu schaffen. Die spärlichen vorhandenen Abbildungen zeigen durchweg noch dieselbe rohe Profilierung und dieselbe Schwerfälligkeit. Neben den Klappstühlen erscheint als gewöhnlicher *Sitz* ein dem römischen Divan nachgeahmter *Kasten*, mit oder ohne Lehne, öfters auch sattel- oder schlittenartig gestaltet, mit monströsen Tierfiguren geziert oder verunstaltet. Zum Besteigen desselben wurde die *Fussbank* vorgesetzt. Neben dieser erscheint ein dreibeiniger *Fussschemel.* Die *Tische* sind halbrunde oder länglich viereckige Platten, auf unmittelbar damit verbundenen Füssen oder auf einem sägebockartigen Gestell. Doch zeigen die Abbildungen aus dieser Zeit auch schon *Schreibtische* im Gebrauch, die *einen* Fuss und eine schrägstehende Tafel haben, auf der das Dintenfass in Gestalt eines kurzen Horns befestigt ist. Der Fuss ist derb profiliert, die Tafel zum Stellen eingerichtet. Diesen entsprechend waren die *Lesepulte*, teilweise festgemacht, wohl mehr aber versetzbar. (Bezüglich der *Betten* verweisen wir auf den Artikel *Lagerstätten*.)

Besondere Beachtung verdienen die *Beheizungseinrichtungen.* Das älteste und natürlichste war das offene Feuer. Je mehr aber das Zimmer seinen Zweck des Schutzes gegen die Unbilden der Witterung erfüllen sollte und je schöner man es zu seiner eigenen Behaglichkeit ausstattete, um so mehr wurde das offene Feuer verdrängt. Es entstanden in kurzer Aufeinanderfolge verschiedene Ersatzmittel. Auch in den Wohnräumlichkeiten, wie in der Kirche (diese Vergünstigung kam in der Regel nur der Geistlichkeit zu gute) wärmte man sich die Hände an sogenannten *Calefactorien*, an kleinen Gefässchen, die die Form eines hohlen, durchbrochenen Apfels hatten und mit einem metallenen Einsatz zur Aufnahme glühender Kohlen oder eines erhitzten Eisens versehen waren. Eine grössere Art derselben hatte die Gestalt eines Tisches oder eines niedrigen, vierrädrigen Wagens. In Tischgestalt ist das Gerät mehrfach abgebildet, z. B. in den Miniaturgemälden zu dem „*Hortus deliciarum*“ der Äbtissin *Herrad von Landsperg*, die aus der zweiten Hälfte des 12. Jahrhunderts stammen. Die vier Füsse des Tisches sind unterhalb verziert. Auf demselben steht das Kohlenbecken, das die Form einer vierekigen, rostartig durchbrochenen Schüssel hat. Frühestens aus dem Anfange des 13. Jahrhunderts stammt das Gerät in seiner zweiten Form. Es ist aus Bronze oder aus Eisen gemacht und besteht aus einem umfangreichen, viereckigen Behältnis für die Feuerung, dessen Boden rostartig, dessen Wände aber zur Erzielung eines möglichst starken Luftzuges ein geflochtenes Stab- und Rankenwerk bilden. Das aus einer Platte bestehende Untergestell ist mit vier kleinen Speichenrädern und einer Deichsel als Handhabe versehen. Für grössere Räumlichkeiten reichten zwar diese „Feuersorgen“ nicht aus; da bedurfte man doch wieder des lebhaften Holzfeuers, das aber aus der Mitte des Zimmers nach einer Wand verlegt und aus leicht begreiflichen Gründen in die Mauer geborgen wurde. So entstand das *Kaminfeuer*. Metallene Feuerböcke trugen die starken Holzkloben. Sie bestanden aus zwei völlig gleichgestalteten Gestellen, deren jedes eine senkrechtstehende Vorstange mit einem unterwärts rechtwinklig daran festgemachten Stabe zeigte. Sie waren für sich beweglich, konnten also je nach Bedürfnis weiter auseinander oder näher zusammengerückt werden. An den Vorstangen waren Ringe und Häkchen angebracht, an die *Feuergabeln*, *Kohlenzangen* und andere nebengeordnete Gerätschaften angehängt werden konnten.

Spiegel und *Uhren* gehören auch jetzt noch, selbst in den Zimmern der Vornehmen, zu den ungewöhnlichen Dingen.

Deutlicher und entschiedener werden die Fortschritte im 13. *Jahrhundert*, wo sich als Frucht der Kreuzzüge und Anzeichen eines geistigen Erwachens überhaupt in der Ausstattung des Zimmers der orientalische Einfluss immer mehr kund gibt, namentlich in der Beschaffenheit der *Ruhebetten* und *Sessel*, sowie ganz besonders in derjenigen der *Thronstühle* und *Ehrensessel*. Neben den bisherigen Formen treten nämlich ganz besonders hohe, umfangreiche *Stühle* mit runder oder vieleckiger Sitzplatte auf, mit entsprechender Rücken- und Seitenlehne. Diese steigt senkrecht auf und umschliesst oft den ganzen Sitz, mit einziger Freilassung der nötigen Sitzöffnung. Am häufigsten sind die *sechseckigen Sitze*, die in der Regel auf drei, seltener auf fünf Seiten mit einer Lehne versehen sind. Im letzteren Falle sind die beiden Lehnenstücke, die der Sitzöffnung zunächst stehen, etwas niedriger gebaut. Überhaupt pflegte man die Lehne nach Art eines ein- oder mehrreihigen zierlichen Gitterwerkes zu behandeln und ihre senkrechten Zwischenpfosten mit einem geschnitzten Knauf zu verzieren. Der Anzahl der Ecken und Pfosten entsprach auch die Anzahl der Stützen oder Füsse, so dass der sechseckige Stuhl deren ebenfalls sechs erhielt; der runde dagegen stützte sich auf drei oder vier. Auch der Raum zwischen diesen Füssen war, namentlich bei der Sechszahl, mit ähnlichem Ranken- und Gitterwerk ausgefüllt, und gleichsam als Stütze des Ganzen wurden unter die Füsse Tiergestalten gesetzt, vornehmlich Löwen, meist in kauernder Stellung. Teppiche, Fussbänklein und Schemel fehlten natürlich auch hier nicht:

alumbe an allen sitzen
mit senften plumiten
manec gesitz da wart geleit,
druf man tiure kultern breit.

Auf die Veränderungen, die in dieser Zeit mit den *Tischen* vorgenommen worden, lässt sich weniger schliessen, da die grösseren derselben auf den Abbildungen stets bis zum

Fussboden herunter mit einem Teppich behangen erscheinen. Es lässt sich daher nicht einmal genau feststellen, ob sie überhaupt noch durch Vereinigung einer Platte mit selbständigen Stützen hergestellt oder ob man sie von vornherein mit den nötigen Füssen versah. Grosse Speisetische wurden ohne Zweifel stabil aus *Stein* verfertigt. Auch wurde es, entgegen dem bisherigen deutschen Gebrauch, nunmehr üblich, grössere Tischgenossenschaften nicht mehr an *einer* grossen, sondern an mehreren kleinen Tischen zu bewirten, die aus Holz und Metall gearbeitet, namentlich an den Füssen mehr oder minder künstlich verziert, bereits als wirkliche Zimmergeräte angesehen werden können. Die *Lese-* und *Schreibpulte* behielten ihre Form bei. Letztere trugen das Dintenhorn oft in einem Kästchen, das zugleich zur Aufnahme der Federn und des Messers diente. Auf dem Pulte lag die Wachstafel, in die nach römischer Weise mit einem metallenen Griffel die gewöhnlichen Notizen eingeritzt wurden.

Die *Teppiche* dieser Zeit sind schon recht kostbar. Wenn die einheimischen Gewirke die orientalischen Muster auch bei weitem nicht erreichen, so zeigt sich in dieser Kunst doch ein entschiedener Fortschritt, und so konnte es nicht fehlen, dass nicht nur die Möbel, sondern auch die Fussböden und Wände immer reichlicher mit den Erzeugnissen derselben behangen wurden, wie folgende Stellen aus Parzival und Tristan bekunden:

Manec rückelachen
in dem palas wart gehangen.
aldâ wart niht gegangen
wan ûf tepichen wol geworcht.

und:

des herzogen palas
was alumb und umbe gar
behangen mit sperlachen clâr
diu meisterlîche wârn gebriten,
wol geworht und underspriten
mit sîden und mit golde.

Wer aber keine Fussteppiche aufzubringen vermochte, behalf sich mit geflochtenen Strohmatten oder mit einer Streu von Binsen oder bei festlichen Anlässen mit grünen Reisern, Blättern und Blumen.

manic gelbe bluomen tolde,
rôsen rôt und grüenes gras
ûf den estrich gestreuet was.
(*Tristan.*)

Schon im 13., mehr aber noch im *14. Jahrhundert,* gründete sich der deutsche Handwerkerstand und konsolidierte sich in seinen zahlreichen Zünften oder Innungen. Damit war die Losung zu einer freien Entwickelung der gewerblichen Künste gegeben, die bis auf die besagte Zeit in der Hand der Geistlichkeit lag, in den Klöstern ihren Sitz hatte und fast ausschliesslich der Kirche diente. Die altrömischen plumpen Formen fielen und an ihre Stelle traten, auch was das Geräte selber anbetrifft, die schlanken, germanischen Säulen- und Rankenformen. Mit der Kräftigung dieser Zünfte begann erst das eigentliche Städteleben und gründete sich der habliche Bürgerstand, der die einheimische Kunst weit mehr zu fördern fähig und willig war, als es der ausgeartete Adel konnte, und der alle Schichten der Bevölkerung weit mehr zur Nachahmung seines Beispieles reizte. Die einteiligen Wohnhäuser genügten nicht mehr. Sie wurden erweitert und in mehrere Räume eingeteilt, deren jeder seinen bestimmten Zweck hatte. So entstanden die gesonderten Wohn-, Gesellschafts-, Arbeits- und Schlafgemächer. Ja, man ging noch weiter und erstellte in einem von diesem ganz gesonderten Teil des Hauses noch besondere Fremdenzimmer. Diese besonders, aber auch die Familienzimmer, wurden nun auch nach bestimmten Grundsätzen ausgestattet, je nach den Mitteln, die man dafür zur Verfügung hatte. Die Wände wurden mit einem glatten oder geschnitzten *Holzgetäfel* versehen, mit Teppichen oder mit ledernen *Tapeten* verkleidet, die womöglich bebildert wurden. Die Sonne wurde durch Vorhänge fern gehalten oder auch schon durch *Fensterläden*, die der Grösse und Breite nach geteilt, oft aber auch ungeteilt waren. Die *Möbel* waren dem entsprechend gearbeitet. Vornehmlich die *Sessel* waren geeignet, das Versuchsfeld der jungen Kunst zu werden. Seiten- und Rückenlehnen gestaltete man vorerst noch zumeist geradlinig, seltener gebogen, und gab ihnen durchgängiger, als es bis dahin der Fall war, die Form von mehrfach gegliederten Pfeilern oder Säulen mit darauf ruhenden Karniesen und dazwischen geordnetem, erhobenem oder durchbrochenem „Masswerk", gemeiniglich aus dem sogenannten „Dreiblatt" und „Vierblatt" bestehend. Der *Tisch* hingegen verlangte seines Zweckes wegen mehr die Beibehaltung der gegebenen Formen, höchstens das Fussgestell erlaubte eine freie Behandlung. Die *Truhe* blieb das gebräuchlichste *Repositorium*, doch kam der *Schrank* oder *Kasten* bereits stark in Aufnahme, der dann in seinen verschiedenen Grössen und Gestalten bald das kostbarste Hausgeräte wurde. Noch war er grossenteils sehr einfach gestaltet, ein unmittelbar auf dem Boden oder auf kurzen Füssen stehender Bretterverschlag mit mehreren nebeneinanderliegenden und übereinanderstehenden Abteilungen, deren jede ihr eigenes Thürchen hatte. Ausser dem Beschläge ist kaum eine Verzierung vorhanden. Zunächst folgt dann das oben aufgelegte „Masswerk", der gesimsartige Kranz. Die Wände werden hierauf mit Pergament verkleidet und bunt bemalt.

Die *Thron-* und *Ehrensessel* hatten teils noch immer die Gestalt der viereckigen Kasten, mit geradaufsteigenden Eckpfeilern, teils diejenigen der sägebockähnlich sich kreuzenden krummen Füsse und Lehnen. Der Unterbau derselben wurde erhöht, um auch den Fusskissen und Fussbänkchen eine freiere Gestaltung und grössere Ausdehnung zu gestatten. Darüber breitete sich der *Thronhimmel* aus, der zuweilen mit Seitenvorhängen versehen war. An einem solchen Sessel arbeiteten verschiedene Handwerke. Die erste Arbeit fiel dem Holzarbeiter zu, der ein feiner Schnitzler sein musste; dann wurde das Geräte bemalt, vergoldet, mit Elfenbein und anderen Stoffen ausgelegt, auch mit goldenen oder silbervergoldeten Zieraten, mit farbigen Emaillen und stellenweise selbst mit Steinen und Perlen bedeckt. Eiserne oder bronzene Geräte formte und zierte man womöglich noch hünstlicher. Lehnen, Fussgestelle und Sitze wurden nach wie vor gerne mit Tierköpfen oder ganzen Tierfiguren geziert, namentlich mit Löwen, Tigern, Hunden etc. als Sinnbilder der Kraft und Wachsamkeit. Die *Teppiche* waren von purpurfarbiger Seide oder von Sammet mit Gold bestickt.

Im bürgerlichen Hause blieb der kleine lehnenlose *Klappstuhl* immer noch in seiner Geltung, wenn auch selbst er eine freiere, leichtere Behandlung erfuhr und gelegentlich seinen Tierkopf darstellen durfte. Die grossen schwerbewegbaren *Bankkästen* dagegen, die sich längs den Zimmerwänden hinzogen, kamen mehr und mehr ausser Gebrauch oder wurden durch leichtere Geräte derselben Art ersetzt, die mit Füssen versehen, auf der vordern Langfläche gefeldert, mit gerader Lehne, hoher Rückwand, oft mit überhängender Bedachung und mit Schnitz- und Schnörkelwerk ausgestattet wurden. Die *Versetzbänke* waren bald kastenartig geschlossen, bald nur von Füssen unterstützt, mit Seiten- oder Rücklehnen, auch mit beiden zugleich versehen, offen oder geschlossen, nach Sitzplätzen abgeteilt oder auch nicht. So ist um 1365 erwähnt „eine Bank aus Eichenholz zum Bewegen, von zwanzig Fuss Länge nebst Rückenlehne, um vor den grossen Speisetisch des Königs aufgestellt zu werden“. Kleinere Bänke dieser Art gestaltete man bald rund, bald dreieckig (mit drei Füssen). Solche fehlten in keinem auch nur mässig begüterten Hausstande. Die grosse kastenartige Bank wurde auch mitunter zur eigentlichen *Doppelbank* von beträchtlicher Breite. Jede Schmalseite trug eine senkrecht aufsteigende Wand, deren Mitten durch eine in Scharnieren vor- und rückwärts bewegliche gerade Lehne verbunden waren, so dass mehrere Personen bequem Rücken gegen Rücken sitzen konnten. Solche Bänke stellte man etwa vor das Kamin und legte sich gar darauf schlafen, in welchem Falle zum Schutze gegen die direkte Wärmestrahlung ein zeltartiger Teppich vorgehängt wurde. Daneben wurden die *Truhen* auch als Sitze verwendet.

Tische verfertigte man aus Metall, aus Stein und Holz. Oft waren die Füsse aus diesem, die Platte aus einem anderen Stoffe. Grosse Tafeln behielten meist das gekreuzte Fussgestell. Das *Tischtuch* fehlte nie, doch war es nicht durchweg weiss, sondern oft farbig und gemustert.

Unter den Kleingeräten waren namentlich die zierlichen *Kästchen* zur Aufnahme von Schmucksachen, Messern, Nähzeug u. dgl. bei den Frauen beliebt. Die grösseren bestanden zuweilen aus zwei oder mehreren neben- und übereinander geordneten Schubladen, nebst zwei verschliessbaren Flügelthürchen. Waren sie gar kostbar aus edlen Metallen und Gesteinen gefertigt, so steckte man sie auch in eigens bereitete *Futterale* aus Leder, die durch Pressung, Malerei und Beschläge selber wieder reich ausgestattet wurden. Die *Spiegel* dagegen waren fast durchweg blosse Handspiegel von geringem Umfange, aber von zierlichster Beschaffenheit und reichster Ausstattung. Sie bestanden aus poliertem Metall, Gold, Silber, Stahl, Zinn, auch aus geschliffenem Kristall, selten aus Glas. Die Amalgamisierung desselben, wodurch der Glasspiegel alle anderen aus dem Felde schlug, wurde erst im 15. Jahrhundert erfunden. Erwähnt werden z. B. um 1313 „Ein Spiegel von Silber“, um 1372 „ein Spiegel von Kristall, welchen ein Weib in Gestalt einer Sirene von vergoldetem Silber hält“, um 1380 „ein Spiegel von Gold mit vier Rubinen, vier Saphiren und vierunddreissig Perlen besetzt“, „zwei hohe Spiegel mit zwei Füssen von Elfenbein, der eine grösser als der andere“, „zwei Spiegel von Stahl, der grössere von Kupfer eingefasst und rückwärts damit bedeckt, der andere auf einem Holzgestell stehend“ und „ein kleiner Spiegel von Silber, längs den Rändern und rücklings emailliert, getragen von zwei Kindern in Mäntelchen und langen Kappen, diese mit Blümchen in Email bedeckt, stehend auf einem Plättchen mit einer Maske nebst zwei Füssen, darunter eine gesimsartige Platte mit emaillierter Darstellung einer Hirschjagd“. Auch treten gegen Ende dieses Zeitraumes neben den längst bekannten *Sand-* und *Wasseruhren* grössere *Wanduhren* mit einer Art Räderwerk auf, freilich noch sehr selten und einfach, nur mit *einem* Zeiger versehen. Denkt man sich noch die mit kostbaren Teppichen verhängten Zimmerwände und die ebenfalls aus kunstreich gestickten Tüchern gefertigten, in Holz gerahmten

Flügelwände zum Verstellen der Thür- und Fensteröffnungen hinzu, so kann man sich einen ungefähren Begriff von einem Zimmer des 14. Jahrhunderts machen. Freilich erlaubte sich der schlichte Bürgerstand einen solchen Luxus noch nicht. Die schweren Bankkästen, einige bewegbare Truhen, ein oder mehrere Langtische und die erforderliche Anzahl von Betten machte hier ohne Zweifel das gesamte Mobiliar aus. In den Hütten der Armen machten die Truhen sogar den Tisch entbehrlich, waren alles in allem, höchstens noch etwa von besonderen Schlafstellen begleitet.

Im *15. Jahrhundert* brach sich der burgundische Einfluss Bahn, der in dem kräftigen deutschen Handwerkerstande einen fähigen Träger fand. Die Goldschmiedekunst und ihre Zweige, die Emaillierung und Steinschneiderei, das Handwerk der Schmiede, Schlosser, Kupferschmiede, Bronzegiesser und Zinnarbeiter wetteiferte mit dem der Elfenbeinschnitzler, der eigentlichen Bildschnitzer, Schreiner, Töpfer u. s. w. Den grössten, d. h. den für die Ausstattung der Wohnräume praktisch verwendbarsten Schritt, thaten wohl die *Glaser*, die nun neben allerlei nützlichen Dingen die *Glasfenster* herstellten, aus Rundscheiben zusammengesetzt, wie sie sich bis in unser Jahrhundert erhalten haben. Wenn auch die unvermeidliche Bleifassung, verbunden mit der meist noch geringen Qualität des Glases, ein Produkt entstehen liess, das der Vollkommenheit noch fern stand, so war doch dieses schon von grosser Bedeutung, ein nicht gering zu schätzender Fortschritt gegenüber den früheren Fensterverschlüssen aus Horn oder geöltem Papier. Diese gelangten überhaupt nie zu allgemeiner Verbreitung.

In bezug auf die *Teppichwirkerei* genossen die flandrischen Werkstätten eines hohen Rufes, vor allem durch die „hochschäftige Wirkerei mit senkrechter Kette“, durch die „*hautelisse*“. Der Aufwand an solchen Teppichen überstieg zuweilen jedes erdenkliche Mass. So wird erzählt: „Als man bei Gelegenheit der Vermählung Karl VIII. (um 1491) das Schloss *Amboise* ausstattete, verwandte man dazu an seidenen und golddurchwirkten Wandteppichen nicht weniger als mehrere tausend Ellen. Allein um den Hof damit zu bedecken, bedurfte man viertausend Haken, und zu einem einzigen Gemach dreihundertsiebenundvierzig Ellen von dem stärksten Seidenstoff, darauf in fortlaufenden Bildern die Geschichte Mosis zu sehen war. Die anderen Teppiche enthielten Szenen aus der Mythologie, aus der älteren und der neueren Geschichte. Auf ihnen erblickte man unter anderem die siegreichen Thaten des Herkules, die Geschichte der Sibyllen, die Eroberung von Troja, die Zerstörung Jerusalems, einzelnes aus dem Roman von der Rose und die Schlacht von Formigni, in welcher um 1450 Karl VII. die Engländer schlug“. Zur Bedeckung der Zimmergeräte und zum Überziehen der Polster wählte man fortwährend mit Vorliebe die gewöhnlich bestickten, einfarbigen oder buntbemusterten Stoffe.

Auch in bezug auf die Verfertigung von *Uhren* ward ein wichtiger Schritt vorwärts gethan. Er ging von Frankreich aus. Um das Jahr 1480 erfand dort ein gewisser *Carovage* oder *Carovagius* die Spiralsprungfeder und verwandte deren Triebkraft zur Herstellung von kleineren Wanduhren, die kurze Zeit hernach (1500) Peter Hele in Nürnberg derart vervollkommnete, dass er als der eigentliche Erfinder der Taschenuhren angesehen werden darf.

In bezug auf die Gestaltungsweise des *Geräts* im allgemeinen hielt man sich an die „germanischen“ Grundformen, so dass darüber, namentlich aus der ersten Hälfte des Jahrhunderts, weniger zu berichten ist. Die verzierende Ausstattung freilich wurde immer mannigfaltiger, ja in dem Streben, durch immer neue Erfindungen zu glänzen, verlor sie gegen Ende des Jahrhunderts den feineren Sinn für künstlerischen Zusammenhang, sie führte zur Überladung und zur Willkür und in ihrem Umschlag zur nüchternen Leere, so dass sie sich endlich teils in launenhafter Vermischung von starren oder doch nur mässig ornamental belebten Flächen mit einer zumeist übertriebenen Fülle von bunt zusammengeordnetem Zierwerk, teils in ausschliesslicher Verwendung des letzteren verlor.

Neben den bisher üblichen verschiedengestalteten Lehnsesseln tritt der ähnlich aussehende *Drehsessel* auf, der wie der *Rollstuhl* hauptsächlich von Kranken mag gebraucht worden sein. An *Schränken* und *Truhen* suchte man nun vorzüglich die gesteigerte Fülle baulicher Verzierungsformen zur Geltung zu bringen, auch kommen an denselben neben kostbarem Schnitzwerk oft Goldverzierungen, sowie Holz- und Metall*einlagen* vor. Die *Truhen* stellte man gern auf Tierköpfe; die *Schränke* erhielten grössere Flächen, damit die Verzierungen reichlicher angebracht werden konnten. Die Thüren wurden kleiner, deren Umrahmungen aber verbreitert, sowie die wagerechten Leisten zwischen den Fächern. Neben den grösseren Stand- oder Wandschränken bediente man sich auch kleinerer, die an die Wand gehängt werden konnten und eben ihrer Kleinheit wegen um so köstlicher geziert wurden.

Unter den vielen Arten des *Tisches* begegnet man am häufigsten dem kleinen, einfüssigen, mit runder, ovaler und viereckiger Platte, und dem scharnierbeweglichen Klapptische. Beide kommen mehrfach im Zimmer vor und zwar ihrer Kostbarkeit wegen mehr als Ziertisch. Die Platte ist Marmor oder Serpentin, zum mindesten eine seltene Holzart, mosaikartig ausgelegt, bemalt, auch wohl am Rande zierlich eingefasst. Die Füsse sind Metallarbeit, aus Holzschnitzwerk oder aus einzeln gearbeiteten Ornamentstücken zusammengesetzt. Auch die Füsse der mehrfüssigen Tische sind die hauptsächlichsten Träger der Verzierungen. Auch die Schenk- oder *Kredenztische* fanden ziemliche Verbreitung; die *Schaugestelle* oder *„dressoirs“* und die *Anrichtetafeln* oder *„buffets“* stellte man mit der Zunahme der *Prunkgeschirre* (Glas- und Thonwaren, Gold- und Silbergeschirre, Brunnen [Giessfässer], Dreifüsse und Schiffe) viel häufiger und umfangreicher her, als es früher geschah und ermangelte selbstverständlich auch nicht, sie selber mit allem erdenklichen Zierat zu schmücken. Als Zimmerschmuck wären endlich noch die grossen *Tafelbilder*, auf Holz gemalt und zierlich eingefasst, sowie die gläsernen *Wandspiegel* zu nennen.

Wenn auch das *bürgerliche Wohnhaus* all diese Pracht noch nicht auf einmal nachzuahmen vermochte, so wuchsen doch auch dort die Bedürfnisse stetig. Die Bankkästen blieben noch, die Truhen ebenso, doch werden daneben mehr oder minder reichverzierte Tische, Stühle, Bänke, Schränke, Lesepulte u. s. w. fast allgemein angetroffen, und auch die nicht einmal reich Begüterten erlaubten sich zu Ende des Jahrhunderts den Luxus der Hängeteppiche und des Holztafelwerkes.

Für das 16. *Jahrhundert* wird

Italien tonangebend. Dort hatte sich zuerst wieder das Bedürfnis der Auffrischung des Geschmackes an dem Vorbild der Alten kund gethan. In eingehender Verwendung der altklassischen Formen zuförderst im baulichen Betriebe, war man zugleich bemüht, auch die antike Verzierungsweise wieder aufleben zu lassen, was der Gerätebildung mit zu statten kam. Anfänglich ahmte man die Muster getreu nach, lernte das Ebenmass der Teile wieder schätzen und die Fülle der Zieraten damit in Einklang bringen, was auch für die neuen Verhältnisse nicht über Gebühr schwer sein durfte. Behandelten doch die Vorbilder in wechselvollster Durchbildung und Anordnung die blossen Phantasie-Ornamente, die mannigfaltigsten Gegenstände aus dem Tier- und Pflanzenleben und aus der altrömischen Verkehrswelt, dem kultlichen, kriegerischen und alltäglichen Leben, was alles nicht nur die Sinne bildete, sondern auch die Phantasie zu eigenen Kombinationen anregen musste.

Die „*Renaissance*“ ging zunächst auf Spanien, dann auf Frankreich und erst durch dieses auf die Niederlande und auf Deutschland über; jedes dieser Länder hat sie in seiner eigenen Art empfangen und aufgegriffen, keinem aber hat sie noch vollends so ein bestimmtes Gepräge aufgedrückt, wie dem letztgenannten, das sein *Haus* und seine *Stadt* in einer Weise herausbildete, dass der objektive tieferblickende Fremde mit seinem Beifalle nicht zurückhalten konnte. So sagt der feingebildete Italiener, Äneas Sylvius, Papst Pius II. (1458—1464), dass er die grösseren niederländischen, deutschen und schweizerischen Städte ihrer besonderen Sauberkeit, Ordnung und Wohlhabenheit wegen, lediglich abgesehen von Kunstschmuck, den grösseren italienischen und französischen Städten weit vorziehe und viele, wie vor allem Gent, Brügge, Breslau, Prag, Lübeck, Aachen, Trier, Köln, Ulm, Wien, Strassburg, Salzburg, Basel, Zürich u. a. als Musterbilder, ja einzelne, wie Augsburg und Nürnberg, geradezu als Ideale einer vollkommenen Stadt bezeichnet werden müssen. Und ähnlich sprach sich in der zweiten Hälfte des 16. Jahrhunderts Michel de Montaigne aus, der ausdrücklich hervorhebt, dass in den deutschen und schweizerischen Städten die Strassen und öffentlichen Plätze, die Wohnungen samt ihrem Hausrat, ihren Tafeln und Tafelgeschirren, weit schöner und sauberer seien, als in Frankreich.

In der Behandlung der *edeln Metalle und Steine* waren unter den deutschen Meistern die Augsburger und Nürnberger am berühmtesten, doch genossen auch die Ulmer, Kölner, Frankfurter (a. M.), Prager, Wiener und Dresdener eines guten Rufes. Die *Elfenbeinschnitzerei* hatte besonders in Augsburg ihren Sitz. Die Arbeit in Holz hatte schon im 15. Jahrhundert in rein technischer wie in künstlerischer Hinsicht eine Stufe erreicht, die eine bedeutende Weiterentwickelung kaum mehr zuliess; aber das immer steigende Bedürfnis für derartige Arbeiten für weltliche, und bis zum Ablauf der dreissiger Jahre auch noch für kirchliche Zwecke, liess doch mancherlei Neuerungen und Verbesserungen unvermerkt entstehen. Eine solche war die von Italien auf Frankreich und dann auch auf Deutschland übergehende Liebhaberei für *geschnitzte Zimmerdecken.* In der ersten Hälfte des Jahrhunderts begnügt man sich noch mit einem sich kreuzenden, einfach gegliederten Balkenwerk mit Verzierungen in Flachschnitzerei; in der zweiten Hälfte aber entwickelt sich die Decke durchgängig zu einem sehr verschiedenen, oft äusserst künstlichen Kassettenwerk, ausgefüllt mit erhabenen Schnitzereien und Gemälden im Wechsel, oder auch in ihrem Verlaufe lediglich mit Malereien. Doch blieb der Geschmack für gute Schnitzarbeit immer vorhanden, ja man begnügte sich nicht mehr damit, bloss die Flächen, deren Einfassungen und Bekrönungen damit zu zieren, sondern fügte noch völlig rund gearbeitete Einzelteile bei, Figuren von Menschen und Tieren, zuweilen in Gruppen, Köpfe, Tierfüsse, Säulen, Pfeiler, Stützen u. dgl. Neben den einheimischen Holzarten, Eichen- und Nussbaumholz, gelangen nun auch fremde zur Verwendung, so besonders das aus Ostindien bezogene *Ebenholz*, das anfangs seines hohen Preises wegen nur zu kleinen Geräten verwendet werden konnte, von den siebziger Jahren an aber, infolge eingetretener Preisermässigung, bei den vornehmen Familien geradezu vorherrschend wurde. Beliebt waren namentlich die Möbel mit Elfenbein- und Silbereinlagen. Die Schreiner setzten sich zu diesem Zwecke mit den Künstlern von Fach in Verbindung und waren nicht selten selber tüchtige Schnitzer und Baumeister.

Nicht minder rührig waren die *Metallarbeiter*, Schmiede, Schlosser, Kupferschmiede, Bronze- und Zinngiesser. Auch sie wussten zu leisten, was das Handwerk überhaupt je zu leisten vermochte. Namentlich die Arbeiten der damaligen Schlosserei verdienen heute noch unsere Bewunderung. Es sind nicht nur kunstreich gearbeitete Schlösser und Beschläge, sondern auch einige *Uhrwerke,* die als Turmuhren mit einem *Schlagwerk* und mancherlei kunstreichen und ergötzlichen Zuthaten versehen sind, daneben auch astronomische Instrumente und verschiedenartige Figuren, die durch einen künstlichen Mechanismus ihre Thätigkeiten ausführen. Die *Glasfabrikation* und Verarbeitung dieses immer wichtiger werdenden Stoffes ruhte besonders noch in der Hand der Venezianer. Alle köstlicheren Stücke kamen von dort her. Im eigenen Lande machte man ausser den Fensterscheiben und kleinen Spiegeln nur die kleinen Gefässe für den Hausbedarf, allerhöchstens etwa Deckelgläser (Humpen) mit eingebrannten Pinselzeichnungen. Auch die Töpferkunst und Steingutfabrikation blühte in Italien zumeist und ging von da nach Frankreich über. Als Werkstätten letzterer Art waren in Deutschland und in den Niederlanden besonders Delft und Köln bekannt. Köln that sich auch in der Teppichwirkerei und Verarbeitung des gepressten Leders hervor.

Der neuen Geschmacksrichtung folgte auch in Deutschland, wie anderorts, anfänglich weniger der Hof und der Adel überhaupt, als das vornehme Bürgertum, so in Augsburg die Fugger und Welser. Der Gelehrte Beatus Rhenanus beschreibt in einem Briefe vom Jahr 1531 das Haus des Anton Fugger folgendermassen: „Welch eine Pracht ist nicht in Anton Fuggers Haus. Es ist an den meisten Orten gewölbt, und mit marmornen Säulen unterstützt. Was soll ich von den weitläuftigen und zierlichen Zimmern, den Stuben, Sälen und dem Kabinette des Herrn selbst sagen, welches sowohl wegen seines vergoldeten Gebälkes, als der übrigen Zieraten, und der nicht gemeinen Zierlichkeit seines Bettes das allerschönste ist? Es stösst daran eine dem heiligen Sebastian geweihte Kapelle, mit Stühlen, die aus dem kostbarsten Holze sehr künstlich gemacht sind. Alles aber zieren vortreffliche Malereien von aussen und innen. Raymund Fuggers Haus ist ebenfalls köstlich und hat auf allen Seiten die angenehmste Aussicht in Gärten. Was erzeuget Italien für Pflanzen, die nicht darin anzutreffen wären, was findet man darin für Lusthäuser, Blumenbeete, Bäume, Springbrunnen, die mit Erzbildern der Götter geziert sind? Was für ein prächtiges Bad ist in diesem Teile des Hauses. Mir gefielen die königlich französischen Gärten zu Blois und Tours nicht so gut. Nachdem wir ins Haus hinaufgegangen, beobachteten wir sehr breite Stuben, weitläuftige Säle und Zimmer, die mit Kaminen, aber auf sehr zierliche Weise, zusammengefügt waren. Alle Thüren gehen aufeinander bis in die Mitte des Hauses, so dass man immer von einem Zimmer ins andere kommt. Hier sahen wir die trefflichsten Gemälde. Jedoch noch mehr rührten uns, nachdem wir ins obere Stockwerk gekommen, so viele und grosse Denkmale des Altertums, dass ich glaube, man wird in Italien selbst nicht mehrere bei einem Manne finden. In einem Zimmer die ehernen und gegossenen Bilder und die Münzen, im anderen die steinernen, einige von kolossaler Grösse. Man erzählte uns, diese Denkmale des Altertums seien fast aus allen Teilen der Welt, vornehmlich aus Griechenland und Sizilien, mit grossen Kosten zusammengebracht. Raymund ist selbst kein ungelehrter Mann, von edler Seele.“

Einfacher (das reiche Basel ausgenommen) wohnte man in der Schweiz. Aloysius v. Orelli schreibt zwischen 1550 und 1575 aus Zürich, dass überall Reinlichkeit die grösste Zierde sei, daneben aber Einfachheit herrsche. Teppiche habe er nur in zwei Häusern vorgefunden. Der vornehmste Schmuck der Zimmer sei das nussbaumene Getäfel mit gotischem Schnitzwerk. Die Fussböden der Wohnzimmer seien von Holz, die der anderen von Backstein gemacht, deren viele ohne Zierat, andere mit einer Blume oder einer sonstigen Zeichnung geziert seien. Die Zimmerdecke dagegen sei vielfach köstlich geschnitzt und bemalt, hin und wieder mit massivem Gipswerk (Stuck) in Waffen und Harnischen, auch etwa mit Gold geziert. Daneben seien lateinische Denksprüche hingemalt. Zur Erwärmung der Zimmer bediene man sich grosser *Ofen*. Die Trinkgefässe seien von Zinn, oft der einzige Schmuck der dunkeln Stube, daher täglich blank gescheuert. „Die Gerätschaften“ — schreibt er weiter — „sind auf Dauer gemacht, wenig zahlreich, viel weniger prächtig, aber oft in gutem Geschmack. Für den täglichen Gebrauch sind in den Wohnzimmern, längs der Wand und um einen grossen Tisch herum, lange Bänke für die Haushaltung hingestellt, wovon die oberste, für den Herrn und die Frau des Hauses bestimmt, mit Tuch ausgeschlagen ist. Kömmt Gesellschaft, so werden in den reichen Häusern hölzerne Stühle hingestellt, deren Sitz mit Sammet beschlagen und mit seidenen, auch, doch selten, mit silbernen und goldenen Fransen geziert sind. Weniger Reiche begnügen sich mit Stühlen, mit gefärbtem Tuch oder Leder ausgeschlagen, oder mit Polstern darauf, von den Frauen und Töchtern im Haus gestickt; mit dergleichen, und etwa auch mit gestickten Teppichen, werden bei festlichen Anlässen die Tische bedeckt. Lehnstühle hält dies rüstige Volk nur für Kranke oder Greise tauglich.“ Er redet dann von der Menge silberner und vergoldeter Trinkgefässe, Pokale, Schüsseln u. dgl., die man in reichen Häusern finde und mit denen bei festlichen Anlässen die Tafel gedeckt und geschmückt werde, auch von der in Sammet gebundenen, mit Silber und Gold gezierten Hausbibel und fährt dann fort: „So einfach und haushälterisch die Speisen im täglichen Leben sind, so einfach ist auch das Tischgeräte. Die Löffel sind durchgängig von Holz oder Horn, nur bei reichen Personen, die des Hausvaters und der Hausmutter, mit ein wenig Silber verziert. Von gleichem Gehalt sind auch die Teller der Gemeinen, die der Reichen von Zinn, wenigstens des Hausherrn und der Hausfrau ihre. Die Schüsseln sind von verzinntem Kupfer, Zinn oder gebrannter Erde; so auch die Trinkgefässe. Glas hat man nicht zum täglichen Gebrauche, deshalb sind die Flaschen von hartgebranntem Thon, die Becher hölzern oder von Zinn."

Zu bedenken ist bei der Beurteilung dieser beiden wertvollen Nachrichten, dass Rhenanus den Haushalt des Bürgerfürsten, Orelli aber absichtlich den der einfachen Bürgersleute beschreibt, und dass sie sich darum zur Kombinierung eines Gesamtbildes gegenseitig ergänzen. Der eigentliche Bürgerstand wird auch in Deutschland mehr nach der zweiten Schilderung gewohnt und gelebt haben. Wie viel übrigens zu einem mittleren Hausstand schon nötig war, beschreibt Hans Sachs in dem um 1544 erschienenen Gedichte „Der ganze Haussrat bey dreyhundert Stücken, so ungefehrlich in ein jedes Hauss gehört" folgendermassen:

„Erstlich in die stuben gedenk,
Musst haben Tisch, Stul, Sessel und Benk,
Bankpolster, Küss und ein Faulbett,
Giesskalter und ein Kandelbrett,
Handtzwehel, Tischtuch, Schüsselring,
Pfannholz, Löfl, Teller, Küpferling,
Krausen, Aengster und ein Bierglass,
Kuttrolff, Trachter und ein Salzfass,
Ein Külkessel, Kandel und Flaschen,
Ein Bürsten, Gläser mit zu waschen,
Leuchter, Butzscher und Kerzen viel,
Schach, Karten, Würfel, ein Bretspiel,
Ein reisende Uhr, Schirm und Spiegel,
Ein Schreibzeug, Tinten, Papir und Sigel,
Die Bibel und andere Bücher mehr
Zu Kurtzweil und sittlicher Lehr.
Darnach in die Kuchen verfüg
Kessel, Pfannen, Häfen und Krüg,
Drifuss, Bratspiess gross und klein,
Ein Rost und Bräter muss da seyn,
Ein Wurtzbuchs und ein Essigfass,
Mörser, Stempffel, auch über das
Ein Laugenfass, Laugenhäfen, zwo Stützen,
Zu Fewersnot ein messen Sprützen,
Ein Fischbret und ein Ribeisen,
Schüsselkorb, Sturtze, Spiknadeln preisen,
Ein Hakbrett, Hakmesser darzu,
Salzfass, Bratpfann, Senffschüssel zwu,
Ein Fülltrichter, ein Durchschlag eng,
Feimlöffl und Kochlöffl die meng.
Ein Spülstandt, Panzerfleck darbey,
Schüssel und Teller mancherley,
Pletz klein und gross ich dir nit leug,
Schwebel, Zunder und Fewerzeug,
Ein Fewerzangen, ein Ofenkruken,
Das Fewerpöklin zuhin schmuken,
Ein Tegel, Blassbalg, Ofenrohr,
Ein Ofengabel musst haben vor
Kyn, Spän und Holz zum Fewer frisch,
Ein Besen, Strohwisch und Flederwisch,
Auch musst du haben im Vorrat
In der Speisskammer früh und spat

— — — — — — — — — — —

Ein Aufhebschüssel, ein Zerlegteller.
Nun musst auch haben in dem Keller
Wein und Bier, je mehr je besser,
Ein Schrotleiter und ein Dambmesser,
Ein Fassbörer muss auch da seyn,
Ein Rören und ein Kunnerlein,
Ein Stendtlein und auch etlich Kandel,
Weinschlauch und was gehört zu dem Handel.
Wilt nun in die Schlafkammer gehn,
Ein Spannbett muss darinnen stehn
Mit Strohsack und ein Federbett,
Polster, Küss und ein Deckbett,
Deck, Pruntzscherb, Harnglass und Betttuch

— — — — — — — — — — —

Und auch ein Truhen oder zwu,
Darein man wol beschliessen thu

Gelt, Silbergeschirr und Pocaln,
Kleinat, Schewern, Porten und Schaln.

— — — — — — — — — — — —

Auch musst du haben ein Gewandhalter.

— — — — — — — — — — — —

Auch wie man zu dem Gwand muss brauchen
Ein Gwandbürsten und ein Gwandbesen.

— — — — — — — — — — — —

Auch musst sunst haben in gemein
Vil Hausratt in dem Hause dein,
Damit man täglich flück und besser
Ein Segen, Reben- und Scheitmesser,
Hammer, Negel, Maissl und Zangen,
Hobel, Handbeihl, ein Laiter hangen,
Schaufel, Hawen, Axt nutzt man gern,
Ein Rechen, Schlegel und Latern.
Auch Werkzeug mancherlei Vorrath
Zum Handel selb in dein Werkstatt.

— — — — — — — — — — — —

Auch musst du für dein Maid und Frawen
Nach einem Spinnrädlein umbschawen,
Rocken, Spindel und Hespa gut,
Scher, Nadel, Eln und Fingerhut,
Ein schwarzen und ein weissen Zwirn,
Markkorb, Tragkorb, Fischsack, kern ihrn,
Auch muss sie haben zu dem Waschen
Laugen, Seiffen, Holz und Aschen,
Multer, Waschböck und Züberlein,
Gelten und Scheffel, gross und klein,
Schöpfer, Waschtisch, Waschpleul und Stangen,
Daran man die Wesch auf thut hangen.

— — — — — — — — — — — —

Wenn man dann ins Bad will gan,
Ein Krug mit Laugen muss man han,
Badmantel, Badhut und Haubtuch,
Beck, Pursten, Kamp, Schwammen und pruch.
Geht dann die Fraw mit einem Kindel,
So tracht umb vierundzweinzig Windel,
Ein Fürhang und ein Rumpelkess,
Weck, Käss und Obst zu dem Gefräss,
Ein Kindlbett, dem Kindt ein Wiegen,

— — — — — — — — — — — —

Musst haben Milch, Mäl und Kindspfannen,
Ein Kindmaidt und ein Lüdelein.

— — — — — — — — — — — —

Kannst du solches alles nit erschwingen,
Musst in versetzten Thon du singen.

— — — — — — — — — — — —

So hab ich dir gelt ausgesundert
Des Hausrathsstück bis in dreyhundert,
Wiewol noch viel gehört zu den Dingen.
Traust du dir den zuwegen bringen
Und darzu Weib und Kind ernähren,
So magst du greiffen wol zu ehren,
Darumb bedenk dich wol, es liegt an dir.“

— — — — — — — — — — — —

Die *Möbel* nahmen an Umfang zu. Als Sitze blieben die *Lehnsessel*, *Stühle*, *Schemel*, *Bänke* und *sophaartige Gestelle* in Gebrauch. Die Rücklehnen der Sessel wurden hie und da etwas rückwärts, die Armlehnen etwas einwärts geneigt. Doch blieben im Durchschnitt die gerade Linie und der rechte Winkel herrschend. Die *Klappstühle* kamen bedeutend in Abgang, wie auch die feststehenden hohen Gestühle, alles musste möglichst leicht und beweglich sein. Statt der aufgelegten Kissen brachte man jetzt festgenagelte *Polster* an. Die Lehnen waren entweder auch gepolstert oder aus Stabwerk mit reicher Verzierung aufgebaut, in der zweiten Hälfte des Jahrhunderts wie die Sitze selber oft ein künstliches aber derbes *Rohrgeflecht*. Metallene Stühle wurden selten. Die gleiche Wandlung machten auch die verschiedenen Arten der Bänke durch, bis sie, die Bankkästen zuerst, gegen Ende des Jahrhunderts aus den Wohnzimmern von Stil ganz verschwanden und höchstens noch etwa in den Vorzimmern und Tanzsälen geduldet waren. Die Wandlungen der *Tische* dieser Zeit sind bedeutend und beschränken sich hauptsächlich auf die Verzierungen des Fussgestelles. Neu traten grosse halbrunde, dreifüssige Tische hinzu, die beliebig als Ziertische an die Wand gestellt oder je zu zweien auch als Speisetisch benutzt werden konnten. Die reichlichste Durchbildung erfuhren die *Schreibtische*, durch die Erfindung der Buchdruckerkunst veranlasst. Doch bereitete man auch jetzt schon besondere *Büchergestelle*, die wie die *Buffets* und *Schautische* sich zu köstlichen Schaustücken herausbildeten. Die *Truhen* und *Schränke* kommen auch jetzt noch nebeneinander vor, doch werden die letzteren häufiger und dienen erstere fast ausschliesslich nur noch zum Versorgen der Leibwäsche u. dgl.; überhaupt versehen sie den Dienst unserer Kommoden, während Kleider und Schmucksachen an die Schränke übergehen. Die „*Toilette*“ dagegen bildete nur in Ausnahmefällen ein zierlicher Koffer; in der Regel war sie ein einfaches Tuch oder ein aus demselben bereitetes Säckchen, das alles das in sich barg, was zur Nachtzeit und beim Morgenanputz erforderlich war.

Die Ausartung blieb auch diesmal nicht aus. Von den dreissiger Jahren des *17. Jahrhunderts* an hatte die Willkür, der „Barockstil“ über die Renaissance den Sieg davongetragen. Auch er ging von Italien aus und nahm seinen Weg über Frankreich zu uns. Freilich vermochte er auf deutscher Erde weniger leicht Fuss zu fassen, auf der überhaupt der furchtbare Bruderkrieg alles künstlerische Leben für einige Zeit darniederhielt. Deutschland verfiel in dieser Hinsicht mehr als in jeder andern sklavisch dem Arme Frankreichs. Die *Tafelgeräte*, *Trink-* und *Giessgefässe* erlitten freilich neben einer Vervollständigung einerseits in gewisser Beziehung eine Verminderung. Die *Brunnen* und *Dreifüsse* gingen in den zwanziger, die *Schiffe* und *schiffsförmigen Becken* in den dreissiger Jahren ab. Auch als *Trinkgefässe* bleiben in der Hauptsache nur noch bestehen die *Humpen*, *Kelche*, *Becher und Schalen*. Die *Zimmermöbel* verlieren wieder an Umfang, da es immer mehr beliebte, sie nicht für einen bestimmten Standort fest, sondern möglichst leicht bewegbar herzustellen. Als Verzierungen dauern die Schnitzereien fort, doch beliebter sind die Einlagen und aufgesetzten Verzierungen von farbigem Gestein, Glas, Schildpatt und besonders von Metall, Silber oder vergoldeter Bronze. Für die *Sitze* erhielt sich bis stark auf die Mitte des Jahrhunderts die gerade Linie und der rechte Winkel noch fast durchweg, worauf sie aber durch die geschwungene verdrängt wurde, die anfänglich auf die Armlehne, dann auf die Rücklehne und in den siebziger Jahren auf die Füsse übertragen wurde, worauf sie auch für die Sitzplatte durchweg gefordert wurde. Die Polsterungen nahmen an Umfang noch immer zu. Sie dehnten sich nicht nur über den Sitz, sondern bald auch über die Rück- und Armlehnen aus. Zum Überziehen der Polster verwendete man statt des bisher üblichen Leders und Samts mit Vorliebe bestickte Seidenstoffe. Die *Tische* machten die gleiche Wandlung durch. Auch sie erhielten namentlich gezierte und geschwungene Füsse. Die eigentlichen *Gebrauchsschränke* behielten ihre Form länger, während die *Kunstschränke* eine kleinkünstlerische Prachtarchitektur von oft wunderlicher Durchbildung erfuhren. In der zweiten Hälfte des Jahrhunderts erscheint dann auch ein schrankartiger Behälter mit ein oder zwei *Schiebkasten* von durchgehender Länge als Vorläufer der *Kommode*, welche die Truhe zu verdrängen bestimmt war, und gegen Ende des Jahrhunderts kam ein *Toiletten-Geräte* auf, bestehend in einem tischartigen Schrank mit schmalem Ausziehkästchen und daraufruhendem Spiegel.

Das 18. Jahrhundert endlich brachte wieder seine besonderen Verhältnisse. Namentlich seit dem zauberhaften Aufblühen der neuen russischen Hauptstadt wurden auch in deutschen Städten die Neubauten zu Palästen, damit aber auch zu kasernenartigen Mietshäusern, die dem Familienleben nach altem Brauche, überhaupt dem „deutschen Hause“ den Todesstoss gaben. Natürlich wirkten noch viele andere Umstände mit. Was speziell die Ausstattung der Zimmer anbelangt, so zeigte sich bald, dass mehr und mehr das Handwerk von der Kunst sich trennte und dadurch in Misskredit kam. Die Maschinen halfen treulich, den Wert einer Arbeit mehr nach der Quantität zu bemessen, als nach der Qualität, und die bald allseitig eröffnete Konkurrenz brachte endlich die Zustände unserer Zeit.

Nach *Weinhold,* die deutschen Frauen, und *Weiss,* Kostümkunde.

Ziu, got. *Tius*, angelsächs. *Tiu*, ahd. *Ziu* und *Zio*, altnord. *Tyr*, war der Gott des lichten Himmelsgewölbes, der Vater Himmel; er entspricht dem Laut und Begriff nach dem griechischen Zeus und dem römischen Jupiter. Nach ihm ist der dritte Wochentag, ahd. *Ziwestac*, *Dienstag*, oberdeutsch Ziestig genannt. Sonst weiss man wenig von ihm. Er gilt als der Gott, den Tacitus Germania 39 den Nationalgott der Semnonen nennt, welche sich für die ältesten und edelsten der Sueven ausgeben. „Zu einer bestimmten Zeit des Jahres schicken alle stammverwandten Völkerschaften ihre Vertreter her in einen durch die Weihe der Vorfahren und das mit Ehrfurcht erfüllende Wesen der Vorzeit geheiligten Wald, und mit einem für den Staat gebrauchten Menschenopfer beginnt die schaurige Feier nach barbarischer Sitte. Noch in anderer Weise zeigt sich die religiöse Ehrfurcht, mit der dieser Hain verehrt wird: Niemand betritt ihn anders, als gefesselt, um seine Unterwürfigkeit unter die Gewalt der Gottheit zu bekunden. Fällt etwa einer zu Boden, so darf er weder aufstehen, noch sich aufrichten lassen; auf dem Boden muss er sich hinauswälzen. Alle diese religiösen Gebräuche weisen dahin, dass hier die Wiege des Volkes sei, dass hier der alles beherrschende Gott wohne, dem alles andere unterthänig und dienstbar sei.“ Noch in Glossen des 9. und 10. Jahrhunderts werden die Schwaben *Ziuwarî*, Männer des Ziu genannt; Augsburg hiess nach dem Kulte des Gottes *Ziesburc*, Burg des Ziu. Da der Himmel die Strahlen des Lichtes wie des Blitzes aussendet, die man mythisch mit Schwert und Pfeil verglich, so wurde Ziu zu einem Schwert- und Kriegsgotte, daher er auch in seinem Wochentage den *Mars* vertritt. Als Kriegsgott führte er den Beinamen *Arhvus*, angelsächs. *Earh*, *Ear*, ahd. *Erch*, *Ir*, d. i. Strahl, Pfeil, got. *hairu* = Schwert; daher der Dienstag in Bayern auch Erstag, Irtag heisst. Von ihm hatte die Stadt *Eresburg* an der Diemel, jetzt Stadtbergen, den Namen. Für einen besonderen Namen des Ziu hält man den sächsischen Namen *Sahsnôt*, d. i. der des Schwertes geniessende, waltende, der nur aus der sächsischen Abschwörungsformel bekannt ist. *Mannhardt,* Götterwelt, S. 262 ff.

Zoll, ahd. und mhd. der *zol*, entlehnt aus dem gleichbedeutenden griechisch - mittellateinischen *telonium* wie *Maut*, mhd. *mûte*, ahd. und mittellat. *mûta*, got. *mota*, zu lat. *mutare* = verändern, wechseln, ist eine den Deutschen ursprünglich fremde, aus dem römischen Reiche in das merovingisch-fränkische herübergenommene Abgabe, die ursprünglich keinen anderen Zweck hat, als Geld aufzubringen. Die Zölle sind ursprünglich weder Ausfuhr- noch Einfuhrzölle, sondern Transitzölle, insofern sie überall gezahlt werden, wo eine Ware eine bestimmte Zollstätte passiert; diese letzteren aber sind überall angelegt, wo ein lebhafterer Verkehr stattfindet, nicht bloss an den Häfen oder an den Grenzen, sondern auch an allen bedeutenden Städten. Bestimmte Zolllinien gab es nicht, so wenig als es einen Zoll für den Ort gab, wohin die Ware bestimmt war; vielmehr musste diese einfach, so oft sie einer Zollstätte begegnete, die festgesetzte Abgabe zahlen. Diese scheint ungefähr nach dem Wert und dann nach ganzen Wagen- oder Schiffsladungen berechnet zu sein. Die Zahlung geschah regelmässig nicht in Geld, sondern in den Waren selbst. Regelmässig war mit jedem *Markt* eine Zollerhebung verbunden, welche erlassen wurde, um einen neuen Markt zu begünstigen, oder demjenigen zufiel, dem der Markt gehörte; bestimmten Personen oder geistlichen Stiftern wurde unter Umständen Zollfreiheit für alle oder einzelne Gegenstände verliehen. Abgaben ähnlicher Art wurden für die Erlaubnis erhoben, gewisse Strassen zu Lande oder zu Wasser zu passieren, Strassengelder, Brückengelder, Thorgelder, Marktgelder, Lasttiergelder, Wagengelder, nach den Rädern oder der Deichsel berechnet u. a.

Diese Zustände blieben im ganzen und grossen während des Mittelalters herrschend: eine Abgabe auf den Märkten und überhaupt bei allem Handel, ein Schiffsgeld in den Häfen und an den Flüssen, und eine Zahlung, die hauptsächlich an den Brücken und anderen Übergängen, dann aber auch in Städten vorkam. Unter mancherlei Vorwand wurden die Leistungen, namentlich der letzteren Art, nicht bloss im Namen des Staats, sondern auch, häufig missbräuchlich, von den Anwohnern der Strassen und Flüsse und den Erbauern der Brücke erhoben. Oft wurde über alle diese Abgaben zu gunsten anderer verfügt, sei es, dass der König Zollfreiheiten erteilte, bald allgemein, bald für bestimmte Routen oder Gebiete, für eine bestimmte Anzahl von Waren und eine bestimmte Anzahl von Schiffen, sei es, dass die Erträgnisse selbst oder gewisse Quoten an andere, namentlich an geistliche Stifter verliehen wurden, welche dann regelmässig selbst die Erhebung und ihre eigenen Zöllner hatten. So kamen Zölle und ähnliche Abgaben in die Hände von Privaten, was wiederum allerlei Missbräuche zur Folge hatte. Feste Grundsätze über die Höhe der Abgaben gab es nicht.

Mehr und mehr war der Zoll aus den Händen des Reiches in den Besitz der *Landesherren* und *Gemeinden* übergegangen und dadurch die ehemals so ergiebige Einnahmequelle des Reiches versiegt; auch die Oberaufsicht über das Zollwesen war seit Friedrich II. und seinen Nachfolgern an das Kurfürstenkollegium gekommen, welches sich jene regelmässig in den Wahlkapitulationen vom Kaiser bekräftigen liess. Das Bestreben, den landesherrlichen Zollbesitz gegen den Widerspruch der Unterthanen und die Zolleinnahmen durch Befriedigung der Landstrassen zu sichern, machte seit dem 14. Jahrhundert das Zollwesen zum Gegenstand öffentlicher Verträge oder *Zolleinigungen* zwischen den Landesherren, die neben den Landfrieden hergingen oder in denselben eingeschlossen waren. Beim *städtischen Zollwesen* ist zwischen *Markt-* und *Durchfuhrzöllen* zu unterscheiden; jene kamen früher als diese in den Besitz der Städte und waren untrennbar mit dem Marktrechte verbunden (vgl. den Art. Städte); so zwar, dass beides ursprünglich dem Herrn des Marktes gehörte, von dem die Gemeinde es erst gemäss ihrer örtlich bedingten Verhältnisse durch Verpfändung, Kauf oder Beleihung an sich brachte, worauf es

lischen, dänischen, französischen und niederländischen Städten Nachrichten erhalten haben. Auch in Deutschland haben ohne Zweifel schon vor Entstehung der Stadtverfassung ähnliche Gilden bestanden; aber nur von der *Richerzeche* in Köln vermag man mit Bestimmtheit zu sagen, dass sie eine sehr alte Schutzgilde unter den Mitgliedern der altfreien Markgemeinde Kölns gewesen ist; dieselbe wurde später zum Ausgangspunkt der ältesten Stadtverfassung Deutschlands.

Denn erst in den *Städten*, für welche die Entwickelung eines reichen und selbständigen genossenschaftlichen Lebens geradezu charakteristisch ist, vollzog sich die Entwickelung der freien Einungen zu bleibenden und staatlich höchst wirksamen Instituten. Zwar die ursprünglichen, aus der vorstädtischen Periode herrührenden *Lokal-* oder *Spezial-Gemeinden*, die sich in einigen ältern und grössern Städten erhielten, waren nicht gerade wichtig; doch hatten sie hier immerhin rechtliche, kriegerische, religiöse und wirtschaftliche Bedeutung; in kirchlicher Beziehung waren sie Pfarreien. Besonders ausgebildet findet man sie als *Burggenossenschaften* in Köln, wo sie ein eigenes genossenschaftliches Recht besassen. Wichtiger als diese lokalen sind die auf *freier* Vereinigung beruhenden bürgerlichen Genossenschaften, in erster Linie die *Köperschaften des Geschlechterstandes.* Es waren dies die patrizischen sogenannten *Altbürgergilden*, die teils aus den alten Schutzgilden oder Brüderschaften aller Vollbürger, teils aus neuen im Gegensatz zu den Körperschaften der aufstrebenden niederen Stände geschlossenen Vereinigungen hervorgingen; sie hiessen *höchste Gilde, Zeche der Reichen oder Genannten, Stubengesellschaften, Artushöfe, Junkerkompagnien, Konstaffeln* (aus *constabulus*, Oberstallmeister, franz. *connestable*), *Gewerbschaften*, in Italien und Frankreich *Hallen* oder *Lauben.* Sie waren Rechtsschutzvereine und übten eine gewisse Gerichtsbarkeit über ihre Mitglieder aus, hatten ihren Schutzpatron, ihre Kapelle, pflegten auf ihrer Trinkstube der Geselligkeit, übten gegenseitige Unterstützung und besassen bewegliches und unbewegliches Korporationsvermögen. Als Hauptbestimmung der Genossenschaft aber erschien mehr und mehr die Erhaltung und Ausübung eines der Gesamtheit der Genossen zustehenden politischen *Vorrechtes* bezüglich des Stadtregimentes. Dieses Vorrecht war aber verschieden: ursprünglich oft die ausschliessende oder nur mit gleichstehenden Genossenschaften geteilte Gesamtregierung enthaltend, äusserte es sich seit der Ratsverfassung in der alleinigen Ratsbesetzung oder doch in einem Vorrecht bei dieser. Die Kölner *Richerzeche* hatte das ausschliessliche Recht, andern Vereinen das Zunft- oder Bruderschaftsrecht, das Recht der Eigentumsfähigkeit u. s. w. zu verleihen; sie übte die höchste Handels- und Verkehrspolizei, hatte die Oberaufsicht über den gesamten kaufmännischen und gewerblichen Verkehr und ernannte für jede Zunft einen Obermeister, der neben dem Zunftmeister einen Anteil von den Straf- und Eintrittsgeldern bezog. Mitglied der Genossenschaft konnte man nur durch die erklärte Absicht zum Eintritt und die Aufnahme seitens der Genossen werden, welche neben Unbescholtenheit und ehelicher Geburt stets Reichtum und Ansehen forderten, die den neuen Genossen in stand setzten, „müssig“, d. h. ohne niedere gewerbliche Thätigkeit zu leben; überdies erhob man ein sehr hohes Eintrittsgeld und gelangte zuletzt zu einer vollkommenen Schliessung der Gesellschaft. Den durch sie verschärften Zunftbewegungen erlagen sie entweder völlig oder sie wurden ihrer Vorrechte beraubt und den übrigen Zünften gleichgestellt.

Die *kaufmännischen Gilden* sind im 11. und 12. Jahrhundert dadurch entstanden, dass die aus Kaufleuten bestehenden Bürgerverbrüderungen das gemeinsame Handelsinteresse unter die Vereinsangelegenheiten aufnahmen; im 13. Jahrhundert erfuhren diese Gewerbsgilden oder Handelsinnungen eine reiche äussere und innere Entwickelung. Zunächst sind solche in der Heimat und solche im Auslande zu unterscheiden.

Die *Gilden der Kaufleute in der Heimat* waren eines der hauptsächlichsten Glieder der städtischen Verfassung. Sie standen in der Mitte zwischen den alten Schutzgilden der Volksbürger und den Handwerkerzünften, und teilten mit diesen die gewerbliche Richtung und manche Erinnerung einer einst unvollkommenen Freiheit, während sie mit jenen eine freiere Stellung, ausgedehntere Autonomie und vielfache politische Vorrechte gemeinsam hatten. In den Bürgerschaften älterer Herkunft nehmen sie in der Regel die zweite, in den jüngeren Städten die erste Stelle ein, weil hier die ganze erbgesessene Bürgerschaft aus Kaufleuten zu bestehen pflegte; doch entwickelte sich auch vielfach aus den reich gewordenen Kaufmannsgeschlechtern ein Patrizierstand, der Handel und Gewerbe verschmähte und dessen patrizische Gilden sich dann über die eigentlichen Handelsgilden, die Genossenschaften der aktiven Kaufleute, stellten. Die Handelsinnungen besassen ebenfalls ein selbständiges Korporationsrecht, Strafgewalt, Kasse, Siegel, ebenso gemeinsame religiöse und gesellige Zwecke und die Verpflichtung zu gegenseitiger Unterstützung; doch überwog bei ihnen das Handelsinteresse; und da sowohl der Geist ihrer Statuten als ihnen erteilte Handels-Privilegien und Freiheiten mit der Zeit ein besonderes Handelsrecht schufen, so ging daraus für sie als Genossen zugleich ein *Handelsmonopol* hervor, ein ausschliessliches Recht auf den Handel eines Landes, einer Gattung oder einer Ware. Ähnlich beschaffen waren die *Genossenschaften der deutschen Kaufleute im Auslande*; aus vorübergehenden oder wandernden Genossenschaften waren an ausländischen Handelsemporien dauernde *Gilden* oder *Hansen* geworden, die bleibende Versammlungshäuser und Lagerstätten besassen und Handelsprivilegien und Freiheiten erwarben. Ihre weitergehende Entwickelung beginnt damit, dass sich die sämtlichen deutschen Einzelhansen einer Stadt zu einer einzigen Genossenschaft verbinden; zwar bestanden die besonderen Körperschaften mit eigenen Vorstehern, Rechten und Vermögen fort, doch bildete den Fremden gegenüber die Gesamtheit ein abgeschlossenes kaufmännisches Gemeinwesen. Von hier aus dehnte sich die Einung über die Gilden anderer Städte desselben Landes aus, um schliesslich die gesamte deutsche Kaufmannswelt in den nordischen Fremdländern zu ergreifen, während gleichzeitig die norddeutschen Städte sich ebenfalls verbanden, bis endlich aus dem Zusammenwachsen der Kaufmannsvereine und Städtebünde die grosse deutsche *Hansa* hervorging; die Hauptmittelpunkte dieser Genossenschaft waren London, Wisby, Nowgorod und Brügge.

Die zuletzt entstandenen städtischen Genossenschaften sind diejenigen der *Handwerker* oder die *Zünfte*. Sie waren ihrem Grundwesen nach *Einungen* oder *Gilden* der durch die Gemeinschaft des Berufs einander nahe stehenden Gewerbtreibenden, sowohl der Künstler und der eigentlichen Handwerker, als der nicht den Kaufleuten zugerechneten Krämer und Händler, der Fischer und anderer Personen des

Nährstandes. Als eine auf freigewollter Vereinigung beruhende Verbindung nannte sie sich *Brüderschaft, fraternitas, confraternitas, Genossenschaft* oder *Gesellschaft, consortium, societas, sodalitium, convivium*, eine *geschworene Einung, unio, conjuratio*, oder *Innung, Gilde, Zeche* (mhd. *zeche* = Ordnung, Reihenfolge, Wurzel noch nicht sicher erkannt), *Gaffel* (angelsächsisch *gefol*, engl. *gavel*, mittelat. *gabulum*, zu *geben*, also eigentlich ein Verein zu gleicher *Abgabe*) oder *Zunft*, mhd. die *zunft*, ahd. *zumft* = Versammlung, zum Verb *ziemen*, also ursprünglich wohl soviel als Ziemlichkeit, Passlichkeit zu einander. Der Zweck dieser Gesellschaften war ursprünglich auf die Gemeinschaft überhaupt gerichtet, und neben der Fürsorge für das gleichartige Gewerbe verfolgte sie politische und kriegerische, gesellige und religiöse, sittliche und rechtsgenossenschaftliche Zwecke. In der Regel lag diesen freien Vereinen der Betrieb eines gewissen Handwerkes oder Gewerbes ob und stand ihnen als Gesamtrecht zu, so zwar, dass dieses Gesamtrecht ein *öffentliches Amt* war und hiess, auch die Genossenschaft selbst darnach ein *Amt, officium, hantwerk, gewerk, opus* genannt wurde. Der aus dem Amtsbegriff folgende *Zunftzwang* bestand ursprünglich nur darin, dass den Zünften das Recht erteilt wurde, jeden, welcher das betreffende Handwerksamt erlangte oder ausübte, zum Eintritt in die Genossenschaft zu zwingen; denn nur so konnte nach der Meinung der Zünfte die Ehre des Handwerkes und das gemeine Beste gewahrt werden. Das Gewerbemonopol der Zunft im Verhältnis zu den Unzünftigen beschränkte sich deshalb im 14. und noch wesentlich im 15. Jahrhundert auf den Ausschluss der nicht der Zunftkontrolle unterliegenden Artikel von Verkehr und Handel. Fremde mussten sich nur, wenn sie ihre Waren in die Stadt brachten, der genossenschaftlichen Arbeitspolizei unterwerfen und konnten sonst namentlich auf den regelmässigen Märkten ihre Arbeit absetzen. Erst allmählich traten grössere Beschränkungen der s. g. Gäste hinsichtlich der Zeit, des Ortes und der Art des Verkaufes ein, die sich aber erst spät zu völliger Ausschliessung der Konkurrenz fremder Städte und zu ungebührlicher Ausdehnung des Bannmeilenrechts oder des Verbotes des Handwerksbetriebes auf dem umliegenden Lande steigerten. Auch im Verhältnis zu den übrigen städtischen Körperschaften, Kaufleuten und Krämern einerseits, verwandten Zünften andererseits, über welches schon im 14. Jahrhundert viel gestritten und verordnet wurde, waltete doch mehr der Gedanke, die *öffentliche* Stellung der Zunft zu schützen, als durch Beschneidung der Konkurrenz den Gewinn der einzelnen zu erhöhen. So war auch in den Zeiten der aufsteigenden Entwickelung die Erteilung des vollen Gewerbeberufes durch die Aufnahme in die Zunft weit weniger eine Frage des Nutzens als der *Macht*, des *Ansehens* und der *Ehre* der Genossenschaft; vor allem wurde daher makelloser Ruf verlangt, wozu nach mittelalterlicher Anschauung auch eheliche Geburt erforderlich war. In der zweiten Hälfte des 14. Jahrhundert kam in vielen Zünften das Erfordernis eines bestimmten eigenen Vermögens hinzu, und endlich verlangte man, dass der Neueintretende das *Handwerk verstehe.* Die Forderung einer bestimmten Lehr- und Dienstzeit jedoch, eine s. g. Probe- oder Mutzeit, und dgl. wurde ursprünglich nicht verlangt, dagegen seit dem Ende des 14. Jahrhunderts eine förmliche Prüfung durch Anfertigung des *Meisterstückes* üblich. Vermochte Jemand diese Erfordernisse durch ein Zeugnis seiner Zunft oder Stadt nachzuweisen, so wurde ihm die Aufnahme nicht versagt; Schliessung der Zunft, seit dem 16. Jahrhundert ihr vornehmstes Privileg, galt ursprünglich als gefürchtetes Verbot; so weiss auch die frühere Zeit nichts von s. g. *Bönhasen* oder Pfuschern. Der Entrichtung von Gebühren an die Zunftkasse von seite des Eintretenden, von Wachs zu Kerzen, Rüstzeug zur Zunftwehr, Wein oder Bier zum Trunke, auch wohl einer ganzen Mahlzeit, was man den *Kauf* der Zunft nannte, lag ursprünglich der Gedanke eines Einkaufs an das Zunftvermögen zu Grunde. Das Genossenrecht war unübertragbar, unveräusserlich, unteilbar und *unvererblich*, nur dass Söhnen von Genossen und denen, welche die Tochter oder Witwe eines solchen ehelichten, Erleichterungen und Begünstigungen bei der Aufnahme zu Teil wurden. Auch in dieser Beziehung beginnen die Auswüchse des Familiensinnes erst im 15. Jahrhundert.

Die Zunft war zugleich eine Gemeinde für sich und ein Teil und Organ der Stadtgemeinde. In letzter Hinsicht war sie nicht bloss Trägerin eines ihr von der Stadt anvertrauten Amtes, sondern zugleich ein städtischer Wahlkörper, dessen Vorstände in den städtischen Kollegien die gesamte Bürgerschaft vertreten halfen, sie war von Wichtigkeit für die Steuerverfassung der Stadt, bildete eine eigene Abteilung im Bürgerheer, die unter dem Zunftbanner focht und im Frieden Waffen in Bereitschaft hielt. Im Übrigen suchte man möglichst die Harmonie zwischen Selbstverwaltung und Aufsichtsrecht, zwischen genossenschaftlicher Freiheit und staatlicher Einheit herzustellen. Für die Entstehung einer Zunft musste zur freigewollten Einigung der Genossen die Genehmigung des Rates hinzutreten, ebenso zur Vereinigung bisher getrennter Ämter zu einem. In ältern Zeiten unvollkommener Freiheit wurden den Zünften patrizische oder dienstmännische Vorsteher gegeben; später, als sie ihre Vorsteher selbst wählten, unterlag wenigstens die Ernennung oder Bestätigung der Meister oder Älterleute dem Rat, bis zuletzt die Zunft in der Wahl ihrer Vorstände ganz selbständig wurde. Ähnlich verhielt es sich mit dem freien Versammlungsrecht der Zünfte. In den innern genossenschaftlichen Angelegenheiten war zur Zeit der Zunftfreiheit die Selbstverwaltung wenig oder nicht beschränkt. In politischer und militärischer Hinsicht war die Zunft für ihre Genossen das verkleinerte Abbild der Stadt, doch kam es vor, dass mit der Zeit durch Eintritt von Nichthandwerkern, Teilung des Gewerbes u. dgl. neue *gewerbliche Innungen* entstanden, die sich mit den *politisch-militärischen Zünften* nicht mehr völlig deckten. In *religiöser* Hinsicht hatte die Zunft einen Heiligen als Schutzpatron, verfolgte kirchliche und wohlthätige Zwecke, versammelte ihre Mitglieder zu Gebet und Andacht, unterhielt oft einen eigenen Altar oder doch eigene Kerzen in der Kirche und liess für die verstorbenen Brüder Seelenmessen singen; doch geschah es auch hier, dass aus der gesonderten Verwaltung des Kirchenvermögens der Zunft und durch Hinzuziehung der Frauen und anderer Mitglieder sich zuletzt aus einer Zunft eine selbständige geistliche Bruderschaft ablöste. Von grossem Einfluss wurde das *gesellige* Leben der Zünfte, in dem sich eine Reihe positiver Sittengebräuche ausbildete, die ebensowohl das tägliche Leben auf den Zunftstuben und Herbergen als die einzelnen feierlichen Akte vor der Genossenschaft mit sinnigen Formen umkleideten; zu formalen und zwingenden Zeremonien arteten diese jedoch erst später aus. Als *sittliche* Verbindung machte die Zunft ihren Genossen eine gegenseitige werkthätige Liebe zur Pflicht, die sich in der Unterstützung kranker oder verarmter Genossen und in der Veranstaltung eines ehrenvollen Begräbnisses kund gab, und übte eine Sittenpolizei über ihre Mitglieder aus, namentlich über die Gesellen und Lehrlinge. Die Hauptpflicht der Zunft als *Wirtschaftsgenossenschaft* war die Sicherung der Güte und Brauchbarkeit des Arbeitprodukts, herbeigeführt besonders durch die genossenschaftliche Kontrole der Arbeit; auf Verzögerung der Arbeit, auf Anfertigung und Verkauf schlechter Ware waren Strafen gesetzt und eine regelmässige Visitation der Werkstätten und der Arbeit durch die Zunftvorsteher, die sog. *Schau*, eingeführt: auch Maximalpreise wurden von den Zünften aufgestellt. Die Zunft verpflichtete ihre Mitglieder zur *Arbeit in Person;* in deren Dienst sollte das Kapital stehen; überhaupt aber wurde unbedingte *Gleichheit* aller Genossen angestrebt, daher kam die Ausschliessung der freien Konkurrenz unter den Genossen und die äusserste Beschränkung des Einzelnen bei Produktion und Absatz zu gunsten der Gesamtheit, Beschränkungen, die zwar der Entfaltung des Einzelnen hinderlich waren, aber den *Stand* der Gewerbtreibenden hob und anfangs nicht als hemmende Fesseln gefühlt wurden. Diese Beschränkungen bezogen sich in erster Linie auf die *Beschaffung des Rohstoffes*, so zwar, dass entweder alles Material nur gemeinschaftlich angeschafft werden durfte oder dem Einzelnen verboten war, Rohstoffe bestimmter Art über ein gewisses Quantum hinaus oder nur für sich selbst zu kaufen, ohne die Gelegenheit zum Kauf den Brüdern anzuzeigen. Möglichste Gleichheit wurde ferner angestrebt bezüglich des *Umfanges der Produktion*, worauf namentlich die Fixierung der Zahl der Lehrlinge und Gesellen eines Meisters hinzielt; auch die Arbeitszeit war oft fixiert. Damit die Kosten der *Produktion* gleich seien, wurde der *Arbeitslohn* von der Zunft reguliert und sowohl Betrag als Art der Arbeitsentschädigung für Lehrlinge und Gesellen genau bestimmt, überhaupt auch das ganze Verhältnis zwischen Meister und Gehilfen von der Genossenschaft für Alle gleich geordnet. *Bezüglich des Absatzes* war, um die Genossen gleich zu machen, verordnet, dass kein unanständiges oder unredliches Mittel, keine unschickliche Reklame u. dgl. stattfinden solle. Der Verkauf mittels Hausierens war in der Regel ganz verboten. Oft sollte jeder nur einen Laden oder eine Verkaufsstätte halten, Kunden oder Käufer durfte man sich nicht gegenseitig abwendig machen. Sogar das *Vermögen* der Zunft diente nicht bloss zu allgemeinen Zunftzwecken, sondern gleichmässig durfte auch jeder die Zunfthäuser besonders bei Familienfesten zu seinem geselligen Vergnügen benutzen. In bezug auf das *Recht* der Zunft gab es einen besondern Zunft-*Frieden*, dessen Handhabung, Wahrung und Herstellung bei ihr war, und ein *Zunftgericht*, vor welches alle Streitigkeiten unter Genossen gebracht werden mussten, ehe man an den ordentlichen Richter ging.

Die *Organisation* der Zünfte stellte an die Spitze die Versammlung der Meister; dieselben waren auf regelmässigen oder gebotenen Dingen den echten und gebotenen Dingen der freien Gemeinde nachgebildet. Organ der Gesamtheit waren die gewählten oder erlosten, nach Zahl und Amtsdauer verschiedenen Meister oder Älterleute, die vereidigte und verantwortliche Obrigkeit der Zunft. Schutzgenossen der Zunft, die nur passiv an dem Frieden und Recht der Körperschaft teilnahmen, waren einesteils die Frauen und Kinder der Amtsbrüder, anderenteils die *Lehrlinge* und *Gesellen.* Dieselben waren anfänglich überall Mitglieder des Hauswesens ihres Meisters und der Zunftgerichtsbarkeit unterworfen. Schon die *Lehrjungen* bedurften einer förmlichen Aufnahme ins Amt, wobei Unbescholtenheit, freie, eheliche und deutsche Geburt und die Entrichtung gewisser Eintrittsgebühren in Geld, Wachs, Wein oder Bier gefordert wurden. Durch Absolvierung der vorgeschriebenen Lehrzeit erlangte der Lehrling das Recht, in die Klasse der Gesellen aufgenommen zu werden. Die *Gesellen* standen zu ihrem Meister wie zu der Zunft ursprünglich rechtlich in demselben Verhältnis wie die Lehrlinge; auch der Geselle, „Knecht" oder „Knappe", gehörte zum Hauswesen des Meisters, dessen Haus er nicht einmal auf eine Nacht verlassen durfte; zunächst war auch er der Hausgewalt des Meisters, in höherer Instanz aber der Zunft unterworfen. Hatten sie aber die vorgeschriebene Dienstzeit ausgehalten oder statt dessen auf der *Wanderschaft*, die zwar erst im 16. Jahrhundert rechtliches Erfordernis wurde, schon vorher aber üblich war, unter Wahrung des Zusammenhangs mit der Zunft die nötigen Fähigkeiten erworben, so hatten sie einen *Rechtsanspruch* auf die Aufnahme als Meister. Sie waren also in der Blütezeit des Zunftwesens nichts als werdende Meister und es gab keinen besonderen Stand der Gesellen, keinen unselbständigen Arbeiterstand, sondern nur eine Lehr- und Dienstzeit als Vorschule und Vorstufe für eigene Ausübung des Amtes. Deshalb war auch von einer besondern körperschaftlichen Verbindung der Gesellen ursprünglich nicht die Rede, nur dass zu frommen Zwecken geistliche Brüderschaften unter ihnen vorkamen. Sobald indes, was seit dem Beginn des 15. Jahrhunderts geschah, durch die Erschwerungen des Meisterwerdens, die Verlängerung von Lehr- und Wanderzeit und das Vorkommen von Gesellen, die nie Meister wurden, die Gesellen in einen gewissen Gegensatz zu den Meistern traten, da traten sie auch zu eigenen Gesellschaften zusammen, nannten sich auch seitdem erst mit dem Namen „Gesellen", stellten eigne Rollen und Statuten auf, wählten eigene Vorstände (*Altgesellen*) und Beamte und verwalteten unter Aufsicht eines ihnen meist gegebenen Meisters (*Gesellenvater*) ihre Angelegenheiten selbst; schon früh führten sie planmässige Koalitionen und Arbeitseinstellungen herbei.

Wie überhaupt in den Genossenschaften des Mittelalters der Trieb herrschte, sich mit gleichartigen Vereinen zu grösseren Gesamtheiten zu verbinden, so war auch die Genossenschaft der Handwerker bestrebt, *Innungsvereine* über den einzelnen Zünften zu gründen, und sowohl in einzelnen Städten standen teils vorübergehend teils dauernd die verschiedenen Zünfte in mehr oder minder organisiertem Verbande, als auch förmliche *Kreisvereine* aller Zünfte einer Gegend oder eines Landes vorkamen. Zu einer allgemeineren engen Verbindung der Zünfte trug sodann die Gewohnheit und später die Vorschrift des *Wanderns* bei; es wurde dadurch geradezu die Vorstellung einer Gesamtgenossenschaft aller Handwerker des Reiches geweckt, durch welche sich ein gemeiner deutscher Handwerksgebrauch und ein gemeines deutsches Handwerkerrecht ausbildete; die eigentlichen Träger dieser Gemeinsamkeit sind aber weit weniger als die Meister, die Gesellen, deren Gesellenzünfte mehr als die Meisterzünfte in einen regen Gesamtverkehr traten und ein gemeines Gesellenrecht und gleichartige Anschauung und Sitte hervorbrachten.

Im Gewerbe der *Steinmetzen* traten sogar vor der Gesamtgenossenschaft die lokalen Bruderschaften in den Hintergrund. Anfänglich zunächst in den einzelnen Städten und Gegenden vereint, wirkte in ihnen früh die Idee von einem durch das ganze deutsche Reich vertretenen Bruderbund. Durch traditionell fortgepflanztes und von der Sage auf die Heiligen zurückgeführtes Gewohnheitsrecht entstand allmählich eine bestimmte Verfassung dieser Verbindung, vgl. den Art. *Bauhütten*.

Seit dem 16. Jahrhundert zeigen sich im Zunftwesen die Keime des Verfalls. Statt der freien Einung der Berufsgenossen wurde das zum Privileg und womöglich zum Monopol gestaltete Recht auf eine bestimmte Art des Gewerbebetriebes Grundlage und Zweck der Zunft; mehr und mehr ging der sittliche Inhalt der Zunft verloren und die alten Genossentugenden schlugen in die entsprechenden Fehler um. Als begehrenswertestes Prinzip erstrebte jetzt die Zunft die *Geschlossenheit*, so dass oft das Handwerk als das *erbliche* Besitztum einer Anzahl von Familien erschien; in vielen Statuten wurde für den Fremden die Heirat einer Meisterwitwe oder Meistertochter zur unerlässlichen Bedingung der Aufnahme gemacht und verheirateten Männern der Eintritt versagt. Die Vorbedingungen des Eintritts für den Lehrling wurden erschwert, die Gebühren erhöht, die Gesellen durch Verlängerung der Wanderzeit und durch besondere das Meisterstück betreffende Verordnungen schikaniert. Eine immer mehr vermehrte Anzahl von Beschäftigungen wurde für *unehrlich* erklärt, Leinweber, Barbiere, Müller, Zöllner, Stadtknechte, Gerichtsdiener, Turm-, Holz- und Feldhüter, Totengräber, Nachtwächter, Bettelvögte, Gassenkehrer, Bachfeger, Schäfer, Musikanten (siehe den Artikel *unehrliche Leute*). Wegen der Schuld der Frau schloss man den Ehemann, wegen derjenigen der Eltern die Kinder aus. Mehr und mehr wurden die *Gesellen* der Genossenschaft der Meister entfremdet. Die Organisation der Zunft wurde oligarchisch gestaltet. Die politische Bedeutung hörte seit dem Niedergang der Reformationsbewegung meist ganz auf. Brutale Handlungen gegen Pfuscher und Störer, Grenzirrungen und Gewerbsstreitigkeiten mit anderen Zünften und Professionen, ausführlichste Arbeitsregulierung, Fixierung der Arbeiterzahl, Beschränkung der Materialbeschaffung, der Werkzeuge, des Absatzes u. dgl. waren an der Tagesordnung. An die Stelle der religiös-sittlichen Genossenpflichten trat ein verschnörkeltes Zeremoniell, rohe Gelage, gegen den Neuling geübte Spässe. Von seiten des Staates suchte man jetzt die Zünfte dem obrigkeitlichen System einzuordnen und sie zu blossen Polizeianstalten zu machen. Entstehung und Aufhebung der Zunft wurde unbedingt in den Staatswillen verlegt; die Obrigkeit erlangte einen bestimmenden Einfluss auf die Zusammensetzung der Zunft, indem sie besondere *Freimeister* für die Zunft ernannte; das Lehrlingswesen wurde obrigkeitlich reguliert und eine Menge Verordnungen erlassen über Dinge, welche früher bloss Sache der Zunft gewesen waren; doch gaben sich diese obrigkeitlichen Erlasse oft Mühe, eingerissenen Schäden und Missständen im Zunftwesen abzuhelfen. Nach *Gierke*, Rechtsgeschichte der deutschen Genossenschaft. Berlin 1868. Vgl. *Mascher*, Das deutsche Gewerbewesen. Potsdam 1866.

Zwerge und *Riesen*. Die Zwerge gehören zu der Klasse der *Elben* oder *Wichte*, mit welchen Namen man Wesen bezeichnet, denen etwas Übermenschliches, was sie den Göttern nähert, beigemischt ist, welche die Kraft besitzen, dem Menschen zu schaden und zu helfen, sich aber zugleich wieder vor diesem scheuen, weil sie ihm leiblich nicht gewachsen sind, indem sie entweder weit unter menschlichem Wachstum oder ungestaltet erscheinen, und welchen das Vermögen eigen ist, sich unsichtbar zu machen. Solche Elben kommen schon in der indischen Mythologie vor unter den Namen Maruts, Ribhus, Rudras. Marut ist aber abgeleitet von der Wurzel *mri*, sterben, und so sehen wir, dass ursprünglich die Elben als die Seelen von Verstorbenen angesehen wurden. In der germanischen Mythologie ist diese Anschauung allerdings sehr verwischt, sie erscheinen hier vielmehr als Halbgötter, welche Vorgänge in der Natur bildlich darstellen sollen. In der Edda werden die Elben eingeteilt in *Giôsalfar* (Lichtelben) und *Swartalfar* oder *Döckalfar* (Schwarz- oder Dunkelelben). Zu den Dunkelelben werden nun auch die *Zwerge* gerechnet, deren Namen im Gotischen *dvairgs*, ags. *dveorg*, ahd. *tuerc*, mhd. *tverc* lautet und nach Grimm von dem Griechischen *θεουργός*, d. h. übernatürliche Dinge verrichtend, herstammt. Diese Annahme bestätigen nicht nur die Gesetze der Lautverschiebung, sondern auch der Volksglaube, der sich die Zwerge, gleich den Kyklopen, gern als kunstfertige Schmiede denkt, welche in Bergeshöhen ihr Wesen treiben. Entstanden sind die Zwerge als Maden in dem Leichnam des Riesen Ymir, später wurde ihnen Verstand zu teil, so dass sie nur der Gestalt nach dem Menschen nachstehen, indem sie schon mit dem dritten Jahre ausgewachsen und mit dem siebenten Greise sind. Die Vorstellungen über die Grösse der Zwerge schwanken noch. Bald sollen sie das Wachstum eines vierjährigen Kindes erreichen, bald nur Daumengross sein, unter welchen Umständen sie dann Däumling genannt werden, bald, wie der kleinste in einem dänischen Liede, nicht grösser als eine Ameise sein. Zu dieser Kleinheit kommt in der Regel noch ein Höcker, eine dunkle Gesichtsfarbe und grobe Tracht hinzu. Auch ihre Füsse sind ungestaltet, oft denen der Ente gleichend, weshalb sie dieselben stets sorgfältig den Menschen verbergen und sehr ungehalten werden, wenn Neugierige durch Asche, welche sie den Zwergen auf den Weg streuen, die Form der Füsse erforschen wollen. Die Zwerge bilden unter sich ein Volk, dem ein *Zwergkönig* vorsteht. Manche unter diesen Herrschern haben eine Berühmtheit erlangt. Es sei hier nur an *Alberich* erinnert, der in der französischen Dichtung als *Oberon* erscheint, dann an *Schilbung* und *Nibelung*, welche im Nibelungenliede eine Rolle spielen. Ferner sind zu erwähnen *Sinnels* von Palakers und *Laurin*, ersterer aus dem Wartburgkrieg, letzterer als Herr des Rosengartens im Tirolergebirge bekannt. Die Zwerge wohnen in Schluchten und Höhlen des Gebirgs, das sie trotz Abgründen und Abhängen mit wunderbarer Behendigkeit und Sicherheit durchstreifen. Im Innern der Berge dienen prächtige Gemächer oft den Zwergfürsten zur Wohnung, wohin auch Menschen und Helden oft gelockt, festgehalten und dann reich begabt entlassen werden. Überhaupt brauchen die Zwerge die Menschen. So holen sie Frauen und Hebammen, um kreissenden Zwerginnen beizustehen, dann wenden sie sich an verständige Männer, wenn es sich um Teilung eines Schatzes handelt, und endlich erbitten sie von den Menschen Räumlichkeiten, um ihre Hochzeiten darin abhalten zu können. Mit dem, was die Unterwelt bietet, mit Segen, und Glück spendenden Kleinodien werden die Menschen jeweilen belohnt für ihre Dienste und Zuvorkommenheit. Den Zwergen sind auch Heilkräfte bekannt, welche Pflanzen und Steinen innewohnen. Trotz ihrer geistigen Überlegenheit haben die Zwerge vor dem Menschen doch eine gewisse Scheu. Besonders zuwider ist ihnen als heidnischen Wesen und rohen Natursöhnen die Ausbreitung des Christentums und der Kultur, namentlich wenn letztere in ihr Bereich kommt, Felder bestellt und die Berge mit Schachten durchwühlt werden. Daraus entspringt nun aber auch ein feindliches Verhältnis zwischen Zwergen und Menschen. Diese achten jene nicht und so schaden die Zwerge den Menschen und necken sie. Die Berührung oder der Anhauch von Zwergen kann bei Menschen und Tieren Krankheit und Tod verursachen. Ihr Schlag lähmt Körper und Geist. Das Volk schreibt den Elben auch die Astlöcher im Holze zu; wer durch ein solches, oder durch das Loch, welches der Pfeil eines Zwergs in die Haut eines Tieres geschossen, schaut, der sieht sonst verborgene Dinge. Allen Zwergen steht das Vermögen zu, sich unsichtbar zu machen, teils vermittelst ihrer Kopfbedeckung, den sogenannten Nebel- oder Tarnkappen, teils mit Hilfe ihrer Röcke oder Mäntel. Wer eines dieser Kleidungsstücke an sich zu reissen versteht, gewinnt nicht nur die Macht sich unsichtbar zu machen, sondern auch grössere Körperstärke und die Herrschaft über das Volk und das Eigentum der Zwerge. Von ihrer Fähigkeit, die Gestalt zu bergen, machen die neckischen Wichte oft Gebrauch, um die Menschen zu betrügen und zu täuschen. Ihrem Einfluss wird auch eine Krankheit zugeschrieben, welche eine Verfilzung der Kopfhaare zur Folge hat; Alpzopf, Drutenzopf, Wichtel- oder Weichselzopf wird diese Erscheinung genannt. Das englische Verbum „*to elf*“ heisst geradezu „das Haar verfilzen“. Alle Zwerge und Elben sind *diebisch* und entführen nicht nur leblose Dinge, sondern auch Menschen, namentlich Jungfrauen und Kinder, an deren Stelle sie dann die sogenannten Wechselbälge, hässliche kretinenartige Geschöpfe in die Wiege legen. Verhindern kann man den Kinderaustausch, wenn man einen Schlüssel, oder eines von des Vaters Kleidern, oder Stahl oder Nähnadeln in die Wiege legt, den Wechselbalg sich vom Halse schaffen aber, indem man durch etwas Sonderbares, z. B. durch Wasserkochen in Eierschalen, ihn in Verwunderung versetzt. Zweck der Jungfrauen- und der Kinderentführung ist den Zwergen durch Kreuzung mit dem Menschen ihr eigenes Geschlecht auf eine höhere Stufe der Entwickelung zu bringen. Ein unwiderstehlicher Hang zur Musik und Tanz wohnt den Elben inne. In Mondscheinnächten fröhnen sie auf Wiesen ihrer Lust. Wehe dem, der sich durch die süssen Töne zur Neugierde verlocken lässt, um ihn ists geschehen. Auch die Gabe der Weissagung wird den Zwergen zugeschrieben, oft erscheinen sie als kluge Ratgeber. Die Zwerginnen spinnen und weben feine Stoffe, die Männchen aber schmieden kunstvolle Geräte. Gegen kleinen Lohn kann man rohes Eisen, das man vor die Höhlen der Zwerge legt, am andern Morgen geschmiedet und verarbeitet wieder abholen.

Unter den Elben spielen nun einige eine besonders bedeutende Rolle, so der *Pilwitz,* dessen Name in zahlreichen Variationen häufig in mhd. Gedichten auftritt. Er ist ein böser Dämon, der Haare verfilzt und verwirrt und dem Landmann namentlich dadurch zur grossen Plage wird, dass er, eine Sichel an den Fuss gebunden, durch das reifende Korn geht. Von dem Teil des Getreidefeldes, welchen er mit seiner Sichel durchschneidet, fliegen alle Körner in seine Scheune, oder in diejenige des Bauern, dem er gerade als Hausgeist dient. Oft reitet er auch auf einem Bock durch die Getreidefelder. Dem Pilwitz zur Seite steht der *Scrat,* der in Wäldern herumspukt und sich im Laufe der Zeit aus der ernsteren, grösseren Gestalt des Waldteufels zu dem kleinen, neckischen *Schrettel* entwickelte. Er hat in seinem Wesen viel Ähnlichkeit mit den Satyrn und Faunen der griechischen und römischen Mythologie. Der Wald wird noch von anderen kleinen Geschöpfen bewohnt, den sogen. *wilden Leuten, Waldleuten, Holzleuten*, welche dem Menschen immer hilfreich zur Seite stehen und deren grösster Schreck der wilde Jäger und Kümmelbrot ist.

In Zusammenhang mit den *Waldgeistern* stehen die *Wassergeister*, welche allerdings oft nicht als kleine Geschöpfe aufgefasst werden, sondern vielmehr als ungeheure Geister, ein Schrecken des Meeres, wie die Nicores im Beowulf. Die weiblichen Wesen heisst man *Nixen*, die männlichen *Nixe*, welche Namen sich auf das ahd. *nichus*, ags. *nicor*, zurückführen lassen. Die männlichen Wassergeister werden gewöhnlich schon ältlich und langbärtig vorgestellt. Viel bekannter sind die weiblichen Geschöpfe, die Nixen, welche so oft von Dichtern verherrlicht werden und deren Zaubergesang manches Menschenkind hinabgelockt hat in die Wassertiefe, wo prächtige Korallenpaläste die reizenden Jungfrauen aufnehmen.

Neben der Bezeichnung Nixe kommt auch der Name *Mummel, Mühmchen, Wassermuhme* vor, denen unter anderem der düstere Mummelsee im mittleren Schwarzwald seinen Namen verdankt. Wie die Oper „Undine“ von Lortzing, oder das Märchen „Melusine“ zeigt, verlassen die Nixen oft ihre nasse Heimat und mischen sich unter die Menschenkinder. Doch zu einer bestimmten Zeit müssen sie wieder zurückkehren in ihr Wasserreich. Wer sich verspätet, wird vom Wassermann, dem Herrn der Nixen, ermordet, ein Blutstrahl, welcher aus der Tiefe des Gewässers emporspritzt, zeigt deutlich an, wie das unglückliche Mädchen ihre Versäumnis gebüsst. Überhaupt sind die Wassergeister viel blutdürstiger als ihre Vettern in Gebirg und Wald. Ein unschuldiges Kind wurde in alter Zeit dem Nichus geopfert, und noch herrscht der Glaube, dass der Wasserneck Ertrunkene als Opfer in das nasse Grab gezogen habe.

Dem Menschen am nächsten stehen die *Hausgeister*, die *Kobolde* oder *Heinzelmännchen*. Sie sind stets männlichen Geschlechts. Aus Buchsbaumholz wurden kleine Männchen geschnitzt und im Zimmer aufgestellt. Was früher heiliger Ernst war, indem man in diesen Holzfiguren gütige Laren verehrte, wurde später zum Scherz. In Gestalt, Aussehen und Tracht kommen sie den Zwergen gleich. Ihr Kopfhaar und Bart ist rot, auch sie tragen die spitze rote Kapuze. Sich unsichtbar zu machen liegt ebenfalls in ihrer Macht. Mittelst gefeiter Schuhe oder Stiefel ist es ihnen leicht, die weitesten Wege mit der grössten Geschwindigkeit zurückzulegen. Ihre Wohnstätte ist meistens Stall oder Scheune. Hier und in der Küche ist der Bereich ihres stillen, unsichtbaren Schaffens und Wirkens. Glück und Segen ist in dem Hause, in welchem ein kleiner Hausgeist sein Wesen treibt. Fleissige Dienstboten unterstützt er, faule aber haben von seinen Neckereien viel zu leiden. Treu hält er bei seinem Hausherrn aus, ja er vermehrt sogar dessen Gut auf Kosten der Nachbarn. Er ist mit sehr geringem Lohn zufrieden. Essen und Trinken muss ihm täglich hingestellt werden. Dann fordert er noch, wenns hoch kommt, einen Hut, eine rote Kappe, einen bunten Rock mit klingenden Schellen. Manchmal nehmen es aber die kleinen Wichte übel, wenn man sie mit Kleidern beschenkt, und ziehen von dem Hause weg, aus welchem dann zugleich auch aller Wohlstand, die Eintracht, kurz das Glück schwindet. Diese Kobolde sind überhaupt sehr empfindlich. Werden sie im geringsten vernachlässigt, so rächen sie sich an den Hausgenossen im besten Fall durch Wegzug, oder sie lassen ihnen und dem Vieh als Polter-, Plage- und Quälgeister Tag und Nacht, bei Arbeit und Schlaf keine Ruhe. Es kann den Bösewichten sogar in den Sinn kommen, einem einfach das Haus über dem Kopfe anzuzünden.

Treffend wird der Charakter der soeben kurz beschriebenen Geister durch Grimm in folgenden Worten zusammengefasst: „Durch das ganze Wesen der Elbe, Nixe und Kobolde geht ein leiser Grundzug von Unbefriedigung und Trostlosigkeit: Sie wissen ihre herrlichen Gaben nicht recht geltend zu machen und bedürfen immer der Anlehnung an die Menschen. Nicht nur streben sie, ihr Geschlecht durch Heirat mit Menschen zu erfrischen, sie haben auch zu ihren Angelegenheiten des Rates und des Beistands der Menschen von nöten. Obgleich geheimer Heilkräfte der Steine und Kräuter in höherem Grade als die Menschen kundig, rufen sie dennoch zu ihren Kranken und kreissenden Frauen menschliche Hilfe, leihen von den Menschen Back- und Braugeräte, feiern selbst ihre Hochzeiten und Feste in Sälen der Menschen. Daher auch ihr Zweifel, ob sie der Erlösung teilhaftig werden können, und der unverhaltne Schmerz, wenn verneinende Antwort erfolgt."

Den stärksten Gegensatz zu den Zwergen bilden die *Riesen*. Sind die Zwerge an Verstand dem Menschen überlegen, stehen sie ihm aber nach in bezug auf den Körper, so wohnt gerade bei den Riesen in einem kräftigen Leibe ein beschränkter Geist. Im Norden heissen die Riesen *Jötunn*, plur. *Jötnar*, das Simrock von dem Got. „*itan*", „essen" ableitet, so dass dadurch der Riese als der Gefrässige bezeichnet würde, während der andere vorkommende Name *Thurs* mit unserm Durst zusammenhängt und so dem Riesengeschlechte auch die Liebe zum Trunk zugeschrieben wird. Jedenfalls ist sicher, dass in dem Wesen der Riesen das sinnliche weit über dem geistigen steht, der Körper weit über der Seele. In der Schöpfungsgeschichte sind die Riesen die ersten lebenden Wesen. Der Urriese Ymir ist aus dem Niederschlag der urweltlichen Gewässer, aus Reif und Tau entstanden und aus seines Leibes ungeheurer Masse wurde hernach Erde, Wasser, Berg und Wald erzeugt. Die Riesen werden für dumm und einfältig gehalten; in der deutschen Mythologie wenigstens wird ihnen Treuherzigkeit zugeschrieben, während sie in andern Gegenden Europas in dem Rufe wilder Menschenfresser stehen. Doch nicht alle Riesen trifft der Vorwurf der Dummheit. Lange streitet im Rätselkampfe Wodan mit dem weisen *Vafthrudnir* und erst durch einen Trunk aus Mimirs Quelle kann Wodan Allwissenheit erlangen. Zum Zorne gereizt, werden die Riesen, wie es bei geistig nicht hoch begabten Wesen in der Regel der Fall ist, furchtbar ungestüm und sind dann ebenso tückisch und plump im Angriff, als sie gutmütig und plump in der Ruhe waren. Felsblöcke werden gegen die Feinde geschleudert, ganze Bäume aus dem Boden gerissen und so heftig gestampft, dass das Bein bis zum Knie in die Erde einsinkt. Zu den Göttern stehen die Riesen bald freundlich, bald feindlich. Zwischen der Wohnung der Riesen, Jötunheimr, und dem Göttersitz

Asaheimr finden häufige gegenseitige Besuche statt. Manche Götter sind mit Riesentöchtern, die sich oft durch bezaubernde Schönheit auszeichnen, durch die Ehe verbunden. Wollen aber, wie es auch geschieht, die Riesen, gleich himmelstürmenden Titanen, die Götter stürzen und die Weltherrschaft an sich reissen und entspinnt sich ein Kampf, so ist ihr furchtbarster Feind Thor, welcher mit seinem Hammer schon manches Rebellen Haupt zerschmettert. Die Rolle Thors als gewaltiger Riesenüberwinder wurde in der christlichen Sagengeschichte dem heil. Olaf anvertraut. Was das Verhältnis zu den Menschen betrifft, so ist es beinahe rührend zu sehen, wie den Riesen die Erdbewohner zwar an Körper als nichtige Käfer oder im Staube wühlendes Gewürm erscheinen, wie sie aber doch fühlen, dass der geistig Starke trotz seiner physischen Schwäche die Fleischkolosse immer mehr verdrängt und dass sie selbst so vor dem Vorschreiten der Kultur einem sichern Untergange entgegengehen, wie die Urwälder und die wilden Tiere, welche in diesen hausten. Wie die Riesen ihre Abhängigkeit von den Menschen fühlen, das zeigt die weitverbreitete Sage von dem pflügenden Landmanne mit seinen Zugtieren, den ein Riesenmädchen in der Schürze dem Vater als artig Spielzeug zuträgt, von ihm aber strenge angehalten wird die zappelnden Dinger wieder an Ort und Stelle zu bringen.

Die Riesen wohnen auf Felsen und Bergen; ihre ganze Natur hängt mit dem Steinreich zusammen, sie sind entweder belebte Steinmassen oder versteinerte, früher lebendige Geschöpfe. Auch ihre Schutz- und Angriffswaffen, Schild und Keule, sind aus Stein. Wie bei den Zwergen kann man aber auch bei den Riesen neben Bergriesen noch Wald- und Wasserriesen unterscheiden, je nach ihrem Aufenthaltsort. Zu den Wasserriesen gehört z. B. der aus dem angelsächsischen Epos Beowulf bekannte und berüchtigte Grendel. Spuren von Waldriesen finden sich in zahlreichen Sagen. Kyklopenmauern kennt nicht nur Griechenland, sondern auch Deutschland. Den Riesen werden auch hier Bauten der Vorzeit zugeschrieben. In *Riesenbergen*, *Riesenhügeln*, *Hünenbetten* dachte sich das Volk die Leichname der Kolosse ruhend, oder aber es sind diese oft sehr bedeutenden Erhöhungen durch Riesen hergetragen worden. In Norddeutschland ist die Sage weitverbreitet, dass ein Riese eine Brücke über eine Meerenge bauen wollte, zu diesem Zwecke Steine oder Sand herbeitrug, dann etwas von seiner Last fallen liess, wodurch denn ein Berg, eine Sandbank oder gar eine kleine Insel entstand. Die grössten Steine und Felsblöcke dachte die Volksphantasie an den bestimmten Ort gesetzt, weil sie einst den Riesen im Schuh drückten, wie uns Sandkörner oder kleine Kiesel. Mit der Grösse steht auch die Unempfindlichkeit der Riesen gegen Verletzungen im Verhältnis. Ein Blatt sei auf ihn herabgefallen, meint der aus dem Schlafe erwachende Hüne Skrymir, als Thor mit seinem Hammer ihm einen wuchtigen Streich aufs Haupt versetzt. Auch ihr Hunger und Durst ist gross. Der Gargantua des Rabelais steht mit jedem Fuss auf einem hohen Berg und trinkt, sich niederbeugend, den dazwischenfliessenden Strom aus. Stark sind die Riesen auch im Steinschleudern, stets findet man die ganze Hand des Werfers auf dem harten Blocke abgedrückt, ebenso lassen sie im Stein Fusspuren zurück und ihre ganze Gestalt ist eingeprägt in Felswänden, an die sie sich gelehnt.

Der Glaube an Riesen ist schneller geschwunden als der an die Zwerge. In der mhd. Dichtung werden sie besonders von höfischen Dichtern, welche ihre Stoffe aus dem Romanischen entlehnten, nur mit allgemeinen Zügen geschildert. Lebendiger und drastischer treten sie in der Heldensage auf, so im König Rother *Aspirian*, *Grimme* und *Widolt*, im Hürnen Siegfried *Kuperan*, im Wolfdieterich *Rütze und Welle*. Man findet denn auch von Opfern, welche Riesen, wie freundlichen Elben und Hausgeistern gebracht worden wären, kaum eine Spur.

Nach: *Grimm* und *Simrock*, Mythologie.

Sachregister.

C.

D.

H.

L.

Q.

R.

V.

W.